1 MONTH OF FREE READING

at

www.ForgottenBooks.com

By purchasing this book you are eligible for one month membership to ForgottenBooks.com, giving you unlimited access to our entire collection of over 1,000,000 titles via our web site and mobile apps.

To claim your free month visit:
www.forgottenbooks.com/free1161264

* Offer is valid for 45 days from date of purchase. Terms and conditions apply.

ISBN 978-0-366-96666-0
PIBN 11161264

This book is a reproduction of an important historical work. Forgotten Books uses state-of-the-art technology to digitally reconstruct the work, preserving the original format whilst repairing imperfections present in the aged copy. In rare cases, an imperfection in the original, such as a blemish or missing page, may be replicated in our edition. We do, however, repair the vast majority of imperfections successfully; any imperfections that remain are intentionally left to preserve the state of such historical works.

Forgotten Books is a registered trademark of FB &c Ltd.
Copyright © 2018 FB &c Ltd.
FB &c Ltd, Dalton House, 60 Windsor Avenue, London, SW19 2RR.
Company number 08720141. Registered in England and Wales.

For support please visit www.forgottenbooks.com

ENCYCLOPÉDIE,

OU

DICTIONNAIRE RAISONNÉ DES SCIENCES, DES ARTS ET DES MÉTIERS,

PAR UNE SOCIÉTÉ DE GENS DE LETTRES.

MIS EN ORDRE ET PUBLIÉ PAR M^r. ***.

Tantùm series juncturaque pollet,
Tantùm de medio sumptis accedit honoris ! HORAT.

TOME NEUVIEME,

JU=MAM

A NEUFCHASTEL,

SAMUEL FAULCHE & Compagnie, Libraires & Imprimeurs.

M. DCC. LXV.

AE
25
.E53
1751
v.9

JU

J U, (*Géogr.*) nom de deux villes & de deux rivieres de la Chine, marquées dans l'Atlas chinois, auquel je renvoie les curieux, si ce nom vient à se présenter dans leurs lectures. (*D. J.*)

JUAN DE PUERTO-RICCO, SAN, (*Géogr.*) ou simplement *Porto-Ricco*, île de l'Amérique méridionale, entre les Antilles, de 40 lieues de long sur 20 de large. Elle fut découverte par Christophe Colomb en Octobre 1493 ; elle est remplie de montagnes fort hautes, de rivieres & de vallées; abondantes en sucre, en casse & en bœufs. On y trouve plusieurs arbres singuliers. Ses mines d'or sont ou épuisées ou négligées, faute d'ouvriers.

La principale ville, commencée en 1514, est *Puerto-Ricco*, que les François nomment *Portoric*. Son port est spacieux, à l'abri des vents, & commandé par une forteresse ; mais Drak prit *Puerto-Ricco* en 1595, & fit dans cette ville un riche butin; Baudonin, général de la flote hollandoise, eut le même succès en 1615. *Portoric* est située sur la pointe septentrionale de l'île, à 80 lieues de S. Domingue. *Long.* 312. *latit.* 18. 30. (*D. J.*)

JUAN DE LA FRONTERA, SAN, (*Géogr.*) ville de l'Amérique au Chili, au pié des Andes, dans la province de Chicuito, près du lac de Guanacacho. Le terroir de cette ville est habité par des Indiens tributaires du roi d'Espagne. Elle est à 120 lieues de Lima, 35 N. E. de Saint-Iago. *Long.* 311. *latit. mérid.* 33. 25. (*D. J.*)

JUBARTE, s. f. (*Hist. nat.*) espece de baleines qui n'ont point de dents ; on en trouve près des Bermudes, elles sont plus longues que celles du Groenland, mais elles ne sont point de la même grosseur. Elles se nourrissent communément des herbes qui se trouvent au fond de la mer, comme on a pû en juger par l'ouverture de la grande poche du ventricule de ces animaux, qui étoit remplie d'une substance verdâtre & semblable à de l'herbe. *Voyez* les *Transactions philosophiques*, année 1665. n°. 1.

JUBÉ, s. m. (*Théolog.*) tribunes élevées dans les églises, & sur-tout dans les anciennes, entre la nef & le chœur, & dans laquelle on monte pour chanter l'épitre, l'évangile, lire des leçons, prophéties, &c.

Ce nom lui a, dit-on, été donné, parce que le diacre, soudiacre ou lecteur, avant que de commencer ce qu'il doit chanter ou réciter, demande au célébrant sa bénédiction, en lui adressant ces paroles : *jube, Domine, benedicere*.

On le nomme en latin *ambo*, qui vient du grec αναβαινω, parce qu'en effet on monte au *jubé* par des degrés pratiqués des deux côtés. D'autres veulent que pour cette raison on ne le dérive pas d'*ambo*, *amborum*, deux. Etymologie qui paroît bien froide & bien forcée.

C'est à cause de ces degrés qu'on a nommé *graduel* la partie de la messe qui se chante entre l'épitre & l'évangile. L'évangile se chantoit tout au haut du *jubé*, & l'épitre sur le pénultieme degré.

On voit peu de *jubés* dans les églises modernes, il y en a même plusieurs anciennes où on les a supprimés. M. Thiers, dans un traité particulier sur les *jubés*, a regardé cette suppression presque comme un sacrilege, & donne le nom singulier d'*ambono-*

clastes, où *briseurs de jubés*, à ceux qui les démolissoient, ou qui en permettoient la destruction que la vivacité de son zèle n'a pourtant point empêchée. *Voyez* AMBON. *Voyez aussi nos Pl. d'Archit.*

JUBETA, s. m. (*Hist. nat. Bot.*) c'est un arbre du Japon, de la grosseur du prunier, dont les fleurs & les baies ressembleat à celles du troesne. Son écorce est verdâtre. Ses feuilles sont en grand nombre, disposées l'une vis-à-vis de l'autre, de figure ovale, tendres & sujettes à se flétrir bien-tôt. Le noyau est blanc, d'un goût astringent & caustique. Ses baies passent pour venimeuses.

JUBILÉ, s. m. (*Théolog.*) se disoit chez les Juifs de la cinquantieme année qui suivoit la révolution de sept semaines d'années, lors de laquelle tous les esclaves étoient libres, & tous les héritages retournoient en la possession de leurs premiers maitres. *Voyez* ANNÉE & SABATH.

Ce mot, suivant quelques auteurs, vient de l'hébreu *jobel*, qui signifie *cinquante* ; mais c'est une méprise, car le mot hébreu *jobel* ne signifie point *cinquante*, ni ses lettres prises pour des chiffres, ne font, selon leur puissance numérale, ne sont point 50, mais 10, 6, 2 & 30, c'est-à-dire 48. D'autres disent que *jobel* signifioit un *bélier*, & qu'on annonçoit le *jubilé* avec un cor fait d'une corne de bélier, en mémoire de celui qui apparut à Abraham dans le buisson. Masios croit que ce nom vient de *Jubal*, qui fut le premier inventeur des instrumens de Musique, auxquels pour cette raison on donna son nom. Delà ensuite les noms de *jobel* & de *jubilé* pour signifier l'année de la délivrance & de rémission, parce qu'on l'annonçoit avec des instrumens qui ne furent d'abord que des cornes de bélier & fort imparfaits. *Diction. de Trévoux*.

Il est parlé assez au long du *jubilé* dans le xxv.e chapitre du Lévitique, où il est commandé aux Juifs de compter sept semaines d'années, c'est-à-dire sept fois sept, qui font quarante-neuf ans, & de sanctifier la cinquantieme année. Les Chronologistes ne conviennent pas si cette année jubilaire étoit la quarante-neuvieme ou la cinquantieme. Les achats qu'on faisoit chez les Juifs des biens & des terres n'étoient pas à perpétuité, mais seulement jusqu'à l'année du *jubilé*. La terre se reposoit aussi cette année-là, & il étoit défendu de la semer & de la cultiver. Les Juifs ont pratiqué ces usages fort exactement jusqu'à la captivité de Babylone. Mais ils ne les observerent plus après le retour, comme il est marqué dans le talmud par leurs docteurs, qui assurent qu'il n'y eut plus de *jubilés* sous le second temple. Cependant R. Moïse, fils de Maimon, dans son abrégé du talmud dit que les Juifs ont toujours continué de compter leurs *jubilés*, parce que cette supputation leur servoit pour régler leurs années, & sur-tout chaque septieme année, qui étoit la sabbatique, & certaines fêtes qui devoient réguliérement revenir à des tems marqués. M. Simon, *suppl. aux cérémon. des Juifs*.

On donne aujourd'hui le nom de *jubilé* à une solennité ou cérémonie ecclésiastique qu'on fait pour gagner une indulgence pléniere que le pape accorde extraordinairement à l'Église universelle, ou tout au moins à ceux qui visitent les églises de S. Pierre & de S. Paul à Rome. *Voyez* INDULGENCE.

Le *jubilé* fut établi par Boniface VIII. l'an 1300 en faveur de ceux qui iroient *ad limina apostolorum*, & il voulut qu'il ne se célébrât que de cent en cent

Tome IX. A

ans. L'année de cette célébration apporta tant de richesses à Rome, que les Allemands l'appelloient l'*année d'or*, & que Clément VI. jugea à propos de réduire la période du *jubilé* à cinquante ans. Urbain VI. voulut qu'on le célébrât tous les trente-cinq ans, & Sixte IV. tous les vingt-cinq ans, pour que chacun pût en jouir une fois en sa vie.

On appelle ordinairement ce *jubilé*, le *jubilé* de l'année sainte. La cérémonie qui s'observe à Rome pour l'ouverture de ce *jubilé*, consiste en ce que le pape, ou pendant la vacance du siége, le doyen des cardinaux, va à S. Pierre pour faire l'ouverture de la porte sainte qui est murée, & ne s'ouvre qu'en cette rencontre. Il prend un marteau d'or, & en frappe trois coups en disant, *aperite mihi portas justitiæ*, &c. puis on acheve de rompre la maçonnerie qui bouche la porte. Ensuite le pape se met à genoux devant cette porte pendant que les pénitenciers de S. Pierre la lavent d'eau-benite, puis prenant la croix, il entonne le *te Deum*, & entre dans l'église avec le clergé. Trois cardinaux légats que le pape a envoyés aux trois autres portes saintes, les ouvrent avec la même cérémonie. Ces trois portes sont aux églises de S. Jean de Latran, de S. Paul & de sainte Marie majeure. Cette ouverture se fait toujours de vingt-cinq en vingt-cinq ans aux premieres vêpres de la fête de Noël. Le lendemain matin, le pape donne la bénédiction au peuple en forme de *jubilé*. L'année sainte étant expirée, on referme la porte sainte la veille de Noel en cette maniere. Le pape bénit les pierres & le mortier, pose la premiere pierre, & y met douze cassettes pleines de médailles d'or & d'argent, ce qui se fait avec la même cérémonie aux trois autres portes saintes. Le *jubilé* attiroit autrefois à Rome une quantité prodigieuse de peuple de tous les pays de l'Europe. Il n'y en va plus guere aujourd'hui que des provinces d'Italie, sur-tout depuis que les papes accordent ce privilege aux autres pays, qui peuvent faire le *jubilé* chez eux, & participer à l'indulgence.

Boniface IX. accorda des *jubilés* en divers lieux à divers princes & monasteres, par exemple, aux moines de Cantorbery, qui avoient un *jubilé* tous les cinquante ans, durant lequel le peuple accouroit de toutes parts pour visiter le tombeau de saint Thomas Becket. Les *jubilés* sont aujourd'hui plus fréquens, & le pape en accorde suivant les besoins de l'Eglise. Chaque pape donne ordinairement un *jubilé* l'année de sa consécration.

Pour gagner le *jubilé*, la bulle oblige à des jeûnes, à des aumônes & à des prieres. Elle donne pouvoir aux prêtres d'absoudre des cas réservés, de faire des commutations de vœux, ce qui fait la différence d'avec l'indulgence pléniere. Au tems du *jubilé* toutes les autres indulgences sont suspendues.

Edouard III. roi d'Angleterre, voulut qu'on observât le jour de sa naissance en forme de *jubilé*, lorsqu'il fût parvenu à l'âge de cinquante ans. C'est ce qu'il fit en relâchant les prisonniers, en pardonnant tous les crimes, à l'exception de celui de trahison, en donnant de bonnes lois, & en accordant plusieurs privileges au peuple.

Il y a des *jubilés* particuliers dans certaines villes à la rencontre de certaines fêtes. Au Puy en Velay, par exemple, quand la fête de l'Annonciation arrive le vendredi saint ; & à Lyon, quand celle de S. Jean-Baptiste concourt avec la fête-Dieu.

L'an 1640, les Jésuites célébrerent à Rome un *jubilé* solemnel pour le centenaire depuis la confirmation de leur compagnie ; & cette même fête se célébra dans toutes les maisons qu'ils ont établies en divers endroits du monde.

JUBILÉ ou JUBILAIRE, (*Hist. ecclésiast.*) se dit d'un religieux qui a cinquante ans de profession dans un monastere, ou d'un ecclésiastique qui a desservi une église pendant cinquante ans.

Ces sortes de religieux sont dispensés en certains endroits des matines & des rigueurs de la regle.

On appelle aussi dans la faculté de Théologie de Paris, *jubilé*, tout docteur qui a cinquante ans de doctorat, & il jouit de tous les émolumens, droits, &c. sans être tenu d'assister aux assemblées, theses, & autres actes de la faculté.

Jubilé se dit encore d'un homme qui a vécu cent ans, & d'une possession ou prescription de cinquante ans : *Si ager non invenietur in scriptione, inquiratur de senioribus, quantum temporis fuit cum altero, & si sub certo* jubilæo *manset sine vituperatione, maneat in æternum*.

JUCATAN, (*Géogr.*) grande province de l'Amérique de la Nouvelle Espagne, découverte en partie par Ferdinand de Cordoue en 1517 ; elle est vis-à-vis de l'île de Cuba. Il y a dans cette province beaucoup de bois pour la construction des navires, du miel, de la cire, de la salsepareille, de la casse, & quantité de mahis : mais on n'y a point découvert de mines d'argent, & l'on n'y recueille point d'indigo ni de cochenille. La pointe de *Jucatan*, que les Indiens appellent *Eccampi*, gît à 21 degrés de hauteur ; elle a dans sa moindre largeur 80 de nos lieues, & 200 lieues de long. Cette province est moins connue par le nom de *Jucatan* que par celui de Campêche ; port très-dangereux à la vérité, puisqu'il est rempli de bancs & d'écueils, mais fameux par son bois qui est nécessaire aux belles teintures. La péninsule de *Jucatan* est située depuis le seizieme degré de latitude septentrionale jusqu'au vingt-deux, depuis le golfe de Gonajos jusqu'au golfe de Triste. Les Espagnols occupent la partie occidentale, & les Indiens l'orientale, qui est du côté de Honduras, mais ces Indiens sont en très-petit nombre, tous tributaires, ou, pour mieux dire, esclaves de leurs conquérans. (*D. J.*)

JUCCA, s. f. (*Hist. natur.*) nom que l'on donne en certains endroits de l'Amérique à la racine de manioc. *Voyez* CASSAVE & MANIOC.

JUCHART, s. m. (*Œconomie.*) mesure usitée dans la Suisse pour mesurer les terres, elle contient 140 verges de Basle, ou 287 verges de Rhinland, en quarré. Ce mot vient du mot latin *juger*.

JUCHÉ, adj. (*Maréchallerie.*) un cheval *juché* est celui dont les boulets des jambes de derriere font le même effet que ceux des jambes de devant.

JUDAÏQUES (PIERRES), *Hist. natur. Litologie*, ce sont des pierres d'une forme ovale & semblable à des olives, ayant ordinairement une queue par un de leurs côtés. Quelques naturalistes les ont aussi désignées sous le nom de *pierres d'olives* ; elles sont plus ou moins pointues & allongées ; il y en a qui sont unies ; d'autres sont sillonnées ; d'autres sont remplies de petits tubercules. Quelques gens les ont regardées comme des glands pétrisiés ; mais il y a toute apparence que ce sont des tubercules ou pointes d'oursins pétrisiées. Quelques naturalistes ont aussi donné le nom de *pierres judaïques* à des pierres cylindriques, longues & pointues par un bout & arrondies par l'autre ; elles sont aussi ou lisses ou sillonnées ou garnies des tubercules. Ce sont pareillement des pointes d'oursins pétrisiées ou d'échinites. *Voyez la Minéralogie de* Wallerius, *tome II. p. 97. & suiv.* Ces pierres ont été ainsi nommées, parce qu'elles se trouvoient en Judée & dans la Palestine. Il s'en trouve aussi en Silésie & dans d'autres pays.

On leur attribuoit autrefois de grandes vertus médicinales, & l'on prétendoit que la pierre *judaïque* pulvérisée & prise dans de l'eau chaude étoit un grand diurétique & un remede souverain contre la pierre des reins & de la vessie : voilà apparemment pourquoi Pline l'a nommée *récolithos*. (—)

JUDAISER, v. neut. (*Gram. Théolog.*) c'est avoir de l'attachement aux cérémonies judaïques. On a reproché aux premiers Chrétiens de *judaïser*. Nous disons aujourd'hui qu'un homme *judaïse*, lorsqu'il est observateur trop scrupuleux des choses peu importantes de la religion, s'il y a de pareilles choses.

JUDAISME, s. m. (*Théolog.*) religion des Juifs. Le *judaïsme* étoit fondé sur l'autorité divine, & les Hébreux l'avoient reçu immédiatement du ciel ; mais il n'étoit que pour un tems, & il devoit faire place, du moins quant à la partie qui regarde les cérémonies, à la loi que J. C. nous a apportée.

Le *Judaïsme* étoit autrefois partagé en plusieurs sectes, dont les principales étoient celles des Pharisiens, des Saducéens & des Esseniens. *Voyez* PHARISIENS, SADUCÉENS, &c.

On trouve dans les livres de Moïse un système complet de *Judaïsme*. Il n'y a plus aujourd'hui que deux sectes chez les Juifs ; savoir, celle des Caraïtes, qui n'admettent d'autre loi que celle de Moïse, & celle des rabbins qui y joignent les traditions du talmud. *Voyez* CARAITE & RABBIN.

On a remarqué que le *Judaïsme* est de toutes les religions celle que l'on abjure le plus difficilement. Dans la dix-huitieme année du regne d'Edouard I. le parlement lui accorda un quinzieme sur les biens du royaume pour le mettre en état d'en chasser les Juifs.

Les Juifs & tous les biens qu'ils possédoient appartenoient autrefois en Angleterre au seigneur sur les terres duquel ils vivoient, & qui avoit sur eux un empire si absolu qu'il pouvoit les vendre sans qu'ils pussent se soumer à un autre seigneur sans sa permission. Mathieu Paris dit que Henri III. vendit les Juifs à son frere Richard pour le terme d'une année, afin que ce comte éventrât ceux que le roi avoit déja écorchés : *Quos rex excoriaverat, comes evisceraret.*

Ils étoient distingués des Chrétiens, tant durant leur vie qu'après leur mort, car ils avoient des juges particuliers devant lesquels leurs causes étoient portées, & ils portoient une marque sur leurs habits en forme de table, qu'ils ne pouvoient quitter en sortant de chez eux, sans payer une amende. On ne les enterroit jamais dans la contrée, mais hors des murailles de Londres.

Les Juifs ont été souvent proscrits en France, puis rétablis. Sous Philippe le Bel en 1308, ils furent tous arrêtés, bannis du royaume, & leurs biens confisqués. Louis le Hutin son successeur les rappella en 1310. Philippe le Long les chassa de nouveau, & en fit brûler un grand nombre qu'on accusoit d'avoir voulu empoisonner les puits & les fontaines. Autrefois en Italie, en France & à Rome même on confisquoit les biens des Juifs qui se convertissoient à la foi chrétienne. Le roi Charles VI. les déchargea en France de cette confiscation, qui jusques-là s'étoit faite pour deux raisons, 1°. pour éprouver la foi de ces nouveaux convertis, n'étant que trop ordinaire à ceux de cette nation de feindre de se soumettre à l'Evangile pour quelque intérêt temporel, sans changer cependant intérieurement de croyance ; 2°. parce que comme leurs biens venoient pour la plûpart de l'usure, la pureté de la morale chrétienne sembloit exiger qu'ils en fissent une restitution générale, & c'est ce qui se faisoit par la confiscation. *D.* Mabillon, *veter. analect. tom. III.*

Les Juifs sont aujourd'hui tolérés en France, en Allemagne, en Pologne, en Hollande, en Angleterre, à Rome, à Venise, moyennant des tributs qu'ils payent aux princes. Ils sont aussi fort répandus en Orient. Mais l'inquisition n'en souffre pas en Espagne ni en Portugal. *Voyez* JUIFS.

JUDE, *Epître de S.* (*Théol.*) nom d'un des livres canoniques du nouveau-Testament écrit par l'apôtre saint *Jude*, surnommé *Thadée* ou *Lebbée* & le *zélé*, qui est appellé aussi quelquefois *le frere du Seigneur*, parce qu'il étoit, à ce qu'on croit, fils de Marie soeur de la sainte Vierge, & frere de saint Jacques le mineur évêque de Jérusalem.

Cette épître n'est adressée à aucune église particuliere, mais à tous les fideles qui sont aimés du pere & appellés du fils notre-Seigneur. Il paroît cependant par le verset 17 de cette épître où il cite la seconde de saint Pierre, & par toute la teneur de la lettre où il imite les expressions de ce prince des apôtres, comme déja connues à ceux à qui il écrit ; que son dessein a été d'écrire aux Juifs convertis qui étoient répandus dans toutes les provinces d'Orient, dans l'Asie mineur & au-delà de l'Euphrate. Il y combat les faux docteurs qu'on croit être les Gnostiques, les Nicolaites, & les Simoniens qui troubloient déja l'Eglise.

On ignore en quel tems elle a été écrite ; mais elle est certainement depuis les hérétiques dont on vient de parler ; d'ailleurs saint *Jude* y parle des apôtres comme morts depuis quelque tems ; ce qui fait conjecturer qu'elle est d'après l'an de J. C. 66, & même selon quelques-uns, écrite après la ruine de Jerusalem.

Quelques anciens ont douté de la canonicité & de l'authenticité de cette épître. Eusebe témoigne qu'elle a été peu citée par les écrivains ecclésiastiques, *liv. II. chap.* 23. mais il remarque en même tems qu'on la lisoit publiquement dans plusieurs églises. Ce qui a plus contribué à la faire rejetter par plusieurs, c'est que l'apôtre y cite le livre d'Enoch ou du moins sa prophétie. Il y cite aussi un fait de la vie de Moïse qui ne se trouve point dans les livres canoniques de l'ancien-Testament, & qu'on croit avoir été pris d'un ouvrage apocryphe, intitulé *l'assomption de Moïse.* Mais enfin elle est reçue comme canonique depuis plusieurs sectes, parce que saint *Jude* pouvoit savoir d'ailleurs ce qu'il cite des livres apocryphes, ou qu'étant inspiré il pouvoit y discerner les vérités des erreurs avec lesquelles elles étoient mêlées.

Grotius a cru que cette épître n'étoit pas de saint *Jude* apôtre, mais de Judas quinzieme évêque de Jerusalem, qui vivoit sous Adrien. Il pense que ces mots *frater autem Jacobi*, qu'on lit au commencement de cette épître, ont été ajoutés par les copistes, & que saint *Jude* n'auroit pas oublié, comme il fait, de s'y qualifier apôtre ; qu'enfin toutes les églises auroient reçu cette épître dès le commencement, si on eût crû qu'elle eût été d'un apôtre : mais cet auteur ne donne aucune preuve de cette addition prétendue. Saint Pierre, saint Paul & saint Jean ne mettent pas toujours leur qualité d'apôtres à la tête de leurs lettres. Enfin le doute de quelques églises sur l'authenticité de cette épître, ne lui doit pas plus préjudicier que le même doute sur tant d'autres livres canoniques de l'ancien & du nouveau-Testament. On a aussi attribué à saint *Jude* un faux évangile qui a été condamné par le pape Gélase. *Voyez* APOCRYPHES. Calmet, *Diction. de la Bible.*

JUDÉE, LA, (*Géog.*) pays d'Asie sur les bords de la méditerranée, entre cette mer au couchant, la Syrie au nord ; les montagnes qui sont au-delà du Jourdain à l'orient, & l'Arabie au midi.

Sa longueur prise depuis la Syrie antiochienne jusqu'à l'Egypte, faisoit environ soixante-dix lieues, & sa largeur depuis la Méditerranée jusqu'à l'Arabie pétrée, environ trente lieues ; Jerusalem en étoit la capitale. *Voyez* JÉRUSALEM.

On appelloit anciennement la *Judée* le pays de Chanaan ; ensuite on lui donna le nom de Palestine, de Terre promise, de royaume de Juda, de terre d'Israël, & finalement de Terre-sainte. Elle est arrosée par le Jourdain & quelques torrens ; les montagnes les plus hautes du pays sont le Liban & l'anti-Liban.

La *Judée*, avant Josué, fut gouvernée par des rois chananéens ; après Josué, les Israélites furent tantôt sous plusieurs servitudes, & tantôt eurent pour chefs des magistrats qu'ils nommerent *juges*, auxquels succéderent des rois de leur nation ; mais depuis le retour de la captivité, la *Judée* demeura soumise aux rois de Perse, aux successeurs d'Alexandre le grand, ensuite tantôt aux rois de Syrie, & tantôt aux rois d'Egypte. Après cela des Asmonéens gouvernerent la *Judée* en qualité de princes & de grands-prêtres, jusqu'à ce qu'elle fût réduite en province par les Romains, sous le département de la Syrie.

Depuis la chûte de l'empire romain, les Arabes, les Mahométans, les princes chrétiens, les Chorazans, se sont rendus maîtres de la *Judée*, enfin ce pays est tombé sous la domination de la Porte-ottomane. Nous indiquerons son état présent *au mot* PALESTINE ; & pour le reste, nous renvoyerons le lecteur à l'excellente description que Réland en a publiée. (*D. J.*)

JUDÉE, *Bitume de*, (*Hist. nat.*) nom donné par Pline & par quelques autres naturalistes à une espece d'asphalte ou de bitume solide, d'un noir luisant, extrêmement léger, qui se trouve en *Judée* nageant à la surface des eaux de la mer Morte. *Voyez* ASPHALTE & ASPHALTIDE.

JUDENBOURG, (*Géog.*) *Judenburgum*, ville d'Allemagne dans le cercle d'Autriche, capitale de la haute Stirie. Une singularité du gouvernement de cette ville, est que le magistrat n'y juge point à mort, & que toutes les causes criminelles se portent à Gratz ; *voyez* Zeyler *Stiriæ typograph*. *Judenbourg* est dans un canton agréable, à 14 milles N. O. de Gratz, 25 S. O. de Vienne. *Long*. 32. 55. *lat*. 47. 20. (*D. J.*)

JUDICATURE, s. f. (*Jurisprud.*) est l'état de ceux qui sont employés à l'administration de la justice.

On appelle offices de *judicature*, ceux qui ont pour objet l'administration de la justice, tels que les offices de présidens, conseillers, baillifs, prevôts, &c. Les offices de greffiers, huissiers, procureurs, notaires, sont aussi compris dans cette même classe.

Le terme de *judicature* est quelquefois pris pour tribunal ; on dit la *judicature* d'un tel endroit, comme qui diroit le corps des juges.

Quelquefois aussi par *judicature* on entend l'étendue de la jurisdiction, ou le ressort d'un juge. (*A*)

JUDICELLO *le*, (*Géog.*) petite riviere de Sicile, dans le val de Noto, selon M. de ll'Isle. Elle a sa source auprès de la Motta di sancta Anastasia, coupe en deux la ville de Catane & se perd dans la mer. C'est l'*Amenanus* des anciens, du moins de Strabon *liv. V. pag.* 240. qui remarque, qu'après avoir été à sec pendant quelques années, il avoit commencé à couler. (*D. J.*)

JUDICIAIRE, adj. (*Jurisprud.*) est ce qui se fait en jugement, ou par autorité de justice, ou qui appartient à la justice ; ainsi une requête *judiciaire* est celle qui se fait sur le barreau.

Un bail *judiciaire* est celui qui se fait par autorité de justice.

La pratique *judiciaire* ou les formes *judiciaires*, sont le style usité dans les tribunaux pour les procédures & pour les jugemens. (*A*)

* JUDICIEUX, adj. (*Gramm.*) qui marque du jugement, de l'expérience & du bon sens. On entend plus de choses ingénieuses & délicates, que de choses sensées & *judicieuses*. Il n'importe de plaire qu'aux hommes *judicieux* ; ce sont leur autorité qui entraîne l'approbation des contemporains, & leurs jugemens que l'avenir ratifie. Un trait ingénieux amuse en conversation ; mais il n'y a que le mot *judicieux* qui se soutienne par écrit.

JUDITH, *livre de*, (*Théolog.*) nom d'un des livres canoniques de l'ancien-Testament, ainsi appellé parce qu'il contient l'histoire de *Judith* héroine israëlite, qui délivra la ville de Béthulie sa patrie assiégée par Holopherne général de Nabuchodonosor, en mettant à mort ce même Holopherne.

L'authenticité & la canonicité du livre de *Judith* sont des points fort contestés. Les Juifs lisoient ce livre, & le conservoient du tems de saint Jérôme ; saint Clément pape l'a cité dans son épître aux Corinthiens, aussi-bien que l'auteur des constitutions apostoliques, écrites sous le nom du même saint Clément. S. Clément d'Alexandrie, *liv. IV. des stromates*; Origene, *Homél. 19 sur Jérémie*, & *tome III. sur saint Jean*; Tertulien, *lib. de Monogamia*, *cap. 17.* saint Ambroise, *lib. 3 de Officiis*, & *lib. de viduis*, en parlent aussi. Saint Jérôme le cite dans son épître à Furia, & dans sa préface sur le livre de *Judith*, il dit que le concile de Nicée avoit reçu ce livre parmi les canoniques, non qu'il eût fait un canon exprès pour l'approuver, car on n'en connoit aucun où il en soit fait mention, & saint Jérôme lui-même n'en cite aucun ; mais il savoit peut-être que les peres du concile l'avoient allégué, ou il présumoit que le concile l'avoit approuvé, puisque depuis ce concile les peres l'avoient reconnu & cité. Saint Athanase, ou l'auteur de la synopse qui lui est attribuée, en donne le précis comme des autres livres sacrés. Saint Augustin, comme il paroit par le *livre II. de la Doctrine chrétienne*, *cap. 8.* & toute l'église d'Afrique le recevoient dans leur canon. Le pape Innocent I. dans son épître à Exupere, & le pape Gélase dans le concile de Rome, l'ont reconnu pour canonique. Il est cité dans saint Fulgence & dans deux auteurs anciens, dont les sermons sont imprimés dans l'appendix du cinquieme tome de saint Augustin ; enfin le concile de Trente l'a déclaré canonique.

L'auteur de ce livre est inconnu. Saint Jérôme *in agg. cap. 1. v. 6.* semble croire que *Judith* l'écrivit elle-même ; mais il ne donne aucune bonne preuve de son sentiment. D'autres veulent que le grand-prêtre Joachim ou Eliacim, dont il est parlé dans ce livre, en soit l'auteur ; ce ne sont après tout que de simples conjectures. D'autres l'attribuent à Josué, fils de Josedech ; l'auteur, quel qu'il soit, ne paroit pas contemporain. Il dit *chap. xiv, v. 6.* que de son tems la famille d'Achior subsistoit encore en Israël ; & *chap. xvj, v. 31*, qu'on y célébroit encore la fête de la victoire de *Judith*, expressions qui insinuent que la chose étoit passée depuis assez long-tems.

Les Juifs, du tems d'Origene, avoient l'histoire de *Judith* en hébreu, c'est-à-dire selon toute apparence en chaldéen, parce qu'on a souvent confondu avec l'hébreu. Saint Jérôme dit que de son tems ils la lisoient encore en chaldéen, & la mettoient au nombre des livres hagiographes ; *voyez* HAGIOGRAPHES. Sebastien Munster croit que de son tems de Constantinople l'ont encore à présent en cette langue ; mais jusqu'ici on n'a rien vu d'imprimé de *Judith* en chaldéen. La version syriaque que nous en avons est prise sur le grec, mais sur un grec plus correct que celui que nous lisons aujourd'hui. Saint Jérôme a fait sa version latine sur le chaldéen ; & elle est si différente de la grecque, qu'on ne sauroit dire que l'une & l'autre viennent de la même source & du même original. Ce pere se plaint fort de la variété qui se voyoit entre les exemplaires latins de son tems. Calmet,

Dicton. de la Bible, tome II. pag. 460 & 461. On peut aussi consulter la préface & le commentaire de ce savant auteur sur le livre de *Judith*.

JUDOIGNE, (*Géog.*) *Judonia*, en flamand *Geldenaken*, petite ville des Pays-bas dans le Brabant, au quartier de Louvain, sur la Gete à 2 lieues de Tillemont, 4 de Gemblours, 5 de Louvain. *Long.* 22. 30. *lat.* 50. 43. (*D. J.*)

IVELINE, *la forêt d'*, (*Géog.*) forêt de France, dans l'île de France, entre Chevreuse, Rochefort, saint Arnould & Epernon. Elle s'étendoit au tems jadis fort loin, & le bois de Rambouillet en faisoit une portion. Toutes ces parties détachées ont présentement des noms particuliers, comme le bois des *Ivelines* qui conserve l'ancien nom, le bois de Rochefort, la forêt de Dourdans, le bois de Batonneau, le bois de Rambouillet, les tailles d'Epernon & la forêt de saint Léger; le tout ensemble faisoit autrefois une forêt continue, nommée *Aquilina sylva*, *sylva Evelina* ou *Eulina* dans les anciens titres (*D.J.*)

IVETTE, s. f. *chamæpitys*, (*Bot.*) genre de plante à fleur monopétale, qui n'a qu'une levre divisée en trois parties; celle du milieu a des dents qui occupent la place d'une levre supérieure. Il sort du fond de la fleur un pistil entouré de quatre embryons, ils deviennent dans la suite autant de semences oblongues & renfermées dans une capsule, qui a servi de capsule à la fleur. Ajoûtez à ces caracteres, que les fleurs de l'*ivette* ne sont pas rassemblées en épi, mais dispersées dans les aisselles des feuilles. Tournefort, *inst. rei herb. voyez* PLANTE.

Nous nous contenterons de parler ici seulement de l'*ivette* ordinaire, *chamæpitus lutea vulgaris*; & de la musquée, *chamapitis moschata*, vû leur usage médicinal.

La racine de l'*ivette* ordinaire est mince, fibrée, blanche. Ses tiges sont velues, couchées sur terre, disposées en rond, & longues d'environ neuf pouces. Ses feuilles partent des nœuds des tiges deux à deux, découpées en trois parties pointues, cotonneuses, & d'un jaune verd. Ses fleurs sortent des aisselles des feuilles disposées par anneaux, mais peu nombreuses & clair-semées. Elles sont d'une seule piece, n'ayant qu'une levre inférieure partagée en trois parties, dont la moyenne est échancrée; la place de la levre supérieure est occupée par quelques chantelures, & par quelques étamines d'un pourpre clair. Le calice est un cornet velu, fendu en cinq pointes; il renferme quatre graines triangulaires, brunes, qui naissent de fond du pistil.

Cette plante vient volontiers dans les terroirs en friche & crayeux; elle fleurit en Juin & Juillet, & est toute d'usage. Son suc a l'odeur de la résine qui découle du pin & du mélèze; il rougit le papier bleu. Toute la plante paroît contenir un sel essentiel, tartareux, un peu alumineux, mêlé avec beaucoup d'huile & de terre.

L'*ivette* musquée trace comme la précédente, à laquelle elle ressemble assez par ses feuilles & ses tiges, qui sont grêles, mais plus fermes que celles de l'*ivette* commune. Sa fleur est la même, mais de couleur de pourpre. Son calice renferme aussi quatre graines noires, ridées, longuettes, un peu recourbées comme un vermisseau. Toute la plante est fort velue, d'une saveur amere, d'une odeur forte de résine, désagréable, qui approche quelquefois du musc dans les pays chauds; & sur-tout pendant les grandes chaleurs, suivant l'observation de M. Garidel.

L'*ivette* musquée est fort commune dans nos provinces méridionales; elle a les mêmes principes que l'*ivette* ordinaire, mais en plus grande abondance; cependant on la substitue l'une à l'autre. Les medecins leur donnent des vertus diurétiques, emménagogues, propres à rétablir le cours des esprits dans les nerfs & dans les vaisseaux capillaires. (*D. J.*)

IVETTE, (*Pharmacie & Mat. médic.*) les vertus médicinales de l'*ivette* sont très-analogues à celles de la germandrée; la premiere cependant est un peu plus riche en parties volatiles: on employe fort communément ces deux plantes ensemble, ou l'une pour l'autre.

L'*ivette* est d'ailleurs particulierement célébrée pour les maladies de la tête & des nerfs; on prend intérieurement ses feuilles & ses fleurs en infusion ou en décoction légere, à la dose d'une pincée sur chaque grande tasse de liqueur.

Quelques auteurs en recommandent la décoction dans du lait de vache pour les ulceres de la vessie; d'autres la vantent dans l'asthme convulsif, & d'autres enfin dans le pissement de sang; mais toutes ces vertus particulieres sont fort peu évidentes.

Les feuilles d'*ivette* entrent dans l'eau générale, la thériaque, la poudre arthritique amere; ses sommités dans l'huile de renard, & ses feuilles & sa racine dans l'emplatre diabotanum de la pharmacopée de Paris.

Au reste on employe indifféremment deux sortes d'*ivette*, sçavoir l'*ivette* musquée, & l'*ivette* ordinaire. (*b*)

JUGA, s. f. (*Bot.*) genre de plante dont la fleur est monopétale, en entonnoir, & porte un tuyau frangé. Il s'éleve du fond du calice un pistil qui est attaché comme un clou à la partie postérieure de la fleur, & qui devient dans la suite un fruit ou silique molle, charnue & contenant des semences irrégulieres. *Plumier.*

* JUGA ou JUGATINE, (*Myth.*) nom que l'on donnoit à Junon, en qualité de déesse qui présidoit aux mariages. Il vient de *jugum* joug, & Junon étoit appellée *jugatine*, du joug que l'on plaçoit sur les époux dans la cérémonie du mariage. Junon *juga* ou *jugatina* avoit un autel à Rome dans une rue dite de cette circonstance *vicus jugatius*.

Il y avoit deux dieux *jugatins*; l'un pour les mariages auxquels il présidoit; l'autre ainsi nommé des sommets des montagnes.

JUGE, s. m. (*Droit moral.*) magistrat constitué par le souverain, pour rendre la justice en son nom à ceux qui lui sont soumis.

Comme nous ne sommes que trop exposés à céder aux influences de la passion quand il s'agit de nos intérêts, on trouva bon, lorsque plusieurs familles se furent jointes ensemble dans un même lieu, d'établir des *juges*, & de les revêtir du pouvoir de venger ceux qui auroient été offensés, de sorte que tous les autres membres de la communauté furent privés de la liberté qu'ils tenoient des mains de la nature. Ensuite on tâcha de remédier à ce que l'intrigue ou l'amitié, l'amour ou la haine, pourroient causer de fautes dans l'esprit des *juges* qu'on avoit nommés. On fit à ce sujet des lois, qui réglerent la maniere d'avoir satisfaction des injures, & la satisfaction que chaque injure requéroit. Les *juges* furent par ce moyen soumis aux lois; on lia leurs mains, après leur avoir bandé les yeux pour les empêcher de favoriser personne; c'est pourquoi, selon le style de la jurisprudence, ils doivent *dire droit*, & non pas *faire droit*. Ils ne sont pas les arbitres, mais les interpretes & les défenseurs des lois. Qu'ils prennent donc garde de supplanter la loi, sous prétexte d'y suppléer; les jugemens arbitraires coupent les nerfs aux lois, & ne leur laissent que la parole, pour m'exprimer avec le chancelier Bacon.

Si c'est une iniquité de vouloir rétrécir les limites de son voisin, quelle iniquité seroit-ce de transporter despotiquement la possession & la propriété des domaines en des mains étrangeres! Une sentence injuste, émanée arbitrairement, est un attentat contre la loi, plus fort que tous les faits des particuliers qui la violent; c'est corrompre les propres sources de la justice, c'est le crime des faux monnoyeurs qui attaque le prince & le peuple.

Personne n'ignore en quoi consistent les autres devoirs des *juges*, & je suis dispensé d'entrer dans ce détail. Je remarquerai seulement que le *juge* ayant rapport avec le souverain ou le gouvernement, avec les plaideurs, avec les avocats, avec les subalternes de la justice; ce sont autant d'especes de devoirs différens qu'il doit remplir. Quant aux parties il peut les blesser, ou par des arrêts injustes & précipités, ou par de longs délais. Dans les états où regne la vénalité des charges de judicature, le devoir des *juges* est de rendre promptement la justice; leur métier est de la différer, dit la Bruyere.

Un *juge* prévenu d'inclination en faveur d'une partie, devroit la porter à un accommodement plutôt que d'entreprendre de la juger. J'ai lu dans Diogene Laërce que Chilon se fit récuser dans une affaire, ne voulant opiner ni contre la loi, ni décider contre l'amitié.

Que le *juge* sur-tout reprime la violence, & s'oppose à la fraude qu'il découvre; elle fuit dès qu'on la voit. S'il craint que l'iniquité puisse prévaloir; s'il la soupçonne appuyée du crédit, ou déguisée par les détours de la chicane, c'est à lui de contrebalancer ces sortes de malversations, & d'agir de son pour mieux faire triompher l'innocence.

En deux mots, » le devoir d'un *juge* est de ne » point perdre de vûe qu'il est homme, qu'il ne lui » est pas permis d'excéder sa commission, que non- » seulement la puissance lui est donnée, mais encore » la confiance publique; qu'il doit toujours faire une » attention sérieuse, non pas à ce qu'il veut, mais à » ce que la loi, la justice & la religion lui comman- » dent ». C'est Ciceron qui parle ainsi dans son oraison pour Cluentius, & je ne pouvois pas supprimer un si beau passage. (*D. J.*)

JUGE, s. m. (*Hist. des Israëlites.*) gouverneur du peuple Juif avant l'établissement des rois; en effet on donna le nom de *juges* à ceux qui gouvernerent les Israëlites, depuis Moïse inclusivement jusqu'à Saül exclusivement. Ils sont appellés en hébreu *sophetim* au pluriel, & *sophet* au singulier. Tertulien n'a point exprimé la force du mot *sophetim*, lorsque citant le livre des *juges*, il l'appelle le livre des censeurs; leur dignité ne répondoit point à celle des censeurs romains, mais coincidoit plutôt avec les suffetes de Carthage, ou les archontes perpétuels d'Athenes.

Les Hébreux n'ont pas été les seuls peuples qui ayent donné le titre de *suffetes* ou de *juges* à leurs souverains; les Tyriens & les Carthaginois en agirent de même. De plus les Goths n'accorderent dans le iv. siecle à leurs chefs que le même nom; & Athanaric qui commença de les gouverner vers l'an 369, ne voulut point prendre la qualité de roi, mais celle de *juge*, parce qu'au rapport de Thémistius, il regardoit le nom de roi comme un titre d'autorité & de puissance, & celui de *juge*, comme une annonce de sagesse & de justice.

Grotius compare le gouvernement des Hébreux sous les *juges* à celui qu'on voyoit dans les Gaules & dans la Germanie avant que les Romains l'eussent changé.

Leur charge n'étoit point héréditaire, & étoit à vie; & leur succession ne fut ni toujours suivie, ni sans interruption; il y eut des anarchies & de longs intervalles de servitude, durant lesquels les Hébreux n'avoient ni *juges*, ni gouverneurs suprèmes. Quelquefois cependant ils nommerent un chef pour les tirer de l'oppression; c'est ainsi qu'ils choisirent Jephthé avec un pouvoir limité, pour les conduire dans la guerre contre les Ammonites; car nous ne voyons pas que Jephthé ni Barac ayent exercé leur autorité au-delà du Jourdain.

La puissance de leurs *juges* en général, ne s'étendoit que sur les affaires de la guerre, les traités de paix & les procès civils; toutes les autres grandes affaires étoient du district du sanhédrin: les *juges* n'étoient donc à proprement parler que les chefs de la république.

Ils n'avoient pas le pouvoir de faire de nouvelles loix, d'imposer de nouveaux tributs. Ils étoient protecteurs des loix établies, défenseurs de la religion, & vengeurs de l'idolatrie; d'ailleurs sans éclat, sans pompe, sans gardes, sans suite, sans équipages, à moins que leurs richesses personnelles ne les missent en état de se donner un train conforme à leur rang.

Le revenu de leur charge ne consistoit qu'en présens qu'on leur faisoit; car ils n'avoient aucun émolument réglé, & ne levoient rien sur le peuple.

A présent nous récapitulerons sans peine les points dans lesquels les *juges* des Israélites différoient des rois. 1°. Ils n'étoient point héréditaires; 2°. ils n'avoient droit de vie & de mort que selon les loix, & dépendemment des lois; 3°. ils n'entreprenoient point la guerre à leur gré, mais seulement quand le peuple les appelloit à leur tête; 4°. ils ne levoient point d'impôts; 5°. ils ne se succédoient point immédiatement. Quand un *juge* étoit mort, il étoit libre à la nation de lui donner un successeur sur le champ, ou d'attendre; c'est pourquoi on a vu souvent plusieurs années d'*inter-juges*, si je puis parler ainsi; 6°. ils ne portoient point les marques de souveraineté, ni sceptre, ni diadème; 7°. enfin ils n'avoient point d'autorité pour créer de nouvelles lois, mais seulement pour faire observer celles de Moïse & de leurs prédécesseurs. Ce n'est donc qu'improprement que les *juges* sont appellés rois dans deux endroits de la Bible, sçavoir, *Juges ch. ix. & ch. xviij.*

Quant à la durée du gouvernement des *juges*, depuis la mort de Josué jusqu'au regne de Saül, c'est un sujet de chronologie sur lequel les savans ne sont point d'accord, & qu'il importe peu de discuter, ici. (*D. J.*)

JUGES, livre des, (*Théol.*) livre canonique de l'ancien testament, ainsi nommé parce qu'il contient l'histoire du gouvernement des *juges* ou chefs principaux qui régirent la république des Hébreux, à compter environ trente ans depuis la mort de Josué jusqu'à l'élévation de Saül sur le trône, c'est-à-dire l'espace de plus de trois cens ans.

Ce livre que l'Eglise reconnoît pour authentique & canonique, est attribué par quelques-uns à Phinés, par d'autres à Esdras ou à Ezéchias, & par d'autres à Samuel ou à tous les *juges* qui auroient écrit chacun l'histoire de leur tems & de leur judicature. Le P. Calmet pense que c'est l'ouvrage d'un seul auteur qui vivoit après le tems, & de leur judicature. La preuve qu'il en apporte est, qu'au *chap. xv. viij. x.* & dans les suivans, l'auteur fait un précis de tout le livre, & qu'il en donne une idée générale. L'opinion qui l'attribue à Samuel paroît fort probable; 1°. l'auteur vivoit en un tems où les Jébuséens étoient encore maîtres de Jérusalem, comme il paroît par le *chap. j. v. 21.* & par conséquent avant David; 2°. il paroît que lorsque ce livre fut écrit, la république des Hébreux étoit gouvernée par des rois, puisque l'auteur remarque en plus d'un endroit sous les *juges*, qu'alors il n'y avoit point de rois en Israël.

On ne laisse pas que de former contre ce sentiment quelques difficultés considérables, par exemple il est dit dans les *Juges, chap. xviij. v. 30 & 31.*

que les enfans de *Dan* établirent Jonathan & ses fils prêtres dans la tribu de *Dan* jusqu'au jour de leur captivité, & que l'idole de *Micha* demeura chez eux, tandis que la maison du *Seigneur* fut à *Silo*. Le tabernacle ou la maison de Dieu ne fut à Silo que jusqu'au commencement de Samuel, car alors on la tira de Silo pour la porter au camp où elle fut prise par les Philistins ; & depuis ce tems elle fut renvoyée à Cariath-iarim. Quant à la captivité de la tribu de Dan, il semble qu'on ne peut guere l'entendre que de celle qui arriva sous Theglapt Phalassar, roi d'Assirie, plusieurs siecles après Samuel : & par conséquent il n'a pu écrire ce livre, à moins qu'on ne reconnoisse que ce passage y a été ajouté depuis lui ; ce qui n'est pas insoyable, puisqu'on a d'autres preuves & d'autres exemples de semblables additions faites au texte des livres sacrés. Calmet, *Diction. de la Bible.*

JUGE, s. m. (*Hist. rom.*) dans la république romaine, les *juges* furent d'abord choisis parmi les sénateurs ; l'an 630, les Gracches transporterent cette prérogative aux chevaliers ; Drusus la fit donner aux sénateurs & aux chevaliers ; Sylla la remit entre les mains des seuls sénateurs ; Cotta la divisa entre les sénateurs, les chevaliers & les trésoriers de l'épargne ; César prit le parti de priver ces derniers de cet honneur ; enfin Antoine établit des décuries de sénateurs, de chevaliers & de centurions, auxquels il accorda la puissance de juger.

Tant que Rome, ajoute l'auteur de l'Esprit des lois, conserva les principes, les jugemens purent être sans abus entre les mains des sénateurs ; mais quand Rome fut corrompue, à quelques corps qu'on transportât les jugemens, aux sénateurs, aux chevaliers, aux trésoriers de l'épargne, à deux de ces corps, à tous les trois ensemble, enfin à quelqu'autre corps que ce fût, on étoit toujours mal ; si les chevaliers avoient moins de vertu que les Sénateurs, s'il étoit absurde de donner la puissance de juger à des gens qui devoient être sans cesse sous les yeux des *juges*, il faut convenir que les trésoriers de l'épargne & les centurions avoient aussi peu de vertu que les chevaliers ; pourquoi cela ? C'est que quand Rome eut perdu ses principes, la corruption, la dépravation se glisserent presque également dans tous les ordres de l'état. (*D. J.*)

JUGES *des enfers*, (*Mythol.*) la fable en nomme trois, Minos, Eaque & Rhadamante, & l'on imagine bien qu'elle leur donne à tous trois une origine céleste ; ce sont les fils du souverain maître des dieux.

Rhadamante, selon l'histoire, fut un des législateurs de Crète, qui mérita par son intégrité & par ses autres vertus la fonction de *juge* aux enfers, dont les Poëtes l'honorerent. *Voyez* RHADAMANTE.

Minos son illustre frere & son successeur, eut encore plus de réputation. Sa profonde sagesse donna lieu de dire, qu'il étoit dans la plus étroite confidence de Jupiter, *& Jovis arcanis Minos admissus* ; on ne manqua pas d'assurer après sa mort qu'il remplissoit le premier des trois tribunaux, où tous les pâles humains sont cités pour rendre compte de leurs actions. *Voyez* MINOS.

Eaque régna sur Egine, aujourd'hui Eugia :

Œnopiam veteres apellavere ; sed ipse
Æacus, Æginam genitricis nomine dedit.

C'est le seul des rois de cette île, dont l'histoire ait conservé le nom. Ses belles qualités lui procurerent une place entre Minos & Rhadamante : il jugeoit l'europe entiere. Sa réputation fut si grande pendant le cours de sa vie, que toute l'Attique ayant été affligée d'une longue sécheresse, on consulta l'oracle, qui répondit, que le fléau cesseroit seulement quand Eaque se rendroit l'intercesseur de la Grèce. *Voyez* EAQUE.

Platon feint ingénieusement que lorsque Jupiter, Neptune & Pluton eurent partagé le royaume de leur pere, ils ordonnerent que les hommes prêts à quitter la vie, fussent jugés pour recevoir la récompense ou le châtiment de leurs bonnes ou mauvaises actions ; mais comme ce jugement se rendoit à l'instant qui précédoit la mort, il étoit sujet à de grandes injustices. Les princes fastueux, guerriers, despotiques, paroissoient devant leurs *juges* avec toute la pompe & tout l'appareil de leur puissance, les éblouissoient, & se faisoient encore redouter, en sorte qu'ils passoient souvent dans l'heureux séjour des justes. Les gens de bien au contraire, pauvres & sans appui, étoient encore exposés à la calomnie, & quelquefois condamnés comme coupables.

Sur les plaintes réitérées qu'en reçut Jupiter, il changea la forme de ses jugemens ; le tems en fut fixé au moment même qui suit la mort. Rhadamante & Eaque ses fils, furent établis *juges* ; le premier pour les Asiatiques & les Africains, le second pour les Européens ; & Minos son troisieme fils étoit au-dessus d'eux, pour décider souverainement en cas d'incertitude.

Leur tribunal fut placé dans un endroit, appellé le *champ de la vérité*, parce que le mensonge & la calomnie n'en peuvent approcher : il aboutit d'un côté au Tartare, & de l'autre aux champs Elisées. Là comparoît un prince dès qu'il a rendu le dernier soupir ; là, dit Socrate, il comparoît dépouillé de toute sa grandeur, réduit à lui seul, sans défense, sans protection, muet & tremblant pour lui-même, après avoir fait trembler la terre. S'il est trouvé coupable de fautes qui soient d'un genre à pouvoir être expiées, il est relegué dans le Tartare pour un tems seulement, & avec assurance d'en sortir quand il aura été suffisamment purifié. Tels étoient aussi les discours des autres sages de la Grèce.

Tous nos savans croyent que l'idée de ce jugement après la mort, avoit été empruntée par les Grecs de la coutume des Egyptiens, rapportée dans Diodore de Sicile, & dont nous avons fait mention au mot ENFER, & au mot FUNÉRAILLES des Egyptiens.

La sépulture ordinaire de ce peuple, dit l'historien Grec, étoit au-delà d'un lac nommé *Achérusie*. Le mort embaumé devoit être apporté sur le bord de ce lac, au pié d'un tribunal, composé de plusieurs *juges* qui informoient de ses vie & mœurs, en recevant les dépositions de tout le monde. S'il n'avoit pas payé ses dettes, on livroit son corps à ses créancier, afin d'obliger sa famille à le retirer de leurs mains, en se contentant pour la somme due ; s'il n'avoit pas été fidele aux lois, le corps privé de sépulture, étoit jetté dans une espece de tolle, qu'on nommoit *le Tartare*. Mais si le jugement prononçoit à sa gloire, le batelier Querrou avoit ordre de conduire le corps au-delà du lac, pour y être enseveli dans une agréable plaine qu'on nommoit *Elisou*. Cette cérémonie finissoit en jettant trois fois du sable sur l'ouverture du caveau, où l'on avoit enfermé le cadavre, & en lui disant autant de fois adieu : *Magnâ manes ter voce vocavi*.

M. Maillet nous a très-bien expliqué comment on enterroit les cadavres embaumés des Egyptiens. On les descendoit dans des caveaux profonds, qui étoient pratiqués dans le roc ou le tuf, sous les tables de la plaine de Memphis ; on bouchoit le caveau avec une pierre, & on laissoit ensuite retomber par dessus le sable des endroits voisins.

Ajoutons en passant, que la coutume égyptienne de jetter trois fois du sable sur le corps mort, devint universelle. Les Grecs en donnerent l'exemple aux

Romains : *injecto ter pulvere*, dit Horace. Ceux qui avoient négligé cet acte de religion, que la plûpart des chrétiens suivent encore aujourd'hui, étoient obligés, pour expier leur crime, d'immoler tous les ans à Cérès une truie qu'on nommoit *porca præcidanea*. *Voyez* SÉPULTURE. (*D. J.*)

JUGE, (*Jurisprud.*) du latin *judex*, *quasi jus dicens*, signifie en général toute personne qui porte son jugement sur quelque chose.

On entend quelquefois par le terme de *juge* une puissance supérieure qui a le pouvoir de rendre à chacun ce qui lui appartient : on dit par exemple en ce sens, que Dieu est le souverain *juge* des vivans & des morts ; l'Eglise est *juge* des articles de la foi ; les souverains sont les premiers *juges* de leurs sujets, c'est-à-dire, qu'ils leur doivent la justice, mais ils se déchargent d'une partie de ce soin sur d'autres personnes.

On donne le titre de *juges* à ceux qui sont établis par les souverains pour rendre la justice, ou par ceux auxquels ils en ont concédé quelque portion pour la faire exercer, tels que lès évêques & autres seigneurs ecclésiastiques & laïques, & les villes & communautés qui ont quelque part en l'administration de la justice.

Dans le premier âge du monde les peres faisoient chacun la fonction de *juges* dans leur famille ; lorsque l'on eut établi une puissance souveraine sur chaque nation, les rois & autres princes souverains furent chargés de rendre la justice ; ils la rendent encore en personne dans leurs conseils & dans leurs parlemens ; mais ne pouvant expédier par eux-mêmes toutes les affaires, ils ont établi des *juges*, sur lesquels ils se sont déchargé d'une partie de ce soin.

Chez les Romains, & autrefois en France, ceux qui avoient le gouvernement militaire d'une province ou d'une ville, remplissoient en même tems la fonction de *juges* avec quelques assesseurs dont ils prenoient conseil.

La fonction de *juge* dans le premier tribunal de la nation, a toujours été attachée aux premiers & aux grands de l'état.

En France, elle n'étoit autrefois remplie au parlement que par les barons ou grands du royaume, auxquels ont succédé les pairs, & par les prélats ; pour y être admis en qualité de sénateur, il falloit être chevalier.

Du tems de saint Louis, il falloit en général être noble ou du moins franc, c'est-à-dire, libre, pour faire la fonction de *juges*: aucun homme coutumier ou villain ne pouvoit rendre la justice ; car dans les lieux où elle se rendoit par pair, il falloit nécessairement être pair pour être du nombre des *juges*, & dans les lieux où elle se rendoit par des baillifs, ceux-ci ne devoient appeller pour juger avec eux que des gentilshommes ou des hommes francs, c'est-à-dire, des seigneurs de fief, & quelquefois des bourgeois.

Il y a différens ordres de *juges* qui sont élevés plus ou moins en dignité, selon le tribunal où ils exercent leur fonction ; mais le moindre *juge* est respectable dans ses fonctions, étant à cet égard dépositaire d'une partie de l'autorité du souverain.

L'insulte qui est faite au *juge* dans ses fonctions & dans l'auditoire même, est beaucoup plus grave que celle qui lui est faite ailleurs.

Le *juge* doit aussi, pour se faire connoître & se faire respecter, porter les marques de son état, tellement que si le *juge* n'étoit pas revêtu de l'habillement qu'il doit avoir, ce qu'il auroit fait seroit nul, comme étant réputé fait par quelqu'un sans caractere ; hors leurs fonctions & les cérémonies publiques, ils ne sont pas obligés de porter la robe & autres marques de leur état, mais ils ne doivent toujours paroître en public qu'en habit décent, & tel qu'il convient à la gravité de leur caractere.

Les magistrats romains étoient précédés d'un certain nombre de licteurs ; en France plusieurs *juges* ont obtenu la prérogative d'avoir des gardes ; le prévôt de Paris a douze huissiers armés de pertuisanes ; Louis XI. avoit aussi donné vingt-cinq gardes au prévôt de Bourges à cause qu'il y étoit né.

Tous les *juges* ont des huissiers & sergens qui les précédent lorsqu'ils entrent au tribunal ou qu'ils en sortent, pour leur faire faire place & leur faire porter honneur & respect ; ces huissiers battent ordinairement de la baguette devant le tribunal en corps, ou devant une députation, ou devant les premiers magistrats du tribunal, pour annoncer la présence de ces *juges* & en figue de leur autorité.

La fonction des *juges* est de rendre la justice à ceux qui sont soumis à leur jurisdiction. Ils rendent des ordonnances sur les requêtes qui leur sont présentées, & rendent des sentences, ou si ce sont des *juges* souverains, des arrêts sur les contestations instruites devant eux.

Ils font aussi des enquêtes, informations, procès-verbaux, descentes sur les lieux, & autres actes, lorsque le cas y échet.

Leurs jugemens & procès-verbaux sont rédigés & expédiés par leur greffier, & leurs commissions & mandemens sont exécutés par les huissiers ou sergens de leur tribunal, ou autres qui en sont requis.

Le pouvoir de chaque *juge* est limité à son territoire, ou à la matiere dont la connoissance lui a été attribuée ou aux personnes qui sont soumises à sa jurisdiction ; lorsqu'il excede les bornes de son pouvoir, il est à cet égard sans caractere.

Il doit rendre la justice dans l'auditoire ou autre lieu destiné à cet usage ; il peut seulement faire en son hôtel certains actes tels que les tutelles, curatelles & référés.

L'écriture dit que *xenia & dona excæcant oculos judicum*; c'est pourquoi les ordonnances ont toujours défendu aux *juges* de boire & manger avec les parties, & de recevoir d'elles aucun présent.

Les anciennes ordonnances défendoient même aux sénéchaux, baillifs & autres *juges* de recevoir pour eux ni pour leurs femmes & enfans aucun présent de leurs justiciables, à moins que ce ne fussent des choses à boire ou à manger que l'on pût consommer en un seul jour ; ils ne pouvoient pas vendre le surplus sans profusion, encore ne devoient-ils en recevoir que des personnes riches, & une ou deux l'année seulement ; s'ils recevoient du vin en présent, il falloit que ce fût en barils ou bouteilles ; telles étoient les dispositions de l'ordonnance de 1302, *art.* 40 & *suiv.*

Celle d'Orléans, *art.* 43, permettoit aux *juges* de recevoir de la venaison ou gibier pris dans les forêts & terres des princes & seigneurs qui le donneroient.

Mais l'ordonnance de Blois, *art.* 114, défend à tous *juges* de recevoir aucuns dons ni présens de ceux qui auront affaire à eux.

Le ministere des *juges* devoit donc être purement gratuit, comme il l'est encore en effet pour les affaires d'audience ; mais pour les affaires appointées l'usage ayant introduit que la partie qui avoit gagné son procès faisoit présent à ses *juges* de quelques boëtes de dragées & confitures seches que l'on appelloit alors *épices* ; ces épices furent dans la suite converties en argent. *Voyez* ÉPICES.

Les *juges* sont aussi autorisés à se faire payer des vacations pour leurs procès-verbaux & pour les affaires qui s'examinent par des commissaires.

Les anciennes ordonnances défendent aux *juges* de recevoir aucunes sollicitations, dans la crainte qu'ils qu'ils ne se laissent prévenir à force d'importunités.

On obtenoit aussi autrefois en France, comme chez les Romains, que nul ne fût *juge* dans son pays, afin que le *juge* ne fût point détourné de son devoir par des motifs de considération pour ses parens, alliés, amis, voisins ou autres personnes à lui connues.

Anciennement les *juges* devoient être à jeun pour juger, c'est la disposition d'un capitulaire de Charlemagne de l'an 801, & d'un concile de Reims de l'an 813, ce qui ne s'observe plus ; on observe seulement que les procès-criminels doivent être vus le matin & non de relevée, & les *juges* ne sont pas obligés d'être à jeun même pour juger ces sortes d'affaires ; mais la prudence veut que s'ils déjeunent, ils le fassent sobrement.

Quant au nombre de *juges* qu'il faut pour rendre un jugement, cela dépend des tribunaux & de la nature des affaires.

Dans les justices seigneuriales & dans les petites justices royales, il n'y a ordinairement qu'un seul *juge* pour rendre une sentence ; mais dans les affaires criminelles, il en faut au moins trois, de sorte que s'il y en a pas, le *juge* appelle avec lui deux gradués.

Au châtelet de Paris, il faut du moins cinq *juges* pour rendre une sentence en la chambre du conseil.

Il y a quelques tribunaux qui ne peuvent juger qu'au nombre de cinq, tels que le conseil souverain de Roussillon.

Les présidiaux ne peuvent juger qu'au nombre de sept, autrefois il falloit y être au nombre de douze & même treize pour juger une proposition d'erreur, ce qui a été abrogé.

Les parlemens de Grenoble, Aix & Dijon, jugent au nombre de sept, comme font aussi les maîtres des requêtes au souverain ; le parlement de Paris ne juge qu'au nombre de dix.

Au conseil du roi, il n'y a point de nombre fixe de *juges* pour rendre un arrêt.

Les *juges* doivent écouter avec attention les avocats & procureurs des parties, ou celui d'entre eux qui fait le rapport de l'affaire ; ceux qui ont manqué d'assister à quelque plaidoirie, ou à une partie du rapport ne peuvent plus être du nombre des *juges* pour cette affaire.

Il n'est pas permis au *juge* de réformer lui-même sa sentence, elle ne peut être réformée que par un *juge* supérieur ; c'est pourquoi Philippe de Macédoine aima mieux payer l'amende, en laquelle, étant endormi, il avoit condamné un homme, que de révoquer sa sentence.

Les *juges* qui manquent à leur devoir ou qui prévariquent dans leurs fonctions sont sujets à diverses peines.

Nous voyons dans l'antiquité que Cambyse, roi de Perse, fit écorcher un *juge* pour avoir jugé faussement ; Artaxercès traita de même de mauvais *juges*, & fit asseoir sur leurs peaux leurs successeurs.

Les anciennes ordonnances du royaume veulent que les *juges* qui ne seront pas le procès aux délinquans, soient tenus de payer le dommage.

Dans les pays coutumiers, lorsque l'on se plaignoit d'un jugement, on intimoit le *juge* pour voir infirmer ou confirmer le jugement, & l'on ajournoit la partie, & lorsque le *juge* avoit mal jugé on le condamnoit en l'amende ; présentement on n'intime plus que la partie qui a obtenu la sentence, à moins qu'il n'y ait des causes pour prendre le *juge* à partie ; il est seulement resté de l'ancien usage que les *juges* du châtelet assistent à l'ouverture du rôle de Paris.

Il n'est pas permis aux *juges* de se rendre adjudicataires des biens qui se vendent en leur siège ou qui s'y donnent à bail judiciaire ; ils doivent aussi observer toutes les bienséances qui conviennent à leur état ; par exemple, il est défendu aux *juges* royaux de faire commerce.

Les *juges* de seigneurs peuvent être destitués *ad nutum*, à moins qu'ils n'ayent payé une finance pour leur office, auquel cas ils ne peuvent être destitués qu'en les remboursant.

La destitution ne doit point être faite *cum elogio* ; à moins que le seigneur ne soit en état de prouver les faits.

Pour ce qui est des *juges* royaux depuis la vénalité des charges, ils ne peuvent plus être destitués que pour malversation.

Voyez au code les titres *de officio civilium judicum*, *de officio diversorum judicum*, *de sententiis judicum*, le dictionnaire de Drillon au mot JUGE, & *ci-après aux mots* JUSTICE, LIEUTENANT, MAGISTRAT. (*A*)

JUGÉ D'APPEAUX *ou* D'APPEL, est celui devant lequel ressortit l'appel d'un *juge* inférieur. On disoit autrefois *juge d'appeaux* ; on dit présentement *juge d'appel*. On l'appelle aussi *juge ad quem*. Au reste, cette qualité n'est pas absolue pour les *juges* inférieurs, mais seulement relative ; car le même *juge* qui est qualifié *juge d'appel*, par rapport à celui qui y ressortit, est lui-même qualifié de *juge à quoi*, relativement à un autre *juge* qui est son supérieur, & auquel ressortit l'appel de ses jugemens. *Voyez* JUGE A QUOI. (*A*)

JUGE D'APPEL est celui qui connoît d'appel de la sentence d'un *juge* intérieur ; au lieu que le *juge* dont est appel, est le *juge* inférieur dont l'appel ressortit au *juge* d'appel qui est son supérieur. *Voyez* APPEL. (*A*)

JUGE DONT EST APPEL, ne signifie pas simplement celui des jugemens duquel on peut appeller, mais celui dont la sentence fait actuellement la matiere d'un appel. *Voyez* JUGE D'APPEL & JUGE A QUO. (*A*)

JUGE D'ARMES est un officier royal établi pour connoître de toutes les contestations & différends qui arrivent à l'occasion des armoiries, circonstances & dépendances, & pour dresser des registres dans lesquels il employe le nom & les armes des personnes nobles & autres, qui ont droit d'avoir des armoiries.

Cet officier a succédé au maréchal d'armes, qui fut établi par Charles VIII. en 1487, pour écrire, peindre & blasonner dans les registres publics, le nom & les armes de toutes les personnes qui avoient droit d'en porter.

La noblesse de France, animée du même esprit, supplia le roi Louis XIII. de créer un *juge d'armes* ; ce qu'il fit par Edit de Janvier 1615, lequel lui donne plein pouvoir de juger des blasons, fautes & méséances des armoiries, & de ceux qui en peuvent & doivent porter, & des différends à ce sujet, à l'exclusion de tous autres *juges* : voulant S. M. que les sentences & jugemens de ce *juge* ressortissent nuement devant les maréchaux de France.

L'office de *juge d'armes* fut supprimé en 1696, & en sa place on créa un grand-maître de l'armoirie général, pour juger en dernier ressort l'appel des maîtres particuliers, qui furent aussi créés dans chaque province ; mais ces officiers furent eux-mêmes supprimés en 1700 ; & par Edit du mois d'Août 1707, celui de *juge d'armes* fut rétabli. *Voyez* ARMOIRIES. (*A*)

JUGE D'ATTRIBUTION est un *juge* extraordinaire, auquel le roi a attribué la connoissance de toutes les affaires d'une certaine nature ; tels sont les chambres des comptes, cours des aides, cours des monnoies, les élections, greniers à sel, les *juges* d'eaux & forêts, & autres semblables.

Il y a aussi des *juges* ordinaires qui deviennent *juges d'attribution*, pour certaines affaires qui leur sont renvoyées en vertu de lettres-patentes.

L'établissement des *juges d'attribution* est fort ancien; car il y en avoit déjà chez les Romains. Outre le *juge* ordinaire appellé *prætor urbanus*, il y avoit d'autres préteurs, l'un appellé *prætor peregrinus*, qui connoissoit des causes des étrangers; un autre qui connoissoit des fideicommis; un autre, du crime de faux; & en France la plûpart des grands officiers de la couronne avoient chacun leur jurisdiction particuliere pour la manutention de leurs droits, tels que le connétable, l'amiral, le grand forestier, & autres, d'où sont venus plusieurs jurisdictions *'attribution*, qui subsistent encore présentement. (*A*)

JUGE AUDITEUR DU CHASTELET, est un *juge* royal qui connoît des affaires pures personnelles jusqu'à 50 livres une fois payées; on dit quelquefois les *auditeurs*, parce qu'en effet il y en avoit autrefois plusieurs.

On ne sait pas au juste le tems de leur premier établissement, non plus que celui des conseillers dont ils ont été tirés; il paroît seulement que dès le douzieme siecle il y avoit au châtelet des conseillers & que le prevôt de Paris en commettoit deux d'entr'eux pour entendre les causes légeres dans les basses auditoires du châtelet, après qu'ils avoient assisté à l'audience du siege d'en haut avec lui; on les appelloit aussi *auditeurs de témoins*, & *enquêteurs* ou *examinateurs*, parce qu'ils faisoient les enquêtes, & examinoient les témoins.

Le commissaire de la Mare, en son traité de la police, prétend que S. Louis, lors de la réforme qu'il fit du châtelet, élut des *auditeurs*, & voulut qu'ils fussent pourvus par le prevôt; que ce fut lui qui sépara la fonction des *auditeurs* de celle des enquêteurs & examinateurs de témoins. Il est cependant vrai de dire que les *auditeurs* firent encore pendant quelque tems la fonction d'examinateurs de témoins; que les uns & les autres n'étoient point des officiers en titre, & que ce n'étoient que des commissions momentannées que le prevôt de Paris donnoit ordinairement à des conseillers.

En effet, l'ordonnance de Philippe-le-Bel, du mois de Novembre 1302, fait mention que les *auditeurs* de témoins étoient anciennement choisis par le prevôt de Paris, lorsque cela étoit nécessaire; que Philippe-le-Bel en avoit ensuite établis en titre; mais par cette ordonnance il les supprima, & laissa au prevôt de Paris la liberté d'en nommer comme par le passé, selon la qualité des affaires. Il y en avoit ordinairement deux.

Cette même ordonnance prouve qu'ils avoient déjà quelque jurisdiction; car on leur défend de connoître du domaine du roi, & de terminer aucun gros mésait, mais de le rapporter au prevôt de Paris; & il est dit que nul *auditeur*, ni autre officier ne sera pensionnaire en la vicomté de Paris.

Par des lettres de Philippe-le-Bel du 18 Décembre 1311, il leur fut défendu & à leurs clercs ou greffiers de s'entremettre en la fonction d'examinateurs; & dans la sentence du châtelet, les *auditeurs* & conseillers qui avoient été appellés, sont dits *tous du conseil du roi au châtelet*.

Suivant une autre ordonnance du premier Mai 1313, ils choisissoient avec le prevôt de Paris les examinateurs & les clercs ou greffiers; ils ne devoient juger aucune cause où il fût question d'héritages, ni de l'état des personnes, mais seulement celles qui n'excederoient pas soixante sols; tous procès pouvoient s'instruire devant eux, & quand ils étoient en état d'être jugés, ils les envoyoient au prevôt, &

celui-ci leur renvoyoit les frivoles amendemens ou appels qui étoient démandés de leurs jugemens.

Le réglement fait pour le châtelet en 1327, porte qu'ils feront continuelle résidence en leur siege du châtelet, s'ils n'ont excusé légitime; qu'en ce cas le prevôt les pourvoira de lieutenans; que ni eux, ni leurs lieutenans ne connoitront de causes excédantes 20 liv. parisis, ni pour héritages; qu'ils ne donneront ni decrets ni commissions signés, sinon ès causes de leur compétence; qu'on ne pourra prendre un défaut *en bas* devant les *auditeurs*, dans les causes commencées en haut devant le prevôt, & *vice versâ*; qu'on ne pourra demander au prevôt l'amendement d'une sentence d'un *auditeur*, pour empêcher l'exécution par fraude, à peine de 40 s. d'amende que le prevôt pourra néanmoins diminuer; qu'il connoîtra sommairement & *de plano* de cet amendement; enfin que les *auditeurs* entreront au siege, & se leveront comme le prevôt de Paris.

On voit par une ordonnance du roi Jean, du mois de Février 1350, qu'ils avoient inspection sur les métiers & marchandises, & sur le sel; qu'au défaut du prevôt de Paris, ils étoient appellés avec les maîtres des métiers pour connoître la bonté des marchandises amenées à Paris par les forains; que dans le même cas ils avoient inspection sur les bouchers & chandeliers, élisoient les jurés de la marée & du poisson d'eau douce, & avoient inspection sur eux; qu'ils élisoient pareillement les quatre prud'hommes qui devoient faire la police sur le pain.

Dans des lettres du même roi de 1354, un des *auditeurs* est aussi qualifié de commissaire sur le fait de la marée.

Charles V. par une ordonnance du 19 Octobre 1364, enjoint aux chirurgiens de Paris, qui panseront des blessés dans les lieux saints & privilégiés, d'avertir le prevôt de Paris ou les *auditeurs*. La même chose leur fut enjointe en 1370.

Un autre reglement que ce même prince fit en Septembre 1377, pour la jurisdiction des *auditeurs*, porte que dorénavant ils seroient élus par le roi; qu'ils auront des lieutenans; que leurs greffiers demeureront avec eux, & prêteront serment entre les mains du prevôt de Paris & des *auditeurs*; que ceux-ci répondront de leur conduite; que le produit du greffe ne sera plus affermé (comme cela se pratiquoit aussi bien que pour les offices d'*auditeurs*); que ces derniers & leurs lieutenans viendront soir & matin au châtelet; qu'ils y assisteront avec le prevôt ou son lieutenant, pour les aider à conseiller & à délivrer le peuple, jusqu'à ce qu'il soit heure qu'ils aillent dans leur siege des *auditeurs*, pour l'expédition des causes *des bonnes gens* qui auront affaire à eux; que les procès où il ne s'agira pas de plus de 20 sols, ne pourront être appointés.

Joly, en son *traité des offices*, observe à cette occasion que les *auditeurs* assistoient aux grandes causes & aux jugemens que rendoit le prevôt de Paris, ou son lieutenant civil, depuis sept heures du matin jusqu'à dix, & que depuis dix jusqu'à midi, ils descendoient ès basses auditoires où ils jugeoient seuls, & chacun en leur siege singulier; qu'ensuite du lieutenant civil ils tenoient la chambre civile; qu'ils recevoient les maîtres de chaque métier, & que les jurés prêtoient serment devant eux.

On voit encore dans des lettres de Charles V. du 16 Juillet 1378, que les deux *auditeurs* du châtelet furent appellés avec plusieurs autres officiers pour le choix des quarante procureurs au châtelet.

D'autres lettres du même prince, du 19 Novembre 1393, nomment les avocats *auditeurs* & examinateurs, comme formant le conseil du châtelet que le prevôt avoit fait assembler pour délibérer avec eux si l'on ne fixeroit plus le nombre des procureurs

JUG   JUG

au châtelet, comme cela fut arrêté & ordonné.

Il est encore parlé des *auditeurs* dans deux ordonnances de Charles VIII. du 23 Octobre 1485, qui rappellent plusieurs reglemens faits précédemment à leur sujet. L'une de ces ordonnances porte de plus qu'ils auront 60 liv. parisis de gages ; qu'ils seront conseillers du roi au châtelet, & prendront chacun la pension accoutumée ; qu'ils ne feront point avocats, procureurs, ni conseillers d'autres que du roi ; qu'ils ne souffriront point que les clercs des procureurs occupent devant eux.

A ce propos, il faut observer qu'autrefois il y avoit douze procureurs en titre aux *auditeurs* ; on les appelloit les procureurs *d'en bas* ; ils avoient aussi un greffier, un receveur des épices, deux huissiers, deux sergens, & tous ces officiers se disoient officiers du châtelet. *Voyez* Joly, *des offices, tit. des* auditeurs. Présentement il n'y a plus de procureurs aux *auditeurs*, ce sont les parties elles-mêmes qui y plaident, ou les clercs des procureurs ; la plûpart des autres officiers ont aussi été supprimés.

Par un arrêt du parlement du 7 Février 1494, rendu entre les *auditeurs* & le lieutenant criminel, il fut ordonné que les *auditeurs* connoîtroient des crimes incidens, & qu'ils pourroient rapporter & juger en la chambre du conseil avec les lieutenans & conseillers du châtelet.

La jurisdiction des *auditeurs* fut confirmée par l'ordonnance de Louis XII. du mois de Juillet 1499, portant défenses aux procureurs de traduire les causes des *auditeurs* devant le lieutenant civil, avec injonction au lieutenant civil de les renvoyer aux *auditeurs*.

Les deux sieges des *auditeurs* furent réunis en un, par arrêt du parlement du 18 Juin 1552, portant que les deux *auditeurs* tiendroient le siege alternativement chacun pendant trois mois ; que l'autre assisteroit pour conseil à celui qui feroit au siege, & que les émolumens seroient communs entr'eux.

François I. donna en 1543 un édit, portant que les sentences des *auditeurs* seroient exécutées jusqu'à 20 liv. parisis & au-dessous, & les dépens à quelque somme qu'ils se puissent monter, nonobstant opposition ou appellation quelconque : un arrêt du parlement du mois de Novembre 1553, portant vérification de cet édit entre les *auditeurs*, lieutenans & conseillers du châtelet, ordonna de plus que les *auditeurs* pourroient prendre des épices pour le jugement des procès pendans pardevant eux.

Charles IX. confirma les *auditeurs* dans leur jurisdiction jusqu'à 5 liv. tournois, par une déclaration du 16 Juillet 1572, qui fut vérifiée en 1576 ; leur jurisdiction fut encore confirmée par un arrêt du 14 Avril 1620, que rapporte Joly, Jan. 1629, ordonnance de Louis XIII. *art.* 16, « les *auditeurs* établis » au châtelet de Paris, pourront juger *sans appel* jus- » qu'à 100 sols entre mercénaires, serviteurs & au- » tres pauvres personnes, & les dépens seront liqui- » dés par même jugement *sans appel*.

Lors de la création du nouveau châtelet en 1674, on y établit deux *auditeurs* comme dans l'ancien châtelet, de sorte qu'il y en avoit alors quatre ; il y eut une déclaration le 6 Juillet 1683, qui en fixa le nombre à deux, & porta jusqu'à 50 liv. leur attribution qui n'étoit jusqu'alors que de 25 liv.

Enfin, au mois d'Avril 1685, il y eut un édit qui supprima les deux *juges-auditeurs* reservés par la déclaration de 1683, & en créa un seul avec le même attribution de 50 l. On a aussi supprimé plusieurs autres offices qui avoient été créés pour ce même siege.

Le *juge-auditeur* tient son audience au châtelet, près le parquet ; on assigne devant lui à trois jours ; l'instruction y est sommaire ; il ne peut entendre de témoins qu'à l'audience ; il doit juger tout à l'audience, ou sur pieces mises sur le bureau, sans ministere

d'avocat & sans épices ; il ne peut prendre que cinq sols pour chaque sentence définitive.

L'appel de ses sentences doit être relevé dans quinzaine, & porté au présidial où il est jugé en dernier ressort. *Voyez le recueil des ordonnances de la troisieme race* ; Joly, *des offices ; le traité de la police ; le dictionn. des arrêts*, au mot, AUDITEUR, *& les réglemens de justice*. (*A*)

JUGE-BANNERET, est le nom que l'on donne en certains pays aux *juges* de seigneurs, comme dans le ressort du parlement de Toulouse. M. d'Olive, en *ses actions forenses, troisieme partie, actions*, rapporte un arrêt de son parlement, du 29 Août 1614, qui adjuge la préséance au *juge-banneret* sur le juge royal de la plus prochaine ville, parce que l'églite étoit dans la justice du *juge-banneret*.

On donne aussi ce même nom aux *juges* des seigneurs dans la principauté souveraine de Dombes.

Ce nom peut venir de ce que ces *juges* ont été créés à l'instar des douze *bannerets* qui étoient établis à Rome, pour avoir chacun l'inspection sur leur quartier ; ou bien ce nom vient de ce que chaque *juge* a son ban ou territoire. (*A*)

JUGE BAS-JUSTICIER, est celui qui exerce la basse-justice. *Voyez* JUSTICE BASSE. (*A*)

JUGES BOTTÉS, quelques personnes entendent par-là des *juges* qui rendent la justice sans aucun appareil, & pour ainsi dire militairement ; mais dans la vérité ce sont les officiers de cavalerie & de dragons, qui assistent aux conseils de guerre, lesquels, suivant l'ordonnance du 25 Juillet 1665, doivent avoir leurs bottes ou bottines pour marque de leur état, comme les officiers d'infanterie doivent avoir leur hausse-col. (*A*)

JUGE CARTULAIRE *ou* CHARTULAIRE, on donne ce titre à certains *juges* établis pour connoître de l'exécution des actes passés sous leur scel & sous les rigueurs de leur cour.

Par exemple, suivant le style nouveau, imprimé à Nimes en 1619, *fol.* 180, le *juge des conventions* de Nimes, établi par Philippe III. en 1272, est *juge chartulaire*, ayant scel royal, authentique & rigoureux, comme celui du petit-scel de Montpellier, scel-mage de Carcassonne, siege de Saint-Marcellin en Dauphiné. Il connoît seulement *des exécutions faites en vertu des obligations passées aux forces & rigueurs de sa cour, & aux fins de contraindre les débiteurs à payer & satisfaire ce à quoi ils sont obligés, par saisie & vente de leurs biens, capture & détention de leurs personnes, (si à ce se trouvent soumis)*. *Voyez le recueil des ordonnances de la troisieme race*, tom. II. p. 232, aux notes.

On donne aussi quelquefois le titre de *juge cartulaire* aux notaires, parce qu'en effet leurs fonctions participent en quelque chose de celles du *juge* ; ils reçoivent les affirmations des parties, & leur donnent acte de leurs dires & réquisitions ; il est même d'usage en quelques provinces, dans les actes passés devant notaire, de dire en parlant des obligations consenties par les parties, *dont nous les avons jugés & condamnés de leur consentement* ; mais alors c'est moins le notaire qui fait le *juge*, dont le nom est intitulé au commencement de l'acte, les notaires n'étant dans leur origine que les greffiers des *juges*. *Voyez* Loyseau, *des offices*, *livr. I. chap. jv. n.* 24. *la jurisconsulte cartulaire*, & *au mot* NOTAIRE. (*A*)

JUGE CIVIL, est celui qui connoît des matieres civiles, à la différence des *juges criminels* qui ne connoissent que des matieres criminelles. Il y a des *juges* qui sont tout à la fois *juges civils* & criminels ; dans d'autres tribunaux, ces deux fonctions sont séparées. *Voyez* JUGE CRIMINEL. (*A*)

JUGE COMMIS, est celui qui n'a pas la jurisdiction ordinaire, mais qui est seulement commis pour juger certaines personnes ou certains cas privilégiés, tels que les requêtes de l'hôtel ou du palais pour les commensaux de la maison du roi & autres personnes qui jouissent du droit de *committimus*. *Voyez* COMMENSAUX, COMMITTIMUS, PRIVILÉGIÉS, REQUÊTES DE L'HOSTEL ET DU PALAIS. (*A*)

JUGE COMPÉTENT est celui qui a qualité & pouvoir pour connoître d'une affaire. *Voyez* COMPÉTENCE & INCOMPÉTENCE. (*A*)

JUGE COMTAL, est celui qui rend la justice attachée à un comté. (*A*)

JUGE CONSERVATEUR, *voyez* CONSERVATEUR & CONSERVATION.

JUGE CONSUL, *voyez* CONSULS.

JUGE CRIMINEL, est celui qui est établi singulierement pour connoître des matieres criminelles ; tels sont les présidens & conseillers qui sont de service à la tournelle ou chambre criminelle dans les cours & autres tribunaux, les lieutenans criminels, & les lieutenans criminels de robe-courte, les prevôts des maréchaux, leurs assesseurs. *Voyez ci-devant* JUGE CIVIL. (*A*)

JUGE DÉLÉGUÉ est celui qui est commis par le prince, ou par une cour souveraine, pour instruire & juger un différend.

Les *juges* inférieurs ne peuvent pas déléguer à d'autres leur jurisdiction ; ils peuvent seulement commettre un d'entre eux pour entendre des témoins, ou pour faire une descente, un procès-verbal, &c.

Le *juge délégué* ne peut pas subdéléguer, à moins qu'on ne lui en ait donné le pouvoir, comme les commissaires départis par le roi dans les provinces, lesquels sont proprement des *juges délégués* pour certains objets, avec pouvoir de subdéléguer. *Voyez* DÉLÉGATION.

En matiere ecclésiastique le pape & les évêques *déleguent* en certains cas des juges. Le pape en commet, en cas d'appel au saint siége. On les appelle *juges délégués in partibus*, parce que ce sont des commissaires que le pape délegue dans le royaume, & spécialement dans le diocese d'où l'on a interjetté appel au saint siége. Car c'est une de nos libertés, que de n'être pas obligé d'aller plaider hors le royaume.

Il y a aussi des *juges délégués* par le pape, pour fulminer des rescrits, ou donner des *visa*. Ceux-ci ne dépendent pas du choix du pape ; il doit toujours commettre l'évêque du lieu, ou son official.

On peut appeller au saint siége de la sentence des *juges délégués. per le Pape. Voyez* aux décretales le tit. *de officio & potestate judicis delegati*.

Les évêques sont aussi obligés de déléguer des *juges* en certain cas, comme quand ils donnent des lettres de vicariat à un conseiller clerc du parlement, pour juger conjointement avec la cour certaines causes où il peut y avoir quelque chose appartenant à la jurisdiction ecclésiastique. *Voyez* Fevret, *Traité de l'abus, liv. IV. chap. ij.* D'Héricourt, en ses *Loix ecclésiastiques, part. I. chap. ix.* (*A*)

JUGE DU DÉLIT, est celui qui a droit de prendre connoissance d'un délit ou affaire criminelle, soit comme *juge* ordinaire du lieu où le délit a été commis, soit comme *juge* de la personne, en conséquence de quelque privilège, soit enfin à cause d'une attribution particuliere qui est faite à ce *juge* de certaines matieres. *Voyez* CRIME, DÉLIT. (*A*)

JUGE EN DERNIER RESSORT, est celui des jugemens duquel on ne peut pas appeller à un *juge* supérieur. Tels sont les présidiaux au premier chef de l'édit, & plusieurs autres *juges* royaux auxquels les ordonnances ont attribué le droit de juger certaines causes en dernier ressort ; comme les consuls jusqu'à 500 francs. Les cours souveraines sont aussi des *juges en dernier ressort* ; mais tous les *juges en dernier ressort*

n'ont pas le titre éminent de cours souveraines. *V.* COUR & RESSORT. (*A*)

JUGE DU DOMICILE, est le juge ordinaire du lieu où le défendeur a son domicile. (*A*)

JUGE DUCAL, est celui qui rend la justice pour un duc, tels que les *juges* de la barre *ducale* de Mayenne. (*A*)

JUGE D'ÉGLISE, est celui qui exerce la jurisdiction ecclésiastique contentieuse de quelque église, monastere ou bénéficier.

Les officiaux sont des *juges d'église*. *Voyez* JURISDICTION ECCLÉSIASTIQUE, & OFFICIAL. (*A*)

JUGE D'ÉPÉE, est celui qui liège l'épée au côté, lorsqu'il rend la justice. Anciennement ceux qui rendoient la justice étoient tous gens d'épée, & siégeoient l'épée au côté : mais vers l'an 1288, ou au plus tard en 1312, on quitta l'épée au parlement & par-tout ailleurs ; de maniere que les chevaliers, les barons, les pairs, & les princes mêmes, siégeoient au parlement sans épée ; le roi étoit le seul qui ne quittât jamais la sienne. Mais depuis 1551 on commança à se relâcher de ce réglement, le roi ayant voulu que les princes du sang & les pairs, le connétable, les maréchaux de France & l'amiral, pussent en son absence porter l'épée au parlement.

Les maréchaux de France siégent aussi l'épée au côté, dans leur tribunal du point d'honneur & dans celui de la connétablie.

Les autres *juges d'épée* sont les officiers tenant conseil de guerre, les chevaliers d'honneur, le prevôt de Paris & les baillifs d'épée, les grands maîtres des eaux & forêts & les maîtres particuliers, & quelques autres officiers auxquels on a accordé le droit de siéger l'épée au côté. (*A*)

JUGE DES EXEMPTS, est le nom qui fut donné à certains officiers établis dans les appanages des princes, pour y connoître du nom du roi des causes royales, des causes des églises de fondation royale, des affaires des privilégiés, & de tous les cas dont les officiers royaux connoissent par prévention, dans les terres & provinces données en appanage. On en trouve un exemple dans les lettres patentes de Charles IX. de l'an 1566, pour les appanages des ducs d'Anjou & d'Alençon ses freres. La même chose fut pratiquée pour Montargis, lorsque le duché d'Orléans fut donné en appanage, & encore en d'autres occasions. *Voyez* EXEMPTS & JURISDICTION DES EXEMPTS. (*A*)

JUGE EXTRAORDINAIRE, *seu quasi extra ordinem naturalem*, est celui qui n'a pas la jurisdiction ordinaire ; mais seulement une jurisdiction d'attribution, tels que les cours des aydes, élections, greniers à sel, tables de marbre, maîtrises, les consuls ; ou comme les *juges* de privilege, tels que des requêtes de l'hôtel & du palais, le prevôt de l'hôtel, les *juges* conservateurs des privileges des foires, & ceux des universités. *Voyez* JUGE D'ATTRIBUTION, JUGE ORDINAIRE, & JUGE DE PRIVILÉGE. (*A*)

JUGE FISCAL, appellé *judex fiscalis*, & quelquefois *fiscalis* simplement, étoit un *juge* royal, mais d'un ordre inférieur. On l'appelloit *fiscalis*, parce qu'il exerçoit sa jurisdiction dans les terres fiscales & appartenantes au roi en propriété ; ou, comme dit Loyseau, parce qu'il étoit établi, non par le peuple, mais par le roi, qui a vraiment seul le droit de *fisc*. Il en est parlé dans la loi des Ripuariens, *tit. xxxij. §. 3. tit. lij. §. 1. & tit. liij. §. 1.* Il paroît que l'on donnoit ce titre aux comtes particuliers des villes, pour les distinguer des grands du royaume, qui étoient juges dans un ordre plus éminent. Ces *juges fiscaux* tenoient probablement la place des *juges pedanées. Voyez* le *Glossaire* de Ducange, au mot *Judex fiscalis* ; & Loyseau, *des Seig. ch. xvj. n. 55.* (*A*)

JUGE GRUYER. *Voyez* GRUYER & GRURIE.

JUGE HAUT JUSTICIER, est celui qui exerce la haute justice. On entend quelquefois par-là un *juge haut*, moyen & bas *justicier*, suivant la maxime que *in majori, minus inest* ; quelquefois aussi ces termes s'entendent strictement d'un *juge* qui n'a que la haute justice seulement, la moyenne & la basse étant exercées par un autre *juge*. (*A*)

JUGE HAUT, MOYEN ET BAS JUSTICIER, est celui qui réunit en lui le pouvoir de la haute, moyenne & basse justices. (*A*)

JUGE IMMÉDIAT, est celui qui a droit de connoître directement d'une affaire, sans qu'elle vienne par appel d'un autre tribunal. On ne peut appeller d'un *juge* à un autre *omisso medio*, si ce n'est en matiere criminelle ou en en cas d'appel, comme de *juge* incompétent, & déni de renvoi. (*A*)

JUGE INCOMPÉTENT, est celui qui ne peut connoître d'une affaire, soit parce qu'il n'est pas le *juge* des parties, ou parce que l'affaire est de nature à être attribuée spécialement à quelque autre *juge*. *Voyez* COMPÉTENCE, JUGE COMPÉTENT & INCOMPÉTENCE. (*A*)

JUGE INFÉRIEUR, est celui qui en a un autre au-dessus de lui. Cette qualité est relative ; car le même juge peut être *inférieur* à l'égard de l'un, & supérieur à l'égard de l'autre : ainsi les baillifs & sénéchaux sont *juges* supérieurs à l'égard des *juges* de seigneurs, & ils sont *juges inférieurs* à l'égard du parlement. (*A*)

JUGE LAIC ou SÉCULIER, est celui qui exerce la jurisdiction séculiere. Il y a des clercs admis dans les tribunaux séculiers qui néanmoins sont considérés comme *juges laics*, en tant qu'ils sont membres d'un tribunal séculier. On comprend sous ce terme de *juge laic* tous les *juges* royaux, municipaux & seigneuriaux.

La qualité de *juge laic* est opposée à celle de *juge* d'église. *Voyez* JUGE D'ÉGLISE, & JUGE ROYAL.

JUGE DES LIEUX, est celui qui a la justice ordinaire dans le lieu du domicile des parties, ou dans le lieu où sont les choses dont il s'agit, ou dans lequel s'est passé le fait qui donne lieu à la contestation. *Voyez* JUGE DU DOMICILE, & JUGE DU DÉLIT. (*A*)

JUGE-MAGE ou MAJE, *quasi judex major*, & qu'en effet on appelle en quelques endroits *grand juge*, signifie naturellement le premier *juge* du tribunal. Néanmoins dans le Languedoc on donne ce nom au lieutenant des sénéchaux. Dans quelques villes il y a un *juge-maje*, qui est le premier officier de la jurisdiction, comme à Cluny. (*A*)

JUGE MOYEN JUSTICIER, est celui qui n'exerce que la moyenne justice. *Voyez* JUSTICE MOYENNE. (*A*)

JUGE MOYEN ET BAS JUSTICIER, est celui qui réunit en lui le pouvoir de la moyenne & de la basse justices. *Voyez* BASSE JUSTICE, & MOYENNE JUSTICE. (*A*)

JUGE SANS MOYEN, est celui qui a droit de connoître d'une affaire en premiere instance, ou qui en connoît par appel, sans qu'il y ait entre lui & le juge *à quo* aucun autre juge intermédiaire. (*A*)

JUGE MUNICIPAL, est celui qui exerce la justice ou quelque partie d'icelle dont l'administration est confiée aux corps de ville. On a appellé des *juges municipaux* du latin *municipium*, qui étoit le nom que les Romains donnoient aux villes qui avoient le privilege de n'avoir d'autres *juges* & magistrats de leur corps ; & comme par succession de tems le peuple, & ensuite les empereurs accorderent la même prérogative à presque toutes les villes, ce nom de *municipium* fut aussi donné à toutes les villes, & tous leurs officiers furent appellés *municipaux*.

Chaque ville à l'imitation de la république romaine, formoit une espece de petite république particuliere, qui avoit son fisc & son conseil ou sénat qu'on appelloit *curiam* ou *senatum minorem*, lequel étoit composé des plus notables citoyens. On les appelloit quelquefois *patres civitatum*, & plus ordinairement *curiales* ou *curiones*, *seu decuriones*, parce qu'ils étoient chefs chacun d'une dixaine d'habitans. Le conseil des villes étoit probablement composé des chefs de chaque dixaine. Cette qualité de décurion devint dans la suite très-onéreuse, sur-tout à cause qu'on les rendit responsables des deniers publics. Il ne leur étoit pas permis de quitter pour prendre un autre état ; & l'on contraignoit leurs enfans à remplir la même fonction ; on la regarda même enfin comme une peine à laquelle on condamnoit les délinquans. L'empereur Léon supprima les décurions & les conseils de ville.

Les décurions n'étoient pas tous *juges* ni magistrats ; mais on choisissoit entre eux ceux qui devoient remplir cette fonction.

Dans les villes libres appellées *municipia*, & dans celles que l'on appelloit *coloniæ*, c'est-à-dire, où le peuple romain avoit envoyé des colonies, lesquelles furent dans la suite confondues avec celles appellées *municipia* ; ceux qui étoient chargés de l'administration de la justice étoient appellés *duum-viri*, parce qu'ils étoient au nombre de deux. Ceux qui étoient chargés des affaires communes étoient nommés *ædiles*. Les duumvirs avoient d'abord toute la jurisdiction ordinaire indéfiniment ; mais dans la suite ils furent restraints à ne juger que jusqu'à une certaine somme, & il ne leur étoit pas permis de prononcer des peines contre ceux qui n'auroient pas déféré à leurs jugemens.

Les villes d'Italie qui avoient été rebelles au peuple romain n'avoient point de justice propre ; on y envoyoit des magistrats de Rome appellés *præfecti* ; elles avoient seulement des officiers de leur corps appellés *ædiles*. Ces officiers exerçoient la menue police, & pouvoient infliger aux contrevenans de légeres corrections & punitions, mais c'étoit sans figure de procès.

Enfin dans toutes les villes des provinces non libres ni privilégiées, il y avoit un officier appellé *defensor civitatis*, dont l'office duroit cinq ans. Ces défenseurs des cités étoient chargés de veiller aux intérêts du peuple, & de diverses autres lois. Mais au commencement ils n'avoient point de jurisdiction ; cependant en l'absence des présidens des provinces, ils s'ingeroient quelquefois de connoître des causes légeres, sur-tout *inter volentes* : ce qui ayant paru utile & même nécessaire pour maintenir la tranquilité parmi le peuple, les empereurs leur attribuerent une jurisdiction contentieuse jusqu'à 50 sols.

Les gouverneurs de provinces, pour diminuer l'autorité de ces défenseurs des cités, firent si bien qu'on ne choisissoit plus pour remplir cette place que des gens de basse condition, & même en quelques endroits ils mirent en leur place des *juges* pédanées. Ce qui fut réformé par Justinien, lequel ordonna par sa *Novelle* 15, que les plus notables des villes seroient choisis tour à tour pour leurs défenseurs, sans que les gouverneurs pussent commettre quelqu'un de leur part à cette place ; & pour la rendre encore plus honorable, il augmenta leur jurisdiction jusqu'à 300 sols, & ordonna qu'au dessous de cette somme on ne pourroit s'adresser aux gouverneurs, sous peine de perdre sa cause, quoiqu'auparavant les défenseurs des cités ne jugeassent que concurremment avec eux : il leur attribua même le pouvoir de faire mettre leurs sentences à exécution ; ce qu'ils n'avoient pas eu jusqu'alors, non plus que les *juges* pédanées. Mais il réduisit le tems de leur exercice à deux années au lieu de cinq.

Il n'y eut donc par l'évenement d'autre différence entre les duumvirs & les défenseurs des cités, sinon que les premiers étoient établis dans les villes privilégiées & choisis dans leur conseil ; au lieu que les défenseurs des cités étoient préposés dans toutes les villes de province où il n'y avoit point d'autres officiers de justice populaire, & étoient choisis indifféremment dans tout le peuple.

Les *juges municipaux* avoient le titre de magistrats ; leurs fonctions étoient annales, ou pour un autre tems limité : ceux qui sortoient de charge nommoient leurs successeurs, desquels ils étoient garants.

César & Strabon remarquent que les Gaulois & les Allemands s'assembloient tous les ans pour élire les principaux des villes pour y rendre la justice.

C'est de-là que plusieurs villes de la Gaule Belgique ont conservé sa justice ordinaire jusqu'à l'ordonnance de Moulins, laquelle *art. 71* a ôté aux villes la justice civile, & leur a seulement laissé la connoissance de la police & du criminel. Ce qui n'a cependant point été exécuté par-tout, y ayant encore plusieurs villes, sur-tout dans la Gaule Belgique, où les maires & échevins ont la justice ordinaire. *Voyez au mot* ECHEVINS & ECHEVINAGE.

Sous Charlemagne & ses successeurs, les comtes établis par le roi dans chaque ville jugeoient avec les échevins, qui étoient toujours *juges municipaux*.

Présentement dans la plupart des villes les *juges municipaux* ont pour chef l'un d'entre eux, qu'on appelle *prevôt des marchands*, *maire*, *bayle*; ailleurs ils sont tous compris sous un même titre, comme *les capitouls de Toulouse*, *les jurats de Bordeaux*.

Dans toute la France Celtique & Aquitanique, les *juges municipaux* ne tiennent leur justice que par concession ou privilège ; ils n'ont communément que la basse justice ; en quelques endroits on leur a attribué la police, en d'autres ils n'en ont qu'une partie, comme à Paris, où ils n'ont la police que de la riviere & des ports, & la connoissance de tout ce qui concerne l'approvisionnement de Paris par eau.

Quoique les consuls prennent le titre de *juges* & consuls établis par le roi, ils ne sont en effet que des *juges municipaux*, étant élus par les marchands entre eux, & non pas nommés par le roi. *Voyez* CONSULS.

Les élus ou personnes qui étoient choisies par le peuple pour connoître des aides, tailles & autres subsides, étoient aussi dans leur origine des officiers municipaux : mais depuis qu'ils ont été créés en titre d'office, ils sont devenus *juges royaux*. *Voyez* Loyseau, *Traité des seigneuries, chap. xvj.* (*A*)

JUGES DES NOBLES ; ce sont les bailliss & sénéchaux, & autres juges royaux ressortissans sans moyen au parlement, lesquels connoissent en premiere instance des causes des nobles & de leurs tuteles, curateles, scellés & inventaires, &c. Voyez l'édit de Cremieu, *art. 6.* (*A*)

JUGE ORDINAIRE ; est celui qui est le *juge naturel* du lieu, & qui a le plein exercice de la jurisdiction, sauf ce qui peut en être distrait par attribution ou privilege, à la différence des *juges d'attribution* ou de *privileges*, & des commissaires établis pour juger certaines contestations, lesquels sont seulement *juges extraordinaires*. *Voyez ci-devant* JUGE EXTRAORDINAIRE. (*A*)

JUGES SOUS L'ORME, sont ceux qui n'ayant point d'auditoire fermé, rendent la justice dans un carrefour public sous un orme. Cette coûtume vient des Gaulois, chez lesquels les druides rendoient la justice dans les champs, & particulierement sous quelque gros chêne, arbre qui étoit chez eux en grande vénération. Dans une ancienne comédie gauloise latine, intitulée *Querolus*, il est dit en parlant des Gaulois qui habitoient vers la riviere de Loire, *ibi sententiæ capitales de robore proferuntur* ; les François en usoient autrefois communément de même ; une vieille charte de l'Abbaye de S. Martin de Pontoise, anciennement dite S. Germain, qui est la 131 de leur chartulaire, dit, *hæc omnia renovata sunt sub ulmo ante ecclesiam beati Germani, ipso Hugone & filio suo Roberto majore audientibus*. Joinville en la premiere partie de son histoire, dit que le roi saint Louis alloit souvent au bois de Vincennes, où il rendoit la justice, étant assis au pié d'un chêne. La coûtume de rendre la justice sous *l'orme* dans les villages, vient de ce que l'on plante ordinairement un orme dans le carrefour où le peuple s'assemble. Il y a encore plusieurs justices seigneuriales où le *juge* donne son audience *sous l'orme*.

Dans le village de la Bresse en Lorraine, bailliage de Remiremont, la justice se rend sommairement *sous l'orme* par le maire & les élus ; cette justice doit être sommaire ; en effet, l'*art. 32* des formes anciennes de la Bresse, porte qu'il n'est loisible à personne plaider par-devant ladite justice, former, ou chercher incident frivole & superflu, *ains* faut plaider au principal, ou proposer autres fins pertinentes, afin que la justice ne soit prolongée. La défense de former des incidens frivoles & superflus doit être commune à tous les tribunaux, même du premier ordre, où la justice est mieux administrée que dans les petites jurisdictions. Il seroit même à souhaiter que dans tous les tribunaux on pût rendre la justice aussi sommairement qu'on la rend dans ces *justices sous l'orme*; mais cela n'est pas pratiquable dans toutes sortes d'affaires. *Voyez* les *opuscules* de Loisel, *pag. 72.* Bluneau, *traité des Criées, pag. 20.* Les *mémoires sur la Lorraine, pag.* 193. (*A*)

JUGE DE PAIRIE ; est celui qui rend la justice dans un duché ou comté pairie, ou dans quelque autre terre érigée à l'instar des pairies ; ces sortes de *juges* ne sont pas *juges royaux*, mais seulement *juges* de seigneuries, ayant le titre de pairie ; la principale prérogative de ces justices est de ressortir sans moyen au parlement. *Voyez* PAIRIE. (*A*)

JUGES *IN PARTIBUS*, est la même chose que commissaires *ad partes*; ce sont les juges que le pape est obligé de déléguer en France lorsqu'il y a appel du primat au saint siège ; une des libertés de l'Eglise Gallicane étant que les sujets du roi ne sont point obligés d'aller plaider hors du royaume. *Voyez cidevant* JUGE DÉLÉGUÉ. (*A*)

JUGE PÉDANÉE, *judex pedaneus*, étoit le nom que l'on donnoit chez les Romains à tous les *juges* des petites villes, lesquels n'étoient point magistrats, & conséquemment n'avoient point de tribunal ou prétoire ; quelques-uns croyent qu'ils furent ainsi appellés, parce qu'ils alloient de chez eux à pié au lieu destiné pour rendre la justice, au lieu que les magistrats alloient dans un chariot ; d'autres croyent qu'on les appella *juges pédanées*, *quasi stantes pedibus*, parce qu'ils rendoient la justice debout ; mais c'est une erreur, car ils étoient point sur des siéges élevés, comme les magistrats ; mais *in subselliis* ; c'est-à-dire sur de bas siéges ; de maniere qu'ils rendoient la justice *de plano*, *seu de plano pede* ; c'est-à-dire que leurs piés touchoient à terre ; c'est pourquoi on les appella *pedanei, quasi humi judicantes*.

On ne doit pas confondre avec les *juges pédanées* les sénateurs pédaniens ; on donnoit ce nom aux sénateurs qui n'opinoient que *pedibus* ; c'est-à-dire en se rangeant du côté de celui à l'avis duquel ils adhéroient.

Les empereurs ayant défendu aux magistrats de renvoyer aux juges pédanées autre chose que la connoissance des affaires légeres, ces juges délégués furent nommés *juges pédanées*.

L'empereur Zenon établit des *juges pédanées* dans chaque siége de province, comme il est dit en *la no-*

velle 82 ; *chap. j.* & Justinien, à son imitation, par cette même novelle, érigea en titre d'office dans Constantinople, sept *juges pédanées*, à l'instar des défenseurs des cités qui étoient dans les autres villes, & au lieu qu'ils n'avoient coutume de connoître que jusqu'à 50 sols (qui valoient 50 écus) ; il leur attribua la connoissance jusqu'à 300.

L'appel de leurs jugemens ressortissoit au magistrat qui les avoit délégués.

Parmi nous on qualifie quelquefois les juges de seigneurs & autres juges inférieurs, de *juges pédanées*. La coûtume d'Acqs, *tit. ix. art.* 43, parle des bayles royaux pédaniens, *quasi pedanei*.

Voyez Aulu-Gelle & Festus ; Cujas sur *la novelle* 82, Loiseau, *des offices*, liv. I. chap. v. n. 52 & suiv. (*A*)

JUGE DE POLICE, est celui qui est chargé en particulier de l'exercice de la police ; tels sont les lieutenans de police ; en quelques endroits cette fonction est unie à celle de lieutenant général, ou à un autre principal juge civil & criminel ; dans d'autres elle est séparée & exercée par le lieutenant de police seul ; en quelques villes ce sont les maires, & échévins qui ont la police. *Voyez* ECHEVIN & LIEUTENANT DE POLICE, MAIRIE & POLICE. (*A*)

JUGE PREMIER, n'est pas celui qui occupe la premiere place du tribunal, ni qui remplit le degré supérieur de jurisdiction ; c'est au contraire celui devant lequel l'affaire a été traitée, ou du l'être en premiere instance avant d'être portée au *juge* supérieur. Ce n'est pas toujours celui qui remplit le dernier degré de jurisdiction, tel que le bas justicier qu'on appelle le *premier juge*. Un *juge* royal, même un bailli ou sénéchal, est aussi qualifié de *premier juge* pour les affaires qui y doivent être jugées avant d'être portées au parlement ou autre cour supérieure. *Voyez* APPEL, JUGE D'APPEL, JUGE *A QUO*. (*A*)

JUGES PRÉSIDIAUX, sont ceux qui composent un présidial & qui jugent présidialement ; c'est-à-dire conformément au pouvoir que leur donne l'édit des présidiaux, soit au premier ou au second chef. *Voyez* PRÉSIDIAL. (*A*)

JUGE DE PRIVILEGE, est celui auquel appartient la connoissance des causes de certaines personnes privilegiées ; tels sont les requêtes de l'hôtel & du palais, qui connoissent des causes de ceux qui ont droit de *committimus*. Tel est aussi le grand-prevôt de l'hôtel, qui connoit des causes de ceux qui suivent la cour : tels sont encore les *juges* conservateurs des privileges des universités, & quelques autres *juges* semblables. *Voyez* PRIVILEGE.

Les *juges de privilege*, sont différens des *juges* d'attribution. *Voyez ci-devant* JUGES D'ATTRIBUTION. (*A*)

JUGE PRIVÉ, est opposé à *juge public* : on entend par-là celui qui n'a qu'une jurisdiction domestique, familiere ou économique ; les arbitres sont aussi des *juges privés* ; on comprenoit aussi sous le terme de *juges privés*, tous les *juges* des seigneurs, pour les distinguer des *juges* royaux que l'on appelloit *juges publics*. *Voyez ci-après* JUGE PUBLIC. (*A*)

JUGE PUBLIC, *judex publicus* : on donnoit autrefois ce titre aux ducs & aux comtes, pour les distinguer des *juges* séculiers des évêques. *Lettr. hist. sur le parlement*, *page* 125. (*A*)

JUGE *AD QUEM* : on se sert quelquefois de cette expression par opposition à celle du *juge à quo*, pour signifier le *juge* auquel l'appel doit être porté ; au lieu que le *juge à quo* est celui dont est appel. (*A*)

JUGE *A QUO* : on sous-entend *à quo appellatur*, ou *appellatum est*, est celui dont l'appel ressortit à un *juge* supérieur. On entend aussi par-là singulierement le *juge* dont la sentence fait actuellement la matiere d'un appel. *Voyez* JUGE D'APPEL, JUGE DONT EST APPEL, JUGE *AD QUEM*. (*A*)

JUGES DE ROBE-COURTE, sont ainsi appellés par opposition à ceux qui portent la robe longue ; ils siégent l'épée au côté, & néanmoins ne sont pas considérés comme *juges* d'épée, mais comme *juges de robe*, parce qu'ils portent en même tems une *robe* dont les manches sont fort courtes, & qui ne leur descend que jusqu'aux genoux ; tels sont les lieutenans criminels de *robe-courte*. *Voyez* LIEUTENANS CRIMINELS, & *au mot* ROBE-COURTE.

L'ordonnance d'Orléans porte que les baillis & sénéchaux seront de *robe-courte* ; néanmoins dans l'usage, on ne les appelle pas des *juges de robe-courte* ; mais des *juges* d'épée, attendu qu'ils ne portent point de *robe-courte*, comme les lieutenans-criminels de *robe-courte*, mais seulement le manteau avec l'épée & la tocque garnie de plumes. (*A*)

JUGES DE ROBE LONGUE, sont tous ceux qui portent la robe ordinaire, à la différence des *juges* d'épée & des *juges* de robe-courte. *Voyez ci-devant* JUGES D'ÉPÉE & JUGES DE ROBE-COURTE. (*A*)

JUGE ROYAL, est celui qui est établi & pourvû par le roi & qui rend la justice en son nom.

Toute justice en France est émanée du roi, soit qu'elle soit exercée par ses officiers ou par d'autres personnes qui en jouissent par privilege ou concession.

On distingue cependant plusieurs sortes de *juges* ; savoir les *juges royaux*, les *juges* d'église, les *juges* de seigneur, & les *juges* municipaux.

L'établissement des *juges royaux* est aussi ancien que la monarchie.

Il y avoit aussi dès-lors des *juges* d'église & des *juges* municipaux dans quelques villes, principalement de la Gaule belgique ; pour ce qui est des *juges* de seigneur, leur premiere origine remonte jusqu'au tems que les offices & bénéfices furent institués ; c'est-à-dire, lorsque nos rois distribuerent à leurs officiers les terres qu'ils avoient conquises ; mais ces officiers furent d'abord *juges royaux* ; ils ne devinrent *juges de seigneurs*, que lors de l'établissement des fiefs.

Les premiers *juges royaux* en France, furent donc les ducs & les comtes, tant du premier que du second ordre, qui avoient été établis par les Romains dans les provinces & dans les villes ; les grands officiers auxquels nos rois distribuerent leurs gouvernemens prirent les mêmes titres ; ils étoient chargés de l'administration de la justice.

Mais les capitaines, lieutenans, & sous-lieutenans, auxquels on distribua le gouvernement des petites villes, bourgs, & villages, ne trouvant pas assez de dignité dans les titres que les Romains donnoient aux *juges* de ces lieux, de *judices ordinarii judices pedanei, magistri pagorum*, conserverent les noms de *centeniers*, *cinquantainiers*, & *dixainiers*, qu'ils portoient dans les armées ; & sous ces noms rendoient la justice. On croit que c'est de-là que sont venus les trois degrés de haute, moyenne, & basse justice, qui sont encore en usage dans les jurisdictions seigneuriales : cependant ces *juges* inférieurs étoient aussi d'abord *juges royaux*, de même que les ducs & les comtes.

Vers la fin de la seconde race, & au commencement de la troisieme race, les ducs, comtes, & autres officiers, se rendirent chacun propriétaires des gouvernemens qu'ils n'avoient qu'à titre d'office & de bénéfice. Ils se déchargerent sur une partie de l'administration de la justice sur des officiers qu'ils établirent en leurs noms, & qui prirent indifféremment, selon l'usage de chaque lieu, les noms de *vicomtes*, *prevôts*, ou *viguiers* ; ceux des bourgs fermés, ou qui avoient un château, prirent le nom de *châtelain*, ceux des autres lieux prirent le nom de *maires*.

Les ducs & les comtes jugeoient avec leurs pairs l'appel des *juges intérieurs*, & les affaires de grand-criminel ; mais dans la suite ils se déchargerent encore de ce soin sur des officiers que l'on appella *baillifs*, & en d'autres endroits *sénéchaux* : mais ces baillifs & sénéchaux n'étoient d'abord que des *juges de seigneurs*.

A Paris, & dans les autres villes du domaine, qui étoient alors en très-petit nombre, le roi établissoit un prevôt royal pour rendre la justice en son nom. Ces prevôts royaux avoient d'abord la même autorité que les comtes & vicomtes qui les avoient précédés.

Le parlement qui étoit encore ambulatoire, avoit l'inspection sur tous ces *juges* ; nos rois des deux premieres races envoyoient en outre dans les provinces éloignées des commissaires appellés *missi dominici*, pour recevoir les plaintes que l'on pouvoit avoir à faire contre les seigneurs ou leurs officiers.

Les seigneurs se plaignant de cette inspection qui les ramenoit à leur devoir, on cessa pour un tems d'envoyer de ces commissaires ; mais au lieu de ces officiers ambulatoires, le roi créa quatre baillifs royaux permanens, dont le siége fut établi à Vermand ; aujourd'hui Saint-Quentin, à Sens, à Mâcon, & à Saint Pierre-le-Moutier.

Le nombre de ces baillifs fut augmenté à mesure que l'autorité royale s'affermit. Philippe-Auguste en 1190, en établit dans toutes les principales villes de son domaine, & tous ces anciens duchés & comtés ayant été peu-à-peu réunis à la couronne, les baillifs & sénéchaux, prevôts, & autres officiers qui avoient été établis par les ducs & comtes, devinrent *juges royaux*.

Il y eut cependant quelques seigneurs qui donnerent à leurs *juges* le titre de baillifs ; & pour les distinguer des baillifs royaux, ceux ci furent appellés *baillici majores*, & ceux des seigneurs *baillici minores*.

Le dernier degré des *juges royaux*, est celui des prevôts, châtelains, viguiers, maires, &c. dont l'appel ressortit aux bailliages & sénéchaussées.

Quelques bailliages & sénéchaussées ont été érigés en présidiaux, ce qui leur donne un pouvoir plus étendu qu'aux autres.

L'appel des bailliages & sénéchaussées ressortit au parlement.

Outre les parlemens qui sont sans contredit le premier ordre des *juges royaux*, nos rois ont établi encore d'autres cours supérieures, telles que le grand-conseil, les chambres des comptes, les cours des aides, qui sont aussi des *juges royaux*.

Il y a des *juges royaux* ordinaires, d'autres d'attribution, & d'autres de privilege. *Voyez* JUGE D'ATTRIBUTION, JUGE ORDINAIRE, JUGE DE PRIVILEGE.

Tous *juges royaux* rendent la justice au nom du roi ; il n'y a cependant guere que les arrêts des cours qui soient intitulés du nom du roi ; les jugemens des autres sieges royaux sont intitulés du nom du bailif ou sénéchal de la province.

La connoissance des cas appellés *royaux*, appartient aux *juges royaux*, privativement à ceux des seigneurs.

Ils precedent en toutes occasions les officiers des seigneurs, excepté lorsque ceux-ci sont dans leurs fonctions.

Ils ne peuvent posséder aucun office dans la justice des seigneurs, à moins qu'ils n'ayent obtenu du roi des termes de compatibilité à cet effet. *Voyez* BAILLIFS, COMTE, COUR, PRÉSIDIAUX, PRÉVÔT ROYAL, SÉNÉCHAL, VICOMTÉ, VIGUIER. (*A*)

JUGE SÉCULIER, est celui qui est établi par le roi ou par quelqu'autre seigneur. Cette qualification est opposée à celle de *juge d'église* ou ecclésiastique. *Voyez* JUGE D'ÉGLISE. (*A*)

JUGE DE SEIGNEUR, est celui qui rend la justice au nom du seigneur qui l'a établi. On l'appelle aussi *juge subalterne*. *Voyez* JUSTICE SEIGNEURIALE. (*A*)

JUGE SEIGNEURIAL, est la même chose que *juge de seigneur*. On l'appelle ainsi pour le distinguer du *juge royal*. *Voyez* JUGE DE SEIGNEUR, & JUGE ROYAL. (*A*)

JUGE SOUVERAIN, est celui qui est dépositaire de l'autorité souveraine pour juger en dernier ressort les contestations qui sont portées devant lui.

Les magistrats qui composent les cours sont des *juges souverains*.

Quelques tribunaux ont le même caractere à certains égards seulement, comme maîtres des requêtes de l'hôtel, lesquels dans les affaires qu'ils ont droit de juger souverainement, prennent le titre de *juges souverains en cette partie*.

Le caractere des *juges souverains* est plus éminent, & leur pouvoir plus étendu que celui des *juges en*, dernier ressort ; les *juges souverains* étant les seuls qui puissent, selon les circonstances, faire céder la rigueur de la loi à un motif d'équité. *Voyez* COURS & JUGE EN DERNIER RESSORT. (*A*)

JUGE SUBALTERNE, signifie en général un *juge* inférieur qui en a un autre au-dessus de lui ; mais on donne ce nom plus communément aux *juges* de seigneurs relativement aux *juges* royaux qui sont au-dessus d'eux. *Voyez* JUSTICE SEIGNEURIALE. (*A*)

JUGE SUBDÉLÉGUÉ, est celui qui est commis par un *juge* qui est lui-même délégué. *Voyez* JUGE DÉLÉGUÉ & SUBDÉLÉGUÉ. (*A*)

JUGE SUPÉRIEUR, se dit quelquefois d'une cour souveraine, ou d'un magistrat qui en est membre. Mais on entend aussi plus souvent par-là tout *juge* qui est au-dessus d'un autre. Ainsi le *juge* haut justicier est le *juge supérieur* du bas & du moyen justicier ; le bailli royal est le *juge supérieur* du *juge seigneurial*, de même que le parlement est le *juge supérieur* du bailli royal. Le terme de *juge supérieur* est opposé au ce sens à celui de *juge inférieur*. *Voyez* ci-devant JUGE INFÉRIEUR. (*A*)

JUGES DES TRAITES *ou* MAÎTRES DES PORTS FORAINES, qu'on appelle aussi MAÎTRES DES PORTS, sont des juges royaux d'attribution, qui connoissent en premiere instance tant au civil qu'au criminel, des contestations qui surviennent pour les droits qui se perçoivent sur les marchandises qui entrent ou qui sortent du royaume ; ils connoissent encore des marchandises de contrebande & de beaucoup de matieres qui regardent l'entrée & la sortie des personnes & des choses hors du royaume, suivant leur établissement.

Henri II. par des lettres patentes en forme d'édit, du mois de Septembre 1549, créa des *maîtres des ports*, lieutenans, &, autres officiers, auxquels il attribua privativement à tous autres la connoissance & jurisdiction en premiere instance, non-seulement des droits anciens d'imposition foraine ou domaine forain, qui faisoient partie de l'appanage des rois & de la couronne, mais encore des droits qu'il établit nouvellement, aussi appellés droits d'imposition foraine sur les choses qui entrent & sortent & même sur les personnes qui pourroient également entrer ou sortir du royaume. L'*article 15*. de cet édit enjoint aux officiers desdits *maîtres des ports*, chacun en droit soi respectivement, d'envoyer de quartier en quartier, les états signés au vrai de leurs mains aux trésoriers de France, de ce qu'auront valu les droits de domaine forain & haut passage, & à l'égard

gard de l'imposition foraine aux généraux des finances.

Cet édit fut adressé & vérifié au parlement ; mais *comme* les droits de l'imposition n'étoient point de sa compétence, l'arrêt d'enregistrement porte, *ledû publicatâ & regiftratâ , in quantum tetigit domanium , domini noftri regis audito, procuratore generali.*

Cette réferve ou forme d'enregiftrement, se trouve dans plufieurs arrêts de vérification de cette cour ; ce qui prouve l'union & la fraternité qui regnoît entre ces deux cours également fouveraines.

Le même roi Henri II. ayant inftitué en 1551 de nouveaux officiers & *maitres des ports*, pour éviter la confufion dans la perception des droits de domaine forain & d'impofition foraine, établit des bureaux dans les différentes provinces du royaume.

Ces bureaux, dont le plus grand nombre tirent leur origine de cet édit, fi l'on excepte celui de Paris, furent fucceffivement connus fous le nom de *bureaux des traites*, à la referve des trois qui font connus par diftinction fous le nom de *douanne*, foit par leur fituation ou leur ancienneté , qui font les bureaux des douannes de Paris , Lyon , & Valence.

L'on prétend que le nom de *douanne*, vient d'un terme bas-breton *doen*, qui fignifie *porter*; parce que l'on tranfporte dans ces bureaux toutes fortes de marchandifes.

Les *maitres des ports* furent confirmés dans leurs fonctions & établiffement fous Louis XIV. par un édit du mois de Mars 1667, & furent indiftinctement dénommés *maitres des ports*, ou *juges des traites*.

Mais ce même prince, après avoir établi par fes ordonnances de 1680 & 1687, une jurifprudence ceftaine pour la perception des droits qui compofent les fermes générales des gabelles, aydes, entrées, & autres y jointes, dont la connoiffance appartient aux élus en premiere inftance, & par appel à la cour des aydes , fixa & détermina pareillement les maximes concernant la perception des droits de fortie & d'entrée, fur les marchandifes & denrées par fon ordonnance du mois de Février 1687, contenant 13 titres, dont le douzieme attribue la compétence & la connoiffance de tous différends civils & criminels, concernant les droits de fortie & d'entrée, & ceux qui pourroient naître en exécution de ladite ordonnance , aux *maîtres des ports* & *juges des traites* en premiere inftance, & par appel aux cours des aydes de leur reffort.

Cette même ordonnance preferit aux juges la forme de procéder tant en premiere inftance que fur l'appel. *(A)*

JUGEMENT , f. m. (*Métaphyfique.*) puiffance de l'ame, qui juge de la convenance, ou de la difconvenance des idées.

Il ne faut pas confondre le *jugement* avec l'accord fucceffif des connoiffances que procurent les fens, indépendamment des facultés intellectuelles ; car le *jugement* n'a aucune part dans ce qui eft apperçu & difcerné par le feul effet des fenfations. Lorfque nous buvons féparément du vin & de l'eau, les impreffions différentes que ces deux liqueurs font fur notre langue, fuffifent pour que nous les diftinguions l'une de l'autre. Il en eft de même des fenfations que nous recevons par la vûe , par l'ouie, par l'odorat ; le *jugement* n'y entre pour rien.

Nous ne jugeons pas, lorique nous appercevons que la neige eft blanche, parce que la blancheur de la neige fe diftingue par la fimple vûe de la neige. Les hommes & les bêtes acquierent également cette connoiffance par le feul difcernement, fans aucune attention , fans aucun examen , fans aucune recherche. Le *jugement* n'a pas plus lieu dans les cas où l'on eft déterminé par fenfation à agir, ou à ne pas

agir. Si nous fommes, par exemple, placés trop près du feu, la chaleur qui nous incommode nous porte, ainfi que les bêtes, à nous éloigner, fans la moindre délibération de l'efprit, ιρ ηc.

Le *jugement* eft donc une opération de l'ame raifonnable ; c'eft un acte de recherche, par lequel après avoir tâché de s'affurer de la vérité, elle fe rend à fon évidence. Pour y parvenir, elle combine, elle compare ce qu'elle veut connoitre avec précifion. Elle pefe les motifs qui peuvent la décider à agir, ou à ne pas agir. Elle fixe fes deffeins ; elle choifit les moyens qu'elle doit préférer pour les exécuter.

On eftime les chofes fur lefquelles il s'agit d'établir fon *jugement*, en appréciant leur degré de perfection ou d'imperfection , l'état des qualités, la valeur des actions , des caufes , des effets , l'étendue & l'exactitude des rapports. On les compte par les regles du calcul ; on les mefure en les comparant à des valeurs, à des quantités, ou à des qualités connues & déterminées.

Cependant comme la faculté intellectuelle que nous appellons *jugement*, a été donnée à l'homme, non-feulement pour la fpéculation , mais auffi pour la conduite de fa vie , il feroit dans un trifte état , s'il devoit toûjours fe décider d'après l'évidence, & la certitude d'une parfaite connoiffance ; car cette évidence étant refferrée dans des bornes fort étroites, l'homme fe trouveroit fouvent indéterminé dans la plûpart des actions de fa vie. Quiconque ne voudra manger qu'après avoir vu démonftrativement qu'un tel mets le nourrira fans lui caufer d'incommodité ; & quiconque ne voudra agir , qu'après avoir vu certainement que ce qu'il doit entreprendre fera fuivi d'un heureux fuccès , n'aura prefque autre chofe à faire, qu'à fe tenir en repos ou à périr d'inanition.

S'il y a des chofes expofées à nos yeux dans une entiere évidence, il y en a un beaucoup plus grand nombre, fur lefquelles nous n'avons qu'une lumiere obfcure, & fi je puis ainfi m'exprimer, un crépufcule de probabilité. Voilà pourquoi l'ufage & l'excellence du *jugement* fe bornent ordinairement à pouvoir obferver la force ou le poids des probabilités ; enfuite à en faire une jufte eftimation ; enfin , après les avoir pour ainfi dire toutes fommées exactement, à fe déterminer pour le côté qui emporte la balance.

Les perfonnes qui ont le plus d'efprit & le plus de mémoire , n'ont pas toûjours le *jugement* le plus folide & le plus profond : j'entends par efprit, l'art de joindre promptement les idées , de les varier , d'en faire des tableaux qui divertiffent & frappent l'imagination. L'efprit ce fens eft fatisfait de l'agrément de la peinture, fans s'embarraffer des regles feveres du raifonnement. Le *jugement* au contraire , travaille à approfondir les chofes, à diftinguer foigneufement une idée d'avec une autre , & à éviter qu'une infinité ne lui donne le change.

Il eft vrai que fouvent le *jugement* n'eft ûîse pas de fi bons principes ; les hommes incapables du degré d'attention qui eft requis dans une longue fuite de gradations , ou de différer quelque tems à fe déterminer, jettent les yeux deffus à vûe de pays, & fuppofent, après un leger coup d'œil, que les chofes conviennent ou difconviennent entre elles.

Ce feroit la matiere d'un grand ouvrage, que d'examiner combien l'imperfection dans la faculté de diftinguer les idées , dépend d'une trop grande précipitation naturelle à certains tempéramens, de l'ignorance , du manque de pénétration , d'exercice , & d'attention du côté de l'entendement , de la groffiereté, des vices , ou du défaut d'organes, &c. Mais il fuffit de remarquer ici, que c'eft à fe repréfenter nettement les idées , & à pouvoir les diftinguer exa-

Tome IX. C

élement les unes des autres, lorsqu'il regne entre elles quelque différence, que consiste en grande partie la justesse du *jugement*. Si l'esprit unit ou sépare les idées, selon qu'elles le sont dans la réalité, c'est un *jugement* droit. Heureux ceux qui réussissent à le former ! Plus heureux encore ceux que la nature a gratifiés de cette rare prérogative ! (*D. J.*)

JUGEMENT, (*Jurisprud.*) est ce qui est ordonné par un juge sur une contestation portée devant lui.

Ce terme se prend aussi quelquefois pour justice en général, comme quand on dit *ester en jugement*, *stare in judicio*, poursuivre quelqu'un en *jugement*.

On entend aussi quelquefois par-là l'audience tenante, comme quand on dit une requête faite en *jugement*, c'est-à-dire judiciairement ou en présence du juge.

Tout *jugement* doit être précédé d'une demande ; & lorsqu'il intervient sur les demandes & défenses des parties, il est contradictoire ; s'il est rendu seulement sur la demande, sans que l'autre partie ait défendu ou se présente, alors il est par défaut ; & si c'est une affaire appointée, ce défaut s'appelle un *jugement par forclusion* ; en matiere criminelle, c'est un *jugement de contumace*.

Il y a des *jugemens* préparatoires, d'autres provisionnels, d'autres interlocutoires, d'autres définitifs.

Les uns sont rendus à la charge de l'appel ; d'autres sont en dernier ressort, tels que les *jugemens prévôtaux* & les *jugemens présidiaux* au premier chef de l'édit ; enfin, il y a des *jugemens* souverains, tels que les arrêts des cours souveraines.

On appelle *jugement arbitral*, celui qui est rendu par des arbitres.

Premier jugement, est celui qui est rendu par le premier juge, c'est-à-dire devant lequel l'affaire a été portée en premiere instance.

Jugement de mort, est celui qui condamne un accusé à mort.

Quand il y a plusieurs juges qui assistent au *jugement*, il doit être formé à la pluralité des voix ; en cas d'égalité, il y a partage ; & si c'est en matiere criminelle, il faut deux voix de plus pour départager ; quand il n'y en a qu'une, le *jugement* passe à l'avis le plus doux.

Dans les causes d'audience, c'est celui qui préside qui prononce le *jugement* ; le greffier doit l'écrire à mesure qu'il le prononce.

Dans les affaires appointées, c'est le rapporteur qui dresse le dispositif.

On distingue deux parties dans un *jugement* d'audience, les qualités & le dispositif.

Les *jugemens* sur procès par écrit, outre ces qualités, ont encore le *vu* avant le dispositif.

On peut acquiescer à un *jugement* & l'exécuter, ou en interjetter appel.

Voyez dans le corps de droit civil & canonique les titres *de judiciis*, *de sententiis*, *de re judicatâ*, *de exteptione rei judicata*, & l'ordonnance de 1667, *tit. de l'exécution des jugemens*, & *aux mots* APPEL, DISPOSITIF, QUALITÉS, VU. (*A*)

JUGEMENT DE LA CROIX étoit une de ces épreuves que l'on faisoit anciennement dans l'espérance de découvrir la vérité. Ce *jugement* consistoit à donner gain de cause à celui des deux parties qui tenoit le plus longtems ses bras élevés en croix. *Voyez* M. le président Hénault à l'année 848. (*A*)

JUGEMENT DE DIEU ; on appelloit ainsi autrefois les épreuves qui se faisoient par l'eau bouillante, & autres semblables, dont l'usage a duré jusqu'à Charlemagne.

On donnoit aussi le même nom à l'épreuve qui se faisoit par le duel, dont l'usage ne fut aboli que par Henri II.

Le nom de *jugement de Dieu* que l'on donnoit à ces différentes sortes d'épreuves, vient de ce que l'on étoit alors persuadé que le bon ou mauvais succès que l'on avoit dans ces sortes d'épreuves, étoit un *jugement de Dieu*, qui se déclaroit toujours pour l'innocent.

Voyez DUEL, ÉPREUVE & PURGATION VULGAIRE. (*A*)

JUGEMENS PARTICULIERS DES ROMAINS, (*Hist. de la Jurisprud. rom.*) Les *jugemens* chez les Romains, étoient ou publics ou *particuliers*. Ces derniers se rendoient quelquefois devant un tribunal au barreau, quelquefois dans les basiliques, & quelquefois sur le lieu même où le peuple étoit assemblé *de plano*.

Par *jugement particulier* on entend la discussion, l'examen & la décision des contestations qui naissoient au sujet des affaires des particuliers. Voici l'ordre suivant lequel on y procédoit.

De l'ajournement. Si le différend né pouvoit pas se terminer à l'amiable (car c'étoit la premiere voie que l'on tentoit ordinairement), le demandeur assignoit la partie à comparoître en justice le jour d'audience, c'est-à-dire qu'il le sommoit de venir avec lui devant le préteur. Si le défendeur refusoit de le suivre, les lois des douze tables permettoient au demandeur de le saisir & de le traîner par force devant le juge ; mais il falloit auparavant prendre à témoin de son refus quelqu'un de ceux qui se trouvoient présens ; ce qui se faisoit en lui touchant le bout de l'oreille. Dans la suite il fut ordonné, par un édit du préteur, que si l'ajourné ne vouloit pas se présenter sur le champ en justice, il donneroit caution de se représenter un autre jour ; s'il ne donnoit pas caution, ou s'il n'en donnoit pas une suffisante, on le menoit, après avoir pris des témoins, devant le tribunal du préteur, si c'étoit un jour d'audience, sinon on le conduisoit en prison, pour l'y retenir jusqu'au jour prochain jour d'audience, & le mettre ainsi dans la nécessité de comparoître.

Lorsque quelqu'un demeuroit caché dans sa maison, il n'étoit pas à la vérité permis de l'en tirer, parce que tout citoyen doit trouver dans sa maison un asile contre la violence ; mais il étoit assigné en vertu d'un ordre du préteur, qu'on affichoit à sa porte en présence de témoins. S'il le défaillant n'obéissoit pas à la troisieme de ces assignations, qui se donnoient à dix jours l'une de l'autre, il étoit ordonné par sentence du magistrat, que ses biens seroient possédés par ses créanciers, affichés & vendus à l'encan. Si le défendeur comparoissoit, le demandeur exposoit sa prétention, c'est-à-dire qu'il déclaroit de quelle action il prétendoit se servir, & pour quelle cause il vouloit poursuivre ; car il arrivoit souvent que plusieurs actions concouroient pour la même cause. Par exemple, pour cause de larcin, quelqu'un pouvoit agir par revendication, ou par condition furtive, ou bien en condamnation de la peine du double, si le voleur n'avoit été pris sur le fait, ou du quadruple s'il avoit été pris sur le fait.

Ces actions étoient pareillement ouvertes à celui qui avoit empêché d'entrer dans la maison, l'action en réparation d'injure, & celle pour violence faite, & ainsi dans les autres matieres. Ensuite le demandeur demandoit l'action ou le *jugement* au préteur ; c'est ce qu'on appelloit la part du demandeur, & le défendeur de son côté demandoit sa défense.

Après ces préliminaires, le demandeur exigeoit, par une formule prescrite, que le défendeur s'engageât, sous caution, à le représenter en justice un certain jour, ou bien qu'il le prioit de lui permettre de poursuivre sa partie, & le défendeur de son côté demandoit un autre : c'est ce qu'on appelloit de la part du demandeur, *reum vadari*, & de la part du défendeur, *va-*

JUG

dimonium promittere. S'il ne comparoiſſoit pas, on diſoit qu'il avoit fait défaut ; ce qui s'exprimoit par *vadimonium deſertum.* Trois jours après, ſi les parties n'avoient point tranſigé, le préteur les faiſoit appeller, & ſi l'une des deux ne comparoiſſoit pas, elle étoit condamnée, à moins q'n'eût des raiſons bien légitimes pour excuſer ſon défaut de comparoir.

De l'action. Quand les deux parties ſe trouvoient à l'audience, le demandeur propoſoit ſon action, conçue ſelon la formule qui lui convenoit ; car les concluſions de chaque action étoient renfermées dans des formules tellement propres à chacune, qu'il n'étoit pas permis de s'en écarter d'une ſyllabe. On prétend que C. N. Fulvius, qui de greffier devint édile l'an de Rome 449, fut l'auteur de ces formules ; mais l'empereur Conſtantin les abrogea toutes, & il fit bien.

La formule de l'action étant réglée, le demandeur prioit le préteur de lui donner un tribunal ou un juge ; s'il lui donnoit un juge, c'étoit ou un juge proprement dit, ou un arbitre ; s'il lui donnoit un tribunal, c'étoit celui des commiſſaires, qu'on appelloit *recuperatores*, ou celui des centumvirs.

Le juge qui étoit donné de l'ordonnance du préteur, connoiſſoit de toutes ſortes de matieres, pourvû que l'objet fût peu important, mais il ne lui étoit pas permis, comme je l'ai déja dit, de s'écarter tant ſoit peu de la formule de l'action.

L'arbitre connoiſſoit des cauſes de bonne foi & arbitraires. Quelquefois dans les arbitrages on conſignoit une ſomme d'argent, qu'on appelloit *compromiſſum*, compromis ; c'étoit un accord fait entre les parties de s'en tenir à la déciſion de l'arbitre, ſous peine de perdre l'argent dépoſé.

Les commiſſaires *recuperatores* connoiſſoient des cauſes dans leſquelles il s'agiſſoit du recouvrement & de la reſtitution des deniers & effets des particuliers : on ne donnoit ces juges que dans les conteſtations de faits, comme en matiere d'injure, &c.

Des juges nommés centumvirs. Je m'étendrai un peu davantage ſur ce qui regarde les centumvirs. Ils étoient tirés de toutes les tribus, trois de chacune, de ſorte qu'ils étoient au nombre de cent cinq ; ce qui n'empêchoit pas qu'on ne leur donnât le nom de centumvirs. Ces juges rendoient la juſtice dans les cauſes les plus importantes, lorſqu'il s'agiſſoit de queſtions de droit & non de fait, ſur-tout dans la pétition d'hérédité, dans la plainte de teſtamens inofficieux, & dans d'autres matieres ſemblables. Les *jugemens* des centumvirs avoient une certaine forme qui leur étoit propre.

Outre cela, ces juges étoient aſſis ſur des tribunaux, au lieu que les autres n'étoient aſſis que ſur des bancs. Il n'y avoit point d'appel de leurs *jugemens*, parce que c'étoit comme le conſeil de tout le peuple. On a lieu de croire que ces magiſtrats furent créés l'an de Rome 519 ou environ, lorſque le peuple fut partagé pour la premiere fois en 135 tribus : cela paroît par la *loi 12, 55, 29. ff. De l'origine du droit.* Après le regne d'Auguſte, le corps des centumvirs devint plus nombreux, & pour l'ordinaire il montoit à cent quatre-vingt ; ils étoient diſtribués en quatre chambres ou tribunaux.

C'étoient les décemvirs qui, par l'ordre du préteur, aſſembloient ces magiſtrats pour rendre la juſtice. Les décemvirs, quoiqu'au nombre des magiſtrats ſubalternes, étoient du conſeil du préteur, & avoient une ſorte de prééminence ſur les centumvirs. Il y en avoit cinq qui étoient ſénateurs, & cinq chevaliers. Le préteur de la ville préſidoit au *jugement* des centumvirs, & tenoit, pour ainſi dire, la balance entre les quatre tribunaux.

On ſe contentoit quelquefois de porter les cauſes légeres à deux de ces tribunaux, enſorte qu'on pou-

JUG 19

voit inſtruire deux affaires en même-tems. Les centumvirs s'aſſembloient dans les baſiliques, qui étoient de magnifiques édifices, où étoit dépoſée une pique pour marque de juriſdiction : de-là vient qu'on diſoit un *jugement* de la pique, *haſta judicium*, pour déſigner un *jugement* des centumvirs. C'étoit les décemvirs qui recueilloient les voix, & cet acte de juriſdiction s'exprimoit par ces mots, *haſtam cogere*, de même que ceux qui préſidoient à d'autres tribunaux étoient dits, *judicium cogere*.

De la forme du jugement. Le juge, comme l'arbitre, devoit être approuvé par le défendeur, & on diſoit alors que le juge convenoit. Il falloit auſſi que les deux parties, tant le demandeur que le défendeur, ſouſcriviſſent le *jugement* des centumvirs, afin qu'il parût qu'ils y avoient conſenti. On donnoit pour juge un homme qu'aucun empêchement, ſoit du côté des lois, ſoit du côté de la nature, ſoit du côté des mœurs, n'excluoit de cette fonction, & on le donnoit dans le même tems qu'il étoit demandé ; enſuite on préſentoit les cautions de payer les *jugemens*, & de ratifier celle qui ſeroit ordonnée.

Celle du défendeur étoit préſentée la premiere, ou par ſon procureur, en cas qu'il fût abſent, ou par lui-même quand il étoit préſent, ou hors le *jugement*, en confirmant ce qui avoit été fait par ſon procureur. Cette caution ſe donnoit ſous trois clauſes ; ſçavoir, de ſuivre le juge, de défendre à la demande, & de n'employer ni dol ni fraude ; mais lorſque l'ajourné étoit obligé de ſe défendre en perſonne, il n'étoit point aſtraint à donner cette caution ; on exigeoit ſeulement qu'il s'engageât d'attendre la déciſion, ou ſous ſa caution juratoire, ou ſur ſa ſimple parole, ou enfin qu'il donnât caution ſelon ſa qualité.

Le procureur du demandeur devoit donner caution que ce qu'il feroit ſeroit ratifié. Lorſqu'on doutoit de ſon pouvoir à quelque égard, ou bien lorſqu'il étoit du nombre de ceux qu'on n'obligeoit point de repréſenter leurs pouvoirs, tels qu'étoient les parens & alliés du demandeur, on prenoit cette précaution pour empêcher que les *jugemens* ne devinſſent illuſoires, & que celui au nom duquel on avoit agi ne fût obligé d'eſſuyer un nouveau procès pour la même choſe. Outre cela, ſi la prétention du demandeur étoit mal fondée, l'argent dépoſé pour caution étoit un appât qui engageoit le défendeur à ſe préſenter pour y répondre. Cet argent dépoſé s'appelloit *ſacramentum*.

Suivoit la conteſtation en cauſe, qui n'étoit que l'expoſition du différend faite par les deux parties devant le juge en préſence de témoins, *teſtato*. Ce n'étoit que de la conteſtation en cauſe que le *jugement* étoit cenſé commencer ; d'où vient qu'avant le *jugement* commencé, & avant la cauſe conteſtée, étoient deux expreſſions équivalentes. Après la conteſtation, chaque plaideur aſſignoit ſa partie adverſe à trois jours, ou au ſurlendemain : c'eſt pourquoi cette aſſignation étoit appellée *comperendinatio*, ou *condictio*. Ce jour-là il y avoit un *jugement* rendu, à moins qu'une maladie ſérieuſe, *morbus ſonicus*, n'eût empêché le juge ou l'un des plaideurs, de ſe trouver à l'audience ; dans ce cas on prorogeoit le délai, *dies diffendebatur*.

Si une des parties manquoit de comparoître ſans alléguer l'excuſe de maladie, le préteur donnoit contre la défaillant un édit péremptoire, qui étoit précédé de deux autres édits. Si les deux parties comparoiſſoient, le juge juroit d'abord qu'il jugeroit ſuivant la loi, & enſuite les deux plaideurs prêtoient, par ſon ordre, le *ſerment de calomnie*, c'eſt-à-dire, que chacun affirmoit que ce n'étoit point dans la vûe de fruſtrer ou de vexer ſon adverſaire qu'il plaidoit : *calomniari* pris dans ce ſens, ſignifioit *chicaner*. Dans certaines causes, le demandeur évaluoit par serment la chose qui faisoit la matiere de la contestation ; c'est-à-dire qu'il affirmoit avec serment que la chose contestée valoit tant ; c'est ce qu'on appelloit *in litem jurare* ; cela avoit lieu dans les causes de bonne foi, lorsqu'on répétoit la même chose, ou qu'il étoit intervenu dol ou contumace de la part du défendeur.

Quand le juge étoit seul, il s'associoit pour conseil un ou deux de ses amis, qui étoient instruits dans la science des loix ; alors on plaidoit la cause ; ce qui se faisoit en peu de mots, & c'est ce qu'on appelloit causes sommaires, *causâ conjectio*, ou par des discours plus longs ou composés avec plus d'art ; telles sont les oraisons ou plaidoyers de Cicéron pour Quintius & pour Roscius le comédien. On donnoit le nom de *moratores* à ces avocats déclamateurs, qui n'étoient bons qu'à retarder la décision des causes, *qui causam morabantur*. Enfin, on présidoit à l'audition des témoins, & l'on produisoit les registres & les autres pieces qui pouvoient servir à instruire le procès.

De la fin du jugement. L'après-midi, après le coucher du soleil, on prononçoit le *jugement*, à moins que le juge n'eût pas bien compris la cause ; car dans ce cas il juroit qu'il n'étoit pas suffisamment instruit, *sibi non liquere* ; & par cet interlocutoire il étoit dispensé de juger : c'est pourquoi dans la suite les juges, pour ne pas hazarder mal-à-propos un *jugement*, demanderent quelquefois la décision de l'empereur, ou bien ils ordonnoient une plus ample information. Cependant cette plus ample information n'étoit gueres usitée que dans les *jugemens* publics. Ordinairement les juges prononçoient qu'une chose leur paroissoit être ou n'être pas ainsi : c'étoit la formule dont ils se servoient, quoiqu'ils eussent une pleine connoissance de la chose dont ils jugeoient ; quand ils ne suivoient pas cette maniere de prononcer, ils condamnoient une des parties & déchargeoient l'autre.

Pour les arbitres, ils commençoient par déclarer leur avis ; si le défendeur ne s'y soumettoit pas, ils le condamnoient, & lorsqu'il étoit prouvé qu'il y avoit dol de sa part, cette condamnation se faisoit conformément à l'estimation du procès ; au lieu que le juge faisoit quelquefois réduire cette estimation, en ordonnant la prisée.

Dans les arbitrages, il pouvoit avoir égard à ce que la foi exigeoit. Cependant les arbitres étoient aussi soumis à l'autorité du préteur, & c'étoit lui qui prononçoit & faisoit exécuter leur *jugement* aussi-bien que celui des autres juges. Aussitôt qu'un juge avoit prononcé, soit bien ou mal, il cessoit d'être juge dans cette affaire.

Après le *jugement* rendu, on accordoit quelquefois au condamné, pour des causes légitimes, la restitution en entier : c'étoit une action pour faire mettre la chose ou la cause au même état où elle étoit auparavant. On obtenoit cette action, ou en exposant qu'on s'étoit trompé soi-même, ou en alléguant que la partie adverse avoit usé de fraude ; par-là on n'attaquoit point proprement le *jugement* rendu, au lieu que l'appel d'une sentence est une preuve qu'on se plaint de son injustice.

Si le défendeur, dans les premiers trente jours depuis sa condamnation, n'exécutoit pas le *jugement*, on n'en interjettoit point appel, mais le préteur le livroit à son créancier pour lui appartenir en propriété comme son esclave, *nexus creditori addicebatur*, & celui-ci pouvoit le retenir prisonnier jusqu'à ce qu'il se fût acquitté, ou en argent, ou par son travail. Le demandeur de son côté étoit exposé au *jugement* de calomnie. On entendoit par calomniateurs, ceux qui pour de l'argent suscitent un procès sans sujet. Dans les actions de partage, le défendeur étoit obligé de faire le serment de calomnie comme le demandeur.

Enfin, si le juge, sciemment & par mauvaise foi avoit rendu un *jugement* injuste, il devenoit garant du procès, *litem faciebat suam*, c'est-à-dire qu'il étoit contraint d'en payer la juste estimation. Quelquefois même on informoit de ce crime suivant la loi établie contre la concussion. Si le juge étoit convaincu d'avoir reçu de l'argent des plaideurs, il étoit condamné à mort suivant la loi des douze tables. C'en est assez pour ce qui regarde les *jugemens particuliers*. Nous parlerons dans un autre article des *jugemens* publics, dont la connoissance est encore plus intéressante. (*D. J.*)

JUGEMENS PUBLICS DES ROMAINS, (*Hist. de la Jurisp. rom.*) Les *jugemens publics* de Rome étoient ceux qui avoient lieu pour raison de crimes ; ils sont ainsi appellés, parce que dans ces *jugemens* l'action étoit ouverte à tout le monde. On peut donc les définir des *jugemens* que les juges, donnés par un commissaire qui les présidoit, rendoient pour la vengeance des crimes, conformément aux lois établies contre chaque espece de crime.

Ces *jugemens* étoient ordinaires ou extraordinaires ; les premiers étoient exercés par des préteurs, & les seconds par des commissaires appellés *parricidii* & *duumviri* ; c'étoient des juges extraordinairement établis par le peuple. Les uns & les autres rendoient leurs *jugemens publics*, tantôt au barreau, tantôt au champ de Mars, & quelquefois même au capitole.

Dans les premiers tems, tous les *jugemens publics* étoient extraordinaires ; mais environ l'an de Rome 605, on établit des commissions extraordinaires, *quæstiones perpetuæ* ; c'est-à-dire qu'on attribua à certains préteurs la connoissance de certains crimes, de sorte qu'il n'étoit plus besoin de nouvelles lois à ce sujet. Cependant depuis ce tems-là il y a eu beaucoup de commissions exercées, ou par le peuple lui-même dans les assemblées, ou par des commissaires créés extraordinairement ; & cela à cause de l'atrocité ou de la nouveauté du crime, dont la vengeance étoit poursuivie ; comme, par exemple, dans l'affaire de Milon, qui étoit accusé d'avoir tué Clodius, & dans celle de Clodius lui-même, accusé d'avoir violé les saints mysteres. C'est ainsi que l'an de Rome 640, L. Cassius Longinus informa extraordinairement de l'inceste des vestales. Les premieres commissions perpétuelles furent celles qu'on établit pour la concussion, pour le péculat, pour la brigue, & pour le crime de lèze-majesté.

Le *jugement* de concussion est celui par lequel les alliés des provinces répétoient l'argent que les magistrats préposés pour les gouverner, leur ont enlevé contre les lois. C'est pourquoi Cicéron dans ses plaidoyers contre Verrès, donne à la loi qui concernoit les concussions, le nom de *loi sociale*. En vertu de la loi julia on pouvoit poursuivre par la même action ceux à qui cet argent avoit passé, & les obliger à le restituer, quoiqu'il paroisse que la peine de l'exil avoit aussi été établie contre les concussionnaires.

Le *jugement* de péculat est celui dans lequel on accusoit quelqu'un d'avoir volé les deniers publics ou sacrés. Le *jugement* pour le crime d'argent retenu a beaucoup d'affinité avec le péculat : son objet étoit de faire restituer les deniers publics restés entre les mains de quelqu'un. Celui qui, par des voies illégitimes, tâchoit de gagner les suffrages du peuple ; pour parvenir aux honneurs, étoit coupable de brigue ; comme le *jugement* qui avoit ce crime pour objet, cessa d'être en usage à Rome, lorsque l'élection des magistrats qui paroisse que la peine de l'exil ne dépendit plus du peuple.

Le crime de majesté embrassoit tout crime commis contre le peuple romain & contre sa sûreté, comme emmener une armée d'une province, déclarer la guerre de son chef, aspirer à la souveraine autorité sans l'ordre du peuple ou du sénat, soulever les légions, &c. Mais sous le spécieux prétexte de ce crime, les empereurs dans la suite firent périr un si grand nombre d'innocens, que Pline, dans son panégyrique de Trajan, dit fort élégamment que le crime de majesté étoit sous Domitien le crime unique & particulier de ceux qui n'en avoient commis aucun. Or la majesté, pour le dire ici en passant, dans le sens qu'on prend aujourd'hui ce terme, ou plûtôt qu'on devroit le prendre, n'est autre chose que la dignité & le respect qui résulte de l'autorité & des charges. Sous les empereurs, ce crime étoit qualifié d'impiété, &c.

A ces commissions, le dictateur Sylla ajouta dans la suite celles contre les assassins, les empoisonneurs & les faussaires. On peut voir dans le titre des pandectes sur cette loi, qui sont ceux qui passoient pour coupables des deux premiers crimes. Celui-là commet le crime de faux, qui fait un testament faux, ou autre acte faux, de quelque nature qu'il soit, ou bien qui fabrique de la fausse monnoie; & comme ce crime se commettoit plus fréquemment dans les testamens & dans la fabrication de la monnoie, bientôt après Cicéron contre Verrès, *liv. I*, *chap. xlij*, appelle loi *testamentaire & pécuniaire*, celle qui avoit été faite pour la poursuite & la punition de ce crime.

On établit encore d'autres commissions, comme celles qui furent établies en vertu de la loi *pompeia* touchant les parricides, dont le supplice consistoit, en ce qu'après avoir été fouettés jusqu'au sang, ils étoient précipités dans la mer, cousus dans un sac avec un singe, un chien, un serpent & un coq; si la mer étoit trop éloignée, ils étoient, par une constitution de l'empereur Adrien, exposés aux bêtes, ou brûlés vifs. On établit des commissions en vertu de la loi julia, touchant la violence publique & la violence particulière. La violence publique étoit celle qui donnoit principalement atteinte au bien ou au droit public, & la violence particulière étoit celle qui donnoit atteinte au bien ou au droit particulier. Il y eut encore d'autres commissions de même nature, comme contre les adulteres, les parjures, &c.

Voici l'ordre qu'on suivoit dans les *jugemens publics*. Celui qui vouloit se porter accusateur contre quelqu'un, le citoit en justice de la maniere que nous avons dit en parlant des *jugemens* particuliers. Souvent de jeunes gens de la premiere condition, qui cherchoient à s'illustrer en accusant des personnes distinguées dans l'état, ou qui, comme parle Cicéron, vouloient rendre leur jeunesse recommandable, ne rougissoient point de faire ce personnage. Ensuite l'accusateur demandoit au préteur la permission de dénoncer celui qu'il avoit envie d'accuser: ce qu'il faut par conséquent distinguer de l'accusation même; mais cette permission n'étoit accordée ni aux femmes, ni aux pupilles, si ce n'est en certaines causes, comme lorsqu'il s'agissoit de poursuivre la vengeance de la mort de leur pere, de leur mere, & de leurs enfans, de leurs patrons & patronnes, de leurs fils ou filles, petits-fils ou petites-filles. On refusoit aussi cette permission aux soldats & aux personnes infâmes; enfin il n'étoit pas permis, selon la loi Memmia, d'accuser les magistrats, ou ceux qui étoient absens pour le service de la république.

S'il se présentoit plusieurs accusateurs, il intervenoit un *jugement* qui décidoit auquel la dénonciation seroit déférée, ce qu'on appelloit *divination* : on peut voir Asconius sur la cause & l'origine de ce nom; & les autres pouvoient souscrire à l'accusation, s'ils le jugeoient à propos. Ensuite au jour marqué, la dénonciation se faisoit devant le préteur dans une certaine formule. Par exemple : » je dis que vous » avez dépouillé les Siciliens, & je répete contre » vous cent mille sesterces, en vertu de la loi »; mais il falloit auparavant, que l'accusateur prêtât le serment de calomnie, c'est-à-dire, qu'il affirmât que ce n'étoit point dans la vue de noircir l'accusé par une calomnie, qu'il alloit le dénoncer. Si l'accusé ne répondoit point, ou s'il avouoit le fait, on estimoit le dommage dans les causes de concussion ou de péculat; & dans les autres, on demandoit que le coupable fût puni : mais s'il nioit le fait, on demandoit que son nom fût reçu parmi les accusés, c'est-à-dire, qu'il fût inscrit sur les registres au nombre des accusés. Or on laissoit la dénonciation entre les mains du préteur, sur un libelle signé de l'accusateur, qui contenoit en détail toutes les circonstances de l'accusation. Alors le préteur fixoit un jour, auquel l'accusateur & l'accusé devoient se présenter; ce jour étoit quelquefois le dixieme, & quelquefois le trentieme. Souvent dans la concussion ce delai étoit plus long, parce qu'on ne pouvoit faire venir des provinces les preuves qu'après beaucoup de recherches. Les choses étant dans cet état, l'accusé, avec ses amis & ses proches, prenoit un habit de deuil, & tâchoit de se procurer des partisans.

Le jour fixé étant arrivé, on faisoit appeller par un huissier les accusateurs, l'accusé, & ses défenseurs : l'accusé qui ne se présentoit pas étoit condamné; ou si l'accusateur étoit défaillant, le nom de l'accusé étoit rayé des registres. Si les deux parties comparoissoient, on tiroit au sort le nombre de juges que la loi prescrivoit. Ils étoient pris parmi ceux qui avoient été choisis pour rendre la justice cette année-là, fonction qui se trouvoit dévolue, tantôt aux sénateurs, tantôt aux chevaliers, auxquels furent joints par une loi du préteur Aurelius Cotta, les tribuns du trésor, qui furent supprimés par Jules-César; mais Auguste les ayant rétablis, il en ajouta deux cens autres pour juger des causes qui n'avoient pour objet que les sommes modiques.

Les parties pouvoient récuser ceux d'entre ces juges qu'ils ne croyoient pas leur être favorables, & le préteur ou le président de la commission, en tiroit d'autres au sort pour les remplacer; mais dans les procès de concussion, suivant la loi Servilia, l'accusateur, de quatre cent cinquante juges, en présentoit cent, desquels l'accusé en pouvoit seulement récuser cinquante. Les juges nommés, à moins qu'ils ne se récusassent eux-mêmes pour des causes légitimes, juroient qu'ils jugeroient suivant les lois. Alors on instruisoit le procès par voie d'accusation & de défense.

L'accusation étoit sur-tout fondée sur des témoignages qui font des preuves ou l'artifice n'a point de part. On en distingue de trois sortes; 1°. les tortures, qui sont des témoignages que l'on tiroit des esclaves par la rigueur des tourmens, moyens qu'il n'étoit jamais permis d'employer contre les maitres, sinon dans une accusation d'inceste ou de conjuration. 2°. Les témoins qui devoient être des hommes libres, & d'une réputation entiere. Ils étoient ou volontaires ou forcés; l'accusateur pouvoit accuser ceux-ci en témoignage, en vertu de la loi; les uns & les autres faisoient leur déposition après avoir prêté serment, d'où vient qu'on les appelloit *juratores*. Mais il y avoit d'autres *juratores*, pour le dire en passant, chargés d'interroger ceux qui entroient dans un port sur leur nom, leur patrie; & les marchandises qu'ils apportoient. Plaute en fait mention *in trinummo*, act. 4. sc. 2. v. 30. Je reviens à mon sujet.

La troisieme espece de preuve sur laquelle on appuyoit l'accusation, étoit les registres, & sous ce nom font compris tout les genres d'écritures, qui peuvent servir à établir une cause. Tels font, par exemple, les livres de recette & de payement, les inventaires de meubles qu'on doit vendre à l'encan, les registres des Banquiers. Ces titres produits, l'accusateur établissoit son accusation par un discours, dans lequel il se proposoit de justifier la réalité des crimes dont il s'agissoit, & d'en montrer l'atrocité. Les avocats de l'accusé, opposoient à l'accusateur une défense propre à exciter la commisération ; c'est pourquoi, outre les témoignages en faveur de l'accusé, ils mettoient en usage des raisonnemens tirés de sa conduite passée, & alloient même jusqu'aux conjectures & aux soupçons. Dans la péroraison sur-tout, ils employoient tous leurs efforts pour adoucir, pour toucher & fléchir l'esprit des juges.

Outre les avocats, l'accusé présentoit des personnes de considération qui s'offroient de parler en sa faveur ; & c'est ce qui arrivoit principalement lorsque quelqu'un étoit accusé de concussion. On lui accordoit presque toujours dix apologistes, comme si ce nombre eût été réglé par les lois ; de plus, on faisoit encore paroître des personnes propres à exciter la compassion, comme les enfans de l'accusé, qui étoient en bas-âge, sa femme & autres semblables.

Ensuite les juges rendoient leur *jugement*, à moins que la loi n'ordonnât une remise, comme dans le *jugement* de concussion. La remise *comperendinatio* différoit de la plus ample information, *ab ampliatione*, sur-tout en ce que celle-ci étoit pour un jour certain au gré du préteur, & celle-là toujours pour le sur-lendemain, & en ce que dans la remise, l'accusé paroîit le premier, au lieu que le contraire arrivoit dans le plus amplement informé.

Le *jugement* se rendoit de cette sorte. Le préteur distribuoit aux juges des tablettes ou bulletins, & leur ordonnoit de conférer entre eux pour donner leur avis. Ces tablettes étoient de trois sortes, l'une d'absolution, sur laquelle étoit écrite la lettre *A*, *absolvo* ; l'autre de condamnation, sur laquelle étoit écrite la lettre *C*, *condemno*, & la troisieme de plus ample information, sur laquelle étoient écrites les lettres *N* & *L*, *non liquet*, qui signifioient qu'il n'étoit pas clair ; & ce plus amplement informé se prononçoit d'ordinaire lorsque les juges étoient incertains s'ils devoient absoudre ou condamner.

Les juges jettoient ces tablettes dans une urne, & lorsqu'on les en avoit retirées, le préteur à qui elles avoient fait connoître quel devoit être le *jugement*, le prononçoit après avoir quitté sa prétexte. Il étoit conçu suivant une formule preserite, savoir que quelqu'un paroissoit avoir fait quelque chose, ou qu'il paroissoit avoir eu raison de la faire, &c. & cela apparemment, parce qu'ils vouloient montrer une espece de doute.

Lorsque les voix étoient égales, l'accusé étoit renvoyé absous. Souvent la formule de condamnation renfermoit la punition ; par exemple, *il paroît avoir fait violence, & pour cela je lui interdis le feu & l'eau*. Mais quoique la punition ne fût pas exprimée, la loi ne laissoit pas d'exercer toute son autorité contre le coupable, à peu près de même qu'aujourd'hui en Angleterre les juges particuliers ou la compagnie *jurés*, prononcent que l'accusé est coupable ou innocent, & le juge a soin de faire exécuter la loi. L'estimation du procès, *estimatio litis*, c'est-à-dire la condamnation aux dommages suivoit la condamnation de l'accusé, dans les *jugemens* de concussion & de péculat ; & dans les autres, la punition selon la nature du délit.

Si l'accusé étoit absous, il avoit deux actions à exercer contre l'accusateur : celle de calomnie, s'il étoit constant que par une coupable imposture, il eût imputé à quelqu'un un crime supposé ; la punition consistoit à imprimer avec un fer sur le front du calomniateur la lettre *K* ; car autrefois le mot de *calomnie* commençoit par cette lettre ; de-là vient que les Latins disent *integræ frontis hominem*, un homme dont le front est entier, pour dire un homme de probité. La seconde action étoit celle de prévarication, s'il étoit prouvé qu'il y eût eu, de la part de l'accusateur, collusion avec l'accusé, ou qu'il eût supprimé de véritables crimes.

Outre le préteur, il y avoit encore pour présider à ces sortes de *jugemens*, un autre magistrat qu'on appelloit *judex quæstionis*. Sigonius, dont le célebre Nood adopte le sentiment, pense que cette magistrature fut créée après l'édilité, & que le devoir de cette charge consistoit à faire les fonctions du préteur en son absence, à instruire l'action donnée, à tirer les juges au sort, à ouïr les témoins, à examiner les registres, à faire appliquer à la torture, & à accomplir les autres choses que le préteur ne pouvoit pas faire par lui-même, tant à cause de la bienséance, qu'à cause de la multitude de ses occupations.

Quoiqu'il y eût des commissions perpétuelles établies, cependant certaines accusations se poursuivoient devant le peuple dans les assemblées, & l'accusation de rébellion, *perduellionis*, se poursuivoit toujours dans les assemblées par centuries. Or, on appelloit *perduellis*, celui en qui on découvroit des attentats contre la république. Les anciens donnoient le nom de *perduelles* aux ennemis.

Ainsi on réputoit coupable de ce crime celui qui avoit fait quelque chose directement contraire aux lois qui favorisent le droit des citoyens & la liberté du peuple ; par exemple, celui qui avoit donné atteinte à la loi Porcia, statuée l'an de Rome 556, par P. Porcius Læca, tribun du peuple, ou à la loi Sempronia. La premiere de ces lois défendoit de battre ou de tuer un citoyen Romain ; la seconde défendoit de décider de la vie d'un citoyen Romain sans l'ordre du peuple ; car le peuple avoit un droit légitime de se réserver cette connoissance, & c'étoit un crime de lèze-majesté des plus atroces que d'y donner atteinte.

Les *jugemens* se rendoient dans les assemblées du peuple par tribus. Lorsque le magistrat ou le souverain pontife accusoit quelqu'un d'un crime qui n'emportoit pas peine capitale, mais où il s'agissoit seulement d'une condamnation d'amende, ou lorsque la condamnation capitale ayant été remise à un jour certain, l'accusé, avant que ce jour fut arrivé, prenoit de lui-même le parti de s'exiler ; alors ces assemblées suffisoient pour confirmer son exil, comme il paroît par Tite-Live, *lib. II. cap. xxxv. lib. XXVI. cap. iij*.

Voici quelle étoit la forme des *jugemens* du peuple. Le magistrat qui avoit envie d'accuser quelqu'un, convoquoit l'assemblée du peuple par un héraut public ; & de la tribune, il assignoit un jour à l'accusé pour entendre son accusation. Dans les accusations qui alloient à la peine de mort, le magistrat lui demandoit une caution, *vades*, laquelle étoit personnellement obligée de le représenter, ce qui fut pratiqué pour la premiere fois à l'égard de Quintius, l'an de Rome 291. Dans les accusations qui ne s'étendoient qu'à l'amende, il lui demandoit des cautions pécuniaires, *prædes*.

Le jour marqué étant arrivé, s'il n'y avoit point d'opposition de la part d'un magistrat égal ou supérieur, on faisoit appeller l'accusé, de la tribune, par un héraut ; s'il ne comparoissoit pas, & qu'on n'alléguât point d'excuse en sa faveur, il étoit condamné à l'amende. S'il se présentoit, l'accusateur établissoit son accusation par témoins & par raisonnemens, & la terminoit après trois jours d'intervalle. Dans toutes les accusations, l'accusateur concluoit à telle peine ou amende qu'il jugeoit à propos; & sa requisition s'appelloit *inquisitio*. Ensuite l'accusateur publioit par trois jours de marché consécutifs son accusation rédigée par écrit, qui contenoit le crime imputé, & la punition demandée; le troisième jour de marché, il finissoit sa quatrième accusation, & alors on donnoit à l'accusé la liberté de se défendre.

Après cela le magistrat qui s'étoit porté accusateur, indiquoit un jour pour l'assemblée, où si c'étoit un tribun du peuple qui accusât quelqu'un de rebellion, il demandoit jour pour l'assemblée à un magistrat supérieur; dans ces circonstances, l'accusé en habit de deuil, avec ses amis, sollicitoit le peuple par des prieres & des supplications redoublées; & le jugement se rendoit en donnant les suffrages, à moins qu'il n'intervînt quelqu'opposition, ou que le jugement n'eût été remis, à cause des auspices, pour cause de maladie, d'exil, ou par la nécessité de rendre à quelqu'un les derniers devoirs; ou bien à moins que l'accusateur n'eût prorogé lui-même le délai en recevant l'excuse; ou que s'étant laissé fléchir, il ne se fût entierement désisté de l'accusation; enfin on suivoit l'absolution de l'accusé, ou sa punition s'il avoit été condamné; mais les différens genres de peines qui étoient portées par la condamnation dans les *jugemens publics* & particuliers, demandent un article à part; ainsi *voyez* PEINES (*Jurisprud. Rom.*)

Nous avons tiré le détail qu'on vient de lire du Traité de M. Niéuport, & lui-même a formé son bel extrait sur le savant ouvrage de Sigonius, *de judiciis*, & sur celui de Siccana, *de judicio centum vitali*. (*D. J.*)

JUGEMENT DE ZELE, (*Hist. des Juifs.*) c'est ainsi que les docteurs juifs nomment le droit par lequel chacun pouvoit tuer sur le champ celui qui chez les anciens Hébreux renonçoit au culte de Dieu, à la loi, ou qui vouloit porter ses compatriotes à l'idolâtrie. Grotius cite, pour prouver ce droit, le *chapitre ix. du Deutéronome*; mais ce savant homme s'est trompé dans l'application, car la loi du Deutéronome suppose une condamnation en justice, & elle veut seulement que chacun se porte pour accusateur du crime dont il s'agit.

Si Phinées exerça le *jugement de zele*, comme il paroît par les *Nombres*, *ch. xxv. v. 7.* il faut remarquer que le gouvernement du peuple d'Israël n'étoit pas alors bien formé.

L'exemple des éphores qu'on cite encore pour justifier que même depuis les établissemens des tribunaux civils, les simples particuliers ont conservé, dans les pays policés, quelque reste du droit de punir que chacun avoit dans l'indépendance de l'état de nature; cet exemple, dis-je, ne le démontre pas, parce que quand les éphores faisoient mourir quelqu'un sans autre forme de procès, ils étoient censés le faire par autorité publique, supposé que cette prérogative fût renfermée dans l'étendue des droits dont Lacédémone les avoit revêtus, expressément ou tacitement. Mais, pour abréger, il vaut mieux renvoyer le lecteur à la dissertation de M. Buddeus, *de jure zelatorum in gente hebraâ*. (*D. J.*)

JUGEMENT UNIVERSEL, (*Peint.*) ce mot désigne en peinture la représentation du *jugement dernier* prédit dans l'Evangile. Plusieurs artistes s'y sont exercés dès le renouvellement de l'art en Italie, Lucas Signorelli à Orviette, Lucas de Leyde en Hollande, Jean Cousin à Vincennes, le Pontorme à Florence, & Michel-Ange à Rome. On a déja parlé, *au mot* ÉCOLE FLORENTINE du tableau du *jugement* de Michel-Ange, dans lequel il étale tant de licences & de beautés:

Larvarum omnigenas species, & ludicra miris

Induxit portenta modis; stygiasque sorores,
Infernumque senem, tanto simulacra clientem,
Et væda cerluleis sulcantem livida remis.

Cependant le premier qui ait hasardé de représenter ce sujet, est André Orgagna né à Florence en 1329; doué d'une imagination vive & d'une grande fécondité pour l'expression, il osa peindre dans la cathédrale de Pise le *jugement-universel*, aussi fortement que singulierement. D'un côté, son tableau représentoit les grands de la terre plongés dans le trouble des plaisirs du siecle; d'un autre côté, regnoit une solitude, où S. Magloire fait voir à trois rois, qui sont à la chasse avec leurs maîtresses, les cadavres de trois autres princes; ce que l'artiste exprima si bien, que l'étonnement des rois qui alloient chassant, étoit marqué sur leur visage; il y en avoit un qui, en s'écartant, se bouchoit le nez pour ne pas sentir la puanteur de ces corps à demi-pourris. Au milieu du tableau, Orgagna peignit la mort avec sa faulx, qui jonchoit la terre de gens de tout âge & de tout rang, de l'un & de l'autre sexe, qu'elle étendoit impitoyablement à ses piés. Au haut du tableau, paroissoit Jesus-Christ au milieu de ses douze apôtres, assis sur des nuages tout en feu: mais l'artiste avoit principalement affecté de représenter, d'une maniere ressemblante, les intimes amis dans la gloire du paradis, & pareillement ses ennemis dans les flammes de l'enfer. Il a été trop bien imité sur ce point par des gens qui ne sont pas peintres. (*D. J.*)

JUGEMENT & JUGÉ, (*Médecine.*) ce mot signifie la même chose que *crise*, dont il est la traduction littérale: mais le dernier qui est grec, &, qui a été adopté par les auteurs latins & françois, est presque le seul qui soit en usage, tandis que l'adjectif *jugé*, dérivé du mot françois *jugement*, est au contraire d'un usage très-commun; ainsi l'on dit d'une maladie, qu'elle est terminée par une crise, ou qu'elle est *jugée* au septieme ou au onzieme jour, *&c*. *Voy.* CRISE. (*b*)

JUGERE, s. m. (*Littérat.*) mesure romaine en fait de terre; c'étoit originairement la grandeur de terrain qu'une paire de bœufs attelés pouvoit labourer en un jour. On dit encore en Auvergne, dans le même sens, un *joug de terre*.

Le *jugere* faisoit la moitié d'une hérédie; l'hérédie contenoit quatre actes quarrés; l'acte quarré, *actus quadratus*, avoit cent vingt piés, & deux actes quarrés faisoient le *jugere*.

Pline donne au *jugerum* des Latins deux cens quarante piés de long. Quintilien, *lib. I. cap. ix*. lui donne aussi la même longueur, & cent vingt piés en largeur. Enfin, Isidore, *lib. XV. cap. xv*. confirme la même chose en ces termes: *Actus duplicatus jugerum facit; jugerum autem constat longitudine pedum CCXL, latitudine CXX*.

Voilà donc l'étendue du *jugere* trouvée; & pour l'évaluer exactement, il ne faudroit pas dire le *jugere* est un demi de nos arpens, parce que notre arpent differe suivant les différentes provinces. Le rapport du *jugere* des Romains à l'acre d'Angleterre, est comme 10000 à 16097. (*D. J.*)

JUGEURS, s. m. pl. (*Jurispr.*) étoit le nom que l'on donnoit anciennement à ceux des conseillers au parlement qui étoient distribués dans les chambres des enquêtes pour juger les enquêtes, c'est-à-dire les procès par écrit, dont la décision dépendoit d'enquêtes ou autres preuves littérales. Les conseillers des enquêtes étoient de deux sortes; les uns *jugeurs*, les autres rapporteurs: cette distinction subsista jusqu'à l'ordonnance du 10 Avril 1344, qui incorpora les rapporteurs avec les *jugeurs*.

On parlera plus amplement ci-après, *au mot* PARLEMENT, de ce qui concerne les enquêtes & les conseillers *jugeurs* & rapporteurs. (*A*)

JUGEURS ou HOMMES JUGEURS, jugeans ou hommes jugeans, étoient ceux qui rendoient la justice à leurs égaux, ou que les prevôts ou baillifs appelloient avec eux pour juger, ensorte qu'ils étoient comme les assesseurs & conseillers du juge qui leur faisoit le rapport de l'affaire, & sur son rapport ils décidoient. Ils sont ainsi nommés dans quelques anciennes ordonnances, dans les lieux où la justice étoit rendue par des pairs ou hommes-de-fief. On ne les qualifioit pas de *jugeurs*, mais de *pairs* ou *hommes de fief*. Voyez les notes de M. Secousse sur l'ordonnance de S. Louis en 1254. p. 72, & sur les *établissemens de S. Louis*, liv. I. chap. cv. & liv. II. chap. xv. & sur l'ordonnance de Charles V. alors régent du royaume, du mois de Mars 1356. (*A*)

JUGULAIRE, adj. (*Anatom.*) est un nom que les Anatomistes donnent à quelques veines du cou, qui vont aboutir aux sousclavieres. *Voy.* VEINE.

Il y en a deux de chaque côté; l'une externe, qui reçoit le sang de la face & des parties externes de la tête; & l'autre interne, qui reporte le sang du cerveau. *Voyez nos Planches d'Anatomie, & leur explication*, vol. I.

Jugulaire se dit aussi de quelques glandes du cou, qui sont situées dans les espaces des muscles de cette partie.

Elles sont au nombre de quatorze & de différentes figures, les unes plus grosses, les autres moins. Elles sont attachées les unes aux autres par des membranes & des vaisseaux, & leur substance est semblable à celle des maxillaires.

Elles séparent la lymphe qui retourne par les vaisseaux à tous les muscles voisins. C'est l'obstruction de ces glandes qui cause les écrouelles. Dionis, *Voyez* MAL.

JUHONES, (*Géog. anc.*) peuple imaginaire que l'on a forgé sur un passage altéré de Tacite; j'entends celui de ses annales, *liv. XIII. chap. lvij.* où l'on a lu, *sed Juhonum civitas socia nobis*, au lieu qu'il falloit lire *Ubiorum civitas*; c'est de Cologne dont il s'agit ici, située dans le pays des Ubiens, qui étoient alors seuls alliés des Romains en Germanie, chez lesquels se trouvoit un colonie nouvellement fondée. (*D. J.*)

IVICA, (*Géog.*) ville capitale d'une île de même nom, dans la mer Méditerranée, entre le royaume de Valence & l'île de Majorque, à 15 lieues de l'une & de l'autre. Les Anglois s'en rendirent maîtres en 1706; mais elle est retournée aux Espagnols. Les salines font le principal revenu de l'île, qui est plus longue que large, & par-tout entourée d'écueils. Diodore de Sicile & Pomponius Mela en ont beaucoup parlé. Pline nous dit que les figues y étoient excellentes, qu'on les faisoit bouillir & sécher, & qu'on les envoyoit à Rome ainsi préparées dans des caisses. Le milieu de l'île est à 39 degrés de latitude. La *longitude* de la capitale est à *19. 20.* lat. *38. 42.* (*D. J.*)

JUIF, s. m. (*Hist. anc. & mod.*) sectateur de la religion judaïque.

Cette religion, dit l'auteur des lettres persannes, est un vieux tronc qui a produit deux branches, le Christianisme & le Mahométisme, qui ont couvert toute la terre; ou plûtôt, ajoute-t-il, c'est une mere de deux filles qui l'ont accablée de mille plaies. Mais quelques mauvais traitemens qu'elle en ait reçus, elle ne laisse pas de se glorifier de leur avoir donné la naissance. Elle se sert de l'une & de l'autre pour embrasser le monde, tandis que sa vieillesse vénérable embrasse tous les tems.

Josephe, Basnage & Prideaux ont épuisé l'histoire du peuple qui se tient si constamment dévoué à cette vieille religion, & qui a marqué si clairement le berceau, l'âge & les progrès de la nôtre.

Pour ne point ennuyer le lecteur de détails qu'il trouve dans tant de livres, concernant le peuple dont il s'agit ici, nous nous bornerons à quelques remarques moins communes sur son nombre, sa dispersion par tout l'univers, & son attachement inviolable à la loi mosaïque au milieu de l'opprobre & des vexations.

Quand l'on pense aux horreurs que les *Juifs* ont éprouvé depuis J. C. au carnage qui s'en fit sous quelques empereurs romains, & à ceux qui ont été répétés tant de fois dans tous les états chrétiens, on conçoit avec étonnement que ce peuple subsiste encore; cependant non seulement il subsiste, mais, selon les apparences, il n'est pas moins nombreux aujourd'hui qu'il l'étoit autrefois dans le pays de Chanaan. On n'en doutera point, si après avoir calculé le nombre de *Juifs* qui sont répandus dans l'occident, on y joint les prodigieux essaims de ceux qui pullulent en Orient, à la Chine, entre la plûpart des nations de l'Europe & l'Afrique, dans les Indes orientales & occidentales, & même dans les parties intérieures de l'Amérique.

Leur ferme attachement à la loi de Moïse n'est pas moins remarquable, sur-tout si l'on considere leurs fréquentes apostasies, lorsqu'ils vivoient sous le gouvernement de leurs rois, de leurs juges, & à l'aspect de leurs temples. Le Judaïsme est maintenant, de toutes les religions du monde, celle qui est le plus rarement abjurée; & c'est en partie le fruit des persécutions qu'elle a souffertes. Ses sectateurs, martyrs perpétuels de leur croyance, se sont regardés de plus en plus comme la source de toute sainteté, & ne nous ont envisagés que comme des *Juifs* rebelles qui ont changé la loi de Dieu, en suppliciant ceux qui la tenoient de sa propre main.

Leur nombre doit être naturellement attribué à leur exemption de porter les armes, à leur ardeur pour le mariage, à leur coutume de le contracter de bonne heure dans leurs familles, à leur loi de divorce, à leur genre de vie sobre & réglée, à leurs abstinences, à leur travail, & à leur exercice.

Leur dispersion ne se comprend pas moins aisément. Si, pendant que Jérusalem subsistoit avec son temple, les *Juifs* ont été quelquefois chassés de leur patrie par les vicissitudes des Empires, ils l'ont encore été plus souvent par un zèle aveugle de tous les pays où ils se sont habitués depuis les progrès du Christianisme & du Mahométisme. Réduits à courir de terres en terres, de mers en mers, pour gagner leur vie, par-tout déclarés incapables de posséder aucun bien-fonds, & d'avoir aucun emploi, ils se sont vûs obligés de se disperser de lieux en lieux; & de ne pouvoir s'établir fixement dans aucune contrée, faute d'appui, de puissance pour s'y maintenir, & de lumieres dans l'art militaire.

Cette dispersion n'auroit pas manqué de ruiner le culte religieux de toute autre nation; mais celui des *Juifs* s'est soutenu par la nature & la force de ses lois. Elles leur prescrivent de vivre ensemble autant qu'il est possible, dans un même corps, ou du moins dans une même enceinte, de ne point s'allier aux étrangers, de se marier entr'eux, de né manger de la chair que des bêtes dont ils ont répandu le sang, ou préparées à leur maniere. Ces ordonnances, & autres semblables, les lient plus étroitement, les fortifient dans leur croyance, les séparent des autres hommes, & ne leur laissent, pour subsister, de ressources que le commerce, profession long-tems méprisée par la plûpart des peuples de l'Europe.

De-là vient qu'on la leur abandonna dans les siécles barbares; & comme ils s'y enrichirent nécessairement, on les traita d'infames usuriers. Les rois ne pouvant fouiller dans la bourse de leurs sujets, mirent

mirent à la torture les *Juifs*, qu'ils ne regardoient pas comme des citoyens. Ce qui se passa en Angleterre à leur égard, peut donner une idée de ce qu'on exécuta contre eux dans les autres pays. Le roi Jean, ayant besoin d'argent, fit emprisonner les riches *Juifs* de son royaume pour en extorquer de leurs mains ; il y en eut peu qui échapperent aux poursuites de sa chambre de justice. Un d'eux, à qui on arracha sept dents l'une après l'autre pour avoir son bien, donna mille marcs d'argent à la huitieme. Henri III. tira d'Aaron, *juif* d'Iorck, quatorze mille marcs d'argent, & dix mille pour la reine. Il vendit les autres *Juifs* de son pays à Richard son frere pour un certain nombre d'années, *ut quos rex excoriaverat, comes eviseraret*, dit Mathieu Paris.

On n'oublia pas d'employer en France les mêmes traitemens contre les *Juifs*; on les mettoit en prison, on les pilloit, on les vendoit, on les accusoit de magie, de sacrifier des enfans, d'empoisonner les fontaines ; on les chassoit du royaume, on les y laissoit rentrer pour de l'argent ; & dans le tems même qu'on les toléroit, on les distinguoit des autres habitans par des marques infamantes.

Il y a plus, la coutume s'introduisit dans ce royaume, de confisquer tous les biens des *Juifs* qui embrassoient le Christianisme. Cette coutume si bizarre, nous la savons par la loi qui l'abroge ; c'est l'édit du roi donné à Basville le 4 Avril 1392. La vraie raison de cette confiscation, que l'auteur de l'*esprit des lois* a si bien développée, étoit une espece de droit d'amortissement pour le prince, ou pour les seigneurs, des taxes qu'ils levoient sur les *Juifs*, comme serfs main-mortables, auxquels ils succédoient. Or ils étoient privés de ce bénéfice, lorsque ceux-ci embrassoient le Christianisme.

En un mot, on ne peut dire combien, en tout lieu, on s'est joué de cette nation d'un siecle à l'autre. On a confisqué leurs biens, lorsqu'ils recevoient le Christianisme ; & bien-tôt après on les a fait brûler, lorsqu'ils ne voulurent pas le recevoir.

Enfin, proscrits sans cesse de chaque pays, ils trouverent ingénieusement le moyen de sauver leurs fortunes, & de rendre pour jamais leurs retraites assurées. Bannis de France sous Philippe le Long en 1318, ils se réfugierent en Lombardie, & donnerent aux négocians des lettres sur ceux à qui ils avoient confié leurs effets en partant, & ces lettres furent acquittées. L'invention admirable des lettres de change sortit du sein du desespoir ; & pour lors seulement le commerce put éluder la violence, & se maintenir par tout le monde.

Depuis ce tems-là, les princes ont ouvert les yeux sur leurs propres intérêts, & ont traité les *Juifs* avec plus de modération. On a senti, dans quelques endroits du nord & du midi, qu'on ne pouvoit se passer de leur secours. Mais, sans parler du Grand-Duc de Toscane, la Hollande & l'Angleterre animées de plus nobles principes, leur ont accordé toutes les douceurs possibles, sous la protection invariable de leur gouvernement. Ainsi répandus de nos jours avec plus de sûreté qu'ils n'en avoient encore eu dans tous les pays de l'Europe où regne le commerce, ils sont devenus des instrumens par le moyen desquels les nations les plus éloignées peuvent converser & correspondre ensemble. Il en est d'eux, comme des chevilles & des cloux qu'on employe dans un grand édifice, & qui sont nécessaires pour en joindre toutes les parties. On s'est fort mal trouvé en Espagne de les avoir chassés, ainsi qu'en France d'avoir persécuté des sujets dont la croyance différoit en quelques points de celle du prince. L'amour de la religion chrétienne consiste dans sa pratique ; & cette pratique ne respire que douceur, qu'humanité, que charité. (*D. J.*)

Tome IX.

*JUIFS, *Philosophie des*, (*Hist. de la Philosop.*) Nous ne connoissons point de nation plus ancienne que la *juive*. Outre son antiquité, elle a sur les autres une seconde prérogative qui n'est pas moins importante ; c'est de n'avoir point passé par le polithéisme, & la suite des superstitions naturelles & générales pour arriver à l'unité de Dieu. La révélation & la prophétie ont été les deux premieres sources de la connoissance de ses sages. Dieu se plut à s'entretenir avec Noé, Abraham, Isaac, Jacob, Joseph, Moïse & ses successeurs. La longue vie qui fut accordée à la plûpart d'entre eux, ajoûta beaucoup à leur expérience. Le loisir de l'état de pâtres qu'ils avoient embrassé, étoit très-favorable à la méditation & à l'observation de la nature. Chefs de familles nombreuses, ils étoient très-versés dans tout ce qui tient à l'économie rustique & domestique, & au gouvernement paternel. A l'extinction du patriarchat, on voit paroître parmi eux un Moïse, un David, un Salomon, un Daniel, hommes d'une intelligence peu commune, & à qui l'on ne refusera pas le titre de grands législateurs. Qu'ont sçu les philosophes de la Grece, les Hiérophantes de l'Egypte, & les Gymnosophistes de l'Inde qui les éleve au-dessus des prophètes ?

Noé construit l'arche, sépare les animaux purs des animaux impurs, se pourvoit des substances propres à la nourriture d'une infinité d'especes différentes, plante la vigne, en exprime le vin, & prédit à ses enfans leur destinée.

Sans ajoûter foi aux rêveries que les payens & les *Juifs* ont débitées sur le compte de Sem & de Cham, ce que l'Histoire nous en apprend suffit pour nous les rendre respectables ; mais quels hommes nous offre-t-elle qui soient comparables en autorité, en dignité, en jugement, en piété, en innocence, à Abraham, à Isaac & à Jacob. Joseph se fit admirer par sa sagesse chez le peuple le plus instruit de la terre, & le gouverna pendant quarante ans.

Mais nous voilà parvenus au tems de Moïse ; quel historien ! quel législateur ! quel philosophe ! quel poëte ! quel homme !

La sagesse de Salomon a passé en proverbe. Il écrivit une multitude incroyable de paraboles ; il connut depuis le cedre qui croît sur le Liban, jusqu'à l'hyssope ; il connut & les oiseaux, & les poissons, & les quadrupedes, & les reptiles ; & l'on accouroit de toutes les contrées de la terre pour le voir, l'entendre & l'admirer.

Abraham, Moïse, Salomon, Job, Daniel, & tous les sages qui se sont montrés chez la nation *juive* avant la captivité de Babylone, nous fourniroient une ample matiere, si leur histoire n'appartenoit plûtôt à la révélation qu'à la philosophie.

Passons maintenant à l'histoire des *Juifs*, au sortir de la captivité de Babylone, à ces tems où ils ont quitté le nom d'Israëlites & d'Hébreux, pour prendre celui de *Juifs*.

De la philosophie des Juifs depuis le retour de la captivité de Babylone, jusqu'à la ruine de Jérusalem. Personne n'ignore que les *Juifs* n'ont jamais passé pour un peuple savant. Il est certain qu'ils n'avoient aucune teinture des sciences exactes, & qu'ils se trompoient grossierement sur tous les articles qui en dépendent. Pour ce qui regarde la Physique, & le détail immense qui lui appartient, il n'est pas moins constant qu'ils n'en avoient aucune connoissance, non plus que des diverses parties de l'Histoire naturelle. Il faut donc donner ici au mot *philosophie* une signification plus étendue que celle qu'il a ordinairement. En effet il manqueroit quelque chose à l'histoire de cette science, si elle étoit privée du détail des opinions & de la doctrine de ce peuple, détail

D

qui jette un grand jour sur la *philosophie* des peuples avec lesquels ils ont été liés.

Pour traiter cette matiere avec toute la clarté possible, il faut distinguer exactement les lieux où les *Juifs* ont fixé leur demeure, & les tems où se sont faites ces transmigrations : ces deux choses ont entraîné un grand changement dans leurs opinions. Il y a sur-tout deux époques remarquables ; la premiere est le schisme des Samaritains qui commença long-tems avant Esdras, & qui éclata avec fureur après sa mort; la seconde remonte jusqu'au tems où Alexandre transporta en Egypte une nombreuse colonie de *Juifs* qui y jouirent d'une grande considération. Nous ne parlerons ici de ces deux époques qu'autant qu'il sera nécessaire pour expliquer les nouveaux dogmes qu'elles introduisirent chez les Hébreux.

Histoire des Samaritains. L'Ecriture-sainte nous apprend (*ii. Reg. 15.*) qu'environ deux cens ans avant qu'Esdras vît le jour, Salmanazar roi des Assyriens, ayant emmené en captivité les dix tribus d'Israël, avoit fait passer dans le pays de Samarie de nouveaux habitans, tirés partie des campagnes voisines de Babylone, partie d'Avach, d'Emath, de Sepharvaïm & de Cutha; ce qui leur fit donner le nom de *Cuthéens* si odieux aux *Juifs*. Ces différens peuples emporterent avec eux leurs anciennes divinités, & établirent chacun leur superstition particuliere dans les villes de Samarie qui leur échurent en partage. Ici l'on adoroit Sochotbenoth ; c'étoit le dieu des habitans de la campagne de Babylone ; là on rendoit les honneurs divins à Nergel ; c'étoit celui des Cuthéens. La colonie d'Emach honoroit Asima ; les Hevéens, Nebahaz & Tharthac. Pour les dieux des habitans de Sepharvaïm, nommés *Advamelech* & *Anamelech*, ils ressembloient assez au dieu Moloch, adoré par les anciens Chananéens ; ils en avoient du moins la cruauté, & ils exigeoient aussi les enfans pour victimes. On voyoit aussi les peres insensés les jetter au milieu des flammes en l'honneur de leur idole. Le vrai Dieu étoit le seul qu'on ne connût point dans un pays consacré par tant de marques éclatantes de son pouvoir. Il déchaîna les lions du pays contre les idolâtres qui le profanoient. Ce fléau si violent & si subit portoit tant de marques d'un châtiment du ciel, que l'infidélité même fut obligée d'en convenir. On en fit avertir le roi d'Assyrie : on lui représenta que les nations qu'il avoit transférées en Israël, n'avoient aucune connoissance du dieu de Samarie, & de la maniere dont il vouloir être honoré. Que Dieu irrité les persécutoit sans ménagement; qu'il rassembloit les lions de toutes les forêts, qu'il les envoyoit dans les campagnes & jusques dans les villes ; & que s'ils n'apprenoient à appaiser ce Dieu vengeur qui les poursuivoit, ils seroient obligés de déserter, ou qu'ils périroient tous. Salmanazar touché de ces remontrances, fit chercher parmi les captifs un des anciens prêtres de Samarie, & il le renvoya en Israël parmi les nouveaux habitans, pour leur apprendre à honorer le dieu du pays. Les leçons furent écoutées par les idolâtres, mais ils ne renoncerent pas pour cela à leurs dieux ; au contraire chaque colonie se mit à forger sa divinité. Toutes les villes eurent leurs idoles ; les temples & les hauts lieux bâtis par les Israélites recouvrerent leur ancienne & sacrilege célébrité. On y plaça des prêtres tirés de la plus vile populace, qui furent chargés des cérémonies & du soin des sacrifices. Au milieu de ce bisarre appareil de superstition & d'idolatrie, on donna aussi sa place au véritable Dieu. On connut par les instructions du lévite d'Israël, que ce Dieu souverain méritoit un culte supérieur à celui qu'on rendoit aux autres divinités ; mais soit la faute du maître, soit celle des disciples, on n'alla pas jusqu'à comprendre que le Dieu du ciel & de la terre, ne pouvoir souffrir ce monstrueux assemblage ; & que pour l'adorer véritablement, il falloit l'adorer seul. Ces impiétés rendirent les Samaritains extrèmement odieux aux *Juifs* ; mais la haine des derniers augmenta, lorsqu'au retour de la captivité, ils s'apperçurent qu'ils n'avoient point de plus cruels ennemis que ces faux freres. Jaloux de voir rebâtir le temple qui leur reprochoit leur ancienne séparation, ils mirent tout en œuvre pour l'empêcher. Ils se cacherent à l'ombre de la religion, & assurant les *Juifs* qu'ils invoquoient le même Dieu qu'eux, ils leur offrirent leurs services pour l'accomplissement d'un ouvrage qu'ils vouloient ruiner. Les *Juifs* ajoutent à l'Histoire sainte, qu'Esdras & Jérémie assemblerent trois cens prêtres, qui les excommunierent de la grande excommunication : ils maudirent *celui qui mangeroit du pain avec eux*, comme s'il avoit mangé de la chair de pourceau. Cependant les Samaritains ne cessoient de cabaler à la cour de Darius pour empêcher les *Juifs* de rebâtir le temple ; & les gouverneurs de Syrie & de Phénicie ne cessoient de les seconder dans ce dessein. Le sénat & le peuple de Jérusalem les voyant si animés contre eux, députerent vers Darius, Zorobabel & quatre autres des plus distingués, pour se plaindre des Samaritains. Le roi ayant entendu ces députés, leur fit donner des lettres par lesquelles il ordonnoit aux principaux officiers de Samarie, de seconder les *Juifs* dans leur pieux dessein, & de prendre pour cet effet sur son trésor provenant des tributs de Samarie, tout ce dont les sacrificateurs de Jérusalem auroient besoin pour leurs sacrifices. (*Josephe, Antiq. jud. lib. XI. cap. iv.*)

La division se forma encore d'une maniere plus éclatante sous l'empire d'Alexandre le Grand. L'auteur de la chronique des Samaritains (*voyez* Banage, *Hist. des Juifs, liv. III. chap. iij.*) rapporte que le prince passa par Samarie, où il fut reçu par le grand prêtre Ezéchias qui lui promit la victoire sur les Perses : Alexandre lui fit des présens, & les Samaritains profiterent de ce commencement de faveur pour obtenir de grands privileges. Ce fait est contredit par Josephe qui l'attribue aux *Juifs*, de sorte qu'il est fort difficile de décider lequel des deux partis a raison ; & il n'est pas surprenant que les sçavans soient partagés sur ce sujet. Ce qu'il y a de certain c'est que les Samaritains jouirent de la faveur du roi, & qu'ils reformerent leur doctrine, pour se délivrer du reproche d'héresie que leur faisoient les *Juifs*. Cependant la haine de ces derniers, loin de diminuer les tourna en rage : Hircan assiégea Samarie, & la rasa de fond en comble aussi-bien que son temple. Elle sortit de ses ruines par les soins d'Aulus Gabinius, gouverneur de la province, Herode l'embellit par des ouvrages publics ; & elle fut nommée *Sébaste*, en l'honneur d'Auguste.

Doctrine des Samaritains. Il y a beaucoup d'apparence que les auteurs qui ont écrit sur la religion des Samaritains, ont épousé un trop la haine violente que les *Juifs* avoient pour ce peuple : ce que les anciens rapportent du culte qu'ils rendoient à la divinité, prouve évidemment que leur doctrine a été peinte sous des couleurs trop noires : sur-tout on ne peut guere justifier saint Epiphane qui s'est trompé souvent sur leur chapitre. Il reproche (*lib. XI. cap. 8.*) aux Samaritains d'adorer les téraphins que Rachel avoit emportés à Laban, & que Jacob enterra. Il soutient aussi qu'ils regardoient vers le Garizim en priant, comme Daniel à Babylone regardoit vers le temple de Jérusalem. Mais soit que saint Epiphane ait emprunté cette histoire des Thalmudistes ou de quelques autres auteurs *Juifs*, elle est d'autant plus fausse dans son ouvrage, qu'il s'imaginoit que le Garizim étoit éloigné de Samarie, & qu'on étoit obligé de tourner ses regards vers cette montagne, parce que la distance étoit trop grande pour y aller faire les dévotions. On soutient encore que les Samaritains avoient l'image d'un pigeon, qu'ils adoroient comme un symbole des dieux; & qu'ils avoient emprunté ce culte des Assyriens, qui mettoient dans leurs étendarts une colombe en mémoire de Sémiramis, qui avoit été nourrie par cet oiseau & changée en colombe, & à qui ils rendoient des honneurs divins. Les Cuthéens qui étoient de ce pays, purent retenir le culte de leur pays, & en conserver la mémoire pendant quelque tems; car on ne déracine pas si facilement l'amour des objets sensibles dans la religion, & le peuple se se laisse rarement arracher.

Mais les *Juifs* sont outrés sur cette matiere, comme sur tout ce qui regarde les Samaritains. Ils soutiennent qu'ils avoient élevé une statue avec la figure d'une colombe qu'ils adoroient; mais ils n'en donnent point d'autres preuves que leur persuasion. J'en suis très-persuadé, dit un rabin, & cette persuasion ne suffit pas sans raisons. D'ailleurs il faut remarquer, 1°. qu'aucun des anciens écrivains, ni profanes ni sacrés, ni payens, ni ecclésiastiques, n'ont parlé de ce culte des *Juifs*, à un oiseau: ce silence général est une preuve de la calomnie des *Juifs*. 2°. Il faut remarquer encore que les *Juifs* n'ont osé l'inférer dans le Thalmud; cette fable n'est point dans le texte, mais dans la glose. Il faut donc reconnoître que c'est un auteur beaucoup plus moderne qui a imaginé ce conte; car le Thalmud ne fut composé que plusieurs siecles après la ruine de Jérusalem & de Samarie. 3°. On cite le rabin Meir, & on lui attribue cette découverte de l'idolatrie des Samaritains; mais le culte public rendu sur le Garizim par un peuple entier, n'est pas une de ces choses qu'on puisse cacher long-tems, ni découvrir par subtilité ou par hasard. D'ailleurs le rabin Meir est un nom qu'on produit: il n'est resté de lui, ni témoignage, ni écrit, sur lequel on puisse appuyer cette conjecture.

S. Epiphane les accuse encore de nier la résurrection des corps; c'est pour leur prouver cette vérité importante, qu'il leur allegue l'exemple de Sara, laquelle conçut dans un âge avancé, & celui de la verge d'Aaron qui reverdit; mais il y a une grande distance d'une verge qui fleurit; & d'une vieille qui a des enfans, à la réunion de nos cendres dispersées, & au rétablissement du corps humain pourri depuis plusieurs siecles, qu'on ne conçoit pas comment il pouvoit lier ces idées, & en tirer une conséquence. Quoi qu'il en soit, l'accusation est fausse; car les Samaritains croyoient la resurrection. En effet on trouvé dans leur chronique deux choses qui le prouvent évidemment; car ils parlent d'un jour de *récompense & de peine*, ce qui, dans le style des Arabes, marque le jour de la resurrection générale, & du déluge de feu. D'ailleurs ils ont inséré dans leur chronique l'éloge de Moïse; que Josué composa après la mort de ce législateur; & entre les louanges qu'il lui donne, il s'écrie qu'il est le *seul qui ait ressuscité les morts*. On ne sait comment l'auteur pouvoit attribuer à Moïse la résurrection miraculeuse de quelques morts, puisque l'Ecriture ne le dit pas, & que les *Juifs* même ont de la peine de prouver qu'il étoit le plus grand des prophètes, parce qu'il n'a pas arrêté le soleil comme Josué, ni ressuscité les morts comme Elisée. Mais ce qui acheve de constater que les Samaritains croyoient la résurrection, c'est que Ménandre qui avoit été samaritain, fondit toute sa philosophie sur ce dogme. On fait d'ailleurs, & saint Epiphane ne l'a point nié, que les Dosithéens qui formoient une secte de samaritains, en faisoient hautement profession. Il est vraissemblable que ce qui a donné occasion à cette erreur, c'est que les Saducéens qui nioient véritablement la résurrection, furent appellés par les Pharisiens *Cuthim*; c'est-à-dire hérétiques; ce qui les fit confondre avec les Samaritains.

Enfin Léontius (*de sectis, cap. 8.*) leur reproche de ne point reconnoître l'existence des anges. Il sembleroit qu'il a confondu les Samaritains avec les Saducéens; & on pourroit l'en convaincre par l'autorité de saint Epiphane, qui distinguoit les Samaritains & les Saducéens par ce caractere, que les derniers ne croyoient ni les anges, ni les esprits; mais on sait que ce saint a souvent confondu les sentimens des anciennes sectes. Le savant Reland (*Diss. misc. part. II. p. 25.*) pensoit que les Samaritains entendoient par un ange, une vertu, un instrument dont la divinité se sert pour agir, ou quelqu'organe sensible qu'il employe pour l'exécution de ses ordres: ou bien ils croyoient que les anges sont des vertus naturellement unies à la divinité, & qu'il fait sortir quand il lui plaît: cela paroit par le Pentateuque samaritain, dans lequel on substitue souvent Dieu aux anges, & les anges à Dieu.

On ne doit point oublier Simon le magicien dans l'histoire des Samaritains, puisqu'il étoit Samaritain lui-même, & qu'il dogmatisa chez eux pendant quelque tems: voici ce que nous avons trouvé de plus vraissemblable à son sujet.

Simon étoit natif de Gitthon dans la province de Samarie: il y a apparence qu'il suivit la coutume des asiatiques qui voyageoient souvent en Egypte pour y apprendre la philosophie. Ce fut là sans doute qu'il s'instruisit dans la magie qu'on enseignoit dans les écoles. Depuis étant revenu dans sa patrie, il se donna pour un grand personnage, abusa long-tems le peuple de ses prestiges, & tâcha de leur faire croire qu'il étoit le libérateur du genre humain. S. Luc *act. viij. ix.* rapporte que les Samaritains se laisserent effectivement enchanter par ses artifices, & qu'ils le nommerent la *grande vertu de Dieu*; mais on suppose sans fondement qu'ils regardoient Simon le magicien comme le messie. Saint Epiphane assure (*epiph. hæres. pag. 54.*) que cet imposteur prêchoit aux Samaritains qu'il étoit le pere, & aux Juifs qu'il étoit le fils. Il en fait par-là un extravagant qui n'auroit trompé personne par la contradiction qui ne pouvoit être ignorée dans une si petite distance de lieu. En effet Simon adoré des Samaritains, ne pouvoir être le docteur des *Juifs*: enfin prêcher aux *Juifs* qu'il étoit le fils, c'étoit les soulever contre lui, comme ils s'étoient soulevés contre J. C. lorsqu'il avoit pris le titre de fils de Dieu. Il n'est pas même vraissemblable qu'il se regardât, comme le messie; 1°. parce que l'historien sacré ne l'accuse que de magie, & c'étoit par-là qu'il avoit seduit les Samaritains: 2°. parce que les Samaritains l'appelloient seulement *la vertu de Dieu, la grande*. Simon abusa dans la suite de ce titre qui lui avoit été donné, & il y attacha des idées qu'on n'avoit pas eues au commencement; mais il ne prennoit pas lui-même ce nom, c'étoient les Samaritains étonnés de ses prodiges, qui l'appelloient *la vertu de Dieu*. Cela convenoit aux miracles apparens qu'il avoit faits, mais on ne pouvoit pas en conclure qu'il se regardât comme le messie. D'ailleurs il ne le mettoit pas à la tête des armées, & ne soulevoit pas les peuples; il ne pouvoit donc pas convaincre les *Juifs* mieux que J. C. qui avoit fait des miracles plus réels & plus grands sous leurs yeux. Enfin ce seroit le dernier de tous les prodiges, que Simon se fût converti, s'il s'étoit fait le messie; son imposture auroit paru trop grossiere pour en soutenir la honte; Saint Luc ne lui impute rien de semblable: il est ce qui étoit assez naturel: convaincu de la fausseté de son art, dont les plus habiles magiciens se défient toûjours,

& reconnoissant la vérité des miracles de Saint Philippes, il donna les mains à cette vérité, & se fit chrétien dans l'espérance de se rendre plus redoutable, & d'être admiré par des prodiges réels & plus éclatans que ceux qu'il avoit faits. Ce fut là tellement le but de sa conversion, qu'il offrit aussitôt de l'argent pour acheter le don des miracles.

Simon le magicien alla aussi à Rome, & y séduisoit comme ailleurs par divers prestiges. L'empereur Neron étoit si passionné pour la magie, qu'il ne l'étoit pas plus pour la musique. Il prétendoit par cet art, commander aux dieux mêmes; il n'épargna pour l'apprendre ni la dépense ni l'application, & toutefois il ne trouva jamais de vérité dans les promesses des magiciens; en sorte que son exemple est une preuve illustre de la fausseté de cet art. D'ailleurs personne n'osoit lui rien contester, ni dire que ce qu'il ordonnoit fût impossible. Jusques-là qu'il commanda de voler à un homme qui le promit, & fut long-tems nourri dans le palais sous cette espérance. Il fit même représenter dans le théatre un Icare volant; mais au premier effort Icare tomba près de sa loge, & l'ensanglanta lui-même. Simon, dit-on, promit aussi de voler, & de monter au ciel. Il s'éleva en effet, mais Saint Pierre & Saint Paul se mirent à genoux, & prierent ensemble. Simon tomba & demeura étendu, les jambes brisées; on l'emporta en un autre lieu, où ne pouvant souffrir les douleurs & la honte, il se précipita d'un comble très-élevé.

Plusieurs savans regardent cette histoire comme une fable, parce que selon eux, les auteurs qu'on cite pour la prouver, ne méritent point assez de créance, & qu'on ne trouve aucun vestige de cette fin tragique dans les auteurs antérieurs au troisieme siecle, qui n'auroient pas manqué d'en parler si une avanture si étonnante étoit réellement arrivée.

Dosithée étoit *Juif* de naissance; mais il se jetta dans le parti des Samaritains, parce qu'il ne put être le premier dans les deutéroses, (*apud Nicetam, lib. I. cap. xxxv.*). Ce terme de Nicetas est obscur; il faut même le corriger, & remettre le texte celui de *Deuterotes*. Eusebe (*præp. lib. XI. cap. iij. lib. XII. cap. j.*) a parlé de ces deuterotes des *Juifs* qui se servoient d'énigmes pour expliquer la loi. C'étoit alors l'étude des beaux esprits, & le moyen de parvenir aux charges & aux honneurs. Peu de gens s'y appliquoient, parce qu'on la trouvoit difficile. Dosithée s'étoit voulu distinguer en expliquant allégoriquement la loi, & il prétendoit le premier rang entre ces interpretes.

On prétend (épiph. *pag.* 30.) que Dosithée fonda une secte chez les Samaritains, & que cette secte observa 1°. la circoncision & le sabbat, comme les *Juifs*: 2°. ils croyoient la résurrection des morts; mais cet article est contesté, car ceux qui font Dosithée le pere des Saducéens, l'accusent d'avoir combattu une vérité si consolante. 3°. Il étoit grand jeûneur; & afin de rendre son jeûne plus mortifiant, il condamnoit l'usage de tout ce qui est animé. Enfin s'étant enfermé dans une caverne, il y mourut par une privation entiere d'alimens, & ses disciples trouverent quelque tems après son cadavre rongé des vers & plein de mouches. 4°. Les Dosithéens faisoient grand cas de la virginité que la plûpart gardoient; & les autres, dit Saint Epiphane, s'abstenoient de leurs femmes après la mort. On ne fait ce que cela veut dire, si ce n'est qu'ils ne défendissent les secondes nôces qui ont paru illicites & honteuses à beaucoup de Chrétiens; mais un critique a trouvé par le changement d'une lettre, un sens plus net & plus facile à la loi des Dosithéens, qui s'abstenoient de leurs femmes lorsqu'elles étoient grosses, ou lorsqu'elles avoient enfanté.

Nicetas fortifie cette conjecture, car il dit que les Dosithéens se séparoient de leurs femmes lorsqu'elles avoient eu un enfant; cependant la premiere opinion paroît plus raisonnable, parce que les Dosithéens rejettoient les femmes comme inutiles, lorsqu'ils avoient satisfait à la premiere vûe du mariage, qui est la génération des enfans. 5°. Cette secte entêtée de ses austérités rigoureuses, regardoit le reste du genre humain avec mépris; elle ne vouloit ni approcher ni toucher personne. On compte entre les observations dont ils se chargeoient, celle de demeurer vingt-quatre heures dans la même posture où ils étoient lorique le sabat commençoit.

A-peu-près dans le même tems vivoit Menandre le principal disciple de Simon le magicien: il étoit Samaritain comme lui, d'un bourg nommé *Cappareatia*; il étoit aussi magicien; en sorte qu'il séduisit plusieurs personnes à Antioche par ses prestiges. Il disoit, comme Simon, que la vertu inconnue l'avoit envoyé pour le salut des hommes, & que personne ne pouvoit être sauvé s'il n'étoit baptisé en son nom; mais son baptême étoit la vraie résurrection, en sorte que ses disciples seroient immortels, même en ce monde: toutefois il y avoit peu de gens qui reçussent son baptême.

Colonies des Juifs en Egypte. La haine ancienne que les *Juifs* avoient eue contre les Egyptiens, s'étoit amortie par la nécessité, & on a vû souvent ces deux peuples unis se prêter leurs forces pour résister au roi d'Assyrie qui vouloit les opprimer. Aristée conte même qu'avant que cette nécessité les eût réunis, un grand nombre de *Juifs* avoit déjà passé en Egypte, pour aider à Psammétichus à dompter les Ethyopiens qui lui faisoient la guerre; mais cette premiere transmigration est fort suspecte. 1°. Parce qu'on ne voit pas quelle relation les *Juifs* pouvoient avoir alors avec les Egyptiens, pour y envoyer des troupes auxiliaires. 2°. Ce furent quelques soldats d'Ionie & de Carie, qui, conformément à l'oracle, parurent sur les bords de l'Egypte, comme des hommes d'airain, parce qu'ils avoient des cuirasses, & qui prêterent leur secours à Psammetichus pour vaincre les autres rois d'Egypte, & ce furent là, dit Herodote (*lib. II. pag.* 152.) les premiers qui commencerent à introduire une langue étrangere en Egypte; car les peres leur envoyoient leurs enfans pour apprendre à parler grec. Diodore (*lib. I. pag.* 48.) joint quelques soldats arabes aux Grecs; mais Aristée est le seul qui parle des *Juifs*.

Après la premiere ruine de Jérusalem & le meurtre de Gedalia qui avoit été laissé en Judée pour la gouverner, Jochanan alla chercher en Egypte un asile contre la cruauté d'Ismaël; il enleva jusqu'au prophete Jérémie qui reclamoit contre cette violence, & qui avoit prédit les malheurs qui suivroient les réfugiés en Egypte. Nabuchodonosor profitant de la division qui s'étoit formée entre Apries & Amasis, lequel s'étoit mis à la tête des rebelles, au lieu de les combattre, entra en Egypte, & la conquit par la défaite d'Apries. Il suivit la coutume de ces tems-là, d'enlever les habitans des pays conquis, afin d'empêcher qu'ils ne remuassent. Les *Juifs* refugiés en Egypte, eurent le même sort que les habitans naturels. Nabuchodonofor leur fit changer une seconde fois de domicile; cependant il en demeura quelques-uns dans ce pays-là, dont les familles se multiplierent considérablement.

Alexandre le Grand voulant remplir Alexandrie, y fit une seconde peuplade de *Juifs* auxquels il accorda les mêmes privileges qu'aux Macédoniens. Ptolomée Lagus, l'un de ses généraux, s'étant emparé de l'Egypte après sa mort, augmenta cette colonie par le droit de la guerre; car voulant joindre la Syrie & la Judée à fon nouveau royaume, il entra dans la Judée, s'empara de Jérufalem pendant le repos du fabbat, & enleva de tout le pays cent mille *Juifs* qu'il tranfporta en Egypte. Depuis ce tems-là, ce prince remarquant dans les *Juifs* beaucoup de fidélité & de bravoure, leur témoigna fa confiance en leur donnant la garde de fes places; il y en avoit d'autres établis à Alexandrie qui faifoient fortune, & qui fe louant de la douceur du gouvernement, purent y attirer leurs freres déjà ébranlés par la douceur & les promeffes que Ptolomée leur avoit faites dans fon fecond voyage.

Philadelphe fit plus que fon pere; car il rendit la liberté à ceux que l'on pere avoit faits efclaves. Plufieurs reprirent la route de la Judée qu'ils aimoient comme leur patrie; mais il y en eut beaucoup qui demeurerent dans un lieu où ils avoient eu le tems de prendre racine, & Scaliger a raifon de dire que ce furent ces gens-là qui compoferent en partie les fynagogues nombreufes des *Juifs* Hellenistes: enfin ce qui prouve que les *Juifs* jouiffoient alors d'une grande liberté, c'eft qu'ils compoferent cette fameufe verfion des feptante & peut-être la premiere verfion greque qui fe foit faite des livres de Moife.

On difpute fort fur la maniere dont cette verfion fut faite, & les *Juifs* ni les Chrétiens ne peuvent s'accorder fur cet événement. Nous n'entreprendrons point ici de les concilier; nous nous contenterons de dire que l'autorité des peres qui ont foutenu le récit d'Ariftée, ne doit plus ébranler perfonne, après les preuves démonftratives qu'on à produites contre lui.

Voilà l'origine des *Juifs* en Egypte; il ne faut point douter que ce peuple n'ait commencé dans ce tems-là à connoitre la doctrine des Egyptiens, & qu'il n'ait pris d'eux la méthode d'expliquer l'écriture par des allégories. Eufebe (*cap. X.*) foutient du tems d'Ariftobule qui vivoit en Egypte fous le regne de Ptolomée Philometor, il y eut dans ce pays-là deux factions entre les *Juifs*, dont l'une fe tenoit attachée fcrupuleufement au fens littéral de la loi, & l'autre perçant au-travers de l'écorce, pénétroit dans une philofophie plus fublime.

Philon qui vivoit en Egypte au tems de J. C. donna tête baiffée dans les allégories & dans le fens myftique; il trouvoit tout ce qu'il vouloit dans l'écriture par cette méthode.

C'étoit encore en Egypte que les Effeniens parurent avec plus de réputation & d'éclat; & les fectaires enfeignoient que les mots étoient autant d'images des chofes cachées; ils changeoient les volumes facrés & les préceptes de la fageffe en allégories. Enfin la conformité étonnante qui fe trouve entre la cabale des Egyptiens & celle des *Juifs*, ne nous permet pas de douter que les *Juifs* n'ayent puifé cette fcience en Egypte, à moins qu'on ne veuille foutenir que les Egyptiens l'ont apprife des *Juifs*. Ce dernier fentiment a été très-bien refuté par de favans auteurs. Nous nous contenterons de dire ici que les Egyptiens jaloux de leur antiquité, de leur force, & de la beauté de leur efprit, regardoient avec mépris les autres nations, & les *Juifs* comme des efclaves qui avoient plié long-tems fous leur joug avant que de fe fecouer. On prend fouvent les dieux de fes maitres; mais on les mandit prefque jamais chez fes efclaves. On remarque comme une chofe finguliere à cette nation, que Sérapis fut porté d'un pays étranger en Egypte; c'eft la feule divinité qu'ils ayent adoptée des étrangers; & même le fait eft contefté, parce que le culte de Sérapis paroit beaucoup plus ancien en Egypte que le tems de Ptolomée Lagus, fous lequel cette tranflation fe fit de Sinope à Alexandrie. Le culte d'Ifis avoit paffé jufqu'à Rome, mais les dieux des Romains ne pafloient point en Egypte, quoiqu'ils en fuffent les conquérans & les maitres. D'ailleurs les Chrétiens ont demeuré plus long-tems en Egypte que les *Juifs*; ils avoient là des évêques & des maitres très-favans. Non feulement la religion y floriffoit, mais elle fut fouvent appuyée par l'autorité fouveraine. Cependant les Egyptiens, témoins de nos rits & de nos cérémonies, demeurerent religieufement attachés à celles qu'ils avoient reçues de leurs ancêtres. Ils ne groffiffoient point leur religion de nos obfervances, & ne les faifoient point entrer dans leur culte. Comment peut-on s'imaginer qu'Abraham, Jofeph & Moife ayent eu l'art d'obliger les Egyptiens à abolir d'anciennes fuperftitions, pour recevoir la religion de leur main, pendant que l'églife chrétienne qui avoit tant de lignes de communication avec les Egyptiens idolâtres, & qui étoit dans un fi grand voifinage, n'a pu rien lui prêter par le miniftere d'un prodigieux nombre d'évêques & de favans, & pendant la durée d'un grand nombre de fiecles? Socrate rapporte l'attachement que les Egyptiens de fon tems avoient pour leurs temples, leurs cérémonies, & leurs myfteres; on ne voit dans leur religion aucune trace de chriftianifme. Comment donc y pourroit-on remarquer des caracteres évidens de judaïfme?

Origine des différentes fectes chez les Juifs. Lorfque le don de prophétie eut ceffé chez les *Juifs*, l'inquiétude générale de la nation n'étant plus réprimée par l'autorité de quelques hommes infpirés, ils ne purent fe contenter du ftyle fimple & clair de l'écriture; ils y ajouterent des allégories qui dans la fuite produifirent de nouveaux dogmes, & par conféquent des fectes différentes. Comme c'eft du fein de ces fectes que font fortis les différens ordres d'écrivains, & les opinions dont nous devons donner l'idée, il eft important d'en pénétrer le fujet, & de voir s'il eft poffible quel a été leur fort depuis leur origine. Nous avertiffons feulement que nous ne parlerons ici que des fectes principales.

La fecte des Saducéens. Lightfoot (*Hor. héb. ad Mat. III. 7. opp. tom. II.*) a donné aux Saducéens une fauffe origine, en foutenant que leur opinion commençoit à fe répandre du tems d'Efdras. Il affure qu'il y eut alors des impies qui commencerent à nier la réfurrection des morts & l'immortalité des ames. Il ajoute que Malachie les introduit difant: *c'eft en vain que nous fervons Dieu*; & Efdras qui voulut donner un préfervatif à l'églife contre cette erreur, ordonna qu'on finiroit toutes les prieres par ces mots, *de fiecle en fiecle*, afin qu'on fût qu'il y avoir un fiecle ou une autre vie après celle-ci. C'eft ainfi que Lightfoot avoit rapporté l'origine de cette fecte; mais il tomba depuis dans une autre extrémité; il réfolut de ne faire naitre les Saducéens qu'après que la verfion des feptante eut été faite par l'ordre de Ptolomée Philadelphe, & pour cet effet, au lieu de remonter jufqu'à Efdras, il a laiffé couler deux ou trois générations depuis Zadoc; il a abandonné les Rabbins & fon propre fentiment, parce que les Saducéens rejettant les prophetes, & ne recevant que les Penthateuques, ils n'ont pu paroitre qu'après les feptante interpretes qui ne traduifirent en grec que les cinq livres de Moife, & qui détendirent de rien ajouter à leur verfion: mais fans examiner fi les 70 interpretes ne traduifirent point toute la bible, cette verfion n'étoit point à l'ufage des *Juifs*, où fe forma la fecte des Saducéens. On y lifoit la bible en hébreu, & les Saducéens recevoient les prophetes, auffi bien que les autres livres, ce qui renverfe pleinement, cette conjecture.

On trouve dans les docteurs hébreux une origine

plus vraissemblable des Saducéens dans la personne d'Antigone surnommé *Sochæus*, parce qu'il étoit né à *Socho*. Cet homme vivoit environ deux cens quarante ans avant J. C. & croit à ses disciples : *Ne soyez point comme des esclaves qui obéissent à leur maitre par la vue de la récompense, obéissez sans espérer aucun fruit de vos travaux ; que la crainte du Seigneur soit sur vous.* Cette maxime d'un théologien, qui vivoit sous l'ancienne économie, surprend ; car la loi promettoit non seulement des récompenses, mais elle paroit souvent d'une félicité temporelle qui devoit toujours suivre la vertu. Il étoit difficile de devenir contemplatif dans une religion si charnelle, cependant Antigonus le devint. On eut de la peine à voler après lui, & à le suivre dans une si grande élévation. Zadoc, l'un de ses disciples, qui ne put, ni abandonner tout-à-fait son maitre, ni goûter sa théologie mystique, donna un autre sens à sa maxime, & conclut de-là qu'il n'y avoit ni peines ni récompenses après la mort. Il devint le pere des Saducéens, qui tirerent de lui le nom de leur secte & le dogme.

Les Saducéens commencerent à paroître pendant qu'Onias étoit le souverain sacrificateur à Jérusalem; que Ptolomée Evergete régnoit en Egypte, & Séleucus Callinicus en Syrie. Ceux qui placent cet événement sous Alexandre le Grand, & qui assurent avec S. Epiphane, que ce fut dans le temple du Garizim, où Zadoc & Baythos s'étoient retirés, que cette secte prit naissance, ont fait une double faute : car Antigonus n'étoit pas sacrificateur sous Alexandre, & on n'a imaginé la retraite de Zadoc à Samarie que pour rendre ses disciples plus odieux. Non seulement Josephe, qui haïssoit les Saducéens, ne reproche jamais ce crime au chef de leur parti ; mais on les voit dans l'Evangile adorant & servant dans le temple de Jérusalem ; on choisissoit même parmi eux le grand-prêtre. Ce qui prouve que non-seulement ils étoient tolérés chez les *Juifs*, mais qu'ils y avoient même assez d'autorité. Hircan, le souverain sacrificateur, se déclara pour eux contre les Pharisiens. Ces derniers soupçonnerent la mere de ce prince d'avoir commis quelque impureté avec les payens. D'ailleurs ils vouloient l'obliger à opter entre le sceptre & la thiare ; mais le prince voulant être le maitre de l'église & de l'état, n'eut aucune déférence pour leurs reproches. Il s'irrita contre eux, il en fit mourir quelques-uns ; les autres se tirerent dans les deserts. Hircan se jetta en même tems du côté des Saducéens : il ordonna qu'on reçût les coutumes de Zadoc sous peine de la vie. Les *Juifs* assurent qu'il fit publier dans ses états un édit par lequel tous ceux qui ne recevroient pas les rits de Zadoc & de Batythos, ou qui suivroient la coutume des sages, perdroient la tête. Ces sages étoient les Pharisiens, à qui on a donné ce titre dans la suite, parce que leur parti prévalut. Cela arriva sur-tout après la ruine de Jérusalem & de son temple. Les Pharisiens, qui n'avoient pas sujet d'aimer les Saducéens, s'étant emparés de toute l'autorité, les firent passer pour des hérétiques, & même pour des Epicuriens. Ce qui a donné sans doute occasion à saint Epiphane & à Tertullien de les confondre avec les Dosithéens. La haine que les *Juifs* avoient conçue contre eux, passa dans le cœur même des Chrétiens : l'empereur Justinien les bannit des lieux de sa domination, & ordonna qu'on envoyât au dernier supplice des gens qui détendoient certains dogmes d'impiété & d'athéïsme, car ils nioient la résurrection & le dernier jugement. Ainsi cette secte subsistoit encore alors, mais elle continuoit d'être malheureuse.

L'édit de Justinien donna une nouvelle atteinte à cette secte, déja fort affoiblie : car tous les Chrétiens s'accoutumant à regarder les Saducéens comme des impies dignes du dernier supplice, ils étoient obligés de fuir & de quitter l'Empire romain, qui étoit d'une vaste étendue. Ils trouvoient de nouveaux ennemis dans les autres lieux où les Pharisiens étoient établis : ainsi cette secte étoit errante & fugitive, lorsqu'Ananus lui rendit quelque éclat au milieu du huitieme siecle. Mais cet évement est contesté par les Caraïtes, qui se plaignent qu'on leur ravit par jalousie un de leurs principaux défenseurs, afin d'avoir ensuite le plaisir de les confondre avec les Saducéens.

Doctrine des Saducéens. Les Saducéens, uniquement attachés à l'Ecriture sainte, rejettoient la loi orale, & toutes les traditions, dont on commença sous les Machabées à faire une partie essentielle de la religion. Parmi le grand nombre des témoignages que nous pourrions apporter ici, nous nous contenterons d'un seul tiré de Josephe, qui prouvera bien clairement que c'étoit le sentiment des Saducéens : *Les Pharisiens*, dit-il, *qui ont reçu ces constitutions par tradition de leurs ancêtres, les ont enseignées au peuple ; mais les Saducéens les rejettent, parce qu'elles ne sont pas comprises entre les lois données par Moïse, qu'ils soutiennent être les seules que l'on est obligé de suivre*, &c. *Antiq. jud. lib. XIII, cap. xviij.*

S. Jérôme & la plûpart des peres ont cru qu'ils retranchoient du canon les prophetes & tous les écrits divins, excepté le Pentateuque de Moïse. Les critiques modernes (Simon, *hist. critiq. du vieux Testament , liv. I. chap. xvj.*) ont suivi les peres ; & ils ont remarqué que J. C. voulant prouver la résurrection aux Saducéens, leur cita uniquement Moïse, parce qu'un texte tiré des prophetes, dont ils rejettoient l'autorité, n'auroit pas fait une preuve contre eux. J. Drusius a été le premier qui a osé douter d'un sentiment appuyé sur des autorités si respectables ; & Scaliger (*Elench. t rihœres. cap. xvj.*) l'a absolument rejetté, fondé sur des raisons qui paroissent fort solides. 1°. Il est certain que les Saducéens n'avoient commencé de paroître qu'après que le canon de l'Ecriture fut fermé, & que le don de prophétie étant éteint, il n'y avoit plus de nouveaux livres à recevoir. Il est difficile de croire qu'ils se soient soulevés contre le canon ordinaire, puisqu'il étoit reçu à Jérusalem. 2°. Les Saducéens enseignoient & prioient dans le temple. Cependant on y lisoit les prophetes, comme cela paroit par l'exemple de J. C. qui expliqua quelque passage d'Isaïe. 3°. Josephe, qui devoit connoître parfaitement cette secte, rapporte qu'ils recevoient *ce qui est écrit*. Il oppose *ce qui est écrit* à la doctrine orale des Pharisiens ; & il insinue que la controverse ne rouloit que sur les traditions : ce qui fait conclure que les Pharisiens recevoient toute l'Ecriture, & les autres prophetes, aussi-bien que Moïse. 4°. Cela paroit encore plus évidemment par les disputes que les Pharisiens ou les docteurs ordinaires des *Juifs* ont soutenues contre ces sectaires. R. Gamaliel leur prouve la résurrection des morts par des passages tirés de Moïse, des Prophetes & des Agiographes ; & les Saducéens, au lieu de rejetter l'autorité des livres qu'on citoit contre eux, tâcherent d'éluder ces passages par de vaines subtilités. 5°. Enfin les Saducéens reprochoient aux Pharisiens qu'ils croyoient que les livres saints souilloient. Quels étoient ces livres saints qui souilloient, au jugement des Pharisiens ? c'étoit l'Ecclésiaste, le Cantique des Cantiques, & les Proverbes. Les Saducéens regardoient donc tous les livres comme des écrits divins, & avoient même plus de respect pour eux que les Pharisiens.

2°. La seconde & la principale erreur des Saducéens rouloit sur l'existence des anges, & sur la spiritualité de l'ame. En effet, les Evangélistes leur reprochent qu'ils foutenoient qu'il n'y avoit ni réfurrection, ni efprit, ni ange. Le P. Simon donne une raifon de ce fentiment. Il affure que , de l'aveu des Thalmudiftes, le nom d'*anges* n'avoit été en ufage chez les *Juifs* que depuis le retour de la captivité ; & les Saducéens conclurent de-là que l'invention des anges étoit nouvelle ; que tout ce que l'Ecriture difoit d'eux avoit été ajouté par ceux de la grande fynagogue, & qu'on devoit regarder ce qu'ils en rapportoient comme autant d'allégories. Mais c'eft difculper les Saducéens que l'Evangile condamne fur cet article : car fi l'exiftence des anges n'étoit fondée que fur une tradition affez nouvelle, ce n'étoit pas un grand crime que de les combattre, ou de tourner en allégories ce que les Thalmudiftes en difoient. D'ailleurs, tout le monde fait que le dogme des anges étoit très-ancien chez les *Juifs*.

Théophilacte leur reproche d'avoir combattu la divinité du S. Efprit : il doute même s'ils ont connu Dieu, parce qu'ils étoient épais, groffiers, attachés à la matiere ; & Arnobe, s'imaginant qu'on ne pouvoit nier l'exiftence des efprits, fans faire Dieu corporel, leur a attribué ce fentiment, & le favant Petau a donné dans le même piège. Si les Saducéens euffent admis de telles erreurs, il eft vraiffemblable que les Evangéliftes en auroient parlé. Les Saducéens, qui nioient l'exiftence des efprits, parce qu'ils n'avoient d'idée claire & diftincte que des objets fenfibles & matériels, mettoient Dieu au-deffus de toute conception, & regardoient cet être infini comme une effence incompréhenfible, parce qu'elle étoit parfaitement dégagée de la matiere. Enfin, les Saducéens combattoient l'exiftence des efprits, fans attaquer la perfonne du S. Efprit, qui leur étoit affez inconnue qu'aux difciples de Jean-Baptifte. Mais comment les Saducéens pouvoient-ils nier l'exiftence des anges, eux qui admettoient le Pentateuque, où il en eft affez fouvent parlé ? Sans examiner ici les fentimens peu vraiffemblables du P. Hardouin & de Grotius, nous vous contenterons d'imiter la modeftie de Scaliger, qui s'étant fait la même queftion, avouoit ingenument qu'il en ignoroit la raifon.

3°. Une troifieme erreur des Saducéens étoit que l'ame ne furvit point au corps, mais qu'elle meurt avec lui. Jofephe la leur attribue expreffément.

4°. La quatrieme erreur des Saducéens rouloit fur la réfurrection des corps, qu'ils combattoient comme impoffible. Ils vouloient que l'homme entier pérît par la mort ; & de-là naiffoit cette conféquence néceffaire & dangereufe, qu'il n'y avoir ni récompenfe ni peine dans l'autre vie ; ils bornoient la juftice vengereffe de Dieu à la vie préfente. Grotius, qui n'a pu concevoir que les Saducéens euffent ce fentiment, a cru qu'on devoit corriger Jofephe, & lire que Dieu n'a aucune part dans les actions des hommes, foit qu'ils faffent le mal, ou qu'ils ne le faffent pas. En un mot, il a dit que les Saducéens, entêtés d'une fauffe idée de liberté, fe donnoient un pouvoir entier de fuir le mal & de faire le bien. Il a raifon dans le fond, mais il n'eft pas néceffaire de changer le texte de Jofephe pour attribuer ce fentiment aux Saducéens ; car le terme dont il s'eft fervi, rejette feulement une Providence qui influe fur les actions des hommes. Les Saducéens ôtoient à Dieu une direction agiffante fur la volonté, & ne lui laiffoient que le droit de récompenfer ou de punir ceux qui faifoient volontairement le bien ou le mal. On voit par-là que les Saducéens étoient à peu-près Pélagiens.

Enfin, les Saducéens prétendoient que la pluralité des femmes eft condamnée dans ces paroles du Lévitique : *Vous ne prendrez point une femme avec fa sœur, pour l'affliger en fon vivant.* Chap. xvij. Les Thalmudiftes, défenfeurs zélés de la polygamie, fe croyoient autorifés à foutenir leur fentiment par les exemples de David & de Salomon, & concluoient que les Saducéens étoient hérétiques fur le mariage.

Mœurs des Saducéens. Quelques Chrétiens fe font imaginés que comme les Saducéens nioient les peines & les récompenfes de l'autre vie & l'immortalité des ames, leur doctrine les conduifoit à un affreux libertinage. Mais il ne faut par tirer des conféquences de cette nature, car elles font fouvent fauffes. Il y a deux barrieres à la corruption humaine, les châtimens de la vie préfente & les peines de l'enfer. Les Saducéens avoient abattu la derniere barriere, mais ils laiffoient fubfifter l'autre. Ils ne croyoient ni peine ni récompenfe pour l'avenir ; mais ils admettoient une Providence qui puniffoit le vice, & qui récompenfoit la vertu pendant cette vie. Le defir d'être heureux fur la terre, fuffifoit pour les retenir dans le devoir. Il y a bien des gens qui fe mettroient peu en peine de l'éternité, s'ils pouvoient être heureux dans cette vie. C'eft-là le but de leurs travaux & de leurs foins. Jofephe affure que les Saducéens étoient fort févéres pour la punition des crimes, & cela devoit être ainfi : en effet, les hommes ne pouvant être retenus par la crainte des châtimens éternels que ces fectaires rejettoient, il falloit les épouvanter par la févérité des peines temporelles. Le même Jofephe les repréfente comme des gens farouches, dont les mœurs étoient barbares, & avec lefquels les étrangers ne pouvoient avoir de commerce. Ils étoient fouvent divifés les uns contre les autres. N'eft-ce point trop adoucir ce trait hideux, que de l'expliquer de la liberté qu'ils fe donnoient de difputer fur les matieres de religion ? car Jofephe qui rapporte ces deux chofes, blâme l'une & loue l'autre ; ou du moins il ne dit jamais que ce fut la différence des fentimens & la chaleur de la difpute qui caufa ces divifions ordinaires dans la fecte. Quoi qu'il en foit, Jofephe qui étoit Pharifien, peut être foupçonné d'avoir trop écouté les fentimens de fa fecte, pour fe faire avoir pour les Saducéens.

Des Caraites. Origine des Caraites. Le nom de *Caraite* fignifie un homme *qui lit*, un *fcripturaire*, c'eft-à-dire un homme qui s'attache fcrupuleufement au texte de la loi, & qui rejette toutes les traditions orales.

Si on en croit les Caraites qu'on trouve aujourd'hui en Pologne & dans la Lithuanie, ils defcendent des dix tribus que Salmanazar avoit tranfportées, & qui ont paffé de-là dans la Tartarie : mais on rejettera bien-tôt cette opinion, pour peu qu'on faffe attention au fort de ces dix tribus, & on fait qu'elles n'ont jamais paffé dans ce pays-là.

Il eft encore mal-à-propos de faire defcendre les Caraites d'Efdras ; & il fuffit de connoître les fondemens de cette fecte, pour en être convaincu. En effet, ces fectaires ne fe font élevés contre les autres docteurs, qu'à caufe des traditions qu'on égaloit à l'écriture, & de cette loi orale qu'on difoit que Moïfe avoit donnée. Mais on n'a commencé à vanter les traditions chez les *Juifs*, que long-tems après Efdras, qui fe contenta de leur donner la loi pour regle de leur conduite. On ne fe fouleve contre une erreur, qu'après fa naiffance ; & on ne combat un dogme que lorfqu'il eft enfeigné publiquement. Les Caraites n'ont donc pû faire de fecte particuliere que quand ils ont vû le cours & le nombre des traditions fe groffir affez, pour faire craindre que la religion n'en fouffrît.

Les rabbins donnent une autre origine aux Caraïtes : ils les font paroître dès le tems d'Alexandre le Grand ; car, quand le prince entra à Jérufalem, Jaddus, le fouverain facrificateur, étoit déja le chef des Rabbiniftes ou Traditionnaires, & Ananns & Cafcanatus, foutenoient avec éclat le parti des Caraïtes. Dieu fe déclara en faveur des premiers ; car Jaddus fit un miracle en préfence d'Alexandre ; mais Ananus & Cafcanatus montrerent leur impuiffance. L'erreur eft fenfible ; car Ananus, chef des Caraïtes, qu'on fait contemporain d'Alexandre le Grand, n'a vécu que dans le viij. fiecle de l'Eglife chrétienne.

Enfin, on les regarde comme une branche des Sadducéens, & on leur impute d'avoir fuivi toute la doctrine de Zadoc & de fes difciples. On ajoute qu'ils ont varié dans la fuite, parce que s'appercevant que ce fyftème les rendoit odieux, ils en rejetterent une partie, & fe contenterent de combattre les traditions & la loi orale qu'on a ajoutée à l'Ecriture. Cependant les Caraïtes n'ont jamais nié l'immortalité des ames ; au contraire le caraïte que le pere Simon a cité, croyoit que l'ame vient du ciel, qu'elle fubfifte comme les anges, & que le fiecle à venir a été fait pour elle. Non-feulement les Caraïtes ont repouffé cette accufation, mais en recriminant ils foutiennent, que leurs ennemis doivent être plutôt foupçonnés de fadduceïfme qu'eux, puifqu'ils croyent que les ames feront anéanties, après quelques années de fouffrances & de tourmens dans les enfers. Enfin, ils ne comptent ni Batithos au rang de leurs ancêtres & des fondateurs de leur fecte. Les défenfeurs de Caïn, de Judas, de Simon le Magicien, n'ont point rougi de prendre les noms de leurs chefs ; les Sadducéens ont adopté celui de Zadoc : mais les Caraïtes le rejettent & le maudiffent, parce qu'ils en condamnent les opinions pernicieufes.

Eufebe (*Præp. evang. lib. VIII. cap. x.*) nous fournit une conjecture qui nous aidera à découvrir la véritable origine de cette fecte : car en faifant un extrait d'Ariftobule, qui parut avec éclat à la cour de Ptolomée Philomator, il remarque qu'il y avoit en ce tems-là deux partis différens chez les *Juifs*, dont l'un prenoit toutes les lois de Moïfe à la lettre, & l'autre leur donnoit un fens allégorique. Nous trouvons-là la véritable origine des Caraïtes, qui commencerent à paroître fous ce prince ; parce que ce fut alors que les interpretations allégoriques & les traditions furent reçues avec plus d'avidité & de refpect. La religion judaïque commença de s'alterer par le commerce qu'on eut avec les étrangers. Ce commerce fut beaucoup plus fréquent depuis les conquêtes d'Alexandre, qu'il n'étoit auparavant ; & ce fut particulierement avec les Egyptiens qu'on fe lia, fur-tout pendant que les rois d'Egypte furent maitres de la Judée, qu'ils y firent des voyages & des expéditions, & qu'ils en tranfporterent les habitans. On n'emprunta pas des Egyptiens leurs idoles, mais leur méthode de traiter la Théologie & la Religion. Les docteurs *juifs* tranfportés ou nés dans ce pays-là, fe jetterent dans les interpretations allégoriques ; & c'eft ce qui donna occafion aux deux partis dont parle Eufebe, de fe former & de divifer la nation.

Doctrine des Caraïtes. 1°. Le fondement de la doctrine des Caraïtes confifte à dire qu'il faut s'attacher fcrupuleufement à l'Ecriture fainte, & n'avoir d'autre regle que la loi & les conféquences qu'on en peut tirer. Ils rejettent donc toute tradition orale, & ils confirment leur fentiment par les citations des autres docteurs qui les ont précédés, lefquels ont enfeigné que tout eft écrit dans la loi ; qu'il n'y a point de loi orale donnée à Moïfe fur le mont Sinaï. Ils demandent la raifon qui auroit obligé Dieu à écrire une partie de fes lois, & à cacher l'autre, ou à la confier à la memoire des hommes. Il faut pourtant remarquer qu'ils recevoient les interpretations que les Docteurs avoient données de la loi ; & par-là ils admettoient une efpece de tradition, mais qui étoit bien différente de celle des rabbins. Ceux ci ajoutoient à l'Ecriture les conftitutions & les nouveaux dogmes de leurs prédéceffeurs ; les Caraïtes au contraire n'ajoutoient rien à la loi, mais ils fe croyoient permis d'en interpreter les endroits obfcurs, & de recevoir les éclairciffemens que les anciens docteurs en avoient donnés.

2°. C'eft fe jouer du terme de tradition, que de croire avec M. Simon qu'ils s'en fervent, parce qu'ils ont adopté les points des Mafforethes. Il eft bien vrai que les Caraïtes reçoivent ces points ; mais il ne s'enfuit pas de-là qu'ils admettent la tradition, car cela n'a aucune influence fur les dogmes de la Religion. Les Caraïtes font donc deux chofes : 1°. ils rejettent les dogmes importans qu'on a ajoutés à la loi qui eft fuffifante pour le falut ; 2°. ils ne veulent pas qu'on égale les traditions indifférentes à la loi.

3°. Parmi les interpretations de l'Ecriture, ils ne reçoivent que celles qui font littérales, & par conféquent ils rejettent les interpretations cabbaliftiques, myftiques, & allégoriques, comme n'ayant aucun fondement dans la loi.

4°. Les Caraïtes ont une idée fort fimple & fort pure de la Divinité ; car ils lui donnent des attributs effentiels & inféparables ; & ces attributs ne font autre chofe que Dieu même. Ils le confiderent enfuite comme une caufe opérante qui produit des effets différens : ils expliquent la création fuivant le texte de Moïfe ; felon eux Adam ne feroit point mort, s'il n'avoit mangé de l'arbre de fcience. La providence de Dieu s'étend auffi-loin que fa connoiffance, qui eft infinie, & qui découvre généralement toutes chofes. Bien que Dieu infinie les actions des hommes, & qu'il leur prête fon fecours, cependant il dépend d'eux de fe déterminer au bien & au mal, de craindre Dieu ou de violer fes commandemens. Il y a, felon les docteurs qui fuivent en cela les Rabbiniftes, une grace commune, qui fe répand fur tous les hommes, & que chacun reçoit felon fa difpofition ; & cette difpofition vient de la nature du tempérament ou des étoiles. Ils diftinguent quatre difpofitions différentes dans l'ame : l'une de mort & de vie ; l'autre de fanté, & de maladie. Elle eft morte, lorfqu'elle croupit dans le péché ; elle eft vivante, lorfqu'elle s'attache au bien ; elle eft malade, quand elle ne comprend pas les vérités céleftes ; mais elle eft faine, lorfqu'elle connoît l'enchaînure des évenemens & la nature des objets qui tombent fous fa connoiffance. Enfin, ils croyent que les ames, en fortant du monde, feront récompenfées ou punies ; les bonnes ames iront dans le fiecle à venir dans l'Eden. C'eft ainfi qu'ils appellent le paradis, où l'ame eft nourrie par la vûe & la connoiffance des objets fpirituels. Un de leurs docteurs avoue que quelques-uns s'imaginoient que l'ame des méchans paffoit par la voie de la métempficofe dans le corps des bêtes : mais il refute cette opinion, étant perfuadé que ceux qui font chaffés du domicile de Dieu, vont dans un lieu qu'il appelle la *géhenne*, où ils fouffrent à caufe de leurs péchés, & vivent dans la douleur & la honte, où il y a un ver qui ne meurt point, & un feu qui brûlera toûjours.

5°. Il faut obferver rigoureufement les jeûnes.

6°. Il n'eft point permis d'époufer la fœur de fa femme

femme, même après la mort de celle-ci.

7°. Il faut observer exactement dans les mariages les degrés de parenté & d'affinité.

8°. C'est une idolâtrie que d'adorer les anges, le ciel, & les astres; & il n'en faut point tolérer les représentations.

Enfin, leur morale est fort pure; ils font sur-tout profession d'une grande tempérance; ils craignent de manger trop, ou de se rendre trop délicats sur les mets qu'on leur présente; ils ont un respect excessif pour leurs maîtres; les Docteurs de leur côté font charitables, & enseignent gratuitement; ils prétendent se distinguer par-là de ceux qui se font dieux d'argent, en tirant de grandes sommes de leurs leçons.

De la secte des Pharisiens. Origine des Pharisiens.
On ne connoît point l'origine des Pharisiens, ni le tems auquel ils ont commencé de paroître. Josephe qui devoit bien connoître une secte dont il étoit membre & partisan zelé, semble en fixer l'origine sous Jonathan, l'un des Machabées, environ cent trente ans avant Jesus-Christ.

On a crû jusqu'à présent qu'ils avoient pris le nom de *séparés*, ou de *Pharisiens*, parce qu'ils se séparoient du reste des hommes, au-dessus desquels ils s'élevoient par leurs austérités. Cependant il y a une nouvelle conjecture sur ce nom : les Pharisiens étoient opposés aux Sadducéens qui nioient les récompenses de l'autre vie; car ils soutenoient qu'il y avoit un paras, ou une remunération après la mort. Cette récompense faisant le point de la controverse avec les Sadducéens, & s'appellant *Paras*, les Pharisiens purent tirer de-là leur nom, plutôt que de la séparation qui leur étoit commune avec les Pharisiens.

Doctrine des Pharisiens. 1°. Le zele pour les traditions fait le premier crime des Pharisiens. Ils soutenoient qu'outre la loi donnée sur le Sinaï, & gravée dans les écrits de Moïse, Dieu avoit confié verbalement à ce législateur un grand nombre de rits & de dogmes, qu'il avoit fait passer à la postérité sans les écrire. Ils nomment les personnes par la bouche desquels ces traditions s'étoient conservées : ils leur donnoient la même autorité qu'à la Loi, & ils les avoient raison, puisqu'ils supposoient que leur origine étoit également divine. J. C. censura ces traditions qui affoiblissoient le texte, au lieu de l'éclaircir, & qui ne tendoient qu'à flatter les passions au lieu de les corriger. Mais sa censure, bien loin de ramener les Pharisiens, les effaroucha, & ils en furent choqués comme d'un attentat commis par une personne qui n'avoit aucune mission.

2°. Non-seulement on peut accomplir la Loi écrite, & la Loi orale, mais encore les hommes ont assez de forces pour accomplir les œuvres de surérogation, comme les jeûnes, les abstinences, & autres dévotions très-mortifiantes, auxquelles ils donnoient un grand prix.

3°. Josephe dit que les Pharisiens admettoient non-seulement un Dieu créateur du ciel & de la terre, mais encore une providence ou un destin. La difficulté consiste à savoir ce qu'il entend par *destin*: il ne faut pas entendre par-là les étoiles, puisque les *Juifs* n'avoient aucune dévotion pour elles. Le destin chez les Payens, étoit l'enchaînement des causes secondes, liées par la vérité éternelle. C'est ainsi qu'en parle Cicéron : mais chez les Pharisiens, le destin signifioit la providence & les decrets qu'elle a formés sur les évenemens humains. Josephe explique si nettement leur opinion, qu'il est difficile de concevoir comment on a pû l'obscurcir. « Ils » croyent, dit-il, (*antiq. jud. lib. XVIII. cap. ij.*) » que tout se fait par le destin; cependant ils n'ôtent pas à la volonté la liberté de se déterminer,

» parce que, selon eux, Dieu use de ce tempérament; que quoique toutes choses arrivent par son » decret, ou par son conseil, l'homme conserve » pourtant le pouvoir de choisir entre le vice & la » vertu ». Il n'y a rien de plus clair que le témoignage de cet historien, qui étoit engagé dans la secte des Pharisiens, & qui devoit en connoître les sentimens. Comment s'imaginer après cela, que les Pharisiens se crussent soumis aveuglément aux influences des astres, & à l'enchaînement des causes secondes?

4°. En suivant cette signification naturelle, il est aisé de développer le véritable sentiment des Pharisiens, lesquels soutenoient trois choses différentes. 1°. Ils croioient que les évenemens ordinaires & naturels arrivoient nécessairement, parce que la providence les avoit prévus & déterminés; c'est-là ce qu'ils appelloient le *destin*. 2°. Ils laissoient à l'homme la liberté pour le bien & pour le mal. Josephe l'assure positivement, en disant qu'il dépendoit de l'homme de faire le bien & le mal. La Providence regloit donc tous les évenemens humains; mais elle n'imposoit aucune nécessité pour les vices ni pour les vertus. Afin de mieux soutenir l'empire qu'ils se donnoient sur les mouvemens du cœur, & sur les actions qu'il produisoit, ils alléguoient ces paroles du Deutéronome, où Dieu déclare, qu'il *a mis la mort & la vie devant son peuple, & les exhorte à choisir la vie.* Cela s'accorde parfaitement avec l'orgueil des Pharisiens, qui se vantoient d'accomplir la Loi, & demandoient la récompense dûe à leurs bonnes œuvres, comme s'ils l'avoient méritée. 3°. Enfin, quoiqu'ils laissassent la liberté de choisir entre le bien & le mal, ils admettoient quelques secours de la part de Dieu; car ils étoient aidés par le destin. Ce dernier principe leve toute la difficulté : car si le destin avoit été chez eux une cause aveugle, ou un enchaînement des causes secondes, ou l'influence des astres, il seroit ridicule de dire que le destin les aidoit.

5°. Les bonnes & les mauvaises actions sont récompensées ou punies non-seulement dans cette vie, mais encore dans l'autre; d'où il s'ensuit que les Pharisiens croyoient la résurrection.

6°. On accuse les Pharisiens d'enseigner la transmigration des ames, qu'ils avoient empruntée des Orientaux, chez lesquels ce sentiment étoit commun : mais cette accusation est contestée, parce que J. C. ne leur reproche jamais cette erreur, & qu'elle paroît détruire la résurrection des morts : puisque si une ame a animé plusieurs corps sur la terre, on aura de la peine à choisir celui qu'elle doit préférer aux autres.

Je ne sais si cela suffit pour justifier cette secte : J. C. n'a pas eû dessein de combattre toutes les erreurs du Pharisaïsme; & si S. Paul n'en avoit parlé, nous ne connoîtrions pas aujourd'hui leurs sentimens sur la justification. Il ne faut donc pas conclure du silence de l'Evangile, qu'ils n'ont point cru la transmigration des ames.

Il ne faut point non plus justifier les Pharisiens, parce qu'ils auroient renversé la résurrection par la métempsicose; car les *Juifs* modernes admettent également la révolution des ames, & la résurrection des corps, & les Pharisiens ont pû faire la même chose.

L'autorité de Josephe, qui parle nettement sur cette matiere, doit prévaloir. Il assure (*Antiq. jud. lib. XVIII. cap. ij.*) que les Pharisiens croyoient que les ames des méchans étoient renfermées dans des prisons, & souffroient-là des supplices éternels, pendant que celles des bons trouvoient un retour facile à la vie, & rentroient dans un autre corps. On ne peut expliquer ce retour des ames à la vie par la résurrection : car, selon les Pharisiens, l'ame étant immortelle, elle ne mourra point, & ne reſſuſcitera jamais. On ne peut pas dire auſſi qu'elle rentrera dans un autre corps au dernier jour : car outre que l'ame reprendra par la réſurrection le même corps qu'elle a animé pendant la vie, & qu'il y aura ſeulement quelque changement dans ſes qualités; les Phariſiens repréſentoient par-là la différente condition des bons & des méchans, immédiatement après la mort ; & c'eſt attribuer une penſée trop ſubtile à Joſephe, que d'étendre ſa vûe juſqu'à la réſurrection. Un hiſtorien qui rapporte les opinions d'une ſecte, parle plus naturellement, & s'explique avec plus de netteté.

Mœurs des Phariſiens. Il eſt tems de parler des auſtérités des Phariſiens; car ce fut par là qu'ils ſéduiſirent le peuple, & qu'ils s'attirerent une autorité qui les rendoit redoutables aux rois. Ils faiſoient de longues veilles, & ſe refuſoient juſqu'au ſommeil néceſſaire. Les uns ſe couchoient ſur une planche très-étroite, afin qu'ils ne puſſent ſe garantir d'une chûte dangereuſe, lorſqu'ils s'endormiroient profondement ; & les autres encore plus auſteres ſemoient ſur cette planche des cailloux & des épines, qui troublaſſent leur repos en les déchirant. Ils faiſoient à Dieu de longues oraiſons, qu'ils répétoient ſans remuer les yeux, les bras, ni les mains. Ils acheyoient de mortifier leur chair par des jeûnes qu'ils obſervoient deux fois la ſemaine ; ils y ajoûtoient les flagellations ; & c'étoit peut-être une des raiſons qui les faiſoit appeller des *Tire-ſang*, parce qu'ils ſe déchiroient impitoyablement la peau, & ſe fouettoient juſqu'à ce que le ſang coulât abondamment. Mais il y en avoit d'autres à qui ce titre avoit été donné, parce que marchant dans les rues les yeux baiſſés ou fermés, ils ſe frappoient la tête contre les murailles. Ils chargeoient leurs habits de phylacteres, qui contenoient certaines ſentences de la loi. Les épines étoient attachées aux pans de leur robe, afin de faire couler le ſang de leurs piés lorſqu'ils marchoient; ils ſe ſéparoient des hommes, parce qu'ils étoient beaucoup plus ſaints qu'eux, & qu'ils craignoient d'être ſouillés par leur attouchement. Ils ſe lavoient plus ſouvent que les autres, afin de montrer par là qu'ils avoient un ſoin extrème de ſe purifier. Cependant à la faveur de ce zele apparent, ils ſe rendoient vénérables au peuple. On leur donnoit le titre de *ſages* par excellence; & leurs diſciples s'entrecrioient, *le ſage explique aujourd'hui*. On enfle les titres à proportion qu'on les mérite moins; on tâche d'impoſer aux peuples par de grands noms, lorſque les grandes vertus manquent. La jeuneſſe avoit pour eux une ſi profonde vénération, qu'elle n'oſoit ni parler ni répondre, lors même qu'on lui faiſoit des cenſures ; en effet ils tenoient leurs diſciples dans une eſpece d'eſclavage, & ils régloient avec un pouvoir abſolu tout ce qui regardoit la religion.

On diſtingue dans le Thalmud ſept ordres de Phariſiens. L'un meſuroit l'obéiſſance à l'aune du profit & de la gloire; l'autre ne levoit point les piés en marchant, & on l'appelloit à cauſe de cela *le phariſien tronqué*; le troiſieme frappoit ſa tête contre les murailles, afin d'en tirer le ſang; un quatrieme cachoit ſa tête dans un capuchon, & regardoit de cet enfoncement comme du fond d'un mortier; le cinquieme demandoit fièrement, *que faut-il que je faſſe ? je le ferai. Qu'y a-t-il à faire que je n'aye fait ?* le ſixieme obéïſſoit par amour pour la vertu & pour la récompenſe; & le dernier n'exécutoit les ordres de Dieu que par la crainte de la peine.

Origine des Eſſéniens. Les Eſſéniens qui devroient être ſi célebres par leurs auſtérités & par la ſainteté exemplaire dont ils faiſoient profeſſion, ne le ſont preſque point. Serrarius ſoutenoit qu'ils étoient connus chez les *Juifs* depuis la ſortie de l'Egypte, parce qu'il a ſuppoſé que c'étoient les Cinéens deſcendus de Jethro, leſquels ſuivirent Moïſe, & de ces gens-là ſortirent les Réchabites. Mais il eſt évident qu'il ſe trompoit, car les Eſſéniens & les Réchabites étoient deux ordres différens de dévots, & les premiers ne paroiſſent point dans toute l'hiſtoire de l'ancien-Teſtament comme les Réchabites. Gale ſçavant anglois, leur donne la même antiquité ; mais de plus il en fait les peres & les prédéceſſeurs de Pythagore & de ſes diſciples. On n'en trouve aucune trace dans l'hiſtoire des Machabées ſous leſquels ils doivent être nés ; l'Evangile n'en parle jamais, parce qu'ils ne ſortirent point de leur retraite pour aller diſputer avec J. C. D'ailleurs ils ne vouloient point ſe confondre avec les Phariſiens, ni avec le reſte des *Juifs*, parce qu'ils ſe croyoient plus ſaints qu'eux ; enfin ils étoient peu nombreux dans la Judée, & c'étoit principalement en Egypte qu'ils avoient leur retraite, & où Philon les avoit vûs.

Drulins fait deſcendre les Eſſéniens de ceux qu'Hircan perſécuta, qui ſe retirerent dans les deſerts, & qui s'accoutumerent par néceſſité à un genre de vie très-dur, dans lequel ils perſéverérent volontairement; mais il faut avouer qu'on ne connoît pas l'origine de ces ſectaires. Ils paroiſſent dans l'hiſtoire de Joſephe, ſous Antigonus ; car ce fut alors qu'on vit ce prophète eſſénien, nommé *Judas*, lequel avoit prédit qu'Antigonus ſeroit tué un tel jour dans une tour.

Hiſtoire des Eſſéniens. Voici comme Joſephe (*bello Jud. lib. II. cap xij.*) nous dépeint ces ſectaires.
« Ils ſont *Juifs* de nation, dit-il, ils vivent dans une
» union très-étroite, & regardent les voluptés com-
» me des vices que l'on doit fuir, & la continence
» & la victoire de ſes paſſions, comme des vertus
» que l'on ne ſauroit trop eſtimer. Ils rejettent le ma-
» riage, non qu'ils croyent qu'il faille détruire la
» race des hommes, mais pour éviter l'intempérance
» des femmes, qu'ils ſont perſuadés ne garder pas
» la foi à leurs maris. Mais ils ne laiſſent pas nean-
» moins de recevoir les jeunes enfans que leur on
» donne pour les inſtruire, & de les élever dans la
» vertu avec autant de ſoin & de charité que s'ils en
» étoient les peres, & ils les habillent & les nour-
» riſſent tous d'une même ſorte.

« Ils mépriſent les richeſſes ; toutes choſes ſont
» communes entre eux avec une égalité ſi admirable,
» que lorſque quelqu'un embraſſe leur ſecte, il ſe dé-
» pouille de la propriété de ce qu'il poſſede, pour
» éviter par ce moyen la vanité des richeſſes, épar-
» gner aux autres la honte de la pauvreté, & par un
» ſi heureux mélange, vivre tous enſemble comme
» freres.

» Ils ne peuvent ſouffrir de s'oindre le corps avec
» de l'huile ; mais ſi cela arrive à quelqu'un contre
» ſon gré, ils eſſuyent cette huile comme ſi c'étoient
» des taches & des ſouillures ; ce qu'ils croyent aſſez pro-
» près & aſſez parés, pourvû que leurs habits ſoient
» toujours bien blancs.

» Ils choiſiſſent pour économes des gens de bien
» qui reçoivent tout leur revenu, & le diſtribuent ſe-
» lon le beſoin de chacun. Ils n'ont point de
» ville certaine dans laquelle ils demeurent, mais
» ils ſont répandus en diverſes villes, & ils reçoi-
» vent ceux qui deſirent entrer dans leur ſociété ; &
» quoiqu'ils ne les ayent jamais vus auparavant, ils
» partagent avec eux ce qu'ils ont, comme s'ils les
» connoiſſoient depuis long-tems. Lorſqu'ils font
» quelque voyage, ils ne portent autre choſe que des
» armes pour ſe défendre des voleurs. Ils ont dans
» chaque ville quelqu'un d'eux pour recevoir & loger
» ceux de leur ſecte qui y viennent, & leur donner
» des habits, & les autres choſes dont ils peuvent
» avoir beſoin. Ils ne changent point d'habits que

» quand les leurs sont déchirés ou usés. Ils ne ven-
» dent & n'achetent rien entre eux, mais ils se com-
» muniquent les uns aux autres sans aucun échange,
» tout ce qu'ils ont. Ils sont très-religieux envers
» Dieu, ne parlent que des choses saintes avant que
» le soleil soit levé, & sont alors des prieres qu'ils
» ont reçues par tradition, pour demander à Dieu
» qu'il lui plaise de le faire luire sur la terre. Ils vont
» après travailler chacun à son ouvrage, selon qu'il
» leur est ordonné. A onze heures ils se rassemblent;
» & couverts d'un linge, se lavent le corps dans l'eau
» froide; ils se retirent ensuite dans leurs cellules,
» dont l'entrée n'est permise à nuls de ceux qui ne
» sont pas de leur secte, & étant purifiés de la sorte,
» ils vont ensemble comme en un saint temple,
» où lorsqu'ils sont assis en grand silence, on met de-
» vant chacun d'eux du pain & une portion dans un
» petit plat. Un sacrificateur benit les viandes, &
» on n'oseroit y toucher jusqu'à ce qu'il ait achevé sa
» priere : il en fait encore une autre après le repas.
» Ils quittent alors leurs habits qu'ils regardent com-
» me sacrés, & retournent à leurs ouvrages.

» On n'entend jamais du bruit dans leurs maisons;
» chacun n'y parle qu'à son tour, & leur silence don-
» ne du respect aux étrangers. Il ne leur est permis
» de rien faire que par l'avis de leurs supérieurs, si
» ce n'est d'assister les pauvres... Car quant à leurs
» parens, ils n'oseroient leur rien donner si on ne le
» leur permet. Ils prennent un extrême soin de ré-
» primer leur colere; ils aiment la paix, & gardent
» si inviolablement ce qu'ils promettent, que l'on
» peut ajoûter plus de foi à leurs simples paroles,
» qu'aux sermens des autres. Ils considerent même
» les sermens comme des parjures, parce qu'ils ne
» peuvent se persuader qu'un homme ne soit pas un
» menteur, lorsqu'il a besoin pour être cru de pren-
» dre Dieu à témoin. Ils ne reçoivent pas dans le
» champ dans leur société ceux qui veulent embras-
» ser leur maniere de vivre, mais ils le font demeu-
» rer durant un an au-dehors, où ils ont chacun avec
» une portion, une pioche & un habit blanc. Ils leur
» donnent ensuite une nourriture plus conforme à la
» leur, & leur permettent de se laver comme eux dans
» de l'eau froide, afin de se purifier; mais ils ne les
» font pas au refectoire, jusqu'à ce qu'ils ayent
» encore durant deux ans éprouvé leurs mœurs,
» comme ils avoient auparavant éprouvé leur con-
» tinence. Alors on les reçoit parce qu'on les en juge
» dignes, mais avant que de s'asseoir à table avec les
» autres, ils protestent solemnellement d'honorer &
» de servir Dieu de tout leur cœur, d'observer la
» justice envers les hommes; de ne faire jamais vo-
» lontairement de mal à personne; d'assister de tout
» leur pouvoir les gens de bien; de garder la foi à
» tout le monde, & particulierement aux souve-
» rains.

» Ceux de cette secte sont très-justes & très-exacts
» dans leurs jugemens : leur nombre n'est pas moin-
» dre que de cent lorsqu'ils les prononcent, & ce
» qu'ils ont une fois arrêté demeure immuable.

» Ils observent plus religieusement le sabath que
» nuls autres de tous les *Juifs*. Aux autres jours, ils
» font dans un lieu à l'écart, un trou dans la terre
» d'un pié de profondeur, où après s'être déchargés,
» en se couvrant de leurs habits, comme s'ils avoient
» peur de souiller les rayons du soleil, ils remplissent
» cette fosse de la terre qu'ils en ont tirée.

» Ils vivent si long-tems, que plusieurs vont jus-
» qu'à cent ans; ce que j'attribue à la simplicité de
» leur vie.

» Ils méprisent les maux de la terre, triomphent
» des tourmens par leur constance, & préferent la
» mort à la vie lorsque le sujet en est honorable. La
» guerre que nous avons eue contre les Romains a

» fait voir en mille manieres que leur courage est in-
» vincible; ils ont souffert le fer & le feu plûtôt que de
» vouloir dire la moindre parole contre leurs législa-
» teur, ni manger des viandes qui leur sont défen-
» dues, sans qu'au milieu de tant de tourmens ils
» ayent jetté une seule larme, ni dit la moindre pa-
» role, pour tâcher d'adoucir la cruauté de leurs
» bourreaux. Au contraire ils se moquoient d'eux,
» & rendoient l'esprit avec joye, parce qu'ils espé-
» roient de passer de cette vie à une meilleure; &
» qu'ils croyoient fermement que, comme nos corps
» sont mortels & corruptibles, nos ames sont im-
» mortelles & incorruptibles; qu'elles sont d'une
» substance aërienne très-subtile, & qu'étant enfer-
» mées dans nos corps comme dans une prison, où
» une certaine inclination les attire & les arrête, elles
» ne sont pas plûtôt affranchies de ces liens char-
» nels qui les retiennent comme dans une longue
» servitude, qu'elles s'élevent dans l'air & s'envo-
» lent avec joye. En quoi ils conviennent avec les
» Grecs, qui croyent que ces ames heureuses ont
» leur séjour au-delà de l'Océan, dans une région où
» il n'y a ni pluie, ni neige, ni une chaleur exces-
» sive, mais un doux zéphir rend toujours très-
» agréable : & qu'au contraire les ames des méchans
» n'ont pour demeure que des lieux glacés & agités
» par de continuelles tempêtes, où elles gémissent
» éternellement dans des peines infinies. Car, c'est
» ainsi qu'il me paroît que les Grecs veulent que leurs
» héros, à qui ils donnent le nom de demi-dieux, ha-
» bitent des îles qu'ils appellent *fortunées*, & que les
» ames des impies soient à jamais tourmentées dans
» les enfers, ainsi qu'ils disent que les corps de
» Sisyphe, de Tantale, d'Ixion & de Tytie.

» Ces mêmes Esséniens croyent que les ames sont
» créées immortelles pour se porter à la vertu & se
» détourner du vice; que les bons sont rendus meil-
» leurs en cette vie par l'espérance d'être heureux
» après leur mort, & que les méchans qui s'imagi-
» nent pouvoir cacher en ce monde leurs mauvaises
» actions, en sont punis en l'autre par des tourmens
» éternels. Tels sont leurs sentimens sur l'excellence
» de l'ame. Il y en a parmi eux qui se vantent de
» connoître les choses à venir, tant par l'étude qu'ils
» font des livres saints & des anciennes prophéties,
» que par le soin qu'ils prennent de se sanctifier; &
» il arrive rarement qu'ils se trompent dans leurs
» prédictions.

» Il y a une autre sorte d'Esséniens qui conviennent
» avec les premiers dans l'usage des mêmes viandes,
» des mêmes mœurs & des mêmes lois, & n'en sont
» différens en ce qui regarde le mariage. Car ceux-
» ci croyent que c'est vouloir abolir la race des hom-
» mes que d'y renoncer, puisque si chacun embras-
» soit ce sentiment, on la verroit bientôt éteinte. Ils
» s'y conduisent néanmoins avec tant de modéra-
» tion, qu'avant que de se marier ils observent durant
» trois ans si la personne qu'ils veulent épouser pa-
» roit assez saine pour bien porter des enfans; & lors-
» qu'après être mariés elle devient grosse, ils ne cou-
» chent plus avec elle durant sa grossesse, pour té-
» moigner que ce n'est pas la volupté, mais le desir
» de donner des hommes à la république, qui les en-
» gage dans le mariage ».

Josephe dit dans un autre endroit *qu'ils abandonnoient tout à Dieu*. Ces paroles font assez entendre le
sentiment des Esséniens sur le concours de Dieu. Cet
historien dit encore ailleurs que tout dépendoit du
destin, & qu'il ne nous arrivoit rien que ce qu'il ordonnoit. On voit par-là que les Esséniens s'opposoient aux Saducéens, & qu'ils faisoient dépendre
toutes choses des decrets de la providence; mais en
même tems il est évident qu'ils donnoient à la providence des decrets qui rendoient les événemens né-

cessaires, & ne laissoient à l'homme aucun reste de liberté. Josephe les opposant aux Pharisiens qui donnoient une partie des actions au destin, & l'autre à la volonté de l'homme, fait connoître qu'ils étendoient à toutes les actions l'influence du destin & la nécessité qu'il impose. Cependant, au rapport de Philon, les Esséniens ne faisoient point Dieu auteur du péché, ce qui est assez difficile à concevoir ; car il est évident que si l'homme n'est pas libre, la religion périt, les actions cessent d'être bonnes & mauvaises, il n'y a plus de peine ni de récompense ; & on a raison de soutenir qu'il n'y a plus d'équité dans le jugement de Dieu.

Philon parle des Esséniens à-peu-près comme Josephe. Ils conviennent tous les deux sur leurs austérités, leurs mortifications, & sur le soin qu'ils prenoient de cacher aux étrangers leur doctrine. Mais Philon assure qu'ils préféroient la campagne à la ville, parce qu'elle est plus propre à la méditation ; & qu'ils évitoient autant qu'il étoit possible le commerce des hommes corrompus, parce qu'ils croyoient que l'impureté des mœurs se communique aussi aisément qu'une mauvaise influence de l'air. Ce sentiment nous paroît plus vraisemblable que celui de Josephe qui les fait demeurer dans les villes ; en effet on ne lit nulle part qu'il y ait eu dans aucune ville de la Palestine des communautés d'Esséniens, au contraire tous les auteurs qui ont parlé de ces sectaires, nous les représentent comme fuyant les grandes villes, & s'appliquant à l'agriculture. D'ailleurs s'ils eussent habité les villes, il est probable qu'on les connoîtroit un peu mieux qu'on ne le fait, & l'Evangile ne garderoit pas sur eux un si profond silence ; mais leur éloignement des villes où J. C. prêchoit, les a sans doute soustraits aux censures qu'il auroit faites de leur erreur.

Des Thérapeutes. Philon (*Philo de vitæ contemp.*) a distingué deux ordres d'Esséniens ; les uns s'attachoient à la pratique, & les autres qu'on nomme *Thérapeutes*, à la contemplation. Ces derniers étoient aussi de la secte des Esséniens ; Philon leur en donne le nom : il ne les distingue de la premiere branche de cette secte, que par quelque degré de perfection.

Philon nous le représente comme des gens qui faisoient de la contemplation de Dieu leur unique occupation, & leur principale félicité. C'étoit pour cela qu'ils se tenoient enfermés seul à seul dans leur cellule, sans parler, sans oser sortir, ni même regarder par les fenêtres. Ils demandoient à Dieu que leur ame fût toujours remplie d'une lumiere céleste, & qu'élevés au-dessus de tout ce qu'il y a de sensible, ils pussent chercher & connoître la vérité plus parfaitement dans leur solitude, s'élevant au-dessus du soleil, de la nature, & de toutes les créatures. Ils perçoient directement à Dieu, le soleil de justice. Les idées de la divinité, des beautés, & des tresors du ciel, dont ils s'étoient nourris pendant le jour les suivoient jusques dans la nuit, jusques dans leurs songes, & pendant le sommeil même. Ils débitoient des préceptes excellens ; ils laissoient à leurs parens, tous leurs biens, pour lesquels ils avoient un profond mépris, depuis qu'ils s'étoient enrichis de la philosophie céleste : ils sentoient une émotion violente, & une fureur divine, qui les entraînoit dans l'étude de cette divine philosophie, & ils y trouvoient un souverain plaisir ; c'est pourquoi ils ne quittoient jamais leur étude, jusqu'à ce qu'ils fussent parvenus à ce degré de perfection qui les rendoit heureux. On voit-là, si je ne me trompe, la contemplation des mystiques, leurs transports, leur union avec la divinité qui les rend souverainement heureux & parfaits sur la terre.

Cette secte que Philou a peinte dans un traité qu'il a fait exprès, afin d'en faire honneur à sa religion, contre les Grecs qui vantoient la morale & la pureté de leurs philosophes, a paru si sainte, que les Chrétiens leur ont envié la gloire de leurs austérités. Les plus modérés ne pouvant ôter absolument à la synagogue l'honneur de les avoir formés & nourris dans son sein, ont au moins soutenu qu'ils avoient embrassé le christianisme, dès le moment que S. Marc le prêcha en Egypte, & que changeant de religion sans changer de vie, ils devinrent les peres & les premiers instituteurs de la vie monastique.

Ce dernier sentiment a été soutenu avec chaleur par Eusebe, par saint Jérôme, & sur-tout par le pere Montfaucon, homme distingué par son savoir, non-seulement dans un ordre savant, mais dans la république des lettres. Ce savant religieux a été réfuté par M. Bouhier premier président du parlement de Dijon, dont on peut consulter l'ouvrage ; nous nous bornerons ici à quelques remarques.

1°. On ne connoît les Thérapeutes que par Philon. Il faut donc s'en tenir à son témoignage ; mais peut-on croire qu'un ennemi de la religion chrétienne, & qui a persévéré jusqu'à la mort dans la profession du judaïsme, quoique l'Evangile fût connu, ait pris la peine de peindre d'une maniere si édifiante les ennemis de sa religion & de ses cérémonies ? Le judaïsme & le christianisme sont deux religions ennemies ; l'une travaille à s'établir sur les ruines de l'autre : il est impossible qu'on fasse un éloge magnifique d'une religion qui travaille à l'anéantissement de celle qu'on croit & qu'on professe.

2°. Philou de qui on tire les preuves en faveur du christianisme des *Thérapeutes*, étoit né l'an 723 de Rome. Il dit qu'il étoit fort jeune lorsqu'il composa ses ouvrages ; & que dans la suite ses études furent interrompues par les grands emplois qu'on lui confia. En suivant ce calcul, il faut nécessairement que Philon ait écrit avant J. C. & à plus forte raison avant que le Christianisme eût pénétré jusqu'à Alexandrie. Si on donne à Philon trente-cinq ou quarante ans lorsqu'il composoit ses livres, il n'étoit plus jeune. Cependant J. C. n'avoit alors que huit ou dix ans ; il n'avoit point encore enseigné ; l'Evangile n'étoit point encore connu : les Thérapeutes ne pouvoient par conséquent être chrétiens ; d'où il est aisé de conclure que c'est une secte de *Juifs* réformés, dont Philon nous a laissé le portrait.

3°. Philon remarque que les Thérapeutes étoient une branche des Esséniens ; comment donc a-t-on pu en faire des chrétiens, & laisser les autres dans le judaïsme ?

Philou remarque encore que c'étoient des disciples de Moïse ; & c'est-là un caractere de judaïsme qui ne peut être contesté, sur-tout par des chrétiens. L'occupation de ces gens-là consistoit à feuilleter les sacrés volumes, à étudier la philosophie qu'ils avoient reçue de leurs ancêtres, à chercher des allégories, s'imaginant que les secrets de la nature étoient cachés sous les termes les plus clairs ; & pour s'aider dans cette recherche, ils avoient les commentaires des anciens ; car les premiers auteurs de cette secte avoient laissé divers volumes d'allégories, & leurs disciples suivoient cette méthode. Peut-on connoître là des chrétiens ? qui étoient ces ancêtres qui avoient laissé tant d'écrits, lorsqu'il y avoit à peine un seul évangile écrit ? Peut-on dire que les écrivains sacrés nous ayent laissé des volumes pleins d'allégories ? quelle religion seroit la nôtre, si on ne trouvoit que cela dans les livres divins ? Peut-on dire que l'occupation des premiers saints du Christianisme fut de chercher les secrets de la nature cachés sous les termes les plus clairs de la parole de Dieu ? Cela convenoit à des mystiques & à des dévots contemplatifs, qui se mêloient de medecine ; cela convenoit à des *Juifs*, dont les docteurs aimoient les allégories jusqu'à la fureur : mais ni les ancêtres, ni la philosophie, ni les volumes pleins d'allégories, ne conviennent point aux auteurs de la religion chrétienne, ni aux chrétiens.

4°. Les Thérapeutes s'enfermoient toute la semaine sans sortir de leurs cellules, & même sans oser regarder par les fenêtres, & ne sortoient de-là que le jour du sabbat, portant leurs mains sous le manteau : l'une entre la poitrine & la barbe, & l'autre sur le côté. Reconnoît-on les Chrétiens à cette posture ? & le jour de leur assemblée qui étoit le samedi, ne marque-t-il pas que c'étoient là des *Juifs*, rigoureux observateurs du jour du repos que Moïse avoit indiqué ? Accoutumés comme la cigale à vivre de rosée, ils jeûnoient toute la semaine, mais ils mangeoient & se reposoient le jour du sabbat. Dans leurs fêtes ils avoient une table sur laquelle on mettoit du pain, pour imiter la table des pains de proposition que Moïse avoit placée dans le temple. On chantoit des hymnes nouveaux, & qui étoient l'ouvrage du plus ancien de l'assemblée ; mais lorsqu'il n'en composoit pas, on prenoit ceux de quelque ancien poëte. On ne peut pas dire qu'il y eût alors d'anciens poëtes chez les Chrétiens ; & ce terme ne convient guere au prophète David. On dansoit aussi dans cette fête ; les hommes & les femmes le faisoient en mémoire de la mer Rouge, parce qu'ils s'imaginoient que Moïse avoit donné cet exemple aux hommes, & que sa sœur s'étoit mise à la tête des femmes pour les faire danser & chanter. Cette fête duroit jusqu'au lever du soleil ; & dès le moment que l'aurore paroissoit, chacun se tournoit du côté de l'orient, se souhaitoit le bon jour, & se retiroit dans sa cellule pour méditer & contempler Dieu : on voit là la même superstition pour le soleil qu'on a déja remarquée dans les Esséniens du premier ordre.

5°. Enfin, on n'adopte les Thérapeutes qu'à cause de leurs austérités, & du rapport qu'ils ont avec la vie monastique.

Mais ne voit-on pas de semblables exemples de tempérance & de chasteté chez les payens, & particulierement dans la secte de Pythagore, à laquelle Josephe la comparoit de son tems ? La communauté des biens avoit ébloui Eusebe, & l'avoir obligé de comparer les Esséniens aux fideles dont il est parlé dans l'histoire des Actes, qui mettoient tout en commun. Cependant les disciples de Pythagore faisoient la même chose ; car c'étoit une de leurs maximes, qu'il n'étoit pas permis d'avoir rien en propre. Chacun apportoit à la communauté ce qu'il possédoit : on en assistoit les pauvres, lors même qu'ils étoient absens ou éloignés ; & ils poussoient si loin la charité, que l'un d'eux condamné au supplice par Denys le tyran, trouva un pleige qui prit sa place dans la prison ; c'est le souverain degré de l'amour que de mourir les uns pour les autres. L'abstinence des viandes étoit sévérement observée par les disciples de Pythagore, aussi-bien que par les Thérapeutes. On ne mangeoit que des herbes crues ou bouillies. Il y avoit une certaine portion de pain réglée, on ne pouvoit ni charger ni remplir l'estomac : on le frottoit quelquefois d'un peu de miel. Le vin étoit défendu, & on n'avoit point d'autre breuvage que l'eau pure. Pythagore vouloit qu'on négligeât les plaisirs & les voluptés de cette vie, & ne les trouvoit pas dignes d'arrêter l'homme sur la terre. Il rejettoit les onctions d'huile comme les Thérapeutes ; ses disciples portoient des habits blancs ; ceux de lin paroissoient trop superbes, il n'en avoient que de laine. Ils n'osoient ni railler, ni rire, & ils ne devoient point jurer par le nom de Dieu, parce que chacun devoit faire connoître sa bonne foi, & n'avoir pas besoin de sceller sa parole par un serment. Ils avoient un profond respect pour les vieillards, devant lesquels ils gardoient long-tems le silence. Ils n'osoient faire de l'eau en présence du soleil, superstition que les Thérapeutes avoient encore empruntée d'eux.

Enfin ils étoient fort entêtés de la spéculation & du repos qui l'accompagne ; c'est pourquoi ils en faisoient un de leurs préceptes lesplus importans.

O juvenes ! tacitâ colite hæc piâ sacra quiete ;

disoit Pythagore à ses disciples, à la tête d'un de ses ouvrages. En comparant les sectes des Thérapeutes & des Pythagoriciens, on les trouve si semblables dans tous les chefs qui ont ébloui les Chrétiens, qu'il semble que l'une soit sortie de l'autre. Cependant si on trouve de semblables austérités chez les payens, on ne doit plus être étonné de les voir chez les *Juifs* éclairés par la loi de Moïse ; & on ne doit pas leur ravir cette gloire pour la transporter au Christianisme.

Histoire de la philosophie juive depuis la ruine de Jérusalem. La ruine de Jérusalem causa chez les *Juifs* des révolutions qui furent fatales aux Sciences. Ceux qui avoient échappé à l'épée des Romains, aux flammes qui réduisirent en cendres Jérusalem & son temple, ou qui après la désolation de cette grande ville, ne furent pas vendus au marché comme des esclaves. & des bêtes de charge, tâcherent de chercher une retraite & un asile. Ils en trouverent un en Orient & à Babylone, où il y avoit encore un grand nombre de ceux qu'on y avoit transportés dans les anciennes guerres : il étoit naturel d'aller implorer là la charité de leurs freres, qui s'y étoient fait des établissemens considérables. Les autres se refugierent en Egypte, où il y avoit aussi depuis long-tems beaucoup de *Juifs* puissans & assez riches pour recevoir ces malheureux ; mais ils porterent là leur esprit de sédition & de révolte, ce qui y causa un nouveau massacre. Les rabins assurent que les familles considérables furent transportées dès ce tems-là en Espagne, qu'ils appelloient *Spharad* ; & que c'est dans ce lieu où sont encore les restes des tribus de Benjamin & de Judas les descendans de la maison de David : c'est pourquoi les *juifs* de ce pays-là ont toujours regardé avec mépris ceux des autres nations, comme si le sang royal & la distinction des tribus s'étoient mieux conservées chez eux, que par-tout ailleurs. Mais il y eut un quatrieme ordre de *juifs* qui pourroient à plus juste titre se faire honneur de leur origine. Ce furent ceux qui demeurerent dans leur patrie, ou dans les masures de Jérusalem, ou dans les lieux voisins, dans lesquels ils se distinguerent en rassemblant un petit corps de la nation, & par les charges qu'ils y exercerent. Les rabbins assurent même que Tite fit transporter le sanhédrin à Japhné ou Jamnia, & qu'on érigea deux académies, l'une à Tibérias, & l'autre à Lydde. Enfin ils soutiennent qu'il y eut aussi dès ce tems-là un patriarche qui après avoir travaillé à rétablir la religion & son église dispersée, étendit son autorité sur toutes les synagogues de l'Occident.

On prétend que les académies furent érigées l'an 210 ou l'an 230 ; la plus ancienne étoit celle de Nahardea, ville située sur les bords de l'Euphrate. Un rabbin nommé *Samuel* prit la conduite de cette école : ce Samuel est un homme fameux dans sa nation. Elle le distingue par les titres de *vigilant*, d'*arioch*, de *sapor boi*, & de *lunatique*, parce qu'on prétend qu'il gouvernoit le peuple aussi absolument que les rois font leurs sujets, & que le chemin du ciel lui étoit aussi connu que celui de son académie. Il mourut l'an 270 de J. C. & la ville de Nahardea ayant été prise l'an 278, l'académie fut ruinée.

On dit encore qu'on érigea d'abord l'académie à Sora, qui avoit emprunté son nom de la Syrie ; car les *Juifs* le donnent à toutes les terres qui s'étendent depuis Damas & l'Euphrate, jusqu'à Babylone, & Sora étoit située sur l'Euphrate.

Pumdebita étoit une ville située dans la Mésopotamie, agréable par la beauté de ses édifices. Elle étoit fort décriée par les mœurs de ses habitans, qui étoient presque tous autant de voleurs : personne ne vouloit avoir commerce avec eux ; & les *Juifs* ont encore ce proverbe : *qu'il faut changer de domicile lorsqu'on a un Pumdébitain pour voisin*. Rabbin Chisda ne laissa pas de la choisir l'an 290 pour y enseigner. Comme il avoit été collegue de Huna qui régentoit à Sora, il y a lieu de soupçonner que quelque jalousie ou quelque chagrin personnel l'engagea à faire cette erection. Il ne put pourtant donner à sa nouvelle académie le lustre & la réputation qu'avoit déja celle de Sora, laquelle tint toujours le dessus sur celle de Pumdebita.

On érigea deux autres académies l'an 373, l'une à Naresch proche de Sora, & l'autre à Machusia ; enfin il s'en éleva une cinquieme à la fin du dixieme siecle, dans un lieu nommé *Petuts Sciabbut*, où l'on dit qu'il y avoit neuf mille *Juifs*.

Les chefs des académies ont donné beaucoup de lustre à la nation *juive* par leurs écrits, & ils avoient un grand pouvoir sur le peuple ; car comme le gouvernement des *Juifs* dépend d'une infinité de cas de conscience, & que Moïse a donné des lois politiques qui sont aussi sacrées que les cérémonielles, ces docteurs qu'on consultoit souvent étoient aussi les maîtres des peuples. Quelques-uns croient même que depuis la ruine du temple, les conseils étant ruinés ou confondus avec les académies, le pouvoir appartenoit entierement aux chefs de ces académies.

Parmi tous ces docteurs *juifs*, il n'y en a eu aucun qui se soit rendu plus illustre, soit par l'intégrité de ses mœurs, soit par l'étendue de ses connoissances, que *Juda le Saint*. Après la ruine de Jérusalem, les chefs des écoles ou des académies qui s'étoient élévées dans la Judée, ayant pris quelque autorité sur le peuple par les leçons & les conseils qu'ils lui donnoient, furent appellés *princes de la captivité*. Le premier de ces princes fut Gamaliel, qui eut pour successeur Simeon III. son fils, après lequel parut Juda le Saint dont nous parlons ici. Celui-ci vint au monde le même jour qu'Attibas mourut ; & on s'imagine que cet événement avoit été prédit par Salomon, qui a dit qu'*un soleil se leve*, *& qu'un soleil se couche*. Attibas mourut sous Adrien, qui lui fit porter la peine de son imposture. Ghédalia place la mort violente de ce fourbe l'an 37, après la ruine du temple, qui seroit la cent quarante-troisieme année de l'ère chrétienne ; mais alors il seroit évidemment faux que cet événement fût arrivé sous l'empire d'Adrien qui étoit déja mort ; & si Juda le Saint naissoit alors, il faut nécessairement fixer sa naissance à l'an 135 de J. C. On peut remarquer, en passant, qu'il ne faut pas s'arrêter aux calculs des *Juifs*, peu jaloux d'une exacte chronologie.

Le lieu de sa naissance étoit *Tsippuri*. Ce terme signifie un *petit oiseau*, & la ville étoit située sur une des montagnes de la Galilée. Les *Juifs*, jaloux de la gloire de Juda, lui donnent le titre de *saint*, ou même de *saint des saints*, à cause de la pureté de sa vie. Cependant je n'ose dire en quoi consistoit cette pureté ; elle paroîtroit badine & ridicule. Il devint le chef de la nation, & eut une si grande autorité, que quelques-uns de ses disciples ayant osé le quitter pour aller faire une intercalation à Lydde, ils eurent tous un mauvais regard ; c'est-à-dire, qu'ils mouroient tous d'un châtiment exemplaire ! mais ce miracle est fabuleux.

Juda devint plus recommandable par la répétition de la loi qu'il publia. Ce livre est un code du droit civil & canonique des *Juifs*, qu'on appelle *Misnah*. Il crut qu'il étoit souverainement nécessaire d'y travailler, parce que la nation dispersée en tant de lieux, avoit oublié les rites, & se seroit éloignée de la religion & de la jurisprudence de ses ancêtres, si on les confioit uniquement à leur mémoire. Au lieu qu'on expliquoit auparavant la tradition selon la volonté des professeurs, ou par rapport à la capacité des étudians, ou bien enfin selon les circonstances qui le demandoient, Juda fit une espece de système & de cours qu'on suivit depuis exactement dans les académies. Il divisa ce rituel en six parties. La premiere roule sur la distinction des semences dans un champ, les arbres, les fruits, les décimes, *&c.* La seconde regle, l'observance des fêtes. Dans la troisieme qui traite des femmes, on décide toutes les causes matrimoniales. La quatrieme qui regarde les pertes, roule sur les procès qui naissent dans le commerce, & les procédures qu'on y doit tenir : on y ajoute un traité d'idolatrie, parce que c'est un des articles importans sur lesquels roulent les jugemens. La cinquieme partie regarde les oblations, & on examine dans la derniere tout ce qui est nécessaire à la purification.

Il est difficile de fixer le tems auquel Juda le Saint commença & finit cet ouvrage, qui lui a donné une si grande réputation. Il faut seulement remarquer, 1°. qu'on ne doit pas le confondre avec le thalmud, dont nous parlerons bien-tôt, & qui ne fut achevé que long-tems après. 2°. On a mal placé cet ouvrage dans les tables chronologiques des synagogues, lorsqu'on compte aujourd'hui 1614 ans depuis sa publication ; car cette année tomberoit sur l'année 140 de J. C. où Juda le Saint ne pouvoit avoir que quatre ans. 3°. Au contraire, on le retarde trop, lorsqu'on assure qu'il fut publié cent cinquante ans après la ruine de Jérusalem ; car cette année tomberoit sur l'an 220 ou 218 de J. C. & Juda étoit mort auparavant. 4°. En suivant le calcul qui est le plus ordinaire, Juda doit être né l'an 135 de J. C. Il peut avoir travaillé à ce recueil depuis qu'il fut prince de la captivité, & après avoir jugé souvent les différends qui naissoient dans sa nation. Ainsi on peut dire qu'il le fit environ l'an 180, lorsqu'il avoit quarante-quatre ans, à la fleur de son âge, & qu'une assez longue expérience lui avoit appris à décider les questions de la loi.

Juda s'acquit une si grande autorité par cet ouvrage, qu'il se mit au-dessus des lois ; car au lieu que pendant que Jérusalem subsistoit, les chefs du Sanhédrim étoient soumis à ce conseil, & sujets à la peine, Juda, si l'on en croit les historiens de sa nation, s'éleva au-dessus des anciennes lois, & Siméon, fils de Lachis, ayant osé soutenir *que le prince devoit être fouetté lorsqu'il péchoit*, Juda envoya ses officiers pour l'arrêter, & l'auroit puni sévèrement, s'il ne lui étoit échappé par une prompte fuite. Juda conserva son orgueil jusqu'à la mort ; car il voulut qu'on portât son corps avec pompe, & qu'on pleurât dans toutes les grandes villes où l'enterrement passeroit, défendant de le faire dans les petites. Toutes les villes coururent à cet enterrement ; le jour fut prolongé, & la nuit retardée jusqu'à ce que chacun fût de retour dans sa maison, & eût le tems d'allumer une chandelle pour le sabbat. La fille de la voix se fit entendre, & prononça que tous ceux qui avoient suivi la pompe funebre seroient sauvés, à l'exception d'un seul qui tomba dans le desespoir, & se précipita.

Origine du Thalmud & de la Gémare. Quoique le recueil des traditions, composé par Juda le Saint, sous le titre de *Misnah*, parût un ouvrage parfait, on ne laissoit pas d'y remarquer encore deux défauts considérables : l'un, que ce recueil étoit confus, parce que l'auteur y avoit rapporté le sentiment de différens docteurs, sans les nommer, & sans décider lequel de ces sentimens méritoit d'être préféré ; l'autre défaut rendoit ce recueil presque inutile, parce qu'il étoit trop court, & ne résolvoit qu'une petite partie des cas douteux, & des questions qui commençoient à s'agiter chez les *Juifs*.

Afin de remédier à ces défauts, Jochanan aidé de Rab & de Samuel, deux disciples de Juda le Saint, firent un commentaire sur l'ouvrage de leur maitre, & c'est ce qu'on appelle le *thalmud* (*thalmud* signifie *doctrine*) *de Jérusalem*. Soit qu'il eût été composé en Judée pour les *Juifs* qui étoient restés en ce pays-là ; soit qu'il fût écrit dans la langue qu'on y parloit, les *Juifs* ne s'accordent pas sur le tems auquel cette partie de la gémare, qui signifie *perfection*, fut composée. Les uns croient que ce fut deux cens ans après la ruine de Jérusalem. Enfin, il y a quelques docteurs qui ne comptent que cent cinquante ans, & qui soutiennent que Rab & Samuel, quittant la Judée, allerent à Babylonne l'an 219 de l'ére chrétienne. Cependant ce font-là les chefs du second ordre des théologiens qui sont appellés *Gémaristes*, parce qu'ils ont composé la gémare. Leur ouvrage ne peut être placé qu'après le regne de Dioclétien, puisqu'il y est parlé de ce prince. Le P. Morin soutient même qu'il y a des termes barbares, comme celui de *borgheni*, pour marquer un bourg, dont nous sommes redevables aux Vandales ou aux Goths ; d'où il conclut que cet ouvrage ne peut avoir paru que dans le cinquieme siecle.

Il y avoit encore un défaut dans la gémare ou le thalmud de Jérusalem ; car on n'y rapportoit que les sentimens d'un petit nombre de docteurs. D'ailleurs il étoit écrit dans une langue très-barbare, qui étoit celle qu'on parloit en Judée, & qui s'étoit corrompue par le mélange des nations étrangeres. C'est pourquoi les Amoréens, c'est-à-dire les commentateurs, commencerent une nouvelle explication des traditions. R. Ase se chargea de ce travail. Il tenoit son école à Sora, proche de Babylone ; & ce fut-là qu'il produisit son commentaire sur la misnah de Juda. Il ne l'acheva pas ; mais ses enfans & ses disciples y mirent la derniere main. C'est-là ce qu'on appelle la *gémare* ou le *thalmud de Babylone*, qu'on préfere à celui de Jérusalem. C'est un grand & vaste corps qui renferme les traditions, le droit canon des *Juifs*, & toutes les questions qui regardent la loi. La misnah est le texte ; la gémare en est le commentaire, & ces deux parties font le thalmud de Babylone.

La foule des docteurs *juifs* & chrétiens convient que le thalmud fut achevé l'an 500 ou 505 de l'ère chrétienne : mais le P. Morin, s'écartant de la route ordinaire, soutient qu'on auroit tort de croire tout ce que les *Juifs* disent sur l'antiquité de leurs livres, dont ils ne connoissent pas eux-mêmes l'origine. Il assure que la misnah ne put être composée que l'an 500, & le thalmud de Babylone l'an 700 ou environ. Nous ne prenons aucun intérêt à l'antiquité de ces livres remplis de traditions. Il faut même avouer qu'on ne peut fixer qu'avec beaucoup de peine & d'incertitude le tems auquel le thalmud peut avoir été formé, parce que c'est une compilation composée de décisions d'un grand nombre de docteurs qui ont étudié les cas de conscience, & à laquelle on a pu ajouter de tems en tems de nouvelles décisions. On ne peut se confier sur cette matiere, ni au témoignage des auteurs *juifs*, ni au silence des chrétiens : les premiers ont intérêt à vanter l'antiquité de leurs livres, & ils ne sont pas exacts en matiere de Chronologie : les seconds ont examiné rarement ce qui se passoit chez les *Juifs*, parce qu'ils ne faisoient qu'une petite figure dans l'Empire. D'ailleurs leur conversion étoit rare & difficile ; & pour y travailler, il falloit apprendre une langue qui leur paroissoit barbare. On ne peut voir sans étonnement que dans ce grand nombre de prêtres & d'évêques qui ont composé le clergé pendant la durée de tant de siecles, il y en ait eu si peu qui ayent lû l'hébreu, & qui ayent pû lire ou l'ancien Testament, ou les commentaires des *Juifs* dans l'original. On passoit le tems à chicaner sur des faits ou des questions subtiles, pendant qu'on négligeoit une étude utile ou nécessaire. Les témoins manquent de toutes parts ; & comment s'assurer de la tradition, lorsqu'on est privé de ce secours ?

Jugemens sur le Thalmud. On a porté quatre jugemens différens sur le thalmud ; c'est-à-dire, sur ce corps de droit canon & de tradition. Les *Juifs* l'égalent à la loi de Dieu. Quelques Chrétiens l'estiment avec excès. Les troisiemes le condamnent au feu, & les derniers gardent un juste milieu entre tous ces sentimens. Il faut en donner une idée générale.

Les *Juifs* sont convaincus que les Thalmudistes n'ont jamais été inspirés, & ils n'attribuent l'inspiration qu'aux Prophetes. Cependant ils ne laissent pas de préferer le thalmud à l'Ecriture sainte ; car ils comparent l'Ecriture à l'eau, & la tradition à du vin excellent : la loi est le sel ; la misnah du poivre, & les thalmuds sont des aromates précieux. Ils soutiennent hardiment que celui qui *peche contre Moïse peut être absous ; mais qu'on mérite la mort, lorsqu'on contredit les docteurs ; &* qu'on commet un péché plus criant, en violant les préceptes des sages que ceux de la loi. C'est pourquoi ils infligent une peine sale & puante à ceux qui ne les observent pas : *damnantur in stercore bullienti*. Ils décident les questions & les cas de conscience par le thalmud comme par une loi souveraine.

Comme il pourroit paroître étrange qu'on puisse préferer les traditions à une loi que Dieu a écrite, & qui a été écrite par ses ordres, il ne sera pas inutile de prouver ce que nous venons d'avancer par l'autorité des rabbins.

R. Isaac nous assure qu'il ne faut pas s'imaginer que la loi écrite soit le fondement de la religion ; au contraire, c'est la loi orale. C'est à cause de cette derniere loi que Dieu a traité alliance avec le peuple d'Israël. En effet, il savoit que son peuple seroit transporté chez les nations étrangeres, & que les Payens transcriroient ses livres sacrés. C'est pourquoi il n'a pas voulu que la loi orale fût écrite, de peur qu'elle ne fût connue des idolatres ; & c'est ici un des préceptes généraux des rabbins : *Apprens, mon fils*, à avoir plus d'attention aux paroles des Scribes qu'aux paroles de la loi.

Les rabbins nous fournissent une autre preuve de l'attachement à une loi que les traditions, & de leur vénération pour les sages, en soutenant dans leur corps de Droit, que ceux qui s'attachent à la lecture de la Bible ont quelque degré de vertu ; mais il est médiocre, & il ne peut être mis en ligne de compte. Etudier la seconde loi ou la tradition, c'est une vertu qui mérite sa récompense, parce qu'il n'y a rien de plus parfait que l'étude de la gémare. C'est pourquoi Eléazar, étant au lit de la mort, répondit à ses écoliers, qui lui demandoient le chemin de la vie & du siecle à venir : *Détournez vos enfans de l'étude de la Bible, & les mettez aux piés des sages.* Cette maxime est confirmée dans un livre qu'on appelle *l'autel d'or* ; car on y assure qu'il n'y a point d'étude au-dessus de celle du très-saint thalmud, & le R. Jacob donne ce précepte dans le thalmud de Jérusalem : *Apprens, mon fils, que les paroles des Scribes sont plus aimables que celles de Prophetes*.

Enfin, tout cela est prouvé par une historiette du roi Pirgandicus. Ce prince n'est pas connu, mais cela n'est point nécessaire pour découvrir le sentiment des rabbins. C'étoit un infidele, qui pria onze docteurs fameux à souper. Il les reçut magnifiquement, & leur proposa de manger de la chair de pourceau, d'avoir commerce avec des femmes payennes, ou de boire du vin consacré aux idoles. Il falloit opter entre ces trois partis. On délibéra & on résolut de prendre le dernier, parce que les deux premiers articles avoient été défendus par la loi, que c'étoient uniquement les rabbins qui défendoient de boire le vin confacré aux faux dieux. Le roi fe conforma au choix des docteurs. On leur donna du vin *impur*, dont ils burent largement. On fit enfuite tourner la table, qui étoit fur un pivot. Les docteurs échauffés par le vin, ne prirent point garde à ce qu'ils mangeoient ; c'étoit de la chair de pourceau. En fortant de table, on les mit au lit, où ils trouverent des femmes. La concupifcence échauffée par le vin, joua fon jeu. Le remords ne fe fit fentir que le lendemain matin, qu'on apprit aux docteurs qu'ils avoient violé la loi par degrés. Ils en furent punis : car ils moururent tous la même année de mort fubite ; & ce malheur leur arriva, parce qu'ils avoient méprifé les préceptes des fages, & qu'ils avoient cru pouvoir le faire plus impunément que ceux de la loi écrite : & en effet on lit dans la mifnah, que ceux qui péchent contre les paroles des fages font plus coupables que ceux qui violent les paroles de la loi.

Les *Juifs* demeurent d'accord que cette loi ne fuffit pas ; c'eft pourquoi on y ajoute fouvent de nouveaux commentaires dans lefquels on entre dans un détail plus précis, & on fait fouvent de nouvelles décifions. Il eft même impoffible qu'on faffe autrement, parce que les définitions thalmudiques, qui font courtes, ne pourvoient pas à tout, & font très-fouvent obfcures ; mais lorfque le thalmud eft clair, on le fuit exactement.

Cependant on y trouve une infinité de chofes qui pourroient diminuer la profonde vénération qu'on a depuis tant de fiecles pour cet ouvrage, fi on le lifoit avec attention & fans préjugé. Le malheur des *Juifs* eft d'aborder ce livre avec une obéiffance aveugle pour tout ce qu'il contient. On forme fon goût fur cet ouvrage, & on s'accoutume à ne trouver rien de beau que ce qui eft conforme au thalmud ; mais fi on l'examinoit comme une compilation de différens auteurs qui ont pu fe tromper, qui ont eu quelquefois un très-mauvais goût dans le choix des matieres qu'ils ont traitées, & qui ont pu être ignorans, on y remarqueroit cent chofes qui aviliffent la religion, au lieu den relever l'éclat.

On y conte que Dieu, afin de tuer le tems avant la création de l'univers, où il étoit feul, s'occupoit à bâtir divers mondes qu'il détruifoit auffi-tôt, jufqu'à ce que, par différens effais, il eut appris à en faire un auffi parfait que le nôtre. Ils rapportent la fineffe d'un rabbin, qui trompa Dieu & le diable ; car il pria le démon de porter jufqu'à la porte des cieux, afin qu'après avoir vû de-là le bonheur des faints, il mourût plus tranquillement. Le diable fit ce que le rabbin demandoit, lequel voyant la porte du ciel ouverte, fe jetta dedans avec violence, en jurant fon grand Dieu qu'il n'en fortiroit jamais ; & Dieu, qui ne vouloit pas laiffer commettre un parjure, fut obligé de le laiffer-là, pendant que le démon trompé s'en alloit fort honteux. Non feulement on y fait Adam hermaphrodite ; mais on foutient qu'ayant voulu affouvir fa paffion avec tous les animaux de la terre, il ne trouva qu'Eve qui pût le contenter. Ils introduifent deux femmes qui vont difputer dans les fynagogues fur l'ufage qu'un mari peut faire d'elles ; & les rabbins décident nettement qu'un mari peut faire fans crime tout ce qu'il veut, parce qu'un homme qui achete un poiffon, peut manger le devant ou le derriere, felon fon bon plaifir. On y trouve des contradictions fenfibles, & au lieu de fe donner la peine de les lever, ils font intervenir une voix miraculeufe du ciel, qui crie que *l'une & l'autre*, quoique directement oppofées, *vient du ciel*. La maniere dont ils veulent qu'on traite les Chrétiens eft dure : car ils permettent qu'on vole leur bien, qu'on les regarde comme des bêtes brutes, qu'on les pouffe dans le précipice fi on les voit fur le bord, qu'on les tue impunément, & qu'on faffe tous les matins de terribles imprécations contre eux. Quoique la haine & le defir de la vengeance ait dicté ces leçons, il ne laiffe pas d'être étonnant qu'on feme dans un fommaire de la religion des lois & des préceptes fi évidemment oppofés à la charité.

Les docteurs qui ont travaillé à ces recueils de traditions, profitant de l'ignorance de leur nation, ont écrit tout ce qui leur venoit dans l'efprit, fans fe mettre en peine d'accorder leurs conjectures avec l'hiftoire étrangere qu'ils ignoroient parfaitement.

L'hiftoriette de Céfar fe plaignant à Gamaliel de ce que Dieu eft un voleur, eft badine. Mais devoit-elle avoir fa place dans ce recueil ? Céfar demande à Gamaliel pourquoi Dieu a dérobé une côte à Adam. La fille répond, au lieu de fon pere, que les voleurs étoient venus la nuit paffée chez elle, & qu'ils avoient laiffé un vafe d'or dans fa maifon au lieu de celui de terre qu'ils avoient emporté, & qu'elle ne s'en plaignoit pas. L'application du conte étoit aifée. Dieu avoit donné une fervante à Adam, au lieu d'une côte : le changement eft bon : Céfar l'approuva ; mais il ne laiffa pas de cenfurer Dieu de l'avoir fait en fecret & pendant qu'Adam dormoit. La fille toujours habile, fe fit apporter un morceau de viande cuite fous la cendre, & enfuite elle le préfente à l'Empereur, lequel refufe d'en manger : *cela me fait mal au cœur*, dit Céfar ; *hé bien*, répliqua la jeune fille, *Eve auroit fait mal au cœur au premier homme, fi Dieu la lui avoit donnée groffierement & fans art, après l'avoir formée fous fes yeux*. Que de bagatelles !

Cependant il y a des Chrétiens qui, à l'imitation des Juifs, regardent le Thalmud comme une mine abondante, dont il l'on peut tirer des tréfors infinis. Ils s'imaginent qu'il n'y a que le travail qui dégoute les hommes de chercher ces tréfors, & de s'en enrichir : ils fe plaignent (*Sixtus Senenfis, Galatin, Morin.*) amerement du mépris qu'on a pour les rabbins. Ils fe tournent de tous les côtés, non-feulement pour les juftifier, mais pour faire valoir ce qu'ils ont dit. On admire leurs fentences ; on trouve dans leurs rites mille chofes qui ont du rapport avec la religion chrétienne, & qui en développent les myfteres. Il femble que J. C. & fes apôtres n'ayent pû avoir de l'efprit qu'en copiant les Rabbins qui font venus après eux. Du moins c'eft à l'imitation des *Juifs* que ce divin redempteur a fait un fi grand ufage du ftyle métaphorique : c'eft d'eux auffi qu'il a emprunté les paraboles du Lazare, des vierges folles, & celle des ouvriers envoyés à la vigne ; car on les trouve encore aujourd'hui dans le Thalmud.

On peut raifonner ainfi par deux motifs différens. L'amour-propre fait fouvent parler les docteurs. On aime à fe faire valoir par quelqu'endroit ; & lorfqu'on s'eft jetté dans une étude, fans pefer l'ufage qu'on en peut faire, on en relève l'utilité par intérêt ; on eftime beaucoup ou peu chargé de beaucoup de craffe, parce qu'on a employé beaucoup de tems à le déterrer. On crie à la négligence ; & on accufe de pareffe ceux qui ne veulent pas fe donner la même peine, & fuivre la route qu'on a prife. D'ailleurs on peut s'entêter des livres qu'on lit ; on fe fait des gens ont été fous de la théologie fcolaftique, qui n'apprenoit que des mots barbares, au lieu des verités folides qu'on doit chercher. On s'imagine ce qu'on étudie avec tant de travail & de peine, en vaut mieux ; ainfi, foit par intérêt, foit par préjugé, on loue avec excès ce qui n'eft pas fort digne de louange.

N'eft-il pas ridicule de vouloir que J. C. ait emprunté

prunté ses paraboles & ses leçons des Thalmudistes, qui n'ont vécu que trois ou quatre cens ans après lui? Pourquoi veut-on que les Thalmudistes n'ayent pas été ses copistes? La plûpart des paraboles qu'on trouve dans le Thalmud, sont différentes de celles de l'évangile, & on y a presque toujours un autre but. Celle des ouvriers qui vont tard à la vigne, n'est-elle pas revêtue de circonstances ridicules, & appliquée au R. Bon qui avoit plus travaillé sur la loi en vingt-huit ans, qu'un autre n'avoit fait en cent? On a recueilli quantité d'expressions & de pensées des Grecs, qui ont rapport avec celles de l'évangile. Dira-t-on pour cela que J. C. ait copié les écrits des Grecs? On dit que ces paraboles étoient déjà inventées, & avoient cours chez les *Juifs* avant que J. C. enseignât : mais d'où le sait-on ? Il faut deviner, afin d'avoir le plaisir de faire des Pharisiens autant de docteurs originaux, & de J. C. un copiste qui empruntoit ce que les autres avoient de plus fin & de plus délicat. J. C. suivoit ses idées, & débitoit ses propres pensées; mais il faut avouer qu'il y en a de communes à toutes les nations, & que plusieurs hommes disent la même chose, sans s'être jamais connus, ni avoir lu les ouvrages des autres. Tout ce qu'on peut dire de plus avantageux pour les Thalmudistes, c'est d'avoir fait des comparaisons semblables à celles de J. C. mais l'application que le fils de Dieu en faisoit, & les leçons qu'il en a tirées, sont toûjours belles & sanctifiantes, au lieu que l'application des autres est presque toûjours puérile & badine.

L'étude de la Philosophie cabalistique fut en usage chez les *Juifs*, peu de tems après la ruine de Jérusalem. Parmi les docteurs qui s'appliquerent à cette prétendue science, R. Atriba, & R. Simeon Ben Jochai furent ceux qui se distinguerent le plus. Le premier est auteur du livre Jezivah, ou de la création ; le second, du Sohar, ou du livre de la splendeur. Nous allons donner l'abregé de la vie de ces deux hommes si célebres dans leur nation.

Atriba fleurit peu après que Tite eut ruiné la ville de Jérusalem. Il n'étoit *juif* que du côté de sa mere, & l'on prétend que son pere descendoit de Lisera, général d'armée de Jabin, roi de Tyr, Atriba vécut à la campagne jusqu'à l'âge de quarante ans, & n'y eut pas un emploi fort honorable, puisqu'il y gardoit les troupeaux de Calba Schuva, riche bourgeois de Jérusalem. Enfin il entreprit d'étudier, à l'instigation de la fille de son maître, laquelle lui promit de l'épouser, s'il faisoit des grands progrès dans les sciences. Il s'appliqua si fortement à l'étude pendant les vingt-quatre ans, qu'il passa aux académies, qu'après cela il se vit environné d'une foule de disciples, comme un des plus grands maîtres qui eussent été en Israël. Il avoit, dit-on, jusqu'à vingt-quatre mille écoliers. Il se déclara pour l'imposteur Barcbo-chehas, & soutint que c'étoit de lui qu'il falloit entendre ces paroles de Balaam, *une étoile sortira de Jacob*, & qu'on avoit en sa personne le véritable messie. Les troupes que l'empereur Hadrien envoya contre les *Juifs*, qui sous la conduite de ce faux messie, avoient commis des massacres épouvantables, exterminerent cette faction. Atriba fut pris & puni du dernier supplice avec beaucoup de cruauté. On lui déchira la chair avec des peignes de fer, mais de telle sorte qu'on faisoit durer la peine, & qu'on ne le fit mourir qu'à petit feu. Il vécut six vingt ans, & fut enterré avec sa femme dans une caverne, sur une montagne qui n'est pas loin de Tibériade. Ses 24 mille disciples furent enterrés au-dessous de lui sur la même montagne. Je rapporte ces choses, sans prétendre qu'on les croye toutes. On l'accuse d'avoir altéré le texte de la bible, afin de pouvoir répondre à une objection des Chrétiens.

En effet jamais ces derniers ne disputerent contre les *Juifs* plus fortement que dans ce tems-là, & jamais aussi ils ne les combattirent plus efficacement. Car ils ne faisoient que leur montrer d'un côté les évangiles, & de l'autre les ruines de Jérusalem, qui étoient devant leurs yeux, pour les convaincre que J. C. qui avoit si clairement prédit sa désolation, étoit le prophete que Moïse avoit promis. Ils les pressoient vivement par leurs propres traditions, qui portoient que le Christ se manifesteroit après le cours d'environ six mille ans, en leur montrant que ce nombre d'années étoit accompli.

Les *Juifs* donnent de grands éloges à Atriba ; ils l'appelloient *Sethumtaah*, c'est-à-dire, l'*authentique*. Il faudroit un volume tout entier, dit l'un d'eux (Zaurus), si l'on vouloit parler dignement de lui. Son nom, dit un autre (Kionig) a parcouru tout l'univers, & nous avons reçu de sa bouche toute la loi orale.

Nous avons déjà dit que Simeon Jochaïdes est l'auteur du fameux livre de Zohar, auquel on a fait depuis un grand nombre d'additions. Il est important de savoir ce qu'on dit de cet auteur & de son livre, puisque c'est-là où sont renfermés les mysteres de la cabale, & qu'on lui donne la gloire de les avoir trasmis à la postérité.

On croit que Siméon vivoit quelques années avant la ruine de Jérusalem. Tite le condamna à la mort, mais son fils & lui se déroberent à la persécution, en se cachant dans une caverne, où ils eurent le loisir de composer le livre dont nous parlons. Cependant comme il ignoroit encore diverses choses, le prophete Elie descendoit de tems en tems du ciel dans la caverne pour l'instruire, & Dieu l'aidoit miraculeusement, en ordonnant aux mots de se ranger les uns auprès des autres, dans l'ordre qu'ils devoient avoir pour former de grands mysteres.

Ces apparitions d'Elie & le secours miraculeux de Dieu embarrassent quelques auteurs chrétiens : ils estiment trop la cabale, pour avouer que celui qui en a révélé les mysteres, soit un imposteur qui se vante mal-à-propos d'une inspiration divine. Soutenir que le démon qui animoit au commencement de l'église chrétienne Apollonius de Thyane, afin d'ébranler la foi des miracles apostoliques, répandit aussi chez les *Juifs* le bruit de ces apparitions fréquentes d'Elie, afin d'empêcher qu'on ne crût celle qui s'étoit faite pour J. C. lorsqu'il fut transfiguré sur le Thabor ; c'est se faire illusion, car Dieu n'exauce point la priere des démons lorsqu'ils travaillent à perdre l'Eglise, & ne fait point dépendre d'eux l'apparition des prophetes. On pourroit tourner ces apparitions en allégories; mais on aime mieux dire que Siméon Jochaides dictoit ces mysteres avec le secours du ciel : c'est le témoignage que lui rend un chrétien (Knorrius) qui a publié son ouvrage.

La premiere partie de cet ouvrage a pour titre Zeniutha, ou mystere, parce qu'en effet on y révéle une infinité de choses. On prétend les tirer de l'Ecriture-sainte, & en effet on ne propose presque rien sans citer quelqu'endroit des écrivains sacrés, que l'auteur explique à sa maniere. Il seroit difficile d'en donner un extrait suivi ; mais on y découvre particulierement le microprosopon, c'est-à-dire le petit visage; le macroprosopon, c'est-à-dire le long visage ; sa femme, les neuf & les treize conformations de sa barbe.

On entre dans un plus grand détail dans le livre suivant, qu'on appelle le *grand sinode*. Siméon avoit beaucoup de peine à révéler ses mysteres à ses disciples ; mais comme ils lui représenterent que le secret de l'éternel est pour ceux qui le craignent, & qu'ils l'assurerent tous qu'ils craignoient Dieu, il entra plus hardiment dans l'explication des grandes vérités. Il explique la rosée du cerveau du vieillard ou du grand visage. Il examine ensuite son crâne, ses cheveux, car il porte sur sa tête mille millions de milliers, & sept mille cinq cens boucles de cheveux blancs comme la laine. A chaque boucle il y a quatre cent dix cheveux, selon le nombre du mot *Kadosch*. Des cheveux on passe au front, aux yeux, au nez, & toutes ces parties du grand visage renferment des choses admirables ; mais sur-tout sa barbe est une barbe qui mérite des éloges infinis : « cette barbe est au-dessus de toute louange ; jamais » ni prophete ni saint n'approcha d'elle ; elle est » blanche comme la neige ; elle descend jusqu'au » nombril ; c'est l'ornement des ornemens, & la » vérité des vérités ; malheur à celui qui la touche : » il y a treize parties dans cette barbe, qui renfer- » ment toutes de grands mysteres ; mais il n'y a que » les initiés qui les comprennent ».

Enfin le petit synode est le dernier adieu que Siméon fit à ses disciples. Il fut chagrin de voir sa maison remplie de monde, parce que le miracle d'un feu surnaturel qui en écartoit la foule des disciples pendant la tenue du grand synode, avoit cessé ; mais quelques-uns s'étant retirés, il ordonna à R. Abba d'écrire ses dernieres paroles : il expliqua encore une fois le vieillard : « sa tête est cachée » dans un lieu supérieur, où on ne la voit pas ; mais » elle répand son front qui est beau, agréable ; c'est » le bon plaisir des plaisirs ». On parle avec la même obscurité de toutes les parties du petit visage, sans oublier celle qui adoucit la femme.

Si on demande à quoi tendent tous les mysteres, il faut avouer qu'il est très-difficile de les découvrir, parce que toutes les expressions allégoriques étant susceptibles de plusieurs sens, & faisant naître des idées très-différentes, on ne peut se fixer qu'après beaucoup de peine & de travail ; & qui veut prendre cette peine, s'il n'espere en tirer de grands usages ?

Remarquons plûtôt que cette méthode de peindre les opérations de la divinité sous des figures humaines, étoit fort en usage chez les Egyptiens ; car ils peignoient un homme avec un visage de feu, & des cornes, une crosse à la main droite, sept cercles à la gauche, & des ailes attachées à ses épaules. Ils représentoient par là Jupiter ou le Soleil, & les effets qu'il produit dans le monde. Le feu du visage signifioit la chaleur qui vivifie toutes choses ; les cornes, les rayons de lumiere. Sa barbe étoit mystérieuse, aussi bien que celle du long visage des cabalistes ; car elle indiquoit les élémens. Sa crosse étoit le symbole du pouvoir qu'il avoit sur tous les corps sublunaires. Ses cuisses étoient la terre chargée d'arbres & de moissons ; les eaux sortoient de son nombril ; ses genoux indiquoient les montagnes, & les parties raboteuses de la terre ; les ailes, les vents & la promptitude avec laquelle ils marchent : enfin les cercles étoient le symbole des planetes.

Siméon finit sa vie en débitant toutes ces visions. Lorsqu'il paroît à ses disciples, une lumiere éclatante se répandit dans toute la maison, tellement qu'on n'osoit jetter les yeux sur lui. Un feu étoit au-dehors, qui empêchoit les voisins d'entrer ; mais le feu & la lumiere ayant disparu, on s'apperçut que la lampe d'Israël étoit éteinte. Les disciples de Zippori vinrent en foule pour honorer ses funérailles, & lui rendre les derniers devoirs ; mais on les renvoya, parce que Eleazar son fils & R. Abba qui avoit été le secrétaire du petit synode, vouloient agir seuls. En l'enterrant on entendit une voix qui crioit : *Venez aux nôces de Siméon ; il entrera en paix & reposera dans sa chambre*. Une flamme marchoit devant le cercueil, & sembloit l'embraser ; & lorsqu'on le mit dans le tombeau, on entendit crier : *C'est ici celui qui a fait trembler la terre, & qui a ébranlé les royaumes*. C'est ainsi que les *Juifs* font de l'auteur du *Zohar* un homme miraculeux jusqu'après sa mort, parce qu'ils le regardent comme le premier de tous les cabalistes.

Des grands hommes qui ont fleuri chez les Juifs dans le douzieme siecle. Le douzieme siecle fut très-fécond en docteurs habiles. On ne se souciera peut-être pas d'en voir le catalogue, parce que ceux qui passent souvent pour des oracles dans les synagogues, paroissent souvent de très-petits génies à ceux qui lisent leurs ouvrages sans préjugé. Les Chrétiens demandent trop aux rabbins, & les rabbins donnent trop peu aux Chrétiens. Ceux-ci lisent presque jamais les livres composés par un *juif*, sans un préjugé avantageux pour lui. Ils s'imaginent qu'ils doivent y trouver une connoissance exacte des anciennes cérémonies, des évenemens obscurs ; en un mot qu'on doit y lire la solution de toutes les difficultés de l'Ecriture. Pourquoi cela ? Parce qu'un homme est *juif*, s'ensuit-il qu'il connoisse mieux l'histoire de sa nation que les Chrétiens, puisqu'il n'a point d'autres secours que la bible & l'histoire de Josephe, que le *juif* ne lit presque jamais ? S'imagine-t-on qu'il y a dans cette nation certains livres que nous ne connoissons pas, & que ces Messieurs ont lûs ? c'est vouloir se tromper, car ils ne citent aucun monument qui soit plus ancien que le christianisme. Vouloir que la tradition se soit conservée plus fidelement chez eux, c'est se repaître d'une chimere ; car comment cette tradition auroit-elle pu passer de lieu en lieu, & de bouche en bouche pendant un si grand nombre de siecles & de dispersions fréquentes ? Il suffit de lire un rabbin pour connoître l'attachement violent qu'il a pour sa nation, & comment il déguise les faits, afin de les accommoder à ses préjugés. D'un autre côté les Rabbins nous donnent beaucoup moins qu'ils ne peuvent. Ils ont deux grands avantages sur nous ; car possédant la langue sainte dès leur naissance, ils pourroient fournir des lumieres pour l'explication des termes obscurs de l'Ecriture ; & comme ils sont obligés de pratiquer certaines cérémonies de la loi, ils pourroient par-là nous donner l'intelligence des anciennes. Ils le font quelquefois ; mais au lieu de rechercher le sens littéral des Ecritures, ils courent après des sens mystiques qui font perdre de vûe le but de l'écrivain, & l'intention du saint-Esprit. D'ailleurs ils descendent dans un détail excessif des cérémonies sous lesquelles ils ont enseveli l'esprit dela loi.

Si on veut faire un choix de ces docteurs, ceux du douzieme siecle doivent être préférés à tous les autres : car non-seulement ils étoient habiles, mais ils ont fourni de grands secours pour l'intelligence de l'ancien Testament. Nous en parlerons ici que d'Aben-Ezra, & de Maïmonides, comme les plus fameux.

Aben-Ezra est appellé *le sage* par excellence ; il naquit l'an 1099, & il mourut en 1174, âgé de 75 ans. Il l'insinue lui-même, lorsque prévoyant sa mort, il disoit que comme Abraham sortit de Charan âgé de 75 ans, il sortiroit aussi dans le même tems de Charon ou du feu de la colere du siecle. Il voyagea, parce qu'il crut cela étoit nécessaire pour faire de grands progrès dans les sciences. Il mourut à Rhodes, & fit porter de-là ses os dans la Terre-sainte.

Ce fut un des grands hommes de sa nation & de son siecle. Comme il étoit bon astronome, il fit de si heureuses découvertes dans cette science, que les plus habiles mathématiciens ne se font pas fait un scrupule de les adopter. Il excella dans la medecine, mais ce fut principalement par ses explications de l'écriture, qu'il se fit connoître. Au lieu de suivre la méthode ordinaire de ceux qui l'avoient précédé, il s'attacha à la grammaire & au sens littéral des écrits sacrés, qu'il développe avec tant de pénétration & de jugement, que les Chrétiens même le préferent à la plûpart de leurs interpretes. Il a montré le chemin aux critiques qui soutiennent aujourd'hui que le peuple d'Israel ne passa point au-travers de la mer Rouge, mais qu'il y fit un cerclé pendant que l'eau étoit basse, afin que Pharaon les suivît, & fût submergé ; mais ce n'est pas là une de ses meilleures conjectures. Il n'osa rejetter absolument la cabale, quoiqu'il en connût le foible, parce qu'il eut peur de se faire des affaires avec les auteurs de son tems qui y étoient fort attachés, & même avec le peuple qui regardoit le livre de Zohar rempli de ces sortes d'explications, comme un ouvrage excellent : il déclara seulement que cette méthode d'interpréter l'Ecriture n'étoit pas sûre, & que si on respectoit la cabale des anciens, on ne devoit pas ajouter de nouvelles explications à celles qu'ils avoient produites, ni abandonner l'écriture au caprice de l'esprit humain.

Maimonides (il s'appelloit Moïse, & étoit fils de Maimon ; mais il est plus connu par le nom de son père : on l'appelle *Maimonides* ; quelques-uns le font naître l'an 1133). Il parut dans le même siecle. Scaliger soutenoit que c'étoit-là le premier des docteurs qui eût cessé de badiner chez les *Juifs*, comme Diodore chez les Grecs. En effet il avoit trouvé beaucoup de vuide dans l'étude de la gémare ; il regrettoit le tems qu'il y avoit perdu, & s'appliquant à des études plus solides, il avoit beaucoup médité sur l'Ecriture. Il savoit le grec ; il avoit lû les philosophes, & particulierement Aristote, qu'il cite souvent. Il causa de si violentes émotions dans les synagogues, que celles de France & d'Espagne s'excommunierent à cause de lui. Il étoit né à Cordoue l'an 1131. Il se vantoit d'être descendu de la maison de David, comme tous la plûpart des *Juifs* d'Espagne. Maimon son pere, & juge de sa nation en Espagne, comptoit entre ses ancêtres une longue suite de personnes qui avoient possédé successivement cette charge. On dit qu'il fut averti en songe de rompre la résolution qu'il avoit prise de garder le célibat, & de se marier à une fille de boucher qui étoit sa voisine. Maimon feignit peut-être un songe pour cacher une amourette qui lui faisoit honte, & fit intervenir le miracle pour colorer sa foiblesse. La mere mourut en mettant Moïse au monde, & Maimon se remaria. Je ne sais si la seconde femme qui eut plusieurs enfans, haïssoit le petit Moïse, ou s'il avoit dans sa jeunesse un esprit morne & pesant, comme on le dit. Mais son pere lui reprochoit sa naissance, le battit plusieurs fois, & enfin le chassa de sa maison. On dit que ne trouvant point d'autre gite que le couvert d'une synagogue, il y passa la nuit, & à son reveil il se trouva un homme d'esprit tout différent de ce qu'il étoit auparavant. Il se mit sous la discipline de Joseph le Lévite, fils de Mégas, sous lequel il fit en peu de tems de grands progrès. L'envie de revoir le lieu de sa naissance le prit ; mais en retournant à Cordoue, au lieu d'entrer dans la maison de son pere, il enseigna publiquement dans la synagogue avec un grand étonnement des assistans : son pere qui le reconnut alla l'embrasser, & le reçut chez lui. Quelques historiens s'inscrivent en faux contre cet évenement, parce que Joseph fils de Mégas, n'étoit âgé que de dix ans plus que Moïse. Cette raison est puérile ; car un maître de trente ans peut instruire un disciple qui n'en a que vingt. Mais il est plus vraisemblable que Maimon instruisit lui-même son fils, & ensuite l'envoya étudier sous Averroès, qui étoit alors dans une haute réputation, chez les Arabes. Ce disciple eut un attachement & une fidélité exemplaire pour son maitre. Averroès étoit déchu de sa faveur par une nouvelle révolution arrivée chez les Maures ed Espagne. Abdi Amoumen, capitaine d'une troupe de bandits, qui se disoit descendu en ligne droite d'Houssain fils d'Aly, avoit détroné les Marabouts en Afrique, & ensuite il étoit entré l'an 1144 en Espagne, & se rendit en peu de tems maître de ce royaume : il fit chercher Averroès qui avoit eu beaucoup de crédit à la cour des Marabouts, & qui lui étoit suspect. Ce docteur se refugia chez les *Juifs*, & confia le secret de sa retraite à Maimonides, qui aima mieux souffrir tout, que de découvrir le lieu où son maître étoit caché, Abulpharage dit même que Maimonides changea de religion, & qu'il se fit Musulman, jusqu'à ce que ayant donné ordre à ses affaires, il passa en Egypte pour vivre en liberté. Ses amis ont nié la chose, mais Averroès qui vouloit que son ami fût avec celle des Philosophes, parce que le Mahométisme étoit la religion des pourceaux, le Judaïsme celle des enfans, & le Christianisme impossible à observer, n'avoit pas inspiré un grand attachement à son disciple pour la loi. D'ailleurs un Espagnol qui alla persécuter ce docteur en Egypte ; jusqu'à la fin de sa vie, lui reprocha cette foiblesse avec tant de hauteur, que l'affaire fut portée devant le sultan, lequel jugea que tout ce qu'on fait involontairement & par violence en matiere de religion ; doit être compté pour rien ; d'où il concluoit que Maimonides n'avoit jamais été musulman. Cependant c'étoit le condamner & décider contre lui, en même tems qu'il sembloit l'absoudre ; car il déclaroit que l'abjuration étoit véritable, mais exempte de crime, puisque la volouté n'y avoit pas eu de part. Enfin on a lieu de soupçonner Maimonides d'avoir abandonné sa religion par sa morale relâchée sur cet article ; car non-seulement il permet aux Noachides de retomber dans l'idolatrie si la nécessité le demande, parce qu'ils n'ont reçu aucun ordre de sanctifier le nom de Dieu ; mais il soutient qu'on ne peche point en sacrifiant avec les idolâtres, & en renonçant à la religion, pourvû qu'on ne le fasse point en présence de dix personnes ; car alors il faut mourir plûtôt que de renoncer à la loi ; mais Maimonides croyoit que ce péché celui qu'on le commet en secret (Maimon. *fundam. leg. cap. v.*). La maxime est singuliere, car ce n'est plus la religion qu'il faut aimer & défendre au péril de sa vie : c'est la présence de dix Israélites qu'il faut craindre, & qui seule fait le crime. On a lieu de soupçonner que l'intérêt avoit dicté à Maimonides une maxime si bifarre, & qu'ayant abjuré le Judaïsme en secret ; il croyoit calmer sa conscience, & se défendre à la faveur de cette distinction. Quoi qu'il en soit, Maimonides demeura en Egypte le reste de ses jours, ce qui l'a fait appeler *Moïse l'Egyptien*. Il y fut long-tems sans emploi, tellement qu'il fut réduit au métier de Jouailler. Cependant il ne laissoit pas d'étudier, & il acheva alors son commentaire sur la misnah, qu'il avoit commencé en Espagne dès l'âge de vingt-trois ans. Alphadel, fils de Saladin, étant revenu en Egypte, après en avoir été chassé par son frere, connut le mérite de Maimonides, & le choisit pour son medecin : il lui donna pension. Maimonides assure que cet emploi l'occupoit absolument, car il étoit obligé d'aller tous les jours à la cour, & d'y demeurer long-tems s'il y avoit quelque malade. En revenant chez lui il trouvoit quantité de personnes qui venoient le consulter. Cependant il ne laissa pas de travailler pour son bienfaiteur ; car il traduisit Avicene, & on vo't encore à Bologne cet ouvrage qui fut fait par ordre d'Alphadel, l'an 1194.

Les Egyptiens furent jaloux de voir Maimonides si puiſſant à la cour : pour l'en arracher, les medecins lui demanderent un eſſai de ſon art. Pour cet effet, ils lui préſenterent un verre de poiſon, qu'il avala ſans en craindre l'effet, parce qu'il avoit le contre-poiſon ; mais ayant obligé dix medecins à avaler ſon poiſon, ils moururent tous, parce qu'ils n'avoient pas d'antidote ſpécifique. On dit auſſi que d'autres medecins mirent un verre de poiſon auprès du lit du ſultan, pour lui perſuader que Maimonides en vouloit à ſa vie, & qu'on l'obligea de ſe couper les veines. Mais il avoit appris qu'il y avoit dans le corps humain une veine que les Medecins ne connoiſſoient pas, & qui n'étant pas encore coupée, l'effuſion entiere du ſang ne pouvoit ſe faire ; il ſe ſauva par cette veine inconnue. Cette circonſtance ne s'accorde point avec l'hiſtoire de ſa vie.

En effet, non-ſeulement il protégea ſa nation à la cour des nouveaux ſultans qui s'établiſſoient ſur la ruine des Aliades, mais il fonda une académie à Alexandrie, où un grand nombre de diſciples vinrent du fonds de l'Egypte, de la Syrie, & de la Judée, pour étudier ſous lui. Il en auroit eu beaucoup davantage, ſi une nouvelle perſécution arrivée en orient, n'avoit empêché les étrangers de s'y rendre. Elle fut ſi violente, qu'une partie des Juifs fut obligée de ſe faire mahométans pour ſe garantir de la miſere ; & Maimonides ne pouvoit leur inſpirer de la fermeté, ſe trouva réduit comme un grand nombre d'autres, à faire le faux prophete, & à promettre à ſes religionaires une délivrance qui n'arriva pas. Il mourut au commencement du xiij. ſiecle, & ordonna qu'on l'enterrât à Tibérias, où ſes ancêtres avoient leur ſépulture.

Le docteur compoſa un grand nombre d'ouvrages ; il commenta la miſnah ; il fit une main forte, & le docteur des queſtions douteuſes. On prétend qu'il écrivit en Medecine, auſſi-bien qu'en Théologie & en grec comme en arabe ; mais que ces livres ſont très-rares ou perdus. On l'accuſe d'avoir mépriſé la cabale juſqu'à ſa vieilleſſe ; mais on dit que trouvant alors à Jéruſalem un homme très-habile dans cette ſcience, il s'étoit appliqué fortement à cette étude. Rabbi Chaiim aſſure avoir vû une lettre de Maimonides, qui témoignoit ſon chagrin de n'avoir pas percé plutôt dans les myſteres de la Loi : mais on croit que les Cabaliſtes ont ſuppoſé cette lettre, afin de n'avoir pas été mépriſés par un homme qu'on appelle *la lumiere* de l'orient & de l'occident.

Ses ouvrages furent reçus avec beaucoup d'applaudiſſement ; cependant il faut avouer qu'il avoit ſouvent des idées fort abſtraites, & qu'ayant étudié la Métaphyſique, il en faiſoit un trop grand uſage. Il ſoutenoit que toutes les facultés étoient des anges ; il s'imaginoit qu'il expliquoit par-là beaucoup plus nettement les opérations de la Divinité, & les expreſſions de l'Ecriture. N'eſt-il pas étrange, diſoit-il, qu'on admette ce que diſent quelques docteurs, qu'un ange entre dans le ſein de la femme pour y former un embryon ; quoique ces mêmes docteurs aſſurent qu'un ange eſt un feu conſumant, au lieu de reconnoitre plutôt que la faculté générante eſt un ange ? C'eſt pour cette raiſon que Dieu parle ſouvent dans l'Ecriture, & qu'il dit, *faiſons l'homme à notre image*, parce que quelques rabbins avoient conclu de ce paſſage, que Dieu avoit un corps, quoiqu'infiniment plus parfait que les nôtres ; il ſoutint que l'image ſignifie la forme eſſentielle qui conſtitue une choſe dans ſon être. Tout cela eſt fort ſubtil, ne leve point la difficulté ; & ne découvre point la véritable ſens des paroles de Dieu. Il croyoit que les aſtres ſont animés, & que les ſpheres céleſtes vivent. Il diſoit que Dieu ne s'étoit repenti que d'une choſe, d'avoir confondu les bons avec les méchans dans la ruine du premier temple. Il étoit perſuadé que les promeſſes de la Loi, qui ſubſiſtera toûjours, ne regardent qu'une félicité temporelle, & qu'elles ſeront accomplies ſous le regne du Meſſie. Il ſoutient que le royaume de Juda fut rendu à la poſtérité de Jéchonias, dans la perſonne de Salatiel, quoique S. Luc aſſure poſitivement que Salatiel n'étoit pas fils de Jéchonias, mais de Néri.

De la Philoſophie exotérique des Juifs. Les Juifs avoient deux eſpeces de philoſophie : l'une exotérique, dont les dogmes étoient enſeignés publiquement, ſoit dans les livres, ſoit dans les écoles ; l'autre eſotérique, dont les principes n'étoient révélés qu'à un petit nombre de perſonnes choiſies, & étoient ſoigneuſement cachés à la multitude. Cette derniere ſcience s'appelle cabale. *Voyez l'article* CABALE.

Avant de parler des principaux dogmes de la philoſophie exotérique, il ne ſera pas inutile d'avertir le lecteur, qu'on ne doit pas s'attendre à trouver chez les Juifs de la juſteſſe dans les idées, de l'exactitude dans le raiſonnement, de la préciſion dans le ſtyle ; en un mot, tout ce qui doit caractériſer une ſaine philoſophie. On n'y trouve au contraire qu'un mélange conſus des principes de la raiſon & de la révélation, une obſcurité affectée, & ſouvent impénétrable, des principes qui conduiſent au fanatiſme, un reſpect aveugle pour l'autorité des Docteurs, & pour l'antiquité ; en un mot, tous les défauts qui annoncent une nation ignorante & ſuperſtitieuſe : voici les principaux dogmes de cette eſpece de philoſophie.

Idée que les Juifs ont de la Divinité. I. L'unité d'un Dieu fait un des dogmes fondamentaux de la ſynagogue moderne, auſſi-bien que des anciens Juifs : ils s'éloignent également du païen, qui croit la pluralité des dieux, & des Chrétiens qui admettent trois perſonnes divines dans une ſeule eſſence.

Les rabbins avouent que Dieu ſeroit fini s'il avoit un corps : ainſi, quoiqu'ils parlent ſouvent de Dieu, comme d'un homme, ils ne laiſſent pas de le regarder comme un être purement ſpirituel. Ils donnent à cette eſſence infinie toutes les perfections qu'on peut imaginer, & en écartent tous les défauts qui ſont attachés à la nature humaine, ou à la créature : ſur-tout ils lui donnent une puiſſance abſolue & ſans bornes, par laquelle il gouverne l'univers.

I I. Le *juif* qui convertit le roi de Cozar, expliquoit à ce prince les attributs de la Divinité d'une maniere orthodoxe. Il dit que, comme on appelle Dieu *miſéricordieux*, cependant il ne ſent jamais le frémiſſement de la haine, ni l'émotion du cœur, puiſque c'eſt une foibleſſe dans l'homme : mais on entend par-là que l'Etre ſouverain fait du bien à quelqu'un. On le compare à un juge qui condamne & qui abſout ceux qu'on lui préſente, ſans que ſon eſprit ni ſon cœur ſoient altérés par les différentes ſentences qu'il prononce ; quoique de-là dépendent la vie ou la mort des coupables. Il aſſure qu'on doit appeller Dieu *lumiere* : (*Corri. part. II.*) mais il ne faut pas s'imaginer que ce ſoit une lumiere réelle, ou ſemblable à celle qui nous éclaire ; car on feroit Dieu corporel, s'il étoit véritablement lumiere : mais on lui donne ce nom, parce qu'on craint qu'on ne le conçoive comme *ténébreux*. Comme cette idée ſeroit trop baſſe, il faut l'écarter, & concevoir Dieu comme celle d'une lumiere éclatante & inacceſſible. Quoiqu'il n'y ait que les créatures qui ſoient ſuſceptibles de vie & de mort, on ne laiſſe pas de dire que Dieu *vit*, & qu'il eſt la *vie* ; mais on entend par-là qu'il exiſte éternellement, & on ne veut pas le réduire à la condition des êtres mortels. Toutes ces explications ſont pures, & conformes aux idées que l'Ecriture nous donne de Dieu.

III. Il est vrai qu'on trouve souvent dans les écrits des Docteurs certaines expressions fortes, & quelques actions attribuées à la Divinité, qui scandalisent ceux qui n'en pénétrent pas le sens ; & delà vient que ces gens-là chargent les rabbins de blasphêmes & d'impiétés, dont ils ne sont pas coupables. En effet, on peut ramener ces expressions à un bon sens ; quoiqu'elles paroissent profanes aux uns, & risibles aux autres. Ils veulent dire que Dieu n'a châtié qu'avec douleur son peuple, lorsqu'ils l'introduisent pleurant pendant les trois veilles de la nuit, & criant, *malheur à moi qui ai détruit ma maison, & dispersé mon peuple parmi les nations de la terre*. Quelque forte que soit l'expression, on ne laisse pas d'en trouver de semblables dans les Prophetes. Il faut pourtant avouer qu'ils outrent les choses, en ajoutant qu'ils ont entendu souvent cette voix lamentable de la Divinité, lorsqu'ils passent sur les ruines du temple ; car la fausseté du fait est évidente. Ils badinent dans une chose sérieuse, quand ils ajoutent que deux des larmes de la Divinité, qui pleure la ruine de sa maison, tombent dans la mer, & y causent de violens mouvemens ; ou lorsqu'entêtés de leurs téphilims, ils en mettent autour de la tête de Dieu, pendant qu'ils prient que sa justice cede enfin à sa miséricorde. S'ils veulent vanter par-là la nécessité des téphilims, il ne faut pas le faire aux dépens de la Divinité qu'on habille ridiculement aux yeux des peuples.

IV. Ils ont seulement dessein d'étaler les effets de la puissance infinie de Dieu, en disant que c'est un lion, dont le rugissement fait un bruit horrible ; & en contant que César ayant eu dessein de voir Dieu, R. Josué le pria de faire sentir les effets de sa présence. A cette priere, la Divinité se retira à quatre cens lieues de Rome ; il rugit, & le bruit de ce rugissement fut si terrible, que la muraille de la ville tomba, & toutes les femmes enceintes avorterent. Dieu s'approchant plus près de cent lieues, & rugissant de la même maniere, César effrayé du bruit, tomba de dessus son trône, & tous les Romains qui vivoient alors, perdirent leurs dents molaires.

V. Ils veulent marquer sa présence dans le paradis terrestre, lorsqu'ils le sont promener dans ce lieu délicieux comme un homme. Ils insinuent que les ames apportent leur ignorance de la terre, & ont peine à s'instruire des merveilles du paradis, lorsqu'ils représentent ce même Dieu comme un maître d'école qui enseigne les nouveaux venus dans le ciel. Ils veulent relever l'excellence de la synagogue, en disant qu'*elle est la mere, la femme, & la fille de Dieu*. Enfin, ils disent (*Maïmon. more Nevochim, cap. xxvij.*) deux choses importantes à leur justification : l'une, qu'ils sont obligés de parler de Dieu comme ayant un corps, afin de faire comprendre au vulgaire que c'est un être réel ; car, le peuple ne conçoit d'éxistence réelle que dans les objets matériels & sensibles : l'autre, qu'ils ne donnent à Dieu que des actions nobles, & qui marquent quelque perfection, comme de se mouvoir & d'agir : c'est pourquoi on ne dit jamais que Dieu mange & qu'il boit.

VI. Cependant, il faut avouer que ces théologiens ne parlent pas avec assez d'exactitude ni de sincérité. Pourquoi obliger les hommes à se donner la torture pour pénétrer leurs pensées ? Explique-t-on mieux la nature ineffable d'un Dieu, en ajoutant de nouvelles ombres à celles que sa grandeur répand déja sur nos esprits ? Il faut tâcher d'éclaircir ce qui est impénétrable, au lieu de former un nouveau voile qui le cache plus profondément. C'est le penchant de tous les peuples, & presque de tous les hommes, que de se former l'idée d'un Dieu corporel. Si les rabbins n'ont pas pensé comme le peuple, ils ont pris plaisir à parler comme lui ; & par-là ils affoiblissent le respect qu'on doit à la Divinité. Il faut toûjours avoir des idées grandes & nobles de Dieu : il faut inspirer les mêmes idées au peuple, qui n'a que trop d'inclination à les avilir. Pourquoi donc répéter si souvent des choses qui tendent à faire regarder un Dieu comme un être matériel ? On ne peut même justifier parfaitement ces docteurs. Que veulent-ils dire, lorsqu'ils assurent que Dieu ne put révéler à Jacob la vente de son fils Joseph, parce que ses freres avoient obligé Dieu de jurer avec eux qu'on garderoit le secret sous peine d'excommunication ? Qu'entend-on, lorsqu'on assure que Dieu, affligé d'avoir créé l'homme, s'en consola, parce qu'il n'étoit pas d'une matiere céleste ; puisqu'alors il auroit entraîné dans sa révolte tous les habitans du paradis ? Que veut-on dire, quand on rapporte que Dieu se joue de léviathan, & qu'il a tué la femelle de ce monstre, parce qu'il n'étoit pas de la bienséance que Dieu jouât avec une femelle ? Les mysteres qu'on tirera de-là à force de machines, seront grossiers ; ils aviliront toûjours la Divinité ; & si ceux qui les étudient, se trouvent embarrassés à chercher le sens mystique, sans pouvoir le développer, que pensera le peuple à qui on débite ces imaginations ?

Sentiment des Juifs sur la Providence & sur la liberté. I. Les *Juifs* soutiennent que la Providence gouverne toutes les créatures depuis la licorne, jusqu'aux œufs de poux. Les Chrétiens ont accusé Maïmonides d'avoir renversé ce dogme capital de la Religion ; mais ce docteur attribue ce sentiment à Epicure, & à quelques hérétiques en Israel, & traite d'athées ceux qui nient que tout dépend de Dieu. Il croit que cette Providence spéciale, qui veille sur chaque action de l'homme, n'agit pas pour remuer une feuille, ni pour produire un vermisseau : car tout ce qui regarde les animaux & les créatures, se fait par accident, comme l'a dit Aristote.

II. Cependant, on explique différemment la chose : comme les Docteurs se sont fort attachés à la lecture d'Aristote & des autres philosophes, ils ont examiné avec soin si Dieu savoit tous les évenemens, & cette question les a fort embarrassés. Quelques-uns ont dit que Dieu ne pouvoit connoitre que lui-même, parce que la science se multipliant à proportion des objets qu'on connoît, il faudroit admettre en Dieu plusieurs degrés, ou même plusieurs sciences. D'ailleurs, Dieu ne peut savoir que ce qui est immuable ; cependant la plûpart des évenemens dépendent de la volonté de l'homme, qui est libre. Maimonides, (Maimon. *more Nevochim, cap. xx.*) avoue que comme nous ne pouvons connoitre l'essence de Dieu, il est aussi impossible d'approfondir la nature de sa connoissance. « Il faut donc se contenter de dire, que Dieu fait tout & n'ignore rien ; » que sa connoissance ne s'acquiert point par degrés, & qu'elle n'est pas chargée d'aucune imperfection. Enfin, si nous y trouvons quelquefois des » contradictions & des difficultés, elles naissent de » notre ignorance, & de la disproportion qui est en» tre Dieu & nous ». Ce raisonnement est judicieux & sage : d'ailleurs, il croyoit qu'on devoit tolérer les opinions différentes que les sages & les Philosophes avoient formées sur la science de Dieu & sur sa providence, puisqu'ils ne péchoient pas par ignorance, mais parce que la chose est incompréhensible.

III. Le sentiment commun des rabbins est que la volonté de l'homme est parfaitement libre. Cette liberté est tellement un des apanages de l'homme, qu'il cesseroit, disent-ils, d'être homme, s'il perdoit ce pouvoir. Il cesseroit en même tems d'être raisonnable, s'il aimoit le bien, & fuyoit le mal sans connoissance, ou par un instinct de la nature, à-peu-près comme la pierre qui tombe d'en-haut, & la brebis qui fuit le loup. Que deviendroient les peines & les récompenses, les menaces & les promesses ; en un mot, tous les préceptes de la Loi, s'il ne dépendoit pas de l'homme de les accomplir ou de les violer ? Enfin, les *Juifs* sont si jaloux de cette liberté d'indifférence, qu'ils s'imaginent qu'il est impossible de penser sur cette matiere autrement qu'eux. Ils sont persuadés qu'on dissimule son sentiment toutes les fois qu'on ôte au franc-arbitre quelque partie de sa liberté, & qu'on est obligé d'y revenir tôt ou tard, parce que s'il y avoit une prédestination, en vertu de laquelle tous les évenemens deviendroient nécessaires, l'homme cesseroit de prévenir les maux, & de chercher ce qui peut contribuer à la défense, ou à la conservation de sa vie ; & si on dit avec quelques chrétiens, que Dieu qui a déterminé la fin, a déterminé en même tems les moyens par lesquels on l'obtient, on rétablit par-là le franc-arbitre après l'avoir ruiné, puisque le choix de ces moyens dépend de la volonté de celui qui les néglige ou qui les employe.

IV. Mais, au-moins ne reconnoissoient-ils point la grace ? Philou, qui vivoit au tems de J. C. disoit, que comme les ténebres s'écartent lorsque le soleil remonte sur l'horison, de même lorsque le soleil divin éclaire une ame, son ignorance se dissipe, & la connoissance y entre. Mais ce sont-là des termes généraux, qui décident d'autant moins la question, qu'il ne paroît pas par l'Evangile, que la grace régénérante fût connue en ces tems-là des docteurs *Juifs* ; puisque Nicodème n'en avoit aucune idée, & que les autres ne savoient pas même qu'il y eût un Saint-Esprit, dont les opérations sont si nécessaires pour la conversion.

V. Les *Juifs* ont dit que la grace prévient les mérites du juste. Voilà une grace prévenante reconnue par les rabbins ; mais il ne faut pas s'imaginer que ce soit-là un sentiment généralement reçu. Menasse, (Menasse, *de fragilit. humana*) a réfuté ces docteurs qui s'éloignoient de la tradition, parce que, si la grace prévenoit la volonté, elle cesseroit d'être libre, & il n'établit que deux sortes de secours de la part de Dieu ; l'un, par lequel il ménage les occasions favorables pour exécuter un bon dessein qu'on a formé ; l'autre, par lequel il aide l'homme, lorsqu'il a commencé de bien vivre.

VI. Il semble qu'en rejettant la grace prévenante, on reconnoît un secours de la Divinité qui suit la volonté de l'homme, & qui influe dans ses actions. Menasse dit qu'on a besoin du concours de la Providence pour toutes les actions honnêtes : il se sert de la comparaison d'un homme, qui voulant charger sur ses épaules un fardeau, appelle quelqu'un à son secours. La Divinité est ce bras étranger qui vient aider le juste, lorsqu'il a fait ses premiers efforts pour accomplir la Loi. On cite des docteurs encore plus anciens que Menasse, lesquels ont prouvé qu'il étoit impossible que la chose se fît autrement, sans détruire tout le mérite des œuvres. « Ils
» demandent si Dieu, qui préviendroit l'homme,
» donneroit une grace commune à tous, ou parti-
» culiere à quelques-uns. Si cette grace efficace étoit
» commune, comment tous les hommes ne sont-ils
» pas justes & sauvés ? Et si elle est particuliere,
» comment Dieu peut-il sans injustice sauver les
» uns, & laisser périr les autres ? Il est beaucoup
» plus vrai que Dieu imite les hommes qui prêtent
» leurs secours à ceux qu'ils voyent avoir formé
» de bons desseins, & faire quelques efforts pour se
» rendre vertueux. Si l'homme étoit assez méchant,
» pour ne pouvoir faire le bien sans la grace, Dieu
» seroit l'auteur du péché, &c ».

VII. On ne s'explique pas nettement sur la nature de ce secours qui soulage la volonté dans ses besoins ; mais je suis persuadé qu'on se borne aux influences de la Providence, & qu'on ne distingue point entre cette Providence qui dirige les évenemens humains & la grace salutaire qui convertit les pécheurs. R. Eliezer confirme cette pensée ; car il introduit Dieu qui ouvre à l'homme le chemin de la vie & de la mort, & qui lui en donne le choix. Il place sept anges dans le chemin de la mort, dont quatre pleins de miséricorde, se tiennent dehors à chaque porte, pour empêcher les pécheurs d'y entrer. *Que fais-tu ?* crie le premier ange au pécheur qui veut entrer ; *il n'y a point ici de vie : vas-tu te jetter dans le feu ? repens-toi*. S'il passe la premiere porte, le second Ange l'arrête, & lui crie, *que Dieu le haïra & s'éloignera de lui*. Le troisieme lui apprend qu'il sera effacé du livre de vie : le quatrieme le conjure d'attendre-là que Dieu vienne chercher les pénitens ; & s'il persévere dans le crime, il n'y a plus de retour. Les anges cruels se saisissent de lui : où ne donne donc point d'autre secours à l'homme, que l'avertissement des anges, qui sont les ministres de la Providence.

Sentiment des Juifs sur la création du monde. I. Le plus grand nombre des docteurs *juifs* croient que le monde a été créé par Dieu, comme le dit Moïse ; & on met au rang des hérétiques chassés du sein d'Israël, ou excommuniés, ceux qui disent que la matiere étoit co-éternelle à l'Etre souverain.

Cependant il s'éleva du tems de Maimonides, au douzieme siecle, une controverse sur l'antiquité du monde. Les uns entêtés de la philosophie d'Aristote, suivoient son sentiment sur l'éternité du monde ; c'est pourquoi Maimonides fut obligé de le réfuter fortement ; les autres prétendoient que la matiere étoit éternelle. Dieu étoit bien le principe & la cause de son existence ; il en a même tiré les formes différentes, comme le potier fait de l'argille, & le forgeron du fer qu'il manie ; mais Dieu n'a jamais existé sans cette matiere, comme la matiere n'a jamais existé sans Dieu. Tout ce qu'il a fait dans la création, est de régler son mouvement, & de mettre toutes ses parties dans le bel ordre où nous la voyons. Enfin, il y a eu des gens, qui ne pouvant concevoir que Dieu, semblable aux ouvriers ordinaires, eût existé avant son ouvrage, ou qu'il fût demeuré dans le ciel sans agir, soutenoient qu'il avoit créé le monde de tout tems, ou plutôt de toute éternité.

Ceux qui dans les synagogues veulent soutenir l'éternité du monde, tâchent de se mettre à couvert de la censure par l'autorité de Maimonides, parce qu'ils prétendent que ce grand docteur n'a point mis la création entre les articles fondamentaux de la foi. Mais il est difficile de le justifier ce docteur ; car on lit ces paroles dans la confession de foi qu'il a dressée : *Si le monde est créé, il y a un créateur ; car personne ne peut se créer soi-même : il y a donc un Dieu*. Il ajoute, *que Dieu seul est éternel, & que toutes choses ont eu un commencement*. Enfin il déclare ailleurs que la création est un des fondemens de la foi, sur lesquels on ne doit se laisser ébranler que par une démonstration qu'on ne trouvera jamais.

3°. Il est vrai que ce docteur raisonne quelquefois foiblement pour cette matiere. S'il combat l'opinion d'Aristote qui soutenoit aussi l'éternité du monde, la génération & la corruption dans le ciel, il trouva la méthode de Platon assez commode, parce qu'elle ne renverse pas les miracles, & qu'on peut l'accommoder avec l'Ecriture ; enfin elle lui paroissoit appuyée de bonnes raisons, quoiqu'elles ne fussent pas démonstratives. Il ajoutoit qu'il seroit aussi facile à ceux qui soutenoient l'éternité du monde, d'expliquer tous les endroits de l'Ecriture où il est parlé de la création, que de donner un bon sens à ceux où cette même Ecriture donne des bras & des mains à Dieu. Il semble aussi qu'il ne se soit déterminé que par intérêt du côté de la création préférablement à l'éternité du monde, parce que si le monde étoit éternel, & que les hommes se fussent créés indépendamment de Dieu, la glorieuse préférence que la nation *juive* a eue sur toutes les autres nations, deviendroit chimérique. Mais de quelque maniere que Maïmonides ait raisonné, un lecteur équitable ne peut l'accuser d'avoir cru l'éternité du monde, puisqu'il l'a rejetté formellement, & qu'il a fait l'apologie de Salomon, que les hérétiques citoient comme un de leurs témoins.

4. Mais si les docteurs sont ordinairement orthodoxes sur l'article de la création, il faut avouer qu'ils s'écartent presque aussi tôt de Moïse. On toléroit dans la synagogue les théologiens qui soutenoient qu'il y avoit un monde avant celui que nous habitons, parce que Moïse a commencé l'histoire de la Genèse par un *B*, qui marque deux. Il étoit indifférent à ce législateur de commencer son livre par une autre lettre; mais il a renversé sa construction, & commencé son ouvrage par un *B*, afin d'apprendre aux initiés que c'étoit ici le second monde, & que le premier avoit fini dans le système millénaire, selon l'ordre que Dieu a établi dans les révolutions qui se feront. *Voyez l'article* CABALE.

5. C'est encore un sentiment assez commun chez les *Juifs* que le ciel & les astres sont animés. Cette croyance est même très-ancienne chez eux; car Philon l'avoit empruntée de Platon, dont il faisoit sa principale étude. Il disoit nettement que les astres étoient des créatures intelligentes qui n'avoient jamais fait de mal, & qui étoient incapables d'en faire. Il ajoûtoit, qu'ils ont un mouvement circulaire, parce que c'est le plus parfait, & celui qui convient le mieux aux ames & aux substances intelligentes.

* *Sentimens des Juifs sur les anges & sur les démons, sur l'ame & sur le premier homme.* 1. Les hommes se plaisent à raisonner beaucoup sur ce qu'ils connoissent le moins. On connoît peu la nature de l'ame; on connoît encore moins celle des anges : on ne peut sçavoir que par la révélation leur création & leur existence. Les écrivains sacrés que Dieu conduisoit ont été timides & sobres sur cette matiere. Que de raisons pour imposer silence à l'homme, & donner des bornes à sa témérité ! Cependant il y a peu de sujets sur lesquels on ait autant raisonné que sur les anges; le peuple curieux consulte ses docteurs: ces derniers ne veulent pas laisser soupçonner qu'ils ignorent ce qui se passe dans le ciel, ni se borner aux lumieres que Moïse a laissées. Ce seroit se dégrader du doctorat que d'ignorer quelque chose, & se remettre au rang du simple peuple qui peut lire Moïse, & qui n'interroge les théologiens sur ce que l'Ecriture ne dit pas. Avouer son ignorance dans une matiere obscure, ce seroit un acte de modestie, qui n'est pas permis à ceux qui se mêlent d'enseigner. On ne pense pas qu'on s'égare volontairement, puisqu'on veut parler aux anges des attributs & des perfections sans les connoître, & sans consulter Dieu qui les a formés.

Comme Moïse ne s'explique point sur le tems auquel les anges furent créés, on supplée à son silence par des conjectures. Quelques-uns croient que Dieu forma les anges le second jour de la création. Il y a des docteurs qui assurent qu'ayant été appellés au conseil de Dieu sur la production de l'homme, ils se partagerent en opinions différentes. L'un approuvoit sa création, & l'autre la rejettoit, parce qu'il prévoyoit qu'Adam pécheroit par complaisance pour sa femme; mais Dieu fit taire ces anges ennemis de l'homme, & le créa avant qu'ils s'en fussent apperçus : ce qui rendit leurs murmures inutiles; & il les avertit qu'ils pécheroient aussi en devenant amoureux des filles des hommes. Les autres soutiennent que les anges ne furent créés que le cinquieme jour. Un troisieme parti veut que Dieu les produise tous les jours, & qu'ils sortent d'un fleuve qu'on appelle *Dinor*; enfin quelques-uns donnent aux anges le pouvoir de s'entre-créer les uns les autres, & c'est ainsi que l'ange Gabriel a été créé par Michel qui est au-dessus de lui.

2. Il ne faut pas faire une hérésie aux *Juifs* de ce qu'ils enseignent sur la nature des anges. Les docteurs éclairés reconnoissent que ce sont des substances purement spirituelles, entierement dégagées de la matiere; & ils admettent une figure dans tous les passages de l'Ecriture qui les représentent sous des idées corporelles, parce que les anges revêtent souvent la figure du feu, d'un homme ou d'une femme.

Il y a pourtant quelque rabbins plus grossiers, lesquels ne peuvent digérer ce que l'Ecriture dit des anges, qui les représente sous la figure d'un bœuf, d'un chariot de feu ou avec des ailes, enseignent qu'il y a un second ordre d'anges, qu'on appelle les anges *du ministere*, lesquels ont des corps subtils comme le feu. Ils font plus, ils croient qu'il y a différence de sexe entre les anges, dont les uns donnent & les autres reçoivent.

Philon *juif* avoit commencé à donner trop aux anges, en les regardant comme les colomnes sur lesquelles cet univers est appuyé. On l'a suivi, & on a cru non-seulement que chaque nation avoit son ange particulier, qui s'intéressoit fortement pour elle, mais qu'il y en avoit qui présidoient sur chaque chose. Azariel préside sur l'eau; Gazardia, sur l'Orient, afin d'avoir soin que le soleil se leve; & Nékid, sur le pain & les alimens. Ils ont des anges qui président sur chaque planete, sur chaque mois de l'année & sur les heures du jour. Les *Juifs* croient aussi que chaque homme a deux anges, l'un bon, qui le garde, l'autre mauvais qui examine ses actions. Si le jour du sabbar, au retour de la synagogue, les deux anges trouvent le lit fait, la table dressée, les chandelles allumées, le bon ange s'en réjouit, & dit, Dieu veuille qu'au prochain sabbat les choses soient en aussi bon ordre ! & le mauvais ange est obligé de répondre *amen*. S'il y a du désordre dans la maison, le mauvais ange à son tour souhaite que la même chose arrive au prochain sabbat, & le bon ange répond *amen*.

La théologie des *Juifs* ne s'arrête pas là. Maïmonides qui avoit fort étudié Aristote, soutenoit que ce philosophe n'avoit rien dit qui fut contraire à la loi, excepté qu'il croyoit que les intelligences étoient éternelles, & que Dieu ne les avoit point produites. En suivant les principes des anciens philosophes, il disoit qu'il y a une sphere supérieure à toutes les autres qui leur communique le mouvement. Il remarque que plusieurs docteurs de sa nation croyoient avec Pythagore, que les cieux & les étoiles formoient en se mouvant un son harmonieux, qu'on ne pouvoit entendre à cause de l'éloignement; mais qu'on ne pouvoit pas en douter, puisque nos corps ne peuvent se mouvoir sans faire du bruit, quoiqu'ils soient beaucoup plus petits que les orbes célestes. Il paroit rejetter cette opinion; je ne sais même s'il n'a pas tort de l'attribuer aux docteurs : en effet les rabbins disent qu'il y a trois choses dont le son passe d'un bout du monde à l'autre; la voix du peuple romain, celle de la sphere du soleil, & de l'ame qui quitte le monde.

Quoi qu'il en soit, Maïmonides dit non-seulement que toutes ces spheres sont mues & gouvernées par des anges; mais il prétend que ce sont véritablement des anges. Il leur donne la connoiſſance & la volonté par laquelle ils exercent leurs opérations: il remarque que le titre d'*ange* & de *meſſager* ſignifie la même choſe. On peut donc dire que les intelligences, les ſpheres, & les élémens qui exécutent la volonté de Dieu, ſont des anges, & doivent porter ce nom.

4. On donne trois origines différentes aux démons. 1°. On ſoutient quelquefois que Dieu les a créés le même jour qu'il créa les enfers pour leur ſervir de domicile. Il les forma ſpirituels, parce qu'il n'eut pas le loiſir de leur donner des corps. La fête du ſabbat commençoit au moment de leur création, & Dieu fut obligé d'interrompre ſon ouvrage, afin de ne pas violer le repos de la fête. Les autres diſent qu'Adam ayant été long-tems ſans connoître ſa femme, l'ange Samaël touché de ſa beauté, s'unit avec elle, & elle conçut & enfanta les démons. Ils ſoutiennent auſſi qu'Adam, dont ils font une eſpece de ſcélérat, fut le pere des eſprits malins.

On compte ailleurs, car il y a là-deſſus une grande diverſité d'opinions, quatre meres des diables, dont l'une eſt Nahama, ſœur de Tubalin, belle comme les anges, auxquels elle s'abandonna; elle vit encore, & elle entre ſubtilement dans le lit des hommes endormis, & les oblige de ſe ſouiller avec elle; l'autre eſt Lilith, dont l'hiſtoire eſt fameuſe chez les *Juifs*. Enfin il y a des docteurs qui croyent que les anges créés dans un état d'innocence, en ſont déchus par jalouſie pour l'homme, & par leur révolte contre Dieu: ce qui s'accorde mieux avec le récit de Moïſe.

5. Les *Juifs* croient que les démons ont été créés mâles & femelles, & que de leur conjonction il en a pu naitre d'autres. Ils diſent encore que les ames des damnés ſe changent pour quelques tems en démons, pour aller tourmenter les hommes, viſiter leur tombeau, voir les vers qui rongent leur cadavres, ce qui les afflige, & enſuite s'en retournent aux enfers.

Ces démons ont trois avantages qui leur ſont communs avec les anges. Ils ont des ailes comme eux; ils volent comme eux d'un bout du monde à l'autre; enfin ils ſavent l'avenir. Ils ont trois imperfections qui leur ſont communes avec les hommes; car il ſont obligés de manger & de boire; ils engendrent & multiplient, & enfin ils meurent comme nous.

6. Dieu s'entretenant avec les anges vit naître une diſpute entre eux à cauſe de l'homme. La jalouſie les avoit ſaiſis; ils ſoutinrent à Dieu que l'homme n'étoit que vanité, & qu'il avoit tort de lui donner un ſi grand empire. Dieu ſoutint l'excellence de ſon ouvrage par deux raiſons; l'une que l'homme le loueroit ſur la terre, comme les anges le louoient dans le ciel. Secondement il demanda à ces anges ſi fiers, s'ils ſavoient les noms de toutes les créatures; ils avouerent leur ignorance, qui fut d'autant plus honteuſe, qu'Adam ayant paru auſſi-tôt, il les récita ſans y manquer. Schamaël qui étoit le chef de cette aſſemblée céleſte; perdit patience. Il deſcendit ſur la terre, & ayant remarqué que le ſerpent étoit le plus ſubtil de tous les animaux, il s'en ſervit pour ſéduire Eve.

C'eſt ainſi que les *Juifs* rapportent la chûte des anges; & de leur récit, il paroît qu'il y avoit un chef des anges avant leur apoſtaſie, & que le chef s'appelloit *Schamaël*. En cela ils ne s'éloignent pas beaucoup des chrétiens; car une partie des ſaints peres ont regardé le diable avant ſa chute comme le prince de tous les anges.

7. Moïſe dit que les fils de Dieu voyant que les filles des hommes étoient belles, ſe ſouillerent avec elles. Philon *juif* a ſubſtitué les anges aux *fils de Dieu*; & il remarque que Moïſe a donné le titre d'anges à ceux que les philoſophes appellent *génies*. Enoch a rapporté non-ſeulement la chute des anges avec les femmes, mais il en developpe toutes les circonſtances; il nomme les vingt anges qui firent complot de ſe marier; ils prirent des femmes l'an 1170 du monde, & de ce mariage nâquirent les géants. Ces démons enſeignerent enſuite aux hommes les Arts & les Sciences. Azael apprit aux garçons à faire des armes, & aux filles à ſe farder; Semireas leur apprit la colere & la violence; Pharmarus fut le docteur de la magie: ces leçons reçues avec avidité des hommes & des femmes, cauſerent un déſordre affreux. Quatre anges perſévérans ſe préſenterent devant le trône de Dieu, & lui remontrerent le déſordre que les géans cauſoient: *Les eſprits des ames des hommes morts crient, & leurs ſoupirs montent juſqu'à la porte du ciel, ſans pouvoir parvenir juſqu'à toi, à cauſe des injuſtices qui ſe font ſur la terre. Tu vois cela, & tu ne nous apprens point ce qu'il faut faire.*

La remontrance eut pourtant ſon effet. Dieu ordonna à Uriel « d'aller avertir le fils de Lamech qui » étoit Noé, qu'il ſeroit garanti de *la mort éternelle-* » *ment*. Il commanda à Raphaël de ſaiſir Exaël l'un » des anges rebelles, de le jetter *lié pieds & mains* » *dans les ténèbres*; d'ouvrir le deſert qui eſt dans un » autre deſert, & de le jetter là; de mettre ſur lui » des pierres aiguës, & d'empêcher qu'il ne vît la » lumiere, juſqu'à ce qu'on le jette dans l'embraſe- » ment de feu au jour du jugement. L'ange Gabriel » fut chargé de mettre aux mains les géans afin qu'ils » s'entretuaſſent; & Michaël devoit prendre Sé- » mireas & tous les anges mariés, afin que quand ils » auroient vû périr les géans & tous leurs enfans, » on les liât pendant ſoixante & dix générations, » dans les cachots de la terre juſqu'au jour de l'ac- » compliſſement de toutes choſes, & du jugement » où ils devoient être jettés dans un abîme de feu & » de tourmens éternels ».

Un rabbin moderne (*Menaſſé*), qui avoit fort étudié les anciens, aſſure que la préexiſtence des ames eſt un ſentiment généralement reçu chez les docteurs *juifs*. Ils ſoutiennent qu'elles furent toutes formées dès le premier jour de la création, & qu'elles ſe trouverent toutes dans le jardin d'Eden. Dieu leur parloit quand il dit, *faiſons l'homme*; & les unit aux corps à proportion qu'il s'en forme quelqu'un. Ils appuient cette penſée ſur ce paſſage de Dieu dans Iſaïe, *j'ai fait les ames.* Il ne ſe ſerviroit pas d'un tems paſſé, s'il en créoit encore tous les jours un grand nombre: l'ouvrage doit être achevé depuis long-tems, puiſque Dieu dit, *j'ai fait.*

9. Ces ames jouiſſent d'un grand bonheur dans le ciel, en attendant qu'elles puiſſent être unies aux corps. Cependant elles peuvent mériter quelque choſe par leur conduite; & c'eſt-là une des raiſons qui fait la grande différence des mariages, dont les uns ſont heureux, & les autres mauvais, parce que Dieu envoie les ames ſelon leurs mérites. Elles ont été créées doubles, afin qu'il y eût une ame pour le mari, & une autre pour la femme. Lorſque ces ames qui ont été faites l'une pour l'autre, ſe trouvent unies ſur la terre, leur condition eſt infailliblement heureuſe, & le mariage tranquille. Mais Dieu, pour punir les ames qui n'ont pas répondu à l'excellence de leur origine, ſépare celles qui avoient été faites l'une pour l'autre, & alors il eſt impoſſible qu'il n'arrive de la diviſion & du déſordre. Origene n'a voit pas adopté ce dernier article de la théologie judaïque, mais il ſuivoit les deux premiers; car il croyoit que les ames avoient préexiſté, & que Dieu les uniſſoit aux corps céleſtes ou terreſtres, groſſiers ou ſubtils, à proportion de ce qu'elles avoient fait dans le ciel, & perſonne n'ignore qu'Origene a eu

beaucoup

beaucoup de disciples & d'approbateurs chez les Chrétiens.

10. Ces ames fortirent pures de la main de Dieu. On récite encore aujourd'hui une priere qu'on attribue aux docteurs de la grande fynagogue, dans laquelle on lit : *O Dieu ! l'ame que tu m'as donnée eſt pure ; tu l'as créée, tu l'as formée, tu l'as inſpirée ; tu la conſerves au-dedans de moi, tu la reprendras, lorſqu'elle s'envolera, & tu me l a rendras au tems que tu as marqué.*

On trouve dans cette priere tout ce qui regarde l'ame ; car voici comment rabbin Menaſſe l'a commentée : *l'ame que tu m'as donnée eſt pure*, pour apprendre que c'eſt une ſubſtance ſpirituelle, ſubtile, qui a été formée d'une matiere pure & nette. *Tu l'as créée,* c'eſt-à-dire au commencement du monde avec les autres ames. *Tu l'as formée,* parce que notre ame eſt un corps ſpirituel, compoſé d'une matiere céleſte & inſenſible ; & les cabaliſtes ajoûtent qu'elle s'unir au corps pour recevoir la peine ou la récompenſe de ce qu'elle a fait. *Tu l'as inſpirée,* c'eſt-à-dire tu l'as unie à mon corps ſans l'intervention des corps céleſtes, qui influent ordinairement dans les ames végétatives & ſenſitives. *Tu la conſerves,* parce que Dieu eſt la garde des hommes. *Tu la reprendras,* ce qui prouve qu'elle eſt immortelle. *Tu me la rendras,* ce qui nous aſſure de la vérité de la réſurrection.

11. Les Thalmudiſtes débitent une infinité de fables ſur le chapitre d'Adam & de ſa création. Ils comptent les douze heures du jour auquel il fut créé, & ils n'en laiſſent aucune qui ſoit vuide. A la premiere heure, Dieu aſſembla la poudre dont il devoit le compoſer, & il devint un embrion. A la ſeconde, il ſe tint ſur ſes piés. A la quatrieme, il donna les noms aux animaux. La ſeptieme fut employée au mariage d'Eve, que Dieu lui amena comme un paranymphe, après l'avoir friſée. A dix heures Adam pécha ; on le jugea auſſi-tôt, & à douze heures il ſentoit déja la peine & les ſueurs du travail.

12. Dieu l'avoit fait ſi grand qu'il rempliſſoit le monde, ou du moins il touchoit le ciel. Les anges étonnés en murmurerent, & dirent à Dieu qu'il y avoit deux êtres ſouverains, l'un au ciel & l'autre ſur la terre. Dieu averti de la faute qu'il avoit faite, appuya la main ſur la tête d'Adam, & le réduiſit à une nature de mille coudées ; mais en donnant au premier homme cette grandeur immenſe, ils ont voulu ſeulement dire qu'il connoiſſoit tous les ſecrets de la nature, & que cette ſcience diminua conſidérablement par le péché ; ce qui eſt orthodoxe. Ils ajoutent que Dieu l'avoit fait d'abord double, comme les payens nous repréſentent Janus à deux fronts ; c'eſt pourquoi on n'eut beſoin que de donner un coup de hache pour partager ces deux corps ; & cela eſt clairement expliqué par le prophete, qui aſſure que Dieu l'a formé par devant & par derriere ; & comme Moïſe dit auſſi que Dieu le forma mâle & femelle ; on conclut que le premier homme étoit hermaphrodite.

13. Sans nous arrêter à toutes ces viſions qu'on multiplieroit à l'infini, les docteurs ſoutiennent, 1°. qu'Adam fut créé dans un état de perfection ; car s'il étoit venu au monde comme un enfant, il auroit eu beſoin de nourrice & de précepteur. 2°. C'étoit une créature ſubtile : la matiere de ſon corps étoit ſi délicate & ſi fine, qu'il approchoit de la nature des anges, & ſon entendement étoit auſſi parfait que celui d'un homme le peut être. Il avoit une connoiſſance de Dieu & de tous les objets ſpirituels, ſans l'avoir jamais appriſe, il lui ſuffiſoit d'y penſer ; c'eſt pourquoi on l'appelloit *fils de Dieu.* Il n'ignoroit pas même le nom de Dieu ; car Adam ayant donné le nom à tous les animaux, Dieu lui demanda

Tome IX.

quel eſt mon nom ? & Adam répondit, Jéhovah. C'eſt toi qui es ; & c'eſt à cela que Dieu fait alluſion dans le prophete Iſaïe, lorſqu'il dit : *je ſuis celui qui ſuis, c'eſt-là mon nom* ; c'eſt-à-dire, *le nom qu'Adam m'a donné & que j'ai pris.*

14. Ils ne conviennent pas que la femme fut auſſi parfaite que l'homme, parce que Dieu ne l'avoit formée que pour lui être *une aide.* Ils ne ſont pas même perſuadés que Dieu l'eût faite à ſon image. Un théologien chrétien (Lambert Danæus, in *Antiquitatibus, pag.* 42) a adopté ce ſentiment en l'adouciſſant ; car il enſeigne que l'image de Dieu étoit beaucoup plus vive dans l'homme que dans la femme ; c'eſt pourquoi elle eut beſoin que ſon mari lui ſervît de précepteur, & lui apprît l'ordre de Dieu, au lieu qu'Adam l'avoit reçu immédiatement de ſa bouche.

15. Les docteurs croient auſſi que l'homme fait à l'image de Dieu étoit circoncis ; mais ils ne prennent pas garde que, pour relever l'excellence d'une cérémonie, ils font un Dieu corporel. Adam ſe plongea d'abord dans une débauche affreuſe, en s'accouplant avec les bêtes, ſans pouvoir aſſouvir ſa concoviſie, juſqu'à ce qu'il s'unit à Eve. D'autres diſent au contraire que le fruit défendu auquel il ne pouvoit toucher ſans crime ; mais emporté par la tentation que cauſoit la beauté extraordinaire de cette femme, il pécha. Ils ne veulent point que Caïn ſoit ſorti d'Adam, parce qu'il étoit né du ſerpent qui avoit tenté Eve. Il fut ſi affligé de la mort d'Abel, qu'il demeura cent ans ſans connoître ſa femme, & ce fut alors qu'il commença à faire des enfans à ſon image & reſſemblance. On lui reproche ſon apoſtaſie, qui alla juſqu'à faire revenir la peau du prépuce, afin d'effacer l'image de Dieu. Adam, après avoir rompu cette alliance, ſe repentit ; il maltraita ſon corps l'eſpace de ſept ſemaines dans le fleuve Géhon, & le pauvre corps fut tellement ſacrifié, qu'il devint percé comme un crible. On dit qu'il y a des myſteres renfermés dans toutes ces hiſtoires ; comme en effet il faut néceſſairement qu'il y en ait quelques-uns ; mais il faudroit avoir beaucoup de tems & d'eſprit pour les développer tous. Remarquons ſeulement que ceux qui donnent des regles ſur l'uſage des métaphores, & qui prétendent qu'on ne s'en ſert jamais que lorſqu'on y a préparé ſes lecteurs, & qu'on eſt aſſuré qu'ils liſent dans l'eſprit ce qu'on penſe, connoiſſent peu le génie des Orientaux, & que leurs regles ſe trouveroient ici beaucoup trop courtes.

16. On accuſe les *Juifs* d'appuyer les ſyſtèmes des Préadamites qu'on a développés dans ces derniers ſiecles avec beaucoup de ſubtilité ; mais il eſt certain qu'ils croient qu'Adam eſt le premier de tous les hommes. Sangarius donne Jambuſcar pour précepteur à Adam ; mais il ne rapporte ni ſon ſentiment, ni celui de la nation. Il a ſuivi plutôt les imaginations des Indiens & de quelques barbares, qui contoient que trois hommes nommés Jambuſcha, Zagtith & Boan ont vécu avant Adam, & que le premier avoit été ſon précepteur. C'eſt en vain qu'on ſe ſert de l'autorité de Maïmonides un des plus ſages docteurs des *Juifs* ; car il rapporte qu'Adam eſt le premier de tous les hommes qui ſoit né par une génération ordinaire ; il attribue cette penſée aux Zabiens, & bien loin de l'approuver, il la regarde comme une fauſſe idée qu'on doit rejetter ; & qu'on n'a imaginé cela que pour défendre l'éternité du monde que ces peuples qui habitoient la Perſe ſoutenoient.

Les *Juifs* diſent ordinairement qu'Adam étoit né jeune dans une ſtature d'homme fait, parce que toutes choſes doivent avoir été créées dans un état de perfection ; & comme il ſortoit immédiatement des mains de Dieu, il étoit ſouverainement ſage & prophete créé à l'image de Dieu. On ne ſinroit pas, ſi on rapportoit tout ce que cette image de la divinité dans l'homme leur a fait dire. Il fuffit de remarquer qu'au milieu des docteurs qui s'égarent, il y en a plufieurs, comme Maimonides & Kimki, qui, fans avoir aucun égard au corps du premier homme, la placent dans fon ame & dans fes facultés intellectuelles. Le premier avoue qu'il y avoit des docteurs qui croyoient que c'étoit nier l'exiftence de Dieu, que de foutenir qu'il n'avoit point de corps, puifque l'homme eft matériel, & que Dieu l'avoit fait à fon image. Mais il remarque que l'image eft la vertu fpécifique qui nous fait exifter, & que par conféquent l'ame eft cette image. Il outre même la chofe; car il veut que les Idolâtres, qui fe profternent devant les images, ne leur ayent pas donné ce nom, à caufe de quelque trait de reffemblance avec les originaux; mais parce qu'ils attribuent à ces figures fenfibles quelque vertu.

Cependant il y en a d'autres qui prétendent que cette image confiftoit dans la liberté dont l'homme jouiffoit. Les anges aiment le bien par néceffité; l'homme feul pouvoit aimer la vertu ou le vice. Comme Dieu, il peut agir & n'agir pas. Ils ne prennent pas garde que Dieu aime le bien encore plus néceffairement que les anges qui pouvoient pécher, comme il paroit par l'exemple des démons; & que fi cette liberté d'indifférence pour le bien eft un degré d'excellence, on éleve le premier homme au-deffus de Dieu.

18. Les Antitrinitaires ont tort de s'appuyer fur le témoignage des *Juifs*, pour prouver qu'Adam étoit né mortel, & que le péché n'a fait à cet égard aucun changement à fa condition; car ils difent nettement que fi nos premiers peres euffent perfévéré dans l'innocence, toutes leurs générations futures n'auroient pas fenti les émotions de la concupifcence, & qu'ils euffent toujours vécu. R. Bêchaï, difputant contre les philofophes qui défendoient la mortalité du premier homme, foutient qu'il ne leur eft point permis d'abandonner la théologie que leurs ancêtres ont puifée dans les écrits des prophetes, lefquels ont enfeigné *que l'homme eût vécu éternellement, s'il n'eût point péché.* Manaffé, qui vivoit au milieu du fiecle paffé, dans un lieu où il ne pouvoit ignorer la prétention des Sociniens, prouve trois chofes qui leur font directement oppofées: 1. que l'immortalité du premier homme, perfévérant dans l'innocence, eft fondée fur l'Ecriture; 2. que Hana, fils de Hanina, R. Jéhuda, & un grand nombre de rabbins, dont il cite les témoignages, ont été de ce fentiment; 3. enfin, il montre que cette immortalité de l'homme s'accorde avec la raifon, puifqu'Adam n'avoit aucune caufe intérieure qui pût le faire mourir, & qu'il ne craignoit rien du dehors, puifqu'il vivoit dans un lieu très-agréable, & que le fruit de l'arbre de vie, dont il devoit fe nourrir, augmentoit fa vigueur.

19. Nous dirons peu de chofe fur la création de la femme: peut-être prendra-t-on ce que nous en dirons pour autant de plaifanteries; mais il ne faut pas oublier une fi noble partie du genre humain. On dit donc que Dieu ne voulut point la créer d'abord, parce qu'il prévit que l'homme fe plaindroit bientôt de fa malice. Il attendit qu'Adam la lui demandât; & il ne manqua pas de le faire, dès qu'il eut remarqué que tous les animaux paroiffoient devant lui deux à deux. Dieu prit toutes les précautions néceffaires pour la rendre bonne; mais ce fut inutilement. Il ne voulut point la tirer de la tête, de peur qu'elle n'eût l'efprit & l'ame coquette; cependant on a eu beau faire, ce malheur n'a pas laiffé d'arriver; & le prophete Ifaïe fe plaignoit, il y a déja long-tems, *que les filles d'Ifraël alloient la tête levée & la gorge nue.* Dieu ne voulut pas la tirer des yeux, de peur qu'elle ne jouât de la prunelle; cependant Ifaïe fe plaint encore que les filles avoient l'œil tourné à la galanterie. Il ne voulut point la tirer de la bouche, de peur qu'elle ne parlât trop; mais on ne fauroit arrêter fa langue, ni le flux de fa bouche. Il ne la prit point de l'oreille, de peur que ce ne fût une écouteufe; cependant il eft dit de Sara, qu'elle écoutoit à la porte du tabernacle, afin de favoir le fecret des anges. Dieu ne la forma point du cœur, de peur qu'elle ne fût jaloufe; cependant combien de jaloufies & d'envies déchirent le cœur des filles & des femmes ! Il n'y a point de paffion, après celle de l'amour, à laquelle elles fuccombent plus aifément. Une fœur, qui a plus de bonheur, & fur-tout plus de galans, eft l'objet de la haine de fa fœur; & le mérite ou la beauté font des crimes qui ne fe pardonnent jamais. Dieu ne voulut point former la femme ni des piés ni de la main, de peur qu'elle ne fût coureufe, & que l'envie de dérober ne la prit; cependant Dina courut & fe perdit; & avant elle, Rachel avoit dérobé les dieux de fon pere. On a eu donc beau choifir une partie honnête & dure de l'homme, d'où il femble qu'il ne pouvoit fortir aucun défaut, la femme n'a pas laiffé de les avoir tous. C'eft la defcription que les auteurs *juifs* nous en donnent. Il y a peut-être des gens qui la trouveront fi jufte, qu'ils ne voudront pas la mettre au rang de leurs vifions, & qui s'imagineront qu'ils ont voulu renfermer une vérité connue fous des termes figurés.

Dogmes des Péripatéticiens, adoptés par les Juifs.
1. Dieu eft le premier & le fuprême moteur des cieux.
2. Toutes les chofes créées fe divifent en trois claffes. Les unes font compofées de matiere & de forme, & elles font perpétuellement fujettes à la génération & à la corruption; les autres font auffi compofées de matiere & de forme, comme les premieres; mais leur forme eft perpétuellement attachée à la matiere; & leur matiere & leur forme ne font point femblables à celles des autres êtres créés: tels font les cieux & des étoiles. Il y en a enfin qui ont une forme fans matiere, comme les anges.
3. Il y a neuf cieux, celui de la Lune, celui de Mercure, celui de Venus, celui du Soleil, celui de Mars, celui de Jupiter, celui de Saturne & des autres étoiles, fans compter le plus élevé de tous, qui les enveloppe, & qui fait tous les jours une révolution d'orient en occident.
4. Les cieux font purs comme du cryftal; c'eft pour cela que les étoiles du huitieme ciel paroiffent au-deffous du premier.
5. Chacun de ces huit cieux fe divife en d'autres cieux particuliers, dont les uns tournent d'orient en occident, les autres d'occident en orient; & il n'y a point de vuide parmi eux.
6. Les cieux n'ont ni légéreté, ni pefanteur, ni couleur; car la couleur bleue que nous leur attribuons, ne vient que d'une erreur de nos yeux, occafionnée par la hauteur de l'atmofphere.
7. La terre eft au milieu de toutes les spheres qui environnent le monde. Il y a des étoiles attachées aux petits cieux; or ces petits cieux ne tournent point autour de la terre, mais ils font attachés aux grands cieux, au centre defquels la terre fe trouve.
8. La terre eft prefque quarante fois plus grande que la lune; & le foleil eft cent foixante & dix fois plus grand que la terre. Il n'y a point d'étoile plus grande que le foleil, ni plus petite que Mercure.
9. Tous les cieux & toutes les étoiles ont une ame, & font doués de connoiffance & de fageffe. Ils vivent & ils connoiffent celui qui d'une feule parole fit fortir l'univers du néant.
10. Au-deffous du ciel de la lune, Dieu créa une certaine matiere différente de la matiere des cieux; & il mit dans cette matiere des formes qui ne font

point semblables aux formes des cieux. Ces élemens constituent le feu, l'air, l'eau & la terre.

11. Le feu est le plus proche de la lune : au-dessous de lui suivent l'air, l'eau & la terre ; & chacun de ces élémens enveloppe de toutes parts celui qui est au-dessous.

12. Ces quatre élémens n'ont ni ame ni connoissance ; ce sont comme des corps morts qui cependant conservent leur rang.

13. Le mouvement du feu & de l'air est de monter du centre de la terre vers le ciel ; celui de l'eau & de la terre est d'aller vers le centre.

14. La nature du feu qui est le plus léger de tous les élémens, est chaude & seche ; l'air est chaud & humide ; l'eau froide & humide ; la terre, qui est le plus pesant de tous les élémens, est froide & seche.

15. Comme tous les corps sont composés de ces quatre élémens, il n'y en a point qui ne renferme en même tems le froid & le chaud, le sec & l'humide ; mais il y en a dans lesquels une de ces qualités domine sur les autres.

Principe de morale des Juifs. 1. Ne soyez point comme des mercenaires qui ne servent leur maitre qu'à condition d'en être payés ; mais servez votre maitre sans aucune espérance d'en être récompensés, & que la crainte de Dieu soit toujours devant vos yeux.

2. Faites toujours attention à ces trois choses, & vous ne pécherez jamais. Il y a au-dessus de vous un œil qui voit tout, une oreille qui entend tout, & toutes vos actions sont écrites dans le livre de vie.

3. Faites toujours attention à ces trois choses, & vous ne pécherez jamais. D'où venez-vous ? où allez-vous ? à qui rendrez-vous compte de votre vie ? Vous venez de la terre, vous retournerez à la terre, & vous rendrez compte de vos actions au roi des rois.

4. La sagesse ne va jamais sans la crainte de Dieu, ni la prudence sans la science.

5. Celui là est coupable, qui, lorsqu'il s'éveille la nuit, ou qu'il se promene seul, s'occupe de pensées frivoles.

6. Celui-là est sage qui apprend quelque chose de tous les hommes.

7. Il y a cinq choses qui caractérisent le sage. 1. Il ne parle point devant celui qui le surpasse en sagesse & en autorité. 2. Il ne répond point avec précipitation. 3. Il interroge à propos, & il répond à propos. 4. Il ne contrarie point son ami. 5. Il dit toujours la vérité.

8. Un homme timide n'apprend jamais bien, & un homme colere enseigne toujours mal.

9. Faites-vous une loi de parler peu & d'agir beaucoup, & soyez affable envers tout le monde.

10. Ne parlez pas long-tems avec une femme, pas même avec la vôtre, beaucoup moins avec celle d'un autre ; cela irrite les passions, & nous détourne de l'étude de la loi.

11. Déziez-vous des grands, & en général de ceux qui sont élevés en dignité ; ils ne se lient avec leurs inférieurs que pour leurs propres intérêts. Ils vous témoigneront de l'amitié, tant que vous leur serez utile ; mais n'attendez d'eux ni secours ni compassion dans vos malheurs.

12. Avant de juger quelqu'un, mettez-vous à sa place, & commencez toujours par le supposer innocent.

13. Que la gloire de votre ami vous soit aussi chere que la vôtre.

14. Celui qui augmente ses richesses, multiplie ses inquiétudes. Celui qui multiplie ses femmes, remplit sa maison de poisons. Celui qui augmente le nombre de ses servantes, augmente le nombre des femmes débauchées. Enfin, celui qui augmente

Tome IX.

le nombre de ses domestiques, augmente le nombre des voleurs.

JUIFVERIE, s. f. (*Commerce*) lieu où demeurent les Juifs. On donne ce nom dans quelques villes de France aux rues & marchés dans lesquels se fait le négoce des vieilles hardes, ou parce que les Juifs qui y demeuroient anciennement, y exerçoient ce trafic, ou parce qu'en général ils s'en mêloient. *Dictionnaire du Commerce.*

JUILLET, s. m. (*Hist. anc. & mod.*) Ce mot vient du Latin *Julius*. Marc Antoine dans son consulat ordonna que ce mois, qui s'appelloit auparavant *Quintilis*, porteroit dorénavant le nom de *Julius*, qui étoit celui de la naissance de Jules-César. On l'appelloit *Quintilis*, parce qu'il étoit le cinquieme mois de l'année, laquelle ne commençoit qu'en Mars dans le premier calendrier, établi assez grossierement par Romulus. Détaillons la distribution de ce mois.

Chez les Romains, le jour des calendes du mois de *Juillet*, étoit celui auquel finissoient & commençoient les baux des maisons de Rome. C'est ce que nous apprenons d'une épigramme assez piquante de Martial, *Epigram. xxxij.* 12.

Au 3 des nones, ou au cinquieme du mois, tomboit la fête appellée *Poplifugia*, en mémoire de la retraite du peuple sur le mont Aventin, après que les Gaulois eurent pris la ville de Rome.

La veille des nones, ou le sixieme du mois, on faisoit cette fête de la fortune féminine, qui avoit été fondée par la femme & la mere de Coriolan, quand elles eurent obtenu de lui la paix, & le salut de la patrie.

Le lendemain des nones, ou le huitieme du mois, se célébroit la fête de la déesse Vitula, *voyez* VITULA.

Le iv. des ides, ou le douzieme du mois, se fêtoit du tems des empereurs, à cause de la naissance de Jules-César.

La veille des ides, ou le quatorze du mois, on commençoit les mercuriales qui duroient six jours.

Les ides, ou le quinze du mois, étoit particulierement consacré à Castor & à Pollux, & l'on donnoit ce jour-là des jeux & des combats solemnels.

Le xvj. des calendes d'Août, ou le dix-sept *Juillet*, passoit pour un jour funeste, à cause de la bataille d'Allia.

Le x. des calendes, ou le vingt-trois *Juillet*, se célébroient les jeux de Neptune, & les femmes enceintes sacrifioient à la déesse Opigena.

Le xxiv. on faisoit les festins des pontifes.

Le viij. des calendes, ou le vingt-cinq du mois, on célébroit les furinales, & le même jour arrivoient les ambarvales.

Le vingt-huit, on faisoit un sacrifice de vin & de miel à Cérès ; & le reste du mois, on égorgeoit quelques chiens roux à la canicule, pour détourner les trop grandes chaleurs qui regnent dans cette saison.

Enfin c'étoit en *Juillet* qu'on donnoit les jeux appolinaires, ceux du cirque & les minervales.

Les Grecs nommerent ce mois Μεταγειτνίων, à cause de la fête appellée *métagitnie*, qu'ils consacroient en l'honneur d'Apollon. Ils célébroient aussi dans le même mois la fête d'Adonis, favori de Venus, *voyez* ADONIS.

Les Syracusains faisoient le vingt-quatre de ce mois une fête qu'ils nommoient *Asinaire*, en mémoire de la victoire qu'Euriclés, préteur de Syracuse, avoit remportée sur les Athéniens.

Le mois de *Juillet* étoit censé sous la protection de Jupiter. Il est personnifié dans Ausone sous la figure d'un homme nud, qui montre ses membres hâlés par le soleil : il a les cheveux roux, liés de tiges &

G ij

d'épis ; il tient dans un panier des mûres, fruit qui paroît sous le figne du lion.

Voyez fur tous ces détails, Aufone, Hofpinien, Meurfius, Danet & Pitifcus. (*D. J.*)

C'eft le feptieme mois de notre année. Le foleil entre au figne du lion. *Voyez* MOIS, AN, &*c*.

JUIN, f. f. (*Hift. anc. & mod.*) en latin *Junius*, que quelques-uns dérivent de Junon, *à Junone* ; Ovide le croit ainfi, car il fait dire à cette déeffe :

Junius à noftro numine, nomen habet.

Le premier jour de *Juin*, les Romains faifoient quatre fêtes, l'une à Mars hors de la ville, parce qu'en tel jour F. Quintius, duumvir des facrifices, lui avoit dédié un temple hors de la porte capène. La feconde fête regardoit *Carna*, en mémoire du temple que Junius Brutus lui confacra fur le mont Célius, après avoir chaffé Tarquin. La troifieme fête fe faifoit à la gloire de Junon, furnommée *moneta*, pour accomplir un vœu qu'avoit fait Camille de lui bâtir un temple. La quatrieme fête étoit confacrée à la Tempête, & fut inftituée du tems de la feconde guerre punique. Parcourons les autres jours de *Juin*.

Le iij. des nones étoit dédié à Bellone, & le jour fuivant à Hercule dans le cirque.

Le jour des nones, ou le cinquieme du mois, on facrifioit au dieu Fidius, à qui les Romains bâtirent un temple fur le mont Quirinal.

Le vij. des ides, ou le feptieme du mois, les pêcheurs faifoient les jeux pifcatoriens audelà du Tibre.

Le vj. des ides, ou le huitieme du mois, étoit la fête de la déeffe *Mens*, c'eft-à-dire de la déeffe de l'entendement. Ce jour-là on facrifioit folemnellement à cette déeffe dans le capitole, où Otacilius Craffus, préteur lors de la feconde guerre punique, lui dédia un temple, après la défaite du conful C. Flaminius au lac de Thrafimene.

Le v. des ides, ou le neuvieme du mois, les veftales chommoient la fête de leur divinité.

Le iv. des ides, ou le dixieme du mois, étoit la fête des Matutales, en l'honneur de la déeffe Matuta, que les Grecs appelloient *Leucothéa*. Le même jour étoit dédié à la Fortune.

Le iij. des ides, ou le onzieme du mois, tomboit la fête de la *Concorde*.

Le xiij. des ides, qui étoit le jour des ides, arrivoit la fête de Jupiter, *invictus*, ou l'invincible, à qui l'empereur Augufte crut devoir dédier un temple, en mémoire des victoires qu'il avoit remportées. On célébroit ce même jour la fête de *Minerve*, appellée *quinquatrus minores*, qui étoit la fête des ménétriers.

Le xvij. des calendes de Juillet, ou le quinze du mois de *Juin*, on tranfportoit les immondices du temple de Vefta dans le Tibre, & cette cérémonie donnoit lieu à une fête particuliere.

Le xvj. des calendes, ou le dix-huitieme du mois, on faifoit la fête de la dédicace du temple de Pallas fur le mont Aventin.

Le xij. des calendes, ou le vingt de *Juin*, venoit la fête du dieu *Summanus*, en mémoire de la dédicace du temple faite en fon honneur pendant la guerre de Pyrrhus.

Le x. des calendes, ou le vingt-deux du mois, paffoit pour un jour funefte, parce que Titus Flaminius fut vaincu ce jour-là par les Carthaginois.

Le viij. des calendes, ou le vingt-quatre, étoit la Fortune *forte*. Ce jour-là Syphax fut défait par Maffiniffa, & le même jour fut appellé *dies fortis fortunæ*, parce que Servius lui avoit dédié un temple hors de la ville, au-delà du Tibre. Les artifans & les efclaves, couronnés de fleurs, alloient fe promener en bateaux fur la riviere, fe régaler & fe divertir.

Le v. des calendes, ou le vingt-fept du mois, fe confacroit à Jupiter *ftator*.

Le iv. des calendes, ou le vingt-huit du mois, venoit la fête des dieux *Lares*.

Le iij. des calendes, ou le vingt-neuf du mois, étoit voué à Quirinus ou à Romulus, pour la dédicace de fon temple au mont Quirinal.

Le dernier jour de *Juin* étoit confacré à Hercule & aux Mufes.

Les jeux olympiques, fi fameux dans toute la Grece, commençoient au mois de *Juin* Les Athéniens, qui le nommoient Ἑκατομβαιων, le folemnifoient par la fête des Hécatombes, & enfuite par la fête des Ifteries. Le huitieme du même mois ils célébroient la mémoire de l'entrée de Théfée dans leur capitale, & le douzieme ils célébroient les chronies en l'honneur de Saturne.

Les Béotiens faifoient vers le même téms les jeux de l'hippodromie ou des courfes de chevaux ; mais la plus illuftre des fêtes de la Grece, étoit celle des grandes panathénées, qui avoit lieu tous les cinq ans, qui étoit indiquée au 28 *Juin*. *Voyez* PANATHÉNÉES.

Voici comme Anfone perfonnifie ce mois, dont Mercure étoit la divinité tutélaire. « *Juin*, dit-il, va » tout nud, nous montre du doigt un horloge folai-
» re, pour fignifier que le foleil commence à def-
» cendre. Il porte une torche ardente & flamboyan-
» te, pour marquer les chaleurs de la faifon, qui
» donne la maturité aux fruits de la terre. Derriere
» lui eft une faucille ; cela veut dire qu'on com-
» mence dans ce mois à fe difpofer à la moiffon.
» Enfin on voit à fes piés une corbeille remplie des
» plus beaux fruits qui viennent au printems dans
» les pays chauds ».

C'eft le fixieme mois de notre année. Le foleil entre au figne du cancer ; c'eft dans ce mois qu'arrive le folftice d'été, & que les jours font les plus longs ; ils commencent à décroitre vers la fin. *Voyez* SOLSTICE. (*D. J.*)

JUINE, (*Géog.*) riviere de France en Gatinois ; elle vient de la Ferté-Alais, & eft la même que celle qu'on appelle *la riviere d'Effonne*, & fe jette dans la Seine à Corbeil : on la nomme auffi la *riviere d'Etampes*, car on s'accorde à dire qu'Etampes eft fur la *Juine*, donc la riviere d'Etampes & la *Juine* font la même riviere. (*D. J.*)

JUITZ, (*Hift. mod. fuperftit.*) c'eft ainfi que l'on nomme au Japon les partifans orthodoxes de la religion du Sintos, qui ont toujours adhéré aux dogmes & au culte de leurs ancêtres, fans jamais admettre les innovations de la religion de Budsdo ; on donne le nom de *Rio-bus* à la fecte qui leur eft oppofée. *Voyez* SINTOS, BUDSO, SIAKA.

JUJUBE, f. f. (*Diete & Mat. méd.*) les *jujubes* avant leur parfaite maturité ont un goût aigrelet, vineux très-agréable ; c'eft dans cet état qu'on les mange en Languedoc & en Provence où elles font affez communes. Elles rafraîchiffent & calment un peu la foif ; mais comme leur chair eft ferme & peu fucculente, elles ne font pas très-faciles à digérer : on n'a cependant jamais obfervé qu'elles produififfent de mauvais effets.

Ce fruit mûr & féché eft compté parmi les béchiques adouciffans ; c'eft un des fruits doux & pectoraux des boutiques. *Voy.* FRUITS DOUX, *Pharmacie*.

On trouve dans la Pharmacopée de Paris un fyrop de *jujubes* compofé, dans lequel ce fruit fe trouve affocié à d'autres fubftances qui lui font parfaitement analogues ; ce fyrop a par conféquent les mêmes vertus que les *jujubes* mêmes. *Voyez* BÉCHIQUE & FRUIT DOUX.

Les *jujubes* entrent encore dans le fyrop de tortues & dans l'électuaire lénitif. (*b*)

JUJUBIER, f. m. *ziziphus*, (*Bot.*) genre de plante à fleur en rose, composée de plusieurs pétales disposés en rond. Il sort du calice un pistil qui devient dans la suite un fruit oblong, ressemblant à une olive, & charnue, il renferme un noyau divisé en deux loges, où il y a des semences. Tournefort, *Inst. rei herb. voyez* PLANTE.

A ce caractere général nous ajouterons que c'est un petit arbre que l'on cultive dans les contrées méridionales de l'Europe par rapport à son fruit qui est d'usage en Medecine. Cet arbre ne s'éleve qu'à 12 ou 15 piés. Sa tige est courte, tortue & couverte d'une écorce brune, raboteuse & crévassée ; il se garnit de beaucoup de rameaux qui sont épineux. Ses feuilles sont ovales, unies, légerement dentelées sur les bords, luisantes en dessus, & relevées en dessous de trois nervures principales ; la verdure en est agréable quoiqu'un peu jaunâtre ; elles sont placées alternativement sur des branches fort minces d'environ un pié de long, qui se desséchent après la chute des feuilles, & tombent à leur tour. La fleur & le fruit viennent aussi sur ces petites branches à la naissance des feuilles ; cette fleur qui est petite, herbacée, n'a nul agrément : elle commence à paroître les premiers jours de Juillet, & elle se succede pendant deux mois. Le fruit qui la remplace se nomme *jujube*; il est oblong, charnu, rouge en dehors, jaunâtre en dedans, d'un goût doux & relevé ; il renferme un noyau qui sert à multiplier l'arbre.

Le *jujubier* est commun dans nos provinces méridionales, en Italie, en Espagne, &c. il lui faut un terrein médiocre & léger ; il se plaît dans les lieux les plus chauds, exposés au soleil & à l'abri du vent : dans une telle exposition il résistera à de grands hivers, même dans la partie septentrionale de ce royaume: cet arbre n'exige même presqu'aucune culture.

On peut multiplier le *jujubier* par les rejettons qui viennent au pié des vieux arbres ; mais il vaut mieux le faire venir de semence. Il faut avoir des jujubes fraîches, & les semer, s'il est possible, avant l'hiver dans des caisses ou terrines, que l'on mettra dans une serre qui puisse les garantir des fortes gelées. On pourra les sortir au commencement de Mars, & les jujubes leveront au bout d'un mois ou environ. Au printems suivant, il faudra transplanter les jeunes plants dans des pots séparés, où on les laissera pendant trois ou quatre ans, avec la précaution de les faire passer les hivers dans la serre, après quoi ils seront assez forts pour être transplantés à demeure, & pour résister aux intempéries de notre climat septentrional. Mais il sera bien rare de l'y voir porter du fruit ; il faut pour cela des années bien favorables: les arbres de ce genre qui sont au jardin du Roi à Paris en ont donné plusieurs fois.

Le *jujubier* par rapport à la beauté de son feuillage dont la verdure est brillante, doit trouver place dans les bosquets d'arbres curieux ; il a aussi quelque chose de singulier dans l'arrangement de ses branches qui sont de deux sortes ; les unes plus grosses & moins confuses sont permanentes; les autres plus menues & dont la destination est de porter la fleur & le fruit, ne font qu'annuelles ; & comme l'arbre se garnit d'une grande quantité de ces branches du second ordre, qui sont toutes à peu près d'égale longueur, cette singularité en contrastant avec les autres arbres, peut contribuer à la variété.

Les jujubes dans leur fraîcheur peuvent se manger, mais elles sont indigestes, & d'un goût trop relatif aux drogues de la Pharmacie : ce n'est qu'en Medecine qu'on en fait principalement usage. *Voyez* JUJUBES.

JUKAGIRI, (*Géograph.*) peuples payens qui habitent les bords de la mer Glaciale, entre l'embouchure du fleuve Lena & le cap Suetoi-noss ; on prétend que leur façon de parler ressemble au bruit que font les oies. Chez eux on n'est pas dans l'usage d'enterrer les morts ; on se contente de les suspendre à des arbres, & lorsqu'on va à la chasse on porte sur son dos les os de ses parens : on croit que cela porte bonheur. *Voyez la description de l'empire russien.*

JU-KIAU, (*Hist. mod. & Philosophie.*) c'est le nom que l'on donne à la Chine à des sectaires qui, si l'on en croit les missionnaires, sont de véritables athées. Les fondateurs de leur secte sont deux hommes célebres appellés *Chu-tsé* & *Ching-tsé*; ils parurent dans le quinzieme siecle, & s'associerent avec quarante-deux savans, qui leur aiderent à faire un commentaire sur les anciens livres de religion de la Chine, auxquels ils joignirent un corps particulier de doctrine, distribué en vingt volumes, sous le titre de *Sing-li-ta-tsuen*, c'est-à-dire *philosophie naturelle*. Ils admettent une premiere cause ; qu'ils nomment *Tai-Ki*: Il n'est pas aisé d'expliquer ce qu'ils entendent par ce mot ; ils avouent eux-mêmes que le *Tai-Ki* est une chose dont les propriétés ne peuvent être exprimées : quoi qu'il en soit, voici l'idée qu'ils tâchent de s'en former. Comme ces mots *Tai-Ki* dans leurs sens propres, signifient *faîte de maison*, ces docteurs enseignent que le *Tai-Ki* est à l'égard des autres êtres, ce que le faîte d'une maison est à l'égard de toutes les parties qui la composent ; que comme le faîte unit & conserve toutes les pieces d'un bâtiment, de même le *Tai-Ki* sert à allier entr'elles & à conserver toutes les parties de l'univers. C'est le *Tai-Ki*, disent-ils, qui imprime à chaque chose un caractere spécial, qui la distingue des autres choses ; on fait d'une piece de bois un banc ou une table; mais le *Tai-Ki* donne au bois la forme d'une table ou d'un banc : lorsque ces instrumens sont brisés, leur *Tai-Ki* ne subsiste plus.

Les *Ju-Kiau* donnent à cette premiere cause des qualités infinies, mais contradictoires. Ils lui attribuent des perfections sans bornes ; c'est le plus pur & le plus puissant de tous les principes ; s'il n'a point de commencement, il ne peut avoir de fin. C'est l'idée, le modele & l'essence de tous les êtres ; c'est l'ame souveraine de l'univers ; c'est l'intelligence suprême qui gouverne tout. Ils soutiennent même que c'est une substance immatérielle & un pur esprit ; mais bien-tôt s'écartant de ces belles idées, ils confondent leur *Tai-Ki* avec tous les autres êtres. C'est la même chose, disent-ils, que le ciel, la terre & les cinq élémens, en sorte que dans un sens, chaque être particulier peut être appellé *Tai-Ki*. Ils ajoûtent que ce premier être est la cause seconde de toutes les productions de la nature, mais une cause aveugle & inanimée, qui ignore la nature de ses propres opérations. Enfin, dit le P. du Halde, après avoir flotté entre mille incertitudes, ils tombent dans les ténebres de l'athéisme, rejettant toute cause surnaturelle, n'admettant d'autre principe qu'une vertu insensible, unie & identifiée à la matiere.

JULE, s. m. (*Littérat.*) nom d'une piece de vers ancienne que les Grecs, & ensuite les Romains à leur imitation, chantoient pendant la moisson à l'honneur de Cérès & de Proserpine pour se les rendre propices.

Ce mot vient du grec ουλος ou ιουλος, qui signifie une *gerbe*.

On appelloit aussi cet hymne *démétrule* ou *démétriole* ; c'est-à-dire *iole de Cérès*. On les nommoit encore *calliules*, selon Dydime & Athénée.

Iule est aussi le nom que les Botanistes donnent à ces touffes vermiculaires, qui au commencement de l'année croissent, & pendent des branches de noifutiers, de noyers, de chênes, de châtaigniers, de meuriers, de frênes, &c. qu'on appelle communément *chaton*. *Voyez* CHATON.

M. Ray les regarde comme des amas d'étamines des fleurs de l'arbre, à cause que dans les arbres & les plantes fertiles on y découvre une grande quantité de fruits & de coffes ; & cette opinion est adoptée par Bradley, qui les prend pour des fleurs mâles qui servent à imprégner les rudimens du fruit, ou pour des fleurs femelles qui croissent sur le même arbre ou sur d'autres de même espece. *Voy.* PLANTE & GÉNÉRATION.

JULEP, f. m. en latin *julepus* & *julapium*, (*Pharmacie*, *Thérapeutique*.) espece de remede magistral, qui est une liqueur composée, diaphane, d'un goût agréable, d'une bonne odeur ou sans odeur, que le medecin prescrit ordinairement pour plusieurs doses.

La qualité de *diaphane* que l'on demande dans le *julep*, prouve que le mélange de ses différens ingrédieus doit être fait par vraie dissolution chimique. L'agrément du goût qui est essentiel à cette espece de remede, exigeoit nécessairement cette dissolution, puisqu'un simple mélange par confusion ne peut fournir qu'une potion trouble qui ne sauroit être agréable au goût.

On peut préparer des *juleps* pour remplir la plûpart des indications medicinales, ou, ce qui est la même chose, on peut donner sous cette forme un grand nombre de médicamens doués de diverses vertus. Les *juleps* les plus usités sont cependant ceux qu'on prépare avec des remedes humectans, adoucissans, rafraîchissans, ou quelquefois, mais plus rarement, avec des fortifians & cordiaux.

La matiere des *juleps* doit être distinguée en *excipient* & en *base*, c'est-à-dire, en liqueur qui *reçoit*, qui *étend*, qui *délaye*, & en médicament principal, soit liquide, soit solide, qui est *reçu*, *étendu*, *délayé*.

L'excipient des *juleps* est premierement l'eau commune, ou des eaux distillées des plantes inodores ; telles que l'eau de chicorée, de laitue, de coquelicot, de bourrache, d'oseille, &c. L'eau commune vaut mieux que ces eaux distillées, qui ont toujours un goût fade & une certaine odeur de feu, & qui d'ailleurs ne possedent aucune vertu réelle ; *voyez* EAUX DISTILLÉES. Secondement, les eaux distillées aromatiques, dont le parfum est doux & agréable, ou qui sont véritablement actives, comme l'eau-rose, l'eau de fleur d'orange, l'eau de chardon-bénit, &c. Troisiemement, les infusions des fleurs & des especes aromatiques, comme d'œillets, de violettes, de thé, de vulnéraires de Suisse, &c. Quatriemement, les décoctions légeres & qui n'ont point de saveur desagréable, clarifiées ; telles que celles d'orge, de ris, de pruneaux, de raisins secs, de pommes, de corne de cerf, &c. enfin l'excipient peut être formé de mélange de ces diverses liqueurs.

La base du *julep* est, ou des syrops agréables & parfaitement solubles, (cette derniere qualité exclut celui d'orgeat, dont la dissolution dans l'eau fait une émulsion, *voyez* ÉMULSION) comme elui d'œillet, de capillaire, de limon, de coin, de mûre, d'épine-vinette, de framboise, &c. ou des sucs des fruits doux & aigrelets, tels que ceux dont nous venons de parler ; celui de cerises, de pommes, de groseilles, &c. les robs, les gelées, les marmelades, telles que le cotignac, la gelée de groseilles, la marmelade d'abricots, le sucre, soit pur, soit aromatisé sous forme d'*oleo-saccharum*. (*Nota*. Les sucs, les syrops, les robs, gelées, marmelades & le sucre exigent qu'on filtre le *julep*, si on veut l'avoir clair & aussi élégant qu'il peut l'être,) le vinaigre, l'esprit de vinaigre & les acides minéraux, les esprits ardens, soit purs, soit aromatiques distillés ; on introduit aussi quelquefois dans les *juleps* quelques sels neutres principalement, & même presque uniquement le nitre. On y mêle aussi quelquefois les confections alkermes & d'hyacinthe : mais dès-lors on a proprement une potion, *voyez* POTION, & ce n'est qu'inexactement qu'on appelle un pareil mélange *julep*.

On voit par l'idée que nous venons de donner du *julep*, que la limonade est un véritable *julep* ; que nos liqueurs spiritueuses aromatiques & sucrées, nos ratafias étendus dans plusieurs parties d'eau seroient de vrais *juleps*. De plus, la limonade & ce dernier mélange fourniroient des *juleps* éminemment conformes à la regle de l'art qui défend de multiplier les ingrédiens des remedes, & sur-tout dans ceux qu'on veut rendre agréables. Il ne faut donc jamais s'écarter de cette regle dans la prescription des *juleps* : la limonade & la dissolution du ratafia de cerises dans l'eau en font de fort bons modeles. *Voyez* LIMONADE.

La proportion des divers ingrédiens d'un *julep* est telle que pour une livre de medecine ou douze onces d'excipient, on prenne environ deux ou trois onces de syrop ou de sucs, gelées, &c. ou une once & demie de sucre ; on peut encore se régler sur le goût du malade, & déterminer la dose de ces ingrédiens par le degré d'agréable douceur. Les acides se dosent toujours par le point d'agréable acidité. Les esprits ardens ne doivent pas y excéder la quantité d'une once par livre d'excipient. Le nitre est en suffisante quantité à la dose de demi-gros, d'un gros tout au plus.

La dose générale du *julep* ne doit se prescrire que pour la journée, quoique cette préparation ne soit pas aussi sujette à s'altérer que l'émulsion. Sa quantité se regle sur la soif du malade, & sur l'intention du medecin. Mais elle doit toujours être considérable : une seule dose de *julep* rafraîchissant ou fortifiant, donnée dans la journée & ordinairement le soir, comme la pratiquent quelques medecins, est un remede à peu-près inutile. En général, les remedes doux & purement altérans, comme ceux qu'on donne communément sous la forme des *juleps*, ne peuvent agir que par les doses réitérées. Il est pourtant permis de préparer un seul verre de *julep*, quand on veut en faire le véhicule d'un narcotique qu'on donne une fois seulement à l'heure du sommeil ; la dose particuliere du *julep* se prescrit par onces ou par verrées.

Les anciens avoient une forme de remede qu'ils appelloient *julep*, & qui n'étoit qu'un syrop liquide. Le nôtre differe de celui-là par sa beaucoup plus grande liquidité. (*b*)

* JULES, f. m. (*Commerce.*) petite monnoie courante en Italie ; sa valeur est d'environ cinq sols. Il y a les testons, les écus & les *jules*. La pistole d'Espagne vaut à Rome treize écus *jules*, & l'écu de notre monnoie dix ou environ.

Le nom de cette monnoie vient des papes qui se font appellés *Jules*.

* JULE TUNGLET, f. m. (*Hist. mod.*) douzieme mois des Suédois. Il s'appelle aussi *Jylamons* & *Jwlemanat*.

JULIA, (*Géog. anc.*) prénom de villes ou colonie romaines.

Quand Jules-César eut détruit la liberté de sa patrie, & qu'il eut usurpé l'autorité des consuls & du sénat, il arriva que plusieurs lieux joignirent son nom à celui qu'ils avoient déjà, soit parce qu'il y envoya des colonies pour les repeupler, soit parce qu'ils reçurent d'autres marques de sa bienveillance, ou qu'ils espérerent de se la procurer par ce témoignage de leur dévouement ou de leur flaterie.

Quoi qu'on en pense, on ne voit que villes & colonies qui firent gloire de porter le nom de *Julia*, ou simple, sans une autre dénomination, ainsi que *Julia* (Juliers) en Germanie, *Julia* aujourd'hui Fidence ou Borgo san Domino en Italie; ou composé, ainsi que *Juliopolis* en Bithynie, *Juliobriga* dans la Tarragonoise, *Juliodunum* (Loudun) dans la Celtique, *Juliomagus* (Angers), *Julia-Bona* (Vienne) en Autriche; ou joint avec quelque épithete, ou quelque qualité particuliere, comme *Julia-Fama* en Estramadan, *Julia-Campestris*, *Rabba* dans la Mauritanie Tingitane, *Julia-Nova* dans le royaume de Naples, *Julia-Concordia*, *Julia-restituta*, *Segeda*, dans la Bétique, *Julia traducta*, *Tingi*, dans la Mauritanie; ou réuni simplement avec les anciens noms des villes, par exemple, *colonia Julia Berytus*, *colonia Julia Accitana*, *colonia Julia Sinope*, &c.

Les colonies romaines, & quantité d'autres villes, ne se firent pas moins d'honneur du titre d'*Augusta* que de celui de *Julia*. Les habitans de ces villes étoient persuadés qu'ils ne pouvoient mieux marquer à Auguste leur reconnoissance & la vénération qu'ils avoient pour son nom, qu'en l'adoptant; il fut même consacré en quelque sorte à désigner la capitale & le chef-lieu de quantité de peuples particuliers; de là l'*Augusta Taurinorum*, l'*Augusta Trevirorum*, *Vindelicorum*, *Suessionum*, *Veromanduorum*, &c.

Plusieurs colonies prenoient, même conjointement, la qualité de *Julia* avec celle d'*Augusta*; rien de plus ordinaire que de lire sur les médailles, *colonia Julia*, *Augusta*, *Berytus*; *colonia Julia Augusta Apamea*; *colonia Julia Augusta Pella*; *colonia Julia Augusta Heliopolis*, & tant d'autres; les unes, parce qu'Auguste les avoit fondées en exécution des dernieres volontés de Jules César, ou augmentées par de nouvelles bandes de soldats vétérans; les autres, à cause qu'il les avoit confirmées dans leurs anciens droits & privilèges, ou qu'il leur en avoit accordé de nouveaux.

On trouve aussi, par les mêmes raisons, quelques villes nommées *Justinopolis*, de l'empereur Justin; on en trouve encore un plus grand nombre nommées *Justiniana*, de l'empereur Justinien, ce prince, qui désolant ses sujets par toutes sortes de tyrannies, crut étendre sa gloire en bâtissant de nouvelles villes, en en réparant d'autres, & en construisant des forteresses qui portassent son nom; mais si plusieurs villes le prirent de cette maniere, elles ne le garderent pas long-tems. (*D. J.*)

JULIA GENS, (*Antiq. rom.*) la premiere maison de Rome. La famille *Julia* prétendoit tirer son origine de Julus fils d'Enée, & par lui conséquemment de la déesse Venus. On trouve des médailles de cette famille, qui ont au revers un Enée, portant Anchise sur le bras gauche, tenant de sa main droite le palladium, & marchant à grands pas comme un homme qui fuit. Le fils de Julus vint à succéder à son pere dans le souverain sacerdoce, & transmit à sa famille cette premiere dignité de la religion, dont les empereurs romains ne manquerent pas de s'emparer, comme succédant aux droits des Jules; car ils prirent tous le titre de *souverain pontife*, & ce fut un grand coup de politique, *primum arcanum imperii*. *Voyez* PONTIFE. (*D. J.*)

JULIANE ou JULIENNE, *hesperis*, (*Botanique.*) genre de plante à fleur en croix, composées de quatre pétales; il sort du calice un pistil qui devient dans la suite un fruit ou une silique longue, cylindrique, divisée en deux loges par une cloison qui porte de chaque côté des panneaux creusés en gouttiere. Cette silique renferme des semences oblongues presque cylindriques, quelquefois arrondies & logées dans les fosses de la cloison. Tournefort, *inst. rei herb. Voyez* PLANTE & JULIENNE.

JULIEN, (*Chron.*) est un terme fort en usage dans la Chronologie. Ce mot se prend en deux sens dans la Chronologie, en tant qu'il est joint avec le mot *année* & avec le mot *période*.

JULIENNE (ANNÉE); c'est une ancienne maniere de supputer les années, qui est ainsi appellée de *Jules César* son inventeur, pour la distinguer de la Grégorienne, qui est en usage dans la plus grande partie de l'Europe. *Voyez* AN & CALENDRIER.

Période julienne est une période à qui on a donné ce nom, parce que c'est Jules Scaliger qui en a parlé le premier. *Voyez* ANNÉE. Cette période est formée du produit du cycle solaire 28, par le cycle lunaire 19, & par le cycle des indictions 15; ce qui fait 7980 ans. *Voyez* CYCLE.

On la fait commencer environ 764 ans avant la création du monde plus ou moins selon l'hypothèse qu'on veut suivre. Son principal avantage consiste en ce que les mêmes années du cycle solaire, lunaire ou de l'indiction qui appartiennent à une année de cette période, ne peuvent se rencontrer ensemble qu'au bout de 7980 ans. Comme on suppose dans cette période que le cycle solaire est 28, & qu'il revient toujours le même au bout de 28 ans, on voit que c'est principalement à l'*année julienne* qu'elle convient: car dans l'*année julienne* le cycle solaire est constamment 28, parce que chaque quatrieme année est toujours bissextile; au lieu qu'il n'en est pas de même dans l'année grégorienne, ou sur quatre années séculaires consécutives, il n'y en a qu'une qui soit bissextile. La premiere année de l'ere chrétienne dans tous nos systèmes de Chronologie est toujours la 4714e de la période *julienne*. Ainsi pour trouver à quelle année de la période *julienne* appartient une année donnée depuis J. C. on ajoutera à cette année 4713 pour les nombres d'années qui se sont écoulées avant la naissance de Notre Seigneur, & la somme donnera l'année de la période *julienne* que l'on cherche.

Je veux savoir, par exemple, à quelle année de la période *julienne* répond l'année 1720. 1720 + 4713 = 6433, qui est l'année de la période que l'on cherche.

Si l'on connoit au contraire l'année de la période *julienne*, & que l'on veuille savoir quelle est l'année de J. C. qui lui répond, il n'y a qu'à retrancher de la premiere 4713, & le reste sera l'année que l'on cherche.

Je veux savoir, par exemple, quelle année de J. C. répond à l'année de la période 6433; 6433 − 4713 = 1720, qui est l'année que l'on cherche.

Si l'année donnée de la période *julienne* étoit moindre que 4713, il faudroit la retrancher de 4714 (qui est l'année de la période *julienne* qui répond à la premiere de J. C.) & le restant montreroit de combien l'année donnée de la période *julienne* a précédé la naissance de J. C.

Je suppose, par exemple, que la ville de Rome a été bâtie l'année 3960 de la période *julienne*, & je veux savoir de combien sa fondation a précédé la naissance de J. C. 4714 − 3960 = 754, qui montre que Rome a été bâtie 754 ans avant J. C.

Comme cette période n'est pas encore achevée, & qu'elle a commencé long-tems avant les époques les plus anciennes que nous connoissions, il est évident qu'elle doit renfermer tous les événemens qui sont arrivés sur la terre, & tous les faits historiques, en sorte qu'il ne peut y avoir qu'une année dans toute cette période qui réponde au même nombre des trois cycles dont elle est composée. C'est pourquoi si les Historiens avoient eu soin de marquer dans leurs annales les cycles de chaque année, il n'y auroit plus d'incertitude dans les époques ni dans la Chronologie. On suppose que la premiere année de la période *julienne* avoit 1 de cycle solaire, 1 de cycle lunaire, & 1 d'indiction.

On peut proposer sur la période *julienne* un autre problème qui a fort exercé les Chronologistes. Etant donnée l'année du cycle solaire, celle du cycle lunaire & celle de l'indiction, on propose de trouver l'année de la période *julienne*.

On multipliera le nombre 3845 par le nombre du cycle solaire, le nombre 4200 par le nombre du cycle lunaire, & le nombre 6916 par l'année de l'indiction. Ensuite on divisera la somme des trois produits par 7980, & négligeant le quotient, le reste sera la année de la période *julienne*. Exemple. Soit pris l'année 1718, le nombre du cycle solaire 19, celui du cycle lunaire 9, & de l'indiction 11, si on multiplie 4845 par 19, le produit sera 92055 ; de même si on multiplie 4200 par 9, le produit sera 37800 ; enfin si on multiplie 6916 par 11, le produit sera 76076. Or la somme des produits est 205931, qui étant divisée par 7980, & négligeant le quotient, le reste sera 6431, qui marque que l'année 1718 est la 6431ᵉ de la période *julienne* ; voici la raison de cette pratique. Le nombre 4200 est le produit de 28 par 150, ou de 15 par 280, ou de 19 par 221, en ajoûtant 1 à ce dernier produit ; le nombre 4845 est le produit de 19 par 255, ou de 15 par 323, ou de 28 par 173, en ajoûtant 1 à ce dernier produit ; le nombre 6916 est le produit de 19 par 364, ou de 28 par 247, ou de 15 par 461, en ajoûtant 1 à ce dernier produit ; donc si on multiplie 4200 par le cycle lunaire donné 9, ce produit pourra se diviser exactement par 28 & par 15, c'est-à-dire par le cycle solaire & le cycle des indictions, mais en le divisant par 19, qui est le cycle lunaire il restera 9 ; car 4200 multiplié par 9, est égal à 28 multiplié par 9 & par 150, ou à 15 multiplié par 9 & par 280, ou à 19 multiplié par 9 & par 221, auquel produit il faudra ajoûter 9. On verra par la même raison, que si on multiplie par 4845 le nombre 19 du cycle solaire 9, le produit se divisera exactement par 19 & par 15, mais que divisant par 28 il doit rester 19 : & enfin que si on multiplie le nombre 11 de l'indiction par 6916, le produit pourra se diviser exactement par 28 & par 19, mais que divisant par 15, il restera 11. On démontrera de même que la regle que nous avons donnée est générale, quels que soient les nombres donnés du cycle solaire, du cycle lunaire & de l'indiction.

Au reste il est clair que la difficulté de ce problème & de tous les autres semblables, se réduit à trouver un nombre qui, divisé par 28 il reste 19, divisé par 19 il reste 9, & divisé par 15 il reste 11. M. Euler a donné dans le *tome VII. des Memoires de l'académie de Pétersbourg* une méthode générale pour résoudre ces sortes de questions, quels que soient les nombres par lesquels il faut faire la division, & en quelque quantité que soient ces nombres, & quels que doivent être les restes. *Voyez le tome VII. des Mém. acad. de Petersbourg, pag. 46.* Il est encore bon de remarquer que ces questions sont en quelque maniere indéterminées, & qu'elles ont une infinité de solutions, si on les prend dans toute leur généralité. Car, par exemple, après avoir trouvé que l'année 1643 de la période *julienne* est celle qui a 19 de cycle solaire, 9 de cycle lunaire & 11 d'indiction, on trouve que l'année 6431, plus 7980 ou 6431, plus deux fois 7980 ; ou 6431, plus trois fois 7980 & ainsi à l'infini, ont les mêmes nombres de cycle solaire, de cycle lunaire, & de cycle d'indiction. Mais ces années appartiendroient à de nouvelles révolutions de la période *julienne*; de sorte que pour trouver l'année de la période *julienne* à laquelle répond une année proposée qui a 19, 9 & 11 de cycles, il faut non-seulement trouver un nombre qui étant successivement divisé par 28, 19 & 15, il reste 19, 9 & 11; il faut encore que ce nombre soit le plus petit qu'il soit possible parmi tous ceux qui ont cette propriété, tel est dans la question présente le nombre 6431, & alors le problème dont il s'agit est déterminé, & n'a qu'une seule solution.

La période *julienne* est la même que la période ou époque constantinopolitaine, dont les Grecs se servent, avec cette différence que les cycles solaires, lunaires & des indictions s'y comptent autrement, & que la premiere année de cette époque est différente de la premiere année de la période *Julienne*. *Voyez* Epoque.

Quelques auteurs, dans leurs tables astronomiques ou dans leurs éphémérides, comptent les années suivant cette période ; mais quoique Kepler & Bouillaud en ayent fait usage, cependant c'est dans l'Astronomie de Mercator publiée en 1676, qu'on s'en sert uniquement. *Instit. Astron. de M. Le Monnier.*

La période *julienne* est le produit de la période dyonienne par 15. *Voyez* Periode. (O)

JULIENNE, (*Botan.*) *hesperis*, genre de plante qu'on caractérise ainsi. Sa fleur est d'ordinaire à quatre pétales en forme de croix. Du calice s'éleve le pistil qui devient une gousse longue, unie, conique, à deux panneaux divisés en deux cellules, séparés par une cloison intermédiaire, & pleines de semences oblongues, sphériques ou cylindriques.

M. de Tournefort compte vingt-six especes de *julienne*, dont nous décrirons la plus commune, *hesperis hortensis*. Elle porte à la hauteur de deux piés des tiges rondes, velues, remplies de moëlle. Ses feuilles sont rangées alternativement le long des tiges ; elles ressemblent à celles de la roquette, mais elles sont moins découpées ; d'ailleurs elles sont dentelées en leurs bords, pointues, cotonneuses, d'un verd noirâtre, & d'un goût un peu âcre. Il sort de leurs aisselles de petits rameaux qui portent des fleurs approchantes de celles du giroflier, belles, jaunes, composées chacune de quatre pétales disposés en croix, tantôt blancs, tantôt pourprins, tantôt de couleurs diversifiées, comme blanches avec des taches purpurines. Ces fleurs répandent une odeur suave, très agréable ; il leur succede des siliques lisses, renfermant des semences oblongues ou rondelettes, rougeâtres & âcres : ses racines sont petites, ligneuses & blanches.

La *julienne* différe principalement du giroflier par ses gousses qui sont cylindriques & non pas applaties ; & par ses graines qui sont enflées, non bordées d'une aile, & qui de plus sont reçues dans des creux de la cloison intermédiaire.

Les *juliennes* que les Fleuristes cultivent principalement, ce font celles à fleur pourpre, blanche, panachée, soit simple, soit double, sur-tout ces dernieres. En effet la *julienne* blanche double, *hesperis hortensis, flore albo, pleno*, H. R. P. n'est point inférieure en beauté à la plus belle giroflée. Toutes les *juliennes* fleurissent en Mai, & les *juliennes* simples perfectionnent leurs graines en Août.

Les *juliennes* se multiplient de graine, de bouture, ainsi que de plan enraciné. Il faut les semer en Mars, soit en planche, soit en pots dans une terre meuble, non fumée, & couverte d'un bon doigt de terreau. Si on veut des *juliennes* de houture, on coupe des branches contre le pié ; quand les fleurs sont passées, on fiche en terre les bouts ou arrosé ; on les met ensuite à l'ombre pendant quelques jours, & l'année suivante on les replante où l'on juge à propos.

Pour

Pour multiplier les *juliennes* de-plant enraciné, *il* faut prendre un pié de deux ans qui ait fait touffe ; on en éclate les tiges, de telle maniere que chaque brin a des racines ; on les replante, on les arrose aussi-tôt : on les laisse reprendre, & on leur donne une culture convenable. *Voyez* Morin, *culture des fleurs.* (*D. J.*)

JULIERS, (*Géog.*) en allemand *Julich*, ville d'Allemagne, capitale du duché de même nom ; avec une bonne citadelle, dont les murs épais sont bâtis sur pilotis ; *Juliers* est ancienne, car l'itinéraire d'Antonin en parle sous le nom de *Juliacum* ; elle étoit au pays des Ripuaires. Ammien Marcellin, *lib. XVII. cap. ij.* la désigne entre Cologne & Rheims, elle est sur la Roër à 6 de nos lieues N. E. d'Aix-la-Chapelle, 7 O. de Cologne, 11. N. E. de Mastricht. *Long.* 24. 10. *lat.* 50. 55. (*D. J.*)

JULIERS, *le duché de* , (*Géog.*) petit pays d'Allemagne dans la Westphalie avec titre de duché, borné N. par la Gueldre, E. par l'archevêché de Cologne, S. par les pays d'Eiffel & de Luxembourg, O. par le pays d'entre-Meuse. Les principales villes sont *Juliers* capitale , Duren & Aix-la-Chapelle ; ce pays est à l'Electeur palatin. (*D. J.*)

JULIOBONA, (*Géog. anc.*) ancienne ville de la Gaule lyonnoise, dans le pays des Caletes (de Caux) selon Ptolomée. On a cru trouver cette ville dans l'Islebonne, dans Dieppe, dans Troyes, dans Angers , dans Bayeux, &c. enfin on s'est inutilement cassé la tête à la rechercher, elle n'est point encore découverte. (*D. J.*)

JULIS, s. m. (*Ichtyolog.*) ou ἰούλις , *julis* en latin par Gaza , & par les Génois *girella* ; petit poisson qu'on prend principalement sur la côte de Gènes & d'Antibes, & qu'on vend dans les marchés à cause de sa délicatesse. Il vit en troupes, comme le remarque Aristote, & est poisson de rocher, comme le dit Galien.

Sa grandeur est de la longueur, & un peu plus de la largeur du pouce. Il est couvert de petites écailles variées, brillantes & fortement adhérentes à la chair. Le long des côtés regne une ligne blanche , & au-dessous une autre safrannée ; son ventre est d'un blanc de perle ; ses yeux sont ronds & petits ; son iris est rouge ; le trou des excrémens est placé au milieu du corps ; sa bouche est petite , armée de dents fortes & aiguës ; ses levres sont épaisses & charnues ; sa nageoire du dos s'étend jusqu'à la queue , qui est non fourchue.

Les mâles sont peints des plus brillantes couleurs, vertes sur le dos , tachetées de jaune & de rouge sur la tête, bordées de raies dorées sur les côtés , & mouchetées de rouge & de bleu sur la nageoire du dos , ainsi que sur la queue.

Elien assure que ce poisson a les dents venimeuses. Il eût rencontré plus juste s'il eût dit avec Athénée , qu'il est friand de chair humaine, car il persécute les nageurs, les plongeurs , coure sur eux à grande troupe, & vient mordre les jambes nues à ceux qui sont dans l'eau. Rondelet, *liv. VI, ch. vij.* Aldrovand , *liv. I. chap. vij.* Gesner *de Piscibus, pag. 549.* (*D.J.*)

JULIS , (*Géog. anc.*) ville de l'isle de Céos, dont Ptolomée, Suidas & Valere-Maxime ont fait mention. Cette ville , située sur une montagne à trois milles de la mer , a été la patrie de Bacchylide, fameux poëte grec, qui fleurissoit vers l'an du monde 3552 , propre neveu de Simonide , qui étoit de la même isle, & vraissemblablement de la même ville. Il nous reste quelques fragmens des poésies de Simonide , qui ont été recueillies par Fulvius Ursinus. Le sophiste Prodicus , le medecin Eratistrate , & un philosophe nommé Ariston , étoient aussi natifs de *Julis*.

Mais nous ne pouvons taire un fait bien singulier que rapporte Valere-Maxime , *liv. II , chap. vj. num. 7.* Il raconte qu'allant en Asie avec Sextus Pompée , & passant par *Julis* , il assista aux dernieres heures d'une dame de cette ville , âgée de plus de 90 ans. Elle avoit déclaré aux magistrats les raisons qu'la portoient à renoncer à la lumiere , & ils les avoient approuvées. Comme elle crut que la présence de Pompée donneroit un grand éclat à cette cérémonie, elle le fit supplier de vouloir bien y assister. Il lui accorda cette faveur, dans l'espérance de l'engager, par son esprit & par ses instantes prieres , à changer de résolution ; mais ce fut inutile. ment.

Elle le remercia de ses bontés , & chargea envers lui de sa reconnoissance , non-pas tant les dieux qu'elle alloit joindre, que ceux qu'elle alloit quitter. *Tibi quidem , inquit , Sexte Pompei , dii magis quos relinquo , quàm quos peto ; gratias referant , quia nec hortator vitæ meæ , nec mortis spectator esse , fastidisti.* En même tems elle lui déclara qu'ayant toujours été favorisée de la fortune , elle ne vouloit point s'exposer à ses revers. Ensuite ayant exhorté à la concorde deux filles & sept petits-fils qu'elle laissoit, elle prit d'une main ferme la coupe qui contenoit le poison. Alors après s'être recommandée à Mercure , pour l'heureux succès de son passage , elle but avidement la mortelle liqueur. *Poculum in quo venenum temperatum erat , constanti dextrâ arripuit : Tum defusis Mercurio delibamentis , & invocato numine ejus , ut se placido itinere in meliorem sedis infernæ deduceret partem , cupido hausu mortiferam traxit potionem.*

Ce récit intéressant sur un citoyenne de *Julis*, nous apprend encore une particularité qu'on ne trouve point ailleurs ; je veux dire la maniere dont on se recommandoit aux dieux à l'article de la mort : nous ne lisons nulle part qu'on leur demandât pardon de ses péchés. (*D. J.*)

JUMART , f. m. (*Maréch.*) animal monstrueux, engendré d'un taureau & d'une jument, ou d'une ânesse , ou bien d'un âne & d'une vache. Cet animal n'engendre-point, & porte des fardeaux très pesans.

JUMALA, (*Mythol,*) c'est la divinité suprème des Lapons ; elle est placée sur un autel, avec une couronne sur la tête & une chaîne d'or au col. Les Lapons la regardent comme la souveraine de la nature.

JUMEAUX, *freres* , (*Physiol.*) terme relatif qui se dit de deux enfans mâles qu'une mere a portés en même tems dans son sein.

La naissance de deux freres *jumeaux* a fait naître dans la société civile une question insoluble en elle-même , j'entends celle du droit d'aînesse. On peut bien décider par la loi (parce qu'il faut une décision vraie ou fausse) , que le premier qui vient au monde, sera regardé comme étant l'aîné ; mais ce qui se passe dans les entrailles de la mere lors de la conception & du terme de l'accouchement , est un secret tellement impénétrable aux yeux des hommes, qu'il leur est impossible de dissiper le doute par les lumieres de la Physiologie.

De-là vient que quelques-uns de nos jurisconsultes qui ont traité des successions, aiment mieux s'en tenir au sort ou au partage égal des biens de patrimoine entre freres *jumeaux* , qu'aux arrêts d'une faculté de medecine. Pour moi j'approuve fort le partage égal à l'égard des particuliers, mais quand il s'agira d'un royaume, ces deux moyens de décision ne seront pas suivis : les royaumes ne se partagent pas aisément ; il y en a même, comme celui de France, où l'on n'admettroit pas le partage. Quant au sort, on obligeroit difficilement les concurrens à soumettre leurs droits à l'incertitude de cet arrêt. Un célebre espagnol offre ici l'élection faite par les états assemblés , mais vraissemblablement cette idée ne seroit pas plus sûre, ni d'une pratique plus heureuse. Ulpien propose cette autre question dans la loi dixieme § *ult. ff. de rebus dubiis* : un testateur legue la liberté à un esclave, si son premier enfant est un mâle ; elle accouche d'un garçon & d'une fille, on n'a pu déterminer lequel des deux enfans étoit né le premier ; dans ce cas Ulpien décide qu'il faut suivre le parti le plus doux, présumer le mâle né le premier, & déclarer la fille ingénue, puisque sa mere avoit acquis la liberté par la naissance du mâle. Quoique cette décision ne soit pas précise, on ne peut s'empêcher de la goûter, parce que les circonstances favorables doivent toujours faire pencher la balance en faveur de l'humanité.

Il s'offre sur les *jumeaux* plusieurs autres questions difficiles à résoudre par les lumieres physiologiques ; la cause de leur origine, & la rareté de ce phénomène n'est pas une des moindres.

La Physiologie est encore plus embarrassée à comprendre la raison de la ressemblance des freres *jumeaux*, car ils ont chacun dans le ventre de la mere leur placenta distinct, un cordon ombilical distinct, enfin des enveloppes & des vaisseaux qui leur sont propres ; cependant la ressemblance des freres *jumeaux* est assez bien constatée par les annales de l'Histoire. Celle de France seule fournit à ma mémoire des exemples trop singuliers sur cet article, pour pouvoir les supprimer ; ils tiendront lieu des dépenses d'esprit, dont nous sommes volontiers avares en fait d'explications.

Henri de Soucy, disent les Historiens, fut pere de Nicolas & de Claude de Soucy freres *jumeaux*, dont l'aîné eut en partage la seigneurie de Sissonne, & le puiné celle d'Origny. Ils naquirent le 7 Avril 1548, avec tant de ressemblance que leurs nourrices prirent le parti de leur donner des bracelets de différentes couleurs afin de les reconnoître. Cette grande ressemblance se conserva pendant long-tems dans leur taille, dans leurs traits, dans leurs gestes, dans leurs humeurs & dans leurs inclinations : de sorte qu'étant vêtus de la même façon dans leur enfance, les étrangers les confondoient sans cesse. Ils furent placés à la cour ; le seigneur de Sissonne en qualité de page de la chambre d'Antoine de Bourbon roi de Navarre, & le seigneur d'Origny, du jeune Henri de Bourbon son fils, depuis roi de France. Ils furent tous deux aimés de Charles IX. qui prenoit souvent plaisir de les mettre ensemble, & à les considérer pour y trouver les légeres marques de différence qui les distinguoient. Le seigneur d'Origny jouoit parfaitement bien à la paume, & le seigneur de Sissonne s'engageoit quelquefois dans des parties où il n'avoit pas l'avantage. Pour y remédier il sortoit du jeu, feignant quelque besoin, & faisoit adroitement passer son frere à sa place, lequel relevoit & gagnoit la partie, sans que les joueurs ni ceux qui étoient dans la galerie s'apperçussent de ce changement.

L'Histoire moderne ajoûte que Scévole & Louis de Sainte-Marthe *freres jumeaux*, se ressembloient aussi beaucoup de corps & d'esprit ; ils vécurent ensemble dans une étroite intimité, & travaillerent de concert à des ouvrages qui ont immortalisé leur nom.

Je crois que messieurs de la Curne & de Sainte-Palaye (ce dernier est célebre dans la république des Lettres), ont pu servir dans leur jeunesse d'un troisieme exemple de grande ressemblance de figure, de goûts & d'inclinations. Quoi qu'il en soit, cette ressemblance inexplicable entre deux *freres jumeaux*, est par tout beaucoup plus marquée que dans d'autres freres, dont les âges s'approchent autant qu'il est possible. (*D. J.*)

JUMEAUX *en Anatomie*, nom de plusieurs muscles, ainsi appellés parce qu'on les considere deux à deux.

Les *grands jumeaux* ou extenseurs du pié prennent leur attache de la partie postérieure & inférieure du fémur au-dessus des condyles. Ces muscles se réunissent pour former le gras de la jambe, & vont se terminer en unissant leur tendon avec ceux du plantaire & du solaire, à la partie postérieure & supérieure du calcaneum.

Les deux *jumeaux* de la cuisse sont deux petits muscles, dont le supérieur s'attache à l'épine de l'ischium, & l'inférieur au-dessus de la tubérosité de l'ischium. C'est entre ces deux muscles que passe le tendon de l'obturateur interne, avec lequel ils s'unissent intimement, & vont se terminer dans la cavité du grand trochanter.

JUMEAUX, (*Chimie.*) vaisseaux de Chimie. Ce sont deux alambics de verre couplés, & qui se servent réciproquement de récipient, au moyen d'un tuyau ou goulot que chacun porte à la partie latérale de sa cucurbite, & qui reçoit le bec du chapiteau de l'autre. *Voyez la Planche des vaisseaux de Chimie.*

Cet appareil est destiné à la circulation ; *voyez* CIRCULATION *Chimie*, & il est fort peu d'usage.

Le pélican est exactement le même appareil simplifié. *Voyez* PÉLICAN. (*b*)

JUMELLES, s. f. (*Marine.*) longues pieces de bois de sapin arrondies & creusées, que l'on attache autour d'un mât avec des cordes, quand il est nécessaire de le renforcer. (*Z*)

JUMELLE, (*Artificier.*) les Artificiers appellent ainsi un assemblage de deux fusées adossées sur une baguette commune.

JUMELLES, (*Fonderie.*) piece d'Artillerie, ainsi nommée parce qu'elle étoit composée de deux canons qui, séparés l'un de l'autre par en haut, se réunissoient dans le milieu vers la ceinture ou ornement de volée. Ces deux canons étoient fondus conjointement avec une seule lumiere : on les chargeoit tous deux en même tems avec deux barres de fer attachées ensemble, & éloignées l'une de l'autre selon la distance des deux bouches. L'usage de ce canon *jumelle* inventé par un fondeur de Lyon, ne fut pas de longue durée ; le P. Daniel en donne la figure dans sa Milice françoise, *tome I. p.* 452. *Dict. de Trévoux.* (*D. J.*)

JUMELLES, (*Imprimerie.*) *jumelles* de presse d'Imprimerie ; ce sont deux pieces de bois à-peu-près quarrées, environ de six piés de haut sur deux piés de diametre, égales & semblables, posées d'aplomb, vis-à-vis l'une de l'autre, maintenues ensemble par deux traverses ou pieces d'assemblages ; leurs extrémités supérieures sont appuyées par des étançons, & les inférieures se terminent en tenons qui sont reçus dans les patins : aux faces du dedans de ces *jumelles*, sont différentes mortoises faites pour recevoir les tenons des sommiers. *Voyez* SOMMIERS, PATINS. *Voyez les figures & les Planches de l'Imprimerie.*

JUMELLES, *chez les Tourneurs*, sont deux longues pieces de bois placées horisontalement, entre lesquelles on met les poupées à lunettes ou à lunettes, qui soutiennent l'ouvrage & les mandrins des Tourneurs quand ils travaillent. Ces deux pieces de bois ne sont éloignées l'une de l'autre, que de l'épaisseur de la queue des poupées ; & elles sont jointes à tenons par leurs extrémités dans les jambages du tour. *Voyez* TOUR.

On donne en général dans les Arts méchaniques le nom de *jumelles*, à deux pieces semblables & semblablement posées.

JUMELLE, *terme de Blason*, espece de fasce double ou de fasce en devise, dont on charge le milieu de l'écu, & qu'on sépare par une distance égale à la largeur de la piece. Quand il n'y en a qu'une, on la met au milieu de l'écu ; mais quand il y en a plusieurs, on les sépare par des intervalles plus larges que celui qui est entre les deux pieces qui composent la *jumelle*. Ces *jumelles* doivent seulement avoir la cinquieme partie de la largeur qu'ont les fasces.

Gaëtani, dont étoit le pape Boniface VIII. d'argent à deux ondes *jumellées*, ou une *jumelle* ondée d'azur en bande. Il y a des fasces, des bandes, des sautoirs, & des chevrons *jumellés*.

JUMELLÉ, adj. *terme de Blason*, qui se dit d'un sautoir, d'une bande, d'une fasce, & d'un chevron de deux jumelles.

JUMELLER, (*Marine.*) c'est fortifier & soutenir un mât avec des jumelles.

JUMENT, s. f. (*Maréchallerie.*) c'est la femelle du cheval, & la même chose que *cavalle*. On se sert plus communément du mot de *jument* dans les occasions suivantes. *Jument pouliniere*, est celle qui est destinée à porter des poulains, ou qui en a déja eu. *Jument de haras*, est la même chose : *jument pleine*, est celle qui a un poulain dans le ventre ; *jument vuide*, en terme de haras, est celle qui n'a pas été emplie par l'étalon. *Voyez* l'art. CHEVAL & HARAS.

JUMIEGE, *Gemmeticum*, (*Géog.*) bourg de France en Normandie, au pays de Caux, remarquable par une célebre abbaye de bénédictins. Il est sur la Seine, à 5 lieues S. O. de Rouen, 3 S. E. de Caudebec, 30 N. O. de Paris. *Long. 18. 30. lat. 49. 25.* (*D. J.*)

JUNCAGO, (*Bot.*) genre de plante à fleur composée de quatre pétales disposées en rose : le pistil sort du milieu de la fleur, & il devient dans la suite un fruit qui s'ouvre par la base, & qui est composé de trois petites gaines, dont chacune renferme une seule semence oblongue. Tournefort, *inst. rei herb. Voyez* PLANTE.

JUNCOIDES, (*Botan.*) genre de plante à fleur sans pétales, composée de plusieurs étamines ; elle sort d'un calice à six coins : le pistil devient dans la suite un fruit arrondi & ordinairement à trois angles : il s'ouvre en trois parties, & il contient trois semences attachées au centre. Ajoutez aux caracteres de ce genre, que ses feuilles ne sont pas comme celles du jonc ; mais elles sont resserrées & ressemblent beaucoup à celles du chien-dent. *Nova plantarum genera*, &c. *par M. Micheli*.

JUNGFERNHOF, (*Géog.*) petite ville de Livonie, dans le territoire de Letten, à neuf lieues de Riga.

JUNGGHANG, (*Géog.*) grande ville de la Chine, huitieme métropole de la province de Junnan : elle est dans un pays abondant en cire, miel, ambre, soie, & lin. *Long. 119. 55. lat. 24. 58.* (*D. J.*)

JUNGNING, (*Géog.*) ville de la Chine, onzieme métropole de la province de Junnan. *Long. 120. 10. lat. 27. 33.* (*D. J.*)

JUNIEN (SAINT), *Géog.* petite ville de France dans la basse Marche, aux frontieres du Limousin, sur la Vienne, à 7 lieues S. de Limoges. *Long. 18. 35. lat. 45. 40.* (*D. J.*)

JUNIPA, (*Botan. exot.*) arbre des îles Caribdes, dont le fruit, suivant nos voyageurs, étant pressé, fournit une eau qui donne une teinture violette, de sorte que les cochons & les perroquets qui se nourrissent de ce fruit, ont leur chair & leur graisse toute teinte de cette même couleur. La garance & d'autres plantes offrent des phénomenes semblables. *Voyez* GARANCE. (*D. J.*)

JUNNAN, (*Géog.*) la derniere de toutes les provinces de la Chine en rang, & la plus occidentale, proche les états du royaume d'Ava. C'est en même tems la plus riche de toutes les provinces, &

où les vivres sont à meilleur marché. On y trouve d'excellens chevaux, des éléphans, des rubis, des saphirs, & autres pierres précieuses, & des mines très-riches. Elle comprend 12 métropoles, 8 villes militaires, plus de 80 cités, & plus de 14 millions d'ames, au rapport du P. Martini, dont il ne faut pas croire les hyperboles. La premiere métropole de cette province se nomme aussi *Junnan*, ville très-riche, où l'on fait les plus beaux tapis de la Chine ; elle a plusieurs temples consacrés aux hommes illustres. *Long. 121. 15. lat. 25. 20.* (*D. J.*)

JUNON, s. f. (*Mythol. Littérat. Antiq. Médaill.*) déesse du paganisme que les Grecs appellent Ἥρη ; & ce nom fut appliqué à plusieurs endroits qu'on lui consacra.

Junon, suivant la fable, étoit la fille de Saturne & de Rhée, sœur & femme de Jupiter, & par conséquent reine des dieux. Aussi fait-elle bien le dire elle-même :

Ast ego quæ divûm incedo regina, Jovisque
Et soror & conjux.

Personne n'ignore ce qui regarde sa naissance, son éducation, son mariage avec Jupiter, son mauvais ménage avec lui, sa jalousie, ses violences contre Calixte & la nymphe Thalie, son intendance sur les noces, les couches, & les accidens naturels des femmes ; les trois enfans, Hebé, Mars, & Vulcain, qu'elle conçut d'une façon extraordinaire, la maniere dont elle se tira des poursuites d'Ixion, le sujet de sa haine contre Paris, & ses cruelles vengeances à ce sujet, qui s'étendirent si long-tems sur les Troyens & le pieux Enée. Enfin l'on sait qu'elle prit le sage parti de protéger les Romains, en favorisant cette suite de leurs victoires, qui devoient les rendre les maîtres du monde, & que Jupiter avoit prédites.

Quin aspera Juno,
Quæ mare, nunc terrasque, metu calumque fatigat ;
Consilia in melius referet, mecumque fovebit
Romanos rerum dominos, gentemque togatam.

Æneid. lib. I. v. 179.

Les amours de cette déesse pour Jason ; n'ont pas fait autant de bruit que ses autres avantures ; cependant à quelques diversités près dans le récit, Pindare, Servius, Hygin, Apollonius de Rhodes, & Valerius Flaccus, ne les ont pas obmises.

Le prétendu secret qu'elle avoit de recouvrer sa virginité, en se lavant dans la fontaine Canathus au Péloponnèse, n'a été que trop brodé par nos écrivains modernes. Pausanias dit seulement que les Argiens faisoient ce conte, & le fondoient sur la pratique de leurs cérémonies dans les mysteres de la déesse.

Mais ce qui nous intéresse extrêmement, comme philosophes & comme littérateurs, c'est que de toutes les divinités du Paganisme, il n'y en a point eu dont le culte ait été plus grand, plus solemnel, & plus général. La peinture des vengeances de *Junon*, dont les théatres retentissoient sans cesse, inspirant des craintes, d'allarmes, & de respect, qu'on n'oublia rien pour obtenir sa protection, ou pour appaiser une déesse si formidable, quand on crut l'avoir offensée.

Les honneurs religieux de tous genres qu'on lui rendit en Europe, passerent en Afrique, en Asie, en Syrie, & en Egypte. On ne trouvoit par-tout que temples, autels, & chapelles dédiées à *Junon* ; mais elle étoit tellement vénérée à Argos, à Samos, à Stymphale, à Olympie, à Carthage, & en Italie, qu'il est nécessaire de nous arrêter beaucoup au tableau qu'en fait l'Histoire, concurremment avec les Poëtes.

Les Argiens prétendoient que les trois filles du

fleuve Aftérion, avoient nourri la fœur & l'époufe de Jupiter. L'une de ces trois filles s'appelloit *Eu-bée*; fon nom fut donné à la montagne fur laquelle paroiffoit de loin le temple de *Junon*, dont Eupoleme avoit été l'architecte. Son fondateur étoit Phoroüée fils d'Inachus, contemporain d'Abraham, ou peu s'en faut.

En entrant dans le temple, dit Paufanias, on voit affife fur un trône la ftatue de la déeffe, d'une grandeur extraordinaire, toute d'or & d'ivoire. Elle a fur la tête une couronne que terminent les Graces & les Heures; elle tient une grenade d'une main, & de l'autre un fceptre, au bout duquel eft un coucou.

Les regards des fpectateurs fe portoient enfuite fur la repréfentation en marbre de l'hiftoire de Biton & Cléobis, deux freres recommandables par leur piété envers leur mere, & qui méritoient les honneurs héroïques. On confervoit dans ce même temple le plus ancien fimulacre de *Junon*, qui étoit de poirier fauvage.

Le veftibule du temple offroit à la vûe les ftatues de toutes les prêtreffes de la déeffe, prêtreffes fi refpectées dans Argos, que l'on y comptoit les années par celles de leur facerdoce. Ces prêtreffes avoient le foin de couvrir l'autel de la divinité d'une certaine herbe qui venoit fur les bords de l'Aftérion; l'eau dont elles fe fervoient pour les facrifices, & les myfteres fecrets, fe prenoit dans la fontaine Eleuthérie, & il n'étoit pas permis d'en puifer ailleurs: les fcholiaftes de Pindare nous inftruifent des jeux que les Argiens faifoient en l'honneur de *Junon*.

Les Samiens fe vantoient que la reine des dieux avoit pris naiffance dans leur île; qu'elle y avoir été élevée; que même fes noces avec Jupiter avoient été célébrées dans le temple qui lui étoit confacré, & qui a fait tant de bruit dans le monde. Voici ce qu'en dit M. de Tournefort, après fon féjour fur les lieux.

Environ à 500 pas de la mer, & prefque à pareille diftance de la riviere Imbrafus, vers le cap de Cora, font les ruines du fameux temple de *Junon*, la protectrice de Samos. Les plus habiles papas de l'île connoiffent encore cet endroit fous le nom de temple de *Junon*. Menodote Samien, cité dans Athenée, comme l'auteur d'un livre qui traite de toutes les curiofités de Samos, affure que ce temple étoit le fruit des taleus de Caricus & des nymphes; car les Cariens ont été les premiers poffeffeurs de cette île.

Paufanias dit qu'on attribuoit cet ouvrage aux Argonautes qui avoient apporté d'Argos à Samos une ftatue de la déeffe, & que les Samiens foutenoient que *Junon* étoit née fur les bords du fleuve Imbrafus, (d'où lui vint le nom d'*Imbrafia*), & fous un de ces arbres, que nous appellons *agnus caftus*: on montra long-tems par vénération au pié d'*agnus caftus*, dans le temple de *Junon*.

Paufanias prouve auffi l'antiquité de ce temple, par celle de la ftatue de la déeffe, qui étoit de la main de Smilis, fculpteur d'Egine, contemporain de Dédale. Athenée fur la foi du même Menodote, dont nous venons de parler, n'oublie pas un fameux miracle arrivé, lorfque les Athéniens voulurent enlever la ftatue de *Junon*: ils ne purent jamais faire voile, qu'après l'avoir remife à Samo, prodige qui rendit l'île plus célebre & plus fréquentée.

Le temple dont il s'agit ici, fut brûlé par les Perfes, & on en regardoit encore les ruines avec admiration: mais on ne tarda pas à le relever, & il fut rempli de tant de richeffes, qu'on ne trouva plus de place pour les tableaux & pour les ftatues. Verrès, revenant d'Afie, ne craignit point le fort des Tyrrhéniens; il ne fit pas fcrupule de piller ce temple, & d'en emporter les plus beaux morceaux; les pirates n'épargnerent pas davantage cet édifice du tems de Pompée.

Strabon l'appelle un grand temple, non-feulement rempli de tableaux, mais dont toutes les galeries étoient ornées de pieces fort anciennes. C'eft fans doute parmi ces pieces, qu'on avoit expofé le fameux tableau qui peignoit les premieres amours de Jupiter & de *Junon*, d'une maniere fi naturelle, qu'Origène ne put fe difpenfer de le reprocher aux Gentils.

Il y avoit outre cela dans le temple de *Junon* à Samos, une cour deftinée pour les ftatues, parmi lefquelles on en voyoit trois coloffales de la main de Myron, portées fur la même bafe. Marc-Antoine les avoit fait enlever; mais Augufte rendit aux Samiens celles de Minerve & d'Hercule, & fe contenta d'envoyer celle de Jupiter au capitole, pour être placée dans une bafilique qu'il fit bâtir.

De tant de belles chofes du temple de *Junon* Samienne, M. de Tournefort ne trouva fur la fin du dernier fiecle, que deux morceaux de colonnes, & quelques bafes d'un marbre exquis. Peu d'années auparavant, les Turcs s'imaginant que la plus haute étoit pleine d'or & d'argent, tenterent de l'abattre à coups de canon qu'ils tiroient de leurs galeres. Les boulets firent éclater quelques tambours, dérangerent les autres, & en mirent même un moitié hors de leur fituation.

On ne peut plus reconnoître le plan de cet édifice qui, felon Hérodote, étoit la feconde merveille de Samos, le temple le plus fpacieux qu'il eut vû; & nous ignorerions fans lui, le nom de l'architecte; c'étoit un famien appellé *Rhæcus*.

Il ne faut pas s'en tenir au deffein de ce temple, qui fe trouve fur les médailles antiques, parce qu'on y repréfentoit fouvent différens temples fous la même forme, comme par exemple, le temple dont nous parlons, & celui d'Ephèfe, qui vraifemblablement n'étoient pas du même deffein.

Paufanias, que je cite fouvent, fait mention de trois temples de *Junon* dans la ville de Stymphale en Arcadie; le premier étoit appellé le temple de *Junon* fille; le fecond le temple de *Junon* mariée; & le troifieme le temple de *Junon* veuve. Ces trois temples lui furent érigés par Temenus, & le dernier fut bâti, lorfque la déeffe alla, dit-on, fe retirer à Stymphale, après fon divorce avec Jupiter.

Cette reine des dieux recevoit auffi les plus grands honneurs à Olympie: il y avoit dans cette derniere ville feize dames prépofées aux jeux que l'on y célebroit à fa gloire tous les cinq ans, & dans lefquels on lui confacroit un péplus, efpece de robe fans manches, & toute brochée d'or. Trois claffes de jeunes filles defcendoient dans la carriere des jeux olympiques, y difputoient le prix de la courfe, & fourniffoient prefque toute entiere. Les victorieufes obtenoient pour récompenfe une couronne d'olivier.

Carthage, fameufe capitale d'un vafte empire, paffoit pour être la ville favorite de *Junon*. Virgile ne s'eft point fervi des privileges de fon art, quand il a dit, en parlant de cette ancienne ville d'Afrique, la rivale de Samos dans cette occafion.

Quam Juno fertur, terris magis omnibus unam
Poft habitâ coluiffe Samo.

Æneid. lib. I. v. 15.

Son témoignage, fondé fur la tradition, eft appuyé par Hérodote, Ovide, Apulée & Silvius Italicus. Ce dernier peignant l'attachement de *Junon* pour la ville de Carthage, déclare en trois beaux vers, qu'elle la préféroit à Argos & à Mycènes.

Hic Juno ante Argos (fic credidit alta vetuftas).

Ante Agamemnoniam, gratissima tecta Mycenem,
Optavit profugis æternam condere sedem.
Lib. I. v. 46.

Si nous passons en Italie, nous trouverons qu'avant l'existance de Rome, *Junon* jouissoit déjà d'un temple à Falere en Toscane. Il ressembloit à celui d'Argos, & selon Denis d'Halicarnasse, on y suivoit le rit des Argiens.

Cependant les conquérans de l'univers sortoient à peine d'une retraite de voleurs. A peine leur ville naissante étoit élevée au-dessus de ses fondemens, que Tatius, collegue de Romulus, y établit le culte de la reine du ciel. Numa Pompilius, voulant à son tour gagner les bonnes graces de cette divinité suprême, lui fit ériger un nouveau temple, & défendit, par une loi expresse, à toute femme débauchée d'y entrer, ni même de le toucher.

Sous le regne de Tullus Hostilius, les pontifes consultés sur l'expiation des meurtres involontaires, dresserent deux autels, & y pratiquerent les cérémonies qu'ils jugerent propres à purifier le jeune Horace, qui venoit de tuer sa sœur. L'un de ces autels fut consacré à *Junon*, & l'autre à Janus.

Tarquin le superbe lui voua le temple du capitole en commun avec Jupiter & Minerve; & d'abord, après la prise de Veies, Camille lui en bâtit un en particulier sur le mont Aventin. En un mot, la fille de Saturne & de Rhée, voyoit tant de temples érigés uniquement en sa faveur, dans tous les quartiers de Rome, qu'elle ne put plus douter de la vénération extraordinaire que lui portoient les Romains.

Aussi Virgile (& c'est un des beaux endroits de son Enéide) introduit ingénieusement Jupiter, annonçant à son épouse qu'il arriveroit que les descendans d'Enée la serviroient plus dévotement que tous les autres peuples du monde, pourvu qu'elle voulût se désister de ses persécutions; à quoi la déesse ambitieuse consentit avec plaisir.

Hinc gens Ausonio mistam quod sanguine surget
Supra homines, supra ire Deos pietate videbis,
Nec gens ulla tuos æque celebrabit honores.
Annuit his Juno, *& mentem lætata retorsit.*
Æneid. lib. XII, v. 838.

Les honneurs que *Junon* recevoit dans d'autres villes d'Italie, n'étoient guere moins capables de la contenter. Elle étoit servie sous le titre de *sospita*, conservatrice, avec une dévotion singuliere à Lanuvium, sur le chemin d'Appins. Il falloit même que les consuls de Rome, à l'entrée de leur consulat, allassent rendre leurs hommages à *Junon* Lanuvienne. Il y avoit un grand trésor dans son temple, dont Auguste tira de grosses sommes, en promettant d'en payer l'intérêt, & s'assurant bien qu'il ne tiendroit jamais sa parole. On croit que ce temple avoit été fondé par les Pélages, originaires du Péloponnèse; & l'on appuie ce sentiment, sur ce que la *Junon* de Lanuvium est nommée par Elien, *Juno Argolica*.

Quoi qu'il en soit, nous devons à Cicéron, dans ses écrits de la nature des Dieux, *liv. I, chap. xxix*, le plaisir de connoître l'équipage de cette déesse. Cotta dit à Velleïus : « votre *Junon* tutélaire de
» Lanuvium ne se présente jamais à vous, pas mê-
» me en songe, qu'avec sa peau de chevre, sa ja-
» veline, son petit bouclier, & ses escarpins recour-
» bés en pointe sur le devant ».

Mais le temple de *Junon* Lacinia, qu'on voyoit à six milles de Crotone, est encore plus fameux dans l'histoire. Ne nous étonnons pas de la variété de sentimens qui regne touchant son fondateur & l'occasion de sa fondation : de tous tems les hommes ont inventé mille fables en ce genre ; on convient & c'est assez, qu'il surpassoit une fois, par son étendue, le plus grand temple de Rome. Il étoit couvert de tuiles de marbre , dont une partie fut transférée dans la capitale, l'an de sa fondation 579, pour couvrir le temple de la Fortune équestre, que Quintus-Fulvius Flaccus faisoit bâtir.

Comme ce censeur périt misérablement, le sénat, par une action de piété & de justice, fit reporter les tuiles au même lieu d'où on les avoit ôtées. Annibal n'exécuta pas le dessein qu'il avoit d'enlever une colonne d'or de ce beau temple. Servius, Pline & Tite-Live récitent plusieurs choses miraculeuses, qu'on disoit arriver dans cet endroit : mais Tite-Live n'en croyoit rien ; car il ajoute : « on attribue toujours
» quelques miracles à ces sortes de lieux, sur-tout
» lorsqu'ils sont celebres par leurs richesses & leur
» sainteté ». Pour cette fois cette remarque est d'un historien qui pense.

Au reste, on ne sauroit réfléchir au culte qu'on rendoit à *Junon* en tant de pays & avec tant d'appareil, sans en attribuer quelque chose à l'avantage de son sexe. Toute femme qui gouverne un état avec distinction, est généralement plus honorée & plus respectée que ne l'est un homme de pareille autorité. Les peuples ont transporté dans le ciel cet usage de la terre. Jupiter étoit consideré comme un roi, & *Junon* comme une reine ambitieuse, fiere, jalouse, vindicative, implacable dans sa colere, d'ailleurs partageant le gouvernement du monde avec son époux, & assistant à tous ses conseils.

Un homme de génie du siecle passé, pensoit que c'étoit de la même source que provenoient les excès d'adorations où des chrétiens sont tombés envers les saints & la vierge Marie, tant en Angleterre qu'ailleurs. Erasme lui-même prétendoit que la coutume de saluer la sainte-vierge en chaire après l'exorde du sermon, étoit contre l'exemple des anciens, & qu'il vaudroit mieux les imiter.

Au titre de reine que portoit *Junon*, & à sa qualité de femme, qui augmentoit sa célébrité, nous joindrons, pour comble de prérogatives, la direction en chef qu'on lui donnoit sur tous les mariages, & leurs suites naturelles : *illi vincla jugalia curæ*, dit Virgile. *Voyez* ses commentateurs, ils vous indiqueront cent autres passages semblables, & vous expliqueront les épithetes de *jugalis*, de *pronuba*, de *populonia*, de *ζυγία*, de *γαμηλία*, de *παρώνυμος, &c.* qui ont été affectées à la femme de Jupiter, à cause de son intendance sur tous les engagemens matrimoniaux.

Elle avoit encore, en cette qualité, des surnoms particuliers, fondés sur ce qu'elle présidoit à la conduite des nouvelles mariées, à la maison de leurs maris, à l'oignement que faisoit la fiancée au jambage de la porte de son époux, & finalement au secours qu'elle accordoit à cet époux pour dénouer la ceinture virginale. Vous trouverez ces sortes de surnoms dans ces paroles latines, d'une priere à cette déesse du mariage. *Iterducam, domiducam, unxiam, cinctiam, mortales puellæ debent in nuptiis convocare, ut earum itinera protegas, in optatas domos ducas, & quùm postes tingent, faustum omen affigas, & cingulum ponentes in thalamis, non relinquas.* Cet hymne est dans Martianus Capella, *de Nupt. Philol. lib. II.*

Je n'ose indiquer les autres épithetes qu'on donnoit à *Junon*, pour lui demander son assistance dans le lit nuptial ; la chasteté de notre langue, & les égards que l'on doit à la pudeur, m'obligent de les taire.

Disons seulement que la superstition romaine étoit si grande, qu'il y avoit des femmes qui honoroient *Junon*, en faisant semblant de la peigner & de la parer, & en lui tenant le miroir devant ses statues; car c'étoit un proverbe, « que les coëffeuses pré-

» fentoient toujours le miroir à *Junon* », *etemus speculum tenere Junoni*, s'écrie Seneque. D'autres femmes, animées de paffions différentes, alloient s'affeoir au capitole auprès de Jupiter, dans l'efpérance d'avoir ce dieu pour amant.

Je voudrois bien favoir la maniere dont on repréfentoit l'augufte déeffe du ciel dans tous les divers rôles qu'on lui faifoit jouer. En effet, en la confidérant feulement fous les titres de *pronuba*, d'*opigena*, de *februa*, de *fluonia*, ou comme préfidant tantôt aux mariages, tantôt aux accouchemens, tantôt aux accidens naturels du beau fexe, il femble qu'elle devoit être vêtue différemment dans chacune de ces diverfes cérémonies.

Une matrone majeftueufe, tenant la pique ou le fceptre à la main, avec une couronne radiale fur la tête, & fon oifeau favori couché à fes pieds, défignoit bien la fœur & la femme de Jupiter ; mais, par exemple, le croiffant qu'on lui mettoit fur la tête, marquoit vraiffemblablement la déeffe Ména, c'eft-à-dire l'empire que *Junon* avoit fur tous les mois fur le fexe.

C'eft peut-être pour la même raifon qu'on la repréfentoit fur les médailles de Samos avec des efpeces de braffelets, qui pendoient des bras jufqu'aux piés, & qui foutenoient un croiffant : peut-être auffi que ces braffelets ne font point un des attributs de *Junon*, mais un ornement de mode imaginé fous fon nom, parce que cette déeffe avoit inventé la maniere de s'habiller & de fe coëffer.

Triftan, dans fes obfervations fur Callimaque, a donné le type d'une médaille des Samiens, repréfentant *Junon* ayant la gorge paffablement découverte. Elle eft vêtue d'une robe qui defcend fur fes piés, avec une ceinture affez ferrée ; & le repli que la robe fait fur elle-même, forme une efpece de tablier. Le voile prend du haut de la tête, & tombe jufqu'au bas de la robe, comme faifoient les écharpes que nos dames portoient au commencement de ce fiecle.

Le revers d'une médaille qui eft dans le cabinet du roi de France, & que M. Spanheim a gravée, repréfente ce voile tout déployé, qui fait deux angles fur les mains, un angle fur la tête, & un autre angle fur les talons.

Sur une des médailles du même cabinet, cette déeffe eft coëffée d'un bonnet affez pointu, terminé par un croiffant. On voit fur d'autres médailles de M. Spanheim, une efpece de panier qui fert de coëffure à *Junon*, vêtue du refte à-peu-près comme nos religieux Bénédictins. La coëffure des femmes Turques, approche fort de celle de *Junon*, & les fait paroître de belle taille. Cette déeffe avoit fans doute inventé ces ornemens de tête avantageux, & que les fontanges ont depuis mal imités.

Junon nuptiale, gamélienne, ou préfidente aux noces, portoit une couronne de fouchet & de ces fleurs que nous appellons *immortelles*. On en couvroit une petite corbeille fort légere, que l'on arrêtoit fur le haut de fa tête : c'eft peut-être de-là que font venues les couronnes, que l'on met encore dans le levant fur la tête des nouvelles époufes ; & la mode n'en eft pas entierement paffée parmi nous, quand on marie les jeunes filles.

Il y a des médailles de Maximin, au revers defquelles eft le temple de Samos, avec une *Junon* en habit de noces, affez femblable à ceux dont on vient de parler, & ayant à fes piés deux paons, oifeaux qui, comme l'on fçait, lui étoient confacrés, & qu'on élevoit autour du temple de cette déeffe.

Quelquefois l'épervier & l'oifon accompagnent fes ftatues ; le dictamne, le pavot & la grenade étoient les plantes ordinaires que les Grecs lui offroient, & dont ils ornoient fes autels ; enfin, la victime qu'on lui immoloit communément, étoit l'agneau femelle ; Virgile nous le dit :

Junoni maclans lectas de more bidentes.

Il eft tems de finir cet article de *Junon* ; mais quelque long qu'il foit, je n'ai pris que la fleur de l'hiftoire de cette déeffe, fur fon culte, fes temples, fes autels, fes attributs, fes ftatues & fes médailles. M. Bayle touche encore un autre fujet dans fon dictionnaire ; c'eft la confidération de l'état des malheurs du cœur, qui tirannifoient fans ceffe cette divinité, felon le fyftème populaire de la théologie payenne. Les Poëtes, les théâtres, les ftatues, les tableaux, les monumens des temples offroient mille preuves des amertumes de fon ame, en peignant aux yeux de tout le monde fon humeur altiere, impérieufe, jaloufe, toujours occupée de vengeances & ne goûtant jamais une pleine fatisfaction de fes fuccès. Le titre pompeux de reine du ciel, la féance fur le trône de l'univers, le fceptre à la main, le diadême fur la tête, tout cela ne pouvoit adoucir fes peines & fes tourmens. L'immortalité même y mettoit le fceau ; car l'efpérance de voir finir un jour fes chagrins par la mort, eft une confolation que nous avons ici-bas. (*D. J.*)

JUNONALES ou JUNONIES, f. f. pl. (*Antiq. rom.*) en latin *Junonalia* ; fête romaine en l'honneur de *Junon*, dont Ovide ne parle point dans fes faftes, & qui eft cependant décrite fort particulierement par Tite-Live, *Décade 3, liv. VII.*

Cette fête fut inftituée à l'occafion de certains prodiges qui parurent en Italie ; ce qui fit que les pontifes ordonnerent que vingt-fept jeunes filles, divifées en trois bandes, iroient par la ville en chantant un cantique compofé par le poëte Livius ; mais il arriva que comme elles l'apprenoient par cœur, dans le temple de Jupiter Stator, la foudre tomba fur celui de Junon-reine, au mont-Aventin.

A la nouvelle de cet événement, les devins ayant été confultés, répondirent, que ce dernier prodige regardoit les dames Romaines, qui devoient appaifer la fœur de Jupiter par des offrandes & par des facrifices. Elles acheterent donc un baffin d'or, qu'elles allerent offrir à Junon fur le mont-Aventin ; enfuite les décemvirs affignerent un jour pour un fervice folemnel, qui fut ainfi ordonné : » On conduifit deux vaches blanches du temple » d'Appollon dans la ville, par la porte Carmen- » tale : on porta deux images de Junon-reine, faites » de bois de cyprès : enfuite marchoient vingt fep- » nies filles, vêtues de robes traînantes, & chantant » une hymne en l'honneur de la déeffe. Les dé- » cemvirs fuivoient couronnés de laurier, & ayant » la robe bordée de pourpre. Cette pompe après » a voir fait une paufe dans la grande place de Ro- » me, où les vingt-fept jeunes filles exécuterent la. » danfe de leur hymne ; la proceffion continua fa. » route, & fe rendit fans s'arrêter au temple de » Junon-reine ; les victimes furent immolées par les » décemvirs, & les images de cyprès furent placées » dans le temple de la divinité. (*D. J.*)

JUNONIE, (*Géogr. anc.*) la ville de Junon, nouveau nom que Carthage reçut de Caius Gracchus, lorfqu'il donna fes foins à la rebâtir & à la repeupler, près de cent ans avant que Virgile travaillât à fon Enéide ; ce n'eft donc pas par une fimple fiction poétique qu'il a dit de Carthage.

*Quam Juno fertur terris magis omnibus unam
Poft habita coluiffe Samo.* Æneïd. I. v. 20.

On voit qu'il a fuivi une tradition reçue & connue de fon tems. (*D. J.*)

JUNONS, f. f. pl. (*Mythol.*) on appelloit ainfi

les génies particuliers des femmes, par respect pour la déesse Junon. Chaque femme avoit sa *Junon*, comme chaque homme avoit son génie. *Voyez* GÉ-NIE, (*Mythol. Littér.*)

Nous trouvons plusieurs exemples de ces *Junons*, génies des femmes, dans les inscriptions anciennes qu'on a recueillies ; & pour n'en citer qu'une exemple dans un monument consacré à la vestale *Junia Torquata*, dont la vertu digne des anciens tems, dit Tacite, fut honorée après sa mort d'un monument public. L'inscription porte : « A la *Junon* de Junia » Torquata, céleste patrone ». Enfin les femmes juroient par leurs *Junons*, comme les hommes par leurs génies. *Voyez les Mém. des Inscriptions & Belles-Lettres.* (*D. J.*)

JUNSALAM, (*Géogr.*) port d'Asie au royaume de Siam ; c'est l'asyle de tous les vaisseaux, qui, allant à la côte de Coromandel, sont surpris d'un ouragan ; ce port est de conséquence pour le commerce de Bengale, de Pégu, & autres royaumes voisins : sa situation est au nord d'une isle de même nom. *Long*. 115. 35. *lat*. 8. 36. (*D. J.*)

JUNTES, (*Hist. mod.*) conseil, société de plusieurs personnes pour quelque administration.

Ce terme est en usage en parlant des affaires d'Espagne & de Portugal. A la mort de Charles II. roi d'Espagne, le royaume fut gouverné par une *junte* pendant l'absence de Philippe V.

Il y a en Portugal trois *juntes* considérables. La *junte* du commerce, la *junte* des trois états, & la *junte* du tabac. La premiere doit son établissement au roi Jean IV. qui assembla les états généraux pour créer le tribunal de la *junte* des trois états. Le roi Pierre II. créa en 1675 la *junte* du tabac. Elle est composée d'un président & de six conseillers.

IVOIRE, s. f. (*Hist. nat.*) c'est la dent de l'éléphant. On en fait différens ouvrages. On le brûle, & il donne un noir qu'on broie à l'eau, & dont on obtient ainsi des trochiques qui servent au peintre. Ce noir s'appelle *noir d'ivoire, noir de velours*.

IVOIRE FOSSILE, (*Hist. nat.*) *ébur fossile*. C'est ainsi qu'on appelle des dents d'une grandeur demesurée & semblable à de grandes cornes qui ont souvent été trouvées dans l'intérieur de la terre. Elles sont ou blanches, ou jaunâtres, ou brunes ; il y en a qui ont la dureté de l'*ivoire* ordinaire ; d'autres sont exfoliées & devenues plus tendres & plus cassantes : ces variétés pour la consistence viennent du plus ou du moins de décomposition que ces dents ont souffert dans les différens endroits de la terre où elles ont été enfouies.

On a trouvé de ces sortes des dents dans plusieurs pays de l'Europe, tels que l'Angleterre, l'Allemagne, la France ; on dit même qu'il n'y a pas longtems qu'en creusant la terre on en a trouvé une fort grande au village de Guérard près de Cressy en Brie ; on ajoute qu'on en a aussi rencontré une semblable dans la plaine de Grenelle, c'est-à-dire aux portes de Paris : mais elles ne sont nulle part aussi abondamment répandues qu'en Russie & en Sibérie, & sur-tout dans le territoire de Jakusk, & dans l'espace qui va de cette ville jusqu'à la mer glaciale : ces ossemens, suivant le rapport de quelques voyageurs, sont ordinairement mis à découvert par les eaux des grandes rivieres de Lena & de Jenilci qui arrosent une grande partie de la Sibérie, & qui détachent la terre qui est sur leurs bords, quand dans les tems de dégel elles charrient des glaçons très-considérables.

Les Jakutes, nation Tartare, qui habitent ce pays, croient que ces dents appartiennent à un animal énorme qu'ils nomment *mammon* ou *mammut*. Comme ils n'en ont jamais vû de vivans, ils s'imaginent qu'il habite sous terre, & meurt aussi-tôt qu'il voit le jour ; cela lui arrive, selon eux, lorsque dans sa route souterreine il parvient inopinément au bord d'une riviere ; & c'est là, disent-ils, pourquoi on y trouve leurs dépouilles : ils prétendent qu'on en a trouvé dont la chair n'étoit point encore entierement consommée, ce qui est aussi fabuleux que le reste.

Le Czar Pierre I. dans la vûe de connoître à quel animal appartenoient les dents ou cornes d'*ivoire fossile*, envoya en 1722 des ordres à tous les Woiwodes ou gouverneurs des villes de la Sibérie, afin qu'ils donnassent leurs soins pour avoir un squelette entier de l'animal, ou du moins pour rassembler tous les ossemens qui se trouveroient auprès de ces dents monstrueuses. Sur ces ordres les Jakutes se mirent en campagne, & en cherchant ils trouverent des têtes entieres & des grands ossemens auxquels on n'avoit jusques-là fait aucune attention ; ils étoient ceux d'un animal inconnu que M. Gmelin, d'après l'examen de ses os, croit être une espece de bœuf très-grand, qui n'existe plus dans le pays, & que jusqu'à-présent on n'a point encore découvert ailleurs. Mais ces ossemens different entierement de l'*ivoire fossile* dont il s'agit dans cet article ; & ce n'est point à cet animal qu'ont appartenu ces dents monstrueuses.

Il ne faut point non plus confondre l'*ivoire fossile* dont nous parlons, avec les dents du phoca ou de la vache marine, qui se trouvent en grande quantité sur les bords de la mer glaciale, elles sont beaucoup moins grandes que les dents d'*ivoire fossile*, & elles sont comme marbrées ou remplies de veines & de taches noires. A l'intérieur cependant on dit qu'elles sont même plus dures que l'*ivoire fossile*, & qu'on en fait de très jolis ouvrages.

L'*ivoire fossile* ne doit point non plus être confondu avec la corne que l'on nomme *unicornu fossile*, que l'on a aussi trouvée quelquefois en Sibérie. *Voyez l'art.* LICORNE FOSSILE.

On voit à Petersbourg, dans le cabinet impérial des curiosités naturelles, une dent d'*ivoire fossile* qui pese jusqu'à 183 livres. Le chevalier Hansloane en possédoit une qui avoit 5 piés 7 pouces de longueur, & dont la base avoit 6 pouces de diametre. On en a trouvé une en Angleterre, dans la province de Northampton, qui étoit blanche, & avoit 6 piés de longueur. M. le baron de Strahlenberg parle de quelques dents d'*ivoire fossile* trouvées en Sibérie, qui avoient depuis 6 jusqu'à 9 pouces de diametre par leur base, & d'un squelette d'animal qui avoit 36 aulnes russiennes de longueur, & qui pouvoit bien être celui d'un éléphant. En effet M. le chevalier Hansloane a prouvé clairement dans les *Transactions philosophiques*, n°. 403. & dans les *Mémoires de l'Académie des Sciences*, année 1727, que ces dents si grandes ne peuvent être regardées que comme de l'*ivoire* ou de vraies dents qui ont autrefois appartenu à des éléphans ; c'est ce que démontre leur structure intérieure, attendu qu'elles paroissent composées de couches concentriques arrangées de la même maniere que les cercles annuels qu'on remarque dans l'intérieur du tronc d'un arbre. Cette vérité est encore prouvée par la comparaison que M. Gmelin a faite de l'*ivoire fossile* avec celui des éléphans, dans son excellent voyage de Sibérie, publié en Allemand en 4 volumes *in-8°*. ouvrage propre à servir de modele à tous les voyageurs. Ce savant naturaliste rend ainsi raison des variétés qui se trouvent parmi les différentes dents d'*ivoire fossile*, tant pour la couleur que pour les degrés de solidité ou de friabilité ; il les attribue au climat & à la nature du terrein où ces sortes de dents sont ensevelies : celles qui se trouvent proche de la mer Glaciale où la terre est perpétuellement gelée à une grande profondeur, font compactes; celles qui se trouvent dans des cantons plus chauds, ont pu souffrir tantôt plus, tantôt moins de décomposition ou de destruction; c'est aussi la terre & les sucs qu'elle contient qui leur ont fait prendre la couleur jaune ou brune, quelquefois semblable à du coco, que l'on voit dans quelques-unes de ces dents. *Voyez* Gmelin, *voyage de Sibérie*, *tom. III. pag. 147. & suiv.*

C'est donc à tort que quelques naturalistes ont cru que ces dents trouvées en Sibérie n'étoient point de l'*ivoire*: elles ne different de celui des éléphans que par les changemens qu'il a pu subir dans le sein de la terre; ce qui a pu faire croire qu'il y avoit de la différence, c'est qu'on aura peut-être confondu les autres ossemens, tels que les os du mammon ou les dents de vaches marines avec l'*ivoire fossile* ou les dents aiguës des éléphans qui se trouvent dans les mêmes pays.

Quant aux éléphans, ce seroit vainement qu'on en chercheroit aujourd'hui de vivans en Sibérie; on ne les trouve que dans les pays chauds, & ils ne pourroient vivre sous un climat aussi rigoureux que celui où l'on rencontre les restes de leurs semblables. A quoi donc attribuer la grande quantité d'*ivoire fossile* qui se trouve dans une région si septentrionale? Sera-ce, comme prétend le comte de Marsigli, parce que les Romains y ont mené ces animaux? Jamais ces conquérans n'ont été faire des conquêtes chez les Scythes hyperboréens, & il ne paroît pas qu'aucun autre conquérant Indien ait eu la tentation de porter la guerre dans un climat si facheux & si éloigné. Il faudra donc conclure que dans des tems dont l'histoire ne nous a point conservé le souvenir, la Sibérie jouissoit d'un ciel plus doux, & étoit habitée par des animaux que quelque révolution générale de notre globe a ensevelis dans le sein de la terre, & que cette même révolution a entierement changé la température de cette région. Les Sibériens employent l'*ivoire fossile* aux mêmes usages que l'*ivoire* ordinaire; ils en font des manches de sabres, de couteaux, des boîtes, &c. (—)

IVOIRE, (*Mat. med.*) la rapure d'*ivoire* passe pour cordiale, diaphorétique, antispasmodique, propre à résister au prétendu venin des fievres malignes, à arrêter les diarrhées, à corriger les acides des premieres voies & des humeurs. Toutes ces vertus sont purement imaginaires, tous les medecins instruits en conviennent aujourd'hui. La rapure d'*ivoire* donne par une décoction convenable un suc gelatineux & purement nourrissant. Mais il y a très-grande apparence que ce suc n'est pas extrait par les humeurs digestives, & qu'ainsi la rapure d'*ivoire* n'est dans l'estomac qu'une poudre inutile.

L'*ivoire* calciné à blancheur, connu dans les boutiques sous le nom de *spode*, est un alcali terreux, comme toutes les autres substances animales préparées de la même façon; & c'est gratuitement qu'on lui a attribué des vertus particulieres contre les fleurs blanches, par exemple, le cours de ventre, la gonorrhée, &c. *Voyez* TERREUX, & l'*article* CHARBON *Chimie*, où l'on trouvera quelques réflexions sur l'état de l'*ivoire* calciné en particulier.

L'*ivoire* brûlé, ou le charbon d'*ivoire* ne sauroit être regardé comme un remede. *Voyez* CHARBON *Chimie*, (*B*).

IVOY, (*Géog.*) selon l'itinér. d'Antonin, ville de France ruinée au pays de Luxembourg, aux frontieres de Champagne. *Voyez* son histoire dans l'abbé de Longuerue. En 1637 le maréchal de Chatillon prit *Ivoy* & la démantela, desorte que ce n'est plus qu'un village (*D. J.*)

JUPE, s. f. (*Hist. mod.*) habillement de femme qui prend depuis la ceinture, & qui tombe jusqu'aux piés. On les fait de toutes sortes d'étoffes.

JUPE, *terme de tailleur*; c'est ainsi qu'on appelle les quatre pans d'un habit quand ils sont assemblés deux à deux, à compter depuis les hanches jusqu'en bas. Dans les vestes, comme ces quatre pans sont toujours séparés, on les appelle des *basques*.

JUPITER, s. m. (*Astron.*) une des planetes supérieures, remarquable par son éclat, & qui se meut autour de la terre dans l'espace d'environ douze ans, par un mouvement qui lui est propre. *Voyez* PLANETE.

Jupiter est situé entre Saturne & Mars; il tourne autour de son axe en 9 heures 56 minutes, & acheve sa révolution périodique autour du soleil en 4332 jours 12 heures 20′. 9″. Le caractere par lequel les astronomes marquent *Jupiter*, est ♃.

Jupiter est la plus grande de toutes les planetes; il paroît par les observations astronomiques, que son diametre est à celui du soleil comme 1077 à 10000; à celui de Saturne, comme 1077 à 889, & à celui de la terre, comme 1077 à 104. La force de gravité sur sa surface est à celle qui agit sur la surface du soleil, comme 797 est à 10000; à celle de Saturne, comme 797, 15 à 534, 337; à celle de la terre, comme 797, 15 à 407, 832. La densité de sa matiere est à celle du soleil comme 7404 à 10000; à celle de Saturne, comme 7404 à 6011; à celle de la terre, comme 7404 à 3921. La quantité de matiere qu'il contient, est à celle du soleil comme 9, 248 à 10000; à celle de Saturne comme 9, 248 à 4, 123; à celle de la terre, comme 9, 248, à 00043. *Voyez* l'*article* GRAVITATION, où nous avons enseigné la maniere de trouver les masses des planetes qui ont des satellites. *Voyez aussi les articles* RÉVOLUTION, DIAMETRE, &c.

La moyenne distance de *Jupiter* au soleil est de 5201 parties, dont la moyenne du soleil à la terre en contient 2000, quoique Kepler ne la fasse que de 5196 de ces parties. Selon M. Cassini, la moyenne distance de *Jupiter* à la terre, est de 115000 demidiametre de la terre. La distance de *Jupiter* au soleil étant au moins cinq fois plus grande que celle de la terre au soleil, Grégory en conclut que le diametre du soleil ou de *Jupiter* ne paroîtroit pas la cinquieme partie de ce qu'il nous paroît, par conséquent que son disque seroit vingt-cinq fois moindre, & sa lumiere & sa chaleur moindres en même proportion. *Voyez* QUALITÉ.

L'inclinaison de l'orbite de *Jupiter*, c'est-à-dire l'angle que forme le plan de son orbite avec le plan de l'écliptique, est de 20′. Son excentricité est de 250 sur 1000; & Huyghens a calculé que sa surface est quatre cent fois plus grande que celle de la terre. Au reste on observe dans les mouvemens de cette planete plusieurs irrégularités dont on peut voir le détail dans les institutions astronomiques de M. le Monnier, pag. 570. & ces irrégularités sont vraisemblablement occasionnées en grande partie par l'action de Saturne sur cette planete. On peut voir aussi sur ce sujet la piece de M. Euler qui a remporté le prix de l'académie des Sciences en 1748.

Quoique *Jupiter* soit la plus grande de toutes les planetes, c'est néanmoins celle dont la révolution autour de son axe, est la plus prompte. On a remarqué que son axe est plus court que le diametre de son équateur; & leur rapport, suivant M. Newton, est celui de 8 à 9; de sorte que la figure de *Jupiter* est celle d'un spheroide applati; la vitesse de sa rotation rendant la force centrifuge de ses parties fort considérable, fait que l'applatissement de cette planete est beaucoup plus sensible que celui d'aucune autre. M. de Maupertuis l'a démontré dans les *Mémoires de l'académie de 1734*, & dans son *discours sur la figure des astres*.

Jupiter

JUP　　　　　　JUP

Jupiter paroît presque aussi grand que Venus; mais il est moins brillant; il est quelquefois éclipsé par la Lune, par le Soleil, & même par Mars.

Jupiter a des bandes ou zones que M. Newton croit se former dans son atmosphere. Il y a dans ces bandes plusieurs taches dont le mouvement a servi à déterminer celui de *Jupiter* autour de son axe. Cassini, Campani & d'autres se disputent la gloire de cette découverte. *Voyez* BANDES, TACHES, &c.

Galilée a le premier découvert quatre étoiles ou petites lunes qui tournent autour de *Jupiter*, & qu'il a appellées *les astres de Medicis*; on ne les nomme plus que *les satellites de Jupiter*. *Voyez* SATEL-LITES.

M. Cassini a observé que le premier de ces satellites est éloigné de *Jupiter* de cinq demi-diametres de cette planete, & acheve sa révolution en 1 jour 18 heures & 32 minutes.

Le second qui est un peu plus grand, est éloigné de *Jupiter* de huit diametres, & acheve son tour en 3 jours 13 heures & 12 minutes. Le troisieme qui est le plus grand de tous, est éloigné de *Jupiter* de 13 demi-diametres, & acheve son tour en 7 jours 3 heures 50 minutes. Le dernier qui est le plus petit, est éloigné de *Jupiter* de 23 demi-diametres, & acheve sa révolution en 16 jours 18 heures & 9 minutes.

Ces quatre lunes, selon l'observation de M. de Fontenelle, dans *sa pluralité des mondes*, doivent faire un spectacle assez agréable pour les habitans de *Jupiter*, s'il est vrai qu'il y en ait. Car tantôt elles se levent toutes quatre ensemble, tantôt elles sont toutes au méridien, rangées l'une au-dessus de l'autre: tantôt on les voit sur l'horison à des distances égales; elles souffrent souvent des éclipses dont les observations sont fort utiles pour connoître les longitudes. M. Cassini a fait des tables pour calculer les immersions & les émersions du premier satellite de *Jupiter* dans l'ombre de cette planete. *Voyez* ECLIPSE, LONGITUDE.

Astronomie comparée de Jupiter. Le jour & la nuit sont à peu-près de même longueur sur toute la surface de *Jupiter*; sçavoir, de cinq heures chacun, l'axe de son mouvement journalier étant à peu-près à angles droits sur le plan de son orbite annuel.

Quoiqu'il y ait quatre planetes principales au-dessous de *Jupiter*, néanmoins un œil placé sur sa surface ne les verroit jamais, si ce n'est peut-être Mars qui est assez près de *Jupiter* pour en pouvoir être apperçu. Les autres ne paroitroient tout au plus que comme des taches qui passent sur le disque du Soleil, quand elles se rencontrent dans l'œil & ce dernier astre. La parallaxe du Soleil ou de *Jupiter*, doit être absolument ou presque sensible, aussi-bien que celle de Saturne, & ce diametre apparent du Soleil vu de *Jupiter*, ne doit être que de six minutes. Le plus éloigné des satellites de *Jupiter* doit paroître presque aussi grand que nous paroît la Lune. Grégori ajoute qu'un astronome placé dans *Jupiter* appercevroit distinctement deux especes de planetes, quatre près de lui; sçavoir, les satellites; & deux plus éloignées, sçavoir le Soleil & Saturne. La premiere cependant seroit beaucoup moins brillante que le Soleil, malgré la grande disproportion qu'il y a entre leur distance & leur grandeur apparente; les quatre satellites doivent donner quatre différentes sortes de mois aux habitans de *Jupiter*. Ces lunes souffrent une éclipse toutes les fois qu'étant opposées au Soleil, elles entrent dans l'ombre de *Jupiter*; de même toutes les fois qu'étant en conjonction avec le soleil, elles jettent leur ombre du côté de *Jupiter*, & les causent une éclipse de Soleil pour un œil placé dans l'endroit de *Jupiter* sur lequel cette ombre tombe. Mais comme les orbites de ces satellites sont dans un plan incliné sur celui de l'orbite de *Jupiter*, avec lequel elles forment un angle, leurs éclipses deviennent centrales, lorsque le Soleil est dans un des nœuds de ces satellites; & quand il est hors de cette position, les éclipses peuvent devenir totales, sans être centrales. La petite inclinaison du plan des orbites des satellites sur le plan de l'orbite de *Jupiter*, fait qu'à chaque révolution il se fait une éclipse des satellites & du Soleil, quoique ce dernier soit à une distance considérable des nœuds. Bien plus le plus bas de ces satellites, lors même que le soleil est le plus éloigné des nœuds, doit éclipser le Soleil, ou être éclipsé par rapport aux habitans de *Jupiter*; cependant le plus éloigné peut être deux ans consécutifs sans tomber dans l'ombre de cette planete, & celle-ci dans la sienne. On peut ajoûter à cela que ces satellites s'éclipsent quelquefois l'un l'autre; ce qui fait que la phase doit être différente, & même souvent opposée à celle du satellite qui entre dans l'ombre de *Jupiter*, & dont nous venons de parler; car dans celui-ci le bord oriental doit entrer le premier dans l'ombre, & l'occidental en sortir le dernier; au lieu que c'est tout le contraire dans les autres.

Quoique l'ombre de *Jupiter* s'étende bien au-delà de ses satellites, elle est cependant bien moindre que la distance de *Jupiter* à aucune autre planete, & il n'y en a aucune, pas même Saturne qui puisse s'y plonger. *Wolf, Harris & Chambers.* (O)

Ces taches sont tantôt plus, tantôt moins nombreuses, quelquefois plus grandes, quelquefois plus petites, à cause des inégalités de la surface, des endroits moins propres à renvoyer la lumiere, des changemens qui s'y font, comme dans Mars, soit par l'action des rayons du Soleil, soit par celle de quelque matiere qui pénetre la planete. On voit ces bandes se retrécir après plusieurs années ou s'élargir, s'interrompre & se réunir ensuite. Il s'en forme de nouvelles, il s'en efface: changemens plus considérables, que si l'Océan inondoit toute la terre ferme, & laissoit à sa place nos continens nouveaux. Les taches qui sont plus près du centre apparent de *Jupiter*, ont un mouvement plus prompt que les autres, ayant un plus grand cercle à parcourir en même tems. On les voit aller de l'Orient à l'Occident, disparoître, puis reparoitre après neuf heures 56 min. d'où l'on conclut que *Jupiter* tourne sur son axe de même tems.

Quand les satellites sont en conjonction avec le Soleil, ils empêchent un cône de lumiere d'aller jusqu'à la planete, & c'est une ombre qu'ils jettent sur elle: cette ombre est une espece de tache mobile sur *Jupiter*; c'est une éclipse. Et si la terre n'est pas dans la même lignе, nous la voyons cette éclipse, ou cette obscurité changeante parcourir le disque de *Jupiter* d'Orient en Occident. Quelquefois les satellites paroissent plus ou moins grands, sans être plus ou moins éloignés. Cela vient apparemment de ce qu'ils ont leurs taches, leurs parties obscures, leurs endroits plus ou moins propres à réfléchir la lumiere. Quand ils tournent vers nous leurs parties plus solides & plus propres à renvoyer la lumiere, ils paroissent plus grands. Mais s'ils nous présentent des parties capables d'absorber la lumiere, ils en paroissent plus petits, parce que la lumiere réfléchie trace sur l'organe de la vûe une plus petite image. *Voyez* SATELLITES. *M. Formey.*

JUPITER, (*Mythol.*) fils de Saturne & de Rhée selon la Fable, & celui que l'antiquité payenne a reconnu pour le plus puissant de ses dieux; c'est, disent les Poëtes, le roi des dieux & des hommes, qui d'un signe de sa tête ébranle l'univers.

Sa naissance, la maniere dont il fut alaité, son éducation, ses guerres, ses victoires, ses femmes, ses maitresses, en un mot tout ce qui le regarde dans la Mythologie, est si connu de tout le monde, que je me ferois un scrupule d'en ennuyer le lecteur.

Son culte, comme on sait, a été le plus solemnel & le plus universellement répandu. De-là le *Jupiter* Sérapis des Egyptiens; le *Jupiter* Belus des Assyriens; le *Jupiter* Celus des Perses; le *Jupiter* Assabinus des Ethyopiens; le *Jupiter* Taranus des Gaulois; le *Jupiter* de Crète le plus célebre de tous, & tant d'autres.

Il eut trois fameux oracles, celui de Dodone, celui de Lybie & celui de Trophonius. Les victimes qu'on lui immoloit étoient la chevre, la brebis & le taureau, dont on avoit soin de dorer les cornes. Souvent sans aucune victime, on lui offroit de la farine, du sel & de l'encens. Personne, dit Cicéron, n'honoroit ce dieu plus particulierement & plus chastement que les dames romaines; mais il n'eût point de temple plus renommé que celui qu'on lui fit bâtir sur le mont Lycé dans l'Arcadie. Parmi les arbres, le chêne & l'olivier qu'il disputoit à Minerve, lui étoient singulierement consacrés.

On le représentoit le plus ordinairement sous la figure d'un homme majestueux avec de la barbe, assis sur un trône tenant la foudre de la main droite, & de l'autre une victoire; à ses piés est une aigle avec ses ailes éployées. On trouve dans les monumens de l'antiquité quantité d'autres symboles de ce dieu, fruits du caprice des artistes, ou de l'imagination de ceux qui en faisoient faire des statues.

Les anciennes inscriptions ne sont pleines que des noms & des surnoms qu'on lui a donnés. Les uns tirent leur origine des lieux où on l'honoroit; les autres des différens peuples qui prirent son culte; d'autres des grandes qualités qu'on lui attribuoit, d'autres enfin des motifs qui avoient fourni l'occasion de lui bâtir des temples, des chapelles & des autels.

On s'adressoit à lui sous les titres magnifiques de *Sanditati Jovis*, ou *Jovi Opt. Max. Statori, Salutari, Feretrio, Inventori, Tonanti, Fulguratori*, &c. Jupiter très-bon, très-grand protecteur de l'amitié, hospitalier, dieu des éclairs & du tonnerre, *& si quod aliud tibi cognomen attoniti tribuant Poetæ*, dit plaisamment Lucien s'adressant à ce dieu.

Le nom même de *Jupiter*, selon Cicéron, vient des deux mots latins, *juvans pater*, c'est-à-dire pere secourable.

Son titre de Καταιβατης n'est pas moins commun dans les livres & sur les médailles. Il signifie simplement *descendant sur la terre*, si l'on ne s'arrête qu'à la grammaire; mais l'usage déterminoit ce mot à l'appellation de foudroyant, tenant la foudre, quoiqu'il ne fût pas censé descendre toujours sur la terre pour punir: M. Burman a démontré tout cela dans une dissertation expresse, intitulée Ζὺς Καταιβατης, *Jupiter fulgurator*. Cette dissertation parut à Utrecht en 1700: c'est l'affaire des Littérateurs de la consulter.

Les Historiens & les Philosophes sont bien plus embarassés dans l'explication des contes ridicules que les Poëtes débitent sur le souverain des dieux, & qui serviront de fondement à la religion du paganisme.

Diodore de Sicile prétend que *Jupiter* étoit un mortel de grand mérite, d'un caractere si différent de son pere, que sa douceur & ses manieres lui firent déférer par le peuple la royauté dont Saturne fut dépouillé. Il ajoute, qu'il usa merveilleusement de son pouvoir; que son principal soin fut de punir les scélérats, & de récompenser les gens vertueux; enfin, que les grandes qualités lui acquirent après la mort, le titre de Ζὺς, de *Jupiter*, & que les peuples qui l'adorerent sur la terre, crurent qu'ils devoient de même l'adorer dans le ciel, & lui donner le premier rang parmi les dieux.

Il manquoit à Diodore de prouver ce qu'il avançoit par des monumens historiques, & d'indiquer les sources de tant de vices & de crimes dont les Poëtes avoient souillé la vie de cet illustre mortel.

La difficulté d'expliquer les fictions poétiques par des allégories ou des dogmes de physique, étoit encore plus grande. Si d'un côté l'on est surpris de la licence avec laquelle les Poëtes se sont joués d'une matiere qui méritoit tant de respect, de l'autre on est affligé de voir des philosophes, tels que Chrysippe, perdre un tems précieux à chercher des mysteres dans de pareilles fables, pour les concilier avec la théologie des Stoïciens.

En rejettant les dieux des Poëtes, dieux vivans & animés, & en leur substituant des dieux qui n'avoient ni vie, ni connoissances, ils tomboient également dans l'impiété. Dès qu'une fois ils regardoient *Jupiter* pour l'*æther* pur, & Junon pour l'air qui nous environne, il ne falloit plus adresser de prieres, ni faire de sacrifices à l'un & à l'autre; de tels actes devenoient ridicules, & la religion établie crouloit en ruine. C'est ainsi cependant qu'ils firent des prosélytes, & qu'ils accoutumerent les hommes à prendre pour Junon l'air grossier, *similitudo ætheris, cum eo intimè conjuncta*, & pour *Jupiter*, la voûte azurée que nous voyons sur nos têtes: Ennius en parle sur ce ton dans Ciceron, *de Nat. deor. lib. I. cap. xj.*

Aspice hoc
Sublime candens, quem invocant omnes Jovem!

Et Euripide dans le même auteur, *lib. II. cap. xxv*. s'exprime encore plus éloquemment & plus fortement.

Vides sublime fusum, immoderatum æthera,
Qui tenero terram circumjectu amplectitur,
Hunc summum habeto divum, hunc perhibeto Jovem! (D. J.)

JUPITER CAPITOLIN, *temple de*, (*Hist. Rom.*) ce fameux temple de Rome, voué par Tarquin fils de Demaratus, fut exécuté par Tarquin le Superbe son petit-fils, & entierement achevé sous le troisieme consulat de Publicola.

Ce temple étoit situé dans cette partie du capitole qui regardoit le *forum olitorium*, ou le marché aux herbes, aujourd'hui *la piazza Montanara*. Il occupoit un terrein de huit arpens, & avoit deux cens piés de long, sur 185 de profondeur. Le devant étoit orné de trois rangs de colonnes, & les côtés de deux; la nef contenoit trois grandes chapelles, celle de *Jupiter* au milieu, celle de Junon à gauche, & celle de Minerve à droite. Il fut consacré par Horace consul, la troisieme année de la soixante-huitieme olympiade, 504 avant J. C. & brûlé la deuxieme année de la cent-soixante-quatrzieme olympiade, 81 ans avant la naissance de notre-Sauveur: il dura donc 423 ans.

Sylla le rebâtit, & l'orna de colonnes de marbre qu'il tira d'Athènes du temple de *Jupiter* Olympien; mais comme Catulus eut la gloire de le consacrer 67 ans avant la naissance de J. C. Sylla disoit en mourant, qu'il ne manquoit que cette dédicace à son bonheur. Il avoit fait ce magnifique ouvrage de forme quarrée, ayant 210 piés en tout sens, & d'une admirable structure. Les embellissemens dont on l'enrichit depuis Sylla, les présens magnifiques que les provinces soumises & les rois alliés y envoyerent sur la fin de la république, & sous les premiers empereurs, rendirent ce monument un des plus superbes du monde.

Cependant il périt aussi par les flammes l'an 69 de l'ere chrétienne, lorsque Vitellius assiégea Fl. Sabinus dans le Capitole, sans qu'on sache, dit Tacite, si

JUP

ce furent les affiégeans ou les affiégés qui y mirent le feu.

Vespasien le releva de fond en comble l'année qui suivit la mort de Vitellius, en l'élevant plus haut que les deux autres ne l'avoient été. On peut voir dans le IV. livre de l'histoire de Tacite le détail de toutes les cérémonies qu'on mit en usage à cette occasion : on marqua cet événement par des médailles greques au nom de l'empereur, avec l'effigie de *Jupiter Capitolin*, & une nouvelle époque d'années. Ce temple qui avoit jadis échappé à la fureur des Gaulois, dans la prise de Rome, & où tant de peuple s'assembloit tous les jours, passoit pour renfermer les destins de l'empire.

Mais à peine Vespasien fut décédé que le feu consuma pour la quatrieme fois & le Capitole & ce temple qu'il avoit bâti onze ans auparavant. Domitien le rééditifia sans délai dès la premiere année de son regne, l'an 81 de J. C. avec une dépense incroyable ; aussi mit-il son nom à cet ouvrage, sans faire mention des premiers fondateurs.

La seule dorure coûta plus de douze mille taleus, c'est-à-dire plus de sept millions d'or. Les colonnes de marbre pentélique dont il le décora, avoient été tirées d'Athènes toutes taillées, & d'une longueur admirablement proportionnée à leur grosseur ; mais on voulut les retailler & les repolir à Rome, & l'on gâta leur grace & leur symétrie : jamais Rome n'eut la gloire de pouvoir disputer l'empire des beaux Arts à la Grece; *voyez* le mot GRECS, si vous voulez en être convaincu. (*D. J.*)

JUPITER LAPIS, (*Mythol.*) Les premiers Romains adoroient *Jupiter* sous ce nom de *lapis*, pierre, comme les Grecs sous celui de ὅ μοριος qui veut dire la même chose. C'étoit par ce nom d'ὅ μοριος que se faisoient leurs sermens les plus solemnels au rapport d'Aristote, de Démosthène & de Tite-Live. Les Romains, à leur imitation, ne connurent point de serment plus sacré, que lorsqu'ils juroient par *Jupiter lapis*. *Quid igitur censes ? jurabo per Jovem lapidem romano vetustissimo ritu*, dit Apulée dans son traité *de deo sacratis*.

JUPITER, (*Hist. nat.*) nom donné par les anciens Chimistes à l'étain. *voyez* ETAIN.

JUPON, f. m. (*Hist. moder.*) habillement de femme semblable à la jupe, plus court seulement, & qui se porte dessous la juppe. *Voyez* JUPE.

On a des *jupons* piqués ; ces *jupons* sont ouattés, & on les pique pour empêcher la ouatte de tomber. La piquure forme différens desseins de goût.

On trace ces desseins par le moyen de moules. Pour cet effet on a un établi de hauteur convenable, & de deux piés de large ou environ, sur cinq à six piés de long. On le garnit de drap bien tendu & bien cloué sur les bords de l'établi. Pour dessiner un *jupon*, on commence par la campane ou le bas du *jupon*. On place le *jupon* sur la longueur de l'établi ; le bord d'en bas du *jupon*, le long du bord de l'établi opposé à celui qu'on a devant soi. Pour donner à la campane la hauteur, on a une corde qui porte un plomb de chaque bout : on place cette corde sur le *jupon*. On a à côté de soi deux ou trois morceaux imbibés d'eau, & couverts de blanc, ni trop clair délayé, ni délayé trop épais : on prend le moule à campane, on en frappe le côté gravé sur les morceaux de drap blanchis ; & ensuite on applique ce moule sur le *jupon*. Appliqué ainsi, on a un maillet dont on frappe le moule appliqué sur le *jupon* ; par ce moyen le moule laisse le dessein imprimé sur le *jupon*. On continue ainsi la campane ; la corde dirige. On passe au reste du *jupon*, procédant de la même maniere ; on laisse sécher. Sec, on le donne à une ouvriere qui le tend sur un métier & qui le pique : piquer, c'est faire une couture en suivant tous les trais du dessein imprimé par le moule.

JUR

JURA, (*Géog.*) haute montagne qui sépare la Suisse de la Franche-Comté : les anciens l'ont nommé *Jurassus*, & les Allemans l'appellent *Leberberg*. Cette chaîne de montagnes commence un peu au-delà de Genève, où elle fait le célebre pas de l'Ecluse, ne laissant qu'un chemin étroit entre le Rhône & la montagne ; & ce chemin est fermé par une forteresse qui appartient à la France ; de-là le mont *Jura* court du sud-ouest au nord-ouest, couvrant le pays de Vaud, celui de Neuf-Châtel & le canton de Soleurre, jusqu'au Botzberg, appellé *Vocatius* par Tacite. (*D. J.*)

JURA, l'*île de* (*Géog.*) petite île d'Ecosse, l'une des Westernes, de huit lieues, de long sur deux de large ; elle abonde en pâturages, & on y pêche de bons saumons. *Long.* 11 *deg.* 12 *min.* 50 *sec. lat.* 56 *deg.* 15 *min.* 53 *sec.* (*D. J.*)

JURANDE, f. f. (*Jurisprud.*) est la charge ou fonction de juré d'une communauté de marchands ou artisans. Les *jurandes* furent établies en même tems que les arts & métiers furent mis en communauté des préposés, *suprapositi*, pour avoir l'inspection sur les autres maîtres du même état. Une ordonnance du roi Jean porte, qu'en tous les métiers & toutes les marchandises qui sont & se vendent à Paris, il y aura visiteurs, regardeurs & maîtres, qui regarderont par lesdits métiers & marchandises, les visiteront & rapporteront les défauts qu'ils trouveront aux commissaires, au prevôt de Paris ou aux auditeurs du châtelet. Dans la suite ces préposés ont été nommés *jurés*, parce qu'ils ont serment à justice dans les six corps des marchands, & dans quelques autres communautés, on les appelle *gardes*, dans d'autres, *jurés-gardes*.

Cette charge se donne par élection à deux ou quatre anciens, pour présider aux assemblées & avoir soin des affaires de la communauté, faire, recevoir les apprentifs & les maîtres ; & faire observer les statuts & réglemens : les jurés n'ont cependant aucune jurisdiction ; ils ne peuvent même faire aucuns procès verbaux sans être assistés d'un huissier ou d'un commissaire.

Le tems de la *jurande* ne dure qu'un an ou deux. (*A*)

JURAT, f. m. (*Commerce.*) nom d'une charge municipale de plusieurs villes de Guienne, entre autres de Bordeaux. *Voyez* CONSULS, ECHEVINS.

JURATOIRE, adj. (*Jurisprud.*) se dit de ce qui est accompagné du serment. La caution *juratoire* est une soumission que l'on fait à l'audience ou au greffe, de se représenter, ou quelques deniers ou effets, toutes fois & quantes que par justice sera ordonné. *Voyez* CAUTION & SERMENT. (*A*)

* JURÉ, f. m. (*Commerce.*) marchand ou artisan, élu à la pluralité des voix, pour avoir soin des affaires du corps ou de la communauté.

Le nombre des *jurés* n'est pour l'ordinaire que de quatre dans chaque corps ; il y a pourtant certaines communautés d'Arts & Métiers à Paris qui en ont jusqu'à six, quelques-unes cinq, & d'autres un syndic avec les quatre *jurés*, & quelques-unes seulement deux.

L'élection des *jurés* se fait tous les ans, non de tous les quatre, mais de deux seulement ; ensorte qu'ils sont en charge chacun deux années ; ce sont toujours les deux plus anciens qui doivent sortir, & quinze jours après l'élection des nouveaux *jurés*, ils doivent rendre compte de leur jurande.

Il y a aussi des maîtresses *jurées* dans les communautés qui ne sont composées que de femmes & de filles, telles que les lingeres, couturieres, &c.

JUR

Les principaux édits donnés pour l'établissement des *jurés*, leurs élections, leurs droits, visites, &c. sont des années 1581, 1588 & 1597, sous Henri III. & Henri IV.

En 1691 Louis XIV. supprima par un édit du mois de Mars, tous les maîtres-gardes, syndics & *jurés* d'élection, & créa en leur place autant de maîtres & gardes, syndics & *jurés* en titre d'office, dans tous les corps des marchands, communautés des Arts & Métiers de la ville & faubourgs de Paris, & de toutes les autres villes & bourgs clos du royaume. Mais peu de ces offices ayant été levés, & les corps & communautés les ayant acquis moyennant le payement des taxes réglées par le rôle du conseil du 10 Avril 1691 ; il y en a peu, tant à Paris que dans le reste du royaume, qui ne soient rentrées en possession d'élire leurs *jurés* & autres officiers. *Dict. de Commerce*.

JURÉ, s. m. (*Commerce*.) terme fort connu dans les anciennes déclarations des rois de France au sujet des corps des Marchands & des communautés des Arts & Métiers du royaume. On appelle villes *jurées*, bourgs *jurés*, les villes & les bourgs dont les corps & communautés ont des *jurés*; villes non *jurées*, & bourgs non *jurés*, ceux & celles qui n'en ont point. *Dictionnaire de Commerce*.

JURÉ TENEUR DE LIVRES, c'est celui qui est pourvu par lettres-patentes du Roi, & qui a prêté serment en justice pour la vérification des comptes & calculs lorsqu'il y est appellé. *Dictionnaire merce*.

JURÉS MAÎTRES MARQUEURS DE MESU appelle ainsi en Hollande des officiers les colléges des amirautés pour faire le mesurage des vaisseaux. *Voyez* MARC *ctionnaire de Commerce*.

JURÉE, s. f. (*Jurisprud*.) signi fuent, quelquefois certain droit qu jurisdiction & connoissance des c bourgeois de *jurée*, hommes ceux qui doivent au Roi ou à q haut-justicier, un droit de ment de six deniers pour liv deniers pour livre des imm ait quelque abonnemen

IVREE, (*Géog*.) v pitale du Canavez, a suffragant de Turin. mença sous Charl Cette ville est *l. I, c. xvj*. ra & de Valei tine colon ceron faire pl b

...de; on la
Le nom latin
changé avec le
...là qu'on est par-

...nt le nom d'*Eporedia* ;
... les Gaulois ap-
...qui entendoient à domp-
...soit que les habitans
...de ce métier, soit que les Ro-
...dans ce pays-là un grand nom-
...aux dépens du public, & les y fis-
Dans le théâtre du Piémont on écrit
it située en partie dans la plaine, en
une colline d'une montée douce, à 8 lieues
Turin, 13 S. E. de Suze, 10 S. O. de Ver-

JUR

ceil. *Long*. 25. 3. *lat*. 45. 12. (*D. J*.)

JUREMENT s. m. *Littérat. & Mythol*.) affirmation qu'on fait d'une chose, en marquant cette affirmation d'un sceau de religion.

Les *juremens* nt pris chez tous les peuples autant de formes différentes que la divinité ; & comme le monde s'est trouvé rempli de dieux, il a été inondé de *juremens* : nom de cette multitude de divinités.

Les Grecs & les Romains juroient tantôt par un dieu, tantôt pa deux, & quelquefois par tous ensemble. Ils ne servoient pas aux dieux seuls le privilége d'être témoins de la vérité ; ils associoient au même bonne re les demi-dieux, & juroient par Castor, Pollux, ercule, &c. avec cette différence chez les Roma s, que les hommes seuls juroient par Hercule ; le hommes & les femmes par Pollux, & les femmes ules par Castor : mais ces regles même, quoiqu ulugelle, n'étoient pas inviolablement c e.   fondé quand il observe que   Pollux, fut introduit dans n   ynîens, & que c'est de   age ordinaire.

Les femme   nt p Junons, & l   y avoit cert   elle roit plu   qu tres.   v
                                                  t   cile,
                                                  le Pluton
                                                  du fleuve
                                                 Voyez PA

                                              certains ser-
                                             la différence
                                            & de leurs
                                           rs par la déesse
                                          , les labou-
                                       par Bacchus, les

                                    ar les dieux & les
                                  r tout ce qui relevoit
                                 mples, par les marques
                               mes qui leur étoient par
                             omme Sénèque, ne fait pas
                           le faut, nous présente une
                          des dieux, par lesquels les
                       tâchoient de donner du poids
                      omme de ce caractère, dit-il,
                    remens les rayons du soleil, les
                  ', l'épée de Mars, les traits d'A-
                flech de Diane, le trident de Neptune,
              d Hercule, i lance de Minerve, & finalement,
ajoute ce poète ns son style emphatique, tout ce qu'il y a d'arme dans les arsenaux du ciel.

*Quicquid ha*is *telorum armamentaria cæli*.

Les Poètes & es Orateurs imaginerent de certifier leurs affirm ions, en jurant par les personnes qui leur étoient heres, soit qu'elles fussent mortes ou vivantes : j'ai jure par mon pere & ma mere, dit Properce.

Ossa tibi jur per matris, & ossa parentis.

Quintilien s'érie au sujet de sa femme, & d'un fils qu'il avoit perdu ort jeune : j'en jure par leurs manes, les tristes dvinités de ma douleur, *per illos manes, numina doloris mei* : j'en atteste les dieux, & vous, ma sœur, & tendrement Didon dans l'Enéide, *testor, cara, deos & te germana*.

Quelquefois l s anciens juroient par une des principales parties d corps, comme par la tête ou par la main droite : j'en jure par ma tête, dit le jeune

Ascagne, par laquelle mon per avoit coutume de jurer.

*Per caput hoc juro, per quod*ater *ante solebat.*

Dans la célebre ambassade que les Troïens envoient au roi Latinus, Ilionée qui porte la parole, emploie ce noble & grand serment : j'en jure par les destins d'Enée, & par sa drcte aussi fidele dans les traités, que redoutable dans les combats.

Fata per Æneæ juro, dextraique potentem
Sive fide, seu quis bello est exertus, & armis.
Ænei. VII. v. 234.

On ne doit pas être surpris qe les amans préférassent à tout autre usage celui e jurer par les charmes, par les beaux yeux de lers maitresses : c'étoient-là des sermens dictés naturellement. par l'amour, *attestor oculos, sydera nojs, tuos* : je me souviens, dit Ovide, que cette inrate me juroit fidélité par ses yeux, par les miens & les miens eurent un pressentiment de la perfidie qu'elle me préparoit.

Perque suos nuper jurasse recedor,
Perque meos oculos, & dolue mei.
Amor. ib. III. Eleg. 3.

Mais on est indigné de voir ls Romains jurer par génie, par le salut, par la forme, par la majesté, r l'éternité de l'empereur.

Il semble que les dieux n'auraient jamais dû emer de *juremens*; cependant fable a voulu leur r une garantie étrangère pour justifier aux s la sainteté de la parol. Ainsi la Mythologore, que les divinités d'Olympe juroient par le Styx, ce fleve que nous concelée d'un dieu, & ques les Grecs concedée d'une déesse. Hésiode conte fort ce qui regarde ctte divinité redou-

urare timent, & illere numen.

lit-il, fille de l'océan, & épousa le ce mariage naqirent un fils & trois Victoire, la Fece, & la Puissance. rent les intérè de Jupiter dans in soutenir conts les Titans : le maiour marquer sa econnoissance, ornir tous les dieux jureroient par le e tems il étabt des peines séveres   d'entre les eux oseroit se parubir une péninnce de neuf années   le lit la premere année, c'est-àout ce tems-là ins voix & sans ressuite chassé duciel, exclus du cons des dieux, mner cette triste vie ns, & ne pouvc reprendre sa place année.

s fictions qu'ontâchoit de rappeler même, & le corenir dans le devoir. ient simplement ue la déesse Fidélité ble à Jupiter mê. *Voyez* STYX, FIDIUS, & SERMET. (*D. J.*)

NT, (*Théologia.*) Dieu défend le faux & les sermens inutis; mais il veut que écessité & l'importace de la matiere deque l'on jure, on le asse en son nom, & u non des dieux étangers, ou au mon es inanimées & terrestes, ou mêm. par le ar les astres, ou par lavie de que nus hom-ce soit. Notre Sauveuqui étoit ven , rua étruire la Loi, mais par la per t auffi les *juremens*; & les premiers ch voient cela à la lettre, même on l ertullien, dans Eusebe, dan saint Cl. dans saint Basile, dans sain srome, J. C. ni les Apôtres, ni les Pces, univ. n'ont pas condamné le *jur et*, ni mê

mens pour toutes occasions & pour toutes fortes de sujets. Il est des circonstances où l'on ne peut moralement s'en dispenser ; mais il ne faut jamais jurer sans une très grande nécessité ou utilité. Nous devons vivre avec tant de bonne-foi & de droiture, que notre parole vaille un serment, & ne jurer jamais que selon la justice & la vérité. *Voyez* saint Augustin, *ép. 157. n. 40.* & les Commentateurs sur saint Matthieu, *v. 33. 34.* Calmet, *Dictionnaire de la Bible.*

JUREMENT, (*Jurisprud.*) se prend quelquefois pour serment ou affirmation que l'on fait d'une chose en justice. *Voyez* AFFIRMATION *&* SERMENT.

Mais le terme de *jurement*, se prend plus souvent pour certains termes d'emportement & d'exécration que l'on prononce dans la colere & dans les passions. Saint Louis fit des réglemens séveres contre les *juremens* & les blasphêmes; les ordonnances postérieures ont aussi établi des peines contre ceux qui proferent des *juremens* en vain. *L'article 86.* de l'ordonnance de Moulins défend tous blasphêmes & *juremens* du nom de Dieu, sous peine d'amende & même de punition corporelle, s'il y échet. *Voyez* BLASPHÊME. (*A*)

JUREUR, s. m. *jurator*, (*Droit des Barbares.*) on nommoit ainsi celui qui parmi les Francs, se purgeoit par serment d'une accusation ou d'une demande faite contre lui.

Il faut savoir que la loi des Francs ripuaires, différente de la loi salique, se contentoit pour la décision des affaires, des seules preuves négatives. Ainsi, celui contre qui on formoit une demande ou une accusation, pouvoit dans la plûpart des cas, se justifier en jurant avec un certain nombre de témoins qu'il n'avoit point fait ce qu'on lui imputoit ; & par ce moyen il étoit absous de l'accusation.

Le nombre des témoins qui devoient *jurer*, augmentoit selon l'importance de la chose ; il alloit quelquefois à soixante & douze, & on les appelloit *jureurs*, *juratores*.

La loi des Allemands porte que jusqu'à la demande de six sols, on s'en purgera par son serment, & celui de deux *jureurs* réunis. La loi des Frisons exigeoit sept *jureurs* pour établir son innocence dans le cas d'accusation d'homicide. On voit par notre ancienne histoire que l'on requéroit dans quelques occasions, outre le serment de la personne, celui de dix ou de douze *jureurs*, pour pouvoir obtenir sa décharge ; ce qu'on exprimoit par ces mots, *cum sextâ, septimâ, octavâ, decimâ,* &c. *manu, jurare.*

Mais personne n'a su tirer un parti plus heureux de la loi des *jureurs* que Frédégonde. Après la mort de Chilpéric, les grands du royaume & le reste de la nation, ne vouloient point reconnoître Clotaire âgé de 4 mois pour légitime héritier de la couronne ; la conduite peu réguliere de la mere faisoit douter que son fils ne fût point du sang de Clovis. Je crains bien, disoit Gontran son propre oncle, que mon neveu ne soit le fils de quelque seigneur de la cour ; c'étoit même bien honnête à lui de ne pas craindre quelque chose de pis : cependant trois cens personnes considérables de la nation ayant été promptement gagnées par la reine, vinrent jurer avec elle, que Clotaire étoit véritablement fils de Chilpéric. A l'ouïe de ce serment, & à la vûe d'un si grand nombre de *jureurs*, les craintes & les scrupules s'é...ouirent ; Clotaire fut reconnu de tout le monde, & de plus fut surnommé dans la suite Clotaire le G nd, titre qu'il ne méritoit à aucun égard. (*D. J.*)

JURIDIQUE, adj. (*Jurisprud.*) se dit de ce qui est régulier & conforme au droit d'un jugement qui n'est pas *juridique*, & de celui qui est contraire aux regles du droit ou de l'équité.

On dit aussi d'une procédure qu'elle n'est pas *ju-*

Les principaux édits donnés pour l'établiſſement des *jurés*, leurs élections, leurs droits, viſites, &c. ſont des années 1581, 1588 & 1597, ſous Henri III. & Henri IV.

En 1691 Louis XIV. ſupprima par un édit du mois de Mars, tous les maitres-gardes, ſyndics & *jurés* d'élection, & créa en leur place autant de maîtres & gardes, ſyndics & *jurés* en titre d'office, dans tous les corps des marchands, communautés des Arts & Métiers de la ville & fauxbourgs de Paris, & de toutes les autres villes & bourgs clos du royaume. Mais peu de ces offices ayant été levés, & les corps & communautés les ayant acquis moyennant le payement des taxes réglées par le rôle du conſeil du 10 Avril 1691 ; il y en a peu, tant à Paris que dans le reſte du royaume, qui ne ſoient rentrées en poſſeſſion d'élire leurs *jurés* & autres officiers. *Dict. de Commerce*.

JURÉ, ſ. m. (*Commerce*.) terme fort connu dans les anciennes déclarations des rois de France au ſujet des corps des Marchands & des communautés des Arts & Métiers du royaume. On appelle villes *jurées*, bourgs *jurés*, les villes & les bourgs dont des corps & communautés ont des *jurés*; villes non *jurées*, & bourgs non *jurés*, ceux & celles qui n'en ont point. *Dictionnaire de Commerce*.

JURÉ TENEUR DE LIVRES, c'eſt celui qui eſt pourvu par lettres-patentes du Roi, & qui a prêté ſerment en juſtice pour la vérification des comptes & calculs lorſqu'il y eſt appellé. *Dictionnaire de Commerce*.

JURÉS MAÎTRES MARQUEURS DE MESURES ; on appelle ainſi en Hollande des officiers établis par les collèges des amirautés pour faire le jaugeage & meſurage des vaiſſeaux. *Voyez* MARQUEURS. *Dictionnaire de Commerce*.

JURÉE, ſ. f. (*Jurispud.*) ſignifie quelque ſerment, quelquefois certain droit qui ſe paye pour la juriſdiction & connoiſſance des cauſes. On appelle bourgeois de *jurée*, hommes & femmes de *jurée*, ceux qui doivent au Roi ou à quelque autre ſeigneur haut-juſticier, un droit de *jurée* qui eſt communément de ſix deniers pour livre des meubles, & deux deniers pour livre des immeubles, à-moins qu'il n'y ait quelque abonnement. (*A*)

IVRÉE, (*Géog.*) ville d'Italie en Piémont, capitale du Canavez, avec une forterelle, un évêché ſuffragant de Turin, & titre de marquiſat qui commença ſous Charlemagne, & qui ne ſubſiſte plus. Cette ville eſt très-ancienne : Velleius Paterculus, *l. I. c. xvj.* rapporte que ſous le conſulat de Marius & de Valerius Flaccus, les Romains y envoyerent une colonie. Brutus en parle dans ſes lettres à Ciceron, & Antonin en fait mention dans ſon itinéraire ; elle appartient au roi de Sardaigne, & eſt plus remarquable par ſon ancienneté que par ſa beauté & par ſa grandeur, ne contenant que cinq ou ſix mille ames.

La Doria qui l'arroſe, y eſt fort rapide ; on la paſſe ſur un pont qui n'a qu'une arche. Le nom latin d'*Eporedia* qu'avoit cette ville, s'eſt changé avec le tems en *Eboreia*, *Ivorcia*, juſqu'à qu'on eſt parvenu à dire *Ivrée*.

Les Romains lui donnerent le nom d'*Eporedia*; parce qu'au témoignage de Pline, les Gaulois appelloient *Eporedicos*, ceux qui s'entendoient à dompter & à dreſſer les chevaux, ſoit que les habitans d'*Ivrée* s'occupaſſent de ce métier, ſoit que les Romains entretinſſent dans ce pays-là un grand nombre de chevaux aux dépens du public, & les y fiſſent exercer. Dans le théatre du Piémont on écrit *Ivrée*: elle eſt ſituée en partie dans la plaine, en partie ſur une colline d'une montée douce, à 8 lieues N. E. de Turin, 13 S. E. de Suze, 19 S. O. de Verceil. *Long.* 25. 23. *lat.* 45. 12. (*D. J.*)

JUREMENT, ſ. m. *Littérat. & Mythol.*) affirmation qu'on fait d'une choſe, en marquant cette affirmation d'un ſceau de religion.

Les *juremens* ont pris chez les peuples autant de formes différentes que la divinité ; & comme le monde s'eſt trouvé rempli de dieux, il a été inondé de *juremens* au nom de cette multitude de divinités.

Les Grecs & les Romains juroient tantôt par un dieu, tantôt par deux, & quelquefois par tous enſemble. Ils ne réſervoient pas aux dieux ſeuls le privilége d'être les témoins de la vérité ; ils aſſocioient au même honneur les demi-dieux, & juroient par Caſtor, Pollux, Hercule, &c. avec cette différence chez les Romains, que les hommes ſeuls juroient par Hercule ; les hommes & les femmes par Pollux, & les femmes ſeules par Caſtor : mais ces regles même, quoiqu'en diſe Aulugelle, n'étoient pas inviolablement obſervées. Il eſt mieux fondé quand il obſerve que le *jurement* par Caſtor & Pollux, fut introduit dans l'iniation aux myſteres éleuſyniens, & que c'eſt de-là qu'il paſſa dans l'uſage ordinaire.

Les femmes juroient auſſi généralement par leurs Junons, & les hommes par leurs Génies ; mais il y avoit certaines divinités, au nom deſquelles on juroit plus ſpécialement en certains lieux, qu'en d'autres. Ainſi à Athènes, on juroit le plus ſouvent par Minerve, qui étoit la déeſſe tutélaire de cette ville ; à Lacédémone, par Caſtor & Pollux ; en Sicile, par Proſerpine ; parce que ce fut en ce lieu, que Pluton l'enleva ; & dans cette même île, le long du fleuve Simettre, on juroit par les dieux Palices. *Voyez* PALICES.

Les particuliers avoient eux-mêmes certains ſermens, dont ils uſoient davantage ſelon la différence de leur état, de leurs engagemens, & de leurs goûts. Les veſtales juroient volontiers par la déeſſe Veſta, les femmes mariées par Junon, les laboureurs par Cérès, les vendangeurs par Bacchus, les chaſſeurs par Diane, &c.

Non-ſeulement l'on juroit par les dieux & les demi-dieux, mais encore par tout ce qui relevoit de leur empire, par leurs temples, par les marques de leur dignité, par les armes qui leur étoient particulieres. Juvenal, qui comme Séneque, ne fait pas toûjours s'arrêter où il le faut, nous préſente une longue-liſte des armes des dieux, par leſquels les jureurs de profeſſion tâchoient de donner du poids à leurs paroles. Un homme de ce caractere, dit-il, brave dans ſes *juremens* les rayons du ſoleil, les foudres de Jupiter, l'épée de Mars, les traits d'Apollon, les fleches de Diane, le trident de Neptune, l'arc d'Hercule, la lance de Minerve, & finalement, ajoute ce poète ſans ſon ſtyle emphatique, tout ce qu'il y a d'armes dans les arſenaux du ciel.

Quicquid habent telorum armamentaria cæli.

Les Poètes & les Orateurs imaginerent de certifier leurs affirmations, en jurant par les perſonnes qui leur étoient cheres, que qu'elles fuſſent mortes ou vivantes : j'en jure par mon pere & ma mere, dit Properce,

Oſſa tibi juro per matris, & oſſa parentis.

Quintilien s'écrie au ſujet de ſa femme, & d'un fils qu'il avoit perdu fort jeune : j'en jure par leurs manes, les triſtes divinités de ma douleur, *per illos manes, numina doloris mei* : j'en atteſte les dieux, & vous, ma ſœur, dit tendrement Didon dans l'Eneide, *teſtor, cara, deos, & te germana.*

Quelquefois les anciens juroient par une des principales parties du corps, comme par la tête ou par la main droite : j'en jure par ma tête, dit le jeune

Afcagne, par laquelle mon pere avoit coutume de jurer.

Per caput hoc juro, per quod pater ante folebat.

Dans la célebre ambaffade que les Troiens envoient au roi Latinus, Ilionée qui porte la parole, emploie ce noble & grand ferment : j'en jure par les deftins d'Enée, & par fa droite auffi fidele dans les traités, que redoutable dans les combats.

Fata per Æneæ juro, dextramque potentem
Sive fide, feu quis bello eft expertus, & armis.
Æneid. VII. v. 234.

On ne doit pas être furpris que les amans préféraffent à tout autre ufage celui de jurer par les charmes, par les beaux yeux de leurs maitreffes : c'étoient-là des fermens dictés naturellement par l'amour, *atteftor oculos, fydera noftra, tuos* : je me fouviens, dit Ovide, que cette ingrate me juroit fidélité par fes yeux, par les miens ; & les miens eurent un preffentiment de la perfidie qu'elle me préparoit.

Perque fuos nuper juraffe recordor,
Perque meos oculos, & doluere mei.
Amor. lib. III. Eleg. 3.

Mais on eft indigné de voir les Romains jurer par le génie, par le falut, par la fortune, par la majefté, par l'éternité de l'empereur.

Il femble que les dieux n'auroient jamais dû employer de *juremens;* cependant la fable a voulu leur donner une garantie étrangere, pour juftifier aux hommes la fainteté de la parole. Ainfi la Mythologie déclare, que les divinités de l'Olympe juroient elles-mêmes par le Styx, ce fleuve que nous concevons fous l'idée d'un dieu, & que les Grecs concevoient fous l'idée d'une déeffe. Héfiode conte fort au long, tout ce qui regarde cette divinité redoutable.

Dii cujus jurare timent, & fallere numen.

Elle étoit, dit-il, fille de l'Océan, & époufa le dieu Pallas. De ce mariage naquirent un fils & trois filles, le Zele, la Victoire, la Force, & la Puiffance. Tous quatre prirent les intérêts de Jupiter dans la guerre qu'il eut à foutenir contre les Titans : le maitre du monde pour marquer fa reconnoiffance, ordonna qu'à l'avenir tous les dieux jureroient par le Styx, & en même tems il établit des peines féveres contre quiconque d'entre les dieux oferoit fe parjurer. Il devoit fubir une pénitence de neuf années céleftes, garder le lit la premiere année, c'eft-à-dire demeurer tout ce tems-là fans voix & fans refpiration, être enfuite chaffé du ciel, exclus du confeil & des repas des dieux, mener cette trifte vie pendant huit ans, & ne pouvoir reprendre fa place qu'à la dixieme année.

C'eft par ces fictions qu'on tâchoit de rappeller l'homme à lui-même, & le contenir dans le devoir. Les fages difoient fimplement que la déeffe Fidélité étoit refpectable à Jupiter même. *Voyez* STYX, FIDÉLITÉ, FIDIUS, & SERMENT. (*D. J.*)

JUREMENT, (*Théologie.*) Dieu défend le faux ferment, & les fermens inutiles ; mais il veut que quand la néceffité & l'importance de la matiere demandent que l'on jure, on le faffe en fon nom, & non pas au nom des dieux étrangers, ou au nom des chofes inanimées & terreftres, ou même par le ciel & par les aftres, ou par fa vie de quelqu'un, homme que ce foit. Notre Sauveur qui étoit venu ... ... pour détruire la Loi, mais pour la perfectionner... défend auffi les *juremens*; & les premiers chrétiens... obfervoient cela à la lettre, comme on l'... Tertullien, dans Eufebe, dans faint Cl... ... dans faint Bafile, dans faint Jérome, ... J. C. ni les Apôtres, ni les Peres, univ... ... n'ont pas condamné le *jurement*, ni mê ...

mens pour toutes occafions & pour toutes fortes de fujets. Il eft des circonftances où l'on ne peut moralement s'en difpenfer ; mais il ne faut jamais jurer fans une très grande néceffité ou utilité. Nous devons vivre avec tant de bonne-foi & de droiture, que notre parole vaille un ferment, & ne jurer jamais que felon la juftice & la vérité. *Voyez* faint Auguftin, *ép. 157. n. 40.* & les Commentateurs fur faint Matthieu, *v. 33. 34.* Calmet, *Dictionnaire de la Bible.*

JUREMENT, (*Jurifprud.*) fe prend quelquefois pour ferment ou affirmation que l'on fait d'une chofe en juftice. *Voyez* AFFIRMATION & SERMENT.

Mais le terme de *jurement*, fe prend plus fouvent pour certains termes d'emportement & d'exécration que l'on prononce dans la colere ou dans les paffions. Saint Louis fit des réglemens féveres contre les *juremens* & les blafphèmes ; les ordonnances poftérieures ont auffi établi des peines contre ceux qui proferent des *juremens* en vain. *L'article 86.* de l'ordonnance de Moulins défend tous blafphèmes & *juremens* du nom de Dieu, fous peine d'amende & même de punition corporelle, s'il y échet. *Voyez* BLASPHÈME. (*A*)

JUREUR, f. m. *jurator*, (*Droit des Barbares.*) on nommoit ainfi celui qui parmi les Francs, fe purgeoit par ferment d'une accufation ou d'une demande faite contre lui.

Il faut favoir que la loi des Francs ripuaires, différente de la loi falique, fe contentoit pour la décifion des affaires, des feules preuves négatives. Ainfi, celui contre qui on formoit une demande ou une accufation, pouvoit dans la plûpart des cas, fe juftifier en jurant avec un certain nombre de témoins qu'il n'avoit point fait ce qu'on lui imputoit ; & ce ce moyen il étoit abfous de l'accufation.

Le nombre des témoins qui devoient *jurer*, augmentoit felon l'importance de la chofe ; il alloit quelquefois à foixante & douze, & on les appelloit *jureurs, juratores.*

La loi des Allemands porte que jufqu'à la demande de fix fols, on s'en purgera par fon ferment, & celui de deux *jureurs* réunis. La loi des Frifons exigeoit fept *jureurs* pour établir fon innocence dans le cas d'accufation d'homicide. On voit par notre ancienne hiftoire que l'on requéroit dans quelques occafions, outre le ferment de la perfonne, celui de dix ou douze *jureurs*, pour pouvoir obtenir fa décharge ; ce qu'on exprimoit par ces mots, *cum fextâ, feptimâ, octavâ, decimâ*, &c. *manu, jurare.*

Mais perfonne n'a fu tirer un parti plus heureux de la loi des *jureurs* que Frédégonde. Après la mort de Chilpéric, les grands du royaume & le refte de la nation, ne vouloient point reconnoitre Clotaire âgé de 4 mois pour legitime héritier de la couronne ; la conduite peu réguliere de la mere faifoit douter fon fils ne fût point du fang de Clovis. Je crains bien, difoit Gontran fon propre oncle, que mon neveu ne foit le fils de quelque feigneur de la cour ; c'étoit même bien honnête à lui de ne pas craindre quelque chofe de pis : cependant trois cens perfonnes confidérables de la nation ayant été promptement gagnées par la reine, vinrent jurer avec elle, que Clotaire étoit véritablement fils de Chilpéric. À l'ouïe de ce ferment, & à la vûe d'un fi grand nombre de *jureurs*, les craintes & les fcrupules s'évanouïrent ; Clotaire fut reconnu de tout le monde, & ... plus fut furnommé dans la fuite Clotaire le Grand, titre qu'il ne méritoit à aucun égard. (*D. J.*)

JURIDIQUE, adj. (*Jurifprud.*) fe dit de ce qui eft régulier & conforme au droit d'un jugement qui n'eft pas *juridique*, & de celui qui eft contraire aux regles du droit ou de l'équité.

On dit auffi d'une procédure qu'elle n'eft pas *ju-*

ridique, c'est-à-dire qu'elle n'est pas réguliere. (*A*)

JURIPÉBA, s. m. (*Botan. exot.*) arbrisseau épineux, ombrageux, & qui croît au Brésil dans les terres sablonneuses ; sa feuille est longue, déchiquetée en plusieurs endroits, lanugineuse en-dessous, & amere au goût ; sa fleur faite en étoile, est de couleur blanche & bleue ; son fruit ressemblant au raisin ou aux baies de genievre, est disposé en grappes. *Voyez* Pison, *Hist. Brasil.* (*D. J.*)

JURISCONSULTE, s. m. (*Jurisprud.*) est un homme versé dans la Jurisprudence, c'est-à-dire dans la science des lois, coutumes, & usages, & de tout ce qui a rapport au droit & à l'équité.

Les anciens donnoient à leurs *jurisconsultes* le nom de *sages* & de *philosophes*, parce que la Philosophie renferme les premiers principes des lois, & que son objet est de nous empêcher de faire ce qui est contre les lois de la nature, & que la Philosophie & la Jurisprudence ont également pour objet l'amour & la pratique de la justice. Aussi Cassiodore donne-t-il de la Philosophie la même définition que les lois nous donnent de la Jurisprudence. *Philosophia*, dit-il en son livre de la Dialectique, *est divinarum humanarumque rerum, in quantum homini possibile est, probabilis sententia*. Pithagore, Dracon, Solon, Lycurgue, & plusieurs autres, ne devinrent législateurs de la Grece, que parce qu'ils étoient philosophes.

Tout *jurisconsulte* cependant n'est pas législateur ; quelques-uns qui avoient part au gouvernement d'une nation, ont fait des lois pour lui servir de regle ; d'autres se sont seulement appliqués à la connoissance des lois qu'ils ont trouvé établies.

On ne doit pas non plus prodiguer le titre de *jurisconsulte*, à ceux qui n'ont qu'une connoissance superficielle de l'usage qui s'observe actuellement ; on peut être un bon praticien sans être un habile *jurisconsulte* ; pour mériter ce dernier titre, il faut joindre à la connoissance du Droit celle de la Philosophie, & particulierement celle de la Logique, de la Morale, & de la Politique ; il faut posséder la chronologie & l'histoire, l'intelligence, & la juste application des lois dépendant souvent de la connoissance des tems & des mœurs des peuples ; il faut sur-tout allier la théorie du Droit avec la pratique, être profond dans la science des lois, en savoir l'origine & les circonstances qui y ont donné lieu ; les conjectures dans lesquelles elles ont été faites, en pénétrer le sens & l'esprit, connoître les progrès de la Jurisprudence, les révolutions qu'elle a éprouvées ; il faudroit enfin avoir des connoissances suffisantes de toutes les choses qui peuvent faire l'objet de la Jurisprudence, *divinarum atque humanarum rerum scientiam* ; & conséquemment il faudroit posséder toutes les sciences & tous les arts : mais j'appliquerois volontiers à la Jurisprudence la restriction que Cassiodore met par rapport aux connoissances que doit avoir un philosophe, *in quantum homini possibile est* ; car il est bien difficile, pour ne pas dire impossible, qu'un seul homme réunisse parfaitement toutes les connoissances nécessaires pour faire un grand *jurisconsulte*.

On conçoit par-là combien il est difficile de parvenir à mériter ce titre ; nous avons cependant plusieurs auteurs qui se le sont eux-mêmes attribué, tel que Dumolin, qui prenoit le titre de *jurisconsulte* de France & de Germanie, & qui le méritoit sans contredit : mais il ne sied pas à tous ceux qui ont quelque connoissance du Droit, de s'ériger en *jurisconsultes* ; c'est au public éclairé à déférer ce titre à ceux qu'il en juge dignes.

Le premier & le plus célebre de tous les *Jurisconsultes*, fut Moïse envoyé de Dieu, pour conduire son peuple, & pour lui transmettre ses lois.

Les Egyptiens eurent pour *jurisconsultes* & législateurs trois de leurs princes, savoir les deux Mercures & Amasis.

Minos donna des lois dans l'île de Crete ; mais s'il est glorieux de voir des rois au nombre des *jurisconsultes*, il ne l'est pas moins de voir des princes renoncer au trône pour se consacrer entierement à l'étude de la Jurisprudence, comme fit Lycurgue, lequel, quoique fils d'un des deux rois de Sparte, préfera de gouverner comme concitoyen, ce qu'il auroit pû gouverner comme roi. Il alla pour cet effet, s'instruire des lois en Crete, parcourut l'Asie & l'Egypte, & revint à Lacédémone, où il s'acquit une estime si générale, que les principaux de la ville lui aiderent à faire recevoir ses lois.

Zoroastre, si fameux chez les Perses, leur donna des lois qui se répandirent chez plusieurs autres peuples. Pithagore qui s'en étoit instruit dans ses voyages, les porta chez les Crotoniates : deux de ses disciples, Charondas & Zaleucus, les porterent l'un chez les Thuriens, l'autre chez les Locriens ; Zamolxis qui avoit aussi suivi Pithagore, porta ces lois chez les Scythes.

Athènes eut deux fameux philosophes, Dracon & Solon, qui lui donnerent pareillement des lois.

Chez les Romains, la qualité de législateur fut distinguée de celle de *jurisconsulte* : le pouvoir de faire des lois appartenoit à ceux qui avoient part à la puissance publique ; la fonction des *jurisconsultes* se borna à étudier les lois & à les interpreter. On les appelloit *prudentes*, & leurs réponses étoient appellées par excellence *responsa prudentum*. On leur donnoit aussi le titre de *juris autores* ; & ils se qualifioient de prêtres de la justice, *justitiæ sacerdotes*.

Les *Jurisconsultes* romains tiroient leur origine du droit de patronage établi par Romulus. Chaque plébéien se choisissoit parmi les patriciens un patron qui l'aidoit de ses conseils, & se chargeoit de sa défense : les cliens faisoient à leurs patrons des présens appellés *honoraires*.

La connoissance du droit romain étant devenue difficile par la multiplicité & les variations des lois, on choisit un certain nombre de personnes sages & éclairées, qui feroient leur unique occupation des lois, pour être en état de les interpreter ; on donna à ces interpretes le nom de *patrons*, & à ceux qui les consultoient, le nom de *cliens*.

Ces interpretes n'étoient pas d'abord en grand nombre ; mais dans la suite ils se multiplierent tellement, que le peuple trouvant chez eux toutes les ressources pour la conduite de leurs affaires ; le crédit des anciens patrons diminua peu-à-peu.

Depuis que Cnæus Flavius, & Sextus Ælius, eurent publié les formules des procédures, plusieurs *jurisconsultes* composerent des commentaires sur les lois ; ces commentaires furent toûjours d'un grand poids, mais ils ne commencerent à faire véritablement partie du droit écrit, que lorsque Théodose le jeune donna force de loi aux écrits de plusieurs anciens *jurisconsultes*.

Outre ces commentaires, les *Jurisconsultes* donnoient aussi des réponses à ceux qui les venoient consulter ; ces réponses étoient verbales ou par écrit, selon la nature de l'affaire, ou le lieu dans lequel elles se donnoient ; car les *jurisconsultes* se promenoient quelquefois dans la place publique pour être plus à portée de donner conseil à ceux qui en auroient besoin ; ces sortes de consultations n'étoient que verbales ; mais pour l'ordinaire ils se tenoient dans leurs maisons.

Il y avoit des termes consacrés par l'usage pour ces consultations ; le client demandoit au *jurisconsulte, licet consulere* ; si le *jurisconsulte* y consentoit, il répondoit *consule*. Le client après avoir expliqué son affaire, finissoit en disant, *quæro an existi-*

nus, ou bien *id jus eft neé ne*, &c. La réponse du *jurisconsulte* étoit *secundum ea quæ proponuntur existimo, placet, puto*.

Lorsqu'il se présentoit de grandes questions, on les discutoit en présence du peuple, ce qu'on appelloit *disputatio fori*, parce que cette dispute se faisoit dans une place publique : la question se décidoit à la pluralité des voix. Ces décisions n'avoient pas à la vérité d'abord force de loi, mais elles étoient confirmées par l'usage ; quelques auteurs tiennent que le titre *de regulis juris*, n'est qu'un recueil des principales de ces décisions.

Les plus célèbres *jurisconsultes* depuis le commencement de la république romaine jusqu'à sa fin, furent Sextus Papyrius, Appius-Claudius-Contemmanus, Simpronius surnommé le *Sage*, Tiberius Coruncanus, les deux Catons, Junius Brutus, Publius-Mucius, Quintus-Mucius-Scevola, Publius-Rutilius-Rufus, Aquilius-Gallus, Lucilius-Balbus, Caius-Juventius, Servius-Sulpitius, Caius-Trebatius, Offilius, Aulus-Cascellius, Q. Ætius-Tubero, Alfenus-Varus, Auffridius-Tuca, & Auffridius-Namusa, Lucius-Cornelius-Silla, Cneius-Pompeius, & plusieurs autres moins connus.

Les *jurisconsultes* de Rome étoient ce que sont parmi nous les avocats consultans, c'est-à-dire, qui par le progrès de l'âge & le mérite de l'expérience, parviennent à l'emploi de la consultation, & que les anciennes ordonnances appellent *advocati consiliarii* : mais à Rome les avocats plaidans ne devenoient point *jurisconsultes*; c'étoient des emplois tout différens.

Du tems de la république, l'emploi des avocats étoit plus honorable que celui de *jurisconsulte*, parce que c'étoit la voie pour parvenir aux premieres dignités. On appelloit même les *jurisconsultes* par mépris *formularii*, ou *legulei*, parce qu'ils avoient inventé certaines formules & certains monosyllabes, pour répondre plus gravement & plus mystérieusement ; cependant ils se rendirent si recommandables, qu'on les nomma *prudentes* ou *sapientes*.

Leurs réponses acquirent une grande autorité depuis qu'Auguste eut accordé à un certain nombre de personnes illustres le droit exclusif d'interpréter les lois, & de donner des décisions auxquelles les juges seroient obligés de se conformer ; il donna même à ces *jurisconsultes* des lettres ; en sorte qu'ils étoient regardés comme officiers de l'empereur.

Caligula au contraire menaça de détruire l'ordre entier des *jurisconsultes* ; mais cela ne fut pas exécuté, & Tibere & Adrien confirmerent les *jurisconsultes* dans les privileges qui leur avoient été accordés par Auguste.

Théodose le jeune, & Valentinien III. pour ôter l'incertitude qui naît du grand nombre d'opinions différentes, ordonnerent que les ouvrages de Papinien, de Caïus, de Paul, d'Ulpien, & de Modestin, auroient seuls force de loi, & que quand les *jurisconsultes* seroient partagés, le sentiment de Papinien prévaudroit.

Ceux qui travaillerent sous les ordres de Justinien à la composition du digeste, firent cependant aussi usage des ouvrages des autres *jurisconsultes*.

Depuis Auguste jusqu'à Adrien, les *jurisconsultes* commencerent à se partager en plusieurs sectes ; Antistius Labeo, & Arterius Capito, furent les auteurs de la premiere ; l'un se livrant à son génie, donna dans les opinions nouvelles, & ses sectateurs s'attacherent plus à l'esprit de la loi, & à l'équité, qu'aux termes mêmes de la loi ; l'autre au contraire se tint attaché strictement à la lecture de la loi, & aux anciennes maximes. Le parti de Labeo fut soutenu par Proculus & Pegasus ses disciples, d'où cette secte prit le nom de *Proculeïene* & de *Pégasienne*, de même que celle de Capito fut appellée successivement *Sabinienne* & *Cassienne*, du nom de deux disciples de Capito.

Les disciples de Labeo furent Nerva pere & fils, Proculus, Pegasus, Celsus pere & fils, & Neratius Priscus ; ceux de Capito, furent Massurius-Sabinus, Cassius-Longinus, Cælius-Sabinus, Priscus-Javolenus, Alburnius-Valens, Tuscianus & Salvius-Julianus. Ce dernier après avoir réuni les différentes sectes qui divisoient la Jurisprudence, composa l'édit perpétuel.

Les plus célèbres *jurisconsultes* depuis Adrien jusqu'à Constantin, furent Gaius ou Caïus, Scævola, Sextus-Pomponius-Papinien, Ulpien-Paulus, Modestinus, & plusieurs autres.

Depuis Constantin, on trouve Grégorien & Hermogénien auteurs des deux codes ou compilations qui portent leur nom.

La direction de celles que Justinien fit faire, fut confiée à Tribonien, qui associa à ses travaux Théophile, Dorothée, Leontius, Anatolius, & Cratinus, le patrice Jean Phocas, Basilide, Thomas, deux Constantins, Dioscore, Præsentinus, Etienne, Menna, Prosdocius, Eutolmius, Thimothée, Léonides, Platon, Jacques.

Pour la confection du digeste, Tribonien choisit seize d'entre ceux qui avoient travaillé avec lui au code ; on sait que le digeste fut composé de ce qu'il y avoit de meilleur dans les livres des *jurisconsultes* ; leurs ouvrages s'étoient multipliés jusqu'à plus de 2000 volumes, & plus de 300000 vers. On marque au haut de chaque loi le nom du *jurisconsulte*, & le titre de l'ouvrage dont elle a été tirée ; on prétend que l'après la confection du digeste, Justinien fit supprimer tous les livres des *jurisconsultes* ; quoi qu'il en soit, il ne nous en reste que quelques fragmens.

Quelques auteurs ont entrepris de rassembler ces fragmens de chaque ouvrage, qui sont à part dans le digeste & ailleurs ; mais il en manque encore une grande partie, qui seroit nécessaire pour bien connoître les principes de chaque *jurisconsulte*.

Les *jurisconsultes* que l'Allemagne a produits, sont Irnerius, Haloander, Ulric Zarius, Fichard Ferrier, Sichard, Mudée, Oldendorp, Damhouden Rævard, Hopper, Zuichem, Ramus, Cisner, Giffanius, Wolfanghus, Freymonius, Dasius, Vander-Anus, Deima Wesembeck, Leunclavius, Vander-Bier, Drederode, Dorcholten, Lewis, Rittershusius, Treutler, Grotius, Godefroy, Matthæus, Conringius, Pufendorf, Cocceius, Leibnitz, & Gerard Noodt, Van-Espen, &c.

L'Italie a pareillement produit un grand nombre de savans *jurisconsultes* tels que Martin & Bulgare son antagoniste, Accurse, Azon, Bartole, Ferrarius, Fulgose, Caccialupi, Paul de Castres, François Aretin, Alexandre Tartagni, les trois Sorin, Cæpola, les Riminaldi, Jason Decius, Ruinus, Alciat, Navizan, Pancirolle, Matthæus *de afflictis*, Peregrinus, Julius Clarus, Lancelot, les deux Gentilis, Pacæus, Menochius, Mantica, Farinacius, Gravina, &c.

Il n'y a en guere moins de grands *jurisconsultes* en Espagne ; on y trouve un Govea, Antoine-Augustin Covarruvias, Vasquez, Gomez, Pinellus, Garvias, Avarés, Pierre & Emmanuel Darbosa, Vencusa, Amaia Caldas de Peirera, Caldera, Castillo-Soto-Major, Carranza, Perecius, &c.

La France n'a pas été moins féconde en *jurisconsultes* ; le nombre en est si grand, que nous ne rappellerons ici que les plus célèbres, tels sont Guillaume Durand, surnommé le *spéculateur*. Guy Foucaut, qui fut depuis pape sous le nom de Clément IV. Jean Faber, Celse Hugues, Descousu, Guillaume Budée, Equinard Baron, Duaren, Tiraqueau, Charles Dumolin, Jean de Coras, François Baudouin ou Balduin, Berenger Fernand, Contius, Horman, Jacques Cujas, Pierre Faber, Barnabé Brisson, Charles Loiseau, Chenu, Loisel, *Petrus Gregorius*, Eveillon, Pierre Pithon, Bouchelle, Coquille, Pasquier, Pierre Ayrault, Charles Labbé, Maran, Leschassier, Brodeau, Antoine Faber, Janus Acosta, Didier Hérault, *Heraldus*, Edmond Merille, Charles-Annibal Fabrot.

On doit aussi compter entre les modernes Jean Doujat, Jean Domar, Henrys, Corbin, Baluze, Pinson, Bengy, Gerbais, Ferret, Grimaudet, de Lauriere, de la Marre, Pierre le Merre, Dupuy, Bardet, le Prêtre, Dupineau, Boucheul, Ricard, le Brun, le Grand, Hevin, Poquet de Livonieres, Claude de Ferrieres, de Boutarie, Boubier, Cochin, de Hericourt, & plusieurs autres, dont l'énumération seroit trop longue.

Nous ne parlons point ici des *jurisconsultes* vivans, dans la crainte d'omettre quelqu'un de ceux qui mériteroient d'être nommés.

Les *Jurisconsultes* romains, françois, & autres, ont toûjours été en grande considération ; plusieurs ont été honorés des titres de chevalier, de comte, de patrice, & élevés aux premieres dignités de l'état.

Bernardin Rectilius de Vicense a écrit les vies des anciens *jurisconsultus* qui ont paru depuis 2000 ans. Guy Pancirol a écrit quatre livres des illustres interpretes des lois. Taisand a aussi écrit les vies des *jurisconsultes* anciens & modernes ; on trouve aussi dans l'histoire de la Jurisprudence romaine de M. Terrasson, une très-bonne notice de ceux qui ont écrit sur le Droit romain. *(A)*

JURISDICTION, s. f. (*Jurisprud.*) *jurisdictio, quasi potestas jus dicendi*, est le droit de rendre la justice à quelqu'un.

Quelquefois le terme de *jurisdiction* est pris pour le tribunal où se rend la justice, ou pour les officiers qui la composent.

Quelquefois aussi ce terme signifie le territoire qui dépend du tribunal, ou bien l'étendue de sa compétence.

La *jurisdiction* prise en tant que justice est de plusieurs sortes ; savoir, séculiere ou ecclésiastique, volontaire ou contentieuse, ordinaire ou extraordinaire, royale ou seigneuriale, supérieure ou inférieure ou subalterne. Nous expliquerons ci-après ce qui concerne chacune de ces especes de *jurisdictions*, & plusieurs autres qui ont encore d'autres dénominations particulieres.

Faire acte de *jurisdiction*, c'est user du pouvoir jurisdictionnel.

On appelle *degrés de jurisdiction* les différens tribunaux dans lesquels on peut plaider successivement pour la même affaire, & l'ordre qui est établi pour procéder dans une *jurisdiction* inférieure avant de pouvoir porter l'affaire à une *jurisdiction* supérieure.

Les Romains avoient trois fortes de *jurisdictions*, dont le pouvoir étoit différent ; savoir, celles des magistrats du premier ordre qui avoient *merum & mixtum imperium*, c'est-à-dire l'entiere *jurisdiction*, ou, comme on diroit parmi nous, *haute, moyenne & basse justice*. D'autres, d'un ordre inférieur, qui n'avoient que le *mixtum imperium*, dont le pouvoir étoit moins étendu, & ressembloit à peu-près à la *moyenne justice*. Enfin, il y avoit des *jurisdictions* simples qui ressembloient assez à nos *basses justices*, *voyez ci-après* JURISDICTION SIMPLE : mais ces diverses *jurisdictions*, quoique de pouvoir différent, ne formoient pas trois degrés de *jurisdiction* pour l'appel.

Anciennement en France, quoiqu'il y eût différens magistrats qui avoient plus ou moins de pouvoir, on ne distinguoit point les degrés de *jurisdiction* ; cependant du tems de Charlemagne le comte de chaque province connoissoit d'affaires graves privativement aux premiers juges appellés *centenarii*, *scabini, racemburgi*. Dès le tems de Pepin, il n'étoit pas permis d'aller au roi avant d'avoir plaidé devant le comte & devant les juges qui étoient sous lui ; autrement si c'étoit un homme du commun, on le battoit de verges ; si c'étoit un homme qualifié, il étoit puni à l'arbitrage du roi.

Dans les *jurisdictions* séculieres, il se trouvoit en quelques endroits jusqu'à cinq degrés de *jurisdiction*. Le premier degré, c'est-à-dire l'ordre le plus inférieur, est celui de la basse ou de la moyenne justice : on peut appeller de ces justices à la haute, qui fait le second degré ; de la haute justice on peut appeller à la justice royale, qui fait le troisieme degré ; & si c'est une prévôté ou autre justice du même ordre, on peut en appeller au bailliage ou sénéchaussée, qui fait en ce cas le quatrieme degré. Enfin, du bailliage ou sénéchaussée, on appelle au parlement, qui fait le cinquieme degré.

Pour diminuer le nombre des degrés de *jurisdictions*, l'ordonnance d'Orléans, *art*. 54. & celle de Roussillon, *art*. 24. avoient ordonné que toutes prevôtés, vigueries ou autres *jurisdictions* royales & subalternes établies dans les villes où il y a bailliage ou sénéchaussée auxquelles elles ressortissoient, seroient supprimées.

Mais comme cela ne devoit avoir lieu qu'à mesure que les offices vaqueroient, l'exécution en fut par-là si long-tems différée, que Henri III. par son ordonnance de Blois, *art*. 288. se contenta d'ordonner que les offices de ces sieges subalternes seroient réduits au même nombre où ils étoient suivant la premiere création.

Cette loi n'ayant pas été mieux exécutée, le Roi à présent regnant, après avoir supprimé par différens édits particuliers plusieurs prevôtés, par un autre édit du mois d'Avril 1749, ordonna que toutes les prevôtés, châtellenies, prevôtés foraines, vicomtés, vigueries, & toutes autres *jurisdictions* royales établies, sous quelque dénomination que ce fût, dans les villes où il y a bailliage ou sénéchaussée auxquels elles étoient ressortissantes, ensemble tous les offices créés & établis pour servir à l'administration de la justice dans ces *jurisdictions* demeureroient supprimées.

Cet édit a laissé subsister les *jurisdictions* royales ressortissantes aux bailliages & sénéchaussées, lorsqu'elles ne sont pas dans la même ville.

En quelques endroits l'appel de la haute justice est porté directement au bailliage ou sénéchaussée, auquel cas il n'y a que trois degrés de *jurisdictions*.

Dans les affaires qui sont portées *rectà* au bailliage royal, il ne peut y avoir que deux degrés de *jurisdiction*.

Il en est de même des affaires qui sont du ressort des cours des aides, il n'y a jamais que deux degrés de *jurisdiction*. En effet, des élections, greniers à sel & juges des traites, on va directement par appel à la cour des aides.

En matiere d'eaux & forêts il y a ordinairement trois degrés, savoir les greniers & maîtrises, la table de marbre & le parlement.

L'ordre des *jurisdictions* est de droit public, tellement qu'il n'est permis à personne de l'intervertir.

Il est défendu en conséquence aux juges d'entreprendre sur la *jurisdiction* les unes des autres.

Il n'y a que le prince ou les cours souveraines dépositaires de son autorité, qui puissent distraire quelqu'un de la *jurisdiction* à laquelle il est naturellement soumis.

Une

Une partie qui n'est pas assignée devant son juge naturel, ou autre juge compétent, peut décliner la *jurisdiction*. Voyez COMPÉTENCE & DÉCLINATOIRE.

Les particuliers ne peuvent pas non plus déroger à l'ordre naturel des *jurisdictions* ni l'intervertir, quelque soumission qui ait été faite à une *jurisdiction* à l'exclusion d'une autre, quand même cette soumission feroit une des clauses du contrat ; il n'est pas permis aux parties, même d'un commun accord, de porter une affaire à un autre juge que celui auquel la connoissance en appartient naturellement ; autrement le ministère public peut revendiquer l'affaire pour le juge qui en doit être saisi.

Il n'est pas non plus permis en matière civile d'intervertir l'ordre des *jurisdictions* pour porter l'appel d'une sentence à un autre juge que celui qui est le supérieur immédiat du juge dont est appel, si ce n'est dans les appels comme de deni de renvoi, ou comme de juge incompétent, dans lesquels l'appel est porté *rectâ* au parlement.

En matière criminelle, l'appel va aussi toujours au parlement, *omisso medio*.

Dans la *jurisdiction* ecclésiastique, il n'y a que quatre degrés.

L'official de l'évêque est le premier degré ; on appelle de-là à l'official du métropolitain, qui est le second degré ; de celui-ci, au primat qui fait le troisième degré, & du primat au pape qui est le quatrieme.

Quand l'évêque ou l'archevêque est soumis immédiatement au saint-siege, il n'y a que deux ou trois degrés de *jurisdiction*.

Il peut arriver, dans la *jurisdiction* ecclésiastique, que l'on soit obligé d'essuyer cinq ou six degrés de *jurisdiction*, parce que le pape étant tenu de déléguer des commissaires sur les lieux, on peut encore appeller de ces commissaires au pape, lequel commet de nouveaux commissaires jusqu'à ce qu'il y ait trois sentences conformes, ainsi que cela a été limité par le concordat.

On ne doit pas confondre le détroit, district ou territoire d'une *jurisdiction* inférieure avec son ressort ; le détroit ou territoire d'une *jurisdiction* inférieure est le territoire qui est soumis immédiatement à cette *jurisdiction*, au lieu que le ressort de cette même *jurisdiction* est le territoire de celles qui y viennent par appel.

Ainsi la *jurisdiction* des premiers juges, qui n'ont point d'autres juges au-dessous d'eux, n'a point de ressort, mais seulement son détroit ou territoire ; cependant on confond quelquefois ces termes dans l'usage, sur-tout en parlant des cours souveraines ; dont le territoire & le ressort sont la même étendue. (*A*)

JURISDICTION DES ABBÉS est le pouvoir que les abbés réguliers ont d'ordonner le service divin, & de donner la bénédiction dans leurs églises. Ils ont droit de correction sur leurs religieux en ce qui regarde la discipline intérieure & les fautes par eux commises dans le cloître ; car la punition & correction de celles qu'ils commettent au dehors appartient à l'évêque pour le délit commun, & au juge royal pour les cas privilégiés. Quelques abbés ont aussi le pouvoir de donner à leurs religieux la tonsure & les ordres mineurs. Les abbés commendataires exercent la *jurisdiction* spirituelle de même que les réguliers, mais ils n'ont pas la *jurisdiction* correctionnelle sur les religieux ; car ce n'est pas à eux à faire observer une regle qu'ils ne professent pas : le droit de correction en ce cas est dévolu au prieur claustral. *Voyez* le traité des matieres bénéf. de Fuet, *liv. II. chap. j. des abbés*. (*A*)

JURISDICTION BASSE ou plûtôt BASSE JURIS-DICTION, comme elle est appellée dans la coûtume de Poitou, *art. 21.* qui la qualifie aussi de *jurisdiction fonciere*, est une espece particuliere de basse justice, qui ne donne pas connoissance de toutes les matieres réelles & personnelles qui sont de la compétence du bas-justicier, mais seulement la connoissance du fonds qui releve du fief ou de l'*étroit-fonds*, comme dit l'*art. 18.* de la coutume de Poitou, c'est-à-dire des causes réelles qui regardent le fonds du fief & les droits qui peuvent en venir au seigneur, comme le payement des lods & ventes, la notification & exhibition des contrats & autres causes concernant son fief. *Voyez* Boucheul *sur l'art. 18. de la coutume de Poitou, & ci-après au mot* JUSTICE FONCIERE. (*A*)

JURISDICTION DU PREMIER CHIRURGIEN DU ROI est une espece de *jurisdiction* économique que le premier chirurgien du roi, en sa qualité de chef de la Chirurgie & garde des chartes, statuts & priviléges de cet art, exerce sur tous les chirurgiens, sage-femmes, & autres exerçans quelque partie que ce soit de la Chirurgie ou de la Barberie.

Elle consiste dans le droit d'inspection & visitation sur toutes les personnes soumises à sa *jurisdiction*, de faire assembler les communautés de Chirurgiens & de Perruquiers pour leurs affaires & autres nécessaires à la réception des aspirans, de présider dans ces assemblées, d'y porter le premier la parole, de recueillir les voix, de prononcer les délibérations, recevoir les sermens, entendre & arrêter définitivement les comptes, & enfin de faire observer la discipline, le bon ordre & les statuts & réglemens donnés sur le fait de la Chirurgie & Barberie, & de prendre toute connoissance de ce qui concerne ces professions.

Comme on a omis de parler de cette *jurisdiction* à l'*article* CHIRURGIEN, nous croyons devoir suppléer ici ce qui a rapport à cet objet.

Le premier chirurgien du roi n'a commencé à jouir de cette *jurisdiction* qu'en 1668, en conséquence de la réunion qui fut faite pour lors de la charge de premier valet-de-chambre barbier du roi à celle de premier chirurgien, en la personne du sieur Felix qui remplissoit cette derniere place.

Long-tems avant cette époque, le premier barbier du roi étoit en possession de cette même *jurisdiction* à Paris & dans les villes des provinces, sur les Barbiers-Chirurgiens seulement, qui faisoient alors un corps séparé des maîtres en l'art & science de Chirurgie. *Voyez* CHIRURGIEN.

Il paroit que l'original des droits du premier barbier à cet égard remonte à l'ancienne coutume des Francs, suivant laquelle chacun avoit droit d'être jugé ou réglé par ses *pairs*, c'est-à-dire, par des personnes du même état.

On voit par les statuts que Charles V. donna aux Chirurgiens-Barbiers de Paris, au mois de Décembre 1371, que tems immémorial ils étoient gardés & gouvernés par le maître barbier & valet de chambre du roi qu'il confirme dans ce droit, ainsi que dans celui de se choisir un lieutenant.

Henri III. par des lettres du mois de Mai 1575, ordonna également que le premier barbier valet-de-chambre du roi seroit maître & garde de l'état de maître barbier-chirurgien dans tout le royaume.

A l'égard des Chirurgiens non-Barbiers, ils n'étoient point soumis à cette inspection ; ils étoient régles par des statuts particuliers. On voit que dès le tems de Philippe le Bel, il fut ordonné par un édit du mois de Novembre 1311, que dans la ville & vicomté de Paris aucun chirurgien ni sage-femme (*chirurgica*) ne pourroit exercer l'art de Chirurgie qu'il n'eût été examiné & approuvé par les maîtres chirurgiens demeurant à Paris, assemblés par

M. Jean Pitard, chirurgien du roi juré au châtelet de Paris & par ses successeurs. Les récipiendaires devoient prêter serment entre les mains du prévôt de Paris.

Le roi Jean ordonna la même chose au mois d'Avril 1352, avec cette différence seulement que l'inspection sur les Chirurgiens de la ville & vicomté de Paris étoit alors confiée à deux chirurgiens du roi jurés au châtelet.

Ailleurs les Chirurgiens étoient examinés par des maîtres en présence du juge. Cela fut ainsi ordonné par des lettres du roi Jean du 27 Décembre 1362, adressées au sénéchal de Beaucaire, concernant les Juifs qui se mêloient d'exercer la Chirurgie, auxquels il est défendu d'exercer la Physique ni la Chirurgie envers les Chrétiens ni aucuns d'eux, qu'ils n'eussent été examinés en présence du sénéchal ou autres gens de ladite sénéchaussée par des maîtres ou autres Chrétiens experts esdites sciences.

Dans d'autres endroits ces Chirurgiens faisoient membres des universités, & y étoient admis à la maîtrise en présence du recteur : c'est ce qui a été observé en Provence jusqu'au rétablissement des lieutenans du premier chirurgien du roi.

En 1655 les maîtres en l'art & science de Chirurgie de Paris, connus pour lors sous le nom de *Chirurgiens de robe longue*, s'étant réunis avec la communauté des Chirurgiens-Barbiers ; & peu de tems après, le sieur Felix, premier chirurgien, ayant aussi acquis la charge de premier valet-de-chambre barbier, les deux places & les deux états de Chirurgiens se confondirent en un seul, & demeurerent soumis au même chef premier chirurgien du roi. Le sieur Felix obtint au mois d'Août 1668, un arrêt du conseil & des lettres patentes, par lesquels les droits & privilèges, auparavant attribués à la charge de premier barbier du roi, furent unis à celle de premier chirurgien du roi, ensorte que depuis ce tems la *jurisdiction* du premier chirurgien du roi s'étend non seulement sur les Chirurgiens, Sage-femmes & autres, mais aussi sur les Barbiers-Perruquiers, Baigneurs-Etuvistes.

Quoique les Barbiers-Perruquiers forment présentement un corps entierement distinct & séparé de celui des Chirurgiens ; & que par la déclaration du 23 Avril 1743, les Chirurgiens de Paris ayent été rétablis dans leurs anciens droits & privileges, cette déclaration a néanmoins conservé au premier chirurgien l'inspection sur ces deux corps, avec le titre de *chef de la Chirurgie* pour ce qui concerne les Chirurgiens, & celui d'*inspecteur & directeur général* commis par sa Majesté en ce qui regarde la barberie & la profession de perruquier, avec injonction de veiller à ce qu'aucun desdits corps n'entreprenne sur l'autre.

Le premier chirurgien du Roi exerce cette *jurisdiction* à Paris & dans toutes les communautés de Chirurgiens & de Perruquiers du royaume par des lieutenans qu'il commet à cet effet, & auxquels il donne des provisions.

Dans les communautés de Chirurgiens, les lieutenans doivent être choisis dans le nombre des maîtres de la communauté. Ils jouissent des exemptions de logemens de gens de guerre, de guet & garde, collecte, tutelle, curatelle, & autres charges de ville & publiques.

L'établissement de ces lieutenans remonte à plusieurs siecles ; ils furent néanmoins supprimés dans les villes de province seulement par l'édit du mois de Février 1692, portant création d'offices formés & héréditaires de Chirurgiens-jurés royaux commis pour les rapports, auxquels S. M. attribua les mêmes droits dont avoient joui jusques-là les lieutenans du premier chirurgien. Comme ceux auxquels ces offices passoient à titre d'hérédité étoient souvent incapables d'en remplir les fonctions, on ne fut pas long-tems à s'appercevoir des abus & des inconvéniens qui résultoient de ce nouvel arrangement, & de la nécessité de rétablir les lieutenans du premier chirurgien, ce qui fut fait par édit du mois de Septembre 1723.

Les lieutenans du premier chirurgien subsistent donc depuis ce tems, à la satisfaction & au grand avantage des communautés, par l'attention que les premiers chirurgiens ont de ne nommer à ces places que les sujets qui sont les plus propres pour les remplir.

Les lieutenans du premier chirurgien, dans les communautés de Perruquiers sont également chargés de faire observer les réglemens de cette profession au nom du premier chirurgien. Ceux-ci acquierent par leur nomination le droit d'exercer le métier de perruquier sans qu'ils ayent besoin d'être préalablement admis à la maîtrise dans ces communautés.

Le premier chirurgien commet aussi des greffiers dans chacune de ces communautés pour tenir les registres & écrire les délibérations. *Voy.* GREFFIER DU PREMIER CHIRURGIEN.

J'ai profité pour cet article & pour quelques autres qui y ont rapport, des mémoires & instructions que M. d'Olbien, secrétaire de M. le premier-chirurgien du Roi a eu la bonté de me fournir. (*A*)

JURISDICTION CIVILE. *Voyez* JUSTICE CIVILE.

JURISDICTION COACTIVE est celle qui a le pouvoir de faire exécuter ses jugemens. Les arbitres n'ont point de *jurisdiction coactive* ; leur pouvoir se borne à juger. On dit aussi que l'Eglise n'a point par elle-même de *jurisdiction coactive*, c'est-à-dire qu'en vertu de la *jurisdiction* spirituelle qu'elle tient de droit divin, elle ne peut se faire obéir que par des censures, sans pouvoir exercer aucune contrainte extérieure sur les personnes ni sur les biens ; elle ne peut même pour la *jurisdiction* qu'elle tient du prince, mettre ses jugemens à exécution ; il faut qu'elle implore l'ordre du bras séculier, parce qu'elle n'a point de territoire. *Voyez* JURISDICTION ECCLÉSIASTIQUE. (*A*)

JURISDICTION COMMISE est celle dont le magistrat commet l'exercice à une autre personne.

On confond souvent la *jurisdiction commise* avec la *jurisdiction* déléguée ; on faisoit cependant une différence chez les Romains, *inter eum cui mandata erat jurisdictio*, celui auquel la *jurisdiction* étoit entierement *commise*, & *judicem datum* qui n'étoit qu'un délégué spécial, & souvent qu'un subdélégué pour le jugement d'une certaine affaire.

Celui auquel la *jurisdiction* étoit *commise*, avoit toute l'autorité de la justice ; il prononçoit lui-même ses sentences, & avoit le pouvoir de les faire exécuter, au lieu que le simple délégué ou subdélégué n'avoit simplement que le pouvoir de juger. Sa sentence n'étoit que comme un avis, jusqu'à ce que le magistrat l'eût approuvée, soit en la prononçant lui-même, *pro tribunali*, soit en décernant la commission pour l'exécuter.

Parmi nous il n'est pas permis aux magistrats de commettre entierement à d'autres personnes la *jurisdiction* qui leur est confiée ; ils peuvent seulement commettre l'un d'entr'eux pour certaines fonctions qui concernent l'instruction des affaires, mais non pas pour les décider : s'ils renvoyent quelquefois devant les avocats, ou devant d'autres personnes, pour en passer par leur avis, ce n'est que sous la condition que ces avis seront homologués, sans quoi on ne peut les mettre à exécution.

Mais les cours supérieures peuvent commettre un juge inférieur au lieu d'un autre, pour connoître

JUR

de quelque affaire, lorfqu'il y a quelque raifon pour en ufer ainfi. *Voyez ci-devant* JUGE DÉLÉGUÉ, & *ci-après* JURISDICTION DÉLÉGUÉE.

On entend ordinairement par *jurifdiction commife* celle qui n'eft pas ordinaire, mais qui eft feulement attribuée par le prince pour certaines matieres ou fur certaines perfonnes, ou pour certaines affaires feulement. *Voyez* JUGE COMMIS, JURISDICTION D'ATTRIBUTION, ORDINAIRE, DE PRIVILEGE. (*A*)

JURISDICTION CONSULAIRE eft celle qui eft exercée par des confuls & autres juges établis pour connoître des affaires de commerce, tels que la confervation de Lyon. *Voyez* CONSERVATION & CONSULS. (*A*)

JURISDICTION CONTENTIEUSE eft celle qui connoît des conteftations mûes entre les parties; elle eft ainfi appellée pour la diftinguer de la *jurifdiction* volontaire qui ne s'étend point aux affaires *contentieufes. Voyez* JURISDICTION VOLONTAIRE. (*A*)

JURISDICTION CORRECTIONNELLE eft cede que les fupérieurs des monafteres ont fur leurs religieux, & que quelques chapitres ont fur leurs membres. Cette efpece de *jurifdiction* n'eft autre chofe que le droit de correction modérée, que l'on a improprement appellé *jurifdiction*; en tout cas ce n'eft qu'une *jurifdiction* domeftique. *Voyez* CORRECTION & JURISDICTION DES ABBÉS. (*A*)

JURISDICTION CRIMINELLE. *Voyez* JUSTICE CRIMINELLE.

JURISDICTION DES CURÉS, on entend par ce terme la puiffance qu'ils ont pour le fpirituel; & dans ce fens on dit que leur *jurifdiction* eft émanée immédiatement de J. C. qui donna lui-même la miffion aux 72 difciples qu'il avoit choifis, auffi bien qu'à fes apôtres. (*A*)

JURISDICTION DÉLÉGUÉE eft celle qui eft commife à quelqu'un par le prince ou par une cour fouveraine, pour inftruire & juger quelque différend. *Voyez ci-devant* JUGE DÉLÉGUÉ. (*A*)

JURISDICTION ECCLÉSIASTIQUE confidérée en général eft le pouvoir qui appartient à l'Eglife d'ordonner ce qu'elle trouve de plus convenable fur les chofes qui tout de fa compétence, & de faire exécuter fes loix & fes jugemens.

L'Eglife a préfentement deux fortes de *jurifdictions* qui font regardées l'une & l'autre comme eccléfiaftiques; l'une qui lui eft propre & effentielle, l'autre qui eft de droit humain & pofitif.

La *jurifdiction* qui eft propre & effentielle à l'Eglife, eft toute fpirituelle; elle tire fon origine du pouvoir que J. C. a laiffé à fon Eglife de faire exécuter les loix qu'il avoit prefcrites, d'en établir de nouvelles quand elle le jugeroit neceffaire, & de punir ceux qui enfreindroient ces loix.

Cette puiffance & *jurifdiction* qui appartient à l'Eglife de droit divin, ne s'exerce que fur le fpirituel; elle ne confifte que dans le pouvoir d'enfeigner tout ce que J. C. a ordonné de croire ou de pratiquer, d'interpréter fa doctrine, de reprimer ceux qui voudroient enfeigner quelque chofe de contraire, d'affembler les fideles pour la priere & l'inftruction, de leur donner des pafteurs de différens ordres pour les conduire, & de dépofer ces pafteurs s'ils fe rendent indignes de leur miniftere.

J. C. a encore dit à fes apôtres: « recevez le Saint-Efprit; ceux dont vous remettrez les péchés, ils leur feront remis, & ceux dont vous les retiendrez, ils leur feront retenus ». Il leur a dit encore, « fi votre frere a péché contre vous, reprenez-le feul à feul; s'il ne vous écoute pas, appellez un ou deux témoins; s'il ne les écoute pas, dites-le à l'Eglife; s'il n'écoute pas l'Eglife, qu'il vous foit comme un payen & un publicain. Tout ce que vous aurez lié » fur la terre fera lié dans le ciel, & tout ce que » vous aurez délié fur la terre fera délié dans le ciel », L'Eglife a donc reçu de J. C. le pouvoir de juger les pécheurs, de diftinguer ceux qui doivent être abfous, de ceux qui ne font pas en état de recevoir l'abfolution, & de retrancher de l'Eglife les pécheurs rebelles & incorrigibles.

Enfin l'Eglife a pareillement le pouvoir d'affembler le clergé d'une ou de plufieurs églifes pour ordonner conjointement ce qui eft néceffaire par rapport au fpirituel.

La *jurifdiction* de l'Eglife étoit dans fon origine bornée à ces feuls objets, & pour contrainte les réfractaires d'exécuter fes lois & fes jugemens, elle n'avoit d'autres armes que les peines fpirituelles.

Mais on lui a attribué peu-à-peu une autre efpece de *jurifdiction* qui eft de droit humain & pofitif; on l'a auffi comprife fous le terme de *jurifdiction eccléfiaftique*, foit parce qu'elle a été attribuée à l'Eglife, foit parce qu'elle s'exerce principalement fur des matieres eccléfiaftiques; elle a néanmoins été auffi étendue à des matieres purement temporelles, lorfqu'elles intéreffent des eccléfiaftiques, ainfi qu'on l'expliquera dans la fuite.

Cette partie de la *jurifdiction eccléfiaftique* qui eft de droit humain & pofitif, lui a été attribuée à l'occafion de la puiffance fpirituelle.

L'Eglife ayant droit de retrancher de fon fein ceux qui ne rendoient pas juftice à leurs freres, les Apôtres défendoient aux Chrétiens de plaider devant les magiftrats infideles, & leur ordonnoient de prendre des arbitres d'entr'eux-mêmes.

Les jugemens que rendoient ces arbitres n'étoient que des jugemens de charité dont perfonne ne pouvoit fe plaindre, parce qu'ils n'étoient exécutés que par la foumiffion du condamné.

On trouve qu'encore du tems de faint Cyprien, l'évêque avec fon clergé jugeoit de tous les différends des fidales avec tant d'équité, que les affemblées de l'Eglife étant devenues plus difficiles dans la fuite à caufe des perfécutions, c'étoit ordinairement l'évêque feul qui prononçoit, & l'on s'y foumettoit prefque toujours.

On étoit fi content de ces jugemens, que lors même que les princes & les magiftrats furent devenus chrétiens, & que l'on n'eut plus les mêmes raifons pour éviter leurs tribunaux; plufieurs continuerent à fe foumettre par préférence à l'arbitrage des évêques.

L'églife avoit donc alors la connoiffance des différends concernant la religion, l'arbitrage des caufes qui lui étoient déférées volontairement, & la cenfure & correction des mœurs que Tertullien appelle *exhortations, caftigations,* & *cenfura divina*; mais elle n'avoit pas cet exercice parfait de la juftice, qui eft appellé en droit *jurifdictio.* Tertullien appelle la juftice des évêques *notionem, judicium, judicationem, audientiam*, & jamais *jurifdictionem*; & auffi M. Cujas obferve que le titre du code qui traite de la juftice des évêques, eft intitulé *de epifcopali audientid*, & non pas *de epifcopali jurifdictione*, parce que les juges d'églife ont feulement le pouvoir d'ouir les parties, & de décider leurs différends, mais non pas de leur faire droit pleinement, ne pouvant mettre leurs jugemens à exécution, parce qu'ils n'ont point de tribunaux proprement dits, mais une fimple audience, comme l'obferva M. le premier préfident de la S oignon, fur *l'art. 1. du tit. 15. de l'ordonnance de 1667*, & que d'ailleurs l'Eglife n'a point la force extérieure en main pour mettre fes jugemens à effet, & qu'elle n'a point de territoire.

Cependant les princes féculiers par refpect pour l'Eglife, & pour honorer les pafteurs, favoriferent les jugemens rendus par les évêques, en ordonnant qu'ils pourroient juger les affaires civiles comme arbitres du consentement des parties. Constantin ordonna que leurs jugemens seroient exécutés sans appel, & que les juges séculiers les feroient exécuter par leurs officiers.

Arcadius & Honorius s'étant apperçu que quelques évêques cherchoient à étendre trop loin la puissance qui leur avoit été accordée, les réduisirent à juger seulement des affaires de religion. Ce réglement fut renouvellé par Valentinien II. en sa novelle 12. où il déclare formellement que les évêques & les prêtres *forum legibus non habere, nec de aliis causis, præter religionem, posse cognoscere*; il leur permet seulement de connoître des causes d'entre clercs ou entre laïcs, mais seulement du consentement des parties, & en vertu d'un compromis.

Ainsi lorsqu'il s'agissoit de religion, le pape & les évêques étoient juges, & dans ces matieres l'appel du jugement de l'évêque étoit porté au métropolitain, de celui-ci au primat ou patriarche, suivant les différens lieux; dans l'occident on appelloit du primat au pape; & dans l'orient, des exarques ou primats au patriarche de Constantinople; on ne voulut pas permettre l'appel du patriarche au pape.

Mais lorsqu'il s'agissoit de procès, les évêques n'en connoissoient que par compromis; ce fut la premiere cause pour laquelle il n'y avoit pas d'appel de leurs sentences.

Justinien en ajouta ensuite une autre, en ordonnant que les jugemens des évêques seroient respectés comme ceux des préfets du prétoire, dont il n'y avoit pas d'appel; il rendit aux évêques toute l'autorité que quelques-uns de ses prédécesseurs leur avoit ôtée; il leur établit même une audience publique, & donna aussi aux clercs & aux moines le privilege de ne pouvoir être obligés de plaider hors de leur province, & de n'avoir que leur évêque pour juge en matiere civile, & pour les crimes ecclésiastiques.

Ce même empereur connoissant la probité & la charité des évêques, & suivant en cela l'exemple de plusieurs de ses prédécesseurs, leur donna beaucoup d'autorité dans certaines affaires temporelles, comme dans la nomination des tuteurs & des curateurs, dans les comptes des deniers communs des villes, les marchés & réception des ouvrages publics, la vilité des prisons, & pour la protection des esclaves, des enfans exposés, des personnes misérables, enfin pour la police contre les jeux de hasard, & contre la prostitution; mais leur autorité par rapport à ces différentes choses, ne consistoit qu'à veiller à l'exécution des réglemens concernant la piété & les bonnes mœurs, sans qu'ils eussent à cet égard aucune *jurisdiction* coactive.

Les loix civiles qui autorisoient les évêques à connoître des différends des clercs, entroient dans les vûes de l'Eglise, qui étoient d'empêcher ses ministres de plaider, ou du moins qu'ils ne parussent devant les juges laïques, dans la crainte que cela ne tournât au mépris du ministere ecclésiastique; c'est pourquoi le troisieme concile de Carthage avoit ordonné que si un évêque, un prêtre, ou autre clerc poursuivoit une cause contre un tribunal public, que si c'étoit en matiere criminelle, il seroit déposé, quoiqu'il eût gagné sa cause; que si c'étoit en matiere civile, il perdroit le profit du jugement s'il ne vouloit pas s'exposer à être déposé.

Le concile de Calcedoine ordonne qu'un clerc qui a une affaire contre un autre clerc, commence par le déclarer à son évêque, pour l'en faire juge, ou prendre des arbitres du consentement de l'évêque.

Quelques autres conciles postérieurs ne défendent pas absolument aux clercs d'agir devant les juges séculiers, mais de s'y adresser ou d'y répondre sans la permission de l'évêque.

La *jurisdiction ecclésiastique* s'accrut encore dans les siecles suivans, tellement qu'en 866 le pape Nicolas I. dans ses réponses aux Bulgares, dit qu'ils ne doivent point juger les clercs, maxime fondée principalement sur les fausses décretales, que l'on voit dans le decret de Gratien.

Ce pouvoir des évêques augmenta encore beaucoup, tant par rapport au respect dû à la sainteté de leur ministere, que par la piété des princes chrétiens qui leur donnerent de grands biens, & par la considération dûe à leur savoir, sur-tout dans ces tems où les laïques étoient presque tous plongés dans une ignorance profonde: les évêques furent admis dans les conseils des princes; on leur confia une partie du gouvernement politique, & cette *jurisdiction* qui n'étoit au commencement qu'extraordinaire, fut ensuite rendue ordinaire en quelques lieux avec plus ou moins d'étendue, selon les talens de l'évêque, & l'incapacité du comte qui étoit préposé sur la province.

Il n'y eut point de pays, sur-tout où les évêques acquirent plus d'autorité, qu'en France; quelques-uns prétendent que leur *jurisdiction* par rapport aux matieres temporelles, vint du commandement militaire que les évêques & les abbés avoient sur leurs hommes qu'ils menoient à la guerre; que cela entraîna depuis la *jurisdiction* civile sur ceux qui étoient soumis à leur conduite.

Ce qu'il y a de certain c'est que le grand crédit qu'ils eurent sous les deux premieres races, la part qu'ils eurent à l'élection de Pepin, la considération que Charlemagne eut pour eux, firent que ce prince leur accorda comme un droit de l'épiscopat, & sous le titre de *jurisdiction ecclésiastique*, une *jurisdiction* qu'ils ne tenoient auparavant que du consentement des parties, & de la permission du prince.

On persuada à Charlemagne dans sa vieillesse, qu'il y avoit dans le code Théodosien une loi de Constantin, portant que si de deux séculiers en procès l'un prenoit un évêque pour juge, l'autre étoit obligé de se soumettre au jugement, sans en pouvoir appeller. Cette loi qui s'est trouvée insérée au code Théodosien, *liv. XVI. tit. 10. de episcop. audient. l. 1.* passe chez tous les critiques pour supposée.

Quoi qu'il en soit, elle n'a point été insérée dans le code de Justinien, & elle n'avoit jamais été exécutée jusqu'au tems de Charlemagne, lequel l'adopta dans ses capitulaires, *liv. VI. capit. cccxxxvj.* Louis le Debonnaire son fils, en fut une des premieres victimes.

Le troisieme concile de Latran poussa les choses jusqu'à défendre aux laïques, sous peine d'excommunication, d'obliger les clercs à comparoître devant eux, & Innocent III. décida que les clercs ne pouvoient pas renoncer à ce privilege, comme étant de droit public.

La *jurisdiction* des évêques se trouva pourtant fort restrainte dès le x. siecle, pour les matieres spirituelles, par l'extension qui fut donnée à l'autorité du pape au préjudice des évêques, & par la *jurisdiction* des légats qui furent envoyés fréquemment dans le xj. siecle.

Les évêques chercherent à s'en dédommager, en étendant sous différens prétextes leur *jurisdiction* sur les matieres temporelles.

Non-seulement les clercs étoient alors totalement exempts de la *jurisdiction* séculiere, mais les évêques exerçoient même leur *jurisdiction* sur les séculiers, dans la plûpart des affaires; ils prenoient connoissance des causes réelles & mixtes où les clercs avoient intérêt, & trouvoient toujours moyen de les attirer, soit sous prétexte de connexité, ou par reconvention; ils revendiquoient les criminels qui se disoient clercs, quoiqu'ils ne portassent ni l'habit ni la tonsure; ils donnoient la tonsure à tous ceux qui se présentoient, pour augmenter le nombre de leurs justiciables, & mettoient au nombre d'esclaves tous ceux qui avoient la tonsure, quoiqu'ils fussent mariés. Les meubles des clercs n'étoient sujets qu'à la *jurisdiction ecclésiastique*, sous prétexte que les meubles suivent la personne.

Ils connoissoient de l'exécution des contrats auxquels on avoit apposé la clause du serment, clause qui étoit devenue de style; & en général toutes les fois qu'il pouvoit y avoir du péché ou de la mauvaise foi dans l'inexécution de quelque acte, c'en étoit assez pour attirer la cause devant les juges d'Eglise, au moyen de quoi ils connoissoient de tous les contrats.

L'exécution des testamens étoit aussi de leur compétence, à cause des legs pieux, ce qui entraînoit les scellés & les inventaires.

Ils connoissoient aussi des conventions matrimoniales, parce que le douaire se constituoit en face d'Eglise, à la *porte du Moustier*.

Les veuves, les orphelins, les mineurs, les pauvres étoient sous leur protection, & par-tant leurs justiciables.

Ils excommunioient ceux qui étoient en demeure de payer les sommes par eux dûes, & obligeoient les juges laïques de contraindre les excommuniés à se faire absoudre, sous peine d'être eux-mêmes excommuniés, défendant de rien vendre aux excommuniés, ni de travailler pour eux, mettant les lieux en interdit quand les juges ne leur obéissoient pas; ils joignoient même aux censures des amendes pécuniaires, ce que dans l'origine les juges d'église n'avoient point le pouvoir de faire, ne pouvant selon leur état imposer que des peines spirituelles.

Ils prétendoient aussi que c'étoit à eux à suppléer la justice séculiere lorsqu'elle étoit suspecte aux parties, ou qu'elle tardoit un peu à faire droit.

Selon eux dans les causes difficiles, sur-tout par rapport au point de droit, & quand il y avoit partage d'opinion entre les juges, c'étoit à l'Eglise à décider, ce qu'ils appuyoient sur ce passage du Deutéronome : *Si difficile & ambiguum apud te judicium esse perspexeris, & judicium intra portas videris variari; venies ad sacerdotes levitici generis & ad judicem qui fuerit illo tempore; qui indicabunt tibi veritatem, & facies quacumque dixerint qui præsunt in loco quem elegerit dominus*, appliquant ainsi une loi de police de l'ancien Testament qui ne convenoit plus au tems présent.

Enfin ils qualifioient de crimes ecclésiastiques, même à l'égard des laïques, la plûpart des crimes, tels que le concubinage, l'usure, le parjure, ensorte qu'ils s'arrogeoient la connoissance de toutes les affaires criminelles, aussi bien que des affaires civiles; il ne restoit presque plus rien aux *jurisdictions* séculieres.

Ces entreprises de la *jurisdiction ecclésiastique* sur la *jurisdiction* séculiere firent le sujet de la fameuse dispute entre Pierre de Cugneres, avocat du roi, & Pierre Bertrandi, évêque d'Autun, devant Philippe de Valois à Vincennes en 1329.

Pierre de Cugneres soutint que l'Eglise n'avoit que la *jurisdiction* purement spirituelle, & qu'elle n'avoit pas droit de juger des causes temporelles; il cotta 66 chefs, sur lesquels il soutint que les ecclésiastiques excédoient leur pouvoir, notamment dans les matieres temporelles dont on a vû ci-devant que les juges d'Eglise s'étoient attribué la connoissance.

Bertrandi prétendit au contraire que les ecclésiastiques étoient capables de la *jurisdiction* temporelle aussi bien que de la spirituelle, il répondit à chacun des 66 articles & en abandonna quelques-uns comme des abus que l'Eglise désavouoit; mais il défendit la plus grande partie alléguant la coutume & la possession & les concessions expresses ou tacites des princes qui avoient cru ne pouvoir mieux faire que de confier l'exercice de cette portion de la justice aux juges d'Eglise; il exhorta le roi à ne rien innover, & la chose en demeura là pour lors.

Mais ce qu'il est important d'observer, c'est que Pierre de Cugneres qualifia d'abus les entreprises des ecclésiastiques sur la *jurisdiction* temporelle, & c'est à cette époque que l'on rapporte l'origine des appels comme d'abus dont l'objet est de contenir les juges d'Eglise dans les bornes de leur pouvoir, & de les obliger de se conformer aux anciens canons, aux lois & aux ordonnances du royaume dans l'exercice de la *jurisdiction* qui leur est confiée.

On a encore apporté deux tempéramens pour limiter la *jurisdiction ecclésiastique*.

L'un est la distinction du délit commun d'avec le délit privilégié; l'Eglise connoît du délit commun des clercs; le juge royal connoît du cas privilégié.

L'autre est la distinction que l'on fait dans les matieres ecclésiastiques du pétitoire avec le possessoire; le juge d'Eglise connoît du pétitoire, mais le juge royal connoît seul du possessoire.

Ce fut principalement l'ordonnance de 1539 qui commença à renfermer la *jurisdiction ecclésiastique* dans les justes bornes. François I. défendit à tous ses sujets de faire citer les laïcs devant les juges d'Eglise dans les actions pures personnelles, sous peine de perdre leur cause & d'amende arbitraire, défendit aussi par provision à tous juges d'Eglise de délivrer aucunes citations verbales ni par écrit pour citer les laïcs dans les matieres pures personnelles, sous peine aussi d'amende arbitraire. Cette même ordonnance porte que c'est sans préjudice de la *jurisdiction ecclésiastique* dans les matieres de sacrement & autres purement spirituelles & ecclésiastiques dont ils peuvent connoître contre les laïcs selon la forme de droit, & aussi sans préjudice de la *jurisdiction* temporelle & séculiere contre les clercs mariés & non mariés, faisant & exerçant états ou négociations pour raison desquels ils sont tenus & accoutumés de répondre en cour séculiere, pour lesquels ils continueront d'y procéder tant en matiere civile que criminelle.

Il est aussi ordonné que les appels comme d'abus interjettés par les prêtres & autres personnes ecclésiastiques dans les matieres de discipline & de correction ou autres pures personnelles, & non dépendantes de réalité, n'auront aucun effet suspensif.

L'ordonnance d'Orléans régla que les prélats & leurs officiers n'useroient de censures ecclésiastiques que pour des crimes scandaleux & publics; mais comme cette disposition donnoit lieu à beaucoup de difficultés, Charles IX. par ses lettres patentes de l'an 1571, régla que les prélats pourroient user des censures dans les cas qui leur sont permis par les saints decrets & conciles.

L'édit de 1695, concernant la *jurisdiction ecclésiastique*, ordonne que les ordonnances, édits & déclarations rendus en faveur des ecclésiastiques concernant leur *jurisdiction* volontaire & contentieuse seront exécutés.

Les principales dispositions de cette édit sont que la connoissance & le jugement de la doctrine concernant la religion appartiendra aux archevêques & évêques. Il est enjoint aux cours de parlement & à tous autres juges séculiers, de la renvoyer aux prélats ; de leur donner l'aide dont ils ont besoin pour l'exécution des censures, & de procéder à la punition des coupables, sans préjudice à ces mêmes cours & juges, de pourvoir par les autres voies qu'ils estimeront convenables à la réparation du scandale & trouble de l'ordre, & tranquillité publique, & contravention aux ordonnances, que la publication de la doctrine auroit pu causer.

La connoissance des causes concernant les sacremens, les vœux de religion, l'office divin, la discipline ecclésiastique & autres purement spirituelles, est déclarée appartenir aux juges d'Eglise, & il est enjoint aux cours & autres juges de leur en laisser, & même de leur en renvoyer la connoissance, sans prendre aucune *jurisdiction* ni connoissance des affaires de cette nature, à moins qu'il n'y eût appel comme d'abus de quelques jugemens, ordonnances ou procédures émanées des juges d'Eglise, ou qu'il fût question d'une succession ou autres effets civils.

Les cours ne peuvent connoître ni recevoir d'autres appellations des ordonnances & jugemens des juges d'Eglise, que celles qui sont qualifiées comme d'abus.

Les procès criminels qu'il est nécessaire de faire à des prêtres, diacres, soudiacres, ou clercs vivans cléricalement, résidans & servans aux offices, ou aux ministeres & bénéfices qu'ils tiennent en l'Eglise, & qui sont accusés des cas que l'on appelle *privilégiés*, doivent être instruits conjointement par les juges d'Eglise, & par les baillis & sénéchaux ou leurs lieutenans, en la forme prescrite par les ordonnances, & particulierement par *l'article* 22 de l'édit de Melun, par celui du mois de Février 1678, & par la déclaration du mois de Juillet 1684.

Les archevêques & évêques ne sont obligés de donner des vicariats pour l'instruction & jugement des procès criminels, à moins que les cours ne l'ayent ordonné, pour éviter la recousse des accusés durant leur translation, & pour quelques raisons importantes à l'ordre & au bien de la justice dans les procès qui s'y instruisent ; & en ce cas les prélats choisissent tels conseillers-clercs desdites cours qu'ils jugent à propos, pour instruire & juger le procès pour le délit commun.

La *jurisdiction ecclésiastique* est de deux sortes ; sçavoir volontaire & contentieuse.

La *jurisdiction* volontaire est ainsi appellée, non pas qu'elle s'exerce toujours *inter volentes*, mais parce qu'elle s'exerce ordinairement quoiqu'il y ait aucune contestation des parties ; ou s'il y a quelque contestation entre les parties, l'évêque n'en connoît que sommairement & *de plano*, comme il arrive dans le cours des visites & autres occasions semblables. Elle s'exerce au for intérieur & au for extérieur. Celle qui s'exerce au for intérieur & de conscience, s'appelle *pénitentielle*, & est administrée par les évêques mêmes, par leurs pénitenciers, par les curés & par les confesseurs.

La *jurisdiction* volontaire qui s'exerce au for extérieur, consiste à donner des dimissoires pour chacun des ordres, des permissions de prêcher & de confesser ; à approuver les vicaires qui servent dans les paroisses, instruisent les maîtres & maîtresses des petites écoles ; donner aux prêtres étrangers la permission de célébrer dans le diocese, donner la permission de faire des annexes ; conférer les bénéfices qui sont à la collation de l'évêque dans des mois libres ; à ériger, diviser ou unir des cures & autres bénéfices. Dans toutes ces matieres, la *jurisdiction*

volontaire de l'évêque est aussi qualifiée de *jurisdiction gracieuse*, parce que l'exercice en dépend de la seule prudence de l'évêque, & que ceux qu'il a refusés ne peuvent pas se plaindre de son refus ; c'est pourquoi il n'est pas tenu d'en exprimer les motifs.

Il y a encore d'autres actes qui appartiennent à la *jurisdiction* volontaire, mais qui ne sont pas de *jurisdiction* gracieuse ; comme la collation des bénéfices à des pourvus de cour de Rome, à des présentés par des patrons, à des gradués & autres expectans, auxquels il est obligé de conférer, à moins qu'il n'y ait des causes légitimes pour les refuser ; c'est pourquoi dans ces cas il est obligé d'exprimer les causes du refus, afin que le supérieur puisse connoître si le refus est bien ou mal fondé ; comme de bénir les églises, chapelles, cimetieres, & les reconcilier ; visiter les lieux saints, les vases sacrés & ornemens nécessaires au service divin ; faire la visite des curés, vicaires, marguilliers, des régens, des pauvres, des pécheurs publics & scandaleux, des monasteres ; donner des dispenses pour l'ordination, des dispenses pour relever des vœux ou des irrégularités, des dispenses de bans de mariage & des empêchemens de mariage ; prononcer des censures, accorder des absolutions des cas reservés à l'évêque & des censures.

La *jurisdiction* contentieuse qui s'exerce toujours au for extérieur, est celle qui s'exerce avec solemnité & avec les formes prescrites par le droit, pour terminer les différends des parties, ou pour punir les crimes qui sont de la compétence de la *jurisdiction ecclésiastique*, suivant ce qu'a été expliqué précédemment ; telles sont les causes concernant les sacremens, les vœux de religion, l'office divin, la discipline ecclésiastique, & autres purement spirituelles ; telles sont aussi les causes personnelles entre clercs, ou dans lesquelles le défendeur est clerc ; les causes de réclamation contre les ordres sacrés ; la fulmination des bulles & autres signatures, dont l'exécution est adressée à l'official de l'évêque.

Au reste le privilege des clercs pour la *jurisdiction ecclésiastique* est restraint à ceux qui sont actuellement au service de quelque église, ou qui étudient dans quelque université, ou qui sont pourvus de quelque bénéfice.

Les réguliers soumis à la *jurisdiction* de l'évêque, par rapport à la prédication & à la visite, & pour les fonctions curiales à l'égard de ceux qui possedent des cures, pour la réclamation contre leurs vœux, & la translation à un autre ordre.

Les laïques mêmes sont en certains cas soumis à la *jurisdiction* contentieuse de l'évêque ; savoir pour les demandes en accomplissement ou en nullité des promesses de mariage *quoad factus*, pour les demandes en dissolution de mariage, pour causes d'impuissance ou autres moyens de nullité, pour l'entérinement des dispenses que l'on obtient en cour de Rome sur les empêchemens de mariage.

L'évêque peut commettre à des grands vicaires l'exercice de sa *jurisdiction* volontaire & gracieuse, soit en tout ou partie ; il lui est libre aussi de l'exercer par lui-même.

Pour ce qui est de la *jurisdiction* contentieuse, les évêques l'exerçoient aussi autrefois en personne ; présentement ils ne peuvent juger eux-mêmes les affaires contentieuses, à moins que ce ne soit *de plano*, & dans le cours de leurs visites, ils doivent renvoyer à leurs officiaux les affaires qui méritent d'être instruites dans les formes.

Il est néanmoins d'usage en quelques dioceses, que le nouvel évêque soit installé à l'officialité, & y juge ce jour là les causes qui se présentent avec l'avis du doyen & du chapitre. Cela fut pratiqué le 2 Juin 1746 pour M. de Bellefonds, archevêque de Paris.

L'évêque ne peut pas commettre une autre personne que son official ordinaire, pour juger les affaires contentieuses.

La *jurisdiction ecclésiastique* n'a point de territoire, c'est pourquoi la reconnoissance d'une promesse ou billet faite devant le juge d'Eglise n'emporte point d'hypotheque.

Avant l'édit de 1695, le juge d'église ne pouvoit mettre à exécution les jugemens, que par exécution de meubles, & non par saisie réelle.

Le juge d'Eglise pouvoit décréter même de prise de corps; mais il ne pouvoit faire arrêter ni emprisonner, sans implorer l'aide du bras séculier; il pouvoit seulement faire emprisonner ceux qui se trouvoient dans son auditoire, lorsqu'il y avoit lieu de le faire. Mais par l'*art.* 24 de l'éd. de 1695 il est dit: que les sentences & jugemens sujets à exécution, & les décrets décernés par les juges d'Eglise, seront exécutés en vertu de cette nouvelle ordonnance, sans qu'il soit besoin de prendre aucun *pareatis* des juges royaux, ni de ceux des seigneurs; & il est enjoint à tous juges de donner main-forte, & toute aide & secours dont ils seront requis, sans prendre aucune connoissance des jugemens ecclésiastiques.

Il a toujours été d'usage de condamner aux dépens dans les tribunaux ecclésiastiques, lors même que l'on n'en adjugeoit pas encore en cour-laye, mais le juge d'Eglise ne pouvoit autrefois condamner en l'amende à cause qu'il n'a point de territoire: présentement il peut prononcer une amende, laquelle ne peut être appliquée au profit de l'évêque, parce que l'Eglise n'a point de fisc; il faut qu'elle soit appliquée à de pieux usages, & que l'application en soit déterminée par la sentence.

Les autres peines auxquelles le juge d'Eglise peut condamner, sont la suspension, l'interdit, l'excommunication, les jeûnes, les prieres, la privation pour un tems du rang dans l'église, de voix délibérative dans le chapitre, des distributions ou d'une partie des gros fruits, la privation des bénéfices, la prison pour un tems, & la prison perpétuelle; l'amende honorable dans l'auditoire nue-tête & à genoux.

L'Eglise ne peut pas prononcer de peine plus grave; ainsi elle ne peut condamner à mort ni à aucune peine qui emporte effusion de sang, ni à être fouetté publiquement, ni à la question, ni aux galeres; elle ne peut même pas condamner au bannissement, mais seulement ordonner à un prêtre étranger de se retirer dans son diocèse.

La justice ecclésiastique se rendoit autrefois aux portes des églises; c'est pourquoi on y représentoit Moïse législateur des Hébreux, Aaron leur grand-prêtre; Melchisedec qui unit le sacerdoce à la royauté; Salomon que la sagesse de ses jugemens a rendu célèbre; M. auteur de la nouvelle loi, S. Pierre & S. Paul, principaux instrumens de son divin ministere, & la reine de Saba à côté de Salomon, dont l'Evangile a dit: *regina austri sedet in judicio*. Cette reine a été regardée par les anciens commentateurs de l'Ecriture, comme une figure de l'Eglise. On représentoit aussi aux portes des églises David & Bersabé.

Lorsque les justices ecclésiastiques se tenoient aux portes des églises, on y représentoit ordinairement deux lions en ligne de force, à l'imitation du tribunal de Salomon qui étoit *inter duos leones*. Le curé de saint Jean au Puy en Vélay avoit autrefois une *jurisdiction*, dont on trouve des jugemens datés *datum inter duos leones*. L'archi-prêtre de saint Severin à Paris avoit aussi une *jurisdiction*, qu'il tenoit sur le perron de cette église, entre les deux lions qui sont au-devant de la grande porte; c'est pourquoi l'on a eu soin de conserver ces figures de lions en mémoire de cette ancienne *jurisdiction* que l'archiprêtre a perdue.

En quelques endroits les archidiacres se sont attribué une partie de la *jurisdiction* épiscopale, tant volontaire que contentieuse, & ont même des officiaux; ce qui dépend des titres & de la possession, & de l'usage de chaque diocèse.

Les chapitres des cathédrales ont en quelques endroits la *jurisdiction* spirituelle sur leurs membres. *Voyez* JUSTICE DU GLAIVE.

Les évêques, abbés, chapitres & autres bénéficiers, ont aussi à cause de leurs fiefs des justices temporelles, qui sont des justices séculieres & seigneuriales pour les affaires temporelles de leurs seigneuries; ce que l'on ne doit pas confondre avec leurs *jurisdictions* ecclésiastiques.

Sur *la jurisdiction ecclésiastique*, voyez dans le decret de Gratien le titre *de foro competenti*, & au décrétales les titres *de judiciis & officio judicis*; les Novelles 79, 83 & 123 de Justinien; les libertés de l'Eglise gallicane, les mémoires du Clergé, notamment *tome* VI. & *tome* VII. Loyseau, *des seigneuries, chap.* 15; la Bibliotheque canonique, *tome* I; *le Traité de la jurisdiction ecclésiastique* de Ducasse; les *lois ecclésiast.* de d'Héricourt, *partie* I. *chap. j. Voyez aussi aux mots* ARCHIDIACRE, CAS PRIVILÉGIÉS, DÉLIT COMMUN, ÉVÊQUE, OFFICIAL, PROMOTEUR, VICEGÉRENT, GRAND-VICAIRE. (*A*)

JURISDICTION ENTIERE, ou comme on dit plus communément, ENTIERE JURISDICTION, est celle qui appartient pleinement à un juge sans aucune exception; c'est ce que l'on appelloit chez les Romains *merum imperium* qui comprenoit aussi le mixte & la *jurisdiction* simple; parmi nous, c'est lorsque le juge exerce la haute, moyenne & basse justice; car s'il n'avoit que la basse ou la moyenne ou même la haute, supposé qu'un autre eut la moyenne ou la basse, il n'auroit pas l'*entiere jurisdiction*. (*A*)

JURISDICTION ÉPISCOPALE, est celle qui appartient à l'évêque, tant pour le spirituel que pour les autres matieres qui ont été attribuées à la *jurisdiction* ecclésiastique. *Voyez ci-devant* JURISDICTION ECCLÉSIASTIQUE. (*A*)

JURISDICTION QUASI ÉPISCOPALE, est celle qui appartient à quelques abbés ou chapitres, qui exercent quelques-uns des droits épiscopaux. *Voyez* ABBÉS. (*A*)

JURISDICTION DES EXEMPTS, est celle qui est établie pour connoître des causes de ceux qui ne sont pas sujets à la justice ordinaire, soit en matiere civile ou en matiere ecclésiastique.

Il y a eu des juges des *exempts* dans les appanages des princes.

Les abbayes & chapitres qui sont *exempts* de la *jurisdiction* de l'ordinaire, ont la *jurisdiction* sur leurs membres. *Voyez* JURISDICTION DES ABBÉS. (*A*)

JURISDICTION EXTÉRIEURE, est celle où la justice se rend publiquement, & avec les formalités établies à cet effet, & qui s'exerce sur les personnes & sur les biens, à la différence de la *jurisdiction* intérieure, qui ne s'exerce que sur les ames, & qui n'a pour objet que le spirituel. (*A*)

JURISDICTIONS EXTRAORDINAIRES, sont celles *quæ extra ordinem utilitatis causâ sunt constitutæ*; telles sont les *jurisdictions* d'attribution & de privilege, les commissions particulieres. *Voyez* JURISDICTION D'ATTRIBUTION & DE PRIVILEGE. (*A*)

JURISDICTIONS EXTRAVAGANTES, sont la même chose que les justices extraordinaires; on les appelle ainsi, *quia extra territorium vagantur*. *Voyez* Loyseau, *des offices, liv.* I. *chap. vj. & n.* 49, & ci-après JUSTICES EXTRAORDINAIRES. (*A*)

JURISDICTION FÉODALE, est celle qui est attachée à un fief. *Voyez* BASSE-JUSTICE *&* JUSTICE SEIGNEURIALE. *(A)*

JURISDICTION AU FOR EXTÉRIEUR *&* AU FOR INTÉRIEUR. *Voyez ci-devant* JURISDICTION EXTÉRIEURE.

JURISDICTION GRACIEUSE, est une partie de la *jurisdiction* volontaire de l'évêque, qui consiste à accorder ou refuser certaines graces, sans que l'on puisse se plaindre du refus, & sans que l'évêque soit tenu d'en exprimer les motifs ; ainsi la collation libre des bénéfices, l'érection des cures & autres bénéfices, sont des actes appartenans à la *jurisdiction gracieuse*. Voyez *ci-devant* JURISDICTION ECCLÉSIASTIQUE. *(A)*

JURISDICTION INFÉRIEURE, est celle qui en a quelqu'autre au-dessus d'elle ; ainsi les justices seigneuriales sont des *jurisdictions inférieures* par rapport aux bailliages royaux, & ceux-ci sont des *jurisdictions inférieures* par rapport aux parlemens, *&c.* *(A)*

JURISDICTION INTÉRIEURE, est celle qui s'exerce au for intérieur seulement. *Voyez ci devant* JURISDICTION EXTÉRIEURE. *(A)*

JURISDICTION DE LA MAÇONNERIE ; *voyez* BATIMENS *&* MAÇONNERIE.

JURISDICTION DE LA MARÉE ; *voyez* CHAMBRE DE LA MARÉE.

JURISDICTION MÉTROPOLITAINE, c'est le droit de ressort qui appartient à l'archevêque sur ses suffragans ; l'appel de l'officialité ordinaire va à l'officialité métropolitaine. Les archevêques ont deux sortes de *jurisdictions* ; sçavoir une à l'officialité ordinaire pour leur diocèse, & une officialité métropolitaine pour juger les appels des officiaux de ses suffragans. Le primat a encore une troisieme officialité, qu'on appelle *primatiale*, pour juger les appels interjettés des métropolitains qui ressortissent à la primatie. *(A)*

JURISDICTION MILITAIRE. *Voyez* JUSTICE MILITAIRE.

JURISDICTION MUNICIPALE, est celle qui appartient à une ville, & qui est exercée par des personnes élues par les citoyens entre eux. *Voyez ci-devant* JUGE MUNICIPAL, *& ci-après* JUSTICE MUNICIPALE. *(A)*

JURISDICTION ŒCONOMIQUE, est une *jurisdiction* privée & intérieure, une espece de *jurisdiction* volontaire qui s'exerce dans certains corps sur les membres qui le composent, sans user néanmoins d'aucun appareil de *jurisdiction* & sans pouvoir coactif.

On peut mettre dans cette classe la *jurisdiction* du premier chirurgien dont on a parlé ci-devant. *Voyez ci-après* JUSTICE DOMESTIQUE. *(A)*

JURISDICTION ORDINAIRE, est celle qui a de droit commun la connoissance de toutes les affaires qui ne sont pas attribuées à quelqu'autre tribunal par quelque réglement particulier.

La *jurisdiction ordinaire* est opposée à la *jurisdiction* déléguée, à celle d'attribution & de privilege. *(A)*

JURISDICTION DE L'ORDINAIRE, est la *jurisdiction* que l'évêque a droit d'exercer pour le spirituel dans toute l'étendue de son diocèse, sur tous ceux qui ne sont pas exempts de la *jurisdiction* par quelque privilege particulier. Les chapitres & monasteres qui sont soumis immédiatement au saint siege, sont exempts de la *jurisdiction de l'ordinaire*. *Voyez* EVÊQUE, EXEMPTS, ORDINAIRE. *(A)*

JURISDICTION PÉNITENTIELLE, est le pouvoir d'administrer le sacrement de pénitence, de confesser les fideles, de leur donner ou refuser l'absolution, de leur imposer des pénitences convenables, de leur interdire la participation aux sacremens, lorsqu'il y a lieu de le faire.

Cette *jurisdiction* appartient à l'évêque & au grand pénitencier, aux curés, vicaires & autres prêtres approuvés pour la confession. Les cas reservés sont une partie de la *jurisdiction pénitentielle* reservés à l'évêque & au grand pénitencier.

Les supérieurs réguliers ont la *jurisdiction pénitentielle* sur leurs religieux. *Voyez* CAS RÉSERVÉS, CONFESSION, PÉNITENCE, PÉNITENCIER, SACREMENS. *(A)*

JURISDICTION PERSONNELLE, est celle qui ne s'étend que sur les personnes & non sur les biens ; telle est la *jurisdiction* ecclésiastique. On peut aussi regarder comme personnelle la *jurisdiction* des juges de privilege, avec cette différence néanmoins que leurs jugemens s'exécutent sur les biens, sans qu'il soit besoin d'implorer l'assistance d'aucun autre juge. *Voyez ci-après* JURISDICTION RÉELLE. *(A)*

JURISDICTION PRIMATIALE, est celle que le primat a sur les métropolitains qui lui sont soumis. *Voyez ci-devant* JURISDICTION MÉTROPOLITAINE. *(A)*

JURISDICTION PRIVÉE, est celle qui ne s'exerce qu'*intra privatos parietes* ; c'est plutôt une police domestique qu'une *jurisdiction* proprement dite ; telles sont les *jurisdictions* domestiques, ou familieres & économiques.

Le terme de *jurisdiction privée* est quelquefois opposé à celui de *jurisdiction* publique ou *jurisdiction* royale. *Voyez ci-devant* JUGE PRIVÉ *&* JUGE PUBLIC. *(A)*

JURISDICTION DE PRIVILEGE, est celle qui est établie pour connoître des causes de certaines personnes privilégiées. *Voyez ci-devant* JUGE DE PRIVILEGE. *(A)*

JURISDICTION PROPRE, est celle que le juge a de son chef, à la différence de celle qui lui est commise ou déléguée. *Voyez* JURISDICTION DÉLÉGUÉE. *(A)*

JURISDICTION PROROGÉE est celle qui par le consentement des parties est étendue sur des personnes ou des biens qui autrement ne seroient pas soumis au juge que les parties adoptent. *Voyez* PROROGATION DE JURISDICTION. *(A)*

JURISDICTION *QUASI* ÉPISCOPALE. *Voyez ci-devant aprés l'article* JURISDICTION ÉPISCOPALE. *(A)*

JURISDICTIONS RÉELLES sont les justices féodales qui sont attachées aux fiefs, à la différence des justices royales qui ne sont point attachées singulierement à une glebe, & des *jurisdictions* personnelles ou de privileges qui n'ont point de territoire, mais s'étendent seulement sur les personnes qui leur sont soumises. *(A)*

JURISDICTION ROYALE est un tribunal où la justice est rendue par des officiers commis à cet effet par le Roi, à la différence des *jurisdictions* seigneuriales qui sont exercées par des officiers des seigneurs, des *jurisdictions* municipales qui sont exercées par des personnes choisies par les citoyens entre eux, & des *jurisdictions* ecclésiastiques qui sont exercées par les officiers des ecclésiastiques ayant droit de justice.

Il y a différens ordres de *jurisdictions royales*, dont le premier est composé des parlemens, du grand-conseil, & autres conseils souverains, des chambres des comptes, cours des aides, cours des monnoies, & autres cours souveraines.

Le second ordre est composé des bailliages & sénéchaussées & sieges présidiaux.

Le troisieme & dernier ordre est composé des prevôtés, mairies, vigueries, vicomtés, & autres *jurisdictions* semblables.

Les bureaux des finances, amirautés, élections, greniers à sel, & autres juges d'attribution & de privilege sont aussi des *jurisdictions royales* qui ressortissent

JUR

fortissent nuement aux cours souveraines ; les gruries royales ressortissent aux maîtrises ; celles-ci à la table de marbre, & celles-ci au parlement.

Les *jurisdictions royales* ordinaires connoissent de plusieurs matieres à l'exclusion des *jurisdictions seigneuriales*, comme des dixmes, des cas royaux, des substitutions, &c. *V. ci-après* JUSTICE ROYALE. (*A*)

JURISDICTION SÉCULIERE *ou* TEMPORELLE; on comprend sous ce terme toutes les *jurisdictions* royales, seigneuriales & municipales. On les appelle *séculieres* pour les distinguer des *jurisdictions* spirituelles ou ecclésiastiques.

Il n'appartient qu'à la *jurisdiction séculiere* d'user de contrainte extérieure, & de procéder par exécution des personnes & des biens. *Voyez* JURISDICTION ECCLÉSIASTIQUE. (*A*)

JURISDICTION SEIGNEURIALE est celle qui appartient à un seigneur de fief ayant droit de justice, & qui est exercée par son juge. *Voyez ci-après* JUSTICE SEIGNEURIALE. (*A*)

JURISDICTION SIMPLE, appellée chez les Romains *jurisdictio* simplement, étoit celle qui consistoit seulement dans le pouvoir de juger; elle n'avoit point le pouvoir appellé *merum imperium*, ni même le *mixtum*, qui reviennent à peu-près à la haute & moyenne justice, c'est pourquoi cette *jurisdiction simple* est comparée par nos auteurs à la basse justice, & appellée quelquefois par eux *minimum imperium*, comme qui diroit la plus basse justice, celle qui a le moins de pouvoir.

Mais, quoique les Romains distinguassent trois sortes de *jurisdiction*; savoir, *merum imperium*, *mixtum imperium*, & *jurisdictio*, comme parmi nous on distingue trois sortes de justice, la haute, la moyenne & la basse, le rapport qu'il y a entre ces différentes justices des Romains & les nôtres, n'est pas bien exact pour la compétence ; car la *jurisdiction simple* qui étoit la moindre, comprenoit des choses qui parmi nous n'appartiennent qu'à la moyenne justice.

La *jurisdiction simple* appartenoit aux magistrats municipaux, tels que les édiles & les decemvirs. Quoiqu'ils n'eussent pas le *merum* ni le *mixtum imperium*, ils ne laissoient pas d'avoir quelque pouvoir pour faire exécuter leurs jugemens, sans quoi leur *jurisdiction* eût été illusoire; mais ce pouvoir étoit seulement *modica coercitio*; ils pouvoient condamner à une amende légere, faire exécuter les meubles du condamné, faire fustiger les esclaves, & plusieurs autres actes semblables qu'ils n'auroient pas pû faire s'ils n'avoient eu quelque sorte de pouvoir appellé chez les Romains *imperium*.

On pouvoit déléguer la *jurisdiction simple* de même que celle qui avoit le *merum* ou *mixtum imperium*, comme il paroit par ce qui est dit au titre *de officio ejus cui mandata est jurisdictio*. Il faut même remarquer que celui auquel elle étoit entierement commise, pouvoit subdéléguer & commettre en détail les affaires à d'autres personnes pour les juger; mais ces simples délégués ou subdélégués n'avoient aucune *jurisdiction* même *simple*, ils ne pouvoient pas prononcer leur sentence, ni les faire exécuter même *per modicam exercitionem*. Il avoit *notionem tantùm*, c'est-à-dire le pouvoir seulement de juger comme l'avoient les juges pédanées, & comme sont encore parmi nous les arbitres.

Voyez Loyseau, *des offices*, *liv. I. chap. v. n°. 33.* & *suivans*; *la jurisprudence françoise de* Helo, *titre des jurisdictions romaines*, & *ci-devant* JURISDICTION COMMISE. (*A*)

JURISDICTION SPIRITUELLE est celle qui appartient à l'Eglise de droit divin pour ordonner de tout ce qui concerne la foi & les sacremens, & pour ramener les fideles à leur devoir par la crainte des peines spirituelles. Cette jurisdiction ne s'étend que sur

Tome IX.

JUR 81

les ames, & non sur les corps ni sur les biens : elle ne peut user d'aucune contrainte extérieure. *Voyez ci-devant* JURISDICTION ECCLÉSIASTIQUE. (*A*)

JURISDICTION SUBALTERNE est celle qui est inférieure à une autre ; mais on entend singulierement par ce terme les justices seigneuriales. *Voy. ci-devant* JUSTICE SEIGNEURIALE. (*A*)

JURISDICTION SUPÉRIEURE est celle qui est établie au-dessus d'une autre pour réformer ses jugemens lorsqu'il y échet. *Voyez ci-devant* JURISDICTION INFÉRIEURE ET JUSTICE SUPÉRIEURE. (*A*)

JURISDICTION TEMPORELLE signifie quelquefois la *justice séculiere* en général, ou une *jurisdiction séculiere* ; quelquefois aussi l'on entend par-là une justice seigneuriale qui appartient à des ecclésiastiques, non pas pour connoître des matieres ecclésiastiques, mais pour connoître des affaires prophanes qui s'élevent au-dedans de la justice qu'ils ont à cause de quelque fief. *V.* JUSTICE TEMPORELLE. (*A*)

JURISDICTION VOLONTAIRE est celle qui s'exerce sur des objets pour lesquels il n'y a pas de contestation entre les parties, comme pour les tutelles & curatelles, garde-noble & bourgeoise, pour les adoptions, les émancipations, les affranchissemens, les inventaires. On appelle cette *jurisdiction volontaire*, pour la distinguer de la contentieuse qui ne s'exerce que sur des objets contestés entre les parties.

Les notaires exercent une partie de la *jurisdiction volontaire*, en recevant les contrats & testamens ; mais ils ne le font qu'au nom d'un juge dont ils sont en cette partie comme les greffiers.

Il y a aussi une partie de la *jurisdiction* ecclésiastique que l'on appelle *jurisdiction volontaire*, dont l'objet est la collation libre des bénéfices, l'érection des nouvelles églises, les permissions de prêcher, de confesser, & autres actes semblables. *Voyez ci-devant* JURISDICTION ECCLÉSIASTIQUE. (*A*)

JURISPRUDENCE, s. f. est la science du Droit, tant public que privé, c'est-à-dire, la connoissance de tout ce qui est juste ou injuste.

On entend aussi par le terme de *Jurisprudence* les principes que l'on suit en matiere de Droit dans chaque pays ou dans chaque tribunal ; l'habitude où l'on est de juger de telle ou telle maniere une question, & une suite de jugemens uniformes sur une même question qui forment un usage.

La *Jurisprudence* a donc proprement deux objets, l'un qui a la connoissance du Droit, l'autre qui consiste à en faire l'application.

Justinien la définit, *divinarum atque humanarum rerum notitia*, *justi atque injusti scientia* ; il nous enseigne par-là que la science parfaite du Droit ne consiste pas simplement dans la connoissance des lois, coutumes & usages, qu'elle demande aussi une connoissance générale de toutes les choses, tant sacrées que profanes, auxquelles les regles de la justice & de l'équité peuvent s'appliquer.

Ainsi la *Jurisprudence* embrasse nécessairement la connoissance de tout ce qui appartient à la Religion, parce qu'un des premiers devoirs de la justice est de lui servir d'appui, d'en favoriser l'exercice & d'écarter les erreurs qui pourroient la troubler, de s'opposer à tout ce qui pourroit tourner au mépris de la religon & de ses ministres.

Elle exige pareillement la connoissance de la Géographie, de la Chronologie & de l'Histoire ; car on ne peut bien entendre le droit des gens & la politique, sans distinguer les pays & les tems, sans connoitre les mœurs de chaque nation & les révolutions qui y sont arrivées dans leur gouvernement ; & l'on ne peut bien connoitre l'esprit d'une loi sans savoir ce qui y a donné lieu, & les changemens qui y ont été faits.

La connoissance de toutes les autres Sciences & de tous les Arts & Métiers, du Commerce & de la Navigation, entrent pareillement dans la *Jurisprudence*, n'y ayant aucune profession qui ne soit assujettie à une certaine police qui dépend des regles de la justice & de l'équité.

Tout ce qui regarde l'état des personnes, les biens, les contrats, les obligations, les actions & les jugemens, est aussi du ressort de la *Jurisprudence*.

Les regles qui forment le fond de la *Jurisprudence*, se puisent dans trois sources différentes, le droit naturel, le droit des gens & le droit civil.

La *Jurisprudence* tirée du droit naturel, qui est la plus ancienne, est fixe & invariable ; elle est uniforme chez toutes les nations.

Le droit des gens forme aussi une *Jurisprudence* commune à tous les peuples, mais elle n'a pas toûjours été la même, & est sujette à quelques changemens.

La partie la plus étendue de la *Jurisprudence*, est sans contredit le droit civil ; en effet, elle embrasse le droit particulier de chaque peuple, tant public que privé, les lois générales de chaque nation, telles que les ordonnances, édits & déclarations, & les lois particulieres, comme sont quelques édits & déclarations, les coutumes des provinces, & autres coutumes locales, les privileges & statuts particuliers, les réglemens faits dans chaque tribunal, & les usages non écrits, enfin tout ce que les commentateurs ont écrit pour interpréter les lois & les coutumes.

Encore si les lois de chaque pays étoient fixes & immuables, la *Jurisprudence* ne seroit pas si immense qu'elle est ; mais il n'y a presque point de nation, point de province dont les lois & les coutumes n'ayent éprouvé plusieurs variations ; & ce qui est encore plus pénible à supporter, c'est l'incertitude de la *Jurisprudence* sur la plûpart des questions, soit par la contradiction apparente ou effective des lois, soit par la diversité d'opinions des auteurs, ou par la diversité qui se trouve entre les jugemens des différens tribunaux, & souvent entre les jugemens d'un même tribunal.

L'ingénieux auteur de l'Esprit des Lois, dit à ce propos qu'à mesure que les jugemens se multiplient dans les monarchies, la *Jurisprudence* se charge de divisions, qui quelquefois se contredisent, ou parce que les juges qui se succedent pensent différemment, ou parce que les mêmes affaires sont tantôt bien, tantôt mal défendues, ou enfin par une infinité d'abus qui se glissent dans tout ce qui passe par la main des hommes. C'est, ajoûte-t-il, un mal nécessaire que le législateur corrige de tems en tems comme contraire même à l'esprit des gouvernemens modérés.

On conçoit par-là combien il est difficile, pour ne pas dire impossible, d'acquérir une connoissance parfaite de la *Jurisprudence* ; c'est pourquoi je croirois que dans la définition qu'on en donne, on devroit ajoûter *in quantum homini possibile est*, comme Cassiodore le disoit de la Philosophie, laquelle n'étant autre chose qu'une étude de la sagesse, & supposant aussi une profonde connoissance de toutes les choses divines & humaines, conséquemment a beaucoup de rapport avec la *Jurisprudence*.

Les difficultés que nous venons de faire envisager ne doivent cependant pas rebuter ceux qui se consacrent à l'étude de la *Jurisprudence*. L'esprit humain a ses bornes : un seul homme ne peut donc embrasser toutes les parties d'une science aussi vaste ; il vaut mieux en bien approfondir une partie, que de les effleurer toutes. Il n'y en a guere qui ne soit seule capable d'occuper un jurisconsulte.

L'un fait une étude du droit naturel & du droit public des gens.

D'autres s'appliquent au droit particulier de leur pays, & ceux-ci trouvent encore abondamment de quoi se partager ; l'un s'attache aux lois générales & au droit commun, telles que les lois romaines ; un autre fait son étude du droit coutumier ; quelques-uns même s'attachent seulement à la coutume de leur province, d'autres à certaines matieres, telles que les matieres canoniques ou les matieres criminelles, les matieres féodales, & autres semblables.

Ces divers objets qu'embrasse la *Jurisprudence*, ont aussi donné lieu d'établir des tribunaux particuliers pour connoître chacun de certaines matieres, afin que les juges dont ces tribunaux sont composés, étant toujours occupés des mêmes objets, soient plus versés dans les principes qui y ont rapport.

Quoique le dernier état de la *Jurisprudence* soit ordinairement ce qui sert de regle, il est bon néanmoins de connoître l'ancienne *Jurisprudence* & les changemens qu'elle a éprouvés ; car pour bien pénétrer l'esprit d'un usage, il faut en connoître l'origine & les progrès ; il arrive même quelquefois que l'on revient à l'ancienne *Jurisprudence*, à cause des inconvéniens que l'on a reconnus dans la nouvelle.

L'étude de la *Jurisprudence* a toujours été en honneur chez toutes les nations policées, comme étant une science étroitement liée avec le gouvernement politique.

Chez les Romains, ceux qui se consacroient à la *Jurisprudence* étoient gratifiés de pensions considérables. Ils furent même honorés par les empereurs du titre de comtes de l'empire. Les souverains pontifes, les consuls, les dictateurs, les généraux d'armées, les empereurs mêmes se firent honneur de cultiver cette science, comme on le peut voir dans l'histoire de la *Jurisprudence* romaine que nous a donnée M. Terrasson ; ouvrage rempli d'érudition, & également curieux & utile.

La *Jurisprudence* n'est pas moins en recommandation parmi nous, puisque nos rois ont honoré de la pourpre tous ceux qui se sont consacrés à la *Jurisprudence*, tels que les magistrats & les avocats, & ceux qui professent publiquement cette science dans les universités ; & avant la vénalité des charges, les premieres places de la magistrature étoient la récompense des plus savans jurisconsultes. *Voyez* Droit, Jurisconsulte, Justice, Loi. (*A*)

JURISPRUDENCE des arrêts est un usage formé par une suite d'arrêts uniformes intervenus sur une même question. Dans les matieres sur lesquelles il n'y a point de loi précise, on a recours à la *Jurisprudence* des arrêts ; & il n'y auroit point de meilleur guide si l'on étoit toujours bien instruit des véritables circonstances dans lesquelles les arrêts sont intervenus, & des motifs qui ont déterminé les juges : mais les arrêts sont les plus souvent rapportés peu exactement par les arrêtistes, & mal appliqués par ceux qui les citent. On ne doit donc pas toûjours s'accuser de variation la *Jurisprudence*. (*A*)

JURISPRUDENCE BÉNÉFICIALE est l'usage que l'on suit dans la décision de questions qui se présentent au sujet des bénéfices ecclésiastiques. (*A*)

JURISPRUDENCE CANONIQUE ; on entend par ce terme les regles contenues dans les canons & autres lois ecclésiastiques. *Voyez* CANONS, DROIT CANONIQUE. (*A*)

JURISPRUDENCE CIVILE ; c'est la maniere dont on juge les affaires civiles & les principes que l'on suit pour leur décision. (*A*)

JURISPRUDENCE CONSULAIRE ; c'est le style & l'usage des jurisdictions consulaires pour les affaires de commerce. (*A*)

JURISPRUDENCE CRIMINELLE ; c'est le style & la regle que l'on suit pour l'instruction & le jugement des affaires criminelles.. (*A*)

JURISPRUDENCE FÉODALE, c'est l'usage que l'on suit dans la décision des questions concernant les fiefs. (*A*)

JURISPRUDENCE MILITAIRE, c'est l'assemblage des lois & des regles que l'on suit pour la discipline des gens de guerre. *Voyez* CODE MILITAIRE. (*A*)

JURISPRUDENCE MOYENNE, *jurisprudentia media*, est celle qui tient le milieu entre l'ancien usage & le dernier état de la *jurisprudence*. Justinien dans le §. 3 aux instiitutes *de legitimâ agnatorum successione*, appelle de ce nom les réponses des Jurisconsultes qui formoient une partie de la *jurisprudence* romaine, & il en donne la raison au même endroit ; savoir que cette *jurisprudence* des Jurisconsultes étoit *lege duodecim tabularum junior, imperiali autem dispositione anterior*. (*A*)

JURISTE, s. m. *ou* LÉGISTE, (*Jurisprud.*) signifie en général quelqu'un versé dans la science du Droit & des Lois : présentement on n'applique plus guere cette dénomination qu'aux étudians en Droit. *Voyez* JURISCONSULTES *ou* LÉGISTES. (*A*)

IVROGNERIE, s. f. (*Morale.*) appétit déréglé de boissons enivrantes. Je conviens que cette sorte d'intempérance n'est ni onéreuse, ni de difficile apprêt. Les buveurs de profession n'ont pas le palais délicat : « leur fin, dit Montagne, c'est l'avaler plus » que le goûter ; leur volonté est plantureuse & en » main ». Je conviens encore que ce vice est moins couteux à la conscience que beaucoup d'autres ; mais c'est un vice stupide, grossier, brutal, qui trouble les facultés de l'ame, attaque & renverse le corps. Il n'importe que ce soit dans du vin de Tockai ou du vin de Brie, que l'on noie sa raison ; cette différence du grand seigneur au savetier ne rend pas le vice moins honteux. Aussi Platon, pour en couper les racines de bonne heure, privoit les enfans, de quelque ordre & condition qu'ils fussent, de boire du vin avant la puberté ; & il ne le permettoit à l'âge viril que dans les fêtes & les festins ; il le défend aux magistrats avant leurs travaux aux affaires publiques, & à tous les gens mariés, la nuit qu'ils destinent à faire des enfans.

Il est vrai néanmoins que l'antiquité n'a pas généralement décrié ce vice, & qu'elle en parle même quelquefois trop mollement. La coutume de franchir les nuits à boire, régnoit chez les Grecs, les Germains & les Gaulois ; ce n'est que depuis environ quarante ans que notre Noblesse en a racourci singulierement l'usage. Seroit-ce que nous nous sommes amendés ? ou ne seroit-ce point que nous sommes devenus plus foibles, plus répandus dans la société des femmes, plus délicats, plus voluptueux ?

Nous lisons dans l'Histoire romaine, que d'un côté L. Pison qui conquit la Thrace, & qui exerçoit la police de Rome avec tant d'exactitude ; & de l'autre, que L. Cossus, personnage grave, se laissoient aller tous deux à ce genre de débauche, sans toutefois que les affaires confiées à leurs soins en souffrissent aucun dommage. Le secret de tuer César fut également confié à Cassius buveur d'eau, & à Cimber qui *s'enivroit* de gaieté de cœur ; ce qui lui fit répondre plaisamment, quand on lui demanda s'il agréoit d'entrer dans la conjuration : « que je portasse un tyran, moi » qui ne peux porter le vin ».

Il ne faut donc pas s'étonner de voir souvent dans les poëtes du siecle d'Auguste l'éloge de Bacchus couronné de pampre, tenant le thyrse d'une main, & une grappe de raisin de l'autre. Un peu de vin dans la tête, dit Horace, est une chose charmante ; il dévoile les pensées secretes, il met la possession à la place de l'espérance, il excite la bravoure, il nous décharge du poids de nos soucis, & sans étude il nous rend savans. Combien de fois la bouteille de son sein fécond n'a t-elle pas versé l'éloquence sur les levres du buveur ? Combien de malheureux n'a t-elle pas affranchi des liens de la Pauvreté ?

Operta recludit ,
Spes jubet esse ratas, ad prælia trudit inertem ,

Sollicitis animis onus eximit , addocet artes , &c.
Ep. V. lib. I. v. 16.

Si ces idées poétiques sont vraies d'une liqueur enivrante qu'on prend avec modération, il s'en faut bien qu'elles conviennent aux excès de cette liqueur. La vapeur légere qui jette la vivacité dans l'esprit, devient par l'abus une épaisse fumée qui produit la déraison, l'embarras de la langue, le chancellement du corps, l'abrutissement de l'ame, en un mot les effets dont Lucrece trace le tableau pittoresc, que d'après nature, quand il dit :

Consequitur gravitas membrorum, præpediuntur
Cruravacillanti ; tardescit lingua , madet mens ;
Nant oculi ; clamor , singultus , jurgia gliscunt.

Ajoûtez le sommeil qui vient terminer la scene de ce misérable état, parce que peut-être le sang se portant plus rapidement au cerveau, comprime les nerfs, & suspend la secrétion du fluide nerveux ; je dis *peut-être*, car il est très-difficile d'assigner les causes des changemens singuliers qui naissent alors dans toute la machine. Qu'on roidisse sa raison tant qu'on voudra, la moindre dose d'une liqueur enivrante suffit pour la détruire. Lucrece lui-même a beau philosopher, quelques gouttes d'un breuvage de cette espece le rendent insensé : eh, comment cela ne seroit-il pas ? L'expérience nous prouve si souvent que dans la vie l'ame la plus forte étant de sens froid, n'a que trop à faire pour se tenir sur pié contre sa propre foiblesse.

Le philosophe doit toutefois distinguer l'*ivrognerie* de la personne, d'une certaine *ivrognerie* nationale qui a sa source dans le terroir, & à laquelle il semble forcer les habitans dans les pays septentrionaux. L'*ivrognerie* se trouve établie par toute la terre, dans la proportion de la froideur & de l'humidité du climat. Passez de l'équateur jusqu'à notre pole, vous y verrez l'*ivrognerie* augmenter avec les degrés de latitude ; passez du même équateur au pôle opposé, vous y trouverez l'*ivrognerie* aller vers le midi, comme de ce côté-ci elle avoit été vers le nord.

Il est naturel que là où le vin est contraire au climat, & par conséquent à la santé, l'excès en soit plus sévérement puni que dans les pays où l'*ivrognerie* a peu de mauvais effets pour la personne, où elle en a peu pour la société, où elle ne rend point les hommes furieux, mais seulement stupides ; ainsi les lois qui ont puni un homme ivre, & pour la faute qu'il commettoit, & pour l'ivresse, n'étoient applicables qu'à l'*ivrognerie* de la personne, & non à l'*ivrognerie* de la nation. En Suisse l'*ivrognerie* n'est pas décriée ; à Naples elle est en horreur ; mais au fond laquelle de ces deux choses est la plus à craindre, ou l'intempérance du suisse, ou la réserve de l'italien ?

Cependant cette remarque ne doit point nous empêcher de conclure que l'*ivrognerie* en général & en particulier soit toujours un défaut, contre lequel il faut être en garde ; c'est une breche qu'on fait à la loi naturelle, qui nous ordonne de conserver notre raison ; c'est un vice dont l'âge ne corrige point, & dont l'excès ôte tout-ensemble la vigueur & l'esprit , & au corps une partie de ses forces. (*D. J.*)

IVROIE, s. f. (*Botan.*) l'ivroie, en grec *αιρα*, en latin *lolium*, fait dans le systême botanique de Linnæus un genre de plante particulier, dont voici les caracteres distinctifs. Le calice est un tuyau contenant les fleurs rassemblées en maniere d'épis sans barbe. La fleur est formée de deux segmens, dont l'intérieur est étroit, pointu, roulé, & de la longueur du calice ; le segment supérieur est plus court, droit, obtus, & creux au sommet. Les étamines sont trois fils fort déliés, & plus courts que le calice ; les bossettes des étamines sont oblongues ; le germe du piſtil eſt d'une forme turbinée ; les ſtiles ſont au nombre de deux, chevelus & refléchis. La fleur environne étroitement la graine ; elle s'ouvre dans le tems convenable, & la laiſſe tomber. La graine eſt une, oblongue, convexe d'un côté, applatie & fillonnée de l'autre.

Les Botaniſtes comptent quatre ou cinq eſpeces d'*ivroie* ; mais nous ne décrirons que la plus commune, nommée ſimplement *lolium* ou *lolium album*, & par Tournefort, *gramen loliaceum*, *spicâ longiori*.

Sa racine eſt fibreuſe avec des filamens très-fins ; ſa tige eſt haute de deux ou trois coudées, auſſi épaiſſe que celle du froment, un peu plus petite, ayant quatre ou cinq nœuds qui pouſſent chacun une feuille, comme dans le chien-dent, & dans les autres plantes dont la tige ſe change en chaume. Cette feuille eſt plus verte & plus étroite que celle du froment, luiſante, liſſe, graſſe, cannelée, embraſſant ou enveloppant la tige par l'endroit où elle ſort. Sa tige porte un épi, droit, menu, plat, long d'un demi-pié & plus, d'une figure particuliere ; car il eſt formé par l'union de ſix, ſept, huit grains, & quelquefois davantage, qui ſortent alternativement des deux côtés du ſommet de la tige en forme de de petits épis ſans pédicule. Chacun de ces petits épis eſt enveloppé d'une petite feuille. Ses graines ſont plus menues que celles du blé, peu farineuſes, de couleur rougeâtre & enfermées dans des coſſes noirâtres, terminées par une barbe pointue qui mauque quelquefois.

Cette plante ne croit que trop fréquemment dans les terres labourées parmi l'orge & le blé. C'eſt pourquoi la plûpart des anciens & un grand nombre de modernes, ont cru que l'*ivroie* étoit une dégénération du blé ; l'on a même tâché dans ce ſiecle d'appuyer cette opinion, par des exemples de mélauges monſtrueux de blé & d'*ivroie* trouvés enſemble ſur une même plante.

On a vu, dit-on, une plante de froment d'un ſeul tuyau, de l'un des nœuds duquel ſortoit un ſecond tuyau, qui portoit à ſon extrémité un épi d'*ivroie* ; le tuyau commun ſe prolongeoit & ſe terminoit par un épi de froment ; ce tuyau commun ouvert dans ſa longueur, n'avoit qu'une ſeule cavité : voilà un fait bien fort en faveur de ceux qui admettent la dégénération du blé en *ivroie*. Mais plus on refléchit ſur la loi des générations, plus on étudie les caracteres qui différentient les eſpeces, & moins on eſt diſpoſé à croire qu'une plante puiſſe devenir une autre plante. Or les Botaniſtes nous indiquent bien des caracteres qui diſtinguent le blé de l'*ivroie* ; la couleur des feuilles & celle de la tige, leur tiſſu, l'arrangement reſpectif des grains, leur ſtructure, la qualité de la farine qui y eſt renfermée, forment autant de differences. Les proportions relatives des parties fourniſſent encore des caracteres différens, très-marqués dans ces deux plantes. Par exemple, l'*ivroie* pouſſe ſes ſecondes racines beaucoup plûtôt que le blé ; & le nœud d'où ces racines ſortent, ſe diſtingue auſſi plûtôt dans celles-là que dans celui-ci ; il eſt donc ſûr que le blé ne dégénere point en *ivroie*.

On a tenté de rendre raiſon du phénomène de cette plante, mi-partie blé & *ivroie* ; en ſuppoſant que deux plantes, l'une de blé & l'autre d'*ivroie*, ayent crû fort près l'une de l'autre, & ſe ſont greffées en approche. Seroit-ce donc ici une eſpece de greffe, une greffe par approche ? Seroit-ce un effet de la confuſion des pouſſieres des étamines ? Toutes ces explications ſont arbitraires ; ce qui eſt certain, c'eſt qu'on ne peut expliquer le fait rapporté ci-deſſus, par la prétendue dégénération du blé en *ivroie* ; elle eſt contraire & aux vrais principes de la Phyſique, & à toutes les expériences. (*D. J.*)

IVROIE, (*Matiere médécin.*) les anciens employoient l'*ivroie* en cataplaſme, avec du ſoufre & du vinaigre contre la lepre ; avec du ſel & des raves, pour conſumer les bords des ulceres putrides ; avec de la fiente de pigeon & de la graine de lin, pour meurir les tumeurs ; mais en même tems ils ont été fort éclairés ſur ſa nature pernicieuſe pour l'intérieur. Tous les Naturaliſtes, Ariſtote, Théophraſte, Pline, Dioſcoride, la plûpart des hiſtoriens, des poëtes, nous parlent des maladies qu'elle a cauſés en différentes occaſions ; ils ont même cru qu'elle rendoit aveugle ; car c'étoit chez eux un proverbe *lolio victitare*, pour dire devenir aveugle : Virgile appelle l'*ivroie* ſiniſtre, *infelix lolium*. Les Modernes ſavent par expérience qu'elle cauſe des éblouïſſemens, des vertiges, des maux de tête & des aſſoupiſſemens ; que mêlée dans la dreche elle enivre, & qu'elle produit le même effet quand elle ſe trouve en trop grande quantité dans le pain ; de-là vient vraiſſemblablement ſon nom d'*ivraye* ou d'*ivroie*. (*D. J.*)

JURTES ou JURTI, (*Hiſt. mod.*) c'eſt ainſi que les Ruſſes nomment les habitations des nations tartares qui ſont en Sibérie. Chaque famille occupe une cabane formée par des échalats fichés en terre, & recouverts d'écorce de bouleau ou de peaux d'animaux, pour ſe garantir des injures de l'air. On laiſſe au milieu du toit qui a la forme d'un cône, une ouverture pour la ſortie de la fumée. Quand un tartare ne trouve plus que l'endroit où il avoit placé ſa *jurte* lui convienne, il l'abandonne, & va avec ſa famille conſtruire une autre *jurte* dans un lieu plus commode. *Voyez* Gmelin, *voyage de Sibérie*.

JURUCUA, (*Zoolog. exot.*) eſpece de tortue ſinguliere du Bréſil, grande ordinairement de quatre piés, & large de trois ; ſes piés ſont faits en forme d'ailes, & ceux de devant ſont beaucoup plus longs que ceux de derriere. Sa queue eſt courte & de figure conique ; ſes yeux ſont gros & noirs ; ſa bouche reſſemble au bec d'un oiſeau, & n'a point de dents. Ses côtes ſont attachées à l'écaille ; on en compte huit de chaque côté, & celles du milieu ſont les plus longues. Cette eſpece de tortue jette ſes œufs ſur le rivage, les couvre de ſable, & les laiſſe éclore à la chaleur du ſoleil. Ils ſont ſillonnés comme par des lignes géométriques, diverſement dirigées ſur l'écaille qui eſt d'un noir luiſant, marbrée de tachetures jaunes, avec une variété conſidérable dans les différentes eſpeces. (*D. J.*)

JURUNCAPEBA, (*Ichtyol. exot.*) nom d'un beau petit poiſſon d'excellent goût, qu'on prend ſur les côtes du Bréſil entre les rochers, & qui eſt de la claſſe des tourds ; on l'appelle autrement *ptaiara*. *Voyez* en la deſcription dans Margrave ou dans Ray. (*D. J.*)

JURURA, (*Zoolog. exot.*) genre de tortue de forme elliptique, & de la plus petite eſpece du Bréſil ; ſa coquille de deſſous longue de huit à neuf pouces, large de moitié, eſt jaunâtre & ſpplatie ; la ſupérieure eſt brune. L'animal peut à ſa volonté cacher tout ſon corps dans ſa coque ; ſa tête eſt groſſe & allongée, ſon nez élevé & pointu, ſa bouche grande, & ſes yeux noirs, ſes piés ſont armés de quatre ongles forts ; ſa queue eſt courte, ſa peau épaiſſe & écailleuſe ; ſes œufs ſont blancs, ronds & d'excellent goût. Ray, *Syn. anim. p. 258*. (*D. J.*)

IVRY, (*Géog.*) bourg de France en Normandie, entre Anet & Pacy, avec une abbaye de bénédictins fondée en 1077 ; c'eſt dans la plaine de ce lieu, près des bords de l'Iton & des rives de l'Eure, que ſe donna la bataille d'*Ivry* gagnée par Henri IV. contre les Ligueurs, le 14 Mars 1590 ; & c'eſt dans cette journée mémorable que ce prince dit à ſes troupes : « ralliez-vous à mon panache » blanc, vous le verrez toujours au chemin de l'hon-

» neuf & de la gloire ». *Ivry* eſt dans le dioceſe d'E-vreux ; ſes noms latins ſont *Ibreium*, *Ibrea*, *Ibreia*, *Iverium*, , *Iberium*, *Iberium*, & par bien des gens *Ibriacum*. Il eſt ſur l'Eure, à 4 lieues de Dreux, 15 de Paris. *Long.* 19. 10. *lat.* 48. 46. (*D. J.*)

JUS, (*Art. culin.*) *jus*, *ſuccus carnium*, *piſcium* ; *vel vegetantium* ; terme générique, qui déſigne une liqueur, un ſuc liquide, naturel ou artificiel. Les chefs d'office & de cuiſine, définiſſent le *jus* une ſubſtance liquide, qu'on tire par artifice de la viande de boucherie, de la volaille, du poiſſon ou des végétaux, ſoit par expreſſion, ſoit par coction, ſoit par infuſion ; ainſi l'on voit que le *jus* a différentes propriétés ; ſuivant la nature des choſes différentes d'où il eſt tiré. On ſe ſert beaucoup de *jus* dans les cuiſines, pour nourrir les ragoûts & les potages. Les maîtres dans l'art de la gloutonerie vous apprendrout la maniere de tirer les *jus* de bœuf ; de veau ; de perdrix, de l-caſſe ; de volaille, de poiſſon, de champignons & autres végét*aux* ; ils vous apprendrout encore le moyen d'en former des coulis, c'eſt-à-dire de les paſſer à l'étamine, les épaiſſir & leur donner une ſaveur agréable pour les ragoûts. (*D. J.*)

JUSJURANDUM IN ACTA, (*Litter.*) ſerment particulier au ſénat de Rome, par lequel il promettoit d'obſerver les ordonnances de l'empereur régnant & de ſes prédéceſſeurs, excepté ceux que lui ſénat avoit déclaré tyrans, tels que Néron, Domitien, Maximin ; ou de ceux encore dont la mémoire, ſans avoir été flétrie par une condamnation juridique, n'en étoit pas moins odieuſe, telle que Tibere & Caligula. Il faut bien diſtinguer ce ſerment, du ferment de fidélité que faiſoient à l'empereur les militaires, & même ceux qui ne portoient pas les armes. Ce dernier ferment ſe nommoit *jusjurandum in verba*, & quelquefois *in nomen*. La plûpart des ſçavans, entr'autres Juſte Lipſe, Gronovius & M. de Tillemont, confondent le ferment d'obſerver les ſtatuts, nommé *jusjurandum in acta*, avec le ferment de fidélité, appellé *jusjurandum in verba*. (*D. J.*)

JUSQUIAME ou HANNEBANE, ſ. f. *hyoſcyamus*, (*Botan.*) genre de plante à fleur monopétale, faite en forme d'entonnoir & découpée ; il ſort du calice un piſtil attaché comme un clou à la partie inférieure de ſa fleur ; il devient dans la ſuite un fruit renfermé dans le calice qui reſſemble en quelque façon à une marmite avec ſon couvercle, & qui eſt diviſé en deux loges par une cloiſon chargée de pluſieurs ſemences. Tournefort, *inſt. rei herb*. *Voyez* PLANTE.

Entre les huit eſpeces de *juſquiame* que comptent Tournefort & Boerhaave, nous ne nous arrêterons qu'à deux, la noire & la blanche.

La *juſquiame noire* ou *hannebane noire*, *hyoſcyamus niger*, *vulgaris*, des Botaniſtes, a ſa racine épaiſſe, ridée, longue, branchue, brune en-dehors, blanche en-dedans. Ses feuilles ſont amples, mollés, cotonneuſes, d'un verd-gai, découpées profondément à leurs bords, ſemblables en quelques manieres à celles de l'acanthe, mais plus petites, & d'une forte. Elles ſont nombreuſes, placées ſans ordre ſur des tiges hautes d'une coudée, branchues, épaiſſes, cylindriques, couvertes d'un duvet cotonneux. Ses fleurs rangées ſur les tiges en longs épis, ſont d'une ſeule piece, de la figure d'un entonnoir, diviſées en cinq ſegmens, obtus, jaunâtres à leur bord, marquées d'un pourpre noirâtre au milieu, garnies de cinq étamines courtes, qui portent chacune un ſommet aſſez gros, & oblong ; le piſtil plus long que les étamines, eſt ſurmonté d'une tête ronde & blanche. Il ſort d'un calice velu, oblong, partagé ſur les bords en cinq dentelures, roides, & pointues. Ce piſtil ſe change en un fruit caché dans le calice, de la figure d'une marmite, à deux loges,

ſur lequel eſt placé un couvercle qui ſe ferme également, rempli en-dedans de pluſieurs petites graines, cendrées, ridées, arrondies, & aplaties.

La *juſquiame* blanche, *hyoſcyamus albus off*. differe de la précédente par ſes feuilles, qui ſont plus molles, plus petites, moins ſinuées, garnies d'un duvet plus épais & plus blanc : ſes tiges ſont plus courtes & moins branchues ; ſes fleurs ſont blanches ; le calice eſt plus ouvert, & la graine plus blanche. Cette eſpece de *juſquiame* croît naturellement dans les pays chauds, comme en Languedoc, en Provence, & en Italie.

Ces deux ſortes de *juſquiame*, & ſur-tout la noire, donnent une odeur forte, rebutante, appeſantiſſante, & ſomnifere. Leurs feuilles ont un goût fade, & quand on les froiſſe dans les mains, elles répandent une odeur puante. Leur ſuc rougit le papier bleu ; leurs racines ſont douceâtres, & de la ſaveur des artichauts.

L'une & l'autre *juſquiame* paroiſſent contenir un ſel eſſentiel, ammoniacal, uni à beaucoup d'huile épaiſſe & fétide, qui les rend ſtupéfiantes ; car le ſel neutre lixiviel qu'on tire de leurs cendres, n'a point de rapport à cet effet.

Leurs graines ont une ſaveur un peu viſqueuſe, & une odeur narcotique, deſagréable. Elles contiennent une huile ſoit ſubtile, ſoit groſſiere, puante, narcotique, ſuſceptible de beaucoup de raréfaction, & jointe avec un ſel ammoniacal.

Les qualités vénéneuſes, ſtupéfiantes, & turbulentes de la *juſquiame*, ſi connues des modernes, avoient été jadis obſervées par Galien, par Scribonius Largus, & par Dioſcoride ; mais les obſervations des Medecins de notre ſiecle, ſont encore plus détaillées & plus déciſives pour nous. On en trouvera des exemples intéreſſans dans l'excellent traité de Wepfer, *de cicutâ aquaticâ*, dans les Ephémérides des curieux de la nature, *anno* 4 & 5. *Decur.* 1. *obſerv.* 124. *Decur.* 3. *ann.* 7. & 8. *pag.* 106 ; & *anno* 9. & 10. *p.* 78. *in Appendic*. Enfin, dans l'hiſt. de l'acad. des Sciences, année 1709, page 50, année 1737, page 72, & ailleurs. *Voyez auſſi* JUSQUIAME. *mat. medic.* (*D. J.*)

JUSQUIAME NOIRE, *ou* HANNEBANE, & JUSQUIAME BLANCHE, (*mat. med.*) chez pluſieurs medecins de réputation, tels que Craton, Heurnius, ces deux plantes ſont cenſées les mêmes quant à leurs effets médicinaux. Platerus, & quelques autres, ont vanté la graine de *juſquiame*, priſe intérieurement comme un remede très-efficace contre le crachement de ſang ; mais il eſt prouvé par trop d'obſervations, que la *juſquiame* eſt un poiſon dangereux & actif, & qu'on ne peut ſans témérité la donner intérieurement ; ſon uſage extérieur n'eſt pas même exempt de danger.

Toutes les parties de cette plante ſont dangereuſes, ſoit qu'on les prenne en ſubſtance, ſoit qu'on en avale la décoction, ſoit qu'on la reçoive en lavement, ſoit qu'on en reſpire la fumée, ou même l'odeur. Le poiſon de la *juſquiame* porte particulierement à la tête, altere les fonctions de l'ame d'une façon fort ſinguliere ; il jette dans une eſpece d'ivreſſe ou de manie furieuſe.

Wepfer rapporte dans ſon traité *de cicutâ aquaticâ*, une obſervation fort remarquable ſur les effets de racines de *juſquiame*, qu'on ſervit par mégarde en ſalade à une communauté nombreuſe de bénédictins. Ces religieux furent pour la plûpart attaqués pendant la nuit qui ſuivit ce repas, de divers genres de délire, de vertige, & de manie. Ceux qui furent le moins malheureux, en furent quittes pour des fantaiſies & des actions ridicules. On trouve dans divers obſervateurs un grand nombre de faits qui concourent à établir la qualité vénéneuſe ainſi, lue de la *jufquiame*, & fon action particuliere fur les fonctions de l'ame. Simon Scultzius, *ephem. nat. cur. ann. 4. & 5. decad. j. obferv. 124.* raconte que quatre jeunes écoliers & leurs cuifiniers, ayant mangé par mégarde des racines de *jufquiame* & de panais bouillies avec du bœuf, avoient eu l'efprit fort troublé ; qu'ils étoient devenus comme furieux ; que d'abord ils s'étoient querellés, & enfuite battus avec tant d'acharnement, que fi on ne les eût féparés, ils fe feroient peut-être tués ; qu'ils faifoient des geftes ridicules, & étoient remplis d'imaginations fingulieres. Geoffroy, de qui nous venons de copier cet extrait, a ramaffé dans fa matiere medicale, *article* HYOSCYAMUS, une fuffifante quantité de faits qui confirment ce que nous avons déja avancé ; favoir, que la décoction de *jufquiame* donnée en lavement, que fa fumée & fes exhalaifons, fur-tout lorfqu'elles étoient refferrées dans un lieu fermé, pouvoient produire les funeftes effets que nous venons de rapporter.

On prévient l'action vénéneufe de la *jufquiame*, comme celle des autres poifons irritans, en procurant fon évacuation par le vomiffement, fi l'on eft appellé à tems, faifant avaler après à grandes dofes, des bouillons gras, du lait, du beurre fondu, &c. infiftant fur les purgatifs doux & lubréfians, & follicitant enfin l'évacuation de la peau par des diaphorétiques legers. *Voyez* POISON.

La *jufquiame* entre malgré fes mauvaifes qualités dans plufieurs compofitions pharmaceutiques, la plûpart deftinées à l'ufage extérieur ; mais heureufement en trop petite quantité, pour qu'elle puiffe les rendre dangereufes.

L'huile exprimée des femences de *jufquiame* ne participe point des qualités vénéneufes de cette plante.

En général, la Medecine ne perdroit pas beaucoup, quand on banniroit abfolument de l'ordre des remedes l'une & l'autre *jufquiame*. (*b*)

JUSSION, f. f. (*Jurifprud.*) fignifie *ordre, commandement*. Ce terme n'eft guere ufité qu'en parlant de certaines lettres du prince, qu'on appelle *lettres de juffion*, par lefquelles il enjoint très-étroitement à une cour de procéder à l'enregiftrement de quelque ordonnance, édit, déclaration, ou autres lettres-patentes. Quand les premieres lettres de *juffion* n'ont pas eu leur effet, le prince en donne de fécondes, qu'on appelle *itérative juffion*, ou *fecondes lettres de juffion*. (*A*)

JUSTE-AU-CORPS, f. m. (*Gram. Taill.*) vêtement de deffus ; c'eft ce que nous appellons plus communément un *habit*. Il y a des manches & des poches ; il fe boutonne par-devant jufqu'à la ceinture, & defcend jufqu'aux genoux.

JUSTE, INJUSTE, (*Morale.*) ces termes fe prennent communément dans un fens fort vague, pour ce qui fe rapporte aux notions naturelles que nous avons de nos devoirs envers le prochain. On les détermine davantage, en difant que le *jufte* eft ce qui eft conforme aux loix civiles, par oppofition à l'*équitable*, qui confifte dans la feule convenance avec les loix naturelles. Enfin, le dernier degré de précifion va à n'appeller *jufte*, que ce qui fe fait en vertu du droit *parfait* d'autrui, refervant le nom d'*équitable* pour ce qui fe fait eu égard au droit imparfait. Or on appelle *droit parfait*, celui qui eft accompagné du pouvoir de contraindre. Le contrat de louage donne au propriétaire le droit d'exiger du locataire le payement du loyer ; & fi ce dernier élude le payement, on dit qu'il commet une injuftice. Au contraire, le pauvre n'a qu'un droit impartait à l'aumône qu'il demande : le riche qui la lui refufe peche donc contre la feule équité, & ne fauroit dans le fens propre être qualifié d'*injufte*.

Les noms de *juftes* & d'*injuftes*, d'*équitables* & d'*iniques*, donnés aux actions, portent par conféquent fur leur rapport aux droits d'autrui ; au lieu qu'en les confidérant relativement à l'obligation, ou à la loi, dont l'obligation eft l'ame, les actions font dites *dûes* ou *illicites* ; car une même action peut être appellée bonne, dûe, licite, honnête, fuivant les différens points de vûe fous lefquels on l'envifage.

Ces diftinctions pofées, il me paroit affez aifé de réfoudre la fameufe queftion, s'il y a quelque chofe de *jufte* ou d'*injufte* avant la loi.

Faute de fixer le fens des termes, les plus fameux moraliftes ont échoué ici. Si l'on entend par le *jufte* & l'*injufte*, les qualités morales des actions qui lui fervent de fondement, la convenance des chofes, les loix naturelles : fans contredit, toutes ces idées font fort antérieures à la loi, puifque la loi bâtit fur elles, & ne fauroit leur contredire : mais fi vous prenez le *jufte* & l'*injufte* pour l'c'.'gation parfaite & pofitive de regler votre conduite, & de déterminer vos actions fuivant ces principes, cette obligation eft poftérieure à la promulgation de la loi, & ne fauroit exifter qu'après la loi. Grotius, d'après les Scholaftiques, & la plûpart des anciens philofophes, avoit affirmé qu'en faifant abftraction de toutes fortes de loix, il fe trouve des principes fûrs, des vérités qui fervent à démêler le *jufte* d'avec l'*injufte*. Cela eft vrai, mais cela n'eft pas exactement exprimé : s'il n'y avoit point de lois, il n'y auroit ni *jufte* ni *injufte*, ces dénominations furvenant aux actions par l'effet de la loi : mais il y auroit toûjours dans la nature des principes d'équité & de convenance, fur lefquels il faudroit regler les loix, & qui munis une fois de l'autorité des loix, deviendroient le *jufte* & l'*injufte*. Les maximes gravées, pour ainfi dire, fur les tables de l'humanité, font auffi anciennes que l'homme, & ont précédé les loix auxquelles elles doivent fervir de principes ; mais ce font les loix qui, en ratifiant ces maximes, & en leur imprimant la force de l'autorité & des fanctions, ont produit les droits parfaits, dont l'obfervation eft appellée *juftice*, la violation *injuftice*. Puffendorf en voulant critiquer Grotius, qui n'a erré que dans l'expreffion, tombe dans un fentiment réellement infoutenable, & prétend qu'il faut abfolument des loix pour fonder les qualités morales des actions. (*Droit naturel, liv. I. c. xj. n. 6'.*). Il eft pourtant conftant que la premiere chofe à quoi l'on fait attention dans une loi, c'eft fi ce qu'elle porte eft fondé en raifon. On dit vulgairement qu'une loi eft *jufte* ; mais c'eft une fuite de l'impropriété que j'ai déja combattu. La loi fait le *jufte* ; ainfi il faut demander fi elle eft raifonnable, équitable ; & fi elle eft telle, fes arrêts ajouteront aux caracteres de raifon & d'équité, celui de *juftice*. Car fi elle eft en oppofition avec les notions primitives, elle ne fauroit rendre *jufte* ce qu'elle ordonne. Le fonds fourni par la nature eft une bafe fans laquelle il n'y a point d'édifice, une toile fans laquelle les couleurs ne fauroient être appliquées. Ne réfulte-t-il donc pas évidemment de ce premier *requifitum* de la loi, qu'aucune loi n'eft par elle-même la fource des qualités morales des actions, du bon, du droit, de l'honnête, mais que des qualités morales font fondées fur quelqu'autre chofe que le bon plaifir du légiflateur, & qu'on peut faire le rapport effentiel, ou la difconvenance effentielle d'une chofe avec une autre. Car fi l'on fuppofe des êtres créés, de façon qu'ils ne puiffent fubfifter qu'en fe foutenant les uns les autres, il eft clair que leurs actions font convenables ou ne le font pas, à proportion qu'elles s'approchent ou qu'elles s'éloignent de ce but ; & que ce rapport avec notre conſervation, fonde les qualités de bon & de droit, de mauvais & de pervers, qui ne dépendent par conſéquent d'aucune diſpoſition arbitraire, & exiſtent non-ſeulement avant la loi, mais même quand la loi n'exiſteroit point. « La nature univerſelle, dit l'empereur philoſophe, (*liv. X. art. j.*) ayant créé les hommes les uns pour les autres, afin qu'ils ſe donnent des ſecours mutuels, celui qui viole cette loi commet une impiété envers la Divinité la plus ancienne : car la nature univerſelle eſt la mere de tous les êtres, & parconſéquent tous les êtres ont une liaiſon naturelle entre eux. On l'appelle auſſi *la vérité*, parce qu'elle eſt la premiere cauſe de toutes les vérités ». S'il arrivoit donc qu'un légiſlateur s'aviſât de déclarer *injuſtes* les actions qui ſervent naturellement à nous conſerver, il ne feroit que d'impuiſſans efforts : s'il vouloit au moyen de ces lois faire paſſer pour *juſtes*, celles qui tendent à nous détruire, on le regarderoit lui-même avec raiſon comme un tyran, & ces actions étant condamnées par la nature, ne pourroient être juſtifiées par les lois ; *ſi qua ſint tyrannorum leges, ſi triginta illi Athenis leges imponere voluiſſent, aut ſi omnes Athenienſes delectarentur tyrannicis legibus, num idcirco hæ leges juſtæ haberentur? Quod ſi principum decretis, ſi ſententiis judicum jura conſtituerentur, jus eſſet latrocinari, jus ipſum adulterare*. (Cicero, *lib. X. de Legibus*.) Grotius a donc été très-fondé à ſoutenir que la loi ne ſert & ne tend en effet, qu'à faire connoître, qu'à marquer les actions qui conviennent ou qui ne conviennent pas à la nature humaine ; & rien n'eſt plus aiſé que de faire ſentir le foible des raiſons dont Puffendorf, & quelques autres juriſconſultes, ſe ſont ſervis pour combattre ce ſentiment.

On objecte, par exemple, que ceux qui admettent pour fondement de la moralité de nos actions, je ne ſais quelle regle éternelle indépendante de l'inſtitution divine, aſſocient manifeſtement à Dieu un principe extérieur & co-éternel, qu'il a dû ſuivre néceſſairement dans la détermination des qualités eſſentielles & diſtinctives de chaque choſe. Ce raiſonnement étant fondé ſur un faux principe, croule avec lui : le principe dont je veux parler, c'eſt celui de la liberté d'indifférence de Dieu & du prétendu pouvoir qu'on lui attribue de diſpoſer à ſon gré des eſſences. Cette ſuppoſition eſt contradictoire : la liberté du grand auteur de toutes choſes conſiſte à pouvoir créer ou ne pas créer ; mais dès-là qu'il ſe propoſe de créer certains êtres, il implique qu'il les crée autres que leur eſſence, & ſes propres idées les lui repréſentent. S'il eût donc donné aux créatures qui portent le nom d'*hommes*, une autre nature, un autre être, que celui qu'ils ont reçu, elles n'euſſent pas été ce qu'elles ſont actuellement ; & les actions qui leur conviennent entant qu'hommes, ne s'accorderoient plus avec leur nature.

C'eſt donc proprement de cette nature, que réſultent les propriétés de nos actions, leſquelles en ce ſens ne ſouffrent point de variation ; & c'eſt cette immutabilité des eſſences qui forme la raiſon & la vérité éternelle, dont Dieu, en qualité d'être ſouverainement parfait, ne ſauroit ſe départir. Mais la vérité, pour être invariable, pour être conforme à la nature & à l'eſſence des choſes, ne tient pas d'un principe extérieur par rapport à Dieu. Elle eſt fondée ſur ſes propres idées, dont on peut dire en un ſens, que découle l'eſſence & la nature des choſes, puiſqu'elles ſont éternelles, & que hors d'elles rien n'eſt vrai ni poſſible. Concluons donc qu'une action qui convient ou qui ne convient pas à la nature de l'être qui la produit, eſt moralement bonne ou mauvaiſe, non parce qu'elle eſt conforme ou contraire à la loi, mais parce qu'elle s'accorde avec l'eſſence de l'être qui la produit, ou qu'elle y répugne : enſuite de quoi, la loi ſurvenant, & bâtiſſant ſur les fondemens poſés par la nature, rend *juſte* ce qu'elle ordonne ou permet, & *injuſte* ce qu'elle défend.

JUSTE, *en Muſique*, eſt oppoſé à *faux*; & cette épithete ſe donne à tout intervalle dont les ſons ſont exactement dans le rapport qu'ils doivent avoir. Mais ce mot s'applique ſpécialement aux conſonances parfaites. Les imparfaites peuvent être majeures ou mineures, mais celles-ci ſont néceſſairement *juſtes*; dès qu'on les altere d'un ſemi-ton, elles deviennent fauſſes, & par conſéquent diſſonnantes. (*S*)

JUSTE, (*Peinture.*) un deſſein *juſte*, conforme à l'original; deſſiner avec *juſteſſe*, c'eſt-à-dire avec préciſion, exactitude.

JUSTE, (*Commerce.*) en fait de poids, ce qui eſt en équilibre, ce qui ne panche pas plus d'un côté que de l'autre ; on le dit des balances.

Peſer juſte, c'eſt ne point donner de trait ; on peſe ainſi l'or, l'argent, les diamans, dont le bon poids apporteroit trop de préjudice au vendeur. La plûpart des marchandiſes ſe peſent en donnant du trait, c'eſt-à-dire en chargeant aſſez le baſſin où on les met pour emporter celui où eſt le poids.

Auner juſte, c'eſt auner bois à bois, & ſans pouce évent. *Voyez* AUNER & ÉVENT, *Dictionnaire de Commerce*.

JUSTE, ſ. m. (*Gram. Tail.*) c'eſt un vêtement de femmes ; il a des manches. Il s'applique étroitement ſur le corps. Si l'on en porte un, il s'agraffe ou ſe lace par-devant, ou par-derriere. Il eſt échancré, & laiſſe voir la poitrine & la gorge ; il prend bien, & fait valoir la taille ; il a de petites baſques par-derriere & par-devant. La mode en eſt paſſée à la ville ; nos payſanes ſont en *juſte*, & quand elles ſont jolies, ſous ce vêtement elles en paroiſſent encore plus élégantes & plus jolies.

JUSTESSE, ſ. f. (*Gramm.*) ce mot qu'on employe également au propre & au figuré, déſigne en général l'exactitude, la régularité, la préciſion. Il ſe dit au figuré en matiere de langage, de penſées, d'eſprit, de goût, de ſentiment.

La *juſteſſe* du langage conſiſte à s'expliquer en termes propres, choiſis & liés enſemble, qui ne diſent ni trop ni trop peu. Cette *juſteſſe* extreme dans le choix, l'union & l'arrangement des paroles, eſt eſſentielle aux ſciences exactes ; mais dans celles de l'imagination, cette *juſteſſe* trop rigoureuſe affoiblit les penſées, amortit le feu de l'eſprit, & deſſeche le diſcours. Il faut oſer à propos, ſur-tout en Poéſie, bannir cet eſclavage ſcrupuleux, qui par attachement à la *juſteſſe* ſervile ne laiſſe rien de libre, de naturel & de brillant. « *Je l'aimois inconſtant, qu'euſ-ſai-je fait fidele*! eſt une inexactitude de langage à laquelle Racine devoir ſe livrer, dès que la *juſteſſe* de la penſée s'y trouvoit énergiquement peinte.

La *juſteſſe* de la penſée conſiſte dans la vérité & la parfaite convenance au ſujet; & c'eſt ce qui fait la ſolide beauté du diſcours. Les penſées ſont plus ou moins belles, ſelon qu'elles ſont plus ou moins conformes à leur objet. La conformité entiere fait la *juſteſſe* de la penſée ; de ſorte qu'une penſée *juſte* eſt, à proprement parler, une penſée vraie de tous les côtés, & dans tous les jours qu'on la peut regarder.

Le P. Bouhours n'a pas eu tort de donner pour exemple de cette *juſteſſe*, l'épigramme d'Auſone ſur Didon, & qui a été très-heureuſement rendue dans notre langue.

Pauvre Didon où t'a réduite
De tes maris le triſte ſort ;
L'un en mourant cauſe ta fuite,
L'autre en fuyant cauſe ta mort.

Une pensée qui manque de *justesse* est fausse ; mais quelquefois ce défaut de *justesse* vient plus de l'expression qui est vicieuse, que de la fausseté de l'idée. On est exposé à ce défaut dans les vers, parce que la servitude de la rime ôte souvent l'usage du terme propre, pour en faire adopter un autre, qui ne rend pas exactement l'idée. Tous les mots qui passent pour synonimes, ne le sont pas dans toutes les occasions.

La *justesse* d'esprit fait démêler le juste rapport que les choses ont ensemble ; la *justesse* de goût & de sentiment, fait sentir tout ce qu'il y a de fin & d'exact dans le tour, dans le choix d'une pensée, & dans celui de l'expression ; *voyez l'article* GOUT.

C'est un des plus beaux présens que la nature puisse faire à l'homme, que la *justesse* d'esprit & de goût ; c'est à elle seule qu'il en faut rendre graces. Cependant lorsque la nature ne nous a pas absolument refusé ce don, nous pouvons le faire germer & l'étendre beaucoup par l'entretien fréquent des personnes, & par la lecture assidue des auteurs, en qui domine cet heureux talent. (*D. J.*)

JUSTESSE, (*Maréchallerie.*) cheval bien ajusté ; finir un cheval, & lui donner les plus grandes *justesses*. Ces expressions désignent un cheval achevé dans tous les airs qu'on lui demande ; *voyez* AIR. Toutes les *justesses* dépendent de celles de ferme à ferme. *Voyez* FERME A FERME. Pour qu'un cheval soit parfaitement ajusté, il faut après les premieres leçons, le promener de pas sur les demi-voltes ; après l'avoir promené quelque peu, lui faire faire une demi-volte juste ; lorsqu'il y répond sans hésiter, lui en faire faire trois ou quatre tout d'une haleine ; lui apprendre ensuite à manier sur le côté, de-çà & de delà en avant : on le finit & on lui donne les *justesses* les plus parfaites, en lui apprenant à aller & à manier en arriere, & pour cet effet il n'y a rien de meilleur que les voltes bien rondes. *Voyez* VOLTES.

JUSTICE, s. f. (*Morale.*) la *justice* en général est une vertu qui nous fait rendre à Dieu, à nous-mêmes, & aux autres hommes ce qui leur est dû à chacun ; elle comprend tous nos devoirs, & être juste de cette maniere, ou être vertueux, ne font qu'une même chose.

Ici nous ne prendrons la *justice* que pour un sentiment d'équité, qui nous fait agir avec droiture, & rendre à nos semblables ce que nous leur devons.

Le premier & le plus considérable des besoins étant de ne point souffrir de mal, le premier devoir est de n'en faire aucun à personne, sur-tout dans ce que les hommes ont de plus cher ; savoir, la vie, l'honneur & les biens. Ce seroit contrevenir aux droits de la charité & de la *justice*, qui soutiennent la société ; mais en quoi précisément consiste la distinction de ces deux vertus ? 1°. On convient que la charité & la *justice* tirent également leur principe, de ce qui est dû au prochain : à s'en tenir uniquement à ce point, l'une & l'autre étant également dûes au prochain, la charité se trouveroit *justice*, & la *justice* se trouveroit aussi charité. Cependant, selon les notions communément reçues, quoiqu'on ne puisse blesser la *justice* sans blesser la charité ; on peut blesser la charité sans blesser la *justice*. Ainsi quand on refuse l'aumône à un pauvre qui en a besoin, on n'est pas censé violer la *justice*, mais seulement la charité ; au lieu de manquer à payer ses dettes, c'est violer les droits de la *justice*, & au même tems ceux de la charité.

2°. Tout le monde convient que les fautes ou péchés contre la *justice*, exigent une réparation ou restitution ; à quoi n'obligent pas les péchés ou fautes contre la charité ? Sur quoi l'on demande s'il on peut jamais blesser la charité sans faire tort au prochain ; & pourquoi l'on ne dit pas en général qu'on est obligé de réparer tout le mal qu'on lui a fait, & tout le bien qu'on auroit dû lui faire.

On répond communément qu'on ne fait tort au prochain qu'en des choses auxquelles il a droit ; mais c'est remettre la même difficulté sous un autre terme. En effet, on demandera s'il n'a pas droit d'attendre qu'on fasse à son égard le bien qu'on lui doit ; & qu'on s'abstienne du mal qu'on ne lui doit pas faire ? Qu'est-ce donc que le droit du prochain ; & comment arrive-t-il qu'en blessant le prochain par les fautes qui sont contre la charité, & par celles qui sont contre la *justice*, on ne blesse point son droit dans les unes, & qu'on le blesse dans les autres ? voici là-dessus quelques pensées qui semblent conformes aux droits de la société.

Par-tout où le prochain est offensé, & où l'on manque de faire à son égard ce que l'on auroit dû, soit qu'on appelle cette faute contre la charité ou contre la *justice*, on lui fait tort : on lui doit quelque réparation ou restitution ; que si on ne lui en doit aucune, on n'a en rien intéressé son droit : on ne lui a fait aucun tort ; dequoi se plaint-il, & comment est-il offensé ?

Rappellons toutes les fautes qu'on a coutume de regarder comme opposées à la charité, sans les supposer contraires à la *justice*. Une mortification donnée sans sujet à quelqu'un, une brusquerie qu'on lui aura faite, une parole desobligeante qu'on lui aura dite, un secours, un soulagement qu'on aura manqué de lui donner dans un besoin considérable ; est-il bien certain que ces fautes n'exigent aucune réparation ou restitution ? On demande ce qu'on lui restitueroit, sa vie qu'on a ôté ni son honneur, ni son bien : mais ces deux sortes de bien sont subordonnés à un troisieme plus général & plus essentiel, savoir la satisfaction & le contentement. Car si l'on pouvoir être satisfait en perdant son honneur & son bien, la perte de l'un & de l'autre cesseroit en quelque sorte d'être un mal. Le mal qu'on fait à son prochain consiste donc en ce qui est de contraire à la *satisfaction* & au *contentement* légitime, à quoi il pouvoit prétendre ; & quand on l'en prive contre les droits de la société humaine, pourquoi ne seroit-on pas obligé à lui en restituer autant qu'on lui en a ôté ?

Si j'ai manqué à montrer de la déférence & de la complaisance à qui je l'aurois dû, c'est lui restituer la satisfaction dont je l'ai privé mal-à-propos, que de le prévenir dans les choses qu'il pourroit une autre fois attendre de moi. Si je lui ai parlé avec hauteur ou avec dédain, avec un air brusque ou emporté ; je réparerai le desagrément que je lui ai donné, en lui parlant dans quelqu'autre occasion avec plus de douceur & de politesse qu'à l'ordinaire. Cette conduite étant une juste réparation, il semble qu'il ne la faudroit refuser à qui que ce soit, & qu'on la doit faire au moins d'une maniere tacite.

Par le principe que nous venons d'établir, on pourroit éclaircir peut-être une question qui a été agitée au sujet d'un homme qui avoit été attaqué & blessé injustement par un autre. Il demanda une somme d'argent pour dédommagement & pour se désister des poursuites qu'il intentoit en *justice*. L'aggresseur donna la somme convenue pour un accommodement, sans lequel il lui en auroit coûté beaucoup plus ; & c'est ce qui fit un sujet de dispute entre d'habiles gens. Quelques-uns soutinrent que le blessé ayant reçu au-delà de ce qui étoit nécessaire pour les frais de sa guérison, il devoit rendre le surplus de l'argent reçu. Mais est-il dédommagé, demandoient les autres, du tort qu'il a souffert dans sa personne par la blessure, l'ennui & la peine de la maladie ; & cela ne demande-t-il nulle réparation ? Non, disoient les premiers : ces choses là, non plus que l'honneur, ne sont point estimables estimable par argent. Cependant, repliquoit-on, les droits de la société semblent exiger qu'on repare un déplaisir par quelque sorte de satisfaction que ce puisse être. En effet qu'on ne doive jamais réparer le tort causé au prochain dans son honneur, par une satisfaction simplement pécuniaire; c'est un principe qui n'est peut-être pas si évident. Il est vrai qu'à l'égard des personnes distinguées dans le monde, ils ne mettent rien en comparaison avec l'honneur; mais à l'égard des personnes du peuple, pour qui les besoins de la vie sont ordinairement plus intéressans qu'un peu de réputation; si après avoir diminué injustement la leur, on se trouvoit dans l'impossibilité de la reparer, & qu'on pût contenter la personne lezée par une satisfaction pécuniaire; pourquoi ne s'en pourroit-il pas faire une compensation légitime entre les deux partis?

La chose semble plus plausible encore par rapport à la douleur corporelle; si on pouvoit ôter la douleur & la maladie causées injustement, on seroit indubitablement obligée de le faire, & à titre de *justice*; or ne pouvant l'ôter, on peut la diminuer & l'adoucir, en fournissant au malade lezé dequoi vivre un peu plus à son aise, dequoi se nourrir mieux, & se procurer certaines commodités qui sont des réparations de la douleur corporelle. Or il faut réparer en toutes les manieres possibles la peine causée sans raison au prochain, pour lui donner autant de satisfaction qu'on lui a causé de déplaisir. C'est aux savans à décider; il suffit d'avoir fourni des réflexions qui pourront aider la décision.

On propose ordinairement plusieurs divisions de la *justice*; pour en dire quelque chose, nous remarquerons:

1°. Que l'on peut en général diviser la *justice* en *parfaite* ou *rigoureuse*, & *imparfaite* ou *non rigoureuse*. La premiere est celle par laquelle nous nous acquittons envers le prochain de tout ce qui lui est dû, en vertu d'un droit parfait & rigoureux, c'est-à-dire dont il peut raisonnablement exiger l'exécution par la force, si l'on n'y satisfait pas de bon gré. La seconde est celle par laquelle on rend à autrui les devoirs qui lui sont dûs qu'en vertu d'une obligation imparfaite & non rigoureuse, qui ne peuvent point être exigés par les voies de la contrainte, mais dont l'accomplissement est laissé à l'honneur & à la conscience d'un chacun. 2°. L'on pourroit ensuite subdiviser la *justice* rigoureuse en celle qui s'exerce d'*égal à égal*, & celle qui a lieu entre un *supérieur* & un *inférieur*. Celle-là est d'autant de différentes especes, qu'il y a de devoirs qu'un homme peut exiger à la rigueur de tout autre homme, considéré comme tel, & un citoyen de tout autre citoyen du même état. Celle-ci renfermera autant d'especes qu'il y a de différentes sociétés, où les uns commandent, & les autres obéissent.

3°. Il y a d'autres divisions de *la justice*, mais qui paroissent peu précises & de peu d'utilité. Par exemple celle de la *justice* universelle & particuliere, prise de la maniere que Puffendorf l'explique semble vicieuse, en ce que l'un des membres de la division se trouve enfermé dans l'autre.

La subdivision de la *justice* particuliere en *distributive* & *permutative*, est incomplette, puisqu'elle ne renferme que ce que l'on doit à autrui en vertu de quelque engagement où l'on est entré, quoiqu'il y ait plusieurs choses que le prochain peut exiger de nous à la rigueur, indépendamment de tout accord & de toute convention.

JUSTICE, (*Littérat.*) déesse allégorique du paganisme: les Grecs ont divinité la *justice* sous le nom de Dicé & d'Astrée; les Romains en ont fait une divinité distinguée de Thémis, & l'empereur Auguste lui bâtit un temple dans Rome.

Tome IX.

On la peignoit ainsi qu'Astrée, en vierge, d'un regard sévere, joint à un certain air de fierté & de dignité, qui inspiroit le respect & la crainte.

Les Grecs du moyen âge la représenterent en jeune fille, assise sur une pierre quarrée, tenant une balance à la main, & de l'autre une épée nûe, ou faisceau de haches entourées de verges, pour marquer que la *justice* pese les actions des hommes, & qu'elle punit également comme elle récompense.

Elle étoit aussi quelquefois représentée le bandeau sur les yeux, pour montrer qu'elle ne voit & n'envisage ni le rang, ni la qualité des personnes. Les Egyptiens faisoient leurs statues sans tête, voulant signifier par ce symbole, que les juges devoient se dépouiller de leur propre sentiment, pour suivre la décision des lois.

Hésiode assure que la *justice* fille de Jupiter, est attachée à son trône dans le ciel, & lui demande vengeance, toutes les fois qu'on blesse les lois & l'équité. *Voyez* ASTRÉE, DICÉ, THÉMIS.

Aratus dans ses phénomènes, peint d'un style mâle la *justice* déesse, se trouvant pendant l'âge d'or dans la compagnie des mortels de tout sexe & de toute condition. Déja pendant l'âge d'argent, elle ne parut que la nuit, & comme en secret, reprochant aux hommes leur honteuse dégénération; mais l'âge d'airain la contraignit par la multitude des crimes, à se retirer dans le ciel, pour ne plus descendre ici-bas sur la terre. Ce dernier trait me fait souvenir du bon mot de Bautru, à qui l'on montroit un tableau, dans lequel pour exprimer le bonheur dont la France alloit jouir, on avoit peint la *Justice* & la Paix qui s'embrassoient tendrement: « ne voyez-vous pas, dit-il à ses amis, qu'elles se » disent un éternel adieu »? (*D. J.*)

JUSTICE, (*Jurispr.*) est une des quatre vertus cardinales: on la définit en droit une volonté ferme & constante de rendre à chacun ce qui lui appartient.

On la divise en deux especes: *justice commutative*, & *justice distributive*. *Voyez ci-après* JUSTICE COMMUTATIVE, &c.

Le terme de *justice* se prend aussi pour la pratique de cette vertu; quelquefois il signifie bon droit & raison; en d'autres occasions, il signifie le pouvoir de faire droit à chacun, ou l'administration de ce pouvoir.

Quelquefois encore *justice* signifie le tribunal où l'on juge les parties, & souvent la *justice* est prise pour les officiers qui la rendent.

Dans les siecles les moins éclairés & les plus corrompus, il y a toujours eu des hommes vertueux qui ont conservé dans leur cœur l'amour de la *justice*, & qui ont pratiqué cette vertu. Les sages & les philosophes en ont donné des préceptes & des exemples.

Mais soit que les lumieres de la raison ne soient pas également étendues dans tous les hommes, soit que la pente naturelle qu'ils ont pour la plûpart au vice, étouffe en eux la voix de la raison, il a fallu employer l'autorité & la force pour les obliger de vivre honnêtement, de n'offenser personne, & de rendre à chacun ce qui lui appartient.

Dans les premiers tems de la loi naturelle, la *justice* étoit exercée sans aucun appareil par chaque pere de famille sur ses femmes, enfans & petits-enfans, & sur ses serviteurs. Lui seul avoit sur eux le droit de correction: sa puissance alloit jusqu'au droit de vie & de mort; chaque famille formoit comme un peuple separé, dont le chef étoit tout-à-la-fois le pere, le roi & le juge.

Mais bien-tôt chez plusieurs nations on éleva une puissance souveraine au-dessus de celle des peres; alors ceux-ci cesserent d'être juges absolus comme ils l'étoient auparavant à tous égards. Il leur resta

M

néanmoins toûjours une espece de *justice* domestique, mais qui fut bornée au droit de correction plus ou moins étendu, selon l'usage de chaque peuple.

Pour ce qui est de la *justice* publique, elle a toûjours été regardée comme un attribut du souverain ; il doit la *justice* à ses sujets, & elle ne peut être rendue que par le prince même, ou par ceux sur lesquels il se décharge d'une partie de cette noble & pénible fonction.

L'administration de la *justice* a toujours paru un objet si important, que dès le tems de Jacob le gouvernement de chaque peuple étoit considéré comme une judicature. *Dan judicabit populum suum*, dit la Genese, *ch. xlix*.

Moïse, que Dieu donna aux Hébreux pour conducteur & pour juge, entreprit d'abord de remplir seul cette fonction pénible ; il donnoit audience certains jours de la semaine, depuis le matin jusqu'au soir, pour entendre tous ceux qui avoient recours à lui ; mais la seconde année se trouvant accablé par le grand nombre des affaires, il établit, par le conseil de Jethro, un certain nombre d'hommes sages & craignans Dieu, d'une probité connue, & sur-tout ennemis du mensonge & de l'avarice, auxquels il confia une partie de son autorité.

Entre ceux qu'il choisit pour juges, les uns étoient appellés *centurions*, parce qu'ils étoient préposés sur cent familles ; d'autres *quinquegenarii*, parce qu'ils n'étoient préposés qu'à cinquante ; d'autres *decani*, qui n'étoient que sur dix familles. Ils jugeoient les moindres affaires, & devoient lui référer de celles qui étoient plus importantes, qu'il décidoit avec son conseil, composé de soixante-dix des plus anciens, appellés *seniores & magistri populi*.

Lorsque les Juifs furent établis dans la Palestine, les tribunaux ne furent plus reglés par familles : on établit dans chaque ville un tribunal supérieur composé de sept juges, entre lesquels il y en avoit toûjours deux lévites ; les juges inférieurs, au lieu d'être préposés comme auparavant sur un certain nombre de familles, eurent chacun l'intendance d'un quartier de la ville.

Depuis Josué jusqu'à l'établissement des rois, le peuple juif fut gouverné par des personnages illustres, que l'Ecriture-sainte appelle *juges*. Ceux-ci n'étoient pas des magistrats ordinaires, mais des magistrats extraordinaires, que Dieu envoyoit, quand il lui plaisoit, à son peuple, pour le délivrer de ses ennemis, commander les armées ; & en général pour le gouverner. Leur autorité étoit en quelque chose semblable à celle des rois, en ce qu'elle leur étoit donnée à vie, & non pas seulement pour un tems. Ils gouvernoient seuls & sans dépendance, mais ils n'étoient point héréditaires ; ils n'avoient point droit absolu de vie & de mort comme les rois, mais seulement selon les lois. Ils ne pouvoient entreprendre la guerre que quand Dieu les envoyoit pour la faire, ou que le peuple le desiroit. Ils n'exigeoient point de tributs & ne leur succédoient pas immédiatement. Quand un juge étoit mort, il étoit libre au peuple de lui donner aussi-tôt un successeur ; mais on laissoit souvent plusieurs années d'intervalle. Ils ne portoient point les marques de sceptre ni de diadème, & ne pouvoient faire de nouvelles loix, mais seulement faire observer celles de Moïse : ensorte que ces juges n'avoient point de pouvoir arbitraire.

On les appella *juges* apparemment parce qu'alors *juger* ou *gouverner* selon les lois étoit réputé la même chose. Le peuple hébreu fut gouverné par quinze juges, depuis Othoniel, qui fut le premier, jusqu'à Héli, pendant l'espace de 340 années, entre lesquelles quelques-uns distinguent les années des juges, c'est-à-dire de leur judicature ou gouvernement, & les années où le peuple fut en servitude.

Le livre des *juges* est un des livres de l'Ecriture-sainte, qui contient l'histoire de ces juges. On n'est pas certain de l'auteur ; on croit que c'est une collection tirée de différens mémoires ou annales par Esdras ou Samuel.

Les Espagnols donnoient aussi anciennement le titre de *juges* à leurs gouverneurs, & appelloient leur gouvernement *judicature*.

On s'exprimoit de même en Sardaigne pour désigner les gouverneurs de Cagliari & d'Oristagne.

Ménés, premier roi d'Egypte, voulant policer ce pays, le divisa en trois parties, & subdivisa chacune en dix provinces ou dynasties, & chaque dynastie en trois jurisdictions ou *nomos*, en latin *præfecturæ* : chacun de ces sièges étoit composé de dix juges, qui étoient présidés par leur doyen. Ils étoient tous choisis entre les prêtres, qui formoient le premier ordre du royaume. Ils connoissoient en premiere instance de tout ce qui concernoit la religion, & de toutes autres affaires civiles ou criminelles. L'appel de leurs jugemens étoit porté à celle des trois *nomos* ou jurisdictions supérieures de Thebes, Memphis ou Héliopolis, dont ils relevoient.

Chez les Grecs les juges ou magistrats avoient en même tems le gouvernement. Les Athéniens choisissoient tous les ans cinq cent de leurs principaux citoyens dont ils formoient le sénat qui devoit gouverner la république. Ces cinq cent sénateurs étoient divisés en dix classes de cinquante chacune, qu'ils nommoient *prytanes* ; chaque prytane gouvernoit pendant un dixieme de l'année.

Pour l'administration de la *justice*, ils choisissoient au commencement de chaque mois, dans les neuf autres prytanes, neuf magistrats qu'ils nommoient *archontes* : on en tiroit trois au sort pour administrer la *justice* pendant le mois ; l'un pour présider aux affaires ordinaires des citoyens, & pour tenir la main à l'exécution des lois concernant la police & le bien public ; l'autre avoit l'intendance sur tout ce qui concernoit la religion ; le troisieme avoit l'intendance de la guerre, connoissoit les affaires militaires & de celles qui survenoient à cette occasion entre les citoyens & les étrangers. Les six autres archontes servoient de conseil à ces premiers.

Il y avoit d'autres juges inférieurs qui connoissoient de différentes matieres, tant civiles que criminelles.

Le tribunal souverain établi au-dessus de tous ces juges, étoit l'aréopage : il étoit composé des archontes sortis de charge : ces juges étoient perpétuels : leur salaire étoit égal & payé des deniers de la république. On donnoit à chacun deux, trois oboles pour une cause. Ils ne jugeoient que la nuit, afin d'être plus recueillis, & qu'aucun objet de haine ou de pitié ne pût surprendre leur religion.

Les juges ou magistrats de Lacédémone étoient tous appellés νομοφύλακες, *dépositaires & gardiens de l'exécution des lois*. Ils étoient divisés en deux ordres ; l'un supérieur, qui avoit inspection sur les autres, & les juges inférieurs, qui étoient seulement préposés sur le peuple pour le contenir dans son devoir par l'exécution des lois. Quelques-uns des juges inférieurs avoient chacun le sort pour administrer la *justice* dans un quartier de la ville. On commit aussi à quelques-uns en particulier certains objets ; par exemple, l'un avoit l'inspection sur la religion & les mœurs ; un autre étoit chargé de faire observer les lois somptuaires sur le luxe des habits & des meubles, sur les mœurs des femmes, pour leur faire observer la modestie & réprimer leurs débauches ; d'autres avoient inspection sur les festins & sur les assemblées ; d'autres, sur la sûreté & la tranquillité publiques, sur les émotions populaires, les vices, assemblées illicites, incendies, maisons qui menaçoient ruine, & ce qui pouvoit caufer des maladies populaires ; d'autres vifitoient les marchés publics, étoient chargés de procurer l'abondance, d'entretenir la bonne-foi dans le commerce ; d'autres, enfin, avoient infpection fur les poids & mefures. On peut tirer de-là l'origine des juges d'attribution, c'eft-à-dire de ceux auxquels la connoiffance de certaines matieres eft attribuée.

Les premiers juges ou magiftrats des Romains furent les fenateurs qui rendirent la *juftice* avec les rois, & enfuite avec les confuls qui fuccéderent aux rois. Ils ne connoiffoient point des matieres criminelles ; le roi ou les confuls les renvoyoient au peuple, qui les jugeoit dans fes affemblées. On les renvoyoit à des commiffaires ; le préfet de la ville rendoit la *juftice* en l'abfence du roi ou des confuls.

On établit enfuite deux quefteurs pour tenir la main à l'exécution des lois, faire la recherche des crimes, & toutes les inftructions néceffaires pour les faire punir ; & le peuple ayant demandé qu'il y eût auffi des magiftrats de fon ordre, on créa les tribuns & les édiles, qui furent chargés chacun de certaine partie de la police. *Voyez* ÉDILES *&* TRIBUNS. Quelque tems après on créa deux cenfeurs ; mais tous ces officiers n'étoient point juges : le pouvoir de juger n'appartenoit qu'aux confuls, aux fenateurs, au peuple, & à ceux qui étoient commis à cet effet.

Vers l'an 388 de Rome, les confuls firent créer un préteur pour rendre en leur place la *juftice* dans la ville. Ce préteur connoiffoit des affaires civiles & de police. Il commettoit quelquefois les édiles & autres perfonnes pour l'aider dans l'inftruction ou dans le jugement ; mais c'étoit toujours lui qui le prononçoit & au nom duquel on le faifoit exécuter.

Quelque tems après le préteur, pour être plus en état de juger les queftions de droit, choifit dans chacune des trente-cinq tribus cinq hommes des plus verfés dans l'étude des lois, ce qui fit en tout cent foixante-quinze perfonnes, qui néanmoins pour une plus facile prononciation, furent nommés *centum viri*, centumvirs, entre lefquels il prenoit des affeffeurs ou confeillers pour les queftions de droit ; au lieu que pour les queftions de fait, il en choififfoit indifféremment dans tous les ordres.

L'an 604 le peuple remit au préteur le foin de punir les crimes ; & les quefteurs, qui furent rendus perpétuels, continuerent leurs fonctions fous les ordres du préteur.

Les édiles, dont le nombre fut augmenté, exerçoient auffi en fon nom certaines parties de la police.

Il y avoit auffi un préteur dans chaque province, lequel avoit fes aides comme celui de Rome.

Sur la fin de la république, les tribuns & les édiles curules s'attribuerent une jurifdiction contentieufe, indépendante de celle du préteur.

L'autorité de celui-ci avoit déja été diminuée en lui donnant un collegue pour connoître des caufes des étrangers, fous le titre de *prætor peregrinus* ; on lui adjoignit encore fix autres préteurs pour les caufes capitales. Les préteurs provinciaux prenoient auffi féance avec eux pendant un an, avant que de partir pour leurs provinces, fous prétexte de les inftruire des affaires publiques. On inftitua auffi deux préteurs pour la police des vivres en particulier. Enfin, fous le triumvirat il y avoit jufqu'à foixante quatre préteurs dans Rome qui avoient tous leurs tribunaux particuliers, de même que les tribuns & les édiles.

Un des premiers foins d'Augufte, lorfqu'il fe vit paifible poffeffeur de l'empire, fut de réformer la *juftice*. Il réduifit d'abord le nombre des préteurs de la ville à feize, & établit au-deffus d'eux le préfet de la ville, dont la jurifdiction fut étendue jufqu'à cinquante ftades autour de la ville. Il connoiffoit feul des affaires où quelque fénateur fe trouvoit in-

téreffé, & des crimes commis dans toute l'étendue de fa province. Il avoit feul la police dans la ville, & l'appel des fentences des préteurs fe relevoit pardevant lui.

Les édiles furent d'abord réduits à fix : on leur ôta la police & tout ce qu'ils avoient ufurpé de jurifdiction fur le préteur ; & dans la fuite Conftantin les fupprima totalement ; on donna au préfet de la ville d'autres aides au nombre de quatorze, qui furent nommés *curatores urbis*, ou *adjutores præfecti urbis*. Ils étoient magiftrats du fecond ordre, *magiftratus minores*. La ville fut divifée en autant de quartiers qu'il y avoit de curateurs, & chacun d'eux fut chargé de faire la police dans fon quartier. On leur donna à chacun deux licteurs pour marcher devant eux, & faire exécuter leurs ordres. L'empereur Sévere créa encore quatorze autres curateurs ; & pour les faire confiderer davantage, il voulut qu'ils fuffent choifis dans les familles confulaires.

Le préfet de la ville ne pouvant connoître par lui-même de toutes chofes, on lui donna deux fubdélégués, l'un appellé *præfectus annonæ*, qui avoit la police des vivres ; l'autre appellé *præfectus vigilum*, qui commandoit le guet. Celui-ci avoit une efpece de jurifdiction fur les voleurs, filoux, malfaiteurs, & gens fufpects qui commettoient quelque défordre pendant la nuit ; il pouvoit les faire arrêter & conftituer prifonniers, même les faire punir fur-le-champ s'il s'agiffoit d'une faute légere ; mais fi le délit étoit grave ou que l'accufé fût une perfonne de quelque confidération, il devoit en référer au préfet de la ville.

Chaque province étoit gouvernée par un préfident ou proconful, felon qu'elle étoit du département de l'empereur ou de celui du fénat. Ce magiftrat étoit chargé de l'adminiftration de la *juftice* : les proconfuls avoient chacun près d'eux plufieurs fubdélégués qu'on appelloit *legati proconfulum*, parce qu'ils les envoyoient dans les différens lieux de leurs gouvernemens. Ces fubdélégués ayant été diftribués dans les principales villes & y étant devenus fedentaires, furent appellés *fenatores loci*, ou *judices ordinarii*, & quelquefois fimplement *ordinarii*. Ceux des villes moins confidérables furent nommés *judices pedanei* ; & enfin les juges des bourgs & villages furent nommés *magiftri pagorum*.

L'appel des juges des petites villes & des bourgs & villages, étoit porté au tribunal de la ville capitale de la province, de la capitale à la métropole, de la métropole à la primatie, d'où l'on pouvoit encore en certains cas appeller à l'empereur ; mais comme cela engageoit dans des dépenfes exceffives pour ceux qui demeuroient dans les Gaules, Conftantin y établit un préfet du prétoire pour juger en dernier reffort les affaires que l'on portoit auparavant à l'empereur.

Sous l'empire d'Adrien les magiftrats romains qui étoient envoyés dans les provinces, furent appellés *comites quafi de comitatu principis*, parce qu'on les choififfoit ordinairement dans le confeil du prince. Ceux qui avoient le gouvernement des provinces frontieres furent nommés *duces*, parce qu'ils avoient le commandement des armées.

Lorfque les Francs eurent conquis les Gaules, ils y conferverent le même ordre que les Romains y avoient établi pour la divifion des gouvernemens & pour l'adminiftration de la *juftice*. Les officiers François prirent les titres de ducs & de comtes attachés aux gouvernemens qui leur furent diftribués ; mais les officiers d'un rang inférieur ne trouvant pas affez de dignité dans les titres de juges *pedanei vel magiftri pagorum*, qui étoient ufités chez les Romains, conferverent leurs titres de centeniers, de cinquanteniers & dixainiers, & fous ces mêmes titres ils ren-

Tome IX. M ij

doient la *justice* dans les petites villes, bourgs & villages. Quelques-uns croient que c'est de-là qu'est venue la distinction des trois degrés de haute, moyenne & basse *justice*.

Les centeniers auxquels étoient subordonnés les cinquanteniers & dixainiers, relevoient des comtes des villes capitales. Ces comtes relevoient eux-mêmes des comtes ou ducs des provinces ou villes métropolitaines; ceux-ci des patrices qui présidoient dans les villes primatiales, & les patrices relevoient du roi, lequel jugeoit souverainement & en dernier ressort les grandes affaires, soit dans son conseil particulier avec le comte ou maire du palais, qui prit la place du préfet du prétoire des Gaules, ou en public à la tête de son parlement, lorsqu'il étoit assemblé.

Les comtes avoient des vicaires ou vicomtes qui étoient comme leurs lieutenans.

Pour contenir tous ces officiers dans leur devoir, le roi envoyoit dans les provinces des commissaires appellés *missi dominici*, pour recevoir les plaintes que l'on avoit à faire contre les juges ordinaires des lieux.

Outre les juges royaux, il y avoit dès-lors deux autres sortes de justices en France; savoir les *justices* ecclésiastiques & les *justices* seigneuriales; la jurisdiction ecclésiastique étoit exercée par les évêques & les abbés, qui connoissoient chacun dans leur territoire des matieres spirituelles, des affaires ecclésiastiques & de celles qui étoient alors réputées telles. *Voyez ci-devant* JURISDICTION ECCLÉSIASTIQUE.

Les vassaux & arriere-vassaux des comtes, & des évêques & abbés rendoient aussi la *justice* dans les terres qui leur étoient données à titre de bénéfice, ce qui fut le commencement des *justices* seigneuriales.

Quelque tems après tous les bénéfices des laïcs ayant été transformés en fiefs, les *justices* des comtes & des ducs devinrent elles-mêmes des *justices* seigneuriales, & il n'y avoit alors de *justices* royales que celles qui étoient exercées par les officiers du roi dans les terres de son domaine.

Lorsque les comtes & les ducs changerent leurs gouvernemens en seigneuries héréditaires, ils se déchargerent du soin de rendre la *justice* sur des vicomtes, viguiers ou prevôts; dans les lieux où il y avoit un château, leurs lieutenans furent nommés *châtelains*; dans les simples bourgs & villages, les juges qui prirent la place des centeniers furent appellés *majores villarum*, maires ou principaux des villages; titre qui revenoit assez à celui de *magistri pagorum*, qui étoit usité chez les Romains.

Les ducs & les comtes s'étoient néanmoins réservé une jurisdiction supérieure au-dessus de toutes ces *justices*, qu'ils continuerent encore pendant quelque tems d'exercer avec leurs pairs ou principaux vassaux qui étoient *pares inter se*: ils tenoient leurs audiences ou assises avec eux quatre fois l'année & même plus souvent, lorsque cela étoit nécessaire, on y traitoit des affaires concernant le domaine & autres droits du seigneur, de celles où quelque noble ou ecclésiastique étoit intéressé, de crimes qui méritoient la mort naturelle ou civile, enfin des appellations des juges inférieurs.

Cette portion de jurisdiction que les ducs & les comtes s'étoient réservée, fut encore abandonnée par eux à des officiers qu'on nomma *baillifs*, & en d'autres endroits, *sénéchaux*.

Les prélats, les chapitres & les abbayes de fondation royale s'étant plaint des entreprises que les juges royaux faisoient sur leurs privileges, nos rois les mirent sous leur protection & sauve-garde, leur donnant pour juge le prevôt de Paris; c'est ce que l'on appelle *le droit de garde gardienne*.

D'un autre côté, les seigneurs supportant impatiemment l'inspection des commissaires du roi, appellés *missi dominici*, qui les rappelloient à leur devoir; on cessa pendant quelque tems d'en envoyer, mais au lieu de ces commissaires, le roi établit quatre baillifs pour juger les appellations des juges royaux inférieurs; le siege de ces bailliages fut placé à Vermand, aujourd'hui Saint-Quentin, à Sens, à Mâcon & à Saint Pierre-le-Moutier.

Philippe Auguste établit en 1190 de semblables bailliages dans toutes les principales villes de son domaine, & dans la suite les anciens duchés & comtés ayant été réunis par divers voies à la couronne, les prevôtés, bailliages, sénéchaussées & autres *justices*, qui étoient établies dans ces seigneuries, devinrent toutes des *justices* royales.

Les simples *justices* seigneuriales sont demeurée subordonnées aux prévôtés & autres *justices* royales du premier degré; elles ont aussi été appellées en quelques endroits *prevôtés*, & *châtellenies* en d'autres *bailliages*; mais pour distinguer les juges de ces bailliages seigneuriaux de ceux des bailliages royaux, ces derniers furent appellés *baillivi majores*, & les autres *baillivi minores*.

Les *justices* royales inférieures sont subordonnées aux bailliages & sénéchaussées, & ces tribunaux de leur part ressortissent par appel au parlement, dont l'origine remonte jusqu'au commencement de la monarchie, ainsi qu'on le dira ci-après *au mot* PARLEMENT.

Sous les deux premieres races de nos rois, & encore assez avant sous la troisieme, il ne connoissoit que des affaires d'état & autres affaires majeures; la voie d'appel au parlement ne devint guere usitée que depuis que cette cour eut été rendue sédentaire à Paris.

Les autres parlemens ont été établis peu-à-peu à mesure que les affaires se sont multipliées.

Pour décharger les parlemens de plusieurs petites affaires, on a établi les présidiaux qui jugent en dernier ressort jusqu'à 250 liv. de principal ou 10 l. de rente.

Outre les jurisdictions ordinaires, nos rois en ont établi plusieurs autres extraordinaires, les unes qu'on appelle *jurisdictions d'attribution*, les autres *jurisdictions de privilege*; quelques-unes de ces jurisdictions ressortissent par appel au parlement comme les requêtes de l'hôtel & du palais, les tables de marbre; d'autres ressortissent aux cours des aides, telles que les élections & greniers à sel, *&c.*

Quant à la maniere de rendre la *justice* dans les tribunaux de France, anciennement il n'étoit pas permis de plaider par procureur; il falloit se présenter en personne même dans les affaires civiles, à moins d'en avoir obtenu dispense; mais depuis long-tems les parties ont été admises à se servir du ministere des procureurs, il est même devenu nécessaire, excepté dans les petites *justices* où les parties peuvent défendre elles-mêmes leur cause.

On dit néanmoins encore qu'il n'y a que le roi & la reine qui plaident par procureur; mais cela veut dire qu'ils ne plaident pas en leur nom, & que c'est leur procureur général qui est en qualité pour eux; à quoi il faut ajouter les seigneurs qui plaident dans leur *justice* sous le nom de leur procureur-fiscal.

Les affaires civiles s'intentent par une demande & sur les exceptions, défenses & autres procédures; on en vient à l'audience, où la cause se juge sur la plaidoirie des avocats ou des procureurs des parties; lorsqu'il s'agit d'un appel ou de questions de droit, la cause doit être plaidée par des avocats.

Quand l'affaire ne peut être vuidée à l'audience,

on appointe les parties, c'est-à-dire que les parties doivent produire leurs pieces & fournir des écritures pour inftruire l'affaire plus amplement.

En matiere criminelle, l'affaire commence par une plainte ou par une dénonciation; on informe contre l'accufé, & fur l'information on décrete l'accufé, s'il y a lieu, & en ce cas il doit fe repréfenter & répondre en perfonne; quand l'affaire eft légere, on la renvoie à l'audience.

Ces queftions de droit doivent être décidées par les lois, & celles de fait par les titres & par les preuves. Dans les premiers tems de la monarchie, les François étoient gouvernés par différentes lois, felon celle fous laquelle ils étoient nés ou qu'ils avoient choifie; car alors ce choix étoit libre. Les Francs fuivoient communément la loi falique; les Bourguignons la loi gombette; les Goths qui étoient reftés en grand nombre dans les provinces d'outre la Loire, fuivoient les lois des Vifigoths. Tous les autres fujets du roi fuivoient la loi Romaine qui étoit le code Théodofien; les Eccléfiaftiques la fuivoient auffi tous, & en outre le droit canonique.

Aux anciennes lois des Francs ont fuccédé les capitulaires, qui font auffi tombés en non-ufage.

Les provinces les plus voifines de l'Italie ont continué de fe régir par le droit romain; les autres provinces font régies par des coutumes générales & particulieres. *Voyez* COUTUME.

Outre le droit romain & les coutumes, on fe regle par les ordonnances, édits & déclarations de nos rois, & par la jurifprudence des arrêts.

Les premiers juges doivent toujours juger à la rigueur & fuivant la lettre de la loi; il n'appartient qu'au roi, & aux cours fouveraines dépofitaires de fon autorité, d'interpreter les lois.

Les formalités de la *juftice* ont été établies pour inftruire la religion des juges; mais comme on abufe des meilleures chofes, il arrive fouvent que les plaideurs multiplient les procédures fans néceffité.

Dans les pays où la *juftice* fe rend fans formalités, comme chez les Turcs, les juges peuvent fouvent être furpris. La partie qui parle avec le plus d'affurance eft ordinairement celle qui a raifon; il eft auffi très-dangereux qu'un juge foit le maître du fort des hommes, fans craindre que perfonne puiffe le réformer.

La *juftice* fe rendoit autrefois gratuitement dans toutes fortes d'affaires; elle fe rend encore de même de la part des juges pour les affaires qui fe jugent à l'audience; mais par fucceffion de tems on a permis aux greffiers de fe faire payer l'expédition du jugement; on a auffi autorifé les juges à recevoir de ceux qui gagnoient leur procès de menus préfens de dragées & de confitures, qu'on appelloit alors *épices*, & dans la fuite ces épices ont été converties en argent; les juges n'en prennent que dans les procès par écrit; il y a auffi des cas où ils ont des vacations. *Voyez* ÉPICES, VACATIONS.

Le furplus de ce qui concerne cette matiere fe trouvera *aux mots* COUTUME, DROIT, JUGE, JURISDICTION, LOI, PROCÈS, PROCÉDURES, &c. *Voyez auffi* Loyfeau, *Traité des feigneuries, le Traité de la police, liv. I.* (*A*)

JUSTICE D'APANAGE, eft une *juftice* royale qui fe trouve dans l'étendue de l'apanage d'un fils ou petit-fils de France. Cette *juftice* eft exercée au nom du roi & du prince apannagifte, lequel a la nomination & provifion des offices, à la différence du feigneur engagifte qui a feulement la nomination des offices des *juftices* royales qui fe trouvent dans le domaine engagé. (*A*)

JUSTICE D'ATTRIBUTION, eft celle qui n'eft établie que pour connoître d'une certaine affaire, comme les commiffions du confeil, les renvois d'une affaire à une chambre du parlement, ou bien pour connoître de toutes les affaires d'une certaine nature, comme les cours des aydes, les élections, les greniers à fel, les tables de marbres & autres femblables. *Voyez* JUGE D'ATTRIBUTION. (*A*)

JUSTICES BAILLIAGERES, on entend ordinairement par-là celles qui ont un territoire fixe comme les bailliages, c'eft en ce fens que l'on dit que les officiers de ces jurifdictions ne peuvent anticiper fur le territoire les uns des autres.

En Lorraine on appelle *juftices bailliageres* des *juftices* feigneuriales qui reffortiffent directement à la cour fouveraine, fans paffer par le degré des bailliages royaux, lefquels n'y connoiffent que des cas royaux & privilégiés; il y a une vingtaine de prevôtés & autres *juftices* feigneuriales qui font *baillia. geres. Voyez les Mém. fur la Lorraine, pag. 76.* (*A*)

JUSTICE BASSE *ou plutôt* BASSE-JUSTICE, eft une *juftice* feigneuriale qui n'a que le dernier degré de jurifdiction.

On l'appelle auffi *juftice foncière* ou *cenfere* ou *cenfuelle*, parce que le bas-jufticier connoît des cens & rentes, & autres droits dûs au feigneur.

Le juge qui exerce la *baffe juftice*, connoît auffi de toutes matieres perfonnelles entre les fujets du feigneur jufqu'à la fomme de 60 fols parifis.

Il connoît pareillement de la police, du dégât fait par les animaux, des injures légeres & autres délits, dont l'amende n'excede pas dix fols parifis.

Si le délit mérite une amende plus forte, le juge doit en avertir le haut-jufticier, & en ce cas il prend fur l'amende qui eft adjugée, fix fols parifis.

Il peut faire arrêter dans fon diftrict tous les délinquans, & pour cet effet avoir fergent & prifon; mais il doit auffi-tôt faire conduire le prifonnier au haut-jufticier avec l'information, & ne peut pas décreter.

Il connoît des cenfives du feigneur & amende de cens non payé; il peut du confentement des parties faire faire mefurage & bornage entre elles.

Il peut demander au haut-jufticier le renvoi des caufes qui font de fa compétence.

Dans quelques coutumes on diftingue deux fortes de *baffes juftices;* l'une qui eft générale ou perfonnelle pour connoître de toutes caufes civiles & criminelles entre les fujets du feigneur, jufqu'à concurrence de ce qui vient d'être dit; l'autre qu'on appelle fimplement *jurifdiction baffe*, particuliere ou foncière, qui ne regarde que la connoiffance du fond qui releve du fief ou de *l'étroit fond*, comme dit la coutume de Poitou, *art. 18*, c'eft-à-dire des caufes réelles qui regardent le fond du fief & droits qui en peuvent venir au feigneur, comme le payement des lods & ventes, la notification & exhibition des contrats & autres caufes concernant fon fief. *Voyez* Bouchart *fur l'art. 18 de la coutume de Poitou.*

L'appel de la *baffe-juftice* reffortit à la haute-juftice. *Voyez ci-après* JUSTICE SEIGNEURIALE & JUSTICE FONCIÈRE. (*A*)

JUSTICE CAPITALE, eft la principale jurifdiction d'une province, la *juftice* fupérieure; c'eft ainfi que Richard roi d'Angleterre, duc de Normandie & d'Aquitaine, & comte d'Anjou, qualifioit fa cour dans des lettres du mois de Septembre 1352, *nifi coram nobis aut capitali juftitiâ noftrâ.* (*A*)

JUSTICE DE CENSIER, eft la même chofe que *juftice cenfiere*, ou *cenfuelle*: on l'appelle plus communément *juftice cenfiere*, ou *foncière. Voyez* JUSTICE CENSIERE & FONCIÈRE. (*A*)

JUSTICE CENSIERE *ou* CENSUELLE, eft une baffe *juftice* qui appartient dans quelques coutumes aux feigneurs de fiefs pour contraindre leurs cenfitaires au payement des cens & rentes feigneuriales, &

autres droits. *Voyez ci-après* JUSTICE FONCIERE. (*A*)

JUSTICE CENSUELLE, CENSIERE, *ou* FONCIERE, est celle qui appartient à un seigneur censier pour raison de ses cens seulement : on l'appelle aussi *justice de censier*. *Voyez* les coutumes de Meaux, *art.* 203. Auxerre, *art.* 20. Orléans, *art.* 105. (*A*)

JUSTICE CIVILE, est celle qui prend connoissance des affaires civiles, telles que les demandes à fin de payement de dette, à fin de partage d'une succession.

La *justice civile* est ainsi appellée pour la distinguer de la *justice* criminelle qui prend connoissance des crimes & délits. *Voyez* JUSTICE CRIMINELLE, *&* PROCÉDURE CRIMINELLE. (*A*)

JUSTICE COMMUTATIVE, est cette vertu & cette partie de l'administration de la *justice*, qui a pour objet de rendre à chacun ce qui lui appartient dans une proportion arithmétique, c'est-à-dire le plus exactement que faire se peut.

C'est principalement dans les affaires d'intérêt, où cette *justice* s'observe, comme quand il s'agit du partage d'une succession ou d'une société, de payer la valeur d'une chose qui a été fournie, ou d'une somme qui est dûe, avec les fruits, arrérages, intérêts, frais & dépens, dommages & intérêts.

La *justice commutative*, est opposée à la *justice* distributive, c'est-à-dire qu'elles ont chacune leur objet. *Voyez ci-après* JUSTICE DISTRIBUTIVE. (*A*)

JUSTICE CONTENTIEUSE, est la même chose que jurisdiction contentieuse. *Voyez ci-devant* JURISDICTION CONTENTIEUSE. (*A*)

JUSTICE COTTIERE *ou* FONCIERE, est la jurisdiction du seigneur, qui n'a dans sa mouvance que des rotures, à la différence de celui qui a dans sa mouvance quelque fief, dont la *justice* s'appelle *hommagere*.

Ces sortes de *justices cottieres* ne sont connues qu'en Artois, & quelques autres coutumes des Pays-Bas. *Voyez* l'annotateur de la coutume d'Artois, *art. premier*. (*A*)

JUSTICE CRIMINELLE, s'entend quelquefois d'une jurisdiction qui a la connoissance des affaires criminelles, comme la chambre de la tournelle au parlement, la chambre criminelle du châtelet, les prevôts des maréchaux, &c.

On entend aussi quelquefois par-là l'ordre judiciaire qui s'observe dans l'instruction des affaires criminelles, ou les lois qui s'observent pour la punition des crimes & délits. *Voyez* JUSTICE CIVILE. (*A*)

JUSTICE DISTRIBUTIVE, signifie quelquefois cette vertu dont l'objet est de distribuer à chacun selon ses mérites, les graces & les peines, en y observant la proportion géométrique, c'est-à-dire par comparaison d'une personne & d'un fait avec une autre.

On entend aussi quelquefois par le terme de *justice distributive*, l'administration de la *justice* qui est confiée par le roi à ses juges ou à ceux des seigneurs. Le roi ni son conseil ne s'occupent pas ordinairement de la *justice distributive*, si ce n'est pour la manutention de l'ordre établi pour la rendre ; mais le roi exerce seul la *justice distributive*, entant qu'elle a pour objet de donner des récompenses ; il laisse aux juges le soin de punir les crimes, & ne se réserve que le droit d'accorder grace aux criminels, lorsqu'il le juge à propos. *Voyez* JUSTICE COMMUTATIVE. (*A*)

JUSTICE DOMANIALE, on entend quelquefois par-là une *justice* seigneuriale, laquelle est toujours du domaine du seigneur, & ce que l'on appelle *patrimoniale* ; quelquefois aussi ce terme de *justice domaniale* est synonyme de *justice foncière*, comme dans la coutume de Reims, *article 144*.

Enfin, on entend aussi quelquefois par *justice domaniale*, une *justice* royale attachée à un domaine engagé, laquelle s'exerce tant au nom du roi, que du seigneur engagiste. On l'appelle cependant plus communément *justice* royale, parce qu'en effet, elle en conserve toûjours le caractère. (*A*)

JUSTICE DOMESTIQUE, FAMILIERE, *ou* ÉCONOMIQUE, n'est autre chose que la puissance & le droit de correction que les maris ont sur leurs femmes, les peres sur leurs enfans, les maîtres sur leurs esclaves & domestiques, & que les supérieurs de certains corps exercent sur ceux qui en sont les membres. Cette espece de jurisdiction privée étoit autrefois fort étendue chez les Romains, de même que chez les Germains & les Gaulois ; car les uns & les autres avoient droit de vie & de mort sur leurs femmes, sur leurs enfans, & sur leurs esclaves ; mais dans la suite leur puissance fut réduite à une correction modérée. Du tems de Justinien, les maîtres exerçoient encore une espece de *justice familiere* sur leurs colons qui étoient alors demi-serfs : c'est de cette *justice* qu'il est parlé en la novelle 80, *cap. ij.* où il dit, *si agricolæ constituti sub dominis litigent, debent possessores citius eas decernere pro quibus venerunt causas, & postquam jus eis reddiderint, mox eos domum remittere* ; & au chap. suivant, il dit que *agricolarum domini eorum judices à se sint statuti*. *Voyez* Loyseau, *tr. des seigneuries, chap. x, n. 48*. *Voyez ci-devant* JURISDICTION ÉCONOMIQUE. (*A*)

JUSTICE ECCLÉSIASTIQUE *ou* D'ÉGLISE, est la même chose que jurisdiction ecclésiastique. *Voyez ci-devant au mot* JURISDICTION. (*A*)

JUSTICE ENGAGÉE, est une *justice* royale attachée à quelque terre domaniale, & qui est donnée avec cette même terre à titre d'engagement à quelque particulier ; ces sortes de *justices* sont exercées tant au nom du roi, qu'en celui du seigneur engagiste. *Voyez* DOMAINE *&* JUSTICE ROYALE. (*A*)

JUSTICE EXTRAORDINAIRE *ou* EXTRAVAGANTE, est la même chose que jurisdiction extraordinaire. *Voyez ci-devant au mot* JURISDICTION. (*A*)

JUSTICE EXTRAVAGANTE *ou* EXTRAORDINAIRE, *voyez ci-devant* JUSTICE EXTRAORDINAIRE *& au mot* JURISDICTION. (*A*)

JUSTICE FAMILIERE, *voyez ci-devant* JUSTICE DOMESTIQUE. (*A*)

JUSTICE FÉODALE, est celle qui est attachée à un fief ; c'est la même chose que *justice* seigneuriale. Il y a cependant des *justices* seigneuriales qui ne sont pas annexées à un fief, telles que les *justices* dépendantes d'un franc-aleu noble. *Voyez* JUSTICE SEIGNEURIALE. (*A*)

JUSTICE FISCALE ; on donnoit ce nom aux *justices* qui étoient établies dans le domaine du roi appellé *fiscus*. (*A*)

JUSTICE FONCIERE, *ou* CENSIERE, *ou* CENSUELLE, est une basse *justice* particuliere, qui appartient dans quelques coutumes à tous les seigneurs de fief, pour contraindre leurs censitaires à payer les cens & autres droits seigneuriaux.

Ces sortes de *justices* n'ont lieu que dans les coûtumes où le fief emporte de droit une portion de la basse *justice*, comme en Artois & aux coûtumes des Pays-Bas, dans celles d'Anjou, Maine & Poitou.

Quelques-unes confondent absolument la basse *justice* avec la *justice foncière*, comme celle de Bar-le-Duc.

Dans les pays de nantissement, il faut être nanti par les officiers de la *justice foncière* pour acquérir droit de propriété ou d'hypotheque.

A Paris & dans toutes les coutume où le fief & la *justice* n'ont rien de commun, il n'y a point de *justice fonciere* autre que la basse *justice*. Cette matiere est très-bien expliquée par Brodeau fur l'*art. 74 de la coutume de Paris*, *n. 29 & fuiv.* Voyez *l'acte de notoriété* de M. le Camus, du mois d'Avril 1702, & *ci-devant* JUSTICE BASSE. (*A*)

JUSTICE TRÈS-FONCIERE étoit la même chofe que *juftice* fonciere, du tems que la commune de Laon fubfiftoit. Les feigneurs de cette prévôté qui avoient *juftice très-fonciere* requéroient les échevins de Laon de venir à leur cour pour juger. Philippe de Valois ayant établi en 1331 un prévôt à Laon, ordonna que ces feigneurs viendroient requérir le prévôt de Laon pour aller à leur cour juger, comme faifoient auparavant les échevins. *Voyez* l'ordonnance du mois de Mai 1731, *art. vij.*

La coûtume de Vermandois parle bien du feigneur foncier, mais elle ne parle plus de *juftice foncière.* (*A*)

JUSTICE EN GARDE. On appella ainfi anciennement celles que le Roi donnoit fimplement à exercer par commiffion, au lieu qu'auparavant elles étoient vendues ou données à ferme. Philippe de Valois ordonna en 1347 que les prévôtés royales feroient données en *garde*: depuis ce tems toutes les *juftices* ne fe donnent plus à ferme, mais en titre d'office ou par commiffion.

Ce que l'on entend préfentement par *juftice en garde*, eft une *juftice* royale, qui n'eft point actuellement remplie par le chef ordinaire, & qui eft exercée par *interim* au nom de quelqu'autre magiftrat. Par exemple, le procureur général du parlement eft garde de la prévôté & vicomté de Paris le fiége vacant, & pendant ce tems les fentences font intitulées de fon nom. (*A*)

JUSTICE DU GLAIVE ; on appelle ainfi dans quelques provinces la jurifdiction eccléfiaftique que quelques chapitres ont fur leurs membres & fur tout le clergé qui compofe leur églife : telle eft celle du chapitre de l'églife de Lyon, & celle du chapitre de S. Juft en la même ville. Ces *juftices* ont été furnommées *du glaive* pour les diftinguer des *juftices* ordinaires temporelles qui appartiennent à ces mêmes chapitres.

Il ne faut pas s'imaginer que par le terme de *glaive* on entende en cet endroit le droit de vie & de mort, appellé en droit *jus gladii* ; car aucune *juftice* eccléfiaftique n'a ce pouvoir : on n'entend donc ici autre chofe par le terme de *glaive*, que le *glaive* fpirituel ; c'eft-à-dire le *glaive* de l'excommunication, par lequel ceux qui défobéiffent à l'Eglife font retranchés de la communion des fideles, le pouvoir des jurifdictions eccléfiaftiques fe bornant à infliger des peines fpirituelles telles que les cenfures. (*A*)

JUSTICE GRANDE, ou plûtôt, comme on difoit, la GRANDE JUSTICE, *magna juftitia* ; on l'appelloit auffi indifféremment *plaits de l'épée*, comme il eft dit dans des lettres de Philippe III. du mois de Juin 1280, confirmées par Charles V. au mois de Janvier 1378 pour l'abbaye de Bernay, *& juftitia magna quæ dicitur placitum enfis*. Toutes ces dénominations ne fignifient autre chofe que la haute *juftice*, à laquelle eft attaché le droit de vie & de mort, *poteftas gladii feu jus gladii*. *Voyez* JUSTICE HAUTE ou HAUTE JUSTICE. (*A*)

JUSTICE HAUTE, ou plûtôt HAUTE JUSTICE, *alta juftitia*, *merum imperium*, eft l'entiere jurifdiction qui appartient à un feigneur. *Voyez* ci-après JUSTICE SEIGNEURIALE. (*A*)

JUSTICE HOMMAGERE eft celle qui eft exercée par les hommes féodaux ou de fief dans les bailliages & dans toutes les *juftices* feigneuriales qui font au moins vicomtieres. Elle eft oppofée à la *juftice* cottiere, qui eft exercée par les hommes cottiers. *Voyez* JUSTICE COTTIERE.

Ces fortes de *juftices* ne font ufitées que dans quelques coûtumes des Pays-bas, comme en Artois. (*A*)

JUSTICE INFÉRIEURE eft celle qui en a une autre au-deffus. On comprend quelquefois fous ce terme en général toutes les *juftices* autres que les cours fupérieures. *Voyez* JUGE INFÉRIEUR. (*A*)

JUSTICE SOUS LATTE fe dit en quelques provinces pour exprimer celle qui s'exerce feulement fous le couvert de la maifon du feigneur. (*A*)

JUSTICE MANUELLE ; fuivant le ftyle de procéder au pays de Normandie, c'eft lorfque le feigneur, pour avoir payement des arrérages de la rente ou charge, prend de fa main fur l'héritage de fon débiteur & en la préfence du fergent, des namps, c'eft-à-dire des meubles faifis, & qu'il les délivre au fergent pour les difcuter, c'eft-à-dire pour les vendre.

JUSTICE MILITAIRE eft une jurifdiction qui eft exercée au nom du roi dans le confeil de guerre par les officiers qui le compofent.

Cette jurifdiction connoît de tous les délits militaires qui font commis par les gendarmes, cavaliers, dragons, foldats.

Pour entendre de quelle maniere s'exerce la *juftice militaire* tant dans les places qu'à l'armée, il faut obferver ce qui fuit.

Tout gouverneur ou commandant d'une place peut faire arrêter & conftituer prifonnier tout foldat prévenu de crime, de quelque corps & compagnie qu'il foit, en faifant avertir dans 24 heures de l'emprifonnement le capitaine ou officier commandant la compagnie dont eft le foldat.

Il peut auffi faire arrêter les officiers qui feroient tombés en grieve faute, à la charge d'en donner auffitôt avis à S. M. pour recevoir fes ordres.

Les chefs & officiers des troupes peuvent auffi faire arrêter & emprifonner les foldats de leurs corps & compagnies qui auront commis quelque excès ou défordre ; mais ils ne peuvent les élargir fans la permiffion du gouverneur, ou qu'ils n'ayent été jugés au confeil de guerre, fi le cas le requiert.

Le fergent-major de la place, & en fa place celui qui en fait les fonctions, doit faire faire le procès aux foldats ainfi arrêtés.

Les juges ordinaires des lieux où les troupes tiennent garnifon, connoiffent de tous crimes & délits qui peuvent être commis dans ces lieux par les gens de guerre, de quelque qualité & nation qu'ils foient, lorfque les habitans des lieux ou autres fujets du roi y ont intérêt, nonobftant tous priviléges à ce contraires, fans que les officiers des troupes en puiffent connoître en aucune maniere ; les juges ordinaires font feulement tenus d'appeller le prevôt des bandes ou fon lieutenant, en cas qu'il y en ait, pour affifter à l'inftruction & au jugement de tout crime de foldat à bandes ; & s'il n'y a point de prevôt, ils doivent appeller le fergent-major, ou l'aide-major, ou l'officier commandant le corps de la troupe.

Les officiers des troupes du roi connoiffent feulement des crimes ou délits qui font commis de foldat à foldat : ils ne peuvent cependant, fous prétexte qu'ils auroient droit de connoître de ces crimes, retirer ou faire retirer leurs foldats des prifons où ils auroient été mis de l'autorité des juges ordinaires, mais feulement requérir ces juges de les leur remettre ; & en cas de refus, fe pourvoir pardevers le roi.

Les chefs & officiers ne peuvent s'affembler pour tenir confeil de guerre ou autrement, fans la permiffion expreffe du gouverneur ou commandant.

La forme que l'on doit obferver pour tenir le confeil de guerre a été expliquée ci-devant au mot CONSEIL DE GUERRE.

La *juftice militaire* peut condamner à mort ou à d'autres peines plus légeres, felon la nature du dé-

94 JUS

autres droits. *Voyez ci-après* JUSTICE F
RE. (*A*)

JUSTICE CENSUELLE, CENSIERE, *ou*
RE, eſt celle qui appartient à un ſeign
pour raiſon de ſes cens ſeulement : on
juſtice de cenſer. *Voyez* les coutumes d
203. Auxerre, *art.* 20. Orléans, *a*

JUSTICE CIVILE, eſt celle qu
ſance des affaires civiles, telle
à fin de payement de dette,
ſucceſſion.

La *juſtice civile* eſt ainſi a
guer de la *juſtice* criminelle
des crimes & délits. *Voyez*
& PROCÉDURE CRIMINEL.

JUSTICE COMMUTATIVE
cette partie de l'adminiſtratio
pour objet de rendre à chacun
dans une proportion arithméti
plus exactement que faire ſe pe

C'eſt principalement dans le
où cette *juſtice* s'obſerve, comm
partage d'une ſucceſſion ou d'une
la valeur d'une choſe qui a été fo
ſomme qui eſt dûe, avec les fruits
térêts, frais & dépens, dommages &

La *juſtice commutative*, eſt oppoſé
ſtributive, c'eſt-à-dire qu'elles ont ch
jet. *Voyez ci-après* JUSTICE DISTRIB

JUSTICE CONTENTIEUSE, eſt l
que juriſdiction contentieuſe. *Voyez*
RISDICTION CONTENTIEUSE. (*A*

JUSTICE COTTIERE *ou* FONCIER
diction du ſeigneur, qui n'a dans ſa
des rotures, à la différence de cel
mouvance quelque fief, dont la
hommagere.

Ces ſortes de *juſtices cottieres*
qu'en Artois, & quelques autres
Bas. *Voyez* l'annotateur de la co
premier. (*A*)

JUSTICE CRIMINELLE,
d'une juriſdiction qui a la
criminelles, comme la ch
parlement, la chambre
prevôts des maréchaux

On entend auſſi q
ciaire qui s'obſerve
criminelles, ou les l
tion des crimes &
(*A*)

JUSTICE
cette vertu d
ſelon ſes m
ſervant la
compara
autre.

O
diſtri
fié
L.c.

de *juſtice*
qui eſt con-
ſeigneurs.
ordinaire-
pour la ma-
re ; mais le
entant qu'elle a
les ; il laiſſe aux
ne ſe réſerve
criminels, lorſ-
TICE COMMUTA-

entend quelquefois
quelle eſt toûjours
que l'on appelle *pa*-
terme de *juſtice* do-
tice fonciere, comme

dans la coutume
Enfin, on enter
maniale, une *juſt*

JUSTICE EXTR
, eſt la même
aire. *Voyez ci-dev*
JUSTICE EXTRA
, *voyez ci-devan*
au mot JURISDICT

JUSTICE FAMI
DOMESTIQUE. (

JUSTICE FÉOD
un fief ; c'eſt la mê
Il y a cependant de
pas annexées à un
dantes d'un franc-
GNEURIALE. (

JUSTICE FISCA
ces qui étoient étab
pelle *fiſcus*. (*A*)

JUSTICE FONC
SUELLE, eſt une b
tient dans quelque
fief, pour contrair
cens & autres droi

Ces ſortes de *ju*
tumes où le fief em
baſſe *juſtice*, comm
Pays-Bas, dans ce
Quelques-unes o
juſtice avec la *juſtice o*
Duc.

Dans les pays d na
par les officiers de
droit de propriété a d'

A Paris & dans tute
juſtice n'ont rien de on
fonciere autre que laba

JUSTICE DU SANG & DU LARRON, est le pouvoir de connoître du *sang* & du *larron*; il y a plusieurs anciennes concessions de *justice* faites avec cette clause *cum sanguine & latrone*; d'autres au contraire qui ne sont faites qu'*excepto sanguine & latrone*.

Les coutumes de Picardie & de Flandre attribuent au moyen-justicier la connoissance du *sang & du larron*.

On entend par *justice de sang* la connoissance des *battures* ou batteries & rixes qui vont jusqu'à effusion de sang, & se font de poing garni de quelque arme offensive, pourvû que ce soit de *chaude colere*, comme l'interprete la coutume de Senlis, *art*. 110, c'est-à-dire dans le premier mouvement & non pas de guet-à-pens.

La *justice du larron*, est la connoissance du simple larcin non qualifié & capital.

Ces deux sortes de délits *le sang & le larron* ont été désignés comme étant plus fréquens que les autres.

Loyseau en son *traité des Seigneuries*, chap. 10, *n*. 26, dit que suivant le droit commun de la France, le moyen justicier n'a pas la connoissance *du sang & du larron*; & en effet Quenois en *sa conference des coutumes* rapporte un arrêt du 14 Novembre 1551, qui jugea que depuis qu'en batterie il y a effusion de sang, c'est un cas de haute justice. (*A*)

JUSTICE SÉCULIERE, est un tribunal ou la *justice* est rendue par des juges laïcs, ou du moins dont le plus grand nombre est composé de laïcs; le tribunal est toujours réputé *séculier*, quand même il y auroit quelques ecclésiastiques & même quelques places affectées singulierement à des ecclésiastiques. *Voyez ci-devant* JURISDICTION & JUSTICE ECCLÉSIASTIQUE. (*A*)

JUSTICE DE SEIGNEUR, est la même chose que *justice* seigneuriale ou subalterne. *Voyez ci-après* JUSTICE SEIGNEURIALE. (*A*)

JUSTICE SEIGNEURIALE, est celle qui étant unie à un fief appartient à celui qui en est le Seigneur, & est exercée en son nom par ceux qu'il a commis à cet effet.

Les *justices seigneuriales* sont aussi appellées *justice subalternes*, parce qu'elles sont inférieures aux *justices royales*.

On leur donne le surnom de *seigneuriales* ou *subalternes* pour les distinguer des *justices* royales, municipales & ecclésiastiques.

Quelques-uns prétendent faire remonter l'origine des *justices seigneuriales* jusqu'aux Germains, suivant ce que dit Jules César, *liv*. *VI*. *de bello gallico*; *principes regionum atque pagorum jus inter suos dicunt controversiasque minuunt*; mais par ce terme *principes pagorum*, il ne faut pas entendre des seigneurs de village & bourgs, c'étoient des officiers élus par le peuple de ces lieux; pour lui commander en paix & en guerre, de sorte que ces *justices* étoient plûtôt municipales que seigneuriales.

D'autres entre lesquels même on compte Me Charles Dumolin, prétendent du moins qu'il y avoit des *justices seigneuriales* chez les Romains dès le tems de Justinien. Ils se fondent sur un texte de la novelle 80 *cap*. *ij*. qui porte que *si agricola constituti sub dominis litigent, debent possessores citius eas decernere pro quibus venerunt causas, & postquam jus eis reddiderint, mox eos domum remittere*; & au chapitre suivant, il dit que *agricolarum domini eorum judices à se sunt statuti*; mais cette espece de *justice* attribuée par Justinien, n'étoit autre chose qu'une *justice* œconomique & domestique des maîtres sur leurs colons qui étoient alors demi-serfs, comme il paroit par le *tit*. *de agricolis* au code; aussi cette même novelle ajoute-t-elle que quand les colons avoient des procès contre leur seignent, c'est-à-dire contre leur

N

lit. Ses jugemens n'emportent point mort civile ni confiscation quand ils sont émanés du conseil de guerre ; il n'en est pas de même quand ils sont émanés du prevôt de l'armée ou autres juges ayant caractere public pour juger selon les formes judiciaires.

Lorsque le condamné, après avoir subi quelque peine légere, a passé sous le drapeau, & est admis à rester dans le corps, le jugement rendu contre lui n'emporte point d'infamie.

La *justice* qui est exercée par le prevôt de l'armée sur les maraudeurs, & pour la police du camp, est aussi une *justice militaire* qui se rend sommairement.

On appelle aussi *justice militaire*, dans un sens figuré, une jurisdiction où la *justice* se rend sommairement & presque sans figure de procès, ou bien une exécution faite militairement & sans observer aucune formalité.

La plûpart des *justices* seigneuriales tirent leur origine de la *justice* ou commandement *militaire*. (*A*)

JUSTICE MOYENNE, ou plûtôt MOYENNE JUSTICE, *media justitia*, *mixtum imperium*, est la portion de *justice* seigneuriale, qui tient le milieu entre la haute & la basse *justice*. *Voyez* ci-après JUSTICE SEIGNEURIALE. (*A*)

JUSTICE MUNICIPALE est celle qui appartient à une ville, & qui est exercée par les maire & échevins ou autres officiers qui font les mêmes fonctions. On appelle aussi *justices municipales* celles qui sont exercées par des personnes élues par les citoyens entr'eux, telles que les jurisdictions consulaires. Les élections étoient aussi autrefois des *justices municipales*. *Voyez* Loyseau, *traité des seigneuries*, *chap. xvj.* & ci-devant JUGE MUNICIPAL. (*A*)

JUSTICE ORDINAIRE est celle qu'exercent les juges ordinaires ; c'est-à-dire une jurisdiction qui est stable & permanente, & qui est naturellement compétente pour connoître de toutes sortes de matieres, à la différence des *justices* d'attribution & de privilège, & des commissions particulieres, qui sont des *justices* ou jurisdictions extraordinaires. *Voyez* ci-devant JURISDICTION EXTRAORDINAIRE *&* JURISDICTION ORDINAIRE. (*A*)

JUSTICE-PAIRIE est celle qui est attachée à une pairie, c'est-à-dire à un duché ou comté-pairie. On comprend aussi quelquefois sous ce titre de *justices* attachées à des marquisats, comtés & baronies, qui ont été érigées à l'*instar* des pairies.

Toutes ces *justices-pairies* ou à l'*instar* des pairies, ne sont que des *justices* seigneuriales attachées à des terres plus ou moins titrées. L'appel de leurs sentences se releve directement au parlement. *Voyez* PAIRIES.

JUSTICE PAR PAIRS est celle qui est rendue par les pairs ou hommes de fief du seigneur auquel appartient la *justice*. Anciennement la *justice* étoit rendue *par pairs* ou *par baillis* : il y a encore en Picardie & en Artois plusieurs endroits où la *justice* est rendue par les hommes de fief ou par les hommes cottiers, selon la qualité de la *justice*. *Voyez* les établissemens de S. Louis, *chap. lxxj.* & *les notes de* M. de Laurière, *ibid.*

Voyez aussi HOMMES COTTIERS, HOMMES DE FIEF *&* JUSTICE COTTIERE. (*A*)

JUSTICE EN PAREAGE, ou, comme on dit plus communément, JUSTICE EN PARIAGE ou de PARIAGE, est lorsqu'une même *justice* est tenue conjointement par le seigneur dominant & par son vassal, qui s'associent mutuellement dans cette *justice* & dans tout ce qui en dépend, de maniere qu'ils y ont chacun un droit égal.

On trouve de tels *pariages* faits entre des seigneurs particuliers. Il y a aussi des *justices* tenues en *pariage* avec le roi.

On peut citer pour exemple de ces *justices* tenues en *pariage*, celle du bourg d'Essoye, coûtume de Chaumont en Bassigny. Ce pariage fut fait en 1233 entre Thibault, comte de Champagne, au lieu duquel est présentement le roi, & l'abbaye de Molesme, ordre de Saint Benoit. La charte de Thibault porte que l'abbé & les religieux de Molesme l'associent lui & ses héritiers comtes de Champagne, à perpétuité dans toute la *justice* qu'ils ont à Essoye sur les hommes & les femmes ; ils lui cedent la moitié des amendes & confiscations des abonnemens & tailles ; que le prevôt commun leur prêtera ferment. Ce *pariage* fut confirmé en 1329 par Philippe de Valois : il a encore présentement son effet ; le prevôt d'Essoye est prevôt royal ; les religieux le nomment conjointement avec le roi ; leurs provisions sont sous le contre-scel de celles du roi.

On trouve un autre exemple d'une *justice* établie en *pariage* directement avec le roi ; le titre est du mois de Février 1306, passé entre Philippe le Bel & Guillaume Durand, évêque de Mende. C'est le roi qui associe l'évêque dans toute la *justice* du Gevaudan & dans toutes les commises qui pourroient survenir. L'évêque associe ensuite le roi dans tous les droits de *justice* qu'il pouvoit avoir au même pays & dans les commises & confiscations ; chacun réserve les fiefs & domaines dont il jouissoit ; ils excluent toute prescription de l'un contre l'autre ; enfin ils érigent une cour commune. Ce *pariage* a été confirmé par Philippe de Valois en 1344, par le roi Jean en 1350, Charles V. en 1367, 1369 & 1372, Charles VII. en 1437, Louis XI. en 1464, Charles VIII. en 1484, Charles IX. en 1574, Henri IV. en 1595, lequel entr'autres releve l'évêque de Mende de la prescription qui auroit pû courir pendant les troubles des regnes de ses prédécesseurs & des siens ; par Louis XIV. en 1643, & par Louis XV. à présent regnant, en 1720.

Il intervint Arrêt au parlement de Toulouse en 1601 sur la requête de M. le procureur général, lequel, en ordonnant l'exécution d'arrêts précédens de 1495 & 1597, ordonna l'exécution du *pariage*.

Il fut aussi rendu un arrêt au conseil du roi en 1641 sur la requête des agens généraux du clergé de France, qui ordonna que tous les contrats de *pareage* ou *pariage* passés entre les rois & les ecclésiastiques, seront exécutés & fidelement entretenus ; ce faisant, le roi releve lesdits ecclésiastiques de la prescription de 150 ans.

Voyez M. Guyot en *ses observations sur le droit des patrons*, *p.* 131 *& suiv.* & ci-après *au mot* PARIAGE. (*A*)

JUSTICE PATIBULAIRE, c'est le signe extérieur de la *justice* ; ce sont les piliers ou fourches patibulaires, le gibet où l'on expose les criminels qui ont été mis à mort.

Le haut-justicier a droit d'avoir une *justice* à deux piliers, le châtelain à trois, le baron à quatre, le comte à six.

Les dispositions des coutumes ne sont pourtant pas absolument uniformes à ce sujet, ainsi cela dépend de la coutume, & aussi des titres & de la possession. *Voyez* les coutumes de Tours, *art.* 58, 64, 72 & 74. Lodunois, *chap. iv, art.* 3, *& chap. v, art.* 6. Anjou, *art.* 43. *Voyez* aussi *au mot* ECHELLES PATIBULAIRES. (*A*)

JUSTICE PERSONNELLE, signifie celle qui s'étend aux causes personnelles, à la différence de la *justice* fonciere, qui n'a pour objet que la perception des droits dus au seigneur.

On entend aussi quelquefois par *justice personnelle* celle qui a droit de suite sur les justiciables sans être restraintes aux personnes domiciliées dans un certain territoire ; l'exercice de chaque *justice* n'a pas toujours

toujours été limité à un certain territoire, il y a encore en France & singulierement en Bourgogne, en Bresse & dans le Bugey de ces *justices personnelles* qui s'étendent sur certains hommes & sur leurs descendans, le seigneur les suit par-tout; tels sont les main-mortables dans les pays de main morte, lesquels en plusieurs lieux sont appellés *gens de suite* & *fiefs de suite*. *Voyez* Dunod, *traité de la main-morte*.
Il y en a aussi dans la principauté souveraine de Dombes, & en Allemagne. (*A*)

JUSTICE POPULAIRE, on appelle ainsi celle qui est exercée par des personnes élues par le peuple, telles sont les *justices* appartenantes aux villes, les *justices* consulaires, telles étoient aussi anciennement les *justices* des élus. *Voyez* CONSULS, ECHEVINS, MAIRIE, JUGE MUNICIPAL. (*A*)

JUSTICE DE PRIVILEGE, est celle qui est établie pour connoître des causes de certaines personnes privilégiées, telles sont les jurisdictions des requêtes de l'hôtel & celle du prevôt de l'hôtel, celles des juges conservateurs des priviléges des universités, &c. (*A*)

JUSTICE REGLÉE, c'est un tribunal qui a droit de contraindre. On employe quelquefois pour obtenir ce que l'on demande, la médiation ou l'autorité de personnes qualifiées qui peuvent imposer; on leur porte ses plaintes & on leur donne des mémoires; mais ce sont-là des voies de conciliation ou d'autorité, au lieu que de se pourvoir en *justice réglée*, c'est prendre les voies judiciaires, c'est-à-dire procéder par assignation, si c'est au civil, & par plainte, si c'est au criminel.

Le terme de *justice réglée*, signifie aussi quelquefois les tribunaux ordinaires où les affaires s'instruisent avec toutes les formes de la procédure, à la différence des arbitrages & de certaines commissions du conseil où les affaires s'instruisent par de simples mémoires sans autre procédure. (*A*)

JUSTICE DE RESSORT, signifie le droit de ressort, c'est-à-dire le droit qui appartient à un juge supérieur de connoître, par voie d'appel, du bien ou mal jugé des sentences rendues par les juges inférieurs de son ressort ou territoire. Saint Louis fut le premier qui établit la *justice de ressort*; les sujets opprimés par les sentences arbitraires des juges de baronies commencerent à pouvoir porter leurs plaintes aux quatre grands bailliages royaux qui furent établis pour les écouter. *Voyez les établissemens* de Saint Louis, *liv. I. chap. lxxx. & liv. II. chap. xv.*

Justice du ressort, est celle qui est enclavée dans le ressort d'une autre *justice* supérieure, & qui y ressortit par appel. (*A*)

JUSTICE ROYALE, est celle qui appartient au roi & qui est exercée en son nom.

Il y a aussi des *justices* dans les apanages & dans les terres engagées qui ne laissent pas d'être toujours *justices royales* & de s'exercer au nom du roi, quoiqu'elles s'exercent aussi au nom de l'apanagiste ou de l'engagiste. *Voyez ci-devant* JURISDICTION ROYALE. (*A*)

JUSTICE À SANG, c'est la connoissance des rixes qui vont jusqu'à effusion de sang, & des délits dont la peine peut aussi aller jusqu'à effusion de sang.

Ce droit n'appartient communément qu'à la haute *justice* qui comprend en entier la *justice* criminelle qui peut infliger des peines jusqu'à effusion de sang.

Il y a néanmoins quelques coutumes telles que celles d'Anjou, du Maine & de Tours, où la moyenne *justice* est appellée *justice à sang*; ces termes si sont synonymes de moyenne *justice*, parce qu'elles attribuent au moyen-justicier la connoissance du *sang*, & donnent-elles à ce juge le droit d'avoir des fourches patibulaires. *Voyez ci-après* JUSTICE DU SANG & DU LARRON. (*A*)

JUSTICE DU SANG & DU LARRON, est le pouvoir de connoître du *sang* & du *larron*; il y a plusieurs anciennes concussions de *justice* faites avec cette clause *cum sanguine & latrone*; d'autres au contraire qui ne sont faites qu'*excepto sanguine & latrone*.

Les coutumes de Picardie & de Flandre attribuent au moyen-justicier la connoissance du *sang* & du *larron*.

On entend par *justice de sang* la connoissance des battures ou batteries & rixes qui vont jusqu'à effusion de sang, & se font de poing garni de quelque arme offensive, pourvû que ce soit de *chaude colere*, comme l'interprete la coutume de Senlis, art. 110, c'est-à-dire dans le premier mouvement & non pas de guet-à-pens.

La *justice du larron*, est la connoissance du simple larcin non qualifié & capital.

Ces deux sortes de délits *le sang & le larron* ont été désignés comme étant plus fréquens que les autres.

Loyseau en son *traité des Seigneuries*, chap. 10, n. 26, dit que suivant le droit commun de la France, le moyen justicier n'a pas la connoissance du *sang & du larron*; & en effet Quenois in *sa conférence des coutumes* rapporte un arrêt du 14 Novembre 1551, qui jugea que depuis qu'en matiere il y a effusion de sang, c'est un cas de haute justice. (*A*)

JUSTICE SÉCULIERE, est un tribunal où la *justice* est rendue par des juges laïcs, ou du moins dont le plus grand nombre est composé de laïcs; le tribunal est toujours réputé *séculier*, quand même il y auroit quelques ecclésiastiques & même quelques places affectées singulierement à des ecclésiastiques. *Voyez ci-devant* JURIDICTION & JUSTICE ECCLÉSIASTIQUE. (*A*)

JUSTICE DE SEIGNEUR, est la même chose que *justice* seigneuriale ou subalterne. *Voyez ci-après* JUSTICE SEIGNEURIALE. (*A*)

JUSTICE SEIGNEURIALE, est celle qui étant unie à un fief appartient à celui qui en est le Seigneur, & est exercée en son nom par ceux qu'il a commis à cet effet.

Les *justices* seigneuriales sont aussi appellées *justice subalternes*, parce qu'elles sont inférieures aux *justices royales*.

On leur donne le surnom de *seigneuriales* ou *subalternes* pour les distinguer des *justices* royales, municipales & ecclésiastiques.

Quelques-uns prétendent faire remonter l'origine des *justices seigneuriales* jusqu'aux Germains, suivant ce que dit Jules César, *liv. VI. de bello gallico*; *principes regionum atque pagorum jus inter suos dicunt controversiasque minuunt*; mais par ce terme *principes pagorum*, il ne faut pas entendre des seigneurs de village & bourgs, c'étoient des officiers élus par le peuple de ces lieux; pour lui commander en paix & en guerre, & sorte que ces *justices* étoient plutôt municipales que seigneuriales.

D'autres entre lesquels même on compte Me Charles Dumolin, prétendent du moins qu'il y avoit des *justices seigneuriales* chez les Romains dès le tems de Justinien. Ils se fondent sur un texte de la novelle 80 cap. ij. qui porte que si *agricolæ constituti sub dominis litigent, debent possessores citius cas decernere, pro quibus venerunt causas, & postquam jus eis reddiderint, mox domum remittere*; & au chapitre suivant, il dit que *agricolarum domini corum judices à se sunt statuti*; mais cette espece de *justice* attribuée par Justinien, n'étoit autre chose qu'une *justice* œconomique & domestique des maitres sur leurs colons qui étoient alors demi-serfs, comme il paroit par le tit. *de agricolis au code*; aussi cette même novelle ajoute-t-elle que quand les colons avoient des procès contre leur seigneur, c'est-à-dire contre leur maître, ce n'étoit plus lui qui en étoit le juge; il falloit avoir recours au juge ordinaire, en quoi cette *justice* domestique ne ressembloit point à nos *justices seigneuriales* dont le principal attribut est de connoître des causes d'entre le seigneur & ses sujets, ce sont même dans certaines coutumes les seules causes dont le juge du seigneur peut connoître.

D'autres moins hardis se contentent de rapporter l'origine des *justices seigneuriales* à l'établissement des fiefs, lequel comme on sait ne remonte gueres qu'au commencement de la premiere race des rois ou au plutôt vers la fin de la seconde. Les comtes & autres officiers inférieurs dont les bénéfices n'étoient qu'à vie s'emparerent alors de la *justice* en propriété de même que des terres de leur gouvernement.

Il y a même lieu de croire que l'institution des *justices seigneuriales*, du moins pour les simples *justices* qui n'ont aucun titre de dignité, est plus ancienne que les fiefs tels qu'ils se formerent dans le tems dont on vient de parler, & que ces *justices* sont presque aussi anciennes que l'établissement de la monarchie, qu'elles tirent leur origine du commandement militaire que les possesseurs des bénéfices avoient sur leurs hommes qu'ils menoient à la guerre; ce commandement entraîna depuis la jurisdiction civile sur ceux qui étoient soumis à leur conduite. Le roi commandoit directement aux comtes, marquis & ducs, aux évêques, abbés & abbesses que l'on comprenoit sous les noms de *druds*, *leudes* ou *fidèles*; il exerçoit sur eux tous actes de jurisdiction; ceux-ci de leur part faisoient la même chose envers leurs vassaux, appellés *vassi dominici*, *vassi comitum*, *episcoporum*, *abbatum*, *abbatissarum*; ces vassaux étoient comme les pairs & les assesseurs des comtes & autres grands qui rendoient avec eux la *justice*, ils tenoient eux-mêmes du roi des bénéfices pour lesquels ils faisoient hommage au comte ou autre qui étoit leur supérieur & l'étendue de leur bénéfice, & avoient droit de jurisdiction, mais leur pouvoir étoit moins grand que celui des comtes.

Ces vassaux avoient sous eux d'autres vassaux d'un ordre inférieur, delà vint sans doute la distinction des *justices royales* & des *justices seigneuriales* & des différens degrés de jurisdiction.

Les leudes, comtes & ducs avoient tous au nom du roi l'exercice entier de la *justice*, appellée chez les Romains *merum imperium*, & parmi nous *haute justice*; mais il n'en fut pas de même des *justices* exercées par leurs vassaux & arriere-vassaux: on distingua dans ces *justices* trois degrés de pouvoir plus ou moins étendus, savoir la haute, la moyenne & la basse *justice*, & les seigneurs inférieurs aux leudes, comtes & ducs n'acquirent pas tous le même degré de jurisdiction; les uns eurent la haute *justice*, d'autres la haute & la moyenne, & d'autres la moyenne seulement, d'autres enfin n'eurent que la basse *justice*; cette différence entre les vassaux ou seigneurs exerçans la *justice* du degré plus ou moins éminent qu'ils avoient dans le commandement militaire.

Quoi qu'il en soit, l'idée de ces trois sortes de *justices seigneuriales* fut empruntée des Romains, chez lesquels il y avoit pareillement trois degrés de jurisdiction, savoir le *merum imperium*, ou *jus gladii* qui revient à la haute *justice*; le *mixtum imperium* que l'on interprete pour *moyenne justice*, & le droit de *justice* appellé *simplex jurisdictio* qui revient à peu près à la basse *justice*.

Il ne faut cependant pas mesurer le pouvoir de ces trois sortes de *justices seigneuriales* sur les trois degrés de jurisdiction que l'on distinguoit chez les Romains; car le magistrat qui avoit le *merum imperium*, connoissoit de toutes sortes d'affaires civiles & criminelles, & même sans appel; au lieu que parmi nous le pouvoir du haut-justicier est limité à certaines affaires.

Le juge du seigneur haut-justicier connoît en matiere civile de toutes causes, de celles personnelles & mixtes entre ses sujets, ou lorsque le défendeur est son sujet.

Il a droit de créer & donner des tuteurs & curateurs, gardiens, d'émanciper, d'apposer les scellés, de faire inventaire, de faire les decrets des biens situés dans son détroit.

Il connoît des causes d'entre le seigneur & ses sujets, pour ce qui concerne les domaines, droits, & revenus ordinaires & casuels de la seigneurie, même les baux de ces biens & droits. Mais il ne peut connoître des autres causes où le seigneur a intérêt, comme pour billets & obligations, ou réparation d'injures.

Il y a encore d'autres causes dont le juge haut justicier ne peut connoître, & qui sont reservées au juge royal; telles sont celles qui concernent le domaine du roi, ou dans lesquelles le roi a intérêt, celles qui regardent les officiers royaux, & de ceux qui ont droit de *committimus*, lorsqu'ils veulent s'en servir, celles des églises cathédrales, & autres privilégiées & de fondation royale.

Il ne peut pareillement connoître des dixmes, à moins qu'elles ne soient inféodées & tenues en fief du seigneur haut-justicier; le juge royal a même la prévention.

Il ne peut encore connoître des fiefs, soit entre nobles ou entre roturiers, ni des complaintes en matiere bénéficiale.

Anciennement il ne pouvoit pas connoître des causes des nobles, mais la derniere jurisprudence paroît les autoriser.

Suivant l'ordonnance de 1667, *titre 17*. les jugemens définitifs donnés dans les matieres sommaires, dans les *justices* des duchés, pairies & autres, ressortissent sans moyen au parlement, nonobstant opposition ou appellation, & sans y préjudicier, quand les condamnations ne sont que de quarante livres; & pour les autres *justices* qui ne ressortissent pas nuement au parlement, quand la condamnation n'est que de 25 livres.

En matiere criminelle, le juge du seigneur haut justicier connoît de toutes sortes de délits commis dans sa *justice*, pourvû que ce soit par des gens domiciliés, & non par des vagabonds, & à l'exception des cas royaux, tels que le crime de lese-majesté, fausse monnoie, assemblées illicites, vols, & assassinats sur les grands chemins, & autres crimes exceptés par l'ordonnance de 1670.

Il peut condamner à toutes sortes de peines afflictives, même à mort; & en conséquence, il doit avoir des prisons sûres & un geolier, & il a droit d'avoir des fourches patibulaires, piloris, échelles & poteaux à mettre carcan; mais les sentences qui condamnent à peine afflictive, ne peuvent être mises à exécution, soit que l'accusé s'en plaigne ou non, qu'elles n'ayent été confirmées par le parlement.

L'appel des sentences du haut justicier en matiere civile, doit être porté devant le juge de seigneur supérieur, s'il en a un, sinon au bailliage royal; les appels comme de juge incompétent & deni de renvoi, & ceux des jugemens en matiere criminelle, sont portés au parlement *omisso medio*.

Le juge haut-justicier exerce aussi la police & la voirie.

Le seigneur haut-justicier jouit à cause de la *justice* de plusieurs droits, savoir la confiscation des meubles & immeubles qui sont en sa *justice*, excepté pour les crimes de lese-majesté & de fausse-monnoie; il a pareillement les desherences & biens vacans, les épaves ; il a la moitié des tréfors cachés d'ancienneté, lorfque celui qui les découvre eft propriétaire du fonds où ils font trouvés, & le tiers lorfque le tréfor eft trouvé dans le fonds d'autrui.

La moyenne *juftice* connoît comme la haute de toutes les caufes réelles, perfonnelles & mixtes, & des droits & devoirs dûs au feigneur, avec pouvoir de condamner les fujets en l'amende portée par la coutume ; mais on ne peut pas y faire d'adjudication par decret.

Elle a la police des chemins & voiries publiques, & l'infpection des poids & mefures ; elle peut faire mefurage & bornage, faire élire des meffiers, condamner en l'amende dûe pour le cens non payé.

A l'égard des matieres criminelles, les coutumes ne font pas uniformes par rapport au pouvoir qu'elles donnent au moyen-jufticier.

Plufieurs coutumes lui donnent feulement le pouvoir de connoître des délits légers dont l'amende n'excede pas 60 fols parifis ; il peut néanmoins faire prendre tous délinquans qui fe trouvent dans fon territoire, les emprifonner, informer, tenir le prifonnier l'efpace de 24 heures ; après quoi fi le crime mérite plus grieve punition que 60 fols parifis d'amende, il doit faire conduire le prifonnier dans les prifons du haut-jufticier, & y faire porter le procès pour y être pourvû.

D'autres coutumes, telles que celles de Picardie & de Flandres, attribuent au moyen-jufticier la connoiffance des batteries qui vont jufqu'à effufion de fang, pourvû que ce ne foit pas de guet-à-pens, & la punition du larcin non capital.

D'autres encore attribuent au moyen-jufticier la connoiffance de tous les délits qui n'emportent pas peine de mort, ni mutilation de membres.

Enfin, celles d'Anjou, Touraine & Maine, lui attribuent la connoiffance du larcin, même capital, & de l'homicide, pourvû que ce ne foit pas de guet-à-pens.

Ces différences proviennent ou des conceffions plus ou moins étendues, faites foit par le roi, ou par les feigneurs dont les petites. *juftices* relevoient immédiatement, ou de ce que les feigneurs inférieurs ont été plus ou moins entreprenans, & de la poffeffion qu'ils ont acquife.

La baffe *juftice* qu'on appelle auffi en quelques endroits *juftice* fonciere, ou cenfuelle, connoît des droits dûs aux feigneurs, tels que cens & rentes, & de l'amende, du cens non payé, exhibition de contrats, lods & ventes.

Elle connoit auffi de toutes matieres perfonnelles entre les fujets du feigneur jufqu'à 50 fols parifis.

Elle exerce la police dans fon territoire, & connoit des dégats commis par des animaux, des injures légeres, & autres délits, dont l'amende ne pourroit être que dix fols parifis & au-deffous.

Lorfque le délit requiert une amende plus forte, le bas-jufticier doit en avertir le haut-jufticier ; auquel cas le premier prend fur l'amende qui eft adjugée par le haut-jufticier la fomme de fix f. parifis.

Le juge bas-jufticier peut faire arrêter tous les délinquans ; & pour cet effet, il doit avoir fergent & prifon, à la charge auffi-tôt après la capture, de faire mener le délinquant au haut-jufticier avec l'information, fans pouvoir decréter.

Le bas jufticier peut faire mefurage & bornage entre fes fujets de leur confentement.

En quelques pays il y a deux fortes de baffe-*juftice* ; l'une fonciere ou cenfuelle, qui eft attachée de droit à tout fief, & qui ne connoit que des droits du feigneur ; l'autre perfonnelle, qui connoît de toutes les matieres dont la connoiffance appartient communément aux bas-jufticiers.

L'origine de la plûpart des *juftices feigneuriales* eft fi ancienne, que la plûpart des feigneurs n'ont point le titre primitif de conceffion, foit que leur *juftice* foit dérivée du commandement militaire qu'avoient leurs prédéceffeurs, foit que ceux-ci l'ayent ufurpée dans des tems de trouble & de révolution.

Quoi qu'il en foit des *juftices* qui font établies, elles font toutes cenfées émanées du roi, & lui feul peut en concéder de nouvelles, ou les réunir ou démembrer ; lui feul pareillement peut y créer de nouveaux offices.

Les *juftices feigneuriales* font devenues patrimoniales en même tems que les bénéfices ont été transformés en fiefs, & rendus héréditaires.

Une même *juftice* peut s'étendre fur plufieurs fiefs qui n'appartiennent pas à celui qui a la *juftice*, mais il n'y a point de *juftice feigneuriale* qui ne foit attachée à un fief, & elle ne peut être vendue ni aliénée fans ce fief.

Anciennement les feigneurs rendoient eux-mêmes la *juftice* ; cela étoit encore commun vers le milieu du xij. fiecle. Les abbés la rendoient auffi en perfonne avec leurs religieux ; c'eft pourquoi ils ne connoiffoient pas des grands crimes, tels que le duel, l'adultere, l'incendie, trahifon, & homicide ; mais depuis on a obligé tous les feigneurs de commettre des juges pour rendre la *juftice* en leur nom.

Il n'eft pas néceffaire que les juges de feigneurs foient gradués, il fuffit qu'ils ayent d'ailleurs les autres qualités néceffaires.

Ces juges font commis par le feigneur, & prêtent ferment entre fes mains ; ils font révocables *ad nutum*, mais ils ne peuvent être deftitués comme *elogio*, fans caufe légitime ; & s'ils ont été pourvûs à titre onéreux, ou pour récompenfe de fervices réels, ils doivent être indemnifés.

Dans les fimples *juftices* non qualifiées il n'y a ordinairement qu'un feul juge ; il ne peut pas avoir de lieutenant, que le feigneur ne foit autorifé par lettres-patentes à en commettre un.

En l'abfence du juge c'eft le plus ancien praticien qui tient le fiége.

Dans les affaires criminelles les juges de feigneurs font obligés d'appeller deux gradués pour juger conjointement avec eux ; s'il y a deux juges officiers du fiége, il fuffit d'appeller un gradué.

Le feigneur plaide dans la *juftice* par le miniftere de fon procureur-fifcal ou procureur d'office, lequel fait auffi toutes les fonctions du miniftere public dans les autres affaires civiles & criminelles ; mais fur l'appel des fentences où le feigneur eft intéreffé, c'eft le feigneur lui-même qui plaide en fon nom.

Les juges de feigneurs ont un fecan pour fceller leurs fentences ; ils ont auffi des fergens pour les mettre à exécution, & pour faire les autres exploits de *juftice*.

Les feigneurs même hauts jufticiers, n'ont pas tous droits de notariat & tabellionage, cela dépend des titres ou de la poffeffion ou de la coutume.

Les *juftices* des duchés & comtés-pairies, & autres grandes terres titrées, ne font que des *juftices feigneuriales*, de même que les fimples *juftices*. Les pairies ont feulement la prérogative de reffortir nuement au parlement ; les juges de ces *juftices* pairies prennent le titre de lieutenant général, & en quelques endroits ils ont un lieutenant particulier.

Dans les châtellenies les juges font nommés *châtelains*, dans les fimples *juftices*, *prevôts* ou *baillifs* ; dans les baffes *juftices*, ils ne doivent avoir que le titre de *maire*, mais tout cela dépend beaucoup de l'ufage. *Voyez* Loifeau, *des feigneuries*, *chap. iv. & fuiv.* Bacquet, *des droits de juftice*, & PAIRIE, SEIGNEUR. (*A*)

JUSTICE SOMMAIRE, est celle qui ne s'étend qu'à des affaires légeres, & dont l'instruction se fait briévement & en forme sommaire. Elle revient à celle des juges pedanées du droit, dont la *justice* étoit *sommaire*, c'est-à-dire s'exerçoit seulement *per annotationem*, suivant ce que dit la novelle 82, *chap. v.* pour plus de briéveté & de célérité, à la différence de la *justice* ordinaire qui se rendoit plus solemnellement, & *per plenam cognitionem*; la jurisdiction des défenseurs des cités étoit aussi une *justice sommaire*.

En France la *justice* des bas-justiciers est *sommaire* dans son objet & dans sa forme.

L'*article 153*. de l'ordonnance de Blois, veut que tous juges soient tenus d'expédier *sommairement* & sur le champ les causes personnelles non excédentes la valeur de trois écus un tiers, sans appointer les parties à écrire ni à informer.

Les jurisdictions des maîtrises particulieres, connétablies, élections, greniers à sel, traites foraines, conservations des privilèges des foires, les consuls, les *justices* & maisons-de-ville, & autres jurisdictions inférieures, sont toutes *justices sommaires* : 24 heures après l'échéance de l'assignation, les parties peuvent être ouies en l'audience, & jugées sur le champ, sans qu'elles soient obligées de se servir du ministere des procureurs. *Voyez* l'ordonnance de 1667, *tit. 14. article 14. & 15.*

Dans tous les tribunaux les matieres *sommaires*, c'est-à-dire légeres, se jugent aussi plus sommairement que les autres. *Voyez* MATIERES SOMMAIRES. *Voyez aussi l'édit portant établissement des consuls, de l'an 1563*, & l'édit de *1577*. pour les bourgeois policiers, & autres édits concernans les villes. (*A*)

JUSTICE SOUVERAINE, est celle qui est rendue par le souverain même, ou en son nom, par ceux qui sont à cet effet dépositaires de son autorité souveraine, tels que les parlemens, conseils supérieurs, & autres cours souveraines. *Voyez* COURS, JUGES EN DERNIER RESSORT, PARLEMENT. (*A*)

JUSTICE SUBALTERNE, se prend quelquefois en général pour toute *justice* qui est subordonnée à une autre; mais dans le sens le plus ordinaire, on entend par-là une *justice* seigneuriale. (*A*)

JUSTICE SUPÉRIEURE, signifie en général toute *justice* préposée sur une autre *justice* qui lui est subordonnée, à l'effet de réformer ses jugemens lorsqu'il y a lieu. Ainsi les bailliages & sénéchaussées sont des *justices supérieures* par rapport aux prévôtés; mais par le terme de *justices supérieures*, on entend ordinairement les jurisdictions souveraines, tels que les cours & conseils supérieurs. (*A*)

JUSTICE TEMPORELLE, ou DU TEMPOREL, est une *justice* seigneuriale appartenante à quelque prélat ou autre ecclésiastique, chapitre, ou communauté, & attachée à quelque fief dépendant de leurs bénéfices.

Ces sortes de *justices temporelles* sont exercées par des officiers séculiers, & ne connoissent point des matieres ecclésiastiques, mais seulement des affaires de la même nature que celles dont connoissent les *justices* seigneuriales appartenantes à des seigneurs laïcs.

On ne suit pas en France le chapitre *quod clericis extra de foro competenti*, qui veut que dans ces jurisdictions temporelles on juge les causes suivant le droit canon, à l'exclusion des coutumes des lieux; on y suit au contraire les ordonnances de nos rois & les coûtumes des lieux.

L'appel des sentences de ces sortes de jurisdictions se releve pardevant les juges royaux, de même qu'il s'observe pour les autres *justices* seigneuriales, à quoi est conforme le chap. *si duobus* §. *ult. extra de appellationibus*; quoique le contraire soit pratiqué dans la plûpart des autres états chrétiens, suivant le chap. *Romana* §. *debet autem de appellat. in sexto*, qui n'est point observé en France, comme il est noté en la glose de ce chapitre, & que l'auteur du *speculum* l'a remarqué, *tit. de appellat.* §. *nunc tractemus*, nonobstant que ce dernier texte ait été fait pour la France, étant adressé à l'archevêque de Reims. *Voyez* Loyseau, *tr. des seigneuries*, *ch. xv. n. 33. & suiv.* (*A*)

JUSTICE VICOMTIERE, dans quelques coutumes, comme en Artois & en Picardie, est la moyenne *justice* qui appartient de droit à tout seigneur dès qu'il a un homme de fief, c'est-à-dire qu'il a un fief dans sa mouvance.

Elle a été ainsi appellée, parce que les vicomtes dans leur premiere institution n'avoient que la moyenne *justice*.

Il appartient à la *justice vicomtiere* de connoître de toutes actions pures, personnelles, civiles; le vicomtier peut aussi donner poids & mesures, tuteurs & curateurs, faire inventaire; il a la police & la voirie. *Voyez* l'annotateur de la coutume d'Artois, sur l'*article 5. & art. 16.* les anciennes coutumes de Beauquesne, *art. 1. 2. 3. & 4.* Montreuil, *art. 18. 19. 21. 29. 40. 41.* Amiens, *114.* S. Riquier, *art. 5.* Saint Ómer, *art. 10.*

En Normandie, les vicomtes sont les juges des roturiers. *Voyez* VICOMTES. (*A*)

JUSTICE DE VILLE, est la même chose que *justice* municipale. *Voyez ci-devant* JUGE MUNICIPAL & JUSTICE MUNICIPALE. (*A*)

JUSTICE VOLONTAIRE, *voyez ci-devant* JURISDICTION VOLONTAIRE.

JUSTICE (*chambre de*,) *Finances*. Vous trouverez au mot CHAMBRE de *justice*, les dates des diverses érections de ces sortes de tribunaux établis en France depuis 1581 jusqu'en 1717, pour la recherche des traitans qui ont malversé dans leurs emplois. C'est assez de remarquer ici, d'après un citoyen éclairé sur cette matiere, l'auteur des *considérat. sur les finances*, 1758, 2 vol. *in-*4°. que les *chambres de justice* n'ont jamais procuré de grands avantages à l'état, & qu'on les a toûjours vû se terminer par de très-petits profits pour le roi.

Lorsqu'en 1665, on mit fin aux poursuites de la *chambre de justice*, en accordant une abolition aux coupables, il ne leur en coûta que le payement de quelques taxes. Néanmoins on découvrit pour 384 millions 782 mille 512 livres de fausses ordonnances du comptant; mais la faveur, les requêtes, les importunités étayées par l'argent, effacerent le délit, & l'effaceront toûjours.

D'ailleurs l'établissement des *chambres de justice* peut devenir dangereux lorsqu'il n'est pas utile, & les circonstances en ont presque toûjours énervé l'utilité: le luxe que produit cette énorme inégalité des fortunes rapides, la cupidité que ce luxe vicieux allume dans les cœurs, présentent à la fois des motifs pour créer des *chambres de justice*, & des causes qui en font perdre tout le fruit. Les partisans abusent du malheur public, au point qu'ils se trouvent à la fin créanciers de l'état pour des sommes immenses, par des titres tantôt surpris, tantôt chimériques, ou en vertu de traités dont la lésion est manifeste; mais la corruption des hommes est telle, que jamais ces sortes de gens n'ont plus d'amis & de protecteurs que dans les tems de nécessités, & pour lors il n'est pas possible aux ministres de fermer l'oreille à toutes les especes de sollicitations.

Cependant il importeroit beaucoup d'abolir une fois efficacement les profits excessifs de ceux qui manient les finances; parce qu'outre que de si grands profits, dit l'édit du roi de 1716, sont les dépouilles des provinces, la substance des peuples, & le pa-

JUS

trimoine de l'état, il est certain qu'ils font la source d'un exemple ruineux pour la noblesse ; & pour toutes les autres conditions.

En effet, tout luxe dans ce royaume procédant de cette cause, loin d'exciter l'émulation & l'industrie entre les citoyens, ne fait que les arracher aux autres professions qu'ils pourroient embrasser, & les corrompre perpétuellement. Il leur inspire une avidité d'autant plus funeste, qu'en devenant générale, elle se dérobe pour ainsi dire, à la honte. Les meilleures maisons ruinées par les efforts insensés qu'elles font, pour atteindre le faste des financiers, n'ont plus de ressources que dans des alliances honteuses avec eux, & très-dangereuses par le puissant crédit qu'elles portent dans ces sortes de familles. (*D. J.*)

JUSTICIEMENT, s. m. (*Jurisprud.*) terme usité en Normandie pour exprimer une exécution de justice. (*A*)

JUSTICIABLE, adject. (*Jurisprud.*) est celui qui est soumis à la jurisdiction d'un juge. Chacun en général est *justiciable* du juge de son domicile ; c'est pourquoi dans les anciennes reconnoissances concernant le droit de justice du seigneur, on voit que le reconnoissant *confitetur se esse hominum levantem, & cubantem, & justiciabilem,* &c. ce qui dénote que ce n'est pas le lieu où l'on passe la journée, mais le lieu où l'on couche qui rend *justiciable* du juge de ce lieu ; cependant en matiere de police chacun est *justiciable* du juge du lieu où il a commis quelque contravention aux réglemens de police, quand même il n'y auroit qu'une demeure de fait, & non un vrai domicile, & même quand il n'y seroit pas levant & couchant : en matiere criminelle, on est *justiciable* du juge du lieu où le délit a été commis. On peut aussi en matiere civile devenir *justiciable* d'un juge autre que celui du domicile, comme quand il s'agit d'une matiere attribuée d'un certain juge ; ainsi pour raison d'une lettre de change, on devient *justiciable* des consuls ; en matiere des eaux & forêts, on est *justiciable* des juges des eaux & forêts, &c. On devient aussi *justiciable* d'un juge de privilege, lorsqu'on est assigné devant lui par un privilégié, c'est-à-dire qui a des causes commises devant lui ; enfin on peut devenir *justiciable* d'un juge autre que son juge naturel, lorsqu'une affaire est évoquée pour cause de connexité ou litispendance. (*A*)

JUSTICIER, s. m. (*Jurisprud.*) est celui qui a droit de justice.

Haut-*justicier*, est le seigneur qui a le droit de haute justice, ou le juge qui l'exerce pour lui.

Moyen *justicier*, est celui qui a droit de moyenne justice.

Bas *justicier*, est celui qui a droit de basse justice seulement. *Voyez* ci-devant JUSTICE & SEIGNEUR, HAUT, MOYEN & BAS JUSTICIER. (*A*)

JUSTICIER, v. act. (*Jurisprud.*) en matiere criminelle signifie *exécuter* contre quelqu'un un jugement qui prononce une peine corporelle. (*A*)

JUSTICIER D'ARAGON, (*Hist. d'Espagne.*) c'étoit le chef, le président des états d'Aragon, depuis que ce royaume fut séparée de la Navarre en 1035, jusqu'en 1478 que Ferdinand V. roi de Castille, réunit toute l'Espagne en sa personne. Pendant cet intervalle de tems, les Aragonois avoient resserré l'autorité de leurs rois dans des limites étroites. Ces peuples se souviennent encore, dit M. de Voltaire, de l'inauguration de leurs souverains. *Nos que valemo tanto como vos, os hazemos nuestro rey, y señor, con tal que guardeis nuestros fueros, si no, no.* » Nous » qui sommes autant que vous, nous vous faisons » notre roi, à condition que vous garderez nos lois ; » si non, non. ». Le *justicier* d'Aragon prétendoit que » ce n'étoit pas une vaine cérémonie, & qu'il avoit

JUS 101

» le droit d'accuser le roi devant les états ; & de » présider au jugement. Il est vrai néanmoins que » l'Histoire ne rapporte aucun exemple qu'on ait » usé de ce privilege ». (*D. J.*)

JUSTIFICATIF, adj. (*Jurisprud.*) est ce qui sert à la justification d'un accusé. Ce terme est principalement usité en parlant des faits *justificatifs*, à la preuve desquels un accusé peut être admis après la visite du procès. *Voyez* FAITS JUSTIFICATIFS. (*A*)

JUSTIFICATION, s. f. (*Théolog.*) il se dit en termes de Théologie de cette grace qui rend l'homme digne de la gloire éternelle. *Voyez* IMPUTATION. Les Catholiques & les Réformés sont extrêmement partagés sur la doctrine de la *justification* ; les derniers la fondant sur la foi seule, & les premiers sur les bonnes œuvres jointes à la foi.

JUSTIFICATION, s. f. (*Jurisprud.*) en matiere civile, signifie *preuve* pour la *justification* d'un fait, on produit des pieces, on fait entendre des témoins.

En matiere criminelle on entend par *justification*, ce qui tend à la décharge de l'accusé. *Voyez* ABSOLUTION & FAITS JUSTIFICATIFS. (*A*)

JUSTIFICATION, *Fondeur de caracteres d'Imprimerie* ; c'est un petit instrument de cuivre ou de fer ; de deux pouces environ de long, servant aux fondeurs de caracteres d'Imprimerie, pour s'assurer si les lettres sont bien en ligne & de hauteur entr'elles. Pour cet effet on met dans cette *justification* deux m qui servent de modele ; & entre ces deux m on met la lettre que l'on veut vérifier, puis avec un autre instrument qu'on appelle *jetton*, on voit si les traits de la lettre du milieu n'excedent point ceux des m, & si elle est d'égale hauteur. *Voyez nos Planch. de Fond. en caract.*

On entend par *justification* vingt ou trente lettres qui sont destinées à servir de modeles pour apprêter une fonte ; on couche sur un compositeur ces lettres sur l'aplat, qu'on appelle *frotterie*, puis on couche autant de lettres de la fonte que l'on travaille ; il faut que ces dernieres se trouvent justes au bout des autres, par ce moyen on est assuré que les nouvelles ont le corps égal à celles qui servent de modele. *Voyez* CORPS.

JUSTIFICATION, *en terme d'Imprimerie*, s'entend de la longueur des lignes déterminée & soutenue dans une même & juste égalité, par le secours du compositeur & des espaces de différentes épaisseurs. *Voyez* COMPOSTEUR, ESPACES & JUSTIFIER.

JUSTIFIER, v. act. (*Gram.*) il a plusieurs sens. Il signifie quelquefois prouver une vérité, comme dans cet exemple ; elle a bien *justifié* la maxime, qu'il est plus commun de n'avoir point eu d'amans que de n'en avoir eu qu'un. Absoudre, comme dans celui-ci ; le tems & sa conduite le *justifieront* de cette accusation, & la calomnie retombera sur celui qui l'a faite. Mettre dans l'état de *justice* ; c'est par la mort de J. C. que nous sommes *justifiés*.

JUSTIFIER, (*Fondeurs de caracteres d'Imprimerie.*) se dit des matrices pour fondre les caracteres d'Imprimerie, après qu'elles ont été frappées, c'est de les limer proprement, non-seulement pour ôter les foulures qu'a fait le poinçon, en s'enfonçant dans le cuivre ; mais encore pour polir & dresser le cuivre de la matrice, de façon qu'en la posant dans le moule, elle y forme la lettre de ligne, d'approche, & de hauteur en papier. *Voyez* APPROCHE, HAUTEUR.

JUSTIFIER, *terme d'Imprimerie*, c'est tenir les pages également hautes, & les lignes également longues entre elles. Pour *justifier* les pages, il ne faut pas qu'il y ait plus de lignes à l'une qu'à l'autre. Les lignes se *justifient* dans un compositeur monté pour donner la longueur précise que l'on desire ;

pour qu'elles soient extrêmement justes, il ne faut pas que l'une excede l'autre, & la propreté de la composition exige que tous les mots soient espacés également. *Voyez* COMPOSTEUR, ESPACE & JUSTIFICATION.

JUSTIFIEUR, s. m. (*Fondeur de caracteres d'Imprimerie.*) c'est la principale partie du coupoir, avec lequel on coupe & approprie les caracteres d'Imprimerie. Ce *justifieur* est composé de deux pieces principales, de vingt-deux pouces de long. Il y a à une de ces pieces à chaque bout un tenon de fer, qui entre dans une ouverture faite à l'autre piece pour le recevoir, & joindre défendu ces deux pieces ensemble, entre lesquelles on met deux à trois cent lettres plus ou moins suivant leur grosseur, arrangées les unes auprès des autres; après quoi on met le tout dans ce coupoir, & étant serrées fortement avec des vis, on fait agir un rabot de figure relative à cet instrument, avec lequel on coupe les superfluités du corps des lettres. *Voyez* COUPOIR, RABOT, & *nos Pl. de Fond, en caract.*

JUSTINE, s. f. (*Commerce.*) monnoie de l'empire, qui vaut environ trente-six sols de France. Elle passe à Constantinople, & aux échelles du Levant pour les deux tiers d'un asselani; le titre en est moindre d'un quart que celui des piastres sévillanes; ce qui n'empêche pas le peuple de les recevoir dans le commerce.

JUSTITIUM, s. m. (*Hist. anc.*) tems de vacation ou de cessation de justice. On l'ordonnoit dans un tems de deuil, & d'autres circonstances importantes.

JUTES, (*Géog.*) habitans de Jutland, qui n'ont été nommés *Jutæ* en latin, que par les auteurs du moyen âge. Il partit de Jutland plusieurs colonies qui passerent en Angleterre; & s'établirent au pays de Kent & de l'île de Wight. La chronique saxonne marque positivement que des *Jutes* qui furent appellés dans la grande Bretagne par Vertigerne, par les Bretons, sont sortis les Cantuariens & les Vectuariens, c'est-à-dire les peuples de Cantorbéri & de l'île de Wight. (*D. J.*)

JUTHIA (*Géogr.*) ou JUDIA selon Kæmpfer, célebre ville d'Asie, capitale du royaume de Siam. *Juthia* n'est pas le nom siamois, mais chinois. Les étrangers l'appellent *Siam*, du nom du royaume, auquel même ils l'ont donné; car ce n'est pas plus le nom du royaume que celui de la ville. Cependant puisqu'il a prévalu dans l'usage ordinaire, nous renvoyons le lecteur pour le royaume & sa capitale au mot SIAM. (*D. J.*)

JUTLAND LE, (*Géogr.*) c'est la Chersonese cimbrique des Romains. Les Cimbres qui la possédoient, s'étant joints aux Teutons & aux Ambrons, l'abandonnerent pour aller s'établir dans l'empire romain, où après quelques heureux succès, ils furent défaits par Marius. Les Jutes, peuples de la Germanie, s'emparerent de leur pays, d'où lui vint le nom de *Jutland*. C'est une presqu'île de Danemark, au nord du Holstein. On le divise en deux parties par une ligne qui va en serpentant depuis Apen jusqu'à Colding : ces deux villes & tout ce qui est au nord de cette ligne, s'appelle le *nord-Jutland*, ou le *Jutland* propre; ce qui est au midi jusqu'à l'Eyder, s'appelle le *sud-Jutland*, ou le duché de Sclefwig. Le *nord-Jutland* est borné par la mer au couchant, au nord & au levant; il a le duché de Sclefwig au midi, comme on vient de le dire. Il est divisé en quatre diocèses; celui d'Albourg, celui d'Arkus, celui de Rypen, & celui de Vibourg. Tout le *nord-Jutland* ou *Jutland* septentrional, appartient au roi de Danemark; le *sud-Jutland* ou le Sclefwig, appartient en partie à ce monarque & en partie au duc de Holstein. (*D. J.*)

JUTURNA, (*Géogr. anc. & Mythol.*) fontaine & & petit lac d'Italie dans le Latium, dont les Romains vantoient l'excellence & la bonté des eaux. Cette fontaine & le lac étoient au pié du mont Alban ; mais depuis plus d'un siecle l'eau de ce petit lac s'est écoulée par des conduits souterrains, & l'on a entierement desséché le sol, pour rendre l'air du lieu plus salubre; c'est ce que nous apprennent quelques inscriptions modernes d'Urbain VIII. placées à Castel Gandolpho.

Les Romains se servoient de l'eau de la fontaine *Juturne* pour les sacrifices, sur-tout pour ceux de Vesta, où il étoit défendu d'en employer d'autre. On l'appelloit *l'eau virginale*.

La fable érigea la fontaine *Juturne* en déesse ; Jupiter, disent les Poëtes, pour prix des faveurs qu'il avoit obtenues de la nymphe *Juturne*, l'éleva au rang des divinités inférieures, & lui donna l'empire sur les lacs, les étangs & les rivieres d'Italie. Virgile l'assure dans son Æneid. *l. 12, v. 138*, & déclare en même tems que cette belle naiade étoit la sœur de Turnus. Lisez, si vous ne me croyez pas, le discours plein de tendresse que lui tient Junon elle même, assise sur le mont Albano.

Ex templo Turni sic est affata sororem,
Diva deam, stagnis quæ fluminibusque sonoris
Præsidet : Hunc illis rex ætheris altus honorem
Jupiter ereptâ pro virginitate sacravit.
Nympha, decus fluviorum, animo gratissima nostro,
Scis, ut te cunctis unam, quæcumque latinæ
Magnanimi Jovis ingratum adscendére cubile,
Pratulerim, cœlique libens in parte locarim.
Disce tuum, ne me incuses, Juturna, *dolorem*...
(*D. J.*)

JUVEIGNEUR, s. m. (*Jurispr.*) du latin *junior*, terme usité dans la coutume de Bretagne en matiere féodale pour désigner les puinés relativement à leur aîné.

Les *juveigneurs* ou puinés succédoient anciennement aux fiefs de Bretagne avec l'aîné ; mais comme le partage des fiefs préjudicioit au seigneur dominant, le comte Geoffroi, du consentement de ses barons fit en 1185 une assise ou ordonnance, portant qu'à l'avenir il ne seroit fait partage des baronnies & des chevaleries ; que l'aîné auroit seul ces seigneuries, & feroit seulement une provision sortable aux puinés, *& junioribus majores providerent*. Il permit cependant aux aînés, quand il y auroit d'autres terres, d'en donner quelques-unes aux puinés, au lieu d'une provision ; mais avec cette différence, que si l'aîné donnoit une terre à son puiné à la charge de la tenir de lui à la foi & hommage ou comme *juveigneur* d'aîné, si le puiné décédoit sans enfans & sans avoir disposé de la terre, elle retourneroit, non pas à l'aîné qui l'avoit donnée, mais au chef-seigneur qui avoit la *ligence* ; au lieu que la terre retournoit à l'aîné, quand il l'avoit donnée simplement sans la charge d'hommage ou de la tenir en *juveignerie*. Ce qui fut corrigé par Jean I. en ordonnant que dans le premier cas l'aîné succederoit de même que dans le second.

Le duc Jean II. ordonna que le pere pourroit diviser les baronnies entre ses enfans, mais qu'il ne pourroit donner à ses enfans puinés plus du tiers de sa terre. Suivant cette ordonnance les puinés paroissoient avoir la propriété de leur tiers ; cependant les *art. 547 & 563* de l'ancienne coutume, déciderent que ce tiers n'étoit qu'à viage.

La *juveignerie* ou part des puinés, est en parage ou sans parage.

Voyez la très-ancienne coutume de Bretagne, *art. 209* ; l'ancienne, *art 547 & 563* ; la nouvelle, *art. 330, 331, 334, 542*; Argentrée & Hevin, sur ces articles, & le glossaire de Lauriere; *au mot* JUVEI-GNEURS. (*A*)

JUVÉNAUX JEUX, (*Antiq. Rom.*) *Juvenales ludi*; jeux mêlés d'exercices & de danses, institués par Néron, lorsqu'il se fit faire la barbe pour la premiere fois. On les célébra d'abord dans des maisons particulieres, & il paroît que les femmes y avoient part; car Xiphilin rapporte, qu'une dame de la premiere qualité, nommée Æolia Catula, y dansa à l'âge de 80 ans; mais Neron rendit bientôt après les *jeux Juvénaux* publics & solemnels, & on les nomma *Néroniens, voyez* NÉRONIENS *Jeux*. (*D. J.*)

JUVENTAS, s. f. (*Mythol.*) déesse de la jeunesse chez les Romains; elle présidoit à la jeunesse, depuis que les enfans avoient pris la robe appellée *prætexta*. Cette divinité fut honorée long-tems dans le capitole, où Servius Tullius fit mettre sa statue. Auprès de la chapelle de Minerve, étoit l'autel de *Juventas*, & sur cet autel étoit un tableau de Proserpine. Lorsque Tarquin l'ancien voua le temple de Jupiter capitolin, pour lequel il fallut démolir ceux des autres divinités, le dieu Terme & la déesse *Juventas*, au rapport de *Tite-Live, l. XXXVI. ch. xxxvj*. déclarerent par plusieurs signes qu'ils ne vouloient pas quitter la place où ils étoient honorés. M. Livius Salitanor étant censeur, voua un temple à *Juventas*, & le lui fit élever après une victoire qu'il remporta sur Asdrubal. A la dédicace de ce temple on institua les jeux de la jeunesse, qui sont différens des jeux juvénaux, & qui ne furent pas répétés dans la suite, autant du-moins qu'on en peut juger par le silence de l'Histoire. Les Grecs appelloient Hébé la *déesse de la jeunesse*; mais la *Juventas* des Romains n'étoit pas positivement l'Hébé des Grecs, à ce que pense Vossius, *de Idololat. liv. VIII. cap. iij. & v.* (*D. J.*)

JUXTA-POSITION, s. f. (*Phys.*) terme dont se servent les Philosophes pour désigner cette espece d'accroissement qui se fait par l'apposition d'une nouvelle matiere sur la surface d'une autre. *Voyez* ACCROISSEMENT.

La *juxta-position* est opposée à l'*intus-susception* ou à l'accroissement d'un corps en tant qu'il se fait par la réception d'un suc qui se répand dans tout l'intérieur de la masse. *Voyez* NUTRITION. *Chambers*.

IXAR, ou *Hijar*, (*Géogr.*) petite ville d'Espagne dans l'Arragon, sur la riviere de Marsin. *Long.* 17. 16. *lat.* 41. 12. (*D. J.*)

IXIA, s. m. (*Botan. anc.*) l'ixia selon les Botanistes modernes, est la plante plus connue encore sous le nom de *carline*, en latin *carlina* ou *chamæleon albus*; mais l'*ixia* ou *ixias*, dont Ætius, Actuarius, Scribonius Largus & d'autres font mention, est une plante bien différente de la carline; car ces auteurs nous la donnent pour vénéneuse, & nous ignorons quelle plante ce peut être. (*D. J.*)

IXION, (*Mythol.*) on connoit ce premier meurtrier d'entre les Grecs, & tout ce que la Fable chante de la bonté qu'eut Jupiter de le retirer dans le ciel; de la maniere dont ce perfide oublia cette grace, & du parti que prit le maître des dieux de le précipiter dans les enfers, où il est étendu sur une roue qui tourne toujours. Eustathe a expliqué ingénieusement cette fable, & nos Mythologues ont adopté son explication. Eurypide en traita merveilleusement le sujet après Eschyle; car Plutarque rapporte que quelques personnes ayant blâmé ce poëte d'avoir mis sur la scene un *Ixion* maudit des hommes & des dieux: Aussi ne l'ai-je point quitté, répondit-il, que je ne lui aye cloué les piés & les mains à une roue. Il ne nous reste aucun vestige de ces deux tragédies, qu'Aristote mettoit au rang des belles pieces pathétiques. Pindare dit très-bien qu'*Ixion*, en tournant continuellement sur la roue rapide, crie sans cesse aux mortels d'être toujours disposés à témoigner leur reconnoissance à leurs bienfaiteurs, pour les faveurs qu'ils en ont reçues. (*D. J.*)

IZELOTTE, s. f. (*Monnoie*.) monnoie de l'Empire qui vaut environ cinquante sols de notre monnoie actuelle. Elle passe à Constantinople & dans les échelles du levant pour les deux tiers d'un assellani; & quoiqu'elle ne soit pas d'un argent aussi fin, le titre en étant moindre d'un quart que celui des piastres sévillanes, le peuple les reçoit dans le commerce. Savary, *Dict. du Commerce 1758*. (*D. J.*)

IZLI, (*Géogr.*) ou ZEZIL, ville d'Afrique en Barbarie, au royaume de Trémécen. Marmol nous en donnera l'histoire & la description: on la nommoit autrefois *Giva*. *Long.* selon Ptolomée, 14. 30. *lat.* 32. 30. (*D. J.*)

IZQUINTENANGO, (*Géogr.*) ville de l'Amérique dans la nouvelle Espagne, dans la province de Chiapa. On y recueille beaucoup de coton & d'ananas; & c'est une des plus jolies villes d'Indiens de toute la province. Elle est sur les bords de la grande riviere qui passe à Chiapa, & qui est ici également large & profonde. *Long.* 84. *lat.* 16. 50. (*D. J.*)

IZTIA-YOTLI, (*Hist. nat. Minéral.*) c'est une espece de jaspe verdâtre & moucheté de blanc, à qui les habitans du Mexique attribuent une vertu merveilleuse contre la gravelle & toutes les obstructions des reins.

IZTICHUILOTLI, (*Lithol.*) nom d'une pierre de la nouvelle Espagne; elle est assez dure, d'un grand noir, prend un beau poli. Les Américains la recherchent beaucoup pour leur parure. (*D. J.*)

IZTICPASO-QUERZALIZTLI, (*Lithol.*) nom américain d'une pierre célebre chez le peuple pour guérir la colique & autres maux, étant appliquée sur la partie malade. Ximenès croit que c'est une espece de fausse émeraude; mais c'est plûtôt une belle espece de pierre néfrétique; elle donne toûjours un œil terni malgré le poliment, ce qui caractérise ces sortes de pierres; on la trouve en grandes masses que les Indiens taillent en petites pieces aplaties. (*D. J.*)

IZTLI, (*Lithol.*) pierre d'Amérique, dont les natifs du pays faisoient leurs armes de guerre avant qu'ils connussent l'usage du fer; c'est une sorte de pierre à rasoir nommée par de Laet *lapis novaculaium, Voyez* PIERRE A RASOIR. (*D. J.*)

K

K, Subſt. m. (*Gramm.*) ſi l'on confond à l'ordinaire l'*i* voyelle & l'*i* conſonne, *K* eſt la dixieme lettre de notre alphabeth; mais ſi l'on diſtingue, comme je l'ai fait, la voyelle I & la conſonne J, il faut dire que K eſt la onzieme lettre, & la huitieme conſonne de notre alphabeth, & c'eſt d'après cette hypothéſe très-raiſonnable que déſormais je cotterai les autres lettres.

Cette lettre eſt dans ſon origine le *Kappa* des Grecs, & c'étoit chez eux la ſeule conſonne repréſentative de l'articulation forte, dont la foible étoit γ, telle que nous la faiſons entendre dans le mot *gant*.

Les Latins repréſentoient la même articulation forte par la lettre C; cependant un je ne ſais quel Salvius, ſi l'on en croit Saluſte, introduiſit le K dans l'ortographe latine, où il étoit inconnu anciennement, & où il ne fut vû dans la ſuite de mauvais œil. Voici comme en parle Priſcien (*l. I.*) *K & Q, quamvis figurâ & nomine videantur aliquam habere differentiam cum C, tamen eandem tam in ſono quàm in metro continent poteſtatem; & K quidem penitùs ſupervacua eſt.* Scaurus nous apprend un des uſages que les anciens faiſoient de cette lettre: c'étoit de l'employer ſans voyelle, lorſque la voyelle ſuivante devoit être un A, en forte qu'ils écrivoient *krus* pour *carus*. J. Scaliger qui argumente contre le fait par des raiſons (*de cauſ. L. L. I. 10.*) allegue entre autres contre le témoignage de Scaurus, que ſi on en avoit uſé ainſi à l'égard du K, il auroit fallu de même employer le C ſans voyelle, quand il auroit dû être ſuivi d'un E, puiſque le nom de cette conſonne renferme la voyelle E; mais en vérité c'étoit parler pour faire le cenſeur. Scaurus loin d'ignorer cette conſéquence, l'avoit également miſe en fait: *quoties id verbum ſcribendum erat, in quo retinere hæ litteræ nomen ſuum poſſent, ſingulæ pro ſyllabâ ſcribebantur, tanquam ſatis eam ipſo nomine explerent*; & il y joint des exemples, *deimus* pour *dicimus*, *cra* pour *cera*, *bne* pour *bene*; Quintilien lui-même aſſure que quelques-uns autrefois avoient été dans cet uſage, quoiqu'il le trouve erroné.

Cette lettre inutile en latin, ne ſert pas davantage en François. » La lettre *k*, dit l'abbé Regnier, » (*p. 339.*) n'eſt pas proprement un caractere » de l'alphabet françois, n'y ayant aucun mot » françois où elle ſoit employée que celui de *kyriel-* » *le*, qui ſert dans le ſtyle familier à ſignifier une » longue & fâcheuſe ſuite de choſes, & qui a été » formé abuſivement de ceux de *kyrie eleiſon* ». On écrit plutôt *Quimper* que *Kimper*, & ſi quelques bretons conſervent le *k* dans l'ortographe de leurs noms propres, c'eſt qu'ils ſont dérivés du langage breton plutôt que du françois; ſur quoi il faut remarquer en paſſant, que quand ils ont la ſyllabe *ker*, ils écrivent ſeulement un *k* barré en cette maniere K. Anciennement on uſoit plus communément du *k* en françois. « J'ai lu quelques vieux » romans françois, eſquels les auteurs plus hardi- » ment, au lieu de *q*, à la ſuite duquel nous em- » ployons l'*u* ſans le proférer, uſoient de *k*, diſant *ka, ke, ki, ko, ku*. Paſquier, *Recherc. liv. VIII. chap. l. xiij*.

K chez quelques auteurs eſt une lettre numérale qui ſignifie *deux cent cinquante*, ſuivant ce vers:

K quoque ducentos & quinquaginta tenebit.

La même lettre avec une barre horiſontale au-deſſus, acqueroit une valeur *mille fois* plus grande; K vaut 250000.

La monnoie qui ſe fabrique à Bourdeaux ſe marque d'un K.

K, (*Géog.*) cette lettre en Géographie eſt très-familiere aux étrangers, ſur-tout dans les noms propres de l'Aſie, de l'Afrique & de l'Amérique. Les François au contraire lui préferent volontiers le *c*, principalement devant les lettres *a, o, u*, à moins que le *c* n'ait ſous lui une cédille, car alors il eſt équivalent à l'*ſ* fortement prononcée. Ainſi les mots géographiques qui ne ſe trouveront pas ſous le *K*, doivent être cherchés ſous la lettre C; ſi on ne les trouve point ſous l'une ou l'autre de ces deux lettres, ce ſont des lieux peu importans, d'une exiſtence douteuſe, ou même ce ſont des omiſſions à rétablir dans le ſupplément de cet ouvrage; il eſt pourtant vrai que nous paſſons exprès ſous ſilence pluſieurs lieux, comme par exemple les villes de la Chine, parce que ce détail nous meneroit trop loin; qu'on trouvera les villes chinoiſes dans l'*Atlas ſinenſis*, & qu'enfin ce ſont ſouvent des noms qu'on écrit de tant de manieres différentes, qu'il n'eſt pas aiſé d'en connoître la véritable ortographe. (*D. J.*)

K K K (*Ecriture*.) très-peu uſité dans notre langue. Dans la figure ronde & italienne, c'eſt le milieu de L dans ſa premiere partie, & d'un L à queue dans ſa ronde. Le *K* coulé eſt une conſonne & une L à queue; auſſi les deux premieres parties des K italiens & ronds, ſont formés du ſimple mouvement des doigts, du plié & de l'allongé. Les ronds ſe forment du mouvement ſecret du bras, le pouce agiſſant dans la plénitude de ſon action. A l'égard du K coulé, il ſe fait du mouvement des doigts & du bras. *Voyez le vol. des Plan*.

KAALING, ſ. m. (*Hiſt. nat.*) eſpece d'étourneau fort commun dans la Chine & dans les îles Philippines. Il eſt noir, mais ſes yeux, ſes pattes & ſon bec ſont jaunes. Il s'apprivoiſe facilement, & apprend à parler & à ſiffler; on le nourrit de pain & de fruits. *Supplément* de Chambers.

K A B

KABAK, ſ. m. (*Commerce*.) on nomme ainſi en Moſcovie les lieux publics où ſe vendent les vins, la bierre, l'eau-de-vie, le tabac, les cartes à jouer, & autres marchandiſes, au profit du Czar qui s'en eſt réſervé le débit dans toute l'étendue de ſes états. Il y a de deux ſortes de *kabaks*; les grands où tou- tes ces marchandiſes ſe vendent en gros, & les petits où elles ſe vendent en détail. *Dict. de Com*.

KABIN, ſ. m. (*Hiſt. mod.*) mariage contracté chez les Mahométans pour un certain tems ſeulement.

Le *Kabin* ſe fait devant le cadi, en préſence duquel l'homme épouſe une femme pour un certain tems, à condition de lui donner une certaine ſomme à la fin du terme lorſqu'il la quittera. *Voyez* MARIAGE & CONCUBINE.

Quelques auteurs diſent que le *Kabin* n'eſt permis que chez les Perſes, & dans la ſecte d'Ali; mais d'autres aſſurent qu'il l'eſt auſſi parmi les Turcs. Ricaut, *de l'empire ottoman*.

KABANI, ſ. m. (*Hiſt. mod.*) nom qu'on donne dans le Levant à un homme public, dont les fonctions répondent à celle d'un notaire parmi nous: pour que les actes ayent force en juſtice il, faut qu'il les ait dreſſés. Il a auſſi l'inſpection du poids des marchandiſes. Pocock, *Deſcription d'Egypte*.

KABBADE, *ou* CABADE, f. m. (*Hift. mod.*) habit militaire des grecs modernes; il fe portoit fous un autre. Il étoit court, ferré, fans plis, ne defcendoit que jufqu'au joint de la jambe, ne fe boutonnoit qu'au bas de la poitrine avec de gros boutons; fe ceignoit d'une ceinture, & étoit bordé d'une frange, que la marche faifoit paroître en ouvrant le *kabbade*. On croit que c'eft le fagum des Romains qui avoit dégénéré chez les Grecs; l'empereur & le defpote portent le *kabbade* pourpre ou violet.

KABELITZ, (*Géog.*) ville d'Allemagne, dans le duché de Magdebourg, près de la marche de Brandebourg.

KABERLAKE, f. m. (*Hift. nat.*) infecte de Surinam, qui s'attache à la laine des étoffes ainfi qu'aux fruits, & fur-tout à l'ananas. Sa couleur eft d'un brun grisâtre. Il jette fa femence en monceaux, qu'il enveloppe d'une toile fine comme celle des araignées. Lorfque les œufs font dans leur maturité, les petits fortent d'eux-mêmes de leur coque qu'ils percent, & leur petiteffe fait qu'ils s'infinuent par-tout.

* KABESQUI, *ou* KABESQUE, f. m. (*Com.*) petite piece de monnoie de cuivre, qui fe fabrique & n'a cours qu'en Perfe. Elle vaut cinq deniers & une maille de France; il en faut dix pour faire le chaye : il y a des demi-*kabefques*.

KABSDORFF, (*Géog.*) ville de la haute Hongrie, dans le comté de Zips, fameufe par fa bierre.

KACKERLAC, f. m. (*Hift. nat.*) nom d'une efpece de fcarabé des Indes orientales, qui a deux petites cornes & fix piés armés de crochets; il a environ un pouce de longueur & eft d'un brun clair. On dit que non-feulement il ronge les bois avec fes dents, mais encore les ferremens des vaiffeaux ; il fe trouve à Malacque, & ne vole que la nuit. Il s'attache fur-tout aux ananas dont il eft très-friands. *Voyez* Bruckmann. *epiftol. itiner. centur. I. epiftol. 23*. C'eft le même que le kaberlake.

KACKERLACKES, *les*, (*Géog.*) nom donné par les Hollandois aux habitans des iles fituées au fud-eft de Ternate. (*D. J.*)

KADALI, f. m. (*Hift. Bot. Méd.*) arbriffeau qui croît aux Indes orientales; il y en a quatre efpeces. Les feuilles, le fruit, l'écorce & les fleurs font d'ufage; on en fait une huile excellente dans les aphtes; fi on s'en frotte la tête, elle guérit l'épilepfie & les fpafmes cyniques.

KADARD, *ou* KADARI, f. m. (*Hift. moder.*) Nom d'une fecte mahométane, qui nie la prédeftination dont les Turcs font grands partifans, & qui foutient la doctrine du libre arbitre dans toute fon étendue. *Voyez* CADARI.

* KADESADELITES, f. m. pl. (*Hift. mod.*) fecte de mahométans, dont le chef nommé Birgali Effendi inventa plufieurs cérémonies qui fe pratiquent aux funérailles. Lorfqu'on prie pour les ames des défunts, l'iman ou prêtre crie à haute voix aux oreilles du mort, qu'il fe fouvienne qu'il n'y a qu'un dieu & qu'un prophete. Les Ruffiens & d'autres chrétiens rénégats qui ont quelqu'idée confufe du purgatoire & de la priere pour les morts font attachés à cette fecte. Ricaut, *de l'emp. ottom.*

KADOLE, f. m. (*Hift. mod.*) miniftre des chofes fecretes de la religion, aux myfteres des grands dieux. Les *kadoles* étoient chez les Hétruriens, & chez les Pélafges, ce qu'étoient les Camilles chez les Romains. *Voyez* CAMILLES. Ils fervoient les prêtres dans les facrifices, & dans les fêtes des morts & des grands dieux.

KADRI, f. m. (*Hift. mod.*) efpece de moines turcs qui pratiquent de très-grandes aufterités; ils vont tous nuds à l'exception des cuiffes, en fe tenant les mains jointes, & danfent pendant fix heures de fuite, & même quelquefois pendant un jour entier fans difcontinuer, répétant fans ceffe *hu*, *hu*, *hu*, qui eft un des noms de Dieu, jufqu'à ce qu'ils tombent à terre la bouche remplie d'écume, & le corps tout couvert de fueur. Le grand vifir Kuproli fit fupprimer cette fecte comme indécente, & comme deshonorante pour la religion mahométane; mais après fa mort elle reprit vigueur & fubfifte encore aujourd'hui. *Voyez* Cantemir, *hift. ottomane*

KAFFUNGEN, (*Géog.*) autrement Cappung, *Confugia*, petite ville & monaftere d'Allemagne, dans la Heffe, près de Caffel. *Long.* 27. 5. *lat.* 51. 15. (*D. J.*)

KAFRE-CHIRIN, (*Géog.*) petite ville de Perfe, bâtie par le roi Nouchrevon Aadel, furnommé *le jufte*, dont les faits & les dits, font le fondement de la morale des Perfans. *Long.* felon Tavernier 71. 50. *lat.* 34. 40. (*D. J.*)

KAI, *ou* TOKORO, f. m. (*Hift. nat. Bot.*) c'eft une herbe des bois du Japon qui monte aux arbres, & qui approche de la couleurée blanche. Sa racine reffemble à celle du gingembre & fe mange. Ses fleurs formées en épis font blanches, hexapétales, & de la grandeur d'une femence de coriandre, avec un piftil au milieu.

KAI, (*Géog.*) province du Japon, dans la grande île de Lapon au N. de Lurunga, & à l'O. de Mufafi, dont la capitale eft Jédo. C'eft de la province de *Kai* que les Japonois tirent leurs meilleurs chevaux. (*D. J.*)

KAIA, f. m. (*Hift. nat. Bot.*) c'eft une forte d'if du Japon, qui porte un fruit femblable à des noix ; il eft commun dans les provinces feptentrionales, & devient fort grand. Ses branches naiffent vis-à-vis l'une de l'autre, & s'étendent prefque fur un même plan. Son écorce eft noirâtre, groffe, odorante & fort amere ; fon bois eft fec, léger, avec peu de moëlle. Ses feuilles qui font fans pédicules, reffemblent beaucoup à celles du romain, mais font roides, beaucoup plus dures, terminées par une pointe fort courte, d'un verd obfcur par-deffus, & clair par-deffous. Son fruit affez femblable aux noix d'Areka, croit entre les aiffelles des feuilles où il eft fortement attaché fans aucun pédicule. Il naît à l'entrée du printems, pour meurir à la fin de l'automne, Sa chair qui eft molle, fibreufe, verte, d'un goût balfamique & un peu aftringent, renferme une noix ovale, garnie d'une pointe aux deux extremités, avec une coquille ligneufe, mince & fragile. Son noyau eft d'une fubftance douce & huileufe, mais fi ftyptique, qu'il eft impoffible d'en manger lorfqu'il eft un peu vieux. On en tire une huile que les bonzes employent aux ufages de la cuifine.

Cet arbre qu'on peut regarder comme une efpece de noyer, croît fort haut. Ses noix, qui font d'une forme oblongue, font fort agréables au goût, après qu'elles ont été féchées ; mais d'aftringentes qu'elles étoient, elles deviennent alors purgatives. L'huile qu'on en tire differe peu, pour le goût, de l'huile d'amande, & fert également pour l'apprêt des alimens & pour la Médecine. On brûle leur noyaux, pour en recueillir une vapeur graffe, qui entre dans la compofition de la meilleure encre.

KAIDA, f. m. (*Botan.*) on fe fert du fuc de fes feuilles, de fes racines, de fon huile pour la goutte, pour la manie, pour la dyfurie. Le fuc eft déterfif bon pour les aphtes.

KAIEN, (*Géogr.*) petite ville de Perfe, remarquable par la bonté de fon air & l'excellence de fes

KAL

fruits. *Long.* selon Tavernier, *83.* 20. *lat.* 36. 22. (*D. J.*)

KAJOU, s. m. (*Hist. nat. Zoolog.*) espece de singe qui se trouve dans l'Amérique méridionale, près de la riviere des Amazones; il est velu par-tout le corps, a une longue barbe grise, des yeux noirs, une queue très-longue, & il ressemble à un vieillard.

KAIRIOVACOU, (*Géogr.*) petite île de l'Amérique, la plus belle des Grenadines, & l'une des Antilles. Elle a environ huit lieues de circuit, abonde en gibier & en faisans. Le P. du Tertre y a long-tems séjourné, & auroit dû nous en donner une description fidele. *Long.* 316. 15, *lat.* 12. 20. (*D. J.*)

KAIRQAN, (*Géogr.*) *Cyrene*, ville d'Afrique, capitale d'un gouvernement de même nom, au royaume de Tunis. Elle est soumise aux Turcs, & est peu de chose aujourd'hui. *Long.* 28. 30. *lat.* 35. 40. (*D. J.*)

KAKABRE KAVATE ou KAVADRE, s. f. (*Lit.*) pierre qu'on dit ressembler au crystal, & être d'une couleur d'un blanc sale, à laquelle on a attribué des vertus ridicules.

KAKAMA, (*Géogr.*) montagne de la Laponie suédoise, à environ 20 minutes au nord de Torneo, & à quelques lieues à l'orient du fleuve de Torneo. Le sommet de cette montagne est d'une pierre blanche, feuilletée & séparée par des plans verticaux, qui coupent perpendiculairement le méridien. *Mem. de l'Acad. des Scienc.* 1737, p. 405. (*D. J.*)

KAKA-MOULON ou MULLU, s. m. (*Hist. nat. Bot.*) arbre des Indes orientales qui produit des siliques dont l'écorce bouillie dans du lait est, dit-on, un remede souverain contre les diabetes & la gonorrhée.

KAKANIARA, s. m. (*Botan.*) le suc exprimé de ses feuilles pris avec la liqueur laiteuse des amandes de cacao, tue les vers; & pris avec de la saumure, il les chasse.

KAKA-TODALI, s. m. (*Hist. nat. Bot.*) arbrisseau des Indes orientales, dont la racine & le fruit verd bouillis dans de l'huile, forment un onguent qui appaise les douleurs de la goutte. Ses feuilles bouillies dans de l'eau font un bain excellent contre les tumeurs & les sérosités.

KAKEGAWA ou KAKINGA, (*Géog.*) grande ville de l'empire du Japon, avec un château, à une lieue de la grande riviere d'Ogingawa.

KAKUSJU ou KAWARA-FISAGI, s. m. (*Hist. nat. Bot.*) c'est un arbuste du Japon à feuilles de bardane, dont la fleur est monopetale, les siliques longues & menues, la semence petite en forme de rein, & garnie de poils aux deux extrémités. Il a peu de branches, mais elles sont fort longues. Le pistil de ses fleurs, qui sont de couleur pâle & d'une odeur assez douce, se change en une silique pendante, ronde & grosse comme un tuyau d'avoine, dont on fait boire la décoction aux asthmatiques. Les feuilles, qui ont de chaque côté deux especes d'oreillettes, s'appliquent sur les parties douloureuses, & passent pour être amies des nerfs.

KALAAR, (*Géogr.*) ville de Perse dans le Chilan; on y fait une grande quantité de soie. Selon Tavernier, la *long.* 76. 25. *lat.* 37. 23. (*D. J.*)

KALASSUI, (*Géogr.*) riviere d'Asie dans la Tartarie, qu'on nomme présentement *Orthon*. *Voyez* ORTHON. (*D. J.*)

KALDRAW, (*Géogr.*) ville de Bohême, dans le cercle de Pissen, près de Carlobad.

KALEBERG, (*Géog.*) montagne de Pologne, dans le palatinat de Sandomir, au couchant de la Vistule. C'est la montagne la plus haute de tout le royaume, & on n'y voit point ou peu d'arbres; d'où lui vient son nom de *Kaleberg*. (*D. J.*)

KALENTAR ou KALANTAR, s. m. (*Hist. mod.*) c'est ainsi qu'on nomme en Perse le premier magistrat municipal d'une ville, dont la dignité répond à celle de maire en France. Il est chargé de recueillir les impôts, & quelquefois il fait les fonctions de sous-gouverneur.

KALI, s. m. (*Botan.*) genre de plante dont voici les caracteres. Sa fleur est en rose, composée de pétales disposés circulairement; le pistil s'eleve du centre de la fleur, & devient un fruit membraneux, arrondi, contenant une seule graine, placée au centre du calice, roulée en spirale comme la coquille d'un pétoncle, & couverte ordinairement par les feuilles de la fleur. M. de Tournefort compte sept especes de *kali*. Nous ne décrirons que celle d'Espagne ou d'Alicante, qui est la principale. *Voyez* KALI d'*Alicante*. (*Botan.*)

On voit que pour éviter l'équivoque, nous conservons ici le nom arabe de *kali* à la plante, réservant le nom de *soude* aux sels fixes qui en sont le produit.

En effet le *kali* abonde en sel marin, & donne en le broyant une eau salée; mais la différence du produit de cette plante, quand elle est verte ou seche, est étonnante dans les procédés chimiques.

Si on la distille verte & fraiche, elle ne fournit qu'une eau insipide. Si on en cueille une livre de verte, & qu'on la fasse sécher, elle ne rend que trois onces. Qu'on les brûle alors, on aura bien de la peine à les réduire en cendres; enfin les cendres de cette quantité brûlée dans un creuset, donne une drachme & demie de substance salée, blanchâtre, qui fermente fortement avec l'eau forte. Quatre onces de cette herbe fraiche étant mises en décoction dans de l'eau de fontaine, & cette eau étant soigneusement évaporée, il se forme environ six drachmes d'un sel marin de figure cubique. Distillez la liqueur restante, en augmentant le feu graduellement, le phlegme passera d'abord, ensuite il s'eleve un sel volatil sec qui s'attache au sommet & aux parois du vaisseau; ces sels étant purifiés, on trouvera, par le résultat des expériences, que cette herbe fraiche contient environ une cinquieme partie de son poids de sel commun.

Si l'on seche cette plante & qu'on la mette en décoction dans cinq livres d'eau de fontaine, la portion étant à moitié évaporée, le résidu donne successivement une odeur de miel & ensuite de chou, & d'autres herbes potageres. Enfin, si après tout cela on laisse putréfier l'herbe bouillie, elle répand une odeur d'excrémens d'animaux, devient de même le refuge des mouches, ainsi que la nourriture & le lieu d'habitation propre aux vers, qui sortent des œufs de ces insectes ailés.

Toutes les expériences qu'on peut faire avec les cryistaux cubiques de sel, formés dans la décoction évaporée de cette herbe, prouvent que c'est du sel commun; & le sel volatil qui s'eleve ensuite par le feu lorsque le sel cubique ne se crystallise plus, se montre un fort alcali, par la fermentation avec les esprits acides.

Si l'on fait sécher par évaporation le suc de cette plante, après qu'on en a séparé tout le sel marin & qu'on en calcine le résidu, on aura finalement une substance seche, terreuse, qui tient de la saveur lixivielle, mais qui ne fond point en liqueur étant exposée à l'air. Cette substance calcinée, étant mêlée avec quelque esprit acide, & sur-tout avec l'esprit de vitriol, devient d'un bleu admirable, qui ne le cede point au plus bel outremer.

L'herbe fraiche *kali* mise en fermentation avec de l'eau commune, donne dans les différens états de fermentation, d'abord une odeur de chou aigre, ensuite celle des vers de terre tués avec l'esprit de vin, enfin celle des harengs fumés. Si on distille le tout, il en sort d'abord un esprit assez semblable à l'esprit de tartre rafiné, & ensuite une huile empyreumatique, telle que celle des substances animales.

Mais une chose bien remarquable, c'est que par aucun art, même par la cohobation, on ne peut tirer le sel volatil de cette masse putréfiée. Le marc fournit une potasse qui fermente violemment avec les acides, devient un sel enixum avec l'acide de vitriol, donne le nitre avec de l'eau-forte, du sel commun avec de l'esprit de sel ; & avec les acides de toutes especes, il produit une couleur bleue plus ou moins approchante de l'outremer, suivant l'espece d'acide & la conduite du procédé.

Le sel qu'on tire de cette potasse a une teinte verte comme celle du borax naturel ; enfin le marc, après l'extinction de ce sel, mis en digestion avec l'eau forte, se réduit en une substance gélatineuse d'une vraie saveur métallique.

Nous devons toutes ces curieuses expériences chimiques sur le *kali* d'Allemagne, à M. Jean Fréderic Henkel, dans son ouvrage allemand intitulé : *Werwandschafft der Pflantin mit den Mineral Reiche,* Leipzig 1723, in 8°. avec fig. & ce titre veut dire, *Affinité des végétaux avec les minéraux.* (*D. J.*)

KALI *d'Alicante*, (*Botan.*) *Kali hispanicum* ; espece de *kali* d'Espagne. Sa description faite exactement par M. de Jussieu dans les *Mémoires de l'Académie des Sciences, année 1717*, nous intéresse, parce que c'est de cette espece de *kali* qu'on tire la meilleure soude, si recherchée dans la Verrerie, la Savonnerie, la Blanchisserie, arts utiles & nécessaires.

M. de Jussieu caractérise cette plante, dont il a donné la figure, *kali hispanicum, supinum, annuum, sedi foliis brevibus* : kali d'Espagne, annuel, couché sur terre, à feuilles courtes, semblables à celles du sédum.

Sa racine est annuelle, longue de quelques pouces, un peu oblique, blanchâtre, arrondie, ligneuse & garnie de peu de fibres.

De son collet sortent quatre à cinq branches couchées sur terre, subdivisées dans leur longueur en plusieurs petits rameaux alternes, étendus çà & là, les uns droits, les autres inclinés. Les plus longues de ses branches n'ont pas demi-pié, & leur diametre n'excede pas une ligne. Ces branches & ces rameaux sont arrondis, d'un vert pâle, & quelquefois teints légèrement d'un peu de pourpre, sur-tout dans leur maturité.

Les feuilles dont ils sont chargés sont disposées par paquets, alternes, plus ou moins écartés, suivant l'âge de la plante ; elles sont cylindriques & succulentes, comme celle de la tripe-madame, ou *sedum minus tereisfolium*, longue d'environ un quart de pouce, sur une demi-ligne d'épaisseur, d'un vert pâle, presque transparentes, lisses, sans poils, émoussées à leur extrémité, & d'un goût salé. Chaque paquet est formé de deux, trois, quatre, & quelquefois de cinq de ces feuilles, de l'aisselle desquelles naît la fleur.

Elle est composée de cinq étamines blanchâtres, à sommets jaunâtres, & d'un pareil nombre de petits pétales, étroits & blanchâtres. Le jeune fruit qui en occupe le centre, est terminé par un petit stilet blanc & fourchu.

Cette fleur n'a point d'odeur, & ses pétales qui enveloppent plus étroitement le fruit à mesure qu'il grossit, d'étroits & cachés qu'ils étoient dans le paquet de feuilles, qui leur sert de calice, deviennent plus amples, plus épanouis, plus secs, membraneux, arrondis dans leur contour, un peu plissés & presque gaudronnés ; souvent deux de ces pétales s'unissent, de maniere qu'ils ne paroissent en faire qu'un, & pour lors la fleur semble être de quatre pieces seulement. Elle dure long-tems sans se saner;

& plus elle vieillit, plus le jaune clair dont elle est teinte devient roussâtre : son plus grand diametre est environ de deux lignes.

Le fruit mûr est de la grosseur d'un grain de millet, arrondi, membraneux, renfermant une seule petite semence brune & roulée en spirale. Il est si enveloppé des pétales de la fleur, qu'il tombe en même tems qu'elle.

Quoique l'espece de *kali* qu'on vient de décrire croisse sur les côtes maritimes de Valence, de Murcie, d'Almerie & de Grenade, elle peut néanmoins porter le nom de *kali d'Alicante*, parce qu'il n'y a point de lieu sur la côte orientale d'Espagne où il en naisse une si grande quantité qu'aux environs de cette ville.

La soude qu'on en tire fait une partie considérable de commerce : les marchands & étrangers la préferent à celle que l'on tire d'autres plantes ; & les habitans du pays sont si persuadés que cette espece ne peut prospérer également ailleurs, qu'ils se la regardent comme propre.

Cette plante croit d'elle-même, néanmoins pour la multiplier, on la seme dans les campagnes le long du bord de la mer. On en voit même dans des terres à blé, auquel elle ne peut nuire, parce que dans le tems de la moisson, elle ne commence presque qu'à pousser, & qu'elle n'est dans sa parfaite maturité qu'en automne.

La récolte du *kali d'Alicante* ne se fait pas tout-à-la-fois & sans précaution, comme celle des autres plantes dont on tire de la soude. On arrache successivement de celui-ci les rejettons les plus mûrs avant ceux qui le font moins. On les étend sur une aire pour les faire sécher au soleil, & en ramasser le fruit qui tombe de lui-même.

Comme l'abondance & la pureté de la soude qu'il fournit fait son mérite reconnu par les marchands, ils sont fort circonspects à prendre garde que celle d'Alicante, qu'ils choisissent pour l'employer à des ouvrages exquis, n'ait été altérée en brûlant le *kali* d'où ils proviennent, par le mélange d'autres plantes qui donnent aussi de la soude, mais beaucoup inférieure en qualité à celle-ci.

Les ouvriers qui brûlent la plante *kali*, la nomment la *marie* ; on la coupe & on la fane comme le foin lorsqu'elle est seche ; l'on en remplit de grands trous faits exprès dans la terre, & bouchés en sorte qu'il n'y entre que peu d'air. On y met le feu, on la couvre ; & quand elle est réduite en cendres, il s'en forme après quelque tems une pierre si dure, qu'on est obligé de la casser avec des maillets. C'est cette pierre que nous appellons *soude*, & à qui les anciens ont donné le nom de *salicore, salicot*, ou *alun catin*. *Voyez* SOUDE.

La plante *kali* étoit autrefois très-cultivée en Languedoc, où on l'appelloit *vitraire*. Catel en parle dans ses Mémoires de l'histoire de cette province, *chap. j. p. 50.* « L'on retire aussi, dit-il, un notable » profit dans le pays d'une herbe qu'on a coutume » de semer & cultiver au bord de la mer, laquelle » étant venue à sa perfection, on la coupe, & après » on la brûle dans un creux qu'on fait dans la terre » comme dans un fourneau, couvrant ce creux de » terre par-dessus, afin que le feu ne puisse prendre air, » & aspirer ; cette herbe étant brûlée, l'on découvre » ce creux, qu'on trouve plein de certaine matiere » dure, qu'on appelle dans le pays *salicor*, qui ressemble au sel en roche, & de laquelle on fait les » verres ». Il se fabriquoit une si grande quantité de ce *salicor* dans le Languedoc, qu'outre la manufacture des glaces de Venise, qui s'en fournissoit, on en envoyoit encore dans d'autres pays de l'Europe. Aujourd'hui cette culture ne subsiste plus, & les directeurs de la manufacture des glaces de S. Gobia

KAL

en France, tirent uniquement d'Espagne toute la soude dont ils ont besoin.

Le P. Roger, récollet, dans son voyage de la Terre-sainte, dit qu'à une demi-lieue à l'Occident de la mer-morte en Judée, toute la contrée est couverte de *kali*, que les Arabes brûlent, & dont ils portent vendre les cendres à Jérusalem & à Hébron, où il y a une petite verrerie : on en fait aussi du savon.

Cet ancien usage, qui peut nous induire à penser que l'herbe *borith*, dont il est parlé dans Jérémie, *chap. ij.* ℣. 22, n'est autre chose que le *kali* qu'on brûle pour faire la soude & le savon. « Quand vous » multiplieriez la *soude* & le *savon* pour l'employer » à vous laver, & vous nettoyer (dit l'Eternel), » vous feriez toûjours souillés de votre iniquité ».

Ce n'est pas ici le lieu de tâcher de justifier cette traduction ; nous renvoyons les curieux aux auteurs qui ont traité des plantes de la Bible, & en particulier à une grande dissertation de Jean Michel Langius sur cette matiere. On y trouvera les diverses interprétations que les critiques ont données au terme hébreu *borith*, & cette derniere n'est pas une des plus mauvaises. Pour qu'on ne la rejette pas du premier abord, il faut ajoûter que le mot *kali* est arabe. Scaliger, dans ses exercitations sur Cardan, écrit *chali*, mais mal, comme Bochard l'a fort bien remarqué. Le terme *kali* ne signifie point la *soude*, c'est une chose certaine ; peut être signifie-t-il des *pois chiches* rôtis, fris : du-moins il veut dire en propre *tostum*, *frictum*, *frixit*. (*D. J.*)

KALIMBOURG, (*Géog.*) ou plûtôt KALLUNDBORG, *Calumburgum*, ville de Danemark dans l'isle de Zélande, chef-lieu d'un bailliage considérable. *Long.* 28. 56. *lat.* 55. 54.

Ce fut dans le château de cette ville que finit ses jours Christiern II, roi de Danemark, digne d'une fin plus tragique. On sait, dit M. de Voltaire, quel monstre étoit ce Christiern : un de ses crimes fut la source de son châtiment, qui lui fit perdre trois royaumes. Il emmena par trahison le jeune Gustave Vasa & six ôtages, qu'il mit aux fers. En 1510 il donna dans Stockolm la fête exécrable, dans laquelle il fit égorger le sénat entier & tant de braves citoyens. L'année suivante il fit jetter dans la mer la mere & la sœur de Gustave Vasa, enfermées l'une & l'autre dans un sac. Non moins cruel envers ses Danois qu'envers ses ennemis, il fut bientôt aussi abhorré du peuple de Coppenhague, que des Suédois même. Les Danois alors en possession d'élire leurs rois, avoient le droit de chasser un tyran du trône. Tous joints ensemble, ils lui signifierent l'acte de sa déposition par Mons, premier magistrat du Jutland, qui se chargea de lui en porter l'arrêt. Christiern obéit sans oser repliquer, & s'enfuit en Flandres. On n'a jamais vû d'exemple d'une révolution si juste, si prompte & si tranquille. Enfin abandonné de tout le monde, il se laissa mener en Danemark en 1532, fut arrêté à *Kalimbourg* en 1534, & confiné dans une especede prison, où il demeura jusqu'à sa mort, arrivée en 1559, à 78 ans. (*D. J.*)

KALIN, (*Géog.*) ville de Perse, que Tavernier place à 87 dégrés 5 de *longitude*, & 35ᵈ 15′ de *lat.* (*D. J.*)

KALIR, (*Géog.*) petite ville d'Allemagne, au cercle de Souabe, au duché de Wirtemberg, avec un vieux château. Elle est divisée en deux par la riviere de Nagoldt. *Long.* 27. 20. *lat.* 48. 38. (*D. J.*)

KALISCH, (*Géog.*) *Calisia*, province de la basse Pologne, ayant titre de palatinat, sur la riviere de Warte. Ses lieux les plus remarquables sont Gnesne & Kalisch, ville qui donne son nom au palatinat. *Long.* 35. 55. *lat.* 51. 55. (*D. J.*)

KAL

KALKAS, (*Géog.*) nom d'une nation Tartare, parmi les Mungales ou Monguls, qui sont soumis au roi de la Chine.

KALLAHOM, s. m. (*Hist. mod.*) c'est un des premiers officiers ou ministres du royaume de Siam, dont la place lui donne le droit de commander les armées & d'avoir le département de la guerre, des fortifications, des armes, des arsenaux & magasins. C'est lui qui fait toutes les ordonnances militaires ; cependant les éléphans sont sous les ordres d'un autre officier : on prétend que ceux des armées du roi de Siam sont au nombre de dix mille ; ce qui cependant paroît contre toute vraissemblance.

KALNICK, (*Géog.*) ville forte de Pologne, au Palatinat de Braclaw. Elle se rendit au roi de Pologne en 1674. *Long.* 47. 53. *lat.* 48. 59. (*D. J.*)

KALO, (*Géog.*) forteresse de la haute Hongrie, au canton de Zatmar, à 12 lieues sud-est de Tokai, 28 nord-est de Waradin. *Long.* 40. 5. *latit.* 47. 55. (*D. J.*)

KALTENSTEIN, (*Géog.*) petite ville d'Allemagne dans la Silésie, dans la principauté de Neiss.

KAMA LA, (*Géog.*) grande riviere de l'empire Russien, qui a sa source au pays des Czeremisses, va se perdre après un long cours dans le Wolga, au royaume de Casan. Adam Brant, Oléarius & Corneille le Brun disent qu'elle est fort large & coule avec beaucoup de rapidité. (*D. J.*)

KAMAKURA, (*Géog.*) fameuse isle du Japon, d'environ une lieue de circuit, sur la côte méridionale de Niphon. C'est-là que l'on envoye en exil les grands qui ont fait quelques fautes considérables. Les côtes de cette isle sont si escarpées, que les bateaux qui y portent des prisonniers ou des provisions, doivent être élevés & descendus avec des grues & autres machines. *Voyez* Kœmpfer *dans son histoire du Japon.* (*D. J.*)

KAMAN ou KAKAMAN, s. m. (*Hist. nat.*) pierre blanche & marquée de différentes couleurs ; on dit se trouver dans les endroits de la terre qui sont remplis de soufre & qui brûlent.

KAMAN, (*Géog.*) ville de l'Indoustan, dans la presqu'isle d'en deçà le Gange, au royaume de Carnate, à 18 lieues de Chandegri. (*D. J.*)

KAMEN, (*Hist. mod.*) Ce mot signifie *roche* en langue russienne. Les nations Tartares & payennes qui habitent la Sibérie ont beaucoup de respect pour les roches, sur-tout celles qui sont d'une forme singuliere ; ils croyent qu'elles sont en état de leur faire du mal, & de les détourner lorsqu'ils en rencontrent dans leur chemin ; quelquefois pour se les rendre favorables, ils attachent à une certaine distance de ces *kamens* ou roches, toutes sortes de guenilles de nulle valeur. *Voyez* Gmelin, *voyage de Sibérie.*

KAMENOIE MASLO, (*Histoire nat. Minéral.*) ou vulgairement KAMINA MASLA. C'est ainsi que les Russiens nomment une substance minérale onctueuse & grasse au toucher, comme du beurre qui se trouve en plusieurs endroits de la Sibérie, attachée comme des stalactites aux cavités de quelques roches, d'une ardoise noirâtre, chargée d'alun ; sa couleur est ou jaune ou d'un jaune blanchâtre ; ses propriétés font qu'en Allemand on a donné le nom de *beurre fossile* ou de *beurre de pierre* (steinbutter) à cette substance. M. Gmelin paroît être le premier qui l'ait décrite dans son voyage de Sibérie où il rapporte un grand nombre d'expériences qu'il fit pour s'assurer de ce qu'elle contenoit. On ignore si on doit la regarder comme une efflorescence vitriolique ; mais il paroît que c'est un composé d'acide vitriolique, de sel alcali minéral, de fer qui lui donne sa couleur jaune, & d'une matiere grasse inconnue. Cette substance devient plus blanche lorsqu'elle a été exposée à l'air. *Voyez* Gmelin, *voyage de Sibérie, pag. 459 du tom. III.*(—)

KAMENOI-POYAS, (*Géog.*) nom que les Russiens donnent à une chaine de hautes montagnes qui sépare l'Europe de l'Asie, & qui est plus connue de nous sous le nom des monts *Ryphées. Voy.* RYPHÉES.

KAMINIECK, (*Géog.*) *Camenecia*, forte ville de Pologne, capitale de la Podolie, avec deux châteaux & un évêché suffragant de Lemberg. Quelques-uns croient que c'est la *clepidava* des anciens. Les Turcs la prirent en 1672, & la rendirent par la paix de Carlowitz en 1690. Elle est sur une roche escarpée, au pié de laquelle passe le Smotrziez, qui tombe dans le Niester, à 36 lieues de Lemberg, 121 S. E. de Cracovie, 130 S. E. de Warsovie, 40 O. de Braclaw. *Long. 45. 5. lat. 48. 58.* (*D.J.*)

KAMISANKA, (*Géog.*) ville de l'empire Russien, sur le Wolga, à l'endroit où le czar Pierre I. a fait faire un canal pour joindre le Wolga avec le Don ou Tanaïs.

KAMMA-JAMMA, (*Géograph.*) grande ville de l'empire du Japon; elle peut contenir environ deux mille maisons; elle est bâtie sur deux collines, séparées par un vallon.

KAMSKY, (*Géog.*) riviere de la grande Tartarie en Sibérie; elle se jette dans le Séniscei. Il y a sur ses bords des tartares payens qui demeurent dans des huttes d'écorces de bouleau, & vivent de poisson ou de venaison, avec des racines de lis jaune. Ce sont les Tartares Tungufes & les Tartares Burates. (*D.J.*)

KAMTSCHADALI, (*Géog.*) nation Tartare qui habite près du golfe de Kamtschaka au nord de la Sibérie. Ils sont petits de taille, portent de grandes barbes; ils se vétissent de peaux de zibelines, de loups, de rennes & de chiens; en hiver ils demeurent sous terre, & en été ils habitent dans des cabanes fort élevées, où ils montent par des échelles. Ils se nourrissent de divers animaux & de poissons, qu'ils mangent souvent cruds & gelés. L'hyver ils font des fosses où ils mettent le poisson en magasin, & le couvrent d'herbes & de terre. Ils en vont prendre pour leurs repas lors même qu'ils sont pourris; ils les mettent dans des vases, où ils jettent des pierres rougies au feu pour les faire cuire. Ils ont parmi eux des magiciens, qu'ils nomment *schamans*. On ne leur connoît aucun culte. *Voyez description de l'empire Russien.*

KAMTSCHATKA, (*Géog.*) grande presqu'isle au nord-est de l'Asie, entre un golfe du même nom & la mer du Japon, à l'extrémité orientale de l'empire Russien & de notre continent.

Ce pays, ainsi nommé par les Russiens dans la grande carte de leur empire, semble être le même, selon Kœmpfer, que celui que les Japonois appellent *oku-Jéso* (le haut Jéso), dont ils ne savent presque rien, excepté que c'est un pays.

Suivant les meilleures descriptions que les Russiens en ayent pu donner, c'est une presqu'isle située entre les 150 & les 170 degrés de *longitude*, & 41 & 60 de *latitude* au nord du Japon.

Elle est contiguë au nord à la Sibérie, & s'étend jusqu'au cap Suétinos, qui est le dernier de la Sibérie au nord-est; mais la mer la baigne au sud, à l'est & à l'ouest. Elle est habitée par diverses nations, dont celles qui occupent environ le milieu, payent tribut aux Russes; au lieu que celles qui demeurent plus au nord, & en particulier les Olutorski (nom qu'on leur donne dans la carte de Russie), en sont les ennemis déclarés. Les Kurilski ou Kurilis qui demeurent plus au sud, étant moins barbares que les autres, sont regardés par les Russes comme une colonie des Japonois.

Le commerce entre la Sibérie & *Kamtschatka* se fait par deux routes différentes. Quelques-uns traversent le golfe de *Kamtschaka*, qui sépare ce pays de la grande Tartarie & de la Sibérie, à près de 58 degrés de *latitude*, & ils s'embarquent d'ordinaire à Lama, où les Russiens ont commencé à bâtir de grands vaisseaux pour passer à Pristan, ville qu'ils ont établie dans le *Kamtschatka*, & qui est habitée par une colonie russienne; mais les habitans de la Sibérie qui demeurent aux environs du fleuve Lena, & le long de la mer Glaciale, font d'ordinaire par mer le tour du cap Sucotoinos, pour ne point tomber entre les mains des Tskalatzki & Tschatzki, deux nations cruelles & barbares qui habitent la pointe de la Sibérie au nord-est, & qui sont ennemies mortelles des Russes.

Par cette description il paroît qu'il y a un détroit qui sépare *Kamtschatka* du Japon, suivant les relations des Russes. Il y a dans ce détroit plusieurs petites isles, dont la principale est appellée *Matmanska* dans une carte publiée depuis 1730 par J. B. Homann, & cette isle pourroit bien être la même que le Matzumai de quelque cartes japonoises.

Il semble aussi qu'il n'est pas douteux, par les belles découvertes des Russes en 1731, qu'il n'y ait au nord du Japon un passage libre pour aller par mer au *Kamtschatka*; qu'en suivant la côte on ne parvienne à un détroit qui joint la mer du sud à la mer Glaciale, & dont la partie la plus étroite, qui n'a pas plus de 40 lieues de large, se trouve sous le cercle polaire; qu'enfin à l'est de ce continent, on ne trouve une terre qui, selon le rapport des habitans, fait une partie du grand continent, abondant en fourrures, & que, selon les apparences, il appartient à l'Amérique septentrionale.

Si toutes ces choses sont vraies, il y a longtems que la Géographie n'avoit fait un si grand pas vers la connoissance désirée du globe terrestre. (*D.J.*)

KAMUSCHINKA, (*Géog.*) petite riviere de l'empire russien, au royaume d'Astracan, entre le Don & le Wolga; elle se jette dans le dernier fleuve, au midi d'une montagne, & vis-à-vis d'une ville qui porte son nom. Cette riviere & cette ville sont devenues fameuses par le dessein qu'eut Pierre le Grand, d'y faire une communication entre les deux fleuves, ou si l'on veut, entre la mer Caspienne & la mer Noire. Le capitaine Perri, ingénieur anglois, en parle beaucoup dans ses mémoires. Ce projet qui seroit extrêmement avantageux à l'empire de Russie, a été délaissé; mais le succès entre les mains d'habiles méchaniciens, ne seroit pas si difficile que l'étoit le canal de Languedoc, puisqu'il ne s'agit que de faire de bonnes écluses dans les deux rivieres, pour les rendre navigables, & ouvrir ensuite un canal à-travers les terres, dans l'endroit où ces deux rivieres s'approchent le plus, ce qui n'est qu'un espace d'environ 4 milles de Russie. (*D.J.*)

KAN, s. m. (*Hist. des Tartar.*) titre de grande dignité chez les Tartares. Nos voyageurs écrivent ce nom de six ou sept manieres différentes, comme *Kan, Kaan, Khan, Khagan, Kam, Chaam, Cham*, & ces variétés d'orthographes forment autant d'articles d'une même chose, dans le Dictionnaire de Trévoux. Tous les princes ou souverains des peuples tartares qui habitent une grande partie du continent de l'Asie, prennent le titre de *kan*, mais ils n'ont pas tous la même puissance.

Les Tartares de la Crimée, pays connu dans l'antiquité sous le nom de Chersonése taurique, où les Grecs porterent leurs armes & leur commerce, professent le Mahométisme, & obéissent à un *kan* dont le pays est sous la protection des Turcs. Si les Tartares de la Crimée se plaignent de leur *kan*, la Porte le dépose sous ce prétexte. S'il est aimé du peuple, c'est encore un plus grand crime; dont il est plûtôt puni; ainsi la plûpart des *kans* de cette contrée passent de la souveraineté à l'exil, & finissent leurs jours à Rhodes, qui est d'ordinaire leur prison & leur tombeau. Cependant le sang othoman dont les *kans* de Crimée sont descendus, & le droit qu'ils ont à l'empire des Turcs, au défaut de la race du grand-seigneur, rendent leur famille respectable au sultan même, qui n'ose la détruire, & qui de plus est obligé de nommer à la place du *kan* qu'il déposséde, un autre prince qui soit du même sang.

Le *kan* des Tartares koubans ne reconnoît point les ordres du grand-seigneur, & s'est maintenu libre jusqu'à ce jour.

Quoique le *kan* des Tartares mongules de l'ouest soit sous la protection de la Chine, cette soumission n'est au fond qu'une soumission précaire, puisque loin de payer le moindre tribut à l'empereur chinois, il reçoit lui-même des présens magnifiques de la cour de Péking, & en est fort redouté; car s'il lui prenoit jamais fantaisie de se liguer avec les Calmoucks, le monarque qui siége aujourd'hui dans l'empire de la Chine, n'auroit qu'à se tenir bien ferme sur le trone.

Les Tartares du Daghestan ne sont pas seulement indépendans de leurs voisins, à cause de leurs montagnes inaccessibles; mais ils n'obéissent à leur propre *kan*, qui est élû par le chef de leur religion, qu'autant qu'il leur plait.

Les Tartares noghais n'ont point de *kan* général pour leur maître, mais seulement plusieurs chefs qu'ils nomment *Murses*. *Voyez* MURSA.

Si les Tartares de la Casastchia orda ont un seul *kan* pour souverain, les Murles brident encore son pouvoir à leur volonté.

Enfin les Tartares circasses obéissent à divers *kans* particuliers de leur nation, qui sont tous sous la protection de la Russie.

Il résulte de ce détail que la dignité de *kan* est très-différente chez les peuples tartares, pour l'indépendance, la puissance, & l'autorité.

Le titre de *kan* en Perse répond à celui de *gouverneur* en Europe; & nous apprenons du dictionnaire persan d'Haluni, qu'il signifie *haut, éminent, & puissant seigneur*. Aussi les souverains de Perse & de Turquie le mettent à la tête de tous leurs titres; Zingis conquérant de la Tartarie, joignit le titre de *kan* à son nom; c'est pour cela qu'on l'appelle *Zingis-Kan*. (*D. J.*)

KANAKO-JURI, s. m. (*Hist. nat. Botan.*) nom que l'on donne dans le Japon à un lis, *lilium martagon majus*; c'est une fleur qui a quelque ressemblance avec un turban de Kanasler; elle panche comme la fritillaire; elle est couleur de chair; de son calice sortent sept étamines comme celles des blancs; elle croit à la hauteur d'environ deux piés; ses feuilles sont fermes, épaisses, & remplies de beaucoup de fibres. La racine ou la bulbe est comme composée d'écailles. Les Japonois mangent cette racine, & cultivent cette fleur dans leurs jardins, sans qu'on en fasse usage dans la Médecine. *Voyez éphémérid. nat. curiof. décur. II. anno viij. obferv. 191. pag. 490.*

KANASTER, s. m. (*Commerce.*) nom que l'on donne en Amérique à des paniers de jonc ou de canne, dans lesquels on met le tabac que l'on envoie en Europe: c'est-là ce qui a fait donner le nom de *tabac de Kanafter*, au tabac à fumer en rouleaux, qui vient d'Amérique: le plus estimé est celui qui vient de Makaribou.

KANDEL, s. m. (*Botan.*) arbrisseau dont Ray a fait mention. Les racines, l'écorce, les feuilles broyées ou cuites dans l'huile & le petit-lait, soulagent les douleurs, & calment les flatulences.

KANELLI, s. m. (*Botan.*) arbre des Indes orientales. Les feuilles séchées & réduites en poudre, prises dans du lait, guérissent la diarrhée. Les bains faits de leur décoction, sont bienfaisans dans les douleurs des membres; de quelque espece qu'elles soient.

KAN-JA, s. m. (*Hist. mod.*) c'est une fête solemnelle qui se célebre tous les ans au Tonquin, à l'imitation de la Chine. Le bova ou roi du pays, accompagné des grands du royaume, se rend à un endroit marqué pour la cérémonie: là il forme avec une charrue plusieurs sillons, & il finit par donner un grand repas à ses courtisans. Par cet usage le souverain veut inspirer à ses sujets le soin de l'agriculture, qui est autant en honneur à la Chine & au Tonquin, qu'elle est négligée & méprisée dans les royaumes d'Europe où l'on se croit bien plus éclairé.

KANGIS, ou KENGIS, (*Géog.*) bourg de Bothnie, au nord de Bornéo, remarquable par des mines de fer & de cuivre. Des mathématiciens suédois ayant pris avec un astrolabe la hauteur du soleil en 1695, supputerent la hauteur du pole de *Kangis*, un peu plus grande que 66. 45. De leurs observations M. Cassini l'estime de 66. 42. *Voyez les mémoires de l'académie des Sciences, de l'année 1700.* (*D. J.*)

KANGUE, s. f. (*Hist. mod.*) supplice qui est fort en usage à la Chine, & qui consiste à mettre au col du coupable deux pieces de bois qui se joignent l'une à l'autre, au milieu desquelles est un espace vuide pour recevoir le col. Ces pieces de bois sont si larges, que le criminel ne peut voir à ses piés, ni porter les mains à sa bouche, en sorte qu'il ne peut manger, à moins que quelque personne charitable ne lui présente les alimens. Ces pieces de bois varient pour la pesanteur; il y en a depuis 50 jusqu'à 200 livres: c'est la volonté du juge, ou l'énormité du crime qui décide de la pesanteur de la *kangue*, & du tems que le criminel est obligé de la porter; il succombe quelquefois sous le poids, & meurt faute de nourriture & de sommeil. On écrit la nature du crime, & le tems que le coupable doit porter la *kangue*, sur deux morceaux de papier qui sont attachés à cet instrument. Lorsque le tems est expiré, on va trouver le mandarin ou le juge, qui lui fait réprimande & fait donner la bastonade au coupable, après quoi il est remis en liberté.

KANIOW, *Kaniovia*, (*Géog.*) ville de Pologne en Ukraine, au palatinat de Kiowie, sur le bord occidental du Borysthène. Elle appartient aux Cosacks, & est près du Nieper, à 25 lieues sud-est de Kiowie, 50 nord-est de Braclaw. *Long. 50. 5. lat. 49. 25.* (*D. J.*)

KANISCA, (*Géog.*) ou CANISA, ville de la basse-Hongrie, qui passe pour imprenable, & qui est capitale du comté de Salawar. Elle se rendit à l'empereur en 1690. Elle est sur la Drave, à 32 lieues sud-ouest d'Albe-Royale, 53 sud-est de Vienne, 42 sud-ouest de Bude. *Long. 36. 12. lat. 46. 23.* (*D. J.*)

KANNE, s. f. (*Commerce.*) mesure dont on se sert en Allemagne & dans les Pays-Bas, pour mesurer le vin, la bierre & les autres liqueurs. Elle varie pour la grandeur, comme la pinte en France.

KANNO, s. m. (*Hist. mod. Superst.*) c'est le nom sous lequel les Negres, habitans des pays intérieurs d'Afrique; vers Sierra Léona, désignent l'être suprème. Quoiqu'ils lui attribuent la toute-puissance, l'omniscience, l'ubiquité, l'immensité, ils lui refusent l'éternité, & prétendent qu'il doit avoir un successeur qui punira les crimes & récompenfera la vertu. Les idées qu'ils ont de la divinité ne les empêchent point de rendre tout leur culte à des esprits ou revenans qu'ils nomment *Jannanins*, & qui, felon eux, habitent les tombeaux. C'eſt à eux que ces negres ont recours dans leurs maux ; ils leur font des offrandes & des ſacrifices ; ils les conſultent ſur l'avenir, & chaque village a un lieu où l'on honore le *Jannanin* tutelaire : les femmes, les enfans, & les eſclaves ſont exclus de ſon temple.

KANSAKI, (*Géog.*) ville du Japon compoſée d'environ ſept cent maiſons.

KANTERKAAS, ſ. m. (*Commerce.*) eſpece de fromages de Hollande ; il y en a de blancs & de verds, de ronds & d'autres formes. On met ordinairement dans les blancs de la graine de cumin, ce qui en releve le goût ; mais alors ils ne font plus réputés *kanterkaas*, & ne payent de ſortie que deux ſols le cent.

KANUN, ſub. maſc. (*Hiſt. mod.*) on nomme ainſi parmi les Ruſſes le repas que ces peuples font tous les ans ſur les tombeaux de leurs parens. *Kanun* ſignifie auſſi la veille d'une grande fête. Ce jour-là l'ancien de l'égliſe en Ruſſie & en Sibérie, braſſe de la bierre pour ſa communauté, & la donne gratuitement à ceux qui lui ont donné généreuſement à la quête qu'il eſt dans l'uſage de faire auparavant. Les Sibériens chrétiens croient ne pouvoir ſe diſpenſer de s'enivrer dans ces ſortes d'occaſions ; & ceux qui ſont payens ne laiſſent pas de ſe joindre à eux dans cet acte de dévotion. *Voyez* Gmelin, *voyage de Sibérie.*

KANUNI, ſ. m. (*Hiſt. mod.*) nom de deux mois différens chez les Turcs. Le *kanuni* achir eſt le mois de Janvier, & le *kanuni* evel eſt le mois de Décembre. Achir ſignifie *poſtérieur*, & evel, *premier.*

KAOCHEU, (*Géog.*) ville de la Chine, ſeptieme métropole de la province de Quanton ; elle eſt dans un terroir où ſe trouvent beaucoup de paons, de vautours excellens pour la chaſſe, & de belles carrieres de marbre. *Long.* 129. *lat.* 22. 23. (*D J.*)

KAOLIN, ſ. m. (*Hiſt. nat. Minéral.*) c'eſt ainſi que les Chinois nomment une ſubſtance terreuſe blanche ou jaunâtre ; elle eſt en poudre, entremêlée de particules brillantes de talc ou de mica, & l'on y trouve des petits fragmens de quartz ou de caillou. Cette terre jointe avec le petuntſe, forme la pâte ou compoſition dont ſe fait la porcelaine de la Chine ; mais on commence par laver le *kaolin* pour en ſéparer les matieres étrangeres, talqueuſes & quartzeuſes qui ſont mêlées avec lui, & qui le rendroient peu propre à faire de la porcelaine. *Voyez* PORCELAINE.

Il ſe trouve une terre tout-à-fait ſemblable au *kaolin* des Chinois, & qui a les mêmes propriétés, aux environs d'Alençon, & dans pluſieurs autres endroits de la France ; les Anglois en employoient auſſi dans leur porcelaine de Chelſéa ; mais on ne ſait d'où ils la tirent : ce qu'il y a de certain, c'eſt qu'on a trouvé une charge très-conſidérable de *kaolin*, ſur un vaiſſeau qui fut pris ſur eux pendant la derniere guerre.

M. de Reaumur, dans les *Memoires de l'académie royale des Sciences, année 1727*, paroît croire que le *kaolin* eſt une ſubſtance talqueuſe, & a fait différentes expériences, pour voir ſi les différens faits du royaume pourroient y ſuppléer ; mais la matiere talqueuſe qui ſe trouve mêlée avec le *kaolin*, ne peut point être regardée comme la partie qui le rend propre à faire de la porcelaine, attendu que toutes les pierres talqueuſes réſiſtent au feu, & ne ſont point ſuſceptible, du dégré de fuſibilité convenable pour prendre corps & faire une pâte ſolide.

Les endroits où le *kaolin* ſe trouve en France, les différentes parties qui le compoſent, donnent lieu de conjecturer avec beaucoup de vraiſſemblance, que cette terre eſt formée par la deſtruction ou la décompoſition d'une eſpece de roche ou de faux granit, qui ſe trouve en beaucoup de pays, & qui eſt compoſé d'un ſpath calcaire & rhomboïdal, formé par l'aſſemblage de pluſieurs feuillets, de particules de quartz ou de caillou, & de paillettes de talc. C'eſt le ſpath qui forme ſeul la terre propre à la porcelaine ; les deux autres ſubſtances y nuiroient ; c'eſt pourquoi on les en dégage. *Voyez* PORCELAINE.

Les Chinois préparent le *kaolin* avant que de s'en ſervir pour faire de la porcelaine : il y a lieu de croire qu'ils le dégagent en le lavant, des particules de quartz avec leſquelles il eſt mêlé ; ils en forment enſuite des eſpeces de pains & de briques. (—)

KAOUANNE, (*Hiſt. nat.*) TORTUE.

KAPI, ſ. f. (*Hiſt. mod.*) terme qui dans les pays orientaux ſignifie *porte.*

On appelle en Perſe la principale porte par où on entre chez le roi, *alla kapi*, c'eſt-à-dire *porte de Dieu*. Delà vient que l'on donne au premier officier qui commande aux portes du palais du grand-ſeigneur le nom de *kapighi pachi. Voyez* CAPIGI.

KAPIGILAR KEAJASSI, ſ. m. (*Hiſt. mod.*) colonel ou général des gardes du grand-ſeigneur.

Il fait à la porte l'office de maître des cérémonies & d'introducteur de tous ceux qui vont à l'audience du ſultan. Cet emploi eſt fort lucratif par les commiſſions dont la charge le prince & par les préſens qu'il reçoit d'ailleurs. Il porte dans ſa fonction une veſte de brocard à fleurs d'or, fourrée de zibelines, le gros turban comme les viſirs, & une canne à pomme d'argent. C'eſt lui qui remet au grand-viſir les ordres de ſa hauteſſe. Il commande aux capigis & aux capigis bachis, c'eſt-à-dire aux portiers & aux chefs des portiers. *Guer. mœurs des Turcs, tom. II.*

KAPOCK, *voyez* CAPUCK.

KAPOSWAR, (*Géogr.*) forteresse de la baſſe-Hongrie, ainſi nommée de la riviere de Kapos, qui l'arroſe à 12 lieues de Tolna. *Long.* 36. 38. *latit.* 46. 28. (*D. J.*)

KAPTUR, (*Hiſt. mod.*) nom qu'on donne en Pologne dans le tems d'un interregne pendant la diete convoquée pour l'élection d'un roi, à une commiſſion établie contre ceux qui s'aviſeroient de troubler la tranquillité publique. Elle eſt compoſée de 19 des perſonnes les plus conſtituées en dignité du royaume, & juge en dernier reſſort des affaires criminelles. Hubner, *dictionn. géogr.*

KARA-ANGOLAM, ſ. m. (*Bot. exot.*) grand arbre qui croît dans pluſieurs contrées du Malabar, & qui porte en même tems, feuille, fleur, & fruit ſemblables à la pêche, mais extrêmement chaud, & rarement bon à manger. *Voyez*-en la deſcription dans l'*Hort. Malabar.* (*D. J.*)

KARABÉ, ſ. m. (*Hiſt. nat. Minéral.*) quelques naturaliſtes nomment *karabé de Sodome* la ſubſtance inflammable & bitumineuſe que l'on nomme plus communément *aſphalte* ou *poix minérale*, qui ſe trouve ſur-tout nageante à la ſurface des eaux du lac de Sodome en Judée. *Voyez* BITUME & ASPHALTE. On donne auſſi quelquefois le nom de *karabé* au ſuccin ou ambre jaune. (—)

KARABÉ, (*Hiſt. nat.*) *voyez* AMBRE JAUNE.
KARABÉ, (*Chimie & Mat. méd.*) *voyez* SUCCIN.
KARABÉ, (*ſyrop de*) *voyez* la fin de l'art. *ſuccin, Chimie & Mat. Méd.*

* KARA-

KARA-GROCHE, f. f. (*Commerce.*) nom de la richedalle d'Allemagne à Constantinople. Elle y est reçue sur le pié de l'écu de France de soixante sols, ou pour quatrevingts aspres de bon aloi, ou pour sixvingts de mauvais.

KARAHÉ, f. m. (*Hist. nat.*) suc qui se tire d'un arbre nommé *arandranto*; les habitans de l'isle de Madagascar le font épaissir après y avoir joint du verd-de-gris, & ils s'en servent comme d'une encre pour écrire; elle est aussi noire que celle d'Europe. Leurs plumes sont des morceaux de bambou.

KARAHISAR, (*Géog.*) ville détruite de la Natolie, qui est, selon Paul Lucas, dans son voyage de l'Asie mineure, l'ancienne capitale de la Cappadoce. L'on y voit par tout, ajoute-t-il, des ruines de temples, de palais, où les colomnes, les piédestaux, les corniches, les pieces de marbre avoient été prodiguées. (*D. J.*)

KARAKATIZA, f. f. (*Hist. nat.*) nom que les Turcs ou Tartares donnent à une espece d'étoile de mer ou de zoophyte qui se trouve dans le pont Euxin. Il est cartilagineux ayant huit pointes, les Grecs s'en nourrissent dans leurs tems de jeûnes qui sont très-rigoureux. *Voyez Acta physico-medica nat. curiosorum, tom. IX. pag. 335 & suiv.*

KARASERA, (*Géog.*) grande ville d'Asie, dont on ne voit plus que les ruines, dans la Mésopotamie, sur la route d'Ours à Moffull. Tavernier fait un détail des ruines de cette ville dans son voyage de Perse, *liv. II. chap. iv.* (*D. J.*)

KARAT, f. m. (*Commerce.*) est le nom de poids qui a été jugé propre pour exprimer le titre & la bonté de l'or; il se divise en demi, en quarts, en huitiemes, en seiziemes, en trente-deuxiemes.

Le *karat* se prend en plusieurs sens.

1°. Le *karat* est le vingt-quatrieme degré de sa bonté.

2°. Le *karat* de prix c'est la vingt-quatrieme partie de la valeur du mare d'or fin.

3°. Le *karat* ou poids; il ne pese que quatre grains, mais chaque grain se divise en demi, quarts, huitiemes, &c. c'est sur ce pié qu'on donne le prix aux pierres précieuses & aux perles.

Le denier pese 24 grains.

KARATA, que d'autres appellent CARAGUATA MACA, f. m. (*Hist. nat.*) est une espece d'aloès qui croit en Amérique, & des feuilles duquel on tire en les faisant bouillir un fil qui est excellent pour faire de la toile, des filets pour la pêche, &c. Sa racine ou ses feuilles broyées ou jettées dans la riviere, étourdissent si fort les poissons qu'on peut les prendre aisément avec la main. Sa tige quand elle est brûlée tient lieu de meche, & quand on la frotte rudement contre un bois plus dur, elle s'enflamme & se consume.

KARATAS, f. m. (*Bot.*) genre de plante à fleur monopétale en entonnoir, bien découpée & tenant au calice qui devient dans la suite un fruit conique charnu, couvert d'une membrane fendue en quatre parties, & divisé en deux loges remplies de semences oblongues. *Plumier.*

Le *karatas* est un ananas sauvage qu'il faut caractériser. Sa fleur est tubuleuse & en cloche, dont la circonférence se divise en trois segmens. Du calice s'éleve le pistil, planté comme un clou dans la partie reculée de la fleur; ce pistil dégénere en un fruit charnu presque conique, & divisé par des membranes en trois cellules, pleines de graines oblongues.

Le P. Plumier s'est trompé en caractérisant cette plante, qui du reste est très-commune aux Indes orientales. Les Anglois font entrer quelquefois dans leur punch le suc du fruit, parce qu'il est acide & piquant. On en tire un vin très-fort, mais qui n'est

pas de garde; ce fruit ne parvient point à maturité dans nos climats modérés; & quand il pourroit mûrir, son acreté est si grande que nous en ferions peu de cas, car il emporte la peau de la bouche de ceux qui en mangent. (*D. J.*)

KARBITZ, (*Géog.*) ville de Bohème, dans le cercle de Leitmeritz, à une lieue de Tœplitz.

KARBUS, f. m. (*Hist. nat. Botan.*) c'est le nom qu'on donne dans le pays de Karasme & chez les Tartares Usbecs, à une espece de melons d'eau, dont les voyageurs vantent beaucoup la bonté. Ils sont verds & lisses à l'extérieur, mais à l'intérieur ils sont d'un rouge plus vif que les melons ordinaires: cependant il y en a qui sont blancs intérieurement, mais ces derniers ne sont point les meilleurs. La graine de ces melons est toute noire & ronde, la peau en est dure; le goût est délicieux, & l'on peut en manger une grande quantité sans aucun danger. Ce fruit se conserve pendant très-longtems, pour cet effet on le cueille avant d'être mûr. On en transporte une grande quantité d'Astracan jusqu'à Pétersbourg où l'on en mange jusqu'au cœur de l'hiver.

KARDEL ou QUARTEEL, en françois QUARTAUT, f. m. (*Commerce.*) c'est une espece de futaille ou de tonneau, dans lequel les pêcheurs de baleine mettent le lard de ce poisson. Ces sortes de *kardels* contiennent jusqu'à soixante & soixante-quatre gallons d'Angleterre, à prendre le gallon sur le pié de quatre pintes de Paris. *Kardel* se dit aussi des petits quartauts dans lesquels on met les huiles de poisson, particulierement à Hambourg, & sur toute la riviere d'Elbe, il est d'environ 128 pintes de Paris. *Voyez* GALLON & PINTE. *Dictionn. du commer.*

KARESMA, f. m. (*Hist. des voyages.*) sorte d'hôtellerie commune en Pologne. Le *karesma* est un vaste bâtiment de terre grasse & de bois, construit sur les grands chemins de Pologne pour héberger les passans.

Ces bâtimens sont composés d'une vaste & large écurie à deux rangs, avec un espace suffisant au milieu pour les chariots: au bout de l'écurie est une chambre qui mene dans un second réduit, nommé *comori*, où le maitre du *karesma* tient ses provisions, & en particulier son avoine & sa biere. Cette chambre est tout ensemble grenier, cave, magasin & bouge, dit M. le chevalier de Beaujeu, qu'il faut laisser parler ici.

La grande chambre d'assemblée a un poële & une cheminée relevée à la mode du pays comme un four. Tout le monde se loge-là pêle mêle, hommes & femmes, qui se servent indifféremment du feu de l'hôte ainsi que de la chambre. Tout voyageur entre sans distinction dans ces sortes de maisons, s'y chauffe & s'y nourrit en payant à son hôte les fourrages.

Il y a dans l'intérieur des villes capitales des especes d'auberges où l'on peut loger & manger, & les *karesma* y sont seulement dans les fauxbourgs: mais tous les villages un peu considérables en ont, par l'utilité qu'ils en tirent pour la vente & la consommation des denrées du pays.

Chaque seigneur fait débiter par un paysan ou par un juif qu'il crée hôte de son *karesma*, le foin, l'avoine, la paille, la biere & l'eau-de-vie de ses domaines, & de ses brasseries, qui est à peu près tout ce qu'on trouve à acheter dans ces sortes d'hôtelleries.

Une de leurs plus grandes incommodités, c'est la puanteur des chambres, la malpropreté du lieu, le voisinage des chevaux, de la vache, du veau, des cochons, des poules, des petits cufuus, qui sont pêle-mêle avec le voyageur, & dont chacun fait son ramage différent.

Outre cela, les jours de fêtes sont redoutables,

parce que le village eft affemblé dans le *karefina*, & occupé à boire, à danfer, à fumer, & à faire un vacarme épouvantable.

Je conviens avec M. le chevalier de Beaujeu de tous ces défagrémens des *karefina* de Pologne ; mais n'eft-on pas heureux dans un pays qui eft à peine forti de la barbarie, de trouver prefque de mille en mille, à l'entrée, au milieu & à l'iffue des forêts, dans les campagnes défertes, & dans les provinces les moins peuplées, des bâtimens quelconques d'hofpitalité, ou à peu de frais vous pouvez, vous, vos gens, votre compagnie, vos voitures, & vos chevaux, vous mettre à couvert des injures de l'air, vous fécher, vous chauffer, vous délaffer, vous repofer, & manger fans crainte de vol, de pillage & d'affaffinat, les provifions que vous avez faites, ou qu'on vous procure bientôt dans le lieu même à un prix très-modique ? (*D. J.*)

KARGAPOL, *Cargapolis*, (*Géog.*) ville de l'empire Ruffien, capitale de la province de même nom, fur le bord de Loméga, à 50 lieues S. O. d'Archangel, 125 N. O. de Mofcou. *Long.* 55. 44. *lat.* 52. 4. (*D. J.*)

KARHAIS, (*Géog.*) ou CARALIS ou KÉRAHES, petite ville de France, dans la baffe-Bretagne, fur l'Aufer, à 16 lieues de Breft, 12 d'Hennebon, 11 de Kimper. Le gibier, fur-tout les perdrix, y font d'un goût exquis. *Long.* 14. 3. *lat.* 48. 15. (*D. J.*)

KARIIL, f. m. (*Bot.*) efpece de prunier du Malabar. Les racines, les feuilles, les fruits bouillis font des bains excellens pour les douleurs des articulations.

KARI-VETTI, f. m. (*Botan.*) arbre moyen qui croît au Malabar. Le fuc exprimé des feuilles donné dans du petit lait eft un excellent émétique.

KARITE ou CARITE, f. f. (*Théolog.*) terme ufité autrefois en Angleterre parmi les religieux pour meilleure boiffon conventuelle ou biere forte : ils buvoient ainfi leur *poculum caritatis* ou coupe de grace. On donnoit fouvent à cette coupe même le nom de *karite* ou *carite*. Harris *fupplément*.

KARKOUH, (*Géog.*) ou, comme quelques géographes écrivent CARCOUH, CARCUB, ville de Perfe, lieu de grand paffage pour tous les pélerins qui vont à la Mecque, & qui viennent des hautes contrées de la Perfe. *Long.* 74. 45. *latit.* 32. 15. (*D. J.*)

KARKRONE, f. m. (*Hift. mod. & Commerce.*) maifon des manufactures royales en Perfe. On y fait des tapis, des étoffes d'or, de foie, de laine, des brocards, des velours, des taffetas, des jaques de maille, des fabres, des arcs, des fleches & d'autres armes. Il y a auffi des Peintres en miniature, des Orfévres, des Lapidaires, &c. *Dictionnaire de Trévoux.*

KARLE, f. m. (*Hift. mod.*) mot faxon dont nos lois fe fervent pour défigner fimplement un homme, & quelquefois un domeftique ou un payfan.

Delà vient que les Saxons appellent un mari *bafcarle*, & un domeftique *hafcarle*.

KAROUATA, f. m. (*Hift. nat. Bot.*) plante d'Amérique qui croît dans l'ifle de Maragnan ; fes feuilles font longues d'une aune, & larges de deux pouces ; il en fort une tige qui porte un grand nombre de fruits de la longueur du doigt, rouges par-dedans & par dehors, & d'un goût excellent ; ils font fpongieux & remplis de petites graines ; quelque agréable que foit ce fruit, fi on en mange avec excès, il fait faigner les gencives. On le regarde comme un puiffant remede contre le fcorbut.

KARVARY, f. m. (*Comm.*) nom d'une efpece de foie que l'on tire de la Perfe. Elle vient fur-tout de la province de Ghilan.

KAS, f. m. (*Comm.*) petite monnoie de cuivre, en ufage dans les Indes orientales fur le côté de Tranquebar.

KASEMIECH, (*Géog.*) on écrit auffi KAZEINIECK, CASEMIECH, CASEMICH, KASEMITH, &c. riviere de Syrie, qui a fa fource dans les montagnes de l'Anti-liban, & fe jette dans la mer de Phénicie, entre Tyr & Sidon. La pêche de la morue qui eft y abondante en certains tems de l'année, lui donne une grande confidération dans le pays : M. de la Roque dit l'avoir paffé en allant de Seyde à Tyr.

Les voyageurs François, les Miffionnaires & plufieurs Géographes modernes, prétendent que le *Kafemiech* eft l'Eleuthéros des anciens. L'auteur du voyage nouveau de la Terre-fainte n'en doute point : il dit, *liv. V. ch. iv*, que ce fleuve eft très-remarquable par fa profondeur, par la rapidité de fon cours, par les détours des montagnes au fond defquelles il ferpente (d'où vient qu'on le nomme *Kafemiech*, terme arabe, qui fignifie *féparation*, *partage*), enfin par fa célébrité dans le premier livre des Machabées, puifque ce fut jufques-là que l'illuftre Jonathas pourfuivit les généraux des troupes de Démétrius.

Malgré tant d'autorités, l'Eleuthéros des anciens ne peut être ni le *Kafemiech*, ni même aucune des rivieres qui font entre Tyr & Sydon, puifqu'il étoit au nord de cette derniere ville. Ptolomée lui donne 1 degré 20' de *latitude* plus qu'à Sydon ; & Jofephe, *Ant. jud. liv. XIV. ch. vij & viij*, parlant des préfens que Marc-Antoine fit à Cléopatre, obferve que cet amant prodigue lui donna toutes les villes fituées entre l'Egypte & l'Eleuthéros, à la réferve de Tyr & de Sydon ; ces deux villes étoient donc fituées entre l'Eleuthere de l'Egypte, c'eft-à-dire au midi de cette riviere. En un mot, on ne fait quel eft le nom moderne de l'Eleuthéros, mais on voit que ce n'eft point le *Kafemiech* de nos jours ; ce n'eft pas non plus le fleuve faint du P. Hardouin, qui eft le Kadifca, dont l'embouchure eft à l'orient de Tripoli qu'il traverfe. (*D. J.*)

KASI, f. m. (*Hift. mod.*) c'eft le quatrieme pontife de Perfe qui eft en même tems le fecond lieutenant civil qui juge des affaires temporelles. Il a deux fubftituts qui terminent les affaires de moindre conféquence, comme les querelles qui arrivent dans les caffés, & qui fuffifent pour les occuper. *Dictionn. de Trévoux.*

KASIAVA-MARAM, f. m. (*Hift. nat. Bot.*) arbre des Indes orientales, il eft de moyenne grandeur, dont on ne nous apprend rien finon que fes feuilles & fes racines bouillies dans de l'huile avec le curcuma frais, forment un liniment excellent contre les douleurs de la goutte & contre les puftules féreufes.

KASIEMATZ, f. m. (*Hift. mod. mœurs.*) c'eft le nom qu'on donne au Japon à un quartier des villes qui n'eft confacré qu'aux courtifanes ou filles de joie. Les pauvres gens y placent leurs filles dès l'âge de dix ans, pour qu'elles y apprennent leur métier lubrique. Elles font fous la conduite d'un directeur qui leur fait apprendre à danfer, à chanter & à jouer de différens inftrumens. Le profit qu'elles tirent de leurs appas eft pour leurs directeurs ou maîtres de penfion. Ces filles après avoir fervi leur tems peuvent fe marier, & les Japonois font fi peu délicats qu'elles trouvent fans peine des partis ; tout le blâme retombe fur leurs parens qui les ont proftituées. Quant aux directeurs des *kafiematz*, ils font abhorrés & mis au même rang que les bourreaux.

KASNADAR, Bach. f. m. (*Hift. mod.*) Le grand tréforier en Perfe ; c'eft un officier confidérable. Il garde les coffres du fouverain roi. Chafnadar Bach.

KASSRE-EL-LEHOUS, (*Géog.*) autrement

KAT KAV

nommée *Kengaver*, ville de Perse, située dans un pays fertile en excellens fruits. *Voyez* Tavernier; *long.* selon lui 76. 20. *lat.* 33. 35. (*D. J.*)

KAT-CHERIF, s. m. (*Hist. mod.*) nom que les Turcs donnent aux ordonnances émanées directement du grand-seigneur. Autrefois les sultans se donnoient la peine d'écrire leurs mandemens de leur propre main & de les signer en caracteres ordinaires: maintenant ils sont écrits par des secrétaires, & marqués de l'empreinte du nom du monarque; & quand ils n'ont que ces marques on les nomme simplement *tura*; mais lorsque le grand-seigneur veut donner plus de poids à ses ordres, il écrit lui-même de sa propre main au haut du *tura*, ou selon d'autres au bas ces mots, *que mon commandement soit exécuté selon sa forme & teneur*, & c'est ce qu'on appelle *katcherif*, c'est-à-dire *ligne noble* ou *sublime lettre*; ce sont nos lettres de cachet. Un turc n'oseroit les ouvrir sans les porter d'abord à son front & les baiser respectueusement après les avoir passé sur ses joues pour en essuyer la poussiere. Guer. *mœurs des Turcs*, tom. *II*. Darvieux, *mem.* tom. *V*.

KATIF, EL, (*Géog.*) ville de l'Arabie heureuse, dans la province de Bahrain, du côté de Ahsa, sur la côte du golfe Persique. Les hautes marées vont jusqu'au pié de ses murs, & il y a un golfe ou canal, par lequel les plus gros navires s'approchent de la ville avec la marée. *Long.* selon Abulféda, 73. 55. *lat.* 22. 35. (*D. J.*)

KATONG-GING, s. m. (*Hist. nat. Botan.*) c'est une plante parasite du Japon, dont la fleur ressemble à un scorpion. Elle a cinq feuilles de muse, ses pétales au nombre de cinq sont couleur citron, variées de belles taches purpurines; ils ont deux pouces de long, & la largeur d'une plume d'oie. Ils sont roides, gros, plus larges à l'extrémité, & un peu plus recourbés. Celui du milieu s'étend en droite ligne comme la queue du scorpion; les quatre autres, deux de chaque côté, se courbent en forme de croissant & représentent les piés. A l'opposite de la queue, une espece de trompe courte & recourbée, ne représente pas mal la tête de cet animal. Ce qu'il y a de plus singulier, c'est que l'odeur de muse ne réside qu'à l'extrémité du pétale qui ressemble à la queue du scorpion; & que s'il est coupé, la fleur demeure sans odeur.

KATOU-CONA, s. m. (*Hist. nat. Bot.*) grand arbre de la côte de Malabar, qui est toujours verd & qui porte en tout tems des fruits & des fleurs. On prétend que la décoction de ses fleurs est un puissant remede contre la lepre & empêche les cheveux de blanchir. On mêle aussi son écorce avec du sucre pour en former une pâte que l'on dit excellente contre la lepre.

KATOU-INDEL, s. m. (*Botan. exot.*) espece de palmier sauvage de Malabar, à feuilles pointues & à fruit semblable à la prune; le petit peuple du pays le mâche comme les grands mâchent l'aréca avec le betel & les coquilles d'huitres calcinées; c'est un puissant astringent, les Malais se font des bonnets avec les feuilles de l'arbre. (*D. J.*)

KATU-NAREGAM, s. m. (*Hist. nat. Bot.*) grand arbre de l'Indostan qui produit une espece de limon très-petit; ses feuilles rendent un suc qui passe pour être un remede souverain contre les maux de tête, ou mêlant le même suc avec du poivre, du gingembre & du sucre, les Indiens composent un remede qu'ils croient excellent contre les maladies du poumon qui viennent du froid.

KATOU-PULCOLLI, s. m. (*Bot.*) arbre du Malabar; les graines font d'usage en Médecine pour les douleurs d'estomac & les inflammations, de même que pour la gratelle & les dartres.

KATOU-THEKA, s. m. (*Botan.*) arbre du Malabar; son fruit sert comme le betel; son écorce séchée & réduite en poudre tempere l'effervescence excessive de la bile.

KATOU-TSJACA, s. m. (*Bot.*) arbre du Malabar; le suc exprimé du fruit guérit les maux de ventre.

KATTEQUI, s. m. (*Commerce.*) toile de coton blanc qu'on tire des Indes orientales, sur-tout de Surate. La piece n'a que deux aulnes cinq huitiemes de long, sur cinq sixiemes de large.

KATUTI-JETTI-POU, (*Hist. nat. Botan.*) plante de l'Indostan dont on vante les vertus pour résoudre les empyêmes & les autres abscès internes, ainsi que contre les convulsions & les hydropisies. Quelques médecins allemands recommandent cette plante prise comme du thé en infusion.

KATUWALA, s. m. (*Hist. nat. Bot.*) plante des Indes, *arachidna indica*, qui produit dessus & dessous la terre des fruits ou des especes de glands très-bons à manger & d'un goût très-agréable. *Ephemerid. nat. curiosor. dec. II. ann.* 3. *observ.* 211.

KAUFFBEUREN, c'est-à-dire, *hameau acheté*, (*Géog.*) ville libre & impériale d'Allemagne, dans la Souabe. On y professe la religion luthérienne, quoique la catholique soit la dominante; elle est sur le Werdach, à 5 lieues N. E. de Kempten, 14 S. O. d'Ausbourg. *Long.* 28. 18. *lat.* 47. 50.

Strigellius (Victorinus) fameux théologien, protestant du xvj siecle, naquit à *Kauffbeuren*, & fut cruellement persécuté pendant sa vie, qu'il termina en 1569, âgé d'environ 45 ans. Il est auteur de quantité d'ouvrages de théologie, de morale, & de philosophie aristotélicienne, qu'on ne lit plus aujourd'hui. (*D. J.*)

KAVIAC, s. m. (*Commerce.*) œufs d'esturgeons mis en galettes, épaisses d'un doigt, & larges comme la paume de la main; salées & qu'on fait sécher au soleil. Les italiens établis à Moscou en font un grand commerce dans cet empire.

Le meilleur *kaviac* se fait avec le bolluca, poisson de huit à dix piés de long, qui se pêche dans la mer Caspienne.

Il vient aussi du *kaviac* de la mer Noire.

On en use en Italie: on commence à le connoître en France.

Le bon doit être d'un brun rougeâtre & bien sec. On le mange avec de l'huile & du citron. *Voyez le Dict. de Comm.*

KAVRE YSAOUL, s. m. (*Hist. mod.*) corps de soldats qui forme le dernier & le cinquieme de ceux qui composent la garde du roi de Perse.

Ce sont des huissiers à cheval au nombre de 1000, qui ont pour chef le connétable, & en son absence le lieutenant du guet.

Ils font le guet la nuit autour du palais, écartent la foule quand le roi monte à cheval, font faire silence aux audiences des ambassadeurs, servent à arrêter les kams & les autres officiers disgraciés, & à leur couper la tête quand le roi l'ordonne. *Dict. de Trévoux.*

KAUTTI, *floribus odoratis*, Breyn, s. m. (*Bot.*) arbre qui croît à Java, & qui porte de petites fleurs odoriférantes: l'eau distillée de ces fleurs a les mêmes vertus que l'eau-rose.

KAYSERBERG, (*Géog.*) c'est-à-dire mont de l'empereur, *Cæsaris mons*; petite & pauvre ville de France en Alsace, au bailliage d'Hagueneau. Elle appartient à la France depuis 1648, & est située dans un pays agréable, à 10 lieues N. O. de Bâle, 2 N. O. de Colmar. *Long.* 25. *lat.* 48. 10.

Lange (*Joseph*) *Langius*, auteur du fameux *Polyanthæa*, étoit natif de cette ville. Cette grande rapsodie fut imprimée pour la premiere fois à Genève en 1600 *in-fol.* ensuite à Lyon en 1604, à Francfort en 1607, & plusieurs fois depuis. La cinquieme édition parut sous le nom de *Florilegium magnum*, seu *Polyanthea*, à Francfort en 1624 en trois vol. *in-fol.* avec des supplémens tirés de Gruter, & c'est là la meilleure édition de ce vaste répertoire. (*D. J.*)

KAYSERSLAUTER, (*Géog.*) Baudrant estropiant cruellement ce mot, en fait celui de *caseloutre*; on peut la nommer en latin *Cæsarea ad Lutram*, ville d'Allemagne dans le bas Palatinat, autrefois libre & impériale, mais sujette à l'électeur palatin depuis 1402. Les François la prirent en 1688; elle est sur la Lauter, à neuf lieues S. O. de Worms, 11 N. O. de Spire, 15 S. O de Mayence. *Long.* 25. 26. *lat.* 49. 26.

Braun, (*Jean*) mort à Groningue en 1708, naquit à *Kayserslauter*; il est connu par un bon ouvrage, *de vestitu sacerdotum Hebræorum*. (*D. J.*)

KAYSERTUHL, (*Géog.*) ville de Suisse, au comté de Bade, avec un pont sur le Rhin & un château. Elle appartient à l'évêque de Constance, mais le canton de Bâle en a la souveraineté: on y professe le Calvinisme depuis 1530. Quelques auteurs croient que *kaysertuhl* est le *forum Tiberii* des anciennes notices; le passage de cette ville est important, à cause de son pont sur le Rhin, qui ainsi que celui de Bâle, sont les derniers qu'on voit sur ce fleuve. Elle est à deux lieues N. O. d'Eglinaw, 3 S. E. de Zurzach, *Long.* 26. 15. *lat.* 47. 47. (*D. J.*)

KAYSERSWERD, (*Géog.*) *Cæsaris insula*, ville d'Allemagne au diocèse de Cologne, dans le duché de Berg, sujette au duc de Neubourg. L'électeur de Cologne la livra aux François en 1701; le prince de Nassau Sarbruck la reprit en 1702, & ses fortifications furent rasées. Elle est sur le Rhin à 3 lieues N. O. de Dusseldorp, 9 N. O. de Cologne. *Long.* 24. 24. *lat.* 51. 16. (*D. J.*)

KE

KEAJA ou KIAHIA, s. m. (*Hist. mod.*) lieutenant des grands officiers de la Porte, ou surintendant de leur cour particuliere.

Ce mot signifie proprement *un député* qui fait les affaires d'autrui. Les janissaires & les saphis ont le leur, qui reçoit leur paye, & la leur distribue; c'est comme leur syndic. Les bachas ont aussi leur *keajas* particuliers, chargé du soin de leurs maisons, & de leurs provisions & équipages pour faire campagne; le muphti a aussi son *keajas*.

Mais le plus considérable est celui du grand-visir; outre les affaires particulieres de son maître, il a très-grande part aux affaires publiques, traités, négociations, audiences à ménager, graces à obtenir, tout passe par son canal; les drogmans ou interpretes des ambassadeurs n'oseroient rien proposer au grand-visir, sans en avoir auparavant communiqué avec son *keaja*; & les ministres étrangers eux-mêmes lui rendent visite comme aux principaux officiers de l'empire. C'est le grand-seigneur qui nomme à ce poste très-propre à enrichir celui qui l'occupe, & dont on achette la faveur par des présens considérables. Le *keaja* a une maison en ville, & un train aussi nombreux qu'un bacha. Quand il est remercié de ses services, il est honoré de trois queues; si on ne lui en accordoit que deux, ce seroit une marque de disgrace & de bannissement. Guer, *mœurs des Turcs, tome II.*

KEBER, s. m. (*Hist. mod.*) noms d'une secte chez les Persans, qui pour la plûpart sont des riches marchands.

Ce mot signifie *infidele*, de *kiaphir*, qui en langue turque veut dire *renegat*; ou plutôt l'un & l'autre viennent de *caphar*, qui en chaldéen, en syriaque & en arabe, signifie *nier, renier*.

Quoiqu'ils soient au milieu de la Perse, & qu'il y en ait beaucoup dans un fauxbourg d'Hispahan, on ne sçait s'ils sont persans originaires, parce qu'ils n'ont rien de commun avec les Persans que la langue. On les distingue par la barbe qu'ils portent fort longue, & par l'habit qui est tout-à-fait différent de celui des autres.

Les *kebers* sont payens, mais en même tems fort estimés à cause de la régularité de leur vie. Quelques auteurs disent que les *kebers* adorent le feu comme les anciens Perses: mais d'autres prétendent le contraire. Ils croient l'immortalité de l'ame, & quelque chose d'approchant de ce que les anciens ont dit de l'enfer & des champs Elisées. *Voyez* GAURES.

Quand quelqu'un d'eux est mort, ils lachent de sa maison un coq, & le chassent dans la campagne; si un renard l'emporte, ils ne doutent point que l'ame du défunt ne soit sauvée. Si cette premiere preuve ne suffit point, ils se servent d'une autre qui passe chez eux pour indubitable. Ils portent le corps du mort au cimetiere, & l'appuient contre la muraille soutenu d'une fourche. Si les oiseaux lui arrachent l'œil droit, on le considere comme un prédestiné; on l'enterre avec cérémonie, & on le descend doucement & avec une corde dans la fosse; mais si les oiseaux commencent par l'œil gauche, c'est une marque infaillible de réprobation. On en a horreur comme d'un damné, & on le jette la tête premiere dans la fosse. Olearius, *voyage de Perse*.

KÉBLAH, ou KIBLAH, s. m. (*Hist. orient.*) ce terme désigne chez les peuples orientaux le point du ciel vers lequel ils dirigent leur culte; les Juifs tournent leur visage vers le temple de Jérusalem; les Sabéens, vers le méridien; & les Gaures successeurs des Mages, vers le soleil levant.

Cette remarque n'est pas simplement historique; elle nous donne l'intelligence d'un passage curieux d'Ezéchiel, *chap. viij. v. 16*. Ce prophete ayant été transporté en vision à Jérusalem, « y vit vingt- » cinq hommes entre le porche & l'autel, qui ayant » le dos tourné contre le temple de Dieu, & le vi- » sage tourné vers l'Orient, se prosternoient devant » le soleil ». Ce passage marque que ces vingt-cinq hommes avoient renoncé au culte du vrai Dieu; & qu'ils avoient embrassé celui des Mages. En effet, comme le Saint des Saints reposoit dans le Shekinate, ou le symbole de la présence divine, étoit au sout occidental du temple de Jérusalem; tous ceux qui y entroient pour adorer Dieu, avoient le visage tourné vers cet endroit; c'étoit là leur *kébla*, le point vers lequel ils portoient leur culte, tandis que les Mages dirigeoient leurs adorations en tournant le visage vers l'Orient; donc ces vingt-cinq hommes ayant changé de *kébla*, prouveront à Ezéchiel, non-seulement qu'ils avoient changé de religion, mais de plus qu'ils avoient embrassé celle des Mages.

Les Mahométans ont leur *kiblah, kiblé, kéblé, kébleh*: comme on voudra l'écrire, vers la maison sacrée, c'est-à-dire qu'ils se tournent dans leurs prieres vers le temple de la Meque, qui est au midi à l'égard de la Turquie; c'est pourquoi dans toutes les mosquées, il y a une niche qu'ils regardent dans leur dévotion. *Voyez* MEQUE, (*temple de la*) *Hist. orient.* (*D. J.*)

KEDANGU, s. m. (*Hist. nat Bot.*) arbrisseau des Indes orientales. Ses feuilles bouillies servent à faire des bains, que l'on croit propres à résoudre toutes sortes de tumeurs; le suc que l'on tire de ses fleurs passe pour un excellent remede contre l'épilepsie, & les aphtes des enfans.

KEER, ou CEER, s. m. (*Comm.*) poids dont on se sert dans quelques villes des états du grand Mogol, particulièrement à Agbar & à Zianger. Dans la pre-

KEL — KEM

miere de ces villes, le *keer* pefe 36 petits poids, qui reviennent à une livre ½ poids de marc ; dans la feconde, il en pefe 36, ou une livre ¼. *Dictionnaire de Commer.*

KESTEEN, (*Géog.*) grand village de Syrie, à 7 lieues d'Alep, en allant à Tripoli ; il donne fon nom à une vafte plaine, fertile & bien cultivée, où on nourrit un nombre prodigieux de pigeons. *Voyez* Manndrell, *voyage d'Alep.* (*D. J.*)

KEIRRI, (*Bot.*) *Voyez* GIROFFLIER, *ou* VIOLIER JAUNE. Les fleurs de *kirri* font les mêmes que la violette ou giroflée jaune.

KEIROTONIE, f. f. (*Litter.*) maniere de donner fon fuffrage à Athènes par l'elévation des mains. Lorfque les Athéniens vouloient élire leurs magiftrats, ils affembloient le peuple pour les fuffrages ; mais comme il étoit difficile de recueillir les voix féparément, on introduifit l'élévation de la main, par laquelle chaque particulier marquoit fon fuffrage ; cette maniere d'élection, dont Ifocrate & Démofthène nous parlent fouvent, fut nommée *kéirotonie*, χειροτονία.

La même méthode paffa chez les Romains dans plufieurs conjonctures. Cicéron nous en fournit la preuve dans ce paffage de fon plaidoyer pour Flaccus : *Nec funt expreffa ifta præclara, qua recitantur pfiphifmata* (les decrets), *non fententiis, neque autoritatibus declarata, nec jure jurando conftricta, fed porrecta manu.*

A la naiffance de l'Eglife, lorfqu'il fallut établir des évêques & des prêtres pour remplir les fonctions eccléfiaftiques, on affembloit les fideles, on leur propofoit des fujets ou ils en propofoient eux-mêmes, & l'élection fe faifoit femblablement par l'élévation des mains, χειροτονία ; après quoi l'on ordonnoit celui qui avoit le plus grand nombre de fuffrages. C'eft ce que nous apprenons de Zonare : le fuffrage, dit-il, des fideles pour l'élection des évêques, fe nommoit *keirotonia*, parce que lorfqu'il s'agiffoit d'élire les miniftres des autels, les fideles d'une ville ou d'un bourg, s'affembloient, élevoient leurs mains pour l'élection, afin qu'on pût compter les fuffrages, & celui qui avoit la pluralité, étoit enfuite ordonné par deux ou par trois évêques. (*D. J.*)

KEITH, (*Géog.*) île de l'Ecoffe meridionale, dans la riviere de Forth : elle eft fertile en bons pâturages, pour les chevaux. *Long.* 14. 46. *lat.* 56. 20. (*D. J.*)

KEKKO *ou* KIKJOO, *ou* KIRAKOO, f. m. (*Hift. nat. Bot.*) c'eft une plante du Japon ; elle eft haute d'une coudée, à feuilles oblongues dentelées, dont la racine eft longue de quatre pouces, groffe & laiteufe ; c'eft la plus eftimée pour fes vertus, après celle du ginfeng. Ses fleurs qui croiffent au fommet de fa tige, font en cloche, d'un pouce & demi de diametre, bleues, & découpées affez profondement en cinq parties. On diftingue trois efpeces de cette plante ; l'une qui a la fleur blanche & double ; l'autre, dont la fleur eft fimple, d'un pourpre bleu, avec des cannelures couleur de pourpre, garnies de poils dans les intervalles, les pointes jaunâtres & un piftil bleu, revêtu de poils ; la troifieme a la fleur double d'un pourpre bleu.

KELES, f. m. (*Hift. mod.*) efpece de bateau dont on fe fert en Afie pour les caravanes qui voyagent par eau. Ils contiennent 28 ou 30 perfonnes, & 10 à 12 quintaux de marchandifes.

KELL, LE FORT DE, (*Géog.*) fort important d'Allemagne, fur la rive droite du Rhin, bâti par les François fur les deffeins du maréchal de Vauban, pour la défenfe de Strasbourg. Il fut cédé à l'empereur en 1697 par le traité de Ryfwick, repris par les François en 1703, & finalement rendu à l'empire par le traité de Bade. (*D. J.*)

KELLINGTON, (*Géog.*) ville à marché d'Angleterre, au pays de Cornouaille, à 60 lieues fud-oueft de Londres. Elle envoie deux députés au parlement. (*D. J.*)

KELLS, (*Géog.*) ville d'Irlande dans la province de Linfter, au comté d'Eft-Meath, avec titre de baronie, fur le Blackwater. On difpute fi le *Laberus* des anciens eft *Kells* ou Kildare, qui font tous deux dans la même province. *Long.* 10. 14. *lat.* 53. 45. (*D. J.*)

KELONTER, f. m. (*Hift. mod.*) c'eft le nom qu'on donne en Perfe au grand juge des marchands Arméniens qui font établis à Zulpha, l'un des fauxbourgs d'Ispahan. C'eft le roi de Perfe qui le choifit dans leur nation : il a le droit de décider tous les procès qui s'elevent entre les Arméniens fur le fait du commerce.

KELSO, (*Géog.*) ville à marché d'Ecoffe, au comté de Roxbourg, fur le Tweed, à 10 lieues S. E. d'Edimbourg, 109 N. E. de Londres. *Long.* 15. 10. *lat.* 55. 40. (*D. J.*)

KEMA, f. m. (*Hift. nat. Bot.*) fruit qui croît fous terre en plufieurs endroits d'Afrique, & fur-tout en Numidie, & qu'on regarde comme un mets délicieux. Il y a lieu de croire que c'eft une efpece de moufferon ou de buffle : quelques auteurs ont cru que c'étoit la même chofe que le fruit du tarfi. *Voyez* HABHARAIS.

KEMAC, (*Géog.*) célebre fortereffe d'Afie, au pays de Roum, à 7 lieues de la ville d'Arzendgian, aux confins de la Natolie. Elle eft fur l'Euphrate, dans un terroir admirable par fa beauté. (*D. J.*)

KEMBOKU, f. m. (*Hift. nat. Bot.*) c'eft un arbre du Japon, de grandeur médiocre, dont les feuilles & les fleurs reffemblent à celles du myrthe romain de Mathiole. Ses baies viennent feules fur un pédicule ; elles font pointues & de la groffeur d'un grain de poivre ; les femences reffemblent à celles de l'ancolie ; leur goût eft un peu amer & fort aftringent. Cet arbre eft confacré aux idoles.

* KEMEAS, f. m. (*Commerce.*) taffetas de foie qui viennent des Indes orientales.

KEMPERKEMS, f. m. (*Fauconerie.*) Dans les Pays-bas on donne le nom de *kemperkems* à plufieurs oifeaux de paffage, qui y viennent tous les ans des pays feptentrionaux au mois de Mai. Ils fréquentent les eaux ; ils font très-remarquables par la diverfité de leurs pennages ; ils s'apparient & font leurs petits, & auffitôt qu'ils font en état de voler, ils s'en retournent tous enfemble au pays d'où ils pere font venus ; & ce qu'il y a de remarquable, c'eft qu'ils font tous peres & enfans, d'une figure & d'un plumage différent : on en diftingue de huit fortes ; l'un a la figure d'une perdrix, l'autre eft diverfifié de quantité de couleurs, verd, blanc, rouge, améthifte & jaune, quoique chacune de fes plumes foit d'une couleur pleine & fans mélange, un autre eft d'une figure monftrueufe.

KEMPFERA, f. f. (*Bot. ex.*) genre de plante ainfi nommée par le docteur Houftoun, en mémoire de Kœmpfer, que fes voyages & fes écrits ont rendu célebre. Voici les caracteres de ce genre de plante ; fa fleur eft anomale, monopétale & découpée par les bords en fegmens ; quand elle eft tombée, le piftil devient un fruit dur, divifé en quatre cellules, pleines de petites graines. Cette plante eft commune à la Jamaïque & dans plufieurs autres lieux des Indes occidentales, où elle s'éleve à la hauteur de trois ou quatre piés, & devient ligneufe. Elle eft décrite & repréfentée dans le *parabilis batavus*, où elle eft nommée *veronica fimilis, fruticofa curaffovica*. Ses fleurs naiffent en épis, & font d'un fort beau bleu. (*D. J.*)

KEMPTEN, (*Géog.*) ville d'Allemagne en baffe

Souabe, dans l'Algow & dans l'état de l'abbé de *Kemptem*, qui ne releve que du S. siège, est prince de l'Empire, & a voix aux diettes. La ville dépendoit autrefois de l'abbé, mais elle est libre & impériale. Depuis 1525 on y professe la religion luthérienne. Les Suédois la prirent en 1632; les Impériaux la reprirent en 1633. Elle se rendit aux Bavarois en 1703, mais elle a recouvré sa liberté. Elle est sur l'Iller, à 12 N. E. de Lindan, 20 S. O. d'Ausbourg, 9 S. E. de Memmingen. *Long.* 18. *lat.* 47. 42. (*D. J.*)

KEN, s. m. (*Hist. moder.*) nom de plusieurs mois lunaires qui composent le cycle de cinq ans des Chinois. Ken-su est le septieme, ken-schin le dix-septieme, ken-gin le vingt-septieme, ken-çu le trente-septieme, ken-shin le cinquante-septieme.

KEN, s. m. (*Commerce.*) mesure des longueurs dont on se sert à Siam; c'est une espece d'aune qui n'a pas tout-à-fait trois piés, deux *kens* faisant un voua, qui revient à la toise de France moins un ponce. Le *ken* contient deux soks, le sok deux keubs, & le keub douze nious: ces nious sont comme les pouces du pié du roi; il faut huit grains de ris, dont la premiere enveloppe n'a pas été brisée au moulin, pour faire un niou ; ensorte que huit de ces grains valent encore neuf de nos lignes. On a dit qu'au-dessus du *ken* est le voua ou toni; au-dessus du voua est le sen, qui en contient vingt ; cent sens font le roc-neug ou la lieue : ce qu'on nomme *jod* contient quatre sens. *Voyez* JOD, SEN, VOUA, &c. *Dict. de commerce.*

KENA, s. f. (*Hist. mod.*) nom d'une plante dont les femmes tartares de la petite Bucharie se servent pour se teindre les ongles en rouge. Elles la font sécher, la pulvérisent, la mêlent avec de l'alun en poudre, & laissent le mélange exposé à l'air pendant 24 heures avant que de s'en servir. Cette couleur dure, dit-on, fort longtems.

KENDAL, (*Géog.*) c'est peut-être le *concangium* des Latins, ville riche & bien peuplée d'Angleterre au Westmorland. On y fait un bon commerce de draps, de droguets, de serges, de coton, de bas & de chapeaux. Elle est sur la riviere de Ken, dans une vallée d'où elle prend son nom, à 60 milles N. O. de Londres. *Long.* 14. 35. *lat.* 54. 22. (*D. J.*)

KENKOO, s. m. (*Hist. nat. Bot.*) c'est une plante du Japon avec laquelle on fait du papier.

KENN, (*Géog.*) riviere d'Ecosse dans la province de Gallowai ; elle a sa source aux frontieres de Nithesdale, coule au midi, & forme le lac de Kennmoot ; en sortant de ce lac elle se jette un mille plus bas dans la Dée. (*D. J.*)

KENNAOUG, (*Géog.*) ville de l'Indoustan, au pays de Hend, au second climat. *Long.* selon d'Herbelot, 115ᵈ. *lat.* 26. (*D. J.*)

KENNASERIM, (*Géog.*) ville de Syrie, peu éloignée d'Alep : Cosroés, roi de Perse, la prit sur l'empereur Phocas ; & les califes de Damas & de Bagdat s'en emparerent ensuite. *Long.* 57. *lat.* 35. 30. (*D. J.*)

KENNE, s. m. (*Hist. nat.*) nom d'une pierre fabuleuse qu'on a prétendu se former dans l'œil d'un cerf, & à laquelle on a attribué des vertus contre les venins : il y a lieu de croire que c'est ce qu'on appelle communément *lacryma cervi.*

KENNEMERLAND, (*Géog.*) partie considérable de la Hollande septentrionale, dont Almaer & Beverwyck font aujourd'hui les principaux lieux. Le Kinnem est un ruisseau qui lui donne son nom. Les Kennemarses ont succédé aux Marsatiens, & se sont distingués par beaucoup de guerres. Harlem étoit la capitale de l'ancien *Kennemerland*, mais elle en a été détachée dans la suite, & ce pays commence présentement au-delà de cette ville. (*D. J.*)

KENOQUE (LE FORT DE), *Géograph.* fort des Pays-bas dans la Flandre Autrichienne, entre Ypres & Furnes, à 2 lieues & demie de Dixmude. *Long.* 20. 26. *lat.* 50. 58. (*D. J.*)

KENT (ROYAUME DE), *Géog. historiq.* ancien royaume d'Angleterre, fondé par les Saxons : Hengist en fut le premier roi l'an 455, & Baldret le dernier l'an 805. Il étoit borné au midi & à l'orient par la mer ; il avoit la Tamise au nord, & le royaume de Sussex à l'occident. Sa longueur étoit de 60 milles, & sa plus grande largeur de 30. Ses principales villes étoient Dorobern, nommée ensuite Cantorbery, sa capitale, Doveson (Douvres), & Rochester. Depuis la destruction de l'Heptarchie par Ecbert, *Kent* n'est plus qu'une belle province d'Angleterre. (*D. J.*)

KENT, (*Géog.*) province maritime d'Angleterre à l'orient & à l'entrée de la Manche, dans les diocèses de Cantorbery & de Rochester. Elle a 160 milles de circuit, contient environ 12 cent 48 mille arpens, & 39 mille 242 maisons.

Suivant la différence de son terroir, on la divise en trois parties ; savoir, les dunes où, selon le proverbe, on a santé sans richesses ; les endroits marécageux, où l'on a richesses sans santé ; & les parties méditerranées, où l'on a sauté & richesses. Une partie de cette province est pleine de bois-taillis ; une autre abonde en grains, une autre en pâturages. Il y a des houblonnieres qui rapportent plus que les meilleurs vignobles, & l'on y voit des laboureurs qui retirent annuellement un millier de livres sterling de leurs terres. On y trouve les eaux médicinales de Tunbridge, d'excellentes cerises, & des pommes renettes (gold-pepins) égales aux meilleures de la Normandie.

Les rivieres qui l'arrosent sont la Tamise, qui la sépare du comté d'Essex, le Medway, la Stoure, &c. Le saumon du Medway est estimé, & les truites de Forwich, près de Cantorbery, le sont encore davantage pour leur goût & leur grandeur.

Les principales villes sont Rochester, Maidstone, Douvres, Sandwich, Romney, Queensborough, Hyeth, Folkentone, &c. C'est aussi dans cette province que se trouvent les principaux d'entre les cinq ports (qui sont présentement au nombre de huit), dont les quatre de *Kent* sont Douvres, Sandwich, Romney, Hyeth.

Quand Guillaume I. conquit l'Angleterre, il confirma les anciens priviléges du comté de *Kent*, que l'on nomme *Gavelkind*. Les trois principaux de ces droits sont, 1°. que les hoirs mâles partagent également les biens de terre ; 2°. que tout héritier à l'âge de 15 ans peut vendre & aliéner ; 3°. que nonobstant la conviction du pere atteint de quelque crime capital, le fils ne laisse pas d'hériter de ses biens.

Enfin cette province peut se vanter de ne la pas céder à d'autres en production d'hommes célebres : c'est assez de nommer l'immortel Harvey, Philippe Sidney, François Walsingham, Jean Wallis & Henri Wotton.

Sidney est connu par sa valeur, par les beaux emplois dont Elisabeth l'honora, & par son *arcadie*. Il mourut d'une blessure qu'il reçut au combat de Zutphen en 1586, âgé de 32 ans.

Walsingham, ministre & favori de la même reine, a laissé d'excellens ouvrages de politique, qui ont été traduits en François, & imprimés à Amsterdam en 1705 *in*-4°. Il finit ses jours en 1598 entre les bras de la pauvreté.

Wallis est un des plus grands mathématiciens de l'Europe. Ses ouvrages ont été recueillis en trois volumes *in-fol.* Il possédoit la Musique des anciens

KER

à un degré éminent, & avoit un talent particulier pour déchiffrer les lettres écrites en toutes sortes de chiffres ; il se rendit par-là non-seulement utile à sa patrie, mais aux princes étrangers qui étoient liés à l'Angleterre, dont il reçut des marques glorieuses de reconnoissance. Comblé de gloire & d'années, il finit sa carriere à Oxford en 1703, âgé de 87 ans.

Wotton, fils du chevalier Thomas Wotton, créé chevalier lui-même par Jacques VI. se distingua par son esprit, ses ambassades dans les cours étrangeres, & des ouvrages rassemblés en un volume sous le titre de *reliquiæ Wottonianæ*. Il mourut en 1639, âgé de 71 ans. (*D. J.*)

KENTZINGUE, (*Géog.*) petite ville d'Allemagne, dans le Brisgow, sur l'Elz, peu loin du Rhin, & appartenante à l'empereur. *Long.* 25. 26. *lat.* 48. 15. (*D. J.*)

KEPATH, s. m. (*Commerce.*) petit poids dont se servent les Arabes. C'est la moitié du daneck, c'est-à-dire du grain, douze kepaths font le dirhem ou dragme arabique. Quelques-uns croyent que le mot *karat* vient de celui de *kepath*. *Voyez* CARAT, *Dictionnaire de Commerce*.

KEPLER (LOI DE,) *Astron.* on appelle ainsi la loi du mouvement des planetes que le célebre astronome *Kepler* a découvert par ses observations. *Voyez* ASTRONOMIE. Il y a proprement deux lois observées par *Kepler* ; mais on nomme ainsi principalement la seconde : la premiere de ces lois est que les planetes décrivent autour du soleil des aires proportionnelles au tems. La seconde est que les quarrés des tems des révolutions sont comme les cubes des distances moyennes des planetes au soleil.

M. Newton a le premier donné la raison de ces lois, en faisant voir que la premiere vient d'une force centripete, qui pousse les planetes vers le soleil ; & la seconde, de ce que cette force centripete est en raison inverse du quarré de la distance. *Voyez* CENTRAL, GRAVITÉ, NEWTONIANISME, &c. (O)

KERAH, (*Géog.*) ville de Perse, dont la *longit.* selon Tavernier, est de 86. 40. *latit.* 34. 15. (*D. J.*)

KERAKATON, (*Géog.*) ville de la grande Tartarie, près de la grande muraille de la Chine, sur la riviere de Logaa.

KÉRAMÉE, (*Géog. anc.*) lieu de la Grece dans l'Attique, autrefois nommé *Céramique*, parce qu'on y faisoit des tuiles d'une terre grasse, qu'on tiroit des champs plantés d'oliviers. M. Spon distingue deux *Kéramées* ou *Céramiques*, l'un intérieur, & l'autre extérieur. Le céramique intérieur faisoit un quartier d'Athènes ; c'étoit une promenade agréable, & le rendez-vous des courtisanes. Le céramique extérieur étoit un fauxbourg de la ville, où l'on faisoit les tuiles dont nous venons de parler, & où Platon enseignoit la Philosophie. (*D. J.*)

KÉRAMIEN, s. m. (*Hist. mod.*) nom d'une secte de musulmans qui a pris son nom de Mahomet Bent Keram, son auteur.

Les *Kéramiens* soutiennent qu'il faut entendre à la lettre tout ce que l'alcoran dit des bras, des yeux, & des oreilles de Dieu. Ainsi ils admettent le tagiassum, c'est-à-dire une espece de corporéité en Dieu, qu'ils expliquent cependant fort différemment entre eux. *Voyez* ANTHROPOMORPHITE. *Dictionnaire de Trévoux*.

KÉRANA, s. f. (*Hist. mod.*) longue trompette approchante de la trompette parlante, dont les Persans se servent pour crier à pleine tête.

Ils mêlent ce bruit à celui des hautbois, des timbales, des tambours, & des autres instrumens qu'ils font entendre au soleil couchant & à deux heures après minuit. *Dictionnaire de Trévoux*.

KÉRATOGLOSSE, (*Anatomie,*) *voyez* CÉRA-CO-GLOSSE.

KERATO-PHARYNGIEN, (*Anatomie.*) nom de deux paires de muscles du pharynx, qui sont distingués en grands & en petits. *Voyez* HYOPHARYNGIEN.

KERATOPHYTES, ou CÉRATOPHYTES, *keratophyta lythoxyla*, (*Hist. nat.*) les *kératophytes* sont de l'ordre des fossiles accidentels qui viennent originairement de la mer. Ce sont des pétrifications d'une espece de corail à branches hautes & minces. La substance de ce fossile a de la ressemblance avec de la corne : Wallerius définit les *keratophytes coralia origine cornea ramosa tenuiora*.

On trouve trois especes de *kératophytes* fossiles décrits par les Naturalistes.

1°. Le *kératophyte* réticulé ou en raizeau : il ressemble à une noix mince, creuse & vuidée. C'est le *retepora* de quelques lithologistes : *corallina reticulata* ; *keratophyton retiforme*.

2°. Le *keratophyte* rameux ou en forme de branches d'arbre ; il ressemble à un arbrisseau branchu ; les intervalles des branches dans la pétrification sont remplis par la pierre même ou par le roc, dans lequel le *kératophyte* se trouve. Il en vient du comté de Neufchâtel, ainsi que du canton de Bâle ; on découvre les branches en faisant tremper la pierre dans une eau seconde, ou dans du vinaigre ; parce que la pierre qui les enveloppe est calcaire & soluble dans les acides. Wallerius l'appelle *keratophyton fruticosum* : *corallina fruticosa alba*.

3°. Le *keratophyte* entortillé en forme de bruyere ou de buisson ; les branches en sont minces, entrelassées & en grand nombre ; il ressemble à un petit buisson ou à de la bruyere. En latin *erica marina*, *petrefacta*, *keratophyton ramosissimum forma ericæ*.

Il ne faut pas confondre ce *keratophyte* avec des bruyeres & d'autres plantes pétrifiées, ou plutôt incrustées, qui se trouvent quelquefois dans le tuf. *Article de M*. ELIE BERTRAND.

KERATOPHYTE, (*Hist. nat. fossile.*) nom donné par quelques naturalistes à une espece de corail qui se trouve pétrifiée dans les terres de la terre ; on la nomme aussi *lithoxylon*. Wallerius en compte trois especes, la premiere a, selon lui, la forme d'une résille ; il l'appelle *retiforme*, ou *rétepore*, ou *corallina reticulata*, & dit qu'elle ressemble à une coquille de noix, & est ou blanche ou noire ; la seconde espece est rameuse ; la troisieme espece a, selon lui, la figure de la bruyere. *Voyez la Minéralogie de Wallerius*, *tome II*.

KERES (LE,) *Géog.* riviere de Hongrie, qui a sa source en Transylvanie, au comté de Zarand, dans les montagnes, & se perd enfin dans la Teisse, au comté de Czongratz. (*D. J.*)

KERMAN, (*Géog.*) province de Perse dans sa partie méridionale. Elle répond à la Caramanie des anciens ; Berdaschir, Gireft ou Sireft, Sirgian, Sarmaschir, Bam, sont les principales villes de cette province. D'Herbelot la borne à l'Orient par le Macran & le Ségestan, & au Couchant par le Fars. Le grand desert de Nanbendigian la sépare du Khorassan vers le Nord ; & le golphe de Perse la termine au Midi. On rencontre, dit le même auteur, beaucoup de cantons dans le *Kerman*, qui sont entierement deserts, faute d'eau ; car il n'y a dans toute pays aucune riviere considérable qui l'arrose. C'est, au rapport de Tavernier, dans le *Kerman* que se sont retirés presque tous les Gaures ; ils y travaillent les belles laines des moutons de ce pays-là ; ils en font des ceintures dont on se sert en Perse, & de petites pieces de serge, qui sont presque aussi douces, & aussi lustrées que la soie. (*D. J.*)

KERMASIN, (*Géog.*) ville d'Asie en Perse, dans l'Iraç-Adgend, au Midi de Hamadan, Nassir-Eddin,

& Ulug-Beg, lui donnent 83 d. de *long.* & 34 30 de *latitude.* (*D. J.*)

KERME, f. m. (*Minéral.*) mot dont on se sert dans quelques mines pour designer les espaces qui sont à 60 piés de distance les uns des autres, où l'on place des ouvriers, pour se relayer à porter de la mine sur leurs épaules, lorsque les galeries sont longues.

KERMEN, (*Géog.*) ville de la Turquie européenne, dans la Romanie, près d'Andrinople. *Long.* 44. 16. *lat.* 41. 46. (*D. J.*)

KERMÈS, f. m. (*Hist. nat. bot.*) espece de coque ou d'excroissance grosse comme une baie de genievre qui croît sur les feuilles d'une espece de chêne vert, & qui est d'un usage considérable dans la Medecine & dans la Teinture. *Voyez* TEINTURE.

Le *kermès* ou écarlate, appellé *coccus baphica* par les Grecs, *vermiculus* par les Latins, & quelquefois vermillon par les François, est une espece de nid d'insecte de la grosseur environ d'une baie de genievre, rond, uni, luisant, d'un très-beau rouge, & rempli d'un suc mucilagineux de la même couleur, que l'on trouve attaché à l'écorce & aux branches d'une espece de chêne vert appellé par les Botanistes *ilex aculeata cocci glandifera*, qui croît en Espagne, en Languedoc, & en plusieurs autres pays chauds.

La baie de *kermès* a une odeur vineuse, un goût amer, assez agréable; & sa pulpe est remplie d'un nombre infini d'œufs d'animalcules.

L'origine du *kermès* vient, à ce qu'on croit, d'un petit vermisseau, qui piquant ce chêne pour en tirer sa nourriture & y déposer ses œufs, y fait naître une coque ou une vessie qui se remplit de suc, & qui en mûrissant devient rouge comme nous la voyons.

De-là vient que quand on fait sécher le *kermès*, il en sort une si grande quantité de petits vers & de moucherons presque imperceptibles, que toute sa substance intérieure semble s'être convertie en ces petits insectes. C'est pour cette raison qu'on le nomme aussi *vermillon*, ou parce qu'il fait la teinture du beau rouge vermeil. Pour remédier à cet accident, quelques-uns font tremper pendant un peu de tems le *kermès* dans du vinaigre, avant de le faire sécher.

On tire le suc ou la pulpe du *kermès* en le pilant dans un mortier, & le passant à-travers un tamis, on en fait du syrop en y ajoutant une quantité suffisante de sucre. On fait aussi quelquefois sécher la pulpe séparée de son écorce, & on lui donne le nom de *pastel de kermès*.

Le *kermès* est d'un grand usage dans la Medecine : il est cardiaque, dessicatif, astringent. Il fortifie l'estomac, & empêche l'avortement. C'est avec lui que l'on fait la fameuse confection appellée *alkermès*. *Voyez* CONFECTION.

Il est néanmoins d'un plus grand usage dans la Teinture; & pour cet effet on le prépare de la maniere suivante. Le grain étant mûr, on l'étend sur un linge, & on a soin de le tourner deux ou trois fois par jour, tandis qu'il est encore humide, pour empêcher qu'il ne s'échauffe, jusqu'à ce qu'on apperçoive parmi les grains une poudre rouge; on sépare celle-ci en la passant à-travers des tamis, & l'on continue d'étendre les grains & de les tamiser jusqu'à ce qu'il ne se ramasse plus de cette poussiere sur leurs surfaces.

Lorsqu'on commence à s'appercevoir que les grains de *kermès* remuent, on les arrose avec du fort vinaigre, & on les frotte entre les mains. Quand on néglige cette précaution, il sort de chacun une petite mouche, qui après avoir volé autour pendant deux ou trois jours, change de couleur & meurt à la fin.

Le grain étant entierement vuide de sa pulpe ou poussiere, on le lave dans du vin, & on l'expose au soleil; après quoi on le met dans des petits sacs avec la poudre qu'il a donnée.

Suivant les expériences que M. le C. de Marsilli a faites à Montpellier, la graine de *kermès*, de même que la noix de galle, mêlée avec du vitriol, fait de l'encre; avec de l'huile de tartre, ou de l'eau de chaux, sa couleur, qui ressemble à celle de la brique, se change en un beau cramoisi. Dans la décoction de tournesol, elle conserve la couleur qui lui est naturelle : il n'a pas été possible d'en tirer un sel fixe essentiel, mais elle a donné dans la distillation un sel volatil, qui, au sentiment de M. de Marsilli, auroit un bien meilleur effet en Medecine pris dans quelque liquide, qu'enveloppé dans des conserves & des confections qui ne font qu'embarrasser son action.

KERMÈS *de Pologne*, (*Insectologie.*) autrement dit *graine d'écarlate* de Pologne; mais ce n'est point une graine, c'est un véritable insecte qui s'attache à la racine du knawel; *voyez* KNAWEL.

De-là vient que Breynius le naturaliste, qui en a parlé avec le plus de connoissance, le nomme *coccus radicum*. Il a été connu jusqu'ici sous le nom de *graine d'écarlate* de Pologne, *coccus tinctorius polonicus*, parce que c'est principalement dans ce royaume qu'on prenoit soin de le ramasser.

La Pologne n'est pourtant pas le seul des pays du nord, où cet insecte naisse, & peut-être existe-t-il dans les pays très-tempérés; mais il pourroit être assez commun en quelques endroits, & y être inconnu, parce qu'il se cache si bien, qu'il n'y a que les hasards qui puissent le faire découvrir, même à ceux qui le cherchent; d'autant plus qu'il n'est que dans les terreins sablonneux & arides qu'on le trouve sur le knawel.

Divers auteurs prétendent que le même insecte, ou un semblable, croît aussi sur les racines de plusieurs autres plantes, comme sur celle de la piloselle, de l'herniaire, de la pimprenelle & de la pariétaire; cependant on n'a point encore trouvé cet insecte en France, du-moins M. de Reaumur, qui le range dans la classe des progallinsectes, l'a fait chercher sans succès.

Quoi qu'il en soit, comme cet insecte n'en veut qu'aux racines du knawel, on le distingue essentiellement du *kermès* de Languedoc, qui ne vient que sur les tiges & les branches de l'yeuse.

C'est en Juin qu'on détache le *kermès de Pologne*, des racines de la plante; chaque grain est alors à peu près sphérique, & d'une couleur de pourpre violet. Les uns ne sont pas plus gros que des grains de millet ou de pavot, & les autres sont aussi gros que des grains de poivre; chacun est logé en partie dans une espece de coupe ou de calice, comme un gland l'est dans le sien; plus de la moitié de la surface extérieure du petit insecte, est recouverte par le calice. Le dehors de cette enveloppe est raboteux, & d'un brun noir, mais son intérieur est poli. Il y a telle plante de knawel, sur laquelle on ne trouve qu'un ou deux de ces grains ou insectes, & on en trouve plus de quarante sur d'autres.

A la fin de Juin, il sort un ver de chacun des plus petits grains, de ceux qui ont pas plus gros que des grains de pavot; entre ces vers, les uns se couvrent de duvet, tandis qu'il n'en paroît point sur d'autres; mais tous quittent une dépouille pour se transformer en une nymphe, qui, après être restée quelques jours immobile, devient une mouche à corps rouge, ayant deux ailes blanches, bordées de rouge; voilà les *kermès* mâles.

Les insectes, qui égalent en grosseur des grains de poivre, ne subissent point une semblable métamorphose; aucun d'eux ne se transforme en mouche; ces gros grains, ou ces gros insectes, par rapport aux autres

autres, font les *kermès* femelles, fur lefquelles les petites mouches marchent, montent & joignent leur derriere au leur, vraiffemblablement pour en féconder les œufs. On a d'autant plus lieu de fe le perfuader, que les gros infectes, après avoir paffé quelque tems avec les petites mouches, fe couvrent bientôt de duvet; & font des œufs au bout de quelques jours; au lieu que ceux qui n'ont point eu de commerce avec les petites mouches, reftent prefque nuds; ou s'ils prennent un peu de duvet, ils ne parviennent point à pondre. Les petits, peu de jours après être nés, fe fixent fur quelque nouvelle racine de knawel, s'y nourriffent & y croiffent.

Telle eft en peu de mots l'hiftoire du *kermès de Pologne*; depuis le tems où il paroît fous la forme d'une boule, logé en partie dans un calice jufqu'au tems où le petit, forti de l'œuf, fouge à fon tour à pulluler. M. Frifch eft le premier qui a parlé de la transformation du progallinfecte, des racines de knawel en mouche; mais M. Breynius a rectifié cette idée trop générale, & a donné l'hiftoire précife de cet infecte fingulier, dans une differtation latine, jointe à l'appendix des actes des curieux de la nature, année 1733; & cette differtation eft ornée de figures qui paroiffent faites avec foin. Nous y renvoyons les lecteurs.

On ignore fi le *kermès de Pologne* a, comme la cochenille du Méxique, la propriété de fe conferver, au lieu que nous fommes fûrs de la confervation de la cochenille du Méxique, pendant plus d'un fiecle. Les infectes, mangeurs de cadavres d'infectes, ne veulent point de celui-ci; peut-être n'en feroit-il pas de même du *kermès de Pologne*. On l'employoit autrefois pour teindre en rouge; c'étoit pour ainfi dire la cochenille du Nord; on y en faifoit des récoltes; mais ces recoltes moins abondantes, plus difficiles que celles de la véritable cochenille, & qui donnent une drogue moins bonne pour la teinture, ont été tellement abandonnées, que bien-tôt nous n'en connoîtrons plus l'ufage que par les écrits des favans.

C'eft du-moins ce qui eft arrivé à bien d'autres matieres animales, qui fervoient autrefois à la teinture de pourpre, comme auffi aux infectes de la racine de pimprenelle, du lentifque, de la pariétaire, du plantain & de la pilofelle, dont on ne parle plus. Le feul *kermès* du Languedoc fe recueille encore, parce qu'on l'a anciennement introduit dans deux préparations de médecine, qui, quoique très-médiocres en vertu, fubfiftent toujours d'après les vieux préjugés. Nous ne manquons pas en Pharmacie d'exemples pareils; toutes les préparations galéniques font de ce nombre. (*D. J.*)

KERMÈS, (*Mat. med. & Pharmacie.*) coque de *kermès*, & plus communément graine de *kermès*.

On prépare en Languedoc un fuc ou firop de *kermès*, de la maniere fuivante: on mêle trois parties de fucre avec une partie de coques de *kermès* écrafées; on garde ce mêlange pendant un jour dans un lieu frais; le fucre s'unit pendant ce tems au fuc de *kermès*, & forme avec ce fuc une liqueur, qui, étant paffée & exprimée, a la confiftance de firop. Cette compofition eft envoyée en grande quantité à Paris & dans les pays étrangers.

On nous apporte auffi du même pays les coques de *kermès* nouvelles & bien mures, dont on prépare quelquefois une conferve, fuc ou firop de *kermès*, de la maniere fuivante: pilez des graines de *kermès* dans un mortier de marbre, gardez-les dans un lieu frais pendant fept à huit heures, pour que le fuc fe dépure par une légere fermentation; exprimez & gardez encore le fuc pendant quelques heures, pour qu'il acheve de s'éclaircir par le repos; verfez la liqueur par inclination; mêlez-la avec deux parties

de fucre, & faites évaporer à un feu doux, jufqu'à la confiftance d'un firop épais.

Les apoticaires de Paris préparent rarement ce firop; ils préferent avec raifon celui qu'on apporte de Languedoc. C'eft avec l'un ou l'autre de ces firops, qu'on prépare la célebre confection alkermès. *Voyez l'article* CONFECTION.

Les femences de *kermès*, données en fubftance, depuis un demi-fcrupule, jufqu'à un gros, ont acquis beaucoup de célébrité dans ces derniers tems contre l'avortement. Geoffroy affûre, dans fa matiere médicale, d'après fa propre expérience, que plufieurs femmes, qui n'avoient jamais pû porter leurs enfans à terme, étoient heureufement accouchées au bout de neuf mois, fans accident, après avoir pris, pendant tout le tems de leur groffeffe, les pilules fuivantes:

Prenez graine de *kermès* récente en poudre, & confection d'hyacinte, de chacun un gros; germes d'œufs deffechés & réduits en poudre un fcrupule; firop de *kermès*, fuffifante quantité; faites une maffe de pilules pour trois dofes; on donnera à fix heures de diftance l'une de l'autre, c'eft-à-dire en douze heures, avalant par deffus chaque dofe un verre de bon vin avec de l'eau, ou d'une eau cordiale convenable.

La graine de *kermès* en fubftance, eft fort célebre encore pour rétablir & foutenir les forces abattues, fur-tout dans l'accouchement difficile, à la dofe d'un gros jufqu'à deux. Le firop eft employé au même ufage à la dofe d'une ou deux onces.

L'un & l'autre de ce remede paffe pour ftomachique, tonique & aftringent; les anciens ne lui ont connu que cette derniere propriété.

Quelques auteurs ont attribué à la graine de *kermès* une qualité corrofive, capable d'entamer la membrane intérieure des inteftins; Geoffroy prétend que cette imputation n'eft point fondée.

La poudre de graine féchée de *kermès*, entre dans la confection alkermès, dans la confection d'hiacinthe, dans la poudre contre l'avortement; le firop entre dans les pilules de Becher. (*b*)

KERMÈS MINÉRAL, (*Chimie & Mat. médicale.*) Prenez une livre de bon antimoine crud que vous concafferez groffierement; mettez-la avec quatre onces de liqueur de nitre fixé dans une cafetiere de terre verniffée; verfez par-deffus une pinte d'eau de pluie, & faites bouillir le tout pendant deux heures; filtrez enfuite la liqueur toute bouillante; reverfez fur l'antimoine, qui eft refté dans la cafetiere, une autre peinte d'eau de pluie, & trois onces de liqueur de nitre fixé; faites bouillir de nouveau pendant deux heures, & filtrez comme la premiere fois; ajoûtez après cela deux onces de liqueur de nitre fixé, & une pinte d'eau de pluie, à ce qui refte dans la cafetiere; faites bouillir pour la troifieme.& derniere fois pendant deux autres heures; après quoi, filtrez la liqueur, & la mêlez avec les précédentes; laiffez le tout en repos, pour donner lieu à la précipitation qui fe fera d'une poudre rouge; la précipitation finie, décantez la liqueur qui furnage le précipité; faites paffer enfuite, à différentes reprifes, de l'eau chaude fur ce précipité, jufqu'à ce qu'il foit infipide; laiffez-le bien égouter fur le filtre; faites-le lécher, & lorfqu'il fera bien fec, brûlez de l'eau-de-vie une ou deux fois; faites-le fecher de nouveau, & vous aurez ce qu'on appelle le *kermès minéral*, ou *la poudre des chartreux*.

La defcription que l'on vient de la maniere de préparer le *kermès minéral*, eft celle qui fut publiée par ordre du roi en 1720, lorfque M. le régent en eût fait, au nom de S. M. l'acquifition du fieur de la Ligerie, chirurgien, qui eft celui qui a fait connoître ce remede en France. Il eft nommé dans cette description, *poudre alkermès*, ou *aurifique minéral*, *à la façon de Glauber* ; mais il étoit déja connu depuis quelques années sous le nom de *poudre des chartreux*. L'origine de cette derniere dénomination étoit venue de ce que le fleur de la Ligerie avoit fait part au frere Simon, apoticaire des chartreux, des grandes vertus&de la composition de son remede. Celui-ci ayant eu occasion d'en faire l'épreuve avec un succès étonnant, sur un religieux de ses confreres, qui étoit attaqué d'une fluxion de poitrine des plus violentes, & dont les médecins regardoient l'état comme desespéré ; il ne tarda pas à s'annoncer comme le possesseur du nouveau remede, & à en ouvrir boutique, de sorte que le public ayant pris confiance à cette poudre rouge, lui imposa le nom des religieux par qui elle étoit parvenue à sa connoissance, & desquels il étoit obligé de l'acheter pour son usage ; c'est pourquoi elle fut appellée *poudre des chartreux*.

Ce remede est un très-bon fondant de la lymphe & de toutes les humeurs épaisses ; c'est pourquoi on en fait beaucoup d'usage dans le traitement de plusieurs maladies, tant aiguës que chroniques, soit pour lever les obstructions, soit pour procurer differentes évacuations ; on le recommande sur-tout dans les maladies de poitrine, causées par un engorgement d'humeurs lymphatiques dans les bronches du poumon, pour procurer l'expectoration ; il est aussi très-propre à fondre la bile, & à en favoriser l'évacuation par les selles ; on l'employe même quelquefois avec succès pour exciter les sueurs, lorsque la nature semble vouloir diriger ses mouvemens vers cette route.

La dose du *kermès* est depuis un demi-grain jusqu'à un grain pour une prise, que l'on répete plusieurs fois dans la journée, suivant les circonstances ; mais lorsqu'on le donne pour faire vomir ou pour purger, la dose en est depuis un grain jusqu'à trois ou quatre, *Additions au cours de Chimie de Lemery*, par M. Baron.

La théorie chimique de l'opération du *kermès minéral*, est bien simple. L'alcali-fixe se combine avec le soufre de l'antimoine crud, sous la forme d'un foie de soufre par la voie humide, lequel attaque ensuite la partie réguline de l'antimoine, & en tient une portion en vraie dissolution ; ou bien, ce qui est encore plus vraissemblable, l'alcali fixe s'unit au soufre déja combiné avec le régule d'antimoine, ensorte que le soufre passe dans cette nouvelle combinaison, chargé d'une partie de régule qu'il y entraine avec soi. La liqueur filtrée, après les ébullitions, est donc une vraie dissolution, ou lessive de foie de soufre antimonial ; & la poudre qui s'en précipite d'elle-même, & qui est le *kermès*, est une partie de ce composé, qui sert de composé d'une maniere indéfinie jusqu'à présent. Cette précipitation spontanée n'a rien de particulier ; elle est parfaitement analogue à celle d'une quantité plus ou moins considérable de terre que les alcali fixes dissous laissent échapper, à celle d'une portion de la dose de plusieurs sels métalliques ; par exemple, du vitriol martial, & enfin à celle qu'éprouvent la plûpart des foies de soufres métalliques. Il ne faut donc pas croire, avec M. Baron (qui a d'ailleurs très-bien traité ce sujet dans ses additions à la Chimie de Lemery, d'où nous avons tiré le commencement de cet article), que le *kermès* soit le foie de soufre antimonial entier, qui se soit précipité par le refroidissement de la liqueur, parce qu'il n'est pas vraiment soluble dans l'eau, & qu'il n'y a été suspendu qu'à la faveur du mouvement violent de l'ébullition ; car premierement il est bien vrai que le *kermès* est insoluble par les liqueurs aqueuses, & même par la plûpart des menstrues connus ; mais le foie de soufre antimonié est vraiment soluble dans l'eau, & même à froid ; la dissolution de cette substance dans l'eau froide est démontrée par la préparation du soufre doré, qu'on sépare par le moyen d'un précipitant d'une dissolution à froid, *permanente, constante*, d'un vrai foie de soufre antimonié. Secondement, le foie de soufre antimonié, formé dans l'opération du *kermès*, passe à-travers le filtre de papier, & y passe avec une liqueur dont il n'altere pas la transparence, ce qui annonce suffisamment une dissolution réelle. (*Voyez* FILTRE & MENSTRUE). Troisiemement enfin, la liqueur, du sein de laquelle le *kermès* s'est échappé par une précipitation spontanée, contient encore un foie de soufre antimonial, & non pas du *kermès* ; & elle n'est pas non plus devenue pure ou presque pure, comme elle devroit l'être, si elle s'étoit débarrassée, en se refroidissant, d'une matiere insoluble qu'elle eût simplement tenu suspendue à la faveur du mouvement d'ébullition. Donc ce n'est pas le foie de soufre antimonial entier, qui, s'étant séparé, en tout ou en partie, de la liqueur dans laquelle il étoit auparavant soutenu, constitue le *kermès* ; mais une partie, un des matériaux seulement, ou même un débri d'un composé réellement dissous dans cette liqueur.

Le *kermès* minéral peut se préparer par une autre voie, sçavoir par la voie seche ou par la fonte. Cette maniere, qui est de M. Geoffroy, consiste à faire fondre ensemble dans un creuset une partie d'alkali fixe, & deux parties d'antimoine crud ; à mettre en poudre la masse résultante de ce mélange, encore chaude, à la jetter dans l'eau bouillante, & à l'y laisser environ deux heures ; à filtrer ensuite cette eau au papier, à la recevoir au sortir du filtre dans un grand vaisseau rempli d'eau bouillante, à décanter lorsque la précipitation est faite, à édulcorer, sécher, &c. Mais les bons auteurs de Chimie médicinale conviennent unanimement que le *kermès* préparé par cette voie, a le défaut grave d'être trop chargé de parties régulines, & d'avoir des parties trop lourdes, trop grossieres, trop peu divisées. M. Geoffroy avoue lui-même qu'il n'a pas le velouté ou la douceur du toucher de celui qui est préparé par la voie humide ; ce qui est manquer d'une qualité essentielle, ou être inférieur dans un point essentiel ; car la qualité qu'on doit se proposer éminemment dans la préparation des remedes insolubles destinés à passer dans les secondes voies, c'est de leur procurer la plus grande ténuité possible, moyennant laquelle il est même encore douteux si on les met en état de passer par les voies du chyle.

M. Lemery le pere a parlé dans son *traité de l'antimoine*, d'un précipité spontané de foie antimonial qu'il a donné pour une espece de soufre doré, & que M. Lemery le fils a prétendu avec raison être un vrai *kermès* minéral, dans un des *mem. de l'Acad. R. des Sciences* pour l'année 1720. Mais, quoique celui-ci soit préparé par la voie humide, on peut lui reprocher peut-être avec raison, d'être inférieur au *kermès* de la Ligerie par les mêmes défauts que nous venons d'attribuer au *kermès* fait par la fonte : car M. Lemery ayant employé une liqueur alkaline beaucoup plus concentrée que celle que demande la Ligerie, & son précipité s'étant formé dans une bien moindre masse de liqueur ; il est très-vraissemblable que ce précipité contiendra plus de parties régulines, & qu'il sera moins divisé, moins subtil.

Quelques artistes scrupuleusement attachés à la recette publiée par ordre du roi, ont constamment observé d'employer à la préparation du *kermès* la liqueur de nitre fixe, à l'exclusion de tout autre alkali ; mais ce préjugé doit être regardé comme un reste de l'ancienne ignorance. La saine Chimie avoit déjà démontré long-tems avant la publication du procédé du *kermès*, que l'alkali du nitre & celui du tartre formoient, avec un grand nombre d'autres alkalis végétaux, un genre d'alkali, dont toutes ces différentes espèces étoient exactement identiques : or ces différentes espèces employées à la préparation du *kermès*, produisant constamment le même effet, selon le témoignage des bons observateurs, il est prouvé par la raison & par l'expérience que le choix exclusif de la liqueur de nitre fixe est vraiment puérile. On peut dire la même chose de l'usage de brûler de l'eau-de-vie sur le *kermès*. Les bons ouvriers regardent cette manœuvre comme une espece de pratique superstitieuse & absolument superflue.

Il y a sur la préparation du *kermès* un autre problème important : les lotions exactes & multipliées du *kermès* le rendent-elles plus actif, plus émétique, ou au contraire ? M. Malouin soutient l'affirmative dans sa Chimie médicinale, & M. Baron adopte le sentiment de son confrere dans les additions à la Chimie de Lemery, *ch. déjà cité*. Mender prétend au contraire, que le *kermès* « lorsqu'il n'est pas bien » dégagé de son alkali par l'édulcoration est beau- » coup plus émétique qu'après qu'on lui a enlevé » tout son alkali en l'adoucissant ». Les raisons dont M. Baron étaye son sentiment sont très-plausibles; mais comme ce ne sont que des raisons de la théorie, & qu'il faut absolument des expériences pour établir d'une maniere décisive les propriétés des remedes; il restera absolument douteux si le *kermès* parfaitement lavé est plus ou moins émétique que le *kermès* lavé négligemment, ou même non lavé ; & c'est pour éclaircir ce doute, & non pour l'employer dès à présent avec succès & sans aucune crainte, comme le propose M. Baron, qu'il seroit à propos que les artistes tinssent chez eux, pour l'usage médical, du *kermès* non lavé, de même qu'ils conservent du *kermès* bien lavé. (*b*)

KERMESSE, (*Peinture.*) ou plutôt KERMIS ; ce mot d'usage dans la langue hollandoise pour signifier une *foire*, & aussi quelquefois improprement employé par ceux qui ont parlé des ouvrages de peinture des Flamands & des Hollandois, pour désigner des représentations de fêtes de village, dans lequel Téniers (de Jonghes) & Bamboche ont excellé. Quelques françois, habiles à estropier les mots étrangers, ont écrit *Caramesse* ; ce qui est une double faute, faute d'orthographe & faute de connoissance de la langue. (*D. J.*)

KERNE, s. m. (*Hist. mod.*) nom d'une milice d'Irlande, fantassins. Cambder dit que les armées irlandoises étoient composées de cavalerie, qu'on appelloit *galloglasses*, & de fantassins armés à la légere, qu'on nommoit *kernes*.

Les *kernes* étoient armés d'épées & de dards garnis d'une courroie pour les retirer quand ils les avoit lancés.

Kernes dans nos lois signifie un *brigand* ou *vagabond*. *Voyez* VAGABOND.

KERN-STONE, s. m. (*Hist. nat.*) nom que le peuple donne dans quelques provinces d'Angleterre à une pierre spathique qui se trouve environnée de plusieurs couches de sable qui forment comme une croute autour d'elle, & dont elle est comme le noyau. On les trouve dans les endroits sablonneux, dans le voisinage des montagnes. On conjecture avec assez de probabilité qu'elles se sont formées ainsi, parce que la matiere spathique mise en dissolution par les eaux est tombée sur du sable à qui elle a donné de la liaison. *Voyez supplément de Chambers.*

KERRI, (*Géog.*) comté d'Irlande dans la province de Munster sur le Shannon ; il a soixante milles de long sur quarante-sept de large, & contient huit baronies. C'est un pays de montagnes couvertes de bois, & de champs labourables en quelques endroits ; ses lieux principaux sont Adseart, Trilli, Dingle & Castlemain. (*D. J.*)

KESIL, ou ZAN, (*Géog.*) suivant M. de l'Isle, & selon d'autres, le *Kisflosan* autrement nommé le *Karp*, est une riviere de Perse qui prend sa source dans l'Adirbeitzan, sépare le Ghilan du Lahetzan, & se jette dans la mer Caspienne près de Recht. Oléarius dit que ses eaux sont blanchâtres, & qu'elle est d'une rapidité incroyable. (*D. J.*)

KESITA, s. m. (*Hist. anc.*) mot hébreu qui signifie un *agneau*. Il est dit dans la Genèse *chap. xxxiij. v. 19*, que Jacob acheta des fils d'Hémor un champ cent *kesitas* ou cent agneaux ou brebis, & au livre de Job, *chap. lxij. v. 11*, que Job reçut de chacun de ses amis un *kesita*, ce que la vulgate a traduit par *ovem unam*, une brebis. Les interpretes ne sont pas d'accord sur la véritable signification de ce mot. Le plus grand nombre pense qu'il signifie une monnoie empreinte de la figure d'un agneau. D'autres conviennent qu'il faut entendre par *kesita* une monnoie ; mais que la figure empreinte dessus étoit un arc qu'on nomme en hébreu *keset*, à peu près comme les dariques de Perse portoient un archer. Jonathas & le targum de Jérusalem traduisent *cent perles*, dérivant le mot *kesita* de *caschat* qui veut dire *orner*. Quelques-uns soutiennent que par cent *kesita* l'on doit entendre autant de mesures de grain, & d'autres enfin, veulent qu'il s'agisse d'une bourse pleine d'or & d'argent ; mais quel inconvénient y auroit-il de prendre *kesita* à la lettre pour cent agneaux ou brebis en nature ? si l'on fait attention que les richesses des patriarches consistoient principalement en troupeaux, & qu'alors les ventes & achats se faisoient par des échanges de marchandises en nature contre des nature, d'autant plus que l'argent monnoyé étoit fort rare dans ces tems-là, & que si l'on s'en servoit, il n'est pas démontré qu'il portât quelqu'empreinte de figures ou d'animaux.

KESMARK, (*Géog.*) ville & forteresse de Hongrie, au comté de Scepus, sur la riviere de Paprad, à deux milles de Leutschow, en allant vers le mont Krapack ; son nom en allemand signifie le marché au fromage. Belius en a donné l'histoire dans son *Hungariæ antiq. & novæ*. (*D. J.*)

KESROAN, (*Géog.*) chaine de montagnes qui font partie du mont Liban en Asie, sur la côte de Syrie. Les Européens l'appellent *Castrevent*; c'est, dit la Roque dans son voyage de Syrie, un des plus agréables pays qui soit dans l'orient, tant à cause de la bonté de l'air que de l'excellence des fruits, grains & autres choses nécessaires à la vie. Il est habité par des Maronites qui ont un prince, & par les Grecs melchites, bonnes gens, doux, humains, vertueux, qui nous rappellent le siecle d'or. (*D. J.*)

KESSEL, (*Géog.*) gros village des Pays bas dans la haute Gueldre, avec un château ; c'est le chef-lieu du pays de *Kessel* sur la Meuse, entre Ruremonde & Venlo. Il fut cédé au roi de Prusse par la paix d'Utrecht. *Long*. 23. 48. *lat*. 51. 22. (*D. J.*)

KESTEVEN, (*Géog.*) petite contrée d'Angleterre, l'une des trois parties de Lincolnshire ; l'air y est bon, le terroir sec & fertile. Eh quel terroir n'est pas fertile dans ce pays-là ! tout s'y ressent de l'aisance & de la liberté ! (*D. J.*)

KETIR, (*Géog.*) ville de la Natolie, peu loin de la mer Noire, entre Pruse & Sinope. *Long*. 62. *latit*. 43. (*D. J.*)

KETMIA, s. f. (*Bot.*) genre de plante dont la fleur monopétale ressemble à celle de la mauve ; son fruit est oblong, divisé en plusieurs loges, dans chacune desquelles sont contenues des semences de figure spheroïde. Le sommet du fruit s'ouvre quand il est mûr, & montre ses graines.

M. de Tournefort compte trente & une especes de

ketmia, & il ne les a pas épuisées. On en cultive plus d'une vingtaine en Angleterre dans les jardins des curieux, parce qu'il y a plusieurs *ketmia* qui s'élevent en buisson à la hauteur de sept ou huit piés, & que la plûpart des especes produisent de très-belles fleurs.

On les multiplie de graine qu'on seme au printems dans une terre légere préparée ; l'année suivante on les transplante dans des couches d'une pareille terre, à la distance d'un pié en quarré ; on les laisse croitre ainsi pendant deux ans, en les arrosant dans les grandes chaleurs, & en les garantissant des mauvaises herbes ; ensuite on les transporte avec précaution dans des lieux à demeure, ou dans une pépiniere, en observant de les mettre à trois piés d'éloignement.

Il y a quelques especes de *ketmia* d'une grande délicatesse, & qui demandent des soins attentifs & la chaleur des serres. Il y en a dont les fleurs ont cette singularité de changer de couleur en différens tems du jour, d'être blanches le matin, rouges à midi, & pourpre le soir ; telle est l'espece à double fleur qu'on nomme aux Indes occidentales, *rosa de la Martinique*, & beaucoup mieux en anglois, *double china rose* ; les Botanistes l'appellent *ketmia sinussis*, *fructu subrotundo*, *flore pleno*. Il y en a dont les fleurs ne vivent qu'un jour, mais qui sont succédées par de nouvelles fleurs jusqu'aux gelées. Il y en a qu'on estime par l'odeur agréable de leurs graines ; il y en qui sont annuelles & qui forment une jolie variété avec d'autres plantes de cette nature dans des plattes bandes de parterres ; mais Miller vous instruira de toutes ces particularités, que les bornes de cet ouvrage ne permettent pas même de parcourir.

On appelle aujourd'hui la *ketmia*, *gombaut*, dans nos isles françoises ; *Voyez ce mot* : mais il faut conserver précieusement la dénomination de *ketmia* que les Botanistes ont consacrée de tout tems à ce genre de plante. (*D. J.*)

KETULE, s. m. (*Hist. nat. Bot.*) espece d'arbre qui croit dans l'île de Ceylan ; il a des feuilles qui ressemblent à celles du cocotier. Son bois est très-dur, d'une couleur noire, avec quelques veines, mais il est sujet à se fendre ; son écorce se partage en filets dont on fait des cordes. En faisant des incisions à cet arbre on en tire une liqueur très-agréable & rafraîchissante : si on la fait bouillir, elle s'épaissit & forme une espece de sucre noir que les habitans nomment *jaggori* ; il devient blanc lorsqu'on le rafine, & ne le cede en rien au sucre tiré des cannes.

KEU, s. m. (*Hist. mod.*) nom de l'onzieme mois de l'année & d'un des signes du zodiaque, chez le tartare du Catai : *keu* signifie dans leur langue *chien*.

KEUB, s. m. (*Commerce*) mesure des longueurs dont on se sert à Siam ; le *keub* contient douze nious, c'est la paume des Siamois, c'est-à-dire l'ouverture du pouce & du doigt moyen ; il faut deux *keubs* pour un *sok*, & deux *soks* pour un *keu*, *Voyez ci-dessus* KEN. *Dictionn. de commerce.*

KEUMEESTERS, s. m. pl. (*Commerce.*) on nomme ainsi à Amsterdam des commis ou inspecteurs établis par les bourguemestres pour visiter certaines especes de marchandises, & veiller à ce qu'elles soient de bonne qualité, & que le commerce s'en fasse fidelement.

Il y a des *keumeesters* pour les laines, les chanvres, les cordages ; ils en font la visite & reglent ce qu'il en faut rabattre du prix pour ce qui s'y trouve de taré & d'endommagé.

D'autres sont chargés de la marque des quartauts, pipes, barrils & autres futailles, & d'y appliquer la marque de la ville quand ils se trouvent de jauge.

Quelques-uns sont pour les Juifs, quelques autres pour les beurres & chairs salées. Il n'y a point de marchandise un peu considérable qui ne soit sujette à l'examen de ces inspecteurs.

Leur rapport fait foi en justice, & c'est sur leur témoignage que les bourguemestres & autres juges devant qui les contestations en fait de commerce sont portées, ont coutume de juger. *Dictionnaire de commerce.*

KEXHOLM, (*Géog.*) on l'appelle autrement *Caresfgorod*, *Kexholmia*, ville de l'empire russien dans la Carélie, avec un château sur le lac de Ladoga. La Russie l'a conquise sur la Suede. Elle est à 13 lieues N. E. de Vibourg, 75 N. E. d'Abo. *Long.* 48. 40. *latit.* 61. 22. (*D. J.*)

KEYOOKA, (*Géog.*) ville de l'Amérique dans la nouvelle Espagne, au S. de la baye de Campêche ; les habitans y font le commerce du cacao. (*D. J.*)

KH

KHAATH ou CATE, s. m. (*Hist. nat. Bot.*) Les Indiens entendent par-là un suc astringent, qui a été tiré par la décoction des fruits, des racines ou des écorces, & qui a été épaissie. On le mâche dans les Indes avec le betel & l'arec ; il donne une couleur rouge à la salive. On croit que c'est le *lycium indicum* de Pline & de Théophraste. L'acacia, dont l'écorce est rouge & astringente, & plusieurs autres plantes des Indes, donnent un suc semblable, mais qui varie pour la bonté : on regarde comme le meilleur celui qui est tiré de la plante appellée *kheir*, *Voyez Ephemerid. nat. curiosor. dec. II.* 3 *observ.* 1. *pag.* 7 *& suiv.*

KHAIBAR, (*Géog.*) petite ville de l'Arabie heureuse, abondante en palmiers, à six stations de Médine, entre le septentrion & l'orient. Elle est, selon Abulféda, à 67d 30' de *longitude*, & à 24d 20' de *latitude*. (*D. J.*)

KHAN, s. m. (*Hist. mod.*) édifice public en Turquie pour recevoir & loger les étrangers.

Ce sont des especes d'hôtelleries bâties dans les villes & quelquefois à la campagne ; ils sont presque tous bâtis sur le même dessin, composés des mêmes appartemens, & ne différent que pour la grandeur.

Il y en a plusieurs à Constantinople, dont le plus beau est le Validé khana, ainsi nommé de la sultane Validé ou mere de Mahomet IV, qui le fit construire : le chevalier d'Arvieux en fait la description suivante dans ses mémoires tom. IV ; & elle suffira pour donner au lecteur une idée des autres *khans*.

C'est, dit cet auteur, un grand bâtiment quarré, dont le milieu est une vaste cour quarrée, environée de portiques comme un cloître ; au milieu est un grand bassin avec une fontaine ; le rez-de-chaussée derriere les portiques, est partagé en plusieurs magasins, où les négocians mettent leurs marchandises. Il y a un second cloitre au premier étage, & des chambres dont les portes donnent sur le cloitre ; elles sont assez grandes, toutes égales ; chacune a une cheminée. On les loue tant par jour ; & quoique le loyer soit assez modique, le *khan* ne laisse pas de produire considérablement à ses propriétaires. Deux janissaires en gardent la porte, & on y est dans une entiere sûreté. On respecte ces lieux comme étant sous la protection de la foi publique. Tout le monde y est reçu pour son argent ; on y demeure tant qu'on veut, & l'on paye son loyer en rendant les clés. Du reste on n'y a que le logement ; il faut s'y pourvoir de meubles & d'ustenciles de cuisine : les Levantins la font eux-mêmes & sans beaucoup d'apprêts. Les murailles de ces *khans* sont de pierre de taille ou de brique fort épaisses, & toutes les chambres, magasins &

KHE KHO

corridors voûtés, le toit en terrasse bien carrelé, en sorte qu'on n'y craint point les incendies.

KHAN. On donne aussi en Turquie ce nom à de petits forts ou châteaux fortifiés, bâtis sur les grandes routes & à distance des villes, pour servir de refuge aux voyageurs. Le chevalier d'Arvieux, dans ses mémoires, dit qu'il y en avoit deux aux environs d'Alep, dont un est ruiné.

KHANBIL, s. m. (*Hist. nat. Medec.*) nom donné par Avicenne à une substance que Mathiole & quelques autres auteurs appellent *sementina* ou *semen lubricorum*, & que de Jager. regarde plûtôt comme une poudre très-fine qui ressemble au mercure précipité rouge ; on s'en sert en Perse & en Arabie pour guérir & dessécher les ulceres & les pustules & celles qui viennent au visage & à la tête des enfans : on prend aussi de cette poudre intérieurement, mais elle a besoin d'un correctif, qui est le mastic, l'anis ou le fenouil. *Voyez Ephemerid. nat. curiof. decur. II. obferv. 1. pag. 3 & suiv.*

KHANBLIG ou KHANBALIG, (*Géog.*) nom de la ville que nos Historiens & nos Géographes ont appellée *Cambala*, & qu'ils ont placée dans la grande Tartarie, au septentrion de la Chine ; mais suivant les Géographes & les Historiens orientaux, il est constant que c'est une ville de la Chine. Ebn-Saïd, dans Abulféda, lui donne 130^d de *longitude*, & 35^d 25′ de *latitude* septentrionale. Ebn-Saïd ajoûte qu'elle étoit fort célebre de son tems par les relations des marchands qui y alloient trafiquer, & qui en apportoient des marchandises. La premiere conquête de Gengis-Kan, après s'être rendu maitre de la grande Tartarie, fut celle de *Khanbalig*, qu'il prit par ses lieutenans sur l'empereur de la Chine. Khanbalig, Khanblig, Cambala & Pékin, sont autant de noms d'une même ville. *Voyez* PÉKIN. (*D. J.*)

KHATOUAT, s. m. (*Commerce.*) mesure des longueurs dont se servent les Arabes ; c'est le pas géométrique des Européens. Le *khatouat* contient trois akdams ou piés. Douze mille *khatouats* font la parasange. *Voyez* PARASANGE, *dict. de commerce.*

KHAZINE, s. f. (*Hist. mod.*) trésor du grand-seigneur. *Voyez* TRÉSOR & ÉCHIQUIER.

Là on met les registres des recettes, des comptes des provinces, dans des caisses cottées par années, avec les noms des provinces & des lieux. C'est-là aussi que l'on serre une partie des habits du grand-seigneur.

Tous les jours de divan on ouvre ce trésor, ou pour y mettre, ou pour en retirer quelque chose : il faut que les principaux officiers qui en ont la charge assistent à cette ouverture. Le tchaouch-bachi leve en leur présence la cire dont le trou de la serrure est scellé ; & l'ayant porté au grand-visir, ce ministre le baise d'abord, & puis le regarde. Il tire ensuite de son sein le sceau du grand-seigneur, qu'il y porte toujours, & il le donne au tchaouch-bachi, qui ayant enfermé & scellé le trésor, rapporte le visir, avec la même cérémonie, le sécan qu'il en avoit reçu.

Il y a d'autres appartemens où l'on enferme l'argent, & dans lesquels les officiers n'entrent jamais avec des habits qui ayent des poches. *Dictionnaire de commerce.*

KHÉSELL (LE) ou KHÉSIL, *Géog.* grande riviere d'Asie dans la Tartarie, au pays des Usbecs ; elle a sa source dans les montagnes qui séparent les états du grand khan des Calmoucks de la grande Boukarie, vers les 43 deg. de *latitude* & les 96 deg. 30′ de *longitude*, & se dégorgeoit autrefois dans la mer Caspienne, à 40^d 30′ de *latit.* mais depuis 1719 elle n'a plus de communication avec la mer Caspienne ; elle porte ses eaux dans le lac d'Arall. (*D. J.*)

KHOGEND, (*Géog.*) ou COGENDE, car c'est un même lieu, ville d'Asie dans la Transoxane, située sur le Sihun (le jaxartes des anciens), qui porte aussi le nom de fleuve de *Khogend*. Elle est à quatre journées de Schasch, & à 7 de Samarkande. Ses jardins portent des fruits exquis. Quelques géographes lui donnent 90. 35. de *long.* & 41. 25. de *lat.* septentrionale. (*D. J.*)

KHORASSAN ou CORASAN (LE) *Géographie. Parthia*, vaste pays d'Asie, proche l'Irac Agémi ; il est actuellement possédé par les Usbeks, & a quatre villes principales ou royales, Balkh, Mérou, Nichabourg & Hérat. Il faut ici lire la description que Nassir-Eddin a donné de cette contrée, ainsi que de ses villes, avec leurs longitudes, leurs latitudes, & selon le climat. (*D. J.*)

KHOSAR ou KHASAR, (*Géog.*) pays d'Asie dans l'empire Russien ; le pays est situé au septentrion de la mer Caspienne, & voisin de Capchatz, avec lequel il est souvent confondu. La ville principale des peuples qui habitent le pays de *Khosar*, se nomme Belengiar ; elle est située à 85. 20. de *long.* & à 46. 30. de *latit.*

KHOTAN, (*Géog.*) grand pays d'Asie à l'extrémité du Turquestan, & arrosé de plusieurs rivieres dans le cinquieme climat. Abulféda insinue que c'est la partie septentrionale de la Chine, appellée autrement le *Khataï*. La capitale de ce vaste pays est aussi nommée *Khotan*. (*D. J.*)

KHOTAN, (*Géog.*) ville d'Asie, capitale d'un pays très-fertile de même nom, au Turquestan. Cette ville, suivant les tables Persiennes, est de 107 deg. & de 41. de *lat.* Suivant l'auteur du canoum, sa *long.* est de 100 deg. 40′, & sa *lat.* de 43^d 30′. (*D. J.*)

KHOVAGEH-ILGAR, (*Géog.*) petite ville de la Transoxane ou de la grande Boukarie, dans la contrée délicieuse de Schasch.

Cette petite ville est bien remarquable par la naissance de Tamerland, un des plus grands conquérans de l'univers ; n'ayant point d'états de patrimoine, il subjugua autant de pays qu'Alexandre, &, presqu'autant que Genghis.

Il se rendit maitre du Khorassan, de la province de Candaar & de toute l'ancienne Perse. Après la prise de Bagdat il passa dans les Indes, les soumit, & se saisit de Déli, qui en étoit la capitale. Vainqueur des Indes, il se jetta sur la Syrie, & s'en empara.

Au milieu du cours de ses conquêtes, appellé par les Chrétiens & par cinq princes mahométans, il descend dans l'Asie mineure, & livre à Bajazet en 1402, entre Césarée & Ancyre, cette grande bataille, où il sembloit que toutes les forces du monde fussent assemblées. Bajazet vit son fils Mustapha tué en combattant à ses côtés, & tomba lui-même captif entre les mains du vainqueur.

Souverain d'une partie de l'Asie mineure, il repassa l'Euphrate & vint se reposer à Samarkande, où il reçut l'hommage de plusieurs princes de l'Asie, maria à l'ambassade de plusieurs souverains, & maria tous ses petits-fils & ses petites filles le même jour.

Il y méditoit encore la conquête de la Chine dans la vieillesse, où la mort le surprit en 1414, à l'âge de 71, après en avoir regné 36, plus heureux par sa longue vie & par le bonheur de ses petits-fils, qu'Alexandre, mais bien inférieur au macédonien, suivant la remarque judicieuse de M. de Voltaire ; parce qu'il détruisit beaucoup de villes sans en bâtir ; au lieu qu'Alexandre, dans une vie très-courte & au milieu de ses conquêtes rapides, construisit Alexandrie & Scanderon, rétablit cette même Samarkande, qui fut depuis le siége de l'empire de Tamerland; bâtit des villes jusques dans les Indes, établit des colonies grecques au-delà de l'Oxus, envoya en Grece les observations de Babylone, & changea le commerce de l'Asie, de l'Europe & de l'Afrique, dont Alexandrie devint le magasin universel.

Nous avons en françois une histoire de Tamerland par Vattier, & la vie de ce prince traduite du persan par M. Petit de la Croix, en 4 tomes *in-12*. Mais ce qu'en dit M. de Voltaire dans son hist. universelle doit suffire aux gens de goût. (*D. J.*)

KHOVAREZM, (*Géog.*) grand pays d'Asie, qui tient lieu de la Chorasmie des anciens. Ce pays, dans l'état où il est présentement, confine, du côté du nord, au Turquestan & aux états du grand khan des Calmoucks; à l'orient, à la grande Boukarie; au midi, aux provinces d'Astarabat & de Korasan, dont il est séparé par la riviere d'Amn, si fameuse dans l'antiquité sous le nom d'Oxus, & par des déserts sablonneux d'une grande étendue; enfin il se termine à l'occident par la mer de Mazandéran, autrement la mer Caspienne. Il peut avoir environ 80 milles d'Allemagne en longueur, & à-peu-près autant en largeur; & comme il est situé entre le 38 & le 43 deg. de *lat*. il est extrêmement fertile par-tout où il peut être arrosé. Ce pays est habité par les Sartes, les Turcomans & les Usbecks. Nassir-Eddin a donné une table géographique des villes de cette région, qu'il nomme *Chowaresm* dans l'édition d'Oxford. La capitale, appellée *Korcang*, est à 94. 30. de *long*. & à 42. 17. de *lat*. (*D. J.*)

KI

KI, s. m. (*Hist. mod.*) en persan & en turc signifie *roi* ou *empereur*. Les anciens sophis de Perse, avant leur nom propre mettoient souvent le nom de *ki*. On voit dans leur histoire & dans la suite de leurs monarques, *ki* Kobad, *ki* Bahman, &c. c'est-à-dire le roi Kobad, le roi Bahman, &c. Figuerroa assure que le roi de Perse voulant donner un titre magnifique au roi d'Espagne, le nomme *ki*, Ispania, pour signifier l'empereur d'Espagne. Ricaut *de l'emp. Ott.*

KI, (*Hist. moder.*) chez les Tartares Mongules, signifie un *étendart* qui sert à distinguer chaque horde ou famille dont leur nation est composée.

Ils nomment encore cet étendart *kitaika*, c'est-à-dire, chose faite exprès pour marquer, ou plûtôt parce que cet étendart désigne les Kitaski ou habitans du Kitay.

Ceux d'entre ces Tartares qui sont mahométans, ont sur cet étendart une sentence ou passage de l'alcoran; & ceux qui sont idolâtres, y mettent diverses figures d'animaux, dont les unes servent à marquer qu'ils sont de telle dynastie ou tribu, & les autres à désigner la famille particuliere à laquelle appartient le nombre de guerriers qui la composent. *Voyez* ENSEIGNES MILITAIRES.

KI, s. m. (*Hist. mod.*) nom de la sixieme partie du second cycle des Khataïens & des Iguriens; ce cycle joint au premier cycle, qui est duodénaire, sert à compter leurs jours qui sont au nombre de soixante, &qui, comme les nôtres, qui ne sont qu'au nombre de sept, forment leur semaine.

Le mot *ki* signifie *poule*; il signifie aussi le dixieme mois de l'année dans les mêmes contrées.

Chez les Chinois, le *ki* est le nom de plusieurs mois lunaires des soixante de leur cycle de cinq ans. Le ki-su est le sixieme; le ki-muo, le seizieme; le ki-cheu, le vingt-sixieme; le ki-ha, le trente-sixieme; le ki-yeu, le quarante-sixieme; le ki-vi, le cinquante-sixieme.

Au reste, *ki* est toujours le sixieme de chaque dixaine. *Voyez le dictionn. de Trévoux*.

KI, (*Géog.*) nom de diverses villes de la Chine. Il paroît par l'atlas *sinensis*, qu'il y a au moins six villes de la Chine, en diverses provinces, qui s'appellent ainsi. (*D. J.*)

* KIA, s. m. (*Hist. mod.*) nom de plusieurs mois du cycle de cinq ans des Chinois. Le *kia-çu* est le premier; le *kia-sio*, l'onzieme; le *kia-shen*, le vingt-unieme; le *kia-u*, le trente-unieme; le *kia-shin*, le quarante-unieme; le *kia-yin*, le cinquante-unieme.

D'où l'on voit que le *kia* est le premier de tous, & le premier de chaque dixaine.

KIAKKIAK, s. m. (*Hist. mod. Mythol.*) c'est le nom d'une divinité adorée aux Indes orientales, dans le royaume de Pégu. Ce mot signifie le *dieu des dieux*. Le dieu *Kiakkiak* est représenté sous une figure humaine, qui a vingt aulnes de longueur, couchée dans l'attitude d'un homme qui dort. Suivant la tradition du pays, ce dieu dort depuis 6 mille ans, & son réveil sera suivi de la fin du monde. Cette idole est placé dans un temple somptueux, dont les portes & les fenêtres sont toûjours ouvertes, & dont l'entrée est permise à tout le monde.

KIAM, (*Géogr.*) ou JAMCE, grand fleuve de la Chine, qui prend sa source dans la province de Junnan, traverse celles de Pontchueu, de Hunquam, baigne la capitale, qui est Nanquin; & après avoir arrosé près de quatre cens lieues de pays, se jette dans la mer orientale, vis-à-vis de l'île de Tçoummin, formée à son embouchure par les sables qu'il y charrie. Cette riviere dans son cours, qui est des plus rapides, fait naître un grand nombre d'îles, utiles aux provinces, par la multitude de joncs de dix à douze piés de haut qu'elles produisent, & qui servent au chauffage des lieux voisins; car à peine a-t on assez de gros bois pour les bâtimens & les vaisseaux. *Voyez* sur ce fleuve M. de Lisle, dans sa *Carte de la Chine*, & les *Mémoires* du P. le Comte. (*D. J.*)

KIANGNAN, (*Géographie.*) ou NANQUIN & NANKIN; province maritime de la Chine, qui tenoit autrefois le premier rang lorsqu'elle étoit la résidence de l'empereur; mais depuis que le Pekeli, où est Pekin, a pris sa place, elle n'a plus que le neuvieme. Elle est très-grande, très-fertile, & d'un commerce presque inconcevable. Tout ce qui s'y fait, sur-tout les ouvrages de coton & de soie, y est plus estimé qu'ailleurs. Il y a quatorze métropoles, cent dix cités, & près de dix millions d'ames au rapport des Jésuites. Le *Kiangnan* est borné à l'est & au sud est par la mer; au sud par le Chekian; au sud-ouest par le Kiansi; à l'ouest par le Huquang; au nord-ouest par le Haunan; & au nord par le Quantong. Le fleuve Kiam la coupe en deux parties, & s'y jette dans la mer : la capitale est Nankin. (*D. J.*)

KIANSI, (*Géogr.*) ou KIAMSI, ou KIANGSI. vaste province de la Chine, où elle tient le huitieme rang, bornée au nord-est par celle de Kiangnang; au nord & au couchant par celle de Huquang; à l'orient par celle de Chékiand; au sud-est par celle de Fokien; & au midi par celle de Quantung ou Canton. Elle est très-peuplée, & produit abondamment tout ce qui est nécessaire à la vie; elle a des montagnes pour boulevards, & des rivieres & des lacs qui sont remplis d'excellens poissons. On y fait, dans un seul endroit, la plus belle porcelaine dont l'Asie soit fournie. Cette province a treize métropoles, soixante-sept cités, & plus de six millions d'ames, au rapport de nos missionnaires. Nanchang en est la capitale. (*D. J.*)

KIBLATH, s. m. (*Hist. mod.*) les Mahométans nomment ainsi l'endroit vers lequel ils tournent la face à la Meque pour faire leurs prieres. Dans toutes les mosquées des Mahométans, il y a une ouverture du côté de la Meque, afin que l'on sache de quel côté

KIE   KIJ

on doit se tourner pour que sa priere soit agréable à Dieu & à Mahomet fon envoyé.

KIBOURG, (*Géogr.*) *ou* KYBONRG; en latin moderne *Kiburgium*, ville de Suisse au canton de Zurich, sur la riviere de Thoesi; avec un château; c'est un des plus beaux bailliages du canton. Elle est à cinq lieues N. E. de Zurich, sept S. E. de Schaffouse. *Long.* 26. 25. *lat.* 47. 20.

Cette petite ville a donné le jour à Louis Lavater & à Rodolphe Hospinien.

Le premier, mort en 1586, âgé de 59 ans, est connu par son histoire sacramentaire & son traité des spectres, traduit du latin en plusieurs langues.

Hospinien est un des plus laborieux auteurs que la Suisse ait produit. Il mourut en 1626 dans sa 79 année. Le recueil de ses œuvres, dont la plus grande partie roule sur les dogmes & les pratiques de l'Eglise romaine, forme sept volumes in-folio, qui parurent à Genève en 1681. Son dernier ouvrage, qu'il publia contre les Jésuites en particulier, porte un titre par lequel il se déclare nettement leur plus grand ennemi : *Historia Jesuitica ; hoc est*, de origine , *regulis , propagatione ordinis Jesuitarum, item de eorum dolis, fraudibus, imposturis, nefariis facinoribus, cruentis consiliis, falsâ quoque, seditiosâ & sanguinolentâ doctrinâ.* (*D. J.*)

KIDDERMINSTER , (*Géogr.*) ville d'Angleterre dans la province de Worcester. Elle se distingue par ses étoffes de fil & laine, dont on fait des tapisseries, & qu'on emploie à d'autres usages. *Long.* 15. 30. *lat.* 51. 54. (*D. J.*)

KIDG , (*Géographie.*) ville d'Asie, capitale du royaume de Mécran. *Long.* 99. *lat.* 27. 60. (*D. J.*)

KIDWELLI , (*Géogr.*) petite ville d'Angleterre, au pays de Galles, dans la province de Carmarten, à l'embouchure du Fowiey, riviere qui y forme un havre. *Long.* 13. *lat.* 51. 42. (*D. J.*)

KIECHANG , (*Géogr.*) ville de la Chine, sixieme métropole de la province de Kiansi , dans un beau palais, & deux temples consacrés à la mémoire des hommes illustres. On y fait avec le riz un excellent breuvage, appellé *macu*. On y fabrique aussi de belles étoffes. *Long.* 132. 30. *lat.* 28. 12. (*D. J.*)

KIELDER, s. m. (*Hist. nat.*) oiseau de Norwege connu sous le nom de *pie de mer*, & que Linnæus & la plupart des Naturalistes nomment *hæmatopus*. Il est de la grosseur d'un geai , son bec est jaune, long & obtus : il est ennemi juré du corbeau , qu'il attaque à coups de bec, & qu'il force à se retirer. Les habitans de Norwege en font très-grand cas, à cause qu'il fait la guerre à cet oiseau, qui leur est nuisible. *Voy. Acta hafnienfia*, année 1671 & 72.

KIELL, (*Géogr.*) en latin *Chilonium* par Bertins ; *Kiela*, par Hermanides ; & *Kilo*, *onis*, par d'autres auteurs ; ville forte & considérable d'Allemagne, dans la basse - Saxe, capitale du duché de Holstein-Gottorp , avec un château & une université fondée en 1665.

Le continuateur de la chronique d'Hermold, attribue la fondation de la ville & du château au comte Adolphe IV. qui fut ensuite religieux. Il lui accorda le droit de Lubec, y bâtit un monastere , où il prit l'habit , & y fut enterré en 1261. Il s'y tient tous les ans une foire célebre après la fête des rois.

Kiell est située au fond du golphe de Killer-wick , d'où elle a peut-être pris son nom , à l'embouchure du Schwentin , dans la mer Baltique. Caspard Danckwerth a donné une description complette de *Kiell*, dans son livre intitulé : *New Lands Beschreibung der Zwey Hert-Zogs-Humer Selefwich , und Holstein.* Il croit que le golphe est le *sinus Chalusus*, & que le Schwentin est le *fluvius Chalufus* de Ptolomée. Quoi qu'il en soit , *Kiell* est à 9 milles N. O. de Lubeck , à 6 S. E. de Sclefwig, à 11 N. E. de Hambourg, & à 2 de Pretz. *Long.* 20. 44. 30. *lat.* 54. 25. (*D. J.*)

KIEN-TEHCOU , s. m. (*Commerce.*) étoffe de soie de vers sauvages. Cette soie est grise , sans lustre , ce qui fait ressembler l'étoffe à une toile rousse ou aux droguets un peu grossiers ; elle est cependant précieuse , & se vend plus cher que les plus beaux satins.

KIERNOW , (*Géogr.*) ville de Lithuanie sur la Vilie. Les ducs de Lithuanie y faisoient autrefois leur résidence. *Long.* 42. *lat.* 54. 50. (*D. J.*)

KIFT, (*Géogr.*) ville d'Egypte dans dans le Said. Aala , qui est la haute Thébaide. Elle n'est éloignée du Nil que sept parasanges ; cette ville est l'ancienne Coptos, qui a donné son nom au Nil & à toute l'Egypte. (*D. J.*)

KIHAIA *ou* KIEHAIA, *ou* KETCHUDABERG , s. m. (*Hist. mod.*) nom que donnent les Turcs à un officier qui est le lieutenant général du grand-visir. C'est l'emploi le plus considérable de l'empire Ottoman ; en effet , il faut que toutes les affaires passent par ses mains , & que toutes les ordonnances de l'empereur aient son attache, sans quoi les bachas ne se croient point obligés de s'en tenir compte. On dit de lui communément , *le khaia est pour moi le visir ; le visir est mon sultan , & le sultan n'est pas plus que le reste des Musulmans.* Tant il est vrai que les despotes sont les premiers esclaves de leur pouvoir sans bornes, quand ils ne peuvent l'exercer par eux-mêmes. Le grand-visir ne peut point faire un *kihaia* sans l'agrément du sultan. *Voyez* Cantemir , *Histoire ottomane.*

KIJOVN , *Hist. anc.* (nos dictionnaires rendent mal-à-propos le mot *chion*) est une ancienne idole que les Israélites avoient honorée dans le desert , comme le leur reproche le prophete Amos, au ch. v. ℣ 26. *Au contraire vous avez porté le tabernacle de votre Moloch & Kijovn , vos images , & l'étoile de vos dieux que vous vous êtes faits*.

Dom Calmet , *tom II, p.* 84. *tom. III,p.* 5. rend le mot *kijun* par la base ou le piédestal de vos figures , &c. dérivant le mot hébreu de la racine *koun , firmare , stabilire ;* sans doute qu'il veut, par une antiquité des plus reculée, autoriser ce que l'Eglise pratique aujourd'hui dans nos processions , où l'on porte en pompe les reliques & les images des saints ; mais ne devroit-il pas craindre de nuire à sa cause , en rapprochant trop de l'antiquité idolâtre ce que l'Eglise a jugé propre à l'édification du peuple , pour exciter & nourrir sa dévotion. L'allusion seroit d'autant plus défavorable à nos processions , que les plus sages d'entre les payens blâmoient cet usage & le tournoient en ridicule. *Extremum pompæ agmen claudebant deorum simulacra, quæ humeris bajulabantur à viris, eamque præferebant formam, quæ finguntur apud Græcos,* &c. Tacite , *annal. iij.* Et le même auteur nous apprend qu'après la mort de Germanicus , entr'autres honneurs qu'on lui ordonna , on voulut que sa statue allât devant celle de tous les dieux dans les jeux circenses. *Honores ut quis amore Germanicum , aut ingenio validus reperti, decretique ,* &c . . . ; *ludos circenses fuburnea effigies præiret.* Macrob. *liv. I.* 243.

Vehitur enim simulacrum dei Heliopolitani ferculo velut in pompâ circensium vehuntur deorum simulacra. Macrob. *lib. I.* 243. Suetone nous apprend que Titus fit le même honneur à Britannicus , avec lequel il avoit eu une grande liaison dans son enfance. *Statuam ei auream in palatio posuit , & alteram ex ebore equestrem , quæ circensi pompâ hodieque præfertur dedicavit.* Suet. *in Tit.*

Il paroit , par divers passages d'Hérodote , que cette coutume venoit des Egyptiens, qui l'avoient tirée des Phéniciens.

On peut donc opposer à ceux qui voudroient blâmer ce qui se fait dans l'Eglise catholique, les exemples anciens les plus respectables, les plus religieux & même les plus à portée des sources.

Cependant Dom Calmet n'a pas approfondi la question avec son habileté ordinaire, lorsqu'il a pris *Kijon* pour une base, un piédestal ; s'il avoit fait attention que dans la Mythologie des Arabes, Saturne, le plus ancien des dieux, est appellé *Keyvan*, ce qui sans doute est la même chose que le *Kijun*, *Kivono* des Hébreux ; l'un & l'autre mot venant de l'ancienne racine *kava*, *adussit*, *combussit*, *incendit*, il auroit entendu par *Kijun* le premier des dieux, qui est le soleil, *ignis pater*. Ce qui se démontre par un passage du Pœnulus de Plaute. Milphio jouant sur le mot *zona*, qui signifie *bourse* ou *ceinture*, demande au Carthaginois qui ne portoit point de bourse, *Tu qui zonam non habes, quid hanc venisti in urbem, aut quid quæritis?* Le Carthaginois répond dans sa langue : *Muphutsa mo in lechiana* ; paroles dont il est aisé de faire ces anciens mots chaldéens, *mephurnesa molech kiana*, qni signifient, *celui qui nourrit la nature me nourrit*, voulant dire que sous la protection du soleil, qui nourrit tout la nature, il n'avoit pas besoin d'argent : réponse très-sensée & très-bonne à faire aux railleries d'un homme qui vous demande que venez-vous faire ici sans argent.

Molech signifie *roi*, *seigneur*, *dominateur* ; *Molech Kijun* sera donc le seigneur Kijun ; le roi de toutes choses, le soleil. Aussi dans l'ancienne langue syriaque *kijana* signifie la *nature*.

Or il paroit des passages de Denis d'Halicarnasse, de Diodore de Sicile, &c. que le soleil étoit regardé comme le maitre, le directeur de la nature. Voici donc comme il faudroit traduire le passage d'Amos : « Vous avez porté les tentes de votre roi » de la nature, où sont l'image & l'étoile des dieux » que vous vous êtes faits ».

Saint Etienne, *Act. cap. vij.* 43. citant le passage d'Amos, substitue à *Kijun* le mot de *remphan*, ou comme les septante l'avoient rendu, *rephan*, parce que faisant leur version en Egypte, ils devoient donner aux idoles dont ils parloient le nom que leur donnoient les Egyptiens. Or, comme on le voit par l'alphabet en langue Egyptienne qui est à Rome, & que Kircherus a donné dans son *Prodromus Coptus*, Saturne est appellé en Egypte *Runphan* ou *Rephan*.

Remphan ou *Kijun* sont donc une même divinité à laquelle le titre de moloch ou dénominateur est toujours attaché, avec des attributs qui sous le nom de Saturne, ne peuvent convenir qu'au soleil. Ainsi nous lisons dans Macrob. *Saturn. lib. I. 7. simulacrum ejus indicio est. Huic deo institiones sarculorum pomorumque educationes, & omnium ejusmodi fertilium tribuimus disciplinas* ; à quoi il ajoûte : *cirenenses etiam, cum rem divinam si fatiunt, ficis recentibus coronantur, placentasque mutuò missitant mellis & fructuum repertorum Saturnum existimantes.* Aussi Orphée, dans l'hymne de Saturne, l'appelle γυναικος, *prince de la génération*, ce qui ne sauroit convenir à la planette de Saturne, mais caractérise très-bien le soleil, principe de génération qui produit les fruits & fait croître les blés, éclaire & fertilise toute la nature.

KIKEKUNEMALO, s. m. (*Hist. nat.*) espéce de gomme ou plûtôt de résine qui ressemble à la gomme copale blanche ou au succin, très-propre à faire un beau vernis transparent ; elle se dissout très-promptement dans l'esprit de vin. On la trouve en Amérique. *Acta physico medica natur. curiosor. tom. I.*

KILAKI ou KILANI, (*Géogr. hist.*) nom d'une nation de Tatares ou Tartares orientaux qui demeurent à l'embouchure du fleuve Amour. Ils vont tout nuds, & travaillent en fer. On dit qu'ils ont le secret d'apprivoiser les ours, & qu'ils s'en servent comme nous faisons des chevaux. Ils portent des anneaux aux nez, comme plusieurs autres peuples de la Tartarie. *Voyez description de l'empire Russien.*

KILARGI BACHI, s. m. (*Hist. mod.*) chef de l'échansonnerie, ou grand échanson de l'empereur des Turcs. Cet officier est un des principaux de la maison du sultan, & est fait bacha lorsqu'il sort de sa charge. Le Kilarguet odari, son substitut, a en garde, toute la vaisselle d'or & d'argent du-sérail. Ces officiers, comme presque tous les autres du grand seigneur, sont tirés du corps des Ichoglans. *Voyez* ICHOGLANS.

KILDARE ou KILDAR, (*Géogr.*) ville à marché d'Irlande dans la province de Leinster, capitale du comté de même nom, lequel a 38 milles de longueur, sur 23 de largeur. Il est riche, fertile, & comprend huit baronnies. Il y a dans la ville un évêque suffragant de Dublin. Elle est à 27 milles S. O. de Dublin. *Long.* 10 36'. *lat.* 53. 10. (*D. J.*)

KILDERKIN, s. m. (*Commerce.*) est une espéce de mesure liquide, qui contient deux firkins ou dix-huit gallons mesure de biere, & seize à la mesure. *Voyez* GALLON, MESURE. Il faut deux *kilderkins* pour un barril, & quatre pour un muid. *Voyez* BARRIL & MUID.

KILDUYN, (*Géog.*) petite île de la mer Septentrionale, peu distante de celle de Wardhus, à environ 69. 40' *de latitude* ; elle est couverte de mousse pour toute verdure, & n'est habitée durant l'été que par quelques lapons finlandois ou russes, qui ensuite se retirent ailleurs. (*D. J.*)

KILIA-NOVA, (*Géog.*) *Callatia*, bourg fortifié de la Turquie européenne dans la Bessarabie, à l'embouchure du Danube. On l'appelle *Nova*, pour la distinguer de *Kilia* l'ancien, qui est une bourgade & une île formée par le Danube, à 36 lieues S. O. de Bialogrod, 121 N. E. de Constantinople. *Long.* 47. 55. *lat.* 45. 35. (*D. J.*)

KILISTINONS, ou KIRISTINOUS, ou CHRISTINAUX, ou KRIGS, peuple de l'Amérique septentrionale, au fond de la baie d'Hudson, proche le fort Bourbon ou Nelson. Ce sont, avec les Assiniboëls, les plus nombreux sauvages du lieu, grands, robustes, alertes, braves, endurcis au froid & à la fatigue, toujours en action, toujours dansans, chantans ou fumans. Ils n'ont ni villages, ni demeures fixes ; ils errent çà & là, & vivent de leur chasse. Tout leur pays & ce qui les concerne est très-peu connu, malgré la relation qu'en a donné le P. Gabriel Marest, missionnaire jésuite, dans les lettres édifiantes, *tome X. pag.* 313. (*D. J.*)

KILKENNY, (*Géog.*) ville à marché d'Irlande, dans la province de Leinster, capitale d'un canton de même nom. C'est une des plus peuplée & des plus commerçantes villes d'Irlande qui sont reculées dans les terres. Elle est sur la Muer, à huit milles de Gowran, & 56 S. O. de Dublin. *Long.* 10. 20. *lat.* 52. 36.

Le comté de Kilkenny a 40 milles de long, sur 22 de large ; il est très-agréable & fertile. (*D. J.*)

KILL, (*Géog.*) riviere d'Allemagne, dans le cercle électoral du Rhin. Elle a sa source aux confins des duchés de Limbourg & de Juliers, & se jette dans la Moselle à deux lieues au-dessous de la ville de Treves. (*D. J.*)

KILLALOW, (*Géog.*) petite ville d'Irlande, dans la province de Connanght, capitale du comté de Clare ou de Thomond, avec un évêché suffragant d'Arnagh sur le Shannon, à dix milles de Limérick, & 90 S. de Dublin ; cette petite ville tombe chaque jour en décadence. *Long.* 9. 50. *lat.* 52. 43. (*D. J.*)

KILLAS, s. m. (*Hist. nat.*) nom donné par les ouvriers des mines de Cornouailles à une espéce de terre d'un blanc grisâtre, mêlée de beaucoup de particules de spath calcaire, qui se dissout dans les acides

KIM   KIN

acides, sans que la terre en soit attaquée. Cette terre se trouve par couches qui ont deux ou trois piés d'épaisseur, & qui accompagnent les filons de mines d'étain. On donne aussi le même nom en Angleterre à une espece de schiste ou d'ardoise, dont on couvre les maisons en quelques endroits. *Supplément de* Chambers.

KILLIN, (*Géog.*) assez grande ville de la Turquie européenne, dans la Bessérabie, à 28 lieues de Bender. *Long.* 47. 10. *lat.* 49. 6. (*D. J.*)

KILMALOCK, (*Géog.*) ville d'Irlande, dans la province de Muonster, au comté de Limerick, dont elle est à 16 milles au S. *Long.* 8. 46. *lat.* 52. 58. (*D. J.*)

KILLYLAGH, (*Géog.*) petite ville d'Irlande dans la province d'Ulter, au comté de Down, sur le lac de Stranforg. Elle est à 17 milles de Dromore, & envoie deux députés au parlement d'Irlande. *Long.* 11. 22. *lat.* 54. 30. (*D. J.*)

KIMI, (*Géog.*) ville de Suede, capitale de la province de même nom dans la Laponie, sur la riviere de *kimi*, près de son embouchure, dans le golfe de Bothnie, à 4 lieues S. E. de Tornea. *Long.* 41. 25. *lat.* 65. 40. (*D. J.*)

KIMPER, *ou* QUIMPERCORENTIN, (*Géog.*) ainsi surnommé de saint Corentin son premier évêque, que quelques-uns disent avoir vécu sous Dagobert vers l'an 630. Il est vraissemblable que le *Corisopitum* de César est notre *Kimper*, mot qui en breton signifie *petite ville muriée*. C'est une ville de France en basse-Bretagne, avec un évêché suffragant de Tours; elle est sur la riviere d'Oder, à 12 lieues S. E. de Brest, 42 S. O. de Rennes, 124 S. O. de Paris. *Long.* 13^d. 32'. 35''. *lat.* 47^d. 58. 24.

Kimper est la patrie du P. Hardouin jésuite. Il est si connu par son érudition, la singularité de ses sentimens, ses doctes rêveries, & les visions chimériques, qu'il me doit suffire de transcrire ici l'épitaphe que lui fit M. de Boze, qui peint assez bien son caractere.

In expectatione judicii,
Hic jacet
Hominum paradoxotatos;
Natione gallus, religione romanus;
Orbis litterati portentum,
Veneranda antiquitatis cultor, & destructor;
Docte febricitans,
Somnia & inaudita commenta
Vigilans edidit;
Scepticum piè egit;
Credulitate puer, audaciâ juvenis,
Deliriis senex.

Il mourut à Paris en 1729, âgé de 83 ans. (*D. J.*)

KIMSKI, (*Géog.*) ville de la Tartarie moscovite, dans le Tunguska, entre des rochers & des montagnes, sur une petite riviere de même nom. On trouve autour de cette ville quantité de marthes zibélines, plus noires qu'ailleurs. (*D. J.*)

KIM-TÉ-TCHIM, (*Géog.*) vaste & magnifique bourg de la Chine, dans la province de Kiansi, & dans la dépendance de Fouleangi. C'est ce lieu qui lui-seul fournit presque toute la belle porcelaine de la Chine. Quoiqu'il ne soit pas entouré de murailles, il vaut bien une grande ville pour la beauté de ses rues qui sont tirées au cordeau, pour le nombre de ses habitans que l'on fait monter à un million, & pour le commerce qui y est prodigieux.

Kim-Te-Tchim est placé dans une plaine environnée de hautes montagnes; & peut-être cette enceinte de montagnes forme-t-elle une situation propre aux ouvrages de porcelaine. On y compte trois mille fourneaux qui y sont destinés; aussi n'est-il pas surprenant qu'on y voye souvent des incendies; c'est pour cela que le génie du feu y a plusieurs temples;

mais le culte & les honneurs que l'on prodigue à ce génie, ne rendent pas les embrasemens plus rares. D'un autre côté un lieu si peuplé, où il y a tant de richesses & de pauvres, & qui n'est point fermé de murailles, est gouverné par un seul mandarin, qui par sa bonne police, y établit un ordre & une sûreté entiere. *Voyez* de plus grands détails dans les *lettres édifiantes*, *tome XII*. *page* 255. & *suiv*. (*D. J.*)

KING, (*Hist. mod. Philosop.*) ce mot signifie *doctrine sublime*. Les Chinois donnent ce nom à des livres qu'ils regardent comme sacrés, & pour qui ils ont la plus profonde vénération. C'est un mélange confus de mysteres incompréhensibles, de préceptes religieux, d'ordonnances légales, de poésies allégoriques, & de traits curieux tirés de l'histoire chinoise. Ces livres qui sont au nombre de cinq, font l'objet des études des lettrés. Le premier s'appelle *y-king*; les Chinois l'attribuent à Fohi leur fondateur; ce n'est qu'un amas de figures hiéroglyphiques, qui depuis long-tems ont exercé la sagacité de ce peuple. Cet ouvrage a été commenté par le célebre Confucius, qui, pour s'accommoder à la crédulité des Chinois, fit un commentaire très-philosophique sur un ouvrage rempli de chimeres, mais adopté par sa nation; il tâcha de persuader aux Chinois, & il parut lui-même convaincu, que les figures symboliques contenues dans cet ouvrage renfermoient de grands mysteres pour la conduite des états. Il réalisa en quelque sorte ces vaines chimeres, & il en tira méthodiquement d'excellentes indications. *Dès que le ciel & la terre furent produits*, dit Confucius, *tous les autres êtres matériels existerent; il y eut dès animaux des deux sexes. Quand le mâle & la femelle existerent, il y eut mari & femme; il y eut pere & fils; quand il y eut pere & fils; il y eut prince & sujet.* De-là, Confucius conclut l'origine des lois & des devoirs de la vie civile. Il seroit difficile d'imaginer de plus beaux principes de morale & de politique; c'est dommage qu'une philosophie si sublime ait elle-même pour base un ouvrage aussi extravagant que le *y-king*. *Voyez* CHINOIS, *Philosophie des*.

Le second de ces livres a été appellé *chu-king*. Il contient l'histoire des trois premieres dynasties. Outre les faits historiques qu'il renferme, & de l'authenticité desquels tous nos savans européens ne conviennent pas, on y trouve de beaux préceptes & d'excellentes maximes de conduite.

Le troisieme qu'on nomme *chi-king*, est un recueil de poésies anciennes, partie dévotes & partie impies, partie morales & partie libertines, la plûpart très-froides. Le peuple accoûtumé à respecter ce qui porte un caractere sacré, ne s'apperçoit point de l'irréligion; ni du libertinage de ces poésies; les docteurs qui voyent plus clair que le peuple, disent que pour la défense de ce livre, qu'il a été altéré par des mains profanes.

Le quatrieme & le cinquieme *king* ont été compilés par Confucius. Le premier est purement historique, & sert de continuation au *chi-king*; l'autre traite des rites, des usages, des cérémonies légales, & des devoirs de la société civile.

Ce sont là les ouvrages que les Chinois regardent comme sacrés, & pour lesquels ils ont le respect le plus profond; ils sont l'objet de l'étude de leurs lettrés, qui passent toute leur vie à débrouiller les mysteres qu'ils renferment.

KINGAN, s. m. (*Commerce.*) sorte d'étoffe à fond bleu, qui se fabrique au Japon qui en fournit beaucoup à la terre de Ieço. Elle est ordinairement à fleur, semblable à celle de nénuphar.

KING HORN, (*Géog.*) ville d'Ecosse, dans la province de Tife sur le Forth, à 3 lieues N. d'Edimbourg, 112 N. de Londres. *Long.* 14. 5. *lat.* 66. 23. (*D. J.*)

KING-KI-TAO, (*Géog.*) c'est le nom que les Tartares qui regnent préfentement à la Chine, ont donné à la capitale de la Corée; les Chinois l'appellent *Pingiang*, tandis que les Japonois & les Hollandois qui ont long-tems féjourné dans ce pays-là, la nomment *Sior*. Que d'erreurs cette multiplicité de noms fi diffemblables, doit-elle caufer dans la Géographie, pour des lieux qui ne font pas auffi fameux que la capitale d'un fi grand pays ? Sa *longitude*, fuivant le P. Gaubil, eft de 133ᵈ. 33'. 30". *lat*. 37 deg. 30' 19". (*D. J.*)

KINGO, f. m. (*Hift. nat. Bot.*) c'eft une plante du Japon; elle a de grandes fleurs blanches qui s'ouvrent le matin. Le kos & kudfi, vulgairement *firagavo*, en eft une autre qui s'épanouit à midi; l'une & l'autre fe cultivent dans les jardins.

KINGSALE, (*Géog.*) ville à marché d'Irlande, dans la province de Mounfter, au comté & à 12 milles S. de Gork. Elle eft peuplée, marchande, & a un excellent port. *Long*. 9. 10. *lat*. 51. 36. (*D. J.*)

KINGS-COUNTY, (*Géog.*) *regis comitatus*; contrée d'Irlande dans la province de Leinfter. Ce comté eft de 48 milles de long, fur 14 de large; il comprend 11 baronies: Philips-Town en eft la capitale. (*D. J.*)

KINGSTON, (*Géog.*) ville d'Angleterre dans le comté de Surrey fur la Tamife, à 10 milles de Londres; c'eft où fe tiennent les affifes. *Long*. 17. 18. *lat*, 51. 24. (*D. J.*)

KINGSTOWN, ou PHLIIPS-TOWN, *REGIOPOLIS*, (*Géog.*) ville d'Irlande dans la province de Leinfter, capitale du Kings-County, à 18 milles N. E. de Kildare, & à 3 milles des frontieres d'Oueft-méath. *Long*. 10. 15. *lat* 53. 15. (*D. J.*)

KINGTUNG, (*Géog.*) ville de la Chine, feptieme métropole de la province d'Iunnan, à dix lieues de la ville de ce nom, entre de hautes montagues fort ferrées, & au-deffus d'une vallée très-profonde. *Longitude* 119. 40. *lat*. 26. 10. (*D. J.*)

KINHOA, (*Géog.*) c'eft-à-dire, *fleuve de Vénus*; ville de la Chine, cinquieme métropole de la province de Chékiang. On y fait de ris & d'eau la meilleure boiffon qui fe boive dans toute la Chine. *Long*. 136. 55. *lat*. 28. 57. (*D. J.*)

KINNEM, (*Géog.*) petite riviere des Pays-bas dans la Nort-Hollande; c'eft la décharge de l'ancien lac de Shermer, qui fe rendoit à l'oueft dans l'Océan par une embouchure, & au midi dans l'île par la riviere de Sane, qui donne le nom à Samedam ou Sardam. (*D. J.*)

KINROSSE, (*Géog.*) ville d'Ecoffe, capitale du comté de même nom, à 18 milles N. O. d'Edimbourg, 116 lieues N. O. de Londres. *Long*. 14. 22. *lat*. 56. 15. (*D. J.*)

KIN-KI, ou POULE D'OR, (*Hift. nat.*) c'eft le nom que les Chinois donnent à un oifeau d'une beauté merveilleufe qui ne fe trouve qu'à la Chine, & fur-tout dans la province de Quang-fi. Cet oifeau a un plumage fi éclatant, que lorfqu'il eft expofé au foleil, il paroît tout d'or, mêlé de nuances les plus vives & les plus belles; on affure de plus qu'il eft d'un goût délicieux. On en a quelquefois apporté en Europe, pour orner les volieres des curieux opulents d'Hollande & d'autres pays.

KINSIN, f. m. (*Hift. nat. Bot.*) c'eft un arbre du Japon, qui s'éleve en cône comme le cyprès, à la hauteur d'environ trois braffes, & dont les feuilles reffemblent à celles du laurier rofe. Son fruit eft oblong, partagé en deux, reffemblant par fa partie fupérieure à un grain de poivre, & renfermant un noyau.

KINSTORE, (*Géog.*) petite ville d'Ecoffe, au comté d'Aberdeen. *Longit*. 15. 30. *latit*. 57. 58. (*D. J.*)

* **KINSU**, f. m. (*Botan.*) efpece de lin qui croît à la Chine : on en tire une filaffe blonde, très-fine; on en fabrique des toiles très-eftimées dans le pays, & très-commodes en été. On n'en trouve que dans le Xanfi ; la rareté en augmente encore le prix.

KINTZIG, *Kintia*, (*Géog.*) riviere d'Allemagne, qui a plufieurs fources, dont la plûpart s'uniffent à Schiltack, dans la principauté de Furftenberg, au cercle de Suabe : elle paffe à Offenbourg, & va fe perdre dans le Rhin, au-deffous du fort de Kehl. (*D. J.*)

KIN-YU, f. m. (*Hift. nat.*) ce mot fignifie *poiffon d'or*; les Chinois le donnent à un petit poiffon d'une beauté merveilleufe, qui fe trouve dans quelques-unes des rivieres de leur pays. Le mâle a la tête rouge, ainfi que la moitié du corps, qui eft ordinairement de la longueur du doigt; le refte eft parfemé de taches brillantes comme de l'or; la femelle eft blanche comme de l'argent. Ces poiffons fe tiennent communément à la furface des eaux où ils fe remuent avec une agilité furprenante; ce qui produit un effet admirable, fur-tout lorfque le foleil les éclaire ; les gens riches en garniffent les baffins de leurs jardins; mais par malheur ces animaux font très-délicats & fenfibles aux viciffitudes de l'air, au tonnerre, au chaud & au froid, & même aux odeurs fortes & au bruit.

KIOCH, f. m. (*Hift. nat. Bot.*) c'eft un arbriffeau fauvage du Japon, hériffé d'épines, dont les feuilles font grandes, terminées en pointe, & finement dentelées. Ses fleurs font blanchâtres, à cinq pétales, & difpofées en ombelle ; fa femence reffemble à celle du lin.

KIOSCHE, f. m. (*Arch. turq.*) mot turc qui veut dire *pavillon* : c'eft une efpece de bâtiment turc, élevé au-deffus du terrein. Pietro de la Vallée, & M. Girardin, lieutenant-civil de Paris, ont décrit ces fortes d'édifices. Voici ce qu'en dit le dernier dans les remarques de Befpier fur Ricaut, *tom. I. pag*. 8. Les *kiofches* font les plus agréables bâtimens qu'ayent les Turcs : ils en font fur le bord de la mer & des rivieres, mais fur-tout dans les jardins proche des fontaines, & voici à-peu-près leur maniere. Ils élevent un grand falon fur quantité de colomnes ou de figures octogonales ou dodécagonales. Ce falon eft ouvert de tous côtés, & on en ferme les ouvertures avec de grands matelats qui fe hauffent ou qui fe baiffent avec des poulies du côté que vient le foleil, pour conferver la fraîcheur pendant l'été. Le pavé eft ordinairement de marbre, & ils font au milieu, & en plufieurs coins, différentes fontaines, dont l'eau coule après fa chûte à-travers le falon par quantité de petits canaux. Il y a un lieu élevé qui regne à l'entour, qui fert à s'affeoir, de riches tapis & de grands carreaux faits des plus belles étoffes de Perfe & de Venife. Le plancher lambriffé eft divifé en plufieurs compartimens dorés & azurés agréablement, fans repréfenter pourtant aucune fleur, ni aucun animal , cette forte de peinture étant défendue parmi les Turcs. Le frais regne toûjours dans ces falons, qui font ordinairement élevés de terre de cinq ou fix marches; les plus riches de l'empire en ont dans leurs jardins, où ils dorment pendant le dîner en été , & où ils reçoivent leurs amis à leurs heures de loifir. (*D. J.*)

KIOO, f. m. (*Hift. nat. Botan.*) c'eft une efpece d'abricotier du Japon, dont le fruit eft gros. On le nomme vulgairement *anfu*, & *katamomu*, qui fignifie *momu du Catay*.

KIOW, ou KIOVIE, *Kiovia*, (*Géog*.) ville très-ancienne de Pologne, capitale de l'Ukraine, dans le palatinat de même nom, avec un évêché fuffragant de Lembourg, & un château. Elle appartient à la Ruffie; les Catholiques y ont quatre églises; cette ville floriffoit dans le xj. fiecle; c'étoit la réfidence du prince des Ruffes, la capitale de fon état, fiége d'un archevêque, & contenant alors plus de 400 églifes. Elle eft fur le Nieper, à 76 lieues N. E. de Kaminieck, 165 S. E. de Warfovie, 190 N. E. de Cracovie. *Long.* 55. 26. *lat.* 50. 12. (*D. J.*)

KIPSCHACK, *ou* KAPSCHAC, (*Géog.*) grand pays d'Europe & d'Afie, entre le Jaick & le Boriſthéne; c'eft la véritable patrie des Cofaques. Il abonde en grains, en bétail, & eft fous la domination d'un kan, de plufieurs autres princes, & de la Ruffie. C'est de ce pays que fortirent autrefois les Huns, les Gètes, les Gépides, les Vandales, les Alains, les Suéves, & autres peuples, qui inonderent le monde, & détruifirent l'empire romain. Les trois plus belles rivieres du *Kapfchac* font le Volga, le Jaïck, & l'Irtifch: Serai eft la ville capitale de ce vaſte pays. *Voyez* Petit de la Croix dans fon *Hiſtoire de Genghiz-can.* (*D. J.*)

KIRCHBERG, (*Géog.*) petite contrée d'Allemagne, avec titre de comté en Souabe, près d'Ulm: elle appartient à la maifon d'Autriche.

Il y a encore un bailliage de ce nom au bas-Palatinat, & une contrée en Suiſſe, qui eft une des communautés du Tockenbourg inférieur. (*D. J.*)

KIRCHEHER, (*Géog.*) ville d'Afie dans la Natolie, entre Céfarée & Angoura. *Long.* 36. 30. *lat.* 39. (*D. J.*)

KIRI, f. m. (*Hift. nat. bot.*) c'eft un arbre du Japon, dont la fleur reffemble à celle de la digitale. Son bois léger & ferme, eft employé à faire des coffres & des tablettes: fes feuilles font fort grandes, cotoneuſes, avec une oreillette de chaque côté. Ses fleurs, qui reffemblent à celles du mufle de veau, font d'un bleu purpurin, blanchâtres en-dedans, d'une odeur douce, longues de deux pouces, à cinq levres crenelées, & d'une figure très-agréable. On tire de fes deux femences, qui font à-peu-près de la forme & de la groffeur d'une amande, une huile qui fert à divers ufages; c'eft la feuille de cet arbre que les daïris du Japon ont choifi pour leurs armoiries. Elle eft furmontée en chef dans leur écuffon, de trois épis de fleurs.

KIRISMA-TSUTSUSI, f. m. (*Hift. nat. Bot.*) c'eft un arbuſte du Japon fort touffu & fort eftimé; fa fleur eft de couleur écarlate; il en eft tellement couvert au mois de Mai, qu'il paroît tout en fang.

KIRKALDIE, (*Géog.*) ville d'Ecoffe, dans la province de Fife, à 3 lieues N. d'Edimbourg, & 113 N. O. de Londres. *Long.* 14. 45. *lat.* 56. 20. (*D. J.*)

KIRKUBRIGHT, (*Géog.*) petite ville d'Ecoffe, dans la province de Gallowai, à l'embouchure de la Deé, où l'on peut faire un très-bon havre, à 123 lieues S. O. de Londres. *Long.* 13. 18. *lat.* 55. 8. (*D. J.*)

KIRKWAL, (*Géog.*) petite ville d'Ecoffe, capitale de l'île de Pomona ou Mainland, feule ville ou bourg des Orcades; elle eft remarquable par fon églife, & eft agréablement fituée fur une baie, preſque au milieu de l'île, à 21 milles N. d'Edimbourg, 200 de Londres. *Long.* 14. 58. *lat.* 58. 56. (*D. J.*)

KIRMEU, f. m. (*Hift. nat.*) oiſeau qui fe trouve fur les côtes de Spitzberg; il a le corps auffi petit qu'un moineau; cependant comme il eft fort garni de plumes, on le croiroit fort gros au premier coup d'œil; fa queue eft d'une longueur extraordinaire; fon bec eft mince & pointu & d'un rouge très-vif, ainfi que fes pattes; fes ongles font noirs; fes jambes qui font fort courtes font rouges; le deffus de fa tête eft noir; le reſte du corps eft d'un gris argenté; le ventre & le deffous des ailes font très-blancs, le deffus a des plumes noires. Toutes ces plumes font fines comme des cheveux; leurs œufs font gris, tachetés de noir & de la groffeur de ceux des pigeons; le jaune en eft rouge; ils font très-bons à manger.

KIRMONCHA, (*Géog.*) ville d'Afie dans la Perfe; elle eft, felon Tavernier, à 63^d. 45'. de *long.* & à 34^d 39'. de *latitude*. (*D. J.*)

KIRO, f. m. (*Hift. nat. bot.*) c'eft un arbriffeau du Japon qui n'eft point âcre, dont la feuille eft grande, & reffemble à celle du lys; fa racine eft groffe & longue, charnue, fibreufe, un peu amere; fes fruits font rouges, de la groffeur & de la figure d'une petite olive, & d'un très-mauvais goût: cet arbriffeau fert à garantir les murs des jardins.

KIRRIS, f. m. (*Hift. mod.*) efpece de bâton ou de verge de fer ou de bois que les Hottentots portent fans ceffe. Il a la longueur de trois piés & un pouce d'épaiffeur; il eft fans pointe; c'eft une arme défenſive, dont ils fe fervent avec beaucoup d'adreffe pour parer les coups qu'on veut leur porter.

KIRTON, (*Géog.*) bourg d'Angleterre en Devonſhire, fur la petite riviere de Credi; il fe nommoit anciennement *Crediantum*, d'où le nom moderne s'eft formé par contraction. Je parle de ce lieu, parce qu'il eft fouvent mentionné dans l'ancienne hiftoire eccléfiaftique d'Angleterre; parce qu'il étoit le fiége épifcopal de la province de Weſtſex, depuis transféré à Excefter, & parce qu'alors il formoit une petite ville de la province. (*D. J.*)

KISLAR AGA, f. m. (*Hift. mod.*) chef des eunuques noirs, un des plus confidérables officiers du ferrail.

C'eft le furintendant de l'appartement des fultanes, auxquelles il annonce les volontés du grandſeigneur. Il a fous fes ordres un grand nombre d'eunuques noirs deftinés à la garde & au fervice des odaliſques. Cet eunuque a un fecrétaire qui tient regiſtre de tous les revenus des jamis bâtis par les fultans, qui paye les appointements des baltagis, des femmes employées au fervice du ferrail, & de tous les officiers qui dépendent de lui. Le *kiſlar-aga* va de pair en autorité & en crédit avec le capigi bachi ou grand-maître du ferrail. Les bachas qui ont befoin de fa faveur, ne font aucun préfent au fultan, fans l'accompagner d'un autre pour le chef des eunuques noirs; l'accès facile qu'il a auprès du grand-feigneur l'en rend quelquefois le favori & prefque toûjours l'ennemi du grand-vifir; d'ailleurs, les fultanes qui ont befoin de lui fe fervent par leurs intrigues. Guer, *mœurs des Turcs, tome II.*

KISMICH, *ou* KISCH (*Géog.*) île du golphe perfique, d'environ 20 lieues de long, & deux de large; elle eft fertile & bien habitée, dit Thevenot: on pêche aux environs des perles, qu'on appelle *perles de Bacharin.* (*D. J.*)

KISTE, f. m. (*Commerce.*) mefure des liquides dont fe fervent les Arabes. Les auteurs ne font pas d'accord fur fa continence; les uns la font tenir un feptier, d'autres une pinte ou bouteille, & quelques-uns feulement un poiffon, moitié du demi-feptier de France. *Dictionn. de Commerce.*

KITAI, f. m. (*Comm.*) forte de damas qui fe fabrique à la Chine. Les femmes des Oftiaques en font des voiles, dont elles fe couvrent le viſage par modeftie. Ces *kitais* font apportés fur les Tartares voifins de la grande muraille, & quelquefois par les Caravannes qui vont de Mofcou à Pékin.

On appelle du même nom des toiles de coton de la Chine, les unes blanches, les autres rouges & d'autres couleurs.

KITCHÉ, f. m. (*Hift. mod.*) c'eft ainfi que les Turcs nomment le bonnet des janiffaires, qui eft élevé en pain de fucre, & terminé par le haut en forme d'une manche pendante.

KITTIS, (*Géog.*) montagne de la Laponie suédoise, voisine de *Pello*, village habité par quelques finnois, à 66^d 48' 20" de *latit.* On la suppose dans ce calcul, plus orientale que Paris, de 1^h 23'. En y montant, on trouve une abondante source d'eau la plus claire, qui fort d'un sable très-fin, & qui dans les plus grands froids de l'hiver, conserve sa liquidité. Pendant que la mer du fond du golfe de Bothnie, & tous les fleuves sont aussi durs que le marbre, cette eau coule comme au fort de l'été. *Voyez* les *mémoir. de l'Acad. des Scienc. ann. 1737, pag. 401 & 433.* (*D. J.*)

KITZINGEN, (*Géog.*) petite ville d'Allemagne, en Franconie, au diocèse de Wurtsbourg, sur le Meyn. *Long.* 27. 41. *lat.* 49. 45. (*D. J.*)

KIVAC, (*Géog.*) ville d'Asie dans le pays de Khovaresem, au sud-ouest du Gihon, à 95. 35. de *long.* & à 39. 20. de *lat.* (*D. J.*)

KIU-GIN, s. m. (*Hist. mod.*) c'est le nom que l'on donne à la Chine au second grade des lettrés; ils y parviennent après un examen très-rigoureux, qui se fait tous les trois ans en présence des principaux mandarins & de deux commissaires de la cour, qui se rendent pour cet effet dans la capitale de chaque province. Les *kiu-gin* portent une robbe brune avec une bordure bleue, & un oiseau d'argent doré sur leur bonnet. Ils peuvent être élevés au rang des mandarins ; c'est parmi eux que l'on choisit les lettrés du troisieme ordre, appellés *tsin-sé* ou docteur. *Voyez* TSIN-SÉ.

KIZILBACHE, s. m. (*Hist. mod.*) mot turc, qui signifie *tête rouge*. Les Turcs appellent les Persans de ce nom depuis qu'Ismaël Sofi, fondateur de la dynastie des princes qui regnent aujourd'hui en Perse, commanda à ses soldats de porter un bonnet rouge, autour duquel il y eût une écharpe ou turban à douze plis, en mémoire & à l'honneur des douze Imans, successeurs d'Ali, desquels il prétendoit descendre.

Vigenere écrit *kezcilbais*, & il dit que, suivant l'interprétation vulgaire des Persans, les douze plis signifient les douze sacremens de leur loi ; & parce que cela ne le satisfait pas, il en cherche une autre cause, & prétend que c'est un mystere émané de l'antiquité payenne, où les Perses adoroient le feu, dont l'ardeur est dénotée par la couleur rouge, & comme symbolisant au soleil, qu'ils avoient aussi en grande vénération. Il ajoute que ces douze plis désignent les douze mois de l'année & les douze signes où cet astre fait son cours. C'est chercher à plaisir du mystere dans une chose fort simple. Les Persans ont adopté le rouge, parce que c'étoit la couleur d'Ali, & les Turcs le verd, comme celle de Mahomet.

K L

KLETGOW, (*Géog.*) petite contrée aux confins d'Allemagne & de Suisse, entre Wallshut & Schaffhouse, l'Hégow & le Rhin ; elle comprend plusieurs bailliages. (*D. J.*)

KLINGENAW, (*Géog.*) l'une des quatre villes forestieres de Suisse, au comté de Bade sur l'Aure, à une lieue de Wals d'hut: elle appartient à l'évêque de Constance, quant au fief & à la jurisdiction; mais la souveraineté appartient aux cantons, seigneurs du comté de Bade. *Long.* 25. 56. *lat.* 47. 35. (*D. J.*)

KLODA, s. m. (*Comm.*) mesure usitée dans la petite Pologne & dans la Russie rouge; elle contient quatre scheffel ou boisseaux.

KLUFFT ou KLOUFTE, s. f. (*Hist. nat. Min.*) mot allemand adopté dans plusieurs mines de France pour désigner les fentes des rochers & des montagnes qui accompagnent les filons métalliques, & qui quelquefois contribuent à les rendre plus abondantes, en ce que, semblables aux ruisseaux qui se jettent dans les grandes rivieres, ils vont leur porter les richesses dont elles sont chargées ; quelquefois ces fentes contribuent à l'appauvrir, c'est surtout lorsqu'elles sont vuides, & lorsqu'elles donnent passage à l'air & aux eaux qui peuvent entrer & décomposer les mines des filons.

Les *kluffts* ont des directions & des inclinations auxquelles on fait attention comme à celle des filons. Elles varient pour les dimensions ; quelquefois elles sont remplies des mêmes matieres que les filons qu'elles accompagnent;quelquefois elles en contiennent une toute différente; souvent elles sont vuides, d'autrefois elles sont remplies, soit de quartz, soit de spath, soit de cryftallisations, soit de terres, &c. Il y a des *kluffts* qui se joignent au filon principal & prennent le même cours que lui ; d'autres le coupent suivant différens angles, & continuent à avoir leur premiere direction même après qu'elles l'ont rencontré. Il y a des *kluffts* qui vont jusqu'à la surface de la terre ; d'autres ne vont point si loin ; enfin les *kluffts* sont sujettes aux mêmes vicissitudes que les filons métalliques. *Voyez* FILONS. (—)

K N

KNAH, s. f. (*Hist. des drog.*) « C'est ainsi, dit M. de la Condamine (*mémoires de l'Acad. ann. 1732, pag. 310.*), « que les Turcs nomment la feuille » de l'alcana, pilée & réduite en poudre, dont » on fait un grand débit dans toute la Turquie ; » on la tire d'Alexandrie d'Egypte, & l'arbrisseau » qui la produit, croit dans toute la Barbarie ; » c'est une espece particuliere de ligustrum ou de » troesme : il est décrit dans les *mémoires* de M. » Shaw. Quoique cette poudre soit verdâtre, étant » seche, l'eau dans laquelle on la met infuser prend » une couleur rouge. Les femmes Turques & les » Juives du levant s'en servent pour se teindre les » ongles, & quelquefois les cheveux ». *Voyez* l'abrégé des *Transf. phys. tom. II, pag.* 645, & le mot ALCANA. (*D. J.*)

KNAPDAIL, (*Géog.*) Gnapdalia, petite contrée d'Ecosse, dans la province d'Argyle, dont elle est la partie la plus fertile. Kilmore en est la ville unique. (*D. J.*)

KNARESBOROUG, (*Géog.*) ville à marché d'Angleterre, en Yorkshire, à 50 lieues N. E. de Londres. Elle envoie deux députés au parlement. *Long.* 15. 39. *lat.* 53. 56. (*D. J.*)

KNAWEL, (*Botan.*) genre de plante ainsi nommée par Gérard, Ray, Parkinson, Buxbaum & Boerhaave ; c'est le *polygonum tenuifolium* de J. B. Voici ses caracteres : son calice s'étend & se divise en cinq segmens aigus qui forment une étoile ; ses fleurs sont à étamines, placées aux sommités du calice & à la divergence des branches ; chaque calice contient une graine. On distingue trois especes de *knawel* ; dans la principale est le *knawel* de Pologne, nommé *cocciferum Polonicum* par C. B. P. *polygonum Polonicum cocciferum* par J. B. *alchimilla, gramineo folio, majore flore* par Tournefort. C'est sur les racines de cette plante qu'on trouve la graine d'écarlate, autrement dite le *kermès* de Pologne, qui est un véritable insecte, sur lequel *voyez* l'article KERMÉS DE POLOGNE. *Insectol.* (*D. J.*)

KNEES, s. m. (*Hist. mod.*) nom d'une dignité héréditaire parmi les Russes, qui répond à celle de prince parmi les autres nations de l'Europe. On compte en Russie trois especes de *knees* ou de princes; 1°. ceux qui descendent de Wolodimir I. grand duc de Russie, ou qui ont été élevés par lui à cette dignité ; 2°. ceux qui descendent de princes souverains étrangers établis en Russie ; 3°. ceux qui ont été créés princes par quelqu'uns des grands ducs. *Voyez* la *description de l'empire Russien.*

KNO

KNEUSS, KNEISS ou **GNEISS**, f. m. (*Hift. nat. Minér.*) nom que les Minéralogiftes allemands donnent à une efpece de roche qui accompagne très-fréquemment les mines & les métaux dans le fein de la terre. Cette pierre eft fi dure, que les outils des ouvriers ont beaucoup de peine à la brifer. Elle reffemble ordinairement à de l'ardoife ; elle eft ou grife ou verdâtre, mêlée de points luifans ; fon tiffu eft très-fin & très-ferré : on n'aime point à trouver cette pierre jointe aux mines, parce qu'elle nuit à leur exploitation & à leur traitement, attendu qu'elle eft très-réfractaire. Le *kneufs* eft, fuivant quelques auteurs, une pierre mélangée, dans la compofition de laquelle il entre des particules de talc ou de mica, ou de quartz ou de grès & d'ardoife.

On dit que le *kneufs* eft une pierre formée par le limon ; qu'elle a pour bafe une terre graffe & vifqueufe, & qu'elle n'eft ni pierre à chaux, ni fpath, ni caillou. Les filons des mines de Freyberg en Mifnie & de plufieurs endroits de Hongrie, font prefque toujours accompagnés de cette efpece de roche. On croit que quand on la rencontre, on a lieu d'efpérer qu'on trouvera bientôt une mine bonne & abondante. *M. Henckel.*

KNOCKFERGUS ou **CARRICFERGUS**, (*Géogr.*) ville à marché d'Irlande, capitale d'un comté de même nom dans la province d'Ulfter, avec un château & un excellent fort, à 8 milles de Belfaft, & à 90 de Dublin. *Long. 11. 42. lat. 54. 45.* (*D. J.*)

KNOPFFSTEIN, f. m. (*Hift. nat. Min.*) ce qui fignifie *pierre à boutons*; nom que l'on donne en Allemagne à une efpece de pierre ou de fubftance minérale noire, ferrugineufe, qui fe trouve dans plufieurs mines de fer : elle fe fond très-aifément, & fe convertit en un verre noir qui imite le jais, & dont on fait des boutons. *Voyez* Henckel, *introd. à la Minéralogie.* (—)

KNORCOCK, f. m. (*Hift. nat.*) les Hollandois établis au cap de Bonne-Efpérance, donnent ce nom à un oifeau de la groffeur d'une poule, dont le bec eft noir & court ; fon plumage eft mêlé de rouge, de blanc & de gris ; les plumes de la couronne font noires. Ces animaux fervent, pour ainfi dire, de fentinelles aux autres, & les avertiffent par leur cri de la préfence des chaffeurs. Leur chair eft bonne à manger. La femelle s'appelle *knorhen*.

KNOUTE ou **KNUT**, f. m. (*Hift. mod.*) fupplice en ufage parmi les Ruffes ; il confifte à recevoir fur le dos un certain nombre de coups d'un fouet fait avec un morceau de cuir fort épais, qui a 2 ou 3 piés de longueur, & taillé de façon qu'il eft quarré & que fes côtés font tranchants : il eft attaché à un manche de bois. Les bourreaux appliquent les coups fur le dos avec tant d'adreffe, qu'il n'y en a point deux qui tombent fur le même endroit ; ils font placés les uns à côté des autres de maniere qu'il eft aifé de les diftinguer, parce chaque coup emporte la peau. Le fupplice du *knoute* n'eft point tenu pour un deshonneur, & on le regarde plûtôt comme une punition de faveur, à moins qu'il ne foit fuivi de l'exil en Sibérie. Le *knoute*, dans de certains cas, eft auffi une efpece de queftion ou de torture qu'on met en ufage pour faire avouer quelque chofe à ceux qui font accufés de quelque crime; alors à l'aide d'une corde & d'une poulie, on les fufpend par les bras à une potence ; on leur attache des piés aux piés, & dans cette pofture on leur applique les coups de *knoute* fur le dos nud jufqu'à ce qu'ils ayent avoué le crime dont ils font accufés.

KO

KOBBERA-GUION, f. m. (*Hift. nat.*) an mal am-

KOL

phybie, femblable à l'alligator, qui fe trouve dans l'ifle de Ceylan. Il a cinq ou fix piés de longueur ; il demeure prefque toujours fur terre, mais il fe plonge fouvent dans l'eau ; il mange les corps morts des bêtes & des oifeaux ; fa langue eft bleuâtre & fourchue, & s'allonge en forme d'aiguillon ; ce qui joint à fon fifflement, rend cet animal très-effrayant ; il n'attaque point les hommes, mais il frappe très-fortement de la queue les chiens qui s'approchent de lui.

KOBOLT ou **KOBALD**, (*Hift. nat. Minéral.*) *Voyez* COBALT.

KOCHERSBERG, (*Géog.*) bourgade de France dans la baffe Alface, avec un château, entre Strasbourg & Saverne. *Long. 26. 17. lat. 48. 41.* (*D. J.*)

KOCKENHAUSEN, (*Géog.*) ville forte & château en Livonie, dans le diftrict de Letten, fur la riviere de Duna. *Voyez* KOKENHAUSEN.

KODDA-PAIL, (*Bot.*) genre de plante dont la fleur eft monopétale en mafque ; il s'éleve du fond de la fleur un piftil dont le fommet eft en forme de bouclier ; ce piftil devient dans la fuite un fruit membraneux, en forme de veffie, renfermé dans une capfule remplie de femences oblongues. *Plumier.*

KOEGE, (*Géog.*) ville du royaume de Danemark, dans l'ifle de Séeland, avec un port fur la mer Baltique.

KOENDERN, (*Géog.*) petite ville d'Allemagne, dans le duché de Magdebourg, fur la Sala.

KOGIA, f. m. (*Hift. mod. & Comm.*) qualité honorable que les Turcs ont coutume de donner aux marchands qui font le commerce en gros. *Dict. de Commerce.*

KOHOBRAN, f. m. (*Chimie.*) nom donné par quelques auteurs à la préparation de zinc, qu'on nomme communément *tutie. Voyez* TUTIE.

KOISU, (*Géog.*) riviere d'Afie dans la Perfe, qui a fa fource au mont Caucafe. Elle eft de la largeur de l'Elbe, très-profonde, d'un cours fort rapide, & roulant des eaux extrêmement troubles. Quelques-uns croyent que c'eft *l'albanus* de Ptolomée. (*D. J.*)

KOKENHAUSEN ou **KOHENHUGS**, (*Géog.*) ville forte de Livonie, dans la province de Letten, fur la Dwine, avec un château. Elle appartient à la Ruffie, & eft à 17 lieues S. E. de Riga. *Long. 43. 38. lat. 56. 40.* (*D. J.*)

KOKOB, f. m. (*Hift. nat.*) ferpent très-venimeux d'Amérique, plus petit que la vipere ; il eft d'une couleur brune, avec des taches vertes & rouges.

KOKURA, (*Géog.*) grande ville de l'empire du Japon, fituée dans la province de Bufen, avec un château où réfide un prince qui dépend de l'empereur.

KOLA, ou **COLA**, f. m. (*Botan.*) fruit de Guinée, que les voyageurs nous donnent pour être affez femblable à la chataigne, excepté pour le goût qui en eft fort amer.

Ce fruit vient de l'intérieur des terres du royaume de Congi, & de la région de Sierra-Léona. Barbot, qui prétend avoir vu l'arbre qui le porte, n'a pas fu le caractérifer ; il dit que c'eft un arbre de groffeur médiocre, & dont le tronc a cinq ou fix pies de circonférence ; que ce fruit croit en pelotonde plufieurs noix fous une même coque, que le dehors de chaque noix eft rouge, & le dedans d'un violet foncé. Labbat n'en a parlé qu'à l'exemple des autres ; il paroit qu'il n'a jamais vu ni le fruit, ni l'arbre, & pour fe tirer d'affaire, il fe plaint de n'en avoir point trouvé de bonnes defcriptions dans fes mémoires. Le mери a copié Bauhin, qui n'étoit pas mieux inftruit le lui. En un mot, non-feulement l'arbre qui porte le *kola* eft inconnu à tous les botaniftes, mais même aucun voyageur n'a pris la peine de nous apporter de ce fruit fec en Europe, dans le tems qu'ils nous

KIU

KITTIS, (*Géog.*) montagne de la Laponie suédoife, voifine de *Pello*, village habité par quelques finnois, à 66^d 48' 20" de *latit.* On la fuppofe dans ce calcul, plus orientale que Paris, de 1^h 23'. En y montant, on trouve une abondante fource d'eau la plus claire, qui fort d'un fable très-fin, & qui dans les plus grands froids de l'hiver, conferve fa liquidité. Pendant que la mer du fond du golfe de Bothnie, & tous les fleuves font auffi durs que le marbre, cette eau coule comme au fort de l'été. *Voyez* les *mémoir. de l'Acad. des Scienc. ann. 1737*, *pag.* 401 & 433. (*D. J.*)

KITZINGEN, (*Géog.*) petite ville d'Allemagne, en Franconie, au diocéfe de Wurtsbourg, fur le Meyn. *Long.* 27. 41. *lat.* 49. 45. (*D. J.*)

KIVAC, (*Géog.*) ville d'Afie dans le pays de Khovarefem, au fud-oueft du Gihon, à 95. 35. de *long.* & à 39. 20. de *lat.* (*D. J.*)

KIU-GIN, f. m. (*Hift. mod.*) c'eft le nom que l'on donne à la Chine au fecond grade des lettrés; ils y parviennent après un examen très-rigoureux, qui fe fait tous les trois ans en préfence des principaux mandarins & de deux commiffaires de la cour, qui fe rendent pour cet effet dans la capitale de chaque province. Les *kiu-gin* portent une robbe brune avec une bordure bleue, & un oifeau d'argent doré fur leur bonnet. Ils peuvent être élevés au rang des mandarins; c'eft parmi eux que l'on choifit les lettrés du troifieme ordre, appellés *tfin-fé* ou docteur. *Voyez* TSIN-SÉ.

KIZILBACHE, f. m. (*Hift. mod.*) mot turc, qui fignifie *tête rouge*. Les Turcs appellent les Perfans de ce nom depuis qu'Ifmaël Sofi, fondateur de la dynaftie des princes qui regnent aujourd'hui en Perfe, commanda à fes foldats de porter un bonnet rouge, autour duquel il y eût une écharpe ou turban à douze plis, en mémoire & à l'honneur des douze Imans, fucceffeurs d'Ali, defquels il prétendoit defcendre.

Vigenere écrit *kezzilbais*, & il dit que, fuivant l'interprétation vulgaire des Perfans, les douze plis fignifient les douze facremens de leur loi; & parce que cela ne le fatisfait pas, il en cherche une autre caufe, & prétend que c'eft un myftere émané de l'antiquité payenne, où les Perfes adoroient le feu, dont l'ardeur eft dénotée par la couleur rouge, & comme fymbolifant au foleil, qu'ils avoient auffi en grande vénération. Il ajoute que ces douze plis défignent les douze mois de l'année & les douze fignes où cet aftre fait fon cours. C'eft chercher à plaifir du myftere dans une chofe fort fimple. Les Perfans ont adopté le rouge, parce que c'étoit la couleur d'Ali, & les Turcs le verd, comme celle de Mahomet.

K L

KLETGOW, (*Géog.*) petite contrée aux confins d'Allemagne & de Suiffe, entre Wallshut & Schaffhoufe, l'Hégow & le Rhin; elle comprend plufieurs bailliages. (*D. J.*)

KLINGENAW, (*Géog.*) l'une des quatre villes foreftieres de Suiffe, au comté de Bade fur l'Aure, à une lieue de Wals d'hut: elle appartient à l'évêque de Conftance, quant au fief & à la jurifdiction; mais la fouveraineté appartient aux cantons, feigneurs du comté de Bade. *Long.* 25. 56. *lat.* 47. 35. (*D. J.*)

KLODA, f. m. (*Comm.*) mefure ufitée dans la petite Pologne & dans la Ruffie rouge; elle contient quatre fcheffel ou boiffeaux.

KLUFFT ou KLOUFTE, f. f. (*Hift. nat. Min.*) mot allemand adopté dans plufieurs mines de France pour défigner les fentes des rochers & des montagnes qui accompagnent les filons métalliques, & qui quelquefois contribuent à les rendre plus abondantes, en ce que, femblables aux ruiffeaux qui fe jettent dans les grandes rivieres, ils vont leur porter les richeffes dont elles font chargées; quelquefois ces fentes contribuent à l'appauvrir, c'eft furtout lorfqu'elles font vuides, & lorfqu'elles donnent paffage à l'air & aux eaux qui peuvent entrer & décompofer les mines des filons.

Les *klufts* ont des directions & des inclinations auxquelles on fait attention comme à celle des filons. Elles varient fuivant les dimenfions; quelquefois elles font remplies des mêmes matieres que les filons qu'elles accompagnent; quelquefois elles en contiennent une toute différente; fouvent elles font vuides, d'autrefois elles font remplies, foit de quartz, foit de fpath, foit de cryftallifations, foit de terres, &c. Il y a des *klufts* qui fe joignent au filon principal & prennent le même cours que lui; d'autres le coupent fuivant différens angles, & continuent à avoir leur premiere direction même après qu'elles l'ont rencontré. Il y a des *klufts* qui vont jufqu'à la furface de la terre; d'autres ne vont point fi loin; enfin les *klufts* font fujettes aux mêmes viciffitudes que les filons métalliques. *Voyez* FILONS. (—)

K N

KNAH, f. f. (*Hift. des drog.*) « C'eft ainfi, dit M. de la Condamine (*mémoires de l'Acad. ann. 1732*, *pag.* 310.), « que les Turcs nomment la feuille » de l'alcana, pilée & réduite en poudre, dont » on fait un grand débit dans toute la Turquie; » on la tire d'Alexandrie d'Egypte, & l'arbriffeau » qui la produit, croit dans toute la Barbarie; » c'eft une efpece particuliere de liguftrum ou de » troefme: il eft décrit dans les *mémoires* de M. » Shaw. Quoique cette poudre foit verdâtre, étant » feche, l'eau dans laquelle on la fait tremper prend » une couleur rouge. Les femmes Turques & les » Juives du levant s'en fervent pour fe teindre les » ongles, & quelquefois les cheveux ». *Voyez* l'abrégé des *Tranf. phyf. tom. II*, *pag.* 645, & le mot ALCANA. (*D. J.*)

KNAPDAIL, (*Géog.*) *Gnapdalia*, petite contrée d'Ecoffe, dans la province d'Argyle, dont elle eft la partie la plus fertile. Kilmore en eft la ville unique. (*D. J.*)

KNARESBOROUG, (*Géog.*) ville à marché d'Angleterre, en Yorkshire, à 50 lieues N. E. de Londres. Elle envoie deux députés au parlement. *Long.* 15. 59. *lat.* 53. 56. (*D. J.*)

KNAWEL, (*Botan.*) genre de plante ainfi nommée par Gérard, Ray, Parkinfon, Buxbaum & Boerhaave; c'eft le *polygonum tenuifolium* de J. B. Voici fes caracteres: fon calice s'étend & fe divife en cinq fegmens aigus qui forment une étoile; fes fleurs font à étamines, placées aux fommités du calice & à la divergence des branches; chaque calice contient une graine. On diftingue trois efpeces de *knawel*; dans la principale eft le *knawel* de Pologne, nommé *cocciferum Polonicum* par C. B. P. *polygonum Polonicum cocciferum* par J. B. *alchimilla*, *gramineo folio*, *majore flore* par Tournefort. C'eft fur les racines de cette plante qu'on trouve la graine d'écarlate, autrement dite le *kermès* de Pologne, qui eft un véritable infecte, *voyez* l'article KERMÈS DE POLOGNE. *Infectol.* (*D. J.*)

KNEES, f. m. (*Hift. mod.*) nom d'une dignité héréditaire parmi les Ruffes, qui répond à celle de prince parmi les autres nations de l'Europe. On compte en Ruffie trois efpeces de *knees* ou de princes; 1°. ceux qui defcendent de Wolodimir I. grand duc de Ruffie, ou qui ont été élevés par lui à cette dignité; 2°. ceux qui defcendent de princes fouverains étrangers établis en Ruffie; 3°. ceux qui ont été créés princes par quelqu'un des grands ducs. *Voyez* la *defcription de l'empire Ruffien.*

KNO

KNEUSS, KNEISS ou GNEISS, f. m. (*Hift. nat. Minér.*) nom que les Minéralogiftes allemands donnent à une efpece de roche qui accompagne très-fréquemment les mines & les métaux dans le fein de la terre. Cette pierre eft fi dure, que les outils des ouvriers ont beaucoup de peine à la brifer. Elle reffemble ordinairement à l'ardoife; elle eft ou grife ou verdâtre, mêlée de points luifans; fon tiffu. eft très-fin & très-ferré : on n'aime point à trouver cette pierre jointe aux mines, parce qu'elle nuit à leur exploitation & à leur traitement, attendu qu'elle eft très-réfractaire. Le *kneufs* eft, fuivant quelques auteurs, une pierre mélangée, dans la compofition de laquelle il entre des particules de talc ou de mica, ou de quartz ou de grès & d'ardoife.

On dit que le *kneufs* eft une pierre formée par le limon; qu'elle a pour bafe une terre graffe & vifqueufe, & qu'elle n'eft ni pierre à chaux, ni fpath, ni caillou. Les filons des mines de Freyberg en Mifnie & de plufieurs endroits de Hongrie, font prefque toujours accompagnés de cette efpece de roche. On croit que quand on la rencontre, on a lieu d'efpérer qu'on trouvera bientôt une mine bonne & abondante. *M. Henckel.*

KNOCKFERGUS ou CARRICFERGUS, (*Géogr.*) ville à marché d'Irlande, capitale d'un comté de même nom dans la province d'Ulfter, avec un château & un excellent fort, à 8 milles de Belfaft, & à 90 de Dublin. *Long.* 11. 42. *lat.* 54. 45. (*D. J.*)

KNOPFFSTEIN, f. m. (*Hift. nat. Min.*) ce qui fignifie *pierre à boutons*; nom que l'on donne en Allemagne à une efpece de pierre ou de fubftance minérale noire, ferrugineufe, qui fe trouve dans plufieurs mines de fer : elle fe fond très-aifément, & fe convertit en un verre noir qui imite le jais, & dont on fait des boutons. *Voyez* Henckel, *introd. à la Minéralogie.* (—)

KNORCOCK, f. m. (*Hift. nat.*) les Hollandois établis au cap de Bonne-Efpérance, donnent ce nom à un oifeau de la groffeur d'une poule ; dont le bec eft noir & court ; fon plumage eft mêlé de rouge, de blanc & de gris ; les plumes de la couronne font noires. Ces animaux fervent, pour ainfi dire, de fentinelles aux autres, & les avertiffent par leur cri de la préfence des chaffeurs. Leur chair eft bonne à manger. La femelle s'appelle *knorhen*.

KNOUTE ou KNUT, f. m. (*Hift. mod.*) fupplice en ufage parmi les Ruffes ; il confifte à recevoir fur le dos un certain nombre de coups d'un fouet fait avec un morceau de cuir fort épais, qui a 2 ou 3 pieds de longueur, & taillé de façon qu'il eft quarré & que fes côtés font tranchants : il eft attaché à un manche de bois. Les bourreaux appliquent les coups fur le dos avec tant d'adreffe, qu'il n'y en a point deux qui tombent fur le même endroit ; ils font placés les uns à côté des autres de maniere qu'il eft aifé de les diftinguer, parce chaque coup emporte la peau. Le fupplice du *knoute* n'eft point tenu pour un deshonneur ; & on le regarde plûtot comme une punition de faveur, à moins qu'il ne foit fuivi de l'exil en Sibérie. Le *knoute*, dans de certains cas, eft auffi une efpece de queftion ou de torture qu'on met en ufage pour faire avouer quelquechofe à ceux qui font accufés de quelque crime ; alors à l'aide d'une corde & d'une poulie, on les fufpend par les bras à une potence ; on leur attache des poids aux pieds, & dans cette pofture on leur applique des coups de *knoute* fur le dos nud jufqu'à ce qu'ils ayent avoué le crime dont ils font accufés.

KO

KOBBERA-GUION, f. m. (*Hift. nat.*) an'mal am-

KOL

phybie, femblable à l'alligator, qui fe trouve dans l'ifle de Ceylan. Il a cinq ou fix piés de longueur ; il demeure prefque toujours fur terre, mais il fe plonge fouvent dans l'eau ; il mange les corps morts des bêtes & des oifeaux ; fa langue eft bleuâtre & fourchue, & s'allonge en forme d'aiguillon ; ce qui joint à fon fifflement, rend cet animal très-effrayant ; il n'attaque point les hommes, mais il frappe très-fortement de la queue les chiens qui s'approchent de lui.

KOBOLT ou KOBALD, (*Hift. nat. Minéral.*) *Voyez* COBALT.

KOCHERSBERG, (*Géog.*) bourgade de France dans la baffe Alface, avec un château, entre Strasbourg & Saverne. *Long.* 26. 17. *lat.* 48. 41. (*D. J.*)

KÖCKENHAUSEN, (*Géog.*) ville forte & château en Livonie, dans le diftrict de Letten, fur la riviere de Duna. *Voyez* KOKENHAUSEN.

KODDA-PAIL, (*Bot.*) genre de plante dont la fleur eft monopétale en mafque ; il s'éleve au fond de la fleur un piftil dont le fommet eft en forme de bouclier ; ce piftil devient dans la fuite un fruit membraneux, en forme de veffie, renfermé dans une capfule remplie de femences oblongues. *Plumier.*

KOEGE, (*Géog.*) ville du royaume de Danemark, dans l'ifle de Séeland, avec un port fur la mer Baltique.

KOENDERN, (*Géog.*) petite ville d'Allemagne, dans le duché de Magdebourg, fur la Sala.

KOGIA, f. m. (*Hift. mod. & Comm.*) qualité honorable que les Turcs ont coutume de donner aux marchands qui font le commerce en gros. *Dict. de Commerce.*

KOHOBRAN, f. m. (*Chimie.*) nom donné par quelques auteurs à la préparation de zinc, qu'on nomme communément *tutie. Voyez* TUTIE.

KOISU, (*Géog.*) riviere d'Afie dans la Perfe, qui a fa fource au mont Caucafe. Elle eft de la largeur de l'Elbe, très-profonde, d'un cours fort rapide, & roulant des eaux extrèmement troubles. Quelques-uns croyent que c'eft l'*albanus* de Ptolomée. (*D. J.*)

KOKENHAUSEN ou KOHENHUGS, (*Géog.*) ville forte de Livonie, dans la province de Letten, fur la Dwine, avec un château. Elle appartient à la Ruffie, & eft à 17 lieues S. E. de Riga. *Long.* 43. 38. *lat.* 56. 40. (*D. J.*)

KOKOB, f. m. (*Hift. nat.*) ferpent très-venimeux d'Amérique, plus petit que la vipere ; il eft d'une couleur brune, avec des taches vertes & rouges.

KOKURA, (*Géog.*) grande ville de l'empire du Japon, fituée dans la province de Bufen, avec un château où réfide un prince qui dépend de l'empereur.

KOLA, ou COLA, f. m. (*Botan.*) fruit de Guinée, que les voyageurs nous donnent pour être affez femblable à la chataigne, excepté pour le goût qui en eft fort amer.

Ce fruit vient de l'intérieur des terres du royaume de Congi, & de la région de Sierra-Léona. Barbot, qui prétend avoir vu l'arbre qui le porte, n'a pas fu le caractérifer ; il dit que c'eft un arbre de groffeur médiocre, & dont le tronc a cinq ou fix pies de circonférence ; que fon fruit croît en peloton de plufieurs noix fous une même coque, que le dehors de chaque noix eft rouge, & le dedans d'un violet foncé. Labbat n'en a parlé qu'à l'exemple des autres ; il paroît qu'il n'a jamais vû ni le fruit, ni l'arbre, & pour fe tirer d'affaire, il fe plaint de n'en avoir point trouvé de bonnes defcriptions dans fes mémoires. Le meri a copié Bauhin, qui n'étoit pas mieux inftruit que lui. En un mot, non-feulement l'arbre qui porte le *kola* eft inconnu à tous les botaniftes, mais même aucun voyageur n'a pris la peine de nous apporter de ce fruit fec en Europe, dans le tems qu'ils nous assurent que les négres en font tant de cas, que dix noix de *kola* sont dans leur esprit un présent magnifique, & que cinquante de ces noix suffisent pour acheter une négresse. (*D. J.*)

KOLA, (*Géog.*) petite ville de Russie, capitale de la Laponie moscovite, avec un port proche la mer Glaciale, à l'embouchure de la riviere du même nom. *Long*. 33. 2. *lat*. 68. 55. (*D. J.*)

KO-LAOS, s. m. (*Hist. mod.*) c'est ainsi que l'on nomme à la Chine les grands mandarins ou ministres, qui, après avoir passé par les places les plus éminentes de l'empire, sont appellés par l'empereur auprès de sa personne, afin de l'aider de leurs conseils dans les tribunaux supérieurs, établis à Pékin, ou pour présider en son nom à ces tribunaux, & pour veiller à la conduite des autres mandarins qui les composent, de la conduite desquels ils rendent compte à l'empereur directement. L'autorité des *ko-laos* est respectée même par les princes de la maison impériale.

KOLDINGEN, ou KOLDING, (*Géog.*) ville de la province de Jutlande, sur les frontieres du duché de Schlefwig.

KOLIN, s. m. (*Hist. nat.*) oiseau des îles Philippines, qui est de la grosseur d'une grive, d'une couleur noire & cendrée; il n'a sur la tête qu'une crête ou couronne de chair sans plumes.

KOLLMENSKE, (*Géog.*) ville de l'empire Russien, dans le voisinage de Moscou. Elle est agréablement située sur une éminence. *Long*. 57. 28. *lat*. 55. 28. (*D. J.*)

KOLO, s. m. (*Hist. mod.*) nom qu'on donne en Pologne aux assemblées des états provinciaux, qui précedent la grande diéte ou l'assemblée générale des états de Pologne. La noblesse de chaque palatinat ou *waywodie*, se rassemble dans une enceinte couverte de planches, en plaine campagne, & délibere sur les matieres qui doivent être traitées à la grande diéte, & sur les instructions qu'on doit donner aux députés qui doivent y être envoyés. Hahner, *Dictionn. géog.*

KOLOMBO, (*Géog.*) ville capitale des établissemens que les Hollandois possedent aujourd'hui dans l'île de Ceylan, & résidence du gouverneur. Elle est bâtie au fond d'une baie qui fournit un port assez commode.

KOLTO, (*Médecine.*) nom que les Polonois donnent à la maladie qui nous est plus connue sous le nom de *plica polonica*. *Voyez* cet article.

KOLYMA, (*Géog.*) fleuve de la Sibérie septentrionale, qui a son embouchure dans la mer Glaciale, après avoir reçu les eaux de la riviere d'Amalon.

KOM, (*Géog.*) l'une des plus grandes villes de Perse, dans l'Irac-Agémi; dans un pays plat, abondant en ris, en excellens fruits, & particulierement en grosses & délicieuses grenades. Il y a une grande & magnifique mosquée, où sont les sépultures de Cha-sesi, de Cha Abas second, de Sidi Fatima, petite-fille d'Ali, & de Fatima Zuhra, fille de Mahomet. Il y a dans la mosquée, des chambres qui servent d'asile à ceux qui ne peuvent payer leurs dettes, & où ils sont nourris gratis. *Kom* est à 50 lieues sud de Casbin, 64 N. O. d'Ispahan. *Voyez* Tavernier, dans *son voyage de Perse*. Les géographes orientaux donnent à cette ville 75. 40′. *de long*. & 36. 35. de *lat*. (*D. J.*)

KOMOS, s. m. (*Hist. mod.*) c'est ainsi qu'on nomme en Ethiopie des prêtres qui remplissent dans le clergé les fonctions de nos archiprêtres & curés, & qui sont à la tête des autres prêtres & diacres, sur qui ils ont une espece de jurisdiction qu'ils étendent même aux séculiers de leurs paroisses. Les *komos* sont eux-mêmes soumis au patriarche des Abissins que l'on appelle *abuna*, qui est le seul évêque de l'Ethiopie & de l'Abissinie; ce patriarche est indépendant du roi; il est nommé par le patriarche d'Alexandrie en Egypte, qui, comme on sait, est de la secte des Jacobites. C'est souvent un étranger, ignorant la langue du pays, qui est élevé à la dignité d'*abuna*. Les *komos* ne peuvent jamais y parvenir, cependant c'est ce patriarche qui confere les ordres sacrés aux Abissins, mais il ne lui est point permis de consacrer d'autres évêques ou métropolitains dans l'étendue de sa jurisdiction. Les *komos* ont la liberté de se marier.

KONGAL, ou KONGEL, (*Géog.*) petite ville de Norwege, au gouvernement de Bahus, sur la Gothelba. Les Danois la céderent aux Suédois en 1636, par le traité de Roschild. *Long*. 29. 10. *lat*. 57. 50. (*D. J.*)

KONG-PU, s. m. (*Hist. mod.*) c'est chez les Chinois le nom qu'on donne à un tribunal ou conseil, qui est chargé des travaux publics de l'empire, tels que les palais de l'empereur, les grands chemins, les fortifications, les temples, les ponts, les digues, les écluses, &c. Ce tribunal en a quatre autres au-dessous de lui, qui sont comme autant de bureaux où l'on prépare la besogne. Cette cour ou jurisdiction est présidée par un des premiers mandarins du royaume, qui rend compte à l'empereur en personne.

KONGSBÄCKA, (*Géogr.*) ville maritime de la Suede, dans la province de Halland, à l'embouchure de trois rivieres qui s'y jettent dans la mer Baltique.

KONJAKU, s. m. (*Hist. nat. Bot.*) c'est une plante du Japon, dont la tige est marquée de taches vertes; la feuille longue & partagée en lobes inégaux; la racine, longue, chaude & purgative.

KONIGSBERG, (*Géog.*) *Regiomons*, ville de la Prusse ducale, ou pour parler selon l'usage présent, capitale du royaume de Prusse, avec un palais, dans lequel il y a une sale sans piliers, de 274 piés de long, sur 59 de large.

La ville a été fondée au treizieme siecle par les chevaliers de l'ordre Teutonique. Son université doit sa naissance en 1544, à Albert de Brandebourg, premier duc de Prusse. Cette ville est sur la riviere de Pregel; proche la mer, à 25 lieues N. E. d'Elbing, 30 N. E. de Dantzick, 65. N. de Warsovie. *Long*. selon Cassini, 38. 31. 15″, & selon Linnemarnus, 39. 19. *Lat*. selon tous deux, 54. 43.

Il y a un autre *Konigsberg* au cercle de Franconie, appartenant à la maison de Saxe Weimar, & située à trois lieues de Schwenfurth.

On nomme encore quatre autres petites villes de ce nom; une dans la haute Lusace, une en Silésie, une au pays de Hesse, & finalement la quatrieme dans l'électorat de Brandebourg.

Comme le mot *koenig* signifie *roi*, & *koenigsberg*, *montagne de roi*, on a donné ce nom à plusieurs villes situées sur des hauteurs. Il répond à nos mots françois, Royaumont, & Mont-royal.

Entre les savans dont *Konigsberg*, capitale du royaume de Prusse, est la patrie, je ne dois pas oublier de nommer MM Gottsched, Grabe, Guillandin & Sandius.

M. Gottsched est célebre en Allemagne par ses poésies; & son épouse s'est aussi distinguée dans la même carriere.

Grabe (*Jean*) né en 1666, mourut à Londres en 1711; il étoit plein d'érudition, & très-versé dans la lecture des anciens peres de l'Eglise; cependant il n'a pas toujours témoigné un discernement habile à distinguer les écrits supposés, des véritables.

Guillandin (*Melchior*) céda, dès sa premiere jeunesse, à la passion de voyager; mais la curiosité qui le porta à voir l'Asie, l'Afrique & l'Amérique, lui coûta cher; car en passant d'Egypte en Sicile, il fut

KON KOP

pris par des pirates, qui le menerent à Alger, où on le fit servir comme forçat. Fallope paya généreusement sa rançon, & le tira d'esclavage. Il se rendit à Padoue pour remercier son bienfaiteur, s'y établit & y mourut professeur de Botanique en 1689, extrèmement âgé. Ses commentaires sur les trois chapitres de Pline *de Papyro*, sont un excellent ouvrage.

Sandius (*Christophle*) né à *Konigsberg*, & mort à Amsterdam en 1680, à l'âge de trente six ans, est auteur de la bibliotheque des Antitrinitaires, sagement rédigée dans l'ordre chronologique, seule bonne méthode. Il est encore connu par son *Nucleus historiæ ecclesiasticæ*, matiere qu'il possedoit à merveille; ses remarques sur les historiens latins de Vossius, sont une preuve de son savoir dans la littérature. (*D. J.*)

KONIGSDALLER, s. m. (*Commerce.*) monnoie de plusieurs endroits de l'Allemagne. Elle vaut 50 s. du pays, ou 3 liv. 6 s. 8 d. de France.

KONIGS-ECK, (*Géog.*) château, bourg & comté d'Allemagne en Suabe, entre Uberlingen & Buchan. *Long.* 27. 5. *lat.* 47. 53. (*D. J.*)

KONIGSFELD; ou KUNIGSFELDEN, (*Géog.*) bailliage de Suisse, dépendant du canton de Berne, à une demi lieue de Brouk. C'étoit autrefois un riche monastere, possedé par des religieux de saint François, & des religieuses de sainte Claire ; qui demeuroient fraternellement ensemble sous un même couvert, mais dans des appartemens différens. Les Bernois en ont fait un petit & riche bailliage. *Voyez* l'*Histoire de la réformation de la Suisse*. (*D. J.*)

KONIESGRATZ, (*Géog.*) ville de Boheme, avec un évêché suffragant de Prague, sur l'Elbe, à 14 lieues S. O. de Glatz, 25. E. de Prague, 46. N. O. de Vienne. *Long.* 33. 50. *lat.* 50. 10. (*D. J.*)

KONIGSHOFEN, (*Géog.*) c'est-à-dire, *la cour du roi*; petite ville d'Allemagne en Franconie, dans l'évêché de Wurtzbourg. Elle est à 6 lieues S. O. de Wurtzbourg. *Long.* 27. 18. *lat.* 49. 38.

Cette ville est la patrie de Gaspard Schot, né en 1608; il entra dans la société des Jésuites; s'attacha aux études de mathématiques, publia plusieurs ouvrages en ce genre, & s'y dévoua jusqu'à sa mort arrivée en 1666. (*D. J.*)

KONIGSLUTTER, *Lutera regia*, (*Géog.*) petite ville d'Allemagne, avec une célebre abbaye, dans le pays de Brunswick-Wolfenbutel; c'est l'abbaye qui donne son nom à la ville, & elle tient ellemême le sien, du ruisseau nommé *Lutter*, qui a sa source au-dessus, dans une roche, au pié de la montagne. *Long.* 28. 6. *lat.* 52. 2. (*D. J.*)

KONIGSTEIN, (*Géog.*) petite ville dans l'électorat de Saxe, avec un fort regardé comme imprenable. Elle est sur l'Elbe, à 4 lieues S. O. de Pirn en Misnie. *Long.* 31. 36. *lat.* 50. 56. (*D. J.*)

KONITZ, (*Géog.*) ville de Pologne, dans la Prusse-Royale, sur le torrent de Broo, à 6 lieues N. O. de Culm, 20. S. O. de Dantzick. *Long.* 36. 15. *lat.* 33. 36. (*D. J.*)

KONNARUS, s. m. (*Hist. nat. Bot.*) nom donné dans Athenée, à une plante d'Arabie, qui, suivant sa description, est la même chose que le *saduc* des Arabes modernes, dont le fruit s'appelle *nabac* ou *nabech*. On croit que c'est le *lotus* de Dioscoride. *Voyez* LOTUS.

KONQUER, s. m. (*Hist. mod.*) c'est ainsi que l'on nomme le chef de chaque nation des Hottentots. Cette dignité est héréditaire; celui qui en jouit, porte une couronne de cuivre; il commande dans les guerres, négocie la paix, & préside aux assemblées de la nation, au milieu des capitaines qui sont sous lui. Il n'y a aucun revenu attaché à sa place, ni aucune distinction personnelle. En prenant possession de son emploi, il s'engage de ne rien entreprendre contre les privileges des capitaines & du peuple.

KOOKI, s. m. (*Hist. nat. Botan.*) c'est un arbre épineux du Japon, dont les feuilles sont en très grand nombre, ovales & longues d'un pouce, sans aucune découpure; ses fleurs qui naissent une ou deux fur chaque pédicule, sont de couleur purpurine, à cinq pétales, & ressemblent à la fleur d'hyacinthe. On se sert en médecine de ses baies & de ses semences, aussi bien que de ses feuilles, dont l'infusion se boit en maniere de thé.

KOP, s. m. (*Commerce.*) c'est la plus petite mesure dont les détailleurs se servent à Amsterdam pour la vente des grains. 8 *kops* font un vierdevat, 4 vierdevats font un schepel, 4 schepels un mudde, & 27 muddes un lart. *Voyez* LART, MUDDE, SCHEPEL, VIERDEVAT. *Dictionn. de commerce.*

KOPEIK, s. m. (*Commerce.*) petite monnoie de Russie, dont 100 font un rouble, ce qui revient par conséquent à un sol argent de France.

KOPERSBERG, (*Géog.*) montagne de Suede dans la Dalécarlie, aux confins de la Gestricie. Elle renferme les plus riches mines de cuivre du royaume, d'où lui vient son nom par excellence, qui signifie *montagne de cuivre*, nom commun à la montagne & à la petite ville qui est voisine, quoique la ville soit plus particulierement appellée *Fahlun*.

Olaus Nauclerus a fait une description complete des mines de cuivre de cette montagne, dans une dissertation rare, intitulée *de magnâ Fodinâ Cuprimontanâ*, où il nomme cette mine *la huitieme merveille du monde*.

Indépendamment de la grande mine cuivreuse de cette montagne, il y en a plusieurs moyennes & plusieurs petites; les unes où l'on travaille toujours, & d'autres que l'on a abandonnées, ou qu'on reprend après les avoir long-tems délaissées.

On a fait dans cette montagne, pour l'exploitation de ces mines, plusieurs ouvertures ou especes de puits qui servent la plupart à tirer la matiere. Pour cet effet, on a creusé la terre en perçant la roche. Les Suédois appellent ces puits ou *fosses schachtes*; & ils leur ont donné des noms de rois de Suede, ou de personnes illustres qui présidoient au collège métallique, en mémoire des soins & des dépenses qu'elles ont faites généreusement.

Ces puits sont plus ou moins profonds; le puits dit de *Charles XI.* a 567 piés de profondeur; celui de la *Régence* 567; celui de *Vrede* 466; celui de *Charles XII* 444; celui de *Gustave* 413, &c. Ces puits sont très-obscurs & pleins de vapeurs; tout homme qui n'y est pas accoutumé, n'y sauroit entrer sans éprouver des vertiges. Au bord de ces puits, il y a des engins que deux, trois ou quatre chevaux font tourner, & qui par le moyen de cables de chanvre, éleveur dans des corbeilles, ou dans des tonneaux, la matiere que l'on tire de la mine.

Outre ces engins, il y a d'autres machines nommées *opforings wark*, que l'eau fait tourner. Les Suédois les appellent *spell* & *spelhuns*; ce sont de grands réservoirs d'eau sur la terre, bâtis de bois, ils reçoivent l'eau qui tombe des hauteurs voisines ou qui y est rassemblée par des tuyaux, & la versent sur des roues d'environ cent piés de circonférence, sur lesquelles se roulent des cordes de cuir. Ces roues élevent les métaux, la terre, & les pierres des mines dans des corbeilles ou dans des caisses.

Auprès de chacune de ces machines, il y a deux logemens; l'un pour celui qui la gouverne, *spillyarens*; & l'autre pour l'écrivain qui tient compte des corbeilles que l'on en tire.

Ces machines ingénieuses ont été inventées par

Chriftophe *Polhammœrs*; car il faut confacrer les noms des méchaniciens qui ont rendu fervice au public. Celles qui fervent à faire écouler les eaux dont les mines fe rempliffent, ne font pas moins dignes d'éloges. Avant que l'on eût l'ufage de ces machines, on emportoit l'eau dans des facs de cuirs, ce qui demandoit du tems & des peines incroyables; à préfent, il y a telle mine où l'on fait remonter aifément l'eau par le moyen de dix-huit ou vingt pompes.

Sur la terre, il y a des bâtimens qui forment une efpece de bourg, & dans quelques-uns de ces bâtimens on garde les métaux jufqu'à ce que l'on puiffe les tranfporter commodément aux forges, où l'on les prépare. Le fénat, la cour de juftice & la chambre des comptes, y ont une maifon pour leurs affemblées.

Enfin, comme ces mines rapportent un revenu confidérable à la Suede, on a établi dans ces endroits des logemens pour les charpentiers, forgerons & autres ouvriers, ainfi que des magafins de tous les outils qui leur font néceffaires. (*D. J.*)

KOPFSTUCK, f. m. (*Comm.*) monnoie d'argent en ufage dans quelques parties d'Allemagne. En Souabe elle vaut 20 kreutzers, c'eft-à-dire le tiers d'un florin d'Allemagne. Il en faut quatre & demi pour faire un écu d'Empire, qui vaut trois livres quinze fols de notre argent.

KOPIE, f. f. (*Hift. mod.*) nom qu'on donne en Pologne à une efpece de lances que portent les huffards & la cavalerie de ce royaume; elles ont environ fix piés de long; on les attache autour de la main par un cordon, & on les lance à l'ennemi : fi le coup n'a point porté, on retire le trait au moyen du cordon; mais s'il a frappé l'ennemi, on le laiffe dans la bleffure, on coupe le cordon, & l'on met le fabre à la main pour achever de tuer. Hubner. *dictionn. géogr.*

KOPING, (*Géog.*) *Kopingia*, ville de Suede dans le territoire appellé *Weftmanie*, & préfentement l'*Uffund* ou *Ukerbo*, au nord du lac Maler. Jean Guftave Halman a publié en 1728 à Stockolm l'hiftoire & la defcription de cette ville. Elle eft fituée, felon lui, entre le 36 & 37 degré de *longit.* & entre le 59 & le 60 degré de *latit.*

Le mot de *koping* veut dire *marché*, & entre dans la terminaifon de plufieurs noms de villes ou de bourgs en Suede, tels font Falkoping, Lidkoping, Nordkoping, Nykoping, Suderkoping. (*D. J.*)

KOPPUS, f. m. (*Hift. mod.*) c'eft le nom que les habitans de l'ifle de Ceylan donnent à des prêtres confacrés au fervice des dieux du fecond ordre. Ces prêtres ne font point fi refpectés que les *Gonnis* qui forment une claffe fupérieure de pontifes, pour qui le peuple a autant de vénération que pour le dieu *Buddou* ou *Poutza*, dont ils font les miniftres, & qui eft la grande divinité des chingulais; les *Gonnis* font toujours choifis parmi les nobles, ils ont fu fe foumettre le roi lui-même, qui n'oferoit les réprimer ou les punir lors même qu'ils ont attenté à fa propre perfonne; ces prêtres fi puiffans & fi redoutables fuivent la même régle, & ont les mêmes prérogatives que ceux qu'on nomme *talapoins* chez les Siamois. *Voyez cet article*. Quant aux *koppus* dont il s'agit ici, ils font foumis aux taxes & aux charges publiques dont les *gonnis* font exempts, & fouvent ils font obligés de labourer & de travailler comme les autres fujets pour gagner dequoi fubfifter, tandis que les *gonnis* menent une vie fainéante & s'engraiffent de la fubftance du peuple. Les habitans de Ceylan ont encore un troifieme ordre de prêtres qu'ils nomment *jaddefes*. *Voyez cet article*.

KOPYS, (*Géog.*) petite ville fortifiée de Lithuanie, au Palatinat de Meiflaw, fur le Dnieper; elle appartient à la maifon de Radzivil. *Longit. 49. 8. latit. 54. 30.* (*D. J.*)

KOQUET, f. m. (*Com.*) on appelle ainfi en Anglerre ce que nous nommons en France *droit de fortie*, Les François en payent le double de ce qu'en payent les Anglois, en conféquence d'un tarif que ces derniers nomment *coutume de l'étranger*. *Dictionn. de commerce.*

KORATES *ou* TAQUES DE CAMBAYE, f. f. (*Commerce.*) groffes toiles de coton qui viennent de Surate. La piece a trois aulnes deux tiers de long, fur deux de large. On en fait des cravates communes.

KORBAN, f. m. (*Hift. eccl. d'Orient.*) ce mot, dit *la Boulaye*, fignifie dans le Levant, *une réjouiffance* qu'on célebre par la mort de quelque animal, que l'on fait cuire tout entier pour le manger enfuite entre plufieurs convives. Mais on lit dans les mémoires des miffions du Levant, *tom. IV. p. 37.* que le *korban* étoit autrefois un facrifice d'ufage parmi les Chrétiens orientaux, qui confiftoit à conduire avec pompe un mouton fur le parvis de l'églife; le prêtre facrificateur béniffoit du fel & le mettoit dans le gofier de la victime; il faifoit enfuite quelques prieres, après lefquelles il égorgeoit le mouton. La victime étant égorgée, le facrificateur s'en appropriot une bonne partie, & abandonnoit le refte aux affiftans, qui en faifoient un feftin. *Korban* en hébreu fignifie *offrande, oblation, de karab*, offrir. *Dictionn. de Trévoux.* (*D. J.*)

KOREIKI, (*Géog.*) peuple de la Sibérie qui habite les bords feptentrionaux du golfe de Lama, au nord-oueft de la prefqu'ifle de Kamtfchatka. Ils n'ont que quelques poils de barbe fur les joues.

KORSOE *ou* KORSOR, (*Géog.*) petite ville de Danemark dans l'ifle de Sélande, avec un fort fur le grand Belt, à 14 lieues O. de Coppenhague. *Long. 28. 55. lat. 55. 22.* (*D. J.*)

KORSUM, (*Géog.*) petite ville de l'Ukraine polonoife, fur la Rofs, bâtie par le roi Etienne Battori en 1581. Les Polonois y furent défaits en 1588 par les Cofaques; elle appartient aujourd'hui à la Ruffie. *Long. 49. 55. lat. 49. 3.* (*D J.*)

KORZEC, f. m. (*Com.*) mefure de liquide ufitée en Pologne, mais qui varie en différens endroits. A Cracoviel la *korzec* eft de 16 pintes, à Varfovie & à Sendomir il eft de 24, & à Lublin de 28 pintes.

KOSEL *ou* KOSSEL, (*Géog.*) petite ville fortifiée de Siléfie, au duché d'Oppelen, près de l'Oder entre le petit Clogau & Beuten. *Long. 35. 58. lat. 50. 24.* (*D. J.*)

KOSKOLTCHIKS, f. m. (*Hift. mod.*) nom que l'on donne en Ruffie à des fchifmatiques féparés de l'églife grecque établie dans cet empire. Ces fchifmatiques ne veulent rien avoir de commun avec les Ruffes; ils ne fréquentent point les mêmes églifes; ils ne veulent point fe fervir des mêmes vafes ni des mêmes plats; ils s'abftiennent de boire de l'eau-de-vie; ils ne fe fervent que de deux doigts pour faire le figne de la croix. Du refte on a beaucoup de peine à tirer d'eux quelle eft leur croyance, attendu qu'il paroît qu'ils font eux-mêmes très-peu inftruits. En quelques endroits ces fchifmatiques font nommés *ftaroviersi*.

KOSMOS *ou* KIMIS, f. m. (*Hift. mod.*) liqueur forte en ufage chez les Tartares, & qui fuivant Rubruquis fe fait de la maniere fuivante : on remplit une très-grande outre avec du lait de jument; on frappe cette outre avec un bâton au bout duquel eft une maffe ou boule de bois, creufe par dedans & de la groffeur de la tête. A force de frapper, le lait commence à fermenter & à aigrir; continuant à frapper. l'outre jufqu'à ce que le beurre fe foit féparé; alors on goûte le petit lait pour voir s'il eft affez acide, dans

KOT   KOU

ce cas on juge qu'il est bon à boire. Ce petit lait pique la langue, & a, dit-on, le goût de l'orgeat ou du lait d'amandes. Cette liqueur qui est fort estimée des Tartares enivre & est fort diurétique.

On nomme *kara-kosmos* ou *kosinos noir*, une liqueur semblable à la premiere, mais qui se fait différemment. On bat le lait qui est dans l'outre jusqu'à ce que les parties les plus grossieres se soient déposées au fond; la partie la plus pure du petit lait occupe la partie supérieure; c'est celle que boivent les gens de qualité. Elle est fort agréable, suivant le moine Rubruquis; quant au dépôt, on le donne aux valets qu'il fait dormir profondément.

KOSS, s. m. (*Hist. mod.*) mesure suivant laquelle les Jakutes, peuples de la Sibérie, comptent les distances. Le *koss* fait 12 wertes ou milles russiens, ce qui revient à quatre lieues de France.

ROSSENBLADEN, s. m. (*Commerce.*) étoffes grossieres, propres pour la traite des nègres à Cagongo & à Louango. Les Hollandois y en débitent beaucoup.

KOSZODREWINA, s. m. (*Hist. nat.*) nom que les Hongrois donnent à un arbre qui est une espece de melese, qui croît sur les monts Krapacks; il est résineux, & on en tire un baume que l'on nomme *baume de Hongrie*. Bruckman, *epist. itiner. cent. I. epist. 23*.

KOTBAH, s. m. (*Hist. mod.*) c'est ainsi que l'on nomme chez les Mahométans une priere que l'iman ou prêtre fait tous les vendredis après midi dans la mosquée, pour la santé & la prospérité du souverain dans les états de qui il se trouve. Cette priere est regardée par les princes mahométans comme une prérogative de la souveraineté, dont ils sont très-jaloux.

KOTAI, s. m. (*Hist. nat. Botan.*) c'est un olivier sauvage du Japon qui fleurit au printems; différent du *sim-kotai* ou *akim-gommi*, qui est un olivier des montagnes, & qui fleurit en automne.

KOTVAL, s. m. (*Hist. mod.*) c'est le nom que l'on donne à la cour du grand-mogol à un magistrat distingué, dont la fonction est de juger les sujets de ce monarque en matiere civile & criminelle. Il est chargé de veiller à la police, & de punir l'ivrognerie & les débauches. Il doit rendre compte au souverain de tout ce qui se passe à Dehli; pour cet effet, il entretient un grand nombre d'espions, qui sous prétexte de nettoyer les meubles & les appartemens, entrent dans les maisons des particuliers, & observent tout ce qui s'y passe, & tirent des domestiques les lumieres dont le *kotval* a besoin. Ce magistrat rend compte au grand-mogol des découvertes qu'il a faites, & ce prince décide sur son rapport du sort de ceux qui lui ont été déférés; car le *kotval* ne peut prononcer une sentence de mort contre personne sans l'aveu du souverain, qui doit avoir confirmé la sentence en trois jours différens avant qu'elle ait son exécution. La même regle s'observe dans les provinces de l'Indostan, où les gouverneurs & vice-rois ont seuls le droit de condamner à mort.

KOUAKEND, (*Géogr.*) ville d'Asie, de la dépendance de Farganah, & dans la contrée supérieure de Nessa. Abulfeda & les tables persiennes lui donnent de *long*. 90. 50. *latit*. 42. (*D. J.*)

KOUAN-IN, s. f. (*Hist. de la Chine.*) c'est dans la langue chinoise le nom de la divinité tutélaire des femmes. Les Chinois font quantité de figures de cette divinité sur leur porcelaine blanche, qu'ils débitent à merveille. La figure représente une femme tenant un enfant dans ses bras. Les femmes stériles vénerent extrèmement cette image, persuadées que la divinité qu'elle représente a le pouvoir de les rendre fécondes. Quelques Européens ont imaginé que c'étoit la vierge Marie, tenant notre Sauveur dans

Tome IX.

ses bras; mais cette idée est d'autant plus chimérique, que les Chinois adoroient cette figure longtems avant la naissance de J. C. La statue, qui en est l'original, représente une belle femme dans le goût chinois; on a fait, d'après cet original, plusieurs copies de la divinité *Kouan-in* en terre de porcelaine. Elles different de toutes les statues antiques de Diane ou de Venus, en ces deux grands points, qu'elles sont très-modestes & d'une exécution très-médiocre. (*D. J.*)

KOUBAN, (*Géog.*) grande riviere de Tartarie; elle a sa source dans la partie du mont Caucase, que les Russes appellent *Turki-Gora*, & vient se jetter dans le Palus méotide, à 46 degrés 15 minutes de latitude, au nord-est de la ville de Daman. Les Tartares *Koubans* habitent en partie les bords de cette riviere. (*D. J.*)

KOUBANS ou KUBANS (LES), *Géogr.* peuple tartare qui habite le long de la riviere du même nom, dans le pays situé au sud d'Asow & à l'orient du Palus méotide. Ce peuple est une branche des Tartares de la Crimée, & se maintient dans une entiere indépendance de ses voisins. Il ne subsiste que de vol & de pillage. Le Turc le ménage, parce que c'est principalement par leur moyen qu'il se fournit d'esclaves circassiennes, géorgiennes & abasses; & le grand-seigneur craint que s'il vouloit détruire les *Koubans*, ils ne se missent sous la protection de la Russie. *Voyez* l'*hist. des Tartares*. (*D. J.*)

KOUCHT, (*Géog.*) ville de Perse, dont le terroir porte d'excellent blé & de très-bons fruits. Elle est, selon Tavernier, à *83. 40. de long.* & à *33. 20. de latitude*. (*D. J.*)

KOUGH DE MAVEND, (*Géog.*) ville de Perse, dont le *long*. est à *74. 15. lat. 36. 15*. (*D. J.*)

KOUROU ou KURU, s. m. (*Hist. mod.*) Les bramines ou prêtres des peuples idolâtres de l'Indostan, sont partagés en deux classes, les uns se nomment *kourou* ou *gourou*, prêtres, & les autres sont appellés *shastiriar*, qui enseignent les systèmes de la théologie indienne. Dans la partie orientale du Malabare, il y a trois especes de *kourous*, que l'on nomme aussi *buts*, & qui sont d'un ordre inférieur aux nambouris & aux bramines; leur fonction est de préparer les offrandes que les prêtres ou bramines font aux dieux. Quant aux shastiriars, ils sont chargés d'enseigner les dogmes & les mysteres de la religion à la jeunesse dans les écoles. Leur nom vient de *shaster*, qui est le livre qui contient les principes de la religion des Indiens. *Voyez* SHASTER.

KOUROUK, s. m. (*Hist. mod.*) Lorsque le roi de Perse, accompagné de son haram ou de ses femmes, doit sortir d'Ispahan pour faire quelque voyage ou quelque promenade, on notifie trois jours d'avance aux habitans des endroits par où le roi & ses femmes doivent passer, qu'ils ayent à se retirer & à quitter leurs demeures; il est défendu sous peine de mort, à qui que ce soit, de se trouver sur les chemins, ou de rester dans sa maison; cette proclamation s'appelle *kourouk*. Quand le roi se met en marche, il est précédé par des eunuques, qui le sabre à la main font la visite des maisons qui se trouvent sur la route, ils font main-basse impitoyablement sur tous ceux qui ont eu le malheur d'être découverts ou rencontrés par ces stupides ministres de la tyrannie & de la jalousie.

KOWNO, (*Géog.*) ville de Pologne en Lithuanie, dans le palatinat de Troki, aux confins de la Samogitie, à l'embouchure de la Vilia, à 8 milles de Troki & à 13 de Vilna. *Long*. 43. 40. *latit*. 54. 28. (*D. J.*)

K R

KRAALS, s. m. (*Hist. mod.*) espece de villages

S

mobiles, qui servent d'habitations aux Hottentots. Elles sont ordinairement composées de vingt cabanes, bâties fort près les unes des autres & rangées en cercle. L'entrée de ces habitations est fort étroite. On les place sur les bords de quelques rivieres. Les cabanes sont de bois; elles ont la forme d'un four, & sont recouvertes de nattes de jonc si serrées que la pluie ne peut point les pénétrer. Ces cabanes ont environ 14 ou 15 piés de diamètre ; les portes en sont si basses que l'on ne peut y entrer qu'en rampant, & l'on est obligé de s'y tenir accroupi faute d'élévation : au centre de la cabane est un trou fait en terre qui sert de cheminée ou de foyer , il est entouré de trous plus petits qui servent de sieges & de lits. Les Hottentots vont se transporter ailleurs, lorsque les pâturages leur manquent, ou lorsque quelqu'un d'entre eux est venu à mourir d'une mort violente ou naturelle. Chaque *kraal* est sous l'autorité d'un capitaine, dont le pouvoir est limité. Cette dignité est héréditaire; lorsque le capitaine en prend possession, il promet de ne rien changer aux lois & coutumes du *kraal*. Il reçoit les plaintes du peuple, & juge avec les anciens les procès & les disputes qui surviennent. Les capitaines, qui sont les nobles du pays, sont subordonnés au *konquer*. *Voyez cet article*. Ils sont aussi soumis au tribunal du *kraal*, qui les juge & les punit lorsqu'ils ont commis quelque faute. D'où l'on voit que les Hottentots vivent sous un gouvernement très-prudent & très-sage, tandis que des peuples, qui se croient beaucoup plus éclairés qu'eux, gémissent sous l'oppression & la tyrannie.

KRAIBOURG, *Carrodunum*, (*Géog.*) bourgade d'Allemagne en Baviere, sur l'Inn, à six lieues de Burckhausen. *Long.* 36. 6. *latit.* 48. 5. (*D. J.*)

KRANOSLOW, (*Géogr.*) petite ville de la Russie rouge en Pologne, dans le palatinat de Chelm, avec évêché : elle est sur la riviere de Wieprz.

KRANOWITZ, (*Géogr.*) petite ville de la haute Silésie, dans la principauté de Troppan, entre Ratibor & Troppau. *Long.* 35. 48. *lat.* 50. 10. (*D. J.*)

KRAPPITZ , (*Géogr.*) petite ville de Silésie sur l'Oder, au duché d'Oppolen. *Long.* 35. 40. *lat.* 50. 38. (*D. J.*)

KRASNOBROD , (*Géogr.*) village de Pologne, dans le palatinat de Lublin, au milieu d'une forêt. Il est à jamais célèbre, par la victoire que Jean Sobiesky , depuis roi de Pologne, y remporta sur les Tartares , qu'il vainquit en trois batailles sanglantes; ensuite il s'avança vers le roi Michel , & le fit reculer à douze lieues au-delà de Varsovie. *Voy. les Mém.* du chevalier de Beaujeu. (*D. J.*)

KRASNOJAR, (*Géogr.*) ville de l'empire Russien en Sibérie, sur les bords du fleuve Jenisei.

KRASNOIE DEREWO, s. m. (*Hist. nat.*) arbre propre au pays de Tungufes ou Tartares qui habitent en Sibérie sur les frontieres de la Chine. Il ressemble au cerifier sauvage qui produit des guignes, excepté que ses feuilles sont plus longues & d'un verd plus foncé , & ont des fibres aussi fortes que celles de la feuille du citronier ; il produit des baies. Son bois est rouge comme du santal, & fort dur ; son nom en langue du pays signifie *arbre rouge*. M. Gmelin dit que c'est le *rhamnus , ramis spinâ terminatis , floribus quadrifidis , divicis linnai* , ou *rhamnus catharticus*, *Bauhini* , ou *cornus foliis citri angustioribus*. *Voyez* Gmelin , *voyage de Sibérie*.

KREMBS , (*Géogr.*) *Cremisum* petite ville d'Allemagne dans la basse Autriche, sur le Danube , à 12 lieues est de Vienne. *Long.* 32. 22. *lat.* 48. 22. (*D. J.*)

KREMPE *ou* KREMPEN , (*Géogr.*) petite ville de Dannemarck dans le Holstein , avec un château sur un ruisseau de même nom, à 2 lieues N. O. de Hambourg , 11 N. O. de Lubeck , 1 N. de Gluckstat. *Long.* 42. 40. *lat.* 53. 55.

Je connois deux hommes de lettres nés dans cette ville , Alard & Ruarus.

Alard (*Lambert*), mort en 1672 à l'âge de 70 ans, a fait quelques livres qui n'étoient pas méprisables , comme ses *Deliciæ Atticæ*, Leipf. 1624, in-12. *Ephillides philologica* , Schleusingæ 1636, in-12. *De vetterum musicâ*, Schleusingæ 1646 , in-12. *Hisforia nordalbingiæ* (du Holstein). *A Carolo Magno , ad ann.* 1637.

Ruarus (*Martinus*) est un des plus savans hommes d'entre les Sociniens. Il aima mieux perdre son patrimoine que d'abjurer ses sentimens. Il voyagea par toute l'Europe , apprit les langues mortes & vivantes, & acquit de grandes connoissances du droit naturel , du droit public, de l'histoire & des dogmes de toutes les sectes anciennes & modernes. Ses lettres écrites en latin , sont aussi rares que curieuses. Il est mort en 1657 , à 70 ans. (*D. J.*)

KREUTZER *ou* CREUTZER, s. m. (*Commerce.*) petite monnoie usitée en Allemagne , sur - tout en Baviere, en Souabe & sur les bords du Rhin. Elle ne vaut pas tout-à-fait un sol argent de France. 60 *kreutzers* font un florin d'Empire , ou cinquante sols argent de France ; & 90 *kreutzers* font un écu d'Empire , ou rixdalles, ou 3 livres 15 sols de notre argent. En Franconie , le *kreutzer* est plus haut & vaut environ un sol de notre monnoie. 48 *kreutzers* y font un florin ou cinquante sols de France.

KRICZOW *ou* KRUZOW, (*Géogr.*) petite ville épiscopale de Lithuanie , au palatinat de Mécilaw , sur le Lots. *Long.* 50. 50. *lat.* 53. 50. (*D. J.*)

KRINOCK, (*Géogr.*) bourg d'Ecosse , avec un bon port ; c'est le passage de la poste des paquebots de ce royaume en Irlande. Il est sur le golfe de même nom. (*D. J.*)

KRISNA , (*Géogr.*) ville & comté d'Esclavonie , dans un pays fort abondant en vin & en grains.

KRIT, s. m. (*Hist. mod.*) espece de poignard que portent les Malais ou habitans de Malacque dans les Indes orientales , & dont ils savent se servir avec une dextérité souvent funeste à leurs ennemis. Cette arme dangereuse a depuis douze jusqu'à dix-huit pouces de longueur : la lame en est par ondulations, & se termine en une pointe très-aiguë ; elle est presque toûjours empoisonnée , & tranche par les deux côtés. Ces lames coûtent quelquefois un prix très-considérable, & font , dit-on , très-difficiles à faire.

KRUSWICK , (*Géogr.*) petite ville & châtellenie de Pologne , dans la Cujavie , au palatinat de Brzzet , sur le lac de Cuplo. C'est la patrie du fameux Piaste , qui de simple bourgeois fut élevé sur le trône , à ce que prétend le Laboureur dans son voyage de Pologne. *Long.* 36. 32. *lat.* 52. 34. (*D. J.*)

KRUZMANN, s. m. (*Mythol.*) divinité qui étoit autrefois adorée par les peuples qui habitoient sur les bords du Rhin , près de Strasbourg. Il y a tout lieu de croire que sous ce nom ils rendoient un culte à Hercule , que les Romains leur avoient fait connoître : c'est ce qu'on peut juger par la figure de *Kruzmann*, représentée avec une massue & un bouclier, qui s'est conservée dans une chapelle de l'eglise de saint Michel , près de 1525. On ne fait pas ce que cette statue est devenue depuis ce tems ; on prétend que le conseil de la ville en fit présent à M. de Louvois , ministre de la guerre sous Louis XIV.

KRYLOW , (*Géogr.*) il y a deux villes de ce nom ; l'une est dans la Russie-rouge, dépendante de la Pologne, dans le palatinat de Belczo, sur la riviere de Bug ; l'autre est en Volhinie , à l'endroit où le Tamin se jette dans le Borysthene ou Niéper.

KSEI, s. m. (*Hist. nat. Botan.*) c'est un gui du Japon à baies rouges , dont les feuilles sont semblables

KUL

à celles du kenkoo, & viennent une à une ; alternativement opposées. Le nom japonois signifie toute plante parasite, & par excellence le gui. Kœmpfer n'en vit au Japon que dans un bois de melese, de la province de Mikowa. Aussi les paisans de ce canton l'appellent-ils *gomi-maaz*, c'est-à-dire *gui de melese*.

KU

KUBBÉ, s. m. (*Hist. mod.*) les Turcs nomment ainsi une tour ou un monument d'un travail léger & délicat, qu'ils élevent sur les tombeaux des visirs ou des grands-seigneurs. Les gens du commun n'ont que deux pierres placées de bout, l'une à la tête & l'autre au pié. On grave le nom du défunt sur l'une de ces pierres, avec une petite priere. Pour un homme on met un turban au-dessus de la pierre, & pour une femme, on met quelqu'autre ornement. *Voyez* Cantemir, *hist. ottomane*.

KUBO-SAMA, (*Hist. du Japon.*) on écrit aussi CUBO-FAMA, nom de l'empereur, ou, comme s'exprime Kœmpfer, du monarque séculier de l'empire du Japon ; *voyez* ce que nous en avons dit à l'*article* du JAPON; & *voyez* aussi le mot DAIRI, qui désigne l'empereur ecclésiastique héréditaire du royaume. (*D. J.*)

KUDACH, (*Géogr.*) forteresse de Pologne dans l'Ukraine, au palatinat de Kiovie, sur le Niéper, vers les frontieres de la petite Tartarie. Cette forteresse appartient aux Cosaques. *Long. 53. 20. latit. 47. 58.* (*D. J.*)

KUFSVEIN, (*Géogr.*) Zeyler dit KOPFSTEIN, petite ville avec un château pris par le duc de Baviere en 1703. Elle revint à la maison d'Autriche après la bataille d'Hochstet. *Kufstein* est sur l'Inn, à 20 lieues S. E. de Munich, 14 N. E. d'Inspruck. *Long. 29. 46. lat. 47. 20.* (*D. J.*)

KUGE, s. m. (*Hist. mod.*) ce mot signifie *seigneur*. Les prêtres japonois, tant ceux qui font à la cour du Dairi que ceux qui sont répandus dans le reste du royaume, prennent ce titre fastueux. Ils ont un habillement particulier qui les distingue des laïques; & cet habillement change suivant le poste qu'un prêtre occupe à la cour. Les dames de la cour du Dairi ont aussi un habit qui les distingue des femmes laïques.

KUHRIEM, s. m. (*Hist. nat. Min.*) c'est ainsi que l'on nomme dans les fonderies du Hartz une espece de mine de fer, assez peu chargée de ce métal, qui est jaune ou brune, & dans l'état d'une ochre ; on la joint à d'autres mines de fer plus riches, dont on a trouvé qu'elle facilitoit la fusion. (—)

KUL ou KOOL, s. m. (*Hist. mod.*) en turc, c'est proprement un domestique ou un esclave. *Voyez* ESCLAVE.

Nous lisons dans Meninski que ce nom est commun à tous les soldats dans l'Empire ottoman ; mais qu'il est particulier à la garde du grand-seigneur & à l'infanterie. Les capitaines d'infanterie & les capitaines des gardes, s'appellent *kúl zabitlers*, & les gardes, *kapu kúlleri*, ou esclaves de cour. D'autres auteurs nous assurent que tous ceux qui ont quelques places qui les approchent du grand-seigneur, qui tiennent à la cour par quelqu'emploi, qui sont gagés par le sultan, en un mot, qui le servent de quelque façon que ce soit, prennent le titre de *kûl* ou *kvol*, ou d'esclaves, & qu'ils les éleve fort au-dessus de la qualité de sujets. Un *kúl* ou un esclave du grand-seigneur, a droit de maltraiter ceux qui ne sont que ses domestiques ; mais un sujet qui maltraiteroit un *kúl*, seroit sévèrement puni. Les grands-visirs & les bachas ne dédaignent point de porter le nom de *kúl*. Les *kúls* sont entierement dévoués au caprice du sultan ; ils se tiennent pour fort heureux, s'il leur arrive d'être étranglés ou de mourir par ses ordres : c'est pour

KUR

eux une espece de martyre qui les mene droit au ciel.

KULKIEHAIA, s. m. (*Hist. mod.*) c'est ainsi que les Turcs nomment un officier général qui est le lieutenant de leur milice, & qui occupe le premier rang après l'aga des janissaires parmi les troupes, mais qui prend le rang au-dessus de lui dans le conseil ou dans le divan. C'est lui qui qui tient le rôle des janissaires, aussi-bien que du reste de l'infanterie ; les affaires qui regardent ces troupes se terminent entre lui & l'aga. *Voyez* Cantemir, *hist. ottomane*.

KULP LA, ou KULPE, (*Géog.*) en latin *Colapis*, riviere du royaume de Hongrie en Croatie. Elle a sa source dans la Windischmarsch en Carniole, vers Bucariza, & le nom prend un assez long cours elle se jette dans la Save à Craslowitz, un peu au-dessus d'Agram. (*D. J.*)

KUPFERNIKKEL, s. m. (*Hist. nat. Min.*) nom que les mineurs de Saxe donnent à une espece de mine d'arsenic qui est d'un rouge semblable à celui du cuivre, mais qui très-souvent ne contient réellement que peu ou point de ce métal. Quelquefois il est mêlé avec les mines de cobalt ; ce qui fait que quelques auteurs l'ont regardé comme étant lui-même une mine de cobalt ; mais il ne fait que nuire au saffre ou à la couleur bleue que l'on en retire. M. Henckel croit que cette mauvaise qualité vient d'une terre étrangere qui s'y trouve & qu'on ne peut point en dégager. Le *kupfernikkel* ne contient communément que de la terre, de l'arsenic, & une quantité de soufre qui est tantôt plus, tantôt moins grande : quelquefois il y a outre cela un peu de cuivre qui s'y trouve accidentellement, voilà pourquoi ce minéral colore en verd l'acide nitreux dans lequel on le fait dissoudre. On prétend aussi qu'on y trouve quelquefois de l'argent, mais c'est encore par accident, & cela vient, suivant M. Henckel, d'un cobalt tenant argent qui s'est mêlé avec ce minéral. (—)

KUR, (*Géogr.*) riviere d'Asie qui sort du Caucase, selon Chardin, & se jette dans la mer Caspienne. Le P. Avril prétend que cette riviere a sa source en Géorgie, & qu'elle enrichit les pays qu'elle arrose, par la quantité d'esturgeons qu'on y pêche : c'est le même que le *Cyrus* des anciens. (*D. J.*)

KURAB, (*Géogr.*) petite ville de Perse à demi-lieue de la mer Caspienne, & presque cachée dans ses arbres. Quelques-uns l'appellent *Kesker*, du nom de la province dont elle est la capitale. *Long. 67. 50. lat. 37. 36.* (*D. J.*)

KURGAN LE, (*Géogr.*) riviere d'Asie. Elle a sa source dans la province de Korazan, vers le 85 deg. de *long.* & le 35 deg. de *lat.* au nord des montagnes qui regnent dans la partie méridionale de cette province. Après un cours d'environ 60 lieues d'Allemagne, elle se jette dans la mer Caspienne à l'ouest de la ville d'Astrabath. C'est une riviere fort poissonneuse, & qui fertilise les cantons du Khorasan qu'elle arrose. (*D. J.*)

KURILI, (*Géog.*) peuple de Sibérie qui habite la partie méridionale de la presqu'île de Kamtschaka ; il est plus policé que ses voisins, & l'on croit que c'est une colonie venue du Japon : leur climat est plus chaud que celui de la partie plus septentrionale de la presqu'île de Kamtschaka ; ils sont fort pauvres, vivent de poisson, & se vêtissent de fourrures ; ils ne payent tribut à personne ; ils brûlent leurs morts malgré les défenses qui leur en ont été faites de la part de la Russie. *Voyez Description de l'empire russien*.

KURO-GANNI, s. m. (*Hist. nat. Bot.*) c'est un arbre du Japon, dont le bois, suivant la signification de son nom, approche de la dureté du fer. Ses feuilles qui sont sans poils & sans découpures, ressemblent à celles du *telephium* commun. Ses baies font de la grosseur des petites prunes sauvages. On en distingue une espéce qui se nomme *kuro-kaki*.

KUROGGI, f. m. (*Hist. nat. Bot.*) c'est un arbre sauvage du Japon ; il a ses feuilles ovales, terminées en pointe, longues de deux pouces, & légerement dentelées. Ses fleurs font doubles, d'un jaune pâle, petites, garnies d'un grand nombre d'étamines qui environnent le pistil. Il a plusieurs fleurs sur un seul pédicule. Les pétales extérieurs sont écailleux & recourbés. Ses baies sont plus grosses qu'un pois, oblongues, charnues & purpurines.

KURPIECKS, f. m. (*Géog. Hist. mod.*) nom qu'on donne en Pologne à des paysans qui habitent un canton du Palatinat de Mazovie. Ils sont indépendans, ne vivent que de la chasse & de leurs bestiaux. Dans des tems de troubles ils ont souvent incommodé la république.

KURTCHY, f. m. (*Art. milit.*) espece de milice ou corps de troupes chez les Persans. Ce mot signifie dans son origine *une armée* ; mais il est restraint à un corps de cavalerie composé de la noblesse de l'empire, & des descendans de ceux qui placerent le Sophi-Ismael sur le trone. Ils sont environ 18000 hommes.

Leur colonel s'appelle *kurtchy-bascha*. C'étoit jadis le premier poste du royaume ; & le *kurtchy-bascha* étoit chez les Perses ce que le connétable étoit anciennement en France. *Chambers.*

KURULTAI, f. m. (*Hist. mod.*) c'est ainsi que sous Genghis-Kan, & sous Tamerlan, on nommoit la diete ou l'assemblée générale des princes & seigneurs tartares, vassaux ou tributaires du grand-kan. On convoquoit ces dietes lorsqu'il s'agissoit de quelque expédition ou de quelque conquête, & l'on y régloit la quantité de troupes que chacun des vassaux devoit fournir. C'est aussi là que les grands-kans publioient leurs lois & leurs ordonnances.

KURUME, (*Géog.*) ville de l'empire du Japon, avec un château où réside un prince feudataire de l'empereur. Cette ville a environ deux mille maisons.

KUS-KUS, f. m. (*Hist. mod. Œcon.*) nom que l'on donne dans le royaume de Maroc à une espece de gâteau de farine en forme de boule ; que l'on fait cuire à la vapeur de l'eau bouillante, dans un pot troué par son fond, que l'on place au-dessus d'un autre pot qui est rempli d'eau, & dont le premier reçoit la vapeur. On dit que ces gâteaux sont d'un goût fort-agréable.

KUSMA-DEMIANSKI, (*Géog.*) ville de l'empire russien, dans la Tartarie, à 13 lieues nord-est de Vasiligorod. *Long.* 69. 5. *lat.* 56. 2. (*D. J.*)

KUSNOKI, f. m. (*Hist. mod. Bot.*) nom que les Japonois donnent à l'arbre dont ils tirent le camphre. Il croit dans les forêts sans culture, est fort élevé, & si gros que deux hommes peuvent à peine l'embrasser. Ses feuilles sont d'un beau verd, & sentent le camphre. Pour en tirer le camphre, ils prennent les racines & les feuilles les plus jeunes de cet arbre, les coupent en petits morceaux, & les font bouillir pendant quarante-huit heures dans l'eau pure, le camphre s'attache au couvercle du chapiteau du vaisseau de cuivre où s'est fait la décoction ; ce vaisseau a un long col auquel on adapte un très-grand chapiteau. Voyez *Ephemerides natur. curios. Decurid II. ann. X. obs.* 37. *pag.* 79.

KUTKROS, f. m. (*Hist. mod.*) espece de tablier de peau de mouton, dont les hommes & les femmes se servent parmi les Hottentots pour couvrir les parties que la pudeur défend de montrer.

KUTTENBERG, (*Géog.*) *Kuthna mons*, ou *Guteberga*, petite ville de Bohême, remarquable par les mines d'argent qui sont dans la montagne du voisinage, dont elle prend le nom. Elle est à sept milles sud-est de Prague. *Long.* 33. 12. *lat.* 49. 56. (*D. J.*)

L

L

L

L, f. f. c'est la douzieme lettre, & la neuvieme consonne de notre alphabet. Nous la nommons *èle* ; les Grecs l'appelloient *lambda*, & les Hébreux *lamed* : nous nous sommes tous mépris. Une consonne représente une articulation ; & toute articulation étant une modification du son, suppose nécessairement un son, parce qu'elle ne peut pas plus exister sans le son, qu'une couleur sans un corps coloré. Une consonne ne peut donc être nommée par elle-même, il faut lui prêter un son ; mais ce doit être le moins sensible & le plus propre à l'épellation : ainsi *l* doit se nommer *le*.

Le caractere majuscule L nous vient des Latins qui l'avoient reçu des Grecs ; ceux-ci le tenoient des Phéniciens ou des Hébreux, dont l'ancien *lamed* est semblable à notre *l*, si ce n'est que l'angle y est plus aigu, comme on peut le voir dans la dissertation du P. Souciet, & sur les médailles hébraïques.

L'articulation représentée par *l*, est *linguale*, parce qu'elle est produite par un mouvement particulier de la langue, dont la pointe frappe alors contre le palais, vers la racine des dents supérieures. On donne aussi à cette articulation le nom de *liquide*, sans doute parce que comme deux liqueurs s'incorporent pour n'en plus faire qu'une seule résultée de leur mélange, ainsi cette articulation s'allie si bien avec d'autres, qu'elles ne paroissent plus faire ensemble qu'une seule modification instantanée du même son, comme dans *blâme*, *clé*, *pli*, *glose*, *flûte*, *plaine*, *bleu*, *clou*, *gloire*, &c.

L *triplicem, ut Plinio videtur, sonum habet ; exilem, quando geminatur secundo loco posita, ut* ille, Metellus ; *plenum, quando finit nomina vel syllabas, & quando habet ante se in eâdem syllabâ aliquam consonantem, ut* sol, sylva, flavus, clarus ; *medium in aliis, ut* lectus, lecta, lectum (Prisc. lib. I. *de accidentibus litterarum*. Si cette remarque est fondée sur un usage réel, elle est perdue aujourd'hui pour nos organes, & il ne nous est pas possible d'imaginer les différences qui faisoient prononcer la lettre *l*, ou foible, ou pleine, ou moyenne. Mais il pourroit bien en être de cette observation de Pline, répétée assez modestement par Priscien, comme de tant d'autres que font quelques-uns de nos grammairiens sur certaines lettres de notre alphabet, & qui, pour passer par plusieurs bouches, n'en acquierent pas plus de vérité ; & telle est par exemple l'opinion de ceux qui prétendent trouver dans notre langue un *i* consonne différent de *j*, & qui lui donnent le nom de *mouillé foible*. *Voyez* I.

On distingue aussi un *l* mouillé dans quelques langues modernes de l'Europe ; par exemple, dans le mot françois *consil*, dans le mot italien *meglio* (meilleur), & dans le mot espagnol *llamar* (appeller). L'ortographe des Italiens & des Espagnols à l'égard de cette articulation ainsi considérée, est une & invariable ; *gli* chez les uns, *ll* chez les autres, en est toujours le caractere distinctif : chez nous, *il* c'est autre chose.

1°. Nous représentons l'articulation mouillée dont il s'agit, par la seule lettre *l*, quand elle est finale & précédée d'un *i*, soit prononcé, soit muet ; comme dans *babil*, *cil*, *mil* (sorte de graine), *gentil* (payen), *péril*, *bail*, *vermeil*, *écueil*, *senouil*, &c. Il faut seulement excepter *fil*, Nil, *mil* (adjectif numérique qui n'entre que dans les expressions numériques composées, comme *mil-sept-cent-soixante*, & les adjectifs en *il*, comme *vil*, *civil*, *subtil*, &c. où la lettre *l* garde sa prononciation naturelle : il faut aussi excepter les cinq mots *fusil*, *sourcil*, *outil*, *gril*, *gen-til* (joli), & le nom *fils*, où la lettre *l* est entierement muette.

2°. Nous représentons l'articulation mouillée par *ll*, dans le mot *Sulli* ; & dans ceux où il y a avant *ll* un *i* prononcé, comme dans *fille*, *anguille*, *pillage*, *cotillon*, *pointilleux*, &c. Il faut excepter *Gilles*, *mille*, *ville*, & tous les mots commençant par *ill*, comme *illégitime*, *illuminé*, *illusion*, *illustre*, &c.

3°. Nous représentons la même articulation par *ill*, de maniere que l'*i* est réputé muet, lorsque la voyelle prononcée avant l'articulation, est autre que *i* ou *u* ; comme dans *paillasse*, *oreille*, *oille*, *feuille*, *rouille*, &c.

4°. Enfin nous employons quelquefois *lh* pour la même fin, comme dans *Milhaut*, ville du Rouergue.

Qu'il me soit permis de dire ce que je pense de notre prétendue *l* mouillée ; car enfin, il faut bien oser quelque chose contre les préjugés. Il semble que l'*i* prépositif de nos diphtongues doive partout nous faire illusion ; c'est cet *i* qui a trompé nos Grammairiens, qui ont cru démêler dans notre langue une consonne qu'ils ont appellée l'*i mouillé foible* ; & c'est, je crois, le même *i* qui les trompe sur notre *l* mouilliée, qu'ils appellent le *mouillé fort*.

Dans les mots *feuillages*, *gentillesse*, *sémillant*, *carillon*, *merveilleux*, ceux qui parlent le mieux ne font entendre à mon oreille que l'articulation ordinaire *l*, suivie des diphtongues *iage*, *iesse*, *iant*, *ion*, *ieux*, dans lesquelles le son prépositif *i* est prononcé sourdement & d'une maniere très-rapide. Voyez écrire nos dames les plus spirituelles, & qui ont l'oreille la plus sensible & la plus délicate ; si elles n'ont appris d'ailleurs les principes quelquefois capricieux de notre ortographe usuelle, persuadées que l'écriture doit peindre la parole, elles écriront les mots dont il s'agit de la maniere qui leur paroîtra la plus propre pour caractériser la sensation que je viens d'analyser ; par exemple *feuliage*, *gentillesse*, *similiant*, *carilion*, *mervelieux*, ou en doublant la consonne, *feuilliage*, *gentillesse*, *semilliant*, *carilion*, *mervellieux*. Si quelques-unes ont remarqué par hazard que les deux *ll* sont précédées d'un *i*, elles le mettront ; mais elles ne se dispenseront pas d'en mettre un second après : c'est le cri de la nature qui ne cede dans les personnes instruites qu'à la connoissance certaine d'un usage contraire ; & dont l'empreinte est encore visible dans l'*i* qui précede les *ll*.

Dans les mots *paille*, *abeille*, *vanille*, *rouille*, & autres terminés par *ille*, quoique la lettre *l* ne soit suivie d'aucune diphtongue écrite, on y entend aisément une diphtongue prononcée *ie*, la même qui termine les mots *Blaie* (ville de Guienne), *paye*, *foudroye*, *truye*. Ces mots ne se prononcent pas tout-à-fait comme s'il y avoit *paliçu*, *abilieu*, *vanilieu*, *roulieu* ; parce que dans la diphtongue *ieu*, le son post-positif *ie* est plus long & moins sourd que le son muet *e* ; mais il n'y a point d'autre différence, pourvu qu'on mette dans la prononciation la rapidité qu'une diphtongue exige.

Dans les mots *bail*, *vermeil*, *péril*, *feuil*, *fenouil*, & autres terminés par une seule *l* mouillée ; c'est encore la même chose pour l'oreille que les précédens ; la diphtongue *ie* y est sensible après l'articulation *l* ; mais dans l'ortographe elle est supprimée, comme l'*e* muet est supprimé à la fin des mots *bal*, *cartel*, *civil*, *seul*, *Saint-Papoul*, quoiqu'il soit avoué par les meilleurs grammairiens, que toute consonne finale suppose l'*e* muet. *Voyez remarques sur la prononciation*, par M. Hardouin, secrétaire perpétuel de la société littéraire d'Arras, *pag. 41.* « L'articu- » lation, dit-il, frappe toujours le commencement & » jamais la fin du son; car il n'est pas possible de pro- » noncer *al* ou *il*, sans faire entendre un *e* féminin » après *l*; & c'est sur cet *e* féminin, & non sur l'*a* ou » sur l'*i* que tombe l'articulation désignée par *l*; d'où » il s'ensuit que ce mot *tel*, quoique censé mono- » syllabe, est réellement dissyllabe dans la pronon- » ciation. Il se prononce en effet comme *telle*, avec » cette seule différence qu'on appuie un peu moins » sur l'*e* féminin qui, sans être écrit, termine le pre- » mier de ces mots ». Je l'ai dit moi-même ailleurs (*art. H*), » qu'il est de l'essence de toute articula- » tion de précéder le son qu'elle modifie, parce que » le son une fois échappé n'est plus en la disposition » de celui qui parle, pour en recevoir quelque mo- » dification ».

Il me paroît donc assez vraissemblable que ce qui a trompé nos Grammairiens sur le point dont il s'agit, c'est l'inexactitude de notre ortographe usuelle, & que cette inexactitude est née de la difficulté que l'on trouva dans les commencemens à éviter dans l'écriture les équivoques d'expression. Je risquerai ici un essai de correction, moins pour en conseiller l'usage à personne, que pour indiquer comment on auroit pu s'y prendre d'abord, & pour mettre le plus de netteté qu'il est possible dans les idées; car en fait d'ortographe, je sais comme le remarque très-sagement M. Hardouin (*pag. 54*),«qu'il » y a encore moins d'inconvénient à laisser les cho- » ses dans l'état où elles sont, qu'à admettre des in- » novations considérables ».

1°. Dans tous les mots où l'articulation *l* est suivie d'une diphtongue où le son prépositif n'est pas un *e* muet, il ne s'agiroit que d'en marquer exactement le son prépositif *i* après le *ll*, & d'écrire par exemple, *feuïlliage, gentïllïesse, semïlliant, carïllion, mervëllïeux, mïlliant*, &c.

2°. Pour les mots où l'articulation *l* suivie de la diphtongue finale *ie*, il n'est pas possible de suivre sans quelque modification, la correction que l'on vient d'indiquer; car si l'on écrivoit *pallie, abellie, vanillie, rouillie*, ces terminaisons écrites pourroient se confondre avec celle des mots *Athalie, Cornélie, Emilie, poulie*. L'usage de la diérèse fera disparoître cette équivoque. On sait qu'elle indique la séparation de deux sons consécutifs, & qu'elle avertit qu'ils ne doivent point être réunis en diphtongue; ainsi la diérèse sur l'*e* muet qui est à la suite d'un *i*, détachera l'un de l'autre; sera faillir le son *i*; si l'*e* muet final précédé d'un *i* est sans diérèse, c'est la diphtongue *ie*. On écriroit donc en effet *pallïe, abellïe, vanillïe, rouillïe*, au lieu de *paille, abeille, vanille, rouille*, parce qu'il y a diphtongue; mais il faudroit écrire, *Athalië, Cornelië, Emilië, poulië*, parce qu'il n'y a pas de diphtongue.

3°. Quant aux mots terminés par une seule *l* mouillée, il n'est pas possible d'y introduire la peinture de la diphtongue muette qui y est supprimée; la rime masculine, qui par-là deviendroit féminine, occasionneroit dans notre poésie un dérangement trop considérable, & la formation des pluriels des mots en *ail* deviendroit étrangement irrégulière. L'*e* muet se supprime aisément à la fin, parce que la nécessité de prononcer la consonne finale le ramene nécessairement; mais on ne peut pas supprimer de même sans aucun signe la diphtongue *ie*, parce que rien ne force à l'énoncer: l'ortographe doit donc en indiquer la suppression. Or on indique par une apostrophe la suppression d'une voyelle; une diphtongue vaut deux voyelles; une double apostrophe, ou plutôt afin d'éviter la confusion, deux points posés verticalement vers le haut de la lettre finale *l* pourroit donc devenir le signe analogique de la diphtongue supprimée *ie*, & l'on pourroit écrire *baï˙, vermeï˙, perï˙l seuï˙l, fenouï˙l*, au lieu de *bail, vermeil, péril, seuil, fenouil.*

Quoi qu'il en soit, il faut observer que bien des gens, au lieu de notre *l* mouillée, ne font entendre que la diphtongue *ie*; ce qui est une preuve assurée que c'est cette diphtongue qui mouille alors l'articulation *l*: mais cette preuve est un vice réel dans la prononciation, contre lequel les parens & les instituteurs ne sont pas assez en garde.

Anciennement, lorsque le pronom général & indéfini *on* se plaçoit après le verbe, comme il arrive encore aujourd'hui, on inséroit entre deux la lettre *l* avec une apostrophe: « Celui jour portoit l'on les » croix en processions en plusieurs lieux de France, » & les appelloit l'on les croix noires ». *Joinville.*

Dans le passage des mots d'une langue à l'autre, ou même d'un dialecte de la même langue à une autre, ou dans les formations des dérivés ou des composés, les trois lettres *l, r, n*, sont commuables entre elles, parce que les articulations qu'elles représentent sont toutes trois produites par le mouvement de la pointe de la langue. Dans la production de *n*, la pointe de la langue s'appuie contre les dents supérieures, afin de forcer l'air à passer par le nez; dans la production de *l*, la pointe de la langue s'éleve plus haut vers le palais; dans la production de *r*, elle s'éleve dans les trémoussemens brusqués, vers la même partie du palais. Voilà le fondement des permutations de ces lettres. *Pulmo*, de l'attique πλεύμων, au lieu du commun πνεύμων; *illiberalis, illecebra, colligo*, au lieu de *inliberalis, inlecebra, conligo*; pareillement *lilium* vient de λείριον, par le changement de ρ en *l*; & au contraire *varius* vient de βαλιὸς, par le changement de λ en *r*.

L est chez les anciens une lettre numérale qui signifie *cinquante*, conformément à ce vers latin:

Quinquies L denos numero designat habendos.

La ligne horisontale au-dessus lui donne une valeur mille fois plus grande. L̄ vaut 50000.

La monnoie fabriquée à Bayonne porte la lettre *L*.

On trouve souvent dans les auteurs LLS avec une expression numérique, c'est un signe abrégé qui signifie *sextertius* le petit sexterce, ou *sextertium*, le grand sexterce. Celui-ci valoir deux fois & une demi-fois le poids de metal que les Romains appelloient *libra* (balance), ou *pondo*, comme on le prétend ordinairement, quoi qu'il y ait lieu de croire que c'étoit plutôt *pondus*, ou *pondum, i* (pesée); c'est pour cela qu'on le représentoit par LL, pour marquer les deux *libra*, & par S pour désigner la moitié, *semis*. Cette *libra*, que nous traduisions *livre*, valoit cent deniers (*denarius*); & le denier valoit 10 *as*, ou 10 s. Le petit sexterce valoit le quart du denier, & conséquemment deux *as* & un demi-*as*; ensorte que le *sextertius* étoit à l'*as*, comme le *sextertium* au *pondus*. C'est l'origine de la différence des genres: *as sextertius*, syncope de *semistertius*, & *pondus sestertium*, pour *semistertium*, parce que le troisieme *as* ou le troisieme *pondus* y est pris à moitié. Au reste quoique le même signe LLS désignât également le grand & le petit sesterce, il n'y avoit jamais d'équivoque; les circonstances fixoient le choix entre deux sommes, dont l'une n'étoit que la millieme partie de l'autre. (*B. E. R. M.*)

L. Dans le *Commerce*, sert à plusieurs sortes d'abréviations pour la commodité des banquiers, négocians, teneurs de livres, &c. Ainsi L. ST. signifie *livres sterlings* L. DE G. ou L. G. signifie *livre de gros. L* majuscule bâtarde, se met pour *livres tournois*, qui se marque aussi par cette figure π; deux

LAB

petites *lb* liées de la sorte dénotent *livres de poids*. Voyez le *Dictionnaire de Commerce*. (G)

L, (*Ecriture*.) dans sa forme italienne, c'est la partie droite de l'*i* doublée avec sa courbe. Dans la coulée, c'est la 6e, 7e, 8e & 1re parties de l'*o* avec l'*i* répété ; dans la ronde, c'est la 8e, 1re, 2e parties d'*o* & l'*i* répété avec une courbe seulement. Ces *l* se forment du mouvement mixte des doigts & du poignet. L'*l* italienne n'a besoin du secours du poignet que dans sa partie inférieure. *Voyez nos Planches d'Ecriture*.

LA, (*Grammaire*.) c'est le féminin de l'article *le*. *Voyez* ARTICLE.

LA, est *en Musique* le nom d'une des notes de la gamme inventée par Guy Aretin. *Voyez* A MILA, & *aussi* GAMME. (S)

LA, *terme de Serrurier & de Taillandier* ; lorsque le fer est chaud, pour appeller les compagnons à venir frapper, le forgeron dit *là*.

LAA, *ou* LAAB *ou* LAHA, (*Géog.*) en latin *Laha* par Cuspinien ; & *Lava* par Bonsinius ; petite ville d'Allemagne, dans la basse Autriche, remarquable par la victoire qu'y remporta l'empereur Rodolphe d'Habsbourg en 1278, sur Ottocare roi de Bohéme, qui y fut tué. C'est ce qui a acquis l'Autriche & la Stirie à la maison qui les possede aujourd'hui. Les Hongrois & le roi Béla furent aussi désaits près de *Laab* par les Bohémiens en 1260 ; elle est sur la Téya, à 12 lieues N. E. de Vienne. *Long. 33. 36. lat. 48. 43.* (*D. J.*)

LAALEM-*Gésule*, (*Géog.*) montagne d'Afrique au royaume de Maroc, dans la province de Sus. Le nom de *Gésule*, n'en est qu'un reste du mot *Gétulie*, un peu altéré. Cette montagne a au levant la province de son nom, au couchant le mont Henquise, vers le midi les plaines de Sus, & le grand Atlas au nord ; elle contient des mines de cuivre, & est habitée par des Bérébéres, de la tribu de Mucamoda. *Voyez* d'autres détails dans Marmol, *liv. III, chap. xxx.* (*D. J.*)

LAAR, (*Géog.*) ville de Perse, *Voyez* LAR.

LABADIA, (*Géog.*) ville d'Italie dans le Polesin de Rovigo, sujette aux Vénitiens, sur l'Adige, à 6 lieues O. de Rovigo, 8 N. O. de Ferrare. *Long. 26. 3. lat. 45. 5.* (*D. J.*)

LABADISTES, s. m. pl. (*Théolog.*) hérétiques disciples de Jean Labadie, fanatique fameux du xvij. siecle, qui après avoir été jésuite, puis carme, enfin ministre protestant à Montauban & en Hollande, sut chef de secte & mourut dans le Holstein en 1674.

L'auteur du supplément de Morery de qui nous empruntons cet article, fait cette énumération des principales erreurs que soutenoient les *Labadistes*. 1°. Ils croyoient que Dieu pouvoit & vouloit tromper les hommes, & qu'il les trompoit effectivement quelquefois. Ils alléguoient en faveur de cette opinion monstrueuse, divers exemples tirés de l'Ecriture-sainte, qu'ils entendoient mal, comme celui d'Achab de qui il est dit que Dieu lui envoya un esprit de mensonge pour le séduire. 2°. Ils ne regardoient pas l'Ecriture-sainte comme absolument nécessaire pour conduire les ames dans les voies du salut. Selon eux le saint-Esprit agissoit immédiatement sur elles, & leur donnoit des degrés de révélation tels qu'elles étoient en état de se décider & de se conduire par elles-mêmes. Ils permettoient cependant la lecture de l'Ecriture-sainte, mais ils vouloient que quand on la lisoit, on fût moins attentif à la lettre qu'à une prétendue inspiration intérieure du saint-Esprit dont ils se prétendoient favorisés. 3°. Ils convenoient que le baptême est un sceau de l'alliance de Dieu avec les hommes, & ils ne s'opposoient pas qu'on le conférât aux enfans naissant dans l'église ; mais ils

LAB 143

conseilloient de le différer jusqu'à un âge avancé, puisqu'il étoit une marque qu'on étoit mort au monde & ressuscité en Dieu. 4°. Ils prétendoient que la nouvelle alliance n'admettoit que des hommes spirituels, & qu'elle mettoit l'homme dans une liberté si parfaite, qu'il n'avoit plus besoin ni de la loi ni des cérémonies, & que c'étoit un joug dont ceux de leur suite étoient délivrés. 5°. ils avançoient que Dieu n'avoit pas préféré un jour à l'autre, & qu'il étoit indifférent d'observer ou non le jour du repos ; & que Jesus-Christ avoit laissé une entiere liberté de travailler ce jour-là comme le reste de la semaine, pourvu que l'on travaillât dévotement. 6°. Ils distinguoient deux églises ; l'une où le christianisme avoit dégénéré, & l'autre composée des régénérés qui avoient renoncé au monde. Ils admettoient aussi le regne de mille ans pendant lequel Jesus-Christ viendroit dominer sur la terre, & convertir véritablement les juifs, les gentils & les mauvais chrétiens. 7°. Ils n'admettoient point de préience réelle de Jesus-Christ dans l'eucharistie : selon eux ce sacrement n'étoit que la commémoration de la mort de Jesus-Christ, on l'y recevoit seulement spirituellement lorsqu'on l'y recevoit comme on le devoit. 8°. La vie contemplative étoit selon eux un état de grace & une union divine pendant cette vie, & le comble de la perfection. Ils avoient sur ce point un jargon de spiritualité que la tradition n'a point enseigné, & que les meilleurs auteurs de la vie spirituelle ont ignoré. Ils ajoutoient qu'on parvenoit à cet état par l'entiere abnégation de soi-même, la mortification des sens & de leurs objets, & par l'exercice de l'oraison mentale, pratiques excellentes & qui conduisent véritablement à la perfection, mais non pas des *Labadistes*. On assure qu'il y a encore des *Labadistes* dans le païs de Cleves, mais qu'ils y diminuent tous les jours. *Voyez le dict.* de Morery. (*G*)

LABANATH, (*Géog. sacr.*) lieu de la Palestine dans la tribu d'Azer, suivant le livre de Josué, *ch. XXIX, v. 27.* Dom Calmet croit que c'est le promontoire blanc, situé entre Ecdippe & Tyrse, selon Pline *liv. V. ch. XXI.* (*D. J.*)

LABAPI *ou* LAVAPIA, (*Géog.*) riviere de l'Amérique méridionale au Chili, à 15 lieues de celle de Biopio, & séparées l'une de l'autre par une large baie, sur laquelle est le canton d'Aranco. Le *Labapi* est à 37. 30. de *latitude* méridionale selon Herrera. (*D. J.*)

LABARUM, s. m. (*Littér.*) enseigne, étendart qu'on portoit à la guerre devant les empereurs romains. C'étoit une longue lance, traversée par le haut d'un bâton, duquel pendoit un riche voile de couleur de poupre, orné de pierreries & d'une frange à l'entour.

Les Romains avoient pris cet étendart des Daces, des Sarmates, des Pannoniens, & autres peuples barbares qu'ils avoient vaincus. Il y eut une aigle peinte, ou tissue d'or sur le voile, jusqu'au regne de Constantin, qui y fit mettre une croix avec un chiffre, ou monogramme, marquant le nom de Jesus-Christ. Il donna la charge à cinquante hommes de la garde de porter tour-à-tour le *labarum*, qu'il venoit de reformer. C'est ce qu'Eusebe nous apprend dans la vie de cet empereur, il falloit s'en tenir-là.

En esset, comme le remarque M. de Voltaire, puisque le regne de Constantin est une époque glorieuse pour la religion chrétienne, qu'il rendit triomphante, on n'avoit pas besoin d'y joindre des prodiges, comme l'apparition du *labarum* dans les nuées, sans qu'on dise seulement en quel pays cet étendart apparut. Il ne falloit pas écrire que les gardes du *labarum* ne pouvoient être blessés, & que

Tome IX. T ij

les coups qu'on tiroit fur eux, portoient tous fur le bois de l'étendart. Le bouclier tombé du ciel dans l'ancienne Rome, l'oriflâme apporté à Saint Denis par un ange, toutes ces imitations du *palladium* de Troie, ne ferventqu'à donner à la vérité, l'air de la fable. De favans antiquaires ont fuffifamment réfuté ces erreurs, que la philofophie défavoue, & que la critique détruit. (*D. J.*)

LABDACISME, f. m. (*Gram.*) mot grec, qui défigne une efpece de graffeyement dans la prononciation; 'ce détaut n'étoit point defagréable dans la bouche d'Alcibiade & de Démofthène, qui avoient trouvé moyen de fuppléer par l'art, à ce qui leur manquoit à cet égard, du côté de la nature. Les dames romaines y mettoient une grace, une mignardife, qu'elles affectoient même d'avoir en partage, & qu'Ovide approuvoit beaucoup; il leur confeilloit ce défaut de prononciation, comme un agrément fortable au beau fexe; il leur difoit fouvent, *in vitio decor eft quædam malè reddere verba*. (*D. J.*)

LABEATES, f. m. pl. (*Géog. anc.*) *Labeatæ*; ancien peuple d'Illyrie, qui ne fubfiftoit déja plus du tems de Pline. Il habitoit les environs de Scodra, aujourd'hui Scutari; ainfi *Labeatis palus*, eft le lac de Scutari. (*D. J.*)

LABEDE ou LABADE felon Danville, & LABBÉDÉ felon Dapper, (*Géog.*) canton maritime de Guinée fur la côte d'Or, entre le royaume d'Acara & le petit Ningo; ce canton n'a qu'une feule place qui en tire le nom. (*D. J.*)

LABER, (*Géog.*) riviere d'Allemagne en Baviere, qui fe perd dans le Danube, entre Augsbourg & Straubing. (*D. J.*)

LABES, (*Géog.*) petite ville d'Allemagne dans la Poméranie, fur la riviere de Rega.

Il y a auffi une ville de ce nom en Afrique, dans le Bugio, dépendante d'Alger.

LABETZAN, (*Géog.*) contrée de Perfe dans le Kilan, le long de la mer Cafpienne; elle eft renommée par l'excellence de fa foie. (*D. J.*)

LABEUR, f. m. (*Gram.*) travail corporel, long, pénible & fuivi. Il commence à vieillir; cependant on l'emplóie encore quelquefois avec énergie, & dans des occafions où les fynonymes n'auroient pas eu le même effet. On dit que des terres font en *labeur*. Les puriftes appauvriffent la langue; les hommes de génie réparent fes pertes; mais il faut avouer que ces derniers qui ne s'affranchiffent des lois de l'ufage que quand ils y font forcés, lui rendent beaucoup moins par leur licence, que les premiers ne lui ôtent par leur fauffe délicatesse. Il y a encore deux grandes caufes de l'appauvriffement de la langue, l'une c'eft l'exagération qui appliquant fans ceffe les épithetes & même les fubftantifs les plus forts à des chofes frivoles, les dégradent & réduifent à rien; l'autre, c'eft le libertinage, qui pour fe mafquer & fe faire un idiome honnête, s'empare des mots & affocie à leur acception commune, des idées particulieres qu'il n'eft plus poffible d'en féparer, & qui empêchent qu'on ne s'en ferve; ils font devenus obfcènes. D'où l'on voit qu'à mefure que la langue du vice s'étend, celle de la vertu fe refferre: fi cela continue, bien-tôt l'honnêteté fera prefque muette parmi nous. Il y a encore un autre abus de la langue, mais qui lui eft moins nuifible; c'eft l'art de donner des dénominations honnêtes à des chofes honteufes. Les fripons n'ont pas le courage de fe fervir même entr'eux des termes communs qui défignent leurs actions. Ils en ont ou imaginé ou emprunté d'autres, à l'aide defquels ils peuvent faire tout ce qu'il leur plait, & en parler fans rougir: ainfi un filou dit d'un chapeau, d'une montre qu'il a volée; j'ai gagné un chapeau, une montre;

& un autre homme dit, j'ai fait une bonne affaire; je fcais me retourner, &c.

LABEUR, (*Imprimerie.*) terme en ufage parmi les Compagnons-Imprimeurs; ils appellent ainfi un manufcrit ou une copie imprimée formant une fuite d'ouvrage confidérable, & capable de les entretenir long-tems dans une même imprimerie.

LABEZ, (*Géog.*) contrée montagneufe du royaume d'Alger, qui confine à l'eft de Couco. Il n'y vient prefque que du glayeul, efpece de jonc dont on fait les nattes, qu'on appelle en arabe *labez*, d'où le pays tire fon nom. (*D. J.*)

LABIAL, LE, adj. (*Anat.*) qui appartient aux levres. L'artere *labiale*.

LABIALE, adj. fém. (*Gram.*) ce mot vient du latin *labia*, les levres; la *ial*, qui appartient aux levres.

Il y a trois claffes générales d'articulations, comme il y a dans l'organe trois parties mobiles, dont le mouvement procure l'explofion du fon; favoir, les *labiales*, les linguales & les gutturales. *Voyez* H, & LETTRES.

Les articulations *labiales* font celles qui font produites par les divers mouvemens des levres; & les confonnes *labiales* font les lettres qui repréfentent ces articulations. Nous avons cinq lettres *labiales*, *v*, *f*, *b*, *p*, *m*, que la facilité de l'épellation doit faire nommer *ve*, *fe*, *be*, *pe*, *me*.

Les deux premieres *v* & *f* exigent que la levre inférieure s'approche des dents fupérieures, & s'y appuie comme pour retenir le fon: quand elle s'éloigne enfuite, le fon en reçoit un degré d'explofion plus ou moins fort, felon que la levre inférieure appuyoit plus ou moins fort contre les dents fupérieures; & c'eft ce qui fait la différence des deux articulations *v* & *f*, dont l'une eft foible, & l'autre forte.

Les trois dernieres *b*, *p*, & *m*, exigent que les deux levres fe rapprochent l'une de l'autre: s'il ne fe fait point d'autre mouvement, lorfqu'elles fe féparent, le fon part avec une explofion plus ou moins forte, felon le degré de force que les levres réunies ont oppofé à fon émiffion; & c'eft en cela que confifte la différence des deux articulations *b* & *p*, dont l'une eft foible, & l'autre forte: mais fi pendant la réunion des levres on fait paffer par le nez une partie de l'air qui eft la matiere du fon, l'explofion devient alors *m*; & c'eft pour cela que cette cinquieme *labiale* eft juftement regardée comme *nafale*. M. l'abbé de Dangeau, *opuf. pag.* 55, obfervant la prononciation d'un homme fort enrhumé, remarqua qu'il étoit fi enchifrené, qu'il ne pouvoit faire paffer par le nez la matiere du fon, & qu'en conféquence par-tout où il croyoit prononcer des *m*, il ne prononçoit en effet que des *b*, & difoit *banger du bouton*, pour *manger du mouton*; ce qui prouve bien, pour employer les termes mêmes de cet habile académicien, que l'*m* eft un *b* paffé par le nez.

L'affinité de ces cinq lettres *labiales* fait que dans la compofition & dans la dérivation des mots, elles fe prennent les unes pour les autres avec d'autant plus de facilité, que le degré d'affinité eft plus confidérable. Ce principe eft important dans l'art étymologique, & devient très-fréquent, foit dans une même langue, foit dans les diverfes dialectes de la même langue, foit enfin dans le paffage d'une langue à une autre. C'eft ainfi que du grec βιῶ & βιοτή, les Latins ont fait *vivo* & *vita*; que du latin *fcribo*, ou plûtôt du latin du moyen âge, *fcribanus*, nous avons fait *écrivain*; que le *b* de *fcribo* fe change en *p*, au prétérit *fcripfi*, & au fupin *fcriptum*, à caufe des confonnes fortes *f* & *t* qui fuivent; que le grec βραβεῖον changé d'abord en *bravium*, comme on le

LAB

trouve dans Saint Paul selon la vulgate, est encore plus altéré dans *præmium*; que *marmor* a produit *marbre*; que γράφω & γράμμα ne sont point étrangers l'un à l'autre, & ont entr'eux un rapport analogique que l'affinité de φ & de μ ne fait que confirmer, &c.

LABIAL, (*Jurisprud.*) signifie ce qui se dit de bouche seulement; on appelle offres *labiales* celles qui ne sont faites que de bouche, ou même par écrit, mais sans exhiber la somme que l'on offre de payer, à la différence des offres réelles qui se font à deniers découverts. *Voyez* OFFRES. (*A*)

LABIAW, (*Géog.*) petite ville de la Prusse brandebourgeoise, dans le district de Samland, du cercle de Nadrau.

LABICUM, (*Géog.*) *ou* LAVICUM, ancienne ville d'Italie dans le Latium, aux environs de Tusculum; c'est présentement selon Holstenius, *la colonna*, à quinze milles de Rome, à la droite du chemin, auquel ce lieu donnoit le nom de *via lavicana*. Ce chemin est nettement décrit par Strabon, *lib. V*.

La voie Lavicane commence, dit-il, à la porte Exquiline, ainsi que fait la voie Prénestine; ensuite la laissant à gauche, avec le champ exquilin, elle avance au-delà de six-vingt stades, & approchant de l'ancien Lavicum, place située sur une hauteur, & à-présent ruinée, elle laisse cet endroit & Tusculum à droite, & va au lieu nommé *ad pictas*, se terminer dans la voie latine. (*D. J.*)

LABIZA, s. m. (*Comm. & Hist. nat.*) espece d'ambre ou de succin, d'une odeur agréable, & qui sort par incision d'un arbre qui croit dans la Caroline. Il est jaune; il se durcit à l'air: on en peut faire des bracelets & des colliers. *Labiza* signifie dans la partie de l'Amérique où cette substance se recueille, *joyau*.

LABORATOIRE, s. m. (*Chimie*.) lieu clos & couvert, salle, piece de maison, boutique qui renferme tous les ustensiles chimiques qui sont compris sous les noms de *fourneaux*, de *vaisseaux*, & d'*instrumens* (*voyez ces trois articles*) & dans lequel s'exécutent commodément les opérations chimiques. *Voyez nos Pl. de Chimie, Pl. I*.

Le *laboratoire* de chimie doit être vaste; pour que les différens fourneaux puissent y être placés commodément, & que l'artiste puisse y manœuvrer sans embarras: car il est plusieurs procédés, tel que les distillations avec les balons ensilés, les édulcorations d'une quantité de matiere un peu considérable, ses préparations des sels neutres avec ses filtrations, les évaporations, les crystallisationsqu'elles exigent, &c. Il est, dis-je, bien des procédés qui demandent des appareils embarrassans, des vaisseaux multipliés, & par conséquent de l'espace.

Le *laboratoire* doit être bien éclairé; car le plus grand nombre de phénomenes chimiques sont du ressort de la vûe, tels que les changemens de couleur, les mouvemens intestins des liquides; les nuages formés dans un liquide auparavant diaphane par l'effusion d'un précipitant, l'apparition des vapeurs, la forme des cryitaux, des sels, &c. or ces objets sont quelquefois très-peu sensibles, même au grand jour; & par conséquent ils pourroient échapper à l'artiste le plus exercé, ou du moins le peiner, le mettre à la torture dans un lieu mal éclairé.

Le *laboratoire* doit être pourvu d'une grande cheminée, afin de donner une issue libre & constante aux exhalaisons du charbon allumé, à la fumée du bois, & aux vapeurs nuisibles qui s'élevent de plusieurs sujets, comme sont l'arsenic, l'antimoine, le nitre, &c. Il ne seroit même pas inutile que le toit entier du *laboratoire* fût une chape de cheminée terminée par une ouverture étroite, mais étendue tout

le long du mur opposé, à celui où seroient pratiquées la porte ou les portes & les fenêtres, afin que par le courant d'air établi naturellement de ces portes à cette ouverture, par la chaleur intermédiaire du *laboratoire*, toutes les vapeurs fussent constamment dirigées d'un seul côté. Il seroit pourtant mieux encore que cette cheminée n'occupât que la moitié & un côté du *laboratoire* partagé dans sa longueur, afin qu'il n'y eût point d'espace dans lequel l'artiste peut passer, agir, avoir affaire entre les fourneaux, exhalant les vapeurs dangereuses, & l'ouverture de la cheminée.

Le *laboratoire* doit être surmonté d'un grenier, & être établi sur une cave, ou du moins avoir à portée une cave & un grenier, pour placer dans l'une & dans l'autre certaines matieres qui demandent pour leur conservation l'un & l'autre de ces lieux, dont le premier est sec, & alternativement froid ou chaud, & le second humide &, constamment tempéré: *voyez* CONSERVATION, (*Pharmacie.*) & encore pour appliquer à certains sujets l'air ou l'athmosphere de ces lieux, comme instrument chimique, l'air chaud du grenier pendant l'été, pour dessécher certaines substances, la fraicheur de la cave pour favoriser la cryftallisation de certains sels, son humidité pour obtenir la défaillance de certains autres, &c. Le grenier ou la cave sont aussi des magasins de charbon, de bois, de terre à faire des luts, & d'autres provisions nécessaires pour les travaux journaliers.

J'ai rapporté à l'article FROID (*Chimie.*) *voyez cet article*, les avantages qu'un chimiste pourroit trouver à établir son *laboratoire* entre un fourneau de verrerie, & une glaciere.

Le voisinage d'un ruisseau dont on pourroit employer l'eau à mouvoir certaines machines, comme les moussoires, ou machine à triturer de la garaye, les moulins à porphiriser & à piler, des soufflets, &c. & qu'on pourroit encore détourner & distribuer dans le *laboratoire* pour rafraichir des chapiteaux, des serpentins, des balons, & pour exécuter plusieurs lavages chimiques, pour rincer les vaisseaux, &c. Le voisinage d'un ruisseau, dis-je, seroit un vrai trésor. On peut y suppléer, mais à grands frais, & d'une maniere bien moins commode, & seulement pour le rafraichissement & les lavages, en portant dans le *laboratoire* l'eau d'un puits.

Il est aussi nécessaire d'avoir, joignant le *laboratoire*, un lieu découvert sur quelque cour, ou un jardin, dans lequel on exécute plus commodément certaines opérations, & l'on tente certaines expériences, telles que celles que les explosions & détonations violentes, les évaporations de matieres très-puantes, les dessications au soleil, qui peuvent cependant aussi se faire sur les toits; les besognes grossieres, comme briser la terre, & la pétrir pour en faire des luts, faire des briques, des fourneaux, scier le bois, &c. *Voyez dans nos planches de Chimie*, la coupe d'un *laboratoire*. On a étendu par métaphore l'acception du *laboratoire* à d'autres lieux destinés au travail: ainsi on dit des entrailles de la terre, qu'elles sont le *laboratoire* de la nature; un homme de lettres dit dans le style familier, de son cabinet, qu'il se plaît dans son *laboratoire*, &c. (*b*)

LABORICÆ, (*Géog.*) ancienne contrée fertile de l'Italie, dans la Campanie; le canton des *Labories*, dit Pline, *liv. XVIII. chap. xj.* est borné par deux voies consulaires, par celle qui vient de Pouzzol, & celle qui vient de Cumes, & toutes les deux aboutissent à Capoue; le même écrivain nomme ailleurs ce canton, *laborini campi*, & *phlegræi campi*. Camille Peregrinus prétend que c'est aujourd'hui *Campo quarto*. Mais *laboriæ* pris dans un sens

plus étendu ; est la terre de Labour. *Voyez* LA-
BOUR. (*D. J.*)

LABORIEUX, adj. (*Gram.*) c'est celui qui aime & qui soutient le travail. Montrez un prix, excitez l'émulation, & tous les hommes aimeront le travail, tous se rendront capables de le soutenir. Des taxes sur l'industrie ont plongé les Espagnols dans la paresse où ils croupissent encore, & quelquefois la superstition met la paresse en honneur. Sous le joug du despotisme les peuples cessent d'être *laborieux*, parce que les propriétés sont incertaines. Si l'amour de la patrie, l'honneur, l'amour des lois avoient été les ressorts d'un gouvernement, & que par la corruption des législateurs, ou par la conquête de l'étranger, ces ressorts eussent été détruits, il faudroit peut-être bien du tems pour que la cupidité & le desir du bien-être physique rendissent les hommes *laborieux*. Quand on offre de l'argent aux Péruviens pour les faire travailler, ils répondent, *je n'ai pas faim*. Ce peuple qui conserve encore quelque souvenir de la gloire & du bonheur de ses ancêtres, privé aujourd'hui dans sa patrie des honneurs, des emplois, des avantages de la société, se borne aux besoins de la nature; la paresse est la consolation des hommes à qui le travail ne promet pas l'espece de biens qu'ils desirent.

Laborieux se dit des ouvrages qui demandent plus de travail que de génie. On dit, *des recherches laborieuses*.

LABOUR, s. m. (*Econom. rust.*) c'est le remuement de la terre, fait avec un instrument quelconque. On laboure les champs avec la charrue, les jardins avec la bêche, les vignes avec la houe, &c. les bienfaits de la terre sont attachés à ce travail; mais sans l'invention des instrumens, & l'emploi des animaux propres à l'accélérer, un homme vigoureux fourniroit à peine à sa nourriture; la terre refuseroit l'aliment à l'homme foible ou malade; la société ne seroit point composée de cette variété de conditions dont chacune peut concourir à la rendre heureuse & stable. L'inégalité entre les forces ne feroit naître entre les hommes que différens dégrés d'indigence & d'abrutissement.

Labourer la terre, c'est la diviser, exposer successivement ses molécules aux influences de l'air; & de plus c'est déraciner les herbes stériles, les chardons, &c. qui sans les *labours* couvriroient nos champs. Il faut donc, pour que le *labour* remplisse son objet, qu'il soit fait dans une terre assez tempée pour être meuble, mais qui ne soit pas trop humide. Si elle est trop seche, elle se divise mal; si elle est trop humide on la corroye, le hâle la durcit ensuite, & d'ailleurs les mauvaises herbes sont mal déracinées. La profondeur du *labour* doit être proportionnée à celle de l'*humus* ou terre végétable, aux besoins de la graine qu'on veut semer, & aux circonstances qui déterminent à labourer, premierement à la profondeur de l'*humus*. Il y a un assez grand nombre de terres propres à rapporter du bled, quoiqu'elles n'ayent que six à sept pouces de profondeur. Si vous piquez plus avant, vous amenez à la superficie une sorte d'argille qui, sans être inféconde, rend votre terre inhabile à rapporter du bled. Je dis sans être inféconde; car l'orge, l'avoine, & les autres menus grains n'en croîtront que plus abondamment dans cette terre. Elle ne se refuse à la production du bled que par une vigueur excessive de végétation. La plante y pousse beaucoup en herbe, graine peu, & sur-tout mûrit tard, ce qui l'expose presque infailliblement à la rouille. La perte des années de bled est assez considérable pour que les cultivateurs ayent à cet égard la plus grande attention. Ils ne sauroient trop se précautionner, quant à cet objet, contre leur propre négligence, ou l'ignorance de ceux qui menent la charrue.

Les terres sujettes à cet inconvénient sont ordinairement rougeâtres & argilleuses. Lorsqu'on y leve la jachere pendant l'été, après une longue sécheresse, la premiere couche soulevée en grosses mottes, entraine avec elle une partie de la seconde; & on dit alors que la terre est *dessoudée*. Les fermiers fripons qu'on force à quitter leur ferme, *dessoudent* celles de leurs terres qui peuvent l'être pendant les deux dernieres années de leur bail. Par ce moyen ils recueillent plus de menus grains, & nuisent en même tems à celui qui doit les remplacer.

Il faut en second lieu que le *labour* soit proportionné aux besoins de la graine qu'on veut semer. Si vous préparez votre terre pour de menus grains, tels que l'orge & l'avoine, un *labour* superficiel est suffisant. Le blé prend un peu plus de terre; ainsi le *labour* doit être plus profond. Mais si on veut semer du sainfoin ou de la luserne, dont les racines pénetrent à une grande profondeur, on ne peut pas piquer trop avant. Cela est nécessaire, afin que les racines de ces plantes prennent un prompt accroissement, & acquierent le dégré de force qui les fait ensuite s'enfoncer d'elles-mêmes dans la terre qui n'a pas été remuée.

Enfin le *labour* doit être proportionné aux circonstances dans lesquelles il se fait. Si vous défrichez une terre, la profondeur du *labour* dépendra de la nature de la friche que vous voulez détruire. Un *labour* de quatre pouces suffit pour retourner du gazon, exposer à l'air la racine de l'herbe de maniere qu'elle se desseche & que la plante pêrisse; mais si la friche est plus couverte de bruyeres & d'épines, on ne sauroit en essarter trop exactement toutes les racines, & le *labour* plus profond n'y suffit pas toujours. La levée des jacheres est dans le cas du défrichement léger. Le premier *labour* doit être peu profond, mais il faut enfoncer par degrés proportionnels ceux qui le suivent: par ce moyen les différentes parties de la terre se mêlent, & sont successivement exposées aux influences de l'air : les hersages, comme nous l'avons dit, ajoûtent à l'effet du *labour*, & en sont comme le complément. *Voyez* HERSER.

Les campagnes offrent dans les différens pays un aspect différent, par les variétés introduites dans la maniere de mener les *labours*. Ici une plaine d'une vaste étendue vous présentera une surface unie, dont toutes les parties seront également couvertes de grains. Là vous rencontrerez des sillons relevés, dont les parties basses ne produisent que de la paille courte & des épis maigres. Ces variétés naissent de la nature & de la position du sol; & & il seroit dangereux de suivre à cet égard une autre méthode que celle qui est pratiquée dans le pays où on laboure. Si les sillons plats deviennent une plus grande superficie, les sillons relevés sont nécessaires par-tout où l'eau est sujette à séjourner: il faut alors perdre une partie du terrain pour conserver l'autre. Au reste, dans quelque terre que ce soit, si l'on veut qu'elle soit bien remuée, les différens *labours* doivent être croisés & pris par différens côtés. *Voyez* JACHERE. *Voyez aussi* sur les détails du labour & du labourage, *nos Planches & leurs explications à l'*ECONOMIE RUSTIQUE.

LABOUR (*la terre de*) *Géog.* en latin *Laboriæ*; en italien *terra di Lavoro*, grande province d'Italie, au royaume de Naples, peuplée, fertile, & la premiere du royaume.

Elle est bornée au nord par l'Abruzze ultérieure & citérieure; à l'orient par le comté de Molisse & par la principauté ultérieure; au midi par la même principauté & par le golfe de Naples; au couchant par la mer Tyrrhène & par la campagne de Rome.

Son étendue le long de la mer est d'environ 140

LAB

milles sur 32 dans sa plus grande largeur ; mais cette contrée est d'autant plus importante, que Naples, sa capitale, donne le nom à tout le royaume.

Entre ses principales villes on compte trois archevêchés & divers évêchés. Ses rivieres les plus considérables sont le Gariglan (Liris), le Livigliano (Savo), le Volturne, le Clanio, le Sarno, &c. Ses lacs sont, le lac Laverne, le lago di Collucia (*Acherusius* des Latins). Ses montagnes sont, le Vésuve, le Pausilipe, monte Cistello, monte Christo, monte Dragone, &c. Il y a des bains sans nombre dans cette province.

On y voit deux fameuses grotes ; l'une est la grote de la sibyle, en latin *Baiana* ou *cumana Crypta*, dont les Poètes ont publié tant de merveilles imaginaires ; mais Agrippa, le gendre d'Auguste, ayant fait abattre le bois d'Averne & poussé la fosse jusqu'à Cumes, dissipa les fables que le peuple avoit adoptées sur les ténebres de ce lieu-là ; l'autre grote est celle de Naples ou de Pouzzolles, dont nous parlerons au mot PAUSILIPE.

Cette province est nommée la campagne heureuse, *campania felix*, à cause de la bonté de son air, de l'aménité de ses bords, & de l'admirable fertilité de son terroir, qui produit en abondance tout ce qu'on peut souhaiter de meilleur au monde.

Si cette contrée est si délicieuse de nos jours, quoique ravagée par les foudres terribles du Vésuve, quoique couverte de cailloux & de pierres ferrugineuses, sa beauté doit avoir été incomparable dans les siecles passés, lorsque, par exemple, sur la fin de la république, les Romains, vainqueurs du monde, sans craindre des feux imprévus, aimoient tant à la fréquenter. Cicéron, qui y avoit une maison de plaisance, parle d'elle comme du grenier de l'Italie ; mais Florus, *l. I. c. xvj.* en dit bien d'autres choses. Lisez ces paroles : *Omnium non modo Italiæ, sed toto orbe terrarum pulcherrima Campania, plaga est. Nihil mollius cælo. Bis floribus vernat. Nihil uberius solo. Ideò Liberi, Cererisque certamen, dicitur.* Voilà comme cet historien fait peindre. Pline ajoute que les parfums de la Campanie ne le cedent qu'à ceux d'Egypte. Enfin personne n'ignore que ce furent les délices de ce pays enchanteur, qui ramollirent le courage d'Annibal, & qui causerent sa défaite. (*D. J.*)

LABOURABLE, adj. (*Grammaire.*) qui peut être labouré. *Voyez* LABOUR. Il se dit de toute terre propre à rapporter des grains.

LABOURAGE, s. m. (*Econ. rustiq.*) est l'action de labourer toutes sortes de terres. *V.* LABOUR. (*K*)

LABOURAGE ou AGRICULTURE, (*Hist. anc.*) l'art de cultiver les terres. C'étoit une profession honorable chez les anciens, mais sur-tout parmi les Romains, à qui il sembloit que la fortune eût attaché à cette condition l'innocence des mœurs & la douceur de la vie. Dans les premiers tems de la république, on voit qu'il étoit ordinaire d'aller prendre des consuls & des dictateurs dans leurs métairies, pour les transporter de l'exercice de conduire des bœufs & une charrue, à l'emploi de commander les légions dans les circonstances les plus critiques ; & l'on voit encore ces mêmes hommes, après avoir remporté des victoires & sauvé l'état, venir reprendre les travaux de l'Agriculture. Dans les siecles plus florissans on trouve Curius-Dentatus, Fabricius, Attilius-Serranus-Licinius Stolo, Caton le censeur, & une infinité d'autres qui ont tiré leurs surnoms de quelque partie de la vie rustique, dans laquelle ils s'étoient distingués par leur industrie ; c'est de-là, suivant l'opinion de Varron, de Pline & de Plutarque, que les familles Asinia, Vitellia, Suillia, Porcia, Ovinia, ont été appellées, parce que leurs auteurs s'étoient rendus célebres dans l'art d'élever des brebis, des porcs & d'autres sortes de bestiaux, ainsi que d'autres étoient devenus fameux par la culture de certaines especes de légumes, comme les feves, les pois, les pois-chiches, & delà les noms de Fabius, de Pison, de Cicéron, &c.

On se croyoit si peu deshonoré par les travaux du *labourage*, même dans les derniers tems de la république, qu'au rapport de Cicéron, les honnêtes gens aimoient mieux être enregistrés dans les tribus de la campagne que dans celles de la ville. La plûpart des sénateurs faisoient un très-long séjour dans leurs métairies ; & s'il n'est pas vrai de dire qu'ils s'y occupoient des travaux les plus pénibles de l'Agriculture, on peut assurer qu'ils en entendoient très-bien & le fonds & les détails, comme il paroît par ce qu'on en trouve répandu dans les ouvrages de Cicéron, & par les livres de Caton *de re rusticâ*.

LABOURAGE, (*terme de Riviere.*) ce sont les deux parties du milieu d'un train dans toute sa longueur, & qui plonge le plus dans l'eau.

Labourage se dit aussi du travail que font les maîtres d'un pont lorsqu'ils descendent ou remontent un bateau. *Anciennes ordonnances*.

LABOURAGE, (*terme de Tonnelier.*) On appelle *labourage* & déchargeage des vins, cidres & autres liqueurs, la sortie de ces liqueurs hors des bateaux qui les ont amenées aux ports de Paris. Il n'appartient qu'aux maîtres Tonneliers de faire ce *labourage* ; à l'exclusion de tous les autres déchargeurs établis sur lesdits ports. *Voyez* DÉCHARGEUR & TONNELIER. Ainsi *labourer les vins*, c'est les décharger des bateaux qui les ont amenés & les mettre à terre.

LABOURD (LE) *Géog. Capudesis Tractus*, petite contrée de France dans la Gascogne, qui fait partie du pays des Basques sur la mer. Le *Labourd* est borné au nord par l'Adour & par les Landes ; à l'est par la Navarre françoise & par le Béarn ; au midi par les Pyrénées, qui le séparent de la Biscaye & de la Navarre espagnole ; au couchant il a l'océan & le golfe de Gascogne. Il prend son nom d'une place nommée *Laburdum*, qui ne subsiste plus. Les principaux lieux de ce pays stérile sont Bayonne, Andaye & S. Jean-de-Luz. Ce mot de *Labourd* est basque ; il désigne un pays desert & exposé aux voleurs, suivant M. de Marca dans son *hist. de Béarn*, *l. I, c. viij*. Il y a une coûtume de *Labourd*, qui fut rédigée en 1514. (*D. J.*)

LABOURER, v. act. (*Œcon. rustiq.*) c'est cultiver la terre ou lui donner les façons, qu'on appelle *labours*. *Voyez* LABOUR, LABOURAGE & LABOUREUR.

LABOURER, (*Marine.*) terme dont on se sert à la mer pour dire que l'ancre ou ne prend pas ou ne tient pas bien dans le fond, de sorte que le vaisseau l'entraine; ce qui arrive lorsque le fond est d'une vase molle, qui n'a pas assez de consistance pour arrêter l'ancre, de sorte qu'étant entrainée par le mouvement du vaisseau, elle *laboure* le fond. On dit aussi qu'un vaisseau *laboure*, lorsqu'il passe sur un fond mou & vaseux où il n'y a pas assez d'eau, & dans lequel la quille entre légerement, sans cependant s'arrêter. (*Z*)

LABOURER, (*Art milit.*) il se dit du sillon que trace à terre un boulet de canon lorsqu'il est tombé sur la fin de sa portée. Le canon *laboure* encore un rempart, lorsque plusieurs batteries obliques sont dirigées vers un même point, comme centre de leur action commune. Il se dit aussi de l'action de la bombe, qui remue les terres.

LABOURER, (*Plomb.*) c'est mouiller, remuer & ajouter du bâton le sable contenu dans le chassis autour du moule. *Voyez l'article* PLOMB.

LABOURER, (*Comm. & Voit.*) se dit des vins,

C'est les décharger des bateaux sur lesquels ils ont été chargés, & les mettre à terre.

LABOUREUR, s. m. (*Econom. rustiq.*) Ce n'est point cet homme de peine, ce mercenaire qui panse les chevaux ou les bœufs, & qui conduit la charrue. On ignore ce qu'est cet état, & encore plus ce qu'il doit être, si l'on y attache des idées de grossiereté, d'indigence & de mépris. Malheur au pays où il seroit vrai que le *laboureur* est un homme pauvre : ce ne pourroit être que dans une nation qui le seroit elle-même, & chez laquelle une décadence progressive se feroit bientôt sentir par les plus funestes effets.

La culture des terres est une entreprise qui exige beaucoup d'avances, sans lesquelles elle est stérile & ruineuse. Ce n'est point au travail des hommes qu'on doit les grandes récoltes ; ce sont les chevaux ou les bœufs qui labourent ; ce sont les bestiaux qui engraissent les terres : une riche récolte suppose nécessairement une richesse précédente, à laquelle les travaux, quelque multipliés qu'ils soient, ne peuvent pas suppléer. Il faut donc que le *laboureur* soit propriétaire d'un fonds considérable, soit pour monter la ferme en bestiaux & en instrumens, soit pour fournir aux dépenses journalieres, dont il ne commence à recueillir le fruit que près de deux ans après ses premieres avances. *Voyez* FERME & FERMIER, *Economie politique*.

De toutes les classes de richesses, il n'y a que les dons de la terre qui se reproduisent constamment, parce que les premiers besoins sont toujours les mêmes. Les manufactures ne produisent que très-peu au-delà du salaire des hommes qu'elles occupent. Le commerce de l'argent ne produit que le mouvement dans un sigue qui par lui-même n'a point de valeur réelle. C'est la terre, la terre seule qui donne les vraies richesses, dont la renaissance annuelle assure à un état des revenus fixes, indépendans de l'opinion, visibles, & qu'on ne peut point soustraire à ses besoins. Or les dons de la terre sont toujours proportionnés aux avances du *laboureur*, & dépendent des dépenses par lesquelles on les prépare : ainsi la richesse plus ou moins grande de ces *laboureurs* peut être un thermometre fort exact de la prospérité d'une nation qui a un grand territoire.

Les yeux du gouvernement doivent donc toujours être ouverts sur cette classe d'hommes intéressans. S'ils sont avilis, foulés, soumis à des exigeances dures, ils craindront d'exercer une profession stérile & sans honneur ; ils porteront sous d'autres sur des entreprises moins utiles ; l'Agriculture languira, dénuée de richesses, & sa décadence jettera sensiblement l'état entier dans l'indigence & l'affoiblissement. Mais par quels moyens assurera-t-on la prospérité de l'état en favorisant l'Agriculture ? Par quel genre de faveur engagera-t-on des hommes riches à consacrer à cet emploi leur tems & leurs richesses ? On ne peut l'espérer qu'en assurant au *laboureur* le débit de ses denrées ; en lui laissant pleine liberté dans la culture ; enfin, en le mettant hors de l'atteinte d'un impôt arbitraire, qui porte sur les avances nécessaires à la reproduction. S'il est vrai qu'on ne puisse pas établir une culture avantageuse sans de grandes avances, l'entiere liberté d'exportation des denrées est une condition nécessaire, sans laquelle ces avances ne se feront point. Comment, avec l'incertitude du débit qu'entraîne la gêne sur l'exportation, voudroit-on exposer ses fonds ? Les grains ont un prix fondamental nécessaire. *Voyez* GRAINS (*Econom. politiq.*). Où l'exportation n'est pas libre, les *laboureurs* sont réduits à craindre l'abondance, & une surcharge de denrées dont la valeur vénale est au-dessous des frais auxquels ils ont été obligés. La liberté d'exportation assure, par l'égalité du prix, la rentrée certaine des avances, & un produit net, qui est le seul motif qui puisse exciter à de nouvelles. La liberté dans la culture n'est pas une condition moins nécessaire à sa prospérité ; & la gêne à cet égard est inutile autant que dure & ridicule. Vous pouvez forcer un *laboureur* à semer du blé, mais vous ne le forcerez pas à donner à sa terre toutes les préparations & les engrais sans lesquels la culture du blé est infructueuse : ainsi vous anéantissez en pure perte un produit qui eût été avantageux : par une précaution aveugle & imprudente vous préparez de loin la famine que vous vouliez prévenir.

L'imposition arbitraire tend visiblement à arrêter tous les efforts du *laboureur* & les avances qu'il auroit envie de faire : elle desseche donc la source des revenus de l'état ; & en répandant la défiance & la crainte, elle étouffe tout germe de prospérité. Il n'est pas possible que l'imposition arbitraire ne soit souvent excessive ; mais quand elle ne le seroit pas, elle a toujours un vice radical, celui de porter sur les avances nécessaires à la reproduction. Il faudroit que l'impôt non-seulement ne fût jamais arbitraire, mais qu'il ne portât point immédiatement sur le *laboureur*. Les états ont des momens de crise où les ressources sont indispensables, & doivent être promptes. Chaque citoyen doit alors à l'état le tribut de son aisance. Si l'impôt sur les propriétaires devient excessif, il ne prend que sur les dépenses pas par elles-mêmes sont stériles. Un grand nombre de citoyens souffrent & gémissent ; mais au moins ce n'est que d'un mal-aise passager, qui n'a de durée que celle de la contribution extraordinaire ; mais si l'impôt a porté sur les avances nécessaires au *laboureur*, il est devenu spoliatif. La reproduction diminuée par ce qui a manqué du côté des avances, entraîne assez rapidement à la décadence.

L'état épuisé languit longtems, & souvent ne reprend pas son embonpoint qui est le caractere de la force. L'opinion dans laquelle on est que le *laboureur* n'a besoin que de ses bras pour exercer sa profession, est en partie l'origine des erreurs dans lesquelles on est tombé à ce sujet. Cette idée destructive n'est vraie qu'à l'égard de quelques pays dans lesquels la culture est dégradée. La pauvreté des *laboureurs* n'y laisse presque point de prise à l'impôt, ni de ressources à l'état. *Voyez* MÉTAYER.

LABOUREUR, (*Plomb.*) c'est ainsi que le plombier appelle le bâton dont il se sert pour labourer son sable. *Voyez* LABOURER & PLOMBIER.

LABRADIEN, adj. (*Littérat.*) en latin *labradius* & *labradeus*, ou bien, selon la correction du P. Hardouin dans ses notes sur Pline, *liv. XXXII. c. ij. Labrandeus*. C'est un surnom qu'on donnoit au grand Jupiter à Labranda bourg de Carie, où ce maître des dieux avoit un temple, dans lequel on l'honoroit particulierement : il y étoit représenté avec la hache, dit Plutarque, au lieu de la foudre & du sceptre. (*D. J.*)

LABRADOR, *Estotilandia*, (*Géog.*) grand pays de l'Amérique septentrionale, divisé du détroit d'Hudson ; il s'étend depuis le 50e d. de *latitude*, jusqu'au 63, & depuis le 301e d. de *longitude* jusqu'au 323 ou environ ; c'est une espece de triangle. Il est extrèmement froid, stérile, bordé de plusieurs îles, & habité par des sauvages appellés *Eskimaux*. Nous n'en connoissons légerement que les côtes, & l'intérieur du pays nous est entierement inconnu. (*D. J.*)

LABRADOR (*mer de*,) *Géog.* on appelle ainsi un intervalle de mer qui coupe par la moitié l'Isle royale, à la reserve de mille pas de terre ou environ, qu'il y a depuis le fort S. Pierre jusqu'à cette extrémité de *mer de Labrador*, qui fait une espece de golphe

LAB

phe. *Voyez la description de l'Amérique septent. tome I. chap. vj.* de M. Denis, qui a été nommé par le roi gouverneur du pays. (*D. J.*)

LABURNUM, s. m. (*Bot. exot.*) espece de cytise, arbre de médiocre grandeur, ressemblant à l'anagyris, excepté qu'il n'est point puant, d'un bois dur, dont les feuilles sont trois à trois, sans poil, d'un verd assez foncé en-dessus, velues & d'un verd pâle en-dessous, attachées à une queue menue, ronde, velue, & qui a la fleur légumeneuse, jaune, & pareille à celle du petit genêt, & succédée par des gousses comme celles du pois; ces gousses contiennent des semences grosses comme celles des lentilles. On les nomme autrement *aubours*. Tournefort le décrit *cytisus alpinus, lati-folius, flore racemoso pendulo*. Inst. rei herb. 648. *Diction. de Trévoux.*

LABYRINTHE, s. m. en *Anatomie*, signifie la seconde cavité de l'oreille interne, qui est creusée dans l'os pierreux, & qui est ainsi nommée à cause de différens contours que l'on y observe.

Cette cavité est divisée en trois parties: la premiere se nomme le *vestibule*, parce qu'elle conduit dans les deux autres; la seconde comprend trois canaux courbés en demi-cercle, & appellés à cause de cela *canaux demi-circulaires*, qui sont placés d'un côté du vestibule, vers la partie postérieure de la tête; la troisieme appellée le *limaçon*, est située de l'autre côté du vestibule. *Voyez* LIMAÇON, VESTIBULE, &c.

Vieussens observe que l'os dans lequel se trouve le *labyrinthe*, est blanc, dur, & fort compact; afin que la matiere des sons venant à frapper contre, ne perde point ou peu de son mouvement, mais le communique tout entier aux nerfs de l'oreille. *Voyez* OUIE, SON, &c.

LABYRINTHE, (*Architect. antiq.*) en latin *labyrinthus*; grand édifice dont il est difficile de trouver l'issue.

Les anciens font mention de quatre fameux *labyrinthes*, qu'il n'est pas possible de passer sous silence.

1°. Le *labyrinthe d'Egypte*: c'est le premier du monde à tous égards. Il étoit bâti un peu au-dessus du lac Moëris, auprès d'Arsinoé, autrement nommée la ville des crocodiles. Ce *labyrinthe*, selon Pomponius Méla, qui le décrit briévement *l. I. c. ix.* contenoit trois mille appartemens & douze mille palais, dans une seule enceinte de murailles; il étoit construit & couvert de marbre; il n'offroit qu'une seule descente, au bout de laquelle on avoit pratiqué intérieurement une infinité de routes où l'on passoit & repassoit, en faisant mille détours qui jettoient dans l'incertitude, parce qu'on se retrouvoit souvent au même endroit; de sorte qu'après bien des fatigues, on revenoit au même lieu d'où l'on étoit parti, sans savoir comment se tirer d'embarras. Je m'exprimerai plus noblement, en empruntant le langage de Corneille.

Mille chemins divers avec tant d'artifice,
Coupoient de tous côtés ce fameux édifice,
Que, qui pour en sortir, croyoit les éviter,
Rentroit dans les sentiers qu'il venoit de quitter.

Le nombre des appartemens dont parle Méla, paroit incroyable; mais Hérodote qui avoit vû de ses yeux ce célebre *labyrinthe* debout & entier, explique le fait, en remarquant qu'il n'y avoit la moitié de ces appartemens souterrains, l'autre moitié au-dessus.

Il faut donc lire la description que cet historien a faite de ce pompeux édifice il y a plus de deux mille ans, & y joindre celle de Paul Lucas, qui en a vû les restes au commencement de notre siecle. Ce qu'en rapporte le voyageur moderne, me semble d'autant

LAB 149

plus intéressant, que c'est un commentaire & une explication du récit d'Hérodote.

Non-seulement le tems a détruit les trois quarts des restes de ce *labyrinthe*; mais les habitans d'Héracléopolis jaloux de ce monument, & ensuite les Arabes, qui ont cru y trouver des tréfors immenses, l'ont démoli, & ont renversé quantité d'autres bâtimens des environs qui composoient, selon les apparences, les vastes édifices qu'il falloit parcourir avant que d'entrer dans l'endroit qui subsiste encore de nos jours.

On ne doit pas être surpris de la diversité des relations que les anciens auteurs ont faites de ce *labyrinthe*, puisqu'il y avoit tant de choses à considérer, tant de chambres à parcourir, tant d'édifices différens par lesquels il falloit passer, que chacun s'attachoit à ce qui lui paroissoit le plus admirable, & négligeoit, ou oublioit dans son recit, ce qui l'avoit le moins frappé.

Une derniere reflexion est que le *labyrinthe d'Egypte* étoit un temple immense, dans lequel se trouvoient renfermés des chapelles à l'honneur de toutes les divinités de l'Egypte. Les anciens ne parlent que du nombre prodigieux d'idoles qu'on y avoit mises, & dont les figures de différentes grandeurs, s'y voyent de tous côtés. Mais quoique ce *labyrinthe* fût une espece de Panthéon consacré à tous les dieux d'Egypte, il étoit cependant dédié plus particulierement au soleil, la grande divinité des Egyptiens. Cela n'empêche pas toutefois qu'on n'y ait pu enterrer des crocodiles & autres animaux consacrés à ces mêmes divinités.

L'histoire ne dit point quel a été le prince qui a fait bâtir le *labyrinthe*, dont nous parlons, ni en quel tems il a été construit. Pomponius Mêla en attribue la gloire à Psammétichus: on pourroit penser que c'étoit l'ouvrage du même prince, qui avoit fait creuser le lac Moëris, & lui avoit donné son nom, si Pline ne disoit qu'on en faisoit honneur à plusieurs rois. De plus, Hérodote assure qu'il étoit l'ouvrage des douze rois qui gouvernoient si paisiblement l'Egypte conjointement, partagerent l'Egypte en autant de parties, & que ces princes avoient laissé de concert ce monument à la postérité.

2°. Le *labyrinthe de l'île de Crete* parut ensuite sous le regne de Minos. Pline, *liv. XXXVI. c. xvij.* dit que quoique ce *labyrinthe* fût de la main de Dédale, sur le modele de celui d'Egypte, il n'en imita pas la centieme partie, & que cependant il contenoit tant de routes & de détours, qu'il n'étoit pas possible de s'en démêler; il n'en restoit aucun vestige du tems de cet historien. Il avoit été bâti auprès de Gnose, selon Pausanias, & l'on présume qu'il étoit découvert par l'étrange maniere dont la fable a supposé que Dédale & son fils Icare s'en tirerent, au lieu que celui d'Egypte étoit couvert & obscur.

Ovide, sans avoir jamais vu le *labyrinthe* de Crete, l'a décrit aussi ingénieusement dans ses métamorphoses, *liv. VIII. v. 157.* que s'il l'eût bâti lui-même. Voyez la jolie comparaison qu'il en fait avec le cours du Méandre.

C'est ce même *labyrinthe* que désigne Virgile, quand il dit qu'on y trouvoit mille sentiers obscurs & mille routes ambigues, qui égaroient sans espérance de retour; mais la peinture est unique pour la beauté des termes imitatifs.

Parjetibus textum cæcis iter, ancipitemque
Mille viis habuisse dolum, quâ signa sequendi
Falleret indeprensus, & irremeabilis error.
Æneid. liv. V. v. 589.

Qu'on me rende en françois l'*indeprensus*, & l'*irremeabilis error* du poëte latin!

Au reste, il est vraissemblable que ce *labyrinthe*

étoit une espece de prison magnifique, dont on ne pouvoit s'évader.

J'ajoute ici que le *labyrinthe de Crete*, décrit par M. de Tournefort dans ses voyages & dans les mémoires de l'académie des Sciences, *année 1702*, n'est point le fameux *labyrinthe* de Dédale ; c'est un conduit soûterrein naturel, en maniere de rues, qui par cent détours pris en tous sens, & sans aucune regularité, parcourt tout l'intérieur d'une colline située au pié du mont Ida, du côté du midi, à trois milles de l'ancienne ville de Gortyne : il ne sert de retraite qu'à des chauve-souris.

3°. Le *labyrinthe de l'île de Lemnos*, selon Pline, *liv. XXXVI. c. xiij.* étoit semblable aux précédens pour l'embarras des routes. Ce qui le distinguoit, c'étoit cent cinquante colonnes, si également ajustées dans leurs pivots, qu'un enfant pouvoit les faire mouvoir, pendant que l'ouvrier les travailloit. Ce *labyrinthe* étoit l'ouvrage des architectes Zmilus, Rholus, & Théodore de Lemnos : on en voyoit encore des vestiges du tems de Pline.

4°. Le *labyrinthe d'Italie* fut bâti au-dessous de Clusium, par Porsenna roi d'Etrurie, qui voulut se faire un magnifique tombeau, & procurer à l'Italie la gloire d'avoir en ce genre surpassé la vanité des rois étrangers. Ce qu'on en disoit, étoit si peu croyable, que Pline n'a osé prendre sur soi le recit qu'il en fait, & a mieux aimé employer les termes de Varron. Le monument de Porsenna, dit ce dernier ; étoit de pierres de taille : chaque côté avoit trois cens piés de largeur, & cinquante de hauteur. Dans le milieu étoit le *labyrinthe*, dont on ne pouvoit trouver la sortie, sans un peloton de fil. Au-dessus, il y avoit cinq pyramides de soixante & quinze piés de largeur à leur base, & de cent cinquante de hauteur, *&c.* Il ne restoit plus rien de ce monument du tems de Pline. (*D. J.*)

LABYRINTHE, (*Jardinage.*) appellé autrefois *dédale*, est un bois coupé de diverses allées pratiquées avec tant d'art, qu'on peut s'y égarer facilement. Les charmilles, les bancs, les figures, les fontaines, les berceaux qui en font l'ornement, en corrigent la solitude, & semblent nous consoler de l'embarras qu'il nous cause. Un *labyrinthe* doit être un peu grand, afin que la vûe ne puisse point percer à-travers les petits quarrés de bois, ce qui en ôteroit l'agrément. Il n'y faut qu'une entrée qui servira aussi de sortie.

LAC, *lacus*, s. m. (*Hist. nat.*) c'est le nom qu'on donne à de grands amas d'eau, rassemblés au milieu d'un continent, renfermés dans des cavités de la terre, & qui occupent un espace fort étendu. En général un *lac* ne differe d'un étang que parce que l'étendue du premier est plus grande & son volume d'eau plus considérable.

On compte des *lacs* de plusieurs especes ; les uns reçoivent des rivieres & ont un écoulement sensible ; tel est le *lac* Léman ou *lac* de Géneve, qui est traversé par le Rhône, qui en ressort ensuite ; d'autres *lacs* reçoivent des rivieres & n'ont point d'écoulement sensible : la mer Caspienne peut être regardée comme un *lac* de cette espece ; elle reçoit le Wolga & plusieurs autres rivieres, sans que l'on remarque par où ses eaux s'écoulent. Il est à présumer que les eaux de ces sortes de *lacs* s'échappent par des conduits souterreins. Il y a des *lacs* qui ont des écoulemens sensibles sans qu'on s'apperçoive d'où l'eau peut leur venir. Dans ces cas on doit présumer qu'il y a au fond de ces *lacs* des sources qui leur fournissent sans cesse des eaux dont ils sont obligés de se débarrasser, faute de pouvoir les contenir. Enfin il y a des *lacs* qui ne reçoivent point de rivieres & qui n'ont point d'écoulemens ; ceux de cette derniere espece ont ou perpétuellement de l'eau, ou n'en ont qu'en de certains tems. Dans le premier cas, ils sont formés par des amas d'eaux si considérables, qu'ils ne peuvent point entierement s'évaporer ; ou bien cela vient de ce que les cavités dans lesquelles ces eaux sont renfermées, sont trop profondes pour que toutes leurs eaux puissent disparoître avant que les pluies & les orages leur en aient rendu de nouvelles. Quant aux *lacs* qui n'ont de l'eau que pendant un certain tems, ils sont pour l'ordinaire produits par des inondations passageres des rivieres qui forment des amas d'eau qui ne subsistent qu'autant qu'il revient de nouveaux débordemens qui leur rendent ce qu'ils ont perdu par l'évaporation, ou par la filtration au-travers des terres.

Les *lacs* varient pour la qualité des eaux qu'ils contiennent ; il y en a dont les eaux sont douces, d'autres ont des eaux salées, d'autres sont mêlées de bitume qui nage quelquefois à leur surface, comme le *lac* de Sodome, que l'on appelle aussi *mer morte*. D'autres ont des eaux plus ou moins chargées de parties terreuses & propres à pétrifier, comme le *lac* de Neagh en Irlande. *Voyez* LOUGH-NEAGH & LOUGH-LENE.

Différentes causes peuvent concourir à la formation des *lacs* ; telles sont sur-tout les inondations, soit de la mer, soit des rivieres, dont les eaux, portées avec violence par les vents sur des terres enfoncées, ne peuvent plus se retirer. C'est ainsi que paroît avoir été formé le *lac* connu en Hollande sous le nom de *mer de Harlem* ; la mer poussée avec force par les vents, a rompu les obstacles que lui opposoient les digues & les dunes ; ayant une fois inondé un pays, dont le niveau est au-dessous de celui de ses eaux, le terrein submergé a dû rester au même état.

Les tremblemens de terre & les embrasemens souterrains ont encore du produire un grand nombre de *lacs*. Ces feux, en minant continuellement le terrein, y forment des creux & des cavités plus ou moins grandes, qui venant à se remplir d'eau, soit des pluies, soit de l'intérieur même de la terre, montrent des *lacs* dans des endroits où il n'y en avoit point auparavant. Il est à présumer que c'est ainsi qu'a pû se former le *lac* Asphaltide, ou le *lac* de Sodome en Judée. Il n'est point surprenant que les eaux de ces *lacs* soient chargées de parties bitumineuses, sulfureuses & salines, qui les rendent d'un goût & d'une odeur desagréables ; ces matieres sont dûes au terrein qui les environne, ce sont les produits des embrasemens qui ont formé ces sortes de *lacs*.

Toutes les parties de l'univers sont remplies de *lacs*, soit d'eaux douces, soit d'eaux salées, de différentes grandeurs ; ils présentent quelquefois des phénomènes très-dignes de l'attention des Physiciens. C'est ainsi qu'en Ecosse le *lac* de Ness ne gele jamais, quelque rigoureux que soit l'hiver, dans un pays déja très-froid par lui-même : ce *lac* est rempli de sources, & dans les tems de la plus forte gelée ses eaux ne perdent point leur fluidité, elles coulent pendant que tout est gelé aux environs. *Voyez les Transactions philosophiques*, n°. 253. On voit dans le même pays un *lac* appellé Loch-Monar, qui ne gele jamais avant le mois de Février, quelque rigoureux que soit l'hiver ; mais ce tems une fois venu, la moindre gelée fait prendre ses eaux. La même chose arrive à un autre petit *lac* d'Ecosse dans le territoire de Straherrick. *Voyez les Transactions philosophiques, n°. 114.*

De tous les phénomènes que présentent les différens *lacs* de l'univers, il n'y en a point de plus singuliers, ni de plus dignes de l'attention des Naturalistes que ceux du fameux *lac* de Cirknitz en Carniole ; il a la propriété de se remplir & de se vuider alternativement suivant que la saison est séche ou pluvieuse. Les eaux de ce *lac* se perdent par dix-huit trous ou entonnoirs qui font au fond de fon baffin. En hiver il eſt ordinairement rempli d'eau, à moins que la faifon ne fût très-feche; mais en été, lorfque la féchereffe a duré quelque tems, il fe vuide entierement en vingt-cinq jours; cependant, pour peu qu'il pleuve fortement pendant deux ou trois jours de fuite, l'eau commence à y revenir. Lorfque le *lac* de Cirknitz eſt à fec, les habitans du pays vont y prendre, pour ainfi dire à la main, tout le poiſſon qui s'y trouve privé de fon élément; cela n'empêche point que, lorfque l'eau y revient, l'on n'y retrouve de nouveau une quantité prodigieuſe de très-grands poiſſons, & entre autres des brochets qui peſent depuis 50 juſqu'à 70 livres. Si la féchereſſe dure pendant long-tems, on peut y pêcher, y chaſſer, & y faire la récolte dans une même année. Ce *lac* n'a point de faifon fixe pour fe mettre à fec; tout dépend uniquement de la féchereſſe de la faifon, une pluie d'orage fuffit quelquefois pour le remplir. Ce *lac* eſt fort élevé relativement au terrein des environs; la terre y eſt remplie de trous; cela peut donc aifément faire concevoir la raifon pourquoi il eſt fujet à fe vuider, lorfqu'il ne va plus s'y rendre d'eau; mais comme il eſt environné de montagnes de tous côtés, pour peu qu'il tombe d'eau de pluie, elle fe ramaffe dans les cavernes & cavités dont ces montagnes font remplies; alors ces eaux, amoncelées dans ces creux, forcent par leur poids les eaux renfermées dans le réſervoir fouterrein qui eſt au-deſſous du *lac* à remonter, & à s'élever par les mêmes trous par lefquels elles s'étoient précédemment écoulées. En effet, il faut néceſſairement fuppofer qu'au-deſſous du baffin du *lac* de Cirknitz, il y a un autre *lac* fouterrein ou un réſervoir immenſe, dont les eaux s'élevent lorfque les cavernes qui y communiquent par deſſous terre ont été remplies par les pluies. Ces nouvelles eaux, par leur preffion & leur poids, forcent les eaux du réſervoir fouterrein à monter; cela fe fait de la même maniere que dans les jets d'eaux ordinaires qui font dans nos jardins. En effet, à la fuite des grandes pluies, on voit jaillir l'eau par quelques-uns des trous juſqu'à la hauteur de 15 à 20 piés; & quand la pluie continue, le baffin du *lac* fe trouve rempli de nouveau quelquefois en moins de vingt-quatre heures. C'eſt par ces mêmes trous que revient le poiſſon que l'on y retrouve; quelquefois même on a vû des canards fortir par ces ouvertures, ce qui prouve d'une maniere inconteſtable la préfence du réſervoir fouterrein, dont on a parlé, & qu'il doit communiquer à des eaux qui aboutiſſent à la furface de la terre. Ce *lac*, que les habitans du pays nomment *Zirknisku-jeſeru*, a environ deux lieues de longueur & une lieue de largeur, & fa plus grande profondeur, à l'exception des trous, eſt d'environ 24 piés.

M. Gmelin, dans fon *voyage de Sibérie*, dit que tout le terrein qui fe trouve entre les rivieres d'Irtiſch & de Jaik eſt rempli d'un grand nombre de *lacs* d'eau douce & d'eau falée; quelques-uns contiennent des poiſſons, & d'autres n'en contiennent point; mais un phénomène très-fingulier, c'eſt que quelques-uns de ces *lacs* qui contenoient autrefois de l'eau douce, font devenus amers & falés, ont puis une forte odeur de foufre, ce qui a fait mourir tous les poiſſons qui s'y trouvoient. Quelques-uns de ces *lacs* de Sibérie font fi chargés de fel qu'il fe dépofe au fond en très-grande quantité, & il y en a d'autres dont on obtient le fel par la cuiſſon; celui qui s'appelle *fchimjaɩe-kul* eſt fi falé, que deux feaux de fon eau donnent juſqu'à vingt livres de fel. Quelquefois à très-peu de diſtance d'un de ces *lacs* falés, il s'en trouve d'autres dont l'eau eſt très-douce & bonne à boire. Il fe forme dans ce pays des *lacs* nouveaux dans des endroits où il n'y en avoit point auparavant; mais cet auteur remarque avec raifon que rien n'eſt plus fingulier ni plus digne de l'attention des Naturaliſtes, que ces changemens qui fe font d'un *lac* d'eau douce en un *lac* d'eau amere & falée dans une partie du continent fort éloignée de la mer. Il eſt auffi fort furprenant de voir que quelques-uns de ces *lacs* fe deſſechent, tandis qu'il s'en forme de nouveaux en d'autres endroits. *Voyez* Gmelin, *voyage de Sibérie*.

LAC, (*Hiſt. anc.*) le reſpect pour les *lacs* faiſoit partie de la religion des anciens Gaulois, qui les regardoient comme autant de divinités, ou au moins de lieux qu'elles choifiſſoient pour plus digne de leur demeure; ils donnoient même à ces *lacs* le nom de quelques dieux particuliers. Le plus célebre étoit celui de Toulouſe, dans lequel ils jettoient, foit en efpeces, foit en or ou en lingots l'or & l'argent qu'ils avoient pris fur les ennemis. Il y avoit auffi dans le Gevaudan, au pié d'une montagne, un grand *lac* confacré à la Lune, où l'on s'aſſembloit tous les ans des pays circonvoiſins, pour y jetter les offrandes qu'on faifoit à la déeſſe. Strabon parle d'un autre *lac* très-célebre dans les Gaules, qu'on nommoit le *lac des deux corbeaux*, parce que deux de ces oifeaux y faifoient leur féjour; & la principale cérémonie religieufe qui s'y pratiquoit, avoit pour but de faire décider par ces divins corbeaux les différends, foit publics, foit particuliers. Au jour marqué, les deux partis fe rendoient fur les bords du *lac*, & jettoient aux corbeaux chacun un gâteau; heureux celui dont ces oifeaux mangeoient le gâteau de bon appétit, il avoit gain de caufe. Celui au contraire dont les corbeaux ne faifoient que becqueter & éparpiller l'offrande, étoit cenfé condamné par la bouche même des dieux; fuperſtition aſſez femblable à celle des Romains pour leurs poulets facrés.

LAC DES IROQUOIS, (*Géog.*) c'eſt le nom d'un grand *lac* de l'Amérique feptentrionale, au Canada, dans le pays des Iroquois, au couchant de la Nouvelle Angleterre. Il eſt coupé dans fa pointe occidentale par le 305ᵉ degré de *longitude*, & fa partie feptentrionale par le 45ᵉ degré de *latitude*, (*D. J.*)

LAC-MAJEUR *ou* LAC-MAJOUR, (*Géog.*) ce *lac*, que les Italiens appellent *lago-maggiore*, parce qu'il eſt le plus grand des trois *lacs* de la Lombardie, au duché de Milan, a beaucoup de longueur fur peu de largeur en général: c'eſt le *Verbanus-lacus* des anciens. Il s'étend du nord au fud; & dans l'étendue de 10 à 12 milles il appartient à la Suiffe, mais dans tout le reſte il dépend du duché de Milan. Il s'élargit confidérablement dans le milieu de fa longueur, & forme un golfe à l'oueſt, où font les fameufes iles Borromées. Pluſieurs belles rivieres, le Tétin, la Magia ou Madfa & la Verzafcha fe jettent dans le *lac-majour*. Du feptentrion au midi, il eſt de 39 milles fur 5 ou 6 de large. (*D. J.*)

LAC-MALER, (*Géog.*) grand *lac* de Suede, entre le Weſtmanland & l'Upland au nord, & la Sudermanie au midi. Il s'étend d'occident en orient, reçoit un bon nombre de rivieres, & eſt coupé de pluſieurs iles. (*D. J.*)

LAC SUPÉRIEUR, (*Géog.*) *lac* immenſe de l'Amérique feptentrionale, au Canada. On l'a vraiſemblablement nommé, parce qu'il eſt le plus feptentrional des *lacs* de la Nouvelle France. C'eſt le plus grand que l'on connoiſſe dans le monde. On peut le confidérer comme la fource du fleuve de S. Laurent. On lui donne 200 lieues de l'eſt à l'oueſt, environ 80 de large du nord au fud, & 500 de circuit. Son embouchure dans le *lac* Huron, eſt au quarante-cinquieme degré 18 minutes de *latitude*; il fe décharge par un détroit de 22 lieues de longueur. (*D. J.*)

LAC ou LAS, (*Maréchallerie.*) cordage avec un nœud coulant destiné à abattre un cheval auquel on veut faire quelque opération. On appelle aussi *lis* un cordage qui entre dans l'assemblage des machines qui servent à coupler les chevaux qu'on conduit en voyage.

LAC, (*Soirie.*) partie du métier d'étoffe de soie. Le *lac* est fait d'un gros fil qui forme d'un seul bout plusieurs boucles entrelacées dans les cordes du semple, *voyez* SEMPLE & SOIE, & qui tiennent à la gavassine, *voyez* GAVASSINE. La poignée de boucles s'appelle le *lac*. Quand la tireuse, *voyez* TIREUSE, amene le *lac* à elle, elle amene aussi toutes les cordes de semple qu'elle doit tenir; ces cordes sont comprises dans le *lac*. Voilà le *lac* ordinaire. Le *lac* à l'angloise est un entrelacement de fil qui prend toutes les cordes du semple les unes après les autres, pour aider à la séparation des prises quand on fait les *lacs* ordinaires. Le fil de *lac* à trois bouts, est fort; il arrête par l'entrelacement suivi les cordes que la lisseuse à retenues entre l'embarbe, *voyez* LIRE & *nos Pl. de Soirie.*

LACS, (*Rubannier.*) ce sont des ficelles attachées aux marches, & qui de même sont attachées aux lames pour les faire baisser. On peut raccourcir ou allonger les *lacs* selon le besoin, au moyen d'un nœud pratiqué contre la marche; il est à propos de dire ici que dans les ouvrages extrêmement lourds, c'est-à-dire sur lesquels il y a beaucoup de charge, ce qui rend le pas très-rude à lever, il faudroit que les *lacs* fussent doublés, afin que si pendant le travail l'un venoit à casser, l'autre du moins soutienne le fardeau; précaution d'autant plus nécessaire, qu'on éviteroit par-là des accidens funestes qui souvent estropient les ouvriers. *Voyez les Pl. de passementier-rubanier.*

LAC COULANT, (*Chasse.*) ce sont des filets de corde ou de léton qu'on tend dans les haies, sillons, rigoles ou passages étroits, avec un nœud coulant dans lequel le gibier qui vient à passer se prend. *Voyez les Pl. de pêche.*

LAC, (*Pêche.*) piege qu'on tend aux oiseaux de mer. Les pêcheurs du bourg de l'Eguillon, dans le ressort de l'amirauté de Poitou ou des Sables d'Olonne, font la pêche des oiseaux marins de la maniere suivante. Ils plantent dans les marigots ou petites marres qui restent à la côte de basse mer, deux petits piquets de tamarins de deux à trois piés de haut qu'ils enfoncent dans les vases; il y a une ficelle qui arrête les piquets par le haut; au milieu de cette ficelle, pend un *lac* ou nœud coulant de crin; les oiseaux marins de toute espece, qui fentent le flux & le reflux, restent communément autour des marres pour s'y nourrir de chevrettes & autres petits poissons du premier âge que la marée a laissés, & se prennent dans ces *lacs* tendus à fleur d'eau jusqu'à deux, trois, quatre, cinq cens, mille par pêche. Les nuits obscures sont favorables; on ne réussit point aux clairs de lune. Il arrive quelquefois que les oiseaux emportent les *lacs* avec eux. Les pêcheurs ne ramassent leur prise qu'après que la marée s'est tout-à-fait retirée. Cette pêche ne commence qu'à la toussaint, & finit aux environs du carnaval.

LACCOS, λάκκος, (*Antiq. greq.*) espece de creux, de fossé, qui tenoit lieu d'autel chez les Grecs, quand ils sacrifioient aux dieux infernaux. Potter, *Archæol. græc. lib. II. c. ij. tome I. p. 192.* (*D. J.*)

LACÉDÉMONE, (*Géog.*) voilà cette ville si célebre de l'ancienne Grece, au Péloponése, située sur la rive droite ou occidentale de l'Eurotas. C'est dans cette ville, dit Terpandre, que regne la valeur, mere de la victoire, la musique mâle qui l'inspire, & la justice qui soutient la gloire de ses armes. Quoiqu'elle fût quatre fois moins grande qu'Athénes, elle l'égaloit en puissance, & la surpassoit en vertu ; elle demeura six cent ans sans murailles, & se crut assez fortifiée par le courage de ses habitans. On la nomma d'abord *Sparte*, & ensuite *Lacédémone*. Homere distingue ces deux noms : par *Lacédémone*, il entend la Laconie ; & par *Sparte*, il entend la capitale de ce pays-là. *Voyez donc* SPARTE, où nous entrerons dans les détails.

Nous marquerons l'état présent de cette ville au mot, MISITRA, qui est le nom moderne, & nous aurons peut-être bien des choses à y rapporter.

Consultez, si vous voulez, sur l'ancien état du pays *le mot* LACONIE, & sur son état actuel, *le mot* MAINA (*Brazo di*).

Enfin, pour ce qui regarde la république de *Lacédémone*, son gouvernement, ses lois, le caractere, le génie, les mœurs & le mérite de ses citoyens, on verra dans l'article suivant, combien nous en sommes admirateurs. (*D. J.*)

LACÉDÉMONE, *république de*, (*Hist. de Grèce.*) république merveilleuse, qui fut l'effroi des Perses, la vénération des Grecs, & pour dire quelque chose de plus, devint l'admiration de la postérité, qui portera sa gloire dans le monde, aussi loin & aussi long-tems que pourra s'étendre l'amour des grandes & belles choses.

Il semble que la nature n'ait jamais produit des hommes qu'à *Lacédémone*. Par-tout le reste de l'univers, le secours des sciences ou des lumieres de la religion, ont contribué à discerner l'homme de la bête. A *Lacédémone* on apportoit en naissant, si l'on peut parler ainsi, des semences de l'exacte droiture & de la véritable intrépidité. On venoit au monde avec un caractere de philosophe & de citoyen, & le seul air natal y faisoit des sages & des braves. C'est-là que, par une morale purement naturelle, on voyoit des hommes assujettis à la raison, qui, par leur propre choix, se rangeoient sous une austere discipline, & qui soumettant les autres peuples à la force des armes, se soumettoient eux-mêmes à la vertu : un seul Lycurgue leur en traça le chemin, & les Spartiates y marcherent sans s'égarer pendant sept ou huit cens ans : aussi je déclare avec Procope, que je suis tout *lacédémonien*. Lycurgue me tient lieu de toutes choses ; plus de Solon ni d'Athénes.

Lycurgue étoit de la race des Héraclides ; l'on sait assez précisément le tems où il fleurissoit, s'il est sûr, comme le prétend Aristote, qu'une inscription gravée sur une planche de cuivre à Olympie, marquoit qu'il avoit été contemporain d'Iphitus, & qu'il avoit contribué à la sursceance d'armes qui s'observoit durant la fête des jeux olympiques. Les Lacédémoniens vivoient encore alors comme des peuples barbares ; Lycurgue entreprit de les policer, de les éclairer & de leur donner un éclat durable.

Après la mort de son frere Polydecte, roi de *Lacédémone*, il refusa la couronne que lui offroit la veuve, & qui s'engageoit de se faire avorter de l'enfant dont elle étoit grosse, pourvu qu'il voulût l'épouser. Pensant bien différemment de sa belle-sœur, il la conjura de conserver son enfant, qui fut Léobotés ou Labotés ; &, selon Plutarque Charilaüs ; il le prit sous sa tutelle, & lui remit la couronne quand il eut atteint l'âge de majorité.

Mais dès le commencement de sa régence il exécuta le projet qu'il avoit formé, de changer toute la face du gouvernement de *Lacédémone*, dans la police, la guerre, les finances, la religion & l'éducation ; dans la possession des biens, dans les magistrats, dans les particuliers, en un mot, dans les personnes des deux sexes de tout âge & de toute condition. J'ébaucherai le plus soigneusement que je pourrai ces choses admirables en elles-mêmes & dans leurs suites, & j'emprunterai quelquefois des

LAC

traits d'ouvrages trop connus pour avoir befoin d'en nommer les auteurs.

Le premier foin de Lycurgue, & le plus important, fut d'établir un fénat de 28 membres, qui, joints aux deux rois, compofoient un confeil de 30 perfonnes, entre les mains defquels fut dépofée la puiffance de la mort & de la vie, de l'ignominie & de la gloire des citoyens. On nomma *gérontes* les 28 fénateurs de *Lacédémone*; & Platon dit qu'ils étoient les modérateurs du peuple & de l'autorité royale, tenant l'équilibre entre les uns & les autres; ainfi qu'entre les deux rois, dont l'autorité étoit égale. *Voyez* GÉRONTE.

Lycurgue, après avoir formé le fénat des perfonnes les plus capables d'occuper ce pofte, & les plus initiées dans la connoiffance de fes fecrets, ordonna que les places qui viendroient à vaquer fuffent remplies d'abord après la mort, & que pour cet effet le peuple éliroit, à la pluralité des fuffrages, les plus gens de bien de ceux de Sparte qui auroient atteint 60 ans.

Plutarque vous détaillera la maniere dont fe faifoit l'élection. Je dirai feulement qu'on couronnoit fur le champ le nouveau fénateur d'un chapeau de fleurs, & qu'il fe rendoit dans les temples, fuivi d'une foule de peuple, pour remercier les dieux. A fon retour fes parens lui préfentoient une collation, en lui difant : *la ville t'honore de ce feftin*. Enfuite il alloit fouper dans la falle des repas publics, dont nous parlerons, & on lui donnoit ce jour-là deux portions. Après le repas il en remettoit une à la parente qu'il eftimoit davantage, & lui difoit, *je vous offre le prix de l'honneur que je viens de recevoir*. Alors toutes les parentes & amies la reconduifoient chez elle au milieu des acclamations, des vœux & des bénédictions.

Le peuple tenoit fes affemblées générales & particulieres dans un lieu nud, où il n'y avoit ni ftatues, ni tableaux, ni lambris, pour que rien ne détournât fon attention des fujets qu'il devoit traiter. Tous les habitans de la Latonie affiftoient aux affemblées générales, & les feuls citoyens de Sparte compofoient les affemblées particulieres. Le droit de publier les affemblées & d'y propofer les matieres, n'appartenoit qu'aux rois & aux gérontes : les éphores l'ufurperent enfuite.

On y délibéroit de la paix, de la guerre, des alliances, des grandes affaires de l'état, & de l'élection des magiftrats. Après les propofitions faites, ceux de l'affemblée qui tenoient une opinion, fe rangeoient d'un côté, & ceux de l'opinion contraire fe rangeoient de l'autre; ainfi le grand nombre étant connu, décidoit la conteftation.

Le peuple fe divifoit en tribus ou lignées; les principales étoient celles des Héraclides & des Pitanates, dont fortit Ménélas, & celle des Egides, différente de la tribu de ce nom à Athènes.

Les rois des Lacédémoniens s'appelloient *archagètes*, d'un nom différent de celui que prenoient les autres rois de la Grece, comme pour montrer qu'ils n'étoient que les premiers magiftrats à vie de la république, femblables aux deux confuls de Rome. Ils avoient des armées pendant la guerre ; préfidoient aux affemblées; aux facrifices publics pendant la paix; pouvoient propofer tout ce qu'ils croyoient avantageux à l'état, & avoient la liberté de diffoudre les affemblées qu'ils avoient convoquées, mais non pas de rien conclure fans le confentement de la nation ; enfin il ne leur étoit pas permis d'époufer une femme étrangere. Xénophon vous inftruira de leurs autres prérogatives ; Hérodote & Paufanias vous donneront la lifte de leur fucceffion : c'eft affez pour moi d'obferver, que dans la forme du gouvernement, Lycurgue fe pro-

LAC 153

pofa de fondre les trois pouvoirs en un feul, pour qu'ils fe ferviffent l'un à l'autre de balance & de contrepoids ; & l'évenement juftifia la fublimité de cette idée.

Ce grand homme ne procéda point aux autres changemens qu'il méditoit, par une marche infenfible & lente. Echauffé de la paffion de la vertu, & voulant faire de fa patrie une république de héros, il profita du premier inftant de ferveur de fes concitoyens à s'y prêter, pour leur infpirer, par des oracles & par fon génie, les mêmes vûes dont il étoit enflammé. Il fentit « que les paffions font fem-
» blables aux volcans, dont l'éruption foudaine
» change tout-à-coup le lit d'un fleuve, que l'art
» ne pourroit détourner fon lit en creufant un nou-
» veau lit. Il mit donc en ufage des paffions for-
» tes pour produire une révolution fubite & por-
» ter dans le cœur du peuple l'enthoufiafme &, fi
» l'on peut le dire, la fievre de la vertu ». C'eft ainfi qu'il réuffit dans fon plan de légiflation, le plus hardi, le plus beau & le mieux lié qui ait jamais été conçu par aucun mortel.

Après avoir fondu ensemble les trois pouvoirs du gouvernement, afin que l'un ne pût pas empiéter fur l'autre, il brifa tous les liens de la parenté, en déclarant tous les citoyens de *Lacédémonte* enfans nés de l'état. C'eft, dit un beau génie de ce fiecle, l'unique moyen d'étouffer les vices, qu'autorife une apparence de vertu, & d'empêcher la fubdivifion d'un peuple en une infinité de familles ou de petites fociétés, dont les intérêts, prefque toujours oppofés à l'intérêt public, éteindroient à la fin dans les ames toute efpece d'amour de la patrie.

Pour détourner encore le malheur, & créer une vraie république, Lycurgue mit en commun toutes les terres du pays, & les divifa en 39 mille portions égales, qu'il diftribua comme à des freres républicains qui feroient leur partage.

Il voulut que les deux fexes euffent leurs facrifices réunis, & joigniffent enfemble leurs vœux & leurs offrandes à chaque folemnité religieufe. Il fe perfuada par cet inftitut, que les premiers nœuds de l'amitié & de l'union des efprits feroient les heureux augures de la fidélité des mariages.

Il bannit des funérailles toutes fuperftitions ; ordonnant qu'on ne mît rien dans la biere avec le cadavre, & qu'on n'ornât les cercueils que de fimples feuilles d'olivier. Mais comme les prétentions de la vanité font fans bornes, il défendit d'écrire le nom du défunt fur fon tombeau, hormis qu'il n'eût été tué les armes à la main, ou que ce ne fût une prêtreffe de la religion.

Il permit d'enterrer les morts autour des temples, & dans les temples mêmes, pour accoutumer les jeunes gens à voir fouvent ce fpectacle, & leur apprendre qu'on n'étoit point impur ni fouillé en paffant pardeffus des offemens & des fépulchres.

Il abrégea la durée des deuils, & la régla à onze jours, ne voulant laiffer dans les actions de la vie rien d'inutile & d'oifeux.

Se propofant encore d'abolir les fuperfluités religieufes, il fixa toutes les rits de la religion les lois d'épargne & d'économie. Nous préfentons aux dieux des chofes communes, difoit un lacédémonien, afin que nous ayons tous les jours les moyens de les honorer.

Il renferma dans un même code politique les lois, les mœurs & les manieres, parce que les lois & les manieres repréfentent les mœurs ; mais en formant les manieres il n'eut en vûe que la fubordination à la magiftrature, & l'efprit belliqueux qu'il vouloir donner à fon peuple. Des gens toujours corrigeans & toujours corrigés, qui inftruifoient toujours &

étoient instruits, également simples & rigides, exerçoient plûtôt des vertus qu'ils n'avoient des manieres : ainsi les mœurs donnerent le ton dans cette république. L'ignominie y devint le plus grand des maux, & la foiblesse le plus grand des crimes.

Comme l'usage de l'or & de l'argent n'est qu'un usage funeste, Lycurgue le proscrivit sous peine de la vie. Il ordonna que toute la monnoie ne seroit que de fer & de cuivre : encore Séneque est le seul qui parle de celle de cuivre ; tous les autres auteurs ne nomment que celle de fer, & même de fer aigre, selon Plutarque. Les deniers publics de *Lacédémone* furent mis en séquestre chez des voisins, & on les faisoit garder en Arcadie. Bientôt on ne vit plus à Sparte ni sophiste, ni charlatan, ni devin, ni diseur de bonne avanture ; tous ces gens qui vendent leurs sciences & leurs secrets pour de l'argent, délogerent du pays, & furent suivis de ceux qui ne travaillent que pour le luxe.

Les procès s'éteignirent avec l'argent : comment auroient-ils pû subsister dans une république où il n'y avoit ni pauvreté ni richesse, l'égalité chassant la disette, & l'abondance étant toujours également entretenue par la frugalité ? Plutus fut enfermé dans Sparte comme une statue sans ame & sans vie ; & c'est la seule ville du monde où ce que l'on dit communément de ce dieu, qu'il est aveugle, se trouva vérifié : ainsi le législateur de *Lacédémone* s'assura, qu'après avoir éteint l'amour des richesses, il tourneroit infailliblement toutes les pensées des Spartiates vers la gloire & la probité. Il ne crut pas même devoir assujettir à aucunes formules les petits contrats entre particuliers. Il laissa la liberté d'y ajouter ou retrancher tout ce qui paroîtroit convenable à un peuple si vertueux & si sage.

Mais pour préserver ce peuple de la corruption du dehors, il fit deux choses importantes.

Premierement, il ne permit pas à tous les citoyens d'aller voyager de côté & d'autre selon leur fantaisie, de peur qu'ils n'introduisissent à leur retour dans la patrie, des idées, des goûts, des usages, qui ruinassent l'harmonie du gouvernement établi, comme les dissonnances & les faux tons détruisent l'harmonie dans la Musique.

Secondement, pour empêcher encore plus d'efficace que le mélange des coûtumes opposées à celles de ses lois, n'altérât la discipline & les mœurs des Lacédémoniens, il ordonna que les étrangers ne fussent reçus à Sparte que pendant la solemnité des fêtes, des jeux publics & autres spectacles. On les accueilloit alors honorablement, & on les plaçoit sur des sièges à couvert, tandis que les habitans se mettoient où ils pouvoient. Les proxènes n'étoient établis à *Lacédémone* que pour l'observation de cet usage. On ne fit que rarement des exceptions à la loi, & seulement en faveur de certaines personnes dont le séjour ne pouvoit qu'honorer l'état. C'est à ce sujet que Xénophon & Plutarque vantent l'hospitalité du spartiate Lychas.

Il ne s'agissoit plus que de prévenir dans l'intérieur des maisons, les dissolutions & les débauches particulieres, nuisibles à la santé, & qui demandent ensuite pour cure palliative, le long sommeil, du repos, de la diete, des bains & des remedes de la Medecine, qui ne sont eux-mêmes que de nouveaux maux. Lycurgue coupa toutes les sources à l'intempérance domestique, en établissant des phidities, c'est-à-dire une communauté de repas publics, dans des salles expresses, où tous les citoyens seroient obligés de manger ensemble des mêmes mets réglés par la loi.

Les tables étoient de quinze personnes, plus ou moins. Chacun apportoit par mois un boisseau de farine, huit mesures de vin, cinq livres de fromage, deux livres & demie de figues, & quelque peu de monnoie de fer pour acheter de la viande. Celui qui faisoit chez lui un sacrifice, ou qui avoit tué du gibier à la chasse, envoyoit d'ordinaire une piece de sa victime ou de sa venaison à la table dont il étoit membre.

Il n'y avoit que deux occasions, sans maladie, où il fût permis de manger chez soi ; savoir, quand on étoit revenu fort tard de la chasse, ou qu'on avoit achevé fort tard son sacrifice ; autrement il falloit se trouver aux repas publics ; & cet usage s'observa très-longtems avec la derniere exactitude ; jusques-là, que le roi Agis, qui revenoit de l'armée, après avoir vaincu les Athéniens, & qui se faisoit une fête de souper chez lui avec sa femme, envoya demander ses deux portions dans la salle, mais les polémarques les lui refuserent.

Les rois seuls, pour le remarquer en passant, avoient deux portions ; non pas, dit Xénophon, afin qu'ils mangeassent le double des autres, mais afin qu'ils pussent donner une de ces portions à celui qu'ils jugeroient digne de cet honneur. Les enfans d'un certain âge assistoient à ces repas, & on les y menoit comme à une école de tempérance & d'instruction.

Lycurgue fit orner toutes les salles à manger des images & des statues du Ris, pour montrer que la joie devoit être une des assaisonnemens des tables, & qu'elle se marioit avec l'ordre & la frugalité.

Le plus exquis de tous les mets que l'on servoit dans les repas de *Lacédémone*, étoit le brouet noir, du moins les vieillards le préferoient à toute autre chose. Il y eut un roi de Pont qui entendant faire l'éloge de ce brouet, acheta exprès un cuisinier de *Lacédémone* pour lui en préparer à sa table. Cependant il n'en eut pas plûtôt goûté, qu'il le trouva détestable ; mais le cuisinier lui dit : » Seigneur, je n'en
» suis pas surpris, le meilleur manque à mon brouet,
» & je ne peux vous le procurer ; c'est qu'avant que
» d'en manger, il faut se baigner dans l'Eurotas ».

Les Lacédémoniens, après le repas du soir, s'en retournoient chacun chez eux sans flambeaux & sans lumiere. Lycurgue le prescrivit ainsi, afin d'accoutumer les citoyens à marcher hardiment de nuit & au fort des ténèbres.

Mais voici d'autres faits merveilleux de la législation de Lycurgue, c'est qu'il se porta sur le beau sexe avec des vûes toutes nouvelles & toutes utiles. Ce grand homme se convainquit « que les femmes,
» qui par-tout ailleurs sembloient, comme les fleurs
» d'un beau jardin, n'être faites que pour l'ornement de la terre & le plaisir des yeux, pouvoient
» être employées à un plus noble usage, & que ce
» sexe, avili & dégradé chez presque tous les peuples du monde, pouvoit entrer en communauté
» de gloire avec les hommes, partager avec eux
» les lauriers qu'il leur faisoit cueillir, & devenir
» enfin un des puissans ressorts de la législation ».

Nous n'avons aucun intérêt à exagérer les attraits des Lacédémoniennes des siecles passés ; mais la voix d'un oracle rapporté par Eusèbe, prononce qu'elles étoient les plus belles de l'univers ; & presque tous les auteurs grecs en parlent sur ce ton : il suffiroit même de se ressouvenir qu'Hélene étoit de *Lacédémone*. Pour l'amour d'elle, Thésée y vint d'Athènes, & Paris de Troye, assurés d'y trouver quelque chose de plus beau que dans tout autre pays. Pénélope étoit aussi de Sparte ; & presque dans le même tems que les charmes d'Hélène y faisoient naître des desirs criminels dans l'ame de deux amans, les chastes regards de Pénélope y allumoient un grand nombre d'innocentes flammes dans le cœur des rivaux qui vinrent en foule la disputer à Ulysse.

Le législateur de *Lacédémone* se proposant donc

d'élever les filles de Sparte au-deſſus des coûtumes de leur ſexe, leur fit faire les mêmes exercices que faiſoient les hommes, afin qu'elles ne leur fuſſent point inférieures, ni pour la force & la ſanté du corps, ni pour la grandeur du courage. Ainſi deſtinées à s'exercer à la courſe, à la lutte, à jetter le palet & à lancer le javelot, elles portoient des habits qui leur donnoient toute l'aiſance néceſſaire pour s'acquitter de ces exercices. Sophocle a peint l'habit des filles de Sparte, en décrivant celui d'Hermione, dans un fragment que Plutarque rapporte : » il étoit très-court, cet habit, & c'eſt tout ce que » j'en dois dire.

Lycurgue ne voulut pas ſeulement que les jeunes garçons danſaſſent nuds, mais il établit que les jeunes filles, dans certaines fêtes ſolemnelles, danſeroient en public, parées ſeulement de leur propre beauté, & ſans autre voile que leur vertu. La pudeur s'en allarma d'abord, mais elle céda bien-tôt à l'utilité publique. La nation vit avec reſpect ces aimables beautés célébrer dans des fêtes, par leurs hymnes, les jeunes guerriers qui s'étoient ſignalés par des exploits éclatans. « Quel triomphe pour » le héros qui recevoit la palme de la gloire des » mains de la beauté ; qui liſoit l'eſtime ſur le front » des vieillards, l'amour dans les yeux de ces jeu- » nes filles, & l'aſſurance de ces faveurs, dont » l'eſpoir ſeul eſt un plaiſir ! Peut-on douter qu'a- » lors ce jeune guerrier ne fût ivre de valeur » ? Tout concouroit dans cette légiſlation à métamorphoſer les hommes en héros.

Je ne parle point de la gymnopédie des jeunes lacédémoniens, pour la juſtifier d'après Plutarque. Tout eſt dit, ſelon la remarque d'un illuſtre moderne, en avançant « que cet uſage ne conve- » noit qu'aux éleves de Lycurgue, que leur vie » frugale & laborieuſe, leurs mœurs pures & ſé- » veres, la force d'ame qui leur étoit propre, pou- » voient ſeules rendre innocent ſous leurs yeux un » ſpectacle ſi choquant pour tout peuple qui n'eſt » qu'honnête.

» Mais penſe-t-on qu'au fonds l'adroite parure de » nos femmes ait moins ſon danger qu'une nudité » abſolue, dont l'habitude tourneroit bientôt les » premiers effets en indifférence. Ne ſait-on pas que » les ſtatues & les tableaux n'offenſent les yeux » que quand un mélange de vêtement rend les nu- » dités obſcènes ? Le pouvoir immédiat des ſens, eſt » foible & borné ; c'eſt par l'entremiſe de l'imagina- » tion qu'ils font leurs plus grands ravages ; c'eſt elle » qui prend ſoin d'irriter les deſirs, en prêtant à leurs » objets encore plus d'attraits que ne leur en donna la » nature. Enfin, quand on s'habille avec tant d'art, » & ſi peu d'exactitude que les femmes font aujour- » d'hui ; quand on ne montre moins que pour faire » deſirer davantage ; quand l'obſtacle qu'on oppoſe » aux yeux, ne ſert qu'à mieux irriter la paſſion ; » quand on ne cache une partie de l'objet que pour » parer celle qu'on expoſe :

Heu malè tùm mites defendit pampinus uvas !

Les femmes de *Lacédémone* portoient un voile ſur le viſage, mais non pas les filles ; & lorſqu'il n'étranger en demanda autrefois la raiſon à Charilaüs, il répondit que les filles cherchoient un mari, & que les femmes ſe conſervoient pour le leur.

Dès que ce mari étoit trouvé, & agréé par le magiſtrat, il falloit qu'il enlevât la fille qu'il devoit épouſer ; peut-être afin que la pudeur prête à ſuccomber, eût un prétexte dans la violence du raviſſeur. Plutarque ajoute, qu'au tems de la conſommation du mariage, la femme étoit vêtue de l'habit d'homme. Comme on n'en apporte point de raiſon, on n'en peut imaginer de plus modeſte, ni de plus apparente, ſinon que c'étoit le ſymbole d'un pouvoir égal entre la femme & le mari ; car il eſt certain qu'il n'y a jamais eu de nation, où les femmes aient été plus abſolues qu'à *Lacédémone*. On ſçait à ce ſujet ce que répondit Gorgo femme de Léonidas, roi de Sparte, à une dame étrangere qui lui diſoit : « il n'y a que vous autres qui commandiez à » vos maris ; cela eſt vrai, répliqua la reine, mais » auſſi il n'y a que nous qui mettions des hommes au » monde ».

Perſonne n'ignore ce qui ſe pratiquoit aux couches de ces femmes. Prévenues d'un ſentiment de gloire, & animées du génie de la république, elles ne ſongeoient dans ces momens qu'à inſpirer une ardeur martiale à leurs enfans. Dès qu'elles étoient en travail, on apportoit un javelot & un bouclier, & on les mettoit elles-mêmes ſur ce bouclier, afin que ces peuples belliqueux en tiraſſent au moins un préſage de la naiſſance d'un nouveau ſoldat. Si elles accouchoient d'un garçon, les parens élevoient l'enfant ſur le bouclier, pouſſant au ciel ces acclamations héroïques, *I tan, I epi tan*, mots que les Latins ont rendu, *aut hunc, aut in hoc* ; c'eſt-à-dire, ou conſervez ce bouclier, ou ne l'abandonnez qu'avec la vie ; & de peur que les enfans n'oubliaſſent ces premieres leçons, les meres venoient les leur rappeller quand ils alloient à la guerre, en leur mettant le bouclier à la main. Auſone le dit après tous les auteurs Grecs

*Mater Lacœna clypeo obarmans filium,
Cum hoc inquit, aut in hoc redi.*

Ariſtote nous apprend, que ce fut l'illuſtre femme de Léonidas dont je viens de parler, qui tint la premiere ce propos à ſon fils, lorſqu'il partoit pour l'armée ; ce que les autres Lacédémoniennes imiterent depuis.

De quelque amour qu'on ſoit animé pour la patrie dans les mêmes républiques guerrieres, on n'y verra jamais de mere, après la perte d'un fils tué dans le combat, reprocher au fils qui lui reſte, d'avoir ſurvécu à ſa défaite. On ne prendra plus exemple ſur les anciennes Lacédémoniennes. Après la bataille de Leuctres, honteuſes d'avoir porté dans leur ſein des hommes capables de fuir, celles dont les enfans étoient échappés au carnage, ſe retiroient au fond de leurs maiſons, dans le deuil & dans le ſilence, lorſqu'au contraire les meres, dont les fils étoient morts en combattant, ſe montroient en public, & la tête couronnée de fleurs, alloient aux temples en rendre graces aux dieux. Il eſt certain qu'il n'y a jamais eu de pays où la grandeur d'ame ait été plus commune parmi le beau ſexe. Liſez, ſi vous ne m'en croyez point, ce que Plutarque rapporte de Démétria, & de tant d'autres Lacédémoniennes.

Quand elles avoient appris que leurs enfans venoient de périr, & qu'elles étoient à portée de viſiter leur corps, elles y ccuroient pour examiner ſi leurs bleſſures avoient été reçues le viſage ou le dos tourné contre l'ennemi ; ſi c'étoit en faiſant face, elles eſſuyoient leurs larmes, & d'un viſage plus tranquille, elles alloient inhumer leurs fils dans le tombeau de leurs ancêtres ; mais s'ils avoient été bleſſés autrement, elles ſe retiroient ſaiſies de douleur, & abandonnoient les cadavres à leur ſépulture ordinaire.

Comme ces mêmes Lacédémoniennes, n'étoient pas moins attachées à leurs maris qu'à la gloire des enfans qu'elles avoient mis au monde, leurs mariages étoient très-heureux. Il eſt vrai que les lois de Lycurgue puniſſoient les célibataires, ceux qui ſe marioient ſur l'âge avancé, & même ceux qui faiſoient des alliances mal-aſſorties ; mais après ce que nous avons dit des charmes & de la vertu des Lacédémoniennes, il n'y avoit gueres moyen de garder le célibat auprès d'elles, & leurs attraits suffisoient pour faire desirer le mariage.

Ajoutez qu'il étoit interdit à ceux que la lâcheté avoit fait sauver d'une bataille. Et quel est le Spartiate qui eut osé s'exposer à cette double ignominie !

Enfin, à moins que de se marier, tous les autres remedes contre l'amour pour des femmes honnêtes, étoient à Sparte ou dangereux ou rares. Quiconque y violoit une fille, étoit puni de mort. A l'égard de l'adultere, il ne faut que se souvenir du bon mot de Géradas. Un étranger demandoit à ce Lacédémonien, comment on punissoit cette action à Sparte : Elle y est inconnue, dit Géradas. Mais supposons l'événement, répondit l'étranger ; en ce cas, répliqua le Spartiate, il faudroit que le coupable payât un taureau d'une si grande taille, qu'il pût boire de la pointe du mont Taygete dans la riviere d'Eurotas. Mais, reprit l'étranger, vous ne songez donc pas, qu'il est impossible de former un si grand taureau. Géradas souriant ; mais vous ne songez donc pas vous, qu'il est impossible d'avoir une galanterie criminelle avec une femme de *Lacédémone*.

N'imaginons pas que les anciens auteurs se contredisent, quand ils nous assurent qu'on ne voyoit point d'adultere à Sparte, & que cependant un mari cédoit quelquefois son lit nuptial à un homme de bonne mine pour avoir des enfans robustes & bienfaits ; les Spartiates n'appelloient point cette cession un *adultere*. Ils croyoient que dans le partage d'un bien si précieux, le consentement ou la répugnance d'un mari, fait ou détruit le crime, & qu'il en étoit de cette action comme d'un trésor qu'un homme donne quand il lui plaît, mais qu'il ne veut point qu'on lui ravisse. Dans cette rencontre, la femme ne trahissoit pas son époux ; & comme les personnes intéressées, ne sentoient point d'offense à ce contrat, elles n'y trouvoient point de honte. En un mot, un Lacédémonien ne demandoit point à sa femme des voluptés, il lui demandoit des enfans.

Que ces enfans devoient être beaux ! Et comment n'auroient-ils point été tels, si on considere outre leur origine, tous les soins qu'on y apportoit ? Lisez seulement ce que le poëte Oppian en a publié. Les Spartiates, dit-il, se persuadant dans le tems de la conception, l'imagination d'une mere contribue aux beautés de l'enfant, quand elle se représente des objets agréables, étaloient aux yeux de leurs épouses, les portraits des héros les mieux faits, ceux de Castor & de Pollux, du charmant Hyacinthe, d'Apollon, de Bacchus, de Narcisse, & de l'incomparable Nerée, roi de Naxe, qui au rapport d'Homere, fut le plus beau des Grecs qui combattirent devant Troye.

Envisagez ensuite combien des enfans nés de peres & meres robustes, chastes & tempérans, devoient devenir à leur tour forts & vigoureux ! Telles étoient les institutions de Lycurgue, qu'elles tendoient toutes à produire cet effet. Philopoemen voulut contraindre les Lacédémoniennes d'abandonner la nourriture de leurs enfans, persuadé que sans ce moyen ils auroient toujours une ame grande & le cœur haut. Les gardes même des dames de Sparte nouvellement accouchées, étoient renommées dans toute la Grece pour exceller dans les premiers soins de la vie, & pour avoir une maniere d'emmaillotter les enfans, propre à leur rendre la taille plus libre & plus dégagée que par-tout ailleurs. Amicla vint de *Lacédémone* à Athènes pour alaiter Alcibiade.

Malgré toutes les apparences de la vigueur des enfans, les Spartiates les éprouvoient encore à leur naissance, en les lavant dans du vin. Cette liqueur, selon leur opinion, avoit la vertu d'augmenter la force de la bonne constitution, ou d'accabler la langueur de la mauvaise. Je me rappelle qu'Henri IV. fut traité comme un spartiate. Son pere Antoine de Bourbon, après l'avoir reçu des bras de la sage-femme, lui fit sucer une gousse d'ail, & lui mit du vin dans la bouche.

Les enfans qui sortoient heureusement de cette épreuve, (de l'on en voyoit peu, sans doute, qui y succombassent) avoient une portion des terres de la république, assignée pour leur subsistance, & jouissoient du droit de bourgeoisie. Les infirmes étoient exposés à l'abandon, parce que selon l'esprit des lois de Lycurgue, un lacédémonien ne naissoit ni pour soi-même, ni pour ses parens, mais pour la république, dont il falloit que l'intérêt fût toujours préféré aux devoirs du sang. Athénée nous assure que de dix en dix jours, les enfans passoient en revue tous nuds devant les éphores, pour examiner si leur santé pouvoit rendre à la république le service qu'elle en attendoit.

Lacédémone ayant, avec une poignée de sujets, à soutenir le poids des armées de l'Asie, ne devoit sa conservation qu'aux grands hommes qui naissoient dans son sein pour la défendre ; aussi toujours occupée du soin d'en former, c'étoit sur les enfans que se portoit la principale attention du gouvernement. Il n'est donc pas étrange que lorsqu'Antipater vint à demander cinquante enfans pour ôtages, ils lui répondirent bien différemment de ce que nous ferions aujourd'hui, qu'ils aimeroient mieux lui donner le double d'hommes faits, tant ils estimoient la perte de l'éducation publique !

Chaque enfant de Sparte avoit pour ami particulier un autre lacédémonien, qui s'attachoit intimement à lui. C'étoit un commerce d'esprit & de mœurs, d'où l'ombre même du crime étoit bannie ; ou comme dit le divin Platon, c'étoit une émulation de vertu entre l'amant & la personne aimée. L'amant devoit avoir un soin continuel d'inspirer des sentimens de gloire à l'objet de ses affections. Xénophon comparoit l'ardeur & la modestie de cet amour mutuel aux enchaînemens du cœur qui font entre le pere & ses enfans.

Malheur à l'amant qui n'eût pas donné un bon exemple à son éleve, & qui ne l'eût pas corrigé de ses fautes ! Si l'enfant vint à faillir, dit Elien, on le pardonne à la foiblesse de l'âge, mais la peine tombe sur son tuteur, qui est obligé d'être le garant des fautes du pupille qu'il chérit. Plutarque rapporte que dans les combats à outrance que les enfans faisoient dans le Platoniste, il y en eut un qui laissa échapper une plainte indigne d'un lacédémonien, son amant fut aussitôt condamné en l'amende. Un autre auteur ajoute, que si quelqu'amant venoit à concevoir, comme dans d'autres villes de Grèce, des desirs criminels pour l'objet de ses affections, il ne pouvoit se sauver d'une mort infame que par une fuite honteuse. N'écoutons donc point ce qu'Hésychius & Suidas ont dit à l'égard de la nature de cet amour ; le verbe *laconisein* doit être expliqué des habits & des mœurs de *Lacédémone*, & c'est ainsi qu'Athénée & Démosthene l'ont entendu.

En un mot, on regardoit l'éducation de Sparte comme si pure & si parfaite, que l'on faisoit une grace de permettre aux enfans de quelques grands hommes étrangers, d'être mis sous la discipline lacédémonienne. Deux célebres athéniens, Xénophon & Phocion, profiterent de cette faveur.

De plus, chaque vieillard, chaque pere de famille avoit droit de châtier les enfans d'autrui comme les siens propres ; & s'il le négligeoit, on lui imputoit la faute commise par l'enfant. Cette loi de Lycurgue tenoit les peres dans une vigilance continuelle, & rappelloit sans cesse aux enfans qu'ils appartenoient

à la

LAC

à la république. Aussi se soumettoient-ils de leur propre mouvement à la censure de tous les vieillards ; jamais ils ne rencontroient un homme d'âge, qu'ils ne s'arrêtassent par respect jusqu'à ce qu'il fût passé ; & quand ils étoient assis, ils se levoient sur le champ à son abord. C'est ce qui faisoit dire aux autres peuples de la Grèce, que si la derniere saison de la vie avoit quelque chose de flatteur, ce n'étoit qu'à *Lacédémone*.

Dans cette république l'oisiveté des jeunes gens étoit mise au rang des fautes capitales, tandis qu'on la regardoit comme une marque d'honneur dans les hommes faits ; car elle servoit à discerner les maîtres des esclaves : mais avant que de goûter les douceurs du repos, il falloit s'être continuellement exercé dans la jeunesse à la lutte, à la course, au saut, aux combats, aux évolutions militaires, à la chasse, à la danse, & même aux petits brigandages. On imposoit quelquefois à un enfant un châtiment bien singulier : on mordoit le doigt à celui qui avoit failli : Hésychius vous dira les noms différens qu'on donnoit aux jeunes gens, selon l'ordre de l'âge & des exercices, je n'ose entrer dans ce genre de détails.

Les peres, en certains jours de fêtes, faisoient enivrer leurs esclaves, & les produisoient dans cet état méprisable devant la jeunesse de *Lacédémone*, afin de la préserver de la débauche du vin, & lui enseigner la vertu par les défauts qui lui font opposés ; comme qui voudroit faire admirer les beautés de la nature, en montrant les horreurs de la nuit.

Le larcin étoit permis aux enfans de *Lacédémone*, pour leur donner de l'adresse, de la ruse & de l'activité, & c'étoit le même usage chez les Crétois. Lycurgue, dit Montagne, considéra dans le larcin, la vivacité, diligence, hardiesse, ensemble l'utilité qui revient au public, que chacun regarde plus curieusement à la conservation de ce qui est sien ; & le législateur estima que de cette double institution à assaillir & à défendre, il s'en tireroit du fruit pour la science militaire de plus grande considération que n'étoit le desordre & l'injustice de semblables vols, qui d'ailleurs ne pouvoient consister qu'en quelques volailles ou légumes ; cependant ceux qui étoient pris sur le fait, étoient châtiés pour leur mal-adresse.

Ils craignoient tellement la honte d'être découverts, qu'un d'eux ayant volé un petit renard, le cacha sous sa robe, & souffrit, sans jetter un seul cri, qu'il lui déchirât le ventre avec les dents jusqu'à ce qu'il tomba mort sur la place. Ce fait ne doit pas paroître incroyable, dit Plutarque, à ceux qui savent ce que les enfans de la même ville font encore. Nous en avons vû, continue cet historien, expirer sous les verges, sur l'autel de Diane Orthia, sans dire une seule parole.

Cicéron avoit aussi été témoin du spectacle de ces enfans, qui pour prouver leur patience dans la douleur, souffroient, à l'âge de sept ans, d'être fouettés jusqu'au sang, sans jamais altérer leur visage. La coutume ne l'auroit pas chez nous emporté sur la nature ; car notre jugement empoisonné par les délices, la mollesse, l'oisiveté, la lâcheté, la paresse, nous l'avons pervertie par de honteuses habitudes. Ce n'est pas moi qui parle ainsi de ma nation, on pourroit s'y tromper à cette peinture, c'est Cicéron lui-même qui porte ce témoignage des Romains de son siecle ; & pour que personne n'en doute, voici ses propres termes : *nos umbris delitiis, otio, languore, desidiâ, animum infecimus, maloque more delinitum, mollivimus*. Tusc. quæst. *liv. V. cap. xxvij.*

Telle étoit encore l'éducation des enfans de Sparte, qu'elle les rendoit propres aux travaux les plus rudes. On formoit leur corps aux rigueurs de toutes les saisons ; on les plongeoit dans l'eau froide pour les endurcir aux fatigues de la guerre, & on les faisoit coucher sur des roseaux qu'ils étoient obligés d'aller arracher dans l'Eurotas, sans autre instrument que leurs seules mains.

LAC 157

On reprocha publiquement à un jeune spartiate de s'être arrêté pendant l'orage sous le couvert d'une maison, comme auroit fait un esclave. Il étoit honteux, disoit-on, à la jeunesse d'être vue sous le couvert d'un autre toit que celui du ciel, quelque tems qu'il fit. Après cela, nous étonnerons-nous que de tels enfans devinssent des hommes si forts, si vigoureux & si courageux ?

Lacédémone pendant environ sept siecles n'eut point d'autres murailles que les boucliers de ses soldats, c'étoit encore une institution de Lycurgue : » Nous honorons la valeur, mais bien moins qu'on » ne faisoit à Sparte ; aussi n'éprouvons-nous pas à » l'aspect d'une ville fortifiée, le sentiment de mépris » dont étoient affectés les Lacédémoniens. Quelques-» uns d'eux passant sous les murs de Corinthe ; quelles » femmes, demanderent-ils, habitent cette ville ? » Ce sont, leur répondit-on, des Corinthiens ; Ne » faveut-ils pas, reprirent-ils, ces hommes vils & » lâches, que les seuls remparts impénétrables à » l'ennemi, sont des citoyens déterminés à la mort » ? Philippe ayant écrit aux Spartiates, qu'il empêcheroit leurs entreprises : Quoi ! nous empêcherois-tu de mourir, lui répondirent-ils ? L'histoire de *Lacédémone* est pleine de pareils traits ; elle est tout miracle en ce genre.

Je sçais, comme d'autres, le prétendu bon mot du sybarite, que Plutarque nous a conservé dans Pélopidas. Il vantoit l'intrépidité des Lacédémoniens à affronter la mort dans les périls de la guerre. Dequoi s'étonne-t-on, répondit cet homme voluptueux, de les voir chercher dans les combats une mort qui les délivre d'une vie misérable. Le sybarite se trompoit ; un spartiate ne menoit point une triste vie, une vie misérable ; il croyoit seulement que le bonheur ne consiste ni à vivre ni à mourir, mais à faire l'un & l'autre avec gloire & avec gaieté. » Il y avoit bien moins doux à un lacédémonien de » vivre à l'ombre des bonnes lois, qu'aux Sybarites » à l'ombre de leurs bocages. Que dis-je ! Dans » Suze même, au milieu de la mollesse, le spartiate » ennuyé soupiroit après ces grossiers festins, souls » convenables à son tempérament ». Il soupiroit après l'instruction publique des salles qui nourrissoit son esprit ; après les fatiguans exercices qui conservoient sa santé ; après sa femme, dont les faveurs étoient toujours des plaisirs nouveaux ; enfin après des jeux dont ils se délassoient à la guerre.

Au moment que les Spartiates entroient en campagne, leur vie étoit moins pénible, leur nourriture plus délicate, & ce qui les touchoit davantage, c'étoit le moment de faire briller leur gloire & leur valeur. On leur permettoit à l'armée, d'embellir leurs habits & leurs armes, de parfumer & de tresser leurs longs cheveux. Le jour d'une bataille, ils couronnoient leurs chapeaux de fleurs. Dès qu'ils étoient en présence de l'ennemi, leur roi se mettoit à leur tête, commandoit aux joueurs de flûte de jouer l'air de Castor, & entonnoit lui-même l'hymne pour signal de la charge. C'étoit un spectacle admirable & terrible de les voir s'avancer à l'ennemi au son des flûtes, & affronter avec intrépidité, sans jamais rompre leurs rangs, toutes les horreurs du trépas. Liés par l'amour de la patrie, ils périssoient tous ensemble, ou revenoient victorieux.

Quelques Chalcidiens arrivant à *Lacédémone*, allerent voir Argiléonide, mere de Brasidas, qui venoit d'être tué en les défendant contre les Atheniens. Argiléonide leur demanda d'abord les larmes aux yeux, si son fils étoit mort en homme de cœur, & s'il étoit digne de son pays. Ces étrangers pleurs

Tome IX. X

d'admiration pour Brasidas, exalterent sa bravoure & ses exploits, jusqu'à dire que dans Sparte, il n'y avoit pas son égal. Non, non, repartit Argiléonide en les interrompant, & en essuyant ses larmes, mon fils étoit, j'espere, digne de son pays, mais sachez que Sparte est pleine de sujets qui ne lui cédent point ni en vertu ni en courage.

En effet, les actions de bravoure des Spartiates passeroient peut-être pour folles, si elles n'étoient consacrées par l'admiration de tous les siecles. Cette audacieuse opiniatreté, qui les rendoit invincibles, fut toujours entretenue par leurs héros, qui savoient bien que trop de prudence émousse la force du courage, & qu'un peuple n'a point les vertus dont il n'a pas les scrupules. Aussi les Spartiates toujours impatiens de combattre, se précipitoient avec fureur dans les bataillons ennemis, & de toutes parts environnés de la mort, ils n'envisagoient autre chose que la gloire.

Ils inventerent des armes qui n'étoient faites que pour eux; mais leur discipline & leur vaillance produisoient leurs véritables forces. Les autres peuples, dit Séneque, couroient à la victoire quand ils la voyoient certaine; mais les Spartiates couroient à la mort, quand elle étoit assurée : & il ajoute élégamment, *turpe est cuilibet fugisse*, Laconi verò *deliberasse*; c'est une honte à qui que ce soit d'avoir pris la fuite, mais c'en est une à un lacédémonien d'y avoir seulement songé.

Les étrangers alliés de *Lacédémone*, ne lui demandoient pour soutenir leurs guerres, ni argent, ni vaisseaux, ni troupes, ils ne lui demandoient qu'un Spartiate à la tête de leurs armées; & quand ils l'avoient obtenu, ils lui rendoient avec une entiere soumission toutes sortes d'honneurs & de respects. C'est ainsi que les Siciliens obéirent à Gylippe, les Chalcidiens à Brasidas, & tous les Grecs d'Asie à Lysandre, à Callicratidas & à Agésilas.

Ce peuple belliqueux représentoit toutes ses déïtés armées, Vénus elle-même l'étoit : *armatam Venerem vidit* Lacedemona *Pallas*. Bacchus qui par tout ailleurs tenoit le thyrse à la main, portoit un dard à *Lacédémone*. Jugez si les Spartiates pouvoient manquer d'être vaillans. Ils n'alloient jamais dans leurs temples qu'ils n'y trouvassent une espece d'armée, & ne pouvoient jamais prier les dieux, qu'en même tems la dévotion ne réveillât leur courage.

Il falloit bien que ces gens-là se fussent fait toute leur vie une étude de la mort. Quand Léonidas roi de *Lacédémone*, partit pour se trouver à la défense du pas des Thermopyles avec trois cens Spartiates, opposés à trois cens mille persans, ils se déterminerent si bien à périr, qu'avant que de sortir de la ville, on leur fit des pompes funebres où ils assisterent eux-mêmes. Léonidas est ce roi magnanime dont Pausanias préfere les grandes actions à ce qu'Achille fit devant Troie, à ce qu'exécuta l'Athénien Miltiade à Marathon, & à tous les grands exemples de valeur de l'histoire grecque & romaine. Lorsque vous aurez lû Plutarque sur les exploits héroïques de ce capitaine, vous serez embarrassé de me nommer un homme qui lui soit comparable.

Du tems de ce héros, Athenes étoit si convaincue de la prééminence des Lacédémoniens, qu'elle n'hésita point à leur céder le commandement de l'armée à Salamine. Thémistocle servit sous Eurybiades, qui gagna sur les Perses la bataille navale de Salamine. Pausanias en triompha de nouveau à la journée de Platée, porta ses armes dans l'Hellespont, & s'empara de Bisance. Le seul Epaminondas Thébain, cut la gloire, long-tems après, de vaincre les Lacédémoniens à Leuctres & à Mantinée, & de leur ôter l'empire de la Grece qu'ils avoient conservé l'espace de 730 ans.

Les Romains s'étant rendus maîtres de toute l'Achaie, n'imposerent aux Lacédémoniens d'autre sujétion que de fournir des troupes auxiliaires quand Rome les en solliciteroit. Philostrate raconte qu'Apollonius de Thyane qui vivoit sous Domitien, se rendit par curiosité à *Lacédémone*, & qu'il y trouva encore les lois de Lycurgue en vigueur. Enfin la réputation de la bravoure des Spartiates continua jusques dans le bas-empire.

Les Lacédémoniens se conserverent l'estime des empereurs de Rome, & éleverent des temples à l'honneur de Jules-César & d'Auguste, de qui ils avoient reçus de nouveaux bienfaits. Ils frapperent aussi quelques médailles aux coins d'Antonin, de Marc-Aurele & de Commode. M. Vaillant en cite une de Néron, parce que ce prince vint se signaler aux jeux de la Grece; mais il n'osa jamais mettre le pié dans Sparte, à cause de la sévérité des lois de Lycurgue, dont il n'eut pas moins de peur, dit-on, que des furies d'Athènes.

Cependant quelle différence entre ces deux peuples! vainement les Athéniens travailleront à ternir la gloire de leurs rivaux & à les tourner en ridicule de ce qu'ils ne cultivoient pas comme eux les lettres & la Philosophie. Il est aisé de venger les Lacédémoniens de pareils reproches, & j'oserai bien moi-même l'entreprendre, si on veut me le permettre.

J'avoue qu'on alloit chercher à Athènes & dans les autres villes de Grece des rhétoriciens, des peintres & des sculpteurs, mais on trouvoit à *Lacédémone* des législateurs, des magistrats & des généraux d'armées. A Athenes on apprenoit à dire, & à Sparte à bien faire; là à se démêler d'un argument sophistique, & à rabattre la subtilité des mots captieusement entrelacés; ici à se démêler des appas de la volupté, & à rabattre d'un grand courage les menaces de la fortune & de la mort. Ceux-là, dit joliment la Montagne, s'embesognoient après les paroles, ceux-ci après les choses. Envoyez-nous vos enfans, écrivoit Agésilaüs à Xénophon, non pas pour étudier auprès de nous la dialectique, mais pour apprendre une plus belle science, c'est d'obéir & de commander.

Si la Morale & la Philosophie s'expliquoient à Athènes, elles se pratiquoient à *Lacédémone*. Le spartiate Panthoïdès le fit bien dire à des Athéniens, qui se promenant avec lui dans le Lycée, l'engagerent d'écouter les beaux traits de morale de leurs philosophes : on lui demanda ce qu'il en pensoit; ils sont admirables, repliqua-t-il, mais au reste inutiles pour votre nation, parce qu'elle n'en fait aucun usage.

Voulez-vous un fait historique qui peigne le caractere de ces deux peuples, le voici. « Un vieil-
» lard, au rapport de Plutarque, cherchoit place à
» un des spectacles d'Athènes, & n'en trouvoit
» point ; de jeunes Athéniens le voyantent peine, lui
» firent figue ; et s'approche, & pour lors ils se fer-
» rerent & se moquerent de lui : le bon homme fai-
» soit ainsi le tour du théâtre, toûjours hué de la
» belle jeunesse. Les ambassadeurs de Sparte s'en ap-
» perçurent, & aussi-tôt placerent honorablement
» le vieillard au milieu d'eux. Cette action fut re-
» marquée de tout le monde, & même applaudie
» d'un battement de mains général. Hélas, s'écria
» le bon vieillard d'un ton de douleur, les Athéniens
» savent ce qui est honnête, mais les Lacédémo-
» niens le pratiquent » !

Ces Athéniens dont nous parlons, abuserent souvent de la parole, au lieu que les Lacédémoniens la regarderent toûjours comme l'image de l'action. Chez eux, il n'étoit permis de dire un bon mot qu'à celui qui menoit une bonne vie. Lorsque dans les affaires importantes, un homme de mauvaise réputation donnoit un avis falutaire, les éphores refpectoient la propofition ; mais ils empruntoient la voix d'un homme de bien pour faire paffer cet avis ; autrement le peuple ne l'auroit pas autorifé. C'est ainfi que les magiftrats accoutumerent les Spartiates à fe laiffer plutôt perfuader par les bonnes mœurs, que par toute autre voie.

Ce n'étoit pas chez eux que manquoit le talent de manier la parole : il regne dans leurs difcours & dans leurs reparties une certaine force, une certaine grandeur, que le fel attique n'a jamais fu mettre dans toute l'éloquence de leurs rivaux. Ils ne fe font pas amufés comme les citoyens d'Athènes, à faire retentir les théatres de fatyres & de railleries ; un feul bon mot d'Eudamidas obfcurcit la fcene outrageante de l'Andromaque. Ce lacédémonien fe trouvant un jour dans l'Académie, & découvrant le philofophe Xénocrate déja fort âgé, qui étudioit la Philofophie, demanda qui étoit ce vieillard. C'eft un fage, lui répondit-on , qui cherche la vertu. Eh quand donc en ufera-t-il s'il la cherche encore , repartit Eudamidas ? Mais auffi les hommes illuftres d'Athènes étoient les premiers à préférer la conduite des Lacédémoniens à toutes les leçons des écoles.

Il eft très-plaifant de voir Socrate fe moquant à fa maniere d'Hippias, qui lui difoit qu'à Sparte, il n'avoit pas pu gagner un fol à régenter ; que c'étoient des gens fans goût , qui n'eftimoient ni la grammaire, ni le rythme, s'amufant à étudier l'hiftoire & le caractere de leurs rois , l'établiffement & la décadence des états , & autres chofes de cette efpece. Alors Socrate fans le contredire, lui fait avouer en détail l'excellence du gouvernement de Sparte , le mérite de fes citoyens, & le bonheur de leur vie privée , lui laiffant à tirer la conclufion de l'inutilité des arts qu'il profeffoit.

En un mot, l'ignorance des Spartiates dans ces fortes d'arts, n'étoit pas une ignorance de ftupidité, mais de préceptes, & Platon même en demeuroit d'accord. Cependant malgré l'auftérité de leur politique, il y a eu de très-beaux efprits fortis de *Lacédémone*, des philofophes, des poëtes célebres, & des auteurs illuftres, dont l'injure des tems nous a dérobé les ouvrages. Les foins que fe donna Lycurgue pour recueillir les œuvres d'Homere, qui feroient perdues fans lui ; les belles ftatues dont Sparte étoit embellie, & l'amour des Lacédémoniens pour les tableaux de grands maîtres, montrent qu'ils n'étoient pas infenfibles aux beautés de tous les Arts.

Paffionnés pour les poéfies de Terpandre , de Spendon, & d'Alcman, ils défendirent à tout efclave de fe chanter, parce que felon eux , il n'appartenoit qu'à des hommes libres de chanter des chofes divines.

Ils punirent à la vérité Timothée de ce qu'aux fept cordes de la Mufique il en avoit ajouté quatre autres ; mais c'étoit parce qu'ils craignirent que la molleffe de cette nouvelle harmonie n'altérât la févérité de leurs mœurs. En même tems ils admirerent le génie de l'artifte ; ils ne brûlerent pas fa lyre, au contraire ils la fufpendirent à la voûte d'un de leurs plus beaux bâtimens où l'on venoit prendre la frais, & qui étoit un ouvrage de Théodore de Samos. Ils chafferent auffi le poëte Archiloque de Sparte ; mais c'étoit pour avoir dit en vers, qu'il convenoit mieux de fuir & de fauver fa vie, que de périr les armes à la main. L'exil auquel ils le condamnerent ne procédoit pas de leur indifférence pour la poéfie, mais de leur amour pour la valeur.

C'étoit encore par des principes de fageffe que l'architecture de leurs maifons n'employoit que la coignée & la fcie. Un Lacédémonien, je puis le nommer, c'étoit le roi Léotichidas, qui foupant un jour à Corinthe, & voyant dans la falle où on le

reçut, des pieces de bois dorées & richement travaillées, demanda froidement à fon hôte, fi les arbres chez eux croiffoient de la forte ; cependant ces mêmes Spartiates avoient des temples fuperbes. Ils avoient auffi un magnifique théatre qui fervoit au fpectacle des exercices, des danfes, des jeux, & autres repréfentations publiques. La defcription que Paufanias a faite des décorations de leurs temples & de la fomptuofité de ce théatre, prouve affez que ce peuple favoit étaler la magnificence dans les lieux où elle étoit vraiment convenable, & profcrire le luxe des maifons particulieres où fon éclat frivole ne fatisfait que les faux befoins de la vanité.

Mais comme leurs ouvriers étoient d'une induftrie, d'une patience, & d'une adreffe admirable, ils porterent leurs talens à perfectionner les meubles utiles, & journellement néceffaires. Les lits, les tables , les chaifes des Lacédémoniens étoient mieux travaillées que par-tout ailleurs. Leur poterie étoit plus belle & plus agréable ; on vantoit en particulier la forme du gobelet laconique nommé *cothon*, fur-tout à caufe du fervice qu'on en tiroit à l'armée. La couleur de ce gobelet , dit Critias, cachoit à la vûe la couleur dégoûtante des eaux bourbeufes, qu'on eft quelquefois obligé de boire à la guerre ; les impuretés fe dépofoient au fond de ce gobelet, & fes bords quand on buvoit arrêtoient en-dedans le limon, ne laiffant venir à la bouche que l'eau pure & limpide.

Pour ce qui regarde la culture de l'efprit & du langage , les Lacédémoniens loin de la négliger, vouloient que leurs enfans appriffent de bonne heure à joindre la force & l'élégance des expreffions, à la pureté des penfées. Ils vouloient, dit Plutarque , que leurs réponfes toûjours courtes & juftes, fuffent pleines de fel & d'agrément. Ceux qui par précipitation ou par lenteur d'efprit, répondoient mal, ou ne répondoient rien, étoient châtiés : un mauvais raifonnement fe puniffoit à Sparte , comme une mauvaife conduite ; auffi rien n'en impofoit à la raifon de ce peuple. « Un lacédémonien » exemt dès le berceau des caprices & des humeurs » de l'enfance, étoit dans la jeuneffe affranchi de » toute crainte ; moins fuperftitieux que les autres » grecs, les Spartiates citoient leur religion & leurs » rits au tribunal du bon fens ». Auffi Diogène arrivant de *Lacédémone* à Athènes , répondit avec tranfport à ceux qui lui demandoient d'où il venoit : « je viens de quitter des hommes ».

Tous les peuples de la Grece avoient confacré des temples & des autels à la Fortune ; les feuls Lacédémoniens ne lui avoient dreffé qu'une ftatue. Ils n'approchoient jamais : ils ne recherchoient point les faveurs de cette déeffe, & tâchoient par leur vertu de fe mettre à l'abri de fes outrages.

S'ils n'étoient pas toûjours heureux ,
Ils favoient du-moins être fages.

On fait ce grand mot de l'antiquité , *Spartam nactus es , hanc orna* : « vous avez rencontré une ville » de Sparte, fongez à lui fervir d'ornement ». C'étoit un proverbe noble, pour exhorter quelqu'un dans les occafions importantes à fe regler pour remplir l'attente publique fur les fentimens & fur la conduite des Spartiates. Quand Cimon vouloit détourner fes compatriotes de prendre un mauvais parti : « penfez » bien, leur difoit-il , à celui que fuivroient les Lacédémoniens à votre place ».

Voilà quel étoit le luftre de cette république célebre, bien fupérieure à celle d'Athènes; & ce fut le fruit de la feule légiflation de Lycurgue. Mais, comme l'obferve M. de Montefquieu, quelle étendue de génie ne fallut-il pas à ce grand homme, pour élever ainſi ſa patrie ; pour voir qu'en choquant les uſages reçus, en confondant toutes les vertus, il montreroit à l'univers ſa ſageſſe ! Lycurgue mêlant le larcin avec l'eſprit de juſtice, le plus dur eſclavage avec la liberté, des ſentimens atroces avec la plus grande modération, donna de la ſtabilité aux fondemens de ſa ville, tandis qu'il ſembloit lui enlever toutes les reſſources, les Arts, le Commerce, l'argent, & les murailles.

On eut à *Lacédémone*, de l'ambition ſans eſpérance d'être mieux ; on y eut les ſentimens naturels : on n'y étoit ni enfant, ni pere, ni mari ; on y étoit tout à l'état. Le beau ſexe s'y fit voir avec tous les attraits & toutes les vertus ; & cependant la pudeur même fut ôtée à la chaſteté. C'eſt par ces chemins étranges, que Lycurgue conduiſit ſa Sparte au plus haut degré de grandeur ; mais avec une telle infaillibilité de ſes inſtitutions, qu'on n'obtient jamais rien contre elle en gagnant des batailles. Après tous les ſuccès qu'ent cette république dans ſes jours heureux, elle ne voulut jamais étendre ſes frontieres : ſon ſeul but fut la liberté, & le ſeul avantage de ſa liberté, fut la gloire.

Quelle ſociété offrit jamais à la raiſon un ſpectacle plus éclatant & plus ſublime ! Pendant ſept ou huit ſiecles, les lois de Lycurgue y furent obſervées avec la fidélité la plus religieuſe. Quels hommes auſſi eſtimables que les Spartiates, donnerent jamais des exemples auſſi grands, auſſi continuels, de modération, de patience, de courage, de tempérance, de juſtice & d'amour de la patrie ? En liſant leur hiſtoire, notre ame s'éleve, & ſemble franchir les limites étroites dans leſquelles la corruption de notre ſiecle retient nos foibles vertus.

Lycurgue a rempli ce plan ſublime d'une excellente république que ſe ſont fait après lui Platon, Diogène, Zénon, & autres, qui ont traité cette matiere ; avec cette différence, qu'ils n'ont laiſſé que des diſcours ; au lieu que le légiſlateur de la Laconie n'a laiſſé ni paroles, ni propos ; mais il a fait voir au monde un gouvernement inimitable, & a confondu ceux qui prétendroient que le vrai ſage n'a jamais exiſté. C'eſt d'après de ſemblables conſidérations, qu'Ariſtote n'a pu s'empêcher d'écrire, que cet homme ſublime n'avoit pas reçu tous les honneurs qui lui étoient dus, quoiqu'on lui ait rendu tous les plus grands qu'on puiſſe jamais rendre à aucun mortel, & qu'on lui ait érigé un temple, où du tems de Pauſanias, on lui offroit encore tous les ans des ſacrifices comme à un dieu.

Quand Lycurgue vit ſa forme de gouvernement ſolidement établie, il dit à ſes compatriotes qu'il alloit conſulter l'oracle, pour ſavoir s'il y avoit quelques changemens à faire aux lois qu'il leur avoit données ; & qu'en ce cas, il reviendroit promptement remplir les decrets d'Apollon. Mais il réſolut dans ſon cœur de ne point retourner à *Lacédémone*, & de finir ſes jours à Delphes, étant parvenu à l'âge où l'on peut quitter la vie ſans regret. Il termina ſa fienne ſecretement, en s'abſtenant de manger ; car il étoit perſuadé que la mort des hommes d'état doit ſervir à leur patrie, être une ſuite de leur miniſtere, & concourir à leur procurer autant ou plus de gloire, qu'aucune autre action. Il comprit qu'après avoir exécuté de très-belles choſes, ſa mort mettroit le comble à ſon bonheur, & aſſureroit à ſes citoyens les biens qu'il leur avoit fait pendant ſa vie, puiſqu'elle les obligeroit à garder toûjours ſes ordonnances, qu'ils avoient juré d'obſerver inviolablement juſqu'à ſon retour.

Dicéarque, que Cicéron eſtimoit à un point ſingulier, compoſa la deſcription de la république de Sparte. Ce traité fut trouvé à *Lacédémone* même, ſi beau, ſi exact, & ſi utile, qu'il fut décidé par les magiſtrats, qu'on le liroit tous les ans en public à la jeuneſſe. La perte de cet ouvrage eſt ſans doute très-digne de nos regrets ; il faut pourtant nous en conſoler par la lecture des anciens hiſtoriens qui nous reſtent, ſur-tout par celle de Pauſanias & de Plutarque, par les recueils de Meurſius, de Cragius, & de Sigonius, & par la *Lacédémone* ancienne & moderne de M. Guillet, livre ſavant & très-agréablement écrit. (*D. J.*)

LACER, v. act. (*Gramm. & art méchan.*) c'eſt ſerrer ou fermer avec un lacet ; on *lace* un corps en paſſant un lacet dans les œillets percés ſur ſes bords à droite & à gauche. On *lace* une voile en la ſaiſiſſant avec un quarentenier qui paſſe dans les yeux du pié & qui l'attache à la vergue, lorſqu'on eſt ſurpris de gros tems, & qu'il n'y a point de garcelles au ris. On fait *lacer* ſes lices par de bons chiens, c'eſt-à-dire couvrir, &c. Quand une lice *lacée* a retenu, on dit qu'elle eſt *nouée*.

LACERATION, ſ. f. (*Juriſprud.*) en termes de palais, ſignifie *le déchirement* de quelque écrit ou imprimé. Quand on déclare nulles des pieces qui ſont reconnues fauſſes, on ordonne qu'elles ſeront *lacérées* par le greffier : quand on ſupprime quelque écrit ou imprimé ſcandaleux ou injurieux à quelque perſonne ou compagnie conſtituée en dignité, on ordonne qu'il ſera *lacéré* par l'exécuteur de la haute-juſtice, & enſuite brûlé. (*A*)

LACERNE, ſ. f. *lacerna, lacernum*, (*Littér.*) nom d'une ſorte d'habit ou de capote des Romains ; j'en ai déja parlé au mot *habit* des Romains ; j'ajoute ici quelques particularités moins connues.

La *lacerna* étoit une eſpece de manteau qu'on mettoit par-deſſus la toge, & quand on quittoit cette robe, par-deſſus la tunique ; on l'attachoit avec une agraffe ſur l'épaule, ou par devant. Elle étoit d'abord courte, enſuite on l'allongea. Les pauvres en portoient conſtamment pour cacher leurs baillons, & les riches en prirent l'uſage pour ſe garantir de la pluie, du mauvais tems, ou du froid, aux ſpectacles, comme nous l'apprenons de Martial.

Amphitheatrales nos commendamur ad uſus,
Quùm tegit algentes noſtra lacerna *togas.*

L'uſage des *lacernes* étoit fort ancien dans les armées de Rome ; tous les ſoldats en avoient. Ovide, *liv. II. des Faſtes, v. 745*, nous apprend que Lucrèce preſſoit ſes eſclaves d'achever la *lucerne* de ſon mari Collatinus, qui aſſiégeoit Ardée.

Mittendo eſt domino, nunc nunc properate, puellæ,
Quàm primùm noſtrâ facta lacerna *manu.*

Mais ſur la fin de la république, la mode s'en établit à la ville comme à l'armée ; & cette mode dura pour les grands juſqu'aux regnes de Gratien, de Valentinien & de Théodoſe, qui défendirent aux ſénateurs d'en porter en ville. Les femmes s'en ſervoient même le ſoir, & dans certains rendez-vous de galanterie, *la clara lacerna d'*Horace, *ſatyr. VII. liv. II. v. 48*, c'eſt-à-dire de manteau tranſparent, vaut tout autant pour la leçon du texte, que la *clara lucerna*, la lampe allumée de Lambin.

Il y avoit des *lacernes* à tout prix. Martial parle de quelques-unes qu'on achetoit juſqu'à dix mille ſexterces. Enfin ſi vous êtes curieux d'épuiſer vos recherches ſur ce ſujet, *voyez* les auteurs *de re veſtiariâ Romanorum*, & Saumaiſe dans ſes notes ſur Spartien & ſur Lampridius. (*D. J.*)

LACERT, *dracunculus*, ſ. m. (*Hiſt. nat. Lythol.*) poiſſon de mer ainſi nommé parce qu'il reſſemble en quelque façon à un léſard. Sa longueur eſt d'un pié ; il a le muſeau pointu, la tête grande, large, applatie, & la bouche petite. Au lieu d'une fente à l'endroit des ouies, il y a au-deſſous de la tête deux trous qui y suppléent, un de chaque côté. Les yeux sont aussi placés sur la face supérieure de la tête; les nageoires sont en partie de couleur d'or, & en partie de couleur d'argent; celles qui se trouvent au-dessous des nageoires voisines des ouies, ont plus de longueur, & sont placées fort près de la bouche. Le dos a deux nageoires: la premiere est fort petite, & de couleur d'or, avec des traits de couleur d'argent: la seconde est très-longue, & terminée par cinq pointes; il se trouve au-delà de l'anus une nageoire dorée dans toute son étendue, excepté le bord qui est noir; le corps a peu de diametre; la queue a une nageoire très-longue, & noire sur le bord; la couleur du dos est d'un jaune verdâtre; les côtés ont de petites taches argentées & bleuâtres; le ventre est blanc, large, plat, & revêtu seulement d'une peau déliée; la chair du *lacert* a beaucoup de rapport à celle du goujon. On voit des *lacerts* à Gêne & à Rome. *Voyez* Rond. *Hist. des poissons*, liv. X. *Voyez* POISSON.

LACET, f. m. (*Art. mécan.*) petit cordon ferré par les deux bouts, qui sert à quelques vêtemens des femmes ou des enfans, & à d'autres usages; il y a des *lacets* ronds, des *lacets* plats, & des *lacets* de fil & de soie.

Des lacets de fil. On fait avec le fil deux sortes de *lacets*, les uns de fil de plain, & les autres de fil d'étoupes; le fil de plain qui provient du chanvre, qui porte le chénevi, & que néanmoins on nomme *mâle*, parce que c'est le chanvre le plus fort, sert à la fabrique des meilleurs *lacets*, & ne s'employe jamais qu'en blanc, parce que ces *lacets* étant plus fins & plus chers, le débit ne s'en fait qu'aux gens aisés; le fil d'étoupes qui est fait des matieres grossieres qui restent après que le frotteur a tiré la meilleure filasse, tant du chanvre femelle que du mâle, s'emp oie pour la fabrique des *lacets* d'étoupes que l'on teint de différentes couleurs, parce que les gens de la campagne donnent volontiers dans tout ce qui est apparent; mais la vraie raison est que la teinture altere beaucoup moins le fil d'étoupes que le blanchissage qui en abrege considérablement la durée. On fait cependant blanchir la sixieme partie du fil d'étoupes, pour faire un mélange de couleurs dont il sera parlé ci-après; on teint tout le reste, mais la moindre partie en rouge avec le bois de Brésil & l'alun, & le surplus en bleu avec le bois d'Inde & le verd de gris.

Du rouet. Le fil étant blanchi on le devide en bobines sur un rouet ordinaire, tel qu'on le voit à la *Planche I. fig. 1.* Ce rouet *A* est composé d'une roue *B*, de deux montans *C* qui la soutiennent, d'une piece de bois *D* qui sert d'empatement à toute la machine, & de quatre morceaux de bois qui servent de pié pour élever cette piece de bois, au bout de laquelle il y a une espece de coffre *E* dans lequel on met la bobine *F* sur laquelle on doit devider le fil. Cette bobine tourne sur son axe, par le moyen d'une broche de fer *G*, qui parcourt toute la longueur du coffre; cette broche traverse les deux bouts du coffre: *Voyez* la bobine séparée de cette broche, *Planche III. fig.* Cette bobine tourne sur elle-même par le moyen d'une petite poulie qui est fixée sur elle, & la corde de boyau passant sur cette poulie, la fait tourner avec la broche. A deux piés de distance se trouve un devidoir *H* sur lequel le fil qu'on doit devider doit être mis. Ce qui étant disposé comme on le voit à la *Planche I. fig. 1.* on commence par tirer de la main droite le fil du devidoir, lequel étant parvenu au rouet, on l'attache sur la bobine, l'ouvrier tourne de la main gauche la roue qui par son mouvement fait tourner la broche, & de la droite il tient toujours le fil qu'il dirige & entaile sur la bobine.

Du tri. Le fil étant devidé sur plusieurs bobines, on les met sur un tri, *Planche I. fig. 2.* qui est au bas du métier à *lacets*. Ce tri *A* est composé de quatre petites colonnes *BBBB* rangées en ligne droite, & enclavées du pié du métier à *lacets*; elles sont arrêtées dans le haut par une petite traverse qui les embrasse & leur sert de chapiteau. Ces colonnes sont hautes d'un pié & demi, & éloignées d'un demi-pié l'une de l'autre; elles sont percées sur leur hauteur, à distance égale de quatre pouces. On passe dans ces trous des petites broches de fer dans lesquelles on fait passer des bobines, & on en met entre les colonnes le nombre dont on a besoin, ce qui ne va qu'à trois ou quatre. *Voyez Planche I. fig. 2.*

Du métier à lacet, Planche I. fig. 3. il est composé de deux colonnes *AA* d'un demi-pié d'équarrissage, hautes de trois piés chacune. Elles sont soutenues par deux petites pieces de bois *BB*, longues de deux piés, qui sont couchées, & dans lesquelles sont enclavées les deux colonnes: elles sont éloignées l'une de l'autre de trois piés, & arrêtées dans le bas par deux planches *CC*, qui sont clouées de chaque côté des colonnes, sur les deux pieces de bois sur lesquelles on met deux poids pesans chacun cent livres ou environ. *Voyez ces poids mis séparément, Planche I. fig. 6. AA.* Ces deux colonnes soutiennent une traverse *D* qui est percée à distance égale de vingt-quatre trous *F*, sur une ligne droite, & de douze autres *E* rangés également sur une seconde ligne, à l'opposite des vingt-quatre premiers, où l'on place les fers à crochet. *Planche III. fig. 2.*

Du fer à crochet. Le fer à crochet, *Planche II. fig 1.* est une manivelle qui sert à tordre le *lacet*. *A* en est la poignée, *B* le coude, *C* un bouton qui appuie contre la traverse du métier, *D* le bout du fer à crochet qui ayant passé par la traverse, *Planche III. fig. 3.* est recourbé à la pointe; c'est au bout de ce crochet qu'on attache le fil pour le tordre. Derriere cette traverse *E*, il s'en trouve une autre *F*, de même longueur, qui est attachée aux deux bouts par deux petits cordons à la premiere traverse, & qui étant percée d'autant de trous que la premiere, reçoit le bout des fers à crochet, & les fait tourner tous ensemble. On observe que cette seconde traverse n'est attachée que foiblement, afin qu'elle puisse se prêter au mouvement. Derriere ce métier est une escabelle *C*, *Planche I. fig. 2.* où s'assied l'ouvrier.

Du chariot. Le chariot, *Planche I. fig. 4.* est un second métier à *lacet*, qui se met à l'opposite du premier. Il est composé d'un montant *A*, arrêté par deux goussets montés sur deux roulettes, & terminé au-dessous par une traverse *B* pareille à celle du premier métier, laquelle est percée de douze trous qui répondent aux douze autres trous de la seconde ligne, *Planche III. fig. 4.* du premier métier. Il y a derriere cette traverse, comme à celle du premier métier, une autre double traverse *C*, que les Fabriquans appellent *la poignée; Planche III. fig. 5.* qui étant percée d'autant de trous que cette premiere traverse, reçoit les fers à crochet, comme je l'ai dit dans celle du premier métier. Cette seconde traverse du chariot sert à accélérer le mouvement des fers à crochet, en les faisant tourner en sens contraire, *Planche I. fig. 7.* de ceux du premier métier, & par ce moyen on parvient à accélérer le double le tortillement des *lacets*. On met sur ce second métier un poids *A* de cent livres pesant, ou environ, pour arrêter la force de l'ourdissement du *lacet*, qui ne doit le faire sentir qu'imperceptiblement.

Connoissant à présent la disposition du métier à *lacet*, & les instrumens qu'on y employe, il faut expliquer comment on le fabrique. On commence à placer le premier métier au bout d'une chambre, *voyez Pl. II. figure 1.* que l'on rend solide par deux poids *A A* de cent livres chacun, qui se placent de chaque côté des colonnes, afin qu'il puisse supporter tout l'effort de l'ourdissement des *lacets*. On met à l'autre bout de la même chambre le second métier, que l'on appelle le *chariot B*, qu'il faut éloigner du premier métier, en ligne droite, de treize piés, quoique la longueur du *lacet* ne doive être que d'onze. Car il faut observer que quand les fils ont acquis un certain degré de force élastique par le tortillement, le *lacet* fait effort pour tourner dans la main de l'ouvrier ; c'est par cette raison qu'on a mis deux roulettes au métier appellé le *chariot*, qui étant tiré par l'effort que fait le *lacet* en s'ourdissant, diminue la grandeur que l'on a donné aux fils, en se retirant à mesure que le *lacet* s'ourdit. On commence ensuite par tirer le fil des bobines *C*, qui sont placées au bas du premier métier, comme je l'ai déja dit ci-dessus ; & réunissant les trois fils des trois bobines en un seul, l'ouvrier accroche par un nœud ce triple fil au premier fer à crochet de la premiere rangée du premier métier ; il va ensuite accrocher ce même triple fil au premier fer à crochet du second métier appellé le *chariot*. Ce triple fil est destiné à faire la premiere partie des neuf fils dont le *lacet* doit être composé. Cela fait, il revient attacher un second triple fil au premier crochet de la seconde rangée, opposé à celui où il a attaché le premier, & va l'arrêter sur le même crochet du chariot sur lequel il a déja attaché le premier triple fil. Ensuite il revient au premier métier, & accroche un troisieme triple fil au second crochet de la seconde rangée ; il retourne l'attacher sur le même crochet du chariot où il a déja attaché les deux autres ; ce qui forme une espece de triangle. Il faut avoir attention que les fils que l'on tire des trois bobines pour n'en former qu'un seul, doivent être de même longueur, de même grosseur & avoir une égale tension. Cette opération étant faite sur les trente-six fers à crochet dont le premier métier est composé, & sur les douze fers à crochet du second métier, l'ouvrier commence, par tourner pendant un demi-quart d'heure environ, la double traverse du premier métier, laquelle, par son mouvement, fait tourner tous les fers à crochet de gauche à droite, jusqu'à ce que les neuf fils dont chaque *lacet* est composé, soient ourdis en trois parties.

Tout étant ainsi disposé, l'ouvrier prend un instrument que l'on appelle le *sabot*; voy. *Pl. I, fig. 5.* où il est placé entre la premiere & la seconde rangée des fers à crochet *D* du premier métier ; il tourne la double traverse de ce métier pendant cinq minutes, cette traverse faisant agir tous les fers à crochet, ourdit chacun des trois fils en son particulier, & par ce mouvement le sabot *A* s'avance peu-à-peu du côté du chariot. Quand il y est arrivé, l'ouvrier l'arrête avec une ficelle, qui doit être attachée au milieu du chariot ; ensuite il reprend la double traverse du premier métier, & tournant encore quelques tours, il détache le sabot ; puis faisant tourner la traverse du premier métier pendant qu'une autre main fait tourner celle du chariot, le mouvement qui se fait du côté du chariot, éloigne le sabot, & le renvoie du côté du premier métier ; mais il faut que l'ouvrier qui est du côté du chariot ait soin, pendant qu'il tourne d'une main, de diriger le sabot avec l'autre main, au moyen d'un bâton fourchu, *Pl. III, fig. 3.* parce que ce sabot se trouve quelquefois arrêté par des nœuds qui se rencontrent dans les fils. On se sert aussi d'un autre bâton crochu, *fig. 4.* pour l'arrêter lorsqu'il s'éloigne trop vite. Ce sabot, en s'éloignant, glisse entre les fils jusqu'au premier métier par le mouvement du second métier. La traverse du chariot faisant mouvoir les douze fers à crochet du second métier dont elle est composée, réunit en un seul les trois fils que contient chaque fer à crochet en se roulant les uns sur les autres ; mais il faut observer que pendant cette seconde opération, c'est-à-dire pendant que le *lacet* s'ourdit, il continue de se racourcir, & le chariot *B* remonte d'environ deux piés. Quelquefois il arrive que plusieurs fers à crochet s'embarrassent en tournant, par le frottement qui se fait contre la traverse : c'est à quoi il faut bien prendre garde ; on peut y remédier en prenant soin de les frotter de tems en tems d'huile d'olive, qu'il faut avoir auprès de soi dans un vaisseau ; *voyez* la *Pl. III, fig. 10.* Toute l'opération que les ouvriers du pays appellent un *tirage*, se fait en un quart-d'heure.

Le *lacet* étant ourdi, on le cire avec un torchon ciré, & on le détache des fers à crochet du métier. On rassemble ces *lacets* en grosse ; *voyez Planche III, fig. 6.* La grosse de *lacets* est composée de douze douzaines, ou de 144 *lacets* : ceux de fil de plain doivent être garnis de neufs fils, & ceux d'étoupes de six. La grosse de *lacets* de fils d'étoupes mise en couleur, est composée de 18 *lacets* blancs, de 18 mêlés de rouge & de blanc, de 36 mêlés de bleu & de blanc, & de 72 entierement bleus. On fabrique des *lacets* de cinq longueurs, d'une demi-aune, de trois quarts, d'une aune, d'une aune & demie & de trois aunes, qui est la plus grande longueur qu'on puisse leur donner. On en fait d'un seul tirage une douzaine de ceux de trois aunes, deux douzaines de ceux d'une aune, quatre douzaines de ceux de trois quarts, & six douzaines de ceux d'une demi aune.

Du fer à lacet. Les *lacets* étant rassemblés en grosse, on les garnit aux deux bouts d'un morceau de fer-blanc, *Pl. III, fig. 7.* La grosse de *lacets* d'une aune de long & au-dessous, doit avoir à chaque bout une garniture de fer-blanc de huit lignes de longueur ; celle de trois quarts d'aune, de cinq lignes, & celle d'une demi-aune, de trois lignes. On peut, avec une feuille de fer-blanc ordinaire, garnir trois grosses de *lacets* ; mais on ne se sert que des retailles des Lanterniers, qui sont à très-bon marché.

On coupe le fer-blanc avec des cisailles, qui sont attachées sur une table, *Pl. III, fig. 8*, au moyen d'une broche de fer qui les soutient dans la position où il faut qu'elles soient pour ce travail.

Le *fer à lacet* étant taillé, on le plie ; *voyez Planche III, figure 9.* L'ouvrier étant assis, tient de la main droite un marteau, & de la main gauche une broche de fer ; *voyez* cette broche *Pl. III, fig. 7.* Sous cette broche qu'il tient de la main gauche, il met un des morceaux de fer-blanc taillé, qu'il soutient avec le second doigt de la même main. Il pose le tout ensemble sur l'une des cannelures dont la petite enclume *A* est garnie sur sa largeur ; *voyez fig. 9.* L'ouvrier, avec un marteau dont le manche n'a que la longueur de trois pouces, pour l'empoigner, frappe légerement sur la broche deux ou trois coups, qui font prendre au fer la forme de la canelure ; & pour donner à ce fer une demi-rondeur suffisante, il soutient toujours le bout du fer avec le bout du second doigt de la main gauche ; & en le faisant un peu tourner de côté & d'autre, il frappe quelques coups qui achevent de donner au fer-blanc la voussure suffisante. Il y a ordinairement deux cases sur l'établi, l'une pour mettre les morceaux de fer-blanc qui sont plats, & l'autre pour les déposer, à mesure qu'ils sont pliés.

Lorsqu'il eſt queſtion de ferrer le *lacet*, l'ouvrier prend une groſſe de *lacets*, qu'il attache ſur une petite table garnie d'une enclume, *Pl. III. fig.* 10. le tout pareil à la table qui ſert à plier les fers, & qui peut ſervir auſſi à ce double travail. Il prend l'un des *lacets*, qu'il tient de la main gauche ; il prend de l'autre main un fer plié, dans lequel il fait entrer le bout du *lacet*. Il applique l'un avec l'autre ſur l'une des cannelures de l'enclume. Il frappe un premier coup pour adapter le fer au *lacet* ; puis tournant le bout du *lacet* avec ce fer, il arrondit & aſſujettit le fer au *lacet*, en donnant quelques coups avec le marteau.

A onze ou douze ans les jeunes gens ſont aſſez forts pour tourner le métier à *lacet*, & les enfans de huit ans peuvent plier le fer-blanc & l'appliquer aux *lacets*. Un ouvrier dans la force de l'âge, ou ce que l'on appelle un bon ouvrier, fait par jour ſes dix groſſes de *lacets* d'une aune de long ; mais un petit apprentif, ou un foible ouvrier, n'en fait que huit. Un ſeul homme en un jour coupe aſſez de fer-blanc pour la garniture de 80 groſſes de *lacets*.

Mémoire ſur la fabrique des lacets. Ire Queſtion : *Combien ſe vend le fil, & de quelle qualité on l'emploie pour les* lacets. RÉPONSE. On diſtingue trois ſortes de fil ; le fil fin, le fil de plain & le fil d'étoupes. Le fil fin eſt celui qui provient du meilleur chanvre, improprement appellé *femelle*, que l'on recueille le premier ; mais on n'emploie point ce fil pour les *lacets*. Le fil de plain, qui provient du chanvre qui porte le chénevi, & que néanmoins on nomme le *mâle*, apparemment parce que c'eſt le plus fort, ſert à la fabrique des meilleurs *lacets*: il coûte ordinairement quinze ſols la livre. Le fil d'étoupes, qui eſt fait des matieres groſſieres qui reſtent après que le frotteur a tiré la meilleure filaſſe, tant du chanvre femelle que du mâle, s'emploie pour la fabrique des *lacets* de couleur, & coûte communément neuf ſols la livre.

II. *Si les fabriquans achetent le chanvre pour le faire frotter & filer, ou s'ils achetent le fil tout fait, & s'ils le font blanchir ou teindre* RÉP. Ils achetent le fil tout fait, & ils ſont toujours blanchir le fil de plain, qui ne s'emploie jamais qu'en blanc pour faire les meilleurs *lacets*. Le fil d'étoupes n'eſt jamais qu'à faire des *lacets* de couleur : on n'en fait blanchir qu'environ la ſixieme partie, pour faire un mélange de couleurs dont il ſera parlé ci-après, & on teint tout le reſte, mais la moindre partie en rouge avec le bois du Bréſil & l'alun, & le ſurplus en bleu avec le bois d'Inde & le verd-de gris.

III. *Ce qu'il en coûte pour le blanchiſſage & la teinture du fil.* RÉP. Les fabriquans teignent le fil eux-mêmes, mais ils ſont faire tous leurs blanchiſſages au village de Marmagne, à une petite demi-lieue de Montbard, où il y a une blanchiſſerie renommée.

IV. *Ce qu'il en coûte pour le blanchiſſage & pour la teinture du fil.* RÉP. Il en coûte un ſol de blanchiſſage par écheveau de fil, & chaque écheveau peſe communément une demi-livre. La teinture en rouge coûte deux ſols ſix deniers par livre de fil ; & en bleu, un ſol ſix deniers, outre la peine, que l'on ne compte pour rien, attendu que les petits fabriquans qui n'ont pas de fonds pour leur commerce, peuvent teindre le fil à meſure qu'ils l'achetent, & en toute ſaiſon, au lieu qu'il n'y a qu'une ſaiſon propre pour le blanchiſſage, qui exige beaucoup plus de tems. Il ne faut que 24 heures pour teindre, mais pour blanchir il faut ſix ſemaines au printems, & juſqu'à trois mois dans l'automne ; ce qui fait que les petits fabriquans ſont ſouvent obligés, par cette ſeule raiſon, de faire des *lacets* de

couleur, quoique moins lucratifs & moins de débite que les blancs. Il réſulte que, tout conſidéré, la livre de fil, ſoit à blanchir, ſoit à teindre, coûte deux ſols.

V. *Ce qu'il en coûte pour devider une livre de fil.* RÉP. On paie aux dévideurs trois deniers par chaque écheveau de fil, ce qui fait ſix deniers par livre ; les deux écheveaux peſent une livre environ.

VI. *De combien de longueurs différentes ſe font les* lacets. RÉP. On en fabrique de cinq longueurs ; d'une demi-aune, de trois quarts, d'une aune, d'une aune & demie & de trois aunes, qui eſt la plus grande longueur qu'on puiſſe leur donner ici. On en fait d'un ſeul tirage une douzaine de ceux de trois aunes, deux douzaines de ceux d'une aune & demie, trois douzaines de ceux d'une aune, quatre douzaines de ceux de trois quarts, & ſix douzaines de ceux d'une demi-aune.

VII. *De combien de fils chaque* lacet *eſt compoſé, & combien il faut de* lacets *pour faire une groſſe*. RÉP. La groſſe de *lacets* eſt compoſée de douze douzaines, ou de 144 *lacets* : ceux de fil plain doivent êtré garnis de neuf fils, & ceux d'étoupes de ſix fils ſeulement.

VIII. *Combien il entre de fil peſant dans une groſſe de* lacets *de chaque qualité*. RÉP. Une groſſe de *lacets* de fil de plain d'une aune de long, conſomme dix onces de fil, & il en faut onze onces pour ceux de fil d'étoupes.

IX. *Quelle matiere emploie-t-on pour garnir le bout des* lacets, *& combien cette matiere coûte-t-elle à couper pour la garniture d'une groſſe de* lacets. RÉP. On ſe ſert de fer-blanc pour garnir le bout des *lacets*, & un ſeul homme coupe en un jour de quoi faire la garniture de 80 groſſes ; de ſorte que, en payant ſa journée quatorze ſols, il en coûte deux deniers par groſſe.

X. *Ce qu'il en coûte pour le fer-blanc de la garniture d'une groſſe de* lacets. RÉP. La groſſe de *lacets* d'une aune de long & au-deſſus, qui doivent avoir à chaque bout une garniture de fer-blanc de huit lignes de longueur, coûte deux ſols pour le prix du fer-blanc qui y entre. La groſſe de *lacets* de trois quarts d'aune, qui doivent être garnis de cinq lignes de fer-blanc, coûte un ſol ſix deniers ; & la groſſe de *lacets* d'une demi-aune, dont la garniture ne doit être que de trois lignes, un ſol.

XI. *D'où ſe tire le fer-blanc qui s'emploie à Montbard pour la fabrique des* lacets. RÉP. Le fer-blanc ſe tire de Lorraine, & il coûte, rendu à Montbard, ſix ſols une feuille de grandeur ſuffiſante pour la garniture de trois groſſes de *lacets* d'une aune de long. Mais il eſt un moyen de faire une épargne ſur cette matiere, en ſe ſervant des retailles des Lanterniers. Quelques colporteurs qui viennent prendre ici des *lacets*, apportent de Lyon des rognures de fer-blanc, qui coûtent, rendues ici, neuf ſols la livre, & qui fourniſſent de quoi garnir ſix groſſes de *lacets* d'une aune de long ; par ce moyen il y a ſix deniers à gagner par groſſe. Mais quoique ces retailles ſoient d'une forme avantageuſe à la fabrique, puiſque ce ſont des liſieres coupées quarrément, cependant ce fer blanc étant plus épais & plus dur que celui de Lorraine, il faut plus de tems & de peine pour le couper, le plier & l'appliquer. Il y a encore un meilleur expédient pour tirer à l'épargne, c'eſt de prendre les retailles des Lanterniers de Paris, qui ne coûtent que trois ſols la livre, & huit deniers de tranſport. Il eſt vrai que ces retailles étant de formes irrégulieres, il faut beaucoup plus de tems pour les couper ; mais ce fer-blanc étant de bonne qualité, & y ayant beaucoup de petits fabriquans qui ne craignent pas de perdre en tems ce qu'ils gagnent en argent, la

162 L A C

expliquer comment on le fabrique. On com*
à placer le premier métier au bout d'une cl
voyez Pl. II. *figure* 1. que l'on rend folid
poids *AA* de cent livres chacun, qui
chaque côté des colonnes, afin qu'il
ter tout l'effort de l'ourdiffement d
à l'autre bout de la même cham
tier, que l'on appelle le *chariot*
gner du premier métier, en lign
piés, quoique la longueur du *l*
que d'onze. Car il faut obferver
ont acquis un certain degré de
le tortillement, le *lacet* fait effor
la main de l'ouvrier ; c'eft pai
a mis deux roulettes au métie
qui étant tiré par l'effort que
diftant, diminue la grandeur
fils, en fe retirant à mefure
On commence enfuite par tir
qui font placées au bas du p
je l'ai déjà dit ci-deffus ; &
des trois bobines en un feul
un nœud de triple fil au pr
premiere rangée du prem
accrocher ce même triple fi
du fecond métier appellé
eft deftiné à faire la pre
dont le *lacet* doit être c
vient attacher un feco
chet de la feconde ra
attaché le premier, &
chet du chariot fur
mier triple fil. En
tier, & accroche
crochet de la fec
cher fur le mêm
attaché les deux
de triangle. Il
l'on tire des t
feul, doiver
groffeur &
tion étant
le premi
à croch
par te
ron, l
le,
à c
n

; on peut
roiter de tems en
avoir auprès de foi
l. III, fig. 10. Tout
du pays appellent un
ure.
ourdi, on le cire av
détache des fers à c
emble ces *lacets* en groffe
G. La groffe de *lacets* ef
aines, ou de 144 *lacets*
vent être garnis de neuf
de fix. La groffe de *lacets*
en couleur, eft compofé
de 18 mêlés de rouge &
bleu &, de blanc, &
fabrique dès *lacets* de
d'une aune, de trois quarts
d'une & demie & de trois
plus grande longueur qu'on puiffe
en fait un feul tirage une douz
trois , deux douzaines de
quatre quinzaines de ceux de tro
de ceux d'une demi-aune
Du à *lacet*. Les *lacets* éta
groffe , on les garnit aux deux bo
de fer-lanc, *Pl. III*, *fig.* 7. L
d'une ane de long & au-deffous,
que bot une garniture de fer-bl
de longueur ; celle de trois quart
lignes, & celle d'une demi-aune
On pe , avec une feuille de fer-
garnir groffes de *lacets* ; mais
des ret lles des Lanterniers, qui
marche
On oupe le fer-blanc avec des
attachés fur une table, *Pl. III*,
d'une bche de fer qui les foutien
où il fat qu'elles foient pour ce t

Le fi à *lacet* étant taillé, on le
ch III figure 9. L'ouvrier étant
main doite un marteau, & de la
broche le fer ; *voyez* cette broche
Sous cette broche qu'il tient de la
met unes morceaux de fer-blanc
tient avec le fecond doigt de la mê
le tout enfemble fur l'une des can
petite aclume *A* eft garnie fur fa
fig. 9. l'ouvrier, avec un marteau
n'a que la longueur qu'il faut pour
frappe légerement fur la broche deux o
qui for prendre au fer la forme de la
& pour donner à ce fer une demi-rone
te, il fatient toujours le bout du fer
du fecad doigt de la main gauche ; &
un peu ourner de côté & d'autre, il f
ques caps qui achevent de donner un
la vouure fuffifante. Il y a ordinaire
cafes fr l'établi, l'une pour mettre les
de fer-lanc qui font plats, & l'autre p
pofer à mefure qu'ils font pliés.

LAC 165

de *ferme*, & le synonyme de *mol*; une étoffe est *lâche* si elle a été mal frappée; ferme, si elle est bien fournie de trame. C'est l'opposé d'*actif*; un animal est *lâche*, lorsqu'il se meut nonchalamment & foiblement. C'est l'opposé de *serré*; coudre *lâche*, c'est éloigner ses points, & les faire longs & mous. C'est l'opposé de *resserré*; on a le ventre *lâche*. C'est au figuré l'opposé de *brave*; c'est un *lâche*. Il est synonyme à vile & honteux; il a fait une action *lâche*. Celui qui a fait une *lâcheté* est communément plus méprisé que celui qui a fait une atrocité. On aime mieux inspirer de l'horreur que faire pitié. La trahison est peut-être la plus *lâche* de toutes les actions. Un style est *lâche* lorsqu'il est chargé de mots inutiles, & que ceux qu'on a employés ne peignent point l'idée fortement.

LACHE, (*Maréchalerie*.) cheval *lâche*. La méthode pour réveiller un cheval naturellement *lâche*, sourd & paresseux, est de l'enfermer dans une écurie très-obscure, & de l'y laisser durant un mois ou six semaines, sans l'en faire sortir, & de lui donner à manger tant qu'il veut. On prétend que cette manière de gouverner un cheval *lâche*, l'éveille & le rend propre à l'exercice. Si on n'en vient pas à bout-là, il faut avoir recours à la chambriere, à la {s}line & à la voix; & si ces aides ne l'animent & réveillent point, il faut le bannir entierement {du} manege, car c'est un tems perdu que de l'y garder plus long-tems.

{LA}CHE, (*Ourdisserie*.) se dit de tout ouvrage qui {n'}a{st} frappé, & par conséquent mal fabriqué, sur{tout} c'est quelque ouvrage qui demande essentiellement à être frappé. On entend encore par ce mot qui est *lâche* dans les soies de la chaine pendant le travail, au lieu de la tension égale où tout {doit} en droit soi.

{LACH}ER, v. act. (*Gramm*) c'est abandonner {com}me une chose retenue par un obstacle. On {lâche en é}cartant l'obstacle. On *lâche* une pierre & {a}. On *lâche* la corde d'une grue & le poids {qu'o}n *lâche* un robinet & l'eau coule. On *lâ{che} un cou*p de pistolet, ce qui suppose qu'il étoit *lâche* tout sous soi, ce qui suppose une toi{le des} intestins; on *lâche* un chien après un {autre}; *lâche* le mot qui nous démasque; on {prend} on *lâche* le pié; on *lâche* sa proie; on {lâche}; on *lâche* la mesure; on *lâche* la balle; {le jo}ur; on *lâche* la main, lorsqu'on vend {au-}dessous de son prix.

{LACHER LA} MAIN à son cheval, (*Manege*.) c'est {aller} de toute sa vitesse. *Lâcher* la gourm{ette, c'est dé}crocher au premier maillon lors{qu'on tro}p le menton du cheval au s. cond.

{LACHE}TTE. *Lâcher* la bride, c'est pousser {le cheval et le} laisser aller à sa volonté.

{LACHIR, (*Or*}nith.) *Voyez* HARENGADES.

{LACHÉSI}S, (*Myth.*) *Lachesis* en latin comme {l'une des} trois parques. C'est, selon Hé{siode, celle qui} tient la quenouille; c'est Clotho {qui file les com}mencemens de la vie; & c'est Atro{pos qui coupe} les fatals ciseaux pour cou{per le fil de no}s jours. Cependant les Poëtes confon{dent ces} fonctions, & font quelquefois {ce que Lachésis} a fait Juvenal, *lib. I. sat. 3*: {dit que Clotho} *super est Lachesis quod torqueat*, {elle} a encore de quoi filer, pou{r le tems que} nous vivons encore. *Lachésis* est {de *λαχειν*, ti}rer au sort, de *λαχχειν, sortior*, {au sujet} des Poëtes sur les parques {les plus heure}ux & des plus féconds en {idées, ils ont} fourni mille pensées bril{lantes; ce} qu'on ne peut se lasser de

---

coûte deux sols six deni{ers}
bleu, un sol six deniers, {&c.}

plûpart commencent à prendre le parti de faire venir de Paris des retailles, qui leur font un profit de moitié; ensotte que ce qui coûtoit deux fols en fer-blanc neuf, ne leur coûte qu'un fol en retailles.

XII. *A combien revient la façon d'une grosse de lacets.* Rep. Une grosse de lacets d'une aune de long & de tonte qualité, coûte un fol à tourner fur le métier, & un autre fol pour plier le fer-blanc & l'appliquer à chaque bout du lacet.

XIII. *Combien les fabriquans vendent-ils la grosse de lacets de chaque qualité & grandeur.* Rep. La grosse de fil plain, que l'on façonne toujours en blanc, se vend 20 f. lorsque le lacet n'a qu'une aune de long; 30 f. ceux d'une aune & demie, & 3 l. ceux de trois aunes. La grosse de lacets de fil d'étoupes en couleur, se vend 6 f. lorsque le lacet n'a qu'une demi-anne de long; 10 f. ceux de trois quarts d'aune; 15 f. ceux d'une aune; 18 f. ceux d'une aune & demie, & 36 f. ceux de trois aunes.

XIV. *Pourquoi met-on toujours en couleur les lacets de fil d'étoupes, & qu'au contraire on ne teint jamais ceux de fil plain.* Rep. Les lacets de fil de plain ne se façonnent qu'en blanc, parce qu'étant plus fins & plus chers, le débit ne s'en fait qu'aux gens aifés. Les lacets de fil d'étoupes au contraire, se varient de différentes couleurs, parce que les fabriquans font cette teinture eux-mêmes quand ils leur plait, & que les gens de la campagne donnent volontiers dans tout ce qui eft apparent. La meilleure raison, c'eft que la teinture altere beaucoup moins le fil d'étoupes que le blanchissage en abrége trop la durée.

XV. *Comment se fait le mélange dans une grosse de lacets de fil d'étoupes.* Rep. La grosse de lacets de couleur eft composée ordinairement de 18 lacets blancs, de 18 mêlés de rouge & de blanc, de 36 mêlés de bleu & de blanc, & de 72 entierement bleus.

XVI. *Si les ouvriers travaillent à la journée, ou s'ils font à la tâche.* Rep. Tous les ouvriers font à la tâche.

XVII. *Si les fabriquans travaillent tous pour leur compte.* Rep. Tous les fabriquans travaillent pour leur compte.

XVIII. *A quel âge les enfans font-ils propres à être employés aux différentes opérations de la fabrique des lacets.* Rep. A 11 ou 12 ans les jeunes gens font assez forts pour tourner le métier à lacets, & les enfans de 8 ans peuvent plier le fer-blanc & l'appliquer aux lacets.

XIX. *Combien un ouvrier peut-il tourner de grosses de lacets en un jour.* Rep. Un ouvrier, dans la force de l'âge, & ce qu'on appelle un bon ouvrier, fait par jour ses dix grosses de lacets d'une aune de long, & un petit apprentif, ou un foible ouvrier, n'en fait que huit.

XX. *Où se fait le principal débit des lacets.* Rep. Il s'en fait un grand débit à de petits colporteurs, qui les vont détailler dans l'Orléanois, l'Auvergne, la Franche-Comté, la Savoie, la Suisse, l'Alsace, la Lorraine, &c. mais le principal débit se fait à quelques marchands flamands, qui viennent en enlever jusqu'à deux mille grosses dans des petites voitures; & ils viennent ordinairement deux fois par an. Il s'en débite aussi aux villes de la basse Bourgogne, de Nuis, Dijon, Auxerre, & aux foires des voisinages.

XXI. *Pourquoi cet espece de commerce a-t-il pris faveur plûtôt à Montbard que nulle autre part.* Rep. C'eft la feule bonne chose qu'ait procuré le voisinage de Sainte-Reine. Il y a bien eu de tout tems à Montbard des fabriquans de lacets qui fourniffoient à la confommation du pays; mais depuis environ 30 ans, les colporteurs qui vont aux apports de Sainte-Reine; s'étant avisés de se fournir à Montbard des lacets dont ils eurent bien leur débit, ils en porterent plus loin, où ils trouverent encore leur profit; & ainsi de suite ce commerce a toujours augmenté, & a été porté jusqu'en Flandres, où deux raisons lui donnent faveur, le médiocre prix de la matiere, & la façon plus simple de cette marchandise. On cultive beaucoup de chanvre à Montbard & aux environs: c'eft la nature de récolte qui donne le plus de revenu. Un journal de cheneviere s'afferme au moins 24 liv. par an, & rapporte tous les ans, fans qu'il foit besoin de le laisser reposer, au lieu qu'une pareille continence de pré, qui passe pour la meilleure nature d'héritage, ne s'afferme au plus par an que 12 liv. Il ne faut qu'un feul coup de labourage à la cheneviere: il eft vrai qu'elle exige plus d'engrais que les autres fortes de grains. A l'égard de ces lacets de Flandres, elle résulte de ce que dans les autres provinces, & furtout en Flandres, tous les lacets s'y font de fil fin, & se façonnent au boisseau; c'eft-à-dire, qu'en fabriquant le lacet, on entremêle les fils les uns dans les autres; au lieu qu'à Montbard on les façonne à-peu-près comme la ficelle; & c'eft en quelque chose de mieux & de plus exact qu'on s'en écarte. C'eft particulierement dans la Flandre allemande qu'il y a des manufactures de lacets façonnés au boisleau: on fe fert pour cela de machines à l'eau qui coûtent jusqu'à deux mille écus. Des marchands flamands de qui je tiens ces circonftances, m'ont assuré qu'il n'y avoit point de ces machines en France, & que la plus proche étoit à Commines, à trois lieues au-delà de Lille.

XXII. *Ce que gagne le fabriquant sur une grosse de lacets, de profit clair, déduction faite du prix des matieres & de toutes les façons nécessaires.* Rep. Une grosse de lacets de fil de plain d'une aune de long, coûte

Pour dix onces de fil à 15 f.	10 f.	0 den.
Pour le blanchissage,	1	6
Pour le devidage,	0	4
Pour le fer-blanc,	2	
Pour couper les lacets,	1	
Pour tourner le fer blanc,	0	2
Et pour le plier & l'appliquer,	1	
Total,	16 f.	

D'où il résulte que la grosse fe vendant vingt fols, il y a quatre fols de profit clair pour le fabriquant.

Une grosse de lacets de fil d'étoupe en couleur d'une aune de long, coûte

Pour onze onces de fil, à 9 f.	6 f.	2 den.
Pour blanchissage & teinture,	1	6
Pour le devidage,	0	4
Pour tourner les lacets,	1	
Pour le fer blanc,	2	
Pour le couper,	0	
Pour le plier & l'appliquer,	1	
Total,	12 f.	2 den.

La grosse de ces lacets se vend quinze fols; par conséquent il y a deux fols dix deniers de bénéfice pour le fabriquant.

XXIII. *Combien il y a de fabriquans à Montbard, & s'il se fait des lacets aux environs.* Rep. Il y a dix-huit fabriquans à Montbard, qui font ouvrer environ trente métiers; mais il ne se fait point de lacets dans tous les environs, fi ce n'eft à Flavigny, où il y a un feul fabriquant, encore eft-il natif de Montbard: mais il ne fait aller qu'un métier, & fon commerce ne va pas à deux cens livres par an.

XXIV. *Combien il se fabrique de grosses de* lacets

LAC

à *Monthard* en un an; & à combien peut-on estimer le produit de ce commerce par année commune. RÉP. Il sera fort aisé de donner une juste idée de ce commerce, par la combinaison que voici. On compte à Montbard trente métiers à *lacets*, que je réduis à vingt-quatre, parce qu'il y en a une cinquieme partie que l'on ne fait pas ouvrer continuellement, chaque métier, s'il étoit en bonne main, pourroit fournir jusqu'à dix grosses de *lacets* par jour, il en fournit ordinairement huit; mais je restrains le produit de chaque métier à six grosses par jour seulement, à cause du desœuvrement qui peut être occasionné; des trois cens soixante-cinq jours dont l'année est composée, j'en retranche quatre-vingt pour les fêtes, & trente pour différens cas de cessation des ouvrages : il reste donc 255 jours de travail, lesquels à raison de six grosses pour chacun, doivent rendre pour un métier quinze cens trente grosses; & en un an, il s'ensuit que vingt-quatre métiers doivent fournir par an trente-six mille sept cens vingt grosses de *lacets* d'une aune de long, que l'on peut estimer vingt sols l'une parmi l'autre : d'où il résulte que ce commerce peut s'estimer à trente-six mille sept cens vingt livres par an, que nous réduisons à trente-six mille livres pour éviter les fractions dans le détail que nous allons présenter des différentes parties de consommation de matieres & de produit industriel; mais pour mieux distinguer tout ce qui profite à l'industrie, je dois observer que pour une livre de fil il faut une livre & demie de chanvre, qui vaut communément quatre sols la livre, le frotteur en fait une livre de filasse, dont la façon coûte trois sols, & cette filasse produit une livre de fil, dont le filage coûte cinq sols; ensorte que dans les quinze sols que coûte une livre de fil, il y a pour six sols de matiere & pour neuf sols de façon.

Détail du commerce des lacets.	Matieres.	Industrie.
Chanvre,	7200 liv.	
Façon de le frotter,		4050 liv.
Plus de le filer,		6750
Blanchissage du fil,		1500
Drogues pour la teinture,	1200	
Devidage du fil,		600
Façon de tourner les *lacets*,		1800
Fer blanc,	3600	
Façon de le couper,		300
Façon de le plier & de l'appliquer,		1800
Profit clair des fabriquans,		7200
	12000 l.	24000 l.

On peut conclure de ce détail que les deux tiers du commerce de *lacets* tourne au profit de l'industrie des habitans de Montbard pour une moitié, & pour l'autre au profit des villages circonvoisins, où se fait le frottage du chanvre, le filage & le blanchissage du fil. (*c*)

LACET, en terme de *Boyaudier*, c'est une petite corde qui tient à une cheville, à laquelle on attache un bout du boyau qu'on veut retordre.

LACETS, (*Chasse*.) ce sont plusieurs brins de crin de cheval cordelés ensemble; il s'en fait de fil de soie ou de fil de fer.

LACETANI, s. m. pl. (*Géogr. anc.*) ancien peuple d'Espagne. Pline, *liv. III. ch. iij.* & Tite-Live, *liv. XXI. chap. lx.* en parlent. Les *Lacetani* & les *Jaccetani* de ce dernier historien répondent à une partie du diocèse de Lérida, & à une partie de la nouvelle Catalogne. *Voyez* le P. Briet & Sanson. (*D. J.*)

LACHE, adj. (*Gramm.*) c'est l'opposé de *tendu*. Une corde est *lâche* si elle paroît fléchir en quelqu'endroit de sa longueur; tendue, si elle ne paroît fléchir en aucun point de sa longueur. C'est l'opposé

Tome. IX.

de *ferme*, & le synonyme de *mol*; une étoffe est *lâche* si elle a été mal frappée; ferme, si elle est bien fournie de trame. C'est l'opposé d'*actif*; un animal est *lâche*, lorsqu'il se meut nonchalamment & foiblement. C'est l'opposé de *serré*; coudre *lâche*, c'est éloigner ses points, & les faire longs & mous. C'est l'opposé de *resserré*; on a le ventre *lâche*. C'est au figuré l'opposé de *brave*; c'est un *lâche*. Il est synonyme à vile & honteux; il a fait une action *lâche*. Celui qui a fait une *lâcheté* est communément plus méprisé que celui qui a fait une atrocité. On aime mieux inspirer de l'horreur que faire pitié. La trahison est peut-être la plus *lâche* de toutes les actions. Un style est *lâche* lorsqu'il est chargé de mots inutiles, & que ceux qu'on a employés ne peignent point l'idée fortement.

LACHE, (*Maréchalerie*.) cheval *lâche*. La méthode pour réveiller un cheval naturellement *lâche*, sourd & paresseux, est de l'enfermer dans une écurie très-obscure, & de l'y laisser durant un mois ou six semaines, sans l'en faire sortir, & de lui donner à manger tant qu'il veut. On prétend que cette maniere de gouverner un cheval *lâche*, l'éveille & le rend propre à l'exercice. Si on n'en vient pas à bout par-là, il faut avoir recours à la chambriere, à la houssine & à la voix; & si ces aides ne l'animent & ne le réveillent point, il faut le bannir entierement du manege, car c'est un tems perdu que de l'y garder plus long-tems.

LACHE, (*Ourdisserie*.) se dit de tout ouvrage qui est peu frappé, & par conséquent mal fabriqué, surtout si c'est quelque ouvrage qui demande essentiellement à être frappé. On entend encore par ce mot tout ce qui est *lâche* dans les soies de la chaîne pendant le travail, au lieu de la tension égale où tout doit être en droit fil.

LACHER, v. act. (*Gramm.*) c'est abandonner à elle-même une chose retenue par un obstacle. On *lâche* en écartant l'obstacle. On *lâche* la corde d'une grue & le poids descend. On *lâche* un robinet & l'eau coule. On *lâche* un coup de pistolet, ce qui suppose qu'il étoit armé. On *lâche* tout sous soi, ce qui suppose une foiblesse dans les intestins; on *lâche* un chien après un lievre; on *lâche* le mot qui nous démasque; on *lâche* prise; on *lâche* le pié; on *lâche* sa proie; on *lâche* la bride; on *lâche* la mesure; on *lâche* la balle; on *lâche* l'autour; on *lâche* la main, lorsqu'on vend une chose au-dessous de son prix.

LACHER LA MAIN à son cheval, (*Manege*.) c'est le faire courir de toute sa vîtesse. *Lâcher* la gourmette, c'est l'accrocher au premier maillon lorsqu'elle serre trop le menton du cheval au second. *Voyez* GOURMETTE. *Lâcher* la bride, c'est pousser un cheval, ou le laisser aller à sa volonté.

LACHES, (*Ornith.*) *Voyez* HARENGADES.

LACHESIS, s. f. (*Myth.*) *Lachesis* en latin comme en grec; une des trois parques. C'est, selon Hésiode, *Lachésis* qui tient la quenouille; c'est Clotho qui file les commencemens de la vie; & c'est Atropos qui tient en main les fatals ciseaux pour couper le fil de nos jours. Cependant les Poëtes confondent sans difficulté ces fonctions, & font quelquefois filer *Lachésis*, comme a fait Juvenal, *lib. I. sat. 3. v. 27.* en disant, *dum super est Lachesis quod torqueat*, pendant que *Lachésis* a encore de quoi filer, pour dire pendant que nous vivons encore. *Lachésis* est un mot grec, qui signifie *sort*, de λαχεῖν, *sortior*, je tire au sort. Le systême des Poëtes sur les parques est un des plus ingénieux & des plus féconds en belles images; il leur a fourni mille pensées brillantes ou philosophiques, qu'on ne peut se lasser de lire dans leurs écrits. *Voyez* PARQUES. (*D. J.*)

* LACHETÉ, subst. f. (*Morale.*) *Voyez* LACHE.

X

LACHRYMAL (LE), adj. (*Anat.*) se dit de plusieurs parties relatives aux larmes. *Voyez* LARMES.

La glande *lachrymale*, la glande innominée des anciens & de Warthon est une petite glande, oblongue, située au-dessus de l'œil près du petit angle. Elle est conglomérée, divisée en plusieurs lobules, entre lesquels il y a de la graisse. Nicolas, fils de Stenon, est le premier qui ait découvert ces conduits en présence de Borrichius, le 11 de Novembre 1661. Ils naissent des intervalles des lobules, & s'ouvrent par des orifices propres dans la partie concave de la paupiere supérieure, beaucoup plus postérieurement que les cils. Il y en a dans le bœuf depuis six jusqu'à douze; ils sont assez grands pour qu'on y puisse introduire un brin de vergette; mais dans l'homme ils sont si obscurs, que Morgagni & Haller ne les ont jamais vûs, &c. *Comment. Boerh. Voyez* OEIL. Il y a aussi près du grand angle de l'œil, une petite éminence, appellée *caroncule lachrymale. Voyez* CARONCULE.

Il y a du même côté un petit os, qui est du nombre de ceux de la mâchoire supérieure, & qui est quelquefois nommé *os lachrymal*; mais plus ordinairement *os unguis. Voyez* UNGUIS.

Les points *lachrymaux* sont deux petites ouvertures au grand angle de l'œil; ce sont des tuyaux membraneux assez ouverts, formés dans la substance du muscle orbiculaire & dans l'extrémité des paupieres; le supérieur descend un peu en se courbant; selon Monro, l'inférieur est plus transverse. Ils marchent sous la peau & le muscle orbiculaire au sac nasal, auquel ils s'inserent sous l'extrémité supérieure, non par un conduit commun, comme le veulent Bianchi, Anel, Winflow & Petit, mais par deux différens conduits, dans lesquels passe une humeur aqueuse, saline & transparente, qui est séparée du sang par la glande *lachrymale*. Ensuite cette humeur est portée par les conduits *lachrymaux* dans une petite poche, appellée *sac lachrymal*, situé à la partie supérieure du canal nasal. Il est placé en arriere, & en partie en-dedans du tendon de l'orbiculaire; sa figure est presque ovale, son diametre est assez grand, & va un peu en descendant. Bianchi est le seul qui ait vû des glandes dans ce sac. Il a été fort connu de Morgagni; c'est pourquoi il est surprehant qu'il l'ait oublié. Haller, *Comment. Boerh.* Ce sac est suivi d'un conduit qu'on appelle aussi *conduit lachrymal*, & qui descend par le canal nasal dans le nez, où il va se décharger immédiatement au-dessous de l'os spongieux inférieur, ou corner inférieur du nez. *Voyez* NEZ. On voit par là pourquoi le nez dégoutte quand on pleure.

L'humeur qui sépare la glande *lachrymale* sert à humecter & à lubrifier le globe de l'œil, afin d'empêcher qu'il ne frotte rudement. Lorsque cette humeur est séparée en grande quantité, en sorte qu'elle s'épanche au-delà des paupieres, on la nomme *larmes*.

LACHRYMATOIRE, subst. m. (*Antiq. rom.*) les *lachrymatoires* étoient des phioles de terre ou de verre, dans lesquelles on a cru qu'on recevoit les larmes répandues pour quelqu'un à sa mort; mais la seule figure de ces phioles qu'on enfermoit dans les tombeaux, annonce qu'on ne pouvoit point s'en servir pour recueillir les larmes, & qu'elles étoient faites pour y mettre les baumes ou onguens liquides, dont on arrosoit les ossemens brûlés. Il est même vraissemblable que tout ce qu'on appelle improprement *lachrymatoire* dans les cabinets des curieux, doit être rapporté à cette espece de phioles, uniquement destinées à ces sortes de baumes (*D. J.*)

LACHTER, s. m. (*Minéral.*) mesure suivant laquelle on compte en Allemagne la profondeur des puits des mines, ou les dimensions des galeries; elle répond à une brasse. Cette mesure se divise en 80 pouces, & fait trois aulnes & demie de Misnie, c'est-à-dire environ sept piés; cependant elle n'est point par-tout la même. (—)

LACIADES, *Laciadæ*, (*Géogr. anc.*) lieu municipal de Grece dans l'Attique, de la tribu Œnéide. Il y avoit dans cet endroit un temple du héros Lacius, qui avoit donné le nom au peuple qui l'habitoit. Ce lieu étoit la patrie des deux plus grands capitaines de la Grece, Miltiades & son fils Cimon; Cornelius Nepos & Plutarque ont écrit leurs vies; elles sont faites pour élever l'ame & pour l'annoblir. (*D. J.*)

LACINIÉ, adj. (*Gramm. Bot.*) il se dit des feuilles. Une feuille *laciniée* est celle qui est comme déchirée, déchiquetée, découpée en plusieurs autres feuilles étroites & longues. La feuille du fenouil est *laciniée. Voyez l'article* FENOUIL.

LACINIENNE, adj. fem. *Lacinia*, (*Littér.*) surnom que l'on donnoit à Junon, tiré du promontoire *Lacinium*, où elle avoit un temple respectable par sa sainteté, dit Tite-Live, & célebre par les riches présens dont il étoit orné. Cicéron ne parle guere sérieusement du récit qu'il fait, qu'Annibal eût grande envie de voler de ce temple une colonne qui étoit toute d'or massif; mais qu'il en fut détourné par un songe, où Junon l'avertit de n'en rien faire, s'il vouloit conserver le bon œil qui lui restoit encore. *Voyez* LACINIUM. (*D. J.*)

LACINIUM PROMONTORIUM, (*Géogr. anc.*) cap lacinien; promontoire d'Italie dans la grande Grece, au pays des Brutiens, au midi & à environ dix-neuf milles de la ville de Crotone; c'est où commence le golfe de Tarente, terminé de l'autre côté par le cap Salentin. Selon Pomponius Méla, il y avoit un magnifique temple de Junon Lacinienne, chargé de riches offrandes. Tite-Live, *liv. XLII. chap. xxviij.* rapporte que Fulvius Flaccus fut puni par une mort funeste & honteuse, pour avoir osé le piller. On appelle aujourd'hui ce promontoire, *capo delle colonne*, le *cap des colonnes*, à cause de quelques colonnes fort belles qui y sont restées, soit du temple de Junon Lacinienne, soit d'un autre temple de ce lieu qui étoit dédié à la fortune équestre. (*D. J.*)

LACIS, subst. masc. (*Art. Méchan.*) ouvrage à reseau fait de fil de lin, ou de soie, ou de coton, on d'autres matieres qu'on peut entrelacer.

LACIS, (*Anatom.*) *Voyez* PLEXUS.

LACKMUS, s. m. *lacca musica*, (*Arts.*) nom que les Allemands donnent à une couleur bleue, semblable à celle qu'on tire du tournesol. Elle vient d'Hollande & de Flandres. C'est un mélange composé de chaux vive, de verd-de-gris, d'un peu de sel ammoniac, & du suc du fruit de myrtille épaissi par la coction. Quand ce mélange a été séché, on le met en pastilles ou tablettes quarrées. Les Peintres en font usage, & l'on en mêle dans la chaux dont on se sert pour blanchir les plafonds & l'intérieur des maisons; cela donne un coup d'œil bleuâtre au blanc, ce qui fait plus beau. (—)

LAC LUNÆ, (*Hist. nat.*) *Voyez* LAIT DE LUNE.

LACOBRIGA, (*Géogr. anc.*) nom de deux anciennes villes d'Espagne dans la Lusitanie, dont l'une étoit dans le promontoire sacré. *Lagobrica* est encore le nom d'une ville de l'Espagne Tarragonoise, au pays des Vaccéens. Festus dit que le mot composé de *lacu* & de *briga. Briga* signifie un *pont*, & ce mot n'entre dans les mots géographiques, que pour exprimer des lieux où il y avoit un pont; les Anglois ont pris de là leur mot *bridge*, un *pont*, mot qui entre dans la composition de plusieurs noms propres géographiques de leurs pays, soit au commencement, soit à la fin de ces mots, comme Cambridge, Tumbridge, Bridgenorth, Bridgewater; & comme ces lieux sont tous au passage de quelque riviere, il a fallu y poser des ponts. (*D. J.*)

LACONICON, s. m. (*Littérat.*) le *laconique* étoit l'étuve seche dans les palestres grecques, & l'étuve voûtée pour faire suer, où le bain de vapeur portoit chez les Latins le nom de *tepidarium*. Ces deux étuves étoient jointes ensemble, leur plancher étoit creux & suspendu pour recevoir la chaleur de l'hypocauste, c'est-à-dire d'un grand fourneau maçonné au-dessous. On avoit soin de remplir ce fourneau de bois, ou d'autres matieres combustibles, dont l'ardeur se communiquoit aux deux étuves, à la faveur du vuide qu'on laissoit sous leurs planchers.

L'idée d'entretenir la santé par la sueur de ces sortes d'étuves, étoit de l'invention de Lacédémone, comme le mot *laconicon* le témoigne; & Martial le confirme dans les vers suivans.

*Ritus si placeant tibi laconum,
Contentus potes arido vapore,
Crudâ virgine, Martiaque mergi.*

Les Romains emprunterent cet usage des Lacédémoniens; Dion Cassius rapporte, qu'Agrippa fit bâtir un magnifique *laconicon* à Rome l'an 729 de sa fondation, ce qui revient à l'année 25 avant Jesus-Christ. L'effet de ces sortes d'étuves, dit Columelle, est de réveiller la soif & de dessécher le corps. On bâtissoit les *laconiques* avec des pierres brûlées, ou desséchées par le feu. (*D. J.*)

LACONIE, (LA) *Géog. anc.* ou le pays de Lacédémone, en Latin *Laconia*; célebre contrée de la Grece, au Péloponnese, dont Lacédémone étoit la capitale. La *Laconie* étoit entre le royaume d'Argos au nord, l'Archipel à l'orient, le golfe Laconique au midi, la Messénie au couchant, & l'Arcadie au nord-ouest. L'Eurotas la partageoit en deux parties fort inégales. Toute la côte de la *Laconie* s'étendoit depuis le cap Ténarien, *Tænarium*, jusques au lieu *Prasium* ou *Prasia*.

La *Laconie* s'appelle aujourd'hui *Zaconie* ou *Brazzo di Maina* en Morée, & ses habitans sont nommés *Magnottes*. Mais la Zaconie des modernes ne répond que très-imparfaitement à la *Laconie* des anciens. (*D. J.*)

LACONIE, (*Golfe de*) en latin *Laconicus sinus*, (*Géog. anc.*) golfe de la mer de Grece, au midi du Péloponnese, à l'orient du golfe Messéniaque, dont il est séparé par le cap, autrefois nommé *Tænarien*. C'est proprement une anse, qu'on appelle présentement *golfe de Colochine*, & qui est séparé du golfe de Coron par le cap Matapan. C'étoit dans cette anse que se pêchoit la pourpre la plus estimée en Europe; ce qui a fait dire à Horace (*ode 18. lib. II.*) « Je n'ai point pour clientes des dames occupées à » me filer des laines teintes dans la pourpre de *La-* » *conie* ».

. . . . *Non Laconicas mihi
Trahunt honestæ purpuras clientæ.*

Cette expression hardie d'Horace, *trahunt purpuras pour lanas purpurâ infectas*, prouve & justifie les libertés que la poésie lyrique a droit de prendre. (*D. J.*)

LACONIE (*marbre de Laconie*) *Laconium marmor*, (*Hist. nat.*) les anciens donnoient ce nom à un marbre vert d'une grande beauté, mais dont la couleur n'étoit point entierement uniforme; il étoit rempli de taches & de veines d'un verd ou plus clair ou plus obscur que le fond de la couleur. Sa ressemblance avec la peau de quelques serpens l'a fait appeller *ophites* par quelques auteurs: il ne faut point confondre ce marbre avec la serpentine, que l'on a aussi appellée *ophites*. *Voyez* SERPENTINE.

Le nom de ce marbre sembleroit devoir faire con-

jecturer qu'on en tiroit de la partie de la Grece qui est aux environs de Lacédémone, cependant on dit que les Romains le faisoient venir d'Egypte. Aujourd'hui on en trouve en Europe près de Vérone en Italie, en Suede & en Angleterre près de Bristol. Il paroît que ce marbre est le même que celui que les Marbriers nomment *verd d'Egypte* ou *verd antique*. (−)

LACONIMURGUM, (*Géog. anc.*) ancienne ville d'Espagne chez les Vettons, peuples situés à l'orient de la Lusitanie. Le P. Hardouin croit que c'est présentement *Constantina* dans l'Andalousie, au-dessus de Penaflor. (*D. J.*)

LACONISME, s. m. (*Littérat.*) c'est-à-dire en françois, *langage bref*, animé & sententieux; mais ce mot désigne proprement l'expression énergique des anciens Lacédémoniens, qui avoient une maniere de s'énoncer succinčte, serrée, animée & touchante.

Le style des modernes, qui habitent la Zaconie, ne s'en éloigne guere encore aujourd'hui; mais ce style vigoureux & hardi ne sied plus à de misérables esclaves, & répond mal au caractere de l'ancien *laconisme*.

En effet, les Spartiates conservoient un air de grandeur & d'autorité dans leurs manieres de dire beaucoup en peu de paroles. Le partage de celui qui commande est de trancher en deux mots. Les Turcs ont assez humilié les Grecs de Misitra, pour avoir droit de leur tenir le propos qu'Epaminondas tint autrefois aux gens du pays: « En vous ôtant l'em- » pire, nous vous avons ôté le style d'autorité. »

Ce talent de s'énoncer en peu de mots, étoit particulier aux anciens Lacédémoniens, & rien n'est si rare que les deux lettres qu'ils écrivirent à Philippe, pere d'Alexandre. Après que ce prince les eut vaincus, & réduits leur état à une grande extrémité, il leur envoya demander en termes impérieux, s'ils ne vouloient pas le recevoir dans leur ville, ils lui écrivirent tout uniment, *non*; en leur langue, la réponse étoit encore plus courte, ουκ.

Comme ce roi de Macédoine insultoit à leurs malheurs, dans le tems que Denys venoit d'être dépouillé du pouvoir souverain, & réduit à être maître d'école dans Corinthe, ils attaquerent indirectement la conduite de Philippe par une lettre de trois paroles, qui le menaçoient de la destinée du tyran de Syracuse: Διονυσιος εν Κορινθω, *Denys est à Corinthe*.

Je sai que notre politesse trouvera ces deux lettres si laconiques des Lacédémoniens extrêmement grossieres; eh bien, voici d'autres exemples de *laconisme* de la part du même peuple, que nous proposerons pour modele? Les Lacédémoniens, après la journée de Platée, dont le récit pouvoit souffrir quelque éloge de la valeur de leurs troupes, puisqu'il s'agissoit de la plus glorieuse de leurs victoires, se contenterent d'écrire à Sparte, *les Persans viennent d'être humiliés*; & lorsqu'après de si sanglantes guerres, ils se furent rendus maîtres d'Athènes, ils manderent simplement à Lacédémone, *la ville d'A-thènes est prise*.

Leur priere publique & particuliere tenoir d'un *laconisme* plein de sens. Ils prioient seulement les dieux de leur accorder les choses belles & bonnes, τα καλα επι τοις αγαθοις διδοναι. Voilà toute la teneur de leurs oraisons.

N'espérons pas de pouvoir transporter dans le françois l'énergie de la langue grecque; Eschine, dans son plaidoyer contre Ctésiphon, dit aux Athéniens: « Nous sommes nés pour la *paradoxologia* ; tout le monde savoit que ce seul mot signifioit « pour » transmettre par notre conduite aux races futures » une histoire incroyable de paradoxes »; mais il n'y a que le grec qui ait trouvé l'art d'atteindre à une brièveté si nerveuse & si forte. (*D. J.*)

LACONUM TROPHÆA, (*Littérat.*) monument érigé près des Thermopyles en l'honneur des trois cens Lacédémoniens, qui commandés par leur roi Léonidas, arrêterent la formidable armée de Xerxès :

> *Trois cens Grecs retranchés au pas des Thermopyles,*
> *Rendirent en ce jour ses efforts inutiles ;*
> *Et les Athéniens aimerent mieux cent fois*
> *Abandonner leurs murs que de suivre ses lois.*

(*D. J.*)

LACOWITZ, (*Géog.*) ville de la Pologne, dans la Russie blanche, au palatinat de Novogorodeck.

LACQUE, s. f. (*Hist. nat. des Drog. Arts, Chim.*) espece de cire que des fourmis ailées, de couleur rouge, ramassent sur des fleurs aux Indes orientales, & qu'elles transportent sur de petits branchages d'arbres où elles font leur nid.

Il est vraissemblable qu'elles y déposent leurs œufs ; car ces nids sont pleins de cellules, où l'on trouve un petit grain rouge quand il est broyé, & ce petit grain rouge est selon les apparences l'œuf, d'où la fourmi volante tire son origine.

La *lacque* n'est donc point précisément du genre des gommes, ni des résines, mais une sorte de cire recueillie en forme de ruche, aux Indes orientales, par des fourmis volantes ; cette cire séchée au soleil devient brune, rouge-clair, transparente, fragile.

On nous l'apporte de Bengale, de Pégu, de Malabar, & autres endroits des Indes. On la nomme *tree* dans les royaumes de Pégu & de Martaban.

Garcie des Jardins & Bontius sont du nombre des premiers parmi les auteurs qui nous en ont appris la véritable origine. Ceux qui prétendent que la *lacque* est une partie de la fève du *jujuba indica*, qui suinte à-travers l'écorce, sont dans l'erreur ; car, outre que les bâtons sûr lesquels elle a été formée prouvent le contraire, la résine qui distille par incision de cet arbre est en petite quantité & d'une nature toute différente.

Plusieurs écrivains se sont aussi persuadés que la *lacque* avoit été connue de Dioscoride & de Sérapion ; mais la description qu'ils nous en ont donnée démontre assez le contraire. Quant au nom de *gomme* qu'elle porte, c'est un nom impropre & qui ne peut lui convenir, puisque c'est un ouvrage de petits insectes.

La principale espece de *lacque* est celle qu'on nomme *lacque en bâtons*, parce qu'on nous l'apporte attachée à de petits branchages sur lesquels elle a été formée. Il ne faut pas croire que cette espece de cire provienne des petits rameaux où on la voit attachée, puisqu'en la cassant, & en la détachant de ces petits bâtons, on ne voit aucune issue par où elle auroit pû couler. D'ailleurs, comme cette espece de cire est fort abondante, & que souvent les bâtons sont très-petits, il est visible que elle n'en est point produite. Enfin, le sentiment unanime des voyageurs le confirme.

Ils nous disent tous que les bâtons de la *lacque* ne sont autre chose que des branchages que les habitans ont soin de piquer en terre en grande quantité, pour servir de soutien à l'ouvrage des fourmis volantes qui viennent y déposer l'espece de cire que nous appellons *lacque*. Le mérite de la *lacque* de Bengale sur celle de Pégu ne procede que du peu de soin que les Péguans ont de préparer les bâtons pour recevoir le riche ouvrage de leurs fourmis, ce qui oblige ces insectes de se décharger à terre de la *lacque* qu'ils ont recueillie, laquelle étant mêlée de quantité d'ordures, est beaucoup moins estimée que celle de Bengale, qui ne vient qu'en bâtons.

Mais tâchons de dévoiler la nature de l'ouvrage de ces insectes ; M. Geoffroy, qui s'en est occupé, semble y être parvenu. Voici le précis de ses observations, insérées dans les *Mém. de l'acad. des Sc.* année *1714*.

Il lui a paru, en examinant l'ouvrage de ces petits animaux, que ce ne pouvoit être qu'une sorte de ruche, approchant en quelque façon de celle que les abeilles & d'autres insectes ont coutume de travailler. En effet, quand on la casse, on la trouve partagée en plusieurs cellules ou alvéoles, d'une figure assez uniforme, & qui marque que ce n'a jamais été une gomme, ni une résine coulante des arbres. Chacune de ces alvéoles est oblongue, à plusieurs pans, quelquefois tout-à-fait ronde, selon que la matiere étant encore molle, a été dérangée, & a coulé autour de la branche qui la soutient.

Les cloisons de ces alvéoles sont extrèmement fines, & toutes pareilles à celles des ruches des mouches à miel ; mais comme elles n'ont rien qui les défende de l'injure de l'air, elles sont recouvertes d'une couche de cette même cire, assez dure & assez épaisse pour leur servir d'abri ; d'où l'on peut conjecturer que ces animaux ne travaillent pas avec moins d'industrie que les abeilles, puisqu'ils ont beaucoup moins de commodités.

Il y a lieu de croire que ces alvéoles sont destinées aux essains de ces insectes comme celles des abeilles, & que ces petits corps qu'on y trouve sont les embrions des insectes qui en doivent sortir ; ou les enveloppes de ceux qui en sont sortis effectivement, comme on le voit dans la noix de galle, & autres excroissances provenant de la piqûure des insectes.

Ces petits corps sont oblongs, ridés ou chagrinés, terminés d'un côté par une pointe, de l'autre par deux, & quelquefois par une troisieme. En mettant ces petits corps dans l'eau, ils s'y renflent comme la cochenille, la teignent d'une aussi belle couleur, & en prennent à peu-près la figure, en sorte que la seule inspection fait juger que ce sont de petits corps d'insectes, en quelque état qu'ils soient ; ce sont eux qui donnent à la *lacque* la teinture rouge qu'elle semble avoir ; car quand elle en est absolument dépouillée ou peu fournie, à peine en a-t-elle une légere teinture.

Il paroit donc que la *lacque* n'est qu'une sorte de cire, qui forme pour ainsi dire le corps de la ruche, & cette cire est d'une bonne odeur quand on la brûle. Mais pour ce qui est des petits corps, qui sont renfermés dans les alvéoles, ils jettent, en brûlant, une odeur desagréable, semblable à celle que rendent les parties des animaux. Plusieurs de ces petits corps sont creux, pourris ou moisis ; d'autres sont pleins d'une poudre où l'on découvre, à l'aide du microscope, quantité d'insectes, longs, transparens, à plusieurs pattes.

On peut comparer la *lacque*, qui est sur les bâtons chargés d'alvéoles, à la cire de nos mouches, & dire que sans les fourmis il n'y auroit point de *lacque* ; car ce sont elles qui prennent soin de la ramasser, de la préparer & de la travailler pendant huit mois de l'année pour leur usage particulier, qui est la production & la conservation de leurs petits. Les hommes ont aussi mis à profit cette *lacque*, en l'employant pour la belle teinture des toiles qui se fait aux Indes, pour la belle cire à cacheter dont nous nous servons, pour les vernis & pour la peinture.

On a établi différentes sortes de *lacques*. Premierement, la *lacque en branches*, dont on peut distinguer deux especes ; une de couleur d'ambre jaune, qui porte des alvéoles remplis de chrysalides, dont la couleur eſt griſe, c'eſt la *lacque* de Madagaſcar: Flacourt en a parlé le premier, & elle ne mérite aucune eſtime.

La ſeconde eſpece eſt d'une couleur plus obſcure à l'extérieur; mais entierement rouge, lorſqu'on regarde la lumiere à-travers. Cette belle couleur lui vient de ce que ſes alvéoles ſont bien remplis, & que les parties animales y étant en abondance, ont communiqué leur teinture à la cire à l'aide de la chaleur du ſoleil. On peut dire que c'eſt la *lacque* dans ſa maturité; auſſi eſt-elle peſante, plus ſerrée & plus ſolide que la précédente; c'eſt-là la bonne *lacque.*

Les Indiens, ſur-tout les habitans de Bengale, qui en connoiſſent tout le prix, & combien les Européens l'eſtiment, ſont attentifs à ſa préparation. Pour cet effet ils enfoncent en terre dans les lieux où ſe trouvent les inſectes qui la forment, quantité de petites branches d'arbres ou de roſeaux, de la maniere qu'on rame les pois en France. Lorſque ces inſectes les ont couvert de *lacque*, on fait paſſer de l'eau par-deſſus, & on la laiſſe ainſi expoſée quelque tems au ſoleil, où elle vient dure & ſeche, telle qu'on nous l'apporte en Europe.

Cette gomme bouillie dans l'eau avec quelques acides, fait une teinture d'un très-beau rouge. Les Indiens en teignent ces toiles peintes ſi ſévérement défendues, & ſi fort à la mode en France, qui ne perdent point leur couleur à l'eau: les Levantins en rougiſſent auſſi leurs maroquins. Elle doit être choiſie la plus haute en couleur, nette, claire, un peu tranſparente, ſe fondant ſur le feu, rendant étant allumée une odeur agréable, & quand elle eſt mâchée, teignant la ſalive en couleur rouge.

Quelques auteurs de matiere médicale lui attribuent les vertus d'être inciſive, apéritive, atténuante; de purifier le ſang, d'exciter les mois aux femmes, la tranſpiration & la ſueur; mais ces vertus ſont ſi peu confirmées par l'expérience, que l'uſage de cette drogue eſt entierement reſervé pour les Arts.

La *lacque en grain*, eſt celle que l'on a fait paſſer légerement entre deux meules, pour en exprimer la ſubſtance la plus précieuſe; la *lacque plate* eſt celle qu'on a fondue & applatie ſur un marbre: elle reſſemble au verre d'antimoine.

Tout le monde ſait que la *lacque en grain* eſt employée pour la cire à cacheter, dont celle des Indes eſt la meilleure de toutes: c'eſt de la bonne *lacque* liquéfiée & colorée avec du vermillon. Les Indiens font encore avec leur *lacque* colorée une pâte très-dure, d'un beau rouge, dont ils forment des braſſelets appellés *manilles*.

Pour tirer la teinture rouge de la *lacque*, au rapport du P. Tachard, on la ſepare des branches, on la pile dans un mortier, on la jette dans de l'eau bouillante, & quand l'eau eſt bien teinte, on en remet d'autre, juſqu'à ce qu'elle ne teigne plus. On fait évaporer au ſoleil la plus grande partie de l'eau; oh met enſuite cette teinture épaiſſie dans un linge clair; on l'approche du feu, & on l'exprime au-travers du linge. Celle qui a paſſé la premiere eſt en gouttes tranſparentes, & c'eſt la plus belle *lacque.* Celle-ci eſt fort enſuite par une plus forte expreſſion, & qu'on eſt obligé de racler avec un couteau, eſt plus brune, & d'un moindre prix. Voilà la préparation de la *lacque* la plus ſimple, qui n'eſt qu'un extrait de la couleur rouge que donnent les parties animales.

C'eſt de cette premiere préparation, dont les autres qui ſe ſont introduites depuis par le ſecours de l'art, ont priſes leur nom. De-là toutes les *lacques* employées dans la Peinture, pour peindre en mignature & en huile, qui ſont des pâtes ſéches, auxquelles on a donné la couleur de la *lacque*, ſelon les degrés néceſſaires pour la gradation des teintes.

Ce mot de *lacque* s'eſt enſuite étendu à un grand nombre d'autres pâtes ſéches, ou poudres de différentes couleurs, & teintes avec des matieres bien différentes. Ainſi la *lacque fine* de Veniſe eſt une pâte faite avec de la cochenille meſteque qui reſte après qu'on en a tiré le premier carmin. La *lacque colombine*, ou *lacque plate*, eſt une pâte qu'on préparoit autrefois à Veniſe mieux qu'ailleurs, avec des tontures de l'écarlate bouillie dans une leſſive de ſoude blanchie avec de la craie & de l'alun. La *lacque liquide* eſt une certaine teinture tirée du bois de Bréſil; toutes *lacques* s'employent dans la Peinture & dans les vernis.

Divers chimiſtes en travaillant la *lacque*, ont obſervé qu'elle ne ſe fond ni ne ſe liquéfie point dans de l'huile d'olive, quoiqu'on les échauffe enſemble ſur le feu; l'huile n'en prend même aucune couleur, & la *lacque* demeure au fond du vaiſſeau, en une ſubſtance gommeuſe, dure, caſſante, grumeleuſe, rouge & brune; ce qui prouve encore chimiquement que la *lacque* n'eſt point une réſine.

Les mêmes chimiſtes ont cherché curieuſement à tirer la teinture de la *lacque*, & l'on ne ſera pas fâché d'en trouver ici le meilleur procédé: c'eſt à Boerrhaave qu'on le doit.

Prenez de la *lacque* pure, reduiſez-la en une poudre très-fine, humectez-la avec de l'huile de tartre par défaillance, faites-en une pâte molle, que vous mettrez dans un matras, expoſez ce vaiſſeau ſur un fourneau à une chaleur ſuffiſante, pour ſécher peu-à-peu la maſſe que vous aurez formée. Retirez enſuite votre vaiſſeau, laiſſez-le refroidir en plein air, l'huile alkaline ſe reſondra de rechef; remettez la maſſe ſur le feu une ſeconde fois, retirez une ſeconde fois le vaiſſeau, & réitérez la liquéfaction; continuez de la même maniere une troiſieme fois, deſſéchant & liquéfiant alternativement, & vous parviendrez finalement à détruire la ténacité de la gomme, & à la mettre en une liqueur d'une belle couleur purpurine. Faites ſécher de rechef, & tirez la maſſe ſeche hors du vaiſſeau; cette maſſe ainſi préparée & pulvériſée, vous fournira la teinture avec l'alcohol.

Mettez-la dans un grand matras, verſez deſſus autant d'alcohol pur qu'il en faut pour qu'il ſurnage, fermez votre vaiſſeau avec du papier; remettez-le ſur votre fourneau, juſqu'à ce que y ayant demeuré deux ou trois heures, l'alcohol commence à bouillir; vous pouvez le faire ſans danger, à cauſe de la longueur & de l'étroiteſſe du col du matras. Laiſſez refroidir la liqueur, ôtez la teinture claire, en inclinant doucement le vaiſſeau que vous tiendrez bien fermé: traitez le reſte de la même maniere avec d'autre alcohol, & continuez juſqu'à ce que la matiere ſoit épuiſée, & ne teigne plus l'alcohol.

C'eſt par ce beau procédé qu'on peut tirer d'excellentes teintures de la myrrhe, de l'ambre, de la gomme de genievre & autres, dont l'efficacité dépendra des vertus réſidentes dans les ſubſtances d'où on les tirera, & dans l'eſprit qui y ſera ſecretement logé.

Ce même procédé nous apprend 1°. qu'un alkali à l'aide de l'air & d'une chaleur digeſtive, eſt capable d'ouvrir un corps denſe, & de le diſpoſer à communiquer ſes vertus à l'alcohol; 2°. que l'action de la déſiccation ſur le feu & de la liquéfaction à l'air, faites alternativement, agit ſur les particules les plus inſenſibles du corps denſe, ſans toutefois qu'en pouſſant ce procédé auſſi loin qu'il eſt poſſible; on parvienne jamais à les diſſoudre toutes. (*D. J.*)

LACQUE ARTIFICIELLE, (*Arts.*) ſubſtance colorée qu'on tire des fleurs, ſoit en les faiſant cuire à feu lent dans une leſſive convenable, ſoit en les faiſant diſtiller pluſieurs fois avec de l'eſprit-de-vin.

C'eſt de ces deux manietes qu'on tire les couleurs de toutes ſortes de plantes récentes ; la jaune de la fleur du genêt ; la rouge, du pavot ; la bleue, de l'iris ou de la violette ; la verte, de l'acanthe ; la noire, de la laterne ſelon Cluſius, &c. & cette *lacque* eſt d'un grand uſage dans la Peinture, ſur-tout aux peintres en fleurs, & aux enlumineurs ; nous allons parler de ces deux méthodes ; commençons par celle de la leſſive.

Faites avec de la ſonde & de la chaux une leſſive médiocrement forte ; mettez cuire, par exemple, des fleurs de genêts, récentes, à un feu doux, de maniere que cette leſſive ſe charge de toute la couleur des fleurs de genêts ; ce que vous reconnoîtrez, ſi les fleurs dont on a fait l'extrait font devenues blanches, & la leſſive d'un beau jaune ; vous en retirerez pour lors les fleurs, & vous mettrez la décoction dans des pots de terre verniſſés pour la faire bouillir ; vous y joindrez autant d'alun de roche qu'il s'y en pourra diſſoudre. Retirez enſuite la décoction, verſez-la dans un pot plein d'eau claire, la couleur jaune ſe précipitera au fond. Vous laiſſerez alors repoſer l'eau, vous la décanterez & y en verſerez de nouvelle. Lorſque la couleur ſe ſera dépoſée, vous décanterez encore cette eau, & vous continuerez de même, juſqu'à ce que tout le ſel de la leſſive & l'alun ayent été enlevés, parce que plus la couleur ſera déchargée de ſel & d'alun, plus elle ſera belle. Dès que l'eau ne ſe chargera plus de ſel, & qu'elle ſortira ſans changer de couleur, vous ſerez aſſurés que tout le ſel & l'alun ont été emportés ; alors vous trouverez au fond du pot de la *lacque* pure & d'une belle couleur.

Il faut obſerver entr'autres choſes dans ces opérations, que lorſqu'on a fait un peu bouillir les fleurs dans une leſſive, qu'on l'a décantée, qu'on en a verſé une nouvelle ſur ce qui reſte ; qu'après une deuxieme cuiſſon douce, on a réitéré cette opération juſqu'à trois fois, ou plutôt tant qu'il vient de la couleur, & qu'on a précipité chaque extrait avec de l'alun ; chaque extrait ou précipitation donne une *lacque* ou couleur particuliere, qui eſt utile pour les différentes nuances, dont ſont obligés de ſe ſervir les peintres en fleurs.

On ne doit point cependant attendre cet effet de toutes les fleurs, parce qu'il y en a dont les couleurs ſont ſi tendres, qu'on eſt obligé d'en mettre beaucoup ſur une petite quantité de leſſive ; tandis qu'il y en a d'autres pour qui on prend beaucoup de leſſive ſur peu de fleurs ; mais ce n'eſt que la pratique & l'expérience qui peuvent enſeigner quel eſt le tempérament à garder.

Il ne s'agit plus que de ſécher la *lacque* qu'on a tirée des fleurs. On pourroit l'étendre ſur des morceaux de linge blanc, qu'on feroit ſécher à l'ombre ſur des briques nouvellement cuites ; mais il vaut mieux avoir une plaque de gypſe, haute de deux ou trois travers de doigts ; dès qu'on voudra ſécher la *lacque*, on fera un peu chauffer le plateau de gypſe, & on étendra la *lacque* deſſus ; ce plateau attire promptement l'humidité. Un plateau de gypſe peut ſervir long-tems à cet uſage, pourvu qu'on le faſſe ſécher à chaque fois qu'on l'aura employé ; au lieu de gypſe on pourroit encore ſe ſervir d'un gros morceau de craye liſſe & unie. Il n'eſt pas indifférent de ſécher la *lacque* vite ou lentement ; car il s'en trouve, qui en ſéchant trop vite, perd l'éclat de ſa couleur, & devient vilaine ; il faut donc en ceci beaucoup de patience & de précaution.

Paſſons à la méthode de tirer la *lacque artificielle* par l'eſprit-de-vin ; voici cette méthode ſelon Kunckel.

Je prends, dit-il, un eſprit-de-vin bien rectifié & déflegmé, je le verſe ſur une plante ou fleur, dont je veux extraire la teinture ; ſi la plante eſt trop groſſe ou ſeche, je la coupe en pluſieurs morceaux ; s'il s'agit de fleurs, je ne les coupe ni ne les écraſe.

Auſſi-tôt que mon eſprit-de-vin s'eſt coloré, je le décante, & j'en verſe de nouveau. Si la couleur qu'il me donne cette ſeconde fois eſt ſemblable à la premiere, je les mets enſemble ; ſi elle eſt différente, je les laiſſe à part, j'en ôte l'eſprit-de-vin par la voye de la diſtillation, & je n'en laiſſe qu'un peu dans l'alambic pour pouvoir en retirer la couleur ; je la mets dans un vaſe ou matras, pour la faire évaporer lentement, juſqu'à ce que la couleur ait une conſiſtance convenable, ou juſqu'à ce qu'elle ſoit entierement ſeche ; mais il faut que le feu ſoit bien doux, parce que ces ſortes de couleurs ſont fort tendres.

Il y a des couleurs de fleurs qui changent & donnent une teinture toute différente de la couleur qu'elles ont naturellement, c'eſt ce qui arrive ſur-tout au bleu ; il faut une grande attention & un ſoin particulier pour tirer cette couleur : il n'y a même que l'uſage & l'habitude qui apprennent la maniere d'y réuſſir.

Finiſſons par deux courtes obſervations ; la premiere que les plantes ou fleurs donnent ſouvent dans l'eſprit-de-vin une couleur différente de celles qu'elles donnent dans la leſſive. La ſeconde, que l'extraction ne doit ſe faire que dans un endroit frais ; car pour peu qu'il y eût de chaleur, la couleur ſe gâteroit ; c'eſt par la même raiſon qu'il eſt très-aiſé en diſtillant, de ſe tromper au degré de chaleur, & que cette mépriſe rend tout l'ouvrage laid & diſgracieux ; un peu trop de chaleur noircit les couleurs des végétaux ; le lapis lui-même perd ſa couleur à un feu trop violent. (*D.J.*)

LACHRIMA CHRISTI, (*Hiſt. nat.*) c'eſt le nom que l'on donne en Italie à un vin muſcat très-agréable, qui croît au royaume de Naples, au milieu des cendres & des débris du mont Véſuve. On dit qu'un polonois ayant trouvé ce vin fort à ſon gré, s'écria : *ó Domine ! cur non etiam in terris noſtris lacrymatus es* ? Seigneur, pourquoi n'avez-vous point pleuré dans nos pays ?

LACHRIME D'ANGLETERRE, *crithmum. (Jardin.) Voyez* PASSEPIERRE.

LACROME, (*Géog.*) écueil au voiſinage du port de Raguſe ; & ſur cet écueil qui a près d'une lieue de tour, il y a une abbaye de bénédictins. M. de Liſle nomme cet écueil *Chiroma* dans ſa carte de la Grece. (*D.J.*)

LACTAIRE, COLOMNE, (*Littér.*) *Lactaria*, on ſouſentend *columna* ; colomne élevée dans le marché aux herbes à Rome, où l'on apportoit les enfans trouvés pour leur avoir des nourrices. Nous apprenons de Juvénal, *Satyr. VI.* v. 610. que les femmes de qualité & venoient ſouvent prendre des enfans abandonnés pour les élever chez elles ; enſuite les autres enfans dont perſonne ne ſe chargeoit étoient nourris aux dépens du public. (*D.J.*)

LACTÉES, VEINES LACTÉES, *ou* VAISSEAUX LACTÉS, *en Anatomie*, ſont de certains vaiſſeaux longs, qui des inteſtins portent le chyle dans le réſervoir commun. *Voyez* CHYLE.

Hippocrate, Eraſiſtrate & Galien, paſſent pour les avoir connues ; mais Aſellius fut le premier qui publia en 1622 une deſcription exacte de celles qu'il avoit vûes dans les animaux, & qu'il nomma *veines lactées*, parce que la liqueur qu'elles contiennent reſſemble à du lait. *Voyez* Dougl. *bibl. anat. pag.* 236. *édit.* 1734. Tulpius eſt le premier qui ait vûes dans l'homme en 1537. Highmor & Folius en 1739. Veſlingius les a ſouvent vûes dans l'homme,

LAC — LAD

& il en a donné la figure. Celle que Duverney a inférée dans le vol. I. des actes de Petersbourg, eſt la meilleure de toutes. Ces veines, du tems de Bartholin, ont été tellement confondues avec les vaiſſeaux lymphatiques, que les uns ont dit qu'elles ſe jettoient dans le foie, d'autres dans la matrice, d'autres enfin dans différentes parties.

Ces vaiſſeaux ont des tuniques ſi minces, qu'ils ſont inviſibles, excepté lorſqu'ils ſont remplis de chyle ou de lymphe. Ils viennent de tous les endroits des inteſtins grêles, & à meſure qu'ils s'avancent de-là vers les glandes du meſentere, ils s'uniſſent & forment de plus groſſes branches, appellées *veines lactées du premier genre*. Les orifices par leſquels ces vaiſſeaux s'ouvrent dans la cavité des inteſtins, d'où ils reçoivent le chyle, ſont ſi petits qu'il eſt impoſſible de les appercevoir avec le meilleur microſcope. Il étoit néceſſaire qu'ils ſurpaſſaſſent en petiteſſe les plus petites arteres, afin qu'il n'y entrât rien qui pût arrêter la circulation du ſang.

Cette extrémité des *veines lactées* communique avec les arteres capillaires des inteſtins, & les *veines lactées* reçoivent par ce moyen une lymphe qui détrempe le chyle, en facilite le cours, les tiennent nettes elles-mêmes, & auſſi les glandes, de peur que le chyle venant à s'y arrêter quand on jeûne, ne les embarraſſe & ne les bouche.

Les *veines lactées* par leur autre extrémité, déchargent le chyle dans les cellules veſſiculaires des glandes répandues par tout le méſentere. De ces glandes viennent d'autres *veines lactées* plus groſſes, qui portent le chyle immédiatement dans le réſervoir de Pecquet ; & ces dernieres ſont appellées *veines lactées ſecondaires*.

Les *veines lactées* ont de diſtance en diſtance des valvules qui empêchent le chyle de retourner dans les inteſtins. *Voyez* VALVULE.

On doute encore ſi les gros inteſtins ont des *veines lactées* ou non. L'impoſſibilité de diſſéquer des corps humains comme il faudroit pour une telle recherche, ne permet pas de l'aſſurer ou de le nier. Les matieres contenues dans les gros inteſtins ne ſont pas propres à fournir beaucoup de chyle ; de ſorte que s'ils ont des *veines lactées*, ils ne ſauroient vraiſſemblablement en avoir que très-peu. Il eſt conſtant qu'on les a obſervées dans pluſieurs animaux. Winſlow, Bohne, Folius, Warcher, Highmor les ont vues dans l'homme. Santorini, Le protti, Drelincourt, Brunner, prétendent qu'il n'y en a point dans les gros inteſtins ; mais, comme l'obſerve très-judicieuſement M. Haller, les concluſions négatives doivent être ſoutenues par beaucoup d'expériences.

Dans les animaux, ſi on les ouvre, un tems raiſonnable après qu'ils ont pris de la nourriture, comme au bout de deux ou trois heures, on apperçoit les veines *lactées* blanches & très-gonflées ; & ſi on les bleſſe, le chyle en ſort abondamment. Mais ſi on les examine lorſque l'eſtomac de l'animal a été quelque tems vuide, elles paroiſſent comme des vaiſſeaux lymphatiques, étant viſibles à la vérité, mais pleines d'une liqueur tranſparente.

Le chyle contenu dans les *veines lactées*, montre qu'elles communiquent avec la cavité des inteſtins. Mais on n'a pas encore découvert comment leurs orifices ſont diſpoſés pour le recevoir, & on ne connoît aucun moyen d'injecter les *veines lactées* par la *cavité des inteſtins*. Ainſi leur entrée dans ce canal eſt probablement oblique, puiſque ni l'air, ni les liqueurs n'y peuvent pénétrer de-là ; & comme les *veines lactées* ne reçoivent rien que pendant la vie de l'animal, il y a lieu de croire que c'eſt le mouvement périſtaltique des inteſtins qui les met en état de recevoir le chyle. Ce qui peut s'exécuter par le moyen des fibres circulaires & longitudinales des inteſtins,

qui appliquent ſans ceſſe leurs tuniques internes contre ce qu'ils contiennent ; en conſéquence de quoi le chyle eſt ſéparé de la matiere excrémentitielle, & ſe trouve forcé d'entrer par les orifices des *veines lactées*.

LACTÉE, VOIE, (*Aſtron.*) eſt la même choſe que GALAXIE; on l'appelle auſſi *voie de lait*: mais de ces trois dénominations celle de *voie lactée* eſt plus en uſage, même parmi les Aſtronomes. *Voyez l'article* GALAXIE.

LACTODORUM, (*Géog. anc.*) ou plutôt LACTORODUM, ancien lieu de la grande-Bretagne, qui ſe trouvoit, ſelon l'Itinéraire d'Antonin, entre Bennavenna & Magiovintum. M. Gale rend Bennavenna par Weedon, & Magiovintum par Dunſtale. Il croit que *Lactorodum* eſt Stony-ſtreadfort, un gué ſur le chemin pavé. Il aime mieux lire *Lactorodum* que *Lactodorum*, parce qu'en langue bretone, *lech* ſignifie une *pierre*, & *rhyd*, un *gué*. (*D. J.*)

LACTURCIE, (*Littér.*) & par d'autres LACTUCINE ou LACTICINIE, déeſſe des Romains, qui amolliſſoit les blés en lait, après que Flore en avoit pris ſoin lorſqu'ils étoient èn fleurs. Varron donnoit cette charge au dieu *Ladans*, & ſelon les PP. Bénédictins au dieu *Lacturne*. Tous ces mots qui renferment la même idée, faiſoient grand plaiſir aux poètes géorgiques, & ne pouvoient qu'annoblir leurs écrits ; nous n'avons plus ces mêmes avantages. (*D. J.*)

LACUNES, *lacuna*, chez les *Anatomiſtes*, ſont certains conduits excrétoires dans les parties naturelles de la femme. *Voyez les Planch.* anatomiques & leur explication.

Entre les fibres charnues des ureteres & la membrane du vagin, on trouve un corps blanchâtre & glanduleux, d'environ un doigt d'épais, qui s'étend autour du col de la veſſie, & qui a un grand nombre de conduits excrétoires, que de Graaf appelle *lacunes* ; leſquels ſe terminent à la partie inférieure de l'orifice de la matrice de chaque côté par un petit trou plus viſible que tous les autres qui répondent par deux petits tuyaux à ce corps folliculeux, & y apportent une humeur viſqueuſe qui ſe mêle avec la ſemence du mâle. *Voyez* GÉNÉRATION, CONCEPTION, SEMENCE, *&c.*

LACUNE, (*Imprimerie.*) ce mot s'entend dans la pratique de l'Imprimerie, d'un vuide ou interruption de diſcours que l'on imite dans l'impreſſion lorſqu'il s'en trouve dans un manuſcrit, que l'on n'a pas jugé à propos ou que l'on n'a pu remplir ; aſſez ordinairement on repréſente ce défaut d'un manuſcrit, à l'impreſſion, par des lignes de points.

LACYDON, (*Géog. anc.*) Λακυδων, c'eſt proprement le nom du port de Marſeille. La ville & le port avoient leurs noms particuliers, comme Athenes. (*D. J.*)

LADA, ſ. m. (*Hiſt. mod.*) du ſaxon *ladian*, ſignifie auſſi une *purgation canonique* ou maniere de ſe laver d'une accuſation, en faiſant entendre treize témoins pour ſa décharge. Dans les loix du roi Ethelred, il eſt ſouvent fait mention de *lada ſimplex*, *triplex* & *plena*. La premiere étoit apparemment celle où l'accuſé ſe juſtifioit par ſon ſeul ſerment ; la ſeconde celle où il produiſoit trois témoins, ou comme on les nommoit alors *conjuratores*, & peut-être étoit-il du nombre. Quant à la troiſieme eſpece, on ignore quel nombre de témoins étoit préciſément requis pour remplir la formalité nommée *lada plena*.

LADAC ou LADNEA, (*Géog.*) royaume d'Aſie dans le grand Thibet, dont il fait partie : il eſt par les 35^d de latitude ſeptentrionale, & a au nord des déſerts traverſés par le chemin de Cachemire au Tangut. (*D. J.*

LADANUM, ſ. m. (*Hiſt. nat. des drog. exot.*)

en Grec λαδανον, λβανον, en arabe laden, suc gluant ou substance résineuse, qui transsude des feuilles du ciste ladanifere, que nous appellons lede. *Voyez* LEDE.

On trouve dans les boutiques deux sortes de *ladanum* ; l'une en grandes masses molles, qui approchent de la consistence d'emplâtre ou d'extrait, gluantes lorsqu'on les manie avec les doigts, d'une odeur agréable & d'un roux noirâtre; elles sont enveloppées dans des vessies ou dans des peaux; c'est ce qu'on nomme communément *ladanum* en masse.

L'autre sorte est en pains entortillés & roulés, secs, durs, fragiles, s'amollissant cependant à la chaleur du feu, de couleur noire, d'une odeur foible, & mêlés d'une quantité prodigieuse d'un petit sable noir; c'est l'espece la plus commune, on l'appelle *ladanum in tortis*. Nous les recevons toutes les deux de l'île de Candie, & des autres isles de l'Archipel. On le recueille aussi dans l'isle de Chypre du côté de Baffa, qui est l'ancienne Paphos.

Les anciens grecs ont connu comme nous cette résine grasse, & la maniere de la recueillir; du tems de Dioscoride, & même du tems d'Hérodote, on n'amassoit pas seulement le *ladanum* avec des cordes, on détachoit encore soigneusement celui qui s'étoit pris à la barbe & aux cuisses des chevres, lorsqu'elles avoient brouté le ciste.

Les Grecs modernes ont pour faire cette récolte un instrument particulier, qu'ils nomment εργαςιρι, & dont M. de Tournefort a donné la figure dans son voyage du Levant. Cet instrument est semblable à un rateau qui n'a point de dents; ils y attachent plusieurs languettes ou courroies de cuir grossier, qui n'a point été préparé. Ils les passent & repassent sur les cistes, à force de les rouler sur ces plantes, de les secouer, & de les frotter aux feuilles de cet arbuste, leurs courroies se chargent de la glu odoriférante, attachée sur les feuilles; c'est une partie du suc nourricier de l'arbrisseau, lequel transsude au-travers de la tissure de ses feuilles comme une sueur grasse, dont les gouttes sont luisantes & aussi claires que la térébenthine.

Lorsque les courroies du rateau sont bien chargées de cette graisse, on la ratisse avec un couteau, & l'on met en pain ce que l'on en détache, c'est-là le *ladanum*. Un homme qui travaille avec application en amasse par jour environ trois livres deux onces, quantité qu'on évalue à un écu de France à Retimo du tems que M. de Tournefort y voyageoit.

Cette récolte n'est rude que parce qu'il faut la faire dans les plus grandes chaleurs, & lorsque le tems est calme; cela n'empêche pas qu'il n'y ait quantité d'ordures dans le *ladanum* le plus pur, parce que les vents des mois précédens ont jetté beaucoup de poussiere sur les arbrisseaux: mais pour augmenter le poids de cette drogue, les Grecs la pétrissent avec un sablon noirâtre, ferrugineux & très-fin, qui se trouve sur les lieux, comme si la nature avoit voulu leur apprendre à sophistiquer leur marchandise. Il est difficile de connoître la tromperie lorsque le sablon est bien mêlé avec la résine; & ce n'est qu'après l'avoir mâché long-tems qu'on sent le *ladanum* craquer sous la dent; il y a néanmoins un bon remede, c'est de dissoudre le *ladanum*, & l'on voit; car par ce moyen on sépare tout ce qu'y a ajouté, qui n'est pas peu de chose, puisque sur cent livres de *ladanum* commun, on en retire ordinairement vingt-quatre onces de sable, & tout au plus quatre onces de vraie résine.

Les femmes grecques portent souvent dans leurs mains des boules faites de *ladanum* simple ou de *ladanum* ambré pour les sentir. (*D. J.*)

LADANUM ou LABDANUM, (*Mat. méd.*) est une gomme résine selon les auteurs de la table des médicamens, mise à la tête de la Pharmacopée de Paris. On doit choisir le *ladanum* pur, très-aromatique & qui s'amollisse facilement par la chaleur. Le *ladanum* en masses ou en pain doit être préféré au *ladanum* commun ou en *tortis*; c'est pourtant cette derniere espece qu'on employe plus fréquemment.

Le *ladanum* est fort rarement employé dans les remedes magistraux destinés à l'usage intérieur, il a cependant les vertus génériques des baumes ou des résines molles aromatiques. *Voyez* BAUME & RÉSINE.

Quelques auteurs en ont recommandé l'application extérieure contre la foiblesse d'estomac, & dans le mal des dents; mais on compte peu aujourd'hui sur de pareilles applications. Sont-elles absolument inutiles? *Voyez* TOPIQUE.

On fait entrer le *ladanum* dans les fumigations odorantes. *Voyez* FUMIGATION.

Il entre aussi dans le baume hystérique, dans l'emplâtre *contra rupturam*, l'emplâtre stomacal; & sa résine séparée par le moyen de l'esprit-de-vin dans la thériaque céleste de la Pharmacopée de Paris.

Les produits de sa distillation qui sont les mêmes que ceux de toute autre résine odorante, ne sont point d'usage. *Voyez* RÉSINE. (*b*)

LADE, (*Géog. anc.*) isle de la mer Egée, devant Milet, sur la côte d'Asie. Hérodote, Thucydide & Pausanias en parlent. (*D. J.*)

LADENBOURG, (*Géog.*) *Ladenburgum*, petite ville d'Allemagne au palatinat du Rhin, entre Heidelbern & Manheim sur le Necker. Elle appartient à l'évêché de Worms, & à l'électeur Palatin. *Long*. 27. 17. *lat*. 49. 27. (*D. J.*)

LADIZIN, (*Géogr.*) ville du royaume de Pologne, dans la petite Russie, au Palatinat de Braclow.

LADOG, s. m. (*Hist. nat. Comm.*) c'est ainsi que l'on nomme en Russie un poisson qui ressemble beaucoup au hareng. Il se pêche dans le lac de Ladoga, d'où lui vient le nom qu'il porte. Les Russes le salent & le mettent dans des barils de la même façon que cela se pratique pour les harengs; & comme ils observent un carême rigoureux & des jeûnes très-auflers, il s'en fait une si grande consommation dans le pays, que la pêche ne suffit pas à la provision, & que l'on a recours aux Anglois & aux Hollandois.

LADOGA, (*Géogr.*) ville de l'empire Russien, sur le bord méridional du lac du même nom. *Long*. 51. 4. *lat*. 60. (*D. J.*)

LADOGA, LAC, (*Géogr.*) grand lac de l'empire Russien, entre la Carélie au nord, l'Ingrie & la province de Novogrod au midi. Il se forme de quantité de rivieres, & se décharge dans le golfe de Finlande, par un canal que l'on nomme la *Niewa* ou la *Nie*, sur lequel la ville de S. Pétersbourg est située. Il a environ 160 werstes ou milles de Moscovie en sa longueur du nord au sud, entre 60 d. & 51 d. 60. de *latit*. & environ 105 werstes de largeur d'occident en orient, entre 41 d. 39'. & 51. 20. *de long*. Ce lac le plus grand de l'Europe est extrêmement fertile en saumons & un petit poisson gros comme le hareng, nommé le *ladog*, d'où le lac a tiré son nom. (*D. J.*)

LADON LE, (*Géog. anc.*) riviere de Grece, au Péloponnèse dans l'Arcadie. Elle avoit sa source dans les marais de la ville de Phénée, & se perdoit dans l'Alphée. Pausanias vante la beauté de ses eaux, sur toutes celles de la Grece; & les Poëtes & les Mythologistes firent le Ladon pere de la nymphe Daphné & de la nymphe Syrinx. Il étoit couvert de magnifiques roseaux, dont Pan se servit pour sa flûte à sept tuyaux. Ovide n'est point d'accord avec lui-même sur la nature du cours de ce fleuve; tantôt il entraîne tout par sa rapidité, *Ladon rapax*; tantôt au contraire, il roule tranquillement ses eaux sur le gravier, *arenosus, placidus amnis*.

LAG

Il y avoit une autre riviere de ce nom dans la Béotie, qu'on appella depuis *Ifmenus*. (*D. J.*)

LADRE, *voyez* LEPRE, LÉPREUX & ÉLÉPHANTIASIS.

LADRE, (*Maréchal.*) se dit d'un cheval qui a plusieurs petites taches naturellement dégarnies de poil, & de couleur brune autour des yeux ou au bout du nez. Les marques de *ladre* sont des indices de la bonté d'un cheval. Quoi qu'en dise le vulgaire, celui qui en a est très-sensible à l'éperon. Ces marques au reste se distinguent sur quelque poil que ce soit, mais plus difficilement sur le blanc que sur tout autre.

LADRE, (*Vener.*) se dit d'un lievre qui habite aux lieux marécageux.

LADRONE, (*Géog.*) ville & comté situé dans l'évêché de Trente, sur le lac d'Idro.

LÆHN ou LEHN, (*Géog.*) ville d'Allemagne de la basse Silésie, dans la principauté de Jauer, sur la riviere de Bober.

LAEP, s. m. (*Comm.*) poids qui est en usage à Breslau en Silésie, & qui fait 24 liv. du pays, c'est-à-dire 20 livres du poids de Hambourg.

LÆPA, (*Géog. anc.*) ancienne ville d'Espagne dans la Bétique, au pays des Turdetains, selon Ptolomée, qui la surnomme la *grande*; cependant nous ignorons le lieu même qui pourroit lui répondre. (*D. J.*)

LAERTE, (*Géog. anc.*) Λαέρτη; ville de la Cilicie montagneuse, dans la Pamphilie, selon Ptolomée, *lib. V. c v.* C'étoit, selon Strabon, une place forte, située sur une colline, & où on entretenoit une garnison. (*D. J.*)

LAES, s. m. (*Commerce.*) espece de monnoie de compte dont on se sert dans quelques endroits des Indes orientales, particulierement à Amadabath. Un *laes* vaut 100000 roupies; cent *laes* font un crou, & chaque crou vaut quatre arebs. *Voyez Dictionn. du Commerce.* (*G*)

LÆSZIN, (*Géog.*) petite ville de la Prusse polonoise, de la dépendance du palatinat de Culm.

LAFFA, s. m. (*Hist. nat. Bot.*) arbre de l'île de Madagascar, on en tire des filamens semblables à du crin de cheval, dont les habitans font des lignes pour la pêche.

LA FRANQUAIN, (*Géog.*) Michelot, dans son portulan de la Méditerranée, dit *la Franquine*; c'est un mouillage de France sur la côte de Roussillon, ou une anse de sable dans laquelle on peut mouiller avec des galeres; mais le vent d'est-nord-est y donne à plein, & il ne faut pas s'y laisser surprendre. Concluons de-là que ces sortes de mouillages ne sont bons que dans une nécessité pressante & dans la saison favorable. (*D. J.*)

LAGA, s. m. sorte de feve rouge & noire, qui croît en diverses contrées des Indes orientales; & qui sert en quelques endroits de poids pour l'or & l'argent. Les Melais l'appellent *conduit*.

LAGAN, s. m. (*Droit matit.*) terme ancien & hors d'usage; il désignoit le droit que plusieurs nations s'arrogeoient autrefois sur les hommes, les vaisseaux & les marchandises qui avoient fait naufrage, & dont la mer jettoit les personnes ou les débris sur la côte.

S'il en faut croire quelques historiens, les peuples habitans du comté de Ponthieu ne se faisoient point de scrupule, dans le x. & xj. siecle, de déclarer prisonniers tous ceux que le malheur faisoit échouer sur leurs côtes, & d'exiger d'eux une grosse rançon. Mais ce droit barbare, qui s'appelloit en France le *lagan* (*laga maris*), loi de mer, étoit reçu chez la plûpart des peuples européens.

Ce fut à Amiens que l'an 1191, le roi Philippe Auguste, le comte de Flandres, Philippe d'Alsace,

Jean, comte de Ponthieu, Ide, comtesse de Boulogne, Bernard, seigneur de S. Valery, & Guillaume de Caven, consentirent conjointement d'abolir cet usage, que d'ailleurs la religion & l'humanité ont abrogé dans toute l'Europe. Il n'en reste, à proprement parler, que ce qu'on appelle en françois le *jet*; ce sont les marchandises que le maître d'un vaisseau qui se trouve en danger, *jette* à la mer pour alléger son bâtiment, & que la mer renvoie à terre. Les princes, seigneurs ou peuples qui les recueillent, se les approprient. (*D. J.*)

LAGANUM, s. m. (*Littér.*) mot d'Horace. Le *laganum* n'étoit point précisément un morceau de pâte cuite dans la graisse, une gaufre, une crêpe, un bignet, comme traduisent nos dictionnaires. Le *laganum* étoit une espece de petit gâteau, fait avec de la farine, de l'huile & du miel: c'étoit-là un des trois plats du souper d'Horace, à ce qu'il dit; les deux autres consistoient, l'un en poireaux &, l'autre en feves; mais Horace savoit bien quelquefois faire meilleure chere, & il paroit assez par ses écrits qu'il s'y connoissoit. (*D. J.*)

Galien a fait mention de cette espece de gâteau grossier, *de aliment. facult. lib. I. cap. iv.*

LAGARIA, (*Géog. anc.*) ville ancienne de la grande Grece, dans le territoire des Tituriens. Cette ville ne subsiste plus; le lieu où elle étoit est desert & sans habitans. (*D. J.*)

LAGÉNIE, (*Géog. anc.*) nom ancien d'une des quatre provinces de l'Irlande, qu'on appelle aujourd'hui *Leinster*. C'est le pays où Ptolomée place les Brigantes, les Cauques, les Blaines & les Ménapiens: ses trois rivieres remarquables nommées dans Speed le *Shour*, le *Néor* & le *Borrao*, s'appellent à présent le *Shannon*, la *Nuer* & le *Barrow*. (*D. J.*)

LAGENOPHORIES, s. f. pl. (*Littér.*) réjouissances d'usage chez le menu peuple à Alexandrie du tems des Ptolomées. Ces réjouissances tiroient leur nom de *lagena*, une bouteille, & *fero*, je porte, parce que ceux qui les célébroient devoient apporter chacun pour leur écot chez leur hôte, un certain nombre de bouteilles de vin pour égayer la fête. (*D. J.*)

LAGENTIUM ou LAGECIUM, (*Géog. ancien.*) ancien lieu de la grande Bretagne, selon l'itinéraire d'Antonin, sur la route d'Yorck à Londres, à 21 mille pas de la premiere. Gale observe que c'est présentément Castleford, ou plûtôt Casterford, au confluent des rivieres l'Are & la Caulder. Il ajoute qu'on a trouvé près de Castlefrod un aussi grand nombre de monnoies romaines, que si on les y. avoit semées. (*D. J.*)

LAGHI, (*Géog.*) ville de l'Arabie heureuse, vers les côtes de la mer d'Arabie, au royaume d'Adramont, à 90 mille pas d'Aden. (*D. J.*)

LAGIAS, s. m. (*Commerce.*) toiles peintes, qu'on appelle, à cause de leur perfection, *lagias du Pegu*, se fabriquent & se vendent au Pegu. Les torpites, les corpis &. les pentadis font inférieurs aux *lagias*.

LAGIDES, s. m. (*Hist. anc.*) nom qu'on donna aux rois grecs qui possédérent l'Egypte après la mort d'Alexandre. Les deux plus puissantes monarchies qui s'éleverent alors, furent celle d'Egypte, fondée par Ptolomée, fils de Lagus, d'où viennent les *Lagides*, & celle d'Asie ou de Syrie, fondée par Séleucus, d'où viennent les Séleucides.

LAGLYN ou LOUGHLEN, (*Géog.*) ville d'Irlande dans la province de Leinster, au comté de Catherlagh. *Long. 10. 45. lat. 52. 40.* (*D. J.*)

LAGNI, (*Géog.*) *Latiniacum*, ville de l'île de France, dans le territoire de Paris, sur laquelle on peut consulter Longuerue, description de la France. *Lagni* est à 6 lieues au-dessus de Paris, & à 4 de

Meaux, fur la Marne. La fondation de fon abbaye de Bénédictins par S. Fourcy, eſt du vijᵉ. ſiecle. *Long.* 20. 20. *lat.* 48. 50. (*D. J.*)

LAGNIEU, (*Géog.*) petite ville de France dans le Bugey, au dioceſe de Lyon, ſur le bord du Rhône, avec une égliſe collégiale érigée en 1476. *Long.* 23. 20. *lat.* 45. 44. (*D. J.*)

LAGNUS-SINUS, (*Géog. anc.*) golfe de la mer Baltique, qui, ſelon Pline, touche au pays des Cimbres. Le P. Hardouin prétend que c'eſt cette eſpece de mer qui baigne le Jutland, le Holſtein & le Mecklembourg. (*D. J.*)

LAGO-NEGRO, (*Géog.*) petite ville d'Italie au royaume de Naples, dans la Baſilicate, au pié de l'Apennin. *Long.* 34. 57. *lat.* 41. 12. (*D. J.*)

LAGOPHTHALMIE ou ŒIL DE LIEVRE, ſubſt. fém. (*Chirurgie.*) maladie de la paupiere ſupérieure retirée en haut, en ſorte que l'œil n'en peut être couvert. Ce nom eſt compoſé de deux mots grecs λαγὼς, *lievre*, & ὀφθαλμὸς, *œil*, parce qu'on dit que les lievres dorment les paupieres ouvertes.

Les auteurs ont confondu la *lagophthalmie* avec l'éraillement, de même que l'ectropium qui eſt à la paupiere inférieure, la même maladie que la *lagophthalmie* à la ſupérieure. Les deſcriptions qu'on a données de ces maux, de leurs cauſes, de leurs ſymptômes & de leurs indications curatives, m'ont paru défectueuſes à pluſieurs égards. *Voyez* ECTROPIUM.

Quand la peau qui forme extérieurement la paupiere eſt retirée par quelque cauſe que ce ſoit, la membrane intérieure rebrouſſée, fort ſaillante, & dans une inverſion véritable, ſe gonfle communément au point de couvrir entierement la cornée tranſparente. On ne doit pas confondre l'éraillement, qui eſt la ſuite d'une plaie ſimple à la commiſſure ou au bord des paupieres & qui n'a pas été réunie, avec le bourſouflement de la membrane interne, produit par d'autres cauſes.

Ce bourſouflement idiopathique qui ſeroit cauſé par une fluxion habituelle d'humeurs ſéreuſes, où par l'uſage indiſcret des remedes émolliens, preſcriroit les remedes aſtringens & fortifians, comme on l'a dit *au mot* ECTROPIUM ; mais ces médicamens pourroient être ſans effet ſi l'on ne donnoit aucune attention à la cauſe. Il faut détourner l'humeur par les purgatifs ; faire uſage de la ptiſane d'eſquine ; appliquer des véſicatoires ou faire un cautere, ſuivant le beſoin : ſouvent même, avec toutes ces précautions, le vice local exige qu'on faſſe dégorger la partie tuméfiée au moyen des ſcarifications ; & le tiſſu de la partie dans les tuméfactions invétérées, peut s'être relâché au point qu'il en faut faire l'amputation.

L'uſage des remedes ophthalmiques fort aſtringens ne paroit pas pouvoir être mis au nombre des cauſes de la *lagophthalmie* ni de l'ectropium, comme on l'a dit ailleurs. Mais pour ne parler ici que de la paupiere ſupérieure, les auteurs ont amiſſé quatre cauſes principales du raccourciſſement de cette partie, qui ſont ; 1°. un vice de conformation ; 2°. la convulſion du muſcle releveur de cette paupiere, & la paralyſie ſimultanée du muſcle orbiculaire qui ſert à l'abaiſſer ; 3°. le deſſéchement de la paupiere ; & 4°. des cicatrices qui ſuivent les plaies, les ulceres & les brûlures de cette partie.

Maître Jean ne diſpute point l'exiſtence des trois premieres cauſes, quoiqu'il ne les ait jamais rencontrées dans la pratique ; mais il ſoutient avec raiſon que l'opération que quelques praticiens ont propoſée contre cette maladie n'eſt point admiſſible. Cette opération conſiſte à faire ſur la paupiere ſupérieure une inciſion en forme de croiſſant, dont les extrémités ſeroient vers le bord de la paupiere. On rempliroit la plaie de charpie, & l'on auroit ſoin d'en entretenir les levres écartées juſqu'à ce que la cicatrice fût formée. Maître Jean prouve très-ſolidement que toute cicatrice cauſant un rétréciſſement de la peau, & étant toujours beaucoup plus courte que la plaie qui y a donné lieu, l'opération propoſée doit rendre la difformité plus grande, parce que la paupiere en ſera néceſſairement un peu raccourcie. L'expérience m'a montré la verité de cette aſſertion. Cette opération a été pratiquée ſur un homme qui, à la ſuite d'un abſcès, avoit la peau de la paupiere ſupérieure raccourcie ; la membrane interne étoit un peu ſaillante & rebrouſſée. Depuis l'opération elle devint fort ſaillante, & couvrit tout le globe de l'œil : je fus obligé d'en faire l'extirpation ; la maladie ſentit qu'il avoit la paupiere beaucoup plus courte qu'avant l'opération qu'on lui avoit faite pour l'allonger. J'ai traité quelque tems après un homme d'un phlegmon gangreneux à la paupiere ſupérieure. Pendant le tems de la ſuppuration, & aſſez longtems après la chûte de l'eſcarre, on auroit pû craindre que la paupiere ne demeurât de beaucoup trop longue ; le dégorgement permit aux parties tuméfiées de ſe reſſerrer au point, que malgré toutes mes précautions, le malade ne guérit qu'avec une *lagophthalmie* ; preuve bien certaine de l'inutilité de l'opération propoſée, & grand argument contre la régénération des ſubſtances perdues dans les ulceres. *Voyez* INCARNATION. La membrane interne forma un bourrelet fort lâche ſur le globe de l'œil au-deſſus de la cornée tranſparente. Le ſeul uſage de lotions avec l'eau de plantain a donné à cette membrane le reſſort néceſſaire pour ne pas s'éloigner de la peau de la paupiere.

Cet état ne doit pas être confondu avec l'éraillement cauſé, comme nous l'avons dit, par la ſimple ſolution de continuité qui s'étend juſqu'au cartilage qui les borde, comme la fente de la levre dans le bec de lievre. Pourquoi donner le nom de *mutilation* à une ſimple fente ? Le renverſement de la paupiere, ou l'éraillement qui réſulte de ce qu'on a entamé la commiſſure des paupieres dans l'opération de la fiſtule lacrymale, étant ſans déperdition de ſubſtance, peut être aſſez facilement corrigé. On a dit à *l'art.* ECTROPIUM que la paupiere a trop peu d'épaiſſeur pour pouvoir être retaillée, unie, conſolidée & remiſe dans l'état qu'elle doit avoir, naturellement. La raiſon montre la poſſibilité de cette opération, & l'expérience en a prouvé le ſuccès. Le premier tome des *mémoires de l'acad. royale de Chirurgie* contient une obſervation de M. Ledran ſur un œil éraillé, dans laquelle il décrit le procédés qu'il a ſuivis pour corriger efficacement cette difformité. (*Y*)

LAGOS, (*Géog.*) *Lacobrica*, ancienne ville de Portugal, au royaume d'Algarve, dans la province de Beyra, & dans l'évêché de Coimbre, à 10 lieues de la ville de Guarda, ſur une hauteur, entre deux rivieres & quelques lacs, d'où lui vient ſon nom de *Lagos*. *Long.* 8. 40. *lat.* 37. (*D. J.*)

LAGOW, (*Géog.*) ville de la petite Pologne, dans le palatinat de Sendomir.

LAGUE, ſ. f. (*Marine.*) lague d'un vaiſſeau, c'eſt l'endroit par où il paſſe. Venir dans la *lague* d'un vaiſſeau, c'eſt quand on approche d'un vaiſſeau, & qu'on s'eſt mis côté à-travers de lui, ou proue à ſon côté, on revire & on ſe met à ſon arriere, c'eſt-à-dire dans ſon ſas & dans ſon ſillage.

LAGUNA SAN CHRISTOVAL DE LA, (*Géog.*) ville des Canaries, capitale de l'île de Téneriffe, ſituée en partie ſur une montagne, & en partie ſur un terrein uni, près d'un lac ou étang d'eau douce, qu'on appelle en eſpagnol *laguna* ; d'où cette ville à pris son nom. Wafor l'a décrite amplement dans ses voyages : il dit qu'à regarder la situation de cette ville, sa vûe du côté de l'est, qui s'étend jusqu'à la grande Canarie, ses jardins, la fraîcheur de leurs berceaux, sa belle plaine de trois ou quatre lieues de long, & de deux milles de large, sa campagne verdoyante, son lac, son aqueduc, & la douceur de ses brises, elle est un séjour enchanté pour rester chez soi ; mais qu'il est très-pénible de voyager dans l'île même, parce qu'elle est toute remplie de montagnes escarpées & raboteuses, qui obligent sans cesse à monter & à descendre. *Long. 18. 39′. 30″.* dont *Laguna* est plus occidentale que Paris. *Lat. 28. 28′. 57″.* (*D. J.*)

LAGUNES DE VENISE (LES), *Géog.* marais ou étangs d'Italie, dans lesquels la ville de Venise est située. Ces marais sont d'une grande étendue, formés par la nature, & entretenus par l'art, moyennant de prodigieuses dépenses, qui contribuent à la sûreté de cette métropole.

Les *lagunes* du côté de Terre-ferme, sont bornées depuis le Midi jusqu'au Nord par le *Dogado*, proprement dit ; la mer a son entrée & son issue dans les *lagunes* par six bouches, dont il y en a deux nommées *malomocco* & *lido*, où les vaisseaux peuvent mouiller.

L'on compte une soixantaine d'îles dans toute l'étendue des *lagunes* ; plus de la moitié sont bâties & bien peuplées. De toutes ces îles qui bordent la mer, la Polestrine est la plus peuplée ; & de toutes celles qui composent le corps de la ville de Venise, *Murano* est la plus grande & la plus agréable ; elle fait les délices des Vénitiens. *Voyez* MURANO. (*D. J.*)

LAGYRA, (*Géog. anc.*) ville de la Quersonnèse taurique, selon Ptolomée, ou ce qui revient au même, ancienne ville de la Crimée ; Niger croit que c'est présentement *Soldaia*. (*D. J.*)

LAHELA, (*Géog. sacrée.*) pays de la Palestine au delà du Jourdain, où Teglatphalasar roi d'Assyrie, transporta les tribus de Ruben, de Gad, & le demi-tribu de Manassé. *Lahela* est-il le même pays que *Stade*, ou que *Hévila* ? Les curieux peuvent lire sur cet article la dissertation de dom Calmet, sur le pays où les dix tribus furent transportées. (*D. J.*)

LAHEM, ou LEHEM, *Géog. sacrée.*) ville de la Terre-Sainte, dont il est parlé au *livre des Paral. ch. jv. vers.* 22. C'est la même ville que Béthléem, comme l'ont prouvé Sanctius, Cornelius à Lapide, Tirin, & autres critiques, parce que souvent les Hébreux ôtent par aphérèse une partie des noms propres. (*D. J.*)

LAHÉRIC, s. m. (*Hist. nat. Botan.*) arbre de l'île de Madagascar, dont la souche est droite & creuse ; ses feuilles croissent à l'entour en forme de spirale, ce qui en rend le coup-d'œil très agréable.

LAHIJON, (*Géog.*) ville de Perse, selon Tavernier, qui la met à 74. 25. de *long.* & à 37. 15. de *latitude*. (*D. J.*)

LAHOLM, *Laholmia*, (*Géog.*) ville forte de Suede, dans la province de Halland, proche la mer Baltique, avec un château & un port sur le bord septentrional de la riviere de Laga, à 20 lieues N. E. de Helsingborg, 4 S. E. d'Helmstadt. *Long.* 30. *18. lat. 56. 35.* (*D. J.*)

LAHOR PROVINCE DE, (*Géog.*) autrefois royaume, à présent province de l'empire du grand mogol, dans l'Indoustan. Pline nomme quatre fleuves qui l'arrosent ; savoir l'Acésinés, le Cophès, l'Hydalpe, & l'Hypaсis : les voyageurs modernes leur ont donné tant de noms particuliers, qu'on ne peut plus les discerner les uns des autres. C'est donc assez de dire, que ces quatre fleuves ont leurs sources dans les montagnes du Nord, & composent l'Indus, où ils se vont rendre, après avoir pris le nom de l'*Inde* dans un long espace de pays.

Les quatre fleuves dont on vient de parler, fertilisent merveilleusement la provincee de *Lahor*. Le ris y croit en abondance, aussi-bien que le blé & les fruits ; le sucre y est en particulier le meilleur de l'Indoustan. C'est aussi de cette province que l'on tire le sel de roche, qu'on transporte dans tout l'empire. On y fait des toiles fines, des pieces de soie de toutes les couleurs, des ouvrages de broderie, des tapis pleins, des tapis à fleurs, & de grosses étoffes de laine.

Enfin, quoique le pays de *Lahor* soit plutôt une province qu'un royaume, c'est une province de l'Indoustan si considérable, qu'on la divise en cinq *sarcats* ou provinces, dans lesquelles on compte trois cens quatorze gouvernemens, qui rendent en total au grand mogol deux *carols*, 33 lacks, & cinq mille roupies d'argent. La roupie d'argent (car il y en a d'or) vaut 38 sols de France. Le lack vaut 100 mille roupies, & le carol vaut cent lacks, c'est-à-dire dix neuf millions. Il résulte de-là, que l'empereur du Mogol retire de la province de *Lahor* 44 millions 279 mille 500 livres de notre monnoie. (*D. J.*)

LAHOR, (*Géog.*) grande ville d'Asie dans l'Indoustan, capitale de la province du même nom. D'Herbelot écrit *Lahawar*, & *Lahaver* ; Thevenot écrit *Lahors*. C'étoit une très-belle ville, quand les rois du Mogol y faisoient leur résidence, & qu'ils ne lui avoient pas encore préféré Dehly & Agra. Elle a été ornée dans ces tems-là de mosquées, de bains publics, de karavanseras, de places, de tanquies, de palais, de jardins, & de pagodes. Les voyageurs nous parlent avec admiration d'un grand chemin bordé d'arbres, qui s'étendoit depuis *Lahor* jusqu'à la ville d'Agra, c'est-à-dire l'espace de 150 lieues, suivant Thevenot. Ce cours étoit d'autant plus magnifique, qu'il étoit planté d'arbres, dont les branches aussi grandes qu'épaisses, s'élevoient en berceaux, & couvroient toute la route. C'étoit un ouvrage d'Akabar, embelli encore par son fils Géhanguir : *Lahor* est dans un pays abondant en tout, près du fleuve Ravy, qui se jette dans l'Indus, à 75 lieues O. de Multan, 100 S. de Dehly, & 150 N. O. d'Agra. *Long.* suivant le P. Riccioli, 102. 30. *lat.* 32. 40. (*D. J.*)

LAI, *adj.* (*Théologie.*) qui n'est point engagé dans les ordres ecclésiastiques : ce mot paroît être une corruption ou une abbréviation du mot *laïque*, & est principalement en usage parmi les moines, qui par le nom de *frere lai*, entendent un homme pieux & non lettré, qui se donne à quelque monastere pour servir les religieux. *Voyez* FRERE.

Le frere *lai* porte un habit un peu différent de celui des religieux ; il n'a point de place au chœur, n'a point voix en chapitre ; il n'est ni dans les ordres, ni même souvent tonsuré, & ne fait vœu que de stabilité & d'obéissance.

Frere *lai* se prend aussi pour un religieux non lettré, qui a soin du temporel & de l'extérieur du couvent, de la cuisine, du jardin, de la porte, &c. Ces freres *lais* font les trois vœux de religion.

Dans les monasteres de religieuses, outre les dames de chœur, il y a des filles reçues pour le service du couvent, & qu'on nomme *sœurs converses*.

L'institution des freres *Lais* commença dans l'onzieme siecle : ceux à qui l'on donnoit ce titre, étoient des religieux trop peu lettrés pour pouvoir devenir clercs, & qui par cette raison se destinoient entierement au travail des mains, ou au soin du temporel des monasteres ; la plûpart des laïques dans ce tems-là n'ayant aucune teinture des Lettres. De-là vint aussi qu'on appella *clercs*, ceux qui avoient un peu étudié & qui savoient lire, pour les distinguer des autres. *Voyez* CLERC. (*G*)

LAI, s. m. (*Littérat.*) espece de vieille poésie françoise ; il y a le grand *lai* composé de douze couplets de vers de mesure différente, sur deux rimes ; & le petit *lai* composé de seize ou vingt vers en quatre couplets, & presque toûjours aussi sur deux rimes ; ils sont l'un & l'autre tristes ; c'étoit le lyrique de nos premiers poëtes. Au reste cette définition qu'on vient de donner du *lai*, ne convient point à la piece qu'Alain Chartier a intitulée *lai* ; elle a bien douze couplets, mais le nombre de vers de chacun varie beaucoup, & la mesure avec la rime encore davantage. *Voyez* LAI.

LAJAZZE, *ou* LAJAZZO, (*Géog.*) ville de la Turquie asiatique, dans la Caramanie, aux confins de la Syrie, près du mont Néro, sur la côte septentrionale du golfe de même nom, assez près de son embouchure, à six lieues de l'ancien *Issus* ; mais son golfe reste toûjours le même que l'*Issicus sinus* des anciens. Ce golfe est dans la Méditerranée, entre la Caramanie & la Syrie, entre Adana & Antioche. (*D. J.*)

LAICOCEPHALES, s. m. pl. (*Théolog.*) nom que quelques catholiques donnerent aux schismatiques anglois, qui, sous la discipline de Samson & Morisson, étoient obligés d'avouer, sous peine de prison & de confiscation de biens, que le roi du pays étoit le chef de l'église. Scandera, *her. 120.* (*G*)

LAID, adj. (*Gram. Mor.*) se dit des hommes, des femmes, des animaux, qui manquent des proportions ou des couleurs dont nous formons l'idée de beauté ; il se dit aussi des différentes parties d'un corps animé ; mais quoi qu'en disent les auteurs du dictionnaire de Trévoux, & même ceux du dictionnaire de l'académie, on ne doit pas dire, & on ne dit pas quand on parle avec noblesse & avec précision, une *laide mode*, une *laide maison*, une *étoffe laide*. On fait usage d'autres épithetes ou de périphrases, pour exprimer la privation des qualités qui nous rendroient agréables les êtres inanimés ; il en est de même des êtres moraux ; & ce n'est plus que dans quelques poverbes, qu'on emploie le mot de *laid* dans le sens moral.

Les idées de la *laideur* varient comme celles de la beauté, selon les tems, les lieux, les climats, & le caractere des nations & des individus ; vous en verrez la raison au mot ORDRE. Si le contraire de beau ne s'exprime pas toûjours par *laid*, & si on donne à ce dernier mot bien moins d'acceptions qu'au premier, c'est qu'en général toutes les langues ont plus d'expressions pour les défauts ou pour les douleurs, que pour les perfections ou pour les plaisirs.

Laid se dit des especes trop différentes de celles qui peuvent nous plaire, & *difforme* se dit des individus qui manquent à l'excès des qualités de leur espece ; *laid* suppose des défauts, & *difforme* suppose des défectuosités : la *laideur* dégoûte, la difformité blesse.

LAIDANGER, v. act. (*Jurisprud.*) signifioit anciennement *injurier*. *Voyez* ci-après LAIDANGES. (*A*)

LAIDANGES, s. f. (*Jurisprud.*) dans l'ancien style de pratique signifioit *vilaines paroles*, *injures verbales*. Celui qui injurioit ainsi un autre à tort, devoit se dédire en justice en se prenant par le bout du nez ; c'est sans doute de-là que quand un homme paroît peu assuré de ce qu'il avance, on lui dit en riant *votre nez branle*. Voyez l'ancienne coûtume de Normandie, *ch. 51, 50 & 86* ; le style de juge, *c. xv. art. 14*. Monstrelet, en son *hist. ch. xl. du I. vol.* (*A*)

LAIE, s. f. (*Hist. nat.*) c'est la femelle du sanglier. *Voyez l'article* SANGLIER.

LAIDEUR, s. f. (*Gramm. & Morale.*) c'est l'opposé de la *beauté* ; il n'y a au moral rien de beau ou de laid, sans regles ; au physique, rien de beau dans les Arts, sans modele. Il n'y a donc nulle connoissance du beau ou du laid, sans connoissance de la regle, sans connoissance du modele, sans connoissance des rapports & de la fin. Ce qui est nécessaire n'est en soi ni bon ni mauvais, ni beau ni laid ; ce monde n'est donc ni bon ni mauvais, ni beau ni laid en lui-même ; ce qui n'est pas entierement connu, ne peut être dit ni bon ni mauvais, ni beau ni laid. Or on ne connoît ni l'univers entier, ni son but ; on ne peut donc rien prononcer ni sur sa perfection ni sur son imperfection. Un bloc informe de marbre, considéré en lui-même, n'offre ni rien à admirer, ni rien à blâmer ; mais si vous le regardez par ses qualités ; si vous le destinez dans votre esprit à quelqu'usage ; s'il a déja pris quelque forme sous la main du statuaire, alors naissent les idées de beauté & de *laideur* ; il n'y a rien d'absolu dans ces idées. Voilà un palais bien construit ; les murs en sont solides ; toutes les parties en sont bien combinées ; vous prenez un lesard, vous le laissez dans un de ses appartemens ; l'animal ne trouvant pas un trou où se refugier, trouvera cette habitation fort incommode ; il aimera mieux des décombres. Qu'un homme soit boiteux, bossu ; on y ajoute à ces difformités toutes celles qu'on imaginera, il ne sera beau ou laid, que comparé à un autre ; & ce ne sera beau ou laid que rélativement au plus ou moins de facilité à remplir ses fonctions animales. Il en est de même des qualités morales. Quel témoignage Newton seul sur la surface de la terre, dans la supposition qu'il eût pu s'élever par ses propres forces à toutes les découvertes que nous lui devons, auroit-il pû se rendre à lui-même ? Aucun ; il n'a pu se dire grand, que parce que ses semblables qui l'ont environné, étoient petits. Une chose est belle ou laide sous deux aspects différens. La conspiration de Venise dans son commencement, ses progrès & ses moyens nous font écrier : quel homme que le comte de Bedmard ! qu'il est grand ! La même conspiration sous des points de vûe moraux & relatifs à l'humanité & à la justice, nous fait dire qu'elle est atroce, & que le comte de Bedmard est hideux ! *Voyez l'article* BEAU.

LAIE, (*Jurisp.*) *cour laie*, c'est une cour séculiere & non ecclésiastique.

Laie en termes *d'eaux & forêts*, est une route que l'on a ouverte dans une forêt, en coupant pour cet effet le bois qui se trouvoit dans le passage. Il est permis aux arpenteurs faire des *laies* de trois piés pour porter leur chaîne quand ils en ont besoin pour arpenter pour faire marquer les coupes. L'ordonnance de 1669 défend aux gardes d'enlever le bois qui a été abattu pour faire des *laies*. On disoit autrefois *lée*.

Laie se prend aussi quelquefois pour une certaine étendue de bois.

Laies accensées dans quelques coutumes, sont des baux à rente perpétuelle ou à longues années. (*A*)

LAIE, s. f. (*Maçonnerie.*) dentelure ou bretelure que laisse sur la pierre le marteau qu'on appelle aussi *laie*, lorsqu'on s'en sert pour la tailler.

LAINAGE, s. m. (*Commerce.*) il se dit de tous les poils d'animaux qui s'employent dans l'ourdissage, dont on fait commerce, & qui payent la dîme aux ecclésiastiques. Cet abbé a la dixme des *lainages*.

Il se dit encore d'une façon qu'on donne aux étoffes de laine qu'on tire avec le chardon. *Voyez aux articles suivans* LAINE, (*manufacture en.*)

LAINE, s. f. (*Arts, Manufacture, Commerce.*) poil de béliers, brebis, agneaux & moutons, qui de-là sont appellés bêtes à *laine*, & quand ce poil coupé de deſſus leur corps n'a point encore reçu d'apprêt, il ſe nomme *toiſon*.

La *laine* eſt de toutes les matieres la plus abondante, & la plus ſouple; elle joint à la ſolidité le reſſort & la mobilité. Elle nous procure la plus ſûre défenſe contre les injures de l'air. Elle eſt pour les royaumes floriſſans le plus grand objet de leurs manufactures & de leur commerce. Tout nous engage à le traiter cet objet, avec l'étendue qu'il mérite.

Les poils qui compoſent la *laine*, offrent des filets très déliés, flexibles & moëlleux. Vûs au microſcope, ils ſont autant de tiges implantées dans la peau, par des radicules : ces petites racines qui vont en divergent, forment autant de canaux qui leur portent un ſuc nourricier, que la circulation dépoſe dans des folécules ovales, compoſées de deux membranes; l'une eſt externe, d'un tiſſu aſſez ferme, & comme tendineux; l'autre eſt interne, enveloppant la bulbe. Dans ces capſules bulbeuſes, on apperçoit les racines des poils baignées d'une liquent qui s'y filtre continuellement, outre une ſubſtance moëlleuſe qui fournit apparemment la nourriture. Comme ces poils tiennent aux houpes nerveuſes, ils ſont vaſculeux, & prennent dans des pores tortueux la configuration friſée que nous leur voyons ſur l'animal.

Mais tandis que le phyſicien ne conſidere que la ſtructure des poils qui compoſent la *laine*, leur origine, & leur accroiſſement, les peuples ne ſont touchés que des commodités qu'ils en retirent. Ce ſentiment eſt tout naturel. La *laine* fournit à l'homme la matiere d'un habillement qui joint la ſoupleſſe à la ſolidité, & dont le tiſſu varié ſelon les ſaiſons, le garantit ſucceſſivement du ſouffle glacé des aquilons, & des traits enflammés de la canicule. Ces précieuſes couvertures qui croiſſent avec la même proportion que le froid, deviennent pour les animaux qui les portent, un poids incommode, à meſure que la belle ſaiſon s'avance. L'été qui mûrit pour ainſi dire les toiſons, ainſi que les moiſſons, eſt le terme ordinaire de la récolte des *laines*.

Les gens du métier diſtinguent dans chaque toiſon trois qualités de *laine*. 1°. La *laine mere*, c'eſt celle du dos & du cou. 2°. La *laine* des queues & des cuiſſes. 3°. Celle de la gorge, de deſſous le ventre & des autres endroits du corps.

Il eſt des claſſes de *laines*, dont l'emploi doit être défendu dans les manufactures; les *laines* dites *pelades*, les *laines* cottiſées ou ſallies, les *morelles* ou *laines* de moutons morts de maladies; enfin les peignons & les bourres (on nomme ainſi la *laine* qui reſte au fond des peignes, & celle qui tombe ſous la claie). On donne à toutes ces *laines* le nom commun de *jettices* & de rebut. S'il eſt des mégiſſiers qui ne ſouſcrivent pas à cette liſte de *laines* rejettables, il ne faut pas les écouter.

Il y a des *laines* de diverſes couleurs, de blanches, de jaunes, de rougeâtres & de noires. Autrefois preſque toutes les bêtes à *laine* d'Eſpagne, excepté celles de la Bétique (l'Andalouſie), étoient noires. Les naturels préféroient cette couleur à la blanche, qui eſt aujourd'hui la ſeule eſtimée dans l'Europe, parce qu'elle reçoit à la teinture des couleurs plus vives, plus variées, & plus foncées que celles qui ſont naturellement colorées.

Le ſoin des bêtes à *laine* n'eſt pas une inſtitution de mode ou de caprice; l'hiſtoire en fait remonter l'époque juſqu'au premier âge du monde. La richeſſe principale des anciens habitans de la terre conſiſtoit en troupeaux de brebis. Les Romains regarderent cette branche d'agriculture, comme la plus eſſentielle. Numa voulant donner cours à la monnoie dont il fut l'inventeur, y fit marquer l'empreinte d'une brebis, en ſigne de ſon utilité, *pecunia à pecude*, dit Varron.

Quelle preuve plus authentique du cas qu'on faiſoit à Rome des bêtes à *laine*, que l'attachement avec lequel on y veilloit à leur conſervation? Plus de ſix ſiecles après Numa, la direction de tous les troupeaux de bêtes blanches appartenoit encore aux cenſeurs, ces magiſtrats ſuprêmes, à qui la charge donnoit le droit d'inſpection ſur la conduite & ſur les mœurs de chaque citoyen. Ils condamnoient à de fortes amendes ceux qui négligeoient leurs troupeaux, & accordoient des récompenſes avec le titre honorable d'*ovinus*, aux perſonnes qui faiſoient preuve de quelque induſtrie, en concourant à l'amélioration de leurs *laines*. Elles ſervoient chez eux, comme parmi nous, aux vêtemens de toute eſpece. Curieux de celles qui ſurpaſſoient les autres en ſoie, en fineſſe, en molleſſe, & en longueur, ils tiroient leurs belles toiſons de la Galatie, de la Pouille, ſurtout de Tarente, de l'Attique & de Milet. Virgile célebre ces dernieres *laines* dans ſes Géorgiques, & leurs teintures étoient fort eſtimées.

Mileſia vellera nymphæ
Carpebant.

Pline & Columelle vantent auſſi les toiſons de la Gaule. L'Eſpagne & l'Angleterre n'avoient encore rien en ce genre qui pût balancer le choix des autres contrées ſoumiſes aux conquérans du monde; mais les Eſpagnols & les Anglois ſont parvenus depuis à établir chez eux des races de bêtes à *laine*, dont les toiſons ſont d'un prix bien ſupérieur à tout ce que l'ancienne Europe a eu de plus parfait.

La qualité de la *laine* d'Eſpagne eſt d'être douce, ſoyeuſe, fine, déliée, & molle au toucher. On ne peut s'en paſſer, quoiqu'elle ſoit dans un état affreux de mal-propreté, lorſqu'elle arrive de Caſtille. On la dégage de ces impuretés en la lavant dans un bain compoſé d'un tiers d'urine, & de deux tiers d'eau. Cette opération y donne un éclat ſolide, mais elle coûte un déchet de 53 pour cent. Cette *laine* a le défaut de fouler beaucoup plus que les autres, ſur la longueur & ſur la largeur des draps, dans la fabrique deſquels elle entre toute ſeule. Quand on la mêle, on doit être avec précaution, parce qu'étant ſujette à ſe retirer plus que les autres, elle forme dans les étoffes de petits creux, & des inégalités très-apparentes.

Les belles *laines* d'Eſpagne ſe tirent principalement d'Andalouſie, de Valence, de Caſtille, d'Arragon & de Biſcaye. Les environs de Sarragoſſe pour l'Arragon, & le voiſinage de Ségovie pour la Caſtille, fourniſſent les *laines* eſpagnoles les plus eſtimées. Parmi les plus fines de ces deux royaumes, on diſtingue la pile de l'Eſcurial, celles de Munos, de Mondajos, d'Orléga, de Torre, de Paular, la pile des Chartreux, celle des Jéſuites, la grille, & le reſin de Ségovie; mais on met la pile de l'Eſcurial au-deſſus de toutes.

La *laine* d'Eſpagne fait le plus grand objet du commerce particulier des Eſpagnols; & non-ſeulement les François en emploient une partie conſidérable dans la fabrique de leurs draps fins, mais les Anglois euxmêmes, qui ont des *laines* ſi fines & ſi précieuſes, en font un fréquent uſage dans la fabrique de leurs plus belles étoffes. On donne des noms aux *laines* d'Eſpagne, ſelon les lieux d'où on les envoie, ou ſelon leur qualité. Par exemple, on donne le nom commun de *Ségovie* aux *laines* de Portugal, de Rouſſillon & de Léon, parce qu'elles ſont de pareille qualité.

La *laine* de Portugal a pourtant ceci de particulier, qu'elle foule ſur la longueur, & non pas ſur la largeur des draps où on l'emploie.

Les autres noms de *laines* d'Eſpagne, ou réputées d'Eſpagne, ſont l'albarazin grand & petit, les ſégeveufes de Moline, les fories fégovianes, & les fories communes. Les *laines* moliennes qu'on tire de Barcelone, les fleuretonnes communes de Navarre & d'Arragon, les cabéfas d'Eftramadoure, les petits campos de Séville : toutes ces *laines* font autant de claffes différentes ; les ouvriers connoiffent la propriété de chacune.

Les Efpagnols féparent leurs *laines* en fines, moyennes & inférieures. Ils donnent à la plus fine le nom de *prime* ; celle qui fuit s'appelle *feconde* ; la troifieme porte le nom de *tierce*. Ces noms fervent à diftinguer la qualité des *laines* de chaque canton ; & pour cela l'on a foin d'ajouter à ces dénominations le nom des lieux d'où elles viennent ; ainfi l'on dit *prime* de Ségovie, pour défigner la plus belle *laine* de ce canton, celle de Portugal, de Rouffillon, &c. On nomme *feconde* ou *refleurée* de Ségovie, celle de la feconde qualité ; on appelle *tierce* de Ségovie les *laines* de la moindre efpece.

L'Angleterre, je comprends même fous ce nom l'Ecoffe & l'Irlande, eft après l'Efpagne le pays le plus abondant en magnifiques *laines*.

La *laine* choifie d'Angleterre, eft moins fine & moins douce au toucher, mais plus longue & plus luifante que la *laine* d'Efpagne. Sa blancheur & fon éclat naturel la rendent plus propre qu'aucun autre à recevoir les belles teintures.

Les deux genres de *laines* dont nous venons de parler, les *laines* d'Angleterre & d'Efpagne, font les plus précieufes que la France emploie dans fes manufactures, en les mélangeant avec celles de fon cru ; mais ce ne font pas les feules dont elle ait befoin pour fon commerce & fa confommation. Elle eft obligée d'en tirer quantité du Levant & des pays du Nord, quelques inférieures en qualité que foient ces dernieres *laines*.

Celles du Levant lui arrivent par la voie de Marfeille ; on préfere aux autres celles qui viennent en droiture de Conftantinople & de Smyrne ; mais comme les Grecs & les Turcs emploient la meilleure à leurs ufages, la bonne parvient difficilement jufqu'à nous. Les Turcs fachant que les François font friands de leurs *laines*, fardent & déguifent autant qu'ils peuvent, ce qu'ils ont de plus commun; & le vendent aux Négocians pour de véritables *laines* de Conftantinople & de Smyrne. Celles des environs d'Alexandrie, d'Alep, de l'ile de Chypre & de la Morée font paffables; faute d'autres, on les prend pour ce qu'elles valent, & nos marchands font fouvent trompés, dans l'obligation d'en acaparer un certain nombre de balles pour faire leur charge.

Les *laines* du Nord les plus eftimées dans nos manufactures, font celles du duché de Weymar. On en tire auffi d'affez bonnes de la Lorraine & des environs du Rhin. Enfin nos fabriques ufent des *laines* de Hollande & de Flandres, fuivant leurs qualités.

Mais il eft tems de parler des *laines* du cru du royaume, de leurs différentes qualités, de leur emploi, & du mélange qu'on en fait dans nos manufactures, avec des *laines* étrangeres.

Les meilleures *laines* de France font celles du Rouffillon, de Languedoc, du Berry, de Valogne, du Cotentin, & de toute la baffe-Normandie. La Picardie & la Champagne n'en fourniffent que d'inférieures à celles des autres provinces.

Les toifons du Rouffillon, du Languedoc, & de la baffe-Normandie, font fans difficulté les plus riches & les plus précieufes qu'on recueille en France, quoiqu'elles ne foient pas les feules employées. Le Dauphiné, le Limoufin, la Bourgogne & le Poitou fourniffent auffi de bonnes toifons.

Le Berry & le Beauvoifis font de tout le royaume les lieux les plus garnis de bêtes à *laine* ; mais les toifons qui viennent de ces deux pays, different totalement en qualité. Les *laines* de Sologne & de Berry font courtes & douces à manier, au lieu que celles de Beauvais ont beaucoup de rudeffe & de longueur ; heureufement elles s'adouciffent au lavage.

On tire encore beaucoup de *laines* de la Gafcogne & de l'Auvergne : Bayonne en produit de deux fortes. La *laine* qui croit fur les moutons du pays, eft plus femblable à de longs poils, qu'à de véritables toifons. La race des brebis flandrines qu'on y a établie depuis près d'un fiecle, y a paffablement réuffi. Elles fourniffent des toifons qui furpaffent en bonté celles qui nous viennent du Poitou & des marais de Charante.

Toutes ces *laines* trouvent leur ufage dans nos manufactures, à raifon de leur qualité. La *laine* de Rouffillon entre dans la fabrique de nos plus beaux draps, fous le nom de Ségovie. Celles du Languedoc, décorées du même titre par les facteurs des Fabriquans, fervent au même ufage. La *laine* du Berry entre dans la fabrique des draps de Valogne & de Vire ; & c'eft auffi avec ces *laines* que l'on fait les draps qui portent le nom de *Berry*, de même que les droguets d'Amboife, en y mêlant un peu de *laine* d'Efpagne. Les *laines* de Valogne & du Cotentin s'emploient en draps de Valogne & de Cherbourg, & en ferges, tant finettes que razs de S. Lo. On affortit ces *laines* avec les belles d'Angleterre.

Les *laines* de Caux, apprêtées comme il convient, font propres aux pinchinats de Champagne, que l'on fabrique avec les *laines* de cette province. L'on en fait des couvertures & des chaînes pour plufieurs fortes d'étoffes, & entr'autres pour les marchandifes de Reims & d'Amiens. Les groffes *laines* de Bayonne fervent aux lifieres des draps noirs, en y mêlant quelques poils d'autruche & de chameau.

L'on voit déja que toutes les qualités de *laines* ont leur ufage, à raifon du mérite de chacune. Celle que le bonnetier ou le drapier rejette comme trop fortes ou trop groffieres, le tapiffier lui adoucit pour fes ouvrages particuliers. Dévoilons donc cet emploi de toutes fortes de *laines* dans nos différentes manufactures.

On peut partager en trois claffes les fabriquans qui confument les *laines* dans leurs atteliers ; ce font des drapiers drapans, des bonnetiers, & des tapiffiers.

La draperie eft, comme l'on fait, l'art d'ourdir les étoffes de *laines*. On range fous cette claffe les ferges, les étoffes croifées & les couvertures. Le drap eft de tous les tiffus le plus fécond en commodités, le plus propre à fatisfaire le goût & les befoins des nations : auffi confomme-t-il les *laines* les plus belles & les plus précieufes.

Les ouvrages de bonneterie s'exécutent fur le métier ou au tricot. Cette derniere façon eft la moins coûteufe ; elle donne à l'homme une couverture très-parfaite, qui forme un tout fans affemblage & fans couture.

Les Tapiffiers font fervir la *laine* à mille ouvrages divers ; ils l'employent en tapifferies foit au métier, foit à l'aiguille, en matelas, en fauteuils, en moëtes, &c. On en fait du fil à coudre, des chapeaux, des jarretieres, & cent fortes de marchandifes qu'il feroit trop long d'énoncer ici.

La *laine* d'Efpagne entre dans la fabrique de nos plus beaux draps, en ufant de grandes précautions pour l'affortir aux *laines* qui font du cru de la France. J'ai déja dit que la *laine* d'Efpagne la plus recherchée, eft celle qui vient en droiture de l'Efcurial : on l'emploie prefque fans mélange avec fuccès dans la manufacture des Gobelins. La prime de Ségovie & de Villecaffin, fert pour l'ordinaire à faire des draps, des ratinès, & autres semblables étoffes façon d'Angleterre & de Hollande. La ségoviane ou refleurct sert à fabriquer des draps d'Elbœuf ou autres de pareille qualité. La tierce n'entre que dans les draps communs, comme dans ceux de Rouen ou de Darnetal. Les couvertures & les bas de Ségovie ont beaucoup de débit, parce qu'ils sont moëlleux, doux au toucher, & d'un excellent usé.

Cette *laine* néanmoins malgré son extrême finesse, n'est pas propre à toutes sortes d'ouvrages. Il en est qui demandent de la longueur dans la *laine*; par exemple, il seroit imprudent d'employer la magnifique *laine* d'Espagne à former les chaînes des tapisseries que l'on fabrique aux Gobelins: la perfection de l'ouvrage exige que les chaînes avec beaucoup de portée soient fortement tendues, & que leur tissu, sans être épais, soit assez ferme, assez élastique pour résister aux coups & au maniement des ouvriers qui sans cesse les tirent, les frappent & les allongent.

La *laine* d'Angleterre est donc la seule que la longueur rende propre à cet usage. Quel effet ne fait point sur nos yeux l'éclat de sa blancheur? Elle est la seule qui par sa propreté reçoive parfaitement les couleurs de feu & les nuances les plus vives. On assortit très-bien la *laine* d'Angleterre à la *laine* de Valogne & du Cotentin. Elle entre dans la fabrique des draps de Vâlogne, serges façon de Londres, &c. On en fait en bonneterie des bas de bouchons, & de très-belles couvertures: on la carde rarement; peignée & filée, elle sert à toutes sortes d'ouvrages à l'aiguille & sur le cannevas.

La plûpart des *laines* du levant ne vaudroient pas le transport si l'on se donnoit la peine de les voiturer jusqu'à Paris. On les emploie dans les manufactures de Languedoc & de Provence, à raison de leurs qualités. On fait usage des *laines* du nord avec la même reserve. Les meilleures toisons de Weymar & les *laines* d'été de Pologne, servent à la fabrique des petites étoffes de Reims & de Champagne.

En un mot il n'est aucune espece de *laines* étrangeres ou françoises que nos ouvriers ne mettent en œuvre, depuis le drap de Julienne, de Van-Robais, de Pagnon, de Rousseau, & le beau camelot de Lille en Flandres, jusqu'aux draps de tricot & de Poulangis, & jusqu'au gros bouracan de Rouen. Il n'est point de qualité de *laines* que nous n'employions & n'apprêtions avec une variété infinie, en étamine, en serge, en voile, en espagnolette, & en ouvrages de tout genre.

Mais, dira quelqu'un, cet étalage pompeux & mercantile que vous venez de nous faire de l'emploi de toutes sortes de *laines*, n'est pas une chose bien merveilleuse dans une monarchie où tout se débite, le bon, le médiocre, le mauvais & le très-mauvais. Il vaudroit bien mieux nous apprendre si l'on ne pourroit pas se passer dans notre royaume des *laines* étrangeres, notamment de celles d'Espagne & d'Angleterre, en perfectionnant la qualité & en augmentant la quantité de nos *laines* en France. Voilà des objets de discussion qui seroient dignes d'un Encyclopédiste. Eh bien, sans perdre le tems en discours superflus, je vais examiner par des faits si les causes qui procurent aux Espagnols & aux Anglois des *laines* supérieures en qualité, sont particulieres à leur pays, & exclusives pour tout autre.

L'Espagne eut le sort des contrées soumises aux armes romaines; de nombreuses colonies y introduisirent le goût du travail & de l'agriculture. Un riche métayer de Cadix, Marc Columelle (oncle du célebre écrivain de ce nom), qui vivoit comme lui sous l'empire de Claude, & qui faisoit ses délices des douceurs de la vie champêtre, fut frappé de la blancheur éclatante des *laines* qu'il vit sur des moutons sauvages que des marchands d'Afrique débarquoient pour les spectacles. Sur-le-champ il prit la résolution de tenter s'il seroit possible d'apprivoiser ces bêtes, & d'en établir la race dans les environs de Cadix. Il l'essaya avec succès; & portant plus loin ses expériences, il accoupla des béliers africains avec des brebis communes. Les moutons qui en vinrent avoient, avec la délicatesse de la mere, la blancheur & la qualité de la *laine* du pere.

Cependant cet établissement ingénieux n'eut point de suite, parce que sans la protection des souverains, les tentatives les mieux conçues des particuliers sont presque toujours des spéculations stériles.

Plus de treize siecles s'écoulerent depuis cette époque, sans que personne se soit avisé en Espagne de renouveller l'expérience de Columelle. Les Goths, peuple barbare, usurpateurs de ce royaume, n'étoient pas faits pour y songer, encore moins les Musulmans d'Afrique qui leur succederent. Ensuite les Chrétiens d'Espagne ne perfectionnerent pas l'Agriculture, en faisant perpétuellement la guerre aux Maures & aux Mahométans, ou en se la faisant malheureusement entr'eux.

Dom Pedre IV. qui monta sur le trône de Castille en 1350, fut le premier depuis Columelle, qui tenta d'augmenter & d'améliorer les *laines* de son pays. Informé du profit que les brebis de Barbarie donnoient à leurs propriétaires, il résolut d'en établir la race dans ses états. Pour cet effet, il profita des bonnes volontés d'un prince Maure, duquel il obtint la permission de transporter de Barbarie en Espagne un grand nombre de béliers & de brebis de la plus belle espece. Il voulut, par cette démarche, s'attacher l'affection des Castillans, afin qu'ils le soutinssent sur le trône contre le parti de ses freres bâtards, & contre Eleonore leur mere.

Selon les regles de l'économie la plus exacte, & selon les lois de la nature, le projet judicieux de Dom Pedre, taillé dans le grand & soutenu de sa puissance, ne pouvoit manquer de réussir. Il étoit naturel de penser qu'en transplantant d'un lieu défavorable une race de bêtes mal nourrie, dans des pâturages d'herbes fines & succulentes, où le soleil est moins ardent, les abris plus fréquens, & les eaux plus salutaires, les bêtes transplantées produiroient de nombreux troupeaux couverts de *laines* fines, soyeuses & abondantes. Ce prince ne se trompa point dans ses spéculations, & la Castille acquit au quatorzieme siecle un genre de richesses qui y étoit auparavant inconnu.

Le cardinal Ximenès, devenu premier ministre d'Espagne au commencement du sixieme siecle, marcha sur les traces heureuses de Dom Pedre, & à son exemple, profita de quelques avantages que les troupes de Ferdinand avoient eu sur les côtes de Barbarie, pour en exporter des brebis & des béliers de la plus belle espece. Il les établit principalement aux environs de Ségovie, où croit encore la plus précieuse *laine* du royaume. Venons à l'Angleterre.

Non-seulement la culture des *laines* y est d'une plus grande ancienneté qu'en Espagne, mais elle y a été portée, encouragée, maintenue & perfectionnée avec une toute autre attention.

Si l'Angleterre doit à la température de son climat & à la nature de son sol l'excellente qualité de ses *Laines*, elle commença à être redevable de leur abondance au partage accidentel de ses terres, fait en 830; partage qui invita naturellement ses habitans à nourrir de grands troupeaux de toutes sortes de bestiaux. Ils n'avoient d'autre moyen que celui-là pour jouir de leur droit de communes, perpétué jusqu'à nos jours, & qui droit fut longtems le seul objet de l'industrie de la nation. Ce grand terrain, destiné au pâturage, s'augmenta par l'étendue des parcs que les seigneurs s'étoient réfervés pour leur chaſſe ; leurs daims & leurs propres beſtiaux.

Les Anglois ne connurent pas d'abord toute l'étendue de la richeſſe qu'ils poſſédoient. Ils ne ſçavoient dans le onzieme & douzieme ſiecle que ſe nourrir de la chair de leurs troupeaux, & ſe couvrir de la toiſon de leurs moutons ; mais bientôt après ils apprirent le mérite de leurs *laines* par la demande des Flamands, qui ſeuls alors avoient des manufactures. Un auteur anglois, M. Daniel Foc, fort inſtruit des choſes de ſon pays, dit que ſous Edouard III. entre 1327 & 1377, c'eſt-à-dire dans l'eſpace de 50 ans, l'exportation des *laines* d'Angleterre monta à plus de dix millions de livres ſterling, valeur préſente 230 millions tournois.

Dans cet intervalle de 1327 & 1377, Jean Kemp, flamand, porta le premier dans la Grande-Bretagne l'art de travailler les draps fins ; & cet art fit des progrès ſi rapides, par l'affluence des ouvriers des Pays-bas, perſécutés dans leur patrie, qu'Edouard IV. étant monté ſur le trône en 1461, n'héſita pas de défendre l'entrée des draps étrangers dans ſon royaume. Richard III. prohiba les apprêts & mauvaiſes façons qui pouvoient faire tomber le débit des draps anglois, en altérant leur qualité. L'eſprit de commerce vint à ſe développer encore davantage ſous Henri VII. & ſon fils Henri VIII. continua de protéger, de toute ſa puiſſance, les manufactures de ſon royaume, qui lui doivent infiniment.

C'eſt lui qui pour procurer à ſes ſujets les *laines* précieuſes de Caſtille, dont ils étoient ſi curieux pour leurs fabriques, obtint de Charles-Quint l'exportation de trois mille bêtes blanches. Ces animaux réuſſirent parfaitement bien en Angleterre, & s'y multiplierent en peu de tems, par les ſoins qu'on mit en œuvre pour élever & conſerver cette race précieuſe. Il n'eſt pas inutile de ſavoir comment on s'y prit.

On établit une commiſſion pour préſider à l'entretien & à la propagation de cette eſpece. La commiſſion fut compoſée de perſonnes intelligentes & d'une exacte probité. La répartition des bêtes nouvellement arrivées de Caſtille, leur fut aſſignée ; & l'évenement juſtifia l'attente du ſouverain, qui avoit mis en eux ſa confiance.

D'abord ils envoyerent deux de ces brebis caſtillanes, avec un bélier de même race, dans chacune des paroiſſes dont la température & les paturages parurent favorables à ces bêtes. On fit en même tems les plus ſérieuſes défenſes de tuer ni de mutiler aucun de ces animaux pendant l'eſpace de ſept années. La garde de ces trois bêtes fut confiée à peu-près comme celle de nos chevaux-étalons, à un *gentleman* ou au plus notable fermier du lieu, attachant à ce ſoin des exemptions de ſubſides, quelque droit honorifique ou utile.

Mais afin de tirer des conjonctures tout l'avantage poſſible, on fit ſaillir des béliers eſpagnols ſur des brebis communes. Les agneaux qui provinrent de cet accouplement, tenoient de la force & de la fécondité du pere à un tiers près. Cette pratique ingénieuſe, dont on trouve des exemples dans Columelle, fut habilement renouvellée. Elle fit en Angleterre quantité de *bâtards eſpagnols*, dont les mâles communiquerent leur fécondité aux brebis communes. C'eſt par cette raiſon qu'il y a actuellement dans la Grande-Bretagne trois ſortes précieuſes de bêtes à *laines*.

Voilà comme Henri VIII. a contribué à préparer la gloire dont Eliſabeth s'eſt couronnée, en frayant à la nation angloiſe le chemin qui l'a conduite à la richeſſe dont elle jouit aujourd'hui. Cette reine conſidérant l'importance d'aſſurer à ſon pays la poſſeſſion excluſive de ſes *laines*, impoſa les peines les plus rigoureuſes à l'exportation de tout bélier, brebis ou agneau vivant. Il s'agit dans ſes ſtatuts de la confiſcation des biens, de la priſon d'un an, & de la main coupée pour la premiere contravention ; en cas de récidive, le coupable eſt puni de mort.

Ainſi le tems ouvrit les yeux des Anglois ſur toutes les utilités qu'ils pouvoient retirer de leurs toiſons. Les Arts produiſirent l'induſtrie : on défricha les terres communes. On ſe mit à enclorre pluſieurs endroits pour en tirer un plus grand profit. On les échauffa &on les engraiſſa, en tenant deſſus des bêtes à *laine*. Ainſi le paturage fut porté à un point d'amélioration inconnu juſqu'alors ; l'eſpece même des moutons ſe perfectionna par l'étude de la nourriture qui lui étoit la plus propre, & par le mélange des races. Enfin la *laine* devint la toiſon d'or des habitans de la Grande-Bretagne.

Les ſucceſſeurs d'Eliſabeth ont continué de faire des réglemens très-détaillés ſur la police des manufactures de *laines*, ſoit pour en prévenir la dégradation, ſoit pour en avancer les progrès ; mais on dit qu'on ne conſerve aujourd'hui ces réglemens que par forme d'inſtruction, & que les Anglois, qui ſe regardent comme les plus habiles fabriquans du monde, & les plus ſoutenus par la ſeule émulation, laiſſent beaucoup de liberté à leurs manufactures, ſans avoir lieu de s'appercevoir encore que leur commerce en ſoit diminué.

Le ſeul point ſur lequel ils ſoient un peu ſéveres, c'eſt ſur le mélange des *laines* d'une mauvaiſe qualité dans la tiſſure des draps larges. Du reſte, le gouvernement, pour encourager les manufactures, a affranchi de droits de ſortie les draps & les étoffes de lainage. Tout ce qui eſt deſtiné pour l'apprêt des *laines*, a été déchargé ſous la reine Anne d'une partie des impoſitions qui pouvoient renchérir cette marchandiſe. En même tems le parlement a défendu l'exportation des inſtrumens qui ſervent dans la fabrique des étoffes de lainerie.

Ces détails prouvent combien le gouvernement peut favoriſer les fabriques, combien l'induſtrie peut perfectionner les productions de la nature ; mais cette induſtrie ne peut changer leur eſſence. Je n'ignore paſque la nature eſt libérale à ceux qui la cultivent ; que c'eſt aux hommes à l'étudier, à la ſuivre & à l'embellir ; mais ils doivent ſavoir juſqu'à quel point ils peuvent l'enrichir. On ſe préſerve des traits enflammés du ſoleil, on prévient la diſette, & on remédie aux ſtérilités des années ; on peut même, à force de travaux, détourner le cours & le lit des fleuves. Mais qui fera croître le thim & le rômarin ſur les côteaux de Laponie, qui ne produiſent que de la mouſſe ? Qui peut donner aux eaux des fleuves des qualités médicinales & bien-faiſantes qu'elles n'ont pas ?

L'Eſpagne & l'Angleterre jouiſſent de cet avantage ſur les autres contrées du monde, qu'indépendamment des races de leurs brebis, le climat, les paturages & les eaux y ſont très-ſalutaires aux bêtes à *laine*. La température & les alimens font ſur les animaux le même effet qu'une bonne terre fait à un arbre qu'on vient d'arracher d'un mauvais terrein ; & de tranſplanter dans un ſol favorable ; il proſpere à vûe d'œil, & produit abondamment de bons fruits.

On éprouve en Eſpagne, & ſur-tout en Caſtille, des chaleurs bien moins conſidérables qu'en Afrique ; le climat y eſt plus tempéré. Les montagnes de Caſtille ſont tellement diſpoſées, qu'on y jouit d'un air pur & modérement chaud. Les exhalaiſons qui montent des vallées, émouſſent les rayons du ſoleil ; & l'hiver n'a point de rigueur qui oblige à renfermer les troupeaux pendant les trois mois de ſa durée.

Où trouve-t-on des paturages auſſi parfaits que ceux de la Caſtille & de Léon ? Les herbes fines & odoriſodoriférantes, communiquent au sang de l'animal un suc précieux, qui fait germer sur sa peau une infinité de filets, aussi moelleux, aussi doux au toucher, qu'ils flatent agréablement la vûe par leur blancheur, quand la malpropreté ne les a pas encore salies. Ce n'est pas exagérer de dire que l'Espagne a des eaux d'une qualité presque unique. On y voit des ruisseaux & des rivieres, dont l'eau opere visiblement la guérison des maladies, auxquelles les moutons sont sujets. Les voyageurs & les Géographes citent entr'autres le Xenil & le Daro, qui tous deux tirent leur source de la Sierra-Nevada, montagne de Grenade. Leurs eaux ont une vertu incisive, qui purifie la *laine*, & rend la santé aux animaux languissans; c'est pour cela que dans le pays on nomme ces deux fleuves, *le bain salutaire des brebis*.

L'Angleterre réunit ces mêmes avantages dans un degré très-éminent. Sa température y est aussi salutaire aux brebis, que l'est celle de l'Espagne; & on y est bien moins sujet qu'en France, aux vicissitudes des saisons. Comme les abris sont fréquens en Angleterre, & que le froid y est généralement doux, on laisse d'ordinaire les bêtes à *laine* pâturer nuit & jour dans les plaines; leurs toisons ne contractent aucune saleté, & ne sont point gâtées par la fiente, ni l'air épais des étables. Les Espagnols ni les François ne sauroient en plusieurs lieux imiter les Anglois dans cette partie à cause des loups; la race de ces animaux voraces, une fois extirpée de l'Angleterre, ne peut plus y rentrer: ils y étoient le fléau des laboureurs & des bergers, lorsque le roi Edgard, l'an 961, vint à bout de les détruire en trois ans de tems, sans qu'il en soit resté un seul dans les trois royaumes.

Leurs habitans n'ont plus besoin de l'avis de l'auteur des Géorgiques pour la garde de leurs troupeaux.

*Nec tibi cura canûm fuerit postrema, sed unâ
Veloces Spartæ catulos, acremque molossum
Pasce sero pingui; nunquam custodibus illis
Incursus luporum horrebis.*

Les Anglois distinguent autant de sortes de pâturages, qu'ils ont d'especes de bêtes à *laine*; chaque classe de moutons a pour ainsi dire son lot de domaine. Les herbes fines & succulentes que l'on trouve abondamment sur un grand nombre de côteaux & sur les landes, conviennent aux moutons de la premiere espece. N'allez point les conduire dans les grands pâturages, ou la qualité de la *laine* changeroit, ou l'animal périroit; c'est ici pour eux le cas de suivre le conseil que donnoit Virgile aux bergers de la Pouille & de Tarente: « Fuyez les paturages trop » abondans: *Fuge pabula læta* ».

Les Anglois ont encore la bonne habitude d'ensemencer de faux seigle les terres qui ne sont propres à aucune autre production; cette herbe plus délicate que celle des prairies communes, est pour les moutons une nourriture exquise; elle est l'aliment ordinaire de cette seconde espece, à qui j'ai donné cidessus le nom de *bâtards espagnols*.

L'ancienne race de bêtes à *laine* s'est perpétuée en Angleterre; leur nourriture demande moins de soin & moins de précaution que celle des autres. Les prés & les bords des rivieres leur fournissent des pâturages excellens; leur *laine*, quoique plus grossiere, trouve son emploi, & la chair de ces animaux est d'un grand débit parmi le peuple.

C'est en faveur de cette race, & pour ménager le foin des prairies, qu'on introduisit au commencement de ce siecle l'usage de nourrir ce bétail de navets ou *turnipes*; on les seme à peu-près comme le gros seigle dans les friches, & ces moutons naturellement forts, en mangent jusqu'à la racine, & fertilisent les landes sur lesquelles on les tient.

Les eaux en Angleterre ont assez la même vertu que celles d'Espagne; mais elles y produisent un effet bien plus marqué. Les Anglois jaloux de donner à leurs *laines* toute la blancheur possible, sont dans la louable coutume de les laver sur pié, c'est-à-dire sur le dos de l'animal. Cette pratique leur vaut un double profit; les *laines* tondues sont plus aisées à laver, elles deviennent plus éclatantes, & ne souffrent presque point de déchet au lavage. *Voyez* LAINE, *apprêt des*.

Enfin la grande-Bretagne baignée de la mer de toutes parts, jouit d'un air très-favorable aux brebis, & qui differe à leur avantage, de celui qu'elles éprouvent dans le continent. Les paturages qu'elles mangent, & l'air qui les environne, imprégnés des vapeurs salines que les vents y charrient sans cesse, de quelque part qu'ils soufflent, font passer aux poumons & au sang des bêtes blanches, un acide qui leur est salutaire; elles trouvent naturellement dans ce climat tout ce que Virgile recommande qu'on leur donne, quand il dit à ses bergers:

*At cui lactis amor, cytisum, lotosque frequentes,
Ipse manu, salsasque feret præsepibus herbas;
Hinc & amant fluvios magis, & magis ubera, tendunt,
Et salis occultum referunt in lacte saporem.*

Georg. liv. III. v. 394.

Il est donc vrai que le climat tempéré d'Angleterre, les races de ses brebis, les excellens paturages où l'on les tient toute l'année, les eaux dont on les lave & dont on les abreuve, l'air enfin qu'elles respirent, favorisent exclusivement aux autres peuples la beauté & la quantité de leurs bêtes à *laine*.

Pour donner en passant une idée de la multitude surprenante & indéterminée qu'on en éleve dans les trois royaumes, M. de Foé assure que les 603,520 livres que l'on tire par année des moutons de Rumney-marsh, ne forment que la deux centieme partie de la récolte du royaume. Les moutons de la grande espece fournissent depuis cinq jusqu'à huit livres de *laine* par toison; les béliers de ces troupeaux ont été achetés jusqu'à douze guinées. Les *laines* du sud des marais de Lincoln & de Leicester doivent le cas qu'on en fait à leur longueur, leur finesse, leur douceur & leur brillant: les plus belles *laines* courtes, sont celles des montagnes de Cotswold en Glocester-Shire.

En un mot, l'Angleterre par plusieurs causes réunies, possede en abondance les *laines* les plus propres pour la fabrication de toutes sortes d'étoffes, si l'on en excepte seulement les draps superfins, qu'elle ne peut fabriquer sans le secours des toisons d'Espagne. Ses ouvriers savent faire en *laine* depuis le drap le plus fort ou le plus chaud, jusqu'à l'étoffe la plus mince & la plus légere. Ils en fabriquent à raies & à fleurs, qui peuvent tenir lieu d'étoffes de soie, par leur légereté & la vivacité de leurs couleurs. Ils font aussi des dentelles de *laines* fort jolies, des rubans, des chemises de flanelle, des siebns & des coëffes de crêpes blancs. Enfin ils vendent leur lainerie à l'étranger, selon les uns, pour deux ou trois millions, & selon d'autres pour cinq millions sterlings.

Mais sans m'arrêter davantage à ces idées accessoires, qui ne nous intéressent qu'indirectement, & sans m'étendre plus au long sur l'objet principal, je crois qu'il résulte avec évidence de la discussion dans laquelle je suis entré au sujet des *laines* d'Espagne & d'Angleterre, que trois choses concourent à leur procurer des qualités supérieures qu'on ne peut obtenir ailleurs, la race, les paturages & le climat. J'ajoûte même pour furcroit de preuves, que les moutons de Caftille & d'Andaloufie, tranfportés dans les belles plaines de Salisbury, n'y donnent pas des *laines* auffi précieufes, *quas bæticus adjuvat aër.*

Je conclus donc avec les perfonnes les plus éclairées de ce royaume, qu'il eft tout-à-fait impoffible à la France de fe paffer des *laines* étrangeres, & que fans le fecours des riches toifons qui lui viennent des îles Britanniques & d'Efpagne, les manufactures des Gobelins, d'Abbeville & de Sedan, tomberoient bientôt dans le difcrédit, & ne pourroient pas même fubfifter.

Je fuis cependant bien éloigné de penfer qu'on ne foit maître en France de perfectionner la qualité, & d'augmenter la quantité des *laines* qu'on y recueille ; mais ce tems heureux n'eft pas près de nous, & trop d'obftacles s'oppofent à nous flatter de l'efpérance de le voir encore arriver. (*D. J.*)

LAINES, *apprêt des* (*Économie ruftique & Manufactures.*) ce font les différentes façons qu'on donne aux *laines*.

Les *laines* avant que d'être employées reçoivent bien des façons, & paffent par bien des mains. Après que la *laine* a été tondue, on la lave, on la trie, on l'épluche, on la drouffe, on la carde, ou on la peigne fuivant fa qualité ; enfuite on la mêle, & on la file. Expliquons toutes ces façons ; j'ai lu d'excellens mémoires qui m'en ont inftruit.

1°. *Tonte.* Les anciens arrachoient leurs *laines*, ils ne la tondoient pas ; *vellus à vellendo.* Ils prenoient pour cette opération le tems où la *laine* fe fépare du corps de l'animal ; & comme toute la toifon ne quitte pas à la fois, ils couvroient de peaux pendant quelques femaines chaque bête à *laine*, jufqu'à ce que toute la toifon fût parvenue au degré de maturité qu'il falloit, pour ne pas caufer à ces bêtes des douleurs trop cuifantes. Cette coutume prévaloit encore fous Vefpafien dans plufieurs provinces de l'empire ; aujourd'hui elle eft avec raifon totalement abandonnée.

Quand le tems eft venu de décharger les moutons du poids incommode de leur *laine*, on prend les mefures fuivantes. Les laboureurs intelligens préviennent cette opération, en faifant laver plufieurs fois fur pié la *laine* avant que de l'abattre.

Cette maniere étoit pratiquée chez les anciens ; elle eft paffée en méthode parmi les Anglois, qui doivent principalement à ce foin l'éclat & la blancheur de leurs *laines*. Débarraffée du fuin & des matieres graiffeufes qui enveloppoient fes filets, elle recouvre le reffort & la flexibilité qui lui eft propre. Les poils detenus jufques-là dans la prifon de leur furge, s'élancent avec facilité, fe fortifient en peu de jours, prennent du corps, & fe rétabliffent dans leur état naturel ; au lieu que le lavage qui fuccede à la coupe, dégage feulement la *laine* de fes faletés, fans lui rendre fa premiere qualité & fon ancienne confiftance.

Pour empêcher que le tempérament de l'animal ne s'altere par le dépouillement de fon vêtement, on a foin d'augmenter fa nourriture, à mefure qu'on approche du terme de fa tonte.

Quand l'année a été pluvieufe, il fuffit que chaque mouton ait été lavé quelques jours confécutifs, avant celui où on le décharge de fa *laine* ; mais fi l'année a été feche, il faut difpofer chaque bête à cette opération, en la lavant quinze jours, un mois auparavant. Cette pratique prévient le déchet de la *laine* qui eft très-confidérable, lorfque l'année a été trop feche. On doit préférer l'eau de la mer à l'eau-douce, l'eau de pluie à l'eau de riviere ; dans les lieux où l'on manque abfolument de ces fecours, on mêle du fel dans l'eau qu'on fait fervir à ce lavage.

La *laine*, comme les fruits, a fon point de maturité ; on tond les brebis fuivant les faifons & felon le climat. Dans le Piémont on tond trois fois l'année, en Mai, en Juillet & en Novembre ; dans les lieux où l'on tond deux fois l'an, la premiere coupe des *laines* fe fait en Mars, la feconde en Août ; les toifons de la feconde coupe font toujours inférieures en qualité à celles de la premiere. En France on ne fait communément qu'une tonte par an, en Mai ou en Juin ; on tond les agneaux en Juillet.

Si dans le grand nombre il fe rencontre quelque bête qui foit attaquée de maladie, il faut bien fe garder de la dégarnir, la *laine* en feroit défectueufe, & l'on expoferoit la vie de l'animal.

Après avoir pris toutes les mefures que je viens d'expofer, il feroit imprudent de fixer tellement un jour pour abattre les *laines*, qu'on ne fût plus maître de différer l'opération, fuppofé qu'il furvînt quelque intempérie ; il faut en général choifir un tems chaud, un ciel ferain, qui femble promettre plufieurs belles journées confécutives. N'épargnez rien pour avoir un tondeur habile ; c'eft un abus commun à bien des laboureurs de faire tondre leurs bêtes par leurs bergers, & cela pour éviter une légere dépenfe, qu'il importe ici de favoir facrifier, même dans l'état de pauvreté.

C'eft une bonne coutume que l'on néglige dans bien des endroits, de couvrir d'un drap l'aire où l'on tond la *laine* ; il faut que le lieu foit bien fec & bien nettoyé. Chaque robe de *laine* abattue doit être repliée féparément, & dépofée dans un endroit fort aéré. On laiffe la laine en pile le moins de tems qu'il eft poffible ; il convient de la porter fur le champ au lavage, de peur que la graiffe & les matieres hétérogenes dont elle eft imprégnée, ne viennent à rancir & à moifir, ce qui ne manqueroit pas d'altérer confidérablement fa qualité.

Une tonte bien faite eft une préparation à une pouffe plus abondante. On lave les moutons qu'on a tondus, afin de donner à la nouvelle *laine* un effor plus facile ; alors comme avant la tonte, l'eau de la mer eft préférable à l'eau douce pour le laver, l'eau de pluie & l'eau falée, à l'eau commune des ruiffeaux & des fleuves.

Les forces, en féparant les filets de leurs tiges, laiffent à chaque tuyau comme autant de petites bleffures, que l'eau falée referme fubitement. Les anciens au lieu de laver leurs bêtes après la tonte, les frottoient de lie d'huile ou de vin, de vieux oint, de foufre, ou de quelqu'autre liniment femblable ; & je crois qu'ils faifoient mal, parce qu'ils arrêtoient la tranfpiration.

La premiere façon que l'on donne à la toifon qui vient d'être abattue, c'eft de *l'émécher* ; c'eft-à-dire de couper avec les forces l'extrémité de certains filets, qui furpaffent le niveau de la toifon ; la qualité de ces filets excédens, eft d'être beaucoup plus groffiers, plus durs & plus fecs que les autres ; leur mélange feroit capable de dégrader toute la toifon.

2°. *Lavage.* La laine en furge porte avec elle un germe de corruption dans cette eraffe, qu'on nomme *afipe*, quand elle eft détachée de la *laine*. Elle provient d'une humeur onctueufe, qui en fortant des pores de l'animal, facilite l'entrée de fon nourricier dans les filets de la toifon ; fans cette matiere huileufe qui fe reproduit continuellement, le foleil deffécheroit le vêtement de la brebis, comme il feches les moiffons ; & la pluie qui ne tient pas contre cette huile féjournant dans la toifon, pourriroit bientôt la racine de la *laine*.

Cette fecrétion continuelle des parties graiffeufes forme à la longue un fédiment, & de petites croûtes qui gâtent la *laine*, fur-tout pendant les tems chauds.

On lave les *laines* depuis le mois de Juin jufqu'à la fin d'Août ; c'eft le tems le plus favorable de toute l'année; outre qu'il suit immédiatement l'opération de la tonte, il a encore cet avantage, que l'eau adoucie & attiédie en quelque sorte par la chaleur des rayons du soleil, détache & emporte plus facilement les malpropretés qui sont comme adhérentes à la laine.

Plus on diffère le lavage des *laines*, plus le déchet est confidérable ; il est souvent de moitié ; les *laines* de Castille perdent cinquante - trois pour cent. Ce déchet fuit cependant un peu les années ; l'altération est plus forte quand il n'a pas plu vers le tems de la coupe, que quand la faifon a été pluvieufe. Le moyen le plus fûr d'éviter le déchet, ou de le diminuer beaucoup lorfque la faifon a été feche, c'eft de *laver* la *laine* à dos plufieurs femaines, & même des mois entiers avant le tems de la tonte.

Je ne puis ici paffer fous filence deux abus qui intéreffent la qualité de nos laines ; l'un regarde les laboureurs, l'autre concerne les bouchers.

C'eft une néceffité indifpenfable aux premiers de diftinguer leurs moutons par quelque marque. Deux troupeaux peuvent fe rencontrer & fe mêler ; on peut enlever un ou plufieurs moutons ; la marque décele le larcin ; enfin les pâturages de chaque ferme ont des limites, & cette marque eft une condamnation manifefte pour le berger qui conduit fon troupeau dans un territoire étranger. Ce caractere eft donc néceffaire, l'abus ne confifte que dans la maniere de l'appliquer. Nos laboureurs de l'Ile de France & de la Picardie, plaquent ordinairement fans choix des couleurs trempées dans l'huile, fur la partie la plus précieufe de la toifon, fur le dos ou fur les flancs ; ces marques ne s'en vont point au lavage ; elles reftent ordinairement collées & adhérentes à la toifon, & fouvent les éplucheurs négligent de féparer de la *laine* les croûtes qu'elles forment, parce que cette opération demande trop de tems. Que fuit-il de-là ? Ces croûtes paffant dans le fil, & les étoffes qu'on en fabrique, les rendent tout-à-fait défectueufes ; il eft un moyen fort fimple d'obvier à cet abus. On peut marquer les moutons à l'oreille par une marque latérale, perpendiculaire ou tranfverfale ; & ces marques peuvent varier à l'infini, en prenant l'oreille gauche ou l'oreille droite, ou les deux oreilles, &c.

Si cependant la nature du lieu demandoit un figne plus apparent, on pourroit marquer les moutons à la tête comme on fait en Berri ; la toifon par ce moyen ne fouffre aucun dommage.

L'autre abus ne concerne que les pélades, mais il ne mérite pas moins notre attention. Les bouchers, au lieu de ménager les toifons des peaux qu'ils abattent, femblent mettre tout en œuvre pour les falir ; ils les couvrent de graiffe & de tout ce qu'il y a de plus infect. Il eft d'autres détails qu'il ne feroit pas amufant de lire ni d'expofer, & que la police pourroit facilement profcrire, fans nuire à ces fortes de gens, qui d'ailleurs tirent des derniers de la lie des hommes ; l'on épargneroit par-là de la peine aux mégiffiers, & cette *laine* dans fon efpece, feroit d'une meilleure qualité.

On lave la *laine* par tas dans l'eau dormante, à la manne dans l'eau courante, & dans les cuves pleines d'eau de riviere. Les *laines* trop malpropres & difficiles à décraffer (comme celles d'Efpagne) fe dégorgent dans un bain compofé d'un tiers d'urine, & de deux tiers d'eau ; ce feroit je penfe la meilleure méthode pour toutes nos laines.

Toutes les rivieres ne font pas également propres au lavage. Les eaux de Beauvais ont une qualité excellente ; on pourroit en tirer parti mieux qu'on ne fait, en établiffant dans cette ville une efpece de buanderie générale pour les *laines* du pays. Quand la *laine* a paffé par le lavage, on la met égouter fur des claies.

Les manufacturiers doivent fe précautionner, s'il eft poffible, contre un grand nombre de fupercheries frauduleufes. Par exemple, quand l'année a été feche, les Laboureurs ou les Marchands qui tiennent les *laines* de la premiere main, les font mal laver, afin d'éprouver moins de déchet. Qu'arrive-t il alors ? Pour empêcher la graiffe & les ordures de paroître, ils fardent les toifons qu'ils blanchiffent avec de la craye, ou d'autres ingrédiens qu'ils imaginent. Les fuites de cette manœuvre ne peuvent être que très-funeftes, foit au fabriquant, foit au public. Si l'on emploie la *laine* comme on l'achete, l'étoffe n'en vaut rien, les vers & les mites s'y mettent au bout de peu de tems, & l'acheteur perd fon drap. Si le fabriquant veut rendre à la *laine* fa qualité par un fecond lavage, il lui en coute fa façon & un nouveau déchet. Il feroit à fouhaiter qu'on travaillât férieufement à la fuppreffion de ces abus.

3°. *Triage*. Après que la *laine* a été lavée, on la trie, on l'épluche, on la drouffe, on la peigne, ou on la corde fuivant fa longueur, on la mêle & on la file.

Le triage des *laines* confifte à diftinguer les différentes qualités, à féparer la mere-laine, qui eft celle du dos, d'avec celle des cuiffes & du ventre, qui ne font pas également propres à toutes fortes d'ouvrages. On peut encore entendre par ce terme, le partage du bon d'avec le moindre, & du médiocre d'avec le mauvais.

Les Marchands qui achetent les *laines* de la premiere main, fe chargent ordinairement du foin de les trier, après les avoir fait laver. Les *laines* lavées, qui ne font pas triées, fe vendent par toifons; celles qui font triées, ne fe vendent plus qu'au poids. Les bons fabriquans penfent qu'il y a plus d'avantages à acheter les *laines* toutes triées qu'en toifon ; mais cette opinion n'eft fondée que fur la mauvaife foi des vendeurs, qui fardent leurs toifons, en roulant le plus fin par-deffus, & en renfermant au-dedans le plus mauvais.

Les Efpagnols ont une pratique contraire, furtout les Hyéronimites, poffeffeurs de la fameufe pile de l'Efcurial. Ces religieux vendent leur pile, nonfeulement fans féparer la qualité des toifons, mais ils y joignent auffi ce qu'ils nomment *laine des agreges*, qui viennent des lieux circonvoifins de l'Efcurial.

La bonne foi & la fureté du commerce étant rétablies, ce dernier parti me paroîtroit préférable à celui que prennent nos fabriquans ; & le public & le chef de manufacture y gagneroient pareillement ; celui-ci feroit plus maître de l'affortiment de fes *laines*, & le public auroit des étoffes plus durables.

Il y auroit ici cent chofes à obferver au fujet des fraudes & des rufes, qui fe perpétuent journellement, tant dans le lavage, que dans le triage des *laines* ; mais le fordide amour du gain n'eft-il pas capable de tout ?

4°. *Epluchement*. La négligence des éplucheurs occafionne les nœuds & les groffeurs qui fe rencontrent dans les étoffes.

Les corps étrangers que l'on fépare de la *laine* en l'épluchant, font, ou des chardons qui s'infinuent dans la toifon, pendant qu'elle eft encore fur le dos de l'animal, ou des molécules de fuin qui fe durcifient, ou enfin des paillettes, & diverfes petites parties qui s'attachent aux toifons lavées, lorfqu'on les étend au foleil pour les faire fécher fans drap deffous, fans foin & fans attention.

Cette façon comprend encore ce que l'on appelle *écharpir*, ou *écharper* la *laine*, ce qui confifte à déchirer & à étendre les floccons de *laine* qui font trop compactes. Cette méthode a l'avantage de dévoiler les imperfections de la portion qu'on épluche, & de préparer la *laine* à être plus facilement droussée.

5°. *Le Droussage*. Drousser, ou trousser la *laine*, c'est l'huiler, l'imbiber d'huile d'olive ou de navette, pour la carder. Je ne puis m'étendre autant que je le voudrois, sur les moyens qui sont les plus expédiens pour bien huiler la *laine*; je dirai seulement en passant, qu'il est plus à propos d'asperger la *laine*, que de l'arroser; de l'huiler par petites portions, que par tas & en monceau.

6°. *Cardage & peignage*. La longue *laine* se peigne, la courte se carde. Les cardeurs ont deux excès à éviter; l'un de trop carder, l'autre de carder moins qu'il ne faut.

Ceux qui cardent trop légérement laissent dans la portion de *laine* qu'ils façonnent, de petits floccons plus durs que le reste de la cardée. La *laine* ainsi préparée, donne un fil inégal & vicieux. Les cardeurs qui ont la main pesante, brisent la *laine*; les filets ou coupés ou brisés, ne donnent plus une trême de même consistance, l'étoffe a moins de force. Cette façon, qui est des plus essentielles, est fort négligée dans nos manufactures; la paye modique qu'on donne aux ouvriers, leur fait préférer la méthode la plus expéditive à la meilleure.

7°. *Mélange*. Mêler, assortir, ou rompre la *laine*, c'est faire le mélange des *laines* de différentes qualités, que l'on veut employer à la fabrique des draps. Nos fabriquans françois étant obligés depuis long-tems d'employer toutes sortes de *laines* pour fournir à la consommation, ont acquis une grande habileté, dans l'art de mêler & d'allier les *laines* du royaume avec celles des pays voisins.

8°. *Filage*. Filer la *laine* c'est réduire en fil les portions que le cardeur ou le peigneur ont disposées à s'étendre & à s'unir ensemble, pour ne former qu'un seul tissu long, étroit, & délié. Le fileur doit se précautionner contre deux défauts bien communs; l'un de trop tordre son fil, ce qui lui ôte de sa force, & fait fouler le drap; l'autre de donner un fil inégal, en le filant plus gros dans un endroit que dans l'autre. Il semble qu'on ne peut éviter ces deux défauts que par l'invention de machines qui tordent le fil au point qu'on désire en le filant également. *Voyez l'article suivant* sur la main-d'œuvre de toutes ces opérations. (*D. J.*)

LAINE, (*Mat. méd.*) *laine* de bélier ou de brebis. La *laine* sale, grasse, imprégnée de la sueur de l'animal, ou d'œsipe (*voyez* ŒSIPE), étoit d'un grand usage chez les anciens. Hippocrate la faisoit appliquer sur les tumeurs après l'avoir fait carder, tremper dans de l'huile & dans du vin. Celse & Dioscoride célébrent aussi beaucoup de pareilles applications, & même pour des maladies internes, telles que l'inflammation de l'estomac, les douleurs de tête, &c.

Dioscoride préfere celle du cou & des cuisses, comme étant plus chargée d'œsipe.

Dioscoride décrit aussi fort au long une espece de calcination fort mal entendue de la *laine*, & sur-tout de la *laine* teinte en couleur de pourpre, qu'il prétend être un excellent ophtalmique après avoir essuyé cette calcination.

Heureusement la *laine* & ses préparations ne grossissent plus la liste des inutilités pharmaceutiques assez énormes sans cela; car on ne compte pour rien l'action de la *laine* dans l'application des flanelles imbibées de différentes liqueurs, qui est en usage aujourd'hui. Il est évident qu'elle ne fait proprement dans ce cas que la fonction de vaisseau, c'est-à-dire d'instrument retenant le remede sur la partie affectée.

Les vêtemens de *laine*, & même ceux qu'on applique immédiatement sur la peau (ce qui est une pratique fort salutaire dans bien des cas, *voyez* TRANSPIRATION), ne doivent aussi leurs effets qu'à la propriété très-commune de couvrir le corps mollement & exactement, & par conséquent ces effets ne dépendent point de la *laine* comme telle, c'est-à-dire de ses qualités spécifiques. *Voyez* VÊTEMENT.

(*b*)

LAINE, MANUFACTURE EN LAINE, ou DRAPERIE, (*Art méchan.*) la *laine* habille tous les hommes policés. Les hommes sauvages sont nuds, ou couverts de la peau des animaux. Ils regardent en pitié les peines que nous prenons pour obtenir de notre industrie un secours moins sûr & moins prompt que celui que la bonté de la nature leur offre contre l'inclémence des saisons. Ils nous diroient volontiers: *Tu as apporté en naissant le vêtement qu'il te faut en été, & tu as sous ta main celui qui t'est nécessaire en hiver. Laisse à la brebis sa toison. Vois-tu cet animal fourré. Prends ta fleche, tue-le, sa chair te nourrira, & sa peau te vêtira sans apprêt.* On raconte qu'un sauvage transporté de son pays dans le nôtre, & promené dans nos ateliers, regarda avec assez d'indifférence tous nos travaux. Nos manufactures de couvertures en *laine* parurent seules arrêter un moment son attention. Il fourit à la vue de cette sorte d'ouvrage. Il prit une couverture, il la jetta sur ses épaules, fit quelques tours; & rendant avec dédain cette enveloppe artificielle au manufacturier: *en vérité*, lui dit-il, *cela est presqu'aussi bon qu'une peau de bête*.

Les manufactures en *laine*, si superflues à l'homme de la nature, sont les plus importantes à l'homme policé. Aucunes substances, pas même l'or, l'argent & les pierreries, n'occupent autant de bras que la *laine*. Quelle quantité d'étoffes différentes n'en fabriquons-nous pas ! nous lui associons le duvet du castor, le ploc de l'autruche, le poil du chameau, celui de la chevre, &c.

Quoique la plûpart de ces poils soient très-lians, on n'en forme point une étoffe sans mélange; ils fouleroient mal.

Si l'on unit la vigogne & le duvet du castor dans une étoffe, elle en aura l'œil plus brillant. On appelle vigogne la *laine* de la brebis du Pérou.

Le ploc de l'autruche, le poil du chameau, celui de la chevre, sont des matieres fines, mais dures; elles n'entrent que dans des étoffes qu'on n'envoie point à la foule, telles que les camelots & autres dont nous faisons nos vêtemens d'été. Ces matieres ne fourniront donc qu'une très-petite partie de ce qu'on appelle *étoffe de laine*.

La *laine* de la brebis commune est seule l'objet du travail le plus étendu, & du commerce le plus considérable.

Entre les *laines*, on place au premier rang celles d'Espagne; après celles-ci, on nomme les *laines* d'Angleterre; les *laines* de France sont les dernieres. La Hollande en produit aussi d'assez belles; mais on ne les emploie qu'en étoffes légeres, parce qu'elles ne foulent pas.

On distingue trois qualités dans les *laines* d'Espagne; les léonoises, ou sorices ou foriges; les belchites ou campos di Riziedos, & les navarroises.

On divise les deux premieres qualités seulement en trois qualités, qu'on appelle *prime*, *seconde* & *tierce*.

Dans les *laines* d'Angleterre & de Hollande, il y a le bouchon & la *laine* commune. Ces bouchons ne vont qu'au peigne, le reste passe à la foule.

Les meilleures *laines* de France sont celles du Berry. On nomme ensuite les *laines* du Languedoc. Quelques autres provinces fournissent encore des *laines* fines. Le reste est commun, & ne se travaille qu'en étoffes grossieres.

Travail préliminaire de la laine. Toutes les *laines* en

général doivent être lavées & dégraissées de leur suin. On appelle *suin*, cette crasse onctueuse qu'elles rapportent de dessus la brebis. Il est si nécessaire d'en purger la *laine*, qu'on ne fabriquera jamais un beau drap sans cette précaution, à laquelle on n'est pas assez attentif parmi nous, parce qu'elle cause un déchet de trente à quarante pour cent au moins. Cependant il est impossible de dégraisser un drap comme il convient, si la *laine* dont on l'a manufacturé, n'a pas été bien débarrassée de son suin.

Du lavage des laines. La *laine* ne se lave pas bien dans l'eau froide. C'est cependant l'usage du Berry & des autres provinces de France, malgré les ordonnances qui enjoignent de se servir de l'eau chaude. C'est toujours la raison d'intérêt qui prévaut. Il est défendu par arrêt du 4 Septembre 1714, de vendre ni exposer en vente aucunes *laines*, qu'elles n'aient été lavées de maniere à pouvoir être employées en étoffe sans être relavées, & ce à peine de trente livres d'amende pour chaque balle, tant contre le vendeur que contre l'acheteur. On n'excepte que les *laines* d'Espagne qui auront été lavées sur les lieux, & qui pourront être vendues d'après le lavage d'Espagne.

Cependant les *laines* d'Espagne qu'on emploie dans les bonnes manufactures sont toutes lavées ou relavées avec de l'eau tiede & de l'urine. Ce dernier ingrédient est absolument nécessaire pour en écarter les parties qui ont été rapprochées & serrées dans l'emballage, de maniere qu'elles feutreroient, si on n'employoit au lavage que l'eau.

La premiere opération du lavage à l'eau chaude se fait dans des baquets ou cuves disposées à cet effet. Il faut observer que l'eau ne soit pas trop chaude, le trop de chaleur amollissant les parties les plus déliées, les rapprocheroit & feroit feutrer. Que l'eau soit seulement tiede. Lorsque l'ouvrier l'aura bien serrée, pressée entre ses mains, il la mettra dans une grande corbeille d'osier, ensuite on la portera dans une eau courante pour la faire dégorger. Pour cet effet, la corbeille étant plongée dans l'eau, qui la pénétrera par-tout, on la relevera, pressera, remuera. Cette manœuvre lui ôtera la mauvaise odeur qu'elle aura contractée au premier lavage, & achevera de la nettoyer. *Voyez* ce travail dans nos *Planches de Draperie*, *fig. 1. A* est la cuve pour laver les *laines* dans leur suin. *B*, le laveur. *C*, la *laine* dans la cuve. *D*, la riviere où l'on rinse & dégorge la *laine*. *E*, la manne ou corbeille qui contient la *laine* qu'on fait dégorger. *F*, le laveur. *G*, un petit banc portatif qui soutient le laveur sur les bords du courant.

Une observation qui n'est pas à négliger, c'est que plus l'eau des baquets destinées au lavage des *laines* est chargée de suin, plus le lavage s'exécute parfaitement. Ainsi le lavage se fait d'autant mieux, qu'il a déja passé plus de *laine* dans un baquet avant celle qu'on y met.

Du pilotage des laines. Outre cette premiere opération, il est encore une façon de relaver les *laines*, & de leur donner une blancheur qui convient au genre d'étoffe que le fabriquant se propose de faire. C'est le pilotage.

Le pilotage n'a lieu que sur la *laine* à employer en étoffes legeres, telles que les flanelles, les molletons fins, &c. dont le dégrais avec la terre glaise altéreroit la qualité, lorsqu'on les feroit passer au moulin comme les draps & autres étoffes qui ont plus de résistance & de corps.

Pour piloter les *laines* on se sert du savon fondu dans de l'eau un peu chaude. On en remplit les cuves ou baquets semblables au premier lavage. On y ajoute de l'eau de suin, ou du premier lavage; & deux hommes qui ont des especes de pilons, l'agitent & la remuent avec la *laine* qui en prend la blancheur qu'on desire. On voit cette opération *fig. 2. A*, la cuve. *B*, les lissoires, ou bâtons à remuer la *laine* dans l'eau de savon. *C*, les ouvriers qui pilotent.

Après que la *laine* a été pilotée, on la porte à la riviere pour la rinser & la faire dégorger.

De l'étendage des laines. Lorsque les *laines* ont été lavées, on les fait sécher; l'usage dans les campagnes est de les étendre sur les prés, & quelquefois sur la terre; mais cet usage est mauvais. Les *laines* se chargent ainsi de poussiere, ou même ramassent de la terre qui s'y attache; ensorte qu'un manufacturier entendu, lorsqu'il achete des *laines* qui ont été séchées de cette maniere, & que la proximité des lieux le lui permet, a soin de la faire secouer par les emballeurs, à mesure qu'ils la mettent dans les sacs. On en séparera ainsi la poussiere & les autres ordures qui causeroient un déchet considérable.

Dans les manufactures réglées, on fait sécher les *laines* sur des perches posées dans des greniers. Il en est de même des *laines* teintes destinées à des draps & autres étoffes, lorsqu'elles ont besoin de sécher avant que d'être transmises d'autres opérations relatives à la fabrication. *Voyez fig. 3.* la disposition des perches sur lesquelles on étend & l'on fait sécher les *laines* teintes ou en blanc, *A, A, A*, &c. *B, B, B*, les perches.

Du triage des laines. Lorsque les *laines* sont seches, on en fait un triage; c'est-à-dire qu'on divise les *laines* d'Espagne de la premiere qualité, en prime, seconde & tierce. Pour celle de Navarre & de France & autres plus communes, on sépare seulement les inférieures des autres.

La finesse du drap est proportionnée à la qualité de la *laine*; il faut pour les draps d'Abbeville & de Sedan des *laines* plus belles que pour ceux de Louviers & d'Arnetat. Les *laines* qu'on emploie aux draps d'Elbeuf, sont inférieures à celles du drap de Louvier. On exige dans la fabrication des ouvrages dont nous venons de parler, l'emploi des *laines* d'Espagne seules.

Après le premier triage des *laines* communes de Navarre & de France, on en fait un second qui consiste à séparer les *laines* les plus longues des plus courtes. Les premieres sont destinées aux chaines des étoffes, les secondes aux trames. Il faut encore que le trieur soit attentif à en rejetter les ordures qu'il rencontre sous ses mains. *Voyez fig. iv.* cette opération. *A* est la claie sur laquelle la *laine* est posée; *B*, la *laine*; *C*, le trieur.

Le manufacturier donne le nom de *haute laine* à la *laine* longue, & celui de *basse laine* à la *laine* courte. On emploie la haute *laine* aux chaînes, parce que le fil en aura plus de consistence, & que le travail de l'ourdisseur en sera facilité. On ne distingue point de haute & basse *laine* dans celles d'Espagne, & l'on n'en fait point de triage.

Le triage & le choix ont lieu pour toutes les autres, quelle que soit leur destination; qu'elles doivent aller à la carde ou au peigne. Nous allons suivre la main-d'œuvre sur celles qui passeront à la carde, & dont on fabrique les draps. Nous reviendrons ensuite à celles qui vont au peigne, & nous exposerons leur usage.

Du battage des laines. Lorsque les *laines* ont été triées, & que la séparation en a été faite, on les porte par petites portions sur une espece de claie, formée de cordes tendues où on les frappe à coups de baguette, comme on voit; *fig. v. A* est la claie de corde à battre les *laines*; les ouvriers *B*, *B* sont deux batteurs.

Cette manœuvre a deux objets. Le premier d'ouvrir la *laine* ou d'en écarter les brins les uns des autres; le second d'en chasser la poussiere. Si la poussiere restoit dans la *laine*, & si les brins n'étoient pas divisés, l'huile qu'on lui donneroit dans la suite ne s'étenderoit pas par-tout, & elle ne manqueroit pas de former une espece de camboui qui la gâteroit.

Mais l'opération du battage n'expulsant que la poussiere, & laissant après elle les pailles & autres ordures, il faut y faire succéder l'épluchage.

De l'épluchage des laines. L'éplucheur sépare de la *laine* toute l'ordure qui a échappé à la vigilance du trieur, soit qu'il se soit négligé dans son travail, soit que la *laine* n'étant pas assez ouverte, il n'eût pu y discerner ce qu'il en falloit rejetter. Pour cette opération, on la remet entre les mains d'enfans ou autres personnes qui la manient brin par brin; évitant toutefois de la rompre.

Quelques auteurs, entre lesquels on peut, je crois, compter celui du spectacle de la nature, ont avancé que le mélange des *laines* d'Espagne avec celles de France contribuoit à la fabrication des draps plus fins & plus beaux. Ils n'ont pas conçu que les unes foulant moins que les autres, ils en deviendroient au contraire ce que les ouvriers appellent *creux*, & que la qualité en seroit très-imparfaite. Ils n'ont qu'à consulter là-dessus les ordonnances & réglemens du mois d'Août 1669, registrés en parlement le 13 du même mois.

Ce qu'on pourroit tenter de mieux ; ce seroit d'employer une qualité de *laine* à la chaîne, mais sans aucun mélange, & une autre qualité de *laine* à la trame, mais aussi sans aucun mélange. Cependant cette maniere de fabriquer n'est pas même celle qu'il faut préférer.

Des draps mélangés & des étoffes simples & blanches. Tous les draps mélangés ont été fabriqués avec des *laines* teintes de différentes couleurs. Les bleus & les verds, quoique sans mélange, ont été faits de *laines* teintes avant la fabrication. Les draps ainsi fabriqués sont plus chers, mais la couleur en est aussi plus durable.

Pour les draps mélangés, on a soin de prendre une certaine quantité des *laines* diversement colorées qu'on pese chacune séparément. On les brise & carde ensemble, par ce moyen toutes sont effacées & se fondent en une couleur nouvelle, que le que le fabriquant se proposoit de l'avoir. Il s'en assure par un échantillon qu'on nomme la *feutre* ; le feutre contient des *laines* différentes une quantité proportionnée au tout, & sert de guide pour le reste.

Il y a des teintures qui, comme le noir, mordent la *laine* si rudement, que le travail en deviendroit presqu'impossible, si l'on commençoit par les teindre. Il y en a d'éclatantes qui, comme le rouge de la cochenille, perdroient leur éclat en passant par un grand nombre de manœuvres, & sur-tout à celle du foulon où l'on emploie la terre à dégraisser & le savon qui ne manqueroient point de déteindre.

Pour prévenir ces inconvéniens, on fabrique l'étoffe en blanc, & c'est en blanc qu'on la livre au teinturier. L'expérience du rapport du profit à la perte, du bien au mieux, a réglé toutes ces choses.

Il résulte de ce qui précede qu'il ne se fabrique que des draps blancs & des draps mélangés ; jamais ou du moins rarement des draps ont la *laine* teinte.

Les manufacturiers qui travaillent en blanc font peu d'étoffes mélangées, de même que ceux qui fabriquent des draps mélangés en font peu de blancs.

Lorsque les *laines* ont été lavées, pilotées, séchées, battues, épluchées, & rééplucheés, il s'agit de les carder.

Du carder des laines. On ne carde les *laines* d'Espagne que deux fois. Il faut carder jusqu'à trois fois les *laines* plus communes ou moins fines.

Mais avant que d'en venir à cette opération, on les arrose ou humecte avec l'huile d'olive. On employe sur la *laine* de *laine* qui doit être mise en trame, un quart de livre d'huile, & un huitieme sur la livre de *laine* qui doit être mise en chaîne pour les draps fins. Quant aux draps grossiers depuis sept & huit jusqu'à neuf francs l'aune, la quantité d'huile est la même pour la trame que pour la chaîne, c'est-à-dire qu'on emploie communément trois livres & demie d'huile ou à peu près sur vingt livres de *laine*.

L'huile la meilleure qu'on puisse donner à la *laine* destinée à la carde & à la fabrication des draps fins, est sans contredit celle d'olive. On lui substitue cependant celle de navette, lorsqu'il s'agit des draps les plus grossiers, parce qu'elle coûte moins ; mais aussi il en faut davantage, cette huile ne s'étendant ni autant ni aussi facilement, parce qu'elle est moins tenue.

La raison pour laquelle on emploie plus d'huile sur la *laine* destinée à la trame que sur la *laine* destinée à la chaîne, c'est que la trame n'étant tordue qu'autant qu'elle a besoin de l'être pour acquérir une consistance, & que s'il étoit possible de l'employer sans la filer, le drap en seroit plus parfait, il est nécessaire de l'humecter davantage : il n'en est pas ainsi de la chaîne qui a besoin d'un tors considérable pour supporter la fatigue de la fabrication, les coups du battant ou de la chasse dont l'ouvrage est frappé, la violence de l'extension dans sa levée continuelle des fils, &c.

Les cardes sont des planchettes de bois couvertes d'un cuir de basanne, hérissées de pointes de fer, petites & un peu recourbées. Elles rompent la *laine* qui passe entr'elles, en parcelles très-menues.

Les hautes & les basses *laines* ne se cardent pas différemment. L'intention du travail est de préparer une matiere touffue, lâche & propre à former un fil peu dur dont les poils fassent ressort en tous sens les uns contre les autres, & cherchent à s'échapper de toute part. Or les menus poils qui ont passé entre les cardes, étant mêlés d'une infinité de manieres possibles, ne peuvent se tordre ou être pliés sans tendre continuellement à se redresser & à se définir. Le fil qui en est formé en doit être hérissé, sur-tout s'il est peu tors. Il fournit donc pour la trame une matiere propre à gonfler l'étoffe & à la faire drapper, en élançant en dehors des poils engagés ou dans le reste par quelque endroit de leur longueur dans le corps de la piece.

La *laine* se carde à diverses reprises où l'on emploie successivement des instrumens plus fins & des dents plus courtes.

La *laine* d'Espagne n'est cardée que deux fois ; sa finesse ne pourroit résister à trois opérations de cette espece que la *laine* grossiere soutient ; elle se briseroit en se divisant.

Au contraire plus la *laine* commune est cardée, plus elle s'emploie facilement. Cependant on ne la passe & repalle que trois fois ; deux fois avec la grande carde au chevalet, & une fois avec la petite carde sur les genoux.

A cette derniere opération elle sort de dessous la carde en forme de petits rouleaux d'un pouce, plus ou moins de diametre, sur environ douze pouces de long.

Ces rouleaux de *laine* veules se nomment *loquets*, *ploques* ou *sauciffons*, suivant l'usage du pays, & se filent au grand rouet sans les secours de la quenouille. On voit dans nos Planches, *fig. vj. A* le chevalet ; *fig. vij. b*, *b*, les grandes cardes ; *fig. viij. c*, *c*, les petites cardes ; *e*, *fig. vj*, la carde posée sur le chevalet ; *f*, *même fig.* la boëte à renfermer la *laine* que l'ouvrier veut travailler.

Du filage de la laine. L'ouvrier présente de la main gauche l'extrémité du loquet à la broche de la fusée du rouet; de la droite, il met la roue, la corde & la fufée en mouvement. La *laine* faifie par le bout de la broche qui tourne fe tortille dans le même fens. L'ouvrier éloigne fa main & allonge de trois ou quatre piés le loquet, qui en s'aminciffant & prenant d'un bout à l'autre le mouvement de la fufée, devient un fil affez tors pour avoir quelque réfiftence, & affez lâche pour laiffer en dehors les extrémités de fes poils dégagés.

D'une fecouffe de revers donnée brufquement à la roue, l'ouvrier détache fon fil de la broche & l'enroule auffi-tôt fur la fufée en redonnant à la roue fon mouvement ordinaire. Il approche enfuite un nouveau loquet à l'extrémité du fil formé & enroulé; il applique le point d'union du loquet qui commence au fil formé du loquet précédent; il continue d'opérer, & il met en fil ce fecond loquet qu'il enroule comme le précédent.

En accumulant de cette maniere plufieurs fauciffons ou loquets filés, il garnit tellement le fond de la fufée, diminuant plus en plus les volumes de l'enroulement jufqu'au bout de la broche, qu'en conféquence le fil fe range en cône. Ce cône eft vuide au centre; ce vuide y eft formé par la broche qui le traverfe. On l'enleve de deffus la broche fans l'ébouler.

L'huile ou la fimple humidité dont la *laine* a été pénétrée, fuffit pour en affouplir le reffort, & l'on tranfporte fans rifque le cône de la *laine* filée fur une autre broche.

Remis fur cette broche, il fe diftribue fur le devidoir où on l'unit par un nœud léger avec le fil d'une autre fufée; & le tout fe forme enfuite en écheveaux, à l'aide d'un devidoir qui regle plutôt l'ouvrier que l'ouvrier ne le regle. On voit *fig. ix*. le grand rouet. *A*, fon banc; *b*, marionette ou foutien des frafeaux; *C*, roue du grand rouet; *D*, moyeu de la roue; *e*, broche fur laquelle s'affemble le fil en maniere de cône; *f*, efquive qui arrête le volume du fil fur la fufée; *g*, frafeaux qui font deux cordons de natte doubles & ouverts pour recevoir & laiffer jouer la broche; *H*, arbre ou montant qui fupporte la roue.

Du devidage de la laine. On donne à la cage du devidoir l'étendue que l'on veut, en écartant ou rapprochant fes barres. Veut-on enfuite que l'écheveau foit formé, par exemple de trois cens tours de fil? il faut que l'effieu engraine par un pignon de quatre dents fur une roue qui ait vingt-quatre, & que l'effieu de celle-ci, dont le pignon en a également quatre, engraine par ce pignon dans une grande roue de quarante. Chaque dent du devidoir emportant une dent de la petite roue, le devidoir fera fix tours pour épuifer les quatre fois fix dents ou les vingt-quatre dents de la petite roue. Celle-ci fera de même autant de tours que fon pignon qui tournera dix fois pour emporter les quarante dents de la grande roue. Ainfi pendant que la grande roue fait un tour, la petite en fait dix, & le devidoir foixante. Il faut donc cinq tours de la grande roue pour avoir cinq fois foixante tours du devidoir. Un petit marteau dont la queue eft emportée par une cheville de détente fixée à la grande roue, frappe cinq coups, par cinq chutes, après les cinq tours de la grande roue. C'eft-là ce qui a fait donner le nom de *fons* aux foixante fils qui font partie de l'écheveau, qui dans fon total eft appellé *écheveau de cinq fons*.

La grande roue eft encore traverfée d'un effieu qui enroule une corde fine, à laquelle un petit poids eft fufpendu. Or ce poids fe trouvant arrêté après le cinquieme tour, avertit l'ouvrier qu'il a trois cens fils fur fon devidoir, puifque le devidoir a fait cinq fois foixante ou trois cens tours.

Les écheveaux formés par une quantité fixe & connue de fils, foit trame foit chaine, font affemblés de maniere que tous ont leurs bouts réunis à un même point d'attache, afin d'être rétrouvés fans peine.

Cette façon de devider le fil, foit chaine, foit trame, eft d'une telle utilité qu'il eft impoffible de conduire fûrement une manufacture fans l'ufage de cette ingénieufe machine.

Elle a deux objets principaux; le premier de fournir au manufacturier le moyen de connoître parfaitement la qualité du fil qu'il doit employer à l'étoffe qu'il fe propofe de faire; le fil devant être plus ou moins gros, felon la fineffe de la *laine* & celle du drap, ce qu'il découvrira facilement par le poids de l'écheveau dont la longueur eft donnée. La différence des poids le réglera. Il ordonnera à fa volonté de filer un écheveau, foit chaine, foit trame, à tant de poids chaque fon ou à tant de fons pour tel poids.

Le fecond a rapport au payement du fileur & du tiffeur qui ne font payés qu'à tant la longueur de fil & non à tant la livre de poids. Si l'ouvrier étoit payé au poids, celui qui fileroit gros gagneroit plus que celui qui fileroit fin. Il a fallu régler le prix du filage à un poids fixe pour chaque écheveau d'une longueur déterminée.

Il faut en ufer de même avec les tiffeurs, & les payer tant par écheveau, & non pas tant par piece, comme il fe pratique dans les manufactures mal-dirigées. Il s'en fuit de cette derniere maniere de payer, qu'un ouvrier fait entrer plus ou moins de trame dans fon étoffe fans gagner ni plus ni moins. Une chaine cependant qui ne fera par hafard pas auffi pefante qu'une autre, doit prendre plus de trame pour que l'étoffe foit parfaite. Il eft donc jufte que celui-ci foit plus payé. Payez-le par piece, & il fournira fa piece le moins qu'il pourra, & conféquemment fon ouvrage fera foible & défectueux.

Voyez dans nos Planches, *figures* 10 & 11, le devidoir. *A*, banc ou felle du devidoir. *B*, *b*, *b*, montans. *cc*, *cc*, *cc*, &c. bras du devidoir; fon arbre *dd* tournant & engrenant par fa petite lanterne *e* dans les quatre canelures dans fon pignon de la roue *D*. *F*, autre roue que la fupérieure emporte par un pignon également de quatre dents. *G*, marteau dont le manche eft abaiffé par une cheville *h* de détente attachée à la roue inférieure *F*, & dont la tête vient frapper après la détente fur le taffeau *l*; *i*, corde qui s'enroule fur l'effieu de la roue inférieure *F*, & qui foutient un poids *K*. Ses tours fur l'effieu indiquent ceux du devidoire, & terminent la longueur de l'écheveau. La *figure* 11 montre le même tour, vû de profil.

Mais avant que d'aller plus loin, il eft à propos de parler d'une précaution, legere en apparence, mais qui n'eft pas au fond fans quelque importance; c'eft relativement au tors qu'on donne au fil. Ce tors peut contribuer beaucoup à l'éclat des étoffes legeres, & au moelleux des étoffes drapées. Il faut filer & tordre du mêmes fens la chaîne & la trame deftinées à la fabrication d'une étoffe luifante, comme l'étamine & le camelot dont nous parlerons dans la fuite, & filer & tordre en fens contraire la trame & la chaîne des draps.

Il ne s'agit pas ici du mouvement des doigts, qui eft toujours le même, mais de la corde du rouet qu'on peut tenir ouverte ou croifée. La corde ouverte qui enveloppe le tour de la roue, & qui affujettit à foit horifontalement la fufée & le fil, ira comme la roue, verticalement de bas en haut, & fera pareillement aller tous les tours du fil, en un montant verticalement & de bas en haut. Au lieu que fi la corde qui embraffe la roue fe croife avant que de paffer fur la noix de la fufée où le fil s'affemble, elle emportera néceffairement la fufée dans un fens contraire au précédent, verticalement, mais de haut en bas.

Tous les brins de *laine* qui fe tortillent les uns fur

les autres, soit au petit rouet, soit au grand; dans le sens qui leur est imprimé par la broche de la fusée, se plieront donc en un sens, quand on file à corde ouverte; & dans un sens contraire, quand on file à corde croisée.

Mais quel intérêt peut-on prendre à ce que l'un des deux fils soit par rapport à l'autre un fil de rebours, pour parler le langage des ouvriers? C'est ce que nous expliquerons à *l'article de la* FOULE DES ÉTOFFES. Nous remarquerons seulement ici que tous les fils destinés pour la chaîne des draps sont filés à corde ouverte, & ceux pour la trame à corde croisée, & que l'auteur du *spectacle de la nature* s'est trompé sur ce point.

La raison de cette différence de filer est que le fil de la chaîne ayant besoin d'être plus tors & plus parfait que celui de la trame, & la corde croisée étant sujette à plus de variation dans son mouvement que la corde ouverte, le fil filé de cette façon acquiert plus de perfection que celui qui l'est à corde croisée. Il est filé plus également.

De l'ourdissage des chaînes. Lorsque les fils sont ainsi disposés, il s'agit d'ourdir les chaînes destinées à être montées sur les métiers. Pour cet effet, on assemble plusieurs bobines sur lesquelles sont dévidés les fils qui ont été filés pour chaîne. On les distribue ensuite sur des machines garnies de pointes de fil de fer de cinq à six pouces de longueur, en deux rangées différentes, au nombre de huit, plus ou moins, par chaque rangée. Une corde sépare ces deux rangées, dont l'une est plus élevée que l'autre. On prend tous les fils ensemble, tant de la rangée de bobines de dessus que de celles de dessous, avec la main gauche. Après quoi, pour commencer l'ourdissage, l'ouvrier les croise séparément sur ses doigts avec la main droite, & les porte à la cheville de l'ourdissoir où il arrête la poignée de fils, ayant soin de passer deux autres chevilles dans les croisures formées par ses doigts, ce qui s'appelle *croisure* ou *envergeure*. On prend cette précaution, & elle est absolument nécessaire, pour que les fils ne soient point dérangés de leur place, lorsqu'il faut monter le métier, & que l'ouvrier puisse prendre chaque fil de suite, lorsqu'il sera question de les passer dans les lames ou lisses.

Cette première poignée de fils étant arrêtée & envergée dans le haut de l'ourdissoir qui est fait en forme de dévidoire ou de tour posé debout, & que la main fait tourner, la poignée de fils en se dévidant sur sa surface, forme une spirale depuis le haut jusqu'au bas, où elle arrive après un certain nombre de tours, fixés d'après la longueur que l'ouvrier s'est proposée. Il s'arrête-là à une autre cheville, & passant sa poignée dessous une seconde cheville éloignée de la première de quatre à cinq pouces, il fait le retour & remonte à la même poignée de fils, qu'il remet sur la cheville d'en haut, observant de croiser les fils par l'insertion de ses doigts, & de passer la croisière dans les deux chevilles éloignées de celle où ils sont arrêtés, d'un pié & demi ou environ, afin de descendre comme il a commencé; il observe dans le nombre des fils & dans les longueurs un ordre & des mesures qui varient d'une manufacture à l'autre.

Nous ne donnons point ici la figure & la description de cet ourdissoir; nous aurons occasion d'en parler à *l'article* SOIERIE, & à plusieurs *articles de* PASSEMENTERIE.

Il y a une autre maniere d'ourdir par un ourdissoir composé de deux barres de bois qui sont posées parallelement & un peu en talud contre une muraille. Elles sont hérissées de chevilles, en deux rangées; & c'est sur ces chevilles que les fils sont reçus.

Quand on porte les fils sur ces ourdissoirs plats & inclinés contre la muraille, on les réunit tous sur la premiere cheville d'une des deux barres; & après les avoir croisés ou envergés sur les deux autres chevilles qui en sont éloignées, comme on a fait sur l'ourdissoir tournant, on les conduit de-là tous ensemble d'une barre à l'autre, & successivement d'une cheville à l'autre, jusqu'à ce qu'on ait la longueur qu'on se proposoit. Alors on les arrête; & en faisant le retour, on les reporte à contre-sens sur la premiere en haut, en observant de les croiser comme dans l'ourdissoir tournant.

Nous ne donnons pas la représentation de cette maniere d'ourdir, parce que l'ourdissoir tournant est beaucoup plus sûr & d'un usage plus commun, & que l'ourdissoir tournant bien averti, on concevra l'ourdissoir plat qui n'en est qu'un développement.

La poignée de fils conduite par l'ouvrier sur les ourdissoirs est appellée *demi-branche* ou *portée*, & n'est appellée *portée entiere* ou *branche* que lorsque le retour en est fait. Il faut donc que l'ouvrier ait soin, lorsqu'il est au bas de l'ourdissoir, de faire passer la demi-branche sur les deux chevilles, de maniere qu'elle puisse, par sa croisiere, être séparée, qu'on en connoisse la quantité, & que le nombre des fils ourdis soit compté. De même que les fils ourdis sont croisés dans le haut de l'ourdissoir à pouvoir être distingués un par un, les branches ou portées sont croisées dans le bas à pouvoir être comptées une par une.

C'est la totalité de ces parties qui forme la poignée de fils à laquelle on donne le nom de *chaîne*.

Pour rendre cette poignée de fils portative & maniable, l'ouvrier en arrondit le bout en une grande boucle, dans laquelle il passe son bras, un amene à lui la poignée de fils. Il en forme ainsi un second chaînon; puis au-travers de celui-là, un troisieme, & au-travers du troisieme, un quatrieme, & ainsi de suite.

Ces longs assemblages de fils ainsi bouclés & racourcis en un petit espace, s'appellent *chaînes*. On leur conserve le même nom, étendus sur le métier, pour le monter, & y passer la trame ou fils de traverse. Il faut deux de ces chaînes pour former la monture d'un drap, attendu que l'ourdissoir ne pouvoit contenir la chaîne entiere; elle a trop de volume. On donne à chacun aussi le nom de *chaînons*.

Du collage des chaînes. Lorsque les chaînes sont ourdies pour les monter sur le métier, il s'agit d'abord de les coller. Cette préparation est nécessaire pour donner au fil la consistance dont il a besoin pour être travaillé en étoffe.

Pour cet effet, on fait bouillir une quantité de peaux de lapin, ou de rognures de gants, ou de la colle forte, ou quelque autre matiere qui fasse colle. On la met dans un baquet ou un autre ustensile disposé à cette manœuvre. L'ouvrier y fait tremper la chaîne, tandis qu'elle est chaude. La retirant ensuite par un bout, il la tord poignée par poignée, & la serre entre ses mains d'une force proportionnée à la quantité de colle qu'il veut lui laisser. *Voyez fig. 12*, un ouvrier occupé à cette manœuvre; *A*, la cuve; *B*, la chaîne; *C*, la colle; *D*, l'ouvrier qui tord la chaîne pour n'y laisser que la quantité de colle qu'elle demande.

De l'étendage des chaînes. Après que la chaîne a été tirée de la colle, on la porte à l'air pour la faire sécher. L'ouvrier passe une branche assez forte d'un bois poli dans la boucle qui a servi à former le premier chaînon d'un côté; & l'étendant dans toute sa longueur sur des perches posées horisontalement, & soutenus sur des pieux verticaux, il passe à l'autre extrémité une autre perche, & lui donne une certaine extension, afin de pouvoir disposer les portées sur

sur un espace assez large ; opération qui est facilitée par le moyen des cordes que l'ourdisseur a eu l'attention de passer dans les croisieres avant que de lever les chaines de dessus l'ourdissoir. *Voy. fig. 13*, l'étendoir ; *A*, ses piliers ; *B*, ses traverses ; *C*, une chaîne.

Du montage du métier. Lorsque la chaîne est seche, l'ouvrier la ramasse en chaînon, de la même maniere qu'elle a été levée de dessus l'ourdissoir, pour la disposer à être montée sur le métier.

Il faut pour cela se servir d'un rateau, dont les dents sont placées à distance les unes des autres d'un demi-pouce plus ou moins, suivant la largeur que doit avoir la chaine. Nous renverrons pour cette opération & pour la figure de l'instrument, aux *Planches du Gazier*, à celles du *Passementier*, & à l'article SOIERIE.

On place une portée dans chaque dent du rateau. L'ouverture du rateau étant couverte, les portées arrêtent avec une longue baguette qui les traverse & les enfile, cette premiere brasse de longs fils étendus, & passant sur une traverse du métier qu'on arrondit pour cet effet, on fait entrer la baguette & les portées dans une cannelure pratiquée à un grand rouleau, ou à une ensuple sur laquelle les fils sont reçus & enveloppés à l'aide de deux hommes, dont l'un tourne l'ensuple, tandis que l'autre tire la chaîne, la tend, & la conduit de maniere qu'elle s'enroule juste & ferme.

Dans cette opération, toute la chaine se trouve chargée sur le rouleau jusqu'à la premiere croisiere des fils simples.

Lorsque l'ouvrier est arrivé à cette croisade ou croisiere, qui est fixée par les cordes que l'ourdisseur a eu soin d'y laisser, il y a entre deux baguettes polies & minces, d'une longueur convenable, pour avoir la facilité de choisir les fils qui, en conséquence de la croisiere, se trouvent rangés sur les baguettes, alternativement un dessus, l'autre dessous, & dans l'ordre même qu'on a observé en ourdissant, de maniere qu'un fil premier ne peut passer devant un fil second, ni celui-ci devant le troisieme, qu'on ne sauroit les brouiller, qu'ils se succedent exactement, & qu'ils sont pris de suite pour être passés & mis dans les lames ou lisses.

De la renture des fils dans les lames & le rot. Les lames ou lisses sont un composé de ficelles, lesquelles passées sur deux fortes baguettes appellées *liets* ou *lisserons* forment une petite boucle dans le milieu de leur longueur où chaque fil de la chaine est passé. Chaque boucle est appellée *maille*, & a un pouce environ d'ouverture. La longueur de la ficelle est de quinze ou seize ; c'est la distance d'un lisseron à l'autre. Nous expliquerons ailleurs la maniere de faire les lisses. *Voyez les Planches de Passementier*, leur explication, & l'article SOIERIE.

Tous les draps en général ne portent que deux lisses, dont l'une en baissant au moyen d'une pédale, appellée par les artistes *manche*, fait lever celle qui lui est opposée, les deux lames étant attachées à une seule corde dont une des extrémités répond à l'une des lames, & l'autre extrémité, après avoir passé sur une poulie, va se rendre à l'autre.

Du peigne ou rot. Les fils étant passés dans les mailles ou boucles des lisses, il faut les passer dans le rot ou peigne.

Le rot est un composé de petits morceaux minces de roseaux ; ce qui l'a fait appeller *rot*. Il tient le nom de peigne de sa figure. Les dents en sont liées ou tenues verticales en dessus & en dessous par deux baguettes légeres, qu'on nomme *jumelles*. Les jumelles sont plates ; elles ont un demi-pouce de large ; un fil gaudronné ou poissé les revêtit ; ce sil laisse entre chaque dent l'intervalle qui convient pour passer les sils.

Tous les draps en général ont deux fils par chaque dent de peigne, qui doit être de la largeur des lames, qui est la même que la largeur de la chaine roulée sur l'ensuple. Tout se correspond également, & le frottement du fil dans les lames & le rot est le moins sensible qu'il est possible, & le cassement des fils très-rare.

De l'arrêt de la chaîne, ou de son extension pour commencer le travail. Lorsque les fils sont passés dans les lames ou dans le rot, on les noue par petites parties ; ensuite on les enfile sur une baguette, dont la longueur est égale à la longueur du drap. Au milieu des fils de chaque partie nouée, on attache la baguette en plusieurs endroits avec des cordes arrêtées à l'ensoupleau. L'ensoupleau est un cylindre de bois couché devant l'ouvrier sous le jeu de la navette. L'ouvrage s'enveloppe sur ce rouleau pendant la fabrication. On donne l'extension convenable à la chaîne, en tournant l'ensoupleau, dont une des extrémités est garnie d'une roue semblable à une roue à crochet, qui est fixée par un fer recourbé, que les ouvriers appellent *chien*.

La chaîne ainsi tendue, l'ensuple est sur l'ensoupleau, le drap est prêt à être fabriqué. Mais pour vous former des idées justes de la fabrication, *voyez figure 14*, le métier du tisseur tout monté. *A, A, A, A*, sont les montans du métier ; *b, b*, les traverses; *c, c*, la chasse qui sert à frapper & à serrer plus ou moins le fil de trame ; *d, d*, le dessus de la chasse ou longue barre que l'ouvrier empoigne des deux mains ; *e, e*, le dessous de la chasse, contenant le rot ou le peigne ; F, F, planche sur laquelle reposent les fils qui baissent pour donner passage à la navette angloise montée sur ce métier. Nous expliquerons en détail plus bas le méchanisme de cette navette. *g*, tringle de fer qui soutient l'équerre ou crosse qui chasse la navette d'un côté à l'autre ; *h*, l'équerre ou crosse ; *i*, petite piece de bois *q*. *i* retient la navette entre la planche attachée au battant & la piece même ; *k*, la navette ; *l, l*, corde qui répond de chacune de ces extrémités à l'équerre que l'ouvrier tire pour faire partir la navette ; *m*, rot ou peigne. M, planchette de bois alignée avec le peigne ou rot ; *n, n*, aiguille de la chasse ; *o, o, o*, porte-lame ou piece à laquelle est suspendue la poulie sur laquelle roule la corde qui tient à deux lames ; *p, p*, la couloire ou piece de bois plate & équarrie, où l'on a pratiqué une ouverture par laquelle l'étoffe fabriquée se rend sur l'ensoupleau ; *q*, l'ensuple ou rouleau qui porte la chaîne sur dans le derriere du métier ; *r, r*, liais ou longues baguettes qui soutiennent les lisses qu'on voit ; *R R*, les lisses ; *s s*, poulie sur laquelle roule la corde qui est attachée aux deux lames. *t, t, t, t*, la marionette, c'est la corde qui va d'une lame à l'autre, après avoir passé pardessus la poulie ; & qui montant & descendant, fait hausser & baisser les lames ; *v, v*, moufle ou chappe dans laquelle la poulie tourne ; *x, x, x*, le banc de l'ouvrier ; *y, y*, les marches ; *z, z*, l'ensoupleau ; &, &, la roue à rochet avec son chien. Le reste de la figure s'entend de lui-même. On voit que la chaîne est suspendue à vis 1 & à écrou 2 sur les traverses 5, 6, & que ces traverses sont garnies de cramaillées à dents 3 3, qui fixent la chasse au point où l'ouvrier la veut.

Ce métier est vû de face. On auroit pû le montrer de côté ; alors on auroit apperçu la chaine & d'autres parties ; mais les métiers d'ourdissage ont presque toutes leurs parties communes, & l'on en trouvera dans nos Planches tous toutes sortes d'aspect.

De la fabrication du drap & autres étoffes en laine.

Quoique le drap soit prêt à être commencé, il est bon néanmoins d'observer qu'encore que les fils soient disposés avec beaucoup d'ordre & d'exactitude sur le métier, il est d'usage de placer sur les deux bords de la largeur un nombre déterminé de fils, ou d'une matiere ou d'une couleur différente de la chaine ; ce qui sert à caractériser les différentes sortes d'étoffes. Il y a des reglemens qui fixent la largeur & la longueur de la chaine, la matiere & la couleur des lisieres, en un mot, ce qui constitue chaque espece de tissu, afin qu'on sache ce qu'on achete.

Lorsqu'il s'agit de commencer le drap, on devide en dernier lieu le fil de trame des écheveaux sur de petits roseaux de trois pouces de long, & qu'on nomme *épolets*, *espolets*, *époulins* ou *espoulins*.

Dans les bonnes manufactures on a soin de mouiller l'écheveau de trame avant que de le devider sur les petits roseaux, afin que le fil de la chaine, dur par la colle dont il a été enduit, devienne plus flexible dans la partie où la duite se joint, & la fasse entrer plus aisément ; ce qui s'appelle *travailler à trame mouillée*. On ne peut donner le nom de bonnes manufactures à celles qui travaillent à trame seche.

L'espolin chargé de fil, est embroché d'une verge de fer qui se nomme *fuserole*, puis couché & arrêté par les deux bouts de la fuserole dans la poche de la navette, d'où le fil s'échappe par une ouverture latérale. Ce fil arrêté sur la premiere lisiere de la chaine, se prête & se devide de dessus l'espolin à mesure que la navette court & s'échappe par l'autre lisiere. Les fils de chaine se haussent par moitié, puis s'abaissent tour-à-tour, tandis que les autres remontent, saisissent & embrassent chaque duite ou chaque jet de fil de trame ; de sorte que c'est proprement la chaine qui fait l'appui & la force du tissu, au lieu que la trame en fait la fourniture.

De la maniere de frapper le drap. Le rot ou le peigne sert à joindre chaque duite ou jet de trame contre celui qui a été lancé précédemment, par le moyen de la chasse ou battant dans lequel il est arrêté. Le battant suspendu de maniere qu'il puisse avancer & reculer, est amené par les deux ouvriers tisseurs contre la duite ; & c'est par les différens coups qu'il donne, que le drap se trouve plus ou moins frappé. Les draps communs sont frappés à quatre coups ; les fins à neuf ; les doubles broches à quinze & pas davantage.

Largeur des draps en toile. En général tous les draps doivent avoir depuis sept quarts de large sur le métier, jusqu'à deux aunes & un tiers. Cette largeur doit être proportionnée à celle qu'ils doivent avoir au retour du foulon : toutes ces dimensions sont fixées par les reglemens.

Il y a cependant des draps forts qui n'ont qu'une aune de large sur le métier ; mais ces sortes de draps doivent être réduits à demi-aune seulement au retour du foulon, & sont appellés *draps au petit large*. Quant aux grands larges, ils sont ordinairement réduits à une aune, une aune & un quart, ou une aune & un tiers, & rien de plus, toujours en raison de la largeur qu'ils ont sur le métier.

La largeur du drap sur le métier a exigé pendant longtems le concours de deux ouvriers pour fabriquer l'étoffe, lesquels se jettant la navette ou la lançant tour-à-tour, la reçoivent & se la renvoient après qu'ils ont frappé sur la duite le nombre de coups nécessaires pour la perfection de l'ouvrage, un seul ouvrier n'ayant pas dans ses bras l'étendue propre pour recevoir la navette d'un côté quand il l'a poussée de l'autre. Un anglois, nommé *Jean Kay*, a trouvé les moyens de faire travailler les étoffes les plus larges à un seul ouvrier, qui les fabrique aussi-bien, & n'employe pas plus de tems que deux. Ce méchanisme a commencé à paroître sur la fin de l'année 1737, & a valu à son auteur toute la reconnoissance du Conseil ; reconnoissance proportionnée au mérite de l'invention, qui est déja établie en plusieurs manufactures du royaume.

De la navette angloise, ou de la fabrique du drap par un homme seul. L'usage de cette navette ne dérange en aucune maniere l'ancienne méthode de monter les métiers ; elle consiste seulement à se servir d'une navette qui est soutenue sur deux doubles roulettes, outre deux autres roulettes simples placées sur le côté, qui, lors du travail, se trouvent adossées au rot ou peigne. Cette navette devide ou lance avec plus d'activité & en même-tems plus de facilité la duite ou le fil qui fournit l'étoffe, au moyen d'un petit cone ou tambour tournant sur lequel elle passe, afin d'éviter le frottement qu'elle souffriroit en s'échappant par l'ouverture latérale. Elle contient encore plus de trame, & n'a pas besoin d'être chargée aussi souvent que la trame ordinaire. Elle ne comporte point de nœuds, & fabrique par conséquent une étoffe plus unie. Une petite planche de bois bien taillée en forme de lame de couteau, de trois pouces & demi de large, de trois lignes d'épaisseur du côté du battant auquel elle est attachée, & de dix lignes de l'autre côté, de la longueur du large du métier, est placée de niveau à la cannelure du battant, dans son dessous, & à la hauteur de l'ouverture inférieure de la dent du peigne.

Lorsque l'ouvrier foule la marche, afin d'ouvrir la chaine pour y lancer la navette, la portion des fils qui baissent appuie sur cette planchette, de façon que la navette à roulette ne trouve en passant ni flexibilité ni irrégularités qui la retiennent, & va rapidement d'une lisiere à l'autre sans être arrêtée.

Une piece de bois de deux lignes environ de hauteur, & d'un pié & demi plus ou moins de longueur, posée sur la planche de chaque côté du battant, contient la navette, la dirige, soit en entrant, soit en sortant ; car alors elle se trouve entre la lame du battant & cette petite piece.

Pour donner le mouvement à la navette, une espece de main de bois recourbée à angles droits, dont la partie supérieure est garnie de deux crochets de fil de fer, dans lesquels entre une petite tringle de fer de la longueur de la navette, à laquelle est attachée une corde que l'ouvrier tient entre ses mains, au milieu du métier, meut une plaque de bois ou crosse qui chasse la navette.

Mais l'inspection de nos figures achevera de rendre tout ce méchanisme intelligible. *Voyez donc la figure 15.* C'est une partie du rot & de la chasse, avec la navette angloise en place. Il faut imaginer le côté *A* de cette figure semblable à l'autre côté. *c*, partie de la chasse ; *D*, dessus de la chasse, ou la barre que l'ouvrier tient à la main pour frapper l'étoffe ; *e, e,* la rangée des dents du rot ou peigne ; *f, f,* la tringle qui soutient la crosse. Cette tringle est attachée à la chasse ; *g, g,* la crosse avec ses anneaux, dans lesquels la tringle passe ; *h,* la navette angloise posée sur la planchette *i, i* ; *k, k,* petite piece de bois posée sur la planchette *i* ; imaginez au milieu du quarré de la planchette ou crosse *g,* une corde qui aille jusqu'à l'ouvrier, & qui s'étende jusqu'à l'autre bout du métier *e,* où il faut supposer une pareille crosse, au milieu de laquelle soit aussi attachée l'autre extrémité de la même corde.

Qu'arrivera-t-il après que l'ouvrier aura baissé une marche ? Le voici.

La moitié des fils de la chaîne sera appliquée sur la planchette *i* ; l'autre sera haussée ; il y aura entre les deux une ouverture pour passer la navette. L'ouvrier tirera sa corde de gauche à droite ; la crosse *g* glissant sur la tringle de fer, poussera la navette ;

la navette poussée coulera sur la planchette & sur les fils de chaîne baissés, & s'en ira à l'autre bout du métier, appuyée dans sa course contre la jumelle d'en-bas du peigne ou rot. Un pareil mouvement de corde, après que l'étoffe aura été frappée, la fera passer, à l'aide d'une pareille erosse, placée au côté où elle est, de ce côté à celui d'où elle est venue, & ainsi de suite.

Mais une piece très-ingénieusement imaginée, & sur laquelle il faut fixer son attention, c'est la petite piece de bois *k*, *k*; elle est taillée en dedans en *s*, & percée de deux trous *m*, *n*. Le trou *m* est un peu plus grand que le trou *n*. Il y a dans chacun une pointe de fer fixée dans la jumelle d'en-bas, ou plûtôt dans la planchette sur laquelle la navette est posée.

Qu'arrive-t-il de-là ? Lorsque la navette se présente en *k* pour entrer, elle arrive jusqu'en *n* sans effort; en *n* elle presse la piece, qui a là un peu plus de hauteur ou de saillie qu'ailleurs; mais le trou *m* étant un peu plus grand que le trou *n*, & ce trou *m* n'étant pas rempli exactement par sa goupille, la piece cede un peu, & la quantité dont elle cede est égale précisément à la différence du diametre du trou *m*, & du diametre de la goupille qui y passe. Cela suffit pour laisser entrer la navette qui se trouve alors enfermée; car la piece *k*, *k* ne pouvant pas sedéplacer, passé le point ou trou *m*, qu'elle ne sedéplace de la même quantité passé le trou *n*; ainsi la navette ne peut ni toucher, ni avancer, ni reculer. Elle s'arrête contre la crosse; & poussée ensuite par la crosse, & au sortir de l'espace terminé par la petite piece *k*, *k*, une espece d'échappement qui lui donne de la vitesse. Ajoutez à cela que la planchette sur laquelle elle est posée, est un peu en talud vers le rot ou peigne.

On voit, *fig. 16*, la navette en dessus, & *fig. 17*, la navette en dessous; *aa* est sa longueur; *bb*, sa poche; *c*, la bobine dans le fil va passer sur le petit cylindre ou tambour *t*, & sortir par l'ouverture latérale *l*. *ee* font deux roulettes horifontales, fixées dans son épaisseur, & qui facilitent son mouvement contre la jumelle inférieure du rot; *ff*, *ff* en font quatre verticales prises aussi dans son épaisseur, mais verticalement, & qui facilitent son mouvement sur la planchette qui la soutient.

La *figure 18* montre la bobine séparée de la navette, & prête à être mise dans sa poche.

Avec le secours d'une navette semblable, un seul ouvrier peut fabriquer des draps larges, des étoffes larges, des toiles larges, des couvertures, & généralement toutes les étoffes auxquelles on emploie deux ou trois hommes à la fois.

On assure qu'expérience faite avec cet instrument, le travail d'un homme équivaut au travail de quatre autres avec la navette ordinaire.

Quoique la navette angloise convienne particulierement aux étoffes larges, on l'a essayée sur les étoffes étroites, comme de trois quarts ou d'une aune, & l'on a trouvé qu'elle ne réussissoit pas moins bien.

Passer le drap à la perche. Lorsque le drap est fabriqué, le maitre de la manufacture le fait passer à la perche pour reconnoitre les fautes des tisseurs; delà il passe à l'épinseur. L'épinseur en tire toutes les pailles & autres ordures. De l'épinsage il est envoyé au foulon.

De l'épinsage des draps. On voit *figure 19*, la table de l'épinseur, *a*, le drap en toile; *bb*, la table; *cc*, les treteaux qui la soutiennent; *d*, tréteaux mobiles pour incliner plus ou moins la table à discrétion.

Il faut avoir grand soin de mettre le drap épinsé sur les perches, si on ne l'envoie pas tout de suite au foulon, parce que le mélange de l'huile de la cardé, de la colle & de l'eau qui a servi à humecter les trames, le feroit échauffer & pourrir, si on ne l'étendoit pas pour le faire séchér.

Du dégrais & du foulage des draps. Dans les bonnes manufactures il y a un moulin à dégraisser & un moulin à fouler. C'est le moulin à dégraisser qu'on voit *figure 20*, & le moulin à fouler qu'on voit *figure 21*. Dans le premier, les branches ou manches des maillets font posés horifontalement, & les auges ou vaisseaux toujours ouverts. Dans le second, les branches font perpendiculaires, & les vaisseaux toujours fermés, afin que le drap n'ayant point d'air, s'échauffe plus vite & foule plus facilement. Ces derniers moulins sont appellés *façon de Hollande*, parce que c'est de-là qu'ils nous viennent. Celui de l'hôpital de Paris, situé à Essonne, sur la riviere d'Etampes, est très-bien fait.

Quand on veut qu'un drap soit garni & plus ou moins drappé, on lui donne plus ou moins de largenr sur le métier, & on le réduit à la même au foulage. C'est le foulon qui donne, à proprement parler, aux draperies leur consistance, l'effet principal des coups de maillets étant d'ajouter le mérite du foutre à la régularité du tissu. C'est par une suite de ce principe que les étoffes lisses reçoivent leur dernier lustre dans le foulerie, ou que, si quelques-unes y sont portées, c'est pour être bien dégorgées, & non pour être battues à sec : elles perdroient en s'étoffant la légereté & le brillant qui les caractérisent.

Les étoffes qu'on y portera pour y prendre la consistance de drap, y gagneront beaucoup si elles ont eû leur chaine & leur trame de *laine* cardée, ou du moins leur trame faite de fil lâche, & leur chaine filée de rebours. Plusieurs personnes qui courroient d'un même côté, iroient loin sans se rencontrer; mais elles ne tarderoient pas à se heurter & à se croiser en marchant en sens contraires. Il n'y a pas non-plus beaucoup d'union à attendre des poils de deux fils lâches, s'ils ont été filés au rouet dans le même sens. Mais si l'un des deux fils a été raid à corde ouverte & l'autre à corde croisée; si les poils de la chaine font couchés dans un sens, & ceux de la trame dans un autre, l'insertion & le mélange des poils se fera mieux. Quand les maillets battent & retournent l'étoffe dans la pile du foulon, il n'y a point de poils qui ne s'ébranlent à chaque coup. Les poils qui sous un coup formeront une chambrette en se courbant ou en se séparant des poils voisins, s'affaissent ou s'allongent sous un autre coup qui aura tourné l'étoffe d'un nouveau sens, le propre du maillet & la façon dont la pile est creusée, étant de faire tourner le drap à chaque coup qu'il reçoit. Si donc les poils de la chaine & de la trame ont été filés en sens contraires, & qu'ils se hérissent, les uns en tendant à droite, & les autres en tendant à gauche, ils formeront déja un commencement de mélange, qui s'achevera sous l'impression des maillets. Mais l'engrenage en sera d'autant plus prompt, si les deux fils sont d'une *laine* rompue à la carde, comme il se pratique pour les draps.

Toute autre étoffe à fil de trame sur étaim, se drappera suffisamment par la simple précaution du fil de rebours, & acquerra au point désiré la contention & la solidité du feutre. On dit *jusqu'au point désiré*; car si l'étoffe, soit drap, soit serge, devenoit vraiment feutre, par une suite de ton rétrecissement, elle se retireroit trop sur sa largeur & sur sa longueur; elle se dissoudroit même si on la poussoit trop à la foulerie.

Mais, dira-t-on, ne pourroit-on pas aussi-bien filer les chaines à corde croisée, & les trames à corde ouverte, que les chaînes à corde ouverte, & les trames à corde croifée ?

On peut répondre que toutes les matieres, foit fil de chanvre, foit lin, coton ou foie, filées au petit rouet, ne pouvant l'être qu'à corde ouverte, on a obfervé la même chofe pour les fils filés au grand rouet. Filés au fufeau, ou filés à corde ouverte, c'eft la même chofe.

L'effet des fouleries eft double. Premierement, l'étoffe eft dégraiffée à fond. Secondement, elle y eft plus ou moins feutrée. On y bat à la terre, ou l'on y bat à fec. On y bat l'étoffe enduite de terre glaife bien délayée dans de l'eau : cette matiere s'unit à tous les fues onctueux. Cette opération dure deux heures : c'eft ce qu'on appelle *le dégrais*.

Lorfque le drap paroît fuffifamment dégraiffé, on lâche un robinet d'eau dans la pile qui eft percée en deux ou trois endroits par le fond. On a eu foin de tenir ces trous bouchés pendant le battage du dégrais. Lorfque leurs bouchons font ôtés, on continue de faire battre, afin que l'étoffe dégorge, & que l'eau qui entre continuellement dans la pile, & qui en fort à mefure, emporte avec elle la terre unie à l'huile, aux autres fucs graiffeux, les impuretés de la teinture, s'il y a des *laines* teintes, & la colle dont les fils de chaînes ont été couverts. On ne tire le drap de ce moulin que quand l'eau eft, au fortir de la pile, auffi claire qu'en y entrant ; ce qui s'apperçoit aifément.

Voyez, figure 20, le moulin à dégraiffer. *A, A*, le beffroi ; *B, B*, la traverfe ; *c, c, c*, les manches des maillets ; *d, d*, les maillets ; *e*, le vaiffeau ou la pile ; *f, f, f, f*, les geolieres qui retiennent les maillets & empêchent qu'ils ne vacillent ; *g, l*, l'arbre ; *h, h, h, h*, les levées ou éminences qui font lever les maillets ; *i*, la felle ; *k*, le tourillon. Ce méchanifme eft fimple, & ne demande qu'un coup d'œil.

Lorfque le drap eft dégraiffé, on le remet une feconde fois entre les mains de l'énoueufe ou épinceufe, qui le reprend d'un bout à l'autre, & emporte de nouveau les corps terreux ou autres qui feroient capables d'en altérer la couleur ou d'en rendre l'épaiffeur inégale. *Voyez, figure 22*, l'épinfage des draps fins après le dégrais. *a*, le drap ; *b, b*, faudets à grille dans lefquels le drap eft placé ; *c, c*, l'intervalle entre les deux portions du drap, où fe place l'épinceufe pour travailler, en regardant l'étoffe au jour ; *d, d*, pieces de bois qui tiennent l'étoffe étendue ; *f, f*, porte-perche. *Figure 23*, pince de l'épinceufe.

L'étoffe, après cette feconde vifite, qui n'eft pratiquée que pour les draps fins, retourne à la foulerie.

Les ordonnances qui affujettiffent les fabriquans de différentes manufactures à ne donner qu'une certaine longueur aux draps à l'ourdiffage, font faites relativement au vaiffeau du foulon, qui doit contenir une quantité d'étoffe proportionnée à fa profondeur ou largeur. Un drap qui remplit trop la pile, n'eft pas frappé fi fort, le maillet n'ayant pas affez de chûte. Il en eft de même de celui qui ne la remplit pas affez, la chûte n'ayant qu'une certaine étendue déterminée.

Remife au foulon, l'étoffe y eft battue non à l'eau froide, mais à l'eau chaude & au favon, jufqu'à ce qu'elle foit réduite à une largeur déterminée ; après quoi on, la fait dégorger à l'eau froide, & on la tient dans la pile jufqu'à ce que l'eau en forte auffi claire qu'elle y eft entrée : alors on ferme le robinet, qui ne fourniffant plus d'eau dans la pile, la laiffe un peu deffécher ; cela fait, on la retire fur le champ.

Tous les manufacturiers ne foulent pas le drap avec du favon ; fur-tout ceux qui ne font pas fins. Les uns emploient la terre glaife & l'eau chaude, ce qui les rend rudes & terreux ; les autres l'eau chaude feulement. Les draps foulés de cette maniere perdent de leur qualité, parce qu'ils demeurent plus long-tems à la foule, & que la grande quantité de coups de maillets qu'ils reçoivent, les vuide & les altere. Le mieux eft donc de fe fervir du favon ; il abrege le tems de la foule, & rend le drap plus doux.

Il faut avoir l'attention de tirer le drap de la pile toutes les deux heures, tant pour en effacer les plis, que pour arrêter le rétréciffement.

Plus les draps font fins, plus promptement ils font foulés. Ceux-ci-foulent en 8 ou 10 heures ; ceux de la qualité fuivante en 14 heures : les plus gros vont jufqu'à 18 ou 20 heures. Les coups de maillets font reglés comme les battemens d'une pendule à fecondes.

Pour placer les draps dans le vaiffeau ou la pile, on les plie tous en deux ; on jette le favon fondu fur le milieu de la largeur du drap ; on le plie felon fa longueur ; on joint les deux lifieres, qui en fe croifant de 5 à 6 pouces, enferment le favon dans le pli du drap ; de façon que le maillet ne frappe que fur fon côté qui fera l'envers ; c'eft la raifon pour laquelle on apperçoit toujours à l'étoffe foulée, au fortir de la pile, un côté plus beau que l'autre, quoiqu'elle n'ait reçu aucun apprêt.

Quelques manufacturiers ont effayé de fubftituer l'urine au favon, ce qui a très-bien réuffi ; mais la mauvaife odeur du drap qui s'échauffe en foulant, y a fait renoncer.

Les foulonniers qui veulent conferver aux draps leur longueur à la foule, ont foin de les tordre fur eux-mêmes, lorfqu'ils les placent dans la pile, par portion d'une aulne & plus, cette quantité à droite, & la même à gauche, & ainfi de fuite, jufqu'à ce que la piece foit empilée. On appelle cette maniere de fouler, *fouler fur le large*. Au contraire, fi c'eft la largeur qu'ils veulent conferver, ils empilent double, & par plis ordinaires, ce qui s'appelle *fouler en pié*.

On ne foule en pié que dans le cas où le drap foulé dans fa largeur ordinaire, ne feroit pas affez fort, ou lorfqu'il n'eft pas bien droit, & qu'il faut le redreffer.

Voyez figure 21, le moulin à foulon. *a a*, la grande roue appellée le *hériffon*; *b* la lanterne ; *c c*, *e e e*, les levées ou parties faillantes qui font hauffer les pelotes ; *f f*, les tourillons ; *g g*, les frettes qui lient l'arbre ; *h h*, les queues des pilons ; *i*, les pilons ; *l l l*, les geolieres ; *m*, les vaiffeaux ou piles ; *n n*, les moifes ; *o*, l'arbre du hériffon auquel s'engrene la grande roue qui reçoit de l'eau fon mouvement.

Du lainage des draps. Lorfque les draps font foulés, il eft queftion de les lainer ou garnir : pour cet effet, deux vigoureux ouvriers s'arment de doubles croix de fer ou de chardon, dont chaque petite feuille regardée au microfcope, fe voit terminée par un crochet très-aigu. Après avoir mouillé l'étoffe en pleine eau, ils la tiennent étalée ou fufpendue fur une perche, & la lainent en la chardonnant, c'eft-à-dire qu'ils en font fortir le poil en la broffant à plufieurs reptifes devant & derriere, le drap étant doublé, ce qui fait un broffage à poil & à contre-poil ; d'abord à chardon mort ou qui a fervi, puis à chardon vif ou qu'on emploie pour la premiere fois. On procede d'abord à trait modéré, enfuite à trait plus appuyé, qu'on appelle *voies*. La grande précaution à prendre, c'eft de ne pas effondrer l'étoffe, à force de chercher à garnir & velouter le dehors.

Le lainage la rend plus belle & plus chaude. Il

enleve au drap tous les poils groſſiers qui n'ont pu être foulés; on les appelle *le jars*; il emporte peu de la *laine* fine qui reſte compriſe dans le corps du drap.

On voit ce travail *fig.* 24. *a*, porte-perche; *b*, les perches; *c c*, croix & le drap montés, & ouvriers qui s'en ſervent; *f*, faudets; *fig.* 25, croix montée.

Les *figures* 27 & 28 montrent les faudets ſéparés. Ce ſont des appuis à claires voies, pour recevoir le drap, ſoit qu'on le tire, ſoit qu'on le deſcende en travaillant.

La *figure* 26 eſt un inſtrument ou peigne qui ſert à nettoyer les chardons. Ses dents ſont de fer, & ſon manche, de bois. *Fig.* 27 & 28, faudets.

De la tonte du drap. La tonte du drap ſuccede au lainage; c'eſt aux forces ou ciſeaux du tondeur, à réparer les irrégularités du chardonnier; il paſſe ſes ciſeaux ſur toute la ſurface. Cela s'appelle *travailler en premiere voie.* Cela fait, il renvoye l'étoffe aux laineurs: ceux-ci la chardonnent de nouveau. Des laineurs elle revient au tondeur qui la travaille en reparage; elle repaſſe encore aux laineurs, d'où elle eſt tranſmiſe en dernier lieu au tondeur qui finit par l'affinage.

Ces mots, *premiere voie, repaſſage, affinage*, n'expriment donc que les différens inſtans d'une même manœuvre. L'étoffe paſſe donc ſucceſſivement des chardons aux forces, & des forces aux chardons, juſqu'à quatre ou cinq différentes fois, plus ou moins, ſans parler des tontures & façons de l'envers.

Il y a des manufactures où l'on renvoie le drap à la foulerie, après le premier lainage.

L'étoffe ne ſoutient pas tant d'attaques réitérées, ni l'approche d'un ſi grand nombre d'outils tranchans, ſans courir quelque riſque. Mais il n'eſt pas de ſoin qu'on ne prenne pour rentraire imperceptiblement, & dérober les endroits affoiblis ou percés.

Dans les bonnes manufactures, les tondeurs ſont chargés d'attacher un bout de ficelle à la liſiere d'un drap qui a quelque défaut. On l'appelle *tare*. La tare empêche que l'acheteur ne ſoit trompé.

Voyez *figures* 29, 30, 31, 32 & 33, les inſtrumens du lainage & de la tonte ou tonture. La *fig.* 29 montre les forces; A, les lames ou taillans des forces; *b*, *c*, le manche; il ſert à rapprocher les lames, en bandant une courroie qui les embraſſe.

On voit ce manche ſéparé, *fig.* 30. *c* eſt un taſſeau avec ſa vis *d*; il y a une plaque de plomb qui affermit la lame dormante; *e*, billette ou piece de bois que l'ouvrier empoigne de la main droite, pendant que la gauche fait jouer les fers par le continuel bandement & débandement de la courroie de la manivelle.

L'inſtrument qu'on voit *fig.* 31, s'appelle une *rebrouſſe*. On s'en ſert pour faire ſortir le poil.

Les *figures* 32, ſont des cardinaux ou petites cardes de fer pour coucher le poil; *b*, vûe en-deſſus; *a*, vûe en-deſſous.

Les *figures* 33, 34 ſont des crochets qui tiennent le drap à tondre étendu dans ſa largeur ſur la table.

La *fig.* 35 eſt une table avec ſon couſſin, ſes ſupports & ſon marche-pié. C'eſt ſur cette table que le drap s'étend pour être tondu.

De la rame. Après les longues manœuvres des fouleries, du lainage & de la tonture, manœuvres qui varient ſelon la qualité de l'étoffe ou l'uſage des lieux, ſoit pour le nombre, ſoit pour l'ordre; les draps luſtrés d'un premier coup de broſſe, ſont mouillés & étonnés ſur la rame.

La rame eſt un long châſſis ou un très-grand aſſemblage de bois auſſi large & auſſi long que les plus grandes pieces de drap. On tient ce châſſis debout,
& arrêté en terre. On y attache l'étoffe ſur de longues enfilades de crochets dont ſes bords ſont garnis: par ce moyen elle eſt diſtendue en tout ſens.

La partie qui la tire en large & l'arrête en bas ſur une partie tranſverſale & mobile, s'appelle *larget*; celle qui la ſaiſit par des crochets, à ſon chef, s'appelle *templet*.

Il s'agit d'effacer les plis que l'étoffe peut avoir pris dans les pots des foulons, de la tenir d'équerre, & de l'amener ſans violence à ſa juſte largeur: d'ailleurs en cet état on la broſſe, on la luſtre mieux; on la peut plier plus quarrément; le ramage n'a pas d'autre fin dans les bonnes manufactures.

L'intention de certains fabriquans dans le tiraillement du drap ſur la rame, eſt quelquefois un peu différente. Ils ſe propoſent de gagner avec la bonne largeur, un rallongement de pluſieurs aulnes ſur la piece; mais cet effort relâche l'étoffe, l'amollit, & détruit d'un bout à l'autre le plus grand avantage que la foulerie ait produit. C'eſt inutilement qu'on a eu la précaution de rendre par la carde le fil de chaine fort, & celui de trame, velu, de les filer de rebours, & de fouler le drap en ſort pour le liaiſonner comme un feutre, ſi on l'étonne à force de le diſtendre, ſi on en reſſout l'aſſemblage par une violence qui le porte de vingt aulnes à vingt-quatre. C'eſt ce qu'on a fait aux draps effondrés, mollaſſes & ſans conſiſtance.

On a ſouvent porté des plaintes au Conſeil, contre la rame, & elle y a toujours trouvé des défenſeurs. Les derniers réglemens en ont arrêté les principaux abus, en décernant la confiſcation de toute étoffe qui à la rame auroit été allongée au-delà de la demi-aulne ſur vingt-aulnes, ou qui ſ'eſt prêtée au ſeizieme ſur ſa largeur. La mouillure en ramenant tout d'un coup le drap à ſa meſure naturelle, éclaircit l'infidélité, ſ'il y en a. Le rapport du poids à la longueur & largeur, produiroit le même renſeignement.

La *figure* 36 repréſente la rame *a a*, où l'on étend des pieces entieres de drap; *b b*, ſa traverſe d'en-haut où le drap s'attache ſur une rangée de clous à crochets, eſpacés de trois pouces-; *c*, la traverſe d'en-bas qui ſe déplace, & peut monter à couliſſe; *d*, montans ou piliers. *Fig.* 37 à larget ou diable, comme les ouvriers l'appellent. C'eſt une eſpece de levier qui ſert à abaiſſer les traverſes d'en-bas, quand on veut élargir le drap; *f*, templet garni de deux crochets auxquels on attache la tête ou la queue de la piece; il ſert à l'allonger au moyen d'une corde attachée à un pilier plus éloigné, & qui paſſe ſur la poulie *g*.

De la broſſe & de la tuile. Le drap eſt enſuite broſſé de nouveau, & toujours du même ſens, afin de diſpoſer les poils à prendre un pli uniforme. On aide le luſtre & l'uniformité du pli des poils, en tuilant le drap, c'eſt-à-dire, en y appliquant une planche de ſapin, qu'on appelle *la tuile*. Voyez *fig.* 38 *la tuile*.

Cette planche, du côté qui touche l'étoffe, eſt enduite d'un maſtic de réſine, de graiſ pilé, & de limaille paſſés au ſas. Les paillettes & les réſidus des tontures qui altéreroient la couleur par leur déplacement, s'y attachent, ou ſont pouſſés en-avant, & déchargent l'étoffe & la couleur qui en a l'œil plus beau. On acheve de perfectionner le luſtre par le cati.

Du cati, du feuilletage, & des cartons. Catir le drap ou toute autre étoffe, c'eſt le mettre en plis quarrés, quelquefois gommer chaque pli, puis feuilleter toute la piece, c'eſt-à-dire, inſérer un carton entre un pli & un autre, juſqu'au dernier qu'on couvre d'un ais quarré qu'on nomme le *tableau*, & tenir le paquet ainſi quelque tems ſous une preſſe,

Pour qu'une étoffe soit bien luftrée & bien catie, ce n'eft pas affez que les poils en foient tous couchés du même fens, ce qui toutefois produit fur toute l'étendue de la piece, la même réflexion de lumiere : il faut de plus qu'ils ayent entierement perdu leur reffort au point où ils font pliés ; fans quoi ils fe releveront inégalement. La premiere goutte de pluie qui tombera fur l'étoffe, venant à fécher, les poils qu'elle aura touchés, reprendront quelqu'élafticité, fe redrefferont, & montreront une tache où il n'y a en effet qu'une lumiere réfléchie en cet endroit, autrement qu'ailleurs.

On effaie de prévenir cet inconvénient par l'égalité de la preffe; on réitere le feuilletage, en fubftituant aux premiers cartons d'autres cartons ou vélins plus liffes & plus fins; en y ajoutant de loin en loin des plaques de fer ou de cuivre bien chaudes. Malgré cela, il eft prefqu'impoffible de brifer entierement le reffort des poils, & de les fixer couchés fi parfaitement d'un côté, que, quoi qu'il puiffe arriver, ils ne fe relevent plus.

Quoique la maniere dont on fabrique les draps, foit mêlés, foit blancs, vienne d'être expofée avec affez d'exactitude & d'étendue, & qu'elle femble devoir former la partie principale de cet article, cependant on fabrique avec la *laine* peignée une fi grande quantité d'étoffes, que ce qui nous en refte à dire, comparé avec ce que nous avons dit des ouvrages faits avec la *laine* cardée, ne paroîtra ni moins curieux, ni moins important ; c'eft l'objet de ce qui va fuivre.

Du travail du peigne. Tous les tiffus en général, pourroient être compris fous le nom d'*étoffes* ; il y auroit les étoffes en foie, en *laine*, en poil, en or, en argent, &c. Les draps n'ont qu'une même façon de travail & d'apprêt. Les uns exigent plus de main-d'œuvre, les autres moins ; mais l'efpece ne change point, malgré la diverfité des noms, relative à la qualité, au prix, aux lieux, aux manufactures, &c.

Les longues broches de fer qui forment le peigne, rangées à deux étages fur une piece de bois avec laquelle un autre de corne s'affemble, & qui les foutient, de la longueur de fept pouces ou environ ; la premiere rangée à vingt-trois broches ; la feconde à vingt-deux un peu moins longues, & pofées de maniere que les unes correfpondent fur leur rangée, aux intervalles qui féparent les autres fur la leur, fervent d'abord à dégager les poils, & à divifer les longs filamens qu'on y paffe, de tout ce qui s'y trouve de groffier, d'inégal & d'étranger.

Si la pointe de quelqu'une de ces dents vient à s'émouffer à la rencontre de quelque matiere dure qui cede avec peine, on l'aiguife avec une lime douce ; & fi le corps de la dent fe courbe fous une filaffe trop embarraffée, on la redreffe avec un petit canon de fer ou de cuivre.

L'application d'un peigne fur un autre, dont les dents s'engagent dans le premier ; l'infertion des fils entre ces deux peignes ; l'attention de l'ouvrier à paffer fa matiere entre les dents des peignes en des fens différens, démêlent parfaitement les poils dont chaque peigne a été également chargé.

Ce travail réitéré range le plus grand nombre de poils en longueur, les uns à côté des autres, en couche néceffairement plufieurs fur l'intervalle qui fépare les extrémités des poils voifins, les uns plus hauts, les autres plus bas, dans toute la poignée, felon l'étage des dents qui les faififfent.

Lorfque la *laine* paroît fuffifamment peignée, l'ouvrier accroche le peigne au pilier, pour tirer la plus belle matiere dans une feule longueur, à laquelle il donne le nom de *barre* ; quant à la partie de *laine* qui demeure attachée au peigne, on l'appelle *retiron*, parce qu'étant mêlée avec de la *laine* nouvelle,

elle eft retirée une feconde fois. A cette feconde manœuvre, celle qui refte dans le peigne eft appellée *peignon*, & ne peut être que mêlée avec la trame deftinée aux étoffes groffieres. Les réglemens ont défendu de la faire entrer dans la fabrication des draps.

On difpofe par ce préparatif les poils de la *laine* peignée, à fe tordre les uns fur les autres fans fe quitter, quand des mains adroites les tireront fous un volume toujours égal, & les feront rouler uniment fous l'impreffion circulaire d'un rouet ou d'un fufeau.

Voyez figure 39, le travail du peigne. *a*, *a*, *a*, le fourneau pour chauffer les peignes; *b*, *b*, l'ouverture pour faire chauffer les peignes. *c*, plaque de fer qui couvre l'entrée du fourneau, & conferve fa chaleur. C'eft par le même endroit qu'on renouvelle le charbon. *d*, piliers qui foutiennent les crochets. *e*, *fig.* 42, crochet ou chevre. *f*, *fig.* 40, le peigne. *g*, *fig.* 39, ouvrier qui peigne. *h*, ouvrier qui tire la barre quand la *laine* eft peignée. *i*, petite cuve dans laquelle l'ouvrier teint la *laine* huilée ou humectée par le favon. K, K, banc fur lequel l'ouvrier eft affis en travaillant, & dans la capacité duquel il met le peignon. *Fig.* 41, canon ou tuyau de fer ou de laiton, pour redreffer les broches du peigne, quand elles font courbées.

Il y a des manufacturiers qui font dans l'ufage de faire teindre les *laines* avant que de les paffer au peigne. D'autres aiment mieux les travailler en blanc, & ne les mettre en teinture qu'en fils ou même en étoffe.

La méthode de teindre en fils eft impraticable dans certaines étoffes, telles que les mélangées & les façonnées, &c.

Si l'on teint le fil quand il eft filé, les écheveaux ne prendront pas la même couleur ; la teinture agira diverfement fur les fils bien tordus & fur ceux qui le font trop ou trop peu. Il y a des couleurs qui exigent une eau bouillante, dans laquelle les fils fe colleront enfemble ; on ne pourra les dévider, & moins encore les mettre en œuvre.

La *laine* quelque déliée qu'elle foit, eft fufceptible de plufieurs nuances dans une même couleur.

Mais tout s'égalifera parfaitement par le mélange du peigne & l'attention de l'ouvrier.

Il vaut donc mieux pour la perfection des étoffes fabriquées avec la *laine* peignée, de faire teindre la matiere avant que de la préparer, à-moins qu'on ne fe propofe d'avoir des étoffes en blanc qu'on teindra d'une feule couleur, ou noir, ou bleu, ou écarlate, &c.

Les *laines* teintes feront lavées ; les blanches feront pilotées, puis battues fur les claies & couvertes-là à grands coups de baguettes.

Ces manœuvres préliminaires que nous avons expliquées plus haut, auront lieu, foit qu'on veuille les peigner enfuite, ou à l'huile ou à l'eau.

Les étoffes fabriquées avec des *laines* teintes peignées, vont rarement au foulon ; conféquemment il faut les peigner à l'eau : pour les *laines* blanches & deftinées à la fabrication d'étoffes fujettes au foulon, on les peignera à l'huile.

Les *laines* blanches ou de couleur qui feront peignées fans huile, feront après avoir été battues, trempées dans une cuvette où l'on aura délayé du favon blanc ou autre.

La *laine* retirée par poignée fera attachée d'une part au crochet dormant du dégraiffoir, & de l'autre au crochet mobile, qui tourné fur lui-même, à l'aide des branches du moulinet, la tord & la dégorge.

Voyez fig. 43. le dégraiffoir que les ouvriers appellent auffi *verin*. *A*, *A*, les montans. *B*, crochet 'fixe ou dormant. *C*, le moulinet. *D*, crochet mobile. *E*, *fig*. 44, roue de retenue. *f*, *même fig.* le chien. *G*, *fig*. 43, la cuvette.

Toute la pelée de *laine* est conservée en tas dans une corbeille pour être peignée plus aisément à l'aide de cette humidité.

Si elle doit être tissée en blanc, elle passe de-là au soufroir, qui est une étuve où on la tient sans air, & exposée sur des perches à la vapeur du soufre qui brûle. Le soufre qui macule sans ressource la plûpart des couleurs, dégage efficacement en *laine* qui n'est pas teinte de toutes ses impuretés, & lui donne la blancheur la plus éclatante. C'est l'effet de l'acide sulfureux volatil qui attaque les choses grasses & onctueuses.

Les *laines* de Hollande, de Nort-Hollande, d'Est-Frise, du Texel, font les plus propres à être peignées. On peut y ajouter celles d'Angleterre ; mais il y a des lois séveres qui en défendent l'exportation, & qui nous empêchent de prononcer sur sa qualité. Les *laines* du Nord, de la France, vont aussi fort bien au peigne ; mais elles n'ont pas la finesse de celles de Hollande & d'Angleterre. Les *laines* d'Espagne, de Berry, de Languedoc, se peigneroient aussi ; mais elles sont très-basses ; elles feutrent facilement à la teinture chaude, & elles souffrent un déchet au-moins de cinquante par cent ; ce qui ne permet guere de les employer de cette maniere.

La longue *laine* qui a passé par les peignes, est celle qu'on destine à faire le fil d'étain qui est le premier fonds de la plûpart des petites étoffes de *laine*, tant fines que communes ; on en fait aussi des bas d'estame, des ouvrages de Bonneterie à mailles fortes, & qu'on ne veut pas draper. Nous en avons dit la raison en parlant des *laines* qui se rompent sous la carde.

Pour disposer la *laine* peignée & conservée dans une juste longueur à prendre un lustre qui imite celui de la soie, il faut que cette *laine* soit filée au petit rouet ou au fuseau, & le plus tors qu'il est possible. Si ce fil est serré, il ne laisse échapper que très-peu de poils en-dehors ; d'où il arrive que la réflexion de la lumiere se fait plus également & en plus grande masse, que si elle tomboit sur des poils hérissés en tout sens, qui la briseroient & l'éparpilleroient.

Voyez fig. 45, le petit rouet pour la *laine* peignée. *a*, *a*, *a*, *a*, les piliers du banc du rouet. *b*, les montants. *c*, la roue. *d*, sa circonférence large. *e*, la manivelle. *f*, la pédale ou marche pour faire tourner la roue. *g*, la corde qui répond de l'extrémité de la marche à la manivelle. *h*, la corde du rouet. *i*, les marionettes soutenant les fraseaux. *l*, les fraseaux ou morceaux de feutre ou de natte percée, pour recevoir ou laisser jouer la broche. *m*, la broche. *n*, la bobine. *o*, le banc soutenu par les piliers *a*. Le fil d'étain se dévide de dessus les fuseaux ou de dessus les canelles du petit rouet sur des bobines, ou sur des pelotes, au nombre nécessaire pour l'ourdissage.

Toutes les particules de ce fil ont une roideur ou un ressort qui les dispose à une rétraction perpétuelle ; ce qui à la premiere liberté qu'on lui donneroit, cordeleroit un fil avec l'autre. On amortit ce ressort en pénétrant les pelotes ou bobines de la vapeur d'une eau bouillante.

Cela fait, on distribue les pelotes dans autant de cassetins ou de petites loges, comme on le pratique au fil de la toile. On les tire de-là en les menant par un pareil nombre d'anneaux qu'il y a de pelotes, ou sans anneaux sur un ourdissoir ; cet ourdissoir où se prépare la chaîne est le même qu'aux draps ; & l'ourdissage n'est pas différent.

Dans les lieux où se fabriquent les petites étoffes, comme à Aumale pour les serges ; il est d'usage de mener vingt fils sur les chevilles de l'ourdissoir. L'allée sur toutes les chevilles & le repli au retour sur ces chevilles ou sur l'ourdissoir tournant, produiront un premier assemblage de quarante fils ; c'est ce qu'on nomme *une portée*. Il faut trente-huit de ces portées, en conformité des reglemens, pour former la totalité de la poignée qu'on appelle *chaîne*. Il y a donc à la chaîne 1520 fils, qui multipliés par la longueur que les reglemens ont enjointe, donnent 97280 aulnes de fils, à soixante-quatre aulnes d'attache ou d'ourdissage.

Les apprêts de la *laine* peignée, filée & ourdie, font pour une infinité de villages dispersés autour des grandes manufactures un fonds aussi fécond presque que la propriété des terres. Cependant le laboureur n'y devroit être employé que quand il n'y a point de friche, & que la culture a toute la valeur qu'on en peut attendre. Ces travaux toutefois font revenir sur les lieux une sorte d'équivalent qui remplit ce que les propriétaires en emportent sans retour.

On donne à toutes les étoffes dont la chaîne est d'étaim, des lisieres semblables à celles du drap ; mais elles ne sont pas si larges ni si épaisses : la lisiere est ordonnée dans quelques-unes pour les distinguer.

De l'étoffe de deux étaims ou de l'étamine. Il y a des étoffes dont la trame n'est point velue, mais faite de fil d'étaim ou de *laine* peignée, ainsi que la chaîne ; ce qui fabrique une étoffe lisse, qui eu égard à l'égalité ou presque égalité de ses deux fils, se nommera *étamine*, ou *étoffe à deux étaims*. Au contraire, on appellera *étoffe sur étaim*, celle dont la chaîne est de *laine* peignée, & la trame ou fourniture, ou enflure de fil lâche, ou de *laine* cardée.

De la distinction des étoffes. C'est de ces premiers préparatifs du fil provenu de matieres qui ont passé ou par les peignes, ou par les cardes, que naît la différence d'une simple toile, dont la chaîne & la trame sont d'un chaînon également tors, à une futaine qui est toute de coton, mais à chaîne lisse & à trame velue ; du drap, à une étamine rase. Le drap est fabriqué d'une chaîne & d'une trame qui ont été également cardées, quoique de la plus longue & de la plus haute *laine* ; au lieu que la belle étamine est faite d'étaim sur étaim, c'est-à-dire d'une chaîne & d'une trame également lisses, l'une & l'autre également ferrées, & d'une fine & longue *laine* qui a passé par le peigne pour être mieux torse & rendue plus luisante. De la serge ou de l'étoffe drapée dont la trame est lâche & velue, aux burats, aux voiles, & aux autres étoffes fines dont le fil de longueur & celui de traverse, sont d'une *laine* très-fine, l'une & l'autre peignée, & l'une & l'autre presque également ferrées au petit rouet. C'est cette égalité ou presque égalité des deux fils & la suppression de tout poil élancé au-dehors, qui, avec la finesse de la *laine*, donne aux petites étoffes de Reims, du Mans, & de Châlons-sur-Marne, le brillant de la soie.

L'étamine change & prend un nouveau nom avec une forme nouvelle, si seulement on a filé fort doux la *laine* destinée à la trame, quoiqu'elle ait été peignée comme celle de la chaîne.

Ce ne sera plus une étamine, mais une serge façon d'Aumale, si la trame est de *laine* peignée & filée lâche au petit rouet, & que la chaîne soit haussée & abaissée par quatre marches au lieu de deux, & que l'entrelas des fils soit doublement croisé.

Si au contraire la trame est grosse & filée au grand rouet, ce sera une serge façon de tricot.

Si la trame est line, ce sera une serge façon de Saint-Lo, ou Londres ou façon de Londres.

Si la chaîne est filée au grand rouet & la trame

de même, comme pour les draps, ce sera une ratine ou serge forte.

A ces premieres combinaisons, il s'en joint d'autres qui naissent ou simplement des degrés du plus au moins, ou des changemens alternatifs soit de couleur, soit de grosseur dans les fils de la chaine, ou du frapper de l'étoffe sur le métier.

Une étoffe fine d'étaim sur étaim à deux marches, & serrée au métier, fera l'étamine du Mans.

La même frappée moins fort, ou laissée à claire voie, fera du voile.

La trame est-elle filée de *laine* fine, mais cardée? c'est un beau maroc.

Est-elle un peu grosse? ce sera une baguette ou une sempiterne, pourvû qu'elle ait de largeur une aune & demie ou deux aunes.

Y a-t-on employé ce qu'il y a de pire en *laine*? c'est une revesche.

La chaine est-elle haussée & baissée par quatre marches, & la trame très-fine? c'est un maroc double croisé.

La trame est-elle de *laine* un peu grasse sans croisure? c'est une dauphine.

La trame est-elle de Ségovie cardée sur étaim fin? c'est l'espagnolette de Reims.

Est-elle double croisée? c'est la flanelle.

La chaine est-elle d'étaim double & retordu? c'est le camelot.

Est-elle sur cinq lisses ou lames avec autant de marches? c'est la calemande de Lisle.

Trame de Berri sur étaim croisé? c'est le moleton, ne le tirant au chardon des deux côtés.

Grosse trame de *laine* du pays, mêlée avec du peignon, sur chaine de chanvre? c'est la tiretaine de Baucamp ou le droguet du Berri & de Poitou.

La serge bien drappée, n'est que le pinchina de Toulon ou de Châlons-sur-Marne.

La serge de grosse *laine* bien foulée, est le pinchina de Berri.

On rempliroit cent pages des noms qui sont donnés aux étoffes d'une même espece, & qui n'ont de différence que les lieux où elles sont fabriquées.

En un mot, toutes les étoffes unies de *laine*, sous quelque dénomination qu'elles puissent être, ne se fabriquent que de deux façons, ou à simple croisure ou à double. Tout ce qui est fabriqué à simple croisure est de la nature du drap quand il foule; tels sont les draps londrins, les soies ou draps façon de Venise, destinés pour le commerce du Levant, auxquels on donne des noms extraordinaires, comme aboncouchou, &c. & quand il ne foule pas, il est de la nature de la toile. Tout ce qui est fabriqué à double croisure est serge, soit qu'il foule ou qu'il ne foule pas. De façon que la Draperie en général, n'est que de drap ou de serge, excepté néanmoins les calemandes qui ont cinq lisses & cinq marches, & qui ne levent qu'une lisse à chaque coup de navette; ce qui leur donne un envers & un endroit, quoique sans apprêt.

On appelle *croisé simple*, une étoffe à deux lisses & à deux marches dont les fils parfaitement croisés haussent & baissent alternativement à chaque coup de navette.

On appelle *double croisé*, une étoffe à quatre lisses & à quatre marches, dont le premier & le second fil levent au premier coup de navette; le second & le troisieme au second coup de navette; le troisieme & le quatrieme au troisieme coup de navette; le quatrieme & le premier, au quatrieme coup, & ainsi de suite; de maniere qu'un même fil hausse & baisse deux fois pour chaque duite, au lieu qu'il ne hausse & ne baisse qu'une fois au drap.

Après les étoffes de *laine* viennent les étoffes mélangées de *laine* & poil.

Des étoffes mélangées de laine & de poil. Tel est le camelot poil qui ne differe du camelot ordinaire, qu'en ce que la chaîne qui est d'un fil d'étaim bien fin est filée & retordue avec un fil de poil de chameau également fin, & la trame d'un fil d'étaim simple.

Les étamines & les camelots en soie, ou étamines jaspées & camelots jaspés, sont fabriqués pour la chaine d'un fil de soie & d'un fil d'étaim, comme les camelots poil, mais frappés moins fort.

Le camelot & l'étamine jaspée ont la chaîne d'un fil d'étaim & d'un fil de soie de différentes couleurs, & c'est ce qui fait la jaspure.

Le canelé, façon de Bruxelles, a la moitié de la chaîne d'une couleur, & l'autre moitié d'une autre; il se travaille avec deux navettes, dont l'une chargée de grosse *laine*, & l'autre d'étaim fin, des deux mêmes couleurs que la chaine qui est également retordue à deux fils, pour donner plus de consistance à l'étoffe, & la liberté de la frapper avec plus de force, & avec les battans les plus pesans.

Le drap, façon de Silésie, a sa chaîne & sa trame filées au grand rouet. Quoique cette étoffe soit réellement drap, néanmoins elle n'est pas travaillée à deux marches comme les draps ordinaires. C'est le dessein qui détermine la distribution des fils qui doivent lever & demeurer baissés; de maniere que le fabriquant est assujetti à composer un dessein qui convienne à l'étoffe, dont la fabrication deviendroit impossible, si le dessein étoit autrement entendu.

Il ne faut pas oublier les camelots fleuris ou droguets façonnés d'Amiens. Ils ont la chaîne composée d'un fil de soie tordu avec un fil d'étaim très-fin, pour leur donner plus de consistance. Cette union du fil de soie & du fil d'étaim devient nécessaire; car ces étoffes étant travaillées à la tire ou au bouton, la chaine fatigue davantage.

On avoit entrepris à la manufacture de l'Hôpital de faire des droguets de cette espece tout *laine*; ils ont eu quelque succès. Ces étoffes se fabriquoient à la tire ou au bouton, comme les draps de Silésie; par ce moyen la chaine étoit moins fatiguée.

Les droguets de Reims soie & laine, ont la trame d'une *laine* extrêmement fine.

Ces étoffes qui sont fabriquées de deux matieres différentes, & qui ne foulent point, sont montées avec deux chaînes, dont l'une exécute la figure, & l'autre fournit au corps de l'étoffe; ce qui ne pourroit se faire avec de la laine; la grosseur du fil d'étaim, de quelque maniere qu'il soit filé, étant beaucoup plus considérable que celle de la soie, & la quantité qu'il en faudroit employer pour la fabrication dans les deux chaines, étant d'un volume à ne pouvoir plus passer dans les lisses.

Après ces étoffes viennent les calemandes façonnées, ou à grandes fleurs.

Des calemandes façonnées ou à grandes fleurs. La composition de ces étoffes est semblable à celle des satins tout soie. La tire en est aussi la même; il n'y a de différence que dans le nombre des fils, qui n'est pas si considérable à la chaine, ou ceux-là sont retordus & doubles.

Des pluches unies & façonnées. Les pluches unies ont été fabriquées à l'imitation des velours. La chaine en est également d'un fil d'étaim double & retordu, & le poil qui fait la seconde chaîne de la pluche, de poil de chameau tordu & doublé, à deux brins le fil pour les plus simples, à trois pour les moyennes, & à quatre pour les plus belles. Les pluches ciselées sont fabriquées comme les velours de cette espece; les unes avec la marche, lorsque le dessein est peint; les autres à la tire, lorsque le dessein est plus grand.

Il y a des pluches dont le poil est de soie, qu'on appelle *pluches mi-soie*; elles ont la trame & la chaine à l'ordinaire.

On

On rompoit plus efficacement le reffort du poil de la *laine*, & l'on donnoit aux étoffes un luftre plus net & plus durable, autrefois qu'on étoit dans l'ufage de les paffer à la calandre ; mais on s'eft apperçu que celles qui étoient foulées n'acquéroient point la fermeté qu'elles devoient avoir, en ne prenant point le cati ; ce qui a conduit à l'emploi de la preffe. La preffe aidée des plaques de fer ou de cuivre extrèmement échauffées, donne la confiftance qu'on exige.

Les ordonnances qui défendent de preffer à chaud, font des années 1508, 1560, 1601, & du 3 Décembre 1697 ; il faut s'y foumettre au moins pour les draps d'écarlate & rouge de garence, dont la chaleur éteint l'éclat. Mais pour éviter cet inconvénient, on tombe dans un autre, & ces étoffes non preffées à chaud, n'offrent jamais une qualité égale aux draps qui ont fubi cette manœuvre.

Les fabriquans contraints d'opter, ont négligé les ordonnances fur la preffe à chaud ; ils la donnent même aux couleurs qui la craignent, & ils n'en font pas mieux.

Les étamines & les ferges, foit celles qui étant fort liffes ne vont pas à la foulerie, foit celles qui n'ont été que dégraiffées ou battues à l'eau, foit celles qui ont été non-feulement dégraiffées & dégorgées, mais foulées à fec pour être drapées, doivent toutes être rinfées & aérées. On les retire de la perche pour leur donner les derniers apprêts, dont le but principal eft d'achever de détruire les caufes de rétraction & de reffort qui troublent l'égalité du tiffu, d'incliner d'un même fens tous les poils d'un côté, d'en former l'endroit, & d'établir ainfi une forte d'harmonie dans l'étoffe entiere, par la fuppreffion des dérangemens & tiraillemens des fibres extérieures, & l'uniformité de la réflexion de la lumiere au-dehors.

C'eft ce que l'on obferve en faifant paffer au bruifage les étamines délicates, & au retendoir ou bien à la calandre, toutes les étoffes foulées.

Du bruifage. Bruir des pieces d'étoffes, c'eft les étendre proprement chacune à part, fur un petit rouleau ; & coucher tous ces rouleaux enfemble dans une grande chaudiere de cuivre rouge & de forme quarrée, fur un plancher criblé de trous, & élevé à quelque diftance du vrai fond de la chaudiere.

On remplit d'eau l'intervalle du vrai fond, ou faux fond percé de trous ; on fait chauffer, on tient la chaudiere bien couverte. La vapeur qui s'éleve & qui paffe par les trous du faux fond, eft renvoyée par le couvercle de toutes parts fur les étoffes, les pénetre peu-à-peu, & affouplit tout ce qui eft de roide & d'élaftique ; la preffe acheve de détruire ce qui refte.

Du retendoir. Il en eft de même du retendoir. Après avoir afpergé d'une eau gommée tout l'envers de l'étoffe, & l'avoir mife fur un grand rouleau, on en applanit plus efficacement encore tous les plis & toute l'inégalité des tenfions, en dévidant lentement l'étoffe de deffus fon rouleau, & la faifant paffer fur une barre de fer poli, qui la tient en état au-deffus d'un grand brafier capable d'en agiter jufqu'aux moindres fibres, & en la portant de-là fur un autre rouleau qui l'entraîne uniment à l'aide d'une roue, d'une chevre ou d'un moulinet. L'étoffe va & vient de la forte à diverfes reprifes d'un rouleau à l'autre ; c'eft l'intelligence de l'apprêteur qui regle la machine & la manœuvre.

Voyez figure 46. le retendoir. *A A A A*, le banc ; *b b*, le rouleau ; *c c c*, les traverfes, deffus & deffous lefquelles paffe l'étoffe ; *d d d*, l'étoffe ; *e e*, la poêle à mettre un brafier, qu'on gliffe fous l'étoffe près du rouleau.

Enfin l'étoffe foit bruifée, foit retendue, eft pliffée, feuilletée, mife à la preffe, ou même calandrée, puis empointée, ou empaquetée avec des ficelles qui faififfent tous les plis par les lifieres.

Il y a encore quelques apprêts qui different des précédens ; telle eft la gauffre. *Voyez l'article* GAUFFRER.

Il y a des étoffes gauffrées & qui portent ce nom, parce qu'on y a imprimé des fleurons, ou compartimens avec des fers figurés. Il y a des ferges peintes qui fe fabriquent & s'impriment à Caudebec en Normandie. Le débit en eft d'autant plus confidérable, que tout dépend du bon goût du fabriquant, du deffein & de la beauté des couleurs.

Il y a des étoffes tabifées ou ondées comme le gros taffetas qu'on nomme *tabis*, parce qu'ayant été inégalement, & par des méthodes différentes de l'ordinaire, preffées fous la calandre, le cylindre quoique parfaitement uni, a plié une longue enfilade de poils en un fens, & une autre enfilade de poils fur une ligne ou inflexion différente ; ce qui donne à la foie ou la *laine* ces différens effets de lumiere ou fillons de luftre, qui femblent fe fuccéder comme des ondes, & qui fe confervent affez long-tems ; parce que ce font les impreffions d'un poids énorme, qui dans fes différentes allées & venues, a plutôt écrafé que plié les poils & le grain de l'étoffe.

On fit il y a plufieurs années à la manufacture de Saint-Denis des expériences fur une nouvelle méthode de fabriquer les étoffes de *laine*, fans les coler apres qu'elles font ourdies ; comme c'eft l'ufage. Il s'agit de préparer les fils d'une façon, qui leur donne toute la confiftance néceffaire.

Nous ne favons ce que cela eft devenu.

Nous finirons cet article en raffemblant fous un même point de vûe quelques arts affez différens, qui femblent avoir un but commun, & prefque les mêmes manœuvres ; ces arts font ceux du Chapelier, du Perruquier, du Tabletier-Cornetier, du Faifeur de tabatieres en écaille, & du Drapier. Ils emploient tous, les uns les poils des animaux, les autres l'écaille, les cheveux, & tous leurs procédés confiftent à les amollir par la chaleur, à les appliquer fortement, & à les lier.

LAINE HACHÉE, TAPISSERIE EN LAINE HACHÉE, (*Art méchan.*) Comme nous ne fabriquons point ici de ces fortes d'ouvrages, voici ce que nous en avons pu recueillir.

1. Préparez un mélange d'huile de noix, de blanc de cérufe & de litharge ; employez ce mélange chaud.

2. Que votre toile foit bien étendue fur un métier.

3. Prenez un pinceau ; répandez par-tout de votre *laine hachée*, & que cette *laine* foit de la couleur dont vous voulez que foit votre tapifferie.

4. Si vous voulez varier de deffein coloré votre tapifferie ; lorfque votre *laine hachée* tiendra à la toile, peignez toute fa furface comme on peint les toiles peintes : ayez des planches.

5. Si vous voulez qu'il y ait des parties enfoncées & des parties faillantes, & que le deffein foit exécuté par ces parties faillantes & enfoncées, ayez un rouleau gravé avec une preffe, comme pour le gantfter des velours. Un ouvrier enduira le rouleau de couleurs avec des balles ; un autre ouvrier tournera le moulinet ; l'étoffe paffera fur le rouleau, fera preffée & peinte en tapifferie.

LAINERIE, *terme de*, (*Commerce*, *Manufact.*) voici d'après Savary, Ricard & autres, l'explication de la plupart des termes de *lainerie* ou *lainage*, qui font ufités dans le Commerce & les Manufactures de France.

Laine d'agnelin, laine provenant des agneaux &

jeunes moutons ; ce font les bouchers & rotisseurs qui en font les abattis. La *laine* d'agnelin n'est permise que dans la fabrique des chapeaux.

Laine d'autruche, terme impropre ; car ce n'est point une *laine* provenant de la tonture des brebis ou moutons, c'est le ploc d'autruche, c'est-à-dire le duvet ou poil de cet oiseau. Il y en a de deux sortes, le fin & le gros ; le fin entre dans la fabrique des chapeaux communs ; le gros que l'on appelle ordinairement *gros d'autruche*, se file & s'emploie dans les manufactures de lainage, pour faire les lisieres des draps noirs les plus fins.

Laine auxi, autrement *laine triée*, est la plus belle *laine* filée, qui se tire des environs d'Abbeville.

Laine basse on *basse laine* ; c'est la plus courte & la plus fine laine de la toison du mouton ou de la brebis ; elle provient du collet de l'animal qu'on a tondu. Cette sorte de laine filée sert aux ouvrages de bonneterie, comme aussi à faire la trême des tapisseries de haute & basse lisse, des draps, des ratines & semblables étoffes fines ; c'est pour cela qu'on l'appelle *laine-trame*. Les Espagnols & les Portugais lui donnent le nom de *prime*, qui signifie premiere.

Laine cardée ; c'est toute *laine*, qui après avoir été dégraissée, lavée, séchée, battue sur la claie, éphichée & aspergée d'huile, a passé par les mains des cardeurs, afin de la disposer à être filée, pour en fabriquer des tapisseries, des étoffes, des bas, des couvertures, &c. La laine *cardée* qui n'a point été aspergée d'huile, ni filée, s'emploie en courtepointes, en matelas, &c.

Laine crue ; c'est de la *laine* qui n'est point apprétée.

Laine cuisse ; c'est de la *laine* coupée entre les cuisses des brebis & des moutons.

Laine filée ; c'est de la *laine* filée, qu'on appelle *fil de sayette*. Elle vient de Flandres, & particulierement du bourg de Turcoing ; elle entre dans plusieurs fabriques de lainage, & fait l'objet d'un grand commerce de la Flandre françoise.

Laine fine, ou *haute laine* ; c'est la meilleure de toutes les *laines*, & le triage de la mere-*laine*.

Laine frontiere ; on appelle ainsi la *laine* filée des environs d'Abbeville & de Rosieres ; c'est la moindre *laine* qui se tire de Picardie.

Laine grasse, ou *laine en suif*, *laine en suin*, ou *laine surge* ; tous ces noms se donnent à la *laine* qui n'a point encore été lavée, ni dégraissée. Les Epiciers-Droguistes appellent *œsipe*, le suin ou la graisse qui se tire des *laines*. *Voyez* ŒSIPE.

Laine haute, autrement dite *laine-chaîne*, *laine-étaim* ; c'est la *laine* longue & grossiere qu'on tire des cuisses, des jambes, & de la queue des bêtes à *laine*.

Laine migeau ; on appelle ainsi dans le Roussillon la *laine* de la troisieme sorte, ou la moindre de toutes les *laines*, que les Espagnols nomment *tierce*.

Laine moyenne ; est le nom de celle qui reste du premier triage de la mere-*laine*.

Laine de Moscovie ; c'est le duvet des castors qu'on tire sans gâter ni offenser le grand poil ; le moyen d'y parvenir n'est pas trop connu.

Laine peignée ; est celle que l'on a fait passer par les dents d'une sorte de peigne ou grande carde, pour la disposer à être filée ; on l'appelle aussi en un seul mot *estaim*.

Laine pelade, ou *laine avalie* ; est le nom de la *laine* que les Mégissiers & Chamoiseurs font tomber par le moyen de la chaux, de dessus les peaux de brebis & moutons, provenantes des abattis des bouchers : elle sert à faire les trêmes de certaines sortes d'étoffes.

Laine peignon, ou en un seul mot *peignons* ; sorte de *laine* de rebut, comme la bourre ; c'est le reste de la *laine* qui a été peignée.

Laine riflard ; espece de *laine* la plus longue de celles qui se trouvent sur les peaux de moutons non apprêtées. Elle sert aux Imprimeurs à remplir les instrumens qu'ils appellent *balles*, avec lesquelles ils prennent l'encre qu'ils employent à l'Imprimerie.

Laine de vigogne ; laine d'un animal d'Amérique qui se trouve dans les montagnes du Pérou, & qui ne se trouve que là. Cette *laine* est brune ou cendrée, quelquefois mêlées d'espace en espace de taches blanches : on en distingue de trois sortes ; la fine, la carmeline ou batarde, & le pelotage ; cette derniere se nomme ainsi, parce qu'elle vient en pelotes : elle n'est point estimée. Toutes ces trois *laines* entrent néanmoins mélangées avec du poil de lapin, ou partie poil de lapin, & partie poil de lievre, dans les chapeaux qu'on appelle *vigognes*.

Pile de laine, est un monceau de *laine*, formé des toisons abattues de dessus l'animal : ce terme de *pile* est en partie consacré aux *laines* primes d'Espagne. Entre ces *laines* primes, la pile des chartreux de l'Escurial ; & celle des jésuites, passent pour les meilleures. *Voyez* LAINE.

LAINER, ou LANER, v. act. c'est tirer la *laine* sur la superficie d'une étoffe, la garnir, y faire venir le poil par le moyen des chardons.

LAINEUR ou LANEUR, s. m. (*Arts méch.*) ouvrier qui *laine* les étoffes, ou autres ouvrages de lainerie : on l'appelle aussi *éplaigneur*, *emplaigneur*, *aplaigneur*, *pateur*. Les outils dont il se sert pour travailler, se nomment *croix* ou *croisées*, qui sont des especes de doubles croix de fer avec des manches de bois, sur lesquelles sont montées des brosses de chardons.

LAINIER, s. m. (*Com.*) est celui qui vend en écheveaux ou à la livre, les laines qu'on emploie aux tapisseries, franges & autres ouvrages. Les marchands *lainiers* ont le nom de *teinturiers* en laine dans leurs lettres de maîtrise, & suivant les statuts & réglemens de police des Teinturiers, trois choses qui d'ailleurs ne fourniroient pas matiere à nos éloges.

S'il se rencontre ici des termes omis, on en trouvera l'explication *aux mots* LAINE, manuf. & LAINE apprêt. des. (*D. J.*)

LAINO, (*Géog.*) *Lans*, petite place d'Italie, au royaume de Naples, dans la Calabre citérieure, au pié de l'Apennin, sur les confins de la Basilicate, près la petite riviere de *Laino* qui lui a donné son nom. *Long.* 33. 46. *lat.* 40. 4. (*D. J.*)

LAIQUE, s. m. (*Théolog.*) se dit des personnes ou des choses distingués dans l'état ecclésiastique, ou de ce qui appartient à l'Eglise.

Laïque, en parlant des personnes, se dit de toutes celles qui ne sont point engagées dans les ordres ou du moins dans la cléricature.

Laïque, en parlant des choses, se dit ou des biens ou de la puissance ; ainsi l'on dit *biens laïques*, pour exprimer des biens qui n'appartiennent pas aux églises. Puissance *laïque*, par opposition à la puissance spirituelle ou ecclésiastique.

Juge laïque, est un magistrat qui tient son autorité du prince & de la république, par opposition au juge ecclésiastique qui tient la sienne, médiatement de Dieu même, tels que les évêques, ou des évêques, comme l'official. *Voyez* OFFICIAL.

LAIS, s. m. (*Jurisprud.*) en termes d'eaux & forêts signifie *un jeune baliveau* de l'âge du bois qu'on laisse quand on coupe le taillis, afin qu'il revienne en haute futaie.

Lais dans quelques coutumes signifie ce que la riviere donne par alluvion au seigneur haut-justicier. Cout. de Bourbonnois, art. 340.

Lais se dit aussi quelquefois au lieu de laie à cens ou bail à rente, ou emphitéotique. *Voyez* LAIE.

Tous ces termes viennent de *laisser*. (*A*)

LAIS, (*Géog. sacr.*) *ou* plûtôt LAISCH, puisqu'il faut exprimer le *Shin*, ville située à l'extrémité de la Terre-sainte du côté du nord, & dans le teritoire assigné à la tribu d'Aser. Les Israëlites la nommerent ensuite *Dan*. Reland prétend que c'est la même que la *Lésem* de Josué, *ch. xix. v. 47*. Les Grecs l'appellerent *Panéas*, *Diospolis*, *Césarée de Philippe*, & enfin *Néroniade*. Elle eut un évêque suffragant de Tyr, mais elle est détruite depuis long-tems. (*D. J.*)

LAISOT, s. m. (*Commerce.*) c'est dans les manufactures en toile de Bretagne, la plus petite laise que les toiles peuvent avoir selon les réglemens.

LAISSADE, s. f. (*Marine.*) c'est l'endroit d'une jutere où la largeur des fonds est diminuée en venant sur l'arriere. La *laissade* est la même chose que la queste de poupe.

LAISSE, s. f. (*Chasse.*) corde dont on tient un chien pour le conduire, ou deux chiens accouplés.

LAISSE, (*Chapelier.*) cordon dont on fait plusieurs tours sur la forme du chapeau pour la tenir en état. Il y en a de crin, de soie, d'or & d'argent.

LAISSE, (*Chasse.*) *Voyez* LAISSÉES.

LAISSE, (*Géog.*) riviere de Savoie ; elle sort des montagnes des Deserts, passe au faubourg de Chamberry, & se jette, avec l'Orbane, dans le lac du Bourget. (*D. J.*)

LAISSES *de la mer*, (*Marine.*) ce sont des terres de dessus lesquelles la mer s'est retirée. On dit *laisse* de basse mer pour marquer le terrein que la mer découvre lorsqu'elle se retire & qu'elle est à la fin de son reflux.

LAISSE, s. m. (*Rubanier.*) ce sont tous les points blancs d'un patron qui désignent les hautes lisses, c'est-à-dire les endroits où il faut passer les trames à côté des bouclettes des hautes lisses, & non dedans. Ainsi on dit, la sixieme haute lisse fait un *laissé*-le. En un mot, c'est le contraire des pris. *Voyez* PRIS.

LAISSÉE, s. f. (*terme de Chasse*) ce sont les fientes des loups & des bêtes noires.

LAISSER, v. act. (*Gramm. & Art mech.*) ce verbe a un grand nombre d'acceptions différentes, dont voici les principales désignées par des exemples : l'accusation calomnieuse de cet homme que j'aimois, m'a *laissé* une grande douleur, malgré le mépris que j'en fais à présent. On a *laissé* cet argent en dépôt. On *laisse* tout traîner. On *laisse* un homme dans la nasse & l'on s'en tire. On *laisse* souvent le droit chemin. Malgré le peu de vraissemblance, ce fait ne *laisse* pas que d'être vrai. Il faut *laisser* à ses enfans un bien dont on n'est que le dépositaire, quand on l'a reçu de ses peres. *Laissez*-moi parler, & vous direz après. Il vaut mieux *laisser* aux pauvres qu'aux églises. Je me suis *laissé* dire cette nouvelle. Cette comparaison *laisse* une idée dégoûtante. Ce vin *laisse* un mauvais goût. Je me *laisse* aller, quand je suis las de résister. Je ne *laisse* au hasard que le moins que je peus. Il y a dans cet auteur plus à profiter qu'à *laisser*, &c.

LAISSER *aller son cheval*, c'est ne lui rien demander, le *laisser* marcher à sa fantaisie, ou bien c'est ne le pas retenir de la bride lorsqu'il marche ou qu'il galope ; il signifie encore, lorsqu'un cheval galope, lui rendre toute la main & le faire aller de toute sa vitesse. *Laisser échapper*. *Voyez* ECHAPPER. *Laisser tomber*. *Voyez* TOMBER. *Laisser souffler* son cheval. *Voyez* SOUFFLER.

LAIT, s. m. (*Chimie, Diete & Mat. med.*) Il est inutile de définir le *lait* par ses qualités extérieures : tout le monde connoît le *lait*.

Sa constitution intérieure ou chimique, sa nature n'est pas bien difficile à dévoiler non plus : cette substance est de l'ordre des corps surcomposés, *voyez* MIXTION, & même de ceux dont les principes ne sont unis que par une adhérence très-imparfaite.

Une altération spontanée & prompte que cette liqueur subit infailliblement lorsqu'on la laisse à elle-même, c'est-à-dire sans mélange & sans application de chaleur artificielle ; cette altération, dis-je, suffit pour définir ces principes & pour les mettre en état d'être séparés par des moyens simples & méchaniques. Les opérations les plus communes pratiquées dans les laiteries, prouvent cette vérité. *Voy.* LAIT, *économie rustique*.

Les principes du *lait* ainsi manifestés comme d'eux-mêmes, sont une graisse subtile, connue sous le nom de *beurre*, *voyez* BEURRE ; une substance muqueuse, appellée *caséeuse*, du latin *caseus*, fromage, *voyez* MUQUEUX & FROMAGE ; & une liqueur aqueuse, chargée d'une matiere saline & muqueuse. Cette liqueur est connue sous le nom de *petit-lait*, & sous le nom vulgaire de *lait de beurre* ; & cette matiere saline-muqueuse, sous celui de *sel* ou de *sucre de lait*. *Voyez* PETIT-LAIT & SUCRE DE LAIT, à la suite du présent article.

Cette altération spontanée du *lait* est évidemment une espece de fermentation. Aussi la partie liquide du *lait* ainsi altéré, qui a été débarrassée des matieres concrescibles dont elle étoit auparavant chargée, est-elle devenue une vraie liqueur fermentée, c'est-à-dire qu'il s'est engendré ou développé chez elle le produit essentiel & spécifique d'une des fermentations proprement dites, *voyez* FERMENTATION. C'est la fermentation acéteuse que tourne communément le petit *lait* séparé de soi-même, ou *lait* de beurre ; mais on pense qu'il n'est pas impossible de ménager cette altération de maniere à exciter dans le *lait* la fermentation vineuse, & à saisir dans la succession des changemens arrivés dans le petit-*lait*, au moins quelques instans, pendant lesquels on le trouveroit spiritueux & enivrant. On ajoûte que de pareilles observations ont été faites plus d'une fois par hasard dans les pays où, comme en Suisse, le *lait* de beurre est une boisson commune & habituelle pour les hommes & pour quelques animaux domestiques, tels que les cochons, &c. On prétend donc qu'il n'est pas rare dans ces contrées de voir des hommes & des cochons enivrés par une abondante boisson de *lait* de beurre. On peut tenter sur ce sujet des expériences très-curieuses & très-intéressantes.

La fermentation commence dans le *lait*, & même s'y accomplit quant à son principal produit, celui de l'acide, avant que le beurre & fromage se séparent ; car le *lait* laissé à lui-même s'aigrit avant de tourner, c'est-à-dire avant la désunion des principes dont nous venons de parler : l'un & l'autre changement, savoir l'*aigrir* & le *tourner*, sont d'autant plus prompts, que la saison est plus chaude.

On n'a pas déterminé, que je sache, par des expériences, si une partie de l'acide du *lait* aigri étoit volatile.

Les principes immédiats du *lait* se désunissent aussi par l'ébullition. Dès qu'on fait bouillir du *lait*, il se forme à sa surface une pellicule qui ne differe presque point de celle qui nage sur le *lait* qui a subi la décomposition spontanée : cette matiere s'appelle *crème* ; elle n'est autre chose que du beurre mêlé de quelques parties de fromage, & empreint ou imbibé de petit-*lait*. On peut épuiser le *lait* de sa partie butireuse, par le moyen de l'ébullition. Dans cette opération, le fromage reste dissous dans le petit-*lait* qui n'aigrit point (ce qui est conforme à une propriété constante de la fermentation vineuse & de l'acéteuse, savoir d'être empêchées, prévenues, suspendues par un mouvement étranger), & qui acquiert même la propriété d'aigrir beaucoup plus tard, lorsqu'on l'abandonne ensuite à sa propre pente. Le *lait* qu'on a fait bouillir seulement pendant un quart d'heure, se conserve sans aigrir ni tourner pendant beaucoup plus de tems, pendant trente-fix & même quarante-huit heures, plus ou moins, felon la température de l'air ; au lieu que le *lait* qui n'a pas bouilli, fe conferve à peine douze heures. Mais enfin, comme nous venons de l'indiquer, la féparation du fromage & du petit-*lait* arrivent enfin auffi bien que l'aigriffement du petit-*lait*.

On opere encore la décompofition du *lait* par un moyen très-connu, très-vulgaire, mais dont il n'exifte encore dans l'art aucune théorie fatisfaifante, je veux dire, la coagulation par l'application de certaines fubftances, favoir les acides (foit foibles, foit très-forts, tels que l'acide vitriolique le plus concentré, qu'Hoffman prétend produire dans le *lait* l'effet directement contraire. *Voyez* la differtation *de falub. feri lactis virtute*, §. 4), les alcalis, les efprits ardens, & particulierement le *lait* aigri dans l'eftomac des jeunes animaux à la mamelle, *lactantium*, & certaines fleurs & étamines ; ce *lait* aigri & ces fleurs tirent de leur ufage le nom commun de *prefure*. *Voy*. COAGULATION, PRESURE & LAIT, Economie *ruftique*.

Le *lait* n'eft féparé par la coagulation qu'en deux parties, & cette féparation n'eft pas abfolue ou parfaite. Le *coagulum* ou caillé contient cependant prefque tout le fromage & le beurre, & la liqueur eft le petit-*lait* ou le principe aqueux chargé du fel ou fucre, & d'une très petite quantité de fromage & de beurre.

Quelques auteurs ont prétendu que de même que certaines fubftances mêlées au *lait* hâtoient fon altération ou le coaguloient, de même il en étoit d'autres qui le préfervoient de la coagulation en opérant une efpece d'affaifonnement. Ils ont attribué principalement cette vertu aux eaux minérales alcalines ou fulphureufes, & aux fpiritueufes. Ces prétentions font fans fondement : on ne connoît aucune matiere qui étant mêlée en petite quantité au *lait*, en empêche l'altération fpontanée ; & quant aux eaux minérales, j'ai éprouvé que le principe aqueux étoit le feul agent utile dans les mélanges d'eaux minérales & de *lait*, faits dans la vûe de corriger la tendance du *lait* à une prompte décompofition : car il eft vrai que ces eaux minérales mêlées à du *lait* frais à parties à-peu-près égales, en retardent fenfiblement, quoique pour peu de tems, l'altération fpontanée ; mais de l'eau pure produit exactement le même effet.

Le petit-*lait* n'aigrit point, n'a pas le tems d'aigrir dans cette derniere opération. Auffi eft-ce toûjours par ce moyen qu'on le fépare pour l'ufage médicinal ordinaire, *Voyez* PETIT-LAIT, à *la fuite du préfent article*.

Le *lait* diftillé au bain-marie, donne un phlegme chargé d'une odeur de *lait* ; mais cette odeur n'eft point dûe à un principe aromatique particulier, & diftinct des principes dont nous avons parlé jufqu'à préfent. Ce n'eft ici, comme dans toutes les fubftances véritablement inodores (c'eft-à-dire dépourvûes d'un principe aromatique diftinct) qui fe font reconnoître pourtant dans le produit le plus mobile de leur diftillation, *effluvium*, de leur fubftance entiere.

Tout ce principe aqueux étant féparé par la diftillation au bain-marie, ou diffipé par l'évaporation libre au même degré de chaleur, on obtient une matiere folide, friable, jaunâtre, d'un goût gras & fucré, affez agréable, qui étant jettée dans des liqueurs aqueufes bouillantes, s'y diffout en partie, les blanchit, & leur donne prefque le même goût que le mélange du *lait* frais & inaltéré. Il eft évident que cette matiere n'eft que du *lait* concentré, mais cependant un peu dérangé dans fa compofition. *Voyez* SUCRE DE LAIT, à *la fuite du préfent article*.

L'analyfe ultérieure à la violence du feu, ou la diftillation par le feu feul pouffée jufqu'à fes derniers degrés, fournit une quantité affez confidérable d'huile empyreumatique ; & s'il en faut croire Homberg, *Mém. de l'Acad. royale des Scienc. 1712*, incomparablement plus d'acide que le fang & la chair des gros animaux, & point du tout de fel volatil concret. Cette attention à fpécifier l'état concret de l'alcali volatil que ce chimifte exclut des produits du *lait*, fait conjecturer, avec beaucoup de fondement, qu'il retiroit du *lait* de l'alcali volatil fous fon autre forme, c'eft-à-dire liquide. Or, quoique les matieres d'où on ne retire de l'alcali volatil que fous cette derniere forme, dans les diftillations vulgaires, en contiennent beaucoup moins en général que celles qui fournifent communément ce principe fous forme concrete, cependant cette différence peut n'être qu'accidentelle, dépendre du tout de la circonftance de manuel, favoir du deffechement plus ou moins abfolu du fujet pendant le premier tems de la diftillation. *Voyez* DISTILLATION, MANUEL CHIMIQUE & SEL VOLATIL. Ainfi l'obfervation d'Homberg fur ce principe du *lait*, n'eft rien moins qu'exacte & pofitive.

Ce que nous avons dit du *lait* jufqu'à-préfent, convient au *lait* en général. Ces connoiffances font déduites des obfervations faites fur le *lait* de plufieurs animaux, différant entr'eux autant qu'il eft poffible à cet égard, c'eft-à-dire fur celui de plufieurs animaux qui ne fe nourriffent que de fubftances végétales, & fur celui de certains autres qui vivent principalement de chair. L'analogie entre ces différens *laits* eft parfaite, du moins très-confidérable ; & il y a auffi très-peu de différence quant au fond de la compofition du *lait* entre celui que donne un même individu, une femme, par exemple, nourrie abfolument avec des végétaux, ou qui ne vivra prefque que de fubftances animales. Ce dernier f.it eft une fuite bien naturelle de l'obfervation précédente. Une expérience décifive prouve ici que la Chimie en découvrant cette identité, ne l'établit point feulement fur des principes groffiers, tandis que des principes plus fubtils & qui fondent des différences effentielles lui échappent. Cette expérience eft que les quadrupedes, foit très-jeunes, *lactantia*, foit adultes, font très-bien nourris avec le *lait* de quelqu'autre quadrupede que ce foit : on éleve très-bien un jeune loup avec du *lait* de brebis. Rien n'eft fi commun que de voir des petits chats téter des chiennes. On nourrit fes enfans avec le *lait* de vache, de chevre, &c. Un obfervateur très-judicieux, très-philofophe, très-bon citoyen, a même prétendu qu'il réfulteroit un grand bien pour l'efpece humaine en général, & un avantage décidé pour les individus, de l'ufage de nourrir tous les enfans avec le *lait* des animaux. *Voyez* NOURRICE.

Cette identité générique ou fondamentale, n'empêche pas que les *laits* des divers animaux ne foient diftingués entr'eux par des qualités fpécifiques ; la différence qui les fpécifie principalement & effentiellement, c'eft la diverfe proportion des principes ci-deffus mentionnés. Les Chimiftes medecins fe font principalement attachés à déterminer ces proportions dans les efpeces de *lait* qui ont des ufages médicinaux, favoir le *lait* de femme, le *lait* d'aneffe & celui de jument, le *lait* de vache, celui de chevre, & celui de brebis.

Frideric Hoffman a trouvé qu'une livre de médecine ou douze onces de *lait* de vache, épuifée par l'évaporation de fa partie aqueufe, laiffoit une once & cinq gros de matiere jaunâtre, concrete, feche & pulvérulente ; que cette matiere leffivée avec l'eau bouillante, perdoit une dragme & demie. Homberg a d'ailleurs obfervé dans les *mémoires de l'ac.ad*,

R. des Sc. ann. 1712. que la partie caséeuse & la butireuse étoient contenues à parties à peu près égales dans le *lait* de vache. Ainsi supposé que l'eau employée à lessiver le *lait* concentré & desséché, n'en ait emporté que la matiere qui est naturellement dissoute dans le petit-*lait*, il résultera de ces expériences que le *lait* de vache examiné par Hoffman, contenoir environ un seizieme de son poids de beurre, autant de fromage, & un soixante-quatrieme de matiere, tant saline ou sucrée, que *caseoso-butyreuse*, soluble dans l'eau. *Voyez* PETIT-LAIT & SUCRE DE LAIT.

Les mêmes expériences tentées par Hoffman & par Homberg sur le *lait* de chevre, ont indiqué que la proportion des principes étoit la même dans ce *lait* : & que la quantité de matiere concrescible prise en somme, étoit seulement moindre d'un vingt-sixieme.

Hoffman a tiré, par la même voie, de douze onces de *lait* d'anesse, une once de résidu sec, pulvérulent & blanc, qui ayant été lessivé avec de l'eau bouillante, a perdu environ sept gros. Homberg prétend que le *lait* d'anesse contient trois ou quatre fois plus de fromage que de crème ou de substance dans laquelle le beurre domine. Ainsi la partie soluble dans l'eau, ou le sucre de *lait* un peu barbouillé de fromage & de beurre domine dans le *lait* d'anesse, y est contenue à la quantité d'environ un quinzieme ou un seizieme du poids total ; le beurre fait tout au plus le trois-centieme du tout, & le fromage le centieme.

Le *lait* de femme a donné à Hoffman un résidu blanchâtre, presqu'égal en quantité à celui du *lait* d'ânesse ; mais qui ne contenoit pas tant de matiere soluble par l'eau, & seulement six gros sur neuf ou les deux tiers.

Les expériences que nous venons de rapporter ont été faites avec beaucoup de négligence & d'inexactitude ; l'énoncé de celles d'Homberg est on ne peut pas plus vague, & Hoffman a manqué, 1°. à employer le bain-marie pour dessécher la substance fixe ou concrescible du *lait* : or il est presqu'impossible de dessécher cette matiere parfaitement au feu nud, sans la brûler ou du moins la rissoler tant soit peu, ce qui est le défaut contraire au desséchement imparfait. Secondement, il n'a point distingué dans la partie insoluble de son résidu, le beurre du fromage, ni dans la matiere enlevée par les lessives le sel ou sucre du *lait* d'un fromage subtil, uni à un peu de beurre que l'eau entraîne avec ce sel, qui fournit la matiere de la recuite, & qui est celle qu'on se propose d'enlever par la clarification du petit-*lait*, & par la lotion du sel ou sucre de *lait*. *Voyez* ci-dessous PETIT-LAIT & SUCRE DE LAIT. Cet examen bien fait seroit donc encore un travail tout neuf, & certainement, indépendamment des différences qu'on doit se promettre dans les résultats d'une analyse exacte, on en trouveroit beaucoup qui seroient nécessairement dépendantes de l'âge, du tempérament de la santé des divers animaux, & sur-tout de la maniere dont ils seroient nourris ; par exemple des paturages plus ou moins gras, & encore du climat où ils vivroient, &c.

Ce que nous venons de rapporter, tout imparfait qu'il est, suffit pourtant pour fixer l'idée que les Médecins sur les différences essentielles des especes de *lait* qui fournissent des alimens ou des remedes aux hommes ; car l'usage médicinal se borne presque aux quatre especes de *lait* dont nous venons de faire mention ; & il est connu encore par des observations à peu près suffisantes, que le *lait* de brebis qu'on emploie dans quelques contrées, est fort analogue à celui de vache, & que le *lait* de jument, dont l'usage commence à s'établir en France, est d'une nature moyenne entre le *lait* de vache & celui d'ânesse, s'approchant pourtant d'avantage de celle du dernier. Celui de chameau dont les peuples du Levant se servent, est un objet absolument étranger pour nous.

Usage diététique & médicamenteux du lait, *& premierement du* lait *de vache, de chevre & de brebis.*

Le *lait* de vache est, pour les Médecins, le *lait* par excellence ; c'est de ce *lait* qu'il est toujours question dans leurs ouvrages, lorsqu'ils parlent de *lait* en général, & sans en déterminer l'espece. Le *lait* de vache possede en effet le plus grand nombre des qualités génériques du *lait* : il est, s'il est permis de s'exprimer ainsi, *le plus* lait de tous ceux que la Médecine emploie, celui qui contient les principes que nous avons exposés plus haut, dans la proportion la plus exacte. Il est vraissemblable pourtant que cette espece de prééminence lui a été principalement accordée, parce qu'il est le plus commun de tous, celui qu'on a le plus commodément sous la main ; car le *lait* de chevre est très-analogue au *lait* de vache : la prétendue qualité plus particulierement pectorale, vulnéraire, par laquelle on distingue le premier dans la pratique la plus reçue, est peu évidente ; & dans les pays où l'on trouve plus facilement du *lait* de chevre que du *lait* de vache, on emploie le premier au lieu du second, sans avoir observé des différences bien constatées dans leurs bons & dans leurs mauvais effets. Le *lait* de brebis supplée très-bien aussi dans tous les cas à l'un & à l'autre, dans les pays où l'on manque de vaches & de chevres. Tout cela pourroit peut-être s'éclaircir par des observations : je dis peut-être, car ces observations seroient au moins très-difficiles, très-fines. Quoi qu'il en soit, elles n'existent pas, & il paroit que l'art y perd peu. On peut cependant, si l'on veut, regarder le *lait* de vache comme le remede de principal, chef majeur ; & les deux autres seulement comme ses succédanées.

Le mot *lait* sans épithete signifiera donc dans la suite de cet article, comme il doit le signifier dans les ouvrages de Médecine, *lait* de vache, ou à son défaut *lait* de chevre ou de brebis ; & nous renfermerons ce que nous avons à dire à ce sujet dans les considérations suivantes, où nous nous occuperons premierement de ses usages diététiques dans l'état sain, & ensuite de son emploi plus proprement médicinal, c'est-à-dire dans le cas de maladie.

Le *lait* fournit à des nations entieres, principalement aux habitans des montagnes, la nourriture ordinaire, journaliere, fondamentale. Les hommes de ces contrées sont gras, lourds, paresseux, stupides ou du moins graves, sérieux, pensifs, sombres. Il n'est pas douteux que l'usage habituel du *lait* ne soit une des causes de cette constitution populaire. La gaité, l'air leste, la légereté, les mouvemens aisés, vifs & vigoureux des peuples qui boivent habituellement du vin, en est le contraste le plus frappant.

Ce qui confirme cette conjecture, & qui est en même tems une observation utile, c'est que le *lait* donné pour toute nourriture, ou ce qu'on appelle communément la *diete lactée* ou la *diete blanche*, que ce régime, dis-je, jette très-communément les sujets qu'on y soumet dans une mélancolie très sombre, très-noire, dans des vapeurs affreuses.

Il est admirable cependant combien le *lait* pris en très-petite quantité pour toute nourriture, nourrit & soutient, lorsqu'il réussit, les personnes mêmes les plus vigoureuses, & de l'esprit le plus vif, sans faire tomber sensiblement leurs forces corporelles, & sans affoiblir considérablement leurs facultés intellectuelles, & cela pendant des années entieres. On comprend plus aisément, mais il est pourtant assez singulier aussi que des personnes auparavant très-voraces, s'accoutument bientôt à la sobriété que cette diete exige, & qu'elles contractent de l'indifférence & enfin même du dégoût pour les alimens ordinaires.

Nous ne parlons dans les deux observations précédentes que des sujets qui se réduisent à la diete lactée pour prévenir des maux dont ils sont menacés, & non pas pour remédier à des maux présens. Ces sujets doivent être considérés alors comme véritablement sains, & nous n'examinons encore que les effets du *lait* dans l'état sain.

Le *lait* pur, certains alimens solides, & quelques boissons assaisonnées avec le *lait*, tels que le ris, les œufs, le thé, le caffé, ont l'inconvénient très-commun de lâcher le ventre. Ces alimens, sur-tout ceux qui sont sous forme liquide, produisent cet effet par une espece de corruption qu'ils éprouvent dans les premieres voies, ils deviennent vraiment purgatifs par cette altération qui se démontre, & par la nature des rapports nidoreux qui s'elevent de l'estomac, & par des borborygmes & des légeres tranchées, & enfin par la mauvaise odeur des excrémens qui est exactement semblable à celle des évacuations excitées par une légere médecine. De toutes les boissons que nous mêlons ordinairement avec le *lait*, celle qui produit le moins communément cette espece de purgation, c'est le caffé au *lait*, soit que la petite quantité qu'on en prend en comparaison du thé au *lait*, par exemple, cause cette différence, soit que le caffé corrige véritablement le *lait*. *Voyez* CORRECTIF.

L'effet dont nous venons de parler s'observe principalement sur les personnes robustes, agissantes, peu accoutumées au *lait*, & qui sont dans l'usage journalier des alimens & des boissons ordinaires, sur-tout de la grosse viande & du vin; & ces personnes sont sensiblement affoiblies par cette opération de ces laitages. Les gens foibles, peu exercés au *lait*, ou ceux qui sont accoutumés au *lait*, & ceux enfin de quelque constitution qu'ils soient qui vivent de *lait* pour toute nourriture, sont au contraire ordinairement constipés par le *lait*; & cet accident qui est principalement propre à la diete lactée, est un des principaux inconvéniens de cette diete.

En général le *lait* passe mieux, c'est-à-dire est mieux digéré, laisse mieux subsister l'état naturel & sain des organes de la digestion, lorsqu'on le prend pour toute nourriture, ou qu'on n'en combine l'usage qu'avec celui des farineux fermentés ou non fermentés, tels que le pain, le ris, les pâtes d'italie, le sagou, &c. que lorsqu'on en use, sans cesser de tirer le fond de la nourriture des alimens ordinaires, même avec les exceptions vulgaires des assaisonnemens acides, des fruits cruds, des salades, &c. Cependant il y a encore en ceci une bisarrerie fort remarquable (quoique ces sortes de contradictions soient fort communes dans l'ordre des objets diététiques. *Voyez* RÉGIME, DIGESTION, & *presque tous les articles particuliers de diete de ce Dictionnaire; l'article* CONCOMBRE, par exemple): il est très-ordinaire de voir des personnes qui dans un même jour, & souvent même dans un seul repas, se gorgent de viandes de toute espece, de vin, de salades, de fruits & de laitages, & qui digerent très-bien & cent fois de suite ce margouillis qui feroit frémir tout médecin raisonneur.

Le proverbe vulgaire, que le vin bu après le *lait* est salutaire, & que le *lait* bu après le vin est un poison, ne porte par rien, si on l'explique *in sensu alvio*, & comme on l'entend communément; c'est-à-dire qu'il n'est rien moins qu'observé qu'un mélange de vin & de *lait* affecte différemment l'estomac, selon que l'une ou l'autre de ces liqueurs y est versée la premiere. Il est très-sûr, au contraire, que ce mélange, dans quelque ordre qu'il soit fait, est toujours monstrueux aux yeux de la Médecine rationelle, & plus souvent nuisible qu'indifférent aux yeux de l'observation; mais si ce dogme populaire signifie que le vin rémédie au mauvais effet que du *lait* pris depuis quelques heures a produit sur les premieres voies, & qu'au contraire du *lait* jetté dans un estomac n'a guere chargé de vin, y cause constamment un mal considérable; alors il ne fait que trop promettre sur le premier chef, & il est conforme à l'expérience pour le second.

Il est facile de conclure de ce petit nombre d'observations sur les propriétés diététiques du *lait* dans l'état sain, que c'est un aliment suspect, peu analogue aux organes digestifs de l'adulte, & que l'art humain, l'éducation, l'habitude, n'ont pu faire adopter à la nature, comme elles ont naturalisé le vin, liqueur pourtant bien plus étrangere à l'homme que le *lait* des animaux ; & qu'ainsi un canon diététique sûr & incontestable, & qui suffit seul en cette matiere , c'est que les personnes qui n'ont point éprouvé leur estomac à ce sujet, ne doivent user de *lait* que dans le cas de nécessité, c'est-à-dire s'il arrivoit par hasard qu'elles manquassent dans quelque occasion particuliere d'autres alimens, ou si elles étoient menacées de quelques maladies que l'usage du *lait* peut prévenir. Mais comme il est peu d'hommes qui se soient toûjours conduits assez *médicinalement* pour avoir constamment usé de cette circonspection, & qu'ainsi chacun fait à-peu-près, par le souvenir des effets du *lait* sur son estomac, si c'est pour lui un aliment sain, mal-sain ou indifférent, & dans quelles circonstances il lui a fait du bien, du mal, ni bien ni mal ; cette expérience peut suffire à chacun pour s'observer convenablement à cet égard.

Il faut se souvenir pourtant, il n'est pas inutile de le répéter, que pour toute personne qui n'est pas très-accoutumée au *lait*, c'est toûjours un aliment suspect que celui-là , tant en foi , par sa propre nature , qu'à cause des altérations dont il est très-susceptible dans les premieres voies, par le mélange des autres alimens ; & que ceci est vrai principalement des personnes vigoureuses & vivant durement , qui sont peut-être les seules qu'on puisse appeler vraiment saines , les sujets délicats , élevés mollement , étant par leur propre constitution dans un état de maladie habituelle. Cette importante distinction méritera encore plus de considération dans ce que nous allons dire de l'emploi du *lait* dans le cas de maladie.

Nous observons d'abord, sous ce nouvel aspect, que le *lait* est une de ces matieres que les Medecins appellent *alimens médicamenteux*. *Voyez* MÉDICAMENT.

Les lois ou les canons thérapeutiques pour l'usage du *lait*, observés encore aujourd'hui, existent de toute ancienneté dans l'art; ils sont renfermés dans un aphorisme d'Hippocrate , mille fois répété, & commenté par les auteurs anciens & modernes, depuis Galien & Celse , jusqu'aux écrivains de nos jours. Voici cet aphorisme : « Il est mal de donner » le *lait* à ceux qui souffrent des douleurs de tête ; » il est mal aussi de le donner à ceux qui ont la fie- » vre , à ceux qui ont les hyppocondres bouffis » & murmurans, à ceux qui sont tourmentés de » soif , à ceux qui rendent des déjections bilieuses , à » ceux qui sont dans les fievres aiguës , & enfin à » ceux qui ont subi des hémorrhagies considérables ; » mais il est bon dans la phtisie lorsqu'il n'y a pas » beaucoup de fievre ; dans les fievres longues & lan- » guissantes , c'est-à-dire dans les fievres lentes, & » dans les extrèmes amaigrissemens ». Les anciens avoient aussi observé l'efficacité du *lait* contre l'action des venins corrosifs sur l'estomac & les intestins, & contre celle des cantharides sur les voies urinaires.

L'observation journaliere & commune confirme à-peu-près toutes ces lois : cependant quelques nouvelles tentatives ont appris à s'écarter, sans inconvénient & même avec quelqu'avantage, de la route ordinaire, & d'étendre l'usage du *lait* à quelques-uns des cas prohibés ; elles en ont encore augmenté l'usage, en découvrant son utilité dans un plus grand nombre de maladies que celles qui sont comprises sous le genre de phtisies, marasmes, consomptions, &c. & tous celui d'amaigrissemens, épuisemens, &c. Quelques auteurs modernes se sont élevés au contraire contre l'ancienne réputation du *lait*, & en ont voulu resserrer & presqu'anéantir l'usage. Nous allons entrer dans quelque détail sur tout cela.

Et, premierement, quant aux cas prohibés par l'ancienne loi, on donne assez communément le *lait* dans les grandes hémorrhagies, principalement dans les pertes des femmes, & dans ces éruptions abondantes de sang par les vaisseaux du poulmon, qu'on appelle vulgairement & très-improprement *vomissement de sang*. La diete lactée est même dans ce dernier cas le secours le plus efficace que l'art fournisse contre les récidives. On ne craint pas tant non plus aujourd'hui la fievre, sur-tout la fievre lente ou hectique, lors même qu'elle redouble par accès vifs, soit réguliers, soit irréguliers : ce symptôme n'empêche pointde donner le *lait* lorsqu'on le croit indiqué d'ailleurs ; & il est vraissemblable que si le *lait* réussit peu dans ces cas, comme il faut en convenir, c'est moins parce qu'il fait un mal direct, qu'il nuit en effet, que parce qu'il est simplement inefficace, c'est-à-dire qu'une telle maladie est trop grave pour que le *lait* puisse la guérir, & même en retarder les progrès. Ce qui paroît établir ce sentiment, c'est que si l'on observe que le *lait* donné avec la fievre dans une *pulmonie* au dernier degré, par exemple, ne réussisse point, c'est-à-dire qu'il augmente quelques symptômes, & qu'il produise divers accidens, tels que des aigreurs, des pesanteurs d'estomac, des ventosités, des dévoiemens, des suents, &c. & qu'on se détermine à en supprimer l'usage, tous ces effets cessent, il est vrai, mais le malade n'en est pas mieux : la maladie fait ses progrès ordinaires, & il n'est décidé par aucune observation si ces effets du *lait*, qui paroissent funestes au premier aspect, hâtoient réellement, ou si au contraire ils ne suspendoient pas ses progrès.

Enfin, plusieurs medecins pensent que ce pourroit bien n'être qu'un préjugé que de redouter l'usage du *lait* dans les maladies aiguës. L'usage du posset simple ou du *zythogala*, c'est à dire du mélange de la biere & du *lait*, pour boisson ordinaire dans les maladies aiguës, est connu en Angleterre. Sydenham ne desapprouve point qu'on nourrisse les malades attaqués de la petite vérole avec du *lait* dans lequel on aura écrasé des pommes cuites. Je connois un célebre praticien qui n'hésite point à donner du *lait* dans les fluxions de poitrine. Il est observé que l'*hydrogale* ou le *lait* mêlé avec l'eau, est une boisson très-salutaire dans les maladies dissenteriques.

Secondement, quant à l'extension de l'application du *lait* à plusieurs nouveaux usages, la doctrine clinique s'est considérablement accrue à cet égard. D'abord elle prescrit l'usage du *lait* dans tous les cas de simple menace des maladies contre lesquelles Hippocrate ne l'ordonne que lorsqu'elles sont confirmées & même parvenues à leur degré extrême, *præter rationem extenuatis*. Par exemple, les modernes emploient le *lait* contre les hæmophtysies, les toux même simples, la goutte, les rhumatismes, les dartres & autres maladies de la peau, comme le principal remede des fleurs blanches, dans le traitement de la maladie vénérienne, dans la petite vérole, dans quelques cas d'hydropisies, &c. (*Voyez ces articles particuliers*), sans parler de plusieurs usages extérieurs dont il sera question dans la suite de cet article. Jean Costœus a écrit un traité entier de la Medecine aisée, *de facili Medicinâ*; & son secret, son moyen de rendre la Medecine aisée, c'est d'employer le *lait*, comme remede universel. Wepfer, medecin suisse, auteur de très-grande considération, parle du *lait* comme d'une substance qui renferme en soi quelque chose de divin. Cheyné, célebre auteur anglois, a proposé depuis peu d'années, pour le bien de l'humanité, avec tout l'enthousiasme que cette vûe sublime est capable d'inspirer, & avec toute la bonne-foi & la confiance de la conviction, a proposé, dis-je, de réduire tous les hommes, lorsqu'ils ont atteint un certain âge, à la diete *lactée*, ou à un régime dont le *lait* fait la base. La doctrine des écoles & le penchant des medecins théoriciens ou raisonneurs, sont assez généralement en faveur du *lait*.

Troisiemement, pour ce qui regarde le sentiment des medecins modernes qui ont combattu les vertus les plus célébrées du *lait*, nous observerons d'abord que leur avis devroit être d'un grand poids, qu'il mériteroit au moins d'être discuté avec la plus grande circonspection, quand même ces auteurs n'auroient d'autre mérite que d'avoir osé douter sur un objet grave, des opinions reçues à peu-près sans contradiction : car en général, & plus encore en Medecine qu'ailleurs, les opinions anciennes & non contredites doivent être très-suspectes au sage. Mais ces auteurs ont outre le mérite d'une louable scepticisme, celui d'avoir appuyé leur sentiment de bonnes observations. Bennet, célebre medecin anglois, interdit le *lait* aux vrais phtysiques, dans son traité vraiment original, intitulé *Theatrum tabidorum*. Sydenham compte fort peu sur la diete lactée dans le traitement prophylactique de la goutte, qui est aujourd'hui un des cas où le *lait* est le plus généralement recommandé. Morton, l'oracle de la médecine moderne, sur les maladies chroniques de la poitrine, auxquelles le *lait* est éminemment consacré dans la pratique la plus répandue, n'est rien moins que partisan de ce remede. De Sault, medecin de Bordeaux, auteur plein du génie & du vrai zele de l'art, ne nomme pas même le *lait* dans sa dissertation sur la phtisie. Frideric Hoffman fait à la vérité un éloge pompeux du *lait* au commencement de sa dissertation sur le *lait* d'ânesse ; mais c'est là le dissertateur qui parle ; car Hoffman lorsqu'il est praticien oublie si parfaitement toutes ces admirables qualités qu'il a célébrées dans le *lait*, que ce remede entre à peine dans sa pratique ; il n'est pas ordonné deux fois dans ses consultations sur les maladies chroniques de la poitrine. Juncker, excellent juge en cette matiere, est très-peu favorable à l'usage du *lait*. M. Bordeu, pere, medecin de Pau en Béarn, un de plus consommés & des plus habiles praticiens du royaume, a proposé (dans sa dissertation sur les eaux minérales de Béarn) sur l'usage du *lait*, des remarques très-judicieuses & presque toutes contraires à ce remede. Enfin, beaucoup de très-habiles praticiens de nos jours, qui ont été élevés dans une entiere confiance aux vertus admirables du *lait*, s'en sont absolument dégoûtés.

L'espece d'éloge que nous venons de faire du système *antilactaire*, n'est pas cependant une adoption formelle de ce système. Nous n'avons prétendu jusqu'ici qu'exposer historiquement les sentimens divers qui partagent les Medecins sur cette importante matiere.

Si nous passons à-présent de l'exposition de ce qu'on

peut appeller *le fait*, à ce qu'on peut appeller *le droit* (nous ne parlons toûjours que de l'ufage intérieur, qui eft l'effentiel), il me paroît, toutes les autorités & les obfervations étant oppofées, comparées, réfumées, & en y joignant le réfultat de mes propres expériences, qu'on a dit en général du *lait* trop de bien & trop de mal.

Premierement, trop de bien, car il eft fûr que le *lait* ne guérit véritablement aucune maladie grave, nommément les phtifies décidées, c'eft-à-dire dès le commencement du fecond degré, lors même qu'il réuffit, ou paffe très-bien. J'ai même obfervé plus d'une fois que quoiqu'il calmât certains fymptômes, ce n'étoit-là qu'un calme trompeur, comme celui de l'opium, & que la maladie n'en alloit pas moins fon train perfide. Que s'il réuffit quelquefois très-bien dans le premier degré de phtifie, c'eft que cet état eft moins une maladie qu'une menace de maladie. Il ne guérit non-plus aucun ulcere des organes intérieurs, ni les rhumatifmes, ni les maladies de la peau, notamment les boutons au vifage, ni les ophtalmies. Il a, dans la petite vérole, le défaut capital de conftiper trop opiniâtrément, trop long-tems; c'eft même, comme nous l'avons obfervé déjà, un des effets des plus communs de la diete *lactée* : cette diete a encore l'inconvénient très-grave de devenir prefque néceffaire pour toute la vie, une fois qu'on s'y eft accoutumé, notamment ces goutteux qui éprouvent, felon l'obfervation de Sydenham, des accès plus cruels & plus fréquens, lorfqu'après s'être foumis pendant un certain tems à la diete lactée, ils reviennent à l'ufage des alimens ordinaires. En général l'ufage du *lait* demande une façon de vivre très-réguliere, & à laquelle il eft difficile de réduire la plûpart des malades; & foit par des erreurs de régime prefque inévitables, foit même fans aucune de ces erreurs, il eft très-fujet à caufer des naufées, des abolitions totales d'appétit, diarrhées, des vents, des fueurs, une mélancholie noire, des douleurs de tête, la fievre. Or tous ces accidens, qui rendent fon ufage dangereux, même dans l'état de fanté, comme nous l'avons obfervé plus haut, font bien plus funeftes, fans doute, dans l'état de maladie, & principalement dans les maladies chroniques de la poitrine, & prefque tous les cas de fuppuration interne. Il n'eft pas rare non-plus d'obferver dans ces derniers cas, & lorfque le pus a une iffue, comme dans les ulceres du poumon ou de la matrice, que cet écoulement eft fupprimé par l'ufage du *lait*, avec augmentation de fymptômes & accélération de la mort. Enfin c'eft un reproche très-grave à faire au *lait*, que celui de ne pouvoir être fupporté que par la moindre partie des fujets non-accoutumés, auxquels on le prefcrit.

Secondement, trop de mal, car il eft obfervé d'abord que fi on s'obftine à ufer du *lait*, quoiqu'il caufe la plûpart des accidens ci-deffus rapportés, il n'eft pas rare de voir tous ces accidens difparoître peu-à-peu, & le *lait* paffer enfuite affez heureufement. Il eft obfervé encore, comme nous en avons touché quelque chofe déjà, que de même que le *lait* paffe très-bien quelquefois fans que le fond de la maladie reçoive aucun amendement de même il paroît quelquefois caufer & même il caufe en effet dans les cas graves, certains accidens, qui ne font funeftes qu'en apparence, ou qui n'en exifteroient pas moins fi on n'avoit pas donné le *lait*. Il eft fûr encore que le *lait* fait communément très-bien dans les amaigriffemens externes, fans fievre fuppuratoire, dans les toux fimples & vraiment pectorales ou gutturales, dans les menaces de phtifie, & dans les difpofitions à l'hémoptifie, dans les fleurs blanches, &c. On l'a vu même réuffir plus d'une fois dans les vapeurs hyftériques, & dans les affections mélancoliques hypocondriaques; mais le *lait* brille principalement fur un ordre de fujets que beaucoup de medecins n'ont pas été à portée de diftinguer & d'obferver, favoir les habitans élevés délicatement des grandes villes. Toutes les petites incommodités prefque particulieres aux grands & aux riches, aux conftitutions dégénérées par le luxe, que les Medecins comprennent fous le nom d'*affections vaporeufes* ou *nerveufes*, dont la plus grande partie font inconnues dans les provinces; tout cela, dis-je, eft affez bien affoupi, mafqué par l'ufage du *lait*; & l'on ne fe pafferoit que très-difficilement de ce fecours dans la pratique de la Medecine exercée dans le grand monde. Enfin le *lait* eft au-moins une reffource dans les cas défefpérés contre les angoiffes, les douleurs, l'horreur du dernier période de la maladie, pour cacher au malade, par l'emploi d'un fecours indifférent, la trifte vérité qu'il n'a plus de fecours à efpérer.

Le *lait* étant fuffifamment indiqué par la nature de la maladie, il refte à déterminer les autres circonftances qui doivent diriger dans fon adminiftration, & premierement la conftitution du fujet. Quant à ce premier chef, toutes les regles fe réduifent à celle-ci. On le donne fans héfiter à ceux qui y font accoutumés; Bennet ajoûte, & qui l'appetent vivement, *avidè petentibus*. On ne le donne point à ceux qui l'ont en horreur, & même on en fufpend, on en fupprime l'ufage lorfqu'il dégoûte celui qui en ufe. Enfin, dans les fujets neutres, s'il eft permis d'appeller ainfi ceux qui n'ont pour le *lait*, ni penchant, ni dégoût, & qui n'y font point accoutumés, on n'a d'autre reffource que le tâtonnement.

2°. La faifon de l'année; on choifit, lorfque les circonftances le permettent, le printems & l'automne; quand la néceffité eft urgente, on le donne en tout tems.

3°. L'heure dans la journée. Si on n'en prend qu'une fois par jour, c'eft le matin à jeun, ou le foir en fe couchant, trois heures au moins après le fouper. S'il s'agit de la diete laitée, ou de la boiffon du *lait* en guife de ptifane dans la toux par exemple, ou dans certaines maladies aiguës, la queftion n'a plus lieu. Dans le premier cas, on le prend à l'heure des repas, & dans le fecond, à toutes les heures de la journée.

4°. Faut-il préparer le fujet au moins par une médecine? Cette pratique eft falutaire dans la plupart des cas; mais certainement on en fait au lait trop univerfelle.

5°. Quel régime doivent obferver ceux qui prennent le lait? Il y a ici une diftinction effentielle à faire favoir entre le *lait* donné pour toute nourriture, ou à peuprès; & le *lait* pris pendant l'ufage, *fub ufu*, des alimens communs. Dans les premiers cas, la premiere eft de régime, c'eft-à-dire la privation de tout aliment ou boiffon qui pourroit corrompre le *lait*, eft comprife dans la prefcription même de cet aliment médicamenteux, puifqu'on le prend pour toute nourriture, c'eft-à-dire pour tout aliment & pour toute boiffon. Cependant comme cet ufage eft moins févere que ne l'annonce la valeur de ces mots *pour toute nourriture*, on accorde communément avec le *lait*, comme nous l'avons dit plus haut, les farineux fermentés & non fermentés, & on fupprime tout autre aliment.

Une taffe de *lait* pur ou coupé, d'environ fix onces le matin, une foupe faite avec deux ou trois petites tranches de pain, & environ dix ou douze onces de *lait* à midi, un riz clair avec pareille quantité de *lait* à fept heures du foir, & une taffe de *lait* pareille à celle du matin, le foir en fe couchant; cette maniere de vivre, dis-je, fait une diete lactée très-pleine, & capable de foutenir les forces & l'embonpoint.

point. Une diete lactée purement suffisante pour vivre, peut ne consister qu'en trois petites tasses à caffé de *lait* par jour.

On interdit à ceux qui usent en même tems du *lait*, & les alimens communs, tout ce qui peut cailler le *lait*, & principalement les acides. En général cette pratique est bonne, mais non pas autant qu'on le croit, ni par la raison qui le fait croire; car il est de fait que le *lait* est caillé, même dans l'estomac le plus sain avant d'être digéré; qu'il subit dans l'état sain une vraie digestion, à la maniere des alimens solides; par conséquent les acides ne nuisent pas en le coagulant. D'ailleurs ils ne nuisent pas aussi généralement qu'on le croit; & peut-être sont-ils utiles au contraire dans certains cas; dans celui du défaut de la présure naturelle, à laquelle ils peuvent suppléer utilement. On a vu plusieurs personnes ne digérer jamais mieux le *lait*, que lorsqu'elles prenoient ensuite des acides. Une femme m'a assuré qu'elle ne pouvoit souffrir le *lait* que coupé avec la limonade; j'ai entendu dire que ce mélange étoit communément usité en Italie. Quoi qu'il en soit, il est clair que la sobriété est plus nécessaire à ceux qui prennent le *lait*, que la privation de tel ou tel aliment. Cependant si ce doit être là la premiere loi diététique, la seconde chez les gens vraiment malades, doit être d'éviter autant qu'il est possible les crudités, sur-tout les fruits verds, les alimens éminemment indigestes.

Une regle commune à la diete lactée, & à l'usage non-exclusif du *lait*, c'est que ceux qui en usent, soient très-circonspects, très-sobres sur l'usage de la veille, des exercices, de l'acte vénérien, des passions; & qu'ils évitent l'air humide & froid, & le chaud excessif.

6°. Quels sont les effets du *lait* évidemment mauvais, & qui doivent engager à en suspendre, & même à en abandonner absolument l'usage. Nous avons déja répondu en partie à cette question, lorsque nous avons rapporté les accidens divers qui suivent assez souvent l'usage du *lait*. Car, quoique nous ayons observé qu'il arrivoit quelquefois qu'en bravant ces accidens, & s'obstinant dans l'emploi du *lait*, on réussissoit à le faire passer; quoique nous ayons remarqué aussi que les malades ne se trouvoient pas mieux, quoiqu'on eût éloigné par la suppression du *lait* les accidens qui étoient évidemment dûs à l'usage de ce remede; cependant ce n'est pas là la loi commune; & en général lorsque le *lait* donne des nausées, des gonflemens, des vents, des pertés d'appétit, des diarrhées, des sueurs, des maux de tête, la fievre, ou seulement une partie de ces accidens, il faut en suspendre, ou en supprimer absolument l'usage.

Nous avons déja observé que la coagulation du *lait* dans l'estomac, n'étoit point un mal; par conséquent ce n'est pas une raison pour quitter le *lait*, que d'en vomir une partie sous la forme d'un caillé blanc & peu dense.

Mais lorsque pendant l'usage du *lait*, les gros excrémens sont mêlés d'une matiere coagulée dense, de la nature du fromage, blanchâtre, verte ou jaune, & qu'en même tems les hypocondres sont gonflés, & que le malade se sent lourd, bouilli, foible, & qu'il n'a point d'appétit, &c. alors, dis-je, il faut quitter le *lait*. Ce genre d'altération ne se corrige ni par les remedes, ni par le tems; l'espece d'engorgement sans irritation, *iners*, qu'il cause dans l'estomac & dans les intestins, augmente chaque jour, & élude si bien la force *expultrice* de ces organes, qu'on a vu des malades rendre abondamment de ces concrétions fromageuses six mois après avoir quitté le *lait*; or ces embourbemens sont toujours funestes.

La constipation opiniâtre, c'est-à-dire qui ne cede point aux remedes ordinaires que nous allons indiquer dans un instant, est aussi une raison pour quitter le lait; sur-tout chez les vaporeux des deux sexes; ou si elles donnent des vapeurs à ceux même qui n'y étoient pas sujets, ce qui est une suite très-ordinaire de la constipation.

Enfin le dégoût du *lait*, sur-tout lorsqu'il est considérable, est une indication certaine & évidente d'en interdire, ou au moins d'en suspendre l'usage.

7°. Quels sont les remedes de ces divers accidens causés par le *lait*, soit qu'ils exigent qu'on en suspende l'usage, soit qu'on se propose d'y remédier, afin de continuer le *lait* avec moins d'inconvénient.

Lorsqu'on se détermine à renoncer au *lait*, il est presque toujours utile de purger le malade; & c'est même l'unique remede direct à employer dans ce cas. Les autres remedes destinés à réparer le mal causé dans les premieres voies, doivent être réglés non-seulement sur cette vûe, mais même sur la considération de l'état général du malade.

La constipation causée par le *lait* n'est pas vaincue communément par les lavemens; ils ne font que faire rendre quelques crotins blancs; & il arrive souvent même que la constipation augmente. La magnésie blanche, & la casse cuite qui sont fort usitées dans ce cas ne réussissent pas toujours; le suc d'herbe de violete, de mauve & de cerfeuil, mêlés en parties égales, ajoutés à pareille quantité d'eau de veau ou de poulet, & pris à la dose de quelques cuillerées seulement dans la matinée, font à merveille dans ces sujets délicats, dont nous avons parlé déja: or c'est à ceux-la principalement, comme nous l'avons observé encore, que convient la diete lactée; & c'est eux aussi que tourmentent particulierement les constipations & les bouffées portant à la tête & à la poitrine, qui sont les suites les plus fâcheuses de la constipation.

On remédie communément d'avance autant qu'il est possible, aux autres mauvais effets du *lait*, par les diverses circonstances de sa préparation, que nous allons exposer sur le champ.

On donne le *lait* pur & chaud sortant du pis, ou bouilli ou froid; on le mêle ou on le coupe avec différentes liqueurs, avec de l'eau pure (ce qui fait le mélange appellé par les Grecs ὑδρογαλα), avec des décoctions des semences farineuses, principalement de l'orge, avec les sucs, infusions ou décoctions de plusieurs plantes vulnéraires, astringentes, adoucissantes, antiscorbutiques, sudorifiques, &c. telles que le suc ou la décoction de plantain, l'infusion de millepertuis, de violette, de bouillon-blanc, le suc de cresson, la décoction d'esquine, &c. avec des bouillons & des *brouets*; tels que le bouillon commun de bœuf ou de mouton; l'eau de veau, l'eau de poulet, &c. avec les liqueurs fermentées mêlées, comme le vin & la bierre, avec les eaux minérales, &c. On l'assaisonne avec le sucre, le sel, le miel, divers syrops, les absorbans, le fer rouillé & rougi au feu, & étient dedans, &c. On l'employe communément assaisonnement lui-même dans les crèmes de riz, de gruau, d'orge mondé, avec les pâtes d'Italie, le sagou, &c. On le donne entier, ou privé de l'un de ses principes, d'une partie du beurre, par exemple, ce qui fait le *lait* écrémé, ou de plusieurs de ses principes, du beurre & du fromage, par exemple; ce qui fait le petit *lait*, dont nous ferons un petit article à part, à la suite de celui-ci. Le beurre & le fromage, soit confondus ensemble, soit séparés, ne font pas mis communément au rang des laitages considérés médicinalement: nous en avons fait des articles particuliers. *Voyez ces articles*.

Le *lait* pur demande la trop grande habitude pour bien passer. La circonstance d'être pris chaud, froid, au sortir du pis, bouilli, &c. est souvent si essentielle que tel estomac exige constamment l'un de ces états, à l'exclusion de tous les autres ; mais elle est entierement dépendante d'une disposition inconnue , & aussi bisarre que tout ce qui regarde le goût. Le *lait* coupé avec l'eau ou les décoctions farineuses , passe beaucoup plus aisément, & ce mélange ne remplit que l'indication simple qui fait employer le *lait* ; les sucs, décoctions, infusions vulnéraires , sudorifiques, &c. mêlés avec le *lait*, remplissent des indications composées. On ordonne par exemple , le *lait* coupé avec le suc ou la décoction de plantain, dans les pertes de sang , pour adoucir par le *lait* , & resserrer par le plantain, &c. Les mélanges peu communs de bouillon, & de liqueurs vineuses avec le *lait* sont plus nourrissans & plus fortifians que le *lait* pur. Le dernier est même une espece de stomachique cordial chez certains sujets singuliers, indéfinis , indéfinissables, qu'on ne découvre que par instinct ou par tatonnement. Le *lait* assaisonné de sucre, de sel , de poudre absorbante, &c. est utilement préservé par ces additions, des différentes altérations auxquelles il est sujet. Il est sur-tout utile de le ferrer , pour prévenir ou pour arrêter le devoyement. Les farineux mêlés au *lait* l'empêchent aussi de jouir de tous ses droits , d'être autant *sui juris* ; il est au contraire entraîné dans la digestion propre à ces substances , beaucoup plus *appropriées* que le *lait* à nos organes digestifs, & même éminemment digestibles pour ainsi dire ; mais aussi l'effet médicamenteux du *lait* est moindre dans la même proportion. Enfin le *lait* écrémé passe plus communément que le *lait* entier ; il est moins sujet à fatiguer l'estomac.

Choix du lait. On doit prendre le lait d'un jeune animal, bien soigné, nourri habituellement à la campagne , & dans de bons paturages autant qu'il est possible, ou du moins dans une étable bien aérée, & pourvûe de bonne litiere fraîche, abondante, & souvent renouvellée. Les vaches qu'on entretient dans les fauxbourgs de Paris pour fournir du *lait* à la ville, ne jouissent certainement d'aucun de ces avantages, & sur-tout de celui d'une étable bien saine , & d'une litiere fraîche, choses très-essentielles pourtant à la santé de l'animal, & par conséquent à la bonne qualité du *lait*. Le *lait* est meilleur quelques semaines après que la bête qui le fournit a mis bas , & tant qu'elle en donne abondamment, que dans les premiers jours , & lorsqu'il commence à être moins abondant. On doit rejetter celui d'une bête pleine, ou qui est en chaleur: on doit choisir le *lait* aussi frais & aussi pur qu'il est possible. On en vend assez communément à Paris qui est fourré d'eau & de farine, & qui d'ailleurs est fort peu récent. Il importe beaucoup encore de le loger dans des vaisseaux propres , & qui ne puissent lui communiquer aucune qualité nuisible. Il s'en faut bien que les cruches de cuivre dans lesquelles on le porte ordinairement à Paris, soient des vaisseaux convenables à cet usage. Un reste de *lait* oublié dans ces cruches , est, par sa pente à aigrir , beaucoup plus propre que la plupart des liqueurs qu'on loge dans le cuivre , à y former du verd-de-gris, qui communique très-aisément sa qualité malfaisante au *lait* qu'on y met ensuite. Les exemples de familles entieres empoisonnées par pareil *lait*, ne sont pas rares à Paris. On prétend enfin qu'il est utile pendant l'usage suivi & continu du *lait*, de prendre constamment celui d'une même vache ou d'une même chevre. En effet, il se trouve des estomacs dont la sensibilité est si exquise, qu'ils distinguent très-bien les *laits* tirés de diverses individus , & qui n'en peuvent supporter l'alternative ou le mélange. C'est encore ici une disposition d'organes particuliere aux victimes du luxe. Les estomacs vulgaires n'y regardent pas de si près ; il est très-avantageux pour les premiers , & c'est aussi un usage reçu chez les grands , de prendre une vache ou une chevre à soi.

Usage extérieur du lait. On emploie assez communément le *lait* comme émollient, calmant , adoucissant dans plusieurs affections externes, principalement quand elles sont accompagnées de douleurs vives. On en verse quelques gouttes dans les yeux contre l'ophtalmie ; on bassine les hémorrhoïdes très-douloureuses avec du *lait* chaud ; on le donne en lavement dans les dyssenteries ; on le fait entrer dans les bouillies, les cataplasmes, &c. qu'on applique sur des tumeurs inflammatoires , &c. Cet emploi ne mérite aucune considération particuliere ; on peut avancer qu'en général il réussit assez bien dans ces cas.

2°. *Du lait d'ânesse*, c'est-a-dire , *des usages medicinaux du lait d'ânesse*. Ce que nous avons dit de la composition naturelle du *lait* d'ânesse, annonce déja ses propriétés medicinales. On peut en déduire , avec beaucoup de vraissemblance, que ce *lait* possede en un degré supérieur toutes les vertus du *lait*, sans faire appréhender ses principaux inconvéniens. En effet, c'est par le principe caséeux & par le principe butyreux que le *lait* est principalement capable de produire tous les accidents qu'on lui reproche. C'est par la facilité avec laquelle ces principes se séparent & s'alterent diversement dans le *lait* de vache , par exemple , que ce *lait* est sujet à produire les mauvais effets que nous avons détaillés plus haut. Or le *lait* d'ânesse contient fort peu de ces principes. Une expérience ancienne & constante vient à l'appui de ce raisonnement. Hippocrate a compté parmi les bonnes qualités du *lait* d'ânesse, celle de passer plus facilement par les selles que les autres especes de *lait*, de lâcher doucement le ventre. Sur quoi il faut observer que cet effet appartient au *lait* d'ânesse inaltéré ; au lieu que le *lait* de vache , par exemple, ne devient laxatif que lorsqu'il a essuyé une vraie corruption. Aussi un leger dévoiement , ou du-moins une ou deux selles liquides, quelques heures après l'usage du *lait* d'ânesse , sont ordinairement un bien, un signe que le remede réussit, & ces selles sont sans douleur & sans ventosités : au lieu que le dévoiement , même égal pour l'abondance & la fréquence des selles , est presque toujours de mauvais augure pendant l'usage du *lait* de vache ou de chevre, & les déjections sont ordinairement flatueuses & accompagnées de quelques tranchées. Au reste, il faut observer qu'il ne s'agit point ici du dévoiement qu'on peut appeller *in extremis*, c'est-à-dire , de celui par lequel finissent communément les malades qui succombent à plusieurs des maladies pour lesquelles on donne du *lait*, & à peu-près démontré, comme nous l'avons remarqué plus haut, que cet accident appartient à la marche de la maladie, & non pas au *lait*, ou à tel *lait*.

La quantité très-considérable de substance sucrée que contient le *lait* d'ânesse le rend aussi très-nourrissant. Cette substance est dans le *lait* la matiere nutritive par excellence ; la substance caséeuse ne mérite que le second rang, & le beurre n'est point nourrissant, du-moins le beurre pur. C'est par conséquent un préjugé, une erreur, que d'imaginer , comme on le fait assez généralement, que le *lait* le plus épais est le plus nourrissant, car c'est le plus butyreux qui est le plus épais ; & le *lait* très-clair , comme celui d'ânesse, peut être éminemment sucré, comment il l'est en effet. C'est manifestement cette opinion qui a empêché d'essayer l'usage du *lait* d'ânesse pour toute nouriture, ou du-moins cet usage de prendre, si tant est que quelqu'un l'ait essayé. Or je crois que cette pratique pourroit devenir, très-salutaire.

Selon la méthode ordinaire, le *lait* d'ânesse se donne seulement une fois par jour, à la dose de huit onces jusqu'à une livre. On le prend ou le matin à jeun, ou le foir en fe couchant, & quant au degré de chaleur, tel qu'on vient de le traire. Pour cela, on amene l'âneffe à côté du lit, ou à la porte de la chambre du malade, où on la trait dans un vaiffeau de verre à ouverture un peu étroite, plongé dans de l'eau tiede, & qu'on tient dans cette efpece de bain-marie jufqu'à ce qu'on la préfente au malade. On y ajoute quelquefois un morceau de fucre, mais cet affaifonnement eft affez inutile, le *lait* d'âneffe étant naturellement très-doux.

On donne le *lait* d'âneffe contre toutes les maladies dans lefquelles on emploie auffi le *lait* de vache, &c. & que nous avons énoncées, en parlant de cette autre efpece de lait. Mais on préfere le *lait* d'âneffe dans les cas particuliers où l'on craint les accidens propres du *lait* que nous avons auffi rapportés; & principalement lorfque les fujets étant très-foibles, ces accidens deviendroient néceffairement funeftes, c'eft-à-dire, que le *lait* d'âneffe eft dans la plûpart de ces maladies, & fur-tout dans les maladies chroniques de la poitrine, un remede extrème, une derniere reffource, *facra anchora*; que par cette raifon, on voit très-rarement réuffir, du moins guérir. Mais quand il eft employé de bonne heure, ou contre ces maladies lorfqu'elles font encore à un degré curable, il fait affez communément des merveilles. Il eft admirable, par exemple, dans les toux féches vraiment pectorales, dans les menaces de jauniffe, ou les jauniffes commençantes, dans prefque toutes les affections des voies urinaires, dans les fenfibilités d'entrailles, les difpofitions aux ophtalmies appellées *bilieufes* ou *féches*, les fleurs blanches.

On prend le *lait* d'âneffe principalement au printems & en automne. On a coutume, & on fait bien, de mettre en pâture l'âneffe qui fournit le *lait*, ou de la nourrir, autant qu'il eft poffible, de fourrage vert, fur-tout d'herbe prefque mûre de froment ou d'orge; on lui donne auffi du grain, fur-tout de l'orge. On doit encore la bien étriller plufieurs fois par jour, lui fournir de la bonne litiere, &c.

3°. *Du lait de femme, ou des ufages medicinaux du lait de femme.* Le *lait* de femme peut être confidéré medicinalement fous deux afpects; ou comme fourniffant la nourriture ordinaire, propre, naturelle des enfans; ou comme un aliment médicamenteux ordonné aux adultes dans certains cas. Nous ne le confidérerons ici que fous le dernier afpect. Quant au premier, *voyez* ENFANT & NOURRICE.

Le *lait* de femme, confidéré comme remede, a été célébré, dès l'enfance de l'art, comme le premier de tous les *laits*, principalement dans les maraſmes, *in tabidis*, celui qui étoit le plus falutaire, le plus approprié à la nature de l'homme. Les livres, les théories, tirent un merveilleux parti de cette confidération. Quoique les raifonnemens ne fe foient pas diffimulés cette obfervation défavorable, favoir que ce *lait* provenant d'un animal carnivore, eft fujet à rancir que celui des animaux qui fe nourriffent uniquement de végétaux. Mais la pratique, l'expérience, le mettent au dernier rang au contraire; ne fût-ce que parce qu'il eft le moins ufité, & que le plus grand nombre de Medecins ne l'ont point effayé. D'ailleurs le raifonnement a dit encore que pour l'appliquer convenablement & avec efpoir de fuccès, il falloit ne le donner qu'à des fujets qui approchaffent beaucoup de la nature des enfans, & qui vecuffent comme les enfans, non feulement quant à l'exercice, aux mouvemens du corps, mais encore quant aux paffions, aux affections de l'ame. Or il eft très-rare de rencontrer ces conditions chez les adultes.

Quant à la circonftance de faire teter le malade, & de lui faire ainfi avaler un *lait* animé d'un prétendu efprit vivifiant, que Galien lui-même a célébré; outre que le malade pourroit auffi-bien teter une vache ou une âneffe qu'une femme; d'ailleurs l'efprit du *lait*, & fa diffipation par la moindre communication avec l'air, ne font certainement pas des chofes démontrées. Au refte, c'eft cependant là un remede & une maniere de l'adminiftrer qu'il paroit fort utile de tenter.

Nous ne penfons certainement pas auffi avantageufement de la méthode de faire coucher de jeunes hommes abfolument exténués, réduits au dernier degré d'étifie, *tabe confumptis*, avec des jeunes nourrices, jolies, fraiches, proprettes, afin que le pauvre moribond puiffe teter à fon aife, tant que la nourrice y peut fournir. Foreftius étale envain l'obfervation fameufe d'un jeune homme arraché des bras de la mort par ce fingulier remede; & plus vainement encore, à mon avis, un très-célebre auteur moderne prétend-il qu'une émanation très-fubtile qui s'échappe du corps jeune & vigoureux de la nourrice, venant à s'infinuer dans le corps très-foible du malade (*fubtiliffima exhalantia è valido juvenili corpore infinuata debiliffimis*, &c.) doit le ranimer très-efficacement. L'exemple de David, dont on réchauffoit la vieilleffe par ce moyen, que cet écrivain allegue, ne conclut rien en faveur de fon opinion: car, 1°. il n'eft pas rapporté que cette pratique ait été fuivie de quelque fuccès. 2°. Quand bien même ce feroit là une bonne recette contre les glaces de l'extrème vieilleffe, il paroit que la maniere d'opérer de ce fecours feroit fort mal eftimée par l'infinuation des *tenuiffima exhalantia è valido juvenili corpore, in effætum fenile*, &c. Il nous paroit donc évident fur tout ceci, d'abord que les *tenuiffima exhalantia*, c'eft-à-dire la tranfpiration, ne fait abfolument rien ici. En fecond lieu, que fi des jeunes gens réduits au dernier degré de maraſme, pouvoient en être retirés en couchant habituellement avec des jeunes & belles nourrices, cette révolution falutaire feroit vraiffemblablement dûe (fi l'nfage de *lait* de femme ne l'opéroit pas toute entiere) à l'appétit vénérien conftamment excité, & jamais éteint par la jouiffance, qui agiroit comme un puiffant cordial, ou comme un irritant extérieur, les véficatoires ou la flagellation. Enfin, que quand même la religion permettroit d'avoir recours à un pareil moyen, ce feroit toujours une reffource très-équivoque, parce que l'efpece de fievre, d'ardeur, de convulfion continuelle dans laquelle je jetterois mon malade, état dont il eft en effet très-fufceptible, & même éminemment fufceptible, felon une obfervation très-connue; que cet état, dis-je, paroit plus capable de hâter la mort que de la prévenir, encore qu'on fût fûr que le malade ne confommeroit point l'acte vénérien, à plus forte raifon s'il le confommoit; car il eft très-connu que cette erreur de régime eft mortelle aux étiques, & que plufieurs font morts dans l'acte même.

Du petit-lait. Nous avons déja donné une idée de la nature du *petit-lait* au commencement de cet article. Nous avons obfervé auffi que le *petit-lait* étoit différent, felon qu'on le féparoit par l'altération fpontanée du *lait*, ou bien par la coagulation. Celui qui eft féparé par le premier moyen eft connu dans les campagnes, comme nous l'avons déja rapporté auffi fous le nom de *lait de beurre*. Il eft aigrelet; car c'eft dans fon fein que réfide l'unique fubftance qui s'eft aigrie pendant la décompofition fpontanée du *lait*: il eft fort peu ufité en Medecine; on pourroit cependant l'employer avec fuccès, comme on l'employe en effet dans les pays où les laitages font très-abondans, dans les cas où une boiffon aqueufe & légerement acide eft indiquée. Le nom de *petit-lait* acidule lui convient beaucoup mieux qu'à celui que M. Cartheufer a défigné par ce nom dans fa Pharmacologie, & qui n'eft autre chofe que le *petit-lait*, séparé du *lait* coagulé par les acides. Car on peut bien par ce moyen même obtenir un *petit-lait* très-doux : il n'y a pour cela qu'à être circonspect sur la proportion de l'acide employé ; & M. Cartheuser n'exige pas qu'on employe l'acide en une quantité surabondante. En un mot, le *serum lactis acidulum* de M. Cartheuser est du *petit-lait* ordinaire, dont nous allons nous occuper sur le champ.

Celui-ci, c'est-à-dire le *petit-lait* ordinaire, qu'on pourroit aussi appeller *doux*, en le comparant au précédent, au *lait* de beurre, est celui qu'on sépare du *lait* coagulé par la pressure ordinaire, ou même, quoique beaucoup moins usuellement, par des acides végétaux. La coagulation du *lait*, pour la préparation pharmaceutique du *petit-lait*, & la séparation de cette derniere liqueur d'avec le caillé, n'ont rien de particulier. On s'y prend dans les Pharmacies comme dans les Laiteries. *Voyez* LAIT, *Economie rustiq.* L'opération vraiment pharmaceutique qu'on exécute sur le petit *lait*, c'est la clarification. Voici cette opération : prenez du *petit-lait* récent, qui est naturellement très-trouble ; ajoutez-y à froid un blanc d'œuf sur chaque livre de liqueur ; mêlez exactement en fouettant ; faites bouillir, & jettez dans la liqueur pendant l'ébullition, environ 18 ou 20 grains de crème de tartre ; passez au blanchet & ensuite au papier à filtrer.

Quoique ce soit principalement la faveur & l'élégance du remede, le *jucundé* qu'on a en vûe dans cette clarification, il faut convenir aussi que les parties fromageuses & butireuses qui sont suspendues dans le *petit-lait* trouble, non-seulement rendent ce remede dégoûtant, & souvent trop laxatif, mais même peuvent le disposer à engendrer dans les premieres voies, ces concrétions butyreuses & fromageuses que nous avons comptées parmi les mauvais effets du *lait*. Il faut convenir encore que c'est vraissemblablement une pratique très-mal entendue que l'usage constant de donner toujours le *petit-lait* le mieux clarifié qu'il est possible. Car quoiqu'il n'en faille pas croire M. Quincy, qui assure dans sa Pharmacopée, que le *petit-lait* ainsi clarifié, n'est qu'un pur phlegme, qui n'est bon à rien ; il est indubitable cependant qu'il est des cas où une liqueur, pour ainsi dire moins seche, plus muqueuse, plus grasse que le *petit-lait* très-clarifié, est plus indiquée que le *petit-lait* clair comme de l'eau. Au reste, ces *petits-laits* ne différeroient entr'eux que par des nuances d'activité ; & je ne voudrois pas qu'on admît dans l'usage l'extrême opposé au très-clair, c'est-à-dire le *petit-lait* brut très-trouble, tel qu'il se sépare du caillé.

Il est une troisieme espece de *petit-lait*, qui doit peut-être tenir lieu de ce dernier, du *petit-lait* éminemment gras ; savoir, celui qui est connu sous le nom de *petit-lait* d'Hoffman, & que M. Cartheuser appelle *petit-lait doux*, *serum lactis dulce*. Voici comment Frédérick Hoffman en expose la préparation dans sa dissertation *de saluberrima seri lactis virtute*. Il prend du *lait* sortant du pis ; il le fait évaporer au feu nud dans un vaisseau d'étain (il vaut beaucoup mieux exécuter cette évaporation au bain-marie) jusqu'à ce qu'il obtienne un résidu qui se présente sous la forme d'une poudre jaunâtre & grumelée. Alors il jette sur ce résidu autant d'eau qu'il s'en est dissipé par l'évoparation ; il donne quelques bouillons, & il filtre. L'auteur prétend, avec raison, que cette liqueur, qui est son *petit-lait* (& qu'il appelle *eau de lait* par décoction, ou *petit-lait artificiel*), a bien des qualités au-dessus du *petit-lait* ordinaire, du moins s'il est vrai que le *petit-lait* soit d'autant meilleur, que la substance muqueuse qu'il contient, est plus grasse, plus savoneuse : car il est très-vrai que les substances salines & sucrées quelconques,

se chargent facilement des matieres oléagineuses ; lorsqu'elles ont avec ces matieres une communication pareille à celle que la matiere sucrée du *petit-lait* a, dans la méthode d'Hoffman, avec la matiere butyreuse.

Ce caractere, qui distingue le *petit-lait* d'Hoffman d'avec le *petit-lait* ordinaire, n'a cependant rien d'absolu : il ne peut constituer qu'une variété dans le degré d'action, & même une variété peu considérable.

Une livre de *petit-lait* (apparemment de vache) fournie par une livre & demie de *lait* entier, filtrée, évaporée au bain-marie, & rapprochée autant qu'il est possible, & cependant imparfaitement, a donné à M. Geoffroi une once un gros & trois grains de matiere concrete, c'est-à dire 60 ou 72 grains de matiere sucrée. La différence prodigieuse de ces deux produits ne paroit pas pouvoir être raisonnablement déduite de ce que M. Geoffroi a desseché sa matiere au bain-marie, & qu'Hoffman a employé la chaleur d'un bain de sable. On ne peut cependant avoir recours qu'à cette cause, ou à la différence individuelle des *laits* que chacun de ces chimistes a traités, ou enfin à l'inexactitude de l'un d'eux, ou de tous les deux : car il ne faut pas soupçonner que la matiere concrescible du *petit-lait* ayant été une fois desséchée, soit devenue moins soluble qu'elle ne l'étoit auparavant, & que le beurre & le fromage avec lesquels elle a été intimément intremêlée dans cette dessication, la défendent contre l'action de l'eau. Le sucre de *lait* est une substance trop soluble pour le menstrue aqueux, pour qu'on puisse former raisonnablement cette conjecture.

Vertus ou usages medicinaux du petit-lait. Presque tous les auteurs, sur-tout les anciens, que Fréd. Hoffman a imités en cela, recommandent par préférence le *petit-lait* de chevre. On se sert en France principalement du *petit-lait* de vache, excepté dans les cantons où le *lait* de chevre est plus commun que celui de vache. A Paris, où cette raison de commodité n'est pas un titre de préférence, on distingue ces deux *petits-laits* dans l'usage, & beaucoup de medecins assurent qu'ils different réellement en vertu, & même que les Apoticaires observent qu'ils présentent des phénomenes différens dans la coagulation & dans la clarification.

Nous croyons cependant pouvoir regarder ces différences d'action médicamenteuse, comme méritant d'être constatées par de nouvelles observations, ou comme peu considérables. D'après ce sentiment nous ne parlerons que des vertus communes à l'un & à l'autre *petit-lait*. Au reste, comme on ne prepare ordinairement que ces deux especes, ce que nous dirons du *petit-lait* en général ne sera censé convenir qu'à celles-là.

La vertu la plus évidente du *petit-lait* est d'être un laxatif doux & assez sûr, peut-être le premier ou le plus réel des eccoprotiques. Il pousse aussi assez communément par les urines. On le donne pour exciter l'une ou l'autre de ces deux évacuations, ou seul, ou chargé de substances purgatives ou diurétiques. Plusieurs auteurs le proposent même comme un bon excipient des purgatifs les plus forts, dont ils croyent que le *petit-lait* opere une véritable correction ; mais ce mélange est assez chimérique dans cette vûe.

Il n'y a point d'inconvénient de mêler le *petit-lait* aux remedes usuels, tels que les tamarins, les sucs acidules des fruits, &c. Le *petit-lait* n'est point, comme le *lait*, altéré par ces substances ; au contraire, leur mélange avec le *petit-lait* peut être agréable & salutaire toutes les fois qu'on se propose de rafraîchir & de relâcher. Une légere limonade préparée avec le *petit-lait* au lieu de l'eau, doit mériter la préférence sur la limonade commune dans les ardeurs d'entrailles & des voies urinaires, avec menace d'inflammation, &c. Une décoction de tamarins dans le *petit-lait*, vaut mieux aussi que la décoction de ces fruits dans l'eau commune, lorsqu'on se propose de lâcher le ventre dans les mêmes cas.

Le *petit-lait* est regardé, avec raison, comme le premier des remedes relâchans, humectans & adoucissans. On s'en sert efficacement en cette qualité dans toutes les affections des viscères du bas-ventre qui dépendent de tensions spontanées ou nerveuses, ou d'irritations, par la présence de quelque humeur viciée, ou de quelque poison ou remede trop actif. On le donne par conséquent avec succès dans les maladies hypochondriaques & hystériques, principalement dans les digestions fougueuses, les coliques habituelles d'estomac, manifestement dûes à la tension & à la sécheresse de ce viscere, les flux hémorrhoïdaux irréguliers & douloureux, les jaunisses commençantes & foudaines, le flux hépatiques, les coliques bilieuses, les fleurs blanches, les flux dissentériques, les diarrhées douloureuses, les tenesmes, les superpurgations, &c. Il est regardé aussi comme capable d'étendre sa salutaire influence au-delà des premieres voies, du moins de produire de bons effets dans des maladies qu'on peut regarder comme plus générales que celles dont nous venons de parler. On le donne avec succès dans toutes les fievres aigues, & principalement dans la fievre ardente & dans la fievre maligne.

Il est utile aussi dans tous les cas d'inflammation présente ou imminente des organes particuliers, des parties de la génération ; par exemple, dans les maladies vénériennes inflammatoires, dans l'inflammation d'une partie des intestins, après une blessure ou une opération chirurgicale, dans les ophtalmies exquises, &c.

On peut assurer que dans tous ces cas il est préférable aux émulsions & aux ptisanes mucilagineuses qu'on a coûtume d'employer.

Hoffman remarque (*dans sa dissertation sur le petit-lait*) que les plus habiles auteurs qui ont traité du scorbut, recommandent le *petit-lait* contre cette maladie. M. Lind, auteur bien postérieur à Hoffman, qui a composé un traité du scorbut très-complet, le met aussi au rang des remedes les plus efficaces de ce mal.

Fréd. Hoffman attribue encore au *petit-lait*, d'après Sylvaticus, célebre medecin italien, de grandes vertus contre la manie, certaines menaces de paralysie, l'épilepsie, les cancers des mamelles commençans, &c.

Le *petit-lait* a beaucoup d'analogie avec le *lait* d'ânesse. Hippocrate ordonne presque indifféremment le *lait* d'ânesse ou le *petit-lait* de chevre ; & Fréd. Hoffman, dans la dissertation que nous avons déja citée plusieurs fois, attribue au *petit-lait*, sur l'autorité d'Hippocrate, toutes les vertus que cet auteur attribue au *lait* d'ânesse, lors même qu'il ne propose pas l'alternative de ce remede ou du *petit-lait*.

En général le *petit-lait* doit être donné à grandes doses & continué longtems : il faut prendre garde cependant qu'il n'affadisse point l'estomac, c'est-à-dire qu'il ne fasse point perdre l'appétit & qu'il n'abatte point les forces ; car c'est-là son unique, mais très-grave inconvénient. On voit bien au reste que cette considération ne peut avoir lieu que dans les incommodités & les maladies chroniques ; car dans les cas urgens, tels que les fievres aiguës & les inflammations des viscères, l'appétit & les forces musculaires ne sont pas des facultés que l'on doive se mettre en peine de ménager. Il est encore vrai cependant que dans les fievres aiguës il ne faut pas donner le *petit-lait* dans le cas de foiblesse réelle.

Petit-lait *à l'angloise, ou prépaté avec les vins doux*. Les Anglois préparent communément le *petit-lait* en faisant cailler le *lait* avec le vin d'Espagne ou de Canarie. On nous rapporte même que c'est presque-là l'unique façon dont on prépare ce remede à Londres ; mais nous ne le connoissons en France que sur quelques auteurs exposés assez vagues. Les pharmacopées angloises les plus modernes ne font point mention de cette préparation : il est naturel de conjecturer pourtant qu'elle doit varier beaucoup selon la quantité de vin qu'on y employe. Jusqu'à présent ce remede n'a point été reçu en France ; ainsi nous ne saurions prononcer légitimement sur ses propriétés medicinales, qui ne peuvent être établies que sur des observations. Nous osons avancer pourtant que l'usage de mêler une petite quantité de vin d'Espagne à du *petit-lait* déja préparé, que quelques praticiens de Paris ont tenté avec succès dans les sujets chez qui le *petit-lait* pur avoit besoin d'être aiguisé par quelque substance un peu active ; que cet usage, dis-je, doit paroître préférable à celui du *petit-lait* tiré du *lait* caillé avec le même vin. Car de la premiere façon, la préparation du vin peut se déterminer bien plus exactement ; & il ne seroit pas difficile, si l'on désiroit une analogie plus parfaite avec la méthode angloise, de l'obtenir, en chauffant le vin qu'on voudroit mêler au *petit-lait* jusqu'au degré voisin de l'ébullition, ou même jusqu'à une ébullition légere.

Sel ou sucre de lait. Kempfer rapporte que les Brachmanes ont connu autrefois la maniere de faire le *sucre de lait*; quoi qu'il en soit, Fabricius Bartholetus, médecin italien, est le premier qui ait fait mention, au commencement du siecle dernier, du sel essentiel de *lait*, sous le titre de *manna* ou de *nitre du lait*. Ettmuler en a donné une description qu'il a empruntée de cet auteur. Testi, médecin vénitien, est le second qui, sur la fin du dernier siecle, a trouvé le moyen de retirer ce sel, & il l'a appellé *sucre de lait*.

Ce médecin composoit quatre especes de *sucre de lait*. La premiere étoit très grasse ; la seconde l'étoit moins ; la troisieme ne contenoit presque pas de parties grasses ; la derniere étoit mêlée avec quelques autres médicamens. Ce sel étoit sujet à se rancir comme la graisse des animaux, sur tout lorsqu'on le conservoit dans des vaisseaux fermés, c'est pourquoi l'auteur conseilloit de le laisser exposé à l'air libre.

M. Fickius, en 1710, publia en Allemagne une maniere de faire le sel de *lait*. Enfin on a poussé en Suisse à la perfection la maniere de préparer cette especes de sel ; mais on en a tenu la préparation secrete. M. Cartheuzer en a donné une préparation particuliere, qu'il attribue mal-à-propos à Tessi ; & que l'auteur, dont nous empruntons ce morceau sur le *sucre de lait*, a tentée sans succès.

Il y a en Suisse un chimiste nommé Creusius, qui a une maniere admirable de composer ce sel, mais malheureusement il ne fait part de son secret à personne, ce qui est d'autant plus fâcheux, que celui dont il a la propriété est infiniment plus beau que les autres ; il est plus blanc, plus doux ; il se dissout mieux sur la langue.

En attendant qu'il plaise à M. Creusius de publier son secret *, voici la méthode la meilleure de faire

* Il est très vraissemblab[l]e que ce secret consiste à dégraisser le *sucre de lait*, ou à le raffiner par les mêmes moyens

ce sel que nous propose notre auteur, & qui est celle qu'on pratique dans les Alpes du côté de la Suisse. On prépare dans ce pays deux especes de *sucre de lait* ; l'une est en cristaux , l'autre se vend sous la forme de tablettes. La derniere espece se fait de cette maniere : on écrème le *lait* à l'ordinaire ; on le fait prendre ensuite avec de la présure pour en tirer le *petit-lait* que l'on filtre à travers un linge propre , & que l'on fait évaporer sur un feu lent , en le remuant doucement, jusqu'à ce qu'il soit réduit en consistence de miel. Quand il est épaissi de cette façon on le moule , on lui donne différentes figures & on le fait sécher au soleil ; c'est ce qu'on appelle *sucre de lait en tablettes*.

L'autre espece se tire de la précédente. On fait dissoudre dans de l'eau le *sucre de lait* en tablettes, on le clarifie avec le blanc-d'œuf, on le passe à la chausse, on le fait épaissir par l'évaporation jusqu'à ce qu'il ait la consistence d'un sirop, & on le met reposer pour que la cristallisation se fasse. Les cristaux se trouvent séparés formant des masses cubiques, brillantes & très-blanches ; ils sont attachés aux parties du vase par couches. Si l'on veut encore faire épaissir la liqueur qui reste & la mettre en repos, on en retire de nouveaux cristaux ; on peut répéter ce manuel trois fois. Les premiers cristaux sont d'un blanc éblouissant ; les seconds sont paillés ; les derniers sont d'une couleur brune. En les faisant dissoudre de nouveau dans de l'eau pure , & répétant la clarification, la filtration & la cristallisation, on peut porter les derniers au dégré de blancheur des premiers.

L'auteur prétend que , quoique le *lait* de tous les animaux soit propre à fournir du sel essentiel, cependant celui de la femme est le meilleur, ensuite ceux d'anesse, de chevre & de vache.

Le sel essentiel de *lait* est très-soluble dans l'eau ; mais le différent degré de chaleur de ce menstrue fait varier considérablement la proportion dans laquelle se fait cette dissolution. Une once d'eau bouillante dissout parfaitement sept gros de *sucre de lait* , tandis que la même quantité a bien de la peine à fondre dans une livre d'eau qui n'étoit refroidie que jusqu'au 160 degré du thermomètre de Fareneith.

Quant aux vertus médicinales du *sucre de lait*, notre auteur remarque que s'il convient d'avoir égard aux éloges que Boerhaave & Hoffman ont donnés au *sucre ordinaire*, on doit les accorder à plus forte raison au *sucre de lait*. Le sel essentiel de *lait* produit le même effet que le *petit-lait*, qui n'est que le même remede plus étendu. On peut employer le premier avec avantage pour les estomacs paresseux qui ne sont pas en état de soutenir de longues boissons. Lorsque le *petit-lait* est indiqué pour de pareils sujets , on peut y substituer du *sucre de lait* dissous dans une liqueur convenable à l'état & aux forces du malade. Testi, Aloysius Afabra, & beaucoup d'autres auteurs le croient merveilleux dans les affections goutteuses & rhumatismales ; notre auteur ne croit pas beaucoup à cette propriété que son expérience a constamment démentie. *Extrait d'un écrit de M.* Vullyamoz, *médecin de Lausane, inséré dans le receuil périodique d'observations de médecine,* &c. *pour le mois de Décembre 1756*.

On distribue dans le royaume une espece de placard ou mémoire sur la nature & l'usage du *sucre de lait* de Suisse qui se vend dans plusieurs villes du royaume, & principalement à Lyon. Il est dit dans ce mémoire que ce précieux remede convient fort, lorsqu'on soupçonne d'avoir quelques restes de matiere

qu'on employe à rafiner le sucre ordinaire, c'est-à-dire par l'emploi convenable de la chaux vive & d'une glaise blanche & pure. *Voyez* RAFINERIE *ou* RAFINAGE DU SUCRE *au mot* SUCRE.

vénériens , & qu'il est très-propre pour les enfans qui peuvent avoir apporté cette maladie en naissant, ou qui ont sucé quelques nourrices infectées. Tout médecin raisonnable peut assurer très - positivement au contraire que le *sucre de lait* est un remede impuissant dans l'un & dans l'autre cas.

Tout ce qu'on fait de la nature du *sucre de lait*, c'est que c'est une matiere de la classe des corps muqueux du genre des corps doux, & de l'espece de ces corps qui est caractérisée par la propriété de prendre une forme concrete. Le *sucre de lait* est distingué dans cette division par la moindre pente à subir la fermentation spiritueuse, & par un degré de douceur beaucoup moindre que celle des sucres végétaux avec lesquels il a d'ailleurs beaucoup d'analogie. *Voyez* DOUX, MUQUEUX *&* SUCRE.

Lait distillé. Le *petit - lait distillé* au bain - marie qui a été mis au nombre des médicamens , doit être rejetté dans la classe des eaux distillées parfaitement inutiles. Celle-ci est recommandée principalement comme cosmétique ; mais on peut avancer que la très - petite quantité & l'extrême subtilité des principes propres du *lait* qui s'élevent avec la partie aqueuse dans la distillation, & qui donnent à l'eau de *lait* distillée une odeur de *lait* très-reconnoissable , ne sauroit cependant lui communiquer aucune vertu médicamenteuse. On doit penser la même chose de l'eau de *lait* distillée de limaçons avec le *petit-lait*, qui est décrite dans la plupart des dispensaires sous le nom d'*eau de limaçon*, & d'une autre eau plus composée, connue sous le nom d'*eau de lait aléxitere* : du moins est-il certain que cette eau dont les autres ingrédiens sont de chardon-bénit, la scabieuse , la reine des prés, la mélisse , la menthe & l'angélique , ne doit sa vertu médicinale qu'à la plupart des plantes qui entrent dans sa composition un principe actif & volatil, & plus généralement que l'eau de *lait* aléxitere, est une préparation fort mal-entendue.

Le *petit-lait* entre dans la composition de la confection-hamec, & en est un ingrédient fort ridicule. (*b*)

LAIT VIRGINAL, (*Chimie, Mat. méd.*) les Pharmacopées ont donné ce nom à plusieurs liqueurs rendues laiteuses, c'est-à-dire opaques & blanches, par un précipité blanc & très-léger, formé & suspendu dans leur sein.

Celle de ces liqueurs la plus connue est une teinture de benjoin précipitée par l'eau. Une résine quelconque, dissoute dans l'esprit-de-vin, & précipitée par l'eau, fourniroit un *lait virginal* pareil à celui-ci, qui n'a évidemment dans l'usage que par l'odeur agréable & l'âcreté modérée du benjoin. Le *lait virginal* du benjoin est un remede externe, recommandé contre les taches du visage ; ce cosmétique n'a, dans la plupart de ces cas, qu'un succès fort médiocre. *Voyez* BENJOIN, RÉSINE *&* TEINTURE.

Une autre liqueur fort différente de la précédente, & qui porte le nom de *lait virginal* dans quelques livres classiques, dans la Chimie de Lemery, par exemple, c'est le vinaigre de Saturne précipité par l'eau. Ce remede est vanté contre les dartres, les éruptions érésipélateuses, & presque toutes les maladies de la peau. Son usage mérite quelque considération dans la pratique, à cause de la qualité répercussive. *Voyez* REPERCUSSIF *&* PLOMB. (*b*)

LAIT, *maladies qui dépendent du*, (*Méd. Pathologie.*) nous ne considérons le *lait* dans cet article que comme cause de maladie, comme contribuant à grossir le nombre de celles qui attaquent spécialement cette moitié aimable du genre humain, & qui lui font payer bien cher la beauté, les agrémens & toutes les prérogatives qu'elle a par-dessus l'autre. Les maladies les plus communes excitées par le *lait*, sont *la fievre de lait*, *le lait répandu*, *le caillement de lait* dans les mamelles, & *le poil de lait*. On pourroit encore ajouter aux maladies dont le *lait* est la source, celles qu'il occasionne dans les enfans lorsqu'il est altéré. Ces machines délicates, avides à recevoir les plus légeres impressions, faciles (*cereî*) à s'y plier, se ressentent d'abord des vices de cette liqueur leur seule nourriture, & elles en portent les funestes marques pendant tout le cours d'une vie languissante & maladive; quelquefois ils payent par une mort prompte les dérangemens d'une nourrice infectée ou trop emportée dans ses passions. C'est un fait confirmé par l'expérience de tous les jours, que le *lait* d'une femme en colere fait, dans les petits enfans qui le sucent, l'effet d'un poison actif; & personne n'ignore que l'obstruction des glandes du mésentere, l'atrophie, le rachitis, &c. ne doivent le plus souvent être imputés qu'à un *lait* vicieux, & sur-tout à celui qui est fourni par une nourrice enceinte, qui pour n'être pas privée d'un gain mercenaire, immole cruellement ces innocentes victimes à ses plaisirs & à sa cupidité. Nous ne poursuivrons pas cette matiere, parce qu'elle est traitée plus au long aux articles particuliers des MALADIES *des enfans*; nous nous bornerons ici à l'exposition succinte des maladies produites immédiatement par le *lait* dans les femmes.

Fievre de lait, *febris lactea*. D'abord que la matrice a été débarrassée par l'accouchement de l'enfant qu'elle contenoit, elle se resserre; les humeurs qui s'y étoient ramassées s'écoulent, les sucs nourriciers qui y abordoient, destinés à la nourriture de l'enfant, prennent une autre route; ils se portent aux mamelles, & concourent à y former le vrai lait alimenteux, bien différent de cette humeur tenue & blanchâtre qui y étoit contenue pendant la grossesse, & qui n'avoit rien que de désagréable au goût & de nuisible à l'estomac; les mamelles paroîtront alors gonflées, distendues, raffermies par le *lait* qui en remplit & dilate les vaisseaux. Sa quantité augmente à chaque instant, & si l'enfant en tetant ne vient la diminuer, ou si on ne l'exprime de quelqu'autre façon, les mamelles se tendent, deviennent douloureuses, s'enflamment, le *lait* s'y épaissit, empêche l'abord de celui qui vient après, qui refluë ou doit être séparé dans les vaisseaux sanguins, & y forme une plethore de *lait*. Cette humeur pour lors étrangere dans le sang, trouble, gêne, dérange, & sans doute par-là même anime le mouvement intestin, & y excite la fievre qu'on appelle pour cela *fievre de lait*. Quelques auteurs ont prétendu qu'elle n'étoit qu'une suite du trouble, du désordre & de l'agitation des humeurs, obligées dans ces circonstances à se frayer de nouvelles routes. C'est ainsi qu'Hoffman pense qu'elle est produite par les humeurs qui vont, dit-il, de la matrice aux mamelles, & qui en irritent les nerfs. (*De febrib. symptomat. sect. 11. capit. xiv. tom. II.*) Mais pour faire appercevoir tout le faux & l'inconféquent de cette assertion, il suffit de remarquer, 1°. que cette fievre ne se manifeste que le trois ou quatrieme jour après l'accouchement; 2°. qu'elle ne s'observe bien sensible que chez les personnes qui ne veulent pas allaiter, les femmes qui nourrissent elles-mêmes leurs enfans, en sont presqu'entierement exemptes. Cette fievre n'a aucun symptome particulier que la douleur tensive des mamelles, qui se continue jusques sous les aisselles, au dos & aux épaules; il n'est pas rare de la voir compliquée avec la fievre miliaire. Elle se termine ordinairement en trois ou quatre jours sans accident fâcheux; bien plus, elle sert plus que tout autre remede à dissiper le *lait*, à le faire passer; elle en procure l'évacuation par les sueurs principalement qui sont assez abondantes. Lorsque la suppression des vuidanges se joint à cette maladie, elle en augmente beaucoup le danger; & l'on a tout sujet de craindre une mort prochaine, si l'on observe en même tems pesanteur de tête & tintement d'oreille; si l'oppression est grande, le pouls foible, petit, resserré, &c. Si le délire est considérable, &c. elle est alors une juste punition de la plupart des femmes, qui sous le spécieux prétexte d'une excessive délicatesse, d'une santé peu solide, d'une foible complexion, ou simplement pour éviter les peines attachées à l'état de nourrice, refusent d'allaiter elles-mêmes leurs enfans, se soustrayant par-là à une des lois les plus sacrées de la nature, & confient cet emploi important & périlleux à des nourrices mercenaires, ou domestiques, le plus souvent au grand préjudice des enfans.

Cette fievre n'exige aucun secours, lorsqu'elle est contenue dans les bornes ordinaires; il suffit d'astreindre la nouvelle accouchée à un régime exact; le moindre excès dans le manger peut avoir de très-fâcheux inconvéniens; la diete un peu sévere a outre cela l'avantage réel d'empêcher une abondante secrétion du lait. Il faut avoir soin de tenir toujours les mamelles enveloppées de linges chauds; on peut même les humecter avec les décoctions d'anis, de fenouil, de menthe, de fleurs de sureau, plantes dont l'usage est presque consacré pour favoriser la dissipation du *lait*. Si la fievre miliaire se met de la partie, il faudra recourir aux légers cordiaux & diaphorétiques, quelquefois aux vesicatoires. *Voyez* FIEVRE MILIAIRE. Si le cours des vuidanges est dérangé, diminué ou suspendu totalement, il faut tourner principalement ses vûes de ce côté, & employer les secours propres à remettre cette excrétion dans son état naturel. *Voyez* VUIDANGES.

Lait répandu. Le lait répandu ou épanché ne forme pas une maladie particuliere qui ait ses symptomes propres; il est plutôt la source d'une infinité de maladies différentes, d'autant plus funestes qu'elles restent plus long-tems cachées, & qu'elles tardent plus à se développer: c'est un levain vicieux qui altere sourdement le sang, & imprime aux humeurs un mauvais caractere, qui prépare ainsi de loin, tantôt des ophtalmies, tantôt des ulceres, quelquefois des tumeurs dans différentes parties; chez quelques femmes des attaques de vapeurs, dans d'autres une suite d'indispositions souvent plus fâcheuses que des maladies décidées. Toutes ces maladies, effets du *lait répandu*, sont ordinairement rebelles, & cedent rarement aux remedes usités; c'est aussi une tradition qui se perpétue chez les femmes, que ces fortes d'accidens sont incurables; on voit que cette tradition n'est pas tout-à-fait sans fondement: une des plus grandes causes d'incurabilité, est que dans le traitement on perd de vûe cet objet, on oublie, ou l'on ne fait pas attention que la maladie est produite, ou entretenue par un *lait répandu*; ce qui donne occasion au repompement & à l'épanchement du *lait*, c'est l'inattention & l'imprudence des nourrices, qui étant dans le dessein de ne plus nourrir, négligent tous les secours propres à faire perdre leur *lait*, ou se contentent de quelques applications extérieures, inefficaces, ou trop actives, sans continuer pendant quelque tems de se faire teter, ou d'exprimer elles-mêmes leur *lait* surabondant. La même chose arrive aux nouvelles accouchées qui ne veulent pas allaiter, lorsque la fievre de *lait* est foible & de courte durée, & qu'elle n'est point suppléée par des vuidanges abondantes ou quelqu'autre excrétion augmentée: alors le *lait* repompé dans le sang, se mêle avec lui, & l'altere insensiblement.

Il est plus facile de prévenir les desordres du *lait répandu*, que de les réparer ou de les faire cesser;

ainsi lorsqu'une nourrice veut cesser de l'être, elle doit s'astreindre à une diete médiocre, n'user que d'alimens légers, de peu de suc, prendre quelques purgatifs légers, des lavemens réitérés; les diurétiques conviennent aussi très-bien; la térébenthine jointe à la poudre de cloportes, est celui dont on use le plus familierement, & dont on éprouve le succès le plus prompt & le plus constant. On peut laisser à la femme la liberté & le choix d'applications sur les mamelles, pourvu cependant qu'elles ne soient pas trop astringentes ou emplastiques; il ne faut pas non plus les envelopper & les affaisser sous le poids des linges & des cataplasmes, dans la vûe de les tenir chaudes. Avec ces précautions, ces topiques peuvent être appliqués avec quelque succès, du moins sans inconvénient. Lorsqu'on a négligé ces remedes, ou qu'ils ont été sans effet, que le *lait* répandu a excité quelques maladies, outre les remedes particulierement indiqués dans cette maladie, il faut avoir recours aux diuretiques, aux légers diaphorétiques, aux différens sels neutres, & sur-tout aux eaux minérales dont le succès est presque assuré.

Caillement de lait, poil de lait. Un autre accident assez ordinaire aux femmes qui ne veulent pas nourrir, & aux nourrices qui ne sont pas suffisamment tetées, & qui laissent par-là engorger leurs mamelles, est le caillement de *lait*; il est aussi quelquefois occasionné par des passions d'ames vives, par la colere, par une grande & subite joie, par une terreur, par des applications acides, astringentes sur les mamelles, par un air froid agissant trop immédiatement sur une gorge de nourrice imprudemment découverte, & sur-tout par l'usage trop continué d'alimens gélatineux, austeres, acides, &c. Il est inconcevable avec quelle rapidité les vices des alimens se communiquent au *lait*, & quelle impression ils y font; c'est un fait connu de tout le monde, que le *lait* d'une nourrice devient purgatif lorsqu'elle a pris quelque médicament qui a cette propriété. Olaus Borrichius raconte que le *lait* d'une femme qui fit usage pendant quelques jours d'absinthe, devin d'une amertume insoutenable. Salomon Branner assure avoir vu sortir par une blessure à la mamelle, de la bierre inaltérée qu'on venoit de boire, ce qui doit être un motif pour les nourrices d'éviter avec soin tous les mets trop salés, épicés, les liqueurs ardentes, spiritueuses, aromatiques, &c. & un avertissement aux medecins de ne pas trop les surcharger de remedes. Lorsque par quelqu'une des causes que je viens d'exposer, le *lait* s'est caillé, la mamelle paroît au tact dure, inégale; on sent sous le doigt les grumeaux de *lait* endurci; son excrétion est diminuée, suspendue ou dérangée; la mamelle devient douloureuse, s'enflamme même quelquefois. On appelle proprement *poil de lait*, lorsque le caillement est joint à une espece particuliere de douleur que les femmes savent bien distinguer, & qui est semblable, dit Mauriceau, *liv. III. chap. xvij.* à celle qu'Aristote, *Hist. animal. liv. VII. cap. II.* « assure fabuleusement procéder de » quelque poil avalé par la femme en buvant; le- » quel étant ensuite facilement porté dans la substan- » ce fongueuse des mamelles, y fait une très- » grande douleur qui ne s'appaise pas avant qu'on » ait fait sortir le poil avec le *lait*, soit en pressant » les mamelles, soit en les suçant ».

Si l'on ne remédie pas tout de suite à cet accident, il peut avoir des suites fâcheuses; il occasionne assez ordinairement l'abscès ou apostême des mamelles; quelquefois la tumeur s'endurcit, devient skirrheuse, & dégenere enfin en cancer, comme Fabrice de Hilden dit l'avoir observé, *Observ. chirurg. centur.* 2.

On ne peut remédier à cet accident plus sûrement & plus promptement, qu'en faisant teter fortement la femme; mais comme le *lait* vient difficilement, l'enfant ne sauroit être propre à cet emploi; il faut alors se servir d'une personne robuste qui puisse vuider & tarir entierement les mamelles; il est vrai que la suction entretien la disposition à l'engorgement, & attire de nouvelles humeurs aux mamelles, ce qui est un bien si la femme veut continuer de nourrir, & n'est pas un grand mal si elle est dans un dessein contraire; car il est bien plus facile de dissiper le *lait* fluide & naturel, que de le résoudre & l'évacuer lorsqu'il est grumelé; on peut hâter ou faciliter la résolution de ce *lait*, par les applications résolutives ordinaires; telles sont celles qui sont composées avec les plantes dont nous avons parlé, *fievre de lait*; tels sont aussi les cataplasmes de miel, des quatre farines, & lorsque la douleur est un peu vive, dans le poil, celui qui reçoit dans sa composition le blanc de baleine; les fomentations faites avec la liqueur de saturne animée avec un peu d'eau-de-vie, me paroissent très-appropriées dans ce dernier cas.

LAIT DE LUNE, *lac lunæ*, (*Hist. nat.*) La plûpart des Naturalistes désignent sous ce nom, une terre calcaire, blanche, légere, peu liée, & semblable à la farine; cette substance se trouve presqu'en tout pays; elle ne forme jamais de lits ou de couches suivies dans le sein de la terre; mais on la rencontre dans les fentes des rochers, & adhérente aux parois de quelques cavités souterraines où elle a été déposée par les eaux qui avoient entraîné, lavé, & détrempé cette substance de terre. Quoique cette substance ne differe des autres terres calcaires que par sa blancheur & sa pureté, les auteurs lui ont donné plusieurs noms différens, tels sont ceux d'*agaric minéral*, de *farine fossile*, de *fungus petræus*, de *medulla sanorum*, de *stenomarga*, *lithomarga*, &c. d'où l'on peut voir combien la multiplicité des noms est propre à brouiller les idées de ceux qui veulent connoître le fond des choses.

On dit que le nom de *lait de lune* a été donné à cette substance parce qu'elle blanchit l'eau, & lui fait prendre une couleur de *lait*; cela vient de la finesse de ses parties, qui les rend très-miscibles avec l'eau; elle fait effervescence avec tous les acides, ce qui caractérise sa nature calcaire.

On regarde le *lait de lune* comme un excellent absorbant, qualité qui lui est commune avec les yeux d'écrevisses, la magnésie blanche, & d'autres préparations de la pharmacie, auxquelles il est plus sûr de recourir qu'à une terre, qui quelque pure qu'elle paroisse, peut avoir pourtant contracté des qualités nuisibles dans le sein de la terre. (—)

LAIT, PIERRE DE, *lactea, lapis lacteus*, (*Hist. nat.*) Quelques auteurs donnent ce nom à la même substance calcaire & absorbante que d'autres ont nommée *lait de lune*, *lac luna*, ou *morocłus*. Ce nom lui vient de ce que mise dans l'eau elle la blanchissoit & la rendoit laiteuse. On lui attribuoit plusieurs vertus medecinales. *Voyez* DE BOOT, *lapid. hist.* & *voyez* LAIT DE LUNE.

LAIT DE CHAUX, (*Architect.*) dans l'art de bâtir; c'est de la chaux délayée avec de l'eau, dont on se sert pour blanchir les murs, en latin *albarium opus*, selon Pline.

LAITAGE, s. m. (*Econom. rust.*) il se dit de tous les alimens qui se tirent du lait, du lait même, du beurre, de la crème, du fromage, &c.

LAITANCE ou LAITE, s. f. (*Cuisine.*) c'est la partie des poissons mâles qui contient la semence ou liqueur séminale. Un des Bartholins dit avoir trouvé dans l'asellus, espece de merlan, une *laite* & des œufs.

LAITERIE, s. f. (*Econom. rustiq.*) endroit où l'on

l'on fait le laitage. Il faut qu'il soit voisin de la cuisine, ait un côté frais & non exposé au soleil, voûté s'il se peut, assez spatieux, & sur-tout tenu avec beaucoup de propreté; il faut qu'il y ait des ais, des terrines, des pots de différentes grandeurs, des baquets, des barattes, des claies, des éclisses ou chazerets, des caserons ou cornes, des moules, des cuilleres, des couloires, des cages d'osier, & en confier le soin à une servante entendue & amie de la netteté. *Voyez nos pl. d'Agr. & Econ. rust.*

LAITIER, s. m. (*Métallurg.*) matiere écumeuse qui sort du fourneau où l'on fait fondre la mine. Cette matiere vient non-seulement de la mine, mais encore plus de la castine qu'on met avec la mine, pour en faciliter la fusion; c'est ainsi qu'on met du borax pour fondre l'or, & du salpêtre pour fondre l'argent; comme dans la fonte du fer les *laitiers* emportent toujours des portions de ce métal, les forgerons ont soin de les piler avec une machine faite exprès, qu'on appelle *bocard*, afin d'en tirer le fer qu'ils ont charrié avec eux. *Dict. de Trév. de Chambers*, &c. *Voyez l'article* FORGE. (*D. J.*)

LAITIERE, s. f. (*Econom. rustiq.*) femme qui vend du laitage, de la vache qui donne beaucoup de lait, & même la femme qui est bonne nourrice.

* LAITON, s. m. (*Métallurgie.*) le *laiton* est un alliage d'une certaine quantité de pierre calaminaire, de cuivre de rosette, & de vieux cuivre ou mitraille. *Voyez les articles* CALAMINE, CUIVRE, & ALLIAGE.

Nous allons expliquer la maniere dont on procede à cet alliage : pour cet effet nous diviserons cet article en quatre sections. Dans la premiere, nous parlerons de l'exploitation de la calamine. Dans la seconde, de la préparation & de l'emploi de cette substance. Dans la troisieme, de la fonderie. Dans la quatrieme, des batteries & de la trifilerie.

Nous ignorons si ces travaux s'exécutent par-tout de la même maniere. On peut consulter là-dessus l'ouvrage de Schwendenborg qui a écrit très au long sur le laiton. Nous nous contenterons de détailler ce qui concerne la calamine, d'après les manœuvres en usage dans la montagne de Lembourg ; & ce qui concerne les procédés sur le *laiton*, d'après les usines & les fonderies de Namur.

Sect. I. De l'exploitation de la calamine. On trouve de la pierre calaminaire à trois lieues de Namur; à une demi-lieue de la Meuse, sur la rive gauche, aux environs des petits villages de Landenne, Vilaine, & Haimonet, tous les trois de la même jurisdiction. Haimonet situé sur une hauteur en fournit à une profondeur médiocre ; on n'y emploie par conséquent aucune machine à épuiser ; elle n'est point inférieure en qualité à celle des autres villages ; la mine en est seulement moins abondante. Il en est de même de celle de Terme au Griffe, lieu situé sur une autre montagne, à la rive droite de la Meuse.

L'exploitation de la calamine ne differe pas de celle du charbon-de-terre. *Voyez* CHARBON-DE-TERRE. Elle se fait par des puits qu'on appelle *bures* ; les bures ont d'ouverture depuis douze jusqu'à seize piés en quarré ; on soutient les terres par des assemblages de charpente, & l'on descend jusqu'à ce qu'on rencontre une bonne veine. Là, à mesure que l'on enleve le minerai, on pratique des galeries sous lesquelles on travaille en sureté, par le soin qu'on a de soutenir les terres avec des chassis. A mesure qu'on exploite, on rejette les déblais de la galerie d'où l'on tire, dans les galeries d'où l'on n'a plus rien à tirer ; observant d'enlever les chassis à mesure qu'on fait le remblai. *Voyez les articles* CHASSIS, DÉBLAI, REMBLAI, & BURES.

On commence ordinairement l'ouverture d'une mine par deux bures. L'un sert à l'établissement des pompes à épuisement ; on le tient toûjours plus profond que l'autre qui sert à tirer & à monter le minerai. On en pratique encore de voisins qui servent à donner de l'air, lorsque les galeries s'éloignent trop du grand bure. On appelle ceux-ci *bures d'airage :* quelquefois on partage la profondeur du grand bure en deux espaces ; dans l'un, on établit les pompes ; c'est par l'autre qu'on monte & descend : alors les bures d'airage sont indispensables ; presque tous les grands bures de la calamine sont dans ce dernier cas. Lorsque les eaux abondent & menacent ou incommodent les ouvriers, on approfondit le bure, & l'on y pratique un canal que les gens du pays appellent une *arène*. L'arène part du grand bure, & se conduit en remontant jusqu'à la rencontre de la galerie qu'on veut dessécher. Il y a dans les galeries, qu'on appelle aussi *charges*, d'autres conduits par lesquels les eaux vont se perdre : on nomme ces conduits *égoutoirs* ou *égougeoirs*.

Lorsque nous écrivions ce mémoire, le grand bure avoit en profondeur 43 toises du pays, ou trente-neuf toises un pouce six lignes de France ; il y avoit plusieurs bures d'airage, une plombiere ou fosse d'où l'on exploitoit du plomb ; cette fosse étoit poussée à trente-cinq toises. Le bure de la calamine & la plombiere avoient chacun leurs machines à épuisement ; ces machines étoient composées l'une & l'autre d'une grande roue de 45 piés de diametre ; cette roue étoit enterrée de 19 piés, & contenue entre deux murs de maçonnerie qui la soutenoient à six piés au-dessus de la surface du terrein. Elle étoit garnie au centre d'une manivelle qui faisoit mouvoir des balanciers de renvoi, à l'extrémité desquels étoient les pompes établies dans le bure. C'étoit la machine de Marli simplifiée : des courans dirigés sur ses aubes la mettoient en mouvement ; on ménageoit l'eau par des beufes, comme on le pratique dans les grosses forges. *Voyez cet article*. On avoit encore conduit à mi-roue, par d'autres beufes souterraines, les eaux élevées de la mine. On avoit trouvé par ce moyen, l'art de multiplier les forces dont on a besoin pour accélérer le mouvement de ces grandes machines.

L'observateur qui jettera un œil attentif sur une mine en exploitation, verra des rochers coupés d'un côté, des mines travaillées, des déblais ; de l'autre des remblais, des mines où l'on travaille, des caves ou mines submergées, plusieurs galeries élevées les unes sur les autres, creusant dans un même plan, des sables & autres substances fossiles.

Le terrein produit à sa surface toutes sortes de grains ; les environs des mines dont il s'agit ici, sont couverts de genievre ; les eaux de la mine n'ont aucun goût dominant ; elles sont legeres ; le maître fondeur donne au propriétaire du sol tant par poids de mine exploitée. Lorsque nous y étions, le prix convenu étoit de cinquante-six sols de change, ou de 5 liv. 3 s. 4 d. argent de France, pour 15000 pesant de calamine ; auparavant on donnoit la dixieme charretée.

La calamine est dans ces mines très-poreuse ; calcinée ou non calcinée, l'action de l'air l'altere. Si on la tire d'un magasin sec & qu'on l'expose dehors, elle augmente considérablement de poids : sa couleur est d'un jaune pâle, en tirant quelquefois sur le rouge & le blanc ; elle est souvent melée de mine de plomb. Il y a des mines qui sont d'autant meilleures, que les filons s'enfoncent davantage. Cette loi n'est pas applicable à la calamine : celle que l'on tire à 8 ou 10 toises est aussi parfaite que celle qu'on va chercher à 45 ou 50. La calamine calcinée on devient plus legere ; cette opération lui donne aussi un degré de blancheur ; cependant le feu lui laisse des mouches ou taches noires.

La planche premiere de celles qui ont rapport à cet article, montre la coupe d'une mine de calamine.

Sect. II. De la calcination de la calamine. Pour calciner la calamine, on en fait une pyramide, comme on la voit en A, B, C, *fig.* 2 ; sa base F, G, f, g, est *fig.* 3. partagée en quatre ouvertures, x, x, x, x, d'un pié ou environ de largeur ; ces ouvertures vont aboutir à une cheminée H, ménagée au centre. Cette cheminée regne tout le long de l'axe de la pyramide, & va se terminer à sa pointe A, *fig.* 2 ; la base a 10 à 12 piés de diametre ; elle est formée de bois à brûler, posés sur une couche de paille & de même bois. C'est avec le gros bois élevé à dix-huit pouces, que l'on forme les ouvertures x, x, x, x, & les fondemens de la cheminée. On arrose la derniere couche avec du charbon de bois, & l'on place dans la cheminée deux fagots debout.

Cela fait, on forme un lit de calamine de sept à huit pouces d'épaisseur ; sur ce lit, on en forme un de charbon de bois, mais beaucoup moins épais ; il ne faut pas qu'il couvre entierement la surface du lit de la calamine. Sur ce lit de charbon, on en étend un second de calamine, tout semblable au premier ; sur celui-ci, un lit de charbon, & ainsi de suite, jusqu'à ce que le volume que l'on veut calciner soit épuisé. Il faut observer de ménager à-travers ces lits l'ouverture de la cheminée. On calcine communément quatorze à quinze cent pesant de calamine à-la-fois ; on y employe quatre cordes & demie de bois, & à-peu-près une bonne de charbon, ou une voiture de 25 vaux ou 18 queues, à deux mannes la queue ; ou, pour parler plus exactement, le charbon d'environ six cordes de bois.

La pyramide étant formée, on y met le feu ; il faut veiller à sa conduite : le feu trop poussé, brûle la calamine ou la calcine trop ; pas assez poussé, elle demeure sous forme de minerai. C'est l'habitude d'un travail journalier, qui apprend à l'ouvrier à connoître le vrai point de la calcination. On retire les premiers lits à mesure que le procédé s'avance ; ils ont souffert depuis huit jusqu'à douze heures de feu.

Lorsque la calamine est calcinée & refroidie, on la nettoye, c'est-à-dire qu'on en sépare les pierres & autres substances étrangeres ; on la porte dans un magasin bien sec, d'où on la tire ensuite pour l'écraser & la réduire en poudre.

On voit dans nos Planches, *fig.* 2. une pyramide de calamine en calcination ; *fig.* 3. la base de la pyramyde ; *fig.* 4. de la calamine calcinée ; *fig.* 1, de la calamine apportée de la mine & prête à être mise en pyramide.

On mêle la calamine de la montagne de Lembourg avec celle de Namur ; la premiere s'achete toute calcinée & nettoyée : elle est plus douce & produit davantage que celle de Landenne ; mais les ouvriers la trouvent trop grasse, défaut qu'ils corrigent par le mélange avec celle de Lembourg. Sans ce correctif, les ouvrages qu'on feroit se noirciroient & se décrasseroient avec peine. Lorsque nous écrivions ce mémoire, la calamine de Lembourg se vendoit 50 s. le cent pesant, ou 25 liv. de France le mille, rendu à Viset où on la mene par charrois, & de Viset 5 liv. le mille pour la transporter par bateau à Namur, où elle revenoit par conséquent à 30 livres de France.

Cette calamine de Namur n'est pas toute ni toûjours de la même qualité ; le fondeur en fait des essais. Pour cet effet, il met sur 60 livres de calamine de Namur, 15 à 20 livres de calamine de Lembourg ; il fait écraser & passer le tout au blutoir ; il y ajoute 35 livres de rosette ou cuivre rouge, & 35 livres de vieux cuivre ou mitraille ; ce qui doit donner une table de 85 à 87 livres. Dès la premiere fonte, il trouve la proportion qu'il doit garder entre ses calamines, tant que celle de Namur dure.

Trituration de la calamine. Cette opération se fait par le moyen d'un moulin ; ce moulin est composé de deux meules roulantes I, L, *fig.* 5. Pl. II. dont les essieux sont fixés à l'arbre vertical M, N, qu'un cheval dont on masque la vûe fait mouvoir. Ces meules portent sur un gros bloc de pierre P, qui est enterré ; ce bloc est revêtu sur son pourtour de douves de bois S, S, S, arrêtées avec des cerceaux de fer, & des appuis de bois R, le tourillon d'en-bas N, tourne dans une crapaudine de fonte, enchâssée en un marbre quarré, placé au centre du bloc ; le tourillon d'en-haut M, se meut en un sommier du bâtiment, & est arrêté en V, par deux boulons qui traversent le sommier.

L'ouvrier employé au moulin remue continuellement la calamine avec une pelle, & la chasse sous les meules : le cheval doit faire quatre tours par minutes, & moudre 20 mesures par jour ; chaque mesure de 15 pouces 6 lignes de diametre en-haut, & de 13 pouces 6 lignes dans le fonds, sur 13 pouces de hauteur. Cette mesure ou espece de baquet cerclé de fer, contient 150 liv. & les 20 mesures font 3000 liv. ce poids est le travail ordinaire.

Le même moulin moud quatre de ces mesures de terre à creuset dans une heure, & trois mesures de vieux creusets, matiere cuite & plus dure. On écrase aussi six mannes de charbon de bois dans le même intervalle de tems ; & ces six mannes se réduisent à trois mannes de charbon pulvérisées. Les pierres qui forment ce moulin sont tirées des carrieres voisines de Namur ; elles sont très-dures, d'un grain fin & bien piqué ; les meules s'usent peu : bien choisies & bien travaillées, elles servent 40 à 50 ans. Le bloc sur lequel elles portent & qui fait la plate-forme, dure beaucoup moins.

Bluttage de la calamine. La calamine & le charbon étant écrasés au moulin, on les passe au blutoir A, B *fig.* 6. Pl. II. C'est un cylindre construit de plusieurs cerceaux assemblés sur un arbre, & couvert d'une étamine de crin ; il est enfermé dans une caisse C, D, posée sur des traverses & incliné de A, en E. Il a une manivelle que le blutoir fait mouvoir ; le son ou les parties grossieres qui peuvent passer au-travers de l'étamine tombent en F, & le gros & le fin séparés, s'amassent dessous le blutoir ; la matiere à tamiser est en G, d'où l'ouvrier qui est au blutoir la fait tomber d'une main dans la trémie H, qui la conduit dans le blutoir, tandis que de l'autre main il meut la manivelle. Les deux fonds du tambour étant ouverts, le gros descend vers la pointe E, d'où on le ramasse pour le reporter au moulin ; la calamine passée au blutoir est en poudre très-fine.

La calamine de Lembourg passée au blutoir & pressée dans un cube d'un pouce, a pesé 1 once 1 gros 19 grains ; & la même quantité de Namur, a pesé 1 once 0 gros 24 grains ; leur différence étoit de 67 grains ; celle de Lembourg étoit d'un jaune fort pâle, & celle de Namur d'un jaune tirant sur le rouge, toutes les deux pulvérisées.

De l'alliage de 60 liv. de calamine avec 35 liv. de vieux cuivre & 35 liv. de rosette, il provient 15 à 17 livres d'augmentation, non compris l'arco, matiere qu'on sépare des cendres par des lessives, comme on le dira ci-après.

Sect. III. Fonderie. Une fonderie est ordinairement composée de trois-fourneaux A, B, C, *fig.* 7. Pl. I.

LAÏ

construits dans un massif de maçonnerie *E*, *F*, *fig. 8*. pl. III. enfoncés de maniere que les bouches de ces fourneaux *D*, ne soient que de trois à quatre pouces plus élevées que le niveau du terrein. On pratique en-avant deux fosses *G*, *H*, *fig. 7. & 8.* de 2 piés neuf pouces de profondeur, où l'on jette les cendres, ordures, & crasses qui proviennent de la fusion.

Il y a trois moules *I*, *K*, *L*, *fig. 9.* Pl. I. qu'on manœuvre avec des pinces, & qu'on ouvre & ferme au moyen du treüil *M*, *N*.

Sur la roue *N*, s'enveloppe une corde qui vient se rouler sur le tour *O*.

Il y a une cisaille *p*, *fig. 10*, qui sert à couper & à distribuer le cuivre.

Il y a un mortier enterré qui sert à faire des paquets de vieux cuivre. Pour cet effet on étend sur ses bords un morceau de vieux cuivre le plus large & le plus propre à contenir le reste de la mitraille ; on bat bien le tout ; l'on en forme ainsi une espece de pelote de calibre au creuset : les ouvriers appellent cette pelote ou boule, *poupe*. La poupe pese environ 4 livres.

Il y a un bacquet qui contient la calamine.

Des amas de rosette rompue par morceaux, d'un pouce ou deux en quarré ; une palette de fer pour enfoncer la rosette dans la calamine, & battre le tout dans le creuset.

Un instrument appelé *la med*, pour mélanger la calamine avec le charbon de bois pulvérisé : on jette le tout dans le creuset, soit avec des palles, soit à la main.

Trois lits autour des fourneaux, pour les fondeurs qui ne quittent leur travail que le samedi au soir.

Il faut que la hotte *y*, *fig. 8*. pl. III. de la cheminée dépasse le bord du fossé *H*, afin que ce qui s'exhale des creusets suive la fumée des fourneaux.

Des moules pour former les creusets.

Des couvercles pour les fourneaux.

Les instrumens de la poterie.

Des pinces pour arranger les creusets dans les fourneaux, exporter le charbon où il faut, vers les bords des creusets ; on les appelle *pinces* ou *etnets*.

Une pince coudée pour retirer les creusets, les manier, transvaser la matiere d'un creuset dans un autre, les redresser : on l'appelle *attrape*.

Une pince ou etnet droit, pour retirer la table du moule, & l'ébarber tout de suite, lorsque la matiere s'est extravasée entre les lames de fer & le plâtre.

Un fourgon pour atiser le feu, & entasser la calamine dans le creuset.

Un crochet qu'on employe à différens usages ; il s'appelle *havet*.

Un caillou plat, en forme de ciseaux, emmanché de bois, pour tirer les crasses & les cendres du creuset, lorsqu'on vuide la matiere du creuset où elle est en fusion, dans celui d'où on doit la couler dans le moule. On appelle cet instrument *le tiout*.

Un bouriquet pour contenir les branches de la tenaille, lorsqu'il s'agit de tenir à plomb le erenser qu'on charge.

Une palette de fer pour entasser les matieres dans le creuset.

Une tenaille double, pour transporter le creuset & le verser dans le moule.

Un instrument coudé & plat par le bout, en forme de hoyau, emmanché de bois, pour former le lit d'argile, ou le raccommoder sur les barres du fourneau, lorsque les trous du registre qu'on y a pratiqués, deviennent trop grands. On l'appelle *polichinelle*.

D'autres cisailles pour débiter le cuivre.

Tome IX.

LAÏ 215

Un etnet ou pince à rompre le cuivre qui vient de l'arcot.

Une enclume avec sa masse, pour rompre la rosette.

Des mannes à charbon.

Des bacquets pour la calamine & autres usages.

Des mesures pour les mélanges.

Des brouettes. *V. sur les outils nos pl. & leur exp.*

Chaque fourneau, tel que *A*, *fig. 7 & 8*, contient huit creusets qui sont rangés dans le fond, sur un lit d'argile de quatre pouces d'épaisseur, étendu sur les barres : ce lit est percé de onze trous.

Le cendrier est au-dessous des barres qui ont deux pouces en quarré, & qui sont rangées tant pleinque vuide, excepté dans les angles où l'espace est plus grand. On y a ménagé quatre registres plus ouverts que les autres.

On appelle *tilla* la premiere assisse du fourneau. Le tilla est une espece de brique faite de terre à creuset, qui sert à la construction du fourneau. Les piés droits du fourneau s'établissent sur la grille, & de la hauteur de deux piés quatre pouces. La calotte qui forme la voûte du four, est composée de quatre pieces, & s'assied sur la derniere portion du tilla. On travaille ces pieces de la calotte, comme les creusets, au tour.

Lorsque les cendriers & fourneaux sont construits, on remplit d'argile bien battue les intervalles des voûtes seulement : il n'y a qu'un parement de maçonnerie du côté de la fosse.

Les voûtes, les creusets & le tilla, sont tous d'une même matiere que les creusets.

La terre à creuset se prend à Namur, au-dessus de l'abbaye de Geroussart. On la coupe en plein terrein ; elle est une, forte, fine & savonneuse. Elle pese 1 once $\frac{1}{16} \frac{1}{4}$ le pouce ; elle détache les étoffes. Les ouvrages qu'on en forme, recuits font très-durs. On en fait des chenets qui durent trois à quatre ans, des contrecœurs de cheminées ; la neuve se mêle avec la vieille dans la composition des creusets.

Des voutes & des tilla. On mêle un tiers de vieille sur deux tiers de neuve. La vieille provient des creusets cassés & autres ouvrages détruits. On la garde en magasin ; & quand on en a amassé une certaine quantité, on l'écrase au moulin ; on la passe dans une bassine percée de trous, & on l'employe.

La terre à creuset se tient à couvert & en manne aux environs des fourneaux, où elle seche pendant l'hiver. Au commencement du printems, on la mout, puis on fait le mélange que nous avons dit. On en prepare 40 à 50 milliers à la fois ; on l'étend ensuite à terre ; on la mouille, & deux hommes pendant douze jours la marchent deux fois par jour, une heure chaque fois : on la laisse ensuite reposer quinze jours sans y toucher. Ce tems écoulé, on recommence à l'humecter & à la marcher encore douze jours ; alors elle est en pâte très-fine, & propre à être mise en œuvre, au tour ou autrement.

On met à sécher & à s'essuyer les ouvrages qu'on a préparés dans des greniers, & non au soleil ; & quand on veut s'en servir, on les cuit. Les voûtes du fourneau se cuisent en place ; cependant elles ont été passées au feu deux ou trois heures avant que d'être placées. On laisse le tilla & les chenets aux fourneaux depuis le samedi jusqu'au lundi ; les creusets se cuisent à mesure qu'on en a besoin.

Des moules. Chaque moule, *fig. 9*, est composée de deux pierres posées l'une sur l'autre. Chacune de ces pierres a communément cinq piés de longueur, deux piés neuf pouces de largeur, & un pié d'épaisseur ; elles sont entaillées vers le milieu de leur épaisseur, & seulement de la profondeur d'un demi-pouce : cette entaille sert à recevoir les challis de fer qui contiendront ces pierres.

E e ij

C'est une espece de grès d'une qualité particuliere. On n'en a trouvé jusqu'à présent que dans les carrieres de Basanges, vis-à-vis S. Michel, près le Ponteau-de-mer : elles ne coutent sur les lieux que 60 livres la paire ; mais rendues à Namur, elles reviennent à cent florins du pays, ou à peu-près à 100 livres. Il y a du choix à faire ; les plus tendres sont les meilleures : le grain en est médiocre. Il ne faut ni les piquer au fer, ni les polir, parce que l'enduit dont il faut les revêtir, n'y tiendroit pas ; elles durent pour l'ordinaire quatre à cinq ans. Les Namurois ont bien cherché dans leurs carrieres ; mais à l'essai, toutes les pierres qu'ils ont employées se cassent ou se calcinent.

Les pierres du moule sont, comme on voit *fig.* citée, saisies dans un chassis de fer, dont les longs côtés se joignent à des traverses, où elles sont retenues & assujetties par des clavettes. Chaque barre a des œillets à divers usages, comme de recevoir des grilles qui soutiennent le platrage d'argille que l'on étend de niveau sur les pierres, & qui forme les levres de la gueule du moule ; ou de porter une bande de fer qui regne sur la plus grande longueur de la pierre de dessous, & qui garnie de deux chevilles est mise de niveau avec cette pierre. Cette bande est contrainte en cette situation par deux courbes placées debout sur la barre ; mais il est inutile d'entrer dans un plus long détail sur l'assemblage de ces pierres, la figure en dit assez. On voit que ces pierres ou moules font charniere ; on voit trois de ces moules en situations différentes. La pierre de dessous est emboîtée dans un plancher de gros madriers, cloués sur une traverse posée sur des coussins. Comme les deux extrémités de cette traverse sont arrondies en dessous, il est facile d'incliner le moule. Les coussins sont établis dans une fosse, de même que la traverse.

Les deux pierres s'assujettissent ensemble par deux barres. Toutes les barres qui sont de fer sont boutonnées aux extrémités, & se fixent comme on voit dans la *figure 9.*

On fait aussi à la pierre de dessus une levre en argille, qui avec celle de dessous forme une gueule.

Ce qui détermine la largeur & l'épaisseur de la table, ce sont des barres posées sur une traverse, & tenues par deux crochets qui entrent dans les œillets de la traverse.

Le platrage est d'argille. On prépare l'argille, en la faisant bien sécher, en séparant le gravier, la réduisant en poudre, la détrempant à la main, & la faisant passer à-travers une bassine percée de trous d'une demi-ligne. On en forme de la pâte dont on remplit les trous & autres inégalités des pierres : on applatit bien le tout avec les mains, mouillant toujours la pierre à mesure qu'on la répare. Après quoi on étend un enduit de la même pâte, & d'une demi-ligne d'épaisseur sur toute la surface de la pierre : on applanit cet enduit avec des bois durs & polis en forme de briques, que l'on promene également partout. On donne ensuite le poli avec une couche d'argille bien claire, que l'on répand également, en commençant par la pierre de dessus qui est suspendue au treuil. L'ouvrier parcourt le long côté de cette pierre, en versant la coulée uniformément, & tirant à soi le vase qui la contient. On en fait autant à la pierre de dessous ; & comme elle est horisontalement placée, on ôte le trop de coulée avec un morceau de feutre : on passe aussi le feutre à la pierre de dessus. Ce feutre sert encore à emporter le trop d'humidité : au reste on donne à cet enduit le moins d'épaisseur possible.

Lorsque les pierres sont enduites, on laisse sécher l'enduit à l'air. Si l'on est en hiver, que le tems soit humide & que l'on ne puisse remuer la pierre, on fait rougir les fourgons & autres instrumens de fer ; on les présente à l'enduit à une certaine distance, & on l'échauffe ainsi d'une chaleur douce. Lorsqu'il est parfaitement sec, on le réunit avec du charbon allumé, & on y tient le feu dix à douze heures, au point qu'il paroit prêt à gercer. On assujettit la pierre de dessus sur celle de dessous, afin que la chaleur se distribue également. Deux grandes mannes de charbon suffisent pour entretenir la chaleur pendant le tems de la recuite ; ensuite on nettoie à sec le moule, & cela se fait avec soin. On y pose les lames de fer qui doivent régler la largeur & l'épaisseur de la table : on ferme le moule & on l'incline.

La gueule du moule se fait en même tems que l'enduit, mais d'une argille moins fine, mêlée avec de la bourre de crin, ce qui forme une espece de torche.

L'enduit recuit devient d'une dureté presqu'égale à celle de la pierre : on peut couler jusqu'à vingt tables sur le même plâtre.

Les tables coulées sur des pierres qui n'ont point servi, ont ordinairement des soufflures ; alors il faut rompre cet ouvrage & le remettre à la fonte en guise de mitraille. On observe, quand on employe de cette mitraille, de mettre avec elle moins de rosette.

Dans l'intervalle d'une coulée à une autre, on repare le moule, & la pierre qui cesse de se tourmenter à la seconde coulée qui se fait l'instant d'après. La premiere, la seconde & la troisieme table, sont bonnes & se conservent.

Il y a des pierres d'une qualité si particuliere, que pendant sept à huit jours il faut toujours sacrifier la façon de la premiere table.

Chaque moule travaille tous les trois jours, & le même moule sert aux tables que l'on fond pendant vingt-quatre heures, c'est-à-dire à six tables par fonte, ou à une table par fourneau toutes les douze heures.

Quand l'enduit ne peut plus supporter de fonte, on le détache de la pierre avec des dragées de cuivre que l'on trouve dans l'arcot, ou les cendres de la fonte : cette opération s'appelle *aiguiser la pierre.*

On aiguise la pierre de la maniere suivante. On fixe une barre de fer coudée dans la mortoise de l'extrémité du support du moule ; un grand lévier, *fig. 11*, est appliqué à cette barre. Il est mobile ; il est pareillement percé d'un trou rond à l'endroit où passe une cheville attachée au milieu de la tenaille. Cette tenaille se joint au chassis de fer, & par conséquent à la pierre de dessus, par le moyen de deux crochets & d'écroux que l'on arrête fortement.

L'extrémité du lévier est tenue suspendu par une chaîne ; elle porte plusieurs pitons où l'on fait entrer des crochets. Des hommes appliqués à ces crochets poussent & tirent alternativement le lévier : ce lévier entraîne la pierre qui suit son mouvement, & les dragées arrachent le plâtre. Cependant d'autres ouvriers tournent la pierre, lui font faire des révolutions sur elle-même, ensorte que le frottement a lieu sur toute la surface.

Lorsque les dragées & le frottement ont pulvérisé le vieux plâtre, on nettoie les pierres, on les lave, on remet un nouvel enduit, & le travail reprend.

De la fonte. C'est l'habitude du travail qui apprend à connoître au fondeur la bonne fusion. Alors la flamme est légere, sa couleur change ; elle devient d'un bleu clair & vif ; & il s'en éleve une pareille des creusets quand on les transvase.

Lorsque le métal est prêt à jetter, on prépare le moule en posant avec soin les barres qui détermineront la dimension de la table. La longueur est à discrétion ; son épaisseur ordinaire est de trois lignes ; sa largeur de deux piés un pouce trois lignes, & son poids d'environ 85 à 87 livres.

Les lames de fer pofées, on ferme le moule ; on le joint avec force ; on l'incline ; on retire le creufet du fourneau où on l'a mis quatre à cinq heures à rougir avant que de fondre ; on a un fecond creufet, on y tranfvafe la matiere ; on en écarte les ordures, les craffes & les cendres ; on tire les autres creufets du fourneau, dont on tranfvafe également la matiere dans le même fecond creufet : on continue jufqu'au huitieme creufet. Lorfque le creufet du jet contient la matiere de ces huit creufets de fourneau, on faifit celui-ci avec la tenaille double, on le porte vers le moule, & l'on coule une table.

Au même moment un ouvrier court au treuil, tourne, releve le moule & le met dans fa fituation horifontale; après quoi continuant de tourner, & la pierre de deffous étant arrêtée, il fépare celle de deffus, & le fondeur avec une tenaille tire la table coulée qu'il a grand foin d'ébarber.

Le même moule fert, comme j'ai dit, à fondre les trois tables que fourniffent les trois fourneaux ; & dans l'intervalle d'une jettée à l'autre on répare le moule.

Ainfi il y a trois fourneaux, huit creufets dans chacun ; ces huit creufets fe verfent dans un feul, & celui-ci fournit une table ; ce qui fait trois tables pour les trois fourneaux & pour les vingt-quatre creufets.

En réparant le moule, on le rafraîchit avec de la fiente de vache ; pour cela on en écarte les lames de fer qui déterminoient les dimenfions de la table. On les remet enfuite en place ; on bouche les vuides qu'elles peuvent laiffer avec de la fiente de vache. On abat la pierre de deffus, on referme le moule, on le réincline & l'on coule.

Quand les trois tables d'une fonte ont été jettées, on nettoie & l'on rafraîchit encore le moule ; on repofe les pierres l'une fur l'autre fans les ferrer, & on les couvre avec trois ou quatre groffes couvertures de laine, afin de les tenir chaudes pour la fonte fuivante qui fe fait douze heures après.

On obferve auffi de tenir les portes & les fenêtres de la fonderie bien fermées, feulement pendant qu'on coule ; enfuite on ouvre les portes.

Les ouvriers tiennent le bout de leurs cravates entre leurs dents, foit qu'ils tranfvafent, foit qu'ils coulent ; ils amortiffent ainfi la chaleur de l'air qu'ils refpirent.

Après avoir tranfvafé le cuivre fondu du creufet de fourneau dans le creufet de jettée, le fondeur prend deux bonnes jointées de la compofition de calamine & de charbon qui remplit un bacquet, les met dans le creufet qu'il vient de vuider, & par-deffus cela la poupe de mitraille ; puis il replace le creufet au fourneau, où il refte jufqu'à ce que les tables foient jettées, c'eft-à-dire environ une demi-heure: on en fait autant à tous les autres creufets de fourneau à mefure qu'on les en tire. Le vieux cuivre en s'incorporant devient caffant & s'affaiffe bien mieux, lorfqu'on travaille à recharger le creufet ; c'eft ce qu'on appelle *amollir le cuivre* ; le contraire arrive au cuivre rouge.

Les tables étant fituées & le moule préparé pour la fonte fuivante, on revient aux fourneaux d'où l'on retire les creufets les uns après les autres pour achever de les charger, ce qui fe fait en remettant par-deffus le vieux cuivre déja fort échauffé, beaucoup de calamine de compofition que l'on entaille avec le fourgon ; à quoi l'on ajoute le cuivre rouge que l'on enfonce dans la calamine en frappant fortement avec la palette: pour cet effet on affujettit & l'on tient droit le creufet avec la pince coudée & le bouriquet.

Chaque creufet chargé, on le replace au fourneau, on l'y arrange, on repart les onze trous du fond du fourneau qui fervent de foufflet : on débou che ceux qui peuvent fe trouver bouchés, ou l'on remet de l'argille à ceux qui font trop agrandis ; en un mot on acheve comme pour la premiere fonte.

On fait d'abord peu de feu, du-moins pendant les deux premieres heures, après lefquelles le fondeur prend de la calamine de compofition dans un panier, & fans déplacer les creufets, il en jette fur chacun une ou deux poignées ; cela remplit l'efpace caufé par l'affaiffement des matieres. D'ailleurs il y a une dofe de matiere pour chaque creufet, & il faut qu'elle y entre ou tout de fuite, ou à des intervalles de tems différens.

Si un creufet vient alors à caffer, on le retire & on le remplace par celui qui a fervi à couler les tables, parce qu'il eft encore rouge & difpofé à fervir ; mais lorfque les huit creufets font placés & attachés, s'il en caffe un, on ne dérange plus rien ; la table fo trouve alors d'un moindre poids & plus courte.

On attife en premier lieu en mettant au fourneau une manne de charbon qui contient 100 livres pefant. On commence par choifir les plus gros morceaux qu'on couche fur les bords du creufet ; quand on a formé de cette maniere une efpece de plancher, on jette le refte du charbon fans aucune attention, & l'on couvre aux deux tiers la bouche du fourneau, quelques heures après on lui donne, comme difent les ouvriers, *à manger de la petite houille*, ou du charbon de terre menu.

C'eft entre deux & trois heures de l'après-midi qu'on coule ; à cinq heures, les creufets font tous rangés ; fur les dix heures on donne à manger aux fourneaux, & la feconde fonte fe fait à deux heures & demie, ou trois heures après minuit, c'eft-à-dire qu'il y a toujours environ douze heures d'une jettée à une autre.

Le famedi ou la veille des grandes fêtes, après la fonte ou jettée, on charge & l'on attife, comme fi l'on devoir couler la nuit fuivante ; mais fur les quatre à cinq heures du foir, les fondeurs ne font que fermer exactement les bouches des fourneaux qui font bien allumés ; ils ne laiffent d'autre ouverture que celle qui eft au centre du couvercle. Cette ouverture eft d'environ d'un pouce & demi de diametre : le tout fe tient en cet état jufqu'au lundi fuivant. Sur les 5 heures du matin les fondeurs arrivent, & raniment le feu par de nouveau charbon ; fon action a été fi foible pendant tout l'intervalle qui s'eft écoulé, que le travail eft quelquefois très-peu avancé, & qu'il faut forcer pour rattraper le cours des fontes accoutumées.

Le travail de la fonderie demande une attention prefque continuelle, foit pour attifer & conduire le feu, en ouvrant & fermant les régitres, foit pour aiguifer les pierres, y appliquer un nouvel enduit, couper & débiter les tables du poids requis. C'eft au maitre fondeur à regler toutes ces chofes : il a pour aide deux autres ouvriers ; & quoiqu'il n'y ait que trois hommes par fonderie, chaque manufacture a du-moins deux fonderies, dont les ouvriers vont de l'une à l'autre, lorfque la manoeuvre le requiert, comme lorfqu'il s'agit d'aiguifer les pierres ou de couper les tables.

Les autres ouvriers font employés ou au moulin ou au blutoir, & l'on emprunte leur fecours dans l'occafion.

La paie du maitre fondeur eft plus forte que celle de fes aides.

On fournit à tous la biere, le chauffage, la houille pour leur ménage, qu'ils n'habitent que le famedi jufqu'au lundi. Ils ne s'éloignent jamais de leur attelier. Tandis qu'un d'entr'eux fe repofe fur les lits de l'ufine, les autres veillent.

Trois fourneaux confument ordinairement 1000 livres pefant de charbon par chaque fonte de douze

C'est une espece de grès d'une qualité particuliere. On n'en a trouvé jusqu'à présent que dans les carrieres de Bafanges, vis-à-vis S. Michel, près le Ponteau-de mer : elles ne coutent fur les lieux que 60 livres la paire ; mais rendues à Namur, elles reviennent à cent florins du pays, ou à peu-près à 100 livres. Il y a du choix à faire ; les plus tendres font les meilleures : le grain en est médiocre. Il ne faut ni les piquer au fer, ni les polir, parce que l'enduit dont il faut les revêtir, n'y tiendroit pas ; elles durent pour l'ordinaire quatre à cinq ans. Les Namurois ont bien cherché dans leurs carrieres ; mais à l'essai, toutes les pierres qu'ils ont employées se cassent ou se calcinent.

Les pierres du moule font, comme on voit *fig.* citée, saisies dans un chassis de fer, dont les longs côtés se joignent à des traverses, où elles font retenues & assujetties par des clavettes. Chaque barre a des œillets à divers usages, comme de recevoir des grilles qui foutiennent le platrage d'argille que l'on étend de niveau fur les pierres, & qui forme les levres de la gueule du moule ; ou de porter une bande de fer qui regne fur la plus grande longueur de la pierre de dessous, & qui garnie de deux chevilles est mise de niveau avec cette pierre. Cette bande est contrainte en cette situation par deux courbes placées debout fur la barre ; mais il est inutile d'entrer dans un plus long détail fur l'assemblage de ces pierres, la figure en dit assez. On voit que ces pierres ou moules font charniere ; on voit trois de ces moules en situations différentes. La pierre de dessous est emboitée dans un plancher de gros madriers, cloués fur une traverse posée fur des coussins. Comme les deux extrémités de cette traverse font arrondies en dessous, il est facile d'incliner le moule. Les coussins font établis dans une fosse, de même que la traverse.

Les deux pierres s'assujettissent ensemble par deux barres. Toutes les barres qui font de fer font boutonnées aux extrémités, & se fixent comme on voit dans la *figure 9*.

On fait aussi à la pierre de dessus une levre en argille, qui avec celle de dessous forme une gueule.

Ce qui détermine la largeur & l'épaisseur de la table, ce font des barres posées fur une traverse, & tenues par deux crochets qui entrent dans les œillets de la traverse.

Le platrage est d'argille. On prépare l'argille, en la faisant bien sécher & séparant le gravier, la réduifant en poudre, la détrempant à la main, & la faifant passer à-travers une bassine percée de trous d'une demi-ligne. On en forme de la pâte dont on remplit les trous & autres inégalités des pierres : on applatit bien le tout avec les mains, mouillant toujours la pierre à mesure qu'on la répare. Après quoi on étend un enduit de la même pâte, & d'une demi-ligne d'épaisseur fur toute la surface de la pierre ; on applanit cet enduit avec des bois durs & polis en forme de briques, que l'on promene également partout. On donne ensuite le poli avec une couche d'argille bien claire, que l'on répand également, en commençant par la pierre de dessus qui est suspendue au treuil. L'ouvrier parcourt le long côté de cette pierre, en versant la coulée uniformément, & tirant à foi le vase qui la contient. On en fait autant à la pierre de dessous ; & comme elle est horisontalement placée, on ôte le trop de coulée avec un morceau de feutre : on passe aussi le feutre à la pierre de dessus. Ce feutre sert encore à emporter le trop d'humidité : au reste on donne à cet enduit le moins d'épaisseur possible.

Lorsque les pierres font enduites, on laisse sécher l'enduit à l'air. Si l'on est en hiver, que le tems soit humide & que l'on ne puisse remuer la pierre, on fait rougir les fourgons & autres instrumens de fer ; on les présente à l'enduit à une certaine distance, & on l'échauffe ainsi d'une chaleur douce. Lorsqu'il est parfaitement sec, on le réunit avec du charbon allumé, & on y tient le feu dix à douze heures, au point qu'il paroît prêt à gercer. On assujettit la pierre de dessus fur celle de dessous, afin que la chaleur se distribue également. Deux grandes mannes de charbon fuffisent pour entretenir la chaleur pendant le tems de la recuite ; ensuite on nettoie à sec le moule, & cela se fait avec soin. On y pose les lames de fer qui doivent régler la largeur & l'épaisseur de la table : on ferme le moule & on l'incline.

La gueule du moule se fait en même tems que l'enduit, mais d'une argille moins fine, mêlée avec de la bourre de crin, ce qui forme une espece de torche.

L'enduit recuit devient d'une dureté presqu'égale à celle de la pierre : on peut couler jusqu'à vingt tables fur le même plâtre.

Les tables coulées fur des pierres qui n'ont point servi, ont ordinairement des soufflures ; alors il faut rompre cet ouvrage & le remettre à la fonte en guise de mitraille. On observe, quand on emploie de cette mitraille, de mettre avec elle moins de rosette.

Dans l'intervalle d'une coulée à une autre, on répare le moule, & la pierre qui cesse de se tourmenter à la seconde coulée qui se fait l'instant d'après. La premiere, la seconde & la troisieme table, font bonnes & se conservent.

Il y a des pierres d'une qualité si particuliere, que pendant sept à huit jours il faut toujours sacrifier la façon de la premiere table.

Chaque moule travaille tous les trois jours, & le même moule sert aux tables que l'on fond pendant vingt-quatre heures, c'est-à-dire à fix tables par fonte, ou à une table par fourneau toutes les douze heures.

Quand l'enduit ne peut plus supporter de fonte, on le détache de la pierre avec des dragées de cuivre que l'on trouve dans l'arcot, ou les cendres de la fonte : cette opération s'appelle *aiguiser la pierre*.

On aiguise la pierre de la maniere suivante. On fixe une barre de fer coudée dans la mortoise de l'extrémité du support du moule ; un grand lévier, *fig. 11*, est appliqué à cette barre. Il est mobile ; il est pareillement percé d'un trou rond à l'endroit où passe une cheville attachée au milieu de la tenaille. Cette tenaille se foit joint au chassis de fer, & par conséquent à la pierre de dessus, par le moyen de deux crochets & d'écrous qui l'on arrête fortement.

L'extrémité du levier est tenue suspendu par une chaine ; elle porte plusieurs pitons où l'on fait entrer des crochets. Des hommes appliqués à ces crochets poussent & tirent alternativement le levier : ce levier entraine la pierre qui suit son mouvement, & les dragées arrachent la plâtre. Cependant d'autres ouvriers tournent la pierre, lui font faire des révolutions fur elle-même, ensorte que le frottement a lieu fur toute la surface.

Lorsque les dragées & le frottement ont pulvérisé le vieux plâtre, on les tire, on enleve les pierres, on les lave, on remet un nouvel enduit, & le travail reprend.

De la fonte. C'est l'habitude du travail qui apprend à connoître de la bonne fusion. Alors la flamme est légere, fa couleur change ; elle devient d'un bleu clair & vif ; & il s'en éleve une pareille des creusets quand on les transvase.

Lorsque le métal est prêt à jetter, on prépare le moule en posant avec soin les barres qui détermineront la dimension de la table. La longueur est à discrétion ; fon épaisseur ordinaire est de trois lignes ; fa largeur de deux piés un pouce trois lignes, & fon poids d'environ 85 à 87 livres.

Les lames de fer posées, on ferme le moule ; on le joint avec force ; on l'incline ; on retire le creuset du fourneau où on l'a mis quatre à cinq heures à rougir avant que de fondre ; on a un second creuset, on y transvase la matiere ; on en écarte les ordures, les crasses & les cendres ; on tire les autres creusets du fourneau, dont on transvase également la matiere dans le même second creuset : on continue jusqu'au huitieme creuset. Lorsque le creuset du jet contient la matiere de ces huit creusets de fourneau, on saisit celui-ci avec la tenaille double, on le porte vers le moule, & l'on coule une table.

Au même moment un ouvrier court au treuil, tourne, releve le moule & le met dans sa situation horisontale ; après quoi continuant de tourner, & la pierre de dessous étant arrêtée, il sépare celle de dessus, & le fondeur avec une tenaille tire la table coulée qu'il a grand soin d'ébarber.

Le même moule sert, comme j'ai dit, à fondre les trois tables que fournissent les trois fourneaux ; & dans l'intervalle d'une jettée à l'autre on répare le moule.

Ainsi il y a trois fourneaux, huit creusets dans chacun ; ces huit creusets se versent dans un seul, & celui-ci fournit une table ; ce qui fait trois tables pour les trois fourneaux & pour les vingt-quatre creusets.

En réparant le moule, on le rafraîchit avec de la fiente de vache ; pour cela on en écarte les lames de fer qui déterminoient les dimensions de la table. On les remet ensuite en place ; on bouche les vuides qu'elles peuvent laisser avec de la fiente de vache. On abat la pierre de dessus, on referme le moule, on le réincline & l'on coule.

Quand les trois tables d'une fonte ont été jettées, on nettoie & l'on rafraîchit encore le moule ; on repose les pierres l'une sur l'autre sans les serrer, & on les couvre avec trois ou quatre grosses couvertures de laine, afin de les tenir chaudes pour la fonte suivante qui se fait douze heures après.

On a soin aussi de tenir les portes & les fenêtres de la fonderie bien fermées, seulement pendant qu'on coule ; ensuite on ouvre les portes.

Les ouvriers tiennent le bout de leurs cravates entre leurs dents, soit qu'ils transvasent, soit qu'ils coulent ; ils amortissent ainsi la chaleur de l'air qu'ils respirent.

Après avoir transvasé le cuivre fondu du creuset de fourneau dans le creuset de jettée, le fondeur prend deux bonnes jointées de la composition de calamine & de charbon qui remplit un bacquet, les met dans le creuset qu'il vient de vuider, & par-dessus cela la poupe de mitraille ; puis il replace le creuset au fourneau, où il reste jusqu'à ce que les tables soient jettées, c'est-à-dire environ une demi-heure : on en fait autant à tous les autres creusets de fourneau à mesure qu'on les en tire. Le vieux cuivre en s'échauffant devient cassant & s'affaisse bien mieux, lorsqu'on travaille à recharger le creuset ; c'est ce qu'on appelle *amollir le cuivre* ; le contraire arrive au cuivre rouge.

Les tables étant situées & le moule préparé pour la fonte suivante, on revient aux fourneaux d'où l'on retire les creusets les uns après les autres pour achever de les charger, ce qui se fait en remettant par-dessus le vieux cuivre déja fort échauffé, beaucoup de calamine de composition que l'on entasle avec le fourgon ; à quoi l'on ajoute le cuivre rouge que l'on enfonce dans la calamine en frappant fortement avec la palette : pour cet effet on assujettit & l'on tient droit le creuset avec la pince coudée & le bouriquet.

Chaque creuset chargé, on le replace au fourneau, on l'y arrange, on repart les onze trous du fond du fourneau qui servent de soufflet : on débouche ceux qui peuvent se trouver bouchés, ou l'on remet de l'argille à ceux qui sont trop agrandis ; en un mot on acheve comme pour la premiere fonte. On fait d'abord peu de feu, du-moins pendant les deux premieres heures, après lesquelles le fondeur prend de la calamine de composition dans un panier, & sans déplacer les creusets, il en jette sur chacun une ou deux poignées ; cela remplit l'espace causé par l'affaissement des matieres. D'ailleurs il y a une dose de matiere pour chaque creuset, & il faut qu'elle y entre ou tout de suite, ou à des intervalles de tems différens.

Si un creuset vient alors à casser, on le retire & on le remplace par celui qui a servi à couler les tables, parce qu'il est encore rouge & disposé à servir ; mais lorsque les huit creusets sont placés & attachés, s'il en casse un, on ne dérange plus rien ; la table se trouve alors d'un moindre poids & plus courte.

On attise en premier lieu en mettant au fourneau une manne de charbon qui contient 100 livres pesant. On commence par choisir les plus gros morceaux qu'on couche sur les bords du creuset ; quand on a formé de cette maniere une espece de plancher, on jette le reste du charbon sans aucune attention, & l'on couvre aux deux tiers la bouche du fourneau, quelques heures après on lui donne, comme disent les ouvriers, *à manger de la petite houille*, ou du charbon de terre menu.

C'est entre deux & trois heures de l'après-midi qu'on coule ; à cinq heures, les creusets sont tous rangés ; sur les dix heures on donne à manger aux ouvriers, & la seconde fonte se fait à deux heures & demie, ou trois heures après minuit, c'est-à-dire qu'il y a toujours environ douze heures d'une jettée à une autre.

Le samedi ou la veille des grandes fêtes, après la fonte ou jettée, on charge & l'on attise, comme si l'on devoit couler la nuit suivante ; mais sur les quatre à cinq heures du soir, les fondeurs ne sont sur fermer exactement les bouches des fourneaux qui sont bien allumés ; ils ne laissent d'autre ouverture que celle qui est au centre du couvercle. Cette ouverture est d'environ d'un pouce & demi de diametre. Sur les 5 heures du matin les fondeurs arrivent, & raniment le feu par de nouveau charbon ; son action a été si foible pendant tout l'intervalle qui s'est écoulé, que le travail est quelquefois très-peu avancé, & qu'il faut forcer pour rattraper le cours des fontes accoutumées.

Le travail de la fonderie demande une attention presque continuelle, soit pour attiser & conduire le feu, en ouvrant & fermant les régitres, soit pour aiguiser les pierres, y appliquer un nouvel enduit, couper & débiter les tables du poids requis. C'est au maitre fondeur à regler toutes ces choses : il a pour aide deux autres ouvriers ; & quoiqu'il n'y ait que trois hommes par fonderie, chaque manufacture a du-moins deux fonderies, dont les ouvriers vont de l'une à l'autre, lorsque la manœuvre le requiert, comme lorsqu'il s'agit d'aiguiser les pierres ou de couper les tables.

Les autres ouvriers sont employés ou au moulin ou au blutoir, ou l'on emprunte leur secours dans l'occasion.

La paie du maitre fondeur est plus forte que celle de ses aides.

On fournit à tous la biere, le chauffage, la houille pour leur ménage, qu'ils n'habitent que le samedi jusqu'au lundi. Ils ne s'éloignent jamais de leur attelier. Tandis qu'un d'entr'eux se repose sur les lits de l'usine, les autres veillent.

Trois fourneaux consument ordinairement 1000 livres pesant de charbon par chaque fonte de douze heures, & 2000 livres pour vingt-quatre heures, le tems de deux fontes.

Le cuivre jaune ou *laiton* est composé de vieux cuivre de la même espece, appellé *mitraille*, de cuivre rouge de Suede, & l'alliage de la calamine. L'alliage est, comme je l'ai dit plus haut, de 35 livres de vieux cuivre, de 35 livres de cuivre rouge, & de 60 livres de calamine bien pulvérisée; sur quoi l'on met 20 à 25 livres de charbon de bois réduit en poudre, passé au blutoir, & que l'on a la précaution de mouiller pour empêcher le cuivre de brûler. C'est après avoir été bluté qu'on le mouille. De ces parties mélangées, il vient une table de 85 à 87 livres; d'où l'on voit que la calamine de Namur, jointe à celle de Lembourg, rapporte à-peu-près le quart du poids.

On connoît la valeur du cuivre rouge, on connoît la valeur du charbon, celle de la rosette; ajoutez à ces frais ceux de la main-d'œuvre & de batterie, & vous aurez le produit d'un fourneau.

Chaque fonderie ayant au-moins six fourneaux allumés, & chaque fourneau produisant ces deux tables, en vingt quatre heures; on aura douze tables par jour.

De l'évaporation qui se fait dans les fourneaux par l'action du feu, il se forme aux parois de la voûte contre la couronne & sur la surface des couvercles, un enduit qui se durcit, & qui dans la fracture montre plusieurs lits distincts de couleur jaune plus ou moins foncée : on l'appelle *tutie*. Les fondeurs lui attribuent deux propriétés; l'une c'est de produire un beau cuivre très-malléable & très-fin, si, réduite en poudre, on la substitue à la calamine. Mais il y en a si peu, que ce qu'on en détache est jetté au moulin & mêlé à la calamine. On parle encore d'une autre espece de tutie qui se fait dans les forges de fer, de couleur brune, mêlée d'un peu de jaune, qui produit le même effet avec la calamine; mais on n'en use point : elle gâteroit le cuivre & le feroit gercer. La seconde propriété de la tutie du cuivre, c'est de soulager dans quelques maladies des yeux, si on les lave avec de l'eau de pluie où l'on en aura mis en poudre.

Les tables ordinaires varient depuis trois lignes jusqu'à quatre d'épaisseur; ces dernieres sont les plus fortes qu'on puisse couper à la cisaille de la fonderie, encore faut-il mettre un homme de plus au levier.

Les lames qui déterminent l'épaisseur des tables, sont depuis deux jusqu'à quatre lignes. Dans les cas extraordinaires, on en met deux l'une sur l'autre.

Entre les tables extraordinaires, les plus fortes vont jusqu'à neuf lignes d'épaisseur; elles ont les autres dimensions communes. Il faut cependant savoir qu'alors on emploie à une seule la matiere des trois fourneaux. Elles pesent depuis 255 jusqu'à 261 liv. Avant que de les couper à la cisaille, on les porte à la batterie pour les étendre.

S'il s'agit de jetter les tables à tuyaux de pompe, ou à fond de grandes chaudieres, on se sert de creusets de huit pouces de diametre en dedans. On en a deux qui rougissent dans les fourneaux six à sept heures avant qu'on ne jette. On y vuide la matiere des vingt-quatre creusets; cela s'exécute avec la plus grande célérité : ensuite on jette un des creusets, puis l'autre; mais à si peu d'intervalle entre ces jettées, qu'elles n'en font qu'une.

Quand on se propose de faire de ces grosses tables, on met un peu plus de cuivre des deux especes, & un peu moins de calamine.

Les tables jettées, on les coupe à la cisaille. La cisaille destinée à ce travail est plantée dans un corps d'arbre profondément enterré, comme on voit *fig.* 12; cet arbre est encore lié de gros cercles de fer :

la cisaille qui n'y est retenue que par sa branche droite, peut se démonter; l'autre branche coudée est engagée dans un levier de vingt piés de longueur, où son extrémité peut se mouvoir autour d'un boulon. La piece de bois emmortoisée où l'un des bouts du levier est reçu, est aussi fixée très-fermement; l'autre bout du levier est tenu suspendu par un treuil. On conçoit l'action de cette machine à l'inspection du dessein. L'ouvrier *A*, dirige la table entre les lames de la cisaille; les ouvriers *b*, *b*, *b*, poussant le levier *c*, *d*, font mouvoir la branche *K* & couper la cisaille. A mesure que la table se coupe, elle descend par son propre poids entre les lames de la cisaille.

Pour la distribution des tables relativement au poids, on a dans les fonderies des baguettes quarrées de six à sept lignes de large, sur lesquelles on trouve les mesures suivantes :

	piés.	pouces.	lignes
Pour 10 livres pesant, il y a sur le côté du quarré,	0	11	1
Pour 13,	1	0	3
Pour 18,	1	2	9
Pour 20,	1	4	3
Pour 25,	1	5	8
Pour 30,	1	6	6

Le pié quarré de roi en table, pese douze livres & quelquefois douze livres & demie, lorsque les pierres ont des fentes, que l'enduit d'argile fléchit, & que la table vient d'épaisseur inégale.

Les intervalles des mesures des baguettes, sont sous-divisés en petites portées qui auront la gradation des fourrures. J'expliquerai à l'article des batteries ce que c'est qu'une fourrure.

Il faut se rappeller que j'ai dit que les crasses qui provenoient des creusets contenoient beaucoup de cuivre; qu'il s'en répandoit en transvasant; qu'on en retrouvoit dans les cendres & poussieres qu'on jette dans les fosses pratiquées au-devant des fourneaux; qu'on ne vuidoit ces fosses qu'à moitié; que ce qui restoit servoit à asseoir le creuset qui l'étoit d'autant mieux, que la matiere est molle & continuellement chaude, & maintient le creuset ferme sur sa base & dans un état de chaleur.

Pour retirer de là le cuivre, on commence par mouiller le tas; on en emplit deux mannes qu'on jette dans une grande cuve à demi-pleine d'eau : on remue le tout avec une pelle ou louchet; on laisse reposer un instant, puis on prend une espece de poêle percée de trous qui ont quatre à cinq lignes de diametre; on s'en sert pour retenir toutes les grosses ordures qui nagent, tandis que le cuivre pesant tombe au fond. Cela fait, on ajoûte deux autres mannes de cendres, & l'on réitere la même manœuvre; on enleve aussi avec les grosses ordures les grosses crasses : ensuite on incline le cuvier au-dessus d'un réservoir fait exprès, & l'on y verse la premiere eau bourbeuse : on passe la matiere restante par un crible à fil de laiton dont les ouvertures sont de deux lignes & demie; il retient les grosses crasses, le reste tombe dans la cuve.

Ce n'est pas tout, on recharge le crible de matiere, & le trempant dans la cuve & le remuant à plusieurs reprises, les ordures passent dans l'eau. On change de tamis, on en prend un plus fin; on opere avec le second tamis comme avec le premier, avec un troisieme, comme avec le second, & ainsi de suite, jusqu'à ce qu'on ne soit parvenu à retenir que les parties crasseuses : c'est-là ce qu'on appelle l'*arco*. C'est dans arco que l'on choisit les dragées qui serviront à aiguiser les pierres des moules, ou à remplacer une portion de mitraille dans la fonte des tables.

Section IV. Des usines. Une usine est composée de différentes machines qui servent à travailler le cuivre après qu'il a été coulé en table. Il y en a de deux fortes, les unes font un assemblage de marteaux pour former toutes fortes d'ouvrages plats, comme tables de cuivre de toute épaisseur, toutes fortes d'ouvrages concaves, comme chaudieres, chauderons, &c. les autres font des triferies ou machines à mettre le *laiton* en fil. Les premieres s'appellent *des batteries*.

Des batteries. Pour établir une batterie, il faut avoir un courant d'eau qui fournisse un pié cube, & dont la chûte foit d'environ douze à treize piés. Avec cela on fera tourner quatre roues, dont deux ferviront aux martinets, la troisieme à une meule, & la quatrieme à une triferie. Il faut être à portée de fourrages pour les chevaux qu'on employera aux charrois des bois & des cuivres. Cette situation trouvée, il faut construire un grand baffin de retenue, femblable à ceux des moulins ordinaires, mais beaucoup plus étendu. Outre ce refervoir, il faut une seconde écluse de décharge, & un roulis pour le dégorgement dans les crues.

La muraille du refervoir tient au bâtiment de l'ufine, & un second mur parallele au premier, forme l'enceinte où l'on place la roue. A l'endroit du mur qui foutient toute la hauteur de l'eau, on établit une écluse qui distribue l'eau dans une beufe qui fait tourner la roue. En un autre endroit on établit encore une beufe qui traverse le mur & porte l'eau sur une seconde roue; cette benfe est faite de madriers de chêne bien assemblés; elle est couverte jusqu'au lieu où il y a une écluse femblable à la premiere, par quoi le maitre ufinier peut gouverner au moyen d'un levier dont la suspension est en quelque point de l'épaisseur de la muraille qu'il traverfe; fon bout fait en fourchette tient à la tige de la vanne, & fon autre extrémité est tirée ou pouffée de bas en haut par une gaule attachée en cet endroit par deux chaînons. Une troifieme benfe, mais beaucoup plus petite que les premieres, fait tourner une troifieme roue, à l'arbre de laquelle tient une meule qui fert à racommoder les marteaux & enclumes. Une quatrieme benfe est en mouvement la roue de la triferie, fituée dans le même bâtiment, à l'extrémité.

On pratique une voûte par où l'eau de toutes les beufes s'écoule & va rejoindre le ruiffeau.

L'arbre *b c*, d'une des roues porte à fa circonférence, *fig. 13*, trois rangées *d, d, d*, de douze mantonets chacune ; ces mantonets rencontrant les queues *e, f, g*, de trois marteaux *h, i, k*, les éleve ; mais à l'échappée de la dent, ils retombent fur l'enclume *l, m, n*.

L'enclume *l*, ou *m*, ou *n*, est enchâffée dans des ouvertures faites à des billots : ces billots font des troncs d'arbres de chêne enfoncés de trois à quatre piés en terre, cerclés de fer, & dont les têtes font au niveau du terrein. Il y a autour d'eux un grand enfoncement commun où defcendent les jambes des ouvriers affis fur les planches *o*, mifes en travers de cet enfoncement.

Les manches des marteaux passent dans un collet de figure ovale, dont les tourillons font foutenus par les montants qu'on voit dans la figure citée ; ces montans font d'un pied en quarré folidement assemblés par le bout à un chapeau *p q*, & au niveau du terrein par une autre piece de la même folidité, fur laquelle font attachées des pieces de fer plates, contre lesquelles donnent les queues des marteaux : ces pieces plates font la fonction de reffort, & doublent pour ainfi dire le coup du marteau, qu'elles renvoyent à fon échappement.

Il faut appliquer à l'arbre A B tout ce que nous venons de dire de l'arbre R S ; il n'y a de différence qu'en ce que l'un porte treize mantonets fur chaque rangée.

Il faut obferver que les mantonets foient dibribués à ne pas élever à-la-fois les trois marteaux ; ce qui employeroit une force immense en pure perte. Il faut que quand un des marteaux frappe, l'autre échappe & que le troifieme s'éleve. Pour cet effet on divifera la circonférence de l'arbre en autant de parties égales qu'il doit y avoir de mantonets dans toutes les rangées ; ainfi, dans ce cas, en trente-fix parties ; & l'on placera les mantonets de la feconde rangée de maniere qu'ils répondent aux vuides de la premiere, & les mantonets de la troifieme de maniere qu'ils répondent aux vuides de la feconde.

On voit à l'extrémité de la même Pl. IV. un fourneau : c'est-là qu'on recuit le cuivre à mefure qu'on le bat.

Les tourillons des arbres font portés par des confinets qui ne font qu'à quinze pouces d'élévation au-deffus du niveau de l'ufine, qui est élevée de fix à fept piés au-deffus du terrein.

Les fonts des coffres qui s'appellent *beufe*, qui portent l'eau fur les aubes des roues. On lâche l'eau par des vannes, & les vannes font toûjours proportionnées dans leurs levées à la quantité de marteaux qu'on fait travailler. Si l'on n'a à mouvoir que deux marteaux d'un poids médiocre, l'ouverture de l'écluse ne fera que de deux pouces fix lignes. Si l'on a à mouvoir à-la-fois trois des plus gros marteaux, la levée de la vanne fera de quatre pouces fix lignes. Il y a un chauderon percé de deux ou trois trous fufpendu au-deffus des tourillons de l'arbre qu'il arrofe de gouttes d'eau qui le rafraichiffent : cette précaution est inutile du côté des roues ; elles font toûjours mouillées & leurs tourillons auffi.

Le mantonet en frappant la queue du marteau, la chaffe devant lui, enforte qu'ils fe féparent immédiatement après le choc ; ainfi elle va porter avec force fur la piece plate qui la renvoie avec la même force.

Lorfque l'ouvrier veut arrêter fon marteau, il a un bâton qu'il place fous le manche quand il s'éleve : alors le collier porte fur la plaque, & le mantonet n'engrene plus.

La queuedumarteau est couverte d'une plaque recourbée, en s'arrondiffant vers le mantonet ; l'autre extrémité affujettie deffous le collier, est percée de deux trous dans lefquels on met des clous qui entrent dans une efpece de coin chaffé avec force entre la queue de cette plaque & le manche du marteau. On fait entrer ce manche dans un collier oval, où il est fixé par d'autres coins & calles de bois. Les tourillons de ce collier oval portent dans deux madriers verticaux, garnis à cet endroit d'une bande de fer percée à cet effet : ces madriers, qui ont quatre pouces fix lignes d'équarriffage, fe placent dans une entaille pratiquée au montant. Comme ils font plus courts que l'entaille, on les reffere par des morceaux de bois ou des coins. Auffi l'on peut démancher les marteaux quand on le juge à propos.

Les montants dans l'intervalle defquels les marteaux fe meuvent, ont deux pouces d'équarriffage ; ils font affujettis par le chapeau en haut ; à fleur de terre, par la traverfe qui porte la piece plate, & dans la terre par une troifieme piece. Il est inutile de parler de fes appuis & de la maçonnerie folide qui fatigue autant. *V.* là-deffus l'art. *Groffes Forges.*

L'extrémité des manches des marteaux est en teno d'une grandeur convenable.

Il y a deux fortes de marteaux. Des marteaux à baffin qui ne fervent qu'à abbattre les *plates*, c'est ainfi qu'on appelle les tables deftinées à faire le fil de *laiton* ; le plus petit pefe 20 livres, & le plus gros 50. Entre ces deux limites, il y en a du poids de 23, 24, 26, 28 livres ; ils ont tous la même figure. La pointe de quelques-uns a quatre pouces de large. Il fert à battre les lames qui fe couperont par filets pour faire le fil de *laiton*. Des marteaux qui ont affez la figure d'un bec de bécaſſe, & qu'on appelle *matteaux à cuvelete*, on bat avec ceux-ci les ouvrages concaves. Le plus petit eſt du poids de vingt-une livres, le plus gros du poids de trente-une ; il y en a d'autres intermédiaires : ceux de cette eſpece, dont la pointe eſt arrondie, ſervent aux petits ouvrages concaves.

Il y a auſſi deux ſortes d'enclumes ; les unes arrondies par un bout, pour les plates ; les autres quarrées, oblongues & plates, pour les concaves.

Ces enclumes ſont fixées dans un enfoncement pratiqué au tronc d'arbre qui les ſupporte, avec des morceaux de bois reſſerrés par des coins.

On voit dans nos *figures* des ouvriers qui travaillent à trois ſortes d'ouvrages ; l'un bat des plates qu'il tient des deux mains, les avançant peu-à-peu ſous le marteau & parallelement, de maniere que le marteau frappe de toute ſa ſurface. Quand le marteau a agi de cette maniere, l'ouvrier expoſe ſon ouvrage à ſes coups, de maniere que ces ſeconds coups croiſent les premiers.

Comme les ouvrages plats ont été coupés de maniere que poſés les uns ſur les autres ils forment une pyramide, & qu'ils ſe battent tous les uns autant que les autres ; après avoir paſſé ſous le marteau, ils ont pris un accroiſſement proportionné, & leurs ſurfaces ſe ſurpaſſent après le travail de la même quantité dont elles ſe ſurpaſſoient auparavant.

Quand les plaques ou pieces plates ont été martelées deux fois, comme j'ai dit, on les recuit, en les rangeant ſur la grille du fourneau, où l'on a allumé un feu clair qui dure ordinairement une heure & demie. Lorſque le cuivre eſt rouge, on laiſſe éteindre le feu, & l'on ne touche point aux pieces qu'elles ne ſoient refroidies. Le bois du feu à recuire eſt de ſaule ou de noiſetier.

Les pieces plates étant refroidies, on les rebat & on les recuit de nouveau. Ces manœuvres ſe réiterent juſqu'à ce qu'elles aient l'étendue & l'épaiſſeur requiſes. On acheve de les arrondir à la ciſaille : la ciſaille de cet attelier qu'on voit, même pl. n'a rien de particulier. C'eſt ainſi que l'on prépare une fourrure ; une fourrure eſt une pyramide de pieces battues plates, au nombre de 3 à 400, deſtinées à faire des chauderons qui, tous plus petits les uns que les autres, entreront les uns dans les autres quand ils ſeront achevés.

Pour cet effet on prend quatre de ces pieces plates, ou de ces plates tout court, pour parler comme les ouvriers. La plus grande a neuf lignes de diametre plus que les trois autres. On place celles-ci ſur le milieu de la premiere dont on rabat le bord, ce qui contient les trois autres, & on les martele toutes quatre à-la-fois. On ſe ſert dans cette opération de marteaux à cuvelete, d'enclumes plates, & propres à la convexité qu'on veut donner. Les chaudrons ſe recuiſent on le fabriquant, comme on a recuit les plates. Ce travail ſe mene avec tant d'exactitude, que tous les ouvrages ſi égale, & ſe font de l'étendue rigoureuſe que l'on ſe propoſoit. Les fonds des chauderons ſe battent en calote, & la cire n'eſt pas plus douce ſous ſa main du modeleur, que le cuivre ſous le marteau d'un bon ouvrier. La lame qu'on coupera pour le fil de *laiton*, n'a que quatre pouces de largeur, & ne ſe bat que d'un ſens, ſans croiſer les coups.

Le morceau qui donne un chauderon de dix livres peſant, a 122 pouces 9 lignes de ſurface, ſur 3 lignes d'épaiſſeur ; & le chauderon fait, a 20 pouces 8 lignes de diametre, 10 pouces 8 lignes de hauteur, ſur un ſixieme de ligne d'épaiſſeur ; ce qui, avec la ſurface du fond, forme 949 pouces & 1 ligne 9 points quarrés de ſurface. Il eſt vrai qu'à une ſixieme de ligne d'épaiſſeur, la piece eſt foible ; mais il ſe fait des pieces qui le ſont davantage, & qui durent. On ne

comprend pas dans ce calcul la ſuperficie des rognures ; mais c'eſt peu de choſe ; la plate devient preſque ronde en la travaillant. On n'en ſépare à la ciſaille que quelques coins. Ces rognures ſont vendues au poids par l'uſinier au maitre fondeur, qui les remet à la fonte.

Lorſque les fourrures de chauderons ou d'autres ouvrages ont reçu leur principale façon aux batteries, on les rapporte à la fonderie, où on les finit, en effaçant au marteau les marques de la batterie, & en leur donnant le poli qu'elles peuvent prendre.

Dans preſque toutes les fourrures il y a des pieces dont les parties ont été plus comprimées que d'autres, qui ont des pailles ou autres défauts ; de ſorte que quand on les déboîte, on en trouve de percées, & même en aſſez grand nombre. Voici comment on y remet des pieces.

On commence par bien nettoyer le trou, en ſéparant tout le mauvais cuivre & arrachant les bords avec des pinces quand la piece a peu d'épaiſſeur, ou les coupant à la ciſaille quand la piece eſt forte ; enſuite on martele ſur l'enclume les bords du trou, les rendant unis & égaux ; on a une piece de l'épaiſſeur convenable ; on l'applique au trou à boucher ; on prend une pointe, & ſuivant avec cette pointe les bords du trou, on trace ſa figure ſur la piece. A cette figure on en circonſcrit ſur la piece una pareille, qui l'excede d'environ deux lignes. On coupe la piece ſur ce ſecond trait ; or la dentelle ſur toute ſa circonférence, & les dents atteignent le premier trait. On replie ces dents alternativement & en ſens contraire. On applique ainſi la piece au trou ; on rabat les dents qui ſerrent les bords du trou en deſſus & en deſſous ; on rebat ſur l'enclume, & l'on ſoude le tout enſemble.

La ſoudure ſe fait d'une demi-livre d'étain fin d'Angleterre, de 30 livres de vieux cuivre & de 7 livres de zinc ; on fait fondre le mélange. Après la fuſion on le coule par petites portions dans un vaiſſeau plein d'eau, qu'on remue afin d'occaſionner la diviſion. Cela fait on retire la ſoudure de l'eau, & on la pulvériſe en la battant dans des mortiers de fer. On la paſſe pulvériſée par de petits cribles, qui en déterminent la fineſſe. Il en faut de différentes groſſeurs, ſelon les différentes épaiſſeurs des ouvrages à ſonder.

Pour faire tenir la ſoudure ſur les dents de la piece à ſouder, on en fait une pâte avec de l'eau commune, & partie égale de borax ; on en forme une trainée ſur la dentelure ; on laiſſe ſécher la trainée ; puis on paſſe la piece au feu, ou on la laiſſe juſqu'à ce que l'endroit à reboucher ait rougi.

Mais comme la couleur de la ſoudure differe de celle du cuivre, pour l'empêcher de paroître on a une eau rouſſe épaiſſe, faite de terre de potier & de ſoufre, détrempés avec de la biere, qu'on applique ſur la ſoudure ; enſuite on remet au feu, qui rend au tout une couleur ſi égale, qu'il faut être du métier pour découvrir ce défaut, ſur-tout après que l'ouvrage a été frotté avec des bouchons d'étoffe imbibés d'eau & de pouſſiere ramaſſée ſur le plancher même de l'attelier. D'ailleurs, ſoit par économie, ſoit par propreté, ſoit pour pallier les défauts, après qu'on a battu les pieces on les paſſe au tour.

Ce tour n'a rien de particulier ; c'eſt celui des potiers d'étain. Deux poupées contiennent un arbre garni d'un rouet de poulie, ſur laquelle paſſe une corde ſans fin, qui va s'envelopper auſſi ſur une grande roue, qui ſe meut par une manivelle. Le bout de l'arbre qui tient à la poupée eſt en pointe ; l'autre bout porte un plateau rond & un peu concave, ſur lequel on fixe le fond du chauderon par une piece deſtinée à cet uſage, dont la grande barre eſt concave.

Les

LAI

Les chauderons ou autres ouvrages ne manquent jamais de fouder : les pieces n'y feroient de tort qu'en cas qu'on voulût les remarteler, alors la piece se sépareroit.

Voici comment on donne le dernier poli aux ouvrages de cuivre. Après avoir passé les ouvrages à polir par les marteaux de bois sur les enclumes de fer à l'ordinaire, de maniere qu'il n'y reste aucune trace grossiere ; on les met à tremper dans la lie de vin ou de biere, pour les dépouiller du noir qu'ils ont. Eclaircis par ce moyen, on les frotte avec le tripoli, puis avec la craie & le soufre réduits en poudre, & l'on finit avec la cendre des os de mouton. L'outil dont on se sert est une lissoire de fer, qu'on promene sur toutes les moulures & autres endroits.

Lorsqu'on a martelé & allongé une plate de cuivre en lame de 10 à 12 piés de longueur, sur quatre pouces de largeur, & un tiers ou quart de ligne d'épaisseur, on la coupe en filet pour faire le fil de *laiton*. Pour cet effet on se sert d'une cisaille affermie dans un soc profondément enfoncé en terre. Cet outil ne differe des cisailles ordinaires, qu'en ce qu'il a à l'extrémité de la branche fixée dans le soc, une pointe recourbée qui dépasse les tranchans, & qui s'éleve de 3 à 4 lignes au-dessus de la tête de la cisaille. Cette pointe a une tige qui traverse toute l'épaisseur de la tête ; & comme elle peut s'en approcher ou s'en éloigner, elle détermine la dimension du fil que l'on coupe.

Pour couper la bande de cuivre, l'ouvrier la jette dans la *beuse*, *figure 18* ; car c'est ainsi qu'on appelle l'espece de boîte verticale qu'on voit dans la figure citée, qui embrasse la bande, la contient & la dirige. L'ouvrier tire la bande à lui, l'engage dans les tranchans de la cisaille, pousse une des branches du genou, & coupe. La branche qu'il pousse du genou est garnie d'un coussin. A mesure qu'il fait des filets, il les met en rouleau, comme on les voit *figure 19*.

S'il s'agissoit de mettre en filets une bande fort épaisse, on se serviroit d'un levier mobile horisontalement, & appliqué à la branche de la cisaille que l'ouvrier pousse du genou. On a des exemples de ce méchanisme dans l'attelier de fonderie que nous avons décrit plus haut, en parlant du debit des tables coulées.

Trifilerie. Cette partie de l'usine est à deux étages. Le premier est de niveau avec les batteries ; il y a une roue que l'eau fait mouvoir : cette roue n'a rien de particulier ; l'eau est portée sur elle par une beuse. A l'autre étage on voit un assemblage de charpente, composée de montans assemblés solidement par le bas dans une semelle de 11 pouces d'équarrissage, & par le haut à un sommier de plancher de 15 à 18 pouces d'équarrissage. Chacun de ces montans en ont 12 ; ils sont percés d'une mortoise chacun, d'où partent autant de leviers mobiles autour d'un boulart qui les traverse, ainsi que les montans. Ils sont encore garnis de barres de fer, nécessaires au méchanisme & à la solidité. Vers le milieu de leur longueur, ces leviers posent sur des coussins de grosse toile, ou autre matiere molle, dont on garnit les petites traverses à l'endroit où elles reçoivent le choc des leviers quand ils sont tirés. Du reste, cette trifilerie n'a rien de différent de la trifilerie du fil de fer que nous avons décrite à l'article des *grosses forges* ; *voyez* cet article. C'est la même tenaille ; c'est le même mouvement ; c'est le même effet.

La roue *a* à mantonets, *figure 20*, agit sur la traverse mobile *b* ; cette traverse *b*, en baissant, tire à elle la partie coudée *e* ; cette partie coudée *e* tire à elle les attaches de la tenaille *g* ; la tenaille *h* tirée

Tome IX.

LAI 221

serre le fil de *laiton* & l'entraîne à-travers les trous de la filiere *K*. Cependant le mantonet de la roue *a* échappe ; le levier *f* agit, repousse la partie coudée *e* ; la partie coudée *e* repousse les attaches des branches de la tenaille, fait r'ouvrir la tenaille, avance la tête de cette tenaille jusques vers la filiere ; la roue *a* continue de tourner ; un autre mantonet agit en *b*, qui retire la partie coudée *e* ; cette partie retire les attaches de la tenaille ; la tenaille se referme ; en se refermant elle resserre le fil ; le fil resserré est forcé de suivre & de passer par le trou de la filiere, & ainsi de suite.

Ce qui s'exécute d'un côté de la *figure* citée, s'exécute de l'autre. On multiplie les tenailles & les leviers à discrétion. On voit, *figure 19*, quatre leviers & autant de tenailles.

La *figure 21* montre le méchanisme de la tenaille ; 1 est l'étrier qui entre dans le bout de la partie coudée ; 2 est le tirant de l'attache des branches de la tenaille ; 3 sont les attaches de ces branches ; 4 est la tenaille ; les parties latérales 5, 6 servent à diriger la tenaille dans ses allées & venues. Le reste est le détail desassemblé de la machine.

On voit à l'extrémité de l'attelier, planche 5, une espece de fourneau avec sa grille ; c'est-là qu'on fait recuire le fil de *laiton* lorsqu'il a passé aux filieres. La chaudiere contient du suif de Moscovie, pour graisser à chaud le fil coupé sur la plate, au premier tirage seulement.

La *figure 9*, *figure 19*, est engagée dans deux crochets enfoncés dans l'établi. Il y a encore un étrier de fer contre lequel elle porte.

Il faut dans cet attelier un petit étau & des limes, pour préparer le bout du fil à passer par le trou de la filiere.

Il y a de plus une pelote de suif de Moscovie qui tient à la filiere du côté de l'introduction du fil, & qui le frotte sans cesse.

Au reste, comme il faut que dans toutes les parties de cette machine le mouvement soit doux, on doit les tenir bien graissées.

On voit d'espace en espace derriere les filieres, des montans 10 avec des chevilles ; c'est-là qu'on accroche les paquets de fil de fer à mesure qu'ils se font.

Le plan sur lequel la tenaille est posée est incliné. Sur ce plan il y a deux portions de fil de fer en arc, qui détermine la quantité de son ouverture : par cette précaution elle n'échappe jamais le fil de fer.

On voit, *figure 22*, la tenaille & ses attaches : c'est encore elle qu'on voit *figure 23* ; *a* est son profil ; *b*, une piece quarrée où entre la queue de la tenaille, & qui dirige son mouvement entre les jumelles ; *c*, la clé qui arrête sa queue dans la piece quarrée.

La *figure 24* est une piece qui s'ajuste aux attaches de la tenaille ; *e*, cette piece ; *f* & *g*, autres pieces d'assemblage.

On voit, *figure 25*. Pl. III. en *A* le dessus d'un fourneau ; en *B* la grille ; en *C* les creusets.

Les *figures 26* & *27* sont les tours à creuset & à calotte.

Le reste, ce sont les différens instrumens de la fonderie dont nous avons parlé. 1, etnet ou pince à ranger le creuset ; 2, 3, attrappe ou pince ; 4, havet ; 5, bouriquet ; 6, palette ; 7, tenaille double ; 8, polichinelle ; 9, 10, 11, divers ringards ; 12, 13, pinces ; 14, 15, autres ringards ou tourgons ; 16, batte.

Voici l'état des échantillons qu'un naturaliste, qui visite une manufacture telle que celle que nous venons de décrire, se procurera. 1, de la calamine brute, telle qu'on la tire de la mine ; 2, de la cala-

F f

mine calcinée & prête à être broyée ; 3 , du cuivre rouge ; 4, du vieux cuivre ; 4, de la tutie ; 5 , du cuivre de l'épaisseur dont on coule les tables ; 6 , du cuivre battu ; 7 , de la terre à creuset brute , préparée & recuite.

Avant l'année 1595 on battoit tous les cuivres à bras ; en 1595 les batteries furent inventées. La premiere fut établie sur la Meuse. L'inventeur obtint pour sa machine un privilège exclusif. Cette machine renversoit les établissemens anciens des fondeurs & batteurs de cuivre ; car quoique ces martincts ne fussent pas en grand nombre , elle faisoit plus d'ouvrage en un jour que dix manufacturiers ordinaires n'en pouvoient faire en dix jours. Les fondeurs & batteurs anciens songerent donc à faire révoquer le privilège ; pour cet effet ils assemblé tous leurs ouvriers avec leurs femmes & leurs enfans ; & à la tête de cette multitude , vêtue de leurs habits de travail , ils allerent à Bruxelles , se jetterent aux piés de l'Infante Isabelle , qui en eut pitié , accorda une récompense à l'inventeur des batteries , & permit à tout le monde de construire & d'user de cette machine.

Il n'y a pas deux partis à prendre avec les inventeurs de machines utiles ; il faut , ou les récompenser par le privilège exclusif , ou leur accorder une somme proportionnée à leur travail , aux frais de leurs expériences , & à l'utilité de leur invention ; sans quoi il faut que l'esprit d'industrie s'éteigne , & que les arts demeurent dans un état d'engourdissement. Le privilège exclusif est une mauvaise chose , en ce qu'il restraint du moins pour un tems les avantages d'une machine à un seul particulier , lorsqu'ils pourroient être étendus à un grand nombre de citoyens , qui tous en profiteroient.

Un autre inconvénient , c'est de ruiner ceux qui s'occupoient , avant l'invention , du même genre de travail , qu'ils sont forcés de quitter ; parce que leurs frais font les mêmes , & que l'ouvrage baisse nécessairement de prix : donc il faut que le gouvernement acquierre à ses dépens toutes les machines nouvelles & d'une utilité reconnue , & qu'il les rende publiques ; & s'il arrive qu'il ne puisse pas faire cette dépense , c'est qu'il y a eu & qu'il y a encore quelque vice dans l'administration , un défaut d'économie qu'il faut corriger.

Ceux qui réfléchissent ne seront pas médiocrement étonnés de voir la calamine, qu'ils prendront pour une terre , se métalliser en s'unissant au cuivre rouge , & ils ne manqueront pas de dire , pourquoi n'y auroit-il pas dans la nature d'autres substances propres à subir la même transformation en se combinant avec l'or , l'argent , le mercure ? Pourquoi l'art n'en prépareroit-il pas ? Les prétentions des Alchymistes ne sont donc pas mal fondées.

Il n'y a pas plus de 5 ou 6 ans que ce raisonnement étoit sans réponse ; mais on a découvert depuis que la calamine n'étoit qu'un composé de terre & de zinc ; que c'est le zinc qui s'unit au cuivre rouge , qui change sa couleur & qui augmente son poids , & que le laiton rentre dans la classe de tous les alliages artificiels de plusieurs métaux différens.

Si le cuivre rouge devient jaune par l'addition de la calamine, c'est que le zinc est d'un blanc bleuâtre, & qu'il n'est pas difficile de concevoir comment un blanc bleuâtre fondu avec une couleur rouge , donne un jaune verdâtre , tel qu'on le remarque au laiton.

La merveille que les ignorans voyent dans l'union de la calamine au cuivre rouge , & les espérances que les Alchymistes fondent sur le zinc , s'évanouissent donc aux yeux d'un homme un peu instruit.

LAITRON, s. m. (*Hist. nat. Bot.*) *sonchus*, genre de plante à fleur , composée de demi-fleurons , portés chacun sur un embryon , & soutenus par un calyce épais qui prend une figure presque conique en meurissant. Dans la suite les embryons deviennent des semences garnies d'aigrettes & attachées à la couche. Tournefort, *Inst. rei herb. Voyez* PLANTE.

Des 13 especes de *laitrons* de Tournefort , ou des 15 de Boerhaave , j'en décrirai deux généralés , qui sont les plus communes , & qui d'ailleurs font employées en Medecine , le *laitron* rude ou *épineux*, & le *laitron* doux ou *uni*.

Le *laitron* rude ou *épineux* est appellé *sonchus asper* par Gérard & autres ; *sonchus asper , laciniatus* par Tournefort J. R. H. 474 ; *sonchus minor , laciniosus, spinosus* par J. B. 2. 1026 ; en anglois *the prickly sow-thistle*.

Sa racine est fibreuse & blanchâtre ; sa tige est creuse , angulaire , cannelée , haute d'environ deux piés & chargée de feuilles , dont les plus basses sont longues , roides , dentelées par les bords , d'un verd foncé , luisantes, garnies d'épines , piquantes. Les feuilles qui croissent sur la tige , & qui l'environnent pour ainsi dire , ont deux oreilles rondelettes, & sont moins coupées que les feuilles inférieures. Ses fleurs croissent en grand nombre au sommet de la tige ; elles sont composées de demi-fleurons , & ressemblent à celles de la dent de lion, mais elles sont plus petites & d'un jaune plus pâle. La partie inférieure des pétales est panachée de pourpre. Elles sont placées dans des calices écailleux & longuets. Elles dégénerent en un duvet, qui contient des semences menues & un peu applaties.

Le *laitron* doux ou *uni*, que le vulgaire appelle *laceron doux , palais de lievre*, se nomme en Botanique , *sonchus lævis , sonchus laciniatus , latifolius, sonchus laciniatus , non spinosus* ; en anglois , *the smooth sow-thistle*.

Elle pousse une tige à trois piés de haut, creuse , tendre & cannelée. Ses feuilles sont unies , lisses & sans piquans , dentelées dans leurs bords , remplies d'un suc laiteux, rangées alternativement, les unes attachées à de longues queues , & les autres sans queues. Ses fleurs naissent aux sommités de la tige & des branches par bouquets à demi-fleurons , jaunes , quelquefois blancs. Quand ces fleurs sont passées , il leur succede des fruits , qui renferment de petites semences oblongues , brunes , rougeâtres , garnies chacune d'une aigrette.

Ces deux *laitrons* fleurissent en Mai & Juin ; ils croissent par-tout, dans les blés, dans les vignobles , sur les levées & le long des chemins. Ils rendent , quand on les broye , un suc laiteux & amer. Ils contiennent un peu de sel , semblable à l'oxysal diaphorétique de sala , dissous dans beaucoup de soufre ; d'où vient que les Medecins attribuent à ces plantes des propriétés adoucissantes, rafraîchissantes & moderément fondantes ; mais les jardiniers curieux les regardent comme des herbes pullulantes , nuisibles , qui prennent par-tout racine , à cause de leurs semences à aigrettes ; de sorte qu'ils ne cessent de les arracher de leurs jardins pour les donner au bétail, lequel s'en accommode à merveille. (*D. J.*)

LAITRON, (*Mat. med.*) *laitron* ou *laceron doux, polais de lievre* ; *laitron* ou *laceron épineux*, & *petit laitron* ou *tetre-crèpe*. Ces plantes considerées parmi les rafraîchissantes destinées à l'usage intérieur. Elles font peu d'usage. (*b*)

LAITUE, s. f. (*Hist. nat. Bot.*) *lactuca*, genre de plante à fleur , composée de plusieurs demi-fleurons , portés chacun sur un embryon , & soutenus par un calice écailleux , grêle & oblong. L'embryon devient dans la suite une semence garnie d'une aigrette. Ajoûtez aux caracteres de ce genre le port de la plante entiere. Tournefort, *Inst. rei herbariæ*. *Voyez* PLANTE.

Le mot de *laitue*, en françois comme en latin, vient du suc laiteux que cette plante répand, quand on la rompt. Tournefort compte 23 especes de *laitues*, & Boerhaave 55, dont la plûpart sont cultivées, & les autres sont sauvages.

La *laitue* que l'on cultive & que l'on forme, est très-variée en grosseur, en couleur, ou en figure. Elle est blanche, noire, rouge, pommée, crépue, lisse, découpée. De-là vient le nombre étendu de ses différentes especes, entre lesquelles il y en a trois principales d'un usage fréquent, soit en aliment, soit en guise de remede ; savoir, 1°. la *laitue* ordipaire qui n'est point pommée, *lactuca sativa, non capitata*, des Botanistes ; 2°. la *laitue* pommée, *lactuca capitata* ; 3°. la *laitue* romaine, *lactuca romana, dulcis*.

La *laitue* commune, qui n'est point pommée, a la racine ordinairement longue, annuelle, épaisse & fibreuse. Ses feuilles sont oblongues, larges, ridées, lisses, d'un verd-pâle, remplies d'un suc laiteux, agréable quand elle commence à grandir, & amer quand elle vieillit. Sa tige est ferme, épaisse, cylindrique, branchue, feuillée, haute d'une coudée & demie, & plus. Ses rameaux sont encore divisés en d'autres plus petits, chargés de fleurs, & écartés en maniere de gerbes. Ses fleurs sont composées de plusieurs demi-fleurons, jaunâtres, portés sur des embryons, & renfermés dans un calice écailleux, foible, oblong, & menu ; quand ces fleurs sont passées, il leur succede de petites semences garnies d'aigrettes, pointues par les deux bouts, oblongues, applaties, cendrées. On la seme dans les jardins.

La *laitue* pommée a les feuilles plus courtes, plus larges, plus rondes à l'extrémité que celles de la *laitue* ordinaire, plates, lisses, & formant bientôt une tête arrondie de la même maniere que le choux. Sa graine est semblable à celle de la précédente, mais noire. On seme cette *laitue* pendant toute l'année dans les potagers. On l'arrache quand elle est encore tendre, & on la transplante dans des terres fumées. Par-là ses feuilles deviennent plus nombreuses, & mieux pommées. Quand elle est panachée de blanc, de pourpre & de jaune, on l'appelle *laitue panachée* ou *laitue de Silésie*, *lactuca sativa, maxima, Austriaca, capitata, variegata*, I. R. H. 473.

La *laitue* romaine, dite *chicons* par le vulgaire, a la feuille plus étroite & plus longue, plate, sans rides & sans bossellures, peu sinuée, & garnie en-dessous de petites épines le long de la côte. Sa fleur & sa tige sont semblables à celles de la *laitue* ordinaire ; mais ses graines sont noires. On lie ensemble ses feuilles avec de la paille, quand elles grandissent, ce qui les rend plus blanches & plus tendres que les autres.

Les Botanistes connoissent aussi plusieurs sortes de *laitues* sauvages ; l'ordinaire, nommée simplement *lactuca sylvestris*, a la racine plus courte & plus petite que celle de la *laitue* cultivée. Ses feuilles sont placées sans ordre ; elles sont oblongues, mais petites, étroites, sinuées & découpées profondément des deux côtés, armées d'épines sur le long de la côte qui est au-dessous, & remplies d'un suc laiteux. Sa tige est au moins hante d'une coudée ; elle est épinçuse à son commencement, & partagée à son sommet en plusieurs petits rameaux, chargés de petites fleurs jaunes semblables à celles de la *laitue* des jardins. Quand ces fleurs sont tombées, il leur succede des semences garnies d'aigrettes & noirâtres. On trouve cette *laitue* dans les haies, sur les bords des chemins, dans les vignes & les potagers ;

elle fleurit en Juin & Juillet. Elle est d'usage en Medecine, & paroît plus détersive que la *laitue* cultivée ; son suc est hypnotique.

Il est fort surprenant que la *laitue*, plante aqueuse & presque insipide, donne dans l'analyse une si grande quantité de sel urineux, qu'on en tire davantage que de beaucoup d'autres plantes bien plus savoureuses. Son sel essentiel nitreux se change presque tout, par le moyen du feu dans la distillation, en un sel alkali, soit fixe, soit volatil.

Au reste, les *laitues* ont toujours tenu le premier rang parmi les herbes potageres ; les Romains en particulier en faisoient un de leurs mets favoris. D'abord ils les mangeoient à la fin du repas ; ensuite, sous Domitien, cette mode vint à changer, & les *laitues* leur servirent d'entrée de table. Elles sont agréables au goût, elles rafraîchissent, humectent, fournissent un chyle doux, délayé, fluide ; elles moderent l'acrimonie des humeurs par leur suc aqueux & nitreux. En conséquence, elles conviennent aux tempéramens bilieux, robustes & resserrés. Auguste, attaqué d'hypocondrie, se rétablit par le seul usage des *laitues*, d'après le conseil de Musa son premier medecin, à qui le peuple romain, dit Suétone, fit dresser pour cette cure une belle statue auprès du temple d'Esculape.

Les Pythagoriciens croyoient que les *laitues* éteignoient les feux de l'amour ; c'est pourquoi Callimaque assure que Venus, après la mort d'Adonis, se coucha sur un lit de *laitues* pour modérer la violence de sa passion ; & c'est par la même raison qu'Eubalus le comique appelle cette herbe *la nourriture des morts*. (*D. J.*)

LAITUE, (*Jardinage.*) la culture de cette plante, dont il se fait une si grande consommation, a été épuisée en France par la Quintinie, Chomel, Liger, l'auteur de l'*Ecole du potager*, &c. & en Angleterre par Bradley & Miller ; nous y renvoyons les curieux.

Nous remarquerons seulement que la graine de toutes sortes de *laitues* est aisée à recueillir, l'embarras est de l'avoir bonne. Il faut d'abord préférer celle des *laitues* qui ont été semées de bonneheure au printemps, ou qui ont passé l'hiver en terre. Quand vos *laitues* montent en fleurs, on choisit les piés dont on veut avoir la graine, & on les accôte les uns après les autres tout debout contre les lates des contre-espaliers, où on les laisse bien mûrir & dessécher ; ensuite on les coupe, & on les étend sur un gros linge, dans un lieu sec, pour faire encore ressécher les graines. On bat la plante quand la graine est bien seche, on la nettoye de sa bâle, on la serre dans un endroit où les sours & la vermine n'ayent point accès, en mettant chaque espece de graine à part. Malgré ces précautions, il arrive souvent que les graines bien recueillies, bien choisies, sans mélange, bien séchées, bien conservées, dégénerent si on les reseme dans le même jardin où elles ont été recueillies ; c'est pourquoi il faut avoir un correspondant assuré, qui recueille comme vous tous les ans la graine dont vous avez besoin, & en faire un échange avec lui ; tous les deux y trouveront leur avantage. Cette derniere observation mérite l'attention des Fleuristes, qui doivent sur-tout la mettre en pratique pour les fleurs qu'ils cultivent. (*D. J.*)

LAITUE, (*Diete & Mat. med.*) on connoit assez les usages diététiques des différentes especes de *laitues* que nous cultivons dans nos jardins ; on les mange en salade, on les fait entrer dans les potages & dans plusieurs ragoûts ; on sert encore la *laitue* cuite à l'eau & convenablement assaisonnée sous différentes viandes rôties.

La *laitue* est fade & très-aqueuse ; elle fournit

donc un aliment peu ftimulant qui convient par conféquent aux eftomacs chauds & fenfibles ; par une fuite des mêmes qualités, elle doit rafraichir, tenir le ventre libre, difpofer au fommeil, &c. furtout lorfqu'on la mange crue & en grande quantité, comme les gens du peuple le font prefque journellement à Paris pendant l'été : car il eft bien difficile d'évaluer l'effet de quelques feuilles de *laitue* mangées en falade dans un repas compofé de différens mets. La *laitue* cuite mangée avec le potage ou avec les viandes, ne peut prefque être regardée que comme une efpece d'éponge chargée de jus ou de bouillon.

Ses propriétés medicinales fe réduifent auffi à rafraichir & à relâcher, ou, ce qui eft la même chofe, la *laitüe* eft vraiment diluante & émolliente. *Voyez* DILUANT & ÉMOLLIENT.

C'eft à ce titre qu'on fait entrer fes feuilles dans les bouillons & les apozemes rafraichiffans, dans les lavemens émolliens & relâchans, dans les décoctions émollientes deftinées à l'ufage extérieur, dans les cataplafmes, &c.

Les Medecins ont obfervé depuis long-tems une vertu narcotique dans les *laitues*. Galien rapporte que dans fa vieilleffe il ne trouva point de meilleur remede contre les infomnies, auxquelles il fut fujet, que de manger des *laitues* le foir, foit crues, foit bouillies.

Le même auteur avance que le fuc exprimé de *laitua*, donné à la dofe de deux onces, eft un poifon mortel, quoique les feuilles prifes en une beaucoup plus grande quantité qu'il n'en faut pour en tirer ce fuc, ne faffent aucun mal. Cette prétention, que les Medecins ont apparemment divulguée, car elle eft en effet fort connue, eft démentie par l'expérience.

Les *laitues* ont paffé pour diminuer la femence & le feu de l'amour ; on les a accufées auffi d'affoiblir la vûe fi l'on en faifoit trop d'ufage ; mais ce font encore ici des erreurs populaires.

Les femences de *laitue*, qui font émulfives, font comptées parmi les quatre femences froides mineures. *Voyez* SEMENCES FROIDES.

On conferve dans les boutiques une eau diftillée de *laitue* qui n'eft bonne à rien. *Voyez* EAUX DISTILLÉES.

Les feuilles de *laitue* entrent dans l'onguent populeum ; fes femences dans le fyrop de jujube, dans celui de tortue & dans les *requies Nicolai*. (*b*)

LALA, f. m. (*Hift. mod.*) titre d'honneur que donnent les fultans aux vifirs & à un grand de l'empire. Suivant fon étymologie, il fignifie *tuteur*, parce qu'ils font les gardiens & les tuteurs des freres du fultan. *Voyez* Cantemir, *hift. othomane*.

LALAND, *Lalandia*, (*Géog.*) petite île du royaume de Danemark, dans la mer Baltique ; elle eft très-fertile en blé. Elle n'a aucune ville, mais feulement quelques lieux fortifiés, comme Naxchow, Parkoping, Nyfted. Cette île a huit milles d'orient en occident, & cinq du nord au fud. Longit. 29. 20—55. lat. 54. 48—53. (*D.J.*)

LALETANI, (*Géog. anc.*) ancien peuple d'Efpagne, qui faifoit partie de la Catalogne d'aujourd'hui, & occupoit Barcelone, & les environs. (*D. J.*)

LALLUS, f. m. (*Hift. anc. Mythol.*) nom d'une divinité des anciens qui étoit invoquée par les nourices pour empêcher les enfans de crier, & de faire dormir. C'eft ce que prouve un paffage d'Aufone :

Hic ifte qui natus tibi
Flos flofculorum Romuli,
Nutricis inter lemmata
Lallique fomniferos modos
Sucfcat peritis fabulis
Simul jocari & difcere,

Peut-être auffi n'étoient-ce que des contes ou des chanfons qu'on faifoit aux petits enfans pour les faire dormir. *Voyez Ephemérides natur. curiof. Centutia VI & VI.*

LALONDE, f. f. (*Hift. nat. Bot.*) efpece de jaffemin de l'île de Madagafcar. Il a les feuilles plus grandes que celui d'Europe ; il croît en arbriffeau, fans ramper ni s'attacher à d'autres arbres. Sa fleur répand une odeur merveilleufe.

LAMA, f. m. (*terme de Relation.*) Les *lamas* font les prêtres des Tartares afiatiques, dans la Tartarie chinoife.

Ils font vœu de célibat, font vêtus d'un habit particulier, ne treffent point leurs cheveux, & ne portent point de pendans d'oreilles. Ils font des prodiges par la force des enchantemens & de la magie, récitent de certaines prieres ne lui parlant qu'à genoux, font chargés de l'inftruction des peuples, & ne favent pas lire pour la plûpart, vivent ordinairement en communauté, ont des fupérieurs locaux, & audeffus de tous, un fupérieur général qu'on nomme le *dalaï-lama*.

C'eft-là leur grand pontife, qui leur confere les différens ordres, décide feul & defpotiquement tous les points de foi fur lefquels ils peuvent être divifés ; c'eft, en un mot, le chef abfolu de toute leur hiérarchie.

Il tient le premier rang dans le royaume de Tongut par la vénération qu'on lui porte, qui eft telle que les princes tartares ne lui parlent qu'à genoux, & que l'empereur de la Chine reçoit fes ambaffadeurs, & lui en envoie avec des préfens confidérables. Enfin, il s'eft fait lui-même, depuis un fiécle, fouverain temporel & fpirituel du Tibet, royaume de l'Afie, dont il eft difficile d'établir les limites.

Il eft regardé comme un dieu dans ces vaftes pays ; l'on vient de toute la Tartarie, & même de l'Indoftan, lui offrir des hommages & des adorations. Il reçoit toutes ces humiliations de deffus un autel, pofé au plus haut étage du pagode de la montagne de Pontola, ne fe découvre & ne fe leve jamais pour perfonne ; il fe contente feulement de mettre la main fur la tête de fes adorateurs pour leur accorder la rémiffion de leurs péchés.

Il confere différens pouvoirs & dignités aux *lamas* les plus diftingués qui l'entourent ; mais dans ce grand nombre, il n'en admet que deux cens au rang de fes difciples, ou de fes favoris privilégiés ; & ces deux cens vivent dans les honneurs & l'opulence, par la foule d'adorateurs de préfens qu'ils reçoivent de toutes parts.

Lorfque le grand *lama* vient à mourir, on eft perfuadé qu'il renait dans un autre corps, & qu'il ne s'agit que de trouver en quel corps il a bien voulu prendre une nouvelle naiffance ; mais la découverte n'eft pas difficile, ce doit être, & c'eft toujours dans le corps d'un jeune *lama* privilégié qu'on entretient auprès de lui ; & qu'il a par fa puiffance défigné fon fucceffeur fecret au moment de fa mort.

Ces faits abrégés, que nous avons puifés dans les meilleures fources, doivent fervir à porter nos réflexions fur l'étendue des fuperftitions humaines, & c'eft le fruit le plus utile qu'on puiffe retirer de l'étude de l'Hiftoire. (*D.J.*)

LAMA, (*Géog. anc.*) ancienne ville de la Lufitanie, au pays des Vettons, felon Ptolomée, *liv. II. chap. v.* Quelques-uns croient que c'eft *Lamégal*, village de Portugal, dans la province de Trallos-mortes, à 7 lieues nord de Guarda. (*D.J.*)

LAMANAGE, f. m. (*Marine.*) c'eft le travail & la manœuvre que font les matelots ou mariniers pour entrer dans un port & dans une riviere, ou pour en fortir, fur-tout lorfque l'entrée en eft difficile.

LAM LAM

LAMANEUR, f. m. (*Marine.*) pilote *lamaneur*, Locman. Ce font des pilotes pratiques des ports & des entrées des rivieres, qui y font leur réfidence, & que l'on prend pour l'entrée & la fortie de ces endroits, lorfqu'on ne les connoit pas bien, ou qu'il y a des dangers ou des bancs qu'il faut éviter. L'ordonnance de la marine de 1681, *liv. IV. tit. III.* traite des pilotes *lamaneurs*, de leurs fonctions, de l'examen qu'ils doivent fubir avant d'être reçus, de leurs falaires, de leurs privileges, & des peines auxquelles ils font condamnés, fi par ignorance ou par méchanceté ils avoient caufé la perte d'un bâtiment, qu'ils feroient chargés de conduire. Voici comment l'ordonnance s'explique à ce fujet, *art. xviij.* « Les *lamaneurs* qui par ignorance » auront fait échouer un bâtiment, feront condam- » nés au fouet, & privés pour jamais du pilotage; » & à l'égard de celui qui aura malicieufement jetté » un navire fur un banc ou rocher, ou à la côte, » il fera puni du dernier fupplice, & fon corps at- » taché à un mât planté près le lieu du naufrage ».

LAMANTIN, *manati*, f. m. (*Hift. nat.*) animal amphibie, qui a été mis au nombre des poiffons par plufieurs naturaliftes, & qui a été regardé comme un quadrupede par ceux qui l'ont mieux obfervé. Cet animal a beaucoup de rapport à la vache marine, & au phoca ou veau de mer; il paroit qu'il doit paffer comme eux pour quadrupede. Le *lamantin* a depuis dix jufqu'à quinze piés de longueur, & même davantage, & fix ou fept piés de largeur; il pefe depuis foixante-dix jufqu'à cent ou deux cent livres; on prétend même qu'il s'en trouve du poids de neuf cent livres. La tête eft oblongue, ronde; elle a quelque reffemblance avec celle d'un bœuf; mais le muffle eft moins gros, & le menton eft plus épais; les yeux font petits; il n'y a que de petits trous à l'endroit des oreilles; les levres font grandes; il fort de la bouche deux dents longues d'un ampan, & groffes comme le pouce; le col eft très-gros & fort-court; cet animal a deux bras courts, terminés par une forte de nageoire compofée comme une main de cinq doigts qui tiennent les uns aux autres par une forte membrane, & qui ont des ongles courts: c'eft à caufe de ces fortes de mains que les Efpagnols ont appellé cet animal *manatus* ou *manati*; il n'y a aucune apparence de piés à la partie poftérieure du corps qui eft terminée par une large queue. Les *lamantins* femelles ont fur la poitrine deux mammelles arrondies; celles d'un individu long de quatorze piés neuf pouces, avoient fept pouces de diametre, & quatre pouces d'élévation; le mammelon étoit long de deux ou trois pouces d'élévation, & avoit un pouce de diametre. Les parties de la génération reffemblent à celles des autres quadrupedes, & même à celles de l'homme & de la femme. La peau du *lamantin* eft épaiffe, dure, prefqu'impénétrable, & revêtue de poils rares, gros, & de couleur cendrée ou mêlée de gris & de brun.

Cet animal broute l'herbe & l'algue de mer fur les bords de l'eau fans en fortir; on prétend qu'il ne peut pas marcher, & qu'étant engagé dans quelque anfe, d'où il ne puiffe pas fortir avec le reflu, il demeure fur le fable, fans pouvoir s'aider de fes bras; d'autres affurent qu'il marche, ou au moins qu'il fe traine fur la terre; il jette des larmes; il fe plaint lorfqu'on le tire de l'eau; il a un cri, il foupire; c'eft à caufe de cette forte de lamentation qu'il a été appellé *lamantin*; ce gémiffement ell bien différent du chant: cependant on croit que cet animal a donné lieu à la fable des firennes: lorfqu'il porte fes petits entre fes bras, & qu'on le voit hors de l'eau avec fes mamelles & fa tête, on pourroit peut-être y appercevoir quelques rapports avec la figure chimérique des firennes. Le *lamantin* aime

l'eau fraîche; auffi ne s'éloigne-t-il guere des côtes: on le trouve à l'embouchure des grandes rivieres, en divers lieux de l'Afrique, dans la mer rouge, dans l'île de Madagafcar, à Manaar près de Ceylan, aux îles Moluques, Philippines, Lucayes, & Antilles, dans la riviere des Amazonnes; au Brefil, à Surinam, au Pérou, &c. Cet animal eft timide; il s'apprivoife facilement; fes principaux ennemis font le crocodile & le requin; il porte ordinairement deux petits à-la-fois; lorfqu'il les a mis bas, il les approche de fes mammelles avec fes bras; ils fe laiffent prendre avec la mere, lorfqu'elle n'a pas encore ceffé de les nourrir. La chair du *lamantin* eft très-bonne à manger, blanche & fort faine: on la compare pour le goût à celle du veau, mais elle eft plus ferme; fa graiffe eft une forte de lard qui a jufqu'à quatre doigts d'épaiffeur, ou en fait des lardons & des bardes pour les autres viandes; on le mange fondu fur le pain comme du beurre; il ne fe rancit pas fi aifément que d'autres graiffes; on trouve dans la tête du *lamantin*, quatre pierres de différentes groffeurs, qui reffemblent à des os: elles font d'ufage en Medecine.

On tue le *lamantin* tandis qu'il pait fur le bord des rivieres; lorfqu'il eft jeune, il fe prend au filet. Dans le continent de l'Amérique, lorfque les pêcheurs voient cet animal nager à fleur d'eau, ils lui jettent depuis leur barque ou leur canot, des harpons qui tiennent à une corde menue mais forte. Le *lamantin* étant bleffé, s'enfuit: alors on lâche la corde à l'extrémité de laquelle eft lié un morceau de bois ou de liege, pour l'empêcher d'être fubmergé entierement, & pour en faire appercevoir le bout: le poiffon ayant perdu fon fang & fes forces, aborde au rivage. *Voyez* l'*Hift. nat. des animaux*, par MM. Arnauld de Nobleville, & Salerne, *tom. V. Voyez* QUADRUPEDE.

LAMAO, (*Géog.*) petite île de l'Océan oriental, à 4 lieues de la côte de la Chine; elle eft dans un endroit bien commode, entre les trois grandes villes de Canton, de Thienchen, & de Chinchen. (*D. J.*)

LAMBALE, (*Géog.*) petite ville de France dans la haute-Bretagne, chef-lieu du duché de Penthievre, au diocèfe de Saint Brieux, à cinq lieues de cette ville, & à quinze de Rennes. *long.* 15. 4. *lat.* 48. 28.

C'eft au fiege de *Lambale* en 1591, que fut tué le fameux François de la Noue, furnommé *Bras-de-fer*; il eut le bras fracaffé d'un coup de canon en 1570 à l'action de Fontenay; on le lui coupa, & on lui en mit un poftiche de ce métal. La Noue étoit tout enfemble le premier capitaine de fon tems, le plus humain & le plus vertueux. Ayant été fait prifonnier en Flandres en 1580, après un combat defefpéré, les Provinces-unies offrirent pour fon échange le comte d'Egmont, le Comte de Champigni, & le Baron de Selles: mais plus ils témoignoient que cette offre finguliere l'idée qu'ils avoient du mérite de la Noue, moins Philippe II. crut devoir acquiefcer à fon élargiffement; il ne l'accorda que cinq ans après, fous condition qu'il ne ferviroit jamais contre lui; que fon fils Téligny, alors prifonnier du duc de Parme, refteroit en ôtage, & qu'en cas de contravention, la Noue payeroit cent mille écus d'or. Général des troupes, il n'avoit pas cent mille fols de bien. Henri IV. par un fentiment héroïque, répondit pour lui, & engagea pour cette fomme les terres qu'il poffédoit en Flandres. Les ducs de Lorraine & de Guife voulurent auffi par des motifs de politique, devenir cautions de ce grand homme; il a laiffé des mémoires rares & précieux. Amyrant a donné fa vie; tous les Hiftoriens l'ont comblé d'éloges; mais perfonne n'en a parlé plus fouvent, plus dignement, & avec plus d'admiration que M. de Thou, *l'y c.*

le, fi vous êtes encore fenfible au noble récit des belles chofes. (*D. J.*)

LAMBDA, f. m. (*Gramm.*) *Voyez l'art.* L.

LAMBDOIDE, adj. maf. *en Anatomie*, eft le nom que l'on donne à la troifieme future propre du crâne, parce qu'elle a la figure d'un *lambda* grec. *Voyez* SUTURE.

On la nomme quelquefois par la même raifon, *ypfiloïde*, comme ayant quelque reffemblance avec l'*upfilon* grec. *Voyez* UPSILOÏDE.

On appelle angle *lambdoïde*, une apophyfe de l'os des tempes, qui forme une partie de cette future.

LAMBEAU, f. m. (*Gramm. & Art. méchaniq.*) morceau d'étoffe déchirée. Mettre en *lambeaux*, c'eft déchirer. *Voyez les art. fuiv.*

LAMBEAU, (*Chapellier.*) c'eft un morceau de toile neuve & forte, qui eft taillée en pointe, de la forme des capades, & que l'on met entre chacune, pour les empêcher de fe joindre, ou, comme ils difent, de fe feutrer enfemble, tandis qu'on les baftit, pour en former un chapeau. C'eft proprement le *lambeau* qui donne la forme à un chapeau, & fur lequel chaque capade fe moule. *Voyez* CHAPEAU *& nos fig.*

LAMBEAU, *terme de Chaffe*, c'eft la peau velue du bois de cerf qu'il dépouille, & qu'on trouve au pié du freoueur.

LAMBEL, f. m. (*Blafon.*) efpece de brifure la plus noble de toutes ; elle fe forme d'un filet qui fe place ordinairement au milieu & le long du chef de l'écu, fans qu'il touche fes extrémités. Sa largeur doit être de la neuvieme partie du chef ; il eft garni de pendans qui reffemblent au fer d'une coignée, ou plûtôt aux gouttes de la frife de l'ordre dorique, qu'on voit fous les triglyphes. Quand il y a plus de trois pendans, il en faut fpécifier le nombre. Il y en a quelquefois jufqu'à fix dans les écus de cadets. Le *lambel* diftingue les cadets des aînés.

LAMBESC, (*Géog.*) en latin moderne, *lambefcum*, petite ville de France en Provence, à 4 lieues d'Aix. *Long.* 23. 7. *lat.* 43. 32. (*D. J.*)

LAMBESE, *lambæfa*, (*Géog. anc.*) ancienne ville d'Afrique dans la Numidie, dont Antonin & Ptolomée parlent plus d'une fois ; elle étoit un des fiéges épifcopaux du pays. Il s'y tint un concile vers l'an 240 de J. C. Baudrand dit que c'eft une ville de Barbarie, au royaume d'Alger & de Conftantine, fur la riviere de Suffegmar ; il la nomme *lambefca*, (*D. J.*)

LAMBITIF, adj. *terme de Pharmacie*, qui n'eft pas fort en ufage ; il fignifie un médicament qu'on prend en féchant au bout d'un bâton de régliffe.

C'eft la même chofe que ce qu'on appelle autrement *linetus*, *looch*, & *éclegme*. *Voyez* LOOCH.

LAMBOURDES, f. f. (*Jardinage.*) ce font de petites branches, maigres, longuettes, de la groffeur d'un fétu, plus communes aux arbres à pepin, qu'aux fruits à noyaux. Ces branches ont des yeux plus gros & plus ferrés que les branches à bord, & jamais elles ne s'élevent droit comme elles, mais toujours fur les côtés, & en maniere de dard. On peut dire des *lambourdes* font les fources fécondes des fruits ; c'eft d'elles principalement que naiffent les bons boutons. La coutume eft de les caffer par les bouts, à deffein de les décharger, & de peur qu'elles n'aient à nourrir par la fuite un trop grand nombre de boutons à fruit qui avorteroient.

LAMBOURDES, (*Charpente.*) ce font des pieces de bois que l'on met le long des murs & le long des poutres, fur des corbeaux de bois, de fer ou de pierre pour foutenir les bouts des folives lorfqu'elles ne portent point dans les murs ni fur les poutres. *Voyez nos fig.*

LAMBREQUIN, f. m., *terme de Blafon*, les *lambrequins* font des volets d'étoffes découpés, qui defcendant du cafque, coëffent & embraffent l'écu pour lui fervir d'ornement. Quelques-uns difent *lamoquin*, d'autres *lambrequin* ; & il y en a qui croient que le mot de *lambrequin* eft venu de ce qu'ils pendoient en lambeaux ; & étoient tout hachés des coups qu'ils avoient reçus dans les batailles. Ceux qui font formés de feuillages entremêlés les uns dans les autres, font tenus plus nobles que ceux qui ne font compofés que de plumes naturelles. Le fond & le gros du corps des *lambrequins* doivent être de l'émail du fond & du champ de l'écu ; mais c'eft de fes autres émaux qu'on doit faire leurs bords. Les *lambrequins* étoient l'ancienne couverture des cafques, comme la cotte d'armes étoit celle du refte de l'armure. Cette efpece de couverture préfervoit les cafques de la pluie & de la poudre, & c'étoit par-là que les chevaliers étoient reconnus dans la mêlée. On les faifoit d'étoffe, & ils fervoient à foutenir & à lier les cimiers qu'on faifoit de plumes. Comme ils reffembloient en quelque façon à des feuilles d'acanthe ; quelques-uns les ont appellés *feuillards* ; on les a mis quelquefois fur le cafque en forme de bonnet, élevé comme celui du doge de Venife ; & leur origine vient des anciens chaperons qui fervoient de coëffure aux hommes & aux femmes. *Voyez le dictionnaire de Trévoux & nos pl. de Blafon.*

LAMBRIS, f. m. (*Archit.*) mot général qui fignifie en terme de maçonnerie, toutes fortes de platfonds & ouvrages de maçonnerie, dont on revêt les murailles fur les lattes ; car encore que le mot de *lambris* fe prenne particulierement pour ce que les Latins appellent *lacunar*, c'eft-à-dire tout ce qui eft au-deffus de la tête ; il défigne auffi tout enduit de plâtre foutenu par des lattes, formant des cloifons.

On appelle encore *lambris*, en terme de menuiferie, tout ouvrage de menuiferie dont on revêt les murs d'un appartement, tant par les côtés, que dans le platfond.

Il eft bon de favoir à ce fujet, que quand on attache les *lambris* contre les poutres & les folives, il faut laiffer du vuide ou des petits trous, pour que l'air y paffe, & qu'il empêche que du bois appliqué contre de l'autre bois, ne s'échauffe ; car il peut arriver des accidens par les *lambris* attachés aux planchers contre les folives ou poutres, que la pefanteur du bois fait affaiffer, ou qui viennent à dépérir & à fe gâter, fans que l'on s'en apperçoive.

On dore, on peint, on vernifte, on enrichit de tableaux les *lambris* de nos appartemens. On en faifoit de même à Rome ; mais les *lambris* dorés ne s'y introduifirent qu'après la deftruction de Carthage. On commença fous la cenfure de Lucius Mummius par dorer ceux du capitole ; ainfi de la dorure des *lambris* de nos chapelles, nous fommes venus à celle de nos cabinets ; enfin les termes de luxe fe font multipliés fur ce fujet avec les ouvrages qui s'y rapportent.

On appelle donc *lambris d'appui*, le *lambris* qui n'a que deux, trois ou quatre piés dans le pourtour d'une piece.

Lambris de revêtement, defigne un *lambris* qui prend depuis le bas jufqu'au haut.

Lambris de demi-revêtement, eft celui qui ne paffe pas la hauteur de l'attique de la cheminée, & au-deffus duquel on met de la tapifferie.

Lambris feint, eft un *lambris* de couleur, fait par compartimens, qui imitent un véritable *lambris*.

Lambris de marbre, eft un revêtement par divers compartimens de marbre, qui eft ou à rafe, c'eft-à-dire fans faillie, comme aux embrafures des croifées de Verfailles ; ou avec des faillies, comme à l'efcalier de la reine du même château. On fait de tels *lambris* de trois hauteurs, comme dans la menuiferie.

Le mot *lambris*, vient, felon les uns, de *ambrices*,

qui dans Festus signifie des *lattes* ; selon Ménage, de *imbrex*, une *tuile*, en y ajoutant l'article ; & selon le P. Pezron, du celtique *lambrusq*, qui désigne un *panneau de menuiserie*, fait pour revêtir les murs d'un appartement. Le lecteur peut choisir entre ces trois étymologies. (*D. J.*)

LAMBRO, LE, (*Géogr.*) *Lambras* dans Pline, riviere d'Italie dans la Lombardie au Milanez. Elle a sa source près de Pescaglio, entre le lac de Côme & le lac de Lecco, entre dans Lodésan, & se perd dans le Pô, à sept milles au-dessus du Pont de Plaisance. (*D. J.*)

LAMÉ, s. f. (*Gramm.*) se dit en général de toute portion de métal, plate, longue, étroite & mince. *Voyez* aux articles suivans différentes acceptions *de ce mot*.

LAMES inférieures du nez, (*Anatom.*) c'est la même chose que ce qu'on nomme les *cornets inférieurs du nez*.

Presque tous les anatomistes font des *lames* inférieures du nez, deux os spongieux particuliers de la tête, roulés en maniere de coquille, un dans chaque narine, & formant dans quelques sujets par un jeu de la nature, une continuité avec l'os ethmoïde ; mais ce n'est point par un jeu de la nature que les cornets inférieurs du nez forment une continuité avec l'os ethmoïde, c'est qu'ils en font réellement une portion, & que par conséquent on peut se retrancher du nombre des os, qu'on compte ordinairement dans la tête.

Comme les *lames* osseuses qui font leur union avec l'os ethmoïde, ou avec l'os unguis, ou avec l'os maxillaire, sont très-minces & très-fragiles, on les casse presque toujours, & d'autant plus facilement qu'ils sont retenus avec l'os maxillaire par leur apophyse en forme d'oreille, qui est engagée dans le sinus maxillaire.

Les cornets inférieurs se soudent avec l'os du palais, & ensuite avec l'os maxillaire ; mais cette union ne les doit pas faire regarder comme faisant partie de l'un ou de l'autre de ces os : presque tous les os qui se touchent, s'unissent & se fondent ensemble avec l'âge, les uns plutôt, les autres plus tard. D'une piece osseuse peut être regardée comme un os particulier, lorsque dans l'âge où les os sont bien formés, on ne trouve point entr'elles & les pieces voisines une continuité non interrompue d'ossification.

Pour avoir un os ethmoïde auquel les cornets inférieurs restent attachés, il n'y a qu'à choisir une tête où ces cornets ne soient point encore soudés avec les os du palais & les os maxillaires ; on ouvrira le sinus maxillaire par sa partie externe, & on détruira le bord de l'os maxillaire, sur lequel l'oreille du cornet inférieur est appliquée ; pour ne point en même tems détacher le cornet de l'os ethmoïde, il faut un peu d'adresse & de patience, & avec cela ne réussit-on pas toujours.

L'oreille du cornet étant ainsi dégagée, l'os maxillaire qui suit ordinairement l'os du palais, & le cornet reste attaché à l'os ethmoïde.

Au reste, il n'est pas besoin de cette préparation, si l'on veut seulement s'assurer de la continuité des *lames spongieuses inférieures* avec l'os ethmoïde ; il ne faut que consulter les têtes où il n'y a rien de détruit, on verra presque toujours que du bord supérieur de chaque cornet inférieur, s'éleve une *lame* qui va s'attacher à l'os ethmoïde ; & lorsque les cornets inférieurs sont séparés de l'os ethmoïde, on apperçoit sur leur bord supérieur, de petites éminences osseuses qui ne paroissent être que les restes de la *lame* rompue. (*D. J.*)

LAME D'EAU, (*Hydr.*) est, à proprement parler, un jet applati, tel qu'en vomissent les animaux qui accompagnent les fontaines. Ces jets applatis sont de vrais parallélogrames. *Voyez* JET-D'EAU. (*K*)

LAME, (*Marine.*). Ce sont les flots ou vagues que la mer pousse les uns contre les autres ; il y a des côtes le long desquelles la mer forme des *lames* si grosses, qu'il est très-difficile d'y pouvoir débarquer sans courir le risque de voir les chaloupes renversées ou remplies par ces *lames*. On dit la *lame vient du levant* ou *de l'arriere*, c'est-à-dire, que le vent pousse la vague contre l'avant ou contre l'arriere du vaisseau. *La lame vient du large ; la lame prend par le travers*, c'est-à-dire que les vagues ou les flots donnent contre le côté du vaisseau.

La *lame* est courte, se dit lorsque les vagues de la mer se suivent de près les unes des autres.

La *lame* est longue lorsque les vagues se suivent de loin & lentement.

LAME *à deux tranchans*, (*Ardois.*) le corps du marteau dont les couvreurs se servent pour couper l'ardoise.

LAME, (*Boutonnier.*) c'est de l'or ou de l'argent, trait fin ou faux, qu'on a battu & applati entre deux rouleaux d'acier poli, pour le mettre en état d'être facilement tortillé ou filé sur un brin de soie ou de fil.

Quoique l'or & l'argent en *lame* soit presque toujours destiné à être filé sur la soie ou le fil, on ne laisse pas que d'en employer sans être filé dans la fabrique de quelques étoffes & rubans, & même dans les broderies, dentelles, galons & autres ouvrages semblables pour les rendre plus riches & plus brillans.

LAMES, (*Soieries.*) partie du battant. Ce sont, dans le métier à fabriquer des étoffes, des planches de noyer de cinq à six pouces de large, d'un pouce d'épaisseur, pour soutenir & porter le dessus du battant au moyen d'une mortaise juste & bien chevillée, pratiquée de chaque côté. Le dessus du battant ou la poignée a même une mortaise de chaque côté, dans laquelle elle entre librement pour laisser la facilité de la lever & faciliter l'un, quand on veut sortir le peigne. *Voyez* BATTANT. Il y a aussi une partie qu'on appelle *potte-lame*. *Voyez* MÉTIER EN SOIE, *à l'article* SOIERIE.

LAME, (*Fourbisseur.*) on appelle ainsi la partie des épées, des poignards, des bayonnettes & autres armes offensives, qui perce & qui tranche. On dit aussi la *lame* d'un couteau, la *lame* d'un rasoir, pour exprimer la partie de ces ustensiles de ménage qui coupe ou qui rase. Toutes ces sortes de *lames* sont d'acier très-fin, ou du moins d'acier moyen. Les *lames* des armes se font par les fourbisseurs, & celles des couteaux par les couteliers. *Voyez* FOURBISSEUR & COUTELIER.

La bonne qualité d'une *lame* d'épée est d'être bien pliante & bien évidée : on en fait à arrête, à dos & à demi-dos.

Les *lames* de damas & d'Angleterre sont les plus estimées pour les étrangers ; & celles de Vienne en Dauphiné pour celles qu'on fabrique en France.

Voyez les différentes sortes de *lames* & leur profil, au bas de la planche du *Fourbisseur au moulin*.

LAMES, CONTRE-LAMES, (*terme de manufacture*) ce sont, dans les métiers des faiseurs de gazes, trois tringles de bois qui servent à tirer ou baisser les lisses, c'est pourquoi on les appelle aussi *tirelisses*. *Voyez* GAZE.

LAME signifie en général parmi les *Horlogers* une *petite bande* d'acier, un peu longue & sort mince ; mais elle s'entend particulierement de la bande d'acier trempé mince & sort longue, dont est formé le grand ressort d'une montre ou d'une pendule. Cependant lorsque ce ressort est dans le barillet, ils regardent alors chacun de ses tours comme autant de *lames*. C'est en ce sens qu'ils disent que les *lames* d'un ressort ne doivent point se frotter, lorsqu'il se débande. *Voyez* RESSORT.

LAME, *en terme de Lapidaire*, n'est autre chose qu'une *lame* de couteau, dont l'ébaucheur se sert pour hacher sa roue.

LAMES, (*à la monnoie*.) ce sont des bandes minces de métal, soit d'or, d'argent, ou de billon, formées & jettées en moule d'une épaisseur conséquente à l'espece de monnoie que l'on veut fabriquer.

Les *lames*, avant de passer au coupoir, sont ébarbées, dégrossies, recuites & laminées.

LAMES *les*, (*Rubanier*) ce sont de petites barres de bois que les marches font baisser par le moyen de leurs lacs ; elles sont plates & enfilées par leur tête dans deux broches ou boulons de fer qui traversent leurs chassis, qui est lui-même couché & arrêté sur les traverses du métier ; leur usage est de faire hausser la haute lisse, au moyen de leurs tirans qui redescendent ensuite par le poids de la platine, lorsque l'ouvrier quitte la marche qu'il enfonçoit ; il y en autant que de marches. *Voyez* MARCHES.

LAME PERCÉE, (*Rubanier*) est une barre étroite & mince comme une lame, *voyez* LAMES, attachée par les deux bouts dessus ou dessous les deux barres de long du métier à frange ; cette *lame* fixe est percée de plusieurs trous, pour donner passage aux tirans des lisettes ; ces tirans, au nombre de deux (puisqu'il n'y a que deux lisettes), ont chacun un nœud juste à l'endroit où ils doivent s'arrêter dessus la *lame percée* ; ces nœuds n'empêchent pas que ces tirans ne puissent baisser, lorsqu'ils sont tirés par les marches, mais bien de remonter au-delà d'eux, sans quoi le bandage de derriere & qui les fait mouvoir, entraîneroit tout à lui.

LAME, (*Tapissier*) c'est cette partie du métier de bassesisser, qui est composée de plusieurs petites ficelles attachées par haut & par bas à de longues tringles de bois, appellées *liais*. Chacune de ces ficelles, que l'on nomme *lisse*, a sa petite boucle dans le milieu faite de la même ficelle, ou son petit anneau de fer, de corne, d'os, de verre ou d'émail, à travers desquels sont passés les fils de la chaîne de la piece que l'on veut fabriquer.

LAME, (*Tireur d'or*.) les Tireurs d'or appellent ainsi l'or ou de l'argent trait fin ou faux, qu'on a battu ou écaché entre deux petits rouleaux d'acier poli, pour le mettre en état de pouvoir être facilement tortillé ou filé sur de la soie ou du fil de chanvre ou de lin.

Quoique l'or & l'argent en *lame* soient presque tout destinés à être filés sur la soie ou sur le fil, on ne laisse pas cependant d'en faire entrer de non-filé dans la composition de quelques étoffes, même de certaines broderies, dentelles & autres semblables ouvrages, pour les rendre plus brillantes & plus riches. *Voyez* OR.

LAME, chez les *Tisserands* & autres ouvriers qui travaillent avec la navette, signifie la partie de leur métier, qui est faite de plusieurs petites ficelles attachées par les deux bouts à de longues tringles de bois, appellées *liais*.

Chacune de ces ficelles, appellées *lisses*, a dans son milieu une petite boucle de la même corde, ou un petit anneau de fer, d'os &c. à-travers desquels sont passés les fils de la chaîne de la toile que l'on veut travailler.

Les *lames*, qui sont suspendues en l'air par des cordes passées dans des poulies au haut du métier des deux côtés, servent par le moyen des marches qui sont en bas, à faire hausser & baisser alternativement les fils de la chaîne, entre lesquels on glisse la navette, pour porter successivement le fil de la treme d'un côté à l'autre du métier.

LAMES, *au jeu de trictrac*, certaines marques longues terminées en pointes, & tracées au fond du trictrac. Il y en a vingt-quatre : elles sont blanches & vertes, ou d'autres couleurs opposées ; c'est sur ces *lames* qu'on fait les cases. On les appelle encore *fleches* ou *languettes*. *Voyez* l'art. TRICTRAC.

LAME, adj. (*Ourdissage*.) il se dit de tout ouvrage où l'on a employé la lame d'or ou d'argent. On dit *lamé* d'or & *lamé* d'argent.

LAMEGO, (*Géog.*) en latin *Lameca* ou *Lamacum*, ville de Portugal dans la province de Beira, entre Coimbre & Guarda, à 26 lieues S. E. de Brague, 50 de Lisbonne. Les Arabes l'ont conquise deux fois sur les Chrétiens ; elle est aujourd'hui le siege d'un évêque, a une petite citadelle & plusieurs privileges. *Long. 10. 18. latit. 44.* 1. (*D. J.*)

LAMENTATION, (*Gram.*) c'est une plainte forte & continuée ; la plainte s'exprime par le discours ; les gémissemens accompagnent la *lamentation* ; on se *lamente* dans la douleur, on se plaint du malheur. L'homme qui se plaint, demande justice ; celui qui se *lamente*, implore la pitié.

LAMENTATION FUNEBRE, (*Littérat.*) en latin *lassum*, terme générique, qui désigne tous les cris de douleurs, les plaintes, les gémissemens qu'on répandoit aux funérailles chez plusieurs peuples de l'antiquité.

Diodore de Sicile nous apprend qu'à la mort des souverains en Egypte toute la face du pays étoit changée, & que l'on n'entendoit de toutes parts, à leurs pompes funebres, que des gémissemens & des *lamentations*.

Cette même coutume régnoit chez les Assyriens & les Phéniciens, au rapport d'Hérodote & de Strabon. Delà viennent ces fêtes lugubres des femmes d'Egypte & de Phénicie, où les unes pleuroient leur dieu Apis, & les autres se désoloient sur la perte d'Adonis. *Voyez* ADONIS.

Les Grecs imiterent une pratique qui convenoit si bien à leur génie. On sait assez tout ce que les poëtes ont chanté des *lamentations* de Thétis, à la mort de son fils Achille ; & des voyages des muses en habit de deuil à Lesbos, pour y assister aux funérailles & y faire leurs *lamentations*. Mais c'est certainement à cet usage des *lamentations funebres* qu'il faut rapporter l'origine de l'élegie.

Enfin la flûte accommodée aux sanglots de ces hommes & de ces femmes gagées, qui possédoient le talent de pleurer sans affliction, sit un art ingénieux des *lamentations*, qui n'étoient auparavant ni liées ni suivies. Elle en donna le signal, & en régla le ton.

Cette musique lygystale, expressive de la douleur, consola les vivans, en même tems qu'elle honora les morts. Comme elle étoit tendre & pathétique, elle remuoit l'ame, & par les mouvemens qu'elle lui inspiroit, elle le tenoit tellement occupée, qu'il ne lui restoit plus d'attention pour l'objet même, dont la perte l'affligeoit. Il n'est peut-être point de plus grand secret pour charmer les amertumes de la vie. (*D. J.*)

LAMENTATIONS, (*Théolog.*) on donne ce nom à un poëme lugubre, que Jérémie composa à l'occasion de la mort du saint roi Josias, & dont il est fait mention dans le *second livre des Paralipomenes*, chap. *xxxv. v.* 25. On croit que ce fameux poëme est perdu, mais il nous en reste un autre du même prophete, composé sur la ruine de Jérusalem par Nabuchodonosor.

Ces *lamentations* contiennent cinq chapitres, dont les quatre premiers sont en vers acrostiches & abecedaires ; chaque verset ou chaque strophe commençant

mençant par une des lettres de l'alphabet hébreu, rangées felon fon ordre alphabétique. Le premier & le fecond chapitre contiennent vingt-deux verfets, fuivant le nombre des lettres de l'alphabet. Le troifieme a trois verfets de fuite, qui commencent par la même lettre ; il y a en tout foixante-fix verfets. Le quatrieme eft femblable aux deux premiers, & n'a que vingt-deux verfets. Le cinquieme n'eft pas acroftiche.

Les Hébreux donnent au livre des *lamentations* le nom d'*echa* du premier mot du texte, ou de *kinnoth*, *lamentationes*. Les Grecs les appellent θρηνοι, qui fignifie la même chofe en leur langue. Le ftyle de Jérémie eft tendre, vif, pathétique. C'étoit fon talent particulier que d'écrire des chofes touchantes.

Les Hébreux avoient coutume de faire des *lamentations* ou des cantiques lugubres à la mort des grands hommes, des princes, des héros qui s'étoient diftingués dans les armes, & même à l'occafion des malheurs & des calamités publiques. Ils avoient des recueils de ces *lamentations*, comme il paroît par les Paralipomenes, *ecce fcriptum fertur in lamentationibus*, *c. xxxv. v. 25*. Nous avons encore celles que David compofa à la mort d'Abner & de Jonathas. Il femble par Jérémie qu'ils avoient des pleureufes à gage, comme celles qu'on nommoit chez les Romains, *Præficæ, vocatæ lamentatrices & veniant.... feftinent & affumant fuper nos lamentum, c. xix. v. 16*. Calmet, *Diction. de la Bibl. Voyez* DEUIL, ÉLEGIE, FUNÉRAILLES, &c. (G)

LAMÉTIA, (*Géog. anc.*) ancienne ville de l'Italie, dans la grande Grece, au pays des Brutiens ; Cluvier croit que *Lamétia* eft *Santa Euphemia* ; mais Holftenius prétend que c'eft l'*Amanthéa* ; le *promontorium Lametum* eft le *capo Suvato*. La riviere *Lametus* eft le *Lamato* ou l'*Amato*. (*D. J.*)

LAMETTES, f. f. (*Soierie*) ce font, dans le métier de l'ouvrage en étoffes de foie, de petites lames de bois, d'une ligne d'épaiffeur, fervant à foutenir les carreaux des liffes qui paffent entre les carquerons ou calquerons, & qui s'ufent moins que la corde.

LAMIA, (*Géog. anc.*) ville de Theffalie, en Phthiotide ; elle eft principalement mémorable par la bataille qui fe donna dans fon territoire, après la mort d'Alexandre, entre les Athéniens fecourus des autres Grecs, & Antipater Gouverneur de la Macédoine. Le fuccès de cette journée fut très-funefte aux Athéniens, & à plufieurs autres villes de la Grece, comme il paroît par le récit de Diodore de Sicile, *liv. XVIII.* & de Paufanias, *liv. VII.* Il en réfulte que Suidas, au mot Λαμια, fe trompe quand il dit qu'Antipater perdit la bataille. (*D. J.*)

LAMIAQUE GUERRE, (*Hift. ancienne.*) guerre entreprife par les Grecs ligués enfemble, à l'exception des Béotiens, contre Antipater ; & c'eft de la bataille donnée près de *Lamia*, que cette guerre tira fon nom. *Voyez* LAMIA. (*D. J.*)

LAMIE, (*Hift. nat.*) *Voyez* REQUIN.

LAMIES, f. f. pl. *Lamiæ*, (*Mythol. littér.*) fpectres de la fable qu'on repréfentoit avec un vifage de femme, & qu'on difoit fe cacher dans les buiffons, près des grands chemins, pour dévorer les paffans. On leur donna ce nom du mot grec λαμος, qui fignifie *voracité* ; hormis qu'on aime mieux adopter le fentiment de Bochart, qui tire de Lybie la fable des *Lamies*, & qui donne à ce mot une étymologie phénicienne, dont le fens eft le même que celui de l'étymologie greque.

Ce qu'il y a de fûr, c'eft que de tout tems & en tout pays, on a inventé de pareilles chimeres, dont les nourrices, les gouvernantes, & les bonnes femmes, fe fervent comme d'un épouventail pour faire peur à leurs enfans, les empêcher de pleurer, ou les appaifer. C'eft une coutume d'autant plus mau-

vaife, que rien n'eft plus capable d'ébranler ces petits cerveaux, fi tendres & fi flexibles, & d'y produire des impreffions de frayeur dont ils fe reffentent malheureufement toute leur vie.

Lucilius fe moque en très-beaux vers de la frayeur de l'homme, qui parvenu à l'âge de raifon, ajoûte encore foi à ces fortes d'êtres imaginaires.

Terricula Lamias *Fauni quas, Pompiliique*
Inftituere Numæ ; tremit has, hic omnia ponit ;
Ut pueri infantes credunt figna omnia ahena
Vivere....

« Et toutes les effroyables *Lamies* que les Faunus
» & les Numa Pompilius ont inventées, il les craint.
» Il croit que tous les maux & fes biens dépendent
» d'elles, comme les petits enfans croyent que tou-
» tes leurs poupées & toutes les ftatues font vivan-
» tes ».

La Fontaine a renchéri fur cette penfée de Lucile, dans cette ftrophe de fon ingénieufe fable, le *ftatuaire* & la *ftatue de Jupiter* :

L'artifan exprima fi bien
Le caractere de l'idole,
Qu'on jugea qu'il ne manquoit rien
A Jupiter que la parole.
Même l'on dit que l'ouvrier
Eut à peine achevé l'ouvrage,
Qu'on le vit frémir le premier,
Et redouter fon propre ouvrage, &c.

Mais le commencement de cette fable eft d'une toute autre beauté, & peut-être la Fontaine n'a rien fait de fi fort. (*D. J.*)

LAMIES (*dents de*), lamiodontes, (*Hift. nat. Minéral.*) nom donné par quelques naturaliftes à des dents de poiffons que l'on trouve pétrifiées dans le fein de la terre, & que l'on croit communément avoir appartenu à des chiens de mer ou *lamies*. Ces dents varient pour la forme & pour la grandeur ; elles font ordinairement triangulaires, mais on en trouve auffi qui font très-aiguës. On en rencontre en Bearn au pié des Pyrénées, près de DAX, qui ont près de deux pouces de longueur. M. Hill dit qu'il y en a qui ont jufqu'à cinq & fix pouces de longueur ; il y en a qui font unies par les côtés, d'autres font dentelées comme une fcie. *Voyez* GLOSSOPETRES. (—)

LAMIER, f. m. (*Art méchan.*) ouvrier qui prépare la lame d'or & d'argent pour le manufacturier en étoffes riches.

LAMINIUM, (*Géog. anc.*) ancienne ville de l'Efpagne chez les Carpétaniens, felon Ptolomée, *liv. II. cap. vj.* c'eft à préfent Montiel.
Laminium donna à fon territoire le nom de *Laminitanus ager* ; ce canton s'appelle auffi préfentement *Campo de Montiel*. (*D. J.*)

LAMINAGE, f. m. (*Art méchanique.*) c'eft l'action & la maniere de réduire en lames, par le moyen d'une machine appellée *laminoir*. Il fe dit particulierement de l'or, de l'argent, & du plomb. *Voyez* les articles fuivans.

LAMINOIR, f. m. à *la Monnoie*, eft un inftrument qui a pour objet de réduire les lames au fortir des moules à une épaiffeur conféquente à la monnoie que l'on veut fabriquer. *Voyez* Planches *de Monnoyage*, le manege dont l'arbre & la grande roue reçoivent leur mouvement par quatre chevaux. La *fig. 2.* repréfente le *laminoir* du dégroffi en *H*, & le *laminoir* fimple en *I* ; *A*, eft le gros arbre qui fait tourner la grande roue *B* ; *C*, *C*, font les lanternes ; *D*, le hériffon ; *E*, l'arbre du hériffon ; *F*, *F*, les arbres des lanternes ; *G*, *G*, les boites dans lefquelles font attachés les rouleaux du dégroffi.

La *fig. 3.* eft le *laminoir* du dégroffi. *A*, eft le

conduit par lequel paſſe les lames ; *B* , la boîte ; *C, C,* les rouleaux ; *D, D* , les reſſorts qui maintiennent les écrous. *Fig.* 4. *A*, eſt le *laminoir* d'après le dégroſſi ; *B, B* , ſont les rouleaux ; *C, C,* les pignons qui font tourner les rouleaux ; *D, D* , les conduits ; *F, F,* les vis avec les écrous.

LAMINOIR, (*plomb.*) machine qui ſert à laminer le plomb, c'eſt à-dire à le réduire en table de telle épaiſſeur que l'on veut.

Avant de décrire cette machine, il convient d'expliquer ce qui concerne la fonderie particuliere à l'atelier du *laminoir*. On fond le plomb dans une chaudiere de fer fondu monté ſur un fourneau de maçonnerie de brique repréſenté dans la vignette de la ſeconde Planche du *laminoir*. *Voyez auſſi l'article* PLOMBIER. Ce fourneau *A* , élevé d'environ 4 ou 5 piés, eſt accompagné de côté & d'autre d'un petit eſcalier *C* , compoſé de 4 à 5 marches, par leſquelles on peut monter ſur les paliers *D,* d'où les ouvriers peuvent voir & travailler dans la chaudiere qui n'eſt élevée que de trois piés ou environ au-deſſus des paliers *g.* C'eſt-là où les ouvriers ſe placent pour charger ou écumer la chaudiere ; au-devant du fourneau eſt placée une forte table *V R K G* , avec ſes rebords. C'eſt ſur cette table remplie de ſable que l'on coule le plomb ; pour cet effet, on commence par dreſſer le ſable avec un rable ou rateau ; on l'unit enſuite avec les plaques de cuivre quarrées qui ſont à repaſſer ; on obſerve de former une eſpece d'anſe du côté du gruau ; ce qui ſe fait en formant un arrondiſſement dans le ſable du côté oppoſé au fourneau , & en plaçant une groſſe cheville de fer un peu conique dans le ſable & au centre de l'arrondiſſement dont on a parlé. Cette cheville que l'on repouſſe après que la table eſt coulée & refroidie, ſert à y réſerver un trou, au moyen duquel & du gruau *P R S* , on enleve facilement la table de plomb de deſſus la forme de ſable pour la porter ſur l'établi du *laminoir* , comme on le voit dans la même vignette ; *Q* , la table de plomb ; *N* , l'anſe & le crochet par lequel elle eſt ſuſpendue.

Pour couler la table , on commence après que la quantité de plomb ſuffiſante eſt en fuſion dans la chaudiere , par faire écouler ce métal dans une auge *G K* , auſſi long que la forme de ſable *H* eſt large (cet auge peut contenir 3500 livres de métal); ce qui ſe fait en lâchant au robinet la bonde de fer *A*, par laquelle le plomb coule du fond de la chaudiere ſur une feuille de taule placée au-deſſous du chevalet *1, 2* , dans l'auge *G K* , où on le laiſſe un peu rafraîchir, juſqu'à ce que, par exemple, un rouleau de papier ſoit ſeulement rouſſi & non pas enflammé par la chaleur du plomb fondu ; alors il eſt tems de verſer : ce qui ſe fait en tirant les chaînes ſuſpendues aux extrémités *a a* des leviers *a b* , qui par leurs extrémités *b b* , enlevent & verſent le plomb contenu dans l'auge *G K* , ſur la forme *H* , bien établie de niveau ; précaution eſſentielle, pour que les tables de plomb ayent par-tout la même épaiſſeur, qui eſt d'environ 18 lignes. On laiſſe refroidir la table que l'on enleve enſuite au moyen de la grue tournante *Q P* , en faiſant entrer le crochet *N* , pendant à la moufle inférieure, dans le trou reſervé au-devant de la table.

Deſcription du laminoir. Le *laminoir* eſt compoſé de deux cylindres ou rouleaux *A A , B B* , de fer fondu de 5 piés de long, non compris les tourillons. Ces cylindres ont un pié de diametre, & peſent chacun deux mille huit cens livres. Leur ſituation eſt horiſontale , & ils ſont placés en-travers & vers le milieu de l'établi du *laminoir* , comme on voit *fig. 1. Planche I. du laminoir.* Cet établi eſt compoſé d'un châſſis *A B, C I* , d'environ 56 piés de long , ſur ſix de large, élevé au-deſſus du rez-de-chauſſée d'environ trois piés où il eſt ſoutenu par différentes pieces de charpente , comme *A Z, A m* , aſſemblées dans le patin *z m* ; le deſſus eſt rempli de rouleaux de bois *A I* , de cinq pouces de diametre , dont les tourillons de fer entrent dans des trous pratiqués aux faces intérieures des longs côtés du châſſis dont on ne voit qu'une portion dans la figure. C'eſt ſur ces rouleaux que la table gliſſe pendant l'opération du laminer. Les rouleaux *A A, B B* , *fig.* 2 & 3 , *A A,* le rouleau ſupérieur ; *B B* , l'inférieur qui n'en differe point ; *A* , les tourillons de ſept à huit pouces de diametre ; *a* la partie quarrée qui eſt reçue dans la boîte *C C*, de l'arbre *C G*, dont voici le détail des parties ; *C C* , la boîte quarrée , dans laquelle le tenon quarré *a* , du rouleau inférieur entre ; *b* , un tourillon ; *d* , une virolle ou aſſiette contre laquelle la face *u* , de la lanterne *D* , vient s'appuyer ; *E* , partie quarrée , ſur laquelle le dormant du verrouil eſt placé ; la place qu'il occupe eſt repréſentée par des lignes ponctuées : ce quarré eſt inſcrit au cercle de la partie arrondie *D* , qui reçoit le canon *m u,* de la lanterne *D* , *fig. 7. F* , partie arrondie qui reçoit le canon *o p* , de la lanterne , *F* , *fig. 7. G* , autre tourillon ; le cercle de la partie *F* , eſt inſcrit au quarré de la partie *E* , pour laiſſer le paſſage libre au dormant du verrouil, repréſenté dans les *fig.* 4. & 5. & le quarré eſt inſcrit au cercle *D* , afin que le canon *u m*, de la petite lanterne, puiſſe paſſer ſur cette partie. On place donc ces trois pieces, les deux lanternes , *fig. 7.* & le porte verrouil, *fig.* 4. & 5. en les faiſant entrer ſur l'arbre par l'extrémité *G,* premierement la lanterne *D* , enſuite le porte verrouil , & en dernier lieu la lanterne *F*.

Cet arbre de la proportion des parties duquel on peut juger par l'échelle jointe aux *figures* , ainſi que les rouleaux & des canons *u m* , *o p* , qui ſont au centre des lanternes , & le porte-verrouil , ſont tous de fer fondu. On fait les moules de toutes ces pieces avec différens calibres & de la même maniere que ceux des pieces d'Artillerie. *Voyez* CANON & FONDERIE EN FER.

Voici maintenant comment le mouvement eſt communiqué à cette machine. *O S* , *figures 1, & 2.* l'axe d'un rouet *N* ; *S* , la pierre qui porte la crapaudine , ſur laquelle le pivot roule ; *R Q,* quatre leviers de treize piés de long, auſquels on attelle des chevaux. Ce rouet communique le mouvement à un arbre horiſontal *O H* , par le moyen de la lanterne *M* ; ce même arbre porte encore une roue dentée ou hériſſon *L* , & une lanterne *K* , qui tranſmettent le mouvement aux lanternes *F* & *D* , *fig.* 7. & la lanterne *F* , directement, puiſque les dents de l'hériſſon *L* , engrenent dans les fuſeaux de la lanterne *F*, & à la lanterne *D*, au moyen de l'étoile de cuivre *d d*, qui engrene à-la-fois dans les lanternes *D* & *K* ; l'hériſſon *L* & les lanternes *K, M*, ſont fixes ſur l'arbre *O H* , avec lequel elles tournent néceſſairement, au lieu que les lanternes *D* & *F* ſont mobiles ſur leur axe *C G*, au moyen des canons qui en occupent le centre, comme on l'a remarqué ci-deſſus.

Il reſulte de cette conſtruction , que de quelque ſens que l'on puiſſe ſuppoſer que l'axe horiſontal *H O*, puiſſe tourner, il y a toûjours une des deux lanternes *D* ou *F*, qui tourne du même ſens que lui, & l'autre en ſens contraire, ſavoir la lanterne *F,* le même ſens ; ſans pour cela que le mouvement ſoit communiqué à l'arbre commun *C G* , de ces deux lanternes , & par conſéquent ſans qu'il ſoit communiqué à rouleau inférieur *B B* , du *laminoir.*

Mais on parvient au moyen du verrouil, *fig.* 2 , 4, 5 & 6, à fixer à choix une des deux lanternes *D* ou *F* ſur l'arbre *C G* ; le verrouil ou les verrouils , car il y en a deux, font des barres de fer forgé *56, 56*, *fig.* 4 & *6*, fondées à une poulie du même métal, repréſentée en profil, *fig.* 2 & 4, en plan, *fig.* 5, où l'on voit le profil du porte-verrouil ; *7* eſt le trou quarré dans lequel entre la partie quarrée *E* de l'arbre *C C G*, *fig.* 3. *a b*, *c d*, les fourchettes qui reçoivent les verrouils *5, 5*, dont les extrémités *5 5* entrent dans la rainure circulaire *q r s t* pratiquée dans la face de la lanterne *D*, & où les mêmes verrouils trouvent un point d'appui dans les barres de fer *q 5*, *t r*, *fig.* 7, qui ſont encaſtrées de leur épaiſſeur dans le bois de la lanterne. Les extrémités *6 6* des mêmes verrouils entrent dans une ſemblable rainure circulaire *x y* pratiquée à la face de la lanterne *F* qui regarde le verrouil ſelon que le verrouil en coulant dans les fourchettes repréſentées en profil, *fig.* 4 en 1, 4 ; 2, 3 s'engage par ſon extrémité *5* dans la lanterne *D* ou par ſon extrémité *6* dans la lanterne *F*, car il n'eſt jamais engagé dans les deux lanternes à-la-fois ; le verrouil, dis-je, eſt contraint de ſuivre le mouvement de la lanterne, dans laquelle il eſt engagé, & par conſéquent l'axe *C C G* tourne du même ſens que cette lanterne, auſſi-bien que le rouleau inférieur *B B* du *laminoir* ; cet axe tourne du même ſens que l'arbre de bois *H O*, *fig.* 2 ; lorſque le verrouil eſt engagé dans la lanterne *D* mûe par renvoi, c'eſt le cas de la *fig.* 2, & le même axe *C G*, & par conſéquent le rouleau du *laminoir* tourne en ſens contraire lorſque l'extrémité *6* du verrouil eſt engagée dans la lanterne *F*, comme on l'a déjà remarqué ci-deſſus.

Il faut maintenant expliquer comment on fait changer le verrouil ; pour cela il faut entendre qu'en *T*, *fig.* 2, c'eſt-à-dire au-deſſous de la partie *E* du verrouil, eſt placé horiſontalement un arbre de fer forgé, repréſenté en perſpective par la *fig.* 6. *Pl. II*. Cet axe *T c* porte deux montans *f a, b g* reliés enſemble par la traverſe *f g* ; ces deux montans ſont terminés en *a* & *b* par des boulons qui entrent dans la rainure de la poulie *E*, ſans cependant l'empêcher de tourner. A une des extrémités de l'axe *c T* eſt aſſemblé quarrément un long levier *T V*, au moyen duquel, ſelon que l'on leve ou qu'on abaiſſe l'extrémité *V*, on fait incliner de côté ou d'autre le plan de la fourchette *u f g b*, qui pouſſe du même ſens la poulie *E* & par conſéquent les verrouils qui y ſont adhérens, & les fait entrer par ce moyen dans l'un ou l'autre des deux lanternes *D* ou *F* mobile ſur l'axe *C G*, auquel elle devient alors fixe.

Par ce moyen ingénieux applicable à bien d'autres machines que le *Laminoir*, on eſt diſpenſé de retourner les chevaux pour faire tourner les cylindres en ſens contraire, & de la peine qu'il faudroit prendre de tranſporter la table de plomb du poids de 2600 livres ou environ, du côté du *laminoir* où elle eſt ſortie d'entre les rouleaux, au côté par où elle y eſt entrée ; car on ne lamine que d'un ſeul ſens, ainſi qu'on l'expliquera après avoir parlé du régulateur.

Le *régulateur* eſt l'aſſemblage des pieces au moyen deſquelles on approche ou on éloigne les cylindres l'un de l'autre, en élevant ou abaiſſant le cylindre ſupérieur. *Voyez* la *figure premiere* qui repréſente en perſpective le régulateur & le teſte de la machine, la *fig.* 2 qui en eſt l'élevation géometrale, & la *fig.* 8, *Planche ſeconde*, qui repréſente en détail les différentes pieces qui compoſent un des côtés du *laminoir*, l'autre côté étant parfaitement ſemblable. *X*, dans toutes les *fig.* citées, groſſe piece de bois dans laquelle ſont plantées quatre colonnes de fer, telles que les deux *r m*, *r n*, *fig.* 8 ; ces colonnes traverſent le collet inférieur *88*, le double collet *77* & le collet ſupérieur *6 6*. Elles ſont faites en vis par leur partie ſupérieure *m n* pour recevoir les écrous *5 5*, garnis chacun d'une roue de fer horiſontale. Deux de ces roues engrenent à-la-fois dans un pignon fixe ſur la tige 24, & ce pignon, qui eſt couvert par une roue de fer, eſt mis en mouvement par une vis ſans fin *W* conduite à ſon tour par une manivelle *L*, comme on voit, *figure premiere*. Toutes les pieces dont on vient de faire l'énumération ſont doubles, c'eſt-à-dire qu'il y en a autant à l'autre extrémité du *laminoir*. Les colonnes *r m*, *r n*, *fig.* 8, ſont repréſentées beaucoup plus longues qu'il ne faut, mais on doit concevoir que le colet inférieur *88* s'applique exactement au ſommier *X*, le tourillon du cylindre *B* ſur le collet, & que le tourillon du cylindre *A* eſt exactement embraſſé par le collet *6 6* & le double collet *77* dont on va expliquer l'uſage.

Il réſulte de cette conſtruction, que lorſque l'on tourne la manivelle *L*, fixée ſur la tige de la vis ſans fin *W*, ou plûtôt des deux vis ſans fin ; car cette tige qui paſſe dans les trous des pieces *3* fixées par des vis au collet ſupérieur *6 6*, en porte deux ; il ſuit que le mouvement eſt communiqué à la roue qui eſt au-deſſus du pignon 2, 4 ; que ce pignon communique le mouvement aux deux roues *5, 5*, & les fait tourner du même ſens, ce qui fait connoître que les vis doivent être taraudées du même côté. Il eſt viſible qu'en faiſant deſcendre les écrous on comprime le cylindre ſupérieur *A* ſur l'inférieur *B*, qui eſt fixe, c'eſt-à-dire qu'il n'a que le mouvement de rotation qui lui eſt communiqué par les roues & lanternes de la machine ; mais pour faire éloigner les cylindres l'un de l'autre, il ne ſuffiroit pas de tourner les écrous *5, 5* en ſens contraire, puiſque n'étant point aſſemblés avec le collet ſupérieur *6 6*, ni le cylindre ſupérieur *A* avec le collet, les écrous s'éloigneroient ſans que le cylindre fût relevé. On a remédié à cet inconvénient par le double collet *77* qui embraſſe en-deſſous le tourillon du cylindre ſupérieur. Ces doubles collets forment les traverſes inférieures des étriers *7 k h g*, *fig prem*. dont les montans ſont terminés par une chaîne qui s'enroule ſur l'axe *a b*, pour être perpétuellement tirées en en haut par le poids 10 appliqué à l'extrémité 10 du levier *a*, 10 *b* ; ce poids doit être ſuffiſant pour ſoûlever le cylindre ſupérieur *A*, les collets *6 6*, & toutes les pieces de l'armure du régulateur.

Après avoir décrit cette belle machine, il ne reſte plus qu'à ajoûter un mot ſur la maniere de s'en ſervir, en quoi l'opération du laminer conſiſte.

La table de plomb ayant été fondue comme il a été dit ci-deſſus, & ébarbée & nettoyée du ſable qui pouvoit y être reſté, eſt enlevée par la grue tournante *P R S*, *Planche ſeconde*, pour être portée ſur les rouleaux de bois qui compoſent l'établi du *laminoir* ; le ſervice de cette grue eſt facilité par un cric ſur le treuil duquel s'enroule un cable ; deux hommes ſuffiſent pour cette manœuvre, tant par la facilité que la monde *N* & le cric procurent, que parce qu'il y a un verrouil près du cric par lequel on arrête les manivelles, ce qui laiſſe la liberté à ceux qui ſervent cette machine de faire les manœuvres auxquelles d'autres hommes ſeroient néceſſaires.

La table de plomb étant donc placée ſur les rouleaux de bois & une de ſes extrémités entre les cylindres, on abaiſſe par le moyen du régulateur le cylindre ſupérieur ſur la table que l'on comprime autant qu'il convient, & le verrouil des lanternes étant en priſe dans la lanterne *F*, on fait marcher les chevaux. Le mouvement communiqué au cylindre inférieur *B B* par l'axe *C G* auquel la lanterne *F* eſt devenue adhérente par le moyen du verrouil, eſt tranſmis à la table, de la table au cylindre ſupérieur *A* : en ſorte que la table entiere paſſe entre les cylindres, où ayant été tîtrement comprimée, elle a reçu à ce premier paſſage un degré d'applattiſſement & d'allongement proportionnels à la compreſfion ; l'extrémité fuivante de la table étant arrivée entre les cylindres, on change le verrouil, & auſſi-tôt, quoique les chevaux continuent de marcher du même ſens, le mouvement des cylindres eſt changé, ce qui fait repaſſer la table du même côté où elle étoit auparavant. On reſſerre alors les cylindres, on rechange auſſi le verrouil, & la table repaſſe une troiſieme fois entre les cylindres, où elle reçoit un nouveau degré d'applatiſſement & d'allongement : on réitere cette opération autant de fois qu'il eſt néceſſaire pour réduire le plomb de l'épaiſſeur qu'il a au ſortir de la fonte à l'épaiſſeur demandée. Il faut remarquer que la table n'eſt pas laminée dans les retours, mais ſeulement dans les paſſages lorſque le cylindre eſt mû par la lanterne *F*.

Pendant le laminage la table n'eſt ſoutenue que par les rouleaux de bois qui traverſent l'établi du *laminoir*, ce qui diminue d'autant le frottement.

Moyennant ces divers ſecours, c'eſt aſſez de ſix hommes pour ſervir la machine, & de ſix chevaux pour la faire marcher toute l'année onze heures par jour ; & on peut en dix heures de travail réduire une table de plomb de 18 lignes à une ligne d'épaiſſeur : pour cela il faut qu'elle paſſe environ deux cent fois entre les cylindres *D*.

LAMIS, DRAPS-LAMIS, (*Commerce.*) une des ſortes de draps d'or qui viennent de Veniſe à Smyrne ; ils paient d'entrée à raiſon de trois piaſtres & demi par picq.

LAMIUM, ſ. m. (*Hiſt. nat. Bot.*) genre de plante à fleur monopétale labiée ; la levre ſupérieure eſt creuſée en cuilliere ; la levre inférieure eſt fendue en deux parties & a la forme d'un cœur : les deux levres aboutiſſent à une gorge bordée d'une aîle ou feuillet. Le calice eſt en forme de tuyau diviſé en cinq parties : il en ſort un piſtil attaché comme un clou à la partie poſtérieure de la fleur, & environné de quatre embryons qui deviennent dans la ſuite autant de ſemences, triangulaires renfermées dans une capſule qui a été le calice de la fleur. Tournefort, *inſt. rei herb. Voyez* PLANTE.

LAMO, (*Géogr.*) ville d'Afrique dans une île de même nom ſur la côte de Mélinde, capitale d'un canton qui porte le nom de royaume. (*D. J.*)

LAMON, ſ. m. (*Commerce.*) bois de Breſil qui vient de la baie de tous les Saints. On l'appelle auſſi *breſil de la baie*, & *breſil de tous les Saints. Voyez* BRESIL.

LA MOTTHE, EAUX DE, (*Med.*) eaux chaudes minérales du Dauphiné. Elles ſont à cinq lieues de Grenoble, dans une terre de Graiſivaudan nommée *la Motthe*. On vante leurs vertus pour les maladies des nerfs, les rhumatiſmes, hémiplégies, paralyſies, *&c*. On compare ordinairement ces eaux à celles de Bourbon, & on les dit plus chaudes que celles d'Aix en Savoie ; mais malgré ces louanges, elles ſont peu fréquentées, & nous n'en avons point encore de bonne analyſe : d'ailleurs la ſource des eaux de *la Motthe* n'eſt rien moins que pure : elle eſt ſans ceſſe altérée par le voiſinage du Drac, torrent impétueux qui couvre de ſes eaux bourbeuſes, à-travers deſquelles on la voit néanmoins encore bouillonner ſur la ſuperficie. Enfin, les environs ne préſentent que des débris de terres & de rochers que les torrens y entraînent. Du reſte, le chemin qui conduit à la fontaine minérale de *la Motthe* eſt très-incommode ; il faut deſcendre plus d'une demi-lieue entre le rocher & le précipice pour y arriver. (*D. J.*)

LAMPADAIRE, ſ. m. (*Hiſt. eccleſ. grecq.*) nom d'un officier de l'égliſe de Conſtantinople, qui prenoit ſoin du luminaire de l'égliſe, & portoit un bongeoir élevé devant l'empereur & l'impératrice pendant qu'ils aſſiſtoient au ſervice divin. La bougie qu'il tenoit devant l'empereur étoit entourée de deux cercles d'or en forme de couronne, & celle qu'il tenoit devant l'impératrice n'en avoit qu'un. Cette nouveauté, quelqu'interprétation favorable qu'on puiſſe lui donner, ne paroît pas le fruit des préceptes du Chriſtianiſme. Cependant les patriarches de Conſtantinople en imiterent la pratique, & s'arrogerent le même droit ; c'eſt de là vraiſemblablement qu'eſt venu l'uſage de porter des bougeoirs à nos évêques quand ils officient.

Au reſte, l'empereur avoit dans ſon palais pluſieurs *lampadaires* ; c'étoit une charge que les uns poſſédoient en chef, & les autres en ſous ordre : l'exemple s'étendit bien-tôt ſur tous les grands officiers de la couronne, & paſſa juſqu'aux magiſtrats : de nos jours on n'eſt pas plus ſage.

Tout bourgeois veut bâtir comme les grands ſeigneurs,
Tout petit prince a des ambaſſadeurs,
Tout marquis veut avoir des pages.

Lampadaire vient du mot grec λαμπάς, *lampe, bougie, flambeau* (*D. J.*)

LAMPADATION, ſ. f. (*Hiſt. mod.*) eſpece de queſtion qu'on faiſoit ſouffrir aux premiers martyrs chrétiens quand ils étoient étendus ſur le chevalet. On leur appliquoit aux jarrets des lampes ou bougies ardentes.

LAMPADIAS, ſ. m. (*Phyſ.*) eſpece de comete barbue dont il y en a de pluſieurs formes ; car quelquefois ſa flamme s'éleve en cône ou en forme d'épée, d'autres fois elle ſe termine en deux ou trois pointes. Cette dénomination eſt peu en uſage, & ne ſe trouve que dans quelques anciens auteurs. *Harris.*

LAMPÉDÉDROMIE, ſ. f. (*Hiſt. anc.*) courſe de jeunes gens qui ſe faiſoit dans Athènes. Celui qui arrivoit le premier ſans que ſa torche s'éteignît, obtenoit le prix. La *Lampadédromie* ſe célébroit aux panathenées, aux vulcanales & aux prométhées : aux panathenées on couroit à cheval ; aux deux autres fêtes, à pié. On alloit de l'autel de Promethée dans l'académie, vers la ville. C'eſt-de-là que vient le proverbe, *lampadem ſuam alii tradere*. Celui qui étoit arrivé avec ſa torche allumée, la donnoit à un autre qui lui ſuccédoit dans la courſe, tandis que le premier ſe repoſoit.

LAMPADOMANCIE, ſ. f. *Divination* dans laquelle on obſervoit la forme, la couleur & les divers mouvemens de la lumiere d'une lampe, afin d'en tirer des préſages pour l'avenir.

Ce mot eſt tiré du grec λαμπάς, *lampe*, & μαντεία, *divination*.

C'eſt de cette divination que parle Properce, *liv. IV.* lorſqu'il dit :

Sed neque ſuppletis conſtabat flamma lucernis.
Et ailleurs :
Seu voluit tangi parca lucerna mero.

Petrone en fait auſſi mention dans ſa ſatyre. Cependant on penſe que la *lampadomancie* étoit une eſpece d'augure.

Delrio rapporte à la *lampadomancie* la pratique ſuperſtitieuſe de ceux qui allument un cierge en l'honneur de ſaint Antoine de Pade pour retrouver les choſes perdues. *Voyez* Delrio, *lib. IV. capit. iij. queſt. 7. ſect. 2. p. 557.*

LAMPADOPHORE, ſ. m. (*Littérat.*) λαμπαδοφόρος. On appelloit ainſi celui qui portoit le flambeau dans les lampadophories ; ce mot fut encore appliqué à ceux qui donnoient le ſignal du combat, en élevant en haut des torches ou des flambeaux. Ce terme eſt dérivé de λαμπάς, une lampe, un flambeau, & φέρω, je porte. (*D. J.*)

LAMPADOPHORIES, ou LAMPAS, ſ. f. pl. (*Littérat.*) nom d'une fête des Grecs, dans laquelle ils allumoient une infinité de lampes en l'honneur de

Minerve, de Vulcain & de Prométhée ; toutes en actions de graces de ce que la premiere de ces divinités leur avoit donné l'huile ; que Vulcain étoit l'inventeur des lampes, & que Prométhée les avoit rendues inutiles, en dérobant le feu du ciel. Le même jour de cette fête ils faisoient des sacrifices & des jeux, dont le grand spectacle servoit à voir courir des hommes un flambeau à la main pour remporter des prix.

On célébroit dans Athènes trois fois l'année cette course du flambeau ; la premiere pendant la fête des Panathénées à l'honneur de Minerve ; la seconde pendant la fête Vulcain, à l'honneur de ce même dieu ; & la troisieme à l'honneur de Prométhée, & pendant sa fête. Celle des Panathénées se faisoit au port de Pirée, & les deux autres dans le ceramique, c'est-à-dire dans le parc de l'académie.

De jeunes gens couroient successivement un certain espace de toutes leurs forces, en portant à la main un flambeau allumé. Celui entre les mains de qui le flambeau venoit à s'éteindre, le donnoit à celui qui devoit courir après lui, & ainsi des autres ; mais celui-là seul étoit victorieux qui achevoit sa carriere avec le flambeau toujours allumé. A la course des Panathénées, on jettoit les flambeaux tout allumés du haut d'une tour, & aux deux autres celui qui devoit courir, l'alloit allumer sur l'autel de Prométhée, près de la statue de l'amour consacrée par Pisistrate.

Le jour de la fête de Cérès, se nommoit par excellence *dies lampadum*, le jour des flambeaux, en mémoire de ceux que la déesse alluma aux flammes du mont Etna, pour aller chercher Proserpine. Tous les initiés aux mysteres de la déesse, célébroient dans l'Attique le jour des flambeaux. Phedre découvrant à sa nourrice l'amour dont elle brûle pour Hyppolite, lui dit dans Sénèque, que sa passion lui fait oublier les dieux ; qu'on ne la voit plus avec les dames athéniennes agiter les flambeaux sacrés autour des autels de Cérès :

Non colete donis templa votivis libet ;
Non inter aras Atridúm mixtam choris
Jactare tacitis conscias sacris faces. (*D. J.*)

LAMPANT, adj. (*Commerce.*) c'est ainsi que l'on appelle en Provence & en Italie l'huile claire & bien purifiée.

LAMPANGUY, (*Géog.*) montagne de l'Amérique méridionale auprès de la Cordeliere, à 80 lieues de Valparaiso, sous le 31 degré de *latitude*. Frézier dit qu'on y a découvert en 1710 plusieurs mines d'or, d'argent, de fer, de plomb, de cuivre & d'étain ; il ajoûte que l'or de *Lampanguy* est de 21 à 22 carats ; mais aucune des mines de Frezier n'a produit de grandes richesses jusqu'à ce jour. (*D. J.*)

LAMPAREILLES, s. f. (*Manufact. en laine*) petits camelots légers qui se fabriquent en Flandres. Il y en a d'unis, à fleurs & de rayés. Leur largeur est de ⅝ ou ⅚ de l'aune de Paris : quant à la longueur des pieces, elle varie. Il s'en fabrique tout de laine, ou de laine mêlée d'un fil de laine en chaine. Le terme *lampareille* est espagnol : nous disons *nonpareilles*. Les Flamands, *polimites*, *polemits* ou *polemmites*.

LAMPAS, s. m. (*Maréchallerie.*) sorte d'enflure qui arrive au palais du cheval, ainsi appellée, parce qu'on la guérit en la brulant avec une lampe ou un fer chaud.

Le *lampas* est une inflammation ou une tumeur au-dedans de la bouche du cheval, derriere les pinces de la mâchoire supérieure. Il vient de l'abondance excessive du sang dans ces parties, qui fait enfler le palais au niveau des pinces ; ce qui empêche le cheval de manger, ou du moins fait tomber son manger à demi-mâché de sa bouche.

Le *lampas* est une infirmité naturelle qu'il faut qu'un cheval ait tôt ou tard, mais que tout maréchal est en état de guérir.

LAMPAS, (*Manufacture en soie.*) espece de persienne qui, tous les quatre ou six coups, reçoit un coup de navette de fil d'argent, en place de la navette blanche. Il y a des *lampas* sans dorure : cette étoffe a cinq huitiemes de large.

LAMPASSES, s. f. pl. (*Commerce.*) toiles peintes qui se font aux Indes orientales, en plusieurs lieux de la côte de Coromandel. Elles ont 18 cobres de long sur deux de large, à raison de 17 pouces ½ de roi le cobre. Le commerce en est avantageux de l'Inde en l'Inde : on les porte sur-tout aux Manilles.

LAMPASSÉ, adj. *en terme de Blason*, se dit de la langue des lions & des autres animaux.

D'aubigné de gueules, au lion d'hermine, armé, *lampassé* & couronné d'or ; c'est la maison de madame la marquise de Maintenon.

LAMPE, s. f. (*Littérat.*) en grec λυχνος, en latin *lychnus*, *lucerna* ; vaisseau propre à faire brûler de l'huile, en y joignant une meche de coton pour éclairer.

Les *lampes* servoient chez les anciens à trois principaux usages, indépendamment de l'usage domestique.

Elles servoient 1°. aux fêtes, aux temples & aux actes de religion ; car, quoique l'usage de la cire ne fût pas inconnu des anciens, quoiqu'ils usassent de gros flambeaux, ils n'avoient point de bougies comme nous, mais des *lampes* de différentes grandeurs, formes & matieres, d'où vint le proverbe latin, *tempus & oleum perdidi*, pour dire j'ai perdu ma peine. Dans les premiers tems de Rome, ces *lampes* étoient la plûpart très-simples, de terre cuite ou de bronze ; mais par l'introduction du luxe, on en fit d'airain de Corinthe, d'or, d'argent, & à plusieurs meches ; enfin l'on en disposa par étages, qu'on plaçoit sur des lustres, des candélabres à plusieurs branches, qui formoient une véritable illumination.

En second lieu l'usage de ces *lampes* se prodigua dans les maisons aux jours de réjouissances, de noces & de festins, qui se faisoient seulement la nuit. On ne voit, dit Virgile, dans sa description d'une brillante fête, on ne voit que *lampes* pendues aux lambris dorés, qui étouffent la nuit par leur lumiere.

Dependent lychni laquearibus aureis.
Incensi & noctem flammis funalia vincunt.

En troisième lieu, l'usage des *lampes* s'introduisit pour les sépulchres ; l'on en mit dans les tombeaux, mais rarement enfermées dans le cercueil, & ces *lampes* prirent le nom de *lampes sépulchrales*, que quelques modernes ont prétendu brûler perpétuellement. *Voyez* LAMPE PERPÉTUELLE. Lorsqu'on enterroit vive une vestale qui avoit enfreint son vœu de chasteté, on mettoit dans son tombeau une grande *lampe* qui brûloit jusqu'à ce que l'huile fût consumée.

Enfin, les Romains ainsi que les Grecs avoient des *lampes* de veille, c'est-à-dire des *lampes* particulieres qu'ils n'éteignoient jamais pendant la nuit, & qui étoient à l'usage de tous ceux de la maison. Cet établissement régnoit sur un principe d'humanité, car, dit Plutarque dans les questions romaines sur la contume, *question* 75 ; il n'est pas honnête d'éteindre une *lampe* par avarice, mais il faut la laisser brûler, pour que chacun qui le desire puisse jouir à toute heure de la clarté ; en effet, ajoûtoit-il, s'il étoit possible quand on va se coucher, que quelqu'un se servît alors de notre propre vûe pour ses besoins, il ne faudroit pas lui en refuser l'usage. (*D. J.*)

LAMPE PERPÉTUELLE, ou LAMPE INEXTINGUI-

BLE, (*Littérat.*) quelques modernes ont imaginé que les anciens avoient de telles *lampes* qu'ils enfermoient dans les tombeaux, & que leur lumiere dutoit toujours, parce qu'on mettoit dans ces *lampes* une l'huile qui ne se consumoit point.

Entre les exemples qu'ils ont cités pour appuyer cette erreur, le plus fameux est celui du sépulchre de Tullia fille de Cicéron, découvert sous le pontificat de Paul III. en 1540. On trouva, dit-on, dans ce tombeau, ainsi que dans ceux des environs de Viterbe, plusieurs *lampes* qui ne s'éteignirent qu'au moment qu'elles prirent l'air; ce sont là de vraies fables, qui doivent leur origine à des rapports de manœuvres employés à remuer les terres de ces tombeaux. Ces sortes d'ouvriers ayant vû sortir des monumens qu'ils fouilloient quelque fumée, quelque flamme, quelque feu folet; & ayant trouvé des *lampes* dans le voisinage, ils ont cru qu'elles venoient de s'éteindre tout d'un coup. Il n'en a pas fallu davantage pour établir des *lampes éternelles*, lorsqu'il n'étoit question que d'un phosphore assez commun sur nos cimetieres mêmes, & dans les endroits où l'on enterre les animaux. Ce phénomène est produit par des matieres grasses, qui après avoir été concentrées, s'échappent à l'abord d'un nouvel air, se subtilisent & s'enflamment.

Mais la fausse existence des *lampes inextinguibles* adoptées par Pietro Sancti-Bartholi, nous a valu son recueil des *lampes sépulchrales des anciens*, gravées en taille-douce, & ensuite illustrées par les savantes observations de Bellori.

Ces deux ouvrages, ont été suivis du traité de Fortunius Licetus, *de lucernis antiquorum reconditis*, dans lequel il a prodigué beaucoup d'érudition, sans pouvoir nous apprendre le secret des *lampes perpétuelles*. Cassiodore qui se vantoit de le posséder, n'a persuadé personne; Kircher & Korndoffer n'ont pas été plus heureux. Joignez-leur l'abbé Trithème, qui donnoit son huile de soufre, de borax & d'esprit-de vin, pour brûler sans aucun déchet. La plus légere teinture de Physique suffit pour refuter toutes les chimeres de cette espece. Il n'est point d'huile qui ne se consume en brûlant, ni de meche qui brûle long-tems sans nourriture. Il est vrai que celle d'amiante éclaire sans déperdition de substance, & sans qu'il soit besoin de la moucher, mais non pas sans aliment, ni après la consommation de son aliment; c'est un merveilleux impossible. La meche de lin pouvoit brûler un an dans la *lampe* d'or consacrée par Cailimaque au temple de Minerve, parce qu'on ne laissoit point l'huile de cette *lampe* tarir; & qu'on la renouvelloit secretement. Ainsi ce que Pausanias & Plutarque racontent des *lampes* consacrées dans quelques temples de Diane & de Jupiter Ammon, qui brûloient des années entieres sans consumer de l'huile, n'est que d'après le récit qu'on faisoient des prêtres fourbes, intéressés à persuader au peuple ces sortes de merveilles. (*D. J.*)

LAMPE SÉPULCHRALE, (*Littérat.*) nom de *lampes* trouvées dans les tombeaux des anciens romains, chez qui les gens de condition chargeoient quelquefois par testament leurs parens ou leurs affranchis, de faire garder leur corps, & d'entretenir une *lampe* allumée dans leurs tombeaux, car il falloit bien en renouveller l'huile à mesure qu'elle se consumoit; *voyez* pour preuve Ferrari (Octavio) *discursus de veterum lucernis sepulchralibus*, & l'article LAMPE PERPÉTUELLE. (*D. J.*)

LAMPE D'HABITACLE, (*Marine.*) ce sont de petits vases où l'on met de l'huile avec une meche pour éclairer.

LAMPE *à souder*, *à fermer hermétiquement les vaisseaux*, (*Art méch.*) cette *lampe* n'a rien de particulier; elle est montée sur un pié; il en sort un ou plu- sieurs gros lumignons, dont la flamme est portée sur l'ouvrage à l'aide du chalumeau. Il faut que l'huile qu'on y brûle soit excellente, sans quoi la fumée qu'elle rendroit terniroit l'ouvrage, sur-tout de l'émailleur; *voyez* cette *lampe dans nos Planches*.

LAMPE, (*Comm.*) étamine de laine qui se fabrique en quelques endroits de la généralité d'Orléans; elles sont toutes laines d'Espagne. On appelle aussi *laines lampes*, les laines dont on les fabrique.

LAMPEDOUSE, ou LAMPADOUSE, (*Géog.*) Ptolomée la nomme *Lopadusa*; les Italiens l'appellent *Lampedosa*. Petite île de la mer d'Afrique sur la côte de Tunis, d'environ 16 milles de circuit, & 6 de longueur, à 20 lieues E. de Tunis, & 43 de Malte; elle est déserte, mais elle a un assez bon port, où les vaisseaux vont faire de l'eau. C'est auprès de cette île que l'armée navale de l'empereur Charles-Quint fit naufrage en 1552. *Long.* 30. 35. *lat.* 36. (*D. J.*)

LAMPETIENS, s. m. pl. (*Théol.*) secte d'hérétiques qui s'éleva dans le vij siecle, & que Pratéole a mal-à-propos confondus avec les sectateurs de Wiclef qui ne parut que plus de 600 ans après.

Les *Lampétiens* adoptoient en plusieurs points la doctrine des Aériens. *Voyez* AÉRIENS.

Lampetius leur chef avoit renouvellé quelques erreurs des Marcionites. Ce qu'on en sait de plus certain, sur la foi de S. Jean Damascene, c'est qu'ils condamnoient les vœux monastiques, particulierement celui d'obéissance, qui étoit, disoient-ils, incompatible avec la liberté des enfans de Dieu. Ils permettoient aussi aux religieux de porter tel habit qu'il leur plaisoit, prétendant qu'il étoit ridicule d'en fixer la forme ou la couleur pour une profession plutôt que pour une autre.

LAMPIA, ou LAMPEA, Λαμπεια, (*Géog. anc.*) montagne du Péloponése dans l'Arcadie, au pié de l'Erymanthe selon Strabon, *l. VIII. p. 341*, & Pausanias, *l. VIII. cap. xxiv.* (*D. J.*)

LAMPION, s. m. (*Artifice.*) c'est une petite lampe de fer blanc ou d'autre matiere propre à contenir des huiles ou des suifs, dont on se sert pour former des illuminations, en les multipliant & les rangeant avec symmétrie.

LAMPION A PARAPET, (*Fortification.*) est un vaisseau de fer où l'on met du gaudron & de la poix pour brûler & pour éclairer la nuit, dans une place assiégée, sur le parapet & ailleurs.

LAMPION, (*Marine.*) c'est un diminutif de *lampe* dont on se sert dans les lanternes lorqu'on va dans les soutes aux poudres.

LAMPON, (*Géog.*) ville d'Asie, au fond d'un golphe dans la partie la plus méridionale de l'île de Sumatra. Elle donne, ou tire son nom du pays & du golphe, qui selon M. Delisle, est vers les 5 deg. 40 min. de *latitude* méridionale. (*D. J.*)

LAMPRÆ ou LAMPRIÆ, (*Géog. anc.*) λαμπραί. Il y avoit deux municipes de ce nom dans l'Attique; l'un au bord de la mer, & l'autre sur une hauteur, & tous deux dans la tribu Erecthéide. M. Spon les nomme *lampra* l'un & l'autre, & les distingue en *lampra* supérieur qui s'appelle encore à présent *Palæo lambrica*, & *lampra* inférieur, voisine du précédent, près de la mer, entre Sunium & Phalère. On voyoit dans l'un & dans l'autre de ces deux municipes, le tombeau de Cranéus roi d'Athènes.

Ammonius, successeur d'Aristarque dans l'école d'Alexandrie, étoit natif d'un de ces municipes de l'Attique, & fleurissoit peu de tems avant l'empire d'Auguste. Il fit deux traités se sont perdus; le premier sur les sacrifices, & le second sur les courtisanes d'Athenes.

LAMPRESSES, s. f. pl. *terme de pêche*, ce sont les filets qui servent à faire, dans la Loire, la pêche des lamproies qui y eſt très-conſidérable. Cette pêche commence ordinairement à la fin de Novembre, & finit vers la pentecôte ; ce poiſſon venant de la mer, entre fort gras dans la riviere, où il diminue de qualité à meſure qu'il y ſejourne ; enſorte qu'à la fin de la ſaiſon, il eſt très-mépriſable, au contraire des aloſes qui entrent maigres dans la riviere où elles s'engraiſſent.

Les tramaux à *lampreſſes* ont vingt-huit braſſes de longueur ſur ſix piés de haut ; ils ſervent auſſi à faire la pêche des laiteaux ou petits couverts, feintes ou pucelles que les pêcheurs de Seine nomment *cahuyaux*, & qu'ils prennent avec les tramaux appellés *cahuyautiers* ou *vergues aux petites pucelles*.

Les mailles des *lampreſſes* des pêcheurs de quelques côtés de la Bretagne, ſont très-larges ; la toile nappe ou menue eſt de deux ſortes de grandeur ; les mailles plus larges ont dix-huit lignes, & les plus ſerrées dix-ſept lignes en quarré ; les gardes, homails ou hameaux qui ſont des deux côtés, ne différent guere de celles des couverées, étant de dix pouces trois lignes en quarré.

LAMPRILLON ou LAMPROION, ſ. m. (*Hiſt. nat. Ichthyolog.*) petite lamproie qui reſſemble à la lamproie de mer, mais qui ſe trouve dans des rivieres & dans des ruiſſeaux, où il ne paroît pas qu'elles puiſſent être venues de la mer ; il y en a qui ne ſont pas plus grandes que le doigt, d'autres ont la grandeur des gros vers de terre. Rondelet, *hiſt. des poiſſons de riviere, ch. xxj*.

LAMPROIE, ſ. f. (*Hiſt. nat. Ichthyolog.*) *lampetra, aſterius, hirundo, murena, vermis, marinus*. Poiſſon cartilagineux, long & gliſſant qui ſe trouve dans la mer & dans les rivieres ; car il y entre au commencement du printems pour y jetter ſes œufs, & enſuite il retourne dans la mer. Il a beaucoup de rapport à l'anguille & à la murene par la figure du corps, mais il en differe par celle de la tête. La bouche forme, comme celle des ſangſues, une concavité ronde, où il n'a point de langue, mais ſeulement des dents jaunes ; le corps eſt plus rond que celui de la murene. La *lamproie* a la queue menue & un peu large, le ventre blanc, le dos parſemé de taches bleues & blanches, la peau liſſe, ferme & dure, les yeux ronds & profonds ; les ouies ſont ouvertes en dehors de chaque côté par ſept trous ronds. On voit entre les yeux l'orifice d'un conduit qui communique juſqu'au palais ; le poiſſon tire de l'air & rejette l'eau par ce conduit, comme ceux qui ont des poumons. Il nage comme les anguilles en fléchiſſant ſon corps en différens ſens ; il n'a que deux petites nageoires, l'une près de l'extrémité de la queue, & l'autre un peu plus haut. Rondelet, *hiſt. des poiſſons, liv. XIV. Voyez* POISSON.

LAMPROPHORE, ſ. m. & f. (*Hiſt eccléſ.*) nom qu'on donnoit aux néophites pendant les ſept jours qui ſuivoient leur baptême ; l'origine de ce nom vient de ce que dans les anciens tems de l'Egliſe, lors de la cérémonie du baptême, on revêtiſſoit les nouveaux chrétiens d'un habit blanc, qu'ils portoient une ſemaine entiere ; & pendant qu'ils le portoient, on les appelloit *Lamprophores*, à cauſe de l'éclat de la blancheur de leurs habits, de λαμπρος, *éclatant*, & φέρω, *je porte*. Les Grecs donnoient auſſi ce nom au jour de la réſurrection, tant parce que le jour de Pâques eſt un ſymbole de lumiere aux chrétiens, que parce que le même jour les maiſons étoient éclairées d'un grand nombre de cierges. (*D. J.*)

LAMPSANE, ſ. f. *lampſana*, (*Hiſt. nat. Bot.*) genre de plante à fleur, compoſée de demi-fleurons portés ſur un embryon, & ſoutenus par un calice d'une ſeule piece découpée : ce calice devient dans la ſuite une capſule cannelée, remplie de ſemences qui ſont pour l'ordinaire déliées & pointues. Tournefort, *Inſt. rei herb. Voyez* PLANTE.

Tournefort ne connoit qu'une eſpece de *lampſane*, dont voici la deſcription ; ſa racine eſt blanche, ſimple, ligneuſe & fibreuſe : ſa tige eſt haute de deux coudées & plus, cylindrique, cannelée, garnie de quelques poils, rougeâtre, creuſe, branchue. Les feuilles qui ſont vers la racine & la partie inférieure de la tige, ont une ou deux découpures de chaque côté, & une troiſieme à leur extrémité, comme dans le laitron des murailles ou l'herbe de ſainte Barbe. Les feuilles ſont très-molles, velues, & placées alternativement ; celles des tiges & des rameaux, ſont oblongues, étroites, pointues, ſans queue, & entieres ; la partie ſupérieure des tiges & des rameaux, eſt liſſe, & terminée par de petites fleurs jaunes, compoſées de pluſieurs demi-fleurons, portées ſur un embryon, & renfermées dans un calice d'une ſeule piece, découpé en pluſieurs parties. Ce calice ſe change enſuite en une capſule cannelée, remplie de menues graines, noirâtres ; un peu courbées, pointues, ſans aigrettes, quoique J. Bauhin diſe le contraire.

Cette plante eſt commune dans les jardins, les vergers, le long des champs & ſur le bord des chemins. Il paroît qu'elle contient un ſel alumineux, dégénéré en ſel tartareux amer, mais engagé dans un ſuc laiteux & gluant ; auſſi répand-elle un lait amer, quand on la bleſſe ; elle paſſe pour émolliente & déterſive, on ne l'emploie qu'à l'extérieur pour déterger les ulceres. Il eſt bien difficile de déterminer ce que c'eſt que la *lampſane* de Dioſcoride. (*D. J.*)

LAMPSAQUE, (*Géog. anc. & mod.*) en latin *Lampſacus* ; ville ancienne de l'Aſie mineure, dans la Myſie, preſque au bord de la mer, à l'entrée de la Propontide : elle avoit un temple dédié à Cybele, & un port vanté par Strabon, vis-à-vis de Callipolis, ville d'Europe dans la Cherſonéſe de Thrace. Elle s'étoit accrue des ruines de la ville voiſine de Pæſus, dont les habitans paſſerent à *Lampſaque*. Quelques-uns diſent qu'elle fût bâtie par les Phocéens, & d'autres par les Miléſiens en la xxxj. olympiade.

On fait comme la préſence d'eſprit d'Anaximène ſauva *Lampſaque* de la fureur d'Alexandre. Ce prince honteuſement inſulté par cette ville, marchoit dans la réſolution de la détruire. Anaximène fut prié par ſes concitoyens, d'aller intercéder pour leur patrie commune ; mais d'auſſi loin qu'Alexandre l'apperçut : « Je jure, s'écria-t-il, de ne point accorder » ce que vous venez me demander...... Eh bien, dit Anaximène, je vous demande de détruire *Lampſaque*. Ce ſeul mot fut comme une digue qui arrêta le torrent prêt à tout ravager ; le jeune prince crut que le ſerment qui lui étoit échappé, & dans lequel il avoit prétendu renfermer une exception poſitive de ce qu'on lui demanderoit, le lioit d'une maniere irrévocable, & *Lampſaque* fut ainſi conſervée.

Ses vignobles étoient excellens, c'eſt pourquoi, au rapport de Cornelius Népos & de Diodore de Sicile, ils furent aſſignés à Themiſtocle par Artaxerxe pour ſa table.

On adoroit à *Lampſaque* plus particulierement qu'ailleurs Priape le dieu des jardins, ſi nous en croyons ce vers d'Ovide, *Triſt. l. I. elég. 9. v. 770.*

Et te ruricola, Lampſace, tuta deo.

On voyoit auſſi dans cette ville un beau temple que les habitans avoient pris ſoin de dédier à Cybele.

Lampſacus, dit Whéler dans ſes voyages, à préſent appellée *Lampſaco*, a perdu l'avantage qu'elle avoit du tems de Strabon ſur Gallipoli ; ce n'eſt qu'une petite ville ou bourg, habité par quelques turcs & grecs ; c'étoit une des trois villes que le roi de Perle donna à Thémiſtocle pour ſon entretien : Magnéſie étoit pour ſon pain, Mynus pour ſa viande, & *Lampſaque* pour ſon vin. Elle a conſervé ſur les collines qui l'environnent quelques vignes, dont les raiſins & les vins, en très-petites quantité, ſont excellens.

Whéler ſe trouvant à *Lampſaco*, y vit encore dans un jardin deux belles inſcriptions antiques ; la premiere étoit une dédicace d'une ſtatue à Julia Auguſta, remplie des titres de Véſta, & de nouvelle Cérès. L'érection de cette ſtatue fut faite aux dépens de Dioniſius, fils d'Apollonitimus, ſacrificateur de l'empereur, intendant de la diſtribution des couronnes, & tréſorier du ſénat pour la ſeconde fois ; l'autre inſcription étoit la baſe d'une ſtatue dreſſée en l'honneur d'un certain Cyrus, fils d'Apollonius, médecin de la ville, & érigée par la communauté, à cauſe des bienfaits qu'elle en avoit reçus. (*D. J.*)

LAMPTÉRIES, (*Littér.*) λαμπτηρια, fête qui ſe faiſoit à Palènes pendant la nuit, en l'honneur de Bacchus, & à la clarté des lampes.

Pauſanias nous apprend que cette fête étoit placée immédiatement après la vendarge, & qu'elle conſiſtoit en une grande illumination nocturne, & en profuſions de vin qu'on verſoit aux paſſans.

Dès les premiers ſiecles du chriſtianiſme, on uſa d'illuminations, non-ſeulement pour les réjouiſſances prophanes, mais pour celles qui tenoient à la religion ; c'eſt ainſi qu'on les employoit aux cérémonies du baptême des princes, comme un ſymbole de la vie de lumiere dans laquelle ils alloient entrer par la foi.

L'illumination de la chandeleur, dont le nom a tant de conformité avec les *lamptéries* des Grecs, peut être attribuée, dans ſon inſtitution, à une condeſcendence des papes, pour s'accommoder à la portée des néophytes qui étoient mêlés avec les Gentils, & leur rendre la privation des ſpectacles moins ſenſible. J'aimerois donc mieux dire que le chriſtianiſme a tout ſanctifié, qu'il a heureuſement changé les luſtrations des payens en purifications chrétiennes, que de ſoutenir que nos fêtes n'ont point d'analogie avec celles du paganiſme, ou me perſuader que leur reſſemblance eſt un effet du haſard. (*D. J.*)

LANCASHIRE, (*Géog.*) ou la province de Lancaſtre; en latin *Lancaſtria*, province maritime d'Angleterre, au dioceſe de Cheſter, le long de la mer d'Irlande qui la borne au couchant. Les provinces de Cumberland & de Weſtmorland, la terminent au nord & au nord-eſt ; Yorckſhire au levant, & Cheſhire au midi. Elle a 170 milles de circuit, contient environ 11 cent 50 mille arpens, & 40 mille 202 maiſons. L'air y eſt fort bon, les habitans robuſtes, & les femmes très-belles. Les rivieres de cette province ſont le Merſey, la Ribble & le Long ; ſes deux lacs ſont le Winder & le Merton. Le Winder a dix milles de longueur ſur quatre de large, & c'eſt le plus grand lac qu'il y ait en Angleterre. Les anciens habitans de ce comté étoient les Brigantes.

Cette province eſt du nombre de celles qu'on nomme *Palatines*, & elle a donné à pluſieurs princes du ſang du titre de ducs de Lancaſtre. Ses villes principales ou bourgs, ſont *Lancaſtre* capitale, Clitero, Leverpool, Preſton, Wigan, Newton, Mancheſter.

Entre les gens de lettres que cette province a produits, je ne citerai que le chevalier Henri Brotherton, l'évêque Fleetwood & Guillaume Vitaker.

On doit au premier des obſervations & des expériences curieuſes, publiées dans les *Tranſact. philoſ. Juin 1697. n°. 177.* ſur la maniere dont croiſſent les arbres, & ſur les moyens de faciliter cet accroiſſement.

Fleetwood mort évêque d'Ely en 1723, âgé de 67 ans, a illuſtré ſon nom par des ouvrages où regne une profonde connoiſſance de la Théologie & des antiquités ſacrées.

Vitaker décédé en 1545, à l'âge de 45 ans, eſt de tous les antagoniſtes du cardinal Bellarmin, celui qui l'a réfuté avec le plus d'érudition & de ſuccès.

Les curieux de l'hiſtoire naturelle de la province de *Lancaſtre*, doivent ſe procurer l'ouvrage de Leigh, intitulé Leigh's (*Charles*) *A natural Hiſtory of Lancaſhire, Cheſſhire*, and the Peak in Derbiſhire. *Oxoniæ, 1700, in-fol.* C'eſt un bien bon livre. (*D. J.*)

LANCASTRE, (*Géog.*) le *Mediolanum* des anciens, ſelon Cambden, ville à marché d'Angleterre, capitale du Lancaſhire, a donné le titre de duc à pluſieurs princes du ſang d'Angleterre, fameux dans l'hiſtoire par leurs querelles avec la maiſon d'Yorck. Elle eſt ſur le Lon, à 5 milles de la mer d'Irlande, & à 187 N. O. de Londres. *Long.* 14. 35. *lat.* 54. (*D. J.*)

LANCE, ſ. f. (*Art milit.*) arme offenſive que portoient les anciens cavaliers, en forme d'une demi-pique.

La *lance* eſt compoſée de trois parties, qui ſont la *fleche* ou le manche, les *ailes*, & le *dard* ou la pointe. Pline attribue l'invention des *lances* aux Etéſiens. Varron & Aulugelle diſent que le mot de *lance* eſt eſpagnol, d'où quelques auteurs concluent que les Italiens s'étoient ſervis de cette arme à l'imitation des Eſpagnols.

Diodore de Sicile fait dériver ce mot du gaulois, & Feſtus du grec λογχυ, qui a la même ſignification.

La *lance* fut long-tems l'arme propre des chevaliers & des gendarmes. Il n'étoit permis qu'aux perſonnes de condition libre de la porter dans les armées ; elle eſt appelſée dans le latin *lancea* ; mais elle eſt auſſi très-ſouvent ſignifiée par le mot *haſta*. C'eſt dans cette ſignification que Guillaume le Breton la prend en parlant des armes propres des gentilshommes,

Ut famuli quorum eſt gladio pugnare & haſtis.

On les faiſoit d'ordinaire de bois de frêne, parce qu'il eſt roide & moins caſſant. Les piques de notre tems étoient de même bois par la même raiſon. Dans l'énumération des armes qu'on donne à Géofroi, duc de Normandie, que j'ai tirée de Jean, moine de Marmoutiers ; il eſt dit qu'entre autres armes, on lui mit en main une *lance* de bois de frêne, armée d'un fer de Poitou ; & Guillaume le Breton, en parlant du combat de Guillaume des Barrés contre Richard d'Angleterre auprès de Mantes, dit en ſtyle poétique, que leurs boucliers furent percés par le frêne, c'eſt-à-dire par leurs *lances* de bois de frêne :

Le paſſage d'un autre auteur nous apprend la même choſe, & en même tems que ces *lances* étoient fort longues. « Les *lances* des François, dit-il, » étoient de bois de frêne, avoient un fer fort aigu, » & étoient comme de longues perches ». *Haſtæ fraxineæ in manibus eorum ferro acutiſſimo præfixæ ſunt, quaſi grandes perticæ.* Mais depuis on les fit plus groſſes & plus courtes, & je crois que ce changement ſe fit un peu avant Philippe de Valois, que la mode vint que les chevaliers & la gendarmerie combattiſſent à pié, même dans les batailles & les combats réglés.

Dans ces occaſions-là même, lorſqu'ils ſe mettoient à pié, ils accourciſſoient encore leurs *lances*, en les coupant par le bout du manche. Cela s'appelloit *retailler les lances*. C'eſt ce que témoigne Froiſſard

Froissard en divers endroits de son histoire. Voici ce que dit sur cela le président Fauchet en peu de mots.

« La *lance* qui aussi s'appelloit *bois*, je crois par excellence & encore *glaive*, & puis quand elles furent grosses, *bourdons* & *bourdonnasses*; quand elles furent creuses, se dit Philippes de Comines, en parlant de la bataille de Fournoue, mais le même Comines témoigne qu'elles étoient creuses. Quant à la *lance*, elle a toujours été arme de cavalier, plus longue toutefois que celles d'aujourd'hui, comme celles des Polonois, laquelle encore que les chevaliers n'eussent point d'arrêt ferme, à cause que leurs haubarts étoient de mailles, on n'eut su où les clouer (ces arrêts) sur les mailles, les chevaliers ne laissoient pas de clouer sur l'arson de la selle de leurs chevaux, je crois bandée à l'angloise ; mais il ne me souvient point d'avoir vu peintes des *lances* qui eussent des poignées comme aujourd'hui, avant l'an 1300, ains toutes unies depuis le fer jusqu'à l'autre bout, comme javelines, lesquelles, même du tems de Froissard, les chevaliers étant descendus à pié, rognoient pour mieux s'en aider au poussis. En ce tems-là, les chevaliers croyoient que les meilleurs fers de *lances* venoient de Bourdeaux..... Après l'envahie, essais ou course du tems de Froissard, il falloit mettre pié à terre, rogner son glaive, c'est-à-dire sa *lance*, & d'icelui pousser tant qu'on eût renversé son ennemi; cependant choisissant la faute de son harnois pour le blesser & tuer. Et lors ceux qui étoient plus adroits & avoient meilleure haleine pour durer à ce poussis de *lance*, étoient estimés les plus experts hommes d'armes, c'est-à-dire dextres, & rusés, & experts ».

On ornoit les *lances* d'une banderole auprès du fer, & cet ornement avoir bonne grace ; c'étoit une coutume très-ancienne, & dès le tems des croisades.

D'ordinaire, dans ces rudes chocs, les *lances* se fracassoient & sautoient en éclats. C'est pourquoi dans les tournois pour dire faire un assaut de *lances*, on disoit rompre une *lance* ; ainsi le combat de cheval, quand il se faisoit à la *lance*, ne duroit qu'un moment. On la jettoit après le premier choc, & on en venoit à l'épée. Guillaume Guiart, en racontant la descente de S. Louis à Damiette, dit :

Après le froissis des lances,
Qui jà sont par terre semées,
Pottent mains à blanches épées,
Desquelles ils s'entre-envahissent
Hiaumes, & bacinets tentissent,
Et plusieurs autres serrures,
Coutiaux très-perçans amures.

Quand, dans le combat de deux troupes de gendarmerie l'une contre l'autre, on voyoit dans l'une les *lances* levées, c'étoit un signe d'une prochaine déroute. C'est ce qu'observe d'Aubigné dans la relation de la bataille de Coutras. En effet, cela marquoit que les gendarmes ne pouvoient plus faire usage de leurs *lances*, parce qu'ils étoient serrés de trop près par les ennemis.

L'usage des *lances* cessa en France beaucoup avant le tems que les compagnies d'ordonnance fussent réduites à la gendarmerie d'aujourd'hui. Et le prince Maurice l'abolit entièrement dans les armées de Hollande. Il en eut une raison particuliere : c'est que les pays où il soutenoit la guerre contre les Espagnols sont marécageux, coupés de canaux & de rivieres, fourrés & inégaux , & qu'il falloit pour les lanciers des pays plats & unis , où ils pussent faire un assez grand front , & courir à bride abattue sur la même ligne , dès qu'ils avoient pris carriere,

c'est-à-dire dès qu'ils commençoient à piquer , ce qu'ils faisoient d'ordinaire à soixante pas de l'ennemi.

Mais il eut encore d'autres raisons qui lui furent communes avec la France. Les lanciers jusques à ce tems-là étoient presque tous gentilshommes ; & même Henri III. par son ordonnance de 1575, avoit déclaré que non seulement les lanciers, mais encore les archers des ordonnances devoient être de *noble race*. Or les guerres civiles avoient fait périr une infinité de noblesse en France, aussi-bien que dans les Pays bas, ce qui faisoit qu'on avoit peine à fournir de gentilshommes les compagnies d'ordonnance.

Secondement, il falloit que les lanciers eussent de grands chevaux de bataille très-forts, de même taille, dressés avec grand soin, & très-maniables pour tous les mouvemens que demandoit le combat avec la *lance*. Il étoit difficile d'en trouver un grand nombre de cette sorte , ils coutoient beaucoup d'argent, & bien des gentilshommes n'étoient pas en état de faire cette dépense; les guerres civiles ayant ruiné & désolé la France & les Pays bas.

Troisiemement , le combat de la *lance* supposoit une grande habitude pour s'en bien servir, & un exercice très-fréquent où l'on élevoit les jeunes gentilshommes. L'habileté à manier cette arme s'acquéroit dans les tournois & dans les académies ; les guerres civiles ne permettoient plus guere depuis long-tems l'usage des tournois ; & la jeune noblesse, pour la plûpart, s'engageoit dans les troupes sans avoir fait d'académie , & par conséquent n'étoit guere habile à se servir de la *lance*. Toutes ces raisons firent qu'on abandonna la *lance* peu à peu , & qu'on ne s'en servoit plus guere sous le regne de Henri IV. Il ne paroit point par notre histoire qu'il y ait eu d'ordonnance pour abolir cet usage. Mais George Balta , fameux capitaine dans les armées de Philippe II. roi d'Espagne & celles de l'Empire , marque expressément le retranchement des *lances* dans les armées françoises sous Henri IV. car il écrivoit du tems de ce prince ; c'est dans l'ouvrage qu'il publia sur le gouvernement de la cavalerie légere, où voici comme il parle': « L'introduction des cuirasses, c'est-à-dire des escadrons » de cuirassiers en France, avec un total bannissement des *lances* , a donné occasion de discourir » quelle armure seroit la meilleure, &c ». C'est donc en ce tems-là que les *lances* furent abolies en France. Les Espagnols s'en servirent encore depuis, mais ils en avoient peu dans leurs troupes. Les Espagnols seuls , dit le duc de Rohan dans son *Traité de la guerre*, dédié à Louis XIII, ont encore retenu quelques compagnies de *lances*, qu'ils conservent plutôt par gravité que par raison : car la *lance* ne fait effet que par la course du cheval ; & encore n'y a qu'un rang qui s'en puisse servir, tellement que son ordre ne doit être de combattre en haie , ce qui ne peut résister aux escadrons ; & si elles combattoient en escadrons, elles seroient plus d'embarras que de service.

On voit par ce que je viens de dire, l'époque de l'abolition des *lances* en France , arme que les François avoient su manier de son tems mieux qu'aucune autre nation. On ne s'en sert plus aujourd'hui que dans les courses de bagues , & quelques semblables utiles, exercices autrefois par rapport à la guerre, & qui ne sont plus maintenant que de purs divertissemens. *Hist. de la milice françoise, par le P. Daniel.*

LANCE, (*Hist. de la Chevalerie*) du tems de l'ancienne chevalerie , le combat de la *lance* à cours de cheval étoit fort en usage, & passoit même pour la plus noble des joûtes. Un chevalier tient ce propos à son adversaire dans le roman de Florès de

Grece : « Pendant que nous fommes à cheval, & que les *lances* ne nous peuvent manquer, éprouvons-nous encore quelque tems, étant comme il m'eſt avis, le plaiſir de la courſe à *lance*, trop plus beau que le combat à l'épée ». C'eſt pour cette raiſon que la *lance* affranchiſſoit l'épée, & que l'épée n'affranchiſſoit pas la *lance*. On ne parloit dans les récits de joûtes que de *lances* à outrance, *lances* à fer émoulu, *lances* courtoiſes, *lances* mouſſes, *lances* frettées & mornées ; ces dernieres étoient des *lances* non pointues, qui avoient une frette, morne ou anneau au bout.

De cette paſſion qui regnoit alors, de montrer à la *lance* ſa force & ſon adreſſe, vinrent ces expreſſions ſi fréquentes dans les livres de chevalerie, faire un coup de *lance*, rompre des *lances*, briſer la *lance*, baiſſer la *lance*. Cette derniere expreſſion ſignifioit, *céder la victoire*, & nous le diſons encore en ce ſens au figuré.

Cependant tous les combats d'exercices & d'amuſemens à la *lance*, ceſſerent dans ce royaume par l'accident d'un éclat de *lance* qu'Henri II. reçut dans l'œil le 29 Juin 1559, en joûtant contre le comte de Montgommery. On ſait que ce prince en mourut onze jours après.

Enfin l'uſage de la *lance* qui continuoit à la guerre, perdit toute ſa gloire à la journée de Pont-Charra, où Amédée, duc de Savoie, fut défait par Leſdiguieres l'an 1591. Voyez-en les raiſons dans Mezeray, *tome III. p. 900*. Et ſi vous voulez connoître les avantages & les défauts de cette ancienne arme de cavalerie, George Baſta, Walhauſen, & ſur-tout Montecuculli, vous en inſtruiront. (*D. J.*)

LANCE, (*Iconolog.*) les anciens Sabins repréſentoient leur dieu Quirinus ſous la forme d'une *lance*, parce que la *lance* étoit chez eux le ſymbole de la guerre. Les Romains emprunterent de cette nation la même coutume, avant qu'ils euſſent trouvé l'art de donner des figures humaines à leurs ſtatues. Il y avoit d'autres peuples, ſelon Juſtin, qui, par des raiſons ſemblables, rendoient leur culte à une *lance*, & c'eſt de-là, dit-il, que vient l'uſage de donner des *lances* aux ſtatues des dieux. (*D. J.*)

LANCE D'EAU, (*Hydr.*) *voyez* JET-D'EAU.

LANCE ou PIQUE, (*Chirurgie*) inſtrument de Chirurgie, pour ouvrir la tête du fœtus mort & arrêté au paſſage. M. Mauriceau en eſt l'inventeur. Il eſt fait comme le couteau à crochet, dont nous avons parlé en ſon lieu, excepté que ſon manche n'a point de bec. Son extrémité eſt un fer de *pique*, fait en cœur, long d'un pouce & demi, fort aigu, pointu & tranchant ſur les côtés. On introduit cette *lance* dans le vagin, à la faveur de la main gauche, & l'on perce la tête de l'enfant entre les pariétaux, s'il eſt poſſible, pour donner entrée à un autre inſtrument, appellé *tire-tête*. *Voyez* la *fig*. 2. *Pl. XX*. (*Y*)

LANCE A FEU, (*Artificier.*) Les *lances à feu* de gros & longs tuyaux ou canons de bois, emmanchés par le bout avec de bons bâtons bien retenus, pour ſoutenir la force du feu, & percés en divers endroits pour contenir les fuſées ou les pétards qu'on y applique.

On s'en ſert dans les feux de joie où l'on veut repréſenter des combats nocturnes, tant pour jetter des fuſées, que pour faire une fcopeterie, c'eſt-à-dire un bruit en l'air par pluſieurs coups tirés enſemble.

Il ſe fait avec une feuille de grand papier à deſſiner, du plus fort ; on la roule par la largeur fur une baguette, qui eſt de la groſſeur d'une baguette de mouſquet & d'un pié & demi de long. Ce papier étant roulé, on le colle tout du long pour l'arrêter ; enſuite on fait entrer dans un des bouts de ce cartouche, environ avant d'un pouce, un morceau de bois que l'on appelle *le manché*, ou *le pié de la lance*, & qui eſt de ſon calibre, après l'avoir trempé dans la colle, afin qu'il puiſſe bien tenir ; l'autre bout de ce manche eſt plat, & percé de deux trous pour l'attacher avec des clous ſur ce que l'on veut.

La compoſition doit être de quatre onces de ſalpêtre bien rafiné & mis en poudre, de deux onces de poudre & de pouſſier paſſé dans un tamis de ſoie bien fin, une once de ſoufre en fleur ; on mélange le tout enſemble, & on le paſſe dans un tamis de crin un peu gros après l'avoir bien remué.

On met cette compoſition dans une ſebille de bois ; on la prend enſuite avec une carte à jouer, que l'on coupe en houlette, & l'on s'en ſert pour charger la *lance*. A meſure que l'on charge avec cette houlette, on frappe cette charge, en y faiſant entrer la baguette qui a ſervi à rouler le cartouche, & avec une petite palette de bois ; & lorſqu'on eſt au quart de la hauteur de la *lance*, on met de la poudre la valeur de l'amorce d'un piſtolet, qu'on ſerre doucement avec la baguette ſans frapper, & l'on continue ainſi juſqu'à quatre fois, juſqu'à ce que la *lance* ſoit pleine juſqu'au haut ; après quoi l'on prend un peu de poudre écraſée qu'on trempe dans l'eau pour lui ſervir d'amorce, & on la colle enſuite avec un peu de papier. *Voyez* nos *Pl. d'Artifice*.

LANCE, (*Stuccateur.*) *lance* ou *ſpatule* dont ſe ſervent les ſculpteurs en ſtuc. *Voyez* les *Pl. du Stuc*.

LANCER, v. act. (*Gramm.*) c'eſt jetter avec force. Ce verbe a différentes acceptions. *Voyez* les *articles ſuivans*.

LANCER *une manœuvre*, (*Marine.*) c'eſt amarer une manœuvre, en la tournant autour d'un bois mis exprès pour cet uſage.

LANCER, (*Marine.*) navire qui *lance* bas-bord ou ſtribord ; cela ſe dit d'un vaiſſeau qui, au lieu d'aller droit à ſa route, ſe jette d'un côté ou d'autre, ſoit que le timonnier gouverne mal, ſoit pour quelqu'autre raiſon.

LANCER *un vaiſſeau à l'eau*, (*Marine.*) Le terrein ſur lequel on conſtruit le vaiſſeau, & qu'on appelle *le chantier*, eſt incliné & va en pente juſqu'à l'eau : cette inclinaiſon eſt ordinairement de ſix lignes ſur chaque pié de longueur. On prolonge ce chantier juſques dans l'eau, en y ajoutant d'autres poutres & d'autres tins, qui forment un plan toujours également incliné, & on met au-deſſus de forts madriers pour ſervir de chemin à la quille, retenue dans une eſpece de couliſſe formée par de longues tringles paralleles. On place enſuite de chaque côté juſqu'à l'eau, des poutres qu'on nomme *coites*, & qui étant éloignées les unes des autres à-peu-près à la diſtance de la demi-largeur du vaiſſeau, répondent vers l'extrémité du plat de la maîtreſſe varangue. Comme elles ne peuvent être aſſez hautes pour parvenir juſqu'à la carene du vaiſſeau, quoiqu'elles ſoient fort avancées deſſous, on attache deux autres pieces de bois appellées *colombiers*, qui s'appuient ſur les coites, & qui peuvent gliſſer deſſus. Ces poutres ſont frottées avec du ſindoux ou avec du ſuif ; on frotte de même la quille. On attache enſuite le vaiſſeau par l'avant, par les côtés & par-derriere à un des gonds du gouvernail. Des hommes tiennent les cordes des côtés & de l'avant ; celle de derriere, qu'on appelle *corde de retenue*, eſt liée à un gros pieu qui eſt en terre.

Les choſes ainſi diſpoſées, on ôte, à coups de maſſue, les anciens coins, & l'on en ſubſtitue lui le champ de nouveaux, pour ſoutenir la quille dans le temps qu'elle coulera ; enfin on coupe les acores, & les étances de devant & des côtés & la corde de retenue, & dans l'inſtant le vaiſſeau part. Il faut alors jetter de l'eau ſur l'endroit où il gliſſe, crainte

LAN   LAN

que le feu n'y prenne par le grand frottement, & mettre tout en œuvre pour accélérer la marche du vaisseau. A cette fin on engage sous la quille de longues solives par le bout pour l'ébranler & lui donner du mouvement si le vaisseau ne part pas assez vite. Les hommes qui tiennent les cordes de l'avant, comme on l'a dit ci-dessus, les tirent alors ou les roidissent par le moyen des cabestans, & ils hâlent celles des côtés pour retenir le vaisseau dans sa chûte, ou pour diminuer la force du choc dans l'eau, qui lui seroit préjudiciable.

Cette maniere de *lancer les vaisseaux* à l'eau, qui est la meilleure qu'on ait imaginé, n'est pas cependant suivie par les Portugais. Ils croient qu'il vaut mieux que le vaisseau entre dans l'eau par la poupe que par la proue. Il n'est pas aisé de découvrir sur quelles raisons ils fondent une pareille manœuvre.

Dans la nord-Hollande, pour *lancer les vaisseaux* à l'eau, on les fait passer sur une digue qui s'éleve en talut des deux côtés, & qui est frottée de graisse. Le vaisseau est construit sur un pont à rouleaux au bas de la digue. On amare deux cordes à l'étrave en deux endroits, & autant à la quille, & on ceintre l'arriere avec d'autres cordes. Ces cordes passent par divers vindas ou cabestans, dans chacun desquels il y a deux poulies & trois rouets dans chaque poulie. Vingt à trente hommes virent ces machines, tandis que d'autres sont attentifs à roidir les cordes de l'arriere lorsque le bâtiment vient à rouler. On le monte d'abord au haut de la digue ; & quand il y est parvenu, on le met sur la pente qui conduit à l'eau, & on le suit à-peu-près dans la même façon qu'on l'a suivi pour le faire monter. Cette méthode est aussi fort bonne.

LANCER LA NAVETTE, (*Rubannier.*) voici ce que c'est : lorsqu'un ouvrier commence un ouvrage, ou même lorsqu'il remonte sur son métier, il faut toujours que sa navette commence à lever par sa main gauche, parce que sa premiere marche est marchée du pié gauche, la main devant suivre le pié du même côté. Il y a encore une autre raison de cet usage; si c'étoit la main droite qui partît la premiere, la navette reviendroit (au dernier coup du cours de marche) dans cette même main droite : il faudroit donc que l'ouvrier changeât sa navette de main pour pouvoir tirer un autre retour ; ce qui, outre l'embarras, feroit beaucoup perdre de tems, puisque ces retours sont toujours à sa main droite.

LANCER LE CERF, (*Chasse.*) c'est le faire partir de la reposée comme les autres bêtes fauves.

Autrefois on ne *lançoit* qu'avec les limiers ; à-présent on découple les chiens de meute pour *lancer le cerf.*

Lancer un loup, c'est le faire partir du liteau.
Lancer un lievre, c'est le faire sortir du gite.
Lancer une bête noire , c'est la faire partir de la bauge. *Voyez nos Pl. de Chasse.*

LANCEROTE ou LANCELOTE, (*Géog.*) île de l'Afrique, l'une des Canaries, d'environ 12 lieues de longueur sur 7 de largeur, selon Delisle. On la met à 40 lieues françoises de la côte du continent la plus proche, au nord-est de Forteventura, dont elle est séparée par un détroit de 5 lieues de large, & comme couronnée au nord par quatre petites îles ; savoir, Sainte-Claire , Alagranca, Rocca & Graciosa. Elle fut découverte en 1417 par Jean de Bethencourt, qui la céda au roi de Castille, d'où elle est passée à l'Espagne. *Long. 5. 25. lat. 28. 40.* (*D. J.*)

LANCETTE, s. f. (*Chirurgie.*) c'est un petit instrument de Chirurgie, d'un acier extrêmement fin, très-pointu & à deux tranchans, qui sert principalement à ouvrir la veine.

Cet instrument est composé d'une lame & d'une

châsse ou manche. La lame est faite en pyramide ; dont la pointe est très-aiguë : elle ne doit pas excéder un pouce 6 ou 7 lignes sur 4 de largeur à sa base. Le corps de la *lancette* , qui est d'environ sept lignes de longueur , ne coupe point sur les côtés , mais le poli , qui est long de sept à huit lignes , est très-tranchant & très-net jusqu'à la pointe. La basse , qui en fait le talon , est engagée dans la châsse par le moyen d'un clou de laiton , autour duquel elle tourne pour pouvoir s'ouvrir & se nettoyer facilement. La châsse, qui est longue de deux pouces quatre à cinq lignes , est composée de deux petites lames d'écailles fort minces & polies , qui ne sont point arrêtées ensemble par leur extrémité.

On fait ordinairement de quatre sortes de *lancettes* ; la premiere est à grain d'orge , *figure 13. Pl. I.* elle est plus large vers la pointe que les autres , afin de faire une plus grande ouverture en saignant ; elle convient pour les vaisseaux gros & superficiels ; cette *lancette* dispense de faire une élevation après la ponction ; & dans ce cas elle peut convenir aux commençans. La seconde est appellée *lancette à grain d'avoine , figure 11. Pl. I.* parce que la pointe est plus allongée que celle de la précédente : elle est propre à tous les vaisseaux , principalement à ceux qui sont profonds : en la retirant on peut faire une élevation aussi grande qu'on le juge-à-propos. La *figure 12.* en représente une autre plus petite pour les saignées difficiles. La troisieme est *en pyramide* ou *à langue de serpent* ; elle va toujours en diminuant, & le termine par une pointe très-longue, très-fine & très-aiguë : elle convient qu'aux vaisseaux les plus profonds , *figure 14. Pl. I.* La quatrieme est nommée *lancette à abscès* ; elle est plus forte, plus longue & plus large que les autres ; sa lame a deux pouces & demi de longueur ; sa pointe est à grain d'avoine, sans être extrêmement fine, crainte qu'elle ne se casse , *fig. 10 : Pl. I.* On peut ouvrir les abscès superficiels & faire des scarifications avec ces quatre especes de *lancettes.* En Allemagne on saigne très-adroitement avec une flâme à ressort : cet instrument n'est point en usage en France. *Voyez* PHLEBOTOMIE. (*Y*)

LANCETTE, (*Graveur en bois.*) outil de graveur en bois, est un ferrement de la forme des *lancettes* des Chirurgiens , tranchant des deux côtés & fort aigu, qui est emmanché dans un petit bâton ; il sert aux graveurs en bois pour évider les petits points blancs qui se trouvent entre les hachures qui se croisent en cette sorte, ⧫ ce qui se fait en enfonçant la *lancette* obliquement aux quatre faces du point blanc ; par ce moyen on enleve une petite pyramide de bois dont la base est le point blanc , & le sommet au fond du trou qu'elle fait dans la planche. Mais comme l'encre des Imprimeurs en lettre ne s'applique que sur la surface de la planche , & non dans les creux , il suit que le papier ne doit recevoir l'empreinte que des parties saillantes de la planche, & laisser du blanc vis-à-vis des creux qui y sont. *Voyez nos Planches de gravure en bois.*

LANCIA, (*Géog. anc.*) ancienne ville d'Espagne dans l'Asturie ; elle est qualifiée ville très-forte, *validissima civitas* , par Florus , *l. IV. c. xij.* (*D. J.*)

LANCIA OPPIDANA, (*Géog. anc.*) ancienne ville de Lusitanie, chez les Vettons , selon Ptolomée, *l. II. c. v.* Pline nomme les habitans de cette ville *Lanciensés.* On en trouve encore un monument du siecle d'Auguste dans une inscription de Gruter , *p. 199. n. 3.*

   Term. Aug. inter
   Lanc. Oppi. & Ignœdit.

C'est peut-être présentement *la penna di Francia.* (*D.J.*)

LANCIANO ou LANCIANA ANXANUM, (*Géog.*) ville d'Italie au royaume de Naples, dans l'Abruze citérieure, dont elle est la capitale, avec un archevêché érigé en 1562. Elle est située sur le torrent de Feltrino, à 6 lieues S. E. de Chieti, 30 N. E. de Naples. *Long.* 32. 40. *lat.* 42. 12. (*D. J.*)

LANCIER, f. m. (*Art méchan.*) c'est un ouvrier qui fait des lances.

LANCIERE ou ABÉE, f. f. (*Jurisprud.*) terme de coûtumes, qui signifie l'*ouverture* ou *passage* par où l'eau s'écoule quand les moulins ne travaillent pas. (*A*)

LANCIS, f. m. (*en Architecture.*) ce font dans le jambage d'une porte ou d'une croisée, les deux pierres plus longues que le pié qui est d'une piece. Ces *lancis* se font pour ménager la pierre qui ne peut pas toujours faire parpin dans un mur épais.

Lancis de moilon, il se dit, lorsqu'on refait le parement d'un vieux mur avec du moilon, & qu'on lance le plus avant que faire se peut avec plâtre ou mortier de chaux & sable.

LANCKHEIM, (*Géog.*) petite ville de Thuringe, sur la riviere d'Itsch, dans la principauté de Cobourg.

LANÇOIR, f. m. (*Econom. rustiq.*) ouverture par laquelle s'écoule l'eau des moulins lorsqu'ils ne vont pas.

LANÇON ou ÉGUILLETTES, ou ORPHIES, (*Ichol.*) sorte de petit poisson. *Voyez* ÉGUILLETTES.

LANÇU, (*Hist. mod.*) nom que les Chinois donnent à une secte de leur religion. L'auteur de cette secte étoit un philosophe contemporain de Confucius, & qui fut appellé *Lançu* ou *Lanzu*, c'est-à-dire *philosophe ancien*, parce qu'on feint qu'il demeura quatre-vingts ans dans le ventre de sa mere avant que de naître. Ses sectateurs croient qu'après la mort leurs ames & leurs corps font transportés au ciel pour y goûter toutes sortes de délices. Ils se vantent aussi d'avoir des charmes contre toute sorte de malheurs, de chasser les démons, &c. Kircher, *de la Chine*.

LANCUT, (*Géog.*) ville du royaume de Pologne, dans le palatinat de Russie ou Reussen.

LAND, TRAIT ou JET DE FILETS, *terme de Pêche* usité dans le ressort de l'amirauté de Marennes. C'est la manœuvre qui se fait depuis qu'on a jetté un filet à la mer jusqu'à ce qu'on le retire.

LAND & LANDT, (*Géogr.*) Le mot *land* ou *landt*, dans les langues du Nord, signifie *pays*, & entre dans la composition de plusieurs noms, Landgrave, Zéland, Gotland, Hollande. Quand nous disons *lande* en françois, nous faisons du genre féminin les mots à la fin desquels *lande* se trouve dans la composition, comme la Zélande, la Hollande, & nous donnons le genre masculin à ceux où nous mettons le mot de *land* ou de *landt*, ce qui fait que ce même mot est quelquefois du genre masculin ou féminin, selon que nous l'écrivons, comme le Groenland ou la Groenlande. La plûpart des provinces de Suede ont leur nom composé de celui de *land*, & du nom des anciens peuples qui l'habitoient; l'île de Gotland, par exemple, signifie *pays de Goths*; l'Amelande signifie *pays des Amales* : on dit encore en bas-breton *lannec* dans le même sens. (*D. J.*)

LANDA, (*Géogr.*) ville de la grande Pologne, dans le palatinat de Kalisch.

LANDAFF, (*Géog.*) petite ville & évêché d'Angleterre, au pays de Galles, dans le comté de Glamorgan, sur la Tave, un peu au-dessus de Cardiff, à 30 milles de Bristol au couchant, & à 123 milles de Londres. *Long.* 14. 20. *latit.* 51. 32. (*D. J.*)

LANDAU, *Landavia*, (*Géogr.*) ville de France très-forte, dans la basse Alsace, au pays de Wasgou, autrefois impériale, mais sujette à la France par la paix de Munster. L'empereur Joseph la prit, n'étant que roi des Romains, en 1702. Les François la reprirent en 1703, & les Impériaux en 1704. Enfin, par le traité de Bade, elle a été cédée à la France, qui l'avoit reprise en 1713. *Voyez* ce qu'en disent Heiss, Longuerue & Piganiol de la Force : mais *voyez* principalement l'article de *Landau* dans le dictionnaire de Bayle, parce qu'il est rempli de réflexions utiles, applicables en tout tems & en tous lieux, aux récits de sieges & de batailles que les nouvellistes de puissances belligérantes repandent dans le public, pour inspirer la confiance ou tromper la crédulité des peuples.

Landau est sur le Queich, vers les frontieres du palatinat, à une égale distance de Spire & du Rhin, dans un pays agréable & fertile, à 3 lieues & demie S. de Neustat, 5 O. de Philisbourg, 6 S. O. de Spire, 15 N. E. de Strasbourg, 108 N. E. de Paris. *Longit.* 25. 47. 30. *latit.* 49. 11. 38.

Landaw est encore le nom de deux petites villes d'Allemagne, l'une dans la basse Baviere sur l'Iser, à 4 milles de Straubing ; l'autre sise sur une montagne, au comté de Valdeck. (*D. J.*)

LANDES, f. f. (*Agriculture.*) pays inculte, peu propre au labour, rempli de joncs, de bruyeres, serpolets, joncs-marins, où l'on ne peut faire venir du bois.

LANDES, (*les*) ou LES LANES, *Ager Syrticus*, (*Géog.*) pays de France dans la Gascogne. On le nomme quelquefois les *landes de Bourdeaux* ; c'est un pays de sable & de bruyeres, dont les lieux principaux sont Dax, Tartas, Albret, Peirourade. Le sénéchal des *Landes* est une charge d'épée, dont le bailliage du pays de Labour dépend. On divise les *Landes* en grandes & petites ; les grandes sont entre Bourdeaux & Bayonne, les petites sont entre Bazas & le mont de Marsan. (*D. J.*)

LANDEN, *Landenum*, (*Géogr.*) petite ville des Pays-bas autrichiens, dans le Brabant, au quartier de Louvain, fameuse par la bataille meurtriere que le maréchal de Luxembourg y gagna sur les alliés, le 29 Juillet 1693. On appelle aussi cette journée la *bataille de Nerwinde*, nom d'un village voisin. *Landen* est sur le Beck, à 2 lieues de Tillemont, 7. N. O. de Huy, 7. S. E. de Louvain, 8. N. E. de Namur. *Long.* 22. 40. *latit.* 50. 45. (*D. J.*)

LANDERNEAU, *Landernacum*, (*Géogr.*) petite ville de France dans la basse Bretagne, sur la riviere d'Elhorn, à 8 lieues E. de Brest. *Long.* 13. 22. *latit.* 48. 25. (*D. J.*)

LANDFOCTIE, (*Géog.*) ce mot d'origine allemande, *land-vochtey*, & travesti à la françoise, peut se rendre autrement par *bailliage* ou *préfecture*, & en latin par *præfectura*. On dit cependant la *landfoctie* de Haguenau, pour signifier une partie de l'Alsace, dont Haguenau est le chef-lieu. (*D. J.*)

LANDGRAVE, f. m. (*Hist. mod.*) ce mot est composé de deux mots allemands, *land*, terre, & de *graff* ou *grave*, juge ou comte. On donnoit anciennement ce titre à des juges qui rendoient la justice au nom des empereurs dans l'intérieur des provinces. Quelquefois on les trouve désignés sous le nom de *comites patriæ* & de *comites provinciales*. Le mot *landgrave* ne paroit point avoir été usité avant l'onzieme siecle. Ces juges, dans l'origine, n'étoient établis que pour rendre la justice à un certain district où à une province intérieure de l'Allemagne, en quoi ils différoient des *marggraves*, qui étoient juges des provinces sur les limites : peu-à-peu ces titres sont devenus héréditaires, & ceux qui les possédoient se sont rendus souverains des pays dont ils n'étoient originairement que les juges. Aujourd'hui l'on donne le titre de *landgrave* par excellence à des princes souverains de l'Empire qui possedent

LAN   LAN

héréditairement des états qu'on nomme *landgraviats*, & dont ils reçoivent l'inveſtiture de l'empereur. On compte quatre princes dans l'Empire qui ont le titre de *landgraves* ; ce ſont ceux de Thuringe, de Heſſe, d'Alſace & de Leuchtenberg. Il y a encore en Allemagne d'autres *landgraves* : ces derniers ne ſont point au rang des princes ; ils ſont ſeulement parmi les comtes de l'Empire ; tels ſont les *landgraves* de Baar, de Briſgau, de Burgend, de Kletgow, de Nellenbourg, de Sauſſemberg, de Siſgow, de Steveningen, de Stulingen, de Suntgau, de Turgow, de Walgow. (—)

LANDI, ſ. m. (*Hiſt. mod.*) foire qui ſe tient à Saint Denis-en-France. C'eſt un jour de vacance pour les juriſdictions de Paris & pour l'univerſité. C'eſt le recteur qui ouvre le *landi*. Il ſe célébroit autrefois à Aix-la-Chapelle. Charles le Chauve l'a transféré à Saint-Denis avec les reliques, les clous & la couronne de N. S.

Landi ſe diſoit encore d'un ſalaire que les écoliers payoient à leurs maîtres vers le tems de la foire de ce nom. C'étoient ſix ou ſept écus d'or, qu'on fichoit dans un citron, & qu'on mettoit dans un verre de cryſtal. Cet argent ſervoit à défrayer le recteur & ſes ſuppôts lorſqu'ils alloient ouvrir la foire à Saint-Denis.

LANDI *ſtato di* (*Géog.*) nom d'un diſtrict aſſez conſidérable en Italie, ſur les frontieres des états de la république de Gènes, dépendant du duché de Plaiſance.

LANDIES, ſ. f. (*terme d'Anat.*) nymphes, deux productions ou excroiſſances charnues, ſituées entre les deux levres des parties naturelles de la femme. *Voyez* NYMPHES. Cicéron trouvoit de l'obſcurité dans ces paroles, *an illam dicam*, à cauſe du rapport qu'elles ont avec *lendica*, d'où nous eſt venu le mot françois *landie*.

LANDIER, ſ. m. (*Gramm. & Cuiſine.*) grand chenet de cuiſine. On ne ſait d'où vient le proverbe, froid comme un *landier*, ſi ce n'eſt que cet épais inſtrument, quoique toujours dans le feu, n'eſt preſque point échauffé.

LANDINOS, (*Hiſt. mod.*) c'eſt le nom ſous lequel les Eſpagnols déſignent les Indiens du Pérou qui ont été élevés dans les villes & dans les bourgs ; ils ſavent la langue eſpagnole, & exercent quelque métier : ils ont l'eſprit plus ouvert & les mœurs plus reglées que ceux des campagnes ; cependant ils conſervent preſque toujours quelque choſe des idées & des uſages de leurs ancêtres. Il eſt ſur-tout un préjugé dont les Chrétiens n'ont point pû faire revenir les Indiens du Pérou ; ils ſont perſuadés que la perſonne qu'ils épouſent a peu de mérite s'ils la trouvent vierge. Auſſi-tôt qu'un jeune homme a demandé une fille en mariage, il vit avec elle comme ſi le mariage étoit fait, & il eſt le maître de la renvoyer s'il ſe repent de ſon choix après en avoir fait l'eſſai : ce repentir s'appelle *amanarſe*. Les amans éprouvés ſe nomment *ammanados*. Les évêques & les curés n'ont jamais pû déraciner cet uſage biſarre. Une autre diſpoſition remarquable de ces indiens, eſt leur indifférence pour la mort ; ils ont ſur cet objet, & s'effrayant pour les autres hommes, une inſenſibilité que les apprêts du ſupplice même ne peuvent point altérer. Les curés du Pérou exercent ſur ces pauvres indiens une autorité très-abſolue ; ſouvent ils ont fait donner la baſtonade pour avoir manqué à quelques-uns de leurs devoirs religieux. M. d'Ulloa raconte qu'un curé ayant réprimandé un de ces indiens, pour avoir manqué d'aller à la meſſe un jour de fête, lui fit donner certain un nombre de coups. A peine la réprimande & la baſtonade furent-elles finies, que l'indien s'approchant du curé, d'un air humble & naïf, le pria de lui faire donner le même nombre de coups pour le lendemain, parce qu'ayant envie de boire encore, il prévoyoit qu'il ne pourroit aſſiſter à la meſſe. *Voyez l'hiſt. générale des voyages, tom. XIII.*

LANDRECI, (*Géograph.*) dans les titres latins *Landericiacum*, *Landericia*, petite & forte ville de France dans le Hainault. François I. s'en étant rendu maître, Charles V. la reprit en 1543. Louis XIV. la prit en 1655. Elle fut cédée à la France par le traité des Pyrénées. Ses fortifications ſont du chevalier de Ville & du maréchal de Vauban. Elle eſt dans une plaine ſur la Sambre, à 6 lieues N. E. de Maubeuge, 7 S. E. de Cambrai, 11 S. O. de Mons, 35 N. E. de Paris, *Long.* 21. 28. *lat.* 50. 4. (*D.J.*)

LANDSASSE, ſ. m. (*Hiſt. mod.*) on appelle ainſi en Allemagne celui dont la perſonne & les biens ſont ſoumis à la juriſdiction d'un ſouverain qui releve lui-même de l'empereur & de l'Empire, & qui a fixé ſon domicile dans les états de ce ſouverain : ou bien un *landſaſſe* eſt tout ſujet médiat de l'Empire.

Il y a en Allemagne des pays où tous les ſujets, tant ceux qui poſſedent des terres & des fiefs que les autres, ſont *landſaſſes*, c'eſt-à-dire relevent du prince à qui ces états appartiennent. Telle eſt la Saxe, la Heſſe, la Marche de Brandebourg, la Baviere, l'Autriche : on nomme ces états *territoria clauſa*. Il y a auſſi d'autres pays où ceux qui poſſedent des fiefs ſont vaſſaux ou ſujets immédiats de l'Empire, & ne ſont ſoumis à aucune juriſdiction intermédiaire, tels ſont la Franconie, la Souabe, le Rhin, la Weteravie & l'Alſace. Ces pays s'appellent *territoria non clauſa*.

Il y a des pays fermés (*territoria clauſa*) où il ſe trouve des vaſſaux qui ne ſont point *landſaſſes* : ceux-là ne ſont obligés de reconnoître la juriſdiction de leur ſuzerain qu'en matiere féodale ; mais ceux qui ſont vaſſaux & *landſaſſes* ſont entierement ſoumis en tout à la juriſdiction du ſuzerain.

Un prince ou autre vaſſal immédiat de l'Empire peut être *landſaſſe* d'un autre, en raiſon des terres qu'il poſſede ſur ſon territoire. *Voyez* Vitriarii Inſtit. juris publici.

LANDSBERG, (*Géogr.*) nom de pluſieurs villes d'Allemagne, l'une dans la Baviere ſur le Leck, une autre dans la nouvelle Marche de Brandebourg, une troiſieme dans la province de Natangen en Pruſſe, ſur la Stein ; enfin une quatrieme en Miſnie dans l'Oſterland.

LANDSCROON, (*Géogr.*) fort de France en haute Alſace, dans le Suntgau, à une lieue de Bâle, ſur une hauteur. *Long.* 25. 7. *lat.* 47. 36.

LANDSHUT, (*Géogr.*) en latin moderne *Landſavia Bavarorum*, ville forte d'Allemagne dans la baſſe Baviere, avec un château ſur une côte voiſine. Elle eſt ſur l'Iſer, à 14 lieues S. de Ratisbonne, 14 N. E. de Munich. *Long.* 29. 50. *lat.* 48. 53.

Landshut eſt encore le nom d'une petite ville de Bohême en Siléſie, au duché de Schwednitz, ſur le ruiſſeau de Zieder.

C'eſt à *Landshut* en Baviere que nâquit Ziegler (*Jacques*) théologien, coſmographe & mathématicien qui fleuriſſoit dans le xvj. ſiecle. Sa deſcription latine de la Paleſtine, *Argent.* 1536, in-folio, eſt très-eſtimée. Paul Jove parle avec grands éloges de l'élégance du tableau qu'il a fait des cruautés de Chriſtiern II. roi de Danemark. Son ouvrage de la *Scandinavie* eſt auſſi fort inſtructif. Enfin, ce qu'il a donné ſur l'Aſtronomie, *de conſtructione ſolidæ ſphæræ, Baſil.* 1536, in-4°. n'eſt point mauvais, non plus que ſon Commentaire latin ſur le ſecond livre de Pline, qui parut à Baſle en 1531. La lecture de quelques-uns de ſes ouvrages a été interdite par l'inquiſition, ſans qu'on en puiſſe trouver d'autres cauſes que l'ignorance des juges de ce tribunal. Ziegler mourut en 1549, âgé de 56 ans.

LANDSKROON, (*Géogr.*) *Corona*, petite mais forte ville de Suede dans la province de Schon. Elle fut cédée à la Suede par le roi de Danemark en 1658, en conséquence du traité de Roschild. Elle est sur le détroit du Sund, à 5 lieues N. O. de Lunden, 5 N. E. de Copenhague. *Long.* 30. 45. *lat.* 55. 50.

LANDSTEIN, (*Géog.*) ville & château de Bohême dans le cercle de Bechin, sur les frontieres de la Moravie & de l'Autriche.

LANDSTUL, (*Géogr.*) bourg d'Allemagne avec un fort château sur un rocher dans le Wasgow, entre Deux-Ponts & Keysers-Lautern. *Long.* 26. 20. *lat.* 49. 25.

LANEBOURG, (*Géog.*) petite ville de Savoie dans le comté de Maurienne, sur la riviere d'Are, près du mont Cenis. (*D. J.*)

LANERET, (*Ornith.*) *Voyez* LANIER.

LANERK, (*Géog.*) ville de l'Ecosse méridionale, capitale de la province de Clydsdale, avec titre de vicomté. Elle est près de la Clyd, à 3 lieues S. O. d'Hamilton, 7 de Glasgow, 9 d'Edimbourg, 116 N. O. de Londres. *Long.* 44. 4. *lat.* 56. 10. (*D. J.*)

LANGAGE, f. m. (*Arts. Raisonn. Philos. Metaphys.*) *modus & usus loquendi*, maniere dont les hommes se communiquent leurs pensées, par une suite de paroles, de gestes & d'expressions adaptées à leur génie, leurs mœurs & leurs climats.

Dès que l'homme se sentit entraîné par goût, par besoin & par plaisir à l'union de ses semblables, il lui étoit nécessaire de développer son ame à un autre, & lui en communiquer les situations. Après avoir essayé plusieurs sortes d'expressions, il s'en tint à la plus naturelle, la plus utile & la plus étendue, celle de l'organe de la voix. Il étoit aisé d'en faire usage en toute occasion, à chaque instant, & sans autre peine que celle de se donner des mouvemens de respiration, si doux à l'existence.

A juger des choses par leur nature, dit M. Warburthon, on n'hésiteroit pas d'adopter l'opinion de Diodore de Sicile, & autres anciens philosophes, qui pensoient que les premiers hommes ont vécu pendant un tems dans les bois & les cavernes à la maniere des bêtes, n'articulant comme elles que des sons confus & indéterminés, jusqu'à ce que s'étant reunis pour leurs besoins réciproques, ils soient arrivés par degrés & à la longue, à former des sons plus distincts & plus variés par le moyen de signes ou de marques arbitraires, dont ils convinrent, afin que celui qui parloit pût exprimer les idées qu'il desiroit communiquer aux autres.

Cette origine du *langage* est si naturelle, qu'un pere de l'Eglise, Grégoire de Nicée, & Richard Simon, prêtre de l'Oratoire, ont travaillé tous les deux à la confirmer; mais la révélation devoit les instruire que Dieu lui-même enseigna le *langage* aux hommes, & ce n'est qu'en qualité de philosophe que l'auteur des *Connoissances humaines* a ingénieusement exposé comment le *langage* a pu se former par des moyens naturels.

D'ailleurs, quoique Dieu ait enseigné le *langage*, il ne seroit pas raisonnable de supposer que ce *langage* se soit étendu au-delà des nécessités actuelles de l'homme, & que cet homme n'ait pas en par lui-même la capacité de l'étendre, de l'enrichir, & de le perfectionner. L'expérience journaliere nous apprend le contraire. Ainsi le premier *langage* des peuples, comme le prouvent les monumens de l'antiquité, étoit nécessairement fort stérile & fort borné: en sorte que les hommes se trouvoient perpétuellement dans l'embarras, à chaque nouvelle idée & à chaque cas un peu extraordinaire, de se faire entendre les uns aux autres.

La nature les porta donc à prévenir ces sortes d'inconvéniens, en ajoûtant aux paroles des significatifs. En conséquence la conversation dans les premiers siecles du monde fut soutenue par un discours entremêlé de gestes, d'images & d'actions. L'usage & la coutume, ainsi qu'il est arrivé dans la plûpart des autres choses de la vie, changerent ensuite en nemens ce qui étoit dû à la nécessité; mais la partique subsista encore long-tems après que la nécessité eut cessé.

C'est ce qui arriva singulierement parmi les Orientaux, dont le caractere s'accommodoit naturellement d'une forme de conversation qui exerçoit si bien leur vivacité par le mouvement, & la contentoient si fort, par une représentation perpétuelle d'images sensibles.

L'Ecriture-sainte nous fournit des exemples sans nombre de cette sorte de conversation. Quand le faux prophete agite ses cornes de fer pour marquer la déroute entiere des Syriens, *ch. iij. des Rois*, 22. 11: quand Jérémie cache sa ceinture de lin dans le trou d'une pierre, près l'Euphrate, *ch. xiij*: quand il brise un vaisseau de terre à la vûe du peuple, *ch. xjx*: quand il met à son col des liens & des joncs, *ch. xxvij*: quand Ezéchiel dessine le siege de Jérusalem sur de la brique, *ch. jv*: quand il pese dans une balance les cheveux de sa tête & le poil de sa barbe, *ch. v*: quand il emporte les meubles de sa maison, *ch. xij*: quand il joint ensemble deux bâtons pour Juda & pour Israël, *ch. xxxviij*; par toutes ces actions les prophetes conversoient en signes avec le peuple, qui les entendoit à merveille.

Il ne faut pas traiter d'absurde & de fanatique ce *langage* d'action des prophetes, car ils parloient à un peuple grossier qui n'en connoissoit point d'autre. Chez toutes les nations du monde ce *langage* des sons articulés n'a prévalu qu'autant qu'il est devenu plus intelligible pour elles.

Les commencemens de ce *langage* de sons articulés ont toûjours été informes; & quand le tems les a polis & qu'ils ont reçu leur perfection, on n'entend plus les bégaiemens de leur premier âge. Sous le regne de Numa, & pendant plus de 500 ans après lui, on ne parloit à Rome ni grec ni latin; c'étoit un jargon composé de mots grecs & de mots barbares: par exemple, ils disoient *pa* pour *parte*, & *pro* pour *populo*. Aussi Polybe remarque en quelqu'endroit que dans le tems qu'il travailloit à l'histoire, il eut beaucoup de peine à trouver dans Rome un ou deux citoyens qui, quoique très favans dans les annales de leur pays, fussent en état de lui expliquer quelques traités que les Romains avoient fait avec les Carthaginois; & qu'ils avoient écrits par conséquent en la langue qu'on parloit alors. Ce furent les sciences & les beaux arts qui enrichirent & perfectionnerent la langue romaine. Elle devint, par l'étendue de leur empire, la langue dominante, quoique fort inférieure à celle des Grecs.

Mais si les hommes nés pour vivre en société trouverent à la fin l'art de se communiquer leurs pensées avec précision, avec finesse, avec énergie, ils ne furent pas moins les cacher ou les déguiser par de fausses expressions, ils abuserent du *langage*.

L'expression vocale peut être encore considérée dans la variété & dans la succession de ses mouvemens: voilà l'art musical. Cette expression peut recevoir une nouvelle force par la convention générale des idées: voilà le discours, la poésie & l'art oratoire.

La voix n'étant qu'une expression sensible & étendue, doit avoir pour principe essentiel l'imitation des mouvemens, des agitations & des transports de ce qu'elle veut exprimer. Ainsi, lorsqu'on fixoit certaines inflexions de la voix à certains objets, on devoit se rendre attentifs aux sons qui avoient le plus de rapport à ce qu'on vouloit peindre. S'il y avoit un idiome dans lequel ce rapport fût rigoureusement observé, ce seroit une langue universelle.

Mais la différence des climats, des mœurs & des tempéramens fait que tous les habitans de la terre ne sont point également sensibles ni également affectés. L'esprit pénétrant & actif des Orientaux, leur naturel bouillant, qui se plaisoit dans de vives émotions, durent les porter à inventer des idiomes dont les sons forts & harmonieux fussent de vives images des objets qu'ils exprimoient. De-là ce grand usage de métaphores & de figures hardies, ces peintures animées de la nature, ces fortes inversions, ces comparaisons fréquentes, & ce sublime des grands écrivains de l'antiquité.

Les peuples du nord vivans sous un ciel très-froid, durent mettre beaucoup moins de feu dans leur *langage* ; ils avoient à exprimer le peu d'émotions de leur sensibilité ; la dureté de leurs affections & de leurs sentimens dut passer nécessairement dans l'expression qu'ils en rendoient. Un habitant du nord dut répandre dans sa langue toutes les glaces de son climat.

Un françois placé au centre des deux extrémités, dut s'interdire les expressions trop figurées, les mouvemens trop rapides, les images trop vives. Comme il ne lui appartenoit pas de suivre la véhémence & le sublime des langues orientales, il a dû se fixer à une clarté élégante, à une politesse étudiée, & à des mouvemens froids & délicats, qui sont l'expression de son tempérament. Ce n'est pas que la langue françoise ne soit capable d'une certaine harmonie & de vives peintures, mais ces qualités n'établissent point de caractère général.

Non-seulement le *langage* de chaque nation, mais celui de chaque province, se ressent de l'influence du climat & des mœurs. Dans les contrées méridionales de la France, on parle un idiome auprès duquel le françois est sans mouvement, sans action. Dans ces climats échauffés par un soleil ardent, souvent un même mot exprime l'objet & l'action ; point de ces froides gradations, qui lentement examinent, jugent & condamnent : l'esprit y parcourt avec rapidité des nuances successives, & par un seul & même regard, il voit le principe & la fin qu'il exprime par la détermination nécessaire.

Des hommes qui ne seroient capables que d'une froide exactitude de raisonnemens & d'actions, y paroîtroient des êtres engourdis, tandis qu'à ces mêmes hommes il paroîtroit que les influences du soleil brûlant ont dérangé les cerveaux de leurs compatriotes. Ce dont ces hommes transplantés ne pourroient suivre la rapidité, ils le jugeroient des inconséquences & des écarts. Entre ces deux extrémités, il y a des nuances graduées de force, de clarté & d'exactitude dans le *langage*, tout de même que dans les climats qui se suivent il y a des successions de chaud au froid.

Les mœurs introduisent encore ici de grandes variétés ; ceux qui habitent la campagne connoissent les travaux & les plaisirs champêtres : les figures de leurs discours sont des images de la nature ; voilà le genre pastoral. La politesse de la cour & de la ville inspire des comparaisons & des métaphores prises dans la délicate & voluptueuse métaphysique des sentimens ; voilà le *langage* des hommes polis.

Ces variétés observées dans un même siecle, se trouvent aussi dans la comparaison des divers tems. Les Romains, avec le même bras qui s'étoit appesanti sur la tête des rois, cultivoient laborieusement le champ fortuné de leurs peres. Parmi cette nation féroce, disons mieux guerriere, l'agriculture tint en honneur. Leur *langage* prit l'empreinte de leurs mœurs, & Virgile acheva un projet qui seroit très-difficile aux François. Ce sage poëte exprima en vers nobles & héroïques les instrumens du labourage, la plantation de la vigne & les vendanges ; il n'imagina point que la politesse du siecle d'Auguste pût ne pas applaudir à l'image d'une villageoise qui avec un rameau écume le moût qu'elle fait bouillir pour varier les productions de la nature.

Puisque du différent génie des peuples naissent les différens idiomes, on peut d'abord décider qu'il n'y en aura jamais d'universel. Pourroit-on donner à toutes les nations les mêmes mœurs, les mêmes sentimens, les mêmes idées de vertu & de vice, le même plaisir dans les mêmes images, tandis que cette différence procede de celle des climats que ces nations habitent, de l'éducation qu'elles reçoivent, & de la forme de leur gouvernement ?

Cependant la connoissance des diverses langues, du-moins celle des peuples savans, est le véhicule des sciences, parce qu'elle sert à démêler l'innombrable multitude des notions différentes que les hommes se sont formées : tant qu'on les ignore, on ressemble à ces chevaux aveugles dont le sort est de ne parcourir qu'un cercle fort étroit, en tournant sans cesse la roue du même moulin. (*D. J.*)

LANGE, s. m. (*Gramm.*) on comprend sous ce nom tout ce qui sert à envelopper les enfans en maillot. Les langes qui touchent immédiatement à l'enfant & qui servent à la propreté, sont de toile ; ceux de dessus & qui servent à la parure, sont de satin ou d'autres étoffes de soie ; les *langes* d'entre deux, qui servent à tenir la chaleur & qui sont d'utilité, sont de laine.

LANGES, à l'usage des imprimeurs en taille-douce, *voyez* l'article IMPRIMERIE *taille-douce*.

LANGEAC, (*Géog.*) *Langiacum*, petite ville de France dans la basse Auvergne, diocèse de Clermont, élection de Riom, proche l'Allier, entre des montagnes, à 8 lieues N. E. de Saint-Flour, 17 S. E. de Clermont. *Long.* 21. 10. *lat.* 45. 5.

LANGELAND, (*Géog.*) *Langelandia*, petite île de Danemark dans la mer Baltique. Elle produit du blé, a des pâturages & du poisson en abondance. Le nom de *Langeland*, c'est-à-dire *long-pays*, marque la figure de l'île, qui a 6 à 7 milles dans la longueur, & 1 mille dans la largeur. Il n'y a dans cette île qu'un bourg nommé Rutcoping, un château & lix villages. *Long.* 28. 45. *lat.* 54. 52. 55.

LANGENSALTZA, (*Géogr.*) ville & château d'Allemagne en Thuringe, dans les états de Saxe-Weissenfels.

LANGESTRAAT, (*Géog.*) petit pays de la Hollande méridionale qui se trouve entre les villes de Heusden & la Mayerie de Bois-le-duc.

LANGETS, ou plûtôt LANGEAY, LANGEY, (*Géog.*) en latin *Alingavia*, *Lingia*, *Langiacum*, ancienne petite ville de France en Touraine sur la Loire, à 4 lieues O. de Tours. *Long.* 17. 58. *lat.* 47. 20. (*D. J.*)

LANGHARÉ, s. m. (*Hist. nat. Bot.*) arbrisseau de l'île de Madagascar, dont les feuilles sont déchiquetées comme celles du châteignier, mais plus dures & plus piquantes. Ses fleurs naissent sur l'écorce du tronc sans avoir de queue ; ce tronc qui est droit en est tout couvert : elles sont rouges comme du sang, d'un goût âcre qui excite la salive : elles purgent violemment au point que ses habitans les regardent comme un poison.

LANGIONE, (*Géogr.*) ville d'Asie, capitale du royaume de Lar, avec un grand palais où le roi fait sa résidence. Les Talapoins seuls ont le droit de bâtir leurs convens & leurs maisons de pierres & de briques ; cette ville est sur une petite riviere à 54 lieues N. E. d'Ava. *Long.* 116. 20. *lat.* 18. 38.

LANGO, (*Géog.*) nom que les Grecs & les Italiens donnent à l'île de Cos des anciens. Les Turcs l'appellent *Stanchio*, *Stango* ou *Stancou* : c'est une des sporades, à 20 milles de la terre ferme de Natolie. *Voyez* COS & STANCOU.

LANGO, (*Géogr.*) une des îles de l'Archipel, avec une ville de même nom vers les côtes de la Natolie.

LANGON, (*Géogr.*) petite ville ou bourg de France en Gascogne dans le Bazadois, sur la Garonne, près de Cadillac, à 5 lieues au-dessus de Bordeaux. *Long.* 16. 46. *lat.* 44. 51.

LANGONE, s. f. (*Monnoie.*) *libra lingonica*, nom d'une monnoie du xiij. siecle, qui se battoit à Langres ; car l'évêque de cette ville avoit obtenu de Charles le Chauve la permission de battre monnoie, & ce privilege lui fut confirmé par Charles le Gros, empereur. Dans des lettres de l'année 1255, on lit *dix livres d'estevenane*, *ou de langoines*, c'est-à-dire dix livres d'étiennes ou de *langones*. Ces étiennes étoient des écus de Dijon, ainsi nommés du nom de saint Etienne de cette ville, comme les *langones* étoient ainsi nommées de la ville de Langres. Les étiennes & les *langones* avoient, comme on le voit, la même valeur & le même cours dans le commerce du pays. (*D. J.*)

LANGOU, s. m. (*Hist. nat. Bot.*) fruit de l'île de Madagascar, qui ressemble à une noix anguleuse ; elle croît sur une plante rampante. Les habitans la mâchent pour se noircir les dents, les gencives & les levres, ce qui est une beauté parmi eux.

LANGOUSTE, s. f. *locusta*, (*Hist. nat. Ichtyolog.*) animal crustacée, qui a beaucoup de rapport à l'écrevisse, mais qui est beaucoup plus grand, &c. La *langouste* a deux longues cornes placées au-devant des yeux, qui sont grosses, raboteuses, garnies d'aiguillons à leur origine & mobiles par quatre jointures ; elles diminuent de grosseur jusqu'à leur extrémité qui est très-menue & pointue. Au-dessous de ces deux longues cornes, il y en a deux plus courtes, plus petites lisses & divisées par des articulations. Les yeux sont durs comme de la corne, très-saillans & entourés de piquans ; le front a une grande pointe, & le dos est hérissé de pointes plus petites ; il y a de chaque côté de la bouche un petit pié, & de chaque côté du corps un bras terminé par une pince, & quatre piés ; la queue est lisse & composée de cinq tables, & terminée par cinq nageoires. La *langouste* se sert de sa queue comme d'une rame, lorsqu'elle nage ; cette partie est très-forte. La femelle differe du mâle en ce qu'elle a le premier pié fourchu à l'extrémité, & qu'il se trouve sous sa queue des naissances doubles qui soutiennent les œufs. Ces animaux ont deux grandes dents placées une de chaque côté. Les *langoustes* se dépouillent de leur taie. *Voyez* Rond. *Hist. des poissons, l. XVIII.*

LANGOUTI, s. m. *terme de relation* ; c'est, selon M. de la Boulaye, une petite piece d'étoffe ou de linge, dont les Indiens se servent pour cacher les parties qui distinguent le sexe.

LANGRES, (*Géog.*) ancienne ville de France, en Champagne, capitale du Bassigny. Du tems de Jules César, elle étoit aussi la métropole du peuple, appellé *Lingones*, dont nous parlerons sous ce mot, & se nommoit *Andematunum* ou *Audumatunum*. Dans le même tems, cette ville appartenoit à la Celtique, mais elle devint une cité de la Belgique sous Auguste, & y demeura jointe jusqu'à ce que Dioclétien la rendit à la Lyonnoise.

Langres, comme tant d'autres villes de France, a été exposée à diverses révolutions. Elle fut prise & brûlée dans le passage d'Atila, se rétablit & éprouva le même sort, lors de l'irruption des Vandales, qui massacrerent S. Didier son évêque l'an de J. C. 407. Après que les Barbares eurent envahi l'empire romain, *Langres* tomba sous le pouvoir des Bourguignons, & continua de faire partie de ce royaume sous les Francs, vainqueurs des Bourguignons. Elle échut à Charles le chauve par le partage des enfans de Louis le débonnaire. Elle eut ensuite ses comtes particuliers jusqu'à ce qu'Hugues III. duc de Bourgogne, ayant acquis ce comté d'Henri duc de Bar, le donna, vers l'an 1179, à Gautier son oncle, évêque de *Langres*, en échange du domaine de Dijon ; & dans la suite, le roi Louis VII. érigea ce comté en duché, en annexant la ville à la couronne.

C'est de cette maniere que les évêques de *Langres* réunirent *Langres* au domaine de leur église, & devinrent très-puissans en qualité de seigneurs féodaux, dans toute l'étendue de leur diocese. Odon, comte de Nevers & de Champagne, leur fit hommage pour le comté de Tonnerre ; & cet hommage leur fut renouvellé par Marguerite, reine de Suede & femme du roi Charles. Les rois de Navarre, les ducs de Bourgogne pour leurs terres de la montagne, & les comtes de Champagne pour plusieurs villes & seigneuries se virent aussi leurs feudataires, de sorte qu'ils comptoient parmi leurs vassaux non seulement des ducs, mais encore des rois.

Il n'est donc pas étonnant que l'évêque de *Langres* ait obtenu de Charles le chauve le droit de battre monnoie, & que ce privilege lui ait été confirmé par Charles le gros. Enfin, quoique la face des affaires ait bien changé, ces prélats ont toujours eu l'honneur, depuis Philippes le bel, d'être ducs & pairs de France, jusqu'à nos jours. L'évêque de *Langres* est resté, comme autrefois, suffragant de l'archevêché de Lyon. Son diocese, qui comprend la ville de Tonnerre, est en tout composé de cent quarante-cinq cures sous six archidiacres.

Venons aux antiquités de la ville de *Langres*, qui nous intéressent plus que l'évêché. Lorsqu'on travailloit dans cette ville, en 1670, 1671 & 1672, à faire des chemins couverts sur la contrescarpe, on y trouva trente-six pieces curieuses, consistant en statues, pyramides, piédestaux, vases, tombeaux, urnes & autres antiquités romaines, qui passerent entre les mains de M. Colbert.

On a encore trouvé depuis, en fouillant les terres voisines, quantité de médailles antiques, d'or, d'argent, & de bronze ; plusieurs vases & instrumens qu'on employoit dans les sacrifices, comme un couteau de cuivre, servant à écorcher les victimes ; un autre couteau, appellé *secespita*, servant à les égorger ; un chauderon, pour en contenir les entrailles ; deux paterses, pour en recevoir le sang ; deux préféricules ; un manche d'aspersoir, pour jetter l'eau lustrale ; une boëte couverte pour l'encens ; trois petites cueilleres d'argent pour le prendre ; deux coins ; & un morceau de succin jaûné, substance qui entroit, comme il paroît, dans les parfums.

Enfin, on a trouvé à *Langres* ou dans son voisinage, pendant les deux derniers siecles, plusieurs inscriptions antiques, bas-reliefs, statues, fragmens de colonnes, ruines d'édifices, & autres monumens propres à illustrer l'histoire de cette ville. Dans le nombre de ceux qui y subsistent encore, les uns sont enchâssés d'espace en espace dans le corps des murs, qui lui tiennent lieu de remparts ; les autres se voient dans des jardins particuliers, & dans des villages circonvoisins. Il y en a même que certaines familles regardent comme le *palladium* de leurs maisons.

Mais comme le sort de la plûpart de ces morceaux antiques est d'être enlevés de leur pays natal, s'il est permis de se servir de ce terme, pour aller grossir le recueil qu'en font les curieux étrangers, les magistrats de la ville de *Langres* se sont
depuis

depuis long-tems précautionnés contre ces pertes; en marquant dans les registres publics non seulement l'époque & les circonstances de toutes les découvertes, mais encore en y ajoutant le dessein des bas-reliefs & des statues, & la copie des inscriptions qu'on a successivement déterrées. Un pareil plan devroit être suivi dans toutes les villes de l'Europe, qui se vantent de quelque antiquité, ou qui peuvent tirer quelque avantage de ces sortes de monumens.

Gruter, Reynesius, le P. Vignier jésuite, & Gautherot dans son histoire de la ville de Langres, qu'il a intitulé, *l'Anastase de Langres, tirée du tombeau de son antiquité*, ont, à la vérité, rassemblé plusieurs inscriptions de cette ville, mais ils ne les ont pas toujours lues ni rapportées avec exactitude; & pour Gautherot en particulier, ses recherches sont aussi mal digérées que peu judicieuses.

L'académie royale des belles-lettres de Paris a expliqué quelques-unes des inscriptions, dont nous parlons, dans le tome V. de son histoire, & cela d'après des copies fideles qu'elle en a reçues de M. l'évêque de Langres. On desireroit seulement qu'elle eût étendu ses explications sur un plus grand nombre de monumens de cette cité.

En effet, une de ces inscriptions nous apprend qu'il y eut dans cette ville une colonie romaine; une autre nous confirme ce que César dit de la vénération que les Gaulois avoient pour Pluton, & de leur usage de compter par nuits, au lieu de compter par jours; une troisieme nous instruit qu'il y a eu pendant long-tems dans cette ville un théâtre public, & par conséquent des spectacles réglés; une quatrieme nous fait connoitre que la famille des Jules avoit de grandes possessions à *Langres*, ou aux environs; une cinquieme nous certifie qu'il partoit de cette capitale des peuples de la Gaule celtique, appellés *Lingones*, beaucoup de chemins pavés, & construits en forme de levées, qui conduisoient à Lyon, à Toul, à Besançon, pour aller de celle-ci aux Alpes. De tels monumens ne sont pas indignes d'être observés; mais il faut dire un mot de la position de *Langres*.

Elle est située sur une haute montagne, près de la Marne, aux confins des deux Bourgognes, à 14 lieues N. O. de Dijon, 25 S. E. de Troyes, 40 S. E. de Reims, 63 N. E. de Paris. *Long.* suivant Cassini, 22ᵈ. 31′. 30″. *lat.* 47. 51.

Julius Sabinus, si connu par sa révolte contre Vespasien, & plus encore par la beauté, le courage, la tendresse, la fidélité & l'amour conjugal de sa femme Epponina, étoit natif de *Langres*. Il faut lire dans les *Mémoires de l'acad. des insc. t. IX.* les aventures également singulieres & attendrissantes de cette illustre dame & de son mari. M. Secousse en a tiré toute l'histoire de Tacite & de Plutarque; c'est un des plus beaux morceaux de celle des Gaules, par les exemples de vertus qu'elle présente, & par la singularité des évenemens. Il a été écrit ce morceau peu de tems après la mort tragique de Sabinns & d'Epponina, par des anciens auteurs que nous venons de nommer, par Tacite, *Hist. l. IV.* nº. 55. & par Plutarque, *In amator*, p. 770. leur témoignage, dont on prise la fidélité, ne doit laisser aucun doute sur les circonstances mêmes qui paroissent les plus extraordinaires.

Langres moderne a produit plusieurs gens de lettres célebres, & tous heureusement ne sont pas morts; mais je n'en nommerai qu'un seul du siecle passé, M. Barbier d'Aucourt, parce que c'est un des meilleurs sujets que l'académie françoise ait jamais eu.

Barbier d'Aucourt (*Jean*) étoit d'une famille pauvre, qui ne put lui donner aucun secours pour ses études; mais son génie & son application y suppléerent. Il est connu par ses malheurs, par sa défense du nommé le Brun, accusé faussement d'avoir assassiné la dame Mazel, dont il étoit domestique, & par les *sentimens de Cléanthe sur les entretiens d'Ariste & d'Eugene*, critique vive, ingénieuse, délicate & solide; le P. Bouhours tenta de la faire supprimer, & ses démarches en multiplierent les éditions. Barbier d'Aucourt fut ami de Mrs de Port royal, & composa plusieurs écrits contre les Jésuites qu'il haïssoit. Il mourut fort pauvre en 1694, dans sa 53ᵉ année. « Ma consolation, (dit-il aux députés de l'academie, qui vinrent le visiter dans sa derniere maladie, & qui lui parurent attendris de le trouver si mal logé,) » ma consolation, » répéta-t-il, & ma très-grande consolation, c'est » que je ne laisse point d'héritiers de ma misere ».

LANGUE, s. f. (*Anatom.*) corps charnu, mollet, capable d'une infinité de mouvemens, & situé dans la cavité de la bouche.

La *langue* y occupe en devant l'intervalle de toute l'arcade du bord alvéolaire de la machoire inférieure; & à mesure qu'elle s'étend en arriere, elle y devient plus épaisse & plus large.

On la distingue en base, en pointe, en face supérieure ou qu'on nomme *le dessus*, en face inférieure qu'on appelle *dessous*, & en portions latérales ou bords.

La base en est la partie postérieure, & la plus épaisse; la pointe en est la partie antérieure & la plus mince; la face supérieure est une convexité plate, divisée par une ligne enfoncée superficiellement, appellée *ligne médiane de la langue*; les bords ou côtés sont plus minces que le reste, & un peu arrondis, de même que la pointe; la face inférieure n'est que depuis la moitié de la longueur de la *langue* jusqu'à la pointe.

La *langue* est étroitement attachée par sa base à l'os hyoïde, qui l'est aussi au larynx & au pharynx; elle est attachée par-devant le long de sa face intérieure par un ligament membraneux, appellé le *frein* ou *filet*; enfin elle est attachée à la machoire inférieure, & aux apophyses styloïdes des os temporaux au moyen de ses muscles.

La membrane, qui recouvre la *langue* & qui est continue à celle qui revêt toute la bouche, est parsemée le long de sa face supérieure de plusieurs éminences que l'on nomme les *mamelons de la langue*, & que l'on regarde communément comme l'extrémité des nerfs qui se distribuent à cette partie; cependant il y en a qui paroissent plutôt glanduleux que nerveux; tels sont ceux qui se remarquent à la base de la *langue*, & qui sont les plus considérables par leur volume; ils sont logés dans les fossettes superficielles. M. Winslow les regarde comme autant de glandes salivaires.

Les seconds mamelons sont beaucoup plus petits, peu convexes, & criblés de plusieurs trous; ils occupent la partie supérieure, antérieure, & surtout la pointe de la *langue*; ce sont des especes de gaines percées, dans lesquelles se trouvent les houpes nerveuses qui constituent l'organe du goût.

Les mamelons de la troisieme espece sont formés par de petits cônes très-pointus, semés parmi les autres mamelons; mais on ne les apperçoit pas dans la surface latérale inférieure de la *langue*.

Toutes ces diverses especes de mamelons sont affermies par deux membranes; la premiere est cette membrane très-fine, qui tapisse la bouche entiere; sous cette membrane est une enveloppe particuliere à la *langue*, dont le tissu est plus serré. Quand on l'enleve, elle paroit comme un crible, parce qu'elle est arrachée de la circonférence des mamelons, & c'est ce qui a fait dire qu'elle étoit réticulaire ; sous cette membrane, on en trouve une autre, ou plutôt on trouve une espece de tissu fongueux, formé par les racines des mamelons, par les nerfs, & par une substance qui paroît médullaire.

On voit en plusieurs sujets, sur la face supérieure de la *langue*, du côté de sa base, un trou particulier, plus ou moins profond, dont la surface interne est toute glanduleuse, & remplie de petits boutons, semblables aux mamelons de la premiere espece : on l'appelle *le trou aveugle*, le trou *cæcum* de *Morgagni*, qui l'a le premier découvert.

Valther a été plus loin, & il y a indiqué des conduits qui lui ont paru salivaires ; enfin Heister a trouvé distinctement deux de ces conduits, dont les orifices étoient dans le fonds du trou *cæcum*, l'un à côté de l'autre ; il en a donné la figure dans son anatomie.

La *langue* est peut-être la partie musculaire la plus souple, & la plus aisément mobile du corps humain : elle doit cette souplesse & cette mobilité à la variété singuliere qui regne dans la disposition des fibres qui constituent sa structure ; elle la doit encore aux muscles génio-stylo-hyoglosses, ainsi qu'à tous ceux qui tiennent à l'os hyoide qui lui sert de base. C'est à l'aide de tous ces muscles différens qu'elle est capahle de se mouvoir avec tant d'aisance, de rapidité, & selon toutes les directions possibles. Ces muscles reçoivent eux-mêmes leur force motrice, ou la faculté qu'ils ont d'agir de la troisieme branche de la cinquieme paire des nerfs, qui se distribue, par ses ramifications, à toutes les fibres charnues de la *langue*.

Entrons dans les autres détails. Les principaux de ces muscles sont les génio-glosses ; ils partent de la partie postérieure de la symphise de la machoire inférieure, & marchent en arriere séparés par une membrane cellulaire ; quand ils sont parvenus à l'os hyoide, les fibres inférieures de ces muscles s'y attachent, les moyennes forment des rayons en haut & latéralement, & les autres vont à la pointe de la *langue*.

Les muscles stylo-glosses se jettent à sa partie latérale supérieure ; ils viennent de l'apophyse styloïde, & vont cotoyer la *langue*.

Les hyo-glosses partent de la base de l'os hyoïde, des cornes & de la symphise ; c'est à cause de ces diverses origines qu'on les a divisés en trois portions différentes ; l'externe marche intérieurement à côté du stylo-glosse le long de la *langue*, & les autres bandes musculeuses en forment la partie moyenne supérieure.

On fait mention d'une quatrieme paire de muscles, qu'on nomme *mylo-glosses* ; ils viennent de la base de la machoire au-dessus des dents molaires ; mais on les rencontre très-rarement, & toujours avec quelque variété.

Les muscles qui meuvent l'os hyoïde, doivent être censés appartenir aussi à la *langue*, parce qu'elle en suit les mouvemens.

Outre cela, la *langue* est composée de plusieurs fibres charnues, disposées en tout sens, dont la totalité s'appelle communément *muscle lingual* ; nous en parlerons tout-à-l'heure.

C'est des muscles génio-glosses, stylo-glosses & hyo-glosses, & de ceux de l'os hyoide, que dependent les mouvemens de la *langue*. La partie des génio-glosses, qui va du menton à la base de la *langue*, porte cet organe en avant, & le fait sortir de la bouche. Les stylo-glosses, en agissant séparément, portent la *langue* vers les côtés, & en haut ; lorsqu'ils agissent ensemble, ils la tirent en arriere, & ils l'élevent : chacun des hyo-glosses, en agissant

séparément, la tire sur les côtés, & lorsqu'ils agissent tous les deux, ils la tirent en bas. Elle devient plus convexe par l'action de toutes les fibres des génioglosses, agissant en même tems, sur-tout lorsque les stylo-glosses sont en contraction.

On sent bien encore que la *langue* aura différens mouvemens, suivant que les différentes fibres qui composent le muscle lingual, agiront ou seules, ou avec le secours des autres muscles, dont nous venons de parler. Ces fibres du muscle lingual ont toutes sortes de situations dans la composition de la *langue* ; il y en a de longitudinales, de verticales, de droites, de transverses, d'obliques, d'angulaires ; ce sont en partie les épanouissemens des muscles génio-glosses, hyo-glosses & stylo glosses.

Les fibres longitudinales racourcissent la *langue* ; les transverses la rétrécissent ; les angulaires la tirent en-dedans ; les obliques de côté ; les droites compriment sa base, & d'autres servent à baisser son dos. C'est par l'action de toutes ces fibres musculaires, qui est différente selon leur direction, selon qu'elles agissent ensemble ou séparément, que la *langue* détermine les alimens solides entre les molaires, & porte ce qu'on mange & ce qu'on boit vers le gosier, à quoi concourt en même tems le concert des muscles propres de cet organe.

On découvre en gros la diversité & la direction des fibres qui composent le muscle lingual, en coupant la *langue* longitudinalement & transversalement après l'avoir fait macérer dans du fort vinaigre ; mais il est impossible de démêler l'entrelacement singulier de toutes ces fibres, leur commencement & leur fin. On a beau macérer, ou cuire une langue de bœuf dans une eau souvent renouvellée, pour en ôter toute la graisse : on a beau la dépouiller adroitement de son épiderme, de son corps réticulaire & papillaire, on ne parvient point à dévoiler la structure parfaite de cet organe dans aucun des animaux, dont la *langue* destinée à brouter des plantes seches, est garnie de fibres fortes, beaucoup plus grandes & beaucoup plus évidentes que dans l'homme.

La langue humaine n'est que celle des animaux, est parsemée de quantité de glandes dans sa partie supérieure & postérieure, outre celles qu'on nomme *sublinguales*, qui font les principales & qu'il suffit d'indiquer ici.

Les vaisseaux sanguins de la *langue*, sont ses arteres & ses veines ; les arteres lui sont fournies par la carotide externe, & ses veines vont se décharger dans les jugulaires externes : on les appelle *veines & arteres sublinguales*, ou *arteres & veines ranines*. Les veines sont à côté du frein, & les arteres à côté des veines. On ouvre quelquefois ces veines ranines dans l'esquinancie ; mais il faut prendre garde alors de ne pas plonger la lancette trop profondement, de peur d'ouvrir les arteres, dont l'hémorrhagie seroit difficile à réprimer.

La *langue* reçoit de chaque côté des nerfs très-considérables, qui viennent de la cinquieme & de la neuvieme paire du cerveau, & qui se distribuent dans les membranes & dans le corps de la *langue*. La petite portion du nerf sympathique moyen, ou de la huitieme paire, produit aussi un nerf particulier à chaque côté de la *langue*.

Tel est cet instrument merveilleux, sans lequel les hommes seroient privés du plaisir de la langue & de l'avantage de la société. Il forme les différentes des sons essentiels pour la parole ; il est le principal organe du goût ; il est absolument nécessaire à la mastication. Tantôt la *langue* par la pointe qui est de la plus grande agilité, donne les alimens à broyer aux dents ; tantôt elle va les chercher pour cet effet entre les dents & les joues ; quelquefois d'un seul tour, avec cette adresse qui n'appartient qu'à la nature, elle les prend sur son dos pour les voiturer en diligence au fond du palais.

Elle n'est pas moins utile à la déglutition des liquides que des solides. Enfin elle sert tellement à l'action de cracher, que cette action ne peut s'exécuter sans son ministère, soit par le ramas qu'elle fait de la sérosité qui s'est séparée des glandes de la bouche, soit par la disposition dans laquelle elle met la salive qu'elle a ramassée, ou la matiere pituiteuse rejettée par les poumons.

Je sais que M. de Jussieu étant en Portugal en 1717, y vit une pauvre fille alors âgée de 15 ans, née sans *langue*, & qui s'acquittoit, dit-il, passablement de toutes les fonctions dont nous venons de parler. Elle avoit dans la bouche à la place de la *langue*, une petite éminence en forme de mamelon, qui s'élevoit d'environ trois ou quatre lignes de hauteur du milieu de la bouche. Il en a fait le récit dans les *Mém. de l'acad. des Sciences*, ann. 1718.

Le sieur Roland, chirurgien à Saumur, avoit déjà décrit en 1630 une observation semblable dans un petit traité intitulé *Aglossostomographie*, ou *description d'une bouche sans langue*, laquelle parloit, & faisoit les autres fonctions de cet organe. La seule différence qui se trouve entre les deux sujets, est que celui dont parle Roland, étoit un garçon de huit à neuf ans, qui par des ulceres survenus dans la petite vérole avoit perdu la langue, au lieu que la fille vue par M. de Jussieu, étoit née sans en avoir.

Cependant, malgré ces deux observations singulieres, je pense que les personnes à qui il ne reste que la base de la *langue* ne peuvent qu'ébaucher quelques-uns de ces sons, pour lesquels l'action des levres, & l'application du fond de la *langue* au palais sont seulement nécessaires; mais les sons qui ne se forment que par la pointe de la *langue*, par son recourbement, ou par d'autres mouvemens composés; ces sortes de sons, dis-je, me paroissent impossibles, quand la *langue* est mutilée, au point d'être réduite à un petit moignon.

Une langue double n'est pas un moindre obstacle à la parole. Les Transactions philosophiques, Février & Mars 1748, rapportent le cas d'un garçon né avec deux *langues*. Sa mere ne voulut jamais permettre qu'on lui retranchât ni l'une ni l'autre; la nature fut plus avisée que cette mere, ou si l'on veut seconda ses vûes. La *langue* supérieure se desséch́a, & se réduisit à la grosseur d'un pois, tandis que l'autre se fortifia, s'aggrandit, & vint par ce moyen à exécuter toutes ses fonctions.

Les éphémerides des curieux de la nature en citant long-tems auparavant, savoir en 1684, le cas d'une fille aimable qui vint au monde avec deux *langues*, remarquerent que la nature l'auroit plus favorisée en ne lui en donnant qu'une, qu'en multipliant cet organe, puisqu'elle priva cette fille de la parole, dont le beau sexe peut tirer tant d'usages pour son bonheur & pour le nôtre.

Théophile Protospatarius, médecin grec du xj siecle, est le premier qui a regardé la *langue* comme musculaire; Jacques Berengarius a connu le premier les glandes sublinguales & leurs conduits; Malpighi a le premier développé toute la texture de la *langue*; Bellini a encore perfectionné ce développement; Ruisch s'est attaché à dévoiler la fabrique des mamelons & des houpes nerveuses; les *langues* qu'il a injectées, laissent passer la matiere cé́racée par l'extrémité des poils artériels. Walther a décrit les glandes dont la *langue* est parsemée, & qui filtrent les sues destinés à l'humecter continuellement; enfin Trew a représenté ses conduits salivaires, & ses vaisseaux sanguins. On doit encore consulter sur cet organe le célebre Morgagni, Santorini, & les tables d'Eustache & de Cowper.

Tome IX.

... angue de plusieurs animaux a encore occupé ... rds de divers anatomistes, & même ils nous en ont donné quelquefois la description, comme s'ils l'avoient tirée de la *langue* humaine. Mais nous connoissons assez imparfaitement celle des léopards, des lions, des tigres & autres bêtes féroces; qui ont la tunique externe du dessus de la *langue* hérissée de petites pointes dures, tournées en dedans, différentes de celles de la *langue* des poissons, dont les pointes font seulement rangées le long des bords du palais.

Il y a une espece de baleine qui a la *langue* & le palais si âpre par un poil court & dur, que c'est une sorte de décrotoir. La *langue* du renard marin est toute couverte de petites pieces osseuses de la grosseur d'une tête d'épingle; elles sont d'une dureté incroyable, d'une couleur argentine, d'une figure quarrée, & point du-tout piquantes.

Personne jusqu'ici n'a développé la structure de la *langue* du caméléon; on sait seulement qu'elle est très-longue; qu'il peut l'allonger, la raccourcir en un instant, & qu'il la darde au-dehors comme s'il la crachoit.

A l'égard des oiseaux, il n'y a presque que la *langue* du pic-verd qu'on ait décrit exactement. Enfin il reste bien des découvertes à faire sur cet organe des animaux de toute espece; mais comme les maladies & les accidens de la *langue* humaine nous intéressent encore davantage, nous leur réservons un article à part. (*D. J.*)

LANGUE, (*Sémiotique*.) « Ne vous retirez jamais, » conseille fort sagement Baglivi, d'auprès d'un » malade sans avoir attentivement examiné la *lan-* » *gue*; elle indique plus sûrement & plus clairement » que tous les autres signes, l'état du malade. Les au- » tres signes trompent souvent, mais ceux-ci ne sont » jamais, ou que très-rarement fautifs; & à moins » que la couleur, la saveur & autres accidens de la » *langue* ne soient dans leur état naturel, gardez- » vous, poursuit-il, d'assurer la guérison de votre » malade, sans quoi vous courrez risque de perdre » votre réputation ». *prax. medic. lib. I. cap. xiij.* w 3. Quoiqu'il faille rabattre de ces éloges enthousiastiques, on doit éviter l'excès opposé dans lequel est tombé Santorius, qui regarde l'art de juger par la *langue*, d'inutile, de nul & purement arbitraire. Il est très-certain qu'on peut tirer des différens états & qualités de la *langue* beaucoup de lumieres pour le diagnostic & le prognostic des maladies aiguës, mais ces signes ne sont pas plus certains que les autres qu'on tire du pouls, des urines, &c. Ainsi on auroit tort de s'y arrêter uniquement. On doit, lorsqu'on veut atteindre au plus haut point de certitude médicinale, c'est-à-dire une grande probabilité, rassembler, combiner & consulter tous les différens signes, encore ne sont-ils pas nécessairement infaillibles, mais ils se vérifient le plus ordinairement.

C'est dans la couleur principalement & dans le mouvement de la *langue* que l'on observe de l'altération dans les maladies aiguës. 1°. La couleur peut varier de bien des façons; la *langue* peut devenir blanche, pâle, jaune, noire, livide, d'un rouge vif, &c. ou fleurie, comme l'appelle Hippocrate. Comme ces couleurs pourroient dépendre de quelque boisson ou aliment précédent, il faut avoir attention lorsque l'on soupçonne pareille cause, de faire laver la bouche au malade; & quand on examine la *langue*, on doit la faire sortir autant qu'il est possible, afin d'en voir jusqu'à la racine; il est même des occasions où il faut regarder par-dessous, car, quelquefois, remarque Hippocrate, *lib. II. de morb.* la *langue* est noire dans cette partie, & les veines qui y sont se tuméfient & noircissent.

1°. La tumeur blanche de la *langue* provient d'une croûte plus ou moins épaisse, qui se forme sur la surface ; on peut s'en assurer par la vûe & le tact : cette croûte est quelquefois jaune & noire. Les modernes ont regardé cet état de la *langue*, qu'ils ont appellée *chargée*, comme un des principaux signes de pourriture dans les premieres voies, & comme une indication assurée de purger ; ils ont cru que l'estomac & les intestins étoient recouverts d'une croûte semblable. Cette idée n'est pas tout-à-fait sans fondement, elle est vraie jusqu'à un certain point ; mais elle est trop généralisée, car dans presque toutes les maladies inflammatoires, dans les fievres simples, ardentes, &c. on observe toujours la *langue* enduite d'une croûte blanche ou jaunâtre, sans que pour cela les premieres voies soient infectées, & qu'on soit obligé de purger. Dans les indigestions, dans de petites incommodités passageres, la *langue* se charge ; elle indique assez sûrement de concert avec les autres signes, le mauvais état de l'estomac ; mais encore dans ces circonstances il n'est pas toujours nécessaire de purger, un peu de diete dissipe souvent tous ces symptomes ; j'ai même souvent observé dans les maladies aiguës, la croûte de la *langue* diminuer & disparoître peu-à-peu pendant des excrétions critiques, autres que les selles, par l'expectoration, par exemple ; j'ai vu des cas où les purgatifs donnés sous cette fausse indication, augmentoient & faisoient rembrunir cette croûte ; enfin il arrive ordinairement dans les convalescences que cette croûte subsiste pendant quelques jours, ne s'effaçant qu'insensiblement ; on agiroit très-mal pour le malade, si on prétendoit l'emporter par les purgatifs.

« Si la *langue* est enduite d'une humeur semblable à » de la salive blanche vers la ligne qui sépare la » partie gauche de la droite, c'est un signe que la » fievre diminue. Si cette humeur est épaisse, on » peut espérer la remission le même jour, sinon le » lendemain. Le troisieme jour, la croûte qu'on observe sur l'extrémité de la *langue* indique la même » chose, mais moins sûrement ». Hippocrate, *coac. præn. cap. vij.* n°. 2. Le véritable sens de ce passage me paroît être celui-ci : lorsque la croûte qui enduisoit toute la *langue* s'est restreinte à la ligne du milieu ou à l'extrémité, c'est une marque que la maladie va cesser.

2°. La *langue* est couverte d'une croûte jaunâtre, bilieuse, & imprime aux alimens un goût amer dans la jaunisse, les fievres bilieuses & ardentes, dans quelques affections de poitrine ; si la *langue* est jaune ou bilieuse, remarque Hipocrate, dans ses *coaques* au commencement des pleurésies, la crise se fait au septieme jour.

3°. La noirceur de la *langue* est un symptome assez ordinaire aux fievres putrides, & sur-tout aux malignes pestilentielles ; la *langue* dans celles-ci noire & seche, ou brûlée *adusta*, est un très-mauvais signe ; il n'est cependant pas toujours mortel. Quelquefois il indique une crise pour le quatorzieme jour, Hipocrate, *prænot. coac. cap. vij.* n°. 1. Mais, cependant, ajoûte Hippocrate dans le même article, la *langue* noire est très-dangereuse ; & plus bas il dit, dans quelques-uns la noirceur de la *langue* présage une mort prochaine. n°. 5.

4°. La pâleur, la rougeur & la lividité de la *langue* dépendent de la lésion qui est dans son tissu même & non de quelque humeur arrêtée à sa surface ; ces caracteres de la *langue* sont d'autant plus mauvais, qu'ils s'éloignent de l'état naturel. La pâleur est très-pernicieuse, sur-tout si elle tire sur le verd, que quelques auteurs mal instruits ont traduit par jaune. 2°. Si la *langue*, dit toujours Hippocrate, qui a été au commencement seche, en gardant sa couleur naturelle, devient ensuite rude & livide, & qu'elle se fende, c'est un signe mortel. *coac. prænot. cap. vij.* Si dans une pleurésie il se forme dès le commencement une bulle livide sur la *langue*, semblable à du fer teint dans l'huile, la maladie se résout difficilement, la crise ne se fait que le quatorzieme jour, & ils crachent beaucoup de sang. Hipocrate, *ibid, cap. xvj.* n°. 6.

On a observé que la trop grande rougeur de la *langue* est quelquefois un mauvais signe dans l'angine inflammatoire & la péripneumonie ; cette malignité augmente & se confirme par d'autres signes. Hipocrate a vu cet état de la *langue* suivi de mort au cinquieme jour, dans une femme attaquée d'angine, (*epidem. lib. III. sect. I*) & au neuvieme jour dans le fils de Bilis (*ibid. lib. vij. text. 19.*). Cette rougeur est souvent accompagnée d'une augmentation considérable dans le volume de la *langue* ; plusieurs malades qui avoient ce symptome sont morts ; cette enflure de la *langue* accompagnée de la noirceur est regardée comme un signe mortel. Tel fut le cas d'une jeune femme, dont Hippocrate donne l'histoire (*epid. lib. V. text. 53.*), qui mourut quatre jours après avoir pris un remede violent pour se faire avorter.

2°. Le mouvement de la *langue* est vitié dans les convulsions, tremblemens, paralysie, incontinence de cette partie : tous ces symptomes survenans dans les maladies aiguës, sont d'un mauvais augure ; la convulsion de la *langue* annonce l'aliénation d'esprit (*coac. præn. cap. 11.* n°. 24.). Lorsque le tremblement succede à la sécheresse de la *langue*, il est certainement mortel. On l'observe fréquemment dans les pleurésies qui doivent se terminer par la mort : Hippocrate semble douter s'il n'indique pas lui-même une aliénation d'esprit (*ibid. cap. vij.* n°. 5.). Dans quelques uns ce tremblement est suivi de quelques selles liquides. Lorsqu'il se rencontre avec une rougeur aux environs des narines sans signes (critiques) du côté du poumon, il est mauvais ; il annonce pour lors des purgations abondantes & pernicieuses (n°. 3.). Les paralysies de la *langue* qui surviennent dans les maladies aiguës, sont suivies d'extinction de voix : *voyez* VOIX. Enfin les mouvemens de la *langue* peuvent être génés lorsqu'elle est seche, rude, âpre, *aspera*, lorsqu'elle est ulcérée, pleine de crevasses. La sécheresse de la *langue* est regardée comme un très-mauvais signe, sur-tout dans l'esquinancie ; Hippocrate rapporte qu'une femme attaquée de cette maladie qui avoit la *langue* seche, mourut le septieme jour (*epid. lib. III.*). La soif est une suite ordinaire de cette sécheresse, & il est bon qu'on l'observe toujours ; car si la *langue* étoit seche sans qu'il y eût soif, ce seroit un signe assuré d'un délire présent ou très-prochain ; la rudesse, l'âpreté de la *langue*, n'est qu'un degré plus fort de la sécheresse. Hippocrate surnomme *phrénétiques* les *langues* qui sont seches & rudes, faisant voir par-là que cet état de la *langue* est ordinaire dans la phrénésie (*prorhet. lib. I. sect. 1.* n°. 3.). Il faut prendre garde de ne pas confondre la sécheresse occasionnée par bienfait immédiat de l'air, dans ceux qui dorment la bouche ouverte, avec celle qui est vraiment morbifique ; & d'ailleurs pour en déduire un prognostic fâcheux, il faut que les autres signes conspirent, car dans cela les malades ayant la *langue* seche & ridée, échappent des maladies les plus dangereuses, comme il est arrivé à la fille de Larissa (*epid. lib. I. sect. 7.*). La langue qui est ulcérée, remplie de crevasses, est un symptome très-fâcheux, & très-ordinaire dans les fievres malignes. Prosper Alpin assure avoir vu fréquemment des malades guérir parfaitement malgré ce signe pernicieux. Rasis veut cependant que les malades qui ont une fievre violente, & la *langue* chargée de ces pustules, meurent au commencement du jour suivant. La *langue* ramollie sans raison & avec dégoût après une diarrhée, & avec une sueur froide, préjuge des vomissemens noirs, pour lors la lassitude est d'un mauvais augure, Hippocrate, *coac. prænot. cap. vij. n°. 4.* Si la *langue* examinée paroît froide au toucher, c'est un signe irrévocable de mort très-prochaine, il n'y a aucune observation du contraire. Riviere en raporte une qui lui a été communiquée par Paquet, qui confirme ce que nous avançons. Baglivi assure avoir éprouvé quelquefois lui-même la réalité de ce prognostic.

Tels sont les signes qu'on peut tirer des différens états de la *langue*; nous n'avons fait pour la plûpart que les extraire fidelement des écrits immortels du divin Hippocrate : cet article n'est presque qu'une exposition abrégée & historique de ce qu'il nous apprend là-dessus. Nous nous sommes bien gardés d'y mêler aucune explication théorique, toujours aumoins incertaine ; on peut, si l'on est curieux d'un peu plus de détail, consulter un traité particulier fait *ex professo* sur cette matiere par un nommé *Prothus Casulanus*, dans lequel on trouvera quelques bonnes choses, mêlées & enfouies sous un tas d'inutilités & de verbiages. *Art. de M. Ménuret.*

LANGUE, (*Gramm.*) après avoir censuré la définition du mot *langue*, donnée par Furetiere, Frain du Tremblay, (*Traité des langues, ch. ij.*) dit que « ce qu'on appelle *langue*, est une suite ou un amas » de certains sons articulés propres à s'unir ensem- » ble, dont se sert un peuple pour signifier les cho- » ses, & pour se communiquer ses pensées » ; mais » qui sont indifférens par eux-mêmes à signifier une » chose ou une pensée plutôt qu'une autre ». Malgré la longue explication qu'il donne ensuite des diverses parties qui entrent dans cette définition, plutôt que de la définition même & de l'ensemble, on peut dire que cet écrivain n'a pas mieux réussi que Furetiere à nous donner une notion précise & complette de ce que c'est qu'une *langue*. Sa définition n'a ni brièveté, ni clarté, ni vérité.

Elle peche contre la brièveté, en ce qu'elle s'attache à développer dans un trop grand détail l'essence des sons articulés, qui ne doit pas être envisagée explicitement dans une définition dont les sons ne peuvent pas être l'objet immédiat.

Elle peche contre la clarté, en ce qu'elle laisse dans l'esprit sur la nature de ce qu'on appelle *langue*, une incertitude que l'auteur même a sentie, & qu'il a voulu dissiper par un chapitre entier d'explication.

Elle peche enfin contre la vérité, en ce qu'elle présente l'idée d'un vocabulaire plutôt que d'une *langue*. Un vocabulaire est véritablement la suite ou l'amas des mots dont se sert un peuple, pour signifier les choses & pour se communiquer ses pensées. Mais ne faut-il pas dans les mots pour constituer une *langue*; & pour le savoir, suffit-il d'en avoir appris le vocabulaire ? Ne faut-il pas connoître le sens principal & les sens accessoires qui constituent le sens propre que l'usage a attaché à chaque mot ; les divers sens figurés dont il les a rendus susceptibles ; la maniere dont il veut qu'ils soient modifiés, combinés & assortis pour concourir à l'expression des pensées ; jusqu'à quel point il en assujettit la construction à l'ordre analytique ; comment, en quelles occurrences, & à quelle fin il les a affranchis de la servitude de cette construction ? Tout est usage dans les *langues* ; le matériel & la signification des mots, l'analogie & l'anomalie des terminaisons, la servitude ou la liberté des constructions, le purisme ou le barbarisme des ensembles. C'est une vérité sentie par tous ceux qui ont parlé de l'usage ; mais une vérité mal présentée, quand on a dit que l'usage étoit le tyran des *langues*. L'idée de tyrannie emporte chez nous celle d'une usurpation injuste & d'un gouvernement déraisonnable ; & cependant rien de plus juste que l'empire de l'usage sur quelque idiome que ce soit, puisque lui seul peut donner à la communication des pensées, qui est l'objet de la parole, l'universalité nécessaire ; rien de plus raisonnable que d'obéir à ses décisions, puisque sans cela on ne seroit pas entendu, ce qui est le plus contraire à la destination de la parole.

L'usage n'est donc pas le tyran des *langues*, il en est le législateur naturel, nécessaire, & exclusif ; ses décisions en font l'essence : & je dirois d'après cela, qu'une *langue est la totalité des usages propres à une nation pour exprimer les pensées par la voix.*

Si une *langue* est parlée par une nation composée de plusieurs peuples égaux & indépendans les uns des autres, tels qu'étoient anciennement les Grecs, & tels que sont aujourd'hui les Italiens & les Allemans ; avec l'usage général des mêmes mots & de la même syntaxe, chaque peuple peut avoir des usages propres sur la prononciation ou sur les terminaisons des mêmes mots : ces usages subalternes, également légitimes, constituent les dialectes de la *langue* nationale. Si, comme les Romains autrefois, & comme les François aujourd'hui, la nation est une par rapport au gouvernement ; il ne peut y avoir dans la maniere de parler qu'un usage légitime : tout autre qui s'en écarte dans la prononciation, dans les terminaisons, dans la syntaxe, ou en quelque façon que ce puisse être, ne fait ni une *langue* à part, ni une dialecte de la *langue* nationale ; c'est un *patois* abandonné à la populace des provinces, & chaque province a le sien.

Si dans la totalité des usages de la voix propres à une nation, on ne considere que l'expression & la communication des pensées, d'après les vues de l'esprit les plus universelles & les plus communes à tous les hommes ; le nom de *langue* exprime parfaitement cette idée générale. Mais si l'on prétend encore envisager les vues particulieres à cette nation, & les tours singuliers qu'elles occasionnent nécessairement dans son élocution ; le terme d'*idiome* est alors celui qui convient le mieux à l'expression de cette idée moins générale & plus restrainte.

La différence que l'on vient d'assigner entre *langue* & *idiome*, est encore bien plus considérable entre *langue* & *langage*, quoique ces deux mots paroissent beaucoup plus rapprochés par l'unité de leur origine. C'est le matériel des mots & leur ensemble qui détermine une *langue* ; elle n'a rapport qu'aux idées, aux conceptions, à l'intelligence de ceux qui en usent. Le langage paroît avoir plus de rapport au caractere de celui qui parle, à ses vues, à ses intérêts ; c'est l'objet du discours qui détermine le langage ; chacun a le sien selon ses passions, dit M. l'abbé de Condillac, *Orig. des conn. hum. II. Part. 1. sect. ch. xv.* Ainsi la même nation, avec la même *langue*, peut, dans des tems différens, tenir des langages différens, si elle a changé de mœurs, de vues, d'intérêts ; deux nations au contraire, avec différentes *langues*, peuvent tenir le même langage, si elles ont les mêmes vues, les mêmes intérêts, les mêmes mœurs : c'est que les mœurs nationales tiennent aux passions nationales, & que les unes demeurent stables ou changent comme les autres. C'est la même chose des hommes que des nations : on dit le langage des yeux, du geste, parce que les yeux & le geste sont destinés par la nature à suivre les mouvemens que les passions leur impriment, & conséquemment à les exprimer avec d'autant plus d'énergie, que la correspondance est plus grande entre le signe & la chose signifiée qui le produit.

Après avoir ainsi déterminé le véritable sens du mot *langue*, par la définition la plus exacte qu'il a été possible d'en donner, & par l'exposition précise des différences qui le distinguent des mots qui lui sont ou synonymes ou subordonnés, il reste à jetter un coup d'œil philosophique sur ce qui concerne les *langues* en général : & il me semble que cette théorie peut se réduire à trois articles principaux, qui traiteront de l'origine de la *langue* primitive, de la multiplication miraculeuse des *langues*, & enfin, de l'analyse & de la comparaison des *langues* envisagées sous les aspects les plus généraux, les seuls qui conviennent à la philosophie, & par conséquent à l'Encyclopédie. Ce qui peut concerner l'étude des *langues*, se trouvera répandu dans différens articles de cet ouvrage, & particulierement *au mot* MÉTHODE.

Au reste, sur ce qui concerne les *langues* en général, on peut consulter plusieurs ouvrages composés sur cette matiere : les dissertations philologiques de H. Schævius, *De origine linguarum & quibusdam earum attributis*; une dissertation de Borrichius, médecin de Copenhague, *de causis diversitatis linguarum*; d'autres dissertations de Thomas Hayne, *de linguarum harmoniâ*, où il traite des *langues* en général, & de l'affinité des différens idiomes; l'ouvrage de Théodore Bibliander, *de ratione communi omnium linguarum & litterarum*; celui de Gesner, intitulé *Mithridates*, qui a à-peu-près le même objet, & celui de former de leur mélange une *langue* universelle; le *trésor de l'histoire des* langues *de cet univers* de Cl. Duret; l'*harmonie étymologique des* langues d'Etienne Guichart; le *traité des* langues, par Frain du Tremblay, les *réflexions philosophiques sur l'origine des* langues de M. de Maupertuis, & plusieurs autres observations répandues dans différens écrits, qui pour ne pas envisager directement cette matiere, n'en renferment pas moins des principes excellens & des vues utiles à cet égard.

Art. I. *Origine de la* langue *primitive*. Quelques-uns ont pensé que les premiers hommes, nés muets par le fait, vécurent quelque tems comme les brutes dans les cavernes & dans les forêts, isolés, sans liaison entre eux, ne prononçant que des sons vagues & confus, jusqu'à ce que réunis par la crainte des bêtes féroces, par la voix puissante du besoin, & par la nécessité de se prêter des secours mutuels, ils arriverent par degrés à articuler plus distinctement leurs sons, à les prendre en vertu d'une convention unanime, pour signes de leurs idées & des choses mêmes qui en étoient les objets, & enfin à se former une *langue*. C'est l'opinion de Diodore de Sicile & de Vitruve, & elle a paru probable à Richard Simon, *Hist. crit. du vieux Test. I. xiv. xv. & III. xxj.* qui l'a adoptée avec d'autant plus de hardiesse qu'il a cité en sa faveur S. Grégoire de Nysse, *contrà Eunom. XII.* Le P. Thomassin prétend néanmoins que, loin de défendre ce sentiment, ce saint docteur le combat au contraire dans l'endroit même que l'on allegue; & plusieurs autres passages de ce saint pere, prouvent évidemment qu'il avoit sur cet objet des pensées bien différentes, & que M. Simon l'entendoit mal.

"A juger seulement par la nature des choses, dit
» M. Warburthon, *Ess. sur les hyéro. e. I. p. 48. à la
» note*, & indépendamment de la révélation, qui est
» un guide plus sûr, l'on seroit porté à admettre l'o-
» pinion de Diodore de Sicile & de Vitruve ». Cette maniere de penser sur la question présente, est moins hardie & plus circonspecte que la premiere : mais Diodore & Vitruve étoient peut-être encore moins répréhensibles que l'auteur anglois. Guidés par les seules lumieres de la raison, s'il leur échappoit quelque fait important, il étoit très-naturel qu'ils n'en apperçussent pas les conséquences. Mais il est difficile de concevoir comment on peut admettre la révélation avec le degré de soumission qu'elle a droit d'exiger, & prétendre pourtant que la nature des choses insinue des principes opposés. La raison & la révélation sont, pour ainsi dire, deux canaux différens qui nous transmettent les eaux d'une même source, & qui ne different que par la maniere de nous le présenter : le canal de la révélation nous met plus près de la source, & nous en offre une émanation plus pure ; celui de la raison nous en tient plus éloignés, nous expose davantage aux mélanges hétérogenes ; mais *ces* mélanges sont toûjours discernables, & la décomposition en est toûjours possible. D'où il suit que les lumieres véritables de la raison ne peuvent jamais être opposées à celles de la révélation, & que l'une par conséquent ne doit pas prononcer autrement que l'autre sur l'origine des *langues*.

C'est donc s'exposer à contredire sans pudeur & sans succès le témoignage le plus authentique qui ait été rendu à la vérité par l'auteur même de toute vérité, que d'imaginer ou d'admettre des hypothèses contraires à quelques faits connus par la révélation, pour parvenir à rendre raison des faits naturels : & nonobstant les lumieres & l'autorité de quantité d'écrivains, qui ont crû bien faire en admettant la supposition de l'homme sauvage, pour expliquer l'origine & le développement successif du langage ; j'ose avancer que c'est de toutes les hypothèses la moins soutenable.

M. J. J. Rousseau, dans son *discours sur l'origine & les fondemens de l'inégalité parmi les hommes*, *I. partie*, a pris pour base de ses recherches, cette supposition humiliante de l'homme né sauvage & sans autre liaison avec les individus même de son espece, que celle qu'il avoit avec les brutes, une simple co-habitation dans les mêmes forêts. Quel parti a-t-il tiré de cette chimérique hypothèse, pour expliquer le fait de l'origine des *langues* ? Il y a trouvé les difficultés les plus grandes, & il est contraint à la fin de les avouer insolubles.

» La premiere qui se présente, dit-il, est d'imagi-
» ner comment les *langues* purent devenir nécessai-
» res ; car les hommes n'ayant nulle correspondance
» entre eux, ni aucun besoin d'en avoir, on ne con-
» çoit ni la nécessité de cette invention, ni sa possi-
» bilité, si elle ne fut pas indispensable. Je dirois
» bien comme beaucoup d'autres, que les *langues*
» sont nées dans le commerce domestique des peres,
» des meres, & des enfans : mais outre que cela ne
» résoudroit point les objections, ce seroit commet-
» tre la faute de ceux qui raisonnent sur l'état de
» nature, y transportent des idées prises dans la so-
» ciété, voyent toûjours la famille rassemblée dans
» une même habitation, & ses membres gardant
» entre eux une union aussi intime & aussi perma-
» nente que parmi nous, où tant d'intérêts com-
» muns les réunissent ; au lieu que dans cet état pri-
» mitif, n'ayant ni maisons, ni cabanes, ni pro-
» priété d'aucune especce, chacun se logeoit au ha-
» sard, & souvent pour une seule nuit ; les mâles
» & les femelles s'unissoient fortuitement, selon la
» rencontre, l'occasion, & le desir, sans que la pa-
» role fût un interprete fort nécessaire des choses
» qu'ils avoient à se dire. Ils se quittoient avec la
» même facilité. La mere alaitoit d'abord ses enfans
» pour son propre besoin, puis l'habitude les lui
» ayant rendus chers, elle les nourrissoit ensuite
» pour le leur ; si-tôt qu'ils avoient la force de cher-
» cher leur pâture, ils ne tardoient pas à quitter la
» mere elle-même ; & comme il n'y avoit presque
» point d'autre moyen de se retrouver, que de ne
» pas se perdre de vûe, ils en étoient bientôt au point
» de ne se pas même reconnoître les uns les au-
» tres. Remarquez encore que l'enfant ayant tous
» ses besoins à expliquer, & par conséquent plus
» de choses à dire à la mere, que la mere à l'enfant,
» c'est lui qui doit faire les plus grands frais de l'in-

» vention, & que la *langue* qu'il emploie doit être
» en grande partie son propre ouvrage; ce qui mul-
» tiplie autant les *langues* qu'il y a d'individus pour
» les parler, à quoi contribue encore la vie errante
» & vagabonde, qui ne laisse à aucun idiome le
» tems de prendre de la consistence; car de dire que
» la mere dicte à l'enfant les mots dont il devra se ser-
» vir pour lui demander telle ou telle chose, cela
» montre bien comment on enseigne des *langues* déja
» formées; mais cela n'apprend point comment elles
» se forment.

» Supposons cette premiere difficulté vaincue;
» franchissons pour un moment l'espace immense
» qui dut se trouver entre le pur état de nature &
» le besoin des *langues*; & cherchons, en les suppo-
» sant nécessaires, comment elles purent commen-
» cer à s'établir. Nouvelle difficulté pire encore que
» la précédente; car si les hommes ont eu besoin de
» la parole pour apprendre à penser, ils ont eu be-
» soin encore de savoir penser pour trouver l'art de
» la parole: & quand on comprendroit comment les
» sons de la voix ont été pris pour interpretes con-
» ventionnels de nos idées, il resteroit toujours à sa-
» voir quels ont pu être les interprêtes mêmes de
» cette convention pour les idées qui n'ayant point
» un objet sensible, ne pouvoient s'indiquer ni par
» le geste, ni par la voix; de sorte qu'à peine peut-
» on former des conjectures supportables sur la nais-
» sance de cet art de communiquer ses pensées &
» d'établir un commerce entre les esprits.

» Le premier langage de l'homme, le langage le
» plus universel, le plus énergique, & le seul dont
» il eut besoin avant qu'il fallût persuader des hom-
» mes assemblés, est le cri de la nature. Comme ce
» cri n'étoit arraché que par une sorte d'instinct
» dans les occasions pressantes, pour implorer du
» secours dans les grands dangers ou du soulagement
» dans les maux violens, il n'étoit pas d'un grand
» usage dans le cours ordinaire de la vie où regnent
» des sentimens plus modérés. Quand les idées des
» hommes commencerent à s'étendre & à se multi-
» plier, & qu'il s'établit entre eux une communica-
» tion plus étroite, ils chercherent des signes plus
» nombreux & un langage plus étendu : ils multi-
» plierent les inflexions de la voix, & y joignirent
» les gestes, qui, par leur nature, sont plus expres-
» sifs, & dont le sens dépend moins d'une détermi-
» nation antérieure. Ils exprimoient donc les objets
» visibles & mobiles par des gestes; & ceux qui
» frappent l'ouie par des sons imitatifs: mais com-
» me le geste n'indique guere que les objets présens
» ou faciles à décrire, & les actions visibles; qu'il
» n'est pas d'un usage universel, puisque l'obscurité
» ou l'interposition d'un corps le rendent inutile, &
» qu'il exige l'attention plutôt qu'il ne l'excite; on
» s'avisa enfin de lui substituer les articulations de
» la voix, qui, sans avoir le même rapport avec
» certaines idées, sont plus propres à les représen-
» ter toutes, comme signes institués; substitution
» qui ne peut se faire que d'un commun consente-
» ment, & d'une maniere assez difficile à pratiquer
» pour des hommes dont les organes grossiers n'a-
» voient encore aucun exercice, & plus difficile en-
» core à concevoir en elle-même, puisque cet ac-
» cord unanime dut être motivé, & que la parole
» paroît avoir été fort nécessaire pour établir l'usage
» de la parole.

» On doit juger que les premiers mots dont les
» hommes firent usage, eurent dans leurs esprits
» une signification beaucoup plus étendue que ceux
» qu'on employe dans les *langues* déja formées,
» & qu'ignorant la division du discours en ses par-
» ties, ils donnerent d'abord à chaque mot le sens
» d'une proposition entiere. Quand ils commence-

» rent à distinguer le sujet d'avec l'attribut, & le
» verbe d'avec le nom, ce qui ne fut pas un médio-
» cre effort de génie, les substantifs ne furent d'a-
» bord qu'autant de noms propres, l'infinitif fut le
» seul tems des verbes, & à l'égard des adjectifs, la
» notion ne s'en dut développer que fort difficile-
» ment, parce que tout adjectif est un mot abstrait,
» & que les abstractions sont des opérations pénibles
» & peu naturelles.

» Chaque objet reçut d'abord un nom particulier,
» sans égard aux genres & aux especes, que ces pre-
» miers instituteurs n'étoient pas en état de distin-
» guer; & tous les individus se présenterent isolés à
» leur esprit, comme ils le sont dans le tableau de
» la nature. Si un chêne s'appelloit *A*, un autre
» chêne s'appelloit *B*; de sorte que plus les connois-
» sances étoient bornées, & plus le dictionnaire de-
» vint étendu. L'embarras de toute cette nomencla-
» ture ne put être levé facilement; car pour ranger
» les êtres sous des dénominations communes & gé-
» nériques, il en falloit connoitre les propriétés &
» les différences; il falloit des observations & des
» définitions, c'est-à-dire, de l'Histoire naturelle &
» de la Métaphysique, beaucoup plus que les hom-
» mes de ce tems-là n'en pouvoient avoir.

» D'ailleurs, les idées générales ne peuvent s'in-
» troduire dans l'esprit qu'à l'aide des mots, & l'en-
» tendement ne les saisit que par des propositions.
» C'est une des raisons pourquoi les animaux ne
» sauroient se former de telles idées, ni jamais ac-
» quérir la perfectibilité qui en dépend. Quand un
» singe va sans hésiter d'une noix à l'autre; pense-
» t-on qu'il ait l'idée générale de cette sorte de fruit,
» & qu'il compare son archétype à ces deux indivi-
» dus? Non sans doute; mais la vue de l'une de ces
» noix rappelle à sa mémoire les sensations qu'il a
» reçues de l'autre; & ses yeux modifiés d'une cer-
» taine maniere, annoncent à son goût la modifica-
» tion qu'il va recevoir. Toute idée générale est
» purement intellectuelle; pour peu que l'imagina-
» tion s'en mêle, l'idée devient aussi-tôt particuliere.
» Essayez de vous tracer l'image d'un arbre en géné-
» ral, vous n'en viendrez jamais à bout, malgré
» vous il faudra le voir petit ou grand, rare ou touf-
» fu, clair ou foncé; & s'il dépendoit de vous de
» n'y voir que ce qui se trouve en tout arbre, cette
» image ne ressembleroit plus à un arbre. Les êtres
» purement abstraits se voyent de même, ou ne se
» conçoivent que par le discours. La définition seule
» du triangle vous en donne la véritable idée: si-tôt
» que vous en figurez un dans votre esprit, c'est un
» tel triangle, & non pas un autre, & vous
» ne pouvez éviter d'en rendre les lignes sensi-
» bles, ou le plan coloré. Il faut donc énoncer des
» propositions; il faut donc parler pour avoir des
» idées générales; car si-tôt que l'imagination s'ar-
» rête, l'esprit ne marche plus qu'à l'aide du discours.
» Si donc les premiers inventeurs n'ont pu donner
» des noms qu'aux idées qu'ils avoient déjà, il s'en-
» suit que les premiers substantifs n'ont pu jamais
» être que des noms propres.

» Mais lorsque, par des moyens que je ne conçois
» pas, nos nouveaux grammairiens commencerent
» à étendre leurs idées, & à généraliser leurs mots,
» l'ignorance des inventeurs dut assujettir cette mé-
» thode à des bornes fort étroites; & comme ils
» avoient d'abord trop multiplié les noms des indivi-
» dus, faute de connoitre les genres & les especes,
» ils firent ensuite trop d'especes & de genres, faute
» d'avoir considéré les êtres par toutes leurs diffé-
» rences. Pour pousser les divisions assez loin, il eût
» fallu plus d'expérience & de lumiere qu'ils n'en
» pouvoient avoir, & plus de recherches & de tra-
» vail qu'ils n'y en vouloient employer. Or, si mê-

» me aujourd'hui l'on découvre chaque jour de nou-
» velles espèces qui avoient échappé jusqu'ici à tou-
» tes nos observations, qu'on pense combien il dut
» s'en dérober à des hommes qui ne jugeoient des
» choses que sur le premier aspect? Quant aux classes
» primitives & aux notions les plus générales, il
» est superflu d'ajouter qu'elles durent leur échapper
» encore : comment, par exemple, auroient-ils ima-
» giné ou entendu les mots de *matiere*, d'*esprit*, de
» *substance*, de *mode*, de *figure*, de *mouvement*, puis-
» que nos philosophes qui s'en servent depuis si
» long-tems ont bien de la peine à les entendre eux-
» mêmes, & que les idées qu'on attache à ces mots
» étant purement métaphysiques, ils n'en trouvoient
» aucun modéle dans la nature ? »

Après s'être étendu, comme on vient de le voir, sur les premiers obstacles qui s'opposent à l'institution conventionnelle des *langues*, M. Rousseau se fait un terme de comparaison de l'invention des seuls substantifs physiques, qui font la partie de la *langue* la plus facile à trouver pour juger du chemin qui lui reste à faire jusqu'au terme où elle pourra exprimer toutes les pensées des hommes, prendre une forme constante, être parlée en public, & influer sur la société : il invite le lecteur à réfléchir sur ce qu'il a fallu de tems & de connoissances pour trouver les nombres qui supposent les méditations philosophiques les plus profondes & l'abstraction la plus métaphysique, la plus pénible, & la moins naturelle ; les autres mots abstraits, les aoristes & tous les tems des verbes, les particules, la syntaxe ; lier les propositions, les raisonnemens, & former toute la logique du discours : après quoi voici comme il conclut :
» Quant à moi, effrayé des difficultés qui se multi-
» plient, & convaincu de l'impossibilité presque dé-
» montrée que les *langues* aient pu naitre & s'établir
» par des moyens purement humains ; je laisse à qui
» voudra l'entreprendre, la discussion de ce difficile
» problème, *lequel a été le plus nécessaire, de la société
» déja liée, à l'institution des langues ; ou des langues
» déja inventées, à l'établissement de la société* ».

Il étoit difficile d'exposer plus nettement l'impossibilité qu'il y a à déduire l'origine des *langues*, de l'hypothèse révoltante de l'homme supposé sauvage dans les premiers jours du monde ; & pour en faire voir l'absurdité, il m'a paru important de ne rien perdre des aveux d'un philosophe qui l'a adopté pour fonder l'inégalité des conditions, & qui malgré la pénétration & la subtilité qu'on lui connoît, n'a pu tirer de ce principe chimérique tout l'avantage qu'il s'en étoit promis, ni peut-être même celui qu'il croit en avoir tiré.

Qu'il me soit permis de m'arrêter un instant sur ces derniers mots. Le philosophe de Geneve a bien senti que l'inégalité des conditions étoit une suite nécessaire de l'établissement de la société ; que l'établissement de la société & l'institution du langage se supposoient respectivement, puisqu'il regarde comme un problème à discuter lequel des deux a été pour l'autre d'une nécessité antécédente plus considérable. Que ne faisoit-il encore quelques pas? Ayant vu d'une maniere démonstrative que les *langues* ne peuvent tenir à l'hypothèse de l'homme né sauvage, ni s'être établies par des moyens purement humains ; que ne concluoit-il la même chose de la société ? que n'abandonnoit-il entierement son hypothèse, comme aussi incapable d'expliquer l'un que l'autre ? d'ailleurs la supposition d'un fait que nous savons par le témoignage le plus sûr, n'avoir point été, loin d'être admissible comme principe explicatif de faits réels, ne doit être regardée que comme une fiction chimérique & propre à égarer.

Mais suivons le simple raisonnement. Une *langue* est, sans contredit, la totalité des usages propres à une nation pour exprimer les pensées par la voix ; & cette expression est le véhicule de la communication des pensées. Ainsi toute *langue* suppose une société préexistente, qui, comme société, aura eu besoin de cette communication, & qui, par des actes déja réitérés, aura fondé les usages qui constituent le corps de sa *langue*. D'autre part une société formée par les moyens humains que nous pouvons connoître, présuppose un moyen de communication pour fixer d'abord les devoirs respectifs des associés, & ensuite pour les mettre en état de les exiger les uns des autres. Que suit-il de-là ? que si l'on s'obstine à vouloir fonder la premiere *langue* & la premiere société par des voies humaines, il faut admettre l'éternité du monde & des générations humaines & renoncer par conséquent à une premiere société & à une premiere *langue* proprement dites : sentiment absurde en soi, puisqu'il implique contradiction, & démenti d'ailleurs par la droite raison, & par la foule accablante des témoignages de toute espece qui certifient la nouveauté du monde : *Nulla igitur in principio facta est ejusmodi congregatio, nec unquam fuisse homines in terrâ qui propter infantiam non loquerentur, intelligat, cui ratio non desit.* Lactance. *De vero cultu. cap. x.* C'est que si les hommes commencent par exister sans parler, jamais ils ne parleront. Quand on fait quelques *langues*, on pourroit aisément en inventer une autre : mais si l'on n'en sait aucune, on n'en saura jamais, à moins qu'on n'entende parler quelqu'un. L'organe de la parole est un instrument qui demeure oisif & inutile, s'il n'est mis en jeu par les impressions de l'ouïe ; personne n'ignore que c'est la surdité originelle qui tient dans l'inaction la bouche des muets de naissance ; & l'on sait par plus d'une expérience bien constatée, que des hommes élevés par accident loin du commerce de leurs semblables & dans le silence des forêts, n'y avoient appris à prononcer aucun son articulé, qu'ils imitoient seulement les cris naturels des animaux avec lesquels ils s'étoient trouvés en liaison, & que transplantés dans notre société, ils avoient eu bien de la peine à imiter le langage qu'ils entendoient, & ne l'avoient jamais fait que très-imparfaitement. *Voyez* les notes *sur le discours de* M. J. J. Rousseau *sur l'origine & les fondemens de l'inégalité parmi les hommes.*

Hérodote raconte qu'un roi d'Egypte fit élever deux enfans ensemble, mais dans le silence ; qu'une chevre fut leur nourrice ; qu'au bout de deux ans ils tendirent la main à celui qui étoit chargé de cette éducation expérimentale, & lui dirent *beccos*, & que le roi ayant su que *bek* en *langue* phrygienne signifie *pain*, il en conclut que le langage phrygien étoit naturel, & que les Phrygiens étoient les plus anciens peuples du monde, *lib. II. cap. ij.* Les Egyptiens ne renoncerent pas à leurs prétentions d'ancienneté, malgré cette décision de leur prince, & ils firent bien : il est évident que ces enfans parloient comme la chevre leur nourrice, que les Grecs nomment βῆκα par onomatopée ou imitation du cri de cet animal, & ce cri ne ressemble que par hasard au *bek*, (pain) des Phrygiens.

Si la conséquence que le roi d'Egypte tira de cette observation, en étoit mal déduite, elle étoit encore vicieuse par la supposition d'un principe erronné qui consistoit à croire qu'il y eût une *langue* naturelle à l'homme. C'est la pensée de ceux qui effrayés des difficultés du système que l'on vient d'examiner sur l'origine des *langues*, ont cru ne devoir pas prononcer que la premiere *langue* vînt miraculeusement de l'inspiration de Dieu même.

Mais s'il y avoit une *langue* qui tînt à la nature de l'homme, ne seroit-elle pas commune à tout le genre humain, sans distinction de tems, de climats,

de

de gouvernemens, de religions, de mœurs, de lumières acquises, de préjugés, ni d'aucunes des autres causes qui occasionnent les différences des *langues ?* Les muets de naissance, que nous savons ne l'être que faute d'entendre, ne s'aviseroient-ils pas du-moins de parler la *langue* naturelle, vû sur-tout qu'elle ne seroit étouffée chez eux par aucun usage ni aucun préjugé contraire ?

Ce qui est vraiment naturel à l'homme, est immuable comme son essence: aujourd'hui comme dès l'aurore du monde une pente secrete mais invincible met dans son ame un desir constant du bonheur, suggere aux deux sexes cette concupiscence mutuelle qui perpétue l'espece, fait passer de générations en générations cette aversion pour une entiere solitude, qui ne s'éteint jamais dans le cœur même de ceux que la sagesse ou la religion a jettés dans la retraite. Mais rapprochons-nous de notre objet: le langage naturel de chaque espece de brute, ne voyons-nous pas qu'il est inaltérable ? Depuis le commencement jusqu'à nos jours, on a par-tout entendu les lions rugir, les taureaux mugir, les chevaux hennir, les ânes braire, les chiens aboyer, les loups hurler, les chats miauler, &c. ces mots mêmes formés dans toutes les *langues* par onomatopée, sont des témoignages rendus à la distinction du langage de chaque espece, & à l'incorruptibilité, si on peut le dire, de chaque idiome spécifique.

Je ne prétends pas insinuer au reste, que le langage des animaux soit propre à peindre le précis analytique de leurs pensées, ni qu'il faille leur accorder une raison comparable à la nôtre, comme le pensoient Plutarque, Sextus Empiricus, Porphyre, & comme l'ont avancé quelques modernes, & entr'autres Is. Vossius qui a poussé l'indécence de son assertion jusqu'à trouver plus de raison dans le langage des animaux, *quæ vulgò bruta creduntur*, dit-il, *lib. de viribus rythmi. p. 66.* Je m'en suis expliqué ailleurs. *Voyez* INTERJECTION. La parole nous est donnée pour exprimer les sentimens intérieurs de notre ame, & les idées que nous avons des objets extérieurs ; en sorte que chacune des *langues* que l'homme parle, fournit des expressions au langage du cœur & à celui de l'esprit. Le langage des animaux paroît n'avoir pour objet que les sensations intérieures, & c'est pour cela qu'il est invariable comme leur maniere de sentir, si même l'invariabilité de leur langage n'en est la preuve. C'est la même chose parmi nous : nous ferons entendre partout l'état actuel de notre ame par nos interjections, parce que les sons que la nature nous dicte dans les grands & premiers mouvemens de notre ame, sont les mêmes pour toutes les *langues* : nos usages à cet égard ne sont point arbitraires, parce qu'ils sont naturels. Il en seroit de même du langage analytique de l'esprit; s'il étoit naturel, il seroit immuable & unique.

Que reste-t-il donc à conclure, pour indiquer une origine raisonnable au langage. L'hypothèse de l'homme sauvage, démentie par l'histoire authentique de la Genèse, ne peut d'ailleurs fournir aucun moyen plausible de former une premiere *langue*: la supposer naturelle, est une autre pensée inalliable avec les procédés constans & uniformes de la nature: c'est donc Dieu lui-même qui non-content de donner aux deux premiers individus du genre humain la précieuse faculté de parler, la mit encore aussi-tôt en plein exercice, en leur inspirant immédiatement l'envie & l'art d'imaginer les mots & les tours nécessaires aux besoins de la société naissante. C'est à-peu-près ce que paroît en dire l'auteur de l'ecclésiastique, XVII. 5. *Consilium, & linguam, & oculos, & aures, & cor dedit illis excogitandi ; & disciplinâ intellectûs explevit illos.* Voilà bien exactement tout ce qu'il faut pour justifier mon opinion ; l'envie de communiquer sa pensée, *consilium ;* la faculté de le faire, *linguam ;* des yeux pour reconnoître au loin les objets environnans & soumis au domaine de l'homme, afin de les distinguer par leurs noms, *oculos ;* des oreilles, afin de s'entendre mutuellement, sans quoi la communication des pensées, & la tradition des usages qui servent à les exprimer, auroient été impossibles, *aures ;* l'art d'assujettir les mots aux lois d'une certaine analogie, pour éviter la trop grande multiplication des mots primitifs, & cependant donner à chaque être son signe propre, *cor excogitandi ;* enfin l'intelligence nécessaire pour distinguer & nommer les points de vûe abstraits les plus essentiels, pour donner à l'ensemble de l'élocution une forme aussi expressive que chacune des parties de l'oraison peut l'être en particulier, & pour retenir le tout, *disciplinâ intellectûs.* Cette doctrine se confirme par le texte de la Genèse qui nous apprend que ce fut Adam lui-même qui fut le nomenclateur primitif des animaux, & qui nous le présente comme occupé de ce soin fondamental, par l'avis exprès & sous la direction du Créateur, *gen. II. 19. 20. Formatis igitur, Dominus Deus, de humo cunctis animantibus terræ, & universis volatilibus cæli, adduxit ea ad Adam, ut videret quid vocaret ea ; omne enim quod vocavit Adam animæ viventis, ipsum est nomen ejus: ap. pellavitque Adam nominibus suis cuncta animantia, & universa volatilia cæli, & omnes bestias terræ.* Avec un témoignage si respectable & si bien établi de la véritable origine & de la société & du langage, comment se trouve-t-il encore parmi nous des hommes qui osent interpréter l'œuvre de Dieu par les délires de leur imagination, & substituer leurs pensées aux documens que l'esprit-saint lui-même nous a fait passer ? Cependant à moins d'introduire le pyrrhonisme historique le plus ridicule & le plus scandaleux tout-à-la-fois, le récit de Moïse a droit de subjuguer la croyance de tout homme raisonnable, plus qu'aucun autre historien. Il est si sûr de ses dates, qu'il parle continuellement en homme qui ne craint pas d'être démenti par aucun monument antérieur, quelque court que puisse être l'espace qu'il assigne; & telle est la condition gênante qu'il s'impose, lorsqu'il parle de la premiere multiplication des *langues ;* évenement miraculeux qui mérite attention, & sur lequel j'emprunterai les termes mêmes de M. Pluche, *Spect. de la nature, tom. VIII. patt. I. pag. 96. & suiv.*

Art. II. *Multiplication miraculeuse des* langues. « Moïse tient tout le genre humain rassemblé sur
» l'Euphrate à la ville de Babel, & ne parlant qu'une
» même langue, environ huit cent ans avant lui.
» Toute son histoire tomboit en poussiere devant
» deux inscriptions antérieures, en deux *langues* dif-
» férentes. Un homme qui agit avec cette confiance,
» trouvoit sans doute la preuve & non la réfutation
» de ses dates dans les monumens égyptiens qu'il
» connoissoit parfaitement. C'est plûtôt l'exactitude
» de son récit qui refute par avance les fables posté-
» rieurement introduites dans les annales égyptien-
» nes.

» Ce point d'histoire est important : considérons-
» le par parties, & regardons toujours à côté de
» Moïse, si la nature & la société nous offrent les
» vestiges & les preuves de ce qu'il avance.

» Les enfans de Noé multipliés & mal-à-l'aise dans
» les rochers de la Gordyenne où l'arche s'étoit ar-
» rêtée, passerent le Tigre, & choisirent les fertiles
» campagnes de Sinhar ou Sennahar, dans la basse
» Mésopotamie, ou les confluent du Tigre & de
» l'Euphrate, pour y établir leur séjour comme dans
» le pays le plus uni & le plus gras qu'ils connussent.

» La nécessité de pourvoir aux besoins d'une énorme

» multitude d'habitants & de troupeaux, les obli-
» geant à s'étendre, & n'ayant point d'objet dans
» cette plaine immenſe qui pût être apperçu de loin.
» *Bâtiſſons*, dirent-ils, *une ville & une tour qui s'éleve*
» *dans le ciel*. *Faiſons-nous une marque* * *reconnoiſſa-*
» *ble, pour ne nous pas déſunir en nous diſperſant de*
» *côté & d'autre.* Manquant de pierres ils cuiſirent
» des briques; & l'aſphalte ou le bitume que le pays
» leur fourniſſoit en abondance, leur tint lieu de
» ciment. Dieu jugea à-propos d'arrêter l'entrepriſe
» en diverſifiant leur langage. La confuſion ſe mit
» parmi eux, & ce lieu en prit le nom de Babel, qui
» ſignifie *confuſion*. Y a-t-il eu une ville du nom de
» Babel, une tour connue qui ait accompagné cette
» ville, une plaine de Sinhar en Méſopotamie, un
» fleuve Euphrate, des campagnes infiniment ferti-
» les, & parfaitement unies, de façon à rendre la
» précaution d'une très-haute tour, intelligible &
» raiſonnable ? Enfin l'aſphalte eſt-il une production
» naturelle de ce pays ? Toute l'antiquité profane a
» connu dès les premiers tems où l'on a commencé
» à écrire, & l'Euphrate, & l'égalité de la plaine.
» Ptolomée, dans ſes cartes d'Aſie, termine la plaine
» de Méſopotamie aux monts Sinhar, du côté du
» Tigre. Tous les Hiſtoriens nous parlent de la par-
» faite égalité des terres, du côté de Babylone, juſ-
» ques-là qu'on y élevoit les beaux jardins ſur quel-
» ques maſſes de bâtimens en brique, pour les déta-
» cher de la plaine, & varier les aſpects auparavant
» trop uniformes. Ammien Marcellin qui a ſuivi
» l'empereur Julien dans cette contrée, Pline & tous
» les géographes tant anciens que modernes, atteſ-
» tent pareillement l'étendue & l'égalité des plaines
» de la Méſopotamie, où la vûe ſe perd ſans aucun
» objet qui la fixe. Ils nous font remarquer l'abon-
» dance du bitume qui y coule naturellement, la
» fertilité incroyable de l'ancienne Babylone. Tout
» concourt donc à nous faire reconnoître les reſtes
» du pays d'Eden, & l'exactitude de toutes les cir-
» conſtances où Moïſe s'engage. Toute la littérature
» profane rend hommage à l'Ecriture, au lieu que
» les hiſtoires chinoiſes & égyptiennes ſont comme
» ſi elles étoient tombées là d'elles.

Le crime que Moïſe attribue aux enfans de Noé,
» n'eſt pas, comme les LXX l'ont traduit, *de ſe vou-*
» *loir faire un nom avant la diſperſion*; mais comme
» porte littéralement le texte original, c'étoit de
» ſe conſtruire une habitation qui pût contenir un
» peuple nombreux, & d'y joindre une tour qui
» étant vûe de loin, devînt un ſigne de ralliement,
» pour prévenir les égaremens & la ſéparation. C'eſt
» ce qu'ils expriment fort ſimplement en ces termes:
» *Faiſons-nous une marque pour ne nous point déſu-*
» *nir*, *en nous avançant en différentes contrées*. Hébr.
» *pen*. ne forte.

» L'inconvénient qu'ils vouloient éviter avec ſoin
» étoit préciſément ce que Dieu vouloit & exigeoit
» d'eux. Ils ſavoient très-bien que Dieu les avoit
» depuis un ſiecle & plus à ſe diſtribuer par colo-
» nies d'une contrée dans une autre, & ils prenoient
» des meſures pour empêcher ou pour ſuſpendre
» long-tems l'exécution de ſes volontés. Dieu con-
» fondit leur langage ; il peupla pen-à-peu chaque
» pays en y attachant les habitans que l'uſage d'une
» même *langue* y avoit réunis, & le déſagrément
» de n'entendre plus les autres familles avoit obligés
» d'aller vivre loin d'elles.

» L'état actuel de la terre & toutes les hiſtoires
» connues rendent témoignage à l'intention qui a de
» bonne heure partagé les *langues* après le déluge.
» Rien de plus libre de la ſageſſe divine que d'avoir

* En hébreu *ſhem*, une marque. Le grec ᴄᴏᴍᴜ, une marque, en eſt venu. Ce mot ſignifie auſſi *un nom* ; mais ce n'eſt
pas ici.

» d'abord employé pour peupler promptement les
» différentes contrées, le même moyen qui lui ſert en-
» core aujourd'hui pour y fixer les habitans & en em-
» pêcher la déſertion. Il y a des pays ſi bons & il y en
» de ſi diſgraciés, qu'on quitteroit les uns pour les
» autres, ſi l'uſage d'une même *langue* n'étoit pour
» les habitans des plus mauvais une attache propre
» à les y retenir, & l'ignorance des autres *langues*
» un puiſſant moyen d'averſion pour tout autre pays,
» malgré les déſavantages de la comparaiſon. Le mi-
» racle rapporté par Moïſe peuple donc encore au-
» jourd'hui toute la terre auſſi réellement qu'au tems
» de la diſperſion des enfans de Noé : l'effet en em-
» braſſe tous les ſiecles.

» Un autre moyen de ſentir la juſteſſe de ce récit,
» conſiſte en ce que la diverſité des *langues* s'accorde
» avec les dates de Moïſe ; cette diverſité devance
» toutes nos hiſtoires connues, & d'une autre part ni
» les pyramides d'Egypte, ni les marbres d'Arondel,
» ni aucun monument qui porte un caractere de vé-
» rité, ne remonte au-deſſus. Ajoûtons ici que la
» réunion du genre humain dans la Chaldée avant la
» diſperſion des colonies, eſt un fait très-conforme
» à la marche qu'elles ont tenue. Tout part de l'O-
» rient, les hommes & les arts : tout s'avance peu-
» à-peu vers l'Occident, vers le Midi & vers le Nord.
» L'Hiſtoire montre des rois & de grands établiſſe-
» mens au cœur & ſur les côtes de l'Aſie, lorſqu'on
» n'avoit encore aucune connoiſſance d'autres colo-
» nies plus reculées : celles-ci n'étoient pas encore
» ou elles travailloient à ſe former. Si les peuplades
» chinoiſes & égyptiennes ont eu de très-bonne
» heure plus de conformité que les autres avec les
» anciens habitans de Chaldée, par leur inclination
» ſédentaire, par leurs figures ſymboliques, par
» leurs connoiſſances en Aſtronomie, & par la pra-
» tique de quelques beaux arts ; c'eſt parce qu'elles
» ſe ſont tout d'abord établies dans les pays excel-
» lemment bons, où n'étant traverſées ni d'aide des bois,
» qui ailleurs couvroient tout, ni par les bêtes qui
» troubloient toutes les établiſſemens à l'aide des bois,
» elles ſe ſont promptement multipliées, & n'ont
» point perdu l'uſage de leurs premieres inventions. La
» haute antiquité de ces trois peuples & leur reſſem-
» blance en tant de points, montre l'unité de leur
» origine & la ſinguliere exactitude de l'hiſtoire-
» ſainte. L'état des autres peuplades fut fort différent
» de celles qui s'arrêterent de bonne-heure dans les
» riches campagnes de l'Euphrate, du Kian & du
» Nil. Concevons ailleurs des familles vagabondes
» qui ne connoiſſent ni les lieux ni les routes, & qui
» tombant à l'avanture dans un pays miſérable, où
» tout leur manque, point d'inſtrumens pour exercer
» ce qu'elles pouvoient avoir retenu de bon, point
» de conſiſtance ni de repos pour perfectionner ce
» que le beſoin actuel pouvoit leur faire inventer ; la
» modicité des moyens de ſubſiſter les mettoit ſou-
» vent aux priſes ; la jalouſie les entre-détruiſoit.
» N'étant qu'une poignée de monde, un autre pelo-
» ton les mettoit en fuite. Cette vie errante & long-
» tems incertaine, fit tout oublier, & ce n'eſt qu'en
» renouant le commerce avec l'Orient que les choſes
» ont changé. Les Goths ſi du Nord n'ont ceſſé
» d'être barbares qu'en s'établiſſant dans la Gaule
» & en Italie ; les Gaulois & les Francs doivent leur
» politeſſe aux Romains : ceux-ci avoient été pren-
» dre leurs lois & leur littérature à Athènes. La Grece
» demeura brute juſqu'à l'arrivée de Cadmus, qui y
» porta les lettres phéniciennes. Les Grecs enchan-
» tés de ce ſecours, ſe livrerent à la culture de leur
» *langue*, à la Poéſie & au Chant ; ce n'eſt qu'après avoir
» pris du goût
» à la Politique, à l'Architecture, à la Navigation,
» à l'Aſtronomie & à la Peinture, qu'après avoir
» voyagé à Memphis, à Tyr, & à la cour de Perſe :

LAN

» ils perfectionnent tout , mais n'inventent rien. Il
» est donc aussi manifeste par l'histoire profane que
» par le récit de l'Ecriture, que l'Orient est la source
» commune des nations & des belles connoissances.
» Nous ne voyons un progrès contraire que dans
» des tems postérieurs, où la manie des conquêtes a
» commencé à reconduire des bandes d'occidentaux
» en Asie ».

Il seroit peut-être satisfaisant pour notre curiosité de pouvoir déterminer en quoi consisterent les changemens introduits à Babel dans le langage primitif, & de quelle maniere ils y furent opérés. Il est certain qu'on ne peut établir là-dessus rien de solide, parce que cette grande révolution dans le langage ne pouvant être regardée que comme un miracle auquel les hommes étoient fort éloignés de s'attendre, il n'y avoit aucun observateur qui eût les yeux ouverts sur ce phénomene, & que peut-être même ayant été subit, il n'auroit laissé aucune prise aux observations quand on s'en seroit avisé : or rien n'instruit bien sur la nature & les progrès des faits, que les mémoires formés dans le tems d'après les observations. Cependant quelques écrivains ont donné là-dessus leurs pensées avec autant d'assurance que s'ils avoient parlé d'après le fait même, ou qu'ils eussent assisté au conseil du Très-haut.

Les uns disent que la multiplication des *langues* ne s'est point faite subitement , mais qu'elle s'est opérée insensiblement, selon les principes constans de la mutabilité naturelle du langage ; qu'elle commença à devenir sensible pendant la construction de la ville & de la tour de Babel, qui au rapport d'Eusebe *in Chron.* dura quarante ans ; que les progrès de cette permutation se trouverent alors si considérables, qu'il n'y eut plus moyen de conserver l'intelligence nécessaire à la consommation d'une entreprise qui alloit directement contre la volonté de Dieu, & que les hommes furent obligés de se séparer. *Voyez l'introd. à l'hist. des Juifs* de Prideaux, par Samuel Shucford, *liv. II.* Mais c'est contredire trop formellement le texte de l'Ecriture, & supposer d'ailleurs comme naturelle une chose démentie par les effets naturels ordinaires.

Le *chapitre xj.* de la Genèse commence par observer que pour toute la terre on ne parloit qu'une *langue*, & qu'on la parloit de la même maniere : *Erat autem terra labii unicus & sermonum eorumdem*, v. 1 ; ce qui semble marquer la même prononciation, *labii unicus*, & la même syntaxe, la même analogie, les mêmes tours, *sermonum eorumdem*. Après cette remarque fondamentale & envisagée comme telle par l'historien sacré, il raconte l'arrivée des descendans de Noé dans la plaine de Sennahar, le projet qu'ils firent d'y construire une ville & une tour pour leur servir de signal, les matériaux qu'ils employerent à cette construction ; il insinue même que l'ouvrage fut poussé jusqu'à un certain point ; puis après avoir remarqué que le Seigneur descendit pour visiter l'ouvrage, il ajoûte, v. 67, & *dixit* (*Dominus*) : *Ecce unus est populus & UNUM LABIUM omnibus : cœperuntque hoc facere, nec desistent à cogitationibus suis, donec eas opere compleant. Venite igitur, descendamus, & CONFUNDAMUS IBI LINGUAM eorum, ut non audiat unusquisque vocem proximi sui.* N'est-il pas bien clair qu'il n'y avoit qu'une *langue* jusqu'au tems où Dieu voulut faire échouer l'entreprise des hommes, *unum labium omnibus* ; que dès qu'il l'eut résolu, sa volonté toute puissante eut son effet, *atque ita divisit eos Dominus*, v. 8 ; que le moyen qu'il employa pour cela fut la division de la *langue* commune, *confundamus . . . linguam eorum* ; & que cette confusion fut subite, *confundamus ibi* ?

Si cette confusion du langage primitif n'eût pas été subite, comment auroit-elle frappé les hommes au point de la constater par un monument durable, comme le nom qui fut donné à cette ville même, *Babel* (confusion) ? *Et idcirco vocatum est nomen ejus* Babel, *quia ibi confusum est labium universæ terræ*, v. 9. Comment après avoir travaillé pendant plusieurs années en bonne intelligence, malgré les changemens insensibles qui s'introduisoient dans le langage, les hommes furent-ils tout-à-coup obligés de se séparer faute de s'entendre ? Si les progrès de la division étoient encore insensibles la veille, ils dûrent l'être également le lendemain ; ou s'il y eût le lendemain une révolution extraordinaire qui ne tînt plus à la progression des altérations précédentes, cette progression doit être comptée pour rien dans les causes de la révolution ; on doit la regarder comme subite & comme miraculeuse dans sa cause autant que dans son effet.

Mais il faut bien s'y resondre, puisqu'il est certain que la progression naturelle des changemens qui arrivent aux *langues* n'opere & ne peut jamais opérer la confusion entre les hommes qui parlent originairement la même. Si un particulier altere l'usage commun, son expression est d'abord regardée comme une faute, mais on l'entend ou on le fait expliquer : dans l'un ou l'autre cas, on lui indique la loi fixée par l'*usage*, ou du-moins on se la rappelle. Si cette faute particuliere, par quelqu'une des causes accidentelles qui font varier les *langues*, vient à passer de bouche en bouche & à se répeter, elle cesse enfin d'être faute ; elle acquiert l'autorité de l'usage, elle devient propre à la même *langue* qui la condamnoit autrefois ; mais alors même on s'entend encore , puisqu'on se répete. Ainsi entendons-nous les écrivains du siecle dernier, sans appercevoir entre eux & nous que des différences légeres qui n'y causent aucune confusion ; ils entendoient pareillement ceux du siecle précédent qui étoient dans le même cas à l'égard des auteurs du siecle antérieur, & ainsi de suite jusqu'au tems de Charlemagne, de Clovis, si vous voulez, ou même jusqu'aux plus anciens Druides, que nous n'entendons plus. Mais si la vie des hommes étoit assez longue pour que quelques Druides vécussent encore aujourd'hui, que la *langue* fût changée comme elle l'est, ou qu'elle ne le fût pas, il y auroit encore intelligence entr'eux & nous, parce qu'ils auroient été assujettis à céder au torrent des décisions des usages des différens siecles. Ainsi c'est une véritable illusion que de vouloir expliquer par des causes naturelles un évenement qui ne peut être que miraculeux.

D'autres auteurs, convaincus qu'il n'y avoit point de cause assignable dans l'ordre naturel, ont voulu expliquer en quoi a pu consister la révolution étonnante qui fit abandonner l'entreprise de Babel. «Ma » pensée, dit du Tremblai, *Traité des langues*, *ch.* » *vj*. est que Dieu disposa des organes de ces » hommes de telle maniere, que lorsqu'ils voulurent » prononcer les mots dont ils avoient coutume de » se servir, ils en prononcerent de tout différens » pour signifier les choses dont ils vouluent parler. » Ensorte que ceux dont Dieu voulut changer la *lan-* » *gue* se formerent des mots tout nouveaux, & ar- » ticulerent leur voix d'une autre maniere qu'ils n'a- » voient accoutumé de le faire. Et en continuant » ainsi d'articuler lents voix d'une maniere nouvelle » toutes les fois qu'ils parlerent, ils se firent une *lan-* » *gue* nouvelle ; car leurs idées se trouverent » jointes aux termes de cette nouvelle *langue*, au » lieu qu'elles étoient aux termes de la *lan-* » *gue* qu'ils parloient auparavant. Il y a même lieu » de croire qu'ils oublierent tellement leur *langue* » ancienne, qu'ils ne se souvenoient pas même de » l'avoir parlée, & qu'ils ne s'apperçurent du chan- » gement que parce qu'ils ne s'entre entendoient pas

„ tous comme auparavant. C'eſt ainſi que je conçois
„ que s'eſt fait ce changement. Et ſuppoſé la puiſſance
„ de Dieu ſur ſa créature, je ne vois pas en cela un
„ grand myſtere, ni pourquoi les rabbins ſe tour-
„ mentent tant pour trouver la maniere de ce chan-
„ gement ».

C'eſt encore donner ſes propres imaginations pour des raiſons ; la multiplication des *langues* a pu ſe faire en tant de manieres, qu'il n'eſt pas poſſible d'en déterminer une avec certitude, comme préférée excluſivement à toutes les autres. Dieu a pu laiſſer ſubſiſter les mêmes mots radicaux avec les mêmes ſignifications, mais en inſpirer des déclinaiſons & des conſtructions différentes ; il a pu ſubſtituer dans les eſprits d'autres idées à celles qui auparavant étoient déſignées par les mêmes mots, altérer ſeulement la prononciation par le changement des voyelles ou par celui des conſonnes homogenes ſubſtituées les unes aux autres, &c. Qui eſt-ce qui oſera aſſigner la voie qu'il a plû à la Providence de choiſir, ou prononcer qu'elle n'en a pas choiſi pluſieurs à-la-fois ? *Quis enim cognovit ſenſum Domini, aut quis conciliarius ejus fuit ?* Rom. xj. 34.

Tenons-nous en aux faits qui nous ſont racontés par l'Eſprit-ſaint ; nous ne pouvons point douter que ce ne ſoit lui-même qui a inſpiré Moiſe. Tout concourt d'ailleurs à confirmer ſon récit ; le ſpectacle de la nature , celui de la ſociété & des révolutions qui ont changé ſucceſſivement la ſcene du monde ; les raiſonnemens fondés ſur les obſervations les mieux conſtatées : tout dépoſe les mêmes vérités, & ce ſont les ſeules que nous puiſſions affirmer avec certitude, ainſi que les conſéquences qui en ſortent évidemment.

Dieu avoit fait les hommes ſociables ; il leur inſpira la premiere *langue* pour être l'inſtrument de la communication de leurs idées, de leurs beſoins, de leurs devoirs réciproques, le lien de leur ſociété, & ſur-tout du commerce de charité & de bienveillance, qu'il poſe comme le fondement indiſpenſable de cette ſociété.

Lorſqu'il voulut enſuite que leur fécondité ſervît à couvrir & à cultiver les différentes parties de la terre qu'il avoit ſoumiſes au domaine de l'eſpece, & qu'il leur vit prendre des meſures pour réſiſter à leur vocation & aux vûes impénétrables de ſa providence, il confondit la *langue* primitive, les força ainſi à ſe ſéparer en autant de peuplades qu'il en réſulta d'idiomes, & à ſe diſperſer dans autant de régions différentes.

Tel eſt le fait de la premiere multiplication des *langues* ; & la ſeule choſe qu'il me paroiſſe permis d'y ajoûter raiſonnablement, c'eſt que Dieu opéra ſubitement dans la *langue* primitive des changemens analogues à ceux que les cauſes naturelles y auroient amenés par la ſuite, ſi les hommes de leur propre mouvement s'étoient diſperſés en diverſes colonies dans les différentes régions de la terre ; car dans ces évenemens mêmes qui ſont hors de l'ordre naturel, Dieu n'agit point contre la nature, parce qu'il ne peut agir contre ſes idées éternelles & immuables, qui ſont les archetypes de toutes les natures. Cependant ceci même donne lieu à une objection qui mérite d'être examinée : la voici.

Que le Créateur ait inſpiré d'abord au premier homme & à ſa compagne la premiere de toutes les *langues* pour ſervir de lien & d'inſtrument à la ſociété qu'il lui avoit plû d'établir entr'eux ; que l'éducation ſecondée par la curioſité naturelle & par la pente que les hommes ont à l'imitation, ait fait paſſer cette *langue* primitive de générations en générations, & qu'ainſi elle ait entretenu, tant qu'elle a ſubſiſté ſeule, la liaiſon originelle entre tous les deſcendans d'Adam & d'Eve, c'eſt un premier point qu'il eſt aiſé de concevoir, & qu'il eſt néceſſaire d'avouer.

Que les hommes enſuite, trop épris des douceurs de cette ſociété, aient voulu éluder l'intention & les ordres du Créateur qui les deſtinoit à peupler toutes les parties de la terre ; & que pour les y contraindre Dieu ait jugé à-propos de confondre leur langage & d'en multiplier les idiomes, afin d'étendre le lien qui les tenoit trop attachés les uns aux autres ; c'eſt un ſecond point également atteſté, & dont l'intelligence n'a pas plus de difficulté quand on le conſidere à part.

Mais la réunion de ces deux faits ſemble donner lieu à une difficulté réelle. Si la confuſion des *langues* jette la diviſion entre les hommes, n'eſt-elle pas contraire à la premiere intention du Créateur & au bonheur de l'humanité ? Pour diſſiper ce qu'il y a de ſpécieux dans cette objection, il ne ſuffit pas d'enviſager ſeulement d'une maniere vague & indéfinie l'affection que tout homme doit à ſon ſemblable, & dont il a le germe en ſoi-même : cette affection a naturellement, c'eſt-à-dire par une ſuite néceſſaire des lois que le Créateur même a établies, différens degrés d'identité ſelon la différence des degrés de liaiſon qu'il y a entre un homme & un autre. Comme les ondes circulaires qui ſe forment autour d'une pierre jettée dans l'eau, ſont d'autant moins ſenſibles qu'elles s'éloignent plus du centre de l'ondulation, ainſi plus les rapports de liaiſon entre les hommes ſont affoiblis par l'éloignement des tems, des lieux, des générations, des intérêts quelconques, moins il y a de vivacité dans les ſentimens reſpectifs de la bienveillance naturelle qui ſubſiſte pourtant toûjours, même dans le plus grand éloignement. Mais loin d'être contraire à cette propagation proportionelle de bienveillance, la multiplication des *langues* eſt en quelque maniere dans la même proportion, & adaptée pour ainſi dire aux vûes de la charité univerſelle : ſi l'on en met les degrés en parallele avec les différences du langage, plus il y aura d'exactitude dans la comparaiſon, plus on ſe convaincra que l'un eſt la juſte meſure de l'autre ; ce qui va devenir plus ſenſible dans l'article ſuivant.

Article III. *Analyſe & comparaiſon des* langues. Toutes les *langues* ont un même but, qui eſt l'énonciation des penſées. Pour y parvenir, toutes employent le même inſtrument, qui eſt la voix : c'eſt comme l'eſprit & le corps du langage ; or il en eſt, juſqu'à un certain point, des *langues* ainſi conſidérées, comme des hommes qui les parlent.

Toutes les ames humaines, ſi l'on en croit l'école carteſienne, ſont abſolument de même eſpece, de même nature ; elles ont les mêmes facultés au même degré, le germe des mêmes talens, du même eſprit, du même génie, & elles n'ont entr'elles que des différences numériques & individuelles ; les différences qu'on y apperçoit dans la ſuite tiennent à des cauſes extérieures, à l'organiſation intime des corps qu'elles animent ; aux divers tempéramens que les conjonctures y établiſſent ; aux occaſions plus ou moins fréquentes, plus ou moins favorables, pour exciter en elles des idées, pour les rapprocher, les combiner, les développer ; aux préjugés plus ou moins heureux, qu'elles reçoivent par l'éducation, les mœurs, la religion, le gouvernement politique, les liaiſons domeſtiques, civiles & nationales, &c.

Il en eſt encore à-peu-près de même des corps humains. Formés de la même matiere, ſi l'on conſidere la figure dans ſes traits principaux, elle paroit, pour ainſi dire, jettée dans le même moule : cependant il n'eſt peut-être pas encore arrivé qu'un ſeul homme ait eû avec un autre une reſſemblance de corps bien exacte. Quelque connexion phyſique qu'il y ait entre homme & homme, dès qu'il y a diversité d'individus, il y a des différences plus ou moins sensibles de figure, outre celles qui sont dans l'intérieur de la machine : ces différences sont plus marquées, à proportion de la diminution des causes convergentes vers les mêmes effets. Ainsi tous les sujets d'une même nation ont entr'eux des différences individuelles avec les traits de la ressemblance nationale. La ressemblance nationale d'un peuple n'est pas la même que la ressemblance nationale d'un autre peuple voisin, quoiqu'il y ait encore entre les deux des caracteres d'approximation : ces caracteres s'affoiblissent, & les traits différenciels augmentent à mesure que les termes de comparaison s'éloignent, jusqu'à ce que la très-grande diversité des climats & des autres causes qui en dépendent plus ou moins, ne laisse plus subsister que les traits de la ressemblance spécifique sous les différences tranchantes des Blancs & des Negres, des Lapons & des Européens méridionaux.

Distinguons pareillement dans les *langues* l'esprit & le corps, l'objet commun qu'elles se proposent, & l'instrument universel dont elles se servent pour l'exprimer, en un mot, les pensées & les sons articulés de la voix, nous y démêlerons ce qu'elles ont nécessairement de commun, & ce qu'elles ont de propre sous chacun de ces deux points de vûe, & nous nous mettrons en état d'établir les principes raisonnables sur la génération des *langues*, sur leur mélange, leur affinité & leur mérite respectif.

§. I. L'esprit humain, je l'ai déja dit ailleurs (*Voyez* GRAMMAIRE & INVERSION), vient à bout de distinguer les parties dans sa pensée, toute indivisible qu'elle est, en séparant, par le secours de l'abstraction, les différentes idées qui en constituent l'objet, & les diverses relations qu'elles ont entre elles à cause du rapport qu'elles ont toutes à la pensée indivisible dans laquelle on les envisage. Cette analyse, dont les principes tiennent à la nature de l'esprit humain, qui est la même par-tout, doit montrer par-tout les mêmes résultats, ou du moins des résultats semblables, faire envisager les idées de la même maniere, & établir dans les mots la même classification.

Ainsi il y a dans toutes les *langues* formées, des mots destinées à exprimer les êtres, soit réels, soit abstraits, dont les idées peuvent être les objets de nos pensées, & des mots pour désigner les relations générales des êtres dont on parle. Les mots du premier genre sont indéclinables, c'est-à-dire, susceptibles de diverses inflexions relatives aux vûes de l'analyse, qui peut envisager les mêmes êtres sous divers aspects, dans diverses circonstances. Les mots du second genre sont indéclinables, parce qu'ils présentent toujours la même idée sous le même aspect.

Les mots déclinables ont par-tout une signification définie, ou une signification indéfinie. Ceux de la premiere classe présentent à l'esprit des êtres déterminés, & il y en a deux especes ; les noms, qui déterminent les êtres par l'idée de la nature ; les pronoms, qui les déterminent par l'idée d'une relation personnelle. Ceux de la seconde classe présentent à l'esprit des êtres indéterminés, & il y en a aussi deux especes ; les adjectifs, qui les désignent par l'idée précise d'une qualité ou d'un relation particuliere, communicable à plusieurs natures, dont elle est une partie, soit essentielle, soit accidentelle ; & les verbes, qui les désignent par l'idée précise de l'existance intellectuelle sous un attribut également communicable à plusieurs natures.

Les mots indéclinables se divisent universellement en trois especes, qui sont les prépositions, les adverbes & les conjonctions : les prépositions, pour désigner les rapports généraux avec abstraction des termes ; les adverbes, pour désigner des rapports particuliers à un terme déterminé ; & les conjonctions, pour désigner la liaison des diverses parties du discours. *Voyez* MOT *& toutes les especes.*

Je ne parle point ici des interjections, parce que cette espece de mot ne sert point à l'énonciation des pensées de l'esprit, mais à l'indication des sentimens de l'ame ; que les interjections ne sont point des instrumens arbitraires de l'art de parler, mais des signes naturels de sensibilité, antérieurs à tout ce qui est arbitraire, & si peu dépendans de l'art de parler & des *langues*, qu'ils ne manquent pas même aux muets de naissance.

Pour ce qui est des relations qui naissent entre les idées partielles, du rapport général qu'elles ont toutes à une même pensée indivisible ; ces relations, dis-je, supposent un ordre fixe entre leurs termes : la priorité est propre au terme antécédent ; la postériorité est essentielle au terme conséquent : d'où il suit qu'entre les idées partielles d'une même pensée, il y a une succession fondée sur leurs relations résultantes du rapport qu'elles ont toutes à cette pensée. *Voyez* INVERSION. Je donne à cette succession le nom d'*ordre analytique*, parce qu'elle est tout à la fois le résultat de l'analyse de la pensée, & le fondement de l'analyse du discours, en quelque *langue* qu'il soit énoncé.

La parole en effet doit être l'image sensible de la pensée, tout le monde en convient ; mais toute image sensible suppose dans son original des parties, un ordre & une proportion entre ces parties : ainsi il n'y a que l'analyse de la pensée qui puisse être l'objet naturel & immédiat de l'image sensible que la parole doit produire dans toutes les *langues* ; & il n'y a que l'ordre analytique qui puisse régler l'ordre & la proportion de cette image successive & fugitive. Cette regle est sûre, parce qu'elle est immuable, comme la nature même de l'esprit humain, qui en est la source & le principe. Son influence sur toutes les *langues* est aussi nécessaire qu'universelle : sans ce prototype original & invariable, il ne pourroit y avoir aucune communication entre les hommes des différens âges du monde, entre les peuples des diverses régions de la terre, pas même entre deux individus quelconques, parce qu'ils n'auroient pas un terme immuable de comparaison pour y rapporter leurs procédés respectifs.

Mais au moyen de ce terme commun de comparaison, la communication est établie généralement par-tout, avec les seules difficultés qui naissent des différentes manieres de peindre le même objet. Les hommes qui parlent une même *langue* s'entendent entr'eux, parce qu'ils peignent le même original, sous le même aspect, avec les mêmes couleurs. Deux peuples voisins, comme les François & les Italiens, qui avec des mots différens suivent à-peu-près une même construction, parviennent aisément à entendre la *langue* les uns des autres, parce que les uns & les autres peignent encore le même original, & à-peu-près dans la même attitude, quoiqu'avec des couleurs différentes. Deux peuples plus éloignés, dont les mots & la construction different entierement, comme les François, par exemple, & les Latins, peuvent encore s'entendre réciproquement, quoique peut-être avec un peu plus de difficulté ; c'est toujours la même raison ; les uns & les autres peignent le même objet original, mais dessiné & colorié diversement.

L'ordre analytique est donc le lien universel de la communicabilité de toutes les *langues* & du commerce de pensées, qui est l'ame de la société : c'est donc le terme où il faut réduire toutes les phrases d'une *langue* étrangere dans l'intelligence de laquelle on veut faire quelques progrès sûrs, raisonnés & approfondis; parce que tout le reste n'est, pour ainsi dire, qu'une affaire de mémoire, où il n'est plus question que de s'assurer des décisions arbitraires du bon usage. Cette conséquence, que les réflexions suivantes ne feront que confirmer & développer davantage, est le vrai fondement de la méthode-pratique que je propose ailleurs (*article* MÉTHODE) pour la *langue* latine, qui est le premier objet des études publiques & ordinaires de l'Europe; & cette méthode, à cause de l'universalité du principe, peut être appliquée avec un pareil succès à toutes les *langues* étrangeres, mortes ou vivantes, que l'on se propose d'étudier ou d'enseigner.

Voilà donc ce qui se trouve universellement dans l'esprit de toutes les *langues*; la succession analytique des idées partielles qui constituent une même pensée, & les mêmes especes de mots pour représenter les idées partielles envisagées sous les mêmes aspects. Mais elles admettent toutes, sur ces deux objets généraux, des différences qui tiennent au génie des peuples qui les parlent, & qui font elles-mêmes tout à la fois des principaux caracteres du génie de ces *langues*, & les principales sources des difficultés qu'il y a à traduire exactement de l'une en l'autre.

1°. Par rapport à l'ordre analytique, il y a deux moyens par lesquels il peut être rendu sensible dans l'énonciation vocale de la pensée. Le premier, c'est de ranger les mots dans l'élocution selon le même ordre qui résulte de la succession analytique des idées partielles : le second, c'est de donner aux mots déclinables des inflexions ou des terminaisons relatives à l'ordre analytique, & d'en régler ensuite l'arrangement dans l'élocution par d'autres principes, capables d'ajoûter quelque perfection à l'art de la parole. De-là la division la plus universelle des *langues* en deux especes générales, que M. l'abbé Girard (*Princ. disc. I. tom. j. pag.* 23.) appelle *analogues* & *transpositives*, & auxquelles je conserverai les mêmes noms, parce qu'ils me paroissent en caractériser très-bien le génie distinctif.

Les *langues analogues* font celles dont la syntaxe est soumise à l'ordre analytique, parce que la succession des mots dans le discours y suit la gradation analytique des idées; la marche de ces *langues* est effectivement analogue & en quelque sorte parallele à celle de l'esprit même, dont elle suit pas à pas les opérations.

Les *langues transpositives* font celles qui dans l'élocution donnent aux mots des terminaisons relatives à l'ordre analytique, & qui acquierent ainsi le droit de leur faire suivre dans le discours une marche libre & tout-à-fait indépendante de la succession naturelle des idées. Le françois, l'italien, l'espagnol, &c. font des *langues* analogues; le grec, le latin, l'allemand, &c. font des *langues* transpositives.

Au reste, cette premiere distinction des *langues* ne porte pas sur des caracteres exclusifs; elle n'indique que la maniere de procéder la plus ordinaire: car les *langues* analogues ne laissent pas d'admettre quelques inversions légeres & faciles à ramener à l'ordre naturel, comme les transpositives reglent quelquefois leur marche sur la succession analytique, ou s'en rapprochent plus ou moins. Assez communément le besoin de la clarté, qui est la qualité la plus essentielle de toute énonciation, l'emporte sur le génie des *langues* analogues & les détourne de la voie analytique dès qu'elle cesse d'être la plus lumineuse: les *langues* transpositives au contraire y ramenent leurs procédés, quelquefois dans la même vûe, & d'autres fois pour suivre ou les impressions du goût, ou les lois de l'harmonie. Mais dans les unes & dans les autres, les mots portent l'empreinte du génie caractéristique: les noms, les pronoms & les adjectifs déclinables par nature, se déclinent en effet dans les *langues* transpositives, afin de pouvoir se prêter à toutes les inversions usuelles sans faire disparoître les traits fondamentaux de la succession analytique. Dans les *langues* analogues, ces mêmes especes de mots ne se déclinent point, parce qu'ils doivent toujours se succéder dans l'ordre analytique, ou s'en écarter si peu, qu'il est toujours reconnoissable.

La *langue* allemande est transpositive, & elle a la déclinaison; cependant la marche n'en est pas libre, comme elle paroît l'avoir été en grec & en latin, où chacun en décidoit d'après son oreille ou son goût particulier: ici l'usage a fixé toutes les constructions. Dans une proposition simple & absolue, la construction usuelle suit l'ordre analytique; *die creaturen auffern ihre thatlichkeit entweder dutch bewegung, oder durch gedancken* (les créatures démontrent leur activité soit par mouvement, soit par pensée). Il y a seulement quelques occurrences où l'on abandonne l'ordre analytique pour donner à la phrase plus d'énergie ou de clarté. C'est pour la même cause que dans les propositions incidentes, le verbe est toujours à la fin; *das wesen welches in uns dencket* (l'être qui dans nous pensée); *unter denen digen die maglich sind* (entre les choses qui possibles sont). Il en est de même de toutes les autres inversions usitées en allemand; elles y sont déterminées par l'usage, & ce seroit un barbarisme que d'y substituer une autre sorte d'inversion, ou même la construction analytique.

Cette observation, qui d'abord a pû paroître un hors-d'œuvre, donne lieu à une conséquence générale; c'est que, par rapport à la construction des mots, les *langues* transpositives peuvent se subdiviser en deux classes. Les *langues* transpositives de la premiere classe font *libres*, parce que la construction de la phrase dépend, à peu de chose près, du choix de celui qui parle, de son oreille, de son goût particulier, & peut varier pour la même énonciation, selon la diversité des circonstances où elle a lieu; & telle est la *langue* latine. Les *langues* transpositives de la seconde classe sont *uniformes*, parce que la construction de la phrase y est constamment réglée par l'usage, qui n'a rien abandonné à la décision du goût ou de l'oreille; & telle est la *langue* allemande.

Ce que j'ai remarqué sur la premiere division est encore applicable à la seconde. Quoique les caracteres distinctifs qu'on y assigne soient suffisans pour déterminer les deux classes, on ne laisse pas de trouver quelquefois dans l'une quelques traits qui tiennent du génie de l'autre: les *langues* transpositives libres peuvent avoir certaines constructions fixées invariablement, & les uniformes peuvent dans quelques occasions régler leur marche arbitrairement.

Il se présente ici une question assez naturelle. L'ordre analytique & l'ordre transpositif des mots supposent des vûes toutes différentes dans les *langues* qui les ont adoptés pour régler leur syntaxe: chacun de ces deux ordres caractérise un génie tout différent. Mais comme il n'y a eu d'abord sur la terre qu'une seule *langue*, est-il possible d'assigner de quelle espece elle étoit, si elle étoit analogue ou transpositive?

L'ordre analytique étant le prototype invariable des deux especes générales de *langues*, & le fondement unique de leur communicabilité respective, il paroît assez naturel que la premiere *langue* s'y soit attachée scrupuleusement; & qu'elle y ait assujetti la succession des mots, plûtôt que d'avoir imaginé des désinences relatives à cet ordre, afin de l'abandonner enfuite fans conféquence : il eſt évident qu'il y a moins d'art dans le langage analogue que dans le tranſpoſitif ; & toutes les inſtitutions humaines ont des commencemens ſimples. Cette concluſion, qui me ſemble fondée ſolidement ſur les premiers principes du langage, ſe trouve encore appuyée ſur ce que nous ſavons de l'hiſtoire des différens idiomes dont on a fait uſage ſur la terre.

La *langue* hébraïque, la plus ancienne de toutes celles que nous connoiſſons par des monumens venus juſqu'à nous, & qui par-là ſemble tenir de plus près à la *langue* primitive, eſt aſtreinte à une marche analogue ; & c'eſt un argument qu'auroient pû faire valoir ceux qui penſent que c'eſt l'hébreu même qui eſt la *langue* primitive. Ce n'eſt pas que je croye qu'on puiſſe établir ſur cela rien de poſitif ; mais ſi cette remarque n'eſt pas aſſez forte pour terminer la queſtion, elle prouve du-moins que la conſtruction analytique, ſuivie dans la *langue* la plus ancienne dont nous ayons connoiſſance, peut bien avoir été la conſtruction uſuelle de la premiere de toutes les *langues*, conformément à ce qui nous eſt indiqué par la raiſon même.

D'où il ſuit que les *langues* modernes de l'Europe qui ont adopté la conſtruction analytique, tiennent à la *langue* primitive de bien plus près que n'y tenoient le grec & le latin, quoiqu'elles en ſoient beaucoup plus éloignées par les tems. M. Bullet, dans ſon grand & ſavant ouvrage ſur la *langue* celtique, trouve bien des rapports entre cette *langue* & les orientales, notamment l'hébreu. D. le Pelletier nous montre de pareilles analogies dans ſon dictionnaire bas-Breton, dont nous devons l'édition & la préface aux ſoins de D. Taillandier ; & toutes ces analogies ſont purement matérielles, & conſiſtent dans un grand nombre de racines communes aux deux langues. Mais d'autre part, M. de Grandval, conſeiller au conſeil d'Attois, de la ſoc. litt. d'Arras, dans ſon *diſcours hiſtorique ſur l'origine de la langue françoiſe* (voyez le II. vol. du mercure de Juin, & le vol. de Juillet 1757.) me ſemble avoir prouvé très-bien que notre françois n'eſt rien autre choſe que le gauloiſ des vieux Druides, inſenſiblement défiguité par toutes les métamorphoſes qu'amenent néceſſairement la ſucceſſion des ſiécles & le concours des circonſtances qui varient ſans ceſſe. Mais ce gaulois étoit certainement, on le celtique tout pur, ou un dialecte du celtique ; & il faut en dire autant de l'idiome des anciens Eſpagnols, de celui d'Albion, & qui eſt aujourd'hui la grande-Bretagne, & peut-être de bien d'autres ? Voilà donc notre *langue* moderne, l'eſpagnol & l'anglois, liés par le celtique avec l'hébreu ; & cette liaiſon, confirmée par la conſtruction analogue qui caractériſe toutes ces *langues*, eſt, à mon gré, un indice bien plus ſûr de leur filiation, que toutes les étymologies imaginables qui les rapportent à des *langues* tranſpoſitives : car c'eſt ſur-tout dans la ſyntaxe que conſiſte le génie principal & indéſtructible de tous les idiomes.

La *langue* italienne, qui eſt analogue, & que l'on parle aujourd'hui dans un pays où l'on parloit, il y a quelques ſiécles, une *langue* tranſpoſitive, ſavoir le latin, peut faire naître ici une objection contre la principale preuve de M. de Grandval, qui juge que la *langue* d'une nation doit toujours ſubſiſter, ou moins quant au fonds, & qu'on ne doit point admettre d'argumens négatifs en pareil cas, ſur-tout quand la nation eſt grande, & qu'elle n'a jamais eſſuyé de tranſmigrations ; & l'hiſtoire ne paroît pas nous apprendre que les Italiens ayent jamais envoyé des colonies aſſez conſidérables pour dépeupler leur patrie.

Mais la tranſlation du ſiége de l'empire romain à Byſance attira dans cette nouvelle capitale un grand nombre de familles ambitieuſes, & inſenſiblement les principales forces de l'Italie. Les irruption fréquentes des Barbares de toute eſpece qui l'inonderent ſucceſſivement & y établirent leur domination, diminuerent ſans ceſſe le nombre des naturels ; & le deſpotiſme de la plûpart de ces conquérans acheva d'impoſer à la populace, que leur fureur n'avoit pas daigné perdre, la néceſſité de parler le langage des victorieux. La plûpart de ces Barbares parloient quelque dialecte du celtique, qui étoit le langage le plus étendu de l'Europe ; & c'eſt d'ailleurs un fait connu que les Gaulois eux-mêmes ont conquis & habité une grande partie de l'Italie, qui en a reçu le nom de *Gaule cis-alpine*. Ainſi la *langue* italienne moderne eſt encore entée ſur le même fonds que la nôtre ; mais, avec cette différence, que ce fonds nous eſt naturel, & qu'il n'a ſubi entre nos mains que les changemens néceſſairement amenés par la ſucceſſion ordinaire des tems & des conjectures ; au lieu que c'eſt en Italie un fonds étranger, & qui n'y fut introduit dans ſon origine que par des cauſes extraordinaires & violentes. La choſe eſt ſi peu poſſible autrement, que, ſuppoſé la conſtruction analogue uſitée dans la *langue* primitive, il n'eſt plus poſſible d'expliquer l'origine des *langues* tranſpoſitives, ſans remonter juſqu'à la diviſion miraculeuſe arrivée à Babel : & cette remarque, développée autant qu'elle peut l'être, peut être miſe parmi les motifs de crédibilité qui établiſſent la certitude de ce miracle.

2°. Pour ce qui concerne les différentes eſpeces de mots, une même idée ſpécifique les caractériſe dans toutes les *langues*, parce que cette idée eſt le réſultat néceſſaire de l'analyſe de ſa penſée, qui eſt néceſſairement la même par-tout : mais, dans le détail des individus, on rencontre des différences qui ſont les ſuites néceſſaires des circonſtances où ſe ſont trouvés les peuples qui parlent ces *langues* ; & ces différences conſtituent un ſecond caractere diſtinctif du génie des *langues*.

Un premier point, en quoi elles different à cet égard, c'eſt que certaines idées ne ſont exprimées par aucun terme dans une *langue*, quoiqu'elles ayent dans une autre des ſignes propres & très-énergiques. C'eſt que la nation qui parle une de ces *langues*, ne s'eſt point trouvée dans les conjectures propres à y faire naître ces idées, dont l'autre nation au contraire a eu occaſion d'acquérir la connoiſſance. Combien de termes, par exemple, de la tactique des anciens, ſoit grecs, ſoit romains, que nous ne pouvons rendre dans la nôtre, parce que nous ignorons leurs uſages ? Nous y ſuppléons de notre mieux par des deſcriptions toujours imparfaites, où, ſi nous voulons énoncer ces idées par un terme, nous le prenons matériellement dans la *langue* ancienne dont il s'agit, en y attachant les notions incomplettes que nous en avons. Combien au contraire n'avons-nous pas de termes aujourd'hui dans notre *langue*, qu'il ne ſeroit pas poſſible de rendre ni en grec, ni en latin, parce que nos idées modernes n'y étoient point connues ? Nos progrès prodigieux dans les ſciences de raiſonnemens, Calcul, Géométrie, Méchanique, Aſtronomie, Métaphyſique, Phyſique expérimentale, Hiſtoire naturelle, &c. ont mis dans nos idiomes modernes une richeſſe d'expreſſions, dont les anciens idiomes ne pouvoient pas même avoir l'ombre. Ajoutez-y nos termes de Verrerie, de Vénerie, de Marine, de Commerce, de guerre, de modes, de religion, &c. & voilà une ſource prodigieuſe de différences entre les *langues* modernes & les anciennes.

Une ſeconde différence des *langues*, par rapport aux diverſes eſpeces de mots, vient de la tournure propre de l'esprit national de chacune d'elles, qui fait envisager diversement les mêmes idées. Ceci demande d'être développé. Il faut remarquer dans la signification des mots deux sortes d'idées constitutives, l'idée spécifique & l'idée individuelle. Par l'idée spécifique de la signification des mots, j'entens le point de vue général qui caractérise chaque espece de mots, qui fait qu'un mot est de telle espece plutôt que de telle autre, qui par conséquent convient à chacun des mots de la même espece, & ne convient qu'aux mots de cette seule espece. C'est la différence de ces points de vue généraux, de ces idées spécifiques, qui fonde la différence de ce que les Grammairiens appellent *les parties d'oraison*, le nom, le pronom, l'adjectif, le verbe, la préposition, l'adverbe, la conjonction, & l'interjection : & c'est la différence des points de vue accessoires, dont chaque idée spécifique est susceptible, qui sert de fondement à la soudivision d'une partie d'oraison en ses especes subalternes ; par exemple, des noms en substantifs & abstractifs, en propres & appellatifs, &c. *Voyez* NOM. Par l'idée individuelle de la signification des mots, j'entens l'idée singuliere qui caractérise le sens propre de chaque mot, & qui le distingue de tous les autres mots de la même espece, parce qu'elle ne peut convenir qu'à un seul mot de la même espece. Ainsi c'est à la différence de ces idées singulieres que tient celle des individus de chaque partie d'oraison, ou de chaque espece subalterne de chacune des parties d'oraison : & c'est de la différence des idées accessoires, dont chaque idée individuelle est susceptible, que dépend la différence des mots de la même espece que l'on appelle *synonymes* ; par exemple, en françois, des noms, *pauvreté*, *indigence*, *disette*, *besoin*, *nécessité* ; des adjectifs, *malin*, *mauvais*, *méchant*, *malicieux* ; des verbes, *secourir*, *aider*, *assister*, &c. *Voyez* sur tous ces mots les *synonymes françois* de M. l'Abbé Girard ; & sur la *théorie générale des synonymes*, l'article SYNONYMES. On sent bien que dans chaque idée individuelle, il faut distinguer l'idée principale & l'idée accessoire : l'idée principale peut être commune à plusieurs mots de la même espece, qui different alors par les idées accessoires. Or c'est justement ici que se trouve une seconde source de différences entre les mots des diverses langues. Il y a telle idée principale qui entre dans l'idée individuelle de deux mots de même espece, appartenans à deux *langues* différentes, sans que ces deux mots soient exactement synonymes l'un de l'autre : dans l'une de ces deux *langues*, cette idée principale peut constituer seule l'idée individuelle, & recevoir dans l'autre quelque idée accessoire ; ou bien, s'allier d'une part avec une idée accessoire, & de l'autre, avec une autre toute différente. L'adjectif *vacuus*, par exemple, a dans le latin une signification très-générale, qui étoit ensuite déterminée par les différentes applications que l'on en faisoit : notre françois n'a aucun adjectif qui en soit le correspondant exact ; les divers adjectifs, dont nous nous servons pour rendre le *vacuus* des latins, ajoutent à l'idée générale, qui en constitue le sens individuel, quelques idées accessoires qui supposoient dans la *langue* latine des applications particulieres & des complémens, ajoutez : *Gladius vaginâ vacuus*, une épée-nue ; *vagina ensi vacua*, un fourreau vuide ; *vacuus animus*, un esprit libre, &c. *Voyez* HYPALLAGE. Cette seconde différence des *langues* est un des grands obstacles que l'on rencontre dans la traduction, & l'un des plus difficiles à surmonter sans altérer en quelque chose le texte original. C'est aussi ce qui est cause que jusqu'ici l'on a si peu réussi à nous donner de bons dictionnaires, soit pour les *langues* mortes, soit pour les *langues* vivantes : on

n'a pas assez analysé les différentes idées partielles, soit principales, soit accessoires, que l'usage a attachées à la signification de chaque mot & l'on ne doit pas en être surpris. Cette analyse suppose non-seulement une logique sûre & une grande sagacité, mais encore une lecture immense, une quantité prodigieuse de comparaisons de textes, & conséquemment un courage & une constance extraordinaires, & par rapport à la gloire du succès, un désintéressement qu'il est aussi rare que difficile de trouver dans les gens de lettres, même les plus modérés. *Voyez* DICTIONNAIRE.

§. II. Si les *langues* ont des propriétés communes & des caracteres différenciels, fondés sur la maniere dont elles envisagent la pensée qu'elles se proposent d'exprimer ; on trouve de même, dans l'usage qu'elles font de la voix, des procédés communs à tous les idiomes, & d'autres qui achevent de caractériser le génie propre de chacun d'eux. Ainsi comme les *langues* different par la maniere de désigner l'original commun qu'elles ont à peindre, qui est la pensée, elles different aussi par le choix, le mélange & le ton des couleurs qu'elles peuvent employer, qui sont les sons articulés de la voix. Jettons encore un coup-d'œil sur les *langues* considérées sous ce double point de vue, de ressemblance & de différence dans le matériel des sons. Des mémoires M. S. de M. le président de Brosses nous fourniront ici les principaux secours.

1°. Un premier ordre de mots que l'on peut regarder comme naturels, puisqu'ils se retrouvent au moins à-peu-près les mêmes dans toutes les *langues*, & qu'ils ont dû entrer dans le système de la *langue* primitive, ce sont les interjections, effets nécessaires de la relation établie par la nature entre certaines affections de l'ame & certaines parties organiques de la voix. *Voyez* INTERJECTION. Ce sont les premiers mots, les plus anciens, les plus originaux de la *langue* primitive ; ils sont invariables au milieu des variations perpétuelles des *langues*, parce qu'en conséquence de la conformation humaine, ils ont, avec l'affection intérieure dont ils sont l'expression, une liaison physique, nécessaire & indestructible. On peut aux interjections joindre, dans la même rang, les accens, espece de chant joint à la parole, qui en reçoit une vie & une activité plus grandes ; ce qui est bien marqué par le nom latin *accentus*, que nous avons fait que franciser. Les accens sont effectivement l'ame des mots, ou plutôt ils sont au discours ce que le coup d'archet & l'expression sont à la musique ; ils en marquent l'esprit, ils lui donnent le goût, c'est-à-dire l'air de conformité avec la vérité ; & c'est sans doute ce qui a porté les Hébreux à leur donner un nom qui signifie *goût*, *saveur*. Ils sont le fondement de toute déclamation orale, & l'on fait assez combien ils donnent de supériorité au discours prononcé sur le discours écrit. Car tandis que la parole peint les objets, l'accent peint la maniere dont celui qui parle en est affecté, ou dont il voudroit en affecter les autres. Ils naissent de la sensibilité de l'organisation ; & c'est pour cela qu'ils tiennent à toutes les *langues*, mais plus ou moins, selon que le climat rend une nation plus ou moins susceptible, par la conformation de ses organes, d'être fortement affectée des objets extérieurs. La *langue* italienne, par exemple, est plus accentuée que la nôtre ; leur simple parole, ainsi que leur musique, a beaucoup plus de chant. C'est qu'ils sont sujets à se passionner davantage ; la nature les a fait naitre plus sensibles : les objets extérieurs les remuent si fort, que ce n'est pas même assez de la voix pour exprimer tout ce qu'ils sentent, ils y joignent le geste, & parlent de tout le corps à la fois.

Un second ordre de mots, où toutes les *langues* ont

ont encore une analogie commune & des ressemblances marquées, ce sont les mots enfantins déterminés par la mobilité plus ou moins grande de chaque partie organique de l'instrument vocal, combinée avec les besoins intérieurs ou la nécessité d'appeller les objets extérieurs. En quelque pays que ce soit, le mouvement le plus facile est d'ouvrir la bouche & de remuer les levres, ce qui donne le son le plus plein *a*, & l'une des articulations labiales *b*, *p*, *v*, *f* ou *m*. De-là, dans toutes les *langues*, les syllabes *ab*, *pa*, *am*, *ma*, sont les premieres que prononcent les enfans : de-là viennent *papa*, *maman*, & autres qui ont rapport à ceux-ci ; & il y a apparence que les enfans formeroient d'eux-mêmes ces sons dès qu'ils seroient en état d'articuler, si les nourrices, prévenant une expérience très-curieuse à faire, ne le leur apprenoient d'avance ; ou plutôt les enfans ont été les premiers à les bégayer, & les parens empressés de lier avec eux un commerce d'amour, les ont répétés avec complaisance, & les ont établis dans toutes les *langues* même les plus anciennes. On les y retrouve en effet, avec la même sens, mais défigurés par les terminaisons que le génie propre de chaque idiome y a ajoutées, & de maniere que les idiomes les plus anciens les ont conservés dans un état ou plus naturel, ou plus approchant de la nature. En hébreu *ab*, en chaldéen *abba*, en grec ἄππα, πάππα, πατήρ, en latin *pater*, en françois *papa* & *pete*, dans les îles Antilles *baba*, chez les Hottentots *bo* ; par-tout c'est la même idée marquée par l'articulation labiale. Pareillement en *langue égyptienne am*, *ama*, en *langue syrienne aminis*, répondent exactement au latin *parens* (pere *ou* mere). De-là *mamma* (mamelle), les mots françois *maman*, *mere*, &c. *Ammon*, dieu des Égyptiens, c'est le soleil, ainsi nommé comme pere de la nature ; les figures & les statues érigées en l'honneur du soleil étoient nommées *ammanim* ; & les hiéroglyphes sacrés dont se servoient les prêtres, lettres *ammoniennes*. Le culte du soleil, adopté par presque tous les peuples orientaux, y a consacré le mot radical *am*, prononcé, suivant les différens dialectes, *ammon*, *oman*, *omin*, *iman*, &c. *Iman* chez les Orientaux signifie *Dieu* ou *Etre sacré* ; les Turcs l'emploient aujourd'hui dans le sens de *sacerdos* ; & *ar iman* chez les anciens Perses veut dire *Deus fortis*. » Les mots *abba*, ou *baba*, ou *papa*, & celui de
» *mama*, qui des anciennes *langues* d'Orient semblent
» avoir passé avec de légers changemens dans la
» plûpart de celles de l'Europe, sont communs, dit
» M. de la Condamine dans sa relation de la riviere
» des Amazones, à un grand nombre de *langues*
» d'Amérique, dont le langage est d'ailleurs très-
» différent. Si l'on regarde ces mots comme les pre-
» miers sons que les enfans peuvent articuler, &
» par conséquent comme ceux qui ont dû par tout
» pays être adoptés préférablement par les parens
» qui les entendoient prononcer, pour les faire ser-
» vir de signes aux idées de *pete* & de *mere* ; il restera
» à savoir pourquoi dans toutes les *langues* d'Amé-
» rique où ces mots se rencontrent, leur significa-
» tion s'est conservée sans se croiser ; par quel ha-
» sard, dans la *langue* omogua, par exemple, au
» centre du continent, ou dans quelque autre pa-
» reille, où les mots de *papa* & de *mama* sont en
» usage, il n'est pas arrivé quelquefois que *papa*
» signifie *mere*, & *mama*, *pete*, mais qu'on y observe
» constamment le contraire comme dans les *langues*
» d'Orient & d'Europe ». Si c'est la nature qui dicte aux enfans ces premiers mots, c'est elle aussi qui a fait attacher invariablement les mêmes idées, & l'on peut puiser dans son sein la raison de l'un de ces phénomenes comme celle de l'autre. La grande mobilité des levres est la cause qui fait naître les premieres, les articulations labiales ; & parmi celles-ci, celles qui mettent moins de force & d'embarras dans l'explosion du son, deviennent en quelque maniere les aînées, parce que la production en est plus facile. D'où il suit que la syllabe *ma* est antérieure à *ba*, parce que l'articulation *m* suppose moins de force dans l'explosion, & que les levres n'y ont qu'un mouvement foible & lent, qui est causé qu'une partie de la matiere du son reflue par le nez. *Mama* est donc antérieur à *papa* dans l'ordre de la génération, & il ne reste plus qu'à décider lequel des deux, du pere ou de la mere, est le premier objet de l'attention & de l'appellation des enfans, lequel des deux est le plus attaché à leur personne, lequel est le plus utile & le plus nécessaire à leur subsistance, lequel leur prodigue plus de caresses & leur donne le plus de soins : & il sera facile de conclure pourquoi le sens des deux mots *mama* & *papa* est incommutable dans toutes les *langues*. Si *apa* & *ama*, dans la *langue égyptienne*, signifient indistinctement ou le *pere* ou la *mere*, ou tous les deux ; c'est l'effet de quelque cause étrangere à la nature, une suite peut-être des mœurs exemplaires de ce peuple reconnu pour la source & le modele de toute sagesse, ou l'ouvrage de la réflexion & de l'art qui est presque aussi ancien que la nature, quoiqu'il se perfectionne lentement. Remarquez que d'après le principe que l'on pose ici, il est naturel de conclure que les diverses parties de l'organe de la parole ne concourront à la nomination des objets extérieurs que dans l'ordre de leur mobilité : la *langue* ne sera mise en jeu qu'après les levres; elle donnera d'abord les articulations qu'elle produit par le mouvement de sa pointe, & ensuite celles qui dépendent de l'action de la racine, &c. L'Anatomie n'a donc qu'à fixer l'ordre généalogique des sons & des articulations, & la Philosophie l'ordre des objets par rapport à nos besoins ; leurs travaux combinés donneront le dictionnaire des mots les plus naturels, les plus nécessaires à la *langue* primitive, & les plus universels aujourd'hui nonobstant la diversité des idiomes.

Il est une troisieme classe de mots qui doivent avoir, & qui ont en effet dans toutes les *langues* les mêmes racines, parce qu'ils sont encore l'ouvrage de la nature, & qu'ils appartiennent à la nomenclature primitive. Ce sont ceux que nous devons à l'onomatopée, & qui sont des noms imitatifs en quelque point des objets nommés. Je dis que c'est la nature qui les suggere; & la preuve en est, que le mouvement naturel & général dans tous les enfans, est de désigner par eux-mêmes les choses bruyantes, par l'imitation du bruit qu'elles font. Ils leur laisseroient sans doute à jamais ces noms primitifs & naturels, si l'instruction & l'exemple, venant ensuite les déguiser la nature & à la rectifier, ou peut-être à la dépraver, ne leur suggéroient les appellations arbitraires, substituées aux naturelles par les décisions raisonnées ou, si l'on veut, capricieuses de l'usage. *Voyez* ONOMATOPÉE.

Enfin il y a, sinon dans toutes les *langues*, du-moins dans la plûpart, une certaine quantité de mots entés sur les mêmes racines, & destinés ou à la même signification, ou à des significations analogues, quoique ces racines n'ayent aucun fondement du-moins apparent dans la nature. Ces mots ont passé d'une *langue* dans une autre, d'abord comme d'une *langue* primitive dans l'un de ses dialectes, qui par la succession des tems les a transmis à d'autres idiomes qui en étoient issus ; ou bien cette transmission s'est faite par un simple emprunt, tel que nous en voyons une infinité d'exemples dans nos *langues* modernes ; & cette transmission universelle suppose en ce cas que les objets nommés sont d'une nécessité générale ; le mot *fuc* que l'on trouve dans toutes les *langues*, doit être de cette espece.

2°. Nonobstant la réunion de tant de causes générales, dont la nature semble avoir préparé le concours pour amener tous les hommes à ne parler qu'une *langue*, & dont l'influence est sensible dans la multitude des racines communes à tous les idiomes qui divisent le genre humain ; il existe tant d'autres causes particulieres, également naturelles, & dont l'impression est également irrésistible, qu'elles ont introduit invinciblement dans les *langues* ces différenees matérielles, dont il seroit peut-être encore plus utile de découvrir la véritable origine, qu'il n'est difficile de l'assigner avec certitude.

Le climat, l'air, les lieux, les eaux, le genre de vie & de nourriture produisent des variétés considérables dans la fine structure de l'organisation. Ces causes donnent plus de force à certaines parties du corps, ou en affoiblissent d'autres. Ces variétés qui échapperoient à l'Anatomie, peuvent être facilement remarquées par un philosophe observateur, dans les organes qui servent à la parole ; il n'y a qu'à prendre garde quels sont ceux dont chaque peuple fait le plus d'usage dans les mots de sa *langue*, & de quelle maniere il les emploie. On remarquera ainsi que l'hottentot a le fond de la gorge, & l'anglois l'extrémité des levres doués d'une très-grande activité. Ces petites remarques sur les variétés de la structure humaine peuvent quelquefois conduire à de plus importantes. L'habitude d'un peuple d'employer certains sons par préférence, ou de fléchir certains organes plutôt que d'autres, peut souvent être un bon indice du climat & du caractere de la nation qui en beaucoup de choses est déterminé par le climat, comme le génie de la *langue* l'est par le caractere de la nation.

"L'usage habituel des articulations rudes désigne un peuple sauvage & non policé. Les articulations liquides sont, dans la nation qui les emploie fréquemment, une marque de noblesse & dedélicatesse, tant dans les organes que dans le goût. On peut avec beaucoup de vraissemblance attribuer au caractere mou de la langue chinoise, assez connu d'ailleurs, de ce qu'elle ne fait aucun usage de l'articulation rude r. La *langue* italienne, dont la plûpart des mots viennent par corruption du latin en a amolli la prononciation en vieillissant, dans la même proportion que le peuple qui la parle a perdu de la vigueur des anciens Romains : mais comme elle étoit près de la source où elle a puisé, elle est encore des *langues* modernes qui y ont puisé avec elle, celle qui a conservé le plus d'affinité avec l'ancienne, du moins sous cet aspect.

La *langue* latine est franche, ayant des voyelles pures & nettes, & n'ayant que peu de diphtongues. Si cette constitution de la *langue* latine en rend le génie semblable à celui des Romains, c'est-à-dire propre aux choses fermes & mâles ; elle l'est d'un autre côté beaucoup moins que la grecque, & même moins que la nôtre, aux choses qui ne demandent que de l'agrément & des graces legeres.

La *langue* grecque est pleine de diphtongues qui en rendent la prononciation plus allongée, plus sonore, plus gazouillée. La *langue* françoise pleine de diphtongues & de lettres mouillées, approche davantage en cette partie de la prononciation du grec que du latin.

La réunion de plusieurs mots en un seul, ou l'usage fréquent des adjectifs composés, marque dans une nation beaucoup de profondeur, une appréhension vive, une humeur impatiente, & de fortes idées : tels sont les Grecs, les Anglois, les Allemans.

On remarque dans l'espagnol que les mots y sont longs, mais d'une belle proportion, graves, sonores & emphatiques comme la nation qui les emploie.

C'étoit d'après de pareilles observations, ou du-moins d'après l'impression qui résulte de la différence matérielle des mots dans chaque *langue*, que l'empercur Charles-Quint disoit qu'il parleroit *françois à un ami*, *françese à un amico* ; *allemand à son cheval*, *tedesco al suo cavallo* ; *italien à sa maîtresse*, *italiano alla sua signora* ; *espagnol à Dieu*, *spagnuolo à Dio* ; & *anglois aux oiseaux*, *inglese à gli uccelli*.

§. III. Ce que nous venons d'observer sur les convenances & les différences, tant intellectuelles que matérielles, des divers idiomes qui bigarrent, si je puis parler ainsi, le langage des hommes, nous met en état de discuter les opinions les plus généralement reçues sur les *langues*. Il en est deux dont la discussion peut encore fournir des réflexions d'autant plus utiles qu'elles seront générales ; la premiere concerne la génération successive des *langues* ; la seconde regarde leur mérite respectif.

1°. Rien de plus ordinaire que d'entendre parler de *LANGUE MERE*, terme, dit M. l'abbé Girard, (*Princip*. *disc*. I. tom. I. *pag*. 30.) « dont le vul-
» gaire se sert, sans être bien instruit de ce qu'il doit
» entendre par ce mot, & dont les vrais savans ont
» peine à donner une explication qui débrouille l'i-
» dée informe de ceux qui en font usage. Il est de
» coutume de supposer qu'il y a des *langues-meres*
» parmi celles qui subsistent ; & de demander quel-
» les elles sont ; à quoi on n'hésite pas de répondre
» d'un ton assuré que c'est l'hébreu, le grec & le latin.
» Par conjecture ou par grace, on défere encore cet
» honneur à l'allemand ». Quelles sont les preuves de ceux qui ne veulent pas convenir que le préjugé seul ait décidé leur opinion sur ce point ? Ils n'alleguent d'autre titre de la filiation des *langues*, que l'étymologie de quelques mots, & les victoires ou établissement du peuple qui parloit la *langue* matrice, dans le pays ou l'on fait usage de la *langue* prétendue dérivée. C'est ainsi que l'on donne pour fille à la *langue* latine, l'espagnole, l'italienne & la françoise : *an ignoras*, dit Jul. Cés. Scaliger, linguam *gallicam*, & *italicam*, & *hispanicam* linguæ latinæ abortum esse ? Le P. Bouhours qui pensoit la même chose, fait (*II*. *entretien d'Ariste* & *d'Eug*. trois sœurs de ces trois *langues*, qu'il caractérise ainsi.« Il me semble que la *langue* espagnole
» est une orgueilleuse qui le porte haut, qui se pique
» de grandeur, qui aime le faste & l'excès en toutes
» choses. La langue italienne est une coquette, tou-
» jours parée & toujours fardée, qui ne cherche qu'à
» plaire, & qui se plaît beaucoup à la bagatelle. La
» *langue* françoise est une prude, mais une prude
» agréable qui, toute sage & toute modeste qu'elle
» est, n'a rien de rude ni de farouche ».

Les caracteres distinctifs du génie de chacune de ces trois *langues* sont bien rendus dans cette allégorie : mais je crois qu'elle peche, en ce qu'elle considere ces trois *langues* commedessœurs, filles de la *langue* latine. « Quand on observe, dit encore » M. l'abbé Girard (*ibid*. *pag*. 27.), le prodigieux
» éloignement qu'il y a du génie de ces *langues* à ce-
» lui du latin ; quand on fait attention que l'étymo-
» logie précede seulement les emprunts & non l'ori-
» gine ; quand on fait que les peuples subjugués
» avoient leurs langues.... Lorsqu'enfin on voit au-
» jourd'hui de ses propres yeux ces *langues* vivantes
» rendues dans un article, qu'elles n'ont pu prendre de
» la latine où il n'y en eut jamais, & diamétrale-
» ment opposées aux constructions transpositives &
» aux inflexions des cas ordinaires à celle-ci : on ne
» sauroit, à cause de quelques mots empruntés, dire
» qu'elles en sont les filles,ou il faudroit leur donner
» plus d'une mere. La grecque prétendroit à cet bon-
» neur ; & une infinité de mots qui ne viennent ni du

» grec ni du latin, revendiqueroient cette gloire pour
» une autre. J'avoue bien qu'elles en ont tiré une gran-
» de partie de leurs richesses ; mais je nie qu'elles lui
» foient redevables de leur naissance. Ce n'est pas
» aux emprunts ni aux étymologies qu'il faut s'arrê-
» ter pour connoître l'origine & la parenté des *lan-*
» *gues* : c'est à leur génie, en suivant pas-à-pas leurs
» progrès & leurs changemens. La fortune des nou-
» veaux mots, & la facilité avec laquelle ceux d'une
» *langue* passent dans l'autre, sur-tout quand les peu-
» ples se mêlent, donneront toujours le change sur
» ce sujet ; au lieu que le génie indépendant des or-
» ganes, par conséquent moins susceptibles d'alté-
» ration & de changement, se maintient au milieu de
» l'inconstance des mots, & conserve à la *langue* le
» véritable titre de son origine ».

Le même académicien parlant encore un peu plus
bas des prétendues filles du latin, ajoûte avec autant d'élégance que de vérité : « on ne peut regarder
» comme un acte de légitimation le pillage que des
» *langues* étrangeres y ont fait, ni ses dépouilles
» comme un héritage maternel. S'il suffit pour l'hon-
» neur de ce rang (le rang de *langue* mere), de ne
» devoir point à d'autre sa naissance, & de montrer
» son établissement dès le berceau du monde ; il n'y
» aura plus dans notre système de la création qu'une
» seule *langue* mere ; & qui sera assez téméraire pour
» oser gratifier de cette antiquité une des *langues* que
» nous connoissons ? Si cet avantage dépend unique-
» ment de remonter jusqu'à la confusion de Babel ;
» qui produira des titres authentiques & décisifs pour
» constater la préférence ou l'exclusion ? Qui est ca-
» pable de mettre dans une juste balance toutes les
» *langues* de l'univers ? à peine les plus savans en
» connoissent cinq ou six. Où prendre enfin des té-
» moignages non récusables ni suspects, & des preu-
» ves bien solides, que les premiers langages qui sui-
» virent immédiatement le déluge, furent ceux qu'ont
» parlé dans la suite les Juifs, les Grecs, les Ro-
» mains, ou quelques-uns de ceux que parlent en-
» core les hommes de notre siecle » ?

Voilà, si je ne me trompe, les vrais principes
qui doivent nous diriger dans l'examen de la génération des *langues* ; ils sont fondés dans la nature du
langage & des voies que le créateur lui-même nous
a suggérées pour la manifestation extérieure de nos
pensées.

Nous avons vu plusieurs ordres de mots amenés
nécessairement dans tous les idiomes par des causes
naturelles, par l'influence des antérieure & supérieure à nos raisonnemens, à nos conventions, à nos
caprices ; nous avons remarqué qu'il peut y avoir
dans toutes les *langues*, ou du-moins dans plusieurs
une certaine quantité de mots analogues ou semblables, que des causes communes quoiqu'accidentelles y auroient établis depuis la naissance de ces
idiomes différens : donc l'analogie des mots ne peut
pas être une preuve suffisante de la filiation des *langues*, à moins qu'on ne veuille dire que toutes les
langues modernes de l'Europe sont respectivement
filles & meres les unes des autres, puisqu'elles sont
continuellement occupées à grossir leurs vocabulai-
res par des échanges sans fin, que la communication
des idées ou des vûes nouvelles rend indispensables.
L'analogie des mots entre deux *langues* ne prouve que
cette communication, quand ils ne sont pas de la
classe des mots naturels.

C'est donc à la maniere d'employer les mots qu'il
faut recourir, pour reconnoître l'identité ou la différence du génie des *langues*, & pour statuer si elles
ont quelque affinité ou si elles n'en ont point. Si
elles n'en ont à cet égard, je consens alors que l'analogie des mots confirme la filiation de ces idiomes,
& que l'un soit reconnu comme *langue* mere à l'égard

de l'autre, ainsi qu'on le remarque dans la *langue*
russiene, dans la polonoise, & dans l'illyrienne à l'é-
gard de l'esclavonne dont il est sensible qu'elles tirent
leur origine. Mais s'il n'y a entre deux *langues* d'autre
liaison que celle qui naît de l'analogie des mots, sans
aucune ressemblance de génie ; elles sont étrangeres
l'une à l'autre : telles sont la *langue* espagnole, l'italienne & la françoise à l'égard du latin. Si nous tenons
du latin un grand nombre de mots, nous n'en tenons
pas notre syntaxe, notre construction, notre grammaire, notre article *le*, *la*, *les*, nos verbes auxiliaires,
l'indéclinabilité de nos noms, l'usage des pronoms
personnels dans la conjugaison, une multitude de
tems différenciés dans nos conjugaisons, & confondus dans les conjugaisons latines ; nos procédés se
sont trouvés inalliables avec les gérondifs, avec les
usages que les Romains faisoient de l'infinitif, avec
leurs inversions arbitraires, avec leurs ellipses accumulées, avec leurs périodes interminables.

Mais si la filiation des *langues* suppose dans celle
qui est dérivée la même syntaxe, la même construction, en un mot, le même génie que dans la *langue*
matrice, & une analogie marquée entre les termes de
l'une & de l'autre ; comment peut se faire la génération des *langues*, & qu'entend-on par une *langue*
nouvelle ?

» Quelques-uns ont pensé, dit M. de Grandval
» dans son *Discours historique* déjà cité, qu'on pou-
» voit l'appeller ainsi quand elle avoit éprouvé un
» changement considérable ; de sorte que, selon
» eux, la *langue* du tems de François I. doit être re-
» gardée comme nouvelle par rapport au tems de
» saint Louis, & de même celle que nous parlons
» aujourd'hui par rapport au tems de François I.
» quoiqu'on reconnoisse dans ces diverses époques
» un même fonds de langage, soit pour les mots,
» soit pour la construction des phrases. Dans ce
» sentiment, il n'est point d'idiome qui ne soit de-
» venu successivement nouveau, étant rapporté à
» lui-même dans ses âges différens. D'autres quali-
» fient seulement de *langue* nouvelle celle dont la
» forme ancienne n'est plus intelligible : mais cela
» demande encore une explication ; car les person-
» nes peu familiarisées avec leur ancienne *langue*
» ne l'entendent point du tout, tandis que ceux qui
» en ont quelque habitude l'entendent très-bien,
» & y découvrent facilement tous les germes de
» leur langage moderne. Ce n'est donc ici qu'une
» question de nom, mais qu'il falloit remarquer
» pour fixer les idées. Je dis à mon tour que la *lan-*
» *gue* est la même, malgré ses variations, tant qu'on
» peut suivre ses traces, & qu'on trouve dans son
» origine une grande partie de ses mots actuels, &
» les principaux points de sa grammaire. Que je
» lise les lois des douze tables, Ennius, ou Cice-
» ron ; quelque différent que soit leur langage,
» n'est-ce pas toujours le latin ? Autrement il fau-
» droit dire qu'un même homme fait, n'est pas la même
» personne qu'il étoit dans son enfance. J'ajoute
» qu'une *langue* est véritablement la mere ou la
» source d'une autre, quand c'est elle qui lui a don-
» né le premier être, que la dérivation s'en est faite
» par succession de tems, & que les changemens
» qui y sont arrivés n'ont pas effacé tous les anciens
» vestiges ».

Ces changemens successifs qui transforment insensiblement une *langue* en une autre, tiennent à
une infinité de causes dont chacune n'a qu'un effet
imperceptible ; mais la somme de ces effets, grossis
avec le tems & accumulés à la longue, produit enfin une différence qui caractérise deux *langues* sur un
même fonds. L'ancienne & la moderne sont également analogues ou également transpositives ; mais
en cela même elles peuvent avoir quelque différence.

Si la construction analogue est leur caractere commun ; la *langue* moderne, par imitation du langage transpositif des peuples qui auront concouru à la formation par leurs liaisons de voisinage, de commerce, de religion, de politique, de conquête, &c. pourra avoir adopté quelques libertés à cet égard ; elle se permettra quelques inversions qui dans l'ancien idiome auroient été des barbarismes. Si plusieurs *langues* sont dérivées d'une même, elles peuvent être nuancées en quelque sorte par l'altération plus ou moins grande du génie primitif : ainsi notre françois, l'anglois, l'espagnol & l'italien, qui paroissent descendre du celtique & en avoir pris la marche analytique, s'en écartent pourtant avec des degrés progressifs de liberté dans le même ordre que je viens de nommer ces idiomes. Le françois est le moins hardi, & le plus rapproché du langage originel ; les inversions y sont plus rares, moins compliquées, moins hardies : l'anglois se permet plus d'écarts de cette sorte : l'espagnol en a de plus hardis : l'italien ne se refuse en quelque maniere que ce que la constitution de ses noms & de ses verbes combinée avec le besoin indispensable d'être entendu, ne lui a pas permis de recevoir. Ces différences ont leurs causes comme tout le reste ; & elles tiennent à la diversité des relations qu'a eues chaque peuple avec ceux dont le langage a pû opérer ces changemens.

Si au contraire la *langue* primitive & la dérivée sont constituées de maniere à devoir suivre une marche transpositive, la *langue* moderne pourra avoir contracté quelque chose de la contrainte du langage analogue des nations chez qui elle aura puisé les altérations successives auxquelles elle doit sa naissance & sa constitution. C'est ainsi sans doute que la *langue* allemande, originairement libre dans ses transpositions, s'est enfin soumise à toute la contrainte des *langues* de l'Europe au milieu desquelles elle est établie, puisque toutes les inversions sont décidées dans cet idiome, au point qu'une autre qui par elle-même ne seroit pas plus obscure, ou le seroit peut-être moins, y est proscrite par l'usage comme vicieuse & barbare.

Dans l'un & dans l'autre cas, la différence la plus marquée entre l'idiome ancien & le moderne, consiste toujours dans les mots : quelques-uns des anciens mots sont abolis, *verborum vetus interit ætas ;* (art. poet. 61.) parce que le hasard des circonstances en montre d'autres, chez d'autres peuples, qui paroissent plus énergiques, ou que l'oreille nationale, en se perfectionnant, corrige l'ancienne prononciation au point de défigurer le mot pour lui procurer plus d'harmonie ; de nouveaux mots sont introduits, *& juvenum ritu florent modo nata, vigentque,* (ibid. 62.) parce que de nouvelles idées ou de nouvelles combinaisons d'idées en imposent la nécessité, & forcent de recourir à la *langue* du peuple auquel on est redevable de ces nouvelles lumieres ; & c'est ainsi que le nom de la boussole a passé chez tous les peuples qui en connoissent l'usage, & que l'origine italienne de ce mot prouve en même tems à qui l'univers doit cette découverte importante devenue aujourd'hui le lien des nations les plus éloignées. Enfin les mots sont dans une mobilité perpétuelle, bien reconnue & bien exprimée par Horace, (ibid. 70.)

Multa renascentur quæ jàm cecidére, cadentque
Quæ nunc sunt in honore vocabula, si volet usus
Quem penès arbitrium est, & jus, & norma loquendi.

2°. La question du mérite respectif des *langues*, & du degré de préférence qu'elles peuvent prétendre les unes sur les autres, ne peut pas se résoudre par une décision simple & précise. Il n'y a point d'idiome qui n'ait son mérite, & qui ne puisse, selon l'occurrence, devenir préférable à tout autre. Ainsi il est nécessaire, pour établir cette solution sur des fondemens solides, de distinguer les diverses circonstances où l'on se trouve, & les différens rapports sous lesquels on envisage les *langues*.

La simple énonciation de la pensée est le premier but de la parole, & l'objet commun de tous les idiomes : c'est donc le premier rapport sous lequel il convient ici de les envisager pour poser des principes raisonnables sur la question dont il s'agit. Or il est évident qu'à cet égard il n'y a point de *langue* qui n'ait toute la perfection possible & nécessaire à la nation qui la parle. Une *langue*, je l'ai déjà dit, est la totalité des usages propres à une nation, pour exprimer les pensées par la voix ; & ces usages fixent les mots & la syntaxe. Les mots sont les signes des idées, & naissent avec elles, de maniere qu'une nation formée & distinguée par son idiome, ne sauroit faire l'acquisition d'une nouvelle idée, sans faire en même tems celle d'un mot nouveau qui la représente : si elle tient cette idée d'un peuple voisin, elle en tirera de même le signe vocal, dont tout au plus elle réduira la forme matérielle à l'analogie de son langage ; au lieu de *pastor*, elle dira *pasteur ;* au lieu d'*embaxada*, *embassade ;* au lieu de *batten*, *battre*, &c. si c'est de son propre fonds qu'elle tire la nouvelle idée, ce ne peut être que le résultat de quelque combinaison des anciennes, & voilà la route tracée pour aller jusqu'à la formation du mot qui en sera le type ; *puissance* se dérive de *puissant*, comme l'idée abstraite est prise dans l'idée concrete ; *parasol* est composé de *parer* (garantir), & de *soleil*, comme l'idée de ce meuble est le résultat de la combinaison des idées séparées de l'astre qui darde des rayons brûlans, & d'un obstacle qui puisse en parer les coups. Il n'y aura donc aucune idée connue dans une nation qui ne soit désignée par un mot propre dans la *langue* de cette nation : & comme tout mot nouveau qui s'y introduit, y prend toûjours l'empreinte de l'analogie nationale qui est le sceau nécessaire de sa naturalisation, il est aussi propre que les anciens à toutes les vûes de la syntaxe de cet idiome. Ainsi tous les hommes qui composent ce peuple, trouvent dans leur *langue* tout ce qui est nécessaire à l'expression de toutes les pensées qu'il leur est possible d'avoir, puisqu'ils ne peuvent penser que d'après des idées connues. Cela même est la preuve la plus immédiate & la plus forte de la nécessité où chacun est d'étudier la *langue* naturelle par préférence à toute autre, parce que les besoins de la communication nationale sont les plus urgens, les plus universels, & les plus ordinaires.

Si l'on veut porter ses vûes au-delà de la simple énonciation de la pensée, & envisager tout le parti que l'art peut tirer de la différente constitution des *langues*, pour flatter l'oreille, & pour toucher le cœur, aussi bien que pour éclairer l'esprit ; il faut les considérer dans les procédés de leur construction analogue ou transpositive : l'hébreu & notre françois suivent le plus scrupuleusement l'ordre analytique ; le grec & le latin s'en écartoient avec une liberté sans bornes ; l'allemand, l'anglois, l'espagnol, l'italien tiennent entre ces deux extrémités une espece de milieu, parce que les inversions qui y sont admises, sont déterminées à tous égards par les principes mêmes de la constitution propre de chacune de ces *langues*. L'auteur de la *Lettre sur les sourds & muets*, envisageant les *langues* sous cet aspect, en porte ainsi son jugement, *pag. 135* : « La communication » de la pensée étant l'objet principal du langage, » notre *langue* est de toutes les *langues* la plus châ- » tiée, la plus exacte, & la plus estimable, celle en » un mot qui a retenu le moins de ces négligences

» que j'appellerois volontiers des restes de la *balbu-*
» *tie* des premiers âges ». Cette expression est conséquente au système de l'auteur sur l'origine des *langues*; mais celui que l'on adopte dans cet article, y est bien opposé, & il seroit plûtôt croire que les inversions, loin d'être des restes de la balbutie des premiers âges, sont au contraire les premiers essais de l'art oratoire des siecles postérieurs de beaucoup à la naissance du langage; la ressemblance du nôtre avec l'hébreu, dans leur marche analytique, donne à cette conjecture un degré de vraissemblance qui mérite quelque attention, puisque l'hébreu tient de bien près aux premiers âges. Quoi qu'il en soit, l'auteur poursuit ainsi: « Pour continuer le parallele
» sans partialité, je dirois que nous avons gagné à
» n'avoir point d'inversions, ou du moins à ne les
» avoir ni trop hardies ni trop fréquentes, de la
» netteté, de la clarté, de la précision, qualités essentielles au discours; & que nous y avons perdu de
» la chaleur, de l'éloquence, & de l'énergie. J'ajouterois volontiers que la marche didactique &
» réglée, à laquelle notre *langue* est assujettie, la
» rend plus propre aux sciences; & que par les tours
» & les inversions que le grec, le latin, l'italien,
» l'anglois se permettent, ces *langues* sont plus avantageuses pour les lettres. Que nous pouvons
» mieux qu'aucun autre peuple, faire parler l'esprit,
» & que le bon sens choisiroit la *langue* françoise;
» mais que l'imagination & les passions donneroient
» la préférence aux *langues* anciennes, & à celles
» de nos voisins: qu'il faut parler françois dans la
» société & dans les écoles de philosophie; & grec,
» latin, anglois, dans les chaires & sur les théâtres;
» que notre *langue* sera celle de la vérité;.....
» & que la greque, la latine, & les autres seront les
» *langues* de la fable & du mensonge. Le françois est
» fait pour instruire, éclairer, & convaincre; le
» grec, le latin, l'italien, l'anglois pour persuader,
» émouvoir, & tromper: parlez grec, latin, italien
» au peuple; mais parlez françois au sage ». Pour réduire ce jugement à sa juste valeur, il faut seulement en conclure que les *langues* transpositives trouvent dans leur génie plus de ressources pour toutes les parties de l'art oratoire; & que celui des *langues* analogues les rend d'autant plus propres à l'exposition nette & précise de la vérité, qu'elles suivent plus scrupuleusement la marche analytique de l'esprit. La chose est évidente en soi, & l'auteur n'a voulu rien dire de plus. Notre marche analytique ne nous ôte pas sans ressource la chaleur, l'éloquence, l'énergie; elle ne nous ôte qu'un moyen d'en mettre sans frais du discours, comme la marche transpositive du latin, par exemple, l'expose seulement au danger d'être moins clair, sans lui en faire pourtant une nécessité inévitable. C'est dans la même lettre, *pag.* 239. que je trouve la preuve de l'explication que je donne au texte que l'on vient de voir. « Y a-t-il quelque caractere, dit l'auteur, que notre *langue* n'ait pris
» avec succès? Elle est folâtre dans Rabelais, naïve
» dans la Fontaine & Brantome, harmonieuse dans
» Malherbe & Fléchier, sublime dans Corneille &
» Bossuet; que n'est-elle point dans Boileau, Racine, Voltaire, & une foule d'autres écrivains en
» vers & en prose? Ne nous plaignons donc pas: si
» nous savons nous en servir, nos ouvrages seront
» aussi précieux pour la postérité, que les ouvrages
» des anciens le sont pour nous. Entre les mains d'un
» homme ordinaire, le grec, le latin, l'anglois, l'italien ne produiront que des choses communes;
» le françois produira des miracles sous la plume
» d'un homme de génie. En quel que *langue* que ce soit,
» l'ouvrage que le génie soutient, ne tombe jamais »
Si l'on envisage les *langues* comme des instrumens dont la connoissance peut conduire à d'autres lumie-

res; elles ont chacune leur mérite, & la préférence des unes sur les autres ne peut se décider que par la nature des vues que l'on se propose ou des besoins où l'on est.

La *langue* hébraïque & les autres *langues* orientales qui y ont rapport, comme la chaldaique, la syriaque, l'arabique, &c. donnent à la Théologie des secours infinis; par la connoissance précise du vrai sens des textes originaux de nos livres saints, Mais ce n'est pas-là le seul avantage que l'on puisse attendre de l'étude de la *langue* hébraïque: c'est encore dans l'original sacré que l'on trouve l'origine des peuples, des *langues*, de l'idolatrie, de la fable; en un mot les fondemens les plus sûrs de l'histoire & les clés les plus raisonnables de la *Mythologie*. Il n'y a qu'à voir seulement la *Géographie sacrée* de Samuel Bochart, pour prendre une haute idée de l'immensité de l'érudition que peut fournir la connoissance des *langues* orientales.

La *langue* grecque n'est guere moins utile à la Théologie, non-seulement à cause du texte original de quelques-uns des livres du nouveau Testament, mais encore parce que c'est l'idiome des Chrysostomes, des Basiles, des Grégoires de Nazianze, & d'une foule d'autres peres dont les œuvres font la gloire & l'édification de l'Eglise; mais dans quelle partie la littérature cette belle *langue* n'est-elle pas d'un usage infini? Elle fournit des maitres & des modeles dans tous les genres; Poësie, Eloquence, Histoire, Philosophie morale, Physique, Histoire naturelle, Médecine, Géographie ancienne, &c. & c'est avec raison qu'Erasme, *Epist. liv. X*, dit en propres termes: *Hoc unum expertus, video nullis in litteris nos esse aliquid sine graecitate*.

La *langue* latine est d'une nécessité indispensable, c'est celle de l'église catholique, & de toutes les écoles de la chrétienté, tant pour la Philosophie & la Théologie, que pour la Jurisprudence & la Médecine: c'est d'ailleurs, & pour cette raison même, la *langue* commune de tous les savans de l'Europe, & dont il seroit à souhaiter peut-être que l'usage devint encore plus général & plus étendu, afin de faciliter davantage la communication des lumieres respectives des diverses nations qui cultivent aujourd'hui les sciences: car combien d'ouvrages excellens en tous genres de la connoissance desquels on est privé, faute d'entendre les *langues* lesquelles ils sont écrits?

En attendant que les savans soient convenus entre eux d'un langage de communication, pour s'épargner respectivement l'étude longue, pénible & toujours insuffisante de plusieurs *langues* étrangeres; il faut qu'ils aient le courage de s'appliquer à celles qui leur promettent le plus de secours dans les genres d'étude qu'ils ont embrassés par goût ou par la nécessité de leur état. La *langue* allemande a quantité de bons ouvrages sur le Droit public, sur la Médecine & toutes ses dépendances, sur l'histoire natutelle, principalement sur la Métallurgie. La *langue* angloise & ses richesses immenses en fait de Mathématiques, de Physique & de Commerce. La *langue* italienne offre le champ le plus vaste à la belle littérature, à l'étude des Arts & à celle de l'Histoire; mais la *langue* françoise, malgré les déclamations de ceux qui en censurent la marche pédestre, & qui lui reprochent la monotonie, sa prétendue pauvreté, ses anomalies perpétuelles, a pourtant des chefs-d'œuvres dans presque tous les genres. Quels trésors que les mémoires de l'académie royale des Sciences, & de celle des Belles-lettres & Inscriptions! & si l'on jette un coup-d'œil sur les écrivains marqués de notre nation, on y trouve des philosophes & des géometres du premier ordre, des grands métaphysiciens, de sages & laborieux antiquaires, des artistes habiles, des jurisconsultes profonds, des poëtes qui ont illustré les Muses françoises à l'égal des Muses grecques, des orateurs sublimes & pathétiques, des politiques dont les vues honorent l'humanité. Si quelqu'autre *langue* que la latine devient jamais l'idiome commun des savans de l'Europe, la *langue* françoise doit avoir l'honneur de cette préférence : elle a déja les suffrages de toutes les cours où on la parle presque comme à Versailles ; & il ne faut pas douter que ce goût universel ne soit dû autant aux richesses de notre littérature, qu'à l'influence de notre gouvernement sur la politique générale de l'Europe. (*B. E. R. M.*)

LANGUE ANGLOISE, (*Gramm.*) elle est moins pure, moins claire, moins correcte que la *langue* françoise, mais plus riche, plus épique & plus énergique ; c'est ce qui a fait dire à un de leurs poètes, du-moins avec esprit :

A weighty Bullion of one sterling line.
Drawn to french wire, should through one page shine.

Elle emprunte de toutes les *langues*, de tous les arts, & de toutes les sciences, les mots qui lui sont nécessaires, & ces mots bientôt naturalisés dans une nation libre & savante ; elle admet les transpositions & les inversions des *langues* grecque & latine, ce qui lui procure la poësie du style & l'harmonie. Enfin l'anglois a l'avantage sur toutes les *langues*, pour la simplicité avec laquelle les tems & les modes des verbes se forment.

Ce fut en 1362, qu'Edouard III. statua, de concert avec le parlement, qu'à l'avenir dans les cours de judicature, & dans les actes publics, on se serviroit de la *langue angloise* au lieu de la *langue françoise* ou normande, qui étoit en vogue depuis Guillaume le conquérant. (*D. J.*)

LANGUE FRANÇOISE, (*Gramm.*) il me semble que les ouvrages françois faits sous le siecle de Louis XIV. tant en prose qu'en vers, ont contribué autant qu'aucun autre événement, à donner à la *langue* dans laquelle ils sont écrits, un si grand cours, qu'elle partage avec la *langue* latine, la gloire d'être cette langue que les nations apprennent par une convention tacite pour se pouvoir entendre. Les jeunes gens auxquels on donne en Europe de l'éducation, connoissent autant Despréaux, la Fontaine & Moliere, qu'Horace, Phédre & Térence.

La clarté, l'ordre, la justesse, la pureté des termes, distinguent le françois des autres *langues*, & y répandent un agrément qui plait à tous les peuples. Son ordre dans l'expression des pensées, le rend facile ; la justesse en bannit les métaphores outrées ; & sa modestie interdit tout emploi des termes grossiers ou obscènes.

Le latin dans les mots brave l'honnêteté,
Mais le lecteur françois veut être respecté.

Cependant, je ne crois pas qu'à cet égard notre *langue* ait en elle-même un avantage particulier sur les *langues* anciennes. Les Grecs & les Romains parloient conformément à leurs mœurs ; nous parlons, ainsi que les autres peuples modernes, conformément aux nôtres ; & les différens usages que l'on fait d'instrumens pareils, ne changent rien à leur nature, & ne les rendent point supérieurs les uns aux autres.

On doit chérir la clarté, puisqu'on ne parle que pour être entendu, & que tout discours est destiné par sa nature, à communiquer les pensées & les sentimens des hommes ; ainsi la *langue françoise* mérite de grandes louanges en cette partie ; mais quelque précieuse que soit la clarté, il n'est pas toujours nécessaire de la porter au dernier degré de la servitude, & je crois que c'est notre lot. Dans l'origine d'une *langue*, tout le mérite du discours à dû sans doute se borner-là. La difficulté qu'on trouve à s'énoncer clairement, fait qu'on ne cherche dans ces premiers commencemens qu'à se faire bien entendre, en suivant un ordre sévère dans la construction de ses phrases. On s'en tient donc alors aux façons de parler les plus communes & les plus naives, parce que l'indigence des expressions, ne laisse point de choix à faire entre elles, & que la simplicité du lange, ne connoit point encore les tours, les délicatesses, les variétés & les ornemens du discours.

Lorsqu'une *langue* a fait des progrès considérables, qu'elle s'est enrichie, qu'elle a acquis de la dignité, de la finesse, & de l'abondance, il faut savoir ajouter à la clarté du style plusieurs autres perfections qui entrent en concurrence avec elle, la pureté, la vivacité, la noblesse, l'harmonie, la force, l'élégance ; mais comme ces qualités sont d'un genre différent & quelquefois opposé, il faudroit les sacrifier les unes autres, suivant le sujet & les occasions. Tantôt il conviendroit de préférer la clarté à la pureté du style ; & tantôt l'harmonie, la force ou l'élégance, donneroient quelque atteinte à la régularité de la construction ; témoin ce vers de Racine :

Je t'aimois inconstant, qu'eussai-je fait fidéle !

Dans notre prose néanmoins ce sont les regles de la construction, & non pas les principes de l'harmonie, qui décident de l'arrangement des mots : le génie timide de notre *langue*, ose rarement entreprendre de rien faire contre les regles, pour atteindre à des beautés où il arriveroit, s'il étoit moins scrupuleux.

L'asservissement des articles auquel la *langue françoise* est soumise, ne lui pas permet d'adopter les inversions & les transpositions latines qui sont d'un si grand avantage pour l'harmonie. Cependant, comme le remarque M. l'abbé du Bos, les phrases françoises auroient encore plus de besoin de l'inversion pour devenir harmonieuses, que les phrases latines n'en avoient besoin ; une moitié des mots de notre *langue* est terminée par des voyelles ; & de ces voyelles, l'*e* muet est la seule qui s'élide contre la voyelle qui peut commencer le mot suivant : on prononce donc bien sans peine, *l'ami aimable* ; mais les autres voyelles qui ne s'élident pas contre la voyelle qui commence le mot suivant, amenent des rencontres de sons désagréables dans la prononciation. Ces rencontres rompent sa continuité, & déconcertent son harmonie ; les expressions suivantes font ce mauvais effet, *l'amitié abandonnée, la fierté opulente, l'ennemi idolâtre,* &c.

Nous sentons si bien que la collision du son de ces voyelles qui s'entrechoquent, est désagréable dans la prononciation, que nous faisons souvent de vains efforts pour l'éviter en prose, & que les regles de notre poésie la défendent. Le latin au contraire évite aisément cette collision à l'aide de son inversion, au lieu que le françois trouve rarement d'autre ressource que celle d'ôter le mot qui corrompt l'harmonie à l'énergie du sens, ou l'énergie du sens à l'harmonie à ses droits respectifs, lorsqu'on écrit en françois, tant on trouve d'opposition entre leurs intérêts, en composant ses termes langue.

Les Grecs abondent dans leur *langue* en terminaisons & en inflexions ; la nôtre se borne à tout abréger par ses articles & ses verbes auxiliaires. Qui ne voit que les Grecs avoient plus de génie & de fécondité que nous ?

On a prouvé au *mot* INSCRIPTION que la *langue françoise* étoit moins propre au style lapidaire que les *langues* grecques & latine. J'ajoute qu'elle n'a point en partage l'harmonie imitative, & les exemples en font rares dans les meilleurs auteurs ; ce n'est pas qu'elle n'ait différens tons pour les divers sentimens ; mais souvent elle ne peint que par des rapports éloignés, & presque toujours la force d'imitation lui manque. Que si en conservant sa clarté, son élégance & sa pureté, on parvenoit à lui donner la vérité de l'imitation, elle réuniroit sans contredit de très-grandes beautés.

Dans les *langues* des Grecs & des Romains, chaque mot avoit une harmonie reglée, & il pouvoit s'y rencontrer une grande imitation des sons avec les objets qu'il falloit exprimer ; aussi dans les bons ouvrages de l'antiquité, l'on trouve des descriptions pathétiques, pleines d'images, tandis que la *langue françoise* n'ayant pour toute cadence que la rime, c'est-à-dire la répétition des finales, n'a que peu de force de poësie & de vérité d'imitation. Puis donc qu'elle est dénuée de mots imitatifs, il n'est pas vrai qu'on puisse exprimer presque tout dans cette *langue* avec autant de justesse & de vivacité qu'on le conçoit.

Le françois manque encore de mots composés, & par conséquent de l'énergie qu'ils procurent ; car une *langue* tire beaucoup de force de la composition des mots. On exprime en grec, en latin, en anglois, par un seul terme, ce qu'on ne sauroit rendre en françois que par une périphrase.

Il y a pareillement aussi peu de diminutifs dans notre *langue*, que de composés ; & même la plûpart de ceux que nous employons aujourd'hui, comme *coffette*, *tablette*, n'ont plus la signification d'un diminutif de *caisse* & de *table* ; car ils ne signifient point une petite caisse ou une petite table. Les seuls diminutifs qui nous restent, peuvent être appellés des diminutifs de choses, & non de terminaisons : *bleuâtre*, *jaunâtre*, *rougeâtre*, sont de ce caractere, & marquent une qualité plus foible dans la chose dont on parle.

Ajoutons, qu'il y a un très-grand nombre de choses essentielles, que la *langue françoise* n'ose exprimer par une fausse délicatesse. Tandis qu'elle nomme sans s'avilir une chevre, un mouton, une brebis, elle ne sauroit sans se diffamer dans un style un peu noble, nommer un veau, une truie, un cochon. Συβώτης & βουκόλος, sont des termes grecs élégans qui répondent à gardeur de cochons, & à gardeur de bœufs, des mots que nous employons seulement dans le langage familier.

Il me reste à parler des richesses que la *langue françoise* a acquises sous le regne de Louis XIV. Elles font semblables à celles que reçut la *langue latine*, sous le siecle d'Auguste.

Avant que les Romains s'appliquassent aux Arts & aux Sciences spéculatives, la *langue* des vainqueurs de toutes les nations manquoit encore d'un prodigieux nombre de termes, qu'elle se procura par les progrès de l'esprit. On voit que Virgile entend l'Agriculture, l'Astronomie, la Musique, & plusieurs autres sciences ; ce n'est pas qu'il en présente des détails hors de propos, tout au contraire, c'est avec un choix brillant, délicat, & instructif.

Les lumieres que les siecles ont amenées, se sont toûjours répandues sur la *langue* des beaux génies. En donnant de nouvelles idées, ils ont employé les expressions les plus propres à les inculquer, & ont limité les significations équivoques. De nouvelles connoissances, un nouveau sentiment, ont été décotés de nouveaux termes, de nouvelles allusions : ces acquisitions sont très-sensibles dans la *langue françoise*. Corneille, Descartes, Pascal, Racine, Despréaux, &c. fournissent autant d'époques de nouvelles perfections. En un mot, le dix-septieme & le dix-huitieme siecle ont produit dans notre *langue* tant d'ouvrages admirables en tout genre, qu'elle est devenue nécessairement la *langue* des nations & des cours de l'Europe. Mais sa richesse seroit beaucoup plus grande, si les connoissances spéculatives ou d'expériences s'étendoient à des personnes, qui peuvent donner le ton par leur rang & leur naissance. Si de tels hommes étoient plus éclairés, notre *langue* s'enrichiroit de mille expressions propres ou figurées qui lui manquent, & dont les savans qui écrivent, sentent-seuls le besoin.

Il est honteux qu'on n'ose aujourd'hui confondre le françois proprement dit, avec les termes des Arts & des Sciences, & qu'un homme de la cour se défende de connoitre ce qui lui seroit utile & honorable. Mais à quel caractere, dira-t-on, pouvoir distinguer les expressions qui ne seront plus hasardées ? Ce sera sans doute en réfléchissant sur leur nécessité & sur le génie de la *langue*. On ne peut exprimer une découverte dans un art, dans une science, que par un nouveau mot bien trouvé. On ne peut être ému que par une action ; ainsi tout terme qui porteroit avec soi une image, seroit toûjours digne d'être applaudi ; de-là quelles richesses ne tireroit-on pas des Arts, s'ils étoient plus familiers ?

Avouons la vérité ; la *langue* des François polis n'est qu'un ramage foible & gentil : disons tout, notre *langue* n'a point une étendue fort considérable ; elle n'a point une noble hardiesse d'images, ni de pompeuses cadences, ni de ces grands mouvemens qui pourroient rendre le merveilleux; elle n'est point épique ; ses verbes auxiliaires, ses articles, sa marche uniforme, son manque d'inversions nuisent à l'enthousiasme de la Poésie ; une certaine douceur, beaucoup d'ordre, d'élégance, de délicatesse & de termes naïfs, voilà ce qui la rend propre aux scenes dramatiques.

Si du-moins en conservant à la *langue* françoise son génie, on l'enrichissoit de la vérité de l'imitation, ce moyen la rendroit propre à faire naître les emotions dont nous sommes susceptibles, & à produire dans la sphère de nos organes, le degré de vivacité que peut admettre un langage fait pour des hommes plus agréables que sublimes, plus sensuels que passionnés, plus superficiels que profonds.

Nous supposons en finissant cet article ; qu'on a déja lu au mot FRANÇOIS, les remarques de M. de Voltaire sur cette *langue*.

On connoît le dictionnaire de l'académie, dont la nouvelle édition sera plus digne de ce corps.

Les observations & les étymologies de M. Ménage, renferment plusieurs choses curieuses. Mais ce savant n'a pas toûjours consulté l'usage dans ses observations ; & dans ses étymologies, il ne s'est pas toûjours attaché aux lettres radicales, qui sont si propres à dévoiler l'origine des mots, & leurs degrés d'affinité.

Vaugelas tient un des premiers rangs entre nos auteurs de goût, quoi qu'il se soit souvent trompé dans ses remarques & dans ses décisions ; c'est pour cela qu'il faut lui joindre les observations de Corneille & du P. Bouhours, à qui notre *langue* a beaucoup d'obligations.

Les deux discours de M. l'abbé Dangeau, l'un sur les voyelles, & l'autre sur les consonnes, sont précieux. Le traité d'ortographe de l'abbé Reignier, & celui de Port-Royal, de l'édition de M. Duclos, me semblent tout ce qu'il y a de meilleur dans ce genre.

Les synonymes de l'abbé Girard sont instructifs : la Grammaire de M. Restant a de bons principes sur les accens, la ponctuation, & la prononciation ; mais les écrits de M. du Marsais, grammairien de génie, ont un tout autre mérite : voyez-en plusieurs morceaux dans cet ouvrage. (*D. J.*)

LANGUE DES CANTABRES, (*Hist. des Langues.*)

ancien langage des habitans de la partie septentrionale de l'Espagne, avant que ce pays eût été soumis aux Romains.

Le docteur Wallis semble croire que ce langage étoit celui de toute l'Espagne même, & qu'il a été l'origine de la *langue* romance, laquelle s'est insensiblement changée en espagnol. Mais outre qu'il seroit difficile de prouver cette opinion, il n'est pas vraissemblable qu'un si grand pays habité par tant de peuples différens, n'ait eu qu'une même *langue*.

D'ailleurs, l'ancien cantabre subsiste encore dans les parties seches & montagneuses de la Biscaye, des Asturies, & de la Navarre jusqu'à Bayonne, à-peu-près comme le galois subsiste dans la province de Galles; le peuple seul parle le *cantabre*; car les habitans se servent pour écrire de l'espagnol ou du françois, selon qu'ils vivent sous l'empire de l'un ou de l'autre royaume.

La *langue cantabre*, dépouillée des mots espagnols qu'elle a adoptés pour des choses dont l'usage étoit anciennement inconnu aux Biscayens, n'a point de rapport avec aucune autre *langue* connue.

La plus grande partie de ses noms finit en *a* au singulier, & en *ac* au pluriel: tels sont *cerva* & *cervac*, les cieux; *lutra* & *lurrac*, la terre; *eguzquia*, le soleil; *izarguia*, la lune; *izatra*, une étoile; *odeya*, un nuage; *sua*, le feu; *ibaya*, une riviere; *urea*, un village; *echea*, une maison; *occa*, un lit; *oguia*, du pain; *ordava*, du vin, &c.

La priere dominicale dans cette *langue* commence ainsi: *Gure aita cervacan aicena*, *sanctifica bedi hire icena*; *ethor bedi hire resuma*; *eguin bedi hire vorondatea cervan*, *beccala lurracan ere*, &c. (*D. J.*)

LANGUE NOUVELLE. On a parlé presque de nos jours d'un nouveau système de Grammaire, pour former une langue universelle & abrégée, qui pût faciliter la correspondance & le commerce entre les nations de l'Europe: on assure que M. Léibnitz s'étoit occupé sérieusement de ce projet; mais on ignore jusqu'où il avoit poussé sur cela ses réflexions & ses recherches. On croit communément que l'opposition & la diversité des esprits parmi les hommes rendroient l'entreprise impossible; & l'on prévoit sans doute que quand même on inventeroit le langage le plus court & le plus aisé, jamais les peuples ne voudroient concourir à l'apprendre : aussi n'a-t-on rien fait de considérable pour cela.

Le pere Lami de l'oratoire, dans l'excellente rhétorique qu'il nous a laissée, dit quelque chose des avantages & de la possibilité d'une langue factice; il fait entendre qu'on pourroit supprimer les déclinaisons & les conjugaisons, en choisissant pour les verbes, par exemple, des mots qui exprimassent les actions, les passions, les manieres, &c. & déterminant les personnes, les tems & les modes, par des monosyllabes qui fussent les mêmes dans tous les verbes. A l'égard des noms, il ne voudroit aussi que quelques articles qui en marquassent les divers rapports; & il propose pour modele la *langue* des Tartares Mogols, qui semble avoir été formée sur ce plan.

Charmé de cette premiere ouverture, j'ai voulu commencer au-moins l'exécution d'un projet que les autres ne font qu'indiquer ; & je crois avoir trouvé sur tout cela un système des plus naturels & des plus faciles. Mon dessein n'est pas au reste de former un langage universel à l'usage de plusieurs nations. Cette entreprise ne peut convenir qu'aux académies savantes que nous avons en Europe, supposé encore qu'elles travaillassent de concert & sous les auspices des puissances. J'indique seulement aux curieux un langage laconique & simple que l'on fai-

sit d'abord, & qui peut être varié à l'infini; langage enfin avec lequel on est bientôt en état de parler & d'écrire, de maniere à n'être entendu que par ceux qui en auront la clé.

L'usage des conjugaisons dans les langues savantes, est d'exprimer en un seul mot une action, la personne qui fait cette action, & le tems où elle se fait. *Scribo*, j'écris, ne signifie pas simplement l'action d'écrire, il signifie encore que c'est moi qui écris, & que j'écris à-présent. Cette mécanique, toute belle qu'elle est, ne nous convient pas; il nous faut quelque chose de plus constant & de plus uniforme. Voici donc tout notre plan de conjugaison.

1°. L'infinitif ou l'indéfini sera en *as* ; donner, *donas*.
Le passé de l'infinitif en *is*, avoir donné, *donis*.
Le futur de l'infinitif en *us*, devoir donner, *donus*.
Le participe présent en *ont*, donnant, *donont*.

2°. Les terminaisons *a*, *e*, *i*, *o*, *u*, & les pronoms *jo*, *to*, *lo*, *no*, *vo*, *zo*, feront tout le mode indicatif ou absolu.

Je donne, *jo dona* ; tu donnes, *to dona* ; il donne, *lo dona* ; nous donnons, *no dona* ; vous donnez, *vo dona* ; ils donnent, *zo dona*.

Je donnois, *jo doné* ; tu donnois, *to doné* ; il donnoit, *lo doné*, &c. J'ai donné, *jo doni* ; tu as donné, *to doni* ; il a donné, *lo doni*, &c. J'avois donné, *jo dono* ; tu avois donné, *to dono* ; il avoit donné, *lo dono*, &c. Je donnerai, *jo donu* ; tu donneras, *to donu* ; il donnera, *lo donu*, &c.

3°. A l'égard du mode subjonctif ou dépendant, on le distinguera en ajoûtant la lettre & le son *r* à chaque tems de l'indicatif ; de sorte que les syllabes *ar*, *er*, *ir*, *or*, *ur*, feroient tous nos tems du subjonctif.

On dira donc : que je donne, *jo donar*, *to donar*, &c. je donnerois, *jo doner*, *to doner*, &c. j'aie donné, *jo donir*, *to donir*, &c. j'aurois donné, *jo donor*, *to donor*, &c. j'aurai donné, *jo donur*, *to donur*. Cependant on ne voudroit employer de ce mode que l'imparfait, le plusqueparfait, & le futur.

4°. Quant au mode impératif ou commandeur, on exprimera la seconde personne, qui est presque la seule en usage, par le présent de l'indicatif tout court. Ainsi l'on dira, donnez, *dona*.

La troisieme personne ne sera autre chose que le subjonctif qu'il donne, *lo donar*.

5°. On désignera l'interrogation, en mettant la personne après le verbe : donne-t-il, *dona lo* ; a-t-il donné, *doni lo* ; avoit-il donné, *dono lo* ; donnera-t-il, *donu lo* ; donneroit-il, *donner lo* ; auroit-il donné, *donor lo* ; aura-t-il donné, *donur lo*.

6°. Le passif fera formé du nouvel indicatif en *a* ; & du verbe auxiliaire *sas*, être ; être donné, *sas dona* ; je suis donné, *jo sa dona* ; tu es donné, *to sa dona* ; il est donné, *lo sa dona*, &c.

7°. Il y a plusieurs substantifs qui font censés venir de certains verbes avec lesquels ils ont un rapport visible : *donation*, par exemple, vient naturellement de *donner* ; *volonté*, de *vouloir* ; *service* de *servir*, &c. Ces sortes de substantifs se formeront de leurs verbes, en changeant la terminaison de l'infinitif en *ou* : donner, *donas* ; donation, *donou* ; vouloir, *vodas* ; volonté, *vodou* ; servir, *servas* ; service, *servou*, &c. Au surplus, on suivra communément le tour, les figures & le génie du françois.

8°. On pourra, dans le choc des voyelles, employer la lettre *n* pour empêcher l'élision & pour rendre la prononciation plus douce. Nous allons faire l'application de ces regles ; & l'on n'aura pas de peine à les comprendre, pour peu qu'on lise ce qui suit.

MODELE

LAN

MODÈLE *de conjugaison abrégée.*
Verbe auxiliaire, *sas*, être.
Infinitif, ou *indéfini.*

Être,	*Sas.*
Avoir été,	*Sis.*
Devoir être,	*Sus.*
Étant,	*Sont.*

Indicatif ou *absolu. Présent.*

Je suis,	*jo sa.*
Tu es,	*to sa.*
Il est,	*lo sa.*
Nous sommes,	*no sa.*
Vous êtes,	*vo sa.*
Ils sont,	*zo sa.*

Imparfait.

J'étois,	*jo sé.*
Tu étois,	*to sé.*
Il étoit,	*lo sé.*
Nous étions,	*no sé.*
Vous étiez,	*vo sé.*
Ils étoient,	*zo sé.*

Parfait.

J'ai été,	*jo si.*
Tu as été,	*to si.*
Il a été,	*lo si.*
Nous avons été,	*no si.*
Vous avez été,	*vo si.*
Ils ont été,	*zo si.*

Plusqueparfait.

J'avois été,	*jo so.*
Tu avois été,	*to so.*
Il avoit été,	*lo so.*
Nous avions été,	*no so.*
Vous aviez été,	*vo so.*
Ils avoient été,	*zo so.*

Futur.

Je serai,	*jo su.*
Tu seras,	*to su.*
Il sera,	*lo su.*
Nous serons,	*no su.*
Vous serez,	*vo su.*
Ils feront,	*zo su.*

Subjonctif, ou *dépendant. Présent.*

Je sois,	*jo sar.*
Tu sois,	*to sar.*
Il soit,	*lo sar.*
Nous soyons,	*no sar.*
Vous soyez,	*vo sar.*
Ils soient,	*zo sar.*

Imparfait.

Je serois,	*jo ser.*
Tu serois,	*to ser,* &c.

Parfait.

J'aie été,	*jo sir.*
Tu aies été,	*to sir,* &c.

Plusqueparfait.

J'aurois été,	*jo sor.*
Tu aurois été,	*to sor,* &c.

Futur.

J'aurai été,	*jo sur.*
Tu auras été,	*to sur,* &c.

Impératif ou *commandeur.*

Sois, soyez,	*sa.*
Qu'il soit,	*lo sar.*
Soyons,	*no sar.*
Qu'ils soient,	*zo sar.*

Interrogatif.

Suis-je ?	*ja jo ?*
Es-tu ?	*ja to ?*
Est-il ?	*ja lo ?*
Sommes-nous ?	*ja no ?*
Êtes-vous ?	*ja vo ?*
Sont-ils ?	*ja zo ?*

Tome IX.

LAN

Étoient-ils ?	*fa zo ?*
Ont-ils été ?	*fi zo ?*
Avoient-ils été ?	*fo zo ?*
Seront-ils ?	*fu zo ?*

Conjugaison active.
Infinitif.

Donner,	*donas.*
Avoir donné,	*donis.*
Devoir donner,	*donus.*
Donnant,	*donont.*

Indicatif. Présent.

Je donne,	*jo dona.*
Tu donnes,	*to dona.*
Il donne,	*lo dona.*
Nous donnons,	*no dona.*
Vous donnez,	*vo dona.*
Ils donnent,	*zo dona.*

Imparfait.

Je donnois,	*jo doné.*
Tu donnois,	*to doné.*
Il donnoit,	*lo doné.*
Nous donnions,	*no doné.*
Vous donniez,	*vo doné.*
Ils donnoient,	*zo doné.*

Parfait.

J'ai donné,	*jo doni.*
Tu as donné,	*to doni.*
Il a donné,	*lo doni.*
Nous avons donné,	*no doni.*
Vous avez donné,	*vo doni.*
Ils ont donné,	*zo doni.*

Plusqueparfait.

J'avois donné,	*jo dono.*
Tu avois donné,	*to dono.*
Il avoit donné,	*lo dono.*
Nous avions donné,	*no dono.*
Vous aviez donné,	*vo dono.*
Ils avoient donné,	*zo dono.*

Futur.

Je donnerai,	*jo donu.*
Tu donneras,	*to donu.*
Il donnera,	*lo donu.*
Nous donnerons,	*no donu.*
Vous donnerez,	*vo donu.*
Ils donneront,	*zo donu.*

Subjonctif. Présent.

Que je donne,	*jo donar.*
Que tu donnes,	*to donar.*
Qu'il donne,	*lo donar.*
Que nous donnions,	*no donar.*
Que vous donniez,	*vo donar.*
Qu'ils donnent,	*zo donar.*

Imparfait.

Je donnerois,	*jo doner.*
Tu donnerois,	*to doner,* &c.

Parfait.

J'aie donné,	*jo donir.*
Tu aies donné,	*to donir,* &c.

Plusqueparfait.

J'aurois donné,	*jo donor.*
Tu aurois donné,	*to donor,* &c.

Futur.

J'aurai donné,	*jo donur.*
Tu auras donné,	*to donur,* &c.

Impératif.

Donne, donnez,	*dona.*
Qu'il donne,	*lo donar.*
Donnons,	*no donar.*
Qu'ils donnent,	*zo donar.*

Interrogatif.

Donnai-je ?	*dona jo ?*
Donnes-tu ?	*dona to ?*
Donne-t-il ?	*dona lo ?*
Donnons-nous ?	*dona no ?*

Donnez-vous?	*dona vo?*
Donnent-ils?	*dona ʒo?*
Donnois-tu?	*doné to?* &c.
As-tu donné?	*doni to?* &c.
Avois-tu donné?	*dono to?* &c.
Donneras-tu?	*donu to?* &c.
Donnerois-tu?	*doner to?* &c.
Aurois-tu donné?	*donor to?* &c.

Conjugaison passive.
Infinitif passif.

Etre donné,	*sas dona.*
Avoir été donné,	*sis dona.*
Devoir être donné,	*sus dona.*
Etant donné,	*sont dona.*
Donné, qui a été donné,	*dona.*

Indicatif. Présent.

Je suis donné,	*jo sa dona.*
Tu es donné,	*to sa dona.*
Il est donné,	*lo sa dona.*
Nous sommes donnés,	*no sa dona.*
Vous êtes donnés,	*vo sa dona.*
Ils sont donnés,	*ʒo sa dona.*

Imparfait.

J'étois donné,	*jo se dona.*
Tu étois donné,	*to se dona.*
Il étoit donné,	*lo se dona.*
Nous étions donnés,	*no se dona.*
Vous étiez donnés,	*vo se dona.*
Ils étoient donnés,	*ʒo se dona.*

Parfait.

J'ai été donné,	*jo si dona.*
Tu as été donné,	*to si dona.*
Il a été donné,	*lo si dona.*
Nous avons été donnés,	*no si dona.*
Vous avez été donnés,	*vo si dona.*
Ils ont été donnés,	*ʒo si dona.*

Plusqueparfait.

J'avois été donné,	*jo so dona.*
Tu avois été donné,	*to so dona.*
Il avoit été donné,	*lo so dona.*
Nous avions été donnés,	*no so dona.*
Vous aviez été donnés,	*vo so dona.*
Ils avoient été donnés,	*ʒo so dona.*

Futur.

Je ferai donné,	*jo su dona.*
Tu feras donné,	*to su dona.*
Il fera donné,	*lo su dona.*
Nous ferons donnés,	*no su dona.*
Vous ferez donnés,	*vo su dona.*
Ils feront donnés,	*ʒo su dona.*

Subjonctif. Présent.

Je sois donné,	*jo sar dona.*
Tu sois donné,	*to sar dona.*
Il soit donné,	*lo sar dona.*
Nous soyons donnés,	*no sar dona.*
Vous soyez donnés,	*vo sar dona.*
Ils soient donnés,	*ʒo sar dona.*

Imparfait.

Je serois donné,	*jo ser dona.*
Tu serois donné,	*to ser dona, &c.*

Parfait.

J'aie été donné,	*jo sir dona.*
Tu aies été donné,	*to sir dona, &c.*

Plusqueparfait.

J'aurois été donné,	*jo sor dona.*
Tu aurois été donné,	*to sor dona, &c.*

Futur.

J'aurai été donné,	*jo sur dona.*
Tu auras été donné,	*to sur dona.*
Il aura été donné,	*lo sur dona, &c.*

Impératif.

Sois ou soyez donné,	*sa dona.*
Qu'il soit donné,	*lo sar dona.*
Soyons donnés,	*no sar dona.*
Soyez donnés,	*vo sar dona.*
Qu'ils soient donnés,	*ʒo sar dona.*

Interrogatif.

Suis-je donné?	*sa jo-dona?*
Es-tu donné?	*sa to dona?*
Est-il donné?	*sa lo dona?*
Sommes-nous donnés?	*sa no dona?*
Etes-vous donnés?	*sa vo dona?*
Sont-ils donnés?	*sa ʒo dona?*
Seroit-il donné?	*ser lo dona?*
Auroit-il été donné?	*sor lo dona?*

Conjugaison des verbes réciproques, comme s'offrir, s'attacher, s'appliquer, &c.

Infinitif.

S'offrir,	*sofras.*
S'être offert,	*sofris.*
Devoir s'offrir,	*sofrus.*
S'offrant,	*sofront.*

Indicatif.

Je m'offre,	*jo sofra,*	moi s'offre.
Tu t'offres,	*to sofra,*	toi s'offre.
Il s'offre,	*lo sofra,*	lui s'offre.
Nous nous offrons,	*no sofra,*	nous s'offre.
Vous vous offrez,	*vo sofra,*	vous s'offre.
Ils s'offrent,	*ʒo sofra,*	eux s'offre.
Je m'offrois,	*jo sofré, &c.*	moi s'offroit.
Je me suis offert,	*jo sofri, &c.*	moi s'est offert.
Je m'étois offert,	*jo sofro, &c.*	moi s'étoit offert.
Je m'offrirai,	*jo sofru, &c.*	moi s'offrira.
	& ainsi du reste.	

Subjonctif.

Je m'offrirois,	*jo sofrer.*
Tu t'offrirois,	*to sofrer, &c.*
Je me serois offert,	*jo sofror.*
Tu te serois offert,	*to sofror, &c.*
Je me ferai offert,	*jo sofrur.*
Tu te seras offert,	*to sofrur, &c.*

Le subjonctif peut toûjours suppléer à l'impératif, sur-tout dans ces sortes de verbes. On dira donc:

Offre-toi,	*to sofrar.*
Qu'il s'offre,	*lo sofrar.*
Offrons-nous,	*no sofrar.*
Offrez-vous,	*vo sofrar.*
Qu'ils s'offrent,	*ʒo sofrar.*

Interrogatif.

S'offre-t-il?	*sofra lo?*
S'offroit-il?	*sofré lo?*
S'est-il offert?	*sofri lo?*
S'étoit-il offert?	*sofro lo?*
S'offrira-t-il?	*sofru lo?*

Déclinaisons. Nous allons suivre pour les déclinaisons le plan d'abbréviation & de simplicité que nous avons annoncé ci-devant. Dans cette vûe, nous supprimons toute différence de genres; ou plûtôt nous n'en admettons point du-tout. Nous n'admettons point non plus d'adjectifs déclinables; nous en faisons des especes d'adverbes destinés à modifier les substantifs qui du reste n'auront jamais d'articles, & dont nous marquerons le pluriel par la lettre *s*, qu'on fera sonner dans la prononciation. Pour les cas, voici à quoi on les réduit.

1°. La préposition *bi* marquera le rapport du génitif, tant au singulier qu'au pluriel. De même, la préposition *bu* marquera tous les datifs. La préposition *de* qui caractérise souvent notre ablatif en françois, comme *je viens de la maison*; cette proposition, dis-je, sera employée au même sens dans notre langue factice. La préposition *par* sera changée en *po*. On dira donc:

Singulier.		Pluriel.	
Nominatif.			
La maison,	*manou.*	Les maisons,	*manous.*

LAN

Génitif.
De la maison, *bi manou.* Des maisons, *bi manous.*
Datif.
A la maison, *bu manou.* Aux maisons, *bu manous.*
Accusatif.
La maison, *manou.* Les maisons, *manous.*
Vocatif.
O maison, *manou.* O maisons, *manous.*
Ablatif.
De la maison, *de manou.* Des maisons, *de manous.*
Par la maison, *po manou.* Par les maisons, *po manous.*

Les augmentatifs seront terminés en *le* ; grande maison, *manoulé* ; grand garçon, *filolé.* Les diminutifs seront en *li* ; petite maison, *manouli* ; petit garçon, *filoli.*

Pronoms.

Je, moi,	*jo.*	Nous,	*no.*
Tu, toi,	*to.*	Vous,	*vo.*
Il, elle, le, lui,	*lo.*	Ils, eux, elles,	*zo.*
Notre, nôtres,	*noti.*	Votre, vôtres,	*voti.*
Soi, eux-mêmes,	*fo.*	Ce, ces,	*foli.*
Ceci, cela,	*fola.*	Ces choses-là,	*folas.*
Qui, quel, quels,	*ki, qui.*	Mon, ma, mes, mien,	*me.*
Ton, ta, tes, tien,	*te.*	Son, sa, ses, sien,	*fe.*

Noms des nombres, avec leurs figures.

Ba,	1.	*b,*	unième, premier,	*bamu.*
Co,	2.	*c,*	deuxième, second,	*comu.*
De,	3.	*d,*	troisième,	*demu.*
Ga,	4.	*g,*	quatrième,	*gamu.*
Ji,	5.	*j,*	cinquième,	*jimu.*
Lu,	6.	*l,*	sixième,	*lumu.*
Ma,	7.	*m,*	septième,	*mamu.*
Ni,	8.	*n,*	huitième,	*nimu.*
Pa,	9.	*p,*	neuvième,	*pamu.*
Vu,	10.	*bo,*	dixième,	*vumu.*
Vuba,	11.	*bb,*	onzième,	*vubamu.*
Vuco,	12.	*bc,*	douzième,	*vucomu.*
Vudé,	13.	*bd,*	treizième,	*vudemu.*
Vuga,	14.	*bg,*	quatorzième,	*vugamu.*
Vugi,	15.	*bj,*	quinzième,	*vujimu.*
Vulu,	16.	*bl,*	seizième,	*vulumu.*
Vuma,	17.	*bm,*	dix-septième,	*vumamu.*
Vuni,	18.	*bn,*	dix-huitième,	*vunumu.*
Vupa,	19.	*bp,*	dix-neuvième,	*vupamu.*
Covu,	20.	*co,*	vingtième,	*covumu.*
Covuba,	21.	*cb,*	vingt unième,	*covubamu.*
Covuco,	22.	*cc,*	vingt-deuxième,	*covucomu.*
Covude,	23.	*cd,*	vingt-troisième,	*covudemu.*
Covuga,	24.	*cg,*	vingt-quatrième,	*covugamu.*
Covugi,	25.	*cj,*	vingt-cinquième,	*covujimu.*
Covulu,	26.	*cl,*	vingt-sixième,	*covulumu.*
Covuma,	27.	*cm,*	vingt-septième,	*covumamu.*
Covuni,	28.	*cn,*	vingt-huitième,	*covunumu.*
Covupa,	29.	*cp,*	vingt-neuvième,	*covupamu.*
Devu,	30.	*do,*	trentième,	*devumu.*
Gavu,	40.	*go,*	quarantième,	*gavumu.*
Jivu,	50.	*jo,*	cinquantième,	*jivumu.*
Luvu,	60.	*lo,*	soixante-dixième,	*luvumu.*
Mavu,	70.	*mo,*	quatre-vingtième,	*mavumu.*
Nivu,	80.	*no,*	deux centième,	*nivumu.*
Pavu,	90.	*po,*	quatre-vingt-dixième,	*pavumu.*
Sinta,	100.	*boo,*	centième,	*fintamu.*
Cofinta,	200.	*coo,*	deux centième,	*cofintamu.*
Definta,	300.	*doo,*	trois centième,	*definamu.*
Gafinta,	400.	*goo,*	quatre centième,	*gafintamu.*
Mila,	1000.	*boo,*	millième,	*milamu.*
Milo,	1000000.	*booooo,*	millionième,	*milomu.*

Article de M. FAIGUET, trésorier de France.

LANGUE DE CERF, *lingua cervina,* (*Hist. nat. Bot.*) genre de plante dont les feuilles ressemblent, à ce que l'on prétend, à la *langue d'un cerf:* elles sont simples ou découpées, ou rangées sur une côte. Tournefort, *Inst. rei herb. Voyez* PLANTE.

Tournefort compte 59 especes de ce genre de plante ; mais nous ne décrirons que la plus commune, nommée par les Botanistes *lingua cervina,* ou *scolopendria vulgaris.*

Ses racines sont capillaires, noirâtres, nombreuses, entrelacées avec les queues des vieilles feuilles. Ses feuilles sont longues d'environ un pié, larges de deux pouces, oreillées à leur origine, pointues à leur extrémité, d'un verd-gai, lisses & portées sur une queue longue d'une palme, terminée par une côte qui regne dans le milieu de la feuille.

Il semble que cette plante n'a point de fleurs ; mais elle porte plusieurs capsules dans des sillons feuillés, longs d'un demi-pouce & plus, qui se trouvent sur

le dos des feuilles vertes d'abord, roussies par la maturité, savoir lorsque les sillons s'ouvrent, & que les capsules membraneuses & rousses sont à découvert. Quoique ces capsules soient très-petites, on les apperçoit aisément par le moyen d'un microscope ; elles sont munies chacune d'un anneau élastique, lequel en se contractant, ou en se séchant, ouvre la capsule dont il sort beaucoup de semences, menues comme de la poussiere.

Si l'on prend des feuilles de cette plante, roussies par leur maturité, & qu'on les secoue sur du papier blanc, il arrive quelquefois que plusieurs capsules ou vésicules séminales crevent avec violence, choquent les unes contre les autres ; & laissent tomber leurs graines. On entend même le petit bruit que font ces vésicules en se crevant ; lorsqu'on en approche l'oreille avec attention, & qu'on est dans un lieu tranquille. Mais qu'on entende d'où non ce petit bruit, si après avoir secoué les capsules, on pose le papier blanc devant l'œil armé d'un microscope, on verra les graines répandues çà & là, & à une distance assez considérable ; ce sont des expériences de Ray, & Grew en a donné des figures.

La *langue de cerf* aime l'ombre ; elle vient dans les fentes de pierres, sur les masures & sur les rochers humides ; elle est toute d'usage. (*D. I.*)

LANGUE DE CERF, (*Mat. medic.*) cette plante est d'un goût acerbe, & elle répand une odeur herbue un peu desagréable. Elle contient un sel essentiel, vitriolique, tartareux, uni à une grande quantité d'huile épaisse, bitumineuse, & un peu de terre astringente. De-là vient qu'on lui attribue des vertus apéritives & résolutives ; on a coutume de la joindre dans les infusions & décoctions apéritives, avec les autres plantes capillaires. Elle est très-recommandée dans les obstructions du foie & de la rate, & dans l'engorgement des glandes pulmonaires. On lui joint pour dissiper plus puissamment les obstructions, des sels digestifs, comme le tartre vitriolé, le nitre soluble, le nitre : l'infusion ou la décoction de cette plante seche qu'on donne pour fortifier le ton des visceres, se fait avec de l'eau de forgerons, dans laquelle on a éteint plusieurs fois un fer de forge. (*D. J.*)

LANGUE DE CHIEN, *cynoglossum,* (*Hist. nat. Bot.*) genre de plante à fleur monopétale en forme d'entonnoir & découpée ; il sort du calice un pistil qui est attaché comme un clou à la partie inférieure de la plante, & qui devient dans la suite un fruit composé de quatre capsules ordinairement âpres & raboteuses, qui renferment chacune une semence, & qui sont attachées à un placenta en forme de pyramide à quatre faces. Tournefort, *Inst. rei herb. Voyez* PLANTE.

Il faut conserver le nom botanique de cette plante, qui est *cynoglosse* ; mais l'abondance de matieres du IV. volume a peut-être été cause qu'on a renvoyé cet article au nom vulgaire.

Tous les grands botanistes ont pris un soin particulier de caractériser ce genre de plante. Voici comme s'y sont pris Ray, Tournefort & Boerhaave réunis ensemble.

Son calice, disent-ils, n'est que d'une seule piece, profondément divisée en cinq segmens. Sa fleur est monopétale, en entonnoir ; lorsqu'elle commence à s'épanouir, on y remarque cinq petites têtes, comme des colonnes cylindriques ; & dessous ces têtes sont cinq étamines qui partent du tube de la fleur. Le pistil qui s'éleve du fond du calice est entouré de quatre capsules, qui tiennent à un placenta pyramidal à quatre côtés, & renferment une graine applatie qui y est attachée. M. Linnæus donne ce dernier article pour le caractere essentiel ; *voyez* ce qu'il en dit *pag. 55. gen. plant.*

Entre dix especes de *langues* de *chien*, ou pour mieux dire de cynoglosses, établies par Tournefort, la principale est nommée par les Botanistes, *cynoglossum majus*, *vulgare*.

Sa racine est droite, épaisse, semblable à une petite rave, d'un rouge noirâtre en dehors, blanche en dedans, d'une odeur forte & narcotique, d'une saveur mucilagineuse, & d'une douceur fade. Ses tiges sont hautes d'une ou de deux coudées, branchues, creuses quand elles sont vieilles, & couvertes de beaucoup de duvet.

Ses feuilles sont longues & un peu larges la premiere année ; dans la seconde, lorsque les tiges paroissent, elles sont étroites, pointues, blanches, molles, cotonneuses, d'une odeur forte & puante ; elles naissent sans queues, alternativement sur la tige.

Ses fleurs sont d'une seule piece en entonnoir, divisées en cinq lobes, d'une couleur rouge-sale, portées sur des calices velus, partagées en cinq quartiers. Le pistil qui s'éleve du fond du calice, perce la fleur en maniere de clou, & devient un fruit composé de quatre capsules, un peu applaties, hérissées, & qui s'attachent fortement aux habits ; ces capsules sont couchées sur un placenta pyramidal, quadrangulaire, & remplies d'une graine plate.

Cette plante vient partout, fleurit en Juin & en Juillet, a une odeur fétide, & sent l'urine de souris. On la cultive dans les jardins de Medecine, parce que sa racine est d'usage. Cette racine est regardée comme dessicative, resserrante, propre pour arrêter les fluxions catarreuses, & tempérer l'acreté des humeurs ; elle a donné nom aux pillules de cynoglosse, composées de trop d'ingrédiens dans la plûpart des pharmacopées, & notamment dans celle de Paris. A quoi bon la graine de jusquiame blanche, & l'encens mâle qui y entrent ? (*D. J.*)

LANGUE DE SERPENT, (*Hist. nat. Bot.*) *ophioglossum*, genre de plante qui n'a point de fleur, mais qui porte un fruit en forme de langue, divisé longitudinalement en deux rangs de cellules ; ces cellules s'ouvrent d'elles-mêmes, & ensuite le fruit devient denteté de chaque côté. Il y a dans les entailles une poussiere très-menue, que l'on reconnoît pour des semences à l'aide du microscope. Tournefort, *Inst. rei herb.* *Voyez* PLANTE.

LANGUE DE SERPENT, (*Mat. med.*) on ne fait aucun usage de cette plante dans les préparations magistrales ; sa feuille entre dans deux compositions de la pharmacopée de Paris, destinée à l'usage extérieur, le baume vulnéraire & le baume oppodeldoc. (*b*)

LANGUES DE SERPENS, (*Hist. nat.*) nom donné par quelques auteurs aux dents de poissons pétrifiées qui se trouvent en plusieurs endroits dans le sein de laterre. *Voyez* GLOSSOPETRES.

LANGUES DE L'IRIS, (*Jardinage.*) se disent de trois des neuf feuilles de sa fleur, lesquelles sont sur les côtés & à demi-ouvertes en forme de bouche. *Voyez* IRIS.

LANGUE, *dans l'ordre de Malthe*, (*Hist. moder.*) c'est le nom général qu'on donne aux huit divisions des différens pays ou nations qui composent l'ordre des chevaliers de Malte. Voici leurs noms & le rang qu'on leur donne : la *langue* de Provence, la *langue* d'Auvergne, la *langue* de France, celles d'Italie, d'Arragon, d'Angleterre, d'Allemagne & de Castille. Ainsi il y a trois *langues* pour le royaume de France, deux pour l'Espagne, une pour l'Italie, autant pour l'Angleterre & pour l'Allemagne. Chaque *langue* a son chef, qu'on nomme *pilier. Voyez* PILIER & MALTE. (*G*)

LANGUE, (*Marine.*) se dit d'un morceau de toile à voile, soit cueille ou demi-cueille, étroit par le haut & large par le bas, qu'on met aux côtés de quelques voiles.

LANGUE, (*Maréchall.*) partie de la bouche du cheval. C'est un défaut à un cheval d'avoir la *langue* trop épaisse, comme aussi que le bout sorte de la bouche ; c'en est un aussi d'avoir la *langue* serpentine ou feuillarde, c'est-à-dire, de l'avoir si flexible qu'elle passe souvent par-dessus le mors. La liberté de la *langue* se dit de certains mors tournés de façon que la *langue* du cheval peut se remuer dessous en liberté. Pour le bruit de la *langue* en qualité d'aides, *Voyez* AIDES. On se sert des expressions suivantes ; *appeller*, *aider*, ou *animer* de la *langue. Voyez* APPELLER.

LANGUE DE CARPE, *outil d'Arquebusier.* Cet outil tire son nom de sa figure ; car il est exactement fait par le bout comme une *langue de carpe*, est tranchant des deux côtés & par le bout. L'autre bout est plus menu, & forme une queue qui s'emmanche dans un petit morceau de bois, à-peu-près quarré de la longueur d'un pouce. Les Arquebusiers s'en servent pour creuser, sculpter, &c. Ils en ont de fort petites.

LANGUE D'UNE BALANCE, est un petit style perpendiculaire au fleau, & qui doit être caché par la chasse de la balance, lorsque la balance est en équilibre. *Voyez* BALANCE, CHASSE, FLEAU, &c. (*O*)

LANGUES, *les*, (*Géog.*) petit pays d'Italie, dans la partie méridionale du Piémont & du Montferrat, entre l'Apennin & les rivieres de Tanare, d'Orbe, & de Sture, jusqu'aux frontieres de l'état de Gènes. Il est divisé en *langues hautes*, dont Albe est la capitale, & en *basses* ; qui sont au sud de la ville d'Asti en Piémont. Ce petit pays est très-fertile & peuplé. (*D. J.*)

LANGUÉ, adj. *dans le Blazon*, se dit des animaux dont les langues paroissent sortir de leurs bouches, & sont d'une couleur différente de celle du corps de l'animal.

Dufaing aux Pays-bas, d'or à l'aigle au vol abaissé *langué* & membré de gueules.

LANGUEDOC, LE, *Occitania*, (*Géog.*) province maritime de France, dans la partie méridionale. Elle est bornée au nord par le Quercy & le Rouergue ; à l'orient, le Rhône la distingue du Dauphiné, de la Provence, & de l'état d'Avignon ; à l'occident la Garonne la sépare de la Gascogne ; elle se termine au midi, par la Méditerranée, & par les comtés de Foix & de Roussillon. On lui donne environ 40 lieues dans sa plus grande largeur, & 90 depuis la partie sa plus septentrionale, jusqu'à sa partie la plus méridionale. Les principales rivieres qui l'arrosent, sont le Rhône, la Garonne, le Tarn, l'Allier, & la Loire ; Toulouse en est la capitale.

Je ne dirai qu'un mot des révolutions de cette province, quoique son histoire soit très-intéressante ; mais elle a été faite dans le dernier siecle par Catel, & dans celui-ci, par Dom Joseph Vaisset, & Dom Claude de Vic, en 2 vol. *in*-fol. dont le premier fut mis au jour à Paris en 1730, & le second en 1733.

Le *Languedoc* est de plus grande étendue que n'étoit la seconde Narbonnoise ; & les peuples qui l'habitoient autrefois, s'appelloient *Volsques*, *Volcæ*.

Les Romains conquirent cette province, sous le consulat de Quintus Fabius Maximus, 636 ans après la fondation de Rome. Mais quand l'empire vint à s'affaisser sous Honorius, les Goths s'emparerent de ce pays, qui fut nommé Gothie, ou Septimanie, des le v. siecle ; & les Goths en jouirent sous 30 rois, pendant près de 300 ans.

La Gothie ou Septimanie, après la ruine des Wifigoths, tomba sous la domination des Maures, Arabes ou Sarrazins, Mahométans, comme on voudra les appeller, qui venoient d'asservir presque toute l'Espagne. Fiers de leurs conquêtes, ils s'avancerent jusqu'à Tours; mais ils furent entierement défaits par Charles Martel, en 725. Cette victoire suivie des heureux succès de son fils, soumit la Septimanie à la puissance des rois de France. Charlemagne y nomma dans les principales villes, des ducs, comtes, ou marquis, titres qui ne désignoient que la qualité de chef ou de gouverneur. Louis le Debonnaire continua l'établissement que son pere avoit formé.

Les ducs de Septimanie régirent ce pays jusqu'en 936, que Pons Raimond, comte de Toulouse, prit tantôt cette qualité, & tantôt celle de duc de Narbonne; enfin, Amaury de Montfort céda cette province en 1223, à Louis VIII. roi de France. Cette cession lui fut confirmée par le traité de 1228; en sorte que sur la fin du même siecle, Philippe le Hardi prit possession du comté de Toulouse, & reçut le serment des habitans, avec promesse de conserver les privileges, usages, libertés, & coûtumes des lieux.

On ne trouve point qu'on ait donné le nom de *Languedoc* à cette province, avant ce tems-là. On appella d'abord *Languedoc*, tous les pays où l'on parloit la langue toulousaine, pays bien plus étendus que la province de *Languedoc*; car on comprenoit dans les pays de *Languedoc*, la Guyenne, le Limousin, & l'Auvergne. Ce nom de *Languedoc* vient du mot *oc*, dont on se servoit en ces pays-là pour dire *oui*. C'est pour cette raison qu'on avoit divisé dans le xjv. siecle toute la France en deux langues; *la langue d'oui*, dont Paris étoit la premiere ville, & *la langue d'oc*, dont Toulouse étoit la capitale. Le pays de cette *langue d'oc* est nommé en latin dans les anciens monumens, *paitia octitana*; & dans d'autres vieux actes, la province de *Languedoc* est appellée *lingua d'oc*.

Il est vrai cependant qu'on continua de la nommer *Septimanie*, à cause qu'elle comprenoit sept cités; savoir, Toulouse, Beziers, Nismes, Agde, Maguelone aujourd'hui Montpellier, Lodeve, & Usez.

Enfin en 1361 le *Languedoc* fut expressément réuni à la couronne, par lettres-patentes du roi Jean. Ainsi le *Languedoc* appartient au roi de France par droit de conquête, par la cession d'Amaury de Montfort en 1223, & par le traité de 1228.

C'est un pays d'états, & en même tems la province du royaume où le clergé est le plus nombreux & le plus riche. En effet on y compte trois archevêchés, & vingt évêchés.

Ce pays est généralement fertile en grains, en fruits, & en excellens vins. Son histoire naturelle est très-curieuse par ses eaux minérales, ses plantes, ses pétrifications, ses carrieres de marbre, ses mines de turquoises, & autres singularités.

Le commerce de cette province, qui consiste principalement en denrées, & en manufactures de soie, de draps, & de petites étoffes de laine, est un commerce considérable, mais qu'il importe de rendre plus florissant, en faisant cesser ces regles arbitraires établies sous les noms de *traite-foraine* & *traite-domaniale*; ces regles forment une jurisprudence très-compliquée, qui déroute le commerce, décourage le négociant, occasionne sans cesse des procès, des saisies, des confiscations, & je ne sais combien d'autres sortes d'usurpations. D'ailleurs, la traite-foraine du *Languedoc*, sur les frontieres de Provence, est abusive, puisqu'elle est établie en Provence. La traite domaniale est destructive du commerce étranger, & principalement de l'agriculture.

Il est, selon la remarque judicieuse de l'auteur moderne des considérations sur les finances, il est un autre vice intérieur en *Languedoc*, dont les riches gardent le secret, & qui doit à la longue porter un grand préjudice à cette belle province. Les biens y ont augmenté de valeur, à mesure que les progrès du commerce, soit intérieur ou extérieur, ont haussé le prix des denrées. Les impôts n'y ont pas augmenté de valeur intrinseque, dans la même progression, ni en proportion des dépenses nécessaires de l'état. Cependant les manœuvriers, fermiers, ouvriers, laboureurs, y sont dans une position moins heureuse que dans d'autres provinces qui payent davantage. La raison d'un fait si extraordinaire en apparence, vient de ce que le prix des journées, des corvées, n'y a point haussé proportionnellement à celui des denrées. Il n'est en beaucoup d'endroits de cette province, que de six sols, comme il y a cent ans. Les propriétaires des terres, par l'effet d'un intérêt personnel mal-entendu, ne veulent pas concevoir que la consommation du peuple leur reviendroit avec bénéfice; que d'ailleurs sans aisance il ne peut y avoir d'émulation ni de progrès dans la culture, & dans les arts; mais s'il arrive un jour que dans les autres provinces on vienne à corriger l'arbitraire, le *Languedoc* sera vraissemblablement desert, ou changera de principe. (*D. J.*)

LANGUEDOC, *canal de*, (*Méchan. Hydraul. Architect.*) On le nomme autrement *canal de la jonction des deux mers*, *canal royal*, *canal de Riquet*; & la raison de tous ces noms sera facile à voir par la suite. C'est un superbe canal qui traverse la province de *Languedoc*, joint ensemble la Méditerranée & l'Océan, & tombe dans le port de Cette, construit pour recevoir ses eaux.

L'argent ne peut pénétrer dans les provinces & dans les campagnes, qu'à la faveur des commodités établies pour le transport & la consommation des denrées; ainsi tous les travaux de ce genre qui y concourront, seront l'objet des grands hommes d'état, dont le goût se porte à l'utile.

Ce fut en 1664 que M. Colbert qui vouloit préparer de loin des sources à l'abondance, fit arrêter le projet hardi de joindre les deux mers par le *canal de Languedoc*. Cette entreprise déjà conçue du tems de Charlemagne, si l'on en croit quelques auteurs, le fut certainement sous François I. Dès-lors on proposa de faire un canal de 14 lieues de Toulouse à Narbonne, d'où l'on eût navigué par la riviere d'Aude, dans la Méditerranée. Henri IV. & son ministre y songerent encore plus sérieusement, & trouverent la chose possible, après un mûr examen; mais la gloire en étoit réservée au regne de Louis XIV. D'ailleurs l'exécution de l'entreprise, a été bien plus considérable que le projet de M. de Sully, puisqu'on a donné à ce canal 60 lieues de longueur, afin de favoriser la circulation d'une plus grande quantité de denrées. L'ouvrage dura 16 ans; il fut commencé en 1664, & achevé en 1680, deux ou trois ans avant la mort de M. Colbert; c'est le monument le plus glorieux de son ministere, par son utilité, par sa grandeur, & par ses difficultés.

Riquet osa se charger des travaux & de l'exécution, sur le plan & les mémoires du sieur Andréossi son ami, profond méchanicien, qui avoit reconnu en prenant les niveaux, que Nauraufe, lieu situé près de Castelnaudari, étoit l'endroit le plus élevé qui fût entre les deux mers. Riquet en fit le point de partage, & y pratiqua un bassin de deux cent toises de long, sur cent-cinquante de large. C'est un des plus beaux bassins que l'on puisse voir; il contient en tout tems sept piés d'eau que l'on distribue par deux écluses, l'une du côté de l'Océan, & l'autre du côté de la Méditerranée. Pour remplir ce bassin, de maniere qu'il ne tarisse jamais, on a construit un reservoir nommé *le reservoir de S. Ferréol*, qui a douze cent toifes de longueur, fur cinq cent de largeur, & vingt de profondeur. La forte digue qui lui fert de bafe, porte l'eau au baffin de Nauraule.

L'inégalité du terrein; les montagnes & les rivieres qui fe rencontrent fur la route, fembloient des obftacles invincibles au fuccès de cette entreprife. Riquet les a furmontés; il a remédié à l'inégalité du terrein, par plufieurs éclufes qui foutiennent l'eau dans les defcentes. Il y en a quinze du côté de l'Océan, & quarante-cinq du côté de la Méditerranée. Les montagnes ont été entr'ouvertes, ou percées par fes foins; il a pourvû à l'incommodité des rivieres & des torrens, par des ponts & des aqueducs fur lefquels paffe le canal, en même tems que des rivieres & des torrens paffent par-deffous. On compte 37 de ces aqueducs, & huit ponts. En un mot les bateaux arrivent de l'embouchure de la Garonne, qui eft dans l'Océan, au port de Cette, qui eft dans la Méditerranée, fans être obligés de paffer le détroit de Gibraltar. Riquet termina fa carriere & fon ouvrage prefqu'en même tems, laiffant à fes deux fils le plaifir d'en faire l'effai en 1681.

Ce canal a coûté environ treize millions de ce tems-là, qu'on peut évaluer à vingt-cinq millions de nos jours, qui ont été payés en partie par le roi, & en partie par la province de Languedoc.

Il n'a manqué à la gloire de l'entrepreneur, que de n'avoir pas voulu joindre fon canal à celui de Narbonne fait par les Romains, & qui n'en eft qu'à une lieue; il eut alors rendu fervice à tout un pays, en fauvant même une partie de la dépenfe qu'il confomma à percer la montagne de Malpas. Mais Riquet eut la foibleffe de préférer l'utilité de Beziers, où le bafard l'avoit fait naître, au bien d'une province entiere. C'eft ainfi qu'il a privé Narbonne, Carcaffonne, & Touloufe, des commodités, des reffources, & des avantages de fon canal. (*D. J.*)

LANGUETTE, f. f. (*Gramm. & Art. méchaniq.*) fe dit de tout ce qui eft taillé en forme de petite langue.

LANGUETTE, (*Hydr.*) *Voyez* CLOISON.

LANGUETTE, *terme d'Imprim*. C'eft une petite piece de fer mince, d'un pouce & demi de large, & d'un pouce de long, arrondie par l'extrémité, laquelle eft attachée hors d'œuvre du chaffis de la friffquette, pour fixer à l'ouvrier un endroit certain par où la lever & l'abaiffer à mefure qu'il imprime chaque feuille de papier : quelques perfonnes lui donnent le nom d'*oreille*. *Voyez les Pl. d'Imprimerie*.

LANGUETTE, (*Luth.*) petite foupape à reffort qui fait ouvrir & parler, fermer & taire les trous d'un inftrument à vent.

LANGUETTES, *en Maçonnerie*, féparation de deux ou plufieurs tuyaux de cheminée, lefquelles fe font de plâtre pur, de brique, ou de pierre.

LANGUETTE, *en Menuiferie*, fe dit de la partie la plus menue d'un panneau, qui fe place dans les rainures, lorfqu'on affemble.

LANGUETTE, *terme d'Orfèvre*, petit morceau d'argent laiffé exprès en faillie & hors d'œuvre aux ouvrages d'orfévrerie, & que le bureau de l'Orféverie retranche & éprouve par le feu, avant que de le contre-marquer du poinçon de la ville.

Les Orfévres ont introduit cet ufage, afin que les gardes ne détériorent point une piece, en coupant quelquefois d'un côté qui doit être ménagé; cependant les gardes ont le droit de couper arbitrairement à chaque piece le morceau d'effai.

LANGUETTE, *dans les Orgues*, font de petites pieces de laiton flexible & élaftique, dont on couvre l'anche. *Voyez* TROMPETTE, & *l'art*. ORGUE, & les Planches de luth. & orgue. La *languette* eft affermie dans la noix avec l'anche, par un coin de bois, & elle eft réglée par la rafette. *Voyez* RASETTE.

LANGUETTE, *Potier d'étain*, piece placée fur le couvercle d'un vaiffeau, attachée à l'anfe, & deftinée à faire lever le couvercle par l'action du pouce qu'on pofe deffus, quand on veut ouvrir le vaiffeau.

LANGUEUR, (*Mor.*) il fe dit des hommes & des fociétés. L'ame eft dans la *langueur*, quand elle n'a ni les moyens ni l'efpérance de fatisfaire une paffion qui la remplit; elle refte occupée fans activité. Les états font dans la *langueur* quand le dérangement de l'ordre général ne laiffe plus voir diftinctement au citoyen un but utile à fes travaux.

LANGUEUR, f. f. (*Méd.*) eft un mode ou efpece de foibleffe plus facile à fentir qu'à définir; elle eft univerfelle ou particuliere; on fent des *langueurs* d'eftomac. *Voyez* INDIGESTION, ESTOMAC. On éprouve des *langueurs* générales, ou un anéantiffement de tout le corps; on ne fe fent propre à aucune efpece d'exercice & de travail; les mufcles femblent refufer leur action; on n'a pas même la volonté de les mouvoir, parce qu'on fouffre un malaife quand on le fait; c'eft un fymptome propre aux maladies chroniques, & particulierement à la chlorofe; il femble être approprié aux maladies dans lefquelles le fang & les humeurs qui en dérivent, font vapides, fans ton & fans activité. Le corps, ou pour mieux dire, les fonctions corporelles ne font pas les feules *langueurs*; mais les opérations de l'efprit, c'eft-à-dire, les facultés de fentir, de penfer, d'imaginer, de raifonner, font dans un état de *langueur*. fingulier; telle eft la dépendance où font ces fonctions du corps. Ce fymptome n'aggrave point les maladies chroniques; il femble indiquer feulement l'état atonique du fang & des vaiffeaux, la diminution du mouvement inteftin putréfactif. Les remedes les plus appropriés par conféquent font ceux qui peuvent réveiller & animer ce ton, qui peuvent augmenter la fermentation ou le mouvement inteftin du fang, & l'action des vaiffeaux fur les liquides; tels font l'équitation, les martiaux, les plantes cruciformes, les alkalis fixes & volatils, & généralement tous ceux qui font réellement convenables dans les maladies dont la *langueur* eft le fymptome. *Voyez* CHLOROSE, FORCE, FOIBLESSE. &c. (*M*)

LANGUEYER, v. act. (*Comm.*) vifiter un porc pour s'affurer s'il n'eft point ladre. Ce qui fe reconnoît à la langue.

LANGUEYEUR, f. m. (*Comm.*) officier établi dans les foires & marchés, pour vifiter ou faire vifiter les porcs, & pour s'il ne s'en vende point de ladres.

LANGUIR, (*Jardinage.*) fe dit d'un arbre qui eft dans un état de langueur, c'eft-à-dire, qui pouffe foiblement. On doit en rechercher la caufe pour la faire ceffer, & rétablir l'arbre dans la premiere vigueur.

LANHOSO, (*Géog.*) ville de Portugal, avec château dans la province, entre Minho & Duro, à trois lieues de Brague.

* LANIA, *ou* LANISSE, f. f. -(*Couv.*) il ne fe dit guere que de la bourre que les laineurs, efplaigneurs & couverturiers levent de deffus les draps, couvertures & autres étoffes de laine. Il eft défendu aux Tapiffiers de mêler de la *bourre-laniffe* avec de la laine dans leurs ouvrages.

LANIER, f. m. *lanarius*, (*Hift. nat. Ornithol.*) oifeau de proie un peu moins grand que le faucon gentil. Albin le donne fous le nom de *petit lanier*, dans fon hiftoire naturelle des oifeaux. Il a fur le bec, les jambes & les piés bleus; toutes les parties fupérieures de ce l'oifeau font de couleur brune, approchante de celle de la rouille de fer, quelquefois avec de petites taches rondes & blanches. Il a fur le front une bande blanche, qui s'étend de chaque côté au-dessus de l'œil. Les parties inférieures du corps sont blanches avec des taches noires, qui suivent les bords de chaque plume. Les grandes plumes de l'aile sont noires ; la face inférieure de l'aîle étendue paroît parsemée de taches blanches & rondes. Les piés ont moins de longueur, à proportion que ceux des faucons, des éperviers, du gerfaut, &c. Le mâle est plus petit que la femelle ; on lui donne le nom de *laneret*. Cet oiseau niche sur les grands arbres des forêts, & sur les rochers élevés. On l'apprivoise & on le dresse aisément ; il prend non-seulement les cailles, les perdrix, les faisans, &c. mais aussi les canards, & même les grives. Il reste en France pendant toute l'année. *Voyez* Willugh. *Ornith.* & l'*Ornithologie* de M. Brisson, où sont les descriptions de deux autres especes de *lanier*, savoir le *lanier* blanc & le *lanier* cendré. *Voyez* OISEAU.

LANIERE, s. f. (*Gramm. & art méchan.*) bande de cuir mince & longue, qu'on emploie à différens usages.

LANIFERE, adj. masc. & fem. *lanigerus*, (*Bot.*) épithete que l'on donne aux arbres qui portent une substance laineuse, telle que celle que l'on trouve ordinairement dans les chatons du saule ; on nomme *coton*, le duvet qui couvre certains fruits, comme la pêche ou le coing ; on dit aussi en parlant des feuilles, qu'elles sont cotonneuses, ou velues. L'étude de la Botanique a enrichi notre langue de tous ces divers mots. (*D. J.*)

LANION, (*Géogr.*) petite ville de France, en basse Bretagne, vers la côte de la Manche, au diocèle de Treguier, à trois lieues de cette ville, en allant à Morlaix. *Long. 14. 20. lat. 48. 42.* (*D. J.*)

LANISTE, s. m. *lanista*, (*Hist. rom.*) on appelloit *lanistes* à Rome, les maîtres qui formoient les gladiateurs, & qui les fournissoient par paires au public. C'étoit eux qui les exerçoient, qui les nourrissoient, qui les encourageoient, & qui les faisoient jurer de combattre jusqu'à la mort ; de-là vient que Pétrone nomme plaisamment les gladiateurs, *lanistita familia* ; mais nous avons parlé suffisamment des *lanistes* au mot GLADIATEUR, *P. 695 du Tome VII.* (*D. J.*)

LANKAN, (*Géogr.*) grande riviere d'Asie, qui a sa source dans la Tartarie, au royaume de Lassa ou de Boutan, & qui après un long cours, se perd dans le golfe de la Cochinchine, vis-à-vis l'île de Hainau. Le P. Gaubil détermine le lac que fait cette riviere, à 29^d 50' de latitude. (*D. J.*)

LANNOY, *Alnetum*, (*Géograph.*) petite ville de France, avec titre de comté, dans la Flandre Wallonne, à deux lieues de Lille & trois de Tournay. Elle fut cédée à la France en 1667. *Long. 20. 55. lat. 50. 40.*

Rapheling (*François*) naquit dans la petite ville de *Lannoy*, & lui fit honneur, non par la fortune, ou la noblesse de son extraction, prétens du hasard, mais par sa conduite & son savoir. De correcteur de l'imprimerie des Plantins, il devint professeur en langues orientales, dans l'université de Leyde. Le dictionnaire chaldaïque, le dictionnaire syriaque, le dictionnaire persique, & autres ouvrages de ce genre qu'il avoit faits auparavant, lui valurent cette charge honorable ; mais le chagrin de la perte de sa femme abrégea ses jours, qui finirent en 1597, à l'âge de cinquante-huit ans. (*D. J.*)

LANO-NIGER, (*Monnoie.*) c'étoit une espece de petite monnoie qui étoit en vogue du tems d'Edouard I.

LANSPESSADE, (*Art milit.*) *Voyez* ANSPESSADE.

* LANSQUENET, (*Jeu de hasard.*) voici en général comme il se joue. On y donne à chacun une carte, sur laquelle on met ce qu'on veut ; celui qui a la main se donne la sienne. Il tire ensuite les cartes ; s'il amene la sienne, il perd ; s'il amene celles des autres, il gagne. Mais pour concevoir les avantages & désavantages de ce jeu, il faut expliquer quelques regles particulieres que voici.

On nomme *coupeurs*, ceux qui prennent cartes dans le tour, avant que celui qui a la main se donne la sienne.

On nomme *carabineurs*, ceux qui prennent cartes, après que la carte de celui qui a la main est tirée.

On appelle la *réjouissance*, la carte qui vient immédiatement après la carte de celui qui a la main. Tout le monde y peut mettre, avant que la carte de celui qui a la main soit tirée ; mais il ne tient que ce qu'il veut, pourvu qu'il s'en explique avant que de tirer sa carte. S'il la tire sans rien dire, il est censé tenir tout.

Le fonds du jeu réglé, celui qui a la main donne des cartes aux coupeurs, à commencer par sa droite, & ces cartes se nomment *cartes droites*, pour les distinguer des cartes de reprise & de réjouissance. Il se donne une carte, puis il tire la réjouissance. Cela fait, il continue de tirer toutes les cartes de suite ; il gagne ce qui est sur la carte d'un coupeur, lorsqu'il amene la carte de ce coupeur, & il perd tout ce qui est au jeu lorsqu'il amene la sienne.

S'il amene toutes les cartes droites des coupeurs avant que d'amener la sienne, il recommence & continue d'avoir la main, soit qu'il ait gagné ou perdu la réjouissance.

Lorsque celui qui a la main donne une carte double à un coupeur, c'est-à-dire une carte de même espece qu'une autre carte qu'il a déja donnée à un autre coupeur qui est plus à la droite, il gagne le fonds du jeu sur la carte perdante, & il est obligé de tenir le double sur la carte double.

Lorsqu'il donne une carte triple à un coupeur, il gagne ce qui est sur la carte perdante, & il est tenu de mettre quatre fois le fonds du jeu sur la carte triple.

Lorsqu'il donne une carte quadruple à un coupeur, il reprend ce qu'il a mis sur les cartes simples ou doubles, s'il y en a ; il perd ce qui est sur la carte triple de même espece que la quadruple qu'il amene, & il quitte la main sur le champ, sans donner d'autres cartes.

S'il se donne à lui-même une carte quadruple, il prend tout ce qu'il y a sur les cartes des coupeurs, & sans donner d'autres cartes, il recommence la main.

Lorsque la carte de réjouissance est quadruple, elle ne va point.

C'est encore une loi du jeu, qu'un coupeur dont la carte est prise, paye le fonds du jeu à chaque coupeur qui a une carte devant lui, ce qui s'appelle *arroser* ; mais avec cette distinction que quand c'est une carte droite, celui qui perd paye aux autres cartes droites le fonds du jeu, sans avoir égard à ce que la sienne, ou la carte droite des autres coupeurs soit simple, double ou triple ; au lieu que si c'est une carte de reprise, on ne paye & on ne reçoit que selon les regles du parti. Or à ce jeu, les paris dont on doit mettre trois contre un, lorsqu'on a carte double contre carte simple ; deux contre un, lorsqu'on a carte triple contre carte double ; & trois contre un, lorsqu'on a carte triple contre carte simple.

Ces regles bien conçues, on voit que l'avantage de celui qui a la main, en renferme un autre, qui est de conserver les cartes droites des coupeurs avant que d'amener la sienne ; or comme cela peut arriver plusieurs fois de suite, quelque nombre de coupeurs qu'il y ait, il faut, en appréciant l'avantage de celui qui tient les cartes, avoir égard à l'espérance qu'il a de faire la main un nombre de fois quelconque indéterminément. D'où il suit qu'on ne peut exprimer l'avantage de celui qui a la main, que par une suite infinie de termes qui iront toujours en diminuant.

Qu'il a d'autant moins d'espérance de faire la main, qu'il y a plus de coupeurs & plus de cartes simples parmi les cartes droites.

Qu'obligé de mettre le double du fonds du jeu sur les cartes doubles, & le quadruple sur les triples, l'avantage qu'il auroit en amenant des cartes doubles ou triples, avant la sienne, diminue d'autant ; mais qu'il est augmenté par l'autre condition du jeu, qui lui permet de reprendre en entier ce qu'il a mis sur les cartes doubles & triples, lorsqu'il donne à un des coupeurs une carte quadruple.

S'il y a trois coupeurs A, B, C, & que le fonds du jeu soit F, & que le jeu soit aux pistoles, ou $F = $ à une pistole, on trouve que l'avantage de celui qui a la main, est de 2 liv. 15 s. & environ 10 den. $\frac{420}{729}$ de deniers.

S'il y a quatre coupeurs, cinq coupeurs, cet avantage varie.

Pour quatre coupeurs, son avantage est de 4 liv. 19 sols 1 den. $\frac{2168}{7077}$ de deniers.

Pour cinq coupeurs, il est de 7 liv. 14 sols 7 den. $\frac{4811}{17577}$ de deniers.

Pour six coupeurs, il est de 10 liv. 12 s. 10 den. $\frac{333171121179}{3317078130471719}$ de deniers.

Pour sept coupeurs, il est de 14 liv. 16 s. 5 den. $\frac{13749163793}{774100041171717}$ de deniers.

D'où l'on voit que l'avantage de celui qui a la main ne croît pas dans la même raison que le nombre de joueurs.

S'il y a quatre coupeurs, le desavantage de A ou du premier, est 2 l. 16 s. 11 d. $\frac{244}{7077}$ de deniers.

Le desavantage de B ou de second, est 1 l. 14 s. 1 den. $\frac{7688}{7077}$ de deniers.

Le desavantage de C ou de troisieme, est 8 sols. o den. $\frac{1416}{7077}$ de deniers.

La probabilité que celui qui a la main la conservera, diminue à mesure qu'il y a un plus grand nombre de coupeurs, & l'ordre de cette diminution depuis trois coupeurs jusqu'à sept inclusivement, est à peu-près comme $\frac{1}{3}, \frac{1}{4}, \frac{1}{5}, \frac{1}{6}, \frac{11}{2}$.

Il se trouve souvent des coupeurs qui se voyant la main malheureuse, ou pour ne pas perdre plus d'argent qu'ils n'en veulent hasarder, passent leur main, sans quitter le jeu. On voit que c'est un avantage qu'ils font à chaque coupeur.

Il en est de même quand un coupeur quitte le jeu.

Voici une table pour divers cas, où Pierre qui a la main, auroit carte triple. Elle marque combien il y a à parier qu'il la conservera.

S'il n'y a au jeu qu'une carte simple, celui qui a la main peut parier 3 contre 1.

S'il y a deux cartes simples, 9 contre 5.

S'il y a trois cartes simples, 81 contre 59.

S'il y a quatre cartes simples, 243 contre 212.

S'il y a cinq cartes simples, 279 contre 227.

S'il n'y a qu'une carte double, 2 contre 1.

S'il y a une carte simple & une carte double, 7 contre 5.

S'il y a deux cartes doubles, 8 contre 7.

S'il y a deux cartes simples & une double, 67 contre 59.

S'il y a six cartes simples, 6561 contre 7271.

S'il y a une carte simple & deux doubles, 59 contre 61.

C'est un préjugé que la carte de réjouissance soit favorable à ceux qui y mettent. Si cette carte a de l'avantage dans certaines dispositions des cartes des coupeurs, elle a du desavantage dans d'autres, & elle se compense toujours exactement.

La dupe est une espece de *lansquenet*, où celui qui tient la dupe se donne la premiere carte ; celui qui a coupé est obligé de prendre la seconde ; les autres joueurs peuvent prendre ou refuser la carte qui leur est présentée, & celui qui prend une carte double en fait le parti ; celui qui tient la dupe ne quitte point les cartes, & conserve toujours la main. On appelle *dupe* celui qui a la main, parce que la main ne change point, & qu'on imagine qu'il y a du desavantage à l'avoir. Mais quand on analyse ce jeu, on trouve égalité parfaite, & pour les joueurs entre eux, & pour celui qui tient la main, eu égard aux joueurs.

LANSQUENETS, subst. masc. (*Art. milit.*) corps d'infanterie allemande, dont on a fait autrefois usage en France. *Lansquenet* est un mot allemand, qui signifie un *soldat qui sert en Allemagne* dans le corps d'infanterie. *Pedes germanicus.*

LANTEAS, subst. masc. (*Commerce.*) grandes barques chinoises, dont les Portugais de Macao se servent pour faire le commerce de Canton. Les *lanteas* sont de 7 à 800 tonneaux. Les commissionnaires n'en sortent point tant que dure la foire de Canton ; & il n'est pas permis à de plus grands bâtimens de s'avancer davantage dans la riviere.

LANTER, (*Art. méc.*) *Voyez* LENTER & LENTURE.

LANTERNE, s. f. (*Gram. & Art méchaniq.*) il se dit en général de petite machine faite ou revêtue de quelque chose de solide & de transparent, ouverte par sa partie supérieure & fermée de toute autre part ; au centre de laquelle on puisse placer un corps lumineux, de maniere qu'il éclaire au-dessus, que sa fumée s'échappe & que le vent ne l'éteigne pas. Il y en a de gaze, de toile, de peau de vessie de cochon, de corne, de verre, de papier, &c.

LANTERNE, (*Hydr.*) se dit d'un petit dome de treillage élevé au-dessus d'un grand, auquel il sert d'amortissement. Dans une machine hydraulique, c'est une piece à jour faite en *lanterne* avec des fuseaux qui s'engrenent dans les dents d'un rouet, pour faire agir les corps de pompe. (*K*)

LANTERNE MAGIQUE, (*Dioptr.*) machine inventée par le P. Kircker, jésuite, laquelle a la propriété de faire paroître en grand sur une muraille blanche des figures peintes en petit sur des morceaux de verre minces, & avec des couleurs bien transparentes.

Pour cet effet, on éclaire fortement par-derriere le verre peint, sur lequel est placé la représentation de l'objet ; & on place par-devant à quelque distance de ce verre qui est placé, deux autres verres lenticulaires, qui ont la propriété d'écarter les rayons qui partent de l'objet, de les rendre divergens, & par conséquent de donner sur la muraille opposée une représentation de l'image beaucoup plus grande que l'objet. On place ordinairement ces deux verres dans un tuyau, où ils sont mobiles, afin qu'on puisse les approcher ou les éloigner l'un de l'autre, suffisamment pour rendre l'image distincte sur la muraille.

Ce tuyau est attaché au-devant d'une boëte quarrée dans laquelle est le porte-objet ; & pour que la *lanterne* fasse encore plus d'effet, on place dans cette même boëte un miroir sphérique, dont la lumiere occupe à peu-près le foyer ; & au-devant du porte-objet, entre la lumiere & lui, on place un troisieme verre lenticulaire. Ordinairement on fait glisser le porte-objet par une coulisse pratiquée en M, tout auprès du troisieme verre lenticulaire. *Voyez la figure* 10. *d'Optique*, où vous verrez la forme de la *lanterne magique*. N O est le porte-objet, sur lequel sont peintes différentes figures qu'on fait passer

paſſer ſucceſſivement entre le tuyau & la boëte, comme la figure le repréſente. On peut voir ſur la *lanterne magique* l'*eſſai phyſique* de M. Muſchenbrock §. 1320 & ſuivans, & les *leçons de Phyſique* de M. l'Abbé Nollet, *tome V.* vers la fin. La théorie de la *lanterne magique* eſt fondée ſur une propoſition bien ſimple; ſi on place un objet un peu au-delà du foyer d'une lentille , l'image de cet objet ſe trouvera de l'autre côté de la lentille , & la grandeur de l'image ſera à celle de l'objet, à peu-près comme la diſtance de l'image à la lentille eſt à celle de l'objet à la lentille. *Voyez* LENTILLE. Ainſi on pourroit faire des *lanternes magiques* avec un ſeul verre lenticulaire ; la multiplication de ces verres ſert à augmenter l'effet. (*O*)

LANTERNE, (*Méchaniq.*) eſt une roue , dans laquelle une autre roue engrene. Elle differe du pignon en ce que les dents du pignon ſont ſaillantes, & placées au-deſſus & tout-autour de la circonférence du pignon, au lieu que les dents de la *lanterne* (& qu'on les appeller ainſi) ſont creuſées au-dedans du corps même, & ne ſont proprement que des trous où les dents d'une autre roue doivent entrer. *Voyez* DENT, ROUE, ENGRÉNAGE & PIGNON. *Voyez* auſſi l'*article* CALCUL *des nombres*. (*O*)

LANTERNE la , (*Fortification.*) eſt un inſtrument pour charger le canon. On l'appelle quelquefois *cuillere*. Elle eſt ordinairement de cuivre rouge : elle ſert à porter la poudre dans la piece, & elle eſt faite en forme d'une longue cuillere ronde. On la monte ſur une tête, maſſe , ou boëte emmanchée d'une hampe ou long bâton. Elle eſt ainſi compoſée de deux parties ; ſavoir, de ſa boëte qui eſt de bois d'orme, & qui eſt tournée ſelon le calibre de la piece pour laquelle elle eſt deſtinée : elle a de longueur un calibre & demi de la piece. L'autre partie eſt un morceau de cuivre attaché à la boëte avec des clous auſſi de cuivre à la hauteur d'un demi-calibre.

La *lanterne* doit avoir trois calibres & demi de longueur, deux de largeur, & être arrondie par le bout de devant pour charger les pieces ordinaires.

La hampe eſt de bois de frêne ou de hêtre d'un pouce & demi de diametre, ſa longueur eſt de douze piés juſqu'à dix. *Voyez nos Planches d'Art militaire*, & *leut explic*.

LANTERNE de corne, (*Hiſt. des inventions.*) on prétend qu'on en faiſoit autrefois de corne de bœuf ſauvage, mais on n'en donne point de preuve ; Pline dit ſeulement, *l. VIII. c. xv.* que cette corne coupée en petites lames minces, étoit tranſparente. On cite Plaute dans ſon *Prologue de l'Amphitrion*, & Martial, *l. XIV. épiſt. 16*. Il eſt vrai que ces deux auteurs, dans les endroits que l'on vient de nommer, parlent des *Lanternes*, mais ils n'en indiquent point la matiere ; je penſe donc qu'on doit attribuer l'invention des *lanternes de corne* à Alfred le grand, qui, comme on ſait, régnoit avec tant de gloire ſur la fin du neuvieme ſiecle ; alors on meſuroit le tems en Angleterre avec des chandelles allumées ; l'uſage même des clepſydres y étoit inconnu ; mais comme le vent faiſoit brûler la lumiere inégalement, & qu'il rendoit la meſure du tems très-fautive, Alfred imagina de faire ratifier de la belle corne en feuilles tranſparentes, & de les encadrer dans des challis de bois ; cette invention utile à tout égards devint générale ; & bientôt on la perfectionna par le ſecours du verre. (*D. J.*)

LANTERNE, les *Balanciers* appellent *lanterne* une boëte aſſemblée, où, au lieu de panneaux de bois, ce ſont des verres, dans laquelle on ſuſpend un trébuchet, lorſque l'on veut peſer bien juſte quelque choſe, comme quand on eſſaye de l'or ou quelque

choſe de précieux. *Voyez les Planches du Balancier*, & *celles de Chimie*.

LANTERNE, *terme de Boutonnier*, ce ſont deux eſpeces de cylindres creux & à jour, formés par deux petites planches rondes & minces, percées de trous à leur circonférence, & placées à une certaine diſtance l'une de l'autre au moyen de pluſieurs petites baguettes qui paſſent dans ces trous, ce qui forme une eſpece de cage ronde & oblongue. Les deux planches qui ſervent de fond à la cage ſont percées au centre d'un trou, dans lequel on paſſe une broche qui ſert d'axe au cylindre. Le mouvement que la roue du rouet imprime au rochet, arrange le fil autour du rochet, & par conſéquent tire l'écheveau qui étant placé autour des *lanternés*, leur communique le mouvement qu'il a reçu. *Voyez Planches* du Boutonnier, qui repréſente une femme qui devide au moyen d'un rouet un écheveau ſur un rochet ; l'écheveau eſt monté ſur les deux *lanternes* ou tournettes , qui ſont elles-mêmes montées ſur un petit banc ou billot.

LANTERNE, (*Gazier*.) qu'on nomme auſſi *plioir*, eſt un terme de Gazier. C'eſt un inſtrument deſſus qui ſert à ces ouvriers pour ôter la ſoie de rond, l'ourdiſſoir , & la mettre ſur les deux enſubles qui ſont au haut du métier à gaze. *Voyez* GAZE.

LANTERNE *de Graveur* eſt une machine propre à mettre de la lumiere pour travailler la nuit ; elle conſiſte en une partie qui forme le chandelier , & une feuille de papier huilée qui eſt colée ſur un petit chaſſis. *Voyez nos Pl. de Gravure*, & *l'art*. CHASSIS DE GRAVEUR.

LANTERNE, (*Horlog.*) nom que l'on donne à une ſorte de pignon ; on s'en ſert particulierement dans les grandes machines. *Voyez* PIGNON À LANTERNE, & *les Planches des machines hydrauliques*.

LANTERNE *d'Eſſayeur* (*à la Monnoie*.) eſt une eſpece de boëte terminée en chapiteau pointu en forme de quarré long, trois des côtés ſont armés intérieurement de glaces, au-deſſus des glaces & avant le chapiteau regne une petite conduite d'un lacet de ſoie qui va répondre au-bas & vis-à-vis le petit tiroir qui ſert de baſe à la *lanterne*. Ce lacet a pour objet de lever une petite balance ou trébuchet. Cette *lanterne* ainſi préparée eſt pour que l'air ou autre corps ne faſſe trébucher la balance. *Voyez les Planches de Chimie*.

LANTERNE, les *Orfevres* appellent ainſi la partie d'une croſſe d'évêque, ou d'un bâton de chantre, qui eſt groſſe & à jour, & repréſente en quelque façon une *lanterne*.

LANTERNE *de l'Ourdiſſoir*, (*Ruban*.) c'eſt poſitivement la cage pour loger le moulin ſervant à ourdir ; cette *lanterne* eſt compoſée de quatre grands piliers montant de la hauteur de ſix piés, larges de trois pouces, & épais de deux. Le pilier de devant porte dans le haut de ſon extrémité, & auſſi par-devant, une entaille quarrée pour loger une poulie, ſur laquelle doit paſſer la ficelle du blin ; ce même pilier a encore chez ſes deux rainures de haut en bas des côtés de ſon épaiſſeur pour recevoir les arrêtes du blin qui doit monter & deſcendre le long d'elles, deux traverſes emmortaiſées l'une dans l'autre à leur centre, & dont les extrémités terminées en tenons viennent aboutir à quatre mortaiſes pratiquées haut & bas dans chacun des quatre piliers dont on vient de parler. Ces mortaiſes ſont à quatre pouces des extrémités de ces piliers ; la traverſe d'en haut eſt percée d'outre en outre directement à ſon centre d'un trou pour recevoir la broche de l'arbre du moulin ; cette traverſe eſt encore percée de trois trous , mais non pas d'outre en outre comme la précédent ; ces trois trous ſont pour recevoir, les bouts des piés de la couronne : les bras de cette traverse qui vient aboutir au pilier de devant, n'a point ce trou à cause du passage de la ficelle du blin, qui doit s'aller entortiller autour de la broche de l'arbre du moulin ; la traverse croisée d'en-bas a à son centre une petite entaille quarrée pour recevoir le tourillon quarré de la grande table ronde du fond. *Voyez* BLIN, ARBRE DU MOULIN, *&c.*

LANTERNES *fête des*, (*Hist. de la Chine.*) fête qui se célebre à la Chine le quinzieme jour du premier mois, en suspendant ce jour-là dans les maisons & dans les rues un très-grand nombre de *lanternes* allumées.

Nos missionnaires donnent pour la plûpart des descriptions si merveilleuses de cette fête chinoise, qu'elles sont hors de toute vraissemblance ; & ceux qui se sont contentés d'en parler plus simplement, nous représentent encore cette fête comme une chose étonnante, par la multiplicité des lampes & des lumieres, par la quantité, la magnificence, la grandeur, les ornemens de dorure, de sculpture, de peinture & de vernis des *lanternes*.

Le P. le Comte prétend que les belles *lanternes* qu'on voit dans cette fête, sont ordinairement composées de six faces ou panneaux, dont chacun fait un cadre de quatre piés de hauteur, sur un pié & demi de large, d'un bois verni, & orné de dorures. Ils y tendent, dit-il, une fine toile de soie transparente, sur laquelle on a peint des fleurs, des rochers, & quelquefois des figures humaines. Ces six panneaux joints ensemble, composent un hexagone, surmonté dans les extrémités de six figures de sculpture qui en font le couronnement. On y suspend tout autour de larges bandes de satin de toutes couleurs, en forme de rubans, avec d'autres ornemens de soie qui tombent par les angles sans rien cacher de la peinture ou de la lumiere. Il y a tel seigneur, continue le voyageur missionnaire, qui retranche toute l'année quelque chose de sa table, de ses habits & de ses équipages, pour être ce jour-là magnifique en *lanternes*. Ils en suspendent à leurs fenêtres, dans leurs cours, dans leurs salles & dans les places publiques. Il ne manquoit plus au R. P. le Comte, pour embellir son récit, que d'illuminer encore toutes les barques & les vaisseaux de la Chine, des jolies *lanternes* de sa fabrique.

Ce qu'on peut dire de vrai, c'est que toutes les illuminations qui de tems immémorial se font de maniere ou d'autre par tout pays, sont des coutumes que le monde conserve des usages du feu, & du bien qu'il procure aux hommes. (*D. J.*)

LANTERNIER, s. m. (*Gramm. Art. méch.*) c'est l'ouvrier qui fait les lanternes : on dit *ferblantier*, *lanternier*, *voyez* FERBLANTIER. On donne encore le nom de *lanternier* à celui qui allume les lanternes qui éclairent la nuit les rues de Paris.

LANTERNISTE, s. m. (*Hist. litt.*) nom d'académiciens établis à Toulouse. Ils prirent ce nom de petites *lanternes* avec lesquelles ils se rendoient à leurs assemblées qui se tenoient la nuit.

LANTHU, s. m. (*Hist. mod.*) nom d'une secte de la religion des Tunquinois, peuple voisin des Chinois. C'est la même que ceux-ci nomment *lançu* ou *lançu. Voyez* LANÇU.

Les peuples du Tunquin ont encore plus de vénération pour le philosophe auteur de cette secte, que n'en témoignent les Chinois. Elle est principalement fondée sur ce qu'il leur a enseigné une partie de la doctrine de Chacabout, *voyez* CHACABOUT.

Tavernier dans son voyage des Indes, ajoûte que ce prétendu prophete se concilia l'affection des peuples, en excitant les grands & les riches à fonder des hôpitaux dans les villes où avant lui on ne connoissoit pas ces sortes d'établissemens. Il arrive souvent que des seigneurs du royaume & des bonzes s'y retirent pour se consacrer au service des malades.

LANTIONE, s. f. (*Marine.*) c'est un bâtiment en usage dans les mers de la Chine, sur-tout pour les corsaires de ce pays. Il approche beaucoup de nos galeres ; il a seize rangs de rameurs, huit à chaque côté, & six hommes à chaque rang.

LANTOR, s. m. (*Hist. nat. Bot.*) arbre qui croît dans l'île de Java ; il est d'une hauteur extraordinaire ; ses feuilles ont cinq ou six piés de longueur ; elles sont très-fermes & très-unies, au point qu'on peut s'en servir pour y tracer avec un crayon ou un poinçon de fer : aussi servent-elles de papier aux habitans de l'île de Java.

LANUGI, (*Géogr.*) marquisat d'Italie dépendant du grand-duché de Toscane.

LANUGINEUX, adj. (*Gramm. & Botan.*) qui est velu & couvert d'un duvet semblable à la laine. On dit de quelques plantes qu'elles ont la feuille *lanugineuse*.

LANUSURE, s. f. (*Plombier.*) piece de plomb qui se place au droit des arrêtieres & sous les amortissemens. On l'appelle aussi *basque*.

LANUVIUM, (*Géogr. anc.*) aujourd'hui *Civita-Indovina* ; petite ville d'Italie dans le *Latium*, à 15 milles de Rome, sur la voie Appienne. Il y avoit un temple à *Lanuvium* dédié à Junon Conservatrice. Tite-Live, *liv. XXII. ch. j.* fait mention des sacrifices qui y furent décernés ; mais les anciens auteurs parlent encore davantage du champ de divination, nommé *solonius campus*, qui se trouvoit dans le territoire de cette ville.

Ce champ servoit d'asyle à un vieux & redoutable serpent, qui toutes les années dans la saison du printems, lorsque la terre reprend une nouvelle vie, venoit demander de la nourriture à certain jour fixe. Une fille du lieu, encore vierge, étoit chargée de la lui offrir ; cependant avec quelle crainte ne devoit-elle pas approcher du serpent terrible, & quelle épreuve pour son honneur ! Ce reptile ne vouloit recevoir d'aliment que d'une main pure & chaste. Malheur aux jeunes filles qui lui en auroient offert après avoir eu des foiblesses ! Pour les autres, elles étoient rendues à leurs parens ; elles étoient comblées de caresses, & l'air retentissoit de cris de joie qui sur ce favorable augure annonçoient au pays la récolte la plus abondante.

Properce, *Eleg. 8. liv. IV.* a décrit cette cérémonie, & le roi de France possede dans son cabinet une belle pierre gravée qui en donne la représentation. Un jeune homme, dit M. Mariette, se baisse pour prendre la corbeille mystérieuse dans laquelle est le serpent : cet animal va paroître ; & la fille aussi modeste que timide, s'avance tenant une paterre & un vase rempli de lait ou de miel. Son pere & sa mere qui l'accompagnent, semblent implorer sur elle l'assistance des dieux ; & le satyre qui les suit & qui leve le bras en signe d'acclamation, nous apprend le succès de l'épreuve, & les avantages que les habitans de la campagne en vont retirer.

Je trouve dans les *Annales historiques* que Quirinus (Publius Sulpicius), consul romain, mort l'an 22 de Jesus-Christ, naquit à *Lanuvium* ; il acheva le dénombrement de la Judée qu'avoit commencé Sentius Saturnius ; du-moins nous avons lieu de présumer que c'est le même qui est appellé *Cyrénius* dans l'évangile de saint Luc. Il mérita l'honneur du triomphe par ses victoires, & devint gouverneur de Caïus, petit-fils d'Auguste.

Mais *Lanuvium* avoit encore plus sujet de se glorifier d'avoir donné la naissance à l'empereur Marc Antonin, ce prince admirable, qui par sa sagesse & sa modération s'attira l'amour de ses sujets & les hommages des barbares. Il mourut dans le sein du repós l'an 161 de l'ere chrétienne, comblé d'années & regreté de l'univers.

Les tytans inhumains périssent dans la rage;
Mais Antonin, Trajan, Marc-Aurele, Titus,
Ont eu des jours sereins sans nuit & sans orage,
Purs comme leurs vertus. (*D. J.*)

LANZO, *Axima,* (*Géogr.*) ville d'Italie au Piémont, sur la Sture, à 8 lieues de Suze, 5 N. O. de Turin. *Long.* 25. 8. *lat.* 45. 2.

LAO *ou* LAOS, (*Géogr.*) grand royaume d'Asie au-delà du Gange. Il est situé sous le même climat que Tonquin, & séparé des états voisins par des forêts & par des déserts: aussi trouve-t-on de grandes difficultés à y aller par terre, à cause des hautes montagnes; & par eau, à cause des rochers & des cataractes dont la riviere est pleine.

Ce royaume est borné au nord par la province chinoise nommée *Yunnam*; à l'orient, par des monts élevés, par le Tonquin & par la Cochinchine; au midi, par Cambodia; & au couchant, par de nouvelles montagnes qui le séparent des royaumes de Siam & d'Ava. Un bras du Gange traverse le pays, qu'il rend navigable: de sorte que les habitans de Cambodia y vont tous les ans dans leurs proues ou bateaux pour trafiquer. La capitale est nommée *Lanchang* par M. de Lisle, & *Landjam* par Kœmpfer.

Le pays de *Lao* produit en abondance la meilleure espece de riz, de musc, de benjoin & de gomme laque qu'on connoisse; il procure quantité d'ivoire par le grand nombre d'éléphans qui s'y trouvent; il fournit aussi beaucoup de sel, quelques perles & quelques rubis. Les rivieres y sont remplies de poisson.

Le roi de *Lao* est le prince le plus absolu qu'il y ait au monde; car son pouvoir est despotique dans les affaires religieuses & civiles: non-seulement toutes les charges, honneurs & emplois dépendent de lui, mais les terres, les maisons, les héritages, les meubles, l'or & l'argent de tous les particuliers lui appartiennent, sans que personne en puisse disposer par testament. Il ne se montre en son peuple que deux fois l'année; & quand il lui fait cette grace, ses sujets par reconnoissance tâchent de le divertir de leur mieux par des combats de lutteurs & d'éléphans.

Il n'y a sept grandes dignités ou vice-royautés dans ses états, parce que son royaume n'est divisé qu'en sept provinces: mais il y a un viceroi général pour premier ministre, auquel tous les autres vicerois obéissent: ceux-ci commandent à leur tour aux mandarins ou seigneurs du pays de leur district.

La religion des Langiens, c'est ainsi qu'on appelle les peuples de *Lao*, est la même que celle des Siamois, une parfaite idolatrie, accompagnée de sortileges & de mille superstitions. Leurs prêtres, nommés *talapoins*, sont des misérables, tirés d'ordinaire de la lie du peuple; leurs livres de cérémonies religieuses sont écrits comme ceux des Pégans & des Malabariens, sur des feuilles de palmier, sans les touches de terre.

La polygamie regne dans ce pays-là, & les jeunes garçons & filles y vivent dans la plus grande incontinence. Lorsqu'une femme est nouvellement accouchée, toute la famille se rend chez elle & y passe un mois en repas, en festins & en jeux, pour écarter de sa maison les magiciens, & empêcher de faire perdre le lait à la mere & d'ensorceler l'enfant.

Ces peuples font encore une autre fête pendant trente jours au décès de leurs parens. D'abord ils mettent le mort dans un cercueil bien enduit partout de bitume; il y a festin tous les jours pour les talapoins, qui emploient une partie du tems à conduire, par des chansons particulieres, l'ame du mort dans le chemin du ciel. Le mois expiré, ils élevent un bucher, y posent le cercueil, le brûlent & ramassent les cendres du mort, qu'ils transportent dans le temple des idoles. Après cela, on ne se souvient plus du défunt, parce que son ame est passée, par la transmigration, au lieu qui lui étoit destiné.

Les Langiens ressemblent aux Siamois de figure, avec cette seule différence qu'ils sont plus déliés & plus basanés; ils ont de longues oreilles comme les Pégouans & les habitans des côtes de la mer; mais le roi de *Lao* se distingue personnellement par le vuide des trous de ses oreilles. On commence à les lui percer dès la premiere enfance, & l'on augmente chaque mois l'ouverture, en employant toûjours de plus grosses cannules, jusqu'à ce qu'enfin les oreilles trouées de sa majesté aient atteint la plus grande longueur qu'on puisse leur procurer. Les femmes qui ne sont pas mariées portent à leurs oreilles des pieces de métal; les hommes se font peindre les jambes depuis la cheville du pié jusqu'au genou, avec des fleurs ineffaçables à la maniere des bras peints des Siamois: c'est-là la marque distinctive de leur religion & de leur courage; c'est à-peu-près celle que quelques fermiers d'Angleterre mettent à leurs moutons qu'ils font parquer dans des communes. (*D. J.*)

LAOCOON LE, (*Sculpt. antiq.*) c'est un des plus beaux morceaux de sculpture grecque que nous possédions; il est de la main de Polydore, d'Athénodore & d'Agesandre, trois excellens maîtres de Rhodes, qui le taillerent de concert d'un seul bloc de marbre.

Cet ouvrage célebre fut trouvé à Rome dans les ruines du palais de Titus, au commencement du xvj. siecle, sous le pontificat de Jules II. & passa depuis dans le palais Farnese. De tous ceux qui l'ont pû voir, il n'est personne qui doute de l'art supérieur des anciens à donner une ame vraiment noble, & prêter la parole au marbre & au bronze.

Laocoon, dont tout le monde sait l'histoire, est ici représenté avec ses deux fils, dans le tems que les deux affreux serpens, sortis de l'île de Ténédos, l'embrassent, se replient au-tour de son corps, le rongent & l'infectent de leur venin: lisez ce qu'en dit Virgile:

Serpens amplexus uterque
Implicat & miseros morsu depascitur artus;
Corripiunt, spirisque ligant ingentibus, & jam
Bis medium amplexit, bis collo squamea circum
Terga dati, superant capite, & cervicibus altis.

Mais que l'expression des figures du *Laocoon* de la Grece est supérieure au tableau du poète de Rome! vous n'en douterez point après avoir vû le jugement brillant qu'en porte un moderne, connoisseur en ces matieres. Je vais le laisser parler lui-même.

Une noble simplicité, nous dit-il, est sur-tout le caractère distinctif des chefs-d'œuvre des Grecs: ainsi que le fond de la mer reste toûjours en repos, quelqu'agitée que soit la surface, de même l'expression que les Grecs ont mise dans leurs figures fait voir dans toutes les passions une ame grande & tranquille: cette grandeur, cette tranquilité regnent au milieu des tourmens les plus affreux.

Le *Laocoon* en offre un bel exemple: lorsque la douleur se laisse appercevoir dans tous les muscles & dans tous les nerfs de son corps, au point qu'un spectateur attentif ne peut presque s'empêcher de la sentir; en ne considérant même que la contraction douloureuse du bas-ventre, cette grande douleur ne se montre avec furie ni dans le visage ni dans l'attitude. *Laocoon*, prêtre d'Apollon & de Neptune, ne jette point de cris effroyables, comme nous l'a représenté Virgile: l'ouverture de sa bouche ne l'indique pas, & son caractère aussi ferme qu'héroïque ne souffre point de l'imaginer; il pousse plûtôt des soupirs profonds, auxquels le comble du mal ne semble pas permettre un libre cours ; & c'est ainsi que le frere du fondateur de Troie a été dépeint par Sadolet. La douleur de son corps & la grandeur de son ame sont pour ainsi dire combinées la balance à la main, & repandues avec une force égale dans toute la configuration de la statue. *Laocoon* souffre beaucoup, mais il souffre comme le Philoctete de Sophocle : son malheur nous pénetre jusqu'au fond de l'ame, mais nous souhaitons en même tems de pouvoir supporter le malheur comme ce grand homme le supporte : l'expression d'une ame si sublime surpasse de beaucoup la représentation de la nature. Il falloit que l'artiste de cette expression sentit en lui-même la force de courage qu'il vouloit imprimer à son marbre. C'est encore un des avantages de l'ancienne Grece, que d'avoir possédé des artistes & des philosophes dans les mêmes personnes. La sagesse prêtant la main à l'art, mettoit dans les figures des ames élevées au-dessus des ames communes.

Si l'artiste eût donné une draperie à *Laocoon*, parce qu'il étoit revêtu de la qualité de prêtre, il nous auroit à peine rendu sensible la moitié de la douleur que souffre le malheureux frere d'Anchise. De la façon au contraire dont il l'a représenté, l'expression est telle, que le Bernin prétendoit découvrir dans le roidissement de l'une des cuisses de *Laocoon* le commencement de l'effet du venin du serpent. La douleur exprimée toute seule dans cette statue de *Laocoon* auroit été un défaut. Pour réunir ce qui caractérise l'ame & ce qui la rend noble, l'artiste a donné à ce chef-d'œuvre un état qui dans l'excès de douleur approche le plus de l'état du repos, sans que ce repos dégénere en indifference ou en une espece de léthargie.

Il est des censeurs qui n'applaudissant qu'à des ouvrages où dominent des attitudes extraordinaires & des actions rendues avec un feu outré, n'applaudissent point à ce chef-d'œuvre de la Grece : de tels juges ne veulent sans doute que des Ajax & des Capanées. Il faudroit pour mériter leurs suffrages que les figures eussent une ame semblable à celle qui sort de son orbite ; mais on connoitra le prix solide de la statue de *Laocoon* en se familiarisant avec les ouvrages des Grecs, & en contractant pour ainsi dire l'habitude de vivre avec eux. *Prens mes yeux*, disoit Nicomaque à un homme qui osoit critiquer l'Helene de Zeuxis, *prens mes yeux*, *& tu la trouveras divine*.

Pline prit les yeux de Nicomaque pour juger du *Laocoon*. Selon lui la peinture ni la fonte n'ont jamais rien produit de si parfait. *Opus omnibus, dit-il, & picturæ & statuariæ artis, præferendum, lib. XXXVI. ch. v.* C'est aussi le premier des morceaux qui ayent été représentés en taille-douce dans le livre des anciennes statues de la ville de Rome, mis au jour par Laurent Vaccarius en 1584. On a en France quelques copies de celui du palais Farnese, & en particulier celle qui est en bronze à Trianon. Ce fameux grouppe se trouve encore sur une gravure antique du cabinet du roi ; on remarque sur le devant un brasier, & dans le fond le commencement du frontispice du temple pour le sacrifice que ce grand-prêtre alloit faire à Neptune lorsque les deux horribles serpens vinrent les envelopper & leur donner la mort. Enfin le *Laocoon* a été gravé merveilleusement sur une améthyste par le célebre Sirlet, & cet ouvrage passe pour son chef-d'œuvre. (*D. J.*)

LAODICÉE, (*Géog. anc.*) λαοδίκεια, *Laodicea* ; les Géographes nomment sept villes de ce nom, qu'il importe de distinguer ici.

1°. *Laodicée* sur le *Lycus*, *Laodicea ad Lycum*, & les habitans *Laodiceni* dans Tacite, est une ville célebre d'Asie, dans la Carie, située près du fleuve Lycus, qui se perd dans le Méandre, à dix lieues de la ville de Colosse au N. E. & à deux lieues d'Hiérapolis au S. Pline assure que ses murs étoient baignés par l'Asopus & le Caprus. Il ajoute qu'elle fut d'abord appellée *Diospolis*, & ensuite *Rhoas*.

L'origine du nom *Laodicée*, vient de ce qu'elle avoit été établie par Antiochus fils de Stratonice, dont la femme s'appelloit *Laodicée*. S. Paul en parle dans son épitre aux Colossiens, & l'auteur de l'Apocalypse la nomme entre les sept églises, auxquelles l'Esprit-Saint adresse ses reproches. Ciceron, *liv. II. ép. 17. liv. III. ép. 5. & 20.* la représente comme une ville fameuse & de grand commerce, où l'on changeoit son argent, & Tacite dit quelque part : « la même année, *Laodicée*, l'une des villes » illustres de l'Asie, étant presque abimée par un » tremblement de terre, se releva sans nous, & par » ses propres forces ».

Il y a une médaille de l'empereur Commode, où *Laodicée* & les deux rivieres, le Lycus & le Caprus, sont spécifiées λαοδικεια, λυκος, καπρος.

On voit encore aujourd'hui par les décembres, que c'étoit une fort grande ville ; il y avoit trois théatres de marbre, dont il subsiste même de beaux restes. Près d'un de ces théatres, on lit une inscription greque à l'honneur de Tite-Vespasien. Les Turcs appellent les ruines de cette ville *eskihissar*, c'est-à-dire *vieux château* : elle étoit archiépiscopale. On y a tenu divers conciles, dont le plus considérable fut en 314, selon Baronius, & selon d'autres auteurs, en 352. Suivant Ptolomée, sa *longitude* est 59. 15. *latitude* 38. 40.

LAODICÉE, *près du Liban*, ville d'Asie en Syrie, dans un pays qui en prenoit le nom de Laodicene, selon Ptolomée, *l. V. c. xv.* qui la distingue par le nom de *Cabiosa Laodicea*. Elle étoit sur l'Oronte, entre Emese & Paradissus, peu loin du Liban. Elle est nommée sur les médailles d'Antonin, de Caracalla, & de Severe, λαοδικ. προς. λιβανῳ ; elle est aussi nommée dans le Digeste, *lege I. de Censibus*, §. 3. où il est dit, qu'elle étoit dans la Cælésyrie, & que l'empereur Severe lui avoit accordé les droits attachés aux villes d'Italie, à cause des services qu'elle avoit rendus pendant la guerre civile. *Long.* selon Ptolomée, 69. 40. *lat.* 33. 45.

LAODICÉE *sur la mer*, ville de Syrie, située au bord de la mer : elle est bien bâtie, dit Strabon, avec un bon port, & jouit d'un territoire fertile en grains, & en bons vignobles, qui lui produisent beaucoup de vin. Lentulus le fils, mande dans une lettre à Ciceron, *lib. XII. epist. xiv*, que Dolabella exclus d'Antioche, n'avoit point trouvé de ville plus sûre pour s'y retirer, que *Laodicée* en Syrie sur la mer.

Il y a des médailles expresses de cette *Laodicée*, & sur lesquelles on lit λαοδικειον προς θαλασσαν, *Laodicensium qui sunt ad mare*. Pline, *l. V. c. xxj*. nous désigne sa situation sur une pointe de terre, & l'appelle *Laodicée libre*, *promontorium in quo Laodicea libera*. Ammien Marcellin la met du nombre des quatre villes qui faisoient l'ornement de la Syrie, Antioche, *Laodicée*, Apamée, & Séleucie. Elle avoit ainsi que les trois autres, reçu le nom de Seleucus ; il nomma la premiere du nom de son pere, la seconde de celui de sa mere, la troisieme de celui de sa femme, & la quatrieme du sien propre. Le P. Hardouin croit que c'est présentement *Latakie*. La *long.* selon Ptolomée, 68. 30. *lat.* 35. 6.

LAODICÉE, surnommée la *Brûlée*, Laodicea combusta, λαοδικεια κατακεκαυμένη, ville d'Asie, que les uns mettent dans la Pisidie, d'autres dans la Phrygie ; d'autres enfin dans la Lycaonie, parce qu'elle étoit aux confins de ces differens pays. Son surnom lui vient de la nature de son terrein, qui paroissoit brûlé, & qui étoit fort sujet aux tremblemens de terre. Ptolomée fixe sa *long.* à 62. 40. *sa lat.* à 39. 40.

LAODICÉE, ville d'Asie, aux confins de la Médie & de la Perſe propre. Strabon & Etienne le géographe placent cette ville en Médie.

LAODICÉE, ville de la Méſopotamie, bâtie par Seleucus, & à laquelle il avoit donné le nom de ſa mere.

LAODICÉE, cette ſeptieme *Laodicée* étoit au Péloponneſe, dans la Mégapolitide, ſelon Polybe, *l. II*, ou dans l'Oreſtide, ſelon Thucydide, *l. IV*. c'eſt la même que la *Ladoncea* de Pauſanias. (*D. J.*)

LAO-KIUN, (*Hiſt. mod. & Philoſophie.*) c'eſt le nom que l'on donne à la Chine à une ſecte qui porte le nom de ſon fondateur. *Lao-Kiun* naquit environ 600 ans avant l'ere chrétienne. Ses ſectateurs racontent ſa naiſſance d'une maniere tout-à-fait extraordinaire; ſon pere s'appelloit *Quang*; c'étoit un pauvre laboureur qui parvint à ſoixante & dix ans, ſans avoir pu ſe faire aimer d'aucune femme. Enfin, à cet âge, il toucha le cœur d'une villageoiſe de quarante ans, qui ſans avoir eu commerce avec ſon mari, ſe trouva enceinte par la vertu vivifiante du ciel & de la terre. Sa groſſeſſe dura quatre-vingt ans, au bout deſquels elle mit au monde un fils qui avoit les cheveux & les ſourcils blancs comme la neige; quand il fut en âge, il s'appliqua à l'étude des Sciences, de l'Hiſtoire, & des uſages de ſon pays. Il compoſa un livre intitulé *Tau-Tſé*, qui contient cinquante mille ſentences de Morale. Ce philoſophe enſeignoit la mortalité de l'ame; il ſoutenoit que Dieu étoit matériel; il admettoit encore d'autres dieux ſubalternes. Il faiſoit conſiſter le bonheur dans un ſentiment de volupté douce & paiſible qui ſuſpend toutes les fonctions de l'ame. Il recommandoit à ſes diſciples la ſolitude comme le moyen le plus ſûr d'élever l'ame au-deſſus des choſes terreſtres. Ces ouvrages ſubſiſtent encore aujourd'hui; mais on les ſoupçonne d'avoir été altérés par ſes diſciples; leur maître prétendoit avoir trouvé le ſecret de prolonger la vie humaine au-delà de ſes bornes ordinaires; mais ils allerent plus loin, & tâcherent de perſuader qu'ils avoient un breuvage qui rendoit les hommes immortels, & parvinrent à accréditer une opinion ſi ridicule; ce qui fit qu'on appella leur ſecte la *ſecte des Immortels*. La religion de *Lao-Kiun* fut adoptée par pluſieurs empereurs de la Chine: peu-à-peu elle dégénéra en un culte idolâtre, & finit par adorer des demons, des eſprits, & des génies; on y rendit même un culte aux princes & aux héros. Les prêtres de cette religion donnent dans les ſuperſtitions de la Magie, des enchantemens, des conjurations; cérémonies qu'ils accompagnent de hurlemens, de contorſions, & d'un bruit de tambours & de baſſins de cuivre. Ils ſe mêlent auſſi de prédire l'avenir. Comme la ſuperſtition & le merveilleux ne manquent jamais de partiſans, toute la ſageſſe du gouvernement chinois n'a pu juſqu'ici décréditer cette ſecte corrompue.

LAON, (*Géog.*) prononcez *Lan*, en latin *Laodunum*, ou *Lodunum*; mais on voit que les plus anciens l'appelloient *Lugdunum*, qui étoit ſurnommée *Clavatum*, ville de France en Picardie, capitale du Laonois, petit pays auquel elle donne ſon nom, avec un évêché ſuffragant de Reims; ſon commerce conſiſte en blé. Laon a été le ſiége des rois de la ſeconde race dans le x. ſiecle; il eſt ſitué fort avantageuſement ſur une montagne, à 12 lieues N. O. de Reims, 9 N. E. de Soiſſons, 31 N. E. de Paris. *Long.* 21ᵈ. 17′. 29″. *lat.* 49ᵈ. 33′. 52″.

Laon fut, dit-on, érigé en évêché l'an 496, ſous le regne de Clovis; il faiſoit auparavant une partie du dioceſe de Reims.

Au-bas de *Laon* eſt une abbaye de filles, appellée *Montreuil-les-Dames* : cette abbaye eſt principalement connue par la Véronique ou ſainte Face de Jeſus-Chriſt, que l'on y conſerve avec ſoin, & qui y attire en tout tems un grand concours de peuple; l'original de cette image eſt à Rome; celle-ci n'eſt qu'une copie, qui fut envoyée aux religieuſes en 1249, par Urbain IV, qui n'étoit alors qu'archidiacre de *Laon*, & chapelain d'Innocent IV. Au-bas du cadre où cette image eſt enchâſſée, on voit une inſcription, qui dans ces derniers tems, a donné de l'exercice à nos érudits, & a fait voir combien ils doivent ſe défier de leurs conjectures ingénieuſes. Le P. Mabillon avoua cependant que les caracteres lui étoient inconnus; mais le P. Hardouin y découvrit un vers grec héxametre, & publia pour preuve une ſavante diſſertation, qui eût entraîné tous les ſuffrages, ſans un carme déchauſſé, appellé le P. Honoré de ſainte Catherine, lequel dit naturellement que l'inſcription n'étoit point en grec, mais en ſclavon. On mépriſa le bon homme, ſon ignorance, & celle des Moſcovites, de l'autorité deſquels il s'appuyoit. Le Czar vint à Paris avec le prince Kourakin, & les princes Nariſquin : on leur demanda par pure curioſité, s'ils connoiſſoient la langue de l'inſcription; ils répondirent tous, que l'inſcription portoit en caracteres ſclavons, les trois mots *obras goſpoden naoubrons*, qui ſignifient en latin, *imago Domini in limen*, « l'image de notre Seigneur eſt ici encadrée ». On fut bien ſurpris de voir que le bon carme avoir eu raiſon contre tous les ſavans du royaume, & on finit par ſe moquer d'eux.

Charles I. duc de Lorraine, fils de Louis d'Outremer, naquit à *Laon* en 953. On ſait que Hugues Capet trouva le ſecret de ſe faire nommer à ſa place roi de France en 987. Charles tenta vainement de ſoutenir ſon droit par les armes; il y réuſſit ſi mal, qu'il fut arrêté, pris, & enfermé dans une étroite priſon à Orléans, où il finit ſa carriere trois ans après, c'eſt-à-dire en 994. (*D. J.*)

LAONNOIS, (*Géog.*) petit pays de France en Picardie : il eſt borné au Nord par la Thiérache, au Levant par la Champagne, au Couchant & au Midi par le Soiſſonnois. La capitale de ce petit pays eſt Laon. Les autres lieux principaux ſont Corbigny, Lieſſe, Couſſi, Follenbray, Novion le Vineux. Ce dernier endroit n'eſt aujourd'hui qu'un village, dont les habitans doivent à leur ſeigneur une eſpece de taille de pluſieurs muids de vin par an. Il intervint arrêt du parlement de Paris en 1505, confirmatif d'une ſentence qui déboute les habitans de Novion-le-Vineux de leur demande, à ce que cette rente annuelle de vin fût fixée en argent. La fin de cet arrêt qui eſt en latin, mérite d'être remarquée : « Sauf » toutefois à l'intimé, de faire aux appellans telle » grace qu'il aviſera bon être, à cauſe de la miſere » & calamité du tems ». Cette clauſe, qui ſembleroit de nos jours inutile & ridicule, étoit alors ſans doute de quelque poids, pour inſinuer à un homme de qualité des conſidérations d'équité que le parlement n'oſoit preſcrire lui-même. (*D. J.*)

LAOR (*bois de*), *Hiſt. nat.* eſpece de bois des Indes, d'un goût fort amer, & à qui on attribue un grand nombre de propriétés médicinales qui n'ont point été ſuffiſamment conſtatées.

LAOSYNACTE, ſ. m. (*Hiſt. eccléſ.*) officier dans l'Egliſe greque, dont la charge étoit de convoquer & d'aſſembler le peuple, ainſi que les diacres dans les occaſions néceſſaires. Ce mot vient de λάος, *peuple*, & συνάγω, *j'aſſemble*. (*D. J.*)

LAPER, v. n. (*Gram.*) il ſe dit de la maniere dont les animaux quadrupedes de la nature des chiens, des loups, des renards, &c. boivent l'eau ou les choſes fluides.

LAPEREAU, ſ. m. (*Gram.*) petit du lapin. *Voyez* LAPIN.

LAPHISTIEN, *Laphiſtius*, (*Littérat.*) ſurnom de Jupiter, tiré du temple qu'on bâtit en ſon honneur,

& de la statue de pierre qu'on lui érigea sur le mont Laphistius en Béotie. *Voyez* LAPHISTIUS. (*D. J.*)

LAPHISTIUS MONS, (*Géog. anc.*) montagne de Grece en Béotie : Pausanias, *l. V. c. xxxiv.* en parle ainsi. « Il y a vingt stades, c'est-à-dire deux » milles & demi, de Coronée au mont *Laphistius*, » & à l'aire de Jupiter Laphistien ; la statue du dieu » est de pierre. Lorsque Athamas étoit sur le point » d'immoler Hellé & Phrixus en cet endroit, on dit » que Jupiter fit paroître tout-à-coup un bélier à toi- » son d'or, sur lequel ces deux enfans monterent, » & se sauverent. Plus haut est l'Hercule nommé » *Charops*, c'est-à-dire *aux yeux bleus*. Les Béotiens » prétendent qu'Hercule monta par-là, lorsqu'il trai- » noit Cerbère, le chien de Pluton. A l'endroit par » où l'on descend le mont *Laphistius*, pour aller à la » chapelle de Minerve Itonienne, est le Phalare, qui » se dégorge dans le lac de Céphise ; au-delà du » mont *Laphistius*, est Orchomene, ville célebre, » &c. (*D. J.*)

LAPHRIENNE, *Laphria*, (*Littér.*) surnom que les anciens habitans d'Aroé, ville du Péloponnèse, donnerent à Diane, après l'expiation du crime de Ménalippe & de Cométho, qui avoient profané le temple de cette déesse par leurs impudiques amours. Ils lui érigerent pour lors une statue d'or & d'ivoire, qu'ils gardoient précieusement dans leur citadelle ; ensuite lorsqu'Auguste eut soumis cette ville à l'empire romain, & qu'elle eut pris le nom de Patras, *Colonia Augusta*, *Aroë Patrensis*, ses habitans rebâtirent un nouveau temple à Diane *Laphrienne*, & établirent en son honneur une fête dont Pausanias nous a décrit les cérémonies dans son voyage de Grece. (*D. J.*)

LAPHYRE, *Laphyra*, (*Littér.*) surnom de Minerve, tiré du mot grec λάφυρα, *dépouilles*, *butin* ; parce que comme déesse de la guerre, elle faisoit faire du butin ; elle faisoit remporter des dépouilles sur les ennemis aux troupes qu'elle favorisoit. (*D. J.*)

LAPIDAIRE, s. f. (*Arts méchaniq.*) ouvrier qui taille les pierres précieuses. *Voyez* DIAMANT & PIERRE PRÉCIEUSE.

L'art de tailler les pierres précieuses est très-ancien, mais son origine a été très-imparfaite. Les François sont ceux qui y ont réussi le mieux, & les *Lapidaires* ou Orfevres de Paris, qui forment un corps depuis l'an 1290, ont porté l'art de tailler les diamans, qu'on appelle *brillans*, à sa plus haute perfection.

On se sert de différentes machines pour tailler les pierres précieuses, selon la nature de la pierre qu'on veut tailler. Le diamant, qui est extrêmement dur, se taille & se façonne sur un rouet d'un acier doux, qu'on fait tourner au moyen d'une espece de moulin, & avec de la poudre de diamant qui trempe dans de l'huile d'olive ; cette méthode sert aussi-bien à le polir, qu'à le tailler. *Voyez* DIAMANT.

Les rubis orientaux, les saphirs & les topases se taillent & se forment sur un rouet de cuivre qu'on arrose avec de la poudre de diamant & de l'huile d'olive. Leur poliment se fait sur une autre roue de cuivre, avec du tripoli détrempé dans de l'eau. *Voyez* RUBIS.

Les émeraudes, les jacynthes, les améthistes, les grenats, les agathes, & les autres pierres moins précieuses, moins dures, on les taille sur une roue de plomb, imbibée de poudre d'émeril détrempée avec de l'eau : on les polit ensuite sur une roue d'étain avec le tripoli.

La turquoise de vieille & de nouvelle roche, le lapis, le girasol & l'opale se taillent & se polissent sur une roue de bois avec le tripoli.

Maniere de graver sur les pierres précieuses & les cryslaux. La gravure sur les pierres précieuses, tant en creux que de relief, est fort ancienne, & l'on voit plusieurs ouvrages de l'une & de l'autre espece, où l'on peut admirer la science des anciens sculpteurs, soit dans la beauté du dessein, soit dans l'excellence du travail.

Quoiqu'ils ayent gravé presque toutes les pierres précieuses, les figures les plus achevées que nous voyons sont cependant sur des onices ou des cornalines, parce que ces pierres sont plus propres que les autres à ce genre de travail, étant plus fermes, plus égales, & se gravent nettement ; d'ailleurs on rencontre dans les onices différentes couleurs disposées par lits les unes au-dessus des autres, au moyen de quoi on peut faire dans les pieces de relief que le fond reste d'une couleur & les figures d'une autre, ainsi qu'on le voit dans plusieurs beaux ouvrages que l'on travaille à la roue & avec de l'émeril, de la poudre de diamant & les outils, dont on parlera ci-dessous.

A l'égard de ceux-ci qui sont gravés en creux, ils sont d'autant plus difficiles, qu'on y travaille comme à tâtons & dans l'obscurité, puisqu'il est nécessaire pour juger de ce qu'on fait, d'en faire à tous momens des épreuves avec des empreintes de pâte ou de cire. Cet art, qui s'étoit perdu comme les autres, ne commença à reparoître que sous le pontificat du pape Martin V. c'est-à-dire au commencement du quinzieme siecle. Un des premiers qui se mit à graver sur les pierres, fut un Florentin, nommé *Jean*, & surnommé *delle Corgnivole*, à cause qu'il travailloit ordinairement sur ces sortes de pierres. Il en vint d'autres ensuite qui graverent sur toutes sortes de pierres précieuses, comme fit un Dominique, surnommé *de Camai*, milanois, qui grava sur un rubis balais le portrait de Louis dit *le Maure*, duc de Milan. Quelques autres représenterent ensuite de plus grands sujets sur des pierres fines & des cryslaux.

Pour graver sur les pierres & les cryslaux, l'on se sert du diamant ou de l'émeril. Le diamant, qui est la plus parfaite & la plus dure de toutes les pierres précieuses, ne se peut tailler que par lui-même, & avec sa propre matiere. On commence par mastiquer deux diamans bruts au bout de deux bâtons assez gros pour pouvoir les tenir fermes dans la main, & les frotter l'un contre l'autre, ce que l'on nomme *égriser*, ce qui sert à leur donner la forme & la figure que l'on desire.

En frottant & égrisant ainsi les deux pierres brutes, il en sort de la poudre que l'on reçoit dans une espece de boëte, que l'on nomme *grésoir* ou *égrisoir* ; & c'est de cette même poudre dont on se sert après pour polir & tailler les diamans, ce que l'on fait avec un moulin qui fait tourner une roue de fer doux. On pose sur cette roue une tenaille aussi de fer, à laquelle se rapporte une *coquille* de cuivre ; le diamant est soudé dans la coquille avec de la soudure d'étain ; & afin que la tenaille appuie plus fortement sur la roue, on la charge d'une grosse plaque de plomb. On arrose la roue sur laquelle le diamant est posé, avec de la poudre sortie du diamant, & délayée avec de l'huile d'olive. Lorsqu'on veut le tailler à facettes, on le change de facette à mesure qu'il se finit, & jusqu'à ce qu'il soit dans sa derniere perfection.

Lorsqu'on veut scier un diamant en deux ou plusieurs morceaux, on prend de la poudre de diamant bien broyée dans un mortier d'acier avec un pilon de même métal : on la délaye avec de l'eau ; du vinaigre, ou autre chose que l'on met sur le diamant, à mesure qu'on le coupe avec un fil de fer ou de laiton, aussi délié qu'un cheveu. Il y a aussi des diamans que l'on fend, suivant leur fil, avec des outils propres pour cet effet.

Quant aux rubis, saphirs & topafes d'orient, on les taille & on les forme fur une roue de cuivre qu'on arrofe de poudre de diamant avec de l'huile d'olive. Le poliment s'en fait fur une autre roue de cuivre, avec du *tripoli* détrempé dans de l'eau. On tourne d'une main un moulin qui fait agir la roue de cuivre, pendant qu'on forme de l'autre la pierre maftiquée ou cimentée fur un bâton, qui entre dans un inftrument de bois, appellé *quadrant*, parce qu'il eft compofé de plufieurs pieces qui quadrent enfemble & fe meuvent avec des viffes, qui, faifant tourner le bâton, forment regulierement les différentes figures que l'on veut donner à la pierre.

Pour les rubis balais, efpinelles, émeraudes, jacynthes, amétiftes, grenats, agathes, & autres pierres moins dures, on les taille, comme on a dit au commencement de l'*article*, & on les polit enfuite fur une roue d'étain avec le tripoli.

Il y a d'autres fortes de pierres, comme la turquoife de vieille & de nouvelle roche, le lapis, le girafol & l'opale, que l'on polit fur une roue de bois avec le tripoli.

Pour former & graver les vafes d'agathe, de cryftal, de lapis, ou d'autres fortes de pierres dures, on a une machine, qu'on appelle un *tour*, exactement femblable à ceux des Potiers d'étain, excepté que ceux-ci font faits pour y attacher les vafes & les vaiffelles que l'on veut travailler, au lieu que les autres font ordinairement difpofés pour recevoir & tenir les différens outils qu'on y applique, & qui tournent par le moyen d'une grande roue qui fait agir le tour. Ces outils, en tournant, forment ou gravent les vafes que l'on préfente contre, pour les façonner & les orner de relief ou en creux, felon qu'il plait à l'ouvrier, qui change d'outils felon qu'il en a befoin.

Il arrofe auffi fes outils & fa befogne avec de l'émeril détrempé dans de l'eau, ou avec de la poudre de diamant délayée avec de l'huile, felon le mérite de l'ouvrage & la qualité de la matiere; car il y a des pierres qui ne valent pas qu'on dépenfe la poudre de diamant à les tailler, & même qui fe travaillent plus promptement avec l'émeril, comme font le jade, le girafol, la turquoife, & plufieurs autres qui paroiffent être d'une nature graffe.

Lorfque toutes ces différentes pierres font polies, & qu'on veut les graver, foit en relief, foit en creux; fi ce font de petits ouvrages, comme médailles ou cachets, l'on fe fert d'une machine, appellée *touret*, qui n'eft autre chofe qu'une petite roue de fer, dont les deux bouts des aiffieux tournent, & font enfermés dans deux pieces de fer mifes de bout, comme les lunettes des Tourneurs, ou les chevalets des Serruriers, lefquelles s'ouvrent & fe ferment comme l'on veut, étant pour cet effet fendues par la moitié, & fe rejoignant par le haut avec une traverfe qui les tient, ou faits d'une autre maniere. A un bout d'un des aiffieux de la roue l'on met les outils dont on fe fert, lefquels s'y enclavent & s'y affermiffent par le moyen d'une viffe qui les ferre & les tient en état. On fait tourner cette roue avec le pié, pendant que d'une main l'on préfente & l'on conduit l'ouvrage contre l'outil, qui eft de fer doux, fi ce n'eft quelques-uns des plus grands que l'on fait quelquefois de cuivre.

Tous les outils, quelque grands ou petits qu'ils foient, font de fer ou de cuivre, comme je viens de dire. Les uns ont la forme d'une petite pirouette, on les appelle *des fcies*; les autres qu'on nomme *bouts*, *bouterolles*, ont une petite tête ronde comme un bouton. Ceux qu'on appelle de *charniere*, font faits comme une virole, & fervent à enlever les pieces; il y en a de plats, & d'autres différentes fortes que l'ouvrier fait forger de diverfes grandeurs, fuivant la qualité des ouvrages. On applique l'outil contre la pierre qu'on travaille; foit pour ébaucher, foit pour finir, non pas directement oppofée au bout de l'outil, mais à côté, en forte que la fcie ou bouterolle l'ufe en tournant contre, & comme la coupant. Soit qu'on faffe des figures, des lettres, des chiffres, ou autre chofe, l'on s'en fert toujours de la même maniere, les arrofant avec de la poudre de diamant & de l'huile d'olive; & quelquefois, lorfqu'on veut percer quelque chofe, on rapporte fur le tour de petites pointes de fer, au bout defquelles il y a un diamant *ferti*, c'eft-à-dire enchâffé.

Après que les pierres font gravées ou de relief, ou en creux, on les polit fur des roues de broffes faites de poil de cochon, & avec du tripoli, à caufe de la délicateffe du travail; & quand il y a un grand champ, on fait exprès des outils de cuivre ou d'étain propres à polir le champ avec le tripoli, lefquels on applique fur le touret de la même maniere que l'on met ceux qui fervent à graver. *Voyez nos Planches de Diam. & de Lapid.*

LAPIDATION, f. f. (*Théolog.*) l'action de tuer quelqu'un à coups de pierre; terme latinifé de *lapis*, pierre.

La *lapidation* étoit un fupplice fort ufité parmi les Hébreux; les rabbins font un grand dénombrement des crimes foumis à cette peine. Ce font en général tous ceux que la loi condamne au dernier fupplice, fans exprimer le genre de la mort; par exemple, l'incefte du fils avec la mere, ou de la mere avec fon fils, ou du fils avec fa belle-mere, ou du pere avec fa fille, ou de la fille avec fon pere, ou du pere avec fa belle-fille, ou d'un homme qui viole une fille fiancée, ou de la fiancée qui confent à ce violement, ceux qui tombent dans le crime de fodomie ou de beftialité, les idolâtres, les blafphémateurs, les magiciens, les nécromanciens, les violateurs du fabbat, ceux qui offrent leurs enfans à Moloch, ceux qui portent les autres à l'idolâtrie, un fils rebelle à fon pere, & condamné par les juges. Les rabbins difent que quand un homme étoit condamné à mort, il étoit mené hors de la ville, ayant devant lui un huiffier avec une pique en main, au haut de laquelle étoit un linge pour fe faire remarquer de plus loin, & afin que ceux qui avoient quelque chofe à dire pour la juftification du coupable, le puffent rapporter avant qu'on fût allé plus avant. Si quelqu'un fe préfentoit, tout le monde s'arrêtoit, & on ramenoit le criminel en prifon, pour écouter ceux qui vouloient dire quelque chofe en fa faveur. S'il ne fe préfentoit perfonne, on le conduifoit au lieu du fupplice, on l'exhortoit à reconnoitre & à confeffer fa faute, parce que ceux qui confeffent leur faute, ont part au fiecle futur. Après cela on le lapidoit. Or la *lapidation* fe faifoit de deux fortes, difent les rabbins. La premiere, lorfqu'on accabloit de pierres le coupable, les témoins lui jettoient les premiers la pierre. La feconde, lorfqu'on le menoit fur une hauteur efcarpée, élevée au moins de la hauteur de deux hommes, d'où l'un des deux témoins le précipitoit, & l'autre lui rouloit une groffe pierre fur le corps. S'il ne montroit pas de fa chûte, on l'achevoit à coups de pierres. On voit la pratique de la premiere façon de lapider dans plus d'un endroit de l'Ecriture; mais on n'a aucun exemple de la feconde; car celui de Jézabel, qui fut jettée à bas de la fenêtre, ne prouve rien du tout.

Ce que nous avons dit que l'on lapidoit ordinairement les criminels hors de la ville, ne doit s'entendre que dans les jugemens réglés: car, hors ce cas, fouvent les Juifs lapidoient où ils fe trouvoient; par exemple, lorfque, emportés par leur zele, ils accabloient de pierres un blafphémateur, un adultere ; ou un idolâtre. Ainsi lorsqu'on amena à Jesus une femme surprise en adultere, il dit à ses accusateurs dans le temple où il étoit avec eux & avec la femme : *Que celui d'entre vous qui est innocent, lui jette la premiere pierre*. Et une autre fois, les Juifs ayant prétendu qu'il blasphémoit, ramasserent des pierres dans le temple même pour le lapider. Ils en userent de même un autre jour, lorsqu'il dit : *Moi & mon pere ne sommes qu'un*. Dans ces rencontres, ils n'observoient pas les formalités ordinaires, ils suivoient le mouvement de leur vivacité ou de leur emportement ; c'est ce qu'ils appelloient, *le jugement du zele*.

On assure qu'après qu'un homme avoit été lapidé, on attachoit son corps à un pieu par les mains jointes ensemble, & qu'on le laissoit en cet état jusqu'au coucher du soleil. Alors on le détachoit, & on l'enterroit dans la vallée des cadavres avec le pieu avec lequel il avoit été attaché. Cela ne se pratiquoit pas toujours, & on dit qu'on ne le faisoit qu'aux blasphémateurs & aux idolâtres ; & encore seroit-il bien mal-aisé d'en prouver la pratique par l'écriture. Calmet, *Diction. de la Bibl.* tome II. p. 503.

LAPIDIFICATION, (*Hist. nat. Minér.*) c'est en général l'opération par laquelle la nature forme des pierres, *voyez* PIERRES. Il faut la distinguer de la pétrification, qui est une opération par laquelle la nature change en pierres des substances qui auparavant n'appartenoient point au regne minéral. *Voyez* PÉTRIFICATION.

LAPIDIFIQUE, MATIERE ou SUC, (*Hist. nat. Minér.*) nom générique donné par les Physiciens aux eaux ou aux sucs chargés de particules terreuses, qui, en se déposant, en s'amassant, ou en se crystallisant, forment les pierres. On expliquera à *l'article* PIERRES la maniere dont ces eaux agissent & contribuent à la formation de ces substances.

LAPIN, s. m. *cuniculus*, (*Hist. nat. Zoolog.*) animal quadrupede, qui a beaucoup de rapport avec le lievre dans la conformation du corps ; car le *lapin* a, comme le lievre, la levre supérieure fendue jusqu'aux narines, les oreilles allongées, les jambes de derriere plus longues que celles de devant, la queue courte, &c. le dos, les lombes, le haut des côtés du corps, & les flancs du *lapin* sauvage ont une couleur mêlée de noir & de fauve, qui paroît grise, lorsque l'on ne le regarde pas de près ; les poils les plus longs & les plus fermes sont en partie noirs & en partie de couleur cendrée ; quelques-uns ont du fauve à la pointe ; le duvet est aussi de couleur cendrée près de la racine, & fauve à l'extrémité : on voit les mêmes couleurs sur le sommet de la tête. Les yeux sont environnés d'une bande blanchâtre, qui s'étend en arriere jusqu'à l'oreille, & en avant jusqu'à la moustache ; les oreilles ont des teintes de jaune, de brun, de grisâtre ; l'extrémité est noirâtre : les levres, le dessous de la mâchoire inférieure, les aisselles, la partie postérieure de la poitrine, le ventre & la face intérieure des bras, des cuisses & des jambes sont blancs, avec quelques teintes de couleur cendrée ; la face postérieure ou inférieure de la queue est blanche ; l'autre est noire ; l'entredeux des oreilles & la face supérieure ou antérieure du cou a une couleur fauve-roussâtre : la croupe & la face antérieure des cuisses ont une couleur grise, mêlée de jaune : le reste du corps a des teintes de jaunâtre, de fauve, de roussâtre, de blanc & de gris.

Le *lapin* domestique est pour l'ordinaire plus grand que le sauvage ; ses couleurs varient comme celles des autres animaux domestiques. Il y en a de blancs, de noirs, & d'autres qui sont tachés de ces deux couleurs ; mais tous les *lapins*, soit sauvages, soit domestiques, ont un poil roux sous la plante des piés.

Le *lapin*, appellé *riche*, est en partie blanc, & en partie de couleur d'ardoise plus ou moins foncée, ou de couleur brune & noirâtre.

Les *lapins* d'Angora ont le poil beaucoup plus long que les autres *lapins* ; il est ondoyant & frisé comme de la laine ; dans le tems de la mue, il se pelotonne, & il rend quelquefois l'animal très-difforme. Les couleurs varient comme celles des autres *lapins* domestiques.

Les *lapins* sont très-féconds, ils peuvent engendrer & produire dès l'âge de cinq à six mois. La femelle est presque toujours en chaleur ; elle porte trente ou trente-un jours ; les portées sont de quatre, cinq ou six, & quelquefois de sept ou huit petits. Les *lapins* creusent dans la terre des trous, que l'on appelle *terriers* ; ils s'y retirent pendant le jour, & les habitent avec leurs petits. Quelques jours avant de mettre bas, la femelle fait un nouveau terrier, non pas une ligne droite, mais en zigzag ; elle pratique dans le fond une excavation, & la garnit d'une assez grande quantité de poils qu'elle s'arrache sous le ventre : c'est le lit qui doit recevoir les petits. La mere ne les quitte pas pendant les deux premiers jours, & pendant plus de six semaines, elle ne sort que pour prendre de la nourriture ; alors elle mange beaucoup & fort vite. Pendant tout ce tems, le pere n'approche pas de ses petits, il n'entre pas même dans le terrier où ils sont ; souvent la mere, lorsqu'elle en sort, bouche l'entrée avec de la terre détrempée de son urine ; mais lorsque les petits commencent à venir à l'entrée du terrier, le pere semble les reconnoître, il les prend entre ses pattes les uns après les autres, il leur lustre le poil, & leur leche les yeux.

Les *lapins* sont très-timides ; ils ont assez d'instinct pour se mettre dans leurs terriers, à l'abri des animaux carnassiers ; mais lorsque l'on met des *lapins* clapiers, c'est-à-dire domestiques, dans des garennes, ils ne se forment qu'un gîte à la surface de la terre comme les lievres ; ce n'est qu'après un certain nombre de générations qu'ils viennent à creuser un terrier. Ces animaux vivent huit ou neuf ans, leur chair est blanche ; celle des lapreaux est très-délicate ; celle des vieux *lapins* est seche & dure. Les *lapins* sont originaires des climats chauds ; il paroit qu'anciennement de tous les pays de l'Europe il n'y avoit que la Grece & l'Espagne où il s'en trouvât : on les a transportés en Italie, en France, en Allemagne, ils s'y sont naturalisés ; mais, dans les pays du nord, on ne peut les élever que dans les maisons. Il aiment la chaleur même excessive, car il y a de ces animaux dans les contrées les plus méridionales de l'Asie & de l'Afrique : ceux qui ont été portés en Amérique, s'y sont bien multipliés. *Hist. nat. gén. & part.* tome *VI*. *Voyez* QUADRUPEDE.

Le *lapin* ressemble beaucoup au lievre, tant à l'intérieur qu'à l'extérieur ; mais ces deux especes sont différentes, puisqu'elles ne se mêlent pas ensemble, & que d'ailleurs il y a une grande différence entre leurs inclinations & leurs mœurs.

Les *lapins* ont une demeure fixe ; ils vivent en société ; ils habitent ensemble des demeures souterreines qu'ils ont creusées ; ces demeures sont en différens clapiers qui tous ont communication les uns avec les autres, annoncent une intention marquée d'être ensemble. Les mâles ne s'isolent point à un certain âge, comme cela arrive dans beaucoup d'autres especes. En un mot les *lapins* paroissent avoir un besoin absolu d'une demeure commune, puisqu'on tente en vain d'en établir dans les pays où le terrein est trop ferme pour qu'ils puissent y creuser.

fer. Cependant il n'en paroît pas que la société serve beaucoup à augmenter leur industrie. Cela vient sans doute de ce que leurs besoins sont simples, de ce qu'ils sont trop foibles & trop mal armés pour que de leur union puisse résulter une meilleure défense, & de ce que le terrier les met promptement à couvert de tous les périls qu'ils peuvent éviter.

Quoique la sociabilité soit un caractere distinctif des *lapins*, quelques-uns d'entr'eux se mettent seuls au gîte pendant les beaux jours, & cela arrive sur-tout lorsqu'ils ont été inquiétés dans le terrier par le furet, la belette, &c. mais dans tous les cas ils passent la meilleure partie de la journée dans un état de demi sommeil. Le soir ils sortent pour aller au gagnage, & ils y employent une partie de la nuit. Alors ils s'écartent quelquefois jusqu'à un demi-quart de lieue pour chercher la nourriture qui leur convient. Ils relevent aussi ordinairement une fois le jour, surtout lorsque le tems est serein, mais sans s'écarter beaucoup du terrier ou du bois qui leur sert de retraite. Pendant l'été, les nuits étant courtes, les *lapins* relevent souvent plus d'une fois par jour, surtout les lapereaux encore jeunes, les hazes pleines & celles qui alaitent.

S'il doit arriver un orage pendant la nuit, il est presenti par les *lapins*; ils l'annoncent par un empressement prématuré de sortir & de paître; ils mangent alors avec une activité qui les rend distraits sur le danger, & on les approche très-aisément. Si quelque chose les oblige de rentrer au terrier, ils y retournent presque aussi-tôt. Ce pressentiment a pour eux l'effet du besoin le plus vif.

Ordinairement les *lapins* ne se laissent pas si aisément approcher sur le bord du terrier; ils ont l'inquiétude qui est une suite naturelle de la foiblesse. Cette inquiétude est toûjours accompagnée du soin de s'avertir réciproquement. Le premier qui apperçoit frappe la terre, & fait avec les piés de derriere un bruit dont les terriers retentissent au loin. Alors tout rentre précipitamment: les vieilles femelles restent les dernieres sur le bord du trou, & frappent du pié sans relâche jusqu'à ce que toute la famille soit rentrée.

Les *lapins* sont extrèmement lascifs; on dit aussi qu'ils sont constans, mais cela n'est pas vraissemblable: il est même certain qu'un mâle suffit à plusieurs femelles. Celles-ci sont presque toûjours en chaleur, & cette disposition subsiste quoiqu'elles soient pleines; cependant elles paroissent être importunées par les mâles lorsqu'elles sont prêtes à mettre bas. La plûpart sortent alors du terrier & vont en creuser un nouveau au fond duquel elles déposent leurs petits. Ce terrier, qu'on nomme rabouillere, est fait en zig-zag. Pendant les premiers jours la mere n'en sort que quand elle est pressée par l'extrème besoin de manger: elle en bouche même avec soin l'entrée. Au bout de quelques jours elle y laisse une petite ouverture qu'elle aggrandit par degrés, jusqu'à ce que les lapereaux soient en état de sortir eux-mêmes du trou; ils sont alors à-peu-près trois semaines.

Dans l'espece du *lapin* les femelles portent depuis quatre jusqu'à sept & huit petits. Le tems de la gestation est de trente ou trente & un jours. A cinq mois ils sont en état d'engendrer. Il est très-commun de voir pleines à la fin de Juin des femelles de l'année: la multiplication de ces animaux seroit donc excessives s'ils n'étoient pas destinés à servir de nourriture à d'autres especes; mais heureusement ils ont beaucoup d'ennemis. Le putois, le furet, l'hermine ou roselet, la belette, la fouine, vivent principalement de *lapins*; les loups & les renards leur sont aussi la guerre; mais ils sont moins dangereux que les autres qui les attaquent jusques dans le terrier. Lorsqu'on détruit avec soin les animaux carnassiers, il faut détruire aussi les *lapins* qui sans cela ravagent les récoltes pendant l'été, & font périr les bois pendant l'hiver. On chasse les *lapins* au fusil, avec le secours du furet & celui des filets. *Voyez* GARENNE. Mais quand on a dessein de les détruire, ces moyens sont infideles. Ces animaux s'instruisent par expérience, un grand nombre évitent les filets, & ils se laissent tourmenter dans le terrier par les furets sans vouloir sortir. Il faut donc défoncer les terriers mêmes: c'est dans les pays exactement gardés le seul moyen de prévenir une multiplication dont l'excès est une imprudence à l'égard de soi, & un crime à l'égard des autres.

LAPIN, (*Diete & Mat. medic.*) Le *lapin* sauvage ou libre qui se nourrit dans les terreins secs, élevés & fertiles en herbes aromatiques peu aqueuses, est un aliment très-délicat, très-succulent, & d'un goût très-relevé. Le *lapin* domestique, ou celui qui se nourrit dans les pays gras ou dans des terreins couverts d'herbes fades & grasses, comme les bords des ruisseaux, les prés arrosés, les potagers ou marais, &c. est au contraire d'un goût plat, fade & quelquefois même d'un fumet desagréable, sur-tout lorsqu'il a vécu de chou; car l'odeur bonne ou mauvaise de certaines herbes qui se communique aisément à la chair de plusieurs animaux qui les broutent, exerce éminemment cette influence sur la chair du *lapin*: en sorte qu'il est tout ordinaire d'en trouver qui sentent le thim ou le chou, comme on dit communément à plein nez ou à pleine bouche.

Le bon *lapin* est mis par les experts en bonne chere au rang du gibier le plus exquis, même les meilleurs connoisseurs le mettent au premier rang dans les pays où le petit gibier est le plus parfait, comme en Provence & en Languedoc.

Quoique le goût du *lapin* soit bien différent de celui du lievre, cependant lorsqu'on considere ces deux alimens médicinalement, les observations & les regles diététiques leur sont à peu-près communes, parce que l'estomac n'est pas pourvu d'un sentiment assi exquis que le palais. Cependant comme on n'a pas observé dans le *lapin* la qualité laxative que possede le lievre, le premier me paroît en général plus salutaire que le second, plus propre à être donné aux valétudinaires & aux convalescens qui commencent à user de viande. Le *lapin* se digere bien & très-bien, plus généralement que le lievre. D'ailleurs il est plus communément bon, & même lorsqu'il est vieux; & quoique le lapereau soit plus tendre que le vieux *lapin*, cependant on trouve de ces animaux excellens à tout âge.

Les Pharmacologistes ont presqu'oublié le *lapin* dans leurs excursions dans le regne animal, non pas absolument pourtant, ils ont vanté sa graisse, sa tête brûlée & même le charbon de son corps entier, & son cerveau; mais ces éloges est fort modéré & en comparaison de celui de plusieurs animaux, du lievre, par exemple. *Voyez* LIEVRE. (*b*)

LAPIN, *peaux de*, (*Pelleterie.*) les peaux de *lapin* revêtues de leur poil, bien passées & bien préparées, servent à faire plusieurs sortes de fourrures, comme aumusses, manchons, doublures d'habit.

Quand les peaux de *lapins* sont d'un beau gris cendré, on les appelle quelquefois, mais improprement, *petit-gris*, parce qu'alors elles ressemblent par la couleur à de certaines fourrures de ce nom beaucoup plus précieuses faites de peaux de rats ou écureuils qu'on trouve dans les pays du Nord. *Voyez* PETIT-GRIS.

Le poil de *lapin*, après avoir été coupé de dessus la peau de l'animal, mêlé avec de la laine de vigogne, entre dans la composition des chapeaux appellés *vigognes* ou *dauphins*. *Voyez* l'art. CHAPEAU.

Le poil des *lapins* de Moscovie & d'Angleterre est

le plus estimé, ensuite celui qui vient de Boulogne; car pour celui qui se tire du dedans du royaume, les chapeliers n'en font pas beaucoup de cas, & ils ne s'en servent tout au plus que pour faire des chapeaux communs, en le mêlant avec quelqu'autre poil ou laine.

LAPIS, (*Littér.*) surnom que les Latins donnerent à *Jupiter*, & sous lequel il étoit ordinairement confondu avec le dieu Terme. *Voyez* JUPITER-LAPIS. (*D. J.*)

LAPIS FABALIS, (*Hist. nat.*) pierre ainsi nommée par les anciens, à cause qu'elle ressembloit à une feve; elle se trouvoit, dit-on, dans le Nil, & étoit noire. Les modernes connoissent aussi des pierres qui ont la même figure, & on les appelle *pierres de feves*; il y a une mine de fer en globules allongés ou en ovoïdes, que l'on nomme *mine de feves*; ce sont des petites étites ou pierres d'aigles. *Voy.* POIS MARTIAUX.

LAPIS-LAZULI, (*Hist. nat.*) c'est un jaspe ou une pierre dure & opaque, d'un bleu plus ou moins pur, qui est quelquefois parsemé de points ou de taches brillantes & métalliques, & quelquefois de taches blanches qui viennent des parties de la pierre qui n'ont point été colorées en bleu: cette pierre prend un beau poli.

Les petits points brillans & les petites veines métalliques & jaunes qu'on remarque dans le *lapis-lazuli*, ont été pris pour de l'or par beaucoup de gens qui croient voir ce métal par-tout, mais le plus souvent ce ne sont que des particules de pyrites jaunes ou cuivreuses qui ont pu elles-mêmes produire la couleur bleue de cette pierre. Cependant plusieurs auteurs assurent qu'on a trouvé de l'or dans le *lapis*, ce qui n'est pas surprenant, vû que le quartz qui fait la base du *lapis* est la matrice ordinaire de l'or.

On ne peut douter que ce ne soit à une dissolution du cuivre que le *lapis* est redevable de sa couleur bleue, & l'on doit le regarder comme une vraie mine de cuivre qui en contient une portion tantôt plus, tantôt moins forte.

Les Lapidaires distinguent le *lapis-lazuli* en oriental & en occidental; cette distinction suivant eux est fondée sur la dureté & la beauté de cette pierre. En effet, ils prétendent que le *lapis* oriental est plus dur, plus compact, d'une couleur plus vive & moins sujette à s'altérer que le *lapis* d'occident, que l'on croit sujet à verdir, & dont la couleur est moins uniforme. Le *lapis* oriental se trouve en Asie & en Afrique; celui d'occident se trouve en Espagne, en Italie, en Bohême, en Sibérie, &c.

Quelques naturalistes ont mis le *lapis-lazuli* au rang des marbres, & par conséquent au rang des pierres calcaires, parce qu'ils ont trouvé qu'il faisoit effervescence avec les acides; on ne peut nier qu'il n'y ait du marbre qui puisse avoir la couleur du *lapis*, vû que toute pierre peut être colorée par une dissolution de cuivre, mais ces sortes de pierres n'ont ni la consistance ni la dureté du vrai *lapis*, qui est un jaspe & qui prend un très-beau poli beaucoup plus beau que celui du marbre.

Quelques auteurs ont prétendu que le vrai *lapis* exposé au feu y conservoit sa couleur bleue; mais il y a tout lieu de croire qu'ils n'ont employé qu'un feu très-foible pour leur expérience: en effet il est certain que cette pierre, mise sous une moufle, perd totalement sa couleur. Si on pulvérise du *lapis*, & qu'on verse dessus de l'acide vitriolique, on lui enlevera pareillement sa partie colorante, & il s'en dégagera une odeur semblable à celle du soufre.

C'est du *lapis* pulvérisé que l'on tire la précieuse couleur du bleu d'outremer, payée si cherement par les Peintres, & à laquelle il seroit bien à souhaiter que la Chimie pût substituer quelque préparation qui eût la même solidité & la même beauté, sans être d'un prix si excessif. On peut voir la maniere dont cette couleur se tire du *lapis*, à *l'article* BLEU D'OUTREMER.

On a voulu attribuer des vertus medicinales au *lapis-lazuli*, mais il est certain que le cuivre qui y abonde doit en rendre l'usage interne très-dangereux: à l'égard de la pierre qui lui sert de base; comme elle est de la nature du quartz ou du caillou, elle ne peut produire aucun effet. Quant à l'usage extérieur, on dit que le *lapis* est styptique comme toute sa substance cuivreuse, & l'on peut employer en sa place des matieres moins cheres & plus efficaces.

Pline & les anciens designoient le *lapis* sous le nom de *saphyrus* ou *sappirus*, que les modernes donnent à une pierre précieuse bleue & transparente. *Voyez* SAPHIRE. Les Arabes l'appelloient *azul* ou *haget*.

On peut contrefaire le *lapis* en faisant fondre du verre blanc, rendu opaque en y mêlant des os calcinés; on joindra ensuite à ce mélange une quantité suffisante de bleu de saffre ou de smalte: lorsque le tout sera bien entré en fusion, on jettera dans le creuset de l'or en feuilles, & on remuera le mélange; par ce moyen on aura un verre bleu opaque qui imitera assez bien le *lapis*, & qui sera même quelquefois plus beau que lui.

Le celebre M. Marggraf vient de publier, dans le recueil de ses *œuvres chimiques*, imprimé à Berlin en 1761, une analyse exacte qu'il a faite du *lapis*. Les expériences de ce savant chimiste prouvent que la plûpart de ceux qui ont parlé de cette pierre se sont trompés jusqu'ici. 1°. M. Marggraf a trouvé que ce n'étoit point au cuivre qu'étoit dûe la couleur bleue du *lapis*; il le pulvérisa d'abord dans du papier plié en plusieurs doubles & ensuite dans un mortier de verre, afin d'éviter les soupçons qu'on auroit pû jetter sur son expérience s'il se fût servi d'un mortier de fer ou de cuivre. Il versa sur ce *lapis* en poudre de l'esprit de sel ammoniac qui, après y avoir été en digestion pendant vingt-quatre heures, ne se chargea en aucune façon de la couleur bleue. Il essaya ensuite de calciner la même poudre sous une moufle, & il assure qu'elle conserva la couleur après la calcination. Il remit encore de l'alkali volatil sur cette poudre calcinée, & le dissolvant ne fut pas plus coloré que dans la premiere expérience: ce qui prouve d'une maniere incontestable que la couleur du *lapis* n'est point dûe au cuivre.

Ayant versé de l'acide vitriolique affoibli sur le *lapis* en poudre, il se fit une petite effervescence, & il en partit une odeur semblable à celle que produit le mélange de l'huile de vitriol étendue d'eau lorsqu'on en mêle avec de la limaille de fer. En versant de l'eau-forte ou de l'esprit de nitre non concentré sur une portion de la même poudre, l'effervescence fut plus forte qu'avec l'acide vitriolique, mais il n'en partit point d'odeur sulphureuse. Avec l'esprit de sel concentré il se fit aussi une effervescence, & il s'éleva une odeur très-sensible d'*hepar sulphuris*: ces dissolutions mises en digestion ne prirent aucune couleur, quoique le *lapis* eût perdu la sienne.

Quelques gouttes de la dissolution du *lapis*, faite dans l'acide vitriolique, mêlée du fer, ne lui firent point prendre la couleur du cuivre. L'alkali volatil versé dans cette même dissolution, ne la fit point devenir bleue, non plus que celles qui avoient été faites par l'acide nitreux & l'acide de sel marin; cet alkali volatil précipita simplement une poudre blanche. M. Marggraf versa ensuite dans chacune de ces dissolutions de la dissolution d'alkali & de sang de bœuf, comme pour faire du bleu de Prusse, la dissolution du *lapis* dans l'acide nitreux donna un précipité d'un plus beau bleu que les autres, ce qui prouvoit la présence du fer. Ce qui arrive encore plus lorsqu'on a employé dans la diſſolution des morceaux de *lapis* qui ont beaucoup de ces taches brillantes comme de l'or, que M. Marggraf regarde comme des pyrites ſulfureuſes.

En verſant un peu d'acide vitriolique dans les diſſolutions du *lapis* faites avec l'acide nitreux & l'acide du ſel marin, il ſe précipite une eſpece de ſélénite, ce qui prouve, ſuivant M. Marggraf, que le *lapis* contient une portion de terre calcaire qui, combinée avec l'acide vitriolique, forme de la ſélénite.

Il fit ces mêmes expériences avec le *lapis* calciné, elles réuſſirent à-peu-près de même, excepté qu'il n'y eut plus d'effervescence. La diſſolution dans l'acide du ſel marin devint très-jaune ; & le mélange de la diſſolution d'alkali & de ſang de bœuf produiſit un précipité d'un bleu très-vif. Une autre différence, c'eſt que les diſſolutions du *lapis* calciné dans ces trois acides devinrent comme de la gelée, au lieu que celles qui avoient été faites avec le *lapis* non calciné demeurerent fluides : de plus, l'acide nitreux étoit celui qui avoit agi le plus fortement ſur le *lapis* brut, au lieu que c'étoit l'acide du ſel marin qui avoit extrait le plus de parties ferrugineuſes du *lapis* calciné.

Quoique le *lapis* donne des étincelles lorſqu'on le frappe avec un briquet, ce qui annonce qu'il eſt de la nature du jaſpe ou du caillou, M. Marggraf conjecture qu'il contient auſſi une terre gypſeuſe ou ſélénitique formée par la combinaiſon de l'acide vitriolique avec une terre calcaire ou avec du ſpath fuſible, vû qu'un morceau de *lapis* tenu dans un creuſet à une chaleur modérée, répandoit une lumiere phoſphorique, & étoit accompagné de l'odeur du phoſphore ; en pouſſant le feu juſqu'à faire rougir le *lapis*, la lumiere phoſphorique diſparut. On éteignit cette pierre à ſix ou ſept repriſes dans de l'eau diſtillée, qui fut filtrée enſuite, vû que ces extinctions réitérées l'avoient rendue trouble. On verſa une diſſolution de ſel de tartre dans cette eau, & ſur-le-champ il ſe précipita une poudre blanche qui, après avoir été édulcorée, ſe trouva être une vraie terre calcaire ; la diſſolution qui ſurnageoit donna, par l'évaporation, du tartre vitriolé.

M. Marggraf ayant expoſé au feu un morceau de *lapis* d'un beau bleu pendant une bonne demi-heure dans un creuſet couvert, trouva qu'il n'avoit rien perdu de ſa couleur. Un autre morceau tenu pendant une heure dans un creuſet fermé & luté, ſe convertit en une maſſe poreuſe d'un jaune foncé, ſur laquelle étoient répandues quelques taches bleuâtres. Un autre morceau de *lapis* d'un beau bleu expoſé à une chaleur plus forte excitée par le vent du ſoufflet, ſe changea entierement en une maſſe vitreuſe blanche, ſur laquelle on voyoit encore quelques marques bleues. M. Marggraf prouve par là la ſolidité de la couleur bleue de cette pierre ; & ſa vitrification prouve encore ſelon lui, que le *lapis* eſt une pierre mélangée, vû que ni la pierre à chaux, ni le caillou, ni même le ſpath fuſible, n'entrent ſeuls en fuſion.

En mélangeant par la trituration un demi-gros de ſel ammoniac, avec un gros de *lapis* en poudre & calciné, il en partit une odeur urineuſe. Ce mélange ayant été expoſé dans une retorte à un feu violent, il ſe ſublima un ſel ammoniac jaune, ſemblable à ce qu'on appelle *fleurs de ſel ammoniac martiales*. Le réſidut de cette ſublimation peſoit exactement un gros, & étoit d'un beau bleu violet. Ce réſidu fut lavé dans de l'eau diſtillée que l'on filtra enſuite, alors en y verſant goutte à goutte une diſſolution alkaline, il ſe précipita une aſſez grande quantité d'une poudre blanche qui étoit de la terre calcaire. Ce qui s'étoit ſublimé ayant été diſſous dans de l'eau dépoſa au bout de quelques tems une très-petite quantité de poudre d'un jaune orangé, ſemblable à de l'ochre martiale.

Ce *lapis* calciné & pulvériſé, mêlé avec des fleurs de ſoufre, & mis en ſublimation, ne ſouffrit aucun changement, le réſidu demeura toujours d'un beau bleu. La même choſe arriva en le mêlant avec parties égales de mercure ſublimé, qui ne fut point révirifié non plus que le cinnabre que l'on y avoir joint pour une autre expérience, & le réſidu demeura toujours bleu.

Un mélange d'une partie de ſel de tartre avec deux parties de *lapis* calciné & pulvériſé, expoſé au grand feu pendant une heure dans un creuſet bien luté, ſe convertit en une maſſe poreuſe d'un verd jaunâtre ; mais en mettant parties égales de *lapis* & de ſel de tartre, & en faiſant l'expérience de la même maniere, on obtint une maſſe blanchâtre poreuſe, couverte par-deſſus d'une matiere jaunâtre.

Une partie de *lapis* mêlée avec trois parties de nitre pure peu-à-peu en fuſion : en augmentant le feu, le *lapis* conſerve ſa couleur bleue ; en pouſſant encore davantage, le mélange s'épaiſſit & ſe change enfin en une maſſe griſe, qui jetée toute chaude dans de l'eau diſtillée lui donne une couleur d'un verd bleuâtre, qui diſparoît en peu de tems & laiſſe l'eau limpide, mais elle a pris un goût alkalin, & alors elle fait une forte effervescence avec les acides : quant au *lapis* il a perdu entierement ſa couleur.

En mêlant un gros de caillou pulvériſé avec un demi-gros de ſel de tartre & dix grains de *lapis* en poudre, M. Marggraf ayant mis le tout dans un creuſet couvert, ce mélange donna un verre tranſparent d'un jaune de citron. Un gros de borax calciné, mêlé avec dix grains de *lapis* étant fondu, a donné un verre de la couleur de la chryſolite, d'où M. Marggraf concludut que le *lapis* ne contient pas la moindre portion de cuivre, mais que ſa couleur vient d'une petite quantité de fer.

On voit par ce qui précede que les expériences de M. Marggraf détruiſent preſque tout ce qui avoit été dit juſqu'ici ſur le *lapis lazuli*. (—)

LAPIS LEBETUM, (*Hiſt. nat.*) c'eſt le nom que quelques naturaliſtes donnent à la pierre que l'on nomme plus communément *pierre ollaire*, ou *pierre à pots*. *Voyez ces articles*.

LAPIS LUCIS, ou LAPIS LUMINIS, (*Hiſt. nat.*) nom donné par les medecins arabes à une pyrite ou marcaſſite, que l'on calcinoit & que l'on employoit pour les maladies des yeux, ce qui ſemble lui avoir fait donner ſon nom ; ou peut être lui eſt-il venu de ce que ces ſortes de pyrites donnent beaucoup d'étincelles lorſqu'on les frappe avec l'acier. *Voyez* PYRITE.

LAPITHES, LES, (*Géog. anc.*) *Lapithæ*, ancien peuple de Macédoine, près du mont Olympe ſelon Diodore de Sicile, *l. IV. c. 71.* mais il n'en dit rien que ce que la Fable en a publié. Le peuple excelloit à faire des mords, des caparaçons, & à bien manier un cheval ; c'eſt Virgile qui nous l'apprend en très-beaux vers, *au III liv. de ſes Géorgiques.*

Frana Pelethronii Lapithæ gyroſque dedêre
Impoſiti dorſo ; atque equitem docuêre ſub armis
Inſultare ſolo, & greſſus glomerare ſuperbos.

Ils étoient aſſez courageux, mais ſi vains, qu'au rapport de Plutarque & d'Euſtathius, pour ſignifier un homme bouffi de vanité, on en dit en proverbe, *il eſt plus orgueilleux qu'un Lapithe*. (*D. J.*)

LAPONIE, LA ou LAPPONIE, (*Géog.*) grand pays au nord de l'Europe & de la Scandinavie, entre la mer Glaciale, la Ruſſie, la Norwege & la Suede. Comme il eſt partagé entre ces trois couronnes, on le diviſe en *Laponie ruſſienne, danoiſe* & *ſuédoiſe* : cependant cette derniere eſt la ſeule qui ſoit un peu peuplée, du-moins relativement au climat rigoureux.

Saxon le grammairien qui fleuriſſoit ſur la fin du xlj ſiecle, eſt le premier qui ait parlé de ce pays & de ſes habitans ; mais comme le dit M. de Voltaire (dont le lecteur aimera mieux trouver ici les réflexions; que l'extrait de l'hiſtoire mal digérée de Scheffer), ce n'eſt que dans le xvj ſiecle qu'on commença de connoître groſſierement la *Laponie*, dont les Ruſſes, les Danois & les Suédois même n'avoient que de foibles notions.

Ce vaſte pays voiſin du pole avoit été ſeulement déſigné par les anciens géographes ſous le nom *de la contrée des Cynocéphales, des Himantopodes, des Troglotites & des Pygmées*. En effet nous apprimes par les relations des écrivains de Suede & de Dannemark, que la race des pygmées n'eſt point une fable, & qu'ils les avoient retrouvés ſous le pole dans un pays idolâtre, couvert de neige, de montagnes & de rochers, rempli de loups, d'élans, d'ours, d'hermines & de rennes.

Les Lapons, continue M. de Voltaire (d'après le témoignage de tous les voyageurs), ne paroiſſent point tenir des Finois dont on les fait ſortir, ni d'aucun autre peuple de leurs voiſins. Les hommes en Finlande, en Notwege, en Suede, en Ruſſie, ſont blonds, grands & bienfaits ; la *Laponie* ne produit que des hommes de trois coudées de haut, pâles, baſanés, avec des cheveux courts, durs & noirs; leur tête, leurs yeux, leurs oreilles, leur nez, leur ventre, leurs cuiſſes & leurs piés menus, les différentient encore de tous les peuples qui entourrent leurs déſerts.

Ils paroiſſent une eſpece particuliere faite pour le climat qu'ils habitent, qu'ils aiment, & qu'eux ſeuls peuvent aimer. La nature qui n'a mis les rennes que dans cette contrée, ſemble y avoir produit les Lapons ; & comme leurs rennes ne ſont point venues d'ailleurs, ce n'eſt pas non plus d'un autre pays que les Lapons y paroiſſent venus. Il n'eſt pas vraiſſemblable que les habitans d'une terre moins ſauvage, ayent franchi les glaces & les déſerts pour ſe tranſplanter dans des terres ſi ſtériles, ſi ténébreuſes, qu'on n'y voit pas clair trois mois de l'année, & qu'il faut changer ſans ceſſe de canton pour y trouver dequoi ſubſiſter. Une famille peut être jettée par la tempête dans une île déſerte, & la peupler ; mais on ne quitte point dans le continent des habitations qui produiſent quelque nourriture, pour aller s'établir au loin ſur des rochers couverts de mouſſe, au milieu des frimats, des précipices, des neiges & des glaces, où l'on ne peut ſe nourrir que de lait de rennes & de poiſſons ſecs, ſans avoir aucun commerce avec le reſte du monde.

De plus, ſi des Finois, des Norwingiens, des Ruſſes, des Suédois, des Iſlandois, peuples auſſi ſeptentrionaux que les Lapons, s'étoient tranſplantés en *Laponie*, y auroient-ils abſolument changé de figure ? Il ſemble donc que les Lapons ſont une nouvelle eſpece d'hommes qui ſe ſont préſentés pour la premiere fois à nos regards & à nos obſervations dans le ſeizieme ſiecle, tandis que l'Aſie & l'Amérique nous faiſoient voir tant d'autres peuples, dont nous n'avions pas plus de connoiſſance. Dès-lors la ſphere de la nature s'eſt aggrandie pour nous de tous côtés, & c'eſt par-là véritablement que la *Laponie* mérite notre attention. *Eſſai ſur l'Hiſtoire univerſelle*, *tome III.* (*D. J.*)

LAPPA, (*Géog. anc.*) Λαππα, ville de l'île de Crete dans les terres, entre Artacine & Subrita, ſelon Ptolomée, *l. III. cap. 17*. Dion nous dit que Metellus la prit d'aſſaut. Hiéroclès nomme cette ville *Lampa*, & la met entre les ſiéges épiſcopaux de l'île. (*D. J.*)

LAPS, ſ. m. (*Juriſprud.*) ſignifie *qui eſt tombé* ; on ne ſe ſert de ce terme qu'en parlant d'un hérétique. On dit *laps* & *relaps* pour dire qui eſt tombé & retombé dans les erreurs.

Laps de tems, ſignifie *l'écoulement du tems* : on ne preſcrit point contre le droit naturel par quelque *laps de tems* que ce ſoit. Il y a des cas où on obtient en chancellerie des lettres de relief de *laps de tems* pour parer à une fin de non-recevoir, qui ſans ces lettres ſeroit acquiſe. *Voyez* LETTRES DE RELIEF DE LAPS DE TEMPS. (*A*)

LAPSES, adj. pris ſubſt. (*Théol.*) c'étoient dans les premiers tems du chriſtianiſme ceux qui retournoient au chriſtianiſme au paganiſme. On en compte de cinq ſortes déſignées par ces noms latins, *libellatici*, *mittentes*, *turificati*, *ſacrificati & blaſphemati*, On appelloit *ſtantes* les perſévérans dans la foi. Le mot *lapſés* ſe donnoit aux hérétiques & aux pécheurs publics.

LAPTOS ou GOURMETS, ſ. m. pl. (*Com.*) matelots mores qui aident à remorquer les barques dans les viviers de Gambie & de Sénégal.

LAPURDUM, (*Géog. anc.*) ancienne ville de la Gaule, dans la Novempopulanie. Sidonius Apollinaris, *l. VIII. epiſt. xij.* appelle *lapurdenas locuſtas* une ſorte de poiſſon qui eſt fort commun dans ce pays-là, qu'on nomme *langouſte*.

Il paroit que Bayonne eſt ſûrement le *Lapurdum* des anciens : au treizieme ſiecle cette ville s'appelloit encore *Lapurdum*, & ſes évêques & ſes vicomtes étoient nommés plus ſouvent en latin *Lapurdenſes*, que *Bayonenſes*. Oyhenart, écrivain gaſcon, penſe que *Lapurdum* étoit un nom gaſcon ou baſque, donné à ce pays-là à cauſe des brigandages des habitans & de leurs pirateries, dont il eſt parlé dans la vie de S. Léon, évêque de *Lapurdum* au commencement du vᵉ ſiecle.

Le canton où eſt Bayonne s'appelle encore aujourd'hui *le pays de Labourd* ; de-là vient que dans les anciens monumens les évêques de Bayonne ſont appellés *Lapurdenſes*, parce que *Lapurdum* & Bayonne ſont deux noms d'une même ville.

Il eſt arrivé à celle-ci la même choſe qu'à *Daramaſia* & à *Ruſcino*, villes qui ont cédé leurs noms, aux pays dont elles étoient les capitales, & en ont pris d'autres. Ainſi Tarantaiſe, Rouſſillon & Labourd, qui étoient des noms de villes, ſont devenus des noms de pays ; & au contraire, Paris, Tours, Reims, Arras, &c. qui étoient des noms de peuples, ſont devenus les noms de leurs capitales. *Voyez* de grands détails dans Oyhenart ; *notice de Gaſcogne* ; Pierre de Marca, *hiſt. de Béarn*, & Longuerue, *deſcription de la France*. (*D. J.*)

LAQS, ſ. m. (*terme de Chirurgie*.) eſpeces de bandes plus ou moins longues, faites de ſoie, de fil ou de cuir, ſuivant quelques circonſtances, deſtinées à fixer quelque partie, ou à faire les extenſions & contre-extenſions convenables pour réduire les fractures ou les luxations. *Voyez* EXTENSION, FRACTURE, LUXATION.

On ne ſe ſert pas de *laqs* de laine, parce qu'étant ſuſceptibles de s'allonger, ils ſeroient inſideles ; & que c'eſt par l'éloignement des *laqs* qui tirent à contre-ſens, qu'on juge aſſez ſouvent que les extenſions ſont ſuffiſantes.

Quelques praticiens n'auroient établi qu'avec une parfaite connoiſſance de la diſpoſition des parties, une expérience ſuffiſante & une grande dextérité, on peut réuſſir à réduire les luxations par la ſeule opération de la main ; & que les *laqs* qui ſervent aux extenſions doivent être regardés comme des liens qui garotent les membres, qui les meurtriſſent & y cauſent des douleurs inouies. Les *laqs* ſont cependant des moyens que les chirurgiens anciens & modernes ont jugé très-utiles. Oribaſe a compoſé un petit traité fur cette matiere que les plus grands maîtres ont loué ; il décrit la maniere d'appliquer les *laqs*, & leur donne différens noms qu'il tire de leurs auteurs, de leurs ufages, de leurs nœuds, de leurs effets, ou de leur reffemblance avec différentes chofes ; tels font le nautique, le kiafte, le paftoral, le dragon, le loup, l'herculien, le carchefe, l'épangyloté, l'hyperbate, l'étranglant, &c. mais toutes ces différences, dont l'explication eft fuperflue, parce qu'elles font inutiles, ne donnent pas au fujet le mérite qu'il doit aux réflexions folides de quelques chirurgiens modernes, & principalement de M. Petit, qui dans fon traité *des maladies des os*, a expofé les regles générales & particulieres de l'application des *laqs*. 1°. Ils doivent être placés près des condyles des malleoles, ou autres éminences capables de les retenir en leur place au moyen de la prife : ils glifferoient & ne feroient d'aucun effet fi on les plaçoit ailleurs. 2°. Il faut qu'un aide tire avec fes deux mains le paquet autant qu'il lui fera poffible pendant l'application du *laqs* du côté oppofé à l'action qu'il aura ; fans quoi il arriveroit que dans l'effort de l'extenfion, la peau pourroit être trop confidérablement tirée ; & le tiffu cellulaire qui la joint aux mufcles étant trop allongé, il s'y feroit rupture de quelques petits vaiffeaux ; ce qui produiroit une échymofe & autres accidens. La douleur de cette extenfion forcée de la peau eft fort vive, & on l'épargne au malade par la précaution preferite. 3°. On liera les *laqs* un peu plus fortement aux perfonnes graffes, pour l'approcher plus près de l'os, fans quoi la graiffe s'oppoferoit à la fureté du *laqs*, qui glifferoit avec elle par-deffus les mufcles. 4°. Enfin il faut garantir les parties fur lefquelles on applique les *laqs* ; pour cet effet on les garnit de couffins & de compreffes ; on en met particulierement aux deux côtés de la route des gros vaiffeaux : on doit s'en fervir auffi aux endroits où il y a des contufions, des excoriations, des cicatrices, des cauteres, &c. pour éviter les impreffions fâcheufes & les déchiremens qu'on pourroit y caufer.

Les regles particulieres de l'application des *laqs* font décrites aux chapitres des luxations & des fractures de chaque membre. On les emploie fimples ou doubles, & on tire par leur moyen la partie également ou inégalement, fuivant le befoin. Le nœud qui les retient eft fixe ou coulant: ces détails s'apprennent par l'ufage, feroient très-difficiles à décrire, & on ne les entendroit pas aifément fans démonftration.

Les *laqs* ne fervent pas feulement pendant l'opération néceffaire pour donner à des fracturés ou luxés leur conformation naturelle ; on s'en fert auffi quelquefois pendant la cure, pour contenir les parties dans un degré d'extenfion convenable : c'eft ainfi que dans la fracture oblique de la cuiffe on foutient le corps par des *laqs* qui paffent dans le pli de la cuiffe, & d'autres fous les aiffelles, & qui s'attachent vers le chevet du lit ; d'autres *laqs* placés au-deffus du genou, font fixés utilement à une planche qui traverfe le lit à fon pié. Dans une fracture de la jambe, avec déperdition confidérable du tibia fracaffé, M. Coutavoz parvint à confolider le membre dans fa longueur naturelle, au moyen d'un *laqs* qu'on tournoit fur un treuil avec une manivelle, pour le contenir au degré convenable. *Voyez le fecond tome des memoires de l'académie royale de Chirurgie.* (*Y*)

LAQUAIS, f. m. (*Gram.*) homme gagé à l'année pour fervir. Ses fonctions font de fe tenir dans l'antichâmbre, d'annoncer ceux qui entrent, de porter la robe de fa maîtreffe, de fuivre le caroffe de fon maître, de faire les commiffions, de fervir à table, où il fe tient derriere la chaife ; d'exécuter dans fa maifon la plûpart des chofes qui fervent à l'arrangement & à la propreté ; d'éclairer ceux qui montent & defcendent, de fuivre à pié dans la rue, la nuit avec un flambeau, &c. mais fur-tout d'annoncer l'état par fa livrée & par l'infolence. Le luxe les a multipliés fans nombre. Nos antichambres fe rempliffent, & nos campagnes fe dépeuplent ; les fils de nos laboureurs quittent la maifon de leurs peres & viennent prendre dans la capitale un habit de livrée. Ils y font conduits par l'indigence & la crainte de la milice, & retenus par la débauche & la fainéantife. Ils fe marient ; ils font des enfans qui foutiennent la race des *laquais* ; les peres meurent dans la mifere, à moins qu'ils n'ayent été attachés à quelques maîtres bienfaifans qui leur ayent laiffé en mourant un morceau de pain coupé bien court. On avoit penfé à mettre un impôt fur la livrée : il en eût réfulté deux avantages au moins ; 1°. le renvoi d'un grand nombre de *laquais* ; 2°. un obftacle pour ceux qui auroient été tentés de quitter la province pour prendre le même état : mais cet impôt étoit trop fage pour avoir lieu.

LAQUE, f. f. On donne ce nom à plufieurs efpeces de pâtes feches dont les Peintres fe fervent ; mais ce qu'on appelle plus proprement *laque*, eft une gomme ou réfine rouge, dure, claire tranfparente, fragile, qui vient du *Malabar*, de *Bengale* & de *Pégu*. Son origine *A*, fa préparation *B*, & fon analyfe chimique *C*, font ce qu'il y a de plus curieux à obferver fur ce fujet.

A, fon origine. Suivant les mémoires que le P. *Tachard*, jéfuite, miffionnaire aux Indes orientales, envoya de *Pondichery* à M. *de la Hire* en 1709, la *laque* fe forme ainfi : de petites fourmis rouffes s'attachent à différens arbres, & laiffent fur leurs branches une humidité rouge, qui fe durcit d'abord à l'air par fa fuperficie, & enfuite dans toute fa fubftance en cinq ou fix jours. On pourroit croire que ce n'eft pas une production des fourmis, mais un fuc qu'elles tirent de l'arbre, en y faifant de petites incifions ; & en effet, fi on pique les branches proche de la *laque*, il en fort une gomme ; mais il eft vrai auffi que cette gomme eft d'une nature différente de la *laque*. Les fourmis fe nourriffent de fleurs ; & comme les fleurs des montagnes font plus belles & viennent mieux que celles des bords de la mer, les fourmis qui vivent fur les montagnes font celles qui font la plus belle *laque*, & du plus beau rouge. Ces fourmis font comme des abeilles, dont la *laque* eft le miel. Elles ne travaillent que huit mois de l'année, & le refte du tems elles ne font rien à caufe des pluies continuelles & abondantes.

B, fa préparation. Pour préparer la *laque*, on la fépare d'abord des branches où elle eft attachée ; on la pile dans un mortier ; on la jette dans l'eau bouillante ; & quand l'eau eft bien teinte, on en remet d'autre jufqu'à ce qu'elle ne fe teigne plus. On fait évaporer au foleil une partie de l'eau qui contient cette teinture ; après quoi on met la teinture épaiffie dans un linge clair ; on l'approche du feu, & on l'exprime au-travers du linge. Celle qui paffe la premiere eft en goutes tranfparentes, & c'eft la plus belle *laque*. Celle qui fort enfuite, & par une plus forte expreffion, ou qu'on eft obligé de racler de deffus le linge avec un coûteau, eft plus brune & d'un moindre prix.

C, fon analyfe chimique. M. Lemery l'a faite, principalement dans la vûe de s'affurer fi la *laque* étoit une gomme ou une réfine. Ces deux mixtes, affez femblables, different en ce que le foufre domine dans les réfines, & le fel ou l'eau dans les gommes. Il trouva que l'huile d'olive ne diffolvoit point la *laque*, & n'en tiroit aucune teinture ; que l'huile éthérée de térébenthine & l'efprit-de-vin n'en

LAQ

tiroient qu'une légere teinture rouge ; ce qui fait voir que la *laque* n'eſt pas fort réſineuſe, & n'abonde pas en ſoufre ; que d'ailleurs une liqueur un peu acide, comme l'eau alumineuſe, en tiroit une teinture plus forte, quoiqu'elle n'en fît qu'une diſſolution fort légere, & que l'huile de tartre y faiſoit aſſez d'effet ; ce qui marque qu'elle a quelque partie ſaline, & qu'elle eſt imparfaitement gommeuſe, & que par conſéquent c'eſt un mixte moyen entre la gomme & la réſine. Il eſt à remarquer que les liqueurs acides foibles tiroient quelque teinture de la *laque*, & que les fortes, comme l'eſprit-de-nitre & de vitriol, n'en tiroient aucune. Cependant la *laque*, qui ne leur donnoit point de couleur, y perdoit en partie la ſienne, & devenoit d'un jaune pâle. La Phyſique eſt trop compliquée pour nous permettre de prévoir ſûrement aucun effet par le raiſonnement. *Hiſt. de l'Acad. Royale, en 1710, pag. 58. 60.*

Laque fine. La *laque* ou *lacque* eſt une gomme réſineuſe, qui a donné ſon nom à pluſieurs eſpeces de pâtes ſeches, qu'on emploie également en huile & en miniature. Celle qu'on appelle *laque fine* de Veniſe eſt faite avec de la cochenille meſteque, qui reſte après qu'on a tiré le premier carmin : on la prépare fort bien à Paris, & l'on n'a pas beſoin de la faire venir de Veniſe : on la forme en petits throchiſques rendus friables de couleur rouge foncé.

Il y a de trois ſortes de *laque* ; la *laque fine*, l'émeril de Veniſe ; la *laque plate* ou *colombine*, & la *laque liquide*. La *laque fine* a conſervé ſon nom de Veniſe, d'où elle fut d'abord apportée en France ; mais on la fait auſſi-bien à Paris ; nous n'avons pas beſoin d'y recourir. Elle eſt compoſée d'os de ſeche pulvériſés, que l'on colore avec une teinture de cochenille meſteque, de bois de Bréſil de Fernambouc, bouillis dans une leſſive d'alun d'Angleterre calciné, d'arſenic, de natrum ou ſoude blanche, ou ſoude d'Alicante, que l'on réduit enſuite en pâte dans une forme de throchiſque ; ſi on ſouhaite qu'elle ſoit plus brune, on y ajoûte de l'huile de tartre : pour être bonne il faut qu'elle ſoit tendre & friable, & en petits throchiſques. *Dictionn. de Commerce.*

Laque commune. La *laque* colombine ou plate eſt faite avec les tondures de l'écarlate bouillie dans une leſſive de ſoude blanche, avec de la craie & de l'alun ; on forme cette pâte ou tablette, & on la fait ſécher ; on la prépare mieux à Veniſe qu'ailleurs ; elle doit être nette, ou le moins graveleuſe qu'il ſe pourra, haute en couleur. *Lemery.*

La *laque* plate ou colombine eſt faite de teinture d'écarlate bouillie dans la même leſſive dont on ſe ſert pour la *laque* de Veniſe, & que l'on jette après l'avoir paſſée, ſur de la craie blanche & de l'alun d'Angleterre en poudre, pourri, pour en former enſuite des tablettes quarrées, de l'épaiſſeur du doigt. Cette eſpece de *laque* vaut mieux de Veniſe que de Paris & de Hollande, à cauſe que le blanc dont les Vénitiens ſe ſervent, eſt plus propre à recevoir ou à conſerver la vivacité de la couleur.

La *laque* liquide n'eſt autre choſe qu'une teinture de bois de Fernambouc que l'on tire par le moyen des acides.

On appelle auſſi *laque*, mais aſſez improprement, certaines ſubſtances colorées, dont ſe ſervent les enlumineurs, & que l'on tire des fleurs par le moyen de l'eau-de-vie, &c. *Dict. du com.*

Gomme laqueuſe. La gomme laque découle des arbres qui ſont dans le pays de Siam, Cambodia, & Pegu.

LAQUEARIUS, ſ. m. (*Hiſt. anc.*) eſpece d'athlete chez les anciens. Il tenoit d'une main un filet ou un piege dans lequel il tâchoit d'embarraſſer ou d'entortiller ſon antagoniſte, & dans l'autre main un poignard pour le tuer. *Voyez* ATHLETE. Le mot dérive du latin *laqueus*, filet, corde nouée.
LAQUE. *Voyez* LACQUE.

LAQUEDIVES, (*Géog.*) cet amas prodigieux de petites îles connues ſous le nom de *Maldives* & de *Laquedives*, s'étend ſur plus de 200 lieues de longueur nord & ſud ; plus de 50 ou 60 lieues en-deçà de Malabar & du cap Comorin ; on en a diſtribué la poſition ſur preſque toutes nos cartes géographiques, confuſément & au haſard. (*D. J.*)

LAQUIA, (*Géogr.*) grande riviere de l'Inde, au-delà du Gange. Elle ſort du lac de Chiamai, coule au royaume d'Acham ou Azem, le traverſe d'orient en occident, paſſe enſuite au royaume de Bengale, ſe divise en trois branches qui forment deux îles, dans l'une deſquelles eſt ſituée la ville de Daca ſur le Gange, & c'eſt là que ſe perd cette riviere. (*D. J.*)

LAR, (*Géogr.*) ville de Perſe, capitale d'un royaume particulier qu'on nommoit *Lariſtan* ; elle faiſoit le lieu de la réſidence du roi, lorſque les Guebres, adorateurs du feu, étoient maîtres de ce pays-là. Le grand Schach Abas leur ôta cette ville, & maintenant il y a un kham qui y réſide, & commande à toute la province que l'on nomme *Ghermés*, & qui s'étend juſqu'aux portes de Gommeron. *Lar* en eſt ſitué à quatre journées, à mi-chemin de Schiras à Mina, ſur un rocher, dans un terroir couvert de palmiers, d'orangers, de citroniers, & de tamariſques ; elle eſt ſans murailles, & n'a rien qui mérite d'être vû, que la maiſon du khan, la place, les bazars, & le château ; cependant Thevenot, Gemelli Careri, Lebrun, Tavernier, & Chardin, ont tous décrit cette petite ville. Les uns orthographient *Laar*, d'autres *Laer*, d'autres *Lar*, & d'autres *Lara*. Corneille en fait trois articles, quoique les noms *Laar*, *Lar*, & *Lara*. La Martiniere en parle deux fois ſous le mot *Laar* & *Lar* ; mais le ſecond article contient des détails qui ne font pas dans le premier. *Long.* de cette ville 72. 20. *lat.* 27. 17. (*D. J.*)

LAKA, (*Géogr.*) ville d'Eſpagne, dans la Caſtille vieille, ſur la riviere d'Arianza.

LARACHE, (*Géogr.*) ancienne & forte ville d'Afrique, au royaume de Fez, à l'embouchure de la riviere de même nom, nommée *Luſſo* par quelques voyageurs, avec un bon port. Muley Xec, gouverneur de la place, la livra aux Eſpagnols en 1610 ; mais les Maures l'ont repriſe. *Larache* eſt un mot corrompu de l'Arays-Beni-Aroz, qui eſt le nom que les habitans lui donnent. Grammaye s'eſt follement perſuadé que la ville de *Larache* eſt le jardin des heſpérides des anciens ; & Sanut prétend que c'eſt le palais d'Antée, & le lieu où Hercule lutta contre ce géant ; mais c'eſt vraiſſemblablement la *Lixa* de Ptolomée, & le *Lixos* de Pline. *Voyez* LIXA (*D. J.*)

LARAIRE, ſ. m. *lararium*, (*Littér.*) eſpece d'oratoire ou de chapelle domeſtique, deſtinée chez les anciens Romains, au culte des dieux lares de la famille ou de la maiſon ; car chaque maiſon, chaque famille, chaque individu avoit ſes dieux lares particuliers, ſuivant ſa dévotion ou ſon inclination ; ceux de Marc-Aurele étoient les grands hommes qui avoient été ſes maîtres. Il en portoit tant de reſpect & de vénération, dit Lampride, qu'il n'avoit que leurs ſtatues d'or dans ſon *laraire*, & qu'il ſe rendoit même ſouvent à leurs tombeaux, pour les honorer encore, en leur offrant des fleurs & des ſacrifices. Ces ſentimens ſans doute devoient ſe trouver dans le prince ſous le regne duquel on vit l'accompliſſement de la maxime de Platon, « que le » monde ſeroit heureux ſi les philoſophes étoient » rois, ou ſi les rois étoient philoſophes. » (*D. J.*)

L A R

LARANDA, (*Géogr. anc.*) *Laranda*, génit. *orum*. ancienne ville d'Afie en Cappadoce, dans l'Antiochiana, felon Ptolomée, *l. V. c. vj.* lequel joint ce canton à la Lycaonie ; en effet, cette ville étoit aux confins de la Lycaonie, de la Pifidie, & de l'Ifaurie. Delà vient que les anciens la donnent à ces diverfes provinces. Elle conferve encore fon nom, fi l'on en croit M. Baudrand ; car il dit que *Larande* eft une petite ville de la Turquie afiatique, en Natolie, dans la province de Cogni, affez avant dans le pays, fur les frontieres de la Caramanie, & à la fource de la riviere du Cydne, ou du Carafon, avec un évêché du rit grec. (*D. J.*)

LARARIES, f. f. pl. *lararia*, (*Littér.*) fêtes des anciens Romains, en l'honneur des dieux lares ; elle fe célébroit l'onzieme des Calendes de Janvier, c'eſt-à-dire, le 21 Décembre. (*D. J.*)

LARCIN, f. m. (*Jurifprud.*) eſt un vol qui fe commet par adreffe, & non à force ouverte ni avec effraction. Le *larcin* a quelque rapport avec ce que les Romains appelloient *furtum nec manifeſtum*, vol caché ; ils entendoient par-là celui où le voleur n'avoit pas été pris dans le lieu du délit ; ni encore faifi de la chofe volée, avant qu'il l'eût portée où il avoit deffein ; mais cette définition pouvoit aussi convenir à un vol fait à force ouverte, ou avec effraction, lorfque le voleur n'avoit pas été pris en flagrant délit : ainfi ce que nous entendons par *larcin*, n'eft précifément la même chofe que le *furtum nec manifeſtum. Voyez* VOL. (*A*)

LARD, *en terme de Cuiſine*, eft cette graiffe blanche qu'on voit entre la couenne du porc & fa chair. Les Cuifiniers n'apprêtent guere de mets où il n'entre du *lard*.

LARD, (*Diete & Mat. méd.*) cette efpece de graiffe fe diſtingue par la folidité de fon tiſſu. Ce caractere la fait différer effentiellement dans l'ufage diététique des autres graiffes, & éminemment de celles qui font tendres & fondantes ; au lieu de ces dernieres ne peuvent convenir qu'aux organes délicats des gens oififs, & accoutumés aux mets fucculens & de la plus facile digeſtion. *Voyez* GRAISSE, DIETE, *&c.* Le *lard* au contraire eſt un aliment qui n'eſt propre qu'aux eſtomacs robuſtes des gens de la campagne, & des manœuvres : auffi les fujets de cet ordre s'accommodent-ils très-bien de l'ufage habituel du *lard*, & fur-tout du *lard* falé, état dans lequel on l'emploie ordinairement. Parmi les fujets de l'ordre oppofé, il s'en trouve beaucoup que le *lard* incommode non-feulement comme aliment lourd & de difficile digeſtion, mais encore par la pente qu'il a à contracter dans l'eſtomac l'altération propre à toutes les fubſtances huileufes & graffes, favoir la rancidité. *Voyez* RANCE. Ces perfonnes doivent s'abſtenir de manger des viandes piquées de *lard*. Il eſt clair qu'il leur fera encore d'autant plus nuiſible, qu'il fera moins récent, & qu'il aura déjà plus ou moins ranci en vieilliſſant. Le *lard* fondu à toutes les propriétés médicamenteufes communes des graiffes. *Voyez* GRAISSE, DIETE, & MAT. MÉD. (*B*)

LARD, *pierre de*, (*Hiſt. nat.*) nom donné communément à une pierre douce & favonneufe au toucher, qui fe taille très-aifément, & dont font faites un grand nombre de figures, de magots & d'animaux qui nous viennent de la Chine. Elle a plus ou moins de tranfparence ; mais cette efpece de tranfparence foible eft comme celle de la cire ou du fuif ; c'eſt-là ce qui femble lui avoir fait donner le nom qu'elle porte en françois. Sa couleur eſt ou blanche, ou d'un blanc fale, ou grifâtre, ou tirant fur le jaunâtre & le brun ; quelquefois elle eſt entremêlée de veines comme du marbre.

La *pierre de lard* eſt du nombre de celles qu'on appelle *pierres ollaires*, ou *pierres à pots*, à caufe de la

L A R 291

facilité avec laquelle on peut la tailler pour faire des pots. M. Pott a prouvé que cette pierre qu'il appelle *fteatita*, étoit argilleufe ; en effet elle fe durcit au feu ; après avoir été écrafée, on peut en former des vafes, comme avec une vraie argille, & on peut la travailler à la roue du potier. Les acides n'agiffent point fur cette pierre, lorfqu'elle eft pure. *Voyez* la lithogéognofie, *tom. I. pag. 278 & fuiv.*

Les Naturaliſtes ont donné une infinité de noms différens à cette pierre. Les uns l'ont appellé *fteatites*, d'autres *fmectis* ; les Anglois l'appellent *foap-rock* ou *roche favonneufe*. Les Allemands l'appellent *fpeckftein*, pierre de lard, *fmeerftein*, pierre favoneufe, *topfftein*, ou pierre à pots. Le *lapis fyphnius* des anciens, la *pierre de come* des modernes, ainfi que la pierre appellée *lavezze*, font de la même nature. Quelquefois en Allemagne cette pierre eſt connue fous le nom de *craie d'Eſpagne* ; les Tailleurs s'en fervent comme de la craie de Briançon, ou du talc de Venife, pour tracer des lignes fur les étoffes.

Suivant M. Pott, elle fe trouve communément près de la furface de la terre, & l'on n'a pas befoin de creufer profondément pour la rencontrer. Il s'en trouve en Angleterre, en Suede, en plufieurs endroits d'Allemagne & de la France. Il femble que cette pierre pourroit entrer avec fuccès dans la compoſition de la porcelaine.

LARDER, v. act. (*Cuiſine.*) c'eſt avec l'inſtrument pointu appellé *lardoire*, piquer une viande de lardons, ou la couvrir entierement de petits morceaux de lard coupés en long. On dit *piquer*. *Voyez* PIQUER, *& une piece piquée*.

LARDER les bonnetes, (*Marine.*) *Voyez* BONNETES.

LARDER un cheval de coups d'éperon, (*Maréch.*) c'eſt lui donner tant de coups d'éperon, que les plaies y paroiffent.

LARDER, (*Rubanerie, Soierie, &c.*) fe dit lorfque la navette au lieu de paffer franchement dans la levée du pas, paffe à-travers quelque portion de la chaine levée ou baiffée ; ce qui feroit un défaut fenſible dans l'ouvrage fi l'on n'y remédioit, ce qui fe fait ainfi : l'ouvrier s'appercevant que fa navette a *lardé*, ouvre le même pas où cet accident eft arrivé, & contraignant fa trame avec fes deux mains en la levant enfort fi la navette a *lardé* en-bas, ou en baiffant fi la navette a *lardé* en-haut ; il repaffe fa navette à-travers cette partie de chaine que fa trame ainfi tendue fait banſer ou baiffer, & le mal eſt réparé.

LARDOIRE, f. f. *en terme de Cuiſine ;* c'eſt un morceau de fer ou de cuivre creux, & fendu par un bout en plufieurs branches pour contenir des lardons de diverfes groffeurs, & aigu par l'autre bout pour piquer la viande, & y laiffer le lardon. Les *lardoites* de cuivre font très-dangereufes ; la graiffe reſte dans l'ouverture de la *lardoire* & y forme du vert-de-gris.

LARDON, f. m. (*Cuiſine.*) c'eſt le petit morceau de lard dont on arme la lardoire pour piquer une viande. *Voyez* LARDER, PIQUER, LARDOIRE.

LARDONS, (*Horlogerie.*) nom que les Horlogers donnent à de petites pieces qui entrent en queue d'a-ronde dans le nez & le talon de la potence des montres. *Voyez* POTENCE.

LARDON, (*Artificier.*) les Artificiers appellent ainfi des ferpenteaux un peu plus gros que les ferpenteaux ordinaires ; apparemment parce qu'on les jette ordinairement par groupes fur les fpectateurs, pour exciter quelques rifées fur les vaines terreurs que ces artifices leur caufent. *Voyez* SERPENTEAUX.

Ces efpeces de petites fufées, appellées des *lardons*, font faites d'une, de deux, ou de trois cartes ; ceux d'une carte s'appellent *vefilies* ; ils ont trois lignes de diametre intérieur : à deux cartes, on leur donne trois lignes & demi ; & à trois cartes, quatre lignes : les *lardons* qui ont un plus grand diametre, doivent être faits en carton; on leur donne d'épaisseur le quart du diametre de la baguette, sur laquelle on les roule lorsqu'ils sont chargés de la premiere des compositions suivantes, & le cinquieme, lorsqu'on emploie la seconde, qui est moins vive, & qui convient dans certains cas ; leur hauteur est de six à sept diametres.

Voici leur composition : composition premiere ; aigremoine huit onces, poussier deux livres, salpêtre une, soufre quatre onces quatre gros.

Seconde composition moins vive ; salpêtre deux livres douze onces, aigremoine une livre, soufre quatre onces.

La veille doit être nécessairement chargée de la composition en poudre; celle en salpêtre brûleroit lentement & sans s'agiter ; lorsque les *lardons* sont chargés en vrillons, on les appelle *serpenteaux*. *Voyez* SERPENTEAU. (*D. J.*)

LARDON, (*Serrurerie, & autres ouvriers en fer,*) morceau de fer ou d'acier que l'on met aux crevasses qui se forment aux pieces en les forgeant. Le *lardon* sert à rapprocher les parties écartées & à les sonder.

LAREDO, (*Géog.*) petite ville maritime d'Espagne, dans la Biscaïe, avec un port, à 25 lieues N. O. de Burgos, 10 O. de Bilbao. *Long.* 13. 55. *lat.* 33. 22. (*D. J.*)

LARÉNIER, s. m. (*Menuiserie.*) piece de bois, qui avance au bas d'un chassis dormant d'une croisée ou du quadre de vitres, pour empêcher que l'eau ne coule dans l'intérieur du bâtiment, & pour l'envoyer en-dehors ; cette piece est communément de la forme d'un quart de cylindre coupé dans sa longueur. *Dictionnaire de Trévoux.* (*D. J.*)

LARENTALES, s. f. pl. (*Littérat.*) c'est le nom que Festus donne à une fête des Romains. Ovide & Plutarque l'appellent *Laurentales*, & Macrobe, *Larentalia*, *Laurentalia*, *Laurentia feriæ*, ou *Larentinalia* ; car, selon l'opinion de Paul Manuce, de Goltzins, de Rosinus, & de la plûpart des littérateurs, tous ces divers noms désignent la même chose.

Les *Larentales* étoient une fête à l'honneur de Jupiter; elle tomboit au 10 des calendes de Janvier, qui est le 23 de Décembre. Cette fête avoit pris son nom d'*Acca Larentia*, nourrice de Rémus & de Romulus ; ou selon d'autres, (les avis se trouvant ici fort partagés) d'*Acca Larentia*, célebre courtisane de Rome, qui avoit institué le peuple romain son héritier, sous le regne d'Ancus Martius. Quoi qu'il en soit de l'origine de cette fête, on la célebroit hors de Rome, sur les bords du Tibre, & le prêtre qui y présidoit s'appelloit *larentialis flamen*, la flamine larentiale. (*D. J.*)

LARÈS, s. m. plur. (*Mythol. & Littérat.*) c'étoient chez les Romains les dieux domestiques, les dieux du foyer, les génies protecteurs de chaque maison, & les gardiens de chaque famille. On appelloit indifféremment ces dieux tutélaires; les dieux *Lares* ou *Pénates* ; car pour leur destination, ces deux noms sont synonymes.

L'idée de leur existence & de leur culte, paroît devoir sa premiere origine, à l'ancienne coutume des Egyptiens d'enterrer dans leurs maisons les morts qui leur étoient chers. Cette coutume subsista chez eux fort long-tems, par la facilité qu'ils avoient de les embaumer & de les conserver. Cependant l'incommodité qui en résultoit à la longue, ayant obligé ces peuples & ceux qui les imiterent, de transporter ailleurs les cadavres, le souvenir de leurs ancêtres & des bienfaits qu'ils en avoient reçus, se perpétua chez les descendans ; ils s'adresserent à eux comme à des dieux propices, toûjours prêts à exaucer leurs prieres.

Ils supposerent que ces dieux domestiques daignoient rentrer dans leurs maisons, pour procurer à la famille tous les biens qu'ils pouvoient, & détourner les maux dont elle étoit menacée ; semblables, dit Plutarque, à des athletes, qui ayant obtenu la permission de se retirer à cause de leur grand âge, se plaisoient à voir leurs éleves s'exercer dans la même carriere, & à les soutenir par leurs conseils.

C'est de cette espece qu'est le dieu *Lare*, à qui Plaute fait faire le prologue d'une de ses comédies de l'*Aulularia* ; il y témoigne l'affection qu'il a pour la fille de la maison, assurant qu'en considération de sa piété, il songe à lui procurer un mariage avantageux, par la découverte d'un trésor confié à ses soins, dont il n'a jamais voulu donner connoissance ni au pere de la fille, ni à son ayeul, parce qu'ils en avoient mal usé à son égard.

Mais les particuliers qui ne crurent pas trouver dans leurs ancêtres des ames, des génies assez puissans pour les favoriser & les défendre, se choisirent chacun suivant leur goût, des patrons & des protecteurs parmi les grandes & les petites divinités, auxquelles ils s'adresserent dans leurs besoins; ainsi s'étendit le nombre des dieux *Lares* domestiques.

D'abord Rome effrayée de cette multiplicité d'adorations particulieres, défendit d'honorer chez soi des dieux, dont la religion dominante n'admettoit pas le culte. Dans la suite, sa politique plus éclairée, souffrit non-seulement dans son sein l'introduction des dieux particuliers, mais elle crut devoir l'autoriser expressément.

Une loi des douze tables enjoignit à tous les habitans de célebrer les sacrifices de leurs dieux Pénates, & de les conserver sans interruption dans chaque famille, suivant que les chefs de ces mêmes familles l'avoient prescrit.

On sait que lorsque par adoption, quelqu'un passoit d'une famille dans une autre, le magistrat avoit soin de pourvoir au culte des dieux qu'abandonnoit la personne adoptée : ainsi Rome devint l'asile de tous les dieux de l'univers, chaque particulier étant maître d'en prendre pour ses Pénates, tout autant qu'il lui plaisoit, *quûm singuli*, dit Pline, *se semetipsis, totidem deos faciant, Junones, geniosque*.

Non-seulement les particuliers & les familles, mais les peuples, les provinces, & les villes, eurent chacune leurs dieux *Lares* ou Pénates. C'est pour cette raison, que les Romains avant que d'assiéger une ville, en évoquoient les dieux tutélaires, & les prioient de passer de leurs côtés, en leur promettant des temples & des honneurs, afin qu'ils ne s'opposassent pas à leurs entreprises ; c'étoit-là ce qu'on nommoit *évocation*. *Voyez ce mot*.

Après ces remarques, on ne sera pas surpris de trouver dans les auteurs & dans les monumens, outre les *Lares* publics & particuliers, les *Lares* qu'on invoquoit contre les ennemis, *Larès hostili* ; les *Lares* des villes, *Lares urbani* ; les Lares de la campagne, *Lares rurales* ; les Lares des chemins, *Lares viales* ; les Lares des carrefours, *Lares compitales*, &c. En un mot, vous avez dans les inscriptions de Gruter & autres livres d'antiquités, des exemples de toutes sortes de *Lares* ; il seroit trop long de les rapporter ici.

C'est assez de dire que le temple des *Larès* de Rome en particulier, étoit situé dans la huitieme région de cette ville. Ce fut Titus Tatius roi des Sabins, qui le premier leur bâtit ce temple : leur fête nommée *Lararies*, arrivoit le onze avant les calendes de Janvier. Macrobe l'appelle assez plaisamment la solemnité des petites statues, *celebritas sigillariorum* ; cependant Asconius Pédianus, prétend que ces petites statues étoient celles des douze grands dieux ; mais

LAR

mais la plaisanterie de Macrobe n'en est pas moins juste.

Les *Lares* domestiques étoient à plus forte raison représentés sous la figure de petits marmousets d'argent, d'ivoire, de bois, de cire, & autres matieres; car chacun en agissoit envers eux, suivant ses facultés. Dans les maisons bourgeoises, on mettoit ces petits marmousets derriere la porte, ou au coin du foyer, qui est encore appellé le *lar* dans quelques endroits du Languedoc. Les gens qui vivoient plus à leur aise, les plaçoient dans leurs vestibules; les grands seigneurs les tenoient dans une chapelle nommée *Laraire*, & avoient un domestique chargé du service de ces dieux; c'étoit chez les empereurs l'emploi d'un affranchi.

Les dévots aux dieux *Lares* leur offroient souvent du vin, de la farine, & de la desserte de leurs tables; ils les couronnoient dans des jours heureux, ou dans certains jours de fêtes, d'herbes & de fleurs, sur-tout de violettes, de thym, & de romarin; ils leur brûloient de l'encens & des parfums. Enfin, ils mettoient devant leurs statues, des lampes allumées : je tire la preuve de ce dernier fait peu connu, d'une lampe de cuivre à deux branches, qu'on trouva sous terre à Lyon en 1505. Les mains de cette lampe entouroient un petit pié-d'estal de marbre, sur lequel étoit cette inscription : *Laribus sacrum, P. F. Rom.* qui veut dire, *publicæ felicitati Romanorum*. Il eût été agréable de trouver aussi le dieu *Lare*, mais apparemment que les ouvriers le mirent en pieces en fouillant.

Quand les jeunes enfans de qualité étoient parvenus à l'âge de quitter leurs bulles, petites pieces d'or en forme de cœur, qu'ils portoient sur la poitrine, ils venoient les pendre au cou des dieux *Lares*, & leur en faire hommage. « Trois de ces enfans, revêtus de robes blanches, dit Pétrone, entrerent alors dans la chambre : deux d'entre eux poserent sur la table les *Lates* ornés de bulles; le troisieme tour nant tout-autour avec une coupe pleine de vin, s'écrioit : Que ces dreux nous soient favorables »!

Les bonnes gens qui leur attribuoient tous les biens & les maux qui arrivoient dans les familles, & leur faisoient des sacrifices pour les remercier ou pour les adoucir; mais d'autres d'un caractere difficile à contenter, se plaignoient toûjours, comme la Philis d'Horace, de l'injustice de leurs dieux domestiques.

Et Penates
Mœret iniquos.

Caligula que je dois au-moins regarder comme un brutal, fit jetter les liens par la fenêtre, parce qu'il étoit, disoit-il, très-mécontent de leur service.

Les voyageurs religieux portoient toûjours avec eux dans leurs hardes quelque petite statue de dieux *Lares*; mais Cicéron craignant de fatiguer sa Minerve dans le voyage qu'il fit avant que de se rendre en exil, la déposa par respect au Capitole.

La victime ordinaire qu'on leur sacrifioit en publie, étoit un porc : Plante appelle ces animaux en badinant *porcs sacrés*. Ménechme, *Act. II. sc.* 2. demande combien on les vend, parce qu'il en veut acheter un, afin que Cylindrus l'offre aux dieux *Lares*, pour être délivré de sa démence.

La flaterie des Romains mit Auguste au rang des dieux *Lares*, voulant déclarer par cette adulation, que chacun devoit le reconnoître pour le défenseur & le conservateur de sa famille. Mais cette déification parut dans un tems peu favorable; personne ne croyoit plus aux dieux *Lares*, & l'on n'étoit pas plus croyant aux vertus d'Auguste : on ne le regardoit que comme un heureux usurpateur de la tyrannie.

J'ai oublié d'observer que les *Lares* s'appelloient aussi *Præstites*, comme qui diroit *gardiens des portes*,

quòd præstant oculis omnia tuta suis, dit Ovide dans ses Fastes. J'ajoute que les auteurs latins ont quelquefois employés le mot *Lar*, pour exprimer une famille entiere, l'état & la fortune d'une personne; *parvo sub lare, paterni laris inops*, dit Horace.

On peut consulter sur cette matiere, *les dictionnaires d'antiquités romaines*, *les recueils d'inscriptions & de monumens*, *les recherches de* Spon, Casaubon sur Suetone, Lambin, sur *le prologue de l'Aulularia* de Plante, & si l'on veut Vossius *de Idololatriâ*; mais je doute qu'on prenne tant de peines dans notre pays. (D. J.)

LARGE, adj. (*Gram.*) voyez *l'article* LARGEUR.

LARGE, pour *au large*, (*Marine.*) cri que fait la sentinelle pour empêcher un chaloupe, ou un autre bâtiment, d'approcher du vaisseau.

Courir au *large*, c'est s'éloigner de la côte ou de quelque vaisseau.

Se mettre au *large*, c'est s'élever & s'avancer en mer.

La mer vient du *large*, c'est-à-dire que les vagues sont poussées par le vent de la mer, & non pas par celui de la terre.

LARGE, grand & petit *large*, (*Draperie.*) voyez *l'article* DRAPERIE.

LARGE, (*Maréch.*) se dit du rein, des jarrets, de la croupe, & des jambes. *Voyez ces mots. Aller large*, voyez ALLER.

LARGE, LARGEMENT, (*Peinture*,) peindre *large* n'est pas, ainsi qu'on le pourroit croire, donner de grands coups de pinceau bien *larges*; mais en n'exprimant point trop les petites parties des objets qu'on imite, & en les réunissant sur des masses générales de lumieres & d'ombres qui donnent un certain spécieux à chacune des parties de ces objets, & conséquemment au tout, & le font paroître beaucoup plus grand qu'il n'est réellement; faire autrement, c'est ce qu'on appelle avoir une *maniere petite & mesquine*, qui ne produit qu'un mauvais effet.

LARGE, (*Vénerie.*) faire *large* se dit en Fauconnerie de l'oiseau lorsqu'il écarte les ailes, ce qui marque en lui de la santé.

LARGESSES, s. f. pl. (*Hist.*) dons, présens, libéralités. Les *largesses* s'introduisirent à Rome avec la corruption des mœurs, & pour lors les suffrages ne se donneront qu'au plus libéral. Les *largesses* que ceux des Romains qui aspiroient aux charges, prodiguoient au peuple sur la fin de la république, consistoient en argent, en blé, en pois, en féves; & la dépense à cet égard étoit si prodigieuse que plusieurs s'y ruinerent absolument. Je ne citerai d'autre exemple que celui de Jules-César, qui, partant pour l'Espagne après sa préture, dit qu'attendu ses dépenses en *largesses* il auroit besoin de trois cens trente millions pour se trouver encore vis-à-vis de rien, parce qu'il devoit cette somme au-delà de son patrimoine. Il falloit nécessairement dans cette position qu'il périt ou renversât l'état, & l'un & l'autre arriverent. Mais les choses étoient montées au point que les empereurs, pour se maintenir sur le trône, furent obligés de continuer à répandre des *largesses* au peuple : ces *largesses* prirent le nom de *congiaires*; & celles qu'ils faisoient aux troupes, celui de *donatifs*. *Voyez* CONGIAIRES & DONATIFS.

Enfin dans notre histoire on appella *largesses* quelques legeres libéralités que nos rois distribuoient au peuple dans certains jours solemnels. Ils faisoient apporter des hanaps ou des coupes pleines d'especes d'or & d'argent; & après que les hérauts avoient crié *largesses*, on les distribuoit au public. Il est dit dans le Cérémonial de France, *tom. II. p.* 742. qu'à l'entrevûe de Francois I. & d'Henri VIII. près de Guignes, l'an 1520, « pendant le festin il y eut *lar-*

» *geſſes* criées par les rois & hérauts d'armes, tenant
» un grand pot d'or bien riche ».

C'eſt la derniere fois de ma connoiſſance qu'il eſt parlé de *largeſſes* dans notre hiſtoire, & au fond, la diſcontinuation de cet uſage frivole n'eſt d'aucune importance à la nation. Les vraies *largeſſes* des rois conſiſtent dans la diminution des impots qui accablent le malheureux peuple. (*D. J.*)

LARGEUR, ſ. f. (*Géom.*) c'eſt une des trois dimenſions des corps, *voyez* DIMENSION. Dans une table, par exemple, la *largeur* eſt la dimenſion qui concourt avec la longueur pour former l'aire ou la ſurface du deſſus de la table. Les Géometres appellent aſſez communément *hauteur* ce que l'on nomme vulgairement *largeur* : ainſi, dans l'évaluation de l'aire d'un parallélogramme ou du triangle, quand ils diſent *multiplier la baſe par la hauteur*, il faut entendre qu'il s'agit de multiplier la longueur par la *largeur*.

Ordinairement la *largeur* d'une ſurface ſe diſtingue de la longueur, en ce que la *largeur* eſt la plus petite des deux dimenſions de la ſurface, & que la longueur eſt la plus grande. Ainſi on dit d'une ſurface qu'elle a, par exemple, vingt toiſes de long & quatre de large. (*E*)

LARGEUR ſe dit dans l'*Ecriture* de l'étendue horiſontale des caracteres & de celle des pleins & des déliés.

LARGEUR, (*Rubanier.*) ſe dit lorſque les ſoies, après être paſſées en liſſes & en peigne, ſont toutes prêtes à être travaillées ; pour lors l'ouvrier fait environ une douzaine de pas ſur ſes marches, en ſe ſervant de menue ficelle au lieu de trame, ſeulement pour diſpoſer cette chaîne à prendre ſa *largeur*. On prend encore pour le même effet de vieilles dents de peigne ou même des allumettes, quand elles peuvent ſuffire pour la *largeur* néceſſaire : cette opération eſt d'autant plus indiſpenſable, que toutes les ſoies de chaîne étant attachées enſemble par un ſeul nœud ſur le vergeon de la corde à encorder, on ſeroit trop long-tems à leur faire prendre la *largeur* requiſe ſi on travailloit réellement avec la trame qui en outre ſeroit perdue.

LARGO, adv. *terme de Muſique*, qui, placé à la tête d'un air, indique un mouvement d'une lenteur modérée, & moyen entre l'*andante* & l'*adagio*. Ce mot marque qu'il faut tirer de grands ſons, donner de grands coups d'archet, &c.

Le diminutif *larghetto* annonce un mouvement un peu plus animé que le *largo*, mais plus lent que l'andante. *Voyez* ADAGIO, ANDANTE, &c. (*S*)

LARGUE, ſ. m. (*Marine.*) vent *largue* ; c'eſt un air de vent compris en le vent arriere & le vent de bouline. Il eſt le plus favorable pour le ſillage, car il donne dans toutes les voiles ; au lieu que le vent en poupe ne porte que dans les voiles d'arriere, qui dérobent le vent aux voiles des mats d'avant. L'expérience a appris en général qu'un vaiſſeau qui fait trois lieues par heure avec un vent *largue*, n'en fait que deux avec un vent en poupe.

Largue, haute mer. On dit *prendre le largue*, *tenir le largue*, *faire largue*, pour dire prendre la haute mer, tenir la haute mer, &c.

LARGUER, v. act. (*Marine.*) laiſſer aller & filer les manœuvres quand elles ſont hâlées. Larguer les *écoutes*, c'eſt détacher les écoutes pour leur donner plus de jeu. Larguer une *amare*, c'eſt détacher une corde d'où elle eſt attachée. On ſe ſert encore du verbe *larguer* pour exprimer l'état du vaiſſeau : lorſque ſes membres ou les bordages ſe ſéparent, lorſqu'il s'ouvre en quelqu'endroit, on dit alors que le vaiſſeau eſt *largué*.

LARIGOT, ſ. m. (*Lutherie.*) jeu d'orgue ; c'eſt le plus aigu de tous les jeux de l'orgue ; il ſonne la quinte au-deſſus de la doublette. *Voyez* la table du rapport de l'étendue des jeux de l'orgue, & *nos Pl. d'orgue*. Ce jeu, qui eſt de plomb, a quatre octaves d'étendue.

LARIN, ſ. m. (*Monn. étrang.*) monnoie de compté & monnoie courante de la même valeur. Elle regne au Mogol, en Arabie, en Perſe, & principalement dans les golfes perſiques & de Cambaye. Cette monnoie a reçu ſon nom de la ville de Lar, capitale du Lariſtan, où l'on en a d'abord fabriqué : ſa figure eſt aſſez ſinguliere, c'eſt un fil d'argent de la groſſeur d'un tuyau de plume de pigeon, long d'environ un travers de doigt, replié de ſorte qu'un bout eſt un peu plus grand que l'autre. L'empreinte eſt marquée au coude du repli, mais il s'en trouve de pluſieurs empreintes différentes, parce que pluſieurs princes en font frapper. Le *larin* eſt d'un titre plus haut que l'argent de France ; & comme on le prend au poids, ſon uſage eſt très-commode dans tout l'Orient. Dix *larins* valent une piaſtre, c'eſt-à-dire cinq de nos livres ; huit *larins* font un hor, & dix hors font un toman. Ainſi le *larin* peut s'évaluer à environ dix ſols de France. (*D. J.*)

LARINO, (*Géogr.*) petite ville d'Italie au royaume de Naples, dans la Capitanate, avec un évêché ſuffragant de Bénevent, dont elle eſt à 15 lieues. Elle étoit de l'ancien *Samnium*. C'eſt le *Larinum* de Ciceron & de Méla. Les habitans ſont nommés *Larinas* au ſingulier, & par Pline au pluriel *Larinates*. Le territoire de la ville, *Larinas ager* par Tite-Live, & *Larinus ager* par Cicéron. *Longitude* 32. 35. *lat.* 41. 48. (*D. J.*)

LARISSE, (*Géogr. anc.*) La ſeule Grece avoit pluſieurs villes de ce nom ; une dans la Méonie, aux confins de l'Eolide, ſur l'Hermus ; une dans la Troade au bord de la mer ; une dans la Lydie ſur le Caïſtre, au-deſſus de Sardes, remarquable par un temple d'Apollon ; une dans l'île de Crete, une autre dans la Carie, une autre près d'Argos, &c.

Mais la fameuſe *Lariſſe*, la capitale de Theſſalie, mérite ſeule de nous arrêter ici. Elle étoit ſituée ſur la rive droite du fleuve Pénée, dans la Pélaſgiotide, dix milles au-deſſus d'Aftrax ; elle eſt nommée *Lariſſa* dans Lucain, & *Lariſſa* dans Horace. Les Latins ont dit également *Lariſſei* & *Lariſſenſes*, pour en déſigner les habitans. Jupiter y étoit particulierement honoré, d'où il fut ſurnommé *Lariſſus*. Elle a pour ſymbole dans ſes médailles un cheval qui court ou qui pait.

Philippe, pere d'Alexandre, ayant réſolu de tourner ſes armes contre les Grecs, après avoir fait une paix captieuſe avec les Illyriens & les Pannoniens, choiſit ſa demeure dans notre *Lariſſe*, & par ce moyen gagna l'affection des Theſſaliens, qui contribuerent tant par leur excellente cavalerie au ſuccès de ſes projets ambitieux. Céſar rapporte qu'avant la bataille de Pharſale, Scipion occupoit *Lariſſe* avec une légion ; ce fut auſſi la premiere place où Pompée ſe rendit après ſa défaite : cependant il ne voulut point s'y arrêter ; il vint ſur le bord de la riviere & prit un petit bateau pour aller du côté de la mer, où il trouva un navire prêt à lever l'ancre qui le reçut volontiers.

Mais ce qui immortaliſe encore davantage la *Lariſſe* de Theſſalie, c'eſt d'avoir été la patrie d'Achille. Voilà pourquoi Racine fait dire à ce héros, dans Iphigénie, *act. jv. ſc. 6*.

Jamais vaiſſeaux partis des rives du Scamandre,
Aux champs theſſaliens oſerent-ils deſcendre ?
Et jamais dans Lariſſe un lâche raviſſeur
Me vint-il enlever ou ma femme ou ma ſœur ?

Lariſſa ſubit le ſort du pays dont elle étoit la métropole ; elle perdit ſa ſplendeur & ſon luſtre, *atque olim* Larisse *potens!* s'écrioit Lucain, en considérant les vicissitudes des choses humaines.

Cependant *Larisse* subsiste encore présentement, & conserve, sous l'empire turc, le nom de ville dans la province de Janna. On la nomme aujourd'hui *Larze*. Le sieur Paul Lucas, qui y étoit en 1706, dit que *Larze* est située assez avantageusement dans une plaine fertile, & arrosée d'une belle riviere qui passe au pié de ses maisons. Cette riviere, le Pénée des anciens, est nommée par les Grecs modernes, *Salembria*, & par les Turcs *Licouston*. Elle a un pont de pierre fort bien construit; *Larze* est habitée par des Turcs, des Grecs, & principalement des Juifs, qui y font un commerce assez considérable. Il n'y a qu'une seule église pour les chrétiens grecs, & cette seule église porte le nom d'évêché. (*D. J.*)

LARISSE, (*Géog.*) montagne de l'Arabie pétrée, le long de la mer Méditerranée. Il ne faut pas croire Thevet, qui prétend que c'est-là le mont *Casius* ou *Cassius* des anciens, lieu célebre, dit Strabon, parce que c'est sur cette montagne que repose le corps du grand Pompée, & qu'on voit le temple de Jupiter Cassius.

LARISSE, (*Géograph.*) riviere de la Turquie européenne dans la Romanie. Elle a sa source entre Andrinople & Chiourlick, & se jette dans l'Archipel.

LARISSUS, (*Geogr. anc.*) fleuve du Péloponnese qui séparoit l'Achaie proprement dite d'avec l'Elide. Près du bord de cette riviere étoit un temple à Minerve Larissienne.

LARISTAN, (*Géog.*) contrée de Perse aux environs de la ville de Lar; cette contrée appartenoit autrefois aux princes des Guebres, qui faisoient profession de la religion des Mages. Les Arabes les en dépouillerent pour abolir le culte du pays: ceux-ci furent chassés par les Curdes l'an 500 de l'hégire; & ces derniers s'y maintinrent jusqu'au regne de Schach-Abas. Le *Laristan* s'étend depuis le 25ᵈ de latit. jusqu'au 27. (*D. J.*)

LARIX, (*Littér. Bot.*) nom d'un bois dont parle Vitruve, *liv. I. ch. ix.* Il dit que César étant campé près des Alpes, voulut se rendre maitre d'une forteresse nommée *Larignum* (*Isidore liv. XVII. ch. vij.* écrit *Laricium*), devant laquelle il y avoit une tour de bois d'où on pouvoir incommoder ses troupes. Il y fit mettre le feu, & en peu de tems elle parut toute embrasée, mais ensuite le feu s'éteignit de lui-même sans avoir consommé le bois de la tour. César voyant son projet manqué, fit une tranchée, & les ennemis furent obligés de se rendre. Ils lui apprirent alors que la tour étoit construite du bois *latix*, qui avoit donné le nom au château, & que ce bois ne pouvoit être endommagé par les flammes. M. Perrault, incertain si le *latix* dont il s'agit ici est notre mélese, a conservé le terme latin dans sa traduction: son doute mérite des louanges, & c'est bien le doute d'un vrai savant; car quoique le mélese soit un bois très-dur & très-durable, excellent pour la construction des vaisseaux, on ait de la peine à le persuader qu'un bois plein de résine & de térébenthine ait la propriété de résister aux flammes, comme Vitruve le raconte du *latix*. (*D. J.*)

LARME, s. f. (*Anat.*) lymphe claire, limpide salée, qui, par le mouvement des paupieres, se répand sur tout le globe de l'œil, humecte la cornée, & l'entretient nette & transparente.

En effet, la glace qui fait l'entrée du globe de l'œil, n'est pas un crystal solide; c'est, je l'avoue, une membrane dure & polie, mais c'est toujours une membrane, elle doit tout son poli, toute sa transparence, non seulement à l'humeur aqueuse qu'elle contient, mais encore à une autre humeur limpide, qui l'abreuve sans cesse par dehors & en remplit exactement le pores; sans cette eau, la cornée transparente exposée à l'air, se sécheroit, se rideroit, se terniroit, & cesseroit de laisser passer les rayons; or cette eau si essentielle à la transparence de la cornée à la vue, ce sont les *larmes*.

On leur donne pour source une glande plate, nommée *glande lacrymale*, située au côté extérieur & supérieur de l'œil. *Voyez* LACRYMALE, GLANDE.

Les *larmes* sont versées de cette glande sur le devant de l'œil par des conduits très-fins; & le mouvement fréquent des paupieres les répand, & en arrose toute la surface polie de l'œil; ensuite elles sont chariées vers l'angle qui regarde le nez, qu'on appelle le *grand angle*, par les rebords saillans des paupieres, qui sont séparément l'office de gouttiere, & qui, jointes ensemble, font l'office de canal, & en même tems de siphon.

Sur chaque paupiere, vers ce grand angle où sont chariées les *larmes*, on trouve une espece de petit puits perdu, dont on appelle l'ouverture *le point lacrymal*; chacun de ces petits canaux se réunit au grand angle à un réservoir commun, appellé *sac lacrymal*; ce sac est suivi d'un canal, qu'on nomme *conduit lacrymal*; ce conduit descend, logé dans les os, jusques dans le nez; où il disperse les *larmes* qui concourent à humecter cet organe, quand elles ne sont pas trop abondantes; mais lorsqu'on pleure, on est obligé de moucher souvent, pour débarrasser le nez des *larmes* qui s'y jettent alors en trop grande quantité.

Les *larmes* qui coulent quelquefois dans la bouche, passent par les trous incisifs, qui sont situés au milieu de la mâchoire supérieure, & qui vont se rendre dans les cavités du nez. Ces trous se trouvant toujours ouverts, laissent passer dans la bouche le résidu des *larmes*, ainsi que la portion la plus subtile des mucosités du nez.

Il suit de ce détail que quand les points lacrymaux sont obstrués, il en arrive nécessairement un épanchement de *larmes*; & que quand le conduit nasal est bouché, il en résulte différentes especes de fistules lacrimales. Quelquefois aussi, par l'abondance ou l'acrimonie de la lymphe, le sac lacrymal vient à être dilaté ou rongé, ce qui produit des fistules lacrymales d'une espece différente des autres. Leur cure consiste à donner aux sérosités de l'œil une issue artificielle, au défaut de la naturelle qui est détruite.

Il y a des *larmes* de douleur & de tristesse; & combien de causes qui les font couler! Mais il est aussi des *larmes* de joie: ce furent ces dernieres qui inonderent le visage de Zilia, quand elle apprit que son cher Aza venoit d'arriver en Espagne: « Je » chai, dit-elle, à Déterville mes transports de plai- » sirs, il ne vit que mes *larmes* ».

Il y a des *larmes* d'admiration; telles étoient celles que le grand Condé, à l'âge de vingt ans, étant à la premiere représentation de Cinna, répandit à ces paroles d'Auguste: *Je suis maitre de moi, comme de l'univers*, &c. Le grand Corneille faisant pleurer le grand Condé d'admiration, est une époque célebre dans l'histoire de l'esprit humain, dit M. de Voltaire. (*D. J.*)

LARME DE JOB, *lactima Job*, (*Hist. nat. Bot.*) genre de plante à fleur sans pétales, composée de plusieurs étamines qui sortent d'un calice, disposées en forme d'épi & stérile: les embryons naissent séparément des fleurs, & deviennent des semences enveloppées d'une membrane, & renfermées dans une coque. Tournef. *Inst. rei herb. Voyez* PLANTE.

Elle ressemble au roseau, ses fleurs sont à pétales, ornées d'un calice; elles sont mâles, & en épi du côté de la plante; son ovaire est situé de l'autre côté; il est garni d'un long tube, & de deux cornes; il dégénere en une coque pierreuse qui contient une semence. Voilà les caracteres de cette plante, il faut maintenant sa description.

Elle a plusieurs racines partagées en beaucoup de fibres, longues d'une ou de deux coudées, noneuses. Ses feuilles sont semblables à celles du blé de Turquie, quelquefois longues d'une coudée & plus, larges de deux pouces; mais les feuilles qui naissent sur les rameaux, sont moins grandes; il sort des aisselles de ses feuilles de petits pédicules, qui soutiennent chacun un grain où un nœud, rarement deux, contenant l'embryon du fruit: il part de ces nœuds des épis de fleurs à étamines, renfermées dans un calice à deux bules, sans barbe. Ces fleurs sont stériles, car les embryons naissent dans les nœuds, & deviennent chacun une graine unie, polie, luisante, cendrée avant la maturité, rougeâtre quand elle est mûre, dure comme de la pierre, de la grosseur d'un pois chiche, pointue à la partie supérieure, & composée d'une coque dure & ligneuse; cette coque renferme une amande farineuse, enveloppée d'une fine membrane.

Cette plante qui est une sorte de blé, vient originairement de Candie, de Rhodes, & autres iles de l'Archipel; elle y croit d'elle-même, ainsi qu'en Syrie & dans d'autres contrées orientales. On la cultive quelquefois en Portugal & en Italie. On dit que le petit peuple dans des années de disette y fait du pain passable des semences qu'elle porte: ce qui est plus certain, c'est que les religieuses font de petites chaînes & des chapelets avec cette graine, qu'elles amollissent dans de l'eau bouillante, & la passent ensuite dans un fil. Comme cette graine n'a point de vertu en Médecine, nous n'en cultivons la plante que par pure curiosité, & même rarement. Ses semences ne mûrissent guere sous nos climats tempérés. (*D. J.*)

LARME DE JOB, (*Mat. méd.*) *voyez* GRÉMIL.

LARMES *pierre de*, (*Hist. nat.*) en allemand *thrænenstein*. Quelques Auteurs ont donné ce nom à une pierre de forme ovale, d'un blanc salé, & remplie de taches semblables à des gouttes d'eau ou à des *larmes* que le hasard y a formées. On dit qu'il s'en trouve en Hongrie, & qu'on les tire du lit de la riviere de Moldave. *Voyez* Bruckmanni, *Epistol. itinerariâ.*

LARMES DE VERRE, (*Phys.*) sont de petits morceaux de verre ordinaire qu'on tire du vase où le verre est en fusion avec l'extrémité d'un tuyau de fer. On en laisse tomber les gouttes, qui sont extrèmement chaudes, dans un vase où il y a de l'eau froide, & on les y laisse refroidir. Là elles prennent une forme assez semblable à celle d'une *larme*, & c'est pour cette raison qu'on les appelle *larmes de verre*; elles sont composées d'un corps assez gros & rond, qui se termine par un petit filet ou tuyau fermé. On fait avec ces *larmes* une expérience fort surprenante; c'est qu'aussi-tôt qu'on en casse l'extrémité, toute la *larme* se brise en pieces avec un grand bruit, & quelques morceaux sont même réduits en poussiere. Le Dr. *Hook*, dans sa *Micrographie*, a donné une dissertation particuliere sur ce sujet. La cause de cet effet n'est pas encore trop bien connue; voici une des explications qu'on en a imaginées. Quand la *larme* se refroidit & devient dure, il reste au centre de cette *larme* un peu d'air extrèmement raréfié par la chaleur; & on voit en effet les bulles de cet air renfermées au-dedans de la *larme de verre*, de sorte que l'intérieur de cette *larme*, depuis le bout jusqu'au fond, est creux, & rempli d'air beaucoup moins condensé que l'air extérieur. Or, quand on vient à rompre le bout du tuyau ou filet qui termine la *larme*, on ouvre un passage à l'air extérieur qui ne trouvant point de résistance dans le creux de la *larme*, s'y jette avec impétuosité, & par cet effort la brise. Cette explication souffre de grandes difficultés, & doit être au moins regardée comme insuffisante; car les *larmes de verre* se brisent dans le vuide.

Ces *larmes de verre* s'appellent aussi *larmes bataviques*; parce que c'est en Hollande qu'on a commencé à en faire. On peut voir en différens auteurs de physique les explications qu'ils ont tenté de donner de ce phénomene, & que nous ne rapporterons point ici, comme étant toutes-hypothétiques & conjecturales. (*O*)

LARMES, *terme d'Architecture. Voyez* GOUTTES.

LARMES, (*Verrerie.*) ce sont des gouttes qui tombent des parois & des voûtes des fourneaux vitrifiés par la violence du feu. Si ces gouttes se mêlent à la matiere contenue dans les pots, comme elles sont très-dures & qu'elles ne s'y mêlent pas, elles gâtent les ouvrages. Le moyen, sinon de prévenir entierement leur formation, du-moins de les rendre rares, c'est de bien choisir les pierres & les terres dont on fait les fourneaux. *Voyez* l'art. VERRERIE.

LARMES, (*Chasse.*) on appelle *larmes de cerf* l'eau qui coule des yeux du cerf dans ses larmieres, où elle s'épaissit en forme d'onguent, qui est de couleur jaunâtre, & souverain pour les femmes qui ont le mal-de-mere, en délayant cet onguent & en le prenant dans du vin blanc, ou dans de l'eau de chardon beni.

Larmes de plomb, c'est une espece de petit plomb dont on se sert pour tirer aux oiseaux; ce terme est fort usité parmi les chasseurs.

LARMIER, s. m. (*Maçonnerie.*) c'est l'avance ou espece de petite corniche sous d'un toit, & qui préserve les murs de la chûte des eaux qu'elle écarte. L'extrémité des tuiles, des ardoises & des chevrons pose sur le *larmier*, qu'on appelle aussi *couronne, mouchelle & gouttiere*.

Larmier se dit aussi du chaperon ou sommet d'une muraille de clôture. Il est fait en talud. Il donne lieu à l'écoulement des eaux. Lorsque le talud est double, on en conclut que le mur est mitoyen.

Le couronnement d'une souche de cheminée s'appelle le *larmier*.

Un *larmier* est encore une espece de planche en champfrain & sauciée en dessous en canal rond, pour éloigner plus facilement les eaux du mur.

Le *larmier* bombé & réglé d'une porte ou d'une croisée, c'est dans un hors-d'œuvre un linteau cintré par le devant & droit par son profil.

Ces fenêtres ébrasées, qu'on pratique aux cuisines & aux caves, s'appellent *larmiers*. *Voyez* nos *Pl. de Charpente.*

LARMIERS, (*Maréchallerie.*) on appelle ainsi dans le cheval l'espace qui va depuis le petit coin de l'œil jusqu'au derriere des oreilles; c'est, pour ainsi dire, les tempes du cheval. Ce mot se prend aussi pour une veine auprès de l'œil du cheval.

LARMIER, (*Chasse.*) ce sont deux fentes qui sont au-dessous des yeux du cerf, il en sort une liqueur jaune.

LARMOIEMENT, s. m. (*Séméiotique.*) le *larmoiement* est un effet assez ordinaire & un signe presqu'assuré de l'impulsion plus forte du sang vers la tête; les enfans, dans qui les humeurs sont particulierement cette tendance, ont les yeux toujours baignés de larmes, & ils fondent en pleurs à la moindre occasion. Le *larmoiement*, dans les maladies aiguës, est presque toujours un mauvais signe, il présage le délire ou l'hémorragie du nez; mais, pour être signe, il faut qu'il ne dépende d'aucun vice local dans les yeux, & qu'il ne puisse être attribué à aucune cause évidente, μη κατα προαιρεσιν; alors, dit Hippocrate, il est ατονοτερον, c-est-à-dire qu'il marque une grande aliénation d'esprit; car les larmes qui font excitées par quelque affection de l'ame ; n'indiquent rien d'abfurde, ωδυνατωποι. *Aphor*. 52. *lib. IV*. Et en outre pour que le *larmoiement* foit un figne fâcheux, il faut qu'il paroiſſe dans un tems à *critique* ; car, lorfqu'on l'obferve pendant les jours deſtinés aux efforts critiques, il eſt l'avant-coureur & le ligne d'une hémorragie du nez prochaine, qui fera falutaire & indicatoire, fur-tout fi les autres fignes confpirent.

Lorfque le *larmoiement* fe rencontre au commencement d'une fievre aiguë avec des naufeés, vomiſſement, mal de tête, douleurs dans les reins, &c. fur-tout dans des enfans, c'eſt un figne affez certain que la rougeole va paroître. Ce fymptome ne s'obferve que très-rarement, quand l'éruption variolenfe fe prépare. On ignore quelle eſt la liaifon entre ces deux effets, & par quel méchanifme l'un précede auſſi ordinairement l'autre ; & ce n'eſt pas le feul cas en Médecine, où la conjecture ne puiſſe pas même avoir lieu. (*M*)

LARNUM, (*Géogr. anc.*) riviere de l'Efpagne Tarragonoife, felon Pline, *l. III. c. iij*. Cette riviere le nomme préfentement *Tornera*. (*D. J.*)

LARRON, f. m. (*Hiſt. anc.*) en latin *latro*. C'étoient originairement des braves, qu'on engageoit par argent ; ceux qui les avoient engagés les tenoient à leurs côtés ; de-là ils furent appellés *laterones*, & par ellipfe *latrones*. Mais la corruption fe mit bientôt dans ces troupes ; ils pillerent, ils volerent, & *latro* fe dit pour *voleur de grand chemin*. Il y en avoit beaucoup au tems de Jefus-Chriſt ; il avoient leur retraite dans les rochers de la Trachonite, d'où Hérode eut beaucoup de peine de les déloger. Les environs de Rome en étoient auſſi infeſtés. On appella *latrones* ceux qui attaquoient les paſſans avec des armes ; *graſſatores* ceux qui ne fe fervoient que de leurs poings.

LARRON, (*Jardinage*.) eſt une branche gourmande. *Voyez* GOURMAND.

LARRON, *terme d'Imprimerie*, c'eſt un pli qui fe trouve dans une feuille de papier, lequel, quand les Imprimeurs n'ont pas foin de l'ôter avant que la feuille paſſe fous la preſſe, caufe une défectuofité qui fe manifeſte lorfqu'on donne à cette feuille fon étendue naturelle, par un blanc déplacé, ou interruption d'impreſſion ; les Imprimeurs entendent auſſi par *latron* le même effet, produit par un petit morceau de papier qui fe trouve fur la feuille qu'ils impriment, & qui vient à fe détacher au fortir de la preſſe, ce qui eſt même plus fréquent que le premier.

LARRONS *les îles des*, (*Géogr.*) *voyez* MARIANES *îles*.

LARVES, f. m. pl. (*Mythol.*) c'étoient, dans le fentiment des anciens Romains, les ames des méchans qui erroient çà & là, pour effrayer & tourmenter les vivans ; *larva* fignifie proprement un *maſque* ; & comme autrefois on les faifoit fi grotefques, qu'ils épouvantoient les enfans : on s'eſt fervi de ce nom pour défigner les mauvais génies, que l'on croyoit capables de nuire aux hommes. On les appelloit autrement *lémures. Voyez* LÉMURES, LÉMURIES, LARES, LUTINS & GÉNIES.

LARYMNA, (*Géogr. anc.*) ville maritime de Grece dans la Béotie, à l'embouchure du Céphife, felon Paufanias. Comme elle étoit aux confins de la Locride & de la Béotie, Strabon en a fait deux villes ; au bord de la mer, l'une en Locride, & l'autre en Béotie. Il eſt vrai cependant qu'il y avoit deux *Larymnes*, mais l'une étoit dans les terres près du lac Copaïde, & l'autre au bord de la mer. (*D. J.*)

LAVINGÆE, *en Anatomie*, nom d'une artere produite par la carotide externe. *Voyez* CAROTIDE.

Elle fe diſtribue aux larynx, aux glandes thyroïdes ; au pharynx, & produit quelquefois l'artere épineufe, &c. on la nomme auſſi *gutturale fupérieure*. *Voyez* GUTTURALE.

LARYNGOTOMIE, *en Chirurgie*, eſt une incifion à la trachée artere entre deux de fes anneaux, pour donner paſſage à l'air lorfqu'il y a danger de fuffocation par une efquinancie ou autre caufe que ce foit. *Voyez* ANGINE & ESQUINANCIE. Le mot eſt grec λαρυγγοτομια, formé de λαρυγξ, *larynx*, & de τεμνω, *je coupe*.

La *laryngotomie* eſt la même chofe que la *bronchotomie*. *Voy*. BRONCHOTOMIE & TRACHÉOTOMIE. (*Y*)

LARYNX, f. m. en *Anatomie* eſt la partie fupérieure ou la tête de la trachée artere. Il eſt fitué au-deſſous ou à la racine de la langue, & devant le pharynx. *Voyez* TRACHÉE ARTERE.

Le *larynx* eſt un des organes de la refpiration, & le principal inſtrument de la voix. *Voyez* RESPIRATION, &c.

Il eſt prefque entierement cartilagineux, & il doit être toûjours ouvert pour donner paſſage à l'air dans l'infpiration & l'expiration. Sa figure eſt circulaire, quoiqu'il s'avance un peu antérieurement ; il eſt légerement applati par-derriere, pour ne pas incommoder l'œfophage fur lequel il fe trouve placé.

Le *larynx* eſt d'un différent diametre, fuivant les divers âges. Dans les jeunes gens il eſt étroit ; de-là vient qu'ils ont une voix aiguë. Dans un âge plus avancé, il eſt plus ample, ce qui rend la voix plus groſſe & plus forte. Dans les hommes il eſt plus grand que dans les femmes ; c'eſt pourquoi la voix des hommes eſt plus grave que celle des femmes.

Il paroît moins dans les femmes, parce que les glandes fituées à fa partie inférieure font plus groſſes dans les femmes que dans les hommes. *V.* VOIX.

Le *larynx* fe meut dans le tems de la déglutition. Lorfque l'œfophage s'abaiſſe pour recevoir les alimens, le *larynx* s'éleve pour les comprimer & les faire defcendre plus aifément. *Voy*. DÉGLUTITION.

Le *larynx* eſt compofé de cinq fortes de parties, favoir de cartilages, de mufcles, de membranes, de nerfs & de glandes. Les cartilages font le thyroïde, le cricoïde, l'aryténoïde, & l'épiglotte ; par le moyen defquels il peut aifément s'élargir & fe reſſerrer, fe fermer & s'ouvrir. Ces cartilages forment tout le corps du *larynx* ; ils fe fechent & fe durciſſent à mefure que l'on devient vieux ; & alors le *larynx* paroît quelquefois oſſeux.

Le plus grand des cartilages eſt le *thyroïde* ou *fcutiforme* ; il eſt fitué à la partie anterieure du *larynx* ; & il eſt ainfi nommé à caufe de la reſſemblance qu'on lui fuppofe avec un bouclier. Il eſt concave & convexe, & de figure quarrée ; fa partie concave eſt tournée en-dedans, & fa partie convexe en-dehors, ayant dans fon milieu une petite éminence appellée *pomme d'Adam*, comme fi un morceau du fruit défendu s'étoit arrêté dans le gofier d'Adam, & avoit caufé cette élévation.

Le fecond cartilage s'appelle *cricoïde*, ou *annulaire*, à caufe de fa reſſemblance avec un anneau ; il eſt fort étroit à la partie antérieure qui eſt placée fous le cartilage cricoïde ; mais il eſt large, épais & fort à fa partie poſtérieure ; étant comme la bafe des autres cartilages.

Le troifieme & le quatrieme fe nomment *aryténoïdes*, parce qu'étant joints enfemble ils reſſemblent à une efpece d'aiguiere. A leur jonction eſt une petite ouverture ou fente en forme d'une petite langue, & qui à caufe de cela eſt appellée *glotte*. C'eſt par cette fente que l'air defcend dans les poumons, & que fort la pituite que l'on crache dans les rhumes en touſſant. Elle fert auſſi à modifier la voix, & on l'imite dans les flûtes & les tuyaux d'orgue. *Voyez* GLOTTE.

Sur la glotte est un cinquieme cartilage nommé *épiglotte*, qui est très-mince & très-flexible, & qui dans ceux qui ne sont pas encore adultes se trouve presque membraneux ; il est concave inférieurement & convexe supérieurement ; il couvre l'entrée du *larynx* & empêche les liquides qui en buvant glissent par dessus pour entrer dans l'œsophage, de tomber dans la trachée artere. *Voyez* ÉPIGLOTTE.

Le *larynx* a sept paires de muscles qui servent à mouvoir ses divers cartilages, & à les contracter ou les dilater selon qu'il plait à la volonté. Il y a deux paires de muscles communs & cinq de propres. Les muscles propres sont ceux qui ont leur origine & leur insertion au *larynx* ; les communs n'y ont que leur insertion.

Entre les muscles propres du *larynx* sont les crico-thyroïdien, qui fait mouvoir le cartilage thyroïde, le crico-aryténoïdien postérieur, qui en se contractant écarte les cartilages aryténoïdes & ouvre la glotte, l'aryténoïdien, qui sert à joindre ensemble les deux cartilages aryténoïdes & à fermer la glotte, le crico-aryténoïdien latéral, le thyro-ariténoïdien, qui ferme le *larynx*.

Les muscles communs du *larynx* sont les sterno-thyroïdiens qui tirent en bas le cartilage thyroïde ; & les hyo-thyroïdiens qui le tirent en haut. *Voyez-en* la description à leur article particulier.

Le *larynx* n'a que deux membranes, une externe, qui est une continuation de celle de la trachée artere, l'autre interne, qui est une continuation de celle qui tapisse toute la bouche.

Le *larynx* reçoit deux branches de nerfs des recurrens, & il est humecté par quatre grosses glandes, deux situées en haut, appellées *amygdales*, & deux en bas, appellées *thyroides*. *Voy.* AMYGDALES, &c.

Le *larynx* est fort utile non-seulement pour former & modifier la voix par les diverses ouvertures de la glotte, mais encore pour comprimer plus ou moins les poumons au moyen de l'air. En effet, si le diametre interne du *larynx* avoit été égal à celui de la trachée artere, les poumons n'auroient souffert que peu ou point du tout de compression, & par conséquent sans le *larynx* nous n'aurions retiré aucun avantage de l'inspiration, parce que l'air n'auroit pû résister à la force avec laquelle il est chassé dehors dans l'expiration, & en conséquence les poumons n'auroient pu être comprimés ; ce qui est néanmoins nécessaire pour briser les globules du sang, & pour produire le mélange de l'air avec ce liquide. *Voyez* RESPIRATION.

Quant à l'action du *larynx* dans la formation des sons, *voyez* GLOTTE & SON. *Voy.* aussi ÉPIGLOTTE, TRACHÉE ARTERE, &c.

LARYSIUS, (*Géog. anc.*) Λαρύσιος, montagne du Péloponnese dans la Laconie, au-dessus de Migonium, contrée qui est vis-à-vis de Cranaé. Il y avoit sur cette montagne un temple dédié à Bacchus, à l'honneur de qui on y célébroit une fête tous les printems. (*D. J.*)

LAS, adj. (*Gramm.*) *voyez* LASSITUDE.

LAS *ou* LASSIEN, (*Econom. rust.*) c'est la partie d'une grange à côté de l'aire où l'on entasse les gerbes.

LASCIVETÉ, s. f. (*Morale.*) espece de mollesse, fille de l'oisiveté, de l'aisance & du luxe ; de-là vient que l'auteur de l'Andrienne appelle les plaisirs des grands, *lascivia nobilum*. La *lasciveté* est à parler proprement un vice qui blesse la pureté des mœurs. Le Bramme inspiré va vous tracer d'une main légere son caractere & ses effets.

Couchée mollement sous un berceau de fleurs, elle mandie les regards des enfans des hommes, elle leur tend des pieges & des amorces dangereuses.

Son air est délicat, sa complexion foible, sa parure est un négligé touchant ; la volupté est dans ses yeux, & la séduction dans son ame.

Fuis ses charmes, fermes l'oreille à l'enchantement de ses discours : si tes yeux rencontrent la langueur des liens ; si sa voix douce passe jusqu'à ton cœur ; si dans ce moment elle jette ses bras autour de ton col, te voilà son esclave, elle t'enchaine à jamais.

La honte, la maladie, la misere & le repentir marchent à sa suite.

Affoibli par la débauche, endormi par la mollesse, énervé par l'inaction, tu tomberas dans la langueur, le cercle de tes jours sera étroit, celui de tes peines étendu ; le premier sera sans gloire, l'autre n'excitera ni larmes ni pitié. (*D. J.*)

LASER, (*Bot. mod.*) *V.* LASERPITIUM. Ce genre de plante ombellifere est appellé *laserpitium* par les Botanistes, & c'est d'une plante semblable qu'on tire en Perse l'*assa fœtida* des boutiques. Tournefort compte quatorze especes de *laser*, & Boërhaave seize. Nous décrirons dans ce nombre celle de Marseille, qui est la plus commune : on l'appelle *laserpitium gallicum massiliense*.

Elle pousse une tige haute ressemblant à celle de la pérusle, cannelée, noueuse & fongueuse ; ses feuilles sont disposées en ailes fermes, charnues, roides, divisées & subdivisées en lobes, garnies par derriere de quelques poils rudes ; ses sommets soutiennent de grandes ombelles de fleurs disposées en rose, & composées de cinq pétales faits en cœur, & arrangés circulairement autour du calice. Quand ces fleurs sont tombées, il leur succede des graines assez grandes, bossues, jaunâtres, odorantes, jointes deux à deux, & garnies chacune de quatre ailes feuillues ; sa racine est longue, d'un gris cendré en-dehors, blanche en-dedans, molle, grasse, succulente & odorante. Cette plante croît en Provence, comme aux environs de Marseille ; sa racine passe pour atténuante & résolutive, mais elle est de peu d'usage. (*D. J.*)

LASER, (*Bot. anc.*) la plante de Cirène, de Perse, de Médie & d'Arménie, que les Grecs nommoient *silphium*, & les Latins *laserpitium*, répandoit de sa tige & de sa racine un suc précieux appellé ὠπὸς par excellence, c'est-à-dire le *suc des sucs*, ou simplement ὠπὸς σιλφίω, le *suc du silphium* ; & les Latins donnerent à ce suc le nom de *laser*. M. Geoffroy paroît convaincu que le silphium, le *laser*, le suc cyréniaque, le suc de Médie, le suc d'Arménie, le suc de Perse des anciens, & l'*assa fœtida* des modernes, ne font point des sucs de différens genres, ou du-moins qu'il y a peu de différence entr'eux. *Voyez* là-dessus ASSA FŒTIDA & SILPHIUM. (*D. J.*)

LASER, (*Mat. med.*) L'opinion commune où l'on est que les mêmes choses qui nous paroissent aujourd'hui agréables ou desagréables au goût ou à l'odorat, doivent avoir toûjours fait le même effet sur tous les autres hommes, est cause qu'on a cru dans ces derniers siecles avoir perdu le silphium ou le *laser*, drogue qui entroit dans plusieurs compositions medicinales des anciens, & même dans plusieurs de leurs ragoûts. On sait qu'il y avoit anciennement de deux sortes de *laser*, l'un qui croissoit en Cyrene, qui étoit le plus cher & de meilleur odeur ; l'autre qui venoit de Syrie ou de Perse, qui étoit le moins estimé & d'une odeur plus puante. On ne trouvoit déjà plus du premier du tems de Pline, qui tâche de rendre raison du manquement de cette drogue ; mais on avoit abondamment du second, & les Medecins ne faisoient pas difficulté de s'en servir au défaut de l'autre. Presque tous ceux qui ont écrit de la matiere medicinale depuis un siecle ou deux, ont soutenu qu'on ne connoissoit plus ni les plantes qui produisoient ce suc, ni ce suc lui-même ; cela peut être véritable à l'égard du *laser* de Cyrene : mais Saumaise croit que toutes les marques de celui de Syrie se rencontrent dans cette espece de gomme qu'on appelle *assa fœtida*, le mot *assa* ou *asa* ayant été tiré du vieux mot *laser*. Leclerc, *Histoire de la Medecine*. *Voyez* ASSA FŒTIDA. (*M*)

LASERPITIUM, s. m. (*Hist. nat. Bot.*) genre de plante à fleur en rose & en ombelle, composée de plusieurs pétales en forme de cœur, disposés en rond & soutenus par le calice qui devient un fruit composé de deux semences assez grandes, plates d'un côté, convexes de l'autre, & garnies de quatre feuillets. Tournefort, *inst. rei herb. Voyez* PLANTE.

LASKO, (*Géog.*) ville de Pologne dans le palatinat de Siradie.

LAS NAVES DEL MARQUES, (*Géog.*) ville d'Espagne dans la nouvelle Castille, fameuse par les draps qu'on y fabrique.

LASSA, (*Géog.*) ville de l'île de Candie, dans le territoire de Retimo.

LASSA, *le*, (*Géog.*) pays d'Asie dans la Tartarie, entre la Chine à l'orient, les états du roi d'Ava au midi, ceux du grand-mogol au couchant, & le royaume de Tangut au nord. On le considere comme faisant partie de ce dernier. *Lassa* ou *Baratola*, située selon les PP. Gerbillon & Dorville, par le 106ᵈ 41′ de *longitude*, & 29 6′ de *latitude*, en est la capitale. Poutola, forteresse qui fait la résidence du dalai-lama, chef de la religion des Lamas, Couti & Tachelinbou en sont les principaux lieux. Le *Lassa* se nomme autrement *le royaume de Bontan*, dont nous n'avons presque aucune connoissance. (*D. J.*)

LASSAN, (*Géog.*) ville de Poméranie sur la riviere de Péene; entre Anelam & Wolgast.

LASSER ou LACER UNE VOILE, (*Marine*) c'est saisir la voile avec une petite corde nommée *querantout*, qui passe par les yeux de pie. On fait cette manœuvre lorsqu'on est surpris par un gros vent & qu'il n'y a point de garcettes aux voiles.

LASSERET, s. m. (*Charpente.*) c'est une petite tarriere de huit lignes de diametre. *Voyez* TARRIERE. Elle sert aux Charpentiers, pour faire les petites mortoises, & enlasser les tenons & les mortois ensemble. *Voyez les Pl. de Charp.*

LASSERET TOURNANT, c'est celui qui traverse une barre où il est arrêté par une contre-rivure, & laisse tourner toujours. Tel est le *lasseret* qui porte la verge des aubronniers des fleaux de grandes portes.

LASSERET, (*Serrurerie.*) espece de piton à vis, à pointe molle, & ordinairement à double pointe, parce qu'il faut l'ouvrir pour y placer la piece qu'il doit retenir, comme on voit aux boucles des portes qui sont arrêtées par un *lasseret*.

Lasseret se dit encore des pieces qui arrêtent les espagnolettes sur le battant des croisées, & dans lesquelles elles se meuvent.

Le *lasseret* a différentes formes, selon l'usage auquel il est destiné.

LASSERIE, s. f. (*Vannerie.*) Les Vanniers comprennent sous ce terme généralement tout ce qu'ils font de plus fin & de plus beau, comme corbeilles de table, en *lasserie* ou damassées, dorées, ou brodées en soie, & garnies de morceaux de sculpture en bois doré, de gravure sur cuivre, &c.

Ils donnent encore ce nom à cette tissure d'osier mince & serré, qui remplit le corps d'une corbeille.

LASSITUDE, s. f. (*Mor.*) c'est l'état de l'homme quand il n'a plus la volonté & la force d'agir. Tout travail fatigue; il ne lasse que quand il cesse de plaire; après la fatigue l'homme répare ses forces par le repos, & quelquefois il sort de la *lassitude* en changeant de travail.

LASSITUDE, *lassitudo*, κόπος, (*Med.*) est un sentiment désagréable qu'on éprouve pour l'ordinaire, après avoir fait des exercices immodérés en force ou en longueur: le sentiment est joint à une ineptitude au mouvement; on en distingue deux especes: l'une plus proprement *fatigue*, *defatigatio*, est la suite & l'effet d'un mouvement excessif; l'autre est spontanée, c'est-à-dire, n'est précédée d'aucun exercice, du moins violent. La premiere espece qui a une cause évidente considérée en soi, n'est pas maladie; à peine est-elle incommodité, à moins qu'elle ne soit extrême; aussi pour la dissiper ne faut-il que du repos; c'est le remede le plus simple & le plus assuré; c'est le fameux ἄκοπον d'Hippocrate; lorsqu'on » s'est fatigué, dit-il, *aphor.* 48. *lib. II.* par quelque » mouvement que ce soit, le repos est un prompt dé- » lassement; on doit en outre avoir attention de ne » pas manger avant que la *lassitude* soit un peu dé- » gagée & *soluta* par le repos, sans quoi l'on court » le risque prochain d'une indigestion. *Voyez* INDI- » GESTION ». Quelques auteurs attribuent aux bains, demi-bains, *incessus*, préparés avec la décoction d'armoise, une vertu singulierement *délassante*; ils assurent en avoir observé des effets admirables. D'autres fondés, disent-ils, sur leur expérience, ou plûtôt sur leur inexpérience, contestent à l'armoise cette propriété, & la traitent de chimérique; il n'est pas, comme on voit, jusqu'aux faits, qui ne soient à présent matiere de dispute.

Les *lassitudes* spontanées qu'on ne peut attribuer à aucun mouvement considérable précédent, sont au moins incommodité, le plus souvent symptome ou présage de maladie. Ces *lassitudes* annoncent toujours un dérangement dans la machine, une révolution prochaine, une foiblesse dans les nerfs, &c. Presque toutes les maladies aiguës sont précédées & accompagnées de *lassitude*; c'est le principal symptome qui constitue l'état neutre qu'on remarque avant que ces maladies se déclarent. On l'observe aussi quelquefois dans leurs cours, & sur-tout dans les fievres malignes, dont il augmente le danger, κωπώδεις πυρετοι κακοηθεις, dit Hippocrate: *prorrhet.* n°. 41. *lib. I.*

Il y a différens degrés ou especes de *lassitude*, désignés par le sentiment plus ou moins désagréable qu'on éprouve quand on veut se mouvoir. Lorsque le mouvement ou les efforts destinés à cela, impriment un sentiment d'érosion, on appelle cette *lassitude ulcéreuse*. Il semble aux malades que tout leur corps est couvert d'ulceres; si ce sentiment se réduit à une tension, on lui donne l'épithete de *tensive*; & si le malade ne sent qu'un poids incommode, on dit que la *lassitude* est gravative.

Ces distinctions doivent avoir sans doute quelque utilité. Quelques écrivains s'imaginent que les *lassitudes* ulcéreuses indiquent une grande acrimonie; les gravatives, un simple épaississement des humeurs; celles qui sont tensives, un état moyen, *fides sit penes auctores*. L'avantage qu'on peut retirer de l'attention aux *lassitudes* spontanées, considérées généralement, n'est pas aussi hypothétique; nous n'avons qu'à consulter le prince de la medecine, le divin Hippocrate; il nous apprendra 1°. que ces *lassitudes* présagent les maladies. 2°. Que ceux qui les éprouvent sont à la veille de la maladie, sont en danger. 3°. Que si après des sueurs critiques, avec *lassitude* & frisson, la chaleur revient, c'ell un mauvais ligne, soit qu'il y ait en même tems hémorrhagie du nez ou non. 4°. Que les *lassitudes* jointes à des anxiétés, frissons, douleurs dans les reins, sont une marque que le ventre est libre. 5°. Que dans cet état de *lassitude* il est bon que le malade ait des selles rougeâtres, sur-tout dans le tems critique. 6°. Que les *lassitudes* qui persistent pendant & après la fievre, donnent lieu d'attendre des abscès aux joues & aux articulations. 7°. Les *lassitudes* spontanées dans les vieillards, avec engourdissement & vertige, sont les avant-coureurs de l'apoplexie.

Ces *lassitudes* sont aussi un symptome bien familier dans les maladies chroniques ; elles sont sur-tout propres au scorbut, dont elles caractérisent presque seules le premier degré : il y a *lassitude* dans toutes les maladies où il y a langueur ; ces deux états paroissent cependant différer en ce que la langueur affaisse & anéantit l'esprit & le corps, & précede le mouvement ; au lieu que la *lassitude* en est une suite, & ne semble affecter que la machine, ou pour mieux dire, les mouvemens animaux.

Les *lassitudes* spontanées n'exigent en elles-mêmes aucun remede, soit qu'elles annoncent ou accompagnent les maladies. Dans le premier cas elles avertissent de prévenir, s'il est possible, la maladie dont elles menacent. Il est alors prudent de se mettre à un régime un peu rigoureux, de faire-diete ; l'émétique pourroit peut-être faire échouer la maladie : dans le second cas elles doivent engager un medecin à se tenir sur ses gardes, à ne pas trop donner à la nature, à s'abstenir des remedes qui pourroient l'affoiblir, & à recourir sur-tout à ceux qui peuvent tirer le corps de l'engourdissement où il commence à être plongé. Ces *lassitudes* dans les maladies chroniques, indiquent aussi des remedes actifs, invigorans, toniques, &c. propres à corriger & changer l'état vicieux du sang & des solides qui ont donné naissance au symptome, & qui l'entretiennent. (*M*)

LAST ou LASTE, s. m. (*Marine.*) c'est le poids de deux tonneaux. Les Hollandois mesurent ordinairement la charge de leurs vaisseaux par *lastes*. On dit un vaisseau de 150 *lastes*, c'est-à-dire, qu'il est de 300 tonneaux.

Dans quelques pays du nord, *laste* est un terme général, qui se prend pour la charge entiere du vaisseau. Il signifie quelquefois un poids ou une mesure particuliere ; mais cette mesure change non-seulement eu égard aux lieux, mais même eu égard à la différence des marchandises ; desorte que pour déterminer ce que contient un *laste*, il faut savoir de quel endroit & de quelle sorte de marchandise on veut parler.

LAST-GELT, s. m. (*Commerce.*) nom qu'on donne en Hollande à un droit qu'on leve sur chaque vaisseau qui entre ou qui sort, & on l'appelle ainsi de ce qui se paye à proportion de la quantité de *test* ou *last* que chaque bâtiment entrant ou sortant peut contenir. Ce droit est de 5 sols ou stuyvers par *last* en sortant, & de 10 sols en entrant. Mais il est bon d'observer que ce droit étant une fois payé, le vaisseau qui l'a acquitté se trouve franc pendant une année entiere, & qu'on peut le faire rentrer ou sortir de nouveau, & autant de fois qu'on le juge à-propos, sans que pendant cette année il soit sujet au *last-gelt*. Voyez le *Dict. de Com.*

LAST-GELD, (*Com.*) est un droit de fret qui se leve à Hambourg sur les marchandises & vaisseaux étrangers qui y arrivent ou qui en partent. Par l'art. 41 du traité de commerce conclu à Paris, le 28 Décembre 1716, entre la France & les villes anséatiques, les vaisseaux françois qui vont trafiquer à Hambourg, sont déchargés de ce droit, qu'on ne peut exiger d'eux sous quelque nom ou prétexte que ce puisse être. *Voyez* le *Dict. de Commerce.*

LATAKIE, ou LATAQUIE, & LATICHEZ, selon Maundrell, (*Géog.*) ville de Syrie, sur la côte, à 15 lieues de Tortose, & 30 d'Alep. C'est un reste de l'ancienne Laodicée sur la mer. *Voyez* LAODICÉE, *num.* 3.

Le sieur Paul Lucas dit y avoir trouvé par-tout des colonnes sortant de terre presqu'à moitié, & de toutes sortes de marbre ; il ajoute que tous les lieux des environs ne sont que plaines & collines plantées d'oliviers, de mûriers, de figuiers, & arbres semblables. Il y passe un bras de l'Oronte, qui arrose en serpentant une bonne partie du pays.

Cette ville a été rétablie par Coplan-Aga, homme riche & amateur du commerce, qui en a fait l'endroit le plus florissant de la côte. *Long.* 54. 25. *lat.* 35. 30. (*D. J.*)

LATANIER, s. m. (*Botan.*) sorte de palmier des îles Antilles, & de l'Amérique équinoxiale. Il pousse une tige d'environ six à sept pouces de diametre, haute de 30 à 35 piés & plus, toujours droite comme un mats, sans aucune diminution sensible. Le bois de cet arbre est roide & fort dur, mais il diminue de solidité en approchant du centre, n'étant dans cette partie qu'un composé mollasse de longues fibres qu'il est aisé de séparer du reste de l'arbre, lorsqu'il a été coupé & fendu dans sa longueur. Le sommet du *latanier* est enveloppé d'un rézeau composé d'une multitude de longs filets droits, serrés, & croisés par d'autres filets de même espece, formant un gros canevas qui semble avoir été tissu de mains d'hommes ; entre les circonvolutions de cette espece de toile, sortent des branches disposées en gerbe ; elles sont plates, extrêmement droites, fermes, lisses, d'un verd jaunâtre, longues d'environ trois piés & demi, larges à-peu-près d'un pouce, épaisses de deux ou trois lignes dans le milieu de leur largeur, & tranchantes sur les bords, ressemblant parfaitement à des lames d'espadon ; chaque branche n'est proprement qu'une longue queue d'une très-grande feuille qui dans le commencement ressemble à un éventail fermé, mais qui se développant ensuite, forme un grand éventail ouvert, dont les plis sont exactement marqués, & non pas un soleil rayonnant, ainsi que le disent les RR. PP. Dutertre & Labat, qui en ont donné des figures peu correctes.

Le tronc de l'arbre, après avoir été fendu & nettoyé de sa partie molle, coupée ou l'on a dit ci-dessus, sert à faire de longues gouttieres ; on employe les feuilles pour couvrir les cazes ; plusieurs de ces feuilles étant réunies ensemble, & leurs queues après avoir été fortement liées, composent des balais fort-commodes : on en fait aussi des especes de jolis parasols, en forme d'écrans ou de grands éventails que les Asiatiques peignent de diverses couleurs ; & les Caraïbes ou Sauvages des îles, se servent de la peau solide & unie des queues, pour en fabriquer le tissu de leurs ébichets, matatous, paniers, & autres petits meubles très-propres.

LATENT, adj. (*Jurisprud.*) signifie *occulte*, & qui n'est pas apparent : on appelle *vice latent* celui qui n'est pas extérieur, & ne se connoît que par l'usage : par exemple, en fait de chevaux, la pousse, la morve, & la courbature sont des vices *latens* dont le vendeur doit la garentie pendant neuf jours.

Les servitudes *latentes* sont celles qui ne sont pas en évidence, comme un droit de passage. Il n'est pas nécessaire de s'opposer au decret pour des servitudes apparentes, telles que des rues & égouts, mais bien pour les servitudes *latentes*. *Voyez* DECRET & SERVITUDE. (*A*)

LATÉRAL, adj. (*Géom.*) mot qui ne s'employe guere qu'avec d'autres mots avec lesquels il forme des composés, comme *équilatéral*, &c. Ce mot vient de *latus*, côté, & il a rapport aux lignes qui forment la circonférence des figures. *Voyez* EQUILATÉRAL.

Une équation *latérale* dans les anciens auteurs d'algebre, est une équation simple ou qui n'est que d'une dimension, & n'a qu'une racine. *Voyez* EQUATION.

On ne dit plus équation *latérale*, on dit équation *simple* ou *linéaire*, ou *du premier degré*. (*O*)

LATÉRAL, *droit de la tête*, *Voyez* l'article DROIT.

LAT-

LAT   LAT   301

LATÉRALE, *paralysie* LATÉRALE. *Voyez* PARALYSIE.

LATÉRALE, *opération* LATÉRALE. *Voyez* LITHOTOMIE.

Les finus *latéraux* & la dure-mere sont comme deux branches du finus longitudinal supérieur, qui vont l'une à droite & l'autre à gauche, le long de la grande circonférence de la tente du cervelet, jusqu'à la base de l'apophyse pierreuse des os des tempes ; de-là ils descendent, en faisant d'abord un grand contour, & ensuite un petit, étant fortement attachés dans les grandes gouttieres *latérales* de la base du crane, & suivent la route de ces gouttieres jusqu'aux trous déchirés & aux fossettes des veines jugulaires. *Voyez* JUGULAIRE.

LATERCULUM, (*Littér.*) ce terme signifioit, sous les empereurs de Rome, le rôle de tous les magistrats & officiers militaires, contenant l'état des fonctions de leurs charges, & des appointemens qui y étoient annexés ; l'origine de ce mot bisarre nous est inconnue. (*D. J.*)

LATERE, (*Jurisprud.*) legat *à latert. Voyez ci-après* LEGAT.

LATIAL, *Latialis*, (*Littérat.*) surnom du Jupiter, ainsi nommé du Latium, contrée d'Italie, où ce maître des dieux étoit singulierement honoré par des fêtes, des offrandes & des sacrifices. *Voyez* LATIAR. (*D. J.*)

LATIAR, s. m. (*Littérat.*) c'est le nom de la fête instituée par Tarquin le superbe, en l'honneur de Jupiter Latial. Ce prince ayant fait un traité d'alliance avec les peuples du Latium, proposa dans le dessein d'en assurer la perpétuité, d'ériger un temple commun, où tous les alliés, les Romains, les Latins, les Herniques, & les Volsques s'assemblassent tous les ans pour y faire une foire, se régaler les uns les autres, & y célébrer ensemble des fêtes & des sacrifices ; telle fut l'origine du *latiar*. Tarquin n'avoit destiné qu'un jour à cette fête ; les premiers consuls en établirent un second après qu'ils eurent confirmé l'alliance avec les Latins ; on ajouta un troisieme jour lorsque le peuple de Rome, qui s'étoit retiré sur le mont sacré, fut rentré dans la ville, & finalement un quatrieme, après qu'on eut appaisé la sédition qui s'étoit élevée entre les Plébéiens & les Patriciens à l'occasion du consulat ; ces quatre jours étoient ceux qu'on nommoit *Féries latines* ; & tout ce qui se faisoit pendant ces féries, fêtes, offrandes, sacrifices, tout cela s'appelloit *latiar*, dit Gronovius dans ses *observations, liv. IV. c. xxv.* (*D. J.*)

LATICLAVE, s. m. (*Littérat.*) *latus clavus, tunica laticlavia* ; tunique à large bordure de pourpre par-devant, & qui faisoit un habillement particulier de distinction & de dignité chez les Romains.

Tout le monde reconnoît que le *laticlave* étoit l'habit de marque de certaine magistrature ; mais il n'y a rien, en fait d'habits, sur quoi les savans soient si peu d'accord que sur la forme du *laticlave* & de l'*angusticlave*.

Les uns ont imaginé que le *laticlave* étoit une bande de pourpre entierement détachée des habits, qu'on la passoit sur le col, & qu'on la laissoit pendre tout du long par-devant & par-derriere, comme le scapulaire d'un religieux. D'autres ont pensé que c'étoit un manteau de pourpre qui couvroit seulement les épaules, comme les manteaux d'hermine de nos rois ; mais ces deux opinions sont également insoutenables. Indiquons-en une troisieme qui ait plus de vraissemblance ; & il ne sera pas difficile.

On distinguoit chez les Romains plusieurs sortes de robes ou de tuniques, & entr'autres la tunique nommée *tunica clavata*. C'étoit une maniere de veste avec des bandes de pourpre, appliquées en forme de galon sur le devant, au milieu de la veste & dans toute sa longueur, de sorte que quand la veste étoit fermée, ces deux bandes se joignoient & sembloient n'en faire qu'une. Si la bande étoit large, la tunique s'appelloit *laticlave, latus clavus, tunica laticlavia*. Si elle étoit étroite, la tunique prenoit le nom d'*angusticlave, angustus clavus, tunica angusticlavia*.

Ces deux sortes de tuniques qui servoient à distinguer les emplois parmi les gens de qualité, étoient opposées à celle qui étoit toute unie sans bandes, qu'on nommoit *tunica recta*, & dont l'usage n'étoit que pour les personnes qui n'avoient point de part à l'administration des affaires.

Il résulte de-là, que le *laticlave* étoit une large bordure de pourpre, cousue tout du long sur la partie de devant d'une tunique, ce qui la distinguoit de celle des chevaliers qui étoit à la vérité une bordure de la même couleur & de la même maniere, mais beaucoup plus étroite, d'où vient qu'on l'appelloit *angusticlave*.

Plusieurs savans se sont persuadés que les bandes ou galons de ces tuniques étoient comme brochées de têtes de clous, *quasi clavis intertexta* ; cela peut être. Cependant M. Dacier qui n'est pas de cet avis, remarque pour le réfuter, que les anciens appelloient *clavus*, clou, tout ce qui étoit fait pour être appliqué sur quelque chose.

Ce qui est plus sûr, c'est qu'on a confondu à tort, le *laticlave* avec la prétexte, peut-être parce que la prétexte avoit un petit bordé de pourpre ; mais outre que ce bordé de pourpre régnoit tout au tour, il est certain que ces deux robes étoient différentes à d'autres égards, & même que la prétexte se mettoit sur le *laticlave*. Varron l'a dit quelque part ; d'ailleurs on sait que quand le préteur prononçoit un arrêt de mort, il quittoit la prétexte & prenoit la robe *laticlave*.

Elle se portoit sans ceinture, & étoit un peu plus longue que la tunique ordinaire, c'est pourquoi Suétone observe comme une chose étrange que Cesar ceignoit son *laticlave*. « Il étoit, dit cet historien, » fort singulier dans ses habits ; son *laticlave* avoit » de longues manches avec des franges au bout ; il » se ceignoit toujours, & toujours sa ceinture étoit » lâche, ce qui donna lieu à ce mot de *Sylla*, qu'il » avertissoit les grands de se donner garde du jeune » homme mal-ceint, *ut malè præcinctum puerum ca-* » *verent*.

Comme les sénateurs avoient droit de porter le *laticlave*, le même Suétone remarque qu'on les appelloit aussi du nom *laticlavii*. Les consuls, les préteurs, & ceux qui triomphoient jouissoient aussi de cette décoration : Isidore nous apprend que sous la république, les fils des sénateurs n'en étoient honorés qu'à l'âge de 25 ans ; Cesar fut le premier qui ayant conçu de grandes espérances d'Octave son neveu, & voulant l'élever le plûtôt possible au timon de l'état, lui donna le privilege du *laticlave* avant le tems marqué par les lois.

Octave étant parvenu à la suprème puissance, crut à son tour devoir admettre de bonne heure les enfans des sénateurs dans l'administration des affaires ; pour cet effet, il leur accorda libéralement la même faveur qu'il avoit reçue de son oncle. Par ce moyen, le *laticlave* devint sous lui l'ordre de l'empereur ; il en revêtoit à la volonté les personnes qu'il lui plaisoit, magistrats, gouverneurs de provinces, & les pontifes mêmes.

Sacrificam lato vestem distinguere clavo.

Il paroît que, sous ses successeurs, les premiers magistrats des colonies & des villes municipales obtinrent la même grace. Ensuite les César la prodi-

Tome IX.   Q q guerent à toutes leurs créatures & à quantité de chevaliers.

Enfin, les dames à leur tour ne furent point privées de cette décoration, qui paſſa même juſqu'aux étrangeres: Flavius Vopiſcus nous rapporte qu'Aurélien fit épouſer à Bonoſus, l'un de ſes capitaines, Humila, belle & aimable princeſſe. Elle étoit priſonniere, & d'une des plus illuſtres familles des Goths; les frais de la noce furent pris ſur l'épargne publique. Le prince voulut avoir le ſoin d'en régler les habits, & parmi des tuniques de toute eſpece, il ordonna pour cette dame celle du *laticlave*, *tunicam auro clavatam*.

Rubens (Albert) en latin *Rubenius*, fils du célebre Rubens, a écrit un traité plein d'érudition ſur le *laticlave* & l'*anguſticlave*, *de latoclavo & anguſticlavo tractatus*. On ſoupçonne M. Grævius qui a mis ce petit ouvrage au net & au jour, n'en partage pas le moindre honneur. (*D. J.*)

LATICZOW, (*Géog.*) ville de Pologne dans la Podolie, ſur la riviere de Bug, avec une châtellenie.

LATINS, EMPIRE DES, (*Hiſt. mod.*) on nomme ainſi l'eſpece d'empire que les Croiſés fonderent en 1204, ſous le regne d'Alexis Comnène, en s'emparant de Conſtantinople, où depuis long-tems régnoit un malheureux ſchiſme qui avoit mis une haine implacable entre les nations des deux rites. L'ambition, l'avarice, un faux zele déterminerent les François & les Italiens à ſe croiſer contre les Grecs au commencement du xiij. ſiecle.

L'objet des Croiſés, dit M. Hainaut, étoit la délivrance de la Terre-ſainte; mais comme en effet ils ne cherchoient que des aventures, ils fonderent, chemin faiſant, l'*empire des Latins*; & les Francois étant maîtres de Conſtantinople, éleverent, pour empereur des Grecs, Baudouin comte de Flandres, dont les états éloignés ne pouvoient donner aucune jalouſie aux Italiens. Alors, laiſſant l'expédition de la Terre-ſainte, ils tenterent de maintenir dans l'obéiſſance l'empire qu'ils venoient de conquérir, & qu'on appella l'*empire des Latins*; empire qui ne dura que 58 ans.

Au bout de ce tems-là, les Grecs ſe révolterent, chaſſerent les François, & élurent pour empereur, Michel Paléologue. Ainſi fut rétabli l'empire grec, qui ſubſiſta près de 200 ans juſqu'au regne de Mahomet II. Ce foudre de guerre prit Conſtantinople le 29 Mai 1455, conquit Trébizonde, ſe rendit maître de douze royaumes, emporta juſqu'à Pluſ de deux cens villes, & mourut à 51 ans, au moment qu'il ſe propoſoit de s'emparer de l'Egypte, de Rhodes & de l'Italie. (*D. J.*)

LATIN, (*Maréch.*) piquer en latin. *Voyez* PIQUER.

LATINE, (*Egliſe*) eſt la même choſe que l'égliſe romaine ou l'égliſe d'occident, par oppoſition à l'égliſe grecque ou égliſe d'orient. *Voyez* ÉGLISE GRECQUE.

LATINS dans l'hiſtoire eccléſiaſtique, ſur-tout depuis le ix. ſiecle & le ſchiſme des Grecs, ſignifie les Catholiques romains répandus en occident. On travailla à la réunion des *Latins* & des Grecs dans les conciles de Lyon & de Florence. Du tems des croiſades, les *Latins* s'emparerent de Conſtantinople & y dominerent plus de ſoixante ans ſous des empereurs de leur communion. On nommoit ainſi les Catholiques d'occident, parce qu'ils ont retenu dans l'office divin l'uſage de la langue *latine*.

LATINE, langue. *Voyez l'article* LANGUE.

LATINE, (*Marine*.) voile *latine*, voile à oreille de lievre, voile à tiers point. Cette ſorte de voiles eſt fort en uſage ſur la Méditerranée; elles ſont en triangle; les galeres n'en portent point d'autres. *Voyez au mot* VOILES.

LATITER, (*Juriſprud.*) en termes de pratique, ſignifie *cacher* & *receler* une perſonne ou quelques effets: on dit d'un débiteur, qu'ils ſe *latite*, lorſqu'il ſe cache de crainte d'être arrêté; on dit auſſi d'une veuve ou d'un héritier, qu'il ont caché & *latité* quelques effets de la communauté ou ſucceſſion du défunt, lorſqu'ils ont commis quelque recelé. *Voyez* DIVERTISSEMENT & RECELÉ. (*A*)

LATITUDE, ſ. f. (*Géogr.*) la *latitude* marque la diſtance d'un lieu à l'équateur, ou l'arc du méridien, compris entre le zénith de ce lieu & l'équateur. La latitude peut donc être ou ſeptentrionale ou méridionale, ſelon que le lieu, dont il eſt queſtion, eſt ſitué en-deçà ou au-delà de l'équateur; ſavoir en-deçà, dans la partie ſeptentrionale que nous habitons, & au-delà, dans la partie méridionale. On dit, par exemple, que Paris eſt ſitué à 48 degrés 50 minutes de *latitude* ſeptentrionale.

Les cercles paralleles à l'équateur ſont nommés *paralleles de latitude*, parce qu'ils ſont connoître les *latitudes* des lieux au moyen de leur interſection avec le méridien. *Voyez* PARALLELE.

Si l'on conçoit un nombre infini de grands cercles qui paſſent tous par les poles du monde, ces cercles ſeront autant de méridiens; & par leur moyen on pourra déterminer, ſoit ſur la terre, ſoit dans le ciel, la poſition de chaque point par rapport au cercle équinoxial, c'eſt-à-dire la *latitude* de ce point.

Celui de ces cercles qui paſſe par un lieu marqué de la terre, eſt nommé le *méridien* de ce lieu, & c'eſt ſur lui qu'on meſure la *latitude* du lieu. *Voyez* MÉRIDIEN.

La *latitude* d'un lieu & l'élévation du pole ſur l'horiſon de ce lieu ſont des termes dont on ſe ſert indifféremment l'un pour l'autre, parce que les deux arcs qu'ils déſignent, ſont toujours égaux. *Voyez* POLE & ÉLÉVATION.

Ceci paroîtra facilement par la *Pl. d'Aſtron. fig. 5*. où le cercle HZQ repréſente le méridien, HO l'horiſon, AQ l'équateur, Z le zénith, & P le pole.

La *latitude* du lieu, ou ſa diſtance de l'équateur, eſt ici l'arc ZA, & l'élévation du pole ou la diſtance du pole à l'horiſon eſt l'arc PO; mais l'arc PA, compris entre le pole & l'équateur, eſt un quart de cercle, & l'arc ZO, compris entre le zénith & l'horiſon, en eſt auſſi un. Ce deux arcs PA, ZO, ſont donc égaux, & ainſi ôtant de chacun d'eux la partie ZP qui leur eſt commune, il reſtera l'arc ZA, égale l'arc PO, c'eſt-à-dire la *latitude* du lieu égale à l'élévation du pole ſur l'horiſon de ce lieu.

On tire de-là une méthode pour meſurer la circonférence de la terre, ou pour déterminer au-moins la quantité d'un degré ſur ſa ſurface en la ſuppoſant ſphérique. En effet, il n'y qu'à aller directement du ſud au nord, ou du nord au ſud, juſqu'à ce que le pole ſe ſoit élevé ou abaiſſé d'un degré, & meſurant alors l'intervalle compris entre le terme d'où on ſera parti, & celui où on ſera arrivé, on aura le nombre de milles, de toiſes &c, que contient un degré du grand cercle de la terre. C'eſt ainſi que Fernel, médecin de Henri II, meſura un degré de la terre; il alla de Paris vers le nord en voiture, en meſurant le chemin par le nombre des tours de roue; & retranchant de la quantité de ce chemin une certaine portion, à cauſe des détours de la route & des chemins; il détermina par cette opération le degré à environ 57000 toiſes, & ce calcul groſſier eſt celui qui s'approche le plus du calcul exact fait par l'Académie. Au reſte, comme la terre n'eſt pas ſphérique, il eſt bon de remarquer que tous les degrés de *latitude* ne ſont pas égaux, & la comparaison exacte de quelques-uns de ces degrés peut servir à déterminer la figure de la terre. *Voyez* DEGRÉ & FIGURE DE LA TERRE.

Il s'agit maintenant de savoir comment on détermine la *latitude*, ou, ce qui revient au même, la hauteur ou l'élévation du pole.

Cette connoissance est de la plus grande conséquence en Géographie, en Navigation & en Astronomie ; voici les moyens de la déterminer tant sur terre que sur mer.

Comme le pole est un point mathématique, & qui ne peut être observé par les sens, sa hauteur ne sauroit non plus être déterminée de la même maniere que celle du soleil & des étoiles, & c'est pourquoi on a imaginé un autre moyen pour en venir à bout.

On commence par tirer une méridienne. *Voyez au mot* MÉRIDIENNE, la méthode qu'il faut suivre pour cela.

On place un quart de cercle sur cette ligne, de façon que son plan soit exactement dans celui du méridien : on prend alors quelque étoile voisine du pole, & qui ne se couche point, par exemple, l'étoile polaire, & on en observe la plus grande & la plus petite hauteur. *Voyez* QUART DE CERCLE.

Supposons, par exemple, que la plus grande hauteur fût désignée par S O, & que la plus petite fût s O ; la moitié P S ou P s de la différence de ces deux arcs étant ôtée de la plus grande hauteur S O, ou ajoutée à la plus petite s O, donneroit P O la hauteur du pole sur l'horison, qui est, comme on l'a dit, égale à la *latitude* du lieu. On peut aussi trouver la *latitude* en prenant avec un quart de cercle, ou un astrolabe, ou une arbalestrille, &c. *voyez ces mots*, la hauteur méridienne du soleil ou d'une étoile. En voici la méthode.

Il faut d'abord observer la distance méridienne du soleil au zénith, laquelle est toujours le complément de la hauteur méridienne du soleil : cela fait, il pourra arriver deux cas, ou bien que le soleil & le zénith du lieu se trouvent placés de différens côtés de l'équateur ; en ce cas, pour avoir la *latitude*, il faudra toujours soustraire la déclinaison connue du soleil de sa distance au zénith : ou bien le soleil & le zénith se trouveront placés du même côté de l'équateur, & alors il pourroit arriver encore que la déclinaison du soleil doive être ou plus grande ou plus petite que la *latitude*, ce qu'on reconnoîtra en remarquant si le soleil à midi se trouve plus près ou plus loin que le zénith du pole qui est élevé sur l'horison. Si la déclinaison est plus grande, comme il arrive souvent dans la zone-torride, alors il faudra pour avoir la *latitude* soustraire de la déclinaison du soleil la distance de cet astre au zénith du lieu ; mais si la déclinaison du soleil doit être plus petite que la *latitude*, (le soleil & le zénith étant toujours supposés d'un même côté de l'équateur) dans ce dernier cas, pour avoir la *latitude*, il faudra ajouter la déclinaison du soleil à la distance de cet astre au zénith.

Si le soleil ou l'étoile n'ont point de déclinaison, ou, s'agissant du soleil, si l'observation se fait un jour où cet astre se meuve dans l'équateur, c'est-à-dire le jour de l'équinoxe, alors l'élévation de l'équateur deviendra égale à la hauteur méridienne de l'astre, & par conséquent cette hauteur sera nécessairement le complément de la *latitude*.

Cette derniere méthode est plus propre aux usages de la navigation, parce qu'elle est plus praticable en mer ; mais la premiere est préférable sur terre.

La connoissance de la *latitude* donne le moyen de monter le globe horisontalement pour un lieu, c'est-à-dire de terminer l'horison de ce lieu, pour répon-

Tome IX.

dre aux questions qu'on peut faire sur l'heure actuelle, sur le lever ou le coucher du soleil dans cet horison un tel jour de l'année ; sur la durée des jours, des nuits, des crépuscules. On demande, par exemple, quelle heure il est à Tornéo de Laponie, lorsqu'il est midi à Paris le 10 Mai. Après avoir attaché sur le méridien le petit cercle horaire avec son aiguille, j'amene Tornéo sous le méridien, le trouvant à 66 ¼ d. de *latitude* ; je donne au pole autant d'élévation : je cherche dans le calendrier de l'horison le 10 Mai, & j'apperçois qu'il répond au 19 degré du lion. J'amene sous le méridien ce point du ciel, que je remarque avec soin, & sous lequel est actuellement le soleil. Si après avoir appliqué l'aiguille horaire sur midi, c'est-à-dire sur la plus élevée des deux figures marquées XII. je fais remonter le globe à l'orient ; au moment que le 19 degré de l'écliptique joindra l'horison, l'aiguille horaire montrera deux ¼ heures pour le lever du soleil sur cet horison. Le même point conduit de-là au méridien, & du méridien au bord occidental de l'horison, exprimera la trace ou l'arc diurne du soleil sur l'horison de Tornéo : l'aiguille horaire marquera 9 ½ heures au moment que le 19 degré du taureau descendra sous l'horison. J'apprens ainsi sur le champ, que la durée du jour le 10 Mai, est de 19 heures à Tornéo, & la nuit de cinq. La connoissance de la *latitude* du lieu donne encore celle de l'élévation de l'équateur pour l'horison de ce lieu. Le globe monté horisontalement pour Paris, vous avez 49 degrés de distance entre le pole & l'horison, comme vous les avez en *latitude* entre l'équateur & le zénith ; or du zénith à l'horison, il n'y a que 90 degrés de part & d'autre. Si de ces 90 vous retranchez les 49 de *latitude*, il reste 41, nombre qui exprime la hauteur de l'équateur sur l'horison de Paris. La hauteur du pole sur l'horison est donc ce qui reste depuis la hauteur du pole jusqu'à 90. *Spectacle de la Nature, tome IV. page 400. Voyez* GLOBE.

LATITUDE, *en Astronomie*, est la distance d'une étoile ou d'une planete à l'écliptique ; ou c'est un arc d'un grand cercle perpendiculaire à l'écliptique, passant par le centre de l'étoile.

Pour mieux entendre cette notion, il faut imaginer une infinité de grands cercles qui coupent l'écliptique à angles droits, & qui passent par ses poles. Ces cercles s'appellent *cercles de latitude*, ou *cercles secondaires de l'écliptique* ; & par tout point, on peut rapporter à l'écliptique telle étoile ou tel point du ciel qu'on voudra, c'est-à-dire déterminer le lieu de cette étoile ou de ce point par rapport à l'écliptique ; c'est en quoi la *latitude* differe de la déclinaison qui est la distance de l'étoile à l'équateur, laquelle se mesure par un grand cercle qui passe par les poles du monde & par l'étoile, c'est-à-dire qui est perpendiculaire non à l'écliptique, mais à l'équateur. *Voyez* DÉCLINAISON.

Ainsi la *latitude* géographique est la même chose que la déclinaison astronomique, & elle est fort différente de la *latitude* astronomique.

La *latitude* géocentrique d'une planete, *Pl. astr. fig. 26.* est un angle connu P, T, R, sous lequel la distance de la planete à l'écliptique P, R, est vue de la terre T.

Le soleil n'a donc jamais de *latitude*, mais les planetes en ont, & c'est pour cela que dans la sphere on donne quelque largeur au zodiaque ; les anciens ne donnoient à cette largeur que six degrés de chaque côté de l'écliptique ou 12 degrés en tout ; mais les modernes l'ont poussée jusques à neuf degrés de chaque côté, ce qui fait dix-huit degrés en total.

La *latitude* héliocentrique d'une planete est l'angle P S R, sous lequel elle est vue du soleil S, la ligne R S, étant supposée dans le plan de l'écliptique, la plus grande *latitude* héliocentrique d'une planete est égale à l'inclinaison de l'orbite de cette planete avec l'écliptique. Cette *latitude* ou inclinaison à-peu-près constante à quelques petites altérations près, qui viennent de l'action des planetes les unes sur les autres. *Voyez* NEWTONIANISME, LUNE, &c.

Quand on a dit ci-dessus que le soleil n'a point de *latitude*, cela ne doit pas s'entendre à la rigueur; car si on suppose un plan fixe qui passe par le soleil & par la terre, lorsqu'elle est dans une position quelconque, & qu'on pourra appeller le plan de l'écliptique, le soleil, ou plûtôt la terre, aura un mouvement en *latitude* par rapport à ce plan. *Voyez l'article* ECLIPTIQUE *à la fin*.

Pour trouver la *latitude* & la longitude d'une étoile. *Voyez l'article* LONGITUDE.

Quand les planetes n'ont point de *latitude*, on dit qu'elles sont alors dans les nœuds de l'écliptique, ce qui veut dire dans l'intersection de leur orbite avec celle du soleil; & c'est dans cette situation qu'elles peuvent souffrir des éclipses, ou être cachées par le soleil, ou bien passer sur son disque. *Voyez* NŒUD *&* ECLIPSE.

Cercle de latitude, est un grand cercle quelconque, qui passe par les poles de l'écliptique.

Latitude septentrionale ascendante de la lune, se dit de la *latitude* de cet astre lorsqu'il va de son nœud ascendant vers sa limite septentrionale, ou sa plus grande élongation. *Voyez* LIMITE, LUNE, &c.

Latitude septentrionale descendante, c'est celle qu'a la lune lorsqu'elle retourne de sa limite septentrionale à son nœud descendant.

Latitude méridionale descendante, c'est celle qu'a la lune, lorsqu'elle va de son nœud descendant à sa limite méridionale.

Enfin *latitude* méridionale ascendante, se dit de la lune, lorsqu'elle retourne de sa limite méridionale à son nœud ascendant.

Et les mêmes termes ont lieu à l'égard des autres planetes. *Voyez* ASCENDANT *&* DESCENDANT.

Il y a dans les Transactions philosophiques quelques observations du docteur Halley, qui peuvent servir à prouver que les *latitudes* de quelques étoiles fixes s'alterent à la longue, en particulier celles de *Polilicium*, de *Sirius*, *Arcturus*, d'où quelques astronomes concluent qu'il en peut être de même des autres étoiles, quoique leurs variations puissent être moins remarquables, parce qu'on les suppose à une plus grande distance de nous.

Ce qu'on peut assurer en général, c'est que la *latitude* de la plûpart des étoiles fixes, ou leur distance écliptique, est sensiblement constante, au-moins dans un certain nombre de siecles, sauf les petites irrégularités qui viennent de la nutation de l'axe de la terre. *Voyez* NUTATION *&* ECLIPTIQUE.

Parallaxe de *latitude*, *voyez* PARALLAXE.

Réfraction de *latitude*, *voyez* RÉFRACTION. *Chambers.* (*O*)

LATITUDINAIRE, s. m. f. du latin *latus*, large, ou *latitudo*, largeur, (*Théol.*) nom que les Théologiens donnent à une certaine espece de Tolérans, qui applanissent & facilitent extrèmement le chemin du ciel à tous les hommes, & qui ne veulent pas que la différence de sentimens en fait de religion soit une raison pour en exclure les sectaires même les moins soumis à l'Evangile. Le ministre Jurieu entr'autres étoit de ce nombre, comme il paroît par l'ouvrage que Bayle a publié contre lui sous le titre *de janua cœlorum omnibus referata*; la porte du ciel ouverte à tous. *Voyez* ADIAPHORISTE *&* TOLÉRANCE. (*G*)

LATIUM LE, (*Géog. anc.*) c'est-à-dire le pays des Latins; mais heureusement nous avons plus accoûtumé nos yeux & nos oreilles au mot même qu'à

la périphrase. Le *Latium* est une contrée de l'ancienne Italie, située au levant du Tibre, & au midi du Téverone, aujourd'hui Anio.

Ovide nous dit d'après la Fable, que Saturne ayant été chassé du ciel par son fils Jupiter, se tint caché quelque tems dans cette contrée d'Italie, & que du mot *latere*, se cacher, étoit venu le nom de *Latium*, & celui de *Latini*, que prirent le pays & les habitans. Mais Varron aime mieux tirer l'origine du mot *Latium*, de ce que ce pays est en quelque façon caché entre les précipices des Alpes & de l'Apennin; & quant aux Latins, ils dérivent leur nom du roi Latinus, que Virgile a ingénieusement supposé beau-pere d'Enée, pour lui faire jouer un grand rôle dans son Enéide.

Rien n'est plus obscur ni plus incertain que l'ancienne histoire du *Latium*, quoique Denis d'Halicarnasse ait fait tous ses efforts pour la débrouiller, & réduire les fables ainsi que les traditions populaires à des vérités historiques.

Strabon prétend que l'ancien *Latium* renfermoit un très-petit pays, qui s'accrut insensiblement par les premieres victoires de Rome contre ses voisins; de forte que de son tems le *Latium* comprenoit plusieurs peuples qui n'appartenoient point à l'ancien *Latium*, comme les Rutules, les Volsques, les Eques, les Herniques, les Aurunces ou Ausones, jusqu'à Sinuesse, c'est-à-dire une partie de la terre de Labour, jusqu'au couchant du golfe de Gaëte.

Il faut donc distinguer le *Latium* ancien du *Latium* nouveau ou augmenté. Les Rutules, les Volsques, les Eques, les Herniques, les Aurunces exclus de l'ancien *Latium*, font compris dans le second; & ni l'un ni l'autre *Latium* ne quadre exactement avec ce que nous appellons *la campagne de Rome*, quoi qu'en disent Ortelius & les modernes qui l'ont copié. L'ancien *Latium* est trop petit pour y répondre, & le second est trop grand, puisque le *Liris* aujourd'hui le Garillan, y naissoit & n'en sortoit point depuis ses sources jusqu'à son embouchure. On juge bien que dans l'Enéide il n'est question que de l'ancien *Latium* pris dans sa plus petite étendue. Virgile le surnomme *Hesperium*, mais Horace l'appelle *ferox*, féroce.

Il faut convenir que jamais épithete n'a mieux peint l'ancien *Latium* que celle d'Horace, s'il est vrai qu'autrefois on y sacrifioit tous les ans deux hommes à Saturne, & qu'on les précipitoit dans le Tibre de la même maniere que les Leucadiens précipitoient un criminel dans la mer. C'est Ovide qui nous rapporte cette tradition; ensuite il ajoûte qu'Hercule ayant été témoin de ce sacrifice en passant par le *Latium*, n'en put soutenir la cruauté, & qu'il fit substituer des hommes de paille à de véritables hommes. (*D. J.*)

LATMICUS SINUS, (*Géog. anc.*) golfe de la mer Méditerranée sur la côte d'Asie, aux confins de l'Ionie & de la Carie; on le nomme à présent le golfe *de Palatschia*. (*D. J.*)

LATMOS, (*Géog. anc.*) ancienne ville de l'Ionie dans l'Asie mineure. Elle fut du nombre de celles qui brisa ses chaînes lors de la défaite de Xercès par les Grecs sous les ordres de Miltiade; mais Artémise, reine de Carie, s'en rendit maîtresse par un de ces stratagèmes que la politique autorise, & que l'honneur & la probité condamnent très justement. La mort de cette reine & les mauvais succès des Grecs dans l'Asie, fournirent à la ville de *Latmos* les moyens de recouvrer son ancienne liberté. Elle la maintint quelque tems par son courage, & ne la perdit une seconde fois, qu'en se laissant tromper par les artifices de Mausole. (*D. J.*)

LATMOS *ou* LATMUS, (*Géog. anc.*) montagne d'Asie, partie dans l'Ionie, & partie dans la Carie. Pomponius Mela, *l. I, c. xvij*, dit qu'elle étoit célebre par l'avanture fabuleuse d'Endymion, pour qui la Lune eut de l'amour. De-là vient qu'il est nommé *latmius heros* par Ovide, *Trist. l. II. v. 299*, & *latmius venator*, par Valerius Flaccus, *l. VIII. v. 28*. Le nom moderne de cette montagne est *Palatchia* selon M. Baudrand. (*D. J.*)

LATOBIUS, (*Litter.*) nom d'un dieu des anciens Noriques, qu'on suppose être le dieu de la santé. Quoi qu'il en soit, il n'en est parlé que dans deux inscriptions de Gruter trouvées en Carinthie ; l'une de ces inscriptions, est un vœu qu'une mere fait pour la santé de son fils & de sa fille, en ces mots : Latobio *sac. pro salute Nam. Sabiniani & Julitæ Babilloæ Vindona matter*, V. S. L. L. M. Nous n'avons aucun autre monument qui nous instruise du dieu *Latobius*, & nous ignorons si ce mot est grec, latin ou sclavon. (*D. J.*)

LATOBRIGES LES, en latin *Latobrigi* & *Latobrici*, (*Géog. anc.*) ancien peuple de la Gaule au voisinage des Helvétiens. Quelques critiques les ont placés à Lausane, d'autres dans le Vallais, & d'autres dans le Kletgow; mais Nicolas Sanson les met avec plus d'apparence, près des *Rauraci*, peuple aux environs de Bâle, & des *Tulingi*, peuple du pays de Dutlingen. Dans cette supposition, il estime que les *Latobrigi* ne se peuvent mieux choisir que pour le Brisgaw contigu au territoire de Bâle, & à celui de Dutlingen. Sanson ajoûte que son sentiment s'accorde à l'ordre de César, quand il dit des peuples auxquels les Helvétiens avoient persuadé de quitter le pays, & d'en chercher un plus avant dans les Gaules, & qui fut hors des courses continuelles des Germains : *persuadent Rauracis, Tulingis & Latobrigis finitimis suis, un eodem usi consilio, oppidis suis vicisque exustis, unà cum iis proficiscantur.* « Ils persuadent » à ceux de Bale, de Dutlingen & de Brisgaw leurs » voisins, de suivre le même conseil, & de se joindre » avec eux après avoir brûlé toutes leurs villes & » leurs bourgades ». (*D. J.*)

LATOMIES, s. f. pl. (*Géog. histor.*) chez les Latins *latomiæ*, mot qu'ils emprunterent des Grecs, pour signifier un lieu où l'on coupoit les pierres. Comme ce nom devint commun à toutes les grandes carrieres, il arriva que les anciens nommerent *latomies* divers endroits de l'Italie, de la Sicile, de l'Afrique, &c. En effet les *latomies* de Sicile étoient d'abord une carriere ; mais elles devinrent fameuses parce que les tyrans du pays en firent une prison, dans laquelle ils envoyoient ceux qui avoient le malheur de leur déplaire. Ces prisonniers y demeuroient quelquefois si long-tems, que quelques-uns s'y sont mariés. Celle que Denys tyran de Syracuse, fit creuser dans le roc, avoit un stade de long, sur deux cent pas de large. Le poëte Philoxene y fut mis par ordre de ce prince, pour n'avoir pas approuvé ses vers ; & l'on croit que ce fut-là qu'il composa sa piece sanglante, intitulée le *Cyclope*. Cicéron reproche à Verrès d'avoir fait enfermer dans cette même prison des citoyens romains : cet endroit s'appelle aujourd'hui *le Tagliate*. (*D. J.*)

LATONE, s. f. (*Mythol.*) déesse du paganisme, sur laquelle je ferai très-court ; son histoire est fort cachée, & répond à l'étymologie qu'on donne du nom de cette divinité. On fait qu'Hésiode la fait fille du Titan Coëus & de Phébé sa sœur. La Fable ajoûte qu'elle eut de Jupiter Apollon & Diane, qui lui valurent une place dans le ciel, malgré la haine de Junon. Les autres avantures de cette déesse se trouvent dans Ovide, Apollodore, Noël le Comte, & ailleurs.

Latone étoit hyperboréenne selon Diodore de Sicile ; Hérodote la fait égyptienne, & pourroit bien avoir raison : car il semble que les Grecs n'ont fait que déguiser sous le nom de *Latone* une histoire véritable des Egyptiens. Il est certain qu'elle avoit un culte & un oracle très-respecté dans la ville de Buto en Egypte. Les habitans de Délos lui bâtirent un temple, mais celui qu'elle eut dans Argos l'emportoit de beaucoup par la magnificence, outre que sa statue étoit l'ouvrage de Praxiteles. Les Tripolitains & les Gaulois lui rendirent aussi de grands honneurs. Elle avoit part aux jeux apollinaires, où on lui sacrifioit une génisse aux cornes dorées ; enfin *Latone*, Diane & Vénus devinrent les trois divinités les plus vénérées chez les Romains par le beau sexe ; elles faisoient toutes trois la matiere la plus ordinaire de leurs cantiques. (*D. J.*)

LATONE, (*Géog.*) ville d'Égypte sur le Nil, selon Ptolomée, *l. IV. c. 5*. Le nom grec est Λατοῦς πόλις, c'est-à-dire la ville de Latone, parce que Latone mere d'Apollon y avoit un temple & un culte particulier. Elle étoit la capitale d'un nome qui en prenoit le nom de Latapolite, *Latapolites nomos*. On croit que cette ville est présentement *Dérota*. (*D. J.*)

LATONIGENE, (*Mythol.*) *Latonigena*, Ovide, Seneque ; épithète d'Apollon & de Diane, nés de Latone & de Jupiter selon la Fable. (*D. J.*)

LATOVICI, (*Géogr. anc.*) ancien peuple de la haute Pannonie. Antonin place *prætorium Latovicorum* sur la route d'Æmona à Sirmich ; cette position répond aux environs du confluent de la Save & de la Sane. (*D. J.*)

LATOWITZ, (*Géog.*) ville & château du royaume de Pologne, à peu de distance de Varsovie.

LATRAN, (*Théol.*) originairement nom propre d'homme, de Plautius Lateranus consul désigné, que Néron fit mourir, qui a passé dans la suite à un ancien palais de Rome, que Constantin, selon Baronius, donna au pape Melchiade, & aux bâtimens que l'on faisoit à sa place, sur-tout à l'église de saint Jean de *Latran* qui est le principal siège de la papauté. *Voyez* PAPE.

On appelle *conciles de Latran* ceux qui se sont tenus à Rome dans la basilique de *Latran* en 1123, 1139, 1179, 1215 & 1513. *Voyez* CONCILE.

Chanoines réguliers de la congrégation de saint Sauveur de *Latran*, est une congrégation de chanoines réguliers dont l'église de saint Jean de *Latran* étoit le chef-lieu.

On prétend qu'il y a eu depuis les apôtres une succession non-interrompue de clercs vivans en commun ; & que c'est de ces clercs que les papes établirent à saint Jean de *Latran* après que Constantin l'eût fait bâtir. Mais ce ne fut que sous Léon I. vers le milieu du viij siecle, que les chanoines réguliers commencerent à vivre en commun. Ils possederent cette église pendant 800 ans jusqu'à Boniface VIII. qui la leur ôta l'an 1294 pour y mettre des chanoines réguliers ; Eugene IV les y rétablit 150 ans après. *Voyez le Dictionnaire de Trévoux*.

LATRIE, s. f. *terme de Théologie*. Culte de religion qui n'appartient qu'à Dieu seul. *Voyez* CULTE, ADORATION.

Les Chrétiens adorent Dieu d'un culte de *latrie* ; ils honorent les saints d'un culte de *dulie*. On connoit quelquesuns les termes *honorer*, *adorer*. *Voyez* SAINT, RELIQUE, &c.

Cette adoration intérieure que nous rendons à Dieu en esprit & en vérité a ses marques extérieures, dont la principale est le sacrifice qui ne peut être offert qu'à Dieu seul, parce que le sacrifice est établi pour faire un aveu public & une protestation solemnelle de la souveraineté de Dieu, & de notre dépendance de lui. *Voyez* SACRIFICE.

M. Daillé est convenu que les peres du iv siecle ont reconnu la distinction que nous taisions de *latrie* & de *dulie*. *Dictionnaire de Trévoux*.

LATRINE, s. f. (*Littér.*) *latrina*, æ, dans Varron ; lieu public chez les Romains, où alloient ceux qui n'avoient point d'esclave pour vuider ou pour laver leurs bassins. On ne trouve point dans les écrits, ni dans les bâtimens qui nous sont restés des anciens, qu'ils eussent dans leurs maisons des fosses à privés, telles que nous en avons aujourd'hui.

Leurs *lieux publics*, & il y en avoit plusieurs de cette espece à Rome, étoient nommés *latrinæ* ou *lavatrinæ*, de *lavando*, selon l'étymologie de Varron: Plante se sert aussi du mot *latrina*, pour désigner le bassin ; car il parle de la servante qui lave le bassin, *quæ latrinam lavat*. Or, dans ce passage du poëte, *latrina* ne peut-être entendu de la fosse à privé des maisons, puisqu'il n'y en avoit point, ni de la fosse des privés publics, puisqu'elle étoit nettoyée par des conduits souterrains, dans lesquels le Tibre passoit.

Non seulement les *latrines publiques* étoient en grand nombre à Rome, mais de plus on les avoit en divers endroits de la ville pour la commodité. On les nommoit encore très-bien *sterquilinia* ; elles étoient couvertes & garnies d'éponges comme nous l'apprenons de Séneque dans ses épitres.

On avoit pour la nuit l'avantage des eaux coulantes dans toutes les rues de Rome, où l'on jettoit les ordures ; mais les riches avoient pour leur usage des bassins, que les bas esclaves alloient vuider à la brune dans les égoûts, dont toutes les eaux se rendoient au grand cloaque, & de-là dans le Tibre. (*D. J.*)

LATRIS, (*Géog. anc.*) isle de la Germanie, à l'embouchure de la Vistule, selon Pline, *liv. IV. ch. xiij*. Niger croit que c'est le grand *Werder-Grostwerder*, isle auprès de Dantzig. Ortelius pense que c'est *Frischnarung* ; enfin, le P. Hardouin estime que c'est l'isle d'*Oëtel*, & il explique le *Cylipenus sinus* de Pline, par le golfe de Riga. (*D. J.*)

LATRUNCULI, (*Littérat.*) On nommoit *latrunculi* un jeu des soldats, fort en vogue à Rome du tems des empereurs, & qui ne dépendoit point du hasard, mais de la science des joueurs. On s'y servoit de certaines figures, qu'on arrangeoit sur une espece de damier comme on fait les échecs, avec lesquels quelques auteurs ont confondu ce jeu mal-à-propos ; je dis *mal-à-propos*, car les échecs sont de l'invention des Indiens, qui porterent en Perse ce nouveau jeu au commencement du vj. siecle, *Voyez* ÉCHECS, (*jeu des*) (*D. J.*)

LATSKY, (*Géog.*) ville de Pologne, dans le palatinat de Russie.

LATTE, s. f. (*Art méchaniq.*) c'est un morceau de bois de chêne, coupé de fente dans la forêt sur peu de largeur, peu d'épaisseur, & quatre à cinq piés de longueur. La *latte* fait partie de la couverture des maisons ; elle s'attache sur les chevrons, & sert d'arrêt & de soutien à l'ardoise, à la tuile & autres matieres qui forment le dessus des couvertures. La *latte* pour l'ardoise s'appelle *volice* ; celle qu'on met aux pans de charpente pour recevoir & tenir un enduit de plâtre, s'appelle *jointive*. Toute *latte* doit être sans aubier. Il y en a 25 à la botte. La contrelatte se dit de la *latte* attachée en hauteur sur la *latte*, & la coupant à angle droit ou oblique. La *latte* de fente s'est celle qui est mise en éclat avec l'instrument tranchant ; la *latte* de sciage est celle qui est taillée à la scie.

On appelle encore *latte* les échelons des ailes des moulins à vent sur lesquels la toile est tendue. Du mot *latte* on a fait le verbe *latter*.

LATTES, (*Marine.*) petites pieces de bois fort minces, qu'on met entre les baux, les barrats & les barratins du vaisseau.

Lattes de caillebotis ; ce sont de petites planches resciées qui servent à couvrir les barratins des caillebotis.

Lattes de gabaris ; ce sont des *lattes* qui servent à former les façons d'un vaisseau auquel elles donnent la rondeur ; elles sont minces & ovales en tirant de l'avant vers le milieu, quarrées au milieu, & rondes par l'avant & aux flutes, elles ont cette derniere forme à l'avant & à l'arriere.

Lattes de galeres, traverses ou longues pieces de bois qui soutiennent la couverte des galeres.

LATTE A ARDOISE, autrement LATTE VOLICE, doit être de chêne de bonne qualité, comme celle de la tuile. Elle est attachée de même sur quatre chevrons. Une botte de *latte* fait environ une toise & demie de couverture.

Contrelatte à ardoise est de bois de sciage, & se met au milieu de l'entredeux des chevrons, & est attachée à la *latte*.

LATTES, (*Couvreur.*) petites pieces de bois dont se servent les Couvreurs pour mettre sous les tuiles pour les tenir sur la charpente des combles des maisons.

Latte quarrée doit être de cœur de bois de chêne, sans aubier, est celle dont les Couvreurs se servent pour la tuile ; elle doit porter sur quatre chevrons, & être attachée avec quatre clous : c'est ce qu'on appelle des *quatre à la latte*.

Contrelatte est une *latte* de même qu'on met au milieu de l'espace d'un chevron à un autre, & qui est attachée avec un clou de deux en deux aux *lattes*.

LATUS RECTUM, (*Géom.*) terme latin dont on se sert dans les sections coniques, & qui veut dire la même chose que *parametre*. *Voyez* PARAMETRE.

LATUS TRANSVERSUM, c'est une ligne comprise entre les deux sommets de la section, s'il s'agit de l'ellipse ; ou s'il s'agit de l'hyperbole, entre les sommets des sections opposées ; on l'appelle aussi *non grand axe*, ou *premier axe* ; telle est la ligne *ED*, *Pl. conique*, *figure 1*. Apollonius appelle aussi la ligne dont nous parlons, *axe transverse*. *Voyez* AXE.

Les anciens géometres ont appellé *latus primarium* la ligne *EE* ou *DD* tirée au-dedans du cone, parallelement à la base du cone, & dans le même plan que l'axe transverse *DE*. Au reste, ces dénominations de *latus rectum* & *transversum* ne sont plus guere en usage, sur-tout depuis qu'on n'écrit plus en latin les livres de Géométrie ; dans ceux même qu'on écrit en latin, on préfere à *latus rectum* le mot *parametre*, & à *latus transversum* le mot *axis primus*, ou *major* ; savoir *major* dans l'ellipse, & *primus* dans l'hyperbole. (*O*)

LAVADEROS, en françois LAVOIRS, (*Minér.*) Les Espagnols d'Amérique nomment ainsi certains lieux dans les montagnes du Chily & dans quelques provinces du Pérou, où se fait le lavage d'une terre qui contient de l'or. Ils appellent aussi *lavaderos* les bassins où se fait ce lavage : ils sont d'une figure oblongue, & assez semblable à celle d'un soufflet à forge. *Voyez* OR.

LAVAGE *des mines*, s. m. (*Minér. & Métallurg.*) opération par laquelle on se propose de dégager, à l'aide de l'eau, les parties terreuses, pierreuses & sablonneuses qui sont jointes aux mines, afin de séparer les parties métalliques de celles qui ne le sont point. Cette opération est fondée sur ce que les substances métalliques ayant plus de pesanteur que les terres ou les pierres, ces dernieres restent plus long-tems suspendues dans l'eau, & peuvent en être plus facilement entraînées que les métaux, que leur poids fait promptement retomber au fond de ce liquide. Pour remplir les vûes qu'on se propose dans le *lavage* des mines, il est nécessaire de commencer par les écraser au boccard, c'est-à-dire que le moulin à pilons, afin de diviser toutes les substances qui entrent dans la composition de la mine.

LAV

Il y a plusieurs manieres de laver les mines ; la premiere, qui est la plus commune, est celle qu'on appelle le *lavage à la sibille* ; on se sert pour cela d'une sibille qui est une cuvette de bois ronde & concave, dans le fond de laquelle se trouvent des rainures ou des especes de sillons ; on met dans cette sibille une certaine quantité de la mine écrasée ; on verse de l'eau par-dessus ; on remue le tout en donnant une secousse à chaque fois : par-là on fait tomber une portion de l'eau qui s'est chargée de la partie terreuse ou pierreuse la plus légere de la mine : de cette maniere on la sépare de la partie métallique, qui étant plus pesante, reste au fond de la sibille : on réitere cette opération autant que cela est nécessaire, & jusqu'à ce qu'on voie que la mine ou le métal soient purs. Pour plus d'exactitude on fait cette opération au-dessus d'une cuve, dans laquelle retombe l'eau qu'on laisse échapper à chaque secousse qu'on donne à la sibille ; par ce moyen on retrouve la partie métallique qui auroit pû s'échapper. Le *lavage* de cette espece ne peut être que très-long, & ne peut point avoir lieu dans le travail en grand, ni pour les mines des métaux les moins précieux : aussi ne le met-on en usage que pour les métaux précieux, natifs ou vierges. Ce *lavage* à la sibille est celui que pratiquent les Orpailleurs, c'est-à-dire les ouvriers qui vont chercher les paillettes d'or qui peuvent être répandues dans le sable des rivieres, qu'ils séparent de la maniere qui vient d'être décrite de ce métal précieux. Ce or s'appelle *or de lavage* ; *voyez* OR.

Le *lavage* des métaux précieux se fait encore au moyen de plusieurs planches unies, jointes ensemble, garnies d'un rebord, & placées de maniere qu'elles forment un plan incliné. On garnit les planches avec du feutre ou avec une étoffe de laine bien velue, & quelquefois même avec des peaux de moutons ; on fait tomber sur ces planches, à l'aide d'une gouttiere, de l'eau en telle quantité qu'on le juge convenable : de cette façon les métaux précieux qui sont divisés en particules déliées, s'accrochent aux poils de l'étoffe, & l'eau entraîne les particules les plus légeres dans une cuve ou dans une espece de réservoir qui est placé à l'extrémité de ce lavoir, où l'on laisse s'amasser les particules que l'eau a pû entraîner. On sent qu'il est important de ne point faire tomber une trop grande masse d'eau à la fois sur la mine qui a été étendue sur un lavoir de cette espece, parce que sa trop grande force pourroit entraîner une partie du métal que l'on veut y faire rester. Quand on a opéré de cette maniere, on détache les morceaux de feutre ou les peaux de moutons qui étoient sur les planches, & on les lave avec soin dans des cuves pour en détacher les particules métalliques qui ont pû s'y arrêter.

Sur les lavoirs de cette espece on n'attache communément que deux morceaux d'étoffe ; l'un est à la partie la plus élevée du plan incliné, l'autre à la partie inférieure. La portion de la mine qui s'attache au morceau d'étoffe supérieur est regardée comme la plus pure ; celle qui s'attache au morceau d'étoffe intérieur est moins pure, & celle que l'eau entraîne dans la cuve ou réservoir qui est au-dessous du plan incliné ou lavoir, est encore moins pure que celle qui est restée sur le second morceau d'étoffe ; c'est pourquoi l'on assortit séparément ces différens résultats du *lavage*.

Il y a des lavoirs qui sont construits de planches de la même maniere que les précédens, mais on n'y a seulement point d'étoffe ; il y a seulement de distance en distance de petites rainures ou traverses de bois destinées à arrêter la mine pulvérisée, & à retarder son cours lorsqu'elle est entraînée par l'eau.

Enfin il y a des lavoirs faits avec des planches toutes unies ; on n'y fait tomber précisément que la quantité d'eau qui est nécessaire : on peut s'en servir pour le *lavage* des mines les plus subtilement divisées.

Voici comment l'opération du *lavage* se fait, tant sur les lavoirs garnis, que sur ceux qui ne le sont pas : on fait tomber de l'eau par la gouttiere sur la mine pulvérisée qui est étendue sur le lavoir ; quand l'eau tombe trop abondamment ou avec trop de force, on rompt l'impétuosité de sa chûte en lui opposant quelques baguettes de bois. Pendant que l'eau tombe, un ouvrier remue la mine pulvérisée qui est sur le lavoir avec un crochet fait pour cet usage, ou bien avec une branche de sapin, ou avec une espece de goupillon de crin, & la séparer de celle qui est plus chargée de métal. Il faut sur-tout, à la fin de l'opération, ne faire tomber l'eau que très-doucement, de peur de faire soulever de nouveau la partie de la mine qui s'est déja déposée ou affaissée, ou qui s'est accrochée au morceau de feutre ou d'étoffe supérieur, lorsqu'il y en a sur le lavoir, ou à la partie supérieure du lavoir, si l'on ne l'a point garni d'étoffe.

Quelquefois on a pratiqué au-dessous de ces lavoirs des auges quarrées pour recevoir l'eau qui en tombe ; on y laisse séjourner cette eau pour qu'elle dépose la partie de la mine qu'elle peut avoir entraînée. Si la mine vaut la peine qu'on prenne beaucoup de précautions, on fait plusieurs de ces sortes de réservoirs qui sont placés les uns au-dessous des autres, afin que l'eau des réservoirs supérieurs puisse se décharger par des rigoles dans ceux qui sont plus bas : en les multipliant de cette maniere, on peut être assuré que l'on retire de l'eau toute la partie métallique qu'elle a pû entraîner. *Voyez* nos Pl. de *Métalurgie*.

Au défaut de lavoirs construits comme on vient de dire, on se sert quelquefois de tamis pour le *lavage* de la mine, & on la fait passer successivement par des tamis dont les mailles sont de plus en plus serrées : cette opération se fait dans des cuves pleines d'eau, au fond desquelles la partie la plus chargée de métal tombe, & celle qui l'est moins reste sur le tamis. Mais le *lavage* de cette derniere espece est long & coûteux ; c'est pourquoi il est plus convenable de se servir des lavoirs ordinaires, pour peu que la mine soit considérable.

Il est à-propos que les lavoirs soient près du moulin à pilons ou du boccard, pour éviter la peine & les frais du transport ; c'est pourquoi l'on a imaginé des lavoirs qui touchent à ces moulins. *Voyez* LAVOIR. (—)

LAVAGE, (*terme de Boyaudier*.) c'est la premiere préparation que ces ouvriers donnent aux boyaux dont ils veulent faire des cordes ; elle consiste à en faire sortir toute l'ordure qui y est contenue ; pour cet effet ils prennent les boyaux les uns après les autres par un bout de la main gauche, & ils glissent la main droite le long du boyau jusqu'à l'autre bout pour en faire sortir toute l'ordure ; après quoi ils les mettent amortir dans un chauderon.

LAVAGE des draps, (*Draperie*.) Voyez l'article MANUFACTURE EN LAINE.

LAVAGE des chiffons, (*Papeterie*.) c'est l'action par laquelle on nettoie avec de l'eau toutes les saletés dont les chiffons sont couverts ; la façon ordinaire de laver les chiffons est de les mettre dans un poinçon ou cuve dont le fond est percé d'une grande quantité de petits trous, & qui a sur le côté des grillages de fil d'archal bien forts : on y remue souvent ces morceaux de linge afin que la saleté s'en sépare, & même on en change souvent l'eau. Quand ils sont suffifamment lavés, on les porte au pourriſſoir. *Voyez l'article* PAPETERIE.

LAVAGE, (*Salpêtre.*) *voyez* SALPÊTRE.

LAVAGNA, (*Hiſt. nat.*) c'eſt une eſpece d'ardoiſe qui ſe tire aux environs de Gènes ſur la côte de *Lavagna*, à deux ou trois lieues de Rapallo. On couvre les maiſons de cette ardoiſe, & on en fait du pavé. Elle eſt encore propre par ſa grandeur & ſon épaiſſeur à des tableaux de peinture au défaut de la toile, & dans les lieux où l'on craindroit que la toile ne vînt à pourrir. On en a fait l'expérience avec ſuccès, car il y a des tableaux peints ſur cette eſpece d'ardoiſe dans l'égliſe de ſaint Pierre de Rome, entr'autres un de Civoli, repréſentant ſaint Pierre qui guérit un boiteux à la porte du temple de Jéruſalem. (*D. J.*)

LAVAGNA, (*Géogr.*) riviere d'Italie dans l'état de Gènes; elle a ſa ſource dans l'Appennin, & ſe jette dans la mer entre le bourg de *Lavagna* & Chiavari.

LAVAL, (*Géograph.*) On la nomme aujourd'hui *Laval-Guyon*, en latin *Vallis-Guidonis*; ville de France dans le bas Maine, avec titre de comté-pairie. Elle eſt à 6 lieues de Mayenne, 16 N. O. du Mans; 14 de Rennes, d'Angers & de la Fleche; 58 S. O. de Paris. *Long.* 16. 45. *lat.* 48. 4.

Laval n'eſt point dépourvûe de gens de lettres nés dans ſon ſein : ma mémoire me fournit les quatre ſuivans.

Bigot (*Guillaume*), qui fleuriſſoit ſous François I. Ce prince, ayant ouï parler de ſa grande érudition, voulut lui faire du bien, mais on trouva le ſecret de l'en détourner par une méchanceté qui n'a que trop ſouvent réuſſi à la cour. On dit au roi que Bigot étoit un politique ariſtotélicien, préférant, comme ce grec, le gouvernement démocratique à la monarchie. Alors François I. ſe récria qu'il ne vouloit plus voir ni favoriſer de ſes graces un fou qui adhéroit à de pareils principes.

Rivault (*David*), ſieur de *Flurance*, devint précepteur de Louis XIII. & fit entr'autres ouvrages des *élémens d'artillerie*, imprimés en 1608 in-8°, qui ſont rares & aſſez curieux. Il mourut en 1616 âgé de 45 ans.

Tauvry (*Daniel*), de l'académie des ſciences, ingénieux anatomiſte, mais trop épris de l'amour des ſyſtèmes, qui lui fit adopter des erreurs pour des vérités. Il mourut en 1700 à la fleur de ſon âge, à 31 ans.

Paré (*Ambroiſe*) s'eſt immortaliſé dans la Chirurgie. Il finit ſes jours en 1592, & peu s'en fallut que ce ne fût 20 ans plûtôt, je veux dire dans le maſſacre de la S. Barthélemi; mais Charles IX. dont il étoit le premier chirurgien, le ſauva de cette boucherie, ſoit par reconnoiſſance ou pour ſon intérêt perſonnel. (*D. J.*)

LAVANCHES, LAVANGES ou AVALANCHES, ſ. m. (*Hiſt. nat.*) en latin *labina*, en allemand *lauwinen*. On ſe ſert en Suiſſe de ces différens noms pour déſigner des maſſes de neiges qui ſe détachent aſſez ſouvent du haut des Alpes, des Pyrénées, & des autres montagnes élevées & couvertes de neiges, qui, après s'être peu-à-peu durcies par la route, forment quelquefois, ſur-tout lorſqu'elles ſont aidées par le vent, des maſſes immenſes, capables d'enſevelir entierement des maiſons, des villages, & même des villes entieres qui ſe trouvent au bas de ces montagnes. Ces maſſes de neiges, ſur-tout quand elles ont été durcies par la gelée, entraînent les maiſons, les arbres, les rochers, en un mot, tout ce qui ſe rencontre ſur leur paſſage. Ceux qui voyagent en hiver & dans des tems de dégel dans les gorges des Alpes, ſont ſouvent expoſés à être enſevelis ſous ces *lavanches* ou éboulemens de neige. La moindre choſe eſt capable de les exciter & de les mettre en mouvement; c'eſt pour cela que les guides qui conduiſent les voyageurs, leur impoſent un ſilence très-rigoureux lorſqu'ils paſſent dans de certains défilés de ces pays qui ſont dominés par des montagnes preſque perpétuellement couvertes de neige.

On diſtingue deux ſortes de *lavanches* : celles de la premiere eſpece ſont occaſionnées par des vents impétueux ou des ouragans qui enlevent ſubitement les neiges des montagnes, & les répandent en ſi grande abondance que les voyageurs en ſont étouffés & les maiſons enſevelies. Les *lavanches* de la ſeconde eſpece ſe produiſent lorſque les neiges amaſſées ſur le haut des montagnes & durcies par les gelées, tombent par leur propre poids le long du penchant des montagnes, faute de pouvoir s'y ſoutenir plus long-tems ; alors ces maſſes énormes écraſent & renverſent tout ce qui ſe rencontre ſur leur chemin.

Rien n'eſt plus commun que ces ſortes de *lavanches*, & l'on en a vû un grand nombre d'effets funeſtes. En l'année 1755, à Bergemoletto, village ſitué dans la vallée de Stura en Piémont, pluſieurs maiſons furent enſevelies ſous des *lavanches*; il y eut entr'autres une de ces maiſons dans laquelle deux femmes & deux enfans ſe trouverent renfermés par la neige. Cette captivité dura depuis le 19 du mois de Mars juſqu'au 25 d'Avril, jour auquel ces malheureux furent enfin délivrés. Pendant ces trente-ſix jours ces pauvres gens n'eurent d'autre nourriture que quinze châtaignes, & le peu de lait que leur fourniſſoit une chévre qui ſe trouva auſſi dans l'étable où la *lavanche* les avoit enſevelis. Un des enfans mourut, mais les autres perſonnes eurent le bonheur de réchapper, par les ſoins qu'on en prit lorſqu'elles eurent été tirées de cette affreuſe captivité.

On donne auſſi le nom de *lavanches* de terre aux éboulemens des terres qui arrivent aſſez ſouvent dans ces mêmes pays de montagnes; cela arrive ſur-tout lorſque les terres ont été fortement détrempées par le dégel & par les pluies: ces ſortes de *lavanches* cauſent auſſi de très-grands ravages. *Voyez* Schenchzer, *hiſt. nat. de la Suiſſe*, & le *journal étranger du mois d'Octobre* 1757. (−)

LAVANDE, *lavandula*, ſ. f. (*Hiſt. nat. Bot.*) genre de plante à fleur monopétale labiée, dont la levre ſupérieure eſt relevée arrondie & ordinairement fendue; la levre inférieure eſt partagée en trois parties : il ſort du calice un piſtil attaché comme un clou à la partie poſtérieure de la fleur, & entouré de quatre embrions; ils deviennent dans la ſuite autant de ſemences renfermées dans un capſule qui a été le calice de la fleur. Ajoutez aux caractères de ce genre que les fleurs naiſſent à la cime des tiges & des branches, & qu'elles ſont diſpoſées en épi. Tournefort *inſt. rei herb. Voyez* PLANTE.

M. de Tournefort compte dix eſpeces de ce genre de plante, mais nous ne décrirons ici que la *lavande* mâle & la *lavande* femelle, employées indifféremment dans la Medecine & dans les Arts.

La *lavande mâle*, le mâle commun, le ſpic, s'appelle en Languedoc & en Provence *l'aſpic*, & par les Botaniſtes *lavandula major* ou *latifolia*.

Sa racine ligneuſe, diviſée en pluſieurs fibres, pouſſe des jets ligneux de la hauteur d'une coudée & demie ou de deux coudées, garnis de pluſieurs rameaux grêles, quadrangulaires, noueux : ſes feuilles inférieures ſont nombreuſes & placées preſque ſans ordre ; celles qui ſont plus haut ſont au nombre de deux, rangées alternativement en ſautoir, charnues, blanches, larges de deux lignes, quelquefois de ſix, longues de deux ou trois pouces, garnies d'une côte dans leur milieu d'une odeur forte & agréable, d'une ſaveur amere.

Ses fleurs sont au sommet des rameaux, disposées en épi & par anneaux, bleues, d'une seule piece, en gueule, dont la lèvre supérieure est redressée, arrondie, découpée en partie, & l'inférieure partagée en trois. Leur calice est oblong & étroit ; il en sort un pistil attaché en maniere de clou à la partie postérieure de la fleur, accompagné de quatre embryons qui se changent en autant de grains renfermés dans une capsule, laquelle servoit de calice à la fleur.

Ses feuilles sont beaucoup plus longues, plus larges, plus blanches & plus nombreuses sur les tiges & les rameaux, que dans la *lavande femelle*.

Les pédicules portent aussi des épics deux fois plus gros, plus longs & recourbés, & des fleurs plus petites, ce qui est assez surprenant : l'odeur de toute cette plante est aussi plus forte.

La *lavande femelle*, *lavandula minor*, *lavandula angustifolia*, est presque en tout semblable à la précédente pour la figure, mais un peu plus petite & plus basse, d'ailleurs également touffue. Ses feuilles sont plus petites, plus étroites & plus courtes ; elles ne sont pas si blanches & leur odeur n'est pas si forte. Les épics qui portent les fleurs sont, comme on l'a déjà dit, plus courts & plus droits ; les fleurs cependant sont plus grandes ; la couleur des fleurs de l'une & de l'autre varie, & est quelquefois blanche.

Ces deux especes viennent d'elles-mêmes dans les pays chauds, mais on les cultive dans les climats tempérés, parce qu'on en tire des préparations d'un grand usage. *Voyez* LAVANDE *Chimie*, *Pharmacie*, *Medecine*. (*D. J.*)

LAVANDE, (*Chimie. Pharm. & Mat. med.*) ce sont les épics des fleurs de la petite *lavande* ou *lavande femelle*, qui sont le sujet de cet article.

On retire par la distillation des calices de ces fleurs, cueillies quand le plus grand nombre est épanoui, une huile essentielle, abondante & très-aromatique, *voyez* HUILE, qui a passé presqu'entierement des autres parties de la plante dans celle-ci par le progrès de la végétation, *voyez* VÉGÉTATION.

Les pétales de ces fleurs ne contiennent point de ce principe : la même observation a été faite sur toutes les fleurs de la classe des labiées de Tournefort. *Voyez* ANALYSE VÉGÉTALE *au mot* VÉGÉTAL.

Quand on fait la récolte des fleurs ou plûtôt des calices de *lavande*, on doit avoir grand soin de ne pas les garder en tas, car ces fleurs s'échauffent promptement, & perdent par cette altération, qui peut arriver en moins de quatre heures, tout l'agrément de leur parfum ; une partie de leur huile essentielle peut même être dissipée ou détruite par ce mouvement intestin.

On doit donc, si on les destine à la distillation, y procéder immédiatement après qu'elles sont cueillies, ou les mettre à sécher sur-le-champ en les *clairsement* sur des linges ou sur des tamis, si on se propose de les garder.

On prépare aussi avec ces calices une eau spiritueuse connue sous le nom d'*esprit de lavande*, *voyez* EAUX DISTILLÉES, & une teinture avec l'esprit-de-vin ou l'eau-de-vie, connue sous le nom d'*eau-de-vie de lavande*.

La liqueur appellée *eau de lavande*, dont l'usage pour les toilettes est assez connu, qui blanchit avec l'eau, & que les religieuses de la Madelaine de Treinel sont en possession de vendre à Paris ; cette eau, dis-je, n'est autre chose qu'une dissolution d'huile essentielle de *lavande* dans l'esprit-de-vin. On préfere avec raison cette liqueur à l'esprit & à l'eau-de vie de *lavande* ; son parfum est plus doux & plus agréable. Lorsqu'on la frotte entre les mains, elle ne laisse point de queue, c'est-à-dire qu'elle n'exhale point une odeur forte & résineuse qu'on trouve dans ces deux autres liqueurs.

Pour faire de la bonne eau de *lavande* de Treinel (comme on l'appelle à Paris), il n'y a qu'à verser goutte à goutte de l'huile récente de *lavande* dans du bon esprit-de-vin, & la mêler en battant la liqueur dans une bouteille, la dose de l'huile se détermine par l'odeur agréable qu'acquiert le mélange. Un gros d'huile suffit ordinairement pour une pinte d'esprit-de-vin.

L'eau distillée de *lavande*, celle qui s'est élevée avec l'huile dans la distillation, est fort chargée du principe aromatique, mais elle est d'une odeur peu agréable.

Les Apoticaires préparent avec les fleurs de *lavande* une conserve qui est fort peu usitée. Les préparations chimiques dont nous venons de parler, ne sont aussi que fort rarement mises en usage dans le traitement des maladies ; on se sert seulement de l'esprit de l'eau ou de l'eau-de-vie de *lavande* contre les meurtrissures, les plaies legeres, les écorchures, &c. mais on se sert de ces remedes parce qu'on les a plûtôt sous la main que de l'esprit-de-vin ou de l'eau-de-vie pure.

C'est par la même raison qu'on flaire un flacon d'eau de *lavande* dans les évanouissemens ; que les personnes, dis-je, qui sont assez du vieux tems pour avoir de l'eau de *lavande* dans leur flacon, les flairent, &c. plûtôt qu'une autre eau spiritueuse quelconque, qui seroit tout aussi bonne. Il n'est personne qui ne voye que ce sont ici des propriétés très-génériques.

Les calices de *lavande*, soit frais, soit séchés, sont presque absolument inusités dans les prescriptions magistrales ; mais ils sont employés dans un très-grand nombre de préparations officinales, tant intérieures qu'extérieures, parmi lesquelles celles qui sont destinées à échauffer, à ranimer, à exciter la transpiration, à donner du ton aux parties solides, &c. empruntent réellement quelques propriétés de ces calices, qui possedent éminemment les vertus dont nous venons de faire mention : celles au contraire qu'on ne sauroit employer dans des vues, telles que l'emplâtre de grenouilles & le baume tranquille, n'ont dans les fleurs de *lavande* qu'un ingrédient très-inutile. (*b*)

LAVANDIER, s. m. (*Hist. mod.*) officier du roi, qui veille au blanchissage du linge. Il y a deux *lavandiers* du corps, servant six mois chacun ; un *lavandier* de panneterie-bouche ; un *lavandier* de panneterie commun ordinaire ; deux *lavandiers* de cuisine-bouche & commun.

LAVANDIERE, s. f. (*Hist. nat. Ornitholog.*) *motacilla alba*, petit oiseau qui a environ sept pouces de longueur depuis la pointe du bec jusqu'au bout de la queue, & onze pouces d'envergure. Le bec est noir, mince & pointu ; les ongles sont longs, & celui du doigt postérieur est, comme dans les allouettes, le plus long de tous. Il y a autour de la piece supérieure du bec & autour des yeux des plumes blanches qui s'étendent de chaque côté, presque jusqu'à l'aile. Le sommet de la tête, le dessus & le dessous du cou sont noirs, & le milieu du dos est mêlé de noir & de cendré ; la poitrine & le ventre sont blancs ; le croupion est noir. Cet oiseau agite continuellement sa queue, c'est pourquoi on lui a donné le nom de *motacilla*. Il reste dans les lieux où il y a de l'eau, le long des rivieres & des ruisseaux ; il se nourrit de mouches & de vermisseaux ; il suit la charrue pour se saisir des vers qu'elle découvre. Willugh. *Ornith*. *Voyez* OISEAU.

LAVANDIERE, (*Art méch.*) femme qui gagne sa vie à laver le linge sale. *Voyez* LESSIVE.

LAVANT-MUND *ou* LAVAND-MYND, (*Géog.*) petite ville d'Allemagne au cercle d'Autriche, en Carinthie, à l'embouchure du *Lavant* dans la Drave.

Elle a titre d'évêché, & appartient à l'archevêque de Saltzbourg, dont elle est suffragante; sa position est à 16 lieues N. O. de Pettaw. *Long. 32. 45. latit. 46. 44.* (*D. J.*)

LAVARET, s. m. (*Hist. nat. Ichtyol.*) espece de saumon ou de truite qui se trouve dans les lacs du Bourget & d'Algubellelle en Savoie. Le *lavaret* a le dernier aileron du dos gras & rond comme le saumon & la truite; il est de la longueur d'un pié; son corps est poli, applati comme au hareng & à l'alose; couvert d'écailles claires & argentées, & traversé d'une ligne depuis les ouies jusqu'à la queue. Il a près des ouies deux ailes; deux au ventre près de l'anus, une autre sur le dos assez grande, & une sixieme grasse comme aux truites; sa queue faite en deux pointes noires par le bout; il a de chaque côté quatre ouies doubles; le cœur fait à angles; le foie sans fiel; point de dents; la chair blanche, molle, de bon goût, point gluante, d'un suc salubre & moyennement nourrissant. Il fait ses œufs en automne. *Rondelet.*

» LAVATERA, s. f. (*Hist. nat. Botan.*) genre de » plante dont la fleur est tout-à-fait semblable à celle » de la mauve; mais le pistil devient un fruit d'une » structure toute différente. C'est une espece de bou- » elier membraneux, enfoncé sur le devant, garni en » dessous d'un rang de semences, disposées en maniere » de cordon, de la forme d'un petit rein sans envelop- » pe, attachées par leur échancrure à un petit filet. Tournefort, *Mem. de l'acad. Roy. des Scienc. année 1706.* *Voyez* PLANTE.

LAVATRA, *lavatra*, gen. *orum.* (*Géog. anc.*) ancien lieu de la grande Bretagne, selon l'itinéraire d'Antonin, entre *Caractoni* & *Verteris*. Comme on place *Caractoni* à Cattarie, & *Verteris* à Brongh, on croit que *Lavatra* étoit à Bow; mais il semble, dit M. Gale, qu'il reste encore des vestiges du nom de *Lavatra* dans celui de *Lartingten*, bourgade voisine, située sur le ruisseau de Laver. (*D. J.*)

LAVATION, s. f. (*Littérat.*) fête des Romains, en l'honneur de la mere des dieux. On portoit ce jour-là, sur un char, la statue de la déesse, & on alloit ensuite la laver dans le ruisseau Almont, à l'endroit où il se jette dans le Tibre; cette solemnité qu'on célébroit le 25 de Mars, fut instituée en mémoire du jour que le culte de Cybele fut apporté de Phrygie à Rome. (*D. J.*)

LAVAUR, (*Géog.*) Ce mot est composé du nom même, & de l'article, de sorte qu'il devroit s'écrire *La-Vaur*; car le nom latin est *Vaurum, Vaurium*, ou *Castrum vauti*, ville de France dans le haut-Languedoc, avec un évêché érigé par Jean XXII en 1316, suffragant de Toulouse. Il s'y tint, vers l'an 1212, un concile contre les Albigeois, dont elle embrassoit la doctrine. Cette ville est sur l'Agoût, à 8 lieues S. O. d'Alby, 8 N. E. de Toulouse, 160 S. O. de Paris. *Long. 19. 32. lat. 43. 42.*

LAUBACH, *Laubacum*, (*Géog.*) ville d'Allemagne, capitale de la Carniole, avec un évêché suffragant d'Aquilée, mais exempt de sa jurisdiction. Les Italiens nomment cette ville *Lubiana*: elle est sur la petite riviere de Laubach, à 12 lieues S. E. de Clagenfurt, 20 N. E. d'Aquilée, 62 S. O. de Vienne. *Long. 32. 22. lat. 46. 20.* (*D. J.*)

LAUBINGUE; s. m. (*Hist. nat. Bot.*) plante de l'île de Madagascar, qui prise en décoction ou appliquée extérieurement, est un remede souverain contre les diarrhées.

LAUDA, (*Géog.*) place d'Allemagne en Franconie, sur le Tauber, dans l'évêché de Wurtzbourg, à 5 milles de cette ville, & à 2 de Mariendal. *Long. 27. 20. lat. 49. 36.* (*D. J.*)

LAUDA, (*Géog. anc.*) fleuve navigable de la Mauritanie Tangitane, selon Pline, *liv. V. II.* Le P. Hardouin croit que le nom moderne est *Gomera.* (*D. J.*)

LAUDANUM, s. m. (*Pharm.*) le *laudanum* qui est encore appellé *extrait d'opium*, n'est autre chose que ce suc épaissi, auquel on a fait subir une purification au moins fort inutile. Cette purification ou prétendue extraction consiste à faire fondre l'opium dans l'eau sur un petit feu, à le passer à travers un linge pour en séparer quelques ordures, & à le rapprocher de nouveau sur un feu doux. La dose & les vertus du *laudanum* sont les mêmes que celles de l'opium. *Voyez* OPIUM. (*b*)

LAUDANUM LIQUIDE de Sydenham (*Pharmacie.*) Prenez opium choisi coupé par tranches, deux onces; safran une once, canelle & gérofle en poudre, de chacun un gros; mettez-les dans un vaisseau convenable; versez par-dessus vin d'Espagne une livre; digérez pendant quelques jours au bain-marie, remuant le vaisseau de tems en tems; passez & gardez pour l'usage.

Dix grains de *laudanum liquide* répondent à-peu-près à un grain d'opium: les vertus réelles de cette teinture sont les mêmes que celles de l'opium, *voyez* OPIUM, malgré la prétendue correction opérée ici par les aromates. *Voyez* CORRECTIF. (*b*)

LAUDE, s. m. (*Jurisp.*) dans la basse latinité *lauda* ou *leuda, leda, leida*, est un droit qui se paye en certains lieux pour la vente des marchandises dans les foires & marchés: *quasi propter laudandam venditionem*, c'est-à-dire pour le placage & permission de vendre; ce droit est aussi appellé *laide* ou *layde, lede* ou *leude*, selon l'idiome de chaque pays. On donne aussi quelquefois ce nom à diverses autres sortes de prestations, notamment à ceux des droits de péage, &c. (*A*)

LAUDERDALE, (*Géog.*) vallée d'Ecosse, où coule la riviere de Lauder; cette contrée qui fait partie de la province de Mers, donne le titre de duc à la principale branche de la famille de Maitland.(*D.J.*)

LAUDES, s. f. (*Liturgie.*) du latin *laudes*, louanges, terme de breviaire, qui signifie *la seconde partie de l'office* qui suit immédiatement les matines & précede les heures canoniales.

Les *laudes* sont composées de cinq pseaumes, dont le quatrieme est un cantique, & le cinquieme toujours un de ces pseaumes intitulés dans l'hébreu; *alleluia*, ce que quelques-uns rendent par *psalmus laudum*, sous une ou plusieurs antiennes, selon le tems; d'un capitule, d'une hymne, d'un verset, du cantique *Benedictus* suivi de son antienne, & d'une oraison. C'est par les *laudes* que finit l'office de la nuit. *Voyez* MATINES, BREVIAIRE, OFFICE.

LAUDICÆNI, (*Littér.*) en grec Σοφικλεις, c'étoient, parmi les Grecs & les Romains, des gens gagés pour applaudir aux pieces de théâtre, ou aux harangues publiques. Ces sortes de gens étoient instruits à donner leurs applaudissemens de concert, avec art, avec harmonie, & même il y avoit des maîtres exprès pour leur en enseigner les regles & la pratique. On plaçoit les *laudicènes* sur le théâtre, opposés les uns aux autres, comme nous faisons nos chœurs; & à la fin du spectacle, ils formoient leur *chorus* d'applaudissemens, qui succédoit aux autres acclamations générales. Ils venoient toujours offrir leurs services aux orateurs, aux poëtes, aux pere-res curieux de la fumée d'une vaine gloire qu'on achetoit pour son argent. (*D. J.*)

LAUDICK, (*Géog.*) petite ville de la grande Pologne, sur la riviere de Warte, dans le palatinat de Kalish, à 12 lieues N. de Kalish. *Long 35. 58. lat. 51. 50.* (*D. J.*)

LAVE, s. f. (*Hist. nat.*) en italien *lava*, nom générique que l'on donne aux matieres liquides & vitrifiées que le Vésuve, l'Etna & les autres volcans vomissent dans le tems de leurs éruptions. Ce sont des torrens embrasés qui sortent alors, soit par le sommet, soit par des ouvertures latérales qui se forment dans les flancs de ces montagnes. Ces matieres devenues liquides par la violence du feu, coulent comme des ruisseaux le long de la pente du volcan ; elles consument & entraînent les arbres, les roches, le sable & tout ce qui se trouve sur leur passage, & vont quelquefois s'étendre jusqu'à la distance de plus d'une lieue de l'endroit d'où elles sont sorties ; elles couvrent des campagnes fertiles d'une croûte souvent fort épaisse, & produisent les ravages les plus grands.

Ces matieres fondues sont très-long-tems à se refroidir ; & quelquefois plusieurs mois après leur éruption, on voit encore qu'il en part de la fumée, ce qui vient de la chaleur excessive dont les *laves* ont été pénétrées, & de la grandeur énorme de leur masse, qui fait que la chaleur s'y est conservée. Plus d'un mois après la grande éruption du Vésuve, arrivée en 1737, on voulut dégager le grand chemin que la *lave* sortie de ce volcan avoit embarrassé ; mais les ouvriers furent bientôt forcés d'abandonner leur entreprise, parce qu'ils trouverent l'intérieur de la *lave* encore si embrasée, qu'elle rougissoit & amollissoit les outils de fer dont ils se servoient pour ce travail.

Quant à la masse dont elle est quelquefois d'une grandeur énorme. Dans l'éruption du mont Etna, de 1669, qui détruisit entierement la ville de Catane en Sicile, le torrent liquide alla si avant dans la mer, qu'il y forma une mole ou une jettée assez grande pour servir d'abri à un grand nombre de vaisseaux. *Voyez l'histoire du mont Vésuve.* Suivant ce même ouvrage, qui est dû aux académiciens de Naples, la longueur du torrent principal de *lave* qui sortit du Vésuve en 1737, étoit de 3550 cannes napolitaines, dont chacune porte 8 palmes, c'est-à-dire 80 pouces de Paris. Ce même torrent dans l'espace occupé par les 750 premieres cannes, à compter depuis sa source, avoit aussi 750 cannes de largeur, & 8 palmes ou 80 pouces d'épaisseur. A l'égard des 2800 cannes restantes, elles avoient valeur commune 188 cannes de largeur, & environ 30 palmes d'épaisseur. De ce torrent énorme, il en partoit des rameaux, ou comme des ruisseaux plus petits, qui se répandirent dans la campagne. On calcula alors toutes les *laves* que le Vésuve vomit dans cette occasion, & l'on trouva que la somme totale de la matiere fondue alloit à 595948000 palmes cubiques, sans compter les cendres & les pierres détachées, vomies par ce volcan dans la même éruption. Cet exemple peut suffire pour donner une idée de la grandeur & de l'étendue des *laves*. Voyez *l'hist. du Vésuve, pag.* 135 *& suiv.*

La *lave* ne peut être regardée que comme un mélange de pierres, de sable, de terres, de substances métalliques, de sels, &c. que l'action du feu des volcans a calcinées, mises en fusion & changées en verre : mais comme toutes les matieres qui éprouvent l'action du feu ne sont point également propres à se vitrifier, les combinaisons qui résultent de cette action du feu ne sont point les mêmes ; voilà pourquoi la *lave*, après avoir été refroidie, se montre sous tant de formes différentes, & présente une infinité de nuances de couleurs & de variétés. La *lave* la plus pure ressemble parfaitement à du verre noir, tel que celui des bouteilles ; de cette espece est la pierre que l'on trouve en plusieurs endroits du Pérou, & que les Espagnols nomment *pedra di Gallinaço*. C'est un verre dur, noir, homogène & compact ; on ne peut être embarrassé de deviner l'origine de cette pierre, quand on sait que le Pérou est exposé à de fréquentes éruptions des volcans, dont il n'est point surprenant de rencontrer par-tout des traces.

Une autre espece de *lave* est dure, pesante, compacte comme du marbre, & susceptible comme lui

de prendre un très-beau poli. Telle est la *lave* décrite par M. de la Condamine, dans la relation curieuse de son voyage d'Italie, que cet illustre académicien a lûe en 1757 à l'académie des Sciences de Paris. Cette *lave* est d'un gris sale, parsemée de taches noires comme quelques especes de serpentine ; on y remarque quelques particules talqueuses & brillantes. On en fait à Naples des tables, des chambranles, & même des tabatieres, &c. Ce curieux voyageur dit en avoir vû des tables d'un pouce d'épaisseur, qui s'étoient voilées & déjettées comme feroit une planche ; ce qui vient, suivant les apparences, des sels contenus dans cette *lave*, sur lesquels l'air est venu à agir.

Il y a de la *lave* qui, sans être aussi compacte que la précédente, & sans être susceptible de prendre le poli comme elle, ne laisse point d'avoir beaucoup de consistence & de solidité ; celle-là ressemble à une pierre grossiere, elle est communément d'un gris de cendre, quelquefois elle est rougeâtre. Elle est très-bonne pour bâtir ; c'est d'une *lave* de cette espece que la ville de Naples est pavée.

Enfin, il y a une espece de *lave* encore plus grossiere, qui se trouve ordinairement à la surface des torrens liquides d'une *lave* plus dense ; elle est inégale, raboteuse, spongieuse, & semblable aux scories qui se forment à la surface des métaux qu'on traite dans les fourneaux des fonderies. Cette espece de *lave* prend toutes sortes de formes bisarres & de couleurs différentes ; les inégalités qu'elle forme font que les endroits couverts de cette *lave* présentent le coup-d'œil d'une mer agitée, ou d'un champ profondément labouré. Souvent cette *lave* contient du soufre, de l'aïun, du sel ammoniac, &c.

Entre les différentes especes de *laves* qui viennent d'être décrites, il y a encore un grand nombre de nuances & d'états sous lesquels cette matiere se présente ; & l'on y remarque des différences presque infinies pour la couleur, la consistence, la forme & les accidens qui les accompagnent.

La ville d'*Herculanum*, ensevelie depuis environ dix-sept siecles sous les cendres & les *laves* du Vésuve, est un monument effrayant des ravages que peuvent causer ces inondations embrasées. Mais une observation remarquable est celle qu'a fait M. de la Condamine, qui assurent que les fondemens de plusieurs maisons de cette ville infortunée ont eux-mêmes été bâtis avec de la *lave*, ce qui prouve l'antiquité des éruptions du Vésuve. A ce fait on en peut joindre un autre, c'est que M. le marquis de Curtis, seigneur napolitain, qui avoit une maison de campagne à quelque distance du Vésuve, voulant faire creuser un puits, fut plusieurs années avant que de réussir, & on rencontra jusqu'à trois couches très-épaisses de *lave*, séparées par des lits de terre & de sable intermédiaires qu'il fallut percer avant que de trouver de l'eau.

Il n'est point surprenant que les endroits voisins du Vésuve soient remplis de *laves* ; mais l'Italie presque entiere, suivant la remarque de M. de la Condamine, en renferme dans son sein, dans les endroits même les plus éloignés de ce volcan ; ce qui semble prouver que dans des tems de l'antiquité la plus reculée, l'Apennin a été la chaîne de volcans dont les éruptions ont cessé. Suivant ce savant voyageur, la pierre qu'on tire des carrieres du voisinage de Rome, est une véritable *lave*, que l'on prend communément pour une pierre ordinaire. La fameuse voie appienne, à en juger par ce qui en reste, paroît avoir été faite de *lave*. La prison tullienne, que l'on regarde comme le plus ancien édifice de Rome, est bâtie d'une pierre qui, ainsi que le *tevertino* ou la pierre de Tivoli, semble être une vraie *lave* ou pierre formée par les volcans. De toutes ces obser-

R r ij

vations ; M. de la Condamine conclut que « ces » plaines aujourd'hui riantes & fertiles, couvertes » d'oliviers, de mûriers & de vignobles, ont été » comme les côteaux du Vésuve, inondées de flots » brûlans, & portent comme eux dans leur sein, » non seulement les traces de ces torrens de feu, » mais leurs flots mêmes refroidis & condensés, té- » moins irrécusables de vastes embrasemens anté- « rieurs à tous les monumens historiques. »

Ce n'est point seulement pour l'Italie que ces réflexions doivent avoir lieu, plusieurs autres pays sont dans le même cas, & l'on y bâtit avec de la *lave*, sans se douter de la cause qui a produit les pierres que l'on employe à cet usage, & sans savoir qu'il y ait eu anciennement des volcans dans le pays où ces pierres se trouvent. En effet, il y a bien des pierres à qui la *lave* ressemble ; & il est aisé, suivant ce qu'on a dit, de la prendre quelquefois pour du marbre, ou pour de la serpentine, ou pour quelques pierres poreuses assez communes. M. Guétard, de l'académie des Sciences, a reconnu que des pierres trouvées en Auvergne sur le Puits de Dome & sur le Mont-d'or, étoit de la vraie *lave*, semblable à celle du Vésuve & de l'Etna. M. de la Condamine présume que la pierre dont on bâtit à Clermont en Auvergne est de la même nature que celle de Tivoli dont on a parlé. *Voyez* le Mercure du mois de Septembre *1757*, & les mémoires de l'académie royale des Sciences, ann. *1752* & *1757*. (—)

Ces découvertes doivent exciter l'attention des Naturalistes, & les engager à considérer plus soigneusement certaines pierres qu'ils ne soupçonnent point d'être de la *lave* ou des produits des volcans, parce que l'histoire ne nous a quelquefois point appris qu'il y ait eu jamais de volcans dans les cantons où on les trouve. *Voyez* VOLCANS.

LAVÉ, (*Maréchallerie*.) le poil *lavé* se dit de certains poils du cheval qui sont pâles ou de couleur fade. Les extrémités lavées. *Voyez* EXTRÉMITÉS.

LAVEDAN (LE), *Levitanensis pagus* ou *Levitania*, (*Géog.*) vallée de France dans la Bigorre, entre les Pyrénées. Elle a 10 à 12 lieues de long, sur 7 à 8 de large, & est très-fertile. Lourde en fait la place principale, son territoire, & la vallée de Bareige située au pié de la montagne de Tormales, à une lieue du royaume d'Arragon, dont il est séparé par les Pyrénées, s'est acquis de la célébrité par ses eaux bourbeuses médicinales. *Voyez* sur le *Lavedan*, Hadrien Valler, *notit. Galliæ*, p. *84*. & l'abbé de Longuerue, *I. part. p. 205*. (*D. J.*)

LAVEGE ou LAVEZZI, s. f. (*Hist. nat.*) nom d'une pierre du genre de celles qu'on nomme *pierres ollaires* ou *pierres à pot*; elle est grisâtre, rarement marbrée ou mêlée de différentes couleurs. On connoit trois carrieres de cette pierre : l'une est à Pleurs en Suisse ; l'autre, dans la Valteline au comté de Chiavenne, & la troisieme dans le pays des Grisons. Cette pierre a la propriété de se tailler très-aisément & de se durcir au feu ; on en fait des marmites, des pots, & d'autres ustensiles de ménage, dont on fait un très-grand commerce dans la Suisse & le Milanois, on prétend que l'eau chauffe beaucoup plus promptement dans ces sortes de vaisseaux que dans ceux qui sont métalliques. Cette pierre est dure au toucher ; on la tire avec beaucoup de peine du sein de la terre, parce que les ouvriers sont obligés de travailler couchés, vû que les passages qui sont pratiqués dans cette carriere sont fort étroits. L'on tourne au tour les masses de *lavege* qui ont été tirées de la terre, & formées en cylindres. C'est un moulin à eau qui fait mouvoir ce tour; il est arrangé de façon que l'ouvrier qui tourne, peut arrêter la machine à volonté. *Voyez* PIERRE OLLAIRE.

LAVELLO, *Labellum*, (*Géogr.*) ancienne petite ville d'Italie au royaume de Naples, dans la Basilicate, aux confins de la Capitanate, avec un évêché suffragant de Barri, à 6 lieues N. O. de Cirenza, 18 S. O. de Barri, 30 N. E. de Naples. *Longit. 33. 30. latit. 41. 3.* (*D. J.*)

LAVEMENT *des piés*, (*Théol.*) coutume usitée chez les anciens qui la pratiquoient à l'égard de leurs hôtes, & qui est devenue dans le christianisme une cérémonie pieuse.

Les Orientaux avoient coutume de *laver les piés* aux étrangers qui venoient de voyage, parce que pour l'ordinaire on marchoit les jambes nues & les piés seulement garnis d'une sandale. Ainsi Abraham fit *laver les piés* aux trois Anges, *Genese xviij. v. 4*. On *lava* aussi les piés à Eliézer & à ceux qui l'accompagnoient lorsqu'ils arriverent à la maison de Laban, & aux freres de Joseph lorsqu'ils vinrent en Egypte, *Genese xxiv. v. 32. & xliij. v. 24*. Cet office s'exerçoit ordinairement par des serviteurs & des esclaves. Abigail témoigne à David qui la demandoit en mariage, qu'elle s'estimeroit heureuse de *laver les piés* aux serviteurs du roi, *I. Reg. xxv. v. 41*.

Jesus-Christ, après la derniere céné qu'il fit avec ses apôtres, voulut leur donner une leçon d'humilité en leur *lavant les piés*. Et cette action est devenue depuis un acte de piété. Ce que le Sauveur dit en cette occasion à saint Pierre : *Si je ne vous lave, vous n'aurez point de part avec moi*, a fait croire à plusieurs anciens que le *lavement des piés* avoit des effets spirituels. Saint Ambroise, *lib. de Myster. c. vj*. témoigne que de son tems on *lavoit les piés* aux nouveaux baptisés au sortir du bain sacré, & il semble croire que, comme le baptême efface les péchés actuels, le *lavement des piés*, qui se donne ensuite, ôte le péché originel, ou du moins diminue la concupiscence. *Ideo*, dit-il, *planta abluitur, ut hereditaria peccata tollantur : nostra enim propria per baptismum relaxantur*. Il dit la même chose sur le *Pseaume xlviij*. *Alia est iniquitas nostra, alia calcanei nostri . . . . . unde Dominus discipulis lavit pedes ut lavaret venena serpentis*. Mais il explique lui-même sa pensée en ajoutant que ce qui est nettoyé par le *lavement des piés*, est plutôt la concupiscence ou l'inclination au péché, que le péché même : *unde reor iniquitatem calcanei magis lubricum delinquendi, quam reatum aliquem nostri est delicti*.

L'usage de *laver les piés* aux nouveaux baptisés n'étoit pas particulier à l'église de Milan. On le pratiquoit aussi dans d'autres églises d'Italie, des Gaules, d'Espagne & d'Afrique. Le concile d'Elvire le supprima en Espagne par la confiance superstitieuse que le peuple y mettoit, & il paroît que dans les autres églises où l'on le pratiquoit avant la coutume de donner le baptême par immersion a cessé, Quelques anciens lui ont donné le nom de Sacrement, & lui ont attribué la grace de remettre les péchés veniels ; c'est le sentiment de saint Bernard & d'Eunalde abbé de Bonneval. Saint Augustin croit que cette cérémonie pratiquée avec foi peut effacer les péchés veniels ; & un ancien auteur, dont les sermons sont imprimés dans l'appendix du V. vol. des ouvrages de ce pere, soutient que le *lavement des piés* peut remettre les péchés mortels. Cette derniere opinion n'a nul fondement dans l'Ecriture : quant au nom de sacrement donné à cette cérémonie par saint Bernard & d'autres, on l'explique d'un sacrement improprement dit, du signe d'une chose sainte, c'est-à-dire de l'humilité, mais auquel Jesus-Christ n'a point attaché de grace sanctifiante comme aux autres sacremens.

Les Syriens célebrent la fête du *lavement des piés* le jour du jeudi-saint. Les Grecs font le même jour le sacré *niptere*, ou le sacré *lavemens*. Dans l'Eglise latine, les évêques, les abbés, les curés dans quelques diocèses, les princes même *lavent* ce jour-là *les piés* à douze pauvres qu'ils servent à table, ou auxquels ils font des aumônes. On fait aussi le même jour la cérémonie du *lavement* des autels, en répandant de l'eau & du vin sur la pierre consacrée, & en récitant quelques prieres & oraisons. Calmet, *Diction. de la Bibl.* tome II. pages 507 & 508.

LAVEMENT des mains, *voyez* MAIN.
LAVEMENT, *Pharmacie*, *voyez* CLYSTERE.
LAVENBOURG, (*Géog.*) petite ville d'Allemagne dans la Poméranie ultérieure, & dans les états du roi de Prusse, électeur de Brandebourg. *Long.* 35. 28. *lat.* 54. 45. (*D. J.*)

LAVENZA, (*Géog.*) ville d'Italie, sur une riviere de même nom, qui s'y jette dans la mer.

LAVER, v. act. (*Gram.*) ce verbe désigne l'action de nettoyer avec un fluide; mais il a d'autres acceptions, dont nous allons donner quelques-unes.

LAVER, *en terme de Boyaudier*, c'est démêler les boyaux sortant de la boucherie les uns d'avec les autres: quand on sait la maniere dont les bouchers arrachent ces boyaux du ventre de l'animal, cette opération n'a rien de difficile.

LAVER, (*Draperie.*) *voyez* l'*article* MANUFACTURE EN LAINE.

LAVER, *en terme d'Epinglier*, c'est ôter dans une seconde eau le reste de la gravelle qui s'étoit attachée aux épingles dans le blanchissage. Le baquet est suspendu à deux crochets, & l'ouvrier le remue comme on feroit un crible à froment. *Voyez les Planches de l'Epinglier*.

LAVER LES FORMES dans l'*Imprimerie*: on est obligé de *laver* les formes; pour cet effet, on les porte au baquet, on verse dessus une quantité de lessive capable de les y cacher, on les y brosse dans toute leur étendue; après quoi, on les rince à l'eau nette: cette fonction essentielle se doit faire avant de mettre les formes sous la presse, quand le tirage en est fini & tous les foirs en quittant l'ouvrage. *Voyez* LESSIVE, BAQUET.

LAVER AU PLAT, (*à la Monnoie.*) c'est séparer par plusieurs lotions les parties les plus fortes de métal qui se trouve au fond des plateaux, que l'on apperçoit facilement à l'œil, & qui peuvent se retirer à la main sans y employer d'industrie.

LAVER, (*Peinture.*) c'est passer avec un pinceau de l'encre de la Chine délayée dans de l'eau, ou une autre couleur délayée dans de l'eau gommée, sur des objets dessinés au crayon, ou à la plume sur du papier ou fur du vélin. Lorsqu'on *lave* à l'encre de la Chine, ou avec une couleur seulement, le blancheur du papier ou vélin fait les lumieres ou rehauts, & les ombres perdent insensiblement de leur force en approchant des lumieres suivant qu'on met plus ou moins d'eau dans l'encre, ou couleur qu'on y emploie. Et lorsqu'on *lave* sur du papier coloré, l'on rehausse avec du blanc pareillement délayé dans de l'eau gommée. L'on *lave* quelquefois aussi les desseins ou plans, de coloris, c'est-à-dire, en donnant à chaque objet la couleur qui lui convient, autant que cette façon de peindre peut se comporter, & alors on peut se servir généralement de toutes les couleurs dont usent les Peintres, en observant néanmoins qu'elles doivent être délayées dans de l'eau gommée, presque aussi liquides que l'eau même. Les fossés remplis d'eau se *lavent* d'un bleu clair; les briques & les toiles d'une couleur rougeâtre, les murailles d'un gris un peu jaune, les chemins d'un gris roussâtre, les arbres & les gazons de verd, &c.

L'on dit *lavet* à l'encre de la Chine, desseins, plans, *laver* de brun, de rouge, de bistre, &c.

LAVER, *en terme de Plumassier*, c'est rinser les plumes dans de l'eau nette après les avoir savonnées.

LAVERNE, (*Mythol. & Littérat.*) en latin *Laverna*, déesse des voleurs & des fourbes chez les Romains.

Les voleurs se voyant persécutés sur la terre, songerent à s'appuyer de quelque divinité dans le ciel: la haine que l'on a pour les larrons, sembloit devoir s'étendre sur une déesse qui passoit pour les protéger; mais comme elle favorisoit aussi tous ceux qui desiroient que leurs desseins ne fussent pas découverts, cette raison porta les Romains à honorer *Laverne* d'un culte public. On lui adressoit des prieres en secret & à voix basse, & c'étoit-là sans doute la partie principale de son culte.

Elle avoit, dit Varron, un autel proche une des portes de Rome, qui se nomma pour cela la porte lavernale, *porta lavernalis ab arâ* Lavernæ, *quod ibi ara ejus dea*.

On lui donne encore un bois touffu sur la voie salarienne; les voleurs, ses fideles sujets, partageoient leur butin dans ce bois, dont l'obscurité & la situation pouvoient favoriser leur évasion de toutes parts. Le commentateur Acron ajoute qu'ils venoient y rendre leurs hommages à une statue de la déesse, mais il ne nous dit rien de la figure sous laquelle elle étoit représentée; l'épithete *pulchra*, employée par Horace, *epist. xvj. l. I.* semble nous inviter à croire qu'on la représentoit avec un beau visage.

Enfin une ancienne inscription de l'an de Rome 585, recueillie par Dodwell dans ses *Prælect. acad. page 665*, nous fournit la connoissance d'un monument public, qui fut alors érigé en l'honneur de *Laverne* proche du temple de la terre, & nous apprend la raison pour laquelle on lui dressa ce monument. Voici la copie de cette inscription linguliete: IV. K. *Aprileis Fasciis penès Licinium . . . . . C. Titinius Æd. Fl. Mulcavit Lanios Quòd Carnem Vendidissent Populo Non Inspectam. De Pecuniâ Mulcatitâ, Cella Extructa* AD TELLURIS Lavernæ, c'est-à-dire, *Cella Extructa* Lavernæ, *Ad Ædem Telluris*.

Cicéron écrivant à Atticus, parle d'un *Lavernium*, qui étoit apparemment un lieu consacré à *Laverne*; mais on ne sait si c'étoit un champ, un bois, un autel ou un temple; je dis *un temple*, car si cette déesse avoit des adorateurs qui en attendoient des graces, ou la regardoit aussi comme une de ces divinités nuisibles, qu'il falloit invoquer pour être garanti du mal qu'elle pouvoit faire. Cependant c'est seulement comme protectrice des voleurs de toute espece, qu'un de nos savans, M. de Foncemagne, l'a envisagé dans une dissertation particuliere qu'on trouvera dans les mémoires de l'académie des Belles-lettres, *tome VII*.

Laverna, nom latin de la déesse *Laverne*, a reçu bien des étymologies, entre lesquelles on donne ce mot pour venir de *laberna*, qui est le *ferramentum latronum*, selon les gloses; & *laberna* peut dériver de λαφυρα, *dépouilles*, *butin*, ou de λαειν, *prendre*.

Quoi qu'il en soit, les voleurs furent appellés *laverniones*, parce qu'ils étoient *sub tutelâ deæ Lavernæ*, dit Festus. (*D. J.*)

LAVERNIUM, (*Géog. anc.*) lieu d'Italie dont il est parlé dans une des lettres de Cicéron à Atticus, *liv. I.* & dans les saturnales de Macrobe, *l. III.* Il prenoit ce nom d'un temple de la déesse *Laverne*, comme ceux de Diane & de Minerve avoient donné lieu aux noms *Dianium* & *Minervium*. (*D. J.*)

LAVETTE, s. f. (*Gram. Cuisine.*) guenille dont le marmiton se sert dans la cuisine pour nettoyer les ustensiles.

LAUFFEN, *Laviacum*, (*Géog.*) petite ville de

LAV

Suisse, dans la seigneurie de Zwingen ; au canton de Bâle.

Il ne faut pas confondre ce lieu avec un village de Suisse, au canton de Zurich, à une petite lieue au-dessous de Schaffouse. C'est dans ce village de *Lauffen* qu'on voit la fameuse cataracte du Rhin, où l'eau tombant d'environ 40 coudées de haut, se précipite entre des rochers, avec un très-grand bruit.

Il y a un autre *Lauffen*, bourg d'Allemagne en Franconie, sur la Prégnitz, à 4 lieues de Nuremberg.

Enfin il y a un *Lauffen* en Souabe, au duché de Wirtemberg, sur le Necker, à 2 lieues d'Hailbron. *Long.* 26. 56. *lat.* 49. 11. (*D. J.*)

LAUFFENBOURG, *Lauffenburgum*, (*Géog.*) ville d'Allemagne dans la Souabe, & l'une des quatre villes forestieres. Le duc de Saxe-Weimar la prit en 1638 ; elle appartient présentement à la maison d'Autriche, & est sur le Rhin, qui coupe la ville en deux parties presqu'égales, à sept lieues sud-est de Bâle, 10 nord-est de Zurich, 10 sud-est de Schaffouse. *Long.* 25. 45. *lat.* 47. 36. (*D. J.*)

LAVINIUM, (*Géog. anc.*) ville d'Italie dans le Latium, à 10 milles de Rome selon Appien, & à 8 milles de la mer selon Servius, fort-près de Laurente. Enée trouva *Laurentum* bâti ; c'étoit la résidence du roi dont il épousa la fille Lavinie. Il fonda pour lors une nouvelle ville par ses Troyens, & la nomma *Lavinium* en l'honneur de son épouse. Sous son fils les Laviniens bâtirent la ville d'Albe, qui fut la résidence de ses descendans, jusqu'à la fondation de Rome. (*D. J.*)

LAVINO, en latin *Labinius*, (*Géog.*) riviere d'Italie dans le territoire de Bologne, à huit milles de la ville de ce nom, en tirant vers Modène. Appien, *civil. lib. IV.* dit que ce fut dans une île de cette riviere, que les Triumvirs s'aboucherent, & partagerent entr'eux l'empire romain ; mais Appien se trompe, ce fut dans une île du Reno, auprès de Bologne, que se fit leur entrevûe, qui dura trois jours entiers. (*D. J.*)

LAVIS, LE (*dans la Fortification*) consiste dans l'art d'employer les couleurs dont on illumine les plans & les profils des différens ouvrages qu'on y construit. Laver un plan, c'est étendre sur les différentes parties les couleurs qu'on est convenu d'employer pour distinguer chacune de ces parties.

Les couleurs dont on se sert pour cet effet, sont,
1°. L'encre de la Chine.
2°. Le rouge appellé *carmin*.
3°. Le jaune appellé *gomme gutte*.
4°. Le verd de vessie.
5°. Le verd de gris liquide, communément appellé *couleur d'eau*.
6°. Le bistre ou couleur de terre.
7°. Le bleu appellé *indigo*.

L'encre de la Chine sert à tirer toutes les lignes des plans & des profils, à l'exception néanmoins de celles qui représentent une épaisseur de maçonnerie, lesquelles se marquent avec le carmin. Telle est la ligne magistrale, ou le premier trait de la fortification, la contrescarpe, &c. lorsque la plan est revêtue. Quand elle n'est point revêtue, ces lignes sont aussi marquées avec l'encre de la Chine, & dans ce cas toutes les lignes du plan sont noires ; autrement il y en a de noires & de rouges. L'encre de la Chine sert encore à ombrer les parties du plan qui en ont besoin.

Le carmin sert à mettre au trait toutes les lignes qui expriment des épaisseurs de maçonnerie, comme on vient de le dire. Il sert aussi à laver les coupes des revêtemens, contre-forts, &c. marquées dans les profils ; l'emplacement des maisons dans les plans, les casernes, & enfin tous les ouvrages qui sont de maçonnerie.

Le jaune sert à marquer les ouvrages projettés dans les plans, c'est-à-dire, ceux que l'on propose à exécuter, & qui sont distingués par cette couleur, de ceux qui sont construits.

Le verd de vessie sert à laver les parties qui sont en gason, les taluds, les glacis, &c.

La couleur d'eau sert à laver les fossés dans lesquels il y a de l'eau, les rivieres, &c.

Le bistre est employé pour laver les coupes des terres ; il sert aussi de couleur de bois, pour laver les ponts.

Le bleu ou l'indigo sert à marquer les ouvrages qui sont de fer, &c.

L'encre de la Chine est en bâton ; on la détrempe en la frottant dans une coquille, dans laquelle on a versé un peu d'eau. On frotte le bâton sur cette coquille, jusqu'à ce que l'eau ait pris la force nécessaire pour l'usage que l'on en veut faire. Lorsqu'on veut s'en servir pour mettre au trait, on lui donne beaucoup plus de force que pour laver.

Le carmin est en poudre ; il se détrempe avec de l'eau gommée. Cette eau se fait en mettant fondre environ un gros de gomme arabique blanche, la plus propre que l'on peut trouver, dans un verre plein d'eau. La gomme étant fondue, on met le carmin dans une coquille, & l'on verse dessus de cette eau. On délaye le carmin avec le petit doigt ou un pinceau, & on le mêle bien avec l'eau, jusqu'à ce que toutes les parties en soient imprégnées ; après quoi on laisse sécher le carmin dans la coquille, & lorsqu'on veut s'en servir, on en détrempe avec de l'eau commune, & l'on en met dans une autre coquille la quantité dont on croit avoir besoin. On évite d'en détremper beaucoup à la fois, parce qu'il se noircit, & qu'il perd de sa beauté lorsqu'il est détrempé trop souvent. Celui dont on se sert pour mettre au trait, doit être beaucoup plus foncé que celui qu'on prépare pour laver.

L'indigo se détrempe avec de l'eau gommée, comme le carmin.

La gomme gutte se détrempe avec de l'eau commune, de même que le verd de vessie, & le bistre, parce que ces couleurs portent leur gomme avec elles.

La couleur d'eau s'emploie sans aucune préparation. Il faut seulement observer que lorsqu'elle se trouve trop foible, on lui donne de la force en la versant dans une coquille, & en la laissant ainsi exposée pendant quelque tems à l'air ; & qu'au contraire lorsqu'elle se trouve trop forte, on l'affoiblit en la mêlant avec un peu d'eau commune. *Elément de Fortification.* M. Buchotte, ingénieur du roi, a donné un *traité des regles du dessein, & du lavis des plans.*

LAUMELINE, LA, (*Géog.*) canton d'Italie, au duché de Milan, entre Pavie & Casal, le long du Pô, qui le sépare en deux parties. Elle a pris son nom de l'ancienne *Laumellum*, aujourd'hui *Lumello*, qui n'est plus qu'un village du Milanez, sur la Gogna, entre Vigevano & Valence. La *Laumeline* a été cédée au roi de Sardaigne en 1707. (*D. J.*)

LAUN, ou LAUNU, (*Géog.*) ville de Bohême près de l'Egra, sur la route de Leipsic à Prague, dans un terroir qui produit du bon froment, des pâturages, & des pommes renommées dans toute la Bohême. *Long.* 31. 35. *lat.* 50. 25. (*D. J.*)

LAUNCESTON, (*Géog.*) vulgairement LAUNSTON, *fanum sancti Stephani*, ville à marché d'Angleterre, au pays de Cornouailles, près du Tamer, qui sépare cette province de celle de Dévonshire, à 170 milles de Londres ; elle envoie un député au parlement. *Long.* 13. 16. *lat.* 50. 40. (*D. J.*)

LAVOIR, s. m. (*Minéralogie.*) les Espagnols difent *lavandero* ; c'eſt le nom qu'ils donnent à l'endroit d'où l'on tire de l'or des terres par le lavage, ſoit au Chili, ſoit au Pérou. Selon M. Frezier, on creuſe au fond du *lavoir* pluſieurs coulées dans les lieux, où l'on juge par de certaines marques connues des gens du métier, qu'il peut y avoir de l'or ; car il ne paroît point à l'œil dans les terres où il ſe trouve. Pour faciliter l'excavation, on y fait paſſer un ruiſſeau, & pendant qu'il coule, on remue la terre que le courant détrempe & entraîne aiſément : enfin, quand on eſt parvenu au banc de terre *aurifere*, on détourne le ruiſſeau pour creuſer cette terre à force de bras. On la porte enſuite ſur des mulets dans un baſſin façonné comme un ſoufflet de forge. On fait couler rapidement dans ce baſſin un nouveau ruiſſeau pour délayer cette terre qu'on y a apportée, & pour en détacher l'or, que ſa peſanteur précipite au fond du baſſin parmi le ſable noir : on l'en ſépare enſuite ſelon les regles de l'art.

Il y a des *lavoirs* tels que ceux d'Andecoll, à dix lieues de Coquimbo, dont l'or eſt de 22 à 23 karats. Les *lavoirs* de cet endroit ſont fort abondans, du moins l'étoient-ils au commencement de ce ſiecle ; & l'on y a trouvé des *pepitas*, ou grains d'or vierge, d'une groſſeur ſinguliere, même du poids de trois à quatre marcs, mais jamais de quarante-cinq, moins encore de ſoixante & quatre marcs, quoi qu'en diſe M. Frezier. C'eſt une de ſes exagérations hyperboliques, à joindre à celle des cent mille mulles qu'il amene tous les ans de Tocuman & du Chili, pour remplacer celles qui meurent dans les montagnes de la traverſe du Pérou, & qui ſe réduiſent à dix ou douze mille au plus. *Voyez* un *lavoir dans nos Planches de Métallurgie.* (*D. J.*)

LAVOIR, (*Hydr.*) c'eſt un baſſin public pour faire la leſſive, lequel eſt fourni par une ſource ou par la décharge de quelque baſſin. Souvent dans les campagnes on voit des *lavoirs* au milieu des prés. (*K*)

LAVOIR, (*Architecture.*) c'eſt une cour ou un paſſage qui emporte les immondices de toute une maiſon : à proprement parler, c'eſt un égoût commun. *Voyez* CLOAQUE.

Le *lavoir* eſt auſſi près d'une cuiſine ; il ſe dit & du lieu & de l'auge de pierre quarrée & profonde qui ſert à rinſer la vaiſſelle, laquelle ordinairement eſt près du lévier, en latin *lavacrum*.

On dit auſſi *lavoir*, en parlant d'un baſſin pratiqué dans une baſſe-cour, & qui eſt bordé de pierre avec égoût, où on lave le linge.

LAVOIR, (*Outil d'Arquebuſier.*) c'eſt une verge de fer qui eſt un peu plus large, ronde & plate par en-bas, comme la baguette du fuſil ; l'autre bout eſt uni & fendu comme la tête d'une aiguille à emballer, dans laquelle on paſſe un morceau de linge mouillé, & on le met dans le canon d'un fuſil pour le laver & le nettoyer. *Voyez nos Pl. d'Arq.*

LAVOT, ſ. m. (*Commerce.*) meſure dont on ſe ſert à Cambrai pour la meſure des grains. Il faut quatre *lavots* pour la raſiere : la raſiere rend ſept boiſſeaux ⅓ de Paris. *Voyez* RASIERE, *Dictionnaire de Commerce.*

LAURACES, ſ. f. (*Hiſt. nat.*) pierre dont on n'a aucune deſcription : on nous apprend ſeulement qu'elle guériſſoit les maux de tête & beaucoup d'autres maladies. *Bocce de Boot.*

LAURAGUAIS le, *Lauracenſis ager*, (*Géog.*) car il a pris ſon nom de *Lautae*, autrefois place conſidérable, & qui n'eſt plus rien aujourd'hui. Le *Lauraguais* n'eſt qu'une petite contrée de France ſous titre de comté, dans le haut Languedoc, entre l'Ariege & l'Agenne, à l'E. du Touloufain. Il ſe diviſe en haut & en bas, & abonde en millet & en vins ; Caſtelnaudari en eſt la capitale ; les autres lieux de ce petit canton ſont Lavaur, Pui-Laurent, & Saint-Papoul. (*D. J.*)

LAURE, ſ. f. (*Hiſt. eccléſiaſt.*) nom qu'on a donné aux réſidences des anciens moines.

Ce nom vient originairement du grec λαυρα, *place, rue, village, hameau.*

Les auteurs ne conviennent point de la différence qu'il y a entre *laure* & *monaſtere*. Quelques-uns prétendent que *laure* ſignifioit un vaſte édifice qui pouvoit contenir juſqu'à mille moines & plus. Mais il paroit par toute l'antiquité eccléſiaſtique, que les anciens monaſteres de la Thébaïde n'étoient pas de cette étendue. L'opinion la plus probable eſt que les anciens monaſteres étoient comme ceux d'aujourd'hui compoſés de grands bâtimens diviſés en ſalles, chapelles, cloîtres, dortoirs, & cellules pour chaque moine ; au lieu que les *laures* étoient des eſpeces de villages ou hameaux, dont chaque maiſon étoit occupée par un ou deux moines au plus. De ſorte que les couvents des chartreux d'aujourd'hui paroiſſent repréſenter les *laures* ; au lieu que les maiſons des autres moines répondent aux monaſteres proprement dits.

Les différens quartiers d'Alexandrie furent d'abord appellés *laures* ; mais depuis l'inſtitution de la vie monaſtique, le terme *laure* ne ſe diſoit que des couvents d'Egypte & de l'Orient, dans leſquels chaque moine avoit ſa maiſon à part avec un accinct, & qui n'étoient point clos comme les monaſteres. Les moines ne s'y aſſembloient qu'une fois la ſemaine ; & ce qu'on avoit d'abord appellé *laure* dans les villes, fut enſuite nommé *paroiſſe*. *Voyez* PAROISSE. (*G*)

LAUREATION, ſ. f. (*Littérat.*) terme en uſage dans quelques univerſités, & qui marque l'action par laquelle on prend le degré de maître-ès-Arts, communément après deux ans d'étude en Philoſophie. *Voyez* DEGRÉ & BACHELIER.

Ce mot eſt tiré de *laurus*, laurier, *laurea*, couronne de laurier, arbre que les Poëtes ont conſacré à Apollon le dieu des beaux Arts, & qu'on a toûjours regardé comme le ſymbole de la gloire littéraire.

LAURENT l'Isle St. (*Géog.*) *Voyez* MADAGASCAR.

LAURENT-LES-CHALONS, St (*Géog.*) ville de France en Bourgogne, au diocèſe de Châlons, dans le comté d'Auxonne. Louis XI. y avoit établi un parlement qui a été uni à celui de Dijon ; cette ville eſt en partie dans une île, en partie ſur la Sône, à une lieue E. de Châlons, 15 N. E. de Dijon. *Long.* 22. 46. *lat.* 46. 45. (*D. J.*)

LAURENT St. (*Géog.*) grande riviere de l'Amérique ſeptentrionale, appellée auſſi par ceux du pays *riviere du Canada*. On n'en connoit pas la ſource, quoiqu'on l'ait, dit on, remonté juſqu'à 5 ou 600 lieues. On ſait ſeulement que ce fleuve va ſe perdre au golfe auquel il donne ſon nom, après avoir arroſé une immenſe étendue de pays. (*D. J.*)

LAURENTUM, à préſent SAN-LORENZO, (*Géog. anc.*) ancienne ville d'Italie dans le Latium, dont elle fut quelque tems la capitale & la réſidence du roi Latinus, Elle étoit entre Ardée & Oſtie, près de Lavinie. Tibulle, *lib. II. éleg.* 5. l'indique, quand il dit *ante oculos Laurens caſtrum*, c'eſt-à-dire, *Laurentum muruſque Lavini eſt.* Virgile qui embelliſſoit tout à ſon gré, donne un palais ſuperbe à Latinus, dans la ville de Laurente.

Tectum auguſtum, ingens, centum ſublime columnis Urbe fuit, ſummâ Laurentis regia Pici.

Cependant cette ville étoit bien peu de choſe du tems de Trajan, puiſque même les métairies voiſines tiroient leur ſubſiſtance de la colonie d'Oſtie.

Les habitans ſont nommés *Laurentes* par Virgile, & le rivage *Laurentinum littus*, par Martial.

Les poëtes latins nous parlent souvent des sangliers de Laurente, *lautens aper*, dit Horace; c'est que ce canton avoit une forêt qui s'étendoit le long de la côte du Latium, entre le lac d'Ostie & le tuisseau de Numique. Cette forêt avoit pris son nom de la ville de *Laurente*; ou plutôt l'une & l'autre furent ainsi appellés du grand nombre de lauriers dont le pays étoit couvert, au rapport d'Hérodien, dans la vie de l'empereur Commode.

C'est dans ce canton de lauriers, qu'étoit cette maison de campagne de Pline le jeune, dont il a fait une description si belle, & si détaillée, qu'un railleur a dit, qu'il sembloit qu'il la vouloit vendre. (*D. J.*)

LAURÉOLE ou GAROU, *laureola*, s. f. (*Hist. nat.*) petit arbrisseau toûjours verd, qui se trouve dans les bois de la partie septentrionale de l'Europe. Il s'élève à trois ou quatre piés; il fait rarement plus que à-moins qu'il ne soit excité à se diviser en plusieurs branches, soit par la bonne qualité du terrein ou par des soins de culture : son écorce est épaisse, lisse, & cendrée; ses feuilles sont longues, épaisses, lisses, sans aucunes dentelures, & rassemblées au bout des branches; leur verdure quoique foncée, est très-brillante. Dès la fin de Décembre, la *lauréole* donne quantité de fleurs en petites grapes, qui par leur couleur & leur position ne sont d'aucune apparence; elles sont herbacées & cachées sous les feuilles qui font le seul agrément de cet arbrisseau. Les fleurs sont remplacées par de petites baies noires plus longues que rondes, succulentes; elles couvrent un noyau qui renferme la semence; le mois de Juillet est le tems de leur maturité.

La *lauréole* résiste aux plus grands hivers; elle se plaît aux expositions du Nord, dans les lieux froids, montagneux, & incultes; parmi les rochers, dans les terres franches & humides, mêlées de sable ou de pierrailles; elle vient sur-tout à l'ombre, & même sous les arbres.

On peut très-aisément multiplier cet arbrisseau de boutures, de branches couchées, & de graines qu'il faut semer dans le tems de sa maturité, si on veut la voir lever au printems suivant; car si on attendoit la fin de l'hiver pour la semer, elle ne leveroit qu'à l'autre printems. On peut encore faire prendre des jeunes plants dans les bois; mais ils reprennent difficilement, & j'ai remarqué qu'en faisant des boutures, on réussissoit plus promptement que d'aucune autre façon. Le mois d'Avril est le tems le plus convenable pour les faire; elles feront suffisamment racines pour être transplantées un an après.

Tout le parti que l'on puisse tirer de cet arbrisseau pour l'agrément, c'est de le mettre dans les bosquets d'arbres toûjours verds, pour y faire de la garniture & en augmenter la variété. On peut aussi en former de petites haies, quoi qu'il ait peu de disposition à prendre cette forme.

L'écorce, les feuilles, & les fruits de la *lauréole*, ont tant d'âcreté qu'ils brûlent la bouche après qu'on en a mangé. Toutes les parties de cet arbrisseau sont un violent purgatif; cependant le fruit sert de nourriture aux oiseaux qui en sont très-avides; la perdrix entr'autres. Les Teinturiers se servent de cette plante pour teindre en verd les étoffes de laines.

On ne connoît toûjours qu'une variété de cet arbrisseau qui a les feuilles panachées de jaune; on peut la multiplier par la greffe en écusson ou en approche sur l'espece commune; & ces arbrisseaux peuvent également se greffer sur le mezereon ou bois-joli, qui est du même genre. *Voyez* MEZEREON.

LAURÉOLE, (*Mat. méd.*) on comprend sous ce nom, dans les listes des remedes, deux plantes différentes; savoir la *lauréole*, ou *lauréole* mâle; & la *lauréole* femelle ou *bois gentil*.

Toutes les parties de ces plantes prises intérieurement, évacuent par haut & par bas avec tant de violence, & leur action est accompagnée de tant de symptomes dangereux, qu'elles doivent être regardées comme un poison plutôt que comme un remede. Le médecin ne doit donc les employer dans aucun cas, pas même dans le dernier degré d'hydropisie, encore moins se mettre en peine de les corriger, puisque les évacuans plus sûrs & suffisamment efficace ne lui manquent point.

Quelques pharmacologistes croient que les grains de cnide, dont Hippocrate & les anciens grecs font souvent mention, ne sont autre chose que les baies de *lauréole*; d'autres prétendent au contraire que ces grains de cnide étoient les fruits de l'espece de *thymelea* que nous appellons *garou*. *Voyez* GAROU. (*b*)

LAURESTAN ou LORESTAN, LOURESTAN, (*Géog.*) pays de *Laur*, *Lor* ou *Lour*; c'est un pays de Perse, autrefois enclavé dans la Khousistan, qui l'ancienne Susiane. M. Sanson, missionnaire apostolique sur les lieux, & par conséquent plus croyable que M. de Lisle, dit que le *Laurestan* est le royaume des Elamites; qu'il confine à la Susiane au midi, au fleuve Tigre à l'occident, & qu'il a la Médie inférieure au septentrion. Courbabat, forteresse où loge le gouverneur, en est le lieu principal. (*D. J.*)

LAURETS, s. m. (*Hist. mod.*) étoient les pieces d'or frappées en 1619, sur lesquelles étoit représenté la tête du roi couronnée de lauriers. Il y en avoit à 20 schellings, marquées X, X, à 10 schellings, marquées X, & à 5 schellings, marquées V. Harris, *Supplém.*

LAURIACUM, (*Géog. anc.*) ville principale du Norique, qu'Antonin met à 26 mille pas d'*Ovilabis*. Lazius & Brunschius croient que c'est *Ens* en Autriche; Simler pense que c'est *Lorch*, qui n'est plus qu'un village sur le Danube, vis-à-vis de Mathausen. (*D. J.*)

LAURIER, *laurus*, s. m. (*Hist. nat. Bot.*) genre de plante à fleur monopétale, faite en forme de bassin & découpée; il sort du fond de la fleur un pistil qui devient dans la suite un fruit en forme d'œuf ou une baie; il y a sous l'écorce de cette baie une coque qui renferme une semence presque de la même forme que la baie. Tournefort. *Inst. rei, herb.* *V.* PLANTE.

Le *laurier* est un arbrisseau dont il y a différens genres qui se divisent en plusieurs especes ou variétés. Par le mot *laurier* simplement, on entend ordinairement l'espece de *laurier* qui a été connue dans la plus haute antiquité, & que l'on nomme *laurier-franc*, *laurier commun* ou *laurier-jambon*, & en Bourgogne *laurier-sauce*; mais il y a encore plusieurs autres arbrisseaux, auxquels on donne aussi le nom de *laurier*, quoique d'un genre tout différent, & quoiqu'il n'aient aucune analogie ni ressemblance avec le *laurier-franc*; tels sont le *laurier-royal*, le *laurier-cerise*, le *laurier-tin*, le *laurier-rose*, le *laurier-alexandrin*; tous ces arbrisseaux ont une qualité qui leur est commune : ils sont toujours verds; mais il y a tant de différence dans leur culture, leur tempérament & leurs propriétés, dans la façon de les multiplier, de les cultiver & conduire, qu'il faut traiter de chacun séparément.

Le *laurier-franc* est connu de tout le monde. C'est un arbre toûjours verd, de moyenne grandeur, qui se plaît dans les pays chauds : on le trouve communément en Grece & en Italie. Il ne s'élève dans nos provinces septentrionales qu'à environ vingt piés; mais plus ordinairement, on ne le voit que sous la forme d'un arbrisseau. Il prend une tige droite & sans nœud, dont l'écorce est brune & unie; ses feuilles sont entieres, luisantes & fermes; elles sont placées alternativement sur les branches & de la plus belle verdure. Ses fleurs d'un blanc jaunâtre, peu

LAU

peu d'agrément ; elles paroiſſent au commencement de Mai, & elles durent près d'un mois. Les fruits qui leur ſuccedent, ſont de la groſſeur d'une petite ceriſe ; ce ſont des baies oblongues, vertes au commencement & noires en muriſſant ; elles ſont odorantes, aromatiques, huilleuſes & ameres au goût. Cet arbre vient dans tous les terreins ; mais il ſe plaît ſur-tout dans une terre fraîche, bien ſubſtantielle, & il aime l'ombre. On peut le multiplier de ſemences, de branches couchées & de boutures. Ce dernier moyen eſt auſſi long qu'incertain ; on avance un peu plus en couchant les branches, mais elles ne produiſent que des plans défectueux & languiſſans ; il vaut mieux ſemer, c'eſt la voie la plus courte, la plus ſûre & la plus ſatisfaiſante à tous égards. Il faut cueillir les baies du *laurier* au mois de Janvier, qui eſt le tems de leur maturité. On peut les ſemer tout de ſuite, ou les mettre dans du ſable pour attendre le mois de Mars. On fera bien de les faire tremper dans l'eau pendant vingt-quatre heures avant de les ſemer. Dans ce dernier cas, elles leveront au bout de deux mois : les jeunes plants prendront cette premiere année trois ou quatre pouces de hauteur, & la plûpart s'éleveront l'année ſuivante à environ un pié. Alors ils ſeront plus en état qu'à tout autre âge, d'être tranſplantés dans la place qu'on leur deſtine. Pendant les trois ou quatre premieres années, l'hiver eſt un tems bien critique pour ces arbres ; il faudra avoir grand ſoin de les couvrir de paille dans cette ſaiſon, & ſur-tout durant le hâle de Mars qui eſt le fléau des arbres toûjours verds, lorſqu'ils ſont jeunes ou nouvellement tranſplantés. Le *laurier* eſt peut-être de tous les arbres de cette qualité celui qui réuſſit le moins à la tranſplantation. Le mois d'Avril eſt le tems le plus convenable pour cette opération ; c'eſt-à-dire un peu avant qu'il ne commence à pouſſer. Si on vouloit en faire des plantations un peu conſidérables, en avancer le progrès, s'aſſurer du ſuccès & ſe procurer de beaux arbres ; il faudroit les ſemer ſur la place & dans l'arrangement où ils ſe devroient reſter. Le plus grand agrément qu'on puiſſe tirer de cet arbre, c'eſt de le mettre en paliſſade pour garnir un mur. On fait quelqu'uſage des baies du *laurier* ; elles ſervent aux teinturiers ; on en tire une huile qui eſt de quelqu'utilité en Médecine ; mais les maréchaux l'appliquent dans bien des cas. Ses feuilles, lorſqu'elles ſont ſéches, entrent dans pluſieurs ragoûts de la vieille cuiſine. Il y a pluſieurs variétés de cet arbre. Le *laurier à larges feuilles*, qui eſt le plus robuſte de tous : le *laurier à fleur double*, dont la rareté fait le mérite : le *laurier à feuilles ondées*, meilleure dont on fait peu de cas : & le *laurier à feuilles panachées de jaune*, qui a plus d'agrément que les autres, mais auſſi il eſt plus délicat ; il faut le traiter comme les arbriſſeaux de l'orangerie. On peut le multiplier par la greffe comme les autres variétés.

Le *laurier-ceriſe* eſt un bel arbre de moyenne grandeur, qui eſt toûjours verd : il nous eſt venu de la Natolie en Turquie, ſon pays naturel, il y a environ deux cens ans. On ne voit guere ce *laurier* ſous la forme d'un arbre dans la partie ſeptentrionale de ce royaume, parce qu'il n'eſt pas aſſez robuſte pour y prendre tout ſon accoiſſement ; & comme on eſt réduit à le tenir en paliſſade à des expoſitions qui lui conviennent, on ne le connoît que ſous la forme d'un arbriſſeau. Il pouſſe des tiges aſſez droites, groſſes & fermes. Son écorce eſt brune & unie ſur le vieux bois, mais elle eſt d'un verd jaunâtre ſur les nouvelles branches. Ses feuilles ſont grandes, oblongues, unies, douces & fermes au toucher, d'un verd tendre des plus brillans. Ses fleurs paroiſſent au commencement de Mai ; elles ſont blanches, ſans odeur, & diſpoſées en longues grappes. Les fruits qui en

Tome IX.

LAU 317

viennent ſont rouges, charnus, & reſſemblent à une ceriſe ; ce qui a fait donner à l'arbre le nom de *laurier-ceriſe* : ils ſont doux, aſſez agréables au goût ; on peut les manger ſans inconvénient. Cet arbre s'accommode de tous les terreins, pourvû qu'il y ait de la profondeur, de la fraîcheur & de l'ombre. Il ſe plaît ſur-tout parmi les autres arbres. Il croît très-promptement, il lui faut peu de culture, & il ſe multiplie aiſément de ſemence, de branches couchées, de boutures, & par les rejettons qui croiſſent au pié des vieux arbres. On ſeme les noyaux du fruit en automne ; les branches couchées ſe font au printems, & les boutures au mois de Juillet : par ce dernier moyen on peut avoir au bout de quatre ans des plans de 8 à 9 piés de haut. Cet arbre réuſſira difficilement à la tranſplantation, ſi les plants ſont âgés de plus de deux ou trois ans. L'automne eſt le tems le plus propre à cette opération. Suivant les auteurs anglois qui ont écrit ſur la culture des arbres, le *laurier-ceriſe* ſe greffe ſur le ceriſier, & il forme un bel arbre ; cependant par quantité d'épreuves que j'ai vû faire à ce ſujet, cette greffe ne réuſſit que pendant deux ou trois années, & ſouvent dès la ſeconde la greffe meurt avec le ſujet. Ce *laurier* n'eſt pas aſſez robuſte pour réſiſter au froid dans des places iſolées ; il ſeroit ſouvent expoſé dans ce cas à être mutilé par les gelées des hivers rigoureux, & même à être deſſéché juſqu'au pié. Il eſt vrai que ſes racines donnent de nouveaux rejettons, mais cela ne dédommage pas ſuffiſamment. Le meilleur parti qu'on en puiſſe tirer pour l'agrément, c'eſt de le placer dans des boſquets d'arbres toûjours verds, où il ſe fera diſtinguer par la brillante verdure de ſon feuillage. On peut auſſi en former de hautes paliſſades contre des murs à l'expoſition du nord, & il eſt moins ſujet à être endommagé par la gelée que s'il étoit placé au midi. La feuille de ce *laurier* eſt de quelque uſage à la cuiſine pour donner au lait & à la crème un goût d'amandes ameres. Mais la liqueur tirée de ces mêmes feuilles par la diſtillation, peut produire des effets très-pernicieux. On connoît deux variétés & deux eſpeces différentes de cet arbre ; l'une des variétés a les feuilles panachées de jaune, & l'autre de blanc. Toutes les deux n'ont pas grande beauté. Les autres eſpeces de ce *laurier* ſont le *laurier-ceriſe de la Louiſiane* ou *laurier-amande* : cet arbre eſt encore ſi rare en France, qu'on ne peut entrer dans un détail circonſtancié à ſon ſujet. Il y a lieu de croire qu'il pourra venir en plein air dans ce climat, puiſqu'il a déja paſſé pluſieurs hivers en pleine terre dans les jardins de M. le duc d'Ayen à Saint-Germain-en-laye. Sa feuille a beaucoup de reſſemblance avec celle du *laurier-franc*, néanmoins elle a l'odeur & le goût de l'amande amere. La ſeconde eſpece eſt le *laurier-ceriſe de Portugal*, ou *l'açarero des Portugais* ; c'eſt l'un des plus jolis arbriſſeaux toûjours verds. Il s'éleve bien moins que le *laurier-ceriſe* ordinaire ; ſa feuille eſt auſſi moins grande, mais elle eſt d'un verd encore plus brillant : la queue des feuilles & l'écorce des jeunes rejettons ſont d'une couleur rougeâtre fort vive. L'arbriſſeau le couvre au mois de Juin de groſſes grappes de fleurs, dont la blancheur & la douce odeur frappent & ſaiſiſſent de loin ; & en automne, les fruits ne ſont pas un moindre agrément lors de leur maturité. L'açarero eſt plus délicat que l'eſpece commune ; il lui faut un bon terrein, qui ne ſoit ni trop ſec, ni trop humide, & la meilleure expoſition pour réſiſter en pleine terre à nos hivers ordinaires. On peut le multiplier par les mêmes moyens, & auſſi facilement que le *laurier-ceriſe* commun, ſur lequel on peut auſſi le greffer. Cet arbriſſeau ſe garnit au pié de beaucoup de branches qui s'étendent & s'inclinent, enſorte qu'il faut le ſoigner pour lui faire prendre une tige & lui former une

S s

tête ; encore en viendra-t-on difficilement à bout, s'il a été élevé de boutures ou de branches couchées ; ce n'est qu'en le faisant venir de semence, qu'on peut l'avoir dans sa perfection. L'*açarero* est encore rare en France.

Le *laurier-rose*, arbrisseau toujours verd, d'un grand agrément, & qui est fort connu. Si on le laisse croître sans le conduire, il pousse quantité de tiges de pié qui ne forment qu'un buisson. Il se garnit de beaucoup de feuilles longues, étroites & pointues, elles sont sans dentelures, fort unies en-dessus, mais relevées en-dessous d'une seule nervûre ; elles conservent toujours la même verdure, qui est terne & foncée. L'arbrisseau donne aux mois de Juillet & d'Août une grande quantité de fleurs rassemblées par bouquets à l'extrémité des branches, qui sont d'une belle apparence. Lorsqu'elles sont passées, il leur succede de longues siliques qui renferment des semences garnies d'aigrettes, mais ce n'est que dans les années chaudes & bien favorables que cet arbrisseau donne de la graine dans ce climat. Il faut soigner ce *laurier* dans sa jeunesse pour lui faire prendre une tige droite ; & il ne faut pas moins d'attention par la suite pour lui former une tête par rapport à l'irrégularité qu'il contracte naturellement. On connoît à présent sept especes différentes de cet arbrisseau ; comme elles ne sont pas également robustes, il sera plus convenable de les traiter séparément, & d'en faire deux classes. La premiere comprendra ceux qui exigent moins de précaution pour passer les hivers ; tels sont le *laurier-rose ordinaire* à *fleurs rouges*, celui à *fleurs blanches*, & celui dont les *fleurs sont mêlées de rouge & de blanc* ; il faut à ces arbrisseaux les mêmes ménagemens que pour les grenadiers, c'est-à-dire, qu'il faut les serrer pendant l'hiver, & que la plus mauvaise place de l'orangerie leur suffit : il est vrai qu'on en a vû dans le climat de Paris qui ont passé plusieurs hivers de suite en plein air ; mais les plants qu'on avoit ainsi exposés en ont été quelquefois si endommagés & si fatigués, qu'ils perdoient beaucoup de leur agrément. L'usage est de les tenir ou dans des pots ou dans des caisses, & c'est le meilleur parti. Rien de plus aisé que de multiplier ce *Laurier*, soit par les rejettons qu'il produit au pié, soit en semant ses graines, soit en couchant des jeunes branches, ou en greffant ses especes les unes sur les autres. Tous ces moyens sont bons, si ce n'est que celui de semer sera le plus difficile & le plus long. Le commencement d'Avril est le tems propre pour faire les branches couchées ; il sera presque égal de ne les faire qu'au mois de Juillet, elles feront des racines suffisantes pour être transplantées au printems suivant. Il faut à ces arbrisseaux beaucoup d'eau pendant l'été, sans quoi ils feroient peu de progrès, & ne produiroient pas beaucoup de fleurs. Si l'on veut même en tirer tout le parti possible, c'est de les ôter des caisses, & de les mettre en pleine terre pendant toute la belle saison jusqu'au 20 d'Octobre qu'il faudra les remettre dans leur premier état ; on leur donne par ce moyen de la vigueur, de la durée, de la hauteur, & infiniment plus de beauté. Les *lauriers-rose* de la seconde classe sont infiniment plus délicats que ceux dont on vient de parler, il leur faut une serre chaude pour passer l'hiver & des soins tous différens : ceux-ci sont le *laurier rose* à *fleurs rougeâtres*, *simples & odorantes*, le même à *fleurs doubles*, celui à *fleurs doubles*, *mêlées de rouge & de blanc*, & un autre à *grandes fleurs rouges*. Ces arbrisseaux viennent de la Nouvelle Espagne, d'où ils ont passé aux colonies angloises d'Amérique, & de-là en Europe. Les deux variétés à fleurs doubles sont de la plus grande beauté ; elles donnent pendant tout l'été de gros bouquets de fleurs très-doubles, dont la vive couleur, l'élégance & la

bonne odeur rendent ces arbrisseaux très-précieux. Mais il faut des précautions pour les faire fleurir, car si on les laisse en plein air pendant l'été, quoique dans la meilleure exposition, ils ne donneront point de fleurs ; il faut absolument les mettre sous des châssis, & les traiter durant cette saison comme les plantes les plus délicates des pays chauds. Ces arbrisseaux, dans les pays d'où on les a tirés, croissent naturellement sur les bords des rivieres & le long des côtes maritimes ; on ne sauroit donc trop recommander de les faire arroser souvent. Du reste on peut les multiplier comme les especes qui sont plus robustes.

Le *laurier-tin*, arbrisseau toujours verd, l'un des plus jolis que l'on puisse employer pour l'agrément dans les jardins ; il prend de lui-même une tige droite, il se garnit de beaucoup de rameaux, la verdure de son feuillage ne change point ; & quoiqu'un peu brune, elle plaît aux yeux par son brillant ; ses fleurs blanchâtres & sans odeur viennent en ombelles au bout des branches ; elles sont d'un ordre assez commun, mais ce *laurier* en donne une grande quantité, elles sont de longue durée ; elles paroissent dès que la saison s'adoucit à la fin de l'hiver, & l'arbrisseau en produit encore quelques-unes pendant l'automne. Les fruits qui succedent sont de petites baies d'un noir bleuâtre & luisant, qui renferment chacune une semence presque ronde. Cet arbrisseau n'est nullement délicat sur la qualité du terrain ; & quoique dans les pays où il vient naturellement, comme en Espagne, en Portugal, en Italie & en France, aux environs de Narbonne, il croisse de lui-même dans des lieux escarpés, pierreux & incultes, cependant il se plaira encore mieux dans une terre franche & humide, à l'exposition du nord & à l'ombre des autres arbres ; qualité très-avantageuse dont on pourroit profiter pour former dans des endroits couverts & serrés, des haies, des séparations & des palissades qui s'éleveroient facilement à huit ou dix piés, ou que l'on pourra retenir, si l'on veut, à hauteur d'appui. Il n'y a peut-être aucun arbrisseau que l'on puisse multiplier aussi aisément que celui-ci ; il vient de rejettons, de semence, de branches couchées, de boutures & par la greffe comme bien d'autres : mais on peut encore le multiplier par les racines, & même en piquant dans la terre ses feuilles, qui font racine assez promptement ; la queue de la feuille fait de petites racines, il s'y forme ensuite un œil qui donne bien-tôt une tige. Il ne faut presque aucune culture à ce *laurier*, & peu d'attention sur le tems propre à coucher les branches, ou à en faire des boutures ; tous les tems conviennent pour cela, pourvû que la saison soit douce, & il arrive souvent que des branches qui touchent contre terre y font racine, sans qu'il soit besoin de les couvrir de terre. Si l'on vouloit se procurer une grande quantité de ces arbrisseaux, il faudroit en semer les graines, quoique ce soit le parti le plus long & le plus incertain : le tems de les semer est en automne, aussi-tôt qu'elles sont en maturité. Cet arbrisseau est susceptible de toutes les formes qu'on veut lui faire prendre. Il faut le tailler au printems, après que les fleurs sont passées ; si on le faisoit plûtôt, on supprimeroit les fleurs de l'arriere saison. La serpette convient mieux pour cette opération que le ciseau qui dégrade les feuilles. Sa transplantation demande des précautions, il participe en cela du défaut qui est commun aux arbres toujours verds, qui reprennent difficilement. La meilleure saison de le transplanter est au commencement d'Avril, immédiatement avant qu'il ne pousse ; on ne peut être assuré de la reprise que quand on a enlevé ces arbrisseaux avec la motte de terre. On doit les arroser souvent, & les tenir couverts de paille jusqu'à ce qu'ils commencent à pousser. Ce *laurier* n'est pas aussi robuste qu'on pourroit le desirer ; il est quelquefois endommagé par les hivers rigoureux, mais il s'en releve aisément.

Les différentes especes de ce *laurier* que l'on connoît jusqu'à présent, sont 1°. le *laurier ordinaire*. Sa fleur est blanche, & ses feuilles sont d'un verd luisant en-dessus, mais qui est terne en-dessous.

2°. Le *laurier-tin ordinaire à feuilles panachées de blanc*. C'est une belle variété qui est fort rare.

3°. Le *laurier-tin ordinaire à feuilles d'un verd brun très-luisant*. Ses fleurs sont plus grandes, & ont plus d'apparence que celles des autres especes, mais il fleurit plus tard, & il est un peu moins robuste.

4°. Le *laurier-tin à feuilles étroites & à fleurs purpurines*. Il est plus branchu que les précédens, ses feuilles sont plus étroites & plus longues ; l'écorce des jeunes rejettons est rougeâtre.

5°. Le *laurier-tin à petites feuilles*. Cette espece s'éleve moins que les autres ; il se garnit de beaucoup plus de feuilles, & son fruit est bien plus âcre & plus brûlant à la bouche que celui des especes précédentes. Les deux dernieres especes sont plus robustes que les autres, fleurissent plûtôt, & donnent une plus grande quantité de fleurs.

6°. Le *laurier-tin à feuilles rudes panachées de jaune & à fleurs purpurines*. Cette variété est de la plus grande beauté ; elle est encore très-rare.

On observe que les deux variétés panachées ne sont pas assez robustes pour passer les hivers en pleine terre, & qu'il faut les mettre dans l'orangerie.

Le *laurier royal* ou *laurier des Indes*, arbre toujours verd, dont le feuillage fait toute la beauté. Il est trop délicat pour passer les hivers en plein air dans ce climat : il faut le traiter comme les orangers. Il prend de lui-même une tige fort droite ; il se garnit de quantité de feuilles assez ressemblantes à celles du *laurier-cerise*, mais plus grandes & moins brillantes ; ses fleurs sont blanches, & viennent en gros bouquets ; elles n'ont point d'odeur, & il n'y a nul goût aromatique dans toutes les parties de cet arbre. On le cultive beaucoup dans le Portugal, où on l'emploie à faire des allées. Il vient aisément de graines qui ne mûrissent point dans ce climat, & qu'il faut tirer de Portugal : il demande pour la culture les mêmes soins que l'oranger ; tout ce qu'il y a de particulier pour le *laurier royal*, c'est qu'il craint la sécheresse, & qu'il lui faut de fréquens arrosemens. On peut aussi le multiplier de branches couchées, qu'il faudra marcoter, & qui n'auront de bonnes racines qu'au bout de deux ans.

Le *laurier-alexandrin*, c'est une sorte de plante vivace dont les tiges durent deux années, & qui se renouvelle tous les ans à-peu-près comme le framboisier. Le *laurier* pousse de bonne heure au printems de nouvelles tiges qui sortent des racines & qui s'élevent à environ deux piés : chaque tige se divise en plusieurs branches, qui sont garnies de feuilles ressemblantes à celles du mirthe à large feuille.

Dans la plûpart des especes de ce *laurier*, la graine sort du milieu de la feuille, & cette graine est une baie de la grosseur d'une petite cerise d'un rouge assez vif : cette singularité jointe à ce que ce *laurier* conserve ses feuilles, ses fruits & ses tiges pendant l'hiver suivant, voilà ce qui en fait tout le mérite ; on peut le multiplier de graine, mais il sera plus court & plus aisé d'en tirer du plant en divisant les racines au printems avant qu'il ne commence à pousser. Cette plante se plaît à l'ombre, & n'exige aucun soin particulier. C'est bien gratuitement qu'on lui a donné le nom de *laurier* ; elle n'a ni rapport ni ressemblance avec les arbres de ce nom, & elle ne mérite pas d'ailleurs de leur être associée : il y a plusieurs especes de cette plante.

1°. La premiere se nomme *fragon*, *houx*, *frelon*,

bruts piquant, *brusque*, *housson*, *houx-fragon*, & *petit houx* en Bourgogne. Elle vient naturellement dans plusieurs provinces de ce royaume ; elle ne s'éleve qu'à un pié environ, & elle est de quelqu'usage en Medecine.

2°. Le *laurier-alexandrin à larges feuilles*.

3°. Le *laurier-alexandrin à feuilles étroites*.

Dans ces trois especes les fruits sortent du milieu des feuilles.

4°. Le *laurier-alexandrin à feuilles étroites*, *qui porte son fruit à l'extrémité de ses branches*. Cette espece s'éleve un peu plus que les autres ; aussi la nomme-t-on *le grand laurier-alexandrin*.

5°. Le *laurier-alexandrin à larges feuilles*, *dont les fruits viennent aux aisselles des feuilles*.

Quoique les quatres dernieres especes soient originaires de l'Egypte, elles résistent très-bien au froid de ce climat : il arrive quelquefois qu'une partie des branches sont flétries dans les hivers rigoureux, mais les racines n'en souffrent point.

6°. Le *laurier-alexandrin à larges feuilles*, *dont le fruit vient sur le bord de la feuille*. Cette espece est originaire de Madere : elle n'est pas assez robuste pour passer en pleine terre ; il lui faut l'abri de l'orangerie pendant l'hiver. Elle s'éleve à sept ou huit piés. *Article de M.* DAUBENTON.

LAURIER-CERISE, *lauro-cerasus*, genre de plante à fleur en rose, composée de plusieurs pétales disposés en rond. Le calice a la forme d'un entonnoir ; il en sort un pistil qui devient dans la suite un fruit mou, assez semblable à une cerise. Il renferme une coque qui contient une semence arrondie. Ajoutez aux caracteres de ce genre le port de la plante. Tournefort, *Inst. rei herb. Voyez* PLANTE.

LAURIER-FRANC, (*Botaniq.*) plante du genre du *laurier. Voyez* LAURIER.

LAURIER-ROSE, *nerion*, genre de plante à fleur monopétale découpée, & presqu'en forme d'entonnoir ; au fond du calice un pistil qui est attaché comme un clou à la partie postérieure de la fleur, & qui devient dans la suite un fruit presque cylindrique, composé de deux graines ou siliques remplies de semences à aigrettes. Tournefort, *Inst. rei herb. Voyez* PLANTE.

LAURIER-TIN, *tinus*, genre de plante à fleur monopétale rayonnée & découpée ; le milieu est percé par l'extrémité du calice, qui devient un fruit en forme d'olive avec un ombilic ; il renferme une semence qui a la figure d'une poire. Tournefort, *Inst. rei herb. Voyez* PLANTE.

LAURIER, (*Chymie*, *Pharm. Mat. med. & Diete.*) On se sert indifféremment des deux especes, ou plûtôt des deux variétés de *laurier*, connues dans les boutiques sous le nom de *laurier-franc* & de *laurier-royal*.

Le *laurier* étoit d'un grand usage dans la pratique des anciens medecins, qui le regardoient comme une espece de panacée. Ils employoient les feuilles, les baies & l'écorce des racines : cette derniere partie est absolument inusitée aujourd'hui ; les feuilles sont assez communément employées pour l'usage extérieur ; on les fait entrer dans les décoctions & les infusions *pro foru* ; on emploie aussi la décoction de ces feuilles en lavement pour dissiper la colique : ce secours est cependant peu usité. On les fait entrer aussi dans les especes pour les fumigations, qu'on emploie quelquefois dans les descentes & les relâchemens de matrice, & dans la stérilité des femmes.

Les baies de *laurier* sont plus employées que les feuilles ; on s'en sert intérieurement & extérieurement ; elles sont regardées comme stomachiques, vulnéraires, résolutives, excitant les urines & les regles ; elles passent sur-tout pour utiles dans les concrétions bilieuses du foie : on peut les faire ordonner

Ss ij

dans ce cas en infusion ou en substance à la dose de trois ou quatre. Appliquées extérieurement elles résolvent & fortifient puissamment, & appaisent les douleurs.

On peut s'appuyer des connoissances que l'analyse chymique nous en fournit, pour établir la réalité de la plûpart de ces vertus. En effet, les baies de *laurier* contiennent une quantité considérable d'une huile grasse de la nature des huiles par expression (*voyez* HUILE), & une autre huile éthérée & aromatique, qu'on peut séparer de ces baies par une seule & même opération; savoir, la distillation avec l'eau; car l'huile grasse ou beurre de baie de *laurier* en est séparée par la décoction, & vient nager sous la forme d'une graisse verdâtre, & ensuite se figer sur la surface de l'eau employée dans la distillation.

C'est cette derniere huile ou beurre qui constitue la partie médicamenteuse vraiment spéciale de ces baies; elle est résolutive, adoucissante, discussive, vulnéraire.

Les baies de *laurier* épuisées des deux huiles dont nous venons de parler, en fournissent encore une troisieme si on les pile & qu'on les mette à la presse: celle-ci est principalement fournie par la semence ou amende contenue dans le noyau de la baie; elle est moins douce que les huiles ordinaires tirées par expression des semences émulsives, parce qu'elle est chargée d'un peu de beurre ou d'huile essentielle : on l'emploie, mais très-rarement, dans les linimens, les onguens & les emplâtres.

On recommande ces deux dernieres huiles contre la galle; mais elles ne fournissent par elles-mêmes qu'un secours fort impuissant contre cette maladie. Si on les mêle avec du soufre, qui est dans ce cas le véritable spécifique, elles pourront être utiles, comme correctif de l'odeur désagréable.

Les feuilles, les baies de *laurier*, & les trois différentes huiles dont nous venons de parler, entrent dans un grand nombre de préparations officinales, tant extérieures qu'intérieures. Les baies donnent leur nom à un électuaire stomachique, hystérique & emménagogue, qui est fort peu employé dans la pratique ordinaire de la Medecine.

Outre les huiles de baies de *laurier* dont nous avons parlé ci-dessus, on en prépare encore une quatrieme en les faisant infuser & bouillir dans de l'huile d'olive: on emploie celle-ci aux mêmes usages que l'huile par décoction & l'huile par expression; elle est parfaitement analogue à la matiere qui résulteroit du mélange de ces deux dernieres.

On connoît assez l'emploi qu'on fait dans nos cuisines des feuilles de *laurier*. La consommation en est assez considérable à Paris pour que certains paysans trouvent moyen de gagner leur vie en apportant de plus de 50 lieues de grosses branches de *laurier* avec leurs feuilles, qu'ils y viennent vendre. On les fait entrer sur-tout comme assaisonnement dans les sauces que l'on fait à certains poissons. Plusieurs medecins ont prétendu qu'elles étoient nuisibles à l'estomac; d'autres ont cru au contraire qu'elles le fortifioient & qu'elles aidoient la digestion. L'opinion des premiers paroît pouvoir tirer quelque appui de l'analogie du *laurier-franc* avec le *laurier-rose*, qui a été de tous les tems reconnu pour un poison, & de la découverte qu'on a faite depuis quelques années en Angleterre, des qualités dangereuses d'un autre arbre de la même classe; savoir, le *laurier-cerise*. *Voyez* LAURIER-ROSE & LAURIER-CERISE. Cependant cette induction ne suffit point assurément pour rendre l'usage des feuilles de *lautier* suspect. (*b*)

LAURIER-ROSE, (*Medecine.*) le *laurier-rose* doit être regardé comme un poison non-seulement pour les hommes, mais encore pour toute sorte d'animaux qui en mangent, selon le sentiment de Galien, & contre celui de Dioscoride & de Pline, qui disent que les fruits & les feuilles de *laurier-rose* sont un poison pour la plûpart des quadrupedes, mais que les hommes peuvent en user intérieurement contre les morsures des serpens, &c.

Les remedes contre ce poison sont ceux qu'on preserit contre tous les poisons corrosifs en général; savoir, les huiles par expression, le lait, le beurre, la décoction des fruits doux, des racines & des graines mucilagineuses, &c.

Les feuilles de *lautier-rose* écrasées & appliquées extérieurement, sont bonnes, selon Galien, contre la morsure des bêtes venimeuses.

Ces mêmes feuilles sont employées dans la poudre sternutatoire de la pharmacopée de Paris. *Extrait de la suite de la mat. med. de* Geoffroy.

LAURIER, (*Littér. & Mythol.*) cet arbre, nommé *daphné* (δάφνη) par les Grecs, est de tous les arbres celui qui fut le plus en honneur chez les anciens. Ils tenoient pour prodige un *laurier* frappé de la foudre. Admis dans leurs cérémonies religieuses, il entroit dans leurs mysteres, & ses feuilles étoient regardées comme un instrument de divination. Si jettées au feu elles rendoient beaucoup de bruit, c'étoit un bon présage; si au contraire elles ne pétilloient point du tout, c'étoit un signe funeste. Vouloit-on avoir des songes sur la vérité desquels on pût compter, il falloit mettre des feuilles de cet arbre sous le chevet de son lit. Vouloit-on donner des protecteurs à sa maison, il falloit planter des *lauriers* au-devant de son logis. Les Laboureurs, intéressés à détruire ces sortes de mouches si redoutées des boeufs pendant l'été, qu'elles les jettent quelquefois dans une espece de fureur, ne connoissoient point de meilleurs remedes que les feuilles de *laurier*. Dans combien de graves maladies son suc préparé, ou l'huile tirée de ses baies, passoient-ils pour dès contre-poisons salutaires? On mettoit des branches de cet arbre à la porte des malades; on en couronnoit les statues d'Esculape. Tant de vertus qu'on attribue au *laurier*, le firent envisager comme un arbre divin, & comme l'arbre du bon génie.

Mais personne n'ignore qu'il étoit particulierement consacré à Apollon, & que c'est pour cela qu'on en ornoit ses temples, ses autels & le trépié de la pythie. L'amour de ce dieu pour la nymphe Daphné, est la raison qu'en donnent les Mythologistes; cependant la véritable est la croyance où l'on étoit qu'il communiquoit l'esprit de prophétie & l'enthousiasme poétique. De-là vint qu'on couronnoit les Poëtes de *laurier*, ainsi que ceux qui remportoient les prix aux jeux pythiques. On prétend que sur la coupole du tombeau de Virgile, qui est près de Pouzzoles, il est né des *lauriers* qui semblent couronner l'édifice, & que ceux qu'on a coupés sont revenus, comme si la nature même eût voulu célébrer la gloire de ce grand poëte.

Lès faisceaux des premiers magistrats de Rome, des dictateurs & des consuls, étoient entourés de *lauriers*, lorsqu'ils s'en étoient rendus dignes par leurs exploits. Plutarque parlant de l'entrevue de Lucullus & de Pompée, nous apprend qu'on portoit devant tous les deux des faisceaux surmontés de *lauriers*, en considération de leurs victoires.

Virgile fait remonter jusqu'au siecle de son héros la coûtume de ceindre le front des vainqueurs: il est du moins certain que les Romains l'adoptérent de bonne heure; mais c'étoit dans les triomphes qu'ils en faisoient le plus noble usage. Là les généraux le portoient non-seulement autour de la tête, mais encore dans la main, comme le prouvent les médailles. On décoroit même de *laurier* ceux qui étoient morts en triomphant : ce fut ainſi qu'Annibal en uſa à l'égard de Marcellus.

Parmi les Grecs, ceux qui venoient de conſulter l'oracle d'Apollon, ſe couronnoient de *laurier* s'ils avoient reçu du dieu une réponſe favorable ; c'eſt pourquoi dans Sophocle, Œdipe voyant Oreſte revenir de Delphes la tête ceinte de *lauriers*, conjecture qu'il rapporte une bonne nouvelle. Ainſi chez les Romains tous les meſſagers qui en étoient porteurs, ornoient de *lauriers* la pointe de leurs javelines. La mort de Mithridate fut annoncée de cette maniere à Pompée. On entouroit ſemblablement de *laurier* les lettres & les tablettes qui renfermoient le récit des bons ſuccès : on faiſoit la même choſe pour les vaiſſeaux victorieux. Cet ornement ſe mettoit à la poupe, parce que c'étoit là que réſidoient les dieux tutelaires du vaiſſeau, & que c'étoit à ces dieux que les matelots menacés du naufrage adreſſoient leurs vœux & leurs prieres. J'ajoûte encore que le *laurier* étoit un ſigne de paix & d'amitié, car au milieu de la mêlée l'ennemi le tendoit à ſon ennemi, pour marquer qu'il ſe rendoit à lui.

Enfin l'adulation pour les empereurs introduiſit l'uſage de planter des branches de *laurier* aux portes de leurs demeures : voilà d'où vient que Pline appelle cet arbre, *le portier des Céſars*, le ſeul ornement & le fidele gardien de leurs palais, *gratiſſima domibus janitrix, quæ ſola & domos exornat, & ante limina Cæſarum excubat*. Voyez, ſi vous êtes curieux de plus grands détails, la Diſſertation de Madriño dell' Alloro, *e ſuoi vari uſi preſſo gli Antichi*.

Mais parcourez tant que vous voudrez tout ce qu'on a pris ſoin de recueillir en littérature à l'honneur du *laurier*, vous ne trouverez rien au deſſus de l'éloge charmant qu'Ovide en a fait. Je ne connois point de morceau dans ſes ouvrages ſur un pareil ſujet, qui ſoit plus joli, plus agréable & plus ingénieux ; c'eſt dans l'endroit de ſes métamorphoſes, où Apollon ayant atteint Daphné déja changée en *laurier*, la ſent encore palpiter ſous la nouvelle écorce qui l'enveloppe : liſez cette peinture.

Complexuſque ſuis tamos, ut membra lacertis,
Oſcula dat ligno : refugit tamen oſcula lignum.
Cui deus : At quoniam conjux mea non potes eſſe,
Arbor eris certè, dixit, mea ; ſemper habebunt
Te coma, te citharæ, te noſtræ, laure, pharetræ.
Tu ducibus lætis aderis, cum læta triumphum
Vox canet, & longas viſent capitolia pompas.
Poſtibus auguſtis, eadem fidiſſima cuſtos,
Ante fores ſtabis, mediamque tuebere quercum.
Utque meum intonſis caput eſt juvenile capillis,
Tu quoque perpetuos ſemper gete frondis honores ;
Finierat Pæan : factis modo laurea ramis,
Annuit, utque caput, viſa eſt agitaſſe cacumen.

« Apollon ſerre entre ſes bras les rameaux du *laurier*, comme ſi c'étoit encore la belle nymphe » qu'il tentoit de pourſuivre. Il applique au bois des » baiſers que le bois ſemble dédaigner. Ce dieu » lui adreſſe alors ces paroles : puiſque tu ne peux » être mon épouſe, tu ſeras du-moins mon arbre chéri ; *laurier*, tu ſeras à jamais l'ornement de ma » tête, de ma lyre & de mon carquois. Tu ſeras » l'ornement des généraux qui monteront triomphans au capitole ; au milieu d'une pompe magnifique, & des chants de victoire & d'allégreſſe. Tu » décoreras l'entrée de ces demeures auguſtes où » ſont renfermées les couronnes civiques que tu prendras ſous ta protection. Enfin, comme la chevelure » de ton amant ne vieillit jamais, & qu'elle n'eſt jamais coupée, je veux que tes rameaux ſoient toujours verds & toujours les mêmes. Ainſi parla le » dieu. Le *laurier* applaudit à ce diſcours, & parut » agiter ſon ſommet, comme ſi la nymphe encore » vivante eut fait un ſigne de tête ». (*D. J.*)

LAURIUM, (*Géogr. anc.*) montagne de Grece, dans l'Attique, entre le promontoire Sunium & le port de Pyrée.

Les mines d'argent de l'Attique étoient dans cette montagne, & l'on frappoit une monnoie du métal que l'on en tiroit. Xénophon & Plutarque prétendent qu'elles devenoient plus fécondes à meſure qu'on y creuſoit davantage, & qu'elles ſembloient redoubler leur libéralité en faveur de ceux qui travailloient à les épuiſer ; cependant ce bonheur ne dura pas toujours, les mines du mont *Laurium* s'épuiſerent & tarirent à la fin ; c'eſt Strabon *lib. IX.* qui le dit en termes formels. Au reſte ces précieuſes mines appartenoient originairement à des particuliers d'Athènes ; mais Thémiſtocle les unit au domaine de la république, & commença par les employer à l'armement de la flotte pour la guerre d'Egine. (*D. J.*)

LAURO, ou LAURON, (*Géog. anc.*) ancienne ville de l'Eſpagne tarragonoiſe, où les troupes de Jules-Céſar défirent celles de Sextus Pompée qui y périt. C'eſt préſentement ou le bourg de *Litia* dans le royaume de Valence, à 5 lieues de la capitale, ou *Laurigi* qui n'en eſt pas loin. (*D. J.*)

LAUS, (*Géog. anc.*) riviere & petite ville d'Italie, dans la Lucanie, ſelon Pline, *lib. III. cap. v.* Collenius & D. Mathezo Egitio prétendent que la riviere *Laus* eſt aujourd'hui le *Sapri*, & que le *Laus ſinus* eſt le golfe de Poliaſtro, qui prenoit ce nom du fleuve *Laus*.

LAUSANNE, *Lauſanna* ou *Lauſanne*, (*Géog.*) ville de Suiſſe, capitale du pays de Vaud, au canton de Berne.

C'eſt un lieu très-ancien, puiſqu'il eſt déſigné dans l'itinéraire d'Antonin entre la colonie équeſtre qui eſt Nyon, & *Urba* qui eſt Orbe. On y voit marqué *lacus lauſonius*, ce qui prouve que le lac Léman a porté le nom de *lac de Lauſanne*, avant que de prendre celui de Genève. Selon quelques auteurs Valerius Aurelianus bâtit *Lauſanne* ſur les ruines d'Arpentine ; mais on ne ſait rien de certain ſur ſon origine.

Cette ville a eu les mêmes révolutions & les mêmes ſeigneurs que le pays de Vaud, juſqu'à la mort de Bertold V duc de Zéringen : elle étoit déja franche & libre ; enſuite l'évêque de *Lauſanne* devint prince de la ville, mais avec la conſervation de tous les privileges des habitans.

Les Bernois ayant conquis ſur Charles II. duc de Savoie le pays de Vaud, ſe rendirent maîtres de *Lauſanne*, d'où ils bannirent l'exercice de la religion romaine, donnerent à leur bailli les revenus de la manſe épiſcopale, & ceux de la manſe du chapitre au college qu'ils établirent, & que l'on nomme *académie* : elle fleurit dès le commencement de ſon établiſſement, & n'a point dégénéré.

L'évêque Sébaſtien de Montfaucon qui tenoit alors le ſiege épiſcopal de *Lauſanne*, fut contraint de ſe retirer à Fribourg, avec le vain titre d'évêque de *Lauſanne* & de prince de l'empire, n'ayant pour vivre que ce qu'il recevoit de Savoie. Ses ſucceſſeurs qui prennent toujours les mêmes titres, ſont nommés par les rois de Sardaigne qui pourvoient à leur ſubſiſtance.

On croit que le ſiege épiſcopal de cette ville avoit été établi au commencement du vij. ſiecle par l'évêque Marius, appellé vulgairement *ſaint Maire*, après la deſtruction d'Avanches (*Aventicum*) où ce ſiege étoit auparavant.

L'égliſe cathédrale fut dédiée par le pape Grégoire XX, l'an 1275 en préſence de l'empereur Rodolphe de Habsbourg.

Les peres du concile de Bâle ayant quitté Bâle en

1449, allerent siéger à *Lausanne*, où ils tinrent quelques séances. La bibliotheque de l'académie de *Lausanne* conserve un volume manuscrit des actes de ce concile. C'est ici que Felix V céda la thiarre pontificale à Nicolas, pour se retirer au couvent de Ripailles, qu'il avoit fait bâtir auparavant dans le Chablais au bord du lac, & il y mourut hermite l'an 1452.

Le territoire de *Lausanne* est un pays admirablement cultivé, plein de vignes, de champs & de fruits; tout y respire l'aisance, la joie & la liberté. La vûe à un quart de lieue de la ville, se promene sur la ville même, sur le lac Léman, sur la Savoie, & sur le pays entier jusqu'à Geneve : rien n'en borne l'étendue que les Alpes mêmes & le mont Jura.

Enfin *Lausanne* est bâtie à demi-lieue au-dessus du lac, sur trois collines qu'elle occupe entierement, avec les vallons qui sont entre deux; sa situation est bien plus belle que n'étoit celle de Jérusalem. Elle est à 20 lieues S. O. de Berne, 12 N. E. de Geneve. *Long*. 24. 20. *lat*. 46. 30.

Lausanne n'est pas une des villes de Suisse où les Sciences soient le moins heureusement cultivées dans le sein du repos & de la liberté; mais entre les savans dont elle est la patrie, je ne dois pas oublier M. Crouzas (*Jean Pierre*) associé étranger de l'académie des Sciences de Paris. Il s'est fait un nom célebre dans la république des Lettres; comme philosophe, logicien, métaphysicien, physicien & géometre. Tout le monde connoît ses ouvrages, son examen du pyrrhonisme ancien & moderne *in-sol*. sa logique dont il s'est fait plusieurs éditions, & dont lui même a donné un excellent abrégé; son traité du beau, celui de l'éducation des enfans; qui est plein d'esprit & d'une ironie délicate ; enfin plusieurs morceaux sur des sujets de physique & de mathématiques. Il est mort comblé d'estime & d'années en 1748, à l'âge de 85 ans. (*D. J.*)

- LAUTER, LA, (*Géog*.) il y a deux rivieres de ce nom, l'une dans le Palatinat, & l'autre en Alsace. La *Lauter* du Palatinat a sa source au bailliage de Kayserslauter, se perd dans la riviere de Glann, & se jette dans la Nave. La *Lauter* en Alsace prend sa source dans les montagnes de Vosge & passe à Lauterbourg, où elle se jette dans le Rhin. (*D. J.*)

- L'AUTERBOURG, *Lautraburgum*, (*Géog*.) petite ville de France en basse Alsace sur la Lauter, à demi-lieue du Rhin, 10 N. E. de Strasbourg. *Long*. 26. 47. *lat*. 48. 56.

LAUTIA, (*Litter*.) le mot *Lautia*, gén. *orum*, dans Tite-Live, désigne la dépense de l'entretien que les Romains faisoient aux ambassadeurs des nations étrangeres pendant leur résidence à Rome. Dès le premier jour de leur arrivée, on leur fournissoit un domicile, des vivres, & quelquefois des présens; c'est ainsi qu'on en agit vis-à-vis d'Attalus, & c'est du mot *lautia* que vint celui de *lautitia*, magnificence, somptuosité en habits, en table & en meubles. (*D. J.*)

*LAVURE, s. f. (*Monn. & Orfévrerie*.) On donne ce nom à l'opération qui se fait pour retirer l'or & l'argent des cendres, terres ou creusets dans lesquels on a fondu, & des instrumens & vases qui ont servi à cet usage par le moyen de l'amalgamation avec le mercure. Ceux qui travaillent ces précieux métaux conservent les balayeures de leur laboratoire, parce qu'en travaillant il est impossible qu'il ne s'en écarte pas quelques parties, soit en forgeant, laminant, limant, tournant, &c. c'est pourquoi ils ont soin que leur laboratoire soit maintenu bien propre, & que le sol soit garni de planches cannelées en rénures ou jalousies; afin qu'en marchant on n'emporte pas avec les piés les parties qui se sont écartées. Toutes les semaines on rassemble les balayures de chaque jour,

on les brûle, on trie à mesure les plus gros de la matiere qui est dedans, & tout ce qu'on y peut voir, pour s'en servir tout de suite sans lui faire passer l'opération de la lotion du triturage. On garde soigneusement ces cendres jusqu'à ce qu'il y en ait une quantité suffisante pour dédommager des frais qu'il faut faire pour retrouver l'or & l'argent qui sont dedans. Les uns font cette opération tous les six mois, & d'autres toutes les années; cela peut dépendre du besoin que l'on a de matieres, où des facilités que l'on a de faire ces opérations; mais elles ne conviennent jamais dans un tems froid, parce qu'il faut beaucoup manier l'eau, ce qui se fait plus facilement dans la belle saison.

Le meilleur & le plus sûr moyen de retirer tout l'or & l'argent qui sont dedans les cendres brûlées, seroit de les fondre si l'on avoit à sa portée une fonderie où l'on eût des fourneaux à manches bien établis, mais c'est par le moyen du vif-argent que se fait cette opération, en broyant les terres avec lui, parce qu'il a la propriété de se saisir, avec une grande facilité, de l'or & l'argent, de dégager ces métaux des terres avec lesquelles ils sont mêlés; de s'y unir sans le secours du feu, par la simple trituration, & de les restituer ensuite en le faisant passer au-travers d'une peau de chamois, & l'exposant après cela à un feu léger pour faire évaporer ce qui en est resté.

Pour que le mercure puisse s'amalgamer avec l'or ou l'argent, il faut que les matieres parmi lesquelles ils sont mêlés soient bien *brûlées, lavées & dessalées*.

Premier procédé. On doit commencer par ratisser tous les instrumens qui ont touché l'or ou l'argent dans leur fusion, ensuite il faut *piler* les creusets dans lesquels on a fondu, de même que les autres vases qui ont servi à cet usage, parce qu'ordinairement il reste des grains attachés aux parois, & que d'ailleurs les creusets de la terre la moins poreuse boivent toûjours un peu de matiere; il faut aussi piler le lut qui est autour des fourneaux à fondre, sur-tout la forge à recuire; il faut passer toute la poudre dans un tamis de soie qui soit le plus fin qu'il est possible; ce qui ne peut pas passer au-travers du tamis doit être de la matiere qui a été applatie en pilant, & qu'il faut mettre à part. La matiere qui a traversé le tamis doit être lavée à la main, parce qu'elle ne fait jamais un objet considérable, & que les parties de métal qui sont dedans sont toûjours *pesantes*; on peut les retirer par la simple lotion; il faut laver cette matiere dans un vase de terre cuite & vernissée, en forme de *coupe* un peu platte. Cette coupe doit être posée dans un autre grand vase que l'on emplit d'eau : on met la matiere dans la petite coupe, & on la plonge dans le grand vase en l'agitant doucement avec les doigts jusqu'à ce que toute la poudre soit sortie. Ce qui se trouve après cette lotion au fond de la petite coupe comme des points noirs ou des autres couleurs, mais pesant, doit être joint avec ce qui n'a pas pu passer au travers du tamis, & fondu ensemble avec un bon flux. Si on mêloit ce produit avec les cendres de la *lavure* qui doivent essuyer toutes les opérations nécessaires pour retrouver l'or & l'argent, il y auroit du danger de le perdre, ou pour le moins d'en un certain déchet. La terre restante qui a passé au-travers du tamis doit être mise dans une grande cuve destinée à recevoir tout ce qui doit être lavé, & dans laquelle on aura soin de mettre les sables qui ont servi à mouler, car ces sables contiennent de la matiere; mais comme elle y a été jettée étant en fusion, elle a par conséquent assez de pesanteur pour favoriser l'amalgamation avec le mercure.

Second procédé. Une des principales choses que l'on doive faire dans la préparation d'une *lavure*, c'est de brûler si parfaitement tout ce qui doit passer dans le moulin au vif argent, que toutes les parties métalliques foient réduites en gouttes ou grains, ne pas épargner pour cela le charbon ni les foins, parce qu'ils fe retrouvent bien avec ufure. Premierement, le propriétaire de cette lavure jouit d'abord, après le procédé de la lotion, de la plus grande partie de ce qui eft dans fes terres, comme on le verra au troifieme procédé; mais encore il ne perd rien des matieres qui y font contenues; doit il perdroit une partie s'il les brûloit mal; car on a obfervé après plufieurs effais faits fur la terre que les ouvriers appellent regrets de lavure, qui avoient été paffés trois fois fur le mercure, qu'il reftoit cependant depuis deux jufqu'à quatre grains d'or fur chacune livre de terre feche, provenant de lavures d'ouvriers travaillant en or; ce qui ne vient d'autre caufe que parce qu'on les avoit mal brûlées. On conçoit aifément que fi on laiffe ces petites parties d'or qui font prefque imperceptibles, & qui ont une grande furface en comparaifon de leur poids, fans les réduire en grain, leur légereté les fera flotter fur l'eau & les empêchera d'aller au fond de la baffine du moulin à mercure, pour s'amalgamer avec lui au contraire: fi on a affez brûlé les cendres pour fondre ces petites particules, elles prennent une forme en raifon de leur poids, qui les fait précipiter quelques petites qu'elles foient, & le mercure s'en faifit avec une très-grande facilité.

Les terres, balayeures ou débris d'un laboratoire dans lequel on travaille des matieres d'or ou d'argent, doivent être brûlées dans un fourneau à vent fait exprès: ce fourneau eft fphérique de fix pouces de diametre fur quatre piés d'hauteur; il confume très-peu de charbon & donne beaucoup de chaleur; le vent entre de tous côtés par des trous d'un pouce de diametre faits tout-autour, & par le cendrier qui eft tout ouvert; il a trois foyers les uns fur les autres, & trois portes pour mettre le charbon, avec trois grilles pour le retenir à la diftance de huit pouces les unes des autres. On met la terre à brûler dans le fourneau fupérieur par-deffus le charbon & après qu'il eft allumé. Comme ce fourneau donne très-chaud, la terre fe brûle déjà bien dans ce premier foyer; mais à mefure que le charbon fe confume, la terre defcend dans le fecond fourneau à-travers de la grille, où elle fe brûle encore mieux; & enfin dans le troifieme, où elle fe perfectionne. Il faut avoir foin, lorfque le fourneau fupérieur eft brûlé, d'ôter la porte, de nettoyer & faire tomber toutes les cendres qui font autour: on en fait de même du fecond & de celui d'en bas, après quoi on continue l'opération. Par ce moyen-là les cendres font très-bien brûlées, & prefque toutes les paillettes réduites en grain, ce qui eft un des points effentiels. Lorfqu'on ne brûle les cendres que dans un feul fourneau, il eft prefque impoffible qu'elles foient bien brûlées, parce qu'elles ne peuvent pas refter fur le charbon qui fe dérange en fe confumant; les cendres gliffent au-travers, paffent par les intervalles, & tombent dans le cendrier, quelque ferrée que foit la grille. Par conféquent la matiere refte dans le même état qu'on l'a mife: on croit avoir bien calciné, & on n'a rien fait. Le fourneau à trois foyers doit être préféré à un fimple fourneau dans lequel on brûleroit trois fois les cendres, parce qu'à chaque fois elles fe réfroidiffent, & c'eft un ouvrage à recommencer; au lieu que par l'autre méthode l'opération n'eft point difcontinuée, elle ell plus prompte & plus parfaite.

Les cendres étant bien brûlées, il faut faire l'opération qu'on a faite fur les creufets, tamifer & conferver ce qui ne peut pas paffer au-travers du tamis fans le mêler avec les cendres paffées, mais en faire l'affemblage avec celles provenues du premier procédé.

Troifieme procédé. S'il eft néceffaire de bien brûler les terres, cendres, &c. que l'on veut broyer avec le mercure, il n'eft pas moins important de les bien deffaler, afin que le mercure puiffe mordre deffus; c'eft pourquoi il convient de laiffer tremper dans l'eau pendant trois jours au-moins les cendres qu'on veut laver, en changeant d'eau toutes les vingt-quatre heures; l'on doit porter beaucoup de foin à cette lotion, parce qu'en lavant d'une maniere convenable on retire la plus groffe portion du contenu dans les cendres.

Pour bien laver il faut une machine faite exprès, & fur-tout lorfque l'on a beaucoup à laver, comme dans les monnoies ou autres atteliers confidérables: cette machine eft une efpece de tonneau à-peu-près de la figure des moulins à mercure, dont le fond qui eft, cependant de bois eft un peu en fphère creufe: l'arbre de fer qui eft au milieu, comme celui des moulins à mercure, porte des bandes de fer plates & larges, d'environ deux pouces qui le traverfent de haut en bas, en croix, à la diftance de fix pouces les unes des autres, ayant de même une manivelle en haut de l'arbre que l'on tourne pour agiter la matiere, ce qui contribue merveilleufement à la divifer, laver & deffaler. Il faut placer le tonneau à laver au milieu d'une grande cuve vuide qui ait des trous à fes douves pour écouler l'eau depuis le bas jufqu'en haut, à la diftance d'un pouce les uns des autres; il faut faire cette opération, s'il eft poffible, proche d'une pompe ou d'un puits dont l'eau foit nette & pure.

On doit commencer par mettre de l'eau dans le tonneau; car fi l'on met la matiere épaiffe la premiere, elle s'engorge, on ne peut point tourner la manivelle & faire mouvoir l'arbre: elle fe doit mettre peu-à-peu. Quand on a agité cette premiere matiere l'efpace d'un quart d'heure, il faut la laiffer repofer pendant une minute au-moins, après quoi on fait jouer la pompe de façon que l'eau coule très-doucement dans le tonneau à laver. Pendant qu'on tourne la manivelle, ce qui peut fe faire par le moyen d'un long tuyau, mettez affez d'eau pour qu'elle regorge du tonneau & entraine avec elle toutes les cendres legeres dans la cuve, & il ne reftera prefque que la matiere métallique que fa pefanteur y aura fait précipiter; il faut la retirer & la mettre à part pour être achevée d'être lavée à la main, fuivant le procédé de la premiere opération. Laiffez après cela repofer la matiere qui eft dans la cuve jufqu'à ce que l'eau foit claire, après quoi ouvrez un des bouchons qui eft à la cuve à la hauteur de la matiere que vous jugez être dedans, que l'on peut mefurer, & plûtôt le bouchon fupérieur que l'inférieur, parce que vous êtes toûjours à tems d'ouvrir celui de deffous; & au contraire fi vous ouvrez trop bas vous laifferez échapper la matiere. Continuez l'opération fur le refte des cendres jufqu'à ce qu'elles ayent toutes été lavées de cette maniere; mettez enfuite cette terre lavée dans la grande cuve où vous avez déjà placé le refte de la matiere provenant des creufets, pour le tout être pallé & broyé avec le vif argent.

Pour ce qui eft des matieres métalliques qui font reftées à chaque lotion au fond du tonneau, & que l'on acheve de laver à la main, on en fait l'affemblage, comme il eft dit ci-devant, pour la matiere provenant des creufets: par cette lotion, on retire non-feulement les trois quarts de la matiere contenue dans les terres ou cendres, mais encore le refte fe trouve beaucoup mieux préparé pour être moulu; car lorfque la matiere eft falée, cela lui donne un gras de la fait glifler fur le mercure, & ne fauroit s'amalgamer avec lui, c'eft inutilement qu'on fait cette trituration fans cette condition.

Quatrieme procédé. Après ces trois procédés de *piler*, *brûler* & *laver*, il faut broyer les cendres lavées dans le moulin à mercure, & obferver que le mercure foit bien propre & pur ; il en faut mettre affez pour que toute la furface de la baffine en foit couverte, & à proportion de la pefanteur des croifées ; après cela on charge les moulins de cendres à broyer, on en met environ quinze livres mouillées, ce qui revient à dix livres de feches fur trente livres de vif argent, & l'on broye cela très-lentement pendant douze heures, fi c'eft une *lavure* en or ; & fix heures feulement, fi c'eft une *lavure* d'argent ; enfuite on laiffe repofer un peu la matiere, car fi on la fortoit tout de fuite, on courroit rifque que des petites parties de mercure ne fortiffent avec, ce qui feroit une perte non feulement fur la quantité du mercure, mais encore parce que ce mercure eft toujours enrichi : après que la matiere a été repofée, ôtez le bouchon du moulin, afin qu'elle forte & fe jette dans la cuve qui eft placée vis-à-vis & un peu deffous, autour de laquelle on range la quantité de moulins dont on veut fe fervir pour l'opération : fi l'on a beaucoup de cendres à paffer, il faut prendre beaucoup de moulins, afin d'accélérer l'opération qui eft très-ennuyeufe. Un particulier qui a une *lavure* un peu forte, ne fauroit mieux faire pour fes intérêts que de laver fes cendres dans la machine nouvellement établie à Paris fur le quai d'Orçay ; elle remplit toutes les conditions que l'on peut defirer, tant pour la promptitude avec laquelle elle travaille, ayant quarante-huit moulins qui vont jour & nuit, & marchent tout-à-la-fois par un feul moteur, que pour la perfection avec laquelle elle opere, la conftruction de ces moulins étant beaucoup plus parfaite à tous égards que ceux que l'on a eus jufqu'à préfent ; ils ramaffent mieux la matiere, & il eft démontré qu'elle rapporte plus, opérant dans cette machine que, fi on la faifoit dans les anciens moulins ; ceux qui en ont la direction, font des gens de confiance très-entendus, & la fituation des lieux donne une grande commodité qu'on trouve rarement chez foi.

Plufieurs perfonnes font dans l'ufage de repaffer une feconde fois cette terre qu'ils appellent *regrets*, fur-tout fi c'eft une *lavure* un peu confidérable : mais fi l'on a pris toutes les précautions indiquées dans les trois premiers procédés, c'eft en pure pette ; & pour ne pas rifquer les frais d'une feconde opération, on doit *faire l'effai de ces regrets* en en fondant au moins trois onces d'un en creufet avec le flux noir, & la litharge de plomb que l'on aura effayé auparavant pour favoir ce qu'elle contient de fin ; on coupelle enfuite le culot de plomb provenu de cette fonte, & l'on fait fi ces regrets contiennent encore de la matiere ; il faut auffi examiner foigneufement s'il n'y a point de mercure dedans : pour cet effet, faites fécher *à l'air* & bien parfaitement une certaine quantité de *regrets*, obfervez fi vous ne voyez point de mercure ; pefez-les exactement lorfqu'ils font bien fees ; expofez-les après cela à un feu doux, pour évaporer le mercure ; voyez enfuite fi vos cendres ont fait un déchet confidérable, par-là vous jugerez du mercure qui eft refté, & s'il y en a beaucoup, n'héfitez pas de les repaffer, ne fût-ce que pour reprendre le mercure qui eft dedans, parce qu'il eft chargé de matieres ; mais prenez bien vos précautions à cette feconde opération, pour ne pas laiffer paffer de mercure avec vos cendres, ou le moins poffible, lorfque vous levez les moulins.

Toutes les cendres étant paffées, on leve les moulins, c'eft-à-dire on retire tout le mercure, on le lâve, on le fait fécher, on le paffe au travers d'une peau de chamois, dans une machine faite exprès, ce qui refte dans la peau eft la matiere qui étoit contenue dans vos cendres ; cependant il ne faut point fe défaire de ce mercure, il convient même à ceux qui ont de fortés *lavures* d'avoir leur mercure à eux, au lieu qu'ordinairement ce font les laveurs qui le fourniffent, & il ne fe peut pas faire autrement qu'il ne refte toujours chargé d'un peu d'or ou d'argent, ce qui eft d'autant de perte pour celui à qui appartient la *lavure*.

Cinquieme procédé. Les boules qui font reftées dans la peau de chamois contenant encore du mercure, il faut le faire évaporer ou diftiller ; pour cet effet on met ces boules de matiere dans des cornues de verre ; il feroit cependant mieux d'en avoir de fer, & faites exprès ; elles doivent être de deux pieces qui s'ouvrent environ à moitié de leur hauteur, qui eft à-peu-près de huit pouces, la partie fupérieure qui forme une efpece de chapiteau, porte un tuyau au col dans le côté qu'on adapte ou fait entrer dans une cornue de verre qui fert de récipient ; on a foin de bien lutter la jointure de cette cornue de fer, foit dans l'endroit où elle eft brifée, foit au col où elle eft jointe avec celle de verre, par ce moyen on évite les accidens qui font affez fréquens, lorfqu'on fe fert des cornues ou matras de verre fujets à fe caffer, ce qui caufe des pertes confidérables, & expofe les perfonnes qui ont la conduite de l'opération à recevoir des éclats du verre & être bleffés : on économiferoit auffi ; car la dépenfe de la cornue de fer une fois faite, c'eft pour toujours, au lieu qu'il faut caffer celle de verre à chaque opération. On commence par faire un feu très-léger ; cette opération doit fe faire fur un bain de fable dans une capfule de fer, le feu s'y ménage beaucoup mieux & augmente infenfiblement ; il convient auffi que la cornue de verre, qui fert de récipient, contienne moitié de fa capacité d'eau.

Après que la diftillation eft faite, on laiffe refroidir les cornues, on caffe celle qui contient la matiere métallique, qui étoit dans les cendres de *lavure*, fi elle eft de verre ; & fi elle eft de fer, on la délutte avec foin & propreté, on enleve le deffus par deux anfes qu'elle doit avoir, & on retire la matiere qui eft au fond. On font tout cela enfemble avec du borax & du falpêtre rafiné, on laiffe la matiere en fufion pendant une quart-d'heure, on la remue fouvent avec une baguette de bois, pour la bien mêler, enfuite on la jette dans une lingotiere préparée à cet effet ; quelques-uns font dans l'ufage de laiffer la premiere fonte en culot au fond du creufet, ce qui eft encore mieux : on affine cette matiere, fi l'on eft à portée de le faire, & l'on fait le départ des deux fins ; il vaut beaucoup mieux que les ouvriers qui font des ouvrages fins & délicats vendent le produit de leurs *lavures* à un affineur ; car il eft affez ordinaire que ce foit ou contienne de l'émeri ou grain d'émail formé par la fonte des métaux vitrifiables qui fe font trouvés parmi l'or ou l'argent, ce qui caufe beaucoup de dommage à leurs ouvrages, & les empêche fouvent de rendre leur or doux & malléable.

Defcription du nouveau moulin chimique, ou *moulin à* lavure. Nous avons vu par le mémoire précédent l'objet que fe propofe le nouveau moulin chimique ; il nous refte à donner la defcription du méchanifme qui le compofe.

La force motrice, fuivant le modele en petit, eft repréfenté par une manivelle au lieu d'une roue, à laquelle on donne, dans fon exécution en grand, plus ou moins de diametre, fuivant la force du courant d'eau, qui doit lui communiquer le mouvement.

L'axe

L'axe de cette roue porte vers son milieu une roue plane, dentée à sa circonférence d'un nombre quelconque, laquelle engrene par sa partie inférieure dans une lanterne aussi d'un nombre quelconque, ménagée sur un cylindre parallele à l'axe de la premiere roue : ce cylindre est destiné à faire lever un nombre de marteaux quelconques, au moyen d'un nombre de chevilles, égal au nombre des marteaux, placées de distance en distance sur la circonférence du cylindre & en ligne spirale, de maniere que la révolution du cylindre étant faite, chaque marteau ait frappé un coup, sans néanmoins que le cylindre soit dans aucun des points de l'espace qu'il parcourt chargé de plus d'un marteau à la fois ; d'où l'on voit que les coups se succedent, & que lorsque le premier quitte par sa chûte le lévier qui agissoit sur lui, le second commence à être élevé par le levier qui lui répond, & ainsi de suite. Ces marteaux sont rangés sur une même ligne, & sont suspendus par un clavier aux deux tiers de la longueur de leurs manches, d'où il résulte les bascules dont on vient d'expliquer l'effet ; chacun de ces marteaux frappe dans un pilon, & ont un poids commun quelconque. Nous en avons expliqué l'usage dans le mémoire précédent, mais, avant d'abandonner le cylindre & son action sur les marteaux, nous dirons un mot sur chacun des deux effets qu'il produit encore : à l'extrémité d'un de ses essieux, on a pratiqué un excentrique ou manivelle d'un rayon quelconque, laquelle à chaque révolution fait monter & descendre une piece qui est suspendue par un trou libre dans le manche de la manivelle, laquelle piece répond par son extrémité inférieure à un bras du levier réservé sur un second cylindre, que l'on peut appeler *cylindre de renvoi*, lequel ne fait qu'une portion de révolution, c'est-à-dire qu'il ne décrit qu'un arc d'environ 45 degrés alternatifs, mais ce mouvement est suffisant pour faire mouvoir par le moyen d'un second bras du levier une pompe foulante & aspirante qui communique dans la riviere, & dont le produit est destiné à entretenir plein d'eau un réservoir exhaussé au-dessus des moulins particuliers à mercure pour le besoin de l'opération générale. Nous en parlerons plus en détail ci-après.

Ce même cylindre de renvoi fait aussi agir un soufflet qui répond au fourneau destiné à fondre le métal produit de chaque *lavure*, & celle-ci est la derniere de toutes les opérations d'une *lavure*.

Nous avons vu par ce qui précede, l'effet de la batterie des marteaux, celui de la pompe, & celui du soufflet ; nous allons donc présentement expliquer le méchanisme des moulins à broyer & des moulins à mercure.

Dans le modele en petit, il y a 30 moulins à mercure, & 6 à broyer ; le plan de ces 36 moulins est un polygone exagone, dont chaque côté contient 5 moulins à mercure ; & vis-à-vis du milieu de chacun de ces côtés dans le dedans du polygone, il se trouve un moulin à broyer ; ce qui fait 36 moulins ; ce nombre n'est pas essentiel, il peut être augmenté ou diminué, suivant l'exigence des cas particuliers ; une seule roue fait tourner ces 36 moulins.

Nous avons observé en premier lieu que l'arbre de la roue à l'eau portoit, vers son milieu, une roue plane, servant à faire tourner le cylindre inférieur & parallele à son axe : cette roue est donc verticale, mais sur son plan est pratiquée une seconde roue à champs, ou simplement des chevilles à distance égales, lesquelles sont arrondies en forme de dent pour faciliter un engrenement dans une lanterne réservée sur un arbre qui est placé au centre du polygone. Cet arbre vertical fait tourner tous les moulins, tant à broyer qu'à mercure, fussent-ils un nombre infini,

si la force étoit elle-même infinie ; le moyen que l'auteur a employé a paru ingénieux, simple, solide & même nouveau aux artistes les plus expérimentés dans les méchaniques ; voici en quoi il consiste.

Au sommet supérieur de l'arbre du centre, ou plutôt sur son essieu, est appliqué une manivelle d'un rayon quelconque : les arbres particuliers des moulins à broyer & à mercure, lesquels sont paralleles à l'arbre du centre, sont exhaussés à la même hauteur, & ont une platine ou un plancher commun, dans lequel ils sont fixés, par un trou qui leur laisse la liberté de tourner librement ; ces 36 arbres particuliers portent aussi chacun une manivelle de même rayon que celle qui est appliquée sur l'essieu de l'arbre du centre : il s'agit présentement d'expliquer comment par le moyen de ces 36 manivelles, celle du centre, qui fait la 37e, ayant essentiellement un même rayon, communique le mouvement circulaire à toutes les autres ; une seule piece produit cet effet. Cette piece, qui est en cuivre jaune ou en laiton, dans le modele en petit dont nous avons parlé, est elle-même un exagone, que j'appellerai, le *chassis de la machine*, parce qu'il est à jour, ayant un centre & une circonférence pleine, réunis par 6 rayons ; exactement au centre de ce chassis est un trou, dans lequel entre juste & libre le manche de la manivelle, portée par l'essieu de l'arbre du centre.

Sur la circonférence du chassis, sont autant de trous qu'il y a de moulins à mercure, c'est-à-dire 30 ; mais comme ces 30 moulins ne sont pas dans un cercle, qu'au contraire ils sont 5 à 5 sur des lignes droites, répétées 6 fois, ce qui forme l'exagone ; il s'ensuit que les 30 trous, destinés à recevoir les 30 manches des manivelles des 30 moulins à mercure, ne sont pas également éloignés du centre du poligone : par exemple, comme les angles du polygone s'en éloignent eux-mêmes ; mais le moyen infaillible de placer convenablement tous les trous du chassis, c'est de séparer la platine qui reçoit & fixe les arbres, ce qui est facile, car on conçoit que cette platine doit être soutenue par un certain nombre de colonnes, par exemple, six aux six angles de l'exagone, à peu près comme la platine supérieure d'une montre est soutenue par ses quatre piliers. Cette platine étant ainsi séparée, & supposant tous ses trous posés, de maniere que chaque arbre soit bien perpendiculaire dans leur cage commune, il n'y a alors qu'à appliquer le chassis sur cette platine avant qu'il y ait aucun trou de percé, & marquer sur ce chassis, au travers des trous de la platine, autant de points qu'il y a de trous dans la platine, ou de moulins à faire tourner ; mais pour le faire avec succès, il faut prendre la précaution de marquer ces trous avec un instrument qui remplisse ceux de la platine sans jeu, & sans leur causer de dommage. Tous les trous étant marqués, c'est-à-dire, dans cet exemple-ci, celui du centre, les six qui répondent aux six moulins à broyer, & qui peuvent être considérés comme étant un cercle inscrit dans le polygone, & les 30 qui répondent aux 30 moulins à mercure ; on les percera pour y faire entrer les manches des 37 manivelles, avec la précaution de laisser le manche de celle du centre un peu plus fort, puisqu'il éprouve seul 37 fois plus de résistance que chacun des autres en particulier, communiquant le mouvement à tout. En cet état, si l'on remet la platine en place, & qu'on rapporte sur chaque essieu la manivelle qui doit y être ajustée de quarré ; qu'ensuite on applique le chassis de maniere que ces 37 trous soient remplis par les 37 manches des 37 manivelles ; il est certain qu'en faisant faire à l'arbre du centre une révolution : cette révolution en fera faire une à chaque moulin, tant à broyer qu'à mercure, & ceci dans le même sens, & avec des vîtesses égales, c'est-à-dire, parcourant des espaces égaux dans des tems égaux, contre l'opinion de quelques méchaniciens qui ne font pas géometres ; mais de l'avis de M. de Parcieux qui a démontré cette vérité par le secours de la Géométrie.

On conçoit que ce châssis n'étant retenu sur les 37 manivelles que par son propre poids, il pourroit arriver que dans l'action, quelqu'effort tendît à l'élever, ce qui occasionneroit le démanchement de quelques manches de manivelles : mais on prévient cet inconvénient en opposant à ce châssis 3 ou 6 ponts qui ne lui laissent que la liberté de se mouvoir horisontalement, & qui lui ôtent celle de s'élever.

Il nous reste deux mots à dire sur la distribution des eaux, si nécessaire à l'opération des lavures : nous avons parlé plus haut de la pompe & du réservoir : ce réservoir est élevé au-dessus des moulins, étant appliqué sous le plancher supérieur de la machine ; celui-là même qui sert de platine à tous les arbres : la pompe l'entretient continuellement plein d'eau, & ces eaux sont distribuées par le moyen de 6 tuyaux de métal, dont chacun répond au milieu des six côtés de l'exagone.

Ces six tuyaux sont garnis à leur extrémité d'un second tuyau, posé dans la direction des côtés du polygone, ce qui forme un *T*. A ce second tuyau, on y en applique 3 de cuir, armés à leur extrémité d'un robinet qu'on lâche quand la nécessité le requiert, dans les moulins à broyer & à mercure, au moyen de leur mobilité, comme on le fait dans l'usage des pompes à feu.

Nous croyons qu'il manqueroit quelque chose à la description de cette machine utile & ingénieuse, si nous gardions le silence sur son aspect, relativement à la partie qui rentre dans l'art de l'Architecture.

Le modele en petit, présenté & expliqué au Roi par l'auteur, & soumis au jugement de l'académie royale des Sciences, par l'ordre de Monseigneur le comte de Saint-Florentin, est d'une figure très-agréable, & d'une exécution supérieure : il y a trois planchers de même grandeur & de même forme, ayant chacun 6 côtés égaux. Sa hauteur est de 18 pouces, & son diametre de 14.

Le premier de ces planchers est soutenu par 6 piés tournés, en forme de balustre, d'environ 2 pouces & demi de diametre. C'est sous ce premier plancher que l'on a pratiqué le cylindre à bascule, ou cylindre de renvoi. Sur le dessus, c'est-à-dire, entre le premier & le second plancher, qui est soutenu par 6 colonnes à 5 pouces d'élévation, on y voit les 12 mortiers, la batterie des 12 marteaux, le cylindre qui les fait agir, le bras de levier qui communique le mouvement au cylindre de renvoi, la moitié de la pompe, l'effet de son mouvement, la moitié de la roue plane qui fait tourner le cylindre à marteau, la moitié de la roue de champ qui lui est jointe, le soufflet & le fourneau destiné à fondre le produit d'une *lavure*, &c.

Sur le second plancher, c'est-à-dire, entre le second & le troisieme plancher, qui est également soutenu par 6 colonnes, tournées avec propreté, à 6 pouces d'élévation ; on y voit dans chacun des intervalles de 6 colonnes, 5 bassines, fixées sur ce plancher, & dans lesquelles tourne une croisée, dont l'arbre porte sur une espece de crapaudine attachée au centre des bassines, s'éleve & passe au-travers du plancher supérieur pour recevoir la manivelle dont nous avons parlé.

Ce sont ces bassines réunies avec leurs croisées en mouvement, que j'ai jusqu'ici nommées *moulin à mercure*, à cause que c'est-là proprement que se fait, par le moyen du mercure, du mouvement de la croisée & de l'eau, la séparation des métaux d'avec les cendres qui les contiennent ; on y voit les 6 bassins destinés à broyer la matiere des *lavures* avant d'être apportée dans les moulins à mercure dont on vient de parler. Elles sont d'un volume un peu plus considérable que les premieres, & le broyement se fait par le moyen d'un cylindre qui tourne sur lui-même dans le fond de chacune de ces bassines, indépendamment de son mouvement horisontal ; on y voit l'arbre de la roue, qui porte la grande manivelle, qui représente la roue à eau : cet arbre, qui est horisontal, est placé dans l'épaisseur même de ce second plancher, dans lequel on a pratiqué une entaille. On y voit par conséquent l'autre moitié des deux roues jointes ensemble, & portées sur cet arbre ; on y voit l'arbre du centre, portant la lanterne, qui est menée par la roue de champ, & c'est aussi dans cet intervalle que se laisse voir l'autre moitié de la pompe, qui fournit le réservoir, qui est attachée sous le troisieme plancher, & qui paroît dans la même cage, ainsi que tous ses tuyaux.

Sur le troisieme plancher est logé ce que l'auteur appelle *la cadrature*, qui est composé, comme nous l'avons dit, de 37 essieux limés par leurs bouts saillans en quarrés ; des 37 manivelles appliquées sur les 37 essieux du châssis, & de six pans, à ses six angles, pour l'empêcher de s'élever. Cette partie est sans contredit la plus curieuse, & celle qui a le plus coûté à l'imagination de l'inventeur ; le dessus est recouvert d'un couvercle de menuiserie, orné de six pommelles, & d'une septieme à son centre qui domine sur les 6 des 6 angles : toutes les parties tant de métal que bois, sont ornées de moulures polies, & d'une exécution qui fait autant d'honneur à la main-d'œuvre de l'auteur, que la composition en fait à son génie.

LAVURE. Les Fondeurs appellent ainsi le métal qu'ils retirent des cendrures, allézures & scieures qui sont tombées dans la poussiere des fonderies & ateliers où ils travaillent, en les lavant.

LAWENBOURG, *Leoburgum*, (*Géog.*) ville d'Allemagne, dans le cercle de basse Saxe, capitale d'un duché de même nom, qui appartient à l'électeur d'Hanover ; elle tire son nom de son fondateur Heinrick der-Lauwz, & ce nom veut dire la *ville du lion*; le prince surnommé de même, enleva ce canton aux Vendes. *Lawenbourg* est sur la rive droite de l'Elbe, à 4 lieues nord-est de Lunebourg, 10 sud-est de Hambourg, 6 sud de Lubeck. *Long*. 28. 26. *lat*. 53. 56. (*D. J.*)

LAWERS, en latin *Lavica*, (*Géog.*) petite riviere des provinces-unies des pays-bas. Elle sépare la province de Frise de celle de Groningue, traverse le canal de Groningue à Dokum, & se va perdre dans un petit golfe, à l'extrémité de ces deux provinces. Cette riviere a été aussi nommée *Labeke*, en latin *Labica*. (*D. J.*)

LAWINGEN, *Lavinga*, (*Géog.*) ville d'Allemagne en Souabe, autrefois impériale, mais ensuite sujette au duc de Neubourg. Elle est sur le Danube, à 3 lieues nord-ouest de Burgaw, 5 nord-est d'Ulm, 6 de Donavert, & 12 nord-est d'Augsbourg. *Long*. 28. 4. *lat*. 48. 32.

Albert-le-grand, *Albertus-magnus*, qui a fait tant de bruit dans le treizieme siecle, & qui en feroit si peu dans le dix-huitieme, étoit de *Lawingen*. Ses prétendus ouvrages parurent à Lyon en 1651, en 2 vol. *in-fol*. mais les sept huitiemes de cette édition ne font pas de lui. Dans son Commentaire du maître des sentences, l'on trouve au sujet du devoir conjugal, les questions qui révoltent la pudeur la moins délicate ; il faut peut-être en attribuer la cause à la grossiereté des tems auxquels il a vécu ; mais c'est mal le justifier, que de dire qu'il avoit appris tant de choses monstrueuses au confessionnal, qu'il ne pouvoit fe difpenfer d'en traiter quelques-unes. (*D. J.*)

LAWKS, (*Com. de Ruſſie.*) ce mot eſt ruſſe, & ſignifie les *boutiques*. C'eſt ainſi que l'on nomme le marché public établi par le czar Pierre Alexiowitz à Petersbourg, pour y débiter toutes les marchandiſes qui y arrivent du dehors, ou qui s'y fabriquent, en ſorte qu'il n'eſt permis à perſonne de garder des marchandiſes dans ſa maiſon, ni d'en vendre dans aucun autre endroit qu'aux *lawks*.

Ce marché public eſt compoſé d'une grande cour, avec un bâtiment de bois à deux étages, couvert de tuiles, & partagé en deux portions, par une muraille qui le coupe d'un bout à l'autre, dans ſa longueur. Il y a un double rang de boutiques, tant en bas qu'en haut, dont l'un donne ſur la rue, & l'autre ſur la cour. Le long des boutiques tegnent des galeries, où ceux qui viennent acheter ſont à couvert.

Cette maiſon appartient au ſouverain qui en loue cherement les boutiques aux marchands auxquels pourtant il eſt défendu d'y loger. Il y a des ſentinelles & des corps-de-garde aux quatre coins & aux quatre portes de ce marché.

Les inconvéniens d'un établiſſement de cette nature, ſans aucun avantage, ſautent aux yeux de tout le monde; c'eſt le fruit de l'eſprit d'un prince encore barbare, & bien mal éclairé dans la ſcience du commerce. Le czar devoit ſonger à faire une douane de ſon bâtiment, & non pas un marché excluſif qui gênât les négocians à y porter leurs effets, & à ne pouvoir les vendre chez eux. Il auroit tiré beaucoup plus d'argent par des droits modérés d'entrée & de ſortie ſur les marchandiſes, que par la cherté du loyer de ſes boutiques. D'ailleurs rien de ſi fou que d'expoſer les biens de ſes ſujets à être conſumés ſans reſſource par un incendie. Ce malheur arriva en 1710, & peut ſans doute arriver encore, malgré toutes les précautions humaines. (*D. J.*)

LAXATIF, adj.(*Med.Thér.*) ce mot eſt à-peu-près ſynonyme avec le mot *purgatif*. On l'emploie ſeulement dans un ſens moins général que le dernier : on ne s'en ſert point pour déſigner les purgatifs violens. *Voyez* PURGATIF. (*B*)

LAXITÉ, ſ. f. (*Med.*) ce n'eſt autre choſe que la cohéſion des parties de la fibre qui eſt ſuſceptible d'un changement capable de l'allonger. C'eſt donc un degré de foibleſſe, & le principe d'où dépend la flexibilité. La débilité des fibres eſt exceſſive, lorſqu'elles ne peuvent, ſans que leur cohéſion ceſſe, ſoutenir l'effort qui réſulte des actions d'un corps en ſanté, ou qui, quoique capable de ſuffire à celles qui ſont coutume d'arriver dans un état ordinaire, ſe rompent ſi le mouvement eſt plus impétueux que de coutume. Or l'on connoît que la *laxité* eſt trop grande, quand les fibres ſoutenant ſimplement l'effort du mouvement vital, ſans que leur cohéſion ſoit interrompue, s'allongent au moindre effort.

Les cauſes antécédentes de cette *laxité* ſont 1°. le défaut de nutrition, qui provient ou d'une trop grande diſſipation des bons liquides, & du peu d'action des ſolides ſur les fluides, ou de ce qu'on prend des alimens trop tenaces, pour qu'ils puiſſent ſe convertir en bonnes humeurs. 2°. La cohéſion trop foible d'une molécule avec une autre molécule, qu'il faut attribuer à la trop grande foibleſſe de la circulation, laquelle vient elle-même ordinairement du défaut du mouvement muſculaire. 3°. La diſtenſion de la fibre, ſi exceſſive, qu'elle eſt prête à céder.

Les petits vaiſſeaux compoſés de ces fibres, n'agiſſant que bien foiblement ſur leurs liquides, ſe dilatent & ſe rompent facilement. Voilà l'origine des tumeurs, du croupiſſement, de l'extravaſation des fluides, de la putréfaction, & d'une infinité d'autres effets qui en réſultent.

Les cauſes particulieres de la *laxité* ſont un air chaud & humide, l'habitation dans des fonds marécageux, le manque de forces, le repos, les maladies chroniques, la trop grande extenſion des fibres, les émanations métalliques de mercure, d'antimoine ; l'abus des ſavonneux, des aqueux; la colliquation, la ténuité des humeurs, & l'évacuation abondante de celles qui détruiſent la circulation.

De-là procede la foibleſſe dans les actions générales, la lenteur du mouvement, la circulation moindre, la débilité du pouls, la laſſitude, la pareſſe, la prompte fatigue, l'engourdiſſement, le penchant au ſommeil, les évacuations abondantes ou arrêtées, la peſanteur, le froid, le rhachitis.

De-là naiſſent dans les humeurs la crudité, le ſcorbut, l'acrimonie nitreuſe & acide, l'hydropiſie, la leucophlegmatie, les tumeurs molles, froides des bras ou des jambes, les maladies catarrheuſes, les urines blanches, épaiſſes, crues, claires.

Il faut rapprocher, ſoutenir modérément les parties lâches, les animer par des frictions, les reſſerrer, les renforcer, les réchauffer par les aromatiques, ainſi que par l'exercice.

La guériſon générale conſiſte 1°. à ſe nourrir d'alimens ſubſtantiels, & qui ſoient déjà auſſi bien préparés qu'ils le ſont dans un corps ſain & robuſte. Il faut mettre au nombre de ces alimens le lait, les œufs, les bouillons de viande, le pain bien fermenté, bien cuit, les vins auſteres, dont on uſera ſouvent & en petite quantité. 2°. Il faut augmenter le mouvement des ſolides & des fluides, par les exercices du corps, la promenade à pié, à cheval, en voiture. 3°. Il faut preſſer légerement les vaiſſeaux par des frictions, & repouſſer doucement les fluides. 4°. Faire un uſage prudent & modéré de médicamens acides, auſteres, & de ſpiritueux qui aient fermenté. 5°. Enfin, mettre en œuvre tous les moyens propres à remédier au tiraillement des fibres. (*D. J.*)

LAY, (*Géog.*) riviere de France; on en diſtingue deux de ce même nom, le *grand Lay* & le *petit Lay*; la premiere prend ſa ſource au Poitou au vieux Ponſanges, & après un cours de 15 lieues, va tomber dans la mer, à côté de l'abbaye de Jar. Le *petit Lay* vient de Saint-Paul en Pareda, & tombe dans le *grand Lay*; mais l'un & l'autre *Lay* ſont plutôt des ruiſſeaux que des rivieres. (*D. J.*)

LAYDE, LAIDE, ou LEIDE, (*Juriſprud.*) eſt la même choſe que *lande*; on dit plus communément *layde. Voyez* LANDE. (*A*)

LAYE, ſ. f. (*Architect.*) c'eſt une petite route qu'on fait dans un bois pour former une allée, ou pour arpenter; c'eſt en lever le plan quand on en veut faire la vente.

LAYE, (*Jeu d'orgue.*) dans l'orgue eſt la boëte *EE*, *fig.* 4. 6. 7. 9. 10, qui renferme les ſoupapes & le vent qui vient des ſoufflets par le gros porte vent de bois qui s'abouche à une des extrémités de la *laye*, l'autre bout eſt bouché par une planche. Cette boëte qui n'a que trois côtés, la partie du ſommier où ſont les ſoupapes faiſant le quatrieme, eſt compoſée d'une planche de bois de chêne, ainſi que tout le reſte, de trois ou quatre pouces de largeur, un pouce ou trois quarts de pouce d'épaiſſeur, & auſſi longue que le ſommier; cette barre eſt appliquée ſur une partie des pieces *XX*, *fig.* 1. *Orgue*. Le côté *F* oppoſé à cette barre s'appelle *le devant de la laye*; il eſt compoſé de deux planches entaillées à mi-bois dans tout leur circuit : cette entaille ou drageoir eſt fait avec un guillaume, auſſi-bien que celui du châllis qui reçoit les deux devans de la *laye* ; *voyez* la *fig.* 9. qui est le profil, & les *fig. 7.* & *10.* Les devants de la *laye* sont revêtus de peau de mouton colée par son côté glabre sur toute la surface qui regarde l'intérieur de la *laye*, afin de la fermer exactement. Chaque devant de *laye* a deux anneaux *G G*, *fig. 7. 10. 14*, qui servent à la pouvoir retirer quand on veut rétablir quelque soupape : les devants de la *laye* sont retenus dans leurs cadres par des tourniquets de fer *p p*, *fig. 7* ; le dessous de la *laye*, qui est le côté opposé aux soupapes est assemblé à rainure & languette avec le fond *E* de la *laye*, & à tenons & mortaises avec les trois morceaux de bois *E E E* qui forment, avec le chassis du sommier, les deux cadres entaillés en drageoir dans tout leur pourtour, qui reçoivent les deux devants de *laye*. A la partie intérieure du dessous de la *laye* est collée une barre de bois *m*, *fig. 6*, aussi longue que l'intérieur de la *laye*. Cette barre, qu'on appelle *guide*, est traversée par des traits de scie *m m*, *fig. 7*, parallèles & directement placés vis-à-vis ceux des soupapes qui doivent les regarder, *voy.* GUIDE. Ces traits de scie, tant ceux du guide *m* que des soupapes, servent à loger un ressort *f g e*, *fig. 6* & *g*, de laiton fort élastique. Ces ressorts ont la forme d'un U d'Hollande, & sont posés horisontalement en cette sorte ⊃ ; ils servent à renvoyer & à tenir appliquées les soupapes contre le sommier, *voyez* RESSORT. Entre le guide *m* & le devant de la *laye*, sont des trous *d e* qui servent à passer les boursettes (*voyez* BOURSETTES) qui communiquent, par le moyen d'une *S*, aux anneaux *f* des soupapes. Les boursettes sont tirées par le moyen de la gette du sommier & de celles du clavier, *voyez* ABREGÉ. Tous les joints de la *laye* & du porte-vent sont couverts de peau de mouton parée (*voyez* PARER) ou de parchemin qui, lorsqu'il est bien collé, retient également le vent. *Voyez les Pl. de Luth.*

LAYER, v. a. (*Droit féodal franc.*) *layer*, selon Lalande, c'est marquer les bois qui doivent être laissés dans l'abattis des bois de haute futaie ou dans la coupe des taillis, soit baliveaux, soit piés cormiers, &c. pour laisser lesdits bois croître ensuite en haute futaie. Présentement on entend l'article 75 de la coutume d'Orléans, qui déclare « que le seigneur » de fief emmeublit & fait les fruits siens quand ils » seront en coupe, mesurés, arpentés, *layés*, criés, » &c. ». Je ne dis point que la coutume d'Orléans décide bien, j'explique seulement le terme *layer*, & l'on n'en trouve que trop de semblables qui sont des restes de notre barbarie. (*D. J.*)

LAYER, (*Coupe des pierres.*) du latin *lævigare*, polir; c'est tailler une pierre avec une espèce de hache brételée, c'est-à-dire dentée en façon de scie, qu'on appelle *laye*, laquelle rend la surface unie quoique rayée de petits sillons uniformes qui lui donnent une apparence agréable.

LAYETTE, s. f. en *terme de Layetier*, est un petit coffret ou boëte fait d'un bois fort léger & fort mince, ordinairement de hêtre, dans lequel on serre du linge ou autres choses semblables.

LAYETERIE, s. f. (*Art méch.*) l'art ou le métier des Layetiers. Cet art est aussi nécessaire qu'il est commode ; c'est par ces ouvrages que l'ordre & la propreté regnent dans les maisons, on peut même ajoûter le repos : car sans plusieurs petits ustensiles qu'il nous fournit, nous vivrions au milieu d'une multitude d'animaux bruyans & incommodes, dont nous ne serions délivrés pour la plûpart que par l'industrie des Layetiers. C'est encore à eux qu'on doit la facilité de transporter toutes sortes de marchandises sans être exposées à les voir briser ; ce qui arriveroit sans doute sans les caisses dans lesquelles les Layetiers les emballent très-sûrement.

LAYETIER, s. m. (*Ouvrier.*) qui fait & vend des layetes & toutes sortes d'autres boëtes de menue menuiserie.

Les maîtres de la communauté des *Layetiers* de Paris, se qualifient *maîtres Layetiers - Ecrainiers* de la ville & fauxbourgs de Paris.

Leurs premiers statuts sont assez anciens, comme on le peut voir par les quinze articles mentionnés dans la sentence du prevôt de Paris, auquel les maîtres *Layetiers* avoient été renvoyés par François I. eu 1521, pour donner son avis sur les nouveaux statuts qu'ils avoient fait dresser.

Cette sentence, du 31 Janvier 1522, n'ayant été présentée au roi que quatre ans après, le même François I. donna de nouvelles lettres portant encore renvoi au prevôt de Paris pour confirmer & homologuer les nouveaux statuts que ledit prevôt avoit vus, réformés & approuvés en 1522 ; ce qui fut fait par une autre sentence du 27 Juin 1527, Enfin ces statuts, contenant vingt-neuf articles, furent encores augmentés de cinq autres, sur lesquels il y a des lettres d'Henri III. du 7 Janvier 1582.

Cette communauté a ses jurés pour veiller à ses privilèges, faire les visites & donner les lettres d'apprentissage & de maîtrise. Ces charges ayant été érigées en titre d'office par l'édit de 1691, furent l'année suivante réunies & incorporées, & le droit de l'élection rétabli.

L'apprentissage est de quatre années, & l'aspirant à la maîtrise est sujet au chef-d'œuvre, à moins qu'il ne soit fils de maître.

Les *Layetiers* se servent de presque tous les outils des Menuisiers, ayant en effet des menuisiers de menus ouvrages. Ils en ont cependant qui leur sont propres, tels que la colombe, le poinçon, le plioir & deux enclumes, l'une à main, l'autre montée sur un billot. *Voyez le Dictionnaire de Commerce.*

LAYLA, LAYLA-CHIENS, (*Chasse.*) termes dont le piqueur doit user pour tenir les chiens en crainte lorsqu'il s'apperçoit que la bête qu'ils chassent est accompagnée, pour les obliger à en garder le change.

LAYTON, (*Géog.*) bourg d'Angleterre dans le comté d'Essex, aux confins de celui de Middlesex. Plusieurs savans le prennent pour l'ancien Durolitum, petite ville des Trinobantes ; mais Cambden prétend que *Durolitum* est *Oldsoord upon Lee*, dans le même comté d'Essex. (*D. J.*)

LAZACH, (*Géog.*) ville & royaume d'Asie dans l'Arabie heureuse, sous la domination du grand-seigneur.

LAZARE, SAINT, (*Hist. mod.*) ordre militaire institué à Jérusalem pour les chrétiens d'occident lorsqu'ils se furent rendus maîtres de la Terre-sainte. Les fonctions de cet ordre étoient d'avoir soin des pèlerins, de les garder & de les défendre sur leur route des insultes des Mahométans. Quelques auteurs disent qu'il a été institué en 1119. Le pape Alexandre IV. le confirma par une bulle en 1255, & lui donna la regle de saint Augustin. Les chevaliers de cet ordre ayant été chassés de la Terre-sainte, il s'en retira une partie en France, où ils possédoient déjà la terre de Boigny, près d'Orléans, que le roi Louis VII. leur avoit donnée, & dans laquelle ils fixerent leur résidence, garderent leurs titres, & tinrent leurs assemblées. En 1490 Innocent VIII. supprima en Italie l'ordre de *Saint Lazare*, ou plûtôt il l'unit à celui de Malte. Léon X. le retablit en Italie au commencement du xvj. siecle. En 1572 Grégoire XIII. l'unit en Savoie à l'ordre de S. Maurice, que le duc Emmanuel Philibert venoit d'instituer. En 1608 cet ordre fut uni en France à celui de Notre-Dame de Mont-Carmel, & Louis XIV. lui accorda depuis plusieurs privilèges. Les chevaliers de *Saint Lazare* peuvent se marier & posséder en même tems des pensions sur bénéfices : on l'appelle maintenant l'*ordre de Notre-Dame de Mont-Carmel* & de *Saint La-*

LAZ

zare de Jérusalem. Il eft compofé d'environ 650 laïques-prieurs & freres fervans d'armes, qui jouiffent des commanderies & des mêmes privileges que les chevaliers, ainfi que des penfions fur bénéfices. Les premiers portent la croix émaillée de pourpre & de vert, fleurdelifée d'or, attachée à un grand cordon de foie moiré, pourpré; & les autres portent la croix émaillée & fleurdelifée d'or aux mêmes émaux, en forme de médaille, attachée à une chaine d'or à la boutonniere, avec la devife de l'ordre au haut de l'écuffon de leurs armoiries, *Dieu & mon Roi*. M. le duc d'Orléans en a été le grand-maître ; c'est préfentement monfeigneur le duc de Berry, fecond fils de monfeigneur le Dauphin.

LAZARE, *Saint*, (*Prêtres de*) nommés auffi *Lazariftes*, clercs féculiers d'une congrégation inftituée en France dans le xvij. fiecle, par M. Vincent de Paule. Ils prennent leur nom d'une maifon qu'ils ont eue au faubourg faint Denis à Paris, qui étoit autrefois un prieuré fous le titre de *Saint Lazare*. Ils ne font que des vœux fimples, & ils peuvent en être entierement difpenfés au befoin. Leur inftitut eft de former des miffionnaires & des directeurs capables de conduire les jeunes eccléfiaftiques dans les féminaires, dont plufieurs en France font confiés à leurs foins. Leur maifon de *Saint Lazare*, où réfide le général, eft auffi une maifon de force pour renfermer les jeunes gens dont les débauches & la mauvaife conduite obligent leurs parens de févir contre eux. Ces prêtres dirigent auffi quelques cures en France, entr'autres celles de Verfailles & des Invalides, de Fontainebleau, &c.

LAZARET, f. m. (*Hift. mod. & Mar.*) bâtiment public en forme d'hôpital, où l'on reçoit les pauvres malades.

Lazaret dans d'autres pays eft un édifice deftiné à à faire faire la quarantaine à des perfonnes qui viennent de lieux foupçonnés de la pefte.

C'eft un vafte bâtiment affez éloigné de la ville à laquelle il appartient, dont les appartemens font détachés les uns des autres, où on décharge les vaiffeaux, & où l'on fait refter l'équipage pendant quarante jours, plus ou moins, felon le lieu d'où vient le vaiffeau & le tems auquel il eft parti. C'eft ce qu'on appelle *faire quarantaine*. *Voyez* QUARANTAINE.

Il y a des endroits où les hommes & les marchandifes payent un droit pour leur féjour au *lazaret*.

Rien, ce me femble, n'eft plus contraire au but d'une pareille inftitution. Ce but, c'eft la fureté publique contre les maladies contagieufes que les commerçans & navigateurs peuvent avoir contractées au loin. Or n'eft-ce pas les inviter à tromper la vigilance, & à fe fouftraire à une efpece d'exil ou de prifon très-défagréable à fupporter, fur-tout après un long éloignement de fon pays, de fa famille, de fes amis, que de la rendre encore difpendieufe ?

Le féjour au *lazaret* devroit donc être gratuit. Que d'inconvéniens réfultent de nos longs voyages fur mer, & de notre connoiffance avec le nouveau monde ! Des milliers d'hommes font condamnés à une vie mal-faine & célibataire, &c.

LAZE ou LESGI, (*Géog.*) & par quelques-uns de nos voyageurs LESQUI. C'eft un peuple Tartare qui habite les montagnes du Daghestan, du côté de la mer Cafpienne, à vingt ou trente lieues de cette mer. Ce peuple tartare & fauvage a le teint bafané, le corps robufte, le vifage effroyablement laid, des cheveux noirs & gras qui tombent fur les épaules ; ils reçoivent la circoncifion, comme s'ils étoient mahométans. Leurs armes font aujourd'hui le fabre & le piftolet. Ils pillent & volent de tous côtés tous les marchands qui paffent par leur pays, guerroient contre les Tartares Nogais & Circaffes, font de fréquentes incurfions fur les Géorgiens ; & fe gouvernent fous l'autorité du roi de Perfe par un chef particulier qu'ils nomment *fchemkal*, lequel réfide à Tarku. Ce chef a fous lui d'autres petits feigneurs qu'on appelle *beghs* ; mais *voyez* fur ces barbares orientaux Chardin, Oléarius, & les *mém. des miffions du Levant*, tome *IV*.

LAZIQUE, (*Géog. anc.*) peuple & pays d'Afie de l'un & de l'autre côté du Phafe, nella Colchide. Procope a décrit ce pays dans fon *hiftoire de la guerre des Perfes*, liv. *II. chap* xxix. La *Lazique* devint une province eccléfiaftique où étoient cinq évêchés, au nombre defquels Phafide la métropole. La Mingrelie répond à la *Lazique* des anciens. (*D. J.*)

LAZIVRARD, f. m. (*Litholog.*) C'eft un des plus anciens noms du lapis qui foient dans les auteurs ; mais il défigne indifféremment la pierre lazuli & la couleur qu'elle donne : d'où vient que dans les fiecles qui fuivirent, tout bleu fut appellé *lazivrard*. De ce mot font venus celui d'*alazarad* qu'Avicene emploie, ceux de *lazurad*, d'*azuri*, de *lazurd*, & finalement de *lazuli*, fous lequel nous connoiffons aujourd'hui cette pierre. On en trouvera l'article au mot LAPIS. (*D. J.*)

LE

LE, (*Grammaire.*) article mafculin des noms fubftantifs. *Voyez l'article* ARTICLE.

LÉ, f. m. (*Commerce.*) largeur d'une étoffe ou d'une toile entre les deux lifieres ; ainfi l'on dit un ou plufieurs *lés* d'une étoffe, pour fignifier une ou plufieurs fois fa largeur. Un *lé* de drap, deux *lés* de fatin, trois *lés* de gros-de-Tours, quatre demi-lés taffetas. *Dictionnaire de Commerce*.

LÉ, (*terme de riviere.*) efpace que les propriétaires des terres doivent laiffer le long des rivieres pour le tirage des cordes & des chevaux qui remontent des bateaux. Il eft de 24 piés.

LÉAM, f. m. (*Commerce.*) morceau d'argent qui fe prend au poids, & qui eft à la Chine une efpece de monnoie courante. Les Portugais l'appellent *tal* ou *tail*. *Voyez* TAIL. *Dictionn. de Commerce*.

LÉANDRE, LA TOUR DE, (*Géog. Littér. Antiq. Médail.*) tour d'Afie en Natolie, dans le Bofphore de Thrace, auprès du cap de Scutari. Les Turcs n'ont dans cette *tour* pour toute garnifon qu'un concierge. M. de Tournefort dit que l'empereur Manuel la fit bâtir, & en éleva une autre femblable du côté de l'Europe, au monaftere de S. George, pour y tendre une chaîne qui fermât le canal de la mer Noire.

Cette *tour* de Scutari eft nommée par les Turcs *tour de la Pucelle* ; mais les Francs ne la connoiffent que fous le nom de *la tour de Léandre*, quoique la vraie *tour*, la fameufe *tour*, qui porte indifféremment dans l'hiftoire, le nom de *tour de Léandre*, ou celui de *tour de Héro*, comme Strabon l'appelle τυπὸς Ἡρους πύργον, fût fituée fur les bords du canal des Dardanelles.

Cette *tour* du canal des Dardanelles a été immortalifée par les amours d'Héro & de *Léandre*. Héro étoit une jeune prêtreffe de Vénus dans la ville de Seftos, & *Léandre* étoit un jeune homme d'Abydos. Ces deux villes, bâties dans le lieu le plus étroit de l'Hellefpont, vis-à-vis l'une de l'autre, au bord des deux rivages oppofés, ne fe trouvoient féparées que par un efpace de 7 à 800 pas. Une fête qui attiroit à Seftos les habitans du voifinage, fit voir à *Léandre* la belle Héro, dans le temple même, où elle s'acquittoit de fes fonctions : elle le vit auffi, & leurs cœurs furent d'intelligence.

Ils fe donnerent de fréquens rendez-vous dans la *tour* du lieu, qui depuis mérita de porter leur nom, & où la prêtreffe avoit fon appartement. Pour mieux cacher leur intrigue, *Léandre*, à la faveur de la nuit ; passoit le détroit à la nage ; mais leur commerce ne dura pas long-tems : la mauvaise saison étant venue, *Léandre* périt dans les flots, & Héro ne pouvant survivre à cette perte, se précipita du haut de sa tour, *Heroä lacrymoso littore turtis !* C'étoit du sommet de cette *tour*, dit Stace, que la prêtresse de Sestos avoit continuellement ses yeux attachés sur les vagues de la mer : *sedet anxia turre supremâ, Sestias in speculis*.

On sait combien d'autres poëtes & d'anciens écrivains ont chanté cette avanture. Virgile y fait une belle allusion dans ses géorgiques, *liv. III. v. 258 & suiv. Quid juvenis*, &c. Dans Martial, *Léandre* prie les ondes de daigner l'épargner dans sa course vers Héro, & de ne le submerger qu'à son retour, *parcite dùm propero, mergite dùm redeo*. Antipater de Macédoine, parlant des naufrages arrivés sur l'Hellespont, s'écrie dans l'anthologie, *l. I. c. iv. épig. 7*. » malheureuse Héro, & vous infortuné Déimaque, » vous perdites dans ce trajet de peu de stades, l'une » un époux, & l'autre une épouse chérie ».

Tout le monde a lû dans les héroïdes attribuées à Ovide, les épîtres de *Léandre* & d'Héro, & personne n'ignore que l'histoire de ces deux amans est racontée avec toutes les graces de la Poësie dans un écrivain grec, qui porte le nom de Musée : c'est un ouvrage de goût & de sentiment, plein de tendresse & d'élégance. Nous en avons des traductions dans presque toutes les langues vivantes de l'Europe ; mais nous n'en avons point qui égale la noblesse & la pureté de l'original.

Enfin, les médailles ont rendu célebre la *tour de Léandre* : on en possede un grand nombre qui portent les noms des deux amans, & d'autres où l'on voit *Léandre* précédé de Cupidon le flambeau à la main, nager vers Héro, qui l'accueille du haut d'une tour.

LÉANE, LA, (*Géog.*) riviere d'Irlande ; elle a sa source dans la province de Meinster, au comté de Kerry, court à l'ouest, & se jette dans la baie de Dingle. (*D. J.*)

LÉAO, s. m. (*Hist. nat. Minéralogie.*) espece de pierre bleue qui se trouve dans les Indes orientales, sur-tout dans les endroits où il y a des mines de charbon de terre. Les Chinois s'en servent pour donner la couleur bleue à leur porcelaine ; ils commencent par laver cette pierre, afin de la dégager de toute partie terrestre & impure ; ils la calcinent dans des fourneaux pendant deux ou trois heures, après quoi ils l'écrasent dans des mortiers de porcelaine, & versent de l'eau par-dessus, qu'ils triturent avec la pierre ; ils décantent l'eau qui s'est chargée de la partie la plus déliée, & continuent ainsi à triturer & à décanter jusqu'à ce que toute la couleur soit enlevée : après cette préparation ils s'en servent pour peindre en bleu leur porcelaine.

On croit que le *léao* n'est qu'un vrai *lapis lazuli* ; mais il y a lieu d'en douter, attendu que la couleur du *lapis* n'est point en état de résister à l'action du feu, qui la fait disparoître. *Voyez* LAPIS LAZULI, *observations sur les coûtumes de l'Asie*. Et *voyez l'article* AZUR. (—)

LÉAO, (*Géog.*) autrement LÉAOTUNG, riviere de la Tartarie, où elle a sa source, au-delà de la grande muraille, & se perd dans la mer.

LÉAOTUNG, (*Géog.*) vaste contrée de la Chine, dont elle est séparée par la grande muraille & le golfe de Cang, tandis que la Corée & les montagnes d'Yalo la séparent du pays des Tartares Bogdois du Niuchèz. Ses habitans, plus guerriers & moins industrieux que les Chinois, n'aiment ni le Commerce ni l'Agriculture, quoique leur pays y soit propre.

Il a plusieurs montagnes, entr'autres celle de Changpé, qui court jusque dans la Tartarie, depuis grande muraille, & qui est célebre par son lac de 80 stades d'étendue. C'est dans cette montagne que le Yalo, & le Quentung prennent leurs sources.

Les lieux de cette province, où il n'y a point de montagnes, sont stériles en froment, millet, légumes & fruits.

Ce pays produit le gin-sing, ainsi que le Canada, & fournit de même des fourrures de castors, de martes & de zibelines. Chan-Yang a de nos jours usurpé la place de *Léaoyang*, qui en étoit la métropole.

On sait les étranges révolutions que le royaume de *Léaogund* éprouva dans le dernier siecle. M. de Voltaire en a peint toute l'histoire en quatre pages.

Au nord-est de cette province il y avoit quelques hordes de tartares Mantcheoux, que le vice-roi de *Léaogund* traita durement. Ils firent, comme les anciens scythes, des représentations hardies. Le gouverneur, pour réponse, brûla leurs cabanes, enleva leurs troupeaux, & voulut transplanter les habitans. Alors ces tartares, qui étoient libres, se choisirent un chef pour se venger. Ce chef, nommé Taitsou, battit les Chinois, entra victorieux dans la contrée de *Léaotung*, & se rendit maître de la capitale en 1622.

Taitsou mourut en 1626 au milieu de ses conquêtes ; mais son fils Taitsong marchant sur ses traces, prit le titre d'empereur des Tartares, & s'égala à l'empereur de la Chine.

Il reconnoissoit un seul dieu comme les lettrés chinois, & l'appelloit le *tien* comme eux. Il s'exprime ainsi dans une de ses lettres circulaires aux Mandarins des provinces chinoises. « Le tien éleve » qui il lui plaît ; il m'a peut-être choisi pour être » votre maître ». Il ne se trompoit pas ; depuis 1628 il remporta victoires sur victoires, établit des lois au milieu de la guerre, & enleva au dernier empereur du sang chinois toutes ses provinces du nord, tandis qu'un mandarin rebelle, nommé Litsching, se saisit de celles du midi : ce Litsching fut tué au milieu de ses succès.

Les Tartares ayant perdu leur empereur Taitsong en 1642, nommerent pour chef un de ses neveux encore enfant, qui s'appelloit Changti. Sous ce chef, qui périt à l'âge de 24 ans en 1661, & sous Châmhi, qu'ils élurent pour maître à l'âge de 8 ans, ils conquirent pié-à-pié tout le vaste empire de la Chine. Le tems n'a pas encore confondu la nation conquérante avec le peuple vaincu, comme il est arrivé dans nos Gaules, en Angleterre & ailleurs ; mais les Tartares ayant adopté sous Cham-hi les lois, les usages & la religion des Chinois, les deux nations n'en composeront bien-tôt qu'une seule.

LÉOAYANG, (*Géog.*) c'étoit dans le dernier siecle la capitale du Léaotung, à présent Chan-Yang a pris sa place. Il y avoit une grande ville assez peuplée. *Long. 5. 33. lat. 39. 40.*

LÉAWAVIA, (*Géog.*) port de mer, sur la côte orientale de l'île de Ceylan, dans le pays du même nom.

LÉBADIE, (*Géog. anc.*) Λεβαδία, Λεβαδία ; en latin *Lebadia*, ancienne ville de Grece en Béotie, entre l'Hélicon & Chéronée, auprès de Coronée. Il y avoit à Lébadie le célebre oracle de Trophonius, qui étoit dans une antre de rocher, où l'on descendoit avec peine. Ce lieu s'appelle encore *Livadia*, & donne son nom actuel à toute la contrée. *Voyez* LIVADIA & LIVADIE. (*D. J.*)

LEBEDA, *Leptis*, (*Géog.*) ancienne ville d'Afrique, au royaume de Tripoli, avec un assez bon port sur la mer Méditerranée, à 34 lieues de Tripoli. On en a tiré pour la France de belles colonnes de marbre ; celles du grand autel de S. Germain-des-

LEB   LEB   331

Prés à Paris, font de ce marbre. Plusieurs croyent que *Lebeda* est la patrie de l'empereur Severe, & de S. Fulgence : *Lepris* est l'ancien nom de cette ville. *Long.* 32. 25. *lat.* 32. 10.

LEBEDUS, (*Géog. anc.*) ville ancienne de l'Asie proprement dite, dans l'Ionie, sur l'isthme, ou du-moins auprès de l'isthme, entre Smirne & Colophone.

Strabon, *liv. XIV.* parle des jeux que l'on y célébroit tous les ans en l'honneur de Bacchus; c'est à quoi se rapporte une médaille de Géta avec la figure de Bacchus, & ce mot Λεβεδιων. Lysimaque renversa *Lebedus*, & en transporta les habitans à Ephèse, comme le raconte Pausanias, *Attic. c. ix.* Depuis ce tems-là, cette ville ne put se relever, & demeura moins un bourg, qu'un pauvre village. Horace nous l'indique assez, quand il dit, *lib. I. epist. xj. v. 5.*

An Lebedum *laudas odio maris, atque viarum?*
Scis Lebedus *quam sit Gabiis desertior, atque*
Fidenis vicus.

« Ennuyé de courir les mers, n'êtes-vous point » tenté de vous fixer à *Lebedus* ? ce séjour n'a-t-il » point d'attrait pour vous ? *Bull.* Savez-vous ce » que c'est que *Lebedus*, un séjour plus desert que » Gabies & que Fidene ».

En effet, ce lieu restoit desert plus des trois quarts de l'année, & n'étoit fréquenté que pendant que les comédiens y séjournoient pour jouer leurs pieces, & célébrer les fêtes de Bacchus.

Enfin, cette ville, dont Hérodote, Strabon, & Pomponius Méla, nous parlent comme de l'une des douze anciennes villes de l'Ionie, n'étoit plus du tems d'Auguste qu'une méchante bicoque.

LÉBÉNA, (*Géog. anc.*) ville ancienne de l'île de Crete, sur la côte méridionale, voisine du promontoire de Léon. Elle servoit de port à Gortyne, dont elle étoit à 90 stades. Il y avoit un temple d'Esculape, Λεβηναιων, bâti sur le modele de celui qui étoit à Cyrène, & selon Philostrate, *l. IV. c. xj.* toute la Crete se rendoit à ce temple, de même que toute l'Asie se rendoit à Pergame.

LEBER, (*Géog.*) riviere de la haute Alsace; elle a sa source à l'orient des montagnes du Vosge, aux confins de la Lorraine, & se jette dans l'Ill; la vallée qu'elle arrose s'appelle le *Liberaw*, ou *Leberthall*. (*D. J.*)

LE BESCHE, *ou* SUD-OUEST, s. m. (*Marine.*) c'est le nom qu'on donne sur la Méditerranée au vent qui souffle entre le couchant & le midi, nommé sur l'Océan *Sud-Ouest.*

LEBINTHUS, (*Géog. anc.*) île de la mer de Crete, voisine de Calymne & de Nisyros; c'est présentement *Lévita*, île de l'Archipel.

LÉBITON, s. m. (*Littér.*) λεβιτον; c'étoit un habit de moine fait de poil, selon Suidas; selon d'autres auteurs, c'étoit une tunique de lin sans manches, & assez ressemblant à un sac que portoient les solitaires de l'Egypte & de la Thébaïde. (*D. J.*)

LEBINI, s. m. (*Onomat. des drog.*) nom donné par les anciens Arabes à une des especes de storax; nous tâcherons d'éclaircir cette dénomination avec les autres qu'on trouve dans leurs écrits au mot STORAX. (*D. J.*)

LEBRET, *ou* LEBRIT, en latin *Leporetum*, (*Géog.*) ancien nom de la ville & du pays d'Albret, en Gascogne ; sur quoi voyez M. de Marca, *Hist. de Béarn. liv. VII. c. x. not.* 3, 4, & 5. L'origine de ce nom vient des lievres ou lapins, qui fourmilloient alors dans les landes du pays.

LEBRIXA, *Nebrissa*, (*Géogr.*) ancienne ville d'Espagne, dans l'Andaloufie. Elle est dans un pays admirable, abondant en grains, en vins excellens, & en oliviers, dont on fait la meilleure huile d'Espagne, à quatre lieues N. E. de S. Luçar de Baraméda, à deux du Guadalquivir. Elle étoit connue des anciens sous le nom de *Nebrissa*, qu'elle porte encore, avec un fort leger changement. *Long.* 12. 3. *lat.* 36. 56.

LEBUI, (*Géog. anc.*) peuple de la Gaule-Cispadane, qui occupoit le pays où sont Brixia & Vérone. Tite-Live, *l. XXI. c. xxxviij.* en parle en plus d'un endroit.

LEBUNI, (*Géog. anc.*) ancien peuple de l'Espagne Tarragonoise, selon Pline, *l. III. c. ij.* L'Espagne étoit divisée sous les Romains en assemblées, *conventus*, & les *Lebuni* étoient sous l'assemblée de Lugos.

LEBUS, *ou* LEBUSS, *Lebussa*, (*Géog.*) petite ville d'Allemagne, dans le cercle de la haute Saxe, au marquisat de Brandebourg, avec un évêché, autrefois suffragant de Gnesne, qui a été sécularisé en 1556, pour la maison de Brandebourg. Elle est sur l'Oder, à huit lieues de Custrin, & à deux de Francfort. *Voyez* sur cette ville Zeyler, *Brandb. Topog. p. 71*, & Chytræi, *Saxonia, p. 935. Long.* 32. 30. *lat.* 52. 28. (*D. J.*)

LECANOMANCIE, s. f. (*Divin.*) sorte de divination qui se pratiquoit en jettant dans un bassin plein d'eau des pierres précieuses marquées de caracteres magiques & des lames d'or & d'argent aussi constellées, de maniere qu'on entendoit sortir du fond du bassin la question à ce qu'on demandoit. Glycas rapporte, *liv. II. de ses Annales*, que ce fut par ce moyen que Nectanebe roi d'Egypte, connut qu'il seroit détrôné par ses ennemis, & Delrio ajoute que de son tems cette espece de divination étoit encore en vogue parmi les Turcs. Delrio, *Disquisit. magicar. lib. IV. cap. ij. quæst. VI. sect. iv. p. 545.* (*G*)

LECCÉ, *Aletium*, (*Géog.*) ville d'Italie, au royaume de Naples, dans la terre d'Otrante, dont elle est la principale, & la résidence du gouverneur, avec un évêché suffragant d'Otrante. Elle est à 4 lieues du golfe de Venise, 8 N. O. d'Otrante, 8 S. E. de Brindisi, 78 S. E. de Naples. *Long.* 36. 55. *lat.* 40. 38.

Leccé est la patrie de Ammirato *Scipione*, que le grand-duc de Toscane accueillit obligeamment à Florence; il publia en italien l'histoire de cette ville, & de ses familles illustres : il y mourut en 1603.

Palmis *Abraham* juif, & docteur en Medecine au commencement du xvj. siecle. Je le nomme ici, parce qu'il est, je pense, le premier qui ait donné au public une grammaire hébraïque. Il n'en avoit point encore paru en Europe avant la sienne; il est vrai qu'aujourd'hui cette grammaire de Palmis n'est point estimée, mais elle en a occasionné de bonnes, sans lesquelles on ne peut apprendre l'hébreu.

LECCO, (*Géog.*) petite ville d'Italie, en Lombardie, dans le Milanez, vers la frontiere de l'état de Venise, & du Bergamasque, sur l'Addar, à 9 milles de Come. *Long.* 26. 33. *lat.* 45. 46.

LECH, *Géog.*) riviere d'Allemagne; elle a sa source au Tirol, sur les frontieres des Grisons, & se jette dans le Danube, un peu au-dessous de Donavert. (*D. J.*)

LECHE, *Cyperoides*, s. f. (*Bot.*) genre de plante dont la fleur n'a point de pétales; elle est composée de deux étamines, stérile & soutenue par un calice d'une seule piece en forme d'écaille. L'embryon est renfermé dans une capsule qui vient d'un autre calice assez semblable au premier. Cet embryon devient dans la suite une semence ordinairement triangulaire. Lorsque cette semence n'est encore qu'un embryon, elle est terminée par un filament qui est branchu par son extrémité, & qui passe par l'ouverture des capsules. Ajoutez aux caracteres de ce genre que les calices des fleurs sont disposés en épi cylindrique, de même que les calices des semencés; ce qui fait la plus grande différence qu'il y ait entre la *leche* & le carex. Micheli, *Nov. plant. gen. Voyez* PLANTE.

LECHE, s. m. (*Commerce.*) c'est une espece de verni de lie que l'on donne en Amérique, mais surtout au Mexique, aux piastres que les Espagnols y fabriquent. *Voyez* l'art. LECHEUM. Cette variété tantôt de nomenclature, tantôt d'orthographe, doivent occasionner dans un ouvrage de l'étendue de celui-ci, des redites, contre lesquelles il est difficile d'être en garde; d'ailleurs il vaut mieux redire qu'omettre.

LECHEFRITE, s. f. (*Cuisine.*) ustensile ou espece de vaisseau plat de tôle ou fer battu, oblong, à pié ou sans pié, à une ou plusieurs mains ou poignées, & terminé par l'une & l'autre de ses extrémités par une goulette, ou un bec qui sert à verser la graisse & le jus qu'il reçoit des pieces qu'on fait rôtir, & sous lesquels il y a toujours une *lechefrite*.

LECHEUM, on pourroit dire en françois LÉCHÉE, (*Géogr. anc.*) port sur le golfe de Corinthe, servant de port à la ville même de Corinthe. Tous les anciens, Polybe, Strabon, Pausanias, Ptolomée, & autres en font mention. Corinthe quoique située entre deux mers (ce qui fait dire à Horace *bimaris Corinthi*), n'étoit pourtant sur le bord ni de l'une ni de l'autre, mais elle avoit de chaque côté un lieu qui lui servoit de port; savoir Cenchrées au levant, & *Lechæum* au couchant; c'est présentement *Lestsiocori.* (*D. J.*)

LECHER, verbe act. (*Gram.*) c'est polir, nettoyer, sucer avec la langue. L'ours *leche* son petit; l'auteur son ouvrage. On n'aime pas les peintures *léchées. Voyez* LECHER, *Peinture*.

LÉCHER *en Peinture*, c'est finir extrémement les tableaux, mais d'une façon froide & insipide; & où l'on connoît par-tout la peine que cela a coûté au peintre. Bien terminer ses ouvrages, est une bonne qualité; les *lécher* est un vice. Ce peintre *leche* trop ses ouvrages; cet ouvrage n'a point d'ame; il est trop *léché*.

LECHI, (*Géog. sacr.*) c'étoit une ville de la tribu de Dan dans la Terre-sainte, & ce n'est aujourd'hui qu'un misérable village; mais l'on recueille dans le territoire voisin beaucoup de coton, de dattes & d'olives, au rapport du P. Roger, Aquila, Symmaque & Glycas nomment *Léchi*, en grec σιαγων.

LECHO, s. m. (*Monnoie.*) on nomme ainsi dans le monnoyage de l'Amérique espagnole, particulierement au Mexique, une espece de couche de vernis de lie que l'on donne à certaines piastres qui s'y fabriquent, afin de les rendre d'un plus bel œil. Cependant ce vernis fait qu'on préfere dans le commerce les piastres dites *colonnes* à celles qu'on appelle *mexicaines*, non pas que les piastres colonnes ainsi nommées, parce qu'elles portent pour revers les colonnes d'Hercule, avec la fameuse devise du *nec plus ultra*; non pas, dis-je, que ces dernieres piastres soient d'un titre plus fin que les méxicaines, mais à cause de leur *lécho*, qui à la refonte laisse un déchet de près d'un pour cent.

LECK, LE, *en flamand* DE LECK, & LYCIAS dans Ptolomée, (*Géog.*) riviere des Pays-bas. A proprement parler, c'est moins une riviere qu'un bras du Rhin. Cluvier, *de tribus Rheni alveis, c. vj.* remarque que le nouveau canal dans lequel Civilis fit couler le Rhin, est présentement le Leck, *Lecca*, qui passant à Culembourg, à Viane, à Schoonhove, se perd dans la Meuse près du village de Krimpen. M. Corneille a confondu le *Leck* avec la fosse de Corbulon, *fossa Corbulonis*. Un diplome de Charlemagne en 776, nomme le Leck *Lockia*. Heda dit dans sa chronique de Hollande, que ce fut en 841 que l'on releva ses bords de fortes digues. (*D. J.*)

LECHONA-GEEZ, (*Hist. mod.*) ce mot signifie *langue savante*. Les Ethiopiens & les Abissins s'en servent pour désigner la langue dans laquelle font écrits leurs livres sacrés; elle n'est point entendue par le peuple, étant reservée aux seuls prêtres, qui souvent ne l'entendent pas mieux que les autres. On croit que cette langue est l'ancien éthiopien; le roi s'en sert dans ses édits: elle a dit-on, beaucoup d'affinité avec l'hébreu & le syriaque.

LECHT, s. m. (*Comm. & Mar.*) mesure fort en usage sur les mers du nord: elle contient douze barils.

LEÇON, s. f. (*Gram. Mor.*) c'est l'action d'instruire. Les maitres de la jeunesse en s'écartant trop de la maniere dont la nature nous instruit, donnent des *leçons* qui fatiguent l'entendement & la mémoire sans les enrichir & sans les perfectionner.

Les *leçons*, la plupart ne sont qu'un assemblage de mots & de raisonnemens, & les mots sur quelque matiere que ce soit, ne nous rendent qu'imparfaitement les idées des choses. L'écriture hiéroglyphique des anciens egyptiens étoit beaucoup plus propre à enrichir promptement l'esprit de connoissances réelles, que nos signes de convention. Il faudroit traiter l'homme comme un être organisé & sensible; & se souvenir que c'est par ses organes qu'il reçoit ses idées, & que le sentiment seul les fixe dans sa mémoire. En Métaphysique, Morale, Politique, principes des Arts, &c. il faut que le fait ou l'exemple suive la *leçon*, si vous voulez rendre la *leçon* utile. On formeroit mieux la raison en faisant observer la liaison naturelle des choses & des idées, qu'en donnant l'habitude de faire des argumens; il faut mêler l'Histoire naturelle & civile, la Fable, les emblêmes, les allégories, à ce qu'il peut y avoir d'abstrait dans les *leçons* qu'on donne à la jeunesse; on pourroit imaginer d'exécuter une suite de tableaux, dont l'ensemble instruiroit des devoirs des citoyens, &c.

Quand les abstractions deviennent nécessaires, & que le maitre n'a pu parler aux sens & à l'imagination pour insinuer & pour graver un précepte important, il devroit le lier dans l'esprit de l'éleve à un sentiment de peine ou de plaisir, & le fixer ainsi dans sa mémoire; dans toutes les instructions il faudroit avoir plus d'égard qu'on n'en a eu jusqu'à présent au méchanisme de l'homme.

LEÇON, (*Théol.*) dans la Bible, les peres & les auteurs ecclésiastiques sont les termes différens dans lesquels le texte d'un même auteur est rendu dans différens manuscrits anciens; différences qui viennent pour l'ordinaire de l'altération que le tems y a apportée, ou de l'ignorance des copistes. *V.* TEXTE.

Les versions de l'Ecriture portent souvent des *leçons* différentes du texte hébreu; & les divers manuscrits de ces versions présentent souvent des *leçons* différentes entre elles.

La grande affaire des critiques & des éditeurs est de déterminer laquelle de plusieurs *leçons* est la meilleure; ce qui se fait en confrontant les différentes *leçons* de plusieurs manuscrits ou imprimés, & choisissant pour bonne, celle dont les expressions font un sens plus conforme à ce qu'il paroit que l'auteur avoit intention de dire, ou qui se rencontre dans les manuscrits, ou les imprimés les plus corrects.

LEÇONS, *en terme de breviaire*, ce font des fragmens soit de l'Ecriture, soit des PP. qu'on lit à matines. Il y a des matines à neuf *leçons*, à trois *leçons*.

On dit aussi *leçons de Théologie*, comme *leçon d'arabe, de grec*, &c.

LEÇON, (*Maréchallerie.*) se dit également du cavalier & du cheval, qu'on instruit dans les maneges. Le cavalier donne *leçon* au cheval en lui apprenant
ses

ses airs de manege, & le maître en parlant à l'académie à cheval, sur la situation de son corps, & sur la façon de conduire son cheval. En donnant *leçon* à un cheval, il faut le prendre toujours plutôt par les caresses & la douceur, que par la rigueur & le châtiment.

LECTEUR, (*Littérat. mod.*) terme général; c'est toute personne qui lit un livre, un écrit, un ouvrage,

Un auteur à genoux dans une humble préface,
Au lecteur qu'il ennuie, a beau demander grace;

il ne doit pas l'espérer lorsque son livre est mauvais, parce que rien ne le forçoit à le mettre au jour; on peut être très estimable, & ignorer l'art de bien écrire. Mais il faut aussi convenir que la plûpart des *lecteurs* sont des juges trop rigides, & souvent injustes. Tout homme qui fait livre se garde bien de se croire incompétent sur aucun des écrits qu'on publie; savans & ignorans, tous s'arrogent le droit de décider; & malgré la disproportion qui est entr'eux pour le mérite, tous sont assez uniformes dans le penchant naturel de condamner sans miséricorde. Plusieurs causes concourent à leur faire porter de faux jugemens sur les ouvrages qu'ils lisent; les principales sont les suivantes, discutées attentivement par un habile homme du siecle de Louis XIV. qui n'a pas dédaigné d'épancher son cœur à ce sujet.

Nous lisons un ouvrage, & nous n'en jugeons que par le plus ou le moins de rapport qu'il peut avoir avec nos façons de penser. Nous offre-t-il des idées conformes aux nôtres, nous les aimons & nous les adoptons aussi-tôt; c'est-là l'origine de notre complaisance pour tout ce que nous approuvons en général Un ambitieux, par exemple, plein de ses projets & de ses espérances, n'a qu'à trouver dans un livre des idées qui retracent avec un éloge de pareilles images; il goûte infiniment ce livre qui le flatte. Un amant possédé de ses inquiétudes & de ses desirs, va cherchant des peintures de ce qui se passe dans son cœur, & n'est pas moins charmé de tout ce qui lui représente sa passion, qu'une belle personne l'est du miroir qui lui représente sa beauté. Le moyen que de tels *lecteurs* fassent usage de leur esprit, puisqu'ils n'en sont pas les maîtres! & comment puiseroient-ils dans leurs fonds des idées conformes à la raison & à la vérité quand une seule idée les remplit, & ne laisse point de place pour d'autres?

De plus, il arrive souvent que la partialité offusque nos foibles lumieres & nous aveugle. On a des liaisons étroites avec l'auteur dont on lit les écrits, on l'admire avant que de le lire; l'amitié nous inspire pour l'ouvrage la même vivacité de sentiment que pour la personne. Au contraire notre aversion pour un autre, le peu d'intérêt que nous prenons à lui (& c'est malheureusement le plus ordinaire), fait d'avance du tort à son ouvrage dans notre ame, & nous ne cherchons, en le lisant, que les traits d'une critique amere. Nous ne devrions avec de semblables dispositions porter notre avis que sur des livres dont les auteurs nous sont inconnus.

Un défaut particulier à notre nation qui s'étend tous les jours davantage, & qui constitue prétentement le caractere des *lecteurs* de notre pays, c'est de dépriser par air, par méchanceté, par la prétention à l'esprit les ouvrages nouveaux qui sont vraiment dignes d'éloges. Aujourd'hui (dit un Philosophe dans un ouvrage de ce genre qui durera long-tems), « aujourd'hui que chacun aspire à l'es-
» prit, & s'en croit avoir beaucoup; aujourd'hui
» qu'on met tout en usage pour être à peu de frais
» spirituel & brillant, ce n'est plus pour s'instruire,
» c'est pour critiquer & pour ridiculiser qu'on lit.

» Or il n'est point de livre qui puisse tenir contre
» cette amere disposition des *lecteurs*. La plûpart
» d'entr'eux, occupés à la recherche des défauts
» d'un ouvrage, sont comme ces animaux immondes qu'on rencontre quelquefois dans les villes,
» & qui ne s'y promenent que pour en chercher les
» égouts. Ignoreroit-on encore qu'il ne faut pas
» moins de lumieres pour appercevoir les beautés
» que les défauts d'un ouvrage? Il faut aller à la
» chasse des idées quand on lit, dit un anglois, &
» faire grand cas d'un livre dont on en rapporte un
» certain nombre. Le savant fait lire pour s'éclairer encore, & s'enquérir sans satyre & sans malignité ».

Joignez à ces trois causes de nos faux jugemens en ouvrages le manque d'attention & la répugnance naturelle pour tout ce qui nous attache long-tems sur un même objet. Voilà pourquoi l'auteur de l'*Esprit des loix*, tout intéressant qu'est son ouvrage, en a si fort multiplié les chapitres; la plûpart des hommes, & les femmes sans doute y font comprises, regardent deux ou trois choses à la fois, ce qui leur ôte le pouvoir d'en bien démêler une seule; ils parcourent rapidement les livres les plus profonds, & ils décident. Que de gens qui ont lu de cette maniere l'ouvrage que nous venons de nommer, & qui n'en ont apperçu ni l'enchaînement, ni les liaisons, ni le travail?

Mais je suppose deux hommes également attentifs, qui ne soient ni passionnés, ni prévenus, ni portés à la satyre, ni paresseux, & cette supposition même est rare; je dis que quand la chose se rencontre par bonheur, le différent degré de justesse qu'ils auront dans l'esprit formera la différente mesure du discernement; car l'esprit juste saisement de tout, au lieu que l'imagination séduite ne juge sainement de rien; l'imagination influe sur nos jugemens à-peu-près comme une lunette agit sur nos yeux, suivant la taille du verre qui la compose. Ceux qui ont l'imagination forte croient voir de la petitesse dans tout ce qui n'excede point la grandeur naturelle, tandis que ceux dont l'imagination est foible voient de l'enflure dans les pensées les plus mesurées, & blâment tout ce qui passe leur portée : en un mot, nous n'estimons jamais que les idées analogues aux nôtres.

La jalousie est une autre des causes les plus communes des faux jugemens des *lecteurs*. Cependant les gens du métier qui par eux mêmes connoissent ce qu'il en coûte de soins, de peines, de recherches & de veilles pour composer un ouvrage, devroient bien avoir appris à compâtir.

Mais que faut-il penser de la bassesse de ces hommes méprisables qui vous lisent avec des yeux de rivaux, & qui, incapables de produire eux-mêmes, ne cherchent que la maligne joie de nuire aux ouvrages supérieurs, & d'en décréditer les auteurs jusque dans le sein du sanctuaire? « Ennemis des
» beaux génies, & affligés de l'estime qu'on leur
» accorde, ils savent que semblables à ces plantes
» viles qui ne germent & ne croissent que sur les
» ruines des palais, ils ne peuvent s'élever que sur
» les débris des grandes réputations; aussi ne tendent-ils qu'à les détruire ».

Le reste des *lecteurs*, quoiqu'avec des dispositions moins honteuses, ne juge pas trop équitablement. Ceux qu'un fastueux amour des livres a teint, pour ainsi dire, d'une littérature superficielle, qualifient d'étrange, de singulier, de bisarre tout ce qu'ils n'entendent pas sans effort, c'est-à-dire, tout ce qui excede le petit cercle de leurs connoissances & de leur génie.

Enfin d'autres *lecteurs* revenus d'une erreur établie parmi nous quand nous étions plongés dans la barbarie ; savoir, que la plus légere teinture des sciences dérogeoit à la noblesse, affectent de se familiariser avec les muses, osent l'avouer, & n'ont après tout dans leurs décisions sur les ouvrages qu'un goût emprunté, ne pensant réellement que d'après autrui. On ne voit que des gens de cet ordre parmi nos agréables, & ces femmes qui lisent tout ce qui paroît. Ils ont leur héros de littérature, dont ils ne font que l'écho ; ils ne jugent qu'en seconds, entêtés de leurs choix, & séduits par une sorte de présomption d'autant plus dangereuse qu'elle se cache sous une espece de docilité & de déférence. Ils ignorent que pour choisir de bons guides en ce genre, il ne faut guere moins de lumiéres que pour se conduire par soi-même ; c'est ainsi qu'on tâche de concilier son orgueil avec les intérêts de l'ignorance & de la paresse. Nous voulons presque tous avoir la gloire de prononcer, & nous fuyons presque tous l'attention, l'examen, le travail & les moyens d'acquérir des connoissances.

Que les auteurs soient donc moins curieux de suffrages de la plus grande, que de la plus saine partie du public !

*Neque te ut miretur turba, labores ;
Contentus paucis lectoribus.* (*D. J.*)

LECTEUR, s. m. (*Littérat.*) *lector*, quelquefois à *studiis*, & en grec ἀναγνώστης, c'étoit chez ces deux peuples un domestique dans les grandes maisons destiné à lire pendant les repas. Il y avoit même un domestique *lecteur* dans les maisons bourgeoises, où l'on se piquoit de goût & d'amour pour les lettres. Servius, dans ses *Commentaires sur Virgile, liv. XII. v. 159*, parle d'une lectrice, *lectrix*.

Quelquefois le maître de la maison prenoit l'emploi de *lecteur* ; l'empereur Sévere, par exemple, lisoit souvent lui-même aux repas de sa famille. Les Grecs établirent des *anagnostes* qu'ils consacrerent à leurs théatres, pour y lire publiquement les ouvrages des poëtes. Les anagnostes des Grecs & les *lecteurs* des Romains avoient des maîtres exprès qui leur apprenoient à bien lire, & on les appelloit en latin *prælectores*.

Le tems de la lecture étoit principalement à souper dans les heures des vacations, au milieu même de la nuit, si l'on étoit réveillé & disposé à ne pas dormir davantage : c'étoit du moins la pratique de Caton, dont il ne faut pas s'étonner, car il étoit affamé de cette nourriture. Je l'ai rencontré, dit Cicéron, dans la bibliotheque de Lucullus, assis au milieu d'un tas de livres de Stoïciens, qu'il dévoroit des yeux : *Erat in eo inexhausta aviditas legendi, nec satiare poterat, quippe nec reprehensionem vulgi inanem reformidans, in ipsâ curiâ soleret sæpiùs legere, dùm senatus cogeretur, itâ ut helu librorum videbatur.*

Atticus ne mangeoit jamais chez lui en famille, ou avec des étrangers, que son *lecteur* n'eût quelque chose de beau, d'agréable & d'intéressant à lire à la compagnie ; de sorte, dit Cornelius Népos, qu'on trouvoit toujours à sa table le plaisir de l'esprit réuni à celui de la bonne chere. Les historiens, les orateurs, & sur-tout les poëtes étoient les livres de choix pendant le repas, chez les Romains comme chez les Grecs.

Juvenal promet à l'ami qu'il invite à venir manger le soir chez lui, qu'il entendra lire les vers d'Homere & de Virgile durant le repas, comme on promet aujourd'hui aux convives une reprise de brelan après le souper. Si mon *lecteur*, dit-il, n'est pas des plus habiles dans sa profession, les vers qu'il nous lira font si beaux, qu'ils ne laisseront pas de nous faire plaisir.

*Nostra dabunt alios hodie convivia ludos,
Conditor iliados cantabitur atque Maronis*
*Altisoni, dubiam facientia carmina palmam :
Quid refert tales versus quâ voce legantur ?*
Satyr. II.

Je finis, parce que cette matiere de *lecteurs*, d'*anagnostes* & de *lecture* a été épuisée par nos savans ; ceux qui seront curieux de s'instruire à fond de tous les détails qui s'y rapportent, peuvent lire Fabricii *Biblioth. antiq. cap. xix.* Græevii *Thes. antiq. rom.* Pignorius *de Servis.* Meursii *Glossarium*, Alexandri ab Alexandro *Genial. dier. l. II. c. xxx.* Puteanus *de Stylo, t. XII. p. 258.* Gelli *l. XVII. c. v.* Bilbergii *Dissert. acad. de anagnostis*, Upsal. 1689, *in-8°.* & finalement Th. Raynaud *de Anagnostis ad mensam religiosam*, in operib. edit. Lugd. 1665, *in-fol.* (*D. J.*)

LECTEURS *dans l'Eglise romaine*, (*Théol.*) clercs revêtus d'un des quatre ordres mineurs. *Voyez* ORDRES MINEURS.

Les *lecteurs* étoient anciennement & en commençant les plus jeunes des enfans qui entroient dans le clergé. Ils servoient de sécrétaires aux évêques & aux prêtres, qui s'instruisoient en écrivant ou en lisant sous eux. On formoit ainsi ceux qui étoient plus propres à l'étude, & qui pouvoient devenir prêtres. Il y en avoit toutefois qui demeuroient *lecteurs* toute leur vie. La fonction des *lecteurs* a toujours été nécessaire dans l'Eglise, puisque l'on a toujours lu les écritures de l'ancien & du nouveau Testament, soit à la Messe, soit aux autres offices, principalement de la nuit. On lisoit aussi des actes des autres évêques, des actes des martyrs, ensuite des homélies des peres, comme on le pratique encore. Les *lecteurs* étoient chargés de la garde des livres sacrés, ce qui les exposoit fort pendant les persécutions. La formule de leur ordination marque qu'ils doivent lire pour celui qui prêche, & chanter les leçons, benir le pain & les fruits nouveaux. L'évêque les exhorte à lire fidèlement & à pratiquer ce qu'ils lisent, & les met au rang de ceux qui administrent la parole de Dieu. La fonction de chanter les leçons, qui étoit autrefois affectée aux *lecteurs*, se fait aujourd'hui indifféremment par toutes sortes de clercs, même par des prêtres. Fleury, *Instit. au droit ecclés. tome I. part. I. chap. vj. p. 61. & suiv.*

Il paroît, par le concile de Chalcédoine, qu'il y avoit dans quelques églises un *archi-lecteur*, comme il y a eu un archi-acolyte, un archi-diacre, un archi-prêtre, &c. Le septieme concile général permet aux abbés, qui sont prêtres & qui ont été benis par l'évêque, d'imposer les mains à quelques-uns de leur religieux pour les faire *lecteurs*.

Selon l'auteur du supplément de Morery, la charge de *lecteur* n'a été établie que dans le troisieme siecle. M. Cotelier dit que Tertullien est le premier qui fasse mention des *lecteurs*, M. Basnage croit qu'avant que cet emploi eût lieu, l'Eglise chrétienne suivoit dans la lecture des divines Ecritures la méthode de la Synagogue où le jour du sabbat un sacrificateur, un lévite, & cinq d'entre le peuple, choisis par le président de l'assemblée, faisoient cette lecture ; mais Bingham, dans *les antiquités de l'Eglise, t. II. p. 28. & suiv.* remarque qu'il ne paroit pas qu'il y ait eu aucune église, excepté celle d'Alexandrie, où l'on ait permis aux laïcs de lire l'Ecriture-sainte en public : cette permission étoit accordée même aux catéchumenes dans cette église. Son sentiment est que tantôt les diacres, tantôt les prêtres, & quelquefois les évêques s'acquittoient de cette fonction.

Dans l'église grecque, les *lecteurs* étoient ordonnés par l'imposition des mains ; mais, suivant Habert, cette cérémonie n'avoit pas lieu dans l'Eglise romaine. Le quatrieme concile de Carthage ordonne que l'évêque mettra la Bible entre les mains du *lecteur* en préséance du peuple, en lui disant : *Recevez ce livre*, *& soyez* lecteur *de la parole de Dieu : si vous rempliffez fidélement votre emploi, vous autez part avec ceux qui adminiftrent la parole de Dieu*.

C'est à l'ambon & sur le pupitre que la lecture se faisoit ; de-là ces expressions de saint Cyprien, *super pulpitum imponi*, *ad pulpitum venire*. Des personnes de considération se faisoient honneur de remplir cette fonction. Témoin Julien, depuis empereur, & son frere Gallus, qui furent ordonnés *lecteurs* dans l'église de Nicomédie. Par la novelle 123 de Juftinien, il fut défendu de choisir pour *lecteurs* des personnes au-deffous de dix-huit ans. Mais avant ce réglement, on avoit vu cet emploi rempli par des enfans de 7 à 8 ans : ce qui venoit de ce que les parens ayant confacré de bonne heure leurs enfans à l'église ; on vouloit par-là les mettre en état de se rendre capables des fonctions les plus difficiles du sacré ministere. *Voyez* le *Diction. de Morery*.

LECTICAIRE, *lecticarii*, s. m. *terme d'histoire ecclésiastique*, c'étoient, dans l'église grecque, des clercs dont la fonction consistoit à porter les corps morts sur une espece de brancard, nommé *lectum* ou *lectica*, & à les enterrer. On les appelloit aussi *copiates* & *doyens*. *Voyez* ces *mots* à leur place.

Chez les anciens Romains, il y avoit aussi des *lecticaires*, c'est-à-dire des porteurs de litieres, qui étoient à-peu-près ce que font chez nous les porteurs de chaise. *Voyez* LITIERE.

LECTICAIRE, *lecticarius*, (*Littérat.*) par Suétone, *porteur de litiere* ; les Romains avoient deux fortes de *lecticaires*, les uns qui étoient de leur train, de leur maison, qu'ils avoient à leurs gages, comme nos grands seigneurs ont à Versailles des porteurs de chaise à eux ; les autres *lecticaires* étoient au public, on les louoit quand on vouloit se faire porter en litiere, comme on loue à Paris des porteurs de chaise qu'on prend sur la place, & qu'on paye pour se faire porter où l'on veut. Ces *lecticaires* publics étoient à Rome dans la douzieme région au-delà du Tibre ; le nom de *lecticaire* fut ensuite appliqué dans l'église grecque à ceux qui portoient les morts en terre pour les enterrer, parce qu'on portoit quelquefois le corps mort au bucher dans des litieres chez les Romains. (*D. J.*)

LECTIONNAIRE, s. m. (*Gramm. & Lithurg.*) livre d'Eglise qui contient les leçons qui se lisent à l'office. Le plus ancien *lectionnaire* a été composé par saint Jérôme.

LECTISTERNE, s. m. *lectifternium*, (*Antiq. romaines.*) cérémonie religieufe pratiquée chez les anciens Romains dans des tems de calamités publiques, afin d'en obtenir la ceffation.

L'an de Rome 354, un mal contagieux qui faisoit mourir tous les bestiaux, jetta la consternation dans la ville. Les duumvirs, après avoir consulté les livres sacrés des sibylles, ordonnerent le *lectisterne*.

Cette cérémonie ancienne avoit déja été mise en usage au rapport de Valere-Maxime, *liv. II. chap. iv*. sous le consulat de Brutus & de Valerius Publicola.

Pendant cette cérémonie, on descendoit les statues des dieux de leurs niches ; on les couchoit sur des lits autour des tables dressées dans leurs temples ; on leur servoit alors pendant huit jours, aux dépens de la république, des repas magnifiques, comme s'ils euffent été en état d'en profiter. Les citoyens, chacun selon leurs facultés, tenoient table ouverte. Ils y invitoient indifféremment amis & ennemis, les étrangers fur-tout y étoient admis. On mettoit en liberté les prisonniers, & on se feroit fait un scrupule de les faire arrêter de nouveau, après que la fête étoit finie.

Le soin & l'ordonnance de cette fête furent confiés

Tome. IX,

aux duumvirs sibillins jusqu'à l'an 558 de Rome, qu'on créa les épulons, à qui l'on attribua l'intendance de tous les festins sacrés.

Tite-Live, en nous apprenant ce détail, ne dit point si le célebre *lectifterne* de l'an de Rome 354 produisit l'effet qu'on en espéroit ; mais le troisieme *lectifterne* qu'on dreffa environ trente-six ans après l'an 390, pour obtenir des dieux la fin d'une peste cruelle, eut si peu d'efficace, que l'on recourut à un autre genre bien singulier de dévotion ; ce fut à l'institution des jeux scéniques ; on se flatta que ces jeux n'ayant point encore paru à Rome, ils en seroient plus agréables aux dieux.

Casaubon a le premier remarqué sur un passage du scholiaste de Pindare, *Olymp. ode I.* que les *lectifternes* étoient en usage chez les Grecs, avant que d'être connus des Romains. Mais les Grecs mêmes avoient pris cette coûtume des Medes & autres peuples orientaux, qui couchoient leurs dieux sur les oreillers, *pulvinaria*, & leur servoient de magnifiques repas.

M. Spon a vu à Athenes un bas-relief de marbre, qu'il croit être la figure d'un *lectifterne*. Ce bas-relief représente un lit élevé d'un pié, & long de deux, sur lequel est le dieu Sérapis, tenant une corne d'abondance. Il a des fruits devant lui, & son boiffeau sur la tête ; plus bas est Isis, & autour d'elle quatre ou cinq figures d'hommes.

Lectifterne est un mot purement latin, qui signifie l'action de dresser, de préparer des lits, *à lectis fternendis* ; ces lits étoient ainsi préparés dans les fêtes ou pour inviter les dieux à s'y rendre pendant la nuit, ou pour y placer leurs statues & leurs images. Quant à la desserte des mets qu'on leur offroit pendant la durée du *lectifterne*, comme ils n'y touchoient pas, les prêtres de leurs temples en faisoient leur profit. (*D. J.*)

LECTOURE, *ou* LEICTOURE, *ou* LEITOUR, *ou* LAICTOURE, en latin *Lactora*, gén. *Lactorum*, *Lactora*, *Lactura*, *Lectorium* & *Lecturum*, (*Géogr.*) ancienne & forte ville de France en Gascogne, capitale de l'Armagnac, avec un vieux château, & un évêché suffragant d'Auch. Elle est sur une montagne, au pié de laquelle passe la riviere de Gers, à 5 lieues E. de Condom, 8 S. O. d'Agen, 8 N. E. d'Auch, 145 S. O. de Paris.

Cette ville étoit le chef-lieu du peuple *Lactorates*, dont le nom est marqué dans une inscription romaine ; mais il ne se trouve indiqué nulle part avant l'itinéraire d'Antonin, où l'on voit la ville *Lectoure* sur le chemin qui, passant par Auch, alloit à Comminges. Depuis le cinquieme siécle, le nom *Lactora*, & celui des évêques de cette ville, se lisent dans les signatures des conciles. Philippe le Bel acquit *Lectoure* en 1300 d'Elie Talleiran, comte de Périgord.

On lit dans Gruter des copies d'inscriptions antiques trouvées à *Lectoure*, dans l'une desquelles il y a *R. P. LACTORAT*. & dans une autre *CIVIT. LACTORAT*. Ces titres de *cité* & de *république* marquent une ville libre.

On a aussi découvert un très-grand nombre d'inscriptions tauroboliques à *Lectoure* ; presque toutes ont été faites sous Gordien III. qu'on nomme autrement *Gordien Pie*, pour le retour de la santé de cet empereur, quoique cette ville y prît le plus petit intérêt du monde. *Voyez* sur *Laictoure* moderne, Hist. de Vallois, *not. Gall.* p. 259. & M. de Marca dans son *hist. de Béarn*, *liv. I. ch. 10. Long. 18. 16. 53. latit. 43. 56. 2.*

LECTURE, s. f. (*Arts.*) c'est l'action de lire, opération que l'on apprend par le secours de l'art.

Cette opération une fois apprise, on la fait des yeux, ou à haute voix. La premiere requiert seulement la connoissance des lettres, de leur son, & de

Y v ij

leur assemblage ; elle devient prompte par l'exercice, & suffit à l'homme de cabinet. L'autre maniere demande, pour flater l'oreille des auditeurs, beaucoup plus que de savoir lire pour soi-même ; elle exige, pour plaire à ceux qui nous écoutent, une parfaite intelligence des choses qu'on leur lit, un son harmonieux, une prononciation distincte, une heureuse flexibilité dans les organes de la voix, tant pour le changement des tons que pour les pauses nécessaires.

Mais, quel que soit le talent du lecteur, il ne produit jamais un sentiment de plaisir aussi vif que celui qui naît de la déclamation. Lorsqu'un acteur parle, il vous anime, il vous remplit de ses pensées, il vous transmet ses passions ; il vous présente, non une image, mais une figure, mais l'objet même. Dans l'action tout est vivant, tout se meut ; le son de la voix, la beauté du geste, en un mot tout conspire à donner de la grace ou de la force au discours. La *lecture* est toute dénuée de ce qui frappe les sens ; elle n'emprunte rien d'eux qui puisse ébranler l'esprit, elle manque d'ame & de vie.

D'un autre côté, on juge plus sainement par la *lecture* ; ce qu'on écoute passe rapidement, ce qu'on lit se digere à loisir. On peut à son aise revenir sur les mêmes endroits, & discuter, pour ainsi dire, chaque frase.

Nous savons si bien que la déclamation, la récitation, en impose à notre jugement ; que nous remettons à prononcer sur le mérite d'un ouvrage jusqu'à la *lecture* que nous ferons, comme on dit, l'œil sur le papier. L'expérience que nous avons de nos propres sens, nous enseigne donc que l'œil est un censeur plus severe & un scrutateur bien plus exact que l'oreille. Or l'ouvrage qu'on entend réciter, qu'on entend lire agréablement, séduit plus que l'ouvrage qu'on lit soi-même & de sens froid dans son cabinet. C'est aussi de cette derniere maniere que la *lecture* est la plus utile ; car pour en recueillir le fruit tout entier, il faut du silence, du repos & de la méditation.

Je n'étalerai point les avantages qui naissent en foule de la *lecture*. Il suffit de dire qu'elle est indispensable pour orner l'esprit & former le jugement ; sans elle, le plus beau naturel se desseche & se fane.

Cependant la *lecture* est une peine pour la plûpart des hommes ; les militaires qui l'ont négligée dans leur jeunesse, sont incapables de s'y plaire dans un âge mûr. Les joueurs veulent des coups de cartes & de dés qui occupent leur ame, sans qu'il soit besoin qu'elle contribue à leur plaisir par une attention suivie. Les financiers, toujours agités par l'amour de l'intérêt, sont insensibles à la culture de leur esprit. Les ministres, les gens chargés d'affaires, n'ont pas le tems de lire ; ou s'ils lisent quelquefois, ce n'est, pour me servir d'une image de Platon, que comme des esclaves fugitifs qui craignent leurs maîtres. (*D. J.*)

LECTURES ou DISCOURS DE BOYLE, (*Théol.*) c'est une suite de discours fondés par Robert Boyle en 1691, dans le dessein, comme lui-même l'annonce, de prouver la vérité de la religion chrétienne contre les Infideles, sans entrer dans aucune des controverses ou disputes qui divisent les Chrétiens. Le but de cet ouvrage est aussi de résoudre les difficultés, & de lever les scrupules qu'on peut opposer à la profession du Christianisme.

LEDA, (*Mytholog.*) femme de Tyndare, roi de Sparte ; ses trois enfans Castor, Pollux & Hélene furent nommés *Tyndarides* par les Poëtes. Son histoire fabuleuse, connue de tout le monde, n'a point encore eu d'explications raisonnables ; mais la ruse que Jupiter employa, selon la Fable, pour séduire cette reine, nous a procuré des chef-d'œuvres en peinture. Il faut couvrir d'or le tableau de la *Léda* du Corrège pour se le procurer ; il se vendit vingt mille livres il y a dix ans dans la succession de M. Coypel, premier peintre du Roi, quoique la tête de la *Léda* fut endommagée. M. Coypel n'avoit jamais osé toucher à cette belle tête, & mêler son pinceau à celui du Corrège. (*D. J.*)

LEDE, LE, le *lède* ou le *ledum*, (*Botan.*) est une espece de ciste qui porte le *ladanum*.

Tournefort l'appelle *cistus ladanifera, cretica, flore purpureo*, coroll. I. R. H. 19. Bellon le nomme *cistus è quâ ladanum in Cretâ colligitur*, observ. lib. I. c. vij. Prosper Alpin le désigne en deux mots, *ladanum creticum*, plant. exot. 88. *cistus laurinis foliis* par Weeler, itin. 219. *cistus laudanifera, cretica, vera*, par Park. theat. 666. *The Gumbearing rock-rose* en anglois. Voici sa description très-exacte.

C'est un arbrisseau branchu, touffu, couché sur la terre, haut d'un ou de deux piés. Sa racine est ligneuse, blanchâtre en-dedans, noirâtre en-dehors, longue d'environ un pié, fibrée & chevelue. L'écorce est rougeâtre intérieurement, brune extérieurement & gercée. Elle pousse beaucoup de branches grosses comme le doigt, dures, brunes, grisâtres, & couvertes d'une écorce gercée. Ces branches se subdivisent en autres rameaux d'un rouge foncé, dont les petits jets sont velus & d'un verd-pâle. Les feuilles y naissent opposées deux à deux, oblongues, vert-brunes, ondées sur les bords, épaisses, veinées & chagrinées. Elles sont longues d'un pouce, larges de huit ou neuf lignes, terminées en pointes mousses, portées par une queue longue de trois ou quatre lignes sur une ligne de largeur.

Les fleurs qui naissent à l'extrémité des rameaux, ont un pouce & demi de diametre ; elles sont composées de cinq pétales de couleur pourpre, chiffonées, arrondis, quoique étroits à leur naissance, marqués d'un onglet jaune, & bien souvent déchirés sur les bords.

Du centre de ces fleurs sort une touffe d'étamines jaunes, chargées d'un petit sommet, feuillemorte. Elles environnent un pistil long de deux lignes, & terminé par un filet arrondi à son extrémité.

Le calice est à cinq feuilles longues de sept ou huit lignes, ovalaires, veinées, velues sur les bords, pointues, & le plus souvent recourbées en bas.

Quand la fleur est passée, le pistil devient un fruit ou une coque, longue d'environ cinq lignes, presque ovale, dure, obtuse, brune, couverte d'un duvet soyeux & enveloppée des feuilles du calice. Cette coque est partagée par sa longueur en cinq loges, qui sont remplies de graines menues, anguleuses, rousses, ayant près d'une ligne de diametre. Toute la plante est un peu styptique, & d'un goût d'herbes. Elle vient en abondance dans les montagnes qui sont auprès de la Canée, autrefois Cydon, capitale de l'île de Crète. Dioscoride l'a fort bien connue, & l'a marquée sous le nom de *Ledon*.

M. de Tournefort a observé dans le Pont un autre ciste ladanifere, ou plûtot une variété de celui-ci, avec cette seule différence que sa fleur est plus grande, *flore purpureo majore*.

La résine qui découle en été des feuilles de ces arbrisseaux se nomme *labdanum* ou *ladanum*. Voyez LADANUM.

Le ciste d'Espagne à feuilles de saule, & à fleurs blanches, marquetées au milieu d'une tache pourpre, *cistus ladanifera, hispanica, salicis folio, flore albo, maculâ punicante insignito*, est encore un ciste ladanifere, qui ne le cede en rien à ceux de Candie. Ses fleurs, aussi grandes que la rose, sont d'une extrème beauté ; la substance douce, résineuse, que nous appellons *ladanum*, exude dans les chaleurs de l'été à-travers les pores des feuilles de ce ciste en telle abondance que toute leur surface en est couverte. (*D. J.*)

LEDESMA, (*Géogr.*) forte ville d'Espagne au royaume de Léon, sur la riviere de Tormes, avec une jurisdiction considérable, à 8 lieues S. O. de Salamanque. Elle est ancienne, & paroît avoir été connue des Romains sous le nom de *Bletisa*. Sa *longit.* 12. 10. *latit.* 47. 2. (*D. J.*)

LEDUS, (*Géog. anc.*) riviere de la Gaule narbonnoise ; c'est aujourd'hui le *Lez*, qui coule à Montpellier, dans le Languedoc.

LEEDS, (*Géog.*) ville d'Angleterre en Yorckshire, avec titre de duché, autrefois la résidence des rois de Northumberland, durant l'heptarchie. Elle est sur la riviere d'Are, à 20 milles S. O. d'Yorck, 139 N. O. de Londres. *Long.* 15. 58. *latit.* 53. 43. (*D. J.*)

LEERDAM, (*Géog.*) *Lauri*, petite ville des Pays-bas dans la Hollande, sur la Linge, à 2 lieues de Gorkum, & environ autant de Viane. *Long.* 22. 23. *lat.* 51. 56.

Cette ville est bien moins connue comme un fief de la maison d'Arkel, que pour avoir été la patrie de Corneille Janssen, si fameux sous le nom de Jansénius, mort évêque d'Ypres en 1639, âgé de 54 ans. Son livre, où il se propose d'expliquer les sentimens inintelligibles de S. Augustin sur les matieres abstruses de la grace, a donné lieu à un malheureux schime, dont l'Eglise romaine, & sur-tout celle de France, a souffert de grandes plaies, qui saignent encore, & qui devroient bien se cicatriser.

LEEUWIN, LA TERRE DE, (*Géog.*) c'est-à-dire *terre de la Lionne* ; pays de la Nouvelle-Hollande, dans les terres australes, entre la terre d'Endracht ou de la Concord, & la terre de Nuitz, entre le 125 & le 136^d de *longitude*, & entre le 30 & le 35^d de *latit.* sud. La côte n'en est pas encore decouverte au nord.

LEGŒ ou LEGES, (*Géog. anc.*) λήγες, ancien peuple d'Asie, qui habitoit vers le Caucase, entre l'Albanie & les Amazones, le long de la mer caspienne. Strabon, *liv. II. p.* 503, les met entre les peuples Scythes. (*D. J.*)

LÉGAL, adj. (*Jurisprud.*) se dit de ce qui dérive de la loi, comme un augment ou douaire légal. *Voyez* AUGMENT & DOUAIRE. Il y a des peines *légales*, c'est-à-dire qui sont fixées par les lois, & d'autres qui sont arbitraires. (*A*)

LÉGALISATION, s. f. (*Jurisprud.*) *littera testimonialis*, est un certificat donné par un officier public, & par lui muni du sceau dont il a coutume d'user, par lequel il atteste que l'acte au bas duquel il donne ce certificat est authentique dans le lieu où il a été passé, & qu'on doit y ajoûter même foi. L'effet de la *légalisation* est, comme l'on voit, d'étendre l'authenticité d'un acte d'un lieu dans un autre, où elle ne seroit pas connue sans cette formalité.

L'idée que présente naturellement le terme de *légalisation*, est qu'il doit tirer son étymologie de *loi* & de *légal*, & que *légaliser*, c'est rendre un acte conforme à la loi ; ce qui s'entend cependant pas-là ce que l'on entend communément par *légalisation* ; ce terme peut venir plûtôt de ce que cette attestation est communément donnée par des officiers de justice, que dans quelques provinces on appelle *gens de loi*, de sorte que *légalisation* seroit l'attestation des gens de loi.

Nous trouvons dans quelques dictionnaires & dans quelques livres de pratique, que la *légalisation* est un certificat donné par autorité de justice, ou par une personne publique, & confirmé par l'attestation, la signature & le sceau du magistrat, afin qu'on y ajoûte foi par-tout ; *testimonium autoritate publicâ firmatum* ; que *légaliser*, c'est rendre un acte authentique, afin que par tout pays on y ajoûte foi, *autoritate publicâ firmare*.

Ces définitions pourroient peût-être convenir à certaines *légalisations* particulieres, mais elles ne donnent pas une notion exacte des *légalisations* en général, & sont défectueuses en plusieurs points.

1°. On ne devoit pas omettre d'y observer que les *légalisations* ne s'appliquent qu'à des actes émanés d'officiers publics ; actes qui par conséquent sont originairement authentiques, & dont la *légalisation* ne fait, comme on l'a dit, qu'étendre l'authenticité dans un autre lieu où elle ne seroit pas connue autrement.

2°. La *légalisation* n'est pas toujours donnée par un officier de justice, ni munie de l'attestation & de la signature du magistrat ; car il y a d'autres officiers publics qui en donnent aussi en certains cas, quoiqu'ils ne soient ni magistrats ni officiers de justice, tels que les ambassadeurs, envoyés, résidens, agens, consuls, vice-consuls, chanceliers & vice-chanceliers, & autres ministres du prince dans les cours étrangeres.

Les officiers publics de finance, tels que les trésoriers, receveurs & fermiers généraux, *légalisent* pareillement certains actes qui sont de leur compétence ; savoir, les actes émanés de leurs directeurs, préposés & commis.

Il y a aussi quelques officiers militaires qui *légalisent* certains actes, comme les officiers généraux des armées de terre & navales, les gouverneurs & lieutenans généraux des provinces, villes & places, les lieutenans de roi, majors, & autres premiers officiers qui commandent dans les citadelles, lesquels *légalisent*, tant les actes émanés des officiers militaires qui leur sont inférieurs, que ceux des autres officiers qui leur sont subordonnés, & qui exercent un ministere public, tels que les aumôniers d'armées, des places, des hôpitaux, les écrivains des vaisseaux, &c.

3°. Il n'est pas de l'essence de la *légalisation* qu'elle soit munie du sceau du magistrat ; on y appose au contraire ordinairement le sceau du prince, ou celui de la ville où se fait la *légalisation*.

Enfin la *légalisation* ne rend point un acte tellement authentique, que l'on y ajoûte foi partout pays ; car si l'acte qu'on *légalise* n'étoit pas déja par lui-même authentique dans le lieu où il a été reçu, la *légalisation* ne le rendroit authentique dans aucun endroit, son effet n'étant que d'étendre l'authenticité de l'acte d'un lieu dans un autre, & non pas de la lui donner : d'ailleurs la *légalisation* n'est pas toujours faite pour que l'on ajoûte foi par-tout pays à l'acte *légalisé* ; elle n'a souvent pour objet que d'étendre l'authenticité de l'acte d'une jurisdiction dans une autre ; & il n'y a même point de *légalisation* qui puisse rendre un acte authentique partout pays ; parce que dans chaque état où on veut le faire valoir comme tel, il faut qu'à la relation des officiers du pays dont il est émané, il soit attesté authentique par les officiers du pays où l'on veut s'en servir ; ensorte qu'il faut autant de *légalisations* particulieres que de pays où l'on veut faire valoir l'acte comme authentique.

Les lois romaines ne parlent en aucun endroit des *légalisations* ni d'aucune autre formalité qui y ait rapport ; ce qui fait présumer qu'elles n'étoient point alors en usage, & que les actes reçus par des officiers publics, étoient reçus par-tout pour authentiques jusqu'à ce qu'ils fussent argués de faux. Cependant chez les Romains, l'authenticité des actes reçus par leurs officiers publics ne pouvoir pas être partout pays aussi notoire qu'elle le seroit parmi nous, parce que les officiers publics ni les parties contractantes, ni les témoins ne mettoient aucune signature manuelle au-bas de l'acte; ils y apposoient seulement l'empreinte de leur cachet; chacun avoit alors son sceau ou cachet particulier appellé *signum*, *sigillum*, ou *annulus signatorius*. Mais l'appofition de ces sceaux particuliers étoit peu utile pour prouver l'authenticité de l'acte; car outre que c'étoient des sceaux particuliers qui pouvoient être peu connus même dans le lieu où se passoit l'acte, on pouvoit sceller un acte avec le cachet d'autrui, & tous les témoins pouvoient sceller avec le même cachet, suivant ce que dit Justinien aux *Institutes*, *lib. II. tit. x.* §. *5.* ensorte que les différens cachets apposés sur un acte, ne dénotoient point d'une maniere certaine quelles étoient les personnes qui avoient eu part à cet acte, & sur-tout n'y ayant alors aucun sceau public chez les Romains, ainsi que l'observe M. Charles Loyseau en son *traité des offices*, *ch. iv. n. 10.*

Les *légalisations* auroient donc été alors plus nécessaires que jamais pour constater l'authenticité des actes, puisqu'il n'y avoit aucune formalité qui en fît connoître l'auteur d'une maniere certaine; mais encore une fois, on ne trouve rien dans le droit romain d'où l'on puisse induire que l'on pratiquât alors aucune espece de *légalisation*.

Il n'est point parlé non-plus des *légalisations* dans le droit canon, quoique la plûpart des lois dont il est composé aient été faites dans un tems où les *légalisations* étoient déja en usage. En effet, le decret de Gratien parut en 1151; les décretales de Grégoire IX. l'an 1230; le sexte en 1298; les clémentines en 1317, & les extravagantes de Jean XXII. en 1334: or je trouve que les *légalisations* étoient dès-lors en usage.

Comme il n'y a aucune loi qui ait établi la formalité des *légalisations*, on ne sait pas précisément en quel tems on a commencé à *légaliser*. Mais il y a au trésor des chartes, *registre 80 pour les an. 1350, 1351*, une copie des statuts des tailleurs de Montpellier, délivrée par deux notaires royaux de la même ville, au-bas de laquelle sont deux *légalisations* datées de l'année 1323; la premiere donnée par le juge royal de Montpellier; la seconde par l'official de Maguelonne.

Il paroît même que l'usage des *légalisations* étoit déja fréquent, car on en trouve plusieurs de toute espece données dans les années 1330 & suivantes, qu'sont aussi au trésor des chartes; ce qui fait présumer que celles données en 1323 n'étoient pas les premieres, & que l'usage en étoit déja ancien.

Quelques docteurs ultramontains ont parlé des *légalisations* à l'occasion de ce qui est dit dans les lois romaines, des tabellions & de la foi dûe aux actes publics; tels sont Ange Balde sur la novelle 4 *de tabellionibus*; Paul de Castro en son *conseil 394*; Felin sur le chap. *coram. versic. dubium*, *de officio delegati.* Matthœus *afflictis in decison. napolit. 324*; & Alberic sur le titre du code *de fide instrum.* Ces auteurs proposent l'espece d'un testament reçu dans un pays éloigné par un notaire dont on révoque en doute la qualité dans le lieu où le testament est présenté; ils demandent si la *légalisation*, c'est-à-dire la *literam testimonialem*, donnée par l'official ou par le juge qui atteste que celui qui a reçu l'acte est réellement notaire, est suffisante pour prouver sa qualité, & ils décident pour l'affirmative.

Alberic de Rosate, jurisconsulte de Bergame dans le Milanois, qui vivoit au commencement du xj[e]. siecle, dit au même endroit qu'il a toujours vû pratiquer en justice qu'on n'ajoûtoit pas foi par provision à un acte passé dans un endroit éloigné; mais que l'on s'adresse au juge du lieu où le tabellion qui a reçu l'acte exerce ses fonctions, pour qu'il

atteste si celui qui a reçu l'acte est rédement tabellion, ou bien que l'on prouve sa qualité de tabellion en réprésentant d'autres actes émané de lui.

Pour prévenir l'embarras d'une *légisation*, Balde, au même endroit, conseille à ceux qui passent des actes qu'ils doivent envoyer dans des endroits éloignés, de les faire écrire par un notaire, & de les faire signer par trois notaires, gens de probité, afin qu'en quelqu'endroit que l'on présentc ces actes, on ne puisse point révoquer en doute qu'on été reçus par un notaire.

Felin, sur le chap. *post cessionem de pobationibus*; & Cœpola Verone *cauteld 54*, proposent le même expédient, lequel, suivant Felin, est conforme à la 152e des nouvelles décisions de laRote; mais Cœpola indique aussi la voie de prendre une attestation du juge du lieu où l'acte a été paé, que celui qui l'a reçu étoit réellement notaire; M. Boyer, dans sa *décision 154*, dit que cette vœ est la plus sûre.

Voilà tout ce que ces docteurs ont dit des *légalisations* dont ils n'ont parlé qu'en passnt, & sort légerement: nos auteurs françois n'en nt parlé en aucune maniere.

Il ne faut pas confondre les *légalisatins* avec les lettres de *vidimus* qui étoient anciennement usitées en France; ces sortes de lettres n'étoienautre chose que des expéditions authentiques tirée sur l'original d'un acte, ou des copies collationées sur une expédition: on les appelloit lettres de *viamus*, parce qu'elles commençoient ordinairement ar ces termes, *vidimus quasdam litteras integras & non cancellatas, quarum tenor sequitur*, ensuite on anscrivoit l'acte: tel étoit alors le style des expéd:ons & copies collationées, & c'est de-là qu'en qelques provinces on dit encore *copie vidimée* pou opie collationée; toute la différence qu' y a entre ces lettres de *vidimus*, & les *légalisations*, puisque ces sortes de lettres n'étoient autre cose qu'une collation des expéditions ou copies ave l'original, laquelle collation se pouvoit faire par lamême officier qui avoit reçu l'acte, & qui l'expéoit, ce qui par conséquent n'ajoutoit rien à l'autnticité de l'acte original ni de la copie; au lieu que s *légalisations* ont pour objet de faire mieux conoître l'authenticité de l'expédition ou copie qui en été tirée, en la munissant du témoignage & du sceu de quelque officier qui par son caractere soit lus connu que celui qui a reçu ou expédié l'acte.

Lorsqu'il s'agit de constater la vérité dc faits tenus dans les actes, on distingue ces acts qui sont d'écriture privée, de ceux qui sont émané de quelque officier public.

Pour ce qui est des actes d'écriture prive, l'auteur n'en est pas certain, on n'y a pir d'égard, jusqu'à ce que l'écriture en soit reconnueou tenue pour telle avec celui contre lequel on vet s'en servir.

Quoique ces sortes d'actes ne forment qu'une preuve peu certaine des faits qui y sont motionnés, néanmoins on ne les *légalise* point, parce ue l'effet de la *légalisation* n'étant pas de donner l'authenticité à un acte, mais seulement de faire pubiquement qu'il est authentique, & pour ainsi dire d'étencre son authenticité d'un lieu dans un autre; elle érrit inutile aux écritures privées, lesquelles dans leu principe ne sont point authentiques.

A l'égard des actes émanés des officiersoublics, on les a appellés *authentiques*, du mot grc *αὐθεντικός*, qui veut dire, *dont l'auteur est connu*, parce qu'en effet la *légalisation* de ces actes publicest plus connue que celle des particuliers, & que sn témoignage constate quelle est la personne qi a passé l'acte: c'est pour cela que l'on ajoute foi par provion à ces sortes d'actes, jusqu'à ce qu'ils soient inscrits de faux, & c'est en quoi consiste l'effet de l'authenticité.

Mais les actes émanés des officiers publics, tels que les notaires, greffiers, procureurs, huissiers, ne sont par eux-mêmes authentiques que dans le lieu où les officiers ont leur résidence, parce que l'authenticité des actes n'est fondée que sur ce que l'auter en est connu, & que le caractere public de ces sortes d'officiers n'est censé connu que dans le lieu où ils ont leur résidence.

C'est pour remédier à cet inconvénient, que l'on a introduit les *légalisations*, & afin d'étendre l'authenticité d'un acte d'un lieu dans un autre; car les *légalisations* sont une preuve de l'authenticité des actes, & tiennent lieu d'une enquête sommaire que l'on feroit pour constater la qualité & la signature de l'officier public qui a reçu l'acte dans les lieux où son authenticité ne seroit pas connue sans cette formalité.

Par exemple un acte reçu par un notaire au châtelet de Paris, n'est par lui-même authentique que dans le ressort du châtelet, parce que la signature de ce notaire n'est pas censée connue hors des lieux où il exerce ses fonctions; mais si le juge royal auquel ce notaire est soumis, *légalise* l'acte, en attestant que celui qui l'a reçu est réellement notaire au chatelet de Paris, que la signature apposée à l'acte est la sienne, & que l'on ajoute foi aux actes émanés de lui, alors la qualité de l'acte étant constatée par le certificat du juge royal, l'acte sera authentique par tout le royaume, & même dans les pays étrangers, parce que le sceau des juges royaux est censé connu par tout pays.

La *légalisation* ne donne à l'acte aucun droit d'hypotheque ni d'exécution parée, s'il ne l'a par lui-même; elle ne sert, comme on l'a dit, qu'à faire connoître son authenticité.

L'acte de *légalisation* est lui-même authentique & ce qu'il contient, dans le pays où le caractere de l'officier qui l'a donné, est connu; & cet acte fait foi par provision, jusqu'à ce qu'il soit inscrit de faux.

Ce n'est pas seulement en France que les *légalisations* font en usage; elles le sont pareillement chez toutes les nations policées; mais elles s'y pratiquent diversement.

Dans toute l'Italie, l'Allemagne, la Hollande, l'Angleterre, & l'Espagne, un acte reçu par un notire devient authentique à l'égard de tous les pays de leur domination, par le certificat & la signature de trois autres notaires qui attestent la signature & la qualité du premier: j'ai vû quelques *légalisations* de cette espece, à la suite desquelles étoit une seconde *légalisation* donnée par les officiers municipaux des villes, & munies de leur sceau, lesquels attestoient la signature & la qualité des trois notaires qui avoient donné la premiere *légalisation*; mais cette seconde *légalisation* n'avoit été ajoutée que pour faire valoir l'acte en France, où l'on n'étoit pas obligé de connoître la signature ni la qualité des trois notaires qui avoient donné la premiere *légalisation*.

J'ai vu pareillement plusieurs actes passés en Pologne, & que l'on faisoit valoir en France comme authentiques, lesquels n'étoient munis que d'une seule *légalisation*, quelques-uns passés par les officiers municipaux des villes, d'autres par les officiers de la chancellerie du prince: je n'en ai vu aucun qui fût légalisé par des notaires, & je ne crois pas que cela y soit en usage.

En France on pratique diverses *légalisations*, & il y a plusieurs sortes d'officiers publics qui ont le pouvoir de *légaliser*, selon la qualité des actes; mais les notaires n'en *légalisent* aucun.

Il seroit trop long d'entrer dans le détail de tous les actes qui peuvent être *légalisés*, & des cas dans lesquels la *légalisation* est nécessaire; il suffit d'observer en général qu'à la rigueur tous actes émanés d'un officier public, tel qu'un notaire, commissaire, huissier, &c. quand on les produit hors du lieu où l'officier qui les a reçus fait ses fonctions, ne sont point authentiques s'ils ne sont *légalisés*.

On exige sur-tout que les procurations soient *légalisées*, lorsque l'on s'en sert hors du lieu de l'exercice des notaires qui les ont reçues: cette formalité est expressément ordonnée par tous les édits & déclarations rendus au sujet des rentes viageres, qui portent que les procurations passées en province par les rentiers, seront *légalisées* par le juge royal du lieu de leur résidence; & ce sont-là les seules lois qui parlent des *légalisations*: encore n'est-ce qu'en passant, & en les supposant déja usitées.

Les officiers qui ont caractere pour *légaliser*, ne doivent faire aucune *légalisation*, qu'ils ne connoissent la qualité de l'officier qui a reçu l'acte, sa signature, & le sceau qu'il avoit coutume d'apposer aux actes qui se passoient par-devant lui: s'ils n'en ont pas une connoissance personnelle, ils peuvent *légaliser* l'acte suivant ce qu'ils tiennent par tradition, ou à la relation d'autrui, pourvû qu'ils s'informent des faits qu'il s'agit d'attester, à des témoins dignes de foi.

De-là suit naturellement, que l'on peut *légaliser* non-seulement les actes expédiés par des officiers qui sont encore vivans, mais aussi ceux qui ont été expédiés anciennement par des officiers qui sont morts au tems de la *légalisation*, pourvû que la qualité, la signature & le sceau de ces officiers soient connus par tradition ou autrement.

Pour connoître plus particulierement par quels officiers chaque espece d'actes doit être *légalisée*, il faut d'abord distinguer les actes émanés des officiers publics ecclésiastiques, d'avec ceux émanés des officiers publics séculiers.

Les actes émanés d'officiers publics ecclésiastiques, tels que les curés, vicaires, desservans, les vice-gérens, promoteurs, greffiers, notaires, procureurs apostoliques, appariteurs, & autres officiers de cette qualité, peuvent être *légalisés* par les supérieurs ecclésiastiques de ces officiers, soit l'évêque ou archevêque, ou l'un de ses grands vicaires, ou son official; & une telle *légalisation* est valable non-seulement à l'égard des autres supérieurs ou officiers ecclésiastiques, mais aussi à l'égard de tous officiers séculiers royaux ou autres, parce que l'évêque & ses préposés sont compétens pour attester à toutes sortes de personnes l'authenticité des actes émanés des officiers ecclésiastiques, que personne ne peut mieux connoître que l'évêque, son officiale, ou ses grands vicaires.

Il faut seulement observer que si c'est l'official qui a fait la *légalisation*, & que l'on veuille la faire sceller pour plus grande authenticité, comme cela se pratique ordinairement, il faut la faire sceller ou par l'évêque ou par celui qui est préposé par lui pour apposer son sceau, car ordinairement les officiaux n'ont point de sceau même pour sceller leurs jugemens.

On peut aussi faire *légaliser* des actes émanés des officiers ecclésiastiques, par le juge royal du lieu de leur résidence, & sur-tout lorsqu'on veut produire ces actes en cour laie, ou devant des officiers séculiers, royaux ou autres, parce que le juge royal est présumé connoître tous les officiers qui exercent un ministere public dans son ressort; & une telle *légalisation* est valable même à l'égard des officiers ecclésiastiques auprès desquels on veut faire valoir l'acte, parce qu'ils ne peuvent méconnoître la *léga-*

tantes, ni les témoins ne mettoient aucune signature manuelle au-bas de l'acte; ils y appofoient feulement l'empreinte de leur cachet; chacun avoit alors fon fceau ou cachet particulier appellé *signum*, *figillum*, ou *annulus signatorius*. Mais l'appofition de ces fceaux particuliers étoit peu utile pour prouver l'authenticité de l'acte; car outre que c'étoient des fceaux particuliers qui pouvoient être peu connus même dans le lieu où fe paffoit l'acte, on pouvoit fceller un acte avec le cachet d'autrui, & tous les témoins pouvoient fceller avec le même cachet, fuivant ce que dit Juftinien aux *Inftitutes*, *lib. II. tit. x. §. 5.* enforte que les différens cachets appofés fur un acte, ne dénotoient point d'une maniere certaine quelles étoient les perfonnes qui avoient eu part à cet acte, & fur-tout n'y ayant alors aucun fceau public chez les Romains, ainfi que l'obferve M. Charles Loyfeau en fon *traité des offices*, *ch. iv. n. 10*.

Les *légalifations* auroient donc été alors plus néceffaires que jamais pour conftater l'authenticité des actes, puifqu'il n'y avoit aucune formalité qui en fît connoître l'auteur d'une maniere certaine; mais encore une fois, on ne trouve rien dans le droit romain d'où l'on puiffe induire que l'on pratiquât alors aucune efpece de *légalifation*.

Il n'eft point parlé non-plus des *légalifations* dans le droit canon, quoique la plûpart des lois dont il eft compofé aient été faites dans un tems où les *légalifations* étoient déja en ufage. En effet, le décret de Gratien parut en 1151; les décretales de Grégoire IX. l'an 1230; le fexte en 1298; les clémentines en 1317, & les extravagantes de Jean XXII. en 1334: or je trouve que les *légalifations* étoient dès-lors en ufage.

Comme il n'y a aucune loi qui ait établi la formalité des *légalifations*, on ne fait précifément en quel tems on a commencé à *légalifer*. Mais il y a au tréfor des chartes, *regiftre 80 pour les an. 1350, 1351*, une copie des ftatuts des tailleurs de Montpellier, délivrée par deux notaires royaux de la même ville, au-bas de laquelle font deux *légalifations* datées de l'année 1323; la premiere donnée par le juge royal de Montpellier; la feconde par l'official de Maguelonne.

Il paroît même que l'ufage des *légalifations* étoit déja fréquent, car on en trouve plufieurs de toute efpece données dans les années 1330 & fuivantes, qui font auffi au tréfor des chartes; ce qui fait préfumer que celles données en 1323 n'étoient pas les premieres, & que l'ufage de ces actes étoit déja ancien.

Quelques docteurs ultramontains ont parlé des *légalifations* à l'occafion de ce qui eft dit dans les lois romaines, des tabellions & de la foi dûe aux actes publics; tels font Ange Balde fur la novelle 4 ½ *de tabellionibus*; Paul de Caftro en fon *confeil 394*; Felin fur le chap. *coram. verfic. dubium*, *de officio delegati*. Matthœus *de afflictis in decifion. napolit. 251*; & Alberic fur le titre du code *de fide inftrum*. Ces auteurs propofent l'efpece d'un teftament reçu dans un pays éloigné par un notaire dont on révoque en doute la qualité dans le lieu où le teftament eft préfenté; ils demandent fi la *légalifation*, qu'ils nomment *litteram teftimonialem*, donnée par l'official ou par le juge qui atteste que celui qui a reçu l'acte eft réellement notaire, eft fuffifante pour prouver fa qualité, & ils décident pour l'affirmative.

Alberic de Rofate, jurifconfulte de Bergame dans le Milanois, qui vivoit au commencement du xj°. fiecle, dit au même endroit qu'il a toujours vû pratiquer en juftice qu'on n'ajoûtoit pas foi par provifion à un acte paffé dans un endroit éloigné; mais que l'on s'adreffe au juge du lieu où le tabellion qui a reçu l'acte exerce fes fonctions, pour qu'il attefte fi celui qui a reçu l'acte eft réellement tabellion, ou bien que l'on prouve fa qualité de tabellion en repréfentant d'autres actes émanés de lui.

Pour prévenir l'embarras d'une *légalifation*, Balde, au même endroit, confeille à ceux qui paffent des actes qu'ils doivent envoyer dans des endroits éloignés, de les faire écrire par un notaire, & de les faire figner par trois notaires, gens de probité, afin qu'en quelqu'endroit que l'on préfente ces actes, on ne puiffe point révoquer en doute qu'ils ont été reçus par un notaire.

Felin, fur le chap. *poft ceffionem de probationibus*, & Cœpola Verone *cautelâ 54*, propofent le même expédient, lequel, fuivant Felin, eft conforme à la 152° des nouvelles décifions de la Rote; mais Cœpola indique auffi la voie de prendre une atteftation du juge du lieu où l'acte a été paffé, que celui qui l'a reçu étoit réellement notaire; & M. Boyer, dans fa *décifion 154*, dit que cette voie eft la plus fûre.

Voilà tout ce que ces docteurs ont dit des *légalifations* dont ils n'ont parlé qu'en paffant, & fort légerement: nos auteurs françois n'en ont parlé en aucune maniere.

Il ne faut pas confondre les *légalifations* avec les lettres de *vidimus* qui étoient anciennement ufitées en France; ces fortes de lettres n'étoient autre chofe que des expéditions authentiques tirées fur l'original d'un acte, ou des copies collationnées fur une expédition: on les appelloit lettres de *vidimus*, parce qu'elles commençoient ordinairement par ces termes, *vidimus quafdam litteras integras & non cancellatas*, *quarum tenor fequitur*, enfuite on transcrivoit l'acte: tel étoit alors le ftyle des expéditions & copies collationnées, & c'eft de-là qu'en quelques provinces on dit encore *copie vidimée* pour *copie collationnée*; on fent affez la différence qu'il y a entre ces lettres de *vidimus*, & les *légalifations*, puifque ces fortes de lettres n'étoient autre chofe qu'une collation des expéditions ou copies avec l'original, laquelle collation fe pouvoit faire par le même officier qui avoit reçu l'acte, & qui l'expédioit, ce qui par conféquent n'ajoûtoit rien à l'authenticité de l'acte original ni de la copie; au lieu que les *légalifations* ont pour objet de faire connoître l'authenticité de l'expédition ou copie qui en a été tirée, en la muniffant du témoignage & du fceau de quelque officier qui par fon caractere foit plus connu que celui qui a reçu ou expédié l'acte.

Lorfqu'il s'agit de conftater la vérité des faits tenus dans les actes, on diftingue ces actes qui font d'écriture privée, de ceux qui font émanés de quelque officier public.

Pour ce qui eft des actes d'écriture privée, comme l'auteur n'en eft pas certain, on n'y a point d'égard, jufqu'à ce que l'écriture en foit reconnue ou tenue pour telle avec celui contre lequel on veut s'en fervir.

Quoique ces fortes d'actes ne forment qu'une preuve peu certaine des faits qui y font mentionnés, néanmoins on ne les *légalife* point, parce que l'effet de la *légalifation* n'étant pas de donner l'authenticité à un acte, mais feulement de faire connoître qu'il eft authentique, & par ainfi dire d'attefter fon authenticité d'un lieu dans un autre; elle feroit inutile aux écritures privées, lefquelles dans leur principe ne font point authentiques.

A l'égard des actes émanés des officiers publics, on les a appellés *authentiques*, du mot grec αὐθεντικὸς, qui veut dire, *dont l'auteur eft connu*, parce qu'en effet la fignature de l'officier public eft plus connue que celle des particuliers, & que fon témoignage conftate quelle eft la perfonne qui a paffé l'acte: c'eft pour cela que l'on ajoute foi par provision à ces sortes d'actes, jusqu'à ce qu'ils soient inscrits de faux, & c'est en quoi consiste l'effet de l'authenticité.

Mais les actes émanés des officiers publics, tels que les notaires, greffiers, procureurs, huissiers, ne sont par eux-mêmes authentiques que dans le lieu où les officiers ont leur résidence, parce que l'authenticité des actes n'est fondée que sur ce que l'auteur en est connu, & que le caractere public de ces sortes d'officiers n'est censé connu que dans le lieu où ils ont leur résidence.

C'est pour remédier à cet inconvénient, que l'on a introduit les *légalisations*, & afin d'étendre l'authenticité d'un acte d'un lieu dans un autre ; car les *légalisations* sont une preuve de l'authenticité des actes, & tiennent lieu d'une enquête sommaire que l'on feroit pour constater la qualité & la signature de l'officier public qui a reçu l'acte dans les lieux où son authenticité ne seroit pas connue sans cette formalité.

Par exemple un acte reçu par un notaire au châtelet de Paris, n'est par lui-même authentique que dans le ressort du châtelet, parce que la signature de ce notaire n'est pas censée connue hors des lieux où il exerce ses fonctions ; mais si le juge royal auquel ce notaire est soumis, *légalise* l'acte, en attestant que celui qui l'a reçu est réellement notaire au châtelet de Paris, que la signature apposée à l'acte est la sienne, & que l'on ajoute foi aux actes émanés de lui, alors la qualité de l'acte étant constatée par le certificat du juge royal, l'acte sera authentique par tout le royaume, & même dans les pays étrangers, parce que le sceau des juges royaux est censé connu par tout pays.

La *légalisation* ne donne à l'acte aucun droit d'hypotheque ni d'exécution parée, s'il ne l'a par lui-même ; elle ne sert, comme on l'a dit, qu'à faire connoître son authenticité.

L'acte de *légalisation* est lui-même authentique en ce qu'il contient, dans le pays où le caractere de l'officier qui l'a donné, est connu ; & cet acte fait foi par provision, jusqu'à ce qu'il soit inscrit de faux.

Ce n'est pas seulement en France que les *légalisations* sont en usage ; elles le sont pareillement chez toutes les nations policées ; mais elles s'y pratiquent diversement.

Dans toute l'Italie, l'Allemagne, la Hollande, l'Angleterre, & l'Espagne, un acte reçu par un notaire devient authentique à l'égard de tous les pays de leur domination, par le certificat & la signature de trois autres notaires qui attestent la signature & la qualité du premier : j'ai vû quelques *légalisations* de cette espece, à la suite desquelles étoit une seconde *légalisation* donnée par les officiers municipaux des villes, & munies de leur sceau, lesquels attestoient la signature & la qualité des trois notaires qui avoient donné la premiere *légalisation* ; mais cette seconde *légalisation* n'avoit été ajoutée que pour faire valoir l'acte en France, où l'on n'étoit pas obligé de connoître la signature ni la qualité des trois notaires qui avoient donné la premiere *légalisation*.

J'ai vû pareillement plusieurs actes passés en Pologne, & que l'on faisoit valoir en France comme authentiques, lesquels n'étoient munis que d'une seule *légalisation*, quelques-uns *légalisés* par les officiers municipaux des villes, d'autres par les officiers de la chancellerie du prince : je n'en ai vu aucun qui fût légalisé par des notaires, & je ne crois pas que cela y soit en usage.

En France on pratique diverses *légalisations*, & il y a plusieurs sortes d'officiers publics qui ont le pouvoir de *légaliser*, selon la qualité des actes ; mais les notaires n'en *légalisent* aucun.

Il seroit trop long d'entrer dans le détail de tous les actes qui peuvent être *légalisés*, & des cas dans lesquels la *légalisation* est nécessaire ; il suffit d'observer en général qu'à la rigueur tous actes émanés d'un officier public, tel qu'un notaire, commissaire, huissier, &c. quand on les produit hors du lieu où l'officier qui les a reçus fait ses fonctions, ne sont point authentiques s'ils ne sont *légalisés*.

On exige sur-tout que les procurations soient *légalisées*, lorsque l'on s'en sert hors du lieu de l'exercice des notaires qui les ont reçues : cette formalité est expressément ordonnée par tous les édits & déclarations rendus au sujet des rentes viageres, qui portent que les procurations passées en province par les rentiers, seront *légalisées* par le juge royal du lieu de leur résidence, & ce sont-là les seules lois qui parlent des *légalisations* : encore n'est-ce qu'en passant, & en les supposant déja usitées.

Les officiers qui ont caractere pour *légaliser*, ne doivent faire aucune *légalisation*, qu'ils ne connoissent la qualité de l'officier qui a reçu l'acte, sa signature, & le sceau qu'il avoit coutume d'apposer aux actes qui se passoient par-devant lui : s'ils n'en ont pas une connoissance personnelle, ils peuvent *légaliser* l'acte suivant ce qu'ils tiennent par tradition, ou à la relation d'autrui, pourvû qu'ils s'informent des faits qu'il s'agit d'attester, à des témoins dignes de foi.

De-là suit naturellement, que l'on peut *légaliser* non-seulement les actes expédiés par des officiers qui sont encore vivans, mais aussi ceux qui ont été expédiés anciennement par des officiers qui sont morts au tems de la *légalisation*, pourvû que la qualité, la signature, & le sceau de ces officiers soient connus par tradition ou autrement.

Pour connoître plus particulierement par quels officiers chaque espece d'actes doit être *légalisée*, il faut d'abord distinguer les actes émanés des officiers publics écclésiastiques, d'avec ceux émanés des officiers publics séculiers.

Les actes émanés d'officiers publics écclésiastiques, tels que les curés, vicaires, desservans, les vice-gérens, promoteurs, greffiers, notaires, & procureurs apostoliques, appariteurs, & autres officiers de cette qualité, peuvent être *légalisés* par les supérieurs ecclésiastiques de ces officiers, soit l'évêque ou archevêque, ou l'un de ses grands vicaires, ou son official, & une telle *légalisation* est valable non-seulement à l'égard des autres supérieurs ou officiers ecclésiastiques, mais aussi à l'égard de tous officiers séculiers royaux ou autres, parce que l'évêque & ses préposés sont compétens pour attester à toutes sortes de personnes l'authenticité des actes émanés des officiers ecclésiastiques, que personne ne peut mieux connoître que l'évêque, son officicial, ou ses grands vicaires.

Il faut seulement observer que si c'est l'official qui a fait la *légalisation*, & que l'on veuille la faire sceller pour plus grande authenticité, comme cela se pratique ordinairement, il faut la faire sceller ou par l'évêque ou par celui qui est préposé par lui pour apposer son sceau, car ordinairement les officiaux n'ont point de sceau même pour sceller leurs jugemens.

On peut aussi faire *légaliser* des actes émanés des officiers ecclésiastiques, par le juge royal du lieu de leur résidence, & sur-tout lorsqu'on veut produire ces actes en cour laie, ou devant des officiers séculiers, royaux ou autres, parce que le juge royal est présumé connoître tous les officiers qui exercent un ministere public dans son ressort ; & une telle *légalisation* est valable même à l'égard des officiers ecclésiastiques auprès desquels on veut faire valoir l'acte, parce qu'ils ne peuvent méconnoître la *léga-*

lifation du juge royal, dont le sceau est connu partout.

A l'égard des actes émanés d'officiers publics séculiers, anciennement lorsqu'on vouloit les faire *légaliser*, on s'adressoit à l'évêque, son official ou ses grands-vicaires, plûtôt qu'au juge royal ; ou si l'on faisoit d'abord *légaliser* l'acte par le juge royal du lieu, on y ajoutoit, pour plus grande authenticité, la *légalisation* de l'évêque, ou de son official ou grand-vicaire.

C'est ainsi, par exemple, que sont *légalisés* les statuts des tailleurs de Montpellier, dont j'ai déja parlé ; ces statuts sont d'abord *légalisés* par le juge royal de Montpellier, & ensuite est une seconde *légalisation* donnée par l'official de Maguelonne (à présent Mauguio), ville où étoit autrefois le siège des évêques du bas Languedoc, qui est présentement à Montpellier ; cette *légalisation* est conçue en ces termes : *Et ad majorem omnem firmitatem, videlicet perdictus magister Simon de Tornaforti, sit notarius publicus regius pro ut se subscripsit, & instrumentis per eum confectis plena fides adhibeatur in judicio & extra, & ad ipsum recurratur, pro conficiendis publicis instrumentis tanquam ad personam publicam : nos Hugo Augerii, juris utriusque professor, officialis Magalonensis, sigillum authenticum nostra officialitatis huic instrumento publico duximus apponendum, anno domini 1323, quarto nonas Augusti.*

Ce qui avoit introduit l'usage de faire ainsi *légaliser*, par les officiaux ou autres officiers ecclésiastiques, toutes sortes d'actes, même ceux reçus par des officiers royaux, c'est que les ecclésiastiques, profitant de l'ignorance de ces tems-là, s'étoient attribué la connoissance de presque toutes sortes d'affaires civiles, sous prétexte que la religion ou l'église y étoit intéressée, soit par la qualité des personnes ou des choses dont elles disposoient, soit par la solemnité du serment que l'on inséroit dans tous les actes ; en sorte que la signature & le sceau des évêques, leurs grands-vicaires ou official étoient réellement plus connus & plus authentiques que ceux des officiers royaux, parce que le pouvoir des premiers étoit plus étendu.

Mais depuis que les choses ont été rétablies en France dans leur ordre naturel par l'*article* 2 de l'ordonnance de 1539, les évêques, leurs grands-vicaires ou official ne *légalisent* plus que les actes reçus par des officiers ecclésiastiques, encore ces mêmes actes peuvent-ils aussi être *légalisés* par le juge royal, & l'on a le choix de s'adresser à l'un ou à l'autre, & même leurs *légalisations* ne servent point en cour laie si elles ne sont attestées par les juges laïcs ordinaires.

Pour ce qui est des actes émanés d'officiers publics séculiers, il faut distinguer ceux qui sont reçus par des officiers des seigneurs, de ceux qui sont reçus par des officiers royaux.

Les actes reçus par des officiers de justices seigneuriales, tels que les greffiers, notaires, procureurs, huissiers & autres officiers fiscaux, peuvent être *légalisés* par le juge seigneurial de la justice en laquelle ces officiers sont immatriculés, & cette *légalisation* est suffisante pour étendre l'authenticité de l'acte dans le ressort de la justice supérieure, soit royale ou seigneuriale, du-moins à l'égard du juge supérieur qui doit connoître la signature & le sceau des juges de son ressort ; mais s'il s'agit de faire valoir l'acte auprès d'autres officiers que le juge supérieur, en ce cas il faut une seconde *légalisation* donnée par le juge supérieur, qui atteste que le juge inférieur qui a *légalisé* est réellement juge, & que ce sont sa signature & son sceau qui sont apposés à la première *légalisation*.

Si cette seconde *légalisation* n'est donnée que par un juge de seigneur, elle ne rend l'acte authentique que dans son ressort, parce que l'on n'est pas obligé ailleurs de connoître la signature ni le sceau de tous les juges de seigneurs ; mais si cette seconde *légalisation* est donnée par un juge royal, l'acte devient authentique dans tout le royaume, & même dans les pays étrangers, parce que le sceau royal est connu par-tout.

Quant aux actes émanés d'officiers publics royaux, lorsqu'on veut les rendre authentiques hors du lieu de la résidence des officiers qui les ont reçus, on les fait *légaliser* par le juge royal du lieu où ces officiers font leur résidence, lequel y appose le sceau de la juridiction.

On peut aussi les faire *légaliser* par les officiers municipaux des villes où ces officiers royaux font leur résidence, auquel cas ces officiers municipaux opposent le sceau de la ville & non le sceau royal : ces sortes de *légalisations* sont les plus authentiques, surtout pour faire valoir un acte en pays étranger, parce que les sceaux des villes ne changent jamais, sont plus connus que les sceaux particuliers de chaque juridiction, & que d'ailleurs le sceau de la ville est en quelque sorte plus général & plus étendu que celui de la juridiction, puisque la juridiction est dans la ville & même qu'il y a souvent plusieurs juridictions royales dans une même ville.

L'ordonnance de Léopold I. duc de Lorraine, du mois de Novembre 1707 (réglement touchant les officiers, *article* 20.), dit que la *légalisation* des actes des notaires & tabellions sera faite par le lieutenant général seul qui y apposera le petit sceau des sentences dont il a la garde ; que dans les lieux où il y aura prévôté ayant juridiction avec le bailliage, le droit de *légalisation* appartiendra au prévôt. A l'égard des actes des notaires & tabellions établis dans l'étendue de sa prévôté, & qui auront été reçus devant lui, à la reserve néanmoins de ceux qui seront résidens dans le lieu de l'établissement du bailliage dont la *légalisation* appartiendra au lieutenant général quoiqu'il y ait un prévôt établi, l'*article* 23 ajoûte que la *légalisation* des actes des greffiers appartiendra au chef de la compagnie où servira le greffier dont l'acte devra être *légalisé*.

Les actes émanés d'officiers publics des finances, comme les certificats, quittances, procès-verbaux des commis, receveurs, directeurs & préposés dans les bureaux du roi, doivent être *légalisés* par les officiers supérieurs des finances, tels que les receveurs généraux, tresoriers généraux, payeurs des rentes & autres semblables officiers, selon la nature des actes qu'il s'agit de rendre authentiques hors du lieu de la résidence des officiers qui les ont reçus.

Les actes émanés des officiers militaires, comme les quittances, congés, &c. donnés par les capitaines, lieutenans, majors, doivent, pour faire foi, être *légalisés* par les officiers généraux leurs supérieurs, & ensuite l'on fait *légaliser* par le ministre de la guerre la *légalisation* donnée par ces officiers supérieurs.

Il en est de même pour ce qui concerne la Marine, le Commerce, les universités, & toutes les autres affaires civiles : ce sont les officiers supérieurs qui *légalisent* les actes émanés des officiers subalternes.

Lorsqu'on veut faire connoître l'authenticité d'un acte dans les pays étrangers, outre les *légalisations* ordinaires que l'on y appose pour le rendre authentique par tout le royaume, on le fait encore *légaliser* pour plus grande sûreté par l'ambassadeur, envoyé, consul, résident, agent, ou autre ministre de l'état dans lequel on veut faire valoir l'acte.

L'ordonnance de la Marine, *titre des consuls*, *article* 23, porte que tous actes expédiés dans les pays étrangers

étrangers où il y aura des consuls, ne feront aucune foi en France s'ils ne font par eux *légalisés*.

Lorsqu'on produit en France des actes reçus en pays étranger par des officiers publics, & *légalisés* dans le pays par l'ambassadeur ou autre ministre de France, on *légalise* au bureau des affaires étrangeres la *légalisation* donnée par l'ambassadeur envoyé ou autre personne ayant caractere public. Le ministre du roi qui a le département des affaires étrangeres, atteste que celui qui a *légalisé* l'acte en pays étranger a réellement le caractere mentionné en la *légalisation*, que c'est sa signature & le sceau dont il a coutume d'user.

Quand on veut faire valoir en France un acte reçu dans certains pays étrangers où le roi n'a point de ministres, on peut le faire *légaliser* par quelque françois qui s'y rencontre fortuitement, pourvu que ce soit une personne attachée à la France par quelque dignité connue, auquel cas cette personne, à défaut de ministre de France, a caractere représentatif pour *légaliser*; il y en a un exemple tout récent. Un françois étant dans les états de Moscovie sur les côtes de la mer de Lenskogo, y passa une procuration pour toucher des rentes à lui dûes sur l'hôtel-de-ville de Paris. N'y ayant point de ministre du roi dans ces pays si éloignés, il fit *légaliser* sa procuration par un chef d'escadre des vaisseaux du roi qui se rencontra sur les côtes de cette mer. La *légalisation* fut faite dans le bord de cet officier; lorsqu'on la présenta au payeur, il fit d'abord difficulté de déférer à une telle *légalisation*, néanmoins il fut décidé par les officiers supérieurs qu'elle étoit valable.

Tout ce que l'on vient de dire des *légalisations* ne doit s'appliquer qu'aux actes extrajudiciaires : car ordinairement on *légalise* point les jugemens quand il s'agit de les mettre à exécution hors du ressort de la jurisdiction de laquelle ils sont émanés, mais dans l'intérieur du royaume; le juge qui les a rendus délivre une commission rogatoire adressée au juge du lieu où l'on veut faire l'exécution, lequel délivre de sa part un paréatis ou commission exécutoire en vertu de laquelle on met le jugement à exécution.

Ces paréatis ne font pas proprement des *légalisations*, mais ils équivalent à une *légalisation*, puisqu'ils mettent en état d'exécuter le jugement dans un pays où son authenticité ne seroit pas connue sans paréatis, & ils renferment une *légalisation* tacite en ce qu'ordinairement le juge à qui l'on s'adresse pour les obtenir ne les accorde qu'autant qu'il reconnoît pour authentiques la signature & le sceau dont le jugement est revêtu.

A l'égard des jugemens rendus dans une souveraineté étrangere, que l'on veut faire valoir dans une autre souveraineté, on ne prend ni commission rogatoire, ni paréatis, parce qu'on ne peut pas les mettre à exécution; ils ne produisent que l'action personnelle *ex judicato*, en vertu de laquelle il faut obtenir un jugement dans le lieu où on veut faire l'exécution, & dans ce cas je crois que dans la regle les jugemens auroient besoin d'être *légalisés* comme les actes extrajudiciaires, pour devenir authentiques dans le lieu où l'on s'en sert comme d'un titre pour se pourvoir par action *ex judicato*, mais je n'ai point vu de telles *légalisations*.

Il y a quelques états, tels que les Pays-bas, la Lorraine, & la principauté souveraine de Dombes, qui ont avec la France un droit réciproque d'entrecours de jurisdiction, c'est-à-dire que les jugemens émanés de ces état étant revêtus d'une commission rogatoire du juge qui les a rendus, s'exécutent dans les autres états où ce droit d'entre-cours a lieu, pourvu qu'ils soient revêtus d'un paréatis du juge du lieu où on veut mettre le jugement à exécution.

Comme les paréatis qui s'obtiennent soit dans le royaume, soit dans les pays étrangers, n'ont été introduits que pour pouvoir mettre le jugement à exécution, je crois que lorsqu'on les produit soit dans le royaume, soit ailleurs, non pas pour les mettre à exécution, mais seulement pour la preuve de certains faits qui en résultent, que ce seroit plûtôt le cas de les faire *légaliser* que de prendre un paréatis.

En effet, outre que le paréatis n'est pas une véritable attestation de l'authenticité du jugement, il peut arriver que l'on ne puisse pas accorder de paréatis, soit parce que le jugement dont il s'agit auroit déjà été exécuté & qu'on ne le produit que pour la preuve de certains faits qui en résultent, soit parce qu'il ne seroit pas exécutoire au profit de la personne qui le produit, soit enfin parce que l'expédition que l'on en représente n'est pas dans une forme exécutoire : dans tous ces cas où il s'agit de faire connoître l'authenticité du jugement, & où l'on ne peut pas prendre de paréatis, la *légalisation* me paroîtroit nécessaire, soit à l'égard des jugemens rendus dans les justices seigneuriales lorsqu'on veut qu'ils fassent foi hors de leur ressort, parce que le sceau du seigneur justicier n'est pas censé connu hors de son ressort, soit à l'égard des jugemens émanés de juges royaux pour en constater l'authenticité dans les pays étrangers ; j'avoue néanmoins que je n'ai point vu de telles *légalisations*.

Voyez l'édit du mois d'Octobre 1706, concernant le contrôle des registres des baptêmes, mariages & sépultures, *article* 2 ; l'arrêt du conseil du 30 Novembre suivant ; l'édit du mois d'Août 1717, *articles 6 & 7* ; l'arrêt du conseil du 16 Mai 1720, *articles 7 & 8* ; l'édit du mois de Juillet 1723, portant création de rentes viageres, *articles 4 & 6* ; l'arrêt du conseil du 29 Août 1724, au sujet des droits de péages & autres semblables ; la déclaration du 27 Décembre 1727, pour la perception des rentes viageres ; l'édit de création de rentes de tontines de Novembre 1733, *article 13*, & autres édits & déclarations concernant les rentes viageres & de tontine, dans lesquels il est parlé de la *légalisation* des procurations, certificats de vie, &c. *(A)*

LÉGALISER (*Jurisprud.*) c'est certifier l'authenticité d'un acte public, afin que l'on y ajoûte foi, même hors le district des officiers dont il est émané. *Voyez ci-devant* LÉGALISATION. *(A)*

LÉGAT, *legatus*, s. m. (*Jurisprud.*) légat du pape ou du saint siege, est un ecclésiastique qui fait les fonctions de vicaire du pape, & qui exerce sa jurisdiction dans les lieux où le pape ne peut se trouver.

Le pape donne quelquefois le pouvoir de *légat* sans en conférer le titre ni la dignité.

Le titre de *légat* paroît emprunté du droit romain, suivant lequel on appelloit *légats* les personnes que l'empereur ou les premiers magistrats envoyoient dans les provinces pour y exercer en leur nom la jurisdiction. Quand ces *légats* ou vicaires étoient tirés de la cour de l'empereur, on les nommoit *missi de latere*, d'où il paroît que l'on a aussi emprunté le titre de *légats à latere*.

Les premiers *légats* du pape dont l'histoire ecclésiastique fasse mention, sont ceux que les papes envoyerent, dès le iv. siecle, aux conciles généraux ; Vitus & Vincent, prêtres, assisterent au concile de Nicée comme *légats* du pape Sylvestre. Le pape Jules ne pouvant assister en personne au concile de Sardique, y envoya à sa place deux prêtres & un diacre. Au concile de Milan le pape Tibere envoya trois *légats* ; Lucifer, évêque de Cagliari ; Pancrace, prêtre ; & Hilaire, diacre.

Au sixieme concile de Carthage, tenu en 419 sous le pape Boniface, assisterent les *légats* qui avoient été envoyés dès l'année précédente par le pape Zozime, son prédécesseur, pour instruire l'affaire d'Apiarius, prêtre de la ville de Sicque en Mauritanie, lequel ayant été excommunié par Urbain, son évêque, s'étoit pourvu devant le pape. Ces *légats* étoient chargés d'une instruction qui contenoit plusieurs chefs qui furent contestés par les évêques d'Afrique, savoir celui qui concernoit les appellations des évêques à Rome, & celui qui vouloit que les causes des clercs fussent portées devant les évêques voisins, en cas que leur évêque les eût excommuniés mal-à-propos.

S. Cyrille vint au concile d'Ephese en 431 à la place de Célestin. Il y eut aussi des *légats* envoyés par le pape S. Léon au faux concile d'Ephese en 449. Les *légats* voulurent y faire la lecture de la lettre dont ils étoient chargés pour le concile, mais cette assemblée séditieuse, où tout se passa contre les regles, n'eut point d'égard à la demande des *légats*. Pascalin & Lucentius, avec deux autres ecclésiastiques, présiderent pour le pape Léon au concile de Chalcédoine en 451.

Les papes envoyoient quelquefois des évêques & même de simples prêtres dans les provinces éloignées, pour examiner ce qui s'y passoit de contraire à la discipline ecclésiastique, & leur en faire leur rapport. Ce fut ainsi que le pape Zozime envoya l'évêque Faustin en Afrique pour y faire recevoir le decret du concile de Sardique, touchant la révision du procès des évêques jugés par le concile provincial. Les Africains se récrierent, disant qu'ils n'avoient vu aucun canon qui permît au pape d'envoyer des *légats à sanctitatis sua latere* ; néanmoins l'évêque Potentius fut encore délégué en Afrique pour examiner la discipline de cette église & la réformer.

Les *légats* envoyés par le pape Félix à Constantinople en 484 pour travailler à la réunion, ayant communiqué, malgré sa défense, avec Acace & Pierre Monge, tous deux successivement patriarches de Constantinople, le pape à leur retour les déposa dans un concile. Il y eut en 517 une seconde légation à Constantinople aussi malheureuse que la premiere. La troisieme légation, faite en 519, eut enfin un heureux succès, & fit cesser le schisme qui séparoit l'église de Constantinople de celle de Rome depuis la condamnation d'Acace.

Au concile de Constantinople tenu en l'an 680, les *légats* furent assis à la gauche de l'empereur, qui étoit la place la plus honorable : ce furent eux qui firent l'ouverture du concile.

On trouve dès l'an 683 des *légats* ordinaires ; le pape Léon envoya cette année à Constantinople Constantin, soudiacre régionaire du saint siége, pour y résider en qualité de *légat*.

Les *légats* extraordinaires dont la mission se bornoit à un seul objet particulier, n'avoient aussi qu'un pouvoir très-limité.

Ceux qui avoient des légations ordinaires ou vicariats apostoliques, avoient un pouvoir beaucoup plus étendu ; l'évêque de Thessalonique, en qualité de *légat* ou vicaire du saint siége, gouvernoit onze provinces, confirmoit les métropolitains, assembloit les conciles, & décidoit toutes les causes majeures. Le ressort de ce *légat* fut fort resserré lorsque Justinien obtint du pape Vigile un vicariat du saint siége pour l'évêque d'Acride ; ce vicariat fut ensuite supprimé lorsque Léon l'Isaurien soumit l'Illyrie au patriarche d'Antioche.

Le pape Symmaque accorda de même à S. Cesaire, archevêque d'Arles, la qualité de vicaire & l'autorité de la légation sur toutes les Gaules. Auxanius & Aurelien, tous deux archevêques de la même ville, obtinrent du pape Vigile le même pouvoir ; il fut continué par Pélage I. à Sabandus, & par S. Grégoite à Vigile, sur tous les états du roi Childebert.

Les archevêques de Reims prétendent que saint Remy a été établi vicaire apostolique sur tous les états de Clovis.

Les légations particulieres étoient alors très-rares. S. Grégoire voulant réformer quelques abus dans les églises de France, pria la reine Brunehaut de permettre qu'il envoyât un *légat* pour assembler un concile, ce qui lui fut accordé.

On trouve aussi que S. Boniface étant en France avec la qualité de *légat* du saint siége, présida de même au concile qui fut tenu pour la réformation de l'église gallicane.

Ceux que le pape Nicolas I. envoya en France du tems de Charles-le-Chauve, parurent avec une autorité beaucoup plus grande que ceux qui les avoient précédés. Ce pape leur permit de décider toutes les affaires de l'église de France, après néanmoins qu'ils auroient communiqué leur pouvoir à Charles-le-Chauve ; il leur ordonna de renvoyer les questions les plus difficiles au saint siége, avec les actes de tout ce qu'ils auroient reglé de sa part.

A mesure que l'autorité des *légats* augmenta, on leur rendit aussi par-tout de plus grands honneurs : en effet, on voit que ceux que le pape Adrien II. envoya en 869 à Constantinople pour assister au concile général, firent leur entrée dans cette ville le dimanche 25 Septembre, accompagnés de toutes les *écoles* ou compagnies des officiers du palais, qui allerent au-devant d'eux jusqu'à la porte de la ville en chasubles ; ils étoient suivis de tout le peuple, qui portoit des cierges & des flambeaux. L'empereur Basile leur donna audience deux jours après, & se leva lorsqu'ils entrerent ; ils étoient au nombre de trois, lesquels au concile tinrent la premiere place : après eux étoient les *légats* des patriarches d'Orient. Trois années auparavant Photius supposant un concile, y avoit fait de même assister les *légats* des patriarches d'Orient, croyant par-là donner à ce prétendu concile plus d'authenticité.

On remarque aussi que le *légat* Frédéric, cardinal prêtre de l'Eglise romaine, lequel en 1001 présida au concile de Polden, arriva en Allemagne revêtu des ornemens du pape, avec les chevaux enharnachés d'écarlate, pour montrer qu'il le représentoit.

Sous la troisieme race de nos rois, l'autorité des *légats* fit tomber celle des métropolitains & des conciles provinciaux ; ils s'attribuoient le pouvoir de suspendre & de déposer les évêques, d'assembler les conciles dans l'étendue de leur légation, & d'y présider ; cependant les décrets du concile que Grégoire VII. tint à Rome en 1074, ayant été portés en Allemagne par des *légats* qui demanderent la liberté de tenir eux-mêmes un concile ; les Allemans s'y opposerent, déclarant qu'ils n'accorderoient jamais la prérogative de se laisser présider en concile qu'au pape en personne. Les *légats* présiderent pourtant depuis à divers conciles.

Les *légats* porterent leurs prétentions jusqu'à soutenir, que leur suffrage contrebalançoit seul celui de tous les évêques.

Dans la suite ils déciderent presque tout par eux-mêmes, sans assembler de concile ; & l'on voit que dès l'an 876, au concile de Paris auquel assisterent deux *légats* du pape avec 50 évêques françois, il y eut plusieurs contestations touchant quelques prêtres de divers dioceses qui prétendoient s'adresser aux *légats du pape*, & reclamer la jurisdiction du saint siége.

Au concile de Clermont, tenu en 1095, Adhemar évêque du Pui, fut choisi pour conduire les croisés avec les pouvoirs de *légat* ; de sorte qu'il fut le chef ecclésiastique de la croisade, comme Raimond comte de Toulouse, en fut le chef séculier.

On nomma de même dans la suite d'autres *légats*, tant pour cette croisade, que pour les suivantes.

Les premiers *légats* n'exigeoient aucun droit dans les provinces de leur légation ; mais leurs successeurs ne furent pas si modérés. Grégoire VII. fit promettre à tous les métropolitains en leur donnant le pallium, qu'ils recevroient honorablement les *légats* du saint siége ; ce qui fut étendu à toutes les églises dont les *légats* tirerent des sommes immenses. Quelque respect que S. Bernard eût pour tout ce qui avoit quelque rapport avec le saint siége, il ne put s'empêcher, non plus que les autres auteurs de son tems, de se récrier contre les exactions & les autres excès des *légats*. Ces plaintes firent que les papes rendirent les légations moins fréquentes, voyant qu'elles s'avilissoient ; néanmoins ces derniers *légats* ont eu plus d'autorité par rapport aux bénéfices, que ceux qui les avoient précédés, attendu que les papes qui s'en étoient attribué la disposition par plusieurs voies différentes, au préjudice des collateurs ordinaires, donnerent aux *légats* le pouvoir d'en disposer comme ils faisoient eux-mêmes.

On remarque que dès le xij. siecle, on distinguoit deux sortes de *légats ;* les uns étoient des évêques ou abbés du pays ; d'autres étoient envoyés de Rome ; les *légats* pris sur les lieux étoient aussi de deux sortes ; les uns établis par commission particuliere du pape, les autres par la prérogative de leur siége, & ceux-ci se disoient *légats nés*, tels que les archevêques de Mayence & de Cantorbéry, &c.

Les *légats* envoyés de Rome se nommoient *légats à latere*, pour marquer que le pape les avoit envoyés d'auprès de sa personne. Cette expression étoit tirée du concile de Sardique en 347 ; nos rois donnoient aussi ce titre à ceux qu'ils détachoient d'auprès de leur personne, pour envoyer en différentes commissions, ainsi qu'on le peut voir dans Grégoire de Tours, *liv. IV. ch. xiij.* & dans la vie de Louis-le-Débonnaire, qui a été ajoutée à la continuation d'Aimoin.

Les *légats à latere* tiennent le premier rang entre ceux qui sont honorés de la légation du saint siége ; suivant l'usage des derniers siecles, ce sont des cardinaux que le pape tire du sacré collège, qui est regardé comme son conseil ordinaire, pour les envoyer dans différens états avec la plénitude du pouvoir apostolique. Comme ils sont supérieurs aux autres en dignité, ils ont aussi un pouvoir beaucoup plus étendu, & singulierement pour la collation des bénéfices, ainsi qu'il résulte du chapitre *officii, de officio legati*, in-6°.

Ceux qui sont honorés de la légation sans être cardinaux, sont les nonces & les internonces, lesquels exercent une jurisdiction dans quelques pays. Leurs pouvoirs sont moins étendus que ceux des *légats* cardinaux : on ajoute dans leurs facultés qu'ils sont envoyés avec une puissance pareille à celle des *légats à latere*, jusqu'à ce qu'ils ayent mis au touché le bout de la robe du pape, ou qu'ils ont reçu eux-mêmes leur ordre de la propre bouche de sa sainteté.

Les nonces n'exerçant en France aucune jurisdiction, on n'y reconnoît de *légats* envoyés par les papes, que sous le nom & la qualité de *légats à latere*.

Les *légats nés* sont des archevêques aux siéges desquels est attachée la qualité de *légat du saint siége ;* nous avons déja parlé de ceux de Mayence & de Cantorbéry ; en France, les archevêques de Reims & d'Arles prennent aussi ce titre ; ce qui vient de ce que leurs prédécesseurs ont été vicaires du saint siége. Saint Remy est le seul entre les archevêques de Reims, qui ait eu cette dignité sur tout le royaume de Clovis. A l'égard des archevêques d'Arles, plusieurs d'entre eux ont été successivement honorés de la légation. A présent ce n'est plus qu'un titre

d'honneur pour ces deux prélats, & qui ne leur donne aucune prééminence, ni aucune fonction.

La légation des cardinaux donnant atteinte au droit des ordinaires, dont le roi est le protecteur, & attribuant une grande autorité à celui qui en est revêtu, le pape est obligé avant que d'envoyer un *légat* en France, de donner avis au roi de la légation, des motifs qui l'engagent à envoyer un *légat*, & de savoir du roi si la personne chargée de cet emploi, lui sera agréable.

Cet usage précieux est exprimé dans l'article 2. de nos libertés, qui porte que le pape n'envoye point en France de *légats à latere*, avec faculté de réformer ; juger, conférer ; dispenser, & telles autres qui ont accoutumé d'être spécifiées par les bulles de leur pouvoir, sinon à la postulation du roi très-chrétien, ou de son consentement.

Aussi n'a-t-on point reçu en France la constitution de Jean XXII. qui prétendoit avoir le droit d'envoyer des *légats* quand il lui plairoit dans tous les états catholiques sans la permission des souverains. On peut voir dans le *chap. xxiij.* des preuves de nos libertés, les permissions accordées par nos rois pour les légations depuis Philippe-le-Bel : ces papes eux-mêmes avoient observé d'obtenir cette permission sous la premiere race de nos rois. S. Grégoire qui étoit des plus attentifs à conserver les droits du saint siége, & même à les augmenter, voulant envoyer un *légat* en France, le proposa à la reine Brunehaut, & lui dit dans sa lettre *ut personam, si præcipitis, cum vestræ autoritatis assensu transmittamus.*

Le *légat* arrivé en France avec la permission du roi, fait présenter au roi la bulle de sa légation contenant tous ses pouvoirs ; le roi donne des lettres-patentes pour cette bulle : ces deux pieces sont portées au parlement, lequel en enregistrant l'une & l'autre, met les modifications qu'il juge nécessaires pour la conservation des droits du roi, & des libertés de l'église gallicane.

Comme les papes ont toûjours souffert impatiemment ces modifications, & que l'on met point sur le repli des bulles, on y marque seulement qu'elles ont été vérifiées, & l'on fait savoir au *légat* par un acte particulier les modifications portées par l'arrêt d'enregistrement.

La bulle des facultés du *légat* doit être enregistrée dans tous les parlemens sur lesquels doit s'étendre sa légation. Si la bulle ne faisoit mention que de la France, la légation ne s'étendroit pas sur les archevêchés de Lyon, de Vienne, & de Besançon, parce que ces provinces étoient autrefois du royaume de Bourgogne, suivant le style ordinaire de Rome, qui ne change guere. Le *légat* n'exerce sa jurisdiction dans ces provinces, que quand la bulle porte *in Franciam & adjacentes provincias.*

Aussi-tôt que l'on reçu l'enregistrement de leurs bulles, ils promettent & jurent au roi par un écrit sous seing-privé, qu'ils ne prendront la qualité de *légats*, & n'en feront les fonctions, qu'autant qu'il plaira à Sa Majesté ; qu'ils n'useront que des pouvoirs que le roi a autorisés, & qu'ils ne feront rien contre les saints decrets reçus en France, ni contre les libertés de l'église gallicane.

Le *légat*, en ligne de sa jurisdiction, fait porter devant lui la croix levée ; en Italie, il la fait porter dès qu'il est sorti de la ville de Rome ; mais lorsqu'il arrive en France, il est obligé de la quitter, & ne la peut reprendre qu'après la vérification de ses bulles & la promesse faite au roi de se conformer aux usages de France. Louis XI. fit ajoûter aux modifications des pouvoirs du *légat* de S. Pierre-aux-liens, qu'il ne pourroit faire porter sa croix haute en présence du roi.

Il est d'usage en France, lorsque le *légat* entre

dans quelque ville de fa légation, de lui faire une entrée folemnelle. Lorfque le cardinal d'Amboife entra à Paris comme *légat*, le corps-de-ville & les députés des cours fouveraines allerent au-devant de lui ; on lui donna le dais à la porte, comme on fit depuis en 1664 au cardinal Chigi, neveu d'Alexandre VII.

Les prétentions des *légats* vont jufqu'à foutenir que le roi doit les vifiter avant qu'ils faffent leur entrée dans Paris. Cette prétention ne paroît appuyée que fur ce que Henri IV. alla à Chartres au-devant du cardinal de Médicis ; mais tout le monde fait que le roi fit ce voyage fur des chevaux de pofte, fans être accompagné, & qu'il s'y trouva *incognito* ; ce qu'il n'auroit pas fait fi c'eût été un devoir de bienféance. Ce prince ne rendit point de pareille vifite au cardinal Aldobrandin, neveu de Clément VIII. ni fes fucceffeurs aux autres *légats*.

Henri IV. envoya le prince de Condé, encore enfant, au-devant du cardinal de Médicis ; ce qui pouvoit paffer pour une action fans conféquence, & pour une fimple curiofité d'enfant, que l'on veut faire paroître dans une action d'éclat : cependant la cour de Rome, qui tire avantage de tout, a pris de-là occafion d'exiger le même honneur pour les autres *légats*.

En effet, depuis ce tems là il n'y a eu aucune entrée de *légat* qui n'ait été honorée de la préfence de quelque prince du fang. Louis XIII. envoya le duc d'Orléans fon frere au-devant du cardinal Barberin ; le prince de Condé & le duc d'Enguien fon fils furent envoyés au-devant du cardinal Chigi, qui eft le dernier *légat* que l'on ait vû en France. Cette légation fut faite en exécution du traité conclu à Pife le 12 Janvier 1664 ; la miffion du *légat* étoit de faire au roi des excufes de l'infulte qui avoit été faite par les Corfes à M. de Créqui, fon ambaffadeur à Rome.

Les archevêques, les primats, & même ceux qui ont le titre de *légats nés du faint fiége*, ne portent point la croix haute en préfence du *légat à latere* ; ce qu'ils obfervent ainfi par refpect pour celui qui repréfente la perfonne du pape.

Les *légats* prétendent que les évêques ne doivent point porter devant eux le camail & le rochet ; cependant les évêques qui accompagnoient le cardinal Chigi à fon entrée, portoient tous le rochet, le camail & le chapeau verd, que l'on regarde en Italie comme des ornemens épifcopaux.

Quoique le pape donne aux *légats à latere* une plénitude de puiffance, ils font néanmoins toujours regardés comme des vicaires du faint fiége, & ne peuvent rien décider fur certaines affaires importantes fans un pouvoir fpécial exprimé dans les bulles de leur légation ; telles font les tranflations des évêques, les fuppreffions, les érections, les unions des évêchés, & les bulles des bénéfices confiftoriaux dont la collation eft expreffément réfervée à la perfonne du pape par le concordat.

Lorfqu'une affaire, qui étoit de la compétence du *légat*, eft portée au pape, foit que le *légat* l'ait lui-même envoyée, ou que les parties fe foient adreffées directement au faint fiége, le *légat* ne peut plus en connoître, à peine de nullité.

Le pouvoir général que le pape donne à fes *légats* dans un pays, n'empêche pas qu'il ne puiffe enfuite adreffer à quelqu'autre perfonne une commiffion particuliere pour une certaine affaire.

La puiffance du *légat* ne peut pas être plus étendue que celle du pape ; ainfi il n'a aucun pouvoir direct ni indirect fur le temporel des rois, & ne peut délier leurs fujets du ferment de fidélité ; il ne peut décider les conteftations d'entre les féculiers pour les affaires qui regardent leur bien ou leur honneur ; juger le poffeffoire des bénéfices, donner des dif-

penfes aux batards pour les effets civils, connoître du crime de faux & d'ufure entre les laïcs, de la féparation de biens d'entre mari & femme, ni de ce qui regarde la dot, le douaire, & autres reprifes & conventions matrimoniales, faire payer des amendes pour les crimes & délits, même eccléfiaftiques, accorder des lettres de reftitution en entier, ni reftituer contre l'infamie.

Son pouvoir, par rapport au fpirituel, doit auffi être tempéré par les faints decrets qui font reçus dans le royaume ; d'où il fuit qu'il ne peut conftituer des penfions fur les bénéfices que pour le bien de la paix, en cas de permutation ou de réfignation en faveur ; permettre de réferver tous les fruits des bénéfices au lieu de penfion; déroger à la regle *de publicandi refignationibus*, & à celle *de verifimili notitia*.

Il ne peut pareillement, lorfqu'il confere des bénéfices, ordonner que l'on ajoûtera foi à fes provifions fans que l'on foit obligé de rapporter les procurations pour réfigner ou pour permuter ; conférer les bénéfices électifs, dans l'élection defquels on fuit la forme du chapitre *quia propter* ; créer des chanoines avec attribution des premieres prébendes vacantes ; déroger aux fondations des églifes, &c.

Le *légat à latere* peut conférer les bénéfices vacans par une démiffion pure & fimple faite entre fes mains fur une permutation, & ceux qui vaquent par dévolution, par la négligence d'un collateur qui releve immédiatement du faint fiége.

Ceux qui demandent au *légat* des provifions de quelque bénéfice, font obligés d'énoncer dans leur fupplique tous les bénéfices dont ils font titulaires, à peine de nullité des provifions, de même que dans les fignatures obtenues en cour de Rome.

Le *légat* doit, auffi-bien que le pape, conférer les bénéfices à ceux qui les requierent du jour qu'ils ont obtenu une date : en cas de refus de la part du *légat*, le parlement permet de prendre poffeffion civille, même d'obtenir des provifions de l'évêque diocéfain, qui ont la même date que la réquifition faite au *légat*.

Les expéditionnaires en cour de Rome ont auffi feuls droit de folliciter les expéditions des légations. Il faut que les dataires, regiftrateurs & autres expéditionnaires de la légation, foient nés françois, ou naturalifés.

La faculté de conférer les bénéfices par prévention dépouillant les collateurs ordinaires, & n'étant accordée qu'au pape par le concordat, on a rarement confenti en France que les *légats* ufaffent de ce droit ; & quand les papes leur ont accordé, les parlemens ont ordinairement modifié cet article, ou même l'ont abfolument retranché. Le *vice-légat* d'Avignon prévient pourtant les collateurs ordinaires ; c'eft une tolérance que l'on a pour lui depuis long-tems dans les provinces de fa vice-légation.

Les réfignations en faveur n'étant guere moins contraires au droit canonique que la prévention, on ne fouffre pas non-plus ordinairement en France que les *légats* les admettent.

Les réferves générales & particulieres des bénéfices ne font point permifes au *légat à latere* non-plus qu'au pape ; il ne peut non-plus rien faire au préjudice du droit de régale, du patronage laïc, de l'indult du parlement, & des autres expectatives qui font reçues dans le royaume.

Le *légat à latere* ne peut députer vicaires ou fubdélégués pour l'exercice de fa légation, fans le confentement exprès du roi. Il eft tenu d'exercer lui-même fon pouvoir tant qu'il dure.

Il ne peut cependant, non-plus que le pape, connoître par lui-même des affaires contentieufes ; mais il peut nommer des juges délégués *in partibus* pour décider les appellations des sentences rendues par les supérieurs ecclésiastiques qui relevent immédiatement du saint siége. Ces juges délégués ne doivent point connoitre en premiere instance des affaires dont le jugement appartient aux ordinaires, ni des appellations, avant que l'on ait épuisé tous les degrés de la jurisdiction ecclésiastique qui sont au-dessous de celle du pape.

Les *légats* ne peuvent pas changer l'ordre de la jurisdiction ordinaire, ni adresser la commission pour donner le *visa* à d'autres qu'à l'évêque diocésain ou à son grand-vicaire, ni commettre la fulmination des bulles, & dispenser à d'autres qu'à l'official qui en doit connoitre.

Les reglemens faits par un *légat* pendant le tems de sa légation, doivent continuer d'être exécutés, même après sa légation finie, pourvû qu'ils ayent été revêtus de lettres-patentes vérifiées par les parlemens.

Dès qu'un *légat* n'est plus dans le royaume, il ne peut plus conférer les bénéfices ni faire aucun autre acte de jurisdiction, quand même le tems de sa légation ne seroit pas encore expiré.

La légation finit par la mort du *légat*, ou avec le tems fixé pour l'exercice de sa légation par les lettres-patentes & arrêt d'enregistrement, ou quand le roi lui a fait signifier sa révocation, au cas que les lettres-patentes & arrêt d'enregistrement n'eussent pas fixé le tems de la légation. Les bulles du *légat* portent ordinairement que la légation durera tant qu'il plaira au pape ; mais ces légations indéfinies ne sont point admises en France : c'est pourquoi l'on fait promettre aux *légats*, avant d'exercer leur légation, qu'ils ne se serviront de leur pouvoir qu'autant qu'il plaira au roi.

C'est une question assez controversée de savoir si la légation finit par la mort du pape : cependant comme l'autorité des *légats* donne atteinte à celle des ordinaires qui est favorable, dans le doute on doit tenir que la légation est finie.

Quelquefois après la légation finie, le pape accorde une prorogation ; mais ces bulles sont sujettes aux mêmes formalités que les premieres, & les mêmes modifications y ont lieu de droit.

Lorsque le *légat* sort du royaume, il doit y laisser les registres de sa légation, & en remettre les sceaux à une personne nommée par le roi, qui en expédie les actes à ceux qui en ont besoin. Les deniers provenans de ces expéditions sont employés à des œuvres de pieté, suivant qu'il est reglé par le roi. Si le *légat* ne laissoit pas son secau, le parlement commet une personne pour sceller les expéditions d'un secau destiné à cet usage.

Outre les *légats à latere* que le pape envoie extraordinairement, selon les différentes occurrences, il y en a toujours un pour Avignon, qui exerce sa jurisdiction sur cette ville & sur le comté qui en dépend, & sur les provinces ecclésiastiques qui en dépendent. Cette commission est ordinairement donnée à un cardinal, qui a un subdélégué, connu sous le nom de *vice-légat*, lequel fait toutes les fonctions de cette légation.

Les facultés de quelques *légats* d'Avignon se sont aussi étendues sur la province de Narbonne ; mais ce n'a point été comme *légats* d'Avignon qu'ils y ont exercé leur pouvoir ; ç'a été en vertu de lettres-patentes, vérifiées au parlement de Toulouse, qui en contenoient une concession particuliere : cette distinction est expliquée dans les lettres-patentes de Charles IX, du 6 Juin 1565, sur les bulles de la légation du cardinal de Bourbon, dont les facultés s'étendoient sur la province de Narbonne : elle se trouve aussi dans les lettres-patentes du 10 Mai 1624 sur les bulles du cardinal Barberin.

Ce *légat* est une espece de gouverneur, établi au nom du pape pour la ville d'Avignon & les terres en dépendantes, qui ont été engagées au saint siége par une comtesse de Provence. Ce n'est que par une grace spéciale que le roi consent que ce *légat* ou son *vice-légat* exercent leur jurisdiction spirituelle sur les archevêchés des provinces voisines que l'on vient de nommer.

Les provinces ecclésiastiques de France qui dépendent du *légat* d'Avignon, sont les archevêchés de Vienne, d'Arles, d'Embrun & d'Aix.

Il ne paroît pas que les papes ayent eu en la ville d'Avignon leurs *légats* ni *vice-légats* avant que Clément V. eût transféré son siège en cette ville en 1348 ; mais depuis qu'Urbain VI. eut remis à Rome le siège apostolique, les papes établirent à Avignon leurs officiers pour le gouvernement spirituel & temporel de cette ville & de ses dépendances, & du comté venaissin dont ils étoient en possession.

Il est assez difficile de dire précisément quel étoit le pouvoir de ces officiers d'Avignon sous les premiers papes qui ont remis le saint siége à Rome, dans le gouvernement ecclésiastique de quelques provinces de France, & en quel tems leur autorité & qualité de *légats* & *vice-légats* y a été reconnue.

Quelques auteurs ont avancé qu'avant 1515 il n'y avoit point de *légats* à Avignon ; que le cardinal de Clermont, archevêque d'Ausch, envoyé par le pape Léon X, est le premier qui ait eu cette qualité, & que le cardinal Farneze fut le second. Les lettres-patentes du roi François I, du 23 Février 1515, données sur les bulles de légation du cardinal de Clermont, & l'arrêt d'enregistrement, paroissent favoriser cette opinion : cependant cette époque de 1515 ne s'accorde pas avec les lettres-patentes d'Henri II du mois de Septembre 1551, ni avec la requête des états de Provence, qui y est énoncée, sur laquelle ces lettres-patentes ont été accordées. Par ces lettres, registrées au parlement d'Aix, sa majesté permet à ses sujets de Provence de recourir pardevers le *légat* ou *vice-légat* d'Avignon pour en obtenir, dans les matieres bénéficiales, les dispenses & dérogations à la regle des vingt jours.

Les *légats* & *vice-légats* d'Avignon sont obligés, avant que d'exercer leurs pouvoirs dans les provinces de France, d'obtenir des lettres-patentes sur les bulles de leur légation, & de les faire enregistrer dans tous les parlemens sur lesquels s'étend leur légation.

On leur fait ordinairement promettre par écrit de ne rien faire contre les libertés de l'église gallicane, & de se soumettre aux modifications qui ont été apposées à leurs facultés par l'arrêt de vérification : chaque parlement a ses formes & ses usages pour ces sortes d'enregistremens & de modifications.

Les decrets des papes rapportés dans les decretales au titre *de officio legati*, n'ont pas prévu toutes les questions qui se présentent sur l'étendue du pouvoir des *légats* & *vice-légats* d'Avignon.

L'étendue de leurs facultés, suivant les maximes du royaume, dépend 1°. des clauses des bulles de leur légation ; 2°. de la disposition des lettres-patentes accordées par le roi sur ces bulles ; 3°. des modifications apposées par les arrêts d'enregistrement.

Les bulles de la légation du cardinal Farneze, *légat* d'Avignon en 1542, lui donnant le pouvoir d'user dans sa légation des facultés du grand-pénitencier de Rome, & cette clause ayant paru insolite au parlement d'Aix, il ne les enregistra qu'à la charge de rapporter dans trois mois les facultés du grand-pénitencier de Rome.

Le parlement de Toulouse, en enregistrant le 20 Août 1565 les bulles de la légation d'Avignon, accordées au cardinal de Bourbon, mit les modifications suivantes : « Sans que ledit cardinal *légat* puisse procéder à la réformation ni mutation des statuts ou privilèges des églises de fondation royale, patronats ou autres, sans appeller le procureur général, les patrons, corps des universités, colléges & chapitres dont il traitera la réformation, ni procédant en icelle déroger aux fondations séculieres..... ni user des facultés de légitimer bâtards, sinon pour être promus aux ordres sacrés, bénéfices & états d'église..... Ne pourra aussi donner permission d'aliéner biens-immeubles des églises pour quelque nécessité que ce soit, mais seulement donner rescrits & délégations aux sujets du roi pour connoître & délibérer desdites aliénations...... Ne pourra réserver aucunes pensions sur bénéfices, encore que ce soit du consentement des bénéficiers, sinon au profit des résignans.... ni déroger à la regle de *verissimili notitiâ*, ni à celle de *publicandis resignationibus*, ni autrement contrevenir aux droits & prérogatives du royaume, saints decrets, droits des universités, &c. »

On ne reconnoît point en France que le *légat* d'Avignon puisse recevoir des résignations en faveur, mais on convient que la faculté de conférer sur une démission ou simple résignation ne lui est pas contestée.

Quoique les habitans d'Avignon soient réputés regnicoles, le *vice-légat* d'Avignon est réputé étranger : c'est pourquoi il peut fulminer des bulles expédiées en cour de Rome en faveur des François.

De officio legati, voyez le *décret* de Gratien, *Distinct.* 1. c. ix. *Dist.* 63. c. x. *Dist.* 94 & 97. 2e *quest.* 1. c. vij, & *quest.* 3. c. viij. 3. *quest.* 6. c. x. 11. *quest.* 1. c. xxxix. 25. *quest.* 1. c. x. *Extrav.* 1, 30. *sext.* 1, 15. *Extr. comm.* 1 & 6.

Voyez aussi les libertés de l'église gallicane, les *mémoires du clergé*, la *bibliot. du droit franç. & canoniq.* par Donchal ; celle de Jovet ; le recueil de Tournet ; les *défin. canoniq.* le recueil de M. Charles-Emmanuel Borjon, *tom. II.* les *lois ecclésiastiq.* de Dhéricourt, *part. I. tit. des légats* ; le *diction.* de Jean Thaurnas, au mot *légats* ; M. de Marca, *concordia sacerdotii & imperii*. (*A*)

LEGAT, s. m. du latin *legatum*, (*Jurisprud.*) est la même chose que *legs* ; ce terme n'est usité que dans les pays de Droit écrit. *Voyez* LEGS. (*A*)

LÉGATAIRE, s. m. (*Jurisprud.*) est celui auquel on a laissé quelque chose par testament ou codicille.

Le *légataire* universel est celui auquel le testateur a légué tous ses biens, ce qui est néanmoins toujours restraint aux biens disponibles.

Le *légataire* particulier est celui auquel on a fait un simple legs, soit d'un corps certain, soit d'une certaine somme ou quantité de meubles, d'argent ou autres choses.

En pays coutumier les *légataires* universels tiennent lieu d'héritiers, cependant ils ne sont pas saisis par la loi ni par le testament ; tout legs étant sujet à délivrance.

Le *légataire* universel n'est tenu des dettes du défunt que jusqu'à concurrence des biens légués, pourvû qu'il en ait fait faire inventaire ; il ne peut pas être témoin dans le testament qui le nomme, à la différence du *légataire* particulier qui peut être témoin.

Plusieurs coutumes, comme celles de Paris, défendent d'être héritier & *légataire* d'une même personne. *Voyez ci-après* LEGS.

LEGATNIES, (*Com.*) petites étoffes mêlées de poil de fleuret, de fil, de laine ou de coton, sur trois largeurs ; demi-aune moins $\frac{1}{16}$, demi-aune, ou demi-aune & $\frac{1}{16}$.

LÉGATION, s. f. (*Jurisprud.*) est la charge ou fonction, ou dignité d'un légat du saint siege. On entend aussi quelquefois par-là son tribunal, sa jurisdiction ; quelquefois enfin le terme de *légation* est pris pour le territoire où s'étend son pouvoir. Il y a des *légations* ordinaires, qui sont proprement des vicariats apostoliques, comme la *légation* d'Avignon, en laquelle on obtient toutes les graces & expéditions bénéficiales pour la Provence, le Dauphiné, une partie du Lyonnois & du Languedoc ; ce qu'on appelle les trois provinces : la *vicelégation* est la charge du vicelégat. Les *légations* extraordinaires sont celles des légats que le pape envoie pour traiter quelque affaire particuliere. *Voyez ci-devant* LÉGAT. (*A*)

LÉGATOIRE, adj. (*Hist. anc.*) terme dont on se sert en parlant du gouvernement des anciens Romains : Auguste divisa les provinces de l'empire en consulaires, *légatoires* & présidiales.

Les provinces *légatoires* étoient celles dont l'empereur lui-même étoit gouverneur, mais où il ne résidoit pas, y administrant les affaires par ses lieutenans ou *legati*. Voyez LEGATUS.

LEGATURE, LIGATURES, BROCATELLES *ou* MEZELINE, (*Comm.*) voyez LIGATURE.

LEGATUS, s. m. (*Hist. anc.*) signifioit parmi les Romains un officier militaire qui commandoit en qualité de député du général. Il y en avoit de plusieurs especes ; savoir le *legatus* à l'armée sous l'empereur ou sous un général ; cette premiere espece répondoit à nos lieutenans généraux d'armée, & le *legatus* dans les provinces, sous le proconsul ou le gouverneur, étoit comme nos lieutenans de roi au gouvernement d'une province.

Lorsqu'une personne de marque parmi les citoyens romains avoit occasion de voyager dans quelque province, le sénat lui donnoit le titre de *legatus*, c'est-à-dire d'envoyé du sénat, pour lui attirer plus de respects, & en même tems afin qu'il fût défrayé par les villes & places qui se trouvoient sur son passage ; c'est ce qu'ils appellerent *libera legatio*, ambassade libre, parce que la personne qui étoit chargée n'étoit chargée de rien, & pouvoit se dépouiller de ce titre aussi-tôt qu'elle le vouloit.

LEGE, adj. (*Marine.*) vaisseau qui fait un retour *lege* ; c'est un vaisseau qui revient sans charge. Si un vaisseau ayant été affrété allant & venant, est contraint de faire son retour *lege* ; l'intérêt du retardement & le fret entier sont dûs au maître.

LEGE, *vaisseau lege* ; c'est un vaisseau qui n'a pas assez de lest, ou qui est trop léger par quelqu'autre défaut, comme de construction, & qui par conséquent est trop haut sur l'eau : quelques-uns disent *vaisseau leger*.

LÉGENDAIRE, s. m. (*Hist. ecclés.*) auteur, écrivain d'une légende.

Le premier *légendaire* grec que l'on connoisse est Simon Métaphraste qui vivoit au x. siecle ; & le premier *légendaire* latin, est Jacques de Varase, plus connu sous le nom de *Voragine*, & qui mourut archevêque de Gènes en 1298, âgé de 96 ans.

La vie des saints par Métaphraste pour chaque jour du mois de l'année, marque n'être qu'une pure fiction de son cerveau ; vous verrez *au mot légende*, que c'est à peu près le jugement qu'en portoit Bellarmin.

Jacques de Varase est auteur de cette fameuse *légende dorée*, qui fut reçue avec tant d'applaudissement dans les siecles d'ignorance, & que la renaissance des Lettres fit souverainement dédaigner. *Voyez* ce qu'en pensent Melchior Cano, Wicelius & Baillet.

Les ouvrages de Métaphraste & de Varase ne péchent pas seulement du côté de l'invention, de la critique & du discernement, mais ils sont remplis de contes puériles & ridicules.

Il faut avouer de bonne foi que plusieurs des *légendaires* qui les ont suivis, ont eu plus à cœur la réputation du saint dont ils entreprenoient l'éloge, que l'amour de la vérité, parce que plus elle est grande cette réputation, plus elle est capable d'augmenter le nombre des dévots & des charités pieuses.

C'est la chaleur du faux zele qui a rempli de tant de fables l'histoire des saints ; & je ne puis mieux faire que de justifier ces paroles, que l'irréligion ne me dicta jamais, qu'en les confirmant par un passage admirable de Louis Vivès, un des plus savans catholiques du xvj. siecle. *Quæ*, dit-il, *de iis sanctis sunt scripta, præter pauca quædam, multis sunt commentis fœdata, dùm qui scribit affectui suo indulget, & non quæ egit divus, sed quæ ille egisse eum vellet, exponit ; ut vitam dictet animus scribentis, non veritas. Fuêre qui magnæ pietatis loco ducere mendaciola pro religione confingere ; quod & periculosum est, ne veris adimatur fides propter falsa & minime necessarium. Quoniam pro pietate nostrâ, tam multa sunt vera, ut falsa tanquam ignavi milites atque inutiles, oneri sint magis quam auxilio.*

Ce beau passage est dans l'ouvrage de Vivès, *de tradendis disciplinis*, *lib. V. p. 360*. (*D. J.*)

LÉGENDE, s. f. (*Hist. ecclés.*) on a nommé *légendes* les vies des saints & des martyrs, parce qu'on devoit les lire, *legenda erant*, dans les leçons de matines, & dans les réfectoires de communautés.

Tout le monde sait assez combien & par quels motifs, on a forgé après coup tant de vies de saints & de martyrs, au défaut des véritables actes qui ont été supprimés, ou qui n'ont point été recueillis dans le tems ; mais bien des gens ignorent peut-être une source fort singuliere de quantité de ces fausses *légendes* qui ont été transmises à la postérité pour des pieces authentiques, & qui n'étoient dans leurs principe que des jeux d'esprit de ceux qui les ont composées. C'est un fait dont nous devons la connoissance à l'illustre Valerio (Agostino), évêque de Vérone & cardinal, qui fleurissoit dans le xvj. siecle.

Ce savant prélat dans son ouvrage *de Rhetoricâ christianâ*, traduit en françois par M. l'abbé Dinuart, & imprimé à Paris en 1750 *in-12*, nous apprend qu'une des causes d'un grand nombre de fausses *légendes* de saints & de martyrs répandues dans le monde, a été la coutume qui s'observoit autrefois en plusieurs monasteres, d'exercer les religieux par des amplifications latines qu'on leur proposoit sur le martyre de quelques saints ; ce qui leur laissant la liberté de faire agir & parler les tyrans & les saints persécutés, dans le goût & de la maniere qui leur paroissoit vraissemblable, leur donnoit lieu de mettre au jour de composer sur ces sortes de sujets des especes d'histoires, toutes remplies d'ornemens & d'inventions.

Quoique ces sortes de pieces ne méritassent pas d'être fort considérées, celles qui paroissoient les plus ingénieuses & les mieux faites, furent mises à part. Il est arrivé de-là qu'après un long-tems, elles se sont trouvées avec les manuscrits des bibliotheques des monasteres ; & comme il étoit difficile de distinguer ces sortes de jeux, des manuscrits précieux, & des véritables histoires conservées dans les monasteres, on les a regardés comme des pieces authentiques, dignes de la lecture des fideles.

Il faut avouer que ces pieux écrivains étoient excusables, en ce que n'ayant eu d'autres projets que de s'exercer sur de saintes matieres, ils n'avoient pu prévoir la méprise qui est arrivée dans la suite. Si donc la postérité s'est trompée, ç'a été plutôt l'effet de son peu de discernement, qu'une preuve de la mauvaise intention des bons religieux.

Il seroit difficile d'avoir la même indulgence pour le célebre Simon Métaphraste, auteur grec du ix. siecle, qui le premier nous a donné la vie des saints pour chaque jour des mois de l'année, puisqu'il est visible qu'il n'a pu par cette raison les composer que fort sérieusement. Cependant il les a remplies & amplifiées de plusieurs faits imaginaires, de l'aveu même de Bellarmin ; qui dit nettement que Métaphraste a écrit quelques-unes de ces vies à la maniere qu'elles ont pu être, & non telles qu'elles ont été effectivement.

Mais comment cela ne seroit-il pas arrivé à des historiens ecclésiastiques, par un pieux zele d'honorer les saints, & de rendre leurs vies agréables au peuple, plus porté ordinairement à admirer ceux qu'il revere, qu'à les imiter, puisque cette liberté s'étoit autrefois glissée jusque dans la traduction de quelques livres de la Bible.

Nous apprenons de saint Jérôme dans sa préface sur celui d'Esther, que l'édition vulgate de ce livre de l'Ecriture qui se lisoit de son tems, étoit pleine d'additions, ce que je ne saurois mieux exprimer que par les termes de ce pere de l'Eglise, d'autant mieux qu'ils vont à l'appui de l'anecdote de Valerio. *Quem librum*, dit-il, parlant d'Esther, *editio vulgata laciniosis hinc indè verborum sinibus trahit, addens ea qua ex tempore dici potuerant & audiri, sicut solitum est scholaribus disciplinis sumpto themate, excogitare quibus verbis uti potuit qui injuriam passus, vel qui injuriam fecit.* (*D. J.*)

LÉGENDE, (*Art numismat.*) Elle consiste dans les lettres marquées sur la médaille dont elle est l'ame.

Nous distinguerons ici la *légende* de l'*inscription*, en nommant proprement inscription les paroles qui tiennent lieu de revers, & qui chargent le champ de la médaille, au lieu de figures. Ainsi nous appellerons *légende*, les paroles qui sont autour de la médaille, & qui servent à expliquer les figures gravées dans le champ.

Dans ce sens il faut dire que chaque médaille porte deux *légendes*, celle de la tête & celle du revers. La premiere ne sert ordinairement, qu'à faire connoître la personne représentée, par son nom propre, par ses charges, ou par certains surnoms que ses vertus lui ont acquis. La seconde est destinée à publier soit à tort, soit avec justice, ses vertus, ses belles actions, à perpétuer le souvenir des avantages qu'il a procurés à l'empire, & des monumens glorieux qui servent à immortaliser son nom. Ainsi la médaille d'Antonin porte du côté de la tête, *Antoninus Augustus pius, pater patriæ, trib. pot. cos. III.* Voilà son nom & ses qualités. Au revers, trois figures, l'une de l'empereur assis sur une espece d'échafaut ; l'autre d'une femme debout, tenant une corne d'abondance, & un carton quarré, avec certain nombre de points. La troisieme est une figure qui se présente devant l'échafaut, & qui tend sa robe, comme pour recevoir quelque chose : tout cela nous est expliqué par la *légende, liberalitas quarta*, qui nous apprend que cet empereur fit une quatrieme libéralité au peuple, en lui distribuant certain nombre de mesures de blé, selon le besoin de chaque famille.

Cet usage n'est pas néanmoins si universel & si indispensable, que les qualités & les charges de la personne ne se lisent quelquefois sur le revers, aussi bien que du côté de la tête ; souvent elles sont partagées moitié d'un côté, moitié de l'autre, & d'autres fois on les trouve sur le revers, où on ne laisse pas encore, quoique plus rarement, de rencontrer le nom même, celui d'Auguste par exemple, celui de Constantin & de ses enfans.

On trouve quelquefois des médailles sur lesquelles

le nom se lit des deux côtés, même sans presqu'aucune différence dans la *légende*. Témoin un petit médaillon de potin frappé en Egypte, sur lequel on trouve des deux côtés, *cabeina*, *ce bach*. L. I E, quoique sur un de ces côtés on voye la tête de Sabine, & sur l'autre une figure de femme assise, tenant de la main droite des épis, & une haste de la gauche. Tel est encore un médaillon d'argent de Constantin, où du côté de la tête on lit *Constantinus max. Aug.* au revers, *Constantinus Aug.* avec trois labarum, dans l'exergue *sic*; & cet autre médaillon aussi d'argent, de l'empereur Julien, où autour de la tête sans couronne, on trouve *FL. CL. Julianus Nob. Cæs.* au revers trois labarum pour *légende*, DN. *Julianus Cæs.* dans l'exergue *T. Con.* Enfin une médaille de Maximien Daza, qu'on peut placer également dans le moyen & dans le petit bronze, où l'on voit d'un côté Maximien à mi-corps, ayant la tête couronnée de laurier, & la poitrine couverte d'une cuirasse; il tient de la main droite un globe, sur lequel est une victoire; sa gauche est cachée par son bouclier, dont la partie supérieure représente deux cavaliers courant à toute bride de gauche à droite, précédés par la Victoire. Dans la partie inférieure sont quatre petits enfans debout, qui désignent les quatre saisons de l'année. La *légende* de ce côté est *Maximinus Nob. Cæs.* au revers un homme debout, vêtu du paludament, tenant de la droite un globe sur lequel est une Victoire; il s'appuie de la gauche sur une haste; on lit autour, *Maximinus nobilissimus Cæs.* dans le champ à gauche *E*, dans l'exergue *A N T.*

Quand les médailles n'ont point de têtes, les figures qui y sont représentées en tiennent lieu; & alors la *légende* du revers est une espece d'inscription. Par exemple, dans la médaille de Tibere, en reconnoissance du soin qu'il prit de faire rétablir les villes d'Asie qu'un tremblement de terre avoit ruinées, il est représenté assis sur une chaise curule, avec ces mots: *civitatibus Asiæ restitutis*, & le revers n'a qu'une simple *légende*, *Tiberius Cæsar divi Augusti filius Augustus Pont. Max. Tr. Pot. XXI.*

Quant à ce qui concerne les médailles des villes & des provinces, comme elles portent ordinairement pour tête le génie de la ville, ou celui de la province, ou quelque autre déité qu'on y adoroit, la *légende* est aussi le nom de la ville, de la province, de la déité, ou de tous les deux ensemble, Συρακοσιων, &c. Ζευς φιλιος Συρακοσιων, Ηρακλεους Θκιον, &c. soit que le nom de la ville se lise au revers, & que le nom de la déité demeure du côté de la tête, soit que le nom de la ville serve de *légende* à la déité, comme Καπωλιων à Jupiter Hammon, Μικεωνίων à Hercule, &c.

Dans ces mêmes médailles, les revers sont toujours quelques symboles de ces villes, souvent sans *légende*, plus souvent avec le nom de la ville, quelquefois avec celui de quelque magistrat, comme Αργυριιων επι Σωκρπρν, &c. ensorte qu'il est vrai de dire que la *légende* dans ces sortes de médailles ne nous apprend que le nom de la ville, ou celui du magistrat qui la gouvernoit, lorsque la médaille a été frappée.

Par-tout ailleurs les belles actions sont exprimées sur le revers, soit par celui des symboles, dont la *légende* est l'explication. Au naturel, comme quand Trajan est représenté mettant la couronne sur la tête au roi des Parthes, *rex Parthis datus*. Par symbole, comme lorsque la victoire de Jules & d'Auguste est représentée par un crocodile enchaîné à un palmier avec ces mots, *Egypto capta*. L'on voit aussi dans Hadrien toutes les provinces qui le reconnoissent pour leur réparateur, & ceux qui n'en connoîtroient pas les symboles, apprendroient à les

distinguer par les *légendes*; *restitutori Galliæ*, *restitutori Hispaniæ*, &c. Ainsi les différentes victoires désignées par les couronnes, par des palmes, par des trophées, & par de semblables marques qui sont d'elles-mêmes indifférentes, se trouvent déterminées par la *légende*, *Asia subacta* d'Auguste, *Alemannia devicta* de Constantin le jeune, *Judæa capta* de Vespasien, *Armenia & Mesopotamia in potestatem populi romani redactæ* de Trajan, ou simplement, *de Germanis*, *de Sarmatis*, de Marc Aurele; car les *légendes* les plus simples ont ordinairement le plus de dignité.

Mettant donc à part les *légendes* de la tête destinées à marquer le nom, soit tout seul, comme Brutus, Cæsar, soit avec les qualités, ainsi que nous venons de le dire; les autres *légendes* ne doivent être que des explications, des symboles, qui paroissent sur les médailles, par lesquelles on prétend faire connoître les vertus des princes, certains évenemens singuliers de leur vie, les honneurs qu'on leur a rendus, les avantages qu'ils ont procurés à l'état, les monumens de leur gloire, les déités qu'ils ont le plus honorées, & dont ils ont cru avoir reçu une protection particuliere: car les revers n'étant chargés que de ces sortes de choses, les *légendes* y ont un rapport essentiel; elles sont comme la clef des types, que l'on auroit bien de la peine à deviner sans leur secours, sur-tout dans les siecles éloignés, & dans des pays où les usages sont tout différens de ceux des anciens.

C'est en cela qu'excellent les médailles du haut empire, dont les types sont toûjours choisis & appliqués par quelque bonne raison que la *légende* nous découvre: au lieu que dans le bas empire on ne cesse de répéter les mêmes types & les mêmes *légendes*; & l'on voit des uns & des autres sont donnés indifféremment à tous les empereurs, plûtôt par coutume que par mérite. Témoin le *gloria exercitus*, *felix temporum renovatio*.

Comme les vertus qui rendent les princes plus aimables & plus estimables à leurs peuples, sont aussi ce que les revers de leurs médailles représentent ordinairement, les *légendes* les plus communes sont celles qui font connoître ces vertus, tantôt par leur simple nom, comme dans ces revers de Tibere qu'il méritoit si mal, *moderationi*, *clementia*, *justitiæ*; tantôt en les appliquant aux princes, ou par le nominatif ou par le génitif, *spes Augusta*, ou *spes Augusti*; *constantia Augusta*, ou *constantia Augusti*, gardant aussi indifféremment le même régime à l'égard de la vertu même: *virtus Aug.* ou *virtuti Aug. clementia*, ou *clementia*, &c.

Les honneurs rendus aux princes consistent particulierement dans les surnoms glorieux qu'on leur a donnés, pour marquer ou leurs actions les plus mémorables, ou leurs plus éminentes vertus; c'est ainsi que je les distingue des monumens publics qui devoient être les témoins durables de leur gloire. Ces surnoms se trouvent être exprimés que par la *légende*, soit du côté de la tête, soit du côté du revers.

Quant aux honneurs rendus aux princes après la mort, qui consistoient à les placer au rang des dieux, nous les connoissons par le mot de *consecratio*, par celui de *pater*, de *divus*, & de *Deus*. *Divo pio*, *divus Augustus pater*, *Deo & Domino caro*. Quelquefois autour des princes & des autels on mettoit *memoria felix*, ou *memoria æterna*. Quelquefois sur les médailles des princesses on lit *æternitas*, ou *sideribus recepta*; & du côté de la tête *diva*, ou en grec Θεά.

Les *légendes* qui expriment les bienfaits répandus sur les villes, sur les provinces, sur l'empire, sont ordinairement fort courtes & fort simples; mais elles ne laissent pas d'être magnifiques. Par exemple,

exemple, *conservator urbis suæ, ampliator civium, fundator pacis, rector orbis, restitutor urbis, Hispaniæ, Galliæ,* &c. *pacator orbis, salus generis humani, gaudium reipublicæ, gloria rom. hilaritas pop. rom. lætitia fundata, tellus stabilita, exsperator omnium gentium, gloria orbis terræ, bono reipublicæ nati, gloria novi sæculi.* Quelquefois la maniere en est encore plus vive, comme *Roma renascens,* & *Roma renasces; Roma resurgens, libertas restituta.*

Les bienfaits plus particuliers sont quelquefois exprimés plus distinctement dans les *légendes,* comme *restitutor monetæ, remissa ducentesima, quadragesima remissa, vehiculatione Italiæ remissa, fisci judaici calumnia sublata, congiarium pop. rom. datum, puellæ faustinianæ, via trajana, indulgentia in Carthaginenses, reliqua vetera H. S. novies millies abolita,* c'est-à-dire douze millions, *plebei urbanæ frumento constituto.* Telles sont les *légendes* de plusieurs médailles d'Alexandre Sévere, de Caligula, de Domitien, de Septime Sévere, d'Hadrien & de Nerva.

On distingue encore par les *légendes,* les évenemens particuliers à chaque province, lors même qu'ils ne sont représentés que par des symboles communs. Par exemple, une Victoire avec un trophée, une palme ou une couronne désignent une médaille de Vespasien, & sont déterminées par le mot *victoria germanica,* à signifier une victoire remportée sur les Germains; il en est de même de ces autres *légendes, victoria navalis, victoria parthica, prætoriani recepti, imperatore recepto,* qu'on voit sur les médailles de Marc-Aurele. La *légende* nous marque la réception glorieuse que firent à Claude les soldats de son armée. La grace que l'on fit à Néron de l'aggréger dans tous les colleges facerdotaux, a été conservée par celles-ci : *sacerdos cooptatus in omnia collegia suprà numerum* ; & cet autre, *pax fundata cum Persis,* l'empereur Philippes nous a laissé un monument de la paix qu'il fit avec les Perses. La merveille qui arriva à Tarragone, lorsque de l'autel d'Auguste l'on vit sortir une palme, nous est connue par une médaille sur laquelle on voit le type du miracle, & les quatre lettres *C. V. T. T. Colonia victrix togata,* ou plutôt *turrita Tarraco* ; l'empereur Tibere fit à ce sujet une agréable raillerie, que Suetone rapporte.

Les monumens publics sont aussi connus & distingués par la *légende,* de sorte que ceux qui ont été construits par le prince même, sont mis au nominatif ou au génitif, ou exprimés par un verbe, au lieu que ceux que l'on a bâtis ou consacrés en leur honneur sont mis au datif. *Marcellum Augusti. Basilica Ulpia. Aqua Martia. Portus Ostiensis. Forum Trajani. Templum divi Augusti restitutum* ; parce que ces édifices ont été élevés par Néron, par Trajan, par Antonin : au lieu que nous voyons *Romæ & Augusto , Jovi Deo , Divo Pio , Optimo Principi* ; pour marquer les temples en l'honneur d'Auguste, & les colonnes élevées pour Antonin & pour Trajan.

L'attachement que les princes ont eu à certaines déités, & les titres sous lesquels il les ont honorées en reconnoissance de leur protection en général, ou de quelques graces particulieres, nous est connue par les manieres différentes dont la *légende* est exprimée. Nous savons que Numérien honoroit singulierement Mercure, parce que ce dieu est au revers de la médaille avec ce mot *Pietas Aug.* Nous connoissons que Dioclétien honoroit Jupiter comme son protecteur, parce que nous voyons sur des médailles *Jovi Conservatori, Jovi Propugnatori,* & même le surnom de *Jovius* ; que Gordien attribuoit à ce dieu le succès d'une bataille où ses gens n'avoient point lâché le pié, *Jovi Statori.*

Sur les médailles des princesses, on mettoit l'image

& le nom des déités de leur sexe, *Ceres, Juno, Vesta, Venus , Diana.* On marquoit le bonheur de leur mariage par *Venus Felix* ; la reconnoissance qu'elles avoient de leurs couches heureuses & de leur fécondité, *Junoni Lucinæ , Veneri genitrici.*

La bonne fortune des princes qui a toujours été leur principale déité, se trouve aussi le plus souvent sur leurs médailles en toutes sortes de manieres : *Fortuna Augusta, Perpetua. Fortunæ Felici , Muliebri. Fortuna manens, Fortuna obsequens, Fortuna Redux,* où le nom de la Fortune est indifféremment par le nominatif, par le datif, ou par l'accusatif : car nous voyons également *Mars , Victor , Marti Ultori, Martem Propugnatorem,* & même *Martis Ultoris* : mais cette derniere *légende* se rapporte au temple bâti pour venger la mort de Jules, ce qui fait une différence notable.

Il ne faut pas oublier ici que les noms exprimés dans les *légendes* se lisent quelquefois au nominatif, *Cæsar Augustus,* quelquefois au génitif *Divi Julii,* enfin au datif *Imp. Nervæ Trajano Germanico,* &c. ou à l'accusatif, *M. Αυρηλ , Αλεξανδρον,* &c. On ne trouve guere d'exemples de l'accusatif sur les médailles latines, que dans celles de Gallien, *Gallienum Aug.* au revers, *Ob conservationem salutis.*

Ne parlons point maintenant des personnes, mais des choses mêmes qui paroissent sur les médailles, où leurs noms & leurs qualités tiennent lieu de *légende* : je rangerai dans ce nombre,

1°. Les villes, les provinces, les rivieres, dont nous voyons les unes avec leur simple nom, *Tiberis, Danuvius , Rhenus , Nilus , Ægyptos , Hispania, Italia , Dacia, Africa, Roma , Alexandrea, Valentia , Italica , Bilbilis.* Les autres avec leurs titres particuliers, leurs qualités & leurs prérogatives : *Colonia Julia Augusta, Felix Berytus. Colonia immunis illici Augusta. Colonia Aurelia. Metropolis Sidon. Colonia Prima Flavia Augusta Cæsarensis. Municipium Iterda, Celium Municipium Coillutanum Antoninianum.*

Les villes grecques sur-tout étoient soigneuses d'exprimer les privileges dont elles jouissoient, Ιεραϲ, Αϲυλοι, Αυτονομοι. Ελευθεραϲ, Ναυαρχιδοϲ, Κολωνιαϲ. Pour marquer qu'elles étoient inviolables, & c'est-à-dire qu'on ne pouvoit en retirer les criminels qui s'étoient réfugiés dans leurs murs, elles se qualifioient Ιεραϲ αϲυλοι. Le droit qu'elles avoient conservé de se gouverner par leurs propres lois, s'exprimoit sur leurs médailles par le mot Αυτονομοι. Les villes qui n'étoient point soumises à la jurisdiction du magistrat envoyé de Rome pour gouverner la province dans laquelle elles étoient situées, s'appelloient *libres,* Ελευθεραϲ. C'est une observation du Marquis Maffei. Le privilege d'avoir un port de mer & des vaisseaux se marquoit en *légende* sur les médailles par le mot Ναυαρχιδοϲ. Celui d'être exempt des tributs & des impôts par le mot Ελευθεραϲ. Les privileges particuliers des colonies, tels que le droit du pays latin, ou le droit des citoyens romains par le mot Κολωνια. Ceux des Néocores, qu'elles étoient fort soigneuses de marquer par les mots διϲ , τριϲ , τετρακιϲ Νεωκοροι. Enfin les alliances qu'elles avoient avec d'autres villes, par le terme ομονοια. Il faut consulter sur tous ces titres, les savantes remarques de M. Vaillant, dans son livre des médailles grecques, il seroit difficile d'y rien ajouter.

2°. Les *légendes* de médailles nous découvrent le nom des légions particulieres qui composoient les armées. Nous trouvons dans une médaille de M. Antoine, *leg. xxiv.* dans une médaille du cabinet du P. Chamillart, *leg. i.* une médaille bien rare. La médaille qui porte *Leg. i.* l'est encore davantage ; car la plûpart de celles qu'on connoit, portoient dans leur origine un autre chiffre, & ne sont reduites à celui-ci que par la friponnerie de quelque brocan-

le nom se lit des deux côtés, même sans presqu'aucune différence dans la *légende*. Témoin un petit médaillon de potin frappé en Egypte, sur lequel on trouve des deux côtés, *cabeina, ce bacth.* L. I E, quoique sur un de ces côtés on voye la tête de Sabine, & sur l'autre une figure de femme assise, tenant de la main droite des épis, & une haste de la gauche. Tel est encore un médaillon d'argent de Constantin, où du côté de la tête on lit *Constantinus max. Aug.* au revers, *Constantinus Aug.* avec trois labarum, dans l'exergue *fit*; & cet autre médaillon aussi d'argent, de l'empereur Julien, où autour de la tête sans couronne, on trouve *FL. CL. Julianus Nob. Cæs.* au revers trois labarum pour *légende*, DN. *Julianus Cæs.* dans l'exergue *T. Con.* Enfin une médaille de Maximien Daza, qu'on peut placer également dans le moyen & dans le petit bronze, où l'on voit d'un côté Maximien à mi-corps, ayant la tête couronnée de laurier, & la poitrine couverte d'une cuirasse; il tient de la main droite un globe, sur lequel est une victoire; sa gauche est cachée par son bouclier, dont la partie supérieure représente deux cavaliers courant à toute bride de gauche à droite, précédés par la Victoire. Dans la partie inférieure sont quatre petits enfans debout, qui désignent les quatre saisons de l'année. La *légende* de ce côté est *Maximinus Nob. Cæs.* au revers un homme debout, vêtu du paludament, tenant de la droite un globe sur lequel est une Victoire; il s'appuie de la gauche sur une haste; on lit autour, *Maximinus nobilissimus Cæs.* dans le champ à gauche *E*, dans l'exergue *A N T.*

Quand les médailles n'ont point de têtes, les figures qui y sont représentées en tiennent lieu; & alors la *légende* du revers sert une espece d'inscription. Par exemple, dans la médaille de Tibere, en reconnoissance du soin qu'il prit de faire rétablir les villes d'Asie qu'un tremblement de terre avoit ruinées, il est représenté assis sur une chaise curule, avec ces mots: *civitatibus Asiæ restitutis*, & le revers n'a qu'une simple *légende*, *Tiberius Cæsar divi Augusti filius Augustus Pont. Max. Tr. Pot. XXI.*

Quant à ce qui concerne les médailles des villes & des provinces, comme elles portent ordinairement pour tête le génie de la ville, ou celui de la province, ou quelque autre déité qu'on y adoroit, la *légende* est aussi le nom de la ville, de la province, de la déité, ou de tous les deux ensemble; Συρακοσιου, &c. Ζευς φιλιος Συρακοσιων, Πρακλεους Θειου, &c., soit que le nom de la ville se lise au revers, & que le nom de la déité demeure du côté de la tête, soit que le nom de la ville serve de *légende* à la déité, comme Κατανιων à Jupiter Hammon, Μεσσανιων à Hercule, &c.

Dans ces mêmes médailles, les revers sont toujours quelques symboles de ces villes, souvent sans *légende*, plus souvent avec le nom de la ville, quelquefois avec celui de quelque magistrat, comme Αγοραιων επι Σωκρατη, &c. ensorte qu'il est vrai de dire que la *légende* dans ces sortes de médailles ne nous apprend que le nom de la ville, ou celui du magistrat qui la gouvernoit, lorsque la médaille a été frappée.

Par-tout ailleurs les belles actions sont exprimées sur le revers, soit au naturel, soit par des symboles, dont la *légende* est l'explication. Au naturel, comme quand Trajan est représenté mettant la couronne sur la tête au roi des Parthes, *rex Parthis datus.* Par symbole, comme lorsque la victoire de Jules & d'Auguste est représentée par un crocodile enchaîné à un palmier avec ces mots, *Egypto captâ.* L'on voit aussi dans Hadrien toutes les provinces qui le reconnoissent pour leur réparateur, & ceux qui n'en connoîtroient pas les symboles, apprendroient à les distinguer par les *légendes*; *restitutori Galliæ, restitutori Hispaniæ,* &c. Ainsi les différentes victoires désignées par des couronnes, par des palmes, par des trophées, & par de semblables marques qui sont d'elles-mêmes indifférentes, se trouvent déterminées par la *légende*, *Asia subacta* d'Auguste, *Alemannia devicta* de Constantin le jeune, *Judæa capta* de Vespasien, *Armenia & Mesopotamia in potestatem populi romani redactæ* de Trajan, ou simplement, *de Germanis, de Sarmatis,* de Marc Aurele; car les *légendes* les plus simples ont ordinairement le plus de dignité.

Mettant donc à part les *légendes* de la tête destinées à marquer le nom, soit tout seul, comme Brutus, Cæsar, soit avec les qualités, ainsi que nous venons de le dire; les autres *légendes* ne doivent être que des explications, des symboles, qui paroissent sur les médailles, par lesquelles on prétend faire connoître les vertus des princes, certains évenemens singuliers de leur vie, les honneurs qu'on leur a rendus, les avantages qu'ils ont procurés à l'état, les monumens de leur gloire, les déités qu'ils ont le plus honorées, & dont ils ont cru avoir reçu une protection particuliere: car les revers n'étant chargés que de ces sortes de choses, les *légendes* y ont un rapport essentiel; elles sont comme la clef des types, que l'on auroit bien de la peine à deviner sans leur secours, sur-tout dans les siecles éloignés, & dans des pays où les usages sont tout différens de ceux des anciens.

C'est en cela qu'excellent les médailles du haut empire, dont les types sont toûjours choisis & appliqués par quelque bonne raison que la *légende* nous découvre: au lieu que dans le bas empire on ne cesse de répéter les mêmes types & les mêmes *légendes*; & l'on voit que les uns & les autres sont donnés indifféremment à tous les empereurs, plutôt par coutume que par mérite. Témoin le *gloria exercitus, felix temporum renovatio.*

Comme les vertus qui rendent les princes plus aimables & plus estimables à leurs peuples, sont aussi ce que les revers de leurs médailles représentent ordinairement, les *légendes* les plus communes sont celles qui sont connoître ces vertus, tantôt par leur simple nom, comme dans ces revers de Tibere qu'il méritoit si mal, *moderationi, clementiæ, justitiæ*; tantôt en les appliquant aux princes, ou par le nominatif ou par le génitif, *spes Augusta*, ou *spes Augusti*; *constantia Augusta,* ou *constantia Augusti,* gardant aussi indifféremment le même régime à l'égard de la vertu même: *virtus Aug.* ou *virtuti Aug. clementia,* ou *clementiæ,* &c.

Les honneurs rendus aux princes consistent particulierement dans les surnoms glorieux qu'on leur a donnés, pour marquer ou leurs actions les plus mémorables, ou leurs plus éminentes vertus; c'est ainsi que je les distingue des monumens publics qui devoient être les témoins durables de leur gloire. Ces surnoms ne peuvent être exprimés que par la *légende*, soit du côté de la tête, soit du côté du revers.

Quant aux honneurs rendus aux princes après la mort, qui consistoient à les placer au rang des dieux, nous les connoissons par le mot de *consecratio*, par celui de *pater*, de *divus*, & de *Deus. Divo pio, divus Augustus pater, Deo & Domino caro.* Quelquefois autour des temples & des autels on mettoit *memoria felix,* ou *memoriæ æternæ.* Quelquefois sur les médailles des princesses on lit *æternitas,* ou *syderibus recepta*; & du côté de la tête *diva,* ou en grec Θια.

Les *légendes* qui expriment les bienfaits répandus sur les villes, sur les provinces, & sur l'empire, sont ordinairement fort courtes & fort simples; mais elles ne laissent pas d'être magnifiques. Par exemple,

exemple, *conservator urbis suæ, ampliator civium, fundator pacis, rector orbis, restitutor urbis, Hispaniæ, Galliæ*, &c. *pacator orbis, salus generis humani, gaudium reipublicæ, gloria rom. hilaritas pop. rom. lætitia fundata, tellus stabilita, exuperator omnium gentium, gloria orbis terræ, bono reipublicæ nati, gloria novi sæculi.* Quelquefois la maniere en est encore plus vive, comme *Roma renascens*, & *Roma renasces*; *Roma resurgens, libertas restituta.*

Les bienfaits plus particuliers sont quelquefois exprimés plus distinctement dans les *légendes*, comme *restitutor monetæ, remissæ ducentesima, quadragesima remissa, vehiculatione Italiæ remissa, fisci judaici calumnia sublata, congiarium pop. rom. datum, puellæ faustinianæ, via trajana, indulgentia in Carthaginensis, reliqua vetera H. S. novies millies abolita,* c'est-à-dire douze millions, *plebei urbanæ frumento constituto.* Telles sont les *légendes* de plusieurs médailles d'Alexandre Sévere, de Caligula, de Domitien, de Septime Sévere, d'Hadrien & de Nerva.

On distingue encore par les *légendes*, les évenemens particuliers à chaque province, lors même qu'ils ne sont représentés que par des symboles communs. Par exemple, une Victoire avec un trophée, une palme ou une couronne désignent une médaille de Vespasien, & sont déterminées par le mot *victoria germanica*, à signifier une victoire remportée sur les Germains; il en est de même de ces autres *légendes, victoria navalis, victoria parthica, prætoriani recepti, imperatore recepto,* qu'on voit sur les médailles de Marc-Aurele. La *légende* nous marque la réception glorieuse que firent à Claude les soldats de son armée. La grace que l'on fit à Néron de l'aggréger dans tous les colleges sacerdotaux, a été conservée par celles-ci: *sacerdos cooptatus in omnia collegia suprà numetum*, par cet autre, *pax fundata cum Persis,* l'empereur Philippes nous a laissé un monument de la paix qu'il fit avec les Perses. La merveille qui arriva à Tarragone, lorsque de l'autel d'Auguste l'on vit sortir une palme, nous est connue par une médaille sur laquelle on voit le type du miracle, & les quatre lettres *C. V. T. T. Colonia victrix togata*, ou plûtôt *turrita Tarraco*: l'empereur Tibere fit à ce sujet une agréable raillerie, que Suetone rapporte.

Les monumens publics sont aussi connus & distingués par la *légende*, de sorte que ceux qui ont été construits par le prince même, sont mis au nominatif ou au génitif, ou exprimés par un verbe, au lieu que ceux que l'on a bâtis ou consacrés en leur honneur sont mis au datif. *Marcellum Augusti. Basilica Ulpia. Aqua Martia. Portus Ostiensis. Forum Trajani. Templum divi Augusti restitutum;* parce que ces édifices ont été élevés par Néron, par Trajan, par Antonin: au lieu que nous voyons *Romæ & Augusto, Jovi Deo, Divo Pio, Optimo Principi;* pour marquer les temples en l'honneur d'Auguste, & les colonnes élevées pour Antonin & pour Trajan.

L'attachement que les princes ont eu à certaines déités, & les titres sous lesquels ils les ont honorées en reconnoissance de leur protection en général, ou de quelques graces particulieres, nous est connue par les manieres différentes dont la *légende* s'est exprimée. Nous savons que Numérien honoroit singulierement Mercure, parce que ce dieu est au revers de la médaille avec ce mot *Pietas Aug.* Nous connoissons que Dioclétien honoroit Jupiter comme son protecteur, parce que nous voyons sur des médailles *Jovi Conservatori, Jovi Propugnatori*, & même le surnom de *Jovius*; que Gordien attribuoit à ce dieu le succès d'une bataille où ses gens n'avoient point lâché le pié, *Jovi Statori.*

Sur les médailles des princesses, on mettoit l'image & le nom des déités de leur sexe, *Cerès, Juno, Vesta, Venus, Diana.* On marquoit le bonheur de leur mariage par *Venus Felix;* la reconnoissance qu'elles avoient de leurs couches heureuses & de leur fécondité, *Junoni Lucinæ, Veneri genitrici.*

La bonne fortune des princes qui a toujours été leur principale déité, se trouve aussi le plus souvent sur leurs médailles en toutes sortes de manieres: *Fortuna Augusta, Perpetua. Fortunæ Felici, Muliebri. Fortuna manens, Fortuna obsequens, Fortuna Redux,* où le nom de la Fortune est indifféremment par le nominatif, par le datif, ou par l'accusatif: car nous voyons également *Mars, Victor, Marti Ultori, Martem Propugnatorem,* & même *Martis Ultoris:* mais cette derniere *légende* se rapporte au temple bâti pour venger la mort de Jules, ce qui fait une différence notable.

Il ne faut pas oublier ici que les noms exprimés dans les *légendes* se lisent quelquefois au nominatif, *Cæsar Augustus*, quelquefois au génitif *Divi Julii*, enfin au datif *Imp. Nervæ Trajano Germanico*, &c. ou à l'accusatif, M. Λυρηα, Αλεξανδρον, &c. On ne trouve guere d'exemples de l'accusatif sur les médailles latines, que dans celles de Gallien, *Gallienum Aug.* au revers, *Ob conservationem salutis.*

Ne parlons plus maintenant des personnes, mais des choses mêmes qui paroissent sur les médailles, où leurs noms & leurs qualités tiennent lieu de *légende:* je rangerai dans ce nombre,

1°. Les villes, les provinces, les rivieres, dont nous voyons les unes avec leur simple nom, *Tiberis, Danuvius, Rhenus, Nilus, Ægyptos, Hispania, Italia, Dacia, Africa, Roma, Alexandrea, Valentia, Italica, Bitbilis.* Les autres avec leurs titres particuliers, leurs qualités & leurs prérogatives: *Colonia Julia Augusta, Felix Berytus. Colonia immunis illici Augusta. Colonia Aurelia. Metropolissidon. Colonia Prima Flavia Augusta Cæsarensis. Municipium Ilerda, Celsun Municipium Coillutanum Antoninianum.*

Les villes grecques fur-tout étoient soigneuses d'exprimer les privileges dont elles jouissoient, Ιεραι, Ασυλοι, Αυτονομοι. Ελευθεραι, Ναυαρχιδες, Κολωνιαι. Pour marquer qu'elles étoient inviolables, c'est-à-dire qu'on ne pouvoit en retirer les criminels qui s'étoient réfugiés dans leurs murs, elles se qualifioient Ιεραι ασυλοι. Le droit qu'elles avoient conservé de se gouverner par leurs propres lois, s'exprimoit sur leurs médailles par le mot Αυτονομοι. Les villes qui n'étoient point soumises à la jurisdiction du magistrat envoyé de Rome pour gouverner la province dans laquelle elles étoient situées, s'appelloient *libres*, Ελευθεραι. C'est une observation du Marquis Maffei. Le privilege d'avoir un port de mer & des vaisseaux se marquoit en *légende* sur les médailles par le mot Ναυαρχιδες. Celui d'être exempt des tributs & des impôts par le mot Ελευθερα. Les privileges particuliers des colonies, tels que le droit du pays latin, ou le droit des citoyens romains par le mot Κολωνια. Ceux des Néocores, qu'elles étoient fort soigneuses de marquer par les mots Δις, τρις, τετραχις Νεωκεροι. Enfin les alliances qu'elles avoient avec d'autres villes, par le terme Ομονοια. Il faut consulter sur tous ces titres, les savantes remarques de M. Vaillant, dans son livre des médailles grecques, il seroit difficile d'y rien ajouter.

2°. Les *légendes* de médailles nous découvrent le nom des légions particulieres qui composoient les armées. Nous trouvons dans une médaille de M. Antoine, *Leg. xxiv.* dans une médaille du cabinet du P. Chamillart, qui est une médaille bien rare. La médaille qui porte *Leg. I.* l'est encore davantage: car la plûpart de celles qu'on connoit, portoient dans leur origine un autre chiffre, & se sont réduites à celui-ci que par la friponnerie de quelque brocanteur. Il est bon d'en avertir les curieux, pour qu'ils n'y soient pas trompés.

Les jeux publics marqués ordinairement par des vases, d'où il sort des palmes ou des couronnes, ne se distinguent que par la *légende*, qui contient ou le nom de celui qui les a institués, ou de celui en l'honneur duquel on les célébroit. Ainsi l'on apprend que Néron fut l'auteur des jeux qui se devoient donner à Rome de cinq en cinq ans, par la médaille où l'on lit, *Certamen Quinquennale Romæ Constitutum*. Par la *légende* du revers de la médaille de Caracalla, Μητροπολ. Ανκυρας Ασκληπια. Σωτηρια Ιερ. πυθια ; on apprend qu'à Ancyre en Galatie on célébroit en l'honneur d'Esculape, dit le Sauveur, les mêmes jeux qui se célébroient dans l'isthme de Corinthe en l'honneur d'Apollon ; qu'on consulte là-dessus les lettres de Spanheim, publiées par M. Morel dans le projet qu'il nous a donné du plus beau dessein qu'on ait jamais formé pour la satisfaction des curieux.

On trouvera dans ce projet, *Specimen universæ rei nummariæ*, les *légendes* qui expriment les principaux jeux des anciens, & les savantes remarques que M. de Spanheim a faites sur ce sujet ; on nommoit Καβειρια, ceux qui se faisoient à Thessalonique en l'honneur des Cabires ; Θεογαμια, ceux qui se célébroient principalement en Sicile, pour honorer le mariage de Proserpine & de Pluton ; Σεουηρεια, ceux qui avoient été institués par Septime Severe ; Κομμοδεια, ceux qu'on faisoit par l'ordre de Commode, &c. On trouve aussi des jeux marqués sur les médailles latines avec le tems de leur célébration. Nous avons sur la médaille de Memmius, *Ced. Cerialia primus fecit*. Nous trouvons sur-tout des jeux séculaires qui se célébroient à la fin de chaque siecle, marqués avec grand soin sur les médailles, *Ludos Sæculares Fecit*, dans celles de Domitien ; *Sæcularis Aug*, ou *Augg*. dans Philippe, &c. Les types en sont différens ; tantôt ils expriment des sacrifices, tantôt des combats, tantôt des animaux extraordinaires, dont on donnoit le spectacle au peuple dans ces jeux.

4°. Les vœux publics pour les empereurs, & qui sont marqués sur plusieurs médailles, soit en *légende*, soit en inscription, ont fait nommer ces sortes de médailles, *médailles votives*. *Voyez* MÉDAILLES VOTIVES.

5°. L'une des choses les plus curieuses que les médailles nous apprennent par les *légendes*, ce sont les différens titres que les empereurs ont pris, selon qu'ils ont vu leur puissance plus ou moins affermie. Jules-César n'osa jamais revêtir ni le titre de roi, ni celui de seigneur, il se contenta de celui d'*Imperator*, *Dictator perpetuus*, *Pater Patriæ*. Ses successeurs réunirent insensiblement à leur dignité le pouvoir de toutes les charges. On les vit souverains pontifes, tribuns, consuls, proconsuls, censeurs, augures. Je ne parle que des magistratures ; car, pour les qualités, elles devinrent arbitraires, & le peuple s'accoutumant peu-à-peu à la servitude, laissa prendre au souverain tel nom que bon lui sembla, même ceux des divinités qu'il adoroit : témoin *Hercules Romanus*, dans Commode ; *Sol Dominus Imperii Romani*, dans Aurélien ; si toutefois ce nom est donné au prince, & non pas au soleil même, qui se trouve si souvent sur les médailles, *Soli invicto Comiti*.

Auguste ne se nomma d'abord que *Cæsar Divi Filius*, & puis *Imperator*, ensuite *Triumvir Reipublicæ Constituendæ*, ensuite *Augustus* ; enfin il y ajouta la puissance de tribun qui le faisoit souverain. Caligula garda les trois noms, *Imp. Cæs. Aug*. Claude y ajouta le titre de *Censor*. Domitien se fit *Censor Perpetuus*, sans que depuis lui on puisse rencontrer cette qualité sur les médailles. Aurélien, ou, selon d'autres, Œmilien, s'arrogea le titre de *Dominus*, que les provinces accorderent à Septime Severe & à ses enfans. Après Carus, cette qualité devint commune à tous les empereurs, jusqu'à ce que ceux d'Orient prirent le nom de rois des Romains, Βασιλευς Ρωμαιων. Il est bon d'apprendre ici que les Grecs donnerent quelquefois ce même nom aux Césars, quoiqu'ils n'ayent jamais souffert qu'ils prissent celui de *Rex* en latin.

Le titre de *Nobilissimus Cæsar* donné au prince destiné à l'empire, ne se vit pas pour la premiere fois sur les médailles de Philippe le jeune, comme tous les antiquaires l'ont cru ; M. l'abbé Belley prouve dans l'*histoire de l'acad. des Inscrip*. que ce titre parut dès le regne de Macrin sur les médailles de Diaduménien.

L'ambition des princes grecs & la flatterie de leurs sujets nous fournissent sur leurs médailles une grande quantité de titres, qui sont inconnus aux empereurs latins, Βασιλευς, Βασιλεων, *Nicator*, *Nicephorus*, *Evergetes*, *Eupator*, *Soter*, *Epiphanes*, *Ceraunus*, *Callinicus*, *Dionysius*, *Theopator*. Ils ont été aussi bien moins scrupuleux que les Latins à se faire donner le nom de dieu. Démétrius s'étant appellé, Θεος Νικατωρ à Antiochus, Θεος Επιφανης Νικηφορος ; un autre Démétrius, Θεος Φιλοπατωρ Σωτηρ. Ils ne faisoient pas non plus difficulté d'adopter les symboles des divinités, comme le foudre & les cornes de Jupiter Hammon, avec la peau de lion d'Hercule. Tous les successeurs d'Alexandre s'en firent même un point d'honneur.

Les princesses reçurent la qualité d'*Augusta* dès le haut empire, *Julia Augusta*, *Antonia Agrippina*, &c. On la trouve même sur les médailles de celles qui ne furent jamais femmes d'empereurs, *Julia Titi*, *Marciana*, *Matidia*, &c. Le titre de *Mater Senatûs* & *Mater Patriæ* se voient sur les médailles d'or & d'argent, de grand & de moyen bronze de Julie, femme de Septime Severe, dont le revers représente une femme assise, où une femme debout, tenant d'une main un rameau, & de l'autre un bâton ou une haste, avec ces mots en abrégé, *Mat. Augg. Mat. Sen. Mat. Pat*.

6°. Les alliances se trouvent aussi marquées dans les *légendes* à la suite des noms, non seulement les alliances par adoption qui donnoient droit de porter le nom de fils, mais celles mêmes qui ne procuroient que le titre de neveu & de niece. Nous n'entrerons point dans ce détail assez connu, ce qui d'ailleurs seroit long & ennuyeux.

7°. Les *légendes* nous découvrent encore le peu de tems que duroit la reconnoissance de ceux qui ayant reçu l'empire de leur pere, de leur mere, ou de leur prédecesseur qui les avoit adoptés, quittoient bientôt après le nom & la qualité de fils qu'ils avoient pris d'abord avec empressement. Trajan joignit à son nom celui de Nerva qui l'avoit adopté, mais peu de tems après il ne porta plus que celui de Trajan. D'abord c'étoit *Nerva Trajanus Hadrianus*, bientôt ce fut *Hadrianus* tout seul : & le bon Antonin, qui s'appelloit au commencement de son regne *Titus Ælius Hadrianus Antoninus*, s'appella peu après *Antoninus Augustus Pius* ; cependant la vanité & l'ambition leur faisoit quelquefois garder des noms auxquels ils n'avoient aucun droit, ni par le sang, ni par le mérite. Ainsi celui d'Antonin a été porté par six empereurs jusqu'à Eliogabale : celui de Trajan par Dèce, &c.

Ces noms propres devenus communs à plusieurs, ont causé beaucoup d'embarras aux antiquaires ; parce que ces sortes de médailles ne portent aucune époque, au lieu que les médailles grecques, beaucoup plus exactes, portent les surnoms, & marquent les années, & par-là facilitent extrèmement la connoissance de certains rois, dont on n'auroit jamais bien débrouillé l'histoire sans ce secours, comme les Antiochus, les Ptolomées, & les autres.

8°. N'oublions pas d'ajouter que dans les *légendes*

des médailles ; on trouve souvent le nom du magiſtrat ſous lequel elles ont été frappées. M. Vaillant s'eſt donné la peine de faire le recueil des divers noms de magiſtrature grecque énoncés ſur les médailles, & d'expliquer les fonctions de ces différentes charges. Dans les médailles de colonies latines, on voit les noms des duumvirs à l'ablatif.

Il eſt tems de parler de la poſition de la *légende*. L'ordre naturel qui la diſtingue de l'inſcription eſt qu'elle ſoit poſée ſur le tour de la médaille, au-dedans du grenetis, en commençant de la gauche à la droite, & cela généralement dans toutes depuis Nerva. Mais, dans les médailles des douze Céſars, il eſt aſſez ordinaire de les trouver marquées de la droite à la gauche, ou même partie à gauche, partie à droite.

Il y en a qui ne font que dans l'exergue, *De Germanis*, *De Sarmatis*, &c. Il y en a qui ſont en deux lignes parallèles, l'une au-deſſus du type, & l'autre au-deſſous, comme dans Jules. Il y en a dans le même empereur poſées en-travers, & comme en ſautoir. Il y en a en pal, comme dans une médaille de Jules, où la tête de Marc-Antoine ſert de revers. Il y en a au milieu du champ, coupées par la figure comme dans un revers de Marc-Antoine, qui repréſente un fort beau trophée. On voit un autre revers du même, où l'on voit un grand palmier au milieu d'une couronne de lierre coupe ces mots, *Alexand. Ægyp.* Enfin il y en a en baudrier, comme dans Jules; tout cela prouve que la choſe a toujours dépendu de la fantaiſie de l'ouvrier.

C'eſt particulierement ſur les grandes médailles grecques qu'on trouve les poſitions de *légendes* les plus biſarres, ſur-tout quand il y a plus d'un cercle. Il n'eſt point de maniere de placer, de trancher, de partager les mots & de ſéparer les lettres que l'on n'y rencontre : ce qui donne bien de la peine à ceux qui ne ſont pas aſſez intelligens pour les bien démêler.

On pourroit être trompé à certaines médailles où la *légende* eſt écrite à la maniere des Hébreux, les lettres poſées de la droite à gauche. Celle du roi Gelas eſt de cette ſorte ΧΛΑΓΙ. Quelques-unes de Palerme & d'autres de Céſarée, c'eſt ce qui a fait à quelques-uns que l'on avoit autrefois nommée *Céſarée*, ΛΑΨΑΑ, au lieu de *Flavia*, ΦΛΛ. La médaille de Lipari eſt du même genre ; on a été long-tems ſans l'entendre, parce qu'on y lit ΠΙΑ pour ΛΙΠ.

Il ne paroît donc pas que les anciens ayent ſuivi de regles fixes dans la maniere de placer les *légendes* ſur les médailles, & de plus toutes leurs médailles n'ont pas des *légendes* ; car encore qu'il ſoit vrai que la *légende* eſt l'ame de la médaille, il ſe trouve cependant quelques corps ſans ames, non ſeulement dans les conſulaires, mais auſſi dans les impériales, c'eſt-à-dire, des médailles ſans *légende*, ni du côté de la tête, ni du côté du revers ; par exemple, dans la famille Julia, la tête de Jules ſe trouve ſouvent ſans *légende*. On voit auſſi des revers ſans *légende*, & ſur-tout dans cette même famille. Une médaille qui porte d'un côté la tête de la Piété avec la cigogne, & de l'autre une couronne qui enferme un bâton augural & un vaſe de ſacrificateur, n'a aucune *légende*.

Il s'en trouve qui ne ſont que demi-animées, pour parler ainſi, parce que l'un des côtés eſt ſans *légende*, tantôt celui de la tête & tantôt celui du revers. Nous avons pluſieurs têtes d'Auguſte ſans inſcription, comme celle qui porte au revers la ſtatue équeſtre que le ſénat fit ériger en ſon honneur, avec ce mot, *Cæſar Divi filius*. Nous avons auſſi une infinité de revers ſans *légende*, quelquefois même des revers conſidérables pour la ſingularité du type, &

pour le nombre des figures ; je crois qu'on peut mettre dans ce nombre ceux qui ne portent que le nom du monétaire, ou le ſimple *S. C.* puiſque ni ce nom, ni ces lettres ne contribuent en rien à expliquer le type. Telles que ſont trois ou quatre belles médailles de Pompée, avec des revers très-curieux, qui n'ont que le nom de *M. Minatius Sabinus proqueſtor*: Deux de Jules Céſar, dont l'une chargée d'un globe, de faiſceaux, d'une hache, d'un caducée & de deux mains jointes, n'a que le nom *L. Buca.* L'autre qui porte une aigle militaire, une figure aſſiſe tenant une branche de laurier ou d'olivier, couronnée par derriere par une Victoire en pié, n'a que *ex S. C.* Une de Galba, dont le revers eſt une allocution de ſix figures, que quelques-uns croyent marquer l'adoption de Piſon, ſe trouve auſſi ſans aucune *légende*. Les ſavans diſent que le coin eſt moderne, & que la véritable médaille porte *Allocutio*.

Pour celles qui ſe trouvent avec les ſeules *légendes* ſans tête, on les met dans la claſſe des inconnues ou des médailles incertaines, & on les abandonne aux conjectures des ſavans. *Voyez* MÉDAILLE *ſans tête*.

Il manqueroit quelque choſe d'important à ce diſcours, ſi je ne diſois rien des deux langues ſavantes, la latine & la greque, dans leſquelles ſont écrites les *légendes* & les inſcriptions des médailles antiques.

Mais je dois obſerver d'abord que la langue ne ſuit pas toujours le pays, puiſque nous voyons quantité de médailles impériales frappées en Grece ou dans les Gaules, dont les *légendes* ſont en latin ; car le latin a toujours été la langue dominante dans tous les pays où les Romains ont été les maîtres ; & depuis même que le latin eſt devenu une langue morte, par la deſtruction de la monarchie romaine, il ne laiſſe pas de ſe conſerver pour tous les monumens publics & pour toutes les monnoies conſidérables dans tous les états de l'Empire chrétien.

Il y a des médailles frappées dans les colonies, dont la tête porte l'inſcription en latin, & le revers l'inſcription en grec. Le P. Jobert parle d'un Hoſticien M. B. qui d'un côté porte Τειϲαρειας ϲϲτιλαινις κουντυς, avec la tête du prince rayonnée, & de l'autre côté *Col. P. T. Caſ. Metr.* La tête du génie de la ville eſt ſurmonté d'un petit château tout entier ; c'eſt Céſarée de Paleſtine. Enfin, les médailles, dont les *légendes* ſont en deux langues différentes, ne ſont pas extrêmement rares ; témoin celles d'Antioche, où l'on trouve des *légendes* latines du côté des têtes de Claude, de Néron, de Galba, & des *légendes* grecques au revers.

Le grec eſt, comme je l'ai dit, l'autre langue ſavante dont on s'eſt ſervi le plus univerſellement ſur les médailles. Les Romains ont toujours eu du reſpect pour cette langue, & ſe ſont fait une gloire de l'entendre & de la parler. C'eſt pourquoi ils n'ont pas trouvé mauvais que non ſeulement les villes de l'Orient, mais toutes celles où il y avoit eu des Grecs, la conſervaſſent ſur leurs médailles. Ainſi les médailles de Sicile & de pluſieurs villes d'Italie ; celles des Provinces, & de tout le pays qu'on appelloit *la grande Grèce*, portent toutes des *légendes* grecques, & ces ſortes de médailles ſont une partie ſi conſidérable de la ſcience des Antiquaires, qu'il eſt impoſſible d'être un parfait curieux, ſi l'on n'entend le grec comme le latin, & l'ancienne Géographie auſſi-bien que la moderne.

Il ne nous reſte plus, pour completter cet article, qu'à faire quelques obſervations ſur les lettres initiales des *légendes*.

1°. Il paroît qu'à proprement parler, les lettres initiales ſont celles qui étant uniques, ſignifient un mot entier. Dès qu'on en joint pluſieurs, ce ſont des abbréviations, & non pas des initiales : *P. P. Aug.* signifie *Perpetuus Augustus* par abbréviation ; *T. P.* signifie *tribunitia potestate* par des initiales : *Tr. Pot.* le dit par abbréviation : *V. P.* exprime *vota populi* par initiales : *Vot. Po.* par abbréviation. Or dans un grand nombre de lettres, il n'est pas aisé de deviner celles qui doivent être jointes ensemble, & celles qui doivent demeurer seules ; & je ne crois pas qu'on puisse donner sur cela de regle certaine.

2°. L'usage des lettres initiales est de tous les tems & de toutes les nations depuis qu'on a commencé à écrire. Les Latins, les Grecs, les Hébreux, s'en sont servis, témoin l'arrêt fatal qui fut prononcé au roi Baltazar par trois lettres initiales, *Man, Thau, Phe,* que Daniel seul put expliquer, *Mane, Thecel, Phares.* On en a fait usage principalement sur les médailles, à cause du peu d'espace qu'il y a pour exprimer les *légendes*, la multiplicité des prénoms, des surnoms, des titres & des charges, n'a pu se marquer autrement, non pas même sur le *G. B.* La nécessité a été encore plus grande dans les longues inscriptions ; c'est pourquoi il n'est pas possible de donner aucun précepte : la vûe seule de plusieurs médailles & des inscriptions, où les mots se lisent tout au long, en peut faciliter la connoissance. Ainsi personne ne doute que *S. C.* ne signifie *senatus consulto,* & que *S. P. Q. R.* ne signifie *senatus, populusque romanus.* On convient aussi que *I. O. M.* veut dire *Jovi optimo, maximo ;* mais on n'est pas d'accord sur l'interprétation de ces deux lettres Δ. Ε. qui peuvent également signifier Δημαρχικῆς Εξουσιας, ου Δογματι Επαρχιας, ου Δημου Ευχαι, *tribunitia potestate, decreto provinciæ, voto publico.*

3°. Si l'on avoit toujours ponctué exactement les lettres initiales, il seroit aisé de les reconnoître, & de distinguer quand il en faut joindre quelques-unes ensemble pour un même mot : mais parce qu'on a souvent négligé de le faire, particulierement dans le bas empire & sur les petites médailles, on n'y trouve pas la même facilité. On dit, sans se tromper, *D. N. V. L. Licinius : dominus noster Valerius, Licinianus Licinius ;* mais il faut savoir d'ailleurs que *DDNNIOVLICINVAVG & CÆS.* sur la médaille où les deux bustes sont affrontés, signifie *domini nostri Jovii Licinii invicti Augustus & Cæsar.* De-là est venue la liberté qu'on s'est donnée de prendre pour des lettres initiales celles qui ne le sont point, & de faire plusieurs mots d'un seul : dans *Con. Constantinopoli,* on veut trouver *civitates omnes Narbonenses,* &c.

4°. Je crois qu'on peut donner pour constant, que toutes les fois que plusieurs lettres jointes ensemble ne forment aucun mot intelligible, il faut conclure que ce sont des initiales ; & que lorsque les mots ont quelques sens, il ne faut pas les séparer pour en faire plusieurs mots.

5°. Quand plusieurs lettres ne peuvent former aucun mot, & que ce font clairement des lettres initiales, il s'agit d'en découvrir la signification. La difficulté ne consisteroit pas tant à donner un sens aux *légendes* les plus embarrassantes, puisqu'il suffiroit pour cela de se livrer à toutes les conjectures qui peuvent s'offrir à l'esprit d'un antiquaire exercé & ingénieux. Mais il ne seroit pas si aisé de faire adopter ces conjectures par des personnes accoutumées à demander des preuves de ce qu'on prétend leur persuader ; aussi la plûpart des explications paroissent peu vraissemblables au plus grand nombre des Savans. C'est ainsi que la priere à Jesus-Christ, que le P. Hardouin trouvoit le secret de lire sur la médaille de Decentius, n'est aux yeux d'un autre savant Jésuite, Froelich (*diss. de numm. monet. culp. vitios. cap. ij. p. 381.*) qu'une pure imagination uniquement fondée sur l'arrangement bisarre de quelques lettres transposées par l'ignorance de l'ouvrier, qui a gravé le coin.

Il ne faut pas se persuader que les monétaires ayent été si savans, qu'ils n'ayent fait quelquefois de très-grosses fautes dans les *légendes*. Nous en avons en particulier des preuves trop évidentes sur certaines médailles frappées hors d'Italie, comme celles des Tetricus, &c. Ces méprises venoient, tantôt de précipitation, tantôt de ce que les ouvriers ne savoient pas assez le latin ou le grec, tantôt encore de ce que ceux qui leur donnoient des *légendes*, ne les écrivoient pas assez distinctement.

N'oublions pas de remarquer, en finissant cet article, qu'il y a des médailles dans la *légende* desquelles on lit le mot *restitut.* entier ou abrégé *rest.* On nomme ces médailles, *médailles de restitution,* ou *médailles restituées. Voyez-en l'article.* (*D. J.*)

LÉGER ; ce mot se dit en *Architecture,* d'un ouvrage percé à jour, où la beauté des formes consiste dans le peu de matiere, comme les portiques dont les trumeaux sont moitié des vuides, les péristyles, &c. On pourroit aussi l'appliquer aux ouvrages gothiques.

Ce mot s'entend encore dans l'art de bâtir ; des menus ouvrages, comme les plâtres, savoir les plafonds, les ourdis des cloisons, les lambris, les enduits, les crépis & les ais des planches, les tuyaux de cheminée en plâtre, les manteaux de cheminée, & le carreau de terre cuite.

On nomme tous ces ouvrages *légers ouvrages.*

LÉGER se dit aussi dans l'*Ecriture,* d'une main qui dans le feu de son opération a le mouvement si aisé qu'elle ne fait que lécher le papier. *Voyez* LÉGERETÉ (*Physique & Morale.*)

LÉGER, LÉGERETÉ, (*Maréchall.*) on dit qu'un cheval est *léger,* lorsqu'il est vite & dispos ; qu'il est de *légere taille,* quand il est de taille déchargée, quoiqu'il soit d'ailleurs lourd & pesant ; qu'il est *léger à la main,* quand il a bonne bouche, & qu'il ne pese pas sur le mors. On dit aussi qu'un cheval de carrosse est *léger,* lorsqu'il se remue bien ; qu'il craint le fouet, ou qu'il trotte légerement. Dur au fouet est en ce sens le contraire de *léger.* Avec un cheval *léger* & ramingue, il faut tenir la passade plus courte & les ronds plus étroits qu'avec un cheval pesant & engourdi. Les chevaux qui sont déchargés du devant & qui ont peu d'épaules, font ordinairement *légers* à la main. Un cheval doit être *léger* du devant, & sujet des hanches.

En parlant du cavalier, les termes de *léger* & de *légereté* s'employoit dans plusieurs sens. Un bon écuyer doit monter à cheval & se placer sur la selle avec toute la *légereté* possible, de peur de l'intimider & de l'incommoder. Un cavalier qui est *léger,* & qui se tient ferme, fatigue moins son cheval qu'un autre qui s'appesantit dessus, & il est toujours mieux en état de souffrir sa défense malicieuse. Enfin, un homme de cheval doit avoir la main très-*légere,* c'est-à-dire, qu'il faut la sente seulement sur le cheval dans la main pour lui résister lorsqu'il veut s'échapper ; & au lieu de s'attacher à la main, il faut qu'il la baisse, dès qu'il a résisté au cheval.

C'est une des meilleures marques d'un homme de cheval, que d'avoir la main *légere.*

LÉGER, LÉGERETÉ, (*Peinture.*) pinceau *léger,* *légereté* de pinceau, se dit lorsqu'on reconnoît dans un tableau la sureté de la main, & une grande aisance à exprimer les objets. L'on dit encore les bords ou extrémités d'un tableau doivent être *légers* d'ouvrage, c'est-à-dire, peu chargés d'ouvrage, parce qu'autrement il y auroit trop d'objets coupés par le bord du tableau, ce qui produiroit des effets disgracieux.

LÉGEREMENT, adv. ce mot en *Musique* indique

un mouvement encore plus vif que le gai, un mouvement moyen entre le gai & le vite. Il répond à-peu-près à l'Italien *vivace*. (*S*)

LÉGERETÉ, f. f. (*Phyf.*) privation ou défaut de pefanteur dans un corps, comparé avec un autre plus pefant. *Voyez* POIDS. En ce fens, la *légereté* eft oppofée à la *pefanteur*. *V.* PESANTEUR & GRAVITÉ.

L'expérience démontre que tous les corps font pefans, c'eft-à-dire tendent naturellement au centre de la terre, ou vers des points qui en font très-proches. Il n'y a donc point de *légereté* pofitive & abfolue, mais feulement une *légereté* relative, qui ne fignifie qu'une *pefanteur moindre*.

Archimede a démontré, & on démontre dans l'Hydroftatique, qu'un corps folide s'arrêtera où on voudra dans un fluide de même pefanteur fpécifique que lui, & qu'un corps plus léger s'élevera dans le même fluide. La raifon en eft que les corps qui font d'une même pefanteur fpécifique, font ceux qui fous les mêmes dimenfions ou le même volume, ne contiennent pas plus de pores ou d'intervalles deftitués de matiere l'un que l'autre; & par conféquent qui fous les mêmes dimenfions renferment un même nombre de parties ; concevant donc que le folide & le fluide de même pefanteur fpécifique foient divifés en un même nombre de parties égales, quelque grand que foit ce nombre, il n'y aura point de raifon pour qu'une partie du folide faffe defcendre une partie du fluide, qu'on ne puiffe alléguer auffi. pour qu'elle la faffe monter, & il en fera de même du folide total par rapport à une portion du fluide de même volume; & comme ce folide ne fauroit en effet defcendre fans faire élever un volume de fluide égal à celui qu'il déplaceroit, il s'enfuit de-là qu'il n'y a pas plus de raifon pour que le folide defcende, qu'il n'y en a pour qu'il monte; & comme il n'y a pas non plus de raifon pour qu'il fe meuve latéralement plutôt à droite qu'à gauche, il s'enfuit enfin qu'il reftera toûjours dans la place où on l'aura mis.

De-là on voit qu'un corps qui pefe moins qu'un égal volume d'eau, doit être repouffé en-haut dès qu'il eft placé dans l'eau ; car fi ce corps étoit auffi pefant qu'un égal volume d'eau, il refteroit en la place où on le met, comme on vient de le voir. Or comme il eft moins pefant par l'hypothefe qu'un égal volume d'eau, on peut fuppofer qu'il foit pouffé en en bas par une pefanteur égale à celle d'un pareil volume d'eau, & en en-haut par une pefanteur égale à l'excès de la pefanteur de ce volume d'eau fur celle du corps. Donc comme l'effet de la premiere de ces forces eft détruit, il ne reftera que la feconde qui fera par conféquent monter le corps en en-haut.

En général un corps eft d'autant plus léger, que fon poids eft moindre; & ce poids eft proportionnel à la quantité de matiere qu'il contient, comme M. Newton l'a démontré. *Voyez* DESCENTE & FLUIDE, &c.

Les corps qui fous les mêmes dimenfions ou le même volume ne pefent point également, ne doivent point contenir des portions égales de matiere. Ainfi lorfque nous voyons qu'un cube d'or s'enfonce dans l'eau, & qu'un cube de liège y furnage, nous fommes en droit de conclure que le cube d'or contient plus de parties que le même volume de liège, ou que le liège a plus de pores, c'eft-à-dire de cavités deftituées de matiere, que l'or ; nous pouvons affurer de plus, qu'il y a dans l'eau plus de ces vuides qui dans un volume égal d'or, & moins que dans un même volume de liège. *Voyez* HYDROSTATIQUE & BALANCE.

Cela nous donne tout-à-la-fois une idée claire, foit de la pefanteur des corps, qui eft la fuite de leur denfité, foit de leur *légereté*, & nous fait connoître que la derniere ne peut pas être regardée comme quelque chofe de pofitif, mais que c'eft une pure négation ou une abfence de parties qui fait appeller un corps plus léger qu'un autre, lequel contient plus de matiere que lui.

Il eft vrai que le docteur Hook femble foutenir qu'il y a une *légereté* pofitive ; c'eft, fi nous ne nous trompons, ce qu'il entend par le terme de *lévitation*, qui ne peut fignifier autre chofe qu'une propriété des corps directement contraire à celle qui les fait graviter.

Il croit avoir découvert cette propriété dans le cours de quelques cometes, qui devant defcendre vers le foleil, s'en font cependant retournées tout-à-coup en fuyant, pour ainfi dire, cet aftre, quoiqu'elles en fuffent à une prodigieufe diftance, & fans que leur cours l'eût encore embraffé.

Mais cette apparence vient de la fituation des cometes par rapport à la terre, & du mouvement de la terre dans fon obite combiné avec celui de la comete, & non d'aucun principe de répulfion. Car la comete eft toûjours pouffée vers le foleil par une force centrale ou centripete qui lui fait décrire une ellipfe fort excentrique dont le foleil occupe le foyer. *Voyez* COMETE.

Quoi qu'il en foit, il pourroit n'être pas impoffible qu'il y eût dans la nature une efpece de *légereté* abfolue; car, felon M. Newton, où ceffe la force de la gravitation, là paroîtroit devoir commencer une force contraire, & cette derniere force paroît fe manifefter dans quelques phénomenes. C'eft ce que M. Newton a appellé *vis repellens*, & qui paroît être une des loix de la nature, fans laquelle il feroit difficile, felon lui, d'expliquer la raréfaction, & quelques autres effets phyfiques.

Nous avouerons cependant que les preuves fur lefquelles M. Newton cherche à établir cette force, ne nous paroiffent pas fort convaincantes, & que les raifonnemens fur ce fujet font plus mathématiques que phyfiques. De ce qu'une quantité mathématique après avoir été pofitive, devient négative, s'en fuit-il qu'il en doit être la même chofe des forces qui agiffent dans la nature ? c'eft conclure, ce me femble, de l'abftrait au réel, que de tirer cette conféquence. *Voyez* RÉPULSION. (*O*)

LÉGERETÉ, (*Mor.*) Ce mot a deux fens; il fe prend pour le contraire de *grave*, d'*important* ; & c'eft dans ce fens qu'on dit de *légers fervices*, des *fautes légeres*. Dans l'autre fens, *légereté* eft le caractere des hommes qui ne tiennent fortement ni à leurs principes, ni à leurs habitudes, & que l'intérêt du moment décide. On nomme des *légeretés* les actions qui font l'effet de ce caractere : *légereté* dans l'efprit peut quelquefois prife en bonne part ; d'ordinaire elle exclud la fuite, la profondeur, l'application ; mais elle n'exclud pas la *fugacité*, la *vivacité*; & quand elle eft accompagnée de quelque imagination, elle a de la grace.

LEGIFRAT, f. m. (*Hift. mod.*) territoire ou diftrict foumis à un légitare ; ce terme eft employé dans quelques auteurs fuédois. Un roi de Suede ne pouvoir entrer autrefois dans un *légifrat* fans garde ; on l'accompagnoit auffi en fortant jufque fur la frontiere d'un autre *légifrat*. Les peuples lui préfentoient comme un hommage les fages précautions qu'ils prenoient pour la confervation de leur liberté.

LÉGION, f. f. (*Art milit. des Romains.*) on formoit chez les Romains avec des foldats qui n'avoient que leurs bras pour tout bien, felon l'expreffion de Valere-Maxime, les corps de troupes appellés *légions*, du mot latin *legere*, *choifir* ; parce que quand on levoit des *légions*, on faifoit un choix, dit Végece, de la jeuneffe la plus propre à porter les armes ; ce qui s'appelloit *delectum facere*, au rapport de Varron.

Dans les commencemens de la république, les seuls citoyens romains inscrits au rôle des tributs, soit qu'ils habitassent Rome, ou qu'ils demeurassent à la campagne, formerent ces *légions* invincibles, qui rendirent ce peuple les maîtres du monde.

Les *légions* étoient composées d'infanterie & de cavalerie, dont le nombre a varié sans cesse; de sorte qu'on ne doit pas être surpris, si les auteurs qui en ont parlé, paroissent se contredire, puisque leurs contradictions ne viennent que de la différence des tems.

D'abord, sous Romulus instituteur de ce corps, la *légion* n'étoit que de trois mille hommes d'infanterie, & de trois cens chevaux. Sous les consuls, elle fut long-tems de quatre mille, ou de quatre mille deux cens fantassins, & de trois cens chevaux. Vers l'an de Rome 412, elle étoit de cinq mille hommes d'infanterie. Pendant la guerre que Jules-César fit dans les Gaules, ses *légions* se trouverent encore à-peu-près composées du même nombre d'hommes. Sous Auguste, les *légions* avoient six mille cent fantassins, & sept cens vingt-six chevaux. A la mort de ce prince, elles n'étoient plus que de cinq mille hommes d'infanterie, & de six cens chevaux. Sous Tibere, elles revinrent à six mille hommes de pié, & six cens cavaliers. Comme Septime Severe imagina de former, à l'imitation des Macédoniens, une phalange ou bataillon quarré de trente mille hommes, composé de six *légions*, nous apprenons de ce trait d'histoire, que la *légion* étoit alors de cinq mille hommes. Sous les empereurs suivans, elle reprit l'ancien état qu'elle avoit sous Auguste.

Il résulte évidemment de ce détail, que pour connoître la force des armées romaines dans les différens tems, il faut être au fait du nombre des *légions* que Rome levoit, & du nombre d'hommes qui composoient chaque *légion*. Les variations ont été fort fréquentes sur ce dernier point; elles l'ont été de même par rapport au premier, du-moins sous les empereurs; car du tems de la république, le nombre des *légions* fut long-tems limité à quatre *légions* romaines, dont chaque consul commandoit deux, avec autant des alliés.

Quand Annibal se fut emparé de la citadelle de Cannes, on fit à Rome, dit Polybe, ce qui ne s'étoit pas encore fait; on composa l'armée de huit *légions* chacune de cinq mille hommes, sans les alliés. C'étoient alors des *légions* soumises à l'état; mais quand le luxe eut fait des progrès immenses dans Rome, & qu'il eut consumé le bien des particuliers, le magistrat comme le simple citoyen, l'officier, & le soldat, porterent leur servitude où ils crurent trouver leur intérêt.

Les *légions* de la république non-seulement augmenterent en nombre, mais devinrent les *légions* des grands & des chefs de parti; & pour attacher le soldat à leur fortune, ils dissimulerent ses brigandages, & négligerent la discipline militaire, à laquelle leurs ancêtres devoient leurs conquêtes & la gloire de Rome.

Ajoutons que les *légions* ne furent composées de citoyens de la ville de Rome, que jusqu'à la destruction de Carthage; car après la guerre des alliés, le droit de bourgeoisie romaine ayant été accordé à toutes les villes d'Italie, on rejetta sur elles la levée des troupes légionaires, & très-peu sur Rome.

Ces troupes néanmoins s'appellerent *romaines*, parce que les alliés participant aux mêmes priviléges que les citoyens de Rome, étoient incorporés dans la république.

Mais l'empire s'étant aggrandi de toutes parts, les villes d'Italie ne purent fournir le nombre d'hommes nécessaire à la multiplicité des *légions* que les empereurs établirent. Ils les formerent alors des troupes de toutes les provinces; & les distribuerent sur les frontieres, où on leur assigna des camps, *castra*, dont quelques-uns sont devenus des villes par succession de tems; de-là tant de noms géographiques, où le mot *castra* se trouve inséré.

Il nous faut présentement indiquer les différentes parties & les différentes sortes de soldats, dont la *légion* romaine étoit composée.

Romulus à qui Rome doit cet établissement, la divisa en dix corps, qu'on nommoit *manipules*, du nom de l'enseigne qui étoit à la tête de ces corps, & qui consistoit en une botte d'herbes, attachée au bout d'une gaule. Ces corps devinrent plus forts, à mesure que la *légion* le devint; & toutefois lorsqu'on eut pris d'autres enseignes, ils ne laisserent pas de retenir ce premier nom de *manipule*.

On fit avec le tems une nouvelle division de la *légion* qui néanmoins fut toûjours de dix parties, mais qu'on appella *cohortes*, dont chacune étoit commandée par un tribun : chaque cohorte étoit composée de trois manipules, forts à proportion de la *légion*.

On attribue cette nouvelle division à Marius. Elle continua depuis d'être toujours la même, tant sous la république, que sous les empereurs. La *légion* étoit donc composée de trente manipules & de dix cohortes ou régimens, pour parler suivant nos usages, plus ou moins nombreuses, selon que la *légion* l'étoit.

Mais il faut remarquer que la premiere cohorte étoit plus forte du double, & qu'on y plaçoit les plus grands hommes ; les neuf autres cohortes étoient égales en nombre de soldats. Ces dix cohortes formoient dix bataillons, qui se rangeoient sur trois lignes. Si la *légion* étoit de six mille hommes, la manipule étoit de deux cens hommes ou deux centuries.

Une *légion* étoit composée indépendamment des cavaliers, de quatre sortes de soldats, qui tous quatre avoient différent âge, différentes armes, & différens noms. On les appelloit *vélites*, *hastaires*, *princes* & *triaires*; *voyez* VÉLITES, HASTAIRES, PRINCES & TRIAIRES, car ils méritent des articles séparés.

Les *légions* sous la république, étoient commandées par un des consuls & par leurs lieutenans. Sous les empereurs, elles étoient commandées par un officier général qu'on nommoit préfet, *praefectus exercituum*. Les tribuns militaires commandoient chacun deux cohortes, & portoient par distinction l'anneau d'or comme les chevaliers. Chaque manipule avoit pour capitaine un officier, qu'on appelloit *ducenaire*, quand la *légion* fut parvenue à six mille hommes d'infanterie: de même qu'on nommoit *centurion*, celui qui commandoit une centurie. Les tribuns militaires élisoient les centurions, & ceux-ci élisoient leur lieutenant, qu'on nommoit *succenturion*, & qu'on appella dans la suite *option*, *Voyez* OPTION.

Quant aux *légions* que les alliés fournissoient, ceux qui les commandoient étoient appellés *préfets* du tems de la république, parce qu'ils étoient à la nomination des consuls ou des généraux d'armées.

Chaque *légion* avoit pour enseigne générale une aigle les ailes déployées, tenant un foudre dans ses serres. Elle étoit postée sur un petit pié-destal de même métal, au haut d'une pique; cette figure étoit d'or ou d'argent, de la grosseur d'un pigeon. Celui qui la portoit, s'appelloit le *porte-aigle*, & sa garde ainsi que sa défense, étoit commise au premier centurion de la *légion*.

Ce fut Marius, selon Pline, *liv. X. c. iv.* qui choisit l'aigle seule pour l'enseigne générale des *légions* romaines ; car outre l'aigle, chaque cohorte avoit ses propres enseignes faites en forme de petites bannieres, d'une étoffe de pourpre, où il y avoit des dragons peints. Chaque manipule & chaque centurie avoit aussi ses enseignes particulieres de même couleur, sur lesquelles étoient des lettres pour désigner la *légion*, la *cohorte* & la *centurie*.

On distinguoit les *légions* par l'ordre de leur levée, comme premiere, deuxieme, troisieme, ou par les noms des empereurs auteurs de leur fondation ; comme *legio Augusta, Claudia, Flavia, Trajana, Ulpia, Gordiana*, &c. Elles furent encore distinguées dans la suite par des épithetes qu'elles avoient méritées pour quelque belle action, comme celle qui fit surnommer une légion la *foudroyante*, une autre la *victorieuse*; ou même pour quelque défaut qui lui étoit propre, comme la *paillarde*. Enfin elles retinrent quelquefois le nom des provinces où elles servoient, comme *l'illyrienne, la macédonienne, la parthique, la gauloise,* &c.

Il nous reste à parler de la cavalerie qui composoit chaque *légion*. On lui donnoit le nom d'*aile*, parce qu'on la plaçoit ordinairement de maniere, qu'en couvrant les flancs elle en formoit les ailes. On la divisoit en dix parties ou brigades, autant qu'il y avoit de cohortes ; & chaque brigade étoit forte, à proportion du total de la cavalerie de la *légion*. Si elle passoit six cens chevaux, chaque aile ou brigade étoit de deux turmes ou compagnies de trente-trois chevaux chacune. La turme se subdivisoit en trois décuries ou dixaines, qui avoient chacune un décurion à leur tête, dont le premier commandoit à toute la turme, & en son absence le second. On prenoit toujours un des premiers décurions, pour commander chaque aile ou brigade, & en cette qualité il étoit appellé *préfet de cavalerie*; & son rang au-dessus du petit tribun, ou comme nous dirions du colonel d'infanterie.

Toute la cavalerie romaine qu'établit Romulus dans les *légions* qu'il institua, ne consistoit qu'en trois cens jeunes hommes, qu'il choisit parmi les meilleures familles, & qu'on nommoit *celeres* ; c'est là l'origine des chevaliers romains. Servius Tullius porta ce nombre à dix-huit cens cavaliers, & en forma dix-huit centuries. Ils avoient un cheval fourni & entretenu aux dépens de l'état. Cependant cette cavalerie n'étant pas suffisante, on l'augmenta en faisant les levées pour les *légions*; mais on observa de la tirer d'entre les plébéiens aisés, parce qu'on les obligea de se fournir de monture à leurs dépens. Ils n'avoient aucunes d'autres armes défensives qu'un mauvais bouclier de cuir de bœuf, & pour armes offensives, qu'un foible javelot.

Mais comme on éprouva les desavantages de cette armure, on les arma à la grecque, c'est-à-dire de toutes pieces ; leurs chevaux même étoient bardés au poitrail & aux flancs. Le cavalier avoit un casque ouvert, sur lequel étoit un grand panache de plumes, ou un ornement relevé qui en tenoit lieu. Une cotte de mailles ou à écailles le couvroit jusqu'au coude & descendoit jusqu'aux genoux, avec des gantelets ou un épais bouclier.

Les armes offensives étoient une grosse javeline ferrée par les deux bouts, & une épée beaucoup plus longue que celle de l'infanterie ; c'est ainsi que Polybe, *l. VI. c. iv.* nous décrit l'armure de la cavalerie des *légions* romaines.

Elle ne se servoit point d'étriers, & n'avoir point des selles rases. Les cavaliers pour monter à cheval étoient obligés de se lancer dessus tout armés, & ils apprenoient à faire cet exercice à droite comme à gauche ; il n'étoit pas non plus d'usage de ferrer leurs chevaux, quoiqu'on le pratiquoit pour les mules.

Parmi les légionaires romains il n'y avoit point de cavalerie légere, elle n'étoit connue que dans leurs troupes auxiliaires ; mais les empereurs en établirent sous le nom d'*archers*, lesquels pour être plus agiles, ne portoient aucune armure, & n'avoient que le carquois plein de fleches, l'arc & l'épée. Quant aux étendarts & cornettes de la cavalerie, on les distinguoit de celles de l'infanterie, par la couleur qui étoit bleue, & parce qu'elles étoient taillées en banderolles.

On mettoit sous la garde du premier capitaine les étendarts & cornettes de la cavalerie dans un asyle assuré, ainsi que les aigles ou drapeaux de l'infanterie étoient sous la garde du porte-aigle. Les cavaliers & les soldats des *légions* portoient leur argent en dépôt dans ces deux endroits. Végece, *c. xxi l. II.* nous apprend qu'on y déposoit encore la moitié des gratifications qu'on faisoit aux troupes ; de peur qu'elles ne dissipassent tout en débauches & en folles dépenses.

Ce furent les empereurs qui imaginerent l'usage de faire aux *légions* des *donatifs*, pour me servir des mêmes termes des auteurs. On partageoit ces donatifs en dix portions, une pour chaque cohorte ; sur quoi toute la *légion* mettoit quelque chose à part dans un onzieme sac, pour la sépulture commune ; quand un soldat mouroit ; on tiroit de ce sac dequoi faire ses funérailles.

Enfin, lorsque les *légions* avoient remporté quelque victoire, on ornoit de lauriers les aigles romaines, les étendarts de la cavalerie, les enseignes où étoit le portrait de l'empereur, & on faisoit brûler des parfums devant elles.

Voilà les particularités les plus importantes sur cette matiere ; je les ai recueillies avec quelque soin de Tite-Live, de Denys d'Halicarnasse, de César, de Polybe, de Végece, de Frontin, & d'autres auteurs ; en y mettant de l'ordre, j'ai pris pour guide des gensdu métier. (*D. J.*)

LÉGION FULMINANTE, (*Hist. rom.*) étoit une *légion* de l'armée romaine, & composée de soldats chrétiens qui, dans l'expédition de l'empereur Marc-Aurele contre les Sarmates, Quades & Marcomans, sauverent toute l'armée prête à périr de soif, & qui obtinrent par leurs prieres une pluie abondante pour l'armée romaine, tandis que l'ennemi essuyoit de l'autre côté une grêle furieuse, accompagnée de foudres & d'éclairs épouvantables.

C'est ainsi que les historiens ecclésiastiques rapportent ordinairement ce fait, & toute cette histoire est sculptée en bas-relief sur la colonne Antonine. C'est de-là qu'est venu le nom de *fulminante*; quoiqu'il y en ait qui prétendent que la *légion* composée de ces chrétiens, s'appelloit déja auparavant *la légion fulminante. Voyez* LÉGION.

LÉGION THÉBÉENNE, (*Hist. eccl.*) nom donné par quelques auteurs à une *légion* des armées romaines, qui résolue de ne point sacrifier aux idoles, souffrit le martyre sous les empereurs Dioclétien & Maximilien, vers l'an de *J. C.* 297.

Maximilien, disent ces auteurs, se trouvant à *Octodurum*, bourg des Alpes cottiennes dans le bas Vallais, aujourd'hui nommée *Martinach*, voulut obliger son armée de sacrifier aux fausses divinités. Les soldats de la *légion thébéenne* pour s'en dispenser, s'en allerent à huit milles de là à *Agaunum*, qu'on appelle à présent *Saint-Maurice*, du nom du chef de cette *légion*. L'empereur leur envoya dire de venir sacrifier, ils le refuserent nettement, & l'on les décima sans qu'ils fissent aucune résistance. Ensuite Maximien répéta le même ordre aux soldats qui restoient ; même refus de leur part. On les massacra ; & tout armés qu'ils étoient & en état de résister, ils se présenterent à leurs persécuteurs la gorge nue, sans se prévaloir de leur nombre, & de la facilité qu'ils avoient de défendre leur vie à la pointe de leur épée. Comme leur ame n'étoit occupée que de la gloire de confesser le nom de celui qui avoit été mené à la boucherie sans ouvrir la bouche non plus qu'un agneau, ils se laisserent déchirer à des loups furieux.

Cependant toute la relation attendrissante du martyre de la *légion thébéenne* n'est qu'une pure fable. Le plaisir de grossir le nombre des martyrs, dit l'auteur moderne de l'Histoire universelle, a fait ajoûter des persécutions fausses & incroyables à celles qui n'ont été que trop réelles. Quand même il y auroit eû une *légion thébéenne* ou *thébaine*, ce qui est fort douteux, puisqu'elle n'est nommée dans aucun historien ; comment Maximien Hercule auroit-il détruit une *légion* qu'il faisoit venir d'Orient dans les Gaules, pour y appaiser une sédition? Pourquoi se seroit-il privé par un massacre horrible de six mille six cens soixante & six braves soldats dont il avoit besoin pour réprimer une grande révolte? Comment cette *légion* se trouva-t-elle toute composée de chrétiens martyrs, sans qu'il y en ait eu un seul, qui pour sauver sa vie, n'ait fait l'acte extérieur du sacrifice qu'on exigeoit? A quel propos cette boucherie dans un tems où l'on ne persécutoit aucun chrétien, dans l'époque de la plus grande tranquilité de l'Eglise ? La profonde paix, & la liberté dont nous jouissons, dit Eusebe, nous jetta dans le relâchement. Cette profonde paix, cette entiere liberté s'accorde-t-elle avec le massacre de six mille six cens soixante-six soldats ? Si ce récit incroyable pouvoit être vrai, Eusebe l'eût-il passé sous silence ? Tant de martyrs ont scellé l'Evangile de leur sang, qu'on ne doit point faire partager leur gloire à ceux qui n'ont pas partagé leurs souffrances.

Il est certain que Dioclétien, dans les dernieres années de son empire, & Galerius ensuite, persécuterent violemment les chrétiens de l'Asie mineure & des contrées voisines ; mais dans les Gaules, dans les Espagnes & dans l'Angleterre, qui étoient alors le partage de Severe, ou de Constance-Chlore, loin d'être poursuivis, ils virent leur religion dominante.

J'ajoûte à ces réflexions, que la premiere relation du martyre de la *légion thébéenne*, attribuée à saint Eucher évêque de Lyon, est une piece supposée. Pour prouver que ce petit livre qu'on donne à ce bon évêque, n'est point de lui, il suffit d'observer que saint Eucher finit ses jours en 454 ; & que dans son prétendu livre il y est fait mention de Sigismond roi de Bourgogne, comme mort depuis plusieurs années : or l'on sait que ce prince fut jetté dans un puits prés d'Orléans, où il périt misérablement vers l'an 523.

On a démontré que les actes du concile d'*Agaunum* que Pierre François Chifflet a publié dans son édition de Paulin, sont aussi fictifs que ceux qu'on suivi Surius & Baronius.

Les premiers écrivains qui ont parlé du martyre de la *légion Thébéenne*, sont Grégoire de Tours & Vénance Fortunat, qui liés d'une étroite amitié, vivoient tous deux sur la fin du vj. siecle. Mais, comme le cardinal Baronius en convient lui-même, il faut donner ces choses & plusieurs autres, d'une part à la crédulité de l'auteur des miracles de la vie des saints, & de l'autre à la simplicité de l'auteur du poëme de la vie de saint Martin.

S'il est encore quelqu'un qui desire une réfutation plus complete du roman de la *légion thébéenne*, nous le renverrons pour se convaincre à la fameuse dissertation de Dodwell, *de paucitate martyrum*, qui est la onzieme des *dissertationes cyprianicæ*, imprimées à part ; & à la fin de l'édition de saint Cyprien, publiée par Jean Fell évêque d'Oxford. Que si ce quelqu'un crédule & amateur du merveilleux, n'entend pas le latin, nous pouvons pour lever ses doutes, lui recommander la lecture du savant petit ouvrage de M. du Bourdieu sur le *martyre de la légion thébéenne*. Cet écrit vit d'abord le jour en anglois en 1696, & a paru depuis traduit en françois en 1705. (*D. J.*)

LÉGION, (*Art numismat.*) nom de certaines médailles.

Une *légion*, en terme de médaillistes, est une médaille qui a au revers deux signes ou étendarts militaires, une aigle romaine au milieu, & pour inscription le nom de la légion, LEGIO I. II. X. XV, &c. Par exemple, ANT. AVG. III. VIR RPC, un navire ; au revers deux signes appellés *pila*, & une aigle romaine au milieu, LEG. II. ou XV, &c. & une autre LEG. XVII CLASSICÆ. Antoine est le premier, & Caraussius le dernier, sur les médailles desquelles on trouve des *légions*. Il y a jusqu'à la xxiv°. *légion* sur les médailles que nous possédons, mais pas au-delà. *Voyez* les recueils de Mezzabarba & du P. Banduri. *Trévoux*, *Chambers*.

LÉGION, (*Géog. anc.*) ville de la Palestine, au pié du mont Carmel, à 15 milles de Nazareth. Elle est célebre dans les écrits d'Eusebe & de S. Jérôme : c'est apparemment le même lieu qui est encore aujourd'hui nommé *Légune*. Les Romains y entretenoient une *légion* de soldats, pour garder le passage de Ptolomaïde à Césarée de Palestine ; c'étoit pour ainsi dire la clé du pays de ce côté-là. Il s'est donné plusieurs combats aux environs de cet endroit. (*D. J.*)

LÉGIONAIRE, s. m. (*Hist. anc.*) soldat des légions romaines ; c'est le nom qu'on donnoit sur-tout aux fantassins, car les cavaliers retenoient le nom d'*equites*. On distinguoit dans chaque légion de quatre especes de soldats dans l'infanterie : les vélites, les hastaires, les princes & les triaires. Les vélites, autrement nommés *antesignani*, parce qu'on les plaçoit avant les enseignes ; aux premiers rangs ; & qu'ils commençoient le combat, étoient armés à la légere d'un petit bouclier rond, d'un épé & demi de diametre, & d'un petit casque d'un cuir fort ; du reste, sans armure pour être plus dispos. Leurs armes offensives étoient l'épée, le javelot & la fronde. Ils ne servoient que pour escarmoucher. Ils se rangeoient d'abord à la queue des troupes, & de-là, par les intervalles ménagés entre les cohortes, ils s'avançoient sur le front de la bataille pour harceler les ennemis ; mais dès qu'ils étoient une fois poussés, ils rentroient par les mêmes intervalles ; & de derriere les bataillons que les couvroient, ils faisoient voler sur l'ennemi une grêle de pierres ou de traits. Ils étoient aussi chargés d'accompagner la cavalerie pour les expéditions brusques & les coups de main. On croit que les Romains n'instituerent les vélites dans leurs légions qu'après la seconde guerre punique, à l'exemple des Carthaginois, qui dans leur infanterie avoient beaucoup de frondeurs & de gens de trait. Selon Tite-Live, il n'y avoit que 20 vélites par manipule ; ce qui faisoit soixante par cohorte, & six cens par légion, quand la légion étoit de six mille hommes. Avant qu'ils fussent admis, les soldats qui composoient l'infanterie légere, s'appelloient *rorarii & accensi*. On supprima les vélites quand on eut accordé le droit de bourgeoisie romaine à toute l'Italie, non en leur substitua d'autres armés à la légere. Le second corps des *légionaires* étoient ceux qu'on nommoit *hastaires*, d'un gros javelot qu'ils lançoient, & que les Latins appellent *hasta*, arme différente de la pique punique : celle-ci est trop longue & trop pesante pour être lancée avec avantage. Ils étoient pesamment armés du casque, de la cuirasse & du bouclier, de l'épée espagnole & du poignard. Ils faisoient la premiere ligne de l'armée.

mée. Après eux venoient les *princes*, armés de même auffi-bien que les *triaires*, à l'exception que ceux-ci portoient une efpece d'efponton court, dont le fer étoit long & fort. On les oppofoit ordinairement à la cavalerie, parce que cette arme étoit plus de réfiftance que les javelines & les dards des princes & des haftaires. On donna aux triaires ce nom, parce qu'ils formoient la troifieme ligne & l'élite de l'armée; mais dans les nouveaux ordres de bataille qu'introduifit Marius, on plaça les triaires aux premiers rangs: c'étoient toujours les plus vieux & les plus riches foldats qui formoient les triaires, & c'étoit devant eux qu'on portoit l'aigle de la légion. On ne pouvoit entrer dans ce corps avant l'âge de 17 ans, & outre cela il falloit être citoyen romain: cependant il y eut des circonftances où l'on y admit des affranchis; & après l'âge de 46 ans on n'étoit plus obligé de fervir. Le tems du fervice des *légionaires* n'étoit pourtant que de 16 ans. Avant Septime Severe il n'étoit pas permis aux *légionaires* de fe marier, ou du moins de mener leurs femmes en campagne avec eux. La difcipline militaire de ces foldats étoit très-févere; ils menoient une vie dure, faifoient de longues marches chargés de pefans fardeaux; & foit en paix, foit en guerre, on les tenoit continuellement en haleine, foit en fortifiant des places & des camps, foit en formant ou en réparant les grands chemins: auffi voit-on peu d'occafions où cette infanterie romaine ne foit demeurée victorieufe.

LEGIS, *foies legis*, (*Comm.*) elles viennent de Perfe, & font les plus belles après les foubaffi ou cherbaffi. Elles font en balles de 20 battemens chacune, le battement de fix occos, ou 18 livres 12 onces, poids de Marfeille, & 15 livres poids de marc. Il y a des *legis* vourines, les *legis* bourmes ou bourmeo, les *legis* ardaffes. Ces dernieres font les plus groffes. *Voyez le dictionn. de Commerce.*

LÉGISLATEUR, f. m. (*Politiq.*) Le *légiflateur* eft celui qui a le pouvoir de donner ou d'abroger les lois. En France, le roi eft le *légiflateur*; à Geneve, c'eft le peuple; à Venife, à Gênes, c'eft la nobleffe; en Angleterre, ce font les deux chambres & le roi.

Tout *légiflateur* doit fe propofer la fécurité de l'état & le bonheur des citoyens.

Les hommes, eft fe réuniffant en fociété, cherchent une fituation plus heureufe que l'état de nature, qui avoit deux avantages, l'égalité & la liberté, & deux inconvéniens, la crainte de la violence & la privation des fecours, foit dans les befoins nécelfaires, foit dans les dangers. Les hommes, pour fe mettre à l'abri de ces inconvéniens, ont confenti donc à perdre un peu de leur égalité & liberté; & le *légiflateur* a rempli fon objet, lorfqu'en ôtant aux hommes le moins qu'il eft poffible d'égalité & de liberté, il leur procure le plus qu'il eft poffible de fécurité & de bonheur.

Le *légiflateur* doit donner, maintenir ou changer des lois conftitutives ou civiles.

Les lois conftitutives font celles qui conftituent l'efpce du gouvernement. Le *légiflateur* en donnant ces lois, aura égard à l'étendue de pays que poffede la nation, à la nature de fon fol, à la puiffance des nations voifines, à fon génie, & au génie de fa nation.

Un petit état doit être républicain; les citoyens y font trop éclairés fur leurs intérêts; ces intérêts font trop peu compliqués pour qu'ils veuillent laiffer décider un monarque qui ne feroit pas plus éclairé qu'eux; l'état entier pourroit prendre dans un moment la même impreffion qui feroit fouvent contraire aux volontés du roi; le peuple, qui ne peut conftamment s'arrêter dans les bornes d'une jufte liberté, feroit indépendant au moment où il voudroit l'être: cet éternel mécontentement attaché à la condition d'homme & d'homme qui obéit, ne s'y borneroit pas aux murmures, & il n'y auroit pas d'intervalle entre l'humeur & la réfolution.

Le *légiflateur* verra que dans un pays fertile, & où la culture des terres occupe la plus grande partie des habitans, ils doivent être moins jaloux de leur liberté, parce qu'ils n'ont befoin que de tranquillité, & qu'ils n'ont ni la volonté ni le tems de s'occuper des détails de l'adminiftration. D'ailleurs, comme dit le préfident de Montefquieu, quand la liberté n'eft pas le feul bien, on eft moins attentif à la défendre: par la même raifon, des peuples qui habitent des rochers, des montagnes peu fertiles, font moins difpofés au gouvernement d'un feul; leur liberté eft leur feul bien; & de plus, s'ils ventent, par l'induftrie & le commerce, remplacer ce que leur refufe la nature, ils ont befoin d'une extrême liberté.

Le *légiflateur* donnera le gouvernement d'un feul aux états d'une certaine étendue: leurs différentes parties ont trop de peine à fe réunir tout-à-coup pour y rendre les révolutions faciles: la promptitude des réfolutions & de l'exécution, qui eft le grand avantage du gouvernement monarchique, fait paffer, quand il le faut & dans un moment, d'une province à l'autre, les ordres, les châtimens, les fecours. Les différentes parties d'un grand état font unies fous le gouvernement d'un feul; & dans une grande république il fe formeroit néceffairement des factions qui pourroient la déchirer & la détruire: d'ailleurs les grands états ont beaucoup de voifins, donnent de l'ombrage, font expofés à des guerres fréquentes; & c'eft ici le triomphe du gouvernement monarchique; c'eft dans la guerre fur-tout qu'il a de l'avantage fur le gouvernement républicain; il a pour lui le fecret, l'union, la célérité, point d'oppofition, point de lenteur. Les victoires des Romains ne prouvent rien contre moi; ils ont foumis le monde ou barbare ou divifé, ou amolli; & lorfqu'ils ont eu des guerres qui mettoient la république en danger, ils fe hâtoient de créer un dictateur, magiftrat plus abfolu que nos rois. La Hollande, conduite pendant la paix par fes magiftrats, a créé des ftathouders dans fes guerres contre l'Efpagne & contre la France.

Le *légiflateur* fait accorder les lois civiles aux lois conftitutives: elles ne feront pas fur beaucoup de cas les mêmes dans une monarchie que dans une république, chez un peuple cultivateur & chez un peuple commerçant; elles changeront felon les tems, les mœurs & les climats. Mais ces climats ont-ils autant d'influence fur les hommes que quelques auteurs l'ont prétendu, & influent-ils auffi peu fur nous que d'autres auteurs l'ont affuré? Cette queftion mérite l'attention du *légiflateur*.

Partout les hommes font fufceptibles des mêmes paffions, mais ils peuvent les recevoir par différentes caufes & en différentes manieres; ils peuvent recevoir les premieres impreffions avec plus ou moins de fenfibilité; fi les climats ne mettent que peu de différence dans le genre des paffions, ils peuvent en mettre beaucoup dans les fenfations.

Les peuples du nord ne reçoivent pas comme les peuples du midi, des impreffions vives, & dont les effets font prompts & rapides. La conftitution robufte, la chaleur concentrée par le froid, le peu de fubftance des alimens font fentir beaucoup aux peuples du nord le befoin public de la faim. Dans quelques pays froids & humides, les efprits animaux font engourdis, & il faut aux hommes des mouvemens violens pour leur faire fentir leur exiftance.

Les peuples du midi ont besoin d'une moindre quantité d'alimens, & la nature leur en fournit en abondance ; la chaleur du climat & la vivacité de l'imagination les épuisent & leur rend le travail pénible.

Il faut beaucoup de travail & d'industrie pour se vêtir & se loger de maniere à ne pas souffrir de la rigueur du froid ; & pour se garantir de la chaleur il ne faut que des arbres, un hamac & du repos.

Les peuples du nord doivent être occupés du soin de se procurer le nécessaire, & ceux du midi sentir le besoin de l'amusement. Le samoïede chasse, ouvre une caverne, coupe & transporte du bois pour entretenir le feu & des boissons chaudes ; il prépare des peaux pour se vêtir, tandis que le sauvage d'Afrique va tout nud, se desaltere dans une fontaine, cueille du fruit, & dort ou danse sous l'ombrage.

La vivacité des sens & de l'imagination des peuples du midi, leur rend plus nécessaires qu'aux peuples du nord les plaisirs physiques de l'amour ; mais, dit le président de Montesquieu, les femmes, chez les peuples du midi, perdant la beauté dans l'âge où commence la raison, ces peuples doivent faire moins entrer le moral dans l'amour, que les peuples du nord, où l'esprit & la raison accompagnent la beauté. Les Caffres, les peuples de la Guianne & du Brésil font travailler leurs femmes comme des bêtes, & les Germains les honoroient comme des divinités.

La vivacité de chaque impression, & le peu de besoin de retenir & de combiner leurs idées, doivent être cause que les peuples méridionaux auront peu de suite dans l'esprit & beaucoup d'inconséquences ; ils sont conduits par le moment ; ils oublient le tems, & sacrifient la vie à un seul jour. Le caraïbe pleure le soir du regret d'avoir vendu le matin son lit pour s'enivrer d'eau-de-vie.

On doit dans le nord, pour pourvoir à des besoins qui demandent plus de combinaisons d'idées, de persévérance & d'industrie, avoir dans l'esprit plus de suite, de regle, de raisonnement & de raison ; on doit avoir dans le midi des enthousiasmes subits, des emportemens fougueux, des terreurs paniques, des craintes & des espérances sans fondement.

Il faut chercher ces influences du climat chez des peuples encore sauvages, & dont les uns soient situés vers l'équateur & les autres vers le cercle polaire. Dans les climats tempérés, & parmi des peuples qui ne sont distans que de quelques degrés, les influences du climat sont moins sensibles.

Le *législateur* d'un peuple sauvage doit avoir beaucoup d'égard au climat, & rectifier ses effets par la législation, tant par rapport aux subsistances, aux commodités, que par rapport aux mœurs. Il n'y a point de climat, dit M. Hume, où le *législateur* ne puisse établir des mœurs fortes, pures, sublimes, foibles & barbares. Dans nos pays, depuis long-tems policés, le *législateur*, sans perdre le climat de vûe, aura plus d'égard aux préjugés, aux opinions, aux mœurs établies ; & selon que ces mœurs, ces opinions, ces préjugés répondent à ses desseins ou leur sont opposés, il doit les combattre ou les fortifier par ses lois. Il faut chez les peuples d'Europe chercher les causes des préjugés, des usages, des mœurs & de leurs contrariétés, non-seulement dans le gouvernement sous lequel ils vivent, mais aussi dans la diversité des gouvernemens sous lesquels ils ont vécu, & dont chacun a laissé sa trace. On trouve parmi nous des vestiges des anciens Celtes, on y voit des usages qui nous viennent des Romains ; d'autres nous ont été apportés par les Germains, par les Anglois, par les Arabes, &c.

Pour que les hommes sentent le moins qu'il est possible qu'ils ont perdu des deux avantages de l'état de nature, l'égalité, l'indépendance, le *législateur*, dans tous les climats, dans toutes les circonstances, dans tous les gouvernemens, doit se proposer de changer l'esprit de propriété en esprit de communauté : les législations sont plus ou moins parfaites, selon qu'elles tendent plus ou moins à ce but ; & c'est à mesure qu'elles y parviennent le plus, qu'elles procurent le plus de sécurité & de bonheur possibles. Chez un peuple où regne l'esprit de communauté, l'ordre du prince ou du magistrat ne paroît pas l'ordre de la patrie : chaque homme y devient, comme dit Metastase, *compagno delle legge e non seguace : l'ami & non l'esclave des lois*. L'amour de la patrie est le seul objet de passion qui unisse les rivaux ; il éteint les divisions ; chaque citoyen ne voit dans un citoyen qu'un membre utile à l'état ; tous marchent ensemble & contens vers le bien commun ; l'amour de la patrie donne le plus noble de tous les courages : on se sacrifie à ce qu'on aime. L'amour de la patrie étend les vûes, parce qu'il les porte vers mille objets qui intéressent les autres : il éleve l'ame au-dessus des petits intérêts, il l'épure, parce qu'il lui rend moins nécessaire ce qu'elle ne pourroit obtenir sans injustice ; il lui donne l'enthousiasme de la vertu : cet esprit animé de cet esprit ne menace pas les voisins d'invasion, & ils n'en ont rien à craindre. Nous venons de voir qu'un état ne peut s'étendre sans perdre de sa liberté, & qu'à mesure qu'il recule ses bornes, il faut qu'il cede une plus grande autorité à un plus petit nombre d'hommes, ou à un seul, jusqu'à ce qu'enfin devenu un grand empire, les lois, la gloire & le bonheur des peuples aillent se perdre dans le despotisme. Un état où l'amour de la patrie craint ce malheur, le plus grand de tous, reste en paix & y laisse les autres. Voyez les Suisses, ce peuple citoyen, respectés de l'Europe entiere, entourés de nations plus puissantes que eux : ils doivent leur tranquillité à l'estime & à la confiance de leurs voisins, qui connoissent leur amour pour la paix, pour la liberté, & pour la patrie. Si le peuple où regne cet esprit de communauté ne regrette point d'avoir soumis sa volonté à la volonté générale, *voyez* Droit naturel ; s'il ne sent point le poids de la loi, il sent encore moins celui des impôts ; il paie peu, il paie avec joie. Le peuple heureux se multiplie, & l'extrême population devient une cause nouvelle de sécurité & de bonheur.

Dans la législation tout est lié, tout dépend l'un de l'autre, l'effet d'une bonne loi s'étend sur mille objets étrangers à cette loi : un bien devenu pour un bien, l'effet réagit sur la cause, l'ordre général maintient toutes les parties, & chacune refluë sur l'autre & sur l'ordre général. L'esprit de communauté, répandu dans le tout, fortifié, lie & vivifie le tout.

Dans les démocraties, les citoyens, par les lois constitutives, étant plus libres & plus égaux que dans les autres gouvernemens, & dans les démocraties, où l'état, par la part que le peuple prend aux affaires, est réellement la possession de chaque particulier, où la foiblesse de la patrie augmente le patriotisme, où les hommes dans un commun de périls deviennent nécessaires les uns aux autres, & où la vertu de chacun d'eux se fortifié & jouit de la vertu de tous ; dans les démocraties, dis-je, il faut moins d'art & moins de foin que dans les états où la puissance & l'administration sont entre les mains d'un petit nombre ou d'un seul.

Quand l'esprit de communauté n'est pas l'effet nécessaire des lois constitutives, il doit être des formes, de quelques lois & de l'administration. Voyez en nous le germe de passions qui nous opposent à nos semblables, tantôt comme rivaux, tantôt comme ennemis ; voyez en nous le germe de paſſions qui nous uniſſent à la ſociété : c'eſt au *légiſlateur* à réprimer les unes, à exciter les autres ; c'eſt en excitant ces paſſions ſociales qu'il diſpoſera les citoyens à l'eſprit de communauté.

Il peut par des lois qui impoſent aux citoyens de ſe rendre des ſervices mutuels, leur faire une habitude de l'humanité ; il peut par des lois faire de cette vertu un des reſſorts principaux de ſon gouvernement. Je parle d'un poſſible, & je le dis poſſible, parce qu'il a été réel ſous l'autre hémiſphere. Les lois du Pérou tendoient à unir les citoyens par les chaines de l'humanité ; & comme dans les autres légiſlations elles défendent aux hommes de ſe faire du mal, au Pérou elles leur ordonnoient ſans ceſſe de ſe faire du bien. Ces lois en établiſſant (autant qu'il eſt poſſible hors de l'état de nature) la communauté des biens, affoibliſſoient l'eſprit de propriété, ſource de tous les vices. Les beaux jours, les jours de fête étoient au Pérou les jours où on cultivoit les champs de l'état, le champ du vieillard ou celui de l'orphelin : chaque citoyen travailloit pour la maſſe des citoyens ; il dépoſoit le fruit de ſon travail dans les magaſins de l'état, & il recevoit pour récompenſe le fruit du travail des autres. Ce peuple n'avoit d'ennemis que les hommes capables du mal ; il attaquoit des peuples voiſins pour leur ôter des uſages barbares ; les Incas vouloient attirer toutes les nations à leurs mœurs aimables. En combattant les antropophages mêmes, ils évitoient de les détruire, & ils ſembloient chercher moins la ſoumiſſion que le bonheur des vaincus.

Le *légiſlateur* peut établir un rapport de bienveillance de lui à ſon peuple, de ſon peuple à lui, & par-là étendre l'eſprit de communauté. Le peuple aime le prince qui s'occupe de ſon bonheur ; le prince aime les hommes qui lui confient leur deſtinée ; il aime les témoins de ſes vertus, les organes de ſa gloire. La bienveillance fait de l'état une famille qui n'obéit qu'à l'autorité paternelle ; telle eſt la ſuperſtition qui abrutiſſoit ſon ſiecle & rendoit ſes peuples féroces, que n'auroit pas fait en France un prince comme Henri IV ! Dans tous les tems, dans toutes les monarchies, les princes habiles ont fait uſage du reſſort de la bienveillance ; le plus grand éloge qu'on puiſſe faire d'un roi eſt celui qu'un hiſtorien danois fait de Canut-le-Bon : *il vécut avec ſes peuples comme un pere avec ſes enfans*. L'amitié, la bienfaiſance, la généroſité, la reconnoiſſance ſeront néceſſairement des vertus communes dans un gouvernement dont la bienveillance eſt un des principaux reſſorts ; ces vertus ont compoſé les mœurs chinoiſes juſqu'au regne de Chi-T-Sou. Quand les empereurs de cet empire, trop vaſte pour une monarchie réglée, ont commencé à y faire ſentir la crainte, quand ils ont moins fait dépendre leur autorité de l'amour des peuples que de leurs ſoldats tartares, les mœurs chinoiſes ont ceſſé d'être pures, mais elles ſont reſtées douces.

On ne peut imaginer quelle force, quelle activité, quel enthouſiaſme, quel courage peut répandre dans le peuple cet eſprit de bienveillance, & combien il intéreſſe toute la nation à la communauté ; j'ai du plaiſir à dire qu'en France on en a vu des exemples plus d'une fois : la bienveillance eſt le ſeul remede aux abus inévitables dans ces gouvernemens qui par leurs conſtitutions laiſſent le moins de liberté aux citoyens & le moins d'égalité entr'eux. Les lois conſtitutives & civiles inſpireront moins la bienveillance que la conduite du *légiſlateur*, & les formes avec leſquelles on annonce & on exécute ſes volontés.

Le *légiſlateur* excitera le ſentiment de l'honneur, c'eſt-à-dire le deſir de l'eſtime de ſoi-même & des autres, le deſir d'être honoré, d'avoir des honneurs.

C'eſt un reſſort néceſſaire dans tous les gouvernemens ; mais le *légiſlateur* aura ſoin que ce ſentiment ſoit comme à Sparte & à Rome, uni à l'eſprit de communauté, & que le citoyen attaché à ſon propre honneur & à ſa propre gloire, le ſoit, s'il ſe peut, davantage à l'honneur & à la gloire de ſa patrie. Il y avoit à Rome un temple de l'honneur, mais on ne pouvoit y entrer qu'en paſſant par le temple de la vertu. Le ſentiment de l'honneur ſéparé de l'amour de la patrie, peut rendre les citoyens capables de grands efforts pour elle, mais il ne les unit pas entr'eux, au contraire il multiplie pour eux les objets de jalouſie : l'intérêt de l'état eſt quelquefois ſacrifié à l'honneur d'un ſeul citoyen, & l'honneur les porte tous plus à ſe diſtinguer les uns des autres, qu'à concourir ſous le joug des devoirs au maintien des lois & au bien général.

Le *légiſlateur* doit-il faire uſage de la religion comme d'un reſſort principal dans la machine du gouvernement ?

Si cette religion eſt fauſſe, les lumieres en ſe répandant parmi les hommes feront connoître ſa fauſſeté, non pas à la derniere claſſe du peuple, mais aux premiers ordres des citoyens, c'eſt-à-dire aux hommes deſtinés à conduire les autres, & qui leur doivent l'exemple du patriotiſme & des vertus ; & ſi la religion avoit été la ſource de leurs vertus, une fois déſabuſés de cette religion, on les verroit changer leurs mœurs, ils perdroient un frein & un motif, & ils ſeroient détrompés.

Si cette religion eſt la vraie, il peut s'y mêler de nouveaux dogmes, de nouvelles opinions ; & cette nouvelle maniere de penſer peut être oppoſée au gouvernement. Or ſi le peuple eſt accoutumé d'obéir à la force de la religion plus que par celle des lois, il ſuivra le torrent de ſes opinions, & il renverſera la conſtitution de l'état, ou il n'en ſuivra plus l'impulſion. Quels ravages n'ont pas fait en Veſtphalie les Anabatiſtes ! Le carême des Abiſſins les affoibliſſoit au point de les rendre incapables de ſoutenir les travaux de la guerre. Ne font-ce pas les Puritains qui ont conduit le malheureux Charles I. ſur l'échafaut ? Les Juifs n'oſoient combattre le jour du ſabat.

Si le *légiſlateur* fait de la religion un reſſort principal de l'état, il donne néceſſairement trop de crédit aux prêtres, qui prendront bientôt de l'ambition. Dans les pays où le *légiſlateur* a pour ainſi dire amalgamé la religion avec le gouvernement, on a vu les prêtres devenus importans, favoriſer le deſpotiſme pour augmenter leur propre autorité, & cette autorité une fois établie, menacer le deſpotiſme & lui diſputer la ſervitude des peuples.

Enfin la religion ſeroit un reſſort dont le *légiſlateur* ne pourroit jamais prévoir tous les effets, & dont rien ne peut l'aſſurer qu'il ſeroit toujours le maître ; cette raiſon ſuffit pour qu'il rende les lois principales ſoit conſtitutives, ſoit civiles, & leur exécution indépendante du culte & des dogmes religieux ; mais il doit reſpecter, aimer la religion, & la faire aimer & reſpecter.

Le *légiſlateur* ne doit jamais oublier la diſpoſition de la nature humaine à la ſuperſtition, il peut compter qu'il y en aura dans tous les tems & chez tous les peuples : elle ſe mêlera même toujours à la véritable religion. Les connoiſſances, les progrès de la raiſon ſont les meilleurs remedes contre cette maladie de notre eſpece ; comme juſqu'à un certain point elle eſt incurable, elle mérite beaucoup d'indulgence.

La conduite des Chinois à cet égard me paroît excellente. Des philoſophes ſont miniſtres du prince, & les provinces ſont couvertes de pagodes & de dieux : on n'uſe jamais de rigueur envers ceux qui les adorent ; mais lorſqu'un dieu n'a pas exaucé les vœux des peuples & qu'ils en sont mécontens au point de se permettre quelque doute sur sa divinité, les mandarins saisissent ce moment pour abolir une superstition, ils brisent le dieu & renversent le temple.

L'éducation des enfans sera pour le *législateur* un moyen efficace pour attacher les peuples à la patrie, pour leur inspirer l'esprit de communauté, l'humanité, la bienveillance, les vertus publiques, les vertus privées, l'amour de l'honnête, les passions utiles à l'état, enfin pour leur donner, pour leur conserver la forte de caractere,de génie qui convient à la nation. Par-tout où le *législateur* a eu soin que l'éducation fût propre à inspirer à son peuple le caractere qu'il devoit avoir, ce caractere a eu de l'énergie & a duré long-tems. Dans l'espace de 500 ans il ne s'est presque pas fait de changement dans les mœurs étonnantes de Lacédémone. Chez les anciens Perses l'éducation leur faisoit aimer la monarchie & leurs lois; c'est sur-tout à l'éducation que les Chinois doivent l'immutabilité de leurs mœurs; les Romains furent long-tems à n'apprendre à leurs enfans que l'Agriculture, la science militaire & les lois de leur pays; ils ne leur inspiroient que l'amour de la frugalité, de la gloire & de la patrie; ils ne donnoient à leurs enfans que leurs connoissances & leurs passions. Il y a dans la patrie différens ordres, différentes classes; il y a des vertus & des connoissances qui doivent être communes à tous les ordres, à toutes les classes; il y a des vertus & des connoissances qui sont plus propres à certains états, & le *législateur* doit faire veiller à ces détails importans. C'est sur-tout aux princes & aux hommes qui doivent tenir un jour dans leurs mains la balance de nos destinées, que l'éducation doit apprendre à gouverner une nation de la maniere dont elle veut & doit être. En Suede le roi n'est pas le maitre de l'éducation de son fils; il n'y a pas long-tems qu'à l'assemblée des états de ce royaume un sénateur dit au gouverneur de l'héritier de la couronne: *Conduisez le prince dans la cabane de l'indigence laborieuse: faites-lui voir de près les malheureux, & apprenez-lui que ce n'est pas pour servir aux caprices d'une douzaine de souverains que les peuples de l'Europe sont faits*.

Quand les lois constitutives & civiles, les formes, l'éducation ont contribué à assurer la défense, la subsistance de l'état, la tranquillité des citoyens & les mœurs; quand le peuple est attaché à la patrie & a pris la forte de caractere la plus propre à la forme de gouvernement sous lequel il doit vivre, il s'établit une maniere de penser qui se perpétue dans la nation; tout ce qui tient à la constitution & aux mœurs paroît sacré; l'esprit du peuple ne se permet pas d'examiner l'utilité d'une loi ou d'un usage: on n'y discute ni le plus ni le moins de nécessité des devoirs, on ne fait que les respecter & les suivre; & si on raisonne sur leurs bornes, c'est moins pour les resserrer que pour les étendre: c'est alors que les citoyens ont des principes sûrs pour la regle de leur conduite, & le *législateur* ajoute à l'autorité que lui donnent les lois celle de l'opinion. Cette autorité de l'opinion entre dans tous les gouvernemens & les consolide; c'est par elle que presque par-tout le grand nombre mal conduit ne murmure pas d'obéir au petit nombre: la force réelle est dans les sujets, mais l'opinion fait la force des maitres, cela est vrai jusques dans les états despotiques. Si les empereurs de Rome & les sultans des Turcs ont régné par la crainte sur le plus grand nombre de leurs sujets, ils avoient pour s'en faire craindre des prétoriens & des janissaires sur lesquels ils regnoient par l'opinion: quelquefois elle n'est qu'une idée répandue que la famille régnante a un droit réel au trône: quelquefois elle tient à la religion, souvent à l'idée qu'on s'est faite de la grandeur de la puissance qui opprime; la seule vraiment solide est celle qui est fondée sur le bonheur & l'approbation des citoyens.

Le pouvoir de l'opinion augmente encore par l'habitude, s'il n'est affoibli par des secousses imprévues, des révolutions subites, & de grandes fautes.

C'est par l'administration que le *législateur* conserve la puissance, le bonheur & le génie de son peuple; & sans une bonne administration, les meilleures lois ne sauvent ni les états de leur décadence, ni les peuples de la corruption.

Comme il faut que les lois ôtent au citoyen le moins de liberté qu'il est possible, & laissent le plus qu'il est possible de l'égalité entr'eux; dans les gouvernemens où les hommes sont les moins libres & le moins égaux, il faut que par l'administration le *législateur* leur fasse oublier ce qu'ils ont perdu des deux grands avantages de l'état de nature; il faut qu'il consulte sans cesse les desirs de la nation; il faut qu'il expose aux yeux du public les détails de l'administration; il faut qu'il lui rende compte de ses graces; il doit même engager les peuples à s'occuper du gouvernement, à le discuter, à en suivre les opérations, & c'est un moyen de les attacher à la patrie. Il faut, dit un roi qui écrit, vit & regne en philosophe, *que le législateur persuade au peuple que la loi seule peut tout, & que la fantaisie ne peut rien*.

Le *législateur* disposera son peuple à l'humanité, par la bonté & les égards avec lesquels il traitera tout ce qui est homme, soit citoyen, soit étranger, en encourageant les inventions & les hommes utiles à la nature humaine; par la pitié dont il donnera des preuves aux malheureux; par l'attention à éviter la guerre & les dépenses superflues; enfin par l'estime qu'il accordera lui-même aux hommes connus par leur bonté.

La même conduite, qui contribue à répandre parmi son peuple le sentiment d'humanité, excite pour lui ce sentiment de bienveillance, qui est le lien de son peuple à lui; quelquefois il y excitera ce sentiment par des sacrifices éclatans de son intérêt personnel à l'intérêt de sa nation, en préférant, par exemple, pour un pere à ses enfans; l'utile de la patrie à l'homme qui n'est utile qu'à lui. Un roi de la Chine ne trouvant son fils digne de lui succéder, fit passer son sceptre à son ministre, & dit: *J'aime mieux que mon fils soit mal, & que mon peuple soit bien, que si mon fils étoit bien, & que mon peuple fût mal*. A la Chine, les édits des rois sont les exhortations d'un pere à ses enfans; il faut que les édits instruisent, exhortent autant qu'ils commandent; c'étoit autrefois l'usage de nos rois, & ils ont perdu à le négliger. Le *législateur* ne sauroit donner à tous les ordres de l'état trop de preuves de sa bienveillance: un roi de Perse admettoit les laboureurs à sa table, & il leur disoit: *Je suis un d'entre vous; vous avez besoin de moi, j'ai besoin de vous; vivons en freres*.

C'est en distribuant justement & à-propos les honneurs, que le *législateur* animera le sentiment de l'honneur, & qu'il le dirigera vers le bien de l'état: quand les honneurs seront une récompense de la vertu, l'honneur portera aux actions vertueuses.

Le *législateur* tient dans ses mains deux rênes avec lesquelles il peut conduire à son gré les passions; je veux dire les peines & les récompenses. Les peines ne doivent être imposées qu'au nom de la loi par les tribunaux; mais se doit se réserver le pouvoir de distribuer librement une partie des récompenses.

Dans un pays où la constitution de l'état intéresse les citoyens au gouvernement, où l'éducation

& l'administration ont gravé dans les hommes les principes & les sentimens patriotiques & l'honneur, il suffit d'infliger au coupable les peines les plus légéres : c'est assez qu'elles indiquent que le citoyen puni a commis une faute ; les regards de ses concitoyens ajoûtent à son châtiment. Le *législateur* est le maître d'attacher les peines les plus graves aux vices les plus dangereux pour la nation ; il peut faire considérer comme des peines des avantages réels, mais vers lesquels il est utile que les desirs de la nation ne se portent pas ; il peut même faire considérer aux hommes comme des peines véritables, ce qui dans d'autres pays pourroit servir de récompense. A Sparte, après certaines fautes il n'étoit plus permis à un citoyen de prêter sa femme. Chez les Péruviens, le citoyen auquel il auroit été défendu de travailler au champ du public, auroit été un homme très-malheureux ; sous ces législations sublimes, un homme se trouvoit puni quand on le ramenoit à son intérêt personnel & à l'esprit de propriété. Les nations sont avilies quand les supplices ou la privation des biens deviennent des châtimens ordinaires : c'est une preuve que le *législateur* est obligé de punir ce que la nation ne puniroit plus. Dans les républiques, la loi doit être douce, parce qu'on n'en dispense jamais. Dans les monarchies elle doit être plus sévere, parce que le *législateur* doit faire aimer sa clémence en pardonnant malgré la loi. Cependant chez les Perses, avant Cyrus, les lois étoient fort douces ; elles ne condamnoient à la mort ou à l'infamie que les citoyens qui avoient fait plus de mal que de bien.

Dans les pays où les peines peuvent être légeres, des récompenses médiocres suffisent à la vertu ; elle est bien foible & bien rare quand il la faut payer. Les récompenses peuvent servir à changer l'esprit de propriété en esprit de communauté, 1°. lorsqu'elles sont accordées à des preuves de cette derniere forte d'esprit ; 2°. en accoûtumant les citoyens à regarder comme des récompenses les nouvelles occasions qu'on leur donne de sacrifier l'intérêt personnel à l'intérêt de tous.

Le *législateur* peut donner un prix infini à sa bienveillance, en ne l'accordant qu'aux hommes qui ont bien servi l'état.

Si les rangs, les prééminences, les honneurs sont toujours le prix des services, & s'ils imposent le devoir d'en rendre de nouveaux, ils n'exciteront point l'envie de la multitude ; elle ne sentira point l'humiliation de l'inégalité des rangs ; le *législateur* lui donnera d'agréables consolations sur cette inégalité des richesses, qui est un effet inévitable de la grandeur des états ; il faut qu'on ne puisse parvenir à l'extrême opulence que par une industrie qui enrichisse l'état, & jamais aux dépens du peuple ; il faut faire tomber les charges de la société sur les hommes riches qui jouissent des avantages de la société. Les impôts entre les mains d'un *législateur* qui administre bien, sont un moyen d'abolir certains abus, une industrie funeste, ou des vices ; ils peuvent être un moyen d'encourager le genre d'industrie le plus utile, d'exciter certains talens, certaines vertus.

Le *législateur* ne regardera pas comme une chose indifférente l'étiquette, les cérémonies ; il doit frapper la vûe du sens qui agit le plus sur l'imagination. Les cérémonies doivent réveiller dans le peuple le sentiment pour la puissance du *législateur*, mais on doit aussi les lier avec l'idée de la vertu ; elles doivent rappeller le souvenir des belles actions, la mémoire des magistrats, des guerriers illustres, des bons citoyens. La plûpart des cérémonies, des étiquettes de nos gouvernemens modérés de l'Europe, ne conviendroient qu'aux despotes de l'Asie,

& beaucoup sont ridicules, parce qu'elles n'ont plus avec les mœurs & les usages les rapports qu'elles avoient au tems de leur institution ; elles étoient respectables, elles sont rire.

Le *législateur* ne négligera pas les manieres ; quand elles ne sont plus l'expression des mœurs, elles en sont le frein ; elles forcent les hommes à paroître ce qu'ils devroient être ; & si elles ne remplacent qu'imparfaitement les mœurs, elles ont pourtant souvent les mêmes effets : c'est du lieu de la résidence du *législateur* ; c'est par ses exemples, par celui des hommes respectés, que les manieres se répandent dans le peuple.

Les jeux publics, les spectacles, les assemblées seront un des moyens dont le *législateur* se servira pour unir entr'eux les citoyens : les jeux des Grecs, les confrairies des Suisses, les cotteries d'Angleterre, nos fêtes, nos spectacles répandent l'esprit de société qui contribue à l'esprit de patriotisme. Ces assemblées d'ailleurs accoûtument les hommes à sentir le prix des regards & du jugement de la multitude ; elles augmentent l'amour de la gloire & la crainte de la honte. Il ne se sépare de ces assemblées que le vice timide ou la prétention sans succès ; enfin quand elles n'auroient d'utilité que de multiplier nos plaisirs, elles mériteroient encore l'attention du *législateur*.

En se rappellant les objets & les principes de toute législation, il doit, en proportion de ce que les hommes ont perdu de leur liberté & de leur égalité, les dédommager par une jouissance tranquille de leurs biens, & une protection contre l'autorité qui les empêche de desirer un gouvernement moins absolu, où l'avantage de plus de liberté est presque toûjours troublé par l'inquiétude de la perdre.

Si le *législateur* ne respecte ni ne consulte la volonté générale ; s'il fait sentir son pouvoir plus que celui de la loi ; s'il traite l'homme avec orgueil, le mérite avec indifférence, le malheureux avec dureté ; s'il sacrifie ses sujets à sa famille, les finances à ses fantaisies, la paix à sa gloire ; si sa faveur est accordée à l'homme qui sait plaire plus qu'à l'homme qui peut servir ; si les honneurs, si les places sont obtenues par l'intrigue ; si les impôts se multiplient, alors l'esprit de communauté disparoît ; l'impatience saisit le citoyen d'une république ; la langueur s'empare du citoyen de la monarchie ; il cherche l'état, & ne voit plus que la proie d'un maître ; l'activité se rallentit ; l'homme prudent reste oisif ; l'homme vivant n'est que duppe ; le voile de l'opinion tombe ; les principes nationaux ne paroissent plus que des préjugés, & ils ne sont en effet que cela ; on se rapproche de la loi de la nature, parce que la législation en blesse les droits ; il n'y a plus de mœurs ; la nation perd son caractere ; le *législateur* est étonné d'être mal servi, il augmente les récompenses ; mais celles qui flattoient la vertu ont perdu leur prix, qu'elles ne tenoient que de l'opinion ; aux passions nobles qui animoient autrefois les peuples, le *législateur* essaie de substituer la cupidité & la crainte, & il augmente encore dans la nation les vices & l'avilissement. Si dans sa perversité il conserve ces formules, ces expressions de bienveillance avec lesquelles leurs prédécesseurs annonçoient leurs volontés utiles ; s'il conserve le langage d'un pere avec la conduite d'un despote, il joue le rôle d'un charlatan méprisé d'abord, & bientôt imité ; il introduit dans la nation la fausseté & la perfidie, &, comme dit le Guarini, *viso di carita mente d'invidia*.

Quelquefois le *législateur* voit la constitution de l'état se dissoudre, & le génie des peuples s'éteindre, parce que la législation n'avoit qu'un objet,

& que cet objet venant à changer, les mœurs d'abord, & bientôt les lois n'ont pû rester les mêmes.

Lacédémone étoit instituée pour conserver la liberté au milieu d'une foule de petits états plus foibles qu'elle, parce qu'ils n'avoient pas ses mœurs; mais il lui manquoit de pouvoir s'aggrandir sans se détruire. L'objet de la législation de la Chine étoit la tranquillité des citoyens par l'exercice des vertus douces : ce grand empire n'auroit pas été la proie de quelques hordes de tartares, si les *législateurs* y avoient animé & entretenu les vertus fortes, & si on y avoit autant pensé à élever l'ame qu'à la régler. L'objet de la législation de Rome étoit trop l'aggrandissement ; la paix étoit pour les Romains un état de trouble, de factions & d'anarchie ; ils se dévorerent quand ils n'eurent plus le monde à dompter. L'objet de la législation de Venise est trop de tenir le peuple dans l'esclavage ; on l'amollit ou l'avilit ; & la sagesse tant vantée de ce gouvernement, n'est que l'art de se maintenir sans puissance & sans vertus.

Souvent un *législateur* borné délie les ressorts du gouvernement & dérange ses principes, parce qu'il n'en voit pas assez l'ensemble, & qu'il donne tous ses soins à la partie qu'il voit seule, ou qui tient de plus près à son goût particulier, à son caractere.

Le conquérant avide de conquêtes négligera la Jurisprudence, le Commerce, les Arts. Un autre excite la nation au Commerce, & néglige la guerre. Un troisieme favorise trop les arts de luxe, & les arts utiles sont avilis, ainsi du reste. Il n'y a point de nation, du moins de grande nation, qui ne puisse être à la fois, sous un bon gouvernement, guerriere, commerçante, savante & polie. Je vais terminer cet article, déja trop long, par quelques réflexions sur l'état présent de l'Europe.

Le système d'équilibre, qui d'une multitude d'états ne forme qu'un seul corps, influe sur les résolutions de tous les *législateurs*. Les lois constitutives, les lois civiles, l'administration sont plus liées aujourd'hui avec le droit des gens, & même en sont plus dépendantes qu'elles ne l'étoient autrefois ; il ne se passe plus rien dans un état qui n'intéresse tous les autres, & le *législateur* d'un état puissant influe sur la destinée de l'Europe entiere.

De cette nouvelle situation des hommes il résulte plusieurs conséquences.

Par exemple, il peut y avoir de petites monarchies & de grandes républiques. Dans les premieres, le gouvernement y sera maintenu par des associations, des alliances, & par le système général. Les petits princes d'Allemagne & d'Italie sont des monarques ; & si leurs peuples se lassoient de leur gouvernement, ils seroient réprimés par les souverains des grands états. Les dissentions, les partis inséparables des grandes républiques ne pourroient aujourd'hui les affoiblir au point de les exposer à être envahies. Personne n'a profité des guerres civiles de la Suisse & de la Pologne : plusieurs puissances se liguerent toujours contre celle qui voudra s'aggrandir. Si l'Espagne étoit une république, & qu'elle fût menacée par la France, elle seroit défendue par l'Angleterre, la Hollande, &c.

Il y a aujourd'hui en Europe une impossibilité morale de faire des conquêtes ; & de cette impossibilité il est jusqu'à présent résulté pour les peuples plus d'inconvéniens, peut-être, que d'avantages. Quelques *législateurs* se sont négligés sur la partie de l'administration qui donne de la force aux états ; & on a vû de grands royaumes sous un ciel favorable, languir dans richesses & sans industrie.

D'autres *législateurs* n'ont regardé les conquêtes que comme difficiles, & point comme impossibles, & leur ambition s'est occupée à multiplier les moyens de conquérir ; les uns ont donné à leurs états une forme purement militaire, & ne laissent presque à leurs sujets de métier à faire que celui de soldat ; d'autres entretiennent même en paix des armées de mercenaires, qui ruinent les finances & favorisent le despotisme ; des magistrats & quelques licteurs feroient obéir aux lois, & il faut des armées immenses pour faire servir un maître. C'est-là le principal objet de la plûpart de nos *législateurs* ; & pour le remplir ils se voyent obligés d'employer les tristes moyens des dettes & des impôts.

Quelques *législateurs* ont profité du progrès des lumieres qui depuis cinquante années se sont répandues rapidement d'un bout de l'Europe à l'autre ; elles ont éclairé sur les détails de l'administration, sur les moyens de favoriser la population, d'exciter l'industrie, de conserver les avantages de sa situation, & de s'en procurer de nouveaux. On peut croire que les lumieres conservées par l'Imprimerie, ne peuvent s'éteindre, & peuvent encore augmenter. Si quelque despote vouloit replonger sa nation dans les ténebres, il se trouvera des nations libres qui lui rendront le jour.

Dans les siecles éclairés, il est impossible de fonder une législation sur des erreurs ; la charlatanerie même & la mauvaise foi des ministres font d'abord apperçues, & ne font qu'exciter l'indignation. Il est également difficile de répandre un fanatisme destructeur, tel que celui des disciples d'Odin & de Mahomet ; on ne feroit recevoir aujourd'hui chez aucun peuple de l'Europe des préjugés contraires au droit des gens & aux lois de la nature.

Tous les peuples ont aujourd'hui des idées assez justes de leurs voisins, & par conséquent ils ont moins que dans les tems d'ignorance l'enthousiasme de la patrie, il n'y a guere d'enthousiasme quand il y a beaucoup de lumieres ; il est presque toujours le mouvement d'une ame plus passionnée qu'instruite ; les peuples en comparant dans toutes les nations les lois aux lois, les talens aux talens, les mœurs aux mœurs, trouveront si peu de raison de se préférer à d'autres, que s'ils conservent pour la patrie cet amour, qui est le fruit de l'intérêt personnel, ils n'auront plus du moins cet enthousiasme qui est le fruit d'une estime exclusive.

On ne pourroit aujourd'hui par des suppositions, par des imputations, par des artifices politiques inspirer des haines nationales aussi vives qu'on en inspiroit autrefois ; les libelles que nos voisins publient contre nous ne sont que l'effet que lui voue foible & vile partie des habitans d'une capitale qui renferme la derniere des populaces & le premier des peuples.

La religion de jour en jour plus éclairée, nous apprend qu'il ne faut point haïr ceux qui ne pensent pas comme nous ; on sçait distinguer aujourd'hui l'esprit sublime de la religion, des suggestions de ses ministres ; nous avons vû de nos jours les puissances protestantes en guerre avec les puissances catholiques, & aucune ne réussir dans le dessein d'inspirer aux peuples ce zèle brutal & féroce qu'on avoit autrefois l'un contre l'autre, même pendant la paix, chez les peuples de différentes sectes.

Tous les hommes de tous les pays se sont devenus nécessaires pour l'échange des fruits de l'industrie & des productions de leur sol ; le commerce est pour les hommes un lien nouveau, chaque nation a intérêt aujourd'hui qu'une autre nation conserve ses richesses, son industrie, ses banques, son luxe & son agriculture ; la ruine de Leipsick, de Lisbonne & de Lima, fait faire des banqueroutes sur toutes les places de l'Europe, & a influé sur la fortune de plusieurs millions de citoyens.

Le commerce, comme les lumieres, diminue la

férocité, mais aussi comme les lumieres ôtent l'enthousiasme d'estime, il ôte peut-être l'enthousiasme de vertu; il éteint peu-à-peu l'esprit de désintéressement, qu'il remplace par celui de justice; il adoucit les mœurs que les lumieres polissent; mais en tournant moins les esprits au beau qu'à l'utile, au grand qu'au sage, il altere peut-être la force, la générosité & la noblesse des mœurs.

De l'esprit de commerce & de la connoissance que ces hommes ont aujourd'hui des vrais intérêts de chaque nation, il s'ensuit que les *législateurs* doivent être moins occupés de défenses & de conquêtes qu'ils ne l'ont été autrefois; il s'ensuit qu'ils doivent favoriser la culture des terres & des arts, la consommation & le produit de leurs productions, mais ils doivent veiller en même tems à ce que les mœurs polies ne s'affoiblissent point trop & à maintenir l'estime des vertus guerrieres.

Car il y aura toujours des guerres en Europe, on peut s'en fier là-dessus aux intérêts des ministres; mais ces guerres qui étoient de nation à nation ne seront souvent que de *législateur* à *législateur*.

Ce qui doit encore embraser l'Europe c'est la différence des gouvernemens; cette belle partie du monde est partagée en républiques & en monarchies: l'esprit de celles-ci est actif, & quoiqu'il ne soit pas de leur intérêt de s'étendre, elles peuvent entreprendre des conquêtes dans les momens où elles sont gouvernées par des hommes que l'intérêt de leur nation ne conduit pas; l'esprit des républiques est pacifique, mais l'amour de la liberté, une crainte superstitieuse de la perdre, porteront souvent les états républicains à faire la guerre pour abaisser ou pour réprimer les états monarchiques; cette situation de l'Europe entretiendra l'émulation des vertus fortes & guerrieres, cette diversité de sentimens & de mœurs qui naissent de différens gouvernemens, s'opposeront au progrès de cette mollesse, de cette douceur excessive des mœurs, effet du commerce, du luxe & des longues paix.

LEGISLATION, s. f. (*Gram. & Politiq.*) l'art de donner des loix aux peuples. La meilleure législation est celle qui est la plus simple & la plus conforme à la nature, il ne s'agit pas de s'opposer aux passions des hommes; mais au contraire de les encourager en les appliquant à l'intérêt public & particulier. Par ce moyen, on diminuera le nombre des crimes & des criminels, & l'on réduira les lois à un très-petit nombre. *Voyez* les articles LEGISLATEUR & LOIX.

LEGISTE, f. m. (*Gram.*) se dit du maître & de l'écolier en Droit. L'arrivée des *légistes* au parlement, sous Philippe de Valois, causa de grands changemens; ces gens pleins de formalités qu'ils avoient puisées dans le Droit, introduisirent la procédure, & par-là ils se rendirent maîtres des affaires les plus difficiles. *Dictin. de Trévoux.*

LÉGITIMATION, (*Jurisprud.*) est l'acte par lequel un bâtard est réputé enfant légitime & jouit des mêmes privileges.

Les enfans nés en légitime mariage ont toujours été distingués des bâtards, & ceux-ci au contraire ont toujours été regardés comme des personnes défavorables.

Chez les Hébreux, les bâtards n'héritoient point avec les enfans légitimes, ils n'étoient point admis dans l'église jusqu'à la dixieme génération; & l'on ne voit point qu'il y eût aucun remede pour effacer le vice de leur naissance.

Les bâtards étoient pareillement incapables de succéder chez les Perses & les Grecs.

Pour ce qui est des Romains, dans tous les livres du digeste, il se trouve beaucoup de lois pour délivrer les esclaves de la servitude, & pour donner aux libertins ou affranchis la qualité d'ingénus; c'est à quoi se rapportent le titre *de jure aureorum annulorum*, & celui *de natalibus restituendis*; mais on n'y trouve aucune loi qui donne le moyen de légitimer les bâtards ni de les rendre habiles à succéder comme les enfans.

Il n'y avoit alors qu'un seul moyen de légitimer les bâtards & de les rendre habiles à succéder, c'étoit par la voie de l'adoption à l'égard des fils de famille, ce que l'on appelloit *adrogation* à l'égard d'un fils de famille; un romain qui adoptoit ainsi un enfant, l'enveloppoit de son manteau, & l'on tient que c'est de-là qu'a été imitée la coutume qui s'observe parmi nous de mettre sous le poile les enfans nés avant le mariage.

L'empereur Anastase craignant que la facilité de légitimer ainsi ses bâtards, ne fût une voie ouverte à la licence, ordonna qu'à l'avenir cela n'auroit lieu que quand il n'y auroit point d'enfans légitimes vivans, nés avant l'adoption des bâtards.

Cette premiere forme de *légitimation* fut depuis abrogée par l'empereur Justinien, comme on le voit dans la novelle 89.

Mais Constantin le grand & ses successeurs introduisirent plusieurs autres manieres de légitimer les bâtards.

On voit par la loi 1re, au code *de naturalibus liberis*, qui est de l'empereur Constantin, & par la loi 5 du même titre, qu'il y avoir du tems de cet empereur trois autres formes de *légitimation*; la loi 1re en indique deux.

L'une qui étoit faite *proprio judicio*, du pere naturel, c'est-à-dire, lorsque dans quelqu'acte public ou écrit de sa main, & par la signature de trois témoins dignes de foi, ou dans un testament ou dans quelqu'acte judiciaire, il reconnoît son bâtard d'enfant légitime ou de son enfant simplement, sans ajouter la qualité d'enfant naturel, comme il est dit dans la novelle 117, *cap. ij*; on supposoit dans ce cas qu'il y avoit eu un mariage valable, & l'on n'en exigeoit pas d'autre preuve. Cette *légitimation* donnoit aux enfans naturels tous les droits des enfans légitimes, il suffisoit même que le pere eût rendu ce témoignage à un de ses enfans naturels, pour légitimer aussi tous les autres enfans qu'il avoir eu de la même femme, le tout pourvu que ce fût une personne libre, & avec laquelle le pere auroit pu contracter mariage. Cette maniere de légitimer n'a point lieu parmi nous; la déclaration du pere seroit bien une présomption pour l'état de l'enfant; mais il faut d'autres preuves du mariage, ou que l'enfant soit en possession d'être reconnu pour légitime.

L'autre forme de *légitimation* dont la même loi fait mention, est celle qui se fait *per rescriptum principis*, c'est-à-dire, par lettres du prince, comme cela se pratique encore parmi nous.

La loi 5 qui est de l'empereur Zenon, en renouvellant une constitution de l'empereur Constantin, ordonne que si un homme n'ayant point de femme légitime, n'a d'enfans nés en légitime mariage, épouse sa concubine *ingenue* dont il a eu des enfans avant le mariage, ces enfans seront légitimés par le mariage subséquent; mais que ceux qui n'auroient point d'enfans de leur concubine, nés avant la publication de cette loi, ne jouiront pas du même privilege, leur étant libre de commencer par épouser leur concubine, & par ce moyen d'avoir des enfans légitimes.

Cette forme de *légitimation* ne devoit, comme on voit, avoir lieu qu'en faveur des enfans nés avant la publication de cette loi; mais Justinien leur donna plus d'étendue par sa novelle 89, *cap. ij.* où il semble annoncer cette forme de *légitimation* par mariage subséquent, comme s'il en étoit l'auteur, quoique dans la vérité elle eût été introduite par l'empereur Conſtantin; mais Juſtinien y fit pluſieurs changemens, c'eſt pourquoi il regardoit cette forme comme étant de ſon invention.

Cette forme de *légitimation* eſt celle qu'il appelle *per dotalia inſtrumenta*, parce que dans ce cas le ſeul conſentement n'étoit pas ſuffiſant pour la validité du mariage; il falloit qu'il y eût un contrat rédigé par écrit & des pactes dotaux.

Il ordonna donc que quand un homme épouſeroit une femme libre ou affranchie qu'il pouvoit avoir pour concubine, ſoit qu'il eût déja des enfans légitimes, ou qu'il eût ſeulement des enfans naturels de cette femme, que ces enfans naturels deviendroient légitimes par le mariage ſubſéquent.

La même choſe a lieu parmi nous, & comme pour opérer cette *légitimation*, il faut que le pere naturel puiſſe contracter mariage avec la perſonne dont il a eu des enfans; les bâtards adultérins & inceſtueux ne peuvent être légitimés par ce moyen, mais ſeulement par lettres du prince.

Néanmoins ſi un homme marié épouſoit encore une femme, & que celle-ci fût dans la bonne foi, les enfans ſeroient légitimes, *cap. ex tenore extra qui filii ſint legitimi*.

Il y avoit chez les Romains une cinquieme forme de *légitimation*; c'étoit celle qui ſe fait *per oblationem curiæ*; c'eſt-à-dire lorſque le bâtard étoit aggrégé à l'ordre des décurions ou conſeillers des villes, dont l'état devint ſi pénible, que pour les encourager on leur accorda divers privileges, du nombre deſquels étoit celui-ci: ce privilege s'étendoit auſſi aux filles naturelles qui épouſoient des décurions. Cette maniere de légitimer fut introduite par Théodore le Grand, ainſi que le remarque Juſtinien dans ſa novelle 89; elle n'eſt point en uſage parmi nous.

La *légitimation* par mariage ſubſéquent, a été admiſe par le Droit canon; elle n'eſt pas de droit divin, n'ayant été admiſe que par le droit poſitif des décrétales, ſuivant un reſcrit d'Alexandre III. de l'an 1181, au titre des décrétales, *qui filii ſint legitimi*.

Cet uſage n'a même pas été reçû dans l'Egliſe; Dumolin, Fleta, Selden & autres auteurs, aſſurent que la *légitimation* par mariage ſubſéquent, n'a point d'effet en Angleterre par rapport aux ſucceſſions, mais ſeulement pour la capacité d'être promu aux ordres ſacrés.

Quelque diſpenſe que la cour de Rome accorde pour les mariages entre ceux qui ont commis inceſtes ou adulteres, & quelque clauſe qui ſe trouve dans ces diſpenſes pour la *légitimation* des enfans nés de telles conjonctions, ces clauſes de *légitimation* ſont toujours regardées comme abuſives; elles ſont contraires à la diſpoſition du concile de Trente, & ne peuvent opérer qu'une ſimple diſpenſe *quoad ſpiritualia*, à l'effet ſeulement de rendre ces enfans capables du miniſtere de l'Egliſe. *Voyez les Mém. du clergé*, tome V. pag. 858. & *ſuiv*.

Les empereurs voulant gratifier certaines familles, leur ont accordé la faculté de légitimer tous bâtards, & de les rendre capables de ſucceſſions, en dérogeant aux lois de l'empire & à toutes les conſtitutions de l'empire compriſes dans le corps des authentiques. Il y en a un exemple ſous Louis de Baviere quatrieme du nom, lequel par des lettres données à Trente le 20 Janvier 1330, donna pouvoir à nobles hommes Tentalde, fils de Gauthier, Suard & à Maſſée, fils d'Odaxes de Forêts de Bergame, & à leurs héritiers & ſucceſſeurs en ligne maſculine, de légitimer dans toute l'Italie toutes ſortes de bâtards, même ceux deſcendus d'inceſtes; en ſorte qu'ils puſſent être appellés aux ſucceſſions, être inſtitués héritiers & rendus capables de donation, nonobſtant les lois contraires contenues aux authentiques.

Il y a dans l'empire un titre de comte palatin, qui n'a rien de commun avec celui des princes palatins du Rhin; c'eſt une dignité dont l'empereur décore quelquefois des gens de Lettres. L'empereur leur donne ordinairement le pouvoir de faire des docteurs, de créer des notaires, de *légitimer des bâtards*; & un auteur qui a écrit ſur les affaires d'Allemagne dit, que comme on ne reſpecte pas beaucoup ces comtes, on fait encore moins de cas de leurs productions, qui ſont ſouvent vénales auſſi-bien que la dignité même.

On voit dans les arrêts de Papon, qu'un de ces comtes nommé *Jean Navar*, chevalier & comte palatin, fut condamné par arrêt du parlement de Toulouſe, prononcé le 25 Mai 1462, à faire amende honorable, à demander pardon au roi pour les abus par lui commis en octroyant en France *légitimations*, notariats & autres choſes, dont il avoit puiſſance du pape contre l'autorité du roi; & que le tout fut déclaré nul & abuſif.

En France on ne connoît que deux manieres de légitimer les bâtards; l'une de droit, qui eſt par mariage ſubſéquent; l'autre de grace, qui eſt par lettres du prince.

Le mariage ſubſéquent efface le vice de la naiſſance, & met les bâtards au rang des enfans légitimes. Ceux qui ſont ainſi légitimés jouiſſent des mêmes droits que s'ils étoient nés légitimes; conſéquemment ils ſuccedent à tous leurs parens indiſtinctement, & conſidérés en toute occaſion comme les autres enfans légitimes.

Le bâtard légitimé par mariage, jouit même du droit d'aîneſſe à l'excluſion des autres enfans qui ſont nés *conſtante matrimonio*, depuis ſa *légitimation*; mais non pas à l'excluſion de ceux qui ſont nés auparavant, parce qu'on ne peut enlever à ces derniers le droit qui leur eſt acquis.

La *légitimation* par mariage ſubſéquent requiert deux conditions.

La premiere, que le pere & la mere fuſſent libres de ſe marier au tems de la conception de l'enfant, au tems de ſa naiſſance, & dans le tems intermédiaire.

La ſeconde, que le mariage ait été célébré en face d'Egliſe avec les formalités ordinaires.

La *légitimation* qui ſe fait par lettres du prince eſt un droit de ſouveraineté, ainſi qu'il eſt dit dans une inſtruction faite par Charles V. le 8 Mai 1372.

Nos rois ont cependant quelquefois permis à certaines perſonnes de légitimer les bâtards. Le roi Jean, par exemple, par des lettres du 26 Février 1061, permet à trois réformateurs généraux, qu'il envoyoit dans le bailliage de Mâcon, & dans les ſénéchauſſées de Touloſe, de Beaucaire & de Carcaſſonne, de donner des lettres de *légitimation*, ſoit avec finance, ou ſans finance, comme ils jugeroient à propos.

De même Charles VI. en établiſſant le duc de Berri ſon frere pour ſon lieutenant dans le Languedoc par des lettres du 19 Novembre 1380, lui donna le pouvoir entre autres choſes, d'accorder des lettres de *légitimation*, & de faire payer finance aux légitimés.

Les lettres de *légitimation* portent qu'en tous actes en jugement & dehors, l'impétrant ſera tenu cenſé & réputé légitime; qu'il jouira des mêmes franchiſes, honneurs, privileges & libertés, que les autres ſujets du roi; qu'il pourra tenir & poſſéder tous biens, meubles & immeubles qui lui appartiendront par dons ou acquêts, & qu'il pourra acquerir dans la ſuite; recueillir toutes ſucceſſions & acceptions, dons entre-vifs, à cauſe de mort ou autrement, pourvû toutefois quant aux ſucceſſions, que ce ſoit du conſentement

consentement de ses parens; de maniere que ces lettres n'habilitent à succéder qu'aux parens qui ont consenti à leur enregistrement, & que la *légitimation* par lettres du prince, a bien moins d'effet que celle qui a lieu par mariage subséquent.

Les bâtards légitimés par lettres du prince acquierent le droit de porter le nom & les armes de leur pere; ils sont seulement obligés de mettre dans leurs armes une barre, pour les distinguer des ensans légitimes.

On a quelquefois accordé des lettres à des bâtards, adultérins, mais ces exemples sont rares.

Pour ce qui est de la *légitimation*, ou plutôt de la dispense, à l'effet de pouvoir être promu aux ordres sacrés & de pouvoir posséder des bénéfices, il faut se pourvoir en la jurisdiction ecclésiastique.

Sur la *légitimation*, *Voyez* ce qui est dit dans Henrys, *tom. III. liv. VI. chap. V. quest. 27.*

LÉGITIME, *legitima, seu portio lege debita*, (*Jurisprud.*) est une portion assurée par la loi sur la part héréditaire que l'on auroit eu, sans les dispositions entrevifs ou testamentaires qui ont donné atteinte à cette part.

La loi n'accorde cette portion qu'à l'héritier présomptif, auquel le défunt étoit naturellement obligé de laisser la subsistance, & qui pourroit intenter la querelle d'inofficiosité.

Quelques auteurs, tels que le Brun en son traité des successions, attribuent l'origine de la *légitime* à la loi *glicia*; nous ne savons pas précisément en quel tems cette loi fut faite, comme il sera dit ci-après *au mot* LOI, à l'article loi *glicia*. On voit seulement que le jurisconsulte Caius, qui vivoit sous l'empire de Marc-Aurele, fit un commentaire sur cette loi; mais il paroît que l'on a confondu la querelle d'inofficiosité avec la *légitime*; que la loi *glicia* n'introduisit que la querelle d'inofficiosité, & que le droit de *légitime* étoit déja établi.

Papinien dit que la *légitime* est *quarta legitima pattis*, ce qui nous indique l'origine de la *légitime*.

Cujas avoue cependant en plusieurs endroits de ses observations, qu'il n'a pu la découvrir; mais Janus Acosta, *ad princ. institut. de inoff. testam.* & d'après lui Antoine Schultingius, *in Jurisprud. antejustinianæa*, *p. 381*. prétendent avec assez de fondement que la *légitime* tire son origine de la loi *falcidia*, faite sous le triumvirat d'Auguste, laquelle permet à l'héritier de retenir le quart de l'hérédité, quelque disposition que le testateur ait pu faire au contraire.

Et en effet la jurisconsulte Paulus, *liv. IV. recept. senten, tit. 5.* & Vulpien dans la loi 8. *§ 9 & 14. ff. de inoff. testam.* disent positivement que la quarte falcidie est dûe aux héritiers qui pourroient intenter la plainte d'inofficiosité; d'où il paroît qu'anciennement la *légitime* & la falcidie étoient la même chose. *Voyez* QUARTE FALCIDIE.

Mais on cessa de les confondre ensemble depuis que Justinien eut ordonné par ses novelles 18 & 92, que dorénavant la *légitime* seroit du tiers s'il y avoit quatre enfans ou moins, & de la moitié s'il y avoit cinq enfans ou davantage.

C'est de ces novelles qu'a été tirée l'authentique *de triente*, & *de semisse*, qui dit que cette portion est un bienfait de la loi & non pas du pere.

La *légitime* a lieu quand il y a des donations entrevifs ou testamentaires si excessives, que l'héritier est obligé d'en demander la réduction, pour avoir la portion que la loi lui assure.

En pays coutumier, où l'institution n'a pas lieu, & où les testamens ne sont proprement que des codiciles, la querelle d'inofficiosité n'est ordinairement qu'une simple demande en *légitime*.

Celui qui est donataire ou légataire, & qui ne se trouve pas rempli de sa *légitime*, a l'action en supplément.

Le donataire contre lequel le légitimaire demande la réduction de la donation pour avoir sa *légitime*, a une exception pour retenir sur sa donation, autant qu'il lui seroit dû à lui-même pour sa *légitime*.

La *légitime* est un droit qui n'est ouvert qu'à la mort de celui sur les biens duquel elle est dûe; un enfant ne peut, sous quelque prétexte que ce soit, en demander une à son pere de son vivant, même sous prétexte que le pere auroit marié & doté, ou établi autrement quelques autres enfans.

Pour être légitimaire il faut être héritier, & n'avoir pas renoncé à la succession; & en effet les lois romaines veulent que la *légitime* soit laissée non pas *quocumque titulo*, mais à titre d'institution. En pays coutumier, le légitimaire est saisi de plein droit & peut demander partage, & l'on traite avec lui de même qu'avec un héritier, comme il paroît par l'imputation qui se fait sur la *légitime*; imputation qui est un véritable rapport par l'obligation de fournir des corps héréditaires pour la *légitime*, le jet dès lots qui se pratique avec le légitimaire, & la garantie active & passive qui a lieu entre lui & les autres héritiers.

Cependant lorsque tous les biens de la succession ne suffisent pas pour payer les dettes, l'enfant qui veut avoir sa *légitime*, peut, sans se porter héritier, la demander au dernier donataire.

Le fils aîné prend non-seulement sa *légitime* naturelle, mais il la prend avec le précipit que la loi accorde aux aînés.

La *légitime* est quelquefois qualifiée de créance, ce qui s'entend selon le Droit naturel; car selon le Droit civil, elle ne passe qu'après toutes les dettes, soit chirographaires ou hypothécaires; elle a néanmoins cet avantage qu'elle se prend sur les immenbles qui ont été donnés, avant que les dettes fussent constatées, & sur les meubles que le défunt a donné de son vivant, au lieu que les créanciers n'ont aucun droit sur ces biens.

Toute renonciation à une succession soit échue ou future, lorsqu'elle est faite *aliquo dato*, exclud les enfans du renonçant de demander aucune part en la succession, même à titre de *légitime*.

Une renonciation gratuite exclud pareillement les enfans du renonçant, de pouvoir demander une *légitime*, à moins que le renonçant ne sût fils unique, parce qu'en ce cas ses enfans viennent de leur chef, & non par représentation.

Une fille qui auroit renoncé par contrat de mariage, pourroit néanmoins revenir pour sa *légitime*, supposé qu'elle sût mineure lors de sa renonciation, qu'elle souffrît une lésion énorme, & qu'elle prît des lettres de rescision dans les dix ans de sa majorité.

Un fils majeur qui auroit accepté purement & simplement le legs à lui fait pour lui tenir lieu de *légitime*, ne seroit pas recevable à revenir pour sa *légitime*: on le juge pourtant autrement dans les parlemens de Droit écrit.

Nous ne voyons point de coutumes qui privent absolument les enfans de toute *légitime*, les plus dures sont celles qui excluent de la succession les filles mariées, quand même elles n'auroient eu qu'un chapeau de roses en mariage, ou mariage avenant, lequel tient lieu de *légitime*.

Suivant le Droit romain, les enfans naturels n'ont point droit de *légitime* dans la succession de leur pere, quoiqu'ils soient appellés pour deux onces à la succession, lorsqu'il ne laisse point de femme ni d'ensans légitimes.

A l'égard de la succession de la mere, le Droit romain y donne une *légitime* aux bâtards, quand même la mere feroit de condition illustre; pourvû qu'elle n'ait point d'enfans légitimes; mais les bâtards incestueux ou adultérins, ou qu'elle auroit eu pendant sa viduité lorsqu'elle est de condition illustre, n'ont point de *légitime*.

Le Droit françois ne distingue point & ne donne aucune *légitime* aux bâtards, mais simplement des alimens.

Néanmoins dans quelques coutumes singulieres, telles que S. Omer & Valenciennes, où les bâtards succedent à leur mere concurremment avec les enfans légitimes; ils ont aussi droit de *légitime*.

Les enfans légitimés par mariage subséquent ont pareillement droit de *légitime*, quand même il y auroit des enfans d'un mariage intermédiaire entre leur naissance & leur légitimation, & ne peut même par le contrat de mariage subséquent qui opere cette légitimation, déroger au droit que les légitimés ont pour la *légitime*; car cette dérogation à la *légitime* seroit elle-même un avantage sujet à la *légitime*.

Lorsque le pere a réduit son fils à un simple usufruit, dans le cas de la loi *si furioso*, les créanciers du fils peuvent demander la distraction de la *légitime*.

La loi *fratres*, au code *de inoff. testam*. donne aussi une *légitime* aux freres germains ou consanguins, lorsque le défunt avoit disposé de ses biens par testament au profit d'une personne infame d'une infamie de droit; l'usage a même étendu cette querelle d'inofficiosité aux donations entre-vifs, & dans les pays coutumiers l'infamie de droit est un moyen pour faire anéantir toute la disposition.

En pays de Droit écrit, & dans quelques coutumes, comme Bordeaux & Dax, les ascendans ont droit de *légitime* dans la succession de leurs enfans décédés sans postérité légitime.

La *légitime* des enfans par le droit du digeste, étoit la quatrieme partie de la succession; mais par la novelle 18, d'où est tirée l'authentique *novissima*, les enfans ont le tiers lorsqu'ils ne sont que quatre ou un moindre nombre, & la moitié s'ils sont cinq ou plus; là novelle 18 a réglé pareillement la *légitime* des ascendans au tiers.

Quelques coutumes ont réglé la *légitime*, conformément au droit écrit, comme Reims & Melun.

D'autres, comme Paris, Orléans, Calais, & Chaunes, ont réglé la *légitime* à la moitié de ce que les enfans auroient eu si les pere & mere n'eussent pas disposé à leur préjudice.

D'autres enfin ne reglent rien sur la quotité de la *légitime*, & dans celle-ci on se conforme à la coutume de Paris, si ce n'est dans quelques coutumes voisines des pays de droit écrit, où l'on suit l'esprit du droit romain.

La *légitime* de droit qui est celle dont on parle ici, est différente de la *légitime* coutumiere qui n'est autre chose que ce que les coutumes réservent aux héritiers présomptifs, soit directs ou collatéraux.

La *légitime* doit être laissée librement, & ne peut être grevée d'aucune charge.

Pour fixer sa quotité, on fait une masse de toutes les donations & de tous les biens délaissés au tems du décès de celui *de cujus*.

On compte ensuite le nombre de ceux qui font part dans la supputation de la *légitime*. . . . Dans ce nombre ne sont point compris ceux qui ont renoncé à la succession tout-à-fait gratuitement; mais on compte ceux qui n'ont renoncé qu'*aliquo dato vel retento*.

Pour le payement de la *légitime* on épuise d'abord les biens extans dans la succession, ensuite toutes les dispositions gratuites, en commençant par les dispositions testamentaires, & premierement les institutions d'héritier, & les legs universels, ensuite les legs particuliers.

Si ces objets ne suffisent pas, le légitimaire est en droit de se pourvoir contre les donataires entre-vifs, en s'adressant d'abord aux derniers, & remontant de l'un à l'autre, suivant l'ordre des donations, jusqu'à ce que le légitimaire soit rempli; bien entendu que chaque donataire est lui-même en droit de retenir sa *légitime*.

La dot, même celle qui a été fournie en deniers, est sujette au retranchement pour la *légitime*, dans le même ordre que les autres donations, soit que la *légitime* soit demandée pendant la vie du mari, ou qu'elle ne le soit qu'après sa mort; & quand il auroit joui de la dot pendant plus de 30 ans, ou même quand la fille dotée auroit renoncé à la succession par son contrat de mariage ou autrement, ou qu'elle en seroit exclue de droit, suivant la disposition des loix, coutumes, ou usages.

La *légitime* se regle eu égard au tems de la mort, tant par rapport aux biens que l'on doit faire rentrer dans la masse, que par rapport au nombre des personnes que l'on doit considérer pour fixer la quotité de la *légitime*.

On impute sur la *légitime* tout ce que le légitimaire a reçû à titre de libéralité de ceux sur les biens desquels il demande la *légitime*, tel que les donations entre-vifs, les préleges, tout ce qui a été donné au légitimaire pour lui former un établissement, comme un office, un titre clérical, une bibliotheque, des frais & habits de noces, & généralement tout ce qui est sujet à rapport.

La *légitime* doit être fournie en corps héréditaires; cependant le légitimaire ne peut pas demander que l'on morcele les biens, s'ils ne peuvent pas se partager commodément.

Les fruits & intérêts de la *légitime* courent du jour de la mort.

L'action que le légitimaire a contre les héritiers & donataires, dure pendant 30 ans, à compter du décès de celui qui donne ouverture à la *légitime*; car pendant sa vie elle n'est pas sujette à prescription, & ne peut être purgée par decret, attendu que le droit n'est pas encore ouvert.

Voyez les novelles 18, 101, 115, & 117, les traités *de légitimâ*, par Benavidius, Merlinus, Carnalhus, & celui de la Champagne; Bouchel & la Peyrere, au mot *légitime*, & autres auteurs qui traitent des successions. (*A*)

LÉGITIME *des ascendans* est celle que le droit romain donne aux pere, mere, & à leur défaut, à l'ayeul & ayeule, sur les biens de leurs enfans ou petits-enfans décédés sans postérité. *Voyez* ce qui est dit ci-devant au mot LÉGITIME. (*A*)

LÉGITIME *des collatéraux* est celle que le droit donne aux freres germains ou consanguins, lorsque le défunt a disposé de ses biens par testament, au profit d'une personne infame. *Voyez la loi* fratres, *au code de inoff. testam*. (*A*)

LÉGITIME COUTUMIERE, est la portion des propres ou autres biens que les coutumes réservent à l'héritier, nonobstant toutes dispositions testamentaires qui seroient faites: au contraire on l'appelle *coutumiere*, parce qu'elle est opposée à la *légitime* de droit; c'est la même chose que ce que l'on appelle *les réserves coutumieres*. *Voyez* RESERVES. (*A*)

LÉGITIME DE DROIT, est celle qui est établie par le Droit romain, à la différence des reserves coutumieres qu'on appelle *légitime coutumiere*.

LÉGITIME DES FRERES. *Voyez* ci-devant LÉGITIME DES COLLATÉRAUX.

LÉGITIME DE GRACE, est celle dont la quotité dépend de l'arbitrage du juge, c'est-à-dire, celle que le juge accorde aux enfans sur les biens que leurs ancêtres ont substitués, & dont les pere & mere décédés sans autres biens, n'étoient que fidei-commissaires; cette *légitime* a lieu sur les biens substitués au défaut de biens libres; les petits-enfans ne la peuvent obtenir sur les biens de leur ayeul, que quand ils n'ont pas d'ailleurs d'établissement suffisant pour leur condition; on la regle ordinairement à la moitié de la *légitime* de droit. *Voyez* la Peyrere, édition de 1717, *lett.* L. p. 215. Albert, *verbo* LÉGITIME, *art.* j. *Voyez* aussi Cambolas, & le *journal du palais*, à la date du 14 Mai 1672. (A)

LÉGITIME DU MARI. *Voyez* DON MOBILE, & SUCCESSION, *undè vir & uxor*.

LÉGITIME DE LA MERE. *Voyez ci-devant* LÉGITIME DES ASCENDANS.

LÉGITIME NATURELLE, est la même chose que la *légitime de droit*. *Voyez ci-devant* LÉGITIME DE DROIT.

LÉGITIME DU PERE. *Voyez ci-devant* LÉGITIME DES ASCENDANS.

LÉGITIME STATUAIRE, est celle qui est réglée par le statut ou la coutume de chaque province; c'est la même chose que ce que l'on appelle *légitime coutumiere*, ou *réserves coutumieres*. (A)

LÉGITIME, *exquisitus*, ακριβὴς, (*Pathologie.*) épithete que les anciens donnoient aux maladies dont les symptômes étoient conformes à la ensse qui étoit censée les produire le plus constamment; ils appelloient par exemple, une *fievre tierce légitime*, lorsque les symptômes qui l'accompagnoient annonçoient un caractere bilieux dans le sang, une pléthore, surabondance de bile; lorsque le fébril étoit extrèmement vif, aigu, pénétrant, les vomissemens, diarrhées, rapports bilieux, la langue jaune, la chaleur forte, âcre, les maux de tête violens, les suents abondantes, les accès assez courts, l'apyrexie bien décidée, &c. Si les accès revenans tous les deux jours n'étoient pas suivis de ces symptômes, s'ils étoient longs & modérés, par exmple, ils l'appelloient causse fausse ou bâtarde, *nothia, sputia*, pensant qu'une autre cause conjointement à la bile, ou même sans elle, les avoit produites.

L'on explique aujourd'hui l'idée des anciens en d'autres paroles à l'ordinaire; on donne le nom de *légitime* aux maladies dont tous les symptômes, surtout les principaux pathognomoniques, sont bien évidemment marqués. Ainsi une pleurésie sera censée *légitime*, si la fievre est violente, la douleur de côté très-aiguë, la difficulté de respirer très-grande, le pouls vite, dur, & serré; si ces symptômes manquent en nombre ou en intensité, la pleurésie est appellée *fausse*, ψευδοπλευριτις.

On a encore étendu ce nom aux maladies qui ont leur siége dans la partie où est le principal symptôme, & on l'a refusé à celles qui quoique excitant à-peu-près les mêmes phénomènes, étoient situées dans d'autres parties. La pleurésie nous fournit encore un exemple pour éclaircir ceci; lorsque le siége de l'inflammation est dans la plevre ou les muscles intercostaux internes, cile est *légitime*; si elle attaque les parties extérieures, elle est appellée *bâtarde*. Il y a comme on voit dans ces dénominations souvent beaucoup d'hypothétique & d'arbitraire.

Il n'est pas rare de voir dans des écrivains trop peu exacts & rigoureux ce nom confondu avec ceux de *primaire, essentiel, idiopathique*: quoique la distinction ne soit peut-être pas de grande importance, elle n'en est pas moins réelle. *Article de M.* MÉNURET.

LÉGITIMER, v. act. (*Jurisprud.*) c'est faire un acte de légitimation, c'est donner à un bâtard l'état d'enfant légitime. *Voyez ci-devant* LÉGITIMATION. (A)

LEGS, s. m. (*Jurisprud.*) est une libéralité faite par un testateur par testament ou codicille, & qui doit être délivrée après sa mort au légataire par l'héritier *ab intestat*, ou par l'héritier institué, s'il y en a un, ou par le légataire universel, lorsqu'il y en a un.

L'usage de faire des *legs* est probablement aussi ancien que celui des testamens. Dès que les hommes eurent inventé une maniere de regler leurs biens après leur mort, ils pratiquerent aussi l'usage des *legs* particuliers en faveur de leurs parens, amis, ou autres personnes auxquelles ils vouloient faire quelque libéralité, sans néanmoins leur donner la totalité de leurs biens.

Dans la Genese, *liv. I. ch. xxv. v. 5 & 6*, il est fait mention de *legs* particuliers faits par Abraham à ses enfans naturels: '*deditque Abraham cuncta quæ possiderat Isaac, filiis autem concubinarum largitus est munera*.

On trouve encore quelque chose de plus précis pour l'usage des *legs* dans le prophete Ezéchiel, *ch. xlvj. v. 17. & 18.* où en parlant du pouvoir que le prince avoit de disposer de ses biens, il prévoit le cas où il auroit fait un *legs* à un de ses serviteurs: *si autem dederit legatum de hereditate suâ uni servorum suorum, erit illius usque ad annum remissionis, & revertetur ad principem; hereditas autem ejus filius ejus erit*, &c.

Ce même texte nous fait connoître que chez les Hébreux, il étoit permis de faire des *legs* à des étrangers, mais que les biens légués ne pouvoient être possédés par les légataires étrangers ou par leurs héritiers, que jusqu'à l'année du jubilé; après quoi les biens devoient revenir aux héritiers des enfans du testateur. La liberté de disposer de ses biens par testament n'étoit pas non plus indéfinie; ceux qui avoient des enfans ne pouvoient disposer de leurs immeubles à titre perpétuel, qu'en faveur de leurs enfans.

Ces usages furent transmis par les Hébreux aux Egyptiens, & de ceux ci aux Grecs, dont les Romains emprunterent comme on sait une partie de leurs lois.

La fameuse loi des 12 tables qui fut dressée sur les mémoires que les députés des Romains avoient rapportés d'Athènes, parle de testamens & de *legs*: *pater familias, uti legas, sit super familiâ pecuniâque suâ, ita jus esto*.

L'usage des testamens & des *legs* s'introduisit aussi dans les Gaules; & depuis que les Romains en eurent fait la conquête, il fut réglé en partie par les lois romaines, & en partie par les coutumes de chaque pays.

Il y avoit anciennement chez les Romains quatre sortes de *legs*, savoir *per vindicationem, damnationem, sinendi modum & per præceptionem*: chacune de ces différentes especes de *legs* différoit des autres par la matiere, par la forme, & par l'effet.

Léguer *per vindicationem*, c'étoit quand le testateur donnoit directement au légataire, & en termes qui l'autorisoient à prendre lui-même la chose léguée, par exemple, *do illi solidos centum*, ou *do, lego, capito, sumito, habeto*: on appelloit ce *legs per vindicationem*, parce que le légataire étoit en droit de vendiquer la chose léguée contre toutes sortes de personnes, dès que l'héritier avoit accepté la succession.

Le *legs per damnationem*, se faisoit en ces termes, *damno te heres illi dare solidos centum*, ou *hæres meus damnas esto dare, dato, facito, hæredem meum dare jubeo*. Ce *legs* produisoit contre l'héritier en faveur du légataire, une action *in personam ex testamento*.

On léguoit *sinendi modo* en disant, *damno te hæres ut illi permittas illam rem accipere*, ou bien *hæres meus damnas esto sinere Lucium Titium sumere illam rem*, *sbique habere.* Cette espece de *legs* produisoit aussi une action *in personam ex testamento.*

Le *legs per præceptionem,* ne se pouvoit faire qu'aux héritiers qui étoient institués pour partie. C'étoit une espece de libation ou prélegs ; il se faisoit en ces termes : *præcipuam ille ex parte heres rem illam accipito* ; ou bien *Lucius Titius illam rem præcipito* : ce qui étoit légué à ce titre, ne pouvoit être recouvré que par l'action appellée *familiæ erciscundæ.*

Dans la suite les empereurs Constantin, Constantius, & Constans, supprimerent toutes ces différentes formes de *legs*, & Justinien acheva de perfectionner cette jurisprudence, en ordonnant que tous les *legs* seroient de même nature, & qu'en quelques termes qu'ils fussent conçus, le légataire pourroit agir, soit par action personnelle ou réelle, soit par action hypothécaire.

On peut léguer en général toutes les choses dont on peut disposer par testament suivant la loi du lieu où elles sont situées, soit meubles meublans ou autres effets mobiliers, immeubles réels ou fictifs, droits & actions, *servitutes*, &c. pourvû que ce soient des choses dans le commerce.

On peut même léguer la chose de l'héritier, parce que l'héritier en acceptant la succession, semble confondre son patrimoine avec celui du défunt, & se soumettre aux charges qui lui sont imposées.

Si le testateur legue sciemment la chose d'autrui, l'héritier est tenu de l'acheter pour la livrer au légataire, ou s'il ne peut pas l'avoir, de lui en payer la valeur ; mais s'il a légué la chose d'autrui croyant qu'elle lui appartenoit, le *legs* est caduc.

En général un *legs* peut être caduc par le défaut de capacité du testateur, par la qualité de la chose qui n'est pas disponible, ou par l'incapacité du légataire qui ne peut recevoir de libéralité.

Un *legs* peut être universel ou particulier, pur & simple ou conditionnel, ou fait pour avoir lieu dans un certain tems seulement.

Le *legs* fait *sub modo*, est celui qui est fait en vûe de quelque chose ; par exemple, je legue à Titius une somme pour la marier ou pour le mettre en charge.

Le *legs* fait pour cause est, par exemple, lorsque le testateur dit, *je legue* à un tel parce qu'il a bien geré mes affaires. Si la cause se trouve fausse, elle ne vitie pas le *legs* : il en est de même d'une fausse démonstration, soit du légataire, soit de la chose léguée, pourvû que la volonté du testateur soit constante.

Le droit d'accroissement n'a point lieu entre colégataires, s'ils ne sont conjoints que par les termes de la disposition, mais seulement s'ils sont conjoints par la chose & par les paroles, ou du-moins par la chose, c'est-à-dire lorsqu'une même chose est léguée à plusieurs.

Le *legs* étoit réputé fait par forme de fidei-commis, lorsque le testateur prioit ou chargeoit son héritier de remettre telle chose au légataire ; ce qui revenoit à la formule des *legs per damnationem* ; mais Justinien rendit tous les *legs* semblables aux fidei-commis particuliers.

Plusieurs personnes sont incapables de recevoir des *legs*, telles que ceux qui ont perdu les effets civils, les corps & communautés non approuvées par le prince ; & même l'Eglise & les communautés approuvées, ne peuvent plus rien recevoir que conformément à l'édit du mois d'Août 1749.

Les bâtards adultérins & incestueux sont incapable de *legs*, excepté de simples alimens.

On ne pouvoit autrefois léguer à un posthume ; mais par le nouveau droit cela est permis, de même qu'on peut léguer en général à des enfans à naître.

Les *legs* peuvent être ôtés de plusieurs manieres ; savoir par la volonté expresse ou tacite du testateur ; s'il révoque le *legs* ; s'il aliene sans nécessité la chose léguée, s'il la donne de son vivant à une autre personne, s'il lui survient des inimitiés capitales entre le testateur & le légataire.

Le fait du légataire peut aussi donner lieu d'annuller le *legs*, comme s'il s'en rend indigne, s'il cache le testament du défunt, s'il refuse la tutelle dont le testateur l'a chargé par son testament, s'il accuse le testament d'être faux ou inofficieux.

En pays de droit écrit, l'héritier est en droit de retenir la quarte falcidie sur les *legs*, & la quarte trébellianique sur les fidei-commis.

En pays coutumier, il n'est permis de léguer qu'une certaine quotité de ses biens ; à Paris il est permis de léguer tous ses meubles & acquêts, & le quint de ses propres ; ailleurs cela est reglé différemment.

Dans la plûpart des coutumes, les qualités d'héritier & de légataire sont incompatibles ; ce qui s'entend sur les biens d'une même coutume ; mais on peut être héritier dans une coutume, & légataire dans une autre où l'on n'est pas habile à succéder.

Tous les *legs* sont sujets à délivrance, & les intérêts ne courent que du jour de la demande, à-moins que ce ne fût un *legs* fait à un enfant par ses pere & mere, pour lui tenir lieu de sa portion héréditaire ; auquel cas, les intérêts seroient dûs depuis le décès du testateur.

On peut imposer une peine à l'héritier pour l'obliger d'accomplir les *legs* ; d'ailleurs les légataires ont une action contre lui en vertu du testament.

Ils ont aussi une hypotheque sur tous les biens du défunt ; mais cette hypotheque n'a lieu que jusqu'à concurrence de la part & portion dont chaque héritier est chargé des *legs*.

Le légataire qui survit au testateur transmet à son héritier le droit de demander son *legs*, encore qu'il ne fût pas exigible, pourvû qu'il n'y ait pas lui-même renoncé, & que le *legs* ne soit pas absolument personnel au légataire.

Voyez au digeste, au code & aux institutes, les titres *de legatis & fidei-commissis*, l'auteur des lois civiles, & autres qui traitent des successions & testamens, dans lesquels il est aussi parlé des *legs*. (*A*)

LEGUAN, s. m. (*Hist. nat.*) espece de crocodile de l'île de Java, dont les habitans du pays écorchent pour le manger ; on dit que sa chair est fort délicate.

LÉGUME, s. m. (*Jardinage.*) on comprend sous ce mot toutes les plantes potageres à l'usage de la vie : ce mot est masculin.

LÉGUME, (*Chimie, Diete, & Mat. med.*) ce mot se prend communément dans deux acceptions différentes. Il signifie premierement la même chose que herbe potagere, & il n'est presque d'usage dans ce sens qu'au pluriel, & pour désigner les herbes potageres en général. Secondement, il est donné à la semence des plantes appellées *légumineuses*, *voyez* PLANTE, soit en général, soit en particulier.

Les *légumes* ou herbes potageres ont peu de propriétés sensibles & diététiques connues. La laitue, le persil, l'artichaut, *&c.* different essentiellement entr'eux. Tout ce que nous avons à dire de toutes les différentes herbes potageres doit donc être cherché dans les articles particuliers. *Voyez* ces articles.

Les *légumes* ou sémences légumineuses, du-moins les *légumes* qu'on emploie ordinairement à titre d'aliment, ont entr'eux la plus grande analogie, soit par leur nature ou composition chimique, soit par leurs qualités diététiques, soit par leurs vertus medicinales fondamentales.

Ces *légumes* usuels sont les féves appellées à Paris *féves de marais*, les petites féves ou haricots ; les pois, les pois-chiches & les gesses. Il faut ajouter le lupin, l'ers ou orobe, & la vesce, qui sont presqu'absolument relégués à l'usage pharmaceutique extérieur, mais qui ne different réellement, comme aliment, des *légumes* usuels que par le moindre agrément, ou si l'on veut le désagrément du goût, qui n'a pas empêché cependant que les paysans ne les aient mangés en tems de disette. Galien dît même que le lupin étoit une nourriture fort ordinaire des anciens Grecs; mais toutes ces observations particulieres font la matiere des articles particuliers, *voyez ces articles*.

Les semences légumineuses sont du genre des substances farineuses, *voyez* FARINE & FARINEUX; & la composition particuliere qui les spécifie, paroît dépendre de l'excès extrème du principe terreux surabondant qui établit dans la classe des corps muqueux le genre des corps farineux.

Les *légumes* ont été regardés dans tous les tems par les Medecins comme fournissant une nourriture abondante, mais grossiere & venteuse. Les modernes leur ont reproché de plus la qualité incrassante, & même éminemment incrassante, *voyez* INCRASSANT & NOURRISSANT. La qualité venteuse est la plus réelle de ces qualités nuisibles; mais en général c'est un inconvénient de peu de conséquence pour les gens vraiment sains, que celui de quelques flatuosités, quoique c'en soit un assez grave pour les mélancholiques, & les femmes attaquées de passion hystérique, pour que cette espece d'aliment doive leur être défendu. Quant à la crainte chimérique d'épaissir les humeurs, d'en entretenir ou d'en augmenter l'épaississement par leur usage, & de procurer ou soutenir par-là des arrêts, des *hérences*, des *obstructions*; & à la loi constante qui défend les *légumes* d'après cette spéculation dans toutes les maladies chroniques où l'épaississement des humeurs est soupçonné ou redouté, ce sont-là des lieux communs théoriques. Il ne faut dans l'usage des *légumes*, comme dans celui de plusieurs autres alimens, peut-être de tous les alimens vrais & purs, tels que sont des *légumes*, avoir égard qu'à la maniere dont ils affectent les premieres voies, c'est-à-dire à leur digestion. Tout *légume* bien digéré est un aliment sain: or plus d'un sujet à humeurs censées épaisses, plein d'obstructions, &c. digere très-bien les *légumes*, donc ce sujet peut manger des *légumes*; & quand même il seroit démontré, comme il est très-vraissemblable, que l'usage des *légumes* seroit *incrassant* & *empâtant*, comme celui des farines céréales, & qu'on connoîtroit des peuples entiers vivant de pois ou de feves (le peuple des forçats n'est nourri sur nos galeres qu'avec des feves, & il est gras, charnu, fort), comme on en connoît qui vivent de farines de maïs, & que les premiers fussent comme les derniers gras, lourds, &c. l'induction de cet effet *incrassant* à l'effet obstruant n'est rien moins que démontré, sur-tout y ayant ici la très-grave différence d'un usage journalier, constant, à un usage passager, alterné par celui de tous les autres alimens accoutumés, &c.

Les *légumes*, du-moins quelques-uns, les haricots, les feves & les pois se mangent verts, ou bien mûrs & sees. Dans le premier état on les mange encore ou crus ou cuits; les *légumes* verds crus sont en général une assez mauvaise chose; mauvaise, dis-je, pour les estomacs malades, cela s'entend toujours, c'est pour les estomacs à qui les crudités ne conviennent point, une mauvaise espece de crudité. Les *légumes* verts cuits different peu des *légumes* respectifs mangés sees & cuits; ils sont même communément plus faciles à digérer. Les auteurs de diete disent qu'ils nourrissent moins; mais qu'est-ce qu'un aliment plus ou moins nourrissant pour des hommes qui sont leur repas d'un grand nombre d'alimens différens, & qui mangent toujours au-delà de leur besoin réel? *voyez* NOURRISSANT. C'est aux *légumes* secs & mûrs

que convient tout ce que nous avons dit jusqu'ici.

Les *légumes* se mangent, comme tout le monde sait, soit sous forme de potage, soit avec les viandes, entiers ou en purée : cette derniere préparation est utile en général. Les peaux qu'on rejette par-là sont au-moins inutiles, & peuvent même peser à certains estomacs. C'est à cette partie des *légumes* que les anciens medecins ont principalament attribué les qualités nuisibles qu'ils leur reprochoient, savoir d'être venteux, tormineux, resserrant, &c. D'ailleurs la discontinuité des parties du *légume* réduit en purée doit en rendre la digestion plus facile. Il a été dès long-tems observé que des *légumes* mangés entiers, & sur-tout les lentilles, étoient, quoique convenablement ramollis par la cuite, rendus tout entiers avec les gros excrémens.

On regarde assez généralement, comme une observation constante, comme un fait incontestable, que les *légumes* ne cuisent bien que dans les eaux communes les plus pures, les plus legeres; & que les eaux appellées *dures*, *crues*, *pesantes*, *voyez* EAU DOUCE sous l'article EAU, *Chimie*, les durcissent, ou du-moins ne les ramollissent point, même par la plus longue cuite ou décoction. La propriété de bien cuire les *légumes* est même comptée parmi celles qui caractérisent les meilleures eaux : la raison de ce phenomene n'est point connue, il me semble qu'on n'en a pas même soupçonné une explication raisonnable; mais peut-être aussi se fait prétendu incontestable n'est-il au contraire qu'une croyance populaire.

Des quatre farines résolutives, trois sont tirées de semences légumineuses, savoir de la feve, du lupin & de l'orobe. *Voyez* FARINES RÉSOLUTIVES & RÉSOLUTIF. (*b*)

LÉGUMIER ou POTAGER, s. m. (*Jardinage*.) Il est un jardin destiné uniquement à élever des plantes potageres ou légumes. *Voyez* POTAGER.

LÉGUMINEUSE, PLANTE, (*Nomencl. Bot.*) les plantes *légumineuses* sont celles dont le fruit, qui s'appelle *gousse* ou *silique*, est occupé par des semences. *Voyez* SILIQUE. (*D. J.*)

LEIBNITZIANISME ou PHILOSOPHIE DE LÉIBNITZ, (*Hist. de la Philosoph.*) Les modernes ont quelques hommes, tels que Bayle, Descartes, Léibnitz & Neuton, qu'ils peuvent opposer, & peut-être avec avantage, aux génies les plus étonnans de l'antiquité. S'il existoit au-dessus de nos têtes une espece d'êtres qui observât nos travaux, comme nous observons ceux des êtres qui rampent à nos piés, avec quelle surprise n'auroit-elle pas vû ces quatre merveilleux insectes? combien de pages n'auroient-ils pas rempli dans leurs éphémérides naturelles? Mais l'existence d'esprits intermédiaires entre l'homme & Dieu n'est pas assez constatée pour que nous n'osions pas supposer que l'immensité de l'intervalle est vuide, & que dans la grande chaîne, après le Créateur universel, c'est l'homme qui se présente; & à la tête de l'espece humaine ou Socrate, ou Titus, ou Marc-Aurele, ou Pascal, ou Trajan, ou Confucius, ou Bayle, ou Descartes, ou Neuton, ou Léibnitz.

Ce dernier naquit à Léipsic en Saxe le 23 Juin 1646; il fut nommé *Godefroi-Guillaume*. Frédéric son pere étoit professeur en Morale, & greffier de l'université, & Catherine Schmuck, sa mere, troisieme femme de Frédéric, fille d'un docteur & professeur en Droit. Paul Léibnitz, son grand oncle, avoit servi en Hongrie, & mérité en 1600 des titres de noblesse de l'empereur Rodolphe II.

Il perdit son pere à l'âge de six ans, & le sort de son éducation retomba sur sa mere, femme de mérite. Il se montra également propre à tous les genres d'études, & s'y porta avec la même ardeur & le même succès. Lorsqu'on revient sur soi & qu'on compare les petits talens qu'on a reçus, avec ceux d'un Léibnitz, on est tenté de jetter loin les livres, & d'aller mourir tranquille au fond de quelque recoin ignoré.

Son pere lui avoit laissé une assez ample collection de livres ; à peine le jeune Léibnitz sut-il un peu de grec & de latin, quil entreprit de les lire tout, Poëtes, Orateurs, Historiens, Jurisconsultes, Philosophes, Théologiens, Medecins. Bientôt il sentit le besoin de secours, & il en alla chercher. Il s'attacha particulierement à Jacques Thomasius ; personne n'avoit des connoissances plus profondes de la Littérature & de la Philosophie ancienne que Thomasius, cependant le disciple ne tarda pas à devenir plus habile que son maitre. Thomasius avoua la supériorité de Léibnitz ; Léibnitz reconnut les obligations qu'il avoit à Thomasius. Ce fut souvent entr'eux un combat d'éloge, d'un côté, & de reconnoissance de l'autre.

Léibnitz apprit sous Thomasius à attacher un grand prix aux philosophes anciens, à la tête desquels il plaça Pythagore & Platon ; il eut du goût & du talent pour la Poësie : ses vers sont remplis de choses. Je conseille à nos jeunes auteurs de lire le poème qu'il composa en 1676 sur la mort de Jean Frédéric de Brunswic, son protecteur ; ils y verront combien la Poësie, lorsqu'elle n'est pas un vain bruit, exige de connoissances préliminaires.

Il fut profond dans l'Histoire ; il connut les intérêts des princes. Jean Casimir, roi de Pologne, ayant abdiqué la couronne en 1668, Philippe Guillaume de Neubourg, comte Palatin, fut un des prétendans, & Léibnitz, caché sous le nom de *George Ulicorius*, prouva que la république ne pouvoit faire un meilleur choix ; il avoit alors vingt-deux ans, & son ouvrage fut attribué aux plus fameux jurisconsultes de son tems.

Quand on commença à traiter la paix de Nimegue, il y eut des difficultés sur le cérémonial à l'égard des princes libres de l'empire qui n'étoient pas électeurs. On refusoit à leurs ministres des honneurs qu'on accordoit à ceux des princes d'Italie. Il écrivit en faveur des premiers l'ouvrage intitulé, *Cæsarini Fustfteneril, de jure supromatûs ac legationis principum Germaniæ*. C'est un système où l'on voit un luthérien placer le pape à côté de l'empereur, comme chef temporel de tous les états chrétiens, du-moins en Occident. Le sujet est particulier, mais à chaque pas l'esprit de l'auteur prend son vol & s'eleve aux vûes générales.

Au milieu de ces occupations il se lioit avec tous les savans de l'Allemagne & de l'Europe ; il agitoit soit dans des theses, soit dans des lettres, des questions de Logique, de Méthaphysique, de Morale, de Mathématique & de Théologie, & son nom s'inscrivoit dans la plûpart des académies.

Les princes de Brunswic le destinerent à écrire l'histoire de leur maison. Pour remplir dignement ce projet, il parcourut l'Allemagne & l'Italie, visitant les anciennes abbayes, fouillant dans les archives des villes, examinant les tombeaux & les autres antiquités, & recueillant tout ce qui pouvoit répandre de l'agrément & de la lumiere sur une matiere ingrate.

Ce fut en passant sur une petite barque seul, de Venise à Mesola, dans le Ferrarois, qu'un chapelet dont il avoit jugé à-propos de se pourvoir à tout événement dans un pays d'inquisition, lui sauva la vie. Il s'eleva une tempête furieuse : le pilote qui ne croyoit pas être entendu par un allemand, & qui le regardoit comme la cause du péril, proposa de le jetter en mer, en conservant néanmoins ses hardes & son argent, qui n'étoient pas hérétiques.

Léibnitz sans se troubler tira son chapelet d'un air dévot, & cet artifice fit changer d'avis au pilote. Un philosophe ancien, c'étoit, je crois, Anaxogoras l'athée, échappa au même danger, en montrant au loin, à ceux qui méditoient d'appaiser les dieux en le précipitant dans les flots, des vaisseaux battus par la tempête, & où Anaxagoras n'étoit pas.

De retour de ses voyages à Hanovre en 1699, il publia une portion de la récolte qu'il avoit faite, car son avidité s'étoit jettée sur tout, en un volume in-fol. sous le titre de *Code du droit des gens* : c'est-là qu'il démontre que les actes publiés de nation à nation font les sources les plus certaines de l'Histoire, & que, quels que soientles petits ressorts honteux qui ont mis en mouvement ces grandes masses, c'est dans les traités qui ont précédé leurs émotions & accompagné leur repos momentané, qu'il faut découvrir leurs véritables intérêts. La préface du *Codex juris gentium diplomaticus* est un morceau de génie. L'ouvrage est une mer d'érudition : il parut en 1693.

Le premier volume *Scriptorum Brunsvicensia illustrantium*, ou la base de l'ouvrage fut élevée en 1707 ; c'est-là qu'il juge, d'un jugement dont on n'a point appellé, de tous les matériaux qui devoient servir au reste de l'édifice.

On croyoit des gouverneurs de villes de l'empire de Charlemagne étoient devenus, avec le tems, princes héréditaires ; Léibnitz prouve qu'ils l'avoient toujours été. On regardoit le x. & le xj. siecles comme les plus barbares du Christianisme ; Léibnitz rejette ce reproche sur le xiij. & le xjv. où des hommes pauvres par institut, avides de l'aisance par foiblesse humaine, inventoient des fables par nécessité. On le voit suivre l'enchaînement des évenemens, discerner les fils délicats qui les ont attirées les uns à la suite des autres, & poser les regles d'une espece de divination d'après laquelle l'état antérieur & l'état présent d'un peuple étant bien connus, on peut annoncer ce qu'il deviendra.

Deux autres volumes *Scriptorum Brunsvicensia illustrantium* parurent en 1710 & en 1711, le reste a point suivi. M. de Fontenelle a exposé le plan général de l'ouvrage dans son éloge de Léibnitz, *an. de l'acad. des Scienc. 1716*.

Dans le cours de ses recherches il prétendit avoir découvert la véritable origine des François, & il en publia une dissertation en 1716.

Léibnitz étoit grand jurisconsulte ; le Droit étoit & sera long-tems l'étude principale de l'Allemagne ; il se présenta à l'âge de vingt ans aux examens du doctorat : sa jeunesse, qui auroit dû lui concilier la bienveillance de la femme du doyen de la faculté, excita, je ne sais comment, sa mauvaise humeur, & Léibnitz fut refusé ; mais l'applaudissement général & la même dignité qui lui fut offerte & conférée par les habitans de la ville d'Altorf, le vengerent bien de cette injustice. S'il est permis de juger du mérite du candidat par le choix du sujet de sa these, quelle idée ne se formera-t-on pas de Léibnitz ? il disputa *des cas perplexes en Droit*. Cette these fut imprimée dans la suite avec deux autres petits traités, l'un intitulé, *Specimen Encyclopediæ in jure*, l'autre, *Specimen certitudinis seu demonstrationum in jure exhibitum in doctrinâ conditionum*.

Ce mot *Encyclopédie* avoit été employé dans un sens plus général par Alstedius : celui-ci s'étoit proposé de rapprocher les différentes sciences, & de marquer les lignes de communication qu'il en est entre elles. Le projet en avoit plû à Léibnitz ; il s'étoit proposé de perfectionner l'ouvrage d'Alstedius ; il avoit appellé à son secours quelques savans : l'ouvrage alloit commencer, lorsque le chef de l'entreprise, distrait par les circonstances, fut entraîné à d'autres occupations, malheureusement pour nous qui lui avons succedé, & pour qui le même travail n'a été qu'une source de persécutions, d'insultes & de chagrins qui se renouvellent de jour en jour, qui ont commencé il y a plus de quinze ans, & qui ne finiront peut-être qu'avec notre vie.

A l'âge de vingt-deux ans, il dédia à l'électeur de Mayence Jean-Philippe de Schomborn, *une nouvelle méthode d'enseigner & d'apprendre la Jurisprudence, avec un catalogue des choses à desirer dans la science du Droit*. Il donna dans la même année *son projet pour la résorme générale du corps du Droit*. La tête de cet homme étoit ennemie du désordre, & il falloit que les matieres les plus embarrassées s'y arrangeassent en y entrant; il réunissoit deux grandes qualités presqu'incompatibles, l'esprit d'invention & celui de méthode; & l'étude la plus opiniâtre & la plus variée, en accumulant en lui les connoissances les plus disparates, n'avoit affoibli ni l'un ni l'autre: philosophe & mathématicien, tout ce que ces deux mots renferment, il l'étoit. Il alla d'Altorf à Nuremberg visiter des savans; il s'insinua dans une société secrete d'alchimistes qui le prirent pour adepte sur une lettre farcie de termes obscurs qu'il leur adressa, qu'ils entendirent apparemment, mais qu'assurément Leibnitz n'entendoit pas. Ils le créerent leur secrétaire, & il s'instruisit beaucoup avec eux pendant qu'ils croyoient s'instruire avec lui.

En 1670, âgé de vingt-quatre ans, échappé du laboratoire de Nuremberg, il fit réimprimer le traité de Marius Nizolius de Bersello, *de veris principiis & verâ ratione philosophandi contra pseudo-philosophos*, avec une préface & des notes où il cherche à concilier l'aristotélisme avec la Philosophie moderne : c'est là qu'il montre quelle distance il y a entre les disputes de mots & la science des choses, qu'il étale l'étude profonde qu'il avoit faite des anciens, & qu'il montre qu'une erreur surannée est quelquefois le germe d'une vérité nouvelle. Tel homme en effet s'est illustré & s'illustrera en disant blanc après un autre qui a dit noir. Il y a plus de mérite à penser à une chose qui n'avoit point encore été remuée, qu'à penser juste sur une chose dont on a déjà disputé: le dernier degré du mérite, la véritable marque du génie, c'est de trouver la vérité sur un sujet important & nouveau.

Il publia une lettre *de Aristotele recentioribus reconciliabili*, où il ose parler avantageusement d'Aristote dans un tems où les Cartésiens touloient aux piés de philosophe, qui devoit être un jour vengé par les Neutoniens. Il prétendit qu'Aristote contenoit plus de vérités que Descartes, & il démontra que la philosophie de l'un & de l'autre étoit *corpusculaire* & méchanique.

En 1711 il adressa à l'académie des Sciences *sa théorie du mouvement abstrait*, & à la société royale de Londres, *sa théorie du mouvement concret*. Le premier traité est un système du mouvement en général; le second en est une application aux phénomenes de la nature; il admettoit dans l'un & dans l'autre du vuide; il regardoit la matiere comme une simple étendue indifférente au mouvement & au repos, & il en étoit venu à croire que pour découvrir l'essence de la matiere, il falloit y concevoir une force particuliere qui ne peut gueres se rendre que par ces mots, *mentem momentaneam, seu carentem recordatione, quia conatum suum & alienum contrarium non retineat ultra momentum, adeoque careat memoriâ, sensu actionum passionumque suarum, atque cogitationi*.

Le voilà tout voisin de l'entéléchie d'Aristote, de son système des monades, de la sensibilité, propriété générale de la matiere, & de beaucoup d'autres idées qui nous occupent à-présent. Au lieu de mesurer le mouvement par le produit de la masse & de la vitesse, il substituoit à l'un de ces élémens la force, ce qui donnoit pour mesure du mouvement le produit de la masse par le quarré de la vitesse. Ce fut-là le principe sur lequel il établit une nouvelle dynamique ; il fut attaqué, il se défendit avec vigueur ; & la question n'a été, sinon décidée, du-moins bien éclaircie depuis, que par des hommes qui ont réuni la Métaphysique la plus subtile à la plus haute Géométrie. *Voyez l'article* FORCE.

Il avoit encore sur la Physique générale une idée particuliere, c'est que Dieu a fait avec la plus grande économie possible, ce qu'il y avoit de plus parfait & de meilleur: il est le fondateur de l'optimisme, ou de ce système qui semble faire de Dieu un automate dans ses decrets & dans ses actions, & ramener sous un autre nom & sous une forme spirituelle le *fatum* des anciens, ou cette nécessité aux choses d'être ce qu'elles sont.

Il est inutile de dire que Leibnitz étoit un mathématicien du premier ordre. Il a disputé à Neuton l'invention du calcul différentiel. *Voyez les articles de ce Diction.* CALCUL DIFFÉRENTIEL & FLUXION. M. de Fontenelle, qui paroît toujours favorable à M. Leibnitz, prononce que Neuton est certainement inventeur, & que la gloire est en sûreté, mais qu'on ne peut être trop circonspect lorsqu'il s'agit d'intenter une accusation de vol & de plagiat contre un homme tel que Leibnitz: & M. de Fontenelle à raison.

Leibnitz étoit tout entierement neuf dans la haute Géométrie, en 1676, lorsqu'il connut à Paris M. Huygens, qui étoit, après Galilée & Descartes, celui à qui cette science devoit le plus. Il lut le traité *de horologio oscillatorio*; il médita les ouvrages de Pascal & de Grégoire de S. Vincent, & il imagina une méthode dont il retrouva dans la suite des traces profondes dans Grégori, Barrou & d'autres. C'est ce calcul par lequel il se glorifie d'avoir soumis à l'analyse des choses qui ne l'avoient jamais été.

Quoi qu'il en soit de cette histoire que Leibnitz a faite de ses découvertes à la sollicitation de M.rs Bernoulli, il est sûr que l'on apperçoit des infiniment petits de différens ordres dans son traité du mouvement abstrait, publié en 1671; que le calcul différentiel parut en 1684; que les principes mathématiques de Neuton ne furent publiés qu'en 1687, & que celui-ci ne revendiqua point cette découverte. Mais Neuton, depuis que ses amis eurent élevé la querelle, n'en demeura pas moins tranquille, comme Dieu au milieu de la gloire.

Leibnitz avoit entrepris un grand ouvrage *de la science de l'infini*; mais il n'a pas été fini.

De ses hautes spéculations il descendit souvent à des choses d'usage. Il proposa *des machines pour l'épuisement des eaux*, qui font abandonner quelquefois & interrompent toujours les travaux des mines.

Il employa une partie de son tems & de sa fortune à la construction *d'une machine arithmétique*, qui ne fut entierement achevée que dans les dernieres années de sa vie.

Nous avons montré jusqu'ici Leibnitz comme poète, jurisconsulte & mathématicien; nous l'allons considérer comme métaphysicien, en nous remontant des cas particuliers à ses loix générales. Le monde connoît son principe de la raison suffisante & de l'harmonie préétablie, son idée de la monade. Mais nous n'insisterons point ici là-dessus; nous renvoyons aux différens articles de ce Dictionnaire, & à l'exposition abregée de la philosophie de Leibnitz, qui terminera celui-ci.

Il s'éleva en 1715 une dispute entre lui & le fameux M. Clake sur l'espace, le tems, le vuide, les atomes, le naturel, le surnaturel, la liberté & autres sujets non moins importans qu'épineux.

Il en avoit eu une autre avec un difciple de Socin, appellé *Wiſſoratius*, en 1671, fur la Trinité; car Leibnitz étoit encore théologien dans le fens ſtrict de ce mot, & publia contre fon adverfaire un écrit intitulé *Sacro-ſancta Trinitas per nova inventa logicœ defenſa*. C'eſt toujours le même efprit qui regne dans les ouvrages de Leibnitz. A l'occaſion d'une queſtion fur les myſteres, il propoſe des moyens de perfectionner la Logique, & il expoſe les défauts de celle qu'on ſuivoit. Il fut appellé aux conférences qui ſe tinrent vers le commencement de ce ſiecle fur le mariage d'un grand prince catholique & d'une princeſſe luthérienne. Il releva M. Burnet, évêque de Salisbury, fur les vûes peu exactes qu'il avoit eues dans fon projet de réunion de l'égliſe anglicane avec l'égliſe luthérienne. Il défendit la tolérance des religions contre M. Peliſſon. Il mit au jour la Théodicée en 1711 : c'eſt une réponſe aux difficultés de Bayle fur l'origine du mal phyſique & du mal moral.

Nous devrions préſentement avoir épuiſé Leibnitz ; cependant il ne l'eſt pas encore. Il conçut le projet d'une langue philofophique qui mît en fociété toutes les nations : mais il ne l'exécuta point ; il remarqua feulement que des ſçavans de fon tems, qui avoient eu la même vûe que lui, perdoient leur tems, & ne frappoient pas au vrai but.

Après cette ébauche de la vie ſçavante de Leibnitz, nous allons paſſer à quelques détails de fa vie particuliere.

Il étoit de la fociété fecrete des alchimiſtes de Nuremberg, lorſque M. le baron de Boinebourg, miniſtre de l'électeur de Mayence, Jean-Philippe, rencontré par haſard dans une hôtellerie, reconnut fon mérite, lui fit des offres, & l'attacha à fon maître. En 1688 l'électeur de Mayence le fit conſeiller de la chambre de réviſion de fa chancellerie. M. de Boinebourg avoit envoyé fon fils à Paris ; il engagea Leibnitz à faire le voyage, & à veiller à fes affaires particulieres & à la conduite de fon fils. M. de Boinebourg mourut en 1673, & Leibnitz paſſa en Angleterre, où, peu de tems après il apprit la mort de l'électeur : cet événement renverſa les commencemens de fa fortune ; mais le duc de Brunſwic Lunebourg s'empara de lui pendant qu'il étoit vacant, & le gratifia de la place de conſeiller & d'une penſion. Cependant il ne partit pas fur le champ pour l'Allemagne. Il revint à Paris, d'où il retourna en Angleterre ; & ce ne fut qu'en 1676 qu'il ſe rendit auprès du duc Jean Fredéric, qu'il perdit au bout de trois ans. Le duc Erneſt Auguſte lui offrit fa protection, & le chargea de l'hiſtoire de Brunſwic : nous avons parlé de cet ouvrage & des voyages qu'il occaſionna. Le duc Erneſt le nomma en 1696 fon conſeiller-privé de juſtice : on ne croit pas en Allemagne qu'un philoſophe foit incapable d'affaires. En 1699 l'académie des ſciences de Paris le mit à la tête de ſes aſſociés étrangers. Il eût trouvé dans cette capitale un fort aſſez doux, mais il falloit changer de religion, & cette condition lui déplut. Il inſpira à l'électeur de Brandebourg le deſſein d'établir une académie à Berlin, & ce projet fut exécuté en 1700 d'après ſes idées : il en fut nommé préſident perpétuel, & ce choix fut généralement applaudi.

En 1710 parut un volume de l'académie de Berlin, fous le titre de *Miſcellanea Berolinenſia*. Leibnitz s'y montra ſous toutes ſes formes, d'hiſtorien, d'antiquaire, d'étymologiſte, de phyſicien, de mathématicien, & même d'orateur.

Il avoit les mêmes vûes fur les états de l'électeur de Saxe ; & il méditoit l'établiſſement d'une autre académie à Dreſde, mais les troubles de la Pologne ne lui laiſſerent aucune eſpérance de ſuccès.

En revanche le Czar, qui étoit allé à Torgau pour le mariage de fon fils aîné & de Charlote-Chriſtine, vit Leibnitz, le conſulta fur le deſſein où il étoit de tirer fes peuples de la barbarie, l'honora de préſens, & lui conféra le titre de fon conſeiller-privé de juſtice, avec une penſion conſidérable.

Mais toute proſpérité humaine ceſſe ; le roi de Pruſſe mourut en 1713, & le goût militaire de fon ſucceſſeur détermina Leibnitz à chercher un nouvel azile aux ſciences. Il ſe tourna du côté de la cour impériale, & obtint la faveur du prince Eugène ; peut-être eût-il fondé une académie à Vienne, mais la peſte ſurvenue dans cette ville rendit inutiles tous ſes mouvemens.

Il étoit à Vienne en 1714 lorſque la reine Anne mourut. L'électeur d'Hanovre lui ſuccéda. Leibnitz ſe rendit à Hanovre, mais il n'y trouva pas le roi, & il n'étoit plus d'âge à le ſuivre. Cependant le roi d'Angleterre repaſſa en Allemagne, & Leibnitz eut la joie qu'il deſiroit : depuis ce tems fa ſanté s'affoiblit toujours. Il étoit fujet à la goutte ; ce mal lui gagna les épaules, & une ptifane dont un jéſuite d'Ingolſtad lui avoit donné la recette, lui cauſa des convulſions & des douleurs exceſſives, dont il mourut le 14 Novembre 1716.

Dans cet état il méditoit encore. Un moment avant que d'expirer il demanda de l'encre & du papier : il écrivit ; mais ayant voulu lire ce qu'il avoit écrit, ſa vûe s'obſcurcit, & il ceſſa de vivre, âgé de 70 ans. Il ne ſe maria point ; il étoit d'une complexion forte ; il n'avoit point eu de maladies que quelques vertiges & la goutte. Il étoit ſombre, & paſſoit ſouvent les nuits dans un fauteuil. Il étudioit des mois entiers de ſuite ; il faiſoit des extraits de toutes ſes lectures. Il aimoit à converſer avec toute ſorte de perſonnes, gens de cour, ſoldats, artifans, laboureurs. Il n'y a guere d'ignorans dont on ne puiſſe apprendre quelque choſe. Il aimoit la fociété des femmes, & elles ſe plaiſoient en la ſienne. Il avoit une correſpondance littéraire très-étendue. Il fourniſſoit des vûes aux ſçavans ; il les animoit ; il leur applaudiſſoit ; il chériſſoit autant la gloire des autres que la ſienne. Il étoit colere, mais il revenoit promptement ; il s'indignoit d'abord de la contradiction, mais fon ſecond mouvement étoit plus tranquille. On l'accuſe de n'avoir été qu'un grand & rigide obſervateur du droit naturel : ſes paſteurs lui en ont fait des réprimandes publiques & inutiles. On dit qu'il aimoit l'argent ; il avoit amaſſé une fomme conſidérable qu'il tenoit cachée. Ce tréfor, après l'avoir tourmenté d'inquiétudes pendant ſa vie, fut encore l'objet de ſa mort ; cette femme, à l'aſpect de cette richeſſe, fut ſi ſaiſie de joie, qu'elle en mourut ſubitement.

Il ne nous reſte plus qu'à expoſer les principaux axiomes de la philoſophie de Leibnitz. Ceux qui voudront connoître plus à fond la vie, les travaux & le caractere de cet homme extraordinaire, peuvent conſulter les actes des ſçavans, Korthoit, Eckard, Baringius, les mémoires de l'académie des ſciences, l'éloge de Fontenelle, Fabricius, Feller, Grundmann, Gentzkennius, Reimann, Collins, Murat, Charles Gundeli:Ludovici. Outre Thomaſius dont nous avons parlé, & qui avoit eu pour inſtituteur en Mathématiques Kunnius, & en Philoſophie Scherzer & Rappolt. Ce fut Weigel qui lui fit naître l'idée de fon arithmétique binaire, ou de cette méthode d'exprimer tout nombre avec les deux caracteres 1 & 0. Il revint fur la fin de ſa vie au projet de l'Encyclopédie, qui l'avoit occupé étant jeune, & il eſpéroit encore l'exécuter de concert avec Wolf. Il fut chargé par M. de Montauſer de l'édition de Martien-Capella, à l'uſage du Dauphin : l'ouvrage étoit achevé lorſqu'on le lui vola. Il s'en manque beaucoup que nous ayons parlé de tous ſes ouvrages. Il en a peu

peu publié séparément ; la plus grande partie est dispersée dans les journaux & les recueils d'académies ; d'où l'on a tiré sa protogée, ouvrage qui n'est pas sans mérite, soit qu'on le considere par le fond des choses, soit qu'on n'ait égard qu'à l'élevation du discours.

I. *Principes des méditations rationnelles de Leibnitz.* Il disoit : la connoissance est ou claire ou obscure, & la connoissance claire est ou confuse ou distincte, & la connoissance distincte est ou adéquate ou inadéquate, ou intuitive ou symbolique.

Si la connoissance est en même tems adéquate & intuitive, elle est très-parfaite ; si une notion né suffit pas à la connoissance de la chose représentée, elle est obscure ; si elle suffit, elle est claire.

Si je ne puis énoncer séparément les caracteres nécessaires de distinction d'une chose à une autre, ma connoissance est confuse, quoique dans la nature la chose ait de ces caracteres, dans l'énumération exacte desquels elle se limiteroit & se résoudroit.

Ainsi les odeurs, les couleurs, les saveurs & d'autres idées relatives aux sens, nous sont assez clairement connues : la distinction que nous en faisons est juste ; mais la sensation est notre unique garant. Les caracteres qui distinguent ces choses ne sont pas énonciables. Cependant elles ont des causes : les idées en sont composées ; & il semble que s'il ne manquoit rien, soit à notre intelligence, soit à nos recherches, soit à nos idiomes, il y auroit une certaine collection de mots dans lesquels elles pourroient se résoudre & se rendre.

Si une chose a été suffisamment examinée ; si la collection des signes qui la distingue de toute autre est complexe, la notion que nous en aurons sera distincte : c'est ainsi que nous connoissons certains objets communs à plusieurs sens, plusieurs affections de l'ame, tout ce dont nous pouvons former une définition verbale ; car qu'est-ce que cette définition, sinon une énumération suffisante des caracteres de la chose ?

Il y a cependant connoissance distincte d'une chose indéfinissable, toutes les fois que cette chose est primitive, qu'elle est elle-même son propre caractere, ou qu'entendant par elle-même, elle n'a rien d'antérieur ou de plus connu en quoi elle soit résoluble.

Dans les notions composées, s'il arrive, ou que la somme des caracteres ne se saisisse pas à la fois, ou qu'il y en ait quelques-uns qui échappent ou qui manquent, ou que la perception nette, générale ou particuliere des caracteres, soit momentanée & fugitive, la connoissance est distincte, mais inadéquate.

Si tous les caracteres de la chose sont permanens, bien rendus & bien saisis ensemble & séparément, c'est-à-dire que la résolution & l'analyse s'en fassent sans embarras & sans défaut, la connoissance est adéquate.

Nous ne pouvons pas toujours embrasser de notre entendement la nature entiere d'une chose très-composée : alors nous nous servons de signes qui abregent ; mais nous avons, ou la conscience ou la mémoire que la résolution ou l'analyse entiere est possible, & s'exécutera quand nous le voudrons ; alors la connoissance est aveugle ou symbolique.

Nous ne pouvons pas saisir à la fois toutes les notions particulieres qui forment la connoissance complette d'une chose très-composée. C'est un fait. Lorsque la chose se peut, notre connoissance est intuitive autant qu'elle peut l'être. La connoissance d'une chose primitive & distincte est intuitive ; celle de la plûpart des choses composées est symbolique.

Les idées des choses que nous connoissons distinctement, ne nous sont présentées que par une opération intuitive de notre entendement.

Nous croyons à tort avoir des idées des choses, lorsqu'il y a quelques termes dont l'explication n'a point été faite, mais supposée.

Souvent nous n'avons qu'une notion telle quelle des mots, une mémoire soible d'en avoir connu autrefois la valeur, & nous nous en tenons à cette connoissance aveugle, sans nous embarrasser de suivre l'analyse des expressions aussi loin & aussi rigoureusement que nous le pourrions. C'est ainsi que nous échappe la contradiction enveloppée dans la notion d'une chose composée.

Qu'est-ce qu'une définition nominale ? Qu'est-ce qu'une définition réelle ? Une définition nominale, c'est l'énumération des caracteres qui distingue une chose d'une autre. Une définition réelle, celle qui nous assure, par la comparaison & l'explication des caracteres, que la chose définie est possible. La définition réelle n'est donc pas arbitraire ; car tous les caracteres de la définition nominale ne sont pas toujours compatibles.

La science parfaite exige plus que des définitions nominales, à-moins qu'on ne sache d'ailleurs que la chose définie est possible.

La notion est vraie, si la chose est possible ; fausse, s'il y a contradiction entre ses caracteres.

La possibilité de la chose est connue *à priori* ou *à posteriori*.

Elle est connue *à priori* lorsque nous résolvons sa notion en d'autres d'une possibilité avouée, & dont les caracteres n'impliquent aucune contradiction ; elle en est ainsi toutes les fois que la maniere dont une chose peut être produite nous est connue ; d'où il s'ensuit qu'entre toutes les définitions, les plus utiles se sont celles qui se font par les causes.

La possibilité est connue *à posteriori* lorsque l'existance actuelle de la chose nous est constatée ; car ce qui est ou a été est possible.

Si l'on a une connoissance adéquate, l'on a aussi la connoissance *à priori* de la possibilité ; car en suivant l'analyse jusqu'à sa fin, si l'on ne rencontre aucune contradiction, il naît la démonstration de la possibilité.

Il est un principe dont il faut craindre l'abus ; c'est que l'on peut dire une chose, & qu'on dira vrai, si l'on affirme ce que l'on en apperçoit clairement & distinctement. Combien de choses obscures & confuses paroissent claires & distinctes à ceux qui se pressent de juger ! L'axiome dont il s'agit est donc superflu, si l'on n'a établi les regles de la vérité des idées, & les marques de la clarté & de la distinction, de l'obscurité & de la confusion.

Les regles que la Logique commune prescrit sur les caracteres des énonciations de la vérité, ne sont méprisables que pour ceux qui les ignorent, & qui n'ont ni le courage ni la sagacité nécessaires pour les apprendre : ne sont-ce pas les mêmes que celles des Géometres ? Les uns & les autres ne prescrivent-ils pas de n'admettre pour certain que ce qui est appuyé sur l'expérience ou la démonstration. Une démonstration est solide si elle garde les formes prescrites par la Logique. Il ne s'agit pas toujours de s'allujettir à la forme du syllogisme, mais il faut que tout raisonnement soit réductible à cette forme, & qu'elle donne évidemment force à la conclusion.

Il ne faut donc rien passer des prémisses ; tout ce qu'elles renferment doit avoir été ou démontré, ou supposé ; dans le cas de supposition, la conclusion est hypothétique.

On ne peut ni trop louer, ni s'assujettir trop sévérement à la regle de Pascal, qui veut qu'un terme soit défini pour peu qu'il soit obscur, & qu'une proposition soit prouvée pour peu qu'elle soit douteuse. Avec un peu d'attention sur les principes qui précedent, on verra comment ces deux conditions peuvent se remplir.

C'est une opinion fort ancienne que nous voyons tout en Dieu, & cette opinion bien entendue n'est pas à méprifer.

Quand nous verrions tout en Dieu, il ne feroit pas moins néceſſaire à l'homme d'avoir des idées propres, ou des fenfations ou des mouvemens d'ame, ou des affections correſpondantes à ce que nous appercevrions en Dieu. Notre ame fubit autant de changemens fucceſſifs, qu'il s'y fuccede de penſées diverfes. Les idées des chofes auxquelles nous ne penfons pas actuellement, ne font donc pas autrement dans notre ame que la figure d'Hercule dans un bloc de marbre informe.

Dieu n'a pas feulement l'idée actuelle de l'étendue abſolue & infinie, mais l'idée de toute figure ou modification de cette étendue.

Qu'eſt-ce qui fe paſſe en nous dans la fenfation des couleurs & des odeurs? Des mouvemens de fibres, des changemens de figures, mais fi déliés qu'ils nous échappent. C'eſt par cette raiſon qu'on ne s'apperçoit pas que c'eſt là pourtant tout ce qui entre dans la perception compofée de ces chofes.

II. *Métaphyſique de Leibnitz*, ou ce qu'il a penfé des élémens des chofes. Qu'eſt-ce que la monade? une fubſtance fimple. Les compofés en font formés. Je l'appelle *fimple*, parce qu'elle n'a point de parties.

Puiſqu'il y a des compofés, il faut qu'il y ait des fubſtances fimples; car qu'eſt-ce qu'un compofé, finon un aggrégat de fimples?

Où il n'y a point de parties, il n'y a ni étendue, ni figure, ni divifibilité. Telle eſt la monade, l'atome réel de la nature, l'élément vrai des chofes.

Il ne faut pas en craindre la diſſolution. On ne conçoit aucune maniere dont une fubſtance fimple puiſſe périr naturellement. On ne conçoit aucune maniere dont une fubſtance fimple puiſſe naître naturellement. Car tout ce qui périt, périt par diſſolution; tout ce qui fe forme, fe forme par compofition.

Les monades ne peuvent donc être ou ceſſer que dans un inftant, par création ou par annihilation.

On ne peut expliquer comment il furviendroit en elles quelque altération naturelle: ce qui n'a point de parties, n'admet l'interception ni d'un accident, ni d'une fubſtance.

Il faut cependant qu'elles ayent quelques qualités, fans quoi on ne les diſtingueroit pas du non être.

Il faut plus; c'eſt qu'une monade differe d'une autre monade quelconque, car il n'y a pas dans la nature un feul être qui foit abfolument égal & femblable à un autre, enforte qu'il ne foit poſſible d'y reconnoître une différence interne & applicable à quelque chofe d'interne. *Il n'y a peut-être rien de moins raiſonnable que ce principe pour ceux qui ne penfent que fuperficiellement, & rien de plus vrai pour les autres. Il n'eſt pas nouveau: c'étoit une des opinions des Stoïciens.*

Tout être créé eſt fujet au changement. La monade eſt créée, chaque monade eſt donc dans une viciſſitude continuelle.

Les changemens de la monade naturelle partent d'un principe interne, car aucune caufe externe ne peut influer fur elle.

En général, il n'y a point de force, quelle qu'elle foit, qui ne foit un principe de changement.

Outre un principe de changement, il faut encore admettre dans ce qui change quelque chofe, quelque modele qui fpécifie & différentie. De-là multitude fimple, nombre dans l'unité, car tout changement naturel fe fait par degrés. Quelque chofe change, & quelque chofe reſte non changée. Donc dans la fubſtance il y a pluralité d'affections, de qualités & de rapports, quoiqu'il y ait abſence de parties.

Qu'eſt-ce qu'un état paſſager qui marque multitude & pluralité dans l'être fimple & dans la fubſtance une? On n'en conçoit point d'autre que ce que nous appellons *perception*, chofe très-diſtincte de ce que nous entendons par confcience, car il y a perception avant confcience. *Ce principe eſt très-difficile à attaquer, & très-difficile à défendre. C'eſt, felon Leibnitz, ce qui conſtitue la différence de la monade & de l'efprit, de l'être corporel & de l'être intellectuel.*

L'action d'un principe interne, caufe de mutation ou de paſſage d'une perception à une autre, eſt ce qu'on peut appeller *appétit*. L'appétit n'atteint pas toujours à la perception à laquelle il tend, mais il en approche, pour ainfi dire, & quelque légere que foit cette altération, il en naît des perceptions nouvelles.

Il ne faut point appliquer les caufes méchaniques à ces perceptions, ni à leurs réſultats; parce qu'il n'y a ni mouvement, ni figure, ni parties agiſſantes & réagiſſantes. Ces perceptions & leurs changemens font tout ce qu'il y a dans la fubſtance fimple. Elle conſtituent toutes les actions internes.

On peut, fi l'on veut, donner le nom d'*entéléchie* à toutes les fubſtances fimples ou monades créées, car elles ont en elles une certaine perfection propre, une fuffifance eſſentielle, elles font elles-mêmes les caufes de leurs actions internes. Ce font comme des automates incorporels: quelle différence y a-t-il entre ces êtres & la molécule fenfible d'Hobbes? Je ne l'entends pas. L'axiome fuivant m'incline bien davantage à croire que c'eſt la même chofe.

Si l'on veut appeller *ame* ce qui en général a perception & appétit, je ne m'oppofe pas à ce qu'on regarde les fubſtances fimples ou les monades créées comme des ames. Cependant la perception étant où la connoiſſance n'eſt pas, il vaudroit mieux s'en tenir pour les fubſtances fimples qui n'ont que la perception aux mots de *monades* ou d'*entéléchies*, & pour les fubſtances qui ont la perception & la mémoire ou confcience aux mots d'ame & d'efprit.

Dans la défaillance, dans la ſtupeur ou le fommeil profond, l'ame qui ne manque pas tout-à-fait de perception, ne differe pas d'une fimple monade. L'état préfent d'une fubſtance fimple procede naturellement de fon état précédent, ainfi le préfent eſt gros de l'avenir.

Lorfque nous fortons du fommeil, de la défaillance, de la ſtupeur, nous avons la confcience de nos perceptions; il faut donc qu'il n'y ait eu aucune interruption abfolue, qu'il y ait eu des perceptions immédiatement précédentes & contiguës, quoique nous n'en ayons pas la confcience. Car la perception eſt engendrée de la perception, comme le mouvement du mouvement: *cet axiome fecond mérite le plus grand examen*.

Il paroit que nous ferions dans un état de ſtupeur parfaite, tant que nous ne diſtinguerions rien à nos perceptions. Or cet état eſt celui de la perception pure.

Il paroit encore que la nature en accordant aux animaux des organes qui raſſemblent plufieurs rayons de lumiere, plufieurs ondulations de l'air, dont l'efficacité eſt une fuite de leur union ou multitude, elle a mis en eux la caufe de perceptions fublimes. Il faut raifonner de la même maniere de la faveur, des odeurs & du toucher. C'eſt par la mémoire que les perceptions font liées dans les ames. La mémoire imite la raifon, mais ce ne l'eſt pas.

Les animaux apperçoivent un objet, ils en font frappés, ils s'attendent à une perception ou fenfation femblable à celle qu'ils ont éprouvée antérieurement de la part de cet objet; ils fe meuvent, mais ils ne raifonnent pas; ils ont la mémoire.

L'imagination forte qui nous frappe & nous meut,

naît de la fréquence & de l'énergie des perceptions précédentes.

L'effet d'une seule impression forte équivaut quelquefois à l'effet habituel & réitéré d'une impression foible & durable.

Les hommes ont de commun avec les animaux le principe qui lie leurs perceptions. La mémoire est la même en eux. La mémoire est un médecin empyrique qui agit par expérience sans théorie.

C'est la connoissance des vérités nécessaires & éternelles qui distingue l'homme de la bête. C'est elle qui fait en nous la raison & la science, l'ame. C'est à la connoissance des vérités nécessaires & éternelles, & à leurs abstractions qu'il faut rapporter ces actes réfléchis qui nous donnent la conscience de nous.

Ces actes réfléchis font la source la plus féconde de nos raisonnemens. C'est l'échelle par laquelle nous nous élevons à la pensée de l'être, de la substance simple ou complexe, de l'immatériel, de l'éternel, de Dieu. Nous concevons de ce qui est limité en nous, existe en lui sans limites.

Nos raisonnemens ont deux grandes bases, l'une est le principe de contradiction, l'autre est le principe de raison suffisante.

Nous regardons comme faux tout ce qui implique contradiction, nous pensons que rien n'est sans une raison suffisante, pourquoi cela est ainsi & non autrement; quoique souvent cette raison ne nous soit pas connue. Ce principe n'est pas nouveau; les anciens l'ont employé.

Si une vérité est nécessaire, on peut la résoudre dans ses élémens, & parvenir par analyse ou voie de décomposition à des idées primitives, où se consomme la démonstration.

Il y a des idées simples qui ne se définissent point. Il y a aussi des axiomes, des demandes, des principes primitifs qui ne se prouvent point. La preuve & la définition feroient identiques à l'énonciation.

On peut découvrir la raison suffisante dans les choses contingentes ou de fait. Elle est dans l'enchaînement universel : il y a une résolution ou analyse successive de causes ou raisons particulieres, à d'autres raisons ou causes particulieres, & ainsi de suite.

Cependant toute cette suite ne nous menant que de contingence en contingence, & la derniere n'exigeant pas moins une analyse progressive que la premiere, on ne peut s'arrêter : pour arriver à la certitude, il faut tenir la raison suffisante ou derniere, fût-elle à l'infini.

Mais où est cette raison suffisante & derniere, sinon dans quelque substance nécessaire, source & principe de toutes mutations ?

Et quelle est cette substance, terme dernier de la serie, sinon Dieu ? Dieu est donc, & il suffit.

Cette substance une, suprème, universelle, nécessaire n'a rien hors d'elle qui n'en dépende. Elle est donc illimitée, elle contient toute toute réalité possible, elle est donc parfaite ; car qu'est-ce que la perfection, sinon l'illimité d'une grandeur réelle & positive ?

D'où il suit que la créature tient de Dieu sa perfection & les imperfections de sa nature, de son essence incapable de l'illimité. Voilà ce qui la dillingue de Dieu.

Dieu est la source & des existences & des essences, & de ce qu'il y a de réel dans le possible. L'entendement distinct & fein de des vérités essentielles. Sans Dieu, rien de réel ni dans le possible, ni dans l'existant, ni même dans le néant.

En effet, s'il y a quelque réalité dans les essences, dans les existences, dans les possibilités, cette réalité est fondée dans quelque chose d'existant & de réel, & conséquemment dans la nécessité d'un être auquel il suffise d'être possible pour être existant. Ceci n'est que la démonstration de Descartes retournée.

Dieu est le seul être qui ait ce privilege d'être nécessairement, s'il est possible ; or rien ne montrant de la contradiction dans sa possibilité, son existence est donc démontrée à priori. Elle l'est encore à posteriori, car les contingens sont ; or ces contingens n'ont de raison suffisante & derniere que dans un être nécessaire, ou qui ait en lui-même la raison de son existence.

Il ne faut pas inférer de-là que les vérités éternelles qui ne se voient pas sans Dieu, soient dépendantes de sa volonté & arbitraires.

Dieu est une unité ou substance simple, origine de toutes les monades créées, qui en sont émanées, pour ainsi dire, par des fulgurations continuelles. Nous nous sommes servis de ce mot fulguration, parce que nous n'en connoissons point d'autre qui lui réponde. Au reste, cette idée de Leibnitz est toute platonicienne, & pour la subtilité & pour la sublimité.

Il y a en Dieu puissance, entendement & volonté ; puissance, qui est l'origine de tout ; entendement, où est le modele de tout ; volonté, par qui tout s'exécute pour le mieux.

Il y a aussi dans la monade les mêmes qualités correspondantes, perception & appétit ; mais perception limitée, appétit fini.

On dit que la créature agit hors d'elle-même, & souffre. Elle agit hors d'elle-même entant que parfaite, elle souffre entant qu'imparfaite.

La monade est active entant qu'elle a des perceptions distinctes, passive entant qu'elle a des perceptions confuses.

Une créature n'est plus ou moins parfaite qu'une autre, que par le principe qui la rend capable d'expliquer ce qui se passe dans elle & dans une autre ; c'est ainsi qu'elle agit sur celle-ci.

Mais dans les substances simples, l'influence d'une monade, par exemple, est purement idéale : elle n'a d'effet que par l'entremise de Dieu. Dans les idées de Dieu, l'action d'une monade se lie à l'action d'une autre, & il est la raison de l'action de toutes : c'est son entendement qui forme leurs dépendances mutuelles.

Ce qu'il y a d'actif & de passif dans les créatures, est réciproque. Dieu comparant deux substances simples, apperçoit dans l'une & l'autre la raison qui oblige l'une & l'autre. L'une est active sous un aspect, & passive sous un autre aspect ; active en ce qu'elle sert à rendre raison de ce qui arrive dans ce qui précede d'elle ; passive en ce qu'elle sert à rendre raison de ce qui arrive dans ce qui procede.

Cependant comme il y a une infinité de combinaisons & de mondes possibles dans les idées de Dieu, & que de ces mondes il n'en peut exister qu'un, il faut qu'il y ait une certaine raison suffisante de son choix ; or cette raison ne peut être que dans le différent degré de perfection, d'où il s'ensuit que le monde qui est, est le plus parfait. Dieu l'a choisi dans sa sagesse, connu dans sa bonté, produit dans la plénitude de sa puissance. Voilà comme Leibnitz en est venu à son système d'optimisme.

Par cette correspondance d'une chose créée à une autre, & de chacune à toutes, on conçoit qu'il y a dans chaque substance simple des rapports d'après lesquels, avec une intelligence proportionnée au tout, une monade étant donnée, l'univers entier le seroit. Une monade est donc une espece de miroir représentatif de tous les êtres & de tous les phénomenes. Cette idée que les petits esprits prendront pour une vision, est celle d'un homme de génie : pour le sentir, il n'y a qu'à la raprocher de son principe d'enchaînement & de son principe de dissimilitude.

Si l'on considere une ville sous différens points, on la voit différente ; c'est une multiplication d'optique. Ainsi la multitude des substances simples est si grande, qu'on croiroit qu'il y a une infinité d'univers différens ; mais ce ne sont que des images sunographiques d'un seul considéré sous différens aspects de chaque monade. Voilà la source de la vérité, de l'ordre, de l'économie, & de la plus grande perfection possible, & cette hypothese est la seule qui réponde à la grandeur, à la sagesse & à la magnificence de Dieu.

Les choses ne peuvent donc être autrement qu'elles sont, Dieu ayant produit la monade pour le tout, le tout pour la monade qui le représente non-parfaitement, mais d'une maniere confuse, non pour elle, mais pour Dieu, sans quoi elle seroit elle-même Dieu.

La monade est limitée non dans ses rapports, mais dans sa connoissance. Toutes tendent à un même but infini. Toutes ont en elles des raisons suffisantes de cet infini, mais avec des bornes & des degrés différens de perceptions ; & ce que nous disons des simples, il faut l'entendre des composés.

Tout étant plein, tous les êtres liés, tout mouvement se transmet avec plus ou moins d'énergie à raison de la distance, tout être reçoit en lui l'impression de ce qui se passe par-tout, il en a la perception, & Dieu qui voit tout, peut lire en un seul être ce qui arrive en tout, ce qui y est arrivé & ce qui y arrivera, & il en seroit de même de la monade, si le loin des distances, des affoiblissemens ne s'exécutoit sur elle, & d'ailleurs elle est finie.

L'ame ne peut voir à la faveur de ce qui y est distinct ; elle ne peut donc être à toutes les perfections, parce qu'elles sont diverses & infinies.

Quoique l'ame ou toute monade créée soit représentative de l'univers, elle l'est bien mieux du corps auquel elle est attachée, & dont elle est l'entéléchie.

Or le corps, par sa connexion au tout, représentant le tout, l'ame par sa connexion au corps & au tout, le représente aussi.

Le corps & la monade, son entéléchie, constituent ce que nous appellons l'*être vivant*; le corps & la monade, son ame, constitue l'animal.

Le corps d'un être, soit animal, soit vivant, est toujours organique ; car qu'est-ce que l'organisation ? un assemblage formant un tout relatif à un autre. D'où il s'ensuit que les parties sont toutes représentatives de l'universalité ; la monade par ses perceptions, le corps par sa forme & ses mouvemens, ou états divers.

Un corps organique d'un être vivant est une sorte de machine divine, surpassant infiniment tout automate artificiel. Qu'est-ce qui a pû empêcher le grand Ouvrier de produire ces machines ? la matiere n'est-elle pas divisible à l'infini, n'est-elle pas même actuellement divisée à l'infini ?

Or cette machine divine représentant le tout, n'a pû être autre qu'elle est.

Il y a donc, à parler à la rigueur, dans la plus petite portion de matiere un monde de créatures vivantes, animales, entéléchies, ames, &c.

Il n'y a donc dans l'univers rien d'inutile, ni stérile, ni de mort, nul cahos, nulle confusion réelle.

Chaque corps a une entéléchie dominante, c'est l'ame dans l'animal ; mais ce corps a ses membres pleins d'autres êtres vivans, de plantes, d'animaux, &c, & chacun de ceux-ci a avec son ame dominante son entéléchie.

Tous les corps sont en vicissitudes, des parties s'en échappent continuellement, d'autres y entrent.

L'ame ne change point. Le corps change peu-à-peu ; il y a des métamorphoses, mais nulle métempsycose. Il n'y a point d'ames sans corps.

Conséquemment il n'y a ni génération, ni mort parfaite ; tout se réduit à des développemens & à des dépérissemens successifs.

Depuis qu'il est démontré que la putréfaction n'engendre aucun corps organique, il s'ensuit que le corps organique existoit à la conception, & que l'ame occupoit ce corps préexistant, & que l'animal étoit ; & qu'il n'a fait que paroître sous une autre forme.

J'appellerois *spermatiques*, ces animaux qui parviennent par voie de conception à une grandeur considérable ; les autres, qui ne passent point sous des formes successives, naissant, croissant, sont multipliés & détruits.

Les grands animaux n'ont guere un autre sort ; ils ne font que se montrer sur la scene. Le nombre de ceux qui changent de théatre est petit.

Si naturellement un animal ne commence point, naturellement il ne finit point.

L'ame, miroir du monde indestructible, n'est point détruite. L'animal même perd ses enveloppes, & en prend d'autres ; mais à-travers les métamorphoses, il reste toujours quelque chose de lui.

On déduit de ces principes l'union ou plûtôt la convenance de l'ame & d'un corps organique. L'ame a ses lois qu'elle suit, & le corps les siennes. S'ils sont unis, c'est par la force de l'harmonie préétablie entre toutes les substances, dont il n'y a pas une seule qui ne soit représentative de l'univers.

Les ames agissent selon les lois des causes finales, par des appétits, par des moyens & par des fins ; les corps, selon les lois des causes efficientes ou motrices, & il y a, pour ainsi dire, deux regnes coordonnés entr'eux, l'un des causes efficientes, l'autre des causes finales.

Descartes a connu l'impossibilité que l'ame donnât quelque force ou mouvement au corps, parce que la quantité de force reste toujours la même dans la nature, cependant il a cru que l'ame pouvoit changer la direction des corps. Ce fut une suite de l'ignorance où l'on étoit de son tems sur une loi de nature, qui veut que la même direction totale persévere dans la matiere. Avec cette connoissance de plus, & le pas qu'il avoit déja fait, il seroit infailliblement arrivé au système de l'harmonie préétablie ; selon ce système, le corps agissant, comme si par impossible il n'y avoit point d'ame, & les ames, comme si par impossible il n'y avoit point de corps, & tous les deux, comme s'ils influoient l'un sur l'autre. *Il est incroyable combien ces deux lois méchaniques, géométriquement démontrées, l'une sur la somme du mouvement dans la nature, l'autre sur la direction des parties de la matiere, ont eu un effet sur le système de l'union de l'ame avec le corps.* Je demanderois volontiers si ces spéculations physico mathématiques & abstraites, appliquées aux choses intellectuelles, n'obscurcissent pas au lieu d'éclairer, & n'ébranlent pas plûtôt la distinction des deux substances qu'elles n'en expliquent le commerce. D'ailleurs, quelle foule d'autres difficultés ne naissent pas de ce système Leibnitien, sur la nature & sur la grace, sur les droits de Dieu & sur les actions des hommes, sur la volonté, la liberté, le bien & le mal, les châtimens présens & à venir ! &c.

Dieu a créé l'ame dans le commencement, de maniere qu'elle se représente & produit en elle tout ce qui s'exécute dans le corps, & le corps, de maniere qu'il exécute tout ce que l'ame se représente & veut.

L'ame produit ses perceptions & ses appétits, le corps ses mouvemens, & l'action de l'une des substances conspire avec l'action de l'autre, en conséquence du concert que Dieu a ordonné entre eux dans la formation du monde.

Une perception précédente est la cause d'une perception suivante dans l'ame. Un mouvement analogue à la perception premiere de l'ame, est la cause d'un mouvement second analogue à la seconde perception de l'ame. *Il faut convenir qu'il est difficile d'appercevoir comment, au milieu de ce double changement, la liberté de l'homme peut se conserver.* Les Leibnitiens *prétendent que cela n'y fait rien ; le croye qui pourra.*

L'ame & l'animal ont la même origine que le monde, & ne finiront qu'avec lui. Les ames spermatiques des animaux raisonnables passent de l'état d'ame sensible à celui plus parfait d'ame raisonnable.

Les ames en général sont des miroirs de l'univers, des images représentatives des choses ; l'ame de l'homme est de plus un miroir représentatif, une image de son Créateur.

Tous les esprits ensemble forment la cité de Dieu, gouvernement le plus parfait de tous sous le monarque le plus parfait.

Cette cité, cette monarchie est le monde moral dans le monde naturel. Il y a aussi la même harmonie préétablie entre le regne physique de la nature & le regne moral de la grace, c'est-à-dire entre l'homme & Dieu, considéré, ou comme auteur de la grande machine, ou comme souverain de la cité des esprits.

Les choses, en conséquence de cette hypothèse, conduisent à la grace par les voies de la nature. Ce monde sera détruit & réparé par des moyens naturels, & la punition & le châtiment des esprits aura lieu sans que l'harmonie cesse. Ce dernier événement en sera le complément.

Le Dieu architecte de l'univers, satisfera au Dieu législateur, & les fautes seront punies & les vertus récompensées dans l'ordre de la justice & du méchanisme.

Nous n'avons donc rien de mieux à faire que de fuir le mal & de suivre le bien, convaincus que nous ne pourrions qu'approuver ce qui se passe dans le physique & dans le moral, s'il nous étoit donné d'embrasser le tout.

III. *Principes de la théologie naturelle de Leibnitz.* En quoi consiste la toute-puissance de Dieu, sinon dans ce que tout dépend de lui, & qu'il ne dépend de rien.

Dieu est indépendant & dans son existence & dans ses actions.

Dans son existence, parce qu'il est nécessaire & éternel.

Dans ses actions, naturellement & moralement ; naturellement, parce qu'il est libre ; moralement, parce qu'il n'a point de supérieur.

Tout dépend de Dieu, & les possibles & les existans.

Les possibles ont leur réalité dans son existence. S'il n'existoit pas, il n'y auroit rien de possible. Les possibles sont de toute éternité dans ses idées.

Les existans dépendent de Dieu, & dans leur existence & dans leurs actions ; dans leur existence, parce qu'il les a créées librement, & qu'il les conserve de même ; dans leurs actions, parce qu'il y concourt, & que le peu de bien qu'elles ont vient de lui.

Le concours de Dieu est ou ordinant ou spécial.

Dieu fait tout, connoit tout, & les possibles & les existans. Les existans dans ce monde, les possibles dans les mondes possibles.

La science des existans passés, présens & futurs, s'appelle *science de vision*. Elle ne differe point de la science de simple intelligence de ce monde, considéré seulement comme possible, si ce n'est qu'en même tems que Dieu le voit possible, il le voit aussi comme devant être créé.

La science de simple intelligence prise dans un sens plus strict, relativement aux vérités nécessaires & possibles, s'appelle *science moyenne*, relativement aux vérités possibles & contingentes ; & *science de vision*, relativement aux vérités contingentes & actuelles.

Si la connoissance du vrai constitue la sagesse, le desir du bien constitue la bonté. La perfection de l'entendement dépend de l'une, la perfection de la volonté dépend de l'autre.

La nature de la volonté suppose la liberté, & la liberté suppose la spontanéité & la délibération, conditions sous lesquelles il y a nécessité.

Il y a deux nécessités, la métaphysique qui implique l'impossibilité d'agir, la morale qui implique inconvénient à agir plûtôt ainsi qu'autrement. Dieu n'a pû se tromper dans le choix. Sa liberté n'en est que plus parfaite. Il y avoit tant d'ordres possibles de choses, différens de celui qu'il a choisi. Louons sa sagesse & sa bonté, & n'en concluons rien contre sa liberté.

Ceux-là se trompent qui prétendent qu'il n'y a de possible que ce qui est.

La volonté est antécédente ou conséquente. Par l'antécédente, Dieu veut que tout soit bien, & qu'il n'y ait point de mal ; par la conséquente, qu'il y ait le bien qui est, & le mal qui est, parce que le tout ne pourroit être autrement.

La volonté antécédente n'a pas son plein effet ; la conséquente l'a.

La volonté de Dieu se divise encore en productive & en permissive. Il produit ses actes, il permet les nôtres.

Le bien & le mal peuvent être considérés sous trois points de vûe, le métaphysique, le physique & le moral. Le métaphysique est relatif à la perfection & à l'imperfection des choses non intelligentes ; le physique, aux commodités & aux incommodités des choses intelligentes ; le moral, à leurs actions vertueuses ou vicieuses.

Dans aucun de ces cas, le mal réel n'est l'objet de la volonté productive de Dieu ; dans le dernier, il l'est de sa volonté permissive. Le bien naît toujours, même quand il permet le mal.

La providence de Dieu se montre dans tous les effets de cet univers. Il n'a proprement prononcé qu'un decret, c'est que tout fût comme il est.

Le decret de Dieu est irrévocable, parce qu'il a tout vû avant que de le porter. Nos prieres & nos travaux sont entrés dans son plan, & son plan a été le meilleur possible.

Soûmettons-nous donc aux événemens ; & quelque fâcheux qu'ils soient, n'accusons point son ouvrage ; servons-le, obéissons-lui, aimons-le, & mettons toute notre confiance dans sa bonté.

Son intelligence, jointe à sa bonté, constitue sa justice. Il y a des biens & des maux dans ce monde, & il y en aura dans l'autre ; mais quelque petit que soit le nombre des élus, la peine des malheureux ne sera point à comparer avec la récompense des bienheureux.

Il n'y a point d'objections prises du bien & du mal moral que les principes précédens ne résolvent.

Je ne pense pas qu'on puisse se dispenser de croire que les ames préexistentes ayent été infectées dans notre premier pere.

La contagion que nous avons contractée, nous a cependant laissé comme les restes de notre origine céleste, la raison & la liberté ; la raison, que nous pouvons perfectionner ; la liberté, qui est exempte de nécessité & de coaction.

La futurition des choses, la préordination des événemens, la préscience de Dieu, ne touchent point à notre liberté.

IV. *Exposition des principes que Leibnitz opposa à Clarke dans leur dispute.* Dans les ouvrages de Dieu, la force se conserve toujours la même. Elle passe de la matiere à la matiere, selon les lois de la nature & l'ordre le meilleur préétabli.

Si Dieu produit un miracle, c'est une grace & non un effet de nature ; ce n'est point aux mathématiques, mais à la métaphysique qu'il faut recourir contre l'impiété.

Le principe de contradiction est le fondement de toute vérité mathématique ; c'est par celui de la raison suffisante, qu'on passe des mathématiques à la physique. Plus il y a de matiere dans l'univers, plus Dieu a pu exercer sa sagesse & sa puissance. Le vuide n'a aucune raison suffisante.

Si Dieu fait tout, ce n'est pas seulement par sa présence à tout, mais encore par son opération ; il conserve par la même action qu'il a produite, & les êtres, & tout ce qu'il y a en eux de perfection.

Dieu a tout prévû, & si les créatures ont un besoin continuel de son secours, ce n'est ni pour corriger, ni pour améliorer l'univers.

Ceux qui prennent l'espace pour un être absolu, s'embarrassent dans de grandes difficultés ; ils admettent un être éternel, infini, qui n'est pas Dieu, car l'espace a des parties, & Dieu n'en a pas.

L'espace & le tems ne sont que des relations. L'espace est l'ordre des co-existences ; le tems, l'ordre des successions.

Ce qui est surnaturel surpasse les forces de toute créature ; c'est un miracle ; une volonté sans motif est une chimere, contraire à la nature de la volonté, & à la sagesse de Dieu.

L'ame n'a point d'action sur le corps ; ce sont deux êtres qui conspirent en conséquence des lois de l'harmonie préétablie.

Il n'y a que Dieu qui puisse ajoûter des forces à la nature, & c'est une action miraculeuse & surnaturelle.

Les images dont l'ame est affectée immédiatement, sont en elle ; mais elles sont coordonnées avec les actions du corps.

La présence de l'ame au corps n'est qu'imparfaite.

Celui qui croit que les forces actives & vives souffrent de la diminution dans l'univers, n'entend ni les loix primitives de la nature, ni la beauté de l'œuvre divine.

Il y a des miracles, les uns que les anges peuvent opérer, d'autres qui sont dans la puissance de Dieu seul, comme anéantir ou créer.

Ce qui est nécessaire, l'est essentiellement, & ce qui est contingent doit son existence à un être meilleur, qui est la raison suffisante des choses.

Les motifs inclinent, mais ne forcent point. La conduite des contingens est infaillible, mais n'est pas nécessaire.

La volonté ne suit pas toûjours la décision de l'entendement ; on prend du tems pour un examen plus mûr.

La quantité n'est pas moins des choses relatives, que des choses absolues ; ainsi quoique le tems & l'espace soient des rapports, ils ne sont pas moins appréciables.

Il n'y a point de substance créée, absolument sans matiere. Les anges même y sont attachés.

L'espace & la matiere ne sont qu'un. Point d'espace où il n'y a point de matiere.

L'espace & la matiere ont entr'eux la même différence que le tems & le mouvement : quoique différens, ils ne sont jamais séparés.

La matiere n'est éternelle & nécessaire que dans la fausse supposition de la nécessité & de l'éternité de l'espace.

Le principe des indiscernables renverse l'hypothèse des atomes & des corps similaires.

On ne peut conclure de l'étendue à la durée.

Si l'univers se perfectionne ou se détériore, il a commencé.

L'univers peut avoir eu un commencement, & ne point avoir de fin. Quoi qu'il en soit, il y a des limites.

Le monde ne seroit pas soustrait à la toute-puissance de Dieu par son éternité. Il faut remonter à la monade, pour y trouver la cause de l'harmonie universelle. C'est par elle qu'on lie un état conséquent à un autre antécédent. Tout être qui suit des causes finales, est libre, quoiqu'il agisse de concert avec un être assujetti, sans connoissance, à des causes efficientes.

Si l'universalité des corps s'accroît d'une force nouvelle, c'est par miracle, car cet accroissement se fait dans un lieu, sans qu'il y ait diminution dans un autre. S'il n'y avoit point de créatures, il n'y auroit ni tems ni espace, & l'éternité & l'immensité de Dieu cesseroit.

Celui qui niera le principe de la raison suffisante, sera réduit à l'absurde.

V. *Principes du droit naturel, selon* Leibnitz. Le droit est une sorte de puissance morale ; & l'obligation, une nécessité du même genre. On entend par moral ce qui convient à un homme de bien pris vûe au naturel. L'homme de bien est celui qui aime tous ses semblables, autant que la raison le permet. La justice, ou cette vertu qui regle le sentiment, que les Grecs ont désignée sous le nom de *philantropie*, est la charité du sage. La charité est une bienveillance universelle, & la bienveillance, une habitude d'aimer. Aimer, c'est se réjouir du bonheur d'un autre, ou faire de sa félicité une partie de la sienne. Si un objet est beau & sensible en même tems, on l'aime d'amour. Or comme il n'y a rien de si parfait que Dieu, rien de plus heureux, rien de plus puissant, rien d'aussi sage ; il n'y a pas d'amour supérieur à l'amour divin. Si nous sommes sages, c'est-à-dire, si nous aimons Dieu, nous participerons à son bonheur, & il sera le nôtre.

La sagesse n'est autre chose que la science du bonheur ; voilà la source du droit naturel, dont il y a trois dégrés : droit strict dans la justice commutative ; équité, ou plus rigoureusement, charité dans la justice distributive, & piété ou probité dans la justice universelle. De-là naissent les préceptes de n'offenser personne, de rendre à chacun ce qui lui appartient, de bien vivre.

C'est un principe de droit strict, qu'il ne seut offenser personne, afin qu'on n'ait point d'action contre nous dans la cité ; point de ressentiment hors de la cité : de-là naît la justice commutative.

Le degré supérieur du droit strict peut s'appeller *équité*, ou si l'on aime mieux, *charité*, vertu qui ne s'en tient pas à la rigueur du droit strict, mais en conséquence de laquelle on contracte des obligations qui empêchent ceux qui pourroient y être intéressés à exercer contre nous une action contre laquelle nous serions sans aucune ressource ; il ne nous est pas permis de favoriser tous ses semblables, ni tous également.

C'est-là ce qui constitue la justice distributive, & fonde le principe de droit qui ordonne de rendre à chacun ce qui lui est dû.

C'est ici qu'il faut rappeller les lois politiques : ces lois sont instituées dans la république pour le bonheur des sujets ; elles appuient ceux qui n'avoient que le droit, lorsqu'ils exigent des autres ce qu'il étoit juste qu'ils rendissent; c'est à elles à peser le mérite: de-là naissent les privileges, les châtimens & les récompenses. Il s'ensuit que l'équité s'en tient dans les affaires au droit strict, & qu'elle ne perd de vûe l'égalité naturelle, que dans les cas où elle y est contrainte par la raison d'un plus grand bien; ce qu'on appelle l'acception des personnes, peut avoir lieu dans la distribution des biens publics ou des nôtres, mais non dans l'échange des biens d'autrui.

Le premier dégré de droit ou de justice, c'est la probité ou la piété. Le droit strict garantit de la misere & du mal. Le degré supérieur au droit strict tend au bonheur, mais à ce bonheur qu'il nous est permis d'obtenir dans ce monde, sans porter nos regards au-delà; mais si l'on se propose la démonstration universelle, que tout ce qui est honnête est utile, & que tout ce qui est deshonnête est nuisible, il faut monter à un principe plus élevé, l'immortalité de l'ame, & l'existence d'un Dieu créateur du monde, de maniere que nous soyons tous considérés comme vivans dans une cité très-parfaite, & sous un souverain si sage qu'il ne peut se tromper, si puissant que nous ne pouvons par quelque voie que ce soit, échapper à son autorité, si bon que le bonheur soit de lui obéir.

C'est par sa puissance & sa providence admise par les hommes, que ce qui n'est que droit devient fait, que personne n'est offensé ou blessé que par lui-même, qu'aucune bonne action n'existe sans récompense assurée, aucune mauvaise, sans un châtiment certain; car rien n'est négligé dans cette république du monde, par le souverain universel.

Il y a sous ce point de vûe une justice universelle qui proscrit l'abus des choses qui nous appartient de droit naturel, qui nous retient la main dans le malheur, qui empêche un grand nombre d'actions mauvaises, & qui n'en commande pas un moindre nombre de bonnes; c'est la soumission au grand monarque, à celui qui nous a fait, & à qui nous nous devons nous & le nôtre; c'est la crainte de nuire à l'harmonie universelle.

C'est la même considération ou croyance qui fait la force du principe de droit, qu'il faut bien vivre, c'est-à-dire, honnêtement & pieusement.

Outre les lois éternelles du droit, de la raison, & de la nature, dont l'origine est divine, il en est de volontaires qui appartiennent aux mœurs, & qui ne sont que par l'autorité d'un supérieur.

Voilà l'origine du droit civil; cette force tient sa force de celui qui a le pouvoir en main dans la république, hors de la république de ceux qui ont le même pouvoir que lui; c'est le consentement volontaire & tacite des peuples, qui fonde le droit des gens.

Ce droit n'est pas le même pour tous les peuples & pour tous les tems, du-moins cela n'est pas nécessaire.

La base du droit social est dans l'enceinte du droit de la nature.

Le droit des gens protege celui qui doit veiller à la liberté publique, qui n'est point soumis à la puissance d'un autre, qui peut lever des troupes, avoir des hommes en armes, & faire des traités, quoiqu'il soit lié à un supérieur par des obligations, qu'il doive foi & hommage, & qu'il ait voué l'obéissance: de-là les notions de potentat & de souverain.

La souveraineté n'exclut point une autorité supérieure à elle dans la république. Celui-là est souverain, qui jouit d'une puissance & d'une liberté telle qu'il en est autorisé à intervenir aux affaires des nations par ses armes, & à assister dans leurs traités.

Il en est de la puissance civile dans les républiques libres, comme dans la nature; c'est ce qui a volonté.

Si les lois fondamentales n'ont pas pourvû dans la république à ce que, ce qui a volonté, jouisse de son droit, il y a vice.

Les actes sont des dispositions qui tiennent leur efficacité du droit, ou il faut les regarder comme des voies de fait.

Les actes qui tiennent leur efficacité du droit, sont ou judiciaires ou intrajudiciaires; ou un seul y intervient, ou plusieurs; un seul, comme dans les testamens; plusieurs, comme dans les conventions.

Voilà l'analyse succinte de la philosophie de Leibnitz: nous traiterons plus au long quelques-uns de ses points principaux, aux différens articles de ce Dictionnaire. *Voyez* OPTIMISME, RAISON SUFFISANTE, MONADES, INDISCERNABLE, HARMONIE PRÉÉTABLIE, &c.

Jamais homme peut-être n'a autant lû, autant étudié, plus médité, plus écrit que Leibnitz; cependant il n'existe de lui aucun corps d'ouvrages; il est surprenant que l'Allemagne à qui cet homme fait lui seul autant d'honneur que Platon, Aristote & Archimede ensemble en font à la Grece, n'ait pas encore recueilli ce qui est sorti de sa plume. Ce qu'il a composé sur le monde, sur Dieu, sur la nature, sur l'ame, comportoit l'éloquence la plus sublime. Si ces idées avoient été exposées avec le coloris de Platon, le philosophe de Leipsic ne le céderoit en rien au philosophe d'Athenes.

On s'est plaint, & avec quelque raison peut-être, que nous n'avions pas rendu à ce philosophe toute la justice qu'il méritoit. C'étoit ici le lieu de réparer cette faute si nous l'avons commise; & nous le faisons avec joie. Nous n'avons jamais pensé à déprimer les grands hommes: nous sommes trop jaloux de l'honneur de l'espece humaine; & puis nous aurions beau dire, leurs ouvrages transmis à la postérité déposeroient en leur faveur & contre nous; on ne les verroit pas moins grands, & on nous trouveroit bien petits.

LEICESTER, *Licestria*, (*Géog.*) ville à marché d'Angleterre, capitale du Leicestershire. La qualité de comte de *Leicester* est plus ancienne que la conquête d'Angleterre par les Normands; car il y a eu trois comtes de *Leicester*, savoir, Leofrike, Algar, & Edwin, du tems que les Saxons regnoient. La ville est riche, commerçante, bien peuplée, & dans une agréable situation, à 80 milles nord-ouest de Londres. *Long. 16. 25. lat. 52. 35.* (*D. J.*)

LEICESTERSHIRE, (*Géog.*) province d'Angleterre dans l'intérieur du pays, au diocese de Lincoln. Elle a 96 milles de tour, contient environ 560 mille arpens, & 98 mille 700 maisons. C'est un pays de bon air, d'un terroir fertile en blé, en paturages, & abondant en charbon de terre; la laine est la plus grande du royaume. Ses principales rivieres sont la Stoure, le Reck & le Swift: *Leicester* en est la capitale.

Joseph Hall, Sir *Edouard* Leigh, & *Thomas* Marschall, tous trois connus par leurs travaux, étoient du comté de Leicester.

Le premier florissoit sur la fin du xvj. siecle, & devint sur son mérite évêque de Norwich. C'étoit un homme sage, plein d'esprit & de lumieres. Il prétendoit que le livre le plus utile, seroit, *de paucis credendis ad salutem*. Il dit dans un sermon qu'il prononça devant le synode de Dordrecht, qu'il y avoit deux sortes de Théologie; l'une bonne & simple, qui faisoit le chrétien; l'autre mauvaise, scholastique & subtile, qui faisoit le disputeur; & qu'il comparoit cette derniere théologie à la *quantité* des Géometres, laquelle est divisible à l'infini. Plusieurs de ses écrits ont paru dans notre langue. Son traité contre les voyages, intitulé *mundus alter & idem*, est une pein-

IV. *Exposition des principes que Leibnitz opposa à Clarke dans leur dispute.* Dans les ouvrages de Dieu, la force se conserve toujours la même. Elle passe de la matiere à la matiere, selon les lois de la nature & l'ordre le meilleur préétabli.

Si Dieu produit un miracle, c'est une grace & non un effet de nature; ce n'est point aux mathématiques, mais à la métaphysique qu'il faut recourir contre l'impiété.

Le principe de contradiction est le fondement de toute vérité mathématique; c'est par celui de la raison suffisante, qu'on passe des mathématiques à la physique. Plus il y a de matiere dans l'univers, plus Dieu a pu exercer sa sagesse & sa puissance. Le vuide n'a aucune raison suffisante.

Si Dieu fait tout, ce n'est pas seulement par sa présence à tout, mais encore par son opération; il conserve par la même action qu'il a produite, & les êtres, & tout ce qu'il y a en eux de perfection.

Dieu a tout prévû, & si les créatures ont un besoin continuel de son secours, ce n'est ni pour corriger, ni pour améliorer l'univers.

Ceux qui prennent l'espace pour un être absolu, s'embarrassent dans de grandes difficultés; ils admettent un être éternel, infini, qui n'est pas Dieu, car l'espace a des parties, & Dieu n'en a pas.

L'espace & le tems ne sont que des relations. L'espace est l'ordre des co-existences; le tems, l'ordre des successions.

Ce qui est surnaturel surpasse les forces de toute créature; c'est un miracle; une volonté sans motif est une chimere, contraire à la nature de la volonté, & à la sagesse de Dieu.

L'ame n'a point d'action sur le corps; ce sont deux êtres qui conspirent en conséquence des lois de l'harmonie préétablie.

Il n'y a que Dieu qui puisse ajoûter des forces à la nature, & c'est une action miraculeuse & surnaturelle.

Les images dont l'ame est affectée immédiatement, sont en elle; mais elle sont coordonnées avec les actions du corps.

La présence de l'ame au corps n'est qu'imparfaite.

Celui qui croit que les forces actives & vives souffrent de la diminution dans l'univers, n'entend ni les loix primitives de la nature, ni la beauté de l'œuvre divine.

Il y a des miracles, les uns que les anges peuvent opérer, d'autres qui sont dans la puissance de Dieu seul, comme anéantir ou créer.

Ce qui est nécessaire, l'est essentiellement, & ce qui est contingent doit son existence à un être meilleur, qui est la raison suffisante des choses.

Les motifs inclinent, mais ne forcent point. La conduite des contingens est infaillible, mais n'est pas nécessaire.

La volonté ne suit pas toûjours la décision de l'entendement; on prend du tems pour un examen plus mûr.

La quantité n'est pas moins des choses relatives, que des choses absolues; ainsi quoique le tems & l'espace soient des rapports, ils ne sont pas moins appréciables.

Il n'y a point de substance créée, absolument sans matiere. Les anges même y sont attachés.

L'espace & la matiere ne sont qu'un. Point d'espace où il n'y a point de matiere.

L'espace & la matiere ont entr'eux la même différence que le tems & le mouvement: quoique différens, ils ne sont jamais séparés.

La matiere n'est éternelle & nécessaire que dans la fausse supposition de la nécessité & de l'éternité de l'espace.

Le principe des indiscernables renverse l'hypothèse des atômes & des corps similaires.

On ne peut conclure de l'étendue à la durée.

Si l'univers se perfectionne ou se détériore, il a commencé.

L'univers peut avoir eu un commencement, & ne point avoir de fin. Quoi qu'il en soit, il y a des limites.

Le monde ne seroit pas soustrait à la toute-puissance de Dieu par son éternité. Il faut remonter à la monade, pour y trouver la cause de l'harmonie universelle. Ce est par elle qu'on lie un état conséquent à un autre antécédent. Tout être qui suit des causes finales est libre, quoiqu'il agisse de concert avec un être sujetti, sans connoissance, à des causes efficientes.

Si l'universalité des corps s'accroît d'une force nouvelle, c'est par miracle, car cet accroissement se fait dans un lieu, sans qu'il y ait diminution dans un autre. S'il y avoit point de créatures, il n'y auroit ni tems ni espace, & l'éternité & l'immensité de Dieu seroit.

Celui qui nira le principe de la raison suffisante, sera réduit à absurde.

V. *Principe du droit naturel, selon* Leibnitz. Le droit est une sorte de puissance morale; & l'obligation, une nécessité du même genre. On entre par moral ou auprès d'un homme de bien vaut au naturel. L'homme de bien est aime tous ses semblables, autant que la permet. La justice, ou cette vertu qui règle timent, que les Grecs ont désignée sous *philantropie*, est la charité du sage. La une bienveillance universelle; & la bien bonheur d'un autre, ou faire de sa félicitie de la fleur. Si un objet est beau & même tems, on l'aime d'amour. Or connoître de si pauvait que Dieu, rien de plus rien de plus puissant, rien d'aussi sage d'amour supérieur à l'amour divin. Si sages, c'est-à-dire, si nous aimons Dieu ticiperons à son bonheur, & il sera la

La sagesse est autre chose que bonheur; voici la source du droit naturel y a trois degrés: droit strict dans la tative; équité ou plus rigoureusement la justice distributive, & piété ou justice universelle. De-là naissent les n'offenser personne, de rendre à chacun ce qui lui appartient, de bien vivre.

C'est un principe de droit strict fenser personne, afin qu'on n'ait tre nous dans la cité, point de la cité: de-là ait la justice

Le degré supérieur au d équité, ou si l'on aime m s'en tient pas la rigueur conséquence de laquelle tions qui empêchent téressés à exercer contraint.

Si le dernier intermédiaire convient à n'est pas po ni tous é

C'est fonde chac

qu'il étoit juste qu'ils rendissent ; c'est à-lles à peser le mérite : de-là naissent les privilèges, les châtimens & les récompenses. Il s'ensuit qu'équité s'en tient dans les affaires au droit strict, & qu'elle ne perd de vûe l'égalité naturelle, que das les cas où elle y est contrainte par la raison d'ur plus grand bien ; ce qu'on appelle l'acception de personnes, peut avoir lieu dans la distribution des biens publics ou des nôtres, mais non dans l'échange des biens d'autrui.

Le premier dégré de droit ou de justee, c'est la probité ou la piété. Le droit strict garantit de la misere & du mal. Le degré supérieur au droit strict tend au bonheur, mais à ce bonheur q'il nous est permis d'obtenir dans ce monde, san porter nos regards au-delà ; mais si l'on se proposa la démonstration universelle, que tout ce qui est ionnête est utile, & que tout ce qui est deshonnête

il faut monter à un principe plus élev, l'immortalité de l'ame, & l'existence d'un Dieu créateur du monde, de maniere que nous soyons t.s considérés comme vivans dans une cité très-arfaite, & sous un souverain si sage qu'il ne peut e tromper si puissant que nous ne pouvons par elque que ce soit, échapper à son autorité, bon bonheur soit de lui obéir.

C'est par sa puissance & sa pro par les hommes, que ce qui n'est fait, que personne n'est offensé lui-même, qu'aucune bonne récompense assurée, aucune mau timent certain ; car rien n'est république du monde, par le soi

Il y a sous ce point de vûe selle qui proscrit l'abus des cho tient de droit naturel, qui nous le malheur, qui empêche un gra mauvaises, & qui n'en command nombre de bonnes; c'est la sou narque, à celui qui nous a fait devons nous & le nôtre ; c'est l l'harmonie universelle.

C'est la même considération ou la force du principe de droit, c'est-à-dire, honnêtement & pieusem

Outre les lois éternelles du droit, & de la nature, dont l'origine et di de volontaires qui appartiennent ne sont que par l'autorité du droit

Voilà l'origine du droit civil c force de celui qui a le pouvoir publique, hors de la républiq même pouvoir que lui ; c'est l lontaire & tacite des peuples, gens.

Ce droit n'est pas le mêm & pour tous les tems, du cessaire.

La base du droit social de la nature.

Le droit des gens la liberté publiqu sance d'un autre des hommes qu'il soit lié à un foi & hom là les républ

La orité supé est souve iberte telle affaires des na s fers traités d ns es républi r , c'est ce qui a

Si les lois fondamentales n'ont p la république à ce que , ce qui a de son droit, il y a vice.

Les actes sont des dispositions qu efficacité du droit, ou il faut les reg des voies de fait.

Les actes qui tiennent leur effica sont ou judiciaires ou intra judiciaires y interviennt, ou plusieurs ; un seul, les testamens ; plusieurs, comme dans tions.

Voilà l'analyse succincte de la philo nitz : nous traiterons plus au long que ses points principaux, aux différens art Dictionnaire. *Voyez* OPTIMISME, RAISO SANTE, MONADES, INDISCERNABLE NIE PRÉÉTABLIE, &c.

Jam étudi d f

nile ; ce nous l mais pour à de sommes trop ja naine ; & puis ges transmis à la po veur & contre nous ands, & on nous trou

(*Géog.*) ville à marché Leicestershire. La quali plus ancienne que la con les Normands ; car il y a eu *ster*, savoir, Leofrike, Algar s que les Saxons regnoient. La mmerçante, bien peuplée, & dans uation, à 80 milles nord-ouest de 16. 25. lat. 52. 35. (*D. J.*)

ERSHIRE, (*Géog.*) province d'An ns l'intérieur du pays, au diocèse de Elle a 96 milles de tour, contient environ e arpens, & 98 mille 700 maisons. C'est un s de bon air, d'un terroir fertile en blé, en ages, & abondant en charbon de terre ; la laine la plus grande du royaume. Ses principales ri .eres sont le Stoure, le Reck & le Swift : *Leicester* en est la capitale.

Joseph Hall, Sir *Edouard* Leigh, & *Thomas* Marschall, tous trois connus par leurs travaux, étoient du comté de Leicester.

Le premier florissoit sur la fin du xvj. siècle, & devint par son mérite évêque de Norwich. C'étoit un homme sage, plein d'esprit & de lumieres. Il prétendoit que le livre le plus utile, seroit, *de paucis credendis ad salutem*. Il dit dans un sermon qu'il prononça devant le synode de Dordrecht, qu'il y avoit deux sortes de Théologie ; l'une bonne & simple, qui faisoit le chrétien ; l'autre mauvaise, scholastique & subtile, qui faisoit le disputeur ; & qu'il comparoit cette derniere théologie à la *quantité* des Géometres, laquelle est divisible à l'infini. Plusieurs de ses écrits ont paru dans notre langue. Son traité contre les voyages, intitulé *mundus alter & idem*, est une peinture très-ingénieuse des mœurs de différentes nations.

On doit au chevalier Leigh une critique sacrée, hébraïque & greque, qu'on estime encore.

Marschall justifia son érudition dans les langues septentrionales, par un grand ouvrage intitulé, *Observations in Evangelium gothicum*, & *anglo-saxonicum*; & comme citoyen, il légua tous ses livres & ses manuscrits à l'université d'Oxford.

LEINE, ou LA LEYNE, (*Géog.*) riviere d'Allemagne. Elle a sa source à Heyligenstadt, passe à Gottingen, à Hannover, à Neustadt, & va se perdre dans l'Aller entre Zell & Ferden.

LEINSTER, *Lagenia*, (*Géog.*) province maritime, & la plus considérable de l'Irlande : on la nommoit anciennement *Lagen*; les naturels du pays l'appellent *Leighnigh*, & les Gallois *Lein*. Sa longueur est d'environ 112 milles, & sa largeur de 70 milles ; elle peut avoir 360 milles de circuit, à compter ses tours & ses retours.

Ses principales rivieres sont le Barrow, le shannon, la Boyne, le Leffy, la Nuer, la Slane & l'Inni.

Elle abonde en grains, en paturages, en bétail, en poissons & en oiseaux aquatiques ; elle nourrit aussi de très-bons chevaux.

Il y a dans cette province un archevêché, qui est celui de Dublin, & trois évêchés. Elle a seize villes qui ont des marchés publics, 47 villes de commerce, à peu-près autant de villes ou bourgs qui ont droit d'envoyer leurs députés au parlement d'Irlande, une cinquantaine de châteaux fortifiés, & 926 paroisses. Dublin, capitale de l'Irlande, est la premiere de toutes les villes de *Leinster*.

Anciennement ce pays étoit partagé entre divers peuples ; savoir les Brigantes, qui occupoient Kilkenni, Catherlagh, Kings-Connty & Queens-Conty ; les Ménapiens, qui tenoient Wexford & les environs ; les Cauci, qui avoient Wicklow & ses dépendances ; les Blanii ou Elbanii, qui possédoient Dublin, Easth Méath & West-Méath.

Ensuite par succession de tems, le pays fut partagé en deux royaumes, celui de Leinster & celui de Méath ; ce qui a duré jusqu'à Henri II. qui en fit la conquête. On le divise présentement en 11 comtés.

LEIPSIC, on écrit aussi LEIPSICK, & LEIPSIG, *Lipsia*, (*Géog.*) riche & célebre ville d'Allemagne dans la Misnie, avec un château appellé *Pleissembourg*, & une fameuse université érigée sous l'électeur Frédéric, en 1409 : plusieurs souverains en ont été les recteurs. Il se fait à *Léipsic* un grand commerce ; elle se gouverne par ses propres lois depuis 1263 ; & dépend de l'électeur de Saxe. Elle est remarquable par ses foires & par les batailles qui s'y donnerent en 1630 & 1642. Elle a souvent servi de théâtre à de grands événemens dans les guerres d'Allemagne. Elle est située dans une plaine & dans un terroir fertile, entre la Saale & la Mulde, au confluent de la Pleysse, de l'Elster & de la Barde à 15 lieues S. O. de Wirtemberg ; 15 N. O. de Dresde ; 26 S. E. de Magdebourg 100 N. O. de Vienne. *Long.* suivant Rivinus, Cassini, Lieutaud & Desplaces, 29^d. 51$'$. 30$''$; *lat.* 31^d. 19$'$. 14$''$.

Il n'est peut être point de villes en Allemagne qui ait donné la naissance à tant de gens de lettres dont j'en trouve même plusieurs de célebres. Tels sont, indépendamment de M. Leibnitz, savant universel ; tels sont, dis-je, les Carpzove, les Etmuller, les Fabricius, les Jungerman, les Mencken, les Thomasius ; car l'abondance m'oblige de m'arrêter à cette liste, sans que mon silence pour d'autres puisse porter atteinte aux éloges qu'ils méritent.

Les Carpzoves, se sont distingués par leurs ouvrages de Théologie, de Littérature ou de Jurisprudence. L'on convient généralement que Benoît Carpzovius mort en 1666, âgé de 72 ans, est le meilleur écrivain sur la pratique, les constitutions, les jugemens, les décisions criminelles & civiles de l'Allemagne.

Les Etmuller pere & fils, ont brillé dans la Médecine. Les ouvrages du pere sont souvent réimprimés, forment sept volumes *in-fol.* de l'édition de Naples de 1728.

Entre les Fabricius, personne ne doute que *Jean* Albert ne soit un des plus laborieux, des plus érudits, & des plus utiles littérateurs du xviij. siecle. Sa bibliotheque greque en 14 vol. *in-4°* ; sa bibliotheque latine en 6 volumes ; ses mémoires d'Hambourg en 8 volumes *in-8°* ; son code apocryphe du vieux & du nouveau Testament en 6 volumes *in-8°*. en font de grandes & de bonnes preuves. Cet homme infatigable est mort en 1736, âgé de 68 ans.

Les Jungerman freres se sont attachés avec honneur, l'un à la Botanique, l'autre à la Littérature. Louis a donné entr'autres ouvrages, l'*Hortus eistetensis*. Le littérateur Godefroy a publié le premier, les commentaires de Jules-César en grec. Cette édition faite à Francfort en 1606 *in-4°*. est extrêmement recherchée des curieux : le même savant a mis au jour une traduction latine des pastorales de Longin, avec des notes.

Nous devons à MM. Mencken pere fils, & petit-fils, le Journal de *Leipsic*, si connu sous le nom d'*acta eruditorum* ; ils n'ont point été discontinués ces actes des savans depuis 1683, & ils forment actuellement près de cent volumes *in-4°*.

Entre les Thomasius, *Christiern* s'est illustré dans la Jurisprudence par son histoire du droit naturel ; par celle des disputes du sacerdoce & de l'empire ; & par d'autres ouvrages écrits en latin ou en allemand.

Enfin Leibnitz seul auroit suffi pour donner du relief à *Leipsic* sa patrie. Ce fameux Leibnitz, dit M. de Voltaire « mourut en sage à Hanovre, le 14 No- » vembre 1716, à l'âge de 70 ans, adorant un dieu » comme Newton, sans consulter les hommes. C'é- » toit peut-être le savant le plus universel de l'Eu- » rope ; historien infatigable dans ses recherches, ju- » risconsulte profond, éclairant l'étude du droit par » la philosophie, toute étrangere qu'elle paroîtra cette » étude; métaphysicien assez délié, pour vouloir ré- » concilier la Théologie avec la Métaphysique ; poète » latin même, & de plus mathématicien assez heureux, » pour disputer au grand Newton l'invention du cal- » cul de l'infini, & pour douter quelque » tems entre Newton & lui ». Voyez aussi sur ce beau génie l'éloge qu'en a fait M. de Fontenelle, *Hist. de l'académie royale des Sciences*, ann. 1716, & l'art. LEIBNITZIANISME. (*D. J.*)

LEIPZIS, s. m. (*Com.*) sorte de serge qui se fabrique à Amiens ; à seize buzots, trente-deux parties, larges entre deux gardes de demi-aune de roi moins $\frac{1}{12}$, & de longueur hors l'estille au métier ; les blanches de 22 aunes & $\frac{1}{2}$; les mêlées de 23 aunes, pour revenir à 20 aunes & $\frac{1}{2}$, ou 20 aunes & $\frac{1}{2}$ de roi, appointées & apprêtées. *Voyez Dictionnaire du Com.*

LEIRAC, (*Géog.*) petite ville de Guyenne en Agénois, proche d'Agen, & aujourd'hui démantelée ; elle étoit la patrie de Mathieu Larroque, un des habiles ministres des Protestans en France dans le dernier siecle. Il est connu par de bons ouvrages théologiques, sur-tout par une histoire de l'Eucharistie, dont on a fait plusieurs éditions. Il mourut à Rouen 1684, âgé de 65 ans, & mérita pendant sa vie l'éloge qu'Eschyle donne à Amphiaraïs ; *non tam sludens famâ esse, quam rè, vir bonus, contra atque nunc*.

LÉIRIA,

LEIRIA, *Leiria*, (*Géog.*) ville de Portugal dans l'Estramadure, avec un château & un évêché suffragant de Lisbonne, érigé en 1544. Elle est à 11 lieues S. de Coimbre, 17 N. E. de Lisbonne, entre les torrens de Lis & de Linarez, à trois lieues de la mer. *Long.* 9. 45. *lat.* 39. 40.

Leiria est la patrie d'un des grands poëtes de Portugal, de Lobo Rodrigues Francefco. Il fleurissoit au commencement du dernier siecle, & se noya dans un esquif en revenant d'une maison de campagne. Sa piece intitulée *Euphrofine*, est la comédie favorite des Portugais. Toutes ses œuvres ont été recueillies & imprimées à Lisbonne en 1721 *in-fol.*

LEISNICK, (*Géog.*) petite ville d'Allemagne, dans l'électorat de Saxe en Misnie, à 4 milles de Meissen, & à 5 de Leipsick sur la Mulde. *Long.* 30. *lat.* 51. 18.

LEITH, ou LYTH, (*Géog.*) *Durolitum* selon quelques auteurs; ville d'Écosse, avec un port dans la province de Lothiane, sur le golfe de Forth près d'Edimbourg, dont elle est comme le port. *Long.* 14. 34. *lat.* 54. 50. (*D. J.*)

LEIFOURE, BEAUME DE, *balfamum lectorense* (*Botan.*) connu aussi à Paris sous le nom de *baume de Condom*, mais plus encore sous celui de *winfger. Voyez* WINSGER.

LEITURGE, λειτουργος, (*Antiquit. greq.*) les *leiturges* chez les Athéniens, dit le savant Potter, étoient des personnes d'un rang & d'une fortune considérables, qui se trouvoient en conséquence obligés par leur tribu ou par toutes les tribus, de s'acquitter de quelque devoir important au bien de l'état, & même dans les occasions pressantes, de fournir à leurs propres frais certaines choses à la république. *Voyez* Potter, *Archæol. grec. l. I. c.* 15.

LELA, en langue turque signifie *dame*, (*Herb. & Hift. mod.*) ce nom se donne aux grandes dames dans l'Afrique; & c'est assez le titre d'honneur qu'on y donne à la bienheureuse Vierge mere de Jesus-Christ, pour laquelle les Mahométans ont beaucoup de vénération, aussi-bien que pour son fils: c'est la remarque de Diégo de Torrez. Ils appellent, dit-il, parlant des Maures, Notre Seigneur Jesus-Christ, *cidena Ira*, ou *fidna Ica*, c'est-à-dire *Notre Seigneur Jefus*: & la Sainte Vierge, *lela Mariam*, c'est-à-dire *la dame Marie*, Ricaud, *de l'empire ottoman*.

LÉLEGES, LES, (*Géog. anc.*) ancien peuplé d'Asie: Homere les surnomme *belliqueux*, & Strabon, en parle beaucoup, *l. XIII, p.* 625. On recueille du discours de ce dernier, que les *Léleges* étoient un un peuple vagabond, mêlé ensuite avec les Cariens, les Pisidiens & autres nations, & que la plus grande partie habitoit le long du golfe d'Adramyte, auprès des Ciliciens d'Homere.

Les *Léleges* font encore dans Pausanias un ancien nom des Mégariens & des Lacédémoniens, qui eurent pour surnom le premier roi de la Laconic Lélex; d'où vient que la Laconie en fut appellée *Lélégie*. (*D. J.*)

LÉMAN, LE LAC, (*Géog.*) *Lemanus lacus*, est situé entre la Savoie & le pays de Vaud, dépendant de la république de Berne. On le nomme communément le *lac de Genève*, & nous avons déja dit, je ne sais où, qu'il a porté le nom de lac de *Lauzanne*, *lacus Lauzanius*.

La figure de ce lac approche un peu de celle d'un croissant, dont les deux cornes seroient émouflées, & dont l'une des mêmes cornes auroit une grande échancrure par-dedans. Il est vrai que nous en avons de bonne cartes; mais toutes ne représentent pas sa véritable figure; ce lac s'étend bien plus contre le nord, & moins du côté de l'orient que plusieurs de ces cartes ne le marquent.

Il est situé entre les 24 degré 10', & le 25 de *longitude*, à compter cette longueur depuis l'isle de Fer, & entre le 46 degré 12', & le 46 degré 31' de *latitude*.

La longueur de ce lac depuis Genève jusqu'à Villeneuve, en passant par le pays de Vaud, est de 15 lieues de marine, dont il y en a 20 au degré; & ces 15 lieues font 18 lieues trois quarts communes de France; mais cette distance prise en ligne droite par dessus le Chablais, n'excede pas 12 lieues de marine.

La plus grande largeur de ce lac, à le prendre de Rolle jusqu'au voisinage de Thonon, est de trois à quatre lieues, ou plutôt à cause du biais qu'se trouve entre ces deux endroits; sa plus grande largeur doit être seulement estimée environ sept milles toises de France de six piés de roi chacune, ce qui fait un peu plus de trois lieues communes du même royaume, mais ce lac se rétrécit beaucoup ensuite en venant vers Genève; car depuis Rolle jusqu'à Genève, il n'est guere, que je sache, en aucun endroit plus large d'une lieue marine.

La surface du *lac Léman* est d'environ 26 lieues communes quarrées, dont chacune a 2282 toises & deux cinquiemes de côte.

La profondeur de ce lac est dans quelques endroits très-considérable, particulierement du côté de Savoie; cependant on n'a point fait encore d'expériences suffisantes pour la justifier, & le fait en vaudroit la peine. Je prie les physiciens du pays de constater cette profondeur; car nous ne pouvons faire aucun fonds sur des témoignages de pêcheurs mal-habiles; témoignages d'autant plus suspects que les uns estiment la plus grande profondeur de ce lac; près de *Melleria*, à 200 brasses; tandis que d'autres la font monter au double. D'après leur même rapport, ce qu'ils appellent le *petit lac de Genève*, c'est-à-dire le lac qui s'étend depuis la ville de Nion jusqu'à celle de Genève, n'a nulle part plus de 40 brasses de profondeur; encore un coup leurs assurances demandent une révision.

Il en est presque de même au sujet des trombes qu'on a observés quelquefois sur ce lac; par exemple en 1741 & 1742; les trombes dont nous parlons, sont des especes de vapeurs épaisses qui s'élevent de tems à autre sur le lac *Léman*, occupent en largeur des 15 à 20 toises, à peu près autant en hauteur, & se dissipent ensuite dans un instant, sans qu'on soit encore suffisamment éclairé sur leurs causes.

Un phénomène beaucoup moins rare que nous offre le *lac Léman*, est une espece de flux & reflux qu'on y remarque sous le nom vulgaire & ridicule de *seiches*; cette espece de flux & reflux, qui se trouve d'une part près de l'embouchure du Rhône, ou bien à l'autre extrémité, près de l'embouchure de l'Arve, doit être vraissemblablement produit par la fonte des neiges, conformément au détail exact & savamment raisonné qu'en a fait M. Jallabert dans *l'hift. de l'acad. des Scienc. ann.* 1742.

Le *lac Léman* est en partie formé par le Rhône qui le traverse dans toute sa longueur, en sort à Genève, & y conserve seulement sa couleur jusqu'à une certaine distance: ce lac au contraire de plusieurs autres décroît en hiver, & croit en été quelquefois jusqu'à dix piés & davantage. Les neiges fondues des montagnes dans cette saison, grossissent de leurs eaux; les ruisseaux & rivieres qui entrent dans le lac, & par conséquent le lac lui-même. Il ne se gele presque jamais dans les plus grands froids; parce qu'il abonde en sources vives.

Mais si l'on joint à cet avantage sa belle situation, l'aspect admirable qu'il procure de maisons de plaisance, de villes, de bourgs & de villages, de champs cultivés, de côteaux, de vignobles & de campagnes fertiles, l'excellent poisson de plusieurs sortes qu'il fournit en abondance, sa profondeur, son étendue, la bonté du bassin sur lequel il roule des eaux pures, légères & argentines, on ne pourra s'empêcher de le regarder pour un des plus beaux lacs de l'Europe, & de dire à fa gloire, avec le premier poète de nos jours.

Que le chantre flateur du tytan des Romains,
L'auteur harmonieux des douces Géorgiques,
Ne vante plus ſes lacs & leurs bords magnifiques ;
Ces lacs que la nature a creuſés de ſes mains
Dans les campagnes italiques ;
Le lac Léman eſt le premier. . . . .

. . . . C'eſt ſur ces bords heureux,
Qu'habite des humains la déeſſe éternelle,
L'ame des grands travaux, l'objet des nobles vœux ,
Que tout mortel embraſſe, ou deſire ou rappelle,
Qui vit dans tous les cœurs, & dont le nom ſacré
Dans les cours des tyrans eſt tout bas adoré ,
La liberté ! . . . .

(*D. J.*)

LEMANA ou LEMANUS, (*Géog. anc.*) riviere d'Angleterre ; c'eſt la Lyme, d'où prend ſon nom le port de Lyme, nommé par Antonin *Lemanis portus*, à 16 milles pas romains de *Durovernum*,qui eſt Cantorbery ; c'eſt encore de-là que tire ſon nom *Lymchille*, montagne voiſine.

LEMANNONIUS SINUS, (*Géog. anc.*) dans Ptolomée, *liv. II. ch. iij*, golfe de l'iſle d'Albion, ou ce qui eſt la même choſe de la grande Bretagne. C'eſt vraiſſemblablement la Logh-Tyn, partie du golfe de la Clyd en Ecoſſe.

LEMBAIRE, ſ. m. (*Art. milit. antiq.*) *lembarius* dans Vopiſcus; cet auteur donne le nom de *lembaires* aux ſoldats qui ſous le regne d'Aurélien combattoient dans des bateaux qu'on armoit ſur les rivieres. *Voyez* à ce ſujet *les notes* de Saumaiſe, *pag. 381. ad hiſt. Auguſt. ſcript.*

LEMBERG, (*Géog.*) ou *Lembourg* par les Allemands, *Luvow* par les Polonois, en latin *Leopolis*, & en françois *Léopol*, eſt une ville de Pologne dans la petite Ruſſie au palatinat de Lemberg, dont elle eſt la capitale. *Voyez* LÉOPOL.

LEMBRO, (*Géog.*) iſle de l'Archipel ſur la côte orientale de la preſqu'iſle de Romanie ; elle eſt d'environ 27 milles de circuit, avec un bourg de même nom, & un port. Elle eſt entre l'iſle de Lamadrachi & celle de Ténédos. *Voyez* la carte de la méditerranée par Berthelot. *Lembro* eſt nommée par les anciens *Imbros*. *Long.* 43. 35. *lat.* 40. 25.

LEMGOW, (*Géog.*) *Lemgovia*, petite ville d'Allemagne en Weſtphalie ſur la riviere de Bège, au comté de la Lippe. Elle étoit autrefois impériale, mais préſentement elle appartient au comté de la Lippe. Elle eſt à 4 milles S. O. de Minden. *Longit.* 26. 30. *lat.* 52. 8.

Kœmpfer (*Engelbert*), docteur en Médecine, naquit à *Lemgow* en 1651, & mourut en 1716. Il voyagea pendant dix ans dans les Indes orientales, à Siam & au Japon, & nous a donné l'hiſtoire naturelle & civile, la plus vraie & la plus intéreſſante que nous ayons de ce dernier pays ; il l'avoit écrite en allemand, mais elle parut en françois en 1729 en 2 vol. *in-folio*, d'après la verſion angloiſe de Scheuchzer ; ſes *aménités* exotiques, écrites en latin, ſont pleines de choſes curieuſes, & mériteroient d'être traduites dans notre langue. (*D. J.*)

LEMMA, ſ. f. (*Botan.*) plante aquatique traçante, qui ne vient que dans les eaux douces ; mais avec le même ſuccès ſous toutes ſortes de climats différens, chauds, froids, ou tempérés. La plûpart des Botaniſtes la nomment *lemma* ou *lens lenticularis*, *quadrifolia*, parce que ſes feuilles ſont au nombre de quatre, ſoutenues ſur une même queue, ſes racines ne ſont que de petits filets garnis de fibrilles.

Cette plante porte des coques ovoïdes,qui ſe ſont pas ſimplement ſes fruits, mais qui renferment auſſi les fleurs. Chaque loge de la coque contient une fleur hermaphrodite, compoſée de quantité de petites étamines, qui répandent des grains ſphériques de pouſſiere jaune, & de piſtils ovoïdes poſés de ſuite ſur le même placenta.

On ne connnoît qu'une eſpece de *lemma* ; repréſentée & décrite plus ſcrupuleuſement par M. deJuſſieu, dans *les Mém. de l'acad. des Scienc. ann. 1740.* Cependant elle eſt d'aſſez peu d'importance, car elle n'a ni qualités, ni vertus enMedecine, ni d'uſages à aucun égard. (*D. J.*)

LEMME, ſ. m. *en Mathématique*, eſt une propoſition préliminaire qu'on démontre pour préparer à une démonſtration ſuivante, & qu'on place avant les théorèmes pour rendre la démonſtration moins embarraſſée, ou avant les problèmes, afin que la ſolution en devienne plus courte & plus aiſée. Ainſi, lorſqu'il s'agit de prouver qu'une pyramide eſt le tiers d'un priſme ou d'un parallélépipede de même baſe & de même hauteur; comme la démonſtration ordinaire en eſt difficile, on peut commencer par ce *lemme* qui ſe prouve par la théorie des progreſſions; ſavoir, que la ſomme de la ſuite des quarrés naturels o, 1, 4, 9, 16, 25, 36, &c. eſt toujours le tiers du produit du dernier terme par le nombre des termes.

Ainſi un *lemme* eſt une propoſition préparatoire ; pour en prouver une autre qui appartient directement à la matiere qu'on traite ; car ce qui caractériſe le *lemme*, c'eſt que la propoſition qu'on y démontre n'a pas un rapport immédiat & direct au ſujet qu'on traite actuellement; par exemple, ſi pour démontrer une propoſition de Méchanique, on a beſoin d'une propoſition de Géométrie qui ne ſoit pas aſſez connue pour qu'on la ſuppoſe, alors on met cette propoſition de Géométrie en *lemme*, au-devant du théorème de Méchanique qu'on vouloit prouver. De même, ſi dans un traité de Géométrie on étoit arrivé à la théorie des ſolides, & que pour démontrer quelque propoſition de cette théorie, on eût beſoin d'une propoſition particuliere ſur quelque propriété des lignes ou des ſurfaces qui n'eût pas été démontrée auparavant, on mettroit cette propoſition en *lemme* avant celle qu'on auroit à démontrer. (*O*)

LEMNISCATE, ſ. f. (*Géomét.*) nom que les Géometres ont donné à une courbe qui a la forme d'un 8 de chiffre. *Voyez fig. 41.* de l'analyſe.

Si on nomme AP, x, & $PM=y$, & qu'on prenne une ligne conſtante $BC=a$, la courbe qui aura pour équation $ay=x\sqrt{aa-xx}$, ſera une *lemniſcate*. Cette courbe ſera du quatrieme degré, comme on le voit aiſément en faiſant évanouir le radical. Car on aura $a^2yy=aaxx-xx$; & d'ailleurs il eſt facile de voir que toute *lemniſcate* eſt néceſſairement du quatrieme degré au-moins, puiſqu'une ligne droite qui paſſeroit par le point double A, couperoit cette courbe en quatre points, le point double étant cenſé équivalent à deux points. *Voyez* COURBE ; *voyez* auſſi POINT DOUBLE.

Il eſt facile de voir que la *lemniſcate* eſt quarrable; car l'intégrale eſt $-\frac{(aa-xx)^{\frac{3}{2}}}{3}+\frac{a}{3}$. *Voy.* INTÉGRAL & QUADRATURE. Il peut y avoir pluſieurs autres courbes en 8 de chiffre. *Voyez*, par exemple, ELLIPSE DE M. CASSINI : mais celle dont nous venons de parler eſt la plus ſimple. (*O*)

LEMNISCEROS, ſ. m. (*Géom.*) quelques géometres ont donné ce nom à une courbe ou portion de courbe, dont on voit la figure, *Pl. d'analyſe, fig. 12*, n° 2. d'autres l'ont appellé *nœud* ou *las d'amour*. (*O*)

LÉMNISQUE, ſ. m. (*Littérat.*) en grec λημνίσκος,

en latin *lemniscus*, espece de couronne de fleurs entortillées de rubans de laine, dont les bouts assez longs pendoient & flottoient au gré des vents. Le *lemnisque* étoit une récompense honorable, que le préteur mettoit sur la tête de l'esclave gladiateur plusieurs fois victorieux, pour marque de sa bravoure & de son affranchissement. *Voyez* GLADIATEUR, *tom. VII, pag. 696. (D. J.)*

LEMNOS, (*Géog. anc.*) île de la mer Egée, proche de Thrace, & à huit lieues du mont Athos.

On l'appella *Dipolis*, parce qu'elle n'avoit que deux villes, Myrene & Héphæstia; sa capitale Ηφαιστος, est le nom grec de Vulcain, à qui l'île de *Lemnos* étoit consacrée. Aussi porte-t-elle le surnom de *Vulcania* chez les anciens, *jam summis Vulcania surgit*, Lemnos aquis, dit Valerius Flaccus, *Argonaut. l. II. v. 78*. Homere déclare que ce dieu chérit *Lemnos* par-dessus tous les pays du monde.

Quand Jupiter & Junon le précipiterent du ciel, à cause de sa laideur, il fut accueilli dans cette île, & même nourri par Eurynome, fille de l'Océan & de Thétis. En reconnoissance de ce bienfait, il y fixa son établissement avec ses cyclopes, pour y forger les foudres du maître de l'Olympe & les armes des héros. Cette fiction poétique tire son origine de deux causes; 1°. du mont Moïsycle qui vomit des flammes dans cette île; & 2°. du préjugé reçu, que les Lemnéens étoient un des premiers peuples de la Grece qui s'appliquerent à forger le fer.

Mais quelle n'est point la longue durée des traditions fabuleuses? Belon qui voyageoit dans ce pays-là en 1548, « nous assure qu'il n'y a petit habitant » de l'île de *Lemnos*, qui ne raconte à sa façon toute » l'histoire de Vulcain, comme si elle étoit arrivée » de naguere ».

Philostrate écrivoit jadis que l'endroit où ce dieu tomba du ciel étoit remarquable par une espece de terre qui guérit Philoctete de la cruelle morsure d'un serpent. Les Poëtes ont peint à l'envi les peines que ce héros souffrit dans l'île de *Lemnos*, & Sophocle en a fait le sujet d'une de ses tragédies.

Les vertus de la terre lemnienne n'avoient point encore perdu de leur crédit dans le dernier siecle; c'est la terre sigillée dont les anciens & les modernes ont tant chanté de merveilles. Busbecq en 1686, crut devoir envoyer sur les lieux un savant éclairé, pour savoir à quoi s'en tenir. Galien fit plus autrefois, il y alla lui-même en personne. *Voyez donc* TERRE LEMNIENNE; car du-moins l'historique en est amusant, & s'il est trop long pour un extrait, *voyez* Belon, *observat. liv. I. ch. xxij. xxiij. xxviij. & xxix*. L'île qui la fournit, fit bien parler d'elle à d'autres égards.

Les sauterelles dont cette île étoit souvent ravagée, y donnerent lieu à une loi de police fort singuliere; non-seulement chaque habitant fut taxé à en tuer un certain nombre, mais on y établit un culte en l'honneur de certains oiseaux qui venoient au-devant de ces insectes pour les exterminer. C'est Pline, *liv. XI. cap. xxvij*. qui nous l'apprend: voici son passage qui m'a paru très-curieux. *In Cyrenaicâ regione, lex etiam est, ter anno debellandi eas* (locustas), *primò ova obterendo, deinde fœtum, postremò adultas. Desertoris pœna in eum qui cessaverit: & in Lemno insulâ certa mensura præfinita est, quam singuli enecatarum ad magistratus referant. Graculos quoque ob id colunt, adverso volatu occurrente earum exitio*. Les *gracculi* de Pline sont des especes de corneilles, que nous nommons *choucas rouges*. *Voyez* CHOUCAS ROUGE.

Mais les sauterelles firent bien moins de tort à l'île de *Lemnos*, que les deux massacres qui s'y commirent, si nous en croyons le récit des Poëtes & de quelques écrivains. Dans le premier massacre, fruit

de la jalousie, de l'amour-propre, & de la vengeance, les Lemniennes piquées de l'abandon de leurs maris qui leur préféroient des esclaves qu'ils avoient amenées de Thrace, égorgerent tous les hommes de leurs îles en une seule nuit. La seule Hypsipyle eut la religion de conserver la vie au roi Thoas son pere, qu'elle prit soin de cacher secrettement. Le second massacre fit périr les enfans que les Pélasges retirés à *Lemnos*, avoient eu de leurs concubines athéniennes. De-là vint que toutes les actions atroces furent appellées *des actions lemniennes*, & qu'on entendoit par une *main lemnienne*, une main cruelle & barbare.

Vous trouverez dans Hérodote & dans Cornélius Népos, comment les Athéniens conquirent cette île sur les Pélasges, sous la conduite de Miltiade, & vous accorderez si vous pouvez le récit de ces deux historiens.

Apollodore, Hygin, & le scholiaste d'Apollonius, remarquent que Vénus n'avoit point de culte à *Lemnos*, & que la mauvaise odeur qui rendit les Lemniennes dégoutantes à leurs maris, fut un effet de la colere de cette déesse, irritée de voir que les femmes de cette île ne faisoient point fumer d'encens sur ses autels. Minerve avoit eu la préférence sur la reine de Cythere; car les habitans de *Lemnos* possédoient la Minerve de Phidias, ce chef-d'œuvre de l'art, auquel ce grand sculpteur mit son nom. Diane avoit aussi ses dévots; mais Bacchus étoit particulierement honoré dans l'île de *Lemnos*. Comme elle étoit très fertile en vins, cette seule raison a pu lui faire regarder pour être consacrée au fils de Jupiter & de Sémélé. Quintus Calaber la surnomme ὠμφακόεσσα, *la vineuse*; nos voyageurs assurent qu'elle mérite encore cette épithete.

Son labyrinthe est le troisieme des quatre, dont Pline a fait mention. *Voyez le mot* LABYRINTHE.

Si ce que Strabon avoit écrit de cette île, n'étoit pas perdu, nous aurions vraissemblablement plusieurs faits curieux à ajouter à cet article.

On sait les révolutions de cette île depuis la chûte de l'empire: il fallut la céder à Mahomet II. en 1478. Il est vrai que les Vénitiens s'en rendirent maîtres en 1656; mais les Turcs la reprirent sur eux l'année suivante, & n'en ont point été dépossédés depuis. Ils la nomment *Limnis*: les Grecs & les Chrétiens l'appellent *Stalimene*, nom corrompu de Εἰστὴν Λιμνόν. *Voyez* STALIMENE.

Philostrate littérateur étoit de *Lemnos*; il florissoit au commencement du troisieme siecle sous Caracalla & sous Géta. On a une bonne édition de ses œuvres, *Lipsiæ*, 1709. *in fol. (D. J.)*

LEMNOS TERRE DE, (*Hist. nat. Minér.*) espece de terre bolaire qui se trouve dans l'île de *Lemnos* fort vantée par les anciens. On en compte trois especes; il y en a de blanche, de jaune, & de rouge: cette derniere est la plus usitée; elle est d'un rouge pâle, unie, & douce au toucher; ses parties sont assez liées; elle ne se dissout pas promptement dans la bouche, elle ne colore point les doigts, & ne s'écrase point trop aisément; elle s'attache fortement à la langue; on la lave pour la séparer du sable qui peut y être joint; son goût est styptique & astringent. La *terre de Lemnos* blanche est de la même nature que la rouge, & n'en differe que par la couleur, & parce qu'elle ne fait point d'effervescence avec les acides, au lieu que la rouge y en fait un peu. La *terre de Lemnos* jaune a les mêmes propriétés que les deux précédentes, & n'en differe que par la couleur. Les anciens & plusieurs modernes ont attribué de très-grandes vertus à cette terre; il est assez douteux qu'elles soient fondées. On les trouve dans l'île de *Lemnos*, l'une des îles de l'Archipel, & la terre de la meilleure espece ne se trouve que dans une seule ouverture ou puits, que l'on n'ouvre qu'une feule fois dans l'année avec beaucoup de cérémonies. Les habitans font commerce de ces terres, & on les contrefait affez fouvent. Peut-être il y a lieu de croire que ceux qui en font ufage ne s'en trouvent point plus mal. *Voyez* SIGILLÉES (TERRES.) (—)

LEMOVICES, ou LIMOVICE, (*Géog. anc.*) ancien peuple de la Gaule aquitanique; c'eſt aujourd'hui le Limoufin, ou ce qui revient au même, les dioceſes de Limoges & de Tulles; ce dernier n'étant qu'un démembrement de l'autre. Céſar en parle dans ſes commentaires, *de bello gallico*, *lib. VII. cap. lxxv*. & il ſemble réſulter de ce chapitre, qu'il y avoit deux peuples nommés *Lemovices* ; ſavoir les anciens habitans du Limoſin, & un autre ancien peuple de la Gaule, vers la côte de Bretagne.

LEMOVII, (*Géog. anc.*) ancien peuple de la Germanie, que Tacite, *de morib. Germ. cap. xxviij.* affocie aux Rugiens. L'île de Rugen décide du lieu où étoient les Rugiens, dont elle conſerve le nom; mais il eſt difficile de découvrir les *Lemovii*. Cluvier conjecture que c'eſt le même peuple qui a été enſuite appellé les *Hérules*. (*D. J.*)

LEMPE, ſ. f. (*Commerce.*) forte de perle qui ſe pêche dans quelques îles du Bréſil.

LEMPSTER, ou LIMSTER, (*Géog.*) petite ville à marché d'Angleterre en Herdsfordshire, avec titre de baronie : elle députe au parlement, & ſe diſtingue par ſon froment & par ſes laines. Sa ſituation eſt piés de la riviere de Lug, à 71 milles N. O. de Londres. *Long.* 14. 45. *lat.* 52. 16. (*D. J.*)

LEMURES, ſ. m. (*Hiſt. anc.*) c'étoient dans le ſyſtème des payens des génies malfaiſans, ou les ames des morts inquiets qui revenoient tourmenter les vivans. On inſtitua à Rome les *Lemuries* ou *Lemurales*, pour appaiſer les *Lemures* ou pour les chaſſer. On croyoit que le meilleur moyen de les écarter des maiſons étoit de leur jetter des feves ou d'en brûler, parce que la fumée de ce légume rôti leur étoit inſupportable. Apulée dit que dans l'ancienne langue latine, *lemure* ſignifioit l'ame de l'homme ſéparée du corps après ſa mort; ceux qui étoient bienfaiſans à leur famille, ajoute-t-il, étoient appellés *Lares familiares* ; mais ceux qui pour les crimes qu'ils avoient commis pendant leur vie, étoient condamnés à errer continuellement ſans trouver de repos, à épouvanter les bons & à faire du mal aux méchans, on les appelloit *Larves* ou *Lemures*.

Un commentateur d'Horace prétend que les Romains ont dit *Lemures*, pour *Remures*, & que ce dernier mot eſt formé du nom de *Remus*, qui fut tué par ſon frere Romulus, & dont l'ombre ou le ſpectre revenoit ſur la terre pour tourmenter ce dernier. Mais on a déja vu que ce ſentiment eſt contredit par Apulée, dont l'étymologie du mot *Lemures* eſt plus ſimple & plus vraiſſemblable. *Voyez le Dictionnaire de Trévoux.*

LEMURIES, LEMURALIES, ſ. f. pl. (*Hiſt. anc.*) fête qu'on célébroit autrefois à Rome le 9 de Mai, pour appaiſer les mânes des morts, & en l'honneur des Lémures. *Voyez* LÉMURE.

On attribue l'inſtitution de cette fête à Romulus, qui pour ſe délivrer du fantôme de ſon frere Remus, qu'il avoit fait tuer, lequel ſe préſentoit ſans ceſſe à lui, ordonna une fête, qui du nom de Remus, s'appella *Remuria*, & enſuite *Lémuria*.

Dans les *lémuries* on offroit des ſacrifices pendant trois nuits conſécutives ; durant ce tems tous les temples des dieux étoient fermés, & on ne permettoit point les mariages. Il y avoit dans cette fête quantité de cérémonies, dont l'objet principal étoit d'exorciſer les *lémures*, de prévenir leurs apparitions & les troubles qu'elles auroient pû cauſer aux vivans. Celui qui ſacrifioit étoit nuds piés, & faiſoit un ſigne ayant les doigts de la main joints au pouce, s'imaginant par-là empêcher que les *lémures* n'approchaſſent de lui. Enſuite il ſe lavoit les mains dans de l'eau de fontaine ; & prenant des feves noires, il les mettoit dans ſa bouche, puis les jettoit derriere lui en proférant ces paroles : *Je me délivre par ces feves moi & les miens* ; conjuration qui étoit accompagnée d'un charivari de poeles & de vaiſſeaux d'airain, & de prieres aux lutins de ſe retirer & de laiſſer les vivans en paix.

LÉNA, (*Géog.*) grand fleuve de la Sibérie, qui reçoit un grand nombre de rivieres conſidérables ; & après avoir arroſé une étendue immenſe de pays, va ſe jetter dans la mer glaciale, à environ 120 lieues de la ville de Jakuſk.

LENCICI ou LANZCHITZ, LANDCHUTZ, & par Deliſle, LENCICZA, (*Géog.*) en latin moderne, *Lencicia*, ville de Pologne, capitale du palatinat de même nom, avec une forterefſe ſur un rocher. La nobleſſe de la province y tient ſa diete. Elle eſt dans un marais, au bord de la riviere de Bſura, à 20 lieues S. E. de Gneſne, 32 O. de Warſovie, 55 N. O. de Cracovie. *Long.* 37. *lat.* 52. 12.

LÉNÉEN, *lenæus*, (*Littérat.*) ſurnom ordinaire de Bacchus, du mot grec ληνος, qui ſignifie un *preſſoir*, ou plûtôt la *table d'un preſſoir* : de-là Bacchus a été nommé *lénéen*, c'eſt-à-dire, le dieu qui préſide à la vendange. Mais Horace le déſigne plus noblement, *cingentem viridi tempora pampino*, le dieu couronné de pampre verd. Les bacchantes furent ſemblablement nommées *lenææ*, lénéennes ; les fêtes de Bacchus, *lenæa*, *lénées* ; & le mois dans lequel on les célébroit, *lenæon*. Nous expliquerons tous ces mots.

LÉNÉES ou LÉNÉENNES, ſ. f. pl. (*Littérat.*) en latin *lenæa*, en grec ληναια ; fêtes qu'on célébroit tous les ans dans l'Attique en l'honneur de Bacchus, dans le cours du mois lénéon, en automne. Outre les cérémonies d'uſage aux autres fêtes de ce dieu, celles-ci étoient remarquables, en ce que les poëtes y diſputoient des prix, tant par des pieces compoſées pour faire rire, que par le combat de tétralogie, c'eſt-à-dire de quatre pieces dramatiques : delà vient que dans les *lénées* on lui chantoit : « Bacchus, nous ſolemniſons vos fêtes, en vous préſentant les dons des muſes en nos vers éoliens ; vous en avez la premiere fleur, car nous n'employons point des chanſons uſées, mais des hymnes nouveaux & qui n'ont jamais été entendus ».

LÉNÉON, *lenæon*, (*Littérat.*) en grec ληναιον, mois des anciens Ioniens, dans lequel on célébroit les fêtes des Bacchus en Grece. Quelques ſavans croyent que ce mois répondoit au poſidéon des Athéniens ; d'autres le font répondre à leur mois anthoſterion : aufli, ſelon les uns, ce mois ſe rapporte à notre mois de Septembre, & ſelon d'autres, à notre mois d'Octobre : tout cela me prouve que dans les traductions il faut conſerver les noms grecs ſur des choſes de cette nature, ſauf à faire les explications qu'on aviſera bon être dans des notes particulieres. (*D. J.*)

LENITIF, ÉLECTUAIRE, adj. (*Pharmac. & Mat. medic.*) D'après la pharmacopée de Paris, prenez orge entier, racine de polypode de chêne concaſſée, & raiſins ſecs mondés de leurs pepins, de chacun deux onces ; jujubes, ſebeſtes & prunes de damas noir, de chacun vingt ; tamarins deux onces ; feuilles récentes de ſcolopendre une once & demie, de mercuriale quatre onces, fleurs de violettes récentes cinq onces, ou à leur place ſemence de violettes une once, réglifſe rapée ou concaſſée une once. Faites la décoction de ces drogues dans ſuffiſante quantité d'eau commune, pour qu'il vous reſte cinq livres de liqueur, dans laquelle vous ferez infuser fenné mondé deux onces, femence de fenouil doux deux dragmes.

Prenez trois livres de cette colature; jettez dedans deux livres & demie de sucre, & cuisez à consistance de syrop, dans lequel vous délayerez six onces de pulpe de pruneaux cuits avec une des deux livres restantes de colature, & passez; autant de pulpe de tamarins préparée avec l'autre livre de colarure, & autant de casse; vous mêlerez exactement senné en poudre cinq onces, & semence d'anis en poudre deux dragmes.

Cet électuaire est un purgatif doux, c'est-à-dire agissant sans violence, assez efficace pourtant à la dose d'une once jusqu'à deux.

Toute la vertu de cette composition réside dans le senné, qui en est le seul ingrédient réellement purgatif: toutes les autres drogues ne servent qu'à en masquer le goût & à en corriger l'activité. *Voyez* CORRECTIF. Ce remede est peu en usage. (*b*)

LÉNOX ou LENNOX, (*Géog.*) en latin *Levinia*, province de l'Ecosse méridionale, sur la côte occidentale; elle est entre Mentheith au nord, & la riviere de Clyde au midi; on la nomme aussi *Dumbartonshire*, le comté de Dumbarton, du nom de sa capitale. Peut-être qu'elle s'appelle *Lénox* par contraction pour *Lévenox*, de la riviere de *Léven*, qui sort du lac Lomond, & qui se jette dans la Clyde. Une partie de cette province est très-fertile en blé, & ses montages fournissent d'excellens pâturages. *Lénox* a donné le titre de comté, & ensuite de duc, à une branche de la famille des Stuards; mais elle a plus fait encore en donnant la naissance au célebre Georges Buchanan. (*D.J.*)

LENS ou LENTICULA, (*Hist. anc.*) étoit chez les Romains le nom d'un poids qui faisoit la 208°. partie d'une dragme, & qui valoit un grain & demi. *Voyez* DRAGME & GRAIN.

LENS, *Lentium*, (*Géog.*) petite ville de France en Artois, dont les fortifications ont été rasées. Il y a long-tems que cette ville porte le nom de *Lens*, car il se trouve dans les capitulaires de Charles le Chauve, selon M. de Valois, page 187 de sa *notice gall.* Cette ville fut cédée à la France par le traité des Pyrénées. Elle est sur le ruisseau de Sonchets, à 3 lieues d'Arras, 4 N. O. de Douay, 46 N. E. de Paris. *Long.* selon Cassini, 20ᵈ 21′ 37″. *latit.* 50ᵈ 25′ 58″.

La gloire dont se couvrit M. le prince de Condé en 1648 dans la bataille de *Lens* contre les Espagnols, a été immortalisée par ces beaux vers de Despréaux.

C'est ainsi, grand Condé, qu'en ce combat célebre,
Où ton bras fit trembler le Rhin, l'Escaut & l'Ebre;
Lorsqu'aux plaines de Lens *nos bataillons poussés,*
Furent presque à tes yeux ouverts & renversés;
Ta valeur arrêtant les troupes fugitives,
Rallia d'un regard leurs cohortes craintives,
Répandit dans leurs rangs ton esprit belliqueux,
Et força la victoire à te suivre avec eux. (*D.J.*)

LENT, adj. (*Gramm.*) terme relatif au mouvement; c'est l'opposé de *vîte* ou *prompt*. On dit que plus les planetes sont éloignées, plus leur mouvement paroit *lent*; que la lievre est vîte & la tortue *lente*; que ce malade a une fievre *lente*; que ce feu est *lent*; qu'un homme a l'esprit *lent*, &c.

LENTE, s. f. (*Hist. nat.*) c'est l'œuf du pou, ou le pou même nouvellement produit. *Voyez* POU.

LENTEMENT, adv. Ce mot, en *Musique*, répond à l'italien *adagio*, & marque un mouvement lent & posé. Nous n'avons même, dans la musique françoise, que son superlatif pour exprimer un mouvement encore plus tardif. (*S*)

LENTER, v. act. en terme de chauderonnier, c'est proprement l'action de planer en premiere façon, & imprimer sur une piece des coups de marteau remarquables & par ordre.

LENTIBULAIRE, s. f. (*Botan.*) plante aquatique, dont M. Vaillant a fait un genre, qu'il caractérise ainsi dans les *mémoires de l'académie des Sciences*, année 1719, *pag.* 21, où l'on trouvera sa figure.

La fleur est complette, monopétale, irrégulière & androgyne, renfermant l'ovaire qui devient une capsule, laquelle contient des semences entassées les unes sur les autres autour d'un placenta. Les feuilles sont laciniées, & les fleurs naissent à des tiges simples, dénuées de feuilles.

On connoit deux especes de ce genre de plante, *lentibularia major*, petiv. herb. brit. tab. 36, & *lentibularia minor*, ejusd. petiv.

Ces deux plantes se trouvent dans les prairies marécageuses, les fossés & les étangs. Elles ont été vûes & remarquées par Mʳˢ Dent, Dodsworth & Lawson en Angleterre.

Le nom de *lentibulaire* a été donné à cette plante, parce que ses feuilles sont chargées de petites vessies assez semblables à la lentille. (*D.J.*)

LENTICULAIRE, adj. (*Diopt.*) qui a la figure d'une lentille. On dit *verre lenticulaire* pour dire un verre en forme de lentille. *Voyez* LENTILLE. (*O*)

LENTICULAIRES, PIERRES (*Hist. nat. Minér.*) en latin *lentes lapidei*, *lapides lenticulares*, *nummi lapidei*, *nummularii lapides*, *nummi diabolici*, *lapides numismales*, &c. C'est ainsi qu'on nomme des pierres rondes & applatties, renflées par le milieu, en sorte qu'on lui a donné la forme d'une lentille. Il y en a d'une petitesse imperceptible, & au-dessous de celle d'un grain de millet; d'autres ont jusqu'à un pouce de diametre: c'est à ces dernieres que l'on a donné le nom de *pierres numismales*. On trouve ordinairement une grande quantité de ces pierres jointes ensemble; elles sont liées les unes aux autres par la pierre qui les environne, qui est quelquefois d'une autre nature qu'elles; cependant on en trouve aussi qui sont détachées & répandues dans du sable ou dans de la terre: celles de ces pierres qui sont calcaires étant mises au feu, se partagent suivant leur largeur, en deux parties égales; on remarque une spirale sur leur surface intérieure, ou une ligne qui va en s'élargissant vers la circonférence; le long de cette spirale on distingue de petites stries, qui forment des especes de petites cloisons ou de chambres. On trouve des *pierres lenticulaires* qui ne sont convexes que d'un côté & plates par l'autre; elles ne doivent être regardées que comme des moitiés de ces pierres qui ont été séparées de l'autre moitié par quelque accident.

Les Naturalistes sont très-partagés sur la formation des *pierres lenticulaires*; bien des gens se sont imaginé que c'étoient en effet des lentilles pétrifiées; mais pour sentir le ridicule de cette opinion, on n'a qu'à faire attention à leur tissu intérieur garni d'une spirale, qui ne se remarque point dans les lentilles qui d'ailleurs n'ont jamais un pouce de diametre.

Woodward pense que ce sont des os détachés qui se trouvent dans la tête de quelques poissons inconnus, & qui servent à l'organe de l'ouie; d'autres ont cru que c'étoient des coquilles appellées *opercules ou couvercles*, de la nature de celles qu'on nomme *umbilicus veneris*; ce sentiment paroit aussi peu fondé que celui de Woodward.

M. Gesner regarde les *pierres lenticulaires* comme formées par de petites cornes d'ammon, de la nature de celles qui se trouvent à Rimini sur les bords de la mer Adriatique, que M. Plancus, dans son traité de *conchis minus notis*, appelle *cornu hammonis littoris ariminensis mixtus vulgare, orbiculatum, striatum, umbilico prominentis, ex quo stria & lomamenta um-*

nia prodeunt, & que M. Gualtieri, dans son *index testarum*, *tab. XIX. figur. IH*, appelle *nautilus minimus, costâ acutissimâ matginatâ, umbilico utrinque prominente, à centro ad circumferentiam striatus, striis sinuosis inflexis, minutissimo granulatus, ex fusco fulvido colore splendens*; & que Breyn appelle *nautilus orbiculatus striatus, umbilico prominente, exiguus*. Cette coquille est d'une petitesse extrême ; on en trouve sur les côtes de la Sicile & près de Bergen en Norwege dans le sable. Quelques-uns ont cru que les *pierres lenticulaires* devoient leur formation à une coquille bivalve, par la propriété qu'elles ont de se partager en deux parties égales ; mais M. Gesner remarque que cela n'arrive qu'à celles qui sont calcaires, & qu'elles se partagent ainsi à cause du tuyau qui va le long du dos par où l'écaille est la plus foible. *Voyez* Gesner *de petrificatorum differentiis & varia origine*, §. *XI*, *pag*. 29. Selon ce sentiment, les cornes d'ammon & les *pierres lenticulaires* ont la même origine : au reste, les cornes d'ammon qui se trouvent dans le sable de Rimini sont si petites, qu'il en faut 130 pour peser un grain de froment ; elles ont cinq volutes, & l'on y compte environ 40 chambres ou cloisons ; leur couleur est blanche, ou de la couleur argentée de la nacre de perle. *Voyez* les ouvrages cités, & *acta academiæ electoralis Moguntinæ scientiarum utilium quaErfoediæ est*, *tom. I. pag.* 3 *& suiv.* & 118 *& suiv*.

On trouve des *pierres lenticulaires* en plusieurs endroits de l'Europe. En France il y en a beaucoup dans le voisinage de Soissons & de Villers-Coterêts ; ces dernieres ont 5 ou 6 lignes de diametre : on en rencontre aussi en Transilvanie, en Silésie, en Saxe, en Angleterre, &c.

On a donné différens noms à la *pierre lenticulaire*, suivant les différens aspects qu'elle présentoit : c'est ainsi qu'on l'a nommée *salicites*, lorsque quelquefois on l'a trouvée tranchée suivant son épaisseur, parce qu'alors elle est terminée en pointe par les deux bouts comme la fleur du saule ; dans ce même cas on l'a aussi nommée *lapis frumentarius, lapis seminalis, lapis cumini*. On l'a aussi désignée sous le nom de *lapis vermicularis* & de *helicites*, &c.

On trouve en Suede, dans le lac d'Asnen, une mine de fer, qui est en petites masses semblables à des lentilles ; on la nomme *minera ferri lenticularis* : ce lac est situé dans la province de Smaland ; il y a aussi des pyrites qui ont une forme lenticulaire.

Il ne faut point confondre les *pierres lenticulaires*, qui font l'objet de cet article, avec des pierres qui leur ressemblent assez au premier coup d'œil, & qu'on nomme *nummi Bratenburgici*, qui ont une origine différente. *Voy. l'art.* NUMISMALES, PIERRES. (—)

LENTICULAIRE, (*Chirurg.*) instrument de Chirurgie. *Voyez* COUTEAU LENTICULAIRE.

LENTILLAT, s. m. (*Hist. natur. Ichtyologie.*) on donne ce nom en Languedoc à un chien de mer, qui a sur le corps des taches blanches de la grandeur d'une lentille, & d'autres marques en forme d'étoiles, qui lui ont aussi fait donner le nom de *chien de mer étoilé*. Rondelet, *hist. des poissons, liv. XIII*.

LENTILLE, *lens*, s f. (*Hist. nat. Bot.*) genre de plante à fleur papilionacée ; il sort du calice un pistil qui devient dans la suite une silique courte, remplie de semences rondes, mais applatties, convexes sur chaque face, c'est-à-dire plus épaisses au centre que sur les bords. Tournefort, *Inst. rei herb. Voyez* PLANTE.

LENTILLE, (*Botan.*) M. de Tournefort compte six especes de *lentilles* : nous allons décrire en peu de mots les principales de terre, petite & grande, & la *lentille* aquatique ou de marais.

La *petite lentille*, la *lentille* commune, *lens arvensis*

minor, ou *lens vulgaris*, est une plante annuelle ; sa racine est menue, blanche, garnie de peu de fibres. Sa tige est assez grosse, eu égard au reste de la plante : elle est haute d'environ dix pouces, branchue dès la racine, velue, anguleuse, foible & couchée sur terre, à moins qu'elle ne trouve quelques plantes auxquelles elle puisse s'accrocher. Ses feuilles placées alternativement jettent de leurs aisselles des petits rameaux comme les autres plantes légumineuses ; elles sont composées de cinq ou six paires de petites feuilles portées sur une côte qui se termine en une vrille ; chaque petite feuille est oblongue, étroite, velue, terminée en une pointe aiguë.

Il sort des aisselles des feuilles, des pédicules grêles, oblongs, qui portent deux ou trois fleurs légumineuses petites, blanchâtres, dont cependant le petale supérieur ou l'étendart est marqué intérieurement de petites lignes bleues. Il s'éleve du calice de la fleur un pistil qui se change en une gousse lisse, courte, large, plate, contenant deux ou trois graines ; ces graines sont fort grandes à proportion de cette petite plante ; elles sont orbiculaires, applaties, convexes des deux côtés, c'est-à-dire un peu plus épaisses vers le centre que sur les bords, dures, lisses, jaunâtres quand elles sont mûres, rougeâtres dans quelques especes, & noirâtres dans d'autres.

La grande *lentille*, *lens major, lens arvensis major*, est la plus belle à tous égards, & la plus grande que la *lentille* commune. Sa tige est plus haute, ses feuilles sont plus grandes, ses fleurs sont plus blanches ; ses siliques & ses graines sont deux fois plus grosses que dans la précédente.

On seme beaucoup de l'une & de l'autre dans les champs, parce qu'il se fait une grande consommation de leurs graines. Elles sont une des principales nourritures du petit peuple dans les pays chauds catholiques & dans l'Archipel. Il est constant par les monumens des anciens, que l'on les estimoit beaucoup autrefois dans la Grece. Athenée dit que le sage assaisonnoit toujours bien fes *lentilles* ; mais on n'a jamais trop essayé d'en faire du pain, peut-être a-t-on pensé que leur sécheresse & leur friabilité n'y convenoient pas.

On trouve au reste plusieurs variétés dans les deux especes de *lentilles* que nous venons de décrire, tant pour la couleur des fleurs que des graines, mais ce ne sont que des variétés accidentelles.

La *lentille* de marais, *lens* ou *lenticula palustris* des Botanistes ne se plait que dans les eaux qui croupissent ; elle surnage au-dessus de l'eau comme une espece de mousse verte ; elle en couvre toute la superficie d'une multitude infinie de feuilles très-petites, noirâtres en-dessous, vertes en-dessus, luisantes, orbiculaires & de la forme des *lentilles*. Ces feuilles sont unies étroitement ensemble par des filamens blancs très-menus, & de chaque feuille part un filet ou racine par le moyen de laquelle la plante se nourrit. On trouve cette *lentille* dans les lacs, dans les fossés des villes, & dans les eaux dormantes. Elle fait les délices des canards, d'où vient que les Anglois l'appellent *duck-meat*. (*D. J.*)

LENTILLE, (*Diete & Mat. med.*) Les Medecins ont toujours regardé les *lentilles* comme la pire de tous les légumes. Riviere, qui a compilé la doctrine des anciens sur ce point, dit que les *lentilles* sont froides & seches, de difficile digestion ; qu'elles engendrent un suc mélancholique, causent des obstructions, affoiblissent la vûe, occasionnent des rèves tumultueux, nuisent à la tête, aux nerfs & aux poumons, resserrent le ventre, empêchent l'écoulement des regles & des urines : toutes ces mauvaises qualités dépendent, dit-il, de leur substance grossiere & astringente.

Les auteurs plus modernes n'ont pas dit à la vérité

tant de mal des *lentilles*, mais ils se font tous accordés à les regarder comme un assez mauvais aliment ; mais sur ceci, comme sur tant d'autres objets de diete, les observations & les occasions d'observer nous manquent. Il est peu de gens qui fassent long-tems leur principale nourriture de *lentilles* : or tous les vices que les Medecins leur ont attribué, s'ils étoient réels, ne pourroient dépendre que d'un long usage.

Il y a donc grande apparence que toutes ces prétentions sont purement rationelles & de tradition : l'usage rare & modéré des *lentilles* peut être regardé comme très - indifférent pour les sujets sains, dumoins n'en connoissons-nous point les bons effets ou le danger, encore moins les qualités spécifiques qui pourroient distinguer les *lentilles* des autres légumes, *voyez* LÉGUMES.

La premiere décoction des *lentilles* est laxative selon Galien, & la seconde astringente ; la substance qui pourroit faire les vertus de ces décoctions, est fournie par l'écorce : on peut reprocher à cette écorce un vice plus réel ; elle est épaisse & dure, elle n'est point ramollie & ouverte dans l'estomac : ensorte que les *lentilles* qui ne sont point mâchées passent dans les excrémens presqu'absolument inaltérées, & par conséquent sans avoir fourni leur partie nutritive. C'est pour cela qu'il vaut mieux réduire les *lentilles* en purée que de les manger avec leur peau.

La décoction des *lentilles* passe pour un excellent remede dans la petite vérole & dans la rougeole : Riviere, que nous avons déja cité, fait l'éloge de ce remede, aussi bien que plusieurs autres auteurs qui ont emprunté cette pratique des Arabes ; plusieurs auteurs graves en ont au contraire condamné l'usage dans cette maladie. Geoffroy rapporte fort au long, dans *sa matiere médicale*, les diverses prétentions des uns & des autres ; mais cette querelle ne nous paroît pas assez grave pour nous en occuper plus long-tems. Les *lentilles* ne sont plus aujourd'hui un remede ni dans la petite vérole, ni dans d'autres cas.

Au reste ce que nous venons de dire convient également aux grandes *lentilles* & aux petites *lentilles* rouges, appellées à Paris *lentilles à la reine*. (*b*)

LENTILLE *de marais*, (*Mat. med.*) cette plante n'est d'usage que pour l'extérieur : on croit qu'elle rafraîchit, qu'elle resout, qu'elle appaise les douleurs appliquée en cataplasme.

La *lentille de marais* passe pour faire rentrer la hernie des enfans.

On l'a recommandée encore contre la goutte & contre les douleurs de la tête, appliquée extérieurement sur cette partie.

La *lentille d'eau* est fort peu employée. (*b*)

LENTILLE D'EAU, *lenticula*, (*Botaniq.*) genre de plante qui flotte sur les eaux stagnantes, & dont la fleur est monopétale & anomale. Quand elle commence à paroître, elle a un capuchon ; mais dans la suite elle se déploie & elle quite son calice : elle a la forme d'une oreille ouverte. Cette fleur est stérile, elle sort par une petite ouverture que l'on voit à l'envers des feuilles : l'embryon sort aussi d'un semblable fente, & devient dans la suite un fruit membraneux, arrondi & dur qui renferme quatre, cinq ou six semences relevées en bosses, striées d'un côté & plates de l'autre, comme dans les ombelliferes. Micheli, *nova plantarum genera.*

LENTILLE D'EAU, *la grande*, *lenticularia*, (*Bot.*) genre de plante qui ressemble à la *lentille d'eau* ordinaire par la forme & par sa figure. Jusqu'à-présent on n'a pu voir ses fleurs : les semences naissent abondamment dans les parois inférieurs des feuilles attachés irrégulierement à leur substance ; elles sont arrondies ou elliptiques. *Nova plantarum genera*, &c. par M. Micheli.

LENTILLES, (*Med.*) ce sont de petites taches roussâtres qui sont répandues çà & là sur la peau du visage & des mains, particulièrement dans les personnes qui ont la peau délicate ; elles viennent surtout dans le tems chaud quand on s'expose au soleil & à l'air ; elles sont formées des vapeurs fuligineuses qui s'arrêtent & qui se coagulent dans la peau. *Voyez* le *Traité des maladies de la peau*, par Turner. On les appelle en latin *lentigines*, parce qu'elles ont la figure & la couleur des *lentilles* ; les François les appellent *rousseurs* & *bran de Judas* ; les Italiens, *rossore* & *lentigine*.

Les *lentilles* paroissent être formées des parties terrestres, huileuses & salines de la sueur, qui sont retenues dans la substance réticulaire de la peau : tandis que les parties aqueuses qui leur servoient de véhicule, s'évaporent par la chaleur du corps, ces parties plus grossieres s'amassent peu-à-peu, jusqu'à ce que les mailles de la peau en soient remplies.

Il y a continuellement quelques parties de sueur qui suintent de la cuticule ; & comme elles sont d'une nature visqueuse, elles retiennent la poussiere & tout ce qui voltige dans l'air : cette matiere visqueuse s'arrête sur la surface des *lentilles*, & plus on l'essuie, plus on la condense, ce qui la force de s'introduire dans les petites cavités des *lentilles*.

On trouve plus de *lentilles* au-tour du nez que partout ailleurs, & cela parce que la peau y étant plus tendue, les pores sont plus ouverts & plus propres à donner entrée à la poussiere.

Il faut de là qu'on ne peut guere trouver un remede sûr pour garentir des *lentilles* ; il peut y en avoir qui dissipent pour un tems la matiere déja amassée, mais les espaces vuides se remplissent de rechef.

Le meilleur remede, selon M. Homberg, est le fiel de bœuf mêlé avec de l'alun : il faut que cet alun ait été précipité & exposé au soleil dans une phiole fermée pendant trois ou quatre mois ; il agit comme une lessive, en pénétrant les pores de la peau & dissolvant le *coagulum* des *lentilles*. *Mém. de l'académ. des Scienc. année 1709*, *p. 472*, &c.

LENTILLE, *terme d'Optique*, c'est un verre taillé en forme de *lentille*, épais dans le milieu, tranchant sur les bords ; il est convexe des deux côtés, quelquefois d'un seul, & plat de l'autre, ce qui s'appelle *plan convexe*. Le mot de *lentille* s'entend ordinairement des verres qui servent au microscope à liqueurs, & des objectifs des microscopes à trois verres. Le plus grand diametre des *lentilles* est de cinq à six lignes ; les verres qui passent ce diametre s'appellent *verres lenticulaires*. Il y a deux sortes de *lentilles*, les unes soufflées & les autres travaillées : on entend par *lentilles soufflées* de petits globules de verre fondus à la flamme d'une lampe ou d'une bougie, mais ces *lentilles* n'ont ni la clarté ni la distinction de celles qui sont travaillées, à cause de leur figure qui n'est presque jamais exacte, & de la fumée de la lampe ou bougie qui s'attache à leur surface dans le tems de la fusion. Les autres sont travaillées & polies au tour dans de petits bassins de cuivre. On a trouvé depuis peu le moyen de les travailler d'une telle petitesse, qu'il y en a qui n'ont que la troisieme & même la sixieme partie d'une ligne de diametre : ce sont celles qui grossissent le plus, & cette augmentation va jusqu'à plusieurs millions de fois plus que l'objet n'est lui-même ; la poussiere qui est sur les ailes des papillons, & qui s'attache aux doigts quand on y touche, y paroît en forme de tulipes d'une grosseur surprenante. Il est difficile, pour ne pas dire impossible, de les faire plus petites ; la difficulté de les monter deviendroit insurmontable.

Maniere de tourner les lentilles. Après avoir mastiqué un petit morceau de cuivre au bout de l'arbre d'un tour à lunette, avec un foret d'acier applati &

arrondi, on tourne le baffin du diametre de la *lentille* qu'on veut y travailler, *Voyez* BASSIN; enfuite ayant choifi & taillé un petit morceau de glace blanche & bien nette, on le maftique du côté d'une de fes furfaces plates au bout d'un petit mandrin, avec de la cire d'Efpagne noire, la rouge ne faifant pas fi bien voir les défauts qui font au verre que l'on travaille, & l'on ufe cette glace du côté qui n'eft point maftiqué, en la tournant fur une meule avec de l'eau jufqu'à ce qu'elle ait une figure prefque convexe : on l'acheve au tour dans le baffin qui y eft monté avec du grais fin & mouillé. Il faut prendre fouvent de ce grais, jufqu'à ce qu'on s'apperçoive que la *lentille* eft bien ronde : lorfqu'elle eft parvenue à ce point, on ceffe d'en prendre, mais on continue de la tourner dans le baffin jufqu'à ce que le refte du fable qui y eft refté foit devenu fi fin qu'il y ait prefque polie. On s'apperçoit de cela lorfqu'après l'avoir effuyée, l'image de la fenêtre du lieu où l'on travaille fe peint fur fa fuperficie ; fi elle ne l'eft pas, on la trempe dans l'eau fans prendre du fable, & on la tourne jufqu'à ce qu'elle foit affez polie. Il faut alors couvrir le baffin d'un linge plié en deux ou trois doubles, & avec de la potée d'étain ou du tripoli de Venife délayé dans l'eau, on acheve de la polir entierement : on connoît qu'elle eft placée en regardant avec la loupe fi les petites cavités que le fable a faites en l'infant font effacées; il faut alors la démaftiquer & la maftiquer du côté qui eft travaillé pour travailler l'autre de même que le premier, jufqu'à ce que les bords de la *lentille* foient tranchans & qu'elle foit parfaitement polie. Lorfqu'elle eft entierement achevée, on fe fert d'efprit-de-vin pour la laver & emporter ce qui peut y être refté de cire.

On pourroit ajouter une troifieme forte de *lentille*, qui confifte en une goutte d'eau pofée fur un petit trou fait à une piece de laiton que l'on applique au microfcope ; cette goutte réunie en globe par la preffion de l'air, fait le même effet qu'une *lentille* foufflée : ce font les marchands de lunettes qui font & vendent ces *lentilles*, *Voyez* LUNETTIER.

M. Guinée a donné dans les *Mémoires de l'académie des Sciences de 1704*, une formule générale pour trouver le foyer d'une *lentille*, en fuppofant que la réfraction des rayons de l'air dans le verre foit comme 3 à 2. *Voyez* RÉFRACTION.

Il fuppofe l'objet placé à une diftance quelconque *y* dans l'axe de la *lentille*. Il fuppofe enfuite un autre rayon qui partant du même objet tombe infiniment près de celui-là ; & il trouve facilement le point où ce rayon rompu par la réfraction de la premiere furface de la *lentille*, iroit rencontrer l'axe. Enfuite il regarde ce rayon rompu comme un rayon incident fur la feconde furface, & il trouve encore très-aifément le point où ce rayon rompu de nouveau par la premiere furface, iroit rencontrer l'axe ; & ce point eft le foyer. *Voyez* FOYER.

Si on nomme *a* le rayon de la convexité tournée vers l'objet qu'on appelle la premiere convexité ; *b*, le rayon de la feconde convexité ; z, la diftance du foyer ouvert ; & qu'on néglige l'épaiffeur de la *lentille*, on aura, fuivant les formules de M. Guinée, $z = \frac{2aby}{ay+by-2ab}$.

Si l'objet eft très-éloigné, de maniere que les rayons puiffent être cenfés parallèles, on aura $y =$ à l'infini ; & négligeant alors dans le dénominateur le terme $2ab$ qui eft nul par rapport aux autres, on aura $z = \frac{2aby}{ay+by} = \frac{2ab}{a+b}$.

Si de plus dans cette fuppofition *a* étoit = *b*, c'eft-à-dire que les deux verres de la *lentille* fuffent de convexités égales, alors on auroit $z = \frac{2aa}{a+a} = a$;

c'eft-à-dire que dans une *lentille* formée de deux faces également convexes, le foyer des rayons parallèles qu'on appelle proprement le *foyer de la lentille*, eft au centre de la premiere convexité. C'eft à cet endroit qu'il faut appliquer un corps que l'on veut brûler au foleil, au moyen d'un verre ardent ; car un verre ardent n'eft autre chofe qu'une *lentille*.

Si les rayons tomboient divergens fur le verre, il faudroit faire *y* négative ; & alors on auroit $z = \frac{-2aby}{-ay-by-2ab} = \frac{2aby}{ay+by+2ab}$, qui eft toujours pofitive.

Si dans le cas où les rayons tombent convergens, on a $y < \frac{2ab}{a+b}$, alors $ay+by-2ab$, eft une quantité négative, & z eft par conféquent négative, c'eft-à-dire que les rayons, au lieu de fe réunir au-deffous de la feconde convexité, fe réuniroient au-deffus de la premiere, & qu'au lieu de fortir convergens, ils fortiroient divergens.

Les rayons fortent donc divergens d'une *lentille* à deux verres, fi l'objet eft placé en-deçà du foyer de la premiere convexité. De plus, fi y eft $= \frac{2ab}{a+b}$, c'eft-à-dire fi l'objet eft placé au foyer même. Alors $z = \infty$, c'eft-à-dire que les rayons fortent parallèles. Delà on voit que fi un objet eft placé en-deçà du foyer d'une *lentille* ou d'un verre convexe, & affez proche de ce foyer, il le rendra les rayons beaucoup moins divergens qu'ils ne le font en partant de l'objet même : on trouvera en effet que z eft alors beaucoup plus grand que *y*, fi $ay+by-2ab$ eft négative & fort petite. C'eft pour cela que les verres de cette efpece font utiles aux presbytes. *Voyez* PRESBYTE.

Lorfque les deux faces de la *lentille* font fort convexes, c'eft-à-dire que leur rayon eft très-petit, la *lentille* reçoit alors le nom de *loupe*, & forme une efpece de microfcope. *Voyez* MICROSCOPE.

Les *lentilles* à deux furfaces convexes ont cette propriété, que fi on place un objet affez près de la *lentille*, les rayons qui partent des deux extrémités de l'objet, & qui arrivent à l'œil, y arriveront fous un angle beaucoup plus grand que s'ils ne paffoient point par la *lentille*. Voilà pourquoi ces fortes de *lentilles* ont en général le pouvoir d'augmenter les objets & de les faire paroître plus grands. *Voyez* OPTIQUE, VISION, &c.

Dans les *Mém. de 1704*, que nous avons cités, M. Guinée donne la formule des foyers des *lentilles*, en fuppofant en général le rapport de la réfraction comme *m* à *n*, & en ayant égard, fi l'on veut, à l'épaiffeur de la *lentille*. On peut voir auffi la formule des *lentilles*, dans la *recherche de la vérité* du P. Malebranche, *tome IV*, à la fin. *Voyez* les conféquences de cette formule, aux mots MENISQUE, VERRE, &c. (O)

LENTILLE, (*Horlogerie.*) fignifie auffi parmi les Horlogers un corps pefant qui fait partie du pendule appliqué aux horloges. On l'a nommée ainfi à caufe de fa forme. La *lentille* eft adaptée au bas de la verge du pendule, & elle y eft ordinairement foutenue par un écrou que l'on tourne à droite ou à gauche pour faire avancer ou retarder l'horloge. *Voyez* PENDULE en tant qu'appliqué aux horloges, pendules, & verge de pendule, *voyez* PENDULE *à fecondes*, & nos *Planches d'Horlogerie*, & *leur explication*.

LENTINI, *Leontium*, (*Géog.*) ancienne ville de Sicile dans la vallée de Noto ; elle fut fort endommagée par un tremblement de terre en 1693. Elle eft fur la riviere de même nom à 5 milles de la mer, 10 S. O. de Catane, 20 N. O. de Syracufe. *Long. 32.*

32. 30. *lat.* 37. 18. *Voyez* LÉONTINI. (*D. J.*)

LENTISQUE, f. m. *lentiscus*, (*Hist. nat. Botan.*) genre de plante qui differe du térébinthe en ce que les feuilles naissent par paires sur une côte qui n'est pas terminée par une seule feuille, comme la côte qui soutient les feuilles du térébinthe. Tournefort, *Inst. rei herb. Voyez* PLANTE.

LENTISQUE, *lentiscus*, arbre de moyenne grandeur qui est toujours verd. Il croît naturellement dans les provinces méridionales de ce royaume, en Espagne, en Italie, dans la Grece, aux Indes, &c. Cet arbre prend de lui-même une tige assez droite ; il se garnit de beaucoup de branches, dont l'écorce est cendrée : sa feuille est composée de huit folioles, rangées par paires sur un filet commun qui n'est point terminé par une foliole unique, comme cela se trouve ordinairement dans les feuilles conjuguées. Le *lentisque* mâle donne ses fleurs au mois de Mai : elles viennent en grappes aux aisselles des feuilles, & leur couleur herbacée est relevée d'une teinte de pourpre. Les fruits viennent sur le *lentisque* femelle : ce sont de petites baies qui deviennent noires en meurissant ; elles sont d'un goût acide, & elles renferment un noyau qui est petit, oblong, dur & noir. Cet arbre est délicat ; il lui faut un terrein sec & l'exposition la plus chaude, pour résister en plein air aux hivers ordinaires dans nos provinces septentrionales. Mais, à moins de grandes précautions, il arrivera quelquefois qu'il sera fort endommagé par les grands froids : cependant si l'arbre est dans sa force, il poussera de nouveaux rejettons. On peut le multiplier de graines ou de branches couchées. Il faut semer la graine dans des terrines au printems ; elle ne levera qu'à l'autre printems : l'année suivante, au mois d'Avril, il faudra transplanter les jeunes plants dans des petits pots, & au bout de trois ou quatre ans, on pourra les mettre en pleine terre en supposant néanmoins qu'on aura eu soin de mettre pendant chaque hiver soit les terrines, soit les pots, à l'abri des gelées. Les branches couchées se font au printems ; il faut les marcotter & les arroser souvent : cependant elles ne feront de bonnes racines que pendant la seconde année, & on pourra les transplanter en plein air au mois d'Avril de la troisieme. Il faudra encore des précautions pour les garantir des gelées pendant les deux ou trois premiers hivers ; après quoi les soins ordinaires suffiront, avec l'attention pourtant de ne pas couper le bout des branches ; il vaudra mieux retrancher en entier celles que l'on voudra supprimer pour faire une tige à cet arbre. Il fait naturellement une tête réguliere, & il s'éleve à douze ou quatorze piés.

Au moyen des incisions que l'on fait au tronc & aux grosses branches du *lentisque*, il en découle une résine, que l'on appelle *mastic*, & que l'on emploie à plusieurs usages ; on s'en sert en Médecine, & on le fait entrer dans la composition de différens vernis. Les Turcs mâchent habituellement du mastic, pour fortifier leurs gencives, blanchir leurs dents, & avoir l'haleine agréable. On tire des fruits du *lentisque*, une huile qui est bonne à brûler, & qui entre dans quelques compositions de la Pharmacie. Le bois de cet arbre a aussi des propriétés, entr'autres de fortifier les gencives ; ce qui a fait imaginer d'en faire des curedents. Voici les différentes especes de cet arbre :

1°. Le *lentisque ordinaire*, ou *lentisque de Montpellier*. C'est principalement à cette espece qu'il faut appliquer tout ce qui précede.

2°. Le *lentisque cultivé à larges feuilles*, que les Grecs d'aujourd'hui distinguent par le nom de *schinos*.

3°. Le *lentisque blanc cultivé*, connu à Scio sous le nom de *schinos-aspros*.

4°. Le *lentisque sauvage*, appellé *piscari* par les mêmes Grecs.

5°. Le *lentisque sauvage*, que les Grecs nomment *votomas*.

6°. Le *lentisque nain*, on peut voir cette espece dans les jardins de Trianon.

Les cinq dernieres especes sont encore très-rares. C'est dans l'île de Scio qu'on les cultive pour en tirer le mastic ; on trouvera un plus ample détail à ce sujet dans le *traité des arbres* de M. Duhamel.

LENTISQUE, (*Mat. méd.*) on recommande fort la vertu astringente, fortifiante & balsamique du bois de *lentisque*, dans les éphem. d'Allemagne, *decad.* 3. *an.* 9. & 10. Dioscoride avoit déja reconnu la premiere de ces vertus dans toutes les parties de cet arbre. La décoction de bois de *lentisque* a été célébrée sous le nom *d'or potable végétal*, comme une panacée singuliere pour guérir la goutte, les foiblesses d'estomac, appaiser les vomissemens opiniâtres, dissiper les vents, exciter les urines, chasser les calculs, affermir les dents chancelantes, & fortifier les gencives, &c.

Les Pharmacologistes comptent parmi les propriétés médicinales du bois de *lentisque*, la vertu des curedents qu'on en fait pour rassermir les gencives.

Il est dit dans la Pharmacopée de Paris qu'on fait une eau distillée du bois de *lentisque*, & une huile par infusion & par décoction avec ses baies : cette eau doit être aromatique & par conséquent médicamenteuse, & cette huile doit être chargée de parties balsamiques & résineuses, prises dans les baies employées à la préparer.

Cet arbre fournit encore une drogue simple à la médecine, savoir le mastic. *Voyez* MASTIC. (*b*)

LENTZBOURG, (*Géog.*) petite ville de Suisse, capitale d'un bailliage de même nom, au canton de Berne, dans l'Argaw. Elle est dans une valte plaine, à deux lieues d'Arau, au pié d'un mont fort élevé où il est le château du bailli, qui étoit autrefois la résidence des comtes de *Lentzbourg* ; ce château est fort, & situé très-avantageusement ; on dit qu'il y a un puits taillé dans le roc, à la profondeur de 300 piés. Le bailliage de *Lentzbourg* est un des plus grands & des plus riches de la république de Berne ; c'est dans ce bailliage que sont les bains de Schinznach. *Long.* de la ville de *Lentzbourg* 25. 31. *latit.* 54. 25. (*D. J.*)

LÉO, (*Astr.*) nom latin de la constellation du lion. *Voyez* LION.

LÉO *saint*, (*Géog.*) *Leonis sanum*, petite mais forte ville d'Italie, dans l'état de l'église au duché d'Urbin, dans le pays de Montefeltro, avec un évêché dont l'évêque fait sa résidence à Penna di Billi. Elle est sur une montagne, à 3 lieues S. O. de San-Marino, 6 N. O. d'Urbin. *Long.* 30. *latit.* 43. 57.

LÉOCOCROTTE, f. m. (*Hist. nat. fabul.*) en latin *leococrotta*, *leucocrotta*, ou *leocrocotta* ; car on trouve ce mot écrit de toutes ces manieres différentes ; & il importeroit peu de rechercher avec Saumaise, Vossius & le P. Hardouin quelle est la leçon des meilleurs manuscrits pour un animal imaginaire d'Ethiopie ; Pline nous dit dans son *histoire*, *liv. VIII. c. xx.* que le *léocrocotte* est fort léger à la course, qu'il est de la grosseur d'un âne sauvage, ayant la tête d'un taillon, la croupe du cerf, l'encolure, la queue, le poitrail du lion, le pié fourchu, la gueule fendue jusqu'aux oreilles, & formant un os continu, qui lui prend toute la mâchoire & qui est dénué de dents. Le même Pline, dans un des chapitres suivans, *chap. xxx.* prétend que ce monstre est né de l'accouplement d'une lionne & d'une hyene mâle ; que ses mâchoires coupent comme un rasoir ; & que, pour empêcher qu'en les frottant continuellement l'une contre l'autre, elles ne perdent leur taillant, il les retire en-dedans, comme dans un étui. Enfin le même historien ajoûte que le *léococrotte* contrefait la voix des hommes & des bêtes. C'en est assez pour conclure que cet animal est un de ceux dont l'existence est très-suspecte, ou, pour mieux dire, fabuleuse. Les Grecs n'en parlent point, mais ils parlent assez souvent du crocotte , animal bâtard, né d'une chienne & d'un loup ; & tout ce qu'ils en disent, sent également la fable.

LÉOGANE , (*Géog.*) ville & plaine de l'Amérique, qui peut avoir 12 à 13 lieues de longueur de l'est à l'ouest, sur 2, 3 & 4 de large du nord au sud. Cette belle plaine commence aux montagnes du grand Goave, & finit à celles du cul-de-sac. C'est un pays uni, arrosé de rivieres, & qui fournit tout ce qu'on veut lui faire porter, cannes, cacao, indigo, rocou, tabac, toutes sortes de fruits, de pois & d'herbes potageres ; tous les environs sont forêts de cacaoyers ; cependant la chaleur y est extraordinaire, quoique cette plaine soit au 18ᵉ degré de latitude, c'est-à-dire 3 ou 4 degrés plus septentrionale que la Martinique & la Guadeloupe, mais c'est qu'elle est privée de vents alisés, à cause des hautes montagnes qui la couvrent. Aussi l'air y est mal sain, & les maladies épidémiques fréquentes. Ce pays est à la France depuis 1691, & il ne se peuple point.

LÉON , *Legio*, (*Géog.*) ancienne ville de France dans la basse Bretagne, capitale du Léonois, avec un évêché suffragant de Tours. Un nommé *Pol Aurélien*, dans le vj. siecle, fut le fondateur & le premier évêque de cette ville , ce qui la fit appeller depuis *saint Pol de Léon* ; il établit le siege épiscopal des Ossismiens , les plus célebres entre les Armoriques, on les appelle *Ossismii* & *Oximii* : l'évêché de *Léon* occupe toute la longueur de la côte de la basse Bretagne , depuis la rade de Brest jusqu'à la riviere de Morlaix. La ville de *Léon* est près de la mer à 12 lieues N. E. de Brest, 119 S. O. de Paris. *Long. 13ᵈ. 39'. 39". latit. 48ᵈ. 40'. 56".*

LÉON , (*Géog.*) province d'Espagne, avec titre de royaume, bornée N. par l'Asturie, O. par la Galice & le Portugal, S. & E. par la vieille Castille. Elle a environ 50 lieues de long, sur 40 de large. Le Duero la partage en deux parties presque égales. Elle abonde en tout ce qui est nécessaire à la vie. *Léon* en est la capitale ; Astorga, Salamanque , Palencia , Zamora , & quelques autres villes y sont honorées du titre de cité.

LÉON , (*Géog.*) ville d'Espagne, capitale du royaume du même nom. Elle fut bâtie par les Romains du tems de Galba , & appellée *Legio septimana Germanica*, à cause qu'on y mit une légion romaine de ce nom, & c'est de-là que le mot *Léon* s'est formé par corruption. Son évêché suffragant de Compostelle, mais exempt de sa jurisdiction, & des plus anciens d'Espagne , fut la résidence des rois jusqu'en 1029 , que le royaume fut uni à celui de Castille par la mort de Vérémont III. Son église cathédrale surpasse en beauté toutes celles d'Espagne pour la structure.

C'est Pélage, prince des rois Goths d'Espagne, qui, après une grande victoire remportée sur les Maures, leur enleva la ville de *Léon* en 722 , & y établit le siege d'un nouveau royaume. Cette ville est entre les deux sources de la riviere d'Ezla , à 20 lieues d'Oviedo, 25 N. O. de Valladolid , 38 N. O. de Burgos, 55 E. de Compostelle, 77 N. O. de Madrid. *Long. 12. 22. latit. 42. 45.*

LÉON *le nouveau royaume de*, (*Géog.*) royaume de l'Amérique septentrionale dans la nouvelle Espagne , mais royaume entierement dépeuplé , qui n'a en partage que quelques mines dont on tire peu de profit, des montagnes stériles, point de villes ni de colonies.

LÉON *de Nicaragua* , (*Géog.*) ville de l'Amérique septentrionale dans la nouvelle Espagne dans la province de *Nicaragua*. C'est la résidence du gouverneur de la province & le siege de l'évêque de *Nicaragua*. Les flibustiers anglois la pillerent en 1685 à la vue d'une armée espagnole qui n'osa les attaquer, quoique six fois plus forte. Elle est sur un grand lac , qui a flux & reflux comme la mer, à 12 lieues de la mer du sud. *Long. 291. 26. lat. 12. 25.*

LÉONARD , LE NOBLE SAINT , (*Géog.*) *Nobiliacum*, ancienne petite ville de France dans le Limosin , avec une manufacture de papier , & une autre de drap. Elle est sur la Vienne, à 5 lieues N. E. de Limoges, 78 S. O. de Paris. *Long. 19. 10. latit. 45. 50.*

LÉONICA , (*Géog. anc.*) ville de l'Espagne citérieure au pays des Hédétains, selon Ptolomée , *l. II. c. vj.* Les habitans sont nommés *Leonicences*, par Pline , *l. III. c. 3.* C'est présentement *Alcanitz* , sur la riviere de Guadalupa dans l'Arragon. (*D. J.*)

LÉONICERE, *Leonicera*, s. f. (*Botan.*) nom donné par le P. Plumier, M. Vaillant & autres Botanistes , à un genre de plante que Linnæus appelle *loranthus* ; voici ses caracteres.

Il y a deux calices qui sont tous deux creux & non divisés. La fleur est monopétale, de figure exaugulaire, découpée dans les bords en six segmens menus & presque égaux. Les étamines forment six filets pointus , les uns un peu plus grands que les autres , mais tous à peu près de la longueur de la fleur. Le germe du pistil est arrondi ; le style est de la grandeur des étamines. Le style du pistil est obtus. Le fruit est une baie sphéroïde avec une seule loge, qui contient six graines convexes d'un côté, & anguleuses de l'autre.

LÉONIDÉES, s. f. pl. (*Litter.*) fêtes instituées en l'honneur de Léonidas, premier roi de Lacédémone, qui se fit tuer avec toute sa troupe , en défendant intrépidement le passage des Thermopiles, & s'immola en quelque façon pour obéir à l'oracle ; mais ses peuples en reconnoissance , le mirent au nombre des dieux. On dit qu'en partant de Sparte, sa femme lui ayant demandé s'il n'avoit rien à lui recommander : » Rien, lui répondit-il, sinon de te remarier à quelque vaillant homme, afin d'avoir des enfans dignes de toi ». (*D. J.*)

LEONIN, en *Poésie*, sorte de vers qui rime à chaque hémistiche ; le milieu du vers s'accordant toujours pour le son avec la fin. *Voyez* RIME & VERS.

Nous avons en vers de cette espece plusieurs hymnes , épigrammes & autres pieces de poésies anciennes ; par exemple , Muret a dit des poésies de Lorenzo Gambara de Brene :

Brixia vestrates quæ condunt carmina vates
Non sunt nostrates tergere digna nates.

Ceux qui suivent sont de l'école de Salerne, dont on a rédigé tous les axiomes sous la même forme.

Mensibus erratis quæ solem ne sedeatis.
Ut vites pænam de potibus incipe cænam.
Mingere cum bombis res est saluberrima lumbis, &c.

On n'est pas d'accord sur l'origine du nom *léonin* donné à cette sorte de vers. Pasquier le fait venir d'un certain Léonius ou Léoninus, chanoine d'abord de S. Benoît & ensuite de S. Victor , qui fut un des plus déterminés rimeurs en latin qui eût été jusqu'alors , & dédia plusieurs de ses ouvrages au pape Alexandre III. D'autres veulent qu'on les ait ainsi appellés du pape Léon II. qu'ils regardent comme l'inventeur de la rime. D'autres enfin prétendent que nos bons ayeux dans leur fimplicité les nommerent *léonins* du mot *leo*, lion, s'imaginant que comme cet animal paffe les autres en courage & en force, les vers hériffés de rime avoient auffi je ne fais quoi de plus mâle & de plus nerveux que les autres. La premiere opinion eft la plus probable, non que Léonius ait été l'inventeur de ces vers rimés, mais parce qu'il les mit extrêmement en vogue.

Fauchet prétend que la rime *léonine* eft la même chofe que ce que nous appellons *rime riche*, c'eft-à-dire, qu'il ne donne ce nom qu'à la rime comprife dans deux fyllabes de même orthographe, accentuation, ponctuation, que deux autres. Les vers *léonins* étoient fort admirés dans les fiecles de barbarie, Bernard de Cluni fit un poëme de trois mille vers latins ainfi rimés, fur le mépris du monde; mais à mefure que le bon goût a repris le deffus, on les a bannis de la poéfie latine, où on les regarde contre un défaut.

LEONINA-URBS, (*Géog.*) nom qu'on donna dans le cinquieme fiecle, au faubourg de Rome, qui eft de l'autre côté du Tibre, entre le Vatican & le château S. Ange, parce que le Pape faint Léon enferma ce lieu d'une muraille, pour le défendre contre les incurfions des Barbares. Son nom vulgaire eft *Borgo*. (*D. J.*)

LEONOISES, f. f. pl. (*Draperie.*) efpece d'étoffe. *Voyez* l'article DRAPERIE, où nous avons expliqué fa fabrication & celle des autres étoffes en laine.

LEONTARI ou LEONDARIO, (*Géog.*) ville de la Morée dans la Zaconie, fur l'Alphée, au pié des monts. De Witt croit que c'eft la fameufe Mégalopolis. *Voyez* MÉGALOPOLIS.

LEONTESERE, f. f. (*Lithog. anc.*) nom donné par les anciens à une efpece d'agate, qui eft très célébrée pour fa beauté, & pour les vertus imaginaires qu'ils lui attribuoient, d'adoucir les bêtes feroces ; c'eft au refte une des plus variées de toutes les agates des Indes orientales, & l'une des plus rares. Son fond eft jaune, marqueté ou veiné d'un rouge de flamme, de blanc, de noir & de verd. Ces deux dernieres couleurs s'y trouvent ordinairement difpofées en cercles concentriques, qui forment un feul ou plufieurs points; mais quelquefois auffi l'affemblage des diverfes couleurs, dont nous venons de parler, y eft femé fort irrégulierement.

LEONTINI, (*Géogr.*) ancienne ville de Sicile. Selon Pomponius Mela, *liv. II. ch. viij*. & felon Pline, *liv. III. ch. viij*. mais Ptolomée, *liv. III. ch. jv*. l'appelle *Leontium* ; Polybe, dans un fragment du *liv. VII*. décrit amplement cette ville & fes campagnes ; Cicéron les nomme *Campus Leontinus*, & Pline les appelle *Leftrigonii campi*. La riviere Liffus couloit le long de la colline des champs Léontins. La ville fubfifte encore, & fe nomme *Lentini*, dont on peut voir l'article. Les anciens nommoient *Leontinus finus*, la partie méridionale du golfe de Catane.

Il y a dans plufieurs cabinets d'antiquaires de fort belles médailles d'argent des anciens *Léontins*, avec différens types, entr'autres une tête de lion & quatre grains d'orge fur les bords de la médaille ; la tête du lion fait allufion au nom de la ville, & les grains d'orge marquent la fertilité du pays : l'infcription eft ΛΕΟΝΤΙΝΩΝ, & quelquefois avec une ancienne L phénicienne, telle que les Grecs la reçurent de Cadmus, ΛΕΟΝΤΙΝΑΝ. (*D. J.*)

LEONTION, f. m. (*Hift. nat.*) nom donné par les anciens à une efpece d'agate qui étoit de la couleur d'une peau de lion; ils la nommoient anffi *leontodora* & *leonina*. *Voyez* Wallerius, *Minéralogie*.

LEONTIQUES, f. m. pl, *leontica*, (*Littérature*.)

fêtes ou facrifices de l'antiquité payenne qui fe faifoient à l'honneur de Mithra, & qu'on appelloit autrement *Mithriaques*. Dans les myfteres de Mithra, dit Porphyre, on donnoit aux hommes le nom de *lions*, & aux femmes celui de *hiènes*. Dès le tems de Tertullien, on donnoit auffi le nom de *lions* aux initiés, *leones Mithræ philofophantur*. Enfin, dans les fêtes *léontiques*, les initiés & les miniftres étoient déguifés fous la forme des différens animaux, dont ils portoient les noms ; & comme le lion paffe pour le roi des animaux, ces myfteres en prirent le nom de *léontiques*.

Il y a dans Gruter, dans Reynefius, & autres Antiquaires, quelques infcriptions qui parlent des fêtes *léontiques* ; mais je réferve ces fortes de détails *aux mots* MITHRA *ou* MITHRIAQUES.

LEONTOCEPHALE, λεοντοκεφαλη, (*Géog. anc.*) ce mot fignifie *tête de lion*. Appien appelle ainfi une forte place de Phrygie, où, felon Plutarque, Epixyes, fatrape de Phrygie, fe propofoit de faire affaffiner Thémiftocle à fon paffage. (*D. J.*)

LEONTODONTOIDE, *leontodontoides*, f. f.(*Bot.*) genre de plante qui ne differe de la dent de lion, de la catanance, de l'hedypnois, qu'en ce que fes femences ne font pas couronnées d'aigrettes ou de poils, & qu'elles font renfermées dans un calice cylindrique, qui ne s'ouvre pas lorfqu'il eft mûr, comme dans la dent-de-lion, mais il eft plûtôt au lieu fermé comme dans l'hedypnois. *Nova plantarum genera*, &c. *par M.* Micheli.

LEONTOPETALOIDE, f. f. (*Botaniq.*) genre de plante décrit par le docteur Amman, dans les actes de Petersbourg, *vol. VIII. p. 209*. En voici les caractères.

La fleur eft monopétale, faite en entonnoir, & découpée dans les bords en divers fegmens. Elle eft fuccédée par un fruit véficulaire, qui renferme plufieurs graines de figure ovale.

Cette plante eft originaire des Indes orientales. Sa racine eft tubéreufe, groffe de deux pouces au milieu, grife en-dehors, blanche en-dedans, & ne jettant qu'un petit nombre de fibres. Il fort communément quatre tiges de chaque racine ; ces tiges s'élevent fort haut, & font de la groffeur du doigt. Deux de ces tiges portent chacune ordinairement une grande feuille d'un beau verd, très-mince, & diverfement dentelée. Les deux autres tiges portent chacune, dans des calices d'un joli verd, une touffe de fleurs larges, jaunes, monopétales, découpées en quelques parties aux extrémités. Chaque fleur eft foutenue par un pédicule long d'un doigt. Il leur fuccede des fruits qui font des veffies vertes, anguleufes, d'un pouce de diametre dans la partie la plus large, d'où elles s'amenuifent en pointe, de couleur pourpre. Les graines font affez groffes, ftriées & de couleur de brique-pâle. (*D. J.*)

LEONURUS, f. m. (*Hift. nat. Bot.*) arbriffeau qui s'éleve peu, dont le bois grifâtre porte des feuilles longues, étroites, avec des fleurs rouges, formant des guirlandes très-ferrées. Son calice eft long, & contient plufieurs femences ; fon cafque eft découpé, & plus long que la barbe, qui eft divifée en trois parties. Cet arbriffeau croît de boutures & de marcottes ; fa délicateffe le fait ferrer pendant l'hiver, & il contribue à la décoration de la ferre.

LÉOPARD, f. m. *leopardus*, *pardus*, (*Hift. nat.*) animal quadrupede qui a beaucoup de rapport au tigre, tant par la forme du corps que par fon naturel féroce. Le *léopard* a les mêmes couleurs que le tigre ; mais ces deux animaux ont des taches noires, qui dans l'un font longues, *maculæ virgatæ*, & dans l'autre elles repréfentent une forte d'anneau irrégulier, ou les contours d'une rofe, *maculæ orbiculatæ*. Les Naturaliftes donnent le nom de *léopard* à celui qui a des taches rondes; mais il paroit que l'usage a prévalu au contraire, & qu'on le nomme vulgairement du nom de *tigre*. Il est dit dans le livre, intitulé *le regne animal*, *p. 273*. que la couleur du *léopard* est d'un blanc jaunâtre, avec des taches noires qui sont longues sous le ventre de l'animal & arrondies sur le dos, mais toutes séparées les unes des autres, & différentes des taches en forme de rose, dont il vient d'être fait mention.

LÉOPARD, (*Mat. med.*) sa graisse passe pour un des meilleurs cosmétiques. Il est au moins certain que ce remede est digne d'occuper une place sur la toilette de nos dames; car il est rare, & par conséquent très-cher, & que d'ailleurs il est peut-être beau de mettre la nature entiere à contribution, la marthe & la civette du nord, & les monstres d'Afrique.

LÉOPARDÉ, adj. *en termes de Blason*, se dit du lion passant.

Testu à Paris, d'or à trois lions *léopardés* de sable, l'un sur l'autre, celui du milieu contrepassant.

LÉOPOL, *Leopolis*, (*Géogr.*) ville de Pologne, au palatinat de Russie, dont elle est la capitale. Les Allemands l'appellent *Lemberg*. Elle a un archevêché pauvre, & un chapitre du rite latin, mais c'est une des meilleures starosties de la province. Calimir II. ou le Grand, se rendit maître de *Léopol* en 1340, & son évêché fut honoré du titre d'*archevêché* l'an 1361; il n'y a dans toute la Pologne que cet archevêché & celui de Gnesne. La ville est située auprès de la riviere de Pietewa, à 36 lieues N. O. de Kaminieck, 64 S. E. de Cracovie, 80 S. E. de Warsovie. *Long. 42. 49. latit. 49. 52*.

LEOPOLSTADT, *Leopoldistadium*, (*Géog.*) petite, mais forte ville de la haute Hongrie, bâtie par l'empereur Léopold en 1665. Les mécontens de Hongrie l'assiegerent en 1707, mais le comte de Staremberg leur fit lever le siege. Elle est sur la Waag, à 18 lieues N. O. de Neuhaussel, 22 N. E. de Fresbourg, 40 N. O. de Bude, 34 N. E. de Vienne. *Long. 36. 10. lat. 18. 45*.

LEOSTHENIUM, (*Géog. anc.*) golfe du bosphore de Thrace, selon Etienne le géographe. C'est peut-être le même qui est nommé *Lasthenes* par Denys de Byzance, & le même qui est appellé *Casthenes* par Pline, *liv. IV. ch. xj*. (*D. J.*)

LÉPANTE, (*Géogr. anc. & mod.*) ville de Grece dans la Livadie propre, avec un port sur la côte septentrionale du golfe, qui prend d'elle le nom du golfe de Lépante. *Voyez* LÉPANTE, *golfe de*.

Cette ville est appellée des Latins *Naupactus*, d'un mot grec qui signifie *bâtir un vaisseau*, soit que les Héraclides, ou les peuples de la Locride, comme le veulent d'autres auteurs, ayent construit leur premier navire dans cet endroit-là. Les Grecs modernes nomment Lépante *Epaclos*, & les Turcs *Einbachti*.

Elle est située dans le pays de Livadia, sur le rivage, peu loin de l'ouverture du golfe de son nom, autour d'une montagne de figure conique, sur le sommet de laquelle est bâtie la forteresse, fermée de quatre rangs de grosses murailles séparées par de petits vallons entre deux, où les habitans ont leurs maisons.

Les anciens Grecs avoient à Naupacte quatre temples célebres, l'un consacré à Neptune, l'autre à Vénus, le troisieme à Esculape, & le quatrieme à Diane. Aujourd'hui que Naupacte a pris le nom de *Einbachti*, qu'elle est sous la domination du sultan, & gouvernée par un vaïvode, il y a sept mosquées, deux églises pour les Grecs méprisés par les Turcs, & trois synagogues de Juifs qui sont le commerce du pays, consistant en apprêts de maroquins.

L'attaque de cette place étoit très-difficile avant l'usage du canon. En 1408, elle étoit soumise à l'empereur de Constantinople; mais l'empereur Emanuel, craignant de ne pouvoir pas la conserver, prit le parti de la céder à la république de Venise, qui la munit de maniere à résister à une puissante armée. En effet, les Turcs s'y morfondirent en 1475, & furent obligés, au bout de quatre mois d'attaque, d'en lever honteusement le siege. Enfin, Bajazet fut plus heureux, la prit sur les Vénitiens en 1687, & le château de Romélie fut rasé en 1699, en exécution de la paix de Carlowitz.

Lépante est à 45 lieues N. O. d'Athènes, 140 S. O. de Constantinople. *Long. 39. 48. lat. 38. 34*.

LÉPANTE, (*Golfe de*) *Géog.* ce golfe pris dans sa longueur du septentrion jusqu'au rivage de l'Achaïe, & au midi jusqu'à celui de la Morée, sépare ces deux grandes parties de la Grèce l'une de l'autre. Il a eu plusieurs noms que les auteurs lui ont donnés selon les différens tems & les occasions particulieres. Quelques anciens l'appelloient *Crissus*, Strabon le nomme *Mare Alcyonium*, &c. Son nom le plus ordinaire étoit le golfe corinthien, *corinthiacus sinus*.

Ce golfe comprend quatre écueils dans son étendue, & reçoit les eaux de la mer ionienne par l'entrée qui est entre deux promontoires avancés du continent, & sur lesquels sont deux châteaux, qu'on nomme les *Dardanelles*. Toutes les marchandises qui sortent de ce golfe, comme les cuirs, les huiles, le tabac, le ris, l'orge, payent à l'émir trois pour cent; & cet officier en rend six mille piastres par an au grand seigneur, mais son entrée n'est plus libre aux navires étrangers.

« Ce fut dans le *golfe de Lépante*, non loin de Corinthe, que Dom Juan d'Autriche & les Vénitiens » remporterent sur les Turcs, le 5 Octobre 1571, » une victoire navale, d'autant plus illustre, que » c'étoit la premiere de cette espece. Jamais, depuis » la bataille d'Actium, les Grecs n'a- » voient vû ni des flotes si nombreuses, ni un com- » bat si mémorable. Les galeres ottomanes étoient » manœuvrées par des esclaves chrétiens, qui tous » servoient malgré eux contre leur pays. Le succès » produisit la liberté à environ cinq milles esclaves » chrétiens. Venise signala cette victoire par des fê- » tes qu'elle seule savoit donner. L'Arioste composa » les airs pour les réjouissances de cette victoire, & » Constantinople fut dans la consternation.

» Dom Juan, ce célebre bâtard de Charles V. » comme vengeur de la Chrétienté, en devint le » héros. Il mérita sur-tout cette idolatrie des peu- » ples, lorsque deux ans après il prit Tunis à l'exem- » ple de son pere, & fit comme lui un roi africain » tributaire d'Espagne. Mais quel fut le fruit de la » bataille de *Lépante* & de la conquête de Tunis ? » Les Vénitiens ne gagnerent aucun terrein sur les » Turcs, & l'amiral de Selim II. reprit sans peine le » royaume de Tunis deux ans après, en 1574. Tous » les chrétiens furent égorgés. Il semblot que les » Turcs eussent gagné la bataille de *Lépante* ». Extrait du chapitre de la bataille de Lépante dans M. de Voltaire, *tom. III*. (*D. J.*)

LEPAS, s. m. (*Conchyliol.*) genre de coquillage univalve, ainsi nommé en grec, comme si l'on disoit l'*écaille des rochers*, parce qu'il est toujours adhérent aux rochers, ou à quelques autres corps durs; & cette adhérence lui sert de seconde coquille, pour le préserver des injures du tems. Nous appellons ce coquillage univalve ou *ail-de-bouc*, *voyez* ŒIL-DE-BOUC ou PATELLE; mais il n'y auroit point de mal de lui conserver le nom de *lipas*, & dire *un lépas* épineux, *un lépas* finement cannelé, *un lépas* tacheté de blanc & de rouge, car toutes ces épithetes ne sonnent pas bien avec le mot *ail-de-bouc*.

LEPETHYMNUS ou **LEPETHYMUS**, (*Géogr. anc.*) montagne de l'île de Lesbos, que Philoftrate met aux environs de Méthymne. Le nom moderne de cette montagne eft *Leptimo* ou *montagne de faint Théodore*. (*D. J.*)

LEPIDIUM, f. m. (*Hift. nat. Botan.*) genre de plante à fleur en croix, compofée de quatre pétales; il fort du calice un piftil qui devient dans la fuite un fruit en forme de lance, divifé en deux loges par une cloifon qui foutient des panneaux de chaque côté, & rempli de femences oblongues. Tournefort, *inft. rei herb.* Voyez PLANTE.

LEPIDOCARPODENDRON, f. m. (*Hift. nat. Bot.*) genre de plante établi par Boerhaave, & qu'il caractérife ainfi.

Les feuilles font entieres, & ordinairement rangées fans fymmétrie. Son calice eft compofé d'un grand nombre de feuilles placées les unes fur les autres en écailles & par ordre fucceffif. Lorfqu'il eft mûr, il prend la forme d'un vaiffeau écailleux, & fe ferme enfuite. Ses fleurs en grand nombre, & compofées d'une multitude de fleurons, rempliffent le fond du calice. Elles font à pétales, irrégulieres, capillacées & hermaphrodites. L'ovaire eft placé au milieu de la fleur; il eft garni de tubes, plus ou moins longs, qui forment une capfule oblongue, & finiffent en deux longs filamens. Sa graine eft ornée d'un grand filet, qui porte une petite plume à fa fommité. Boerhaave compte douze efpeces de ce genre de plante. Son nom fignifie *arbre* ou *fruit écailleux*, de λεπις, *écaille*, καρπος, *fruit*, & δένδρον, *arbre*; Linnæus l'appelle *leucadendron*. (*D. J.*)

LEPIDOIDE ou **LEPIDOEIDE**, *en Anatomie*, eft un nom que l'on donne à la future écailleufe du crâne. *Voyez* SUTURE.

Ce mot eft grec, λεπιδοειδες, formé de λεπις, *écaille*, & de είδος, *forme*, *figure*. *Voyez* ECAILLEUSE.

LEPIDOTES, f. f. (*Hift. nat. Lithol.*) nom donné par quelques auteurs anciens à une pierre qui reffembloit à des écailles de poiffon. D'autres fe font fervis de ce nom pour défigner en général les pierres qui font comme compofées d'écailles, telles que plufieurs pierres talqueufes. D'autres enfin ont entendu par-là des pierres chargées des empreintes de poiffon, telles que celles qu'on trouve en Allemagne, dans le pays de Heffe, à Eifleben, &c.

LEPONTII, (*Géog. anc.*) ancien peuple aux confins de l'Helvétie, de la Rhétie & de l'Italie, felon les différens auteurs qui en ont parlé, favoir Céfar, *liv. IV*. Pline, *liv. III. ch. xxjx*. Ptolomée, *liv. III. ch. j*. & Strabon, *liv. IV. p. 206*. Il faut ici confulter M. Nicolas Sanfon, qui a foigneufement & favamment examiné cette matiere. Il lui paroît, d'après fes recherches, que les Lépontiens ocenpoient les environs du Lac majeur, tirant vers les Alpes, ce qui comprend partie de l'état de Milan, & prefque tous les bailliages que les Grifons tiennent en Italie, Bellinione, Lugan, Lucarno, &c. Leur fituation fe prouve encore par celle de leur capitale, *Ofcela*, qu'on appelle aujourd'hui *Domo d'Offela*, & par l'une des principales vallées que ce peuple a occupées, nommée *Val Leventina*, comme qui diroit *Lepontina*, qui eft à la fource du Téfin.

LEPORIE, *Leporia*, (*Géogr.*) c'eft le nom qu'on donne à la partie de la Laponie qui appartient à la Ruffie. On la divife en maritime, ou *mourmans-koy*, où eft Kéla, port de mer; en *Leporie Ters-koy*, fur la mer Blanche, & en *Leporie*, *Bella-Moresky*, qui eft au-deffus de la mer Blanche.

LEPRIUM, autrement LEPREUM, LEPREON, LEPREUS, (*Géogr. anc.*) ancienne ville du Péloponnefe dans l'Elide, affez près des confins de l'Arcadie. Niger croit que le nom moderne eft *Chaiapa*. (*D. J.*)

LEPRE, f. f. (*Méd.*) cette maladie tire fon nom des *écailles* dont tout le corps ou quelques-unes des parties de ceux qu'elle attaque font recouvertes. Le mot grec λέπρη eft formé απο των λεπιδων, qui fignifient en françois *écailles*. On compte ordinairement deux efpeces principales de *lepre*; favoir la *lepre des Grecs*, que les Arabes appelloient tantôt *albaras nigra*, & tantôt *albaras alba*, fuivant qu'ils trouvoient plus ou moins d'intenfité dans les fymptômes: les Latins ont prétendu la défigner fous le nom d'*impetigo*; l'autre efpece eft la *lepre des Arabes*, dont le nom grec eft ελεφαντιασις, *éléphantiafe*. *Voyez ce mot*. Il paroît par les defcriptions les plus exactes qui nous en reftent, que ce n'eft qu'une & même maladie; que l'*impetigo* des Latins en eft le commencement, le premier degré, l'état le plus doux; la *lepre des Grecs*, le fecond degré, & enfin la *lepre des Arabes* ou l'*éléphantiafe* le plus haut & dernier période; quant aux variétés qu'on obferve dans les différens auteurs qui ont vu par eux-mêmes, il eft clair qu'elles doivent plutôt être attribuées à la diverfité de climats, de pays, de température, de fujet même, qu'à l'exactitude de ces écrivains.

La *lepre* commence à fe manifefter par l'éruption de puftules rouges plus ou moins abondantes, quelquefois folitaires, le plus fouvent entaffées les unes fur les autres dans différentes parties du corps, furtout aux bras & aux jambes; à la bafe de ces premieres puftules naiffent bientôt d'autres qui fe multiplient & s'étendent extrêmement en forme de grappes; leur furface devient en peu de tems rude, blanchâtre, écailleufe; les écailles qu'on détache en fe grattant font tout-à-fait femblables, au rapport d'*Avicenne*, à celles des poiffons: d'abord qu'on les a enlevées, on apperçoit un léger fuintement d'une fanie ichoreufe qui occafionne un prurotement défagréable ou une démangeaifon: il n'eft point marqué dans les auteurs fi la démangeaifon eft continuelle. A mefure que la maladie la fice à elle-même on combattue par des remedes inefficaces fait des progrès, les puftules fe répandent, occupent le membre entier, & enfuite les autres parties, & fucceffivement tout le corps; elles deviennent alors, fuivant Celfe, livides, noirâtres, ulcérées; le corps ainfi couvert d'un ulcere univerfel, préfente à l'œil le fpectacle le plus affreux & exhale une odeur infoutenable; une maigreur exceffive acheve de le défigurer; le vifage, les levres & les extrémités inférieures & fupérieures s'enflent prodigieufement, fouvent au point qu'on ne peut appercevoir qu'à peine les doigts enfoncés dans les caches fous la tumeur: furvient enfin une fievre lente qui confume en peu de tems le malade. Cette cruelle maladie étoit très-commune autrefois, fur-tout dans les pays chauds, dans la Syrie, l'Egypte, la Judée, à Alexandrie, &c. Willis affure que les habitans de la Cornouaille, province maritime d'Angleterre y étoient anciennement très-fujets. Les auteurs contemporains ont obfervé (cette obfervation eft remarquable par rapport à la vérole) que la *lepre* n'attaquoit jamais les enfans avant l'âge de puberté ou d'adulte, ni les eunuques, fuivant la remarque d'Archigene, & Aëtius rapporte que quelques perfonnes de fon tems fe faifoient châtrer pour s'en exempter. On croit que cette maladie n'exifte plus à préfent, du-moins il eft certain qu'elle n'eft plus connue dans le monde civilifé. Le docteur Town raconte qu'il y a dans la Nigritie une maladie qui lui eft fort analogue, & qui attaque également les negres & les blancs d'abord qu'ils font réduits au même régime, qu'ils éprouvent l'intemperie des faifons, & qu'ils font les mêmes travaux; après que les mila ies ont refté quelque tems maigres, languiffans, cachectiques, leurs jambes s'enflent, deviennent œdémateufes; peu après les veines se distendent, il s'y forme des varices depuis le genou jusqu'à l'extrémité des orteils, la peau devient dure, inégale, raboteuse, se couvre d'écailles qui ne se desséchent point, mais qui s'augmentent de façon à grossir prodigieusement la jambe ; dans cet état toutes les fonctions se font à l'ordinaire comme en santé, & le malade est propre à tous les ouvrages qui ne demandent point d'exercice. Quels que soient les rapports de cette maladie avec la *lepre*, il est certain qu'elle en differe essentiellement, de même que quelques maladies cutanées dont on voit de tems en tems des exemples, & qui n'ont que quelque ressemblance extérieure avec la *lepre* sans en avoir la contagion, le caractere distinctif & spécial. Le tems auquel on a cessé d'observer la *lepre*, est à peu près l'époque de la premiere invasion de la vérole dans notre monde. Il y a, comme on voit, une espece de compensation, de façon que nous gagnons d'un côté ce que nous perdons de l'autre. On pourroit assurer qu'il y a à peu près toujours la même somme de maladie, lorsque quelqu'une cesse de paroître, nous lui en voyons ordinairement succéder une autre qu'on croit inobservée par les anciens : souvent ce n'est qu'un changement de forme ; cette vicissitude & cette succession de maladies a trop peu frappé les médecins observateurs. Les Arabes sont presque les derniers auteurs qui en parlent comme témoins oculaires, & d'après leur propre observation. Les symptomes par lesquels la vérole se manifesta dans les commencemens, avoit beaucoup de rapport à ceux de la *lepre*. *Voyez* VÉROLE. Et c'est sur ce fondement que plusieurs auteurs ont établi l'antiquité de la vérole, prétendant qu'elle n'étoit autre chose que la *lepre* des anciens : d'autres tombant aussi vraissemblablement dans l'excès, ont pris le parti absolument contraire, & ont soutenu que la *lepre* & la vérole étoient deux maladies totalement différentes ; il y a tout lieu de penser que les uns & les autres ont trop généralisé leurs prétentions : les premiers n'ont pas assez pesé les différences qu'il y a dans les symptomes, les causes, la curation & la maniere dont la contagion se propage ; les seconds ont trop appuyé sur ces différences & sur d'autres encore plus frivoles ; ils n'ont pas fait attention que la *lepre* se communique de même que la vérole par le coit, qu'elle n'affecte point les âges qui n'y sont pas propres ; que lorsqu'elle se communique par cette voie, il survient aux parties génitales des accidens particuliers, tels que *flux involontaires de semences, ardeur d'urine, pustules, ulceres à la verge, &c.* comme Jean Gadderden & Avicenne l'ont exactement remarqué. On pourroit aussi leur faire observer que les maladies de cette espece qui ont une cause particuliere, spécifique, ne paroîtront pas toujours avec les mêmes symptomes ; qu'après qu'elles ont duré un certain tems, elles sont plus douces, plus modérées ; elles semblent affoiblies & comme usées par la propagation. On pourroit presque comparer ce qui arrive à ces maladies à ce qu'on observé sur un fil d'argent qu'on dore ; à mesure qu'on étend ce fil, on l'émincit & on diminue à proportion la quantité d'or qui se trouve dans chaque partie ; d'ailleurs il peut arriver dans ce *virus* diverses combinaisons ; il est susceptible de modification, de changement, &c. & ce ne seroit surement pas une opinion dénuée de vraissemblance, que de présumer que le *virus* vérolique n'est qu'une combinaison particuliere du *virus* lépreux, & que la vérole n'est qu'une *lepre* dégénérée, altérée, &c. *Voyez* VÉROLE.

La *lepre* est une maladie particuliere de l'espece de celles qui sont entretenues par un vice spécial du sang ou de quelqu'humeur qu'on appelle *virus*; elle ne dépend point, ou que très-peu, de l'action des causes ordinaires. Les anciens avoient fait consister le virus dans une surabondance particuliere d'humeur mélancholique ou de bile noire, différente de celle qui excitoit l'hyppocondriacité, la maladie noire, les fievres quartes, &c. pour nous nous ignorons absolument sa nature, sa maniere d'agir ; le méchanisme de l'éruption, qui en est la suite, n'est pas différent de celui des autres maladies éruptives. *Voyez au mot* PETITE VÉROLE, GALE, &c. Tout ce que nous savons de certain, c'est que la *lepre* est une maladie contagieuse, & que les *miasmes* qui propagent la contagion, ne sont pas aussi fixes que ceux de la vérole. Avicenne prétend qu'ils sont assez volatils pour infecter l'air, & qu'ainsi la *lepre* se communique par la simple fréquentation ou voisinage des personnes infectées ; cette idée étoit universellement reçue, puisqu'on étoit obligé de séparer de la société & de renfermer ceux qui en étoient attaqués ; Moïse fit des lois pour ordonner cette séparation, & régler la maniere dont elle devoit se faire, & nous lisons dans les livres sacrés, que sa sœur étant attaquée de cette maladie, fut mise hors du camp pour prévenir les suites funestes de la contagion ; on a bâti dans plusieurs pays des hôpitaux, appellés de *S. Lazare*, dont la fondation étoit de donner à ces malheureux des secours qui leur étoient refusés par des parens ou domestiques justement allarmés pour leur propre santé. Cette maladie ou la disposition à cette maladie se transmet héréditairement des parens aux enfans ; elle se communique par le coit, & par le simple coucher ; Scultetus raconte que plusieurs personnes ont contracté cette maladie pour avoir mangé de la chair de lépreux. Le même auteur assure que l'usage de la chair humaine même saine, produit la même effet. *Porta. mam. chirurg. observ.* 100. L'on craignoit aussi beaucoup autrefois, pour la même raison, la viande de cochon, & l'usage immodéré du poisson ; & c'est dans le dessein de prévenir les ravages que fait cette affreuse maladie, que le prudent législateur des Juifs leur défendit ces mets. Ces lois s'exécutent, sur-tout à l'égard du cochon, encore aujourd'hui très-rigoureusement chez les malheureux restes de cette nation. Quelques auteurs assurent que des excès fréquens en liqueurs ardentes, aromatiques, en vins sur-tout aigres, en viandes épicées, endurcies par le sel & la fumée, sur-tout dans les pays chauds, disposoient beaucoup à cette maladie ; c'est un pareil régime que Willis attribue la *lepre* commune aux Cornouailliens ; mais ces causes ne sont pas constatées, & même si l'on veut parcourir les nations chez lesquelles la *lepre* étoit comme endémiale, il sera facile d'observer que ce genre de vie, qu'on regarde comme cause de la *lepre*, n'y étoit point suivi, ou moins que chez d'autres peuples qui en étoient exempts ; il y en a qui ont avancé que le coit avec une femme dans le tems qu'elle a ses regles, étoit une des causes les plus ordinaires de la *lepre* ; il n'est personne qui ne sente le ridicule de telles causes d'assertion. On a aussi quelquefois, comme il arrive dans les choses fort obscures, eu recours pour trouver les causes de cette maladie, aux conjonctions particulieres des astres, & à la vengeance particuliere des dieux, à l'ignorance, la superstition, ou même la politique peuvent faire recourir à de semblables causes.

Dans les tems & les pays où la *lepre* étoit très-commune, il n'étoit pas possible de s'y méprendre, l'habitude suffisoit pour la faire distinguer des autres maladies cutanées avec lesquelles elle pouvoit avoir quelque ressemblance ; si elle paroissoit de nos jours, quelqu'inaccoutumés que nous soyons à la voir, les descriptions détaillées que nous en avons, mais plus que tout un génie contagieux épidémique, pourroient aisément nous la faire reconnoître ; d'ailleurs il n'y auroit pas grand rifque à la confondre avec les autres maladies cutanées; la vérole peut auſſi, dans certains cas, en impoſer pour la *lepre*. J'ai vu une jeune femme dont toutes les parties du corps étoient couvertes de puſtules écailleuſes aſſez larges, ſemblables à celles qui paroiſſent dans la *lepre* ; pendant l'uſage des frictions mercurielles que je lui fis adminiſtrer, tous les autres ſymptomes vénériens ſe diſſiperent, ces puſtules s'applanirent par la chute de groſſes écailles, & la peau revint enſuite, moyennant quelques bains, dans ſon état naturel. Je ſuis très-perſuadé que dans pareil cas une erreur dans le diagnoſtic ne peut avoir aucune ſuite funeſte.

Malgré l'appareil effrayant que préſente la *lepre*, on a obſervé qu'elle étoit rarement mortelle, & qu'elle n'étoit accompagnée d'aucun danger preſſant. On a vu des lépreux vivre pendant pluſieurs années, ſans autre incommodité ou plutôt n'ayant que le déſagrément d'avoir la peau ainſi défigurée. Lorſque la *lepre* ne fait que commencer, qu'elle eſt encore dans le premier degré que nous avons appellé avec les Latins *impetigo*, on peut ſe flatter de la guérir; les remedes que les anciens employoient réuſſiſſoient ordinairement. Dans le ſecond degré, ou la *lepre des Grecs*, on ne guériſſoit que rarement & à la longue, & la guériſon étoit le plus ſouvent très-imparfaite; pour la *lepre des Arabes* ou l'*éléphantiaſe*, les remedes qu'un ſuccès heureux & conſtant faiſoit regarder comme plus appropriés à cette maladie dans les commencemens, ne produiſoient dans ces derniers tems aucun effet, pas même le moindre changement en bien, toutes les tentatives étoient infructueuſes; c'eſt pourquoi Celſe conſeille dans ce cas de ne point fatiguer le malade par des remedes dont l'inutilité eſt ſi conſtatée.

Dans la curation de *la lepre*, les anciens avoient principalement égard à l'humeur mélancolique qu'ils regardoient comme la cauſe de cette maladie; cette idée n'eſt point tout-à-fait ſans fondement, elle eſt ſur-tout utilement applicable au traitement des autres maladies cutanées; en conſéquence ils ſe ſervoient beaucoup des *mélanagogues*, des hépatiques fondans, de l'aloès, de l'ellébore, de la coloquinte, de l'extrait de fumeterre, &c. ils joignoient à ces remedes plus particuliers l'uſage d'une quantité d'autres remedes généraux dont on a encore augmenté le catalogue dans les derniers tems; les purgatifs, la ſaignée, le petit-lait à haute doſe, les eaux acidules, les ſucs d'herbes, les décoctions ſudorifiques, les martiaux & le mercure ſont ceux qu'on employoit le plus fréquemment; ſans doute on en avoit obſervé de meilleurs effets ; parmi les ſudorifiques, on a beaucoup vanté les viperes: Aretée, Galien, Aëtius, Avicenne, Rhazès, aſſurent que dans la *lepre* même confirmée, c'eſt un remede très-efficace ; ils ne promettent de ſon uſage rien moins qu'un renouvellement total de la conſtitution du corps ; la connoiſſance de leurs vertus eſt dûe, ſuivant Galien, au hazard ; cet auteur raconte que quelques perſonnes touchées de compaſſion envers un miſérable lépreux, & ſe croyant dans l'impoſſibilité de le guérir, réſolurent de mettre fin à ſes ſouffrances en l'empoiſonnant ; pour cet effet, ils lui donnerent de l'eau dans laquelle on avoit laiſſé long-tems une vipere ; l'effet ne répondit point à leur attente, & le remede loin de précipiter la mort opéra une parfaite guériſon, *fides ſit penès auctorem*. Il s'en faut bien que la chair de viperes mangée, ou miſe en décoction, produiſe des effets auſſi ſenſibles: *Voyez* VIPERE. La maniere dont Solenander les employoit ne paroit pas, toute ſinguliere qu'elle eſt, lour donner plus d'efficacité ; cet Auteur preſcrit deux ou trois viperes, ou à leur défaut, des ſerpens, qu'il coupoit tous vivans par morceaux, & les mêloit enſuite avec de l'orge ; il faiſoit bouillir le tout juſqu'à ce que l'orge s'ouvrît, alors il s'en ſervoit pour nourrir des jeunes poulets ; ne leur donnant aucune autre nourriture ; après quelques jours les plumes tomboient aux poulets, & dès qu'elles étoient revenues, il les tuoit & en faiſoit manger la chair & prendre le bouillon aux malades ; il aſſure que par cette méthode, il a très-ſouvent guéri des lépreux. Les ſels volatils qu'on retire de la vipere, ou de la corne de cerf, paroiſſent mériter à plus juſte titre tous ces éloges ; leur action eſt inconteſtable, très-forte, & vraiſemblablement avantageuſe, dans le cas dont il s'agit. Quelqu'indiqués que paroiſſent les mercuriaux dans cette maladie, les expériences que Willis en a fait ne ſont point en leur faveur ; il les a employés dans deux cas où ils n'ont operé qu'un effet paſſager, ils n'ont fait qu'adoucir & pallier pour un tems les ſymptômes qui ont recommencé après de nouveau & même avec plus de force. Toutes les applications extérieures doivent, à mon avis, être bannies de la pratique dans cette maladie; ſi elles ne ſont pas adouciſſantes, elles ne peuvent faire aucun bien, elles ſont exactement inutiles ; pour peu qu'elles ſoient actives elles exigent beaucoup de circonſpection dans leur uſage, qui peut dans bien des cas être dangereux & qui n'eſt jamais exactement curatif. Les bains ſimples, ou compoſés avec des eaux minerales ſulphureuſes, telles que celles de Barreges, de Bannieres, &c. ſont les remedes les plus appropriés, ſoit pour operer la guériſon, ſoit pour la rendre parfaite, en donnant à la peau ſa couleur & ſa ſoupleſſe naturelle ; ces mêmes eaux priſes intérieurement ne peuvent auſſi qu'être très-avantageuſes. Il ne faut cependant pas diſſimuler que l'effet de tous ces remedes n'eſt pas conſtant, encore moins univerſel; nous avons déja remarqué que la *lepre* confirmée réſiſtoit opiniâtrement à toutes fortes de remedes, qui-dépend probablement moins d'une incurabilité abſolue, que du défaut d'un véritable ſpécifique. (*M*)

LEPROSERIE, ſ. f. (*Hiſt.*) MALADRERIE ; mais ce terme ne ſe ſoutient plus que dans le ſtyle du palais, dans les actes & dans les titres, pour ſignifier une *maladrerie* en général. En effet, il ne s'appliquoit autrefois qu'aux ſeuls hôpitaux, deſtinés pour les lépreux. Matthieu Paris comptoit dix-neuf mille de ces hôpitaux dans la chrétienté, & cela pouvoit bien être, puiſque Louis VIII. dans ſon teſtament fait en 1225, legue cent ſols, qui reviennent à environ 84 livres d'aujourd'hui, à chacune des deux mille *léproſeries* de ſon royaume.

La maladie pour laquelle on fit bâtir ce nombre prodigieux d'hôpitaux, a toujours eu, comme la peſte, ſon ſiège principal en Egypte, d'où elle paſſa chez les Juifs, qui tirerent des Egyptiens les mêmes pratiques pour s'en préſerver ; mais nous n'avons pas eu l'avantage d'en être inſtruits.

Il paroît que Moiſe ne preſcrit point de remedes naturels pour guérir la lepre; il renvoye les malades entre les mains des prêtres ; & d'ailleurs il caracteriſe aſſez bien la maladie, mais non pas avec l'exactitude d'Arétée parmi les Grecs, *liv. IV. chap. xiij.* & de Celſe parmi les Romains, *liv. III. chap. xxv.*

Proſper Alpin remarque que dans ſon tems, c'eſt-à-dire, ſur la fin du ſeizieme ſiecle, la lepre étoit encore commune en Egypte. Nos voyageurs modernes, & en particulier Maundrel, diſent qu'en Orient & dans la Paleſtine, ce mal attaque principalement les jambes, qui deviennent enflées, écailleuſes & ulcéreuſes.

Le D. Townes a obſervé qu'une pareille lépre regne parmi les eſclaves en Négritie ; l'enflure de leurs jambes, & les écailles qui les couvrent vont toujours en augmentant ; & quoique cette écorce écailleuse paroisse dure & insensible, cependant pour peu qu'on en effleure la surface avec la lancette, le sang en sort librement. On a tenté jusqu'à ce jour sans succès la cure de ce mal éléphantiatique.

L'histoire raconte que les soldats de Pompée revenant de Syrie, rapporterent pour la première fois en Italie, une maladie assez semblable à la lèpre même. Aucun reglement fait alors pour en arrêter les progrès, n'est parvenu jusqu'à nous ; mais il y a beaucoup d'apparence qu'on fit des reglemens utiles, puisque ce mal fut suspendu jusqu'au tems des Lombards.

Rotharis qui les gouvernoit avec tant de gloire au milieu du septieme siecle, ayant été instruit de l'étendue & des ravages de cette maladie, trouva le moyen le plus propre d'y couper court. Il ne se contenta pas de reléguer les malades dans un endroit particulier, il ordonna de plus, que tout lépreux chassé de sa maison, ne pourroit disposer de ses biens, parceque du moment qu'il avoit été mis hors de sa maison, il étoit censé mort. C'est ainsi que pour empêcher toute communication avec les lépreux, sa loi les rendit incapables des effets civils.

Je pense avec M. de Montesquieu, que ce mal reprit naissance pour la seconde fois en Italie, par les conquêtes des empereurs Grecs, dans les armées desquels il y avoit des milices de la Palestine & de l'Egypte. Quoi qu'il en soit, les progrès en furent arrêtés jusqu'au tems malheureux des croisades, qui répandirent la lepre, non pas dans un seul coin de l'Europe, mais dans tous les pays qui la composent, & pour lors, on établit par-tout des *léproseries*.

Ainsi les chrétiens après avoir élevé de nouveaux royaumes de courte durée, dépeuplé le monde, ravagé la terre, commis tant de crimes, de grandes & d'infâmes actions, ne rapporterent enfin que la lepre pour fruit de leurs entreprises. Cette cruelle maladie dura long-tems par son étendue dans le corps du petit peuple, par le manque de connoissence dans la maniere de le traiter, par le peu d'usage du linge, & par la pauvreté des pays, ou pour mieux dire leur extrême misere, car les *léproseries* manquoient de tout ; & ces cliquettes ou barils qu'on faisoit porter aux lépreux pour les distinguer, n'étoient pas un remede pour les guérir. (*D. J.*)

LEPSIS, s. f. λῆψις, *sumptio*, en *Musique*, est une des parties de l'ancienne mélopée, par laquelle le compositeur discerne s'il doit placer son chant dans le système des sons bas, qu'ils appellent *hypatoïdes* ; dans celui des sons aigus, qu'ils appellent *nétoïdes* ; ou dans celui des sons moyens, qu'ils appellent *mésoïdes*. *Voyez* MELOPÉE. (*S*)

LEPTIS, (*Géog. anc.*) les anciens distinguent deux *leptis*, l'une qu'ils nomment la grande, *magna*; & l'autre la petite, *parva ou minor*.

Leptis magna, la grande *Leptis*, étoit une ville & colonie romaine en Afrique, dans la contrée nommée *Syrtique*, & l'une des trois qui donnerent le nom de *Tripolis* à cette contrée.

Leptis, en qualité de colonie romaine, est nommée sur les médailles, COL. VIC. JUL. LEP. *Colonia Victrix, Julia, Leptis*, c'est-à-dire Leptis, colonie victorieuse Julienne. Cette ville devint épiscopale, & son évêque est désigné le premier entre les évêques de la province Tripolitaine.

Leptis parva ou *Leptis minor*, la petite *Leptis* étoit une ville d'Afrique, dans la Byzacène. La table de Peutinger dit, *Lepte minus*. Il ne faut pas croire, pour ces noms de *parva*, *minor* ou *minus*, que ce fût une petite ville ; elle ne s'appelloit ainsi, que par rapport à l'autre *Leptis*, & pour les distinguer; car du reste, c'étoit une belle & grande ville, *liberum oppidum*, ville libre, dit Pline, *liv. V. chap. iv.*

Libera civitas, & *immunis*, ville libre & franche, dit Hirtius, *ch. vij*. César y mit six cohortes en garnison. Elle étoit aussi épiscopale, & la notice d'Afrique, nomme évêque dans la Byzacène, *Fortunatianus, Leptiminensis*.

La grande *Leptis* est nommée *Lépide* par Marmol; *Lepeda* par Baudrand, *Lesida* par le fleur Lucas. La petite *Leptis* est appellée *Lepté* par Corneille, & *Tilepté* par M. l'Abbé Fleuri, & par Dupin (*D. J.*)

LEPTUM, s. m. (*Monn. anc.*) petite monnoie des anciens Romains, qui valoit selon les uns, la huitieme partie d'une obole, & qui selon d'autres, étoit une drachme de cuivre ou d'argent. (*D. J.*)

LEPTURGUS, s. m. (*Litt. greq.*) On nommoit en grec λεπτουργος, & en latin *tenuarii*, des ouvriers qui s'occupoient à faire ces *pallia bombicina*, ces robes fines, ces habits transparens, ces gazes de Cos, si fort en vogue dans le tems de la dépravation des mœurs des Grecs & des Romains.

Rosinus nous décrit l'usage & la variété de ces nuages de lin ou de soie, qu'un poète nommoit si heureusement *ventos textiles*. Les planches en grand nombre d'Herculanum, *tab.* 17, 18, 19, 20, 21, 22, 23, 25, *du tom. I.* nous représentent de très-jolies bacchantes revêtues en dansant de ces robes de gaze ; c'est dans ce même habit qu'Apulée dépeint Vénus, *qualis erat dùm virgo, nudo & intecto corpore, perfectam formositatem professa, nisi quod tenui pallio bombicino inumbrabat spectabilem pubem. Voyez* GAZE DE] COS. (*D. J.*)

LEQUIOS, ou LIQUIOS, ou RIUKU, (*Géog.*) ce sont plusieurs iles de l'Océan oriental, au nombre de six principales ; ce petit Archipel coupe obliquement le 145 dégré de long. vers les 26 ou 27 de lat. au sud-ouest de Saxuma, province du Japon, dont elles dépendent, un roi de Saxuma en ayant fait la conquête vers l'an 1610.

Le langage du pays est une espece de chinois corrompu, parce que dans la derniere révolution de la Chine, plusieurs des habitans de ce vaste empire se réfugierent dans ces îles, où ils s'appliquerent au négoce. Depuis que le commerce du Japon est fermé aux étrangers, les insulaires *Lequios* ne sont reçus que dans un port de la province de Saxuma, pour le débit de quelques marchandises, jusqu'à la concurrence de 23 caisses d'argent par an ; mais ils ne sont ni moins habiles, ni moins heureux que les Chinois, à faire la contrebande. *Voyez* les détails dans Kœmpfer, & le P. Charlevoix, *Hist. du Japon*. (*D. J.*)

LERICE, (*Gram.*) en latin *erix*, ou *ericis portus*, bourg ou petite ville d'Italie, avec une espece de port sur la côte orientale du golfe de la Spécia, dans l'état de Gènes, à 5 milles de la Spécia, & à 40 de Porto-fino. *Long.* 27. 30. *lat.* 44, 5.

LERIDA, (*Géog.*) ancienne & forte ville d'Espagne, dans la Catalogne, avec un évêché considérable suffragant de Tarragone, une université, & un bon château. Il s'y tint un concile en 528. Jacques I. roi d'Aragon, s'en empara sur les Maures, en 1238. Le grand Condé fut obligé d'en lever le siege dans le dernier siecle. Les Catalans la prirent en 1705. Elle est proche la riviere de Segre, dans un terroir fertile, à 6 lieues sud-ouest de Balaguer, 16 nord-ouest de Tarragone, 30 nord-ouest de Barcelone, 76 nord-est de Madrid.

Les Anciens ont connu *Lérida*, sous le nom d'*Ilerda*, dont le nom moderne n'est qu'une espece d'anagramme ; elle se rendit célebre dans l'antiquité, par son commerce, & par la victoire que Jules-César y remporta sur les lieutenans du grand Pompée. *Long.* 18. 10. *lat.* 41. 31. (*D. J.*)

LERJEONS, s. m. pl. (*Pêche.*) terme de pêche usité dans le ressort de l'amirauté de Bourdeaux ;

ce font des efpeces de tramaux ou filets tramaillés. *Voyez* TRAMAUX.

LÉRINS, (LES ILES DE) *Lerinæ infulæ*, *Géog.* nom de deux petites îles de la mer Méditerranée, fur là côte de Provence, à 2 lieues d'Antibes.

Celle des deux îles, qui eft le plus près de la côte, a une lieue & demie de long, fur une demi-lieue de large ; elle s'appelle *l'île fainte Marguerite*, & eft la *Lero* ou *Lerone* des anciens. Elle a une forte de fortereffe, avec une garnifon d'invalides, pour y garder les prifonniers d'état.

L'autre île eft nommée des anciens *Lerina*, *Lerinum*, *Lerinus*. Tacite, *l. I. de fes Annales*, rapporte qu'Augufte y avoit relegué Agrippa fon neveu. On l'appelle aujourd'hui *l'île faint Honorat*, parce que ce faint en 410 la choifit pour fa retraite, & y fonda le monaftere de *Lérins*, qui fuit la regle de faint Benoit. L'île faint Honorat eft du côté de l'oueft, plus baffe & plus petite que l'île fainte Marguerite.

LERME, (*Géog.*) petite ville d'Efpagne, dans la vieille Caftille, érigée en duché par Philippes III. en 1599, en faveur de fon favori & premier miniftre le duc de Lerme, qui devint cardinal après la mort de fa femme, & qui y bâtit le château de Lerme. La ville eft fur la petite riviere d'Arlanzon, à 6 lieues de Burgos, & à 12 de Valladolid. *Long. 14. 15. lat. 51. 36.*

LERNE, (*Géog. anc. Mythol. & Litt.*) marais du Péloponnèfe, au royaume d'Argos.

Il eft célebre dans les tems fabuleux, par le meurtre des fils d'Œgyptus ; car ce fut-là, dit Paufanias, *l. II. c. xxiv.* que les filles de Danaüs, leurs fiancées, les égorgerent, & leurs corps y furent inhumés, mais leurs têtes furent portées à Argos, & l'on y montroit leur fépulture, fur le chemin de la citadelle.

Lerne n'eft pas moins célebre dans les écrits des Poëtes, par cette hydre à fept têtes, dont Hercule triompha ; ce qui fignifie, nous difent les Mythologiftes, autant de fources qui fe perdoient dans ce marais, & qu'Hercule détourna pour le deffécher.

Quoiqu'il en foit, ce lieu étoit réputé mal-fain, & les affaffinats qu'on y avoit commis, obligerent plufieurs fois de le purifier. Ce font ces purifications, qui fuivant Strabon, donnerent naiffance à une expreffion proverbiale, λερνὴ κακῶν, *Lerne de maux*, expreffion, ajoute ce géographe, que les modernes interpretes des proverbes, comme Zénobius, Diogénianius, & autres, ont prétendu expliquer, en fuppofant qu'on voituroit à *Lerne* tous les immondices d'Argos.

Le marais de *Lerne* s'écouloit dans une petite riviere qui entrant dans la Laconie, portoit fes eaux dans la mer, & au nord de fon embouchure.

Entre la riviere de *Lerne* & les confins d'Argos, étoit une petite ville du même nom *Lerna*, que le marais & la riviere. C'eft du moins de cette maniere, que M. de Lille, dans fa belle carte de l'ancienne Grece, concilie les divers auteurs qui parlent de *Lerne*, les uns comme d'une ville, d'autres comme riviere, & d'autres enfin comme un marais infect & mal-fain. M. l'abbé Fourmont en 1729, n'a vû ni ville, ni riviere, ni marais, mais une fimple fontaine qu'on nomme *Lerne*, & qui eft à 200 pas de la mer.

LERNECA, (*Géog.*) ancienne ville de Chypre, qui a dû être autrefois confidérable, à en juger par fes ruines. Elles forment encore un village de ce nom, fur la côte méridionale de l'île de Chypre ; ce village a une bonne rade, & un petit fort pour fa défenfe. (*D. J.*)

LERNÉES, (*Littérat.*) fêtes ou myfteres qu'on célebroit à Lerna, petite ville près d'Argos, en

l'honneur de Bacchus & de Cérès. La déeffe y avoit un bois facré, tout en platanes, & au milieu du bois étoit fa ftatue de marbre qui la repréfentoit affife ; Bacchus y avoit auffi fa ftatue ; mais quant aux facrifices nocturnes qui s'y font tous les ans à l'honneur de ce dieu, dit Paufanias, il ne m'eft pas permis de les divulguer. (*D. J.*)

LÉROS, (*Géog. anc.*) le nom moderne eft *Léro*, île d'Afie, dans la mer Egée, *l'Archipel*, l'une des fporades, fur la côte de Cane ; c'étoit une des colonies des Miléfiens ; fes habitans avoient affez mauvaife réputation du côté de la probité, fi nous en jugeons par une épigramme de Phocydide, qui fe trouve dans l'anthologie ; mais au lieu de l'original que peu de lecteurs entendroient, j'y fubftituerai la traduction qu'en a faite M. Chevreau dans fes *Œuvres mêlées*, *p.* 369.

Ceux de Léros ne valent rien,
Hors Patrocle pourtant qui malgré fa naiffance
A paffé jufqu'ici pour un homme de bien ;
Mais quand avec Patrocle on a fait connoiffance,
Encore s'apperçoit-on qu'il tient du Lérien.

Long. de Léro 44. 40. *lat.* 37. (*D. J.*)

LEROT, f. m. (*Hift. nat. quadrup.*) *mus avellanarum major*, Raï, *fynop. anim. quadr.* rat dormeur un peu plus petit que le loir ; il en differe principalement en ce qu'il n'a de longs poils qu'au bout de la queue. Ses yeux font entourés d'une bande noire qui s'étend en avant jufqu'à la mouftache, & en arriere jufqu'au-delà de l'oreille, en paffant par-deffus l'œil. La face fupérieure du corps eft de couleur fauve, mêlée de cendré brun, & de brun noirâtre ; la face inférieure eft une couleur blanche, avec des teintes jaunâtres & cendrées. Le *lerot* eft plus commun que le loir ; on l'appelle auffi *rat blanc* ; il fe trouve dans les jardins, & quelquefois dans les maifons ; il fe niche dans des trous de murailles, près des arbres en efpalier, dont il mange les fruits ; il grimpe auffi fur les arbres élevés, tels que les poiriers, les abricotiers, les pruniers, & lorfque les fruits lui manquent, il mange des amandes, des noifettes, des noix, &*c*. & même des graines légumineufes ; ce rat tranfporte des provifions dans des trous en terre, dans des creux d'arbres, ou dans des fentes de vieux murs, qu'il garnit de mouffe, d'herbe, & de feuilles. Il refte engourdi & pelotonné durant le froid. Il s'accouple au printems ; la femelle met bas en été cinq ou fix petits à chaque portée. Le *lerot* a une auffi mauvaife odeur que le rat domeftique : auffi fa chair n'eft pas mangeable. On trouve des *lerots* dans tous les climats tempérés de l'Europe, & même en Pologne, en Pruffe, &*c*. *Hift. nat. génér. & part. tom. VIII. Voyez* RAT DORMEUR & QUADRUPEDE.

LESBOS, (*Géog. anc.*) île de la mer Egée, fur la côte de l'Afie mineure, & plus particulierement de l'Æolie. Strabon lui donne 137 milles & demi de tour, & Pline, felon la penfée d'Ifidore, 168 milles.

Elle tenoit le feptieme rang entre les plus grandes îles de la mer Méditerranée. Les Grecs fous la conduite de Graüs, arriere-petit-fils d'Orefte, fils d'Agamemnon, y établirent une colonie qui devint fi puiffante, qu'elle & la ville de Cumes pafferent pour la métropole de toutes les colonies grecques qui compofoient l'Æolide, & qui étoient environ au nombre de trente. Paufanias prétend que Penthilus fils d'Orefte, fut celui qui s'empara de l'île de *Lefbos*.

Elle avoit eu plufieurs noms ; Pline en rapporte fix, & néanmoins il ne dit rien de celui d'Iffa, que Strabon n'a pas oublié. Ce nom d'Iffa lui venoit d'Iffus fils de Macarée : le nom de *Macaria* lui venoit de Macarée pere d'Iſſus, & petit-fils de Jupiter, qui y avoit ſa réſidence. Avant Macarée, cette ile portoit le nom de *Pelaſgia*, parce qu'elle avoit été peuplée par les Pélaſges, ſes plus anciens habitans. On ſait que ſon nom de *Lesbos* lui vint de *Lesbus*, petit-fils d'Æole, gendre & ſucceſſeur de Macarée.

Cette ile eut juſqu'à neuf villes conſidérables; mais au tems de Strabon & de Pline, à peine en reſtoit-il quatre, Méthymne, Eréſe, Pyrrha, & Mytilène, d'où s'eſt formé le nom moderne de *Lesbos* qui eſt *Metelin. Voyez* METELIN, & MY-TILENE.

Thucydide, *l. III*. nous apprend que les Lesbiens abandonnerent le parti des Athéniens, pendant la guerre du Péloponneſe, & qu'ils en furent châtiés rigoureuſement. Peu s'en fallut que la ſentence qui condamnoit à mort tous les mâles de Mytilène au-deſſus de l'âge de puberté, ne fût miſe à exécution. Par bonheur, le contr'ordre des Athéniens arriva, lorſqu'on ſe préparoit à cet horrible maſſacre.

Lesbos étoit fameuſe par les perſonnes illuſtres qu'elle avoit produites, par la fertilité de ſon terroir, par ſes bons vins, par ſes marbres, & par beaucoup d'autres choſes.

Plutarque nous aſſure que les Lesbiens étoient les plus grands muſiciens de la Grece. Le fameux Arion, dont l'avanture ſur mer fit tant de bruit, étoit de Méthymne. Terpandre qui remporta quatre fois de ſuite le prix aux jeux Pythiques, qui calma la ſédition de Lacédémone par ſes chants mélodieux, accompagnés des ſons de la cithare; en un mot le même Terpandre qui mit le premier ſept cordes ſur la lyre, étoit lesbien, dit la chronique de Paros. C'eſt ce qui donna lieu à la fable de publier qu'on avoit entendu parler dans cette ile la tête d'Orphée, après qu'on l'eut tranchée en Thrace, comme l'explique ingénieuſement Euſtathe, dans ſes notes ſur Denys d'Alexandrie.

Pittacus l'un des ſept ſages, le poëte Alcée, qui vivoit dans la 44ᵉ Olympiade, l'aimable Sapho, le rhétoricien Diophanes, l'hiſtorien Théophane, étoient natifs de Mytilene. La ville d'Ereſe fut la patrie de Théophraſte & de Phanias, diſciples d'Ariſtote: le poëte Leſchez, à qui l'on attribue la petite Iliade, naquit à Pyrrha. Strabon ajoute aux illuſtres Lesbiens que nous avons nommés, Hellanicus l'hiſtorien, & Callias qui fit des notes intéreſſantes ſur les poëſies d'Alcée & de Sapho.

Si l'ile de *Lesbos* produiſoit des choſes célebres, elle n'étoit pas moins fertile en tout ce qui peut être néceſſaire ou agréable à la vie, & ſon ſol n'a point changé de nature. Ses vins n'ont rien perdu de leur premiere réputation; Strabon, Horace, Elien, Athénée, les trouveroient auſſi bons aujourd'hui, que de leur tems. Ariſtote à l'agonie, prononça en faveur du vin de *Lesbos*: il s'agiſſoit de laiſſer un ſucceſſeur du Lycée, qui ſoutînt la gloire de l'école péripatéticienne. Ménédeme de Rhodes, & Théophraſte de *Lesbos*, étoient les concurrens. Ariſtote, ſelon le récit d'Aulugelle, *liv. XIII. cap. v*. ſe fit apporter du vin de ces deux iles, & après avoir goûté avec attention, il s'écria devant ſes diſciples: « je trouve ces deux vins excellens, mais celui de » *Lesbos* eſt bien plus agréable »; voulant donner à connoitre par cette tournure, que Théophraſte l'emportoit autant ſur ſon compétiteur, que le vin de *Lesbos* ſur celui de Rhodes.

Triſtan donne le type d'une médaille de Géta, qui ſuivant Spartien, aimoit beaucoup le bon vin; le revers repréſente une Fortune, tenant de la main droite le gouvernail d'un vaiſſeau, & de l'autre une corne d'abondance, d'où parmi pluſieurs fruits, ſort une grappe de raiſin. Enfin, Pline releve le vin de cette ile par l'autorité d'Eraſiſtrate, l'un des plus grands medecins de l'antiquité. Le même auteur parle du jaſpe de *Lesbos* & de ſes hauts pins, qui donnent de la poix noire, & des planches pour la conſtruction des vaiſſeaux.

Voilà quelques-uns des beaux endroits par où l'on peut vanter cette île & ſes citoyens. D'un autre côté, leurs mœurs étoient ſi corrompues, que l'on faiſoit une grande injure à quelqu'un, de lui reprocher de vivre à la maniere des Lesbiens. Dans Golt-zius, il y a une médaille qui ne fait pas beaucoup d'honneur aux dames de cette ile. M. Tournefort, dont j'emprunte ces détails, ajoute qu'il devoit rendre la juſtice aux Lesbiennes de ſon tems, qu'elles étoient moins coquettes que les femmes de Milo & de l'Argenterie; que leur habit & leur coëffure étoient plus modeſtes; mais que les unes découvroient trop leur gorge, tandis que les autres donnant dans un excès différent, n'en laiſſoient voir que la rondeur au-travers d'un linge. (*D. J.*)

LESBOS, MARBRE DE, (*Hiſt. nat.*) marbre d'un bleu clair fort eſtimé des anciens, dont ils ornoient leurs édifices publics & formoient des vaſes; il ſe tiroit de l'île de *Lesbos* dans l'Archipel.

LESCAR, *ou* LASCAR, (*Géog.*) en latin moderne *Laſcura*, ville de France, dans le Béarn, avec un évêché ſuffragant d'Auſch. M. de Marca croit qu'elle fut bâtie vers l'an 1000, des ruines de *Beneharnum*, que détruiſirent les Normands l'an 845; d'autres ſavans prétendent que *Leſcar* fut fondée par Guillaume Sanche, duc de Gaſcogne, l'an 980 dans un lieu couvert d'un bois épais, où il n'y avoit nul veſtige de bâtiment. On la nomma *Leſcourre*, à cauſe des tournans de quelques ruiſſeaux qu'on appelloit dans la langue des Gaſcons, *eſcourre*, ou *eſcourre*; par la ſuite des tems, on a corrompu le mot *Leſcourre* en *Leſcar*.

Le même Guillaume Sanche, ſouverain du pays, établit dans ſa nouvelle ville l'évêché de *Leſcar*, qui vaut aujourd'hui 13 à 14 mille livres de rente; ſon évêque jouit de beaux priviléges, comme de préſider aux états de Béarn, & d'être premier conſeiller au parlement de Pau.

Les anciens titres nomment cet évêque *Laſcurrenſis*, & la ville de *Leſcar*, *Laſcurris*. La ville de *Leſcar* eſt ſituée ſur une colline, à une lieue N. O. de Pau. *Long*. 17. 5. *lat*. 43. 16.

LESCHE LA, (*Géog.*) M. de Liſle écrit la *Leſſe*, riviere des Pays bas, qui a ſa ſource au duché de Luxembourg, & ſe jette dans la Meuſe, un peu au-deſſous de Dinant. (*D. J.*)

LESCHÉ, ſ. m. (*Littérat.*) le *leſché* étoit un endroit particulier dans chaque ville de la Grece, où l'on ſe rendoit pour converſer; mais on donnoit le nom de *leſché* par excellence, aux ſalles publiques de Lacédémone, dans leſquelles on s'aſſembloit pour les affaires de l'état. C'étoit ici où le pere portoit lui-même ſon enfant nouveau né, & où les plus anciens de chaque tribu qui y étoient aſſemblés, le viſitoient; s'ils le trouvoient bien formé, fort, & vigoureux, ils ordonnoient qu'il fût nourri, & lui aſſignoient des neuf mille portions pour ſon héritage; ſi au contraire il ſe trouvoient mal-fait, délicat, & foible, ils l'envoyoient aux apothées, c'eſt-à-dire, dans le lieu où l'on expoſoit les enfans; Lycurgue l'avoit ainſi preferit, & Ariſtote lui-même approuve cette loi de Lycurgue. (*D. J.*)

LESCHÉNORE, (*Littérature.*) c'eſt un des ſurnoms que les Grecs donnerent à Apollon, comme au dieu protecteur des ſciences & des lieux où on s'aſſembloit pour en diſcourir. On voit par-là, que l'épithete de *Leſchénore* tiroit ſon origine de *leſché*, qui étoit en Grece une promenade, un portique, une ſalle, où l'on ſe rendoit pour converſer ſur différens ſujets. *Voyez* LESCHÉ.

LESCHERNUVIS, f. m. (*terme de relation.*) c'est, selon nos voyageurs, le nom qu'on donne en Perse au tribunal où l'on reçoit & où l'on examine les placets & requêtes de ceux qui demandent quelque chose au sophi, soit payement de dette ou d'appointement, soit récompense, ou quelque nouveau bienfait.

LESCHEZ LE, (*Géog.*) petite riviere de France en Gascogne, qui a sa source en Bigorre, & se jette dans l'Adour, à l'entrée de l'Armagnac.

LESE-MAJESTÉ, CRIME DE, (*Droit politique.*) c'est, selon Ulpien, un attentat formel contre l'empire, ou contre la vie de l'empereur. Puis donc que cet attentat tend directement à diſſoudre l'empire ou le gouvernement, & à détruire toute obligation des lois civiles, il eſt de la derniere importance d'en fixer la nature, comme a fait l'auteur de l'eſprit des lois dans plusieurs chapitres de ſon douzieme livre. Plus le crime eſt horrible, plus il eſt eſſentiel de n'en point donner le nom à une action qui ne l'eſt pas. Ainsi déclarer les faux-monnoyeurs coupables du *crime de leſe-majeſté*, c'eſt confondre les idées des choſes. Etendre ce crime au duel, à des conspirations contre un miniſtre d'état, un général d'armée, un gouverneur de province, ou bien à des rébellions de communautés, à des réceptions de lettres d'un prince avec lequel on eſt en guerre, faute d'avoir déclaré ſes lettres, c'eſt encore abuſer des termes. Enfin, c'eſt diminuer l'horreur du *crime de leſe majeſté*, que de porter ce nom ſur d'autres crimes. Voilà pourquoi je penſe que les diſtinctions de *crimes de leſe-majeſté* au premier, au ſecond, au troiſieme chef, ne forment qu'un langage barbare que nous avons emprunté des Romains. Quand la loi Julie eut établi bien de *crimes de leſe-majeſté*, il fallut néceſſairement diſtinguer ces crimes; mais nous ne devons pas être dans ce cas-là.

Qu'on examine le caractere des législateurs qui ont étendu le *crime de leſe-majeſté* à tant de choſes différentes, & l'on verra que c'étoient des uſurpateurs ou des tyrans, comme Augu{ſ}te & Tibere, ou comme Gratian, Valentinien, Arcadius, Honorius, des princes chancelans ſur le trône, eſclaves dans leurs palais, enfans dans le conſeil, étrangers aux armées, & qui ne gardérent l'empire, que parce qu'ils le donnerent tous les jours. L'un fit la loi de pourſuivre comme ſacrilège, quiconque douteroit du mérite de celui qu'il avoit choiſi pour quelque emploi. Un autre déclara que ceux qui attentent contre les miniſtres & les officiers du prince, ſont *criminels de leſe-majeſté*; & ce qui eſt encore plus honteux, c'eſt ſur cette loi que s'appuyoit le rapporteur de M. de Cinq-Mars, pour ſatisfaire la vengeance du cardinal de Richelieu.

La loi Julie déclaroit coupable de *leſe-majeſté*, celui qui fondroit des ſtatues de l'empereur qui avoient été réprouvées; celui qui vendroit des ſtatues de l'empereur qui n'avoient pas été conſacrées; & celui qui commettroit quelque action ſemblable; ce qui rendoit ce crime auſſi arbitraire, que ſi on l'établiſſoit par des allégories, des métaphores, ou des conſéquences.

Il y avoit dans la république de Rome une loi *de majeſtate*, contre ceux qui commettroient quelque attentat contre le peuple romain. Tibere ſe ſaiſit de cette loi, & l'appliqua non pas au cas pour lequel elle avoit été faite, mais à tout ce qui put ſervir ſa haine ou ſes défiances. Ce n'étoient pas ſeulement les actions qui tomboient dans le cas de cette loi, mais des paroles indiſcrettes, des ſignes, des ſonges, le ſilence même. Il n'y eut plus de liberté dans les feſtins, de confiance dans les parentés, de fidélité dans les eſclaves. La diſſimulation & la triſteſſe ſombre de Tibere ſe communiquant par-tout, l'amitié fut

regardée comme un écueil, l'ingénuité comme une imprudence, & la vertu comme une affectation qui pouvoit rappeller dans l'eſprit des peuples, le bonheur des tems précédens.

Les ſonges mis au rang des *crimes de leſe-majeſté*, eſt une idée qui fait frémir. Un certain Marſyas, dit Plutarque, raconte avoir ſongé qu'il coupoit la gorge à Denys; le tyran le fut, & le fit mourir, prétendant qu'il n'y auroit pas ſongé la nuit, s'il n'y avoit pas penſé le jour; mais quand il y auroit penſé, il faut pour établir un crime, que la penſée ſoit jointe à quelque action.

Les paroles indiſcretes, peu reſpectueuſes, devinrent la matiere de ce crime; mais il y a tant de différence entre l'indiſcretion, les termes peu meſurés, & la malice; & il y en a ſi peu dans les expreſſions qu'elles employoient, que la loi ne peut guere commettre les paroles à une peine capitale, à-moins qu'elle ne déclare expreſſément celles qu'elle y ſoumet. La plûpart du tems les paroles ne ſignifient quelque choſe, que par le ton dont on les dit; ſouvent en rediſant les mêmes paroles, on ne rend pas le même ſens, parce que ce ſens dépend de la liaiſon qu'elles ont avec d'autres choſes. Comment donc peut-on ſans tyrannie, en faire un *crime de leſe-majeſté*?

Dans le manifeſte de la feue czarine, donnée en 1740, contre la famille d'Olgourouki, un de ces princes eſt condamné à mort, pour avoir proféré des paroles indécentes qui avoient du rapport à la perſonne de l'impératrice. Un autre pour avoir malignement interprété ſes ſages diſpoſitions pour l'empire, & offenſé ſa perſonne ſacrée par des paroles peu reſpectueuſes. S'il eſt encore des pays où cette loi regne, la liberté, je dirai mieux, ſon ombre même, ne s'y trouve pas plus qu'en Ruſſie. Les paroles ne deviennent des crimes que lorſqu'elles accompagnent une action criminelle, qu'elles y ſont jointes, ou qu'elles la ſuivent. On renverſe tout, ſi l'on fait des paroles un crime capital.

Les écrits contiennent quelque choſe de plus permanent que les paroles; mais lorſqu'ils ne préparent pas au *crime de leſe-majeſté*, ils en ſont plûtôt dans la monarchie un ſujet de police, que de crime. Ils peuvent ces écrits, dit M. de Monteſquieu, amuſer la malignité générale, conſoler les mécontens, diminuer l'envie contre les places, donner au peuple la patience de ſouffrir, & le faire rire de ſes ſouffrances. Si quelque trait va contre le monarque, ce qui eſt rare, il eſt ſi haut que le trait n'arrive point juſques à lui: quelque décemvir en peut être effleuré, mais ce n'eſt pas un grand malheur pour l'état.

Je ne prétends point diminuer par ces réflexions, l'indignation que méritent ceux qui par des paroles ou des écrits, chercheroient à flétrir la gloire de leur prince; mais une punition correctionnelle eſt ſans doute plus convenable que toute autre. Céſar ſe montra fort ſage, en dédaignant de ſe venger de ceux qui avoient publié des libelles diffamatoires très-violens contre ſa perſonne; c'eſt Suétone qui porte ce jugement : *ſi quæ decernentur adverſus ſe, inhibere maluit quàm vindicare, Aulique Cecinnæ criminoſiſſimo libro, & Pitholai carminibus, laceratam exiſtimationem ſuam, civili animo tulit.* Trajan ne voulut jamais permettre que l'on fît la moindre recherche contre ceux qui avoient malicieuſement inventé des impoſtures contre ſon honneur & ſa conduite; *quaſi contentus eſſet magnitudine ſuâ, quâ nulli magis curacrunt, quàm qui ſibi majeſtatem vindicarent*, dit ſi bien Pline le jeune. *Voyez le mot* LIBELLE.

Rien ne fut plus fatal à la liberté romaine, que la loi d'Auguſte, qui fit regarder certains écrits comme objets du *crime de leſe-majeſté*. Cremutius Cordus en fut accuſé, parce que dans ſes annales, il avoit appellé Cassius le dernier des Romains. Mais, ce seroit être vraiment criminel, j'ai pensé dire vraiment coupable du *crime de lése-majesté*, que de corrompre le pouvoir du prince, jusqu'à lui faire changer de nature, parce que ce seroit lui ôter tout ensemble son bonheur, sa tranquillité, sa sûreté, l'affection, & l'obéissance de ses sujets.

Je finis par un trait bien singulier de notre histoire; Montgommeri pris les armes à la main dans Domfront, fut condamné à la mort en 1574, comme criminel de *lése-majesté*. On sait que quinze ans auparavant il avoit eu le malheur de tuer Henri II. dans un tournois, & cet ancien accident le conduisit sur l'échafaut; car pour le *crime de lése-majesté* dont on l'accusoit par sa prise d'armes, il ne pouvoit en être recherché, en vertu de plusieurs édits, & sur-tout depuis la derniere amnistie; mais la régente vouloit sa mort à quelque prix que ce fût, & l'on lui accorda cette satisfaction. Exemple mémorable, dit de Thou, pour nous apprendre que dans les coups qui attaquent les têtes couronnées, le hasard seul est criminel, lors même que la volonté est la plus innocente. (*D. J.*)

LESE-MAJESTÉ, (*Jurisprud.*) Il y a crime de *lése-majesté divine* & *lése-majesté humaine*.

Le crime de *lése-majesté divine* est une offense commise directement contre Dieu, telles que l'apostasie, l'hérésie, sortilege, simonie, sacrilege & blasphême.

Ce crime est certainement des plus détestables, aussi est-il puni grièvement, & même quelquefois de mort, ce qui dépend des circonstances. Quelques-uns ont pensé que ce n'étoit par un crime public, & conséquemment que les juges de seigneurs en pouvoient connoître; mais le bien de l'état demandant que le culte divin ne soit point troublé, on doit regarder ce crime de *lése-majesté divine* comme un cas royal.

Le crime de *lése-majesté humaine* est une offense commise contre un roi ou autre souverain: ce crime est aussi très-grave, attendu que les souverains sont les images de Dieu sur terre, & que toute puissance vient de Dieu.

En Angleterre on appelle *crime de haute trahison* ce que nous appellons crime de *lése-majesté humaine*.

On distingue, par rapport au crime de *lése-majesté humaine*, plusieurs chefs ou degrés différens qui rendent le crime plus ou moins grave.

Le premier chef, qui est le plus grave, est la conspiration ou conjuration formée contre l'état ou contre la personne du souverain pour le faire mourir, soit par le fer ou par le feu, par le poison ou autrement.

Le deuxieme chef est lorsque quelqu'un a composé & semé des libelles & placards diffamatoires contre l'honneur du roi, ou pour exciter le peuple à sédition ou rebellion.

La fabrication de fausse monnoie, le duel, l'infraction des saufs-conduits donnés par le prince à l'ennemi, à ses ambassadeurs ou otages, sont aussi considérés des crimes de *lése-majesté*.

Quelques auteurs distinguent trois ou quatre chefs du crime de *lése-majesté*, d'autres jusqu'à huit chefs, qui font autant de cas différens où les majesté du prince est offensée; mais en fait de crime de *lése-majesté* proprement dit, on ne distingue que deux chefs, ainsi qu'on vient de l'expliquer.

Toutes sortes de personnes sont reçues pour accusateurs en fait de ce crime, & il peut être dénoncé & poursuivi par toutes sortes de personnes, quand même elles seroient notées d'infamie: le fils même peut accuser son pere & le pere accuser son fils.

On admet aussi pour la preuve de ce crime le témoignage de toutes sortes de personnes, même ceux qui seroient ennemis déclarés de l'accusé; mais dans ce cas on n'a égard à leurs dépositions qu'autant que la raison & la justice le permettent; la confession ou déclaration d'un accusé est suffisante dans cette matiere pour emporter condamnation.

Tous ceux qui ont trempé dans le crime de *lése-majesté* sont punis; & même ceux qui en ayant connoissance ne l'ont pas révélé, sont également coupables du crime de *lése-majesté*.

Celui qui ose attenter sur la personne du roi est traité de parricide, parce que les rois sont considérés comme les peres communs de leurs peuples.

Le seul dessein d'attenter quelque chose contre l'état ou contre le prince, est puni de mort lorsqu'il y en a preuve.

On tient communément que la connoissance du crime de *lése-majesté* au premier chef appartient au parlement, les autres chefs sont seulement réputés cas royaux.

Le crime de *lése-majesté* au premier chef est puni de la mort la plus rigoureuse, qui est d'être tiré & démembré à quatre chevaux.

L'arrêt du 29 Septembre 1595, rendu contre Jean Chastel, qui avoit blessé Henri IV. d'un coup de couteau au visage, le déclara atteint & convaincu du crime de *lése-majesté divine & humaine* au premier chef, pour le très-méchant & très-cruel parricide attenté sur la personne du roi. Il fut condamné à faire amende honorable & de dire à genoux que malheureusement & proditoirement il avoit attenté cet inhumain & très-abominable parricide, & blessé le roi d'un couteau en la face, & par de fausses & damnables instructions, il avoit dit être permis de tuer les rois; & que le roi Henri IV. lors regnant, n'étoit point en l'église jusqu'à ce qu'il eût l'approbation du pape. De là on le conduisit en un tombereau en la place de Greve, où il fut tenaillé aux bras & aux cuisses, & sa main droite tenant le couteau dont il s'étoit efforcé de commettre ce parricide, coupée, & après son corps tiré & démembré avec quatre chevaux & ses membres & corps jettés au feu & consommés en cendres, & les cendres jettées au vent; ses biens acquis & confisqués au roi. Avant l'exécution il fut appliqué à la question ordinaire & extraordinaire, pour avoir révélation de ses complices. La cour fit aussi défenses à toutes personnes de proférer en aucun lieu de semblables propos, lesquels elle déclara scandaleux, séditieux, contraires à la parole de Dieu, & condamnés comme hérétiques par les saints decrets.

La maison de Jean Chastel, qui étoit devant la porte des Barnabites, fut rasée; & dans la place où elle étoit on éleva une pyramide avec des inscriptions: elle fut abattue en 1606.

L'arrêt rendu le 27 Mars 1610 contre Ravaillac, pour le parricide par lui commis en la personne du roi Henri IV. fut donné les grand'chambre, tournelle & chambre de l'édit assemblées. La peine à laquelle Jean Chastel avoit été condamné fut encore aggravée contre Ravaillac, parce que celui-ci avoit fait mourir le roi. Il fut ordonné que sa main droite seroit brûlée de feu de soufre, & que sur les endroits où il seroit tenaillé il seroit jetté du plomb fondu, de l'huile bouillante, de la poix resine bouillante, de la cire & soufre fondus ensemble; il fut aussi ordonné que la maison où il étoit né seroit démolie, le propriétaire préalablement indemnisé, sans que sur le fonds, il pût être à l'avenir construit aucun autre bâtiment; & que dans quinzaine après la publication de l'arrêt, à son de trompe & cri public en la ville d'Angoulême (lieu de sa naissance), son pere & sa mere vuideroient le royaume, avec défenses d'y jamais revenir, à peine d'être pendus & étranglés sans autre forme ni figure de procès. Enfin il fut défendu à ses freres & sœurs, oncles & autres de porter ci-après le nom de Ravaillac, & il leur fut enjoint de le changer sous les mêmes peines; & au substitut du procureur général du roi de faire publier & exécuter ledit arrêt, à peine de s'en prendre à lui.

La confiscation pour crime de *lese-majesté* au premier chef appartient au roi. seul privativement à tous seigneurs hauts-justiciers; le roi prend ces biens comme premier créancier privilégié à l'exclusion de tous autres créanciers; il les prend même. sans être tenu d'aucune charges ou hypotheques, ni même des substitutions.

Touchant le crime de *lese-majesté*, *voyez* Julius Clarus, *lib. V. sententiar. §. læsæ majestatis crimen.* Chopin, *traité du domaine, liv. I. ch. vij.* & sur Paris, *tiv. III. n. 25.* Lebret. *traité de la souver. liv. IV. ch.* 4. Papon, *liv. XXII. tit.* 1. Dupuy, *traité des droits du roi, p. 141.*

Voyez aussi la déclaration de François I. du mois d'Août 1539; l'édit de Charles IX. du mois de Décembre 1563, *art. 13*; celui d'Henri III. du mois de Janvier 1560, *art. 6*; l'ordonnance criminelle de 1670, *tit. j. art. 11.* (*A*)

LESÉ, (*Jurisprud.*) c'est celui qui souffre quelque lésion. *Voyez* ci-après LÉSION. (*A*)

*LÉSER, LE, (*Géog.*) en latin *Lesura exilis*, Ausonne dit *Lesura*; petite riviere d'Allemagne dans l'électorat de Trèves: elle a sa source aux confins de l'Eisfel, & se rend dans la Moselle à deux petites lieues au-dessus de Trarbach. (*D. J.*)

LÉSION, s. f. (*Jurisprud.*) est le préjudice ou la perte que l'on souffre par le fait d'autrui, ou par quelqu'acte que l'on a passé inconsidérément, ou par force ou dol.

Un mineur lésé par trop de facilité ou par le dol de celui avec lequel il a contracté, peut être restitué à cause de la *lésion*, si légere qu'elle soit. La *lésion* d'*affection* suffit même seule lorsqu'il s'agit de la vente d'un immeuble appartenant à un mineur, c'est-à-dire qu'il suffit que cet immeuble ait été vendu sans formalités & sans nécessité pour que le mineur puisse demander la nullité de la vente; quand même elle n'auroit pas été faite à vil prix.

Il n'en est pas de même à l'égard des majeurs, la *lésion* seule ne suffit pas pour les autoriser à revenir contre toutes sortes d'engagemens; ainsi elle ne fait pas un moyen suffisant pour revenir contre les baux à loyer ou à ferme au-dessous de dix ans, ni contre les ventes de meubles, les ventes d'offices & de droits successifs, les échanges d'héritage contre un héritage, contre les transactions; ce qui a lieu quand même la *lésion* seroit d'outre moitié du juste prix, ce que l'on appelle une *lésion énorme*.

Cependant lorsque la *lésion* est très-énorme, & ce que l'on appelle *dolo proxima*, on accorde quelquefois dans ces cas la restitution, ce qui dépend des circonstances.

On appelle *lésion du tout* ou *tout* celle par laquelle une des parties contractantes perd tout ce qu'elle devoit retirer de son bien ou de ses droits.

La *lésion* d'outre moitié du juste prix est un moyen de restitution contre la vente d'un immeuble entre majeurs, *liv. II. cod. de rescind. vendit.* mais le vendeur est le seul qui puisse faire valoir ce moyen: l'acheteur n'est jamais écouté à se plaindre de la *lésion*, à moins que l'on n'ait usé de dol pour le surprendre.

Dans les partages entre co-héritiers majeurs, la *lésion* du tiers au quart suffit pour donner lieu à la restitution: on entend par *lésion* du tiers au quart, qu'il faut que celui qui se prétend lésé soit en perte d'une portion qui soit entre le quart & le tiers de ce qui devoit lui revenir, il n'est pas nécessaire qu'il s'en faille d'un tiers entier, mais il faut que la *lésion* soit de plus d'un quart: par exemple, s'il devoit re- venir à l'héritier 12000 livres pour sa part, & qu'il n'ait eu que 8500 livres, la *lésion* n'est pas d'un tiers; lequel seroit 4000 livres, mais elle est de plus d'un quart, puisque le quart ne seroit que 3000 liv. & qu'elle se trouve de 3500 livres; ainsi, dans ce cas, elle est du tiers au quart.

Voyez au digeste *le titre de minoribus*, & au code celui *de in integrum restitutionibus*, & ici les mots CRAINTE, DOL, FORCE, MINEUR, OBLIGATION, RESCISION, RESTITUTION EN ENTIER. (*A*).

LESNOW, *Lesnovia*, (*Géog.*) petite place de Pologne dans la Volhinie, à 15 milles de Lucko; elle est remarquable par la victoire que Jean Casimir, roi de Pologne, y remporta en 1651 sur l'armée réunie des Cosaques & des Tartares; elle fut incendiée & saccagée en 1656 par Charles Gustave, roi de Suede. *Long. 43. 55. lat. 50. 45.* (*D. J.*)

LESQUEMIN, (*Géog.*) île & port de l'Amérique en Canada sur le fleuve S. Laurent, près de Tadoufac: l'île est peu de chose, & le port mal sûr n'est fréquenté que par quelques Basques qui y viennent à la pêche de la baleine. *Long. 309. lat. 48. 25.*

LESQUI ou LESGI, (*Géog.*) peuple tartare du Daghestan. *Voyez* LAZE. (*D. J.*)

LESSE, *voyez* LAISSE.

LESSINA, (*Géog.*) ou, comme écrit M. Spon, LEPSINA, nom moderne de l'ancienne Eleusis, à 12 milles d'Athènes. Cette ville, autrefois si célèbre par la fête à l'honneur de Cérès, n'offre à-présent que des décombres. Les corsaires chrétiens, beaucoup plus inhumains que les Turcs, l'ont si maltraitée, que les habitans ont généralement deserté, & qu'on n'y voit plus que des ruines. Le temple de Cérès & de Proserpine se réduisent à un amas informe de colonnes, de frises & de corniches de marbre toutes brisées; l'enceinte du lieu peut avoir deux milles de tour; une partie étoit proche de la mer, & une partie sur la colline, au pié de laquelle étoit le temple. La rade peut servir de port, étant à couvert par l'île de Coulomis, qui est l'ancienne Salamine: la plaine voisine a sept ou huit mille d'étendue, quatre de large, & est labourée. Le Waivode du pays dit en 1729 à M. l'abbé Fourmont, qu'il étoit bien fâché que les esclaves eussent détruit tout récemment à *Lessina* plus de 350 marbres inscrits, mais qu'il y feroit encore fouiller aux endroits que M. Fourmont indiqueroit. Notre voyageur ayant profité de cette honnêteté, il rassembla quelques nouveaux marbres précieux, entr'autres de ces inscriptions écrites de la droite à la gauche, que l'on connoît sous le nom de *boustrophédon*. Cette maniere d'écrire étoit en usage chez les Grecs long-tems avant la guerre de Troie, & elle a duré plusieurs siecles après Homere.

LESSINES, (*Géog.*) petite ville des Pays-Bas dans le Hainault, sur la Deure, à 2 lieues N. d'Ath, 6 N. O. de Mons, 5 S. O. de Bruxelles. *Long. 21. 28. lat. 51. 41.* (*D. J.*)

LESSIVE, s. f. (*Chimie.*) C'est ainsi qu'on appelle une dissolution saline qui a été préparée par le moyen de la lixiviation. *Voyez* LIXIVIATION.

On a coutume de spécifier les différentes *lessives* par les noms des matieres qui ont été lessivées: c'est ainsi qu'on dit *lessive* de soude, *lessive* de potasse, pour désigner une eau qui a été appliquée à la soude ou à la potasse pour en retirer le sel. (*b*)

*LESSIVE du linge, (*Art méchan.*) c'est la maniere de le décrasser quand il est sale. Pour cet effet on a un grand cuvier percé au bas latéralement un trou qu'on bouche d'un bouchon de paille. On met le linge sale dans ce cuvier; on le couvre d'un gros drap qui déborde par-dessus le cuvier. On charge ce linge ou drap d'une grande quantité de cendres de bois neuf & non flotté. Cependant on a fait chauffer de l'eau dont on arrose les cendres, sur lesquelles on rejette les bords du drap, & l'on couvre le cuvier d'un couvercle de natte ; cette eau chaude met en dissolution le sel du bois contenu dans les cendres : ce sel dissout, se sépare des cendres, passe à-travers le drap avec l'eau, va imprégner le linge sale qui est dessous : la dissolution ou l'eau de *lessive* tombe au fond du cuvier, & sort par le bouchon de paille qu'on a mis au trou latéral du cuvier, d'où elle est reçue dans un autre cuvier plus petit placé au-dessous du premier. On reverse cette dissolution sur les cendres, on les arrose de nouvelle eau chaude, & l'on fait en sorte que tout le sel contenu dans les cendres soit dissous & déposé sur le linge. Quand on a épuisé les cendres de sel par l'eau chaude, quand on a fait repasser la *lessive* ou sa dissolution sur le linge sale, on enleve le drap avec les cendres, on tire le linge du cuvier, on le lave & on le bat dans l'eau claire, en le frottant de savon. Quand il est blanc & bien décrassé, on le lave & relave dans de l'eau claire seulement, jusqu'à ce qu'il n'y reste plus aucun vestige ni d'eau de *lessive*, ni d'eau de savon, ni de crasse. On l'étend sur des cordes pour le faire sécher: sec, on le détire & on le plie, puis on le serre dans des armoires à linge. La raison de cette opération est assez simple ; la saleté du linge est une graisse ; le sel des cendres s'y unit un peu, & forme avec elle une espece de savon. Ce premier savon, formé dans le cuvier, s'unit facilement avec celui dont on frotte le linge au sortir du cuvier : ils se dissolvent ensemble ; en se dissolvant l'eau les emporte avec la crasse. D'ailleurs toute cendre n'est pas bonne pour la *lessive* : celles du bois flotté ne contiennent presque point de sel ; il a été dissous dans le flottage, & toute eau n'est pas également bonne pour la *lessive*; les eaux sélénitéuses, par exemple, sont mauvaises; la sélénite venant à se dissoudre, son acide s'unit au sel du savon, & l'huile du savon reste seule & surnage à l'eau en petits flocons.

LESSIVE *des aiguilles*, *terme d'Aiguillier*, qui signifie *laver les aiguilles* dans de l'eau de savon après qu'elles sont polies, afin d'en enlever la crasse ou cambouis qui s'y étoit attaché pendant le poliment. *Voyez* AIGUILLE.

LESSIVE, (*Jardinage.*) on appelle de ce nom l'eau qui sort de la *lessive* du linge ; cette eau est pleine de sels, dont elle s'est chargée en passant sur les cendres de la *lessive*, & elle dépose ses sels dans les terres où elle se mêle. On peut s'en servir pour arroser celles qu'on prépare pour les orangers, citroniers, ou pour mouiller une planche où l'on a semé des plantes qui demandent une terre substantielle.

LESSIVE *d'Imprimerie*, est la même que celle dont on s'est servi pour lessiver le linge ; mais pour la rendre plus douce & plus onctueuse, on y fait fondre une suffisante quantité de drogue, qu'on nomme aussi *potasse*. C'est dans cette *lessive*, qui dans le bon usage doit être chaude, pour ménager l'œil de la lettre, qu'on lave les formes avec la brosse, de façon qu'il ne doit rester aucun vestige d'encre sur la lettre, sur les garnitures ni sur le chassis. *Voyez* nos *Planches d'Imprimerie*.

LEST, s. m. (*Marine*.) on donne ce nom à des choses pesantes, telles que des pierres, des cailloux, du sable, &c. qu'on met au fond de cale du vaisseau pour le faire enfoncer dans l'eau & lui procurer une assiette solide. Le *lest* sert principalement de contre-poids aux vergues & aux mâts, qui étant élevés hors du vaisseau, lui feroient faire capot au moindre roulis, & même à la moindre impression du vent.

La quantité de *lest* qu'il convient de mettre dans un vaisseau ne dépend pas seulement de la grandeur du vaisseau, mais encore de la forme de sa carène ;

car plus cette carène est aiguë, moins elle exige de *lest*, parce qu'elle enfonce d'autant plus aisément dans l'eau : cela fait voir qu'on ne peut pas déterminer avec exactitude la quantité de *lest* qu'il faut à un vaisseau : la chose devient encore plus difficile quand on y fait entrer toute la mâture. L'expérience fait connoître, en lestant un vaisseau, de la façon qu'il se comporte le mieux à la mer, & s'il faut augmenter ou diminuer son *lest*. Il y a des bâtimens auxquels il faut pour le *lest* environ la moitié de leur charge, d'autres le tiers, & quelques-uns le quart : cela dépend de leur construction. On peut voir les reglemens de la marine sur le *lest* dans l'ordonnance de 1681, *liv. IV. tit. IV. Voyez* DÉLESTAGE.

Bon *lest*, c'est le *lest* de petits cailloux, qu'on arrange aisément : c'est ordinairement celui des vaisseaux de guerre ; le fond de cale en est plus propre, & il n'embarasse pas les pompes, comme fait quelquefois le *lest* de terre ou de sable.

Gros *lest*, composé de très-grosses pierres, ou de quartiers de canons brisés. Ce *lest* n'est pas avantageux pour l'arrimage, & est difficile à remuer dans le besoin.

Vieux *lest*, c'est celui qui a déja fait un voyage ou une campagne. Il est fait défenses à tous capitaines & maîtres de navires de jetter leur vieux *lest* dans les ports, canaux, bassins & rades, à peine de 500 liv. d'amende, &c. *Voyez* DÉLESTAGE.

Lest lavé, c'est le *lest* qu'on lave après qu'il a déjà servi pour s'en servir de nouveau : ordinairement on met du *lest* neuf une fois en deux années. (*Z*)

LESTAGE, s. m. (*Marine*.) c'est l'embarquement du *lest* dans le navire. Il y a des bateaux & des gabares qui servent pour le *lestage*. Il est défendu aux maîtres & patrons de ces gabares ou bateaux lesteurs de travailler au *lestage* ou *délestage* pendant la nuit.

LESTE, adj. (*Gramm.*) il se dit d'un vêtement qui charge peu le corps, & qui donne à l'homme un air de légereté ; d'une troupe qui n'est point embarrassée dans sa marche par des bagages qui la ralentiroient ou quelquefois des personnes en qui l'on remarque la souplesse des membres, & l'activité des mouvemens que demandent les exercices du corps. Il a aujourd'hui une autre acception dans les langues honnête que les gens du monde se sont faite pour désigner sans rougir, & par conséquent s'encourager à commettre sans remords des actions malhonnêtes. Un homme *leste* dans ce dernier sens, c'est un homme qui a acquis le droit de commettre une bassesse par le malheureux talent qu'il a d'en plaisanter : il nous fait rire d'un forfait qui devroit nous indigner. Un homme *leste* est encore celui qui sait saisir l'occasion, ou de faire sa cour, ou d'augmenter sa considération, ou d'ajouter à sa fortune. L'homme *leste* n'est pas moins adroit à esquiver à une chose dangereuse qu'il en soit. On a le ton *leste* quand on possede sa langue au point qu'on fait entendre aux autres tout ce qu'on veut sans les offenser ou les faire rougir.

LESTER, v. act. (*Marine*.) c'est mettre des cailloux, du sable ou autres choses pesantes au fond d'un vaisseau, pour le faire enfoncer dans l'eau, & se tenir droit de façon qu'il porte bien ses voiles. On dit *embarquer* & *décharger* du *lest*, aussi-bien que *lester* & *délester*. (*Z*)

LESTRIGONS, s. m. (*Géog. anc.*) en latin *Læstrigones*, en grec Λαιςρυγόνες ; peuple que les anciens ont placé diversement. Homere les met en Italie, aux environs de la ville de Lamus, ainsi nommée parce que Lamus, roi des *Lestrigons* & fils de Neptune, l'avoit bâtie : ses états étoient assez étendus. Antiphates, qui y regnoit lorsqu'Ulysse eut le malheur d'y aborder, étoit un homme cruel, qui auroit mangé, dit Ovide, tous les députés de ce héros s'ils ne se fussent sauvés après avoir vu le triste sort de l'un d'eux. De-là vint que ce monstre a servi d'exemple pour désigner la barbarie & l'inhospitalité: *Quis non Antiphatem* Læstrigona *devovet ?* De-là vint encore que tous les *Lestrigons* passerent pour autant de mangeurs d'hommes. Il semble que Pline ajoutoit foi à cette tradition populaire, quand il dit, *lib. VII. cap. ij. Esse Scytharum genera quæ corporibus humanis vescerentur indicavimus ; id ipsum incredibile fortasse, ni cogitemus in medio orbe terrarum, Sicilia & Italiâ, fuisse gentes hujus monstri, Cyclopes & Læstrigonas.*

Ce dont nous ne pouvons pas douter, c'est que la ville de Lamus n'ait pris dans la suite le nom de Formies : Cicéron, Horace & Pline le disent tous trois positivement. Ajoutez à leurs témoignages celui de Silius Italicus, qui en deux endroits du *l. VII.* appelle la ville de Formies en Campanie, *Lestrygoniæ rupes.*

D'autres auteurs placent les *Lestrigons* avec les Cyclopes, dans le territoire de Leontium en Sicile, & aux environs du mont Ethna. Lycophron nous assure que les *Lestrigons* sont les mêmes que le peuple de Sicile, nommé *Léontins.*

Cependant remarquons ici que les Historiens n'ont adopté qu'avec défiance la tradition des Poëtes. Les noms de *Lestrigons* & de *Léontins* ne sont peut-être qu'un même nom ; du moins Bochart prouve que *lestrigon* est un mot phénicien, lequel signifie un *lion, qui dévore*. Ce nom a vraisemblablement été rendu par celui de *léontin*, qui désigne la même chose, & marque les mœurs féroces & *léonines* de ces peuples barbares : apparemment qu'une partie des *Lestrigons* quitta la Sicile pour s'établir sur les côtes de la Campanie. On ne peut pas douter que Lamus, qui bâtit *Formies*, ne fût un *lestrigon* ; son nom seul le témoigne ; car Lamus, *laham* en phénicien, signifie *dévorer* : de-là même a été tiré le nom des *Lamies*, ces spectres imaginaires de la fable ; sur lesquels *voyez* LAMIES.

LESTWITHIEL, (*Géog.*) ville à marché d'Angleterre, dans la province de Cornouaille, sur le Fowey, à 188 milles O. de Londres. Elle députe au parlement. Speed écrit *Lestcethiel*, Cambden *Lishvyel* dans sa carte, & *Lost-Uthiel* dans sa table. Ce nom, selon lui, signifie une *colline élevée*, parce que ce bourg à marché, situé maintenant dans la plaine, étoit autrefois sur la colline où est aujourd'hui *Lostormiu*. Il étoit alors habité par les Dammoniens. *Long.* 12. 58. *lat.* 50. 24. (*D. J.*)

LETECH, s. m. (*Hist. anc.*) mesure hébraïque, qui étoit la moitié du *chomer*, & par conséquent de 149 pintes, demi-septier, un poisson & un peu plus. On ne trouve cette mesure que dans Osée ; *ch. iij. ℣. 2. letech hordeorum*, que les Septante traduisent par *Nebel*, & la vulgate par *dimidium cori. Voyez* NEBEL & CORE, *dictionn. de la Bible.*

LETH, LETHE ou LATH, s. m. (*Antiq. Anglo-Saxon.*) nom d'une mesure ou portion de terre dans les anciennes divisions de l'Angleterre. Le roi Alfred, selon l'opinion de quelques auteurs, partagea le royaume en comtés, comme il l'est encore. Il divisa les comtés en *hundreds* ou *tithings*. L'*hundred* étoit une portion de pays où il y avoit cent officiers (nous dirions des centeniers) pour maintenir le bon ordre. Ils étoient appellés *fidejussores pacis*, répondans de la paix ; & le *leth* contenoit trois ou quatre hundreds.

Le *leth* étoit aussi la jurisdiction d'un vicomte, où le seigneur tenoit des especes d'assises, tous les ans une fois dans chaque village, aux environs de la saint Michel. (*D.J.*)

LETH, (*Commerce.*) qu'on écrit & qu'on prononce aussi *lecht*, *lest* ou *last*, suivant les différens idiomes des peuples qui se servent de ce terme. En France on dit *leth.*

Le *leth* signifie différentes choses ; tantôt il exprime la charge entiere d'un navire, c'est-à-dire la quantité de tonneaux de mer qu'il peut porter ; quelquefois il signifie une certaine pesanteur de telle ou telle espece de marchandise ; & d'autrefois il se prend pour une certaine forte de mesure de grains plus ou moins forte, suivant les divers lieux où elle est en usage.

En Hollande, Angleterre, Flandres, Allemagne, Danemark, Suede, Pologne, & dans tout le nord, les navires s'estiment ou mesurent par leur port ou charge sur le pié de tant de *leths*, le *leth* pesant quatre mille livres, ou deux tonneaux de France de deux mille livres chacun; ainsi lorsqu'on dit qu'un vaisseau est de trois cens *leths*, cela doit s'entendre qu'il peut porter six cens tonneaux ou douze cens mille livres pesant.

Lorsqu'il s'agit du fret d'un vaisseau, voici par estimation ce qui passe ordinairement pour un *leth*, soit par rapport au poids, soit par rapport au volume de la marchandise : savoir, cinq pieces d'eau-de-vie, deux tonneaux de vin, cinq pieces de prunes, douze barils de pois, treize barils de goudron, quatre mille livres de ris, de fer ou de cuivre, trois mille six cens livres d'amandes, sept quartaux ou bariques d'huile de poisson, quatre pieces ou bottes d'huile d'olive, deux mille livres de laine.

En Hollande, le *leth*, qui est une certaine mesure ou quantité de grains, est semblable à 38 boisseaux mesure de Bordeaux, qui reviennent à 19 septiers de Paris, chaque boisseau de Bordeaux pesant environ 120 livres poids de marc ; ainsi le *leth* de grains eu Hollande doit approcher du poids de 4560 liv.

Le *leth* ou *last* d'Amsterdam est de 27 muddes, le mudde de 4 scheppels, le scheppel de 4 vierdevats, & le vierdevat de 4 kops. *Voyez* les noms & la quantité de toutes ces mesures sous leur titre particulier.

Le *last* de froment pese ordinairement 4600 à 4800 livres, celui de seigle 4000 à 4200, & le *last* d'orge 3200 à 3400 livres.

Le *last* est aussi la mesure des grains dans presque toutes les autres villes & principaux lieux de commerce des Provinces-unies, mais avec quelque diversité, soit de continence, soit de diminution : on peut voir ces différences exprimées fort au long & avec la derniere précision dans le *dictionnaire de commerce.*

En Pologne, le *leth* fait 40 boisseaux de Bordeaux ½. ou 20 septiers de Paris ; ensorte que sur ce pié, le *leth* de Pologne peut peser 4800 livres.

En Suede & en Moscovie on parle par grand & petit *leth* ; le grand *leth* est de 12 barils ou petits tonneaux, & le petit *leth* est de 6 de ces barils.

A Dantzik, le *leth* ou charge de lin est de 2040 l. le *leth* de houblon de 2830 livres ; le *leth* de miel ou de farine est de 12 barils, & celui de sel est de 18.

Le *leth* de hareng salé blanc ou fort, celui de maquereau, de cabillaud ou morue verte, est de 12 barils ou caques.

Le *last* ou *leth* d'Angleterre ou de Londres est de 10 bariques ou quarteaux ¼, le quarteau de 8 boisseaux ou gallons, le gallon de 4 picotins ; le gallon pese depuis 56 jusqu'à 60 livres : 10 gallons ou boisseaux de Londres font un *last* d'Amsterdam.

Le *last* en Ecosse & en Irlande est de 10. quarteaux ¼, ou 38 boisseaux, & le boisseau fait 18 gallons.

Le *last* de Dantzik est égal au *last* d'Amsterdam : on compte ordinairement qu'il pese 16 schippons, de 340 livres chacun pour le blé ; ce qui fait 5440 pour le *laſt*, poids de Dantzik, & ſeulement 15 ſchippons pour le ſeigle, qui ne ſont que 5100 liv. *Voyez* SCHIPPON.

Le *laſt* de Riga eſt de 46 loopens, qui font le *laſt* d'Amſterdam. *Voyez* LOOPEN. Celui de Coppenhague eſt de 42 tonnes, ou de 80 ſcheppels, & même juſqu'à 96, ſuivant la qualité & la nature des blés. *Voyez* LOOPEN *&* SCHEPPEL.

Le *laſt* de Suede & de Stokolm eſt de 23 tonnes ; celui de Hambourg de 90 ſcheppels, dont les 95 ſcheppels font le *laſt* d'Amſterdam. Le *laſt* de Lubek eſt de 85 ſcheppels, dont 95 font le *laſt* d'Amſterdam.

Les 50 fanegas de Séville & de Cadix font le *laſt* d'Amſterdam. *Voyez* FANEGAS.

Les 216 alquiers, ou les 4 muids de Lisbonne font le *laſt* d'Amſterdam. *Voyez* ALQUIER.

Vingt-cinq mines de Gènes font un *laſt* d'Amſterdam ; 40 ſacs de Livourne font auſſi le *laſt* d'Amſterdam ; les deux ſacs font une charge de Marſeille, qui peſe 296 livres. *Voyez* MINE *&* CHARGE.

Quand aux meſures de France, il eſt aiſé de les évaluer avec le *laſt* d'Amſterdam, par ce que nous avons dit ci-deſſus des boiſſeaux de Bordeaux & des ſeptiers de Paris comparés avec cette meſure hollandoiſe. *Dictionn. de Commerce & Chambers.* (*G*)

LETHŒUS, *fluvius*, (*Geog. anc.*) ce nom chez les anciens eſt donné 1°. à une riviere de l'Aſie-mineure, qui paſſoit encore plus près de la ville de Magnéſie que le Méandre ; 2°. à une riviere de Macédoine, proche de laquelle on diſoit qu'Eſculape étoit né ; 3°. à une riviere de l'île de Crete, qui, ſelon Strabon, traverſoit Gortyne ; 4°. à une riviere que le même Strabon *l. XIV. p.* 647. place chez les Libyens occidentaux. (*D. J.*)

LÉTHARGIE, ſ. f. (*Médec.*) tire ſon nom des mots grecs λητη & αργος ; λητη ſignifie *oubli*, & αργος eſt un compoſé d'εργος, *travail*, *laborieux*, & de la particule privative *a*. On appelle de ce nom un homme qui mene une vie tranquille & oiſive ; ainſi *léthargie* ſuivant l'étymologie, ſignifieroit un *oubli pareſſeux*. Les anciens & les modernes attachent différentes idées à ce nom. Les anciens appelloient *léthargiques* ceux qui enſevelis dans un profond ſommeil, étoient pâles, décolorés, bourſouflés, avoient les parties ſous les yeux élevées, les mains tremblantes, le pouls lent, & la reſpiration difficile. Hippocrate, *coac. prænot.* n°. 34. *cap. iij.* Cœlius Aurelianus, *de morb. amf. lib. II. cap. xj*. On donne aujourd'hui le nom de *léthargie* à une eſpece d'affection ſoporeuſe compoſée, dans laquelle on obſerve un délire qu'on nomme *oublieux*, & une petite fievre aſſez ſemblable aux fievres hectiques. Le ſommeil dans cette maladie, n'eſt pas ſi profond que dans l'apoplexie & le carus. Les malades un peu agités, tiraillés, excités par des cris, s'éveillent, répondent à ce qu'on leur demande, comme on dit, à bâtons rompus ; ſi quelque beſoin naturel leur fait demander les vaiſſeaux néceſſaires, ils les refuſent lorſqu'on les leur préſente, ou dès qu'ils les ont entre les mains, ils en oublient l'uſage & leurs propres néceſſités, & s'aſſoupiſſent auſſi-tôt ; leur pouls eſt vite, fréquent, mais inégal, petit, & ſerré. Cette maladie eſt aſſez rare ; c'eſt dans l'hyver des ſaiſons & de l'âge principalement, ſuivant Hippocrate, qu'on l'obſerve ; elle attaque les perſonnes affoiblies par l'âge, par les maladies, par les remedes, &c. les perſonnes cacochymes, ſur-tout lorſque dans ces ſujets quelque cauſe augmente la force de la circulation, & la détermine à la tête ; elle eſt quelquefois ſymptome des fievres putrides, malignes, peſtilentielles, de l'hémitritée ; d'autres fois elle eſt occaſionnée par des doſes trop fortes d'o-

pium, par des excès de vin ; elle eſt une ſuite de l'ivreſſe, &c. il eſt conſtant qu'il y a dans le cerveau quelque vice, quelque dérangement qui détermine les ſymptomes de cette maladie ; mais quel eſt-il ? A dire le vrai, on l'ignore ; l'ætiologie des maladies du cerveau eſt encore enſevelie dans les plus profondes ténebres ; nous n'avons juſqu'ici aucune théorie tant ſoit peu ſatisfaiſante, de toutes ces affections. Les anciens attribuoient la *léthargie* à une congeſtion de lymphes ou de ſéroſités épaiſſes & putréfiées dans le cerveau. Les modernes aſſurent un relâchement joint à une ſtagnation légerement inflammatoire de ſang dans le cerveau. Les obſervations anatomiques faites ſur les cadavres des perſonnes qui ſont mortes victimes de cette maladie, ſont contraires à ces opinions, & font voir que ces cauſes ſont particulieres, mais du tout point générales. Foreſtus a effectivement obſervé une fois dans un enfant mort de *léthargie*, les lobes droits du cerveau & du cervelet corrompus & abſcédés, *lib. X. cap. xj*. On a vû auſſi des tumeurs ſkirrheuſes placées dans le crane, produire cette maladie. Etienne Blancard en rapporte une obſervation : « une *léthargie* ſurvient à un violent mal de tête ; quelques remedes la diſſipent, la douleur de tête reparoît avec plus de violence ; peu de tems après la malade tombe apoplectique, & meurt ; on trouve la dure-mere toute remplie de tumeurs skhirrheuſes ». Cette obſervation fait encore voir que toutes les maladies ſoporeuſes dépendent à-peu-près des mêmes cauſes.

On lit dans les *Obſervations ſingulieres* de Chiſſlet, *obſerv. x. p. 8*. un cas fort curieux qui prouve évidemment qu'il y a des *léthargies* ſympathiques, qui ne dépendent d'aucune cauſe agiſſante immédiatement ſur le cerveau : « une jeune fille eſt attaquée de *léthargie* ; elle ſuccombe après 48 heures, à la force de la maladie ; le cerveau ouvert ne préſente aucune trace d'inflammation, aucune ſéroſité épanchée ; il eſt ou paroît être dans l'état le plus naturel ; on ne trouve dans tout le corps aucune altération, excepté une inflammation aſſez conſidérable, à une portion des inteſtins, dans la cavité duquel il y avoir douze vers aſſez longs ». Quoiqu'on ignore abſolument quel eſt le dérangement du cerveau qui conſtitue la *léthargie*, il y a tout lieu de croire que dans cette maladie, comme dans les autres affections ſoporeuſes, les fibres du cerveau & les nerfs ſont relâchés ; le ſommeil profond ſemble indiquer cet état-là ; l'oubli en eſt auſſi un ſigue & un effet ; il eſt à préſumer que pour la mémoire il faut une tenſion & une mobilité dans les fibres du cerveau. *Voyez* DÉLIRE, APOPLEXIE, AFFECTION SOPOREUSE.

Le délire obſcur, oublieux, la petite fievre eſſentielle à la *léthargie*, ſuffiſent pour différentier. cette maladie d'avec les autres affections ſoporeuſes ; & le ſommeil profond la diſtingue des non-ſoporeuſes avec qui elle a quelque rapport, comme frénéſie, délire, &c.

La *léthargie* eſt une maladie aiguë, très-dangereuſe, qui ſe termine ordinairement en moins de ſept jours, par la mort du malade ; les urines pâles, limpides, le tremblement en augmentent le danger. Si le malade eſt aſſez heureux pour atteindre le ſeptieme jour, il eſt hors d'affaire. Lorſqu'elle eſt la ſuite de l'effet d'une chûte, d'une bleſſure ; de l'ivreſſe, des narcotiques, elle eſt moins dangereuſe, & il y a eſpérance ſi les remedes employés apportent quelque relâche. dans les ſymptomes : alors, ſuivant l'obſervation d'Hippocrate, *coac. prænot.* n°. 35. *cap. iiſ*, les malades ſe plaignent d'une douleur au col, & d'un bruit dans les oreilles.

Les remedes qui conviennent dans cette maladie, ſont

font les mêmes qui réuſſiſſent dans l'apoplexie, & les autres maladies ſoporeuſes, ſavoir les émétiques, ſur-tout lorſqu'elle a été occaſionnée par un excès de vin, & par les narcotiques, les cathartiques, les lavemens irritans, les potions cordiales, les huiles eſſentielles éthérées, les élixirs ſpiritueux, les ſels volatils, les véſicatoires, les ventouſes, les ſternutatoires, les ſialagogues ou ſalivans, les ſaignées ſont rarement indiquées; la prétendue inflammation du cerveau ne ſauroit être une raiſon ſuffiſante pour les conſeiller: tels ſont les remedes généraux: chaque auteur en propoſe enſuite de particuliers ſpécifiques, mais le remede le plus généralement conſeillé, eſt le caſtor qu'on regarde comme éminemment anti-narcotique; on l'ordonne de toutes les façons, mêlé avec les purgatifs, pris en potion, ajouté au vinaigre pour être attiré par le nez. Borellus aſſure avoir guéri une *léthargie* avec le ſcammonée & le caſtor: on vante après le caſtor, beaucoup la rhue, le ſerpolet, le pouliot, & l'origan. Tous les acides appliqués à l'extérieur, ou pris intérieurement, paſſent aſſez communément pour très-efficaces dans la *léthargie*. L'eſprit de vitriol céphalique, c'eſt-à-dire, tiré du vitriol qui a été auparavant arroſé des eſſences céphaliques, eſt très-célebre; il eſt pénétrant, volatil, de même que le vinaigre vitriolé bénit. Quelques obſervations nous apprennent les heureux effets de l'immerſion ſubite des *léthargiques* dans de l'eau bien froide. Il vaut mieux, dit Celſe, eſſayer un remede douteux, qu'aucun. *Art. de M.* MENURET.

LÉTHÉ, (*Mythol.*) fleuve d'oubli, en grec λήτη, en latin *latheus fluvius* ou *Lethes* au génitif, en ſous-entendant fleuve de, un des quatre fleuves des enfers.

Les Poëtes ont ingénieuſement imaginé qu'il y avoit dans les enfers une riviere de ce nom, & que tous les morts en buvoient un trait, qui leur faiſoit oublier le paſſé, les joies & les chagrins, les plaiſirs & les peines qu'on avoit reſſentis pendant tout le cours de la vie, *longa potant oblivia vitæ*, dit Virgile. Il ne s'agiſſoit plus que d'indiquer entre les rivieres du monde qui s'appelloient *Léthé*, celle qui pouvoit être le fleuve des enfers. Les uns le placercut en Grece, & d'autres en Lybie. *Voyez* LETHÆUS, *fluvius*, (*Géog.*)

Pline nous apprend auſſi que les anciens nommoient *Lethes*, fleuve d'oubli, un fleuve d'Eſpagne, ſur lequel ils avoient fait beaucoup de contes; ce fleuve eſt vraiſſemblablement la Lima, riviere de Portugal, qui ſerpente entre le Minho & le Duero.

Enfin Lucain, *pharſ. l. IX.* prend le *Lethes* ou *lethon*, riviere d'Afrique, pour être le vrai fleuve d'oubli; ce fleuve après avoir coulé ſous terre pendant quelques milles, reſſortoit près de la ville de Bérénice, & ſe jettoit dans la Méditerranée, proche le cap oriental des Syrtes.

Le mot λήτη, au génitif λήτης, veut dire *oubli*, & voilà l'origine du fleuve d'oubli des enfers. (*D. J.*)

LÉTRIM, (*Géog.*) contrée montagneuſe d'Irlande, dans la province de Connaught, au nord-eſt de cette province. Elle a 40 milles de longueur, ſur 18 de largeur, abonde en excellens pâturages, & eſt diviſée en cinq baronies. La capitale de ce conté porte le nom de *Létrim*, ſituée à 75 milles de Dublin. *Long* 9. 35. *lat.* 54. 3.

LETTERE, *Letterum* ou *Letteranum*, (*Géog.*) petite ville d'Italie, au royaume de Naples, dans la principauté citérieure, avec un évêché ſuffragant d'Amaſi. Elle eſt aſſiſe ſur le dos du mont *Lactarius*, à 5 lieues nord-oueſt de Salerne, 8 ſud-eſt de Naples. *Long.* 32. 5. *lat.* 40. 52. (*D. J.*)

LETTER-HAUT, ſ. m. (*Comm.*) eſpece de bois rougeâtre tirant ſur le violet, qu'on nomme auſſi *bois de la Chine*; il nous vient par les Hollandois.

LETTRES, ſ. f. (*Gramm.*) on appelle ainſi les caracteres repréſentatifs des élémens de la voix. Ce mot nous vient du latin *littera*, dont les étymologiſtes aſſignent bien des origines différentes.

Priſcien, *lib. I. de litterâ*, le fait venir par ſyncope de *legitera*, *eo quòd legendi iter præbeat*, ce qui me ſemble prouver que ce grammairien n'étoit pas difficile à contenter. Il ajoute enſuite que d'autres tirent ce mot de *litura*, *quòd plerùmque in ceratis tabulis antiqui ſcribere ſolebant*, *& poſtea delere*; mais ſi *littera* vient de *litura*, je doute fort que ce ſoit par cette raiſon, & qu'on ait tiré la dénomination des *lettres* de la poſſibilité qu'il y a de les effacer: il auroit été, me ſemble, bien plus raiſonnable en ce cas de prendre *litura* dans le ſens d'*onction*, & d'en tirer *litura*, de même que le mot grec correſpondant γράμμα eſt dérivé de γράφω je peins, parce que l'écriture eſt en effet l'art de peindre la parole. Cependant il reſteroit encore contre cette étymologie une difficulté réelle, & qui mérite attention: la premiere ſyllabe de *litura* eſt breve, au lieu que *litera* a la premiere longue, & s'écrit même communément *littera*.

Jul. Scaliger, *de cauſ. l. L. cap. jv.* croit que ces caracteres furent appellés originairement *lineatura*, & qu'inſenſiblement l'uſage a réduit ce mot à *litera*, parce qu'ils ſont compoſés en effet de petites lignes. Quoique la quantité des premieres ſyllabes ne réclame point contre cette origine, j'y apperçois encore quelque choſe de ſi arbitraire, que je ne la crois pas propre à réunir tous les ſuffrages.

D'après Heſychius, Voſſius dans ſon *étymologicon l. L. verbo* LITERA, dérive ce mot de l'adjectif grec λιτός *tenuis*, *exilis*, parce que les *lettres* ſont en effet des traits minces & déliés; c'eſt la raiſon qu'il en allegue; & M. le préſident de Broſſes juge cette étymologie préférable à toutes les autres, perſuadé que quand les *lettres* commencerent à être d'uſage pour remplir l'écriture ſymbolique, ces caracteres étoient néceſſairement étendus, compliqués, & embarraſſans, on dut être frappé ſur-tout de la ſimplicité & de la grande réduction des nouveaux caracteres, ce qui put donner lieu à leur nomination. Qu'il me ſoit permis d'obſerver que l'origine des *lettres* latines qui viennent inconteſtablement des *lettres* greques, & par elles des phéniciennes, prouve qu'elles n'ont pas dû être déſignées en Italie par une dénomination qui tînt à la premiere impreſſion de l'invention de l'alphabet; ce n'étoit plus là une nouveauté qui dût paroître prodigieuſe, puiſque d'autres peuples en avoient l'uſage. Que ne dit-on plutôt que les *lettres* ſont les images des parties les plus petites de la voix, & que c'eſt pour cela que le nom a été tiré du grec λιτός, en ſorte que *littera* eſt pour *notæ literæ*, ou *notæ elementares*, *notæ partium vocis tenuiſſimarum* ?

Que chacun penſe au reſte comme il lui plaira, ſur l'étymologie de ce mot: ce qu'il importe le plus ici de faire connoître, c'eſt l'uſage & la véritable nature des *lettres* conſidérées en général; car ce qui appartient à chacune en particulier, eſt traité amplement dans les différens articles qui les concernent.

Les diverſes nations qui couvrent la terre, ne different pas ſeulement les unes des autres, par la figure & par le tempérament, mais encore par l'organiſation intérieure qui doit néceſſairement ſe reſſentir de l'influence du climat, & de l'impreſſion des habitudes nationales. Or il doit réſulter de cette différence d'organiſation, une différence conſidérable dans les ſons & articulations dont les peuples font uſage. De-là vient qu'il nous eſt difficile, pour ne pas dire impossible, de prononcer l'articulation que les Allemands représentent par *ch*, qu'eux-mêmes ont peine à prononcer notre *u* qu'ils confondent avec notre *ou*; que les Chinois ne connoissent pas notre articulation *r*, &c. Les élémens de la voix usités dans une langue, ne font donc pas toûjours les mêmes que ceux d'une autre; & dans ce cas les mêmes *lettres* ne peuvent pas y servir, du moins de la même maniere; c'est pourquoi il est impossible de faire connoître à quelqu'un par écrit, la prononciation exacte d'une langue étrangere, sur-tout s'il est question d'un son ou d'une articulation inusitée dans la langue de celui à qui l'on parle.

Il n'est pas plus possible d'imaginer un corps de *lettres* élémentaires qui soient communes à toutes les nations; & les caracteres chinois ne sont connus des peuples voisins, que parce qu'ils ne sont pas les types des élémens de la voix, mais les symboles immédiats des choses & des idées: aussi les mêmes caracteres sont-ils lûs diversement par les différens peuples qui en font usage, parce que chacun d'eux exprime selon le génie de sa langue, les différentes idées dont il a les symboles sous les yeux. *Voyez* ÉCRITURE CHINOISE.

Chaque langue doit donc avoir son corps propre de *lettres* élémentaires; & il seroit à souhaiter que chaque alphabet comprît précisément autant de *lettres* qu'il y a d'élémens de la voix usités dans la langue; que le même élément ne fût pas représenté par divers caracteres; & que le même caractere ne fût pas chargé de diverses représentations. Mais il n'est aucune langue qui jouisse de cet avantage; & il faut prendre le parti de se conformer sur ce point à toutes les bisarreries de l'usage, dont l'empire après tout est aussi raisonnable & aussi nécessaire sur l'écriture que sur la parole, puisque les *lettres* n'ont & ne peuvent avoir qu'une signification conventionnelle, & que cette convention ne peut avoir d'autre titre que l'usage le plus reçu. *Voyez* ORTHOGRAPHE.

Comme nous distinguons dans la voix deux sortes d'élémens, les sons & les articulations; nous devons pareillement distinguer deux sortes de *lettres*, les voyelles pour représenter les sons, & les consonnes pour représenter les articulations. *Voyez* CONSONNE, SON. (*Gramm.*) VOYELLE, H, & HIATUS. Cette premiere distinction devoit être, ce semble, le premier principe de l'ordre qu'il falloit suivre dans la table des *lettres*; les voyelles auroient dû être placées les premieres, & les consonnes ensuite. La considération des différentes ouvertures de la bouche auroit pu aider à la fixation de l'ordre des voyelles entre elles: on auroit pu classifier les consonnes par la nature de l'organe dont l'impression est la plus sensible dans leur production, & régler ensuite l'ordre des classes entre elles, & celui des consonnes dans chaque classe par des vûes d'analogie. D'autres causes ont produit par-tout un autre arrangement, car rien ne se fait sans cause: mais celles qui ont produit l'ordre alphabétique tel que nous l'avons, n'étoient peut-être par rapport à nous qu'une suite de hasards, auxquels on peut opposer ce que la raison paroît insinuer, sinon pour réformer l'usage, du moins pour l'éclairer. M. du Marsais désiroit que l'on proposât un nouvel alphabet adapté à nos usage présens, (*Voyez* ALPHABET), débarrassé des inutilités, des contradictions & des doubles emplois qui gâtent celui que nous avons, & enrichi des caracteres qui y manquent. Qu'il me soit permis de poser ici les principes qui peuvent servir de fondement à ce système.

Notre langue me paroit avoir admis huit sons fondamentaux qu'on auroit pu caractériser par autant de *lettres*, & dont les autres sons usités sont dérivés par de légeres variations: les voici écrits selon notre orthographe actuelle, avec des exemples où ils sont sensibles.

a, Comme dans la premiere syllabe de *cadre*;
é, tête;
è, lésard;
i, misere;
eu, meunier;
o, poser;
u, humain;
ou, poudre.

Il me semble que j'ai arrangé ces sons à peu-près selon l'analogie des dispositions de la bouche lors de leur production. *A* est à la tête, parce qu'il paroît être le plus naturel, puisque c'est le premier ou du moins le plus fréquent dans la bouche des enfans: je ne citerai point en faveur de cette primauté le verset 8. du *ch. j.* de l'Apocalypse, pour en conclure, comme Wachter dans les prolégomenes de son *Glossaire germanique*, sect. 11. §. 32, qu'elle est de droit divin; mais je remarquerai que l'ouverture de la bouche nécessaire à la production de l'*a*, est de toutes la plus aisée & celle qui laisse le cours le plus libre à l'air intérieur. Le canal semble se rétrécir de plus en plus pour les autres. La langue s'éleve & se porte en avant pour *é*; un peu plus pour *è*; les mâchoires se rapprochent pour *i*; les levres font la même chose pour *eu*; elles se serrent davantage & se portent en avant pour *o*; encore plus pour *u*; mais pour le son *ou*, elles se serrent & s'avancent plus que pour aucun autre.

J'ai dit que les autres sons usités dans notre langue dérivent de ceux-là par de legeres variations: ces variations peuvent dépendre ou du canal par où se fait l'émission de l'air, ou de la durée de cette émission.

L'air peut sortir entierement par l'ouverture ordinaire de la bouche, & dans ce cas on peut dire que le son est *oral*; il peut aussi sortir partie par la bouche & partie par le nez, & alors on peut dire que le son est *nasal*. Le premier de ces deux états est naturel, & par conséquent il ne faudroit pour le peindre, que la voyelle même destinée à la représentation du son: le second état est, pour ainsi dire, violent, mais il ne faudroit pas pour cela une autre voyelle, la même suffiroit, pourvu qu'on la surmontât d'une espece d'accent, de celui, par exemple, que nous appellons aujourd'hui *circonflexe*, & qui ne serviroit plus à autre chose, vû la distinction de caractere que l'on propose ici. Or, il n'y a que quatre de nos huit sons fondamentaux, dont chacun puisse être ou oral, ou nasal; ce sont le premier, le troisieme, le cinquieme & le sixieme. C'est ce que nous entendons dans les monosyllabes, *ban*, *pain*, *jeun*, *bon*. Cette remarque peut indiquer comment il faudroit disposer les voyelles dans le nouvel alphabet: celles qui sont *constantes*, ou dont l'émission se fait toujours par la bouche, seroient une classe; celles qui sont *variables*, ou qui peuvent être tantôt orales & tantôt nasales, seroient une autre classe; la voyelle *a* assure la prééminence à la classe des *variables*; & ce qui precede fixe assez l'ordre dans chacune des deux classes.

Par rapport à la durée de l'émission, un son peut être bref ou long; & ces différences, quand même on voudroit les indiquer, comme il conviendroit en effet, n'augmenteroient pas davantage le nombre de nos voyelles: tout le monde connoit les notes grammaticales qui indiquent la brieveté ou la longueur. *Voyez* BREVE.

Si nous voulons maintenant fixer le nombre & l'ordre des articulations usitées dans notre langue, afin de construire la table des consonnes qui pourroient entrer dans un nouvel alphabet; il faut confidérer les articulations dans leur cause & dans leur nature.

Considérées dans leur cause, elles sont ou labiales, ou linguales, ou gutturales, selon qu'elles paroissent dépendre plus particulierement du mouvement ou des levres, ou de la langue, ou de la trachée-artere que le peuple appelle *gosier* : & cet ordre même me paroît le plus raisonnable, parce que les articulations labiales sont les plus faciles, & les premieres en effet qui entrent dans le langage des enfans, auquel on ne donne le nom de *balbutie*, que par une onomatopée fondée sur cela même ; d'ailleurs l'articulation gutturale suppose un effort que toutes les autres n'exigent point, ce qui lui assigne naturellement le dernier rang : au surplus cet ordre caractérise à merveille la succession des parties organiques ; les levres sont extérieures, la langue est en dedans, & la trachée-artere beaucoup plus intérieure.

Les articulations linguales se soudivisent assez communément en quatre especes, que l'on nomme *dentales*, *sifflantes*, *liquides* & *mouillées* : *Voyez* LINGUALE. Cette division a son utilité, & je ne trouverois pas hors de propos qu'on la suivît pour régler l'ordre des articulations linguales entre elles, avec l'attention de mettre toujours les premieres, dans chaque classe, celles dont la production est la plus facile. Ce discernement tient à un principe certain ; les plus difficiles s'operent toujours plus près du fond de la bouche ; les plus aisées se rapprochent davantage de l'exterieur.

Les articulations considérées dans leur nature, sont constantes ou variables, selon que le degré de force, dans la partie organique qui les produit, est ou n'est pas susceptible d'augmentation ou de diminution ; par conséquent, les articulations variables sont foibles ou fortes, selon qu'elles supposent moins de force ou plus de force dans le mouvement organique qui en est le principe. D'où il suit qu dans l'ordre alphabétique, il ne faut pas séparer la foible de la forte, puisque c'est la même au fond ; & que la foible doit précéder la forte, par la raison du plus de facilité. Voici dans une espece de tableau le système & l'ordre des articulations, tel que je viens de l'exposer ; & vis-à-vis, une suite de mots où l'on remarque l'articulation dont il est question, représentée selon notre orthographe actuelle.

SYSTÈME figuré des articulations.

Considérées dans leur nature.

Considérées dans leur cause.		Constantes.	Variables.		Exemples.	
			Foibles.	Fortes.		
Labiales.			ve.	fe.	Vendre.	Fendre.
			be.	pe.	Baquet.	Paquet.
Nasales.		me.			Mort.	
		ne.			Nort.	
Linguales.	Dentales.		de.	te.	Dome.	Tome.
			gue.	que.	Gage.	Cage.
	Sifflantes.		ze.	se.	Zélé.	Scélé.
			je.	che.	Japon.	Chapon.
	Liquides.	le. re.			Loi.	Roi.
	Mouillées.	lle. gne.			Pillard.	Mignard.
Gutturales.		he.			Héros.	

Voilà donc en tout dix-neuf articulations dans notre langue, ce qui exige dans notre alphabet dix-neuf consonnes : ainsi, en y ajoutant les huit voyelles dont on a vû ci-devant la nécessité, le nouvel alphabet ne seroit que de vingt-sept *lettres*. C'est assez, non-seulement pour ne pas surcharger la multitude de trop de caracteres, mais encore pour exprimer toutes les modifications essentielles de notre langue, au moyen des accents que l'on y ajouteroit, comme je l'ai déjà dit.

Me permettra-t-on encore une remarque qui peut paroître minutieuse, mais qui me semble pourtant raisonnable ? C'est que je crois qu'il pourroit y avoir quelque utilité à donner aux *lettres* d'une même classe une forme analogue, & distinguée de la forme commune aux *lettres* d'une autre classe : par exemple, à n'avoir que des voyelles sans queue, & formées de traits arrondis, comme *a*, *e*, *o*, *8* ; *c*, *s*, *3*, *z* : à former les consonnes de traits droits ; les cinq labiales, par exemple, sans queue, comme *n*, *m*, *u*, *m*, *z* : toutes les linguales avec queue ; les dentales par en haut, les sifflantes par en bas ; les foibles en deux traits, les fortes en trois ; les liquides & les mouillées, d'une queue droite & d'un trait rond, la queue en haut pour les premieres, & en bas pour les autres : notre gutturale, comme la plus difficile pourroit avoir une figure plus irréguliere, comme le *k*, le *x*, ou le *&*. Je sens très-bien qu'il n'y a aucun fonds à faire sur une pareille innovation ; mais je ne pense pas qu'il faille pour cela en dédaigner le projet, ne pût-il que servir à montrer comment on envisage en général & en détail un objet qu'on a intérêt de connoitre. L'art d'analyser, qui est peut-être le seul art de faire usage de la raison, est aussi difficile que nécessaire ; & l'on ne doit rien mépriser de ce qui peut servir à le perfectionner.

Il est évident, par la définition que j'ai donnée des *lettres*, qu'il y a une grande différence entre ces caracteres & les élémens de la voix dont ils sont les figures : *hoc interest*, dit Priscien, *inter elementa & litteras*, *quod elementa propriè dicuntur ipsa pronunciationes* ; *notæ autem earum litteræ*, *lib. I. de litterâ*. Il semble que les Grecs aient fait aussi attention à cette différence, puisqu'ils avoient deux mots différens pour ces deux objets, στοιχεῖα, *élémens*, & γράμματα, *peintures*, quoique l'auteur de la *méthode grecque* de P. R. les présente comme synonymes ; mais il est bien plus naturel de croire que dans l'origine le premier de ces mots exprimoit en effet les élémens de la voix, indépendamment de leur représentation, & que le second en exprimoit les figures représentatifs ou de peinture. Il est cependant arrivé par le laps de tems, que sous le nom du figue on a compris indistinctement & le figue & la chose signifiée. Priscien, *ibid.* remarque cet abus : *abusivè tamen & elementa pro litteris & litteræ pro elementis vocantur*. Cet usage contraire à la premiere institution, est venu, sans doute de ce que, pour désigner tel ou tel élément de la voix, on s'est contenté de l'indiquer par la *lettre*

Tome IX. F ff ij

qui en étoit le signe, afin d'éviter les circonlocutions toujours superflues & très-sujettes à l'équivoque dans la matiere dont il est question. Ainsi, au lieu d'écrire & de dire, par exemple, *l'articulation foible produite par la réunion des deux levres*, on a dit & écrit *le b*, & ainsi des autres. Au reste, cette confusion d'idées n'a pas de grands inconvéniens, si même on peut dire qu'elle en ait. Tout le monde entend très-bien que le mot *lettres*, dans la bouche d'un maître d'écriture, s'entend des signes représentatifs des élémens de la voix ; que dans celle d'un fondeur ou d'un imprimeur il signifie les petites pieces de métal qui portent les empreintes de ces signes pour les transmettre sur le papier au moyen d'une encre; & que dans celle d'un grammairien il indique tantôt les signes & tantôt les élémens mêmes de la voix, selon que les circonstances designent qu'il s'agit ou d'orthologie ou d'ortographe. Je ne m'écarterai donc pas du langage ordinaire dans ce qui me reste à dire sur l'attraction & la permutation des *lettres* : on verra assez que je ne veux parler que des élémens de la voix prononcée, dont les *lettres* écrites suivent assez communément le sort, parce qu'elles sont les dépositaires de la parole. *Hic enim usus est litterarum, ut custodiant voces, & velut depositum reddant legentibus.* Quintil. *inst. orat. I. jv.*

Nous avons vu qu'il y a entre les *lettres* d'une même classe une sorte d'affinité & d'analogie qui laissent souvent entr'elles assez peu de différence : c'est cette affinité qui est le premier fondement & la seule cause raisonnable de ce que l'on appelle l'*attraction* & la *permutation* des lettres.

L'attraction est une opération par laquelle l'usage introduit dans un mot une *lettre* qui n'y étoit point originairement, mais que l'homogénéité d'une autre *lettre* préexistante semble seule y avoir attirée. C'est ainsi que les verbes latins *ambio, ambigo*, composés de l'ancienne particule *am*, équivalente à *circum*, & des verbes *eo* & *ago*, ont reçu la consonne labiale *b*, attirée par la consonne *m*, également labiale : c'est la même chose dans *comburo*, composé de *cùm* & d'*uro*. Notre verbe françois *trembler*, dérivé de *tremere*, & *nombre*, dérivé de *numerus*, présentent le même méchanisme.

La permutation est une opération par laquelle dans la formation d'un mot tiré d'un autre mot pris dans la même langue ou dans une langue étrangere, on remplace une *lettre* par une autre. Ainsi du mot grec πᾶς, les Latins ont fait *pes*, en changeant *u* en *e*, & les Allemands ont fait *fuss*, en changeant *π* en *f*, car leur *u* répond à l'*u* des Grecs quant à la prononciation.

Je l'ai déja dit, & la saine philosophie le dit aussi, rien ne se fait sans cause ; & il est très-important dans les recherches étymologiques de bien connoître les fondemens & les causes de ces deux sortes de changemens de *lettres*, sans quoi il est difficile de démêler la génération & les différentes métamorphoses des mots. Or le grand principe qui autorise soit l'attraction ou la permutation des *lettres*, c'est, comme je l'ai déja insinué, leur homogénéité.

Ainsi, 1°. toutes les voyelles sont commuables entr'elles pour cette raison d'affinité, qui est si grande à l'égard des voyelles, que M. le président des Brosses regarde toutes les voyelles comme une seule, variée seulement selon les différences de l'état du tuyau par où sort la voix, & qui, à cause de sa flexibilité, peut être conduit par dégradation insensible depuis son plus large diametre & sa plus grande longueur, jusqu'à son état le plus resserré & le plus raccourci. C'est ainsi que nous voyons l'*a* de *capio* changé en *e* dans *particeps*, en *i* dans *participare*, en *u* dans *aucupium* ; que l'*a* du grec παλλω est changé en *e* dans le latin *pello*, cet *e* changé en *u* dans le supin *pulsum*, que nous conservons dans *impulsion* ; & que nous changeons en *ou* dans *pousser* ; que l'*e* du grec ἴδη est changé en *a* dans le latin *ala*, & en *é*, que nous écrivons *ai*, dans le françois *aile*, &c. Il seroit superflu d'accumuler ici un plus grand nombre d'exemples : on n'a qu'à ouvrir les Dictionnaires étymologiques de Vossius pour le latin, de Ménage pour le françois; de Wachter pour l'allemand, &c. & lire sur-tout le traité de Vossius *de litterarum permutationibus :* on en trouvera de toutes les especes.

2°. Par la même raison les consonnes labiales sont commuables entre elles, *voyez* LABIALES, & l'on peut aisément attirer l'autre, comme on l'a vu dans la définition que j'ai donnée de l'attraction.

3°. Il en est de même de toutes les consonnes linguales, mais dans un degré de facilité proportionné à celui de l'affinité qui est entr'elles ; les dentales se changent ou s'allient plus aisément avec les dentales, les sifflantes avec les sifflantes, &c. & par la même raison dans chacune de ces classes, & dans toute autre où la remarque peut avoir lieu, la foible & la forte ont le plus de disposition à se mettre l'une pour l'autre, ou l'une avec l'autre. *Voyez* les exemples à l'*article* LINGUALE.

4°. Il arrive encore assez souvent que des consonnes, sans aucuns degrés prochains d'affinité, ne laissent pas de se mettre les unes pour les autres dans les dérivations des mots, sur le seul fondement d'affinité qui résulte de leur nature commune : dans ce cas néanmoins la permutation est déterminée par une cause prochaine, quoiqu'accidentelle ; communément c'est que dans la langue qui emprunte, l'organe joint à la prononciation de la lettre changée l'inflexion d'une autre *partie* organique, & c'est la partie organique de la *lettre* substituée. Comment avons-nous substitué *c* à la *lettre*, une dentale à une dentale, dans notre mot *place* venu de *platea ?* c'est que nous sommes accoutumés à prononcer le *t* en sifflant comme *s* dans plusieurs mots, comme *action, ambitieux, patient, martial*, &c. que d'autre part nous prononçons de même la *lettre c* devant *e, i*, ou devant les autres voyelles quand elle est cédillée : or l'axiome dit *quæ sunt eadem uni tertio sunt eadem inter se* ; donc le *c* & le *t* peuvent se prendre l'un pour l'autre dans le système usuel de notre langue : l'une & l'autre avec *s* peuvent aussi être commuables. D'autres vûes autorisées par l'usage contre les principes naturels de la prononciation, donneront ailleurs d'autres permutations éloignées des lois générales.

Pour ce qui concerne l'histoire des *lettres* & la génération des alphabets qui ont eu cours ou qui sont aujourd'hui en usage, on peut consulter le *ch. xx. du liv. I. de la seconde partie de la Géographie sacrée* de Bochart ; le livre du P. Herman Hugo, jésuite, *de ratione scribendi apud veteres* ; Vossius *de arte Grammaticâ, ch. ix.* & *x.* Baudelot de Daireval, *de l'utilité des voyages & de l'avantage que la recherche des antiquités procure aux Savans* ; le livre de dom Bernard de Montfaucon ; *l'art de vérifier les dates des faits historiques*, par des religieux Bénédictins de la congrégation de S. Maur ; le livre IV. de *l'introduction à l'histoire des Juifs de Prideaux*, par M. Shuckford ; *nos Pl. d'Alph. anc. & mod. plus riches qu'aucun de ces ouvrages*. (*B. E. R. M.*)

LETTRES, (*Imprimerie.*) Les Imprimeurs nomment ainsi, & sans acception de corps ou de grandeur, chaque piece mobile & séparée dont sont assortis les différens caracteres en usage dans l'Imprimerie, mais ils en distinguent de quatre sortes dans chaque corps de caracteres, qui sont les capitales, ou majuscules & minuscules, les *lettres* du bas de casse & *lettres* doubles, tels que le *si*, le *fi*, le double *ssi* & le double *ffi*, & quelqu'autres. Il y a outre ces corps & grandeurs un nombre de *lettres* pour l'impression des affiches & placards, que l'on nomme, à cause de leur grandeur & de leur usage, *grosses* & *moyennes*: elles sont de fonte ou de bois ; ces corps n'ont ni petites capitales ni *lettres* du bas de casse. *Voyez nos Pl. d'Imprimerie.*

LETTRE CAPITALE, (*Ecrit. Imprim.*) grande lettre, lettre majuscule. Les anciens manuscrits grecs & latins sont entierement écrits en *lettres capitales*; & lors de la naissance de l'Imprimerie, on mit au jour quelques livres, tout en *capitales*. Nous avons un Homere, une Anthologie grecque, un Appollonius imprimés de cette façon : on en doit l'idée à Jean Lascaris, surnommé *Rhyndacène*, mais on lui doit bien mieux, c'est d'avoir le premier apporté en Occident la plûpart des plus beaux manuscrits grecs que l'on y connoisse. Il finit ses jours à Rome en 1535. (*D. J.*)

LETTRE GRISE, (*Imprimerie.*) Les Imprimeurs appellent ainsi des lettres entourées d'ornemens de gravure, soit en bois, soit en taille-douce ; elles sont d'usage pour commencer la matiere d'un ouvrage aux pages où il y a une vignette en bois. *Voyez* VIGNETTE, *Voyez* TABLE DES CARACTERES.

LETTRE TREMBLÉE, (*Ecrivain.*) est dans l'écriture un caractere qui, quoique sorti d'une main libre & sûre, imite le *tremblé* naturel, parce que ses traits ont la même attitude que s'ils partoient d'un stile foible.

Voyez tom. II. 2. part. aux Planches de notre Ecriture moderne.

LETTRES GRECQUES, (*Gramm. orig. des langues.*) γράμματα ἑλλήνων, caracteres de l'écriture des anciens grecs.

Joseph Scaliger, suivi par Walton, Bochart, & plusieurs autres savans, a tâché de prouver dans ses notes sur la chronique d'Eusebe, que les caracteres grecs tiroient leur origine des *lettres* phéniciennes ou hébraïques.

Le chevalier Marsham, dans son *Canon chronicus ægyptiacus*, ouvrage excellent par la méthode, la clarté, la briéveté & l'érudition dont il est rempli, rejette le sentiment de Scaliger, & prétend que Cadmus, égyptien de naissance, ne porta pas de Phénicie en Grece les *lettres* phéniciennes, mais les caracteres épistoliques des Egyptiens, dont Theut ou Thoot, un des hermès des Grecs, étoit l'inventeur, & que de plus les Hébreux mêmes ont tiré leurs *lettres* des Egyptiens, ainsi que diverses autres choses.

Cette hypothèse a le désavantage de n'être pas étayée par des témoignages positifs de l'antiquité, & par la vûe des caracteres épistoliques des Egyptiens, que nous n'avons plus, au lieu que les caracteres phéniciens ou hébraïques ont passé jusqu'à nous.

Aussi les partisans de Scaliger appuient beaucoup en faveur de son opinion, sur la ressemblance de forme entre les anciennes *lettres grecques* & les caracteres phéniciens ; mais malheureusement cette similitude n'est pas concluante, parce qu'elle est trop foible, trop legere, parce qu'elle ne se rencontre que dans quelques lettres des deux alphabets, & parce qu'enfin Rudbeck ne prouve pas mal que les lettres runiques ont encore plus d'affinité avec les *lettres grecques*, par le nombre, par l'ordre & par la valeur que les lettres phéniciennes.

Il se pourroit donc bien que les sectateurs de Scaliger & de Marsham fussent également dans l'erreur, & que les Grecs, avant l'arrivée de Cadmus, qui leur fit connoître les caracteres phéniciens ou égyptiens, il n'importe, eussent déja leur propre écriture, leur propre alphabet, composé de seize lettres, & qu'ils enrichirent cet alphabet qu'ils possédoient de quelques autres lettres de celui de Cadmus.

Après tout, quand on examine sans prévention combien le système de l'écriture grecque est différent de celui de l'écriture phénicienne, on a bien de la peine à se persuader qu'il en émane.

1°. Les Grecs exprimoient toutes les voyelles par des caracteres séparés, & les Phéniciens ne les exprimoient point du tout ; 2°. les Grecs n'eurent que seize *lettres* jusqu'au siége de Troie , & les Phéniciens en ont toujours eu vingt-deux ; 3°. les Phéniciens écrivoient de droite à gauche, & les Grecs au contraire de gauche à droite. S'ils s'en sont écartés quelques fois, ç'a été par bisarrerie & pour s'accommoder à la forme des monumens sur lesquels on gravoit les inscriptions, ou même sur les monumens élevés par des phéniciens, ou pour des phéniciens de la colonie de Cadmus. Les Thébains eux-mêmes sont revenus de la méthode commune de disposer les caracteres grecs de la gauche à la droite, qui étoit la méthode ordinaire & universelle de la nation.

Ces différences, dont il seroit superflu de rapporter la preuve, étant une fois posées, est-il vraissemblable que les Grecs eussent fait de si grands changemens à l'écriture phénicienne, s'ils n'eussent pas déja été accoutumés à une autre maniere d'écrire, & à un autre alphabet auquel apparemment ils ajouterent ceux-ci de la gauche à la droite, donnerent à quelques-uns la force de voyelles, parce qu'ils en avoient dans leur écriture, & rejetterent absolument ceux qui exprimoient des sons dont ils ne se servoient point. (*D. J.*)

LETTRES les, (*Encyclopédie.*) ce mot désigne en général les lumieres que procurent l'étude, & en particulier celle des belles-lettres ou de la littérature. Dans ce dernier sens, on distingue les gens de *lettres*, qui cultivent seulement l'érudition variée & pleine d'aménités, de ceux qui s'attachent aux sciences abstraites, & à celles d'une utilité plus sensible. Mais on ne peut les acquérir à un degré éminent sans la connoissance des *lettres*, il en résulte que les *lettres* & les sciences proprement dites, ont entr'elles l'enchaînement, les liaisons, & les rapports les plus étroits ; & dans l'*Encyclopédie* qu'il importe de le démontrer, & je n'en veux pour preuve que l'exemple des siecles d'Athenes & de Rome.

Si nous les rappellons à notre mémoire, nous verrons que chez les Grecs l'étude des *lettres* embellissoit celle des sciences, & que l'étude des sciences donnoit aux *lettres* un nouvel éclat. La Grece a dû tout son lustre à cet assemblage heureux ; c'est par-là qu'elle joignit au mérite le plus solide, la plus brillante réputation. Les *lettres* & les sciences y marcherent toujours d'un pas égal, & se servirent mutuellement d'appui. Quoique les muses présidassent les unes à la Poésie & à l'Histoire, les autres à la Dialectique, à la Géométrie & à l'Astronomie, on les regardoit comme des sœurs inséparables, qui ne formoient qu'un seul chœur. Homere & Hésiode les invoquent toutes dans leurs poëmes, & Pythagore leur sacrifia, sans les séparer, une hécatombe philosophique en reconnoissance de la découverte qu'il fit de l'égalité du quarré de l'hypothénuse dans le triangle-rectangle, avec les quarrés des deux autres côtés.

Sous Auguste, les *lettres* fleurirent avec les sciences & marcherent de front. Rome, déja maîtresse d'Athenes par la force de ses armes, vint à coucourir avec elle pour un avantage plus flatteur, celui d'une érudition agréable & d'une science profonde.

Dans le dernier siecle, si glorieux à la France à cet égard, l'intelligence des langues savantes & l'étude de la nôtre furent les premiers fruits de la culture de l'esprit. Pendant que l'éloquence de la chaire & celle du barreau brilloient avec tant d'éclat; que la Poéſie étaloît tous ſes charmes; que l'Hiſtoire ſe faiſoit lire avec avidité dans ſes ſources, & dans des traductions élégantes; que l'antiquité ſembloit nous dévoiler ſes tréſors; qu'un examen judicieux portoit par-tout le flambeau de la critique: la Philoſophie réformoit les idées, la Phyſique s'ouvroit de nouvelles routes pleines de lumieres, les Mathématiques s'élevoient à la perfection; enfin les *lettres* & les ſciences s'enrichiſſoient mutuellement par l'intimité de leur commerce.

Ces exemples des ſiecles brillans prouvent que les ſciences ne ſauroient ſubſiſter dans un pays que les *lettres* n'y ſoient cultivées. Sans elles une nation, ſeroit hors d'état de goûter les ſciences, & de travailler à les acquérir. Aucun particulier ne peut profiter des lumieres des autres, & s'entretenir avec les Ecrivains de tous les pays & de tous les tems, s'il n'eſt ſavant dans les *lettres* par lui-même, ou du moins, ſi des gens de *lettres* ne lui ſervent d'interprete. Faute d'un tel ſecours, le voile qui cache les ſciences, devient impénétrable.

Diſons encore que les principes des ſciences ſeroient trop rebutans, ſi les *lettres* ne leur prétoient des charmes. Elles embelliſſent tous les ſujets qu'elles touchent: les vérités dans leurs mains deviennent plus ſenſibles par les tours ingénieux, par les images riantes, & par les fictions même ſous leſquelles elles les offrent à l'eſprit. Elles répandent des fleurs ſur les matieres les plus abſtraites, & ſavent les rendre intéreſſantes. Perſonne n'ignore avec quels ſuccès les ſages de la Grece & de Rome employerent les ornemens de l'éloquence dans leurs écrits philoſophiques.

Les ſcholaſtiques, au lieu de marcher ſur les traces de ces grands maîtres, n'ont conduit perſonne à la ſcience de la ſageſſe, ou à la connoiſſance de la nature. Leurs ouvrages ſont un jargon également inintelligible, & mépriſé de tout le monde.

Mais ſi les *lettres* ſervent de clé aux ſciences, les ſciences de leur côté concourent à la perfection des *lettres*. Elles ne feroient que bégayer dans une nation où les connoiſſances ſublimes n'auroient aucun accès. Pour les rendre floriſſantes, il faut que l'eſprit philoſophique, & par conſéquent les ſciences qui le produiront, ſe rencontre dans l'homme de *lettres*, ou du moins dans le corps de la nation. *Voyez* GENS *de* LETTRES.

La Grammaire, l'Eloquence, la Poéſie, l'Hiſtoire, la Critique, en un mot, toutes les parties de la Littérature ſeroient extrêmement défectueuſes, ſi les ſciences ne les reformoient & ne les perfectionnoient: elles ſont ſur-tout néceſſaires aux ouvrages didactiques en matiere de rhétorique, de poétique & d'hiſtoire. Pour y réüſſir, il faut être philoſophe autant qu'homme de *lettres*. Auſſi, dans l'ancienne Grece, l'érudition polie & le profond ſavoir faiſoient le partage des génies du premier ordre. Empédocle, Epicharme, Parménide, Archelaüs font célebres parmi les Poëtes, comme parmi les Philoſophes. Socrate cultivoit également la philoſophie, l'éloquence & la poéſie. Xénophon ſon diſciple ſut allier dans ſa perſonne l'orateur, l'hiſtorien & le ſavant, avec l'homme d'état, l'homme de guerre & l'homme du monde. Au ſeul nom de Platon, toute l'élévation des ſciences & toute l'aménité des *lettres* ſe préſente à l'eſprit. Ariſtote, ce génie univerſel, porta la lumiere & dans tous les genres de littérature, & dans toutes les parties des ſciences. Pline, Lucien, & les maitres écrivains font l'éloge d'Eratoſthene, & en parlent comme d'un homme qui avoit réüni avec le plus de gloire, les *lettres* & les ſciences.

Lucrece, parmi les Romains, employa les muſes latines à chanter les matieres philoſophiques. Varron, le plus ſavant de ſon pays, partageoit ſon loiſir entre la Philoſophie, l'Hiſtoire, l'étude des antiquités, les recherches de la Grammaire & les délaſſemens de la Poéſie. Brutus étoit philoſophe, orateur, & poſſédoit à fond la juriſprudence. Cicéron, qui porta juſqu'au prodige l'union de l'Eloquence & de la Philoſophie, déclaroit lui-même que s'il avoit un rang parmi les orateurs de ſon ſiecle, il en étoit plus redevable aux promenades de l'académie, qu'aux écoles des rhéteurs. Tant il eſt vrai, que la multitude des talens eſt néceſſaire pour la perfection de chaque talent particulier, & que les *lettres* & les ſciences ne peuvent ſouffrir de divorce.

Enfin ſi l'homme attaché aux ſciences & l'homme de *lettres* ont des liaiſons intimes par des intérêts communs & des beſoins mutuels, ils ſe conviennent encore par la reſſemblance de leurs occupations, par la ſupériorité des lumieres, par la nobleſſe des vûes, & par leur genre de vie, honnête, tranquille & retiré.

J'oſe donc dire ſans préjugé en faveur des *lettres* & des ſciences, que ce ſont elles qui font fleurir une nation, & qui répandent dans le cœur des hommes les regles de la droite raiſon, & les ſemences de douceur, de vertu & d'humanité ſi néceſſaires au bonheur de la ſociété.

Je conclus avec Raoul de Preſles, dans ſon vieux langage du XIV. ſiecle, que « Ocioſité, ſans *lettres* » & ſans ſcience, eſt ſépulture d'homme vif ». Cependant le goût des *lettres*, je puis bien éloigné de dire la paſſion des *lettres*, tombe tous les jours davantage dans ce pays, & c'eſt un malheur dont nous tâcherons de dévoiler les cauſes *au mot* LITTÉRATURE.

LETTRE, EPITRE, MISSIVE, (*Littérat.*) les *lettres* des Grecs & des Romains avoient, comme les nôtres, leurs formules: voici celles que les Grecs mettoient au commencement de leurs miſſives.

Philippe, roi de Macédoine, à tout magiſtrat, *ſalut*, & pour indiquer le terme grec, χαιρειν. Les *mots* χαιρειν, ιυπαττειν, υγιαινειν, dont ils ſe ſervoient, & qui ſignifioient *joie*, *proſpérité*, *ſanté*, étoient des eſpeces de formules affectées au ſtyle épiſtolaire, & particulierement à la décoration du frontiſpice de chaque *lettre*.

Ces ſortes de formules ne ſignifioient pas plus en elles-mêmes, que ſignifient celles de nos *lettres* modernes; c'étoient de vains complimens d'uſage. Lorſqu'on écrivoit à quelqu'un, on lui ſouhaitoit au moins en apparence la *ſanté* par υγιαινειν, la *proſpérité* par ιυπαττειν, la *joie* & la *ſatisfaction* par χαιρειν.

Comme on mettoit à la tête des *lettres*, χαιρειν, ιυπαττειν, υγιαινειν, on mettoit à la fin, ερρωσο, ιυτυχιετε, *portez-vous bien*, *ſoyez heureux*, ce, qui équivaloit (mais plus ſenſément) à notre formule, *votre très-humble ſerviteur*.

S'il s'agiſſoit de donner des exemples de leurs *lettres*, je vous citerois d'abord celle de Philippe à Ariſtote, au ſujet de la naiſſance d'Alexandre.

» Vous ſavez que j'ai un fils; je rends graces aux » dieux, non pas tant de me l'avoir donné, que de » me l'avoir donné du vivant d'Ariſtote. J'ai lieu » de me promettre que vous formerez en lui un » ſucceſſeur digne de nous, & un roi digne de la » Macédoine ». Ariſtote ne remplit pas mal les eſpérances de Philippe. Voici la *lettre* que ſon éleve devenu maître du monde, lui écrivit ſur les débris du trône de Cyrus.

» J'apprends que tu publies tes écrits acromati-» ques. Quelle ſupériorité me reſte-t-il maintenant » ſur les autres hommes ? Les hautes ſciences que » tu m'a enſeignées, vont devenir communes; & tu

» n'ignores pas cependant que j'aime encore mieux
» surpasser les hommes par la science des choses su-
» blimes, que par la puissance. Adieu ».

Les Romains ne firent qu'imiter les formules des Grecs dans leurs lettres ; elles finissoient de même par le *mot vale*, *portez-vous bien*; elles commençoient semblablement par le nom de celui qui les écrivoit, & par celui de la personne à qui elles étoient adressées. On observoit seulement lorsqu'on écrivoit à une personne d'un rang supérieur, comme à un consul ou à un empereur, de mettre d'abord le nom du consul ou de l'empereur.

Quand un consul ou empereur écrivoit, il mettoit toujours son nom avant celui de la personne à qui il écrivoit. Les *lettres* des empereurs, pour les affaires d'importance, étoient cachetées d'un double cachet.

Les successeurs d'Auguste ne se contenterent pas de souffrir qu'on leur donnât le titre de seigneurs, dans les *lettres* qu'on leur adressoit, mais ils agréerent qu'on joignît à leur nom les épithetes magnifiques de très-grand, très-auguste, très-débonnaire, invincible & sacré. Dans le corps de la *lettre*, on employoit les termes de votre clémence, votre piété, & autres semblables. Par cette nouvelle introduction de formules inouies jusqu'alors, il arriva que le ton noble épistolaire des Romains sous la république ne connut plus sous les empereurs d'autre style, que celui de la bassesse & de la flatterie.

LETTRES DES SCIENCES, (*Littérat.*) l'usage d'écrire des *lettres*, des épitres, des billets, des missives, des dépêches, est aussi ancien que l'écriture ; car on ne peut pas douter que dès que les hommes eurent trouvé cet art, ils n'en ayent profité pour communiquer leurs pensées à des personnes éloignées. Nous voyons dans l'Iliade, *liv. VI. v.* 69, Bellerophon porter une lettre de Proétus à Jobatès. Il seroit ridicule de répondre que c'étoit un codicille, c'est-à-dire de simples feuilles de bois couvertes de cire, & écrites avec une plume de métal ; car quand on écrivoit des codicilles, on écrivoit sans doute des *lettres*, & même ce codicille en seroit une essentiellement, si la définition que donne Cicéron d'une épître est juste, quand il dit que son usage est de marquer à la personne à qui elle est adressée, des choses qu'il ignore.

Nous n'avons de vraiment bonnes *lettres* que celles de ce même Cicéron & d'autres grands hommes de son tems, qu'on a recueillies avec les siennes & les *lettres* de Pline ; comme les premieres sur-tout font admirables & même uniques, j'espere qu'on me permettra de m'y arrêter quelques momens.

Il n'est point d'écrits qui fassent tant de plaisir que les *lettres* des grands hommes ; elles touchent le cœur du lecteur, en déployant celui de l'écrivain. Les *lettres* des beaux génies, des savans profonds, des hommes d'état font toutes estimées dans leur genre différent ; mais il n'y eut jamais de collection dans tous les genres égale à celle de Cicéron, soit qu'on considere la pureté du style, l'importance des matieres, ou l'éminence des personnes qui y sont intéressées.

Nous avons près de mille *lettres* de Cicéron qui subsistent encore, & qu'il fit après l'âge de quarante ans ; cependant ce grand nombre ne fait qu'une petite partie, non seulement de celles qu'il écrivit, mais même de celles qui furent publiées après sa mort par son secrétaire Tyro. Il y en a plusieurs volumes qui se sont perdus ; nous n'avons plus le premier volume des *lettres* de ce grand homme à Lucinius Calvus ; le premier volume de celles qu'il adressa à Q. Axius ; le second volume de ses *lettres* à son fils ; un autre second volume de ses *lettres* à Cornelius Nepos ; le troisieme

livre de celles qu'il écrivit à Jules-Céfar, à Octavé, à Pansa ; un huitieme volume de semblables *lettres* à Brutus ; & un neuvieme à A. Hirtius.

Mais ce qui rend les *lettres* de Cicéron très-précieuses, c'est qu'il ne les destina jamais à être publiques, & qu'il n'en garda jamais de copies. Ainsi nous y trouvons l'homme au naturel, sans déguisement & sans affectation ; nous voyons qu'il parle à Atticus avec la même franchise, qu'il se parloit à lui-même ; & qu'il n'entre dans aucune affaire sans l'avoir auparavant consulté.

D'ailleurs, les *lettres* de Cicéron contiennent les matériaux les plus authentiques de l'histoire de son siecle, & dévoilent les motifs de tous les grands événemens qui s'y passerent, & dans lesquels il joua lui-même un si beau rôle.

Dans ses *lettres* familieres, il ne court point après l'élégance ou le choix des termes, il prend le premier qui se présente, & qui est d'usage dans la conversation ; son éloquence est aisée, naturel, & coulé du sujet ; il se permet un joli badinage, & même quelquefois des jeux de mots : cependant dans le reproche qu'il fait à Antoine, d'avoir montré une de ses *lettres*, il a raison de lui dire : « Vous n'ignoriez » pas qu'il y a des choses bonnes dans notre société, » qui rendues publiques, ne font que folles ou ridi-
» cules ».

Dans ses *lettres* de compliments, & quelques-unes sont adressées aux plus grands hommes qui vécurent jamais, son desir de plaire y est exprimé de la maniere la plus conforme à la nature & à la raison, avec toute la délicatesse du sentiment & de la diction ; mais sans aucun de ces titres pompeux, de ces épithetes fastueuses que nos usages modernes donnent aux grands, & qu'ils sont marqués au coin de la politesse, tandis qu'ils ne présentent que des restes de barbarisme, fruit de la servitude & de la décadence du goût.

Dans ses *lettres* politiques, toutes ses maximes sont tirées de la profonde connoissance des hommes, & des affaires. Il frappe toujours au but, prévoit le danger, & annonce les événemens : *Quæ nunc usu veniunt, cecinit ut vates*, dit Cornelius Nepos.

Dans ses *lettres* de recommendation, c'est la bienfaisance, c'est le cœur, c'est la chaleur du sentiment qui parle. *Voyez* LETTRE *de recommendation*.

Enfin, les *lettres* qui composent le recueil donné sous le nom de Cicéron, me paroissent d'un prix infini en ce point particulier, que ce sont les seuls monumens qui subsistent de Rome libre. Elles soupirent les dernieres paroles de la liberté mourante. La plus grande partie de ces *lettres* ont paru, si l'on peut parler ainsi, au moment que la république étoit dans la crise de la ruine, & qu'il falloit enflammer tout l'amour qui restoit encore dans le cœur des vertueux & courageux citoyens pour la défense de leur patrie.

Les avantages de cette conjoncture sauteront aux yeux de qui compareront ces *lettres* avec celles d'un des plus honnêtes hommes & des plus beaux génies qui ne montrerent sous le regne des empereurs. On voit bien que j'entends les *lettres* de Pline ; elles méritent certainement nos regards & nos éloges, parce qu'elles viennent d'une ame vraiment noble, épurée par tous les agrémens possibles de l'esprit, du savoir & du goût. Cependant, on apperçoit dans le charmant auteur des *lettres* dont nous parlons, je ne sais quelle stérilité dans les faits, & quelle réserve dans les pensées, qui décelent la crainte du maître. Tous les détails du disciple de Quintilien, & toutes ses réflexions, ne portent que sur la vie privée. Sa politique n'a rien de vraiment intéressant ; elle ne développe point le ressort des grandes affaires, ni les motifs des conseils, ni ceux des événemens publics.

Pline a obtenu les mêmes charges que Cicéron; il s'est fait une gloire de l'imiter à cet égard, comme dans les études: *Lataris*, écrit-il à un de ses amis, *lataris quòd honoribus ejus insistam, quem emulari in studiis cupio. Epist. 4. 8.* Néanmoins, s'il tâcha de suivre l'orateur romain dans ses études & dans ses emplois; toutes les dignités dont il fut après lui revêtu, n'étoient que des dignités de nom. Elles lui furent conférées par le pouvoir impérial, & il les remplit conformément aux vues de ce pouvoir. En vain je trouve Pline décoré de ces vieux titres de conful & de proconful, je vois qu'il leur manque l'homme d'état, le magistrat suprême. Dans le commandement de province, où Cicéron gouvernoit toutes choses avec une autorité sans bornes, les rois venoient recevoir ses ordres, Pline n'ose pas réparer des bains, punir un esclave fugitif, n'établir un corps d'artisans nécessaire, jusqu'à ce qu'il en ait informé l'empereur: *Tu domine*, lui mande-t-il, *despice, an instituendum putes collegium Fabrorum*: mais Lépide, mais Antoine, mais Pompée, mais César, mais Octave craignent & respectent Cicéron; ils le ménagent, ils le courtisent, ils cherchent sans succès à le gagner, & à le détacher du parti de Cassius, de Brutus & de Caton. Quelle distance à cet égard entre l'auteur des Philippiques & l'écrivain du panégyrique de Trajan! (*D. J.*)

LETTRES SOCRATIQUES, (*Littérat.*) c'est ainsi qu'on nomme chez les Littérateurs le recueil de diverses *lettres* au nombre de trente-cinq, que Léo Allatius fit imprimer à Paris, l'an 1637, en grec, avec une version latine & des notes, sous le nom de Socrate & de ses disciples. Les sept premieres *lettres* sont attribuées à ce philosophe même; les autres à Antisthène, Aristippe, Xénophon, Platon, &c. Elles furent reçues avec applaudissement, & elles le méritent à plusieurs égards; cependant on a depuis considéré ce recueil avec plus d'attention qu'on ne le fit quand il vit le jour; & M. Fabricius s'est attaché à prouver que ces *lettres* sont des pieces supposées, & qu'elles sont l'ouvrage de quelques philosophes plus modernes que les philosophes dont elles portent le nom; c'est ce qu'il tache d'établir, tant par les caracteres du style, que par le silence des anciens. Le célebre Pearson avoit déja dans ses *Vindic. Ignatii, part. II. pag. 12.* donné plusieurs raisons tirées de la chronologie, pour justifier que ces *lettres* ne peuvent être de Socrate & des autres philosophes auxquels on les donne; enfin c'est aujourd'hui le sentiment général de la plûpart des savans. Il est vrai que M. Stanley semble avoir eu dessein de réhabiliter l'authenticité de ces *lettres* dans la vie des philosophes, auxquels Léo Allatius les attribue; mais le soin qu'a pris l'illustre anglois dont nous venons de parler, n'a pu faire pancher la balance en sa faveur.

Cependant quels que soient les auteurs des *lettres socratiques*, on les lit avec plaisir, parce qu'elles sont bien écrites, ingénieuses & intéressantes; mais comme il est vraissemblable qu'elles ne seront d'aucuns lecteurs, je vais transcrire deux pour exemple. La premiere est celle qu'Aristippe, fondateur de la secte cyrénaïque, écrit à Antisthène, fondateur de la secte des cyniques, à qui la maniere de vivre d'Aristippe déplaisoit. Elle est dans le style ironique d'un bout à l'autre, comme vous le verrez.

Aristippe à Antisthène.

« Aristippe est malheureux au-delà de ce que l'on » peut s'imaginer; & cela peut-il être autrement? » Réduit à vivre avec un tyran, à avoir une table » délicate, à être vêtu magnifiquement, à se parfu- » mer des p....ms les plus exquis? Ce qu'il y a » d'affligea.... est que personne ne veut me délivrer » de la cr.... ce tyran, qui ne me retient pas » sur le pié d'un homme grossier & ignorant, mais » comme un disciple de Socrate, parfaitement ins- » truit de ses principes; ce tyran ne fournit abon- » damment tout ce dont j'ai besoin ne craignant le » jugement ni des dieux ni des hommes; & pour » mettre le comble à mes infortunes, il m'a fait pré- » sent de trois belles filles Siciliennes, & de beau- » coup de vaisselle d'argent.

» Ce qu'il y a de fâcheux encore c'est que j'igno- » re quand il finira de pareils traiteméns. C'est donc » bien fait à vous d'avoir pitié de la misere de vos pro- » chains; & pour vous en témoigne ma reconnois- » sance, je me réjouis avec vous du rare bonheur » dont vous jouissez, & j'y prends tute la part pos- » sible. Conservez pour l'hiver prochain les figues » & la farine de Crete que vous ave: cela vaut bien » mieux que toutes les richesses du monde. Lavez- » vous & vous désaltérez à la fontaine d'Ennéacru- » ne; portez hiver & été le même ha.t, & qu'il soit » mal-propre, comme il convient un homme qui » vit dans la libre république d'Athens.

» Pour moi en venant dans un pays ouvert par un » monarque, je prévoyois bien que: serois exposé » à une partie des maux que vous m épeignez dans » votre *lettre*; & à présent les Syrac ins, les Agri- » gentins, les Géléens, & en géné.l tous les Sici- » liens ont pitié de moi, en m'adn.ant. Pour me » punir d'avoir eu la folie de me joi.r inconsidéré- » ment dans ce malheur, je souhait d'être accablé » toujours de ces mêmes maux, pa. rentrant en âge » de raison, & instruit des maximes e la sagesse, je » n'ai pu me résoudre à souffrir la fan & la soif, à » mépriser la gloire, & faire corps .n jue barbe.

» Je vous enverrai provision de ris, après que » vous aurez fait l'Hercule devant le enfans; parce » qu'on dit que vous ne vous faites ps de peine d'en » parler dans vos discours & dans vc écrits. Mais, » si quelqu'un se méloit de parler e pois devant » Denys, je crois que ce seroit pécer contre les » lois de la tyrannie. Du reste, je vos permets d'al- » ler vous entretenir avec Simon le c:royeur, par- » ce que je sais que vous n'estimez p.onne plus sa- » ge que lui: pour moi qui dépends es autres, il ne » m'est pas trop permis de vivre en itimité, ni de » converser familierement avec des rtisans de ce » mérite.

La seconde *lettre* d'Aristippe, qui st adressée à Arete sa fille, est d'un tout autre ton. l'écrivit peu avant que de mourir selon Léon Alatius; c'est la trente-septieme de son recueil. La v:ci:

» Télée m'a remis votre *lettre*, pa.aquelle vous » me sollicitez de toute diligence por me rendre à » Cyrène, parce que vos affaires ne ont pas bien » avec les magistrats, & que la grane modestie de » votre mari, & la vie retirée qu'il i oujours me- » née, le rendent moins propre à av.r soin de ses » affaires domestiques. Aussi-tôt que ai eu obtenu » mon congé de Denys, je me suis is en voyage » pour arriver auprès de vous; je suis tombé » malade à Lipara, où les amis de So.cus prennent » de moi tous les soins possibles, avecoute l'amitié » qu'on peut desirer quand on est près u tombeau.

» Quant à ce que vous me demande; quels égards » vous devez à mes affranchis, qui dclarent qu'ils » n'abandonneront jamais Aristippe tnt qu'il leur » restera des forces, mais qu'ils le serv ont toujours » aussi-bien que vous, vous pouvez s·oir une en- » tiere confiance en eux, car ils ont apris de moi » à n'être pas faux. Par rapport à ce ui vous re- » garde personnellement, je vous contille de vous » mettre bien avec vos magistrats, & et avis vous » sera utile, si vous ne desirez pas trop vous re vi- » vrez jamais plus contente, que quan vous mépri- » ser

„ ferez le superflu ; car ils ne feront pas affez injuftes
„ pour vus laiffer dans la néceffité.
„ Il vos refte deux vergers, qui peuvent vous
„ fournir abondamment de quoi vivre ; & Je bien
„ que vos avez en Bernice vous fuffiroit, quand
„ vous n'furiez pas d'autre revenu. Ce n'eft pas que
„ je vous confeille de négliger les petites chofes ; je
„ veux feulement qu'elles ne vous caufent ni inquié-
„ tude n tourment d'efprit, qui ne fervent de rien,
„ même our les grands objets. En cas qu'il arrive
„ qu'après ma mort vous fouhaitiez de favoir mes
„ fentimens fur l'éducation du jeune Ariftippe, ren-
„ dez-vus à Athènes, & eftimez principalement
„ Xantipe & Myrto, qui m'ont fouvent prié de
„ vous amener à la célébration des myfteres d'Eléu-
„ fis ; tadis que vous vivrez agréablement avec
„ elles, affez les magiftrats donner un libre cours
„ à leur injuftices, fi vous ne pouvez les en empê-
„ cher pr votre bonne conduite avec eux. Après
„ tout, s ne peuvent vous faire tort par rapport à
„ votre n naturelle.
„ Tánez de vous conduire avec Xantippe &
„ Myrte comme je faifois autrefois avec Socrate :
„ confonez-vous à leurs manieres ; l'orgueil feroit
„ mal picé là. Si Tyroclès, fils de Socrate, qui a
„ demeré avec moi à Mégare, vient à Cyrène,
„ ayez fin de lui, & fe traitez comme s'il étoit vo-
„ tre fil. Si vous ne voulez pas allaiter votre ville,
„ à cau de l'embarras que cela vous cauferoit, fai-
„ tes veir la fille d'Euboïs, à qui vous avez donné
„ à ma onfidération le nom de ma mere, & que
„ moi-même j'ai fouvent appellée mon amie.
„ Pracz foin fur-tout du jeune Ariftippe pour
„ qu'il fit digne de nous, & de la Philofophie que
„ je lu aiffe en héritage réel ; car le refte de fes
„ biens ft expofé aux injuftices des magiftrats de
„ Cyrèe. Vous ne me dites pas du-moins que per-
„ fonn ait entrepris de vous enlever à la Philofo-
„ phie. Réjouiffez-vous, ma chere fille, dans la
„ poffeion de ce tréfor, & procurez-en la jouiffan-
„ ce à otre fils, que je fouhaiterois qu'il fût déja le
„ mien mais étant privé de cette confolation, je
„ meur dans l'affurance que vous le conduirez fur
„ les ps des gens de bien. Adieu ; ne vous affligez
„ pas à caufe de moi. (*D. J.*)

LETRES DES MODERNES, (*genre epiftol.*) nos
lettr s odernes, bien différentes de celles dont nous
venon de parler, peuvent avoir à leur louange le
ftyle f iple, libre, familier, vif & naturel ; mais
elles n contiennent que de petits faits, de petites
nouvees, ne peignent que le jargon d'un tems
& d u fiecle où la fauffe politeffe a mis le men-
fonge ar-tout : ce ne font que frivoles complimens
de gen qui veulent fe tromper, & qui ne fe trompent pint : c'eft un rempliffage d'idées futiles de
fociété que nous appellons devoirs. Nos *lettres* roulent r ement fur de grands intérêts, fur de véritables fotimens, fur des épanchemens de confiance
d'ami qui ne fe déguifent rien, & qui cherchent à
fe toudire ; enfin elles ont prefque toutes une efpece o monotonie, qui commence & qui finit de
même

C 'eft pas parmi nous qu'il faut agiter la queftion d Plutarque, fi la lecture d'une *lettre* peut être
différe : ce délai fut fatal à Céfar & à Archias,
tyran e Thèbes ; mais nous ne manions point d'affez grndes affaires pour que nous ne puiffions re-
mettr fans péril l'ouverture de nos paquets au len-
demai.

Quut à nos *lettres* de correfpondance dans les
pays crangers, elles ne regardent prefque que des
affaire de Commerce ; & cependant en tems de
guerr, les miniftres qui ont l'intendance des pof-
 s, rennent le foin de les décacheter & de les

lire avant nous. Les Athéniens, dans de femblables
conjonctures, refpecterent les *lettres* que Philippe
écrivoit à Olympie ; mais nos politiques ne feroient
pas fi délicats : fes états, difent-ils avec le duc d'Albe, ne fe gouvernent point par des fcrupules.

Au refte, on peut voir *au mot* ÉPISTOLAIRE, un
jugement fur quelques recueils de *lettres* de nos écrivains célebres ; j'ajouterai feulement qu'on en a publié fous le nom d'Abailard & d'Héloïfe, & fous
celui d'une religieufe portugaife, qui font de vives
peintures de l'amour. Nous avons encore affez bien
réuffi dans un nouveau genre de *lettres*, moitié
vers, moitié profe : telle eft la *lettre* dans laquelle
Chapelle fait un récit de fon voyage de Montpellier, & celle du comte de Pléneuf de celui de Danemark : telles font quelques *lettres* d'Hamilton, de
Pavillon, de la Fare, de Chaulieu, & fur-tout celles
de M. de Voltaire au roi de Pruffe.

LETTRE DE RECOMMANDATION, (*ftyle épift.*)
c'eft le cœur, c'eft l'intérêt que nous prenons à quelqu'un, qui dicte ces fortes de *lettres* ; & c'eft ici que
Cicéron eft encore admirable : fi fes autres *lettres*
montrent fon efprit & fes talens, celles-ci peignent
fa bienfaifance & fa probité. Il parle, il follicite
pour fes amis avec cette chaleur & cette force d'expreffion dont il étoit fi bien le maître, & il apporte
toujours quelque raifon décifive, ou qui lui eft perfonnelle dans l'affaire & dans le fujet qu'il recommande, au point que finalement fon honneur eft intéreffé dans le fuccès de la chofe qu'il requiert avec
tant de vivacité.

Je ne connois dans Horace qu'une feule *lettre de
recommandation* ; c'eft celle qu'il écrit à Tibere en
731, pour placer Septimius auprès de lui dans un
voyage que ce jeune prince alloit faire à la tête
d'une armée pour vifiter les provincès d'Orient.

La *recommandation* eut fon effet ; Septimius fut
agréé de Tibere, qui lui donna beaucoup de part
dans fa bienveillance, & le fit enfuite connoître
d'Augufte, dont il gagna bien-tôt l'affection. Une
douzaine de lignes d'Horace porterent fon ami auffi
loin que celui-ci pouvoit porter fes efpérances : auffi
eft-il difficile d'écrire en fi peu de mots une *lettre de
recommandation*, où le zele & la retenue fe trouvent
alliés avec un plus fage tempérament ; le lecteur
en jugera : voici cette *lettre*.

« Septimius eft apparamment le feul informé de
„ la part que je puis avoir à votre eftime, quand
„ il me conjure, ou plûtôt quand il me force d'ofer
„ vous écrire, pour vous le recommander comme
„ un homme digne d'entrer dans la maifon d'un
„ prince qui ne veut auprès de lui que d'honnêtes
„ gens. Quand il fe perfuade que vous m'honorez
„ d'une étroite familiarité, il faut qu'il ait de mon
„ crédit une plus haute idée que je n'en ai moi-
„ même. Je lui ai allégué bien des raifons pour me
„ difpenfer de remplir fes defirs ; mais enfin j'ai ap-
„ préhendé qu'il n'imaginât que la retenue avoit
„ moins de part à mes excufes que la diffimulation
„ & l'intérêt. J'ai donc mieux aimé faire une fau-
„ te, en prenant une liberté qu'on n'accorde qu'aux
„ courtifans les plus affidus, que de m'attirer le re-
„ proche honteux d'avoir manqué aux devoirs de
„ l'amitié. Si vous ne trouvez pas mauvais que j'aye
„ pris cette hardieffe, par déférence aux ordres d'un
„ ami, je vous fupplie de recevoir Septimius au-
„ près de vous, & de croire qu'à toutes les bel-
„ les qualités qui peuvent lui faire mériter cet hon-
„ neur ». *Epift. ix. l. I.*

Je tiens pour des divinités tutélaires ces hommes
bien nés, qui s'occupent de foin de procurer la fortune & le bonheur de leurs amis. Il eft impoffible,
au récit de leurs fervices généreux, de ne pas fentir un plaifir fecret, qui s'empare de nos cœurs lors

Pline a obtenu les mêmes charges que Cicéron ; il s'est fait une gloire de l'imiter à cet égard, comme dans ses études : *Lætaris*, écrit-il à un de ses amis, *lætaris quòd honoribus ejus insistam, quem emulari in studiis cupio. Epist.* 4. 8. Néanmoins, s'il tâcha de suivre l'orateur romain dans ses études & dans ses emplois ; toutes les dignités dont il fut après lui revêtu, n'étoient que des dignités de nom. Elles lui furent conférées par le pouvoir impérial, & il les remplit conformément aux vues de ce pouvoir. En vain je trouve Pline décoré de ces vieux titres de consul & de proconsul, je vois qu'il leur manque l'homme d'état, le magistrat suprême. Dans le commandement de province, où Cicéron gouvernoit toutes choses avec une autorité sans bornes, où des rois venoient recevoir ses ordres, Pline n'ose pas réparer des bains, punir un esclave fugitif, établir un corps d'artisans nécessaire, jusqu'à ce qu'il en ait informé l'empereur : *Tu domine*, lui mande-t-il, *despice, an instituendum putes collegium Fabrorum* : mais Lépide, mais Antoine, mais Pompée, mais César, mais Octave craignent & respectent Cicéron ; ils le ménagent, ils le courtisent, ils cherchent sans succès à le gagner, & à le détacher du parti de Cassius, de Brutus & de Caton. Quelle distance à cet égard entre l'auteur des Philippiques & l'écrivain du panégyrique de Trajan ! (*D. J.*)

LETTRES SOCRATIQUES, (*Littérat.*) c'est ainsi qu'on nomme chez les Littérateurs le recueil de diverses *lettres* au nombre de trente-cinq, que Léo Allatius fit imprimer à Paris, l'an 1637, en grec, avec une version latine & des notes, sous le nom de Socrate & de ses disciples. Les sept premieres *lettres* sont attribuées à ce philosophe même ; les autres à Antisthène, Aristippe, Xénophon, Platon, &c. Elles furent reçues avec applaudissement, & elles le méritent à plusieurs égards ; cependant on a depuis considéré ce recueil avec plus d'attention qu'on ne le fit quand il vit le jour ; & M. Fabricius s'est attaché à prouver que ces *lettres* sont des pieces supposées, & qu'elles sont l'ouvrage de quelques sophistes plus modernes que les philosophes dont elles portent le nom ; c'est ce qu'il tache d'établir, tant par les caracteres du style, que par le silence des anciens. Le célebre Pearson avoit déja dans les *Vindic. Ignatii. part. II. pag.* 12. donné plusieurs raisons tirées de la chronologie, pour justifier que ces *lettres* ne peuvent être de Socrate & des autres philosophes auxquels on les donne ; enfin c'est aujourd'hui le sentiment général de la plûpart des savans. Il est vrai que M. Stanley semble avoir eu dessein de réhabiliter l'authenticité de ces *lettres* dans la vie des philosophes, auxquels Léo Allatius les attribue ; mais le soin qu'a pris l'illustre anglois dont nous venons de parler, n'a pu faire pancher la balance en sa faveur.

Cependant quels que soient les auteurs des *lettres socratiques*, on les lit avec plaisir, parce qu'elles sont bien écrites, ingénieuses & intéressantes ; mais comme il est vraissemblable que la plûpart des lecteurs ne les connoissent guere, j'en vais transcrire deux pour exemple. La premiere est celle d'Aristippe, fondateur de la secte cyrénaïque, écrit à Antisthène, fondateur de la secte des cyniques, à qui la maniere de vivre d'Aristippe déplaisoit. Elle est dans le style ironique d'un bout à l'autre, comme vous le verrez.

Aristippe à Antisthène.

« Aristippe est malheureux au-delà de ce que l'on
» peut s'imaginer ; & cela peut-il être autrement ?
» Réduit à vivre avec un tyran, à avoir une table
» délicate, à être vêtu magnifiquement, à se parfu-
» mer des parfums les plus exquis ? Ce qu'il y a
» d'affligeant, c'est que personne ne veut me délivrer
» de la cruauté de ce tyran, qui ne me retient pas
» sur le pié d'un homme grossier & ignorant, mais
» comme un disciple de Socrate, parfaitement ins-
» truit de ses principes ; ce tyran me fournit abon-
» damment tout ce dont j'ai besoin, ne craignant le
» jugement ni des dieux ni des hommes ; & pour
» mettre le comble à mes infortunes, il m'a fait pré-
» sent de trois belles filles Siciliennes, & de beau-
» coup de vaisselle d'argent.

» Ce qu'il y a de fâcheux encore, c'est que l'igno-
» re quand il finira de pareils traitemens. C'est donc
» bien fait à vous d'avoir pitié de la misere de vos pro-
» chains ; & pour vous en témoigner ma reconnois-
» sance, je me réjoüis avec vous du rare bonheur
» dont vous joüissez, & j'y prends toute la part pos-
» sible. Conservez pour l'hiver prochain les figues
» & la farine de Crete que vous avez : cela vaut bien
» mieux que toutes les richesses du monde. Lavez-
» vous & vous désaltérez à la fontaine d'Ennéacru-
» ne ; portez hiver & été le même habit, & qu'il soit
» mal-propre, comme il convient à un homme qui
» vit dans la libre république d'Athènes.

» Pour moi en venant dans un pays gouverné par un
» monarque, je prévoyois bien que je serois exposé
» à une partie des maux que vous me dépeignez dans
» votre *lettre* ; & à présent les Syracusains, les Agri-
» gentins, les Géléens, & en général tous les Sici-
» liens ont pitié de moi, en m'admirant. Pour me
» punir d'avoir eu la folie de me jetter inconsidéré-
» ment dans ce malheur, je souhaite d'être accablé
» toujours de ces mêmes maux, puisqu'étant en âge
» de raison, & instruit des maximes de la sagesse, je
» n'ai pu me résoudre à souffrir la faim & la soif, à
» mépriser la gloire, & à porter une longue barbe.

» Je vous enverrai provision de pois, après que
» vous aurez fait l'Hercule devant les enfans ; parce
» qu'on dit que vous ne vous faites pas de peine d'en
» parler dans vos discours & dans vos écrits. Mais,
» si quelqu'un se mêloit de parler de pois devant
» Denys, je crois que ce seroit pécher contre les
» lois de la tyrannie. Du reste, je vous permets d'al-
» ler vous entretenir avec Simon le corroyeur, par-
» ce que je sais que vous n'aimerez personne plus fa-
» ge que lui : pour moi qui dépends des autres, il ne
» m'est pas trop permis de vivre en intimité, ni de
» converser familierement avec des artisans de ce
» mérite.

La seconde *lettre* d'Aristippe, qui est adressée à Arete sa fille, est d'un tout autre ton. Il l'écrivit peu avant que de mourir selon Léon Allatius ; c'est la trente-septieme de cet recueil. La voici :

» Télée m'a remis votre *lettre*, par laquelle vous
» me sollicitez de faire diligence pour me rendre à
» Cyrène, parce que vos affaires ne vont pas bien
» avec les magistrats, & que la grande modestie de
» votre mari, & la vie retirée qu'il a toujours me-
» née, le rendent moins propre à avoir soin de ses
» affaires domestiques. Aussi-tôt que j'ai eu obtenu
» mon congé de Denys, je me suis mis en voyage
» pour arriver auprès de vous ; mais je suis tombé
» malade à Lipara, où les amis de Sonicus prennent
» de moi tous les soins possibles, avec toute l'amitié
» qu'on peut desirer quand on est près du tombeau.

» Quant à ce que vous me demandez, quels égards
» vous devez à mes affranchis, qui déclarent qu'ils
» n'abandonneront jamais Aristippe tant qu'il leur
» restera des forces, mais qu'ils le serviront toujours
» aussi-bien que vous, vous pouvez avoir une en-
» tiere confiance en eux, car ils ont appris de moi
» à n'être pas faux. Par rapport à ce qui vous re-
» garde personnellement, je vous conseille de vous
» mettre bien avec vos magistrats, & cet avis vous
» sera utile, si vous ne desirez pas trop ; vous ne vi-
» vrez jamais plus contente, que quand vous mépri-
» serez

LET

» ferez le fuperflu ; car ils ne feront pas affez injuftes
» pour vous laiffer dans la néceffité.

» Il -vous refte deux vergers, qui peuvent vous
» fournir abondamment de quoi vivre ; & le bien
» que vous avez en Bernice vous fuffiroit, quand
» vous n'auriez pas d'autre revenu. Ce n'eft pas que
» je vous confeille de négliger les petites chofes ; je
» veux feulement qu'elles ne vous caufent ni inquié-
» tude ni tourment d'efprit, qui ne fervent de rien,
» même pour les grands objets. En cas qu'il arrive
» qu'après ma mort vous fouhaitiez de favoir mes
» fentimens fur l'éducation du jeune Ariftippe, ren-
» dez-vous à Athènes, & eftimez principalement
» Xantippe & Myrto, qui m'ont fouvent prié de
» vous amener à la célébration des myfteres d'Eléu-
» fis ; tandis que vous vivrez agréablement avec
» elles, laiffez les magiftrats donner un libre cours
» à leurs injuftices, fi vous ne pouvez les en empê-
» cher par votre bonne conduite avec eux. Après
» tout, ils ne peuvent vous faire tort par rapport à
» votre fin naturelle.

» Tâchez de vous conduire avec Xantippe &
» Myrto comme je faifois autrefois avec Socrate :
» conformez-vous à leurs manieres ; l'orgueil feroit
» mal placé là. Si Tyroclès, fils de Socrate, qui a
» demeuré avec moi à Mégare, vient à Cyrène,
» ayez foin de lui, & le traitez comme s'il étoit vo-
» tre fils. Si vous ne voulez pas allaiter votre fille,
» à caufe de l'embarras que cela vous cauferoit, fai-
» tes venir la fille d'Eubois, à qui vous avez donné
» à ma confidération le nom de ma mere, & que
» moi-même j'ai fouvent appellée mon amie.

» Prenez foin fur-tout du jeune Ariftippe pour
» qu'il foit digne de nous, & de la Philofophie que
» je lui laiffe en héritage réel ; car le refte de fes
» biens eft expofé aux injuftices des magiftrats de
» Cyrène. Vous ne me dites pas du-moins que per-
» fonne ait entrepris de vous enlever à la Philofo-
» phie. Réjouiffez-vous, ma chere fille, dans la
» poffeffion de ce tréfor, & procurez-en la jouiffan-
» ce à votre fils, que je fouhaiterois qu'il fût déja le
» mien ; mais étant privé de cette confolation, je
» meurs dans l'affurance que vous le conduirez fur
» les pas des gens de bien. Adieu ; ne vous affligez
» pas à caufe de moi. (D. J.)

LETTRES DES MODERNES, (genre epiftol.) nos
lettres modernes, bien différentes de celles dont nous
venons de parler, peuvent avoir à leur louange le
ftyle fimple, libre, familier, vif & naturel ; mais
elles ne contiennent que de petits faits, de petites
nouvelles, & ne peignent que le jargon d'un tems
& d'un fiecle où la fauffe politeffe a mis le men-
fonge par-tout : ce ne font que frivoles complimens
de gens qui veulent fe tromper, & qui ne fe trompent point : c'eft un rempliffage d'idées futiles de
fociété, que nous appellons devoirs. Nos *lettres* roulent rarement fur de grands intérêts, fur de véritables fentimens, fur des épanchemens de confiance
d'amis, qui ne fe déguifent rien, & qui cherchent à
fe tout dire ; enfin elles ont prefque toutes une efpece de monotonie, qui commence & qui finit de
même.

Ce n'eft pas parmi nous qu'il faut agiter la queftion de Plutarque, fi la lecture d'une *lettre* peut être
différée : ce délai fut fatal à Céfar & à Archias,
tyran de Thèbes ; mais nous ne manions point d'affez grandes affaires pour que nous ne puiffions remettre fans péril l'ouverture de nos paquets au lendemain.

Quant à nos *lettres* de correfpondance dans les
pays étrangers, elles ne regardent prefque que des
affaires de Commerce ; & cependant en tems de
guerre, les miniftres qui ont l'intendance des pof-
tes, prennent le foin de les décacheter & de les

Tome IX.

LET 413

lire avant nous. Les Athéniens, dans de femblables
conjonctures, refpecterent les *lettres* que Philippe
écrivoit à Olympie ; mais nos politiques ne feroient
pas fi délicats : les états, difent-ils avec le duc d'Albe, ne fe gouvernent point par des fcrupules.

Au refte, on peut voir *au mot* ÉPISTOLAIRE, un
jugement fur quelques recueils de *lettres* de nos écrivains célebres ; j'ajouterai feulement qu'on en a publié fous le nom d'Abailard & d'Héloïfe, &, fous
celui d'une religieufe portugaife, qui font de vives
peintures de l'amour. Nous avons encore affez bien
réuffi dans un nouveau genre de *lettres*, moitié
vers, moitié profe : telle eft la *lettre* dans laquelle
Chapelle fait un récit de fon voyage de Montpellier, & celle du comte de Plénauf de celui de Danemark : telles font quelques *lettres* d'Hamilton, de
Pavillon, de la Fare, de Chaulieu, & fur-tout celles
de M. de Voltaire au roi de Pruffe.

LETTRE DE RECOMMANDATION, (*ftyle épift.*)
c'eft le cœur, c'eft l'intérêt que nous prenons à quelqu'un, qui dicte ces fortes de *lettres* ; & c'eft ici que
Cicéron eft encore admirable : fi fes autres *lettres*
montrent fon efprit & fes talens, celles-ci peignent
fa bienfaifance & fa probité. Il parle, il follicite
pour fes amis avec cette chaleur & cette force d'expreffion dont il étoit fi bien le maître, & il apporte
toujours quelque raifon décifive, ou qui lui eft perfonnelle dans l'affaire & dans le fujet qu'il recommande, au point que finalement fon honneur eft intéreffé dans le fuccès de la chofe qu'il requiert avec
tant de vivacité.

Je ne connois dans Horace qu'une feule *lettre de
recommandation* ; c'eft celle qu'il écrit à Tibere en
731, pour placer Septimius auprès de lui dans un
voyage que ce jeune prince alloit faire à la tête
d'une armée pour vifiter les provinces d'Orient.

La *recommandation* eut fon effet ; Septimius fut
agréé de Tibere, qui lui donna beaucoup de part
dans fa bienveillance, & le fit enfuite connoître
d'Augufte, dont il gagna bien-tôt l'affection. Une
douzaine de lignes d'Horace porterent fon ami auffi
loin que celui-ci pouvoit porter fes efpérances ; auffi
eft-il difficile d'écrire en fi peu de mots une *lettre de
recommandation*, où le zele & la retenue fe trouvent
alliés avec un plus fage tempérament ; le lecteur
en jugera : voici cette *lettre*.

« Septimius eft apparamment le feul informé de
» la part que je puis avoir à votre eftime, quand
» il me conjure, ou plûtôt quand il me force d'ofer
» vous écrire, pour vous le recommander comme
» un homme digne d'entrer dans la maifon d'un
» prince qui ne veut auprès de lui que d'honnêtes
» gens. Quand il fe perfuade que vous m'honorez
» d'une étroite familiarité, il faut qu'il ait de mon
» crédit une plus haute idée que je n'en ai moi-
» même. Je lui ai allégué bien des raifons pour me
» difpenfer de remplir fes defirs ; mais enfin j'ai ap-
» préhendé qu'il n'imaginât que la retenue avoit
» moins de part à mes excufes que la diffimulation
» & l'intérêt. J'ai donc mieux aimé faire une fau-
» te, en prenant une liberté qu'on n'accorde qu'aux
» courtifans les plus affidus, que de m'attirer le re-
» proche honteux d'avoir manqué aux devoirs de
» l'amitié. Si vous ne trouvez pas mauvais que j'aye
» pris cette hardieffe, par déférence aux ordres d'un
» ami, je vous fupplie de recevoir Septimius au-
» près de vous, & de croire qu'il a toutes les bel-
» les qualités qui peuvent lui faire mériter cet hon-
» neur ». *Epift. ix. l. I.*

Je tiens pour des divinités tutélaires ces hommes
bien nés, qui s'occupent du foin de procurer la fortune & le bonheur de leurs amis. Il eft impoffible,
au récit de leurs fervices généreux, de ne pas fentir un plaifir fecret, qui s'empare de nos cœurs lorf

même que nous n'y avons pas le moindre intérêt. On éprouvera sans doute cette sorte d'émotion à la lecture de la *lettre* suivante, où Pline le jeune recommande un de ses amis à Maxime de la maniere du monde la plus pressante & la plus honnête. L'on voudroit même, après l'avoir lue, que cet aimable écrivain nous eût appris la réussite de sa *recommandation*, comme nous avons sû le succès de celle d'Horace : voici cette *lettre* en françois ; c'est la seconde du troisieme livre.

Pline à Maxime. « Je crois être en droit de vous
» demander pour mes amis ce que je vous offrirois
» pour les vôtres si j'étois à votre place. Arrianus
» Maturius tient le premier rang parmi les Altinates.
» Quand je parle de rangs, je ne les regle pas sur
» les biens de la fortune dont il est comblé, mais
» sur la pureté des mœurs, sur la justice, sur l'in-
» tégrité, sur la prudence. Ses conseils dirigent
» mes affaires, & son goût préside à mes études ;
» il a toute la droiture, toute la sincérité, toute
» l'intelligence qui se peut desirer. Il m'aime au-
» tant que vous m'aimez vous-même, & je ne puis
» rien dire de plus. Il ne connoît point l'ambition ;
» il s'est tenu dans l'ordre des chevaliers, quoi-
» qu'aisément il eût pû monter aux plus grandes
» dignités. Je voudrois de toute mon ame le tirer
» de l'obscurité où le laisse sa modestie, ayant là
» plus forte passion de l'élever à quelque poste émi-
» nent sans qu'il y pense, sans qu'il le sache, &
» peut-être même sans qu'il y consente ; mais je
» veux un poste qui lui fasse beaucoup d'honneur,
» & lui donne peu d'embarras. C'est une faveur
» que je vous demande avec vivacité, à la pre-
» miere occasion qui s'en présentera : lui & moi
» nous en aurons une parfaite reconnoissance ; car
» quoiqu'il ne cherche point ces sortes de graces,
» il les recevra comme s'il les avoit ambitionnées.
» Adieu ».

Si quelqu'un connoît de meilleurs modeles de *lettres de recommandation* dans nos écrits modernes, il peut les ajouter à cet article.

LETTRE GÉMINÉE, (*Art numismat.*) les *lettres géminées* dans les inscriptions & sur les médailles, marquent toujours deux personnes : c'est ainsi qu'on y trouve COSS. pour les deux consuls, IMPP. pour deux empereurs ; AUGG. pour deux Augustes, & ainsi de toute autre médaille ou inscription. Quand il y avoit trois personnes de même rang, on triploit les *lettres* en cette sorte, IMPPP. AUGGG. & les monétaires avoient sur ce sujet des formules invariables. (*D. J.*)

LETTRES , (*Jurisprud.*) ce terme, usité dans le droit & dans la pratique de la chancellerie & du palais, a plusieurs significations différentes ; il signifie souvent un *acte* rédigé par écrit au châtelet de Paris & dans plusieurs autres tribunaux. L'on donner *lettres* à une partie d'une déclaration faite par son adversaire ; c'est-à-dire lui en donner acte ; ou, pour parler plus clairement, c'est lui donner un écrit authentique, qui constate ce que l'autre partie a dit ou fait.

Quelquefois *lettres* signifie un *contrat*.

LETTRES D'ABRÉVIATION D'ASSISES, sont des *lettres* de chancellerie usitées pour la province d'Anjou, qui dispensent le seigneur de faire continuer ses assises dans sa terre, & lui permettent de les faire tenir dans la ville la plus prochaine par emprunt de territoire. La forme de ces *lettres* se trouve dans le *style de la chancellerie* par de Pimont. (*A*)

LETTRES D'ABOLITION, sont des *lettres* de chancellerie scellées du grand seau, par lesquelles le roi, par la plénitude de sa puissance, abolit le crime commis par l'impétrant ; sa majesté déclare être bien informée du fait dont il s'agit, sans même qu'il

soit énoncé dans les *lettres* qu'elle entend que le crime soit entierement aboli & éteint, & elle en accorde le pardon, de quelque maniere que le fait soit arrivé, sans que l'impétrant puisse être inquiété à ce sujet.

Lorsque ces *lettres* sont obtenues avant le jugement, elles lient les mains au juge, & elles effacent le crime de maniere qu'il ne reste aucune note d'infamie, ainsi que l'enseigne Julius Clarus, *lib. sentent. tractatu de injuriâ* ; au lieu que si elles ne sont obtenues qu'après le jugement, elles ne lavent point l'infamie : c'est en ce sens que l'on dit ordinairement, *quos princeps absolvit, notat.*

L'ordonnance de 1670 porte que les *lettres d'abolition* seront entérinées si elles sont conformes aux charges.

L'effet de ces sortes de *lettres* est plus étendu que celui des *lettres* de rémission ; en ce que celles-ci contiennent toujours la clause, s'il est ainsi qu'il est exposé, au lieu que par les *lettres d'abolition*, le roi pardonne le crime de quelque maniere qu'il soit arrivé.

Il y a des *lettres d'abolition* générales qui s'accordent à une province entiere, à une ville, à un corps & à une communauté, & d'autres particulieres qui ne s'accordent qu'à une seule personne.

On ne doit point accorder de *lettres d'abolition* ni de rémission pour les duels ni pour les assassinats prémédités, tant aux principaux auteurs qu'à leurs complices, ni à ceux qui ont procuré l'évasion des prisonniers détenus pour crime, ni pour rapt de violence, ni à ceux qui ont excédé quelque officier de justice dans ses fonctions.

L'impétrant n'est pas recevable à présenter ses *lettres d'abolition* qu'il ne soit prisonnier & écroué pendant l'instruction, & jusqu'au jugement définitif ; il doit les présenter comme les autres *lettres* de grace à l'audience, nue tête & à genoux, & affirmer qu'elles contiennent vérité. *Voyez l'ordonnance de 1670, tit. xvj.* (*A*)

LETTRES D'ACQUITPATENT. *Voyez* ACQUITPATENT.

LETTRES D'AFFRANCHISSEMENT , sont des *lettres* du grand sceau, par lesquelles le roi, pour des causes particulieres, affranchit & exempte les habitans d'une ville, bourg ou village des tailles, ou autres impositions & contributions auxquelles ils étoient naturellement sujets. (*A*)

LETTRES D'AMORTISSEMENT , sont des *lettres* du grand sceau, par lesquelles le roi, moyennant une certaine finance, accorde à des gens de mainmorte la permission d'acquérir, ou conserver & posséder des héritages sans qu'ils soient obligés d'en vuider leurs mains, les gens de main-morte ne pouvant posséder aucuns héritages sans ces *lettres. Voyez* AMORTISSEMENT & MAIN-MORTE. (*A*)

LETTRES D'AMNISTIE , sont des *lettres* patentes qui contiennent un pardon général accordé par le roi à des peuples qui ont exercé des actes d'hostilité, ou qui se sont révoltés. (*A*)

LETTRES D'AMPLIATION DE RÉMISSION , sont des *lettres* de chancellerie que l'on accorde à celui qui a déja obtenu des *lettres* de rémission pour un crime, lorsque dans ces premieres il a omis quelque circonstance qui pourroit causer la nullité des premieres *lettres*. Par les *lettres d'ampliation* on rappelle ce qui avoit été omis, & le roi ordonne que les premieres *lettres* ayent leur effet, nonobstant les circonstances qui avoient été oubliées. (*A*)

LETTRES D'ANNOBLISSEMENT , ou LETTRES DE NOBLESSE , sont des *lettres* du grand sceau, par lesquelles le roi, de sa g spéciale, annoblit un roturier & toute sa postérité, à l'effet de jouir par l'impétrant & ses descendans, des droits, priviléges, exemptions & prérogatives des nobles.

Ces sortes de *lettres* font expédiées par un secrétaire d'état, & scellées de cire verte.

Elles doivent être registrées au parlement, à la chambre des comptes & à la cour des aydes. *Voyez* NOBLESSE. (*A*)

LETTRES D'ANTICIPATION, font des *lettres* du petit sceau, qui portent commandement au premier huissier ou sergent d'ajourner ou anticiper l'appellant sur son appel. *Voyez* ANTICIPATION & ANTICIPER. (*A*)

LETTRES D'APPEL, qu'on appelle plus communément *relief d'appel*, font des *lettres* de petit sceau, portant mandement au premier huissier ou sergent sur ce requis, d'ajourner à certain & compétent jour en la cour un tel, pour procéder sur l'appel que l'impétrant a interjetté ou qu'il interjette par lesdites *lettres*, de la sentence rendue avec celui qu'il fait ajourner pour procéder sur son appel. *Voyez* APPEL & RELIEF D'APPEL. (*A*)

LETTRES APOSTOLIQUES font les *lettres* des papes ; on les appelle plus communément depuis plusieurs siecles, *rescrits*, *bulles*, *brefs*. *Voyez* BREFS, BULLES, DÉCRÉTALES, RESCRITS. (*A*)

LETTRES D'APPEL COMME D'ABUS, font des *lettres* du petit sceau, qui portent commandement au premier huissier ou sergent d'assigner au parlement sur un appel comme d'abus. Elles doivent être libellées & contenir sommairement les moyens d'abus, avec le nom des trois avocats qui ont donné leur consultation pour interjetter cet appel, & la consultation doit être attachée aux *lettres*. *Voyez* ABUS & APPEL COMME D'ABUS. (*A*)

LETTRES POUR ARTICULER FAITS NOUVEAUX. Avant l'ordonnance de 1667 l'on ne recevoit point de faits nouveaux, soit d'un appellant en cause d'appel, ou en premiere instance, sans *lettres royaux*, comme en fait de rescision & restitution en entier ; mais par *l'art. XXVI. du tit. xj.* de l'ordonnance de 1667, il est dit qu'il ne sera expédié à l'avenir aucunes *lettres pour articuler nouveaux faits*, mais que les faits seront posés par une simple requête, qui sera signifiée & jointe au procès, sauf au défendeur à y répondre par une autre requête. (*A*)

LETTRES D'ASSIETTE, font des *lettres* de chancellerie, qui ordonnent aux trésoriers de France d'asseoir & imposer sur chaque habitant la part qu'il doit supporter d'une somme qui est dûe par la communauté. On leve de cette maniere les dépenses faites pour la communauté, pour des réparations & autres dépenses publiques, & les condamnations de dépens, dommages & intérêts obtenues contre une communauté d'habitans.

Les commissaires départis par le roi dans les provinces, peuvent, en vertu de leur ordonnance seule, faire *l'assiette* des sommes qui n'excedent pas 150 liv. mais au-dessus de cette somme, il faut des *lettres* de chancellerie, ou un arrêt du conseil pour faire *l'assiette*. (*A*)

LETTRES D'ATTACHE sont des *lettres* qui sont jointes & attachées à d'autres pour les faire mettre à exécution. Ces *lettres* sont de plusieurs sortes.

Il y en a qui émanent du Roi, telles que les *lettres d'attache* que l'on obtient en grande chancellerie pour pouvoir mettre à exécution dans le royaume des bulles du pape, ou quelque ordonnance d'un chef d'ordre établi dans le royaume, sans quoi ces *lettres* n'auroient point d'effets.

On comprend aussi quelquefois sous les termes généraux de *lettres d'attache*, les *lettres de pareatis* qui s'obtiennent, soit en la grande ou en la petite chancellerie, pour pouvoir mettre à exécution un jugement dans l'étendue d'une autre jurisdiction que celle où il a été rendu.

Les commissions que les cours & autres tribunaux font expédier sous leur sceau pour l'exécution de quelques ordonnances ou arrêts, ou autres jugemens, sont aussi considérées comme des *lettres d'attache*.

Enfin, on regarde encore comme des *lettres d'attache* les ordonnances que donne un gouverneur de province, ou à son défaut le lieutenant de roi, ou le commandant pour faire mettre à exécution les ordres du Roi qui lui sont présentés. (*A*)

LETTRES D'ATTRIBUTION sont des *lettres patentes* du grand sceau qui attribuent à un tribunal la connoissance de certaines contestations qui, sans ces *lettres*, auroient dû être portées devant d'autres juges. (*A*)

On appelle aussi *lettres d'attribution* de jurisdiction des *lettres* du petit sceau, qui s'obtiennent par un poursuivant criées, lorsqu'il y a des héritages saisis réellement, situés en différentes jurisdictions du ressort d'un même parlement. Ces *lettres*, dont l'objet est d'éviter à frais, s'accordent après que les criées des biens saisis ont été vérifiées par les juges des lieux. Elles autorisent le juge du lieu où la plus grande partie des héritages est située, à procéder à la vente & adjudication par decret de la totalité des biens saisis. *Voyez* CRIÉES, DECRET, SAISIE RÉELLE. (*A*)

LETTRES AVOCATOIRES sont une ordonnance par laquelle le souverain d'un état rappelle les naturels du pays de chez l'étranger où ils servent. *Voyez le traité du droit de la nature par* Puffendorf, *tome III. liv. VIII. ch. xj. p. 437.* (*A*)

LETTRES DE BACCALAURÉAT sont des *lettres* expédiées par le greffier d'une des facultés d'une université, qui attestent que celui auquel ces *lettres* ont été accordées, après avoir soutenu les actes probatoires nécessaires, a été décoré du grade de bachelier dans cette faculté. *Voy.* BACHELIER, DOCTEUR, LICENTIÉ, LETTRES DE LICENCE. (*A*)

LETTRES DE BÉNÉFICE D'AGE ou D'ÉMANCIPATION, font des *lettres* du petit sceau que l'on accorde à un mineur qui demande à être émancipé, elles sont adressées au juge ordinaire du domicile ; auquel elles enjoignent de permettre à l'impétrant de jouir de ses meubles & du revenu de ses immeubles.

Ces *lettres* n'ont point d'effet qu'elles ne soient entérinées par le juge, lequel ne procede à cet entérinement que sur un avis des parens & amis du mineur, au cas qu'ils estiment le mineur capable de gouverner ses biens.

On n'accorde guere ces *lettres* qu'à des mineurs qui ont atteint la pleine puberté ; cependant on en accorde quelquefois plûtôt, cela dépend des circonstances & de la capacité du mineur. *Voyez* ÉMANCIPATION. (*A*)

LETTRES DE BÉNÉFICE D'INVENTAIRE, sont des *lettres* du petit sceau par lesquelles le roi permet à un héritier présomptif de se porter héritier par *bénéfice d'inventaire*, à l'effet de ne point confondre ses créances, & de n'être tenu des dettes que jusqu'à concurrence de ce qu'il amende de la succession.

Ces *lettres* se peuvent obtenir en tout tems, même jusqu'à l'expiration des trente années depuis l'ouverture de la succession, pourvû qu'on n'ait point fait acte d'héritier pur & simple ; & si c'est un collatéral, il faut qu'il n'y ait point d'autre héritier.

En pays de droit écrit, il n'est pas besoin de *lettres* pour jouir du *bénéfice d'inventaire*. *Voyez* BÉNÉFICE D'INVENTAIRE, HÉRITIER BÉNÉFICIAIRE & INVENTAIRE. (*A*)

LETTRES DE BOURGEOISIE ; c'étoit un acte dressé par le juge royal ou seigneurial par lequel un particulier non noble, non clerc & non bâtard, qui vouloit jouir des privileges accordés aux personnes lifres & de franche condition, étoit reconnu pour bourgeois du roi ou d'un autre seigneur, selon qu'il s'adressoit pour cet effet à l'un ou à l'autre.

L'ordonnance de Philippe le Bel donnée au parlement, de la pentecôte 1287, touchant les bourgeoisies, explique ainsi la forme d'obtenir les *lettres de bourgeoisie*. Quand aucun vouloit entrer en aucune bourgeoisie, il devoit aller au lieu dont il requiéroit être bourgeois, & devoit venir au prevôt du lieu ou à son lieutenant ou au maire des lieux qui reçoivent des bourgeois sans prevôt, & dire à cet officier : « Sire, je vous requiere la bourgeoisie de » cette ville, & suis *appareillé* de faire ce que je » dois ». Alors le prevôt ou le maire ou leur lieutenant, en la présence de deux ou de trois bourgeois de la ville, du nom desquels les lettres devoient faire mention, recevoit sûreté de l'entrée de la bourgeoisie, & que le (récipiendaire) feroit ou acheteroit, pour raison de la bourgeoisie, une maison dans l'an & jour de la valeur de 60 sols parisis au moins. Cela fait & registré, le prevôt ou le maire donnoit à l'impétrant un sergent pour aller avec lui par devers le seigneur sous lequel il étoit départi, ou devant son lieutenant, pour lui faire savoir que l'impétrant étoit entré en la bourgeoisie de telle ville à tel jour & en tel an, ainsi qu'il étoit contenu dans les *lettres de bourgeoisie*. (*A*)

LETTRES DE CACHET, appellées aussi autrefois *lettres closes* ou *clauses*, *lettres du petit cachet* ou *du petit signet du roi*, sont des *lettres* émanées du souverain, signées de lui, & contresignées d'un secrétaire d'état, écrites sur simple papier, & pliées de maniere qu'on ne peut les lire sans rompre le cachet dont elles sont fermées ; à la différence des *lettres* appellées *lettres patentes* qui sont toutes ouvertes, n'ayant qu'un seul repli au-dessous de l'écriture, qui n'empêchent point de lire ce qu'elles contiennent.

On n'appelle pas *lettres de cachet* toutes les *lettres* missives que le prince écrit selon les occasions, mais seulement celles qui contiennent quelque ordre, commandement ou avis de la part du prince.

La *lettre* commence par le nom de celui ou ceux auxquels elle s'adresse, par exemple : *Monsieur * * * *(ensuite sont le nom & les qualités) je vous fais cette lettre pour vous dire que ma volonté est que vous fassiez telle chose dans tel tems, si n'y faites faute. Sur ce, je prie Dieu qu'il vous ait en sa sainte & digne garde.*

La suscription de la *lettre* est à celui ou ceux à qui ou auxquels la *lettre* est adressée.

Ces sortes de *lettres* sont portées à leur destination par quelque officier de police, ou même par quelque personne qualifiée, selon les personnes auxquelles la *lettre* s'adresse.

Celui qui est chargé de remettre la *lettre* fait une espece de procès-verbal de l'exécution de sa commission, en tête duquel la *lettre* est transcrite ; & au bas, il fait donner à celui qui l'a reçue une reconnoissance comme elle lui a été remise ; ou s'il ne trouve personne, il fait mention des perquisitions qu'il a faites.

L'objet des *lettres de cachet* est souvent d'envoyer quelqu'un en exil, ou pour le faire enlever & constituer prisonnier, ou pour enjoindre à certains corps politiques de s'assembler & de faire quelque chose, ou au contraire pour leur enjoindre de délibérer sur certaine matiere. Ces sortes de *lettres* ont aussi souvent pour objet l'ordre qui doit être regardé dans certaines cérémonies, comme pour le *te Deum*, processions solemnelles, &c.

Le plus ancien exemple que l'on trouve des *lettres de cachet*, entant qu'on les emploie pour exiler quelqu'un, est l'ordre qui fut donné par Thierry ou par Brunehaut contre S. Colomban pour le faire sortir de son monastere de Luxeuil, & l'exiler dans un au-

tre lieu pour y demeurer jusqu'à nouvel ordre, *quousque regalis sententia quod voluisset decernerat*. Le saint y fut conduit de force, ne voulant pas y déférer autrement ; mais aussi-tôt que les gardes furent retirés, il revint à son monastere : sur quoi il y eut de nouveaux ordres adressés au comte juge du lieu.

Nos rois sont depuis fort long-tems dans l'usage de se servir de différens sceaux ou cachets selon les *lettres* qu'ils veulent sceller.

On tient communément que Louis le jeune fut le premier qui, outre le grand sceau royal dont on scelloit dès-lors toutes les *lettres* patentes, eut un autre sceau plus petit, appellé *sceau du secret*, dont il scelloit certaines *lettres* particulieres qui n'étoient point publiques, comme les *lettres* patentes. Les *lettres* scellées de ce sceau secret, étoient appellées *lettres closes* ou *encloses* dudit seel : il est parlé de ces *lettres* closes dans des *lettres* de Charles V. alors lieutenant du roi Jean son pere, du 10 Avril 1357. Ce seel secret étoit porté par le grand chambellan, & l'on s'en servoit en l'absence du grand sceau pour sceller les *lettres* patentes.

Il y eut même un tems où l'on ne devoit apposer le grand sceau à aucunes *lettres* patentes qu'elles n'eussent été envoyées au chancelier étant closes de ce seel secret, comme il est dit dans une ordonnance de Philippe V. du 16 Novembre 1318. Ce seel secret s'apposoit aussi au revers du grand seel, d'où il fut appellé *contre-scel*, & de-là est venu l'usage des contre-sceaux que l'on appose présentement à la gauche du grand seel ; mais Charles V. dont on a déja parlé, étant régent du royaume, fit le 14 Mai 1358 une ordonnance portant entre autres choses, que plusieurs *lettres* patentes avoient été au tems passé scellées du scel secret, sans qu'elles eussent été vûes ni examinées en la chancellerie, il ordonna en conséquence que dorénavant nulles *lettres* patentes ne seroient scellées pour quelconque cause de ce seel secret, mais seulement les *lettres* closes. *Voyez* ordonnances royaux, *tome*, &c. Ce même prince, étant encore régent du royaume, fit une autre ordonnance le 27 Janvier 1359, portant que l'on ne scelleroit nulles *lettres* ou cédules ouvertes du scel secret, à moins que ce ne fussent des *lettres* très-hatives touchant *Monsieur* ou *Nous*, & en l'absence du grand seel & du scel du châtelet & non autrement, ni en autre cas ; & que si quelques-unes étoient scellées autrement, l'on n'y obéiroit pas.

Le roi Jean donna, le 3 Novembre 1361, des *lettres* ou mandement pour faire exécuter les ordonnances qui avoient fixé le prix des monnoies. *Lettres* scellées du grand scel du roi furent envoyées à tous les baillifs & sénéchaux, dans une boîte scellée du contre-seel du châtelet de Paris, avec des *lettres* closes du 6 du même mois, scellées du scel secret du roi, par lesquelles il leur étoit ordonné de n'ouvrir la boîte que le 15 Novembre, & de ne publier que ce jour-là les *lettres* qu'ils y trouveroient. La forme de ces *lettres* closes étoit telle :

De par le Roi . . . . . bailli de . . . . . nous vous envoyons certaines lettres ouvertes scellées de notre grand scel, encloses en une boîte scellée du contre scel de la prevôté de Paris : si vous mandons que le contenu d'icelles vous fassiez tenir & garder plus diligemment que n'avez fait au tems passé, & bien vous gardez que icelle boîte ne soit ouverte, & que lesdites lettres vous ne véez jusqu'au quinzieme jour de ce présent mois de Novembre, auquel jour nous voulons que le contenu d'icelles vous fassiez crier & publier par tout votre bailliage & ressort d'icelui, & non avant. Si gardez si cher comme vous doutez encourir en notre indignation que de ce faire n'ait aucun défaut. Donné à Paris le 6 Novembre 1361. Ainsi signé Collors.

Il y avoit pourtant dès-lors outre le scel secret un

autre *cachet* ou *petit cachet* du roi, qui est celui dont ces sortes de lettres sont présentement fermées ; c'est pourquoi on les a appellées *lettres de cachet* ou de *petit cachet*. Ce cachet du roi étoit autrefois appellé *le petit signet* : le roi le portoit sur soi, à la différence du seel secret, qui étoit porté par un des chambellans. Le roi appliquoit quelquefois ce petit signet aux *lettres-patentes*, pour faire connoître qu'elles étoient scellées de sa volonté. C'est ce que l'on voit dans des *lettres* de Philippe VI. du 16 Juin 1349, adressées à la chambre des comptes, à la fin desquelles il est dit : *& ce voulons être tenu & gardé*.... sans rien faire au contraire pour quelconques prieres que ce soit, ne par lettres *se notre petit signet que nous portons n'y étoit plaqué & apparent*. On trouve dans les ordonnances de la troisieme race deux *lettres* closes ou de *cachet*, du 19 Juillet 1367, l'une adressée au parlement, l'autre aux avocat & procureur général du roi pour l'exécution de lettres patentes du même mois. Ces *lettres de cachet* qui sont visées dans d'autres lettres patentes du 27 du même mois, sont dites signées de la propre main du roi, *sub signeto annuli nostri secreto*. Ainsi le petit signet ou *cachet*, ou *petit cachet* du roi, étoit alors l'anneau qu'il portoit à son doigt.

L'ordonnance de Charles V. du dernier Février 1378, porte que le roi aura un signet pour mettre ès-*lettres*, sans lequel nul denier du domaine ne sera payé.

Il est aussi ordonné que les assignations d'arrérages, dons, transports, aliénations, changemens de terre, ventes & compositions de ventes à tems, à vie, à héritage ou à volonté, seront signées de ce *signet*, & autrement n'auront point d'effet.

Que les gages des gens des comptes seront renouvellés par chacun an par mandement & *lettres* du roi, signées de ce *signet*, & ainsi seront payés & non autrement.

Les lettres que le roi adresse à ses cours concernant l'administration de la justice, sont toûjours des lettres patentes & non des *lettres closes* ou de *cachet*, parce que ce qui a rapport à la justice, doit être public & connu de tous, & doit porter la marque la plus authentique & la plus solemnelle de l'autorité du roi.

Dutillet, en *son recueil des ord. des rois de France*, *part. I.'p. 416*. parle d'une ordonnance de Philippe-le-Long, alors régent du royaume, faite à S. Germain-en-Laie au mois de Juin 1316. (cette ordonnance ne se trouve pourtant pas dans le recueil de celles de la troisieme race) après avoir rapporté ce qui est dit par cette ordonnance sur l'ordre que l'on devoit observer pour l'expédition, signature, & sceau des lettres de justice : il est dit que « de cette
» ordonnance est tirée la maxime reçue, qu'en fait
» de justice on n'a regard à lettres missives, & que
» le grand seel du roi y est nécessaire non sans gran-
» de raison ; car les chanceliers de France & maîtres
» des requêtes sont institués à la suite du roi, pour
» avoir le premier œil à la justice de laquelle le roi
» est débiteur ; & l'autre œil est aux officiers ordon-
» nés par les provinces pour l'administration de la-
» dite justice mêmement souveraine, & faut pour
» en acquitter la conscience du roi & des officiers
» de ladite justice, tant près la personne dudit roi,
» que par les provinces, qu'ils y apportent tous une
» volonté conforme à l'intégrité de ladite justice,
» sans contention d'autorité, ne passion particuliere
» qui engendrent injustice, provoquent & attirent
» l'ire de Dieu sur l'universel. Ladite ordonnance,
» ajoute du Tillet, étoit sainte ; & par icelle les rois
» ont montré la crainte qu'ils avoient qu'aucune in-
» justice se fit en leur royaume, y mettant l'ordre
» susdit pour se garder de surprise en cet endroit, qui
» est leur principale charge ».

Il y a même plusieurs ordonnances qui ont expressément défendu à tous juges d'avoir aucun égard aux *lettres closes* ou de *cachet* qui seroient accordées sur le fait de la justice.

La premiere est l'ordonnance d'Orléans, *art. 3*.
La seconde est l'ordonnance de Blois, *art. 282*.
La troisieme est l'ordonnance de Moulins, qui est encore plus générale & plus précise sur ce sujet ; sur quoi on peut voir dans Néron les remarques tirées de M. Pardoux du Prat, savoir que pour le fait de la justice, les *lettres* doivent absolument être patentes, & que l'on ne doit avoir en cela aucun égard aux *lettres closes*. *Voyez aussi* Theveneau, *lib. III. tit. 15. article 2*.

On trouve néanmoins quelques *lettres de cachet* registrées au parlement ; mais il s'agissoit de *lettres* qui ne contenoient que des ordres particuliers & non de nouveaux réglemens. On peut mettre dans cette classe celle d'Henri II. du 3 Décembre 1551, qui fut registrée au parlement le lendemain, & dont il est fait mention dans le traité de la police, *tome I. livre I. chap. ij. page 133. col. premiere*. Le roi dit dans cette *lettre*, qu'ayant fait examiner en son conseil les ordonnances sur le fait de la police, il n'avoit rien trouvé à y ajouter ; il mande au parlement d'y tenir la main, *&c*.

La déclaration du roi, du 24 Février 1673, porte que les ordonnances, édits, déclarations, & lettres-patentes, concernant les affaires publiques, soit de justice ou de finances, émanées de la seule autorité & propre mouvement du roi, sans parties qui seront envoyées à son procureur général avec ses *lettres de cachet* portant ses ordres pour l'enregistrement, seront présentées par le procureur général en l'assemblée des chambres avec lesdites *lettres de cachet*.

Lorsqu'un homme est détenu prisonnier en vertu d'une *lettre de cachet*, on ne reçoit point les recommandations que ses créanciers voudroient faire, & il ne peut être retenu en prison en vertu de telles recommandations. (*A*)

LETTRES CANONIQUES, étoient la même chose que les *lettres* commendatices ou pacifiques. *Voyez ci-après ces deux articles*. (*A*)

LETTRES DE CESSION, sont celles qu'un débiteur obtient en chancellerie pour être reçu à faire *cession* & abandonnement de biens à ses créanciers ; & par ce moyen se mettre à couvert de leurs poursuites. *Voyez* ABANDONNEMENT, BÉNÉFICE DE CESSION, CESSION. (*A*)

LETTRES DE CHANCELLERIE, qu'on appelle aussi *lettres royaux*, sont toutes les *lettres* émanées du souverain, & qui s'expédient en la chancellerie en France : il y en a de plusieurs sortes ; les unes qui s'expédient en la grande chancellerie de France, & que l'on appelle par cette raison *lettres de grande chancellerie*, ou *lettres du grand sceau* ; les autres qu'on appelle *lettres de petite chancellerie*, ou *du petit sceau*, lesquelles s'expédient dans les chancelleries établies près les cours ou près des présidiaux.

Toutes les *lettres* de grande ou de petite chancellerie, sont de justice ou de grace. Elles sont réputées surannées un an après la date de leur expédition. *Voyez* SURANNATION. (*A*)

LETTRE DE CHANGE, est une espece de mandement qu'un banquier, marchand ou négociant donne à quelqu'un pour faire payer dans une autre ville à celui qui sera porteur de ce mandement la somme qui y est exprimée.

Pour former une *lettre de change*, il faut que trois choses concourent.

1°. Que le change soit réel & effectif, c'est-à-dire, que la *lettre* soit tirée d'une place pour être payée dans une autre. Ainſi une *lettre* tirée de Paris ſur Paris, n'eſt qu'un mandement ordinaire & non une véritable *lettre de change*.

2°. Il faut que le tireur, c'eſt-à-dire celui qui donne cette *lettre*, ait une ſomme pareille à celle qu'il reçoit entre les mains de la perſonne ſur laquelle il tire ce mandement, ou bien qu'il le tire ſur ſon crédit; autrement ce ne ſeroit qu'un ſimple mandement ou reſcription.

3°. Il faut que la *lettre de change* ſoit faite dans la forme preſcrite par *l'article premier, du tit. V.* de l'ordonnance du mois de Mars 1673, qu'elle porte valeur reçue ſoit en deniers, marchandiſes, ou autres effets. C'eſt ce qui diſtingue les *lettres de change* des billets de change qui ne ſont point pour valeur fournie en deniers, marchandiſes, ou autres effets, mais pour *lettres de change* fournies ou à fournir.

La forme la plus ordinaire d'une *lettre de change* eſt telle.

» A Paris, ce premier Janvier 1756.
» Monſieur,
» A vue il vous plaira payer par cette premiere
» de *change* à M. Siméon ou à ſon ordre, la ſomme
» de deux mille livres, valeur reçue comptant du-
» dit ſieur, ou d'un autre dont on exprime le nom,
» & mettez à compte, comme ſur l'avis, &c. »

A Monſieur Hilaire,   Votre très-humble
    à Lyon.   ſerviteur, Lucien.

Le contrat qui ſe forme par ces *lettres* entre les différentes perſonnes qui y ont part, n'a pas été connu des anciens; car ce qui eſt dit au digeſte *de eo quod certò loco dari oportet*, & dans pluſieurs lois au ſujet de ceux que l'on appelloit *numularii*, *argentarii*, & *trapſſitæ*, n'a point de rapport avec le *change* de place en place par *lettres*, tel qu'il ſe pratique préſentement.

Les anciens ne connoiſſoient d'autre *change* que celui d'une monnoie contre une autre; ils ignoroient l'uſage de changer de l'argent contre des *lettres*.

On eſt fort incertain du tems où cette maniere de commercer a commencé, auſſi-bien que de ceux qui en ont été les inventeurs.

Quelques auteurs, tels que Giovan. Villani, en ſon hiſtoire univerſelle, & Savary dans ſon parfait négociant, attribuent l'invention des *lettres de change* aux Juifs qui furent bannis du royaume.

Sous le regne de Dagobert I. en 640, ſous Philippe Auguſte, en 1181, & ſous Philippe le Long, en 1316, ils tiennent que ces Juifs s'étant retirés en Lombardie, pour y toucher l'argent qu'ils avoient dépoſé en ſortant de France entre les mains de leurs amis, ils ſe ſervirent de l'entremiſe des voyageurs & marchands étrangers qui venoient en France, auxquels ils donnerent des *lettres* en ſtyle concis, à l'effet de toucher ces deniers.

Cette opinion eſt réfutée par de la Serra, tant parce qu'elle laiſſe dans l'incertitude de ſavoir ſi l'uſage des *lettres de change* a été inventé dès l'an 640, où ſeulement en 1316, ce qui fait une différence de plus de 600 ans, qu'à cauſe que le banniſſement des Juifs étant la punition de leurs rapines & de leurs malverſations, leur ayant attiré la haine publique, cet auteur ne préſume pas que quelqu'un voulût ſe charger de leur argent en dépôt, les aſſiſter & avoir commerce avec eux, au préjudice des défenſes portées par les ordonnances.

Il eſt cependant difficile de penſer que les Juifs n'ayent pas pris des meſures pour récupérer en Lombardie la valeur de leurs biens; ce qui ne ſe pouvoit faire que par le moyen des *lettres de change*. Ainſi il y a aſſez d'apparence qu'ils en furent les premiers inventeurs.

Les Italiens Lombárds qui commerçoient en France, ayant trouvé cette invention propre à couvrir leurs uſures, introduiſirent auſſi en France l'uſage des *lettres de change*.

De Rubys, en ſon *hiſtoire de la ville de Lyon*, page 289, attribue cette invention aux Florentins ſpécialement, leſquels, dit-il, ayant été chaſſés de leur pays par les Gibelins, ſe retirerent en France, où ils commencerent, ſelon lui, le commerce des *lettres de change*, pour tirer de leur pays, ſoit le principal, ſoit le revenu de leurs biens. Cette opinion eſt même celle qui paroît la plus probable. à de la Serra, auteur du traité des *lettres de change*.

Il eſt à croire que cet uſage commença dans la ville de Lyon, qui eſt la ville de commerce la plus proche de l'Italie : & en effet, la place où les marchauds s'aſſemblent dans cette ville pour y faire leurs négociations de *lettres de change*, & autres ſemblables, s'appelle encore *la place du change*.

Les Gibelins chaſſés d'Italie par la faction des Guelphes, s'étant retirés à Amſterdam, ſe ſervirent auſſi de la voie des *lettres de change* pour retirer les effets qu'ils avoient en Italie; ils établirent donc à Amſterdam le commerce des *lettres de change*, qu'ils appellerent *poliza di cambio*. Ce furent eux pareillement qui inventerent le rechange, quand les *lettres* qui leur étoient fournies revenoient à protêt, prenant ce droit par forme de dommages & intérêts. La place des marchands à Amſterdam, eſt encore appellée aujourd'hui *la place Lombarde*, à cauſe que les Gibelins s'aſſembloient en ce lieu pour y exercer le *change* : les négocians d'Amſterdam répandirent dans toute l'Europe le commerce des *lettres de change* par le moyen de leurs correſpondans, & particulierement en France.

Ainſi les Juifs retirés en Lombardie, ont probablement inventé l'uſage des *lettres de change*, & les Italiens & négocians d'Amſterdam en ont établi l'uſage en France.

Ce qui eſt de certain, c'eſt que les Italiens & particulierement les Génois & les Florentins étoient dans l'habitude, dès le commencement du xiij. ſiecle, de commercer en France, & de fréquenter les foires de Champagne & de Lyon, tellement que Philippe le bel fit en 1294 une convention avec le capitaine & les corps de ces marchands & changeurs italiens, contenant que de toutes les marchandiſes qu'ils acheteroient & vendroient dans les foires & ailleurs, il ſeroit payé au roi un denier par le vendeur & un par l'acheteur ; & pour chaque livre de petits tournois, à quoi monteroient les contrats *de change* qu'ils feroient dans les foires de Champagne & de Brie, & dans les villes de Paris & de Niſmes, ils payeroient une pite. Cette convention fut confirmée par les rois Louis Hutin, Philippe de Valois, Charles V. & Charles VI.

On voit auſſi que dès le commencement du xiv. ſiecle il s'étoit introduit dans le royaume beaucoup de florins, qui étoient la monnoie de Florence ; ce qui provenoit, ſans doute, du commerce que les florentins & autres italiens faiſoient dans le royaume.

Mais comme il n'étoit pas facile aux florentins & autres italiens de tranſporter de l'argent en France pour payer les marchandiſes qu'ils y achetoient, ni aux françois d'en envoyer en Italie pour payer les marchandiſes qu'ils tiroient d'Italie, ce fut ce qui donna lieu aux florentins, & autres italiens d'inventer les *lettres de change*, par le moyen deſquelles on fit tenir de l'argent d'un lieu dans un autre ſans le tranſporter.

Les anciennes ordonnances font bien quelque mention de *lettres de change*, mais elles n'entendent par là que les *lettres* que le roi accordoit à certaines perſonnes pour tenir publiquement le *change* des monnoies; & dans les lettres-patentes de Philippe de Valois, du 6 Août 1349 ; concernant les privileges des foires de Brie & de Champagne, ce qui est dit des *lettres* passées dans ces foires ne doit s'entendre que des obligations &c. contrats qui étoient passés sous le seel de ces foires, soit pour prêt d'argent, soit pour vente de marchandises, mais on n'y trouve rien qui dénote qu'il fût question de *lettres* tirées de place en place, qui est ce qui caractérise essentiellement les *lettres de change*.

La plus ancienne ordonnance que j'aie trouvé où il soit véritablement parlé de ces sortes de *lettres*, c'est l'édit du roi Louis XI. du mois de Mars 1462, portant confirmation des foires de Lyon. L'*article* 7 ordonne que comme dans les foires les marchands ont accoutumé user de changes, arriere-changes & intérêts, toutes personnes, de quelqu'état, nation ou condition qu'ils soient, puissent donner, prendre & remettre leur argent par *lettres de change*, en quelque pays que ce soit, touchant le fait de marchandise, excepté la nation d'Angleterre, &c.

L'*article* suivant ajoute que si à l'occasion de quelques *lettres* touchant les *changes* faits ès foires de Lyon pour payer & rendre argent autre part ou des *lettres* qui seroient faites ailleurs pour rendre de l'argent auxdites foires de Lyon, lequel argent ne seroit pas payé selon lesdites *lettres*, en faisant aucune protestation ainsi qu'ont accoutumé de faire les marchands fréquentant les foires, tant dans le royaume qu'ailleurs, qu'en ce cas ceux qui seront tenus de payer ledit argent tant pour le principal que pour les dommages & intérêts, y seront contraints, tant à à cause des changes, arriere changes, qu'autrement, ainsi qu'on a coûtume de faire ès foires de Pezenas, Montignac, Bourges, Genève, & autres foires du royaume.

On voit par ces dispositions que les *lettres de change* tirées de place en place étoient déja en usage, non-seulement à Lyon, mais aussi dans les autres foires & ailleurs.

La jurisdiction consulaire de Toulouse, établie en 1549, celle de Paris établie en 1563, & les autres qui ont été ensuite établies dans plusieurs autres villes du royaume, ont entr'autres choses pour objet de connnoître du fait des *lettres de change* entre marchands.

L'ordonnance de 1673 pour le Commerce, est la premiere qui ait établi des regles fixes & invariables pour l'usage des *lettres de change*; c'est ce qui fait l'objet du *titre* V, intitulé des *lettres* & *billets de change* & des promesses d'en fournir; & du *titre* 6, des intérêts du change & rechange.

L'usage des *lettres de change* n'a d'abord été introduit que parmi les marchands, banquiers & négociaus, pour la facilité du Commerce qu'ils font, soit avec les provinces, soit dans les pays étrangers. Il a été ensuite étendu aux receveurs des tailles, receveurs généraux des finances, fermiers du roi, traitans, & autres gens d'affaire & de finance, à cause du rapport qu'il y a entr'eux & les marchands & négocians pour retirer dans les deniers de leur recette, au lieu de les faire voiturer; & comme ces sortes de personnes négocient leur argent & leurs *lettres de change*, ils deviennent à cet egard justiciables de la jurisdiction consulaire.

Les personnes d'une autre profession qui tirent, endossent ou acceptent des *lettres de change*, deviennent pareillement justiciables de la jurisdiction consulaire, & même soumis à la contrainte par corps ; c'est pourquoi il ne convient point à ceux qui ont des bienséances à garder dans leur état, de tirer, endosser ou accepter des *lettres de change* ; mais toutes sortes de personnes peuvent sans aucun inconvénient être porteurs d'une *lettre de change* tirée à leur profit.

Les ecclésiastiques ne peuvent se mêler du commerce des *lettres de change* : les lettres qu'ils adressent à leurs fermiers ou receveurs ne sont que de simples rescriptions ou mandemens qui n'emportent point de contrainte par corps, quoique ces mandemens aient été négociés.

Il se forme, par le moyen d'une *lettre de change* un contrat entre le tireur & celui qui donne la valeur; le tireur s'oblige de faire payer le montant de la *lettre de change*.

Il entre même dans ce contrat jusqu'à quatre personnes ou du-moins trois, savoir celui qui en fournit la valeur ; le tireur, celui sur qui la *lettre de change* est tirée & qui doit l'acquittement, & celui à qui elle est payable ; mais ces deux derniers ne contractent aucune obligation envers le tireur, & n'entrent dans le contrat que pour l'exécution, quoique suivant le cas ils puissent avoir des actions pour l'exécution de la convention.

Le contrat qui se forme par le moyen d'une *lettre de change* n'est point un prêt ; c'est un contrat du droit des gens & de bonne foi, un contrat nommé *contrat de change* : c'est une espece d'achat & vente de même que les cessions & transports, car celui qui tire la *lettre de change*, vend, cede & transporte la créance qu'il a sur celui qui la doit payer.

Ce contrat est parfait par le seul consentement ; comme l'achat & la vente ; tellement que lorsqu'on traite d'un *change* pour quelque payement ou foire dont l'échéance est éloignée, il peut arriver que l'on ne délivre pas pour lors la *lettre de change* ; mais pour la preuve de la convention, il faut qu'il y ait un billet portant promesse de fournir la *lettre de change*, ce billet est ce que l'on appelle *billet de change*, lequel, comme l'on voit, est totalement différent de la *lettre* même ; & si la valeur de la *lettre de change* n'a pas non plus été fournie, le billet de change doit être fait double, afin de pouvoir prouver respectivement le consentement.

Les termes ou échanges des payemens des *lettres de change*, sont de cinq sortes.

La premiere est des *lettres* payables à vûe ou à volonté : celles-ci doivent être payées aussi-tôt qu'elles sont présentées.

La seconde est des *lettres* payables à tant de jours de vûe : en ce cas le délai ne commence à courir que du jour que la *lettre* a été présentée.

La troisieme est des *lettres* payables à tant de jours d'un tel mois, & alors l'échéance est déterminée par la *lettre* même.

La quatrieme est à une ou plusieurs usances, qui est un terme déterminé par l'usage du lieu où la *lettre de change* doit être payée, & qui commence à courir ou du jour de la date de la *lettre de change* ou du jour de l'acceptation, il est plus long ou plus court, suivant l'usage de chaque place. En France les usances sont fixées à trente jours par l'ordonnance du Commerce, *titre* V, ce qui a toujours lieu, encore que les mois ayent plus ou moins de trente jours ; mais dans les places étrangeres il y a beaucoup de diversité. A Londres, par exemple, l'usance des *lettres* de France est du mois de la date ; en Espagne deux mois ; à Venise, Gênes & Livourne trois mois, & ainsi des autres pays : on peut voir à ce sujet le *parfait négociant* de Savary.

La cinquieme espece de terme pour les *lettres de change* est en payemens ou aux foires, ce qui n'a lieu que pour les places où il y a des foires établies, comme à Lyon, Francfort & autres endroits, & le tems est déterminé par les réglemens & statuts de ces foires.

Les *lettres de change* doivent contenir sommairement le nom de ceux auxquels le contenu doit en être payé, le tems du payement, le nom de celui qui en a donné la valeur, & expliquer si cette valeur a été fournie en deniers, marchandises ou autres effets.

Toutes *lettres de change* doivent être acceptées par écrit purement & simplement ; les acceptations verbales & celles qui se faisoient en ces termes, *vû sans accepter*, ou *accepté pour répondre à tems*, & toutes autres acceptations sous conditions, ont été abrogées par l'ordonnance du Commerce, & passent présentement pour des refus en conséquence desquels on peut faire protester les *lettres*.

En cas de protest d'une *lettre de change*, elle peut être acquittée par tout autre que celui sur qui elle a été tirée, & au moyen du payement il demeurera subrogé en tous les droits du porteur de la *lettre*, quoiqu'il n'en ait point de transport, subrogation ni ordre.

Les porteurs de *lettres de change* qui ont été acceptées, ou dont le payement échet à jour certain, sont tenus, suivant l'ordonnance, de les faire payer ou protester dans dix jours après celui de l'échéance ; mais la déclaration du 10 Mai 1686 a réglé que les dix jours accordés par le protest des *lettres & billets de change* ne seront comptés que du lendemain de l'échéance des *lettres* & billets, sans que le jour de l'échéance y puisse être compris, mais seulement celui du protest, des dimanches & des fêtes mêmes solemnelles qui y seront compris.

La ville de Lyon a sur cette matiere un réglement particulier du 2 Juin 1667, auquel l'ordonnance n'a point dérogé.

Après le protest, celui a accepté la *lettre* peut être poursuivi à la requête de celui qui en est le porteur.

Les porteurs peuvent aussi, par la permission du juge, saisir les effets de ceux qui ont tiré ou endossé les *lettres*, encore qu'elles aient été acceptées, même les effets de ceux sur lesquels elles ont été tirées, en cas qu'ils les ayent acceptées.

Ceux qui ont tiré ou endossé des *lettres* doivent être poursuivis en garantie dans la quinzaine, s'ils sont domiciliés dans la distance de dix lieues & au-delà, à raison d'un jour pour cinq lieues, sans distinction du ressort des parlemens, pour les personnes domiciliées dans le royaume ; & hors d'icelui, les délais sont de deux mois pour les personnes domiciliées en Angleterre, Flandre ou Hollande ; de trois mois pour l'Italie, l'Allemagne & les Cantons suisses; quatre mois pour l'Espagne, six pour le Portugal, la Suede & le Danemark.

Faute par les porteurs des *lettres de change* d'avoir fait leurs diligences dans ces délais, ils sont non-recevables dans toute action en garantie contre les tireurs & endosseurs.

En cas de dénégation, les tireurs & endosseurs sont tenus de prouver que ceux sur qui elles étoient tirées leur étoient redevables ou avoient provision au tems qu'elles ont dû être protestées, sinon ils seront tenus de les garantir.

Si depuis le tems réglé pour le protest les tireurs ou endosseurs ont reçu la valeur en argent ou marchandises, par compte, compensation ou autrement, ils sont aussi tenus de la garantie.

Si la *lettre de change*, payable à un tel particulier, se trouve adhirée, le payement peut en être fait en vertu d'une seconde *lettre* sans donner caution, en faisant mention que c'est une seconde *lettre*, & que la premiere ou autre précédente demeurera nulle. Un arrêt de réglement du 30 Août 1714, décide qu'en ce cas celui qui est porteur de la *lettre de change* doit s'adresser au dernier endosseur de la *lettre* adhirée pour en avoir une autre de la même valeur & qualité que la premiere, & que le dernier endosseur, sur la réquisition qui lui en sera faite par écrit, doit prêter ses offres auprès du précédent endosseur, &

ainsi en remontant d'un endosseur à un autre jusqu'au tireur, &c.

Si la *lettre* adhirée est payable au porteur ou à ordre, le payement n'en sera fait que par ordonnance du juge, & en donnant caution.

Au bout de trois ans, les cautions sont déchargées lorsqu'il n'y a point de poursuites.

Les *lettres* ou *billets de change* sont réputés acquittés après cinq ans de cessation de demande & poursuite, à compter du lendemain de l'échéance ou du protest, ou derniere poursuite, en affirmant néanmoins, par ceux que l'on prétend en être débiteurs, qu'ils ne sont plus redevables.

Les deux fins de non-recevoir dont on vient de parler ont lieu même contre les mineurs & les absens.

Les signatures au dos des *lettres de change* ne servent que d'endossement & non d'ordre, s'il n'est daté & ne contient le nom de celui qui a payé la valeur en argent, marchandise ou autrement.

Les *lettres de change* endossées dans la forme qui vient d'être dite, appartiennent à celui du nom duquel l'ordre est rempli, sans qu'il ait besoin de transport ni signification.

Au cas que l'endossement ne soit pas dans la forme qui vient d'être expliquée, les *lettres* sont réputées appartenir à celui qui les a endossées, & peuvent être saisies par ses créanciers, & compensées par ses débiteurs.

Il est défendu d'antidater les ordres, à peine de faux.

Ceux qui ont mis leur aval sur des *lettres de change*, sur des promesses d'en fournir, sur des ordres ou des acceptations, sur des *billets de change* ou autres actes de pareille qualité concernant le Commerce, seront tenus solidairement avec les tireurs, promesseurs, endosseurs & accepteurs, encore qu'il n'en soit pas fait mention dans l'aval.

Voyez Scace. *De commerciis cambiorum*; Dupuy de la Serra en son *traité de l'art des lettres de change*; Clarac, en son *traité de l'usance du négoce*; le *parfait négociant* de Savary ; Bornier sur le *titre 5. de l'ordonnance du Commerce*.

Voyez aussi les mots ACCEPTATION, BILLET DE CHANGE A ORDRE, AU PORTEUR, CHANGE, ENDOSSEMENT, PROTEST, RECHANGE. (*A*)

LETTRES DE CHARTRE, ou *en forme de* CHARTRE, sont des *lettres* de grande chancellerie, qui ordonnent quelque chose pour toûjours. *Voyez* au mot CHARTRE, (*lettre de.*)

LETTRES CLOSES, c'est ainsi que l'on appelloit anciennement ce que nous nommons aujourd'hui *lettre de cachet*. *Voyez* LETTRE DE CACHET.

LETTRES EN COMMANDEMENT, sont des *lettres* de faveur expédiées en grande chancellerie, qui sont contre-signées par un secretaire d'état ; elles sont de deux sortes, les unes, que le secretaire d'état de la province donne toutes signées, & que l'on scelle ensuite ; d'autres qui sont du ressort ou du chancelier ou du garde des sceaux, & qui sont scellées avant d'être signées par le secretaire d'état. (*A*)

LETTRES COMMENDATICES, *litt. ræ commendatitiæ*, c'est ainsi que dans la pratique de cour d'église, on appelle les *lettres* de recommendation qu'un supérieur ecclésiastique donne à quelqu'un, adressantes aux évêques voisins, ou autres supérieurs ecclésiastiques. Les réguliers ne peuvent donner des *lettres commendatices* ni testimoniales, à des séculiers ni même à des réguliers qui ne sont pas de leur ordre. *Mémoires du clergé*, *tom. 6. p. 1177*. (*A*)

LETTRES DE COMMISSION, sont une commission que l'on prend en chancellerie pour faire assigner quelqu'un à comparoître dans une cour souveraine, en conséquence de quelque instance qui y est pendant pendante entre d'autres parties, ou pour conſtituer nouveau procureur, ou reprendre une inſtance ou procès, ou pour faire déclarer un arrêt exécutoire contre des héritiers.

On entend auſſi par *lettres de commiſſion*, un pareatis, ou le mandement qui eſt donné à un juge royal de faire procéder à l'exécution de quelque arrêt, à la fin duquel mandement il eſt enjoint au premier huiſſier ou ſergent, de mettre à exécution cet arrêt.

LETTRES DE COMMITTIMUS, ſont celles que le roi accorde à ſes commenſaux & autres privilégiés, en vertu deſquelles il peut faire renvoyer toutes leurs cauſes civiles, poſſeſſoires & mixtes, devant le juge de leur privilege.

Ces *lettres* s'obtiennent au grand ſceau ou au petit ſceau, ſelon le droit du privilégié. *Voyez* COMMITTIMUS.

LETTRES COMMUNICATOIRES, étoient la même choſe que les *lettres commendatices. Voyez* LETTRES COMMENDATICES, & LETTRES PACIFIQUES.

LETTRES DE COMMUTATION DE PEINE, ſont des *lettres* de grande chancellerie, par leſquelles le roi commue la peine à laquelle l'accuſé étoit condamné, en une autre peine plus douce, comme lorſque la peine de mort eſt commuée en un banniſſement, ou en un certain tems de priſon. *Voyez l'ordonnance de 1670, tit. XVI. art. 5.*

LETTRES DE COMPENSATION, étoient des *lettres* de chancellerie que l'on obtenoit autrefois dans les pays coutumiers, pour pouvoir oppoſer la compenſation ; préſentement il n'eſt plus d'uſage d'en prendre. *Voyez* COMPENSATION.

LETTRES DE COMPULSOIRE, ſont des *lettres* de chancellerie que l'on obtient pour contraindre le dépoſitaire d'une piece, de la repréſenter à l'effet d'en tirer une expédition, ou de faire collation d'une expédition ou copie à l'original. *Voyez* COMPULSOIRE.

LETTRES DE CONFIRMATION, ſont celles par leſquelles le roi confirme l'impétrant dans la jouiſſance de quelque droit ou privilege qui lui avoit été accordé précédemment.

LETTRES DE CONFORTEMAIN. *Voyez* CONFORTEMAIN.

LETTRES DE CRÉANCE, ſont des *lettres* émanées du ſouverain ou de quelque autre perſonne conſtituée en dignité, portant que l'on peut ajouter foi à ce que dira celui qui eſt muni de ces *lettres*. Les ambaſſadeurs plénipotentiaires, envoyés, & autres miniſtres qui vont dans une cour étrangere, ne partent point ſans avoir des *lettres de créance* ; & la premiere choſe qu'ils font lorſqu'on leur donne audience, eſt de préſenter leurs *lettres de créance*.

On entend auſſi quelquefois par *lettre de créance*, la même choſe que par *lettre de crédit*. *Voyez* au mot CRÉANCE, *lettre de créance*.

LETTRE DE CRÉDIT. *Voyez au mot* CRÉDIT, (*Juriſp.*) à *l'art.* LETTRE DE CRÉDIT.

LETTRES POUR CUMULER LE PÉTITOIRE AVEC LE POSSESSOIRE. C'étoient des lettres que l'on obtenoit en chancellerie pour pouvoir *cumuler le pétitoire*, quoiqu'on ne fût pourſuivi qu'au *poſſeſſoire*; mais l'uſage de ces *lettres* fut défendu par l'ordonnance de Charles VII. en 1453, *art. 8.* par celle de Louis XII. en 1507, *art.* 41. François I. en 1535, *chap. jx. art. 1.* Cette défenſe a été renouvellée par l'ordonnance de 1667, *tit. 18. art. 5.*

LETTRES DE DEBITIS. *Voyez* DEBITIS.

LETTRES DE DÉCLARATION, ou EN FORME DE DÉCLARATION, ſont des *lettres* patentes du grand ſceau, ſignées en commandement, par leſquelles le roi explique ſes intentions ſur l'interprétation de quelque ordonnance ou édit.

On appelle auſſi *lettres de déclaration*, celles que le roi donne à des regnicoles qui ayant été long-tems abſens, étoient réputés avoir abdiqué leur patrie, & néanmoins ſont revenus en France; ils n'ont pas beſoin de *lettres* de naturalité, parce qu'ils ne ſont pas étrangers ; mais il leur faut des *lettres de déclaration*, pour purger le vice de leur longue abſence. On appelle de même *lettres de déclaration*, celles par leſquelles quelqu'un qui eſt déja noble, eſt déclaré tel par le roi, pour prévenir les difficultés qu'on auroit pû lui faire. Ce ſont proprement des *lettres* de confirmation de nobleſſe. *Voyez* DÉCLARATION, ÉDIT, & *ci-après* LETTRES PATENTES & ORDONNANCE.

LETTRES DE DENICATION, ſont des eſpeces de *lettres* de naturalité, que les étrangers obtiennent en Angleterre, à l'effet ſeulement de poſſéder des bénéfices. *Voyez* Bainage, *ſur l'art.* 235. de la coutume de Normandie.

LETTRES DE DÉPRÉCATION, ſont des *lettres* par leſquelles quelqu'un, en vertu d'un privilege particulier, préſente un accuſé au prince, à l'effet d'obtenir de lui des *lettres de grace*, s'il y écher.

Ce terme paroît emprunté des Romains, chez leſquels la *déprécation* étoit la ſupplication qu'une perſonne accuſée d'homicide involontaire faiſoit au ſénat, lequel avoit en ce cas le pouvoir d'accorder à l'accuſé ſa grace.

L'édit du mois de Novembre 1753, qui a réglé l'étendue du privilege dont les évêques d'Orléans jouiſſent à leur avenement, de faire grace à certains criminels, a réglé que dans les cas où ce privilege peut avoir lieu, l'évêque donnera au criminel des *lettres* d'interceſſion & de *déprécation*, ſur leſquelles le roi fera expédier des lettres de grace.

LETTRES DE DÉSERTION, ſont des *lettres* de chancellerie, que l'intimé obtient à l'effet d'aſſigner l'appellant, pour voir déclarer ſon appel deſert, faute par lui de l'avoir relevé dans le tems de l'ordonnance. *Voyez* APPEL, DÉSERTION ILLICO, & RELIEF D'APPEL.

LETTRES DE DIACONAT, ſont l'acte par lequel un évêque confere à un ſous-diacre l'ordre du diaconat. *Voyez* DIACONAT & DIACRE.

LETTRES DE DISPENSE, ſont celles par leſquelles l'impétrant eſt déchargé de ſatisfaire à quelque choſe que la regle exige.

Le roi accorde en chancellerie des *diſpenſes* d'âges, de tems d'étude, & autres ſemblables.

Le pape, les archevêques & évêques en accordent pour le ſpirituel, comme des *diſpenſes* de ban, de parenté pour les mariages, d'interſtice pour les ordres, &c. *Voyez* DISPENSE.

LETTRES DE DOCTEUR, ou DE DOCTORAT, ſont des *lettres* accordées dans quelque faculté d'une univerſité, qui conferent à un licencié le grade de docteur. *Voyez* DOCTEUR.

LETTRES DE DON GRATUIT, ſont des *lettres* du grand ſceau, par leſquelles le roi permet aux états d'une province de faire don d'une ſomme au gouverneur, lieutenant de roi, ou autre officier à qui Sa Majeſté permet de l'accepter. Les ordonnances défendent de faire, ni de recevoir ces ſortes de dons, ſans la permiſſion du prince.

LETTRES ECCLÉSIASTIQUES, étoient la même choſe que les *lettres* canoniques ou pacifiques. *Voyez* ces differens articles. (*A*)

LETTRES D'ECOLIER JURÉ ſont la même choſe que *lettres* de ſcholarité. *Voyez* ECOLIER JURÉ, GARDE-GARDIENNE, & LETTRES DE SCHOLARITÉ & SCHOLARITÉ. (*A*)

LETTRES D'EMANCIPATION ou DE BÉNÉFICE D'AGE. *Voyez ci devant* LETTRES DE BÉNÉFICE D'AGE.

LETTRES POUR ESTER A DROIT, font des *lettres* de grande chancellerie que le roi accorde à ceux qui étant *in reatu*, ont laissé écouler les cinq années sans se présenter & purger leur contumace. Le roi par le bénéfice de ces *lettres* les releve du tems qui s'est passé, & les reçoit à *ester à droit* & à se purger des cas à eux imposés, quoiqu'il y ait plus de cinq ans passés, tout ainsi qu'ils auroient pu faire avant le jugement de contumace, à la charge de se mettre en état dans trois mois du jour de l'obtention, lors de la présentation des *lettres*, de refonder les frais

contumace.

à quelque expédition militaire. Pour obtenir des *lettres d'état*, il faut qu'ils rapportent un certificat du secrétaire d'état ayant le département de la guerre, de leur service actuel, à peine de nullité.

Autrefois les lieutenans du roi dans les armées royales avoient le pouvoir d'accorder de ces sortes de *lettres*, mais elles furent rejettées par un arrêt du parlement de l'an 1393, & depuis ce droit a été réservé au roi seul.

Ces sortes de *lettres* ne s'accordent ordinairement

jours avant
que ce soit
exprimées dans les *lettres*.
Quand le
subreption,
le roi pour l

tems porté par ces *lettres*.

teur, & de faire regiftrer la faisie; mais on ne peut procéder au bail judiciaire; & si les *lettres* ont été signifiées depuis le bail, les criées peuvent être continuées jufqu'au congé d'adjuger inclusivement. Les opposans au decret ne peuvent se servir de telles *lettres* pour arrêter la poursuite, ni le bail ou l'adjudication.

Les opposans à une saisie mobiliaire, ne peuvent pas non plus s'en servir pour retarder la vente des meubles saisis.

Les *lettres d'état* n'ont point d'effet dans les affaires où le roi a intérêt, ni dans les affaires criminelles;

tiere des délais & surséances que le juge peut accorder selon le mérite du procès, l'excuse des parties ou autres causes légitimes.

Les tuteurs honoraires & onéraires, & les curatenrs, ne peuvent se servir pour eux des *lettres* qu'ils ont obtenues pour ceux qui sont sous leur tutelle & curatelle.

suls: *ne quis militis donec in castris esset bona possideret aut venderet.*
Le jurisconsulte Callistrate en parle aussi fort

qu'il soit
instance,

cantur qui reipublicæ causâ absunt.
Ce même privilege est établi par la 140ᵉ regle de droit: *absentia ejus qui reipublicæ causâ abest, neque ei, neque alii damnosa esse debet.*
Dans les anciennes ordonnances les *lettres d'état*

& 57.
Mais anciennement pour jouir de ce bénéfice, il falloit que l'absent ne fût pas salarié de son absence, autrement elle étoit regardée comme affectée, comme il fut jugé au parlement de Paris en 1391, contre le baillif d'Auxerre, étant en Bourgogne pour une enquête, en une cause concernant le roi, sur les deniers duquel il étoit payé chaque jour.
L'ordonnance de 1669, *tit. des lettres d'état*, veut qu'on n'en accorde qu'aux personnes employées aux affaires importantes pour le service du roi; ce qui s'applique à tous les officiers actuellement employés

lettres & billets de change, exécution
de commerce, caution judiciaire, frais funéraires,
eres, & re-
ès, ne peu-
r arrêter le
été reçue;
ou cessionnaires, autrement que par contrat de mariage ou partage de famille, ils ne peuvent faire signifier de

lettres que fix mois après, à compter du jour que la donation aura été infinuée, ou que le tranfport aura été fignifié, & fi le titre de créance eft fous feing privé, ils ne pourront fe fervir de *lettres d'état* qu'un an après que le titre aura été produit & reconnu en juftice.

Les *lettres d'état* ne peuvent être oppofées à l'hôtel-Dieu, ni à l'hôpital général, & à celui des enfans trouvés de Paris. *Voyez la déclaration du 23 Mars 1680, celle du 23 Décembre 1702.*

Le roi a quelquefois accordé une furféance générale à tous les officiers qui avoient fervi dans les dernieres guerres, par la déclaration du premier Février 1698, & leur accorda trois ans.

Cette furféance fut prorogée pendant une année par une autre déclaration du 15 Février 1701.

Il y eut encore une furféance de trois ans accordée par déclaration du 24 Juillet 1714. (*A*)

LETTRES D'ÉTAT ou *de* CONTRE-ETAT, étoient des *lettres de* provifion, c'eft-à-dire provifoires, que les parties obtenoient autrefois en chancellerie avant le jugement, qui maintenoient ou chargeoient l'état des chofes conteftées ; les jugemens définitifs faifoient toujours mention de ces *lettres*. (*A*)

LETTRES D'ÉVOCATION, font des *lettres* de grande chancellerie, par lefquelles le roi, pour des confidérations particulieres, *évoque* à foi une affaire pendante devant quelque juge, & en attribue la connoiffance à fon confeil, ou la renvoye devant un autre tribunal. *Voyez* EVOCATION. (*A*)

LETTRES D'EXEAT, *Voyez* EXEAT.

LETTRES EXÉCUTOIRES, ce terme eft quelquefois employé pour fignifier des lettres apoftoliques dont les papes ufoient pour la collation des bénéfices, comme il fera expliqué *ci-après* à *l'article* LETTRES MONITOIRES. (*A*)

Lettres exécutoires, en Normandie & dans quelques autres Coutumes, fignifient des titres authentiques, tels que contrats & obligations, fentences, arrêts & jugemens qui font en forme exécutoire, & deviennent par ce moyen des titres parés, *quod paratam habent executionem : Voy.* les *art.* 546, 560 & 561 *de* la Coutume de Normandie. (*A*)

LETTRES EN FERME. On appelle ainfi dans le Cambrefis, le double des aêtes authentiques qui eft dépofé dans l'hôtel-de-ville ; il en eft parlé dans la coutume de Cambray, *tit.* 5. *art.* 5. Comme dans ce pays il n'y a point de garde-notes publics & en titre d'office, ainfi que le remarque M. Pinault fur l'article que l'on vient de citer, on y a fuppléé en établiffant dans chaque hôtel-de-ville une chambre où chacun a la liberté de mettre un double authentique de lettres ou aêtes qu'il a paffés devant notaire, & comme cette chambre eft appellée *ferme*, *quafi firmitas*, fureté, affurance ; les aêtes qui s'y conferven font appellés *lettres en ferme*, pour que le double des lettres qu'on met dans ce dépôt ne puiffe être changé, & qu'on puiffe être certain de l'identité de celui qui y a été mis ; le notaire qui doit écrire les deux doubles fait d'abord au milieu d'une grande peau de parchemin de gros caraêteres, il coupe enfuite la peau & les caraêteres par le milieu, & fur chaque partie de la peau, où il y a la moitié des caraêteres coupés, il tranfcrit le contrat, felon l'intention des parties ; on doit un des doubles à l'hôtel-de-ville, & l'on donne l'autre à celui qui doit avoir le titre en main ; cette peau ainfi coupée en deux, eft ce que l'on appelle *charta partita*, d'où eft venu le mot de charte partie, ufité fur mer. *V.* AMANS, ARCHES D'AMANS, CHARTE PARTIE, & *l'art.* 47. des coutumes de Mons. (*A*)

LETTRES EN FORME DE REQUESTE CIVILE. *Voy.* LETTRES DE REQUESTE CIVILE, & *au mot* REQUESTE CIVILE. (*A*)

Tome IX.

LETTRES FORMÉES dans la coutume d'Anjou, *art.* 471 & 509. & dans celle de Tours, *art.* 369. font les aêtes authentiques qui font en forme exécutoire.

On appelle *requête de lettre formée*, lorfque le juge rend fon ordonnance fur requête, portant mandement au fergent de faifir les biens du débiteur & de les mettre en la main de juftice, s'il ne paye, ce qui ne s'accorde par le juge, que quand il lui appert d'un aête authentique & exécutoire, que la coutume appelle *lettre formée.Voy.* Dupineau fur *l'art.* 471. de la coutume d'Anjou. (*A*)

On entendoit auffi autrefois par *lettres formées* des lettres de recommandation, qu'un évêque donnoit à un clerc pour un autre évêque, on les appelloit formées, *formatæ*, à caufe de toutes les figures d'abbréviation dont elles étoient remplies. *Voyez* l'*hiftoire de Verdun, p.* 144. (*A*)

LETTRES DE FRANCE. On appelloit autrefois ainfi en ftyle de chancellerie, les *lettres* qui s'expedioient pour les provinces de l'ancien patrimoine de la couronne, à la différence de celles qui s'expedioient pour la Champagne ou pour le royaume de Navarre, que l'on appelloit *lettres de Champagne*, *lettres de Navarre*. (*A*)

LETTRES DE GARDE-GARDIENNE, font des *lettres* du grand fceau, que le Roi accorde à des abbayes & autres églifes, univerfités, colleges & communautés, par lefquelles il les prend fous fa proteêtion fpeciale, & leur affigne des juges devant lefquels toutes leurs caufes font commifes. *Voyez* CONSERVATEUR & GARDE-GARDIENNE. (*A*)

LETTRES DE GRACE, font des *lettres* de chancellerie que le prince accorde par faveur à qui bon lui femble, fans y être obligé par aucun motif de juftice, ni d'équité, tellement qu'il peut les refufer quand il le juge à propos ; telles font en général les *lettres de don* & autres qui contiennent quelque libéralité ou quelque difpenfe ; telles que les *lettres* de bénéfice d'âge & d'inventaire, les *lettres* de terriers, de *committimus*, les féparations de biens en la coutume d'Auvergne, les attributions de jurifdiêtion pour créés ; les validations & autorifations de criées en la coutume de Vitry, les abbréviations d'affifes en la coutume d'Anjou ; les *lettres* de fubrogation au lieu & place en la coutume de Normandie, *lettres* de main fouveraine, les *lettres* de permiffion de vendre du bien fubftitué au pays d'Artois ; autres *lettres* de permiffion pour autorifer une veuve à vendre du bien propre & fes enfans dans la même province, & les *lettres* de permiffion de produire qu'on obtient pour la même pays, les rémiffions & pardons ; les *lettres* d'afficêtes ; les *lettres* de naturalité, de légitimation, de nobleffe, de réhabilitation, &c.

Ces *lettres* font oppofées à celles qu'on appelle *lettres de juftice : Voyez ci-après* LETTRES DE JUSTICE. (*A*)

Lettres de grace en matiere criminelle, eft un nom commun à plufieurs fortes de *lettres* de chancellerie, telles que les *lettres* d'abolition, de rémiffion & pardon, par lefquelles le roi décharge un accufé de toutes pourfuites que l'on auroit pû faire contre lui, & lui remet la peine que méritoit fon crime.

On comprend quelquefois auffi fous ce terme de *lettres de grace* les *lettres* pour efter à droit, celles de rappel de ban ou de galeres, de commutation de peine, de réhabilitation & révifion de procès.

Comme ces *lettres* ont chacune leurs regles particulieres, on renvoye le leêteur à ce qui eft dit fur chacune de ces *lettres* en fon lieu & *au mot* GRACE. (*A*)

Lettres de grace. On donnoit auffi autrefois ce nom à certaines *lettres* par lefquelles on fondoit remife de l'argent qui étoit dû au roi ; lorfque ces

Hhh ij

lettres étoient données par des lieutenans du roi, elles devoient être confirmées par lui & passées à la chambre des comptes, ainsi qu'il est dit dans des *lettres* du roi Jean du 2 Octobre 1354. Charles V. étant régent du royaume fit une ordonnance le 19 Mars 1359, portant défenses aux présidens du parlement commis pour rendre la justice, le parlement non séant, d'obéir à ces *lettres*, lorsqu'elles seroient contre le bien de la justice, quand elles auroient été accordées par le régent même ou par le connétable, les maréchaux de France, le maître des arbalétriers, ou par des capitaines ; cette défense ne concernoit pas seulement les *lettres* de don, mais aussi celles de rémission & pardon. (*A*)

LETTRES D'HONORAIRE, sont des *lettres* de grande chancellerie, par lesquelles le roi accorde les honneurs & privileges de vétéran à quelque magistrat.

Celles que l'on accorde à d'autres officiers inférieurs, s'appellent simplement *lettres de vétérance*.

On ne les accorde ordinairement qu'au bout de vingt années de service, à moins que le roi par des considérations particulieres ne dispense l'officier d'une partie de ce tems.

Elles sont nécessaires pour jouir des honneurs & privileges, & doivent être registrées.

On n'en donne point au chef de compagnies, parce qu'ils ne peuvent après leur démission, conserver la même place.

Ceux qui ont obtenu des *lettres d'honoraire* n'ont point de part aux émolumens ; cependant en 1513, la chambre des comptes en enregistrant celles d'un auditeur, ordonna qu'il jouiroit de ses gages ordinaires pendant deux ans, en se rendant sujet au service comme les autres & à la résidence,& sans tirer à conséquence, & on lui fit prêter un nouveau serment contre lequel les auditeurs protesterent.

On trouve un exemple de *lettres d'honoraire* accordées à une personne décédée ; sçavoir, celles qui furent accordées le 18 Septembre 1671 pour feu messire Charles de la Vieuville, surintendant des finances. *Voyez* Tesserean, *histoire de la chancellerie*, & les *mémoires de la chambre des comptes*. (*A*)

LETTRES D'HYPOTEQUE ; c'est un écrit, contrat ou jugement, portant reconnoissance de l'*hypoteque* ou droit réel qu'un créancier ou bailleur de fond a sur un bien possedé par celui qui donne cette reconnoissance. On demande à chaque nouveau détenteur de nouvelles *lettres d'hypoteque*. (*A*)

LETTRES D'INNOCENCE ou de PARDON. On les appelle plus communément de ce dernier nom. *Voy. ci-après* LETTRES DE PARDON. (*A*)

LETTRES D'INTERCESSION. *V. ci-devant* LETTRES DE DÉPRÉCATION.

LETTRES DE JUSSION, sont des *lettres* du grand seeau, par lesquelles le roi ordonne à ses cours de procéder à l'enregistrement de quelque ordonnance, édit ou déclaration que les cours n'ont pas crû devoir enregistrer sans faire auparavant de très-humbles remontrances au roi.

Lorsque le roi ne juge pas à propos d'y déférer, il donne des *lettres de jussion* sur lesquelles les cours font encore quelquefois de très-humbles représentations ; & si le roi n'y defere pas, il donne de secondes *lettres de jussion* sur lesquelles les cours ordonnent encore quelquefois d'itératives représentations.

Il y a eu dans certaines occasions jusqu'à quatre *lettres de jussion* données successivement pour le même enregistrement, comme il arriva par rapport à l'édit du mois de Juin 1635, portant création de plusieurs officiers en la cour des monnoies.

Lorsque les cours enregistrent en conséquence de *lettres de jussion*, elles ajoutent ordinairement dans leur arrêt d'enregistrement *du très-exprès commandement de S. M.*

Il est parlé *de jussion* dans deux novelles de Justinien : l'une est la novelle 125 qui porte pour titre, *ut judices non expectent sacras jussiones sed quas videntur eis decernant* ; l'autre est la 113 qui porte *ne ex divinis jussionibus à principe impetratis sed antiquis legibus lites dirimantur* ; mais le terme de *jussion* n'est pas pris dans ces endroits dans le même sens que nous entendons les *lettres de jussion* ; ces novelles ne veulent dire autre chose, sinon que les juges ne doivent point attendre des ordres particuliers du prince pour juger ; mais qu'ils doivent juger selon les anciennes loix,& ce qui leur paroîtra juste. *Voy.* PARLEMENT & REMONTRANCES. (*A*)

LETTRES DE JUSTICE, sont des *lettres* de chancellerie qui sont fondées sur le droit commun, ou qui portent mandement de rendre la justice, & que le roi accorde moins par faveur que pour subvenir au besoin de ses sujets, suivant la justice & l'équité. Tels sont les reliefs d'appel simple ou comme d'abus, les anticipations, désertions, compulsoires, *debitis*, commission pour assigner, les paréatis sur sentence ou arrêt, les rescisions, les requêtes civiles & autres semblables, &c. (*A*)

Ces sortes de *lettres* sont ainsi appellées par opposition à celles qu'on nomme *lettres de grace. Voy. ci-devant* LETTRES DE GRACE. (*A*)

LETTRES DE LÉGITIMATION, sont des *lettres* du grand seeau, par lesquelles le roi *légitime* un bâtard, & veut que dans tous les actes il soit réputé *légitime*, & jouisse de tous les privileges accordés à ses autres sujets nés en légitime mariage. *Voy. ci-devant* LÉGITIMATION. (*A*)

LETTRES DE LICENCE, sont des *lettres* expédiées par le greffier d'une des facultés d'une université, qui attestent qu'un tel, bachelier de cette faculté, après avoir soutenu les actes nécessaires, a été décoré du titre de licencié. *Voyez* BACHELIER, DOCTEUR & LICENCIÉ. (*A*)

LETTRES LOMBARDES : on donnoit ce nom anciennement aux *lettres de chancellerie* qui s'expédioient en faveur des Lombards, Italiens & autres étrangers qui vouloient trafiquer ou tenir banque en France ; on comprenoit même sous ce terme de *lettres lombardes*, toutes celles qui s'expédioient pour tous changeurs, banquiers, revendeurs & usuriers, que l'on appelloit tous *Lombards*, de quelque nation qu'ils fussent ; on les taxoit au double des autres en haine des usures que commettoient les Lombards. (*A*)

LETTRE LUE, en Normandie signifie *un contrat de vente ou de fiefs à rente rachetable qui a été lecturé*, c'est-à-dire publié en la forme preserite par l'article 455 de la coutume. *Voyez* CLAMEUR A DROIT DE LETTRE LUE, & LECTURE. (*A*)

LETTRES DE MAJORITÉ, on appelle ainsi dans quelques provinces, & notamment en Bourbonnois, les *lettres d'émancipation*, ce qui vient de ce que l'émancipation donne au mineur la même capacité que la loi donne à celui qui est majeur de majorité coutumiere. (*A*)

LETTRES DE MAIN SOUVERAINE, sont des *lettres* qui s'obtiennent en la petite chancellerie par un vassal, lorsqu'il y a combat de fief entre deux seigneurs pour la mouvance, à l'effet de se faire recevoir en foi par *main souveraine*, & d'avoir main-levée de la saisie féodale. *Voyez* FOI & HOMMAGE & RÉCEPTION EN FOI PAR MAIN SOUVERAINE. (*A*)

LETTRE DE MAITRE ÈS ARTS, sont des *lettres* accordées à quelqu'un par une université pour pouvoir enseigner la Grammaire, la Rhétorique, la Philosophie & autres Arts libéraux. *Voyez* MAITRE ÈS ARTS. *(A)*

LETTRES DE MAITRISE, sont des *lettres* de privilege que le roi accorde à quelques marchands ou artisans pour les autoriser à exercer un certain commerce ou métier, sans qu'ils aient fait leur apprentissage & chef-d'œuvre, ni été reçus maîtres par les autres maîtres du même commerce ou métier.

Les communautés donnent aussi des *lettres de maîtrise* à ceux qui ont passé par les épreuves nécessaires. *Voyez* MAITRE & MAITRISE. *(A)*

LETTRES DE MAITRISE, (*Police.*) on nomme ainsi, dans ce royaume, des actes en forme que les maîtres & gardes, & maîtres jurés délivrent à ceux qui s'ont admis à la maîtrise, après examen, chef-d'œuvre ou expérience qu'ils ont fait; c'est en vertu de ces *lettres* qu'ils ont droit de tenir magasin, ouvrir boutique, exercer le négoce ou métier, soit du corps, soit de la communauté dans laquelle ils ont été reçus; mais on ne leur expédie ces *lettres* qu'après qu'ils ont prêté serment & payé les droits de confrairie.

Exposons ici les réflexions d'un auteur moderne, à qui l'Encyclopédie doit beaucoup, & qui a joint à de grandes connoissances du commerce & des finances, les vues désintéressées d'un bon citoyen.

Il est parlé dans les anciens capitulaires de chef-d'œuvre d'ouvriers, mais nulle part de *lettres de maîtrise*; la raison ne favorise en aucune maniere l'idée d'obliger les artisans, de prendre de telles *lettres*, & de payer tant au roi qu'aux communautés, un droit de réception. Le monarque n'est pas fait pour accepter en tribut le fruit du labeur d'un malheureux artisan, ni pour vouloir astreindre ses sujets à un seul genre d'industrie, lorsqu'ils font est fait d'en professer plusieurs. L'origine des communautés est due vraissemblablement au soutien que les particuliers industrieux chercherent contre la violence des autres. Les rois prirent ces communautés sous leur protection, & leur accorderent des privileges. Dans les villes où l'on eut besoin d'établir certains métiers, l'entrée en fut accordée libéralement, en faisant épreuve, & en payant seulement une légere rétribution pour les frais communs.

Henri III. voulant combattre le parti de la ligue, & étant trompé par ce même parti, ordonna le premier en 1581, que tous négocians, marchands, artisans, gens de métier, résidens dans les bourgs & villes du royaume, seroient établis en corps, maîtrise & jurande, sans qu'aucun pût s'en dispenser. Les motifs d'ordre & de regle, ne furent point oubliés dans cet édit; mais un second qui suivit en 1583, dévoila le mystere. Le roi déclara que la permission de travailler étoit un droit royal & domanial; en conséquence, il prescrivit les sommes qui seroient payées par les aspirans, tant au domaine qu'aux jurés & communautés.

Pour dédommager les artisans de cette nouvelle taxe, on leur accorda la permission de limiter leur nombre, c'est-à-dire d'exercer des monopoles. Enfin, l'on vendit des *lettres de maîtrise*, sans que les titulaires fussent tenus à faire épreuve ni apprentissage; il falloit de l'argent pour les mignons.

Cependant le peuple en corps ne cessa de reclamer la liberté de l'industrie. Nous vous supplions, Sire, dit le tiers-état dans ses placets, « que toutes
» maîtrises de métiers soient à jamais éteintes ;
» que les exercices desdits métiers soient laissés li-
» bres à vos pauvres sujets, sous visite de leurs ou-
» vrages & marchandises par experts & prud'hom-
» mes, qui à ce feront nommés par les juges de la
» police : nous vous supplions, Sire, que tous édits
» d'Arts & Métiers, accordés en faveur d'entrées,
» mariages, naissances ou d'autres causes, soient
» révoqués; que les marchands & artisans ne payent
» rien pour leur réception, levement de boutique,
» salaire, droits de confrairie, & ne fassent ban-
» quets ou autres frais quelconques à ce sujet, dont
» la dépense ne tend qu'à la ruine de l'état, &c.

Malgré ces humbles & justes supplications, il continua toujours d'être défendu de travailler à ceux qui n'avoient point d'argent pour en acheter la permission, ou que les communautés ne vouloient pas recevoir, pour s'épargner de nouveaux concurrens.

M. le duc de Sully modéra bien certains abus éclatans des *lettres de maîtrise*; mais il confirma l'invention, n'appercevant que de l'ordre dans un établissement dont les gênes & les contraintes, si nuisibles au bien politique, sautent aux yeux.

Sous Louis XIV. on continua de créer de nouvelles places de maîtres dans chaque communauté, & ces créations devinrent si communes, qu'il en fut accordé quelques-unes en pur don, indépendamment de celles qu'on vendit par brigue.

Tout cela cependant ne présente que d'onéreuses taxes sur l'industrie & sur le commerce. De-là sont venues les permissions accordées aux communautés d'emprunter, de lever sur les récipiendaires & les marchandises, les sommes nécessaires pour rembourser ou payer les intérêts.

Les seuls inconvéniens qui sont émanés de ces permissions d'emprunter, méritent la réforme du gouvernement. Il est telle communauté à Paris, qui doit quatre à cinq cent milles livres, dont la rente est une charge sur le public, & une occasion de rapines; car chaque communauté endettée obtient la permission de lever un droit, dont le produit excédant la rente, tourne au profit des gardes. Ces sortes d'abus regnent également dans les provinces, excepté que les emprunts & les droits n'y sont pas si considérables, mais la proportion est la même ; ne doutons point que la multiplicité des débiteurs ne soit une des causes qui tiennent l'argent cher en France au milieu de la paix.

Ce qui doit paroitre plus extraordinaire, c'est qu'une partie de ces sommes-ait été & soit journellement consommée en procès & en frais de justice. Les communautés de Paris, grace aux *lettres de maîtrise*, dépensent annuellement près d'un million de cette maniere; c'est un fait avéré par leur registre. A ne compter dans le royaume que vingt mille corps de jurande ou de communautés d'artisans, & dans chacun une dette de cinq mille livres, l'un portant l'autre; si l'on faisoit ce dépouillement, on trouveroit beaucoup au-delà; ce sont cent millions de dettes dont l'intérêt à cinq pour cent se leve sur les marchandises consommées, tant au-dedans qu'au dehors; c'est donc une imposition réelle dont l'état ne profite point.

Si l'on daigne approfondir ce sujet, comme on le fera sans doute un jour, on trouvera que la plûpart des autres statuts de M. Colbert, concernant les *lettres de maîtrise* & les corps de métiers, favorisent les monopoles au lieu de les extirper, détruisent la concurrence, & fomentent la discorde & les procès entre les classes du peuple, dont il est le plus important de réunir les affections du côté du travail, & de ménager le tems & la bourse.

Enfin, l'on y trouvera des bisarreries, dont les raisons sont inconcevables. Pourquoi, par exemple, un teinturier en fil n'a-t-il pas la permission de teindre ses étoffes? Pourquoi est-il défendu aux teinturiers d'avoir plus de deux apprentifs? Pourquoi leurs veuves sont-elles dépouillées de ce droit? Pourquoi les chapeliers sont-ils privés en même tems de faire le commerce de la bonneterie? La liste des pourquoi seroit grande, si je voulois la continuer ; on ne peut donner à ces sortes de questions d'autre réponse, non que les statuts le règlent ainsi ; mais d'autres statuts plus éclairés réformeroient ceux des tems d'ignorance, & feroient fleurir l'industrie. (D. J.)

LETTRES DE MARQUE ou DE REPRÉSAILLES, sont des *lettres* qu'un souverain accorde pour reprendre sur les ennemis l'équivalent de ce qu'ils ont pris à ses sujets, & dont le souverain ennemi n'a pas voulu faire justice ; elles sont appellées *lettres de marques* ou plutôt *de marche, quasi jus concessum in alterius principis marchas seu limites transeundi sibique jus faciendi.*

Il fut ordonné en 1443, que ces sortes de *lettres* ne seroient accordées qu'à ceux à qui le prince étranger auroit refusé la justice par trois fois ; c'est principalement pour les prises sur mer que ces sortes de *lettres* s'accordent. *Voyez* REPRÉSAILLES. (A)

LETTRES DE MER, sont des *lettres* patentes qu'on obtient pour naviguer sur mer. (A)

LETTRE MISSIVE, on appelle ainsi les *lettres* privées que l'on envoye d'un lieu dans un autre, soit par le courier ou par voie d'ami, ou que l'on fait porter à quelqu'un dans le même lieu par une autre personne.

On ne doit point abuser de ces sortes de *lettres* pour rendre public ce qui a été écrit confidemment ; il est sur-tout odieux de les remettre à un tiers qui peut en abuser ; c'est un abus de confiance.

Une reconnoissance d'une dette faite par une *lettre missive*, est valable ; il en seroit autrement s'il s'agissoit d'un acte qui de sa nature dût être synallagmatique, & conséquemment fait double, à moins qu'il ne soit passé par-devant notaire.

L'ordonnance des testamens déclare nulles les dispositions faites par ces *lettres missives*. *Voyez* Cicéron D. Philipp. 2. & le Journal des audiences, an 9 Mars 1645. (A)

LETTRES DE MIXTION : la coutume de Normandie, art. 4 , appelle ainsi les *lettres* de chancellerie, que l'on appelle communément *lettres d'attribution de jurisdiction* pour criées, lesquelles s'accordent quand il y a des héritages saisis réellement en différentes jurisdictions du ressort d'un même parlement, pour attribuer au juge, dans le ressort duquel est la plus grande partie des héritages, le droit de procéder à l'adjudication du total après que les criées ont été certifiées par les juges des lieux. La coutume de Normandie, en parlant du bailli ou de son lieutenant, dit qu'il a aussi la connoissance des *lettres de mixtion*, quand les terres contentieuses sont assises en deux vicomtés royales, en cas que l'une soit dans le ressort d'un haut justicier : on obtient aussi des *lettres de mixtion* pour attribuer au vicomte le droit de vendre par decret les biens roturiers situés en diverses sergenteries en une ou plusieurs hautes justices de la vicomté. *Voyez les art.* 4 & 8 *de la coutume.* (A)

LETTRES MONITOIRES ou MONITORIALES, étoient des *lettres* par lesquelles le pape prioit autrefois les ordinaires de ne pas conférer certains bénéfices ; ils envoyerent ensuite des *lettres* préceptoriales, pour les obliger sous quelque peine à obéir ; & comme les *lettres* ne suffisoient pas pour rendre la collation des ordinaires nulle, ils renvoyoient des *lettres* exécutoires non seulement pour punir la coutumace de l'ordinaire, mais encore pour annuller sa collation.

LETTRES DE NATURALITÉ, sont des *lettres* du grand sceau, par lesquelles le roi ordonne qu'un étranger sera réputé naturel, soit & régnicole, à l'effet de jouir de tous les droits, privileges, franchises & libertés dont jouissent les vrais originaires françois, & qu'il soit capable d'aspirer à tous les honneurs civils. *Voyez* NATURALITÉ.

LETTRES DE NOBLESSE sont la même chose que les *lettres* d'annoblissement. *Voyez ci-devant* LETTRES D'ANNOBLISSEMENT.

LETTRES PACIFIQUES, on appelloit ainsi autrefois des *lettres* que les évêques ou les chorévêques donnoient aux prêtres qui étoient obligés de faire quelques voyages : c'étoient proprement des *lettres* de recommandation, on , comme on dit aujourd'hui, des *lettres testimoniales*, par lesquelles on attestoit que celui auquel on les donnoit, étoit catholique & uni avec le chef de l'Eglise ; on les nommoit aussi *lettres canoniques*, *lettres communicatoires*, *lettres ecclésiastiques*, & *lettres formées*. La vie du pape Sixte I. tirée du pontificat du pape Damase, dit que ce fut ce saint pontife qui établit l'usage de ces *lettres*. *Voyez les remarques de Dinius sur cette vie, tome I. des conciles, édit. du P. Labbe, p.* 553 & 554.

Le concile d'Antioche de l'an 341 défend de recevoir aucun étranger, s'il n'a des *lettres pacifiques* ; il défend aussi aux prêtres de la campagne d'en donner ni d'autres *lettres canoniques*, sinon aux évêques voisins, mais il permet aux évêques de donner des *lettres pacifiques*. *Voyez* LETTRES COMMENDATICES, LETTRES FORMÉES & LETTRES TESTIMONIALES.

LETTRES DE PARDON, sont une espece de *lettres* de grace que l'on obtient en chancellerie dans les cas où il n'échet pas peine de mort naturelle ou civile, ni aucune autre peine corporelle, & qui néanmoins ne peuvent être excusés.

Elles ont beaucoup de rapport avec ce qu'on les Romains appelloient *purgatio*, laquelle s'obtenoit de l'autorité des magistrats & juges inférieurs.

On les intitule *à tous ceux qui ces présentes lettres verront*, & on les date du jour de l'expédition, & elles sont scellées en cire jaune, au lieu que celles de remission se datent du mois seulement, & sont scellées en cire verte & intitulées à tous princes & à venir, parce qu'elles sont *ad perpetuam rei memoriam*. *Voyez* GRACE, LETTRES D'ABOLITION & de GRACE, & *ci-après* LETTRES DE REMISSION, & en mot REMISSION.

LETTRES DE PARÉATIS sont des *lettres* du grand ou du petit sceau , qui ont pour objet de mettre un jugement à exécution. *Voyez* PARÉATIS.

LETTRES PATENTES sont des *lettres* émanées du roi, scellées du grand sceau & contresignées par un secrétaire d'état.

On les appelle *patentes*, parce qu'elles sont toutes ouvertes, n'ayant qu'un simple repli au bas, lequel n'empêche pas de lire ce qui est contenu dans ces *lettres*, à la différence des *lettres closes* ou *de cachet*, que l'on ne peut lire sans les ouvrir.

On comprend en général sous le terme de *lettres patentes* toutes les *lettres* scellées du grand sceau, telles que les ordonnances, édits & déclarations, qui forment des loix générales ; mais on entend plus ordinairement par le terme de *lettres patentes* celles qui sont données à un particulier, à une province, ville ou communauté, ou à quelque particulier , à l'effet de leur accorder quelque grace, privilege ou autre droit.

Ces sortes de *lettres* n'étoient défendues anciennement que sous le terme de *lettres royaux* ; ce nom peut venir de ce que l'usage des *lettres closes* ou de cachet étoit plus rare, & aussi de ce qu'il y avoit pour alors de petites chancelleries.

Présentement le terme des *lettres royaux* comprend toutes sortes de *lettres*, tant de grandes ou de petites chancelleries, toutes *lettres* de chancellerie en général sont *lettres royaux*, mais toutes ne sont pas *lettres patentes* ; car quoique les *lettres* qu'on expédie, de même que celles du grand sceau, il n'est pas d'usage de les appeller *lettres patentes*.

On appelloit anciennement *charte* ce que nous

appellons préfentement *lettres patentes*, & les premieres *lettres* qui foient ainfi qualifiées dans la table des ordonnances par Blanchard, font des *lettres* de l'an 993, portant confirmation de l'abbaye de faint Pierre de Bourgueil, données à Paris la huitieme année du regne de Hugues & de Robert, rois de France.

Mais le plus ancien exemple que j'ai trouvé dans les ordonnances même de la dénomination de *lettres patentes* & de la diftinction de ces fortes de *lettres* d'avec les *lettres* clofes ou de cachet, eft dans des *lettres* de Charles V. alors lieutenant du roi Jean, datées le 10 Avril 1357, par lefquelles il défend de payer aucune des dettes du roi, *nonobftant quelconques* lettres patentes *ou* clofes *de monfieur, de nous, des lieutenans de monfieur & de nous*, &c.

Ce même prince, par une ordonnance du 14 Mai 1358, défendit de fceller aucunes *lettres patentes* dn fcel fecret du roi, mais feulement les *lettres* clofes à moins que ce ne fût en cas de néceffité.

Ainfi lorfque nos rois commencerent à ufer de différens fceaux ou cachets, le grand fecau fut réfervé pour les *lettres patentes*, & l'on ne fe fervit du fcel fecret qui depuis eft appellé *contrefcel*, qu'au défaut du grand fceau, & même en l'abfence de celui-ci au défaut du feel de châtelet ; c'eft ce que nous apprend une ordonnance du 27 Janvier 1359, donnée par Charles V. alors régent du royaume, dans laquelle on peut auffi remarquer que les *lettres patentes* étoient auffi appellées *cédules ouvertes* ; il ordonne en effet que l'on ne fcellera nulles *lettres* ou cédules ouvertes de notre feel fecret, fi ce ne font *lettres* très-hâtives touchant monfieur ou nous, & en l'abfence du grand fcel & du fcel du châtelet, non autrement, ni en autre cas, & que fi aucunes font autrement fcellées, l'on n'y obéira pas.

Les *lettres patentes* commencent par ces mots : » A tous préfens & avenir, parce qu'elles font *ad per-* » *petuam rei memoriam* ; elles font lignées du roi, & en commandement par un fecrétaire d'état ; elles font fcellées du grand fceau de cire verte.

Aucunes *lettres patentes* n'ont leur effet qu'elles n'ayent été enregiftrées au parlement ; *voyez* ce qui a été dit ci-devant *au mot* ENREGISTREMENT.

Celles qui font accordées à des corps ou particuliers font fufceptibles d'oppofition, lorfqu'elles font préjudicient à un tiers. *Voyez ci-devant* LETTRES DE CACHET.

LETTRES DE LA PÉNITENCERIE DE ROME font celles qu'on obtient du tribunal de la pénitencerie, dans le cas où l'on doit s'adreffer à ce tribunal pour des difpenfes fur les empêchemens de mariage, pour des abfolutions de cenfures, &c.

LETTRES PERPÉTUELLES, la coûtume de Bourbonnois, *art. 78.* appelle ainfi les teftamens, contrats de mariage, conftitutions de rente fonciere, ventes, donations, échanges, & autres actes tranflatifs de propriété, & qui font faits pour avoir lieu à perpétuité, à la différence des obligations, quittances, baux & autres actes femblables, dont l'effet n'eft néceffaire que pour un certain tems, & defquels par cette raifon on ne garde fouvent point de minute.

LETTRES PRÉCEPTORIALES, ce mot eft expliqué ci-devant à l'*article* LETTRES MONITOIRES.

LETTRES DE PRÊTRISE font l'acte par lequel un évêque confere à un diacre l'ordre de prêtrife. *Voyez* PRÊTRE *&* PRÊTRISE.

LETTRES DE PRIVILEGE font des *lettres* patentes du grand fccan, qui accordent à l'impétrant quelque droit, comme de faire imprimer un ouvrage, d'établir un coche, une manufacture, &c. *Voyez* PRIVILEGE.

LETTRES DE RAPPEL DE BAN, appellées en droit *remeatus*, comme on voit à la loi *Relegati ff. de* *pœnis*, font parmi nous des *lettres* de grande chancellerie, par lefquelles le roi rappelle & décharge celui qui avoit été condamné au banniffement à tems ou perpétuel, du banniffement perpétuel, ou pour le tems qui reftoit à écouler, & remet & reftitue l'impétrant en fa bonne renommée & en fes biens qui ne font pas d'ailleurs confifqués ; à la charge par lui de fatisfaire aux autres condamnations portées par le jugement. Ces *lettres* doivent être enthérinées par les juges à qui l'adreffe en eft faite, fans examiner fi elles font conformes aux charges & informations, fauf à faire des remontrances, fuivant l'article 7 du tit. 16 de l'*Ordonnance de 1670*.

LETTRES DE RAPPEL DES GALERES font des *lettres* de grande chancellerie, par lefquelles le roi rappelle & décharge des galeres celui qui y eft, ou de la peine des galeres, à laquelle il avoit été condamné, s'il n'y eft pas effectivement, & le remet & reftitue en fa bonne renommée. Ces *lettres* font fujettes aux mêmes regles que celles de rappel de ban. *Voyez ci-devant* LETTRES DE RAPPEL DE BAN.

LETTRES DE RATIFICATION font des *lettres* du grand fccan que l'acquéreur d'un contrat de rente conftitué fur le domaine du roi, fur les tailles, fur les aydes & gabelles, & fur le clergé, obtient à l'effet de purger les hypotéques qui pourroient procéder du chef de fon vendeur. *Voyez ci-devant* CONSERVATEUR DES HYPOTEQUES *&* RATIFICATION.

LETTRES DE RECOMMANDATION font des *lettres* miffives, ou *lettres* écrites par un particulier à un autre en faveur d'un tiers, par lefquelles celui qui écrit recommande à l'autre celui dont il lui parle, prie de lui faire plaifir & de lui rendre fervice : ces fortes de *lettres* ne produifent aucune obligation de la part de celui qui les a écrites, quand même il affureroit que celui dont il parle est homme d'honneur & de probité, qu'il eft bon & folvable, ou en état de s'acquitter d'un tel emploi ; il en feroit autrement, fi celui qui écrit ces *lettres* marquoit qu'il répond des faits de celui qu'il recommande, & des fommes qu'on pourroit lui confier. Alors ce n'eft plus une fimple recommandation, mais un cautionnement. *Voyez* Papon, *liv. X. ch. iv. n°. 12. &* Bouvot, *tome I. part. II.* verbo *lettres de recommandation.* Maynard, *liv. VIII. ch. 29.* Leprêtre, *cent. IV. ch. xlij.* Bouchel, en fa Bibliotheque, verbo *preuves.* Boniface, *tome II. liv. IV. tit. 2. Voyez* RECOMMANDATION.

LETTRES EN RÉGLEMENT DE JUGES font des *lettres* du grand fceau, par lefquelles le roi regle en laquelle de deux jurifdictions l'on doit procéder, lorfqu'il y a conflit entre deux cours, ou autres jurifdictions inférieures indépendantes l'une de l'autre. *Voyez* CONFLIT *&* RÉGLEMENT DE JUGES.

LETTRES DE RÉHABILITATION DU CONDAMNÉ, s'obtiennnent en la grande chancellerie, pour remettre le *condamné* en fa bonne renommée, & biens non d'ailleurs confifqués. *Voyez* l'*Ordonnance de 1670. tit. 16. art. 5. &* RÉHABILITATION.

On obtient auffi des *lettres de réhabilitation de nobleffe. Voyez* NOBLESSE.

Enfin il y a des *lettres de réhabilitation de ceffion*, que l'on accorde à celui qui a fait ceffion, lorfqu'il a entierement payé fes créanciers, ou qu'il s'eft accordé avec eux : ces *lettres* le rétabliffent en fa bonne renommée. *Voyez* CESSION.

LETTRES DE RELIEF DE LAPS DE TEMS, font des *lettres* de grande chancellerie, par lefquelles l'impétrant eft relevé du tems qu'il a laiffé écouler à fon préjudice, à l'effet de pouvoir obtenir des *lettres* de requête civile, quoique le délai prefcrit par l'ordonnance foit écoulé. *Voyez* RELIEF DE LAPS DE TEMS. *(A)*

LETTRES DE RÉMISSION, font des *lettres* de grace

non que les statuts le réglent ainsi ; mais d'autres statuts plus éclairés réformeroient ceux des tems d'ignorance, & feroient fleurir l'industrie. (*D. J.*)

LETTRES DE MARQUE *ou* DE REPRÉSAILLES, sont des *lettres* qu'un souverain accorde pour reprendre sur les ennemis l'équivalent de ce qu'ils ont pris à ses sujets, & dont le souverain ennemi n'a pas voulu faire justice ; elles sont appellées *lettres de marques* ou plutôt *de marche, quasi jus concessum in alterius principis marchas seu limites transeundi sibique jus faciendi*.

Il fut ordonné en 1443, que ces sortes de *lettres* ne seroient accordées qu'à ceux à qui le prince étranger auroit refusé la justice par trois fois ; c'est principalement pour les prises sur mer que ces sortes de *lettres* s'accordent. *Voyez* REPRÉSAILLES. (*A*)

LETTRES DE MER, sont des *lettres* patentes qu'on obtient pour naviguer sur mer. (*A*)

LETTRE MISSIVE, on appelle ainsi les *lettres* privées que l'on envoye d'un lieu dans un autre, soit par le courier ou par voie d'ami, ou que l'on fait porter à quelqu'un dans le même lieu par une autre personne.

On ne doit point abuser de ces sortes de *lettres* pour rendre public ce qui a été écrit confidemment ; il est sur-tout odieux de les remettre à un tiers qui peut en abuser ; c'est un abus de confiance.

Une reconnoissance d'une dette faite par une *lettre missive*, est valable ; il en seroit autrement s'il s'agissoit d'un acte qui de sa nature dût être synallagmatique, & conséquemment fait double, à moins qu'il ne soit passé par-devant notaire.

L'ordonnance des testamens déclare nulles les dispositions faites par des *lettres missives. Voyez* Cicéron *D. Philipp.* 2. & *le Journal des audiences*, au 9 Mars 1645. (*A*)

LETTRES DE MIXTION : la coutume de Normandie, *art.* 4, appelle ainsi les *lettres* de chancellerie, que l'on appelle communément *lettres d'attribution de jurisdiction pour criées*, lesquelles s'accordent quand il y a des héritages saisis réellement en différentes jurisdictions du ressort d'un même parlement, pour attribuer au juge, dans le ressort duquel est la plus grande partie des héritages, le droit de procéder à l'adjudication du total après que les criées ont été certifiées par les juges des lieux. La coutume de Normandie, en parlant du bailli ou de son lieutenant, dit qu'il a aussi la connoissance des *lettres de mixtion*, quand les terres contentieuses sont assises en deux vicomtés royales, en cas que l'une soit dans le ressort d'un haut justicier : on obtient aussi des *lettres de mixtion* pour attribuer au vicomte le droit de vendre par decret les biens roturiers situés en diverses sergenteries ou en une ou plusieurs hautes justices de la vicomté. *Voyez les art.* 4 *&* 8 *de la coutume.* (*A*)

LETTRES MONITOIRES *ou* MONITORIALES, étoient des *lettres* par lesquelles le pape prioit autrefois les ordinaires de ne pas conférer certains bénéfices ; ils envoyerent ensuite des *lettres* préceptoriales, pour les obliger sous quelque peine à obéir ; & comme les *lettres* ne suffisoient pas pour rendre la collation des ordinaires nulle, ils renvoyoient des *lettres* exécutoires non seulement pour punir la contumace de l'ordinaire, mais encore pour annuller sa collation.

LETTRES DE NATURALITÉ, sont des *lettres* du grand sceau, par lesquelles le roi ordonne qu'un étranger sera réputé naturel, sujet & régnicole, à l'effet de jouir de tous les droits, privileges, franchises & libertés dont jouissent les vrais originaires françois, & qu'il soit capable d'aspirer à tous les honneurs civils. *Voyez* NATURALITÉ.

LETTRES DE NOBLESSE sont la même chose que les *lettres* d'annoblissement. *Voyez ci-devant* LETTRES D'ANNOBLISSEMENT.

LETTRES PACIFIQUES, on appelloit ainsi autrefois des *lettres* que les évêques ou les chorévêques donnoient aux prêtres qui étoient obligés de faire quelques voyages : c'étoient proprement des *lettres* de recommandation, ou, comme on dit aujourd'hui, des *lettres testimoniales*, par lesquelles on attestoit que celui auquel on les donnoit, étoit catholique & uni avec le chef de l'Eglise ; on les nommoit aussi *lettres canoniques*, *lettres communicatoires*, *lettres ecclésiastiques*, *& lettres formées*. La vie du pape Sixte I. tirée du pontificat du pape Damase, dit que ce fut ce saint pontife qui établit l'usage de ces *lettres*. *Voyez* les remarques de Dinius sur cette vie, *tome I. des conciles, édit. du P. Labbe, p.* 553 *&* 554.

Le concile d'Antioche de l'an 341 défend de recevoir aucun étranger, s'il n'a des *lettres pacifiques* ; il défend aussi aux prêtres de la campagne d'en donner ni d'autres *lettres* canoniques, sinon aux évêques voisins, mais il permet aux évêques de donner des *lettres pacifiques. Voyez* LETTRES COMMENDATICES, LETTRES FORMÉES *&* LETTRES TESTIMONIALES.

LETTRES DE PARDON, sont une espece de *lettres* de grace que l'on obtient en chancellerie dans les cas où il n'échet pas peine de mort naturelle ou civile, ni aucune autre peine corporelle, & qui néanmoins ne peuvent être excusés.

Elles ont beaucoup de rapport avec ce que les Romains appelloient *purgation*, laquelle s'obtenoit de l'autorité des magistrats & juges inférieurs.

On les intitule *à tous ceux qui ces présentes lettres verront*, & on les date du jour de l'expédition, & elles sont scellées en cire jaune, au lieu que celles de remission se datent du mois seulement, & sont scellées en cire verte & intitulées *à tous présens & à venir*, parce qu'elles sont *ad perpetuam rei memoriam. Voyez* GRACE, LETTRES D'ABOLITION *&* DE GRACE, *& ci-après* LETTRES DE REMISSION, *& au mot* REMISSION.

LETTRES DE PARÉATIS sont des *lettres* du grand ou du petit sceau, qui ont pour objet de faire mettre un jugement à exécution. *Voyez* PARÉATIS.

LETTRES PATENTES sont des *lettres* émanées du roi, scellées du grand sceau & contresignées par un secrétaire d'état.

On les appelle *patentes*, parce qu'elles sont toutes ouvertes, n'ayant qu'un simple repli au bas, lequel n'empêche pas de lire ce qui est contenu dans ces *lettres*, à la différence des *lettres* closes ou de cachet, que l'on ne peut lire sans les ouvrir.

On comprend en général sous le terme de *lettres patentes* toutes les *lettres* scellées du grand seeau, telles que les ordonnances, édits & déclarations, qui forment des lois générales ; mais on entend plus ordinairement par le terme de *lettres patentes* celles qui sont données à une province, ville ou communauté, ou à quelque particulier, à l'effet de leur accorder quelque grace, privilege ou autre droit.

Ces sortes de *lettres* n'étoient désignées anciennement que sous le terme de *lettres royaux* ; ce qui peut venir de ce qu'alors l'usage des *lettres* closes ou de cachet étoit plus rare, & que ce qu'il n'y avoit point alors de petites chancelleries.

Présentement le terme des *lettres royaux* comprend toutes sortes de *lettres*, soit de grandes ou de petites chancelleries, toutes sortes de *lettres* royaux, en général sont des *lettres* royaux, mais toutes ne sont pas des *lettres patentes* ; car quoique les *lettres* qu'on expédie dans les petites chancelleries soient ouvertes, de même que celles du grand sceau, il n'est pas d'usage de les appeller *lettres patentes*.

On appelloit anciennement *charte* ce que nous

appellons préſentement *lettres patentes*, & les premieres *lettres* qui ſoient ainſi qualifiées dans la table des ordonnances par Blanchard, ſont des *lettres* de l'an 993, portant confirmation de l'abbaye de ſaint Pierre de Bourgueil, données à Paris la huitieme année du regne de Hugues & de Robert, rois de France.

Mais le plus ancien exemple que j'ai trouvé dans les ordonnances même de la dénomination de *lettres patentes* & de la diſtinction de ces ſortes de *lettres* d'avec les *lettres* cloſes ou de cachet, eſt dans des *lettres* de Charles V. alors lieutenant du roi Jean, datées le 10 Avril 1357, par leſquelles il défend de payer aucune des dettes du roi, *nonobſtant quelconques* lettres patentes *ou* cloſes *de monſieur*, *de nous*, *des lieutenans de monſieur & de nous*, &c.

Ce même prince, par une ordonnance du 14 Mai 1358, défendit de ſceller aucunes *lettres patentes* du ſeel ſecret du roi, mais ſeulement les *lettres* cloſes à moins que ce ne fût en cas de néceſſité.

Ainſi lorſque nos rois commencerent à uſer de différens ſceaux ou cachets, le grand ſeeau fut réſervé pour les *lettres patentes*, & l'on ne ſe ſervit du ſeel ſecret qui depuis eſt appellé *contreſcel*, qu'au défaut du grand ſeeau, & même en l'abſence de celui-ci au défaut du ſcel du châtelet ; c'eſt ce que nous apprend une ordonnance du 27 Janvier 1359, donnée par Charles V. alors régent du royaume, dans laquelle on peut auſſi remarquer que les *lettres patentes* étoient auſſi appellées *cédules ouvertes* ; il ordonne en effet que l'on ne ſcellera nulles *lettres* ou cédules ouvertes de notre ſeel ſecret, ſi ce ne ſont *lettres* très-hâtives touchant monſieur ou nous, & en l'abſence du grand ſeel & du ſeel du châtelet, non autrement, ni en autre cas, & que ſi aucunes ſont autrement ſcellées, l'on n'y obéira pas.

Les *lettres patentes* commencent par ces mots : « A tous préſens & avenir, parce qu'elles ſont *ad per-» petuam rei memoriam* ; elles ſont ſignées du roi, & en commandement par un ſecrétaire d'état ; elles ſont ſcellées du grand ſceau de cire verte.

Aucunes *lettres patentes* n'ont leur effet qu'elles n'ayent été enregiſtrées au parlement ; *voyez* ce qui a été dit ci-devant *au mot* ENREGISTREMENT.

Celles qui ſont accordées à des corps ou particuliers ſont ſuſceptibles d'oppoſition, lorſqu'elles préjudicient à un tiers. *Voyez* ci-devant LETTRES DE CACHET.

LETTRES DE LA PÉNITENCERIE DE ROME ſont celles qu'on obtient du tribunal de la pénitencerie, dans le cas où l'on doit s'adreſſer à ce tribunal pour des diſpenſes ſur les empêchemens de mariage, pour des abſolutions de cenſures, &c.

LETTRES PERPÉTUELLES, la coûtume de Bourbonnois, *art*. 78. appelle ainſi les teſtamens, contrats de mariage, conſtitutions de rente fonciere, ventes, donations, échanges, & autres actes tranſlatifs de propriété, & qui ſont faits pour avoir lieu à perpétuité, à la différence des obligations, quittances, baux & autres actes ſemblables, dont l'effet n'eſt néceſſaire que pour un certain tems, & deſquels par cette raiſon on ne garde ſouvent point de minute.

LETTRES PRÉCEPTORIALES, ce mot eſt expliqué ci-devant à l'*article* LETTRES MONITOIRES.

LETTRES DE PRÊTRISE ſont l'acte par lequel un évêque confere à un diacre l'ordre de prêtriſe. *Voyez* PRÊTRE *&* PRÊTRISE.

LETTRES DE PRIVILEGE ſont des *lettres* patentes du grand ſceau, qui accordent à l'impétrant quelque droit, comme de faire imprimer un ouvrage, d'établir un coche, une manufacture, &c. *Voyez* PRIVILEGE.

LETTRES DE RAPPEL DE BAN, appellées en droit *remeatus*, comme on voit à la loi *Relegati ff. de pœnis*, ſont parmi nous des *lettres* de grande chancellerie, par leſquelles le roi rappelle & décharge celui qui avoit été condamné au banniſſement à tems ou perpétuel, du banniſſement perpétuel, ou pour le tems qui reſtoit à écouler, & remet & reſtitue l'impétrant en ſa bonne renommée & en ſes biens qui ne ſont pas d'ailleurs confiſqués ; à la charge par lui de ſatisfaire aux autres condamnations portées par le jugement. Ces *lettres* doivent être enthérinées par les juges à qui l'adreſſe en eſt faite, ſans examiner ſi elles ſont conformes aux charges & informations, ſauf à faire des remontrances, ſuivant l'article 7 du tit. 16 de l'*Ordonnance de 1670*.

LETTRES DE RAPPEL DES GALERES ſont des *lettres* de grande chancellerie, par leſquelles le roi rappelle & décharge des galeres celui qui y eſt, ou de la peine des galeres, à laquelle il avoit été condamné, s'il n'y eſt pas effectivement, & le remet & reſtitue en ſa bonne renommée. Ces *lettres* ſont ſujettes aux mêmes regles que celles de rappel de ban. *Voyez* ci-devant LETTRES DE RAPPEL DE BAN.

LETTRES DE RATIFICATION ſont des *lettres* du grand ſceau par leſquelles l'acquéreur d'un contrat de rente conſtitué ſur le domaine du roi, ſur les tailles, ſur les aydes & gabelles, & ſur le clergé, obtient à l'effet de purger les hypotéques qui pourroient procéder du chef de ſon vendeur. *Voyez* ci-devant CONSERVATEUR DES HYPOTEQUES *&* RATIFICATION.

LETTRES DE RECOMMANDATION ſont des *lettres* miſſives, ou *lettres* écrites par un particulier à un autre en faveur d'un tiers, par leſquelles celui qui écrit recommande à l'autre celui dont il lui parle, prie de lui faire plaiſir & de lui rendre ſervice : ces ſortes de *lettres* ne produiſent aucune obligation de la part de celui qui les a écrites, quand même il aſſûreroit que celui dont il parle eſt homme d'honneur & de probité, qu'il eſt bon & ſolvable, ou en état de s'acquitter d'un tel emploi ; il ſe feroit autrement, ſi celui qui écrit ces *lettres* marquoit qu'il répond des faits de celui qu'il recommande, & des ſommes qu'on pourroit lui confier. Dans ce cas ce n'eſt plus une ſimple recommandation, mais un cautionnement. *Voyez* Papon, *liv. X. ch. iv. n°. 12. &* Bouvot, *tome I. part. II.* verbo *lettres de recommandation*. Maynard, *liv. VIII. ch. 29*. Leprêtre, *cent. IV. ch. xlij*. Bouchel, *en ſa Bibliotheque*, verbo *preuves*. Boniface, *tome II. liv. IV. tit. 2. Voyez* RECOMMANDATION.

LETTRES EN RÉGLEMENT DE JUGES ſont des *lettres* du grand ſceau, par leſquelles le roi regle en laquelle de deux juriſdictions l'on doit procéder, lorſqu'il y a conflit entre deux cours, ou autres juriſdictions inférieures indépendantes l'une de l'autre. *Voyez* CONFLIT *&* RÉGLEMENT DE JUGES.

LETTRES DE RÉHABILITATION DU CONDAMNÉ, s'obtiennnent en la grande chancellerie, pour remettre le *condamné* en ſa bonne renommée & biens non d'ailleurs confiſqués. *Voyez* l'*Ordonnance de 1670. tit. 16. art. 5. &* RÉHABILITATION.

On obtient auſſi des *lettres de réhabilitation de nobleſſe*. *Voyez* NOBLESSE.

Enfin il y a des *lettres de réhabilitation de ceſſion*, que l'on accorde à celui qui a fait ceſſion, lorſqu'il a entierement payé ſes créanciers, ou qu'il s'eſt accordé avec eux : ces *lettres* le rétabliſſent en ſa bonne renommée. *Voyez* CESSION.

LETTRES DE RELIEF DE LAPS DE TEMS, ſont des *lettres* de grande chancellerie, par leſquelles l'impétrant eſt relevé du tems qu'il a laiſſé écouler à ſon préjudice, à l'effet de pouvoir obtenir des *lettres* de requête civile, quoique le délai preſcrit par l'ordonnance ſoit écoulé. *Voyez* RELIEF DE LAPS DE TEMS. (*A*)

LETTRES DE RÉMISSION, ſont des *lettres* de grace

qui s'obtiennent au grand ou au petit sceau pour les homicides involontaires, ou commis dans la nécessité d'une légitime défense : c'est ce que l'on appelloit chez les Romains *déprécation*. *Voyez ci-devant* LETTRES DE DÉPRÉCATION, LETTRES D'ABOLITION, LETTRES DE GRACE, LETTRES DE PARDON, *& au mot* RÉMISSION. (*A*)

LETTRES DE RÉPI, que l'on devroit écrire *respi*, étant ainsi appellées *à respirando*, sont des *lettres* du grand sceau, par lesquelles un débiteur obtient surséance ou délai de payer ses créanciers. *Voy.* RÉPI. (*A*)

LETTRES DE REPRÉSAILLES. *Voyez* LETTRES DE MARQUE.

LETTRES DE REPRISE, sont une commission que l'on prend en chancellerie pour faire assigner quelqu'un en *reprise* d'une cause, instance ou procès. *Voyez* REPRISE. (*A*)

LETTRES DE REQUÊTE CIVILE, ou, comme il est dit dans les ordonnances, *en forme de requête civile*, sont des *lettres* du petit sceau, tendantes à faire rétracter quelque arrêt ou jugement en dernier ressort, ou contre un jugement présidial au premier chef de l'édit, au cas que quelqu'une des ouvertures ou moyens de *requête civile* exprimées dans ces *lettres* se trouve vérifiée. *Voyez* REQUÊTE CIVILE. (*A*)

LETTRES DE RESCISION, sont des *lettres* de chancellerie que l'on obtient ordinairement au petit sceau pour se faire relever de quelque acte que l'on a passé à son préjudice, & auquel on a été induit, soit par force ou par dol, qui cause une lésion considérable à celui qui obtient ces *lettres*.

On en accorde aux majeurs aussi-bien qu'aux mineurs : elles doivent être obtenues dans les dix ans, à compter de l'acte ou du jour de la majorité, si l'acte a été passé par un mineur. *Voyez* LÉSION, MINEUR, RESCISION *&* RESTITUTION EN ENTIER. (*A*)

LETTRES DE RÉTABLISSEMENT, sont des *lettres* du grand sceau, par lesquelles le roi rétablit un office, une rente, ou autre chose qui avoit été supprimée, ou remet une personne dans le même état qu'elle étoit avant ces *lettres* : elles operent à l'égard des personnes qui n'étoient pas *integri statûs*, le même effet que les *lettres* de réhabilitation.

On obtient aussi des *lettres de rétablissement* pour avoir la permission de rétablir une justice, un poteau ou piloris, des fourches patibulaires, une maison rasée pour crime. (*A*)

LETTRES DE RÉVISION, sont des *lettres* que l'on obtient en grande chancellerie dans les matieres criminelles, lorsque celui qui a été jugé par arrêt ou autre jugement en dernier ressort, prétend qu'il a été injustement condamné ; ces *lettres* autorisent les juges auxquels elles sont adressées, à revoir de nouveau le procès : l'on se adresse ordinairement à la même chambre, à moins qu'il n'y ait quelque raison pour en user autrement. *Voyez* RÉVISION. (*A*)

LETTRES ROGATOIRES sont la même chose que *commission rogatoire* : on se sert même ordinairement du terme de commission. *Voyez* COMMISSION ROGATOIRE. (*A*)

LETTRES ROYAUX se dit, en style de chancellerie, pour exprimer toutes sortes de *lettres* émanées du roi, & scellées du grand ou du petit secan.

Ces *lettres* sont toujours intitulées du nom du roi ; & lorsqu'elles sont destinées pour le Dauphiné ou pour la province, on ajoûte, après ses qualités de roi de France & de Navarre, celles de dauphin de Viennois, comte de Valentinois & Diois, ou bien comte de Provence, Forcalquier & terres adjacentes.

L'adresse de ces sortes de *lettres* ne se fait jamais qu'aux juges royaux, ou à des huissiers ou sergens royaux ; de sorte que quand il est nécessaire d'avoir des *lettres royaux* en quelque procès pendant devant un juge non royal, le roi adresse ses *lettres*, non pas au juge, mais au premier huissier ou sergent royal sur ce requis, auquel il mande de faire commandement au juge de faire telle chose s'il lui appert, &c.

Ces sortes de *lettres* ne sont jamais censées être accordées au préjudice des droits du roi ni de ceux d'un tiers ; c'est pourquoi la clause, *sauf le droit du roi & celui d'autrui*, y est toujours sous-entendue.

La minute de ces *lettres* est en papier, mais l'expédition se fait en parchemin ; il faut qu'elle soit lisible, sans ratures ni interlignes, renvois ni apostilles.

Les *lettres* de grande chancellerie sont signées en cette forme : *par le roi en son conseil* ; si c'est pour le Dauphiné, on met *par le roi dauphin* ; si c'est pour la Provence, on met *par le roi, comte de Provence*. Celles du petit sceau sont signées par le conseil.

Toutes les *lettres royaux* sont de grace ou de justice. *Voyez* LETTRES DE GRACE & LETTRES DE JUSTICE. (*A*)

LETTRES DE SANG, *ou* LETTRES DE GRACE EN MATIERE CRIMINELLE : il en est parlé dans le *sciendum* de la chancellerie & dans l'ordonnance de Charles V. alors régent du royaume, du 27 Janvier 1359, *art. xxij*. (*A*)

LETTRES DE SANTÉ sont des certificats délivrés par les officiers de ville ou par le juge du lieu, que l'on donne à ceux qui voyagent sur terre ou sur mer lorsque la peste est en quelque pays, pour montrer qu'ils ne viennent pas des lieux qui en sont infectés. (*A*)

LETTRES DE SCEAU, sont des *lettres* qui s'expédient en la grande chancellerie, & qui sont scellées du grand sceau du roi.

L'avantage que ces sortes de *lettres* ont sur celles qui ne sont expédiées qu'au petit sceau, est qu'elles sont exécutoires dans toute l'étendue du royaume sans *visa* ni *pareatis* ; au lieu que celles du petit sceau ne peuvent s'exécuter que dans le ressort de la petite chancellerie où elles ont été obtenues, à moins que l'on n'obtienne un *pareatis* du juge en la jurisdiction duquel on veut s'en servir, lorsqu'elle est hors le ressort de la chancellerie dont les *lettres* sont émanées.

Il y a des *lettres* que l'on peut obtenir indifféremment au grand ou au petit sceau ; mais il y en a d'autres qui ne peuvent être expédiées qu'au grand sceau, en présence de M. le garde des sceaux qui y préside.

Telles sont les *lettres* de rémission, d'annoblissement, de légitimation, de naturalité, de réhabilitation, amortissemens, privileges, évocations, exemptions, dons & autres semblables.

Ces sortes de *lettres* ne peuvent être expédiées que par les secrétaires du roi servant près la grande chancellerie. *Voyez ci-après* LETTRES DU PETIT SCEAU. (*A*)

LETTRES DU GRAND SCEAU, sont celles qui s'expédient dans les petites chancelleries établies près les cours & présidiaux, & qui sont scellées du petit sceau, à la différence des *lettres* de grande chancellerie, qui sont scellées du petit sceau.

Telles sont les émancipations ou bénéfice d'âge, les *lettres* de bénéfice d'inventaire, *lettres* de terriers, d'attribution de jurisdiction pour criées, les *committimus* au petit sceau, les *lettres* de main-souveraine, les *lettres* d'assiette, les reliefs d'appel simple ou comme d'abus, les anticipations, désertions, compulsoires, rescisions, requêtes civiles & autres, dont la plûpart ne concernent que l'instruction & la procédure.

Quelques-

Quelques-unes de ces *lettres* ne peuvent être dressées que par les secrétaires du roi ; d'autres peuvent l'être aussi par les référendaires concurremment avec eux.

Ces *lettres* ne font exécutoires que dans le reffort de la chancellerie où elles ont été obtenues.

On obtient quelquefois au grand sceau des *lettres* que l'on auroit pu aussi obtenir au petit sceau : on le fait alors pour qu'elles puissent être exécutées dans tout le royaume sans *visa* ni *pareatis*. Voyez *ci-devant* LETTRES DU GRAND SCEAU. (*A*)

LETTRES DE SCHOLARITÉ, font des *lettres* testimoniales ou attestations qu'un tel est écolier juré de l'université qui lui a accordé ces *lettres*. *Voyez* GARDE GARDIENNE & SCHOLARITÉ. (*A*)

LETTRES DE SÉPARATION, font des *lettres* du petit sceau que l'on obtient dans les provinces d'Auvergne, Artois, Saint-Omer & quelques autres pays, pour autoriser la femme à former sa demande en séparation de biens. (*A*)

LETTRES SIMPLES, en style de chancellerie, font celles qui payent le simple droit, lequel est moindre que celui qui est dû pour les *lettres* appellées *doubles*.

On met dans la classe des *lettres simples* tous arrêts, tant du conseil que des cours souveraines, qui portent seulement assigné & défenses de poursuites, *pareatis* sur lesdits arrêts & sentences, relief d'adresse, surannation & autres lettres, selon que les droits en font réglés en connoissance de cause.

Les *lettres simples* civiles font ordinaires ou extraordinaires ; les premières font celles dont on parle d'abord ; on appelle *simples*, *civiles*, *extraordinaires* les reglemens affignés & toutes autres commissions pour assigner au conseil. En matière criminelle, il y a de même deux sortes de *lettres simples*, les unes ordinaires & les autres extraordinaires.

LETTRES DE SOUFFRANCE font la même chose que les *lettres* de main-souveraine : elles font plus connues sous ce dernier nom. *Voyez ci-devant* LETTRES DE MAIN-SOUVERAINE. (*A*)

LETTRES DE SOUDIACONAT, font l'acte par lequel un évêque confere à un clerc l'ordre de soudiacre. *Voyez* DIACONAT & SOUDIACONAT. (*A*)

LETTRES DE SUBROGATION, font des *lettres* du petit sceau usitées pour la province de Normandie ; elles s'accordent au créancier lorsque son débiteur est absent depuis long-tems, & qu'il a laissé des héritages vacans & abandonnés par ses héritiers présomptifs. Lorsque ces héritages ne peuvent supporter les frais d'un decret, le créancier est recevable à prendre des *lettres* portant *subrogation* à son profit au lieu & place de l'absent, pour jouir par lui de ces héritages & autres biens de son débiteur, à la charge néanmoins par lui de rendre bon & fidele compte des jouissances au débiteur au cas qu'il revienne. L'adresse de ces *lettres* se fait au juge royal dans la jurisdiction duquel les biens font situés. (*A*)

LETTRES DE SURANNATION s'obtiennent en grande ou petite chancellerie, selon que les *lettres* auxquelles elles doivent être adaptées font émanées de l'une ou de l'autre. L'objet de ces *lettres* est d'en valider de précédentes, nonobstant qu'elles soient *surannées* ; car toutes *lettres* de chancellerie ne sont valables que pour un an. Les *lettres de surannation* s'attachent sur les anciennes. (*A*)

LETTRES DE SURSÉANCE signifient souvent la même chose que les *lettres d'état* ; cependant par *lettres de surséance* on peut entendre plus particulièrement une *surséance* générale que l'on accorde en certain cas à tous les officiers, à la différence des *lettres* d'état, qui se donnent à chaque particulier séparément.

Le premier exemple que l'on trouve de ces *sur-*

Tome IX.

séances générales est sous Charles VI. en 1383. Ce prince, averti de l'arrivée des Anglois en Flandres, assembla promptement sa noblesse ; elle se rendit à ses ordres au nombre de 16000 hommes d'armes, & lui demanda en grace, que tant qu'elle seroit occupée au service, on ne pût faire courr'elle aucunes procédures de justice ; ce que Charles VI. lui accorda. Daniel, *Hist. de France*, tom. II. p. 768. *Voyez ci-devant* LETTRES D'ÉTAT, & *ci-après* LETTRES DE RÉPI, *& au mot* RÉPI. (*A*)

LETTRES DE TERRIER, font une commission générale qui s'obtient en chancellerie par les seigneurs qui ont de grands territoires & beaucoup de redevances seigneuriales, pour faire appeller pardevant un ou deux notaires à ce commis, tous les débiteurs de ces redevances, afin de les reconnoitre, exhiber leurs titres, payer les arrérages qui font dûs, & passer des déclarations en forme authentique. *Voyez* TERRIER. (*A*)

LETTRES TESTIMONIALES, en cour d'église font celles qu'un supérieur ecclésiastique donne à quelqu'un de ceux qui lui font subordonnés ; telles font les *lettres* que l'évêque donne à des clercs pour attester qu'ils ont reçu la tonsure, les quatre mineurs ou les ordres sacrés ; telles font aussi les *lettres* qu'un supérieur régulier donne à quelqu'un de ses religieux pour attester ses bonne vie & mœurs, ou le congé qu'on lui a donné, &c.

Les *lettres* de scholarité font aussi des *lettres testimoniales*. *Voyez* SCHOLARITÉ, *& ci-devant* LETTRES COMMENDATICES. (*A*)

LETTRES DE VALIDATION DE CRIÉES ; il est d'usage dans les coûtumes de Vitry, Château-neuf & quelques autres, avant de *certifier les criées*, d'obtenir en la petite chancellerie des *lettres de validation* ou autorisation de *criées*, dont l'objet est de couvrir les défauts qui pourroient se trouver dans la signification des *criées*, en ce qu'elles n'auroient pas été toutes signifiées en parlant à la personne du saisi, comme l'exigent ces coûtumes. Ces *lettres* s'adressent au juge du siége où les *criées* font pendantes. (*A*)

LETTRES DE VÉTÉRANCE font des *lettres* du grand sceau, par lesquelles le roi conserve à un ancien officier de sa maison ou de justice qui a servi 20 ans, les mêmes honneurs & privilèges que s'il possédoit encore son office. *Voyez* VÉTÉRANCE. (*A*)

LETTRES DE VICARIAT GÉNÉRAL font de trois sortes ; savoir, celles que les évêques donnent à quelques ecclésiastiques pour exercer en leur nom & à leur décharge la jurisdiction volontaire dans leur diocése. *Voyez* GRANDS VICAIRES.

On appelle de même celles qu'un évêque donne à un conseiller-clerc du parlement pour instruire, conjointement avec l'official, le procès à un ecclésiastique accusé de cas privilégié. *Voyez* CAS PRIVILÉGIÉ & DÉLIT COMMUN.

Enfin on appelle encore *lettres de vicariat général* celles qu'un curé donne à son vicaire. *Voyez* VICAIRE. (*A*)

LETTRE DE VOITURE est une lettre ouverte que l'on adresse à celui auquel on envoie, par des rouliers & autres voituriers, quelques marchandises sujettes aux droits du roi ; elle contient le nom du voiturier, la qualité & la quantité des marchandises, leur destination, & l'adresse de celui auquel elles font destinées, & est signée de celui qui fait l'envoi.

L'ordonnance des aides veut que les *lettres de voiture* que l'on donne pour conduire du vin, soient passées devant notaire. *Voyez* le *titre V*. article 2. & 3. & le Dictionnaire des aides, au mot *lettres de voiture*. (*A*)

LETTRE A USANCES *ou* A UNE, DEUX OU TROIS

USANCES, est une *lettre* de change qui n'est payable qu'au bout d'un, deux ou trois mois ; car en style de change, une *usance* signifie le délai d'un mois composé de trente jours, encore que le mois fût plus ou moins long. *Voyez* l'ordonnance du commerce, *titre V. article v.* & *ci-devant* LETTRES DE CHANGE. (*A*)

LETTRE A VUE est une *lettre* de change qui est payable aussi-tôt qu'elle est présentée à celui sur lequel elle est tirée, à la différence de celles qui ne sont exigibles qu'après un certain délai. Quand les *lettres* sont payables à tant de jours de *vûe*, le délai ne court que du jour que la *lettre* a été présentée. *Voyez* LETTRE DE CHANGE. (*A*)

LETTRES, s. f. (*Gramm.*) on comprend sous ce nom tous les caracteres qui composent l'alphabet des différentes nations. L'écriture est l'art de former ces caracteres, de les assembler, & d'en composer des mots tracés d'une maniere claire, nette, exacte, distincte, élégante & facile ; ce qui s'exécute communément sur le papier avec une plume & de l'encre. *Voyez les articles* PAPIER, PLUME *&* ENCRE.

L'écriture étoit une invention trop heureuse pour n'être pas regardée dans son commencement avec la plus grande surprise. Tous les peuples qui en ont successivement eu la connoissance, n'ont pû s'empêcher de l'admirer, & ont senti que de cet art simple en lui-même les hommes retireroient toujours de grands avantages. Jaloux de paroitre les inventeurs, les Egyptiens & les Phéniciens s'en sont long-tems disputé la gloire ; ce qui met encore aujourd'hui en question à laquelle de ces deux nations on doit véritablement l'attribuer.

L'Europe ignora les caracteres de l'écriture jusques vers l'an du monde 2620, que Cadmus passant de Phénicie en Grece pour faire la conquête de la Bœotie, en donna la connoissance aux Grecs ; & 200 ans après, les Latins la reçurent d'Evandre, à qui Latinus leur roi donna pour récompense une grande étendue de terre qu'il partagea avec les Arcadiens qui l'avoient accompagné.

L'écriture étoit devenue trop utile à toutes les nations policées pour éprouver le sort de plusieurs autres découvertes qui se sont entierement perdues. Depuis sa naissance jusqu'au tems d'Auguste, il paroit qu'elle a fait l'étude de plusieurs savans qui, par les corrections qu'ils y ont faites, l'ont portée à ce degré de perfection où on la voit sous cet empereur. On ne peut disconvenir que l'écriture n'ait dégénéré par la suite de la beauté de sa formation ; & qu'elle ne soit retombée dans la grossiereté de son origine, lorsque les Barbares, répandus dans toute l'Europe comme un torrent, vinrent fondre sur l'empire romain, & porterent aux Arts les coups les plus terribles. Mais, toute défectueuse qu'elle étoit, on la recherchoit, & ceux qui la possédoient, étoient regardés comme des savans du premier ordre. A la renaissance des Sciences & des Arts, l'écriture fut, pour ainsi dire, la premiere à laquelle on s'appliqua le plus, comme à un art utile, & qui conduisoit à l'intelligence des autres. Comme on fit un principe de la rendre simple, on retrancha peu-à-peu les traits inutiles qui l'embarrassoient ; & en suivant toujours cette méthode, on est enfin parvenu à lui donner cette forme gracieuse dont le travail n'est point difficile. N'est-il pas singulier que l'écriture si nécessaire à l'homme dans tous les états, qu'il ne peut l'ignorer sans s'avilir aux yeux des autres, à qui nous sommes redevables de tant de connoissances qui ont formé notre esprit & policé nos mœurs : n'est-il pas, dis-je, singulier qu'un art d'une si grande conséquence soit regardé aujourd'hui avec autant d'indifférence qu'il n'étoit recherché avec ardeur, quand il n'étoit qu'à peine dégrossi & privé des graces que le bon goût lui a fait acquérir ? L'histoire nous fournit cent exemples du cas que les empereurs & les rois faisoient de cet art, & de la protection qu'ils lui accordoient. Entre autres, Suétone nous rapporte dans la vie d'Auguste, que cet empereur enseignoit à écrire à ses petits-fils. Constantin le Grand chérissoit la belle écriture au point qu'il recommanda à Eusebe de Palestine, *que les livres ne fussent écrits que par d'excellens ouvriers, comme ils ne devoient être composés que par de bons auteurs.* Pierre Messie en ses leçons, *liv. III. chap. j.* Charlemagne s'exerçoit à former le grand caractere romain. *Hist. littéraire de la France.* Selon la nouvelle diplomatique, *tome II. p. 437.* Charles V. & Charles VII. rois de France, écrivoient avec élégance & mieux qu'aucun maitre de leur tems. Nous avons eu deux ministres, célebres par leur mérite, MM. Colbert & Desmarets, qui écrivoient avec la plus grande propreté. Le premier sur-tout aimoit & se connoissoit à cet art. Il suffisoit de lui présenter des pieces élégamment écrites pour obtenir des emplois. Ce siecle, où les belles mains étoient récompensées, a disparu trop tôt ; celui auquel nous vivons, n'offre que rarement à la plume de si heureux avantages. Un trait arrivé presque de nos jours à Rome, & attesté par M. l'abbé Molardini, secrétaire du saint-office *della propaganda fide*, fera connoitre que l'écriture trouve encore des admirateurs, & qu'elle peut conduire aux dignités les plus éminentes ; il a assuré qu'un cardinal de la création de Clément XII. dût en partie son élévation à l'adresse qu'il avoit de bien écrire. Ce fait, tout véritable qu'il soit, paroitra extraordinaire & même douteux à beaucoup des personnes, mais les Italiens pensent autrement que nous sur l'écriture ; un habile écrivain parmi eux est autant estimé qu'un fameux peintre ; il est décoré du titre de *virtuoso*, & l'art jouit de la prérogative d'être libre.

S'il est indispensable de savoir écrire avec art & avec méthode, il est aussi honteux de ne le pas savoir ou de le savoir mal. Sans entrer ici dans les détails, & faire sentir les malheurs que cette ignorance occasionne, je ne m'arrêterai qu'à quelques faits. Quintillien, *instit. orat. liv. I. chap. j.* se plaint de ce bon tems on négligeoit cet art, non pas jusqu'à dédaigner d'apprendre à écrire, mais jusqu'à ne point se soucier de le faire avec élégance & promptitude. L'empereur Carin est blâmé par Vopisque d'avoir porté le dégoût pour l'écriture jusqu'à se décharger sur un secrétaire du soin de contrefaire sa signature. Egnate, *liv. I.* rapporte que l'empereur Licinius fut méprisé, parce qu'il ignoroit les lettres, & qu'il ne pouvoit placer son nom au bas de ses ordonnances. J'ai appris d'un homme très-connu par de savans ouvrages, & dont je tairai le nom, un trait singulier de M. le maréchal de Villars. Dans une de ses campagnes, ce héros conçut un projet qu'il écrivit de sa main. Voulant l'envoyer à la cour, il chargea un secrétaire de le transcrire ; mais il étoit si mal écrit que ce secrétaire ne put le déchiffrer, & eut recours dans cet embarras au maréchal, ne pouvant lui-même lire ce que sa main avoit tracé, dit, *que l'on avoit tort de faire négliger l'écriture aux jeunes seigneurs, laquelle étoit si nécessaire à un homme de guerre, qui en avoit besoin pour le secret, & pour que ses ordres étant bien lus, pussent être aussi exécutés ponctuellement.* Ce trait prouve bien la nécessité de savoir écrire proprement. L'écriture est une ressource toujours avantageuse, & l'on peut dire qu'elle fait souvent sortir un homme de la sphere commune pour l'élever par degrés à un état plus heureux, où souvent il n'arriveroit pas s'il ne possédoit ce talent. Un jeune gentilhomme, attaché à l'armée, sollicitoit à la cour une place très-avantageuse dans une ville frontiere. Il étoit sur le point de l'obtenir, lorsqu'il envoya au ministre un mémoire

LET

qui étant mal-écrit & mal-conçu, fit voir une ignorance qui n'est pas pardonnable dans un homme de condition, & que le poste qu'il désiroit ne supportoit point; aussi n'en fut-il point pourvû.

On voit par cet exemple que l'art d'écrire est aussi nécessaire aux grands qu'aux petits. Un roi, un prince, un ministre, un magistrat, un officier, peuvent se dispenser de savoir peindre, jouer d'un instrument, mais ils ne peuvent assez ignorer l'écriture pour ne la pas former au moins dans un goût simple & facile à lire: Ce n'est pas, me dira-t-on, qu'on refuse de leur donner des maîtres dans leur bas âge, il est vrai, mais a-t-on fait un bon choix? Il arrive tous les jours que des gens inconnus & d'une foible capacité sont admis pour instruire d'un art dont ils n'ont eux-mêmes qu'une légere teinture, & sur-tout de celui d'écrire, qui a le caractere unique d'être utile jusqu'au dernier instant de la vie. Dans tel genre de talens que ce soit, un bon maître doit être recherché, considéré & récompensé. Par son habileté & son expérience, on apprend dans le beau, dans le naturel, & d'une maniere qui ne se corrompt point, & qui se soutient toujours, parce que son enseignement est établi sur des principes certains & vrais. Je ne puis mieux donner pour imitation que ce qui a été observé aux éducations de deux princes vivans pour le bonheur des hommes. Ce sont M. le duc d'Orléans & M. le prince de Condé. Tous deux écrivent avec goût & avec grace; tous deux ont appris de maîtres titrés, écrivains habiles, & qui avoient donné des preuves de leur supériorité. Ce qui s'est exécuté dans l'établissement de l'école royale militaire, assure encore mon sentiment. On a fait choix pour l'écriture de maîtres connus, approuvés, & connoissant à fond leur art; ce qui prouve que M. Paris du Verney, à qui rien n'échappe, le regarde comme une des parties essentielles de l'éducation de la jeune noblesse qu'on y élève. On peut dire, à la louange de ce grand homme, que les talens sont bien reçus chez lui, & que l'écriture y tient une place honorable. Le siecle de Colbert renaîtroit assurément, s'il étoit à portée, comme ce ministre, de favoriser les bons écrivains.

Je me suis un peu étendu sur l'art d'écrire, parce que j'ai cru qu'il étoit nécessaire de faire sentir combien on avoit tort de le négliger. Une fois persuadé de cette vérité, on doit encore être certain que l'écriture ne s'apprend que par des principes. Personne, je crois, ne met en doute qu'il n'est point d'art qui n'en soit pourvû, & il seroit absurde de soutenir que l'écriture en est exempte. Si elle étoit naturelle à l'homme, c'est-à-dire, qu'il pût écrire avec grace & proprement dès qu'il en auroit la volonté & sans l'avoir apprise, alors je conviendrois que cet art seroit le seul qui ne fût pas fondé sur les regles. Mais on fait que les arts ne s'apprennent point sans le secours des maîtres & sans les principes. Comme il faut tous ces secours, moins à la vérité pour des seigneurs, qui n'ont besoin que d'une écriture simple & réguliere, & plus pour ceux qui veulent approfondir l'art, il est clair que dans l'un & l'autre cas, on doit être enseigné par de bons maîtres & par les principes. Mais il ne faut pas que ces principes soient confus & multipliés; ils doivent être au contraire simples, naturels & démontrés si sensiblement, qu'on puisse foi-même connoître les défauts de son caractere, lorsqu'il n'est pas tracé dans la forme que le maître a peint à l'imagination. *Tous les arts*, dit avec raison M. de Voltaire, *sont accablés par un nombre prodigieux de regles, dont la plûpart sont inutiles ou fausses*. En effet, la multiplicité des regles & l'obscurité dont l'artiste enveloppe ses démonstrations, rebutent souvent l'éleve, qui ne peut les éclaircir par son peu d'intelligence ou de volonté.

Tome IX.

LET 431

Je n'irai pas plus loin sur la nécessité des principes dans les arts, je passe à l'origine des écritures qui sont en usage en France & à leurs caracteres distinctifs.

Trois écritures sont en usage; la françoise ou la ronde, l'italienne ou la bâtarde, la coulée ou de permission.

La ronde tire son origine des caracteres gothiques modernes qui prirent naissance dans le douzieme siecle: On l'appelle *françoise*, parce qu'elle est la seule écriture qui soit particulierement affectée à cette nation si connue pour la perfection qu'elle communique aux arts. Voilà pour sa naissance, voyons son caractere propre.

La ronde est une écriture pleine, frappante & majestueuse. La difformité la déguise entierement. Elle veut une composition abondante; ce n'est pas qu'elle ne flatte dans la simplicité, mais quand elle produit des effets mâles & recherchés, & qu'il y a une union intime entr'eux, elle acquiert beaucoup plus de valeur. Elle exige la perfection dans sa forme, la justesse dans ses majeures, le goût & la rectitude dans le choix & l'arrangement de ses caracteres, la délicatesse dans le toucher & la grace dans l'ensemble. Elle admet les passes & autres mouvemens, tantôt simples & tantôt compliqués, mais elle les veut conçus avec jugement, exécutés avec une vive modération & proportionnés à la grandeur. Elle demande encore dans l'accessoire, qui sont les cadeaux & les *lettres* capitales, de la variété, de la hardiesse & du piquant. Cette écriture est la plus convenable à la langue françoise, qui est féconde en parties courbes.

L'italienne ou la bâtarde tire son origine des caracteres des anciens romains. Elle a le surnom de *bâtarde*, lequel vient, suivant les uns, de ce qu'elle n'est en France l'écriture nationale, & suivant les autres, de sa pente de droite à gauche. Cette pente n'a commencé à paroître dans cette écriture, qu'après les ravages que firent en Italie les Goths ou les Lombards.

L'essentiel de cette écriture consiste dans la simplicité & la précision. Elle ne veut que peu d'ornemens dans sa composition; encore les exige-t-elle naturels & de facile imitation. Elle rejette tout ce qui sent l'extraordinaire & le surprenant. Elle a dans son caractere uni bien des difficultés à rassembler pour la peindre dans sa perfection. Il lui faut nécessairement pour flatter les yeux, une position de plume soutenue, une pente juste, des majeures simples & correctes, des liaisons délicates, de la légereté dans les rondeurs, du tendre & du moelleux dans le toucher. Son accessoire a pour fondement le rare & le simple. Rien de mieux que les caracteres de cette écriture pour exécuter la langue latine, qui est extrêmement abondante en parties droites ou jambages.

La coulée ou l'écriture de permission dérive également des deux écritures dont je viens de parler: On l'appelle de *permission*, parce que chacun en l'écrivant y ajoûte beaucoup de son imagination. L'origine de cette écriture est du commencement de ce siecle.

Cette écriture la plus usitée de toutes, tient comme le milieu entre les deux autres. Elle n'a ni la force & la magnificence de la premiere, ni la simplicité de la seconde. Elle approche de toutes les deux, mais elle leur ressemble; elle reçoit dans sa composition toutes sortes de mouvemens & de variétés. Son essence est de paroître plus prompte & plus animée que les autres écritures. Elle demande dans son exécution de la facilité; dans son expédition, de la vitesse; dans sa pente, de la régularité; dans ses liaisons, de la finesse; dans ses majeures, du feu & du

I i i ij

principe; & dans son toucher, un frappant qui donne du relief avec de la douceur. Son accessoire ne doit être ni trop chargé, ni trop uni. Cette écriture si ordinaire à tous les états, n'est nullement propre à écrire le latin.

Après cette idée des écritures, qui est suffisante pour faire sentir que le caprice n'en doit diriger aucune, il est à propos de dire un mot sur l'esprit qui a fait composer les Planches qui les concernent. L'auteur fixé à 15, n'a pu s'étendre autant qu'il l'auroit désiré; néanmoins voulant rendre son ouvrage utile, & à la portée de toutes les personnes, il ne s'est point écarté du simple & du naturel. En rassemblant le tout à peu de démonstrations & de mots, il a rejetté tous les principes introduits par la nouveauté, & consacrés par un faux goût. Toute simple que soit l'écriture, elle est déjà assez difficile par elle-même, sans encore chercher à l'embarrasser par des proportions superflues multipliées, & à la démontrer avec des termes peu connus, & qui chargent la mémoire sans aucun fruit.

On terminera cet article par la composition des différentes encres, & par un moyen de révivifier l'écriture effacée, lorsque cela est possible.

Les trois principales drogues qui servent à la composition des encres, sont la noix de galle, la couperose verte & la gomme arabique.

La noix de galle est bonne lorsqu'elle est menue, très-velue, ferme ou bien pleine en-dedans, & qu'elle n'est point poudreuse.

La bonne couperose se connoît quand elle est de couleur céleste, tant dans l'intérieur que dans l'extérieur.

La gomme arabique est bonne, lorsqu'elle est claire & qu'elle se brise facilement.

Encres à l'usage des maîtres Écrivains. Il faut prendre quatre onces de noix de galle les plus noires, épineuses & non trouées, & les concasser seulement. Un morceau de bois d'inde, gros comme une moyenne plume, & long comme le petit doigt, que l'on réduit en petits morceaux; un morceau d'écorce de figuier, de la grosseur de quatre doigts. On mettra ces trois choses dans un coquemar de terre neuf, avec deux pintes d'eau du ciel ou de riviere, mesure de Paris; on fera bouillir le tout jusqu'à diminution de moitié, en observant que la liqueur ne se répande pas en bouillant.

Ensuite on prendra quatre onces de vitriol romain que l'on fera calciner, & une demi-livre ou plus de gomme arabique. On mettra le vitriol calciné dans un linge, & on l'attachera en mode de poupée. On mettra la gomme dans un plat de terre neuf. On posera dans le même plat la poupée où sera le vitriol; puis quand l'encre sera diminuée comme on vient de l'expliquer, on mettra un linge blanc sur le plat dans lequel sera la gomme & la poupée de vitriol, & on passera l'encre toute bouillante par ce linge, laquelle tombera dans le plat qui sera pour cet effet sur un réchaud de feu, prenant garde pourtant qu'elle ne bouille pas dans ce plat, car alors l'encre ne vaudroit rien. On remuera l'encre en cet état avec un bâton de figuier assez fort pour empêcher la gomme de s'attacher au fond du plat, & cela de tems en tems. On pressera la poupée de vitriol avec le bâton, & on essayera cette encre de moment en moment, pour lui donner le degré de noir que l'on voudra, & jusqu'à ce que la gomme soit fondue.

On peut recommencer une seconde fois sur les mêmes drogues, en y ajoûtant pareille quantité d'eau, de bois d'inde & d'écorce de figuier; la seconde se trouve quelquefois la meilleure.

Cette encre qui est très-belle, donne à l'écriture beaucoup de brillant & de délicatesse.

Autre. Une once de gomme arabique bien concassée; deux onces de noix de galle triée & aussi-bien concassée; trois ou quatre petits morceaux de bois d'inde, & gros comme une noix de suc candi.

Il faut dans un pot de terre vernissé, contenant cinq demi-setiers, faire infuser dans une pinte de bierre rouge ou blanche, les quatre drogues ci-dessus pendant trois quarts d'heure auprès d'un feu bien chaud sans bouillir; ensuite on y mettra une demi-once de couperose verte, que l'on laissera encore au feu pendant une demi-heure, toujours sans bouillir. Lorsque l'encre est faite, il faut la passer & la mettre à la cave pour la mieux conserver : cette encre est très-belle & très-luisante.

Encre grise. L'encre grise se fait de la même maniere & avec les mêmes drogues que la précédente, à l'exception de la couperose verte que l'on ne met point. On ne la doit laisser au feu qu'une bonne heure sans bouillir : on passe cette encre, & on la met à la cave ainsi que l'autre.

L'encre grise se mêle dans le cornet avec l'encre noire; on met moitié de l'une & moitié de l'autre. Si la noire cependant étoit trop foncée ou trop épaisse, il faudroit augmenter la dose de l'encre grise pour la rendre plus légere & plus coulante.

Encre pour le parchemin. Toutes sortes d'encres ne conviennent point pour écrire sur le parchemin; la luisante devient jaune, la légere boit; & la trop gommée s'écaille : en voici une qui est exempte de ces inconvéniens.

Prenez un quarteron de noix de galle de la plus noire, & un quarteron & demi de gomme arabique, demi-livre de couperose d'Hongrie, & faites piler le tout dans un mortier, puis vous mettrez le tout ensemble dans une cruche de terre avec trois pintes d'eau de pluie ou de vin blanc, mesure de Paris. Il faut avoir soin pendant trois ou quatre jours de la remuer souvent avec un petit bâton sans la faire bouillir; elle sera bien blanche en écrivant, & d'un noir suffisant vingt-quatre heures après.

Encre de communication. On appelle ainsi une encre qui sert pour les écritures que l'on veut faire graver. Elle se détache du papier, & se fixe sur la cire blanche que le graveur a mise sur la planche.

Cette encre est composée de poudre à canon, à volonté, réduite en poudre très-fine, avec une même quantité du plus beau noir d'impression; à ces deux choses on ajoûte un peu de vitriol romain; le tout se met dans un petit vase avec de l'eau. Il faut avoir le soin lorsque l'on fait usage de cette liqueur, de remuer beaucoup à chaque lettre le vase dans lequel elle se trouve. Si cette encre devenoit trop épaisse, il faudroit y mettre de l'eau, & si au contraire elle étoit trop foible, on la laisseroit reposer, pour en ôter après un peu d'eau.

Encre rouge. Il faut avoir quatre onces de bois de brésil, un sol d'alun de rome, un sol six liards de gomme arabique, & deux sols de suc candi. On fera d'abord bouillir les quatre onces de bois de brésil dans une pinte d'eau pendant un bon quart-d'heure, puis on y ajoûtera le reste des drogues que l'on laissera bouillir encore un quart-d'heure.

Cette encre se conserve long-tems; & plus elle est vieille, & plus elle est rouge.

Encre blanche pour écrire sur le papier noir. Il y a deux sortes d'encres blanches. La premiere consiste à mettre dans l'eau gommée, une suffisante quantité de blanc de plomb pulvérisé, de maniere que la liqueur ne soit ni trop épaisse ni trop fluide; la seconde est plus composée, & elle vaut mieux : la voici.

Prenez coquilles d'œufs frais bien lavées & bien blanchies; ôtez la petite peau qui est en dedans de la coque, & broyez-les sur le marbre bien nettoyé avec de l'eau claire; mettez-les ensuite dans un vase

LET

bien net, & laissez les reposer jusqu'à ce que la poudre soit descendue au fond. Vuidez ensuite légèrement l'eau qui reste dessus, & faites sécher la poudre au soleil; & lorsqu'elle sera bien seche vous la serrerez proprement. Quand vous en voudrez faire usage, prenez de la gomme ammoniaque, de celle qui est en larmes & en morceaux ronds ou ovales, blancs dans leur intérieur, & jaunâtres au-dehors, très-bien lavée, & émondée de la peau jaune qui la couvre. Mettez-la ensuite détremper l'espace d'une nuit dans du vinaigre distillé, que vous trouverez le lendemain de la plus grande blancheur; vous passerez le tout ensuite à-travers un linge bien propre, & vous y mêlerez de la poudre de coquilles d'œufs. Cette encre est si blanche qu'elle peut se voir sur le papier.

Moyen de revivifier l'encre effacée. Prenez un demi-poisson d'esprit-de-vin, cinq petites noix de galle (plus ces noix feront petites, meilleures elles seront); concassez-les, reduisez-les en une poudre menue; mettez cette poudre dans l'esprit-de-vin. Prenez votre parchemin ou papier, exposez-le deux minutes à la vapeur de l'esprit-de-vin échauffé. Ayez un petit pinceau, ou du coton; trempez-le dans le mélange de noix de galle & d'esprit-de-vin, & passez-le sur l'écriture: l'écriture effacée reparoîtra, s'il est possible qu'elle reparoisse. *Article de M. PAILLASSON, expert écrivain-juré.*

LETTRÉS, *Litradas*, (*Littérat.*) nom que les Chinois donnent à ceux qui savent lire & écrire leur langue. *Voyez* CHINOIS.

Il n'y a que les *lettrés* qui puissent être élevés à la qualité de mandarins. *Voyez* MANDARINS. Lettrés est aussi dans le même pays le nom d'une secte qu'on distingue par ses sentimens sur la religion, la Philosophie, la politique. Elle est principalement composée de gens de lettres du pays, qui lui donnent le nom de *jukiao*, c'est-à-dire les *savans ou gens de lettres*.

Elle s'est élevée l'an 1400 de J. C. lorsque l'empereur, pour réveiller la passion de son peuple pour les Sciences, dont le goût avoit été entierement émoussé par les dernieres guerres civiles, & pour exciter l'émulation parmi les mandarins, choisit quarante-deux des plus habiles docteurs, qu'il chargea de composer un corps de doctrine conforme à celle des anciens, pour servir desormais de regle du savoir, & de marque pour reconnoître les gens de lettres. Les savans préposés à cet ouvrage, s'y appliquerent avec beaucoup d'attention; mais quelques personnes s'imaginerent qu'ils donneroient la torture à la doctrine des anciens pour la faire accorder avec la leur, plutôt qu'ils ne formeroient leurs sentimens sur le modele des anciens. Ils parlent de la divinité comme si ce n'étoit rien de plus qu'une pure nature, ou bien le pouvoir & la vertu naturelle qui produit, arrange & conserve toutes les parties de l'univers. C'est, disent-ils, un pur & parfait principe, sans commencement ni fin; c'est la source de toutes choses, l'espérance de tout être, & ce qui se détermine soi-même à être ce qu'il est. De Dieu l'ame du monde; il est, selon leurs principes, répandu dans toute la matiere, & il y produit tous les changemens qui lui arrivent. En un mot, il n'est pas aisé de décider s'ils réduisent l'idée de Dieu à celle de la nature, ou s'ils élevent plutôt l'idée de la nature à celle de Dieu : car ils attribuent à la nature une infinité de ces choses que nous attribuons à Dieu.

Cette doctrine introduisit à la Chine une espece d'athéisme raffiné, à la place de l'idolatrie qui y avoit régné auparavant. Comme l'ouvrage avoit été composé par tant de personnes réputées savantes & vérifiées en tant de parties, que l'empereur lui-même lui avoit donné son approbation, le corps de doctrine

LET 433

fut reçu du peuple non-seulement sans contradiction, mais même avec applaudissement. Plusieurs le goûterent, parce qu'il leur paroissoit détruire toutes les religions; d'autres en furent satisfaits, parce que la grande liberté de penser qu'il leur laissoit en matiere de religion, ne leur pouvoit pas donner beaucoup d'inquiétude. C'est ainsi que se forma la secte des *lettrés*, qui est composée de ceux des Chinois qui soutiennent les sentimens que nous venons de rapporter, & qui y adherent. La cour, les mandarins, les gens de qualité, les riches, &c. adoptent presque généralement cette façon de penser; mais une grande partie du menu peuple est encore attachée au culte des idoles.

Les *lettrés* tolerent sans peine les Mahométans, parce que ceux-ci adorent comme eux le roi des cieux & l'auteur de la nature; mais ils ont une parfaite aversion pour toutes les sectes idolatres qui se trouvent dans leur nation. Ils résolurent même une fois de les extirper, mais le desordre que cette entreprise auroit produit dans l'empire les empêcha; ils se contentent maintenant de les condamner en général comme autant d'hérétiques, & renouvellent solemnellement tous les ans à Pékin cette condamnation.

LETTRINE, *terme d'Imprimeur*; les *lettrines* sont des lettres dont l'on accompagne un mot qui est expliqué à la marge, ou en note au bas de la page. Ces sortes de lettres se mettent ordinairement en italique & entre deux parenthéses, & se répetent ainsi au commencement de l'explication ou interprétation à laquelle on renvoie.

LETUS, (*Géog. anc.*) montagne d'Italie dans la Ligurie, selon Tite-Live & Valere-Maxime; Léandre prétend que c'est aujourd'hui l'*Alpi del peregrino*. (*D. J.*)

LEÛ ou LÛ, (*Jurisprud.*) lû & publié. *Voyez* ENREGISTREMENT, & *au mot* LECTURE. (*A*)

LEVACI, (*Géog. anc.*) ancien peuple de la Gaule, entre les Eliens & les Nerviens, selon César, *de bell. gall. lib. V. cap. xxxix.* Nicolas Samson conjecture que le pays de la Loeuvre, entre la Flandres & l'Artois, ou le pays de Vaes en Flandres, répond au nom de ce peuple. (*D. J.*)

LEVAGE, s. m. (*Jurisprud.*) qui est aussi appellé *petite coutume*, c'est-à-dire une même prestation ou redevance dûe, suivant la coutume & l'usage, est une espece de layde qui appartient au seigneur justicier pour les denrées qui ont séjourné huit jours en son fief, & y ont été vendues & transportées en autre main, & mises hors de ce fief; il est dû par l'acheteur, & le seigneur prend aussi ce droit sur les biens de ses sujets qui vont demeurer hors son fief : ce droit ne doit point excéder cinq sols. *Voyez* la coutume d'Anjou, *art. 9, 10, & 30.* & celle du Maine, *art. 10, 11, & 35.* (*A*)

LEVAIN, s. m. (*Chimie.*) *voyez* FERMENT, *Chimie.*

LEVAIN, (*Boulanger.*) est un morceau de pâte de la fournée précédente qu'on laisse aigrir pour le délayer ensuite avec la pâte qu'on fait le lendemain, la soutenir & la faire lever. On fait quelquefois aigrir le *levain* avec du sel & de la levure de biere, quand il y a trop peu de tems jusqu'à la prochaine fournée, pour qu'il puisse s'aigrir naturellement.

LEVANA, s. f. (*Mythol.*) divinité tutélaire des enfans; elle présidoit à l'action de celui qui levoit un enfant de terre : car quand un enfant étoit né, la sage-femme le mettoit par terre, & il falloit que le pere ou quelqu'un de sa part, le levât de terre, & le prît entre ses bras, sans quoi il passoit pour illégitime. La déesse *Levana* avoit ses autels à Rome, où on lui offroit des sacrifices. *Voyez* Dempster, *Paral.*

ad Rosin. antiq. lib. II. cap. xix. (D. J.)

LEVANT LE, L'ORIENT, f. m. (Gramm.) ces deux mots sont quelquefois synonymes en Géographie, comme le sont le couchant & l'occident ; mais on ne les emploie pas toûjours indifféremment. Lorsqu'il s'agit de commerce & de navigation, on appelle le *Levant* toutes les côtes d'Asie, le long de la Méditerranée, & même toute la Turquie asiatique ; c'est pourquoi toutes les échelles depuis Alexandrie en Egypte, jusqu'à la mer Noire, & même la plûpart des îles de l'Archipel, sont comprises dans ce qu'on nomme le *Levant*. Nous disons alors voyage du *Levant*, marchandises du *Levant*, &c. & non pas voyage d'*Orient*, marchandises d'*Orient*, à l'égard de ces lieux-là. Cela est si bien établi, que par *Orient*, on entend la Perse, les Indes, Siam, le Tonquin, la Chine, le Japon, &c. Ainsi le *Levant* est la partie occidentale de l'Asie, & l'*Orient* est tout ce qui est au-delà de l'Euphrate. Enfin, quand il n'est pas question de commerce & de navigation, & qu'il s'agit d'empire & d'histoire ancienne, on doit toûjours dire l'*Orient*, l'empire d'*Orient*, l'église d'*Orient*. Les anciens auteurs ecclésiastiques, par une licence de leur profession, entendent souvent par l'*Orient*, le patriarchat d'Antioche, qu'ils regardoient comme la capitale de l'*Orient*. (D. J.)

LEVANT, (*Astronomie*.) est la même chose que l'orient. Ainsi on dit le soleil est au *levant*, pour dire qu'il est à l'orient. *Voyez* ORIENT, EST, &c.

Il est aussi adjectif dans ce sens, le *soleil levant*. *Voyez* LEVER.

LEVANT, en *Géographie*, signifie les pays situés à notre orient.

Ce mot se restreint généralement à la Méditerranée, ou plûtôt aux pays qui sont situés à l'orient de cette mer par rapport à nous. De-là le commerce que nous y faisons est nommé *commerce du levant* : on dit aussi vent du *levant*, en parlant de celui qui souffle au sortir du détroit de Gibraltar. Chambers. (O)

LEVANT & COUCHANT, (*Jurisprud.*) en matiere de justice & de corvées, on ne considere comme sujets du seigneur que ceux qui sont *levans* & *couchans* dans l'étendue de la seigneurie. (A)

LEUBEN, (*Géog.*) petite ville d'Allemagne, dans la Syrie, au cercle d'Autriche, capitale d'un grand comté, & appartenant à présent à la maison d'Autriche ; elle est sur la Muer, près de Gosz, fameuse abbaye de religieuses qui sont preuve de noblesse.

LÉUCA, (*Géog. anc.*) ancienne ville d'Italie, au pays des Salentins, voisine du promontoire japygien ; c'est présentement *sancta Maria de Leuca*, dans la terre d'Otrante. (D. J.)

LEUCACHATE, s. f. (*Hist. nat.*) les anciens donnoient ce nom à une espece d'agate, qui suivant cette dénomination devoir être blanche, ou du moins dans laquelle on remarquoit des taches ou des veines blanches.

LEUCADE ISLE, (*Géog. anc.*) en latin *Leucadia*, dans Tite-Live, *Leucas* dans Florus & Ovide, & par les Grecs modernes *Leucada* ; île célebre située dans la mer Ionienne, sur la côte de l'Acarnanie, à l'entrée septentrionale du détroit qui sépare l'île de Céphalonie de la terre-ferme.

On place communément l'île *Leucade* vers le 38 degré de latitude, & le 47 de longitude. Son circuit est de cinquante mille pas ; elle a au nord le fameux promontoire d'Aetium, & au midi l'île de Céphalonie.

Elle étoit jointe originairement à la terre-ferme ; Homere l'a désignée par ces mots, *rivage d'Epire*, ἀκτὴ Ἠπείροιο, en donnant le nom d'*Epire* à tout le continent, qui est vis-à-vis des îles d'Ithaque & de Céphalonie : ce poëte y met trois villes, *Neritum*, *Crocylée*, & *Agylipe*.

On lit dans Pline, qu'elle a été séparée de la terre-ferme par un coup de mer ; il est le seul de cette opinion, & il adopte dans un autre endroit le sentiment général des historiens & des géographes, qui conviennent tous qu'une colonie de corinthiens, envoyée par Cypsélus & Gargasus, tyrans de Corinthe, vint s'établir sur la côte de l'Acarnanie, & coupa l'isthme qui joignoit le territoire de *Leucade* au continent. Ils transporterent sur le bord du canal qu'ils creuserent, la petite ville de Nérícum ou Néritum, qui étoit à l'autre bout de l'île sur le bord de la mer, & donnerent à cette nouvelle ville, le nom de *Leucade*, qui depuis long-tems étoit celui de la petite contrée, & qui lui fut conservé lorsqu'on en fit une île.

Quoique cette île ait toûjours été séparée de la terre-ferme depuis que les Corinthiens s'en emparérent, plusieurs écrivains ont continué de lui donner le nom de *presqu'île*, parce que le canal qui la sépare du continent est étroit, & qu'il n'a jamais été fort profond.

Nous recueillons d'un passage de Tite-Live, que *Leucade* étoit encore réellement une presqu'île l'an de Rome 557 ; & M. Dodwel conjecture qu'on n'en fit une île ; que lorsque les Romains ôterent *Leucade* de la jurisdiction de l'Acarnanie, c'est-à-dire l'an de Rome 587, selon Varron ; cette conjecture est très-vraissemblable. De-là vient que tous les écrivains qui ont vécu depuis ce tems-là, l'appellent une *île*. Ovide en en parlant dit :

Leucada *continuam veteres habuére coloni,*
Nunc freta circumeunt.

On la nomme aujourd'hui *Sainte-Maure*. *Voyez* SAINTE-MAURE.

LEUCADE, *Leucas* en latin, (*Géog. anc.*) par la plûpart des auteurs, excepté Florus, ville ancienne de la presqu'île, ou île *Leucade*. Elle devint très-florissante, & fut la capitale de l'Acarnanie, le chef-lieu du pays, & celui de l'assemblée générale des habitans. Auprès de cette île étoit le *cap* ou le promontoire dit *de Leucade*, d'où les amans malheureux se précipitoient dans la mer, & sur le haut duquel étoit bâti le temple d'Apollon Leucadien. *Voyez* donc LEUCADE *promontoire de*, *Géog. hist. & Littérature*. (D. J.)

LEUCADE, *Promontoire de*, (*Géog. anc. Hist. & Littér.*) en latin *juga Leucatæ, mons Leucatæ*, promontoire d'Acarnanie, auprès de la ville de *Leucade*. Détachons en partie ce que nous en dirons, d'un discours de M. Hardion, inséré dans le recueil *des Mém. de Littér. tom. X.*

Le promontoire de *Leucade* étoit à l'une des extrémités de l'île, vis-à-vis de Céphalonie ; on l'appelloit *Leucade*, *Leucate*, ou *mont Leucadien*, du mot λευκος, qui signifie *blanc*, à cause de la blancheur de ses roches. Ce nom devint celui du pays, & ensuite de la ville de *Leucade*.

Suivant le témoignage de l'auteur de l'Acméonide, cité par Strabon, Leucadius fils d'Icarius, & frere de Pénélope, ayant eu dans le partage des biens de son pere, le territoire du cap de *Leucade*, donna son nom à ce petit domaine. D'autres tirent le nom de *Leucade* de Leucas Zacynthien, l'un des compagnons d'Ulysse, & prétendent que ce fut lui qui y bâtit le temple d'Apollon. D'autres enfin estiment que le *cap Leucate* devoit sa dénomination à l'avanture d'un jeune enfant appellé *Leucatée*, qui s'élança du haut de cette montagne dans la mer, pour se dérober aux poursuites d'Apollon.

Quoi qu'il en soit, le promontoire de *Leucade* étoit terminé par une pointe qui s'avançoit au-dessus de la mer, & qui se perdoit dans les nues. Les écrivains qui en ont parlé, n'en ont point marqué la hauteur précise ; ils se sont contentés de dire qu'elle étoit constamment environnée de brouillards dans les jours mêmes les plus sereins.

Le temple d'Apollon dont je viens de faire mention, étoit bâti sur le sommet du promontoire, & comme on l'appercevoit de loin, ceux qui navigeoient dans la mer Ionienne, ne manquoient guere de le reconnoître, pour s'assurer de leur route, si nous en croyons le rapport de Virgile, *Ænéid. liv. III. v. 274.*

*Mox & Leucatæ nimbosa cacuminà montis,
Et formidatus nautis aperitur Apollo.*

Cependant ce n'est pas le seul temple du fils de Jupiter & de Latone, qui rendit célebre la montagne de *Leucate* ; ce sont les précipitations du haut de cette roche éclatante, qui l'ont immortalisée.

Il falloit, suivant une ancienne coutume, que tous les ans, au jour de la fête du dieu de *Leucade*, l'on précipitât du haut de cette montagne quelque criminel condamné à mort. C'étoit un sacrifice expiatoire, que les Leucadiens offroient à Apollon pour détourner les fléaux qui pouvoient les menacer. Il est vrai qu'en même tems on attachoit au coupable des ailes d'oiseaux, & même des oiseaux vivans, pour le soutenir en l'air, & rendre sa chute moins rude. On rangeoit au bas du précipice, de petites chaloupes, pour tirer promptement le criminel hors de la mer. Si on pouvoit ensuite le rappeller à la vie, on le bannissoit à perpétuité, & on le conduisoit hors du pays.

Voilà ce qu'on faisoit par l'autorité publique, & pour le bien de la patrie ; mais il y eut des particuliers qui de leur propre mouvement, & dans l'espérance de guérir des fureurs de l'amour, se précipiterent eux-mêmes du haut de cette roche. De-là vint que ce promontoire fut appellé le *saut des amoureux*, ἅλμα τῶν ἐρώντων, *saltus quo finiri amores, creditum est.*

On ne manque pas d'exemples d'amans malheureux, qui dans le desespoir d'aimer sans être aimés, s'ont envisagé de la mort, pour se délivrer de leurs peines, & ont pris les chemins les plus courts, pour se la procurer. L'exécution de si noirs projets, n'écoute ni réflexion ni raisonnement. Il n'en est pas de même du saut de *Leucade*, qui consistoit à se précipiter du haut de cette montagne dans la mer, pour obtenir la guérison des tourmens de l'amour.

Ce saut étoit regardé comme un remede souverain, auquel on recouroit sans renoncer au plaisir & à l'espérance de vivre. On se rendoit de sang froid à *Leucade*, des pays les plus éloignés ; on se disposoit par des sacrifices & par des offrandes, à cette épreuve ; on s'y engageoit par un acte de religion, & par une invocation à Apollon, qui faisoit partie du voeu même ; enfin, on étoit persuadé qu'avec l'assistance du dieu dont on imploroit la protection avant que d'entreprendre ce redoutable saut, & par l'attention des personnes placées au bas du précipice, pour en recevoir tous les secours possibles à l'instant de la chute, on recouvreroit en cessant d'aimer, la tranquillité qu'on avoit perdue.

Cette étrange recette fut accréditée par la conduite de Jupiter, qui n'avoit trouvé, disoit-on, d'autre remede dans sa passion pour Junon, que de descendre du ciel, & s'asseoir sur la roche *leucadienne*. Vénus elle-même, ajoutoient les poëtes, éprouvant après la mort de son cher Adonis, que les feux ont elle bruloit, devenoient chaque jour encore plus insupportables, recourut à la science d'Apollon, comme au dieu de la Medecine, pour obtenir quelque soulagement à ses maux ; il fut touché de son triste état, lui promit sa guérison, & la mena généreusement sur le promontoire de *Leucade*, d'où il lui

conseilla de se jetter dans la mer. Elle obéit, & fut toute surprise au sortir de l'onde, de se trouver heureuse & tranquille.

On ignore cependant quel mortel osa le premier suivre l'exemple des dieux. Sapho nous assure dans la lettre où l'aimable Ovide lui servoit de secrétaire, que ce fut Deucalion, trop sensible aux charmes de l'indifférente Pyrrha. L'histoire parle de deux poëtes qui l'imiterent ; l'un nommé Nicostrate, fit le saut sans aucun accident, & fut guéri de sa passion pour la cruelle Tettigigée ; l'autre appellé *Charinus*, se cassa la cuisse, & mourut quelques heures après.

Nous ne savons pas mieux si ce fut la fille de Préréla, éperduement amoureuse de Céphale ; Calycé, atteinte du même mal pour un jeune homme qui s'appelloit *Evathlus* ; ou l'infortunée Sapho, qui tenta la premiere le terrible saut de *Leucate*, pour se délivrer des cruels tourmens dont Phaon étoit l'objet ; mais nous savons que toutes périrent victimes de leur aveugle confiance dans le remede des prêtres d'Apollon.

On doit être cependant moins étonné des égaremens où l'amour jetta les trois femmes que nous venons de nommer, que de ceux où tomba depuis une illustre héroïne, qui ayant partagé sa vie entre les soins d'un état, & les pénibles exercices de la guerre, ne put avec de pareilles armes, garantir son coeur des excès d'une folle passion ; je veux parler d'Artémise, fille de Lygdamis, & reine de Carie.

Cette princesse dont on vante l'élévation des sentimens, la grandeur de courage, & les ressources de l'esprit dans les plus grands dangers, sécha d'amour pour un jeune homme de la ville d'Abydos, nommé *Dardanus*. Les prieres & les promesses furent vainement employées : Dardanus ne voulut rien écouter ; Artémise guidée par la rage & le désespoir, entra dans sa chambre, & lui creva les yeux. Bien-tôt une action si barbare lui fit horreur à elle-même, & pour lors ses feux se rallumerent avec plus de violence que jamais ; accablée de tant de malheurs, elle crut ne pouvoir trouver de ressource que dans le remede d'Apollon *Leucadien* ; mais ce remede trancha le fil de ses jours, & elle fut enterrée dans l'île *Leucade*.

Il paroît par les exemples tirés des annales historiques, que le saut du promontoire a été fatal à toutes les femmes qui s'y sont exposées, & qu'il n'y eut qu'un petit nombre d'hommes vigoureux qui le soutinrent heureusement.

Il est même très-vraisemblable que sans les liens d'un voeu redoutable que les amans contractoient sur les autels d'Apollon, avant que de subir l'épreuve du saut, tous auroient changé de résolution à la vûe du précipice, puisqu'il en eut qui malgré cet engagement solemnel, firent céder dans ces momens d'effroi, le respect pour les dieux, à la crainte plus forte d'une mort presque assurée ; témoin ce lacédémonien qui s'étant avancé au bord du précipice, retourna sur ses pas, & répondit à ceux qui lui reprochoient son irreligion : « J'ignorois que mon voeu » avoit besoin d'un autre voeu bien plus fort, pour » m'engager à me précipiter ».

Enfin, les hommes éclairés par l'expérience, ne songerent plus à risquer une si rude épreuve, que les femmes avoient depuis long-tems pour toûjours abandonnée. Alors les ministres du temple d'Apollon, ne trouvant aucun moyen de remettre en crédit leur remede contre l'amour, établirent selon les apparences, qu'on pourroit se racheter du saut, en jettant une somme d'argent dans la mer, de l'endroit où l'on se précipitoit auparavant. Du-moins cette conjecture est fondée sur ce qu'un historien

ad Rosin. antiq. lib. II. cap. xix. (*D. J.*)

LEVANT LE, L'ORIENT, f. m. (*Gramm.*) ces deux mots sont quelquefois synonymes en Géographie, comme le sont le couchant & l'occident; mais on ne les emploie pas toûjours indifféremment. Lorsqu'il s'agit de commerce & de navigation, on appelle le *Levant* toutes les côtes d'Asie, le long de la Méditerranée, & même toute la Turquie asiatique; c'est pourquoi toutes les échelles depuis Alexandrie en Egypte, jusqu'à la mer Noire, & même la plûpart des îles de l'Archipel, sont comprises dans ce qu'on nomme le *Levant*. Nous disons alors voyage du *Levant*, marchandises du *Levant*, &c. & non pas voyage d'*Orient*, marchandises d'*Orient*, à l'égard de ces lieux-là. Cela est si bien établi, que par *Orient*, on entend la Perse, les Indes, Siam, le Tonquin, la Chine, le Japon, &c. Ainsi le *Levant* est la partie occidentale de l'Asie, & l'*Orient* est tout ce qui est au-delà de l'Euphrate. Enfin, quand il n'est pas question de commerce & de navigation, & qu'il s'agit d'empire & d'histoire ancienne, on doit toûjours dire l'*Orient*, l'empire d'*Orient*, l'église d'*Orient*. Les anciens auteurs ecclésiastiques, par une licence de leur profession, entendent souvent par l'*Orient*, le patriarchat d'Antioche, qu'ils regardoient comme la capitale de l'*Orient*. (*D. J.*)

LEVANT, (*Astronomie.*) est la même chose que l'orient. Ainsi on dit du soleil est au *levant*, pour dire qu'il est à l'orient. *Voyez* ORIENT, EST, &c.

Il est aussi adjectif dans ce sens, le *soleil levant*. *Voyez* LEVER.

LEVANT, *en Géographie*, signifie les pays situés à notre orient.

Ce mot se restreint généralement à la Méditerranée, ou plutôt aux pays qui sont situés à l'orient de cette mer par rapport à nous. De-là du commerce que nous y faisons est nommé *commerce du levant* : on dit aussi vent du *levant*, en parlant de celui qui souffle au fortir du détroit de Gibraltar. *Chambers.* (*O*)

LEVANT & COUCHANT, (*Jurisprud.*) en matiere de justice & de corvées, on ne considere comme sujets du seigneur que ceux qui font *levans* & *couchans* dans l'étendue de la seigneurie. (*A*)

LEUBEN, (*Géog.*) petite ville d'Allemagne, dans la Styrie, au cercle d'Autriche, capitale d'un grand comté, & appartenant à présent à la maison d'Autriche; elle est sur la Muer, près de Gotz, fameuse abbaye de religieuses qui font preuve de noblesse.

LEUCA, (*Géog. anc.*) ancienne ville d'Italie, au pays des Salentins, voisine du promontoire japygien; c'est présentement *sancta Maria de Leuca*, dans la terre d'Otrante. (*D. J.*)

LEUCACHATE, s. f. (*Hist. nat.*) les anciens donnoient ce nom à une espece d'agate, qui suivant cette dénomination devoit être blanche, ou du moins dans laquelle on remarquoit des taches ou des veines blanches.

LEUCADE Isle, (*Géog. anc.*) en latin *Leucadia*, dans Tite-Live, *Leucas* dans Florus & Ovide, & par les Grecs modernes *Leucada* ; île célebre située dans la mer Ionienne, sur la côte de l'Acarnanie, à l'entrée septentrionale du détroit qui sépare l'île de Céphalonie de la terre-ferme.

On place communément l'île *Leucade* vers le 38 degré de latitude, & le 47 de longitude. Son circuit est de cinquante mille pas; elle a au nord le fameux promontoire d'Aetium, & au midi l'île de Céphalonie.

Elle étoit jointe originairement à la terre-ferme; Homere l'a désignée par ces mots, *rivage d'Epire*, ἀκτῆ Ἠπείροιο, en donnant le nom d'*Epire* à tout le continent, qui est vis-à-vis des îles d'Ithaque & de Céphalonie : ce poëte y met trois villes, *Neritum*, *Crocylée*, & *Agylipe*.

On lit dans Pline, qu'elle a été séparée de la terre-ferme par un coup de mer; il est le seul de cette opinion, & il adopte dans un autre endroit le sentiment général des historiens & des géographes, qui conviennent tous qu'une colonie de corinthiens, envoyée par Cypsélus & Gargasus, tyrans de Corinthe, vint s'établir sur la côte de l'Acarnanie, & coupa l'isthme qui joignoit le territoire de *Leucade* au continent. Ils transporterent sur le bord du canal qu'ils creuserent, la petite ville de Néricum ou Néritum, qui étoit à l'autre bout de l'île sur le bord de la mer, & donnerent à cette nouvelle ville, le nom de *Leucade*, qui depuis long-tems étoit celui de la petite contrée, & qui lui fut conservé lorsqu'on en fit une île.

Quoique cette île ait toûjours été séparée de la terre-ferme depuis que les Corinthiens s'en emparerent, plusieurs écrivains ont continué de lui donner le nom de *presqu'île*, parce que le canal qui la sépare du continent est étroit, & qu'il n'a jamais été fort profond.

Nous recueillons d'un passage de Tite-Live, que *Leucade* étoit encore réellement une presqu'île l'an de Rome 557 ; & M. Dodwel conjecture qu'on n'en fit une île, que lorsque les Romains ôterent *Leucade* de la jurisdiction de l'Acarnanie, c'est-à-dire l'an de Rome 587, selon Varron; cette conjecture est très-vraissemblable. De-là vient que tous les écrivains qui ont vécu depuis ce tems-là, l'appellent une *île*. Ovide en en parlant dit :

Leucada continuum veteres habuêre coloni ,
Nunc freta circumeunt.

On la nomme aujourd'hui *Sainte-Maure*. *Voyez* SAINTE-MAURE.

LEUCADE, *Leucas* én latin, (*Géog. anc.*) par la plûpart des auteurs, excepté Florus, ville ancienne de la presqu'île, ou île *Leucade*. Elle devint très-florissante, & fut la capitale de l'Acarnanie, le chef-lieu du pays, & celui de l'assemblée générale des habitans. Auprès de cette île étoit le *cap* ou le promontoire dit *de Leucade*, d'où les amans malheureux se précipitoient dans la mer, & sur le haut duquel étoit bâti le temple d'Apollon Leucadien. *Voyez* donc LEUCADE promontoire de, *Géog. hist. & Littérature.* (*D. J.*)

LEUCADE, *Promontoire de* (*Géog. anc. Hist. & Littér.*) en latin *juga Leucatæ, mons Leucatæ,* promontoire d'Acarnanie, auprès de la ville de *Leucade*. Détachons en partie ce que nous en dirons, d'un discours de M. Hardion, inféré dans le recueil *des Mém. de Littér. tom. X.*

Le promontoire de *Leucade* étoit à l'une des extrémités de l'île, vis-à-vis de Céphalonie; on l'appelloit *Leucade*, *Leucate*, ou *mont Leucadien*, du mot λευκός, qui signifie *blanc*, à cause de la blancheur de ses roches. Ce nom devint celui du pays, & ensuite de la ville de *Leucade*.

Suivant le témoignage de l'auteur de l'Acméonide, cité par Strabon, *Leucadius* fils d'Icarius, & frere de Pénélope, ayant eu dans le partage des biens de son pere, le territoire du cap de *Leucade*, donna son nom à ce petit domaine. D'autres tirent le nom de *Leucade* de Leucas Zacynthien, l'un des compagnons d'Ulysse, qui bâtit le temple d'Apollon. D'autres enfin estiment que le cap *Leucate* devoit sa dénomination à l'aventure d'un jeune enfant appellé *Leucatée*, qui s'élança du haut de cette montagne dans la mer, pour se dérober aux poursuites d'Apollon.

Quoi qu'il en soit, le promontoire de *Leucade* étoit terminé par une pointe qui s'avançoit au-dessus de la mer, & qui se perdoit dans les nues. Les écrivains qui en ont parlé, n'en ont point marqué la hauteur précise; ils se font contentés de dire qu'elle étoit constamment environnée de brouillards dans les jours mêmes les plus sereins.

Le temple d'Apollon dont je viens de faire mention, étoit bâti sur le sommet du promontoire, & comme on l'appercevoit de loin, ceux qui navigeoient dans la mer Ionienne, ne manquoient guere de le reconnoître, pour s'assurer de leur route, si nous en croyons le rapport de Virgile, *Æneid. liv. III. v. 274.*

Mox & Leucatæ nimbosa cacumina montis,
Et formidatus nautis aperitur Apollo.

Cependant ce n'est pas le seul temple du fils de Jupiter & de Latone, qui rendit célebre la montagne de *Leucate*; ce sont les précipitations du haut de cette roche éclatante, qui l'ont immortalisée.

Il falloit, suivant une ancienne coutume, que tous les ans, au jour de la fête du dieu de *Leucade*, l'on précipitât du haut de cette montagne quelque criminel condamné à mort. C'étoit un sacrifice expiatoire, que les Leucadiens offroient à Apollon pour détourner les fléaux qui pouvoient les menacer. Il est vrai qu'en même tems on attachoit au coupable des ailes d'oiseaux, & même des oiseaux vivans, pour le soutenir en l'air, & rendre sa chute moins rude. On rangeoit au bas du précipice, de petites chaloupes, pour tirer promptement le criminel hors de la mer. Si on pouvoit ensuite le rappeller à la vie, on le bannissoit à perpétuité, & on le conduisoit hors du pays.

Voilà ce qu'on faisoit par l'autorité publique, & pour le bien de la patrie; mais il y eut des particuliers qui de leur propre mouvement, & dans l'espérance de guérir des fureurs de l'amour, se précipiterent eux-mêmes du haut de cette roche. De-là vint que ce promontoire fut appellé le *saut des amoureux*, ἅλμα τῶν ἐρώντων, *saltus quo finiri amores, creditum est.*

On ne manque pas d'exemples d'amans malheureux, qui dans le desespoir d'aimer sans être aimés, n'ont envisagé que la mort, pour se délivrer de leurs peines, & ont pris les chemins les plus courts, pour se la procurer. L'exécution de si noirs projets, n'écoute ni réflexion ni raisonnement. Il n'en est pas de même du saut de *Leucade*, qui consistoit à se précipiter du haut de cette montagne dans la mer, pour obtenir la guérison des tourmens de l'amour.

Ce saut étoit regardé comme un remede souverain, auquel on recouroit sans renoncer au plaisir & à l'espérance de vivre. On se rendoit de sang froid à *Leucate*, des pays les plus éloignés; on se disposoit par des sacrifices & par des offrandes, à cette épreuve; on s'y engageoit par un acte de religion, & par une invocation à Apollon, qui faisoit partie du voeu même; enfin, on étoit persuadé qu'avec l'assistance du dieu dont on imploroit la protection avant que d'entreprendre ce redoutable saut, & par l'attention des personnes placées au bas du précipice, pour en recevoir tous les secours possibles à l'instant de la chute, on recouvreroit en cessant d'aimer, la tranquillité qu'on avoit perdue.

Cette étrange recette fut accréditée par la conduite de Jupiter, qui n'avoit trouvé, disoit-on, d'autre remede dans la passion pour Junon, que de descendre du ciel, & s'asseoir sur la roche *leucadienne.*

Vénus elles-mêmes, ajoutoient les poëtes, éprouvant après la mort de son cher Adonis, que les feux dont elle bruloit, devenoient chaque jour encore plus insupportables, recourut à la science d'Apollon, comme au dieu de la Medecine, pour obtenir du soulagement à ses maux; il fut touché de son triste état, lui promit sa guérison, & la mena généreusement sur le promontoire de *Leucade*, d'où il lui conseilla de se jetter dans la mer. Elle obéit, & fut toute surprise au sortir de l'onde, de se trouver heureuse & tranquille.

On ignore cependant quel mortel osa le premier suivre l'exemple des dieux. Sapho nous assure dans la lettre où l'aimable Ovide lui servoit de secrétaire, que ce fut Deucalion, trop sensible aux charmes de l'indifférente Pyrrha. L'histoire parle de deux poëtes qui l'imiterent; l'un nommé Nicostrate, fit le saut sans aucun accident, & fut guéri de sa passion pour la cruelle Tettigigée; l'autre appellé *Charinus*, se cassa la cuisse, & mourut quelques heures après.

Nous ne savons pas mieux si ce fut la fille de Ptéréla, éperduement amoureuse de Céphale, Calycé, atteinte du même mal pour un jeune homme qui s'appelloit *Evathlus*, ou l'infortunée Sapho, qui tenta la premiere le terrible saut de *Leucate*, pour se délivrer des cruels tourmens dont Phaon étoit l'objet; mais nous savons que toutes périrent victimes de leur aveugle confiance dans le remede des prêtres d'Apollon.

On doit être cependant moins étonné des égaremens où l'amour jetta les trois femmes que nous venons de nommer, que de ceux où tomba depuis une illustre héroïne, qui ayant partagé sa vie entre les soins d'un état, & les pénibles exercices de la guerre, ne put avec de pareilles armes, garantir son coeur des excès d'une folle passion, je veux parler d'Artémise, fille de Lygdamis, & reine de Carie.

Cette princesse dont on vante l'élévation des sentimens, la grandeur de courage, & les ressources de l'esprit dans les plus grands dangers, sécha d'amour pour un jeune homme de la ville d'Abydos, nommé *Dardanus*. Les prieres & les promesses furent vainement employées: Dardanus ne voulut rien écouter; Artémise guidée par la rage & le désespoir, entra dans sa chambre, & lui creva les yeux. Bien-tôt une action si barbare lui fit horreur à elle-même, & pour lors ses feux se rallumerent avec plus de violence que jamais; accablée de tant de malheurs, elle crut ne pouvoir trouver de ressource que dans le remede d'Apollon *Leucadien*; mais ce remede tranche le fil de ses jours, & elle fut enterrée dans l'île *Leucade.*

Il paroît par les exemples tirés des annales historiques, que le saut du promontoire a été fatal à toutes les femmes qui s'y sont exposées, & qu'il n'y eut qu'un petit nombre d'hommes vigoureux qui le soutinrent heureusement.

Il est même très-vraissemblable que sans les liens d'un voeu redoutable que les amans contractoient sur les autels d'Apollon, avant que de subir l'épreuve du saut, tous auroient changé de résolution à la vûe du précipice, puisqu'il y en eut qui malgré cet engagement solemnel, firent céder dans ces momens d'effroi, le respect pour les dieux, à la crainte plus forte d'une mort presque assurée; témoin ce lacédémonien qui s'étant avancé au bord du précipice, retourna sur ses pas, & répondit à ceux qui lui reprochoient son irreligion: « J'ignorois que mon voeu » avoit besoin d'un autre voeu bien plus fort, pour » m'engager à me précipiter ».

Enfin, les hommes éclairés par l'expérience, ne fougerent plus à risquer une si rude épreuve, que les femmes avoient depuis long-tems pour toujours abandonnée. Alors les ministres du temple d'Apollon, ne trouvant aucun moyen de remettre en crédit leur remede contre l'amour, établirent selon les apparences, qu'on pourroit se racheter du saut, en jettant une somme d'argent dans la mer, de l'endroit où l'on se précipitoit auparavant. Du-moins cette conjecture est fondée sur ce qu'un historien rapporte, qu'on tira de la mer dans un filet, une caſſette pleine d'or, avec un jeune homme nommé *Nérée*, dont on ſauva la vie. (*D. J.*)

LEUCATE, (*Géog.*) petite ville de France dans le bas Languedoc. Elle n'eſt remarquable que par le ſiege qu'elle ſoutint en 1637 contre l'armée eſpagnole qui y fut défaite. Les fortifications ont été démolies ſous Louis XIV. Elle eſt auprès de l'étang de même nom, à 7 lieues S. de Narbonne, 6 N. E. de Perpignan, 168 S. E. de Paris. *Long.* 20. 44. *lat.* 43. 40. (*D. J.*)

LEUCÉ, ou ACHILLÉE, en latin *Achillea*, *Achillis inſula*, (*Géog. anc.*) île du Pont-Euxin, aſſez près de l'embouchure du Boryſthène. Pline aſſure qu'elle étoit fameuſe, à cauſe du tombeau d'Achille. Il nous apprend qu'on l'appelloit auſſi *l'île des Bienheureux*, & *l'île des Héros*. Ce dernier nom lui fut donné, ſelon Euſtathe, parce qu'on croyoit que l'ame d'Achille & celles des autres héros, y erroient dans le creux des montagnes. Scylax en parle comme d'une île déſerte. Son nom moderne eſt *Ficoniſi*, ſuivant la plûpart des géographes ; cependant ils ne ſont pas plus d'accord que les anciens, ſur ſa poſition ; car les uns la placent avec Pline & Pomponius Méla, à l'oppoſite du Boryſthène, & les autres avec Pauſanias, vers l'embouchure du Danube. (*D. J.*)

LEUCÉ, ſ. f. (*Chirurg.*) eſpece de puſtule, ſymptome de la lepre ; c'eſt une tache blanche qui pénetre juſqu'à la chair ; il en découle de la ſanie lorſqu'on la pique. Ce mot eſt grec, λευκη, *alba*, blanche. (*Y*)

LEUCHTENBERG, LANDGRAVIAT DE, (*Géog.*) petit canton d'Allemagne, dans le Nordgow, au palatinat de Baviere, dans lequel il eſt enclavé. Il n'a qu'une ſeule ville, ſavoir Pfreimt, & prend ſon nom du bourg & château ſitué ſur une montagne, à un mille de la riviere de Nab, 15 N. E. de Ratiſbone, 10 N. E. de Nuremberg. *Long.* 30. 10. *lat.* 49. 36. (*D. J.*)

LEUCI, (*Géog. anc.*) ancien peuple de la Gaule dont Céſar, Strabon, Lucain, Tacite, Pline & Ptolomée font mention. La notice des provinces, des cités de la Gaule, met les *Leuciens* dans la premiere Belgique, & cette notice, ainſi que Ptolomée, nomme leur ville capitale *Tullum*. Il ſuit de là que le dioceſe de Toul, l'un des plus grands qu'il y ait en France, répond au peuple *Leuci* des anciens. (*D. J.*)

LEUCO, ſ. m. (*Hiſt. nat. Bot.*) eſpece de graine d'Afrique ſemblable au millet, qui, moulue, donne une farine dont les habitans des royaumes de Congo & d'Angola font du pain qu'ils préferent à celui du froment. Cette graine croît auſſi en Egypte ſur les bords du Nil.

LEUCOCRYSOS, ſ. m. (*Hiſt. nat.*) nom d'une pierre dont Pline & les anciens ſemblent s'être ſervi pour déſigner par ce nom l'hyacinthe d'un jaune clair.

LEUCOGÉE, ſ. f. (*Hiſt. nat.*) nom employé par quelques naturaliſtes pour déſigner une craie ou la terre blanche qu'on nomme *morochtus*.

LEUCOIUM ou PERCENEIGE, (*Jardinage.*) *Voyez* PERCENEIGE.

LEUCOLITHE, (*Hiſt. nat.*) nom donné par les auteurs grecs à une eſpece de pyrite blanche qu'ils calcinoient & regardoient comme un grand remede contre les maladies des yeux.

LEUCOMA, ſ. m. (*Antiq. grec.*) λευκωμα, regiſtre publié de la ville d'Athènes, dans lequel on écrivoit le nom de tous les citoyens, d'abord qu'ils avoient atteint l'âge preſcrit, pour être admis à l'héritage paternel ; cet âge étoit celui de vingt ans. Potter, *archæol. græc. lib. I. cap. xiij. tom. I. p.* 79. (*D. J.*)

LEUCOMA, ſ. m. *en Chirurgie*, eſt une petite tache blanche ſur la cornée de l'œil, appellée en latin *albugo*, & en françois *taye*. Le mot grec λευκωμα vient de λευκος, *blanc*.

Il ne faut pas confondre le *leucoma* qui eſt cauſé par une humeur amaſſée dans la cornée, avec les cicatrices qui ſont la ſuite d'une plaie ou d'un ulcere dans cette membrane, comme il arrive quelquefois dans la petite vérole. On trouvera les caractères diſtinctifs de ces deux affections, & les remedes qui conviennent pour la guériſon du *leucoma*, au mot ALBUGO. (*Y*)

LEUCONOTUS, ſ. m. (*Littér.*) λευκονοτος ; nom d'un vent chez les anciens ; nous pouvons le nommer en françois le *vent du midi*, car Végece le place au point que nous appellons le *ſud-ſud eſt*, à vingt-deux degrés & demi du ſud. Les Grecs l'ont nommé λευκος, & les Latins *albus*, parce qu'il eſt ordinairement ſerein en Italie comme en Grece. (*D. J.*)

LEUCOPETRA, (*Géog. anc.*) promontoire d'Italie au pays des Bruliens, dans le territoire de Rhégio, ſelon Strabon, Ptolomée & Cicéron, *liv. XVI. ép.* 7. Ce cap eſt préſentement nommé *Capo del armi*. (*D. J.*)

LEUCOPHLEGMATIE, ſ. f. (*Médecine.*) λευκοφλεγματια ; eſpece d'hydropiſie qui a ſon ſiege dans le tiſſu cellulaire qui meut toutes les parties du corps. La blancheur extraordinaire qu'on obſerve dans les parties infiltrées, a fait ſoupçonner à Hippocrate qu'elle étoit produite par une humeur blanchâtre, & lui a fait donner le nom de *leucophlegmatie*, que chez les Grecs vient de λευκος φλεγμα, qui ſignifie *phlegme blanc* : elle eſt générale ou particuliere. Dans le premier cas, tout le corps eſt bouffi, œdémateux ; dans quelque partie que l'on enfonce le doigt, l'impreſſion reſte gravée pendant quelque tems, & ne s'efface qu'avec peine : le plus ſouvent cette humeur ne s'obſerve que dans les jambes & les cuiſſes. Lorſque la *leucophlegmatie* commence, les parties les plus lâches, & celles dans leſquelles la circulation eſt la plus lente, ſont les premieres attaquées. Ainſi d'abord le deſſous des yeux & les environs des chevilles ſe gonflent, peu-à-peu l'enflure gagne les jambes, les cuiſſes, ſe répand dans les bourſes, dans la verge, qui groſſit & ſe contourne ſinguliérement : bientôt après tout le reſte du corps ſe trouve infiltré, où les eaux s'accumulent dans quelque cavité, comme le ventre, la poitrine, &c. Alors l'aſcite ou l'hydropiſie de poitrine ſe complique avec la *leucophlegmatie* : la reſpiration devient plus difficile, le pouls ſe concentre, devient petit, ſerré, inégal : de tems en tems il ſe developpe, ſe dilate, devient ſupérieur, naſal. J'ai obſervé que les hémorrhagies de nez étoient fréquentes dans cette maladie, l'excrétion des urines pareillement ; elles ſont en petites quantité, rougeâtres, & dépoſent un ſédiment briqueté : la ſoif & la toux ſurviennent.

Les cauſes qui produiſent la *leucophlegmatie* ſont les mêmes que celles de l'hydropiſie (*voyez ce mot*), les obſtructions dans les viſceres, les fievres intermittentes mal traitées, trop tôt arrêtées, la ſuppreſſion du flux menſtruel, hémorrhoïdal, &c ; celles qui occaſionnent le plus ſouvent l'eſpece d'hydropiſie dont il eſt ici queſtion, ſont les cachexies, les éruptions galeuſes, dartreuſes, repercutées : l'arrêt de la tranſpiration, la lenteur de la circulation, la rapidité, l'atonie, la langueur du mouvement putréfactif du ſang y diſpoſent beaucoup. Les obſervations anatomiques nous font voir, dans preſque tous ceux qui ſont morts à la ſuite de cette maladie, des concrétions polypeuſes dans le cœur, l'aorte : des vices dans le foie, la rate, & autres viſceres du bas-ventre, la pâleur du foie, l'inertie de la rate, ſont ceux qu'on obſerve le plus ſouvent. Pour ſe former une idée de la façon dont cette extravaſation de ſéroſité peut

peut avoir lieu, il n'y a qu'à faire attention à une expérience ingénieuse faite par Louwer. Ce célebre anatomiste lia dans un chien vivant la veine cave inférieure, il recoufut après cela les tégumens ; quelques heures après tout le bas-ventre, toûtes les parties inférieures étoient vuides de férofité qui avoit tranfudé à-travers des pores des vaisseaux par ce vice, que les Pathologistes appellent *diapedefe*. Il tenta la même expérience sur la fouclaviere, qui fut fuivie d'un effet femblable dans les parties supérieures. La communication qui est entre le tissu cellulaire de toutes les différentes parties, explique fort simplement la facilité avec laquelle la *leucophlegmatie* se répand d'une partie à l'autre.

On trouve dans bien des auteurs la *leucophlegmatie* confondue avec l'anafarque : ces deux maladies ont effectivement les mêmes symptômes, elles font caractérisées l'une & l'autre par une bouffissure générale ou particuliere. Les écrivains plus exacts pensent que dans l'anafarque l'épanchement des eaux est plus profond, que son siege est dans l'enveloppe même des muscles, *ανασαρκα*, *autour des chairs*, comme le porte son nom. Aretée prétend en outre que la férosité infiltrée dans l'anafarque est putride, fanieufe, & qu'elle fuppofe une altération confidérable dans les vifceres qui fervent à la fanguification, ce qui fait qu'alors la couleur de la peau est plus changée, qu'elle est d'un vert noirâtre ; au lieu que dans la *leucophlegmatie* la peau est luifante & très-blanche. Cælius Aurelianus établit la même différence.

De toutes les hydropifies, celle-ci, qui est la moins dangereufe, est la plus facile à guérir ; elle est très-rebelle lorfqu'elle fuccede à quelque maladie chronique, & qu'elle est entretenue par un vice dans les vifceres du bas-ventre, fur-tout dans un vieillard ; mais lorfqu'elle est le produit d'une maladie aiguë, d'une fievre intermittente, de la fuppression de quelqu'écoulement, &c. elle fe diffipe affez furement ; celle qui furvient aux jambes, aux cuisses dans les femmes enceintes, fe guérit d'elle-même par l'accouchement. Il arrive auffi quelquefois, à la fuite des maladies aiguës pendant la convalefcence, une *leucophlegmatie* particuliere aux jambes : j'ai toujours obfervé que ce fymptome étoit d'un très-bon augure, & que le rétabliffement, dès qu'il paroiffoit, étoit plus folide & plus prompt. Tout ce qu'on a à craindre dans cette maladie, c'est qu'elle ne fe termine en afcite. A la *leucophlegmatie*, dit Hippocrate, furvient ordinairement l'hydropifie afeite, Aph. 7, *lib. VII*. On peut enfin régler le prognoftic fur l'abondance des urines, l'état du pouls, la fréquence de la toux, la gêne de la refpiration, la diminution des forces, &c. On doit très-bien augurer d'un cours de ventre ; il procure, dit Hippocrate, Aphor. 29, *lib. VII*. la folution de la *leucophlegmatie*.

Je confultois, il y a quelque tems, pour une jeune & aimable dame qui avoit les jambes & les cuisses prodigieufement bouffies, à caufe d'un cancer à la matrice ; lorfque l'enflure étoit parvenue à un certain point, il furvenoit une petite fievre & un dévoiement qui diffipoit la bouffissure ; mais la diarrhée arrêtée, les jambes s'infiltroient de nouveau, & peu de tems après la fievre & le cours de ventre revenoient & produifoient le même effet. Elle a vécu pendant plus d'un an dans cette alternative de *leucophlegmatie*, de fievre & de dévoiement ; enfin elle a fuccombé à la violence de fa maladie.

L'on a dans cette maladie les mêmes indications à remplir & les mêmes remedes pour en venir à bout, que dans l'hydropifie (*Voyez ce mot.*). Si nous en croyons Hippocrate, Alexandre de Tralle, Paul d'Egine, & quelqu'autres praticiens fameux, la faignée est quelquefois néceffaire dans la guérifon de la *leucophlegmatie*, quoique cependant elle paroiffe au premier coup d'œil déplacée. Les violens purgatifs, hydragogues, draftiques, peuvent être employés avec moins de rifque & d'inconvénient ici que dans l'afcite : on doit terminer leur ufage par les ftomachiques amers, & fur-tout par les martiaux; les fudorifiques peuvent avoir lieu dans certains cas où la répercuffion des éruptions entamées a caufé la maladie. Lorfqu'on doit en accufer la gale rentrée, il n'y a point de fecours plus affuré que de faire reprendre la gale. Si l'enflure étoit trop confidérable, fi les tégumens étoient trop diftendus, on pourroit évacuer les eaux par des fcarifications ou les véficatoires ; mais il faut ufer de circonfpection dans l'ufage de ce remede, parce qu'on rifque d'amener la gangrene. On doit éviter avec plus d'attention les aftringens répercuffifs, trop forts pour diffiper l'enflure des piés. L'afcite ou l'hydropifie de poitrine fuit d'ordinaire une pratique fi peu judicieufe ; il eft plus à-propos alors d'appliquer des cendres chaudes, du fon ou autres chofes femblables. (*M*)

LEUCOPHRINE, (*Mytholog.*) furnom que les Magnésiens donnoient à Diane, & qui est pris, foit de *Leucophrys*, ville d'Afie en Phrygie, fur les bords du Méandre, felon Xénophon, foit de *Leucophois*, ancien nom de l'île de Ténédos, où Diane avoit un temple célebre. Ce fut fur le modele de ce dernier temple que les Magnéfiens confacrerent à cette divinité celui qu'ils éleverent en fon honneur, avec une ftatue qui la repréfentoit à plufieurs mamelles, & couronnée par deux victoires. (*D. J.*)

LEUCOPHTALMUS, f. m. (*Hift. nat.*) efpece d'onyx dans laquelle on trouvoit la reffemblance d'un œil humain entouré d'un cercle blanc.

LEUCOPHYLE, f. m. (*Botan. fabul.*) en grec λευκοφύλος, plante fabuleufe qui venoit dans le Phafe, riviere de la Colchide. Plutarque en parle dans fon *traité des fleuves*. Les anciens lui attribuoient une vertu admirable, celle d'empêcher les femmes de tomber dans l'adultere ; mais on ne trouvoit cette plante qu'au point du jour, vers le commencement du printems, lorfqu'on célebroit les myfteres d'Hécate, & alors il la falloit cueillir avec de certaines précautions. Les maris jaloux, après l'avoir cueillie, la jettoient autour de leur lit, afin de fe conferver à l'abri de toute tache. C'eft ce que Plutarque dit élégamment en grec, & que Pontus de Tyard traduit ainfi dans fon vieux gaulois.

*Car quiconque au printems en fon lit cachera
Cette plante cueillie en Phafis, trouvera
Que jamais fa Vénus ne fera dérobée.*

Un ufage pareil fe pratiquoit chez les Athéniens durant la fête des thefmophories ; mais l'herbe du Phafis avoit des propriétés bien autrement confidérables que l'*agnus caftus* des Athéniens, puifque fa vertu ne fe bornoit pas à la durée d'une fête, & qu'elle calmoit pour toujours l'inquiétude des maris jaloux. (*D. J.*)

LEUCOSIE, *Leucofia*, (*Géogr. anc.*) petite île de la mer Tyrrhene, fur la côte occidentale d'Italie. On a quelque lieu de croire que c'eft la même île nommée par Méla *Leucothoé*, & *Leucafie* par les autres géographes : ce n'eft aujourd'hui qu'un écueil au continent, nommé *le cap de la Licofa*. (*D. J.*)

LEUCOSTICTOS, f. m. (*Hift. nat.*) Pline donne ce nom à une efpece de porphyre, parce qu'il eft rempli de taches blanches.

LEUCO-SYRIE, LA, *Leuco-furia*, (*Géogr. anc.*) contrée d'Afie dans la Cappadoce, dont elle faifoit partie, vers l'embouchure du Thermodon, qu'on appelle aujourd'hui *Pormon*, & qui fe jette dans la mer Noire. Les Cappadociens furent nommés *Leucofyriens*, ou *Syriens-blancs*, parce qu'ils étoient plus septentrionaux & moins basanés que les autres Syriens. (*D. J.*)

LEUCOTHOÉ, (*Mythol. & Littér.*) c'est la même qu'Ino, nourrice de Bacchus, qui, fuyant la fureur d'Athamas son mari, roi d'Orchomène, se précipita dans la mer ; mais les dieux touchés de son sort lui donnerent le nom de *Leucothoé*, après l'avoir admise au rang des divinités marines. Les Romains l'appellerent *Matula*, *voyez ce mot*. Elle avoit un autel dans le temple de Neptune à Corinthe. On fait la sage réponse que fit le philosophe Xénophane aux Eléates, qui lui demandoient s'ils feroient bien de continuer à *Leucothoé* leurs sacrifices, accompagnés de pleurs & de lamentations : il leur répondit que s'ils la tenoient pour déesse il étoit inutile de la tant pleurer ; & que s'ils croyoient qu'elle eût été du nombre des mortelles, ils se pouvoient passer de lui sacrifier. (*D. J.*)

LEUCTRE, *Leuctrum*, (*Géog. anc.*) petite ville du Péloponnèse dans la Laconie, sur le golfe Messéniaque, assez près du cap Toenare. Le P. Hardouin avertit de ne pas confondre *Leuctrum*, que Pline nomme aussi *Leuctra*, avec *Leuctres* de Béotie, cette ville fameuse par la bataille qu'Epaminondas, général de Thebes, y gagna sur les Lacédémoniens 371 ans avant J. C. Les Spartiates perdirent dans cette action, avec leur roi Cléombronte, toute l'élite de leurs troupes, & depuis ce coup mortel ils ne donnerent qu'à peine quelque signe de vie.

Il faut encore distinguer la ville de *Leuctre* en Laconie, de la ville de Leuctre, *Leuctrum*, en Arcadie : cette derniere fut abandonnée par ses habitans, qui allerent peupler Mégalopolis. (*D. J.*)

LEUDE, (*Jurisprud.*) *voyez* ci-devant LANDE.

LEVE, s. f. (*Jeu de mail.*) est une espece de cuillere dont le manche est à la hauteur de la main, qui sert à lever & jetter sous la passe une petite boule d'acier faite exprès.

LEVÉ, (*Gramm.*) participe du verbe *lever*. *Voyez* LEVER.

LEVÉ, s. m. *en Musique*, c'est le tems de la mesure où on *leve* la main ou le pié. C'est un tems qui suit & précede le frappé. Les tems *levés* sont le second à deux tems, & le troisieme à trois & à quatre tems. Ceux qui coupent en deux la mesure à quatre tems, *levent* le second & le quatrieme. *Voyez* ARSIS. (*S*)

LEVÉ, *en terme de Blason*, se dit des ours en pié. Orly en Savoie, ou Orlier, d'or, à l'ours *levé* en pié de sable.

LEVÉE, subst. fem. (*Hydr.*) *voyez* JETTÉE. La nécessité de faire des *levées* ou digues aux rivieres peut venir de plusieurs causes : 1°. si les rivieres sont tortueuses ; & les eaux rongent les bords & les percent, après quoi elles se répandent dans les campagnes. 2°. Les rives peuvent être foibles, comme celles que les fleuves se sont faites eux-mêmes par la déposition des sables. 3°. Les fleuves qui coulent sur le gravier fort gros, sont sujets dans leurs crues à en faire de grands amas, qui détournent ensuite leur cours. *Eloge de M. Guglielemini, Hist. acad. 1710. Voyez* FLEUVE & DIGUE.

LEVÉE, (*Politiq.*) il se dit d'un impôt. Exemple : la misere des peuples a rendu la *levée* des impôts difficile.

LEVÉE, (*Jurisprud.*) est un acte qui s'applique à divers objets.

On dit la *levée* des défenses ou d'une opposition, la *levée* des scellés. *Voyez* DÉFENSES, OPPOSITION, SCELLÉS, & ci-après LEVER. (*A*)

LEVÉE, (*Marine.*) il y a de la *levée*, c'est-à-dire que le mouvement de la mer la fait s'élever, & qu'elle n'est pas tout-à-fait calme & unie.

LEVÉE *des troupes*, (*Art milit.*) ces mots expriment l'action d'enroller des hommes au service des troupes, soit pour en former des corps nouveaux, soit pour recruter les anciens.

Cette opération aussi importante que délicate ne devroit être confiée qu'à des officiers d'une expérience & d'un zele éprouvés ; puisque du premier choix des soldats dépendent la destinée des empires, la gloire des souverains, la réputation & la fortune des armes. Elle a des principes généraux avoués de toutes les nations, & des regles particulieres à chaque pays. Voici celles qui sont propres à la France.

La *levée* des troupes y est ou volontaire, ou forcée. La premiere se fait par engagement pour les troupes réglées ; la seconde, par le sort pour le service de la milice : l'une & l'autre ont leurs principes & leurs procédés particuliers. Nous essayerons de les faire connoître, en suivant l'esprit & la lettre des ordonnances & réglemens militaires, & les décisions des ministres.

Troupes réglées. Il est défendu à tous sujets du roi de faire ordonner ou favoriser aucunes *levées* de gens de guerre dans le royaume, sans exprès commandement de sa majesté, à peine d'être punis comme rebelles & criminels de lese-majesté au premier chef ; & à tous soldats sous pareille peine de s'enrôler avec eux.

Au moyen du traitement que le roi accorde aux capitaines de ses troupes, ils sont obligés d'entretenir leurs compagnies complettes, en engageant des hommes de bonne volonté pour y servir.

L'engagement est un acte par lequel un sujet capable s'engage au service militaire d'une maniere si étroite, qu'il ne peut le quitter, sous peine de mort, sans un congé absolu, expédié dans la forme prescrite par les ordonnances. Un engagement peut être verbal ou par écrit ; il doit toujours être volontaire. Les ordonnances militaires de France en ont fixé le prix à trente livres, l'âge à seize ans, & le terme à six.

Le prix réglé à trente livres, les cavaliers, dragons ou soldats de cette somme, peuvent être forcés absolus, qu'ils n'ayent restitué ce qu'ils auroient reçu au-delà de cette somme, ou qu'ils n'ayent servi trois années de guerre au-delà du tems de leur engagement, ou rempli consécutivement deux engagemens de six ans chacun dans la même compagnie.

L'âge fixé à seize ans, les engagemens contractés au-dessous de cet âge sont nuls ; & les engagés en ce cas ne peuvent être forcés de les remplir, ni punis de mort pour le crime de désertion.

Enfin le terme se fix ans, il ne doit pas en être formé dans le moindre tems, à peine de nullité des engagemens & de cassation contre l'officier qui les auroit reçus ; & les cavaliers, dragons & soldats ne peuvent prétendre leurs congés absolus, qu'après avoir porté les armes & fait réellement service pendant six années entieres au jour de leur arrivée à la troupe, sans égard aux absences qu'ils pourroient avoir faites pour leurs affaires particulieres.

Ceux qui sont admis aux places de brigadiers dans la cavalerie & les dragons, & de cadets de sergent, caporal, anspessade & grenadier dans l'infanterie, doivent servir dans ces places trois ans au-delà du terme de leurs engagemens. Ces trois années ne sont comptées pour ceux qui passent successivement à plusieurs hautes-payes, que du jour qu'ils reçoivent la derniere. Il leur est libre de renoncer à ces emplois & aux hautes-payes, pour se conserver le droit d'obtenir leurs congés à l'expiration de leurs engagemens.

La taille nécessaire pour ceux qui prennent parti dans les troupes réglées, n'est pas déterminée par les ordonnances ; elle l'est à cinq piés pour les miliciens. Chez les Romains, l'âge militaire étoit à dix-sept ans. Végece conseilloit de comprendre dans les *levées* ceux qui entrent en âge de puberté, doués d'ailleurs d'une complexion robuste & des autres indices extérieurs qui décelent un sujet d'espérance.

» Ne vaut-il pas mieux, dit cet auteur, qu'un soldat » tout formé se plaigne de n'avoir pas encore la » force de combattre, que de le voir désolé de n'être » plus en état de le faire » ?

La taille militaire dans la primitive Rome étoit de cinq piés dix pouces romains au moins, c'est-à-dire d'environ cinq piés quatre pouces de roi. Le témoignage de quelques anciens ajoute même à cette hauteur, dont sans doute on fut ensuite souvent obligé de se relâcher. Quoi qu'il en soit de ces tems éloignés, les circonstances & le besoin rendent aujourd'hui les officiers plus ou moins délicats sur cet article ; ils doivent l'être toujours beaucoup dans le choix des sujets propres aux exercices & fonctions militaires, sur la connoissance des lieux de leur naissance & de leur conduite. Ces précautions sont très-importantes pour le service & l'ordre public. Le ministere porte son attention sur tous ces objets ; en faisant faire exactement, par les maréchaussées, la vérification des signalemens de tous les hommes de recrue des troupes du roi, & renvoyer aux frais des capitaines ceux qui ne sont pas propres au service.

C'est une maxime généralement reçue, confirmée par l'expérience, que la puissance militaire consiste moins dans le nombre que dans la qualité des troupes. On ne peut donc porter trop d'attention & de scrupule dans le choix des sujets destinés à devenir les défenseurs de la patrie. Une physionomie fiere, l'œil vif, la tête élevée, la poitrine & les épaules larges, la jambe & le bras nerveux, un taille dégagée, sont les signes corporels qui, pour l'ordinaire, annoncent dans l'ame des vertus guerrieres. Un officier d'expérience, attentif sur ces qualités, se trompera rarement dans son choix. Il y ajoutera, s'il est possible, le mérite de la naissance & des mœurs, & préférera la jeunesse de la campagne à celle des villes. La premiere nourrie dans la soumission, la sobriété & la peine, supporte plus constamment les fatigues de la guerre & le joug de la discipline : la seconde élevée dans la mollesse & la dissipation, peut peut-être à plus d'intelligence une valeur égale, mais elle succombe plutôt aux travaux d'une campagne pénible, ou aux fatigues d'une marche difficile : elle porte d'ailleurs trop souvent dans les corps un esprit de licence & de sédition, contre lequel la discipline est forcée d'employer des correctifs violens, dont l'exemple même rendu trop fréquent n'est pas exemt de danger.

Différentes qualités militaires distinguent aussi les nations. Le soldat allemand est plus robuste, l'espagnol plus sobre, l'anglois plus farouche, le françois plus impétueux : la constance est le caractere du premier, la patience du second, l'orgueil du troisieme, l'honneur du quatrieme. Nous disons *l'honneur*, & nous ne disons pas trop ; il n'importe qu'il ait sa source dans l'éducation guerriere du soldat, ou qu'il soit emprunté de l'exemple de l'officier ; il existe & domine dans le cœur du soldat, il l'agite, l'éleve & produit les meilleurs effets. Ce sentiment est uni dans nos soldats aux qualités naturelles les plus heureuses, & nous osons assûrer qu'il nous reste peu de pas à faire pour les rendre supérieurs à tous ceux des autres nations, graces aux soins continuels du ministere pour la perfection de la discipline, aux talens de nos officiers majors, au goût des études militaires qui se répand dans l'ordre des officiers en général.

Après le choix & l'enrôlement des soldats à Rome, on leur imprimoit des marques ineffaçables

Tome IX.

sur la main, ils prétoient serment & juroient de faire de bon cœur tout ce qu'on leur commanderoit, de ne jamais déserter & de sacrifier leur vie pour la défense de l'empire. On demande avec raison pourquoi les modernes ont négligé ou aboli ces anciennes pratiques de police militaire, dont les signes permanens & l'appareil religieux imprimoient au guerrier la crainte de faillir & le respect. Elles seroient peut-être le préservatif le plus puissant contre ces mouvemens inquiets & irrésistibles qui sollicitent, & trop souvent déterminent le soldat à la désertion, malgré la terreur du châtiment capital dont son crime est menacé.

Les propositions d'engagemens qui présentent des conditions évidemment excessives & illusoires, ne peuvent être regardées comme sérieuses, ni opérer d'engagemens valables : mais en ce cas, les badinages sur ce qui regarde le service militaire, ne doivent pas rester impunis.

Les engagemens ne mettent point à couvert des decrets judiciaires ; il est même défendu d'enrôler des sujets prévenus de la justice, des libertins, & même ceux qui ont déja servi, s'ils ne sont porteurs de congés absolus d'un mois de date au moins.

Quoique le terme des engagemens soit fixé à six ans, le roi trouve bon néanmoins que les soldats congédiés par droit d'ancienneté puissent être enrôlés pour un moindre tems, soit dans la même compagnie, soit dans une autre du même corps, pourvu que ce soit pour une année au moins ; sa Majesté permet aussi aux régimens étrangers à son service de recevoir des engagemens de trois ans.

Un soldat enrôlé avec un capitaine ne peut être réclamé par un autre capitaine, auquel il se seroit adressé précédemment : l'usage est contraire dans le seul régiment des gardes-françoises.

Les capitaines peuvent enrôler les fils de gentilshommes & d'officiers militaires ; mais il est d'usage de leur accorder leurs congés absolus, lorsqu'ils sont demandés. Cette pratique s'observe aussi en faveur des étudians dans les universités du royaume, en dédommageant les capitaines.

Il est défendu à tous officiers d'enrôler les matelots chassés, & les habitans des îles de Ré & d'Oleron. Pareilles défenses sont faites, sous peine de cassation, d'engager les miliciens, & aux miliciens de s'engager sous peine des galeres perpétuelles.

Les soldats de l'hôtel royal des Invalides ne peuvent être enrôlés qu'avec permission du secrétaire d'état de la guerre.

Les ordonnances défendent aux capitaines françois d'enrôler des soldats nés sous une domination étrangere, à l'exception de ceux de la partie de la Lorraine située à la gauche de la riviere de Sarre, & de ceux de la Savoie & du comtat Venaissin ; & par réciprocité, il est défendu aux capitaines des régimens étrangers au service du roi de recevoir dans leurs compagnies aucuns sujets françois, même de la partie de la province de Lorraine, située sur la gauche de la Sarre, en conséquence tout sujet du roi engagé dans un corps étranger au service de sa majesté peut être réclamé par un capitaine françois, en payant trente livres de dédommagement au capitaine étranger ; & réciproquement tout sujet étranger servant dans un régiment françois, par un capitaine étranger, en payant pareil dédommagement au capitaine françois, pour servir respectivement dans leurs compagnies pendant six ans, à compter du jour qu'ils y passent, sans égard au tems pour lequel ils seroient engagés ou auroient servi dans les premieres compagnies ; l'intention de sa majesté étant que, pour raison de ces six années de service, il leur soit payé par les capitaines quinze livres en entrant dans la compagnie, & pareille somme trois

K k k ij

années après. Hors ces cas, on ne peut obliger un soldat à servir dans un corps autre que celui pour lequel il s'est engagé.

Il est défendu aux capitaines d'enrôler aucun cavalier, dragon ou soldat des compagnies avec lesquelles ils sont en garnison, quoique porteur d'un congé absolu ; à peine aux capitaines de cassation, & de perdre le prix des engagemens, & aux engagés de continuer à servir dans les compagnies qu'ils auroient quittées.

Les Alsaciens peuvent, par le droit de leur naissance, servir également dans les régimens françois & allemands au service du Roi.

Les sujets de l'état d'Avignon & du comtat Venaissin, qui s'enrôlent dans les troupes de sa Majesté, ont trois jours pour se rétracter de leurs engagemens, en restituant l'argent qu'ils ont reçu, & payant en outre trente livres d'indemnité au capitaine ; & si étant engagés, ils désertent & entrent dans les confins du pape, les capitaines ne peuvent répéter que l'habit, les armes & l'engagement qu'ils ont emportés.

Les capitaines étant autorisés, en vertu de leur état & commission, à faire des recrues, peuvent en charger des officiers subalternes ou des sergens, en leur donnant des pouvoirs par écrit : la nécessité, qui malheureusement fait étendre ces pouvoirs aux cavaliers, dragons & soldats, ouvre la porte à toutes sortes d'excès, de faussetés, de manœuvres criminelles, toutes également contraires aux droits des citoyens qu'elles violent, & à la dignité du service qu'elles dégradent. Le malheur est encore, & nous souffrons d'être forcés de le dire, que ces pratiques odieuses couvertes du voile imposant du service du roi, trouvent communément un appui coupable & secret parmi les officiers même, où l'intérêt étouffe quelquefois le sentiment de la justice; en sorte que ces pratiques demeurent souvent impunies, malgré les cris de l'opprimé, le zele des ministres, & toute la protection qu'ils accordent aux lois.

La connoissance & le jugement des contestations pour raison d'engagemens militaires, appartient aux intendans des provinces du royaume. C'est à eux qu'est spécialement confié, par cette attribution, le soin important & glorieux de défendre la liberté des sujets, contre les artifices & les violences des gens de guerre, sur le fait des engagemens; & l'on auroit bien lieu de gémir, que dans un gouvernement aussi juste que celui sous lequel nous avons le bonheur de vivre, ces magistrats, par leur vigilance & l'autorité dont ils sont dépositaires, ne pussent enfin parvenir à détruire des abus aussi condamnables.

Nous espérons qu'on nous pardonnera d'avoir osé élever ici une foible voix dans la cause de l'humanité.

Milices. Elles souffrent beaucoup, sans doute, des moyens forcés qu'on est obligé d'employer pour recruter & entretenir les corps des milices; mais ces moyens sont nécessaires : le législateur doit seulement s'occuper du soin d'en tempérer la rigueur, par tous les adoucissemens possibles, & de les faire tourner au profit de la société.

Les milices sont la puissance naturelle des états; elles en étoient même autrefois toute la puissance : mais depuis que les souverains ont à leur solde des corps de troupes toujours subsistans, le principal est devenu l'accessoire.

Le corps des milices de France est entretenu en paix comme en guerre, plus ou moins nombreux, suivant les conjonctures & les besoins, & forme, en tout tems, un des plus fermes appuis de notre monarchie environnée de nations puissantes, jalouses & toujours armées.

Le roi pour concilier l'intérêt de son service avec l'économie intérieure des provinces, par rapport à la culture des terres, ordonne, en tems de paix, la séparation des bataillons de milice, lesquels en ce cas ne sont assemblés qu'une fois par an pour passer en revue, & être exercés pendant quelques jours.

C'est ainsi que sans nuire aux travaux champêtres, on prépare ces corps à une discipline plus parfaite, & qu'on y cultive, dans le loisir de la paix, les qualités militaires qui doivent opérer leur utilité pendant la guerre.

Les intendans des provinces sont chargés de faire la *levée* des augmentations & des remplacemens qui y sont ordonnés ; ils fixent par des états de répartition le nombre d'hommes que chaque paroisse doit fournir relativement à sa force, & procedent à la *levée*, chacun dans leurs départemens, soit par eux-mêmes, soit par leurs subdélégués. Cette *levée* se fait, comme nous l'avons déjà dit, par voie de tirage au sort entre les sujets miliciables ; il en faut au moins quatre pour tirer un milicien.

Les garçons sujets à la milice, de l'âge de seize ans au moins, de quarante au plus, & jeunes gens mariés au-dessous de l'âge de vingt ans ; de la taille de cinq piés au moins, sains, robustes, & en état de bien servir, doivent, sous peine d'être déclarés fuyards, se présenter au jour indiqué par devant le commissaire chargé de la *levée*, à l'effet de tirer au sort pour les communautés de leur résidence actuelle ; ils en subsistent deux chacun : le premier regle les rangs par ordre numérique, le second décide ceux qui doivent servir.

Dans les paroisses où il ne se trouve pas dans la classe des garçons & celle des mariés au-dessous de vingt ans, le nombre de quatre miliciables pour chacun des miliciens demandés, on a recours aux hommes mariés au-dessus de l'âge de vingt ans & au-dessous de quarante. Ils tirent d'abord au sort pour fournir entre elles les hommes nécessaires à joindre aux autres classes & compléter le nombre de sujets miliciables pour chaque milicien, & ceux que le sort à choisis, tirent ensuite concurremment avec les garçons & les jeunes mariés. Ceux des miliciables, garçons ou mariés, auxquels le sort est échu, sont sur le champ enregistrés & signalés dans le procès-verbal, & dès ce moment acquis au service de la milice. L'intérêt de la population sembleroit exiger que l'on n'y assujettît pas les hommes mariés ; aussi quelques intendans pénétrés de la nécessité de protéger les mariages, s'élevant au-dessus de la loi, préferent de tirer un milicien entre deux ou trois garçons, à l'inconvénient de faire tirer les hommes mariés ; d'autres les en dispensent à l'âge de trente ans; mais ne seroit-il pas plus avantageux de les en dispenser tout-à-fait, & en même tems d'assujettir de nouveau au sort, les soldats des milices congédiés, qui après un intervalle d'années déterminé, depuis leur premier service, se trouveroient encore célibataires au-dessous de l'âge de quarante ans ? Cette nouvelle ressource mettroit en état d'accorder l'exemption absolue de milice aux hommes mariés, sans opérer un vuide sensible dans le nombre des sujets miliciables. Nous hazardons cette idée sur l'exemple à-peu-près semblable de ce qui se pratique dans le service des milices gardes-côtes du royaume.

Tout sujet miliciable convaincu d'avoir usé d'artifices pour se soustraire au sort dans le tirage, est censé milicien de droit, & comme tel condamné de servir à la décharge de sa paroisse, ou de celui auquel le sort est échu.

Le tems du service de la milice étoit de six années pendant la derniere guerre ; il a été réduit à cinq depuis la paix. Les soldats de milice reçoivent exactement leurs congés absolus à l'expiration de ce terme, à moins que les circonstances n'obligent à en suspendre la délivrance. Ce sont les intendans qui les expédient, & il est défendu aux officiers d'en donner aucun à peine d'être cassés. *Voyez* Licenciement.

Le service volontaire rendu dans les troupes réglées, ne dispense pas de celui de la milice.

Il ne doit y être admis aucun passager ni vagabond.

Il est défendu à tout milicien d'en substituer un autre à sa place, hors un frere qui se présente pour son frere, à peine contre le milicien de six mois de prison & de dix années de service au-delà du tems qu'il se trouvera avoir servi, de trois années de galeres contre l'homme substitué, & de cinq cens livres d'amende contre les paroisses qui auroient toléré la substitution. Cette disposition rigoureuse est ordonnée pour favoriser le travail des recrues des troupes réglées; on s'en écarte dans quelques provinces par une facilité peut-être louable dans son motif, mais très-contraire par son effet au véritable intérêt du service.

Les fuyards de la milice, ceux qui se sont soustraits au tirage par des engagemens simulés, ou qui après avoir joint un régiment, restent plus de six mois dans la province, sont condamnés à dix années de service de milice.

Il est libre à un milicien qui a arrêté & fait constituer un fuyard en son lieu & place, de prendre parti dans les troupes réglées.

Les fuyards constitués n'ont pas le droit d'en faire constituer d'autres en leur place. *V.* Fuyard.

Les miliciens qui manquent aux assemblées indiquées de leurs bataillons, doivent être contraints d'y servir pendant dix années au-delà du terme de leur engagement.

Ceux qui désertent des quartiers d'assemblée, ou qui s'enrôlent dans d'autres troupes, sont condamnés aux galeres perpétuelles.

Il est défendu de donner retraite à aucun garçon sujet à la milice, à peine de cinq cens livres d'amende; de faire ou tolérer aucune contribution ou cotisation en faveur des miliciens sous la même peine; & aux miliciens de faire d'atroupement ou exaction sous prétexte du service de la milice, à peine d'être poursuivis comme perturbateurs du repos public.

Les soldats de milice sont assujettis comme ceux des autres troupes, aux peines portées par les ordonnances touchant les crimes & délits militaires.

Si dans une communauté où il faut plusieurs miliciens, deux freres ayant pere ou mere se trouvent dans le cas de tirer, & que l'un deux tombe au sort, l'autre en est exempté pour cette fois. S'il s'en trouve trois, & que les deux premiers soient faits miliciens, le troisieme est tiré du rang, & ainsi à proportion dans les autres cas, de maniere qu'il reste aux peres ou meres au-moins un de plusieurs enfans sujets à la milice.

Sont exempts du service de milice, les officiers de justice & de finance & leurs enfans; les employés aux recettes & fermes du roi; les médecins, chirurgiens & apoticaires; les avocats, procureurs, notaires & huissiers; les étudians dans les universités & les colléges depuis un an au moins; les commerçans & maîtres de métiers dans les villes où il y a maîtrise; les sujets des pays étrangers domiciliés dans le royaume, les maîtres des postes aux lettres & aux chevaux, & pour ceux-ci un postillon par quatre chevaux; les laboureurs faisant valoir au-moins une charrue, & un fils ou domestique à leur choix, s'ils en font valoir deux; les valets servant à la personne des ecclésiastiques, des officiers, gentilshommes & autres.

On se plaint depuis long-tems de voir jouir de cette exemption, les valets aux personnes; à la faveur d'un tel privilege, cette classe oisive & trop nombreuse enleve continuellement & sans retour, au travail de la terre & aux arts utiles, ce qu'il y a de mieux constitué dans la jeunesse des campagnes, pour remplir les antichambres des grands & des riches. Tout bon citoyen espere du zele patriotique des ministres, une loi restrictive sur cet abus.

Il seroit trop long de détailler ici les autres classes qui jouissent de l'exemption de la milice, nous nous bornons à celle-ci, & renvoyons aux ordonnances pour le surplus.

Mais avant de terminer cet article, qu'il nous soit permis de jetter un regard sur l'ordre des laboureurs, cette portion précieuse des sujets qui mérite tant de considération & qui en a si peu : elle paroît avoir été trop négligée dans la dispensation des priviléges relatifs au service de la milice. Dans une de nos plus belles provinces, où l'agriculture languissoit par le malheur des tems, on lui a rendu sa premiere activité en augmentant, à cet égard, les priviléges de l'agriculteur.

Il a été réglé que les laboureurs qui feront valoir une charrue, soit en propre, soit à ferme, & entretiendront au moins quatre chevaux toute l'année, quelle que soit leur cotte à la taille, outre l'exemption personnelle, en feront jouir aussi un de leurs fils au-dessus de l'âge de seize ans, servant à leur labourage, ou à ce défaut un domestique.

Que ceux qui feront valoir plusieurs charrues en propre ou à ferme, & entretiendront aussi toute l'année quatre chevaux par chacune, outre le privilege personnel, auront encore celui d'exempter par chacune charrue, soit un fils au-dessus de l'âge de seize ans servant à leur labourage, soit au défaut un domestique à leur choix.

Et en même tems que les maîtres de métiers où il y a maîtrise approuvée, qui ne feront pas mariés & n'auront pas l'âge de trente ans, feront sujets à la milice; mais que ceux aux-dessus de cet âge, qui exerceront publiquement leur profession à boutique ouverte dans les villes, en feront exempts.

Sur l'heureuse expérience de ces dispositions salutaires, ne seroit-il pas possible d'étendre leur influence aux autres provinces du royaume ? On ne peut sans gémir y voir l'état pénible & nécessaire du modeste laboureur, dans l'avilissement & l'oubli, tandis que des corps d'artisans bas ou frivoles y jouissent de prérogatives utiles & flatteuses, sous prétexte de chefs-d'œuvres & de réceptions aux maîtrises.

C'est à la sagesse du ministere à établir la balance des priviléges & des encouragemens, à les dispenser aux uns & aux autres, & à déterminer jusqu'à quel degré ceux-ci doivent être subordonnés à celui-là, pour le plus grand avantage de la société.

Nous aurions désiré pouvoir resserrer les bornes de cet article trop étendu sans doute; mais la nature du sujet ne nous l'a pas permis; d'ailleurs nous avons tâché d'y suppléer à ce qui nous a paru manquer *aux mots* Engagement *&* Enrolfment déjà imprimés. *Cet article est M.* Durival, *cadet.*

Levée, (*Chirurgie.*) il se dit de l'appareil. Ainsi assister à la *levée* de l'appareil, c'est être présent lorsqu'on le sépare de la blessure ou de la plaie.

Levée, (*Agriculture.*) Il se dit de l'action de recueillir les grains sur la terre; il se dit aussi de la récolte.

Levée, (*Comm. d'étoffes*) il se dit de la quantité d'étoffe qu'on prend sur la piece entiere, selon l'usage qu'on en veut faire.

Levées, *voyez l'article* Manufacture en Laine.

LEVÉE, ARC DE, (*Horlogerie.*) c'est la partie de l'échappement par laquelle la force motrice est transmise sur le gulateur.

Si le régulateur est un pendule, il faut qu'il soit mis en mouvement avec la main ; car la force motrice sur l'*arc de levée* seroit insuffisante pour le tirer du repos ; donc la force motrice ne doit agir sur cet arc, que pour entretenir le mouvement sur le régulateur.

Si le régulateur est un balancier avec son spiral, la force motrice sur l'*arc de levée* doit être suffisante pour le tirer du repos & lui faire parcourir entierement cet arc ; & dans ce cas elle communique donc le mouvement sur ce régulateur.

L'étendue de l'*arc de levée* est d'autant plus grande, que le levier qui est sur l'axe du régulateur est plus court, que le rayon de la roue est plus grand, & qu'elle est moins nombrée.

L'*arc de levée* ne varie point par le plus ou le moins de force motrice qu'il peut recevoir ; mais seulement dans le tems employé à le parcourir : car plus cette force est grande, moins il emploie de tems.

Dans les pendules, il faut d'autant plus de force motrice que la lentille est plus pesante, la verge plus courte, les oscillations plus promptes, & que l'*arc de levée* est plus grand, & réciproquement.

Dans les montres, il faut d'autant plus de force motrice que le spiral est plus fort ; que les momens du balancier sont plus petits, soit par sa grandeur, soit par sa masse ; que ses vibrations sont plus promptes ; & que l'*arc de levée* est plus grand, & réciproquement.

Par l'usage l'on donne dans les pendules d'autant moins d'*arc de levée*, que les oscillations sont plus lentes.

Au contraire dans les montres l'on donne d'autant moins de *levée*, que les vibrations sont plus promptes.

Déterminer exactement dans les pendules & dans les montres la force précise qui doit être employée sur l'*arc de levée*, pour communiquer aux unes, ou entretenir dans les autres le mouvement sur le régulateur, est un problème digne des plus grands Géometres. Mais ne craignons point de l'avouer, si notre théorie est en défaut, l'expérience y suppléera.

Si je dis que la théorie est en défaut, je ne veux pas dire qu'elle est impossible, mais seulement infiniment difficile, parce qu'elle tient à une bonne théorie de l'élasticité qui est encore à trouver ; & la question de déterminer la force précise qu'il faut sur l'*arc de levée*, en fournit une autre encore plus difficile. En effet, pourquoi les vibrations d'un balancier sont-elles accélérées par l'élasticité appliquée ? N'est-ce pas un obstacle de plus à surmonter pour la roue de rencontre ? Le balancier ne résiste-t-il pas au mouvement par sa grandeur & par sa masse, & le ressort spiral par sa roideur ? Comment donc se fait-il que cette derniere résistance diminue la premiere, & en accélere d'autant plus le mouvement, que cette roideur est plus grande ? Cependant, si l'on vient à augmenter la roideur du ressort spiral, soit en le rendant plus court, ou en en plaçant un autre plus fort, l'on arrivera facilement au terme où cette roideur sera si grande, qu'elle ne pourra pas être bandée par la force motrice transmise sur la roue de rencontre ; & alors le balancier restera en repos. De même si au lieu d'augmenter la roideur du spiral, l'on diminue la masse du balancier, les vibrations seront aussi accélérées ; & elles le seront d'autant plus, que les momens du balancier seront réduits. Il sera même très-facile de parvenir au terme où elles seront tellement accélérées, que la force motrice ne sera plus suffisante pour le tirer du repos, & lui donner le mouvement ; & cela par la même raison qu'il l'a fait ci-dessus, en augmentant la roideur du ressort spiral.

L'on voit donc par l'union de l'élasticité à la masse ou pesanteur, que l'une augmente comme l'autre diminue, & réciproquement.

Je n'entrerai pas dans les conjectures que je pourrois tirer de ce que je viens d'avancer, je dirai seulement que j'ai plusieurs fois réflechi qu'on pouvoit tirer plus d'avantages que l'on ne fait de la force élastique. Par exemple, ne pourroit-on pas faire des leviers élastiques, pour remuer les blocs de pierre plus aisément qu'on ne le fait par des leviers inflexibles ? Les marteaux qui dans les grosses forges seroient soutenus par des leviers élastiques, n'augmenteroient-ils pas la force des coups ?

Mais pour revenir à notre question de mesurer la force précise & nécessaire pour entretenir le mouvement dans les pendules ; voici l'opération qu'il y a à faire.

La pendule étant toute montée & en repos, il faut faire décrire avec la main à son pendule l'*arc de levée*, ensuite l'abandonner avec délicatesse à la seule force motrice qui, si les arcs n'augmentent point, sera insuffisante pour l'entretenir en mouvement. Dans ce cas la pendule s'arrêtant bientôt, il faut augmenter la force motrice, ou diminuer le poids de la lentille, jusqu'à ce que la seule force motrice devienne capable de faire décrire au pendule des arcs doubles de l'*arc de levée*. Cet arc d'augmentation, nommé *arc de supplément*, ne sert qu'à exprimer une force surabondante, pour suppléer aux pertes de force qui peuvent survenir, tant du moteur que de la résistance, que la coagulation des huiles occasionne dans tout le rouage. *Voyez* ARC DE SUPPLÉMENT.

Dans les montres ordinaires, pour trouver ou mesurer la force précise qui est nécessaire pour communiquer le mouvement au régulateur, il faut (la montre étant marchante & réglée) retenir le balancier très-légérement, & laisser agir la force motrice, jusqu'à ce que le balancier ait décrit l'*arc de levée*. Si elle arrête sur la fin de la *levée*, c'est ce qu'on appelle *arrêter au doigt*. Dans ce cas la puissance motrice étant trop foible, ou la résistance du régulateur étant trop grande, il faut donc augmenter l'une ou diminuer l'autre, en mettant un ressort plus fort, ou en affoiblissant le ressort spiral, & diminuant les momens du balancier.

Il faut continuer cette opération jusqu'à ce que le balancier décrive un *arc* d'augmentation, appellé aussi *arc de supplément*.

Mais comme cet arc de supplément n'augmente point en proportion de la force motrice, il faut que ce régulateur acheve plus promptement sa vibration ; en sorte qu'il fait avancer la montre. Il faut donc continuer cette opération au point de la faire avancer d'une demie, pour prévenir l'*arrêt du doigt* qui peut arriver par la suite ; parce que j'estime que dans les montres ordinaires, la force motrice transmise sur le régulateur peut bientôt perdre une demie de sa puissance, soit par le ressort moteur, soit par la résistance que la coagulation de l'huile apporte dans les rouages. Il faut ensuite relâcher le ressort spiral ou l'affoiblir, pour faire retarder la montre, d'autant qu'on la fait avancer.

Il est à remarquer qu'il faut d'autant plus de force motrice surabondante dans les montres, qu'elles sont composées pour en exiger beaucoup : par exemple, celles dont les vibrations sont promptes, celles qui sont faites pour aller long-tems sans être remontées ; enfin celles dont les effets sont compliqués.

Si par ce que l'on voit que dans les montres il faut beaucoup plus de force motrice surabondante à l'*arc de levée* pour leur continuer le mouvement que dans les pendules, cela vient de ce que les cas défavorables font infiniment plus grands dans les montres, qui par-là font aussi moins régulieres.

Plus il y aura dans les pendules & les montres d'uniformité dans la communication de la force motrice, plus les *arcs* de supplément feront égaux entre eux; & par conséquent plus elles feront régulieres.

L'on terminera cet article en disant, que l'art de l'horloger consiste d'un côté à rendre la force motrice la plus constante, & de l'autre à n'en point abuser en l'employant surabondamment; car par-là on altéreroit l'isocronisme des oscillations ou vibrations sur les régulateurs.

Je me sers de l'*arc de levée* pour marquer le centre d'échappement en cette sorte. Ayant fait une marque sur le bord du balancier; par exemple, prenant la cheville de renversement pour point fixe, je fais décrire l'*arc de levée* à droite & à gauche, & je marque sur la platine ou sur le coq les termes de ces deux *arcs* qui n'en font plus qu'un, lesquels je divise en deux parties égales, & je marque le point de division sur la platine; & lorsque je mets le balancier avec son spiral, je le retire ou le lâche jusqu'à ce que la cheville ou la marque faite au balancier se repose sur le point de division que j'ai marqué sur la platine: alors mon balancier est dans son échappement beaucoup plus parfaitement qu'on ne le pourroit faire en tâtonnant par la roue de champ, comme on le faisoit avant moi. *Art. de* M. de Romilly, horl.

LEVÉE, (*Lingere.*) c'est une bande de toile qu'on sépare de la piece pour en faire un ouvrage, ou qu'on sépare d'un ouvrage quand il y en a plus qu'il ne faut.

LEVÉE, (*Méchan.*) se dit aussi dans quelques machines, de ce qu'on appelle *camme* dans d'autres. Ce sont des éminences pratiquées sur un arbre qui tourne : il y en a d'autres pratiquées à des pieces debout. Celle de l'arbre venant à rencontrer celles-ci, font relever la piece, s'échappent, & la laissent retomber : c'est le méchanisme des bocards.

LEVÉE, (*Maréchall.*) en termes de courses de bague, se dit de l'action de celui qui court la bague, lorsqu'il vient à lever la lance dans sa course pour l'enfiler.

LEVÉE, *terme de moulin à papier*; ce sont des morceaux de bois plats enfoncés de distance en distance dans l'arbre de la roue du moulin, & qui donnant le mouvement aux maillets qu'ils enlevent, les laissent retomber après, ce qui réduit les chiffons en bouillie. *Voyez les Planches de Papeterie.*

LEVÉE, *terme de riviere*; élévation formée aux deux extrémités d'un bateau, où elles forment un siege. Le batelier est assis sur une des *levées*, quelques-uns laissent les passans sur l'autre.

LEVÉE, (*Rubannerie.*) s'entend de toute portion de chaîne que les lisses ou lisettes font lever tantôt en grande quantité, tantôt en moindre, suivant le passage du patron. C'est toujours à travers cette *levée* que la navette passe la trame qu'elle contient, laquelle trame se trouve arrêtée, lorsque cette *levée* ayant fait son office lui fait place. On entend assez que cette *levée* est opérée par les marches, qui faisant toujours lever quelque portion que ce soit de la chaîne, pour donner passage à la navette, donne lieu à la fabrique de l'ouvrage.

LEVÉE, *terme de Tisserand*, qui signifie la quantité d'ouvrage qu'un ouvrier peut faire sans être obligé de rouler sur l'ensuple de devant l'ouvrage qui est déja fait. *Voyez* TOILE.

LEVÉE, (*Jeu de cartes.*) Une carte est supérieure à une autre, à quelque jeu de carte que ce soit; c'est-à-dire, que celui qui joue la supérieure, l'emporte de son côté. Toutes les cartes inférieures qui font jouées sur la sienne, & la collection de ces cartes s'appelle une *levée*. Il y a autant de *levées* à chaque coup qu'on a de cartes en main; & selon les conditions du jeu, il faut un certain nombre de *levées* pour gagner la partie.

LEVENDI, s. m. (*Hist. mod.*) nom donné par les Turcs à leurs forces maritimes; ils y admettent les Grecs & les Chrétiens sans distinction, ce qu'ils ne font point dans leurs troupes de terre, où ils ne reçoivent que des Mahométans.

LEVENTI ou LEVANTI, s. m. (*terme de relation.*) soldat turc de galere qu'on rencontre en assez grand nombre dans Constantinople. Comme ces gens-là ne font que de la canaille qui court sur le monde le couteau à la main, le gouverneur de la ville a permis de se défendre contre eux, & l'on les met à la raison à coups d'épée & de pistolets. On a encore un moyen plus sage d'éviter leurs insultes, c'est de se faire escorter par des janissaires, qui ne demandent pas mieux, & pour lors on peut se promener dans Constantinople en toute sûreté. (*D. J.*)

LEVER, v. act. (*Gramm.*) terme relatif au mouvement de bas en haut. *Voyez* quelques-unes de ces acceptions, au simple & au figuré, *aux articles* LEVÉ, LEVÉE, & *ceux qui suivent.*

LEVER, v. act. (*Géom.*) on dit, dans la Géométrie pratique, *lever un plan*; c'est prendre avec un instrument la grandeur des angles, qui déterminent la longueur & la disposition des lignes par lesquelles le terrein dont on se proposoit de *lever* le plan. *Voyez* PLANCHETTE, DEMI-CERCLE, GRAPHOMETRE, &c.

Lever un plan & *faire* un plan sont deux opérations très-distinctes. On leve un plan, en travaillant sur le terrein, c'est-à-dire, en prenant des angles & en mesurant des lignes, dont on écrit les dimensions dans un registre, afin de s'en ressouvenir, pour *faire* le plan; ce qui consiste à tracer en petit sur du papier, du carton, ou toute autre matiere semblable, les angles & les lignes déterminés sur le terrein dont on a *levé* le plan, de maniere que la figure tracée sur la carte, ou décrite sur le papier, soit tout-à-fait semblable à celle du terrein, & possede en petit; quant à ses dimensions, tout ce que l'autre contient en grand. *Voyez* PLAN, CARTE, &c. (*E*)

LEVER, s. m. *terme d'Astronomie*, c'est la premiere apparition du soleil, d'une étoile ou d'un autre astre sur l'horison, lorsqu'il ne fait que de sortir de l'hémisphere opposé à celui que le spectateur habite. *Voyez* HORISON, &c. *voyez aussi* AMPLITUDE.

La réfraction des rayons dans l'atmosphere avance le *lever* des corps célestes, c'est-à-dire qu'ils paroissent sur l'horison, lorsqu'ils sont encore réellement dessous. *Voyez* RÉFRACTION.

Il y a pour les Poëtes trois sortes de *levers* des étoiles. Le *lever* cosmique, lorsqu'une étoile se *leve* avec le soleil. *Voyez* COSMIQUE.

Le *lever* acronyque, lorsqu'une étoile s'éleve en même tems que le soleil se couche. *Voyez* ACRONYQUE.

Le *lever* héliaque, solaire ou apparent. C'est celui d'une étoile qui paroit sortir des rayons du soleil proche l'horison, & celle d'être cachée par l'éclat de cet astre, ce qui arrive environ 10 jours après la conjonction de l'étoile avec le soleil, le nombre de jours étant plus ou moins grand, selon la grandeur de l'étoile, la distance, &c. *Voyez* HÉLIAQUE.

Hésiode a remarqué, il y a long-tems, que Sirius étoit caché par le soleil l'espace de 40 jours, c'est-à-dire, 20 jours avant son *lever* cosmique, & 20 après. Quelques nations d'Amérique, entre autres les sauvages de l'île de Cayenne, reglent leur année civile par le cours de Sirius, & la commencent au *lever* héliaque de cette étoile. *Voyez* CANICULE, CANICULAIRE & SIRIUS.

Pour trouver par le moyen du globe le *lever*, &c. d'une étoile ou du soleil, *voyez* GLOBE. *Chambers.*

(O)

LEVER UN SIEGE, (*Art milit.*) c'est décamper de devant une place affiégée, & abandonner l'opération du siege lorsqu'il n'y a nulle apparence de pouvoir réduire la place.

On peut *lever un siége* par différentes raisons, comme par exemple lorsqu'il vient au secours une armée trop considérable pour qu'on puisse lui résister ; lorsque le siége a été commencé dans l'arriere saison, & que le mauvais tems & les maladies ne permettent pas d'avoir assez de monde pour résister à la garnison ; lorsqu'on manque de vivres & de munitions ; que l'ennemi a intercepté les convois qui venoient aux assiégeans, ou qu'il s'est emparé de leurs principaux magasins. Dans ces circonstances, on se trouve dans la triste nécessité d'abandonner le siége, c'est-à-dire de le *lever*.

Si l'on craint d'être incommodé par la garnison dans la retraite, on lui en cache le dessein.

On fait retirer de bonne heure les canons & les mortiers des batteries. On a soin de faire ramasser les outils & de les faire ferrer. On fait partir l'attirail de l'artillerie & le bagage à l'entrée de la nuit ; les tranchées & les places d'armes étant encore garnies de soldats qui font feu pour tromper l'ennemi.

Lorsque l'artillerie & le bagage se trouvent assez éloignés de la place pour n'en avoir rien à craindre, les troupes se mettent à la fuite, en laissant des feux dans le camp de la même maniere que s'il étoit occupé par l'armée. On fait escorter le tout par de la cavalerie ou par de l'infanterie, suivant la nature du pays que l'on a à traverser.

Si l'on est obligé de se retirer avec précipitation, & qu'on ne puisse pas emporter avec soi toutes les munitions & tout ce qui concerne l'artillerie, on brûle & l'on gâte tout ce qui pourroit servir à l'ennemi.

Lorsque l'armée ne craint pas les attaques de la garnison, elle fait partir de jour tous les bagages & son artillerie, & elle se met à la fuite de la garnison, si elle sort de la place pour harceler l'armée dans sa retraite.

Quoiqu'on ne doive abandonner un siége que lorsqu'il est impossible de le continuer sans s'exposer à être battu, ou avoir son armée détruite par les maladies & par les intempéries de la saison, il est à propos néanmoins, dès qu'on s'apperçoit de la nécessité de le *lever*, de faire partir de bonne heure la grosse artillerie & les bagages qui pourroient retarder la marche de l'armée. On les envoie dans les lieux de sûreté des environs, on se retire ensuite en bon ordre ; & si la garnison entreprend de harceler l'armée dans sa retraite, on repousse avec vigueur les differentes attaques qu'elle peut faire à l'arriere-garde.

Comme la *levée d'un siége* a ordinairement quelque chose d'humiliant, ce seroit bien réparer sa gloire, dit M. le marquis de Santacrux, en *levant* le siége d'une place, d'en secourir une autre prête à tomber au pouvoir de l'ennemi : mais il est rare de trouver des occasions de cette espece. Il y en a quelques autres où l'on peut abandonner un siége sans compromettre l'honneur du général. Par exemple, si l'on assiege une place dans l'intention d'attirer l'ennemi qui est éloigné, & qui fait la guerre avec trop de succès d'un côté ; si l'on parvient à l'obliger de les interrompre pour venir au secours de la place, la *levée du siége*, loin d'avoir rien d'humiliant, est au contraire une preuve de la réussite du projet qu'on avoit eu d'éloigner l'ennemi pour quelque tems d'un pays ou d'une province où il étoit difficile de résister à toutes ses forces. Cette espece de ruse peut donner le loisir de se fortifier contre lui, & faciliter les moyens de s'opposer à ses progrès.

Lorsqu'on est obligé de *lever le siége* d'une place, on détruit non seulement ce qu'on ne peut emporter qui pourroit servir à l'ennemi ; mais l'on doit encore ravager une bonne partie du pays, *afin*, dit M. le marquis de Santacrux, *que la désolation des peuples étouffe les voix de ceux qui voudroient chanter des triomphes.* Il nous paroît que cette dévastation seroit bien foiblement justifiée par ce motif ; le véritable doit être de le dédommager, autant qu'il est possible, de la dépense du siége ; d'obliger l'ennemi de ravitailler le pays, & d'empêcher qu'il n'en tire aucun secours pour ses subsistances. (*q*)

LEVER (*Jurisprud.*) a différentes significations.

Quelquefois il signifie *ôter* un empêchement, comme *lever* des défenses, *lever* une opposition.

Lever des scellés, c'est ôter juridiquement les sceaux qui avoient été apposés sur quelque chose. *Voyez* SCELLÉ.

Lever un acte, c'est s'en faire délivrer une expédition.

Lever la main, c'est lorsqu'on éleve la main pour donner la solemnité ordinaire à une affirmation que l'on fait. *Voyez* AFFIRMATION.

Lever une charge aux parties casuelles, c'est acheter une charge qui étoit tombée aux parties casuelles. *Voyez* OFFICE & PARTIES CASUELLES.

Lever un corps mort, quand on parle d'officiers de justice, signifie faire le procès-verbal de l'état auquel on a trouvé un cadavre, & le faire transporter dans quelque autre endroit ; quand on parle d'un corps *levé* par un curé, vicaire, ou autre ecclésiastique faisant fonction curiale, signifie faire enlever le corps d'un défunt pour lui donner la sépulture.

(*A*)

LEVER L'ANCRE. (*Marine.*) *Voyez* ANCRE.

Lever l'ancre avec la chaloupe, c'est lorsqu'on envoie la chaloupe qui tire l'ancre par son orin, & qui la porte à bord.

Lever l'ancre d'affourché avec le navire, c'est lorsqu'on file du cable de la grosse ancre qui est mouillée, & que l'on vire sur l'ancre d'affourché jusqu'à ce qu'elle soit à bord.

Lever une amarre ou *une manœuvre*, c'est démarer cette amarre ou cette manœuvre. On dit leve l'amarre pour changer de bord, mais on ne dit pas *leve l'écoute.*

Lever le lof, c'est démarrer le couet qui tient le point de la voile, & peser sur le cargue point.

Leve le lof de la grande voile ; c'est de cette sorte qu'on fait le commandement pour *lever* le grand lof. On dit leve le lof de misene, leve, lorsqu'on commande pour la voile nommée misene.

Lever la fourrure du cable, c'est ôter de dessus le cable la garniture de toile ou de corde qu'on y avoit mise pour sa conservation.

Lever les terres, c'est observer à quel air de vent les terres vous restent, & représenter sur le papier comment elles paroissent situées dans un certain point de vûe.

LEVER, *en termes de Finances*, c'est faire le recouvrement des droits dûs par les particuliers.

LEVER (*Com.*) *de l'étoffe, du drap, de la serge*, c'est acheter chez un marchand ces sortes de marchandises à l'aune, ou les faire couper à la piece. On dit en ce sens, *je m'en vais lever tant d'aunes de drap ou de velours pour me faire un habit.*

Lever boutique, c'est louer une boutique, & la remplir d'un assortiment de marchandises pour en faire négoce, & la tenir ouverte aux marchands qui se présentent pour acheter. *Diction. de commerce.*

LEVER ;

LEV   LEV

LEVER, *en terme de Blondier*, c'est l'action de diviser les écales d'un tiers ; ce qui se fait à la main, & est d'autant moins difficile que ces écales sont distinguées visiblement les unes des autres. *Voyez* ÉCALES : on dit, *lever les écales, & découper les centaines*.

LEVER, faire la pâte, *en terme de Boulangerie*, c'est faire revenir la pâte dans des bannes, en toile. *Voy.* COUCHER LA PASTE.

LEVER, (*Jardinage.*) on dit qu'une graine *leve*, quand elle commence à sortir de terre.

On dit encore, *lever un arbre en motte* ; opération qui demande des ouvriers adroits, mais admirable pour jouir en peu de tems d'un beau jardin.

Après avoir choisi un arbre dans la pepiniere, on le fera déchauffer tout autour, avant les gelées, pour former une motte, à moins que la terre ne soit assez forte pour se soutenir d'elle-même. Si cette motte étoit grosse de trois ou quatre piés de tour, on la renfermeroit dans des claies ou manequins faits exprès pour la maintenir dans le transport ; on rafraîchit seulement les longues racines, c'est-à-dire, que l'on coupe leur extrémité, & on les étend dans le trou préparé en les garnissant de terre à l'ordinaire.

La maniere de planter & d'aligner ces arbres est toujours la même, il faut seulement observer de les arroser souvent & de les soutenir avec des perches contre les grands vents qui en empêcheroient la reprise.

LEVER LA LETTRE, *terme d'Imprimeur*, usité pour désigner l'action du compositeur lorsqu'il prend dans la casse les lettres les unes après les autres, qu'il les arrange dans le compositeur pour en former des lignes, dont le nombre répété fait des pages, puis des formes. *Voyez l'art*, IMPRIMERIE.

LEVER, *en Manege*, est une des trois actions des jambes d'un cheval ; les deux autres sont l'arrêt & l'allure. *Voyez* AIR, *&c.*

Le *lever* des jambes du cheval pour les cabrioles, les courbettes, *&c.* est regardé comme bon, quand il le fait hardiment & à l'aise, sans croiser les jambes, sans porter les piés trop en-dehors ou en-dedans, & cependant en étendant les jambes suffisamment.

Il faut *lever* le devant à un cheval après l'arrêt formé. *Voyez* ARRÊT.

Lorsque le cheval est délibéré au terre-à-terre, on lui apprend à *lever haut*, en l'obligeant de plier les jambes le plus qu'il est possible, pour donner à son air une meilleure grace ; & quand il est bien délibéré à se *lever haut* du devant, on le fait attacher entre deux piliers pour lui apprendre à *lever le derriere*, & à *lever* des deux jambes à-la-fois.

LEVER LE SEMPLE, (*Manufacture en soie.*) c'est remonter les lacs & les gavassines d'un *simple* pour travailler l'étoffe.

LEVER, *en terme de Vannerie*, c'est plier les lattes du fond à une certaine distance pour faire le bord de la piece qu'on travaille.

LEVERPOOL, *ou* LIVERPOOL, en latin *Liserpalus*, (*Géog.*) petite ville d'Angleterre, dans le comté de Lancastre, à 18 milles de Chester, 150 N. O. de Londres, & à l'embouchure du Mersey, dans la mer d'Irlande, où elle a un grand port ; elle a droit de députer au parlement. *Long.* 13. 30. & selon Street, 14. 56. 15. *lat.* 53. 16. & selon Street, 53. 22. (*D. J.*)

LEVEURS, f. m. *terme de Papeterie* : c'est ainsi qu'on appelle les ouvriers qui levent les feuilles de papier de-dessus les feutres pour en former le drapant, qui est une machine faite comme un chevalet de peintre, sur les chevilles de laquelle on met une planche ; c'est sur cette planche qu'on arrange les feuilles de papier les unes sur les autres. *Voyez* PAPIER, & *les Planches de Papeterie*.

LEUGAIRE COLONNE, (*Littér.*) colonne itinéraire des Romains découverte dans les Gaules, où les distances sont marquées par le mot *leuga*.

Tout le monde sait l'usage où les Romains étoient de placer de mille en mille pas le long de leurs routes, des colonnes de pierre, sur lesquelles ils marquoient la distance des différens lieux à la ville où chaque route commençoit.

Mais 1°. les colonnes itinéraires découvertes dans les Gaules & dans le voisinage au de-là du Rhin, ont une singularité qu'on ne voit point sur celles d'aucun autre pays ; c'est que les distances y sont quelquefois marquées par le nombre des lieues, *leugis*, & non par celui des milles.

2°. Ces sortes de colonnes ne se rencontrent que dans la partie des Gaules, nommée par les Romains *comata* ou *chevelue*, & dont César fit la conquête ; dans tout le reste, on ne voit que des colonnes milliaires.

3°. Quelquefois dans le même canton, & sous le même empereur, la distance d'une station à l'autre étoit exprimée à la romaine & à la gauloise, c'est-à-dire en milles ou en lieues, non pas à-la-fois sur une même colonne, mais sur des colonnes différentes.

4°. Le mot *leuga* ou *leonga*, est originairement gaulois ; il vient du mot celtique *leong* ou *leak*, une pierre ; d'où l'on doit inférer que l'usage de diviser les chemins en lieues, & de marquer chaque division par une pierre, étoit vraissemblablement connu des Gaulois avant que les Romains les eussent soumis à leur empire. (*D. J.*)

LEUH, (*Hist. mod.*) c'est ainsi que les Mahométans nomment le livre dans lequel, suivant les fictions de l'alcoran, toutes les actions des hommes sont écrites par le doigt des anges.

LEVI, *ou* LEVÉ, (*Géog. anc.*) & par Polybe, *l. II. c. xvij.* Laus, Laoi, ancien peuple d'Italie, dans la Ligurie, proche les Insubriens, le long du Pô. Pline dit : les *Leves* & les Marigues bâtirent *Ticinum* (Pavie) près du Pô ; ainsi les *Leves* étoient aux environs de Pavie, & occupoient le Pavesan. (*D. J.*)

LEVIATHAN, f. m. (*Hist. nat.*) nom que les Hébreux ont donné aux animaux cétacés, tels que les baleines.

LEVIATHAN, (*Théol.*) est le nom de la baleine dont il est parlé dans Job, *chap. xlj.* Les rabins ont écrit de plaisantes choses de ce *leviathan* : ils disent que ce grand animal fut créé dès le commencement du monde, au cinquieme jour avec la femelle, que Dieu châtra la femelle, & qu'il tua la femelle, & qu'il la sala pour la conserver jusqu'à la venue du messie ; qu'on régalera ce grand festin où l'on servira cette baleine ou *leviathan*. Ce sont-là les fables des talmudistes touchant le *leviathan*, dont il est aussi fait mention dans les chapitres du rabin Éliezer, & dans plusieurs autres auteurs juifs. Les plus sages néanmoins d'entre eux, qui voyent bien que cette histoire du *leviathan*, n'est qu'une pure fiction, tâchent de l'expliquer comme une allégorie, & disent que leurs anciens docteurs ont voulu marquer le diable par cet animal *leviathan*. Il est certain que la plûpart des contes qui sont dans le talmud, & dans les anciens livres des Juifs, n'ont aucun sens, si on ne les prend allégoriquement. Samuel Bochart a montré dans son *hierozoïcon*, que *leviathan* est le nom hébreu du crocodile, *pag.* 2. *l. IV. c. xvj. xvij. & xviij.* Buxtorf , *synagog. jud. & distionn.*

LEVIER, f. m. *en Méchanique*, est une verge inflexible, soutenue sur un seul point ou appui, & dont on se sert pour élever des poids, laquelle est presque dépourvue de pesanteur, ou au-moins n'en a qu'une qu'on peut négliger. Ce mot vient du verbe *lever*, qui vient lui-même du latin *elevare*.

Le *levier* est la premiere des machines simples, comme étant en effet la plus simple de toutes, & on s'en sert principalement pour élever des poids à de petites hauteurs. *Voyez* MACHINE & FORCES MOUVANTES.

Il y a dans un *levier* trois choses à considérer, le poids qu'il faut élever ou soutenir, comme *O*, (*Pl. de Méchanique*, *fig. 1*.), la puissance par le moyen de laquelle on doit l'élever ou le soutenir comme *B*, & l'appui *D*, sur lequel le *levier* est soutenu, ou plûtôt sur lequel il se meut circulairement, cet appui restant toûjours fixe.

Il y a des *leviers* de trois especes; car l'appui *C*, est quelquefois placé entre les poids *A* & la puissance *B*, comme dans la *figure premiere*, & c'est ce qu'on nomme *levier de la premiere espece*; quelquefois le poids *A* est situé entre l'appui *C* & la puissance *B*, ce qu'on appelle *levier de la seconde espece*, comme dans la *fig. 2*. & quelquefois enfin la puissance *B* est appliquée entre le poids *A*, & l'appui *C*, comme dans la *fig. 3*. ce qui fait le *levier de la troisieme espece*.

La force du *levier* a pour fondement ce principe ou théorème, que l'espace ou l'arc décrit par chaque point d'un *levier*, & par conséquent la vitesse de chaque point est comme la distance de ce point à l'appui; d'où il s'ensuit que l'action d'une puissance & la résistance du poids augmentent à proportion de leur distance de l'appui.

Et il s'ensuit encore qu'une puissance pourra soutenir un poids lorsque la distance de l'appui au point de *levier* où elle est appliquée, sera à la distance du même appui au point où le poids est appliqué, comme le poids est à la puissance, & que pour peu qu'on augmente cette puissance, on élevera ce poids. *Voyez* la démonstration de tout cela *au mot* PUISSANCE MÉCHANIQUE, & plus au long encore *au mot* BALANCE, machine qui a beaucoup d'analogie avec le *levier*, puisque le *levier* n'est autre chose qu'une espece de balance ou de peson pour élever des poids, comme la balance est elle-même une espece de *levier*.

La force & l'action du *levier* se réduisent facilement à des propositions suivantes.

1°. Si la puissance appliquée à un *levier* de quelque espece que ce soit, soutient un poids, la puissance doit être au poids en raison réciproque de leurs distances de l'appui.

2°. Etant donné le poids attaché à un *levier* de la premiere ou seconde espece, *A B*, *fig. premiere*, la distance *C V*, du poids à l'appui, & la distance *A*, *C*, de la puissance au même appui, il est facile de trouver la puissance qui soutiendra le poids. En effet, supposons le *levier* sans pesanteur, & que le poids soit suspendu en *V*, si l'on fait comme *A C* est à *C V*, le poids *V* du *levier* est à un quatrieme terme, on aura la puissance qu'il faut appliquer en *A*, pour soutenir le poids donné *V*.

3°. Si une puissance appliquée à un *levier* de quelque espece que ce soit, enleve un poids, l'espace parcouru par la puissance dans ce mouvement est à celui que le poids parcourt en même tems, comme le poids est à la puissance qui seroit capable de le soutenir; d'où il s'ensuit que le gain qu'on fait du côté de la force est toûjours accompagné d'une perte du côté du tems & réciproquement. Car plus la puissance est petite, plus il faut qu'elle parcoure un grand espace pour en faire parcourir un fort petit au poids.

De ce que la puissance est toûjours au poids comme la distance du poids au point d'appui est à la distance de la puissance au même point d'appui, il s'ensuit que la puissance est plus grande ou plus petite, ou égale au poids, selon que la distance du poids à l'appui est plus grande ou plus petite, ou égale à celle de la puissance. De-là on conclura, 1°. que dans le *levier* de la premiere espece, la puissance peut être ou plus grande ou plus petite, ou égale au poids; 2°. que dans le *levier* de la seconde espece, la puissance est toûjours plus petite que le poids; 3°. qu'elle est toûjours plus grande dans le *levier* de la troisieme espece; & qu'ainsi cette derniere espece de *levier*, bien loin d'aider la puissance quant à sa force absolue, ne fait au contraire que lui nuire. Cependant cette derniere espece est celle que la nature a employée le plus fréquemment dans le corps humain. Par exemple, quand nous soutenons un poids attaché au bout de la main, ce poids doit être considéré comme fixé à un bras de *levier* dont le point d'appui est dans le coude, & dont par conséquent la longueur est égale à l'avant bras. Or ce même poids est soutenu par un bras de *levier* dont la direction est fort oblique à ce bras de *levier*, & dont par conséquent la distance au point d'appui est beaucoup plus petite que celle du poids. Ainsi l'effort des muscles doit être beaucoup plus grand que le poids. Pour rendre raison de cette structure, on remarquera que plus la puissance appliquée à un *levier* est proche du point d'appui, moins elle a de chemin à faire pour en faire parcourir un très-grand au poids. Or l'espace à parcourir par la puissance, étoit ce que la nature avoit le plus à ménager dans la structure de notre corps. C'est pour cette raison qu'elle a fait la direction des muscles fort peu distante du point d'appui; mais elle a dû aussi les faire plus forts en même proportion.

Quand deux puissances agissent parallelement aux extrémités d'un *levier*, & que le point d'appui est entre deux, la charge du point d'appui sera égale à la somme des deux puissances, de maniere que si l'une des puissances est, par exemple, de 100 livres, & l'autre de 200, la charge du point d'appui sera de 300. Car en ce cas les deux puissances agissent dans le même sens; mais si le *levier* est de la seconde ou troisieme espece, & que par conséquent le point d'appui ne soit pas entre les deux puissances, alors la charge de l'appui sera égale à l'excès de la plus grande puissance sur la plus petite; car alors les puissances agissent en sens contraire.

Si les puissances ne sont pas paralleles, alors il faut les prolonger jusqu'à ce qu'elles concourent, & trouver par le principe & la composition des forces (*voyez* COMPOSITION) la puissance qui résulte de leur concours.

Cette puissance, à cause de l'équilibre supposé, doit avoir une direction qui passe par le point d'appui, & la charge du point d'appui sera évidemment égale à cette puissance. *Voyez* APPUI.

Au reste, nous avons déja remarqué *au mot* BALANCE, & c'est une chose digne de remarque, que les propriétés du *levier* sont plus difficiles à démontrer rigoureusement lorsque les puissances sont paralleles, que lorsqu'elles ne le sont pas. Tout se réduit à démontrer que, si deux puissances égales sont appliquées aux extrémités d'un *levier*, & qu'on place au point du milieu une puissance qui leur fasse équilibre, cette puissance sera égale à la somme des deux autres. Cela paroit n'avoir pas besoin de démonstration; cependant la chose n'est pas évidente par elle-même, puisque les puissances qui se font équilibre dans le *levier*, ne sont pas directement opposées les unes aux autres; & on pourroit croire confusément, que plus les bras du *levier* sont longs, tout le reste étant égal, moins la troisieme puissance doit être grande pour soutenir les deux autres, parce qu'elles lui sont pour ainsi dire, moins directement opposées. Cependant il est certain par la théorie de la balance (*voyez* BALANCE), que cette troisieme puissance est toujours égale à la somme des deux autres ; mais la démonstration qu'on en donne, quoique vraie & juste est indirecte.

Il ne sera peut-être pas inutile d'expliquer ici un paradoxe de méchanique, par lequel on embarrasse ordinairement les commençans, au sujet de la propriété du *levier*. Voici en quoi consiste ce paradoxe : on attache à une regle AB, *fig.* 3. n°. 2. *Méchan.* deux autres regles FC, ED, par le moyen de deux clous B & A, & les regles FC, ED, sont mobiles autour de ces clous ; on attache de même aux extrémités de ces dernieres regles deux autres regles FE, CD, aussi mobiles autour des points CD ; en sorte que le rectangle $FCDE$, puisse prendre telle figure & telle situation qu'on voudra, comme $fcde$, les points A & B, demeurant toûjours fixes. Au milieu de la regle FE, & de la regle CD, on plante vis-à-vis l'une de l'autre deux bâtons HGO, INP, perpendiculaires & fixément attachés à la regle. Cela posé, en quelque endroit des bâtons qu'on attache les poids égaux HI, ils font toûjours en équilibre, même lorsqu'ils ne sont pas également éloignés du point d'appui A ou B. Que devient donc, dit-on, cette regle générale, que des puissances égales appliquées à un *levier*, doivent être également distantes du point d'appui ?

On rendra aisément raison de ce paradoxe, si on fait attention à la maniere dont les poids HI agissent l'un sur l'autre. Pour le voir bien nettement, on décomposera les efforts des poids HI, (*fig.* 3. *n.* 3.) chacun en deux, dont l'un pour le poids H, soit dans la direction fH, & l'autre dans la direction He ; & dont l'un pour le poids I, soit dans la direction CI, & l'autre dans la direction ID. Or l'effort CI se décompose en deux efforts Cn & CQ ; & de même l'effort ID se décompose en deux efforts Dn & DO. Donc la verge CD est tirée suivant CD par une force $= Cn + nD$; & l'on trouvera de même que la verge fe est tirée suivant fe par une force $= fe$. Donc puisque $BC = Bf$, & $CD =$ & parallele à fe, les deux efforts suivans CD & fe se font équilibre. Maintenant on décomposera de même l'effort suivant CQ en deux, l'un dans la direction de BC, lequel effort sera détruit par le point fixe & immobile B, l'autre suivant CD ; & on décomposera ensuite l'effort qui agit au point D, suivant CD en deux autres, l'un dans la direction DA, qui sera détruit par le point fixe A, & l'autre dans la direction DC ; & on trouvera facilement que cet effort est égal & contraire à l'effort qui résulte de l'effort CQ suivant CD. Ainsi ces deux efforts se détruiront : on en dira de même du point H ; ainsi il y aura équilibre.

Nous croyons devoir avertir que l'invention de ce paradoxe méchanique est dû à M. de Roberval, membre de l'ancienne académie des Sciences, & connu par plusieurs ouvrages mathématiques, dont la plupart ont été imprimés après sa mort. Le docteur Desaguliers, membre de la société royale, mort depuis peu d'années, a parlé assez au long de ce même paradoxe dans ses leçons de Physique expérimentale, imprimées en anglois & in-4°. mais il n'a point cité M. de Roberval, que peut-être il ne connoissoit pas pour en être l'auteur.

Au reste il est indifférent (& cela suit évidemment de la démonstration précédente), que les points NG, (*fig.* 3. *n.* 2.) soient placés ou non au milieu des regles CD, FE. On peut placer les regles PI, HO, par-tout ailleurs en CD, FE, & la démonstration aura toujours lieu. Je dois avertir que l'équilibre dans la *balance de Roberval* (car c'est ainsi qu'on appelle cette machine), est assez mal démontré dans la plupart des ouvrages qui en ont parlé ; & je ne sais même s'il se trouve dans aucun ouvrage une démonstration aussi rigoureuse que celle que nous venons d'en donner.

J'ai dit plus haut que tout se réduisoit à démontrer que dans la balance à bras égaux, la charge est égale à la somme des deux poids. En effet, cette proposition une fois démontrée, on n'a qu'à substituer un appui fixe à l'un des deux poids, & au centre de la balance une puissance égale à leur somme, & on aura un *levier*, où l'une des puissances sera 1 & l'autre 2, & dans lequel les distances au point d'appui, seront comme 1 & 2. Voilà donc l'équilibre démontré dans le cas où les puissances sont dans la raison de 2 à 1 ; & on pourra de même le démontrer dans le cas où elles seront dans tout autre rapport : nous en disons assez pour mettre sur la voie de la démonstration les lecteurs intelligens. Ainsi toutes les lois de l'équilibre se déduiront toujours de la loi de l'équilibre dans le cas le plus simple. *V.* ÉQUILIBRE. (*O*)

LEVIER, *dans l'art de bâtir*, est une piece de bois de brin qui, par le secours d'un coin nommé *orgueil*, qui est posé dessous le bout qui touche à terre, aide à lever avec peu d'hommes une grosse pierre. Lorsqu'on pese sur le *levier*, on dit *faire une pesée* ; & lorsqu'on l'abat avec des cordages à cause de sa trop grande longueur & de la grandeur du fardeau, on dit *faire un abatage* ; ce qui s'est pratiqué avec beaucoup d'art & d'intelligence, pour enlever & poser les deux cimaises du grand fronton du Louvre. *Voyez les notes* de M. Pérault *sur* Vitruve, *l.* X. *c.* xviij.

LEVIER, (*Charpente.*) est un gros bâton qui sert aux Charpentiers à remuer les pieces de bois, & à faire tourner le treuil des engins, &c. Sa longueur n'est point déterminée ; ceux des Charpentiers sont ordinairement de quatre à cinq piés. *Voyez nos Pl. de Charpente & leur explic.*

LEVIER, *outil d'Horlogerie*, qui sert à égaler la susée au ressort. *Voyez nos Pl. d'Horlogerie.*

Il est composé d'une verge ou branche AB, un peu longue, d'une espece de pince E, dans laquelle il y a un trou quarré, qui sert à le faire tenir sur le quarré de la fusée, & d'un poids P, porté sur une autre petite verge V, qui a une piece percée quarrément, pour pouvoir s'ajuster & glisser sur la verge AB, qui doit être quarrée au-moins vers le bout. Les deux vis VS, serrent la pince de la maniere suivante. La vis marquée S, n'entre point dans la partie A de la mâchoire Aaa ; son bout pose seulement dessus, & elle est vissée dans la partie ES ; de façon que lorsqu'on la tourne dessus elle fait bercer cette mâchoire, & fait approcher le bout E de G. L'autre vis V passe au-travers la mâchoire EF, & se visse dans l'autre AG. Au moyen de cet ajustement on serre d'abord le quarré, que l'on met dans la pince, par la vis V ; ensuite on tourne l'autre S, afin que les extrémités E & G des deux mâchoires, pincent bien le quarré. Quand il n'y a que la seule vis V, la pince est sujette à bailler par le bout ; ce qui fait que le *levier* saute de dessus le quarré de la fusée, d'où il arrive souvent que l'on casse le ressort & la chaine.

Pour s'en servir, on met le barillet avec le ressort & la fusée dans la cage, & on ajuste la chaine dessus, comme l'on voulait faire aller la montre ; notez qu'on n'y met aucune des autres pieces du mouvement. Ensuite on place E du *levier* sur le quarré de la fusée, & on l'y fait bien tenir au moyen des deux petites vis VS ; de sorte qu'alors le *levier* est fixement adapté à ce quarré. Tout étant ainsi préparé, on se sert du *levier* comme d'une clef ; & faisant comme si l'on vouloit remonter la montre, on le tourne jusqu'à ce que la chaine soit parvenue au haut de la fusée. Ce qui, comme nous l'avons dit à *l'article* FUSÉE, bande le reſſort d'autant de tours préciſément, que la chaine envelop-poit de fois le barillet. Cette opération faite, on lâche le *levier*, & on voit ſi lorſqu'il eſt horiſontal, l'action du reſſort ſur la fuſée fait équilibre avec le poids *P*, qui eſt à ſon extrémité.

Si elle l'emporte, on éloigne le poids de la pince *E*; ſi au contraire c'eſt le *levier*, on l'approche de cette pince: car il eſt clair que par l'un ou par l'autre de ces mouvemens, on augmente ou l'on diminue la force du poids. Ces deux forces étant une fois en équilibre, on examine enſuite ſi cet équilibre a lieu dans tous les points de la fuſée, depuis ſon ſommet juſqu'à ſa baſe. Si cela arrive, la fuſée eſt égalée parfaitement, & tranſmettra au rouage une force toujours égale, malgré les inégalités de celle du reſſort. Si au contraire cet équilibre n'a pas lieu, & que le reſſort ait le moins de force vers ſa baſe, quelquefois en le bandant un peu, on parvient à cet équilibre. Enfin, lorſque le reſſort tire beaucoup plus fort par une partie de la fuſée que par les autres, on la diminue; & en variant ainſi la bande du reſſort, & diminuant des parties de la fuſée où le reſſort tire trop fort, on parvient à égalir parfaitement la fuſée au reſſort. *Voyez* ÉGALIR, RESSORT, FUSÉE, BANDE, BARILLET, VIS SANS FIN, &c.

On voit facilement que la longueur de la verge ou branche *A B*, ne ſert qu'à diminuer le poids, en conſervant toujours le même moment, ce qui ſe fait pour diminuer le frottement du poids *P* ſur les pivots de la fuſée, & pour approcher davantage de l'état où elle ſe trouve lorſque la montre marche.

Cet outil autrefois n'avoit point de petite verge *V*, de façon que le poids *P* gliſſoit ſur la grande *AB*; mais M. le Roy ayant remarqué que cela augmentoit conſidérablement le frottement ſur le pivot, auquel étoit attaché le *levier*, imagina cette petite verge, au moyen de laquelle en éloignant plus ou moins le poids *P* de la verge *A B*, on parvient à faire paſſer le centre de gravité de toute cette machine entre les deux pivots, ce qui diſtribue le frottement également ſur l'un & ſur l'autre.

LEVIER, (*Jardin.*) eſt un bâton long de 3 à 4 piés, qui ſert à pouſſer les terres ſous les racines pour les garnir & empêcher qu'il ne ſe forme des caves.

LÉVIGATION, ſ. f. (*Pharmacie.*) l'action de réduire en poudre ſur le porphyre. *Voyez* PORPHYRISER.

LÉVIN, *le lac de*, *Levinus lacus*, (*Géog.*) lac de l'Écoſſe méridionale, dans la province de Tiſe. Ce lac eſt remarquable par ſon île, où eſt un vieux château dans lequelle la reine Marie d'Écoſſe fut confinée. Il ſe décharge dans le golfe de Forth, par la riviere de même nom. (*D. J.*)

LÉVITE, ſ. m. (*Théol.*) prêtre ou ſacrificateur hébreu, ainſi nommé parce qu'il étoit de la tribu de Lévi.

Ce mot vient du grec λυίτης, dont la racine eſt le nom de *Lévi*, chef de la tribu de ce nom, dont étoient les prêtres de l'ancienne loi. Ce nom fut donné à ce patriarche par ſa mere Lia, du verbe hébreu *lavah*, qui ſignifie *être lié*, *être uni*, parce que Lia eſpéra que la naiſſance de ce fils lui attacheroit ſon mari Jacob.

Les *Lévites* étoient chez les Juifs un ordre inférieur aux prêtres, & répondoient à-peu-près à nos diacres. *Voyez* PRÊTRES & DIACRES.

Ils n'avoient point de terres en propre, mais ils vivoient des offrandes que l'on faiſoit à Dieu. Ils étoient répandus dans toutes les tribus, qui chacune avoient donné quelques-unes de leurs villes aux *Lévites*, avec quelques campagnes aux environs pour faire paître leurs troupeaux.

Par le dénombrement que Salomon fit des *Lévi-*

tes, depuis l'âge de 20 ans, il en trouva trente-huit mille capables de ſervir. Il en deſtina vingt-quatre mille au miniſtere journalier ſous les prêtres, ſix mille pour être juges inférieurs dans les villes, & décider les choſes qui touchoient la religion, & qui n'étoient pas de grande conſéquence; quatre mille pour être portiers & avoir ſoin des richeſſes du temple, & le reſte pour faire l'office de chantres. *Voyez* TEMPLE, TABERNACLE, &c. *Diction. de Trévoux.*

LÉVITIQUE, ſ. m. (*Théol.*); c'eſt le troiſieme des cinq livres de Moyſe. Il eſt appellé le *lévitique*, parce qu'il y eſt traité principalement des cérémonies & de la maniere dont Dieu vouloit que ſon peuple le ſervît par le miniſtere des ſacrificateurs & des Lévites.

LÉVITIQUES, ſ. f. pl. (*Hiſt. eccléſ.*) branche des Gnoſtiques & des Nicolaïtes. Ils parurent dans les premiers ſiecles de l'Égliſe. *S. Epiphane* les nomme.

LEUK, (*Géog.*) gros bourg de Suiſſe, preſqu'au milieu du Valais, remarquable par la force de ſa ſituation, par l'aſſemblée fréquente des députés du pays avec ceux de l'évêque pour y délibérer ſur les affaires communes, & par les bains de *Leuk* qui ſont à deux lieues. Ce ſont des eaux minérales chaudes, ſans odeur, & dont on a trouvé cinq ſources; *long.* 25. 30. *lat.* 46. 12. (*D. J.*)

LEVONTINA, VALLÉE, (*Géog.*) les Allemands diſent *Levinerthal*; vallée de Suiſſe, dans laquelle on deſcend du mont S. Gothard, lorſqu'on prend la route d'Italie. Ses habitans dépendent en partie de l'évêché de Milan pour le ſpirituel, & du canton d'Uri pour le temporel, en conſéquence du traité de Lucerne conclu en 1466. (*D. J.*)

LEVRAUT, ſ. m. (*Chaſſ.*) c'eſt le petit d'un liévre: les meilleurs *levrauts* ſont ceux qui naiſſent en Janvier; pour s'aſſurer de la jeuneſſe d'un *levraut* de trois quarts, ou qui eſt parvenu à ſa grandeur naturelle, il faut lui prendre les oreilles & les écarter l'une de l'autre; ſi la peau ſe relâche, c'eſt ſigne qu'il eſt jeune & tendre; mais ſi elle tient ferme, c'eſt ſigne qu'il eſt dur & que ce n'eſt pas un *levraut*, mais un lievre.

LÉVRES, ſ. f. (*Anat.*), ſont le bord ou la partie extérieure de la bouche; ou cette extrémité muſculeuſe qui ferme & ouvre la bouche, tant ſupérieurement, qu'inférieurement. *Voyez* BOUCHE.

Les *levres*, outre les tégumens communs, ſont compoſées de deux parties; l'une eſt ferme, qui eſt dure & muſculeuſe; l'autre intérieure, qui eſt molle, ſpongieuſe & glanduleuſe, & couverte d'une membrane fine, dont le devant & la portion la plus éminente eſt rouge, & ſe nomme en latin *prolabia*. Les auteurs ſe contentent ordinairement d'appeller ſpongieuſe la partie intérieure des *levres*; mais réellement elle eſt glanduleuſe, comme on voit par les tumeurs ſcrophuleuſes & carcinomateuſes auſquelles elle eſt ſujette. Les muſcles dont la partie extérieure eſt compoſée, ſont ou communs aux *levres* avec d'autres parties, ou ſont propres. Les communs ſont la troiſieme paire des muſcles du nez, le peaucier, & le buccinateur.

Les muſcles propres des *levres* ſont au nombre de douze paires, ſix inciſifs, deux canins, quatre zigomatiques, deux rieurs, deux triangulaires, deux buccinateurs & un impair, le quarré de la lèvre inférieure; *voyez*-en la deſcription à leur article.

Les arteres qui portent le ſang aux *levres* ſont des branches de carotides, les veines vont ſe décharger dans les jugulaires externes. Les nerfs viennent de la cinquieme & de la ſeptieme & de la huitieme paire de la moëlle alongée. Les *levres* ont beaucoup de part à l'action de la parole, & ſervent beaucoup pour prendre la nourriture, &c.

LEVRES, ou *grandes* LEVRES, ſont auſſi les deux

extrémités des parties naturelles de la femme, entre lesquelles est la fente ou vulve. On les nomme en latin, *labia pudendi*. Ce sont des corps mous & oblongs, d'une substance particuliere, & qu'on ne trouve dans aucune autre partie du corps.

On se sert aussi fort souvent du mot *levre* dans la description des os.

LÉVRES, font aussi les deux bords d'une plaie.

Voilà donc tout ce que l'anatomie fait de la structure de cette partie du visage, appellée *les levres*, qui après les yeux, a le plus d'expression. Les passions influent puissamment sur les *levres* ; la voix les anime, leur couleur vermeille y fixe les regards de l'amour. Secundus les nomme *suaviorum delubra*; *illa rosas spirant*, ajoute-t-il, en parlant de celles de sa maîtresse, & tous les amans tiennent le même langage. Mais on peut dire avec plus de vérité, que chaque mot, chaque articulation, chaque son, produisent des mouvemens différens sur les *levres*; on a vû des sourds en connoître si bien les différences & les nuances successives, qu'ils entendoient parfaitement ce qu'on disoit, en voyant comment on le disoit. C'est pour cela, que les Anatomistes ont tâché d'expliquer le méchanisme de tous ces mouvemens si variés, en disséquant à leur fantaisie, les muscles de cet organe. Mais premierement, leur travail n'aboutit qu'à des généralités fort incertaines. Le muscle buccinateur, disent-ils, applique les joues aux dents molaires ; l'orbiculaire ride, rétrécit, ferme la bouche ; le grand & le petit incisif, dilatent les narines, & relevent la *levre* supérieure tout à-la-fois ; les triangulaires & les canins rapprochent les coins de la bouche, &c. cependant tous ces usages sont d'autant moins sûrs, que le défaut & la variété des jeux qu'on trouve dans ces muscles par la dissection, ne causent dans les vivans ni d'obstacle aux mouvemens de leurs *levres*, ni de différence d'avec les autres hommes. Ajoutez, que tous les muscles qui vont à la commissure des *levres*, forment dans cet endroit un tel entrelacement, qu'on ne sauroit le démêler, quelque habile qu'on soit dans l'art de disséquer. Enfin, la multiplication de tous ces muscles a été portée si loin, qu'il faut l'attribuer, ou à l'embarras de les séparer, ou à l'ouvrage du scalpel, plutôt qu'à celui de la nature.

Remarquons sur-tout ici, que les *levres* offrent à la méditation, une structure aussi curieuse que peu connue. Couvertes de peau & d'un tissu graisseux en dehors, elles sont tapissées d'une membrane glanduleuse en dedans ; elles paroissent de plus avoir un tissu spongieux, qui se gonfle & se dégonfle dans certaines occasions, d'une maniere & de l'action musculaire de leurs portions charnues. Le tissu qui forme le bout rouge des *levres* est encore plus singulier ; il ne ressemble en rien au tissu de la peau, voisine ; son épaisseur est un amas de mamelons veloutés, longuets, très-fins, & très-étroitement collés ensemble ; ce tissu est couvert d'une peau subtile, qui paroît une continuation réciproque de l'épiderme, & de la pellicule qui s'étend sur la membrane glanduleuse de la cavité de la bouche. Ce tissu est d'une extrême sensibilité, comme le prouve l'attouchement le plus léger de la barbe d'un épi d'orge. Cette sensibilité devient fort incommode, quand la *levre* est tant soit-peu dépouillée de la pellicule épidermique. Enfin, la membrane interne de la *levre* supérieure forme une petite bride mitoyenne au-dessus des premieres dents incisives ; on n'en connoît point l'usage ; Ruysch avoit vû une tête d'enfant injectée, où cette bride étoit double.

Les *levres* reçoivent leurs nerfs de la cinquieme paire & de la moelle allongée, & de la portion dure du petit nerf sympatique, dont les ramifications sont dispersées amplement sur toutes ces parties, sans qu'il soit possible d'en suivre le cours. En un mot, toute la structure des *levres* est fort étonnante. (*D. J.*)

LEVRES, *plaies des* (*Chirurg.*) les plaies des *levres* peuvent être faites avec des instrumens ou tranchans, ou émoussés.

Dans les plaies faites par des instrumens tranchans, les maîtres de l'art conseillent, soit que ces plaies soient longitudinales ou transversales, d'en faciliter la réunion avec des emplâtres agglutinatifs, & lorsque les plaies sont un peu considérables, de les saupoudrer avec quelque poudre consolidante, telle que celle de sarcocolle ou autre préparée avec la racine de consoude, la gomme adraganthe, & la gomme arabique. Si la plaie est si grande, qu'elle rende tous ces moyens inutiles, il faut nécessairement en procurer la réunion avec une future.

Dans les *plaies des levres*, occasionnées par des corps émoussés, par une chûte, ou par des armes à feu ; la premiere chose qu'on doit faire, est de préparer la plaie à la suppuration, par quelque onguent digestif ; il faut ensuite la déterger & finalement en réunir les *levres*, par une emplâtre agglutinatif, ou par la future, comme on la pratique pour le bec-de-lievre.

Dans toutes *plaies des levres*, on évitera de parler, & on n'usera que d'alimens qui ne demandent point de mastication. (*D. J.*)

LEVRE, s. f. (*Botan.*) M. de Tournefort a introduit en Botanique ce mot de *levre*, pour exprimer les découpures recourbées ou relevées des fleurs en gueule ; car on peut dire que ces découpures sont en quelque maniere un prolongement des mâchoires de ces sortes de gueules ; aussi les Botanistes ont donné à ces fleurs en général, le nom de *fleurs labiées*. *Voyez* FLEURS LABIÉES, à l'article, FLEURS *des Plantes*, *Botan. Syst.* (*D. J.*)

LEVRES, (*Conchyl.*) en latin, *oræ*; ce sont les bords de la bouche d'une coquille. (*D. J.*)

LEVRE, en *Architecture*. *V.* CAMPANE.

LEVRE *de Cheval*. (*Maréch.*) c'est la peau qui regne sur les bords de la bouche & qui environne les mâchoires. On dit qu'un cheval s'arme de la *levre*, ou se défend de ses *levres*, quand il les a si grosses, qu'elles couvrent les barres, en ôtent le sentiment, & rendent l'appui du mors sourd & pesant. *Voyez* BARRE.

Toute embouchure dont le canon est beaucoup plus large auprès des banquets, qu'à l'endroit de l'appui, empêche un cheval de s'armer des *levres*. *Voyez* CANON, EMBOUCHURE, BANQUET.

LEVRIERS, s. f. (*Chass.*), sont chiens à hautes jambes, qui chassent de vitesse à l'œil & non par l'odorat ; ils ont la tête & la taille déliée, & fort longue : il y en a de plusieurs especes ; les plus nobles sont pour le lievre, & les meilleurs viennent de France, d'Angleterre & de Turquie ; ils sont très-vifs. Il y a des *levriers* à lievres, des *levriers* à loups, & tous les plus grands sont pour courre le loup, le sanglier, le renard & toutes les grosses bêtes ; ils viennent d'Irlande & d'Ecosse, & on les appelle *levriers d'attaque*, les petits *levriers* sont pour courre les lapins.

On appelle aussi *levriers* de levrons d'Angleterre qui chassent aux lapins : on appelle *levriers harpés*, ceux qui ont les devants & les côtés fort ovales, & peu de ventre.

Les *levriers gigotés* sont ceux qui ont les gigots courts & gros, & les os éloignés.

On les dit *levriers nobles*, quand ils ont la tête petite & longue, l'encolure longue & déliée, & la rable large & bienfait.

On nomme *levriers ouvrés*, ceux qui ont le palais noir.

On parle aux *levriers* en criant, *oh levriers* ; & quand ils chaſſent le renard, *hare, hare*.

LEVROUX, (*Géog.*) en latin, *Leproſum*, ou *Lebrèſum* ; ville de France, dans le Berry, élection d'Iſſoudun. Il eſt juſtifié que c'eſt une ville ancienne, par des veſtiges de la grandeur romaine que l'on y remarque encore, tels que la place des arènes, & l'amphithéatre. D'ailleurs, on y a trouvé des médailles & des monnoies romaines. Au commencement du dernier ſiecle, on y découvrit une lame de cuivre, ſur laquelle étoit cette inſcription : *Flavia Cuba, Firmiani filia, Colozzo Deo Marti ſico, hoc ſignum fecit Auguſto* ; tout cela paroît prouver que les Romains ont autrefois habité ce lieu : *Levroux*, eſt au pied d'un côteau, à 5 lieues d'Iſſoudun, & à 15 de Bourges. M. de Valois croit que ce lieu fut ainſi nommé, à cauſe de la multitude de lépreux qu'il y avoit, ou peut-être à cauſe que c'étoit un endroit où on les recevoit dans des hôpitaux. *Long.* 19, 15. *lat.* 47. 2. (*D. J.*)

LEURRE, ſ. m. *terme de Fauconnerie* ; c'eſt une figure garnie de bec, d'ongles & d'aîles, accompagnée d'un morceau de cuir rouge, qui reſſemble un peu au faucon ; les Fauconniers l'attachent à une leſſe par le moyen d'un crochet de corne, & s'en ſervent pour reclamer les oiſeaux de proie ; on y attache de quoi les paître, c'eſt ce qu'on appelle *acharner le leurre*, parce que c'eſt un morceau de chair qu'on y met & qu'on nomme quelquefois *rappel*.

On dit auſſi *duire un oiſeau au leurre*, leurrer un oiſean, c'eſt le faire revenir ſur le poing en lui montrant le *leurre*.

On dit *leurrer bec au vent* ou *contre vent*, à l'égard de l'autour & de l'éperviet. *V.* nos *Pl. de Chaſſes*.

LEUSE, (*Géog.*) *Lutoſa* ; petite ville des pays-bas Autrichiens, dans le Hainaut, à 2 lieues d'Ath, 3 de Condé, 5 de Mons, ſur un petit ruiſſeau. Le prince de Waldeck y fut battu par le maréchal de Luxembourg en 1691. *Long.* 21. 18. *lat.* 50. 34. (*D. J.*)

LEUTKIRCH, (*Géog.*) ville libre & impériale d'Allemagne, en Souabe, dans l'Algow, ſur le torrent d'Eſchach, à ſix milles N. E. de Lindau, quatre O. de Kempten, trois S O. de Memmingen. *Long.* 27. 45. *lat.* 47. 44.

Jean Faber de l'ordre de S. Dominique, & qui fit tant d'écrits contre les Luthériens au commencement du xvj. ſiecle, étoit de *Leutkirch*. Ses principaux ouvrages polémiques, forment 3 vol. *in-folio*. Celui qu'il intitula *Malleus Hæreticorum*, le marteau des hérétiques, lui en valut le ſurnom. Il ſoutint Zuingle, tant qu'il ne prêcha que contre les indulgences ; mais il fulmina contre ſes dogmes & ceux de Luther. Dans la célebre conférence qu'il eut à Zurich en 1526, où on lui alléguoit l'évangile comme regle de la foi, il répondit : « Qu'on auroit bien-tôt fait » en paix, quand il n'y auroit point eu d'évangile ». Cette vivacité qui lui échappa dans la diſpute, ne lui fit point de tort auprès de l'empereur Ferdinand, qui le nomma ſon confeſſeur & lui donna pour récompenſe de ſes travaux l'évêché de Vienne. Eraſme en ayant appris la nouvelle, dit que Luther, malgré ſa pauvreté, trouvoit encore le moyen d'enrichir ſes ennemis. Jean Faber mourut à Vienne en 1541, âgé de 63 ans. (*D. J.*)

LEUTMÉRITZ, (*Géog.*) *Litomerium*, (*Géog.*) ville de Bohême, capitale du cercle de même nom, avec un évêché ſuffragant de Prague, érigé en 1655. Elle eſt ſur l'Elbe, à 8 milles N. O. de Prague, & à 10 S. E. de Dreſde. *Long.* 31. 50. *lat.* 50. 34. (*D. J.*)

LEVURE, ſ. f. (*Braſſerie.*) écume qu'on tire de la biere, lorſqu'elle fermente dans la cuve. *Voyez* DRECHE, BRASSER, &c.

On s'en ſert comme de levain ou de ferment en faiſant le pain, à cauſe qu'elle fait renfler la pâte en très-peu de tems, & qu'elle rend le pain plus léger & plus délicat. Lorſqu'on en employe trop, le pain eſt amer. *Voyez* BOULANGERIE.

L'uſage de la *levure* dans le pain eſt nouveau parmi nous, & il n'y a pas plus de 80 ans qu'il s'eſt introduit, d'abord par l'avarice des boulangers, & ce n'étoit en premier lieu que furtivement qu'ils l'employoient ; mais Pline aſſure que cet uſage étoit connu des anciens Gaulois.

La faculté de Médecine par un decret du 24 Mars 1688, a déclaré que l'uſage de la *levure* étoit nuiſible à la ſanté ; mais elle n'a cependant pu empêcher qu'on ne s'en ſervît. *Voyez* BIERE, BRASSERIE, &c.

LEWARDE, *Leowardia*, (*Géog.*) belle riche & grande ville des Pays-bas, dans la république des Provinces-unies ; elle eſt capitale de l'Oſtergoo, du Weſtergoo & de Sevenwolden, la réſidence du Stadhouder de la province, & le lieu du conſeil ſouverain & de la chancellerie de toute la Friſe. Les bâtimens tant publics que particuliers, ſont beaux & propres. Elle eſt partagée par divers canaux, qui facilitent ſon commerce. Elle eſt ſituée ſur trois rivieres, à 11 lieues O. de Gromingue, 24 N. de Déventer, 26 N. E. d'Amſterdam. *Long.* 23. 17. *lat.* 53. 12.

LEWEN ou LEUW, LEUWE, (*Géog.*) petite ville du Brabant, dans les marais que fait la riviere de Jette, à 4 lieues de Louvain, 2 de Tillemont, 1 de S. Tron. Ses écluſes la rendent très-forte. *Long.* 22. 45. *lat.* 50. 50.

LEWENTZ, (*Géog.*) *Leuca* en latin moderne ; ville de la haute Hongrie, au comté & ſur la riviere de Gran, dans le gouvernement de Neuhauſel, à 5 milles de cette ville, 9 N. E. de Gran. *Long.* 36. 58. *lat.* 48. 15.

LEWES, *Leſva*, (*Géog.*) ville à marché d'Angleterre, dans le Suſſex, ſur une éminence. Elle eſt connue par la bataille qui s'y donna en 1264, ſous Henri III. Elle envoie deux députés au parlement, & eſt à 4 milles de la mer, à 40 de Londres, & preſque à mi-chemin entre Chicheſter & la Rye. *Long.* 17. 40. *latit,* 50. 55. (*D. J.*)

LEXIARQUE, ſ. m. (*Antiq. grecq.*) en grec Ληξίαρχος, officier ou magiſtrat d'Athenes, employé principalement à tenir regiſtre de l'âge & des qualités de l'eſprit & du cœur de tous les citoyens qui pouvoient avoir droit de ſuffrage dans les aſſemblées.

M. Potter dans ſes *Archæol. greques, liv. I. ch. xvj.* dit que les *lexiarques* étoient au nombre de ſix en chef, aſſiſtés de trente autres perſonnes ſous leurs ordres.

Ils enregiſtroient tous les citoyens capables de voter dans une des quatre tribus de la république. On tiroit enſuite de chacune de ces tribus un certain nombre de ſujets pour former les prytanes de l'année, & travailler dans les différens bureaux où on les diſtribuoit, ſelon les matieres dont la diſcuſſion leur étoit renvoyée.

Comme l'on ne recevoit point dans l'aſſemblée les citoyens qui par le manque d'âge n'étoient pas encore enregiſtrés, auſſi forçoit-on les autres de s'y trouver, & même à une certaine heure.

Les *lexiarques* en ſous-ordre, avec une corde teinte d'écarlate qu'ils tenoient tendue, les pouſſoient vers le lieu de l'aſſemblée ; & quiconque paroiſſoit avec quelque grain de cette teinture, portoit, pour ainſi dire, des livrées de pareſſe, qu'il payoit d'une amende, au lieu que l'on récompenſoit de trois oboles l'exactitude & la diligence.

Tous les citoyens écrits dans le regiſtre dont les *lexiarques* en chef étoient dépoſitaires, avoient voix délibérative dès l'âge de vingt ans, à moins qu'un défaut perſonnel ne leur donnât l'excluſion.

Ainſi l'on n'admettoit point aux voix les mauvais fils, les poltrons déclarés, les brutaux qui dans la débauché s'étoient emportés jusqu'à oublier leur sexe, les prodigues & les débiteurs du fisc.

Les femmes jusqu'au tems de Cécrops, avoient eu droit de suffrage; elles le perdirent, dit-on, pour avoir favorisé Minerve dans le jugement du procès qu'elle eut avec Neptune, à qui nommeroit la ville d'Athenes.

Le mot *lexiarque* vient de λнξις, *héritage, patrimoine*, & αρχειν, *commander*, parce que ces magistrats avoient la jurisdiction sur les sujets qui devoient décider des affaires, du bien & du patrimoine de la république. *(D. J.)*

LEXICOGRAPHIE, s. f. *(Gramm.)* la Grammaire se divise en deux parties générales, dont la premiere traite de la parole, c'est l'*Orthologie*; la seconde traite de l'écriture, & c'est l'*Orthographe*. Celle-ci se partage en deux branches, que l'on peut nommer *Lexicographie* & *Logographie*.

La *Lexicographie* est la partie de l'Orthographe qui prescrit les regles convenables pour représenter le matériel des mots, avec les caracteres autorisés par l'usage de chaque langue. On peut voir à l'*article* GRAMMAIRE, l'étymologie de ce mot, l'objet & la division détaillée de cette partie, & sa liaison avec les autres branches du système de toute la Grammaire; & à l'*article* ORTHOGRAPHE, les principes qui en font le fondement. *(B. E. R. M.)*

LEXICOLOGIE, s. f. *(Gramm.)* l'Orthologie, premiere partie de la Grammaire, selon le système adopté dans l'Encyclopédie, se soudivise en deux branches générales, qui sont la *Lexicologie* & la Syntaxe. La *Lexicologie* a pour objet la connoissance des mots considérés hors de l'élocution, & elle en considere le matériel, la valeur & l'étymologie. *Voyez* à l'*article* GRAMMAIRE, tout ce qui concerne cette partie de la science grammaticale. *(B. E. R. M.)*

LEYDE, *Lugdunum Batavorum, (Géog.)* ville des Provinces-unies, capitale du Rheinland; elle est grande, riche, agréable, & la plus peuplée des Provinces-unies, après Amsterdam. C'est aussi une des six premieres villes de la Hollande, ayant 45 bourgs ou villages qui dépendent de son territoire; mais son académie ou son université, fondée en 1565 par le prince d'Orange & les états de la province, est ce qui contribue le plus à son illustration.

On convient assez généralement du nom latin de *Leyde*: les Géographes la reconnoissent pour le *Lugdunum Batavorum*, dont Ptolomée fait une mention honorable, & que l'Itinéraire d'Antonin appelle *Lugdunum ad Rhenum caput Germanorum*. A l'égard de ses anciens noms du pays, Alting vous en instruira.

Il n'est pas aussi facile de décider du tems de sa fondation, quoiqu'il soit prouvé qu'elle est plus ancienne qu'Harlem, fondée en 406 par Lémus fils de Dibbald, roi des Fritons; elle est même plus ancienne que Dort, puisque nous avons vu qu'elle étoit déjà fameuse du tems de Ptolomée qui vivoit sous Antonin Pie, fondateur de Dort. Enfin, dans l'année 1090, on la regardoit pour une seigneurie considérable, & les comtes de Hollande lui donnerent des seigneurs héréditaires avec le titre de Burggraves.

Mais pour passer à des siecles moins reculés, ses citoyens se comblerent de gloire dans le siege que les Espagnols firent de leur ville en 1572, & qu'ils renouvellerent l'année suivante. Cette défense est un des plus grands témoignages historiques de ce que peut sur les hommes l'amour de la liberté. Les habitans de *Leyde*, souffrirent alors tout ce qu'il est possible d'imaginer de plus cruel. La famine & la peste les réduisirent à l'extrémité, sans leur faire perdre courage. Ils manderent leur triste état au prince d'Orange par le moyen des pigeons, pratique ordinaire en Asie, & peu connue des Européens; en- suite, ils firent la même chose que les Hollandois mirent en usage en 1672, lorsque Louis XIV étoit aux portes d'Amsterdam, ils percerent les digues; les eaux de l'Issel, de la Meuse & de l'Océan, inonderent les campagnes, & une flotte de deux cens bateaux apporta du secours dans leur ville par-dessus les ouvrages des Espagnols. Vainement ceux-ci entreprirent de saigner cette vaste inondation, ils n'y purent réussir, & *Leyde* célebre encore aujourd'hui tous les ans, le jour de sa délivrance. La monnoie de papier qu'elle fabriqua avec la légende admirable qui peignoit les sentimens qui l'animoient, *libertatis ergò*, fut toute échangée pour de l'argent quand la ville se trouva libre.

Elle est très-avantageusement située sur le Rhin, dans une plaine, au milieu des autres villes de la Hollande, à une lieue de la mer, 3 de Delft, 6 S. E. de Harlem, 7 O. d'Utrecht, 8 S. O. d'Amsterdam, 6 N. O. de Rotterdam, & 9 de Dort. *Long.* suivant Zumbac, 22^d. $8'$. $48''$. *lat.* 52^d. $12'$.

L'académie de *Leyde* est la premiere de l'Europe. Il semble que tous les hommes célebres dans la république de lettres, s'y sont rendus pour la faire fleurir, depuis son établissement jusqu'à nos jours. Jean Douza, Joseph Scaliger, Saumaise, Adrien Junius, Pierre Forest, Rember Doudoneé, François Rapheleng, Jean Cocceius, François Gomar, Paul Merula, Charles Clusius, Conrard Vorstius, Philippe Cluvier, Jacques Arminius, Jacques Golius, Daniel Heinsius, Dominique Baudius, Paul Herman, Gerard Noodt, Sebultens, Burman, Vitriarius, S'gravesande & Boerhaave, sont les grands éleves sont devenus les médecins des nations; je ne dois pas oublier de joindre à cette liste incomplete, les Gronovius & les Vossius nés dans l'académie.

Les Gronovius nous ont donné tous les auteurs classiques, *cum notis variorum*; mais nous devons à Jacques, mort en 1716 âgé de 71 ans, un nombre étonnant d'autres ouvrages, dont vous trouverez le catalogue dans les *Mém. du P. Niceron tit. II*. Je me contenterai de citer le Trésor des antiquités grecques, *Lug. Bat.* 1697. *en* 13. *vol. in-folio.* Les meilleures éditions des anciens Géographes, Scylax, Agathamer, Palmerins, Manéthon, Etienne de Byzance, Pomponius Méla, Arrien, & la belle édition de Marcellin, *Lug. Bat.* 1693. *in-fol.* & celle d'Hérodote, *Lug. Bat.* 1715. *in-folio.* sont le fruit des veilles de cet illustre littérateur.

(*Gérard Jean*) Vossius, doit appartenir à *Leyde*, quoique né dans le Palatinat, parce que son pere l'emmena en Hollande, n'ayant que six mois, & qu'il y mourut en 1649 âgé de 72 ans. On connoît ses ouvrages latins sur l'origine de l'idolâtrie, les sciences mathématiques, les arts populaires, l'histoire du pélagianisme; les historiens grecs & latins, les poëtes grecs & latins, le recueil étymologique de la langue latine, &c. On les a rassemblés à Amsterdam en 6 vol. *in-folio*. Il laissa cinq fils, Denis, François, Gérard, Matthieu, & Isaac, qui entre eux & leur pere ont rempli le xvij. siecle de leurs ouvrages. C'est à Isaac que M. Colbert écrivit en 1663: « Monsieur, quoique le roi ne soit pas votre » souverain, il veut néanmoins être votre bienfai- » teur, & m'a commandé de vous envoyer la lettre » de change ci-jointe, comme une marque de son » estime, & un gage de sa protection. Chacun sait » que vous suivez l'exemple du fameux Vossius votre » pere, & qu'ayant reçu de lui un nom qu'il a rendu » illustre par ses écrits, vous en conservez la gloire » par les vôtres, &c. » Isaac Vossius mourut à Windsor en 1688, à 71 ans.

Pour ce qui est de Jean Douza (*Jan Vander Does*) que j'ai mis à la tête des hommes qui nés dans le sein de *Leyde*, ont fait fleurir cette ville; il faut ajouter ici que son nom lui est doublement cher, non-seulement comme celui d'un aimable poète & d'un savant, qu'on nommoit pour son érudition le Varron de la Hollande; mais sur-tout celui d'un grand capitaine, au génie duquel elle fut redevable de sa liberté. Le prince d'Orange lui confia la défense de cette place, dans le fameux siege des Espagnols dont j'ai parlé, & que Requésens commandoit. Vander Does, ne trompa point l'opinion favorable qu'on avoit de lui, il défendit constamment sa patrie avec la même valeur & la même sagesse. Doué d'un sang froid admirable, au milieu des plus grands dangers, il soutenoit le courage de ses compatriotes, & répondoit en vers au bas des lettres que le général espagnol lui adressoit pour se rendre, tout ce que l'esprit pouvoit dicter d'ingénieux, & de propre à tromper son ennemi. Il mourut comblé de gloire en 1597 à l'âge de 52 ans. (*D. J.*)

LEYTE, LA, (*Géog.*) riviere d'Allemagne: elle a sa source aux confins de la Styrie & de la basse-Autriche, & finit par arriver à Owar, où elle se joint à une branche du Danube, qui forme le Schut.

LEZ, LE, *ou* LETZ, (*Géogr.*) en latin *Ledus*; petite riviere du Languedoc; elle a sa source dans les Cévennes, coule près de Montpellier, & va se jetter dans la mer par l'étang de Tau, autrement dit *l'étang du Pérotz*. *Voyez* Hadrien de Valois, *not. gallia, p. 263 & 267*. (*D. J.*)

LÉZARD, s. m. (*Hist. nat. Ichthiolog.*) poisson de mer qui a été ainsi nommé, parce qu'il a une belle couleur verte, & qu'il ressemble au *lézard* de terre par la forme du corps & de la bouche; il a la tête grosse, la bouche ouverte, & les dents pointues; il devient long d'une coudée. Rondelet, *hist. des poissons, liv. XV*. *Voyez* POISSON.

LÉZARD ÉCAILLEUX, *lacertus indicus squamosus*, Bont. animal quadrupede qui a trois ou quatre piés de longueur, & même jusqu'à six piés, selon Seba. Il a la tête oblongue & la bouche petite; la langue est très-longue & cylindrique: l'animal la fait sortir au-dehors pour attirer dans sa bouche les insectes dont il se nourrit. Il n'a point de dents: on ne distingue pas le cou; la queue est à-peu-près aussi longue que le corps: les doigts sont au nombre de cinq à chaque pié; ils ont chacun un grand ongle. Le dessous & les côtés de la tête, le dessous du corps & la face interne des jambes, sont couverts d'une peau molle parsemée de quelques poils. Les autres parties sont revêtues de grandes écailles arrondies, striées & roussées; il y a par-dessous quelques gros poils de même couleur: les écailles de la tête sont moins grandes que les autres. Cet animal se pelotonne en appliquant sa tête & sa queue contre son ventre; on le trouve au Brésil & dans les îles de Ceylan, Java & Formose. *Voyez* le *regne animal* par M. Brisson, qui donne au *lézard écailleux* le nom de *pholidote*, & qui fait mention d'une seconde espece sous le nom de *pholidote* à longue queue. *Lacertus squamosus peregrinus*, Rau: celui-ci n'a que quatre doigts à chaque pié, *&c*.

LÉZARD d'*Amérique*, (*Hist. nat.*) Les îles de l'Amérique sont remplies d'une prodigieuse quantité de *lézards* de toutes les sortes. Le plus gros de ces reptiles, qu'on nomme à cet effet *gros lézard*, se tient dans les bois aux environs des rivieres & des sources d'eau vive; on en rencontre qui ont près de cinq piés de longueur depuis le bout du nez jusqu'à l'extrémité de la queue. Toutes les parties de l'animal sont couvertes d'une peau rude, écailleuse, de couleur verte, marquée de petites taches brunes: son corps est porté sur quatre fortes pattes armées chacunes de cinq griffes. Sa tête est moyennement grosse; il a la gueule fendue, les yeux gros & perçans, mais le regard farouche & colere; il porte le long de l'épine du dos, depuis le col jusqu'à la naissance de la queue, une membrane mince, seche, élevée d'environ un pouce, & découpée en plusieurs pointes à-peu-près comme les dents d'une scie. Sous la gorge est une autre membrane plus déliée, un peu jaunâtre & comme chiffonnée: c'est une espece de poche qui s'enfle & s'étend lorsque l'animal se met en colere. Sa queue est forte, souple, trainante, diminuant d'une façon uniforme jusqu'à son extrémité comme un fouet de baleine; elle est fort agile, & cause une sensation très-douloureuse à ceux qui en sont frappés.

La morsure du *lézard* n'est point venimeuse; on doit cependant l'éviter, car l'animal est opiniâtre & ne quitte point qu'il n'ait emporté la piece; il a la vie dure & résiste aux coups de bâton. Les femelles sont plus petites que les mâles; la couleur verte de leur peau est beaucoup plus belle, & paroît comme fardorée. Après qu'elles ont été fécondées, on leur trouve dans le corps un assez bon nombre d'œufs gros comme ceux de pigeons, un peu plus allongés & d'égale grosseur par les deux bouts; ils ont la coque blanche, unie & molle, n'ayant pas plus de consistance qu'un parchemin humide: ces œufs sont totalement remplis de jaune, sans aucun blanc; ils ne durcissent jamais, quelque cuisson qu'on leur donne; ils deviennent un peu pâteux, & n'en sont pas moins bons: on s'en sert souvent pour lier les sauces que l'on fait à la chair du *lézard*, qui peut aussi s'accommoder en fricassée de poulets. Cette chair est blanche, délicate & d'un assez bon goût; on prétend qu'elle subtilise le sang par un long usage. La peau du ventre du *lézard* est très-fine; on croit avoir remarqué que ceux qui s'en nourrissent n'engraissent jamais.

Petit lézard des îles. Il s'en trouve de plusieurs sortes que l'on nomme en général *anolis*, pour les distinguer de la grande espece dont on vient de parler.

Le gros *anoli* que les Negres appellent aussi *arado*, fréquente les bois & les jardins; sa longueur totale est d'environ un pié & demi; sa queue traine à terre, ainsi que celle de tous les *lézards*; il a les pattes de devant plus hautes & moins écartées que celles de derriere; la peau qui lui couvre le dos est grise, rayée de brun & d'ardoise, & celle de dessous le ventre est toute blanche. Cet animal a beaucoup d'agilité; il se nourrit d'herbes, de fruits & d'insectes.

Anoli de terre. Celui-ci est beaucoup plus petit que le précédent; il n'excede guere la longueur de six à sept pouces. Sa peau est brune, rayée de jaune le long des flancs, & parsemée de très-petites écailles luisantes. On le prendroit pour un petit serpent, tant ses pattes sont petites & si peu apparentes qu'on ne les apperçoit que de fort près. Il se montre peu, & se tient presque toujours sous terre ou dans des souches d'arbres pourris.

Gobe-mouche. Cette espece est encore plus petite; mais très-jolie & moins farouche que les autres. Son agilité est extrême: elle a la peau ou d'un verd gai, ou d'un gris cendré, varié de marques blanches & brunes. On en voit une grande quantité dans les jardins & même dans les appartemens, s'occuper à faire la chasse aux mouches & aux autres insectes.

Roquets. Ils ont quelquefois huit à neuf pouces de longueur, leur couleur est grise, mouchetée de brun & de noir; mais ce qui les distingue le plus des autres *lézards*, c'est qu'ils ont la queue un peu recourbée en-dessus, au lieu de l'avoir droite & trainante.

Maboya ou *mabouya*. C'est le plus vilain de tous les *lézards*: aussi les Caraybes ont-ils cru devoir lui imposer le nom qu'ils donnent au demon ou mauvais esprit. Le mot *mabouya* est aussi employé par ces sauvages pour exprimer toutes les choses qu'ils ont en horreur.

Le

Le reptile dont il est question n'a guere plus de sept à huit pouces de longueur ; il est stupide, pesant, applati & comme collé sur les corps qu'il touche. Sa tête paroît écrasée, ayant deux gros yeux ronds sortant en-dehors d'une façon difforme. Il a les pattes grosses, courtes, très-écartées, & armées de griffes toujours ouvertes. Sa peau est flasque, jaunâtre & couverte de taches livides, hideuses à voir. Le *maboya* se gîte dans les plantations de bananiers, dans les souches d'arbres pourris, sous les pierres & dans les charpentes des maisons. Il jette par intervalle un vilain cri semblable au bruit d'une petite crésselle qui seroit agitée par secousses. On craint sa morsure ; & l'on prétend que s'il s'applique sur la chair il y cause une sensation brûlante, mais je n'ai jamais vû personne qui en ait ressenti l'effet. (*M. le Romain.*)

LÉZARD, (*Mat. med.*) Le *lézard* appliqué extérieurement passe pour faire sortir les corps étrangers hors des plaies, & pour attirer le venin des morsures ou piqûres des animaux venéneux. L'onguent fait avec sa chair, est regardé comme un remede contre l'alopécie ; mais ces prétentions ne sont pas moins frivoles que la plûpart de celles qu'on trouve dans tant d'auteurs de medecine, sur les vertus medicinales des animaux.

On fait mention de la fiente de *lézard* séchée dans les poudres composées pour les taies des yeux.

LÉZARDE, s. f. (*Archit.*) terme de bâtiment. On appelle ainsi les crevasses qui se font dans les murs de maçonnerie par vétusté ou malfaçon. Latin, *fissura*.

LEZE, *voyez ci-devant* LESE.

LEZÉ, *voyez ci-devant* LESÉ.

LEZINE, s. f. (*Morale.*) c'est l'avarice qui, pour l'intérêt le plus leger, blesse les bienséances, les usages, & brave le ridicule. C'est un trait de *lézine* dans un ancien officier général fort riche, que de se loger dans une chambre éclairée par une des lanternes de la rue, afin de pouvoir se coucher sans allumer une chandelle. Ce qui n'est qu'avarice dans un bourgeois est *lézine* dans un homme de qualité.

La cupidité est l'avarice en grand ; elle veut envahir, elle blesse visiblement l'ordre général : l'avarice veut acquérir & craint de dépenser ; elle blesse la justice : la *lézine* a de petits objets, soit d'épargne, soit de profit ; elle est ridicule. Il est bien extraordinaire qu'un aussi grand homme que mylord Marlborough ait eu la cupidité la plus insatiable, l'avarice la plus sordide, & la *lézine* la plus ridicule.

LEZION, *voyez ci-devant* LÉSION.

L I

LI, LY, LIS, LYS, s. m. (*Mesure chinoise.*) comme vous voudrez l'écrire, est la plus petite mesure itinéraire des Chinois. Le P. Maffée dit que le *li* comprend l'espace où la voix de l'homme peut porter dans une plaine quand l'air est tranquille & serain ; mais les confreres du P. Maffée ont apprécié le *li* avec une toute autre précision.

Le P. Martini trouve dans un degré 90 mille des chinois ; & comme 250 de ces *pas* font le *li*, il conclut qu'il faut 250 de ces *lis* pour un degré : de sorte que selon lui 25 *lis* font six milles italiques ; car de même que six milles italiques multipliés par dix, font 60 pour le degré, de même 25 *lis*, multipliés par dix, font 250.

Le P. Gouye remarque qu'il en est des *lis* chinois comme de nos lieues françoises, qui ne sont pas de même grandeur par-tout. Le P. Noel confirme cette observation, en disant que dans certains endroits 15 *lis* &, dans d'autres 12, répondent à une heure de chemin ; c'est pourquoi, continue ce jésuite, j'ai cru pouvoir donner 12 *lis* chinois à une lieue de Flandre. Cette idée du P. Noel s'accorde avec ce que dit le P. Verhiest dans sa *cosmographie chinoise*, qu'un degré de latitude sur la terre est de 250 *lis*.

Or je raisonne ainsi sur tout cela ; puisque 250 *lis* chinois font un degré de latitude, & que suivant les observations de l'académie des Sciences le degré est de 57 mille 60 toises, il résulte que chaque *li* est de 208 toises & de six vingt cinquiemes de toise, & que par conséquent la lieue médiocre, la françoise, qui est de 2282 toises du châtelet de Paris, fait environ dix *lis* chinois. (*D. J.*)

LIA-FAIL, s. m. (*Hist. anc.*) C'est ainsi que les anciens Irlandois nommoient une pierre fameuse qui servoit au couronnement de leurs rois ; ils prétendoient que cette pierre, qui dans la langue du pays signifie *pierre fatale*, poussoit des gémissemens quand les rois étoient assis dessus lors de leur couronnement. On dit qu'il y avoit une prophétie qui annonçoit que par-tout où cette pierre seroit conservée, il y auroit un prince de la race des Scots sur le trône aux . siecle. Elle fut enlevée de force par Edouard I. roi d'Angleterre, de l'abbaye de Scône, où elle avoit été conservée avec vénération ; & ce monarque la fit placer dans le fauteuil qui sert au couronnement des rois d'Angleterre, dans l'abbaye de Westminster, où l'on prétend qu'elle est encore. *Voyez Histoire d'Irlande* par Mac-Geogegan.

LIAGE, s. m. (*Jurisprud.*) droit qui se leve au profit de certains seigneurs, non pas sur le vin même, comme l'ont cru quelques auteurs, mais sur les lies des vins vendus en broche dans l'étendue de leur seigneurie.

Le grand bouteiller de France jouissoit de ce droit, & en conséquence prenoit la moitié des lies de tous les vins que l'on vendoit à broche en plusieurs celliers assis en la ville de Paris. Mais plusieurs personnes se prétendoient exemptes de ce droit, entr'autres le chapitre de Paris pour ses sujets ; il avoit toute jurisdiction pour cet objet, suivant les preuves qui en sont rapportées par M. de Lauriere en son *glossaire*, au mot *liage*. Depuis la suppression de l'office de grand bouteiller, on ne connoît plus à Paris ce droit de *liage*.

Il est fait mention de ce droit au livre ancien qui enseigne la maniere de procéder en cour laie, & dans les ordonnances de la prévôté & échevinage de Paris, & dans deux arrêts du seigneur de Noyers, du 7 Avril 1347. (*A*)

LIAGE, *fil de*, (*Manufacture en soie.*) il se dit du fil qui *lie* la dorure ou la soie.

LIAGE, *lisse de*, c'est celle qui fait baisser les fils qui *lient* la dorure & la soie.

LIAIS, PIERRE DE, (*Hist. nat.*) c'est ainsi qu'on nomme en France une espece de pierre à chaux, compacte, dont le grain est plus fin que celui de la pierre à bâtir ordinaire ; elle est fort dure, & sonnante sous le marteau quand on la travaille. Elle peut se scier en lames assez minces, sans pour cela se casser. Comme on peut la rendre assez unie, on en fait des chambranles de cheminées & d'autres ouvrages propres. C'est la pierre la plus estimée, on l'emploie sur-tout dans la fondation des édifices, parce que la pierre tendre ne vaudroit rien pour cet usage. Les Maçons & ouvriers l'appellent par corruption *pierre de liets*. (—)

LIAIS, (*Draperie.*) *voyez l'article* MANUFACTURE EN LAINE.

LIAIS, chez *les Tisserands*, se dit des longues tringles de bois qui soutiennent les lisses ; de l'assemblage des *liais* & des lisses résulte ce qu'on appelle des *lames*.

LIAISON, s. f. (*Gram.*) c'est l'union de plusieurs choses entr'elles, qualité en conséquence de laquelle elles forment ou peuvent être regardées comme formant un tout. Ce mot se prend au physique & au moral. On dit la *liaison* des idées, la *liaison* des êtres de la nature, la *liaison* d'un homme avec un autre, la *liaison* des caractères de l'écriture, &c. *Voyez* les articles suivans.

LIAISON, (*Métaphysiq.*) principe nécessaire pour l'intelligence du monde considéré sous son point de vûe le plus général, c'est-à-dire entant qu'il est un être composé & modifiable. Cette *liaison* consiste en ce que chaque être qui entre dans la composition de l'univers, a la raison suffisante de sa co-existence ou de sa succession dans d'autres êtres. Empruntons un exemple dans la structure du corps humain. C'est un assemblage de plusieurs organes différens les uns des autres & co-existens. Ces organes sont liés entre eux. Si l'on vous demande en quoi consiste leur *liaison*, & que vous vous proposiez de l'expliquer d'une maniere intelligible, vous déduisez de leur structure la maniere dont ils peuvent s'adapter les uns aux autres, & par-là vous rendez raison de la possibilité de leur co-existence. Si l'on va plus loin, & que l'on vous requiere de dire comment ces organes, entant qu'organes, & relativement à leurs fonctions, sont liés ensemble, vous pouvez encore satisfaire à cette question. Le gosier, par exemple, & l'estomac sont deux organes du corps humain. Si vous ne les considérez que comme des êtres composés, & par rapport à leur matiere, vous pouvez montrer comment l'un s'ajuste commodément à l'autre, en vertu de leur structure: mais si vous les prenez sur le pié d'organes du corps humain, de parties d'un corps humain, de parties d'un corps vivant, dont l'une sert au passage des alimens, & l'autre à leur digestion, ces deux fonctions expliquent distinctement la raison de la co-existence de ces deux organes.

De ce que chaque être a la raison suffisante de sa coexistence ou de sa succession des autres êtres, il s'ensuit qu'il y a une enchaînure universelle de toutes choses, la premiere étant liée à la troisieme par la seconde, & ainsi de suite sans interruption. Rien de plus commun en effet que ces sortes de *liaisons*. Des planches sont attachées l'une à l'autre par des clous qui les séparent, de maniere qu'elles ne se touchent point. La colle est une espece d'amas de petites chevilles, qui s'insérant de part & d'autre dans les pores du bois, forme un corps mitoyen qui sépare & *lie* en même tems les deux parties. Dans une chaîne, le premier anneau tient au dernier par le moyen de tous les autres. Le gosier tient aux intestins par l'estomac. C'est-là l'image du monde entier. Toutes ses parties sont dans une *liaison* qui ne souffre aucun vuide, aucune solution; chaque chose étant *liée* à toutes celles qui lui sont contigues, par celles-ci à celles qui suivent immédiatement, & de même jusqu'aux dernieres bornes de l'univers. Sans cela on ne pourroit rendre raison de rien; le monde ne seroit plus un tout, il consisteroit en pieces éparses & indépendantes, dont il ne résulteroit aucun système, aucune harmonie.

La *liaison* la plus intime est celle de la cause avec l'effet; car elle produit la dépendance d'existence; mais il y en a encore plusieurs autres, comme celles de la fin avec le moyen, de l'attribut avec le sujet, de l'essence avec ses propriétés, du signe avec la chose signifiée, &c. sur quoi il faut remarquer que la *liaison* de la fin avec les moyens suppose nécessairement une intelligence qui préside à l'arrangement, & qui *lie* à tout à la fois l'effet avec la cause qui le produit, & avec sa propre intention. Dans une montre, par exemple, le mouvement de l'aiguille est *lié* d'une double maniere; savoir, avec la structure même de la montre, & avec l'intention de l'ouvrier.

L'univers entier est rempli de ces *liaisons* finales,

qui annoncent la souveraine intelligence de son auteur. Le soleil éleve les vapeurs de la mer, le vent les chasse au-dessus des terres, elles tombent en pluie, & pourquoi? Pour humecter la terre, & faire germer les semences qu'elle renferme. On n'a qu'à lire *Derham*, le *Spectacle de la nature*, pour voir combien les fins des choses sont sensibles dans la nature.

Il n'y a que les êtres finis qui puissent être assujettis à une semblable *liaison*; & l'assemblage actuel des êtres finis, liés de cette maniere entr'eux, forme ce qu'on appelle le *monde*, dans lequel il est aisé d'observer que toutes les choses, tant simultanées que successives, sont indissolublement unies. Cela se prouve également des grands corps, comme ceux qui composent le système planétaire, & des moindres qui font partie de notre globe. Le soleil & la terre sont deux grands corps simultanés dans ce monde visible. Si vous voulez expliquer le changement des saisons sur la terre & leurs successions régulieres, vous ne la trouverez que dans le mouvement oblique du soleil parcourant l'écliptique; car, si vous supposiez que cet astre suive la route de l'équateur, il en résulteroit une égalité perpétuelle de saisons. Otez tout-à-fait le soleil, voilà la terre livrée à un engourdissement perpétuel, les eaux changées en glace, les plantes, les animaux, les hommes détruits sans retour, plus de générations, plus de corruptions, un vrai cahos. Le soleil renferme par conséquent la raison des changemens que la terre subit. Il en est de même des autres planetes relativement à leur constitution & à leur distance du soleil. Les petits corps coexistens sont dans le même cas. Pour qu'une semence germe, il faut qu'elle soit mise en terre, arrosée par la pluie, échauffée par le soleil, exposée à l'action de l'air; sans le secours de ces causes, la végétation ne réussira point. Donc la raison de l'accroissement de la plante est dans la terre, dans la pluie, dans le soleil, dans l'air; donc elle est *liée* avec toutes ces choses.

Cet assemblage d'êtres *liés* entr'eux de cette maniere n'est pas une simple suite ou serie d'un seul ordre de choses; c'est une combinaison d'une infinité de series mêlées & entrelacées ensemble; car, pour ne pas sortir de l'enceinte de notre terre, n'y trouve-t-on pas une foule innombrable de choses contingentes, soit que nous regardions à la composition des substances, soit que nous observions leurs modifications. Il y a plus, une seule serie de choses contingentes se subdivise manifestement en plusieurs autres. Le genre humain est une serie qui dérive d'une tige commune, mais qui en a formé d'autres sans nombre. On peut en dire autant des animaux & même des végétaux. Ceux-ci dans chacune de leurs especes introduisent de pareilles series. Les plantes naissent les unes des autres, soit de semence, soit par la séparation des tiges, soit par toute autre voie. Personne ne sauroit donc méconnoître la multiplicité des series, tant dans le regne animal que dans le végétal. Les autres êtres successifs, par exemple, les météores les plus bisarres & les plus irréguliers forment également des series de choses contingentes, quoique ce ne soit toujours la stricte uniformité d'espece qui regne dans les series organisées. Si de la composition des substances nous passons à leur modification, la même vérité s'y confirme. Considérez un morceau de la surface extérieure de la terre exposée à un air libre, vous la verrez alternativement chaude, froide, humide, seche, dure, molle; ces changemens se succedent sans interruption, durent autant que la suite des siecles, & coexistent aux générations des hommes, des animaux & des plantes. Le corps d'un homme pendant toute la durée de sa vie n'est-il pas le théatre perpétuel d'une suite de scenes qui varient à chaque instant? car à chaque inſtant il ſe fait déperdition & réparation de ſubſtance. De la terre, ſi nous nous élevons aux corps céleſtes, nous ferons en droit de raiſonner de la même maniere. Les obſervations des aſtronomes ne nous permettent pas de douter que toutes les planetes ne ſoient des corps ſemblables à la terre, & ne doivent être compris ſous une eſpece commune. Les mêmes obſervations découvrent ſur la ſurface de ces planetes des générations & des corruptions continuelles. En vertu donc de l'argument tiré de l'analogie, on peut conclure qu'il y a dans toutes les planetes pluſieurs ſeries contingentes, tant de ſubſtances compoſées que de modifications. Le ſoleil, corps lumineux par lui-même, & qui compoſe avec les étoiles fixes une eſpece particuliere de grands corps du monde, eſt également ſujet à divers changemens dans ſa ſurface. Il doit donc y avoir dans cet aſtre & dans les étoiles fixes une ſerie d'états contingens. C'eſt ainſi que de toute la nature ſort en quelque ſorte une voix qui annonce la multiplicité & l'enchaînure des ſeries contingentes. Les difficultés qu'on pourroit former contre ce principe, ſont faciles à lever. En remontant, dit-on, juſqu'au principe des généalogies, juſqu'aux premiers parens, on rencontre la même perſonne placée dans pluſieurs ſeries différentes. Pluſieurs perſonnes actuellement vivantes ont un an célebre commun, qui ſe trouve par conſéquent dans la généalogie de chacun. Mais cela ne nuit pas plus à la multiplicité des ſeries, que ne nuit à un arbre la réunion de pluſieurs petites branches en une ſeule plus conſidérable, & celle des principales branches au tronc. Au contraire c'eſt de-là que tire ſa force l'enchaînure univerſelle des choſes. On objecte encore que la mort d'un fils unique ſans poſtérité rompt & termine tout d'un coup une ſerie de contingens, qui avoit duré depuis l'origine du monde. Mais ſi la ſerie ne ſe continue pas dans l'eſpece humaine, néanmoins la matiere, dont ce dernier individu étoit compoſé, n'étant point anéantie par ſa mort, ſubit des changemens également perpétuels, quoique dans d'autres ſeries. Et d'ailleurs aucune ſerie depuis l'origine des choſes n'eſt venue à manquer, aucune eſpece de celles qui ont été créées ne s'eſt éteinte. Pour acquérir une idée complette de cette matiere, il faut lire toute la premiere ſection de la *Coſmologie* de M. *Wolf*.

LIAISON, eſt en *Muſique* un trait recourbé, dont on couvre les notes qui doivent être *liées* enſemble.

Dans le plein-chant, on appelle auſſi *liaiſon* une ſuite de pluſieurs notes paſſées ſur la même ſyllabe, parce qu'en effet elles ſont ordinairement attachées ou *liées* enſemble.

Quelques-uns nomment encore quelquefois *liaiſon* ce qu'on appelle plus proprement *ſyncope*. *Voyez* SYNCOPE.

Liaiſon harmonique eſt le prolongement ou la continuation d'un ou pluſieurs ſons d'un accord ſur celui qui le ſuit; de ſorte que ces ſons entrent dans l'harmonie de tous deux. Bien *lier* l'harmonie, eſt une des grandes regles de la compoſition, & celle à laquelle on doit avoir le plus d'égard dans la marche de la baſſe fondamentale. *Voyez* BASSE & FONDAMENTAL. Il n'y a qu'un ſeul mouvement permis ſur lequel elle ne puiſſe ſe pratiquer; c'eſt lorſque cette baſſe monte diatoniquement ſur un accord parfait : celui de tels paſſages ne doivent-ils être employés que ſobrement, ſeulement pour rompre une cadence, ou pour ſauver une ſeptieme diminuée. On ſe permet auſſi quelquefois deux accords parfaits de ſuite, la baſſe deſcendant diatoniquement, mais c'eſt une grande licence qui ne ſauroit ſe tolérer qu'à la faveur du renverſement.

La *liaiſon* harmonique n'eſt pas toujours exprimée dans les parties; car, quand on a la liberté de choiſir entre les ſons d'un accord, on ne prend pas toujours ceux qui la forment; mais elle doit au moins ſe ſous-entendre. Quand cela ne ſe peut, c'eſt, hors les cas dont je viens de parler, une preuve aſſurée que l'harmonie eſt mauvaiſe.

Liaiſon, dans nos anciennes muſiques. *Voyez* LIGATURE. (S)

LIAISON, (*Architecture*.) *Maçonnerie en liaiſon*. *Voyez* MAÇONNERIE.

Liaiſon, en *Architecture*, eſt une maniere d'arranger & de *lier* les pierres & les briques par enchaînement les unes avec les autres, de maniere qu'une pierre ou une brique recouvre le joint des deux qui ſont au-deſſous.

Vitruve nomme les *liaiſons* de pierres ou de briques *alterna coagmenta*.

Liaiſons de joint, s'entend du mortier ou du plâtre détrempé, dont on fiche & jointoye les pierres.

Liaiſon à ſec, celle dont les pierres ſont poſées ſans mortier, leurs lits étant polis & frottés au graiz, comme ont été conſtruits pluſieurs bâtimens antiques faits des plus grandes pierres.

On ſe ſert auſſi de ce terme dans la décoration, tant extérieure qu'intérieure, pour exprimer l'accord que doivent avoir les parties les unes avec les autres, de maniere qu'elles paroiſſent être unies enſemble & ne faire qu'un tout harmonieux, ce qui ne peut arriver qu'en évitant l'union des contraires.

LIAISON, dans *la coupe des pierres*, eſt un arrangement des joints, qu'il eſt eſſentiel d'obſerver pour la ſolidité. *A B*, *fig. 17*. repréſente les joints de lit auſſi-bien que les lignes qui lui ſont paralleles, *a a*, *b b*, *c c*, & les joints de tête. Poſer les pierres en *liaiſon*, c'eſt faire enſorte que les joints de tête de différentes aſſiſes qui ſont contiguës, ne ſoient pas vis-à-vis les unes des autres. Comme, par exemple, les joints *a a*, *b b*, ne doivent point être vis-à-vis les uns des autres. Ceux d'une troiſieme aſſiſe pouvoient être vis-à-vis des premiers, comme les joints *c c* vis-à-vis des *a a* : les joints *c e* vis-à-vis des joints *c c* laiſſant toujours une aſſiſe entre deux, & c'eſt une régularité que l'on affecte quelquefois. Lorſque les joints de deux aſſiſes contiguës ſont vis-à-vis les uns des autres, les pierres ſont alors poſées en *déliaiſon*. On ne peut pas mieux comparer ce qu'on appelle *liaiſon* dans la coupe des pierres, qu'à une page d'un livre : les lignes repréſentent les aſſiſes ou joints de lit, & chaque mot une pierre, les ſéparations des mots les joints de tête. On voit clairement que les intervalles des mots dans différentes lignes ne ſont pas vis-à-vis les uns des autres. Ce ſeroit même un défaut, ſi ils s'y rencontroient trop fréquemment, cela feroit des rayures blanches du haut en bas des pages, qu'on appelle en terme d'Imprimerie, *chemin de ſaint Jacques*. (D)

LIAISON, *terme de Cuiſinier*, eſt une certaine quantité de farine, de jaunes d'œufs, & autres matieres ſemblables qu'on met dans les ſauces pour les épaiſſir.

LIAISON, (*Ecriture*.) ſignifie auſſi dans l'écriture le produit de l'angle gauche de la plume, une ligne fort délicate, qui enchaîne les caracteres les uns avec les autres.

Il y en a de deux ſortes; les *liaiſons* de lettres; les *liaiſons* de mots : les premieres ſe trouvent au haut ou au bas des lettres qui ne ſont pas intrinſéquement un ſeul corps, mais deux, comme en *a*, *m*, *n*, &c. & les joignent pour n'en faire qu'un extrinſéquement; les ſecondes ſe trouvent à la fin des finales, & ſont une ſuite de cette finale pour ſervir de chaîne au mot ſuivant.

LIAISONNER, (*Maçonnerie*.) c'eſt arranger les pierres, enſorte que les joints des unes portent ſur le milieu des autres. C'eſt auſſi remplir de mortier ou de plâtre leurs joints, pendant qu'elles font fur leurs cales.

LIANNE, f. f. (*Botan.*) on donne ce nom à un grand nombre de différentes plantes, qui croiffent naturellement dans prefque toute l'Amérique, & principalement aux Antilles: plufieurs de ces plantes font rameufes, bien garnies de feuilles, & couvrent la terre & les rochers ; d'autres, comme le lierre d'Europe, ferpentent & s'attachent à tout ce qu'elles rencontrent ; on en voit beaucoup d'auffi groffes que le bras, rondes, droites, couvertes d'une peau brune, fort unie, fans nœuds ni feuilles, s'élever jufqu'à la cime des plus grands arbres, d'où, après avoir enlacé les branches & n'étant plus foutenue, leur propre poids les fait incliner vers la terre, où elles reprennent racine & produifent de nouveaux jets qui cherchent à s'appuyer fur quelque arbre voifin, ou remontent en ferpentant autour de la maîtreffe *lianne*, ce qui reffemble à des cables de moyenne groffeur : l'ufage que l'on fait de cette *lianne* lui a donné le nom de *lianne à cordes*. On l'appelle encore *lianne jaune*, à caufe d'un fuc de cette couleur qui en découle lorfqu'elle a été coupée.

Les autres *liannes*, dont l'ufage eft le plus connu, font,

1. *Lianne brûlante.* C'eft une efpece de lierre qu'on emploie tout verd dans la compofition de la leffive, qui fert à la fabrication des fucres.

2. *Lianne à concombre.* Celle-ci porte un fruit gros comme un citron de moyenne groffeur, ayant la forme d'un fphéroide très-peu allongé ; la pellicule qui le couvre eft liffe, d'un verd pâle & parfemée de petites pointes peu aiguës, l'intérieur de ce fruit eft tout-à-fait femblable à celui des concombres ordinaires ; on l'emploie aux mêmes ufages.

3. *Lianne à crocs de chiens.* Cette *lianne* produit beaucoup de branches tortueufes, fouples & fortes, garnies de beaucoup d'épines très-aiguës, affez grandes & recourbées comme les griffes d'un chat; fon bois fert à faire des cerceaux pour les barriques où l'on met le fucre. Il ne faut pas la confondre avec la *lianne à barriques*, que l'on emploie auffi à faire des cerceaux, mais dont l'ufage n'eft pas fi bon.

4. *Lianne à eau.* Elle croit abondamment dans les bois & dans les montagnes ; fa propriété la plus connue eft de fervir à défaltérer ceux qui fréquentent les lieux écartés des ruiffeaux & des fources ; lorfqu'ils font preffés de la foif, ils coupent cette *lianne* par le pié, &, après avoir fait une médiocre ouverture à la partie qui eft reftée fufpendue aux rochers ou aux arbres, ils reçoivent par le bout d'en bas la valeur d'une chopine & plus d'une belle eau fraiche, limpide, fans aucun goût ni qualité, malfaifante.

5. *Lianne grife.* Cette efpece eft un peu noueufe, mais très-liante ; fa groffeur approche de celle du petit doigt : on l'emploie au lieu d'ofier pour faire des paniers, des claies & autres ouvrages utiles à la campagne.

6. *Miby. Lianne* de la petite efpece très-menue, fort fouple, fervant à faire des liens & des petits paniers peu-durables.

7. *Lianne à patate.* Ce n'eft autre chofe que la tige des patates, qui rempe à terre & s'étend beaucoup ; on en nourrit les cochons.

8. *Lianne à perfil.* Le bois de cette *lianne* eft de couleur rougeâtre ; il eft dur, folide, & cependant affez liant ; on en fait des bâtons qui ne rompent point.

9. *Lianne à fang.* Cette *lianne* étant coupée, donne quelques gouttes d'une liqueur vifqueufe, rouge comme le fang de bœuf ; teignant les linges & les étoffes blanches, mais cette couleur s'efface à la leffive ; on pourroit peut-être la fixer.

10. *Lianne à favon.* Ainfi nommée par l'effet qu'elle produit, étant écrafée & frottée dans de l'eau claire ; on lui attribue une qualité purgative.

11. *Lianne à ferpent.* Cette *lianne* eft employée dans les remedes contre la morfure du ferpent, on exprime le fuc de la tige & des feuilles, & après l'avoir mêlé avec les deux tiers de tafia ou d'eau-de-vie, on fait boire le tout au patient, & le marc s'applique fur la morfure, cela réuffit quelquefois.

Cette plante dont les propriétés ne font pas bien connues, paroît avoir une qualité narcotique ; elle exhale une odeur forte, défagréable & affoupiffante.

Le nombre des autres *liannes* eft fi confidérable, qu'il faudroit un volume entier pour les décrire toutes exactement.

LIANNE, (*pomme de*) f. f. *Botan*. La *pomme de lianne* eft le fruit d'une plante d'Amérique nommée par quelques auteurs grenadille, ou *fleur de la paffion*. Cette plante s'étend beaucoup, & s'éleve contre tout ce qu'elle rencontre ; elle eft bien garnie de feuilles d'un affez beau verd ; & dans la faifon elle porte une parfaitement belle fleur en campanille ou clochette d'un pouce & demi à deux pouces de diametre, fur autant de hauteur, au fond de laquelle font le piftil & les étamines que l'imagination a fait reffembler aux inftrumens de la paffion.

Cette fleur en clochette n'eft pas compofée de plufieurs pétales, ni même d'une feule, ainfi que le font les fleurs en entonnoir ; mais toute fa circonférence eft formée par un grand nombre de filets affez gros, veloutés, & d'une belle couleur bleue depuis leur extrémité jufqu'environ les deux tiers de leur longueur, le refte étant marqueté de blanc & de pourpre, jufqu'à la partie qui joint le piftil, autour duquel ces filets prennent naiffance, & repréfentent intérieurement un foleil rayonnant, avec de diverfes couleurs. La pofition naturelle de cette fleur eft toujours pendante, & differe beaucoup de la figure défectueufe qu'en ont donné les RR. PP. Dutertre & Labat, dans laquelle ils renverfent les filets en-dehors, pour montrer le piftil à découvert ; c'eft tout le contraire, puifqu'ainfi qu'on l'a déja dit, la fleur reffemble à une campanille ou clochette dont le piftil peut être regardé comme le battant.

Au bout de deux ou trois jours cette fleur fe féche, & le piftil en croiffant fe change en un fruit verd, plus gros qu'un œuf de poule ; la peau de ce fruit acquiert en muriffant une belle couleur d'abricot ; elle eft fort épaiffe, coriace, fouple, unie, un peu veloutée, & belle à voir ; elle renferme intérieurement une multitude de petites graines plates, prefque noires, nageantes dans une liqueur épaiffie en confiftence de gelée claire, un peu aigrelette, fucrée, parfumée, & d'un goût très-agréable ; on la croit rafraichiffante. Pour manger ce fruit, communément on fait avec le couteau un trou à l'une de fes extrémités, au moyen de quoi on en fuce la fubftance, en preffant un peu la peau qui cede fous les doigts comme une bourfe de cuir.

Quelques voyageurs ne confondent la *pomme de lianne* avec la *grenadille* ou *barbadine*; celle-ci eft trois ou quatre fois plus groffe ; fa peau eft épaiffe du petit doigt, extrêmement liffe, & d'un jaune verdâtre très-pâle, comme celle d'un concombre à moitié mûr. La fubftance intérieure de ce fruit eft un peu moins liquide, & plus parfumée que celle de la *pomme de lianne* ; ces deux plantes s'emploient à former de très-jolis berceaux qu'on appelle *tonelles* dans le pays. *Art. de M. le Romain.*

LIANNE, (*Géog.*) petite riviere de France, en Picardie ; elle tire fa fource des frontieres de l'Artois, & se jette dans la Manche, au-deſſous de Boulogne. (*D. J.*)

LIANT, adj. (*Gram.*) Il ſe dit au phyſique & au moral. Au phyſique, il déſigne une ſoupleſſe molle, une élaſticité douce & uniforme dans toute la continuité du corps; c'eſt en ce ſens qu'un reſſort eſt *liant*. Le tiſſu de l'oſier eſt *liant*. Au moral il ſe dit d'un caractere doux, affable, complaiſant, & qui invite à former une liaiſon.

LIARD, ſ. m. (*Monnoie.*) *teruncius*, petite monnoie de billon, qui vaut trois deniers, & fait la quatrieme partie d'un ſol. Louis XI. en fit fabriquer en Guyenne le nom de *hardi*. On en fabriqua en 1658 de cuivre pur, qu'on appella *doubles*, parce qu'ils ne valoient que deux deniers; ils ont été remis à trois deniers au commencement de ce ſiecle, & ont repris leur premier nom de *liard*.

On ignore l'origine de ce mot; les uns prétendent qu'il eſt venu par corruption de *li-hardi*, petite monnoie des princes anglois, derniers ducs d'Aquitaine; d'autres tirent ce mot de *Guignes Liard*, natif de Crémieu, qui inventa, diſent-ils, cette monnoie en 1430; d'autres enfin prétendent qu'elle fut ainſi nommée par oppoſition aux blancs, *ly-blancs*, & qu'étant les premieres pieces qu'on eût vû de billon, on les appella *ly-ards*, c'eſt-à-dire *les noirs*. (*D. J.*)

LIASSE, ſ. f. (*Juriſprud.*) ſe dit de pluſieurs pieces & procédures enfilées & attachées enſemble par le moyen d'un lacet ou d'un tiret.

Lorſqu'il y a pluſieurs *liaſſes* de papiers dans un inventaire, on les cotte ordinairement par premiere, ſeconde, troiſieme, &c. afin de les diſtinguer & de les reconnoitre. (*A*)

LIBAGES, ſ. m. pl. *en Architecture*. Ce ſont des quartiers de pierres dures & ruſtiques, de quatre ou cinq à la voie, qu'on emploie brutes dans les fondations, pour ſervir comme de plate-forme pour aſſeoir deſſus la maçonnerie de moilon ou de pierre de taille.

LIBAN, LE, *Libanus*, (*Géog.*) montagne célebre d'Aſie, aux confins de la Paleſtine & de la Syrie. Nous ne nous arrêterons point à ce que les anciens géographes diſent du *Liban* & de l'*anti-Liban*, parce que nos modernes en ont beaucoup mieux connu la ſituation & l'étendue.

Ils appellent le *Liban* les plus hautes montagnes de la Syrie; c'eſt une chaîne de montagnes qui courent le long du rivage de la mer Méditerranée, du midi au ſeptentrion. Son commencement eſt vers la ville de Tripoli, & vers le cap rouge; il s'étend au-delà de Damas, joignant d'autres montagnes de l'Arabie déſerte. Cette étendue du couchant à l'orient, eſt environ ſous le 35 degré de *latitude*.

L'*anti-Liban*, ainſi nommé à cauſe de ſa ſituation oppoſée à celle du *Liban*, eſt une autre ſuite de montagnes qui s'élevent auprès des ruines de Sidon, & vont ſe terminer à d'autres montagnes du pays des Arabes, vers la Trachonitide, ſous le 34 degré.

Chacune de ces montagnes eſt d'environ cent lieues de circuit, ſur une longueur de 35 à 40 lieues, ce qui eſt facile à comprendre, ſi on fait réflexion qu'elles occupent un eſpace fort vaſte, en trois provinces qu'on appelloit autrefois la *Syrie propre*, la *Cœlé-Syrie*, & la *Phénicie*, ayant une partie de la Paleſtine.

De cette façon, le *Liban* & *l'anti-Liban* pris enſemble, ont à leur midi la Paleſtine, du côté du nord l'Arménie mineure; la Méſopotamie ou le Diarbeck, avec partie de l'Arabie déſerte, ſont à leur orient, & la mer de Syrie du côté du couchant.

Ces deux hautes montagnes ſont ſéparées l'une de l'autre; par une diſtance aſſez égale par-tout; & cette diſtance forme un petit pays fertile, auquel on donnoit autrefois le nom de *Cœlé-Syrie*, ou *Syrie creuſe*; c'eſt une profonde vallée, preſque renfermée de toutes parts. *Voyez de plus grands détails dans* Relandi *Palœſtina*, *les voyages de* Maundrell, *dans le voyage de Syrie & du mont Liban*, par la Roque. Lucien parle d'un temple conſacré à Vénus ſur le mont *Liban*, & qu'il avoit été voir. L'empereur Conſtantin le fit démolir.

Dom Calmet croit que le nom de *Liban* vient du mot hébreu *leban* ou *laban*, qui veut dire *blanc*, parce que cette chaîne de montagnes eſt couverte de neige. (*D. J.*)

LIBANOCHROS, ſ. m. (*Hiſt. nat.*) pierre qui ſuivant Pline reſſembloit par ſa couleur à des grains d'encens ou à du miel.

LIBANOMANCIE, ſ. f. (*Divin.*) divination qui ſe faiſoit par le moyen de l'encens.

Ce mot eſt compoſé du grec λιβανος, *encens*, & μαντεία, *divination*.

Dion Caſſius, *l. XLI. de l'hiſt. auguſt.* parlant de l'oracle de Nymphée, proche d'Apollonie, décrit ainſi les cérémonies uſitées dans la *libanomancie*. On prend, dit-il, de l'encens, & après avoir fait des prieres relatives aux choſes qu'on demande, on jette cet encens dans le feu, afin que ſa fumée porte ces prieres juſqu'aux dieux. Si ce qu'on ſouhaite doit arriver, l'encens s'allume ſur le champ, quand même il ſeroit tombé hors du feu, le feu ſemble l'aller chercher pour le conſumer; mais ſi les vœux qu'on a formés ne doivent pas être remplis, ou l'encens ne tombe pas dans le feu, ou le feu s'en éloigne, & ne le conſume pas. Cet oracle, ajoute-t-il, prédit tout, excepté ce qui regarde la mort & le mariage. Il n'y avoit que ces deux articles ſur leſquels il ne fut pas permis de le conſulter.

LIBANOVA, (*Géog.*) bourg de Grece dans la Macédoine, & dans la province de Jamboli, ſur la côte du golfe de Conteſſa, au pié du Monte-Santo. Le bourg eſt pauvre & dépeuplé; mais c'eſt le reſte de Stagyre, la patrie d'Ariſtote, & cela me ſuffiroit pour en parler. (*D. J.*)

LIBATION, ſ. f. (*Littér. gréq. & rom.*) en grec λοιβὴ & ςπονδή, Hom. en latin *libatio*, *libamen*, *libamentum*, d'où l'on voit que le mot françois eſt latin; mais nous n'avons point de terme pour le verbe *libare*, qui ſignifioit quelquefois *ſacrifier*; de-là vient que Virgile dit *l. VII.* de l'Æneïde, *nunc pateras libate Jovi*; car les *libations* accompagnoient toujours les ſacrifices. Ainſi pour lors les *libations* étoient une cérémonie d'uſage, où le prêtre épanchoit ſur l'autel quelque liqueur en l'honneur de la divinité à laquelle on ſacrifioit.

Mais les Grecs & les Romains employoient auſſi les *libations* ſans ſacrifices, dans pluſieurs conjonctures très-fréquentes, comme dans les négociations, dans les traités, dans les mariages, dans les funérailles; lorſqu'ils entreprenoient un voyage par terre ou par mer; quelquefois en ſe couchant, en ſe levant; enfin très-ſouvent au commencement & à la fin des repas; alors les intimes amis ou les parens ſe réuniſſoient pour faire enſemble leurs *libations*. C'eſt pour cela qu'Eſchine a cru ne pouvoir pas indiquer plus malicieuſement l'union étroite de Démoſthene & de Céphiſodote, qu'en diſant qu'ils faiſoient en commun leurs *libations* aux dieux.

Les *libations* des repas étoient de deux ſortes; l'une conſiſtoit à ſéparer quelque morceau des viandes, & à le brûler en l'honneur des dieux; dans ce cas, *libare* n'eſt autre choſe que *excerpere*; l'autre ſorte de *libation*, qui étoit la *libation* proprement dite, conſiſtoit à répandre quelque liqueur, comme de l'eau, du vin, du lait, de l'huile, du miel, sur le foyer ou dans le feu, en l'honneur de certains dieux, par exemple, en l'honneur des Lares qui avoient un soin particulier de la maison; en l'honneur du Génie, dieu tutélaire de chaque personne; & en l'honneur de Mercure, qui présidoit aux heureuses avantures. Plaute appelle assez plaisamment les dieux qu'on fêtoit ainsi, *les dieux des plats, dii patellarii.*

En effet on leur présentoit toujours quelque chose d'exquis, soit en viandes, soit en liqueurs. Horace peint spirituellement l'avarice d'Avidienus, en disant qu'il ne faisoit des *libations* de son vin, que lorsqu'il commençoit à se gâter.

Ac nisi mutatum parcit defundere vinum.

On n'osoit offrir aux dieux que de l'excellent vin, & même toûjours pur, excepté à quelques divinités à qui, pour des raisons particulieres, on jugeoit à-propos de le couper avec de l'eau. On en usoit ainsi à l'égard de Bacchus, peut-être pour abattre ses fumées, & vis-à-vis de Mercure, parce que ce dieu étoit en commerce avec les vivans & les morts.

Toutes les autres divinités vouloient qu'on leur servît du vin pur; aussi dans le Plutus d'Aristophane, un des dieux priviligiés se plaint amérement qu'on le triche, & que dans les coupes qu'on lui présente, il y a moitié vin & moitié eau. Les maîtres, & quelquefois les valets, faisoient ces tours de pages.

Dans les occasions solemnelles on ne se contentoit pas de remplir la coupe des *libations* de vin pur, on la couronnoit d'une couronne de fleurs; c'est pour cela que Virgile en parlant d'Anchise qui se préparoit à faire une *libation* d'apparat, n'oublie pas de dire:

Magnum cratera coronâ
Induit, implevitque mero.

Avant que de faire les *libations*, on se lavoit les mains, & l'on récitoit certaines prieres. Ces prieres étoient une partie essentielle de la cérémonie des mariages & des festins des noces.

Outre l'eau & le vin, le miel s'offroit quelquefois aux dieux; & les Grecs se mêloient avec de l'eau pour leurs *libations*, en l'honneur du soleil, de la lune, & des nymphes.

Mais des *libations* fort fréquentes, auxquelles on ne manquoit guere dans les campagnes, étoient celles des premiers fruits de l'année, d'où vient qu'Ovide dit:

Et quodcunque mihi pomum novus educat annus,
Libatum agricolæ ponitur antè deos.

Ces fruits étoient présentés dans des petits plats qu'on nommoit *patellæ.* Cicéron remarque qu'il y avoit des gens peu scrupuleux, qui mangeoient eux-mêmes les fruits réservés en *libations* pour les dieux: *atque reperiemus æsotos non ità religiosos, ut edant de patella, quæ diis libata sunt.*

Enfin les Grecs & les Romains faisoient des *libations* sur les tombeaux, dans la cérémonie des funérailles. Virgile nous en fournit un exemple dans son troisieme livre de l'Æneïde.

Solemnes tùm forte dapes, & tristia dona
Libabàt cineri Andromache, manesque vocabat
Hectoreum ad tumulum.

Anacréon n'approuve point ces *libations* sépulcrales. A quoi bon, dit-il, répandre des essences sur mon tombeau ? Pourquoi y faire des sacrifices inutiles ? Parfume-moi pendant que je suis en vie; mets des couronnes de roses sur ma tête. . . .

Quelques empereurs romains partagerent les *libations* avec les dieux. Après la bataille d'Actium, le sénat ordonna des *libations* pour Auguste, dans les festins publics, ainsi que dans les repas particuliers; & pour completter la flatterie, ce même sénat ordonna l'année suivante, que dans les hymnes sacrés le nom d'Auguste seroit joint à celui des dieux. Mais en vain desira-t-il cette espece de déification, pour ne se trouver tous les matins à son réveil, que le foible, tremblant, & malheureux Octave. (*D. J.*)

LIBATTE, ou CHILONGI, (*Géogr. historique.*) terme usité dans quelques provinces d'Éthiopie, pour signifier un amas de maisons, de cases, ou plûtôt de bustes chaumieres construites de branchages, enduites de terre grasse, & couvertes de chaume. Elles sont environnées d'une haie de grosses épines, laquelle haie est très-épaisse, pour empêcher les animaux carnassiers de la franchir ou de la forcer. Il n'y a dans chaque case qu'une porte, que l'on a soin de fermer avec des faisceaux de grosses épines: car sans toutes ces précautions les bêtes dévoreroient les habitans. Ces amas de cabanes sont faits en maniere de camp, & tracés par les officiers du prince, qui en ont le commandement & l'inspection. *Voyez en les détails dans les relations de l'Ethiopie.* Tout ce qui en résulte, c'est que ces misérables, comparés aux autres peuples, ne présentent que la pauvreté, l'horreur & le brigandage. (*D. J.*)

LIBATTO, s. m. (*Hist. mod.*) c'est le nom que les habitans du royaume d'Angola donnent à des especes de hameaux ou de petits villages qui ne sont que des assemblages de cabanes chétives bâties de bois & de terre grasse, & entourées d'une haie fort épaisse & assez haute pour arrêter les bêtes féroces, dont le pays abonde. Il n'y a qu'une seule porte à cette haie, que l'on a grand soin de fermer la nuit, sans quoi les habitans courroient risque d'être dévorés.

LIBAU, *Liba*, (*Géog.*) place de Curlande, avec un port sur la mer Baltique & aux frontieres de la Samogitie. Cette place appartient au duc de Curlande, & est à 18 milles germaniques N. O. de Mémel, 25 O. de Mittau, 16 S. O. de Goldingen. *Long.* 39. 21. *lat.* 56. 27.

LIBBI, s. m. (*Hist. nat. Bot.*) arbre des Indes orientales qui ressemble beaucoup à un palmier; il croît sur le bord des rivieres: les pauvres gens en tirent de quoi faire une espece de pain semblable à celui que fournit le sagou. La substance qui fournit ce pain est une moelle blanche, semblable à celle du sureau; elle est environnée de l'écorce & du bois de l'arbre, qui sont durs quoique très-menus. On fend le tronc pour en tirer cette moelle: on la met avec un pilon de bois dans une cuve ou dans un mortier: on la met ensuite dans un linge que l'on tient au-dessus d'une cuve: on verse de l'eau par-dessus, en observant de remuer pour que la partie la plus déliée de cette substance se filtre avec l'eau au-travers du linge; cette eau, après avoir séjourné dans la cuve, y dépose une moelle épaisse dont on fait un pain d'assez bon goût. On en fait encore, comme avec le sagou, une espece de dragées féches, propres à être transportées; on prétend que, mangées avec du lait d'amandes, elles sont un remede spécifique contre les diarrhées.

LIBBI, s. m. (*Commerce.*) sorte de lin que l'on cultive à Mindanao, plus pour en tirer l'huile que pour en employer l'écorce.

LIBELLATIQUES, s. m. pl. (*Théolog.*) Dans la persécution de Décius, il y avoit des chrétiens qui, pour n'être point obligés de renier la foi & de sacrifier aux dieux en public, selon les édits de l'empereur, alloient trouver les magistrats, renonçoient à la foi en particulier, & obtenoient d'eux, par

LIB

grace ou à force d'argent, des certificats par lesquels on leur donnoit acte de leur obéissance aux ordres de l'empereur, & on défendoit de les inquiéter davantage sur le fait de la religion.

Ces certificats se nommoient en latin *libelli*, libelles, d'où l'on fit les noms de *libellatiques*.

Les centuriateurs prétendent cependant que l'on appelloit *libellatiques* ceux qui donnoient de l'argent aux magistrats pour n'être point inquiétés sur la religion, & n'être point obligés de renoncer au Christianisme.

Les *libellatiques*, selon M. Tillemont, étoient ceux qui, sachant qu'il étoit défendu de sacrifier, ou alloient trouver les magistrats, ou y envoyoient seulement, & leur témoignoient qu'ils étoient chretiens, qu'il ne leur étoit pas permis de sacrifier ni d'approcher des autels du diable; qu'ils les prioient de recevoir d'eux de l'argent, & de les exempter de faire ce qui leur étoit défendu. Ils recevoient ensuite du magistrat ou lui donnoient un billet qui portoit qu'ils avoient renoncé à J. C. & qu'ils avoient sacrifié aux idoles, quoiqu'ils n'en eussent rien fait, & ces billets se lisoient publiquement.

Ce crime, quoique caché, ne laissoit pas que d'être très-grave. Aussi l'église d'Afrique ne recevoit à la communion ceux qui y étoient tombés, qu'après une longue pénitence: la rigueur des satisfactions qu'elle exigeoit, engagea les *libellatiques* à s'adresser aux confesseurs & aux martyrs qui étoient en prison ou qui alloient à la mort, pour obtenir par leur intercession la relaxation des peines canoniques qui leur restoient à subir, ce qui s'appelloit *demander la paix*. L'abus qu'on fit de ces dons de la paix causa un schisme dans l'église de Carthage du tems de S. Cyprien, ce saint docteur s'étant élevé avec autant de force que d'éloquence contre cette facilité à remettre de telles prévarications, comme on le peut voir dans ses épitres 31. 52. & 68, & dans son livre *de lapsis*. L'onzieme canon du concile de Nicée regarde en partie les *libellatiques*.

LIBELLE, s. m. *libellus*, (*Jurisprud.*) signifie différentes choses.

Libelle de divorce, *libellus repudii*, est l'acte par lequel un mari notifie à sa femme qu'il entend la répudier. *Voyez* DIVORCE, RÉPUDIATION & SÉPARATION.

Libelle d'un exploit ou d'une demande est ce qui explique l'objet de l'ajournement; quelquefois ce *libelle* est un acte séparé qui est en tête de l'exploit; quelquefois le *libelle* de l'exploit est inséré dans l'exploit même, cela dépend du style de l'huissier & de l'usage du pays, car au fond cela revient au même.

Libelle diffamatoire est un livre, écrit ou chanson, soit imprimé ou manuscrit, fait & répandu dans le public exprès pour attaquer l'honneur & la réputation de quelqu'un.

Il est également défendu, & sous les mêmes peines, de composer, écrire, imprimer & de répandre des *libelles diffamatoires*.

L'injure résultant de ces sortes de *libelles* est beaucoup plus grave que les injures verbales, soit parce qu'elle est ordinairement plus méditée, soit parce qu'elle se perpétue bien davantage: une telle injure qui attaque l'honneur est plus sensible à un homme de bien que quelques excès commis en sa personne.

La peine de ce crime dépend des circonstances & de la qualité des personnes. Quand la diffamation est accompagnée de calomnie, l'auteur est puni de peine afflictive, quelquefois même de mort.

Voyez l'édit de Janvier 1561, *article* 13; l'édit de Moulins, *article* 77; & celui de 1571, *article* 10. *Voyez* l'article suivant. (*A*)

LIBELLE, (*Gouvern. politiq.*) écrit satyrique, injurieux contre la probité, l'honneur & la réputa-

LIB 459

tion de quelqu'un. La composition & la publication de pareils écrits méritent l'opprobre des sages; mais laissant aux *libelles* toute leur flétrissure en morale, il s'agit ici de les considérer en politique.

Les *libelles* sont inconnus dans les états despotiques de l'Orient, où l'abattement d'un côté, & l'ignorance de l'autre, ne donnent ni le talent ni la volonté d'en faire. D'ailleurs, comme il n'y a point d'imprimeries, il n'y a point par conséquent de publication de *libelles*; mais aussi il n'y a ni liberté, ni propriété, ni arts, ni sciences: l'état des peuples de ces tristes contrées n'est pas au-dessus de celui des bêtes, & leur condition est pire. En général, tout pays où il n'est pas permis de penser & d'écrire ses pensées, doit nécessairement tomber dans la stupidité, la superstition & la barbarie.

Les *libelles* se trouvent sévèrement punis dans le gouvernement aristocratique, parce que les magistrats s'y voyent de petits souverains qui ne font pas assez grands pour mépriser les injures. Voilà pourquoi les décemvirs, qui formoient une aristocratie, décernerent une punition capitale contre les auteurs de *libelles*.

Dans la démocratie, il ne convient pas de sévir contre les *libelles*, par les raisons qui les punissent criminellement dans les gouvernemens absolus & aristocratiques.

Dans les monarchies éclairées les *libelles* sont moins regardés dans ce royaume comme un objet de police. Les Anglois abandonnent les *libelles* à leur destinée, & le regardent comme un inconvénient d'un gouvernement libre qu'il n'est pas dans la nature des choses humaines d'éviter. Ils croient qu'il faut laisser aller, non la licence effrénée de la satyre, mais la liberté des discours & des écrits, comme des gages de la liberté civile & politique d'un état, parce qu'il est moins dangereux que quelques gens d'honneur soient mal-à-propos diffamés, que si l'on n'osoit éclairer son pays sur la conduite des gens puissans en autorité. Le pouvoir a de si grandes ressources pour jetter l'effroi & la servitude dans les ames, il a tant de pente à s'accroître injustement, qu'on doit beaucoup plus craindre l'adulation qui le suit, que la hardiesse de démasquer ses allures. Quand les gouverneurs d'un état ne donnent aucun sujet réel à la censure de leur conduite, ils n'ont rien à redouter de la calomnie & du mensonge. Libres de tout reproche, ils marchent avec confiance, & n'appréhendent point de rendre compte de leur administration: les traits de la satyre passent sur leurs têtes & tombent à leurs piés. Les honnêtes gens embrassent le parti de la vertu, & punissent la calomnie par le mépris.

Les *libelles* sont encore moins redoutables, par rapport aux opinions spéculatives. La vérité a un ascendant si victorieux sur l'erreur! elle n'a qu'à se montrer pour s'attirer l'estime & l'admiration. Nous la voyons tous les jours briser les chaînes de la fraude & de la tyrannie, ou percer au-travers des nuages de la superstition & de l'ignorance. Que ne produiroit-elle point si l'on ouvroit toutes les barrieres qu'on oppose à ses pas!

On auroit tort de conclure de l'abus d'une chose à la nécessité de sa destruction. Les peuples ont souffert de grands maux de leurs rois & de leurs magistrats; faut-il pour cette raison abolir la royauté & les magistratures? Tout bien est d'ordinaire accompagné de quelque inconvénient, & n'en peut être séparé. Il s'agit de considérer qui doit l'emporter, & déterminer notre choix en faveur du plus grand avantage.

Enfin, disent ces mêmes politiques, toutes les méthodes employées jusqu'à ce jour, pour prévenir ou proscrire les *libelles* dans les gouvernemens monarchiques, ont été sans succès; soit avant, soit surtout depuis que l'Imprimerie est répandue dans toute l'Europe. Les *libelles* odieux & justement défendus, ne sont, par la punition de leurs auteurs, que plus recherchés & plus multipliés. Sous l'empire de Néron un nommé Fabricius Véjento ayant été convaincu de quantité de *libelles* contre les sénateurs & le clergé de Rome, fut banni d'Italie, & ses écrits satyriques condamnés au feu : on les rechercha, dit Tacite, on les lut avec la derniere avidité tant qu'il y eut du péril à le faire ; mais dès qu'il fut permis de les avoir, personne ne s'en soucia plus. Le latin est au-dessus de ma traduction : *Convictum Vejetonem, Italiâ depulit. Nero, libros exuri jussit, conquisitos, lectitatosque, donec cum periculo parabantur ; mox licentia habendi, oblivionem attulit*. Annal. liv. XIV. ch. l.

Néron, tout Néron qu'il étoit, empêcha de poursuivre criminellement les écrivains des satyres contre sa personne, & laissa seulement subsister l'ordonnance du sénat, qui condamnoit au bannissement & à la confiscation des biens le préteur Antistius, dont les *libelles* étoient les plus sanglans. Henri IV. eh quel aimable prince ! se contenta de lasser le duc de Mayenne à la promenade, pour peine de tous les *libelles* diffamatoires qu'il avoit semés contre lui pendant le cours de la ligue ; & quand il vit que le duc de Mayenne suoit un peu pour le suivre : » Allons, » dit-il, mon cousin nous reposer présentement, » voilà toute la vengeance que j'en voulois ».

Un auteur françois très-moderne, qui est bien éloigné de prendre le parti des *libelles* & qui les condamne séverement, n'a pu cependant s'empêcher de réfléchir que certaines flatteries peuvent être encore plus dangereuses & par conséquent plus criminelles aux yeux d'un prince ami de la gloire, que des *libelles* faits contre lui. Une flatterie, dit-il, peut à son insçu détourner un bon prince du chemin de la vertu, lorsqu'un *libelle* peut quelquefois y ramener un tyran : c'est souvent par la bouche de la licence que les plaintes des opprimés s'élevent jusqu'au trône qui les ignore.

A dieu ne plaise que je prétende que les hommes puissent insolemment répandre la satyre & la calomnie sur leurs supérieurs ou leurs égaux ! La religion, la morale, les droits de la vérité, la nécessité de la subordination, l'ordre, la paix & le repos de la société concourent ensemble à détester cette audace ; mais je ne voudrois pas, dans un état policé, réprimer la licence par des moyens qui détruiroient inévitablement toute liberté. On peut punir les abus par des lois sages, qui dans leur prudente exécution réuniront la justice avec le plus grand bonheur de la société & la conservation du gouvernement. (*D. J.*)

LIBELLE, adj. (*Jurisprud.*) signifie qui est motivé & appuyé. L'ordonnance de 1667 veut que l'ajournement soit *libellé*, & contienne sommairement les moyens de la demande, *titre 2. article 3*. (*A*)

LIBELLI, s. m. pl. (*anc. Jurisprud. rom.*) Les *libelli* étoient à Rome les informations dans lesquelles les accusateurs écrivoient le nom & les crimes de l'accusé ; ils donnoient ensuite ces informations au juge ou au préteur, qui les obligeoit de les signer avant que de les recevoir. (*D. J.*)

LIBENTINA, s. f. (*Litter.*) déesse du plaisir. De *libendo*, dit Varron, se sont faits les noms *libido*, *libidinosus*, *Libentina*, & autres. Plaute appelle cette déesse *Lubentia* quand il dit, *Asin.* act. II. sc. 2. v. 2. *uti ego illos Lubentiores faciam, quam Lubentia est*. C'est Vénus *libentine* selon Lambin, la déesse de la joie. (*D. J.*)

LIBER, (*Mythol.*) c'est-à-dire *libre*, surnom qu'on donnoit à Bacchus, ou parce qu'il procura la liberté aux villes de la Béotie, ou plûtôt parce qu'étant le dieu du vin, il délivre l'esprit de tout souci, & fait qu'on parle librement ; on lui joignoit souvent le mot *pater*, comme qui diroit *le pere de la joie* & de la liberté.

Quelques payens s'étoient imaginés que les Juifs adoroient aussi leur dieu *liber*, parce que les prêtres hébreux jouoient des instrumens de musique, de la flûte & du tambour dans les cérémonies judaïques, & qu'ils possédoient dans leur temple une vigne d'or ; mais Tacite n'adopte point ce sentiment ; car, dit-il, Bacchus aime les fêtes oû regne la bonne chere & la gaité, au lieu que celles des Juifs sont absurdes & sordides. *Quippe liber festos, latosque ritus instituit, Judæorum mos absurdus, sordidusque*. (*D. J.*)

LIBER, (*Litter.*) nom latin qu'on a donné aux pellicules prises d'entre l'écorce & le tronc de certains arbres, dont on se servoit dans plusieurs pays pour écrire : on nommoit pareillement ces pellicules d'arbres employées à cet usage, *corticea charta*. Il n'en faut pas confondre la matiere avec celle du papier d'Egypte. Comme les charges du papier d'Egypte n'abordoient que sur les côtes de la mer Méditerranée, les pays éloignés de cette mer en pouvoient souvent manquer ; & alors entre les diverses substances qu'ils essayerent pour y suppléer, on compte les pellicules d'arbres, le *liber* dont nous venons de parler, d'où est venu le nom de *livre*. (*D. J.*)

LIBERA, (*Mythol.*) Il y avoit une déesse *Libera* que Cicéron, dans ses *fastes*, fait fille de Jupiter & de Cérès. Ovide dans ses *fastes* dit que le nom de *libera* fut donné par Bacchus à Ariadne, qu'il consola de l'infidélité de Thésée. Il y a des médailles & des monumens consacrés à *Liber* & à *Libera* tout ensemble : *Libera* y est représentée couronnée de feuilles de vignes, de même que Bacchus. Les médailles consulaires de la famille Cassia, nous offrent les portraits de *Liber* & de *Libera* comme ils sont nommés dans les anciennes inscriptions, c'est à-dire, selon plusieurs antiquaires, de Bacchus mâle & de Bacchus femelle. (*D. J.*)

LIBÉRALES, *liberalia*, s. f. pl. (*Litter.*) fêtes qu'on célébroit à Rome en l'honneur de Bacchus le 17 de Mars, à l'imitation des dionisiaques d'Athènes. *Voyez* DIONISYSIENNES.

Ovide dit dans *ses Tristes* qu'il a souvent assisté aux fêtes *libérales*. Varron ne tire le nom de cette fête de *Liber*, Bacchus, mais du mot *liber*, considéré comme adjectif, qui veut dire *libre*, parce que les prêtres de Bacchus se trouvoient libres de leurs fonctions & dégagés de tous soins au tems des *libérales*. C'étoit des femmes qui faisoient les cérémonies & les sacrifices de la fête : on les voyoit couronnées de lierre à la porte du temple, ayant devant elles un foyer & des liqueurs composées avec du miel, & invitant les passans à en acheter pour en faire des libations à Bacchus en les-jettant dans le feu. On mangeoit en public ce jour-là, & la joie libre régnoit dans toute la ville. (*D. J.*)

LIBERALITÉ, s. f. (*Morale.*) c'est une disposition à faire part aux hommes de ses propres biens ; elle doit, comme toutes les qualités qui ont leur source dans la bienveillance, la pitié, & le desir des louanges, &c. être subordonnée à la justice pour devenir une vertu. La *libéralité* ne peut être exercée que par les particuliers, parce qu'ils ont des biens qui leur sont propres ; elle est inutile & dangereuse dans les souverains. Le roi de Prusse n'étant encore que prince royal, avoit récompensé libéralement une actrice célebre ; il la récompensa beaucoup moins lorsqu'il fut roi, & il dit à cette occasion ces paroles remarquables : *autrefois je donnois mon argent, & je donne aujourd'hui celui de mes sujets*.

La *libéralité*, comme on voit, est donc une vertu qui consiste à donner à propos, sans intérêt, ni trop, ni trop peu.

La *libéralité* est une qualité moins admirable que la générosité ; parce que celle-ci ne se borne point aux objets pécuniaires, & qu'elle est en toutes choses une élévation de l'ame, dans la façon de penser & d'agir : c'est la μγαλοψυχία d'Aristote, qui fait pour les autres par le plaisir d'obliger, beaucoup au-delà de ce qu'ils peuvent attendre de nous. Mais le mérite éminent de la générosité, ne détruit point le cas qu'on doit faire de la *libéralité*, qui est toujours une vertu des plus estimables, quand elle n'est pas le fruit de la vanité de donner, de l'ostentation, de la politique, & de la simple décence de son état : Le vice nommé *avarice* dans l'idée commune, est précisément l'opposé de cette vertu.

Je définis la *libéralité* avec l'évêque de Peterborough, une vertu qui s'exerce en faisant part gratuitement aux autres, de ce qui nous appartient. Cette vertu a pour principe la justice de l'action, & pour but la plus excellente fin : car, quoique les donations soient libres, elles doivent être faites de maniere, que ce que l'on donne de son bien ou de sa peine, serve à maintenir les parties d'une grande fin, serve à maintenir les parties d'une grande fin ; c'est-à-dire la sûreté, le bonheur, & l'avantage des sociétés.

Mais comme il est impossible de fournir aux dépenses que demande l'exercice de la *libéralité*, sans un attachement honnête à acquérir du bien, & à conserver celui qu'on a acquis, ce soin est prescrit par des maximes qui se tirent de la même fin dont nous venons de faire l'éloge. Ainsi la *libéralité* qui désigne principalement l'acte de donner & de dépenser comme il convient, renferme une volonté d'acquérir, & de conserver, selon les principes que dictent la raison & la vertu.

La volonté d'acquérir s'appelle *prévoyance*, & elle est opposée d'un côté à la rapacité, de l'autre, à une imprudente négligence de pourvoir sagement à l'avenir. La volonté de conserver, est ce que l'on nomme *frugalité, économie, épargne entendue*, qui tient un juste milieu entre la sordide mesquinerie & la prodigalité. Il est certain que ces deux choses, la prévoyance & la frugalité, facilitent la pratique de la *libéralité*, l'aident & la soutiennent. Soyez vigilant & économe dans les dépenses journalieres ; vous pourrez être libéral dans toutes les occasions nécessaires. Voilà pourquoi l'on voit très-peu régner cette vertu dans les pays de luxe : on n'y donne qu'à soi, rien aux autres, & l'on finit par être ruiné.

La *libéralité* a divers noms, selon la diversité des objets envers lesquels on doit l'exercer ; car si l'on est libéral pour des choses qui sont d'une très-grande utilité publique, cette vertu est une noble magnificence, μεγαλοπρέπεια, dit Aristote, à quoi est opposée d'un côté la profusion des ambitieux, & de l'autre la vilainie des ames basses. Si l'on est libéral envers les malheureux, c'est une compassion pratique ; & quand on assiste les pauvres, c'est l'aumône. La *libéralité* exercée envers les étrangers, s'appelle *hospitalité*, sur-tout si on les reçoit dans sa maison. En tout cela la juste mesure de la bénéficence, dépend de ce qui contribue le plus aux diverses parties de la grande fin ; savoir aux secours réciproques, au commerce entre les divers états ; au bien des particuliers, autant qu'on peut le procurer, sans préjudice des sociétés supérieures.

Il ne faut pas confondre la *libéralité* avec la prodigalité, quoiqu'elles paroissent avoir ensemble un grand rapport ; l'une est une vertu, & l'autre un excès vicieux. La prodigalité consiste à répandre sans choix, sans discernement, sans égard à toutes les circonstances ; cet homme prodigue, qui est libéral d'ordinaire *généreux*, trouvera bientôt qu'il a sacrifié en vaines dépenses, à des sots, des fripons, des flatteurs, & même à des malheureux volontaires, tous

les moyens d'assister à l'avenir d'honnêtes gens. S'il est beau de donner, quel soin ne doit-on pas prendre de se conserver en situation de faire toute sa vie des actes de *libéralité* ?

Mais je ne tiens point compte à Crassus de ses *libéralités* immenses, employées même en choses honnêtes, parce qu'il en avoit acquis le moyen par des voies criminelles. Les largesses estimables sont celles qui viennent de la pureté des mœurs, & qui sont les suites & les compagnes d'une vie vertueuse.

La *libéralité* bien appliquée, est absolument nécessaire aux princes pour l'avancement du bonheur public. « A le prendre exactement, dit Montagne, un » roi en tant que roi, n'a rien proprement sien ; il se » doit soi-même à autrui. Le prince ayant à donner, » ou pour mieux dire à rendre à tant de » gens selon qu'ils ont desservi, il en doit être loyal » dispensateur. Mais si la *libéralité* d'un prince est » sans discrétion & sans mesure, je l'aime mieux » avare. L'immodérée largesse est un moyen foible » à lui acquérir bienveillance ; car elle rebute plus » de gens qu'elle n'en pratique ; & si elle est employée » sans respect de mérite, fait vergogne à qui la re- » çoit, & se reçoit sans grace. Les sujets d'un prince » excessif en don, se rendent excessifs en demandes ; » ils se taillent non à la raison, mais à l'exemple. » Qui a sa pensée à prendre, ne l'a plus à ce qu'il a » prins ».

Enfin, comme les rois ont particulierement réservé la *libéralité* dans leur charge, ce n'est pas assez que leurs bienfaits roulent sur la récompense de la vertu, il faut qu'en même tems leur dispensation ne blesse point l'équité. Satisbarzane officier chéri d'Artaxerxe, voulant profiter de ses bontés, lui demanda pour gratification une chose qui n'étoit pas juste. Ce prince comprit que la demande pouvoit s'évaluer à trente mille dariques ; il se les fit apporter, & les lui donna en disant : « Satisbarzane, prenez cette » somme ; en vous la donnant je ne serai pas plus » pauvre ; au lieu que si je faisois ce que vous me » demandez, je serois plus injuste ».

J'ai quelquefois pensé que la *libéralité* étoit une de ces qualités, dont les germes se manifestent dès la plus tendre enfance. Le persan Sadi rapporte dans son rosaire du plus *libéral* & du plus *généreux* des princes indiens, qu'on augura dans tout le pays qu'il seroit tel un jour, lorsqu'on vit qu'il ne vouloit pas teter sa mere, qu'elle n'allaitât en même tems un autre enfant de sa seconde mamelle. (*D. J.*)

LIBÉRALITÉ, (*Littérat.*) vertu personnifiée sur les médailles romaines, & représentée d'ordinaire en dame romaine, vêtue d'une longue robe. On ne manqua pas de la faire paroître sur les médailles des empereurs, tantôt répandant la corne d'abondance, tantôt la tenant d'une main, & montrant de l'autre une tablette marquée de plusieurs nombres, pour désigner sous ce voile la quantité d'argent, de grain ou de vin, que l'empereur donnoit au peuple. D'une d'autres médailles, l'action du prince qui fait ces fortes de largesses, est nuement représentée. Ce sont là les médailles qu'on appelle *liberalitas* par excellence ; mais cet empereur quelquefois libéral par crainte, par politique ou par ostentation, n'avoit-il pas tout pris & tout usurpé lui-même ? (*D. J.*)

LIBÉRATION, (s. f. (*Jurisprud.*) est la décharge d'une dette, d'une poursuite, d'une servitude, ou de quelqu'autre charge ou droit. (*A*)

LIBERATOR, (*Littérat.*) Jupiter se trouve quelquefois appellé de ce nom dans les Poëtes. On le donnoit toujours à ce dieu, lorsqu'on l'avoit invoqué dans quelque danger, dont on croyoit être sorti par sa protection. (*D. J.*)

LIBERIES, s. f. f. pl. *Liberia*, (*Littérat.*) fête des Romains, qui tomboit le 10 des calendes d'Avril, c'est-à-dire le 17 de Mars. C'étoit le jour auquel les enfans quittoient la robe de l'enfance, & prenoient celle qu'on appelloit *toga libera*, la toge libre. *Voyez* Dempter, *paral. ad Roſini antiquit. lib. V chap.* 32, (*D. L.*)

LIBERTÉ, ſ. f. (*Morale.*) La *liberté* réſide dans le pouvoir qu'un être intelligent a de faire ce qu'il veut, conformément à ſa propre détermination. On ne ſauroit dire que dans un ſens fort impropre, que cette faculté ait lieu dans les jugemens que nous portons ſur les vérités, par rapport à celles qui ſont évidentes ; elles entraînent notre conſentement, & ne nous laiſſent aucune *liberté*. Tout ce qui dépend de nous, c'eſt d'y appliquer notre eſprit ou de l'en éloigner. Mais dès que l'évidence diminue, la *liberté* rentre dans ſes droits, qui varient & ſe reglent ſur les degrés de clarté ou d'obſcurité : les biens & les maux en ſont les principaux objets. Elle ne s'étend pas pourtant ſur les notions générales du bien & du mal. La nature nous a faits de maniere, que nous ne ſaurions nous porter que vers le bien, & qu'avoir horreur du mal enviſagé en général ; mais dès qu'il s'agit du détail, notre *liberté* a un vaſte champ, & peut nous déterminer de bien des côtés différens, ſuivant les circonſtances & les motifs. On ſe ſert d'un grand nombre de preuves, pour montrer que la *liberté* eſt une prérogative réelle de l'homme ; mais elles ne ſont pas toutes également fortes. M. Turretin en rapporte douze : en voici la liſte. 1°. Notre propre ſentiment qui nous fournit la conviction de la *liberté*. 2°. Sans *liberté*, les hommes ſeroient de purs automates, qui ſuivroient l'impulſion des cauſes, comme une montre s'aſſujettit aux mouvemens dont l'horloger l'a rendue ſuſceptible. 3°. Les idées de vertu & de vice, de louange & de blâme qui nous ſont naturelles, ne ſignifieroient rien. 4°. Un bienfait ne ſeroit pas plus digne de reconnoiſſance que le feu qui nous échauffe. 5°. Tout devient néceſſaire ou impoſſible. Ce qui n'eſt pas arrivé ne pourroit arriver. Ainſi tous les projets ſont inutiles ; toutes les regles de la prudence ſont fauſſes, puiſque dans toutes choſes la fin & les moyens ſont également néceſſairement déterminés. 6°. D'où viennent les remords de la conſcience, & qu'ai-je à me reprocher ſi j'ai fait ce que je ne pouvois éviter de faire ? 7°. Qu'eſt-ce qu'un poëte, un hiſtorien, un conquérant, un ſage légiſlateur ? Ce ſont des gens qui ne pouvoient agir autrement qu'ils ont fait. 8°. Pourquoi punir les criminels, & récompenſer les gens de bien ? Les plus grands ſcélérats ſont des victimes innocentes qu'on immole, s'il n'y a point de *liberté*. 9°. A qui attribuer la cauſe du péché, qu'à Dieu ? Que devient la Religion avec tous ſes devoirs ? 10°. A qui Dieu donne-t-il des lois, fait-il des promeſſes & des menaces, prépare-t-il des peines & des récompenſes ? à de purs machines incapables de choix ? 11°. S'il n'y a point de *liberté*, d'où en avons-nous l'idée ? Il eſt étrange que des cauſes néceſſaires nous ayent conduit à douter de leur propre néceſſité. 12°. Enfin les fataliſtes ne ſauroient ſe formaliſer de quoi que ce ſoit qu'on leur dit, & de ce qu'on leur fait.

Pour traiter ce ſujet avec préciſion, il faut donner une idée des principaux ſyſtêmes qui le concernent. Le premier ſyſtême ſur la *liberté*, eſt celui de la fatalité. Ceux qui l'admettent, n'attribuent pas nos actions à nos idées, dans leſquelles ſeules réſide la perſuaſion, mais à une cauſe méchanique, laquelle entraîne avec ſoi la détermination de la volonté ; de maniere que nous n'agiſſons pas, parce que nous le voulons, mais que nous voulons, parce que nous agiſſons. C'eſt là la vraie diſtinction entre la *liberté* & la fatalité. C'eſt préciſément celle que les Stoïciens reconnoiſſoient autrefois, & que les Mahométans admettent encore de nos jours. Les Stoïciens penſoient donc que tout arrive par une aveugle fatalité ; que les événemens ſe ſuccedent les uns aux autres, ſans que rien puiſſe changer l'étroite chaîne qu'ils forment entr'eux ; enfin que l'homme n'eſt point libre. La *liberté*, diſoient-ils, eſt une chimere d'autant plus flateuſe, que l'amour-propre s'y prête tout entier. Elle conſiſte en un point aſſez délicat, en ce qu'on ſe rend témoignage à ſoi-même de ſes actions, & qu'on ignore les motifs qui les ont fait faire : il arrive de-là, que méconnoiſſant ces motifs, & ne pouvant raſſembler les circonſtances qui l'ont déterminé à agir d'une certaine maniere, chaque homme ſe félicite de ſes actions, & ſe les attribue.

Le *fatum* des Turcs vient de l'opinion où ils ſont que tout eſt abreuvé des influences céleſtes, & qu'elles reglent la diſpoſition future des événemens.

Les Eſſéniens avoient une idée ſi haute & ſi déciſive de la providence, qu'ils croyoient que tout arrive par une fatalité inévitable, & ſuivant l'ordre que cette providence a établi, & qui ne change jamais. Point de choix dans leur ſyſtême, point de *liberté*. Tous les événemens forment une chaîne étroite & inaltérable : ôtez un ſeul de ces événemens, la chaîne eſt rompue, & toute l'économie de l'univers eſt troublée. Une choſe qu'il faut ici remarquer, c'eſt que la doctrine qui détruit la *liberté*, porte naturellement à la volupté ; & qui ne conſulte que ſon goût, ſon amour-propre & ſes penchans, trouve aſſez de raiſons pour la ſuivre & pour l'approuver : cependant les mœurs des Eſſéniens & des Stoïciens ne ſe reſſentoient point du déſordre de leur eſprit.

Spinoſa, Hobbes & pluſieurs autres ont admis de nos jours une ſemblable fatalité.

Spinoſa a répandu cette erreur dans pluſieurs endroits de ſes ouvrages ; l'exemple qu'il allegue pour éclaircir la matiere de la *liberté*, ſuffira pour nous en convaincre. « Concevez, dit-il, qu'une pierre, pen-
» dant qu'elle continue à ſe mouvoir, penſe & ſache
» qu'elle s'efforce de continuer autant qu'elle peut
» ſon mouvement ; cette pierre par cela même
» qu'elle a le ſentiment de l'effort qu'elle fait
» pour ſe mouvoir, & qu'elle n'eſt nullement indif-
» férente entre le mouvement & le repos, croira
» qu'elle eſt très-libre, & qu'elle perſévere à ſe mou-
» voir uniquement parce qu'elle le veut. Et voilà
» quelle eſt cette *liberté* tant vantée, & qui conſiſte
» ſeulement dans le ſentiment que les hommes ont
» de leurs appétits, & dans l'ignorance des cauſes
» de leurs déterminations ». Spinoſa ne dépouille pas ſeulement les créatures de la *liberté*, il aſſujettit encore ſon Dieu à une brute & fatale néceſſité : c'eſt le grand fondement de ſon ſyſtême. De ce principe il s'enſuit qu'il eſt impoſſible qu'aucune choſe qui n'exiſte pas actuellement, ait pu exiſter, & que tout ce qui exiſte, exiſte ſi néceſſairement qu'il ne ſauroit n'être pas ; & enfin qu'il n'y a pas juſqu'aux manieres d'être, & aux circonſtances de l'exiſtence des choſes, qui n'ayent dû être à tous égards préciſément ce qu'elles ſont aujourd'hui. Spinoſa admet en termes exprès ces conſéquences, & il ne fait pas difficulté d'avouer qu'elles ſont des ſuites naturelles de ſes principes.

On peut réduire tous les argumens dont Spinoſa & ſes ſectateurs ſe ſont ſervis pour ſoutenir cette abſurde hypothéſe, à ces deux. Ils diſent 1°. que puiſque tout effet préſuppoſe une cauſe, & que, de la même maniere que tout mouvement qui arrive dans un corps lui eſt cauſé par l'impulſion d'un autre corps, & le mouvement de ce ſecond par l'impulſion d'un troiſieme ; & ainſi chaque volition, & chaque détermination de la volonté de l'homme, doit néceſſairement être produite par quelque cauſe extérieu-

LIB   LIB   463

re, & celle-ci par une troisieme ; d'où ils concluent que la *liberté* de la volonté n'est qu'une chimere. Ils disent en second lieu que la pensée avec tous ses modes, ne sont que des qualités de la matiere ; & par conséquent qu'il n'y a point de *liberté* de volonté, puisqu'il est évident que la matiere n'a pas en elle-même le pouvoir de commencer le mouvement, où de se donner à elle-même la moindre détermination.

En troisieme lieu, ils ajoûtent que ce que nous sommes dans l'instant qui va suivre, dépend si nécessairement de ce que nous sommes dans l'instant présent, qu'il est métaphysiquement impossible que nous soyons autres. Car, continuent-ils, supposons une femme qui soit entrainée par sa passion à se jetter tout à-l'heure entre les bras de son amant ; si nous imaginons cent mille femmes entierement semblables à la premiere, d'âge, de tempérament, d'éducation, d'organisation, d'idées, telles en un mot, qu'il n'y ait aucune différence assignable entr'elles & la premiere ; on les voit toutes également soumises à la passion dominante, & précipitées entre les bras de leurs amans, sans qu'on puisse concevoir aucune raison pour laquelle l'une ne feroit pas ce que toutes les autres feront. Nous ne faisons rien qu'on puisse appeller bien ou mal, sans motif. Or il n'y a aucun motif qui dépende de nous, soit eu égard à sa production, soit eu égard à son énergie. Prétendre qu'il y a dans l'ame activité qui lui est propre ; c'est dire une chose inintelligible, & qui ne résout rien. Car il faudra toujours une cause indépendante de l'ame qui détermine cette activité à une chose plutôt qu'à une autre ; & pour reprendre la premiere partie du raisonnement, ce que nous sommes dans l'instant qui va suivre, dépend donc absolument de ce que nous sommes dans l'instant présent ; ce que nous sommes dans l'instant présent, dépend donc de ce que nous étions dans l'instant précédent ; & ainsi de suite, en remontant jusqu'au premier instant de notre existence, s'il y en a un. Notre vie n'est donc qu'un enchaînement d'instans d'existences & d'actions nécessaires ; notre volonté, un acquiescement à être ce que nous sommes nécessairement dans chacun de ces instans, & notre *liberté* une chimere ; où il n'y a rien de démontré en aucun genre ou cela l'est. Mais ce qui confirme sur-tout ce systême, c'est le moment de la délibération, le cas de l'irrésolution. Qu'est-ce que nous faisons dans l'irrésolution ? nous oscillons entre deux ou plusieurs motifs, qui nous tirent alternativement en sens contraire. Notre entendement est alors comme créateur & spectateur de la nécessité de nos balancemens. Supprimez tous les motifs qui nous agitent, alors inertie & repos nécessaires. Supposez un seul & unique motif ; alors une action nécessaire. Supposez deux ou plusieurs motifs conspirans, même nécessité, & plus de vitesse dans l'action. Supposez deux ou plusieurs motifs opposés & à-peu-près de forces égales, alors oscillations, oscillations semblables à celles des bras d'une balance mise en mouvement, & durables jusqu'à ce que le motif le plus puissant fixe la situation de la balance & de l'ame. Et comment se pourroit-il faire que le motif le plus foible fût le motif déterminant ? Ce seroit dire qu'il est en même tems le plus foible & le plus fort. Il n'y a de différence entre l'homme automate qui agit dans le sommeil, & l'homme intelligent qui agit & qui veille, sinon que l'entendement est plus présent à la chose ; quant à la nécessité, elle est la même. Mais, leur dit-on, qu'est-ce que ce sentiment intérieur de notre *liberté* ? l'illusion d'un enfant qui ne réfléchit sur rien. L'homme n'est donc pas différent d'un automate ? Nullement different d'un automate qui sent ; c'est une machine plus composée ? Il n'y a donc pas de vicieux & de vertueux ? non, si vous le voulez ; mais il y a des êtres

Tome IX.

heureux ou malheureux, bienfaisans & malfaisans. Et les récompenses & les châtimens ? Il faut bannir ces mots de la Morale ; on ne récompense point, mais on encourage à bien faire ; on ne châtie point, mais on étouffe, on effraye ? Et les lois, & les bons exemples, & les exhortations, à quoi servent-elles ? Elles sont d'autant plus utiles, qu'elles ont nécessairement leurs effets. Mais, pourquoi distinguez-vous par votre indignation & par votre colere, l'homme qui vous offense, de la tuile qui vous blesse ? c'est que je suis déraisonnable, & qu'il ressemble au chien qui mord la pierre qui l'a frappé. Mais cette idée de *liberté* que nous avons, d'où vient-elle ? De la même source qu'une infinité d'autres idées fausses que nous avons ? En un mot, concluent-ils, ne vous effarouchez pas à contre-tems. Ce systême qui vous paroît si dangereux ; ne l'est point ; il ne change rien au bon ordre de la société. Les choses qui corrompent les hommes seront toujours à supprimer ; les choses qui les améliorent, seront toujours à multiplier & à fortifier. C'est une dispute de gens oisifs ; qui ne mérite point la moindre animadversion de la part du législateur. Seulement notre systême de la nécessité assure à toute cause bonne, ou conforme à l'ordre établi, son bon effet ; à toute cause mauvaise ou contraire à l'ordre établi, son mauvais effet ; & en nous prêchant l'indulgence & la commisération pour ceux qui sont malheureusement nés, nous empêche d'être si vains de ne pas leur ressembler ; c'est un bonheur qui n'a dépendu de nous en aucune façon.

En quatrieme lieu, ils demandent si l'homme est un être simple tout spirituel, ou tout corporel, ou un être composé. Dans les deux premiers cas, ils n'ont pas de peine à prouver la nécessité de ses actions ; & si on leur répond que c'est un être composé de deux principes, l'un matériel & l'autre immatériel, voici comment ils raisonnent. Ou le principe spirituel est toujours dépendant du principe immatériel, ou toujours indépendant. S'il en est toujours dépendant, nécessité aussi absolue que si l'être étoit un, simple & tout matériel, ce qui est vrai. Mais si on leur soutient qu'il en est quelquefois dépendant, & quelquefois indépendant ; si on leur dit que les pensées de ceux qui ont la fievre chaude & des fous ne sont pas libres, au lieu qu'elles le sont dans ceux qui sont sains : ils répondent qu'il n'y a ni uniformité ni liaison dans notre systême, & que nous rendons différente, & non selon la vérité de la chose. Si un fou n'est pas libre, un sage ne l'est pas davantage ; & soutenir le contraire, c'est prétendre qu'un poids de cinq livres peut n'être pas emporté par un poids de six. Mais si un poids de cinq livres peut n'être pas emporté par un poids de six, il ne le sera pas non plus par un poids de mille ; car alors il résiste à un poids de six livres par un principe indépendant de la pesanteur ; & ce principe, quel qu'il soit, n'aura pas plus de proportion avec un poids de mille livres qu'avec un poids de six livres, parce qu'il faut alors qu'il soit d'une nature différente de celle des poids.

Voilà certainement les argumens les plus forts qu'on puisse faire contre notre sentiment. Pour en montrer la vanité, je leur opposerai les trois propositions suivantes : La premiere est qu'il est faux que tout effet soit le produit de quelque cause externe ; qu'au contraire il faut de toute nécessité reconnoître un commencement d'action, c'est-à-dire un pouvoir s'agir indépendamment d'aucune action précédente, & que ce pouvoir peut être & est effectivement dans l'homme. Ma seconde proposition est que la pensée & la volonté ne sont ni ne peuvent être des qualités de la matiere. La troisieme enfin, que quand bien même l'ame ne seroit pas une substance

N n n ij

distincte du corps, & qu'on supposeroit que la pensée & la volonté ne sont que des qualités de la matiere; cela même ne prouveroit pas que la *liberté* de la volonté fût une chose impossible.

Je dis, 1°. que tout effet ne peut pas être produit par des causes externes, mais qu'il faut de toute nécessité reconnoître un commencement d'action, c'est-à-dire, un pouvoir d'agir indépendamment d'aucune action antécédente, & que ce pouvoir est actuellement dans l'homme. Cela a déjà été prouvé dans l'*article du* Concours.

Je dis en second lieu, que la pensée & la volonté n'étant point des qualités de la matiere, elles ne peuvent pas par conséquent être soumises à ses lois; car tout ce qui est fait ou composé d'une chose, il est toujours cette même chose dont il est composé. Par exemple, tous les changemens, toutes les compositions, toutes les divisions possibles de la figure ne sont autre chose que figure; & toutes les compositions, tous les effets possibles du mouvement ne seront jamais autre chose que mouvement. Si donc il y a eu un tems où il n'y ait eu dans l'univers autre chose que matiere & que mouvement, il faudra dire qu'il est impossible que jamais il y ait pû avoir dans l'univers autre chose que matiere & que mouvement. Dans cette supposition, il est aussi impossible que l'intelligence, la réflexion & toutes les diverses sensations ayent jamais commencé à exister; qu'il est maintenant impossible que le mouvement soit bleu ou rouge, & que le triangle soit transformé en un son. *Voyez l'article de l'*Ame, où cela a été prouvé plus au long.

Mais quand même j'accorderois à Spinosa & à Hobbes que la pensée & la volonté peuvent être & sont en effet des qualités de la matiere, tout cela ne décideroit point en leur faveur la question présente sur la *liberté*, & ne prouveroit pas qu'une volonté libre fût une chose impossible; car, puisque nous avons déjà démontré que la pensée & la volonté ne peuvent pas être des productions de la figure & du mouvement, il est clair que tout homme qui suppose que la pensée & la volonté sont des qualités de la matiere, doit supposer aussi que la matiere est capable de certaines propriétés entierement différentes de la figure & du mouvement. Or si la matiere est capable de telles propriétés, comment prouvera-t-on que les effets de la figure & du mouvement, étant tous nécessaires, les effets des autres propriétés de la matiere entierement distinctes de celles-là, doivent être pareillement nécessaires? Il paroît par là que l'argument dont Hobbes & ses sectateurs font leur grand bouclier, n'est qu'un pur sophisme; car ils supposent d'un côté que la matiere est capable de pensée & de volonté, d'où ils concluent que l'ame n'est qu'une pure matiere. Sachant d'un autre côté que les effets de la figure & du mouvement doivent tous être nécessaires, ils en concluent que toutes les opérations de l'ame sont nécessaires; c'est-à-dire, que lorsqu'il s'agit de prouver que l'ame n'est que pure matiere, ils supposent la matiere capable non seulement de figure & de mouvement, mais aussi d'autres propriétés inconnues. Au contraire, s'agit-il de prouver que la volonté & les autres opérations de l'ame sont des choses nécessaires, ils dépouillent la matiere de ces prétendues propriétés inconnues, & n'en font plus qu'un pur solide, composé de figure & de mouvement.

Après avoir satisfait à quelques objections qu'on fait contre la *liberté*, attaquons à notre tour les partisans de l'aveugle fatalité. La *liberté* brille dans tout son jour; soit qu'on la considere dans l'esprit, soit qu'on l'examine par rapport à l'empire qu'elle exerce sur le corps. Et 1°. quand je veux penser à quelque chose, comme à la vertu que l'aimant a d'attirer le fer; n'est-il pas certain que j'applique mon ame à méditer cette question toutes les fois qu'il me plaît, & que je l'en détourne quand je veux? Ce seroit chicaner honteusement que de vouloir en douter. Il ne s'agit plus que d'en découvrir la cause. On voit, 1°. que l'objet n'est pas devant mes yeux; je n'ai ni fer ni aimant, ce n'est donc pas l'objet qui m'a déterminé à y penser. Je sais bien que quand nous avons vu une fois quelque chose, il reste quelques traces dans le cerveau qui facilitent la détermination des esprits. Il peût arriver de-là que quelquefois ces esprits coulent d'eux-mêmes dans ces traces, sans que nous en sachions la cause; ou même un objet qui a quelque rapport avec celui qu'ils représentent, peut les avoir excités & réveillés pour agir, alors l'objet vient de lui-même se présenter à notre imagination. De même, quand les esprits animaux sont émus par quelque forte passion, l'objet se représente malgré nous; & quoi que nous fassions, il occupe notre pensée. Tout cela se fait; on n'en disconvient pas. Mais il n'est pas question de cela: car outre toutes ces raisons qui peuvent exciter en mon esprit une telle pensée, je sens que j'ai le pouvoir de la produire toutes les fois que je veux. Je pense à ce moment pourquoi l'aimant attire le fer; dans un moment, si je veux, je n'y penserai plus, & j'occuperai mon esprit à méditer sur le flux & le reflux de la mer. De-là je passerai, s'il me plaît, à rechercher la cause de la pesanteur; ensuite je rappellerai, si je veux, la pensée de l'aimant, & je la conserverai tant qu'il me plaira. On ne peut agir plus librement. Non seulement j'ai ce pouvoir, mais je sens & je fais que je l'ai. Puis donc que c'est une vérité d'expérience, de connoissance & de sentiment; on doit plûtôt la considérer comme un fait incontestable que comme une question dont on doive disputer. Il y a donc sans contredit, au-dedans de moi, un principe, une cause supérieure qui régit mes pensées, qui les fait naître, qui les éloigne, qui les rappelle en un instant & à son commandement; & par conséquent il y a dans l'homme un esprit libre, qui agit sur soi-même comme il lui plait.

À l'égard des opérations du corps, le pouvoir absolu de la volonté n'est pas moins sensible. Je veux mouvoir mon bras, je le remue aussi-tôt; je veux parler, & je parle à l'instant, &c. On est intérieurement convaincu de toutes ces vérités, personne ne les nie: rien au monde n'est capable de les obscurcir. On ne peut donner ni se former une idée de la *liberté*, quelque grande, quelque indépendante qu'elle puisse être, que je n'éprouve & ne reconnoisse en moi-même à cet égard. Il est ridicule de dire que je crois être libre, parce que je suis capable & susceptible de plusieurs déterminations occasionnées par divers mouvemens que je ne connois pas: car je sais, je connois & je sens toutes ces déterminations, qui font que je parle, ou que je me tais, dépendent de ma volonté; nous ne sommes donc pas libres seulement en ce sens, que nous avons la connoissance de nos mouvemens, & que nous le sentons ni force ni contrainte; au contraire, nous sentons que nous avons chez nous le maître de la machine qui en conduit les ressorts comme il lui plaît. Malgré toutes les raisons & toutes les déterminations qui me portent & me poussent à me promener, je le sens, je suis persuadé que ma volonté peut à son gré arrêter & suspendre à chaque instant l'effet de tous ces ressorts cachés qui me font agir. Si je n'agissois que par ces ressorts cachés, par les impressions des objets, il faudroit nécessairement que j'accomplisse tous les mouvemens qu'ils seroient capables de produire; de même qu'une bille poussée acheve sur la table du billard tout le mouvement qu'elle a reçu.

On pourroit alléguer plusieurs occasions dans la

vie humaine, où l'empire de cette *liberté* s'exerce avec tant de pouvoir qu'elle dompte les corps, & en réprime avec violence tous les mouvemens. Dans l'exercice de la vertu, où il s'agit de résister à une forte passion, tous les mouvemens du corps sont déterminés par la passion ; mais la volonté s'y oppose & les reprime par la seule raison du devoir. D'un autre côté, quand on fait réfléxion sur tant de personnes qui se sont privées de la vie, sans y être poussées, ni par la folie, ni par la fureur, &c. mais par la seule vanité de faire parler d'eux, ou pour montrer la force de leur esprit, &c. il faut nécessairement reconnoitre ce pouvoir de la *liberté* plus fort que tous les mouvemens de la nature. Quel pouvoir ne faut-il pas exercer sur ce corps pour contraindre de sang-froid la main à prendre un poignard pour se l'enfoncer dans le cœur.

Un des plus beaux esprits de notre siecle a voulu essayer jusqu'à quel point on pouvoit soutenir un paradoxe. Son imagination libertine a osé se jouer sur un sujet aussi respectable que celui de la *liberté.* Voici l'objection dans toute sa force. Ce qui est dépendant d'une chose, a certaines proportions avec cette même chose-là ; c'est-à-dire, qu'il reçoit les changemens, quand elle en reçoit selon la nature de leur proportion. Ce qui est independant d'une chose, n'a aucune proportion avec elle ; ensorte qu'il demeure égal, quand elle reçoit des augmentations & des diminutions. Je suppose, continue-t-il, avec tous les Métaphysiciens, 1°. que l'ame pense suivant que le cerveau est disposé, & qu'à de certaines dispositions matérielles du cerveau, & à de certains mouvemens qui s'y font, répondent certaines pensées de l'ame. 2°. Que tous les objets même spirituels auxquels on pense, laissent des dispositions matérielles, c'est-à-dire des traces dans le cerveau. 3°. Je suppose encore un cerveau où soient en même tems deux fortes de dispositions matérielles contraires & d'égale force ; les unes qui portent l'ame à penser vertueusement sur un sujet, les autres qui la portent à penser vicieusement. Cette supposition ne peut être refusée ; les dispositions matérielles contraires se peuvent aisément rencontrer ensemble dans le cerveau au même degré, & s'y rencontrent même nécessairement toutes les fois que l'ame délibere, & ne sait quel parti prendre. Cela supposé, je dis, que l'ame se peut absolument déterminer dans cet équilibre des dispositions du cerveau à choisir entre les pensées vertueuses & les pensées vicieuses, ou elle ne peut absolument se déterminer dans cet équilibre. Si elle se peut déterminer, elle a en elle-même le pouvoir de se déterminer, puisque dans son cerveau tout ne tend qu'à l'indétermination, & que pourtant elle se détermine ; donc ce pouvoir qu'elle a de se déterminer est indépendant des dispositions du cerveau ; donc il n'a nulle proportion avec elles ; donc il demeure le même, quoiqu'elles changent ; donc si l'équilibre du cerveau subsistant, l'ame se détermine à penser vertueusement, elle n'aura pas moins le pouvoir de s'y déterminer, quand ce sera la disposition matérielle à penser vicieusement, qui l'emportera sur l'autre ; donc à quelque degré que puisse monter cette disposition matérielle aux pensées vicieuses, l'ame n'en aura pas moins le pouvoir de se déterminer au choix des pensées vertueuses ; donc l'ame a en elle-même le pouvoir de se déterminer malgré toutes les dispositions contraires du cerveau ; donc les pensées de l'ame sont toujours libres. Venons au second cas.

Si l'ame ne peut se déterminer absolument, cela ne vient que de l'équilibre supposé dans le cerveau ; & l'on conçoit qu'elle ne se déterminera jamais, si l'une des dispositions ne vient à l'emporter sur l'autre, & qu'elle se déterminera nécessairement pour celle qui l'emportera ; donc le pouvoir qu'elle a de se déterminer au choix des pensées vertueuses ou vicieuses, est absolument dépendant des dispositions du cerveau ; donc, pour mieux dire, l'ame n'a en elle-même aucun pouvoir de se déterminer, & ce sont les dispositions du cerveau qui la déterminent au vice ou à la vertu ; donc les pensées de l'ame ne sont jamais libres. Or, rassemblant les deux cas, ou il se trouve que les pensées de l'ame sont toujours libres, ou qu'elles ne le sont jamais en quelque cas que ce puisse être ; or il est vrai & reconnu de tous que les pensées des enfans, de ceux qui rêvent, de ceux qui ont la fievre chaude, & des fous, ne sont jamais libres.

Il est aisé de reconnoitre le nœud de ce raisonnement. Il établit un principe uniforme dans l'ame ; ensorte que le principe est toujours ou indépendant des dispositions du cervau, ou toujours dépendant ; au lieu que dans l'opinion commune, on le suppose quelquefois dépendant, & d'autres fois indépendant. On dit que les pensées de ceux qui ont la fievre chaude & des fous ne sont pas libres, parce que les dispositions matérielles du cerveau sont atténuées & élevées à un tel degré, que l'ame ne leur peut résister ; au lieu que dans ceux qui sont sains, les dispositions du cerveau sont modérées, & n'entrainent pas nécessairement l'ame. Mais, 1°. dans ce système, le principe n'étant pas uniforme, il faut qu'on l'abandonne ; si je puis expliquer tout par un qui le soit. 2°. Si, comme nous l'avons dit plus haut, un poids de cinq livres pouvoit n'être pas emporté par un poids de six, il ne le seroit pas non plus par un poids de mille ; car s'il résistoit à un poids de six livres par un principe indépendant de la pesanteur : ce principe, quel qu'il fût, d'une nature toute différente de celle des poids, n'auroit pas plus de proportion avec un poids de mille livres, qu'avec un poids de six. Ainsi, si l'ame résiste à une disposition matérielle du cerveau qui la porte à un choix vicieux, & qui, quoique modérée, est pourtant plus forte que la disposition matérielle à la vertu ; il faut que l'ame résiste à cette même disposition matérielle du vice, quand elle sera infiniment au-dessus de l'autre ; parce qu'elle ne peut lui avoir résisté d'abord que par un principe indépendant des dispositions du cerveau, & qui ne doit pas changer par les dispositions du cerveau. 3°. Si l'ame pouvoit voir très-clairement, malgré une disposition de l'œil qui devroit affoiblir la vue, on pourroit conclure qu'elle verroit encore malgré une disposition de l'œil qui devroit empêcher entierement la vision, en tant qu'elle est matérielle. 4°. On convient que l'ame dépend absolument des dispositions du cerveau sur ce qui regarde le plus ou le moins d'esprit. Cependant, si sur la vertu ou le vice, les dispositions du cerveau ne déterminent l'ame que lorsqu'elles sont extrêmes, & qu'elles lui laissent la *liberté* lorsqu'elles sont modérées ; ensorte qu'on peut avoir beaucoup de vertu, malgré une disposition médiocre au vice : il devroit être aussi qu'on peut avoir beaucoup d'esprit, malgré une disposition médiocre à la stupidité, ce qu'on ne peut pas admettre. Il est vrai que le travail augmente l'esprit, ou pour mieux dire, qu'il fortifie les dispositions du cerveau, & qu'ainsi l'esprit croit précisément autant que le cerveau se perfectionne.

En cinquieme lieu, je suppose que toute la différence qui est entre un cerveau qui veille & un cerveau qui dort, est qu'un cerveau qui dort est moins rempli d'esprits, & que les nerfs y sont moins tendus ; de sorte que les mouvemens ne se communiquent pas d'un nerf à l'autre, & que les esprits qui rouvrent une trace n'en rouvrent pas une autre qui lui est liée. Cela supposé, si l'ame est en pouvoir de résister aux dispositions du cerveau, lorsqu'elles font foibles, elle est toujours libre dans les songes; où les dispositions du cerveau qui la portent à de certaines choses sont toujours très-foibles. Si l'on dit que c'est qu'il ne se présente à elle que d'une sorte de pensée qui n'offrent point matiere de délibération; je prends un songe où l'on délibere si l'on tuera son ami, ou si l'on ne le tuera pas, ce qui ne peut être produit que par des dispositions matérielles du cerveau qui soient contraires; & en ce cas il paroit que, selon les principes de l'opinion commune, l'ame devroit être libre. . . .

Je suppose qu'on se réveille lorsqu'on étoit résolu à tuer son ami, & que dès qu'on est réveillé on ne le veut plus tuer; tout le changement qui arrive dans le cerveau, c'est qu'il se remplit d'esprits, que les nerfs se tendent : il faut voir comment cela produit la *liberté*. La disposition matérielle du cerveau qui me portoit en songe à tuer mon ami, étoit plus forte que l'autre. Je dis, ou le changement qui arrive à mon cerveau fortifie également toutes les deux, & elles demeurent dans la même disposition où elles étoient; l'une restant, par exemple, trois fois plus forte que l'autre; & vous ne sauriez concevoir pourquoi l'ame est libre, quand l'une de ces dispositions a dix degrés de force, & l'autre trente, & pourquoi elle n'est pas libre quand l'une de ces dispositions n'a qu'un degré de force, & l'autre trois.

Si ce changement du cerveau n'a fortifié que l'une de ces dispositions, il faut, pour établir la *liberté*, que ce soit celle contre laquelle je me détermine, c'est-à-dire, celle qui me portoit à vouloir tuer mon ami; & alors vous ne sauriez concevoir pourquoi la force qui survient à cette disposition vicieuse est nécessaire, pour faire que je puisse me déterminer en faveur de la disposition vertueuse qui demeure la même; ce changement paroit plutôt un obstacle à la *liberté*. Enfin, s'il fortifie une disposition plus que l'autre, il faut encore que ce soit la disposition vicieuse; & vous ne sauriez concevoir non plus pourquoi la force qui lui survient est nécessaire pour faire que l'une puisse faire embrasser l'autre qui est toujours plus foible, quoique plus forte qu'auparavant.

Si l'on dit que ce qui empêche pendant le sommeil la *liberté* de l'ame, c'est que les pensées ne se présentent pas à elle avec assez de netteté & de distinction; je réponds que le défaut de netteté & de distinction dans les pensées, peut seulement empêcher l'ame de se déterminer avec assez de connoissance; mais qu'il ne la peut empêcher de se déterminer librement, & qu'il ne doit pas ôter la *liberté*, mais seulement le mérite ou le démérite de la résolution qu'on prend. L'obscurité & la confusion des pensées fait que l'ame ne sait pas assez surquoi elle délibere; mais elle ne fait pas que l'ame soit entraînée nécessairement à un parti, autrement si l'ame étoit nécessairement entraînée, ce seroit sans doute par celles de ses idées obscures & confuses qui se feroient le moins; & je demanderois, pourquoi le plus de netteté & de distinction dans les pensées la détermineroit nécessairement pendant que l'on dort, & non pas pendant que l'on veille; & je ferois revenir tous les raisonnemens que j'ai faits sur les dispositions matérielles.

Reprenons maintenant l'objection par parties. J'accorde d'abord les trois principes que pose l'objection. Cela posé, voyons quel argument on peut faire contre la *liberté*. Ou l'ame, nous dit-on, se peut absolument déterminer dans l'équilibre des dispositions du cerveau à choisir entre les pensées vertueuses & les pensées vicieuses, ou elle ne peut absolument se déterminer dans cet équilibre. Si elle peut se déterminer; elle a en elle-même le pouvoir de se déterminer. Jusqu'ici il n'y a point de difficulté ; mais d'en conclure que le pouvoir qu'a l'ame de se dé-

terminer est indépendant des dispositions du cerveau, c'est ce qui n'est pas exactement vrai. Si vous ne voulez dire par-là que ce qu'on entend ordinairement; savoir que la *liberté* ne réside pas dans le corps, mais seulement que l'ame en est le siege, la source & l'origine; je n'aurai sur cela aucune dispute avec vous ; mais si vous voulez en inférer que, quelles que soient les dispositions matérielles du cerveau, l'ame aura toujours le pouvoir de se déterminer au choix qui lui plaira ; c'est ce que je vous nierai. La raison en est, que l'ame pour se déterminer librement, doit nécessairement exercer toutes ses fonctions, & que pour les exercer, elle a besoin d'un corps prêt à obéir à tous ses commandemens, de même qu'un joueur de luth, doit avoir un luth dont toutes les cordes soient tendues & accordées, pour jouer les airs avec justesse; or il peut fort bien se faire que les dispositions matérielles du cerveau soient telles que l'ame ne puisse exercer toutes ses fonctions, ni par conséquent sa *liberté* : car la *liberté* consiste dans le pouvoir qu'on a de fixer ses idées, d'en rappeller d'autres, pour les comparer ensemble, de diriger le mouvement de ses esprits, de les arrêter dans l'état où ils doivent être pour empêcher qu'une idée ne s'échappe, & de s'opposer au torrent des autres esprits qui viendroient à la traverse imprimer à l'ame malgré elle d'autres idées. Or le cerveau est quelquefois tellement disposé, que ce pouvoir manque absolument à l'ame, comme cela se voit dans les enfans, dans ceux qui rêvent, &c. Posons un vaisseau mal fabriqué, un gouvernail mal-fait, le pilote avec tout son art, ne pourra point le conduire comme il souhaite : de même aussi un corps mal formé, un tempérament dépravé produira des actions déréglées. L'esprit humain ne pourra pas plus apporter de remede à ce dérèglement pour le corriger, qu'un pilote au désordre du mouvement de son vaisseau.

Mais enfin, direz-vous, le pouvoir que l'ame a de se déterminer, est-il absolument dépendant des dispositions du cerveau, ou ne l'est-il pas ? Si vous dites que ce pouvoir de l'ame est absolument dépendant des dispositions du cerveau, vous direz aussi que l'ame ne se déterminera jamais, si l'une des dispositions du cerveau ne vient à l'emporter sur l'autre, & qu'elle se déterminera nécessairement pour celle qui l'emportera. Si au contraire vous supposez que ce pouvoir est indépendant des dispositions du cerveau, vous devez reconnoître pour libres les pensées des enfans, de ceux qui rêvent, &c. Je réponds que le pouvoir que l'ame a de se déterminer est quelquefois dépendant des dispositions du cerveau, & d'autres fois indépendant. Il est dépendant toutes les fois que le cerveau qui sert à l'ame d'organe & d'instrument pour exercer ses fonctions, n'est pas bien disposé ; alors les ressorts de la machine étant détraqués, l'ame est entraînée sans pouvoir exercer sa *liberté*. Mais le pouvoir de se déterminer est indépendant des dispositions matérielles du cerveau, lorsque ces dispositions sont modérées, que le cerveau est plein d'esprits, & que les nerfs sont tendus. La *liberté* sera d'autant plus parfaite que l'organe du cerveau sera mieux constitué, & que ses dispositions seront plus modérées. Je ne saurois vous marquer quelles sont les bornes au-delà desquelles s'évanouit la *liberté*. Tout ce que je sais, c'est que le pouvoir de se déterminer sera absolument indépendant des dispositions du cerveau, toutes les fois que le cerveau sera plein d'esprits, que ses fibres seront fermes, qu'elles seront tendues, & que les ressorts de la machine ne seront point démontés, ni par les accidens, ni par les maladies. Le principe, dites-vous, n'est pas uniforme dans l'ame. Il est bien plus conforme à la Philosophie de supposer l'ame ou toujours libre ou toujours esclave. Et moi, je dis que l'expérience est la seule vraie Physique. Or que nous dit-elle cette expérience ? Elle nous dit que nous sommes quelquefois emportés malgré nous ; d'où je conclus, donc nous sommes quelquefois maitres de nous ; la maladie prouve la santé, & la *liberté* est la santé de l'ame. *Voyez* dans le deuxieme discours sur la *liberté* ce raisonnement paré & embelli par M. de Voltaire de toutes les graces de la Poésie.

La liberté, dis-tu, t'est quelquefois ravie :
Dieu te la devoit-il immuable, infinie ;
Egale en tout état, en tout tems, en tout lieu ?
Tes destins sont d'un homme, & tes vœux sont d'un Dieu.
Quoi ! dans cet océan, cet atome qui nage
Dira : L'immensité doit être mon partage.
Non, tout est foible en toi, changeant, & limité ;
Ta force, ton esprit, tes membres, ta beauté.
La nature, en tout sens, a des bornes prescrites ;
Et le pouvoir humain seroit seul sans limites ?
Mais, dis-moi : quand ton cœur formé de passions
Se rend, malgré lui-même, à leurs impressions,
Qu'il sent dans ses combats sa liberté vaincue,
Tu l'avois donc en toi ; puisque tu l'as perdue.
Une fièvre brûlante attaquant tes ressorts,
Vient à pas inégaux miner ton foible corps.
Mais quoi ! par ce danger répandu sur ta vie,
Ta santé pour jamais n'est point anéantie ;
On te voit revenir des portes de la mort,
Plus ferme, plus content, plus tempérant, plus fort.
Connois mieux l'heureux don, que ton chagrin réclame,
La liberté, dans l'homme, est la santé de l'ame.
On la perd quelquefois. La soif de la grandeur,
La colere, l'orgueil, un amour suborneur,
D'un désir curieux les trompeuses saillies ;
Hélas ! combien le cœur a-t-il de maladies !

Si un poids de cinq livres, dites-vous, pouvoit n'être pas emporté par un poids de six, il ne le seroit pas non plus par un poids de mille. Ainsi, si l'ame résiste à une disposition matérielle du cerveau qui la porte à un choix vicieux, & qui, quoique pourtant modérée, est plus forte que la disposition matérielle à la vertu ; il faut que l'ame résiste à cette même disposition matérielle du vice, quand elle sera infiniment au-dessus de l'autre. Je réponds qu'il ne s'ensuit nullement que l'ame puisse résister à une disposition matérielle du vice, quand elle sera infiniment au-dessus de la disposition matérielle à la vertu, précisément parce qu'elle aura résisté à cette même disposition matérielle du vice, quand elle étoit un peu plus forte que l'autre. Quand de deux dispositions contraires, qui sont dans le cerveau, l'une est infiniment plus forte que l'autre , il peut se faire que dans cet état, le mouvement naturel des esprits soit trop violent, & que par conséquent la force de l'ame n'ait nulle proportion avec celle de ces esprits qui l'emportent nécessairement. Quoique le principe par lequel je me détermine soit indépendant des dispositions du cerveau, puisqu'il réside dans mon ame, on peut dire néanmoins qu'il suppose comme une condition, sans laquelle il deviendroit inutile. Le pouvoir de se déterminer n'est pas plus dépendant des dispositions du cerveau, que le pouvoir de peindre, de graver & d'écrire ; l'art du pinceau, du burin & de la plume ; & de même qu'on ne peut bien écrire , bien graver & bien peindre, si l'on n'a une bonne plume, un bon burin & un pinceau ; ainsi, l'on ne peut agir avec *liberté*, à moins que le cerveau ne soit bien constitué. Mais aussi de même que le pouvoir d'écrire, de graver & de peindre est absolument indépendant de la plume, du burin & du pinceau ; le pouvoir de se déterminer ne l'est pas moins des dispositions du cerveau.

On convient, dira-t-on, que l'ame dépend absolument des dispositions du cerveau sur ce qui regarde le plus ou le moins d'esprit : cependant, si sur la vertu & sur le vice, les dispositions du cerveau ne déterminent pas l'ame, que lorsqu'elles sont extrèmes, & qu'elles lui laissent la *liberté* lorsqu'elles sont modérées : ensorte qu'on peut avoir beaucoup de vertu, malgré une disposition médiocre au vice, il devroit être aussi qu'on peut avoir beaucoup d'esprit malgré une disposition médiocre à la stupidité. J'avoue que je ne sens pas assez le fin de ce raisonnement. Je ne saurois concevoir, pourquoi, pouvant avoir beaucoup de vertu malgré une disposition médiocre au vice, je pourrois aussi avoir beaucoup d'esprit malgré une disposition médiocre à la stupidité. Le plus ou le moins d'esprit dépend du plus ou du moins de délicatesse des organes : il consiste dans une certaine conformation du cerveau, dans une heureuse disposition des fibres. Toutes ces choses n'étant nullement soumises au choix de ma volonté, il ne dépend pas de moi de me mettre en état d'avoir, si je veux, beaucoup de discernement & de pénétration. Mais la vertu & le vice dépendent de ma volonté ; je ne nierai pourtant pas que le tempérament n'y contribue beaucoup, & ordinairement on se fie plus à une vertu qui est naturelle & qui a sa source dans le sang, qu'à celle qui est un pur effet de la raison, & qu'on a acquise à force de soins.

Je suppose, continue-t-on, qu'on se réveille, lorsqu'on étoit résolu à tuer son ami, & que dès qu'on est réveillé, on ne veut plus le tuer. La disposition matérielle du cerveau qui me portoit en songe à vouloir tuer mon ami, étoit plus forte que l'autre. Je dis, ou le changement qui arrive à mon cerveau fortifie également toutes les deux, ou elles demeurent dans la même disposition en dormant, l'une restant p. ex. trois fois plus forte que l'autre. Vous ne sauriez concevoir, pourquoi l'une est libre, quand l'une de ces dispositions a dix degrés de force, & l'autre trente ; & pourquoi elle n'est pas libre quand l'une de ces dispositions n'a qu'un degré de force, & l'autre trois. Cette objection n'a de force, que parce qu'on ne démêle pas assez exactement les différences qui se trouvent entre l'état de veille & celui du sommeil. Si je ne suis pas libre dans le sommeil, ce n'est pas, comme le suppose l'objection, parce que la disposition matérielle du cerveau, qui me porte à tuer mon ami, est trois fois plus forte que l'autre. Le défaut de *liberté* vient du défaut d'esprit & du relâchement des nerfs. Mais que le cerveau soit une fois rempli d'esprits, & que les nerfs soient tendus, je serai toujours également libre, que l'une de ces dispositions ait dix degrés de force, & l'autre trente ; soit que l'une de ces dispositions n'ait qu'un degré de force, & l'autre que trois. Si vous en voulez savoir la raison, c'est que le pouvoir qui est dans l'ame de se déterminer est absolument indépendant des dispositions du cerveau, pourvu que le cerveau soit bien constitué, qu'il soit rempli d'esprits & que les nerfs soient tendus.

L'action des esprits dépend de trois choses, de la nature du cerveau sur lequel ils agissent, de leur nature particulière & de la quantité, ou de la détermination de leur mouvement. De ces trois choses, il n'y a précisément que la derniere dont l'ame puisse être maîtresse. Il faut donc que le pouvoir seul de mouvoir les esprits suffise pour la *liberté*. Or, 1°. dites-vous, si le pouvoir de diriger le mouvement des esprits suffit pour la *liberté*, les enfans doivent être libres, puisque leur ame doit avoir ce pouvoir. 2°. Pourquoi l'ame des fous ne seroit-elle pas libre aussi ? Elle peut encore diriger le mouvement de ses esprits. 3°. L'ame ne devroit jamais avoir plus de facilité à diriger le mouvement de ses esprits que pendant le sommeil, & par conséquent elle ne devroit jamais être plus libre. Je réponds, que le pouvoir de diriger le mouvement de ses esprits ne se trouve ni dans les enfans, ni dans les fous, ni dans ceux qui dorment. La nature du cerveau des enfans s'y oppose. La substance en est trop tendre & trop molle ; les fibres en sont trop délicates, pour que leur ame puisse fixer & arrêter à son gré les esprits qui doivent couler de toutes parts, parce qu'ils trouvent par-tout un passage libre & aisé. Dans les fous, le mouvement naturel de leurs esprits est trop violent, pour que leur ame en soit la maîtresse. Dans cet état, la force de l'ame n'a nulle proportion avec celle des esprits qui l'emportent nécessairement. Enfin, le sommeil ayant détendu la machine du corps, & en ayant amorti tous les mouvemens, les esprits ne peuvent couler librement. Vouloir que l'ame dans cet assoupissement, où tous les sens sont enchaînés, & où tous les ressorts sont relâchés, dirige à son gré le mouvement des esprits ; c'est exiger qu'un joueur de lyre fasse résonner sous son archet une lyre dont les cordes sont détendues.

Un des argumens les plus terribles qu'on ait jamais opposés contre la *liberté*, est l'impossibilité d'accorder avec elle la prescience de Dieu. Il y a eu des philosophes assez déterminés pour dire que Dieu peut très-bien ignorer l'avenir, à-peu-près s'il est permis de parler ainsi, comme un roi peut ignorer ce que fait un général à qui il aura donné la carte blanche ; c'est le sentiment des Sociniens.

D'autres soutiennent, que l'argument pris de la certitude de la prescience divine ne touche nullement à la question de la *liberté* ; parce que la prescience, disent-ils, ne renferme point d'autre certitude, que celle qui se rencontreroit également dans les choses, encore qu'il n'y eût point de prescience. Tout ce qui existe aujourd'hui existe certainement, & il étoit hier & de toute éternité aussi certainement vrai qu'il existeroit aujourd'hui, qu'il est maintenant certain qu'il existe. Cette certitude d'évenement est toujours la même, & la prescience n'y change rien. Elle est par rapport aux choses futures, ce que la connoissance est aux choses présentes, & la mémoire aux choses passées : or, l'une & l'autre de ces connoissances ne suppose aucune necessité d'exister dans la chose ; mais seulement une certitude d'évenement qui ne laisseroit pas d'être, quand bien même ces connoissances ne seroient pas. Jusqu'ici, tout est intelligible. La difficulté est & sera toujours à expliquer, comment Dieu peut prévoir les choses futures, ce qui ne paroît pas possible, à moins de supposer une chaîne de causes nécessaires ; nous pouvons cependant nous en faire quelque espece d'idée générale. Un homme d'esprit prévoit le parti que prendra dans telle occasion un homme, dont il connoît le caractere. A plus forte raison Dieu, dont la nature est infiniment plus parfaite, peut-il par la prévision avoir une connoissance beaucoup plus certaine des évenemens libres. J'avoue que tout cela me paroît très hazardé, & que c'est un saut plutôt qu'une solution de la difficulté. J'avoue, enfin, qu'on fait contre la *liberté*, d'excellentes objections ; mais on en fait d'aussi bonnes contre l'éxistence de Dieu ; & comme malgré les difficultés extrèmes, contre la création & contre la providence, je crois néanmoins la providence & la création ; aussi je me crois libre, malgré les puissantes objections que l'on fera toujours contre cette malheureuse *liberté*. Eh! comment ne la croirois-je pas? Elle porte tous les caracteres d'une premiere vérité. Jamais opinion n'a été si universelle dans le genre humain. C'est une vérité pour l'éclaircissement de laquelle il n'est pas nécessaire d'approfondir les raisonnemens des livres : c'est ce que la nature crie ; c'est ce que les bergers chantent sur les montagnes, les poëtes sur les théâtres ; c'est ce que les plus habiles docteurs enseignent dans les chaires ; c'est ce qui se répete & se suppose dans toutes les conjonctures de la vie. Le petit nombre de ceux qui, par affectation de singularité, ou par des réfléxions outrées, ont voulu dire ou imaginer le contraire, ne montrent-ils pas eux-mêmes par leur conduite, la fausseté de leurs discours ? Donnez-moi, dit l'illustre Fénelon, un homme qui fait le profond philosophe, & qui nie le libre arbitre : je ne disputerai point contre lui : mais je le mettrai à l'épreuve dans les plus communes occasions de la vie, pour le confondre par lui même. Je suppose que la femme de cet homme lui soit infidele, que son fils lui désobéit & le méprise, que son ami le trahit, que son domestique le vole ; je lui dirai, quand il se plaindra d'eux, ne savez-vous pas qu'aucun d'eux n'a tort, & qu'ils ne sont pas libres de faire autrement ? Ils sont, de votre aveu, aussi invinciblement nécessités à vouloir ce qu'ils veulent, qu'une pierre l'est à tomber, quand on ne la soutient pas. N'est-il donc pas certain que ce bisarre philosophe qui ose nier le libre arbitre dans l'école, le suppose comme indubitable dans sa propre maison, & qu'il ne sera pas moins implacable contre ces personnes, que s'il avoit soutenu toute sa vie le dogme de la plus grande *liberté* ?

Vois de la liberté cet ennemi mutin,
Aveugle partisan d'un aveugle destin.
Entends comme il consulte, approuve ou délibere ;
Entends de quel reproche il couvre un adversaire.
Vois comment d'un rival il cherche à se vanger ;
Comme il punit son fils & le veut corriger.
Il le croyoit donc libre ? Oui, sans doute ; & lui-même
Dément à chaque pas son funeste systême.
Il mentoit à son cœur, en voulant expliquer
Le dogme absurde à croire, absurde à pratiquer.
Il reconnoît en lui le sentiment qu'il brave ;
Il agit, comme libre, & parle comme esclave.

M. Voltaire, 2. disc. sur la liberté.

M. Bayle s'est appliqué sur-tout à ruiner l'argument pris du sentiment vif que nous avons de notre *liberté*. Voici ses raisons: « Disons aussi que le sentiment clair & net que nous avons des actes de notre » volonté, ne peut pas faire discerner si nous nous » les donnons nous-mêmes, ou si nous les recevons » de la même cause qui nous donne l'existence : il » faut recourir à la réflexion pour faire ce discernement. Or je mets en fait que par des méditations » purement philosophiques on ne peut jamais parvenir à une certitude bien fondée que nous sommes » la cause efficiente de nos volitions ; car toute personne qui examinera bien les choses, connoîtra » évidemment que si nous n'étions qu'un sujet purement passif à l'égard de la volonté, nous aurions » les mêmes sentimens d'expérience que nous avons » lorsque nous croyons être libres. Supposez par » plaisir que Dieu ait reglé de telle sorte les lois de » l'union de l'ame & du corps, que toutes les modalités de l'ame soient liées nécessairement entr'elles » avec l'interposition des modalités du cerveau, vous » comprendrez qu'il ne vous arrivera que ce que » nous éprouvons ; il y aura dans notre ame la même » suite de pensées depuis la perception des objets des » sens, qui est la premiere démarche, jusqu'aux volitions les plus fixes, qui sont la derniere démarche, » Il y aura dans cette suite le sentiment des idées, » celui des affirmations, celui des irrésolutions, celui » des velléités, & celui des volitions : car soit que » l'acte

„ l'acte de vouloir nous soit imprimé par une cause
„ extérieure, soit que nous le produisions nous-mê-
„ mes, il sera également vrai que nous voulons, &
„ que nous sentons ce que nous voulons; & comme
„ cette cause extérieure peut mêler autant de plaisir
„ qu'elle veut dans la volition qu'elle imprime, nous
„ pourrions sentir quelquefois que les actes de notre
„ volonté nous plaisent infiniment.... Ne compre-
„ nez-vous pas clairement qu'une girouette à qui
„ l'on imprimeroit toujours tout-à-la-fois le mouve-
„ ment vers un certain point de l'horison, & l'envie
„ de se tourner de ce côté-là, seroit persuadée qu'elle
„ se mouvroit d'elle-même pour exécuter les desirs
„ qu'elle formeroit ? Je suppose qu'elle ne sauroit
„ point qu'il y eût des vents, ni qu'une cause exté-
„ rieure fît changer tout-à-la-fois & sa situation &
„ ses desirs. Nous voilà naturellement dans cet état,
„ &c ».

Tous ces raisonnemens de M. Bayle sont fort beaux, mais c'est dommage qu'ils ne soient pas persuasifs: ils confondent les nôtres; & cependant je ne sais comment ils ne font aucune impression sur nous. Hé bien, pourrois-je dire à M. Bayle, vous dites que je ne suis pas libre: votre propre sentiment ne peut vous arracher cet aveu. Selon vous il n'est pas bien décidé qu'il soit au pur choix & au gré de ma volonté de remuer ma main ou de ne pas la remuer: s'il en est ainsi, il est donc déterminé nécessairement que d'ici à un quart-d'heure je leverai trois fois la main de suite, ou je ne la leverai pas ainsi trois fois. Je ne puis donc rien changer à cette détermination nécessaire ? Cela supposé, si je veux je gage pour un parti plûtôt que pour l'autre, je ne puis gagner que d'un côté. Si c'est sérieusement que vous prétendez que je ne suis pas libre, vous ne pourrez jamais sensément refuser une offre que je vais vous faire: c'est que je gage mille pistoles contre une que, que je ferai, au sujet de mouvement de ma main, tout le contraire de ce que vous gagerez; & je vous laisserai prendre à votre gré l'un ou l'autre parti. Est-il offre plus avantageuse ? Pourquoi donc n'accepterez-vous jamais la gageure sans passer pour fou & sans l'être en effet ? Que si vous ne la jugez pas avantageuse, d'où peut venir ce jugement, sinon de celui que vous formez nécessairement & invinciblement que je suis libre; enforte qu'il ne tiendroit qu'à moi de vous faire perdre à ce jeu non-seulement mille pistoles la premiere fois que nous la gagerions, mais encore autant de fois que nous recommencerions la gageure.

Aux preuves de raison & de sentiment, nous pouvons joindre celles que nous fournissent la morale & la religion. Otez la *liberté*, toute la nature humaine est renversée, & il n'y a plus aucune trace d'ordre dans la société. Si les hommes ne font pas libres dans ce qu'ils font de bien & de mal, le bien n'est plus bien, & le mal n'est plus mal. Si une nécessité inévitable & invincible nous fait vouloir tout ce que nous voulons, notre volonté n'est pas plus responsable de son vouloir qu'un ressort de machine est responsable du mouvement qui lui est imprimé : en ce cas il est ridicule de s'en prendre à la volonté, qui ne veut qu'autant qu'une autre cause distinguée d'elle la fait vouloir. Il faut remonter tout droit à cette cause comme je remonte à la main qui remue le bâton, m'arrêter au bâton qui me frappe qu'autant que cette main le pousse. Encore une fois, ôtez la *liberté*, vous ne laissez sur la terre ni vice, ni vertu, ni mérite ; les récompenses sont ridicules & les châtimens sont injustes : chacun ne fait que ce qu'il doit, puisqu'il agit selon la nécessité ; il ne doit ni éviter ce qui est inévitable, ni vaincre ce qui est invincible. Tout est dans l'ordre, car l'ordre est que tout cede à la nécessité. La ruine de la *liberté* renverse

avec elle tout ordre & toute police, confond le vice & la vertu, autorise toute infamie monstrueuse; éteint toute pudeur & tout remords, dégrade & défigure sans ressource tout le genre humain. Une doctrine si énorme ne doit point être examinée dans l'école, mais punie par les magistrats.

Ah, sans la liberté, que seroient donc nos ames !
Mobiles agités par d'invincibles flammes,
Nos vœux, nos actions, nos plaisirs, nos dégoûts,
De notre être, en un mot, rien ne seroit à nous.
D'un artisan suprême impuissantes machines,
Automates pensans, mûs par des mains divines,
Nous serions à jamais de mensonge occupés,
Vils instrumens d'un Dieu qui nous auroit trompés.
Comment, sans liberté, serions-nous ses images ?
Que lui reviendroit-il de ses brutes ouvrages ?
On ne peut donc lui plaire, on ne peut l'offenser ;
Il n'a rien à punir, rien à récompenser.
Dans les cieux, sur la terre, il n'est plus de justice :
Caton fut sans vertu, Catilina sans vice.
Le destin nous entraîne à nos affreux penchans,
Et ce cahos du monde est fait pour les méchans.
L'oppresseur insolent, l'usurpateur avare,
Cartouche, Mivivis, ou tel autre barbare;
Plus coupable enfin qu'eux le calomniateur
Dira, je n'ai rien fait, Dieu seul en est l'auteur ;
Ce n'est pas moi, c'est lui qui manque à ma parole,
Qui frappe par mes mains, pille, brûle, viole.
C'est ainsi que le Dieu de justice & de paix
Seroit l'auteur du trouble, & le dieu des forfaits.
Les tristes partisans de ce dogme effroyable,
Diroient-ils rien de plus s'ils adoroient le diable ?

Le second système sur la *liberté* est celui dans lequel on soutient que l'ame ne se détermine jamais sans cause & sans une raison prise d'ailleurs que du fond de la volonté: c'est-à-dire sur-tout le système favori de M. Léibnitz. Selon lui la cause des déterminations n'est point physique, elle est morale, & agit sur l'intelligence même, de maniere qu'un homme ne peut jamais être poussé à agir librement, que par des moyens propres à le persuader. Voilà pourquoi il faut des lois, & que les peines & les récompenses sont nécessaires. L'espérance & la crainte agissent immédiatement sur l'intelligence: cette *liberté* est opposée à la nécessité physique ou fatale, mais elle n'est point à la nécessité morale, laquelle, pourvu qu'elle soit seule, ne s'étend qu'à des choses contingentes, & ne porte pas la moindre atteinte à la *liberté*. De ce genre est celle qui fait qu'un homme qui a l'usage de la raison, si on lui offre le choix entre de bons alimens & du poison, se détermine pour les premiers. La *liberté* dans ce cas est entiere, & cependant le contraire est impossible. Qui peut nier que le sage, lorsqu'il agit librement, ne suive nécessairement le parti que la sagesse lui prescrit ?

La nécessité hypothétique n'est pas moins compatible avec la *liberté*: tous ceux qui l'on regardee comme destructive de la *liberté* ont confondu le certain & le nécessaire. La certitude marque simplement qu'un événement aura lieu, plûtôt que son contraire, parce que les causes dont il dépend se trouvent disposées à produire leur effet ; mais la nécessité emporte la cause même par l'impossibilité absolue du contraire. Or la détermination des futurs contingens, fondement de la nécessité hypothétique, vient simplement de la nature de la vérité : elle ne touche point aux causes; & ne détruisant point la contingence, elle ne sauroit être contraire à la *liberté*. Ecoutons M. Léibnitz. „ La nécessité hypothétique est celle
„ que la supposition ou hypothèse de la prévision &
„ préordination de Dieu impose aux futurs contin-
„ gens ; mais ni cette prescience ni cette préordina-
„ tion ne dérogent point à la *liberté* : car Dieu, porté

» par la suprême raison à choisir entre plusieurs sui-
» tes de choses ou mondes possibles celui où les créa-
» tures libres prendroient telles ou telles résolutions,
» quoique non sans concours, a rendu par-là tout
» également certain & déterminé une fois pour tou-
» tes, sans déroger par-là à la *liberté* de ces créatures;
» ce simple decret du choix ne changeant point,
» mais actualisant seulement leurs natures libres
» qu'il voyoit dans ses idées ».

Le troisieme système sur la *liberté* est celui de ceux qui prétendent que l'homme a une *liberté* quils appellent *d'indifférence*, c'est-à-dire que dans les déterminations libres de la volonté, l'ame ne choisit point en conséquence des motifs, mais qu'elle n'est pas plus portée pour le oui que pour le non, & qu'elle choisit uniquement par un effet de son activité, sans qu'il y ait aucune raison de son choix, sinon qu'elle l'a voulu.

Ce qu'il y a de certain, c'est, 1°. qu'il n'y a point en Dieu de *liberté* d'équilibre ou d'indifférence. Un être tel que Dieu, qui se représente avec le plus grand degré de précision les différences infiniment petites des choses, voit sans doute le bon, le mauvais, le meilleur, & ne sauroit vouloir que conformément à ce qu'il voit ; car autrement ou il agiroit sans raison ou contre la raison, deux suppositions également injurieuses. Dieu suit donc toujours les idées que son entendement infini lui présente comme préférables aux autres ; il choisit entre plusieurs plans possibles le meilleur ; il ne veut & ne fait rien que par des raisons suffisantes fondées sur la nature des êtres & sur les divins attributs.

2°. Les bienheureux dans le ciel n'ont pas non plus cette *liberté* d'équilibre : aucun bien ne peut balancer Dieu dans leur cœur. Il ravit d'abord tout l'amour de la volonté, & fait disparoître toute autre bien comme le grand jour fait disparoître les ombres de la nuit.

La question est donc de savoir si l'homme est libre de cette *liberté* d'indifférence ou d'équilibre. Voici les raisons de ceux qui soutiennent la négative.

1°. La chose paroît impossible. Il est question de choisir entre A & B ; vous dites que , toutes choses mises à part, vous pouvez choisir l'un ou l'autre. Vous choisissez A , pourquoi ? parce que je le veux , dites-vous ; mais pourquoi voulez-vous A plûtôt que B ? vous répliquez , parce que je le veux : Dieu m'a donné cette faculté. Mais que signifie *je veux vouloir* , ou *je veux parce que je veux* ? Ces paroles n'ont d'autre sens que celui-ci , *je veux A* ; mais vous n'avez pas encore satisfait à ma question : pourquoi ne voulez-vous point B ? est-ce sans raison que vous le rejettez ? Si vous dites A me plaît parce qu'il me plaît , ou cela ne signifie rien , ou doit être entendu ainsi , A me plaît à cause de quelque raison qui me le fait paroître préférable à B : sans cela le néant produiroit un effet, conséquence que sont obligés de digérer les défenseurs de la *liberté* d'équilibre.

2°. Cette *liberté* est opposée au principe de la raison suffisante : car si nous choisissons entre deux ou plusieurs objets , sans qu'il y ait une raison qui nous porte vers l'un plûtôt que vers l'autre , voilà une détermination qui arrive sans aucune cause. Les défenseurs de l'indifférence répondent que cette détermination n'arrive pas sans cause , puisque l'ame elle-même , entant que principe actif , est la cause efficiente de toutes ses actions. Cela est vrai, mais la détermination de cette cause, la préférence qui lui est donnée sur le parti opposé, d'où lui vient-elle ?

« Vouloir, dit M. Leibnitz, qu'une détermination
» vienne d'une pleine indifférence absolument indé-
» terminée, c'est vouloir qu'elle vienne naturelle-
» ment de rien. L'on suppose que Dieu ne donne pas
» cette détermination : elle n'a point de source dans
» l'ame, ni dans le corps, ni dans les circonstances;
» puisque tout est supposé indéterminé ; & la voilà
» pourtant qui paroît & qui existe sans préparation ,
» sans que Dieu même puisse voir ou faire voir com-
» ment elle existe ». Un effet ne peut avoir lieu sans qu'il y ait dans la cause qui le doit produire une disposition à agir de la maniere qu'il le faut pour produire cet effet. Or un choix , un acte de la volonté est un effet dont l'ame est la cause : Il faut donc , pour que nous fassions un tel choix , que l'ame soit disposée à le faire plûtôt qu'un autre : d'où il résulte qu'elle n'est pas indéterminée & indifférente.

3°. La doctrine de la *liberté* d'indifférence détruit toute idée de sagesse & de vertu. Si je choisis un parti, non parce que je le trouve conforme aux lois de la sagesse , mais sans aucune raison vraie ou fausse , bonne ou mauvaise ; & uniquement par une impétuosité aveugle qui se détermine au hasard , quelle louange pourrai-je mériter s'il arrive que j'aie bien choisi , puisque je n'ai point pris le parti parce qu'il étoit le meilleur , & que j'aurois pû faire le contraire avec la même facilité ? Comment supposer en moi de la sagesse , si je ne me détermine pas par des raisons ? La conduite d'un être doué d'une pareille *liberté*, seroit parfaitement semblable à celle d'un homme qui décideroit toutes ses actions par un coup de dez ou en tirant à la courte paille : ce seroit en vain que l'on feroit des recherches sur les motifs par lesquels les hommes agissent : ce seroit en vain qu'on leur proposeroit des loix, des peines, & des récompenses, si tout cela n'opere pas sur leur volonté indifférente à tout.

4°. La *liberté* d'indifférence est incompatible avec la nature d'un être intelligent qui, dès-là qu'il se sent & se connoît, aime essentiellement son bonheur, & par conséquent aime aussi tout ce qu'il croit pouvoir y contribuer. Il est ridicule de dire que ces objets sont indifférens à un tel être , & que , lorsqu'il connoît clairement que de deux partis l'un lui est avantageux & l'autre lui est nuisible , il puisse choisir aussi aisément l'un que l'autre. Déjà il ne peut les approuver l'un comme l'autre; or donner son approbation en dernier ressort , c'est la même chose que se déterminer : voilà donc la détermination qui vient des raisons ou des motifs. De plus, on conçoit dans la volonté l'effort d'agir qui en fait même l'essence, & qui la distingue du simple jugement. Or un esprit n'étant point susceptible d'une impulsion méchanique, qui est-ce qui pourroit l'inciter à agir , si ce n'est l'amour qu'il a pour lui-même & pour son propre bonheur ? C'est-là le grand mobile de tous les esprits ; jamais ils n'agissent que quand ils desirent d'agir : or qu'est-ce qui rend ce desir efficace , sinon le plaisir qu'on trouve à le satisfaire ? Et d'où peut naître ce desir, si ce n'est de la réprésentation de la perception de l'objet ? Un être intelligent ne peut donc être porté à agir que par quelque motif, quelque raison prise d'un bien réel ou apparent qu'il se promet de son action.

Tous ces raisonnemens, quelque spécieux qu'ils paroissent , n'ont rien d'assez solide à quoi ne répondent les défenseurs de la *liberté* d'indifférence. M. Keing , archevêque de Dublin, l'a soutenue en Dieu même , dans son livre sur l'origine du mal ; mais en disant que rien n'est bon ni mauvais en Dieu par rapport aux créatures avant son choix , il enseigne une doctrine qui va à rendre la justice arbitraire , & à confondre la nature du juste & de l'injuste. M. Crouzas plaide en sa faveur dans la plûpart de ses ouvrages. Mais il y a des philosophes qui s'y sont pris autrement soutenir l'indifférence : d'abord ils avouent qu'une pareille *liberté* ne sauroit convenir à Dieu ; mais , continuent-ils , il faut raisonner tout autrement à l'égard des intelligences bornées

& subalternes. Renfermées dans une certaine sphère d'activité plus ou moins grande, leurs idées n'atteignent que jusqu'à un certain degré dans la connoissance des objets; & en conséquence il doit leur arriver de prendre pour égales des choses qui ne le sont point du tout. Les apparences font ici le même effet que la réalité; & l'on ne disconviendra pas, que lorsqu'il s'agit de juger, de se déterminer, d'agir, il importe peu que les choses soient égales ou inégales, pourvu que les impressions qu'elles font sur nous soient les mêmes. On prévoit bien que les antagonistes de l'indifférence se hâteront de nier que des impressions égales puissent résulter d'objets inégaux. Mais cette supposition n'a pourtant rien qui ne suive nécessairement de la limitation qui fait le caractere essentiel de la créature. Dès-là que notre intelligence est bornée, ce qui différencie les objets doit nous échapper infailliblement, lorsqu'il est de nature à ne pouvoir être apperçu que par une vue extrèmement fixe & délicate. Et de-là, que suit-il? sinon, que dans plusieurs occasions l'ame doit se trouver dans un état de doute & de suspension, sans savoir précisément à quel parti se déterminer. C'est aussi ce que justifie une expérience fréquente.

Ces principes posés, il en résulte que la *liberté* d'équilibre est moins une prérogative dont nous devions nous glorifier, qu'une imperfection dans notre nature & nos connoissances, qui croît ou décroît en raison réciproque de nos lumieres. Dieu prévoyant que notre ame, par une suite de son imperfection, seroit souvent irrésolue & comme suspendue entre deux partis, lui a donné le pouvoir de sortir de cette suspension, par une détermination dont le principe fût elle-même. Ce n'est point supposer que le rien produise quelque chose. Est-ce en effet alléguer un rien, quand on donne à la volonté pour cause de nos actions en certains cas? Que deviendroit cette activité qui est le propre des intelligences, si l'ame dans l'occasion ne pouvoit agir par elle-même, & sans être mise en action par une puissance étrangere?

Il y a d'ailleurs mille cas dans la vie où le parfait équilibre a lieu; par exemple, quand il s'agit de choisir entre deux louis-d'or qu'on me présente. Si l'on s'avise de me soutenir sérieusement que je suis nécessité, & qu'il y a une raison en faveur de celui que j'ai pris; pour réponse je me mets à rire, tant je suis intimement persuadé qu'il est en mon pouvoir de prendre un des deux louis-d'or, plûtôt que l'autre, & qu'il n'y a point eu de choix de raison prévalente, puisque ces deux louis-d'or sont entierement semblables, ou qu'ils me paroissent tels.

De tout ce que nous avons dit sur la *liberté*, on en peut conclure que son essence consiste dans l'intelligence qui enveloppe une connoissance distincte de l'objet de la délibération. Dans la spontanéité avec laquelle nous nous déterminons, & dans la contingence, c'est-à-dire dans l'exclusion de la nécessité logique ou métaphysique, l'intelligence est comme l'ame de la *liberté*, & le reste en est comme le corps & la base. La substance libre se détermine par elle-même, & cela suivant le motif du bien apperçu par l'entendement qui l'incline sans la nécessiter. Si à ces trois conditions, vous ajoutez l'indifférence d'équilibre, vous aurez une définition de la *liberté*, telle qu'elle se trouve dans les hommes pendant cette vie mortelle, & telle qu'elle a été définie nécessaire par l'Eglise pour mériter & démériter dans l'état de la nature corrompue. Cette *liberté* n'exclut pas seulement la contrainte (jamais elle ne fut admise par les fatalistes mêmes) ni la nécessité physique, absolue, fatale (ni les calvinistes, ni les jansénistes ne l'ont jamais reconnue) mais encore la

nécessité morale, soit qu'elle soit absolue, soit qu'elle soit relative. La *liberté* catholique est dégagée de toute nécessité, suivant cette définition: *ad merendum & demerendum in statu naturæ lapsæ, non requiritur in homine libertas à necessitate, sed sufficit libertas à coactione.* Cette proposition ayant été condamnée comme hérétique, & cela dans le sens de Jansenius; on ne souscrit à la décision de l'Eglise qu'autant qu'on reconnoît une *liberté* exempte de cette nécessité à laquelle Jansenius l'asservissoit. Or cette nécessité n'est que morale; donc pour être catholique, il faut admettre une *liberté* libre de la nécessité morale, & par conséquent une *liberté* d'indifférence ou d'équilibre. Ce qu'il ne faut pas entendre en ce sens, que la volonté ne panche jamais plus d'un côté que de l'autre, cet équilibre est ridicule & démenti par l'expérience; mais plutôt en ce sens que la volonté domine ses penchans. Elle ne les domine pourtant pas tellement que nous soyons toûjours les maîtres de nos volitions directement. Le pouvoir de l'ame sur ses inclinations est souvent une puissance qui ne peut être exercée que d'une maniere indirecte; à-peu-près comme Bellarmin vouloit que les papes eussent droit sur le temporel des rois. A la vérité, les actions externes qui ne surpassent point nos forces, dépendent absolument de notre volonté; mais nos volitions ne dépendent de la volonté que par certains détours adroits, qui nous donnent moyen de suspendre nos résolutions ou de les changer. Nous sommes les maîtres chez nous, non pas comme Dieu l'est dans le monde, mais comme un prince sage l'est dans ses états, comme un bon pere de famille l'est dans son domestique.

LIBERTÉ NATURELLE, (*Droit naturel.*) droit que la nature donne à tous les hommes de disposer de leurs personnes & de leurs biens, de la maniere qu'ils jugent la plus convenable à leur bonheur, sous la restriction qu'ils le fassent dans les termes de la loi naturelle, & qu'ils n'en abusent pas au préjudice des autres hommes. Les lois naturelles sont donc la regle & la mesure de cette *liberté*; car quoique les hommes dans l'état primitif de nature, soient dans l'indépendance les uns à l'égard des autres, ils sont tous sous la dépendance des lois naturelles, d'après lesquelles ils doivent diriger leurs actions.

Le premier état que l'homme acquiert par la nature, & qu'on estime le plus précieux de tous les biens qu'il puisse posséder, est l'état de *liberté*; il ne peut ni se changer contre un autre, ni se vendre, ni se perdre; car naturellement tous les hommes naissent libres, c'est-à-dire, qu'ils ne sont pas soumis à la puissance d'un maître, & que personne n'a sur eux un droit de propriété.

En vertu de cet état, tous les hommes tiennent de la nature même, le pouvoir de faire ce que bon leur semble, & de disposer à leur gré de leurs actions & de leurs biens, pourvu qu'ils n'agissent pas contre les lois du gouvernement auquel ils se sont soumis.

Chez les Romains un homme perdoit sa *liberté naturelle*, lorsqu'il étoit pris par l'ennemi dans une guerre ouverte, ou que pour le punir de quelque crime, on le réduisoit à la condition d'esclave. Mais les Chrétiens ont aboli la servitude en paix & en guerre, jusques-là, que les prisonniers qu'ils font à la guerre sur les infideles, sont censés des hommes libres; de maniere que celui qui tueroit un de ces prisonniers, seroit regardé & puni comme homicide.

De plus, toutes les puissances chrétiennes ont jugé qu'une servitude qui donneroit au maître un droit de vie & de mort sur ses esclaves, étoit incompatible avec la perfection à laquelle la religion chrétienne appelle les hommes. Mais comment les puissances chrétiennes n'ont-elles pas jugé que cette même religion, indépendamment du droit naturel, reclamoit contre l'esclavage des negres ? c'est qu'elles en ont besoin pour leurs colonies, leurs plantations, & leurs mines. *Auri sacra fames!*

LIBERTÉ CIVILE, (*Droit des nations.*) c'est la *liberté* naturelle dépouillée de cette partie qui faisoit l'indépendance des particuliers & la communauté des biens, pour vivre sous des lois qui leur procurent la sûreté & la propriété. Cette *liberté civile* consiste en même tems à ne pouvoir être forcé de faire une chose que la loi n'ordonne pas, & l'on ne se trouve dans cet état, que parce qu'on est gouverné par des lois civiles; ainsi plus ces lois sont bonnes, plus la *liberté* est heureuse.

Il n'y a point de mots, comme le dit M. de Montesquieu, qui ait frappé les esprits de tant de manieres différentes, que celui de *liberté*. Les uns l'ont pris pour la facilité de déposer celui à qui ils avoient donné un pouvoir tyrannique; les autres pour la facilité d'élire celui à qui ils devoient obéir; tels ont pris ce mot pour le droit d'être armé, & de pouvoir exercer la violence; & tels autres pour le privilege de n'être gouvernés que par un homme de leur nation, ou par leurs propres lois. Plusieurs ont attaché ce nom à une forme de gouvernement, & en ont exclu les autres. Ceux qui avoient goûté du gouvernement républicain, l'ont mise dans ce gouvernement, tandis que ceux qui avoient joui du gouvernement monarchique, l'ont placé dans la monarchie. Enfin, chacun a appellé *liberté*, le gouvernement qui étoit conforme à ses coutumes & à ses inclinations : mais la *liberté* est le droit de faire tout ce que les lois permettent; & si un citoyen pouvoit faire ce qu'elles défendent, il n'auroit plus de *liberté*, parce que les autres auroient tous de même ce pouvoir. Il est vrai que cette *liberté* ne se trouve que dans les gouvernemens modérés, c'est-à-dire dans les gouvernemens dont la constitution est telle, que personne n'est contraint de faire les choses auxquelles la loi ne l'oblige pas, & à ne point faire celles que la loi lui permet.

La *liberté civile* est donc fondée sur les meilleures lois possibles; & dans un état qui les auroit en partage, un homme à qui on feroit son procès selon les lois, & qui devroit être pendu le lendemain, seroit plus libre qu'un bacha ne l'est en Turquie. Par conséquent, il n'y a point de *liberté* dans les états où la puissance législative & la puissance exécutrice sont dans la même main. Il n'y en a point à plus forte raison dans ceux où la puissance de juger est réunie à la législatrice & à l'exécutrice.

LIBERTÉ POLITIQUE, (*Droit politique.*) la *liberté politique* d'un état est formée par des lois fondamentales qui y établissent la distribution de la puissance législative, de la puissance exécutrice des choses qui dépendent du droit des gens, & de la puissance exécutrice de celles qui dépendent du droit civil, de maniere que ces trois pouvoirs sont liés les uns par les autres.

La *liberté politique* du citoyen, est cette tranquillité d'esprit qui procede de l'opinion que chacun a de sa sûreté; & pour qu'on ait cette sûreté, il faut que le gouvernement soit tel, qu'un citoyen ne puisse pas craindre un citoyen. De bonnes lois civiles & politiques assurent cette *liberté*; elle triomphe encore, lorsque les lois criminelles tirent chaque peine de la nature particuliere du crime.

Il y a dans le monde une nation qui a pour objet direct de sa constitution la *liberté politique*; & si les principes sur lesquels elle la fonde sont solides, il faut en reconnoître les avantages. C'est à ce sujet, que je me souviens d'avoir ouï dire à un beau génie d'Angleterre, que Corneille avoit mieux peint la hauteur des sentimens qu'inspire la *liberté politique*,

qu'aucun de leurs poëtes, dans ce discours que tient Viriate à Sertorius.

Affranchissons le Tage, & laissons faire au Tibre :
La liberté n'est rien quand tout le monde est libre.
Mais il est beau de l'être, & voir tout l'univers
Soupirer sous le joug, & gémir dans les fers.
Il est beau d'étaler cette prérogative
Aux yeux du Rhône esclave, & de Rome captive,
Et de voir envier aux peuples abattus,
Ce respect que le fort garde pour les vertus.

Sertorius, act. IV. sc. vj.

Je ne prétends point décider que les Anglois jouissent actuellement de la prérogative dont je parle; il me suffit de dire avec M. de Montesquieu, qu'elle est établie par leurs lois; & qu'après tout, cette *liberté politique* extrême ne doit point mortifier ceux qui n'en ont qu'une modérée, parce que l'excès même de la raison n'est pas toûjours desirable, & que les hommes en général s'accommodent presque toûjours mieux des milieux que des extrémités. (*D. J.*)

LIBERTÉ DE PENSER, (*Morale.*) Ces termes, *liberté de penser*, ont deux sens; l'un général, l'autre borné. Dans le premier ils signifient cette généreuse force d'esprit qui lie notre persuasion uniquement à la vérité. Dans le second, ils expriment le seul effet qu'on peut attendre, selon les esprits forts, d'un examen libre & exact, je veux dire, l'inconviction. Autant que l'un est louable & mérite d'être applaudi, autant l'autre est blamable, & mérite d'être combattu. La véritable *liberté de penser* tient l'esprit en garde contre les préjugés & la précipitation. Guidée par cette sage Minerve, elle ne donne aux dogmes qu'on lui propose, qu'un dégré d'adhésion proportionné à leur degré de certitude. Elle croit fermement ceux qui sont évidens; elle range ceux qui ne le sont pas parmi les probabilités, il en est sur lesquels elle tient sa croyance en équilibre; mais si le merveilleux s'y joint, elle en devient moins crédule; elle commence à douter, & se méfie des charmes de l'illusion. En un mot elle ne se rend au merveilleux qu'après s'être bien prémunie contre le penchant trop rapide qui nous y entraîne. Elle ramasse sur-tout toutes ses forces contre les préjugés que l'éducation de notre enfance nous fait prendre sur la religion, parce que ce sont ceux dont nous nous défaisons le plus difficilement; il en reste toujours quelque trace, souvent même après nous en être éloignés; lassés d'être livrés à nous-mêmes, un ascendant plus fort que nous, nous tourmente & nous y fait revenir. Nous changeons de mode, de langage; il est mille choses sur lesquelles insensiblement nous nous accoutumons à penser autrement que dans l'enfance; notre raison se porte volontiers à prendre ces nouvelles formes; mais les idées qu'elle s'est faites sur la religion, sont d'une espece respectable pour elle; rarement ose-t-elle les examiner; & l'impression que ces préjugés ont faite sur l'homme soixante enfant, ne périt communément qu'avec lui. On ne doit pas s'en étonner; l'importance de la matiere jointe à l'exemple de nos parens que nous voyons en être réellement persuadés, sont des raisons plus que suffisantes pour les graver dans notre cœur, de maniere qu'il soit difficile de les en effacer. Les premiers traits que les mains impriment dans nos ames, en laissent toujours des impressions profondes & durables; il est dans notre superstition, que nous croyons honorer Dieu par les entraves où nous mettons notre raison; nous craignons de nous démasquer à nous-mêmes, & de nous surprendre dans l'erreur, comme si la vérité avoit à redouter de paroître au grand jour.

Je suis bien éloigné d'en conclure qu'il faille pour

cela décider au tribunal de la fiere raison, les questions qui ne sont que du ressort de la foi. Dieu n'a point abandonné à nos discussions des mysteres qui, soumis à la spéculation, paroîtroient des absurdités. Dans l'ordre de la révélation, il a posé des barrieres insurmontables à tous nos efforts ; il a marqué un point où l'évidence cesse de luire pour nous ; & ce point est le terme de la raison ; mais là où elle finit, ici commence la foi, qui a droit d'exiger de l'esprit un parfait assentiment sur des choses qu'il ne comprend pas; mais cette soumission de l'aveugle raison à la foi, n'ébranle pas pour cela ses fondemens, & ne renverse pas les limites de la connoissance. Eh quoi ? Si elle n'avoit pas lieu en matiere de religion, cette raison que quelques-uns décrient si fort, nous n'aurions aucun droit de tourner en ridicule les opinions avec les cérémonies extravagantes qu'on remarque dans toutes les religions, excepté la véritable. Qui ne voit que c'est-là ouvrir un vaste champ au fanatisme le plus outré, & aux superstitions les plus insensées ? Avec de pareils principes, il n'y a rien qu'on ne croie ; & les opinions les plus monstrueuses, la honte de l'humanité, sont adoptées. La religion qui en est l'honneur, & qui nous distingue le plus des brutes, n'est-elle pas souvent la chose en quoi les hommes paroissent les moins raisonnables ? Nous sommes faits d'une étrange maniere ; nous ne saurions nous tenir dans un juste milieu. Si l'on n'est superstitieux, on est impie. Il semble qu'on ne puisse être docile par raison, & fidele en philosophe. Je laisse ici à décider laquelle des deux est la plus déraisonnable & la plus injurieuse à la religion, ou de la superstition ou de l'impiété. Quoi qu'il en soit, les bornes posées entre l'une & l'autre, ont eu moins à souffrir de la hardiesse de l'esprit, que de la corruption du cœur. La superstition est devenue impie, & l'impiété elle-même est devenue superstitieuse ; oui, dans toutes les religions de la terre, la *liberté de penser* qui insulte aux bons croyans, comme à des ames foibles, à des esprits superstitieux, à des génies serviles, est quelquefois plus crédule & plus superstitieuse qu'on ne le pense. Quel usage de raison puis-je appercevoir dans des hommes qui croient par autorité qu'il ne faut pas croire à l'autorité ? Quels sont la plûpart de ces enfans qui se glorifient de n'avoir point de religion ? A les entendre parler, ils sont les seuls sages, les seuls philosophes dignes de ce nom ; ils possedent eux seuls l'art d'examiner la vérité ; ils sont seuls capables de tenir leur raison dans un équilibre parfait, qui ne sauroit être détruit que par le poids des preuves. Tous les autres hommes, esprits paresseux, cœurs serviles & lâches, rampent sous le joug de l'autorité, & se laissent entraîner les opinions reçues. Mais combien n'en voyons-nous pas dans leur société qui se laissent subjuguer par un enfant plus habile. Qu'il se trouve parmi eux un de ces génies heureux, dont l'esprit vif & original soit capable de donner le ton ; que cet esprit d'ailleurs éclairé se précipite dans l'inconviction, parce qu'il aura été le dupe d'un cœur corrompu : son imagination forte, vigoureuse, & dominante, exercera sur ses sentimens un pouvoir d'autant plus despotique, qu'un secret penchant à la *liberté* prêtera à ses raisons victorieuses une force nouvelle. Elle fera passer son enthousiasme dans les jeunes imaginations, les fléchira, les pliera à son gré, les subjuguera, les renversera.

Le traité de la *liberté de penser*, de Collins, passe parmi les inconvaincus, pour le chef-d'œuvre de la raison humaine ; & les jeunes inconvaincus se cachent derriere ce redoutable volume, comme si c'étoit l'égide de Minerve. On y abuse de ce que présente de bon ce mot, *liberté de penser*, pour la réduire à l'irréligion ; commé si toute recherche libre de la vérité, devoit nécessairement y aboutir. C'est supposer ce qu'il s'agissoit de prouver, savoir si s'éloigner des opinions généralement reçues, est un caractere distinctif d'une raison asservie à la seule évidence. La paresse & le respect aveugle pour l'autorité, ne sont pas les seules entraves de l'esprit humain. La corruption du cœur, la vaine gloire, l'ambition de s'ériger en chef de parti, n'exercent que trop souvent un pouvoir tyrannique sur notre ame ; qu'elles détournent avec violence de l'amour pour de la vérité.

Il est vrai que les inconvaincus en imposent & doivent en imposer par la liste des grands hommes, parmi les anciens, qui selon eux se sont distingués par la *liberté de penser*, Socrate, Platon, Epicure, Ciceron, Virgile, Horace, Pétrone, Corneille Tacite. Quels noms pour celui qui porte quelque respect aux talens & à la vertu ! mais cette logique est-elle bien assortie avec le dessein de nous porter à penser librement ! Pour montrer que ces illustres anciens ont pensé librement, citer quelques passages de leurs écrits, où ils s'élevent au-dessus des opinions vulgaires, des dieux de leur pays, n'est-ce pas supposer que *la liberté de penser* est l'appanage des incrédules, & par conséquent supposer ce qu'il s'agissoit de prouver. Nous ne dirons pas que pour se persuader que ces grands hommes de l'antiquité ont été entierement libres dans leurs recherches, il faudroit avoir pénétré les secrets mouvemens de leur cœur, dont il est impossible que leurs ouvrages nous donnent une connoissance suffisante ; que si les incrédules sont capables de cette force incompréhensible de pénétration, ils sont fort habiles ; mais que s'ils ne le sont pas, il est constant que par un sophisme très-grossier qui suppose évidemment ce qui est en question, ils veulent nous engager à respecter comme d'excellens modeles, des sages prétendus, dont l'intérieur leur est inconnu, comme au reste des hommes. Cette maniere de raisonner feroit le procès à tous les honnêtes gens qui ont écrit pour ou contre quelque système que ce soit, & accuseroit d'hypocrisie à Rome, à Constantinople, dans tous les lieux de la terre, & dans tous les tems, ceux qui ont fait & qui font honneur aux nations. Mais ce qui nous fâche, c'est qu'un auteur ne se contente pas de nous donner pour modeles de la *liberté de penser*, quelques-uns des plus fameux sages du Paganisme ; mais qu'il étale encore à nos yeux des écrivains inspirés, & qu'il s'imagine prouver qu'ils ont pensé librement, parce qu'ils ont rejetté la religion dominante. Les prophetes, dit-il, se sont déchaînés contre les sacrifices du peuple d'Israel ; donc les prophetes ont été des patrons de *la liberté de penser*. Seroit-il possible que celui qui se mêle d'écrire, fût d'une infidélité ou d'une ignorance assez distinguée pour croire tout de bon que ces saints hommes eussent voulu détourner le peuple d'Israel du culte lévitique ? N'est-il pas beaucoup plus raisonnable d'interpréter leurs sentimens par leur conduite, & d'expliquer l'irrégularité de quelques expressions, ou par la véhémence du langage oriental qui ne s'asservit pas toujours à l'exactitude des idées, ou par un violent mouvement de l'indignation qu'inspiroit à des hommes saints l'abus que les peuples corrompus faisoient des préceptes d'une sainte religion ? N'y a-t-il aucune différence entre l'homme inspiré par son Dieu, & l'homme qui examine, discute, raisonne, réfléchit tranquillement & de sang froid ?

On ne peut nier qu'il n'y ait eu & qu'il n'y ait parmi les inconvaincus des hommes du premier mé-

rite; que leurs ouvrages ne montrent en cent endroits de l'esprit, du jugement, des connoissances; qu'ils n'aient même servi la religion, en en décriant les véritables abus; qu'ils n'aient forcé nos théologiens à devenir plus instruits & plus circonspects; & qu'il n'aient infiniment contribué à établir entre les hommes l'esprit sacré de paix & de tolérance: mais il faut aussi convenir qu'il y en a plusieurs dont on peut demander avec Swift, « qui auroit » soupçonné leur existence, si la religion, ce sujet » inépuisable, ne les avoit pourvus abondamment » d'esprit & de syllogismes? Quel autre sujet renfermé dans les bornes de la nature & de l'art, auroit été capable de leur procurer le nom d'auteurs » profonds, & de les faire lire? Si cent plumes de » cette force avoient été employées pour la défense » du Christianisme, elles auroient été d'abord livrées » à un oubli éternel ». Qui jamais se feroit avisé de » lire leurs ouvrages, si leurs défauts n'en avoient été » comme cachés & ensevelis sous une forte teinture » d'irréligion ». L'impiété est d'une grande ressource pour bien des gens. Ils trouvent en elle les talens que la nature leur refuse. La singularité des sentimens qu'ils affectent, marque moins en eux un esprit supérieur, qu'un violent désir de le paroître. Leur vanité trouvera-t-elle son compte à être simples approbateurs des opinions les mieux démontrées? Se contenteront ils de l'honneur subalterne d'en appuyer les preuves, ou de les affermir par quelques raisons nouvelles? Non; les premieres places sont prises, les secondes ne sauroient satisfaire leur ambition. Semblables à César, ils aiment mieux être les premiers dans un bourg, que les secondes personnes à Rome; ils briguent l'honneur d'être chefs de parti, en ressuscitant de vieilles erreurs, ou en cherchant des chicanes nouvelles dans une imagination que l'orgueil rend vive & féconde. *Voyez l'art.* INTOLÉRANCE & JESUS-CHRIST.
(*G*)

LIBERTÉS DE L'EGLISE GALLICANE, (*Jurisp.*) Elles consistent dans l'observation d'un grand nombre de points de l'ancien Droit commun & canonique concernant la discipline ecclésiastique que l'Eglise de France a conservée dans toute sa pureté, sans souffrir que l'on admit aucune des nouveautés qui se sont introduites à cet égard dans plusieurs autres églises.

L'auteur anonyme d'un traité des *libertés de l'Eglise gallicane*, dont il est parlé dans les *œuvres de* Bayle, *tome I. p.* 320. *édit. de 1737*, se trompe, lorsqu'il suppose que l'on n'a commencé à parler de nos *libertés* que sous le regne de Charles VI.

M. de Marca en son traité des *libertés de l'Eglise gallicane*, soutient que les *libertés* furent reclamées dès l'an 461 au premier concile de Tours, & en 794, au concile de Francfort.

Mais la premiere fois que l'on ait qualifié de *libertés*, le droit & la possession qu'a l'Eglise de France de se maintenir dans ses anciens usages, fut du tems de saint Louis, sous la minorité duquel, au mois d'Avril 1228, on publia en son nom une ordonnance adressée à tous ses sujets dans les diocèses de Narbonne, Cahors, Rhodès, Agen, Arles & Nîmes, dont le premier article porte, que les églises du Languedoc jouiront des *libertés & immunités de l'Eglise gallicane: libertatibus & immunitatibus utantur quibus utitur Ecclesia gallicana.*

Les canonistes ultramontains prétendent que l'on ne pourroit autoriser nos *libertés*, qu'en les regardant comme des privileges & des concessions particulieres des papes, qui auroient bien voulu mettre des bornes à leur puissance, en faveur de l'Eglise gallicane: & comme on ne trouve nulle part un tel privilege accordé à cette église, ces canonistes concluent de là que nos *libertés* ne sont que des chimeres.

D'autres par un excès de zele pour la France, font consister nos *libertés* dans une indépendance entiere du saint siege, ne laissant au pape qu'un vain titre de l'Eglise, sans aucune jurisdiction.

Mais les uns & les autres s'abusent également; nos *libertés*, suivant les plus illustres prélats de l'Eglise de France, les docteurs les plus célebres, & les canonistes les plus habiles, ne consistant, comme on l'a déja dit, que dans l'observation de plusieurs anciens canons.

Ces *libertés* ont cependant quelquefois été appellées *privileges & immunités*, soit par humilité ou par respect pour le saint siege, ou lorsqu'on n'a pas bien pesé la force des termes; car il est certain que le terme de *privilege* est impropre, pour exprimer ce que l'on entend par nos *libertés*; les privileges étant des exceptions & des graces particulieres accordées contre le droit commun, au lieu que nos *libertés* ne consistent que dans l'observation rigoureuse de certains points de l'ancien droit commun & canonique.

En parlant de nos *libertés*, on les qualifie quelquefois de *saintes*, soit pour exprimer le respect que l'on a pour elles, & combien elles sont précieuses à l'Eglise de France, soit pour dire qu'il n'est pas permis de les enfraindre sans encourir les peines portées par les lois: *sancta quasi legibus sancita.*

L'Eglise de France n'est pas la seule qui ait ses *libertés*; il n'y en a guere qui n'ait retenu quelques restes de l'ancienne discipline; mais dans toute l'église latine, il n'y a point de nation qui ait conservé autant de *libertés* que la France, & qui les ait soutenues avec plus de fermeté.

Nous n'avons point de lois particulieres qui fixent précisément les *libertés de l'Eglise gallicane.*

Lorsque quelqu'un a voulu opposer que nous n'avons point de concessions de nos *libertés*, on a quelquefois répondu par plaisanterie, que le titre est au dos de la donation de Constantin au pape Sylvestre, pour dire que l'on seroit bien embarrassé de part & d'autre de rapporter les titres en fait de droits aussi anciens; mais nous ne manquons point de titres plus réels pour établir nos *libertés*, puisque les anciens usages de l'Eglise de France qui forment ses *libertés*, sont fondés sur l'ancien Droit canonique; & à ce propos il faut observer que sous la premiere race de nos rois, on observoit en France le code des canons de l'Eglise universelle, composé des deux premiers conciles généraux, & de cinq conciles particuliers de l'Eglise grecque, & de quelques conciles tenus dans les Gaules. Ce code ayant été perdu depuis le viij. siecle, le pape Adrien donna à Charlemagne le code des canons de l'Eglise romaine, compilé par Denis le Petit en 527. Ce compilateur avoit ajoûté au code de l'Eglise universelle 50 canons des apôtres, 27 du concile de Chalcédoine, ceux des conciles de Sardique & de Carthage, & les décrétales des papes, depuis Sirice jusqu'à Anastase.

Tel étoit l'ancien Droit canonique observé en France avec quelques capitulaires de Charlemagne. On regardoit comme une entreprise sur nos *libertés* tout ce qui y étoit contraire; & l'on y a encore recours lorsque la cour de Rome veut attenter sur les usages de l'Eglise de France, conformes à cet ancien droit.

Les papes ont eux-mêmes reconnu en diverses occasions la justice qu'il y a de conserver à chaque église ses *libertés*, & singulierement celle de l'Eglise gallicane: *cap. licet extra de frigidis* & *cap. in genes extra de electione.*

Nos rois ont de leur part publié plusieurs ordonnances, édits & déclarations, pour maintenir ces précieuses *libertés*. Les plus remarquables de ces lois, sont la pragmatique de saint Louis en 1268; la pragmatique faite sous Charles VII. en 1437; le concordat fait en 1516; l'édit de 1535, contre les petites dates; l'édit de Moulins en 1580, & plusieurs autres plus récens.

Le parlement a toujours été très-soigneux de maintenir ces mêmes *libertés*, tant par les différens arrêts qu'il a rendus dans les occasions qui se sont présentées, que par les remontrances qu'il a faites à ce sujet à nos rois, entr'autres celles qu'il fit au roi Louis XI. en 1461, qui font une des principales pieces qui ont été recueillies dans le traité des *libertés de l'Eglise gallicane*, par pierre Pithou.

Quoique le détail de nos *libertés* soit presqu'infini, parce qu'elles s'étendent sur-tout notre Droit canonique; elles se rapportent néanmoins à deux maximes fondamentales.

La premiere, que le pape & les autres supérieurs ecclésiastiques n'ont aucun pouvoir direct ni indirect sur le temporel de nos rois, ni sur la jurisdiction séculiere.

La seconde, que la puissance du pape, par rapport au spirituel, n'est point absolue sur la France, mais qu'elle est bornée par les canons & par les coutumes qui sont observés dans le royaume; de sorte que ce que le pape pourroit ordonner au préjudice de ces regles, est nul.

C'est de ces deux maximes que dérivent toutes les autres que Pierre Pithon a recueillies dans son traité des *libertés de l'Eglise gallicane*, qu'il dédia au roi, & qui fut imprimé pour la premiere fois en 1609, avec privilege.

On y joignit plusieurs autres pieces aussi fort importantes concernant les *libertés de l'Eglise gallicane*, telles que les rémontrances faites au roi Louis, & plusieurs mémoires & traités de Jacques Cappel, Jean du Tillet, du fleur Dumesnil, de Claude Fauchet, de Hotman, Coquille, &c. l'auteur étoit déja décédé.

Mais le traité de Pithou sur les *libertés de l'Eglise*, est un des plus fameux de ce recueil. Quoique cet opuscule ne contienne que huit ou dix pages d'impression, il acquis parmi nous une telle autorité, qu'on a distingué les *à linea* qui font au nombre de 83, comme autant d'articles & de maximes; & on les cite avec la même vénération que si c'étoient autant de lois.

Ce recueil a depuis été réimprimé plusieurs fois avec des augmentations de diverses pieces, qui ont aussi pour objet nos *libertés*.

M. Pierre Dupuy publia en 1639, en 2 vol. in-4°. un commentaire sur le traité des *libertés de l'Eglise gallicane* de Pithon: la derniere édition qui est de 1731 augmentée par l'abbé Lenglet du Fresnoy, compose 4 volumes in-fol. y compris deux volumes de preuves.

Les autres auteurs qui ont écrit depuis sur les *libertés de l'Eglise gallicane*, n'ont fait aussi pour la plûpart que commenter les maximes recueillies par Pithou.

Pour la conservation de nos *libertés*, on a recours en France à quatre principaux moyens qui sont remarqués par Pithou, *art. 75, 76, 77, 78, & 79*; où il dit que les divers moyens ont été sagement pratiqués par nos ancêtres, selon les occurrences & les tems.

Ces moyens sont, 1°. que l'on confere avec le pape, pour se concilier à l'amiable sur les difficultés qui peuvent s'élever. 2°. De faire un examen scrupuleux des bulles & autres expéditions venant de Rome, afin qu'on ne laisse rien publier contre les droits du roi, ni contre ceux de l'Eglise gallicane. 3°. L'appel au futur concile; culin l'appel comme d'abus aux parlemens, en cas d'entreprise sur la jurisdiction séculiere, & de contravention aux usages de l'Eglise de France.

Voyez les traités faits par du Tillet, Hotman, Dupuy, Leschassier, Bouchel, *bibl. du Droit franc. let. j. verb. jurisdict. bibliot. can. tom. I pag. 543 & 547.* Dhericourt, *loix ecclésiast. part. I. chap. 17.* (*A*)

LIBERTÉ, (*Inscript. Med.*) La *Liberté* sur les médailles, tient de la main droite un bonnet qui est son symbole. Tout le monde sait qu'on le donnoit à ceux qu'on affranchissoit. Appien raconte qu'après l'assassinat de César, un des meurtriers porta par la ville un bonnet au bout d'une pique, en figue de *liberté*. Il y avoit fur le mont Aventin un fameux temple dédié à la *Liberté*, avec un parvis, autour duquel régnoit un portique, qu'on nommoit *atrium libertatis*. Sous ce portique étoit la célebre bibliotheque d'Asinius Pollion qui rebâtit cet édifice.

On érigea sous Tibere dans la place publique une statue à la *Liberté*, dès qu'on sut la mort de Séjan. Josephe rapporte qu'après le massacre de Caïus, Cassius Chéréa vint demander le mot aux consuls, ce qu'on n'avoit point vu de mémoire d'homme, & que le mot qu'ils lui donnerent, fut *liberté*.

Caïus étant décédé, on érigea sous Claude un monument à la *Liberté*; mais Néron replongea l'empire dans une cruelle servitude. Sa mort rendit encore la joie générale. Tout le peuple de Rome & des provinces prit le bonnet de la *liberté*; c'étoit un triomphe universel. On s'empressa de représenter par-tout dans les statues & sur les monnoies, l'image de la *Liberté* qu'on croyoit renaissante.

Une inscription particuliere nous parle d'une nouvelle statue de la *Liberté*, érigée sous Galba.

La voici telle qu'elle se lit à Rome sur la base de marbre qui soutenoit cette statue.

Imaginum domus Aug. cultoribus signum
Libertatis restitutæ, Ser. Galbæ imperatoris
Aug. curatores anni secundi, C. Turranius
Polubius, L. Calpurnius Zena, C. Murdius
Lalus, C. Turranius Florus C. Murdius
Demosthenes.

Sur le côté gauche de la base est écrit

Dedic. id. Octob. C. Bellico Natale Cos.
P. Cornelio Scipione Asiatico.

Ces deux consuls furent subrogés l'année 68 de Jésus-Christ.

Ce fut sur le modele de cette statue ou de quelque autre pareille, qu'on frappa du tems du même empereur de monnoies, qui portent au revers, *libertas August. libertas restituta, libertas publica*. Les provinces à l'imitation de la capitale, dresserent de pareilles statues. Il y a dans le cabinet du roi de France une médaille grecque de Galba, avec le type de la *Liberté*, & le mot ΕΛΑΥΤΗΡΙΑ. (*D. J.*)

LIBERTÉ, (*Mythol. Iconol.*) déesse des Grecs & des Romains. Les Grecs l'invoquoient sous le nom d'*Eleuthérie*, & quelquefois ils disoient Θεοι Ελευτηριοι, dieux de la *liberté*. Les Romains qui l'appellerent *Libertas*, eurent cette divinité en singuliere vénération, lui bâtirent des temples, des autels en nombre, & lui érigerent quantité de statues. Tiberius Gracchus lui consacra sur le mont Aventin un temple magnifique, soutenu de colonnes de bronze, & décoré de superbes statues. Il étoit précédé d'une cour qu'on appelloit *atrium Libertatis*.

Quand Jules César eut soumis les Romains à son empire, ils éleverent un temple nouveau en l'honneur de cette déesse, comme si leur *liberté* étoit rétablie par celui qui en sappa les fondemens; mais dans une médaille de Brutus, on voit la *Liberté* sous la figure d'une femme, tenant d'une main le chapeau, symbole de la *liberté*, & deux poignards de l'autre main avec l'infcription, *idibus Martiis*, aux ides de Mars.

La déeffe étoit encore repréfentée par une femme vêtue de blanc, tenant le bonnet de la main droite, & de la gauche une javeline ou verge, telle que celle dont les maitres frappoient leurs efclaves lorfqu'ils les affranchiffoient: il y a quelquefois un char auprès d'elle.

Dans d'autres médailles, elle eft accompagnée de deux femmes, qu'on nommoit *Adioné* & *Abeodoné*, & qu'on regardoit comme fes fuivantes; parce que la *liberté* renferme le pouvoir d'aller & de venir où l'on veut.

Quelques villes d'Italie, comme Bologne, Gènes, Florence, portoient autrefois dans leurs drapeaux, dans leurs armoiries, le mot *libertas*, & ils avoient raifou; mais cette belle devife ne leur convient plus aujourd'hui: c'eft à Londres qu'il appartient d'en faire trophée. (*D. J.*)

LIBERTÉ DE COUR, *terme de Commerce*, c'eft l'affranchiffement dont jouit un marchand de la jurifdiction ordinaire des lieux où il fait fon négoce, & le privilege qu'a un étranger de porter les affaires concernant fon trafic par-devant un juge de fa nation.

Ce terme a particulierement lieu par rapport aux villes hanféatiques, qui dans tous les comptoirs qu'elles avoient autrefois dans les principales villes de commerce de l'Europe, comme Londres, Anvers, &c. entretenoient une efpece de conful, & fous lui un greffier, par-devant lequel tous les marchauds de leur hanfe ou ligne devoient fe pourvoir en premiere inftance, & dont les jugemens fe portoient par appel & en dernier reffort, par-devant les juges & magiftrats des villes hanféatiques, dont l'affemblée réfidoit à Lubeck.

Ce qui refte aujourd'hui des villes hanféatiques qui font réduites à fept ou huit, jouit encore de ce privilege, mais feulement parmi leurs propres négocians. *Voyez* HANSE & HANSEATIQUES, *ou* ANSEATIQUES. *Dictionn. de Comm.*

LIBERTÉ, *en Peinture*, eft une habitude de main que le peintre acquiert par la pratique. Légereté & *liberté* de pinceau, different en ce que légereté fuppofe plus de capacité dans un peintre que *liberté* ; ces deux termes font cependant fort analogues.

LIBERTÉ, *parmi les Horlogers*, fignifie la facilité qu'une piece a pour fe mouvoir. On dit, par exemple, qu'une roue eft fort libre, ou qu'elle a beaucoup de *liberté*, lorfqu'la plus petite force eft capable de la mettre en mouvement. *Voyez* JEU.

LIBERTÉ, (*Maréchal.*) la *liberté* de la langue. *Voyez* LANGUE. *Sauteur en liberté. Voyez* SAUTEUR.

LIBERTÉ, FACILITÉ, LÉGERETÉ, FRANCHISE, (*Beaux-Arts.*) ces termes ordinairement fynonymes dans les beaux-arts, font l'expreffion de l'aifance dans leur pratique, & cette aifance ajoute des graces aux mérites des ouvrages. Il y a une *liberté* délicate, que poffédent les grands maîtres, & qui n'eft fenfible qu'aux yeux favans; mais *voyez* FRANCHISE *de pinceau, de burin*, & FACILITÉ, *Peinture.* (*D. J.*)

LIBERTINAGE, f. m. (*Mor.*) c'eft l'habitude de céder à l'inftinct qui nous porte aux plaifirs des fens; il ne refpecte pas les mœurs, mais il n'affecte pas de les braver; il eft fans délicateffe, & n'eft juftifié de fes choix que par fon inconftance ; il tient le milieu entre la volupté & la débauche; quand il eft l'effet de l'âge ou du tempérament, il n'exclud ni les talens ni un beau caractere ; Céfar & le maréchal de Saxe ont été libertins. Quand le *libertinage* tient à l'efprit, quand on cherche plus des befoins que des plaifirs, l'ame eft néceffairement fans goût pour le beau, le grand & l'honnête. La table, ainfi que l'amour, a fon libertinege ; Horace, Chaulieu, Anacréon étoient libertins de toutes les manieres de l'être ; mais ils ont mis tant de philofophie, de bon goût & d'efprit dans leur *libertinage*, qu'ils ne l'ont que trop fait pardonner; ils ont même eu des imitateurs que la nature deftinoit à être fages.

LIBERTINI, LES, (*Littérat. facrée.*) en grec λιβερτῖνοι, actes des apôtres, *chap. vj. v. 9.* Voici le paffage : *Surrexerunt autem quidam de fynagoga, quæ appellabatur libertinorum, & Cyrenenfium, & Alexandrinorum, & eorum qui erant à Cicilià & Afiâ, difputantes cum Stephano:* » Or quelques-uns s'éleverent de la fynagogue, nommée des *libertins*, des » Cyrénéens, & des Alexandrins, des Ciciliens, & » des Afiatiques, difputant avec Etienne.

Le P. Amelotte, MM. de Sacy, Huré & quantité d'autres, traduifent libertinorum, par *affranchis*, parce'qu'on les Romains nommoient *liberti*, leurs affranchis, & les enfans des affranchis étoient proprement appellés *libertini* ; mais *libertini* de la verfion latine, n'eft que le mot exprimé dans l'original grec λιβερτῖνοι. Or ce mot grec n'eft point du corps de la langue grecque, & ne fe trouve point dans un feul auteur. Il n'a donc rien de commun avec la fignification ordinaire du mot latin, dans le fens d'affranchi. Suidas qui avoit pris ce mot des actes, dit λιβερτῖνοι, ὄνομα ἔθνους, *nom de peuple* ; c'eft une autorité qu'on peut compter pour quelque chofe.

Après les *libertini*, le livre des actes nomme les Cyrénéens, les Alexandrins, peuples d'Afrique, & commence par les plus éloignés. Les Romains auroient-ils eu en Afrique une colonie nommée *Libertina*, où il y auroit eu des Juifs, comme il y en avoit à Alexandrie & à Cyrène ? c'eft ce qu'on ignore. On fait feulement qu'il y avoit en Afrique un fiege épifcopal de ce nom; car à la conférence de Carthage, *ch. cxvj*, il fe trouva deux évêques, Victor & Janvier, l'un catholique, l'autre donatifte, qui prenoient chacun la qualité de *epifcopus ecclefiæ libertinenfis*. (*D. J.*)

LIBERTINS, f. m. pl. (*Théolog.*) fanatiques qui s'éleverent en Hollande vers l'an 1528, dont la croyance eft qu'il n'y a qu'un feul efprit de Dieu répandu par-tout, qui eft & qui vit dans toutes les créatures ; que notre ame n'eft autre chofe que cet efprit de Dieu ; qu'elle meurt avec le corps; que le péché n'eft rien, & qu'il ne confifte que dans l'opinion, puifque c'eft Dieu qui fait tout le bien & tout le mal : que le paradis eft une illufion, & l'enfer un phantome inventé par les Théologiens. Ils difent enfin, que les politiques ont inventé la religion pour contenir les peuples dans l'obéiffance de leurs lois; que la régénération fpirituelle ne confiftoit qu'à étouffer les remords de la confcience ; la pénitence à foutenir qu'on n'avoit fait aucun mal; qu'il étoit licite & même expédient de feindre en matiere de religion, & de s'accommoder à toutes les fectes.

Ils ajoutoient à tout cela d'horribles blafphèmes contre Jefus-Chrift, difant qu'il n'étoit rien qu'un je ne fais quoi compofé de l'efprit de Dieu & de l'opinion des hommes.

Ce furent ces maximes qui firent donner à ceux de cette fecte le nom de *libertins*, qu'on a pris depuis dans un mauvais fens.

Les *libertins* fe repandirent principalement en Hollande & dans le Brabant. Leurs chefs furent un tailleur de Picardie nommé *Quentin*, & un nommé *Coppin* ou *Chopin*, qui s'affocia à lui & fe fit fon difciple. *Voyez le Dictionn. de Trévoux.*

LIBERTINS, (*Jurifprud.*) du latin *liberti* ou *libertini*, fe dit quelquefois dans notre langue pour défigner les efclaves affranchis ou leurs enfans ; mais on dit plus communément *affranchis*, à moins que ce ne foit pour défigner fpécialement les enfans des affranchis. A Rome dans les premiers tems de la république, on diftinguoit diſtinguoit les affranchis des *libertins*; les eſclaves affranchis étoient appellés *liberti quaſi liberati*, & leurs enfans *libertini*, terme qui exprimoit des perſonnes iſſues de ceux qu'on appelloit *liberti* : cependant la plûpart des juriſconſultes & des meilleurs écrivains de Rome, ont employé indifféremment l'un & l'autre terme pour ſignifier un affranchi, & l'on en trouve un exemple dans la premiere des Verrines. *Voyez* AFFRANCHIS, AFFRANCHISSEMENT, ESCLAVES, LIBERTÉ, MANUMISSION, SERFS. (*A*)

LIBERTINUS, (*Littérat.*) *Cic.* ce mot veut dire un *affranchi* qui a été délivré de l'eſclavage, & mis en liberté. Dans les premiers tems de la république, *libertinus* étoit *liberti filius*, le fils d'un affranchi, lequel affranchi ſe nommoit proprement *libertus*; mais ſur la fin de la république, quelque tems avant Cicéron, & depuis ſous les empereurs, on n'obſerva plus cette différence, & les affranchis furent appellés indifféremment *liberti* & *libertini*; cette remarque eſt de Suétone. (*D. J.*)

LIBETHRA, (*Géogr. anc.*) ville de Grece ſur le mont Olympe du côté de la Macédoine, qui ne ſubſiſtoit déja plus du tems de Pauſanias. Il nous a raconté l'hiſtoire populaire de ſa deſtruction.

Mais la Theſſalie étoit encore célebre par la fontaine *Libéthra, fons Libethrius*, ſources fameuſes que les écrits des poëtes ont immortaliſées, & qui valurent aux muſes, le ſurnom de *Libéthrides;* Virgile n'a pas oublié de les en honorer.

Nymphæ noſter amor, Libethrides, *aut mihi carmen*
Quale meo Codro, concedite.
Eglog. 7. v. 21.

Enfin, la Béotie avoit une montagne nommée *Libéthrienne, mons Libethrius*, ſituée à deux petites lieues de Coronée. On y voyoit des ſtatues des nymphes & des muſes Libéthrides, de même qu'une fontaine libéthriade, où étoit une belle pierre façonnée comme le ſein d'une femme, & l'eau ſortoit de ſes mamelles, comme le lait ſort du mamelon. (*D. J.*)

LIBÉTRIDES, ſ. f. pl. (*Littérat.*) ſurnom des nymphes qui habitoient près du mont Libétrien, en Béotie; mais la fontaine Libéthria valut aux muſes le même nom de *Libéthrides* dans les écrits des Poëtes. *Voyez* LIBÉTHRA. (*D. J.*)

LIBISOSA, (*Géogr. anc.*) ancienne ville d'Eſpagne, colonie des Romains, *Libiſoſana colonia*, dont le peuple étoit nommé *Libiſoſani*. On avoit accordé à cette colonie les mêmes privileges qu'aux villes d'Italie. Le village de *Lezuza* dans la nouvelle Caſtille, à quatre lieues d'Alicarez, où l'on a trouvé une ancienne inſcription, donne lieu de croire que ce lieu ſeroit un reſte de la *Libiſoſa* ou *Libiſoſuna* des Romains. (*D. J.*)

LIBITINAIRE, *Libitinarius*, ſ. m. (*Littérat.*) les *Libitinaires* étoient, chez les Romains, des gens qui vendoient & fourniſſoient tout ce qui étoit néceſſaire pour la cérémonie des convois. On les appelloit ainſi, parce qu'ils avoient leur magaſin au temple de Proſerpine ou de Vénus libitine. Nous avons parlé des *Libitinaires* aſſez au long, *au mot* FUNÉRAILLES *des Romains*, *tom. VII. pag. 370*, le lecteur y pourra recourir. (*D. J.*)

LIBITINE, *Libitina*, (*Littérat.*) déeſſe qui préſidoit aux funérailles. Elle fut ainſi nommée, non parce qu'elle ne plaît à perſonne, *quia nemini libeat*, comme diſent les partiſans de l'antiphraſe, mais par ce qu'elle nous enleve quand il lui plaît, *pro libitu*; cette déeſſe étoit la même que *Vénus Inferæ* ou *Epithymbia* des Grecs, dont il eſt fait mention parmi les dieux infernaux dans quelques anciennes épitaphes.

Elle avoit un temple à Rome où l'on louoit, où l'on vendoit tout ce qui étoit néceſſaire aux funérailles, & l'on donnoit une certaine piece d'argent pour chaque perſonne qu'on enterroit ou que l'on portoit au bucher. On mettoit cet argent dans le tréſor de *Libitine*, c'eſt-à-dire de ſes prêtres; ceux qui étoient prépoſés pour le recevoir, écrivoient ſur un regiſtre le nom de chaque mort pour lequel on payoit cette eſpece de tribut, & ce regiſtre s'appelloit *le regiſtre de* Libitine, *Libitinæ ratio*.

Le roi Servius Tullius avoit établi cet uſage, qui ſervoit chaque année à faire connoître le nombre des morts dans la ville de Rome, & par conſéquent l'accroiſſement ou la diminution de ſes habitans. C'eſt auſſi par ce tribut que les revenus des prêtres de Libitine groſſiſſoient dans les tems de mortalité; Suétone écrit que ſous le regne de Néron, il y eut une automne ſi funeſte, qu'elle fit porter trente mille pieces d'argent au tréſor de *Libitine*.

Cette divinité donna ſon nom au temple qui lui étoit dédié, aux prêtres qui la ſervoient, aux gens qui vendoient ſous leurs ordres les choſes néceſſaires aux funérailles, à une porte de Rome par laquelle on ſortoit les cadavres hors de la ville, enfin au brancart ſur lequel on portoit les corps à leur ſépulture. (*D. J.*)

LIBITINE *porte*, (*Littérat.*) *libitinenſis porta*, Lamprid. Porte de l'amphithéatre des Romains, par laquelle on ſortoit les corps des gladiateurs qui avoient été tués dans les jeux publics; on l'avoit ainſi nommée du même nom d'une autre grande porte de Rome, par laquelle on portoit les morts hors de la ville. (*D. J.*)

LIBONGOS, ſ. m. (*Commerce.*) groſſe étoffe qui eſt propre pour la traite que les européens font à Lowango & autres lieux de la côte d'Afrique.

LIBONOTUS, (*Géog. marit. anc.*) l'un des douze vents des anciens; nos dictionnaires traduiſent ce mot latin par le vent de ſud-oueſt, le vent qui ſouffle entre le midi & l'occident; mais cette traduction n'eſt pas abſolument exacte, parce que nous n'avons point ſur notre bouſſole de nom qui marque au juſte ce rhumb de vent dans les langues, en voici la raiſon.

Ariſtote & Pline ont diviſé les vents en douze; le quart de cercle qui s'étend entre le midi, *notus* ou *auſter*, & l'occident *zephirus* ou *favonius*, ſe trouve partagé en deux intervalles de trente degrés chacun, & ces deux eſpaces ſont remplis par deux vents, ſavoir *Libonotus* & *Africus*, éloignés l'un de l'autre à diſtance égale.

Le premier eſt au milieu entre le vent d'Afrique, nommé Λιψ par les Grecs, & le vent du midi nommé Νότος dans la même langue, *notus* en latin.

Ainſi cette diviſion par douze, ne ſauroit s'accorder avec la nôtre qui eſt par trente-deux; le vent dont le *libonotus* approche le plus, c'eſt le ſu-oueſt quart au ſud; & comme nous diſons *ſud-oueſt* pour ſignifier le vent qui ſouffle au milieu préciſément, entre le ſud & l'oueſt, d'un nom compoſé de ces deux; de même les anciens ont uni les noms de *lips* & *notus*, & ont appellé *libonotus* le vent qui ſouffle préciſément entre ces deux autres vents. (*D. J.*)

LIBORA, (*Géog. anc.*) ville de l'Eſpagne Tarragonoiſe, au pays des Carpitaniens, ſelon Ptolomée *liv. ch. vj.* c'eſt préſentement Talavera de la Reyna. (*D. J.*)

LIBOURET, ſ. m. (*Pêche.*) inſtrument que l'on employe à la pêche du maquereau. C'eſt une ligne: le pêcheur la prend une très-déliée qu'il nomme *bauſſé*, & qu'il change tous les jours, dans la crainte que la dérive continuelle qui affoiblit le bauſſé ne le rompe, & que le plomb qui eſt au bout & qui peut peſer huit, dix à douze livres, ne ſoit perdu. A un pié près du plomb, on amarre avec un nœud coulant un ton gros comme un tuyau de plume, dont la longueur soit d'environ sept à huit pouces; à l'autre bout de ce bâton on frappe la premiere pille ou petite ligne qui porte un ain ou un hameçon de la grosseur de ceux dont on se sert pour le merlan. L'on amorce cet hameçon avec un petit morceau de hareng, d'orphie ou autre chair de poisson frais. Cette pille est fine, mais forte. Deux brasses plus haut sur le même bauffe ou ligne de plomb, il y a une autre manœuvre appareillée de même, & ainsi de deux brasses en deux brasses. Il y a fix hameçons sur chaque bauffe, de maniere qu'ils ne peuvent se mêler; & chaque bateau qui pêche au maquereau avec le *libouret* a trois bauffes, un à l'avant & les autres à chaque côté de l'arriere. Cette pêche se fait près des côtes escarpées où les autres pêches sont impraticables; on n'y prend guere que des poissons saxatiles & ronds; les poissons plats cherchent les fables & les terres basses. *Voyez* dans nos Planches de pêche le *libouret*; celui de l'Amirauté de Poitou qu'on nomme aussi *archet*, est fait de baleine ou de la canne des îles, pliée de maniere qu'elle forme une espece d'o surmonté d'un v, en cette façon ♉. Il y a un petit organeau au bout. La ligne que le pêcheur tient à la main passe dans le rond, & est arrêtée par le plomb qui pese au plus deux ou trois livres. A chaque pointe de l'archet ou du quart de cercle, est frappée une pille d'une brasse de longueur ou environ. La pille est armée par le bout d'un hameçon.

LIBOURNE, *liburnum*, (*Géog.*) &, selon M. de Valois, *Ella-borna*, c'est-à-dire la borne de l'Ile, ville de France en Guyenne, dans le Bourdelois, plusieurs fois prise & reprise durant les guerres avec les Anglois, & durant les troubles de France. On ne voit pas que le lieu ait été marqué dans l'antiquité, quoique le nom latin *Liburnum* qu'on lui donne ait un certain air d'ancienneté. Cette petite ville marchande & assez peuplée, est au confluent de l'Ile avec la Dordogne, qui est fort large en cet endroit, à 5 lieues N. E. de Bourdeaux, & 122 S. O. de Paris. *Long.* 17. 24. 32. *latit.* 44. 55. 2. (*D. J.*)

LIBRA, (*Astronomie.*) nom latin de la constellation de la balance. *Voyez* BALANCE.

LIBRAIRE, s. m. & f. marchand qui vend des livres & qui en imprime, si il est du nombre des imprimeurs, *typographus*, *bibliopola*, *librarius*.

On peut dire encore qu'un *libraire* est un négociant censé lettré, ou doit l'être. Ce que j'avance par rapport aux lettres ne doit pas paroître étrange, si l'on considere que c'est aux Plantins, aux Vitrés, aux Robert, Charles & Henri Etienne, qu'on doit tant de belles éditions greques & latines recommandables sur-tout par leur exactitude, & à quelques-uns de ceux du dernier siecle, nombre de belles éditions, parmi lesquels priment les Rigaud-Anisson, Mabre-Cramoisy, P. le Petit, & autres.

Le nombre des *Libraires* de Paris n'est pas fixé, mais celui des Imprimeurs l'est à trente-six.

Avant d'être reçu, on subit un examen sur le fait de la Librairie, suivant les ordonnances de plusieurs de nos Rois, confirmées par Louis XIV. & Louis XV.

Il faut que le candidat ait été préalablement examiné par le recteur, qui lui donne un certificat comme il est congru en langues latine & grecque.

Il parut il y a quelques années à Léipsick, une dissertation qui a pour titre, *de Librariis & Bibliopolis antiquorum*. Ces Bibliopoles des anciens étoient ce que nous appellons maintenant *Libraires*; c'est-à-dire, marchands de livres; & ceux que les anciens nommoient *Libraires*, *Librarii*, étoient ceux qui écrivoient les livres pour le public; & pour les Bibliopoles, c'étoient les copistes.

A Francfort, au tems des foires, il y a des magasins ouverts, sur lesquels sont les titres des plus fameux libraires: *officina Elzeviriana*, *Frobeniana*, *Morelliana*, *Jansoniana*, &c.

LIBRAIRE. Il y avoit autrefois dans quelques églises cathédrales une dignité qui donnoit le nom de *libraire* à celui qui en étoit revêtu, *librarius*. Il y en a qui croient que le *libraire* étoit ce que nous appellons aujourd'hui *chantre* ou *grand-chantre*.

LIBRAIRE, *terme d'Antiquité*. On appelloit autrefois en latin *notaires* ceux qui savoient l'art d'écrire en notes abrégées, dont chacune valoit un mot; & on nommoit *libraires* ou *antiquaires*, ceux qui transcrivoient en beaux caracteres, ou du-moins lisibles, ce qui avoit été écrit en note. On appelle aujourd'hui, en termes de palais, l'un la minute, & l'autre la grosse. *Libratius*. Plus de sept notaires étoient toujours prêts à écrire ce qu'il dictoit, & se soulageoient en se succédant tour-à-tour. Il n'avoit pas moins de *libraires* pour mettre les notes au net. *Fleury*.

LIBRAIRIE, s. f. l'art, la profession de Libraires. *Typographorum, vel Bibiopolarum ars, conditio.* C'est un homme qui est de pere en fils dans la *Librairie*. Il se plaint que la *Librairie* ne vaut plus rien, que le trafic des livres ne va plus. Toute la *Librairie* s'est assemblée pour élire un syndic & des adjoints.

LIBRAIRIE, signifioit autrefois une bibliotheque, un grand amas de livres, *bibliotheca*. Henri IV. dit à Casaubon qu'il vouloit qu'il eût soin de sa *librairie*. Colom. On appelloit au siecle passé, dans la maison du roi, *maître de la librairie*, l'officier que nous nommons communément aujourd'hui *bibliothécaire du roi*. M. de Thou a été maître de la *librairie*. M. Bignon l'est aujourd'hui. On dit aussi *garde de la librairie*, tant du cabinet du louvre que de la suite de S. M. Les *librairies* des monasteres étoient autant de magasins de manuscrits. *Pasq*. En ce sens, il est hors d'usage. Les capucins & quelques autres religieux disent encore *notre librairie*, pour dire *notre bibliotheque*.

LIBRAIRIE, (*Comm.*) la librairie dans son genre de commerce, donne de la considération, si celui qui l'exerce, a l'intelligence & les lumieres qu'elle exige. Cette profession doit être regardée comme une des plus nobles & des plus distinguées. Le commerce des livres est un des plus anciens que l'on connoisse; dès l'an du monde 1816, on voyoit déja une bibliotheque fameuse construite par les soins du troisieme roi d'Egypte.

La *Librairie* se divise naturellement en deux branches, en ancienne & en nouvelle: par l'une, on entend le commerce des livres vieux; par l'autre, celui des livres nouveaux. La premiere demande une connoissance très-étendue des éditions, de leur différence & de leur valeur, enfin une étude journaliere des livres rares & singuliers. Feu MM. Martin, Boudot, & Piget ont excellé dans cette partie; d'autres suivent aujourd'hui avec distinction la même carriere. Dans la nouvelle *Librairie*, cette connoissance des éditions, sans être essentielle, ni même nécessaire, n'est point du tout inutile, & peut faire beaucoup d'honneur à celui qui la possede; son étude particuliere doit être celle du goût du public, c'est de le fonder continuellement, & de prévenir de quelquefois il est visible, il ne s'agit plus que de le suivre.

Charlemagne associant la *Librairie* à l'université, lui adjugea les mêmes prérogatives; dès-lors elle partagea avec ce corps les mêmes droits & privileges qui la rendirent *franche, quitte & exemte de toutes contributions, prêts, taxes, levées, subsides & impositions mises & à mettre, imposées & à imposer sur les arts & métiers*. Philippe VI. dit *de Valois*, honora aussi la *Librairie* de sa protection par plusieurs prérogatives; Charles V. les confirma, & en ajouta encore de nouvelles; enfin Charles VI. se fit un plaisir de suivre l'exemple de ses prédécesseurs; l'Imprimerie n'exiſtoit pas encore. La naiſſance de cet art heu-reux, qui multiplie à l'infini avec une netteté admirable & une facilité incompréhenſible, ce qui coûtoit tant d'années à copier à la plume, renouvella la *Librairie*, alors que d'entrepriſes conſidérables étendirent ſon commerce ou plûtôt le recréerent ! Cette précieuſe découverte fixa les regards de nos ſouverains, & huit rois conſécutifs la jugerent digne de leur attention ; la *Librairie* partagea encore avec elle ſes privileges. Ce n'eſt pas qu'actuellement ces exemptions, dont nous avons parlé plus haut, ſubſiſtent en entier ; le tems qui détruit tout, la néceſſité de partager la charge de l'état, & d'être avant tout citoyen, les ont preſque abolies.

Le chancelier de France eſt le protecteur né de la *Librairie*. Lorſque M. de Lamoignon ſuccéda dans cette place à M. d'Agueſſeau, d'heureuſe mémoire, ſachant combien les Lettres importent à l'état, & combien tient aux Lettres la *Librairie*, ſes premiers ſoins furent de lui choiſir pour chef un magiſtrat amateur des Savans & des Sciences, ſavant lui-même. Sous les nouveaux auſpices de M. de Malesherbes, la *Librairie* changea de face, prit une nouvelle forme & une nouvelle vigueur ; ſon commerce s'aggrandit, ſe multiplia ; de ſorte que depuis peu d'années, & preſque à la fois, l'on vît éclore & ſe conſommer les entrepriſes les plus conſidérables. L'on peut en citer ici quelques-unes : l'hiſtoire des voyages, l'hiſtoire naturelle, les tranſactions philoſophiques, le catalogue de la bibliotheque du roi, la diplomatique, les hiſtoriens de France, le recueil des ordonnances, la collection des auteurs latins, le Sophocle en grec, le Strabon en grec, le recueil des planches de l'Encyclopédie ; ouvrahes auxquels on auroit certainement pu joindre l'Encyclopédie même, ſi des circonſtances malheureuſes ne l'avoient ſuſpendue. Nous avouerons ici avec reconnoiſſance ce que nous devons à ſa bienveillance. C'eſt à ce magiſtrat, qui aime les Sciences, & qui ſe récrée par l'étude de ſes pénibles fonctions, que la France doit cette émulation qu'il a allumée, & qu'il entretient tous les jours parmi les Savans ; émulation qui a enfanté tant de livres excellens & profonds, de ſorte que tout la Chimie ſeulement, ſur cette partie autrefois ſi négligée, on a vû depuis quelque tems plus de traités qu'il n'y avoit de partiſans de cette ſcience occulte il y a quelques années.

LIBRARII, ſ. m. pl. (*Hiſt. Littér.*) nom que les anciens donnoient à une eſpece de copiſtes qui tranſcrivoient en beaux caracteres, ou au-moins en caracteres liſibles, ce que les notaires avoient écrit en notes & avec des abréviations. *Voyez* NOTE, NOTAIRE, CALLIGRAPHE.

LIBRATION, ſ. f. (*en Aſtronom.*), eſt une irrégularité apparente dans le mouvement de la lune, par laquelle elle ſemble balancer ſur ſon axe ; tantôt de l'orient à l'occident, & tantôt de l'occident à l'orient ; de-là vient que quelques parties du bord de la lune qui étoient viſibles, ceſſent de l'être & viennent ſe cacher dans le côté de la lune que nous ne voyons jamais, pour redevenir enſuite de nouveau viſibles.

Cette *libration* de la lune a pour cauſe, l'égalité de ſon mouvement de rotation ſur ſon axe, & l'inégalité de ſon mouvement dans ſon orbite ; car ſi la lune ſe mouvoit dans un cercle dont le centre fût le même que celui de la terre, & qu'en même tems elle tournât autour de ſon axe dans le tems précis de ſa période autour de la terre ; le plan du méridien de la lune paſſeroit toujours par la terre, & cet aſtre tourneroit vers nous conſtamment & exactement la même face ; mais comme le mouvement réel de la lune ſe fait dans une ellipſe dont la terre occupe le foyer, & que le mouvement de la lune ſur ſon propre centre eſt uniforme, c'eſt-à-dire, que chaque méridien de la lune décrit par ce mouvement des angles proportionnels aux tems ; il s'enſuit de-là que ce ne ſera pas conſtamment le même méridien de la lune qui viendra paſſer par la terre.

Soit ALR, (*fig. aſtron.*) l'orbite de la lune ; dont le foyer T eſt au centre de la terre. Si l'on ſuppoſe d'abord la lune en A, il eſt clair que le plan d'un de ſes méridiens MN étant prolongé, paſſera par le point T, ou par le centre de la terre. Or, ſi la lune n'avoit aucune rotation autour de ſon axe, comme elle s'avance chaque jour ſur ſon orbite, ce même méridien MN ſeroit toujours parallele à lui-même, & la lune étant parvenue en L, ce méridien paroîtroit dans la ſituation repréſentée par PQ, c'eſt-à-dire, parallelement à MN : mais le mouvement de rotation de la lune autour de ſon axe qui eſt uniforme, eſt cauſe que le méridien MN, change de ſituation ; & parce qu'il décrit des angles proportionnels au tems & qui répondent à quatre angles droits dans l'eſpace d'une révolution périodique, il ſera par conſéquent dans une ſituation mLn, tel que l'angle QLN qu'il forme avec PQ, ſeroit à un angle droit ou de 90ᵈ, comme le tems que la lune employe à parcourir l'arc AL eſt au quart du tems périodique. Mais le tems que la lune employe à parcourir l'arc AL, eſt au quart du tems périodique, comme l'aire ATL eſt à l'aire ACL, ou au quart de l'aire elliptique ; ainſi l'angle QLN ſera à un angle droit dans le même rapport : & d'autant que l'aire ATL eſt beaucoup plus grande que l'aire ACL, de même l'angle QLN ſera néceſſairement plus grand qu'un angle droit. Or, puiſque QLT eſt un angle aigu, il s'enſuit que l'angle QLN qui eſt obtus ſera plus grand que l'angle QLT, & partant la lune étant en L, ce même méridien mn dont le plan paſſoit par le centre de la terre, lorſque la lune étoit au point A, ne ſauroit être dirigé vers le point T ou vers le centre de la terre. Il eſt donc vrai de dire, que l'hémiſphère viſible de la lune ou qui eſt tourné vers la terre en L, n'eſt plus exactement le même qu'il étoit apperçu lorſque la lune s'eſt trouvée en A ; & qu'ainſi au-delà du point Q de la circonférence du diſque, on pourra découvrir quelques régions qui n'étoient nullement viſibles auparavant. Enfin, lorſque la lune ſera parvenue au point R de ſon orbite où elle eſt périgée, comme ſon méridien mn aura précitément achevé une demi-révolution, alors le plan de ce méridien paſſera exactement par le centre de la terre. On verra donc en ce cas le diſque de la lune au même état que lorſqu'elle étoit apogée en A ; d'où il ſuit que les termes de la *libration* de la lune ſont l'apogée & le périgée, & que ce phénomene peut s'obſerver deux fois dans chaque lunaiſon, ou dans chaque mois périodique. *Inſt. Aſtr.* de M. le Monnier.

Au reſte, ſi la figure de la lune étoit parfaitement ſphérique, comme on l'a ſuppoſé juſqu'ici, la *libration* ſeroit purement optique ; mais j'ai prouvé dans mes *Recherches ſur le ſyſtème du monde* II. part. art. 363 & ſuiv. que ſi la lune s'écarte tant ſoit peu de la figure ſphérique, il peut & il doit y avoir une cauſe phyſique dans la *libration*. Comme le détail eſt trop étendu & trop géométrique pour être inſéré ici, j'y renvoie le lecteur. (*O*)

Libration de la terre ; c'eſt, ſuivant quelques anciens aſtronomes, le mouvement par lequel la terre eſt tellement retenue dans ſon orbite, que ſon axe reſte toujours parallele à l'axe du monde.

C'eſt ce que Copernic appelloit *les mouvemens de libration*.

Mais il paroît que ce nom est fort impropre ; car on pourroit plutôt dire que l'axe de la terre auroit une *libration* du midi au nord ou du nord au midi, si cet axe ne demeuroit pas toujours parallele à lui-même. Pour qu'il demeure dans cet état, il n'est besoin d'aucune force extérieure, il a dû prendre cette situation dès que la terre a commencé à tourner, & l'a conservée depuis par la propriété qu'ont tous les corps de rester dans l'état qui leur a été donné, à moins qu'une cause extérieure & étrangere ne les en tire. Toute la question qu'on peut faire ici, c'est de savoir pourquoi l'axe de la terre est dans cette situation, & pour quoi il n'est pas perpendiculaire à l'écliptique, plutôt que de lui être incliné de la valeur de 23 degrés & demi. A cela on peut répondre que cette situation est peut-être nécessaire pour la distribution alternative des différentes saisons entre les habitans de la terre. Si l'axe de la terre étoit perpendiculaire à l'écliptique, les habitans de l'équateur auroient tous vûs le soleil sur leurs têtes, & les habitans des poles ne le verroient jamais qu'à leur horison ; de sorte que les uns auroient un chaud insupportable, tandis que les autres souffriroient un froid excessif. C'est peut-être là, si on peut parler ainsi, la raison morale de cette situation de l'axe de la terre. Mais quelle en est la cause physique ? Il n'est pas si facile de la trouver ; on doit même avouer que dans le système de M. Newton on ne peut guere en apporter d'autres, que la volonté du Créateur ; mais il ne paroît pas que dans les autres systèmes on explique plus heureusement ce phénomene.

M. Pluche, auteur du Spectacle de la Nature, prétend que l'axe de la terre n'a pas toujours été incliné au plan de l'écliptique ; qu'avant le déluge, il lui étoit perpendiculaire, & que les hommes jouissoient alors d'un printems perpétuel ; que Dieu voulant les punir de leurs désordres & les détruire entierement, se contenta d'incliner quelque peu l'axe de la terre vers les étoiles du nord, que par ce moyen l'équilibre des parties de l'athmosphere fut rompu, que les vapeurs qu'elle contenoit retomberent avec impétuosité sur le globe, & l'inonderent. On ne voit pas trop sur quelles raisons M. Pluche, d'ailleurs ennemi déclaré des systèmes, a appuyé celui-ci : aussi a-t-il trouvé plusieurs adversaires ; un d'entr'eux a fait imprimer dans les mémoires de Trévoux de 1745 plusieurs lettres contre cette opinion.

Quoi qu'il en soit, il y a réellement dans l'axe de la terre, en vertu de l'action de la lune & du soleil, un mouvement de *libration* ou de balancement, mais ce mouvement est très-petit ; & c'est celui qu'on appelle plus proprement *nutation. Voyez* NUTATION. (O)

LIBRATION, (*Peinture*). *Voyez* PONDÉRATION.
LIBRE, adj. (*Gram.*) *Voyez les articles* LIBERTÉ.
LIBRES, s. m. pl. (*Théol.*) On donna ce nom à des hérétiques, qui dans le seizieme siecle suivoient les erreurs des Anabaptistes, & prenoient ce nom de *libres*, pour secouer le joug du gouvernement ecclésiastique & séculier. Ils avoient les femmes en commun, & appelloient spirituels les mariages contractés entre un frere & une sœur ; défendant aux femmes d'obéir à leurs maris, lorsqu'ils n'étoient pas de leur secte. Ils se croyoient impeccables après le baptême, parce que selon eux, il n'y avoit que la chair qui péchât, & en ce sens ils se nommoient les hommes divinisés : Prateole. *Voyez* LIBERI. *Gantier, chron. sect.* 16. *c.* 76.

LIBRE, (*Ecrivain*), est en usage dans l'écriture pour désigner un style vif, un caractère coulant, *libre*, une main qui trace hardiment ses traits. *Voyez nos Planches d'Écriture & leur explication, tome II. part. II.*

LIBRE, parmi les *Horlogers*, se dit d'une piece ou d'une roue, &c. qui a de la liberté. *Voyez* LIBERTÉ, JEU, &c.

LIBRIPEUS, s. m. (*Hist. anc.*) C'étoit dans chaque ville un essayeur des monnoies d'or & d'argent ; les Grecs avoient une fonction pareille. On donnoit le même nom à celui qui pesoit la paye des soldats, & à celui qui tenoit la balance, lorsqu'on émancipoit quelqu'un à prix d'argent. D'où l'on voit que dans ces circonstances & d'autres ; l'argent ne se comptoit pas, mais se pesoit.

LIBUM, s. m. (*Hist. anc.*), gâteau de sesame, de lait & de miel, dont on se servoit dans les sacrifices, sur-tout dans ceux qu'on faisoit à Bacchus & aux Lares, & à la fête des termes. *Libum Testativum*, se disoit de Testa, ou du vaisseau où le gâteau se cuisoit.

LIBURNE, s. m. *Liburnus*, (*Hist. rom.*) huissier qui appelloit les causes qu'on devoit plaider dans le barreau de Rome ; c'est ce que nous apprenons de Martial qui tâche de détourner Fabianus, homme de bien, mais pauvre, du dessein de venir à Rome où les mœurs étoient perdues ; *procùl horridus liburnus ;* & Juvenal dans la quatrieme Satyre,

*Primus, clamante liburno,
Currite, jàm sedit.*

L'empereur Antonin décida dans la loi *VII. ff. de integ. restit.* que celui qui a été condamné par défaut, doit être écouté, s'il se présente avant la fin de l'audience, parce qu'on présume qu'il n'a pas entendu la voix de l'huissier, *liburni*. Il ne faut donc pas traduire *liburnus* par *crieur public*, comme ont fait la plûpart de nos auteurs, trop curieux du point d'appliquer tous les usages aux nôtres. (*D. J.*)

LIBURNE, s. f. (*Arch. nav.*) *liburna* dans Horace, *liburnica* dans Suetone & dans Lucain ; sorte de frégate légere, de galiote, ou de brigantin à voiles & à rames, qu'employoient les Liburniens pour courir les îles de la mer Ionienne. Suidas dit que les *liburnes* servoient beaucoup en guerre pour des pirateries, à cause qu'elles étoient bonnes voilieres. La flotte d'Octave en avoit un grand nombre qui lui furent très-utiles à la bataille d'Actium. Végece prétend qu'elles étoient de différentes grandeurs, depuis un rameur jusqu'à cinq sur chaque rame ; mais nous ne comprenons rien à la disposition & à l'arrangement de ces rangs de rames, dont plusieurs auteurs ont tâché de nous représenter la combinaison. Il s'agit ici d'une spéculation stérile, il s'agit d'une exécution pratique. (*D. J.*)

LIBURNIE, *Liburnia*, (*Géog. anc.*) province de l'Illyrie, le long de la mer Adriatique, aux confins de l'Italie. Elle est entre l'Istrie & la Dalmatie, & s'étend depuis le mont Albius, jusqu'à la mer Adriatique. Le fleuve Arsia la séparoit de l'Istrie, & le fleuve Titius, de la Dalmatie. Ptolomée vous indiquera les villes de la *Liburnie*, & les îles adjacentes. Le P. Briet prétend que les Liburniens occupoient la partie occidentale de la Dalmatie, & indique leurs villes. Il paroît que la Croatie remplace aujourd'hui l'ancienne *Liburnie*.

Nous savons encore plus sûrement, que ce peuple avoit autrefois passé la mer, & possédé une partie de la côte orientale d'Italie ; il en fut chassé de même que les Sicules, par les Ombres ; ceux-ci en furent dépossédés à leur tour par les Etrusques, & les Etrusques par les Gaulois. Comme ils se servoient de petits vaisseaux légers, de différentes grandeurs, on donna le nom de *Liburnes* à tous les vaisseaux de même construction en ce genre. (*D. J.*)

LIBURNUM, s. n. (*Littér.*) sorte de chaise

roulante chez les Romains, ou plûtôt de litiere, fort commode pour lire, écrire & dormir. On leur donna ce nom, parce qu'elles avoient la figure d'une frégate liburnienne. (*D. J.*)

LIBYÆGYPTII, (*Géogr. anc.*) ancien peuple de la Lybie proprement dite; les Nitriotes & les Oafites en faifoient partie; on connoît à-préfent les deferts de Nitrie, & la fituation d'Oafis; ainfi l'on eft au fait des *Lybyægyptiens*. (*D. J.*)

LIBYCA OSTIA, (*Géogr. anc.*) Pline, *l. III. c. jv.* nomme ainfi les deux moyennes embouchures du Rhône; ce font celles qui forment la Camargue; ces deux embouchures avoient outre ce nom commun, leur nom particulier; l'une s'appelloit *Hifpanienfe oftium*, & l'autre *Metapinum oftium*. (*D. J.*)

LIBYCUM MARE, c'eft-à-dire la *mer de Libye*, (*Géog. anc.*) Les anciens nommoient ainfi la côte de la mer Méditerranée, qui étoit le long de la Libye maréotide. Elle étoit bornée au levant par la mer d'Egypte, & au couchant par la mer d'Afrique. (*D. J.*)

LIBYE LA, (*Géog. anc.*) Les Grecs ont fouvent employé ce mot pour défigner cette partie du monde que nous appellons préfentement *Afrique*, qui n'étoit alors que le nom d'une de fes provinces. Les poètes latins fe font conformés à cet ufage, & ont pris la *Libye* pour l'Afrique en général, ou pour des lieux d'Afrique qui n'étoient pas même de la *Libye* proprement dite. Virgile dit dans fon Ænéide, *l. I. v. vij.*

Hinc populum latè regem, belloque fuperbum Venturum excidio Libyæ.

On voit bien que le poète parle ici de Carthage favorifée de Junon, & dont la ruine devoit être l'ouvrage des Romains.

Il y avoit cependant en Afrique des pays auxquels le nom de *Libye* étoit propre dans l'efprit des Géographes : telle étoit la Maréotide, ou la *Libye* maréotide, pays fitué entre Alexandrie & la Cyrénaique. Cette *Libye* répondoit en partie à la Marmarique de Ptolomée.

Ce géographe, *l. IV. c. jv.* appelle auffi *Lybie* intérieure, un vafte pays d'Afrique, borné au nord par les trois Mauritanies & la Cyrénaique, & par l'Ethyopie; au midi, par le golfe de l'Océan, qui eft aujourd'hui le grand golfe de Guinée. Nous fommes difpenfés d'inférer ici le chapitre ou Ptolomée traite de ce pays, 1°. parce qu'il eft très-long, & que nous devons être très-concis. 2°. Parce que du tems de Ptolomée on n'avoit qu'une connoiffance très-fuperficielle de ce pays, & que de nos jours nous ne fommes guere plus éclairés. Nous remarquerons feulement que la *Libye* étoit anciennement un des greniers de l'Italie, à caufe de la grande quantité de blé qu'on en tiroit. Elle en fourniffoit à Rome quarante millions de boiffeaux par an, pour la fubfiftance pendant huit mois de l'année.

LIBYPHÆNICES, (*Géog. anc.*) ou LIBOPHENICES, fuivant Diodore, *l. XX.* Pline, Solin, & Marianus Capella nomment ainfi les Phéniciens établis en Afrique. Cette dénomination défignoit les Carthaginois; mais elle pouvoit auffi diftinguer les Phéniciens établis en Afrique, des *Syro-Phéniciens*, c'eft-à-dire des Phéniciens qui étoient demeurés en Syrie, dont la Phénicie faifoit partie.

LIBYSSA, (*Géog. anc.*) *Libyffa* felon Pline, & *Libiffa* felon Ptolomée, ancienne ville maritime d'Afie, dans la Bithynie. Pline dit que cette ville n'exiftoit déja plus de fon tems, & qu'on n'y voyoit que le tombeau d'Annibal, dont Plutarque parle au long dans la vie de Flaminius. Ce fut à *Libyffa* felon Eutrope, que ce grand capitaine termina fa carriere par le poifon, & qu'il fut éviter en mourant volontairement, la douleur d'être livré par Prufias aux Romains.

Libyffa n'étoit qu'une bourgade du tems d'Annibal; fon tombeau l'illuftra; il s'y forma une ville qui fut fortifiée avec le tems. Bellon même croit avoir vû le tombeau du vainqueur de Flaminius & de Terentius Varro; felon lui, ce lieu fe nomme *Diaribe*. Pierre Gilles prétend que ce lieu eft un fimple village qu'il appelle *Diacibyffa*.

Appien ne connoit en cet endroit ni ville, ni bourg, ni village; il n'a vû qu'une riviere nommée *Libyffus*. Mais qui empêche qu'il n'y ait eu un village, une ville, une campagne, & une riviere de même nom, dans un endroit qu'Annibal avoit choifi pour fa retraite?

LICATE LA, en latin *Leocata*, (*Géog.*) petite ville de Sicile, dans la vallée de Noto, dans un pays fertile en blé, avec un port fur la côte méridionale. Elle eft fur les confins de la vallée de Mazara, & s'avance dans la mer en forme de prefqu'île, à l'embouchure de la riviere de Salfo. *Long.* 30. 15. *lat.* 37. 44.

LICATII, (*Géograph. anc.*) ou LICATES felon Pline, *liv. III. ch. xx.* ancien peuple de la Vindélicie, dont Augufte triompha. Ptolomée les met au bord du Lycias, aujourd'hui la riviere de Lecke. (*D. J.*)

LICE, f. f. (*Gramm.*) champ clos ou carriere où les anciens chevaliers combattoient foit à outrance, foit par galanterie, dans les joûtes & les tournois. C'eft auffi une fimple carriere à courre la bague, & à difputer le prix de la courfe à pié ou à cheval. *Lice* dans les maneges eft une barriere de bois qui borde & termine la carriere du manege.

LICES, (*Vennerie.*) on appelle ainfi les chiennes courantes.

LICÉE ou LYCÉE, (*Hift. philofoph.*) en Architecture, étoit une académie à Athènes où Platon & Ariftote enfeignoient la Philofophie. Ce lieu étoit orné de portiques & d'arbres plantés en quinconces. Les philofophes y difputoient en fe promenant.

LICENCE, f. f. (*Gramm. Littérat. & Morale.*) relâchement que l'on fe permet contre les lois des mœurs ou des Arts. Il y a donc deux fortes de *licence*, & chacune des deux peut être plus ou moins vicieufe, ou même ne l'être point du tout.

Les grands principes de la Morale font univerfels; ils font écrits dans les cœurs, on doit les regarder comme inviolables, & ne fe permettre à leur égard aucune *licence*, mais on ne doit pas s'attacher trop minutieufement aux dernieres conféquences que l'on en peut tirer, ce feroit s'expofer à perdre de vûe les principes mêmes.

Un homme qui veut, pour ainfi dire, chicaner la vertu & marquer précifément les limites du *jufte* & de l'*injufte*, examine, confulte, cherche des autorités, & voudroit trouver des raifons pour s'affurer, s'il eft permis, par exemple, de prendre cinq pour cent d'intérêt pour de l'argent prêté à fix mois; & quand il a ce qu'il croit avoir là-deffus toutes les lumieres néceffaires, il prête à cinq pour cent tant que l'on veut, mais à moins, ni fans intérêt, ni à perfonne qui n'ait de bonnes hypothèques à lui donner.

Un autre moins fcrupuleux fur les petits détails, fait feulement que fi tout ne doit plus être commun entre les hommes parce qu'il y a entr'eux un partage fait & accepté, qu'au moins il faut, quand on aime fes freres, éviter de rétablir l'égalité primitive. En partant de ce principe, il prête quelquefois à plus de cinq pour cent, quelquefois fans intérêt, & fouvent il donne. Il s'accorde une *licence* par rapport à la loi de l'ufure, mais cette *licence* ainfi rachetée n'eft-elle pas louable ?

On appelle *licences* dans les Arts, des fautes heureufes, des fautes que l'on n'a pas faites fans les fentir, mais qui étoient préférables à une froide régularité : ces *licences*, quand elles ne font pas outrées, font pour les grands génies, comme celles dont je viens de parler font pour les grandes ames.

Dans les *licences* morales il faut éviter l'éclat, il faut éviter les yeux des foibles, il faut faire au dehors à-peu-près ce qu'ils font ; mais pour leur propre bonheur, penfer & fe conduire autrement qu'eux.

La *licence* en Théologie, en Droit, en Medecine, eft le pouvoir que l'on acquiert de profeffer ces fciences & de les enfeigner : ce pouvoir s'accorde à l'argent & au mérite, quelquefois à l'un des deux feulement. De *licence* on a fait le mot *licencieux*, produit par la *licence*. La fignification de ce mot eft plus étendue que celle du fubftantif d'où il dérive ; il exprime un affemblage de *licences* condamnables. Ainfi des difcours *licencieux*, une conduite *licencieufe* font des difcours & une conduite où l'on fe permet tout, où l'on n'obferve aucune bienféance, & que par conféquent l'on ne fauroit trop foigneufement éviter.

LICENCE, (*Jurifprud. & Théolog.*) fignifie *congé* ou *permiffion* accordée par un fupérieur dans les univerfités. Le terme de *licence* fignifie quelquefois le cours d'étude au bout duquel on obtient au degré de licencié ; quelquefois par ce terme on entend le degré même de *licence*. L'empereur Juftinien avoit ordonné que l'on pafferoit quatre ans dans l'étude des lois. Ceux qui avoient fatisfait à cette obligation étoient dits avoir *licence* & permiffion de fe retirer des études : c'eft de là que ce terme eft ufité en ce fens.

Le degré de *licence* eft auffi appellé de cette maniere, parce qu'on donne à celui qui l'obtient la *licence* de lire & enfeigner publiquement, ce que n'a pas un fimple bachelier. *Voyez* ci-après LICENCIÉ. (*A*)

LICENCE poëtique, (*Belles-lettres.*) liberté que s'arrogent les Poëtes de s'affranchir des regles de la Grammaire.

Les principales *licences* de la poëfie latine, confiftent dans le diaftole ou l'allongement des fyllabes breves, dans le fyftole ou l'abrégement des fyllabes longues, dans l'addition ou pléonafme, dans le retranchement ou apherefe, dans les tranfpofitions ou métathefe : de forte que les poëtes latins manient des mots à leur gré, & font en état de former des fons qui peignent les chofes qu'ils veulent exprimer. Horace fe plaignoit que les poëtes de fon tems abufoient de ces licences, *& data romanis venia eft indigna poetis*. Auffi a-t-on dépouillé peu-à-peu les Poëtes de leurs anciens privileges.

Les poëtes grecs avoient encore beaucoup plus de liberté que les latins : cette liberté confifte en ce que, 1°. ils ne mangent jamais la voyelle devant une autre voyelle du mot fuivant, que quand ils mettent l'apoftrophe ; 2°. ils ne mangent point l'*m* devant une voyelle ; 3°. ils ufent fouvent de fynalephe, c'eft-à-dire qu'ils joignent fouvent deux mots enfemble ; 4°. leurs vers font fouvent fans céfure ; 5°. ils emploient fouvent & fans néceffité le vers fpondaïque ; 6°. ils ont des particules explétives qui rempliffent les vuides ; 7°. enfin ils employoient les différens dialectes qui étendent & refferrent les mots, font les fyllabes longues ou breves, felon le befoin du verfificateur. *Voyez* DIALECTE.

Dans la verfification françoife on appelle *licence* certains mots qui ne feroient pas reçus dans la profe commune, & qu'il eft permis aux Poëtes d'employer. La plûpart même de ces mots, fur-tout dans la haute poëfie, ont beaucoup plus de grace & de nobleffe que ceux dont on fe fert ordinairement ; le nombre n'en eft pas grand, voici les principaux : les *humains* ou les *mortels* pour les hommes ; *forfait* pour crime ; *glaive* pour épée ; les *ondes* pour les eaux ; l'*Eternel* au lieu de Dieu, ainfi des autres qu'on rencontre dans nos meilleurs poëtes. (*G*)

LICENCES *en Peinture*, ce font les libertés que les Peintres prennent quelquefois de s'affranchir des regles de la perfpective & des autres lois de leur art. Ces *licences* font toujours des fautes, mais il y a des *licenfes* permifes, comme de faire des femmes plus jeunes qu'elles n'étoient lorfque s'eft paffé la fcene qu'on repréfente ; de mettre dans un appartement ou dans un veftibule celles qui fe font paffées en campagne, lors cependant que le lieu n'eft pas expreffément décidé ; de rendre Dieu, les faints, les anges ou les divinités payennes témoins de certains faits, quoique les hiftoires facrées ou prophanes ne nous difent point qu'ils y aient affifté, &c. Ces *licences* font toujours louables, à proportion qu'elles produifent de beaux effets.

LICENCIÉ EN DROIT, (*Jurifprud.*) eft celui qui, après avoir obtenu dans une faculté de Droit le degré de bachelier en Droit civil ou en Droit canon, ou *in utroque jure*, obtient enfuite le fecond degré qu'on appelle *degré de licence*, lequel lui donne le pouvoir d'enfeigner le Droit.

Ce degré de licence revient à-peu-près au titre de προλυτης que du tems de Juftinien les étudians en Droit prenoient à la fin de la cinquieme & derniere année de leur cours d'étude ; ce titre fignifiant des gens qui font capables d'enfeigner les autres.

L'édit du mois d'Avril 1679, portant réglement pour le tems des études en Droit, ordonne entr'autres chofes, que nul ne pourra prendre aucuns degrés ni lettres de licence en Droit canonique ou civil dans aucune des facultés du royaume, qu'il n'ait étudié trois années entieres à compter du jour qu'il fe fera infcrit fur le regiftre de l'une defdites facultés ; qu'après avoir été reçu bachelier, pour obtenir des lettres de licence, il fubira un fecond examen à la fin de ces trois années d'études, après lequel le récipiendaire foutiendra un acte public.

Les lettres de licence font vifées par le premier avocat général avant que le *licencié* foit admis à prêter le ferment d'avocat.

Ceux qui ont atteint leur vingt-cinquieme année peuvent, dans l'efpace de fix mois, foutenir les examens & actes publics, & obtenir les degrés de bachelier & de licencié à trois mois l'un de l'autre.

Dans quelques univerfités, le degré de *licencié* fe confond avec celui de docteur ; cela a lieu fur-tout en Efpagne & dans quelques univerfités de France qui avoifinent ce même pays. *Voyez* BACHELIER, DROIT, DOCTEUR, FACULTÉ DE DROIT. (*A*)

LICENCIEMENT, f. m. (*Art. milit.*) c'eft l'action de réformer des corps de troupes en tout ou en partie, de congédier & renvoyer dans leurs paroiffes les foldats qui le compofent.

En France les infpecteurs généraux d'infanterie & de cavalerie font chargés de cette opération pour les troupes reglées, les intendans des provinces pour les milices.

Troupes réglées. Lorfqu'il s'agit de licencier quelques compagnies d'un corps, l'infpecteur commence par incorporer les moins anciennes ou les plus foibles dans les autres, qu'il complette des foldats les plus en état de fervir ; il tire enfuite des compagnies confervées les foldats qui fe trouvent ou incapables de continuer leur fervice, ou dans le cas d'entrer à l'hôtel des Invalides : après eux les foldats les moins bons à conferver, & fur-tout ceux de nouvelle recrue, comme étant moins propres à entretenir dans le corps l'esprit de valeur qu'ils n'ont pu encore acquérir, & plus capables de reprendre le travail de la terre ; enfin ceux qui par l'ancienneté de leur service ont droit de prétendre d'être congédiés les premiers, & de préférence les hommes mariés. Les capitaines ne peuvent rien répéter aux soldats congédiés du prix de leurs engagemens, étant, dans le *licenciement*, renvoyés comme surnuméraires.

Les réformés sont ensuite partagés par bandes, suivant leurs provinces, & conduits sans armes sur des routes avec étape, par des officiers chargés de leurs congés, qu'ils leur remettent successivement dans les lieux de la route les plus à portée de leurs villages. Pour leur faciliter les moyens de s'y rendre, le roi leur fait payer en même tems trois livres de gratification à chacun, leur laissant de plus l'habit uniforme & le chapeau. Ils doivent s'y acheminer immédiatement après la délivrance de leurs congés, sous peine, à ceux qui sont rencontrés sur les frontieres sortant du royaume pour passer à l'étranger, d'être arrêtés & punis comme deserteurs ; & à ceux qui s'arrêtent dans les villages de la route sans raison légitime, d'être arrêtés comme vagabonds.

A l'égard des soldats *licenciés* des régimens étrangers au service de sa majesté, on les fait conduire sur des routes par des officiers jusqu'à la frontiere, où ils reçoivent une gratification en argent pour leur donner moyen de gagner leur pays.

Nous avons l'expérience qu'au moyen de ces prudentes mesures, les réformes les plus nombreuses n'ont pas causé le moindre trouble à la tranquilité publique.

Les précautions sont les mêmes dans les réformes de la cavalerie & des dragons ; les inspecteurs y ajoûtent, par rapport aux chevaux, l'attention de faire tuer tous ceux qui sont soupçonnés de morve, de faire brûler leurs équipages, & de réformer toutes les jumens, pour être distribuées & vendues dans les campagnes.

Lorsque le *licenciement* est peu considérable, ou que les réformés se trouvent de provinces différentes & écartés les uns des autres de maniere à ne pouvoir être rassemblés pour marcher ensemble, les inspecteurs les laissent partir seuls, & en ce cas leur font délivrer la subsistance en argent à proportion de l'éloignement des lieux où ils doivent se rendre, outre la gratification ordonnée.

Au moment du *licenciement* on fait visiter les réformés soupçonnés de maux vénériens, de scorbut ou autres maladies contagieuses ; & ceux qui s'en trouvent atteints, sont traités avant leur départ, & guéris dans les hôpitaux militaires.

Milices. Pour exécuter le *licenciement* d'un bataillon de milice, l'intendant commence par en constater l'état par une revûe, en distinguant les miliciens de sa généralité de ceux qui n'en font pas ; il complette les compagnies de grenadiers & de grenadiers postiches, avec ce qu'il y a de plus distingué, de mieux constitué, & de meilleure volonté dans les soldats des autres compagnies ; il délivre des congés absolus à l'excédent du complet, en les donnant d'abord aux miliciens étrangers à la province, en suite aux plus anciens miliciens de la province & aux plus âgés de même date de service ; il conserve les sergens & grenadiers royaux qui ont la volonté de continuer à servir, fait déposer en magasin les habits, armes & équipemens des soldats, & sépare le bataillon, jusqu'à ce qu'il plaise au roi d'en ordonner l'assemblée, soit pour être employé à son service, soit seulement pour passer en revûe & être exercé pendant quelques jours aux manœuvres de guerre. *Voy.* LEVÉES DE TROUPES.

Dans plusieurs généralités, les intendans, lors du *licenciement*, congédient par préférence, comme surnuméraires & sans distinction d'ancienneté de service de milice, tous les hommes mariés que des conjonctures forcées ont obligé d'y entrer.

On permet, par distinction, aux sergens & grenadiers d'emporter leurs habits, à charge de les tenir & représenter en bon état.

Lors du renvoi des miliciens, on leur paie trois jours de solde après celui de la séparation, pour leur donner moyen de se retirer chez eux.

Tant que dure la séparation des bataillons de milice, le roi accorde trois sols par jour aux sergens des compagnies de grenadiers royaux, un sol aux grenadiers, dix-huit deniers aux tambours desdites compagnies, & deux sols aux sergens des compagnies de grenadiers postiches & de fusiliers.

Les miliciens qui ont servi six années & obtenu leur congé absolu, ne peuvent plus être assujettis au service de la milice ; ils jouissent de l'exemption de la taille pendant l'année de la date de leur congé, en vertu de certificats qui leur sont à cet effet délivrés par les intendans ; & ceux qui se marient dans le cours de cette année, jouissent de ce privilege encore deux années de plus.

L'exemption a lieu tant pour la taille industrielle que pour la personnelle, pour leurs biens propres ou ceux du chef de leurs femmes ; & dans le cas où ils prendroient pendant ce tems des fermes étrangeres, ils sont, pour raison de leur exploitation, taxés d'office modérément par les intendans.

Dans les provinces où la taille est réelle, ils y sont sujets, mais exempts des impositions extraordinaires.

Pendant leur service les miliciens doivent être diminués de dix livres sur leurs cottes personnelles pour chaque année ; ils sont aussi exempts de capitation & de collecte pendant ce tems, s'ils ne font valoir que leurs biens propres, & leurs peres de collecte pour le même tems, pendant lequel encore leur cotte à la taille ne peut être augmentée.

Ceux qui ont été incorporés dans les troupes doivent jouir des mêmes exemptions.

C'est par ces adoucissemens qu'on tempere, autant qu'il est possible, la rigueur du service forcé du milicien, & la sévérité d'un état auquel il ne s'est pas voué volontairement.

Lors de la séparation des bataillons, on a, pour les miliciens attaqués de maladies contagieuses, la même attention que pour les soldats réformés des autres troupes ; on les fait recevoir, traiter & guérir dans les hôpitaux du roi, avant de permettre leur retour dans les paroisses. Cette sage précaution est aussi glorieuse au prince qu'avantageuse à l'humanité.

L'événement d'un *licenciement* desiré pour le soldat, est une espece de disgrace pour l'officier. Il nous reste à dire un mot sur le sort des guerriers malheureux qui s'y trouvent enveloppés.

L'inspecteur examine d'abord les officiers qui par leur âge, leurs blessures ou leurs infirmités sont reconnus hors d'état de continuer à servir, & dans le cas de mériter des pensions de retraite ou d'être admis à l'hôtel des invalides ; sur les mémoires qui en sont dressés, il y est pourvu par le ministere, suivant l'exigence des cas.

Lorsque la réforme du corps est générale, tous les autres officiers sont renvoyés dans leurs provinces, où ils jouissent d'appointemens de réforme suivant leurs grades, à l'exception des lieutenans les moins anciens, qui n'ont pu encore mériter cette récompense par leurs services.

S'il ne s'agit que d'une simple réduction de compagnies, le principe est de placer, dans l'arrangement du corps, les plus anciens capitaines à la tête des compagnies conservées ; les moins anciens aux places de capitaines en second ; après eux les plus anciens lieutenans, & de préférence tous les maréchaux des logis ou sergens qui, par la distinction ou ancienneté de leurs services, ont été élevés au grade d'officier. Si quelques circonstances ne permettent pas de conserver ces officiers de fortune, le roi, dans ce cas, leur accorde quinze sols par jour pour les aider à subsister pendant la paix.

Les lieutenans les moins anciens sont renvoyés dans leurs provinces, avec une gratification pour leur donner moyen de s'y rendre, en attendant que les circonstances permettent de les rappeler au service.

Nous nous bornons à ces connoissances générales sur les opérations des deux sortes de *licenciemens*, & renvoyons aux ordonnances militaires pour les autres détails qui y ont rapport. *Cet article est de M. DORIVAL cadet.*

LICENTEN, (*Comm.*) licence, permission. Ce terme est usité en Hollande, pour signifier les passeports qu'on délivre dans les bureaux des convois ou douanes, pour pouvoir charger ou décharger les marchandises des vaisseaux qui entrent ou sortent par mer, ou celles qui se voiturent par terre : il signifie aussi les droits d'entrée & de sortie. *Diction. de Commerce.*

LICHANOS, s. f. est en *Musique* le nom que donnoient les Grecs à la troisieme corde de chacun de leurs deux premieres tétracordes ; parce que cette troisieme corde se touchoit de l'index. *Lichanos, sit Boëce, idcirco, quoniam Lithanos dicitur, quem nos indicem vocamus.*

La troisieme corde à l'aigu, du plus bas tétracorde qui étoit celui des hypates, s'appelloit simplefois *lichanos hypaton*, quelquefois *hypaton diatonos*, *enharmonios*, ou *cromatiké*, selon le genre. Celle du second tétracorde, ou du tétracorde des moyennes, s'appelloit *lichanos meson*, ou *meson diatonos*, &c. *Voyez* TÉTRACORDE. (*S*)

LICHAS, (*Géog. an.*) rocher qui étoit entre l'Eubée & la Grece propre. On connoît l'origine fabuleuse qu'Ovide lui donne dans ses métamorphoses, *l. IX. v. 226 & suiv.* Strabon dit que les *Lichades*, ainsi nommées de *Lichas*, étoient au nombre de trois, qu'il place sur la côte des Locres Epicnémidiens.

LICHE, s. f. (*Hist. nat. Ichnolog.*) *glaucus secundus*. Rond. Poisson de mer ; on le nomme *pélamide* en Languedoc. Il differe de la biche, en ce qu'il n'est pas si grand. *Voyez* BICHE. Il a sur le dos sept aiguillons, dont la pointe est dirigée en arriere, & un trait qui s'étend en serpentant depuis les ouies jusqu'au milieu du corps, & de là en ligne droite jusqu'à la queue ; le corps est plus étroit que celui de la biche. Il n'y a point de taches noires sur les nageoires du dessus & du dessous ; au reste ces deux poissons se ressemblent. Rond. *hist. des poiss. liv. VIII. Voyez* POISSONS.

LICHEN, s. m. (*Hist. nat. Botan.*) genre de plante qui n'a point de fleur ; son fruit a la forme d'un bassin. Il contient une poussiere ou semence qui paroit être arrondie, lorsqu'on la voit au microscope. Tournefort, *inst. rei herb. Voyez* PLANTE.

LICHEN de Grece, (*Botan. exot.*) espece de *lichen* qui sert à teindre en rouge. M. de Tournefort qui en a donné le premier la description, le nomme *lichen græcus, polypoides, tinctorius, Coroll. 40.*

Il croit par bouquets grisâtres, longs d'environ deux ou trois pouces, divisés en petits brins, presque aussi menus que du crin, & partagés en deux ou trois cornichons, déliés à leur naissance, arrondis, & roides, mais épais de près d'une ligne dans la suite, courbés en faucille, & terminés quelquefois par deux pointes : ces cornichons sont garnis dans leurs longueurs d'un rang de bassins plus blancs que le reste, de demi-ligne de diametre, relevés de petites verrues, semblables aux bassins du polype de mer ; toute la plante est solide, blanche, & d'un goût salé.

Elle n'est pas rare dans les iles de l'Archipel, mais son usage pour la teinture n'est connu qu'à Amorgos.

Elle vient sur les rochers de cette île, & sur ceux de Nicomia. Il y a beaucoup d'apparence qu'elle servoit autrefois à mettre en rouge les tuniques d'Amorgos, qui étoient si recherchées. Cette plante se vendoit encore dans l'Archipel à la fin du dernier siecle, dix écus le quintal, ce qui feroit vingt écus de nos jours ; on la transportoit à Aléxandrie & en Angleterre, pour l'employer à teindre en rouge, comme on se servoit en France de la parelle d'Auvergne ; mais l'usage de la cochenille a fait tomber toutes les teintures que les plantes peuvent fournir. (*D. J.*)

LICHI, s. m. (*Botan. exot.*), fruit très-commun & très-estimé à la Chine ; je trouve son nom écrit *lici, letchi, litchi, lithi*, ou bien en deux syllabes séparées ; *li-chi, li-ci, let-chi, lit-chi, li-thi* ; ce ne seroit rien, si j'en trouvois des descriptions uniformes & instructives dans les relations de nos missionnaires, mais il s'en faut de beaucoup ; la plûpart seulement s'accordent à dire, que c'est le fruit d'un arbre grand & élevé, dont les feuilles ressemblent à celles du laurier ; & que c'est aux extrémités des branches, qu'il produit ce fruit comme en grappes, beaucoup plus claires que celles du raisin, & pendant à des queues plus longues.

Le *lichi* est de la grosseur d'un petit abricot, oblong, mollet, couvert d'une écorce mince, chagrinée, de couleur ponceau éclatant, contenant un noyau blanc, succulent, de très-bon goût & d'une odeur de rose ; le P. Boym a fait graver la figure de ce fruit dans sa *flora sinensis*, mais elle ne s'accorde point avec d'autres descriptions plus modernes.

Le *lichi* vient dans les provinces de Canton, de Fokien, & autres provinces méridionales. Les Chinois l'estiment singulierement pour le goût & pour les qualités bienfaisantes ; car ils assurent qu'il donne de la force & de la vigueur sans échauffer, hormis qu'on n'en mange avec excès. Le P. Dentrecolles ajoute dans les *lettres édifiantes, tome XXIV.* qu'il en est de ce fruit comme de nos melons de l'Europe, que pour l'avoir excellent, il faut le manger sur le lieu même, & le cueillir dans son point de maturité, très-difficile à attraper, parce qu'il n'a qu'un moment favorable. Cependant comme dans tout l'empire on fait grand cas de ce fruit sec, on le laisse sécher dans sa pellicule, où il se noircit & se ride comme nos pruneaux. On en mange toute l'année par cette méthode ; on le vend à la livre, & on en met dans le thé pour procurer à cette liqueur un petit goût aigrelet.

Les *lichi* qu'on apporte à Péking pour l'empereur, & qu'on renferme dans des vases pleins d'eau-de-vie, où l'on mêle du miel & d'autres ingrédiens, conservent bien un air de fraîcheur, mais ils perdent beaucoup de la finesse, & de l'excellence de leur goût.

Le noyau du *lichi* un peu roti & réduit en poudre fine, passe chez les Chinois pour un spécifique contre les douleurs de gravelle & de colique néphrétique. On voit par-là, que l'on met sa confiance à la Chine, ainsi qu'en Europe, dans tous les remedes de bonnes femmes, les maux finissent, & les remedes inutiles ou ridicules se maintiennent en crédit. (*D. J.*)

LICHNOIDE, *Lichnoïdes*, (*Bot.*) genre de plante à fleurs sans pétales, ressemblantes en quelque maniere à une silique, creusée & remplies d'air entre

tre chaque nœud. Ces fleurs sont stériles & nues ; elles n'ont point de calice, de pistil, ni d'étaminés ; elles sont renfermées & réunies dans une masse gélatineuse. On trouve une, ou deux, ou trois de ces masses dans des loges creuses, trouées par le haut & formées par la substance de la plante même. On n'en connoît pas encore les semences. *Nova plantarum genera*, &c. *par* M. Micheli.

LICHO, (*Géog. anc.*) riviere de l'Asie mineure, qui est le Lycus de Phrygie, dont Laodicée sur le Lycus prenoit le nom. *Voyez* LAODICÉE sur le Lycus ; LYCUS. (*D. J.*)

LICHOS, (*Géog. anc.*) fleuve de la Phénicie, selon Pomponius Mela, *liv. I. ch. xij.* c'est aussi le *Lycos* de Pline. (*D. J.*)

LICHTENBERG, (*Géog.*) ce n'est qu'un château de France dans la basse-Alsace ; mais ce château est le chef-lieu d'un comté de même nom. Il est sur un rocher près des montagnes de Vosges, à cinq lieues de Hagueneau. *Long.* 25ᵈ. 9′. 55″. *lat.* 48ᵈ. 55′. 12″. (*D. J.*)

LICHTENSTEIN, (*Géog.*) ville de Suisse dans le Tockembourg, remarquable parce que le conseil du pays s'y tient. Elle est sur le Thour : *long.* 26. 50. *lat.* 47. 25. (*D. J.*)

LICHTEN, s. m. (*Comm.*) petits bâtimens qui servent à Amsterdam pour le transport des marchandises du magasin au port, ou du port au magasin. Ce sont des especes d'aleges de 30 à 36 lasts de grains ; c'est encore la voiture des blés, & des sels, &c. *Dict. de Comm.*

LICHTSTALL, (*Géog.*) Quelques françois portés à estropier tous les noms, ont rendu celui-ci méconnoissable, en écrivant *Liesstall* ; c'est une jolie petite ville de Suisse au canton de Bâle, sur l'Ergetz, à 2 lieues de Bâle : *long.* 25. 32. *lat.* 47. 50. (*D. J.*)

LICITATION, s. f. (*Jurisprud.*) est l'acte par lequel un immeuble commun à plusieurs personnes, & qui ne peut se partager commodément, est adjugé à l'un d'entre eux, ou même à un étranger.

L'usage de la *licitation* a été emprunté des Romains ; il remonte jusqu'à la loi des XII. tables, qui porte que les biens sujets à *licitation*, sont ceux qui ne peuvent se partager commodément, ou que l'on n'a pas voulu partager.

Cette loi met dans la même classe les associés & les co-héritiers.

L'édit perpétuel s'en explique de même, *liv. X.*

Le principe de la *licitation* se trouve dans la loi 5, au cod. *communi dividundo*, qui est que *in communione vel societate nemo compellitur invitus detineri*.

Cette même loi décide qu'il n'importe à quel titre la chose soit commune entre les co-propriétaires, soit *cum societate vel sine societate*.

Pour être en droit de provoquer la *licitation* d'un héritage ou autre immeuble ; il n'est pas nécessaire qu'il y ait impossibilité physique de le partager ; il suffit que l'on soit convenu de ne point partager la chose, ou qu'en la partageant, il y eût de l'incommodité ou de la perte pour quelqu'un des co-propriétaires.

La *licitation* est toujours sous-entendue dans la demande à fin de partage, c'est-à-dire, que si le partage ne peut se faire commodément, ce sera une suite nécessaire d'ordonner la *licitation*.

Dès que les co-propriétaires ont choisi cette voie, on présume qu'il y auroit eu pour eux de l'inconvénient d'en user autrement, attendu que chacun aime assez ordinairement à prendre sa part en nature, ou en justice.

Chez les Romains, on ne pouvoit liciter sans une estimation préalable, comme il résulte des termes de l'édit perpétuel de la loi 3, *communi dividundo*.

Pour faire un partage ou une *licitation*, il falloit se pourvoir devant le juge qui donnoit des arbitres ou experts, & qui adjugeoit sur leur avis.

Les notaires ne les pouvoient pas faire, parce qu'ils n'avoient pas la jurisdiction volontaire comme ils l'ont parmi nous ; les partages ou *licitations* se faisoient par adjudication de portion ; or il n'y avoit que le magistrat qui pût se servir de ces termes, *do, addico* ; & pour la *licitation*, il disoit *ad talem summam condemno*.

Les étrangers n'étoient admis aux encheres, que quand les co-propriétaires déclaroient n'être pas en état de porter la *licitation* au prix où elle devoit monter, ce que l'on n'exige point parmi nous ; il suffit que les propriétaires y consentent.

On a aussi retranché dans notre usage à l'égard des majeurs, l'obligation de liciter devant le juge. La *licitation* peut se faire à l'amiable devant un notaire, ou en justice.

Il n'est plus pareillement besoin d'un rapport préalable, pour savoir si la chose est partageable ou non, ni d'une estimation ; tout cela ne s'observe plus que pour les *licitations* des biens des mineurs, lesquelles ne peuvent être faites qu'en justice ; & en ce cas, on y admet toûjours les étrangers à fin de faire le profit du mineur.

La *licitation* faite sans fraude entre plusieurs co-propriétaires unis par un titre commun, tels que co-héritiers, co-légataires, co-donataires, associés, co-acquéreurs, ne produit point de droits seigneuriaux, quand même les étrangers auroient été admis aux encheres, à-moins que ce ne soit un étranger à qui l'adjudication ait été faite.

Mais les acquéreurs intermédiaires, c'est-à-dire, ceux qui achetent d'un des co-héritiers, co-légataires, ou autres co-propriétaires, & qui demeurent adjudicataires de la totalité par *licitation*, doivent des droits seigneuriaux pour les portions qu'ils acquierent par la voie de la *licitation*.

L'héritage échu par *licitation* à un des co-héritiers, est propre pour le tout, quoiqu'il soit chargé d'une soute & retour de partage. *Voyez* les titres du digeste, *fam. ercisc.* & le titre du code *communi divid.* le traité de M. Guyot, sur les *licitations par rapport aux fiefs*. (*A*)

LICITE, adj. (*Jurisprud.*) se dit de tout ce qui n'est point défendu par les lois ; celui qui fait une chose *licite* ne commet point de mal, & conséquemment ne peut être puni ; cependant *non omne quod licet honestum est*, & celui qui fait quelque chose de *licite*, mais qui est contraire à quelque bienséance, perd du côté de la confiance & de la considération ; cela est même quelquefois capable de le faire exclure de certains honneurs. Ce qui est illicite est opposé à *licite*. *Voyez* ILLICITE. (*A*)

LICITER, v. act. (*Jurisprud.*) signifie poursuivre la vente & adjudication d'un bien qui est possédé par indivis entre plusieurs co-propriétaires, & qui ne peut sans inconvénient se partager. *Voyez ci-devant* LICITATION. (*A*)

LICIUM, s. m. (*Littérat.*) habit & ceinture particuliere aux officiers publics, établis pour exécuter les ordres des magistrats ; le *licium* que portoient les licteurs étoit mélangé de différentes couleurs, comme on le voit par ce passage de Pétrone, *nec longé à præcone, Ascyltos stabat, amictus, veste discoloriâ, atque in lance argenteâ indicium & fidem præscebat*. Chez les Romains on cherchoit le larcin chez autrui avec un bassin & une ceinture de filasse, *per lancem liciumque* ; & le larcin ainsi trouvé, s'appelloit *conceptum furtum*, lance & licio : d'où vient dans le Droit *actio concepti*, parce qu'on avoit action contre celui chez qui l'on trouvoit la chose perdue. (*D. J.*)

LICNON, (*Littérat.*) λικνον ; c'étoit dans les fêtes de Bacchus le van myftique de ce dieu, chofe effentielle aux Dionifiaques, & fans laquelle on ne pouvoit pas les célébrer convenablement. Il y avoit des gens deftinés à porter le van du dieu le *licnon* facré : on les appelloit par cette raifon les *Lichnophores*, λικνοφόροι. *Voyez* Poter, *Archæol. græc. l. II. c. xx. tom. I. p. 383.*

LICODIA, (*Géog.*) petite ville de Sicile, dans la vallée de Noto, à 30 milles de Syracufe. *Long. 32. 50. lat. 36. 56.*

LICOLA, LAGO DI , (*Géog.*) refte du lac Lucrin, ancien lac de la Campanie (aujourd'hui du royaume de Naples, dans la terre de Labour), & près de l'ancienne ville de Bayes. L'an 1538 un tremblement de terre bouleverfa ce lac, élevant de fon fonds une montagne de cendres, & changeant le refte en un marais fangeux qui ne produit plus que des rofeaux. *Voyez* LUCRINUS LACUS, *Géog.* (D. J.)

LICONDA ou **ALICONDA**, f. m. (*Hift. nat. Bot.*) grand arbre qui croît en Afrique dans les royaumes de Congo, de Benguela, ainfi que dans d'autres parties. On dit qu'il devient d'une groffeur fi prodigieufe, que dix hommes ont quelquefois de la peine à l'embraffer ; mais il fe pourrit facilement au point qu'il eft fujet à être abattu par le vent ; ce qui eft caufe que l'on évite de bâtir des cabanes dans fon voifinage : on craint auffi la chûte de fon fruit qui eft gros comme une citrouille. L'écorce de cet arbre battue & mife en macération, donne une efpece de filaffe dont on fait de groffes cordes ; en la battant avec des maffes de fer, on parvient à en faire une efpece d'étoffe dont les gens du commun couvrent leur nudité. L'écorce du fruit, quand elle a été féchée, fait toute forte d'uftenfiles de ménage, & donne une odeur aromatique aux liqueurs qui y féjournent. Dans les tems de difette le peuple fe nourrit avec la pulpe de ce fruit, & même avec les feuilles de l'arbre ; les plus larges fervent à couvrir les toits des cabanes ; on les brûle auffi pour avoir leurs cendres & pour en faire du favon. Comme ces arbres font très-fouvent creux, ils fervent de citernes ou de réfervoirs aux habitans, qui en tirent une quantité prodigieufe d'eau du ciel qui s'y eft amaffée.

LICORNE, f. f. (*Hift. nat.*) animal fabuleux : on dit qu'il fe trouve en Afrique, & dans l'Ethiopie ; que c'eft un animal craintif, habitant le fond des forêts, portant au front une corne blanche de cinq palmes de long, de la grandeur d'un cheval médiocre, d'un poil brun tirant fur le noir, & ayant le crin court, noir, & peu fourni fur le corps, & même à la queue. Les cornes de *licornes* qu'on montre en différens endroits, font ou des cornes d'autres animaux connus, ou des morceaux d'ivoire tourné, ou des dents de poiffons.

LICORNE FOSSILE, (*Hift. nat.*) en latin *unicornu foffile*. Quelques auteurs ont donné ce nom à une fubftance offeufe, femblable à de l'ivoire ou à une corne torfe & garnie de fpirales qui s'eft trouvée, quoique rarement, dans le fein de la terre. M. Gmelin dans fon voyage de Sibérie, croit que ce font dès dents d'un poiffon. Il rapporte qu'en 1724 on trouva fous terre une de ces cornes, dans le territoire de Jakutsk en Sibérie ; il préfume qu'elle n'appartient point à l'animal fabuleux à qui on a donné le nom de *licorne* ; mais il croit avec beaucoup de vraiffemblance qu'elle vient de l'animal cétacé, qu'on nomme *narhwal*. Le même auteur parle d'une autre corne de la même efpece, qui fut trouvée en 1741, dans un terrein marécageux du même pays : cependant il obferve que le narhwal que l'on trouve communément dans les mers du Groenland, ne fe rencontre point dans la mer Glaciale qui borne le nord de la Sibérie.

Ce qui fembleroit jetter du doute fur cette matiere, c'eft un fait rapporté par l'illuftre Leibnitz dans fa *Protogée* ; il dit d'après le témoignage du célebre Otton Guerike, qu'en 1663 on tira d'une carriere de pierre à chaux de la montagne de Zennikenberg, dans le territoire de Quedlimbourg, le fquelette d'un quadrupede terreftre, accroupi fur les parties de derriere, mais dont la tête étoit élevée, & qui portoit fur fon front une corne de cinq aunes, c'eft-à-dire d'environ dix piés de longueur, & groffe comme la jambe d'un homme, mais terminée en pointe. Ce fquelette fut brifé par l'ignorance des ouvriers, & tiré par morceaux de la terre ; il ne refta que la corne & la tête qui demeurerent en entier, ainfi que quelques côtes, & l'épine du dos ; ces os furent portés à la princeffe abbeffe de Quedlimbourg. M. de Leibnitz donne dans ce même ouvrage la repréfentation de ce fquelette. Il dit à ce fujet, que fuivant le rapport d'Hyeronimus Lupus, & de Balthafar Tellez, auteurs portugais, il fe trouve chez les Abyffins un quadrupede de la taille d'un cheval, dont le front eft armé d'une corne. *Voyez* Leibnitz, *Protogæa, pag. 63 & 64.* Malgré toutes ces autorités, il eft fâcheux que le fquelette dont parle Leibnitz, n'ait point été plus foigneufement examiné, & il y a tout lieu de croire que cette corne appartenoit réellement à un poiffon.

Il ne faut point confondre la corne ou la fubftance offeufe dont il s'agit ici, avec une autre fubftance terreufe, calcaire, & abforbante, que quelques auteurs ont très-improprement appellée *unicornu foffile*, & qui, fuivant les apparences, eft une efpece de craie ou de marne. *Voyez* UNICORNU FOSSILE. (—)

LICORNE, (*Blafon.*) la *licorne* eft un des fupports des armes d'Angleterre. *Voyez* SUPPORT.

Les hérauts repréfentent cet animal *paffant* & quelquefois rampant.

Quand il eft dans cette derniere attitude, comme dans les armes d'Angleterre, pour parler proprement, il faut dire qu'il eft *faillant* d'argent ; une *licorne* faillant de fable, armée, onglée, &c.

LICOSTOMO, (*Géog.*) *Scotufa* ou *Scotuffa*, ancienne ville de Grece dans la Theffalie, aujourd'hui dite province de Janna, fur le Pénée auprès du golfe de Salonique, *Salonichi*, avec un évêché fuffragant de Lariffe. (D. J.)

LICOU ou **LICOL**, f. m. *terme de Bourrelier-Sellier*, c'eft un harnois de tête dont on fe fert pour attacher les chevaux dans l'écurie, & le *licol* eft compofé de quatre pieces, favoir une mufeliere, une têtiere, deux montans qui joignent la mufeliere à la têtiere, qui d'ailleurs font jointes fous la gorge par un anneau auquel eft affujetti une longe de corde, de cuir, ou de crin, par laquelle on attache le cheval à l'auge ou au ratelier. *Voyez* les Planches.

LICTEUR, f. m. (*Littérat.*) en latin *lictor*, huiffier qui marchoit devant les premiers magiftrats de Rome, & qui portoit la hache enveloppée dans un faifceau de verges : il faifoit tout enfemble l'office de fergent & de bourreau.

Romulus établit des *licteurs*, pour rendre la préfence des magiftrats plus refpectable, & pour exécuter fur le champ fes jugemens qu'ils prononceroient. Ils furent nommés *licteurs*, parce qu'au premier commandement du magiftrat, ils lioient les mains & les piés du coupable, *lictor à ligando*. Apulée croit qu'ils tiroient leur nom d'une ceinture ou courroie qu'ils avoient autour du corps, & qu'on appelloit *licium*. *Voyez* LICIUM.

Quoi qu'il en foit, ils étoient toûjours prêts à délier leurs faifceaux de verges, pour fouëtter ou pour trancher la tête, felon l'ordre qu'ils recevoient , *I, lictor, colliga manus, expedi virgas, plecte fecuri.* Ils étoient cependant, malgré leur vil emploi, de con-

LIC

dition libre, de race d'affranchi; & on n'admettoit point d'esclave à cet office.

Quand les dictateurs paroissoient en public, ils étoient précédés par vingt-quatre *licteurs*; les consuls par douze; les pro-consuls, les préteurs, les généraux par six; le préteur de la ville par deux; & chaque vestale qui paroissoit en public, en avoit un par honneur. Comme les édiles & les tribuns ne jouissoient point de l'exercice de la haute justice, les huissiers qui les précédoient s'appelloient *viatores*, parce qu'ils étoient souvent en route pour donner des ajournemens aux parties.

La charge des *licteurs* consistoit en trois ou quatre points, 1°. *submotio*, c'est-à-dire à contenir le peuple assemblé, & chaque tribu dans son poste; à appaiser le tumulte s'il s'en élevoit; à chasser les mutins de la place, ce qu'ils exécutoient avec beaucoup de violence; enfin, à écarter & à dissiper la foule. Horace, *Ode XVI. l. II.* fait une belle allusion à cette premiere fonction des *licteurs*, quand il dit :

*Non enim gazæ, neque consularis
Submovet lictor miseros tumultus
Mentis, & curas laqueata circum
Tecta volantes.*

Eussions-nous encore une escorte plus nombreuse que celle de nos consuls, nous ne viendrions pas à bout de dissiper le tumulte de nos passions, ni les soucis importuns qui voltigent autour des lambris dorés; le *licteur* peut bien écarter, *submovere*, le peuple, mais non pas les troubles de l'esprit.

Matronæ non summovebantur à magistratibus, dit Festus : les dames avoient ce privilege à Rome, de n'être point obligées de se retirer devant le magistrat; ni *licteurs*, ni huissiers, ne pouvoient les contraindre de faire place, & ne le défendit à ces gens-là, de peur qu'ils ne se servissent de ce prétexte, pour les pousser ou les toucher. Ils ne pouvoient pas même faire descendre leurs maris, lorsqu'ils étoient en carrosse ou en portoit.

La seconde fonction des *licteurs* se nommoit *animadversio*; ils devoient avertir le peuple de l'arrivée ou de la présence des magistrats, afin que chacun leur rendît les honneurs qui leur étoient dus, & qui consistoient à s'arrêter, à se lever si l'on étoit assis, à descendre de cheval ou de chariot, & à mettre bas les armes si l'on en portoit.

La troisieme fonction des *licteurs* s'appelloit *prætio*; ils précédoient les magistrats, marchoient devant eux, non tous ensemble, ni deux ou trois de front, mais de file, un à un, & à la suite les uns des autres. De là vient que dans Tite-Live, dans Valere-Maxime, dans Ciceron, on lit souvent *primus, proximus, secundus lictor*. Lipse rapporte une inscription qui fait mention du *proximus lictor*.

Une quatrieme fonction des *licteurs*, étoit de marcher dans les triomphes devant le char du triomphateur, en portant leurs faisceaux entourés de branches de laurier.

Je ne m'amuserai point à rechercher si dans les cas ordinaires, ils portoient leurs faisceaux droits, ou sur l'épaule; je remarquerai seulement, qu'outre les faisceaux, ils tenoient des baguettes à la main, dont ils se servoient pour faire ouvrir la porte des maisons où le magistrat vouloit entrer.

Pline observe que Pompée après avoir vaincu Mithridate, défendit à son *licteur* de se servir de ces baguettes pour faire ouvrir la porte de Possidonius, dont il respectoit le savoir & la vertu.

Enfin, quand les magistrats vouloient plaire au peuple & gagner sa faveur, ils faisoient écarter leurs *licteurs*, & c'est ce qu'on appelloit *submittere fasces. Voyez* FAISCEAUX. Mais les magistrats n'eu-
Tome IX.

LIE

rent le glaive en main que sous la république & les premiers empereurs; ce furent ensuite les soldats du prince qui prirent la place des *licteurs*, pour arrêter les coupables, & pour trancher la tête. *Voyez* Rosinus, Pitiscus, Bombardini, *de carcere*, Middleton, & autres. (*D. J.*)

LIDA, (*Géog.*) en latin *Lida*, petite ville de Pologne avec une citadelle, située dans la Lithuanie, au palatinat de Troki, dont elle est à 17 lieues S. E. sur le ruisseau de Dzila. *Long.* 44. 4. *latit.* 53. 50. (*D. J.*)

LIDDA ou LIDDE, (*Géogr. sacrée.*) ancienne ville dans la Palestine, & de la tribu d'Ephraim. Les Grecs l'appellent encore *Diospolis*, la ville de Jupiter. Elle étoit une des onze toparchies de la terre promise. S. Pierre y guérit un paralytique, & cette ville, du tems du regne des Chrétiens, devint un évêché, mais aujourd'hui *Lidda*, n'est plus qu'un petit bourg, où l'on tient un marché par semaine. *Voyez* le P. Roger, *voyage de la Terre sainte*, liv. I. chap. xiij.

LIDDEL, LA, (*Géog.*) riviere de l'Ecosse méridionale; elle a ses sources dans la province de Lidesdale, à laquelle elle donne son nom, va se joindre à la riviere d'Esck, & se rendent ensemble dans la baie de Solway.

LIDDESDALE, *Liddesdalia*, (*Géog.*) province de l'Ecosse méridionale, aux confins de l'Angleterre, où elle est séparée par une chaîne de montagnes du Northumberland au levant, & du Cumberland au midi. Elle prend son nom de la riviere de Liddel, qui l'arrose. Il faut rapporter à cette province l'Eskdale, l'Eusdale & le Wachopdale, trois territoires qui tirent leurs noms des petites rivieres l'Esck, l'Ew & le Wachop. (*D. J.*)

LIE-DE-VIN, (*Chimie.*) *Voyez à l'article* VIN.

LIE, s. f. (*Vinaigrier.*) c'est la partie la plus épaisse & la plus grossiere des liqueurs, qui forme un sédiment en tombant au fond des tonneaux, lorsque les liqueurs se sont éclaircies.

Les Vinaigriers font un grand commerce de *lie* de vin qu'ils font sécher, & dont ils forment des pains, après en avoir retiré ce qui y reste de liqueur par le moyen de petits pressoirs de bois. *Voyez* VINAIGRIER.

Les Cabaretiers marchands de vin & autres qui vendent le vin en détail, sont tenus de vendre leur *lie* aux Vinaigriers, & il ne leur est pas permis d'en faire des eaux-de-vie.

La *lie* brulée & préparée d'une certaine maniere, forme la gravelée, dont les Teinturiers & autres artisans se servent dans les ouvrages de leur métier.

C'est avec de la *lie* que les Chapeliers foulent leurs chapeaux.

LIE D'HUILE, (*Mat. méd.*) en latin *amurca*, du mot grec ἀμόργη, qui signifie la même chose, est la résidence qui se fait au fond du vaisseau, où l'on a mis l'huile d'olive nouvellement exprimée pour la laisser dépurer.

Elle est émolliente, adoucissante, résolutive, propre pour calmer la douleur de tête, étant appliquée sur le front, & pour arrêter les fluxions. Lemery, *traité des drogues simples*.

LIÉ, (*Gramm.*) participe du verbe *lier. Voyez* LIER.

LIÉ : on dit, *en Peinture*, des lumieres bien *liées*, des groupes qui se *lient* bien, c'est-à-dire qui se communiquent bien, & qui, quoique séparés, forment une belle union. Lorsqu'entre deux objets éclairés, il se trouve un espace qui ne l'est pas, & qu'il seroit avantageux qu'il le fût, le peintre place dans cet intervalle quelque objet qui par la saillie reçoit la lumiere, de façon qu'elle se *lie* aux autres lumieres, & semblent n'en faire qu'une avec elles. Il

Qqq ij

y a des auteurs qui se servent du mot *dénouer*, mais il n'est pas d'usage.

Lié, *en terme de Blason*, se dit non seulement des cercles des tonneaux, quand l'osier qui les tient est d'un autre émail, mais aussi de tout ce qui est attaché.

Gondy à Florence, d'or à deux masses d'armes en sautoir de sable, *liées* de gueule.

Liées, adj. *en Musique*; notes *liées* sont deux ou plusieurs notes qu'on passe d'un seul coup d'archet sur le violon & le violoncelle, ou d'un seul coup de langue sur la flûte & sur le haut-bois.

Dans la mesure à trois tems, les croches sur un mouvement lent sont assez souvent *liées* de deux en deux selon le goût françois. (*S*)

LIEBANA ou LIEVANA, (*Géog.*) petite contrée d'Espagne dans l'Asturie de Santillane. L'abbé de Vayrac lui donne neuf lieues de long & quatre de large. C'est un petit canton entrecoupé de hautes montagnes.

LIECHTENAW, (*Géog.*) nom de deux petites villes, l'une dans la basse Alsace, au-delà du Rhin, entre Strasbourg & Bâle. *Long.* 26. 40. *lat.* 48. 43.

L'autre petite ville de ce nom est dans la Franconie, sur la riviere de Betzel, à deux lieues d'Anspach; mais elle appartient à la ville de Nuremberg. *Long.* 28. 1. *lat.* 49. 15.

LIEFKENSHOEK, (*Géogr.*) fort des Pays-bas hollandois, sur la rive gauche de l'Escaut, vis-à-vis de Lillo. C'est auprès de ce fort que le général Coëhorn força les lignes des François en 1703. *Longit.* 21. 45. *latit.* 51. 17. (*D. J.*)

LIEGE, s. m. *suber*, (*Hist. nat. Bot.*) genre de plante qui differe du chêne & du chêne-verd, en ce que son écorce est épaisse, spongieuse & legere. Tournefort, *inst. rei herb. Voyez* PLANTE.

LIÉGE, grand arbre toujours verd, qui croît en Espagne, en Italie, dans la Provence, le Languedoc, & sur-tout dans la Guienne, où il se trouve une grande quantité de ces arbres. Le *liége* pond une tige assez droite jusqu'à douze ou quinze piés; il donne peu de branches, & son tronc devient plus gros par proportion que celui d'aucun autre arbre d'Europe: son écorce, qui est très-épaisse, se détache de l'arbre au bout d'un certain nombre d'années: sa feuille est plus large ou plus étroite selon les especes de cet arbre: ses fleurs ou chatons mâles ressemblent à ceux de nos chênes ordinaires, & il en est de même du fruit qui est un gland, ensorte que le *liége*, dont la feuille a beaucoup de rapport avec celle du chêne verd, ne differe sensiblement de ce dernier que par la qualité de son écorce.

On peut élever des *liéges* dans différens terreins à force de soins & de culture; mais ils se plaisent singulierement dans les terres sablonneuses, dans des lieux incultes, & même dans des pays de landes. On a même observé que la culture & la bonne qualité du terrein étoient très-contraires à la perfection que doit avoir son écorce, relativement à l'usage qu'on en fait.

La seule façon de multiplier cet arbre, c'est d'en semer le gland aussi-tôt qu'il est en maturité; on pourra cependant différer jusqu'au printems, pourvu que l'on ait eu la précaution indispensable de le conserver dans de la terre seche ou dans du sable. Comme cet arbre réussit très-difficilement à la transplantation, il sera plus convenable de semer les glands dans des pots ou terrines, dont la terre soit assez ferme pour tenir aux racines, lorsqu'il sera question d'en tirer les jeunes plants. La trop grande humidité les fait pourrir, il faudra les arroser modérément. Les glands semés au commencement de Mars, leveront au bout de cinq ou six semaines, ils auront l'automne suivant huit à neuf pouces de hauteur la plûpart, & dans la seconde année ils s'éleveront à environ deux piés. Il sera tems alors de les transplanter en tournant le pot; & s'il y a plusieurs plants dans un même pot, comme cela arrive ordinairement, il faudra, en les séparant, conserver la terre autant qu'il sera possible autour des racines de chaque plant. Il n'aura pas fallu manquer d'avoir attention d'abriter les pots pendant les hivers contre les gelées. Si l'on a beaucoup de glands à semer, & qu'on se détermine à les mettre en pleine terre, il faudra de grandes précautions pour les garantir des fortes gelées; on pourra les lever au bout de deux ans, & même différer jusqu'à trois ou quatre; mais ce sera le plus long terme, encore faudra-t-il avoir eu l'attention de faire fouiller un an auparavant autour des racines pour couper les plus fortes, & même le pivot du jeune arbre, & l'obliger par ce moyen à faire du chevelu, afin qu'on puisse l'enlever avec la motte de terre. Le mois d'Avril est le tems le plus convenable pour la transplantation des jeunes *liéges*; & si on n'avoit pu les enlever en motte, il faudroit y suppléer en leur mettant au pié de la terre bien meuble & réduite en bouillie à force d'eau, ensuite les garnir de paille pour les garantir des chaleurs & des sécheresses, & leur conserver la fraîcheur des arrosemens, qu'il ne faut faire qu'une fois par semaine & avec ménagement; l'excès à cet égard en détruiroit plus que tous les autres accidens.

Cet arbre est délicat; on ne doit pas s'attendre qu'il puisse résister à cet âge en plein air aux hivers rigoureux, qu'on n'éprouve que trop souvent dans la partie septentrionale de ce royaume. Il ne faut donc exposer à toute l'intempérie des saisons que les plants qui seront forts, très-vifs, bien enracinés & bien repris, & les mettre à l'exposition la plus chaude, ou au moins parmi d'autres arbres toujours verds.

L'écorce est la partie de cet arbre la plus utile. Dès que les *liéges* ont douze ou quinze ans, on les écorce pour la premiere fois: on recommence au bout de sept ou huit ans, & ainsi de suite pendant plus de cent cinquante ans, sans qu'il paroisse que ce retranchement leur fasse tort. L'écorce des vieux arbres est la meilleure, & ce n'est guere qu'à la troisieme levée qu'elle commence à être d'assez bonne qualité. Rien de plus connu que les différens usages que l'on peut faire de cette écorce que l'on nomme *liége*; entre autres on en fait le noir d'Espagne qui s'emploie dans les Arts. Les glands peuvent servir à nourrir & à engraisser le bétail & la volaille, & on assure qu'il en a fort doux pour que les hommes puissent en manger, en le faisant griller comme les châtaignes. Son écorce est aussi d'un grande utilité; il est très-propre aux ouvrages du charpentier; il est bon à brûler & à faire le meilleur charbon: on peut en tirer le même service que du bois du chêne verd. On distingue deux especes de *liége*; l'un à feuilles larges, ovales & un peu dentelées, & les feuilles de l'autre espece sont longues, étroites & sans aucunes dentelures; son gland est plus petit. Du reste, il n'y a nulle différence essentielle entre ces deux especes. *Article de M. D'AUBENTON.*

Cet arbre de moyenne hauteur que Tournefort appelle avec la plûpart des botanistes, *suber latifolium*, *perpetuò virens*, est une espece de chêne toujours verd; mais son tronc est plus gros, il est d'un tissu fort compact, & jette peu de branches. Son écorce est beaucoup plus épaisse que celle du chêne verd, fort légere, spongieuse, raboteuse, de couleur grise, tirant fort le jaune; elle se fend d'elle-même, creve & se sépare de l'arbre, si l'on n'a pas soin de l'en détacher, parce qu'elle est poussée par une autre écorce rougeâtre qui se forme dessous. Ses feuilles ont aussi la figure de celles de l'yeuse, vertes par-dessus, blanchâtres par-dessous ; mais elles sont plus larges, plus longues, plus molles & plus vertes en dessus ; quelquefois elles sont un peu dentelées par les bords, & piquantes, d'autres fois unies & sans dentelures. Ses chatons & ses glands sont pareillement semblables à ceux du chêne verd ; mais le gland du *liége* est plus long, plus obtus, d'un goût plus désagréable que celui de l'yeuse. Il en part ordinairement deux d'un même pédicule, qui est ferme & court. Le calice du gland est aussi plus grand & plus velu que celui de l'yeuse.

Cet arbre croît dans les pays chauds, en Espagne, en Portugal, en Italie, en Provence, en Gascogne, vers les Pyrénées & en Roussillon. Il donne une écorce plus épaisse, & meilleure à proportion qu'il vieillit, & c'est de cette écorce inutile en Médecine, mais qu'on emploie à divers usages, que cet arbre tire tout son lustre. Son fruit sert à nourrir les cochons, & les engraisse mieux, à ce qu'on dit, que les glands des autres chênes. (*D. J.*)

LIEGE, (*Mat. méd.*) on trouve encore parmi le peuple des femmes qui croient à la vertu du *liége* porté en amulette pour faire perdre le lait sans danger. Les Médecins & les gens raisonnables n'ont plus de foi pour les propriétés de cette classe, quoiqu'ils attachent encore un collier de bouchons de *liége* enfilés au cou de leurs chiennes & de leurs chates qui ont perdu leurs petits. (*b*)

LIEGE, (*Arts & Comm.*) écorce extérieure de l'arbre qui porte le même nom.

Pour lever cette écorce, on fend le tronc de l'arbre depuis le haut jusqu'en bas, en faisant aux deux extrémités une incision coronale. On choisit ensuite un tems sec & assuré pour lever cette grosse écorce ; car l'écorce inférieure, qui est encore tendre, se gâteroit & feroit périr l'arbre, s'il survenoit des pluies abondantes après la récolte du *liége*. Il est vrai que ce mal n'arrive guere dans les pays chauds, où le tems est en général fort constant. Quand on a dépouillé l'arbre, qui pour cela ne meurt pas, on met l'écorce en pile dans quelque mare, dans quelque étang, où on la charge de pierres pesantes pour l'applatir de toutes parts & la réduire en tables. On la retire ensuite de la mare, on la nettoie, on la fait sécher, & quand elle est suffisamment seche on la met en balles pour la commodité du transport.

On emploie le *liége* pour les pantoufles, pour des patins, mais sur-tout pour boucher des cruches & des bouteilles ; les pêcheurs s'en servent aussi à faire ce qu'ils appellent des *patenostres* pour suspendre leurs filets sur l'eau. Enfin, le *liége* sert à divers autres usages. Les Espagnols, par exemple, le calcinent dans des pots couverts pour le réduire en une cendre noire, extrêmement legere, que nous appellons *noir d'Espagne*, qui est fort employé par plusieurs ouvriers. Aujourd'hui on fait ce noir par-tout, & mieux que sur les lieux.

On distingue dans le commerce, dit M. Savary, deux sortes de *liége*, le *liége blanc* ou *de France*, & le *liége noir* ou *d'Espagne*. Le *liége blanc* doit être choisi en belles tables unies, légeres, sans nœuds ni gersasses, d'une moyenne épaisseur, d'un gris jaunâtre dessus & dedans, & qui se coupent nettement. Le *liége noir* doit avoir les mêmes qualités, à la réserve de l'épaisseur & de la couleur extérieure ; car le plus épais & le plus noir au dehors, est le plus estimé. (*D. J.*)

LIEGE FOSSILE, (*Hist. nat.*) *suber montanum* : on nomme ainsi une espece de pierre extrèmement légere qui paroit composée de fibres ou de filets flexibles, & d'un tissu spongieux comme le *liége*. Wallerius le regarde comme une espece d'amiante, aussi-bien que la chair fossile, *caro fossilis*, qui se trouve en quelques endroits du Languedoc. Cette pierre entre en fusion dans le feu, & s'y change en un verre noir. *Voyez* Wallerius, *minéralogie*.

LIEGE, (*Géog.*) ville d'Allemagne dans le cercle de Westphalie, capitale de l'évêché du même nom, dont l'évêque est souverain, & suffragant de Cologne.

On nomme aujourd'hui cette ville en latin *Leodium*, *Leodicum* & *Leodica* ; selon Boxhornius on la nommoit anciennement *Legia*, à cause d'une légion romaine que les habitans du pays défirent, de même que cinq cohortes commandées par Cotta & par Sabinus, comme le remarque César, *liv. V.* On l'appelle en allemand *Luttich*, & en Hollandois *Luyk*.

La plûpart des meilleurs écrivains prétendent que S. Hubert, originaire d'Aquitaine, qui florissoit en 700, fut le premier évêque de cette ville, qu'il la fonda, lui donna le nom de *Legia*, & qu'avant son tems ce n'étoit qu'un village.

Quoique cette ville soit soumise à son évêque pour le temporel & le spirituel, elle jouit de si grands privileges qu'on peut la regarder comme une république libre, gouvernée par ses bourgmestres, par ses sénateurs & par ses autres magistrats municipaux ; car elle a trente-deux colléges d'artisans, qui partagent une partie de l'autorité dans le gouvernement, & portent l'aisance dans la ville ; mais le nombre de ses églises, de ses abbayes, & de ses monasteres, lui font un tort considérable. Pétrarque en sortant de cette ville, écrivit à son amante : *Vidi Leodium insignem claro locum* ; il diroit encore la même chose.

Son évêché renfermoit autrefois tout le comté de Namur, une grande partie du duché de Gueldres & de celui de Brabant. Il n'a plus cette étendue, cependant il comprend encore sous sept archidiaconés vingt & un doyennés ruraux, & en tout environ 1500 paroisses.

Le pays de *Liege* est divisé en dix drossarderies ou grands bailliages qui sont à la collation du prince, quelques villes, *Liege*, Tongres, Huy, Maseick, Dinant, Hassel, &c. plusieurs gros bourgs, baronnies & seigneuries, sur lesquelles l'évêque a la jurisdiction de prince ou d'évêque. Le terroir y est fertile en grains, fruits & venaison. Il se trouve dans le pays des mines de fer & quelques-unes de plomb, avec des carrieres d'une espece de charbon de terre, qu'on appelle de la *houille*.

La ville de *Liege* est située dans une vallée agréable, abondante, environnée de montagnes que des vallons séparent, avec des prairies bien arrosées, sur la Meuse, à 5 lieues N. E. de Huy, 4 S. de Mastricht, 14 N. E. de Namur, 25 S. O. de Cologne, 26 N. de Luxembourg, 30 N. O. de Mons, 77 N. E. de Paris. *Long.* selon Cassini, 26d. 6'. 30". *latit.* 50. 40.

« C'est ici qu'est décédé à l'âge de 55 ans, le 7
» Août 1106, Henri IV, empereur d'Allemagne,
» pauvre, errant, & sans secours, plus misérable-
» ment encore que Grégoire VII, & plus obscuré-
» ment, après avoir fi long-tems tenu les yeux de
» l'Europe ouverts sur ses victoires, sur ses gran-
» deurs, sur ses infortunes, sur ses vices & sur ses
» vertus. Il s'écrioit en mourant, au sujet de son fils
» Henri V : Dieu des vengeances, vous vengerez
» ce parricide ! De tous tems les hommes ont ima-
» giné que Dieu exauçoit les malédictions des mou-
» rans, & sur-tout des peres ; erreur utile & respec-
» table, si elle arrêtoit le crime ». Voltaire, *Hist. universelle*, *tom. I. pag.* 280. (*D. J.*)

LIEGE, c'est un morceau de bois en forme de petite aile, qui est aux deux côtés du pommeau de la selle, & qui s'appelle *batte*, lorsqu'il est couvert de cuir & embelli de clous. On dit : ce *liege* est décollé. Ce mot vient de ce qu'autrefois la batte étoit de *liége* ; mais on la fait aujourd'hui de bois. *V.* SELLE,

LIEN, f. m. (*Gramm.*) il se dit de tout ce qui unit deux choses l'une à l'autre; il se prend au physique & au moral. Le *lien* d'une gerbe; le *lien* de l'amitié.

LIEN, *double*, (*Jurisprud.*) *voyez* DOUBLE LIEN.

LIENS, (*Chirurgie.*) bandes de soie, de fil ou de laine, dont on se sert pour contenir les malades, principalement dans l'opération de la taille, afin qu'ils ne changent point de situation, & ne puissent faire aucuns mouvemens qui pourroient rendre dangereuse à différens égards une opération qui exige une si grande précision.

On met ordinairement le malade sur le bord d'une table garnie d'un matelas, & de quelques oreillers pour soutenir la tête & les épaules. Cette situation presque horisontale, est préférable au plan incliné qu'on obtenoit avec une chaise renversée sous le matelas, ou avec un dossier à crémailliere, *Plan. XII. fig.* 2.

Lorsque le malade est assis sur le bord de la table, on applique les *liens*. Ce sont ordinairement des bandes de cinq ou six aunes de long, larges de trois ou quatre travers de doigt. On pose le milieu des deux *liens* sur le col au-dessus des épaules: deux aides placés, l'un à droite, l'autre à gauche, font passer, chacun de son côté un chef de *liens* par-devant la clavicule, & l'autre chef sur l'omoplatte. Ils les amenent sous l'aisselle où on les tourne deux ou trois fois en les cordelant. Ensuite on fait approcher les genoux du malade le plus on peut vers son ventre, & dans ce tems on fait passer un des *liens* entre les cuisses & l'autre par dehors; on les joint ensemble tous deux par-dessus, en les cordelant une fois. On fait pareillement approcher les talons du malade vers les fesses, tandis qu'on engage la jambe de la même façon. Après quoi on lui fait mettre quatre doigts de la main sous le pié, & le pouce au-dessous de la malléole externe, comme s'il vouloit prendre son talon. Dans cette situation, on lui engage les poignets & la main avec la jambe & le pié, observant de passer les chefs de *liens* par-dessous le pié en forme d'étrier, & ensuite on les conduit entre les piés & les pouces des mains, parce qu'il faut serrer médiocrement; ce qui suffiroit néanmoins pour incommoder les pouces, si on les engageoit. *Voyez Pl. IX. fig.* 3. Elle représente en outre la situation d'un aide qui comprime sur les épaules; & montre d'un côté l'attitude de ceux qui doivent contenir les jambes & les cuisses pendant l'opération.

Cet appareil a quelque chose d'effrayant pour le malade. On pourroit se dispenser de cette maniere de lier qui imprime quelquefois de la terreur aux assistans mêmes. M. Raw ne se servoit que de lacs pour contenir & fixer simplement les mains avec les piés, au moyen de quelques circonvolutions des chefs d'une bande. M. Ledran a imaginé des *liens* assez commodes, & qui assujettissent suffisamment les malades, sans l'embarras des grands *liens* ordinaires. Une tresse de fil fort, large de deux pouces, longue de deux piés ou environ a ses deux bouts réunis par une couture. Cette tresse pliée en deux, n'a plus qu'un pié de long. Un nœud coulant fait d'une pareille tresse, rapproche & embrasse ensemble les deux côtés de ce *lien*, qui alors fait une espece de 8. Ce nœud n'est pas fixe: on peut le faire couler vers l'un ou l'autre bout du *lien*. *Voyez Pl. IX. fig.* 6. & 7.

Pour s'en servir, chacun des deux aides passe une des mains du malade dans un des bouts du *lien*, & il l'assujettit avec le nœud coulant à l'endroit de la jointure du poignet; aussi-tôt il fait passer l'autre bout du *lien* dans le pié, en forme d'étrier. Il porte une de ses mains entre les bras & le jarret du malade pour le lui soutenir; & de l'autre main il lui soutient le pié.

Plusieurs lithotomistes prennent pour *liens* des ceintures de laine en réseau, dont les couriers se serrent le ventre. On met cette ceinture en double: on fait dans l'anse un nœud coulant dans lequel on engage le poignet; les deux chefs servent à fixer la main & le pié par différens croisés, & l'on en noue les extrémités. Cette ligature molette & épaisse peut être serrée assez fermement, & elle ne laisse aucune impression comme les bandes de fil. J'en ai introduit l'usage à l'hôpital de la charité de Paris en 1758.

On ne lie point les petits enfans: il suffit de les contenir de la façon que le représente la *fig.* 4. *Planche XII.*

On donne aussi le nom de *liens* à des rubans de fil larges d'un pouce ou environ, dont on se sert pour contenir les fanons dans l'appareil d'une fracture. Nous en avons parlé *au mot* FANON, *terme de Chirurgie.* (*Y*)

LIEN d'*assemblage*, outil de *Charron. Voyez* BRIDE.

LIEN, *terme de Chapelier*, se dit du bas de la forme du chapeau, ou de l'endroit du chapeau jusqu'où ils font descendre la ficelle.

LIENS, (*Charpente.*) est une piece de bois qui se met en angle sous une autre piece pour la soutenir & l'allier avec une autre, comme les jambes de force avec les entraits, &c. *Voyez nos Pl. de Charpente & leur explic. tom. II. part. I.*

LIEN, (*Serrurerie.*) c'est une piece qui, dans les grilles, rampes, & autres ouvrages de cette nature, lie les rouleaux ensemble dans les parties où ils se touchent, & fait solidité & ornement aux panneaux. Le *lien à cordon* est celui au milieu du champ duquel on a pratiqué l'ornement appellé *cordon*.

Le *lien* est fait d'une lame de fer battue, épaisse d'une ligne ou deux, suivant l'ouvrage, large de sept à huit; on tourne cette lame sur un mandrin; on laisse aux deux bouts de quoi former des tenons qui recevront la quatrieme partie du *lien*, qui sera percée à ses extrémités de trous où les tenons entreront & feront rivés.

Les *liens* à cordons s'estampent; ils font de quatre pieces: on déformeroit le cordon en les pliant, s'ils n'étoient pas d'une piece.

LIENS, (*Vitrier.*) sont de petites bandes de plomb d'une ou deux lignes de large sur une d'épaisseur, qui sont soudées sur le plomb des panneaux, & qui servent à attacher les verges de fer pour entretenir lesdits panneaux.

Moule à liens est un moule à deux branches comme un gauffrier, qui sert à faire plusieurs *liens* à-la-fois.

LIENNE, l. f. *terme de Tisserand*; ce sont les fils de la chaîne dans lesquels la trame n'a point passé, parce qu'ils n'ont pas été levés ou baissés par les marches.

LIENTERIE, s. f. (*Medecine.*) λειεντερια. Ce nom est composé de deux mots grecs, λιον, qui signifie *glissant*, *poli*; & εντερον, *intestin*. On s'en sert pour désigner un flux de ventre *alimenteux*, dans lequel on rend par les selles les alimens indigérés tels qu'on les a pris. L'étymologie de ce nom vient de l'idée fausse qu'avoient les anciens, regardant cette maladie comme une suite nécessaire du poli contre nature des intestins; ils l'appelloient *lienterie*, comme s'ils eussent dit λιοτης των εντερων, *polissure des intestins*. Le symptôme principal, univoque, nécessaire, seul diagnostic, & cette excrétion fréquente des alimens inaltérés; à ce symptôme se joignent quelquefois des nausées, vomissemens, pesanteur d'estomac, ptialisme, &c. d'autres fois des anxiétés, tranchées; les selles sont sanguinolentes. Assez souvent la *lienterie* est précédée, mais rarement accompagnée de κυνορεχια, *faim canine*, à la suite de laquelle vient l'anorexie ou défaut d'appétit, & enfin la *lienterie* se déclare; la maigreur, la foiblesse, l'exténuation ne tardent pas à gagner. Hippocrate, d'après l'obſervation, regarde cette maladie comme plus commune en automne, & particulierement affectée aux adultes, *Aphor.* 22 & 40. *lib. III.* D'autres penſent au contraire qu'elle doit être plus fréquente en hiver & plus appropriée aux gens vieux.

Pour que cette maladie ait lieu, il faut abſolument qu'il ne ſe faſſe aucune digeſtion dans l'eſtomac, que les alimens éludent entierement l'action diſſolvante des ſucs gaſtriques, διδρηκυι πατερρον η τροφη, dit Aretée. Cette condition, qui eſt abſolument néceſſaire, ſuffit; car lorſque les menſtrues de l'eſtomac n'ont fait aucune impreſſion ſur les alimens, ils ſont inſolubles & inaltérables par les ſucs des inteſtins. La premiere élaboration doit précéder néceſſairement la ſeconde, & la ſeconde coction, ſuivant l'axiome juſtement reçu, ne ſauroit corriger les vices de la premiere. La foibleſſe, l'atonie extrême de l'eſtomac, la rapidité des ſues gaſtriques, ſont une cauſe très-ſimple, mais peut-être pas auſſi fréquente, de ce défaut total de digeſtion : il eſt aſſez difficile à comprendre comment l'eſtomac pourroit venir à ce dernier point de relâchement, excepté peut-être quelques cas très-rares de paralyſie de viſcera, encore y auroit-il alors *lienterie ?* Comment les alimens ſeroient-ils pouſſés dans le pylore, car ce paſſage eſt une excrétion active ? Il pourroit auſſi ſe faire que le cours des humeurs qui concourent à la digeſtion ſtomachale fût intercepté : alors il y auroit indigeſtion totale, & peut-être auſſi *lienterie.*

On a cru, & ſans doute avec plus de raiſon, que la digeſtion pouvoit être empêchée par quelqu'irritation dans les inteſtins, par des ulceres, par exemple ; c'eſt un ſentiment qu'Aſclepiade a le premier ſoutenu, que Galien a réfuté, que quelques modernes ont renouvellé, & qui pourroit être appuyé, 1°. ſur l'*Aphoriſme* 72. *liv VII.* d'Hippocrate, ινν δυσεντεριη λεινπεριη επιγινπαι, à la *diſſenterie ſurvient la lienterie* ; 2°. ſur les ſymptômes qu'on obſerve dans quelques *lienteries*, douleurs, tranchées, excrétions ſanguinolentes, &c.; 3°. ſur l'obſervation de Boutius, *medecine des Indiens*, *liv. III.* chap. *xij*, qui dit avoir trouvé des abſcès au méſentere de la plûpart des perſonnes qui étoient mortes de la *lienterie* ; 4°. ſur l'analogie qui nous fait voir dans le *diabetes* l'irritation des reins, ſuivie de l'excrétion des boiſſons inaltérées, ſous le nom & par les conduits de l'urine ; 5°. ſur l'épidémicité de cette maladie dans certaines conſtitutions de l'air ; 6°. enfin, parce qu'il eſt certain qu'une irritation dans les inteſtins eſt très-capable d'empêcher la digeſtion, & *d'attirer*, pour me ſervir des termes expreſſifs & uſités des anciens, les alimens dans leur conduit. Il eſt inconteſtable que les lavemens pris en certaine quantité & forts, dérangent, troublent & arrêtent la digeſtion : je ſuis perſuadé qu'on pourroit par ce moyen exciter une *lienterie* artificielle.

La poliſſure, *lævitas*, des inteſtins paroît par-là être une cauſe très-inſuffiſante & précaire de la *lienterie*, tout au plus pourroit-elle déterminer une paſſion cœliaque ; il en eſt de même de l'obſtruction des vaiſſeaux lactés, qui eſt auſſi fort inutile dans cette maladie, & qui n'eſt propre qu'à occaſionner le flux chyleux. La plûpart des auteurs admettent pour cauſe de la *lienterie* toute ſorte d'abſcès, de ſuppurations internes aux reins, aux poumons, les vapeurs noires, comme dit Menjot, qui s'échappent d'une vomique ouverte, parce qu'on a obſervé dans la même perſonne ces deux maladies en même tems. Ils raiſonnent à-peu-près comme ceux qui attribuent à l'opération d'un remede la guériſon d'une maladie aiguë, effet conſtant de la nature ; *poſt hoc*, concluent-ils, *ego propter hoc*. L'excrétion des alimens inaltérés, le défaut en conſéquence du nouveau chyle, pour nourrir & ſéparer, donnent la raiſon de tous les phénomenes qu'on obſerve dans cette maladie, de l'exténuation, de la maigreur, de la mort prochaine, &c. On obſerve cependant que ces accidens ne ſont pas auſſi prompts que dans ceux qui ne mangent pas du tout ; cependant les alimens ſont ſouvent rendus peu de tems après été pris, & ſans le moindre altération : ce qui peut dépendre & de la ſenſation agréable & *reſtaurante* qu'opere le poids des alimens ſur l'eſtomac, & de ce qu'il échappe toujours des alimens quelques particules ſubtiles, quelques vapeurs qui entrent par les pores abſorbans de l'eſtomac & des inteſtins : τροφη και πνυμα, dit Hippocrate, l'*eſprit* eſt auſſi nourriture.

Il n'eſt pas poſſible de ſe méprendre dans la connoiſſance de cette maladie. Pour la différencier des autres flux de ventre avec leſquels elle a quelque rapport, il n'y a qu'à examiner la nature des excrémens ; on la diſtinguera ſurement, 1°. de la paſſion cœliaque, qui n'en eſt qu'un degré, une *demi-lienterie*, ſi l'on peut ainſi parler ; parce que les alimens ont ſouffert l'action des menſtrues gaſtriques, ils ſont dans un état *chimeux*; 2°. du flux chyleux dans lequel on voit du chyle mêlé avec les excremens ; 3°. du cours de ventre colliquatif, par l'odeur fétide, putride, cadavéreuſe qui s'exhale des excrémens, par leur couleur, &c. &c. &c. Il eſt à propos pour la pratique de ne pas confondre les cauſes qui ont produit la *lienterie* : elles ſe réduiſent à deux chefs principaux, comme nous avons dit ; les unes conſiſtent dans l'abolition abſolue des fonctions digeſtives de l'eſtomac, les autres dans l'irritation du conduit inteſtinal. Lorſque la *lienterie* doit être attribuée à la premiere cauſe, la faim canine, enſuite le défaut d'appétit, quelquefois auſſi la paſſion cœliaque précédent ; il y a ptialiſme, peſanteur d'eſtomac, &c. Lorſqu'elle dépend de l'irritation & ſur-tout de l'éxulcération des inteſtins, elle ſuccede à la diſſenterie, n'eſt point précédée de paſſion cœliaque, de faim canine, &c. Le malade éprouve des ardeurs, des tranchées, un *morſus formicans* dans le bas-ventre ; il y a ſoif, ſéchereſſe dans le goſier, âpreté & rudeſſe de la langue, les excrétions ſont ſanieuſes, &c.

La *lienterie* n'eſt jamais, comme quelques autres cours de ventre, ſalutaire, critique ; c'eſt une maladie très-grave, ſur-tout funeſte aux vieillards : il eſt rare qu'on en guériſſe. Nicolas Pechlin raconte n'avoir vu que trois perſonnes *lientériques*, dont aucune ne put réchapper. C'eſt à tort que M. Lieutaud dit, ſur-tout ſans reſtriction, que la paſſion cœliaque eſt plus dangereuſe que la *lienterie*. « Lorſque la *lienterie* eſt jointe à une reſpiration difficile & poing de » côté, elle ſe termine en éthiſie, *tabem*. Les malades qui, après avoir été tourmentés long-tems de » *lienterie*, rendent par les ſelles des vers avec des » tranchées & des douleurs violentes, deviennent » enflés quand ces ſymptômes diſparoiſſent ». Hippocrate, *coac. prænot.*

Le danger dans la *lienterie* eſt proportionné à la fréquence des ſelles, à la diminution des urines, à l'état des excrémens plus ou moins altérés. Le danger eſt preſſant & la mort prochaine ſi le viſage eſt rouge, marqueté de différentes couleurs, ſi le bas-ventre eſt mol, ſale & ridé, & ſur-tout ſi dans ces circonſtances le malade eſt âgé. Il y a au contraire eſpoir de guériſon ſi les ſymptômes précédens manquent, ſi la quantité des urines commence à ſe proportionner à celle de la boiſſon, ſi le corps prend quelque nourriture, s'il n'y a point de fievre, ſi le malade rend des vents mêlés avec les excrémens. Hippocrate regarde comme un ſigne très-favorable s'il ſurvient des rots acides qui n'avoient pas encore paru ; il a vérifié ce prognoſtic heureux dans *Demæneta* : ce qui prouve un commencement de digeſtion ;

LIE

car une indigestion totale ou un refroidissement extrême est αιριον, sans vents ; peut-être aussi, dit-il, les rots acides emportent la politure des intestins.

Il est à présumer que la *lienterie* par irritation est moins dangereuse que l'autre qui marque un affaissement absolu, un anéantissement extrême de l'estomac.

Curation. Chaque espece de *lienterie* demande des remedes particuliers ; il est des cas où il ne faut qu'animer, fortifier l'estomac & en réveiller le ton engourdi ; les stomachiques astringens, absorbans, sont les remedes indiqués pour remplir ces vûes. Waldschimidius remarque que dans ce cas-là les stomachiques les plus simples, les plus faciles à préparer, sont les plus appropriés & réussissent le mieux. Les plus efficaces sont, suivant cet auteur, la muscade, le gingembre en conserve, le vin d'absynthe préparé avec le mastich & les sudorifiques, l'exercice, l'équitation, & comme dit un auteur moderne, le mariage, produisent dans ces cas-là de grands effets. Si les forces de l'estomac n'étoient qu'*oppressées* & non pas *épuisées*, l'émétique pourroit convenir ; son administration pourroit avoir des suites fâcheuses, il est plus prudent de s'en abstenir. Hippocrate nous avertit d'éviter dans les *lienteries* les purgations par le haut, sur-tout pendant l'hiver, *Aphor.* 12. *lib. II.* Puisque les rots sont avantageux dans cette maladie, il seroit peut-être utile de les exciter par les remedes appropriés, comme l'ail, la rhue, que Martial appelle *ructatricem.* Ces remedes seroient plus goûtés en Espagne, où c'est une coutume & non pas une indécence de chasser les vents incommodes par les voies les plus obvies.

Si la *lienterie* dépend d'une irritation dans le conduit intestinal, il faut emporter la cause irritante, si on la connoît, sinon tâcher d'en émousser l'activité par les laitages assaissans les plus convenables, pris surtout en lavement ; on ne doit pas négliger les stomachiques ; l'émétique seroit encore ici plus pernicieux. Si l'on a quelques marques d'ulceres dans les intestins, il faut avoir recours aux différens baumes de copahu, de la Mecque, du Canada, &c. les lavemens térébenthinés peuvent être employés avec succès. (*M*)

LIENTZ ou LUENTZ, (*Géog.*) en latin *Loncium*, petite ville du Tirol sur la Drave, à 4 milles germaniques d'Iunichen. *Longit.* 29. 10. *latit.* 47. 15. (*D. J.*)

LIER, v. act. (*Gramm.*) il désigne l'action d'attacher ensemble des choses auparavant libres & séparées. Il se prend au moral & au physique : l'homme est *lié* par sa promesse : les pierres sont *liées* par les barres de fer qui vont de l'une à l'autre.

LIER, *en terme de cuisine*, est l'action d'épaissir les sauces avec farine, chapelure de pain, & autres ingrédiens propres à cet usage.

LIER, (*Venerie.*) se dit du faucon qui enleve la proie en l'air en la tenant fortement dans ses serres, ou, lorsque l'ayant assommée, il la *lie* & la tient serrée à terre.

On dit aussi que deux oiseaux se *lient* lorsqu'ils se font compagnie & s'unissent pour poursuivre le héron & le serrer de si près, qu'ils semblent le *lier* & le tenir dans leurs serres. A l'égard de l'autour, on dit *empiéter.*

LIERNE, s. f. (*Hydr.*) piece de bois qui sert à tirer les fils de pieux d'une palée ; elle est boulonnée & n'a point d'entailles comme la morze pour accoler les pieux. On *lierne* souvent les pieux d'un batardeau. (*K*)

LIERNE, (*Coupe des pierres.*) C'est une des nervures des voûtes gothiques qui lie le nerf appellé *tierceron* avec celui de la diagonale, qu'on appelle *ogive.*

LIE

LIERNES, (*Charpenterie.*) servent à porter les planchers en galetas, & s'assemblent sous le fait d'un poinçon à l'autre. *Voyez* nos *Pl. de Charpente & leur explic.*

LIERNES, *terme de riviere*, planches d'un bateau foncet, qui sont entretaillées dans les clans & dans les bras des heures.

LIERRE, *hedera*, s. m. (*Hist. nat. Bot.*) genre de plante à fleur en rose composée de plusieurs pétales disposés en rond ; il sort du milieu de la fleur un pistil qui devient dans la suite une baie presque ronde & remplie de semences arrondies sur le dos, & plates sur les autres côtés. Tournefort, *inst. rei herb. Voyez* PLANTE.

LIERRE, *hedera*, arbrisseau grimpant, toujours verd, qui est très-connu, & que l'on trouve partout, dans les pays tempérés, & même assez avant sous la zone glaciale ; il se plaît sur-tout dans les forêts, & dans les lieux négligés ou abandonnés. Tantôt on le voit ramper & se confondre avec les herbes les plus communes & les plus inutiles ; tantôt on l'apperçoit au-dessus des plus hautes murailles, & jusqu'à la cime des plus grands arbres. Un seul plan de *lierre*, à force de tems, s'empare d'un vieux château ; il en couvre les murs, domine sur les toits ; l'espace ne lui suffit pas ; il surabonde, & présente l'aspect d'une forêt qui va s'élever. Par-tout où se trouve cet arbrisseau, il annonce l'insuffisance du propriétaire, ou son manquement de soin. On peut donc regarder le *lierre* comme le symbole d'une négligence invétérée. C'est un objet importun, nuisible, & si tenace, qu'il est souvent très-difficile de s'en débarrasser. Cependant il peut avoir malgré cela de l'utilité, de l'agrément & de la singularité.

Le tronc du *lierre* grossit avec l'âge, & il s'en trouve quelquefois qui ont un pié & demi de tour : cet arbrisseau s'attache fortement à tous les objets qu'il peut atteindre, & qui peuvent le soutenir & l'élever au moyen de quantité de fibres ou griffes dont ses branches sont garnies ; elles s'appliquent sur le mortier des murailles, & sur l'écorce des arbres, avec une ténacité à l'épreuve de la force des vents & des autres injures du tems. Ces griffes ont tant d'activité, qu'elles corrompent & brisent le mortier des murailles, & quelquefois les font écrouler, sur-tout lorsque l'arbrisseau vient à périr. On observe que ces griffes qui semblent être des racines, n'en sont pas les fonctions ; car quand on coupe un *lierre* au-dessus des racines qui sont en terre, le tronc & toutes les branches se dessechent & périssent ; & si quelque partie continue de végéter, ce sera parce que quelques branches se seront insinuées dans le mur, & y auront pris racine ; c'est dans ce cas qu'il est très-difficile de les faire périr. La même force des griffes en question agit sur les plus gros arbres ; dès que le *lierre* s'en est emparé, il enveloppe le tronc, se répand sur toutes les branches, pompe la seve, couvre les feuilles, & fait tant d'obstacles à la végétation, que l'arbre périt à la fin. On peut remarquer sur le *lierre* des feuilles de trois différentes formes, selon la différence de son âge. Pendant qu'il rampe à terre dans sa premiere jeunesse, elles sont de la figure d'un fer de lance allongé sans échancrure ; quand il s'est attaché aux murs ou aux arbres, ses feuilles sont échancrées en trois parties ; elles sont d'un verd plus brun que les premieres, & elles sont mouchetées de taches blanchâtres ; mais lorsque l'arbrisseau domine sur les objets auxquels il s'est attaché, ses feuilles sont presqu'ovales, & d'un verd jaunâtre. Au surplus, sa feuille à tout âge, est toujours ferme, épaisse, luisante en-dessus, & à l'épreuve de toutes les intempéries. Le *lierre* ne donne ses fleurs qu'au mois de Septembre ; elles viennent en bouquet, sont petites, de couleur d'herbe, sans nul agrément, ni
d'autre

d'autre utilité que de servir à la récolte des abeilles. Les fruits qui succedent, sont des baies rondes, de la grosseur d'un pois ; elles deviennent noires dans leur maturité qui est à sa perfection au mois de Janvier : mais elles restent long-tems sur les branches.

Le *lierre* est un arbrisseau sauvage, agreste, dur, solitaire, impraticable, qui craint l'éducation, qui se refuse à la culture, & qui dépérit sous la contrainte ; il n'est même pas aisé de le multiplier ; ses graines, quoique semées immédiatement après leur maturité, ne levent souvent qu'au bout de deux ans. On croiroit qu'au moyen des fibres ou griffes dont les branches de cet arbrisseau sont garnies à chaque nœud, il doit être facile de le faire venir de bouture, mais il a été bien reconnu que ces fibres ne se convertissent point en racines, & qu'elles n'en favorisent nullement la venue : toutes les boutures de *lierre* que j'ai fait faire, n'ont jamais réussi. On peut le multiplier de branches couchées, qui n'auront de bonnes racines qu'au bout de deux ans. Le plus court parti sera de prendre dans les bois de jeunes plants enracinés ; il faudra les planter dans un terrein frais & à l'ombre, pour y greffer ensuite les variétés qui ont de l'agrément.

On ne fait nul usage en France du *lierre* ordinaire dans les jardins ; cependant les arbres toujours verds & robustes étant en petit nombre, on a besoin quelquefois de faire usage de tout. On pourroit employer cet arbrisseau à faire des buissons, des palissades, des portiques dans des lieux serrés, couverts, ou à l'ombre : on pourroit aussi lui faire prendre une tige, & lui former une tête reguliere ; c'est peut-être de tous les arbrisseaux celui qui souffre le plus d'être privé du grand air ; on voit en Italie des salles ou grottes en maçonnerie, qui sont garnies en-dedans, avec autant de goût que d'agrément, de la verdure des *lierres* plantés au-dehors.

Cet arbrisseau peut être de quelqu'utilité, & on lui attribue des propriétés : ses feuilles font une bonne nourriture en hiver pour le menu bétail ; elles sont de quelqu'usage en Medecine ; & on prétend que leur décoction noircit les cheveux. On a observé que les feuilles de mûrier qui avoient été prises sur des arbres voisins d'un *lierre*, avoient fait mourir les vers-à-soie qui en avoient mangé. Son bois est blanc, tendre, poreux, & filandreux, qualités qui l'empêchent de se gerser, de se fendre en se desséchant, & qui par-là le rendent propre à certains ouvrages du tour : mais ce bois est difficile à travailler.

Quelques-uns des anciens auteurs qui ont traité de l'agriculture comme Pline, Caton & Varron ; plusieurs modernes, tels que Wecherus, Porta & Angran, donnent pour un fait certain qu'un vaisseau fait avec un morceau de bois de *lierre* récemment coupé, peut servir à constater si l'on a mêlé de l'eau dans le vin ; & que l'épreuve s'en fait en mettant le mélange dans le vaisseau de *lierre* qui retient les unes des liqueurs, & laisse filtrer l'autre. Les anciens disent que c'est le vin qui passe, & que l'eau reste. Les modernes assurent au contraire que le vaisseau de *lierre* retient le vin, & qu'il laisse passer l'eau. Mais par différentes expériences faites dans plusieurs tasses de *lierre*, dont le bois avoit été coupé & travaillé le même jour ; & pareilles épreuves répétées dans les mêmes tasses après un dessechement de quatre ans ; il a constamment résulté que dans les tasses dont le bois étoit verd, la liqueur composée d'un tiers d'eau sur deux tiers de vin, a entierement filtré en vingt-quatre heures de tems ; & que dans les mêmes tasses desséchées, pareille composition de liqueur a filtré en entier en trois fois vingt-quatre heures. Par d'autres épreuves faites dans les deux états des tasses, avec de l'eau & du vin séparément & sans mélange, l'un & l'autre ont filtré également & dans le même espace de tems ; en sorte que dans toutes ces différentes épreuves, il n'est resté aucune liqueur dans les tasses ; il m'a paru que ce qui avoit pu induire en erreur à ce sujet, c'étoit la différence de couleur qui se trouvoit dans la liqueur filtrée dans différens tems de la filtration. Dans les épreuves faites avec un mélange d'eau & de vin dans une tasse de bois verd, la liqueur qui a filtré au commencement, au lieu de conserver la couleur ou le goût du vin, n'a qu'une teinte roussâtre, de la couleur du bois avec le mauvais goût de la seve du *lierre* ; c'est sans doute ce qui a fait croire que ce n'étoit que l'eau qui passoit au commencement ; mais à mesure que se fait la filtration, la couleur roussâtre se charge peu-à-peu d'une teinte rougeâtre qui se trouve à la fin de couleur de peau d'oignon ; & le goût du vin en est si fort altéré, qu'à peine peut-on l'y reconnoître. Les mêmes circonstances se sont trouvées dans la filtration de pareille mélange de liqueur, à-travers les tasses de bois sec, & dans la filtration du vin sans mélange, dans les tasses de bois verd & de bois sec, si ce n'est que la liqueur filtrée du vin sans mélange, étoit un peu plus colorée à la fin ; mais le goût du vin n'y étoit non plus presque pas reconnoissable.

Dans les pays chauds, il découle naturellement ou par incision faite au tronc des plus gros *lierres*, une gomme qui est de quelqu'usage en Medecine, & qui peut servir d'un bon dépilatoire.

Il n'y a qu'une seule espece de *lierre* dont on connoît trois variétés.

1°. Le *lierre* dont les cimes sont jaunes. C'est un accident passager qui est causé par le mauvais état de l'arbrisseau ; c'est une marque de sa langueur & de son dépérissement. J'ai vû des *lierres* affectés de cette maladie, périr au bout de deux ou trois ans ; & comme toutes les cimes étoient d'un jaune vif & brillant qui faisoit un bel aspect, j'en tirai des plants, mais après quelques années ils dégénérerent & reprirent leur verdure naturelle.

2°. Le *lierre* à feuille panachée de blanc.

3°. Le *lierre* à feuille panachée de jaune. La beauté de ces deux variétés peut grandement contribuer à l'ornement d'un jardin ; elles ne sont nullement délicates, & on peut les multiplier en les greffant sur le *lierre* commun ; la greffe en approche leur réussit très-aisément. *Cet article est de M.* DAUBENTON.

LIERRE DE BACCHUS, (*Botan.*) c'est le *lierre* à fruit jaune, ou pour parler noblement, à fruit doré, comme Pline s'exprime d'après Dioscoride & Théophraste ; nos botanistes modernes l'appellent aussi *hedera dionyssos*. Il n'est pas moins commun en Grece, que le *lierre* ordinaire l'est en France ; mais les Turcs s'en servent aujourd'hui pour leurs cauteres, tandis qu'autrefois on l'employoit aux plus nobles usages. Ses feuilles, selon la remarque de Pline, sont d'un verd plus gai que celles du *lierre* ordinaire, & ses bouquets coulour d'or, lui donnent un éclat particulier. Ses feuilles cependant sont si semblables à celles du *lierre* commun, qu'on auroit souvent de la peine à les distinguer, si on ne voyoit le fruit, & peut-être que ces especes ne different que par la couleur de cette petite. Les piés qui ont levé de la graine jaune de ce *lierre*, semée dans le jardin royal de Paris, étoient semblables aux piés qui levent de la graine de notre *lierre* en arbre. Leurs feuilles étoient pareillement anguleuses ; cependant les fruits different beaucoup.

Ceux du *lierre* jaune sont, au rapport de M. Tournefort qui les a vûs sur les lieux, de gros bouquets arrondis, de deux ou trois pouces de diametre, composés de plusieurs grains sphériques, un peu angulaires, épais d'environ quatre lignes, & un peu applatis sur le devant, où ils sont marqués d'un cercle duquel s'éleve une pointe haute de demi-ligne.

La peau qui est feuille morte ou couleur d'ocre, est charnue; elle renferme trois ou quatre graines séparées par des cloisons fort-minces; chaque graine est longue d'environ deux lignes & demie, blanche en-dedans, grisâtre, veinée de noirâtre, & relevée de petites bosses en-dehors; elles n'ont point de goût, & leur figure approche assez de celle d'un petit rein; la chair qui couvre ces graines, est douçâtre d'abord, ensuite elle paroît mucilagineuse. On vend ces graines dans le marché aux herbes de Constantinople.

Le *lierre* qui produit ce fruit doré, étoit spécialement consacré à Bacchus, ou parce qu'il fut jadis caché sous cet arbre, ou par d'autres raisons que nous ignorons. Plutarque dans ses propos de table, dit que ce dieu apprit à ceux qui étoient épris de ses fureurs, à se couronner des feuilles de cet arbre, à cause de la vertu qu'elles ont d'empêcher qu'on ne s'enivre.

On en couronnoit aussi les poëtes, comme on le voit dans Horace, & dans la septieme éclogue de Virgile, sur laquelle Servius observe qu'on en agissoit ainsi, parce que les poëtes sont consacrés à Bacchus, & sujets comme lui à des enthousiasmes; ou bien parce que l'éclat des beaux vers, semblable à celui du fruit de cet arbre, dure éternellement, & acquiert à leurs auteurs l'honneur de l'immortalité.

Il n'est pas surprenant que les bacchantes ayent autrefois employé le *lierre* pour garnir leurs thyrses & leurs coëffures. Toute la Thrace est couverte de ces sortes de plantes. (*D. J.*)

LIERRE TERRESTRE, (*Botan.*) plante dont plusieurs Botanistes modernes ont fait par erreur une des especes de *lierre*, à cause de quelque légere ressemblance qu'ils ont trouvée de ses tiges rampantes & de ses feuilles, avec celles du véritable *lierre*; mais c'est un genre de plante particulier, que nos Botanistes appellent communément *chamæclema*, & dont voici les caracteres.

Sa racine trace & pénetre fort avant dans la terre; ses feuilles sont épaisses, arrondies, sillonnées & dentelées; le casque de la fleur est droit, rond, fendu en deux; la levre supérieure est découpée en deux ou trois segmens. Les fleurs naissent aux côtes des nœuds des tiges.

La plus commune espece de *lierre terrestre* est nommée par Tournefort, *calamintha humilior, folio rotundiore*, I. R. H. 194. *chamæcissus sive hedera terrestris*, par J. Bauh. 3. 855. *chamæclema vulgaris*, par Boërh. J. A. 172. *hedera terrestris*, par C. B. Pin. 306. Park. Chab. Buxb. & autres.

Cette plante se multiplie le long des ruisseaux, dans les haies & dans les prés, par le moyen de ses jets quadrangulaires, rampans & fibreux. Elle pousse des tiges grêles, quarrées, rougeâtres, velues, qui prennent racine par de petites fibres. Sur ces tiges, naissent des feuilles opposées deux à deux, rudes, arrondies, à oreilles, larges d'un pouce, un peu velues, découpées, crénelées symmétriquement, & portées sur de longues queues.

Ses fleurs naissent aux nœuds des tiges, disposées par anneaux au nombre de trois, quatre, & même davantage, dans chaque aisselle des feuilles. Elles sont bleues, d'une seule piece, en gueule; la levre supérieure est partagée en deux segmens, & est réfléchie vers les côtés; l'inférieure est divisée en quatre. Leur tuyau est panaché de lignes & de taches pourprées-foncées; son ouverture est parsemée de poils courts & semblables à du duvet.

Le pistil de la fleur est grêle & fourchu. Le calice est oblong, étroit, rayé, & découpé sur les bords en cinq quartiers; il se renfle quand la fleur est séchée; il contient quatre semences oblongues, arrondies & lisses. Elle fleurit au mois d'Avril & de Mai.

Toute cette plante a une faveur amere, une odeur forte, qui approche en quelque maniere de la menthe. Elle est toute d'usage. On la regarde comme très-apéritive, détersive, discussive & vulnéraire, employée soit intérieurement, soit extérieurement. Les vertus qu'on lui attribue, dépendent les unes de son huile, & les autres de son sel essentiel, qui n'est pas fort différent du tartre vitriolé, mêlé avec un peu de sel ammoniacal. On prépare dans les boutiques une eau distillée, une conserve, un extrait, un syrop, des fleurs & des feuilles de cette plante.

LIERRE, GOMME DE, (*Hist. nat. des drog. exot.*) larme qui découle du *lierre-en-arbre* des pays chauds de l'Asie. Dioscoride l'appelle δάκρυον τοῦ κισσοῦ. Elle étoit connue des anciens Grecs, comme elle l'est encore des Grecs modernes. On la nomme improprement *gomme*; c'est une substance résineuse, seche, dure, compacte, d'une couleur de rouille de fer foncée. Elle paroît transparente, rouge & parsemée de miettes rougeâtres quand on la brise en petits morceaux. Elle a un goût un peu âcre, légerement astringent & aromatique. Elle est sans odeur, si ce n'est lorsqu'on l'approche de la flamme; car elle répand alors une odeur assez agréable qui approche de celle de l'encens, & elle jette une flamme claire qu'on a de la peine à éteindre.

On nous l'apporte de Perse, & autres pays orientaux, où on peut seulement la ramasser en certaine quantité. Je sais bien que Ray, Bauhin, Pomet, & autres, disent qu'on a trouvé de cette résine, ou de semblable, sur le vieux *lierre*, dans la province de Worcester, près de Geneve & à Montpellier; mais ces exemples ne prouvent autre chose, sinon que cette résine ne se voit rarement dans nos pays européennes. Après tout, c'est une simple curiosité, car elle ne nous est d'aucun service. Les anciens la mettoient parmi les dépilatoires; mais, comme elle n'a point cette vertu, il y a quelque erreur dans leurs manuscrits, ou bien ils entendoient quelque autre chose que ce que nous entendons par le mot françois. (*D. J.*)

LIERRE, *hedera arborea*, (*Mat. med.*) Les medecins ont attribué plusieurs vertus medicinales aux feuilles & aux baies de cette plante, sur-tout employées extérieurement, car ils en ont redouté l'usage intérieur, se sont fondés principalement sur l'autorité des anciens. Quelques-uns ont tenté cependant de les donner à petites doses, & ils prétendent avoir reconnu qu'elles possédoient une vertu diaphorétique & antipestilentielle; quoi qu'il en soit, ce remede est d'un usage très-rare dans la pratique ordinaire de la Medecine.

Les feuilles de *lierre* ne sont presque employées que dans un seul cas; on les applique assez ordinairement sur les cauteres. Outre qu'elles se garantissent d'inflammation, & qu'elles en augmentent l'écoulement; peut-être ne fournissent-elles qu'une espece de compresse qui laisse appercevoir tout le pus ou toute la sérosité qui coulent de l'ulcere, parce qu'elle ne l'absorbe point.

Les anciens recommandoient les feuilles de *lierre* cuites dans du vin pour les brûlures & les ulceres malins, & pour résoudre les gonflemens & les duretés de la rate; mais nous avons de meilleures remedes contre les brûlures & les ulceres, *voyez* BRULURE & ULCERE; & nous manquons d'observations sur les effets des applications extérieures dans les affections des visceres. *Voyez* TOPIQUE.

La larme résineuse, connue dans les boutiques sous le nom de *gomme de lierre*, découle dans les pays chauds de l'arbre qui fait le sujet de cet article. C'est une larme dure, féche, d'une couleur de rouille foncée ; quand on la brife en petits morceaux, elle paroît tranfparente, rouge, & parfemée de petits points moins brillans ; elle a un goût un peu âcre, légerement aftringent, & tant foit peu aromatique ; elle répand, quand on la brûle, une odeur agréable qui approche de celle de l'encens.

La larme ou *gomme de lierre* n'eſt pas une réſine pure ; car deux livres de cette matiere ont laiſſé dans la diſtillation, ſelon le rapport de Geoffroy, dix onces & cinq gros de réſidu charbonneux, qui étant calciné à blancheur, a peſé encore ſept gros & quarante gains ; or les réſines pures ne donnent pas, à beaucoup près, dans la diſtillation un produit fixe ſi abondant. *Voyez* RÉSINE.

Nous employons fort peu la *gomme de lierre*, nous la faiſons ſeulement entrer dans quelques préparations officinales ; par exemple, dans le baume de *fioravanti*, dans les pilules balſamiques de Stahl, & dans celles de Becher ; trois compoſitions qui ſe trouvent dans la pharmacopée de Paris. (*b*)

LIERRE TERRESTRE, (*Mat. med.*) les feuilles & les ſommités de cette plante ſont d'uſage en Medecine. Elles ſont ameres & un peu aromatiques ; elles donnent dans la diſtillation une eau aromatique d'une odeur aſſez deſagréable & de peu de vertu, & une petite quantité d'huile eſſentielle. Elles ont été célébrées principalement par un prétendu principe balſamique ou même bitumineux, l'*aſphalte* qu'on l'appelle Geoffroy, qu'on leur a ſuppoſé. Cependant cette plante eſt preſque abſolument extractive, ſelon l'examen chimique qu'en rapporte Cartheuſer dans ſa *Matiere medicale*. Il eſt vrai que le même auteur a obſervé que l'infuſion, la décoction, & même l'extrait des feuilles de *lierre terreſtre* retenoient l'odeur balſamique de la plante, & que toutes ces préparations avoient une ſaveur âcre, vive & pénétrante.

On peut juger par ces qualités extérieures, que l'uſage du *lierre terreſtre* peut être réellement ſalutaire dans pluſieurs des maladies pour leſquelles il a été recommandé ; qu'il peut, par exemple, faciliter l'expectoration des glaires épaiſſes retenues dans les poumons, & être employé par conſéquent utilement dans l'aſthme humide, dans les pthiſies commençantes, dans certaines toux violentes & opiniâtres, dans l'extinction de voix, &c. qu'il doit exciter la tranſpiration, les urines & les regles ; que la vertu la plus remarquable qu'on lui ait attribué, ſavoir celle de déterger & conſolider les ulceres des parties internes, peut ne pas être abſolument imaginaire.

Quant à la qualité lythontriptique qu'on lui a auſſi accordée, nous la lui refuſerons formellement avec la plus ſaine partie des Medecins modernes. *Voyez* LYTHONTRIPTIQUE.

Cette plante ſe preſcrit en décoction & en infuſion, dans de l'eau ou dans du vin, depuis une pincée juſqu'à une demi-poignée pour trois ou quatre taſſes, que l'on peut prendre le matin ou dans le cours de la journée dans des intervalles réglés.

On en donne auſſi aſſez communément la décoction coupée avec pareille quantité de lait, ſur-tout dans les maladies de poitrine.

Quelques medecins preſcrivent auſſi les feuilles ſeches réduites en poudre, à la doſe de demi-gros juſqu'à un, priſe deux fois le jour, avec l'eau diſtillée de la même plante, ou dans une autre liqueur appropriée. Willis propoſe ce remede pour la toux opiniâtre & la pthiſie. *Voyez ſa Pharm. rationn.*

On fait avec les ſommités de *lierre terreſtre*, une conſerve & un ſyrop ſimple, qui ſont des remedes un peu plus doux que l'infuſion & que la décoction ; on en prépare auſſi un extrait qui a une ſaveur trop vive, comme nous l'avons déja obſervé, pour qu'on puiſſe le donner ſeul, mais qu'on peut faire entrer

avec avantage dans les compoſitions magiſtrales ſous forme ſolide. Les feuilles de cette plante entrent dans l'eau vulnéraire, & ſes ſommités dans le baume vulnéraire. (*b*)

LIESINA, (*Géog.*) par les Eſclavons *Huar*, île de Dalmatie dans le golfe de Veniſe, au fond du golfe de Tarente, à 8 milles de la terre-ferme. Elle n'a que 16 milles dans ſa plus grande largeur, 70 de longueur, & 130 de circuit. Elle appartient aux Vénitiens. La petite ville de *Lieſina* en eſt la capitale. (*D. J.*)

LIESINA, (*Géog.*) ville de Dalmatie, capitale de l'iſle de même nom, avec titre de comté, & un évêché ſuffragant de Spalatro. Elle eſt bâtie au pié de deux montagnes, n'a point d'enceinte de murailles, & eſt dominée par une forterefſe. *Longit.* 34. 58. *lat.* 43. 30. (*D. J.*)

LIESSE ou NOTRE-DAME DE LIESSE, *Noſtra Domina de Latitia*, (*Géog.*) les actes de Charles VI. roi de France, écrits par un moine de ſon tems, nomment ce lieu *Liens* ; nos anciennes tables géographiques l'appellent *Liance* ou *Lience*, que le peuple a changé vraiſſemblablement en celui de *Lieſſe*, à ce que penſe M. de Valois dans ſa *Notit. Gall. pag.* 275.

Quoi qu'il en ſoit, c'eſt un bourg de France en Picardie, au dioceſe de Laon, & à trois lieues E. de cette ville ; il eſt très-connu par une image de la ſainte Vierge, qui y attire les pélerinages de petit peuple, & l'entretient dans l'oiſiveté. Il vaudroit bien mieux qu'il fût remarquable par quelque bonne manufacture, qui occupât les habitans & les mît à l'aiſe. *Long.* 21. 30. *lat.* 49. 36. (*D. J.*)

LIESSIES, *Latitia*, (*Géog.*) petite ville, ou plûtôt bourg du Hainaut, remarquable par ſon abbaye de Bénédictins, fondée en 751. Ce lieu a pris ſon nom des peuples qu'on nommoit *Lati*, & qui faiſoient une partie des Nerviens. *Lieſſies* eſt ſur la petite riviere d'Heſpres, dioceſe de Cambray, à 4 lieues de Maubeuge, & à 8 lieues S. de Mons. *Long.* 21. 34. *lat.* 50. 18. (*D. J.*)

LIEU, *locus*, l. m. (*en Philoſophie*) c'eſt cette partie de l'eſpace immobile qui eſt occupée par un corps. *Voyez* CORPS & ESPACE.

Ariſtote & ſes ſectateurs diviſent le *lieu* en interne & en externe.

Le *lieu* interne eſt cet eſpace ou cette place qu'un corps contient.

Le *lieu* externe eſt celui qui renferme le corps : Ariſtote l'appelle encore la *premiere ſurface concave & immobile du corps environnant.*

On diſpute fort dans les écoles ſur la queſtion du *lieu* interne. On demande, ſi c'eſt un être réel qui exiſte indépendamment des corps, ou ſeulement un être imaginaire ; c'eſt-à-dire, ſi c'eſt ſeulement une aptitude & une capacité de recevoir des corps ?

Il y en a qui ſoutiennent que c'eſt un être poſitif, incorporel, éternel, indépendant & infini ; & ils pouſſent leur aſſertion juſqu'à prétendre que le *lieu* interne conſtitue l'immenſité de Dieu.

Les Carteſiens, au contraire, ſoutiennent que le *lieu* interne, conſidéré par abſtraction, n'eſt pas différent de l'étendue des corps qui y ſont contenus, & qu'ainſi il ne differe en rien des corps eux-mêmes. *Voyez* MATIERE.

Les Scholaſtiques mettent pareillement en queſtion, ſi le *lieu* externe eſt mobile ou immobile. On déduit ſon immobilité de cette conſidération, que tout ce qui ſe meut doit néceſſairement quitter ſa place ; ce qui ne pourroit arriver, ſi le *lieu* s'en alloit avec le mobile ; car ſi le *lieu* ſe mouvoit avec le mobile, le mobile ne changeroit point de place. D'autres traitent d'abſurde cette opinion d'Ariſtote ; ils prétendent que ſi un corps en mouvement change de lieu en ce sens qu'il répond continuellement par la surface extérieure à différens corps ou à différentes parties de l'espace, on devroit dire par la même raison qu'un corps réellement en repos change continuellement de place.

Par exemple, qu'une tour dans une plaine, ou un rocher au milieu de la mer, sont continuellement en mouvement, ou changent de place, à cause que l'un & l'autre sont perpétuellement enveloppés de nouvel air ou de nouvelle eau.

Pour résoudre cette difficulté, on a eu recours à une infinité d'expédiens. Les Scotistes tiennent que le *lieu* n'est immobile qu'équivalemment. Ainsi, disent-ils, quand le vent souffle, il est vrai que l'air qui environne la surface de la tour s'en éloigne; mais tout de suite un autre air semblable & équivalent en prend la place. Les Thomistes aiment mieux déduire l'immobilité du *lieu* externe, de ce qu'il garde toujours la même distance au centre & aux points cardinaux du monde. Les Nominaux prétendent que l'immobilité du *lieu* externe consiste dans une correspondance avec certaine partie virtuelle de l'immensité divine. Nous passons légerement sur toutes ces rêveries qui doivent nécessairement trouver leur place dans un ouvrage destiné à l'histoire de l'esprit humain, mais qui ne doivent aussi y occuper que très-peu d'espace.

Les Cartésiens nient absolument que le *lieu* externe soit une surface environnante ou un corps environné: ils prétendent que c'est seulement la situation d'un corps parmi d'autres corps voisins, considérée comme en repos. Ainsi la tour, disent-ils, sera réputée rester dans le même lieu, quoique l'air environnant soit changé, puisqu'elle conserve toujours la même situation par rapport aux montagnes, aux arbres & aux autres parties de la terre qui sont en repos. *Voyez* MOUVEMENT.

Il est visible que la question du *lieu* tient à celle de l'espace. *Voyez* ESPACE & ÉTENDUE.

Les Cartésiens ont raison, si l'espace & l'étendue ne sont rien de réel & de distingué de la matiere; mais si l'étendue ou l'espace & la matiere sont deux choses différentes, il faut alors regarder le *lieu* comme une chose distinguée des corps, & comme une partie immobile & pénétrable de l'espace indéfini : on peut voir aux articles cités la discussion de cette opinion; il est certain que suivant notre maniere ordinaire de concevoir, & indépendamment de toute subtilité philosophique, il y a un espace indéfini que nous regardons comme le *lieu* général de tous les corps, & que les différentes parties de cet espace, lesquelles sont immobiles, sont le *lieu* particulier des différens corps qui y répondent. Au reste, comme on l'a remarqué *au mot* ÉLÉMENS DES SCIENCES, cette question du *lieu* est absolument inutile à la théorie du mouvement tel que tous les hommes le conçoivent. Quoi qu'il en soit, c'est de cette idée vulgaire & simple de l'espace & du *lieu* qu'on doit partir quand on voudra donner une notion simple & claire du mouvement.

C'est aussi d'après cette idée que M. Newton distingue le *lieu* en *lieu* absolu & en *lieu* relatif.

Le *lieu* absolu est cette partie de l'espace infini & immobile qui est occupée par un corps.

Le *lieu* relatif est l'espace qu'occupe un corps considéré par rapport aux autres objets qui l'environnent.

M. Locke observe que le lieu se prend aussi pour cette portion de l'espace infini que le monde matériel occupe; il ajoute cependant que cet espace seroit plus proprement appellé *étendue*.

La véritable idée du *lieu*, selon lui, est la position relative d'une chose par rapport à sa distance de certains points fixes; ainsi nous disons qu'une chose a

ou n'a pas changé de place ou de *lieu*, quand sa distance n'a point changé par rapport à ces points. Quant à la vision du *lieu* des corps, *Voyez* VISION & VISIBLE.

Lieu dans l'optique ou *lieu optique*, c'est le point auquel l'œil rapporte un objet.

Ainsi les points D, E, (*Pl. opt. fig. 68.*) auxquels deux spectateurs en d & en e rapportent l'objet C, sont appellés *lieux optiques*. *Voyez* VISION.

Si une ligne droite joignant les *lieux* optiques D, E, est parallele à une ligne droite qui passe par les yeux des spectateurs d, e, la distance des *lieux* optiques D, E sera à la distance des spectateurs d, e, comme la distance $E C$ est à la distance $C e$.

Le *lieu* optique ou simplement le *lieu* d'une étoile on d'une planete, est un point dans la surface de la sphere du monde, comme C ou B (*Pl. ast. fig. 27.*) auquel le spectateur placé en E ou en I, rapporte le centre de l'étoile ou de la planete S. *Voyez* ÉTOILE, PLANETE, &c.

Ce *lieu* se divise en vrai & en apparent. Le *lieu* vrai est ce point B de la surface de la sphere où un spectateur, placé au centre de la terre, voit le centre de l'étoile; ce point se détermine par une ligne droite, tirée du centre de la terre par le centre de l'étoile, & terminée à la sphere du monde. *Voyez* SPHERE.

Le *lieu* apparent, est ce point de la surface de la sphere, où un spectateur placé sur la surface de la terre en E, voit le centre de l'étoile S. Le point C se trouve par le moyen d'une ligne qui va de l'œil du spectateur à l'étoile, & se termine dans la sphere des étoiles. *Voyez* APPARENT.

La distance entre ces deux *lieux* optiques, savoir le vrai & l'apparent, fait ce qu'on appelle la parallaxe. *Voyez* PARALLAXE.

Le *lieu* astronomique du soleil, d'une étoile ou d'une planete, signifie simplement le *signe* & *degré du zodiaque*, où se trouve un de ces astres. *Voyez* SOLEIL, ÉTOILES, &c.

Ou bien c'est le degré de l'écliptique, à compter du commencement d'*Aries*, qui est rencontré par le cercle de longitude de la planete ou de l'étoile, & qui par conséquent indique la longitude du soleil, de la planete ou de l'étoile. *Voyez* LONGITUDE.

Le sinus de la plus grande déclinaison du soleil, qui est environ 23°. 30′. est au sinus d'une déclinaison quelconque actuelle, donné ou observé, par exemple, 23°. 15′, comme le rayon est au sinus de la longitude; ce qui donneroit, si la déclinaison étoit septentrionale, le 20°. 52′. des gémeaux; & si elle étoit méridionale, 20°. 52′. du capricorne pour le *lieu* du soleil.

Le *lieu* de la lune est le point de son orbite où elle se trouve en un tems quelconque. *Voyez* LUNE & ORBITE.

Le *lieu* est assez long à calculer à cause des grandes inégalités qui se rencontrent dans les mouvemens de la lune, ce qui exige un grand nombre d'équations & de réductions avant que l'on trouve le *lieu* vrai. *Voyez* ÉQUATION & LUNE.

Le *lieu* excentrique d'une planete dans son orbite, est le *lieu* de l'orbite où paroîtroit cette planete, si on la voyoit du soleil. *Voyez* EXCENTRIQRE.

Ainsi supposons que $N E O R$ (*Pl. ast. fig. 26.*) soit le plan de l'écliptique, $N P O Q$, l'orbite de la planete, le soleil en S, la terre en T, & la planete en P; la ligne droite $S P$ donne le *lieu* excentrique dans l'orbite.

Le *lieu* héliocentrique d'une planete ou son *lieu* réduit à l'écliptique, ou bien le *lieu* excentrique dans l'écliptique, est ce point de l'écliptique, auquel on rapporte une planete vûe du soleil. *Voyez* HÉLIOCENTRIQUE.

Si on tire la perpendiculaire PS à l'écliptique, la ligne droite RS, indique le *lieu* héliocentrique ou le *lieu* réduit à l'écliptique.

Le *lieu* géocentrique est ce point de l'écliptique, auquel on rapporte une planete vue de la terre. *Voyez* GÉOCENTRIQUE.

Ainsi $NEOR$ représentant l'écliptique, &c. T, R donnera le *lieu* géocentrique. Sur le calcul du *lieu* d'une planete, *voyez* PLANETE, ÉQUATION, &c. Chambers. (*O*)

LIEU GÉOMETRIQUE, signifie une ligne par laquelle se résout un problème géométrique. *Voyez* PROBLÈME & GEOMETRIQUE.

Un lieu est une ligne dont chaque point peut également résoudre un problème indéterminé. S'il ne faut qu'une droite pour construire l'équation du problème, le lieu s'appelle alors *lieu à la ligne droite*; s'il ne faut qu'un cercle, *lieu au cercle*; s'il ne faut qu'une parabole, *lieu à la parabole*; s'il ne faut qu'une ellipse, *lieu à l'ellipse*, & ainsi des autres, &c.

Les anciens nommoient *lieux plans*, les *lieux* des équations qui se réduisent à des droites ou à des cercles; & *lieux solides* ceux qui sont ou des paraboles, ou des hyperboles, ou des ellipses.

M. Wolf donne une autre définition des *lieux*, & il les range en différens ordres, selon le nombre de dimensions auxquelles la quantité indéterminée s'éleve dans l'équation. Ainsi ce sera un *lieu* du premier ordre, si l'équation est $x = \frac{az}{c}$; un *lieu* du second ordre, si c'est $y^2 = ax$, ou $y^2 = a^2 - x^2$, &c. un *lieu* du troisieme, si on a pour équation $y^3 = a^2 x$, ou $y^3 = a x^2 - x^3$... &c.

Pour mieux concevoir la nature des *lieux géométriques*, supposons deux droites inconnues & variables AP, PM (*Pl. d'analyse, fig.* 29, 30) qui fassent entre elles un angle donné quelconque. $AP M$, dont nous nommerons l'une, par exemple AP, qui a son origine fixe en A, & qui s'étend indéfiniment dans une direction donnée, x, & l'autre PM, qui change continuellement de position & de grandeur, mais qui reste toujours parallele à elle-même, y. Supposons de plus une équation qui ne contienne d'inconnues que ces deux quantités x, y, mêlées avec des quantités connues, & qui exprime le rapport de la variable AP, x, à la valeur de PM, ou de l'y correspondante; enfin imaginons qu'à l'extrémité de chaque valeur possible de x, on ait tracé en effet l'y correspondante que cette équation détermine; la ligne droite ou courbe qui passera par les extrémités de toutes les y ainsi tracées, ou par tous les points M, sera nommée en général *lieu géométrique*, & *lieu* de l'équation proposée en particulier.

Toutes les équations dont les *lieux* sont du premier ordre peuvent se réduire à quelqu'une des quatre formules suivantes : 1°. $y = \frac{bx}{a}$: 2°. $y = \frac{bx}{a} + c$: 3°. $y = \frac{bx}{a} - c$: 4°. $y = c - \frac{bx}{a}$, dans lesquelles la quantité inconnue y est supposée toujours avoir été délivrée de fractions, la fraction qui multiplie l'autre inconnue x est supposée réduite à cette expression $\frac{b}{a}$; & tous les autres termes sont comme censés réduits à celui + c. Le *lieu* de la premiere formule est d'abord déterminé, puisqu'il est évident que c'est une droite qui coupe l'axe dans son origine A, & qui fait avec lui un angle tel que les deux inconnues x, y soient toujours entre elles comme a est à b. Or supposant le premier *lieu* connu, il faudra pour trouver celui de la seconde formule $y = \frac{bx}{a} + c$, prendre d'abord sur la ligne AP (*fig.* 31.), une partie $AB = a$, & tirer $BE = b$ & $AD = c$ paralleles à PM. Vous tirerez ensuite du même côté que AP &

vers E la ligne AE d'une longueur indéfinie, & la ligne droite & indéfinie DM parallele à AE; je dis que la ligne DM est le lieu de l'équation, ou la formule que nous voulions construire. Car si par un point quelconque M de cette ligne, on tire MP parallele à AQ, les triangles BE, APF, seront semblables; ce qui donnera $AB, a, BE, b :: AP$, $x, PF = \frac{bx}{a}$, & par conséquent $PM(y) = PF \left(\frac{bx}{a}\right) + FM(c)$. Si on fait $c = o$, c'est-à-dire si les points DA tombent l'un sur l'autre, & DM sur AF, la ligne AF sera alors le *lieu* de l'équation $y = \frac{bx}{a}$. Pour trouver le *lieu* de la troisieme formule, il faudra s'y prendre de cette sorte : vous ferez $AB = a$ (*fig.* 32.) & vous tirerez les droites $BE = b$, $AD = c$ paralleles à PM, l'une de l'un des côtés de AP, & l'autre de l'autre côté : par les points A, E, vous tirerez la droite AE, que vous prolongerez indéfiniment vers E, & par le point D la ligne DM, parallele à AE, je dis que la droite indéfinie GM sera le *lieu* cherché. Car nous aurons toujours $PM(y) = PF, \left(\frac{bx}{a}\right) - FM(c)$. Enfin pour trouver le *lieu* de la quatrieme formule, sur AP (*fig.* 33.), vous prendrez $AB = a$, & vous tirerez $BE = b$, & $AD = c$, l'une d'un des côtés de AP, & l'autre de l'autre côté. De plus, par les points A, E, vous tirerez AE, que vous prolongerez indéfiniment vers E, & par le point D la ligne DM parallele à AE, de sorte que DG sera le *lieu* cherché. Car si par un de ses points quelconques M on tire la ligne MP parallele à AQ, on aura toûjours $PM(y) = FM(c) - PF\left(\frac{bx}{a}\right)$.

Il s'enfuit de là qu'il n'y a de *lieu* du premier degré que les seules lignes droites; ce qui peut se voir facilement, puisque toutes les équations possibles du premier degré se réduifent à l'une des formules précédentes.

Tous les *lieux* du second degré ne peuvent être que des sections coniques, savoir la parabole, l'ellipse ou le cercle, qui est une espece d'ellipse, & l'hyperbole, qui dans certains cas devient équilatere : si on suppose donc donnée une équation indéterminée, dont le *lieu* soit du second degré, & qu'on demande de décrire la section conique qui en est le *lieu*; il faudra commencer par considérer une parabole, une ellipse & une hyperbole quelconque, en la rapportant à des droites ou des coordonnées, telles que l'équation qui en exprimera la nature, se trouve être plus composée & la plus générale qu'il soit possible. Ces équations les plus générales, ou ces formules des trois sections coniques & de leurs subdivisions étant découvertes, & en ayant examiné les caracteres, il sera aisé de conclure à laquelle d'entr'elles se rapportera l'équation proposée, c'est-à-dire quelle section conique cette même équation aura pour *lieu*. Il ne s'agira plus après cela que de comparer tous les termes de l'équation proposée avec ceux de l'équation générale du *lieu*, auquel on aura trouvé que cette équation se rapporte, cela déterminera les coefficiens de cette équation générale, ou ce qui est la même chose, les droites qui doivent être données de proportion & de grandeur pour décrire le *lieu*; & ces coefficiens ou ces droites étant une fois déterminées, on décrira facilement le *lieu*, par les moyens que les traités des sections coniques fournissent.

Par exemple que AP, x, PM, y soient deux droites inconnues & variables (*fig.* 34) ; & que m, p, r, f, soient des droites données; sur la ligne AP, prenez la portion $AB = m$, & tirez $BE = n$, $AD = r$; & par le point A, tirez $AE = c$, & par le point D, la ligne indéfinie DG parallele à AE;

sur DG, prenez $DC = s$, & prenant CG pour diametre, les ordonnées parallèles à PM, & la ligne $CH = p$ pour parametre, décrivez la parabole CM, & elle sera le *lieu* de la formule générale suivante.

$$yy - \frac{2n}{m}xy + \frac{nn}{mm}xx = 0.$$
$$-2ry + \frac{2nr}{m}x$$
$$-\frac{ep}{m}x$$
$$+rr$$
$$+ps.$$

car si d'une de ses formules quelconques M on tire l'ordonnée PM, les points quelconques M on tire l'ordonnée PM, les triangles ABE, APF, seront semblables, & par conséquent

$AB(m) : AE(e) :: AP(x) : AF$ ou $DG = \frac{ex}{m}$
& $AB(m) : BE(n) :: AP(x) : PF = \frac{nx}{m}$, & par conséquent GM ou $PM - PF - FG = y - \frac{nx}{m} - r$, & CG ou $DG - DC = \frac{ex}{m} - s$. Mais par la

nature de la parabole $\overline{GM}^2 = CG \times CH$; & cette derniere équation deviendra la formule générale elle-même, si on y substitue à la place des droites qui sont employées, leurs valeurs marquées ci-dessus.

Cette équation est la plus générale qui puisse appartenir à la parabole, puisqu'elle renferme 1°. le quarré de chacune des inconnues x, y; 2°. le produit xy de l'une par l'autre; 3°. les inconnues linéaires x, y, & un terme tout constant. Une équation du second degré, où les indéterminées x, y, se trouvent mêlées, ne sauroit contenir un plus grand nombre de termes.

Par le point fixe A, tirez la droite indéfinie AQ, (*fig. 35*) parallele à PM; prenez $AB = m$, tirez $BE = n$ parallele à AP, & par les points déterminés AE, la droite $AE = e$; sur AP, prenez $AD = r$, tirez la droite indéfinie DG, parallele à AE, & prenez la portion $DC = s$. Enfin prenant pour diametre CG, & supposant les ordonnées parallèles à AP, & pour parametre la ligne $CH = p$, décrivez une parabole CM; cette parabole seroit le *lieu* de cette seconde équation ou formule.

$$xx - \frac{2n}{m}yx + \frac{nn}{mm}yy = 0$$
$$-2rx - \frac{ep}{m}y$$
$$+rr$$
$$+ps.$$

car si d'un point quelconque M on tire la droite MQ parallele à AP, on aura $AB(m) : AE(e) :: AQ$ ou $PM(y) : AF$ ou $DG = \frac{ey}{m}$ & $AB(m) : BE(n) :: AQ(y) : QF = \frac{ny}{m}$, & par conséquent GM ou $QM - QF - FG = x - \frac{ny}{m} - r$; & CG ou $DG - DC = \frac{ey}{m} - s$: & ainsi par la propriété de la parabole, vous trouverez encore la seconde des équations générales ou des formules précédentes; & vous vous y prendrez de la même sorte pour trouver les équations générales ou les formules des autres sections coniques.

Si on demande maintenant de décrire la parabole qui doit être le *lieu* de l'équation suivante, que nous supposerons donnée $yy - 2ay - bx + cc = 0$, comme yy se trouve ici sans fraction, de même que dans notre premiere formule, il vaudra mieux comparer la proposée avec cette premiere formule qu'avec l'autre; & d'abord puisque le rectangle xy ne se trouve point dans la proposée, ou qu'il peut y être censé multiplié par o, nous en concluons que la fraction $\frac{2n}{m}$ doit être $= o$, & par conséquent aussi

qu'on doit avoir n, ou $BE = o$; de sorte que les points B, E, doivent être co-incidens, ou que la droite AE doit tomber sur AB & lui être égale, c'est-à-dire que $m = e$: détruisant donc dans la formule tous les termes affectés de $\frac{n}{m}$ ou de n, & substituant par-tout m à la place de e, elle se changera en $yy - 2ry - px + rr + ps = o$, & comparant encore les termes correspondans $-2ry$, & $-2ay$, $-px$ &. $-bx$, enfin $rr + ps$, & cc, nous aurons $r = a$, $p = b$, & en substituant ces valeurs dans la derniere équation de comparaison, $aa + bs = cc$, ou bien $s = \frac{cc - aa}{b}$, qui par conséquent sera une quantité négative, si a est plus grand que c, comme nous le supposons ici. Il ne serviroit de rien de comparer les deux premiers termes, parce qu'étant les mêmes des deux côtés, savoir yy, cette comparaison ne pourroit rien faire découvrir.

Or les valeurs de m, n, r, p, s, ayant été ainsi trouvées, on construira facilement le *lieu* cherché par les moyens qui nous ont servi à la construction de la formule & de la maniere suivante, comme $BE(n)$ est $= o$ (*fig. 36*.) & que les points B, E, coïncident, ou que AE tombe sur AP, il faudra par cette raison tirer du point A la droite $AD(r)$ parallele à PM & $= a$, & la droite DG parallele à AP, dans laquelle vous marquerez la droite DC $(s) = \frac{aa - cc}{b}$, laquelle doit être prise au-delà de l'origine, dans un sens opposé à DG ou AP, parce que la fraction $\frac{aa - cc}{b}$ est négative par la supposition. Ensuite regardant DC comme diametre, prenant des ordonnées parallèles à PM, & la droite CH $(p) = b$ pour parametre; vous décrirez une parabole, je dis qu'elle sera le *lieu* de l'équation donnée, & il en est en effet aisé de le prouver. Si c'eût été le quarré xx qui se fût trouvé tout-du long sans fraction dans la proposée, il auroit été alors plus naturel de se servir de la seconde formule. On voit au reste qu'au moyen d'une division fort facile, on peut délivrer des fractions tel des deux quarrés qu'on voudra; & il faudroit commencer par cette division, si l'on voyoit que la comparaison des termes en dût devenir plus simple.

Voilà une idée de la méthode de construire les *lieux* des équations lorsqu'ils doivent être des sections coniques, ou ce qui est la même chose, lorsque les équations ne passent pas le second degré : car on doit sentir que les *lieux* à l'ellipse & à l'hyperbole, doivent se déterminer par une méthode semblable.

Mais une pareille équation étant donnée, au lieu de demander comme tout-à-l'heure, d'en construire le *lieu*, si on se contente de demander quelle doit être l'espece de la section conique qui en est le *lieu*, si c'est une parabole, une ellipse ou même un cercle, un hyperbole équilatere, ou non équilatere, il faudroit pour en juger commencer par faire passer d'un même côté tous les termes de l'équation, de façon qu'il restât zero de l'autre côté; & cela étant fait, il pourroit se présenter deux cas differens.

Premier cas; supposons que le rectangle xy, ne se trouve point dans l'équation; alors 1°. s'il n'y a qu'un des deux quarrés yy, ou xx, le *lieu* sera une parabole. 2°. Si les deux quarrés s'y trouvent tout-à-la-fois & avec le même signe, le *lieu* sera une ellipse, & en particulier un cercle, lorsque ni l'un ni l'autre des deux quarrés n'aura de coëfficient, ou (si on n'avoit point réduit l'un d'eux à n'en point avoir), lorsqu'ils auront les mêmes coëfficiens, & que de plus l'angle des coordonnées sera droit. 3°. si les deux quarrés xx, & yy se trouvent dans l'équation, & avec des signes différens, le *lieu* sera une hyperbole laquelle deviendra équilatere dans les mêmes suppositions, qui font de l'ellipse un cercle.

Second cas; quand le rectangle xy se trouve dans l'équation, alors 1°. si il ne s'y trouve aucun des deux quarrés, qu'il ne s'y en trouve qu'un, ou encore qu'ils s'y trouvent tous deux avec différens signes, ou enfin que s'y trouvant tous deux avec les mêmes signes, le quarré du coefficient qui multiplie xy, soit plus grand que le quadruple du rectangle des coefficiens de xx & yy, dans toutes ces suppositions le *lieu* sera une hyperbole. 2°. Si ces deux quarrés s'y trouvant toujours, & étant de même signe; si le quarré du coefficient xy, est plus petit que le quadruple du rectangle des coefficiens de xx & yy, le *lieu* sera alors une ellipse. 3°. Enfin, si dans la même supposition ce quarré & le quadruple du rectangle sont égaux entre eux, le *lieu* sera alors une parabole.

Cette méthode de construire les *lieux géométriques*, en les rapportant aux équations les plus composées qu'il soit possible, est dûe à M. Craig, auteur anglois, qui l'a publiée le premier dans son *traité de la quadrature des courbes*, en 1693. Elle est expliquée fort au long dans le septieme & le huitieme livre des sections coniques de M. le Marquis de l'Hôpital, qui sans doute en auroit fait honneur au géometre anglois, s'il eût eu le tems de mettre la derniere main à son ouvrage.

M. Guisnée, dans son application de l'Algebre à la Géométrie, donne une autre méthode pour construire les *lieux géométriques*. Elle est plus commode à certains égards que la précédente, en ce qu'elle apprend à construire tout d'un coup & immédiatement une équation donnée, sans la rapporter à une équation plus générale; mais d'un autre côté elle demande aussi dans la pratique plus de précaution pour ne se point tromper.

Nous ne devons pas oublier de dire que M. l'abbé de Gua, dans les *usages de l'analyse de Descartes*, *pag. 342*, remarque une espece de faute qu'on pourroit reprocher aux auteurs qui ont écrit jusqu'ici sur la construction des *lieux géométriques*, & fait voir cependant que cette faute n'a point dû tirer à conséquence dans les regles ou les méthodes que ces auteurs ont données.

Cette faute, qu'il seroit trop long de détailler ici, consiste en général en ce que ces auteurs n'ont enseigné à réduire à l'hyperbole entre ses asymptotes, que les *lieux* où il manque un des quarrés x,y. On peut réduire à l'hyperbole entre ses asymptotes une équation même qui contiendroit ces deux quarrés, mais alors aucune des deux asymptotes ne seroit parallele à la ligne des x, ni à celle des y. *Voyez* TRANSFORMATION DES AXES; *voyez* aussi sur les *lieux* en général, & sur ceux aux sections coniques en particulier; les articles COURBE, EQUATION, CONIQUE, ELLIPSE, CONSTRUCTION, &c. (*O*)

LIEUX-COMMUNS, (*Rhétor.*) ce sont dans l'art oratoire, des recueils de pensées, de réflexions, de sentences, dont on a rempli sa mémoire, & qu'on applique à propos aux sujets qu'on traite, pour les embellir ou leur donner de la force. Démosthène n'en condamne pas l'emploi judicieux; il conseille même aux orateurs qui doivent souvent monter à la tribune pour y traiter différens sujets, de faire une provision d'exordes & de péroraisons. Cicéron (, & nous n'avons rien au dessus de ses préceptes, ni peut-être de ses exemples) vouloit, de plus que Démosthène, qu'on eût des sujets entiers traités d'avance & des discours préparés pour l'occasion, aux noms & aux circonstances près; mais ces beaux génies n'avoient-ils pas un fond assez riche dans leur propre enthousiasme, & dans la fécondité de leurs talens, sans recourir à ces sortes de ressources? Il semble que leur méthode ne pouvoit guere être d'usage que pour les esprits médiocres qui faisoient à Athènes & à Rome une espece de trafic de l'éloquence. Cette même méthode serviroit encore moins dans notre barreau, où l'on ne traite que de petits objets de droit écrit & de droit coutumier, dans lesquels il ne s'agit que d'exposer ses demandes ou ses moyens d'appel, selon les regles de la jurisprudence des lieux. (*D. J.*)

LIEUX, les, s. m. pl. (*Archit. mod.*) terme synonyme à *aisance*, commodités, privés. *Voyez ces trois mots*.

On pratique ordinairement les *lieux* à rez-de-chaussée, au haut d'un escalier ou dans les angles. Dans les grands hôtels & dans les maisons commodes, on les place dans de petits escaliers, jamais dans les grands; dans les maisons religieuses & de communauté; les aisances sont partagées entre plusieurs cabinets de suite, avec une cuillier de pierre, percée pour la décharge des urines.

Elles doivent être carrelées, pavées de pierre ou revêtues de plomb, & en pente du côté du siege, avec un petit ruisseau pour l'écoulement des eaux dans la chaussée, percée au bas de la devanture.

On place présentement les aisances dans les garderobes, où elles tiennent lieux de chaises percées: on les fait de la derniere propreté, & en forme de baguette, dont le lambris se leve & cache la lunette. La chaussée d'aisance est fort large & fort profonde, pour empêcher la mauvaise odeur: on y pratique aussi de larges ventouses; le boisseau qui tient la lunette est en forme d'entonnoir renversé, & soutenu par un cercle de cuivre à feuillure, dans lequel s'ajuste une soupape de cuivre, qui s'ouvre & se ferme en levant & fermant le lambris du dessus, ce qui empêche la communication de la mauvaise odeur. On pratique dans quelque coin de ces *lieux*, ou dans les entresolles au-dessus, un petit réservoir d'eau, d'où l'on amene une conduite, à l'extrémité de laquelle est un robinet qui sert à laver les urines qui pourroient s'être attachées au boisseau & à la soupape. On pratique aussi une autre conduite qui vient s'ajuster sous le boisseau, & à l'extrémité de laquelle est un robinet. Ce robinet se tire au moyen d'un registre vers le milieu du boisseau, ce qui sert & se laver à l'eau chaude & à l'eau froide, suivant les saisons. Ces robinets s'appellent *flageolets*, & ces aisances *lieux à l'angloise*, parce que c'est aux Anglois qu'on en doit l'invention. (*D. J.*)

LIEU, (*Maréch.*) ce terme se dit de la posture & de la situation de la tête du cheval; ainsi un cheval qui porte en beau *lieu*, ou simplement qui porte beau, est celui qui soutient bien son encolure, qui l'a élevée & tournée en arc comme le cou d'un cygne, & qui tient la tête haute sans contrainte, ferme & bien placée. *Voyez* ENCOLURE.

LIEU HILEGIAUX, *en terme d'Astrologie*, sont ceux qui donnent à la planete qui s'y trouve le pouvoir de dominer sur la vie qu'on lui attribue. *Voyez* HILEGIAU.

LIEU, *terme de Pêche*, sorte de poisson du genre des morues, & semblable aux éperlans, excepté qu'il est plus gros & plus ventru, & que sa peau est beaucoup plus noire. Cette pêche commence à Pâques, & finit à la fin de Juin, parce qu'alors les Pêcheurs s'équipent pour la pêche du congre; ce sont les grands bateaux qui y sont employés; la manœuvre de cette pêche est particuliere; il faut du vent pour y réussir, & que le bateau soit à la voile; on amorce les ains ou hameçons d'un morceau de peau d'anguille, en forme de petite sardine; le *lieu* qui est fort vorace & goulu, n'a pas le tems par la dérive du bateau d'examiner l'appât & de le dévorer; ainsi il sert à faire la pêche de plusieurs *lieux*.

On sale ce poisson pendant deux jours, après l'avoir dépouillé de sa tête & ouvert par le ventre. Deux fois vingt-quatre heures après on le retire du sel, on le lave dans l'eau de mer, & on l'expose à terre au soleil pendant plusieurs jours jusqu'à ce qu'il soit sec; quand son apprêt est fini, on le met en grenier, & les Pêcheurs le viennent vendre à la saint Michel aux marchands d'Audierne qui l'achetent depuis sept jusqu'à dix livres le cent pesant; ces derniers le mettent en paquets de deux quintaux pesant, & l'envoient ensuite à leur risque à Bordeaux en tems de foire.

Ce poisson au contraire du congre sec qui déperit continuellement par les mittes qui le consomment, ne déperit point par la garde; quand il est une fois bien sec, il augmente de poids par l'humidité; la consommation s'en fait à Lyon en France; on prépare le *lieu* sec comme on fait la morue de même qualité.

Les Pêcheurs font tous à la part; le bateau, le maitre & chaque matelot n'ont chacun également qu'un lot.

Ils ont de cinq principales especes d'ains; les plus gros semblables à ceux des Pêcheurs de Terre-neuve sur le Banc, servent à la pêche des congres & des posteaux; les deuxiemes à prendre les *lieux*; les troisiemes pour la pêche des vieilles; les quatriemes hameçons ou claveaux servent à prendre les dorées, des plombs, & autres semblables poissons, dont les chairs servent de boite & d'appât aux claveaux, & les plus petits pour les moindres dorées qui servent aussi à boiter; cette derniere sorte d'hameçons & plusieurs autres moindres servent pour le même usage.

LIEUE, s. f. (*Géog.*) sorte de mesure itinéraire dont se servent les François & les Espagnols, pour marquer la distance d'un lieu à un autre. Les Anglois, les Italiens, les Allemands, &c. usent du mot de *mille*, quoiqu'ils ne donnent pas la même étendue à leurs milles. Il en est de même des *lieues* françoises; la *lieue* gauloise étoit de quinze cens pas romains; la *lieue* commune de France est de deux mille cinq cens pas géométriques, la petite de deux mille, la grande de trois mille cinq cens, & même plus.

Vigenere & M. d'Ablancourt ne sauroient être approuvés dans leurs évaluations des *lieues*. L'un & l'autre, en traduisant les auteurs latins, évaluent toûjours quatre milles anciens à une *lieue*, premiere faute; & secondement ils confondent le mille romain avec le mille italique.

Ménage dérive le mot de *lieue* de *lenca*, *leuga*, ou *lega*, c'est tout comme il voudra; mais il faut remarquer que ces trois mots ont été inconnus aux auteurs de la bonne latinité, & que ce sont ceux de la basse-latinité qui s'en sont les premiers servis.

Il est encore à propos d'observer que les mots *leg*, *lega*, & *leuga*, désignent dans Antonin, une *lieue* de quinze cens pas: cependant quelquefois, & non pas toûjours (comme l'a imaginé Zurita), le mot *leg* signifie dans l'itinéraire de ce géographe, *legio*, légion, & cela est clair; quand après le mot *leg* est ajoûté le mot *ala*, ou des nombres, comme I. IX. XI. XIV. &c. suivis des noms *italica*, *ionia*, *gemina*, & autres semblables, qui font certainement des noms de légions, le bon sens aidé d'un peu de savoir, fera sans peine le discernement, & distinguera sans erreur les passages d'Antonin, où il s'agit de légions, de ceux qui désignent les distances par *lieues*.

Il me reste à rapporter nos diverses *lieues* de France à un degré de l'équateur.

Or, les *lieues* communes de France, de trois milles romains, ou de 2182 toises, font de 25 au degré, plus 15 toises.

Les *lieus* de Paris, de Sologne, de Touraine, de 2000 toises, sont de 28 un quart au degré.

Les *lieus* de Beauce, de Gatinois, contenant 1700 toises, sont de 34 au degré.

Les *lieues* de Bretagne, d'Anjou, comprennent 2300 toises, & sont de 24 trois quarts au degré.

Les *lieues* de Normandie, de Champagne, sont de 25 au degré.

Les *lieues* de Picardie contiennent 2250 toises, & sont de 25 au degré, plus 810 toises.

Les *lieus* d'Artois, sont de 28 au degré.

Les *lieues* du Maine, du Perche, du Poitou, sont de 24 au degré.

Les *lieues* du Berry, sont de 26 au degré, moins un onzieme.

Les *lieues* de Bourbonnois, sont de 23 au degré.

Les *lieues* de Lyonnois, contiennent 2450 toises, & sont de 23 au degré, plus 710 toises.

Les *lieues* de Bourgogne, sont de 21 & demi au degré.

Les *lieues* de Gascogne & de Provence, contiennent 3000 toises, & sont de 19 au degré; voilà nos plus grandes *lieues*. (*D. J.*)

LIEUES *mineures de longitude*, (*Géog. & Navig.*) c'est ce qu'on appelle autrement *milles de longitude*, ou côté mécodynamique. *Voyez* MILLE DE LONGITUDE, & MÉCODYNAMIQUE. C'est le chemin qu'un vaisseau fait réellement en longitude, c'est-à-dire la somme des petites portions de paralleles à l'équateur qu'il parcourt durant sa route; on appelle ce chemin *lieues mineures*, pour le distinguer des *lieues majeures*, qui ne sont autre chose que le même chemin fait en longitude, & estimé par un arc de l'équateur, c'est-à-dire l'arc de l'équateur, ou le nombre de degrés compris entre le méridien d'où le vaisseau part, & celui où il est arrivé.

LIEVE, s. f. (*Jurisprud.*) est un extrait d'un papier terrier d'une seigneurie, qui sert de memoire au receveur pour faire payer les cens & rentes, & autres droits seigneuriaux.

En quelques endroits on appelle ces sortes de registres, *cueilloir* ou *cueilleret*.

La *lieve* contient la désignation de chaque héritage par le terroir & la contrée où il est assis, le nom du tenancier, les confins, la qualité & quotité de la redevance dont il est chargé.

Ces sortes de papiers de recette ne font pas vraiment authentiques; cependant les *lieves* anciennes & faites dans un tems non suspect, servent quelquefois de preuves pour faire de nouveaux terriers quand des titres ont été perdus par guerre ou par incendie, comme il est porté dans l'édit de Melun en faveur des ecclésiastiques.

Quand les *lieves* sont affirmées, elles font foi en justice. *Voyez* des Pommiers, sur la coutume de Bourbonnois, *art. xxij. n°. 14. &suiv.* (*A*)

LIEVE *la* (*Géog.*) petite riviere des Pays-Bas; elle a sa source en Flandres, près de Damme, entre Bruges & l'Ecluse, & se jette dans les fossés de Gand. (*D. J.*)

LIEVRE, s. m. *lepus*, (*Hist. nat. Zoolog.*) animal quadrupede qui a la tête longue, étroite, arquée depuis le bout du museau jusqu'à l'origine des oreilles; le museau gros, la levre supérieure fendue jusqu'aux narines; les yeux grands, ovales, & placés sur les côtés de la tête; le corps allongé; la queue courte, & les jambes de derriere beaucoup plus longues que celles de devant, qui sont courtes & minces. Le pié de derriere, le métatarse & le tarse dénotent par leur grosseur, de même que les lombes, que l'on appelle *le rable*, la force que le *lievre* a pour la course, & la longueur des jambes de derriere, marque la facilité avec laquelle il s'élance en-avant. Il a quatre doigts dans les piés de de derriere, & cinq dans ceux de devant. Le mâle a deux scrotum, un de chaque côté, mais ils ne paroissent que lorsqu'il est avancé en âge ; les autres parties extérieures de la génération sont aussi très-peu apparentes. Au contraire le gland du clitoris de la femelle est presque aussi gros que celui de la verge du mâle ; l'orifice de son prépuce n'est guere plus éloigné de l'anus que la vulve ; ce n'est pourtant qu'à cette différence de longueur du periné, que l'on peut reconnoître le sexe de ces animaux à la premiere inspection : on s'y trompe souvent ; on a même cru que les *lievres* étoient hermaphrodites.

Le lievre a le poil fort touffu ; le dos, les lombes, le haut de la croupe & des côtés du corps, ont une couleur roussâtre avec des teintes blanchâtres & noirâtres ; le sommet de la tête est mêlé de fauve & de noir ; les yeux sont environnés d'une bande de couleur blanchâtre ou blanche, qui s'étend en-avant jusqu'à la moustache, & en-arriere jusqu'à l'oreille. Tout le reste du corps a différentes teintes de fauve & de roussâtre, de blanc, de noirâtre, &c. La plûpart des levrauts ont au sommet de la tête une petite marque blanche que l'on appelle l'*étoile* ; pour l'ordinaire elle disparoît à la premiere mue ; quelquefois elle reste même dans l'âge le plus avancé.

Les *lievres* multiplient beaucoup ; ils peuvent engendrer en tous tems, & dès la premiere année de leur vie ; les femelles ne portent que pendant trente ou trente-un jours ; elles produisent trois ou quatre petits. Ces animaux dorment ou se reposent au gîte pendant le jour ; ils ne se promenent, ne mangent, & ne s'accouplent que pendant la nuit ; ils se nourrissent de racines, de feuilles, de fruits, d'herbes laiteuses, d'écorces d'arbres, excepté celles de l'aune & du tilleul. Les lievres dorment les yeux ouverts ; ils ne vivent que sept ou huit ans au plus ; on n'entend leur voix que lorsqu'on les saisit ou qu'on les fait souffrir ; c'est une voix forte & non pas un cri aigre ; ils sont solitaires & fort timides ; ils ne manquent pas d'instinct pour leur conservation, ni de sagacité pour échapper à leurs ennemis. Ils se forment un gîte exposé au nord en été, & au midi en hiver ; on les apprivoise aisément, mais ils s'échappent, lorsqu'il s'en trouve l'occasion.

Les *lievres* qui sont dans les pays de collines élevées, ou dans les plaines en montagnes, sont excellens au goût ; ceux qui habitent les plaines basses ou les vallées, ont la chair insipide & blanchâtre ; enfin, ceux qui sont vers les marais & les lieux fangeux, ont la chair de fort mauvais goût : on les appelle *lievres ladres*. Les lievres de montagne sont plus grands & plus gros que les *lievres* de plaine ; ils ont plus de brun sur le corps & plus de blanc sous le cou. Sur les hautes montagnes & dans les pays du nord, ils deviennent blancs pendant l'hiver, & reprennent en été leur couleur ordinaire ; il y en a qui sont toûjours blancs ; on trouve des *lievres* presque par-tout. On a remarqué qu'il y en a moins en Orient qu'en Europe, & peu ou point dans l'Amérique méridionale. *Hist. nat. gen. & part. tom. VI.*

Le *lievre, Chasse du lievre*, est un animal qui vit solitairement ; il n'a pas besoin d'industrie pour se procurer sa nourriture. Excepté l'ouie qu'il a très-fine, tous ses sens sont obtus. Enfin, il n'a que la fuite pour moyen de défense. Aussi sa vie est-elle uniforme, ses mœurs sont-elles simples. La crainte forme son caractere ; son repos même est accompagné de surveillance. Il dort presque tout le jour ; mais il dort les yeux ouverts. Le moindre bruit l'effraye, & son inquiétude lui sert ordinairement de sauvegarde.

Les *lievres* ne quittent guère le gîte pendant le jour, à moins qu'on ne les en chasse. Le soir ils se rassemblent sur les blés, ou bien dans les autres lieux où ils trouvent commodément à paître. Pendant la nuit ils mangent, ils jouent, ils s'accouplent. La répétition de ces actes si simples fait presque toute l'histoire naturelle de la vie d'un *lievre*. Cependant lorsque ces animaux sont chassés, on les voit déployer une industrie & des ruses, dont l'uniformité de leur vie ne les laisseroit pas soupçonner. *Voyez* INSTINCT.

Les *lievres* sont fort lascifs, & multiplient beaucoup ; mais moins que les lapins, parce qu'ils engendrent un peu plus tard, & que les portées sont moins nombreuses. On peut les regarder comme animaux sédentaires. Ils passent tout l'été dans les grains : pendant la récolte, l'importunité que leur causent les moissonneurs, leur fait chercher les guerets ou les bois voisins : mais ils ne s'écartent jamais beaucoup du lieu où ils sont nés, & ils ne sont point sujets aux émigrations si familieres à d'autres especes.

Le tempérament des *lievres* est assez délicat, sur-tout dans les pays où on les conserve en abondance. Ils souffrent promptement du défaut de nourriture pendant la neige. Le givre qui couvre l'herbe les rend sujets à des maladies qui les tuent. Ils sont aussi fort exposés, sur-tout pendant leur jeunesse aux oiseaux de proie & aux bêtes carnassieres. Mais malgré ces dangers, leur multiplication devient bien-tôt excessive par-tout où ils sont épargnés par les hommes.

LIEVRE, (*Diete, & Mat. méd.*). Le jeune *lievre* ou le levreau fournit un aliment délicat, succulent, relevé par un fumet qui est peut-être un principe utile & bienfaisant. Il a été dès long-tems compté parmi les mets les plus exquis ; les personnes accoutumées à une nourriture legere digerent très-bien cette viande, mangée rôtie & sans assaisonnement. Les estomacs accoutumés aux nourritures grossieres & irritantes s'en accommodent mieux, en la mangeant avec les assaisonnemens les plus vifs, comme le fort vinaigre & le poivre, soit rôtie, soit bouillie ou cuite dans une sauce très-piquante, c'est-à-dire, sous la forme de ce ragout vulgairement appellé *civet* ; *Voyez* CIVET.

On mange le levreau rôti dans quelques provinces du royaume, en Gascogne & en Languedoc ; par exemple, avec une sauce composée de vinaigre & de sucre, qui est mauvaise, mal-saine en soi essentiellement ; mais qui est sur-tout abominable pour tous ceux qui n'y sont pas accoutumés.

L'âge où le *lievre* est le plus parfait, est celui de sept à huit mois. Lorsqu'il est plus jeune, qu'il n'a par exemple, que trois ou quatre mois, sa chair n'est point faite, & est de difficile digestion, comme celle de beaucoup de jeunes animaux, par sa fadeur, son peu de consistance ; son état pour ainsi dire glaireux. *Voyez* VIANDE. A un an il est encore très-bon.

Le vieux *lievre* est en général, dur, sec, & par-là de difficile digestion. Mais il convient mieux par cela même aux manœuvres & aux paysans. Aussi les paysans dans les pays heureux où ils participent à la condition commune des hommes, pour être en état de servir quelquefois sur leurs tables des alimens salutaires & de bon goût ; préferent-ils par instinct un bon vieux *lievre*, un peu ferme & même dur, à un levreau tendre & fondant, & à toutes les viandes de cette derniere espece. *Voyez* RÉGIME.

Les femelles pleines sont communément assez tendres ; & dans les pays, comme dans le bas-Languedoc, où le *lievre* est d'ailleurs excellent, on les sert rôties sur les bonnes tables. Les vieilles hases & les bouquins ne se mangent en général, qu'en ragoût ou en pâté.

Le *lievre* varie considérablement en bonté, selon le pays qu'il habite. Le plus excellent est celui des climats tempérés & fées, & qui habite dans ces climats les lieux élevés ; mais non pas cependant les montagnes proprement dites, qui font froides & humides dans tous les climats. Ceux qui vivent fur les côteaux, dans les provinces méridionales du royaume font des plus parfaits. Ceux des environs de Paris ne font pas même foupçonner ce que peut être un bon *lievre* de Languedoc.

La feule qualité particuliere & vraiment médicamenteufe de la chair de *lievre*, qui foit démontrée par l'expérience ; c'eft qu'elle lâche affez conftamment le ventre, & purge même efficacement plufieurs fujets. Cette qualité eft confirmée par l'expérience ; & c'eft fans fondement que quelques auteurs, entre autres le continuateur de la Cynofure d'Herman, avancent que cette chair refferre le ventre.

Il n'eft point d'animal chez qui on ait trouvé tant de parties médicamenteufes, que dans celui-ci. Schroeder en compte quatorze, & le continuateur de la Cynofure d'Herman en groffit encore la lifte. Mais toutes ces drogues font abfolument hors d'ufage, excepté les poils qui entrent dans une efpece d'emplâtre agglutinatif, qui eft de Galien, & qui eft d'ailleurs compofé d'aloès, de myrrhe & d'encens. Cet emplâtre eft vanté comme un fpécifique pour arrêter le fang après l'artériotomie ; mais on peut affurer que les poils de *lievre*, foit entiers, foit brûlés, felon l'ancienne recette, font l'ingrédient le moins utile de cette compofition, ou pour mieux dire, en font un ingrédient abfolument inutile. D'ailleurs, on n'applique plus d'emplâtre pour arrêter le fang, dans l'opération de l'artériotomie; la compreffion fuffit, & ce n'eft prefque que ce moyen, ou l'agaric de Broffart qu'on emploie dans ce cas. *Voyez* ARTÉRIOTOMIE. (*B*).

LIEVRE, (*Pelleterie.*) Le *lievre* fournit outre fa chair, deux fortes de marchandifes dans le commerce ; favoir, fa peau & fon poil.

Les *Pelletiers* fourreurs préparent les peaux de *lievre* toutes chargées de leur poil, & en font plufieurs fortes de fourrures qui font très-chaudes, & qu'on croit même fort bonnes pour la guérifon de toutes fortes de rhumatifmes.

Le poil du *lievre* eft d'une couleur rougeâtre; mais il vient de Mofcovie des peaux de *lievres* toutes blanches, qui font beaucoup plus eftimées que celles de France.

Le poil de *lievre*, détaché de la peau, étoit autrefois d'un grand ufage en France pour la chapellerie; mais par un arrêt du confeil de l'année 1700, il eft défendu expreffément aux Chapelliers de s'en fervir.

Avant que de couper le poil de deffus la peau pour en faire des chapeaux ; on en arrache le plus gros qui eft fur la fuperficie, parce qu'il n'y a que celui du fond, dont on puiffe faire ufage.

LIEVRE DE MER, *lepus marinus*. (*Hift. nat.*) Animal qui n'a point de fang & qui eft mis au rang des animaux mous, comme la féche, le polype, &c. Rondelet fait mention de trois efpeces de *lievres de mer*, très-différens du poiffon que l'on appelle en Languedoc *lebre de mar*. *Voyez* SCORPIOIDES.

Le *lievre de mer* des anciens eft donc, felon Rondelet, un poiffon mou que Diofcoride a comparé à un calemar & Ælien à un limaçon, tiré hors de fa coquille : Pline le défigne comme une maffe ou une piece de chair fans forme. On a donné à cet animal le nom de *lievre*, parce qu'il a une couleur rouge fort obfcure qui approche de celle du *lievre*. Les anciens difent que le *lievre de mer* eft venimeux, que lorfqu'on en a mangé, on piffe le fang, le poumon s'ulcere, &c. Diofcoride donne pour remede, le lait d'âneffe, la décoction de mauve, &c.

La premiere efpece de *lievre de mer*, felon Rondelet, eft la plus venimeufe. Cet animal a un os comme la féche fous le dos, & deux nageoires recourbées aux côtés ; fa queue eft menue d'un côté, & recoquillée : il a entre la queue & le dos deux petites cornes, molles & charnues, comme celles des limaçons. La tête reffemble à celle du poiffon appellé *marteau* ; il y a de l'autre côté une ouverture qui laiffe paffer une maffe de chair que l'animal avance & retire à fon gré. La bouche eft placée entre les deux côtés de la tête. Les parties internes reffemblent à celles de la féche ; il a auffi une liqueur noire.

Le *lievre de mer* de la feconde efpece ne differe de celui de la premiere, que par l'extérieur qui eft fymétrique, & non pas irrégulier, comme dans la premiere efpece. La bouche eft placée entre deux larges excroiffances charnues ; il n'y a point d'os comme la féche fous le dos, mais au-dehors ; il y a deux petites cornes molles, plus petites & plus pointues que dans le premier *lievre de mer* : le fecond eft le plus grand.

La troifieme efpece de *lievre de mer* eft très-différente des deux premieres ; Rondelet ne lui a donné le même nom, qu'à caufe qu'elle a la même propriété venimeufe ; cependant c'eft auffi un animal mou, de figure très-informe. *Voyez* Rond. *Hift. des poiffons*, *liv. XVII*.

LIEVRE, *bec de*, (*Phyfiolog.*) divifion difforme de l'une ou de l'autre des deux levres. Vous en trouverez la méthode curative au mot BEC DE LIEVRE.

Comme il y a plufieurs accidens qui dépendent de la fituation & de la compreffion du corps de l'enfant dans l'utérus, peut-être, dit un homme d'efprit, qu'on pourroit expliquer celui-ci par cette caufe.

Il peut arriver qu'un doigt de l'enfant appliqué fur la levre la preffe trop dans un point : cette compreffion en genera les vaiffeaux, & empêchera que la nourriture y foit portée. Cette partie trop mince & trop foible en proportion des parties latérales qui reçoivent tout leur accroiffement, fe déchirera au moindre effort, la levre fera divifée.

Il eft vrai, continue-t-il, que fi on ne fait attention qu'à l'effort néceffaire pour divifer avec quelqu'inftrument la levre d'un enfant nouveau né, on a peine à croire que la preffion d'un de fes doigts puiffe caufer cette divifion tandis qu'il eft dans le fein de fa mere ; mais on eft moins furpris du phénomene, on en comprend mieux la poffibilité, quand on fe rappelle qu'une foie qui lie la branche d'un arbriffeau, devenir fupérieure à tout l'effort de la feve, l'empêche de croître ou occafionnera la divifion de l'écorce & des fibres ligneufes.

Cette fupériorité de force qui fe trouve dans les liquides, dont l'impulfion donne l'accroiffement aux animaux, aux végétaux, confifte principalement dans la continuité de fon action ; mais cette action confidérée dans chaque inftant eft fi foible, que le moindre obftacle peut la furmonter. En appliquant ce principe à un enfant nouvellement formé, dont les chairs n'ont prefque aucune confiftance, & en qui l'action des liquides eft proportionnée à cette foibleffe, l'on reconnoîtra avec combien de facilité la levre d'un enfant peut être divifée par la compreffion continuelle faite par l'action de fes doigts, dont la folidité & la réfiftance furpaffent de beaucoup celle de la levre. La divifion de la levre fupérieure eft quelquefois petite, quelquefois confidérable, quelquefois double ; & toutes ces différences s'expliquent encore aifément par le même principe. Je conviens de tout cela, mais j'ajoute que cette hypothèfe qu'on nomme *principe*, n'eft qu'un roman de l'imagination, une de ces licences ingénieufes, de ces fictions de l'efprit humain qui, voulant tout expliquer, tout deviner, ne tendent qu'à nous égarer au lieu de répandre la lumiere dans le méchanisme de la nature. (*D. J.*)

LIEVRE ou *saisine de beaupré*, (*Marine.*) ce sont plusieurs tours de corde qui tiennent l'aiguille de l'éperon avec le mât de beaupré.

LIEVRE, *lepus*, (*Astronomie.*) constellation dans l'hémisphere méridional, dont les étoiles font dans le catalogue de Ptolomée au nombre de douze, dans celui de Tycho au nombre de treize, & dans le catalogue anglois au nombre de dix-neuf.

LIEUTENANT, s. m. (*Jurisprud.*) est un officier de judicature lequel tient la place du premier officier de la jurisdiction en son absence.

Un magistrat ou un autre juge ne peut régulierement se créer à lui-même un *lieutenant* ; car la puissance publique que donne l'office est un caractere imprimé dans la personne qui est pourvue de l'office, & qu'il ne peut transmettre, soit à une personne privée, soit même à quelqu'un qui auroit pareil serment à justice ; le pouvoir de chaque officier étant limité au fait de sa charge, hors laquelle il n'est plus qu'homme privé, à moins que par le titre de son office il n'ait aussi le pouvoir de faire les fonctions d'un autre officier en son absence.

Chez les Romains les magistrats, même ceux qui avoient l'administration de la justice, avoient la liberté de commettre en tout ou en partie, à une ou plusieurs personnes, les fonctions dépendantes de leur office.

Les proconsuls qui avoient le gouvernement des provinces, tant pour les armes que pour la justice & les finances, avoient ordinairement des especes de *lieutenans* distincts pour chacune de ces trois fonctions ; savoir, pour les armes, *legatum*, c'est-à-dire un député ou commis, lequel ne se mêloit point de la justice, à moins que le proconsul ne le lui eût mandé expressément. Pour la justice, ils avoient un assesseur, *assessorem* ; & pour les finances, un questeur. Quelquefois pour ces trois fonctions ils n'avoient qu'un même *lieutenant*, lequel, sous les derniers empereurs, s'appelloit ενωρώπων & quelquefois *vicarius* ; mais ce dernier titre se donnoit plus ordinairement à ceux que l'empereur envoyoit dans les provinces où il n'y avoit point de gouverneur, lesquels en ce cas en étoient gouverneurs en chef, étant titulaires, non du gouverneur, mais de l'empereur même.

Les légats des proconsuls étoient choisis par le sénat, mais les assesseurs étoient choisis par les gouverneurs de provinces ; & lorsque les légats avoient outre les armes l'administration de la justice, ils tenoient cette derniere fonction de la volonté du gouverneur.

Les gouverneurs des provinces & plusieurs autres des principaux officiers de l'empire, avoient aussi coutume d'envoyer par les villes de leur département des commis appellés τοποτηρῖται, ce que Julian, interprete des novelles, traduit par *locum tenentes*, d'où nous avons sans doute tiré le terme de *lieutenant*. Mais Justinien, en sa novelle 134, supprima ces sortes d'officiers, voulant que les défenseurs des cités, choisis par les habitans, fissent la charge des gouverneurs des provinces en leur absence.

Mais cela n'empêcha pas qu'il ne fût toujours libre à l'officier de commettre & de léguer quelqu'un pour faire sa charge ; les fonctions même de la justice, quoique les plus importantes & les plus difficiles, pouvoient presque toutes être déléguées même à des personnes privées.

D'abord pour ce qui est de la simple jurisdiction, il est certain qu'elle pouvoit être déléguée : celui auquel elle étoit entierement commise pouvoit même subdéléguer & commettre à diverses personnes des procès à juger.

Tome IX.

L'appel du commis, ou délégué général se relevoit devant le supérieur du magistrat qui l'avoit commis, parce que ce délégué étoit comme nos *lieutenans* ; il n'exerçoit d'autre jurisdiction que celle de son commettant & en son nom. Il y a même lieu de croire que les sentences de ce délégué général étoient intitulées du nom du magistrat qui l'avoit commis, de même qu'en France les sentences rendues par le *lieutenant* ne laissent pas d'être intitulées du nom du bailli.

Il y avoit pourtant un cas où l'on appelloit du légat au proconsul ; mais apparemment que dans ce cas le légat avoit quelque jurisdiction qui lui étoit propre.

Du simple juge délégué on se pourvoyoit devant le délégué général qui l'avoit commis, mais ce n'étoit pas par voie d'appel proprement dit ; car le simple délégué n'avoit pas proprement de jurisdiction, il ne donnoit qu'un avis, lequel n'avoit de soi aucune autorité jusqu'à ce que le délégant l'eût approuvé.

Le pouvoir appellé chez les Romains *mixtum imperium*, ne pouvoit pas être délégué indistinctement, car il comprenoit deux parties.

L'une attachée à la jurisdiction & pour la manutention d'icelle, qui emportoit seulement droit de legere correction : cette premiere partie étoit toujours censée déléguée à celui auquel on commettoit l'entiere jurisdiction, mais non pas au délégué particulier.

La seconde partie du *mixtum imperium*, qui consistoit à décerner des decrets, à accorder des restitutions en entier, recevoir des adoptions, manumissions, faire des émancipations, mises en possession & autres semblables, n'étoit pas transférée à celui auquel la jurisdiction étoit commise, parce que ces actes légitimes tenoient plus du commandement que de la jurisdiction ; le mandataire de jurisdiction ou délégué général n'avoit pas droit de monter au tribunal & d'occuper le siege du magistrat, comme font présentement les *lieutenans* en l'absence du premier officier du siege ; & c'est encore une raison pour laquelle le délégué général ne pouvoit faire les actes qui devoient être faits *pro tribunali*. On pouvoit néanmoins déléguer quelques-unes de ces actes légitimes, pourvu que ce fût par une commission expresse & spéciale.

L'usage de ces commissions ou délégations avoit commencé à Rome pendant l'état populaire ; les magistrats étant en petit nombre & le peuple ne pouvant s'assembler aussi souvent qu'il auroit fallu pour donner lui-même toutes les commissions nécessaires, il falloit nécessairement que les magistrats substituassent des personnes pour exercer en leur place les moindres fonctions de leur charge. Les grands officiers avoient même le pouvoir d'en instituer d'autres au-dessous d'eux.

Mais toutes ces délégations & commissions étant abusives, furent peu-à peu supprimées sous les empereurs. Le titre du code *de officio ejus qui vice præsidis administrat*, ne doit pas s'entendre d'un juge délégué ou commis par le président, mais de celui qui étoit envoyé au lieu du président pour gouverner la province, soit par l'empereur ou par le préfet du prétoire.

Il fut donc défendu par le droit du code de commettre l'entiere jurisdiction, du-moins à d'autres qu'aux légats ou aux *lieutenans* en titre d'office ; il fut même défendu aux magistrats de commettre le procès à juger, à moins que ce ne fussent des affaires légeres. C'est pourquoi les juges délégués n'étant plus mandataires de jurisdiction, furent appellés *juges pédanées*, comme on appelloit auparavant tous ceux qui n'avoient point de tribunal ou prétoire, & qui jugeoient *de plano*.

En France, sous la premiere & la seconde race, tems auquel les ducs & les comtes avoient dans les provinces & villes de leur département l'administration de la justice aussi bien que le commandement des armes & le gouvernement des finances; comme ils étoient plus gens d'épée que de lettres, ils commettoient l'exercice de la justice à des clercs ou lettrés qui rendoient la justice en leur nom, & que l'on appelloit en quelques endroits *vicarii*, d'où est venu le titre de *viguier*; en d'autres *vice-comites*, vicomtes; & en d'autres, prevôts, *quasi præpositi juridicundo*; & ailleurs châtelains, *quasi castrorum custodes*.

Les vicomtes tenoient un rang plus distingué que les simples viguiers & prevôts, parce qu'ils étoient au lieu des comtes, soit que les villes où ils étoient établis n'eussent point de comte, ou que le comte n'y fit pas sa résidence, soit qu'ils y fussent mis par les ducs ou comtes, soit qu'ils fussent établis par le roi même comme gardiens des comtés, en attendant qu'il y eût mis un comte en titre.

Les vicomtes & les autres *lieutenans* des ducs n'avoient au commencement que l'administration de la justice civile & l'instruction des affaires criminelles; ils ne pouvoient pas condamner à aucune peine capitale.

Lorsqu'Hugues Capet parvint à la couronne, la plûpart des vicomtes & autres *lieutenans* des ducs & comtes qui étoient établis hors des villes, usurperent la propriété de leurs charges à l'exemple des ducs & des comtes, ce que ne purent faire ceux des villes, qui administroient la justice sous les yeux d'un duc ou d'un comte. En Normandie ils sont aussi demeurés simples officiers.

Les ducs & les comtes s'étant rendus propriétaires de leurs gouvernemens, cesserent de rendre la justice & en commirent le soin à des baillis: le roi fit la même chose dans les villes de son domaine.

Ces baillis, qui étoient d'épée, étoient néanmoins tenus de rendre la justice en personne; il ne leur étoit pas permis d'avoir un *lieutenant* ordinaire. Philippe le Bel, par son ordonnance du mois de Novembre 1302, régla que le prevôt de Paris n'auroit point de *lieutenant* certain résident, mais que s'il étoit absent par nécessité, il pourroit laisser un prud'homme pour lui tant qu'il seroit nécessaire.

Il enjoignit de même en 1302 à tous baillis, sénéchaux & autres juges, de desservir leur charge en personne; & Philippe V. en 1318 leur défendit nommément de faire desservir leurs offices par leurs *lieutenans*, à moins que ce ne fût par congé spécial du roi, à peine de perdre leurs gages.

Les choses étoient encore au même état en 1327: le prevôt de Paris avoit un *lieutenant*; mais celui-ci ne siégeoit qu'en son absence.

Les auditeurs étoient aussi obligés d'exercer en personne; & en cas d'exoine seulement, le prevôt de Paris devoit les pourvoir de *lieutenans*.

Il y avoit aussi à-peu-près dans le même tems, un *lieutenant* criminel au châtelet, ce qui fit surnommer l'autre *lieutenant civil*.

Philippe de Valois, dans une ordonnance du mois de Juillet 1344, fait mention d'un *lieutenant* des gardes des foires de Champagne, tels que le maître royal, le chancelier & garde scel de ces foires avoit aussi son *lieutenant*; mais ces *lieutenans* n'avoient de fonction qu'en l'absence de l'officier qu'ils représentoient.

Ce même prince défendit en 1346 aux verdiers, châtelains & maîtres sergens, d'avoir des *lieutenans*, à moins que ce fût pour recevoir l'argent de leur recette; & en cas de contravention, les maîtres des eaux & forêts les pouvoient ôter & punir. Il excepta seulement de cette regle ceux qui demeuroient en son hôtel ou en ceux de ses enfans, encore ne fut-ce qu'à condition qu'ils répondroient du fait de leurs *lieutenans* s'il advenoit aucune méprise, comme si c'étoit leur propre fait. Ce réglement fut renouvellé par Charles V. en 1376, & par Charles VI. en 1402.

Le roi Jean défendit encore en 1351 à tous sénéchaux, baillis, vicomtes, viguiers & autres ses juges, de se donner des *lieutenans*, *substitutos aut locum tenentes*, sinon en cas de nécessité, comme de maladie ou autre cas semblable.

Il y avoit cependant dès-lors quelques juges qui avoient des *lieutenans*, soit par nécessité ou permission du roi; car dans les lettres de 1354 il est parlé des *lieutenans* des maîtres particuliers des monnoies.

Le connétable & les maréchaux de France ou leurs *lieutenans*, connoissoient des actions personnelles entre ceux qui étoient à la guerre; il est parlé de ces *lieutenans* dans une ordonnance du roi Jean du 28 Décembre 1355, suivant laquelle il semble que l'amiral, le maître des arbalétriers & le maître des eaux & forêts, eussent aussi des *lieutenans*, quoique cela ne soit pas dit de chacun d'eux spécialement; il est seulement parlé de leurs lieutenans *in globo*.

Le concierge du palais, appellé depuis *bailli*, avoit aussi, dès 1358, son *lieutenant* ou garde de sa justice.

Il paroît même que depuis quelque tems il arrivoit assez fréquemment que les juges royaux ordinaires avoient des *lieutenans*; car Charles V. en qualité de *lieutenant* du roi Jean, défendit en 1356 aux sénéchaux, baillis ou autres officiers exerçans jurisdiction, de ne prendre point pour leurs *lieutenans* les avocats, procureurs ou conseillers communs & publiés de leur cour, ou d'aucun autre seigneur, à peine, par ceux qui auroient accepté ces places de *lieutenans*, d'être privés des offices qu'ils auroient ainsi pris par leur convoitise, & d'être encore punis autrement.

Le roi Jean étant de retour de sa prison en Angleterre, ordonna aux baillis & sénéchaux de résider dans leurs baillies & sénéchaussées, spécialement dans les guerres, sans avoir de *lieutenans*, excepté lorsqu'ils iroient à leurs besoignes hors de leur baillie; ce qui ne leur étoit permis qu'une fois chaque année, & pendant un mois ou cinq semaines au plus.

Il défendit aussi, par la même ordonnance, aux baillis & à leurs *lieutenans*, de s'attribuer aucune jurisdiction appartenante aux prevôts de leurs bailliages.

Le bailli de Vermandois avoit pourtant dès 1354, un *lieutenant* à Chauny, mais c'étoit dans une ville autre que celle de sa résidence.

Le bailli de Lille avoit aussi un *lieutenant* en 1365, suivant des lettres de Charles V. qui font aussi mention du *lieutenant* du procureur du roi de cette ville, qui est ce que l'on a depuis appellé *substitut*.

Le bailli de Rouen avoit en 1377 un *lieutenant*, auquel on donnoit le titre de *lieutenant-général* du bailliage.

On trouve des provisions données dans la même année par le sénéchal de Toulouse, à vénérable & discrette personne, Pierre de Montrevel, docteur ès lois, & juge-mage de Toulouse. Le motif de cette nomination fut que le bailli étoit obligé d'aller fouvent en Aquitaine; mais il le nomme pour tenir sa place, soit qu'il fût dans ladite sénéchaussée ou absent, *toties quoties non in dictâ senescalliâ adesse vel abesse contingerit*; il ordonne que l'on obéisse à ce *lieutenant* comme à lui-même, & déclare que par cette institution il n'a point entendu révoquer ses autres *lieutenans*, mais plûtôt les confirmer; ce qui fait connoître qu'il en avoit apparemment dans d'autres villes de son ressort.

Ordinairement, dès que le juge étoit de retour & présent en son siége, le *lieutenant* ne pouvoit plus faire de fonction; c'est pourquoi dans la confirmation des priviléges de la ville de Lille en Flandres, faite par Charles VI. au mois de Janvier 1392, il est dit que les *lieutenans* qui avoient été nommés par le bailli ou par le prevôt de cette ville, lorsque ceux-ci devoient s'absenter, ou qu'ils ne pouvoient vaquer à leurs fonctions, ne pouvoient exercer cet office lorsque le bailli ou le prevôt étoit présent; mais que si le titre de *lieutenant* leur avoit été conféré par des lettres de provision, ils le conservoient jusqu'à ce qu'elles eussent été révoquées.

Quelques considérables que soient les places de *lieutenans* dans les principaux siéges royaux, le bailli ou autre premier officier a toûjours la supériorité & la prééminence sur le *lieutenant*; c'est en ce sens que dans les lettres de 1394, le *lieutenant* du bailli de Meaux, en parlant de ce bailli, le nomme *son seigneur & maître*.

Le roi ordonnoit quelquefois lui-même à certains juges d'établir un *lieutenant* lorsque cela paroissoit nécessaire; c'est ainsi que Charles VI. en 1397, ordonna qu'il seroit établi à Condom un *lieutenant* du sénéchal d'Agen par lequel il seroit institué; que ce *lieutenant* devroit résider continuellement dans la ville, & connoitre des causes d'appel.

Charles VII. voyant que les baillis & sénéchaux n'étoient point idoines au fait de judicature, leur ordonna en 1453 d'établir de bons *lieutenans*, sages, clercs & prud'hommes qui seroient choisis par délibération du conseil, & sans exiger d'eux aucune somme d'or ou d'argent ou autre chose; que ces *lieutenans* ne prendront ni gages ni pensions d'aucuns de leurs justiciables, mais qu'ils seront salariés & auront gages; qu'ils ne pourront être destitués sans cause raisonnable; qu'à chaque bailliage il n'y aura qu'un *lieutenant* général & qu'un *lieutenant* particulier, & que ce dernier n'aura de puissance au siége qu'en l'absence du *lieutenant* général.

Le parlement avoit rendu dès l'année 1438, un arrêt, pour la réformation des abus de ce royaume, & notamment par rapport aux baillifs; en conséquence de quoi, & de l'ordre de Charles VII. Regnaud de Chartres, archevêque de Reims & chancelier de France, fut commis & député pour aller par toute la France mettre & instituer des *lieutenans* des baillifs & sénéchaux, gens versés au fait de judicature.

Quelque tems après, Charles VII. & Charles VIII. ôterent aux baillifs & sénéchaux le pouvoir de commettre eux-mêmes leurs *lieutenans*, & nos rois commencerent dès-lors à ériger en titre formé ces offices de *lieutenans* des baillifs & sénéchaux.

Il y eut pourtant quelque variation à ce sujet; car Louis XII. en 1499, ordonna que l'élection de ces *lieutenans* se feroit en l'auditoire des bailliages & sénéchauffées, en y appellant les baillis & sénéchaux, & autres officiers royaux, & ce quinzaine après la vacance des offices de *lieutenans*. Ce fut lui aussi qui ordonna que les *lieutenans* généraux des baillis seroient choisis ou licenciés en une université fameuse.

Chenu dans son *Traité des offices*, dit avoir vû des élections faites en la forme qui vient d'être dite du tems de Louis XII. pour les places de *lieutenant* général, de *lieutenant* particulier au bailliage de Berri, & de *lieutenant* en la conservation.

Depuis ce tems il a été fait diverses créations de *lieutenans* généraux & particuliers, de *lieutenans* civils & de *lieutenans* criminels, & de *lieutenans* criminels de robe courte, tant dans les siéges royaux ordinaires, que dans les siéges d'attribution; quelques-uns ont été supprimés ou réunis à d'autres,

lorsque le siége ne pouvoit pas comporter tant d'officiers.

L'édit de 1597, fait en l'assemblée de Rouen, ordonnoit que nul ne sera reçu *lieutenant* général de province qu'il ne soit âgé de trente-deux ans complets, & n'ait été conseiller pendant six ans dans un parlement. Les ordonnances de François I. & celle de Blois, ne requierent que trente ans, ce que la cour, par un arrêt de 1602, a étendu à tous les *lieutenans* généraux & particuliers des bailliages grands & petits.

Voyez ci-après LIEUTENANT CIVIL, LIEUTENANT CRIMINEL, LIEUTENANT GÉNÉRAL, LIEUTENANT PARTICULIER. (*A*)

LIEUTENANT CIVIL, (*Jurisprud.*) est un magistrat de robe longue qui tient le second rang entre les officiers du châtelet de Paris; il a le titre de *lieutenant général civil*, parce qu'il étoit autrefois le seul *lieutenant* du prevôt de Paris. Présentement il prend le titre de *lieutenant civil* de la prevôté & vicomté de Paris.

Anciennement le prevôt de Paris jugeoit seul en personne au châtelet toutes les affaires civiles, criminelles & de police; il ne lui étoit pas permis d'avoir aucun *lieutenant* ordinaire en titre.

Suivant l'article 11. de l'ordonnance de 1254, il devoit exercer personnellement son office, & ne pouvoit commettre de *lieutenant* que dans le cas de maladie ou autre légitime empêchement, & pour ledit tems seulement.

Cette ordonnance fut renouvellée par celle de Philippe le Bel, du mois de Novembre 1302, qui porte, *art.* 7. que le prevôt n'aura point de *lieutenant certain résidant*; mais que s'il est absent par nécessité, il pourra laisser un prudhomme pour lui tant qu'il retournera ou que nécessité sera.

Le prevôt de Paris choisissoit à sa volonté ce *lieutenant*.

Les régistres du châtelet, & autres actes publics, nous ont conservé les noms de ceux qui ont rempli la place de *lieutenant civil*; le plus ancien que l'on trouve est Jean Poitaut, qui est qualifié *lieutenant* du prevôt de Paris en 1321.

Il est parlé de ces *lieutenans* dans plusieurs articles de l'ordonnance de Philippe de Valois, du mois de Février 1327, par lesquels il paroit que le prevôt de Paris n'avoit alors qu'un seul *lieutenant* qui expédioit, en l'absence du prevôt, toutes les causes tant civiles que criminelles. Les auditeurs du châtelet avoient aussi déja des *lieutenans*, mais ils n'étoient pas qualifiés *lieutenans* du prevôt de Paris.

Ce premier office de *lieutenant* du prevôt de Paris est celui qui s'est perpétué en la personne du *lieutenant civil*. Il fut le seul *lieutenant* du prevôt de Paris jusques vers l'an 1337 que le prevôt de Paris nomma un autre *lieutenant* pour le criminel.

En effet, on trouve en 1337 Pierre de Thuilliers, qui étoit examinateur, étoit en même tems *lieutenant civil*; & il est évident qu'il ne fut nommé *civil*, que pour le distinguer de *lieutenant criminel*, aussi les monumens publics font-ils mention de ce *lieutenant civil* à-peu-près dans le même tems.

Il y avoit un *lieutenant civil* en 1346, en 1360, & en 1366.

Il y a eu plusieurs fois dans le même tems deux *lieutenans civils*, qui exerçoient alternativement; en 1369, c'étoient deux avocats du châtelet qui faisoient alternativement la fonction de *lieutenant civil*. Ils la remplissoient encore de même en 1371, en 1404 & en 1408; c'étoient deux examinateurs qui étoient *lieutenans civils*.

Dans la suite, quelques-uns de ceux qui remplirent cette place, ne furent pas toujours attentifs à prendre le titre de *lieutenant civil*; c'est ainsi qu'en

1479 Charles Dubus fleur de Lardy est qualifié simplement *lieutenant* du prevôt de Paris; & en 1481 Nicolas Chapelle examinateur, se disoit *commis* du prevôt de Paris à tenir le siege de l'audience.

Les noms de ceux que l'on trouve avoir rempli cette place en 1378, 1392, 1407, 1413, 1417, 1421, 1427, 1432 & 1433, prouvent qu'insensiblement les *lieutenans* du prevôt de Paris étoient devenus ordinaires, & que l'on reconnut la nécessité de les rendre tels pour l'expédition des affaires qui se multiplioient de jour en jour.

Ce fut par ce motif que l'ordonnance du mois d'Avril 1454, *art. lxxxvij.* permit au prevôt de Paris de commettre des *lieutenans*, non plus à tems seulement comme autrefois, mais indéfiniment, pourvu que ce fût par le conseil des officiers de son siege.

Ce pouvoir donné au prevôt de Paris, fut confirmé par l'ordonnance du mois de Juillet 1493, *art. lxiij.* laquelle défend en même tems au prevôt de Paris de révoquer ses *lieutenans* après qu'ils auront été une fois commis, sauf au cas qu'il y eût cause raisonnable à la remontrer au roi, qui s'en est réservé la connoissance.

Cette ordonnance doit être regardée comme l'époque de l'érection des *lieutenans* en titre d'office, au lieu de simples commissions qu'ils étoient auparavant.

La disposition de l'ordonnance de 1493 fut renouvellée par celle du mois de Mars 1498, *art. 47.*

Le pouvoir d'élire & commettre des *lieutenans* fut ôté au prevôt de Paris par l'ordonnance de 1510, *art. 41,* & il ne lui reste plus que celui de choisir & nommer au Roi, par forme d'élection, trois sujets suffisans & capables, pour être l'un deux pourvu par S. M. vacation avenant de cet office.

Enfin, le prevôt de Paris a perdu jusqu'à ce droit de nomination par la vénalité des charges qui a été introduite sous François I.

Jean Alligret fut le premier *lieutenant civil* élu en titre, en conséquence de l'ordonnance de 1493. Il fut reçu au châtelet le 6 Mai 1496.

Cette place reçut alors un nouvel éclat; & depuis ce tems a toujours été remplie par des personnes également distinguées par leur naissance & par leurs vertus, tels que les de Mesmes, les Miron, les Seguier, les le Jay, les Bailleul, les le Camus & les d'Argouges.

L'office de *lieutenant civil* souffrit pendant quelque tems un démembrement par l'érection qui fut faite en 1522 d'un bailliage à Paris, ou conservation des privileges royaux de l'université, composé entr'autres officiers d'un *lieutenant général ;* mais ce nouveau tribunal ayant été supprimé en 1526, & réuni à la prevôté de Paris, l'office de *lieutenant général* de la conservation fut depuis éteint & réuni à celui de *lieutenant civil* par édit du mois de Juillet 1564.

Sous François I, cet office eut le même sort que tous les autres par rapport à la vénalité; on faisoit cependant encore prêter serment aux officiers à leur réception, de n'avoir rien donné pour leur office. Le parlement en usa ainsi à la réception de Jacques Aubery, *lieutenant civil,* le 28 Août 1551.

Mais bien-tôt après, dans des lettres de cachet qui furent données en 1556 pour la réception de Jean Moulnier ou Mesnier, il est dit qu'il avoit payé 10000 écus d'or sol au Roi pour l'office de *lieutenant civil ;* ce qui, en évaluant l'écu à 46 sols, feroit 23000 livres, somme considérable pour ce tems-là.

L'office de président au présidial qui avoit été créé au mois de Juin 1557, fut réuni à celui de *lieutenant civil* par lettres patentes & édit des 14 & 22 Juillet 1558.

Ceux qui remplirent la place de *lieutenant civil,* depuis 1596 jusqu'en 1609, & depuis 1613 jusqu'en 1637, furent en même tems prevôts des marchands.

Après la mort du dernier, le Roi donna le 9 Novembre 1637 une déclaration portant que dorénavant la charge de *lieutenant civil* ne seroit plus exercée que par commission de trois ans, sauf à proroger, & qu'elle ne pourroit plus être exercée avec celle de prevôt des marchands par une seule & même personne. La veuve du dernier titulaire reçut du Roi 360000 livres pour le remboursement de cet office.

Le 10 Novembre 1637, Isaac de l'Affermes, maître des requêtes, fut commis à l'exercice de la charge de *lieutenant civil* pour trois ans; sa commission étant finie, fut renouvellée d'abord pour deux ans, ensuite pour deux autres années, puis pour trois ans, mais le 8 Avril 1643 la commission fut révoquée.

Dès le mois de Janvier 1643, le Roi avoit par un édit rétabli la charge de *lieutenant civil ;* Dreux d'Aubray, maître des requêtes, y fut reçu le 8 Mai suivant, & l'exerça jusqu'à sa mort, arrivée le 12 Septembre 1666 ; le prix de sa charge fut de 550000 liv.

Au mois de Mars 1667, l'office de lieutenant civil fut de nouveau supprimé, & en son lieu & place furent créés deux autres offices, l'un de *lieutenant civil,* & l'autre de *lieutenant* de police.

Le Roi ayant par édit du mois de Mars 1674, créé un nouveau châtelet qu'il démembra de l'ancien, y créa un *lieutenant civil ;* mais ce nouveau châtelet ayant été supprimé au mois de Septembre 1684, l'office de *lieutenant civil* du nouveau châtelet fut aussi supprimé & réuni à celui de l'ancien châtelet. Pour jouir du bénéfice de cette réunion, le Roi, par arrêt de son conseil du 14 Octobre 1684, ordonna que Jean le Camus, resté seul *lieutenant civil,* payeroit au tréforier des revenus casuels une somme de 100000 livres, au moyen de quoi la charge de *lieutenant civil* demeureroit fixée à 400000 liv. En 1710 elle a été fixée à 500000 livres. M. d'Argouges, maître des requêtes honoraire, a rempli dignement cette charge jusqu'en 1762, que M. d'Argouges son fils, maître des requêtes, qui en avoit déjà la survivance, lui a succédé.

Le *lieutenant civil* est donc le second officier du châlelet, & le premier des *lieutenans* de la prevôté & vicomté de Paris. C'est lui qui préside à toutes les assemblées du châtelet, soit pour réceptions d'officiers, enregistrement, & autres affaires de la compagnie.

C'est lui qui préside à l'audience du parc civil, qui recueille les opinions, & prononce les jugemens, lors même que le prevôt de Paris y vient prendre place.

Il donne aussi audience les mercredi & samedi en la chambre civile, où il n'est assisté que du plus ancien des avocats du Roi.

Toutes les requêtes en matieres civiles sont adressées au prevôt de Paris ou au *lieutenant civil.*

Il répond en son hotel les requêtes à fin de permission d'assigner dans un délai plus bref que celui de l'ordonnance, ou à fin de permission de saisir, & autres semblables, ou pour être reçu appellant desdites sentences des juges ressortissans au présidial ; c'est aussi lui qui fait les rôles des causes d'appel qui se plaident le jeudi au présidial.

Il juge pareillement en son hotel les contestations qui s'elevent à l'occasion des scellés, inventaires; & le rapport qui lui en est fait par les officiers, s'appelle *référé.*

Les procès-verbaux d'assemblée de parens pour les affaires des mineurs, ou de ceux que l'on fait interdire, & les procès-verbaux tendans au jugement d'une demande & séparation se font aussi en son hotel.

On lui porte aussi en son hotel les testamens trouves cachetés après la mort des testateurs, à l'effet d'être ouverts en sa présence, & en celle des parties intéressées, pour être ensuite le testament déposé chez le notaire qui l'avoit en dépôt, ou au cas qu'il n'y en eût point, chez le notaire qu'il lui plait de committre. (*A*)

LIEUTENANT CRIMINEL, est un magistrat établi dans un siege royal pour connoître de toutes les affaires criminelles.

Le premier *lieutenant criminel* fut établi au châtelet de Paris.

On a déjà observé dans l'article précédent, qu'anciennement le prevôt de Paris n'avoit point de *lieutenant*; que cela lui étoit défendu, sinon en cas d'absence, de maladie, ou autre empêchement, & que dans ces cas mêmes, il n'en pouvoit commettre que pour le tems où cela étoit nécessaire.

Il ne commettoit d'abord qu'un seul lieutenant qui expédioit en son absence toutes les affaires tant civiles que criminelles. Dans la suite il en commit un pour le civil, & un pour le criminel. Il paroît que cela se pratiquoit déjà ainsi dès 1337, puisque l'on trouve dès-lors un *lieutenant* du prevôt de Paris, distingué par le titre de *lieutenant civil*.

Le premier *lieutenant criminel* connu est Pierre de Lieuvits en 1343. Il y en avoit en 1366, 1395, 1405, 1407, 1418; celui qui l'étoit en 1432, l'étoit encore en 1436, ce qui fait connoître que ces *lieutenans* étoient devenus ordinaires, ce qui a été par rapport à l'office de *lieutenant civil*.

L'ordonnance de 1454, *art.* 87, ayant permis au prevôt de Paris de commettre des *lieutenans* indéfiniment, pourvû que ce fût par le conseil de son siege, il est à croire que cela fut observé ainsi pour l'office de *lieutenant criminel*.

Il fut ensuite défendu au prevôt de Paris, par l'ordonnance de 1493, *art.* 73, de révoquer les *lieutenans*, sans cause raisonnable, dont le roi se réserva la connoissance, au moyen de quoi depuis ce tems ces *lieutenans* du prevôt de Paris ne furent plus de simples commis du prevôt, mais des officiers en titre.

Le premier *lieutenant criminel* qui fut pourvû en titre, en conséquence de ce réglement, fut Jean de la Porte, en 1494.

En 1529, Jean Morin qui possédoit l'office de *lieutenant général* en la conservation, fut pourvû de la charge de *lieutenant criminel*, & obtint des lettres de compatibilité.

La chambre ordonnée par François I. en 1533, pour la police de Paris, & obvier au danger de la peste, consulta entr'autres personnes le *lieutenant criminel* de la prevôté de Paris, pour faire un réglement.

Jacques Tardieu dont l'histoire est connue, fut reçû *lieutenant criminel* le 31 Mars 1635, & exerça jusqu'au 24 Août 1665, que ce magistrat & sa femme furent assassinés dans leur hôtel, rue de Harlay, par deux voleurs.

Le roi ayant par édit du mois de Février 1674, divisé le châtelet en deux sieges différens, l'un appellé l'ancien châtelet, l'autre le nouveau; il créa pour le nouveau châtelet un office de *lieutenant criminel* qui subsista jusqu'au mois de Septembre 1684, que le nouveau châtelet ayant été supprimé & incorporé à l'ancien, l'office de *lieutenant criminel* du nouveau châtelet fut aussi réuni à l'ancien, moyennant une finance de 50000 liv. au moyen de quoi l'office de *lieutenant criminel* fut fixé à 200000 liv. par arrêt du Conseil du 14 Octobre 1684; il avoit depuis été fixé à 250000 liv. par un autre arrêt du conseil, du 24 Novembre 1699, & lettres sur ledit arrêt, en forme d'édit des mêmes mois & an, registrées au parlement le 15 Décembre suivant; & en consé-quence MM. le Conte & Negre l'avoient acquis sur le pié de 250000 liv. mais par arrêt du conseil du 18 Mars 1755, revêtu depuis de lettres-patentes du 29 Novembre 1756, le roi pour faciliter l'acquisition de cette charge à M. de Sartine, depuis lieutenant général de police, & maître des requêtes, a réduit & modéré à la somme de 100000 liv. toutes les finances qui pouvoient en avoir été payées ci-devant, & s'est chargé de rembourser le surplus montant à 150000 liv.

Le *lieutenant criminel* du châtelet est le juge de tous les crimes & délits qui se commettent dans la ville & faubourgs, prevôté & vicomté de Paris, même par concurrence & prévention avec le *lieutenant criminel* de robe-courte, des cas qui sont de la compétence de cet officier.

Dans le cas où le *lieutenant criminel* est juge en dernier ressort, il doit avant de procéder à l'instruction, faire juger sa compétence en la chambre du conseil.

Il donne audience deux fois la semaine, les mardi & vendredi, dans la chambre criminelle, où il n'est assisté d'aucuns conseillers, mais seulement d'un des avocats du roi; on y plaide les matieres de petit criminel, c'est-à-dire celles où il s'agit seulement d'injures, rixes & autres matieres legeres qui ne méritent pas d'instruction.

Il préside aussi en la chambre criminelle au rapport des procès criminels qui y sont jugés avec les conseillers de la colonne qui est de service au criminel.

Le *lieutenant criminel* a toujours un exempt de la compagnie de robe-courte, avec 10 archers qui font le service auprès de lui en habit d'ordonnance, dans l'intérieur de la jurisdiction, pour être à portée d'exécuter sur-le-champ ses ordres, cet exempt ne devant point quitter le magistrat. Il y en a un autre aussi à ses ordres, pour exécuter les decrets; ce dernier exempt réunit ordinairement la qualité d'huissier, afin de pouvoir écrouer.

Outre l'huissier audiencier qui est de service auprès du *lieutenant criminel*, ce magistrat a encore trois autres huissiers, l'un à cheval, & les deux autres à verge, qui dans l'institution devoient le venir prendre en son hôtel, & l'accompagner en son hôtel; mais dans l'usage présent ils se trouvent seulement à l'entrée du tribunal où ils accompagnent le *lieutenant criminel* jusqu'à son cabinet, & restent auprès de lui pour prendre ses ordres.

Il paroît par l'édit de François I. du 14 Janvier 1522, portant création des *lieutenans criminels*, en titre d'office; qu'avant cette création il y avoit déjà des *lieutenans* criminels dans quelques sieges autres que la prevôté de Paris; le motif que cet édit donne de la création des *lieutenans criminels*, est que le roi avoit reçu de grandes plaintes du défaut d'expédition des procès criminels; l'édit créa donc un *lieutenant criminel* dans chaque bailliage, sénéchaussée, prevôté & baillie, & autres jurisdictions du royaume, pour connoître de tous cas, crimes, délits & offenses qui seroient commis dans le siege où il seroit établi, & dans son ressort.

Cet édit n'eut pas d'abord sa pleine & entiere exécution; quelques-uns de ces offices furent remplis du tems de François I. & d'Henri II. ce dernier défendit même aux *lieutenans criminels*, par l'édit des présidiaux, d'assister au jugement des procès civils.

Mais plusieurs *lieutenans* généraux trouverent le moyen de se faire pourvoir de l'office de *lieutenant criminel*, pour l'exercer avec leur office de *lieutenant général*, civil & particulier, & obtinrent des dispenses à cet effet; d'autres firent supprimer pour leur siege l'office de *lieutenant criminel*, pour connoître de toutes matieres civiles & criminelles; il intervint à ce sujet plusieurs jugemens & déclarations pour la compatibilité de ces offices, ou des fonctions civiles & criminelles.

Henri II. trouvant qu'il y avoit en cela de grands inconvéniens, par un édit du mois de Mai 1552, ordonna que l'édit de 1522 seroit exécuté selon sa forme & teneur, en conséquence que dans chaque bailliage, sénéchauffée, prevôté & jurifdiction préfidiale, il y aura un juge & magiftrat criminel, lequel avec le *lieutenant* particulier, & les conseillers établis en chaque préfidial, qu'il appellera selon la gravité & poids des matieres, connoîtra privativement à tous autres juges, de toutes affaires criminelles, sans qu'il puisse tenir aucun office de *lieutenant* général, civil ni particulier, ni assister au jugement d'aucun procès civil ; cependant depuis on a encore uni dans quelques sieges les fonctions de *lieutenant criminel* à celles du *lieutenant* général.

L'édit de 1552 déclare que le roi n'entend pas priver les prevôts étant ès villes où sont établis les sieges préfidiaux, de l'exercice & autorité de la juftice civile & criminelle qui leur appartient au-dedans des limites de leur prevôté.

Henri II. fit le même établissement pour la Bretagne, par un autre édit daté du même tems.

La déclaration du mois de Mai 1553, portant réglement sur les différends d'entre les *lieutenans criminels* & les autres officiers des préfidiaux, leur attribue privativement à tous autres, la connoissance des lettres de rémission & pardon, des appellations en matiere criminelle interjettées des juges subalternes, des procès crminels où les parties sont reçues en procès ordinaire, ce qui a été confirmé par plusieurs autres déclarations.

Lorsque les prevôts des maréchaux provinciaux furent supprimés par l'édit de Novembre 1544, on attribua aux *lieutenans criminels* établis dans les préfidiaux, & aux *lieutenans* particuliers des autres sieges, la connoissance des délits dont connoissoient auparavant ces prevôts des maréchaux.

Le même édit ordonne que les *lieutenans criminels* feront tous les ans des chevauchées avec leurs *lieutenans* de robe-courte, archers & sergens extraordinaires, pour la recherche des malfaiteurs.

Sur les fonctions des *lieutenans criminels*, *Voyez* Joly, *tom. I. liv. iij. tit. 10. le traité de la police*, par Delamare, *le recueil des ordonnances de la troisieme race*, Neron, Fontanon. *Voyez aussi l'article* LIEUTENANT CRIMINEL DE ROBE-COURTE. (*A*)

LIEUTENANT CRIMINEL DE ROBE COURTE du châtelet de Paris, est un des quatre *lieutenans* du prevôt de cette ville. Il est reçu au parlement comme le prevôt & les autres *lieutenans* ; & c'est le doyen des conseillers de la grande chambre qui va l'installer au châtelet, où il fiege l'épée au côté, & avec une robe plus courte que la robe ordinaire des magiftrats.

Il seroit assez difficile de fixer le tems de sa création, son établissement étant fort ancien. Cette charge n'a été d'abord exercée que par commission ; ce fut Henri II., qui par un édit de 1554, la créa en titre d'office ; il n'y eut originairement que vingt archers pour l'exercice de cette charge ; mais par la suite des tems le nombre des officiers & archers en a été considérablement augmenté. Il paroît par un édit de François I. de 1526, & différens édits de Henri II. & sur-tout celui de 1554, que le nombre des habitans de Paris qui étoit considérable dès ce tems-là, est ce qui a donné lieu à la création de cette charge. Par ces différens édits, il est enjoint au *lieutenant criminel de robe courte* de faire des chevauchées dans les rues, & de visiter les tavernes, & mauvais lieux de la ville & faubourgs de Paris ;

& enfin d'arrêter tous gens malvivans pour en être fait justice.

La compagnie du *lieutenant criminel de robe courte* est spécialement attachée au parlement pour lui prêter main forte dans l'exécution de ses arrêts, en matiere criminelle ; c'est par cette raison que la garde de Damiens lui fut remise le jour de son exécution.

Le *lieutenant criminel de robe courte* du châtelet de Paris, n'est point de la même classe que les *lieutenans criminels de robe courte* qui furent créés par la suite. Il existoit long-tems avant eux, & ces derniers ne furent créés que pour remplacer les prevôts criminels provinciaux, qui furent supprimés, & auxquels on n'accordoit d'autre attribution que celle des prevôts supprimés. L'on ne voit rien de semblable dans les différens édits de création du *lieutenant criminel de robe courte* du châtelet de Paris. Ses fonctions sont illimitées ; il paroît être chargé de la pourfuite de toutes sortes de crimes & délits ; il instruit ses procès sans afesseur, & les juge à la chambre criminelle du châtelet. Il n'y a point de procureur du roi particulier pour lui ; c'est celui du châtelet qui en fait les fonctions, comme procureur du roi de cette juridiction : auffi les *lieutenans criminels de robe courte* ayant été supprimés, & les prevôts rétablis, il fut dit par l'édit de Henri II. de 1555, que la suppression des *lieutenans criminels de robe courte* ne regardoit point celui du châtelet de Paris ; & il fut par le même édit maintenu & conservé dans ses fonctions ; il y fut même augmenté : car cet édit le charge de tenir la main à la punition des contrevenans aux arrêts, réglemens & ordonnances faits pour la police de Paris, & sur les abus, malversations & monopoles qui pourroient avoir été commis, tant par les débardeurs & déchargeurs de foin, de bois, & autres denrées qui se defcendent & amenent par eau & par terre en cette ville, quefur les particuliers qui les conduiroient ; & ce par concurrence avec les juges à qui la connoissance en appartient.

Lors de la rédaction de l'ordonnance criminelle de 1670, le *lieutenant criminel de robe courte* étoit dans la jouissance de connoître à la charge de l'appel de toutes sortes de crimes & délits qui se commettoient dans l'étendue de la ville, prevôté & vicomté de Paris ; il y a même des arrêts rendus sur l'appel de ses jugemens dans toute espece de cas ; & comme cette ordonnance déterminoit la matiere des fonctions des prevôts des maréchaux & *lieutenans criminels de robe courte*, en les reserrant dans de certaines bornes. Il sembloit que le *lieutenant criminel de robe courte* du châtelet de Paris par sa seule dénomination devoit être enveloppé dans cette modification ; néanmoins il en fut excepté, & par l'article 28 du titre deuxieme de ladite ordonnance, il est dit : » entendons n'en innover aux droits & fonctions de » notre *lieutenant criminel de robe courte* du châtelet de » Paris.

L'édit de 1691 portant réglement entre le *lieutenant criminel* du châtelet, & celui *de robe courte*, fixe les cas dont celui-ci peut connoître à charge de l'appel, enforte qu'il semble être devenu différent de ce qu'il étoit auparavant ; cependant depuis cet édit, l'on a vu le *lieutenant criminel de robe courte* connoître & juger, à la charge de l'appel, dans des cas de toutes autres especes que ceux déterminés par cet édit ; & les arrêts qui sont intervenus en conséquence ont confirmé sa procédure, suivant cet édit.

Le *lieutenant criminel de robe courte* doit commettre tous les mois un exempt & dix archers pour exécuter les decrets décernés par le *lieutenant criminel* de, même un plus grand nombre s'il étoit nécessaire.

En cas d'absence du *lieutenant criminel de robe courte*, ou légitime empêchement, c'est un des *lieutenans*

tenans particuliers qui fait fes fonctions ; & s'il arrive quelque conteftation entre le *lieutenant criminel* de robe longue & celui de *robe courte* au fujet de leurs fonctions, c'eft au parlement à qui la connoiffance en eft refervée aux termes du même édit.

Les quatre *lieutenans* & le guidon de fa compagnie peuvent recevoir plainte, & informer dans tous les cas de fa compétence, fuivant l'édit de 1682.

Les officiers & archers de la compagnie du *lieutenant criminel de robe courte* font pourvus par le roi fur fa nomination, & font reçus par lui. Il y a un commiffaire & contrôleur des guerres particuliers pour la revûe de fa compagnie, & elle fe fait devant lui feul. (*A*)

LIEUTENANT PARTICULIER, eft un magiftrat établi dans certains fiéges royaux, qui a rang après le *lieutenant* général ; on l'appelle *particulier* pour le diftinguer du *lieutenant* général, qui par le titre de fon office a droit de préfider par-tout où il fe trouve, au lieu que le *lieutenant particulier* préfide feulement à certaines audiences, ou en l'abfence du *lieutenant* général.

Au châtelet de Paris il y a deux offices de *lieutenant particulier*, l'un créé par édit du mois de Mai 1544, l'autre qui fut créé pour le nouveau châtelet en 1674, & qui a été confervé nonobftant la réunion faite des deux châtelets en 1684.

Jufqu'en 1586 les *lieutenans particuliers* avoient été également affeffeurs civils & criminels, en cette qualité ils fubftituoient & remplaçoient les *lieutenans* criminels, auffi-bien que les *lieutenans* civils. Au mois de Juin 1586, Henri III. donna un édit par lequel il démembra des offices de *lieutenans particuliers*, la connoiffance des matieres criminelles, & créa des affeffeurs criminels pour connoître des crimes, & fubftituer & remplacer les *lieutenans* criminels : on attribua auffi à ces offices d'affeffeurs criminels le titre de *premier confeiller au civil*, pour en l'abfence des *lieutenans* civils & *particuliers*, & de l'affeffeur civil, les remplacer & fubftituer.

Ces offices d'affeffeurs criminels furent depuis fupprimés par déclaration du 23 Mars 1588, & enfuite retablis par édit du mois de Juin 1596 ; ce dernier édit ne parle que des fonctions d'affeffeurs criminels, & non de premier confeiller en la prevôté.

Depuis, fuivant un accord fait entre les confeillers du châtelet le 26 Novembre 1604, & deux arrêts du confeil des 27 Novembre 1604 & 29 Novembre 1605, l'office d'affeffeur criminel fut uni à celui de *lieutenant particulier* général.

Les *lieutenans particuliers* préfident alternativement de mois en mois, l'un à l'audience du préfidial, l'autre à la chambre du confeil ; & en l'abfence des *lieutenans* civil de police & criminel, ils les remplacent dans leurs fonctions.

Celui qui préfide à la chambre du confeil, tient tous les mercredis & famedis, à la fin du parc civil, l'audience de l'ordinaire, & enfuite celle des criées.

Ils peuvent avant l'audience rapporter en la chambre du confeil, & en la chambre criminelle, les procès qui leur ont été diftribués.

Il y a un femblable office de *lieutenant particulier* dans chaque bailliage ou fénéchauffée, & dans plufieurs autres jurifdictions royales, ordinaires, qui préfide en l'abfence du *lieutenant* général.

Il y a auffi un *lieutenant particulier* en la table de marbre. (*A*)

LIEUTENANT GENERAL DE POLICE, ou LIEUTENANT DE POLICE, (*Jurifp.*) eft un magiftrat établi à Paris & dans les principales villes du royaume, pour veiller au bon ordre, & faire exécuter les réglemens de police ; il a même le pouvoir de rendre des ordonnances, portant réglement dans les matieres de police qui ne font pas prévûes par les ordonnances, édits & déclarations du roi, ni par les arrêts & réglemens de la cour, ou pour ordonner l'exécution de ces divers réglemens relativement à la police. C'eft à lui qu'eft attribuée la connoiffance de tous les quafi-délits en matiere de police, & de toutes les conteftations entre particuliers pour des faits qui touchent la police.

Le premier *lieutenant de police* eft celui qui fut établi à Paris en 1667 ; les autres ont été établis à l'inftar de celui de Paris en 1669.

Anciennement le prevôt de Paris rendoit la juftice en perfonne avec fes confeillers, tant au civil qu'au criminel ; il régloit auffi de même tout ce qui regardoit la police.

Il lui étoit d'abord défendu d'avoir des *lieutenans*, finon en cas de maladie ou autre empêchement, & dans ce cas il ne commettoit qu'un feul *lieutenant*, qui régloit avec les confeillers tout ce qui regardoit la police.

Lorfque le prevôt de Paris commit un fecond *lieutenant* pour le criminel, cela ne fit aucun changement par rapport à la police, attendu que ces *lieutenans* civils & criminels n'étoient point d'abord ordinaires (ils ne le devinrent qu'en 1454) ; d'ailleurs le prevôt de Paris jugeoit en perfonne avec eux toutes les caufes de police, foit au parc civil ou en la chambre criminelle, fuivant que cela fe rencontroit.

L'édit de 1493 qui créa en titre d'office les *lieutenans* du prevôt de Paris, fit naître peu de tems après une conteftation entre le *lieutenant* civil & le *lieutenant* criminel pour l'exercice de la police ; car comme cette partie de l'adminiftration de la juftice eft mixte, c'eft-à-dire qu'elle tient du civil & du criminel, le *lieutenant* civil & le *lieutenant* criminel prétendoient chacun qu'elle leur appartenoit.

Cette conteftation importante demeura indécife entre eux, depuis 1500 jufqu'en 1630 ; & pendant tout ce tems ils exercerent la police par concurrence, ainfi que cela avoit été ordonné par provifion, par un arrêt du 18 Février 1515, d'où s'enfuivirent de grands inconvéniens.

Le 12 Mars 1630 le parlement ordonna que le *lieutenant* civil tiendroit la police deux fois la femaine ; qu'en cas d'empêchement de fa part, elle feroit tenue par le *lieutenant* criminel, ou par le *lieutenant* particulier.

Les droits de prérogatives attachés au magiftrat de police de la ville de Paris, furent réglés par un édit du mois de Décembre de l'année 1666, lequel fut donné à l'occafion des plaintes qui avoient été faites du peu d'ordre qui étoit dans la police de la ville & fauxbourgs de Paris. Le roi ayant fait rechercher les caufes d'où ces défauts pouvoient procéder, & ayant fait examiner en fon confeil les anciennes ordonnances & réglemens de police, ils fe trouverent fi prudemment concertés, que l'on crut qu'en apportant leur application & les foins néceffaires pour leur exécution, la police pourroit être aifément retablie. Le préambule de cet édit annonce auffi que les ordres qui avoient été donnés, le nettoyement des rues avoit été fait avec exactitude ; que comme le défaut de la fûreté publique expoferoit les habitans de Paris à une infinité d'accidens, S. M. avoit donné fes foins pour la rétablir, & pour qu'elle fût entiere, S. M. venoit de redoubler la garde ; qu'il falloit auffi pour cet effet régler le port d'armes, & prévenir la continuation des meurtres, affaffinats, & violences qui fe commettoient journellement, par la licence que des perfonnes de toute qualité fe donnoient de porter des armes, même de celles qui font le plus étroitement défendues ; qu'il étoit auffi néceffaire de donner aux officiers de police un pouvoir plus abfolu fur les vagabonds & gens fans aveu, que celui qui eft porté par les anciennes ordonnances.

Cet édit ordonne enfuite l'exécution des anciennes ordonnances & arrêts de réglement touchant le nettoyement des rues, il enjoint au prevôt de Paris, fes *lieutenans*, commiffaires du châtelet, & à tous autres officiers qu'il appartiendra d'y tenir la main.

L'édit défend la fabrication & le port des armes prohibées dont il fait l'énumération. Il eft enjoint à ceux qui en auront à Paris de les remettre entre les mains du commiffaire du quartier, & dans les provinces, entre les mains des officiers de police.

Il eft dit que les foldats des gardes françoifes & fuifles ne pourront vaguer la nuit hors de leur quartier ou corps-de-garde, s'ils font en garde, à fix heures du foir depuis la Touffaints, & à neuf heures du foir depuis Pâques, avec épées ou autres armes, s'ils n'ont ordre par écrit de leur capitaine, à peine des galeres; à l'effet de quoi leur procès leur fera fait & parfait par les juges de police; & que pendant le jour ces foldats ne pourront marcher en troupe ni être enfemble hors de leur quartier en plus grand nombre que quatre avec leurs épées.

Les Bohémiens ou Egyptiens, & autres de leur fuite, doivent être arrêtés prifonniers, attachés à la chaîne, être conduits aux galeres pour y fervir comme forçats, fans autre forme ni figure de procès; & à l'égard des femmes & filles qui les accompagnent & vaguent avec eux, elles doivent être fouettées, flétries & bannies hors du royaume; & l'édit porte que ce qui fera ordonné à cet égard par les officiers de police, fera exécuté comme jugement rendu en dernier reffort.

Il enjoint auffi aux officiers de police d'arrêter ou faire arrêter tous vagabonds, filoux & gens fans aveu, & de leur faire & parfaire le procès en dernier reffort, l'édit leur en attribuant toute cour, jurifdiction & pouvoir à ce néceffaires, nonobftant tous édits, déclarations, arrêts & reglemens à ce contraires, auxquels il eft dérogé par cet édit; & il eft dit qu'on réputera gens vagabonds & fans aveu ceux qui n'auront aucune profeffion ni métier, ni aucuns biens pour fubfifter, qui ne pourront faire certifier de leurs bonne vie & mœurs par perfonnes de probité connues & dignes de foi, & qui foient de condition honnête.

La déclaration du 27 Août 1701, a confirmé le *lieutenant général de police* dans le droit de juger en dernier reffort les mendians, vagabonds & gens fans aveu; mais il ne peut les juger qu'avec les officiers du châtelet au nombre de fept.

L'édit de 1666 regle auffi l'heure à laquelle les colleges, académies, cabarets & lieux où la bierre fe vend à pot, doivent être fermés.

Il eft dit que les ordonnances de police pour chaffer ceux chez lefquels fe prend & confomme le tabac, qui tiennent académies, brelans, jeux de hafard, & autres lieux défendus, feront exécutés; & qu'à cet effet la publication en fera renouvellée.

Défenfes font faites à tous princes, feigneurs & autres perfonnes, de donner retraite aux prévenus de crimes, vagabonds & gens fans aveu.

L'édit veut que la police générale foit faite par les officiers ordinaires du châtelet en tous les lieux prétendus privilégiés, ainfi que dans les autres quartiers de la ville, fans aucune différence ni diftinction; & qu'à cet effet le libre accès leur y foit donné: qu'à l'égard de la police particuliere, elle fera faite par les officiers qui auront prévenu; & qu'en cas de concurrence, la préférence appartiendra au prevôt de Paris. Il fut néanmoins ajouté par l'arrêt d'enregiftrement, qu'à l'égard de la police, la concurrence ni la prévention n'auroit pas lieu dans l'étendue de la jurifdiction du bailliage du palais.

Enfin, il eft encore enjoint par le même édit à tous compagnons chirurgiens, qui travaillent en chambre, de fe retirer chez les maitres, & aux maitres, de tenir boutique ouverte; comme auffi de déclarer au commiffaire du quartier les bleffés qu'ils auront panfés chez eux ou ailleurs, pour en être fait par le commiffaire fon rapport à la police, le tout fous les peines portées par cet édit, ce qui doit auffi être obfervé à l'égard des hôpitaux, dont l'infirmier ou adminiftrateur qui a le foin des malades doit faire fa déclaration au commiffaire du quartier.

C'eft ainfi que la compétence des officiers de police étoit déjà reglée, lorfque par édit du mois de Mars 1667, Louis XIV. fupprima l'office de *lieutenant* civil qui exiftoit alors, & créa deux nouveaux offices, l'un de *lieutenant* civil, l'autre de *lieutenant de police*, pour être remplis par deux différens officiers. Il regla par ce même édit la compétence de chacun de ces deux officiers.

Suivant cet édit, le *lieutenant de police* connoît de la fureté de la ville, prevôté & vicomté de Paris, du port d'armes prohibées par les ordonnances, du nettoyement des rues & places publiques, circonftances & dépendances; c'eft lui qui donne les ordres néceffaires en cas d'incendie & inondation: il connoît pareillement de toutes les provifions néceffaires pour la fubfiftance de la ville, amas & magafins qui en peuvent être faits, de leur taux & prix, de l'envoi des commiffaires & autres perfonnes néceffaires fur les rivieres pour le fait des amas de foin, botelage, conduite & arrivée à Paris. Il regle les étaux des boucheries & leur adjudication; il a la vifite des halles, foires & marchés, des hôtelleries, auberges, maifons garnies, brelans, tabacs, & lieux mal fermés; il connoît auffi des affemblées illicites, tumultes, féditions & defordres qui arrivent à cette occafion, des manufactures & de leur dépendance, des élections des maîtres & des gardes des fix corps des marchands, des brevets d'apprentiffages, réception des maîtres, de la réception des rapports, des vifites, des gardes des marchands & artifans, de l'exécution des leurs ftatuts & reglemens, des renvois des jugemens ou avis du procureur du roi du châtelet fur le fait des arts & métiers; il a le droit d'étalonner tous les poids & balances de toutes les communautés de la ville & fauxbourgs de Paris, à l'exclufion de tous autres juges; il connoît des contraventions commifes à l'exclufion des ordonnances, ftatuts & reglemens qui concernent l'imprimerie, en l'impreffion des livres & libelles défendus, & par les colporteurs qui les diftribuent; les chirurgiens font tenus de lui déclarer les noms & qualités des bleffés; il peut auffi connoître de tous les délinquans trouvés en flagrant délit en fait de police, leur faire le procès fommairement & les juger feul, à moins qu'il y ait lieu à peine afflictive, auquel cas il en fait fon rapport au préfidial; enfin, c'eft à lui qu'appartient l'exécution de toutes les ordonnances, arrêts & reglemens concernant la police.

Au mois de Mars 1674, le roi créa un nouveau châtelet, compofé fous les autres officiers d'un *lieutenant de police*, aux mêmes droits & fonctions que celui de l'ancien châtelet; mais attendu l'inconvénient qu'il y avoit à établir deux *lieutenans de police* dans Paris, le nouvel office fut réuni à l'ancien par déclaration du 18 Avril de la même année, pour être exercé fous le titre de *lieutenant général de police*.

Comme il arrivoit fréquemment des conflits de jurifdiction entre le *lieutenant général de police* & les prevôts des marchands & échevins de Paris, leur jurisdiction fut reglée par un édit du mois de Juin 1700.

Cet édit ordonne que le *lieutenant général de police* & les prevôt des marchands & échevins exercent, chacun en droit foi, la jurisdiction qui leur est attribuée par les ordonnances sur le commerce des blés & autres grains; qu'ils fassent exécuter à cet égard, ensemble les reglemens de police, comme ils avoient bien & dûement fait jusqu'alors; savoir, que le *lieutenant général de police* connoit dans toute l'étendue de la prevôté & vicomté de Paris, & même dans les huit lieues aux environs de la ville, de tout ce qui regarde la vente, livraison & voiture des grains que l'on y amene par terre, quand même ils auroient été chargés sur la riviere, pourvû qu'ils en ayent été déchargés par la suite sur la terre, à quelque distance que ce puisse être de la ville; comme aussi de toutes les contraventions qui pourroient être faites aux ordonnances & reglemens, quand même on prétendroit que les grains auroient été destinés pour cette ville, & qu'ils devroient y être amenés par eau, & ce jusqu'à ce qu'ils soient arrivés au lieu où on les doit décharger sur les rivieres qui y affluent. Les prevôt des marchands & échevins connoissent des autres cas de la vente, livraison & voiture des grains qui viennent par eau.

Ils ont aussi la connoissance de ce qui regarde la vente des vins qui viennent par eau; mais le *lieutenant général de police* a toute jurisdiction, police & connoissance de la vente & commerce qui se fait des vins lorsqu'ils sont amenés par terre à Paris, & des contraventions qui peuvent être faites aux ordonnances & reglemens de police, même sur ceux qui y ont été amenés par les rivieres, aussi-tôt qu'ils sont transportés des bateaux sur lesquels ils ont été amenés des ports & étapes de ladite ville, dans les maisons & caves des marchands de vin, & sans que les officiers de la ville puissent y faire aucunes visites, ni en prendre depuis aucune connoissance sous prétexte des mesures, ou sous quelque autre vue que ce puisse être.

Les prevôt des marchands & échevins connoissent de la voiture qui se fait par eau des bois mairain, & de charronage, & reglent les ports de la ville où ils doivent être amenés & déchargés; le *lieutenant de police* connoît de sa part de tout ce qui regarde l'ordre qui doit être observé entre les charrons & autres personnes qui peuvent employer lesdits bois de mairain & de charronage que l'on amene en la ville de Paris.

De même, quoique le bureau de la ville connoisse de tout ce qui regarde les conduites des eaux & entretien des fontaines publiques, le *lieutenant général de police* connoit de l'ordre qui doit être observé entre les porteurs d'eau, pour la puiser & pour la distribuer à ceux qui en ont besoin, ensemble de toutes les contraventions qu'ils pourroient faire aux reglemens de police; il peut aussi leur défendre d'en puiser en certains tems & en certains endroits de la riviere lorsqu'il le juge à propos.

Par rapport aux quais, le bureau de la ville a jurisdiction, pour empêcher que l'on n'y mette aucunes choses qui puissent empêcher la navigation sur la riviere, ou occasionner le dépérissement des quais dont la ville est chargée: du reste, le *lieutenant général de police* exerce sur les quais toute la jurisdiction qui lui est attribuée dans le reste de la ville, & peut même y faire porter les neiges lorsqu'il le juge absolument nécessaire pour le nettoyement de la ville & pour la liberté du passage dans les rues.

La publication des traités de paix se fait en présence des officiers du châtelet, & des prevôt des marchands & échevins, suivant les ordres que les roi leur en donne, & en la forme en laquelle elle a été faite à l'occasion des traités de paix conclus à Riswik.

Lorsqu'on fait des échafauds pour des cérémonies ou des spectacles que l'on donne, au sujet des fêtes & des réjouissances publiques, les officiers, tant du châtelet, que de l'hôtel-de-ville, exécutent chacun les ordres particuliers qu'il plait au roi de leur donner à ce sujet; & lorsqu'ils n'en ont point reçu, le *lieutenant général de police* a de droit l'inspection sur les échafauds, & donne les ordres qu'il juge nécessaires pour la solidité de ceux qui sont faits dans les rues & même sur les quais, & pour empêcher que les passages nécessaires dans la ville n'en soient embarrassés; les prevôt des marchands & échevins prennent le même soin, & ont la même connoissance sur ceux qui peuvent être faits sur le bord & dans le lit de la riviere, & dans la place de greve.

Lorsqu'il arrive un débordement d'eau, qui fait craindre que les ponts sur lesquels il y a des maisons bâties ne soient emportés, & que l'on ne puisse passer surement sur ces ponts, le *lieutenant général de police* & les prevôt des marchands & échevins donnent conjointement, concurremment, par prévention, tous les ordres nécessaires pour faire déloger ceux qui demeurent sur ces ponts & pour en fermer les passages; & en cas de diversité de sentimens, ils doivent se retirer sur le champ vers le parlement pour y être pourvû; & en cas que le parlement ne fût pas assemblé, ils doivent s'adresser à celui qui y préside pour être réglés par son avis.

Les teinturiers, dégraisseurs & autres ouvriers qui sont obligés de se servir de l'eau de la riviere pour leurs ouvrages, doivent se pourvoir pardevers les prevôt des marchands & échevins pour en obtenir la permission d'avoir des bateaux; mais lorsqu'ils n'ont pas besoin de bateaux, ils doivent se pourvoir seulement pardevers le *lieutenant général de Police*.

Ce magistrat connoît, à l'exclusion des prevôt des marchands & échevins, de ce qui regarde la vente & le débit des huitres, soit qu'elles soient amenées en cette ville par eau, ou par terre, sans préjudice néanmoins de la jurisdiction des commissaires du parlement, sur le fait de la marée.

Cet édit porte aussi, qu'il connoîtra de tout ce qui regarde l'ordre & la police, concernant la vente & le commerce du poisson d'eau-douce, que l'on amenera à Paris.

Il est enjoint au surplus par ce même édit de 1700 au *lieutenant général de police*, & aux prevôt des marchands & échevins, d'éviter autant qu'il leur est possible, toutes sortes de conflits de jurisdiction, de regler s'il se peut à l'amiable & par des conférences entre-eux, ceux qui seroient formés, & de les faire enfin régler au parlement le plus sommairement qu'il se pourra, sans qu'ils puissent rendre des ordonnances, ni faire de part & d'autre aucuns réglemens au sujet de ces sortes de contestations, ni sous aucun prétexte que ce puisse être.

Le *lieutenant général de police* a encore la connoissance & jurisdiction sur les recommandaresses & nourrices dans la ville & fauxbourgs de Paris; le préambule de la déclaration du 19 Janvier 1715 porte, que l'exécution du réglement que S. M. avoit fait sur cette matiere, regardoit naturellement le magistrat qui est chargé du soin de la police dans Paris, & que S. M. avoit jugé à-propos de réformer l'ancien usage, qui sans autre titre que la possession avoit attribué au lieutenant criminel du châtelet, la connoissance de ce qui concerne les fonctions des recommandaresses, pour réunir à la police une inspection qui en fait véritablement partie &

qui a beaucoup plus de rapport à la jurifdiction du *lieutenant général de police*, qu'à celle du lieutenant criminel.

Le dispositif de cette déclaration porte entr'autres choses, que dans chacun des quatre bureaux de recommandareffes, il y aura un registre qui sera paraphé par le *lieutenant général de police*. Que chacun de ces quatre bureaux sera sous l'inspection d'un des commissaires du châtelet, qui examinera & visera tous les mois les registres, & qu'en cas de contravention à cette déclaration, il en référera au *lieutenant général de police* pour y être par lui pourvû, ainsi qu'il appartiendra, & que chacun de ces registres lui sera représenté quatre fois l'année, même plus souvent, s'il le juge à-propos, pour l'arrêter & viser pareillement.

Les certificats que les recommandareffes donnent aux nourrices doivent être représentés à celles-ci à leur curé, qui leur en donne un certificat, & elles doivent l'envoyer au *lieutenant général de police*, lequel le fait remettre aux recommandareffes.

En cas que les peres & meres manquent à payer les mois dus aux nourrices, & de répondre à l'avis qui leur en a été donné, les nourrices doivent en informer, ou par elles-mêmes, ou par l'entremise du curé de leur paroisse, le *lieutenant général de police* qui y pourvoit sur le champ.

Les condamnations qu'il prononce contre les peres & meres, sont exécutées par toutes voies dûes & raisonnables, même par corps, s'il est ainsi ordonné par ce magistrat, ce qu'il peut faire en tout autre cas que celui d'une impuissance connue & effective ; la déclaration du premier Mars 1727 ordonne la même chose; cette derniere déclaration qui concerne les recommandareffes, nourrices, & les meneurs ou meneufes, rappelle aussi ce qui est dit dans celle de 1715, concernant la jurifdiction du *lieutenant général de police* sur les recommandareffes, & ajoute, que les abus qui s'étoient glissés dans leur fonction ont été réprimés, par les soins que ce magistrat s'étoit donnés pour faire exécuter la déclaration de 1715.

Il est enjoint par celle de 1727, aux meneurs ou meneufes, de rapporter un certificat de leur curé. Ces certificats doivent être enregistrés par les recommandareffes, & mis en liasse pour être visés par le *lieutenant général de police*, ou d'un commissaire au châtelet par lui commis.

Les meneurs ou menteufes de nourrices sont aussi tenus aux termes de cette même déclaration, d'avoir un registre paraphé du *lieutenant général de police*, ou d'un commissaire au châtelet par lui commis, pour y écrire les sommes qu'ils reçoivent pour les nourrices.

La déclaration du 23 Mars 1728 enjoint aux ouvriers qui fabriquent des bayonnettes à ressort, d'en faire leur déclaration au juge de police du lieu, & veut que ces ouvriers tiennent un registre de vente qui soit paraphé par le juge de police.

Cette déclaration a été suivie d'une autre du 25 Août 1737, qui est aussi intitulée, comme concernant le port d'armes, mais qui comprend de plus tout ce qui concerne la police de Paris, par rapport aux soldats qui s'y trouvent, l'heure de leur retraite, les armes qu'ils peuvent porter, la maniere dont ils peuvent faire des recrues dans Paris ; il est enjoint à cette occasion aux officiers, sergens, cavaliers, dragons & soldats, & à tous autres particuliers qui auront commission de faire des recrues à Paris, d'en faire préalablement leur déclaration au *lieutenant général de police*, à peine de nullité des engagemens ; enfin, il est dit que la connoissance de l'exécution de cette déclaration & des contraventions qui pourroient y être faites, appartiendra au *lieutenant général de police* de la ville de Paris ; sauf l'appel au parlement.

C'est par une suite & en vertu de cette déclaration, que le *lieutenant général de police* connoît de tout ce qui concerne le racolage & les engagemens forcés.

Ce magistrat a aussi concurremment avec les trésoriers de France, l'inspection & jurifdiction à l'occasion des maisons & bâtimens de la ville de Paris qui sont en péril imminent ; celui de ces deux tribunaux qui a prévenu demeure saisi de la contestation, & si les assignations sont du même jour, la préférence demeure au *lieutenant général de police* ; c'est ce qui résulte de deux déclarations du roi, l'une & l'autre du 18 Juillet 1729.

Toutes les contestations qui surviennent à l'occasion des bestiaux vendus dans les marchés de Sceaux & de Poissy, soit entre les fermiers & les marchands forains, & les bouchers & chaircuitiers, même des uns contre les autres, pour raison de l'exécution des marchés entre les forains & les bouchers, même pour cause des refus que pourroit faire le fermier, de faire crédit à quelques-uns des bouchers, sont portées devant le *lieutenant général de police*, pour y être par lui statué sommairement, & les ordonnances & jugemens sont exécutés par provision, sauf l'appel en la cour ; telle est la disposition de l'édit du mois de Janvier 1707, de la déclaration du 16 Mars 1755, & de l'arrêt d'enregistrement du 18 Août suivant.

Lorsque des gens sont arrêtés pour quelque léger délit qui ne mérite pas une instruction extraordinaire, & que le commissaire juge cependant à-propos de les envoyer en prison par forme de correction ; c'est le *lieutenant général de police* qui décide du tems que doit durer leur détention.

On porte aussi devant lui les contestations sur les saisies que les gardes des corps & communautés font sur ceux, qui sans qualités se mêlent du commerce & de la fabrication des choses dont ils ont le privilege, les discussions entre les différens corps & communautés pour raison de ces mêmes privileges.

Les commissaires reçoivent ses ordres pour l'exécution des réglemens de police, & lui font le rapport des contraventions qu'ils ont constatées, & en général de l'exécution de leurs commissions ; ces rapports se font en l'audience de la chambre de police, où il juge seul toutes les causes de sa compétence.

A l'audience de la grande police, qui se tient au parc civil ; il juge sur le rapport des commissaires, les femmes & les filles débauchées.

Enfin pour résumer ce qui est de la compétence de ce magistrat, il connoît de tout ce qui regarde le bon ordre & la sûreté de la ville de Paris ; de toutes les provisions nécessaires pour la subsistance de cette ville, du prix, taux, qualités, poids, balances & mesures, des marchandises, magasins & amas qui en sont faits ; il regle les étaux des bouchers, les adjudications qui en sont faites ; il a la visite des halles, foires, marchés, hôtelleries, brelands, tabagies, lieux malfamés ; il connoît des différends qui surviennent entre les arts & métiers, de l'exécution de leurs statuts & réglemens, des manufactures, de l'élection des maîtres & gardes des marchans, communautés d'artisans, brevets d'apprentissage du fait de l'Imprimerie, des libelles & livres défendus, des crimes commis en fait de police ; & il peut juger seul les coupables, lorsqu'il n'échet pas de peine afflictive ; enfin, il a l'exécution des ordonnances, arrêts & réglemens.

Les appellations de ses sentences se relevent au

parlement, & s'exécutent provisoirement, nonobstant opposition ou appellation.

Le procureur du roi du châtelet a une chambre particuliere, où il connoît de tout ce qui concerne les corps des marchands, arts & métiers, maîtrises, réceptions des maîtres & jurandes ; il donne ses jugemens qu'il qualifie d'avis, parce qu'ils ne sont exécutoires qu'après avoir été confirmés par sentence du *lieutenant général de police*, lequel a le pouvoir de les confirmer ou infirmer; mais s'il y a appel d'un avis, il faut relever l'appel au parlement.

Le *lieutenant général de police* est commissaire du roi pour la capitation & autres impositions des corps d'arts & métiers, & il fait en cette partie, comme dans bien d'autres, les fonctions d'intendant pour la ville de Paris.

Le roi commet aussi souvent le *lieutenant général de police* pour d'autres affaires qui ne sont pas de sa compétence ordinaire ; de ces sortes d'affaires, les unes lui sont renvoyées pour les juger souverainement & en dernier ressort à la bastille, avec d'autres juges commis ; d'autres, pour les juger au châtelet avec le présidial. Quelques-unes, mais en très-petit nombre, sont jugées par lui seul en dernier ressort, & la plus grande partie est à la charge de l'appel au conseil. (*A*)

LIEUTENANT DE ROBE COURTE est un officier qui porte une robe beaucoup plus courte que les autres, & qui siege l'épée au côté.

Au bailliage & capitainerie royal des chasses de la varenne du louvre, grande venerie & fauconnerie de France, il y a un *lieutenant de robe courte* qui siège après le lieutenant général en charge.

Il y a aussi des *lieutenans criminels de robe courte*, *voyez* LIEUTENANT CRIMINEL DE ROBE COURTE. (*A*)

LIEUTENANS GÉNÉRAUX, (*Art milit.*) dans l'artillerie, sont des officiers qui, sous les ordres du grand-maître, commandent à toute l'artillerie dans les provinces de leur département ; ils donnent les ordres à tous les *lieutenans* & commissaires provinciaux ; ils ont le droit de faire emprisonner ou interdire ceux des officiers qui peuvent faire des fautes dans l'exercice de leurs fonctions ; ils peuvent se faire donner les inventaires de toutes les munitions qui sont dans les magasins des places, toutes les fois qu'ils le jugent à-propos ; faire des tournées dans ces places deux fois l'année pour examiner les poudres & les autres munitions, & remédier à tout ce qui se trouvera défectueux, &c.

Les départemens de ces officiers sont l'Ile de France, la Picardie, le Boulonnois, Soissonnois, Flandre & Hainault ; les Trois-Evêchés, & les places de la Moselle & de la Sarre ; la Champagne, l'Alsace, duché & comté de Bourgogne ; le Lyonnois, Bresse & Bugey ; Dauphiné & Provence, Languedoc & Roussillon ; Guyenne, Navarre, Biscaye, Béarn, pays d'Aunis & Angoumois ; Bretagne, Touraine, Anjou & Maine ; la Normandie : ce qui fait en tout treize départemens pour toute l'étendue de la France.

LIEUTENANT GÉNÉRAL, (*Art milit.*) C'est dans le militaire de France un officier qui est immédiatement subordonné au maréchal de France. Le *lieutenant général* est le premier entre ceux qu'on appelle *officiers généraux* : c'est un grade où l'on parvient après être monté à celui de brigadier & ensuite à celui de maréchal de camp.

Les ordonnances de Louis XIV. données en 1703, considérant l'armée comme partagée en trois gros corps, savoir, de l'infanterie au centre & des deux ailes de cavalerie, de la droite & de la gauche, portent que trois *lieutenans généraux* auront le commandement de ces trois corps, c'est-à-dire qu'il y en aura

un pour l'infanterie, & les deux autres pour les ailes de la cavalerie.

Il y a ordinairement trois autres *lieutenans généraux* pour la seconde ligne, mais ils sont subordonnés à ceux de la première. S'il y a un plus grand nombre de *lieutenans généraux* dans une armée, ils servent sous les premiers, ou bien ils commandent des reserves ou des camps volans.

La garde d'un *lieutenant général* est de trente soldats avec un sergent, commandés par un *lieutenant*. Ses appointemens montent à quatre mille livres par mois de quarante-cinq jours, y compris le pain de munition, deux aides de camp & ses gardes.

Dans un siège, le *lieutenant général* de service est à la droite des attaques, & le maréchal de camp à la gauche.

En campagne, les *lieutenans généraux* ont alternativement un service ou un commandement qui dure un jour : c'est ce qu'on appelle parmi eux *être de jour*, ce qui veut dire le jour de service de ces officiers. Celui qui est de jour commande ou a le pas sur tous les autres *lieutenans généraux* de l'armée, quoique leur grade soit plus ancien.

Pour qu'un *lieutenant général* jouisse des droits & des prérogatives de sa place en campagne, il faut qu'il ait pour cet effet des lettres du roi, qu'on appelle *lettres de service*.

Pour servir avec distinction dans le grade de *lieutenant général*, il faut beaucoup d'expérience & de capacité. Les fonctions bien ou mal remplies de cet emploi, décident souvent du gain ou de la perte d'une bataille : le général ne pouvant point être partout, ni remédier à tout, c'est aux *lieutenans généraux* à prendre leur parti suivant que les circonstances l'exigent. Un *lieutenant général* intelligent qui verra un moment décisif pour battre l'ennemi, ne manquera pas d'en profiter ; s'il a moins de connoissance, il attendra les ordres du général, & il manquera l'occasion.

LIEUTENANT GÉNÉRAL, (*Hist. milit. de France.*) Ce fut en 1633, sous le regne de Louis XIII. qu'on commença à connoître en France le titre de *lieutenant général* dans les armées, n'y ayant auparavant que des maréchaux de camp, & même en fort petit nombre, sous les maréchaux de France. Melchior-Mitte de Chevrieres, marquis de Saint-Chamond, est le premier pour qui on trouve des pouvoirs de *lieutenant général*, en date du 6 Février de l'année 1633. Le P. Daniel ne l'a pas connu.

Leur nombre fut augmenté sous Louis XIV. à la guerre de 1667, & bien multiplié depuis la guerre de 1672. Cette institution étoit utile, 1°. pour mettre un grade entre le maréchal de camp & le maréchal de France, comme on en mit aussi par le grade de brigadier entre le colonel & le maréchal de camp, & pour soutenir l'ambition des officiers, en leur faisant voir de plus près les différens degrés d'honneur qui les attendent : 2°. parce que chacun de ces grades augmentant les fonctions de l'officier, le rend plus capable du commandement ; 3°. parce que les armées étant devenues plus nombreuses, il falloit plus d'officiers généraux à leurs divisions. *Henault*. (*D. J.*)

LIEUTENANT DE ROI, (*Art milit.*) c'est un officier qui, commande dans une place de guerre en l'absence du gouverneur, & immédiatement avant le major.

LIEUTENANT COLONEL, (*Art milit.*) c'est le second officier d'un régiment ; il est avant tous les capitaines, & commande le régiment en l'absence du colonel.

C'est le roi qui choisit ordinairement les *lieutenans colonels* parmi les officiers de service qui ont donné en plusieurs occasions des marques de valeur & de conduite, parce que le régiment roule presque toujours sous la discipline du *lieutenant colonel*. Les colonels, pour l'ordinaire, *étant de jeunes gens de qualité qui pensent moins au service qu'à leurs plaisirs*, on prend communément pour cet emploi, lorsqu'il vient à vaquer, le plus ancien capitaine, parce qu'il est rare qu'étant parvenu à cette ancienneté, il n'ait pas toutes les qualités convenables pour s'en bien acquitter. Il doit être actif, vigilant, & connoître toutes les fonctions des différentes charges du régiment, afin de savoir si ceux qui les possedent s'en acquittent bien; il doit savoir la force de chaque compagnie pour employer les meilleurs hommes dans les occasions, ou il faut qu'il soit assuré de la valeur de sa troupe ; il doit tenir la main à la discipline du régiment , savoir attaquer & défendre un poste qui lui est confié, s'y retrancher selon le terrein & la conséquence du poste ; savoir mener un régiment au combat, faire une retraite quand il y est forcé, & donner à son bataillon les différentes formes, selon qu'il est attaqué dans le combat ou dans la retraite. Au siège d'une place, il fait, dans l'absence du colonel, les mêmes fonctions, qui sont de faire défense à tous soldats du régiment de sortir du camp la veille du jour qu'il doit monter la garde de la tranchée ; & après avoir reçu l'ordre du lieutenant général ou du maréchal de camp qui est de jour, il conduit le régiment dans les postes, pour relever les autres ; il marche à l'endroit de l'attaque le plus à couvert qui lui est possible. Lorsqu'il est arrivé, il visite les travaux , fait exécuter les ordres qu'il a reçus, & prend un grand soin des officiers & des soldats : son poste est à la gauche du colonel lorsque le régiment n'a qu'un bataillon ; car quand il est de plusieurs, le colonel commande le premier, & le *lieutenant colonel* le second. *Maximes & instructions sur l'art militaire*, par M. de Quincy.

Dans le régiment des gardes françoises, celui qui commande la colonelle sous le colonel, porte le titre de *capitaine-lieutenant commandant la colonelle*. Dans le corps de cavalerie étrangere, le *lieutenant colonel* est le premier capitaine du régiment qui le commande en l'absence du colonel. Dans les régimens françois de cavalerie, c'est le major qui fait les fonctions de *lieutenant colonel*, & qui en a les prérogatives.

Comme la charge de *lieutenant colonel* est considérable & importante, & qu'elle est exercée par des officiers de mérite & d'expérience, le roi y a ajoûté des distinctions qui font marquées dans les ordonnances.

Il y dispense les *lieutenans colonels* des régimens d'infanterie de monter la garde dans les places ; il ordonne que bien que les colonels soient présens au corps, les *lieutenans colonels* auront le choix des logemens préférablement aux capitaines, sans qu'ils soient obligés de les tirer avec eux. Qu'en outre, il leur soit loisible de choisir, après les colonels, celui des quartiers dans lesquels ils viendront descendre, encore bien que leurs compagnies ne s'y trouvent point logées. Que quand les régimens seront en bataille, & que les colonels seront présens à la tête, les *lieutenans colonels* conserveront le pas devant tous les capitaines. Qu'en l'absence des colonels, ils auront commandement sur tous les capitaines de leurs régimens ; &, qu'ils commanderont le second bataillon quand le colonel sera présent pour commander le premier.

Il est encore ordonné que les *lieutenans colonels* des régimens de cavalerie, en l'absence des mestres-decamp, & sous leur autorité en leur préséance, commanderont lesdits régimens de cavalerie, & ordonneront à tous les capitaines des compagnies & à tous les officiers desdits régimens, ce qu'ils auront à faire pour le service de sa majesté, & pour le maintien & rétablissement desdites compagnies ; & que partout où ils se trouveront, ils commanderont à tous capitaines & majors de cavalerie. *Histoire de la milice françoise*.

LIEUTENANT, (*Art. milit.*) dans une compagnie de cavalerie, d'infanterie & de dragons, c'est le second officier ; il commande en l'absence du capitaine, & il a le même pouvoir que lui dans la compagnie.

Quand une compagnie d'infanterie est en ordonnance, le *lieutenant* se porte à la gauche du capitaine, & à la droite, si l'enseigne s'y rencontre.

Il y a des *lieutenans* en pié & des réformés ; les rangs de ceux-ci sont réglés par les ordonnances à-peu-près de la même maniere que ceux des colonels & capitaines en pié, avec les colonels & capitaines réformés.

LIEUTENANT GÉNÉRAL DES ARMÉES NAVALES, (*Art milit.*) c'est un de premiers grades de la marine de France. Cet officier a le commandement immédiatement après le vice-amiral ; il précede les chefs d'escadre & leur donne l'ordre. Les fonctions du *lieutenant général* sont marquées en dix articles dans l'ordonnance de Louis XIV. pour les armées navales & arsenaux de marine, du 15 Avril 1689, *titre III.* qu'il est inutile de transcrire ici.

LIEUTENANT DE VAISSEAU, (*Art. milit.*) C'est un officier qui a rang immédiatement après le capitaine, qui commande & en fait toutes les fonctions en l'absence de ce dernier. Les fonctions particulieres du *lieutenant* sont réglées par la même ordonnance de 1689, *titre IX.*

LIEUVIN, (*Géog.*) en latin *Lexoviensis ager*; petite contrée de France en Normandie, au diocèse de Lisieux, dont elle fait partie. Le *Lieuvin* comprend Lisieux, Honfleur, trois ou quatre bourgs, sept abbayes, & quelques bailliages. Ce petit pays, un des plus fertiles de la Normandie, abonde en pommes, en grains & en pâturages ; il a d'ailleurs des mines, des forges & des manufactures de grossieres étoffes de laine, qui occupent utilement les habitans, & les tirent de la pauvreté. (*D. J.*)

LIGAMENT, s. m. (*Anatomie*.) partie du corps blanche, fibreuse, compacte, plus simple & plus pliante que le cartilage, difficile à rompre ou à déchirer, ne prêtant presque point, ou ne prêtant que très-difficilement lorsqu'on la tire.

Le *ligament* est composé de plusieurs fibres très-déliées & très-fortes, qui, par leur différent arrangement, forment ou des cordons étroits, ou des bandes, ou des toiles minces. Ils paroissent servir à attacher, à soutenir, à contenir, à borner & à garantir d'autres parties, soit dures, soit molles.

Ainsi leurs usages sont, 1°. de lier ses os ensemble dans leurs conjonctions, & d'empêcher qu'ils ne puissent se luxer que par d'extrêmes violences ; 2°. de suspendre & arrêter certaines parties molles dans leur situation, comme la matrice, le foie & autres ; 3°. de former des especes d'anneaux ou de poulies qui empêchent l'écartement des tendons de certains muscles, comme on le voit aux ligamens annulaires de la jonction du poignet.

Les *ligamens* considérés en eux-mêmes, à raison de leur consistance & de leur sensibilité : à l'égard de leur consistance, on les appelle *ligamens* cartilagineux, membraneux & nerveux, selon qu'ils ont plus de rapport aux cartilages, aux membranes & aux nerfs. Pour ce qui concerne leur sensibilité, on conçoit que ceux qui sont des productions de parties tendineuses & nerveuses, sont beaucoup plus sensibles que les autres.

Les *ligamens* sont ou propres à des parties molles, ou communes aux autres parties molles & aux parties dures. Quant aux *ligamens* des parties molles, voyez-en l'article à chacune des parties qui en ont, ou voyez-les fous les noms particuliers que les Anatomiftes leur ont donnés. Nous ne parlerons ici que des *ligamens* qui font attachés aux os feuls & à leurs cartilages.

On peut en établir deux claffes générales ; les uns font employés aux articulations mobiles des os, les autres lient les os ou s'y attachent indépendamment de leurs articulations.

Les *ligamens* qui fervent aux articulations mobiles des os, & que l'on peut appeller *ligamens articulaires*, font de plufieurs efpeces.

Il y en a qui ne font que retenir & affermir les articulations, rendre leurs mouvemens fûrs, & empêcher que les os ne quittent leur affemblage naturel, comme il arrive dans les luxations. Ces *ligamens* font comme des cordons plus ou moins applatis, ou comme des bandelettes, tantôt étroites, tantôt un peu larges, quelquefois affez minces, mais toujours très-fortes & prêtant très-peu. Tels font les *ligamens* des articulations ginglymoides, c'eft-à-dire en charniere, & ceux qui lient les corps de vertebres enfemble.

Immédiatement au-deffous des *ligamens* articulaires, il fe trouve une membrane affez mince, laquelle s'attache de part & d'autre autour de l'articulation, pour empêcher l'écoulement de la fynovie, qui humecte continuellement la furface des cartilages de l'articulation.

Il y a de ces *ligamens* qui font tout enfemble l'office de lien ou de bande pour tenir les os affemblés, & de capfule pour fervir de refervoir au mucilage. Ils environnent les articulations orbiculaires, comme celle de l'os du bras avec l'omoplate, celle du fémur avec l'os innominé, &c.

Il y a auffi des *ligamens* qui font cachés dans les articulations, même par la capfule ; tel eft celui de la tête du fémur, appellé communément, mais improprement, le *ligament* rond, & ceux de la tête du tibia, que l'on nomme *ligamens croifés*.

Les autres *ligamens* de la premiere claffe, c'eft-à-dire ceux qui font attachés aux os, indépendamment de leurs articulations, font encore de deux fortes.

Les uns font lâches, & ne font que borner, ou limiter les mouvemens de l'os ; tels font ceux qui attachent les clavicules aux apophyfes épineufes des vertebres ; les autres font bandés & tendus ; tels font ceux qui vont de l'acromion à l'apophyfe coracoide ; ceux qui font attachés par un bout à l'os facrum, & par l'autre à l'os ifchion, &c.

Enfin, il fe trouve des *ligamens*, qui quoiqu'attachés aux os, ou aux cartilages, fervent auffi à d'autres parties, comme aux mufcles, ou aux tendons, foit pour les contenir, les brider, les borner, en affurer ou en échanger la direction dans certains mouvemens ; tels font les *ligamens* interoffeux de l'avant-bras, ou de la jambe, ceux qu'on nomme tant à la main qu'au pié, *annulaires*, les *ligamens* latéraux du cou, & quantité d'autres.

Outre toutes ces différences de *ligamens*, on peut encore remarquer d'autres variétés par rapport à leur confiftance, leur folidité, leur épaiffeur, leur figure, & leur fituation.

Il y a des *ligamens* qui font prefque cartilagineux, comme celui qui entoure la tête du rayon, la petite tête de l'os du coude, & les gaines annulaires des doigts.

Il y en a qui ont une certaine élafticité, par laquelle ils fe laiffent allonger par force, & fe raccourciffent auffi-tôt qu'ils ceffent d'être tirés ; tels font les *ligamens* qui attachent l'os hyoïde aux apophyfes ftyloides, les *ligamens* des vertebres lombaires, & autres.

Quelquefois les *ligamens* fe ramolliffent & fe relâchent, lorfqu'ils font abreuvés par des humeurs furabondantes, ou viciées ; ce qui fait que les os, ou les parties molles qu'ils maintenoient dans leur fituation s'en échappent ; en forte que le relâchement de ces *ligamens* caufe des diflocations de caufes internes, des defcentes de matrices, &c. & ces fortes d'accidens font très-difficiles à guérir.

On peut confulter fur les *ligamens* confidérés d'un œil anatomique, l'ouvrage de Walther, (A. F.) *de articulis & ligamentis*, Lipf. 1728. in-4°. avec figures ; mais la Phyfiologie n'eft pas encore parvenue à nous donner de grandes lumieres fur les *ligamens* des parties molles ; leur ftructure & leurs ufages font trop cachés à nos foibles yeux. (*D. J.*)

LIGAMENT *coronaire du foie*, (*Anatom.*) on donne vulgairement ce nom à l'attache immédiate de la furface poftérieure & fupérieure du foie, & principalement de fon grand lobe, avec la portion aponévrotique du diaphragme qui lui répond ; de forte que la fubftance du foie, & celle du diaphragme, s'entretouchent dans cet endroit, & les membranes de l'un & de l'autre s'uniffent à la circonférence de cette attache, laquelle n'a environ que deux travers de doigt d'étendue.

Ainfi le grand lobe du foie eft attaché au diaphragme, principalement à l'aile droite de fa portion tendineufe par une adhérence immédiate & large, fans que la membrane du péritoine y intervienne ; car elle ne fait que fe replier tout autour de cette adhérence, pour former la membrane externe de tout le refte du corps du foie.

Or cette adhérence large eft improprement & mal-à-propos nommée *ligament coronaire* ; car 1°. ce n'eft pas un *ligament* ; 2°. cette adhérence n'eft ni ronde, ni circulaire, & par conféquent ne forme point une couronne ; 3°. elle n'eft pas dans la partie fupérieure de la convexité du foie, mais le long de la partie poftérieure du grand lobe ; de maniere que l'extrémité large de cette adhérence eft tout proche de l'échancrure ; & l'autre qui eft pointue, regarde l'hypocondre droit.

LIGAMENS *latéraux du foie*, (*Anat.*) ce font deux petits *ligamens* qui fe remarquent à droite & à gauche, tout le long du bord poftérieur du petit lobe, & de la portion du grand lobe, qui n'eft pas immédiatement collée au diaphragme.

Ces *ligamens* font formés de la duplicature de la membrane du foie, qui au lieu de fe terminer au bord poftérieur de ce vifcere, s'avance environ un pouce au-delà, tout le long de ce bord, & vient s'unir enfuite à la portion de la membrane du diaphragme qui eft vis-à-vis.

LIGAS, f. m. (*Bot. exot.*) c'eft une des trois efpeces d'arbres d'anacarde, & la plus petite ; la moyenne s'appelle *anacarde des boutiques*, & la troifieme fe nomme *cajou* ou *acajou*. *Voyez* ANACARDE & ACAJOU.

Le *ligas*, fuivant la defcription du P. Georges Camelli, eft un arbre fauvage des Philippines. Il eft de médiocre grandeur ; il vient fur les montagnes, & fes jeunes pouffes répandent, étant caffées, une liqueur laiteufe, qui en tombant fur les mains ou fur le vifage, excite d'abord une démangeaifon, & peu-à-peu l'enflure. La feuille de cet arbre eft longue d'un empan & plus, d'un verd foncé, rude, & qui a peu de fuc. Ses fleurs font petites, blanches, découpées en forme d'étoile, & difpofées en grape à l'extrémité des tiges. Ses fruits font de la groffeur de ceux que porte l'érable : leur couleur eft d'un rouge fafrané, & leur goût acerbe comme celui des pommes fauvages. Au fommet de ces fruits eft attaché un noyau noir, liffe, luifant, & plus long que les fruits : l'amande qu'il contient étant mâchée, picote & refferre un peu le goûter.

LIGATURE, s. f. (*Théolog.*) chez les Théologiens mystiques, signifie une suspension totale des facultés supérieures ou des puissances intellectuelles de l'ame. Ils prétendent que quand l'ame est arrivée à une parfaite contemplation, elle reste privée de toutes ses opérations & cesse d'agir, afin d'être plus propre & mieux disposée à recevoir les impressions & les communications de la grace divine. C'est cet état passif que les mystiques appellent *ligature*.

LIGATURE, (*Divinat.*) se dit d'un état d'impuissance vénérienne causée par quelque charme ou maléfice.

L'existence de cet état est prouvée par le sentiment commun des Théologiens & des Canonistes, & rien n'est si fréquent dans le Droit canon, que les titres *de frigidis & maleficiatis*, ni dans les decrétales des papes que des dissolutions de mariage ordonnées pour cause d'impuissance, soit de la part du mari, soit de la part de la femme, soit de tous deux en même tems provenue de maléfice. L'Eglise excommunie ceux qui par *ligature* ou autre maléfice, empêchent la consommation du saint mariage. Enfin, le témoignage des historiens & des faits certains concourent à établir la réalité d'une chose si surprenante.

On appelle communément ce maléfice, *nouer l'éguillette* : les rabbins prétendent que Cham donna cette maladie à son pere Noé, & que la plaie dont Dieu frappa Abimelech roi de Gerare, & son peuple, pour le forcer à rendre à Abraham Sara qu'il lui avoit enlevée, n'étoit que cette impuissance réciproque répandue sur les deux sexes.

Delrio, qui traite assez au long de cette matiere dans *ses disquisitions magiques, liv. III. part. I. quæst. iv. sect. 8. pag. 417. & suivantes*, dit que les sorciers font cette *ligature* de diverses manieres, & que Bodin en rapporte jusqu'à cinquante dans sa démonomanie, & il en rapporte jusqu'à sept causes, telles que le dessechement de semence & autres semblables, qu'on peut voir dans son ouvrage ; & il observe que ce maléfice tombe plus ordinairement sur les hommes que sur les femmes, soit qu'il soit plus difficile de rendre celles-ci stériles, soit, dit-il, qu'y ayant plus de sorcieres que de sorciers, les hommes se ressentent plutôt que les femmes de la malice de ces magiciennes. On peut, ajoute-t-il, donner cette *ligature* pour un jour, pour un an, pour toute la vie, ou du-moins jusqu'à ce que le nœud soit dénoué, mais il n'explique ni comment ce nœud se forme, ni comment il se dénoue.

Kempfer parle d'une sorte de *ligature* extraordinaire qui est en usage parmi le peuple de Macaffar, de Java, de Siam, &c. par le moyen de ce charme ou maléfice, un homme lie une femme ou une femme un homme, en sorte qu'ils ne peuvent avoir de commerce vénérien avec aucune autre personne, l'homme étant rendu impuissant par rapport à toute autre femme, & tous les autres hommes étant rendus tels par rapport à cette femme.

Quelques philosophes de ces pays-là prétendent qu'on peut faire cette *ligature* en fermant une serrure, en faisant un nœud, en plantant un couteau dans un mur, dans le même tems précisément que le prêtre unit les parties contractantes, & qu'une *ligature* ainsi faite peut être renduë inutile, si l'époux urine à-travers un anneau : on dit que cette superstition règne aussi chez les Chrétiens orientaux.

Le même auteur raconte que durant la cérémonie d'un mariage en Russie, il remarqua un viel homme qui se tenoit caché derriere la porte de l'église, & qui marmotant certaines paroles, coupoit en même tems en morceaux une longue baguette qu'il tenoit sous son bras ; pratique qui semble usitée dans les mariages des gens de distinction de ce pays, & avoir pour but de rendre inutiles les efforts de toute autre personne qui voudroit employer la *ligature*.

Le secret d'employer la *ligature* est rapporté par Kempfer, de la même maniere que le lui enseigna un adepte en ce genre ; comme c'est une curiosité, je ne ferai pas de difficulté de l'ajoûter ici dans les propres termes de l'auteur, à la faveur desquelles elle passera beaucoup mieux qu'en notre langue.

Puella amasium vel conjux maritum ligatura, abstrget à concubitûs actu, Priapum induto, ut seminis quantum potest excipiat. Hoc probe convolutum sub limine domûs suæ in terram sepelit, ibi quamdiu sepultum reliquerit, tamdiu ejus hasta in nullius præter quam sui (fascinantis) servitium obediet, & prius ab hoc nexu non liberabitur quam ex claustro liminis liberetur ipsum linteum. Vice versâ vir lecti sociam ligaturus, menstruatum ab ea linteum comburito ; ex cineribus quam propriâ urinâ subactis efformato figuram Priapi, vel si cineres (peut-être faut-il mentulæ) juncula fingenda non sufficiant, eosdem subigito cum parte terrâ quam recens perminxerit. Formatum iconem caute exsiccato, siccumque asservato loco sicco ne humorem contrahat. Quamdiu sic servaveris, omnes arcus dum ad scopum sociæ collimaverint, momento contabescent. Ipse vero Dominus abrunum hunc suum prius humectato. Quandiu sic manebit, tamdiu suspenso nexu Priapus ipsi parebit, quin & alios quot quot fœmina properantes admiserit.

Tout cela sans doute est fondé sur un pacte tacite ; car quelque relation qu'aient les matieres qu'on emploie dans le charme avec les parties qu'on veut her ou rendre impuissantes, il n'y a point de système de Physique qui puisse rendre raison des effets qu'on attribue à ce linge maculé & à cette figure.

M. Marshal parle d'une autre sorte de *ligature* qu'il apprit d'un brachmane dans l'Indostan : « Si » l'on coupe en deux, dit-il, le petit ver qui se » trouve dans le bois appellé *lukerata kara*, ensorte » qu'une partie de ce ver remue, & que l'autre de- » meure sans mouvement : si l'on écrase la partie qui » remue, & qu'on la donne à un homme avec la » moitié d'un escarbot, & l'autre moitié à une » femme ; ce charme les empêchera l'un & l'autre » d'avoir jamais commerce avec une autre personne. *Transact. philosoph. n°. 268.*

Ces effets surprenans bien attestés, paroissent aux esprits sensés procéder de quelque cause surnaturelle, principalement quand il n'y a point de vice de conformation dans le sujet, & que l'impuissance survenue est perpétuelle ou du moins de longue durée. Les doutes fondés qu'elle doit suggérer n'ont pas empêché Montagne, tout pyrrhonien qu'il étoit, de regarder ces nouemens d'éguillettes comme des effets d'une imagination vivement frappée, & d'en chercher les remedes dans l'imagination même, en la séduisant par la guérison comme elle a été trompée sur la nature du mal.

» Je suis encore en doute, dit-il, que ces plai- » santes liaisons dequoi notre monde se voit si en- » travé, qu'il ne se parle d'autre chose, ce sont vo- » lontiers des impressions de l'appréhension & de la » crainte : car je sais par expérience, que tel de qui » je puis répondre, comme de moi-même, en qui » il ne pouvoit choir soupçon aucun de foiblesse, & » aussi peu d'enchantement, ayant ouï faire le conte » à un sien compagnon d'une défaillance extraordi- » naire en quoi il étoit tombé sur le point qu'il en avoit » le moins de besoin, se trouvant en pareille occa- » sion, l'horreur de ce conte lui vint à coup si ru- » dement frapper l'imagination, qu'il encourut une » fortune pareille : ce vilain souvenir de son incon- » vénient le gourmandant & tyrannisant, il trouva » quelque remede à cette rêverie, par une autre rê- » verie. »

» verie. C'est qu'advenant lui-même, & prêchant
» avant la main, cette sienne subjection, la conten-
» tion de son ame se soulageoit, sur ce qu'apportant
» ce mal attendu, son obligation en amoin-
» drissoit & lui en penoit moins. Quand il a eu loi,
» à son choix (sa pensée desbrouillée & desbandée,
» son corps se trouvant en son Deu) de le faire lors
» premierement tenter, saisir & surprendre à la con-
» noissance d'autrui, il s'est guéri tout net..... Ce
» malheur n'est à craindre qu'aux entreprises où no-
» tre ame se trouve outre mesure tendue de desir &
» de respect ; & notamment où les commodités se
» rencontrent impourvues & pressantes. On n'a pas
» moyen de se ravoir de ce trouble. J'en sais à qui
» il a servi d'apporter le corps même, demi rassa-
» sié d'ailleurs, pour endormir l'ardeur de cette fu-
» reur, qui par l'age se trouve moins impuissant
» de ce qu'il est moins puissant ; & tel autre à qui il
» a servi aussi qu'un ami l'ait asseuré d'être fourni
» d'une contre-batterie d'enchantements certains à
» le préserver. Il vaut mieux que je die comment ce
» fut ».

» Un comte de très-bon lieu, de qui j'étois fort
» privé, se mariant avec une belle dame qui avoit
» été poursuivie de tel qui assistoit à la fête, mettoit
» en grande peine ses amis, & nommément une
» vieille dame sa parente qui présidoit à ces nopces,
» & les faisoit chez elle, craintive de ces sorcelle-
» ries, ce qu'elle me fit entendre. Je la priai s'en re-
» poser sur moi ; j'avois de fortune en mes coffres
» certaine petite piece d'or plate, où étoient gravées
» quelques figures célestes contre le coup de soleil,
» & pour ôter la douleur de tête la logeant à point
» sur la cousture du test ; & pour l'y tenir, elle étoit
» cousue à un ruban propre à rattacher sous le men-
» ton : rêverie germaine à celle dont nous parlons....
» J'advisai d'en tirer quelque usage, & dis au comte
» qu'il pourroit courre fortune comme les autres, y
» ayant là des hommes pour lui en vouloir prêter
» une ; mais que hardiment il s'allast coucher. Que
» je lui serois un tour d'ami, & n'épargnerois à un
» besoin un miracle qui étoit en ma puissance : pour-
» veu que sur son honneur, il me promist de le tenir
» très-fidelement secret. Seulement comme sur la
» nuit on iroit lui porter le réveillon, s'il lui étoit
» mal allé, il me fist un tel figue. Il avoit eu l'ame
» & les oreilles si battues, qu'il se trouva *lié du trou-
» ble de son imagination*, & me fist son signe à l'heure
» susdite. Je lui dis à l'oreille qu'il se levât sous cou-
» leur de nous chasser, & prinst en se jouant la robe
» de nuit que j'avois sur moi (nous étions de taille
» fort voisine) & s'en vestist tant qu'il auroit exécuté
» mon ordonnance qui fut, quand nous serions sor-
» tis, qu'il se retirât à tomber de l'eau, dist trois fois
» telles paroles & fist tels mouvemens. Qu'à cha-
» cune de ces trois fois, il ceignît le ruban que je
» lui mettois en main, & couchast bien soigneuse-
» ment la médaille qui y étoit attachée sur ses roi-
» gnons, la figure en telle posture. Cela fait, ayant
» à la derniere fois bien estreint ce ruban, afin qu'il
» ne se peust ni desnouer, ni mouvoir de sa place,
» qu'en toute assurance, il s'en retournast à son prix
» faict, & n'oubliast de rejetter ma robe sur son lit,
» en maniere qu'elle les abriast tous deux. Ces sin-
» gericis font le principal de l'effet : notre pensée ne
» se pouvant démesler, que moyens si étranges ne
» viennent de quelqu'abstruse science. Leur inaité
» leur donne poids & révérence. Somme, il fut cer-
» tain que mes caracteres se trouverent plus véné-
» riens que solaires, & plus en action qu'en prohibi-
» tion. Ce fut une humeur prompte & curieuse qui
» me convia à tel effet, éloigné de ma nature, &c. *Es-
sais de Montaigne, *liv.* I. *chap.* xx. *édit. de* M. Coste, *pag.* 81. *& suiv.*

Tome IX.

Voilà un homme *lié du trouble de son imagination*, & guéri par un tour d'imagination. Tous les raison-nemens de Montaigne & les faits dont il les appuie se réduisent donc à prouver que la *ligature* n'est quelquefois qu'un effet de l'imagination blessée ; & c'est ce que personne ne conteste : mais qu'il n'y entre jamais du maléfice, c'est ce qu'on ne pourroit en conclure qu'en péchant contre cette regle fondamentale du raisonnement, que quelques faits particuliers ne concluent rien pour le général, parce qu'il est en ce genre des faits dont on ne peut rendre raison par le pouvoir de l'imagination, tel qu'est l'impuissance à l'égard de toutes personnes, à l'exclusion de celle qui a fait la *ligature* pour jouir seule de son amant ou de son mari, & celle qui survient tout-à-coup la premiere nuit d'un mariage à un homme qui a donné auparavant toutes les preuves imaginables de virilité, surtout quand cette impuissance est ou durable ou perpétuelle.

LIGATURE, *terme de Chirurgie, fascia*, bande de drap écarlate, coupée à droit fil suivant la longueur de la chaine, large d'un travers de pouce ou environ, longue d'une aune, qui sert à serrer suffisamment le bras, la jambe ou le col pour faciliter l'opération de la saignée.

La *ligature*, en comprimant les vaisseaux, interrompt le cours du sang, fait gonfler les veines qu'on veut ouvrir, les assujettit & les rend plus sensibles à la vue & au toucher.

La maniere d'appliquer la *ligature* pour les saignées du bras ou du pié, est de la prendre par le milieu avec les deux mains, de façon que le côté intérieur soit sur les quatre doigts de chaque main, & que les pouces soient appuyés sur le supérieur. On pose ensuite la *ligature* environ quatre travers de doigt au-dessus de l'endroit où l'on se propose d'ouvrir la veine ; puis glissant les deux chefs de la *ligature* à la partie opposée, on les croise en passant le chef interne du côté externe, & ainsi de l'autre, afin de les conduire tous deux à la partie extérieure du bras où on les arrête par un nœud en boucle.

Cette méthode de mettre la *ligature*, quoique pratiquée presque généralement, est sujette à deux défauts assez considérables ; le premier, c'est qu'en croisant les deux chefs de la *ligature* sous le bras, on les fronce de maniere qu'on ne serre point uniment ; le second, c'est qu'en fronçant ainsi la *ligature* on pince le malade. Les personnes sensibles & délicates souffrent souvent plus de la *ligature* que de la saignée. Il est très-facile de remédier à ces inconvéniens ; on conduira les deux chefs de la *ligature* en ligne droite, & au lieu de les croiser à la partie opposée de l'endroit où l'on doit saigner, on fera un renversé avec l'un des chefs, qui par ce moyen sera conduit fort également sur le premier tour ; jusqu'à la partie extérieure du membre où il sera arrêté avec l'autre chef par un nœud coulant en forme de boucle.

Les chirurgiens phlébotomistes trouvent que dans la saignée du pié, lorsque les vaisseaux sont petits, on parvient plus facilement à les faire gonfler en mettant la *ligature* au-dessous du genou sur le gras de la jambe. Cette *ligature* n'empêcheroit pas qu'on n'en fît une seconde près du lieu où l'on doit piquer pour assujettir les vaisseaux roulans. Dans cette même circonstance, on se trouve très-bien dans les saignées du bras de mettre une seconde *ligature* au-dessous de l'endroit où l'on saignera.

Pour saigner la veine jugulaire, on met vers les clavicules sur la veine qu'on doit ouvrir une compresse épaisse ; on fait ensuite avec une *ligature* ordinaire, mais étroite, deux circulaires autour du col, de sorte qu'elle contienne la compresse : on la serre un peu & on la noue par la nuque par deux

V v v

nœuds ; l'un simple & l'autre à rosette. On engage antérieurement, vis-à-vis de la trachée artere, un ruban ou une autre *ligature* dont les bouts seront tirés par un aide ou par le malade, s'il est en état de le faire. Par ce moyen la *ligature* circulaire ne comprime pas la trachée artere, & fait gonfler les veines jugulaires externes, & sur-tout celle sur laquelle est la compresse ; on applique le pouce de la main gauche sur cette compresse, & le doigt index au-dessus sur le vaisseau, afin de l'assujettir & de tendre la peau. On pique la veine jugulaire au-dessus de la *ligature*, à raison du cours du sang qui revient de la partie supérieure vers l'inférieure, à la différence des saignées du bras & du pié où l'on ouvre la veine au-dessous de la *ligature*, parce que le sang fuit une direction opposée, & remonte en retournant des extrémités au centre.

L'académie royale de Chirurgie a donné son approbation à une machine qui lui a été présentée pour la saignée de la jugulaire. C'est une espece de carcan qui a du mouvement par une charniere qui répond à la nuque ; antérieurement les deux portions de cercle sont unies par une crémaillere, au moyen de laquelle on serre plus ou moins. La compression se fait déterminément sur l'une des veines jugulaires, par le moyen d'une petite pelote qu'on assujettit par le moyen d'un ruban sur la partie concave d'une des branches du collier. *Voyez le second tome des Mém. de l'acad. de Chirurgie.*

Le mot LIGATURE, *ligatio, vinctura,* se dit aussi d'une opération de Chirurgie, par laquelle on lie avec un ruban de fil ciré une artere ou une veine considérable, pour arrêter ou prévenir l'hémorrhagie. *Voyez* HÉMORRHAGIE, ANEVRISME, AMPUTATION. On fait avec un fil ciré la *ligature* du cordon ombilical aux enfans nouveaux-nés. On se sert avec succès de la *ligature* pour faire tomber les tumeurs qui ont un pédicule, les excroissances sarcomateuses de la matrice & du vagin. *Voyez* POLYPE.

J'ai donné dans le second tome des mémoires de l'académie royale de Chirurgie, l'histoire des variations de la méthode de lier les vaisseaux après l'amputation ; les accidens qui pourroient résulter de la *ligature* des vaisseaux avoient été prévus par Gourmelen, antagoniste d'Antoine Paré. Il n'est pas possible, disoit-il, que des parties tendineuses, nerveuses & aponévrotiques, liées & étranglées par une *ligature*, n'excitent des inflammations, des convulsions, & ne causent promptement la mort. Cette imputation, quelque grave qu'elle soit, n'est pas trop véritable ; mais Paré n'a pas encouru les reproches qu'on ne pouvoit faire à la méthode qu'il pratiquoit. Il ne se servoit pas d'aiguilles, du moins le plus communément ; ainsi il ne risquoit pas alors de lier & d'étrangler des parties nerveuses & tendineuses. Il saisissoit l'extrémité des vaisseaux avec de petites pinces, & quand ils les avoit amenées hors des chairs, il en faisoit la *ligature* avec un fil double, de la même façon que nous lions le cordon ombilical. Si l'hémorrhagie survenoit, & qu'on ne pût se servir du bec de corbin, il avoit recours à l'aiguille : elle avoit quatre pouces de long, & voici comment il s'en servoit. Ayant bien considéré le trajet du vaisseau, il piquoit sur la peau, un pouce plus haut que la plaie, il enfonçoit l'aiguille à-travers les chairs, un demi-doigt à côté du vaisseau, & la faisoit sortir un peu plus bas que son orifice. Il repassoit sous le vaisseau par le dedans de la plaie, afin de le comprendre avec quelque peu de chairs dans l'anse du fil, & faisoit sortir l'aiguille à un travers de doigt de la premiere ponction faite sur les tégumens. Il mettoit entre ces deux points une compresse assez épaisse, sur laquelle il lioit les deux extrémités du fil, dont l'anse passoit dessous le vaisseau.

Paré assure positivement que jamais on n'a manqué d'arrêter le sang, en suivant cette méthode. Guillemeau en a fait l'éloge, & a fait graver une figure qui représente la disposition des deux points d'aiguille. Dionis en fait mention : & de toutes les manieres de faire la *ligature*, c'étoit celle qu'il démontroit par préférence dans ses leçons au jardin royal : il la pratiquoit avec deux aiguilles. Les chirurgiens des armées faisoient la *ligature* sans percer la peau, comme nous l'avons décrite au *mot amputation*. M. Monro, célebre professeur d'Anatomie à Edimbourg, a écrit sur cette matiere, & conseille de ne prendre que fort peu de chairs avec le vaisseau. Il assure que les accidens ne viennent que pour avoir compris dans le fil qui servit à faire la *ligature*, plus de parties qu'il ne falloit ; & qu'il n'y a aucune crainte quand on se sert de fils applatis & rangés en forme de rubans, que la *ligature* coupe le vaisseau. Des chirurgiens modernes prescrivent dans les traités d'opérations qu'ils ont donnés au public, de prendre beaucoup de chair ; mais ce sont des opérations mal concertées.

Nous avons parlé au *mot hémorragie* de différens moyens d'arrêter le sang, & nous avons vu que la compression méthodique étoit préférable en beaucoup de cas à la *ligature* : l'artere intercostale a paru l'exiger nécessairement. M. Gerard, chirurgien de Paris distingué, si l'on en croit ses contemporains, par une dextérité singuliere, a imaginé le moyen de faire la *ligature* des arteres intercostales, lorsqu'elles seront ouvertes dans quelque endroit favorable. Après avoir reconnu ce lieu, on aggrandit la plaie ; on prend une aiguille courbe capable d'embrasser la côte, & enfilée d'un fil ciré, au milieu duquel on a noué un bourdonnet. On la porte dans la poitrine, à côté où l'artere est blessée, & du côté de son origine. On embrasse la côte avec l'aiguille, dont on fait sortir la pointe au-dessus de la dite côte, & on retire l'aiguille en achevant de lui faire décrire le demi-cercle de bas en haut. On tire le fil jusqu'à ce que le bourdonnet se trouve sur l'artere. On applique sur le côté qui est embrassé par le fil, une compresse un peu épaisse, sur laquelle on noue le fil, en le serrant suffisamment pour comprimer le vaisseau qui se trouve pris entre le bourdonnet & la côte.

M. Goulard, chirurgien de Montpellier, a imaginé depuis une aiguille particuliere pour cette opération : nous en avons donné la description au *mot aiguille*. Après l'avoir fait passer par-dessous la côte, & percer les muscles au-dessus, on dégage un des brins de fil ; on retire ensuite l'aiguille de la même maniere qu'on l'avoit fait entrer : on fait la *ligature* comme on vient de le dire. Cette aiguille grossit l'arsenal de la Chirurgie, sans enrichir l'art. L'usage des aiguilles a paru fort douloureux ; les plaies faites à la plevre & aux muscles intercostaux, sont capables d'attirer une inflammation dangereuse à cette membrane. La compression, si elle étoit praticable, auroit plus de succès, meriteroit la préférence. M. Lottari, professeur d'Anatomie à Turin, a présenté à l'académie royale de Chirurgie un instrument pour arrêter le sang de l'artere intercostale : il est gravé dans le second tome des mémoires de cette compagnie. C'est une plaque d'acier polie, & coudée par une de ses extrémités pour former un point de compression sur l'ouverture de l'artere intercostale. On matelasse cet endroit avec une compresse : l'autre extrémité de la plaque est contenu par la bande.

Une sagacité peu commune, jointe à des lumieres supérieures, a fait imaginer à M. Quesnay un moyen bien simple, par lequel en suppléant à la plaque de M. Lottari, il sauva la vie à un soldat qui perdoit son sang par une artere intercostale ouverte. Il prit un jetton d'ivoire, rendu plus étroit par deux sections

LIG

paralleles ; il fit percer deux trous à une de ses extrémités pour pouvoir passer un ruban : il lui fit un fourreau avec un petit morceau de linge. Le jetton ainsi garni fut introduit à plat jusque derriere la côte ; il poussa ensuite de la charpie entre le jetton & le linge dont il étoit recouvert, pour faire une pelote dans la poitrine. Les deux chefs du ruban servirent à appliquer le jetton, de façon à faire une compression sur l'orifice de l'artere.

M. Belloq a examiné dans un mémoire inséré dans le second tome de ceux de l'académie de Chirurgie, les avantages & les inconvéniens de ces différens moyens; il a cru moins parfaits qu'une machine en forme de tourniquet, très-compliquée, dont on voit la figure à la suite de la description qu'il en a donnée. (*Y*)

LIGATURE, (*Thérapeutique.*) outre les usages ordinaires & chirurgicaux des *ligatures* pratiquées sur les vaisseaux sanguins, le cordon ombilical, &c. dans la vûe d'arrêter l'écoulement du sang, & celles qu'on pratique aussi sur certaines tumeurs ou excroissances, comme poreaux, loupes, pour les détacher, ou faire tomber. *Voyez* LIGATURE *Chir.* Les fortes *ligatures* sont comptées encore parmi les moyens d'exciter de la douleur, & de remédier par-là à diverses maladies. On les emploie dans la même vûe & aux mêmes usages que les frictions & les ventouses seches, que l'application des corps froids ou des corps brûlans, & dans les longs évanouissemens, les affections soporeuses & les hémorrhagies. *Voyez ces articles.* (*b*)

LIGATURE, (*Musique.*) Dans nos anciennes musiques étoit l'union de plusieurs notes passées diatoniquement sur une même syllabe. La figure de ces notes qui étoit quarrée, donnoit beaucoup de facilité à les lier ainsi ; ce qu'on ne sauroit faire aujourd'hui qu'au moyen du chapeau, à cause de la rondeur des notes. *Voyez* CHAPEAU LIAISON.

La valeur des notes qui composoient la *ligature*, varioit beaucoup selon qu'elles montoient ou descendoient ; selon qu'elles étoient différemment liées ; selon qu'elles étoient à queue ou sans queue ; selon que ces queues étoient placées à droite ou à gauche, ascendantes ou descendantes : enfin, selon un nombre infini de regles si parfaitement ignorées aujourd'hui, qu'il n'y a peut-être pas un seul musicien dans tout le royaume de France qui entende cette partie, & qui soit en état de déchiffrer correctement des musiques de quelque antiquité.

A la traduction de quelques manuscrits de Musique du xiij. & du xiv. siecle, qu'on se propose de donner bientôt au public, on y joindra un sommaire des anciennes regles de la Musique, pour mettre chacun en état de la déchiffrer par soi-même ; c'est là qu'on trouvera suffisamment expliqué tout ce qui regarde les anciennes *ligatures*. (*S*)

LIGATURE, (*Comm.*) petites étoffes de peu de valeur, de $\frac{7}{18}$ de large, & la piece de 30 aunes. Elles se fabriquent en Normandie & en Flandres. Les premieres sont de fil, de lin & de laine, & les secondes toutes de lin : elles sont à petits carreaux ou à grandes couleurs : on les emploie en meubles.

Il y a une autre étoffe de même nom qui est soie & fil, du reste tout-à-fait semblable à la premiere.

LIGATURE, (*Comm.*) nœud qui lie les masses de soie ou celles de fil de chevron. Il faut que la *ligature* soit petite. Si elle est grosse, elle sera fournie de soie ou de fil de moindre valeur que la masse, & il y aura du déchet.

LIGATURE, dans *l'Imprimerie*, peut si l'on veut s'entendre des lettres doubles, *voyez* LETTRES DOUBLES ; mais il appartient plus positivement aux caracteres grecs, dont quelques-uns liés ensemble donnent des syllabes & des mots entiers. *Voyez démonstration de la casse greque*, *Pl. d'Imprimerie.*

LIGE, adj. (*Jurisprud.*) se dit de ce qui lie plus étroitement que les autres.

Fief-lige est celui pour lequel le vassal s'oblige de servir son seigneur envers & contre tous. *Vassal lige* est celui qui possede un *fief lige* ; hommage *lige* est l'hommage dû pour un tel fief. *Voyez* FIEF-LIGE & HOMMAGE-LIGE. (*A*)

LIGÉE, *Ligea*, (*Géogr.*) île imaginaire, forgée par Folin, qui dit qu'elle prit ce nom d'une des trois sirenes, dont le corps fut jetté dans cette île. *Ligée* est à la vérité le nom d'une sirene, mais il n'y a point d'île qui se nomme de la sorte ; aucune des îles sirenuses ne s'appelle ainsi. Enfin la sirene *Ligée* eut sa sépulture à Terine, qui est une ville en terre ferme. *Voyez* TERINE & SIRENUSES, *îles.* (*D. J.*)

LIGENCE, s. f. (*Gramm. Jurisprud.*) qualité d'un fief qu'on tient nûement & sans moyen d'un seigneur dont on devient ainsi homme lige. & *Ligence* est aussi le droit du vassal à l'égard de son seigneur, comme de faire la garde de son château en tems de guerre. Un fief de *ligence* est celui auquel cette prérogative est attachée.

LIGNAGE, (*Jurisprud.*) signifie en général *cognation*, en matiere de succession aux propres, ou de retrait lignager quand on parle de *lignage*, on entend ceux qui sont de la même ligne, c'est-à-dire d'un même ordre ou suite de personnes. *Voyez* LIGNE. (*A*)

LIGNE, s. f. (*Géométrie.*) quantité qui n'est étendue qu'en longueur, sans largeur ni profondeur.

Dans la nature, il n'y a point réellement de *ligne* sans largeur ni même sans profondeur ; mais c'est par abstraction qu'on considere en Géométrie les *lignes* comme n'ayant qu'une seule dimension, c'est-à-dire la longueur : sur quoi *voyez l'article* GÉOMÉTRIE.

On regarde une *ligne* comme formée par l'écoulement ou le mouvement d'un point. *Voyez* POINT.

Il y a deux especes de *lignes*, les droites & les courbes. *Voyez* DROITE & COURBE.

Si le point *A* se meut vers *B* (*Pl. géom. fig.* 1) ; il décrit par ce mouvement une *ligne*, & s'il va vers *B* par le plus court chemin, cette *ligne* sera une droite. On doit donc définir la *ligne* droite, *la plus courte distance entre deux points*. Si le point qui décrit la *ligne*, s'écarte de côté ou d'autre, & qu'il décrive par exemple, une des *lignes A C B*, *A c B*, il décrira ou une *ligne courbe*, comme *A c B*, ou bien deux ou plusieurs droites, comme *A C B*.

Les *lignes* droites sont toutes de même espece ; mais il y a des *lignes* courbes d'un nombre infini d'especes. Nous en pouvons concevoir autant qu'il y a de différens mouvemens composés, ou autant qu'on peut imaginer de différentes lois de rapports entre les ordonnées & les abscisses. *Voyez* COURBE.

Les *lignes* courbes se divisent ordinairement en géométriques & méchaniques.

Les *lignes géométriques* sont celles dont tous les points peuvent se trouver exactement & sûrement. *Voyez* GÉOMÉTRIQUE & COURBE.

Les *lignes méchaniques* sont celles dont quelques points, ou tous les points se trouvent par tatonnement, & d'une maniere approchée, mais non pas précisément. *Voyez* MÉCHANIQUE & COURBE.

C'est pourquoi Descartes & ceux qui suivent sa doctrine, définissent les *lignes géométriques*, celles qui peuvent être exprimées par une équation algébrique d'un degré déterminé : on donne aussi le nom de *lieu* à cette espece de *lignes*. *Voyez* LIEU.

Et ils définissent les *lignes* méchaniques, celles qui ne peuvent être exprimées par une équation finie, algébrique, & d'un degré déterminé.

D'autres pensent que les *lignes* que Descartes appelle *méchaniques*, bien qu'elles ne soient pas désiguées par une équation finie, n'en sont cependant pas moins déterminées par leur équation différentielle, & qu'ainsi elles ne sont pas moins géométriques que les autres. Ils ont donc préféré d'appeller celles qui peuvent se réduire à une équation algébrique finie, & d'un degré déterminé, *lignes algébriques*, & celles qui ne le peuvent, *lignes transcendantes*. *Voyez* ALGÉBRIQUES &TRANSCENDANTES. Au fond toutes ces dénominations sont indifférentes, pourvu qu'on s'explique & qu'on s'entende; car il faut éviter ce qui seroit une pure question de nom.

Les *lignes géométriques* ou *algébriques*, se divisent en *lignes* du premier ordre, du second ordre, du troisieme ordre. *Voyez* COURBE.

Les *lignes* droites considérées par rapport à leurs positions respectives, sont paralleles, perpendiculaires ou obliques les unes aux autres. *Voyez* les articles PARALLELES, PERPENDICULAIRE, &c.

Le second livre d'Euclide traite principalement des *lignes*, de leur division ou multiplication.

Ligne circulaire,		CIRCULAIRE.
Lignes convergentes,		CONVERGENTES.
Ligne génératrice,		GENERATRICE.
Ligne hyperbolique,		HYPERBOLIQUE.
Ligne logistique,	*Voyez les articles*	LOGISTIQUE.
Ligne normale,		NORMALE.
Lignes robervalliennes,		ROBERVALLIENNES.
Lignes proportionnelles,		PROPORTIONNELLES.
Ligne verticale,		VERTICALE.
Mesure d'une ligne,		MESURE.

LIGNE, en *Géographie* & *Navigation*; lorsque l'on se sert de ce terme, sans aucune autre addition, il signifie l'équateur ou la *ligne* équinoxiale. *Voyez* EQUATEUR & ÉQUINOXIALE.

Cette *ligne* rapportée au ciel, est un cercle que le soleil décrit à peu près le 21 Mars & le 21 Septembre; & sur la terre c'est un cercle fictif qui répond au cercle céleste, dont nous venons de parler, il divise la terre du nord au sud en deux parties égales, & il est également éloigné des deux poles, de façon que ceux qui vivent sous la *ligne* ont toûjours les deux poles dans leur horison. *Voyez* POLE.

Les latitudes commencent à se compter de la *ligne*. *Voyez* LATITUDE.

Les marins font dans l'usage de baptiser les nouveaux matelots, & les passagers, la premiere fois qu'ils passent la *ligne*. *Voyez* BAPTÊME de la *ligne*.

La *ligne des absides*, en *Astronomie*, est la *ligne* qui joint les absides ou le grand axe de l'orbite d'une planete. *Voyez* ABSIDE.

La *ligne de foi* est une *ligne* ou regle qui passe au milieu d'un astrolabe ou d'un demi-cercle d'arpenteur, ou d'un instrument semblable, & sur laquelle sont placées les pinules; on l'appelle autrement alidade. *Voyez* ALIDADE, &c.

Une *ligne horisontale* est une ligne parallele à l'horison. *Voyez* HORISON.

Ligne isochrone. *Voyez* les ISOCHRONE.
Ligne méridienne. articles MERIDIENNE.

La *ligne des nœuds*, en Astronomie, est la *ligne* qui joint les deux nœuds d'une planete, ou la commune section du plan de son orbite, avec le plan de l'écliptique.

Ligne géométrale, en Perspective, c'est une *ligne* droite tirée d'une maniere quelconque sur le plan géométral.

Ligne de terre ou *fondamentale*, en Perspective, c'est une *ligne* droite dans laquelle le plan géométral & celui du tableau se rencontrent; telle est la *ligne* N I (*Pl. Persp. fig. 12.*) formée par l'interjection du plan géométral *L M*, & du plan perspectif *H L*.

Ligne de front, en Perspective, c'est une *ligne* droite parallele à la *ligne de terre*.

Ligne verticale, en Perspective, c'est la commune section du plan vertical & de celui du tableau.

Ligne visuelle, en Perspective, c'est la *ligne* ou le rayon qu'on imagine passer par l'objet & aboutir à l'œil.

Ligne de station, en Perspective, selon quelques auteurs, c'est la commune section du plan vertical & du plan géométral; d'autres entendent par ce terme la hauteur perpendiculaire de l'œil au-dessus du plan géométral; d'autres une *ligne* tirée sur ce plan, & perpendiculaire à la *ligne* qui marque la hauteur de l'œil.

Ligne objective, en Perspective, c'est une *ligne* tirée sur le plan géométral, & dont on cherche la représentation sur le tableau.

Ligne horisontale, en Gnomonique, est la commune section de l'horison & du plan du cadran. *Voyez* HORISONTAL & CADRAN.

Lignes horaires, ou *lignes des heures*, ce sont les intersections des cercles horaires de la sphere, avec le plan du cadran. *V.* HORAIRE, HEURE & CADRAN.

Ligne soustilaire, c'est la *ligne* sur laquelle le stile ou l'éguille d'un cadran est élevée, & c'est la representation d'un cercle horaire perpendiculaire au plan du cadran, ou la commune section du cercle avec le cadran. *Voyez* SOUSTILAIRE.

Ligne équinoxiale, en Gnomonique, c'est l'intersection du cercle équinoxial & du plan du cadran.

Ligne de direction, en Méchanique, c'est celle dans laquelle un corps se meut actuellement, ou se mouvroit s'il n'en étoit empêché. *Voy.* DIRECTION.

Ce terme s'emploie aussi pour marquer la *ligne* qui va du centre de gravité d'un corps pesant au centre de la terre, laquelle doit de plus passer par le point d'appui ou par le support du corps pesant, sans quoi ce corps tomberoit nécessairement.

Ligne de gravitation d'un corps pesant, c'est une *ligne* tirée de son centre de gravité au centre d'un autre vers lequel il pese ou gravite; ou bien, c'est une *ligne* selon laquelle il tend en en bas. *Voyez* GRAVITATION.

Les *lignes* du compas de proportion, sont les *lignes* des parties égales, la *ligne* des cordes, la *ligne* des sinus, la *ligne* des tangentes, la *ligne* des secantes, la *ligne* des polygones, la *ligne* des nombres, la *ligne* des heures, la *ligne* des latitudes, la *ligne* des méridiens, la *ligne* des métaux, la *ligne* des solides, la *ligne* des plans. *Voyez* la construction & l'usage au mot COMPAS DE PROPORTION.

Il faut pourtant observer que l'on ne trouve pas absolument toutes ces *lignes* sur le *compas de proportion*, qui est une des pieces de ce qu'on appelle en France *étui de mathématiques*; mais elles sont toutes tracées sur l'instrument que les Anglois appellent *secteur*, & qui revient à notre *compas de proportion*. *Chambers*. (E)

LIGNE ou ÉCHELLE DE GUNTER, autrement appellée *ligne des nombres*, (*Arith.*) est une *ligne* ou regle divisée en plusieurs parties, & sur laquelle sont marqués certains chiffres, au moyen desquels on peut faire méchaniquement différentes opérations arithmétiques, &c.

Cette *ligne* ainsi nommée de Gunter son inventeur, n'est autre chose, selon Chambers, que les logarithmes transportés des tables sur une règle, pour produire à peu près, par le moyen d'un compas qu'on applique à la règle, les mêmes opérations que produisent les logarithmes eux-mêmes, par le moyen de l'arithmétique additive ou soustractive.

Chambers s'étend beaucoup sur les usages de cette *ligne*. Mais comme ces usages sont peu commodes & assez fautifs dans la pratique, nous n'en dirons rien de plus ici, & nous nous contenterons de renvoyer au mot COMPAS DE PROPORTION, où l'on trouvera des méthodes pour faire d'une manière simple & abrégée, à peu près les mêmes opérations qui se pratiquent par le moyen de la *ligne* de Gunter. *Voyez* aussi LOGARITHME. Cette *ligne*, ou *échelle de Gunter*, appellée ainsi par *Chambers*, est vraissemblablement la même qu'on appelle autrement *échelle angloise*, ou *échelle des logarithmes*; on en peut voir la description & les usages dans le *Traité de navigation* de M. Bouguer, *p.* 410-419. (*O*)

LIGNE *de la plus vîte descente*. *Voyez* BRACHYSTOCHRONE & CYCLOÏDE.

LIGNE *de la section, dans la Perspective*, est la *ligne* d'intersection du plan à projetter avec le plan du tableau.

LIGNE *de la plus grande ou de la plus petite longitude d'une planete, dans l'ancienne Astronomie*, est cette portion de la *ligne* des absides, qui s'étend depuis le centre du monde jusqu'à l'apogée ou périgée de la planete.

LIGNE *de la moyenne longitude*, est celle qui traverse le centre du monde, faisant des angles droits avec la *ligne* des absides, & qui y forme un nouveau diametre de l'excentrique ou déférent. Ses points extrèmes sont appellés *longitude moyenne*.

LIGNE *de l'anomalie d'une planete*, (*Astron.*) dans le système de Ptolémée, est une *ligne* droite tirée du centre de l'extentrique au centre de la planete. Cette dénomination n'a plus lieu, ainsi que les deux précédentes, dans la nouvelle Astronomie.

LIGNE *du vrai lieu ou du lieu apparent d'une planete*, (*Astron.*) est une ligne droite tirée du centre de la terre ou de l'œil de l'observateur par la planete, & continuée jusqu'aux étoiles fixes. En effet, la *ligne du vrai lieu* & la *ligne du lieu apparent* sont différentes, & elles forment entr'elles un angle qu'on appelle *parallaxe*. *Voyez* LIEU & PARALLAXE. La lune est de toutes les planetes celle dont la *ligne du vrai lieu* differe le plus de la *ligne* de son *lieu apparent*. La *ligne du vrai lieu* des étoiles fixes est sensiblement la même que celle de leur *lieu apparent*, & les lignes du *vrai lieu* & du *lieu apparent* d'une planete sont d'autant plus proches de se confondre que la planete est plus éloignée de la terre. *Voyez* PARALLAXE.

LIGNE *de l'apogée d'une planete, dans l'ancienne Astronomie*, est une *ligne* droite tirée du centre du monde par le centre de l'apogée jusqu'au zodiaque du premier mobile. Dans la nouvelle Astronomie il n'y a proprement de *ligne d'apogée* que pour la lune qui tourne autour de la terre, & cette *ligne* est celle qui passe par le point de l'apogée de la lune & par le centre de la terre.

LIGNE *du mouvement moyen du soleil*, (dans l'ancienne Astronomie) est une *ligne* droite tirée du centre du monde jusqu'au zodiaque du premier mobile, & parallele à la *ligne* droite tirée du centre de l'excentrique au centre du soleil. Cette derniere *ligne* s'appelle aussi

LIGNE *du mouvement moyen du soleil dans l'excentrique*, pour la distinguer de la *ligne* de son mouvement moyen dans le zodiaque du premier mobile. Ces dénominations ne sont plus en usage dans l'Astronomie moderne.

LIGNE *du mouvement vrai du soleil, dans l'ancienne Astronomie*, est une *ligne* tirée du centre du soleil par le centre du monde ou de la terre, & continuée jusqu'au zodiaque du premier mobile.

Dans la nouvelle Astronomie, c'est une *ligne* tirée par les centres de la terre & du soleil, le soleil étant regardé comme le centre du monde.

LIGNE *synodique*, (*Astronomie*.) dans certaines théories de la lune, est le nom qu'on donne à une *ligne* droite qu'on suppose tirée par les centres de la terre & du soleil. On a apparemment appellé ainsi cette *ligne*, parce que le mois synodique lunaire commence ou est à son milieu, lorsque la lune se trouve dans cette *ligne*, prolongée ou non; *voyez* MOIS SYNODIQUE. Cette *ligne* étant continuée au travers des orbites, est appellée *ligne des vrais syzygies*. Mais la *ligne* droite qu'on imagine passer par le centre de la terre & le lieu moyen du soleil aux syzygies, est appellée *ligne des moyennes syzygies*. *Voyez* SYZYGIES.

LIGNE HÉLISPHÉRIQUE, *en termes de Marine*; signifie la *ligne du rhumb de vent*. *Voyez* RHUMB.

On l'appelle ainsi, parce qu'elle tourne autour du pole en forme d'hélice ou de spirale, & qu'elle s'en approche de plus en plus sans jamais y arriver. On l'appelle aussi plus ordinairement *loxodromie*, *Voyez* LOXODROMIE.

LIGNE D'EAU, (*Hydraul.*) c'est la cent quarante-quatrieme partie d'un pouce circulaire, parce qu'il ne s'agit pas dans la mesure des eaux de pouce quarré, elle se fait au pouce circulaire qui a plus de relation avec les tuyaux circulaires par où passent les eaux des fontaines.

Pour savoir ce que fournit une *ligne* d'eau en un certain tems. *Voyez* ECOULEMENT. (*K*)

LIGNE, (*Hydraul.*) la ligne courante est ordinairement divisée en 12 points, quoique quelques-uns ne la divisent qu'en 10 points ou parties.

On distingue la *ligne* en ligne droite, en circulaire, en curviligne ou courbe.

La droite est la plus courte de toutes; la circulaire est celle qui borde un bassin ou toute figure ronde.

La courbe est une portion de cercle.

On dit une *ligne quarrée*, une *ligne cube*, en énonçant la valeur du pouce quarré qui contient 144 *lignes* quarrées, & du pouce cube qui contient 728 *lignes* cubes.

On dit encore, en parlant de nivellement, une *ligne de niveau*, *de pente*, *de mire*.

Une *ligne* véritablement de niveau, parcourant le globe de la terre, est réputée courbe, à cause que tous les points de son étendue sont également éloignés du centre de la terre.

Une *ligne* de pente suit le penchant naturel du terrein.

Une *ligne* de mire est celle qui dirige le rayon visuel pour faire poser des talus à la hauteur requise de la liqueur colorée des fioles de l'instrument. (*K*)

LIGNES PARALLELES, *ou* PLACES D'ARMES, (*Art milit.*) sont dans la guerre des sieges, des parties de tranchées qui environnent tout le front de l'attaque, & qui servent à contenir des soldats, pour soutenir & protéger l'avancement des approches.

La premiere fois que ces sortes de *lignes* ou places d'armes ont été pratiquées, fut au siege de Mastrick, fait en 1673, par le roi en personne. Elles sont de l'invention du maréchal de Vauban, qui s'en servit dans ce siege avec tant d'avantage, que cette importante place fut prise en treize jours de tranchée ouverte.

Depuis ce tems, elles ont toujours été employées dans les différens sieges que les François ont faits, mais avec plus ou moins d'exactitude. Le siege d'Ath fait en 1697, eſt celui où elles ont été exécutées avec le plus de préciſion; & le peu de tems & de monde que ce ſiege coûta, en a démontré la bonté.

On conſtruit ordinairement trois *lignes paralleles* ou places d'armes dans les ſieges.

La figure de la premiere doit être circulaire, un peu aplatie ſur le milieu: elle doit auſſi embraſſer toutes les attaques, par ſon étendue qui ſera fort grande, & déborder la ſeconde *ligne* de 25 à 30 toiſes de chaque bout. Quant à ſes autres meſures, on peut lui donner depuis 12 juſqu'à 15 piés de large, ſur 3 de profondeur; remarquant que dans les endroits où l'on ne pourroit pas creuſer 3 piés, à cauſe du roc ou du marais qui ſe peuvent rencontrer dans le terrein qu'elle doit occuper, il faudra l'élargir davantage, afin d'avoir les terres néceſſaires à ſon parapet. Juſqu'à ce qu'elle ſoit achevée on n'y doit pas faire entrer les bataillons, mais ſeulement des détachemens, à meſure qu'elle ſe perfectionnera.

Les uſages de cette *ligne* ou place d'armes, ſont,

1°. De protéger les tranchées qui ſe pouſſent en avant juſqu'à la deuxieme.

2°. De flanquer & de dégager la tranchée.

3°. De garder les premieres batteries.

4°. De contenir tous les bataillons de la garde, ſans en embarraſſer la tranchée.

5°. De leur faire toujours front à la place, ſur deux ou trois rangs de hauteur.

6°. De communiquer les attaques de l'un à l'autre, juſqu'à ce que la ſeconde *ligne* ſoit établie.

7°. Elle fait encore l'effet d'une excellente contrevallation contre la place, de qui elle reſſerre & contient la garniſon.

La ſeconde *ligne* doit être parallele à la premiere, & figurée de même, mais avoir moins d'étendue de 25 à 30 toiſes de chaque bout, & plus avancée vers la place, de 120, 140 ou 145 toiſes. Ses largeur & profondeur doivent être égales à celles de la premiere *ligne*. Il faut faire des banquettes à l'une & à l'autre, & border leur ſommet de rouleaux de faſcines piquetées pour leur tenir lieu de ſacs à terre, ou de paniers, juſqu'à ce qu'elle ſoit achevée; on n'y fait entrer que des détachemens: pendant qu'on y travaille, la tranchée continue toujours ſon chemin, juſqu'à ce qu'elle ſoit parvenue à la diſtance marquée pour la troiſieme *ligne*; de ſorte que la ſeconde n'eſt pas plutôt achevée, qu'on commence la troiſieme, & avant même qu'elle le ſoit totalement; pour lors on y fait entrer les bataillons de la premiere *ligne*, & on ne laiſſe dans celle-ci que la réſerve qui eſt environ le tiers de la garde; pendant tout cela le travail de la tranchée fait ſon chemin de l'une à l'autre, juſqu'aux troiſieme.

Les propriétés de la ſeconde *ligne* ſont les mêmes que celles de la premiere; il n'y a point d'autre différence, ſi ce n'eſt qu'elle approche plus près de la place à 120, 140, ou 145 toiſes, un peu plus ou un peu moins, au-delà de la ſeconde *ligne*; on établit la troiſieme, plus courte & moins circulaire que les deux premieres, ce que l'on fait pour approcher du chemin couvert, autant que l'on peut, & éviter les enfilades qui ſont là fort dangereuſes.

De ſorte que ſi la premiere *ligne* eſt à 300 toiſes des angles les plus près du chemin couvert, la ſeconde n'en eſt plus qu'à 160, & la troiſieme à 15 ou 20 toiſes ſeulement; ce qui qui ſuffit à l'aide des demi-places d'armes, pour ſoutenir toutes les tranchées que l'on pouſſe en avant, quand les batteries ont tellement pris l'aſcendant ſur les ouvrages de la place, que le feu eſt éteint ou ſi fort affoibli, qu'on peut impunément le mépriſer.

Mais ſi la garniſon eſt forte & entreprenante, & que les batteries à ricochets ne puiſſent être employées, il faut s'approcher juſqu'à la portée de la grenade, c'eſt-à-dire à 13 ou 14 toiſes près des angles ſaillans: comme les ſorties ſont bien plus dangereuſes de près que de loin, il faut auſſi plus perfectionner cette *ligne* que les deux autres, lui donner plus de largeur, & la mettre en état de faire un grand feu, & qu'on puiſſe paſſer par-deſſus en pouſſant les ſacs à terre, ou les rouleaux de faſcines devant ſoi; ce qui ſe fait en lui donnant un grand talud intérieur avec pluſieurs banquettes depuis le pié juſqu'au haut du talud.

C'eſt ſur le revers de cette derniere *ligne*, qu'il faut faire amas d'outils, de ſacs à terre, picquets, gabions & faſcines, fort-abondamment, pour fournir au logement du chemin couvert, & les ranger en tas ſéparés, près des débouchemens, avant que de rien entreprendre ſur le chemin couvert; ſur quoi il y a une choſe bien ſérieuſe à remarquer, c'eſt que comme les places de guerre ſont preſque toutes irrégulieres, & différemment ſituées, il s'en trouve ſur les hauteurs où le ricochet ayant peu de priſe, ne pourroit pas dominer avec aſſez d'avantage, ſoit parce que les angles des chemins couverts en ſont trop élevés, & qu'on ne trouve pas de ſituation propre à placer ces batteries: telle eſt par exemple la tête de *terra nova* au château de Namur; telle étoit celle du fort Saint-Pierre à Fribourg en Briſcau: tel eſt encore le fort de Saint-André de Salins, la citadelle de Perpignan, celle de Bayonne, celle de Montmidi, quelques têtes de Philisbourg, & pluſieurs autres de pareille nature.

Il y a encore celles où les ſituations qui pourroient convenir aux ricochets, ſont ou des marais, ou lieux coupés de rivieres qui empêchent l'emplacement des batteries, & celles enfin où les glacis élevés par leur ſituation, ſont ſi roides qu'on ne peut plonger le chemin couvert, par les logemens élevés en cavaliers, qu'on peut faire vers le milieu du glacis. Lorſque cela ſe rencontrera, on pourra être obligé d'attaquer le chemin couvert de vive force; & en ce cas il faudra approcher la troiſieme *ligne* à la portée de la grenade, comme il a été dit, ou bien en faire une quatrieme, afin de n'avoir pas une longue marche à faire pour joindre l'ennemi, & toujours la faire large & ſpatieuſe, afin qu'on y puiſſe manœuvrer aiſément, & qu'elle puiſſe contenir beaucoup de monde, & une grande quantité de matériaux ſur ſes revers.

Cette *ligne* achevée, on y fera entrer le gros de la garde, ou les gens commandés, & l'on placera la réſerve dans la deuxieme *ligne*. La premiere *ligne* demeurera vuide, ne ſervira plus que de couvert au petit parc, à l'hôpital de la tranchée, qu'on fait avancer juſqu'aux faſcines de proviſion que la cavalerie décharge dans les commencemens le long de ſes bords, & qu'il s'agit de troupes extraordinaires, de la garde ou des travailleurs, ce qui n'arrive que quand on veut attaquer le chemin couvert, ou que quelques autres pieces conſidérables des dehors, les y peut mettre en attendant qu'on les emploie.

Au ſurplus, ſi le travail de la premiere & ſeconde nuit de tranchée peut ſe poſer à découvert, celui des deux premieres places d'armes pourra ſe poſer de même, parce qu'on eſt aſſez loin de la place, pour que le feu n'en ſoit pas encore fort dangereux; & ce n'eſt guere que depuis la deuxieme *ligne* qu'on commence à marcher à la ſape; mais pour ne point perdre de tems, & pouvoir avancer de jour & de nnit, on peut employer la ſape à l'exécution de la deuxieme.

Outre donc les propriétés que la troiſieme *ligne* a communes avec les deux premieres, elle a encore celle de contenir les ſoldats commandés qui doivent attaquer, & tous les matériaux nécessaires sur ces revers.

C'est enfin là où on délibere & résoud l'attaque du chemin couvert, où l'on fait les dispositions, où l'on regle les troupes qui doivent attaquer, & d'où l'on part pour l'insulte du chemin couvert.

Il faut observer que c'est de la seconde *ligne* qu'on doit ouvrir une tranchée contre la demi-lune C, Pl. XV *de Fortification, fig.* 2, qui se conduit comme les autres, c'est-à-dire à la sappe & le long de sa capitale prolongée; & quand les trois têtes de tranchées seront parvenues à la distance demandée pour l'établissement de la troisieme *ligne*, on y pourra employer six sappes en même tems, savoir deux à chacune, qui prenant les unes à la droite & les autres à la gauche, se feront bientôt jointes; & comme les parties plus voisines de la tranchée se perfectionnent les premieres, on y pourra faire entrer le détachement à mesure qu'elles s'avancent, & on les fortifiera plus ou moins, selon que les sorties seront plus ou moins à appréhender.

Les propriétés des trois *lignes paralleles* sont,

1°. De lier & de communiquer les attaques les unes aux autres, par tous les endroits où il est besoin.

2°. C'est sur leurs revers que se font tous les amas de matériaux.

3°. Elles dégagent les tranchées & les débarrassent des troupes, laissant le chemin libre aux allans & venans.

4°. C'est dans ces *lignes* que se rangent les détachemens commandés pour les attaques, & que se reglent toutes les dispositions quand on veut entreprendre quelque chose de considérable, soit de vive force, ou autrement.

5°. Elles ont enfin pour propriété singuliere & très-estimable d'empêcher les sorties, ou du-moins de les rendre inutiles, & de mettre en état de ne point manquer le chemin couvert. *Attaque des places* par M. le maréchal de Vauban. *Voyez* ces différentes *lignes*, Pl. XV. *de Fortification, fig.* 2.

LIGNE MAGISTRALE, (*Art milit.*) c'est, dans la fortification, la principale *ligne* du plan : c'est elle qui se trace d'abord, & de laquelle on compte la largeur du parapet, du terre-plain, du rempart, du talud, &c.

LIGNES DE COMMUNICATION, (*Art milit.*) en terme de guerre, *ou* simplement LIGNES, sont des fossés de six ou sept piés de profondeur, & de douze de largeur, qu'on fait d'un ouvrage ou d'un fort à un autre, afin de pouvoir aller de l'un à l'autre sûrement, particulierement dans un siége. *Voyez* COMMUNICATION.

Les LIGNES DE COMMUNICATION sont encore les parties de l'enceinte d'une place de guerre qui à une citadelle, qui joignent la ville à la citadelle. *Voyez* CITADELLE.

LIGNE DE TROUPE, c'est une suite de bataillons & d'escadrons placés à côté les uns des autres sur la même *ligne* droite, & faisant face du même côté. *Voyez* ORDRE DE BATAILLE *&* ARMÉE.

Parmi les *lignes* de troupes il y en a de *pleines*, & d'autres qui sont tant *pleines que vuides*. Les premieres sont celles qui n'ont point d'intervalle entre les bataillons & les escadrons, & les autres sont celles qui en ont. *Voyez* ARMÉE.

Lorsque les troupes sont en *ligne*, on dit qu'elles sont en ordre de bataille ou simplement en bataille. Ainsi *mettre des troupes en ligne*, c'est les mettre en bataille.

LIGNE DE MOINDRE RÉSISTANCE, (*Art milit.*) c'est dans l'artillerie celle qui, partant du centre du fourneau ou de la chambre de la mine, va rencontrer perpendiculairement la superficie extérieure la plus prochaine. On l'appelle *ligne de moindre résistance*, parce que comme elle exprime la plus courte distance du fourneau à la partie extérieure des terres dans lesquelles il est placé, elle offre la moindre opposition à l'effort de la poudre, ce qui la détermine à agir selon cette *ligne*. *Voyez* MINE.

LIGNE DE DÉFENSE, *en terme de fortification*, c'est une *ligne* que l'on imagine tirée de l'angle du flanc à l'angle flanqué du bastion opposé.

Il y a deux sortes de *lignes de défense*, savoir la *razante* & la *fichante*.

La *ligne de défense* est razante lorsqu'elle suit le prolongement de la face du bastion, comme la *ligne* C F, *Planche premiere de fortification, fig. premiere*; elle est fichante lorsque ce même prolongement donne sur la partie de la courtine comprise entre cette *ligne* & l'angle du flanc, se nomme *second flanc*. *Voyez* FEU DE COURTINE.

Le nom de *ligne de défense* razante lui vient de ce que le soldat placé à l'angle du flanc, peut razer, avec la balle de son fusil, toute la longueur de la face du bastion opposé; & le nom de *fichante*, de ce que la face du bastion donnant sur la courtine, le soldat de l'angle du flanc alignant son fusil sur la face du bastion opposé, sa balle entre dans le bastion, se trouvant ainsi tirée dans une direction qui concourt avec cette face.

La *ligne de défense* exprime la distance qu'il doit y avoir entre le flanc & la partie la plus éloignée du bastion qu'il doit défendre. C'est pourquoi il s'agit de déterminer, 1°. quelle est cette partie; 2°. avec quelles armes on doit la défendre; & 3°. quelle est la portée de ces armes, & par conséquent la longueur de la *ligne de défense*.

On regle la longueur de la *ligne de défense* par la distance du flanc aux parties du bastion opposé qui en sont les plus éloignées, & qui ne peuvent pas être défendues par ce bastion : ces parties sont de deux sortes;

1°. Celles qui sont absolument les plus éloignées, comme la contrescarpe vis-à-vis la pointe du bastion : cette partie étant vûe de deux flancs, & vis-à-vis de l'angle flanqué où le passage du fossé ne se fait point pour l'ordinaire, il en résulte qu'elle n'est pas celle qui a le plus besoin de défense.

2°. Celles qui sont les plus nécessaires à défendre sont, par exemple, la moitié ou les deux tiers de la face du bastion, parce que c'est-là que l'ennemi attache le mineur & qu'il cherche à faire breche. Ainsi en prenant pour la longueur de la *ligne de défense* la distance du flanc à la moitié ou aux deux tiers de la face du bastion opposé, & réglant cette distance sur la moyenne portée des armes avec lesquelles on veut défendre ou flanquer toutes les parties de l'enceinte de la place, il s'ensuit que la *ligne* défendra la partie la plus essentielle, c'est-à-dire l'endroit de la face du bastion où l'ennemi doit s'attacher pour faire breche, & qu'il défendra aussi la contrescarpe vis-à-vis l'angle flanqué, parce que la grande portée des armes en usage pourra parvenir jusqu'à cette contrescarpe, qui n'est pas fort éloignée de l'angle flanqué.

Pour la défense de toutes les parties de la fortification, on se sert du fusil & du canon. Ainsi la *ligne de défense* doit être de la longueur de la moyenne portée de celle de ces deux armes que l'on juge le plus avantageuse.

Il y a eu autrefois une grande diversité de sentiment à ce sujet entres les Ingénieurs; les uns vouloient que la *ligne de défense* fût réglée sur la portée du canon, parce que par-là on éloignoit davantage les bastions les uns des autres, ce qui diminuoit la dépense de la fortification; les autres prétendoient que cette *ligne* fût déterminée par la portée du mousquet (qui est à-peu-près la même que celle du fusil dont on se sert généralement aujourd'hui à la place de mousquet). Ils alléguoient pour cela que les coups du canon sont fort incertains ; que lorsqu'il vient à être démonté, on ne peut le rétablir sans perdre bien du tems, ce qui rend le flanc inutile pendant cet intervalle. Cette question a été décidée en faveur de ces derniers, avec d'autant plus de raison, que la défense du fusil n'exclud point celle du canon ; ce qui n'est point réciproque à l'égard du canon. D'ailleurs, comme le dit le *chevalier de Ville*, il faut, lorsque l'on fortifie une place, *fermer les yeux & ouvrir la bourse*. La *ligne de défense* étant ainsi fixée à la portée du fusil, il a fallu apprendre de l'expérience quelle est cette portée : on l'a trouvée de 120, 140, & même de 150 toises pour les fusils en usage dans les places. Il s'ensuit donc que sa longueur est déterminée depuis 120 jusqu'à 150 toises, mais non au-delà.

Il se trouve cependant quelques fronts de places où la *ligne de défense* est plus longue, mais ces fronts ne sont pas alors fort exposés ; ils se trouvent le long des rivieres ou vis-à-vis des endroits dont l'accès n'est pas facile. Dans ce cas la *ligne de défense* peut excéder sa longueur ordinaire sans inconvénient. D'ailleurs cette longueur se trouve encore raccourcie ou diminuée par la tenaille qui est vis-à-vis la courtine, & qui corrige une partie de ce qu'elle peut avoir de défectueux : je dis *une partie*, parce que la défense de la tenaille étant fort oblique, n'équivaut jamais à celle du flanc, qui est bien plus direct. *Voyez* DÉFENSE.

Lorsqu'il se trouve des fronts de places où la *ligne de défense* excede la portée du fusil, on doit corriger cet inconvénient en construisant des flancs bas en espece de fausse braie vis-à-vis les flancs. (Q)

LIGNES, (*Art milit.*) c'est ainsi qu'on appelle, dans la fortification passagere & dans la guerre des sièges, des retranchemens fort étendus, dont l'objet est de fermer l'entrée d'un pays à l'ennemi, & de couvrir les troupes qui font un siège contre les attaques extérieures, & contre les entreprises des assiégés. Ces dernieres *lignes* sont appellées *lignes de circonvallation* & de *contrevallation*. *Voyez* CIRCONVALLATION & CONTREVALLATION.

Toutes les *lignes* sont formées d'un fossé & d'un parapet avec sa banquette : elles sont flanquées par des redans ou par des bastions ; elles ont aussi quelquefois des dehors & un avant-fossé : ces dehors sont ordinairement des demi-lunes & des redoutes.

Ces *lignes* de circonvallation & de contrevallation sont de la plus haute antiquité ; il n'en est pas de même de celles qui ont pour objet de couvrir un pays ou une province pour empêcher l'ennemi d'y pénétrer : l'usage, selon M. de Feuquiere, ne s'en est introduit que sous le regne de Louis XIV. Ceux qui l'ont proposé ont cru pouvoir garantir par-là un pays de contributions, donner la facilité aux partis de faire des courses chez l'ennemi, & assurer la communication d'une place à une autre, sans qu'il soit besoin d'y employer des escortes. Le célebre auteur que nous venons de citer, trouve avec raison qu'il n'est point aisé de faire des *lignes* qui remplissent ces trois objets. « L'expérience, dit-il, ne nous a que
» trop convaincus que les *lignes* n'empêcheront point
» le pays de contribuer, puisqu'il ne faut, pour éta-
» blir la contribution, qu'avoir trouvé une seule fois
» l'occasion de forcer cette *ligne* pendant le cours
» d'une guerre, pour que la contribution soit établie ;
» après quoi, quand même les troupes qui ont forcé
» les *lignes* auroient été obligées de se retirer promp-
» tement, la contribution se trouve avoir été deman-
» dée ; & dans un traité de paix, pour peu que le
» traité se fasse avec égalité, il faut tenir compte des
» sommes imposées, quoique non levées : en sorte

» qu'elles entrent en compensation avec celles qui
» au tems du traité se trouvent dûes par le pays en-
» nemi. Ainsi les *lignes* ne sont d'aucune utilité pour
» garantir de la contribution.

» La seconde raison, qui est celle d'établir des
» contributions dans le pays ennemi, n'est pas bonne,
» parce que ce ne sont pas les partis qui sortent des
» *lignes* qui l'établissent, mais ceux qui sortent des
» places ».

A l'égard des communications, si l'on considere ce que coûte la construction, l'entretien des *lignes* & la quantité de troupes qu'il faut pour les garder, on trouvera qu'il y a plus d'avantage à faire escorter les convois & à employer les troupes à la garde des places.

Les *lignes* faites pour la défense d'une longue étendue de pays, ont aussi beaucoup d'inconvéniens : il faut une grande quantité de troupes pour les garder ; & comme l'ennemi peut les attaquer par telle partie qu'il juge à propos, il est difficile de réunir assez de force dans le même lieu pour lui resister. Si l'on se trouve d'ailleurs en état de sortir sur l'ennemi, on ne peut le faire qu'en défilant & avec une grande perte de tems.

Le seul cas où les *lignes* peuvent être d'une bonne défense, c'est lorsqu'elles ont peu d'étendue, & qu'elles ferment néanmoins l'entrée d'un grand forcé à l'ennemi, qu'elles sont soutenues par des places ou par des especes de camps retranchés de distance en distance, de maniere qu'ils peuvent se secourir les uns & les autres, & qu'on puisse réunir ensemble assez de troupes pour battre l'ennemi qui auroit percé dans quelqu'étendue de la *ligne*. Ce n'est que par des postes particuliers fortifiés dans l'intérieur de la *ligne*, que l'on peut parvenir à la soutenir contre les attaques de l'ennemi : c'est aussi ce que l'on doit faire dans les *lignes* de circonvallation, si l'on veut se mettre en état d'en chasser l'ennemi lorsqu'il a pu y pénétrer. Les princes d'Orange ne manquoient pas, à l'imitation des anciens, de suivre cette méthode ; non-seulement leurs *lignes* étoient exactement fortifiées, mais les différens quartiers des troupes dans les *lignes* l'étoient également. Il en étoit alors à-peu-près de l'ennemi qui avoit pénétré dans la *ligne*, comme il en seroit d'un assiégeant qui, ayant forcé les troupes qui défendent la breche d'un ouvrage, y trouveroit des retranchemens qui contiendroient de nouvelles troupes contre lesquelles il faudroit soutenir une nouvelle attaque, & qui pourroient, en tombant vigoureusement sur lui, profiter du défordre des siennes pour le chasser entierement de l'ouvrage.

Si des *lignes* sont fort étendues, ce que l'on peut faire de mieux lorsque l'ennemi vient pour les attaquer, c'est de réunir les troupes ensemble, de leur faire occuper un poste avantageux vers le centre, où l'on puisse combattre avec quelque espérance de succès. Si l'on se trouve trop foible pour oser risquer le combat, l'on doit abandonner les *lignes* & se retirer en arriere dans les lieux les plus favorables à la défense d'un petit nombre contre un grand.

M. de Feuquiere, après avoir exposé le peu d'avantage qu'on avoit tiré des *lignes* construites de son tems, conclud de-là « que ces *lignes* ne peuvent trou-
» ver de considération que dans l'esprit d'un général
» borné qui ne fait pas se tenir près de son ennemi
» en sûreté par la situation & la bonté d'un poste qu'il
» se fera choisi pour contenir son ennemi sans être
» forcé de combattre malgré lui, & qui se croit tou-
» jours commis dès qu'il ne voit point de terre re-
» muée entre son ennemi & lui ». Cet illustre auteur observe que M. le Prince & M. de Turenne n'ont jamais eu besoin de *lignes* pour se soutenir pendant des campagnes entieres à portée des armées ennemies

mies, quelque supériorité que ces armées eussent sur les leurs; qu'ils les ont empêché de pénétrer dans le pays, en se présentant toujours de près à leur ennemi, & cela par le choix seul des postes qu'ils ont su prendre. M. le maréchal de Créquy en a usé de même dans des campagnes difficiles contre M. le duc de Lorraine. M. le maréchal de Luxembourg, contre le sentiment duquel l'usage des *lignes* s'est établi en France, a toujours été persuadé que cet usage étoit pernicieux à un général qui fait la guerre; & il n'a jamais voulu, quelque commodité qui pût en résulter, que son armée campât dans le dedans des *lignes*. (*Q*)

LIGNE BLANCHE, *linea alba*, (*Anatomie.*) est une espece de bande qui est formée du concours des tendons des muscles obliques & du transverse, & qui partage l'abdomen en deux par le milieu. *Voyez* ABDOMEN.

Elle est appellée *ligne*, parce qu'elle est droite, & *blanche*, à cause de sa couleur.

La *ligne blanche* reçoit un rameau de nerf de l'intercostal dans chacune de ses digitations ou dentelures, qui sont visibles à l'œil, sur-tout dans les personnes maigres.

On donne aussi ce nom à une espece de *ligne* qui se remarque le long de la partie moyenne & postérieure du pharinx. *Voyez* PHARINX.

LIGNE de Marcation, (*Hist. mod.*) ou *ligne de division*, *de partition*, établie par les papes pour le partage des Indes entre les Portugais & les Espagnols; l'invention de cette *ligne* fictice est trop plaisante pour ne la pas transcrire ici d'après l'auteur de l'*Essai sur l'hist. générale*.

Les Portugais dans le xv. siecle demanderent aux papes la possession de tout ce qu'ils découvriroient dans leurs navigations; la coutume subsistoit de demander des royaumes au saint siege, depuis que Grégoire VII. s'étoit mis en possession de les donner. On croyoit par-là s'assurer contre une usurpation étrangere, & intéresser la religion à ces nouveaux établissemens. Plusieurs pontifes confirmerent donc au Portugal les droits qu'il avoit acquis, & qu'un pontife ne pouvoit lui ôter.

Lorsque les Espagnols commencerent à s'établir dans l'Amérique, le pape Alexandre VI, en 1493, divisa les deux nouveaux mondes, l'américain & l'asiatique, en deux parties. Tout ce qui étoit à l'orient des îles Açores, devoit appartenir au Portugal; tout ce qui étoit à l'occident, fut donné par le saint siege à l'Espagne. On traça une *ligne* sur le globe qui marqua les limites de ces droits réciproques, & qu'on appella la *ligne de marcation*, ou la *ligne alexandrine*; mais le voyage de Magellan dérangea cette *ligne*. Les îles Marianes, les Philippines, les Molucques, se trouvoient à l'orient des découvertes portugaises. Il fallut donc tracer une autre *ligne*, qu'on nomme la *ligne de démarcation*; il n'en coûtoit rien à la cour de Rome de marquer & de démarquer.

Toutes ces *lignes* furent encore dérangées, lorsque les Portugais aborderent au Brésil. Elles ne furent pas plus respectées par les Hollandois qui débarquerent aux Indes orientales, par les François & par les Anglois qui s'établirent ensuite dans l'Amérique septentrionale. Il est vrai qu'ils n'ont fait que glaner après les riches moissons des Espagnols; mais enfin ils y ont eu des établissemens considérables, & ils en ont encore aujourd'hui.

Le funeste effet de toutes ces découvertes & de ces transplantations, a été que nos nations commerçantes se font la guerre en Amérique & en Asie, toutes les fois qu'elles se la font faites en Europe; & elles ont réciproquement détruit leurs colonies naissantes. Les premiers voyages ont eu pour objet d'unir toutes les nations. Les derniers ont été entrepris pour nous détruire au bout du monde; & si l'esprit qui regne dans les conseils des puissances maritimes continue, il n'est pas douteux qu'on doit parvenir au succès de ce projet, dont les peuples de l'Europe payeront la triste dépense. (*D. J.*)

LIGNE, (*Jurisprud.*) se prend pour un certain ordre, dans lequel des personnes se trouvent disposées de suite, relativement à la parenté ou affinité qui est entre elles. On distingue plusieurs sortes de *lignes*.

LIGNE ASCENDANTE, est celle qui comprend les ascendans, soit en directe, comme le fils, le pere, l'ayeul, bisayeul, & toujours en remontant; ou en *collatérale*, comme le neveu, l'oncle le grand-oncle, &c.

LIGNE COLLATÉRALE, est celle qui comprend les parens, lesquels ne descendent pas les uns des autres, mais qui sont joints *à latere*, comme les freres & sœurs, les cousins & cousines, les oncles, neveux & nieces; & la *ligne collatérale* est ascendante ou descendante. *Voyez* LIGNE ASCENDANTE, & LIGNE DESCENDANTE.

LIGNE DÉFAILLANTE ou ETEINTE, est lorsqu'il ne se trouve plus de parens de la *ligne* dont procede un héritage.

Dans ce cas les coutumes de Bourbonnois, Anjou, Maine & Normandie, font succéder le seigneur à l'exclusion des parens d'une autre *ligne*. Mais la coutume de Paris, *art.* 30, & la plûpart des autres coutumes font succéder une *ligne* au défaut de l'autre par préférence au seigneur.

LIGNE DESCENDANTE, est celle où l'on considere les parens en descendant, comme en directe le pere, le fils, le petit-fils, &c. & en collatérale, l'oncle, le neveu, le petit-neveu, &c.

LIGNE DIRECTE, est celle qui comprend les parens ou alliés qui sont joints ensemble en droite *ligne*, & qui descendent les uns des autres, comme le trisayeul, le bisayeul, l'ayeul, le pere, le fils, le petit-fils, &c.

La *ligne directe*, est ascendante ou descendante; c'est-à-dire, qu'on considere la *ligne directe* en remontant ou descendant; en remontant, c'est le fils, le pere, l'ayeul; en descendant, c'est tout le contraire, l'ayeul, le pere, le fils, &c.

LIGNE ÉGALE, c'est lorsque deux parens collatéraux sont éloignés chacun d'un même nombre de degrés de la souche commune. *Voyez* LIGNE INÉGALE.

LIGNE ÉTEINTE, *Voyez* LIGNE DÉFAILLANTE.

LIGNE FRANCHE, dans la coutume de Sens, *art.* 30, s'entend de la *ligne* de celui des conjoints qui étoit légitime.

LIGNE INÉGALE, c'est lorsque des deux parens collatéraux l'un est plus éloigné que l'autre de la souche commune, comme l'oncle & le neveu, le cousin-germain & le cousin issu de germain.

LIGNE MATERNELLE, est le côté des parens maternels.

LIGNE PATERNELLE, est le côté de parens paternels.

LIGNE TRANSVERSALE, est la même chose que *ligne* collatérale.

LIGNE, (*Marine*), mettre en *ligne*. C'est la disposition d'une armée navale sur la même *ligne* le jour du combat. L'avant-garde, le corps de bataille & l'arriere-garde se mettent sur une seule *ligne* pour faire face à l'ennemi, & ne point s'embarrasser les uns des autres pour envoyer leurs bordées.

Lorsqu'il s'agit d'évolutions navales, on dit *garder sa ligne*, *venir à sa ligne*, *marcher en ligne*, &c.

Ligne, (*Marine*), *vaisseau de ligne*, se dit d'un vaisseau de guerre, assez fort pour le mettre en *ligne* un jour de combat.

Ligne du fort, (*Mar.*) en parlant d'un vaisseau, se dit de l'endroit où il est le plus gros.

Ligne de l'eau, (*Mar.*) ; c'est l'endroit du bordage jusqu'où l'eau monte, quand le bâtiment a sa charge & qu'il flote.

Ligne, (*Mar.*) ; c'est un petit cordage. Les *lignes*, soit pour sonder ou pour plusieurs autres usages, sont ordinairement de trois cordons, & trois à quatre fils à chaque cordon.

Lignes d'amarrage, (*Mar.*), ce sont les cordes qui servent à lier & attacher le cable dans l'arganeau, & qui renforcent & assurent les haussieres & les manœuvres.

Lignes ou *équillettes*, (*Mar.*) ; elles servent à lasser les bonnettes aux grandes voiles.

Lignes de sonde, (*Mar.*) *Voyez* SONDE.

LIGNE DE COMPTE, *terme de commerce* & de *teneur de livres* : il signifie quelquefois chaque article qui compose un regître ou un compte. On dit en ce sens, j'ai mis cette somme en *ligne de compte*, pour dire, j'en ai chargé mon regître, mon compte. Quelquefois on ne l'entend que de la derniere *ligne* de chaque article ; dans ce sens on dit *tirer en ligne* des sommes, c'est-à-dire, les mettre vis-à-vis de la derniere *ligne* de chaque article, dans les différens espaces marqués pour les livres, sols & deniers.

Tirer hors de ligne ou *hors ligne* : c'est mettre les sommes en marge des articles, devant & proche la derniere *ligne*. *Voyez* LIVRES & REGISTRES. *Dict. de commerce.*

LIGNES, (*Musique*), sont ces traits horisontaux & parallèles qui composent la portée, & sur lesquels, ou dans les espaces qui les séparent, on place les différentes notes selon leurs degrés. La portée du plein-chant n'est composée que de quatre *lignes* ; mais en musique, elle en a cinq stables & continuelles, outre les *lignes* accidentelles qu'on ajoute de tems-en-tems, au-dessus ou au-dessous de la portée, pour les notes qui passent son étendue. *Voyez* PORTÉE. (*S*)

LIGNE *à plomb*, (*Architect.*) se dit en terme d'ouvrier, d'une *ligne* perpendiculaire, il l'appelle ainsi, parce qu'il la trace ordinairement par le moyen d'un plomb. *Voyez* PLOMB.

Les maçons & limosins appellent *lignes*, une petite cordelette ou ficelle, dont ils se servent pour élever les murs droits, à plomb, & de même épaisseur dans leur longueur.

LIGNE, (*être en*), en fait d'*escrime* ; on est en *ligne*, lorsqu'on est diamétralement opposé à l'ennemi, & lorsque la pointe de votre épée est vis-à-vis son estomac.

Ainsi l'on dit vous êtes *hors la ligne*, votre épée est *hors la ligne*, pour faire sentir qu'on est déplacé.

LIGNE, en *terme d'Imprimerie*, est une rangée ou fuite de caracteres, renfermée dans l'étendue que donne la justification prise avec le compositeur : la page d'impression est composée d'un nombre de *lignes* qui doivent être bien justifiées, & les mots espacés également.

LIGNE *de la donc*, en *terme de Manege*, est la ligne circulaire ou ovale que le cheval suit en travaillant autour d'un pilier ou d'un centre imaginaire.

LIGNE *du banquet*, (*Maréch.*) c'est celle que les éperonniers s'imaginent en forgeant un mors, pour déterminer la force ou la foiblesse qu'ils veulent donner à la branche, pour la rendre hardie ou flasque.

LIGNE, (*Pêche*), instrument de pêche, composé d'une forte baguette, d'un cordon & d'un hameçon qu'on amorce, pour prendre du poisson médiocre : cet hameçon est attaché au cordon, qui pend au bout de la baguette ; mais la matiere du cordon, son tissu & sa couleur, ne sont pas indifférentes.

Les cordons de fil valent moins que ceux de soie, & ceux-ci moins que ceux de crin de cheval ; les uns & les autres veulent être d'une seule matiere, c'est-à-dire, qu'il ne faut point mêler ensemble le fil & la soie, ou la soie & le crin.

Les crins de cheval doivent être ronds & tortillés, de même grosseur & grandeur, autant qu'il est possible ; on les trempe une heure dans l'eau après les avoir cordonnés, pour les empêcher de se froncer ; ensuite on les retord également, ce qui les renforce beaucoup, pourvu qu'on ne les serre point en les tordant.

Les meilleures couleurs dont on puisse teindre les cordons d'une *ligne*, sont le blanc ou le gris, pour pêcher dans les eaux claires, & le verd-d'oseille, pour pêcher dans les eaux bourbeuses ; mais le verd d'eau-pâle seroit encore préférable.

Pour avoir cette derniere couleur, on fera bouillir dans une pinte d'eau d'alun, une poignée de fleurs de souci, dont on ôtera l'écume qui s'éleve dessus dans le bouillonnement ; ensuite on mettra dans la liqueur écumée, demi-livre de verd de-gris en poudre, qu'on fera bouillir quelque tems. Enfin, on jettera un ou plusieurs cordons de *ligne* dans cette liqueur, & on les y laissera tremper dix ou douze heures, ils prendront un verd d'eau bleuâtre qui ne se déteindra point. (*D. J.*)

LIGNE, (*Pêche de mer.*) ce sont des cordes, à l'extrémité desquelles sont ajustés des ains ou hameçons garnis d'appât qui attirent le poisson. *Voyez* HAMEÇON.

Les *lignes* consistent en une corde menue & forte, sur laquelle de distance en distance sont frappés des piles ou ficelles de huit piés de long qui portent l'ain à leur extrémité ; à un pié de distance de l'ain est fixé un petit morceau de liege, que le pêcheur nomme *corsiron* ou *cochon*. C'est le corsiron qui fait flotter l'ain. Toutes les cordes, tant grosses que petites, sont aussi garnies de liege, soit qu'il faille pêcher à la côte ou à la mer. *Voyez* LIBOURNE.

De la pêche à la ligne à pié sur les roches. Ceux qui font cette pêche, prennent une perche légere de dix à douze piés de long, au bout de laquelle est frappée une *ligne* un peu forte, longue d'environ une brasse & demie. A deux piés environ de l'ain est frappé un plomb, pour faire caler bas l'hameçon garni d'appâts différens, selon les saisons. Le pêcheur se plante debout sur la pointe de la roche. Il y place sa perche, de maniere que cette pointe fasse fonction de point d'appui, & sa perche levier, & qu'il puisse la lever promptement, lorsqu'il arrive que le poisson mord à l'appât. Il ne faut pas que le vent pousse trop à la cale. Le tems favorable de cette pêche est pendant les mois d'Octobre & de Novembre. On prend ainsi des congres, des merlus, des colins & des urats ou carpes de mer, tous poissons de roche.

Des lignes au doigt, où qu'on tient à la main, pour mieux sentir que le poisson a pris l'appât : elles ne different des autres qu'en ce qu'elles n'ont que deux ains ; & elles ont, comme la libourne, un plomb qui les fait caler.

Les pêcheurs & riverains de Plough ou Molin, dans le ressort de l'amirauté de Vannes, se servent de *lignes* différemment montées, & ont leur manœuvre. Ils sont deux à trois hommes au plus d'équipage dans leurs petits bateaux, qu'ils nomment *fortans*. Chaque pêcheur a une *ligne* de dix à douze brasses, de long au plus. Le bout qui tient à la main ou l'avancart, est garni de plommées à environ deux brasses de long, pour faire jouer la ligne le fond avec plus de facilité. L'hameçon est garni de chair de poisson, ou d'un morceau de lard ou peau, pris sur le dos, & coupé en long en forme de sardine. Le pêcheur qui est debout dans le fortan, traîne & agite continuellement fa *ligne* qu'il tient à la main. Le bateau eſt à la voile. L'appât eſt entraîné avec rapidité ; & le poiſſon qui le ſuit, le gobe d'autant plus avidement.

Plus il fait de vent, plus les pêcheurs chargent le bas de leur *ligne* de plommée, afin que la traîne en ſoit moins précipitée. On ne pêche de cette maniere que les poiſſons blancs, comme bart, loubines, mulets, rougets, morues, maquereaux, &c.

De la pêche du maquereau à la ligne, à la perche, à la mer & au large des côtes. Il y a à ſaint Jacut onze petits bateaux pêcheurs du port au plus de cinq ou ſix tonneaux, montés ordinairement de huit, neuf, à dix hommes d'équipage, qui font en mer la pêche avec les folles, les demi-folles, ou rouſſetieres, les cordes groſſes & moyennes, & la pêche de la *ligne* au doigt pour le maquereau, & de la *ligne* à la perche. Leurs bateaux ont deux mâts ; chaque mât une voile. Ils s'éloignent quelquefois en mer de dix, douze à quinze lieues. Quand ils ſont au lieu de la pêche, chacun prend ſa *ligne* qui a ſept à huit piés de long, & pêche les uns à bas bord, les autres à ſtribord. Le bateau a amené ſes deux voiles, & dérive à la marée.

Cette pêche du maquereau dure environ cinq à ſix ſemaines. Elle commence à la ſaint Jean, & finit au commencement d'Août. Chaque équipage prend par jour favorable juſqu'à cinq à ſix mille maquereaux. Les uns ſe ſervent de la perche, d'autres de la *ligne* au doigt ; mais le plomb de celle-ci n'eſt environ que d'une demi-once.

Comme la manœuvre de cette ſeconde maniere eſt moins embarraſſante que celle à la ligne, les pêcheurs quittent de jour en jour leur perche pour ſe ſervir de la *ligne* au doigt.

Ces pêcheurs affarent ou bortent le maquereau avec des ſauterelles ou puces de mer, que leurs femmes, filles, veuves & enfans pêchent de marée à autre, pour en fournir les équipages des bateaux. Ils ſubſtituent à cet appât de petits morceaux de maquereaux qu'ils levent vers la queue.

LIGNEUL, ſ. m. (*Cordonnier, Bourrelier*, &c.) c'eſt du fil de chanvre jaune, plié en pluſieurs doubles & frotté de poix, dont on ſe ſert pour coudre le cuir, & qu'on employe aux uſages les plus groſſiers.

LIGNEUX, adj. (*Bot.*) c'eſt par cette épithete qu'on déſigne la partie ſolide & intérieure des plantes & des arbres. On dit une *fibre ligneuſe*. Si le corps *ligneux* eſt coupé horiſontalement, on y apperçoit des cercles concentriques de différentes épaiſſeurs. *Ligneux* ſe dit auſſi de ce qui tient à la nature du bois, comme la coque de la noix, des racines de certaines plantes.

LIGNITE, ſ. f. (*Hiſt. nat.*) nom donné par un auteur italien, nommé *Ludovico Doleo*, à une pierre qu'il dit avoir comme des veines de bois & la tranſparence de verre.

LIGNITZ, *Lignicium*, (*Géograph.*) ville forte de Bohème, dans la Siléſie, capitale d'une principauté de même nom. On a prétendu qu'elle avoit été fondée par les Lygiens ; mais ce peuple n'avoit point de villes, & d'ailleurs nous ne ſavous pas aſſez préciſément quel pays il occupoit. Ceux qui croient que *Lignitz* eſt l'*Hegetmatia* de Ptolomée, ſont les mieux fondés, puiſque du tems de ce géographe la Germanie au-delà du Rhin étoit auſſi ſans villes ; les urnes & autres monumens que l'on a découverts aux environs de *Lignitz*, ne prouvent point une origine romaine ; les Sarmates & les Slaves brûloient leurs morts, de même que les Romains ; & de plus, on trouve ces ſortes d'antiquités dans toute la Siléſie. Enfin *Lignitz* n'étoit qu'un village quand Boleſlas, ſurnommé le *Haut*, l'entoura de murs, & en

fit une ville. Elle eſt ſur le ruiſſeau de Cat à 2 milles N. de Jawer, à 7 N. O. de Breſlaw, & autant S. de Glogaw. *Long.* 33. 50. *lat.* 51. 55.

Un gentilhomme, né à *Lignitz*, *Gaſpard* de Schwencfeld, fit beaucoup de bruit dans le xvj. ſiecle, par ſes erreurs & ſon fanatiſme. Il finit ſes jours à Ulm en 1561, âgé de 71 ans. Mais les perſécutions continuelles qu'il eſſuya pendant ſa vie, lui procurerent, après ſa mort, un grand nombre de ſectateurs ; alors tous ſes ouvrages diſperſés furent recueillis avec ſoin, & réimprimés enſemble en 1592, en quatre volumes *in 4°*. Il y ſoutient que l'adminiſtration des ſacremens eſt inutile au ſalut ; que la manducation du corps & du ſang de Jeſus-Chriſt ſe fait par la foi ; qu'il ne faut baptiſer perſonne avant ſa converſion ; qu'il ſuffit de ſe confeſſer à notre Sauveur ; que celui-là ſeul eſt un vrai chrétien qui eſt illuminé ; que la parole de Dieu eſt Jeſus-Chriſt en nous ; cette derniere propoſition eſt un *nonſenſ*, diroient les Anglois, & je crois qu'ils auroient raiſon. (*D. J.*)

LIGNITZ, *terre de*, (*Hiſt. nat. Mat. médicale.*) terre bolaire jaune, très fine, qui ſe trouve près de la ville de *Lignitz* en Siléſie, elle eſt d'une couleur très-vive ; ſa ſurface eſt unie ; elle ne fait point efferveſcence avec les acides ; calcinée, elle devient brune & non rouge. On en fait uſage dans la Médecine.

LIGNON, (*Géog.*) riviere de France dans le haut Forez ; elle a ſa ſource aux confins de l'Auvergne, au-deſſus de Thiers, & ſe jette dans la Loire, proche de Feurs : mais elle tire ſon plus grand luſtre de ce que M. d'Urfé a choiſi ſes bords pour y mettre la ſcene des bergers de ſon Aſtrée, ce qui a fait dire à M. de Fontenelle :

O rives du Lignon ! ô plaines du Forez !
Lieux conſacrés aux amours les plus tendres !
Montbriſon, Marcilly, noms toujours pleins d'attrais !
Que n'êtes-vous peuplés d'Hylas & de Sylvandres ?
(*D. J.*)

LIGNY, (*Géog.*) en latin moderne *Lincium*, *Liniacum* ou *Ligniacum*, ville de France avec titre de comté dans le duché de Bar, dont elle eſt la plus conſidérable après la capitale. Longuerue vous en donnera toute l'hiſtoire. *Ligny* eſt ſur l'Orney, à trois lieues S. E. de Bar-le-duc, huit O. de Toul, ciquante-deux S. E. de Paris. *Long.* 23. 2. *lat.* 48. 36. (*D. J.*)

LIGOR, (*Géog.*) ville d'Aſie, capitale d'un petit pays de même nom, ſur la côte orientale de la preſqu'île de Malaca, avec un port difficile d'entrée & un magaſin de la compagnie hollandoiſe. Elle appartient, ainſi que le pays, au roi de Siam. *Long.* 118. 30. *lat.* 7. 40. (*D. J.*)

LIGUE, (*Gramm.*) union ou confédération entre des princes ou des particuliers pour attaquer ou pour ſe défendre mutuellement.

LIGUE, *la*, (*Hiſt. de France.*) on nomme ainſi par excellence toutes les confédérations qui ſe formerent dans les troubles du royaume contre Henri III. & contre Henri IV. depuis 1576 juſqu'en 1593.

On appella ces factions la *ſainte union* ou la *ſainte ligue* ; les zélés catholiques en furent les inſtrumens, les nouveaux religieux les trompettes, & les lorrains les conducteurs. La molleſſe d'Henri III. lui laiſſa prendre l'accroiſſement, & la reine mere lui donna la main ; le pape & le roi d'Eſpagne le ſoutinrent de toute leur autorité ; ce dernier à cauſe de la liaiſon des calviniſtes de France avec les confédérés des pays-bas ; l'autre par la crainte qu'il eut de ces mêmes huguenots, qui, s'ils devenoient les plus forts, auroient bientôt ſappé ſa puiſſance. Abrégeons tous ces faits que j'ai recueillis par la lecture de plus de trente historiens.

Depuis le massacre de la saint Barthélemi ; le royaume étoit tombé dans une affreuse confusion, à laquelle Henri III. mit le comble à son retour de Pologne. La nation fut accablée d'édits bursaux, les campagnes désolées par la soldatesque, les villes par la rapacité des financiers, l'Eglise par la simonie & le scandale.

Cet excès d'opprobre enhardit le duc Henri de Guise à former la *ligue* projettée par son oncle le cardinal de Lorraine, & à s'élever sur les ruines d'un état si mal-gouverné. Il étoit devenu le chef de la maison de Lorraine en France, ayant le crédit en main, & vivant dans un tems où tout respiroit les factions ; Henri de Guise étoit fait pour elle. Il avoit, dit-on, toutes les qualités de son pere avec une ambition plus adroite, plus artificieuse & plus effrénée, telle enfin qu'après avoir causé mille maux au royaume, il tomba sous le précipice.

On lui donne la plus belle figure du monde, une éloquence insinuante, qui dans le particulier triomphoit de tous les cœurs ; une libéralité qui alloit jusqu'à la profusion, un train magnifique, une politesse infinie, & un air de dignité dans toutes ses actions ; fin & prudent dans ses conseils, prompt dans l'exécution, secret ou plutôt dissimulé sous l'apparence de la franchise ; du reste accoutumé à souffrir également le froid & le chaud, la faim & la soif, dormant peu, travaillant sans cesse, & si habile à manier les affaires, que les plus importantes ne sembloient être pour lui qu'un badinage. La France, dit Balzac, étoit folle de cet homme-là ; car c'est trop peu de dire amoureuse ; une telle passion alloit bien près de l'idolâtrie. Un courtisan de ce regne prétendoit que les huguenots étoient de la *ligue* quand ils regardoient le duc de Guise. C'est de son pere & de lui que la maréchale de Retz disoit, qu'auprès d'eux tous les autres princes paroissoient peuple.

On vantoit aussi la générosité de son cœur ; mais il n'en donna pas un exemple, quand il investit lui-même la maison de l'amiral Coligny, &, qu'attendant dans la cour l'exécution de l'assassinat de ce grand homme, qu'il fit commettre par son valet (Breme), il cria qu'on jettât le cadavre par les fenêtres, pour s'en assurer & le voir à ses piés : tel étoit le duc de Guise, à qui la soif de régner applanit tous les chemins du crime.

Il commença par proposer la *ligue* dans Paris, fit courir chez les bourgeois, qu'il avoit déjà gagnés par ses largesses, des papiers qui contenoient un projet d'association ; pour défendre la religion, le roi & la liberté de l'état, c'est-à-dire pour opprimer à la fois la fois le roi & l'état, par les armes de la religion, la *ligue* fut ensuite signée solemnellement à Péronne, & dans presque toute la Picardie, par les menées & le crédit de d'Humieres gouverneur de la province. Il ne fut pas difficile d'engager la Champagne & la Bourgogne dans cette association, les Guises y étoient absolus. La Tremouille y porta le Poitou, & bientôt après toutes les autres provinces y entrèrent.

Le roi craignant que les états ne nommassent le duc de Guise à la tête du parti qui vouloit lui ravir la liberté, crut faire un coup d'état, en signant lui-même la *ligue*, de peur qu'elle ne l'écrasât. Il devint, de roi, chef de cabale, & de pere commun, ennemi de ses propres sujets. Il ignoroit que les princes doivent veiller sur les *ligues*, & n'y jamais entrer. Les rois font la planete centrale qui entraîne tous les globes dans son tourbillon : ceux-ci ont un mouvement particulier, mais toujours lent & subordonné à la marche uniforme & rapide du premier mobile. En vain, dans la suite, Henri III.

voulut arrêter les progrès de cette *ligue* : il ne fut pas y travailler ni l'éteindre ; elle éclata contre lui, & fut cause de sa perte.

Comme le premier dessein de la *ligue* étoit la ruine des calvinistes, on ne manqua pas d'en communiquer avec dom Juan d'Autriche, qui, allant prendre possession des Pays-Bas, se rendit déguisé à Paris, pour en concerter avec le duc de Guise : on se conduisit de même avec le légat du pape. En conséquence la guerre se renouvela contre les protestans ; mais le roi s'étant embarqué trop légérement dans ces nouvelles hostilités, fit bien-tôt la paix, & créa l'ordre du S. Esprit, comptant, par le ferment auquel s'engageoient les nouveaux chevaliers, d'avoir un moyen sûr pour s'opposer aux desseins de la *ligue*. Cependant dans le même tems, il se rendit odieux & méprisable, par son genre de vie efféminée, par ses confraries, par ses pénitences, & par ses profusions pour ses favoris qui l'engagerent à établir sans nécessité des édits bursaux, & à les faire vérifier par son parlement.

Les peuples voyant que du trône & du sanctuaire de la Justice, il ne sortoit plus que des édits d'oppression, perdirent peu à peu le respect & l'affection qu'ils portoient au prince & au parlement. Les chefs de la *ligue* ne manquerent pas de s'en prévaloir, & en recueillant ces édits onéreux, d'attiser le mépris & l'aversion du peuple.

Henri III. ne regnoit plus : ses mignons disposoient insolemment & souverainement des finances, pendant que la *ligue* catholique de son nom, les confédérés protestans se faisoient la guerre malgré lui dans les provinces ; les maladies contagieuses & la famine se joignoient à tant de fléaux. C'est dans ces momens de calamités, que, pour opposer des favoris au duc de Guise, il dépensa quatre millions aux nôces du duc de Joyeuse. De nouveaux impôts qu'il mit à ce sujet, changerent les marques d'affection en haine & en indignation publique.

Dans ces conjonctures, le duc d'Anjou son frere, vint dans les Pays-Bas, chercher au milieu d'une désolation non moins funeste, une principauté qu'il perdit par une tirannique imprudence, que sa mort suivit de près.

Cette mort rendant le roi de Navarre le plus proche héritier de la couronne, parce qu'on regardoit comme une chose certaine, qu'Henri III. n'auroit point d'enfans, servit de prétexte au duc de Guise, pour se déclarer chef de la *ligue*, en faisant craindre aux François d'avoir pour roi un prince séparé de l'Eglise. En même tems, le pape fulmina contre le roi de Navarre & le prince de Condé, une fameuse bulle dans laquelle il les appelle *génération bâtarde & détestable de la maison de Bourbon* ; il les déclare en conséquence déchus de tout droit & de toute succession. La *ligue* profitant de cette bulle, força le roi à poursuivre son beau-frere qui vouloit le secourir, & à seconder le duc de Guise qui vouloit le détrôner.

Ce duc, de son côté, persuada au vieux cardinal de Bourbon, oncle du roi de Navarre, que la couronne le regardoit, afin de se donner le tems, à l'abri de ce nom, d'agir pour lui-même. Le vieux cardinal, charmé de se croire l'héritier présomptif de la couronne, vint à aimer le duc de Guise comme son soutien, à haïr le roi de Navarre son neveu, comme fon rival, & à lever l'étendart de la *ligue* contre l'autorité royale, sans ménagement, sans crainte & sans mesure.

Il fit plus ; il prit en 1585, dans un manifeste publié, le titre de *premier prince du sang*, & recommandoit aux François de maintenir la couronne dans la branche catholique. Le manifeste étoit appuyé des noms de plusieurs princes, & entr'autres, de ceux du roi d'Espagne & du pape à la tête: Henri III. au lieu d'opposer la force à cette insulte, fit son apologie; & les ligueurs s'emparerent de quelques villes du royaume, entr'autres, de Tours & de Verdun.

C'est cette même année 1585, que se fit l'établissement des *seize*, espece de *ligue* particuliere pour Paris seulement, composée de gens vendus au duc de Guise, & ennemis jurés de la royauté. Leur audace alla si loin, que le lieutenant du prevôt de l'île de France révéla au roi l'entreprise qu'ils avoient formée de lui ôter la couronne & la liberté. Henri III. se contenta de menaces, qui porterent les *seize* à presser le duc de Guise de revenir à Paris. Le roi écrivit deux lettres au duc, pour lui défendre d'y venir.

M. de Voltaire rapporte à ce sujet une anecdote fort curieuse; il nous apprend qu'Henri III. ordonna qu'on dépêchât ses deux lettres par deux couriers, & que, comme on ne trouva point d'argent dans l'épargne pour cette dépense nécessaire, on mit les lettres à la poste; de sorte que le duc de Guise se rendit à Paris, ayant pour excuse, qu'il n'avoit point reçû d'ordre contraire.

De-là suivit la journée des *barricades*, trop connue pour en faire le récit; c'est assez de dire que le duc de Guise, se piquant de générosité, rendit les armes aux gardes du roi qui suivant le conseil de sa mere, ou plutôt de sa frayeur, se sauva en grand desordre & à toute bride à Chartres. Le duc, maître de la capitale, négocia avec Catherine de Médicis un traité de paix qui fut tout à l'avantage de la *ligue*, & à la honte de la royauté.

A peine le roi l'eut conclu, qu'il s'apperçut, quand il n'en fut plus tems, de l'abîme que la reine mere lui avoit creusé, & de l'autorité souveraine des Guises, dont l'audace portée au comble, demandoit quelque coup d'éclat. Ayant donc médité son plan, dans un accès de bile noire à laquelle il étoit sujet en hiver, il convoqua les états de Blois, & là, il fit assassiner le 23 & le 24 Décembre le duc de Guise, & le cardinal son frere.

Les lois, dit très-bien le poëte immortel de l'histoire de la *ligue*, les lois sont une chose si respectable & si sainte, que si Henri III. en avoit seulement conservé l'apparence, & qu'ayant sous ses mains le duc & le cardinal, il eût mis quelque formalité de justice dans leur mort; sa gloire, & peut-être sa vie eussent été sauvées; mais l'assassinat d'un héros & d'un prêtre le rendirent exécrable aux yeux de tous les catholiques, sans le rendre plus redoutable.

Il commit une seconde faute, en ne courant pas dans l'instant à Paris avec ses troupes. Les ligueurs, ameutés par son absence, & irrités de la mort du duc & du cardinal de Guise, continuerent leurs excès. La Sorbonne s'enhardit à donner un decret qui délioit les sujets du serment de fidélité qu'ils doivent au roi, & le pape l'excommunia. A tous ces attentats, ce prince n'opposa que de la cire & du parchemin.

Cependant le duc de Mayenne en particulier se voyoit chargé à regret de vanger la mort d'un frere qu'il n'aimoit pas, & qu'il avoit autrefois appellé en duel. Il sentoit d'ailleurs que tôt ou tard le parti des *Ligueurs* seroit accablé; mais la position & son honneur emporterent la balance. Il vint à Paris, & s'y fit déclarer lieutenant général de la couronne de France, par le conseil de l'*union*; conseil de l'*union* se trouvoit alors composé de 70 personnes.

L'exemple de la capitale entraîna le reste du royaume; Henri III. réduit à l'extrémité, prit le parti, par l'avis de M. de Schomberg, d'appeller à son aide le roi de Navarre qu'il avoit tant persécuté; celui-ci, dont l'ame étoit si belle & si grande, vole à son secours, l'embrasse, & décide qu'il falloit se rendre à force ouverte dans la capitale.

Déja les deux rois s'avançoient vers Paris, avec leurs armées réunies, fortes de plus de trente mille hommes; déja le siége de cette ville étoit ordonné, & sa prise immanquable, quand Henri III. fut assassiné, le premier Août 1589, par le frere Jacques Clement, dominiquain : ce prêtre fanatique fut encouragé à ce parricide par son prieur Bourgoin, & par l'esprit de la *ligue*.

Quelques Historiens ajoutent, que Madame de Montpensier eut grande part à cette horrible action; moins peut-être par vengeance du sang de son frere, que par un ancien ressentiment que cette dame conservoit dans le cœur, de certains discours libres tenus autrefois par le roi sur son compte, & qui découvroient quelques défauts secrets qu'elle avoit: outrage, dit Mézerai, bien plus impardonnable à l'égard des femmes, que celui qu'on fait à leur honneur.

Personne n'ignore qu'on mit sur les autels de Paris le portrait du parricide; qu'on tira le canon à Rome, à la nouvelle du succès de son crime; enfin, qu'on prononça dans cette capitale du monde catholique l'éloge du moine assassin.

Henri IV (car il faut maintenant l'appeller ainsi avec M. de Voltaire, puisque ce nom si célebre & si cher est devenu un nom propre) Henri IV. dis-je, changea la face de la *ligue*. Tout le monde fait comment ce prince, le pere & le vainqueur de son peuple, vint à bout de la détruire. Je me contenterai seulement de remarquer, que le cardinal de Bourbon, dit *Charles X*, oncle d'Henri IV. mourut dans sa prison le 9 Mai 1590; que le cardinal Cajetan légat *à latere*, & Mendoze ambassadeur d'Espagne, s'accorderent pour faire tomber la couronne à l'infante d'Espagne, tandis que le duc de Lorraine la vouloit pour lui-même, & que le duc de Mayenne ne songeoit qu'à prolonger son autorité. Sixte V. mourut dégouté de la *ligue*. Grégoire XIV. publia sans succès, des lettres monitoriales contre Henri IV. en vain le jeune cardinal de Bourbon neveu du dernier mort, tenta de former quelque faction en sa faveur; en vain le duc de Parme voulut soutenir celle d'Espagne, les armes à la main; Henri IV. fut par-tout victorieux; par-tout il battit les troupes des ligueurs, à Arques, à Ivry, à Fontaine françoise, comme à Coutras. Enfin, reconnu roi, il soumit par ses bienfaits, le royaume à son obéïssance : son abjuration porta le dernier coup à cette *ligue* monstrueuse, qui fait l'événement le plus étrange de toute l'histoire de France.

Aucuns regnes n'ont fourni tant d'anecdotes, tant de pieces fugitives, tant de mémoires, tant de livres, tant de chansons satyriques, tant d'estampes, en un mot, tant de choses singulieres, que les regnes d'Henri III. & d'Henri IV. Et, en admirant le regne de ce dernier monarque, nous ne sommes pas moins avides d'être instruits des faits arrivés sous son prédécesseur, que si nous avions à vivre dans des tems si malheureux. (*D. J.*)

LIGUE, (*Géog.*) nom commun aux trois parties qui composent le pays des Grisons; l'une se nomme la *ligue* grise ou haute, l'autre la *ligue* de la Caddée, & la troisieme la *ligue* des dix juridictions, ou des dix droitures. *Voyez* GRISONS.

La *ligue* grise, ou la *ligue* haute, en allemand, *graw-bunds*, en latin, *fœdus superius*, ou *fœdus canum*, est la plus considérable des trois, & a communiqué son nom à tout le pays. C'est ici que se trouvent les trois sources du Rhin. Cette *ligue* est partagée en huit grandes communautés, qui contiennent vingt-deux jurisdictions. Les habitans de la *ligue* grise parlent, les uns allemand, les autres italien, & d'autres un certain jargon qu'ils appellent *roman* : ce jargon est un mélange d'italien ou de latin, & de la langue des anciens Lépontiens.

La *ligue* de la Caddée, ou maison de Dieu, en allemand, *gotts hansf-bundt*, est partagée en onze grandes communautés, qui se subdivisent en vingt-une jurisdictions. Dans les affaires générales qui se nomment autrement *dietes*, cette *ligue* a vingt-quatre voix. *Voyez* CADÉE.

La *ligue* des dix jurisdictions, ou dix droitures, tire son nom des dix jurisdictions qui la forment, sous sept communautés générales : tous les habitans de cette derniere ligue, à un ou deux villages près, parlent allemand. (*D. J.*)

LIGUGEY, (*Géogr.*) en latin *Locociacum*, *Locogeiacum*, & dans ces derniers tems *Ligugiacum*. C'est le *Lieudiacum* qui est le premier monastere des Gaules, dont l'histoire ait parlé. S. Martin, par goût pour la solitude, l'établit à trois lieues de Poitiers, avant son épiscopat, c'est-à-dire avant l'an 371. Devenu évêque, il fonda celui de Marmoutier à environ une lieue de Tours, dans un endroit desert. Ces deux monasteres, alors composés de cellules de bois, furent ruinés avec le tems : celui de *Lugugey* est devenu, par je ne sai quelle cascade, un prieuré appartenant aux Jésuites ; mais celui de Marmoutier forme une abbaye célebre sous l'ordre de S. Benoît, qui produit aux moines dix-huit mille livres de rente annuelle, & seize mille livres à l'abbé. On nomma par excellence ce dernier monastere, à cause du nombre des pasteurs qu'il a donnés à l'Eglise, *Majus monasterium*, d'où l'on a fait en notre langue *Marmoutier*. Les bâtimens en sont aujourd'hui magnifiques, & à cet égard il mérite encore le nom qu'il porte. (*D. J.*)

LIGUIDONIS PORTUS, (*Géog. anc.*) c'est un port de l'île de Sardaigne ; Antonin le met sur la route de Tibules à Cagliari, en passant par Olbia. Le P. Briet donne pour nom moderne *Lagoliaste*, autrement dit *Lago d'Ogliasto*.

LIGURIE (LA) *Liguria*, (*Géogr. anc.*) ancienne province de la Gaule cispadane, sur la mer de *Ligurie*. On a compris quelquefois dans cette province divers peuples des Alpes, qui venoient pour la plupart des Liguriens.

Les habitans de la *Ligurie* tiroient leur origine des Celtes : les Grecs les appelloient *Ligus*, *Lygies*, & quelquefois *Ligustini* ; les Romains les nommoient *Ligures*. Ptolomée nous indiquera les villes de la *Ligurie*.

Selon le P. Priet, *Antiq. ital. part. II. liv. V.* la *Ligurie* comprenoit ce que nous appellons aujourd'hui le *marquisat de Saluces*, partie du Piémont, la plus grande partie du Montferrat, toute la côte de Gènes, la seigneurie de Mourgues, autrement Monaco, partie du comté de Nice, & la partie du duché de Milan qui est au-deçà du Pô.

Selon le même géographe, les Liguriens étoient divisés en Liguriens chevelus *Ligures capillati*, & en Liguriens montagnards, *Ligures montani*. Les Liguriens chevelus occupoient les côtes de la mer, & les Liguriens montagnards habitoient l'Apennin & les Alpes.

Les Liguriens passoient pour des hommes vigoureux, adonnés au travail, vivant de lait, de fromage, & usant, dit Strabon, d'une boisson faite avec de l'orge. Ils supportoient constamment la fatigue & la peine, *assuetum malo Ligurem*, Virgile néanmoins les dépeint comme des gens faux & fourbes. Claudien insinue la même chose, & Servius les traite de menteurs.

LIGURIENS, *Ligurini*, (*Géog. anc.*) habitans de la Ligurie. Les peuples qui habitoient la vraie Ligurie, ayant envoyé des colonies en Italie ; y introdusirent leur nom, en s'y établissant eux-mêmes. Le mot *ligus* en grec signifie un *amateur de la poésie & de la musique*. Les Grecs ont souvent imposé aux nations d'Europe, d'Asie & d'Afrique, des noms sous lesquels nous les reconnoissons encore aujourd'hui, parce qu'ils les ont tirés de quelque qualité morale ou corporelle qui leur étoit particuliere. On sait combien les Bardes ont été chers à la Provence & au Dauphiné ; & personne n'ignore qu'on voit encore peu de peuples en Europe, qui aiment tant la danse, les vers & les chansons.

LIGUSTICUM MARE, (*Géogr. anc.*) on nommoit ainsi le golfe de Lyon dans sa partie orientale, depuis l'Arne, riviere de Toscane, jusqu'à Marseille ; mais Niger appelle *mer Ligustique* cette étendue de mer qui va depuis le détroit de Gibraltar jusqu'à la Sicile.

LIGYRIENS, *Ligyrii*, (*Géog. anc.*) peuples anciens de la Thrace ; ils avoient un lieu saint consacré à Bacchus, qui rendoit des oracles, au rapport de Macrobe, *saturn. lib. I. ch. xviij*. (*D. J.*)

LILAC, f. m. (*Hist. nat. Bot.*) genre de plante à fleur monopétale en forme d'entonnoir, partagée pour l'ordinaire en quatre parties. Il sort du calice un pistil attaché comme un clou à la partie postérieure de la fleur ; ce pistil devient dans la suite un fruit applati en forme de langue, qui se partage en deux parties, & qui est divisé par une cloison en deux loges remplies de semences applaties & bordées. Tournefort, *inst. rei herb. Voyez* PLANTE.

LILAC, (*Hist. natur.*) petit arbre qui nous est venu de l'Asie, & que l'on cultive en Europe pour l'agrément. Il fait une tige assez droite, prend peu de grosseur, se garnit de beaucoup de branches, & ne s'éleve au plus qu'à vingt piés. Il fait quantité de petites racines fibreuses qui s'entremêlent & s'étendent peu. Sa feuille est grande, faite en cœur, d'un verd tendre & luisant ; elle paroît de bonne heure au printems. Sur la fin d'Avril, ses fleurs annoncent le retour de la belle saison ; elles viennent en grosses grappes au bout des branches de l'année précédente, & il y a toujours deux grapes ensemble. Leur couleur varie selon les especes : il y a des *lilacs* à fleur de couleur gris de lin fort tendre ; d'autres à fleur plus foncée tirant sur le pourpre, & d'autres à fleur blanche. Toutes ces fleurs ont de la beauté & une odeur délicieuse ; elles sont remplacées par de petites gousses de la forme d'un fer de pique, qui deviennent rouges au tems de leur maturité ; elles contiennent de semences menues, oblongues, applaties, ailées, & d'une couleur rousse. Cet arbre est très-robuste, il croît promptement, & donne bientôt des fleurs. Il se plaît à toutes les expositions, réussit dans tous les terreins, se multiplie plus que l'on ne veut, & n'exige aucune culture.

On pourroit élever le *lilac* de semence ou de branches couchées ; mais la voie la plus courte & la seule usitée, c'est de le multiplier par les rejettons qui viennent en quantité sur ses racines : le mois d'Octobre est le vrai tems de les transplanter, parce que les boutons de cet arbre, qui sont en seve dès le mois de Décembre, grossissent pendant l'hiver & s'ouvrent de bonne heure au printems. Plus les *lilacs* sont gros, mieux ils reprennent, & ils donnent d'autant plus de fleurs qu'ils se trouveront dans un terrein sec & léger, mais ils s'éleveront beaucoup moins. On en voit souvent qui sont enracinés dans les murailles, & qui s'y soutiennent à merveille. Il ne faut d'autre soin à cet arbre que de supprimer les rejettons qui viennent tous les ans sur ses racines, & qui affoiblissent la principale tige. On doit aussi avoir attention de tailler cet arbre avec ménagement, on se priveroit des fleurs en accourcissant toutes fes branches. Son bois, quoique blanc, eft dur, folide & compacte, cependant on n'en fait nul ufage: on ne connoît non plus aucune utilité dans les autres parties de cet arbre : on le cultive uniquement pour l'agrément.

Les *lilacs* font d'un grand ornement dans les bofquets ; on en fait même des maffifs entiers, qui font au printems la plus agréable décoration dans un grand jardin.

Il y a des *lilacs* de deux efpeces différentes, & chaque efpece a plufieurs variétés : on les divife en grands *lilacs* & en *lilacs* de Perfe.

Grands lilacs. 1°. Le *lilac ordinaire.* Sa fleur eft d'une couleur gris de lin tendre.

2°. Le *lilac à fleur pourpre.* Sa fleur eft plus groffe & plus fournie que celle du précédent ; l'arbre en donne une plus grande quantité : c'eft le plus beau de tous les *lilacs* & le moins commun.

3°. Le *lilac à fleur blanche.* Sa fleur n'eft ni fi grande ni fi garnie que celles des précédens, mais elle femble être argentée.

4°. Le *lilac à fleur blanche & à feuille panachée de jaune.*

5°. Le *lilac à fleur blanche & à feuille panachée de blanc.*

Ces deux variétés ne font pas d'une grande beauté, leur afpect préfente plus de langueur que d'agrément. Ceux qui veulent tout raffembler dans une collection, pourront fe fe procurer en les faifant greffer en écuffon ou en approche fur d'autres *lilacs*.

C'eft principalement aux grands *lilacs* qu'on pourra appliquer ce qui a été dit ci-deffus.

Lilacs de Perfe. 6°. Le *lilac de Perfe à feuille de troëne.* Sa fleur eft d'un rouge pâle.

7°. Le *lilac de Perfe à fleur blanche.* Sa couleur n'eft pas bien tranchée, c'eft un rouge fi pâle qu'il incline à la blancheur : cette variété eft encore très-rare.

8°. Le *lilac de Perfe à feuille découpée* ; c'eft le plus beau des *lilacs de Perfe*, par l'agrément de fa feuille qui eft très-joliment découpée, & par la beauté de fa fleur qui eft d'une vive couleur de pourpre fort apparente.

Ces *lilacs* font des arbriffeaux qui ne s'éleveut qu'à huit ou dix piés. Ils fe garniffent de beaucoup de branches qui font fort menues ; leur feuille eft infiniment plus petite que celle des grands *lilacs* ; leur fleur eft en plus petits bouquets, mais elle a plus d'odeur, & fouvent les branches en font garnies fur toute leur longueur. Elle paroit huit jours plus tard que celle des grands *lilacs*, & elle dure plus longtems. Il faut aux *lilacs de Perfe* une bonne terre, meuble, franche, un peu humide. Ils donnent rarement des rejettons au pié ; il faut les multiplier de branches couchées que l'on fait au printems, elles auront au bout d'un an des racines fuffifantes pour la tranfplantation, qui fe doit faire pour le mieux en automne. Tous les *lilacs* peuvent fe greffer les uns fur les autres, foit en écuffon, foit en approche. Les *lilacs de Perfe* peuvent contribuer à l'ornement d'un jardin ; on en fait des buiffons des plate-bandes. On peut auffi leur faire prendre une tige & une tête régulière, & on peut encore en former des paliffades de dix piés de hauteur : c'eft peut-être la forme qui leur convient le mieux, & lorfque ces paliffades ont pris trop d'épaiffeur, il n'y a qu'à forcer la taille jufqu'auprès des principales branches, & bien-tôt la paliffade fe regarnira de jeunes rejettons : on peut même faire cette opération au mois de Juillet fans inconvénient. *Article de M. D'AUBENTON.*

LILAC, (*Botan.*) quoique le nom de *lilac* foit étranger, la plûpart de nos botaniftes l'ont confervé ; quelques autres l'ont rendu mal-à-propos par *fyringa*, qui eft une plante d'un genre tout différent. Nos dames fe font contentées d'adoucir le nom arabe, d'écrire & de prononcer *lilas*, & elles l'ont emporté fur les Botaniftes ; les Anglois l'appellent *the pipe-trée.*

La racine de cette plante eft déliée, ligneufe, & rampante ; elle produit un arbriffeau qui parvient à la hauteur d'un arbre médiocre, & s'éleve à dix-huit ou vingt piés, & plus ; fes tiges font menues, droites, rameufes, affez fermes, couvertes d'une écorce grife-verdâtre, remplies d'une moëlle blanche & fongueufe. Ses feuilles font oppofées l'une à l'autre, larges, pointues, liffes, molles, luifantes, vertes quelquefois, panachées de jaune ou de blanc, & attachées à de longues queues ; elles ont un goût un peu âcre & amer.

Ses fleurs font petites, monopétales, ramaffées en touffes, de couleur bleue, quelquefois d'un rouge bleu, d'autres fois d'un rouge-foncé, & d'autres fois blanches ou argentées, felon les efpeces de *lilacs*, mais toûjours d'une odeur douce & fort agréable.

Chacune de ces fleurs eft en entonnoir, ou en tuyau évafé par le haut, & découpé en quatre ou cinq parties, garni de deux ou trois étamines courtes, à fommets jaunes. Le calice eft d'une feule piece, tubuleux, court, & divifé en quatre fegmens ; l'ovaire eft placé au centre du calice qui eft dentelé.

Quand les fleurs font paffées, il leur fuccede des fruits comprimés, oblongs, affez femblables à une langue, ou à un fer de pique. Ils prennent une couleur rouge en mûriffant, & fe partagent en deux loges, qui contiennent des femences menues, oblongues, applaties, pointues par les deux bouts, bordées d'un feuillet membraneux & comme ailé, de couleur rouffe.

Le *lilac* nous eft venu felon Mathiole de Conftantinople, & felon d'autres de l'orient. Il fleurit au mois d'Avril, & n'a point d'ufage médicinal. Mais comme la mode regne encore de le cultiver dans nos jardins, à caufe de la beauté de fes fleurs, il nous faut dire un mot de fa culture.

LILAC, (*Agriculture.*) rien n'eft plus beau que le *lilac*, ou, pour parler comme tout le monde, le *lilas* en fleur, foit en buiffons dans des plates-bandes de parterre, foit dans des allées, foit dans des quarrés de bofquets, fur-tout quand on les oppofe, ou qu'on les entremêle avec goût. D'ailleurs, ils ont l'avantage d'être aifés à élever, de croître dans toutes fortes d'expofitions & de terreins. Il eft vrai qu'ils pouffent plus vigoureufement dans des terres fortes & humides ; mais c'eft dans les terres feches, qu'ils donnent le plus de fleurs ; & c'eft auffi le cas de la plûpart des plantes.

Les *lilas* bleus, blancs, & pourpre foncé, montent d'ordinaire à la hauteur de vingt piés, & forment l'embelliffement des allées & des bofquets ; lorfque dans le printems, la nature ouvre fon fein pour enchanter nos regards ; ici le *lilas-blanc* étendant fes branches, produit à leurs extrémités des panaches de fleurettes argentines, foutenues fur de courts pédicules. Là, le *lilas bleu* préfente de longues grappes de charmantes fleurs, dont l'air eft embaumé ; mais le *lilas pourpre* nous plait encore davantage, & par le nombre des fleurs qu'il donne, & par les touffes qui en font plus preffées, & par l'attrait de leurs belles couleurs ; le mélange de l'oppofition ingénieufe de ces trois *lilas* ne fert que mieux à relever le luftre de chacun en particulier.

On multiplie les *lilas*, en couchant au mois d'Octobre fes jeunes branches dans la terre, ou bien en détachant fes rejettons, & les plantant tout de fuite dans une terre legere, où on les laiffe trois ou quatre ans, avant que de les tranfplanter à demeure.

Les *lilas* à feuilles de *troëne*, que nous nommons

noblement *lilas de Perse*, ne montent point en arbre, & ne forment que des arbrisseaux qui ne s'élevent guere au-dessus de six ou sept piés; mais c'est par cela même qu'ils servent à décorer tous les lieux où sont placés les arbustes de leur taille. Ils donnent des bouquets plus longs, plus déliés que les autres *lilas*, & en même tems d'une odeur plus agréable.

Quoiqu'on puisse multiplier de rejettons, les *lilas de Perse*, le meilleur est de les multiplier de marcotes; on peut les planter dans les plates-bandes des parterres; on peut les tailler en buisson ou en globe posé sur une tige, en s'y prenant de bonne heure. Enfin, on peut les élever en caisse, mais c'est une chose inutile ; car ils ne sont point délicats, toute terre & toute exposition leur sont presque indifférentes.

LILÉE, (*Géog. anc.*) *Lilæa*, ville de Grece, dans la Phocide, du côté du mont Parnasse. Apollon & Diane avoient chacun un temple dans cette ville : comme elle étoit située auprès des sources du Céphise, la fable dit qu'elle tiroit son nom de la nayade *Lilée*, fille de ce fleuve.

LILIBÉE, (*Géog.*) *Lilibæum*, ville de Sicile, dans sa partie occidentale, près du cap de même nom, à l'opposite de l'embouchure du port de Carthage. Cette ville fut ensuite nommée *Helvia Colonia*; elle étoit fort grande du tems des Romains, qui y avoient jusqu'à dix mille hommes de garnison, à rapport de Tite-Live, *l. XXI. c. xlix.*

Le siége qu'ils firent de cette ville, dont Polybe, *l. I. c. x.* nous a laissé une si belle description, est au jugement de Folard, le chef-d'œuvre de l'intelligence & de la capacité militaire, tant pour l'attaque, que pour la défense. *Lilibée* ne tomba sous la puissance de Rome, qu'après une suite de victoires sur les Carthaginois ; c'est présentement *Marsaglia*. Le cap *Lilibée*, *Lilibæum promontorium*, s'appelle de nos jours *Capo-Bolo*, ou *Lilibæo*.

LILINTGOW, (*Géog.*) en latin *Lindum*, ancienne ville d'Ecosse, dans la province de Lothiane, sur un lac très-poissonneux, à 4 lieues N. E. d'Edimbourg, 130 N. O. de Londres. *Long.* 14. 20. *lat.* 56. 18. (*D. J.*)

LILITH, f. m. (*Hist. anc.*) les Juifs se servent de ce mot pour marquer un spectre qui enleve les enfans & les tue ; c'est pourquoi, comme l'a remarqué R. Léon de Modene, lorsqu'une femme est accouchée, on a coutume de mettre sur de petits billets, aux quatre coins de la chambre où la femme est en couche, ces mots, *Adam & Eve : Lilith hors d'ici*, avec le nom de trois anges ; & cela pour garantir l'enfant de tout fortilége. M. Simon, dans sa remarque sur ces paroles de Léon de Modene, observe que *Lilith*, selon les fables des Juifs, étoit la premiere femme d'Adam, laquelle refusant de se soumettre à la loi, le quitta & s'en alla dans l'air par un secret de magie. C'est cette *Lilith* que les Juifs superstitieux craignent comme un spectre, qui apparoît en forme de femme, & qui peut nuire à l'enfantement. Buxtorff, *au chap. ij. de sa Synagogue*, parle assez au long de cette *Lilith*, dont il rapporte cette histoire tirée d'un livre juif. Dieu ayant créé Adam, lui donna une femme qui fut appellée *Lilith*, laquelle refusa de lui obéir : après plusieurs contestations ne voulant point se soumettre, elle prononça le grand nom de Dieu *Jehova*, selon les mysteres secrets de la cabale, & par cet artifice elle s'envola dans l'air. Quelque instance que lui eussent fait plusieurs anges qui lui furent envoyés de la part de Dieu, elle ne voulut point retourner avec son mari. Cette histoire n'est qu'une fable ; & cependant les Juifs cabalistiques, qui sont les auteurs d'une infinité de contes ridicules, prétendent la tirer du premier chapitre de la Genése,

qu'ils expliquent à leur maniere. R. Léon de Modene, *Cérem. part. IV. chap. viij.*

LILIUM, (*Chimie & Mat. med.*) ce remede qui est fort connu encore sous le nom de *lilium de Paracelse*, à qui on l'a attribué sur un fondement assez frivole, & sous celui de la teinture des métaux, est un de ceux que l'abbé Rousseau a célébrés dans son livre des *secrets & remedes éprouvés*. M. Baron nous avertit dans une dissertation très-étendue & très-profonde sur cette préparation, dissertation qui fait une de ses additions à la chimie de Lémery, qu'on doit bien se garder de croire que l'abbé Rousseau soit l'inventeur de ce remede, puisque, selon la remarque de M. Burlet, le premier qui ait rendu publique la description de la teinture des métaux, est l'auteur anonyme d'un livre intitulé *Chimia rationalis*, imprimé à Leyde en 1687. On s'est un peu écarté depuis ce tems du procédé de l'inventeur. Voici celui qui est décrit dans la Pharmacopée de Paris ; prenez des régules de cuivre, d'étain, & d'antimoine martial, de chacun quatre onces, (*voyez* sous le mot ANTIMOINE, *regule martial*, *regule de vénus*, *regule jovial*) mettez-les en poudre, mêlez-les exactement, & réduisez-les par la fusion en un seul regule selon l'art : mettez-le de nouveau en poudre, & mêlez-le avec du nitre très-pur & du tartre, l'un & l'autre en poudre, de chacun dix-huit onces, projettez ce mélange dans un creuset, & le faites détonner, & ensuite faites-le fondre à un feu très-fort, versez la matiere dans un mortier pour l'y réduire en poudre dès qu'elle sera prise, & versez-la encore toute chaude dans un matras ; versez dessus sur le champ suffisante quantité d'esprit-de-vin rectifié, digerez pendant quelques jours au bain de sable en agitant de tems en tems, & vous aurez une teinture profondément colorée.

Le *lilium* est fort communément employé dans la pratique de la Medecine comme un cordial très-actif, & même par quelques medecins, (ceux de Montpellier, par exemple) comme la derniere ressource pour soutenir un reste de vie prêt à s'éteindre. La teinture des métaux differe à peine quant à sa constitution intérieure ou chimique de la teinture du sel de tartre, & n'en differe point du tout quant à ses qualités medicinales ; en sorte que l'une & l'autre erreur, ou du-moins une inexactitude, que nous devons relever ici, que le *lilium* est regardé dans la préparation d'antimoine dans l'*art.* ANTIMOINE. *Voyez* ESPRIT-DE-VIN à l'*art.* VIN, SEL DE TARTRE à l'*art.* TARTRE, & TEINTURE.

On trouve encore parmi les secrets de l'abbé Rousseau, & dans la chimie de Lémery, une autre préparation chimique, sous le nom de *lilium minéral*, ou *sel métallique*. Cette préparation n'est autre chose qu'un alkali fixe, qui ayant été tenu dans une longue & forte fusion avec un regule composé de cuivre, d'étain, & de regule martial, qui se réduit en chaux dans cette opération, a été rendu très-caustique par l'action de ces chaux, desquelles on le sépare ensuite par la lotion. Toute cette opération n'est bonne à rien qu'à fournir la matiere de la teinture des métaux, supposé que la teinture des métaux soit elle-même une préparation fort recommandable. Car quant à son produit plus immédiat, le prétendu sel métallique, il n'est & ne doit être d'aucun usage en Medecine, ni intérieurement, parce qu'il est vraiment corrosif; ni extérieurement, parce que la pierre à cautere avec laquelle il a beaucoup d'analogie, vaut mieux, & se prépare par une manœuvre beaucoup plus simple. *Voyez* PIERRE À CAUTERE. (*b*)

LILIUM LAPIDEUM, (*Hist. nat.*) *Voyez* LIS DE PIERRE.

LILLE, (*Géog.*) grande, belle, riche & forte ville de

LIL — LIM

de France, capitale de la Flandre françoife, & d'une châtellenie confidérable, avec une citadelle conftruite par le maréchal de Vauban, qui eft la plus belle de l'Europe.

Lille a commencé par un château, qu'un des comtes de Flandres fit bâtir avant l'an 1054. Baudouin, comte de Flandres, en fit une ville, qu'il appelle *Ifla* dans fes lettres, & nomme fon territoire *Iflenfe territorium*. Rigord dans les geftes du roi Augufte, *ad ann.* 1215, la nomme *Infula*. Guillaume le Breton lui donne auffi ce dernier nom dans les vers fuivans.

Infula, villa placens, gens callida, lucra fequendo;
Infula, quæ nitidis fe mercatoribus ornat,
Regna coloratis illuminat extera pannis.

Les François difent l'*Ifle*, ou *Lille*, & les Allemands *Ryffel*. Elle a été appellée *Infula*, à caufe de fa fituation entre deux rivieres, la Lys & la Deule, qui l'environnent de toutes parts.

Louis XIV. s'eft emparé de *Lille* par droit de conquête; il l'enleva à l'Efpagne en 1667. Les alliés la prirent en 1708, & la rendirent à la France par le traité d'Utrecht; Longuerue, Corneille, Piganiol de la Force, Savary, & la Martiniere, vous inftruiront de tous les détails qui concernent cette ville, fes manufactures, fon commerce, fon adminiftration, fa châtellenie, &c.

Sa pofition eft à 5 lieues N. O. de Tournai, 7 N. de Douai, 13 S. O. de Gand, 15 S. O. de Dunkerque, 15 N. O. de Mons, 52 N. E. de Paris. *Long.* felon Caffini, 20^d. 36'. 30". *lat.* 50. 38.

On fait peut-être qu'Antoinette Bourignon, cette célebre vifionnaire du fiecle paffé, naquit à *Lille* en 1616. Comme elle étoit riche, elle acheta fous le nom de fon directeur l'île de Nordftrand, près de Holftein, pour y raffembler ceux qu'elle prétendoit affocier à fa fecte. Elle fit imprimer à fes frais dix-huit volumes *in-*8°. de pieufes rêveries, où il ne s'agit que d'infpirations immédiates, & dépenfa la moitié de fon bien à s'acquérir des profélytes; mais elle ne réuffit qu'à fe rendre ridicule, & à s'attirer des perfécutions, attachées d'ordinaire à toute innovation. Enfin, defefpérant de s'établir dans fon île, elle la revendit aux Janféniftes, qui ne s'y établirent pas davantage. Elle mourut à Francker en 1680.

Dominique Baudius, grand poète latin, étoit auffi né à *Lille*; mais il fut nommé profeffeur dans l'univerfité de Leyden, où il donna plufieurs ouvrages eftimés, & y mourut en 1613, à cinquante-deux ans. Le vin & les femmes ont été les deux écueils fur lefquels fa réputation fit naufrage. Ses lettres dont on fait tant de cas, procurent, ce me femble, plus de plaifir & d'utilité aux lecteurs, que d'honneur à la mémoire de l'auteur. Il eft vrai qu'elles font pleines d'efprit & de politeffe, mais elles le font auffi d'amour-propre, & l'auteur s'y montre en même tems trop gueux, trop intéreffé, & trop importun à fes amis.

Matthias de Lobel, botanifte, compatriote de Baudius, avoit une conduite plus fage que lui dans les pays étrangers. Il mourut à Londres en 1616, âgé de foixante-dix-neuf ans; le meilleur ouvrage qu'il ait donné font fes *Adverfaria*, & la meilleure édition eft d'Angleterre en 1655, *in-*4°.

La ville de *Lille* a encore produit, dans le dernier fiecle, quelques artiftes de merite, comme Monnoyer, aimable peintre des fleurs, & les Vander-Meer, qui ont excellé à repréfenter le paifage, les vûes de marine, & les moutons. (*D. J.*)

LILLERS, (*Géog.*) *Lilercum*, petite ville de France en Artois, fur le Navez, à 7 lieues d'Arras, entre Aire & Béthune. Ses fortifications ont été démolies. *Long.* 20. 7. *lat.* 50. 35. (*D. J.*)

LILLO, (*Géog.*) fort des Pays-bas Hollandois fur l'Efcaut, à 3 lieues d'Anvers; les habitans d'Anvers qui foutenoient le parti des confédérés, le battirent en 1583, pour fe conferver la navigation de l'Efcaut, & les Efpagnols furent obligés d'en lever le fiége en 1588. *Long.* 21. 47. *lat.* 51. 18. (*D. J.*)

LIMA, (*Géog.*) ville de l'Amérique méridionale au Pérou, dont elle eft la capitale, ainfi que la réfidence du vice-roi, avec un archevêché érigé en 1546, & une efpece d'univerfité, dirigée par des moines, & fondée par Charles-Quint en 1545.

François Pizarre jetta les fondemens de *Lima* en 1534 ou 1535, & douze Efpagnols fous fes ordres commencerent à s'y loger. Le nombre des habitans augmenta promptement; on alligna les rues, on les fit larges, & on divifa la ville en quarrés, que les Efpagnols appellent *quadras*.

Le roi d'Efpagne y établit un vice-roi, avec un pouvoir abfolu, mais dont le gouvernement ne dure que fept ans; les autres charges fe donnent, ou plûtôt fe vendent, pour un tems encore plus court, favoir pour cinq ans, pour trois ans. Cette politique, établie pour empêcher que les pourvûs ne forment des partis contre un prince éloigné d'eux, eft la principale caufe du mauvais gouvernement de la colonie, de toutes fortes de déprédations, & du peu de profit qu'elle procure au roi; aucun des officiers ne fe foucie du bien public.

Le pere Feuillée, M. Frezier, & les lettres édifiantes, vous inftruiront en détails très-étendus, du gouvernement de *Lima*, de fon audience royale, de fon commerce, de fes tribunaux civils & eccléfiaftiques, de fon univerfité, de fes églifes, de fes hôpitaux, & de fes légions de moines, qui par leurs logemens, ont abforbé la plus belle & la plus grande partie de la ville; ils vous parleront auffi de la quantité de convens de filles, qui n'y font guère moins nombreux; enfin, des mœurs diffolues qui regnent dans un pays, où la fertilité, l'abondance de toutes chofes, la richeffe & l'oifiveté, ne peuvent infpirer que l'amour & la molleffe.

On n'y éprouve jamais l'intempérie de l'air, les nuages y couvrent ordinairement le ciel, pour garantir ce beau climat des rayons que le foleil y darderoit perpendiculairement. Ces nuages ne font quelquefois que s'abaiffer en brouillards, pour rafraîchir la furface de la terre, fertile en toutes fortes de fruits délicieux de l'Europe & des îles Antilles, oranges, citrons, figues, raifins, olives, ananas, goyaves, patates, bananes, fandies, melons, lucumos, chérimolas, & autres.

Les campagnes de la grande vallée de *Lima* offrent des prairies vertes toute l'année, ici tapiffées de luzerne, là des fruits dont nous venons de parler; la belle riviere de *Lima* arrofe cette vallée par une infinité de canaux pratiqués au milieu des plaines.

En un mot, *Lima* donneroit l'idée du féjour le plus riant, fi tous ces avantages n'étoient pas troublés par de fréquens tremblemens de terre, qui doivent inquiéter fans ceffe fes habitans. Il y en eut un le 17 Juin 1678, qui ruina une grande partie de la ville. Celui de 1682 démolit prefque entierement les édifices publics. Depuis la plûpart des maifons des particuliers, n'ont été faites généralement d'un feul étage, & feulement couvertes de rofeaux, fur lefquels on répand de la cendre, pour empêcher que la rofée ne paffe à-travers.

Enfin, le 28 Octobre 1746, on entendit à *Lima*, fur les dix heures & demie du foir, un bruit fouterrain, qui précede toûjours en ce pays-là les tremblemens de terre, & dure affez long-tems pour qu'on puiffe fortir des maifons. Les fecouffes vinrent ensuite, & furent si violentes, qu'en quatre à cinq minutes de tems, il n'est resté de toute cette capitale que vingt maisons sur pié. Soixante-quatorze églises ou couvens, le palais du vice-roi, l'audience royale, les hôpitaux, les tribunaux, & tous les édifices publics, qui étoient plus élevés & plus solidement bâtis que les autres, ont été ruinés de fond en comble.

Le Callao, ville fortifiée & port de *Lima*, à deux lieues de cette capitale, fut vraisemblablement renversé par les mêmes secousses; dans le même tems où le tremblement se fit sentir, la mer s'éloigna du rivage à une grande distance; elle revint ensuite avec tant de furie, qu'elle submergea treize des vaisseaux qu'elle avoit laissés à sec & sur le côté dans le port. Elle porta quatre autres vaisseaux fort avant dans les terres, où elle s'étendit à une de nos lieues, rasant entierement Callao & engloutissant tous ses habitans, au nombre d'environ cinq mille, & plusieurs de ceux de *Lima* qu'elle trouva sur le chemin.

Les oscillations que fit la mer jusqu'à ce qu'elle eût repris son assiette naturelle, couvrirent les ruines de cette malheureuse ville de tant de sable, qu'il reste à peine quelque vestige de sa situation. On avoit trouvé déjà onze cens quarante-un corps ensevelis sous ses décombres au départ du premier vaisseau qui porta cette triste nouvelle en Europe; j'ignore combien on en a déterré dans la suite.

Mais on a travaillé insensiblement à tirer des ruines de *Lima* la plus grande partie des effets précieux qui y ont été enfouis, & à rebâtir les édifices publics plus bas qu'ils n'étoient avant cet accident.

Cette ville a à l'orient les hautes montagnes des Andes, autrement appellées les *Cordelieres;* elle est arrosée par la belle riviere qui descend de ces hautes montagnes, au sud est la grande vallée de *Lima*, dont nous avons parlé.

La position de cette ville sur la carte d'Amérique, publiée en 1700 par M. Halley, revient à 78 degrés, 40 minutes de *longitude* occidentale du méridien de Paris; & suivant le pere Feuillée, la *long.* est 275ᵈ. 53′. 30″. *lat.* 12ᵈ. 3′. 16″. Selon Cassini la *long.* de cette ville est 299ᵈ. 1′. 0″. *lat.* 12. 1. 15. (*D. J.*)

LIMA, *l'Audience de* (*Géog.*) grande province du Pérou, dont Lima la capitale a succédé à Cusco. Cette province est bornée au nord par l'Audience de Quito, à l'orient par la Cordeliere des Andes, au midi par l'Audience de los Charcas, & à l'occident par la mer du sud. Les principales montagnes qu'on trouve dans cette Audience, font la Sierra & les Andes. La riviere de Moyabamba prend sa source dans cette province, & après avoir été grossie des eaux de plusieurs autres rivieres, elle va se jetter dans celle des Amazones. (*D. J.*)

LIMA, *la vallée de*, (*Géog.*) appellée anssi avant Pizarre, la vallée de *Rimac*, du nom de l'idole qui y rendoit ses oracles; or soit par la corruption du mot, soit par la difficulté aux Espagnols de dire *Rimac*, ils ont prononcé *Lima:* cette vallée s'étend principalement à l'ouest de la ville de *Lima* jusqu'à Callao, & au sud jusqu'à la vallée de Pachacamac. La luzerne y vient en abondance, & sert à nourrir les bêtes de charge pendant toute l'année. (*D. J.*)

LIMA, *la riviere de*, (*Géog.*) belle riviere de l'Amérique méridionale au Pérou, dans l'Audience & dans la vallée de *Lima:* elle descend de ces hautes montagnes de la Cordeliere des Andes, passe au nord de la ville de *Lima*, & le long de ses murailles; elle arrose toute la vallée par un grand nombre de canaux qu'on a pratiqués, & va se jetter dans la mer, au nord de la ville de Callao, détruite par le tremblement de terre de 1746, où elle fournit de l'eau pour l'aiguade des vaisseaux. (*D. J.*)

LIMA, s. f. (*Mythologie.*) déesse qui préside à la garde des seuils, *limina*.

LIMACE, s. f. (*Hist. nat. Zoolog.*) *limax*, insecte dont on distingue plusieurs especes; il y a des *limaces* noires, des grises tachetées ou non tachetées, des jaunes parsemées de taches blanches, & des rouges.

La *limace* rouge à quatre cornes comme le limaçon, mais plus petites. *Voyez* LIMAÇON; la tête est distinguée de la poitrine par une raie noirâtre comme la poitrine l'est du ventre: l'animal peut faire rentrer sa tête en entier dans le corps: la bouche est formée par deux lèvres; on y voit une dent en forme de croissant, qui est à la mâchoire de dessus, & qui a quinze pointes. Selon Lister, la *limace* a le milieu du dos revêtu d'une espece de capuchon qui lui tient lieu de coquille, & sous lequel elle cache sa tête, son cou, & même son ventre dans le besoin, & un osselet large & légerement convexe. Cet auteur dit avoir tiré par une légere incision faite au centre du capuchon, deux petites pierres de même figure & de même grandeur, la premiere au mois de Mars, & la seconde au mois d'Août. Les *limaces* sont hermaphrodites: dans l'accouplement la partie masculine se gonfle & sort par une large ouverture qui se trouve au côté droit du cou près des cornes. On voit quelquefois ces animaux suspendus en l'air à la tête en bas, la queue de l'un contre celle de l'autre par le moyen d'une forte de cordon formé de leur bave, & attaché à un tronc ou à une branche d'arbre. Leurs œufs sont sphériques, blanchâtres, à peu près comme des grains de poivre blanc; mais ils jaunissent un peu avant d'éclore. Les *limaces* vivent d'herbe, de champignons, & même on peut les nourrir avec du papier mouillé; elles restent à l'ombre dans les lieux humides. *Hist. nat. des anim.* par Mrs de Nobleville & Salerne, *tom. I.*

LIMACE, *pierre de*, (*Hist. nat.*) pierre ou os qui se trouve, dit-on, dans la tête des *limaces* fans coquilles qu'on rencontre dans les bois. On a prétendu qu'en la portant on pouvoit se guérir de la fievre quarte. M. Hellwig, médecin, dit qu'en Italie on avoit encore, de son tems, beaucoup de foi dans les vertus de cette pierre ou substance qui, selon lui, est produite par le suc épais & visqueux qui sort de la tête des *limaces* lorsqu'on y fait une ouverture, & qui se durcit assez promptement & prend de la consistence. Pline lui a attribué encore d'autres vertus qui paroissent assez apocryphes. *Voyez Ephemerid. nat. curiosorum, decur. II. ann. VII.* & Bocu de Boot.

LIMAÇON, s. m. (*Hist. nat. Zoolog.*) *cochlea*, animal testacée: il y en a un très-grand nombre d'especes, tant terrestres qu'aquatiques, & l'on donne aussi le nom de *limas. Voyez* COQUILLAGES & COQUILLES. Pour donner une idée des coquillages de ce genre, nous rapporterons seulement ici une courte description du *limaçon* commun des jardins, appellé vulgairement l'*escargot*. Cet animal est oblong; il n'a ni piés ni os: on y distingue seulement la tête, le cou, le dos, le ventre, & une sorte de queue; il est logé dans une coquille d'une seule piece, d'où il sort en grande partie, & où il rentre à son gré. La peau est lisse & luisante sous le ventre, ferme, sillonnée, & grainée sur le dos, plissée & étendue de chaque côté en forme de fraises, au moyen desquelles l'animal rampe comme un ver. La tête a une bouche & des levres; & quatre cornes, deux grandes placées plus haut que les deux autres, qui ont moins de longueur. Les grandes sont pyramidales & terminées par un petit bouton rempli d'une humeur jaunâtre, au milieu duquel on apperçoit un point noirâtre assez ressemblant à une prunelle; les petites cornes ne different des grandes, qu'en ce qu'elles n'ont que le tiers de leur grosseur & de leur grandeur, & que l'on ne voit pas à leur extrémité un point noirâtre. On a prétendu que le bouton des grandes cornes étoit un œil ; mais l'opinion la plus accréditée est que ces quatre cornes ne sont que des antennes que l'animal emploie pour sentir les obstacles qui se rencontrent dans son chemin ; la bouche est grande & garnie de dents. Les *limaçons* ont chacun les deux sexes ; ils sont hermaphrodites ; il y a au côté droit du cou un trou fort apparent, qui est en même tems le conduit de la respiration, la vulve & l'anus, & qui même a différentes cavités, & en particulier a des intestins tortueux qui flottent dans le ventre. Au tems de l'accouplement ces intestins se gonflent & se renversent, de façon qu'ils se présentent à l'ouverture de l'anus alors fort dilatée, sous la figure d'une partie masculine & d'une partie féminine. Il sort par la même ouverture du cou un aiguillon fait en forme de lance à quatre ailes terminée en pointe très-aiguë & assez dure, quoique friable. Lorsque deux *limaçons* se cherchent pour s'accoupler, ils tournent l'un vers l'autre la fente de leur cou, & dès qu'ils se touchent par cet endroit, l'aiguillon de l'un pique l'autre ; cette sorte de fleche ou de petit dard se sépare du corps de l'animal auquel il étoit, tombe par terre, ou est emporté par le *limaçon* qui en a été piqué : celui-ci se retire ; mais peu de tems après il revient & pique l'autre à son tour. Après ce préliminaire, l'accouplement ne manque jamais de se faire. Les *limaçons* s'accouplent jusqu'à trois fois de quinze jours en quinze jours, & à chaque fois on voit un nouvel aiguillon. M. du Verney a comparé cette régénération à celle du bois du cerf. L'accouplement dure dix ou douze heures, pendant lesquelles ces animaux sont comme engourdis : la fécondation n'a lieu qu'après le troisieme accouplement. Au bout d'environ dix-huit jours, les *limaçons* pondent par l'ouverture de leur cou des œufs qu'ils cachent en terre ; ces œufs sont en grand nombre, sphériques, blancs, revêtus d'une coque molle & membraneuse, collés ensemble en maniere de grappe, & gros comme de petits pois ou des grains de velce. Aux approches de l'hiver, le *limaçon* s'enfonce dans la terre, ou se retire dans quelque trou ; il forme à l'ouverture de sa coquille avec sa bave un petit couvercle blanchâtre & circulaire de matiere un peu dure & solide lorsqu'elle est condensée, néanmoins poreuse & mince pour laisser entrer & sortir l'air. L'animal reste ainsi pendant six ou sept mois sans mouvement & sans prendre de nourriture ; au printems il ouvre sa coquille. Les limaçons mangent les feuilles, les fruits, les grains, plusieurs plantes ; ils font de grands dégâts dans les jardins, pendant la nuit sur-tout lorsqu'il pleut ; les tortues détruisent beaucoup de ces animaux. *Hist. nat. des anim.* par MM. de Nobleville & Salerne, tome I.

LIMAÇON, (*Diete & Mat. med.*) on emploie indifféremment les gros *limaçons* des vignes, ou les petits *limaçons* des jardins.

Les païsans en font des potages & différens ragoûts dans plusieurs provinces du royaume. Il est peu de mets aussi dégoutans pour les personnes qui n'y sont point accoutumées ; on peut croire même que celles qui en mangeroient sans rebut, le digéreroient difficilement. Leur chair spongieuse, mollasse, & l'espece de suc visqueux & fade dont elle est chargée, paroissent peu propres à exciter convenablement le jeu des organes de la digestion, & à pénétrés par les humeurs digestives.

C'est cependant par cette qualité de nourriture insipide & glutineuse, *lenta*, que la chair & les bouillons de *limaçon* ont été fort vantés comme un excellent remede contre le marasme & la pthysie ;
mais ces bouillons sont encore plus inutiles ou plus nuisibles que ceux de grenouille & de tortue, &c.

On distille les *limaçons* avec le petit-lait pour en retirer une eau qui passe pour adoucir merveilleusement la peau, & pour blanchir le teint ; mais nous pensons que la petite quantité de parties gélatineuses qui sont élevées avec l'eau par la distillation, ne suffisent point pour lui communiquer une vertu réellement adoucissante, quoiqu'elle lui donne la propriété de graisser & de se corrompre. *Voyez* EAUX DISTILLÉES.

La liqueur qui découle des *limaçons* pilés & saupoudrés d'un peu de sel ou de sucre, est un remede plus réel ; celle-ci est véritablement muqueuse ; elle peut soulager la douleur, étant appliquée sur les tumeurs goutteuses, flegmoneuses, &c. Elle est capable d'adoucir la peau ; elle est sur-tout recommandable contre les vraies inflammations des yeux, c'est-à-dire celles qui sont accompagnées de chaleur & de douleur vive.

Les coquilles de *limaçons* sont comptées parmi les alkalis terreux dont on fait usage en Medecine. *Voyez* TERREUX, *Pharmacie.* (*b*)

LIMAÇON, *insecte du*, (*Insectolog.*) petit animal à qui le corps des *limaçons* terrestres sert de domicile.

Il y a quantité d'insectes qui vivent sur la surface extérieure du corps de quelque animal ; tels sont les poux que l'on voit sur les quadrupedes, les oiseaux, & même sur les mouches, les frelons, les scarabées, &c. Il est d'autres insectes, qui vivent dans le corps de quelqu'autre animal, & l'on peut ranger sous-ce dernier genre, toutes les especes de vers, que la dissection a fait découvrir dans le corps de diverses sortes d'animaux ; mais les insectes dont nous allons parler d'après M. de Reaumur, (*Mém. de l'Ac. des Scienc. ann. 1710.*) habitent tantôt la surface extérieure de quelques parties du corps du *limaçon terrestre*, & tantôt ils vont se cacher dans les intestins de cet animal. Expliquons ces phénomènes.

On sait que le collier du *limaçon* est cette partie qui entoure son cou ; que ce collier a beaucoup d'épaisseur, & que c'est presque la seule épaisseur de ce collier que l'on apperçoit, lorsque le *limaçon* s'est tellement retiré dans sa coquille, qu'il ne laisse voir, ni sa tête, ni son empatement ; c'est donc sur le collier que l'on trouve premierement les insectes dont il s'agit ici. Ils sont jamais plus aisés à observer, que lorsque le *limaçon* est renfermé dans sa coquille, quoiqu'on puisse les remarquer dans diverses autres circonstances. Les yeux seuls, sans être aidés du microscope, les apperçoivent d'une maniere sensible ; mais ils ne se voyent guère en repos ; ils marchent presque continuellement & avec une extrème vitesse, ce qui leur est assez particulier.

Quelques petits que soient ces animaux, il ne leur est pas possible d'aller sur la surface supérieure du corps du *limaçon*, la coquille est trop exactement appliquée dessus : en revanche, ils ont d'autres pays intérieurs, où ils peuvent voyager. Le *limaçon* leur en permet l'entrée, toutes les fois qu'il ouvre son anus, qui est dans l'épaisseur du collier. Il semble que les petits insectes attendent ce moment favorable, pour se nicher dans les intestins du *limaçon* ; du moins, ne sont-ils pas long-tems à profiter de l'occasion qui se présente d'y aller. Ils s'approchent du bord du trou &, s'enfoncent aussi-tôt dedans, en marchant le long de ses parois ; de sorte qu'on ne voit plus sur le bord de quelques instans sur le collier, aucuns des petits animaux qu'on y observoit auparavant.

L'empressement qu'ils ont à se rendre dans les intestins du *limaçon*, semblent indiquer que c'elllà le séjour qu'ils aiment : mais le *limaçon* les oblige de revenir sur le collier toutes les fois qu'il sait sortir ses excrémens ; car ses excrémens occupant à-peu-près la largeur de l'intestin, chassent en avançant tout ce qui se présente en leur chemin ; de sorte que lorsque ces insectes arrivent au bord de l'anus, ils sont contraints d'aller sur le collier ; & comme cette opération du *limaçon* dure quelquetems, ils se promenent pendant ce tems-là sur le collier, d'où ils ne peuvent pas rentrer toujours quand il leur plaît dans les intestins, parce que le *limaçon* leur en a souvent fermé la porte, pendant qu'ils parcouroient le collier.

On peut observer tout cela sur toutes les especes de *limaçons* terrestres, & plus communément sur les gros *limaçons* des jardins. Il y a même certaines especes de petits *limaçons*, chez lesquels on découvre ces insectes, jusqu'au milieu de leurs intestins. Cependant, quoiqu'on trouve ces animalcules sur les différentes especes de *limaçons* terrestres, il ne faut pas les y chercher indifféremment en tous tems, car on en découvre rarement pendant les tems pluvieux. Ainsi pour ne se point donner la peine d'observer inutilement, il ne faut examiner les *limaçons*, qu'après une sécheresse. Apparemment qu'elle est propre à faire éclore ces insectes, ou peut-être aussi, qu'elle empêche la destruction de ceux qui sont déja formés.

Le corps seul du *limaçon* est un terrein convenable à ces insectes. On ne les voit jamais sur sa coquille, & si on use de force pour les obliger d'y aller, ils ne sont pas long-tems après qu'on leur a rendu la liberté, sans regagner le collier dont on les a chassés.

A la vûe simple, ils paroissent ordinairement d'une couleur très-blanche ; quelques uns sont d'un blanc sale, & quelqu'autres d'un blanc dans lequel on auroit mêlé une très-legere teinture de rouge.

Un bon microscope est nécessaire pour appercevoir nettement leurs différentes parties. Il découvre leur trompe, dont ils se servent apparemment à sucer le *limaçon* ; elle est placée cette trompe au milieu de deux petites cornes très-mobiles, & non-seulement de haut en bas, de droite à gauche, comme celles de la plûpart des insectes ; mais encore en elle-même, en s'allongeant & se racourcissant, comme celles des *limaçons* ; aussi arrive-t-il qu'on considere souvent ce petit animal, sans appercevoir ses cornes.

Son corps est divisé en six anneaux, & la partie antérieure à laquelle sont jointes la trompe, & les cornes. Il a quatre jambes de quatre côtés, toutes garnies de grands poils ; elles paroissent terminées par quelques pointes, à-peu-près comme le seroient les jambes de diverses especes de scarabées, auxquelles on auroit ôté la derniere articulation, qui est terminée par deux petits crochets. Leur dos est arrondi, & élevé par rapport aux côtés. Les côtés ont chacun trois ou quatre grands poils. Leur anus est aussi entouré de quatre à cinq poils d'une pareille longueur ; mais on n'en voit point sur le ventre.

Au reste, les *limaçons de mer* ne font guère plus heureux que les *limaçons de terre*. Swammerdam a observé & a décrit les vermisseaux qui percent, criblent leurs coquilles, y établissent leur domicile, & finissent par attaquer la peau même du *limaçon*. (*D. J.*)

LIMAÇON *de mer*, (*Conchyliographie*). Espece de *limaçon* du genre des aquatiques. Leur coquille, dit M. de Tournefort, est à-peu-près de même forme & de même grosseur que celle des *limaçons* de nos jardins ; mais elle a près d'une ligne d'épaisseur, c'est une nacre luisante en dedans ; le dehors

est le plus souvent couvert d'une écorce tartareuse & grisâtre, sous laquelle la nacre est marbrée de taches noires, disposées comme en échiquier : il s'en trouve quelques-unes sans écorce, à fond roussâtre, & à taches noirâtres : la spire est plus pointue que celle des *limaçons* ordinaires ; ce poisson qui est long-tems hors de l'eau, se promene sur les rochers, & tire ses cornes comme le *limaçon* de terre ; elles sont minces, longues de cinq ou six lignes, composées de fibres longitudinales à deux plans externes & internes, entrecoupées de quelques anneaux ou muscles annulaires : c'est par le jeu de ces fibres, que les cornes rentrent ou sortent au gré de l'animal.

Le devant du *limaçon de mer*, est un gros muscle ou plastron, coupé en dessous en maniere de langue, vers la racine de laquelle est attaché le fermoir ; ce fermoir est une lame ronde, mince comme une écaille de carpe, luisante, souple, large de quatre lignes, roussâtre, marquée de plusieurs cercles concentriques ; le plastron est si fortement attaché par la racine contre la coquille, que l'animal n'en sauroit sortir, qu'après qu'on l'a fait bouillir ; on le retire alors tout entier, & l'on s'apperçoit que cette racine en se courbant, s'applique fortement au tournant du *limaçon*, dans la surface intérieure ; le plastron qui est creusé en gouttiere, contient les visceres de l'animal enfermés dans une espece de bourse, tournée en tire-bourre, où aboutit le conduit de la bouche.

Il faut que le lecteur se contente ici de cette description grossiere. C'est dans Swammerdam qu'il trouvera les merveilles délicates de la structure du *limaçon* aquatique & de sa coquille. (*D. J.*)

LIMAÇON, (*en Anat.*), la troisieme partie du labyrinthe ou de la cavité intérieure de l'oreille. *Voyez* OREILLE.

Le *limaçon* est directement opposé aux canaux demi-circulaires, & on le nomme de la sorte par rapport à la ressemblance qu'il a avec la coquille dans laquelle le *limaçon* est renfermé. Il donne passage à la portion noble du nerf auditif ; son canal est divisé par une cloison ou *septum*, composée de deux substances, l'une presqu'entierement cartilagineuse, & l'autre membraneuse.

Les deux canaux que forme cette cloison s'appellent *échelles* ; l'un qui aboutit au tympan par la fenêtre ronde, s'appelle *échelle du tympan* ; l'autre qui communique avec le *vestibule* par la fenêtre *ovale*, s'appelle *échelle du vestibule*. Le premier est le supérieur & le plus grand, l'autre est l'inférieur & le moindre. *Voyez* LABYRINTHE.

LIMAÇON, (*en Architect.*) *Voyez* VOUTE EN LIMAÇON.

LIMAÇON, (*Horlogerie*) piece de la cadrature d'une montre ou d'une pendule à répétition.

Sa forme en général est en ligne spirale ; mais cette ligne est le résultat de différens ressauts formés par des arcs de cercle qui sont tous d'un même nombre de degrés, & qui ont successivement des rayons de plus petits en plus petits.

Le *limaçon* des heures, par exemple, étant divisé en douze parties, à douze ressauts, chacun desquels comprend un arc de trente degrés. *Voyez* Les *figures des Pl. d'Horlogerie* ; celui des quarts étant divisé en quatre parties, n'a que quatre ressauts, dont chacun a quatre-vingt-dix degrés. *Voyez* les *mêmes Planches*.

Le *limaçon* des heures tient toujours concentriquement avec l'étoile ; c'est par les différens ressauts que la répétition est déterminée à sonner plus ou moins de coups, selon l'heure marquée, comme il est expliqué à l'article RÉPÉTITION ; il fait son tour en douze heures. *Voyez* RÉPÉTITION.

LIM

LIMAGNE, LA, *(Géogr.)* contrée de France dans la baſſe Auvergne, le long de l'Allier. Elle eſt d'environ 15 lieues d'étendue du nord au ſud : ſes lieux principaux ſont Clermont, Riom, Iſſoire, Brioude, &c. Grégoire de Tours appelle ce pays la *Limane*, en latin *Limane*. C'eſt une des plus agréables plaines & des plus fertiles qu'il y ait en France. Mais Sidonius Apollinaris, *liv. IV. epiſt. 21*, en a fait une trop belle deſcription pour que je puiſſe la ſupprimer. *Taceo*, dit-il, *territorium, viatoribus molle, fructuoſum aratoribus, venatoribus voluptuoſum, quod montium cingunt dorſa paſcuis, latera vinetis, terrena villis, ſaxoſa caſtellis, opaca luſtris, aperta culturis, concava fontibus, abrupta fluminibus, quod denique hujuſmodi eſt, ut ſemel viſum, advenis multis, patriæ oblivionem ſæpe perſuadeas.* (D. J.)

LIMAILLE, ſ. f. (*Chimie.*) le produit de la limation, ou action de limer.

L'opération qui réduit un corps en *limaille* par le moyen de la lime ou de la rape, *voyez* LIME & RAPE, eſt du genre des opérations méchaniques, auxiliaires ou préparatoires que les Chimiſtes employent; & elle eſt de l'eſpece des diſgrégatives, c'eſt-à-dire de celles qui ſervent à rompre l'aggrégation, à diviſer la maſſe des corps. *Voyez à l'article* OPÉRATIONS CHIMIQUES.

On réduit en *limaille* proprement dite les corps durs & malléables, ſavoir les métaux qui réſiſtent par ces qualités à l'action du pilon, bien plus commode & plus expéditif quand on peut le mettre en uſage.

La ſciure des bois eſt auſſi une eſpece de *limaille* ; on exécute, par le moyen de la *rape*, la diviſion de ces matieres, quand on les deſtine à quelqu'uſage chimique ou pharmaceutique. (*b*)

LIMAILLE DE FER, (*Mat. med.*) *Voyez* MARS.

LIMANDE, ſ. f. *paſſer ſive ſquamoſus*, (*Hiſt. nat. Ichtiolog.*) Rond. poiſſon plat très-commun dans la mer; il ne differe du quarrelet qu'en ce qu'il a le corps plus épais & de grandes écailles après ſur les bords, & qu'il n'a point de tubercules ſur la tête, ni de taches rouges. Rau. *Synopſis meth. piſcium. Voyez* QUARRELET & POISSON.

LIMAT, LE, (*Géogr.*) riviere de Suiſſe; elle a ſa ſource au comté de Sargans, ſur les confins des Griſons, auprès des Alpes; paſſe à Zurich, à Baden, & ſe perd dans l'Aare. (*D. J.*)

LIMBE, ſ. m. (*Aſtr.*) bord extérieur & gradué d'un aſtrolabe, d'un quart de cercle, ou d'un inſtrument de mathématique ſemblable. *Voyez* ASTROLABE, QUART DE CERCLE, &c.

On ſe ſert auſſi de ce mot, mais plus rarement, pour marquer le cercle primitif dans une projection de la ſphere fur un plan, c'eſt-à-dire le cercle ſur lequel ſe fait la projection.

Limbe ſignifie encore le bord extérieur du ſoleil & de la lune. *Voyez* DISQUE & ECLIPSE, &c.

Les Aſtronomes obſervent les hauteurs du *limbe* inférieur & du *limbe* ſupérieur du ſoleil, pour trouver la vraie hauteur de cet aſtre, c'eſt-à-dire celle de ſon centre. Pour cela ils retranchent la hauteur du bord ſupérieur de celle du bord inférieur, & ils prennent la moitié du reſte qu'ils ajoûtent à la hauteur du bord inférieur ou qu'ils retranchent de la hauteur du bord ſupérieur, ce qui donne la hauteur du centre.

Les Aſtronomes obſervent ſouvent des ondulations dans le *limbe* du ſoleil, ce qui peut provenir de différentes cauſes, ſoit des vapeurs dont l'air eſt chargé, ſoit peut-être d'une athmoſphere qui environne le corps de cet aſtre. (*O*)

LIMBOURG, *Limburgum*, (*Géogr.*) ville des Pays-Bas autrichiens, capitale d'un grand duché de même nom. Louis XIV. prit *Limbourg* en 1675, &

LIM 537

les Impériaux, réunis aux alliés, s'en rendirent maîtres en 1702 : elle eſt demeurée à la maiſon d'Autriche par les traités de Raſtadt & de Bade, après avoir été démantelée. Cette ville eſt ſur une montagne près de la Veze, dans une ſituation agréable, à 6 lieues de Liege, à 4 d'Aix-la-Chapelle, & à 7 de Maſtrich. *Long. 23. 43. lat. 50. 36.* (*D. J.*)

LIME, ſ. f. (*Gramm. & Arts méchaniq.*) morceau de fer ou d'acier trempé, dont on a rendu la ſurface raboteuſe ou hériſſée d'inégalités, à l'aide deſquelles on réduit en pouſſiere les corps les plus durs.

Ainſi, eu égard à la qualité des inégalités, il y a des *limes* douces & des *limes* rudes; eu égard au volume, il y en a de groſſes & de petites; eu égard à la forme, il y en a de plates, de rondes, de quarrées, &c.

Elles ſont à l'uſage de preſque tous les ouvriers en métaux & en bois.

LIMES, *outils d'Arquebuſier*. Les Arquebuſiers ſe ſervent de *limes* d'Allemagne, d'Angleterre, *limes* carlettes, demi-rondes, queue de rat, *limes* douces, &c. de toutes ſortes de grandeurs, depuis la plus grande juſqu'à la plus petite. *Voyez les Pl. d'Arqueb.*

Limes en *tiers-point*, ces *limes* ſont à trois côtés fort petites & fort menues; les Arquebuſiers s'en ſervent pour vuider des trous en bois & des ornemens.

LIME, *en terme de Bijoutier*, eſt un outil d'acier taillé de traits en ſens contraire, qui forment autant de petites pointes qui mangent les métaux. La *lime* eſt d'un uſage preſque univerſel dans tous les Arts. On en fait en Allemagne, en Angleterre, à Geneve, en Forès & à Paris : celles d'Angleterre paſſent pour les meilleures; elles different de celles d'Allemagne, qui tiennent le ſecond rang. Les *limes* d'Angleterre, pour l'Horlogerie, peuvent n'être taillées que d'un côté; mais celles dont ſe ſervent les Bijoutiers, venant auſſi d'Angleterre, ſont taillées des deux côtés; elles font faites à la main, au lieu que les autres ſe font au moulin. Celles de Geneve les ſuivent pour la bonté; celles qu'on fait à Paris & en Forès imitent celles d'Angleterre & d'Allemagne par la forme, mais elles n'approchent point de leur bonté.

Il y a des *limes* de toutes groſſeurs & de toutes ſortes de formes; & comme elles varient ſelon le goût & les beſoins, nous ne parlerons que de celles qui ſont connues par un uſage courant & ordinaire, ſavoir des *limes* rudes, des bâtardes, des demi-bâtardes, des douces, des rondes, demi-rondes, triangulaires, &c. des *limes* feuille de ſauge, à aiguilles, coutelles, à ouvrir, à refendre, *limes* tranchantes, coutelles arrondies, &c. *Voyez* tous ces mots à leur *article*.

LIME *tranchante* eſt une *lime* aiguë des deux côtés & plus épaiſſe du milieu, formant un loſange allongé de toute grandeur & groſſeur. *Voyez* LIME A COUTEAU & *Pl. d'Horlogerie*.

Limes d'aiguille ou à *aiguille* dont ſe ſervent les Bijoutiers & plus ſouvent les Metteurs en œuvre pour les enjolivemens des corps de bagues & le réparer de tous leurs ouvrages à jour; ainſi nommées, parce qu'elles ont toujours un trou à la tête comme les aiguilles, & que les petites paroiſſent être faites du même fil dont ont fait les aiguilles; il y en a de toutes formes & groſſeurs.

Lime à arrondir ou *demi-ronde*, *en terme de Bijoutier*, eſt une *lime* qui a deux angles tranchans, une face plate & l'autre ronde & obtuſe : on s'en ſert pour former des cercles ou demi-cercles, ſoit convexes ou concaves, dans une piece quelconque; il y en a de toute groſſeur & grandeur.

Lime coutelle, *en terme de Bijoutier*, ſe dit d'une *lime* dont la feuille reſſemble à une lame de couteau, aiguë par un côté & un peu large par l'autre, comme le dos d'un couteau : elles sont taillées des trois côtés. *Voyez* lime à efflanquer, Pl. d'Horlogerie.

Lime coutelle arrondie, en *terme de Bijoutier*, est une *lime* dont le dos un peu large est arrondi & forme une portion de cercle d'un angle à l'autre.

Limes douces, (*Bijoutier.*) En général sont celles dont les dents sont très-fines. Les *limes* rudes ayant fait par leurs dents aiguës des traits profonds, presque des cavités, on se sert de celles-ci en les passant en sens contraire sur ces mêmes traits, pour atteindre ces cavités, préparer les pieces au poli, & empêcher par-là le trop grand déchet que feroit ce même poli, s'il falloit atteindre à la ponce ou à la pierre des traits aussi profonds. Il y en a de toutes formes & grosseurs.

Lime feuille de sauge, (*Bijoutier.*) se dit d'une espece de *lime* dont la feuille n'a que deux angles, & vont toujours en grossissant en rond en forme d'amande jusqu'au milieu de la feuille. Il y en a de toutes grandeurs & de toutes grosseurs. *Voy. Pl. d'Horl.*

Limes rudes, (*Bijoutier.*) en général sont celles dont les dents sont très-aiguës ; elles servent à ébaucher les ouvrages, à leur donner la premiere figure, & à fixer les formes & les angles, étant plus propres que les autres à former la vivacité des contours ; les bâtardes & les douces ne font que conserver les formes & adoucir les traits profonds qu'ont faites ces premieres *limes*. Il y en a de toutes formes, grosseur & grandeur.

LIMES, *terme & outils de Chaînetier*; ils s'en servent pour polir, dégrossir leurs ouvrages; ils ont des *limes* douces, bâtardes, queues de rat ou rondes, &c.

LIMES EN CARRELET, *outil de Charron*, c'est une *lime* à trois côtés, de la longueur environ de huit ou dix pouces, emmanchée avec un morceau de bois d'environ deux pouces. Elle sert aux charrons pour rendre les dents de leurs scies plus aiguës.

LIME, (*Coutelier*) les Couteliers emploient toutes sortes de *limes*. *Voyez* cet article.

LIME, en *terme de Doreur*. *Voyez* à l'article ORFÉVRE.

LIME, *en terme de Cloutier faiseur d'aiguilles courbes*, est un instrument d'acier à quatre pans & ou moins douces, dont les carnes servent à évuider. *Voyez* différentes sortes de *limes*, *Pl. d'Horlogerie*, *& la fig. du Cloutier d'épingles*, qu'on appelle *degrossoir*.

LIME ou COUPERET, (*Emailleur.*) Les Emailleurs nomment ainsi un outil d'acier plat & tranchant, dont ils se servent pour couper l'émail qu'ils ont réduit en canon ou tiré en filets. Il leur sert à peu-près comme le diamant aux Vitriers pour couper leur verre. Ils appellent cet outil une *lime*, parce qu'il est ordinairement fait de quelque vieille *lime*. *Voyez* EMAIL. *Voyez* les *fig. de l'Emailleur.*

LIME, *outil de Ferblantier*. Ce sont des *limes* ordinaires, rondes, demi-rondes & plates, & servent aux Ferblantiers pour rabattre la soudure qui fait une élévation trop forte.

LIME, *outil des Fourbisseurs*. Les Fourbisseurs se servent de *limes* rondes, demi-rondes, plates & étroites pour différens usages de leur métier, & principalement pour diminuer de grosseur les soies des lames d'épées, & pour agrandir dans la garde le trou dans lequel la soie doit passer.

LIMES, *outils de Gaînier*. Les Gaîniers ont des *limes* plates, rondes & demi-rondes, qui leur servent à polir en-dedans leurs ouvrages.

LIME, (*Horlogerie.*) outil dont la plupart des ouvriers qui travaillent les métaux, se servent pour donner aux pieces sur qu'ils travaillent, la figure requise. C'est presque toujours un long morceau d'acier trempé le plus dur qu'il est possible, dont la surface incisée & taillée en divers sens, présente un grand nombre de petites dents à peu-près semblables à celles d'un rochet de l'horlogerie, qui seroient appliquées par leur base au plan de la *lime*. Chacune de ces dents, lorsqu'on lime, produit un effet semblable à celui du ciseau, d'un rabot de menuisier, lorsqu'on le pousse sur un morceau de bois.

Les *limes*, selon l'usage pour lequel on les destine, different par leur grandeur, grosseur & figure. Elles se divisent d'abord en trois classes ; savoir, les *limes* rudes, les batardes dont le grain est beaucoup moins gros, & les douces dont la taille est encore plus fine.

Les Horlogers sont ceux qui font usage d'un plus grand nombre de *limes*. Celles qui sont particulierement propres à ces sortes d'artistes sont,

1°. Les *limes à couteaux* (*Pl. & explic. des Pl. d'Horlogerie.*) dont on se sert pour différens usages, en particulier pour former & enfoncer les pas de la vis sans fin.

2°. Celles que l'on nomme *limes à feuille de sauge*, sont pointues & en demi-rond des deux côtés. Elles sont particulierement utiles pour croiser les roues, les balanciers, &c.

3°. Les *limes à charniere* propres à différens usages.

4°. Celles dont on voit la forme à la suite des précédentes, servent à limer dans des endroits où une *lime* droite ne pourroit atteindre comme dans une boîte, un timbre, &c. on les nomme *lime à timbre*, ou *limes à creusure*.

5°. Celles dont on se sert pour arrondir différentes pieces, & particulierement les dents des roues ou les ailes d'un pignon, & que pour cet effet on nomme *limes à arrondir*.

6°. Celles qu'on emploie pour efflanquer les ailes d'un pignon, & qu'on appelle *limes à efflanquer*.

7°. Les *limes à pivot* qui sont fort douces, & servent à rouler les pivots sur le tour.

8°. Les *limes à égaler* ou *égalir*, qui sont de très-petites *limes* à charniere fort douces, dont on se sert pour égaler toutes les fentes d'une denture, & pour en rendre le pié ou fond plus quarré.

9°. Les *limes à lardon*, avec lesquelles on fait dans la potence les rainures dans lesquelles doivent entrer les lardons, & celles où doivent être ajustées des pieces en queue d'aronde.

10°. Celles à *dossier*, qui sont des *limes* à égaler, ajustées par le moyen de deux ou trois vis entre deux plaques fort droites & d'égale largeur, en telle sorte qu'on peut faire déborder plus ou moins les côtés de ces plaques. On se sert de cette espece de *lime* pour enfoncer également toutes les dents d'une roue, ce qu'on fait en limant le fond des fentes avec la *lime* jusqu'à ce que toutes les dents portent sur les côtés du dossier.

11°. Les *limes à rouler les pivots* de roue de rencontre; elles sont faites en crochet, comme on le voit dans la figure, parce que le pivot qui roule dans la potence, se trouvant dans la creusure de la roue de rencontre, il seroit impossible de le rouler, lorsque cette roue est montée, avec une *lime* à pivot droite.

12°. Les *limes à roue de rencontre* qui servent pour limer les faces des dents de cette roue.

Enfin, les *limes* pour limer & adoucir intérieurement le champ de roues qui sont ont au moyen de la partie demi-ronde.

Ils donnent encore le nom de *lime* à des morceaux de métal qui ont la même figure, & avec lesquels ils polissent, lesquels peuvent être d'étain, de cuivre ou d'acier.

Toutes les *limes* sont emmanchées, comme les fi-

gures les repréſentent, d'un manche de bois garni d'une virole de cuivre.

LIME DE CUIVRE A MAIN, (*Marqueterie.*) à l'uſage de ceux qui travaillent en pierres de rapport. *Voyez Pl. de Marqueterie & PIERRES de rapport.*

LIME A DÉCOUVRIR, (*Metteur en œuvre.*) cet outil eſt une *lime* ordinaire détrempée, c'eſt-à-dire paſſée au feu pour lui faire perdre ſa dureté, avec lequel on enleve le ſuperflu des ſertiſſures, en limant de bas en haut, & appuyant en même ſens avec une certaine force juſqu'à ce que la matiere étendue par ce mouvement, s'amincisse & ſe coupe ſur le feuilleti de la pierre. Si on ſe ſervoit d'une *lime* trempée, elle mordroit trop ſur l'argent, & ne le presseroit pas aſſez ſur la pierre, ce qui eſt un des principaux buts de cette opération.

LIMES, *en terme d'Orfevre en grosserie*, c'eſt l'outil dont l'uſage ſoit le plus univerſel avec le marteau parmi les Orfevres. Le grosſiers ſe ſervent comme les Bijoutiers, Metteurs en œuvre, &c. des *limes* rondes, demi-rondes, plates, bâtardes, &c. *Voyez* toutes ſortes de *limes* au bijoutier, *Planche d'Orſèv. & explic.*

LIME PLATE À COULISSE, en terme d'*Orfevres* en tabatiere, eſt une eſpece de lame de couteau taillée en *lime* ſur le dos, dont on ſe ſert pour ébaucher les coulisses. *Voyez* COULISSES. *Voyez les Planches.*

Il n'y a que les Orfevres grosſiers, & ceux qui fabriquent les tabatieres d'argent, qui s'en ſervent; les Bijoutiers en or ébauchent leurs coulisses avec une échope ronde, quelques-uns même la font toute entiere à l'échope, & s'ils ſe ſervent d'une *lime*, c'eſt de la cylindrique, pour la finir & la dresser parfaitement.

LIME RONDE À COULISSE, en terme d'*Orfevres* en tabatiere, eſt une petite *lime* exactement ronde & cylindrique qu'on inſinue dans la coulisse pour la finir. *Voyez* COULISSE, *& fig.*

Cet outil demande bien des qualités pour être bon; il doit être bien rond, exactement droit, d'une taille ni trop rude ni trop fine, & d'une trempe ſéche ſans être cassante; quoique celles d'Angleterre ſoient bonnes, quelques-unes ne réunissent pas toutes ces qualités: nous avons un ouvrier à Paris & de Paris (le ſieur Rollin) qui y réuſſit parfaitement, & il eſt à ſouhaiter qu'il ait des ſuccesseurs; ſon ouvrage eſt déſiré chez tous les étrangers, même par les Anglois.

LIME A PALETTE, (*Tailland.*) c'eſt ainſi qu'on déſigne entre les limes celle qui a une palette au bout de ſa queue.

LIME ou RAPE, (*Pharmacie*) inſtrument dont on ſe ſert en Pharmacie pour réduire en poudre ou en particules déliées les ſubſtances qu'on ne peut pulvériſer à cauſe de leur dureté; telles ſont la corne de cerf, le ſassafras, les ſantaux, le gaiac, & autres ſubſtances ſemblables.

LIME, ſ. f. inſtrument de *Chirurgie*, dont ſe ſervent les dentiſtes pour ſéparer les dents trop pressées, diminuer celles qui ſont trop longues, ôter des pointes ou inégalités contre leſquelles la langue ou les gencives peuvent porter, ce qui occaſionne des ulceres, &c.

Les *limes* doivent être d'un bon acier & bien trempées; on ne les fait pas faire chez les coutelliers; on les achete des quinquailliers qui en font venir en gros. La figure & la grandeur des *limes* ſont différentes. Les plus grandes ont environ trois pouces de long, d'autres n'ont que deux pouces, & d'autres moins. Il faut en avoir de grandes, de petites, de larges, de grosses, de fines, & même pluſieurs de chaque eſpece pour s'en ſervir au beſoin. M. Fauchart, dans ſon traité intitulé *le Chirurgien-*

Dentiſte, en décrit de huit eſpeces; 1°. une mince & plate qui ne ſert qu'à ſéparer les dents; 2°. une un peu plus grande & plus épaisse, pour rendre les dents égales en longueur; 3°. une appellée *à couteau*, dont l'uſage eſt de tracer le chemin à nne an-tre *lime*; 4°. une plate & un peu pointue; pour élargir les endroits ſéparés, lorſqu'ils ſont atteints de carie; 5°. une nommée *feuille de ſauge*, qui a deux ſurfaces convexes, pour faire des échancrures un peu arrondies ſur les endroits cariés; 6°. une demi-ronde pour augmenter les échancrures faites avec la précédente; 7°. une ronde & pointue, nommée *queue de rat*, pour échancrer & augmenter la ſéparation proche de la gencive; 8°. enfin une *lime* recourbée, propre à ſéparer avec facilité les dents du fond de la bouche. Nous avons fait graver quelques *limes* droites, *Planche XXV. fig. 8.*

Il ſeroit trop long de décrire toutes les circonſtances qu'il faut obſerver dans l'uſage des *limes*. En général il faut les appuyer médiocrement lorſque les dents font de la douleur, & les conduire toûjours le plus droit qu'il eſt possible de dehors en dedans, & de dedans en dehors. Pour éviter que les *limes* ne ſoient trop froides contre les dents, & que la limaille ne s'y attache, on doit, lorſqu'on s'en ſert, les tremper de tems en tems dans l'eau chaude, & les nettoyer avec une petite broſſe. Quand une lime les dents chancelantes, il faut les attacher à leurs voiſines par un fil ciré en pluſieurs doubles, auquel on fait faire autant de tours croiſés qu'il en faut pour affermir ces dents contre les autres. S'il y avoit un intervalle aſſez large entre la dent ſolide & la dent chancelante, on remplit cet eſpace avec un petit coin de bois ou de plomb en forme de coulisse.

L'attitude des malades & celle de l'opérateur ſont différentes, ſuivant la ſituation de la dent, à droite ou à gauche, ſur le devant ou dans le fond de la bouche, en haut ou en bas. Ce ſont des détails de pratique qu'à s'apprennent par l'uſage. M. de Garangeot dans ſon *Traité des inſtrumens*, après avoir parlé ſuccintement des *limes* pour les dents & de leurs propriétés, aſſure avoir vû pluſieurs perſonnes qui ſe ſont fait égaliſer les dents, & qui trois ou quatre ans après auroient ſouhaité qu'on n'y eût jamais touché, parce qu'elles s'étoient cariées. L'inconvénient de l'uſage indiſcret de la *lime* ne détruit pas les avantages que procure cet inſtrument lorſqu'il eſt conduit avec prudence, méthode & connoiſſance de cauſe. (*Y*)

LIME, machine à tailler les *limes*, les rapes, &c. Il y en a de pluſieurs ſortes, les unes pour tailler les grandes *limes*, d'autres pour tailler les petites; mais la construction des unes & des autres a pour objet de remplir ces trois indications. Que la *lime* avance à la rencontre du ciſeau qui doit la tailler d'une quantité uniforme à chaque levée du marteau; que le marteau leve également à chaque paſſage des levées fixées ſur l'arbre tournant, afin que les entailles que forme le ciſeau ſoient d'égale profondeur, & que le ciſeau, relevé par un resſort, ſe dégage de lui-même des tailles de la lime.

La machine repréſentée *Pl. de Tailland.* eſt ſuppoſée mue par une roue à aubes ou à pots, dont l'arbre porte un hérisson *A*, dont les aluchons conduiſent les fuſeaux d'une lanterne *B*, portée par un arbre horiſontal 1; qui venant appuyer ſur les queues 3, 3 des marteaux 5, 5, les élevent à chaque révolution de l'arbre autant de ſois qu'il y a de levées dans ſa circonférence.

Au devant de l'arbre ſont élevés quatre poteaux eſpacés en trois intervalles égaux; ces poteaux ſont assemblés par leur partie inférieure dans une ſemelle du patin, & par leur partie supérieure avec une des poutres du plancher de l'attelier ; c'est entre ces poteaux que sont placés les axes des marteaux, comme on voit en *F* dans le plan ; les queues de ces marteaux traversent les arbres où elles sont arrêtées par des coins ; ces axes terminés en pivots par leurs extrémités, sont frettés de différentes bandes de fer, pour les empêcher de fendre.

Au dessous des axes des marteaux & parallelement sont placés les axes des mains ou portecifeaux visibles en *G*, dans le plan & aussi dans le profil. Le bras 6,7 est assemblé perpendiculairement sur l'axe où il est affermi à angles droits par deux écharpes, qui avec l'axe forment un triangle isocelle, ce qui maintient le bras dans la même situation, & l'empêche d'avoir d'autre mouvement que le vertical ; l'autre extrémité 6 du bras, terminée par un bossage servant de main, est percée d'un trou vertical circulaire, dans lequel entre la poignée arrondie du ciseau 8, affuté à deux biseaux inégaux. Le bras est relevé par le ressort 9, 10, saisi en 9 par un étrier mobile sur une cheville qui traverse le bras de l'arbre, ou par une ficelle qui embrasse à-la-fois le bras & l'extrémité terminée en crochet du ressort ; ce ressort est fixé par son autre extrémité 10 dans deux pitons affermis sur l'entre-toise qui relie ensemble deux des six poteaux, qui avec quelques-autres pieces forment les trois cages ou établis de cette machine.

La cage est composée de deux jumelles horisontales, supportées chacune par deux poteaux, & évuidées intérieurement pour servir de coulisse au chariot qui porte les *limes* ; ce chariot représenté en plan en *H*, & aussi dans le profil, est une forte table de fer recouverte d'une table de plomb, & quelquefois d'étain, sur laquelle on pose les *limes* que l'on veut tailler, & où elles sont fixées par deux brides qui en recouvrent les extrémités ; ces brides sont elles-mêmes affermies par des vis sur le chariot.

Au dessous du chariot & directement vis-à-vis de la main qui tient le ciseau, est placé une enclume montée sur son billot, & d'un volume suffisant pour opposer aux coups réitérés du marteau une résistance convenable ; c'est sur la surface de cette enclume que porte le chariot qui est mu dans ses coulisses par le moyen d'un cric représenté dans le profil.

Ce cric est composé d'une roue dentée en rochet, l'arbre de cette roue porte un pignon, & ce pignon engrene dans une cramailliere assemblée par une de ses extrémités au chariot qu'elle tire en avant. Lorsque l'arbre de la lanterne *B* en tournant rencontre par les dents dont il est armé celles du rochet du cric, ce rochet, qui tourne d'une dent à chaque levée du marteau, est fixé par un valet ou cliquet poussé par un ressort à mesure qu'une dent échappe, le chariot devant être immobile pendant la descente du marteau.

Après que la *lime* a été taillée dans toute sa longueur, si l'on veut arrêter le mouvement du cric, on le peut, soit en éloignant l'axe de celui-ci, soit en relevant la cramailliere de dessus le pignon qui la conduit ; ce qui permet de ramener le chariot d'où il étoit parti. On suspend aussi le marteau par le talon 5 à un crochet fixe au-dessus, à une des pieces de comble de l'atelier, ce qui met sa queue hors de prise aux levées de l'arbre tournant, sans cependant suspendre son effet sur les autres parties de la machine.

Il résulte de cette construction, que pendant que les levées de l'arbre tournant relevent les marteaux, une des dents fixes sur l'arbre fait tourner une de celles du rochet du cric, celui-ci amene le chariot qui porte la *lime* du côté de l'arbre ; la queue du marteau venant à échapper la levée, celui-ci retombe sur l'extrémité de la tête du ciseau *8*, ce qui en porte le tranchant sur la surface lisse de la *lime*, où la force du coup le fait entrer, ce qui forme une taillé. Après le coup, le ressort *9 & 10* releve assez & le bras & le marteau pour dégager le tranchant du ciseau de dedans la taille de la *lime*, ce qui laisse au chariot la liberté de se mouvoir en long pendant que l'arbre tournant ayant présenté à la queue du marteau une nouvelle levée, releve celui-ci pour recommencer la même manœuvre, jusqu'à ce que la *lime* soit taillée dans toute sa longueur.

La poignée du ciseau de forme ronde qui entre dans la main du bras où elle est fixée par une vis, est formée ainsi pour pouvoir orienter le tranchant du ciseau à la longueur de la *lime* sous un angle convenable, cette premiere taille devant être recoupée par une seconde autant ou plus ou moins inclinée à la longueur que l'exigent les différentes sortes de *limes* dont divers artisans font usage. Les tailles plus ou moins serrées des lignes, dépendent du moins ou du plus de vitesse du chariot, que l'on peut regler par le nombre des dents du cric, & par le nombre des ailes du pignon qui conduit la cramailliere du chariot ; y ayant des *limes* qui dans l'intervalle d'un pouce n'ont que 12 tailles, & d'autres qui en ont jusqu'à 180 ou 200 dans le même intervalle, il faut donc changer de rochets pour chaque sorte de nombre, ou se servir d'une autre machine, comme nous dirons plus bas.

La pesanteur du marteau fait les tailles plus ou moins profondes, & on conçoit bien que les *limes* dont les tailles font fort près l'une de l'autre, doivent être frappées moins profondément & les autres à proportion. On commence à tailler les *limes* par le côté de la queue, c'est la partie qui doit entrer dans le manche de cet outil, afin que la rebarbe en vive-arrête d'une taille ne soit point rabattue par le biseau de la *lime*. La seconde taille qui recoupe la premiere commence aussi du côté de la queue, sur laquelle est imprimée la marque de l'ouvrier ; ces deux tailles divisent la surface de la *lime* en autant de pyramides quadrangulaires qu'il y a de carreaux dans les intersections des différentes tailles.

Les *limes* dont la forme est extrémement variée, tant pour la grandeur que pour le profil, & encore par le plus ou moins de proximité des tailles, prennent des noms ou de leur usage ou de leur ressemblance avec quelques productions connues, soit naturelles, soit artificielles. Ainsi la *lime* dont le profil ou section perpendiculaire à la longueur est un cercle, & dont la grosseur va en diminuant, est nommée *queue de rat* ; on en fabrique de toutes sortes de longueurs, depuis dix-huit pouces jusqu'à un demi-pouce, & de chaque longueur en toutes sortes de tailles : ainsi de toutes sortes de *limes* ; celles dont la coupe est un triangle se nomment *carrelette*, & servent entr'autres usages à affuter les scies des menuisiers, ébénistes & autres ; celles dont la coupe est une ellipse, servent pour les scieurs de long ; celles dont la coupe est un parallélogramme rectangle, & qu'on appelle *limes à dresser*, ont quelquefois une des faces unie & sans tailles ; celles dont la coupe est composée de deux arcs ou segmens de cercle adossés en cette forme (), se nomment *feuilles de sauge*, à cause de leur ressemblance avec la feuille de cette plante. Enfin rien de plus varié que les especes de *limes*, y en ayant de différentes grandeurs, de toutes les formes, & de chacunes d'elles de différente finesse de taille, &c.

Mais une distinction plus générale, mais trop vague des *limes*, quelle que puisse être d'ailleurs leur forme & leur grandeur, est celle qui les divise en rudes, bâtardes & douces. On entend par *limes* rudes dont

dont les aspérités formées par les tailles sont plus éminentes & plus éloignées les unes des autres ; celles dont le grain est plus serré, sont appellées *bâtardes* ; enfin celles dont le grain est presqu'insensible , sont appellées *douces*. Au lieu de ces dénominations trop incertaines, on auroit dû distinguer les *limes* les unes des autres par numéros déduits du nombre des tailles renfermées dans la longueur d'un pouce , comme on a distingué les différens fils métalliques les uns des autres par des numéros dont l'augmentation fait connoître la diminution de diametre des mêmes fils. *Voyez* Cordes de Clavecin.

Les *limes* se divisent encore en deux sortes, *limes* simplement dites, & *limes* à main : ces dernieres sont toutes celles qui , moins longues que quatre ou cinq pouces, peuvent être conduites sur les ouvrages avec une seule main, au lieu que les *limes* de huit pouces & au-dessus qu'on pourroit appeller *limes à bras* , exigent, pour être conduites sur l'ouvrage, le secours des deux mains , dont l'une tient le manche de la *lime* , & l'autre appuie sur son extrémité.

Au lieu de la machine que nous venons d'expliquer , & dans laquelle le chariot qui porte les *limes* est mobile, on pourroit en construire une où il seroit sédentaire; en ce cas ce seroient les marteaux, le guide-ciseau qui marcheroient au-devant de la *lime* que l'on commence toûjours à tailler du côté de la queue, & le rappel de l'équipage des marteaux pourroit être une vis dont la tête garnie d'un rochet denté d'un nombre convenable pour la sorte de taille qu'on voudroit faire , seroit de même conduit par l'arbre tournant qui leve les marteaux ; & au lieu de marteaux on peut substituer un mouton dont les chûtes réitérées sur la tête du ciseau produiroient le même effet : on pourroit changer la direction du mouvement du chariot ou de l'équipage du marteau par les mêmes moyens employés pour changer le mouvement des rouleaux du laminoir. *Voyez* Laminoir, Sonnete , &c.

Après que les *limes* ont été taillées, on les trempe en paquet , *voyez* Trempe en paquet , & elles sont entierement achevées. Il faut observer que les pieces d'acier dont on fait les *limes*, ont été elles-mêmes limées avant d'être portées sous le ciseau , & même pour les petites *limes* des Horlogers , qu'elles ont été émoulues avant d'être taillées. Il n'est pas inutile d'observer que le tranchant du ciseau doit être bien dressé & adouci sur la pierre à l'huile , puisque cette condition est essentielle pour que la *lime* soit bien taillée : on pose les *limes* sur du plomb ou de l'étain , pour que le côté taillé ne se meurtrisse point lorsqu'on taille le côté opposé.

Les rapes se taillent aussi à la machine , *voyez* Rape ; la seule différence est qu'on se sert d'un poinçon au-lieu du ciseau. La rape est une *lime* dont les cavités faites les unes après les autres ne communiquent point ensemble comme celles des *limes* ; on s'en sert principalement pour travailler les bois.

La planche suivante représente en plan & en profil une petite machine à tailler les *limes* des Horlogers ; elle est composée d'un chassis de métal établi sur une barre de même matiere, qui avec deux piliers forme la cage de cette machine ; les deux côtés du chassis servent de coulisse à un chariot, *fig.* 3, comme on peut voir par le plan , *fig. premiere*. Ce chariot, dont la face inférieure repose aussi sur un petit tas tenant lieu d'enclume , a une oreille taraudée en écrou , dans lequel passe la vis qui sert de rappel.

La tige de cette vis, après avoir traversé le pilier de devant, porte une roue garnie d'un nombre convenable de chevilles, & après la roue cette même tige porte une manivelle par le moyen de laquelle on communique le mouvement aux marteaux, dont l'on sert pour tailler la *lime* lorsque le chariot est

Tome. IX.

amené du côté de la manivelle , & l'autre pour la retailler une seconde fois lorsque tournant la manivelle dans le sens opposé on fait rétrograder le chariot : pour cela on lâche le ressort qui pousse la tige d'un des marteaux , forée en canon & mobile sur la tige de l'autre , ce qui éloigne la palette de celui-ci des chevilles de la roue , & permet à la palette de l'autre marteau de s'y présenter. La main qui porte le ciseau susceptible d'être orienté , comme dans la machine précédente pour former les tailles & les contre-tailles, *fig.* 5, est , comme on voit *fig.* 2, relevée par un ressort fixé à la piece sur laquelle cette main est mobile. La partie supérieure de cette piece porte une vis qui venant appuyer contre un coude du porte-ciseau , sert à limiter l'action du ressort, & fait que le tranchant du ciseau ne s'éloigne de la *lime* qu'autant qu'il le faut pour qu'il soit dégagé des tailles qu'il y a imprimées. *Voyez les figures & leur explication.* (*D*)

LIMENARQUE, s. m. (*Hist. anc.*) inspecteur établi sur les ports pour que l'entrée n'en fût point ouverte aux pirates , & qu'il n'en sortît point de provisions pour l'ennemi. Ils étoient à la nomination des décurions , & devoient être des hommes libres. Le mot de *limenarque* est composé de *limen* , porte, & de *archos* , préfet.

LIMENETIDE , *Limenetis* , (*Littér.*) surnom que les Grecs donnerent à Diane , comme déesse présidant aux ports de mer. Sous cette idée , sa statue la représentoit avec une espece de cancre marin sur la tête. Ce nom est tiré de λιμήν, un *port*. (*D. J.*)

LIMENTINUS , (*Mythol.*) dieu des Romains ; gardien du seuil de la porte des maisons , qui s'appelle en latin *limen* ; mais je crois que c'est un dieu fait à plaisir , comme Forcule, Cardée , & tant d'autres. Les poëtes, les auteurs latins n'en parlent point & ne le connoissent point. (*D. J.*)

LIMERIGK ou LIMRICK , (*Géog.*) on la nomme aussi *Lough Meath* ; quelques-uns la prennent pour le *Laberus* des anciens. C'est une forte ville d'Irlande, capitale du comté de même nom qui a 48 milles de longueur. , sur 27 de largeur. ; elle est fertile , bien peuplée , avec un château & un bon port. Elle a droit de tenir un marché public, envoie deux députés au parlement d'Irlande, & a un siége épiscopal qui est aujourd'hui la métropole de la province de Munster. Cette ville essuya deux siéges fort rudes en 1690 & en 1691. Elle est sur le Shannon, à 14 lieues S. de Carloway, 17 N. de Cork, 23 O. de Waterford , 32 S. O. de Dublin. *Long.* 9. 12. *Lat.* 52. 34, (*D. J.*)

LIMÉS , (*Topograph.*) ce mot latin répond au mot *limites* que nous en avons emprunté, & signifie *bornes* ou l'extrémité qui sépare une terre , un pays d'avec un autre. Dans les pays que les Romains distribuoient aux colonies, les champs étoient partagés entre les habitans, à qui l'on les donnoit à cultiver, & on se séparoit par des *limites* qui consistoient ou en un sentier battu par un homme à pié , ou en pierres qui tenoient lieu de bornes ; ces pierres étoient sacrées , & on ne pouvoit les déplacer sans crime. Hygin a fait un traité exprès sur ce sujet, intitulé *de limitibus constituendis*.

Le mot *limes* désigne encore la *frontiere* lorsqu'il est question d'un état tout entier. C'est ainsi qu'Auguste, maître de l'Empire, s'arrogea despotiquement un certain nombre de provinces , fixa leurs *limites* , & mit dans chacune de ces provinces un certain nombre de légions pour les défendre en cas de besoin. Les *limites* de l'Empire changerent avec l'Empire ; tantôt on ajouta de nouvelles *frontieres*, & tantôt on les diminua. Dioclétien fit élever à leur extrémité des forteresses & des places de guerre pour y loger des soldats ; Constantin en retira les troupes pour les mettre dans les villes : alors les barbares trouvant les frontieres de l'Empire dégarnies d'hommes & de foldats, n'eurent pas de peine à y entrer, à les piller ou à s'en emparer. Telle fut le fin de l'Empire romain, dont Horace difoit d'avance, *jam Roma mole ruit fuâ*. (*D. J.*)

LIMES, *la cité de*, (*Géog.*) plaine remarquable de France en Normandie au pays de Caux, à demi-lieue de Dieppe, vers l'orient d'été. Les favans du pays nomment en latin ce lieu, *caftrum Cæfaris*, le camp de Céfar : du-moins fa fituation donne lieu de foupçonner que ce pouvoit être autrefois un camp des Romains ; mais qu'on en ait l'idée qu'on voudra, la *cité de Limes* n'eft à préfent qu'un fimple pâturage. (*D. J.*)

LIMIER, f. m. (*Venerie.*) c'eft le chien qui détourne le cerf & autres grandes bêtes. *Voyez l'explication des Chaffes.*

LIMINARQUE, f. m. (*Littér. mod.*) officier deftiné à veiller fur les frontieres de l'empire, & qui commandoit les troupes deftinées à les garder. Ce terme, comme plufieurs autres qui fe font établis au tems du bas-empire, a été formé de deux mots, l'un latin, *limen*, porte, entrée, parce que les frontieres d'un pays en font pour ainfi dire les portes ; & l'autre, grec, ἀρχός qui fignifie *commandant*. (*D. J.*)

LIMIRAVEN, f. m. (*Hift. nat. Bot.*) arbre de l'île de Madagafcar. Ses feuilles reffemblent à celles du châteigner ; elles croiffent cinq à cinq. On leur attribue d'être cordiales.

LIMITATIF, adj. (*Jurifp.*) fe dit de ce qui reftraint l'exercice d'un droit fur un certain objet feulement, à la différence de ce qui eft fimplement démonftratif, & qui indique bien que l'on peut exercer fon droit fur un certain objet, fans néanmoins que cette indication empêche d'exercer ce même droit fur quelqu'autre chofe ; c'eft ainfi que l'on diftingue l'affignat *limitatif* de celui qui n'eft que démonftratif. *Voyez* ASSIGNAT. (*A*)

LIMITE, f. f. (*Mathémat.*) On dit qu'une grandeur eft la *limite* d'une autre grandeur, quand la feconde peut approcher de la premiere plus près que d'une grandeur donnée, fi petite qu'on la puiffe fuppofer, fans pourtant que la grandeur qui approche, puiffe jamais furpaffer la grandeur dont elle approche ; enforte que la différence d'une pareille quantité à fa *limite* eft abfolument inaffignable.

Par exemple, fuppofons deux polygones, l'un infcrit & l'autre circonfcrit à un cercle, il eft évident que l'on peut en multiplier les côtés autant que l'on voudra ; & dans ce cas, chaque polygone approchera toujours de plus en plus de la circonférence du cercle, le contour du polygone infcrit augmentera, & celui du circonfcrit diminuera ; mais le périmetre ou le contour du premier ne furpaffera jamais la longueur de la circonférence, & celui du fecond ne fera jamais plus petit que cette même circonférence ; la circonférence du cercle eft donc la *limite* de l'augmentation du premier polygone, & de la diminution du fecond.

1°. Si deux grandeurs font la *limite* d'une même quantité, ces deux grandeurs feront égales entr'elles.

2°. Soit $A \times B$ le produit des deux grandeurs A, B. Suppofons que C foit la *limite* de la grandeur A, & D la *limite* de la quantité B ; je dis que $C \times D$, produit des *limites*, fera néceffairement la *limite* de $A \times B$, produit des deux grandeurs A, B.

Ces deux propofitions, que l'on trouvera démontrées exactement dans les *inftitutions de Géométrie*, fervent de principes pour démontrer rigoureufement que l'on a l'aire d'un cercle, en multipliant fa demi-circonférence par fon rayon. *Voyez* l'ouvrage cité p. 331. & *fuiv. du fecond tome*. (*E*)

La théorie des *limites* eft la bafe de la vraie Métaphyfique du calcul différentiel. *Voyez* DIFFÉRENTIEL, FLUXION, EXHAUSTION, INFINI. A proprement parler, la *limite* ne coïncide jamais, ou ne devient jamais égale à la quantité dont elle eft la *limite* ; mais celle-ci s'en approche toujours de plus en plus, & peut en différer auffi peu qu'on voudra. Le cercle par exemple, eft la *limite* des polygones infcrits & circonfcrits ; car il ne fe confond jamais rigoureufement avec eux, quoique ceux-ci puiffent en approcher à l'infini. Cette notion peut fervir à éclaircir plufieurs propofitions mathématiques. Par exemple, on dit que la fomme d'une progreffion géométrique décroiffante dont le premier terme eft a & le fecond b, eft $\frac{a a}{a - b}$; cette valeur n'eft point proprement la fomme de la progreffion, c'eft la *limite* de cette fomme, c'eft-à-dire la quantité dont elle peut approcher fi près qu'on voudra, fans jamais y arriver exactement. Car fi e eft le dernier terme de la progreffion, la valeur exacte de la fomme eft $\frac{a a - b e}{a - b}$, qui eft toujours moindre que $\frac{a a}{a - b}$, parce que dans une progreffion géométrique même décroiffante, le dernier terme e n'eft jamais $= 0$: mais comme ce terme approche continuellement de zéro, fans jamais y arriver, il eft clair que zéro eft fa *limite*, & que par conféquent la *limite* de $\frac{a a - b e}{a - b}$ eft $\frac{a a}{a - b}$, en fuppofant $e = 0$, c'eft-à-dire en mettant au lieu de e fa *limite*. *Voyez* SUITE ou SÉRIE, PROGRESSION, &c. (*O*)

LIMITE *des Planetes*, (*Aftronom.*) font les points de leur orbite où elles font le plus éloignées de l'écliptique. *Voyez* ORBITE.

Les *limites* font à 90 degrés des nœuds, c'eft-à-dire des points où l'orbite d'une planete coupe l'écliptique.

LIMITES, *en Algebre*, font les deux quantités entre lefquelles fe trouvent comprifes les racines réelles d'une équation. Par exemple, fi on trouve que la racine d'une équation eft entre 3 & 4, ces nombres 3 & 4 feront fes *limites*. Voy. *les articles* ÉQUATION, CASCADE *&* RACINE.

Limites d'un probleme font les nombres entre lefquels la folution de ce probleme eft renfermée. Les problemes indéterminés ont quelquefois, & même fouvent, des *limites*, c'eft-à-dire que l'inconnue eft renfermée entre certaines valeurs qu'elle ne fauroit paffer. Par exemple, fi on a $y = V a a - x x$, il eft clair que y ne fauroit être plus grande que a, puifque faifant $x = 0$, on a $y = a$; & que faifant $x = a$, on a $y = 0$, & qu'enfin $x > a$, rend y imaginaire, foit que x foit pofitive ou négative. *Voyez* PROBLEME & DÉTERMINÉ. (*O*)

LIMITES, (*Jurifprd.*) font les bornes de quelque puiffance ou de quelque héritage. Les *limites* des deux puiffances fpirituelle & temporelle, font la diftinction de ce qui appartient à chacune d'elles.

Solon avoit fait une loi par laquelle les *limites* des héritages étoient diftinguées de l'efpace de cinq piés que l'on laiffoit entre deux pour paffer la charrue ; & afin que l'on ne pût fe méprendre fur la propriété des territoires, cet efpace de cinq piés étoit imprefcriptible.

Cette difpofition fut d'abord adoptée chez les Romains par la loi des douze tables. La loi *Manilia* avoit pareillement ordonné qu'il y auroit un efpace de cinq ou fix piés entre les fonds voifins. Dans la fuite on ceffa de laiffer cet efpace, & il fut permis d'agir pour la moindre anticipation qui fe faifoit fur les *limites*. C'eft ce que l'on induit ordinairement de la loi *quinque pedum*, au code *finjum regundorum*, laquelle n'eft pourtant pas fort claire.

Depuis que l'on eut ceffé de laiffer un efpace entre les héritages voifins, on marqua les *limites* par

LIM

des bornes ou pierres, & quelquefois par des terres.

Dans les premiers tems de la fondation de Rome, c'étoient les freres Arvales qui connoissoient des *limites*.

Le tribun Mamilius fut surnommé *Limitaneus*, parce qu'il avoit fait une loi sur les *limites*.

Il y avoit chez les Romains, comme parmi nous, des arpenteurs, *mensores*, que les juges envoyoient sur les lieux pour marquer les *limites*.

Ce qui concerne les *limites* & l'action de bornage, est traité dans les titres du digeste & du code *finium regundorum*, & dans l'*histoire de la Jurisprudence rom.* de M. Terrasson, *part. II.* §. *10. p. 168.* Voyez ARPENTAGE, ARPENTEURS, BORNES, BORNAGE. (*A*)

LIMITROPHE, adj. (*Géogr.*) ce mot se dit des terres, des pays, qui se touchent par leurs limites, qui sont contigus l'un à l'autre; ainsi la Normandie & la Picardie sont *limitrophes*. Nous avons reçu ce mot en Géographie, car celui de *voisin* n'est pas si propre, ni si juste; & quand il le seroit, nous aurions dû encore adopter celui de *limitrophe*, pour rendre notre langue plus riche & plus abondante. (*D. J.*)

LIMMA, s. m. *en Musique*, est ce qui reste d'un ton majeur après qu'on en a retranché l'apotome, qui est un intervalle plus grand d'un comma que le semi-ton moyen, par conséquent le *limma* est moindre d'un coma que le semi-ton majeur.

Les Grecs divisoient le ton majeur en plusieurs manieres : de l'une de ces divisions inventée par Pythagore selon les uns, & selon d'autres par Philolaüs, résultoit l'apotome d'un côté, & de l'autre le *limma*, dont la raison est de 243 à 256. Ce qu'il y a ici de singulier, c'est que Pythagore faisoit du *limma* un intervalle diatonique qui répondoit à notre semi-ton majeur ; de sorte que, selon lui, l'intervalle du *mi* au *fa* étoit moindre que celui du *fa* à son dièse, ce qui est tout au contraire selon nos calculs harmoniques.

La génération du *limma*, en commençant par *ut*, se trouve à la cinquieme quinte *si*; car alors la quantité dont ce *si* est surpassé par l'*ut*, est précisément ce rapport que nous venons d'établir.

Il faut remarquer que Zarlin, qui s'accorde avec le P. Mersenne sur la division pythagorique du ton majeur en *limma* & en apotome, en applique les noms tout différemment ; car il appelle *limma* la partie que le P. Mersenne appelle *apotome*, & *apotome* celle que le P. Mersenne appelle *limma*. Voyez APOTOME. Voyez aussi ENHARMONIQUE. (*S*)

LIMNADE, s. f. (*Mythol.*) en latin *limnas*, gén. *ados*, nymphe d'étang; les nymphes, les déesses des étangs furent nommées *limnées*, *limnades*, *limniades*, du mot grec λίμνη, qui signifie un *étang*, un *marais*. (*D. J.*)

LIMNATIDE, (*Litt.*) *Limnatis*, surnom de Diane, qui étoit regardée comme la patrone des pêcheurs d'étangs, lesquels par reconnoissance célébroient entr'eux en l'honneur de la déesse, une fête nommée *limnatidie*. (*D. J.*)

LIMNÆ, (*Géog. anc.*) ville de Thrace dans la Chersonnèse, auprès de Sestos. 2°. *Limna* étoit encore un lieu du Péloponnèse, aux consins de la Laconie & de la Messénie, célebre par le temple de Diane, qui en tira son nom de *Dianæ leimnienne*. Les Messéniens violerent les filles qui s'étoient rendues dans ce temple, pour y sacrifier à la déesse. On demanda justice de cette violence, & le refus des Messéniens donna lieu à une guerre cruelle, qui causa la ruine de leur ville. 3°. Enfin, *limnæ* étoit un quartier d'une tribu de l'Attique, située proche la ville d'Athènes où il y avoit un temple de Bacchus, dans lequel on célébroit une fête en son honneur le 12 du mois Antheftorion ; & on y

Tome IX.

LIM 543

faisoit combattre de jeunes gens à la lutte. C'étoit dans ce temple qu'on lisoit un decret des Athéniens, qui obligeoit leur roi, lorsqu'il vouloit se marier, de prendre une femme du pays, & une femme qui n'eût point été mariée auparavant. (*D. J.*)

LIMNOS, (*Géog. anc.*) isle de l'Océan britannique, que Ptolomée met sur la côte orientale d'Irlande. Cambden dit, que cette isle est nommée *Lymen* par les Bretons, *Hamsey* par les Anglois, &, dans la vie de saint David évêque, *Limencia insula.* (*D. J.*)

LIMNOSTRACITE, (*Hist. nat.*) nom donné par quelques auteurs, à la petite huître épineuse qui se trouve quelquefois dans le sein de la terre.

LIMODORE, s. m. (*Hist. nat. Bot.*) *Limodorum;* genre de plante à fleur polypetale, anomale, ressemblante à la fleur de satirion ; le calice devient un fruit ou une bourse percée de trois ouvertures auxquelles tiennent trois panneaux chargés de semences très-petites. Tournefort, *Instit. rei herbar.* Voyez PLANTE.

LIMOGES, (*Géog.*) ancienne ville de France, capitale du Limousin, avec un évêché suffragant de Bourges. Cette ville a souvent changé de maîtres, depuis qu'elle tomba au pouvoir des Visigoths dans le cinquieme siecle, jusqu'en 1360 qu'elle fut cedée à l'Angleterre par le traité de Bretigny ; mais bientôt après, sous Charles V. les Anglois en perdirent la souveraineté, & n'ont pu s'y rétablir dans les siecles suivans : ainsi *Limoges* se trouve réunie à la couronne depuis 390 ans.

Les Latins appellent cette ville *Ratiastum*, *vicus Ratiniensis*, *civitas Ratiaca*, *Lemorica*, *Lemovicina urbs*. Elle est située en partie sur une colline, & en partie dans un vallon sur la Vienne, à 20 lieues N. E. de Périgueux, 28 S. E. de Poitiers, 44 N. E. de Bordeaux, 100 S. O. de Paris *Longit. 18. 57. lat. 45. 48.*

M. d'Aguesseau (*Henri François*), chancelier de France, mort à Paris en 1751, naquit à *Limoges* en 1668 : il doit être mis au rang des hommes illustres de notre siecle soit comme savant, soit comme magistrat.

Limoges est aussi la patrie d'Honoré de Sainte-Marie carme déchaussé, connu par ses dissertations historiques sur les ordres militaires, & par ses réflexions sur les regles & les usages de critique, en trois volumes *in* 4°. : il devoit s'en tenir là, & ne point écrire sur l'amour divin. Il mourut à Lille en 1729, à 78 ans. (*D. J.*)

LIMON, s. m. (*Hist. nat.*) *limus, lutum*. On entend en général par *limon*, la terre qui a été délayée & entraînée par les eaux, & qu'elles ont ensuite déposée. On voit par-là que le *limon* ne peut point être regardé comme une terre simple, mais comme un mélange de terres de différentes especes, mélange qui doit nécessairement varier. En effet, les eaux des rivieres en passant par des terreins différens, doivent entraîner des terres d'une nature toute différente; ainsi une riviere qui passera dans un canton où la terre sera de craie ou de terre calcaire ; si cette même riviere passe ensuite par un terrein de glaise ou d'argille, le *limon* dont elle se chargera, sera glaiseux. Il paroît cependant qu'il doit y avoir de la différence entre ce *limon* & la glaise ordinaire, vû que l'eau, en la délayant, a dû lui enlever une portion de sa partie visqueuse & tenace; par conséquent elle aura changé de nature, & elle ne doit plus avoir les mêmes qualités qu'auparavant. Ce qui vient d'être dit du *limon* des rivieres, peut encore s'appliquer à celui des marais, des lacs, & de la mer même : en effet, les eaux des ruisseaux, des pluies, & des fleuves qui vont s'y rendre, doivent y porter des terres de différentes qualités. A ces terres il s'en joint souvent une autre qui est formée par la décomposition des végétaux : c'est à cette terre qu'il faut attribuer la partie visqueuse & la couleur noire ou brune du *limon* que l'on trouve, sur-tout au fond des eaux stagnantes ; c'est encore de cette décomposition des plantes vitrioliques & des feuilles, que paroît venir la partie ferrugineuse qui se trouve souvent contenue dans quelques especes de *limon*.

Le *limon* que déposent les rivieres, mérite toute l'attention des Naturalistes : il est très-propre à leur faire connoître la formation du tuf & de plusieurs des couches, dont nous voyons différens terreins composés : on pourra en juger par les observations suivantes, que M. Schober directeur des mines du sel-gemme de Wicliska en Pologne, a faites sur le *limon* que dépose la Sala : ces observations sont tirées du *magazin de Hambourg, tome III*.

La Sala ou Saale est une riviere à peu-près de la force de la Marne ; après avoir traversé la Thuringe, elle se jette dans l'Elbe. M. Schober s'étant apperçu qu'à la suite de grandes pluies, cette riviere s'étoit chargée de beaucoup de terres, fut tenté de calculer combien elle pouvoit entraîner de parties terrestres en vingt-quatre heures. Pour avoir un prix commun, il puisa à cinq heures du soir de l'eau de la Sala, dans un vaisseau qui contenoit dix livres, trois onces, & deux gros d'eau. Vingt-quatre heures après, il puisa la même quantité d'eau dans un vaisseau tout pareil ; il laissa ces deux vaisseaux en repos, afin que le *limon* eût tout le tems de se déposer. Au bout de quelques jours, il décanta l'eau claire qui surnageoit au dépôt, & ayant recueilli le *limon* qui étoit au fond, il le fit sécher au soleil, il trouva que l'eau du premier vaisseau avoit déposé deux onces & deux gros & demi d'un *limon* argilleux, & que celle du second vaisseau n'en avoit déposé que deux gros. Ainsi, vingt livres six onces & demie d'eau avoient donné deux onces & quatre gros & demi de *limon* séché. M. Schober humecta de nouveau ce *limon* argilleux, & il en forma un cube d'un pouce en tout sens : ce cube pesoit une demi-once & 3 $\frac{1}{11}$ gros, d'où l'on voit qu'un pié cube, ou 1728 pouces cubiques, devoit peser 96 livres & 10 $\frac{1}{2}$ onces. Le pié cube d'eau pese cinquante livres ; ainsi en prenant 138 piés cubes d'eau, telle que celle qui avoit été puisée dans le premier vaisseau, pour produire un pié cubique de *limon*, il faudra compter 247 piés cubes d'eau pour les deux expériences prises à la fois. M. Schober a trouvé qu'il passoit 1295 piés cubes d'eau en une heure, par une ouverture qui a 1 pouce de largeur & 12 pouces de hauteur. L'eau de la Sala, resserrée par une digue, passe par un espace de 372 piés, ce qui fait 4464 pouces ; si elle est restée aussi trouble & aussi chargée de terre que celle du premier vaisseau, seulement pendant une heure de tems, il a dû passer pendant cette heure, 5780880 piés cubes d'eau, qui ont dû entraîner 41890 piés cubes de *limon* ; ce qui produit une quantité suffisante de *limon* pour couvrir une surface quarrée de 204 piés, de l'épaisseur d'un pié. Mais si l'on additionne le produit des deux vaisseaux, on trouvera que, puisque 20 livres 6 $\frac{1}{4}$ onces d'eau ont donné 2 onces 4 $\frac{1}{2}$ de *limon* ; & si on suppose que l'eau a coulé de cette maniere, pendant vingt-quatre ; on trouvera, dis-je, que pendant ce tems, il a dû s'écouler 138741120 piés cubes d'eau, qui ont dû charrier 561705 piés cubes de *limon*, quantité qui suffit pour couvrir d'un pié d'épaisseur une surface quarrée de 749 piés.

On peut conclure de-là que, si une petite riviere, telle que la Sala, entraîne une si grande quantité de *limon*, l'on doit présumer que les grandes rivieres, telles que le Rhin, le Danube, &c. doivent en plusieurs siecles, en entraîner une quantité immense, & les porter au fond de la mer, dont par conséquent, le lit doit hausser continuellement. Cependant tout ce *limon* ne va point à la mer : il en reste une portion considérable qui se dépose en route sur les endroits qui sont inondés par les débordemens des rivieres. Suivant la nature du *limon* qui se dépose, il se forme dans les plaines qui ont été inondées, différentes couches, qui par la suite des tems se changent en tuf ou en pierre, & qui forment cette multitude de lits ou de couches de différente nature, que nous voyons se succéder les unes aux autres dans la plûpart des plaines qui sont sujettes aux inondations des grandes rivieres.

Nous voyons aussi que le *limon* apporté par les rivieres ne produit point toujours les mêmes effets ; souvent il engraisse les terres sur lesquelles il se répand : c'est ce qu'on voit sur-tout dans les inondations du Nil, dont le *limon* gras & onctueux fertilise le terrein sablonneux de l'Egypte ; d'autres fois ce *limon* nuit à la fertilité des terres, parce qu'il est plus maigre, plus sablonneux, & en général moins adapté à la nature du terrein sur lequel les eaux l'ont déposé. Il y a du *limon* qui est nuisible aux terres, parce qu'étant trop chargé de parties végétales acides (pour se servir de l'expression vulgaire), il rend le terrein *trop froid*; quelquefois aussi ce *limon* étant trop gras, & venant à se répandre sur un terrein déja gras & compacte, il le gâte & lui ôte cette juste proportion qui est si avantageuse pour la végétation. (—)

LIMON, s. m. (*Médec. Pharmac. Cuisine, Arts.*) fruit du limonier. L'écorce des *limons* est remplie d'une huile essentielle, âcre, amere, aromatique, fortifiante & cordiale, composée de parties très-subtiles ; elle brûle à la flamme, & se trouve contenue dans de petites vessies transparentes. Le suc des *limons* communique, par son acidité, une belle couleur pourpre à la conserve de violette, & au papier bleu ; il est pareillement renfermé dans des cellules particulieres.

L'huile essentielle des *limons*, vulgairement nommée *huile de neroli*, a les mêmes propriétés que celles de citron.

Pour faire l'eau de *limon*, on distille au bain-marie des *limons*, pilés tout entiers, parce que cette maniere, la partie acide est imbue de l'huile essentielle, & acquiert une vertu cardiaque, sans échauffer.

Tout le monde sait, que la *limonade* est un breuvage que l'on fait avec de l'eau, du sucre & des *limons*. Cette liqueur factice a eu l'honneur de donner son nom à une communauté de la ville de Paris, qui n'étoit d'abord que des especes de regrattiers, lesquels furent érigés en corps de jurande en 1678.

Il ne faut pas confondre la simple limonade faite d'eau de *limons* & de sucre, avec celle dont on consomme une si grande quantité dans les îles de l'Amérique, & qu'on nomme *limonade à l'angloise* ; cette derniere est composée de vin de Canarie, de jus de *limon*, de sucre, de cannelle, de gérofle, & d'essence d'ambre ; c'est une boisson délicieuse.

Le suc de *limon* est ajouté à divers purgatifs ; pour les rendre moins désagréables & plus efficaces dans leur opération. Par exemple, on prend séné oriental une drachme, manne trois onces, sel végétal deux gros, coriandre demi-gros, épithyme, prenelle deux poignées, *limon* coupé par tranches ; on verse sur ces drogues, deux pintes d'eau bouillante ; on macere le tout pendant la nuit, on le passe ; on y ajoute quelques gouttes d'huile essentielle d'écorce de citron, & l'on partage cette tisanne

LIM

laxative en quatre prises, que l'on boit de deux en deux heures.

Pour faire dans le scorbut un gargarisme propre aux gencives, on peut prendre esprit de cochléaria & esprit de vin, ana une once, suc de *limon* deux onces, eau de cresson quatre onces, mais il est aisé de combiner & de multiplier, suivant les cas, ces fortes d'ordonnances à l'infini.

Les *limons* sont plus acides au goût, que les oranges & les citrons ; c'est pourquoi il est vraissemblable, qu'ils sont plus rafraichissans. Du reste, tout ce qu'on a dit du citron, de ses vertus, de ses usages & de ses préparations, s'applique également au fruit du limonnier.

Il abonde dans les îles orientales & occidentales. On trouve en particulier à Tunquin, deux sortes de *limons*, les uns jaunes, les autres verds ; mais tous si aigres, qu'il n'est pas possible d'en manger, sans se gâter l'estomac. Ces fruits ne sont pas cependant inutiles aux Tunquinois, ni aux autres peuples des Indes. Non-seulement ils s'en servent, comme nous de l'eau-forte, pour nettoyer le cuivre, le laiton & autres métaux, quand ils veulent les mettre en état d'être dorés ; mais aussi pour les teintures, & surtout pour teintures en soie.

Un autre usage qu'ils en tirent, est pour blanchir le linge ; l'on en met dans les lessives, particulierement des toiles fines, ce qui leur donne un blanc & un éclat admirable, comme on peut le remarquer principalement dans toutes les toiles de coton du Mogol, qui ne se blanchissent qu'avec le jus de ces fortes de *limons*.

Nos teinturiers se servent aussi du suc de *limon* en Europe, pour changer diverses couleurs & les rendre plus fixes. Les lettres que l'on écrit avec ce suc sur du papier, paroissent lorsqu'on les approche du feu. C'est une espece d'encre sympathique ; mais il y en a d'autres bien plus curieuses. *Voyez* ENCRE SYMPATHIQUE.

On peut consulter sur les *limons* tous les auteurs cités au mot CITRONNIER, & entr'autres Ferrarius, qui en a le mieux traité. (*D. J.*)

LIMON, s. m. (*terme de Charron*). Ces *limons* sont les deux maîtres brins d'une charrette, qui font de la longueur de quatorze ou quinze piés sur quatre ou cinq pouces de circonférence ; cela forme en même tems le fond de la charrette & le brancart pour mettre en *limon* : ces deux *limons* sont joints ensemble à la distance de cinq piés, par quatre ou six éparts sur lesquels on pose les planches du fond. Les *limons* sont troués en dessus, à la distance de six pouces pour placer les roulons des ridelles. *Voyez* nos *Pl. du Charron.*

Limons de traverse, terme de *Charron ;* ce sont les morceaux de bois, longs d'environ huit ou dix piés, dans lesquels s'enchâssent les roulons par le milieu & qui terminent les ridelles par en-haut ; il y en a ordinairement deux de chaque côté. *Voyez* nos *Pl. du Charron*, qui représentent une charrette.

LIMON, du latin *limus*, tourné de travers (*coupe des pierres*) signifie, la pierre ou piece de bois qui termine & soutient les marches d'une rampe, sur laquelle on pose une balustrade de pierre ou de fer pour servir d'appui à ceux qui montent. Cette piece est droite dans les rampes droites, & gauche par ses surfaces supérieure & inférieure, dans les parties tournantes des escaliers.

LIMON, (*Charpente*), est une piece de charpente omeplat, c'est-à-dire plus que plat, laquelle sert dans les escaliers à soutenir le bout des marches qui portent dedans, & qui portent par les bouts dans les noyaux ou courbes des escaliers. *Voyez les fig. des Pl. de Charpente.*

LIMON, *faux*, (*Charpent.*) est celui qui se met

LIM 545

dans les angles des baies, des portes & des croisées, & dans lequel les marches sont assemblées, comme dans les *limons.*

LIMONADE, s. f. (*Pharmac. Mat. méd. & diete*) La *limonade* est une liqueur aussi agréable que salutaire, dont nous avons exposé les propriétés médicinales à l'article CITRON. *Voyez cet article.*

Pour faire de la bonne *limonade*, il faut prendre des citrons frais & bien sains, les partager par le milieu, en exprimer le suc, en les serrant entre les mains, étendre ce suc dans suffisante quantité d'eau pour qu'il ne lui reste qu'une saveur aigrelette legere, une agréable acidité ; passer cette liqueur sur le champ à travers un linge très-propre, pour en séparer les pepins & une partie de la pulpe du citron qui peut s'en être détachée en les exprimant, & qui en séjournant dans la liqueur y porteroit une amertume désagréable, ou bien ôter l'écorce des citrons ; partager leur pulpe par le milieu, les enfermer dans un linge blanc, les exprimer fortement & ajouter de l'eau jusqu'à agréable acidité ; de quelque façon qu'on s'y soit pris pour obtenir la liqueur aigrelette & dépurée, on l'édulcore ensuite avec suffisante quantité de sucre, dont on aura frotté une petite partie contre une écorce de citron, pour aromatiser agréablement la liqueur par le moyen de l'*oleo-saccharum*, qu'on aura formé par cette manœuvre.

Remarquez que cette maniere d'aromatiser la *limonade* est plus commode & meilleure que la méthode ordinaire & plus connue des limonadiers, qui consiste à y faire infuser quelques jets de citron, qui fournissent toujours un peu d'extrait amer & dur. (*b*)

LIMONADIER, s. m. (*Com.*) marchand de liqueurs ; ils ont été érigés en corps de jurande en 1673 ; leurs statuts sont de 1676. Ils ont quatre jurés, dont deux changent tous les ans : les apprentifs sont brevetés pardevant notaire ; ils servent trois ans, & font chef-d'œuvre. Les fils de maîtres en sont exempts ; ils peuvent faire & vendre de l'eau-de-vie & autres liqueurs, en gros & en détail. Ils ne sont maintenant qu'une communauté avec les cafetiers.

LIMONEUX, adj. (*Gram. & Agricult.*) on dit d'une terre qui a été couverte autrefois des eaux d'une riviere, qu'elle est limoneuse ; d'un lieu abreuvé d'eaux croupissantes, dont la terre est détrempée, que c'est *limoneux* ; des eaux & du fond d'une riviere, qu'ils sont *limoneux*.

LIMONIADE, (*Mythol.*) Limonias ; les Limoniades étoient les nymphes des prés, du mot grec λιμών, un pré ; ces nymphes étoient sujettes à la mort, comme les Pans & les Faunes. (*D. J.*)

LIMONIATES, (*Hist. nat.*) nom dont Pline s'est servi pour désigner une espece d'émeraude.

LIMONIER, s. m. (*Hist. nat. Bot.*) *limon*, genre de plante dont les feuilles & les fleurs ressemblent à celles du citronier, mais dont le fruit a la forme d'un œuf & la chair moins épaisse ; il est divisé en plusieurs loges qui sont remplies de suc & de vésicules, & qui renferme des semences. Ajoûtez à ces caracteres le port du *limonier* qui suffit aux jardiniers pour le distinguer de l'oranger & du citronnier. Tournefort, *inst. rei herb. voyez* PLANTE.

LIMONIER, *limon*, arbre toujours verd, de moyenne grandeur, qui vient de lui-même dans les grandes Indes, & dans l'Amérique méridionale. Dans ces pays, cet arbre s'éleve à environ trente piés, sur trois ou quatre de circonférence. Il est toujours tortu, noueux, branchu & très-mal-fait, à moins qu'il ne soit dirigé dans sa jeunesse. Son écorce est brune, seche, terne & unie. Ses feuilles sont grandes, longues & pointues, sans aucun talon ou appendice au bas. Elles sont fermes, lisses & unies, d'un verd tendre & jaunâtre très-brillant. L'arbre donne pendant l'été des fleurs blanches en dedans, purpurines en dehors ; elles font raffemblées en bouquets, & plus grandes que celles des orangers & des citronniers. Le fruit que produit la fleur eft oblong, terminé en pointe, & affez femblable pour la forme & la groffeur à celui du citronnier ; fi ce n'eft qu'il a des verrucités ou proéminences qui le rendent plus ou moins informe. Sous une écorce jaune, moëlleufe & épaiffe, ce fruit eft divifé en plufieurs cellules, rempli d'un fuc aigre ou doux, felon la qualité des efpeces; & ces cavités contiennent auffi la femence qui doit multiplier l'arbre. C'eft principalement par la forme irréguliere de fon fruit qu'on diftingue le *limonier* du citronier ; & on fait la diftinction de l'un & de l'autre d'avec l'oranger, par leurs feuilles qui n'ont point de talon ou d'appendice. Cet arbre eft à-peu-près de la nature des orangers, mais fon accroiffement eft plus prompt, fes fruits viennent plutôt à maturité ; il eft un peu plus robufte, & il lui faut des arrofemens plus abondans. La feuille, la fleur, le fruit, & toutes les parties de cet arbre ont une odeur aromatique très-agréable.

Les bonnes efpeces de limons fe multiplient par la greffe en écuffon, ou en approche fur des limons venus de graine, ou fur le citronnier ; mais ces greffes viennent difficilement fur des fujets d'oranger. A cet égard le citronnier eft encore ce qu'il y a de mieux, parce qu'il croît plus vite que le *limonier*, & cette force de feve facilite la reprife des écuffons, & les fait pouffer vigoureufement. Il faut à cet arbre même culture & mêmes foins qu'aux orangers : ainfi, pour éviter les répétitions, *voyez* ORANGER.

Les efpeces de limons les plus remarquables font ;

Le *limon aigre* & le *limon doux*: ce font les efpeces les plus communes.

Le *limonier à feuilles dorées*, & celui à *feuilles argentées*. Ces deux variétés font délicates ; il leur faut quelques foins de plus qu'aux autres pour empêcher leurs feuilles de tomber.

Le *limon en forme de poire* ; c'eft l'efpece la plus rare.

Le *limon impérial* ; ce fruit eft très-gros, très-beau, & d'une agréable odeur.

La *pomme d'Adam*. Cette efpece étant plus délicate que les autres, demande auffi plus de foins pendant l'hiver, autrement fon fruit feroit fujet à tomber dans cette faifon.

Le *limon fauvage*. Cet arbre eft épineux ; fes feuilles font d'un verd foncé, & joliment découpées fur fes bords.

Le *limon fillonné*. Ce fruit n'eft pas fi bon, & n'a pas tant de fuc que le limon commun.

Le *limon double*. Cette efpece eft plus curieufe que bonne : ce font deux fruits réunis, dont l'un fort de l'autre.

La *lime aigre* & *la lime douce*, font deux efpeces rares & délicates, auxquelles il faut de grands foins pendant l'hiver, fi on veut leur faire porter du fruit.

Le *limonier à fleur-double*. Cette production n'eft pas bien conftante dans cet arbre ; il porte fouvent autant de fleurs fimples que de fleurs doubles.

Si l'on veut avoir de plus amples connoiffances de ces efpeces de limons ; ainfi que d'un grand nombre d'autres variétés que l'on cultive en Italie, on peut confulter les *hefpérides* de Ferrarius, qui a traité complettement de ces fortes d'arbres. *Article de M. D'AUBENTON*.

LIMONIER, (*Maréchallerie*.) on appelle ainfi un cheval de voiture attelé entre deux limons. *Voyez* LIMON.

LIMONIUM, f. m. (*Hift. nat. Bot.*) genre de plante à fleur en œillet, compofée ordinairement de plufieurs pétales qui fortent d'un calice fait en forme d'entonnoir. Il fort du calice un piftil qui devient dans la fuite une femence oblongue, enveloppée d'un calice ou d'une capfule. Il y a des efpeces de ce genre, dont les fleurs font monopétales, en forme d'entonnoir & découpées. Tournefort, *inft. rei herb. Voyez* PLANTE.

LIMOSINAGE, f. m. (*Maçon.*) c'eft toute maçonnerie faites de moilons brutes à bain de mortier, c'eft-à-dire en plein mortier, & dreffée au cordeau avec paremens brutes, à laquelle les Limofins travaillent ordinairement dans les fondations : on appelle auffi cette forte d'ouvrage, *limofinerie*.

LIMOURS, (*Géog.*) petite ville de France dans le Hurepoix ; au diocéfe de Paris, à 8 lieues S. O. de Paris. *Long.* 20. 3. *lat.* 48. 31.

LIMOUSIN, f. m. *ou le* LIMOSIN, (*Géog.*) en latin *Lemovicia* ; province de France, bornée nord par la Manche & par l'Auvergne, fud par le Quercy, oueft par le Périgord.

Ce pays & fa capitale tirent leurs noms du peuple *Lemovices*, qui étoient les plus vaillans d'entre les Celtes du tems de Céfar, ayant foutenu opiniâtrement le parti de Vercengétorix. Augufte, dans la divifion qu'il fit de la Gaule, les attribua à l'Aquitaine. Préfentement le *Limoufin* fe divife en haut & bas ; le climat du haut eft froid, parce qu'il eft montueux ; mais le bas *Limoufin* eft fort tempéré, & donne de bons vins : dans quelques endroits, le pays eft couvert de forêts de chataigniers. Il a des mines de plomb, de cuivre, d'étain, d'acier & de fer ; mais fon principal commerce confifte en beftiaux & en chevaux. Il y a trois grands fiefs titrés dans cette province ; le vicomté de Turenne, le duché-pairie de Vantadour & le duché-pairie de Noailles. Tout le *Limoufin* eft régi par le Droit écrit, le Droit romain, & eft du reffort du parlement de Bordeaux.

C'eft ici le lieu de dire un mot d'un pape Grégoire XI. & de quatre hommes de lettres ; *Martial* d'Auvergne, *Jean* d'Aurat, *Jacques* Merlin, & *Pierre* de Montmaur, nés tous cinq en *Limoufin*, mais dans des endroits obfcurs ou ignorés. Martial d'Auvergne, procureur au parlement de Paris, fur la fin du XV. fiecle s'eft fait connoître par fes *arrêts d'amour*, imprimés de nos jours très-joliment en Hollande in-8°. avec des commentaires ingénieux.

D'Aurat, en latin *Auratus*, fervit dans ce royaume au rétabliffement des lettres grecques fous François I. A l'âge de 72 ans il fe remaria une jolie fille de 20 ans, & dit plaifamment à fes amis qu'il falloit lui permettre cette facie comme une licence poétique. Il eut un fils de ce mariage, & mourut la même année, en 1588.

Merlin fleuriffoit auffi fous le même prince. L'on trouve de l'exactitude & de la fincérité dans fa collection des conciles, & il a l'honneur d'y avoir fongé le premier. Il publia les œuvres d'Origène, avec l'apologie complette de ce pere de l'Eglife, qui n'eft pas une befogne aifée ; il mourut en 1541.

Montmaur, profeffeur en langue grecque à Paris, au commencement du fiecle paffé, mourut en 1648. On ignore pourquoi tous les meilleurs poètes & les meilleurs efprits du tems confpirerent contre lui, fans qu'il y ait donné lieu par aucun écrit fatyrique, ou par un mauvais caractere. Il ne paroît même pas qu'il fût méprifable ; du-moins du côté de l'efprit, car il favoit faire dans l'occafion des reparties très-fpirituelles. On raconte qu'un jour chef le préfident de Mefmes, il fe forma contre lui une grande cabale, foutenue par un avocat fils d'un huiffier. Dès que Montmaur parut, cet avocat lui cria, *guerre, guerre*. Vous dégénérez bien, lui dit Montmaur, car votre pere ne fait que crier *paix-là*, *paix-là* : ce coup de foudre accabla le chef des conjurés. Une autre

LIM   LIN   547

fois que Montmaur dinoit chez le chancelier Seguier, on laiſſa tomber ſur lui un plat de potage en deſſervant. Il fut ſe poſſéder à merveille, & dit en regardant le chancelier, qu'il ſoupçonna d'être l'auteur de cette piece ; *ſummum jus*, *ſumma injuria* ; cette prompte alluſion qu'on ne peut rendre en françois eſt des plus ingénieuſes. Enfin les raiſons de la conſpiration générale contre le malheureux Montmaur, ne ſont pas parvenues juſqu'à nous.

Le pape Grégoire XI. *limouſin* comme lui, n'avoit pas autant d'eſprit & d'érudition. « On ſait les
» reſſorts ridicules qu'employerent les Florentins
» pour lui perſuader de quitter Avignon, & de venir
» réſider à Rome. Ils lui députerent ſainte Catherine de Sienne, qui prétendoit avoir épouſé J. C.
» & ils y joignirent les révélations de ſainte Brigite,
» à laquelle un ange dicta pluſieurs lettres pour le
» pontife. Il céda & transfera le ſaint ſiége d'Avignon à Rome au bout de 72 ans ; mais ce ne fut pas
» ſans plonger l'Europe dans de nouvelles diſſenſions,
» dont il ne fut pas le témoin ; car il mourut l'année
» ſuivante 1378. *Eſſai ſur l'Hiſtoire générale*, *tome II*. *(D. J.)*

LIMPIDE, adj. LIMPIDITÉ, ſ. (*Gram.*) ils ne ſe diſent guere que des fluides : ils en marquent la clarté, la pureté, & l'exrême tranſparence, *Voyez* TRANSPARENT.

LIMPOURG, ou LIMPURG, *Limpurgum*, (*Géogr.*) petite ville d'Allemagne dans la Wetéravie, autrefois libre & impériale, mais depuis ſujette à l'électeur de Trèves. Elle eſt entre le Wetſlar & Naſſau, à trois milles germaniques de cette derniere. *Long.* 25. 48. *lat.* 58. 18. (*D. J.*)

LIMUS, ſ. m. (*Hiſt. anc.*) eſpece d'habillement, tel que les victimaires en étoient revêtus dans les ſacrifices. Il prenoit au nombril, & deſcendoit ſur les piés, laiſſant le reſte du corps nud. Il étoit bordé par en bas d'une frange de pourpre en falbalas. *Limus* ſignifie *oblique*. Il y avoit des domeſtiques qu'on appelloit *limocincti*, de leur habit & de leur ceinture.

LIMYRE, *Lymira*, (*Géog. anc.*) ville d'Aſie dans la Lycie, ſituée ſur les bords d'une riviere du même nom. *Limyre*, eſt bien connue dans l'hiſtoire, parce que ce fut dans cette ville, dit Velleius Paterculus, *liv. II. chap. cij.* que mourut de maladie, l'an 757 de Rome, Caius Céſar, fils d'Agrippa & de Julie, la ſeule héritiere du nom des Céſars. La naiſſance de ce prince, célébrée dans tout l'empire par des réjouïſſances publiques en 734, donnoit à Auguſte un petit-fils qui pouvoit le conſoler de la perte de Marcellus ; mais pour le malheur de l'empereur, Caius n'eut pas une plus heureuſe deſtinée. (*D. J.*)

LIN, *linum*, ſ. m. (*Hiſt. nat. Bot.*) genre de plante à fleur en œillet ; elle a pluſieurs pétales diſpoſés en rond, qui ſortent d'un calice compoſé de pluſieurs feuilles, & reſſemblant en quelque ſorte à un tuyau ; il ſort auſſi de ce calice un piſtil qui devient enſuite un fruit preſque rond, terminé pour l'ordinaire en pointes & compoſé de pluſieurs capſules ; elles s'ouvrent du côté du centre du fruit, & elles renferment une ſemence applatie preſqu'ovale, plus pointue par un bout que par l'autre. Tournefort, *Inſt. rei herb.* *Voyez* PLANTE.

LIN, (*Botan.*) Des 31 eſpeces de *lin* que diſtingue Tournefort, nous ne conſidérerons que la plus commune, le *lin ordinaire* qu'on ſeme dans les champs, & qui eſt nommé par les Botaniſtes, *linum ſativum*, *vulgare*, *cœruleum*, en Anglois *manur'd-flax*.

Sa racine eſt fort menue, garnie de peu de fibres ; ſa tige eſt cylindrique, ſimple le plus ſouvent, creuſe, grêle, liſſe, haute d'une coudée ou d'une coudée & demie, branchue vers le ſommet. Cette tige eſt revêtue d'une écorce rude ; on a découvert en la battant, qu'elle eſt compoſée d'un grand nombre de fils très-déliés. Ses feuilles ſont pointues, larges de deux ou trois lignes, longues d'environ deux pouces, placées alternativement, ou plutôt ſans ordre ſur la tige, molles, liſſes. Ses fleurs ſont jolies, petites, peu durables, & d'un beau bleu. Elles naiſſent au ſommet des tiges, portées ſur des pédicules grêles, aſſez longs. Elles ſont diſpoſées en œillet, compoſées chacune de cinq pétales, arrondis à leur bord, & rayés. Leur calice eſt d'une ſeule piece en forme de tuyau, découpé en cinq parties.

Le piſtil qui s'éleve du fond du calice, devient un fruit de la groſſeur d'un pois chiche, preſque ſphérique, & terminé en pointe. Ce fruit eſt compoſé de pluſieurs capſules en dedans qui s'ouvrent du côté du centre ; elles ſont remplies de graines applaties, preſqu'ovalaires, obtuſes d'un côté, pointues de l'autre, liſſes, luiſantes, & d'une couleur fauve, tirant ſur le pourpre.

On ſeme le *lin* dans les champs ; il fleurit au mois de Juin. Sa graine ſeule produit un trafic conſidérable, indépendamment de ſon emploi en Médecine ; mais la culture de la plante eſt bien précieuſe à d'autres égards. De ſa petite graine, il s'éleve un tuyau grêle & menu, qui étant briſé, ſe réduit en filamens, & acquiert par la préparation la molleſſe de la laine. On la file enſuite pour la couture, les points ou les dentelles. Enfin, on en fait la toile & le papier qui ſont d'un uſage immenſe, & qu'on ne ſauroit aſſez admirer. *Voyez* donc LIN, (*Agriculture.*) (*D. J.*)

LIN SAUVAGE PURGATIF, (*Botan.*) il eſt appellé *linum catharticum*, ou *linum ſylveſtre catharticum*, par la plûpart des botaniſtes, *linum pratenſe*, *floſculis exiguis*, par B. C. P. 214, & par Tournefort J. R. H. 340 ; en anglois *purging flax*.

Sa racine eſt menue, blanche, ligneuſe, garnie de quelques fibriles. Ces tiges ſont fort grêles, un peu couchées ſur terre, mais bientôt après elles s'élevent à la hauteur d'une palme & plus. Elles ſont cylindriques, rougeâtres, branchues à leur ſommet, & penchées. Ses feuilles inférieures ſont arrondies & terminées par une pointe mouſſe ; celles du milieu & du haut des tiges, ſont oppoſées deux à deux, nombreuſes, petites, longues d'un demi-pouce, larges de deux ou trois lignes, liſſes & ſans queue. Ses fleurs ſont portées ſur de longs pédicules ; elles ſont blanches, en œillets, à cinq pétales, pointus & entiers. Elles ſont garnies de cinq étamines jaunes, renfermées dans un calice à cinq feuilles. Les capſules ſéminales qui ſuccedent à la fleur ſont petites, cannelées, & contiennent une graine luiſante, applatie, oblongue, ſemblable à celle du *lin* ordinaire, mais plus menue.

Le *lin ſauvage* croît aux lieux élevés, ſecs, comme auſſi dans les champs parmi les avoines, & fleurit en Juin & Juillet.

Cette plante paroît contenir un ſel eſſentiel tartareux, vitriolique, uni à une grande quantité d'huile fétide. Elle eſt d'un goût amer, deſagréable, & qui excite des nauſées. On en fait peu d'uſage, parce qu'elle purge violemment, & preſque auſſi fortement que la gratiole. Le médecin qui s'en ſerviroit pour l'hydropiſie, ne doit jamais la donner que dans les commencemens du mal, & à des corps très-robuſtes. (*D. J.*)

LIN INCOMBUSTIBLE, (*Hiſt. nat.*) c'eſt un des noms de l'amiante. *Voyez* AMIANTE.

Vous trouverez dans cet article les obſervations les plus vraies & les plus importantes ſur cette ſubſtance minérale.

Sa nature eſt très-compacte & très-cotonneuſe. Toutes ſes parties ſont diſpoſées en fibres luiſantes, & d'un cendré argentin, très-déliées, arrangées en lignes perpendiculaires, unies par une matiere terreuse, capables d'en être séparées dans l'eau & de résister à l'action du feu.

Cette matiere minérale est un genre de fossile très-abondant. Du tems de Pline, on ne l'avoit encore découvert qu'en Egypte, dans les deserts de Judée, dans l'Eubée près de la ville de Corinthe, & dans l'île de Candie, pays dont le *lin* portoit les noms. Nos modernes en ont aujourd'hui trouvé dans toutes les îles de l'Archipel, en divers endroits de l'Italie, sur-tout aux montagnes de Volterre, en Espagne dans les Pyrénées, dans l'état de Gènes, dans l'île de Corse, en France dans le comté de Foix, à Namur dans les pays-bas, en Baviere, en Angleterre, en Irlande, en Ecosse, &c. Il faut avouer aussi que toutes ces nouvelles découvertes ne nous fournissent guere que des espèces d'amiante de rebut, dont on ne sauroit tirer parti dans les Arts.

La maniere de filer cette matiere minérale, est la seule chose qui touche notre curiosité. Quoiqu'elle ait été pratiquée par les anciens orientaux, le secret n'en étoit pas connu des Romains, puisqu'au rapport de Pline, la valeur de l'asbeste filé égaloit le prix des perles les plus cheres; & que du tems de Néron, on regardoit avec admiration, & comme un trésor, une serviette de cette toile que cet empereur possédoit.

Les Grecs n'ont pas été plus éclairés sur l'art de filer l'asbeste; car à l'exception de Strabon qui n'en dit que deux mots, aucun de leurs auteurs ne l'a décrite: cependant, puisque Pline a vu de ses yeux des nappes de *lin vif* que l'on jettoit au feu pour les nettoyer lorsqu'elles étoient sales; il en résulte qu'on avoit quelque part le secret d'en faire des toiles; & les ouvrages tissus de ce fil, qui ont paru de siecle en siecle, prouvent que ce secret ne s'est pas perdu, & qu'il se trouve du *lin incombustible* propre à cette manufacture.

En effet, l'histoire moderne nous apprend que Charles-Quint avoit plusieurs serviettes de ce *lin*, avec lesquelles il donnoit le divertissement aux princes de sa cour, lorsqu'il les régaloit, d'engraisser & de salir ces sortes de serviettes, de les jetter au feu, & de les en retirer nettes & entieres. L'on a vu depuis à Rome, à Venise, à Londres & en d'autres villes, divers particuliers prendre ce plaisir à moins de frais que cet empereur. On a présenté à la société royale un mouchoir de *lin vif*, qui avoir un demi-pié de long sur demi pié de large; mais on n'indiqua point l'art du procédé, ni d'où l'on avoit tiré le fossile.

Enfin, Ciampini (*Jean Justin*) né à Rome en 1633, & mort dans la même ville en 1698, a la gloire de nous avoir appris le premier, en 1691, le secret de filer le *lin incombustible*, & d'en faire de la toile: Le lecteur trouvera le précis de sa méthode au mot AMIANTE; mais il faut ici transcrire la maniere dont M. Mahudel l'a perfectionné, parce que les objets qui concernent les Arts sont particulierement du ressort de ce Dictionnaire.

Choisissez bien, dit-ce savant, *Mém. de littér. tom. VI. édit. in-12.* l'espece de *lin incombustible*, dont les fils soient longs & soyeux. Fendez votre minéral délicatement en plusieurs morceaux avec un marteau trenchant. Jettez ces morceaux dans de l'eau chaude. Amman veut qu'on les fasse infuser dans une lessive préparée avec des cendres de chêne pourri, & des cendres gravelées, & qu'on les laisse ensuite macérer environ un mois dans l'eau douce. M. Mahudel prétend que l'eau chaude suffit en y laissant les morceaux d'asbeste pendant un tems proportionné à la dureté de leurs parties terreuses: remuez-les ensuite, dit-il, plusieurs fois dans l'eau & divisez-les avec les doigts en plus de parcelles fibreuses que vous pourrez, ensorte qu'elles se trouvent insensiblement dépouillées de l'espece de chaux qui les tenoit unies; cette chaux se détrempant dans l'eau, blanchit l'amiante & l'épaissit. Changez l'eau cinq ou six fois, & jusqu'à ce que vous connoissiez par sa clarté que les fils seront suffisamment rouis.

Après cette lotion, étendez-les sur une claie ou jonc pour en faire égoutter l'eau: exposez les au soleil; & lorsqu'ils seront bien secs, arrangez-les sur deux cardes à dents fort fines, semblables à celles des cardeurs de laine. Séparez-les tous en les cardant doucement, & ramassez la filasse qui est ainsi préparée; alors ajustez-la entre les deux cardes que vous coucherez sur une table, où elles vous tiendront lieu de quenouille, parce que c'est des extrémités de ces cardes que vous tirerez les fils qui se présenteront.

Ayez sur cette table une bobine pleine de *lin* ordinaire filé très-fin, dont vous tirerez un fil en même tems que vous en tirerez deux ou trois d'amiante; & avec un fuseau assujetti par un peson, vous unirez tous ces fils ensemble, ensorte que ce fil de *lin* commun soit couvert de ceux d'asbeste, qui par ce moyen ne feront qu'un même corps.

Pour faciliter la filure, on aura de l'huile d'olive dans un mouilloir, où l'on puisse de tems-en-tems tremper le doigt, autant pour le garantir de la corrosion de l'asbeste que pour donner plus de souplesse à ces fils.

Dès qu'on est ainsi parvenu à la maniere d'en-longer le continu, il est aisé en les multipliant ou les entrelaçant, d'en former les tissus plus ou moins fins, dont on tirera, en les jettant au feu, l'huile & les fils de *lin* étrangers qui y sont entrés.

On fait actuellement aux Pyrénées des cordons, des jarretieres & des ceintures avec ce fil, qui sont des preuves de la possibilité de le mettre en œuvre. Il est certain qu'avec un peu plus de soins que n'en donnent les habitans de ces montagnes, & avec de l'asbeste choisie, il s'en feroit des ouvrages très-délicats.

Cependant, quand on pourroit en façonner de ces toiles si vantées par les anciens, de plus belles mêmes que les leurs, & en plus grande quantité, il seroit toujours vrai de dire que par la friabilité du minéral dont elle tirent leur origine, elles seroient peu de durée au service, & n'auroient jamais qu'un usage de pure curiosité.

Les engraisser & les salir pour avoir le plaisir de les retirer des feu nettes & entieres, c'est à quoi se rapporte presque tout ce qu'en ont vu les auteurs qui en ont écrit avant & après Pline.

L'usage des chemises, ou des sacs de toile d'amiante, employés au brûlement des morts, pour parer les cendres de celles des autres matieres combustibles, seroit un point plus important pour l'histoire romaine, s'il étoit bien prouvé. Mais Pline, *liv. XIII. chap. j.* dit que cette coutume funéraire ne s'observoit qu'à l'égard des rois.

Un autre usage du *lin d'asbeste* étoit d'en former des meches perpétuelles, qui avoient la propriété d'éclairer toûjours, sans aucune déperdition de leur substance, & sans qu'il fût besoin de les moucher, quelque grande que pût être la quantité d'huile qu'on vouloir qu'elles consumassent. On s'en servoit dans les temples pour les lampes consacrées aux dieux. Louis Vivez, espagnol, dit avoir vû au commencement du quinzieme siecle, employer de ces meches à Paris. Il est singulier que cet usage, commode & fondé sur une expérience certaine, ne subsiste plus.

M. Mahudel assure avoir observé que les filamens de *lin incombustible*, sans avoir été même dépouillés par la lotion des parties terreuses qui les unissent étant mis dans un vase plein de quelque huile ou graisse que l'on voudra, éclairent tant que dure la substance oléagineuse.

Les *Transactions philosophiques*, Juin 1685, parlent d'un autre moyen d'employer le *lin incombustible*. On en peut fabriquer un papier assez bien nommé *perpétuel*, parce que toutes les fois qu'on a écrit dessus, on en efface l'écriture en le jettant au feu, où il n'en est pas plus endommagé que la toile de ce minéral. On dit que l'on conserve une feuille de ce papier dans le cabinet du roi de Danemark ; & Charleton témoigne que de son tems on fabriquoit de ce papier près d'Oxford.

Quant aux vertus médicinales attribuées au *lin incombustible*, il faut toutes les reléguer au nombre des chimeres. Il est si peu propre, par exemple, à guerir la gale, étant appliqué extérieurement en forme d'onguent, qu'il excite au contraire des démangeaisons à la peau. Bruckman a réfuté plusieurs autres fables semblables, dans son ouvrage latin intitulé *Historia naturalis Lapidis*, τε Αϲβεϛτ, Brunsvig, 1727, in-4°. j'y renvoye les curieux, & je remarque en finissant, que l'asbeste est le seul *lin incombustible* dont on peut faire des toiles & du papier ; ses mines ne sont pas communes ; celles de l'amiaute le sont beaucoup ; mais comme ses fils sont courts & se brisent, on n'en peut tirer aucun parti. (*D. J.*)

* LIN, *Culture du lin*, (*Econom. rustiq.*) *du choix de la graine de lin.* On la fait venir communément de l'île de Casan. On la nomme *graine de Riga ou de tonneau*. C'est la plus chere, & elle est estimée la meilleure. Mais celle du pays, quand elle est belle, ne se distinguant pas facilement de celle de Riga, les commissionnaires l'enferment dans des tonneaux semblables, & la vendent pour telle. Elle n'est pas mauvaise, mais il faut avoir l'attention de la laisser reposer, ou de la semer dans un terrein distant de quelques lieues de celui où elle aura été recueillie.

Pour se mettre à couvert de l'inconvénient d'être trompé dans l'achat de la graine, il y a des gens qui prennent le parti de conserver la leur, quand elle est épuisée, c'est-à-dire lorsqu'elle a été semée trois ou quatre fois de suite au même lieu, & de la garder un ou deux ans dans des sacs, bien mêlée de paille hachée. Elle reprend vigueur, ou plutôt elle devient propre à l'interruption, propre au terrein où l'on en a semé d'autre, & on l'emploie avec succès.

Des qualités que doit avoir la graine pour être bonne. Il faut qu'elle soit pesante & luisante. On observe, quand on l'achete, que le marché sera nul, si elle ne germe pas bien ; & pour en faire l'essai, on en seme une poignée, quelque tems avant la semaille.

Quel est son prix. Elle n'a point de prix fixe. On distingue la nouvelle de la vieille. Au tems où l'on nous a communiqué ce mémoire, c'est-à-dire, lorsque nous commençâmes cet ouvrage, que tant de causes iniques ont suspendu, la nouvelle valoit année commune, vingt francs la raziere. Elle n'est pas moins bonne, lorsqu'elle a produit une ou deux fois. La troisieme année elle diminue de moitié ; la quatrieme, on la porte au moulin pour en exprimer l'huile. Alors son prix est réduit à six livres, bon an, mal an.

La raziere est une mesure qui doit contenir à peu près, cent livres, poids de marc, de graine bien seche.

Ce qu'il faut de graine pour semer une mesure de terre, dont la grandeur sera déterminée ci-après, relativement à la toise de Paris. Un avot fait le quart d'une raziere sur un cent de terre. Le cent de terre contient cent verges quarrées, ou dix mille piés de onze pouces, la verge étant de dix piés ; ou neuf mille cent soixante-six, & huit pouces de roi ; ou deux cent cinquante-quatre toises, trois piés, neuf pouces & quatre lignes. Cette mesure est la seizieme partie d'un bonnier, & le bonnier est par conséquent de quatre mille soixante & quatorze toises, cinq pouces, quatre lignes. Mais l'arpent est de neuf cens toises ; il faut donc pour l'équivalent d'un bonnier, quatre arpens & demi, vingt-quatre toises, cinq pouces & quatre lignes. Voilà la mesure sur laquelle tout est fixé dans cet article. Elle ne s'accorde pas avec celle du coïsat, où l'on a fait usage de celle de Paris. Il y a ici plus d'exactitude.

De la nature de la terre propre au lin. Il n'y faut point de pierres ; la plus pesante est la meilleure, sur-tout si sa couleur est noire, si elle est mêlée de sable, comme à Saint-Amand & aux environs, où les *lins* sont très-hauts & très-fins, & sont employés en dentelles & en toiles de prix. Dans la chatellenie de Lille, d'où ce mémoire vient, la hauteur ordinaire des *lins* est depuis six paumes jusqu'à douze au plus. Il y a peu d'endroits où il monte davantage. On seroit content, si l'on avoit la bonne qualité, l'abondance & la hauteur de huit paumes.

De la préparation de la terre. Il faut la bien fumer avant l'hiver. Quatre charretées de fumier suffisent pour l'étendue que nous avons déterminée. Chaque charretée doit peser environ quatorze cens, poids de marc. On laboure après avoir fumé.

Lorsque le tems de semer approche, on donne un second labour, sur-tout si la terre ne se manie pas assez facilement pour qu'il suffise d'y faire passer deux ou trois fois la herse, afin de l'ameublir convenablement ; on l'aplanit ensuite au cylindre. On ne peut l'aplanir trop bien. On seme. On repasse la herse. La semence est couverte. Un dernier tour de cylindre acheve de l'affermir en terre.

Il y en a qui emploient à la préparation de la terre de la fiente de pigeon en poudre, mais elle brûle le *lin*, lorsque l'année est seche. D'autres jettent cette fiente dans le pureau des vaches, & arrosent la terre préparée de ce mélange, ou même le répandant sur le terrein avant le premier labour, afin qu'au printems la chaleur en soit éteinte. Ces deux cultures sont moins dangereuses, mais la derniere consomme beaucoup de matiere.

Du tems de la semaille. On seme à la fin de Mars ou au commencement du printems, selon le tems. Il ne le faut pas pluvieux. Plutôt on seme, mieux on fait. Le *lin* ne grandit plus lorsque les chaleurs sont venues. C'est alors qu'il graine.

Du prix de la semaille. Un avot de graine, sur le pié de vingt francs la raziere, coutera cent sols ; les quatre charretées de fumier, douze francs ; un sac de fiente de pigeon, quatre livres ; deux labours, une livre, dix-sept sols, six deniers ; trois herses, au moins neuf sols ; trois cylindres ou autant de fois ; la semaille, une livre, trois sols. Tous ces prix peuvent avoir changé.

Faut-il faire à la terre quelque façon après la semaille ? Aucune.

Faut-il faire au lin quelque façon avant la recolte ? Pas d'autre que de sarcler. On sarcle quand il est monté de deux ou trois pouces. Pour ne le pas gâter, le sarcleur se déchausse. Ce travail est plus ou moins couteux, selon que la terre est plus ou moins sale. On en estime la dépense année commune, à trente-sept sols. S'il se peut achever à six personnes en un jour, c'est six sols deux deniers pour chacune.

Dans les cantons où le *lin* s'éleve de dix ou douze paumes, on le soutient par des ramures ; mais il n'en est pas ici question.

Quel tems lui est-le plus propre dans les différentes saisons. Il ne lui faut ni un tems trop froid, ni un tems trop chaud. S'il fait trop sec, il vient court ; trop humide, il verse. Les grandes chaleurs engendrent sur le *lin* de très-petites mouches ou pucerons, qui ravagent la pousse quand elle commence. Elle en est quelquefois toute noire. Il n'y a que la pluie

reufe, capables d'en être séparées dans l'eau & de résister à l'action du feu.

Cette matière minérale est un genre de fossile très-abondant. Du tems de Pline, on ne l'avoit encore découvert qu'en Egypte, dans les deserts de Judée, dans l'Eubée près de la ville de Corinthe, & dans l'île de Candie, pays dont le *lin* portoit les noms. Nos modernes en ont aujourd'hui trouvé dans toutes les îles de l'Archipel, en divers endroits de l'Italie, sur-tout aux montagnes de Volterre, en Espagne dans les Pyrénées, dans l'état de Gènes, dans l'île de Corse, en France dans le comté de Foix, à Namur dans les pays-bas, en Bavière, en Angleterre, en Irlande, en Ecosse, &c. Il faut avouer aussi que toutes ces nouvelles découvertes ne nous fournissent guere que des especes d'amiante de rebut, dont on ne sauroit tirer parti dans les Arts.

La maniere de filer cette matiere minérale, est la seule chose qui touche notre curiosité. Quoiqu'elle ait été pratiquée par les anciens orientaux, le secret n'en étoit pas connu des Romains, puisqu'au rapport de Pline, la valeur de l'asbeste filé égaloit le prix des perles les plus cheres; & que du tems de Néron, on regardoit avec admiration, & comme un trésor, une serviette de cette toile que cet empereur possédoit.

Les Grecs n'ont pas été plus éclairés sur l'art de filer l'asbeste ; car à l'exception de Strabon qui n'en dit que deux mots, aucun de leurs auteurs ne l'a décrite: cependant, puisque Pline a vu de ses yeux des nappes de *lin vif* ue l'on jettoit au feu pour les nettoyer lorsqu'elles étoient sales; il en résulte qu'on avoit quelque part le secret d'en faire des toiles ; & les ouvrages tissus de ce fil, qui ont paru de siecle en siecle, prouvent que ce secret ne s'est pas perdu, & qu'il se trouve du *lin incombustible* propre à cette manufacture.

En effet, l'histoire moderne nous apprend que Charles-Quint avoit plusieurs serviettes de ce *lin*, avec lesquelles il donnoit le divertissement aux princes de sa cour, lorsqu'il les régaloit, d'engraisser & de salir ces sortes de serviettes, de les jetter au feu, & de les en retirer nettes & entières. L'on a vu depuis à Rome, à Venise, à Londres & en d'autres villes, divers particuliers prendre ce plaisir à moins de frais que cet empereur. On a présenté à la société royale un mouchoir de *lin vif*, qui avoit un demi-pié de long sur demi pié de large; mais on n'indiqua point l'art du procédé, ni d'où l'on avoit tiré le fossile.

Enfin, Ciampini (*Jean Justin*) né à Rome en 1633, & mort dans la même ville en 1698, a la gloire de nous avoir appris le premier, en 1691, le secret de filer le *lin incombustible*, & s'en faire de la toile: Le lecteur trouvera le précis de sa méthode *au mot* AMIANTE ; mais il faut ici transcrire la maniere dont M. Mahudel l'a perfectionné, parce que les objets qui concernent les Arts sont particulierement du ressort de ce Dictionnaire.

Choisissez bien, dit ce savant, *Mém. de littér.* *tom. VI. édit. in-12.* l'espece de *lin incombustible*, dont les fils soient longs & soyeux. Fendez votre minéral délicatement en plusieurs morceaux avec un marteau tranchant. Jettez ces morceaux dans de l'eau chaude. Amman veut qu'on les fasse infuser dans une lessive préparée avec des cendres de chêne pourri, & des cendres gravelées, & qu'on les laisse ensuite macérer environ un mois dans l'eau douce. M. Mahudel prétend que l'eau chaude suffit en y laissant les morceaux d'asbeste pendant un tems proportionné à la dureté de leurs parties terreuses: remuez-les ensuite, dit-il, plusieurs fois dans l'eau & divisez-les avec les doigts en plus de parcelles fibreuses que vous pourrez, ensorte qu'elles se trouvent insensiblement dépouillées de l'espece de chaux qui les tenoit unies; cette chaux se détrempant dans l'eau, blanchit l'amiante & l'épaissit. Changez l'eau cinq ou six fois, & jusqu'à ce que vous connoissiez par la clarté que les fils seront suffisamment rouis.

Après cette lotion, étendez-les sur une claie de jonc pour en faire égoutter l'eau: exposez les au soleil ; & lorsqu'ils seront bien secs, arrangez-les sur deux cardes à dents fort fines, semblables à celles des cardeurs de laine. Séparez-les tous en les cardant doucement, & ramassez la filasse qui est ainsi préparée; alors ajustez-la entre les deux cardes que vous coucherez sur une table, où elles vous tiendront lieu de quenouille, parce que c'est des extrémités de ces cardes que vous tirerez les fils qui se présenteront.

Ayez sur cette table une bobine pleine de *lin ordinaire* filé très-fin, dont vous tirerez un fil en même tems que vous en tirerez deux ou trois d'amiante ; & avec un fuseau assujetti par un peson, vous unirez tous ces fils ensemble, ensorte que ce fil de *lin commun* soit couvert de ceux d'asbeste, qui par ce moyen ne feront qu'un même corps.

Pour faciliter la filure, on aura de l'huile d'olive dans un mouilloir, où l'on puisse de tems-en-tems tremper le doigt, autant pour les garantir de la corrosion de l'asbeste que pour donner plus de souplesse à ces fils.

Dès qu'on est ainsi parvenu à la maniere d'en allonger le continu, il est aisé en les multipliant ou en les entrelaçant, d'en former les tissus plus ou moins fins, dont on tirera, en les jettant au feu, l'huile & les fils de *lin* étrangers qui y font entrés.

On fait actuellement aux Pyrénées des cordons, des jarretieres & des ceintures avec ce fil, qui font des preuves de la possibilité de les mettre en œuvre. Il est certain qu'avec un peu plus de soins que n'y donnent les habitans de ces montagnes, & avec de l'asbeste choisie, il s'en feroit des ouvrages très-délicats.

Cependant, quand on pourroit en façonner de ces toiles si vantées par les anciens, de plus belles mêmes que les leurs, & en plus grande quantité, il sera toujours vrai de dire que par la friabilité du minéral dont elle tirent leur origine, elle ne pourront être de durée au service, & n'auront jamais qu'un usage de pure curiosité.

De les engraisser & les salir pour avoir le plaisir de les retirer du feu nettes & entieres, c'est à quoi se rapporte presque tout ce qu'en ont vu les auteurs qui en ont écrit avant & après Pline.

L'usage des chemises, ou des sacs de toile d'amiaute, employés au brûlement des morts, pour séparer les cendres de celles des autres matieres combustibles, seroit un point plus intéressant pour l'histoire romaine, à éclaircir. Mais Pline, *liv. XIII. chap. j.* dit que cette coutume funéraire ne s'observoit qu'à l'égard des rois.

Un autre usage du *lin d'asbeste* étoit d'en former des meches perpétuelles, qui avoient la propriété d'éclairer toûjours, sans aucune déperdition de leur substance, & sans qu'il fût besoin de les moucher, quelque grande que pût être la quantité d'huile qu'on vouloir qu'elles consumassent. On s'en servoit dans les temples pour les lampes consacrées aux dieux. Louis Vivez, espagnol, qui vivoit au commencement du quinzieme siecle, dit avoir vû employer de ces meches à Paris. Il est singulier que cet usage commode, & fondé sur une expérience certaine, ne subsiste plus.

M. Mahudel assure avoir observé que les filamens de *lin incombustible*, sans avoir été même dépouillés par la lotion des parties terreuses qui les unissent, étant mis dans un vase plein de quelque huile ou graisse que l'on voudra, éclairent tant que dure la substance oléagineuse.

Les

Les *Transactions philosophiques*, Juin 1685, parlent d'un autre moyen d'employer le *lin incombustible*. On en peut fabriquer un papier assez bien nommé *perpétuel*, parce que toutes les fois qu'on a écrit dessus, on en efface l'écriture en le jettant au feu, où il n'est pas plus endommagé que la toile de ce minéral. On dit que l'on conserve une feuille de ce papier dans le cabinet du roi de Danemark ; & Charleton témoigne que de son tems on fabriquoit de ce papier près d'Oxford.

Quant aux vertus médicinales attribuées au *lin incombustible*, il faut toutes les reléguer au nombre des chimeres. Il est si peu propre, par exemple, à guerir la gale, étant appliqué extérieurement en forme d'onguent, qu'il excite au contraire des démangeaisons à la peau. Bruckman a réfuté plusieurs autres fables semblables, dans son ouvrage latin intitulé *Historia naturalis lapidis*, τȣ Ασϐεϛȣ, Brunsvig, 1727, in-4°. j'y renvoye les curieux, & je remarque en finissant, que l'asbeste est le seul *lin incombustible* dont on peut faire des toiles & du papier ; ses mines ne sont pas communes ; celles de l'amiaute le sont beaucoup ; mais comme ses fils sont courts & se brisent, on n'en peut tirer aucun parti. (*D. J.*)

* LIN, *Culture du lin*, (*Econom. rustiq.*) *du choix de la graine de lin.* On la fait venir communément de l'île de Casan. On la nomme *graine de Riga ou de tonneau.* C'est la plus chere, & elle est estimée la meilleure. Mais celle du pays, quand elle est belle, ne se distinguant pas facilement de celle de Riga, les commissionnaires l'enferment dans des tonneaux semblables, & la vendent pour telle. Elle n'est pas mauvaise, mais il faut avoir l'attention de la laisser reposer, ou de la semer dans un terrein distant de quelques lieues de celui où elle aura été recueillie.

Pour se mettre à couvert de l'inconvénient d'être trompé dans l'achat de la graine, il y a des gens qui prennent le parti de conserver la leur, quand elle est épuisée, c'est-à-dire lorsqu'elle a été semée trois ou quatre fois de suite au même lieu, & de la garder un ou deux ans dans des sacs, bien mêlée de paille hachée. Elle reprend vigueur, ou plûtôt elle devient par l'interruption, propre au terrein où l'on en a semé d'autre, & on l'emploie avec succès.

Des qualités que doit avoir la graine pour être bonne. Il faut qu'elle soit pesante & luisante. On observe, quand on l'achete, que le marché sera nul, si elle ne germe pas bien ; & pour en faire l'essai, on en seme une poignée, quelque tems avant la semaille.

Quel est son prix. Elle n'a point de prix fixe. On distingue la nouvelle de la vieille. Au tems où l'on nous a communiqué ce mémoire, c'est-à-dire, lorsque nous commencions cet ouvrage, que tant de causes iniques ont suspendu, la nouvelle valoit année commune, vingt francs la raziere. Elle n'est pas moins bonne, lorsqu'elle a produit une ou deux fois. La troisieme année elle diminue de moitié ; la quatrieme, on la porte au moulin pour en exprimer l'huile. Alors son prix est réduit à six livres, bon an, mal an.

La raziere est une mesure qui doit contenir à peu près, cent livres, poids de marc, de graine bien seche.

Ce qu'il faut de graine pour semer une mesure de terre, dont la grandeur sera déterminée ci-après, relativement à la toise de Paris. Un avot fait le quart d'une raziere sur un cent de terre. Le cent de terre contient cent verges quarrées, ou dix mille piés de onze pouces, la verge étant de dix piés ; ou neuf mille cent soixante-six, & huit pouces de roi ; ou deux cent cinquante-quatre toises, trois piés, neuf pouces & quatre lignes. Cette mesure est la seizieme partie d'un bonnier, & le bonnier est par conséquent de quatre mille soixante & quatorze toises, cinq pouces, quatre lignes. Mais l'arpent est de neuf cens toises ; il faut donc pour l'équivalent d'un bonnier, quatre arpens & demi, vingt-quatre toises, cinq pouces & quatre lignes. Voilà la mesure sur laquelle tout est fixé dans cet article. Elle ne s'accorde pas avec celle du colsat, où l'on a fait usage de celle de Paris. Il y a ici plus d'exactitude.

De la nature de la terre propre au lin. Il n'y faut point de pierres ; la plus pesante est la meilleure, sur-tout si sa couleur est noire, si elle est mêlée de sable, comme à Saint-Amand & aux environs, où les *lins* sont très-hauts & très-fins, & sont employés en dentelles & en toiles de prix. Dans la chatelenie de Lille, d'où ce mémoire vient, la hauteur ordinaire des *lins* est depuis six paumes jusqu'à douze au plus. Il y a peu d'endroits où il monte davantage. On seroit content, si l'on avoit la bonne qualité, l'abondance & la hauteur de huit paumes.

De la préparation de la terre. Il faut la bien fumer avant l'hiver. Quatre charretées de fumier suffisent pour l'étendue que nous avons déterminée. Chaque charretée doit peser environ quatorze cens, poids de marc. On laboure après avoir fumé.

Lorsque le tems de semer approche, on donne un second labour, sur-tout si la terre ne se manie pas assez facilement pour qu'il suffise d'y faire passer, deux ou trois fois la herse, afin de l'ameublir convenablement ; on n'aplanit ensuite qu'au cylindre. On ne peut l'aplanir trop bien. On seme. On repasse la herse. La semence est couverte. Le dernier tour de cylindre acheve de l'affermir en terre.

Il y en a qui employent à la préparation de la terre de la fiente de pigeon en poudre, mais elle brûle le *lin*, lorsque l'année est seche. D'autres jettent cette fiente dans le pureau des vaches, & arrosent la terre préparée de ce mélange, ou même le répandent sur le terrein avant le premier labour, afin qu'au printems la chaleur en soit éteinte. Ces deux cultures sont moins dangereuses, mais la derniere consomme beaucoup de matiere.

Du tems de la semaille. On seme à la fin de Mars ou au commencement du printems, selon le tems. Il ne le faut pas pluvieux. Plûtôt on seme, mieux on fait. Le *lin* ne grandit plus lorsque les chaleurs sont venues. C'est alors qu'il graine.

Du prix de la semaille. Un avot de graine, sur le pié de vingt francs la raziere, coutera cent sols ; les quatre charretées de fumier, douze francs ; un sac de fiente de pigeon, quatre livres ; deux labours, une livre, dix-sept sols, six deniers ; trois herses, au moins neuf sols ; trois cylindres, au moins neuf sols ; la semaille, une livre, trois sols. Tous ces prix peuvent avoir changé.

Faut-il faire à la terre quelque façon après la semaille ? Aucune.

Faut il faire au lin quelque façon avant la recolte ? Pas d'autre que de sarcler. On sarcle quand il est monté de deux ou trois pouces. Pour ne le pas gâter, le sarcleur se déchausse. Ce travail est plus ou moins couteux, selon que la terre est plus ou moins sale. On en estime la dépense année commune, à trente-sept sols. S'il se peut achever à six personnes en un jour, c'est six sols deux deniers pour chacune.

Dans les cantons où le *lin* s'éleve à plus de dix ou douze paumes, on le soutient par des rameaux ; mais il n'en est pas ici question.

Quel tems lui est le plus propre dans les différentes saisons. Il ne lui faut ni un tems trop froid, ni un tems trop chaud. S'il fait trop sec, il vient court ; trop humide, il verse. Les grandes chaleurs engendrent souvent de très-petites mouches ou pucerons, qui ravagent la pousse quand elle commence. Elle en est quelquefois toute noire. Il n'y a que la pluie qui secourt le *lin* contre cette vermine. La cendre jettée fait peu d'effet, & puis il en faudroit trop sur un grand espace. Les taupes & leurs longues tramées retournent le germe, & le rendent stérile. On les prend, & l'on raffermit avec le pié les endroits gâtés.

Du tems de la récolte. On la fait à la fin de Juin, lorsque le *lin* jaunit & que la feuille commence à tomber.

De la maniere de recueillir. On l'arrache par poignée. On le couche à terre comme le blé. On le releve vingt-quatre heures après, à moins qu'on ne soit hâté de le relever plûtôt, par la crainte de la pluie. Alors on dresse de grosses poignées les unes contre les autres, en forme de chevron ; de maniere que les têtes se touchent ou se croisent, & que le vuide du bas forme une tente où l'air soit admis entre les brins. C'est là ce qu'on appelle *mettre en chaîne*. Le paysan dit qu'on les fait si longues qu'on veut ; mais il semble que les plus courtes recevront plus d'air par le bas.

Lorsqu'il est assez sec, on le met en bottes, que l'on range en lignes droites de front, sur l'épaisseur desquelles on couche d'un bout à l'autre, quatre autres bottes, afin que la graine soit couverte, & que le tout soit à l'abri de la pluie. Ces lignes se font aussi longues qu'on veut, par la raison contraire à la longueur des chaînes. Les bottes ont communément six paumes de tour.

Quand la graine est bien seche, on met le *lin* dans la grange ou le grenier, qu'il faut garantir soigneusement des souris. Elles aiment la graine que l'on bat ; avant que de rouir. On remet le *lin* en bottes. On les lie bien serré en deux ou trois endroits sur la longueur. Ces bottes sont plus grosses du double que les précédentes ; c'est-à-dire qu'on en prend deux des précédentes, & qu'on les met l'une la tête au pié de l'autre qui a sa tête au pié de la premiere. Elles résistent mieux, & occupent moins d'espaces. Deux bottes ainsi liées, s'appellent un *bonjeau*.

C'est ainsi qu'on les fait rouir. On a pour ce travail le choix de trois saisons, ou Mars, ou Mai, ou Septembre. Le mois de Mai n'est pas regardé comme le moins favorable.

Du rouir. Rouir, c'est coucher les bonjeaux les uns contre les autres dans une eau courante, & les retourner tous les jours à la même heure, jusqu'à ce qu'on s'apperçoive que le *lin* est assez roui. Pour s'en assurer, on tire deux ou trois tiges, que l'on brise avec les mains ; quand la paille se détache bien, il est assez roui. Le rouir dure huit jours, plus ou moins, selon que l'eau est plus ou moins chaude.

Aussitôt qu'il est tiré du rouir, on va l'étendre fort épais sur une herbe courte ; là il blanchit. On le retourne avec une gaule au bout de trois ou quatre jours, & on le laisse trois ou quatre autres exposé. Quand il est sec & blanc, on le remet en bottes, & on le reporte au grenier. Alors les souris n'y font plus rien, & il ne dépérit pas. Lorsqu'il est à bas prix, ceux qui sont en état d'attendre, le gardent sans danger.

Lorsqu'on ne se défait pas de son *lin* en bottes, il s'agit de l'écanguer.

Ecanguer le lin. Ecanguer le *lin*, c'est séparer toute la paille, ou chenevote, par le moyen d'une planche échancrée d'un côté à la hauteur de ceinture d'homme, & montée sur des piés. L'écangueur étend le *lin* par le milieu de la longueur, sur l'échancrure ; il le tient d'une main, de l'autre il frappe avec un écang de bois dans l'endroit où le *lin* répond à l'échancrure ; par ce moyen il est brisé ; la paille tombe, & il ne reste que la soie. On travaille ainsi le *lin* sur toute sa longueur, passant successivement d'une portion écanguée à une portion qui ne l'est pas.

Après cette opération on le remet en bottes qui ont perdu de leur volume ; de cent bottes dépouillées par l'écangue, il en reste au plus une quarantaine du poids chacune de 3 liv. ¼ ou de quatorze onces.

Du prix du travail précédent. Pour arracher & coucher, vingt-deux sols ; pour relever, six sols trois deniers ; pour botteler & mettre en chaîne, six sols trois deniers ; pour battre & rebotteler, trente sols ; pour rouir, vingt sols ; pour blanchir & renfermer, quarante sols ; pour écanguer & rebotteler, neuf francs.

Des bottes & des graines qu'on retire d'une année commune du terrein donné ci-dessus. Il donnera cent bottes à la dépouille, comme il a été dit ci-dessus, & deux avots & demi de graine.

Du prix du lin. Cette appréciation n'est pas facile. Le prix varie sans cesse. Point de récolte plus incertaine. Elle manque des quatre, cinq, six années de suite. La dépense excede quelquefois le produit, parce qu'il péche en qualité & en quantité. Il arrive que pour ne pas tout perdre, après avoir fumé la terre & semé le *lin*, on sera obligé de labourer & de semer en avoine. Aussi beaucoup de gens se rebutent-ils de la culture du *lin*.

On vend le *lin* de trois manieres différentes ; ou sur la terre, avec ou sans la graine, que le vendeur se reserve ; ou après avoir été recueilli, avec ou sans la graine ; ou après avoir été écangué. Dans le premier cas, on en tirera trente livres avec la graine, ou vingt-cinq sans la graine ; dans le second, trente-cinq livres avec la graine, ou trente livres sans la graine ; dans le troisieme, soixante livres.

Dépense du *lin* sur terre jusqu'à ce qu'il soit en état d'être vendu.

	liv.	sols.	den.
Un avot de semence,	5	0	0
Quatre charretées de fumier,	12	0	0
Un sac de fiente de pigeon,	14	0	0
Pour deux labours,	1	17	6
Pour trois hersages,	0	9	0
Pour trois cylendrages,	0	9	0
Pour semer,	0	1	3
Pour sarcler,	1	17	0
	25	13	9
Vendu avec la graine,	30	0	0
Vendu sans la graine,	25	0	0
Surplus de la dépense jusqu'à ce qu'il soit roui.			
Pour arracher & coucher,	1	2	0
Pour relever,	0	6	3
Pour mettre en bottes,	0	6	3
	1	14	6
Dépenses antérieures,	25	13	9
Somme des dépenses,	27	8	3
Vendu avec la graine,	35	0	0
Vendu sans la graine,	30	0	0
Surplus de la dépense jusqu'à ce qu'il soit écangué.			
Pour battre & rebotteler,	1	0	0
Pour rouir,	1	0	0
Pour blanchir & renfermer,	2	0	0
Pour écanguer & rebotteler,	9	0	0
	13	10	0
Dépenses antérieures,	27	8	3
Somme des dépenses,	40	18	3
Vendu,	60	0	0

On sera peut-être surpris de voir ce produit augmenté de cent sols depuis la recolte, la dépense ne l'étant que de trente-quatre sols six deniers. Cet accroissement n'est pas trop fort, relativement au danger que court celui qui dépouille ; car les grandes pluies qui noircissent le *lin*, malgré toutes les précautions, avant qu'il soit renfermé, peuvent le

LIN

rabaisser considérablement. Il en est de même du péril du roui & du blanchissage. Il faut encore ajoûter à cela le loyer, la dixme, les impositions, le ravage de la guerre fréquente en Flandres, les rentes seigneuriales dont les terres sont chargées, l'entretien du ménage, &c.

Ce qui soutient l'agriculteur, c'est l'espérance d'une bonne année qui le dédommagera; & puis il met en *lin* & en colsat, sa terre qui repose, au-lieu de la laisser en jachere.

Il faut savoir que la même terre ne porte *lin* qu'une fois tous les cinq à six ans. On l'ensemence autrement dans l'intervalle; on aime cependant à semer le *lin* sur une terre qui a porté du trefle, & le blé vient très-bien après le *lin*.

De la culture du lin. Les agriculteurs distinguent trois sortes de *lins*, le froid, le chaud, & le moyen entre les extrèmes.

Le *lin* chaud croit le premier. Il pousse fort d'abord & s'éleve beaucoup au-dessus des autres; mais cette vigueur apparente ne dure pas; il s'arrête & reste au-dessous des autres. Il a d'ailleurs un autre défaut considérable, c'est d'abonder en graine, & par conséquent en têtes; or ces têtes naissent quelquefois de fort bas; quand on travaille le *lin*, elles cassent, se détachent, & le *lin* déjà court, se racourcit encore.

Le *lin* froid croit au contraire fort lentement d'abord. On en voit qui six semaines & plus après avoir été semé, n'a pas la hauteur de deux doigts; mais il devient vigoureux & finit par s'élever au-dessus des autres; il porte peu de graines; il a peu de branches; il ne se racourcit pas autant que le chaud; en un mot ses qualités sont aussi bonnes que celles du *lin* sont mauvaises.

Le *lin* moyen participe de la nature du froid & du chaud. Il ne croit pas si vite que le *lin* chaud; il porte moins de graine; il s'éleve davantage. Quant à la maturité, le *lin* chaud murit le premier, le moyen ensuite, le froid le dernier.

Ces especes de *lins* sont très-mêlées; mais ne pourroit-on pas les séparer? On ne sait pour avoir la graine du *lin* froid, que de l'acheter en tonnes de linuese de Riga en Livonie. On en trouve à Coutras, à Saint-Amant, à Valenciennes, &c. mais on peut être trompé.

La linuese de Riga est la meilleure. Le *lin* froid se défend mieux contre la gelée que toutes les autres especes. Mais comme la linuese n'est jamais parfaite, il vient à la récolte des plantes d'autres sortes de *lins*; le mélange s'accroit à chaque semaille, les *lins* chauds produisant plus de grains que les *lins* froids, & l'on est forcé de revenir à l'achat de nouvelle linuese tous les trois ou quatre ans.

La linuese de Riga est mêlée d'une petite semence rousse & oblongue avec quelques brins de *lin* & un peu de la terre du pays. On la reconnoît à cela. Mais comme il faut purger la linuese de ces ordures, il arrive aussi que les marchands les gardent, & s'en servent pour tromper sous sûrement, en les mêlant à la linuese du pays. Il n'y a aucun caractere qui spécifie une linuese du pays d'une linuese de Riga.

On considere dans le *lin* la longueur, la finesse & la force. Pour avoir la longueur, il ne suffit pas de s'être pourvû de bonne graine, il faut l'avoir semée en bonne terre & bien meuble, qui seche facilement après l'hiver, & qui soit de grand jet; c'est-à-dire, qui pousse toutes les plantes qu'on y seme avant l'hiver; on aura par ce moyen de la longueur. Mais il faut savoir si l'on veut ou si l'on ne veut pas le ramer. Dans ce dernier cas, on peut s'en tenir à une terre qui ait porté du blé, de l'avoine ou du trefle dans l'année; labourer ou

Tome IX.

LIN 551

fumer modérément avant l'hiver. Dans le dernier, les frais seront considérables; il faut pour s'assurer du succès, choisir une terre en jachere, la bien cultiver pendant l'été, fumer extraordinairement, & laisser passer l'hiver sur un labour fait dans le mois d'Août. Par ce moyen elle se disposera beaucoup mieux au printems vers le 20 de Mars. Si la terre est assez seche pour pouvoir être bien labourée, herslée & ameublie, on y travaillera, & l'on semera. Plûtôt on semera, mieux on fera, plus le *lin* aura de force. Il faut si bien choisir son tems, que l'on n'essuie pas de grandes pluies pendant ce travail, la terre en seroit gâtée & le travail retardé.

Un des moyens les plus sûrs, est de semer en même tems que le *lin* la fiente de pigeon bien pulvérisée, de herser immédiatement après, & de resserrer la graine avec un bon rouleau bien lourd. On prépare, ou plûtôt on tue toutes les mauvaises graines contenues dans la fiente de pigeon, en l'arrosant d'eau, ce qui l'échauffe. Quand on juge que l'espece de fermentation occasionnée par l'eau a tué les graines de la fiente, & éteint sa chaleur propre, on la fait sécher & on la bat.

On obtient la finesse du *lin* en le semant dru. En semant jusqu'à deux avots de linuese, mesure de l'île, sur chaque cent de terre, contenant cent verges quarrées, de dix piés la verge, on s'en est fort bien trouvé: d'autres se réduisent à une moindre quantité. Il s'agit ici de *lins* ramés. Un avot de semaille pour les autres *lins*, suffit par cent de terre.

Aussi tôt que le lin peut être sarclé, il faut y procéder. On ne pourra non plus le ramer trop tôt. Il seroit difficile d'expliquer cette opération. Il faut la voir faire, & si l'on n'a pas d'ouvriers qui s'y entendent, il faut en appeller des endroits où l'on rame.

Il ne faut jamais attendre pour recueillir que le *lin* soit mur. En le cueillant, toûjours un peu verd, on l'étend derriere soi sur les ramures. On retourne quand il est sec d'un côté: ensuite on le range droit autour d'une perche fichée en terre. On l'y attache par le haut, même à plusieurs étages: quand il est assez sec, on le lie par bottes & on le serre.

Il faut sur-tout bien prendre garde qu'il ne soit mouillé, lorsque les petites feuilles commencent à sécher; s'il lui survient cet accident, il noircira comme de l'encre & sans remede. Lorsqu'il est assez sec pour être lié, sans qu'il y ait risque qu'il moisisse, on l'emporte, comme on a dit, & l'on fait sécher la graine; pour cet effet on dresse les bottes & l'on les tient exposées au soleil. Si le tems est fixé au beau, on les laisse dehors la nuit, sinon on les remet à sec.

Il ne faut pas sur-tout qu'il soit trop serré, ni trop tôt entassé, car il se gâteroit par le haut. On le visitera souvent dans les tems humides, principalement au commencement. On reconnoîtra la secheresse du *lin* à la siccité de sa graine.

Quand la graine est bien seche, il faudra battre la tige le plûtôt possible, pour se garantir du dégât des souris. On ne bat pas avec le fléau; on a une piece de bois épaisse de deux pouces & demi à trois pouces, plus longue que large, emmanchée d'un gros baton un peu recourbé; c'est avec cet instrument qu'on écrase la tête du *lin* qu'on tient sous le pié, & qu'on frappe de la main. Ensuite on vanne la graine & l'on en fait de l'huile, ou on la garde, selon qu'elle ell ou maigre ou pleine.

Il s'agit ensuite de le rouir. On commence par le bien arranger à mesure qu'on le bat. On le lie par grosses poignées qu'on attache par le haut avec du *lin* même. On range ensuite les poignées les unes sur les autres, les racines en dehors à chaque bout; & quand on a formé une botte de six à sept piés de tour,

AAaa ij

on a deux bons liens dont on la ferre à chaque extrémité, après quoi on jette les bottes en grande eau; & on les charge de bois, de maniere qu'elles foient arrêtées, preſſées & toutes couvertes. Il faut que l'eau ſoit belle. Les eaux coulantes font préférables aux croupiſſantes; mais le rouir en eſt dur. Le point important eſt de le tirer à tems du rouir. Il faut avoir égard à la ſaiſon & aux circonſtances, & même à l'uſage auquel on deſtine le *lin*.

On choiſit ordinairement pour rouir le *lin*, les mois ou de Mai ou de Septembre. Si les eaux ſont froides, on n'y laiſſe plus long-tems. Si les eaux ſont chaudes & le tems orageux, le rouir ira plus vîte. Il faut veiller à ceci avec attention. On attend communément que ſa foie ſe détache bien du pié & qu'elle ſe leve facilement d'un bout à l'autre de la tige. Alors il faut ſe hâter de le retirer, le faire eſſuyer, l'étendre ſur l'herbe courte, le ſecher, le retourner, & le lier.

Plus le *lin* a été roui, moins il a de force. Auſſi s'il a été ramé & qu'on le deſtine à la malquinerie, il faut le retirer auſſi-tôt qu'il ſe pourra tiller. Il ne peut être trop fort, pour le filer ſi fin, & pour ſoutenir les opérations par leſquelles il paſſera. Il faudra d'abord le mailler, c'eſt-à-dire, l'écraſer à grands coups de mail. Le mail eſt une piece de bois emmenchée & pareille à celle qui ſert à battre la linuiſe. On le briſera enſuite à grands coups d'une lame de bois, large de trois ou quatre pouces, plate & un peu aiguiſée, comme on l'a pratiqué aux *lins* plus communs. On l'écorchera après cela, ou ſi l'on veut en dégagera de ſa paille avec trois couteaux, qu'on employera l'un après l'autre, & ſur leſquels on le frottera juſqu'à ce que toute la paille ſoit enlevée. Les couteaux ſont plus larges par le bout que vers le manche, où ils n'ont qu'environ dix lignes de large. Ils ne ſont pas coupans; le tranchant en eſt arrondi; ils vont en augmentant de fineſſe, & le plus groſſier ſert le premier. Enfin le *lin* étant parfaitement nettoyé, on le pliera, & l'on le laiſſera plié juſqu'à ce qu'on veuille le mettre en ouvrage. Toutes ces opérations ſuppoſent des ouvriers attentifs & inſtruits.

Il y a beaucoup moins de façons aux *lins* non ramés, qu'on appelle gros *lins*: ſi on les paſſe aux couteaux, c'eſt ſeulement pour les polir un peu. On peut donc les rouir plus fort. Quand on les voudra filer, on ſe contentera de les ſéranner. *Voyez* comment on ſéranne le *chanvre* à *l'article* CHANVRE.

Quant au filer des *lins* fins, on n'y procede qu'après les avoir paſſés ou refendus à la broſſe ou du peigne; il faut que tous les brins en ſoient bien ſéparés, bien dégagés. On pouſſe cet affinage ſelon la qualité du *lin* & de l'ouvrage auquel on deſtine le fil.

Un arpent de terre d'un *lin* ramé fin & de trois à quatre piés de hauteur, vaut au-moins deux cens écus, argent comptant, vendu ſur terre, tous frais & riſques à la charge du marchand. Quand il n'eſt pas ramé, il faut qu'il ſoit beau pour être vendu la moitié de ce prix.

Au reſte, il ne faut avoir égard à ces prix que relativement au tems où nous avons obtenu le mémoire, je veux dire, le commencement de cet ouvrage. Nous en avons déjà averti, & nous revenons encore : tout peut avoir conſidérablement changé depuis.

On trouve dans les *mémoires de l'académie de Suede*, année 1746, une méthode pour préparer le *lin* d'une maniere qui le rende ſemblable à du coton; & M. Palmquiſt, qui la propoſe, croit que par ſon moyen on pourroit ſe paſſer du coton. Voici le procédé qu'il indique : on prend une chaudiere de fer fondu ou de cuivre étamé; on y met un peu d'eau de mer; on répand ſur le fond de la chaudiere parties égales de chaux & de cendres de bouleau ou d'aûne; après avoir bien tamiſé chacune de ces matieres, on étend par-deſſus une couche de *lin*, qui couvrira tout le fond de la chaudiere; on remettra par-deſſus aſſez de chaux & de cendres, pour que le *lin* en ſoit entierement couvert; on fera une nouvelle couche de *lin*, & l'on continuera à faire de ces couches alternatives, juſqu'à ce que la chaudiere ſoit remplie à un pié près, pour que le tout puiſſe bouillonner. Alors on mettra la chaudiere ſur le feu; on y remettra de nouvelle eau de mer, & on fera bouillir le mélange pendant dix heures, ſans cependant qu'il ſeche; c'eſt pourquoi on y remettra de nouvelle eau de mer à meſure qu'elle s'évaporera. Lorſque la cuiſſon ſera achevée, on portera le *lin* ainſi préparé à la mer, où on le lavera dans un panier, où on le remuera avec un bâton de bois bien uni & bien liſſe. Lorſque tout ſera refroidi au point de pouvoir y toucher avec les mains, on ſavonnera ce *lin* doucement comme on fait pour laver le linge ordinaire, & on l'expoſera à l'air pour ſe ſécher, en obſervant de le mouiller & de le retourner ſouvent, ſur-tout lorſque le tems eſt ſec. On finira par bien laver ce *lin*; on le battra, on le lavera de nouveau, & on le fera ſécher. Alors on le cardera avec précaution, comme cela ſe pratique pour le coton, & enſuite on le mettra en preſſe entre deux planches, ſur leſquelles on placera des pierres peſantes. Au bout de deux fois vingt-quatre heures ce *lin* ſera propre à être envoyé comme du coton. *Voyez les mémoires de l'académie de Suede*, année 1746.

LIN, (*Pharmacie & Mat. med.*) la ſemence ſeule de cette plante eſt d'uſage en Medecine : elle eſt compoſée d'une petite amande émulſive, & d'une écorce aſſez épaiſſe, qui contient une grande quantité de mucilage.

La graine de *lin* concaſſée ou réduite en farine & imbibée avec ſuffiſante quantité d'eau, fournit un excellent cataplaſme émollient & réſolutif, dont on fait un uſage fort fréquent dans les tumeurs inflammatoires.

On fait entrer auſſi cette graine à la doſe d'une pincée, dans les décoctions pour les lavemens, contre les tranchées, la dyſſenterie, le teneſme, & les maladies du bas-ventre & de la veſſie.

On s'en ſert auſſi, quoique plus rarement, pour l'uſage intérieur : on l'ajoûte aux tifanes & aux apoſemes adouciſſans, qu'on deſtine principalement à tempérer les ardeurs d'urine, à calmer les coliques néphrétiques par quelque cauſe d'irritation qu'elles ſoient occaſionnées, à faciliter même l'excrétion & la ſécrétion des urines, & la ſortie du gravier & des petites pierres. On doit employer dans ces cas la graine de *lin* à fort petite doſe, & ne point la faire bouillir, parce que le mucilage qu'elle peut même fournir à froid, donneroit à la liqueur, s'il y étoit contenu en trop grande quantité, une conſiſtence épaiſſe & gluante, qui la rendroit très-deſagréable au goût, & nuiſible à l'eſtomac.

L'infuſion de graine de *lin* eſt excellente contre l'action des poiſons corroſifs : on peut dans ce cas, caſci, on doit même charger la liqueur, autant qu'on doit l'éviter dans le cas précédent.

Le mucilage de graine de *lin* tiré avec l'eau roſe, l'eau de fenouil, ou toute autre prétendue ophtalmique, eſt fort recommandé contre les ophtalmies douloureuſes; mais cette propriété, auſſi-bien que toutes celles que nous avons rapportées, lui ſont communes avec tous les mucilages. *Voyez* MUCILAGE.

On retire de la graine de *lin* une huile par expreſſion, que pluſieurs auteurs ont recommandée tant pour l'uſage intérieur que pour l'uſage extérieur;

LIN

mais que nous n'employons que pour le dernier, parce qu'elle est très-inférieure pour le premier à la bonne huile d'olives & à l'huile d'amandes douces, qui sont presque les seules que nous employons intérieurement. Au reste, l'huile de *lin* n'a dans aucun cas que les qualités génériques des huiles par expression. *Voyez à l'article* HUILE. (*b*)

LINAIRE, s. f. *linaria*, (*Hist. nat. Bot.*) genre de plante à fleur monopétale, anomale, en forme de masque terminé en-arriere par une queue, divisée par-devant en deux levres; celle du dessus est découpée en deux ou en plusieurs parties, & la levre du dessous en trois parties : le pistil est attaché comme un clou à la partie postérieure de la fleur, & devient dans la suite un fruit ou une coque arrondie, divisée en deux loges par une cloison, & remplie de semences qui sont attachées à un placenta, & qui sont plates & bordées dans quelques especes de ce genre, rondes & anguleuses dans d'autres. Tournefort, *Inst. rei herb. Voyez* PLANTE.

On vient de lire les caracteres de ce genre de plante, qu'il importe aux gens de l'art de connoître parce que plusieurs auteurs ont rangé mal-à-propos parmi les *linaires*, des plantes qui appartenoient à d'autres genres. M. de Tournefort compte 57 especes de celui-ci. Arrêtons-nous à notre seule *linaire commune*, en anglois *toad-flax*, & par les Botanistes, *linaria vulgaris*, ou *lintea*, *flore majore*, C. B. P. 212. H. 170.

Ses racines sont blanches, dures, ligneuses, rempantes, & fort traçantes ; il sort de la même racine plusieurs tiges hautes d'un pié, ou d'une coudée, cylindriques, lisses, d'un verd de mer, branchues à leur sommet, garnies de beaucoup de feuilles, placées sans ordre, étroites, pointues, semblables à celles de l'ésule ; de sorte que si elles avoient du lait, il seroit difficile de l'en distinguer. Quoiqu'elle fleurisse, ses fleurs sont au sommet des tiges & des rameaux, rangées en épi, chacune sur un pédicule court, qui sort de l'aisselle des feuilles ; elles sont d'une seule piece, irrégulieres, en masque jaune, prolongées à la partie postérieure, en éperon, en maniere de corne, oblong, pointu de même que celle du pié d'alouette ; & c'est en cela qu'elles different des fleurs du musle de veau ; elles sont partagées en deux levres par-devant, dont la supérieure se divise en especes de petites oreilles, & l'inférieure en trois segmens. Leur calice est petit, découpé en cinq quartiers ; il en sort un pistil attaché à la partie postérieure de la fleur, en maniere de clou. Ce pistil se change dans la suite en un fruit à deux capsules, ou en une coque arrondie, partagée en deux loges par une cloison mitoyenne, & percée de deux trous à son extrémité. Quand elle est mûre, elle est remplie de graines plates, rondes, noires, bordées d'un feuillet.

La saveur de cette plante est un peu amere & un peu âcre ; elle est fréquente sur le bord des champs, & dans les pâturages stériles. Son odeur est fétide, appésantissante ou somnifere ; on en fait rarement usage intérieurement, mais c'est un excellent anodin extérieur pour calmer les douleurs des hémorrhoïdes fermées, soit qu'on l'emploie en cataplasme ou en liniment. (*D. J.*)

LINAIRE, (*Mat. med.*) plante presque absolument inusitée, dont plusieurs medecins ont dit cependant de fort belles choses. Voici par exemple, une partie de ce qu'en dit Tournefort, *hist. des plantes des environs de Paris, herb.* 1. La *linaire* résout le sang ou les matieres extravasées dans les porosités des chairs, & ramollit en même tems les fibres dont la tension extraordinaire cause des douleurs insupportables dans le cancer. L'onguent de *linaire* est excellent pour appaiser l'inflammation des hémor-

LIN 553

rhoïdes : voici comment on le prépare ; on fait bouillir les feuilles de cette plante dans l'huile où l'on a fait infuser des escarbots ou des cloportes : on passe l'huile par un linge, & l'on y ajoute un jaune d'œuf durci, & autant de cire neuve qu'il en faut pour donner la consistence d'onguent. Cet auteur rapporte, d'après Hortius, une fort bonne anecdote, à propos de cet onguent. Il dit qu'un landgrave de Hesse donnoit tous les ans un bœuf bien gras à Jean Vultius son medecin, pour lui avoir appris ce secret. Cette récompense, toute bisarre & peu magnifique qu'elle peut paroître, étoit cependant bien au-dessus du service rendu. Cet onguent de *linaire* que nous venons de décrire, est un mauvais remede ; ou pour le moins la *linaire* en est-elle un ingrédient fort inutile. *Voyez* HUILE & ONGUENT. (*b*)

LINANGES, (*Géog.*) les Allemands disent & écrivent *Leinengen*, petit pays d'Allemagne enclavé dans le bas-Palatinat, avec titre de comté. (*D. J.*)

LINCE, s. f. (*Commerce.*) sorte de satins de la Chine, ainsi appellés de la maniere dont ils sont pliés.

LINCEUL, s. m. (*Gram.*) ce mot avoit autrefois une acception assez étendue ; il se disoit de tout tissu de lin, de toutes sortes de toile ; à présent il ne se dit plus que du drap dont on nous enveloppe après la mort ; l'unique chose de toutes nos possessions que nous emportions au tombeau.

LINCHANCHI, (*Géog.*) ville de l'Amérique, dans la nouvelle Espagne, au pays d'Incatan, à 4 lieues de Sélam. *Long.* 289. 45. *lat.* 20. 40. (*D. J.*)

LINCOLN, (*Géog.*) ville d'Angleterre, capitale de Lincolnshire, avec un évêché suffragant de Cantorberi, & titre de comté. Elle envoie deux députés au parlement. Son nom latin est *Lindum*, & par les écrivains du moyen âge, *Lindecollinum*, ou *Lindecollina*, selon Bede. Le nom breton est *Lindecylne*, dont la premiere syllabe signifie *un lac, un marais*. Les anciens peuples de l'île l'appelloient *Lindcoit*, à cause des forêts qui l'environnoient. Les Saxons la nommoient *Lin-cyllanceartep*, & les Normands, *Nichol*.

Cette ville a été quelquefois la résidence des rois de Mercie. Elle est sur le Witham, à 24 milles N. E. de Nottingham, 39 N. de Pétersborough, 51 S. d'York, 105 N. de Londres. *Long.* selon Street, 19ᵈ 40′ 49″. *lat.* 53. 15.

LINCOLNSHIRE, (*Géogr.*) pays des anciens Coritains, aujourd'hui province maritime d'Angleterre, bornée à l'est par l'océan germanique. Elle a 180 milles de tour, & contient environ 174 mille arpens. C'est un pays fertile, & très-agréable du côté du nord & de l'ouest. L'Humber qui sépare cette province d'Yorkshire, & la Trente qui en sépare une partie du Nottinghamshire, sont ses deux premieres rivieres, outre lesquelles il y a le Witham, le Neu, & le Wéland, qui la traversent. Cette province, l'une des plus grandes d'Angleterre, est divisée en trois parties nommées *Lindsey*, *Holland*, & *Kesteven*. Lindsey qui est la plus considérable, contient les parties septentrionales ; Holland est au sud-est, & Kesteven à l'ouest de Holland. Ses villes principales sont Lincoln capitale, Boston, Grimsby, Grantham, Kirton, & Gainesborough.

La province de Lincoln doit à jamais se glorifier d'avoir produit Newton, cette espece de demi-dieu, qui le premier a connu la nature, & qui à l'âge de 24 ans, avoit déja fait toutes ses découvertes, celle-là même du calcul des fluxions, ou des instrument petits ; il se contenta de l'invention d'une théorie si surprenante, sans songer à s'en assurer la gloire, sans se presser d'annoncer à l'univers son génie créatour, & fon intelligence fublime. On peut (M. de Fontenelle la remarqué dans fon éloge) on peut lui appliquer ce que Lucain dit du Nil, don, les anciens ignoroient la fource: *qu'il n'a pas été permis aux hommes de voir Newton foible & naiffant.* Il a vécu 85 années, toujours heureux, & toujours vénéré dans fa patrie; il a vû fon apothéofe; fon corps après fa mort fut expofé fur un lit de parade; enfuite on le porta dans l'abbaye de Weftminfter; fix d'entre les premiers pairs d'Angleterre foutinrent le poêle, & l'évêque de Rochefter fit le fervice, accompagné de tout le clergé de l'églife: en un mot on enterra Newton à l'entrée du chœur de cette cathédrale, comme on enterreroit un roi qui auroit fait du bien au monde.

Hic fitus ille eft, cui rerum patueré receffus,
Atque arcana poli.

LINDAU, en latin *Landivia* & *Lindavium*, (*Géog.*) ville libre & impériale, dans la Souabe, avec une célebre abbaye de chanoineffes, fur laquelle on peut voir le P. Helyot, *tom. VI. chap. liij.*

On attribue la fondation de cette abbaye à Albert, maire du palais de Charlemagne, qui prit foin de la doter & de l'enrichir. Avec le tems, l'abbeffe devint princeffe de l'empire, & pour fon propre maire elle-même. Les chanoineffes de cette abbaye font preuve de trois races, ne portent aucun habit qui les diftingue, peuvent fe marier, & ne font tenues qu'à chanter au chœur, & à dire les heures canoniales. Quoique la ville de *Lindau* foit luthérienne, elle n'en vit pas moins bien avec l'abbeffe & les chanoineffes, qui font bonnes catholiques.

Cette ville qui eft une vraie république, & jouit entr'autres privileges, jouit du droit de battre monnoie, a pour chef un bourgmeftre, & un ftad-amman, qu'elle élit tous les deux ans du corps des patriciens ou des plébéiens, pour gouverner avec le fénat, & huit tribuns du peuple, fans l'aveu defquels tribuns on ne peut réfoudre aucune affaire importante, comme de religion, de guerre, de paix, ou d'alliance. On change les magiftrats tous les ans.

La fituation de cette petite ville n'eft pas moins avantageufe que celle de fon gouvernement; elle eft dans une île du lac de Conftance, dont la tour eft de 4 milles 450 pas proche la terre-ferme, à laquelle elle eft attachée par un pont de pierre, long de 290 pas, entre l'Algow au couchant, la Suiffe au levant, les Grifons au midi, & le refte de la Souabe au nord; en forte qu'elle paroit comme l'étape des marchandifes de diverfes nations. Ceux de Souabe & de Baviere y font des amas de froment, de fel & de fer, qu'ils vendent enfuite aux Suiffes & aux Grifons. On y porte des montagnes de Suiffe, d'Appenzel, & des Grifons, du beurre, du fromage, des planches, des pierres, & autres marchandifes qui paffent par Nuremberg & par Augsbourg, pour être conduites en Italie. Sa pofition eft à 5 cette S. E. de Buckhorn, 10 S. de Conftance, 30 S. O. d'Augsbourg. *Long.* felon Gaube, 26 d. 21 ʹ. 30 ʺ. *Lat.* 51. 30.

LINDES, *Lindus* ou *Lindos*, (*Géog. anc.*) ancienne ville de l'île de Rhodes, felon tous les auteurs, Strabon, *l. XIV.* Pomponius Méla, *l. II. c. vij.* Pline, *l. V. c. xxxj.* & Ptolomée, *l. V. c. ij.* Diodore de Sicile en attribue la fondation à Tlepoleme fils d'Hercule, & d'autres aux Héliades, petits-fils du Soleil. Quoi qu'il en foit de l'origine fabuleufe de cette ville, elle eut le bonheur de fe conferver, & de n'être point abforbée par la capitale. Euftathe dit que de fon tems elle avoit encore de la réputation. Elle fe glorifioit de fon temple, dont Minerve avoit pris le furnom de *Lindienne*, & d'être la patrie de Cléobule, un des fept fages de la Grece,

mort fous la 70 olympiade, homme célebre par fa figure, par fa bravoure, par fes taleus, & par fon aimable fille Cléobuline.

Lindes étoit une place importante, du tems que les chevaliers hofpitaliers de Saint Jean de Jérufalem poffédoient l'île de Rhodes; elle étoit défendue par une forterefle, & un bon port de mer, avec une grande baie d'un fond net, ferme & fableneux.

LINDISFARNE, *Lindisfarna*, *lindisfarnenfis infula*, (*Géog.*) île d'Angleterre, fur la côte de Northunberland; elle perdit le nom de *Lindisfarne*, pour prendre d'abord celui de *Haligeland*, & enfuite celui de *Holy-Ifland*, qu'elle porte aujourd'hui, & qui fignifie pareillement *île fainte*. Le nom de *Lindisfarne* dérive du breton, *lyn* un lac, un marais. *Voyez* l'île même, *le mot* HOLY-ISLAND, (*Géog.*)

LINDKOPING, *Lidæ-forum*, (*Géog.*) petite ville de Suede, dans la Weftro-Gothie, fur le lac Waner, à l'embouchure de la Lida dans ce lac, à 2 milles N. O. de Skara, 30 N. O. de Falkoping, 28 S. O. de Mariefdad. *Long.* felon Celfius, 38. 54. 5. *lat.* 58. 25.

LINDSEY, (*Géog.*) contrée d'Angleterre en Lincolnfhire, dont elle fait une des trois parties; elle a confervé l'ancien nom de cette province, qui s'appelloit en latin *Lindiffa.*

LINÉAIRE, adj. (*Mathémat.*) Un problème *linéaire* eft celui qui n'admet qu'une folution, ou qui ne peut être réfolu que d'une feule façon. *Voyez* PROBLÈME, & DÉTERMINÉ.

On peut définir plus exactement encore le problème *linéaire*, celui qui eft réfolu par une équation qui ne monte qu'au premier degré; comme fi l'on demande de trouver une quantité x qui foit égale à $a+b$, on aura l'équation *linéaire* ou du premier degré, $x = a + b$, & le problème *linéaire*. Comme toutes les équations qui ne montent qu'au premier degré n'ont qu'une folution, & que toutes les autres en ont plufieurs, on voit que cette feconde définition revient affez à la premiere. Il faut cependant y mettre cette reftriction, qu'un problème *linéaire* n'a véritablement qu'une folution poffible ou imaginaire; au lieu qu'il y a des problèmes qui n'ont réellement qu'une folution poffible, quoiqu'elles en ayent plufieurs imaginaires; ce qui arrive fi l'équation qui donne la folution du problème eft d'un degré plus élevé que l'unité, & qu'elle n'ait qu'une racine réelle & les autres imaginaires. *Voyez* ÉQUATION & RACINE. Par exemple, cette équation $x^3 = a^3$, n'a qu'une folution poffible, favoir $x = a$, mais elle en a deux imaginaires, favoir $x = -\frac{a}{2} + \sqrt{\frac{-3aa}{4}}$. Ainfi le problème n'eft pas proprement *linéaire*. *Equation linéaire* eft celle dans laquelle l'inconnue n'eft élevée qu'au premier degré. *Voyez* DIMENSION.

Les quantités *linéaires* font celles qui n'ont qu'une dimenfion: on les appelle *linéaires* par les rapports qu'elles ont aux fimples lignes, & pour les diftinguer des quantités de plufieurs dimenfions qui repréfentent des furfaces ou des folides. Ainfi a eft une quantité *linéaire*, au lieu que le produit ab eft une quantité de deux dimenfions qui repréfente le produit de deux lignes ab, c'eft-à-dire un parallélogramme dont a feroit la hauteur & b la bafe. Cependant l'expreffion ab eft quelquefois *linéaire*, par exemple quand elle défigne une quatrieme proportionnelle aux trois

quantités t, a, b; car l'on a en ce cas $t, a :: b . - \frac{ab}{t} = ab;$

ainfi ab exprime alors une fimple ligne, ce qu'il faut bien obferver, le dénominateur t étant fous entendu. *Voyez* DIVISION & MULTIPLICATION. (*O*)

LINÉAL, adj. (*Jurifpr.*) fe dit de ce qui eft dans l'ordre d'une ligne. Une fubftitution eft graduelle &

linéale lorsque sa progression suit l'ordre des lignes de degré en degré. (*A*)

LINÉAMENT, f. m. (*Divin.*) trait fini ou petits signes qu'on observe dans le visage, & qui en font la délicatesse. C'est ce qui fait qu'on conserve toûjours le même air, & qu'un visage ressemble à un autre.

C'est par-là que les Physionomistes prétendent juger du tempérament & des inclinations. *Voyez* PHYSIONOMIE & VISAGE.

Les Astrologues, Devins & autres charlatans, s'imaginent aussi connoître par ce moyen quelle doit être la bonne ou mauvaise fortune d'une personne.

LINFICIUS LAPIS, (*Hist. nat.*) pierre inconnue qui, si l'on s'en rapporte à Ludovico Doleo, avoit la vertu de guérir le mal caduc & un grand nombre d'autres maladies.

LINGAM, (*Histoire des Indiens.*) autrement LINGAN *ou* LINGUM ; divinité adorée dans les Indes, sur-tout au royaume de Carnate : cette divinité n'est cependant qu'une image infâme qu'on trouve dans tous les pagodes d'*Isuren.* Elle offre en spectacle l'union des principes de la génération, & c'est à cette idée monstrueuse que se rapporte le culte le plus religieux. Les bramines se sont réservé le privilege de lui présenter des offrandes ; privilege dont ils s'acquittent avec un grand respect & quantité de cérémonies. Une lampe allumée brûle continuellement devant cette idole ; cette lampe est environnée de plusieurs autres branches, & forme un tout assez semblable au chandelier des Juifs qui se voit dans l'arc triumphal de Titus ; mais les dernieres branches du candélabre ne s'allument que lorsque les bramines sont leur offrande à l'idole. C'est par cette représentation qu'ils prétendent enseigner que l'être suprème qu'ils adorent sous le nom d'*Isuren*, est l'auteur de la création de tous les animaux de différentes especes. *Voyez* de plus grands détails dans le *christianisme des Indes* de M. de la Croze, ouvrage bien curieux pour qui sait le lire en philosophe. (*D.J.*)

LINGE, s. m. (*Gramm.*) il se dit en général de toute toile mise en œuvre. Il y a le *linge* de table, le *linge* fin, le gros *linge*, le *linge* de jour, le *linge* de nuit, &c. *Voyez l'article* TOILE.

LINGEN, (*Géogr.*) ville d'Allemagne dans la Westphalie, capitale d'un petit comté de même nom que le roi de Prusse possede aujourd'hui. *Lingen* est sur l'Embs, à 12 lieues N. O. d'Osnabruck, 15 N. O. de Munster. *Long.* 25. 5. *lat.* 52. 32. (*D.J.*)

LINGERES, s. f. (*Commerce.*) femmes qui sont le commerce du linge & de la dentelle ; elles s'appellent maîtresses *lingeres*, toilieres, canevassieres. Pour être reçues à tenir boutique, il faut avoir été apprentisse deux ans : les femmes mariées ne sont point admises à l'apprentissage, & chaque maîtresse ne peut avoir qu'une apprentisse à-la-fois. Elles vendent toutes sortes de marchandises en fil & coton ; elles contractent sans le consentement de leurs maris ; elles ont quatre jurées, dont deux changent tous les ans, l'une femme & l'autre fille.

LINGERIE, s. f. il a deux acceptions ; il se dit de l'endroit destiné dans une grande maison à serrer le linge, & de tout commerce en linge, comme dans cette phrase, il fait la *lingerie*, & le mot *lingerie* se prend dans le même sens que dans celle-ci : il fait la bijouterie.

LINGHE, LA, *ou* la LINGE, (*Géog.*) riviere des Pays-Bas ; elle a sa source en Gueldres dans le haut Betuwe, & tombe à Gorkom dans la Meuse. (*D.J.*)

LINGELLE, s. f. (*Comm.*) *Voyez* FLANELLE.

LINGONS, (*Géogr. anc.*) *Lingones* dans Tacite, nom d'un ancien peuple & d'une ancienne province de France, aujourd'hui le *Langrois.* César est le premier qui ait fait mention de ce peuple ; il leur ordonne de lui fournir du froment qu'ils recueilloient en abondance, au rapport de Clandieu, *II. stilie*, *v.* 94. Strabon a corrompu le nom des *Lingones*, car tantôt il les appelle *Liggones*, & tantôt *Lineassi.*

Ces peuples, aussi-bien que les *Ædui*, eurent le titre d'alliés des Romains ; ce qui fait que Pline les appelle *Lingones fœderati.* De son tems ils étoient attribués à la Gaule belgique, & dans la suite ils furent mis dans la Gaule celtique. Comme ils sont situés au milieu de ces deux Gaules, il n'est pas étonnant qu'ils aient été attribués tantôt à l'une, tantôt à l'autre.

Tacite, *hist. liv. I.* fait mention de *civitas Lingonum ;* mais par le mot *civitas* on ne doit point entendre la capitale seulement, il faut entendre tout le pays, *solum Lingonicum, comitatum Lingonicum, pagum Lingonicum*, qui étoit très-opulent au rapport de Frontin, & qui fournit 70 mille hommes armés à l'empereur Domitien.

Aussi met-on sous la dépendance des anciens *Lingons* une grande quantité de pays ; savoir le pays des *Altuarii*, le Duesnois, le Leçois, le Dijénois (aujourd'hui le Dijonois), l'Onchois, le Tonnerrois, le Bassigny, le pays de Bar-sur-Seine & de Bar-sur-Aube : du-moins presque tous ces pays étoient compris anciennement sous la dénomination de *pagus Lingonicus.* Son état présent est bien différent ; il tait seulement une partie de la généralité & du gouvernement de Champagne, quoique le diocèse de l'évêque s'étende plus loin. *Voyez* LANGRES.

Il ne faut pas confondre les *Ligones* de la Gaule belgique ou celtique, avec les *Ligones*, peuples de la Gaule cispadane : ceux-ci tiroient leurs noms des Gaulois, *Ligons*, qui avoient passé en Italie avec les Boiens : leur pays n'étoit pas considérable ; ils étoient séparés des *Veneti* par le Pô, de la Toscane par l'Apennin, des Boïeus, au couchant, par la riviere d'Idice, & étoient bornés à l'orient par le fleuve Montone. L'on voit par-là que leur territoire comprenoit une partie du Bolognèse, de la Romagne propre, & de la Romagne florentine. (*D. J.*)

LINGOT, s. m. (*Chimie.*) morceau de métal brut qui n'est ni monnoyé ni ouvragé, n'ayant reçu d'autre façon que celle qu'on lui a donnée dans la mine en le fondant & le jettant dans une espece de moule ou creux que l'on appelle *lingotiere.*

Les *lingots* sont de divers poids & figures, suivant les différens métaux dont ils sont formés. Il n'y a que l'or, l'argent, le cuivre & l'étain qui se jettent en *lingots.*

LINGOTIERE, s. f. en *terme d'Orfevrerie*, est un morceau de fer creux & long pour recevoir la matiere en fusion, ce qui forme le lingot. Le plus grand mérite d'une *lingotiere* est d'être sans paille ; il y en a de différentes grandeurs, avec des piés ou sans piés. Il faut qu'elles soient un peu plus larges du haut que du bas pour que le lingot puisse sortir en la renversant. Quand on voit que la matiere est bientôt prête à jetter, l'on fait chauffer la *lingotiere* assez pour que le suif fonde promptement ; quand on en met pour la graisser, l'on n'en laisse que ce qui est resté après l'avoir retournée, ensuite l'on jette. *Voyez* JETTER. Il y en a quelques-unes où il y a une petite élévation pour poser le creuset, afin de faciliter celui qui jette. *Voyez nos Pl. d'Orfevr.*

LINGUAL, LE, adj. (*Anat.*) ce qui appartient à la langue. *Voyez* LANGUE.

Nerf *lingual*, *voyez* HYPOGLOSSE.

Artere *sub-linguale*, *voyez* RANINE.

Glande *sub-linguale*, *voyez* HYPOGLOTIDE.

LINGUAL, adj. (*Bandage.*) terme de Chirurgie. Machine pour la réunion des plaies transversales de la langue, imaginé par M. Pibrac, & décrite dans une dissertation qu'il a donnée à l'académie royale de Chirurgie, sur l'*abus des sutures*, *tome. III*.

Les sutures ont prévalu dans presque tous les cas sur les autres moyens de réunion, parce qu'il a toujours été plus facile d'en faire usage, que d'appliquer son esprit dans des circonstances difficiles à imaginer un bandage qui remplît, par un procédé nouveau, toutes les intentions de l'art & de la nature. Ambroise Paré, le premier auteur qui ait parlé expressément du traitement des plaies de la langue, rapporte trois observations de plaies à cette partie, auxquelles il a fait la suture avec succès. Elle avoit été coupée entre les dents à l'occasion de chûtes sur le menton. Ce grand praticien prescrit la précaution de tenir la langue avec un linge, de crainte qu'elle n'échappe dans l'opération. La suture est très-difficile, quelque précaution qu'on prenne, sur-tout pour peu que la division soit éloignée de l'extrémité. Ambroise Paré ne désespéroit pas qu'on ne réussît à trouver un meilleur moyen : M. Pibrac l'a imaginé. Une demoiselle, dans un accès d'épilepsie, se coupa la langue obliquement vers les dents : la portion divisée qui ne tenoit plus que par une petite quantité de fibres sur un des côtés, étoit pendante hors de la bouche ; en attendant qu'on avisât aux moyens les plus convenables, M. Pibrac crut devoir retenir cette portion par un morceau de linge en double qu'il mit transversalement en forme de bande entre les dents. Le succès avec lequel la portion de langue coupée fut retenue dans la bouche, suggéra à M. Pibrac l'invention d'une petite bourse de linge pour loger exactement la langue, *voyez Pl. XXXVI. fig. 1 & 2* ; il trouva le moyen de l'assujettir, en l'attachant à un fil d'archal *a a* replié sous le menton, & qu'il étoit facile de fixer par deux rubans *b, b, b*, liés derriere la tête : ce qui représente assez bien un bridon. La langue est vûe dans la bourse, *fig. 2*, & la machine en place, *fig. 3*.

Rien n'est plus commode que cet instrument pour réunir les plaies de la langue & maintenir cette partie sans craindre le moindre dérangement. Il suffit de fomenter la plaie à-travers la poche double dans lequel on a fait fondre du miel rosat. S'il s'amasse quelqu'espece de limon dans le petit sac, il est aisé de le nettoyer avec un pinceau trempé dans le vin miellé, & d'entretenir par ce moyen la plaie toujours nette.

Ce bandage est extrêmement ingénieux & d'une utilité marquée : cette invention enrichit réellement la Chirurgie ; c'est un présent fait à l'humanité, cet éloge est mérité. L'inconvénient de notre siecle, c'est qu'on loue avec un faste imposant des inventions superflues ou dangereuses comme utiles & admirables, & que le suffrage public instantané est pour ceux qui se vantent le plus, & dont la cabale est la plus active. Le bandage *lingual* a été placé sans ostentation dans les mémoires de l'académie royale de Chirurgie, & ne sera vu dans tous les tems qu'avec l'approbation qui lui est dûe. (*Y*)

LINGUALE, adj. f. (*Gram.*) Ce mot vient du latin *lingua* la langue, *lingual*, qui appartient à la langue, qui en dépend.

Il y a trois classes générales d'articulations, les labiales, les *linguales* & les gutturales. (*Voyez* H & LETTRES.) Les articulations *linguales*, sont celles qui dépendent principalement du mouvement de la langue ; & les consonnes *linguales* sont les lettres qui représentent ces articulations. Dans notre langue, comme dans toutes les autres, les articulations & les lettres *linguales* sont les plus nombreuses, parce que la langue est la principale des parties organiques, nécessaires à la production de la parole. Nous en avons en françois jusqu'à treize, que les uns classifient d'une maniere, & les autres d'une autre. La division qui m'a paru la plus convenable, est celle que j'ai déja indiquée à l'*article* LETTRES, où je divise les *linguales* en quatre classes, qui sont les dentales, les sifflantes, les liquides & les mouillées.

J'appelle *dentales* celles qui me paroissent exiger d'une maniere plus marquée, que la langue s'appuie contre les dents pour les produire ; & nous en avons cinq ; *n, d, t, g, q*, que l'on doit nommer *ne, de, te, gue, que*, pour la facilité de l'épellation.

Les trois premieres, *n, d, t*, exigent que la pointe de la langue se porte vers les dents supérieures, comme pour retenir le son. L'articulation *n* le retient en effet, puisqu'elle en repousse une partie par le nez, selon la remarque de M. de Dangeau, qui observa que son homme enchifrené, disoit, *je de saurois*, au lieu de *je ne saurois* : ainsi *n* est une articulation nasale. Les deux autres *d* & *t* sont purement orales, & ne different entr'elles que par le degré d'explosion plus ou moins fort, que reçoit le son, quand la langue se sépare des dents supérieures vers lesquelles elle s'est d'abord portée ; ce qui fait que l'une de ces articulations est foible, & l'autre forte.

Les deux autres articulations *g* & *q* ont entr'elles la même différence, la premiere étant foible & la seconde forte ; & elles different des trois premieres, en ce qu'elles exigent que la pointe de la langue s'appuie contre les dents inférieures, quoique le mouvement explosif s'opere vers la racine de la langue. Ce lieu du mouvement organique a fait regarder ces articulations comme gutturales par plusieurs auteurs, & spécialement par Wachter. *Glossar. germ. Proleg. sect.* 2. §. 20 & 21. Mais elles ont de commun avec les trois autres articulations dentales, de procurer l'explosion au son & en augmentant la vitesse par la résistance, & d'appuyer la langue contre les dents ; ce qui semble leur assurer plus d'analogie avec celles-là, qu'avec l'articulation gutturale *h*, qui ne se sert point des dents, & qui procure l'explosion au son par une augmentation réelle de la force. *Voyez* H. Mais voici un autre caractere d'affinité bien marqué dans les événemens naturels du langage ; c'est l'attraction entre le *n* & le *d*, telle qu'elle a été observée entre le *m* & le *b* (*Voyez* LETTRES), & la permutation de *g* & de *d*. » Je trouve, dit M. de » Dangeau (*opusc. pag.* 59.), que l'on a fait .... de » *cineris*, cendre ; de *tenor*, tendre ; de *ponere*, pon- » dre ; de *veneris dies*, vendredi ; de *gener*, gendre ; » de *generare*, engendrer ; de *minor*, moindre. Par » la même raison à peu près, on a changé le *g* en *d*, » entre un *n* & un *r* ; on a fait de *fingere*, feindre ; de » *pingere*, peindre ; de *jungere*, joindre ; de *ungere*, » oindre ; parce que le *g* est à peu près la même let- » tre que le *d* «. On voit dans les premiers exemples, que le *n* du mot radical a attiré le *d* dans le mot dérivé ; & dans les derniers, que le *g* du primitif est changé en *d* dans le dérivé ; ce qui suppose entre ces articulations une affinité qui ne peut être que celle de leur génération commune.

Les articulations *linguales* que je nomme sifflantes, different en effet des autres, en ce qu'elles peuvent se continuer quelque-tems & devenir alors une espece de sifflement. Nous en avons quatre, *z, s, j, ch*, qu'il convient de nommer *ze, se, je, che*. Les deux premieres exigent une disposition organique toute différente des deux autres ; & elles different du fort au foible ; ainsi que les deux dernieres. On doit bien juger que ces lettres font plus ou moins commuables entr'elles, à raison de ces différences. Ainsi le changement de *z* en *s* est une regle générale dans la formation du tems, que je nommerois *présent postérieur*, mais que l'on appelle communément le *futur* des verbes en *ζω* de la quatrieme conjugaison jugaifon des barytons ; de θράζω, θρύου: au contraire, dans le verbe allemand *ziſchen*, ſifflet, qui vient du grec σίζω, le σ ou ſ grec eſt changé en ζ, & le ζ ou ξ grec eſt changé en *ſch* qui répond à notre *ch* françois. » Quand les Pariſiens, dit encore » M. de Dangeau (*Opuſc. pag. 50.*), prononcent les » mots *chevaux* & *cheveux*, ils prononceroient très- » diſtinctement le *ch* de la premiere ſyllabe, s'ils ſe » vouloient donner le tems de prononcer l'*e* fémi- » nin, & qu'ils prononçaſſent ces mots en deux ſyl- » labes : mais s'ils veulent, en preſſant leur pronon- » ciation, manger cet *e* féminin, & joindre ſans mi- » lieu la premiere conſonne avec l'*v*, conſonne qui » commence la ſeconde ſyllabe ; cette conſonne qui » eſt foible affoiblit le *ch* qui devient *j*, & ils diront » *jvaux*, & *jveux* ».

Au reſte, ces quatre articulations *linguales* ne ſont pas les ſeules ſifflantes : les deux ſemi-labiales *v* & *f*, ſont dans le même cas, puiſqu'on peut de même les faire durer quelque-tems, comme une ſorte de ſifflement. Elles different des *linguales* ſifflantes par la différence des diſpoſitions organiques, qui ſont du même organe diverſement arrangé deux inſtrumens auſſi différens que le haut-bois, par exemple, & la flûte. L'articulation gutturale *h*, qui n'eſt qu'une expiration forte & que l'on peut continuer quelque-tems, eſt encore par-là même analogue aux autres articulations ſifflantes. De-là encore la poſſibilité de mettre les unes pour les autres, & la réalité de ces permutations dans pluſieurs mots dérivés : *h* pour *f* dans l'eſpagnol *humo*, fumée, venu de *fumus* ; *f* pour *h* dans le latin *feſtum* venu de ἑωω; *v* pour *h* dans *veſta* dérivé de ἑςία ; pour *ſ* dans *verro* qui vient de εαιρω; *ſ* pour *h* dans *ſuper* au lieu du grec ὑπὲρ, &c.

Les articulations *linguales* liquides ſont ainſi nommées, comme je l'ai déja dit ailleurs, (*Voyez* L.) parce qu'elles s'allient ſi bien avec pluſieurs autres articulations qu'elles n'en paroiſſent plus faire enſemble qu'une ſeule, de même que deux liqueurs s'incorporent au point qu'il réſulte de leur mélange une troiſieme liqueur qui n'eſt plus ni l'une ni l'autre. Nous en avons deux *le* & *re* repréſentées par *l* & *r* : la premiere s'opere d'un ſeul coup de la langue vers le palais ; la ſeconde eſt l'effet d'un trémouſſement réitéré de la langue. Le titre de la dénomination qui leur eſt commune, eſt auſſi celui de leur permutation reſpective ; comme dans *varius* qui vient de βαλιος, où l'on voit tout à la fois le β changé en *v*, & le λ en *r* ; de même *milites* a été d'abord ſubſtitué à *melites*, deſcendu de *mérites* par le changement de *r* en *l*, & ce dernier mot venoit de *mereri*, ſelon Voſſius, dans ſon traité *de litterarum permutatione*.

Pour ce qui eſt des articulations mouillées, je n'entreprendrai pas d'aſſigner l'origine de cette dénomination : je n'y entends rien, à moins que le mot *mouillé* lui-même, donné d'abord en exemple de *l* mouillé, n'en ſoit devenu le nom, & enſuite du *gn* par compagnie : ce ſont les deux ſeules mouillées que nous ayons. (*B. E. R. M.*)

LINGUES, ſ. m. (*Com.*) Satin-*lingues* ; il eſt fabriqué parmi nous, on l'envoie à Smyrne.

LINIERE, ſ. f. (*Jardinage*.) C'eſt le lieu où eſt ſemé le lin.

LINIMENT, ſ. m. (*Pharm.*), eſpece de remede compoſé externe, qui s'applique en en frottant légerement, enduiſant & oignant les parties.

Le *liniment* proprement dit, doit être d'une conſiſtance moyenne entre l'huile par expreſſion, ou entre le baume artificiel & l'onguent ; il n'y a de différence que par cette conſiſtance de ces deux autres préparations pharmaceutiques. Leur compoſition & leurs uſages ſont d'ailleurs les mêmes. Ce ſont toujours des huiles, des graiſſes, des réſines, des baumes naturels, des bitumes deſtinés à amollir, aſſouplir, détendre, calmer, réſoudre : & même cette différence unique qui conſiſte de la conſiſtance, ne détermine que d'une maniere fort vague & fort arbitraire, la dénomination de ce genre de remèdes : enſorte qu'on appelle preſqu'indifféremment baume, *liniment*, ou onguent, des mélanges de matieres graſſes deſtinés à l'application extérieure, & qu'il importe très-peu en effet de les diſtinguer.

Quoi qu'il ſoit preſque eſſentiel à ce genre de remede, d'être compoſé de matieres graſſes, & que l'élégance de la préparation, l'obligation de faire de ſes différens ingrédiens un tout exactement mêlé, lié, aggrégé, en exclue les matieres non miſcibles aux corps gras ; cependant *ſub aſſidua conquaſſatione*, en battant long-tems avec les huiles, ou d'autres matieres graſſes réſoutes, des liqueurs aqueuſes, pures ou acidules, on parvient à les incorporer enſemble ſous la forme d'un tout aſſez lié. Le cerat de Galien qui eſt un *liniment* proprement dit, & le *nutritum* vulgaire qui eſt appellé *onguent*, contiennent le premier, de l'eau, & le ſecond, du vinaigre.

On peut donc abſolument, ſi l'on veut, preſcrire ſur ce modele, des *linimens* magiſtraux dans leſquels on fera entrer des décoctions de plantes, de l'eau chargée de mucilages, de gomme, &c. mais ſi l'on veut, d'après l'ancien uſage, diſſiper par la cuite l'eau chargée d'extrait, de mucilage, &c. ces ſubſtances reſtent en maſſes diſtinctes parmi les matieres huileuſes ; elles ne contractent avec elles aucune eſpece d'union, & ſéparées de leur véhicule, de leur menſtrue, de l'eau, elles n'ont abſolument aucune vertu dans l'application extérieure.

Au reſte, il paroît que les liqueurs aqueuſes introduites dans les *linimens* n'ont d'autre propriété, que de les rendre plus légers, plus mais, plus neigeux ; car d'ailleurs leur vertu médicinale réelle paroît appartenir entierement aux matieres huileuſes. *Voyez* HUILE & ONGUENT.

On peut faire entrer auſſi aſſez ſouvent dans les *linimens* & les onguens, diverſes poudres telles que celles des diverſes chaux de plomb, de pierre calaminaire, de verd-de-gris, des terres bolaires, des gommes-réſines, & même de quelques matieres végétales ligneuſes, de ſemences farineuſes, &c. toutes ces poudres qui ſont ou abſolument inſolubles par les matieres graiſſeuſes, ou qui s'y diſſolvent mal dans les circonſtances de la préparation des *linimens* & des onguens, non-ſeulement nuiſent à la perfection pharmaceutique de ces compoſitions ; mais même font dans la plûpart des ingrédiens ſans vertu, ou pour le moins dont l'activité eſt châtrée par l'excipient graiſſeux. (*b*)

LINKIO, ſ. m. (*Botan. exotiq.*) plante aquatique de la Chine. Son fruit eſt blanc & a le goût de la châtaigne, mais il eſt trois ou quatre fois plus gros, d'une figure pyramidale & triangulaire ; il eſt revêtu d'une écorce verte, épaiſſe vers le ſommet, & qui noircit en ſéchant. La plante qui le porte, croît dans les eaux marécageuſes ; elle a les feuilles fort minces, & elle les répand de toutes parts, ſur la ſurface de l'eau. Les fruits viennent dans l'eau même ; c'eſt du moins ce qu'en dit Hoffman dans ſon dictionnaire univerſel latin ; celui de Trévoux, a fait de ce lexicographe, un auteur anonyme qui a écrit de la Chine. (*D. J.*)

LINON, ſ. m. (*Comm.*) eſpece de toile de lin blanchi, claire, déliée & très-fine, qui ſe manufacture en Flandres ; il y a du *linon* uni, rayé & moucheté. L'un a ¼ de large & quatorze aunes à la piece, ou ½ de large & douze à treize aunes à la piece. Le rayé & le moucheté eſt de ½ de large ſur quatorze aunes à la piece. On en fait des garnitures de tête, des mouchoirs de col, des toilettes, &c. on les envoye des manufactures en petits paquets quarrés d'une piece & demie chacune, couverts de papier brun, liſſé & enfermé dans des caſſettes de bois dont les planches ſont chevillées.

LINOS, ſ. m. (*Littér.*) eſpece de chanſon triſte ou de lamentation, en uſage chez les anciens grecs.

Voici ce qu'en dit Hérodote, *liv. II.* en parlant des Egyptiens. « Ils ont, dit-il, pluſieurs autres » uſages remarquables, & en particulier celui de la » chanſon *linos*, qui eſt célebre en Phénicie, en Chi- » pre & ailleurs, où elle a différens noms, ſuivant » la différence des peuples. On convient que c'eſt la » même chanſon que les Grecs chantent ſous le nom » de *linos*; & ſi je ſuis ſurpris de pluſieurs autres ſin- » gularités d'Egypte, je le ſuis ſur-tout du *linos*, ne » ſachant d'où il a pris le nom qu'il porte. Il paroît » qu'on a chanté cette chanſon dans tous les tems; » au reſte, le *linos* s'appelle chez les Egyptiens *ma- » neros*. Ils prétendent que Maneros étoit le fils uni- » que de leur premier roi; & que leur ayant été en- » levé par une mort prématurée, ils honorerent ſa » mémoire par cette eſpece de chanſon lugubre, qui » ne doit l'origine qu'à eux ſeuls ». Le texte d'Héro- dote donne l'idée d'une chanſon funebre. Sophocle parle de la chanſon *elinos* dans le même ſens; cependant le *linos* & l'*elinos* étoient une chanſon pour marquer non-ſeulement le deuil & la triſteſſe, mais encore la joie ſuivant l'autorité d'Euripide, cité par Athénée, *liv. XIV. chap. iij.* Pollux donne encore une autre idée de cette chanſon, quand il dit que le *linos* & le lityerſe étoient des chanſons propres aux foſſoyeurs & aux gens de la campagne. Comme Hérodote, Euripide & Pollux ont vécu à quelques ſiecles de diſtance les uns des autres, il eſt à croire que le *linos* fut ſujet à des changemens qui en firent une chanſon différente ſuivant la différence des tems. Sophocle, *in Ajace*; Pollux, *liv. I. c. j. Diſſert.* de M. de la Nauze *ſur les chanſons des anciens. Mém. de l'ac. des Belles-Lettres*, tome IX. pag. 358.

LINOSE, (*Géog.*) île de la mer Méditerranée, ſur la côte d'Afrique, à 5 lieues N. E. de Lampedouſe, preſque vis-à-vis de Mahomette en Barbarie. Sanut penſe que c'eſt l'*Ethuſa* de Ptolomée. Elle a environ 5 lieues de tour, & pas un ſeul endroit commode, où les vaiſſeaux puiſſent aborder. *Long.* 31. 6. *lat.* 34. (*D. J.*)

LINOTE, ſ. f. *linaria vulgaris*, (*Hiſt. nat. Ornitholog.*) cet oiſeau peſe une once; il a environ ſix pouces de longueur depuis la pointe du bec juſqu'à l'extrémité de la queue, & dix pouces d'envergure; le bec eſt long d'un demi-pouce, fort noir par-deſſus & blanc par-deſſous. La tête a des teintes de couleur cendrée & de brun, & le dos eſt mêlé de brun & de roux. Le milieu de chaque plume eſt brun, & les bords ſont cendrés dans les plumes de la tête, & roux dans celles du dos. La poitrine eſt blanchâtre; les plumes du bas-ventre, & celles qui ſont autour de l'anus ſont jaunâtres : le ventre eſt blanc, & le cou & l'endroit du jabot, ſont de couleur rouſſâtre avec des taches brunes. Il y a dix-huit grandes plumes dans chaque aile; elles ſont noires; elles ont la poitrine blanchâtre. Les bords extérieurs des neuf premieres plumes ſont blancs; les petites plumes qui recouvrent l'aile ſont rouſſes, & celles qui recouvrent l'aileron ſont noires. La queue eſt un peu fourchue, & compoſée de douze plumes. Les deux plumes extérieures ont deux pouces trois lignes de longueur, & celles du milieu n'ont que deux pouces; celles-ci ont les bords roux, & toutes les autres les ont blancs. Cet oiſeau aime beaucoup les ſemences de lin; c'eſt pourquoi on l'a appellé *linaria*, linote. Son chant eſt très-agréable. Il ſe nourrit de graines de panis, de millet & de chénevi, &c. Avant que de manger ces ſemences, il en ôte l'écorce avec ſon bec, pour ne manger que le dedans. Mais le chénevi engraiſſe tellement ces oiſeaux qu'ils en meurent, ou qu'ils en perdent au-moins leur vivacité, & alors ils ceſſent de chanter. La linote niche ſur des arbres qui ne ſont pas élevés; elle fait trois ou quatre œufs. Willughb. *Ornit.*

Il y a deux ſortes de *linotes* rouges; une grande & une petite. La grande *linote* rouge eſt plus petite que la *linote*; elle a le ſommet de la tête rouge, & la poitrine teinte de cette même couleur; la petite *linote* rouge a le devant de la tête d'un beau-rouge. Raii *ſynop. avium. Voyez* OISEAU.

LINSOIRS, ſ. m. (*Charpente.*) ſont des pieces de bois qui ſervent à porter le pié des chevrons à l'endroit des lucarnes des édifices, & aux paſſages des cheminées. *Voyez nos Planches de Charpente & leur explication.*

LINTEAUX, ſ. m. pl. (*Charp.*) ſont des pieces de bois qui forment le haut des portes & des croiſées qui ſont aſſemblées dans les poteaux des croiſées & des portes. *Voyez nos Pl. de Charpente.*

LINTEAU, ſ. m. (*Serrurerie.*) bout de fer placé au haut des portes, des grilles, où les tourillons des portes entrent.

Linteau ſe dit auſſi en Serrurerie comme en Menuiſerie, de la barre de fer qui ſert aux portes & croiſées, au lieu de *linteau* de bois.

LINTERNE, en latin *Linternum*, ou *Liternum*, (*Géog. anc.*) ancienne ville d'Italie dans la Campanie, à l'embouchure du Clanis (le *Clanio* ou l'*Agno*), & auprès d'un lac ou marais que Stace appelle *Linterna palus*. La poſition de ce marais a engagé Silius Italicus à nommer la ville *ſtagnoſum Linternum*.

Linterne étoit une colonie romaine qui fut augmentée ſous Auguſte. C'eſt-là que Scipion l'Afriquain, piqué de l'ingratitude de ſes compatriotes, ſe retira, où il paſſa le reſte de ſes jours dans l'étude, & dans la converſation des gens de lettres. Tous les Scipions les ont aimées, & ont été retenus. Celui-ci, le premier des Romains qu'on honora du nom de la nation qu'il avoit ſoumiſe, mourut dans la petite bicoque de *Linterne*, après avoir ſubjugué l'Afrique, défait en Eſpagne environ de ſix ans les plus grands généraux Carthaginois, pris Syphax roi de Numidie, vaincu Annibal, rendu Carthage tributaire de Rome, & forcé Antiochus à paſſer au-delà du mont Taurus.

On grava ſur la tombe de cet homme immortel ces paroles remarquables, qu'il prononçoit lui-même quelquefois : *Ingrata patria, nequidem habebis oſſa mea.* Tous les auteurs qui ont parlé de *Linterne*, nous diſent qu'après ſa deſtruction par les Vandales en 455, on érigea ſur le tombeau du grand Scipion la tour qu'on y voit encore; & comme il n'étoit reſté de l'inſcription que le mot *patria*, cette tour fut appellée *torre di patria*. Le lac voiſin, autrefois *Literna*, ou *Linterna palus*, ſe nomme auſſi *Lago di patria*; en un mot, il a donné le nom de *Patria* à la bourgade, à la tour, au lac, & même à la riviere qui eſt marquée dans pluſieurs cartes, *Rio, Clanio, Overo, Patria. Voyez* PATRIA.

Linterne a été épiſcopale avant que d'être entierement ruinée. On en apperçoit quelques maſures ſur le golfe de Gaëte, entre Pouzzoles & l'embouchure du Volturno, environ à trois lieues de l'une & de l'autre, près de la tour de *Patria*. (*D. J.*)

LINTHEES, ſ. f. (*Comm.*) étoffe de ſoie qui ſe fabrique à Nanquin.

LINTZ, en latin moderne *Lentia*, (*Géog.*) ville forte d'Allemagne, capitale de la haute Autriche, ſituée dans une belle plaine ſur le Danube, à 12 milles S. E. de Paſſau, à 36 N. E. de Munich, 30 O. de Vienne. *Long.* ſuivant Képler & Caſſini, 32 deg. 46 min. 15 ſec. *lat.* 48. 16. (*D. J.*)

LIO

LINTZ, (*Géog.*) petite ville d'Allemagne dans le haut électorat de Cologne, sur le Rhin, à 5 milles N. O. de Coblentz, S. O. de Cologne. *Long.* 24. 56. *lat.* 50. 31. (*D. J.*)

LINUISE, f. f. (*Agriculture.*) c'est ainsi qu'on appelle la graine du lin qu'on destine à ensemencer une liniere.

LINURGUS, f. m. (*Hist. nat.*) pierre fabuleuse dont on ne nous apprend rien, sinon qu'on la trouvoit dans le fleuve Achelous. Les anciens l'appelloient aussi *lapis lineus*: on l'enveloppoit dans un linge, & lorsqu'elle devenoit blanche, on se promettoit un bon succès dans ses amours. *Voyez* Boece de Boot.

LIOMEN, *ou* **LUMNE**, f. m. (*Hist. nat.*) oiseau aquatique de la grosseur d'une oie, qui se montre en été sur les mers du nord qui environnent les îles de Féroé; il ressemble beaucoup à l'oiseau que les habitans de ces îles nomment *imbrim*. Il vole très-difficilement à cause de la petitesse de ses ailes; ce qui fait que lorsqu'il apperçoit quelqu'un, sa seule ressource est de se coucher à terre & de se tapir, lorsqu'il est hors de l'eau. Il ne laisse pas de s'aider de ses ailes lorsque le vent souffle. Il fait son nid sur de petites éminences qui se trouvent au bord des rivieres, & il ne discontinue pas de couver ses œufs, même lorsque les eaux croissent au point de couvrir son nid. *Voyez acta hafniensia*, année 1671 & 72, *observ.* 49. Cet oiseau est le *mergus maximus farrrensis* de Clusius. Linnæus le nomme *colymbus pedibus palmatis indivisis*.

LION, f. m. *leo*, (*Hist. nat. Zoolog.*) animal quadrupede si fort & si courageux, qu'on l'a appellé le *roi des animaux*. Il a la tête grosse, le muffle allongé & la face entourée d'un poil très-long: le cou, le garot & les épaules, &c. sont couverts d'un poil aussi long qui forme une belle criniere sur la partie antérieure du corps, tandis qu'il n'y a qu'un poil court & ras sur le reste du corps, excepté la queue qui est terminée par un bouquet de longs poils. La *lionne* n'a point de criniere; son muffle est encore plus allongé que celui du *lion*, & ses ongles sont plus petits. La criniere du *lion* est de couleur mêlée de brun & de fauve foncé; le poil ras & foncé de fauve, de blanchâtre & de brun sur quelques parties. Le poil de la *lionne* a aussi une couleur fauve plus ou moins foncée, avec des teintes de noir & même des taches de cette couleur sur la levre inférieure près des coins de la bouche sur le bord de cette levre & des paupieres, à l'endroit des sourcils, sur la face extérieure des oreilles & au bout de la queue.

Il y a des *lions* en Afrique, en Asie & en Amérique; mais ceux de l'Afrique sont les plus grands & les plus féroces, cependant on remarque que les *lions* du mont Atlas n'approchent point de ceux du Sénégal & de la Gambra pour la hardiesse & la grosseur. Les *lions* aiment les pays chauds, & sont sensibles au froid. Ces animaux jettent leur urine en arriere, mais ils se quittent à reculons, comme on l'a prétendu. La *lionne* porte quatre lionceaux, & quelquefois plus. On les apprivoise aisément; il y en a qui deviennent aussi doux & aussi caressans que des chiens, mais il faut toujours se défier de leur férocité naturelle. Il est très-faux que le *lion* s'épouvante au chant d'un coq, mais le feu l'effraie; on en allume pour le faire fuir. La démarche ordinaire de cet animal est lente & grave; lorsqu'il poursuit sa proie, il court avec une grande vîtesse; il est hardi & intrépide; quel que soit le nombre de ses adversaires, il attaque tout ce qui se présente si la faim le presse; la résistance augmente sa fureur: mais s'il n'est pas affamé, il n'attaque pas ceux qu'il rencontre; lorsqu'ils se détournent & se couchent par terre en silence, le *lion* continue son chemin comme s'il n'avoit vu personne. On prétend que cet animal ne boit qu'une fois en trois ou quatre jours, mais qu'il

LIO 359

boit beaucoup à la fois. *Hist. nat. des animaux par MM.* de Nobleville & Salerne, *tome V*.

LION, (*Mat. medic.*) & dans le *lion* aussi, on a cherché des remedes. Le sang, la graisse, le cerveau, le poumon, le foie, le fiel, la fiente, sont donnés pour médicamenteux par les anciens Pharmacologistes. Les modernes ne croient plus aux vertus particulieres attribuées à ces drogues, & ils n'en font absolument aucun usage. (*b*)

LION, (*Littérat.*) cet animal étoit consacré à Vulcain dans quelques pays, à cause de son tempérament tout de feu. On portoit une effigie du *lion* dans les sacrifices de Cybele, parce que ses prêtres avoient, dit-on, le secret d'apprivoiser ces animaux. Les poëtes l'assurent, & les médailles ont confirmé les idées des poëtes, en représentant le char de cette déesse attelé de deux *lions*. Celui qu'Hercule tua sur le mont Theumessus en Béotie, fut placé dans le ciel par Junon. Ce figne, composé d'un grand nombre d'étoiles, & entr'autres de celle qu'on nomme le *cœur du lion*, le roitelet, *regulus*, tient le cinquieme rang dans le zodiaque. Le soleil entre dans ce figne le 19 Juillet; d'où vient que Martial dit, *liv. X. épigr.* 62.

Alba leone flammeo calent luces,
Tostamque fervens Julius coquit messem.

Voyez **LION**, *constellation*. (*D. J.*)

LION, (*Hist. nat. Ichtiolog.*) Rondelet donne ce nom, d'après Athénée & Pline, à un crustacée qui ressemble aux crabes par les bras, & aux langoustes par le reste du corps. Il a été nommé *lion*, parce qu'il est velu, & qu'il a une couleur semblable à celle du *lion*. *Voyez* Rond. *hist. des poissons, liv. XVIII.*

LION MARIN, (*Hist. nat. des anim.*) gros animal amphibie, qui vit sur terre & dans l'eau.

On le trouve sur les bords de la mer du Sud, & particulierement dans l'île déserte de Jean Fernando, où l'on peut en tuer quantité. Comme il est extrèmement singulier, & que le lord amiral Anson n'a pas dédaigné de le décrire dans son voyage autour du monde, la lecture sera bien-aise de le connoître d'après le récit d'un homme si célebre.

Les *lions marins*, qui ont acquis leur crue, peuvent avoir depuis douze jusqu'à vingt piés de long, & depuis huit jusqu'à quinze de circonférence. La plus grande partie de cette corpulence vient d'une graisse mollasse, qu'on voit flotter sous la pression des muscles au moindre mouvement que l'animal fait pour se remuer. On en trouve plus d'un pié de profondeur dans quelques endroits de son corps, avant que de parvenir à la chair & aux os. En un mot, l'abondance de cette graisse est si considérable dans les plus gros de ces animaux, qu'elle rend jusqu'à cent vingt-six gallons d'huile, c'est-à-dire environ neuf cens quarante livres.

Malgré cette graisse, ces sortes d'animaux sont fort sanguins; car quand on leur fait de profondes blessures dans plusieurs endroits du corps, il en jaillit tout de suite autant de fontaines de sang. Mais pour déterminer quelque chose de plus précis à ce sujet, j'ajoute que des gens de l'amiral Anson ayant tué un *lion marin* à coups de fusil, l'égorgerent par curiosité, & en tirerent deux bariques pleines de sang.

La peau de ces animaux est de l'épaisseur d'un pouce, couverte extérieurement d'un poil court, de couleur tannée-claire. Leur queue & leurs nageoires qui leur servent de piés quand ils sont à terre, sont noirâtres. Les extrémités de leurs nageoires ne ressemblent pas mal à des doigts joints ensemble par une membrane; cependant cette membrane ne s'étend pas jusqu'au bout des doigts, qui sont chacun garnis d'un ongle.

Tome IX, BBbb ij

Outre la grosseur qui les distingue des veaux marins, ils en different encore en plusieurs choses, surtout les mâles, qui ont une espece de trompe de la longueur de cinq ou six pouces, & qui pend du bout de la mâchoire supérieure; cette partie ne se trouve pas dans les femelles, & elles sont d'ailleurs beaucoup plus petites que les mâles.

Ces animaux passent ensemble l'été dans la mer, & l'hiver sur terre; c'est alors qu'ils travaillent à leur accouplement, & que les femelles mettent bas avant que de retourner à la mer. Leur portée est de deux petits à la fois; ces petits tetent, & ont en naissant la grandeur d'un veau marin parvenu à son dernier période de croissance.

Pendant que les *lions marins* sont sur terre, ils vivent de l'herbe qui abonde aux bords des eaux courantes; & le tems qu'ils ne paissent pas, ils l'employent à dormir dans la fange. Ils mettent de leurs camarades autour de l'endroit où ils dorment; & dès qu'on approche seulement de la horde, ces sentinelles ne manquent pas de leur donner l'allarme par des cris fort différens, selon le besoin; tantôt ils grognent sourdement comme des cochons, & tantôt ils hennissent comme les chevaux les plus vigoureux.

Quand ils sont en chaleur, ils se battent quelquefois pour la possession des femelles jusqu'à l'entier épuisement de leurs forces. On peut juger de l'acharnement de leurs combats par les cicatrices dont le corps de quelques-uns de ces animaux est tout couvert.

Leur chair n'est pas moins bonne à manger que celle du bœuf, & leur langue est bien plus délicate. Il est facile de les tuer, parce qu'ils marchent aussi lourdement que lentement, à cause de l'excès de leur graisse. Cependant il faut se garder de la fureur des meres: un des matelots du lord Anson fut la triste victime de son manque de précaution; il venoit de tuer un lionceau marin pour l'équipage, & l'écorchoit tout de suite, lorsque la mere se rua sur lui, le renversa par terre, & lui fit une morsure à la tête, dont il mourut peu de jours après. (*D. J.*)

LION, (*Astron.*) est le cinquieme des douze signes du zodiaque. *Voyez* ÉTOILE, LIGNE & CONSTELLATION.

Les étoiles de la constellation du *lion* sont dans le catalogue de Ptolomée au nombre de 32, & dans celui de Tycho au nombre de 37. Le catalogue anglois en compte 94.

LION, (*Marine*.) c'étoit autrefois l'ornement le plus commun qu'on mettoit à la pointe de l'éperon; les Hollandois le mettent encore ordinairement, d'autant qu'il y a un *lion* dans les armes de l'état, les autres nations y mettent présentement des sirenes ou autres figures humaines: le terme général étoit anciennement *bestion*.

La grandeur de ces figures de l'éperon est assez arbitraire; cependant les Hollandois suivent cette proportion: savoir, pour un vaisseau de 134 piés de long, de l'étrave à l'étambord, ils donnent au *lion* 9 piés de long, 19 pouces d'épaisseur, hormis par derriere où il n'a qu'un pié. La tête fait saillie de 14 pouces en avant de la pointe de l'éperon, & s'éleve de 2 piés 7 pouces au-dessus du bout de l'aiguille. (*Z*)

LION, (*Blason.*) le *lion* a différentes épithetes dans le Blason. Il est ordinairement appellé *rampant* & *ravissant*; & quand sa langue, ses ongles, & une couronne qu'on lui met sur la tête, ne sont pas du même émail que le reste de son corps, on dit qu'il est *armé*, *couronné* & *lampassé*. On dit aussi *lion issant* & *lion naissant*. Le premier est celui qui ne montre que la tête, le cou, les bouts des jambes, & les extrémités de la queue contre l'écu; & l'autre est celui qui ne faisant voir que le train de devant, la tête & les deux piés, semble sortir du champ entre la face & le chef. On appelle *lion brochant sur le tout*, celui qui étant posé sur le champ de l'écu, chargé déja d'un autre blason, en couvre une partie. Le *lion mort né*, est un *lion* sans dents & sans langue; & le *lion diffamé*, celui qui n'a point de queue. *Lion dragonné*, se dit d'un animal qui a le derriere du serpent, & le devant du *lion*; & *lion léopardé*, d'un *lion* passant, qui montre toute la tête comme fait le léopard.

LION d'or, (*Monnoies*.) ancienne monnoie de France. Les premiers *lions d'or* furent fabriqués sous Philippe de Valois en 1338, & succéderent aux écus d'or. Ils furent ainsi nommés à cause du *lion* qui est sous les piés du Roi de France. Si le roi d'Angleterre est désigné par ce *lion*, on n'a jamais fait de monnoie plus insultante, & par conséquent plus odieuse. Ces *lions d'or* de Philippe de Valois valoient cinquante sols en 1488.

On fabriqua de nouveaux *lions d'or* sous François I. Cette derniere monnoie d'or avoit pour légende, *sit nomen Domini benedictum*, & pour figure, un *lion*. Elle pesoit trois deniers cinq grains, & valoit cinquante-trois sols neuf deniers. (*D. J.*)

LIONCEAUX, (*Blason.*) terme dont on se sert au lieu de *lion*, lorsque l'écu en porte plus de deux, & qu'on n'employe guere sans cela.

LIONNÉ, adj. *en terme de Blason*, se dit des léopards rampans. Léopard de Bresse, d'or, au léopard *lionné* de gueules.

LIONS, (*Géogr.*) en latin moderne, *Leonium*, petite ville de France dans la haute Normandie, entre le Vexin normand & le pays de Bray, dans une forêt dite *la forêt de Lions*, sur le penchant d'un coteau, à quatre lieues de Gournay, & six à sept de Rouen. *Long.* 19. 10. *lat.* 46. 25.

Benserade (Isaac de), nâquit à *Lions* en 1612. Sa famille & son véritable nom ne paroissent pas trop connus. Il vint jeune à la cour, & s'y donna pour parent du cardinal de Richelieu, ce qui pouvoit bien être. Ce qu'il y a de sûr, c'est qu'il en eut une pension, & qu'il trouva le secret d'en augmenter la somme sous le cardinal Mazarin, jusqu'à douze mille livres de ce tems-là, ce qui seroit vingt-quatre mille livres du nôtre. Il dut principalement sa réputation aux vers qu'il composa pour les ballets du Roi, & fut reçu à l'académie françoise en 1674; mais ses métamorphoses d'Ovide en rondeaux furent l'écueil de sa gloire. Comme on lui donnoit beaucoup d'esprit, on a beaucoup vanté ses bons mots; cependant si nous en jugeons par quelques-uns de ceux qu'on nous a conservés, nous avons lieu de penser que Benserade n'étoit pas meilleur plaisant que bon poëte. Il mourut presque octogénaire en 1690, d'une saignée qu'on lui fit pour le préparer à l'opération de la taille. Le chirurgien lui piqua l'artere; dirai-je dans cette conjoncture, heureusement ou malheureusement? (*D. J.*)

LIOUBE, s. f. (*Marine.*) c'est une entaille que l'on fait pour enter un bout de mât sur la partie qui est restée debout, lorsque le mât a été rompu par un gros tems.

LIPARA, (*Géogr. anc.*) la plus grande des îles appellées *Lipara*, *Lipareorum* ou *Lipareusium insulæ*, autrement dites les *Iles Eolies*, ou *Vulcaniênes*. On la nommoit *Μελιγουνίς, Lipara*, à qui Liparus, à qui Eole succéda. La ville capitale prit aussi le surnom de l'île. Les Siciliens les appellent l'une & l'autre *Lipari*. *Voyez* LIPARI.

LIPARE, PIERRE DE, (*Hist. nat.*) pierre fort estimée des anciens, à laquelle, suivant leur coûtume, ils attribuoient beaucoup de vertus ridicules. On la tiroit de Lipara, l'une des îles Eoliennes. On dit qu'elle étoit de la grosseur d'une noisette, d'une couleur grise, & très-facile à écraser entre les doigts.

LIP

Plufieurs naturaliftes croient que c'étoit une pierre-ponce.

LIPARI, (*Géogr.*) par les anciens, *Liparæ*, île de la mer Méditerrannée, au nord de la Sicile, dont elle eft comme une annexe. C'eft la plus grande des îles de *Lipari*, auxquelles elle a donné fon nom. Son circuit peut être d'environ dix-huit milles; l'air y eft fain & tempéré. Elle abonde en grains, en figues, en raifins & en poiffon. Elle fournit auffi du bitume, du foufre, de l'alun, & a plufieurs fources d'eaux chaudes. Il ne faut pas s'en étonner; elle a eu des volcans, & c'eft peut-être de là qu'eft venu le nom d'*îles Vulcaniennes*. Elles ont toujours fuivi la deftinée de la Sicile. La capitale dont nous allons dire un mot, s'appelle auffi *Lipari*. (*D. J.*)

LIPARI, (*Géogr.*) ville capitale de l'île de même nom, avec un évêché fuffragant de Meffine. Elle eft bien ancienne, s'il eft vrai qu'elle fut bâtie avant le fiege de Troie, & qu'Ulyffe y vint voir Eole, fucceffeur de Liparus, fondateur de cette ville.

Les Lipariens, au rapport de Diodore de Sicile, étoient une colonie des Cnidiens, nation greque, originaire de la Carie; ils fonderent d'abord en Sicile une ville, qu'ils nommerent *Motya*, & puis s'établirent à *Lipara*. Dans la fuite des tems les Carthaginois s'emparerent de *Lipara*, fous la conduite de Himilcon, & lui impoferent un tribut de cent talens. Lorfque les Romains furent vainqueurs des Carthaginois, ils leur firent perdre la fouveraineté de *Lipara*, qui felon les apparences, devint colonie romaine, car Pline, *liv. III. chap. ix.* en parle en ces termes: *Lipara cum civium Romanorum oppido*.

En 1544 Barberouffe ruina de fond en comble l'ancienne ville de *Lipara*; fituée fur un rocher efcarpé, & que la mer baignoit en partie. Il emmena captifs en Turquie, plufieurs milliers d'habitans du pays; mais Charles-Quint répara cette ville de fon mieux, & en fit une place forte. Elle eft fituée à environ quarante milles de la côte feptentrionale de la Sicile. *Long. 33. lat. 38. 35.* (*D. J.*)

LIPARIS, f. m. (*Hift. nat. Ichr.*) c'eft-à-dire, poiffon gras, & en effet, c'eft un poiffon qui a beaucoup de graiffe. Rondelet rapporte que l'ayant gardé quelque tems, il l'avoit trouvé fondu en huile. Il compare la tête de ce poiffon à celle d'un lapin. Sa bouche eft petite; il n'a point de dents; fes écailles font petites. Il a un large trait qui s'étend le long du corps depuis la tête jufqu'à la queue; deux nageoires près des ouies, deux au-deffous, une entre l'anus & la queue, & enfin une fixieme le long du dos; la queue eft fourchue. Rond. *Hift. des poiffons de mer*, *liv. IX*.

LIPARIS, (*Géogr. anc.*) riviere de Cilicie; felon Pline, *liv. V. chap. xxvij*. elle couloit auprès de Soloë, petite ville de cette province; & ceux qui s'y baignoient étoient oints, comme fi c'eût été avec de l'huile, dit Vitruve. Le mot Liparis a affez de rapport avec λιπαρὸς, *gras*, *luifant*, qui vient de λίπος, *graiffe*. (*D. J.*)

LIPIS, PIERRE DE, (*Hift. nat.*) nom d'une pierre qui fe trouve en Amérique dans le Potofi, près de la ville de *Lipis*. Elle eft intérieurement d'un bleu de faphire avec un peu de tranfparence. Elle eft très-dure, & l'on dit qu'il fi acerbe, qu'elle ulcere la langue, fi on l'en approche. On la pulvérife, & alors elle reffemble à de l'indigo, excepté que fa couleur eft plus claire. C'eft un violent aftringent; on en mêle dans des emplâtres. Il y a lieu de croire que cette pierre doit fa couleur à une pyrite vitriolique & cuivreufe, qui s'eft décompofée, & que c'eft du vitriol que viennent fes propriétés. *Voyez* de Laet, *de lapidibus & gemmis*.

LIPOME, f. m. *terme de Chirurgie*; loupe graiffeufe, ou tumeur formée par la graiffe épaiffie dans les cellules de la membrane adipeufe. Il en vient par-tout; on en voit fur-tout de monftrueufes entre les épaules. On voyoit il y a quelques années à Paris, un homme avec une tumeur graiffeufe, qui s'étendoit depuis le col jufqu'au bas du dos. On dit qu'un coup de poing entre les deux épaules a été la caufe premiere de cette congeftion de fucs, fous le faix de laquelle cet homme a plié pendant plufieurs années. *Voyez* LOUPE.

Lipome eft un mot qui vient du grec λίπωμα, formé de λίπος, *adeps*, graiffe. (*Y*)

LIPOPSYCHIE, f. f. (*Medec.*) état de défaillance où le pouls manque, & où la chaleur naturelle commence à abandonner le corps. Ce terme dérive de λιπω, *j'abandonne*, & ψυχη, *la vie*. C'eft un mot entierement fynonyme à *lipothymie*. *Voyez* LIPOTHYMIE & SYNCOPE. (*D. J.*)

LIPOTHYMIE, f. f. (*Medec.*) ce nom eft compofé des deux mots grecs, λιπω, *je quitte*, & θυμος, *efprit*, *courage*; ainfi littéralement *lipothymie* fignifie un *délaiffement d'efprit*, un *découragement*. On regarde la *lipothymie* comme le premier degré de fyncope; une efpece d'évanouiffement léger, où les fonctions vitales font un peu diminuées, l'exercice des fens fimplement fufpendu, avec un commencement de pâleur & de refroidiffement. On a remarqué que cependant alors les malades confervoient la faculté de penfer & de fe reffouvenir. On diffipe ordinairement cet état par quelque odeur un peu forte, fuave, ou defagréable, ou par l'afperfion de l'eau froide fur le vifage; fi on n'y remédie pas promptement, il devient une fyncope parfaite; les caufes en font les mêmes que celles de l'évanouiffement, avec cette feule différence qu'elles font un peu moins actives; & comme dans tout le refte la *lipothymie* n'en differe que par degrés, nous renvoyons à cet article. *Voyez* EVANOUISSEMENT. (*M*)

LIPOU, f. m. (*Hift. de la Chine.*) le *lipou*, dit le pere Lecomte, eft l'un des grands tribunaux fouverains de l'empire de la Chine. Il a infpection fur tous les mandarins, & peut leur donner ou leur ôter leurs emplois. Il préfide à l'obfervation & au maintien des anciennes coûtumes. Il regle tout ce qui regarde la religion, les fciences, les arts & les affaires étrangeres. *Voyez* LI POU. (*D. J.*)

LIPPA, (*Géogr.*) *Lippa*, ville de Hongrie, prife & reprife plufieurs fois par les Turcs fur les Impériaux; mais enfin les Turcs s'en étant rendus maîtres en 1691, l'abandonnerent en 1695, après en avoir démoli les fortifications. Elle eft au bord de la riviere de même nom, à quatre lieues N. E. de Témefwar, trente N. E. de Belgrade. *Long. 40. 35. lat. 45. 50.* (*D. J.*)

LIPPE, (*Géog.*) comté & petit état d'Allemagne fur la riviere de même nom en Weftphalie, entre les évêchés de Paderborn & de Munfter, le duché de Weftphalie, les comtés de Ravenfperg & de Pirmont. Lippftadt en eft la capitale.

Ludolphe Kufter, un des premiers Grammairiens de ce fiecle, étoit du comté de la Lippe. Il fit fes feules délices de l'étude des mots grecs & latins, & n'eut jamais d'autre goût. On prétend qu'ayant un jour ouvert les penfées de Bayle fur les cometes: » Ce n'eft-là, dit-il, en le jettant fur la table, qu'un » livre de raifonnement, *non fic itur ad aftra* ». Auffi ne courut il la carriere de la célébrité que par les travaux pénibles des répertoires de la langue greque & latine.

Nous lui devons la meilleure & la plus belle édition de Suidas, qui parut à Cambridge en 1705, en 3 vol. in-fol. On fait que Suidas vivoit il y a cinq ou 600 ans; fon livre eft une efpece de dictionnaire univerfel, hiftorique & grammatical, dont les articles font, pour la plupart, des extraits ou des fragmens d'auteurs anciens qui ne fe trouvent quelquefois que là ; mais Suidas ne cite pas toujours les auteurs qu'il copie ; plus souvent il les copie mal : quelquefois il confond les personnes & les événemens ; quelquefois il conte différemment le même fait, ou attribue à différentes personnes les actions d'une seule. Avant Kuster, ce lexique de Suidas étoit donc très-défectueux. Il y a peut-être laissé encore bien des erreurs ; mais enfin, il l'a mis au jour sur la collection des plus anciens manuscrits. Il a réformé la traduction de Portus ; il a corrigé ou rétabli huit à dix mille mots dans le texte ; il a rapporté à leurs sources quantité de passages, dont les auteurs originaux n'étoient pas indiqués. Il s'occupa jour & nuit de cette besogne pendant quatre ans, avec tant d'attache que s'étant une fois réveillé au bruit du tonnerre, il ne songea dans la frayeur qu'à sauver son cher Suidas, avec tout l'empressement que peut avoir un pere pour sauver son fils unique.

M. Kuster donna l'Aristophane en 1710, en 3 vol. in-fol. & son édition supérieure à toutes, n'entre en comparaison avec aucune des précédentes. Sophocle, le plus ancien & le plus élevé des tragiques grecs qui nous restent, étoit avant l'édition de Kuster, l'un des plus défigurés, & qui demandoit le plus les soins d'un habile critique.

En 1712, il mit au jour une nouvelle édition du testament grec de Mill, ce célebre professeur d'Oxfort qui avoit employé plus de 30 ans à cet ouvrage, que tant de gens attaquerent de toutes parts.

M. Kuster mourut à Paris en 1717, âgé de 46 ans, étant alors occupé à préparer une nouvelle édition d'Hésychius, lexicographe plus difficile en un sens, & beaucoup plus utile à certains égards que Suidas, parce qu'Hésychius est plein de mots singuliers, qui ne se trouvent point ailleurs, & dont la signification n'est souvent expliquée que par un certain nombre de synonymes de la même langue, qui en supposent une connoissance parfaite. Le travail de Kuster sur Hésychius, ne s'est trouvé poussé au-moins à demeure que jusqu'à la lettre HTα. Je supprime les autres ouvrages de cet habile humaniste, sans croire néanmoins m'être trop étendu sur ceux qu'il a mis au jour; car tous nos lecteurs ne connoissent pas assez Suidas, Hésychius, Mill, Aristophane & Sophocle ; mais *voyez* l'éloge de Kuster par M. de Boze. (*D. J.*)

LIPPE, (*Géog. anc. & mod.*) riviere d'Allemagne dans la Westphalie ; Tacite la nomme *Luppia*, Pomponius Méla *Lupia*, Dion & Strabon λουπιας ; & dans les annales de France, on l'appelle *Lippa* & *Lippia*. Elle a sa source au pié du château & bourg de Lippspring, nom même qui l'indique, & à un mille de Paderborn dans l'évêché de ce nom. Strabon a cru qu'elle se perdoit dans la mer, avec l'Ems & le Wéser, ce qui est une grande erreur; elle se perd dans le Rhin, au dessus & auprès de Wésel.

C'est aux bords de la *Lippe* que mourut Drusus, frere cadet de Tibere, après avoir reçu le consulat à la tête de ses troupes en 734, à l'âge de 30 ans, dans son camp appellé depuis, par la raison de sa perte, le camp détestable, *castra scelerata*.

On eut tort toutefois de s'en prendre au camp, puisque la mort du fils de Livie fut causée par une chute de cheval qui s'abattit sous lui, & lui rompit une jambe. Il avoit soumis les Sicambres, les Usipetes, les Frisiens, les Chérusques & les Cattes, & s'étoit avancé jusqu'à l'Elbe. Il joignit le Rhin & l'Yssel par un canal qui subsiste encore aujourd'hui. Enfin, ses expéditions germaniques lui méritèrent le surnom de *Germanicus*, qui devint héréditaire à sa postérité. Ses belles qualités le firent extrêmement chérir d'Auguste, qui dans son testament l'appelloit avec Caïus & Lucius pour lui succéder. Rome lui dressa des statues, & on éleva en son honneur des arcs de triomphes & des mausolées jusques sur les bords du Rhin. (*D. J.*)

LIPPITUDE, *lippitudo*, (*Méd. & Chirur. Ocul.*) est un mot employé par Celse pour signifier une maladie des yeux, autrement nommée *ophthalmie*. *Voyez* OPHTHALMIE.

LIPPITUDE, chez les auteurs modernes signifie la maladie appellée vulgairement *chassie*, qui consiste dans l'écoulement d'une humeur épaisse, visqueuse & âcre qui suinte des bords des paupieres, les colle l'une à l'autre, les enflamme & souvent les ulcere. *Voyez* SCLÉROPHTHALMIE.

L'application des compresses trempées dans la décoction des racines d'*althea* est fort bonne pour humecter & lubrifier les paupieres & le globe de l'œil dans la *lippitude* ou chassie. (*Y*)

LIPPSTADT, *Lippia*, (*Géog.*) ville d'Allemagne dans la Westphalie, capitale du comté de la Lippe, autrefois libre, & impériale, à présent sujette en partie à ses comtes & en partie au roi de Prusse, électeur de Brandebourg. Il est vraissemblable que c'est une ville nouvelle, fondée dans le xij. siecle, quoique quelques-uns la prennent pour la *Luppia* de Ptolomée. Elle est dans un marais mal-sain sur la Lippe, à 7 lieues S. O. de Paterborn, 13 S. E. de Munster. *Long*. 26. 2. *lat*. 51. 43. (*D. J.*)

LIPTOTE, s. f. (*Rhétor*.) c'est la figure que l'on appelle autrement de *diminution*, parce qu'elle augmente & renforce la pensée, lorsqu'elle semble la diminuer par l'expression. Cette figure est de toutes les langues & de tous les pays. Les orateurs & les poëtes l'emploient souvent avec grace. *Non sordidus autor naturæ, verique*, désigne dans Horace un admirable auteur sur la Physique & sur la Morale. *Neque tu choreas sperne, puer*, veut dire, aimez, goûtez à votre âge les danses & les ris. *Qui prodest quod me ipsum non spernis, Aminta*, signifie dans Virgile : votre tendre amour, Amintas, m'est encore un surcroît de peines. Cette figure est si commune en françois, que je n'ai pas besoin d'en citer des exemples ; nous disons d'un buveur qu'il ne hait pas le vin, pour dire qu'il ne peut pas résister à ce goût, &c. (*D. J.*)

LI-PU ou LI-POU, (*Hist. mod.*) c'est ainsi qu'on nomme à la Chine la cour supérieure ou le grand tribunal, composé des premiers magistrats qui font au-dessus de tous les mandarins & ministres de l'empire chinois. On pourroit les nommer assez justement les *inquisiteurs de l'état*, vu que ce tribunal est chargé de veiller sur la conduite de tous les officiers & magistrats des provinces, d'examiner leurs bonnes ou mauvaises qualités, de recevoir les plaintes des peuples, & d'en rendre compte à l'empereur, auprès de qui ce conseil réside ; c'est de ses rapports & de ses décisions que dépend l'avancement des officiers à des postes plus éminens, ou leur degradation, lorsqu'ils ont commis des fautes qui le méritent ; le tout sous le bon plaisir de l'empereur qui doit ratifier les décisions du tribunal.

Les Chinois donnent encore le nom de *li-pu* à un autre tribunal chargé des affaires de la religion. *Voyez* RITES, *tribunal des*.

LIPYRIE, s. f. (*Médec.*) espece de fievre continue ou rémittente, accompagnée de l'ardeur interne des entrailles & d'un grand froid extérieur.

Causes de cette fievre. Toute acrimonie particuliere irritante, logée dans un des visceres, & agissant sur les filets nerveux de cette partie, peut allumer la fievre *lipyrie*, & produire une sensation interne de chaleur brûlante, tandis que les vaisseaux des muscles resserrés des parties externes du cours du sang, & y causent un sentiment de froid insupportable ; ainsi l'inflammation des intestins, du foie, de la vésicule du fiel empêchant la sécrétion ou le cours de la bile; cette bile devenue plus âcre par le séjour, excitera bientôt la fievre nommée *lipyrie*.

Symptomes. Le malade est inquiet, agité, privé du sommeil, tourmenté d'angoisses, de dégoûts, de nausées, se plaignant sans cesse d'une chaleur interne & brûlante, en même tems que du froid aux extrémités. S'il survient alors naturellement des déjections de bile; le malade en reçoit son soulagement ou sa guérison.

Méthode curative. Il faut employer les antiphlogistiques mêlés aux savoneux, donnés tiédes, fréquemment & en petites doses; on y joindra des clysteres semblables : on appliquera des fomentations à la partie souffrante ; on ranimera doucement la circulation languissante par quelques antiseptiques cardiaques & par de légeres frictions aux extrémités. (*D. J.*)

LIQUATION, *eliquatio*, s. f. (*Métallur.*) c'est ainsi qu'on nomme dans les fonderies une opération par laquelle on sépare du cuivre la portion d'argent qu'il peut contenir ; cette portion d'argent se trouve dans le cuivre, parce que souvent les mines de cuivre sont mêlées avec des particules de mines d'argent. L'opération de la *liquation* est une des plus importantes dans la Métallurgie : elle exige beaucoup d'expérience & d'habileté dans ceux qui la pratiquent. Pour la faire on commence par joindre avec le cuivre noir une certaine quantité de plomb ou de matiere contenant du plomb, telle qu'est la litharge : ce plomb entrant en fusion s'unit avec l'argent, avec qui il a plus d'affinité que l'argent n'en a avec le cuivre ; & après que le plomb s'est chargé de la portion d'argent, il l'entraîne avec lui, & le cuivre reste sous une forme poreuse & spongieuse : alors il est dégagé pour la plus grande partie de l'argent qu'il contenoit.

L'opération par laquelle on joint du plomb avec le cuivre noir, se nomme *rafraîchir*, *voyez cet article*; elle se fait en joignant du plomb avec le cuivre noir encore rouge qui, au sortir du fourneau, a été reçu dans la casse ou dans le bassin destiné à cet usage : par ce moyen on forme des especes de gâteaux ou de pains composés de cuivre & de plomb, que l'on nomme *pains* ou *pieces de rafraîchissement*.

Ou bien au lieu de joindre du plomb au cuivre noir de la maniere qu'il vient d'être indiqué, on fond avec lui de la litharge, qui est une vraie chaux de plomb, ou de la cendrée de la grande coupelle, qui est imbibée de chaux de plomb. Par le contact des charbons qui font dans le fourneau, ces substances reprennent leur forme métallique ; ils redeviennent du plomb, & ce métal s'unit avec le cuivre noir ; & le tout étant fondu découle dans le bassin, & forme ce qu'on nomme des *pains* ou *pieces de rafraîchissement*.

On porte ces *pains* sur le fourneau de *liquation* qui a été suffisamment décrit à l'*article* CUIVRE, *pag.* 544, où l'on trouvera aussi l'explication de la Planche qui le représente. On le place verticalement sur ce fourneau, en laissant un intervalle entre chaque pain pour pouvoir mettre du charbon entre eux, & l'on met un morceau de fer entre deux pour qu'ils se soutiennent droits : alors on allume le feu, & le plomb découle des *pains* ou *pieces* qui sont posés sur le fourneau ; ils deviennent poreux & spongieux par les trous qu'y laisse l'argent en se dégageant : pour lors on les appelle *pains* ou *pieces de liquation*. On les fait passer par une nouvelle opération qu'on appelle *ressuage*, *voyez cet article*. Quant au plomb qui a découlé après s'être chargé de l'argent, on le nomme *plomb d'œuvre*, & on en sépare l'argent à la coupelle.

Dans cette opération on a encore ce qu'on appelle des *épines de liquation* : ce sont de petites masses anguleuses & hérissées de pointes qui contiennent de la litharge, du cuivre, du plomb & de l'argent ; l'on fait repasser ces épines par le fourneau de fusion dans une autre occasion.

Avant que de recourir à l'opération de la *liquation*, il faut connoître la quantité d'argent que contient le cuivre, & s'être assûré par des essais si elle est assez considérable pour qu'on puisse la retirer avec profit. C'est sur cette quantité d'argent qu'il faudra aussi se régler pour savoir la quantité de plomb qu'il conviendra de joindre au cuivre noir. Par exemple, on joint 250 livres de plomb sur 75 livres de cuivre noir qui contient peu d'argent ; si le cuivre noir étoit riche & contenoit neuf ou dix onces d'argent, il faudroit, sur 75 livres de cuivre, mettre 375 livres de plomb.

Il est plus avantageux de se servir de bois & de fagots pour la *liquation*, que de charbon : c'est une découverte qui est dûe à Orschall, qui a fait un traité en faveur de cette méthode. *Voyez l'art. de la fonderie* d'Orschall.

LIQUEFIER, LIQUEFACTION, (*Gramm.*) c'est rendre fluide par l'action du feu ou par quelque autre dissolvant.

LIQUENTIA, (*Géogr. anc.*) riviere d'Italie au pays de la Vénétie, selon Pline, *liv. III. chap. xviij.* qui dit qu'elle a sa source dans les monts voisins d'*Opitergium*, Oderzo. Le nom moderne est *Livenza*, *voyez* LIVENZA. (*D. J.*)

LIQUEUR, s. f. (*Hydr.*) Il y en a de grasses & de maigres : les maigres font l'eau, le vin & autres ; les grasses font l'huile, la gomme, la poix, &c.

De tous les corps liquides on ne considere que l'eau dans l'hydraulique & dans l'hydrostatique, ou du-moins on y considere principalement l'équilibre & le mouvement des eaux : on renvoie les autres *liqueurs* à la physique expérimentale. (*K*)

LIQUEURS *spiritueuses*, (*Chimie & Diete.*) Elles sont appellées plus communément *liqueurs fortes*, ou simplement *liqueurs*.

Ces *liqueurs* sont composées d'un esprit ardent, d'eau, de sucre, & d'un parfum ou substance aromatique qui doit flatter en même tems l'odorat & le goût.

Les *liqueurs* les plus communes se préparent avec les esprits ardens & phlegmatiques, connus sous le nom vulgaire d'*eau-de-vie* : celles-là ne demandent point qu'on y emploie d'autre eau que ce phlegme surabondant qui met l'esprit ardent dans l'état d'eau-de-vie, *voyez* ESPRIT-DE-VIN *à l'article* VIN. Mais comme toutes les eaux-de-vie & même la bonne eau-de-vie de France, qui est la plus parfaite de toutes, ont en général un goût de feu & une certaine âcreté qui les rendent désagréables, & que cette mauvaise qualité leur est enlevée absolument par la nouvelle distillation qui les réduit en esprit-de-vin, les bonnes *liqueurs*, les *liqueurs* fines sont toujours préparées avec l'esprit-de-vin tempéré par l'addition de deux parties, c'est-à-dire du double de son poids d'eau commune. L'emploi de l'esprit-de-vin au lieu de l'eau-de-vie, donne d'ailleurs la faculté de préparer des *liqueurs* plus ou moins fortes, en variant la proportion de l'esprit-de-vin & de l'eau.

Le parfum se prend dans presque toutes les matieres végétales odorantes ; les écorces des fruits éminemment chargés d'huile essentielle, tels que ceux de la famille des oranges, citrons, bergamotes, cédras, &c. la plus grande partie des épiceries, comme gérofle, cannelle, macis, vanille, &c. les racines & semences aromatiques, d'anis, de fenouil, d'angélique, &c. les fleurs aromatiques, d'orange, d'œillet, &c. les sucs de plusieurs fruits bien parfumés, comme d'abricots, de framboises, de cerises, &c.

Lorsque ce parfum réside dans quelque substance seche, comme cela se trouve dans tous les sujets dont nous venons de parler, excepté les sucs des fruits, on l'en extrait ou par le moyen de la distillation, ou par celui de l'infusion. C'est ordinairement l'esprit-de-vin destiné à la composition de la *liqueur* qu'on emploie à cette extraction: on le charge d'avance du parfum qu'on se propose d'introduire dans la *liqueur*, soit en distillant au bain-marie de l'eau-de-vie ou de l'esprit-de-vin avec une ou plusieurs substances aromatiques, ce qui produit des esprits ardens aromatiques, *voyez* ESPRIT, soit en faisant infuser ou tirant la teinture de ces substances aromatiques. *Voyez* INFUSION & TEINTURE.

Les *liqueurs* les plus délicates, les plus parfaites & en même tems les plus élégantes, se préparent par la voie de la distillation; & le vrai point de perfection de cette opération consiste à charger l'esprit-de-vin autant qu'il est possible, sans nuire à l'agrément, de partie aromatique proprement dite, sans qu'il se charge en même tems d'huile essentielle: car cette huile essentielle donne toûjours de l'âcreté à la *liqueur*, & trouble sa transparence. Au lieu qu'une *liqueur* qui est préparée avec un esprit ardent aromatique qui n'est point du tout huileux, & du beau sucre, est transparente & sans couleur, comme l'eau la plus claire: telle est la bonne eau de cannelle d'Angleterre ou des îles. Les esprits ardens distillés sur les matieres très-huileuses, comme le zest de cédra ou de citron, sont presque toûjours huileux, du-moins est-il très-difficile de les obtenir absolument exempts d'huile. L'eau qu'on est obligé de leur mêler dans la préparation de la *liqueur*, les blanchit donc, & d'autant plus qu'on emploie une plus grande quantité d'eau; car les esprits ardens huileux supportent sans blanchir le mélange d'une certaine quantité d'eau, & presque parties égales, lorsqu'ils ne sont que peu chargés d'huile. C'est pour ces raisons que la *liqueur* assez connue sous le nom de *cédra*, est ou louche ou très-forte: car ce n'est pas toujours par bisarrerie ou par fantaisie que telle *liqueur* se fait plus forte qu'une autre, tandis qu'il semble que toutes pourroient varier en force par le changement arbitraire de la proportion d'eau: souvent ces variations ne tiennent point au pouvoir des artistes, du-moins des artistes ordinaires, qui sont obligés de réparer par ce vice de proportion un vice de préparation. Une autre ressource contre ce même vice, l'huileux des esprits ardens aromatiques, c'est la coloration: l'usage de colorer les *liqueurs* n'a d'autre origine que la nécessité d'en masquer l'état trouble, louche: en sorte que cette partie de l'art qu'on a tant travaillé à perfectionner depuis, qui a tant plu, ne procure au fond qu'une espece de fard qui a eu même fortune que celui dont s'enduisent nos femmes, c'est-à-dire, s'il est permis de comparer les petites choses aux grandes, qu'employé originairement à masquer des défauts, il a enfin déguisé le chef d'œuvre de l'art dans les *liqueurs*, la transparence sans couleur, comme il dérobe à nos yeux, sur le visage des femmes, le plus précieux don de la nature, la fraîcheur & le coloris de la jeunesse & de la santé.

Quant à l'infusion ou teinture, on obtient nécessairement par cette voie, outre la parfum, les substances solubles par l'esprit-de-vin, qui se trouvent dans la matiere infusée, & qui donnent toujours de la couleur & quelqu'âcreté, au-moins de l'amertume; l'esprit-de-vin ne touche que très-peu à l'huile essentielle des substances entieres auxquelles on l'applique, lors même qu'elles sont très-huileuses, par exemple aux fleurs d'orange; mais si c'est à des substances dont une partie des cellules qui contiennent cette huile ayent été brisées, par exemple, du zest de citron, un esprit-de-vin digéré sur une pareille matiere, peut à peine être employé à préparer une *liqueur* supportable. Aussi cette voie de l'infusion est-elle peu usitée & très-imparfaite. Le ratafiat à la fleur d'orange est ainsi préparé, principalement dans la vûe médicinale de faire passer dans la *liqueur* le principe de l'amertume de ces fleurs, qui est regardé comme un très-bon stomachique.

On peut extraire aussi le parfum des substances seches par le moyen de l'eau, & employer encore ici la distillation ou l'infusion. Les eaux distillées ordinaires, *voyez* EAUX DISTILLÉES, employées en tout ou en partie au lieu d'eau commune, rempliroient la premiere vûe; mais elles ne contiennent pas communément un parfum assez fort, assez concentré, assez pénétrant, pour percer à travers l'esprit-de-vin & le sucre. Il n'y a guere que l'eau de fleur d'orange & l'eau de cannelle appellée *orgée*, *voyez* EAUX DISTILLÉES, qui puissent y être employées. On prépare à Paris, sous le nom d'*eau divine*, une *liqueur* fort connue & fort agréable, dont le parfum unique ou au-moins dominant, est de l'eau de fleur d'orange. On a un exemple de parfum extrait, par une infusion à l'eau, dans une forte infusion de fleurs d'œillet rouge qu'on peut employer à préparer un ratafiat d'œillet.

On peut encore employer l'eau & l'esprit-de-vin ensemble, c'est-à-dire de l'eau-de-vie, à extraire les parfums par une voie d'infusion. On a par ce moyen des teintures moins huileuses; mais comme nous l'avons observé plus haut, avec de l'eau-de-vie, on n'a jamais que des *liqueurs* communes, grossieres.

Enfin on fait infuser quelquefois la matiere du parfum dans une *liqueur*, d'ailleurs entierement faite, c'est-à-dire dans le mélange, à proportion convenable d'esprit-de-vin, d'eau & de sucre. On prépare, par exemple, un très fin ratafiat d'œillet, ou plus proprement de giroflé, en faisant infuser quelques clous de giroflé dans un pareil mélange. On fait infuser des noyaux de cerises dans le ratafiat de cerise, d'ailleurs tout fait.

Une troisieme maniere d'introduire le parfum dans les *liqueurs*, c'est de l'y porter avec le sucre, soit sous forme d'*oleosaccharum*, soit sous forme de sirop. Les *liqueurs* parfumées par le premier moyen sont toujours louches & âcres; elles ont éminemment les défauts que nous avons attribués plus haut à celles qui sont préparées avec des esprits ardens, aromatiques, huileux. Le sirop parfumé employé à la préparation des *liqueurs*, est en son ingrédient: on prépare une *liqueur* très-simple & très-bonne en mêlant du bon sirop de coing, à des proportions convenables d'esprit-de-vin & d'eau.

Le simple mélange des sucs doux & parfumés de plusieurs fruits, comme abricots, peches, framboises, cerises, muscats, coings, &c. aux autres principes des *liqueurs*, fournissent enfin la derniere & plus simple voie de porter le parfum dans ces compositions. Sur quoi il faut observer que, comme ces sucs sont très-aqueux, & plus ou moins sucrés, ils tiennent lieu de toute eau, & doivent entrer dans la même proportion; & qu'ils tiennent aussi lieu d'une partie plus ou moins considérable de sucre. On prépare en Languedoc, où les cerises mûrissent parfaitement & sont très-sucrées, un ratafiat avec les sucs de ces fruits, & sans sucre, qui est fort agréable & assez doux.

La proportion ordinaire du sucre, dans les *liqueurs* qui ne contiennent aucune autre matiere douce, est de trois à quatre onces pour chaque livre de *liqueur aquo-spiritueuse*. Dans les *liqueurs* très-sucrées qu'on appelle communément *grasses*, à cause de leur consistance épaisse & onctueuse, qui dépend uniquement du sucre; il y est porté jusqu'à la dose de cinq & même de six onces par livres de *liqueur*.

Le

Le mélange pour la composition d'une *liqueur* étant fait, & le sucre entierement fondu, on la filtre au papier gris, & même plusieurs fois de suite. Cette opération non-seulement sépare toutes les matieres absolument indissoutes, telles que quelques ordures, & particules terreuses communément mêlées au plus beau sucre, &c. mais même une partie de cette huile essentielle à demi-dissoute, qui constitue l'état louche dont nous avons parlé plus haut : enforte que ce louche n'est proprement un défaut, que lorsqu'il resiste au filtre, comme il le fait communément du-moins en partie.

Le grand art des *liqueurs* consiste à trouver le point précis de concentration d'un parfum unique employé dans une *liqueur*, & la combinaison la plus agréable de divers parfums. Les notions majeures que nous avons données sur leur essence & sur leurs especes, & même les regles fondamentales de leur préparation que nous avons exposées, ne sauroient former des artistes, du-moins des artistes consommés, des Sonini & des le Lievre. C'est aussi uniquement au lecteur qui veut savoir ce qu'est cet art, & préparer pour son usage quelques *liqueurs* simples, & non à celui qui voudroit en faire métier, que nous l'avons destiné : l'article suivant contient plus de détails.

Les *liqueurs* ne sont dans leur état de perfection que lorsqu'elles sont vieilles. Les différens ingrédiens ne sont pas mariés, unis dans les nouvelles. Le spiritueux y perce trop, y est trop sec, trop nud. Une combinaison plus intime est l'ouvrage de cette digestion spontanée que suppose la liquidité; & il est utile de la favoriser, d'augmenter le mouvement de liquidité, en tenant les *liqueurs* (comme on en use dans les pays chauds pour les vins doux, & même nos vins acidules généreux de Bordeaux, de Roussillon, de Languedoc, &c.) dans des lieux chauds, au grenier en été, dans des étuves en hiver.

Les *liqueurs* spiritueuses dont nous venons de parler, c'est-à-dire, les esprits ardens, aqueux, sucrés, & parfumés, ont toutes les qualités médecinales, absolues, bonnes ou mauvaises, des esprits ardens, dont elles constituent une espece distinguée seulement par le degré de concentration, c'est-à-dire, de plus ou moins grande aquosité. Car le sucre n'est point un correctif réel de l'esprit ardent, qui joint au contraire dans son mélange avec les corps doux toute son énergie, & qui dans les *liqueurs* n'est véritablement affoibli que par l'eau. Or, comme les esprits ardens ne se prennent pour l'ordinaire intérieurement que sous forme d'eau-de-vie, c'est-à-dire, à peu-près aussi aqueux que l'esprit ardent des *liqueurs*; il est évident que non-seulement les qualités absolues de l'esprit ardent pur, & de l'esprit ardent des *liqueurs* sont les mêmes; mais aussi que le degré de forces, de spiritueuïté de ces *liqueurs*, & de ces esprits ardens potables, & communément purs, est assez égal. Le parfum châtre, encore moins que le sucre, l'activité de l'esprit-de-vin. On pourroit plus vraissemblablement soupçonner qu'il l'augmente au contraire, ou du-moins la seconde. Car la substance aromatique, proprement dite, est réellement échauffante, irritante, augmentant le mouvement des humeurs; mais elle est ordinairement en trop petite quantité dans les *liqueurs* pour produire un effet sensible. Celles qui laissent un sentiment durable & importun de chaleur & de corrosion dans l'estomac, le gosier, la bouche, & quelquefois même la peau, & les voies urinaires, ne doivent point avoir cet effet à leur parfum, mais à de l'huile essentielle, qui en avons déja dit en être un ingrédient desagréable, & qui en est encore, comme l'on voit, un ingrédient pernicieux. A ce dernier effet près (qui ne doit pas être mis sur le compte des *liqueurs*, puisque les bonnes qui

ne doivent point contenir le principe auquel il est dû, ne sauroient le produire), on peut donc assûrer que les *liqueurs* considérées du côté de leur effet médecinal, ont absolument, & même à-peu-près quant à l'énergie ou degré, les mêmes vertus bonnes ou mauvaises, que les simples esprits ardens. *Voyez* ES-PRIT DE VIN, à *l'article* VIN.

Il est bien vrai que les *liqueurs* sont des especes de vins doux artificiels; mais l'art n'imite en ceci la nature que fort grossierement. Il ne parvient point à marier les principes spiritueux, au sucre, à l'eau, comme il l'étoit dans le vin, à de l'eau, à du tartre; à une partie extractive ou colorante, qui châtroient réellement son activité, En un mot l'esprit ardent, une fois retiré du vin, ne se combine de nouveau par aucun art connu, ne se tempere, ne s'adoucit comme il l'étoit dans le vin; les *liqueurs* contiennent de l'esprit-de-vin très-nud. On prépare certaines *liqueurs* spiritueuses, qui sont plus particulierement destinées à l'usage de la médecine, qui sont des remedes, & qui ont plus ou moins de rapport à celles dont nous venons de parler, lesquelles sont principalement destinées à l'usage de la table : les premieres sont connues sous le nom d'*élixir*. *Voyez* ELIXIR.

LIQUEUR DE CAILLOU, (*Chimie.*) *liquor silicum.* *Voyez* la fin de *l'article* CAILLOU.

LIQUEUR DE CORNE DE CERF SUCCINÉE, (*Chimie, & Mat. méd.*) on nomme ainsi un sel neutre *résous*, ou existant sous forme liquide, formé par l'union de l'alkali volatil de corne de cerf, au sel volatil acide de succin. Cette préparation ne demande aucune manœuvre particuliere; pour l'avoir cependant aussi élégante qu'il est possible, il est bon d'employer les deux sels convenablement rectifiés.

Le sel contenu dans cette *liqueur* est un sel ammoniacal, huileux ou savoneux, c'est-à-dire enduit ou pénétré d'huile de corne de cerf; & d'huile de succin, que les sels respectifs ont retenu avec eux, lors même qu'ils ont été rectifiés.

C'est un remede moderne qu'on célebre principalement comme anti-spasmodique, & desobstruant, dans les maladies nerveuses des deux sexes, & principalement pour les femmes, dans les passions hystériques, dans les suppressions des regles, &c. (*b*)

LIQUEUR DE CRYSTAL, (*Chimie.*) c'est proprement la même chose que la *liqueur* de caillou. *Voyez* la fin de *l'article* CAILLOU. Car il y a une analogie parfaite quant à la composition intérieure ou chimique entre le caillou & le vrai crystal de roche, le crystal vitrifiable. *Voyez* CRYSTAL. (*b*)

LIQUEUR ÉTHÉRÉE de Frobenius, (*Chimie.*) *Voyez* ÉTHER.

LIQUEUR FUMANTE, *ou* ESPRIT FUMANT de Libavius, (*Chimie.*) On connoit sous ce nom le beurre d'étain plus ou moins liquide. Cette *liqueur* tire son nom du chimiste qui l'a fait connoître le premier, & de sa propriété singuliere de répandre continuellement des fumées blanches. On peut la préparer ou en distillant ensemble une partie d'étain & trois parties de sublimé corrosif, ou bien, selon le procédé de Stahl, en distillant ensemble parties égales de sublimé corrosif, & d'un amalgame préparé avec quatre parties d'étain, & cinq parties de mercure. On distille l'un & l'autre mélange dans une cornue de verre, à laquelle on adapte un récipient de verre qu'il est bon de tenir plongé dans l'eau froide.

La *liqueur fumante* de Libavius attire puissamment l'humidité de l'air, très-vraissemblablement parce que l'acide marin surabondant qu'elle contient, y est dans un état de concentration peut-être absolue, du-moins très-considérable. On explique très-bien par cette propriété l'éruption abondante des vapeurs très-sensibles qu'on peut même appeller *grossieres* dans cet ordre de phénomènes, qui s'en détachent sans cesse. Ces vapeurs sont composées de l'acide qui s'évapore, & d'une quantité considérable d'eau de l'athmosphere, qu'il attire, & à laquelle il s'unit. Ce phénomène nous paroît avoir beaucoup plus d'analogie avec la fausse précipitation, celle de la dissolution de mercure par l'acide marin par exemple, qu'avec l'effervescence, auquel le très-estimable auteur des notes sur la chimie de Lemery, le rapporte.

La *liqueur fumante* de Libavius, précipite l'or de sa dissolution dans l'eau régale sous la forme d'une poudre de couleur de pourpre, qui étant employée dans les verres colorés, dans les émaux, les couvertes des porcelaines, &c. y produit cette magnifique couleur.

Mais la propriété la plus piquante pour la curiosité du chimiste dogmatique, c'est celle que M. Rouelle le cadet y a découverte tout récemment, savoir, d'être propre à la production d'un éther. Car 1°. cette découverte satisfait à un problème chimique qui exerçoit depuis long-tems les artistes, sans le moindre succès ; & elle est plus précieuse encore, comme confirmant un point très-important de doctrine chimique, savoir le dogme de la surabondance des acides dans les sels métalliques, & de leur état éminent de concentration sous cette forme. (*b*)

LIQUEUR, ou *huile d'étain*, (*Chimie*.) c'est le nom vulgaire de la dissolution d'étain par l'eau régale. *Voyez* ÉTAIN, (*Hist. nat. Minér. & Métall.*)

LIQUEUR, ou *huile de mars*, (*Chimie, & Mat. méd.*) *Voyez à l'article* MARTIAUX, (*Remedes.*)

LIQUEUR, ou *eau mercurielle*, (*Chimie, & Mat. méd.*) *Voyez à l'article* MERCURE, (*Pharmac. & Mat. méd.*)

LIQUEUR, ou *huile de mercure*, (*Chimie.*) *Voyez à l'article* MERCURE, (*Pharmac. & Mat. méd.*)

LIQUEUR MINÉRALE ANODYNE d'Hoffman, (*Chim. & Mat. méd.*) on ne sait pas positivement quelle est la *liqueur* que le célebre Frideric Hoffman employoit sous le nom de la *liqueur minérale anodyne*: mais on sait parfaitement qu'il en tiroit le principe essentiel, ou les principes essentiels des produits de la distillation de l'esprit-de-vin avec l'acide vitriolique, qu'il a le premier renouvellé.

Selon la description qu'Hoffman a laissée de son procédé, *obs. phys. chim. lib. II. obs. xiij*, il est clair qu'il n'a point obtenu d'éther, mais seulement ce qu'il appelle avec quelques anciens chimistes, un *esprit doux de vitriol*, qui n'est autre chose que l'esprit-de-vin très-aromatique, empreint d'une légere odeur d'éther, due sans doute à une petite portion de cette substance, qu'on n'en sauroit pourtant séparer par les moyens connus, savoir, la rectification & la précipitation par l'eau. Hoffman a obtenu secondement un esprit sulphureux, volatil, dont il ne s'est pas occupé ; & une bonne quantité d'huile éthérée, plus pesante que l'eau, qu'il appelle *desideratissimum sulphur vitrioli; anodynum in liquidâ formâ, & verum oleum vitrioli dulce*.

C'est ce dernier produit connu aussi parmi les chimistes très-modernes, sous le nom d'*huile du vin*, qu'Hoffman célebre uniquement ; c'est de ce principe qu'il dit : *ejus virtutes in medendo mihi sunt notissimæ, & eas ego non satis deprædicare possum*.

On convient aussi généralement que l'huile douce de vitriol entre dans la composition de la *liqueur minérale anodyne* d'Hoffman, & même qu'elle en est l'ingrédient principal. Il est à présumer encore que cette *liqueur* est une dissolution à saturation, d'huile douce de vitriol, ou du vin, dans un menstrue convenable. Ce menstrue convenable relativement à l'usage, est évidemment de l'esprit-de-vin. Reste

donc à savoir seulement si Hoffman prenoit, & si on doit prendre les deux premiers produits de la distillation de l'esprit-de-vin avec l'acide vitriolique, qui ne font l'un & l'autre, selon cet auteur, que de l'esprit-de-vin, dont la premiere portion est simplement *fragrans*, & la seconde *fragrantior ;* ou bien du bon esprit-de-vin rectifié ordinaire.

M. Baron pense qu'Hoffman a expliqué assez clairement qu'il suivoit la derniere méthode, dans ce passage de son observation phys. chim. déja citée : *Hoc oleum (sc. vitrioli dulce), aromaticum, recens, exquisitè solvitur in spiritu vini rectificatissimo, ipsique saporem, odorem, & virtutem confert anodynam ac sedativam in omnibus doloribus & spasmis utilissimam.*

Il est vraissemblable en effet que cette dissolution de l'huile douce de vitriol, dans le simple esprit-de-vin rectifié, est la *liqueur minérale anodyne* d'Hoffman: mais il l'est presqu'autant au moins, qu'Hoffman préféroit les deux premiers produits de sa distillation ; ou, son esprit doux de vitriol, puisqu'il le regardoit comme de l'esprit-de-vin, mais comme de l'esprit-de-vin déja pourvu de quelques qualités analogues à celles du principe dont il vouloit le saouler.

Mais c'est-là une question de peu de conséquence : il importe davantage de savoir si on doit préparer aujourd'hui la *liqueur minérale anodyne*, avec l'esprit-de-vin rectifié ordinaire, ou avec les deux portions différemment aromatisées d'esprit-de-vin qui sont les deux premiers produits de la distillation de six, quatre, & même deux parties d'esprit-de-vin, avec une partie de bon acide vitriolique ; il est clair qu'il faut n'y employer que de l'esprit-de-vin ordinaire, parce qu'il ne faut plus exécuter l'opération qui fournit ces deux produits ; & il ne faut plus exécuter cette opération, parce qu'elle est inutile, du-moins très-imparfaite, puisqu'un de ses principaux objets étant la production de l'éther (*voyez* ÉTHER *Frobenii*), & cet objet étant manqué dans l'opération qui donne les deux produits dont nous parlons, ce n'est pas la peine de les préparer *ex professo*, ou pour eux-mêmes. Il n'en est pas moins vrai, comme nous l'avons avancé à la fin de l'*art*. ÉTHER *Frobenii*, que la *liqueur minérale anodyne* d'Hoffman n'est dans presque toutes les boutiques que les premiers produits de la distillation manquée de l'éther ; ordinairement sans addition, & quelquefois chargés de quelques gouttes d'huile douce de vitriol.

Fr. Hoffman assure d'après des expériences très-réitérées pendant le cours d'une longue pratique, que la *liqueur minérale anodyne* étoit un remede souverain dans toutes les maladies convulsives, & qu'elle calmoit très-efficacement les grandes douleurs. On la donne depuis vingt jusqu'à quarante gouttes, dans une *liqueur* appropriée. On employe dans les mêmes vûes, une moindre dose, l'éther de Frobenius, qui est même préférable, comme plus efficace, à la *liqueur minérale anodyne. Voyez* ÉTHER *Frobenii*. (*b*)

LIQUEUR *de nitre fixe* ou *fixé*, (*Chimie.*) Voyez à l'article NITRE.

LIQUEUR *de sel de tartre*, (*Chimie.*) *Voyez* SEL DE TARTRE, *au mot* TARTRE.

LIQUIDAMBAR, s. m. (*Hist. nat. des drog. exot.*) *liquidambarum*, off. C'est, dit M. Geoffroy, un suc résineux, liquide, gras, d'une consistence semblable à la térébenthine, d'un jaune rougeâtre, d'un goût âcre, aromatique, d'une odeur pénétrante, qui approche du styrax & de l'ambre.

On l'apportoit autrefois de la nouvelle Espagne, de la Virginie, & d'autres provinces de l'Amérique méridionale. Quelquefois on apportoit en même tems une huile rousâtre, plus ténue & plus limpide que le *liquidambar*.

L'arbre qui donne la réfine ambrée, s'appelle *liquidambari arbor, five flyracifera, aceris folio, fructu tribuloide, id est, pericarpio orbiculari, ex plurimis apicibus coagmentato, femen recondens*, dans Pluk. Phyt. fab: 42. *Xochiocotzo Quahuitt, feu arbor liquidambari indici*, Hernand .56. *Styrax aceris folio*, Raii, hift. 2, 1848. *Arbor virginiana, aceris folio, vel potiùs platanus virginiana, flyracem fundens*, Breyń. Prod. 2. 1799. *Acer virginianum, odoratum*, Herm. Catal. Hort. Lugd. Batav. 641.

C'est un arbre fort ample, beau, grand, branchu, & touffu; fes racines s'étendent de tous côtés; fon tronc eft droit; fon écorce eft en partie roufsâtre, en partie verte, & odorante; fes feuilles font femblables à celles de l'érable, partagées au-moins en trois pointes blanchâtres d'un côté, d'un verd un peu foncé de l'autre, dentelées à leur circonférence, & larges de trois pouces; fes fleurs viennent en bouquets; fes fruits font fphériques, épineux comme ceux du plane, compofés de plufieurs capfules jaunâtres, faillantes, & terminées en pointe : dans ces capfules font renfermées des graines oblongues, & arrondies.

Il découle de l'écorce de cet arbre, foit naturellement, foit par l'incifion que l'on y fait, le fuc réfineux, odorant, & pénétrant, qu'on nomme *liquidambar*. On féparoit autrefois de ce même fuc récent, & mis dans un lieu convenable, une liqueur qui s'appelloit *huile de liquidambar*. Quelques-uns coupoient par petits morceaux les rameaux & l'écorce de cet arbre, dont ils retiroient une huile qui nageoit fur l'eau, & qu'ils vendoient pour le vrai *liquidambar*. On mettoit auffi l'écorce de cet arbre coupée par petits morceaux avec la réfine, pour lui conferver une odeur plus douce & plus durable dans les fumigations. Enfin, on confumoit autrefois beaucoup de *liquidambar*, pour donner une bonne odeur aux peaux & aux gants.

Mais préfentement à peine connoiffons-nous de nom ce parfum; nous fommes devenus fi délicats, que toutes les odeurs nous font mal à la tête, & caufent aux dames des affections hyftériques. On ne trouveroit peut-être pas une once de vrai *liquidambar* dans Paris. (*D. J.*)

LIQUIDATION, f. f. (*Jurifprud. & Com.*) eft la fixation qui fe fait à une certaine fomme ou quantité d'une chofe dont la valeur ou la quantité n'étoit pas déterminée. Par exemple, lorfqu'il eft dû plufieurs années de cens & rentes en grain ou en argent, on en fait la *liquidation* en fixant la quantité de grain qui eft dûe, ou en les évaluant à une certaine fomme d'argent.

La *liquidation* des fruits naturels dont la reftitution eft ordonnée, fe fait fur les mercuriales ou regiftres des gros fruits. *Voyez* FRUITS & MERCURIALES. *Voyez auffi* LIQUIDE & LIQUIDER. (*A*)

LIQUIDE, adj. f. (*Gram.*) on appelle articulations & confonnes *liquides*, les deux linguales l & r. *Voyez* LINGUALES.

LIQUIDE, adj. pris fubft. (*Phyf.*) corps qui a les propriétés de la fluidité, & outre cela la qualité particuliere d'humecter ou mouiller les autres corps qui y font plongés. Cette qualité lui vient de certaine configuration de fes parties qui le rend propre à adhérer facilement à la furface des corps qui lui font contigus. *Voyez* FLUIDE, HUMIDE, & FLUIDITÉ.

M. Mariotte au commencement de fon traité du mouvement des eaux, donne une idée un peu différente du corps *liquide*. Selon lui *liquide*, eft ce qui étant en quantité fuffifante, coule & s'étend au-deffous de l'air, jufqu'à ce que fa furface fe foit mife de niveau; & comme l'air & la flamme n'ont pas cette propriété, M. Mariotte ajoute que ce ne font point des corps *liquides*, mais des corps fluides. Au lieu que l'eau, le mercure, l'huile, & les autres liqueurs, font des corps fluides & *liquides*. Tout *liquide* eft fluide, mais tout fluide n'eft pas *liquide*; la liquidité eft une efpece de fluidité.

Les *liquides*, felon plufieurs phyficiens, font dans un mouvement continuel. Le mouvement de leurs parties n'eft pas vifible, parce que ces parties font trop petites pour être apperçues; mais il n'eft pas moins réel. Entre plufieurs effets qui le prouvent, felon ces philofophes, un des principaux eft la diffolution & la corruption des corps durs caufée par les *liquides*. On ne voit, par exemple; aucun mouvement dans de l'eau-forte qu'on a laiffé repofer dans un verre; cependant fi l'on y plonge une piece de cuivre, il fe fera d'abord une effervefcence dans la liqueur : le cuivre fera rongé vifiblement tout-autour de fa furface, & enfin il difparoîtra en laiffant l'eau-forte chargée par-tout & uniformément de fes parties devenues imperceptibles, & teintes d'un bleu tirant fur le verd de mer. Ce que les eaux fortes font à l'égard des métaux, d'autres *liquides* le font à l'égard d'autres matieres; chacun d'eux eft diffolvant par rapport à certains corps, & plus ou moins, felon la figure, l'agitation, & la fubtilité de fes parties. Or il eft clair que la diffolution fuppofe le mouvement, ou n'eft autre chofe que l'effet du mouvement. Ce n'eft pas le cuivre qui fe diffout de lui-même; il ne donne pas auffi à la liqueur l'agitation qu'il n'a pas; le repos de fes parties, & le repos des parties du *liquide* joints enfemble, ne produiront pas un mouvement. Il faut donc que les parties du *liquide* foient véritablement agitées, & qu'elles fe meuvent en tous fens, puifqu'elles diffolvent de tous côtés & en tous fens des corps fur lefquels elles agiffent. Quoiqu'il y ait des corps tels que la flamme, dont les parties font extrêmement agitées de bas en haut, ou du centre vers la circonférence par un mouvement de vibration ou de reffort, ils ne fauroient néanmoins être appellés *liquides*, & ce ne font que des fluides, parce que le mouvement en tous fens, le poids, & peut-être d'autres circonftances qui pourroient déterminer leurs furfaces au niveau, leur manquent.

Un *liquide* fe refferre en fluide par l'amas de fes parcelles lorfqu'elles fe détachent de la maffe totale, comme on voit qu'il arrive à l'eau qui fe réfout en vapeurs : car les brouillards & les nuages font des corps ou des amas fluides, quoique formés de l'affemblage de parcelles *liquides*; de même un fluide proprement dit, peut devenir *liquide*, fi l'on infere dans les intervalles des parties qui le compofent, quelque matiere qui les agite en tous fens, & les détermine à fe ranger de niveau vers la furface fupérieure.

Les parties intégrantes des *liquides* font folides, mais plus ou moins, difent les Cartéfiens, felon que la matiere fubtile les comprime davantage, fur la liberté & la viteffe avec laquelle elle fe meut entre elles, ou par la quantité & la qualité des furfaces qui joignent entre eux les élémens ou parties encore plus petites, qui compofent les premieres. Ces parties intégrantes font comme environnées de toute part de la matiere fubtile, & fe gliffent, y gliffent, & fuivent en tous fens les mouvemens qu'elle leur imprime, foit que le *liquide* fe trouve dans l'air, foit qu'il fe trouve dans la machine pneumatique. C'eft le plus ou le moins de cette matiere enfermée dans un *liquide*, felon qu'elle a plus ou moins d'agitation & de reffort, qui fait principalement, felon ces philofophes, le plus ou le moins de liquidité : mais le plus ou le moins d'agitation de cette matiere dépend de la groffeur, de la figure, de la nature des furfaces planes ou convexes, ou concaves, polies ou raboteufes, & de la denfité des parties intégrantes du *liquide*. Si dix perfonnes autour d'une table peuvent y être rangées de 3628800 manieres différentes, ou faire 3628800 changeimens d'ordre, on doit juger, ajoutent les Cartéfiens, quelle prodigieufe quantité de *liquides* différens pourront produire toutes les combinaifons & toutes les variétés de circonftances dont on vient de parler.

On demande comment fe peut-il que les parties intégrantes des *liquides* étant continuellement agitées par la matiere fubtile, elle ne les diffipe pas en un moment : foit, par exemple, un verre à demi-plein d'eau, on voit bien que cette eau eft retenüe vers les côtés & au-deffous, par les parois du verre; mais qu'eft-ce qui la retient au-deffus ? Si l'on dit que le poids de l'atmofphere ou la colonne d'air, qui appuie fur la furface de cette eau, la retient en partie; le même *liquide* qui fe conferve dans l'air, ne fe confervant pas moins dans la machine pneumatique, après qu'on en a pompé l'air, il faut avoir recours à une autre caufe. D'où vient encore la vifcofité qu'on remarque dans tous les *liquides* plus ou moins : cette difpofition que les gouttes qu'on en détache ont à fe rejoindre, & cette legere réfiftance qu'elles apportent à leur féparation ? De plus, il n'y a point d'apparence que la matiere fubtile enfermée dans les interftices d'un *liquide*, non plus que les parties qui le compofent, fe meuve avec la même viteffe, que la matiere fubtile extérieure, de même à-peu-près que les vents qui pénetrent jufques dans le milieu d'une forêt, s'y trouvent confidérablement affoiblis, les feuilles & tout ce qu'ils y rencontrent y étant beaucoup moins agitées qu'en rafe campagne. Or comment fe conferve l'équilibre dans ces différens degrés de viteffe, des parties intégrantes d'un *liquide*, de la matiere fubtile du dedans, & de la matiere fubtile du dehors?

Voici les réponfes que l'on peut faire à ces queftions felon les Cartéfiens. 1°. Les parties d'un *liquide* ne font pas exemptes de pefanteur, & elles en ont de même que tous les autres corps, à raifon de leur maffe & de leur matiere propre; cette pefanteur eft une des puiffances qui les affujettit dans le vafe où elles font contenues. 2°. Il ne faut pas croire que la matiere fubtile environne les parties intégrantes d'un *liquide*, de maniere qu'elles ne fe touchent jamais entre elles, & ne gliffent jamais les unes fur les autres, felon qu'elles ont des furfaces plus ou moins polies, & qu'elles font mûes avec plus ou moins de viteffe. Il eft très-probable au contraire que les parties intégrantes des *liquides*, telles que l'eau, l'huile & le mercure ne fe meuvent guere autrement. Or ces parties préfentent d'autant moins de furface à la matiere fubtile intérieure, qu'elles fe touchent par plus d'endroits; & celles qui fe trouvent vers les extrémités lui en préfentent encore moins que les autres. Elles en préfentent donc davantage à la matiere fubtile extérieure, & comme cette matiere a plus de liberté, & fe meut avec plus de viteffe que l'intérieure, il eft clair qu'elle doit avoir plus de force pour repouffer les parties du *liquide* vers la matiere fubtile totale, que la matiere fubtile intérieure n'en a pour les féparer. Ainfi le *liquide* demeurera dans le vaiffeau qui le contient, & de plus il aura quelque vifcofité, ou refiftera un peu à la divifion. Pour les *liquides* fort fpiritueux, dont les parties intégrantes font apparemment prefque toutes noyées dans la matiere fubtile, fans fe toucher entr'elles que rarement, & par de très-petites furfaces, ils font en même tems & l'exception & la preuve de ce que nous venons de dire, puifqu'ils s'exhalent & fe diffipent bientôt d'eux-mêmes, fi l'on ne bouche exactement le vaiffeau qui les renferme. 3°. Enfin pour comprendre comment les parties des *liquides* fe meuvent avec la matiere fubtile qu'ils contiennent, & comment l'équilibre fe conferve entr'elles, cette matiere & la matiere fubtile extérieure, il faut obferver que, quoique chaque partie intégrante de certains *liquides* foit peut-être un million de fois plus petite que le plus petit objet qu'on puiffe appercevoir avec un excellent microfcope, il y a apparence que les plus groffes molécules de la matiere fubtile font encore un million de fois, fi l'on veut, plus petites que ces parties; l'imagination fe perd dans cette extrème petiteffe, mais c'eft affez que l'efprit en apperçoive la poffibilité dans l'idée de la matiere, & qu'il en conclue la néceffité par plufieurs faits inconteftables. Or, cent de ces molécules qui viennent, par exemple, heurter en même tems, felon une même direction & avec une égale viteffe, la partie intégrante d'un *liquide* un million de fois plus groffe que chacune d'elles, ne lui communiquent pourtant que peu de leur viteffe; parce que leur cent petites maffes font contenues dix mille fois dans la groffe maffe, & qu'il faut pour y diftribuer, par exemple, un degré de viteffe, qu'elles faffent autant d'efforts contr'elle, que pour en communiquer dix mille degrés à cent de leurs femblables; car cent de maffe multiplié par dix mille de viteffe, & 1 de viteffe multiplié par un million de maffe, produifent également de part & d'autre un million de mouvemens. Mais ces cent molécules de matieres fubtiles font bientôt fuivies de cent autres, & ainfi de fuite, peut-être de cent millions, & comme celles qui viennent les dernieres fur la partie du *liquide*, lui trouvent déja une certaine quantité de mouvemens que les premieres lui ont communiqué, l'accélerent toujours de plus en plus, & à la fin elles lui donneroient autant de viteffe qu'elles en ont elles-mêmes, fi la matiere fubtile pouvoit toujours couler fur cette partie avec la même liberté, & felon la même direction. Mais la matiere fubtile fe mouvant en divers fens dans les *liquides*, & la viteffe que plufieurs millions de ces molécules peuvent avoir donné à une partie intégrante du *liquide*, par une application continue & fucceffive de cent en cent, vers un certain côté, étant bientôt détruite ou retardée par plufieurs millions d'autres qui viennent choquer la même partie, felon des directions différentes ou contraires ; il eft évident que cette partie intégrante de *liquide* ne fçaura jamais le tems de parvenir à leur degré d'agitation, & qu'ainfi la fupériorité de viteffe demeurera toujours à la matiere fubtile. Cependant il n'eft pas poffible que cette viteffe ne foit fort diminuée par-là, & ne fe trouve bientôt au-deffous de ce qu'elle eft dans la matiere fubtile du dehors, qui rencontre bien moins d'obftacles à ces divers mouvemens; obftacles d'autant plus confidérables, que la matiere du *liquide* eft plus grande, que fes parties intégrantes font plus groffes, qu'elles ont plus de furface, & que ces furfaces font moins gliffantes. Mais ce que la matiere fubtile perd de viteffe entre les interftices d'un *liquide*, eft compenfé par une plus grande tenfion du reffort de ces molécules, lequel augmente fa force, à mefure qu'il eft plus comprimé; & c'eft par-là que l'équilibre fe conferve entre les parties intégrantes du *liquide*, la matiere fubtile intérieure, & la matiere fubtile du dehors. C'eft par l'action & la réaction continuelles & réciproques entre les parties du *liquide* & la matiere fubtile qu'il contient, & entre ce tout & la matiere fubtile extérieure, que les compreffions & les maffes multipliées de part & d'autre, donneront toujours un produit égal de force ou de mouvement : ce mouvement & cet équilibre fubfifteront tant que le *liquide* perféverera dans fon état de liquidité.

On voit donc que les parties intégrantes d'un *liquide* font ce qui s'y meut avec le moins de viteffe, ensuite c'est la matiere subtile qui coule entre elles, & qui est plus agitée qu'elles, & enfin vient la matiere subtile extérieure ; dont l'agitation passe celle de tout le reste, & de la vitesse de laquelle on peut se faire une idée par les effets qu'elle produit dans la poudre à canon & dans le tonnerre.

Ceci est tiré de la *Dissertation sur la glace* par M. de Mairan, imprimée dans le *Traité des vertus médicinales de l'eau commune*, Paris, 1730. tome II. pag. 523 & suiv. *Article de M.* FORMEY.

Nous n'avons pas besoin de dire que tout ceci est purement hypothétique & conjectural, & que nous le rapportons seulement, suivant le plan de notre ouvrage, comme une des principales opinions des Physiciens sur la cause & les propriétés de la liquidité. Car nous n'ignorons pas que ce mouvement prétendu intestin des particules des fluides, est attaqué fortement par d'autres physiciens. *Voyez* FLUIDE & FLUIDITÉ.

LIQUIDE, (*Jurisprud.*) se dit d'une chose qui est claire, & dont la quantité où la valeur est déterminée ; une créance peut être certaine sans être *liquide*. Par exemple, un ouvrier qui a fait des ouvrages, est sans contredit créancier du prix ; mais s'il n'y a pas eu de marché fait à une certaine somme, ou que la quantité des ouvrages ne soit pas constatée, sa créance n'est pas *liquide*, jusqu'à ce qu'il y ait eu un toisé, ou état des ouvrages & une estimation.

On entend aussi quelquefois par *liquide* ce qui est actuellement exigible ; c'est pourquoi, quand on dit que la compensation n'a lieu que de *liquide à liquide*, on entend non-seulement qu'elle ne peut se faire qu'avec des sommes ou quantités fixes & déterminées, mais qu'il faut que les choses soient exigibles, au tems où l'on veut en faire la compensation. *Voyez* COMPENSATION. *(A)*

LIQUIDER, v. act. (*Comm.*) fixer à une somme liquide & certaine des prétentions contentieuses.

Liquider des intérêts, c'est calculer à quoi montent les intérêts d'une somme, à proportion du denier & du tems pour lequel ils sont dûs.

Liquider ses affaires, c'est y mettre de l'ordre en payant ses dettes passives, en sollicitant le payement des actives, ou en retirant les fonds qu'on a, & qui sont dispersés dans différentes affaires & entreprises de commerce. *Diction. de Com.*

LIQUIDITÉ, (*Chimie.*) mode & degré de raréfaction. *Voyez l'article* RARÉFACTION & RARESCIBILITÉ, *Chimie.*

La *liquidité* est un phénomene proprement physique, puisqu'il est du nombre de ceux qui appartiennent à l'aggrégation, qui sont des affections de l'aggrégé comme tel (*voyez à l'article* CHIMIE, *p.* 411. *col.* 2. *& suiv.*) ; mais il est aussi de l'ordre de ceux sur lesquels les notions chimiques répandent le plus grand jour, comme nous l'avons déja observé en général, & du phénomene dont il est ici question, en particulier à *l'article* CHIMIE. *p.* 415. *col.* 10. Pour nous en tenir à notre objet présent, à la lumiere répandue sur la théorie de la *liquidité* par la contemplation des phénomenes chimiques ; c'est des événemens ordinaires de la dissolution chimique opérée dans le sein des liquides, que j'ai déduit l'identité de la simple *liquidité* & de l'ébullition, & par conséquent l'établissement de l'agitation tumultueuse des parties du liquide, des tourbillons, des courans, &c. qui représente l'essence de la *liquidité* d'une maniere rigoureusement démontrable. *Voyez* MENSTRUE, *Chimie*, *& l'article* CHIMIE, aux endroits déja cités.

Mais la considération vraiment chimique de la *liquidité*, est celle d'après laquelle Becher l'a distinguée en *liquidité* mercurielle, *liquidité* aqueuse & *liquidité* ignée. Ce célebre chimiste appelle *liquidité mercurielle*, celle qui fait couler le mercure vulgaire, & qu'il croit pouvoir être procurée à toutes les substances métalliques, d'après sa prétention favorite sur la mercurification. *Voyez* MERCURIFICATION.

La *liquidité aqueuse* est selon lui, celle qui est propre à l'eau commune, à certains sels, & même à l'huile. Il la spécifie principalement par la propriété qu'ont les liquides de cette classe, de mouiller les mains ou d'être humides, en prenant ce dernier mot dans son sens vulgaire.

Enfin, il appelle *liquidité ignée*, celles que peuvent acquérir les corps fixes, & chimiquement homogenes par l'action d'un feu violent, ou comme les Chimistes s'expriment encore, celle qui met les corps dans l'état de fusion proprement dite. *Voyez* FUSION, *Chimie.*

Quelque prix qu'attachent les vrais chimistes aux notions transcendantes, aux vûes profondes, aux germes féconds de connoissances fondamentales que fournissent les ouvrages de Bécher, & notamment la partie de sa physique souterraine, où il traite de ces trois *liquidités*, *voyez Physic. subter. lib. I. sect. 5. c. iij.* il faut convenir cependant qu'il étale dans ce morceau plus de prétentions que de faits, plus de subtilités que de vérités, & qu'il y montre plus de sagacité, de génie, de verve, que d'exactitude.

Je crois qu'on doit substituer à cette distinction, trop peu déterminée & trop peu utile dans la pratique, la distinction suivante qui me paroit précise, réelle & utile.

Je crois donc que la *liquidité* doit être distinguée en *liquidité* primitive, immédiate ou propre, & *liquidité* secondaire, médiate ou empruntée.

La *liquidité primitive* est celle qui est immédiatement produite par la chaleur, dont tous les corps homogènes & fixes sont susceptibles, & qui n'est autre chose qu'un degré de raréfaction, ou que ce phénomene physique, dont nous avons parlé au commencement de cet article (*voyez l'article* RARÉFACTION & RARESCIBILITÉ, *Chimie*), n'importe quel degré de chaleur soit nécessaire pour la produire dans les différentes especes de corps ; qu'elle ait lieu sous le moindre degré de chaleur connue, comme dans le mercure qui reste coulant sous la température exprimée par le soixante & dixieme degré au-dessous du terme de la congélation du thermometre de Reaumur, qui est le moindre degré de chaleur, ou l'extrème degré du froid que les hommes ont observé jusqu'à présent (*voyez à l'article* FROID, *Physique, p.* 317. *col. 1.* la table des plus grands degrés de froids observés, &c.), ou bien que comme certaines huiles, celle d'amande douce, par exemple, le froid extrème, c'est-à-dire la moindre chaleur de nos climats suffise pour la rendre liquide ; ou que comme l'eau commune, l'alternative de l'état concret & de l'état de *liquidité*, arrive communément sous nos yeux ; soit enfin qu'une forte chaleur artificielle soit nécessaire pour la produire, comme dans les substances métalliques, les sels fixes, &c. ou même que l'aptitude à la *liquidité* soit si foible dans certains corps, qu'ils en ayent passé pour invisibles, & qu'on n'ait découvert la nullité de cette prétendue propriété, qu'en leur faisant essuyer un degré de feu jusqu'alors inconnu, & dont l'effet fluidifiant auquel rien ne résiste, est rapporté à *l'article* MIROIR ARDENT, *voyez cet article.* Car de même qu'un grand nombre de corps, tels que toutes les pierres & terres pures, avoient été regardées comme infusibles, avant qu'on eût découvert cet extrème degré de feu ; il y a très-grande apparence que le mercure n'a été trouvé jusqu'à présent incoercible, que parce qu'on n'a pû l'observer fous un assez foible degré de chaleur ; & que si l'on pouvoir aborder un jour des plages plus froides que celles où on est parvenu, ou l'exposer à un degré de froid artificiel plus fort que celui qu'on a produit jusqu'à présent, le mercure essayeroit enfin le même fort que l'esprit-de-vin, long-tems cru inconcrescible, & dont la *liquidité* trouva son terme fatal à un degré de chaleur encore bien supérieur au moindre degré connu. On peut poursuivre la même analogie jusque sur l'air. Il est très-vraissemblable qu'il est des degrés possibles de froid, qui le convertiroient premierement en liqueur, & secondement en glace ou corps solide. *Voyez l'article* FROID, *Physique*, à l'endroit déja cité.

La *liquidité empruntée* est celle qui est procurée aux corps concrets sous une certaine température, par l'action d'un autre corps qui est *liquide* sous la même température, c'est-à-dire, par un menstrue à un corps soluble. *Voyez* MENSTRUE.

C'est ainsi que les corps qui ne pourroient couler par leur propre constitution qu'à l'aide d'un extrème degré de chaleur, comme la chaux, par exemple, peuvent partager la *liquidité* d'un corps qui n'a besoin pour être liquide, que d'être échauffé par la température ordinaire de notre athmosphere ; le vinaigre par exemple.

Tous les liquides aqueux composés & chimiquement homogenes, tels que tous les esprits acides & alkalis, les esprits fermentés, les sucs animaux & végétaux, & même sans en excepter les huiles, selon l'idée de Becher, ne coulent que par la *liquidité* qu'ils empruntent de l'eau ; car il est évident, en exceptant cependant les huiles de l'extrème évidence, que c'est l'eau qui fait la vraie base de toutes ces liqueurs, & que les différens principes étrangers qui l'impregnent ne jouissent de la *liquidité* qu'ils lui empruntent. Il est connu que plusieurs de ces principes, les alkalis, par exemple, & peut-être l'acide vitriolique (*voyez sous le mot* VITRIOL) sont naturellement concrets au degré de chaleur qui les fait couler lorsqu'ils sont réduits en liqueur, c'est-à-dire dissous dans l'eau. On se représente facilement cet état de *liquidité* empruntée dans les corps où l'eau se manifeste par la *liquidité* spontanée, c'est-à-dire dûe à la chaleur naturelle de l'athmosphere; mais on ne s'apperçoit pas si aisément que ce phénomene est le même dans certains corps concrets auxquels on procure la *liquidité* par une chaleur artificielle très-inférieure à celle qui seroit nécessaire pour procurer à ce corps une fluidité immédiate. Certains sels, par exemple, comme le nitre & le vitriol de mer crystallisés, coulent sur le feu à une chaleur legere & avant que de rougir, & on peut même facilement porter cet état jusqu'à l'ébullition ; mais c'est-là une *liquidité empruntée* ; ils la doivent à l'eau qu'ils retiennent dans leurs crystaux, & que les Chimistes appellent *eau de crystallisation*. Ils ne sont susceptibles par eux-mêmes que de la *liquidité* ignée, & même, à proprement parler, le vitriol qui coule si aisément au moyen de la *liquidité* qu'il emprunte de son eau de crystallisation, est véritablement infusible sans elle, puisqu'il n'est pas fixe, c'est-à-dire qu'il se décompose au grand feu plûtôt que de couler. Quant au nitre, lorsqu'il est calciné, c'est-à-dire privé de son eau de crystallisatiou, il est encore fusible, mais il demande pour être liquéfié, pour couler d'une *liquidité* propre & primitive, un degré de chaleur bien supérieur à celui qui le fait couler de la *liquidité* empruntée ; il ne coule par lui-même qu'en rougissant, en prenant le véritable état d'ignition. *Voyez* IGNITION.

C'est par la considération de l'influence de l'eau dans la production de tant de *liquidités* empruntées, que les Chimistes l'ont regardée comme le liquide par excellence. (*b*)

LIRE, v. act. (*Gramm.*) c'est trouver les sons de la voix attachés à chaque caractere & à chaque combinaison des caracteres ou de l'écriture ou de la musique ; car on dit *lire l'écriture* & *lire la musique*. *Voyez l'art.* LECTURE. Il se prend au physique & au moral, & l'on dit *lire* le grec, l'arabe, l'hébreu, le françois, & *lire* dans le cœur des hommes. *Voyez* à *l'article* LECTURE les autres acceptions de ce mot.

Lire, chez les ouvriers en étoffes de soie, en gase, c'est déterminer sur le semple les cordes qui doivent être tirées pour former sur l'étoffe ou la gase le dessein donné. *Voyez l'article* SOIRIE.

LIRE *sur le plomb*, (*Imprimerie.*) c'est *lire* sur l'œil du caractere le contenu d'une page ou d'une forme. Il est de la prudence d'un Compositeur de relire sa lignesut le plomb lorsqu'elle est formée dans sa composteur, avant de la justifier & de la mettre dans la galée.

LIRE *ou* LIERE, (*Géogr.*) mais en écrivant *Liere*, on prononce *Lire* ; ville des Pays-Bas autrichiens dans le Brabant, au quartier d'Anvers, sur la Nèthe, à 2 lieues de Malines & 3 d'Anvers. Cet endroit seroit bien ancien si c'étoit le même que *Ledus* ou *Ledo*, marqué dans la division du royaume de Lothaire, l'an 876 ; mais c'est une chose fort douteuse : on ne voit point que *Lire* ait été fondée avant le xiij. siecle. *Long.* 22. 11. *lat.* 51. 9.

Nicolas de Lyre ou *Lyranus*, religieux de l'ordre de saint François dans le xjv. siecle, & connu par de petits commentaires rabbiniques sur la Bible, dont la meilleure édition parut à Lyon en 1590 ; n'étoit pas natif de *Lire* en Brabant, comme plusieurs l'ont écrit, mais de *Lire*, bourg du diocèse d'Evreux en Normandie. On a prétendu qu'il étoit juif de naissance, mais on ne l'a jamais prouvé.

LIRIS, (*Géogr.*) c'est le nom latin de la riviere du royaume de Naples, que les Italiens nomment *Garigliano*. *Voyez* GARILLAN.

LIRON, (*Géogr.*) petite riviere de France en Languedoc ; elle a sa source dans les montagnes, au couchant de Gazouls, & se perd dans l'Orb à Beziers. (*D. J.*)

LIS, *lilium*, s. m. (*Hist. nat. Botan.*) genre de plante dont la fleur tire une especes de cloche. Elle est composée de six pétales plus ou moins rabattus en dehors ; il y a au milieu un pistil qui devient dans la suite un fruit oblong ordinairement triangulaire & divisé en trois loges. Il renferme des semences bordées d'une aile & posées en double-rang les unes sur les autres. Ajoutez aux caracteres de ce genre la racine bulbeuse & composée de plusieurs écailles charnues qui sont attachées à un axe. Tournefort, *inst. rei herb.* *Voyez* PLANTE.

LIS-ASFODELE, *lilio asphodelus*, genre de plante à fleur liliacée monopétale ; la partie inférieure de cette fleur a la forme d'un tuyau, la partie supérieure est divisée en six parties. Il sort du fond de la fleur un pistil qui devient dans la suite un fruit presqu'ovoïde, qui a cependant trois côtes longitudinales ; il est divisé en trois loges & rempli de semences arrondies. Ajoutez à ces caracteres que les racines ressemblent à des navets. Tournefort, *inst. rei herb.* *Voyez* PLANTE.

LIS *blanc*, (*Botan.*) c'est la plus commune des 46 especes de Tournefort du genre de plante qu'on nomme *lis*. Cette espece mérite donc une description particuliere. Les Botanistes nomment le lis blanc *lilium album vulgare*, J. Bauh. 2. 685. Tournefort, I. R. H. 369. *lilium album, flore erecto*, C. B. P. 76.

Sa racine est bulbeuse, composée de plusieurs écailles charnues, unies ensemble, attachées à un pivot, & ayant en dessous quelques fibres. Sa tige est unique, cylindrique, droite, haute d'une coudée & demie, garnie depuis le bas jusqu'au sommet de feuilles sans queues, oblongues, un peu larges, charnues, lisses, luisantes, d'un verd-clair, plus petites & plus étroites insensiblement vers le haut, & d'une odeur qui approche du mouton bouilli quand on les frotte entre les doigts. Ses fleurs ne se dévefoppent pas toutes enfemble ; elles font nombreufes & rangées en épi à l'extrémité de la tige fur une hampe : elles font belles , blanches , odorantes, compofées de fix pétales épais, recourbés en dehors, & repréfentant en quelque maniere une cloche ou une corbeille ; leur centre eft occupé par un piftil longuet à trois fillons , d'un blanc verdâtre & de fix étamines de même couleur , furmontées de fommets jaunâtres. Le piftil fe change en un fruit oblong , triangulaire , partagé en trois lobes remplis de graines roufsâtres, bordées d'un feuillet membraneux, pofées les unes fur les autres'à double rang.

Les feuilles, les tiges & les oignons de cette plante font remplis d'un fuc gluant & vifqueux : on la cultive dans nos jardins pour fervir d'ornement , à caufe de fa beauté & de fa bonne odeur. On dit qu'elle vient d'elle-même en Syrie.

Ses fleurs & fes oignons font d'ufage en Medecine; le fel ammoniacal qu'ils poffedent , joint à une médiocre portion d'huile, forme ce mucilage bienfaifant d'où les oignons tirent leur vertu pour amollir un abfcès , le conduire en maturité & à fuppuration. On les recommande dans les brûlures, étant cuits fous la cendre , pilés & mêlés avec de l'huile d'olive ou des noix fraîches. (*D. J.*)

LIS DE SAINT BRUNO , *liliaftrum*, genre de plante à fleur liliacée, compofée de fix pétales , & reffemblant à la fleur du *lis* pour la forme. Il fort du milieu de la fleur un piftil qui devient dans la fuite un fruit oblong : ce fruit s'ouvre en trois parties qui font divifées en trois loges & remplies de femences anguleufes. Ajoutez aux caracteres de ce genre que les racines en font en forme de navets , & qu'elles fortent toutes d'un même tronc. Tournefort , *inft. rei herb.* *Voyez* PLANTE.

LIS-JACINTHE, *lilio hiacinthus*, genre de plante à fleur liliacée , compofée de fix pétales, & reffemblant à la fleur de la jacinthe ; ce piftil devient dans la fuite un fruit terminé en pointe , arrondi dans le refte de fon étendue , & ayant pour l'ordinaire trois côtes longitudinales. Il eft divifé en trois loges , & rempli de femences prefque rondes. Ajoutez à ces caracteres que la racine eft compofée d'écailles comme la racine du *lis*. Tournefort , *inft. rei herb.* *Voyez* PLANTE.

LIS-NARCISSE , *lilio-narciffus*, genre de plante à fleur liliacée, compofée de fix pétales difpofés comme ceux du *lis* : le calice, qui eft l'embrion, devient un fruit reffemblant pour la forme à celui du narciffe. Ajoutez à ces caracteres que le *lis-narciffe* differe du *lis* en ce que fa racine eft bulbeufe & compofée de plufieurs tuniques , & qu'il differe auffi du narciffe en ce que fa fleur a plufieurs pétales. Tournefort , *inft. rei herb. Voyez* PLANTE.

LIS DES VALLÉES , (*Botan.*) genre de plante que les Botaniftes nomment *lilium convallium*, & qu'ils caractérifent ainfi. L'extrémité du pédicule s'infere dans une fleur monopétale en cloche pendante en épi , & divifée au fommet en fix fegmens. L'ovaire croît fur la fommité du pédicule au-dedans de la fleur, & dégénere en une baie molle , fphérique , pleine de petites femences rondes , fortement unies les unes aux autres.

Obfervons d'abord que le nom de *lis* eft bien mal donné à ce genre de plante, qui n'a point de rapport aux *lis* : obfervons enfuite que le petit *lis des vallées*, *lilium convallium minus* de Bauhin, n'appartient point à ce genre de plante, car c'eft une efpece de fimilax.

M. de Tournefort compte fept efpeces véritables de *lis des vallées*, dont la principale eft le *lis des vallées blanc*, *lilium convallium album*, que nous appellons communément *muguet*. Quelquefois fa fleur eft incarnate , & quelquefois double , panachée.

Voyez la defcription de cette plante *au mot* MUGUET (*D. J.*)

LIS DES VALLÉES, (*Mat. med.*) *Voyez* MUGUET.

LIS *ou* LIS BLANC , (*Chimie*, *Pharmacie*, & *Mat. med.*) La partie aromatique de la fleur des *lis* n'en eft point féparable par la diftillation ; l'eau qu'on en retire par ce moyen n'a qu'une odeur defagréable d'herbe , & une très-grande pente à graiffer. *Voyez* EAUX DISTILLÉES. L'eau de *lis* que l'on trouve au rang des remedes dans toutes les pharmacopées, & qui eft fort vantée , comme anodine , adouciffante, &c, doit donc être bannie des ufages de la Medecine.

L'huile connue dans les difpenfaires fous les noms d'*oleum lirinum*, *crinimum* & *fufinum*, qu'on prépare en faifant infufer les fleurs de *lis* dans de l'huile d'olive , eft chargée de la partie aromatique des *lis*, mais ne contient pas la moindre portion du mucilage qui conftitue leur partie vraiment médicamenteufe. L'huile de *lis* n'eft donc autre chofe que de l'huile d'olive chargée d'un parfum leger, peu capable d'altérer fes vertus qui lui font propres, & par conféquent un remede qui n'augmente pas la fomme des fecours pharmaceutiques. *Voyez* HUILE.

Les fleurs de *lis* cuites dans l'eau & réduites en pulpe , font employées utilement dans les cataplafmes émolliens & calmans ; mais l'on emploie beaucoup plus communément les oignons de cette plante préparés de la même maniere ; ces oignons font un des ingrédiens les plus ordinaires des cataplafmes dont on fe fert dans les tumeurs inflammatoires qu'on veut conduire à fuppuration ; fouvent même ce n'eft qu'un oignon de *lis* cuit fous la cendre qu'on applique dans ces affections extérieures. Ce remede réuffit prefque toujours : fes fréquens fuccès en ont fait un médicament domeftique dont perfonne n'ignore les ufages. (*b*)

LIS DE PIERRE, *lilium lapideum*; (*Hift. nat.*) nom donné par quelques naturaliftes à une pierre fur laquelle on voit en relief un corps qui reffemble à un *lis*. M. Klein croit que c'eft une efpece d'étoile de mer dont l'analogue vivant eft étranger à nos mers ; il l'appelle *entrochus ramofus*. Il trouve que par la figure il a du rapport avec l'étoile de mer de Magellan. Quelques auteurs croient que cette pierre eft la même que l'*encrinos* ou l'*encrinite* dont Agricola donne la defcription , auffi-bien que Lachmund dans fon *Oryctographia Hildesheimenfis*, *Voyez l'article* ENCRINITE. Cependant Scheuchzer appelle *pierre de lis* un fragment de corne d'ammon, fur la furface ou l'écorce de laquelle on voyoit comme imprimées des fleurs de *lis* femblables à celles qui font dans les armes de France. Mais il paroît que c'eft l'*encrinos* qui doit à jufte titre refter en poffeffion du nom de *pierre de lis* ou de *lis de pierre*. (—)

LIS , *ou* NOTRE DAME DU LIS , (*Hift. mod.*) ordre militaire inftitué par Garcias IV. roi de Navarre , à l'occafion d'une image de la fainte Vierge, trouvée miraculeufement dans un *lis*, & qui guérit ce prince d'une maladie dangereufe. En reconnoiffance de ces deux événemens, il fonda en 1048 l'ordre de *Notre-Dame du Lis*, qu'il compofa de trente-huit chevaliers nobles, qui faifoient vœu de s'oppofer aux Mores, & s'en réferva la grande-maîtrife à lui & à fes fucceffeurs. Ceux qui étoient honorés du collier, portoient fur la poitrine un *lis* d'argent en broderie, & aux fêtes ou cérémonies de l'ordre , une chaîne d'or entrelacée de plufieurs M M gothiques, d'où pendoit un *lis* d'or émaillé de blanc , fortant d'une terraffe de finople , & furmonté d'une grande M , qui eft la lettre initiale du nom de *Marie*. Favin, *hift. de Navarre*.

LIS , (*Hift. mod.*) nom d'un ordre de chevalerie inftitué en 1546 par le pape Paul III, qui chargea les chevaliers de défendre le patrimoine de saint Pierre, contre les entreprises de ses ennemis, comme il avoit établi pour le même but, ceux de saint Georges dans la Romagne, & de Lorette dans la Marche d'Ancone, quoique Favin rapporte l'origine de celui-ci à Sixte V. & le fasse de quarante-un ans postérieur à la création qu'en fit Paul III. selon d'autres auteurs.

Les chevaliers du *lis* étoient d'abord au nombre de cinquante, qu'on appelloit aussi *participans*, parce qu'ils avoient fait au pape un présent de 25000 écus, & on leur avoit assigné sur le patrimoine de saint Pierre, un revenu de trois mille écus, outre plusieurs privileges dont ils furent décorés. La marque de l'ordre est une médaille d'or que les chevaliers portent sur la poitrine ; on y voit d'un côté l'image de Notre-Dame du Chesne, ainsi nommée d'une église fameuse à Viterbe, & de l'autre un *lis* bleu céleste sur un fond d'or, avec ces mots ; *Pauli III. Pontific. Max, Munus.* Paul IV. confirma cet ordre en 1556, & lui donna le pas sur tous les autres. Les chevaliers qui le composent portent le dais sous lequel marche le pape dans les cérémonies lorsqu'il n'y a point d'ambassadeurs de princes pour faire cette fonction. Le nombre de ces chevaliers fut augmenté la même année jusqu'à trois cens cinquante. Bonanni, *catalog. equestr. ordin.*

LIS D'ARGENT, (*Monnoie.*) monnoie de France, qu'on commença à fabriquer ainsi que les *lis* d'or, en Janvier 1656. Les *lis* d'argent, dit le Blanc, *pag.* 387, étoient à onze deniers douze grains d'argent fin, de trente pieces & demie au marc, de six deniers cinq grains trébuchant de poids chacune, ayant cours pour vingt sols, les *demi-lis* pour dix sols, & les quarts de *lis* pour cinq sols. (*D. J.*)

LIS D'OR, (*Monnoies.*) piece d'or marquée au revers du pavillon de France. Ce fut une nouvelle espece de monnoie, dont la fabrication commença en Janvier 1656, & ne dura guere. Le *lis d'or*, dit le Blanc ; *pag.* 387, pese trois deniers & demi-grain. Ils sont au titre de vingt-trois carats un quart, à la taille de soixante & demi au mare, pesant trois deniers trois grains & demi trébuchant, la piece, & ont cours pour sept livres. Voilà une évaluation faite en homme de métier, qui nous mettroit en état de fixer avec la derniere exactitude, s'il en étoit besoin, la valeur du *lis d'or*, vis-à-vis de toutes les monnoies de nos jours. *Voyez* MONNOIE. (*D. J.*)

LIS, *fleur de* (*Blason.*) *Voyez* FLEUR-DE-LIS, & lisez que ces fleurs ont été réduites à trois sous Charles V. & non pas sous Charles VII. Je persiste à regarder la conjecture de Chiflet comme plus hasardée que solide ; mais il est vraissemblable, que ce qui fut long-tems une imagination de peintres, devint les armoiries de France. D'anciennes couronnes des rois des Lombards, dont on voit des estampes fideles dans Muratori, sont surmontées d'un ornement semblable, & qui n'est autre chose, que le fer d'une lance lié avec deux autres fers recourbés. Quoi qu'il en soit, cet objet futile ne valoit pas la peine d'exercer la plume de Sainte-Marthe, du Cange, de du Tillet & du P. Mabillon. Je ne parle pas de Chiflet, de la Roque, des PP. Tristan de Saint-Amand, Ferrand, Ménestrier & Rousselet, jésuites. Ces derniers écrivains ne pouvoient guere se nourrir d'objets intéressans. (*D. J.*)

LIS, s. m. (*Ourdissage.*) c'est la même chose que les gardes du rot, ou les grosses dents qui sont aux extrémités du peigne.

LIS, *la* (*Géogr.*) en latin *Legia*, riviere des pays-bas françois. Elle prend sa source à Lisbourg en Artois, & se jette dans l'Escaut à Gand. On voit que le nom de cette riviere, joint à ceux de l'Escaut, de la Meuse, du Rhin & de la Moselle, dans les vers des poëtes françois, lors des conquêtes de Louis XIV. en Flandres, ils lui disent sans cesse, d'une maniere ou d'autre, également éloignées de la vérité :

Et la Meuse, le Rhin, la Moselle & la Lis,
Admirant vos exploits, tendent les bras aux lis.
(*D. J.*)

LISATZ, s. m. (*Comm.*) toiles qui viennent des Indes, de Perse & de la Mecque. Il y en a de plusieurs qualités. Elles ont deux piés un quart de large, ou cinq pans & demi de Marseille.

LISBONNE, (*Géogr.*) capitale du Portugal, sur le Tage, à quatre lieues de l'Océan, trente-quatre S. O. de Coimbre, soixante N. O. de Séville, cent six S. O. de Madrid.

Elle est 12^d. 57'. 45''. plus orientale que Paris ; *lat.* 38^d. 45'. 25''. selon les observations de M. Couplet, faites sur les lieux en 1698, & rapportées dans les mémoires de l'académie des Sciences, année 1700, *pag.* 175.

Long. 10. 49. par les observations de Jacobey, rapportées dans les Transactions philosophiques, & approuvées par M. de Lisle, dans les mémoires de l'académie royale des Sciences.

Long. selon M. Cassini, 9^d. 6'. 30''. *lat.* 38^d. 43'. & selon M. Couplet, 38^d. 45'. 25''.

Long. orientale selon M. le Monnier, 8^d. 30'. *lat.* 38^d. 42'. 10''.

M. Bradley a établi 9^d. 7'. 30''. ou O. H. 36'. 30'' ; pour différence de longitude entre Londres & Lisbonne. Voyez *les Transactions philosophiques*, n°. 394.

Cette ville est le séjour ordinaire du roi & de la cour, le siége du premier parlement du royaume, qu'on nomme *relaçao*, avec un archevêché, dont l'archevêque prend le titre de patriarche, une université, une douane, dont la ferme est un des plus grands revenus du prince, & sur-tout pour le Tage d'environ quatre lieues de long, estimé le meilleur & le plus célebre de l'Europe, quoiqu'exposé quelquefois à de violens ouragans.

On a vû cette ville briller en amphithéâtre, par sa situation sur sept montagnes, d'où l'on découvre le Tage dans toute son étendue, la campagne & la mer. On vantoit, il n'y a pas six ans, la solidité des forts de Lisbonne & de son château, la beauté de ses places & de ses édifices publics, de ses églises, de ses palais, & sur-tout de celui du roi. Enfin on la regardoit avec raison, comme une des principales villes de l'Europe, & le centre d'un commerce prodigieux. Toutes ces belles choses ont été effacées du livre de vie, par une révolution également prompte & inopinée.

« Lisbonne étoit ; elle n'est plus », dit une lettre qui nous apprit qu'un tremblement de terre arrivé le premier Novembre 1755, en avoit fait une seconde Héraclée ; mais puisqu'on espere aujourd'hui de la tirer de ses ruines, & même de lui rendre sa premiere splendeur, nous laisserons un moment le rideau sur l'affreuse perspective qui l'avoit détruite, pour dire un mot de son ancienneté & des diverses révolutions qu'elle a souffertes, jusqu'à la derniere catastrophe, dont on vient d'indiquer l'époque trop mémorable.

Quoique vivement touché de ses malheurs, je ne puis porter son ancienneté au siecle d'Ulysse, ni croire que ce héros, après la destruction de Troie, en ait jetté les fondemens ; desorte que déflors, elle fut appellée *Ulyssipone*, ou *Ulyssipo*. Outre que selon toute apparence, Ulysse n'est jamais sorti de la Méditerranée, le vrai nom de cette ville étoit *Olyssipo*, comme il paroit par l'inscription suivante, qui y a été trouvée. *Imp. Cæs. M. Julio. Philipp. Fel. Aug. Pontif. Man. Trib. Pot. II. P.P. Cons. III. Fel, Jul, Olissipo.* Cette inscription confirme que *Lis-*

bonne,

LIS

bonne, après avoir reçû une colonie romaine, prit le nom de *Felicitas Julia*; & c'est assez pour justifier son ancienneté.

Elle a été plusieurs fois attaquée, conquise & reconquise par divers peuples. D. Ordogno III. qui régnoit dans le dixieme siecle, s'en rendit maître, & la rasa. Elle fut à peine rebâtie, que les Maures s'en emparerent. D. Henri la reprit au commencement du douzieme siecle, & bientôt après elle retomba sous la puissance des Sarrasins. C'étoit le tems des croisades; D. Alphonse en obtint une pour la retirer des mains des infideles. On vit en 1145, une flotte nombreuse montée par des Flamands, des Anglois & des Allemands, entrer dans le Tage, attaquer les Maures, & leur enlever *Lisbonne*. Dès que le comte de Portugal se trouva possesseur de cette ville, il la peupla de chrétiens, & en fit sa capitale, au lieu de Coimbre, qui l'avoit été jusqu'alors. Un étranger nommé Gilbert, fut sacré son premier évêque. Henri, roi de Castille, la fournit à sa couronne en 1373. Elle rentra dans la suite sous le pouvoir des Portugais, & y demeura jusqu'à ce que le duc d'Albe, vainqueur de D. P. d'Achuna, la rangea sous la domination espagnole. Enfin par la révolution de 1640, le duc de Bragance fut proclamé dans *Lisbonne* roi de Portugal, & prit le nom de Jean IV.

Ses successeurs s'y sont maintenus jusqu'à ce jour. Charmés de la douceur de son climat, & pour ainsi dire de son printems continuel, qui produit des fleurs au milieu de l'hiver, ils ont aggrandi cette capitale de leurs états, l'ont élevée sur sept collines, & l'ont étendue jusqu'au bord du Tage. Elle renfermoit dans son enceinte un grand nombre d'édifices superbes, plusieurs places publiques, un château qui la commandoit, un arsenal bien fourni d'artillerie, un vaste édifice pour la douane, quarante églises paroissiales, sans compter celles des monasteres, plusieurs hôpitaux magnifiques, & environ trente mille maisons, qui ont cédé à d'affreux tremblemens de terre, dont le récit fait frissonner les nations même, qui sont le plus à l'abri de leurs ravages.

Le matin du premier Novembre 1755, à neuf heures quarante-cinq minutes, a été l'époque de ce tragique phénomene, qui inspire des raisonnemens aux esprits curieux, & des larmes aux ames sensibles. Je laisse aux Physiciens leurs conjectures, & aux historiens du pays, le droit qui leur appartient de peindre tant de désastres. *Quæque ipsa miserrima vidi, & quorum pars magna fui*, écrivoit une dame étrangere, le 4 Novembre, dans une lettre datée du milieu des champs, qu'elle avoit choisi pour refuge à cinq milles de l'endroit où étoit *Lisbonne* trois jours auparavant.

Le petit nombre de maisons de cette grande ville, qui échapperent aux diverses secousses des tremblemens de terre de l'année 1755 & 1756, ont été dévorées par les flammes, ou pillées par les brigands. Le centre de *Lisbonne* en particulier, a été ravagé d'une maniere inexprimable. Tous les principaux magasins ont été culbutés ou réduits en cendres; le feu y a consumé en marchandises, dont une grande partie appartenoit aux Anglois, pour plus de quarante millions de cruzades. Le dommage des églises, palais & maisons, a monté au-delà de cent cinquante millions de la même monnoie, & l'on estimoit le nombre des personnes qui ont péri sous les ruines de cette capitale, ou dans son incendie, entre 15 à 20000 ames.

Toutes les puissances ont témoigné par des lettres à S. M. T. F. la douleur qu'elles ressentoient de ce triste événement; le roi d'Angleterre plus intimement lié d'amitié, & par les intérêts de son commerce, y envoya, pour le soulagement des malheu-

LIS 573

reux, des vaisseaux chargés d'or & de provisions, qui arriverent dans le Tage au commencement de Janv. 1756, & ses bienfaits furent remis au roi de Portugal. Ils consistoient en trente mille livres sterling en or, vingt mille livres sterling en pieces de huit, six mille barils de viande salée, quatre mille barils de beurre, mille sacs de biscuit, douze cens barils de ris, dix mille quintaux de farine, dix mille quintaux de blé, outre une quantité considérable de chapeaux, de bas & de souliers. De si puissans secours, distribués avec autant d'économie que d'équité, sauverent la vie des habitans de *Lisbonne*, réparerent leurs forces épuisées, & leur inspirerent le courage de relever leurs murailles, leurs maisons & leurs églises.

Terminons cet article intéressant de *Lisbonne* par dire un mot d'Abarbanel, de Govea, de Lobo, & sur-tout du Camoens, dont cette ville est la patrie.

Le rabbin *Isaac* Abarbanel s'est distingué dans ses commentaires sur l'ancien Testament, par la simplicité qui y regne, par son attachement judicieux au sens littéral du texte, par sa douceur & sa charité pour les chrétiens, dont il avoit été persécuté. Il mourut à Venise en 1508, âgé de soixante-onze ans.

Antoine de Govea passe pour le meilleur jurisconsulte du Portugal; son traité *de jurisdictione*, est de tous ses ouvrages celui qu'on estime le plus. Il est mort en 1565.

Le P. *Jérôme* Lobo, jésuite, finit ses jours en 1678, âgé de quatre-vingt-cinq ans, après en avoir passé trente en Ethiopie. Nous lui devons la meilleure relation qu'on ait de l'Abyssinie; elle a été traduite dans notre langue par M. l'abbé le Grand, & imprimée à Paris en 1728, *in-*4°.

Mais le célebre Camoens a fait un honneur immortel à sa patrie, par son poëme épique de la Lusiade. On connoît sa vie & ses malheurs. Né à *Lisbonne* en 1524 ou environ, il prit le parti des armes, & perdit un œil dans un combat contre les Maures. Il passa aux Indes en 1553, déplut au viceroi par ses discours, & fut exilé. Il partit de Goa, & se réfugia dans un coin de terre déserte, sur les frontieres de la Chine. C'est là qu'il composa son poëme; le sujet est la découverte d'un nouveau pays, dont il avoit été témoin lui-même. Si l'on n'approuve pas l'érudition déplacée qu'il prodigue dans le poëme vis-à-vis des Sauvages; si l'on condamne le mélange qu'il y fait des fables du paganisme, avec les vérités du Christianisme, du-moins ne peut-on s'empêcher d'admirer la fécondité de son imagination, la richesse de ses descriptions, la variété & le coloris de ses images.

On dit qu'il pensa perdre ce fruit de son génie en allant à Macao; son vaisseau fit naufrage pendant le cours de la navigation; alors le Camoens, à l'imitation de César, eut la préfence d'esprit de conserver son manuscrit, en le tenant d'une main au-dessus de l'eau, tandis qu'il nageoit de l'autre. De retour à *Lisbonne* en 1569, il y passa dix ans malheureux, & finit sa vie dans un hôpital en 1579. Tel a été le sort du Virgile des Portugais (*D. J.*)

LISCA-BIANCA, (*Géog.*) la plus petite des iles de Lipari au nord de la Sicile. Strabon la nomme Εὐωνύμος, *sinistra*, parce que ceux qui alloient de Lipari en Sicile, la laissoient à la gauche; il ajoute que de son tems, elle étoit comme abandonnée: *Lisca-Bianca* n'a point changé en mieux, à contraire ce n'est plus qu'un rocher entierement desert. (*D. J.*)

LISERE, s. m. (*Brodeur.*) c'est le travail qui s'exécute sur une étoffe, en suivant le contour des fleurs & du dessein avec un fil ou un cordonnet d'or, d'argent ou de soie.

LISERON, *convolvulus*, s. m. (*Hist. nat. Bot.*) genre de plante à fleur monopétale campaniforme dont les bords sont ordinairement renversés en dehors; il sort du calice un pistil qui est attaché comme un clou à la partie inférieure de la fleur, & qui devient un fruit arrondi, membraneux & enveloppé le plus souvent du calice: ce fruit est divisé en trois loges dans quelques especes de ce genre; & il n'a qu'une seule cavité dans d'autres; il renferme des semences ordinairement anguleuses. Tournefort, *Inst. rei herb. Voyez* PLANTE.

Ce genre de plante qu'on vient de caractériser; s'appelle en Botanique *convolvulus*, & c'est un genre de plante bien étendu, puisque toutes les parties du monde s'accordent à en fournir quantité d'especes. Tournefort en compte 56, & je compte qu'il s'en faut de beaucoup qu'il les ait épuisées; mais la seule description du grand *liseron* commun à fleurs blanches peut suffire au plan de cet ouvrage. C'est le *convolvulus major, albus,* des Bauhins, de Parkinson, de Ray, de Tournefort, &c. On l'appelle en anglois *the great white bind-weed*.

Sa racine est longue, menue, blanche, garnie de fibres à chaque nœud, vivace, d'un goût un peu âcre. Elle pousse des tiges longues, grêles, tortues, sarmenteuses, entrelacées ensemble, cannelées, qui s'élevent fort haut en grimpant, & se lient par leurs vrilles autour des arbres & arbrisseaux voisins. Ses feuilles sont larges, évidées en forme de cœur, plus grandes, plus molles & plus douces au toucher que celles du lierre, pointues, lisses, vertes, attachées à de longues queues. Ses fleurs ont la figure d'une cloche; & sont blanches comme neige, agréables à la vue, portées sur un assez long pédicule qui sort des aisselles des feuilles; elles sont soutenues par un calice ovale, divisé en cinq parties avec autant d'étamines à sommet applati. Quand ces fleurs sont tombées, il leur succede des fruits presque ronds, gros comme de petites cerises, membraneux, enveloppés du calice. Ces fruits contiennent deux semences anguleuses ou pointues, de couleur de suie ou d'un noir tirant sur le rougeâtre.

Cette plante fleurit en été, & sa semence mûrit en automne. Elle rend un suc laiteux comme les autres especes du même genre. Sa racine est purgative, ce qui lui a fait donner par Hoffman, le nom de *montée d'Allemagne*, pays où elle abonde; elle vient presque par-tout, dans les haies, dans les sailles, dans les lieux secs, dans les lieu & principalement dans les lieux cultivés des mauvaises herbes, & des plus fun diniers curieux; car s'attachant par toutes les plantes qu'elle rencontre tille, les mange, & s'éleve par-d remede pour la détruire est de l' la tête, parce qu'elle répand qui la saigne jusque à la mor (*D. J.*)

LISERON-ÉPINEUX, (. cette plante sous le nor faut éviter les équivo penser que le *lifero liferon*, au lieu qu ferent. (*D* LISEU ques d' seins.

... l'écri- sont assez les unes des on caractere *lisi* out lire aisément. *Ourdissage*.) c'est le

bord d'ur étoffe ou en laine ou en soie, qui est toujours d'un tissu plus fort & plus serré, & communément d'ur autre couleur que l'étoffe. *Voyez les articles* MANUFACTURE EN LAINE & EN SOIE.

Il se dit aussi de deux cordons larges & plats qu'on attache à corps des enfans, par derriere, à la hauteur des aules, à l'aide desquels on les soutient & on leur a rend à marcher.

Ce mot ier se prend aussi au figuré, & l'on dit d'un homme subjugué par un autre, qu'*il en est mené à la lisiere*.

On dit la *lisiere* d'une contrée, la *lisiere* d'une forêt.

LISIEF EN SAILLIE, (*Fortific.*) on appelle ainsi, dans la Fortification, une espece de chemin de 10 ou 12 piés de large qu'on laisse dans les places revêtues seulement de gazons, entre le pié du chemin couvert du rempart & le bord du fossé, & qui sert à empêcher que s terres du rempart ne s'éboulent dans le fossé; on l'appelle communément *berme* & *relais*. *Voyez* BE...

LISIEUX, (*Géog.*) ancienne & jolie ville de France de la haute Normandie, au Lieuwin, avec titre de conté, & un évêché suffragant de Rouen.

Lisieux se nomme en latin *civitas Lexoviorum*, *Lixoviorum*, *Lexovium*, *Lixovium*, *Liciacensis civitas*. Elle a tiré son nom, suivant l'abbé de Longuerue, des peupl *Lexovii* ou *Lexobii*. Sous les rois de France, elle f... pitale d'un pays, qui est nommé dans les ...tes, *Lisvinus, Livinus*... *Lisvinus*... de *Lisieux*. Ce comté ... à l'... par-là, est devenu seigneu... porel d... e. Il reconnoit, pour ... que, ... e, qui assista au concile d'Orléans ...

tombe en décadence, sur-tout ... is que siege de son évêché a été réuni à celui de Waterford, cependant elle se ressouvient toujours d'avoir prduit dans le dernier siecle un citoyen célebre, l'illustre Robert B...le, que Charles II. le roi Jacques, & le roi Guillaume considérerent également. Il est si connu par ses travaux & ses importantes découvertes en Physique, que je suis dispensé des détails. Je dirai seulement qu'il mourut en 1691, à l'âge de 65 ans, On a donné à Londres, en 1744, une

LIS

magnifique édition de ses œuvres en 5 vol. 1-folio. D. J.)

ISONZO, LE, (*Géog.*) riviere d'Italie dans l'île la république de Venise, & au Frioul. Elle a sa source dans les Alpes & dans la haute Carinthie, et par se jetter dans le golfe de Venise, entre le de Trieste à l'orient, & les lagunes d'Mara- cident. (*D. J.*)

A ou ISSA, (*Géog.*) petite île du pelfe de sur la côte de Dalmatie, appartenate aux s. Quoiqu'elle soit une des plus petites îles uvent sur la côte de Dalmatie, elle e laisse e célebre dans l'histoire ancienne. Jues Cé- m. *liv. IV. De bello civili*, & TIT-LIVE, *liv. I.* nous disent qu'elle avoit doné à la e Romaine un secours de vingt v sseaux ntre Philippe, roi de Macédoine. Elle ne ouner aujourd'hui à la républiquele Ve- quelques tonneaux d'excellent vi, des des anchois, que l'on pêche en asiz gran- nce sur ses côtes. *Long. 34. 35. lt. 43.*

Géog.) petite ville de la grande ologne de Poïnanie, sur les frontieres e Silé- de Glogau. *Long. 33. 47. lat. 11. 39.*

s. f. (*Gram. & art. méchan.*) ce mot a des fort diverses. *Voyez les articles suivans.*

es ouvriers qui ourdissent, ce sontles fils sur des tringles de bois, qui embraent les aine & qui les font lever & baisser disféré-

les ouvriers en papiers, en cartons & au- sont des instrumens qu'on appliqu forte- l'ouvrage, & qui en effacent les pl.

SES, (*Marine.*) *Voyez* CEINTES « PRÉ- ES.

Lisses sont de longues pieces de bois qe l'on divers endroits sur le bout des membres des d'un vaisseau. Elles portent divers nos, sui- endroit du vaisseau où elles sont placées.

e de vibord, c'est une préceinte un peu plus que les autres, qui tient le vaisseau but au- par les hauts. *Voyez Pl. IV. (Marine.) fig. 1.* 67. & 168. Premiere *lisse* & seconde *lisse* de rd. *Voyez aussi Pl. V. fig. 1.* ces pieces ous les mes nombres.

sse de plat-bord, c'est celle qui termine es œu- mortes entre les deux premieres ra ties, on tinue cette *lisse* de long en long avec des mou- es pour y donner la grace; elle a de la eur un uce moins que la cinquieme préceinte, ce en est oignée d'une distance égale à cette larger & on a tracé parallelement à cette cinquieme piceinte. Sa largeur dans un vaisseau de 70 canons st de 9 pouces. Il arrive quelquefois que le dessos de la *lisse* du plat-bord se trouve plus ou moins levé de quelques pouces que la ligne du gaillard, mis ordi- nairement ces deux lignes se confondent. L *lisse* de plat-bord doit être éloignée de la cinquieme pré- ceinte de la largeur environ de cette même *lisse*, c'est-à-dire, que le remplissage entre la ciquieme préceinte & la *lisse* de plat-bord, differe trepeu de la largeur de cette *lisse*.

Lisse d'hourdy s'appelle aussi la *grande bare d'ar- casse*, c'est une longue piece de bois qui est lacée à l'arriere, & elle peut être regardée comm un ban qui passe derriere l'étambot, & sur lequel sont atta- chés les estains. Si on considere les estains comme une portion de cercle, elle en fait la corde à l'étam- bot la flèche, le tout ensemble s'appelle *arcasse*. Pour connoitre la position de la *lisse d'hordy* vue différemment, *voyez Pl. III. Marine, fig. 1.* la poupe d'un vaisseau du premier rang, la *lisse d'hurdy* est

LIS 575

éotée *B*, & la poupe d'un vaisseau, *Pl. IV. fig. 1.* N°. 9.

La *lisse d'houray* a deux courbures, une dans le sens horisontal, l'autre dans le vertical, c'est ce qu'on appelle *son arc*, *sa tenture ou son bouge*.

Pour determiner l'étambot la hauteur où doit être placée la *lisse d'hourdy*, il faut additionner le creux, le relevement du pont à l'arriere, avec la hauteur du feuillet des bords de la sainte-barbe, qui est la même chose que celle des feuillets de la pre- miere batterie.

La longueur de la *lisse d'hourdy* est fort arbitraire; beaucoup de constructeurs la font des deux tiers de la plus grande largeur du vaisseau, & pour sa lar- geur, son épaisseur & son bouge, ils prennent autant de pouces qu'elle a de piés de longueur.

Il y a des constructeurs qui prennent 6 lignes par pié de la longueur de la *lisse d'hourdy* pour en avoir l'arc ou le bouge; d'autres lui donnent autant de bouge qu'elle a d'épaisseur. Il ne convient pas d'éta- blir une regle générale pour tous les vaisseaux de différentes grandeurs, cette *lisse* devant être propor- tionnellement plus longue pour les gros vaisseaux que pour les petits. Nous allons donner plusieurs exemples, qui mettront en état de fixer la longueur de la *lisse d'hourdy* pour toutes sortes de vaisseaux.

Pour un vaisseau de 110 canons, de 47 piés 6 pouces de largeur, on prend les deux tiers de la lar- geur totale du vaisseau, & 3 lignes de plus par pié.

Pour un vaisseau de 102 canons, on prend les deux tiers de la largeur & 8 pouces de plus.

Pour un vaisseau de 82 canons, les deux tiers de la largeur.

Pour un vaisseau de 74 canons, 7 pouc. 9 lignes par pié de la largeur.

Pour un vaisseau de 62 canons, 7 pouc. 8 lignes par pié de la largeur.

Pour un vaisseau de 56 canons, 7 pouc. 7 lignes 3 points par pié de la largeur.

Pour un vaisseau de 50 canons, 7 pouc. 6 lign. & demie par pié de la largeur.

Pour un vaisseau de 46 canons, 7 pouc. 6 lign. par pié de la largeur.

Pour un vaisseau de 32 canons, 7 pouc. 5 lign. & demie par pié de la largeur.

Pour une frégate de 22 canons, 7. pouc. 4 lign.

Pour une corvette de 12 canons, 7 pouces par pié de la largeur.

Ceci est tiré des *Elémens de l'architecture navale* de M. du Hamel.

Il y en a qui, sans tant de précaution, donnent de longueur à la *lisse d'hourdy* pour les vaisseaux du premier rang & du deuxieme, les deux tiers de la largeur, & pour les autres vaisseaux un pié de moins.

Il est bon de remarquer que plus on augmente la longueur de la *lisse d'hourdy*, plus les vaisseaux ont de largeur à l'arriere, & plus on gagne d'emplace- ment pour le logement des officiers, plus encore on a de facilité dans le cas du combat pour placer de la mousqueterie. Mais cet élargissement du vaisseau présente une feature au vent, qui est toujours desa- vantageuse quand on court au plus près; néanmoins on peut négliger le petit avantage qu'il y auroit à raccourcir la *lisse d'hourdy* relativement à la mar- che au plus près, pour donner aux officiers plus de commodité, parce qu'il n'y a pas à beaucoup près autant d'inconvénient à augmenter la largeur que l'élévation des œuvres mortes.

Lisses de gabarits, on donne ce nom à la beloire, aux lattes, & en général à toutes les pieces qui sont employées pour former les gabarits ou les façons d'un vaisseau.

Lisses de porte-haubans, ce sont de longues pieces

dont les bords sont ordinairement renversés en dehors; il sort du calice un pistil qui est attaché comme un clou à la partie inférieure de la fleur, & qui devient un fruit arrondi, membraneux & enveloppé le plus souvent du calice : ce fruit est divisé en trois loges dans quelques especes de ce genre; & il n'a qu'une seule cavité dans d'autres; il renferme des semences ordinairement anguleuses. Tournefort, *Inst. rei herb. Voyez* PLANTE.

Ce genre de plante qu'on vient de caractériser, s'appelle en Botanique *convolvulus*, & c'est un genre de plante bien étendu, puisque toutes les parties du monde s'accordent à en fournir quantité d'especes. Tournefort en compte 56, & je compte qu'il s'en faut de beaucoup qu'il les ait épuisées; mais la seule description du grand *liseron* commun à fleurs blanches peut suffire au plan de cet ouvrage. C'est le *convolvulus major*, *albus*, des Bauhins, de Parkinson, de Ray, de Tournefort, &c. On l'appelle en anglois *the great white bind-weed*.

Sa racine est longue, menue, blanche, garnie de fibres à chaque nœud, vivace, d'un goût un peu âcre. Elle pousse des tiges longues, grêles, tortues, sarmenteuses, entrelacées ensemble, cannelées, qui s'elevent fort haut en grimpant, & se lient par leurs vrilles autour des arbres & arbrisseaux voisins. Ses feuilles sont larges, évidées en forme de cœur, plus grandes, plus molles & plus douces au toucher que celles du lierre, pointues, lisses, vertes, attachées à de longues queues. Ses fleurs ont la figure d'une cloche; & sont blanches comme neige, agréables à la vue, portées sur un assez long pédicule qui sort des aisselles des feuilles; elles sont soutenues par un calice ovale, divisé en cinq parties avec autant d'étamines à sommet applati. Quand ces fleurs sont tombées, il leur succede des fruits presque ronds, gros comme de petites cerises, membraneux, enveloppés du calice. Ces fruits contiennent deux semences anguleuses ou pointues, de couleur de suie ou d'un noir tirant sur le rougeâtre.

Cette plante fleurit en été, & sa semence mûrit en automne. Elle rend un suc laiteux comme les autres especes du même genre. Sa racine est purgative, ce qui lui a fait donner par Hoffman, le nom de *scammonée d'Allemagne*, pays où elle abonde; mais elle vient presque par-tout, dans les haies, dans les brossailles, dans les lieux secs, dans les lieux humides, & principalement dans les lieux cultivés. C'est une des mauvaises herbes, & des plus funestes aux jardiniers curieux; car s'attachant par ses racines à toutes les plantes qu'elle rencontre, elle les entortille, les mange, & s'éleve par-dessus. Le meilleur remede pour la détruire est de la couper souvent par la tête, parce qu'elle répand alors beaucoup de lait qui la saigne jusque à la mort, disent les jardiniers. (*D. J.*)

LISERON-ÉPINEUX, (*Botan.*) *Voyez* l'article de cette plante sous le nom botanique SMILAX; car il faut éviter les équivoques, & il seroit tout simple de penser que le *liseron-épineux* est une des especes de *liseron*, au lieu que c'est un genre de plante tout différent. (*D. J.*)

LISEUSE, s. f. nom que l'on donne dans les fabriques d'étoffe de soie, à la personne qui lit les desseins.

On appelle *liseuse* celle qui leve les desseins & les transpose corde par corde sur le semple, c'est dans cette occasion que l'on se sert des embarbes.

LISIBLE, adj. (*Ecrivain.*) est usité dans l'écriture. Un caractere ouvert dont les traits sont assez ronds, les lettres également écartées les unes des autres, les mots, les lignes; enfin, un caractere *lisible*, est celui que tout le monde peut lire aisément.

LISIERE, s. f. (*Gramm. & Ourdissage.*) c'est le bord d'une étoffe ou en laine ou en soie, qui est toujours d'un tissu plus fort & plus serré, & communément d'une autre couleur que l'étoffe. *Voyez les articles* MANUFACTURE EN LAINE & EN SOIE.

Il se dit aussi de deux cordons larges & plats qu'on attache aux corps des enfans, par derriere, à la hauteur des épaules, à l'aide desquels on les soutient & on leur apprend à marcher.

Ce dernier se prend aussi au figuré, & l'on dit d'un homme subjugué par un autre, qu'*il en est mené à la lisiere*.

On dit la *lisiere* d'une contrée, la *lisiere* d'une forêt.

LISIERE EN SAILLIE, (*Fortific.*) on appelle ainsi, dans la Fortification, une espece de chemin de 10 ou 12 piés de large qu'on laisse dans les places revêtues seulement de gazons, entre le pié du côté extérieur du rempart & le bord du fossé, & qui sert à empêcher que les terres du rempart ne s'éboulent dans le fossé; on l'appelle communément *berme* & *relais*. *Voyez* BERME.

LISIEUX, (*Géog.*) ancienne & jolie ville de France dans la haute Normandie, au Lieuwin, avec titre de comté, & un évêché suffragant de Rouen.

Lisieux se nomme en latin *civitas Lexoviorum*, *Lixoviorum*, *Lexovium*, *Lixovium*, *Liciacensis civitas*. Elle a tiré son nom, suivant l'abbé de Longuerue, des peuples *Lexovii* ou *Lexobii*. Sous les rois de France, elle fut la capitale d'un pays, qui est nommé dans les capitulaires, *Lisvinus*, *Livinus*, *comitatus Lisvinus*, le comté de *Lisieux*. Ce comté a été donné à l'évêque, qui, par-là, est devenu seigneur temporel de la ville. Il reconnoît, pour son premier évêque, Litarde, qui assista au concile d'Orléans l'an 511. Son évêché, l'un des plus considérables de la province, vaut 50 mille livres de rentes, & son palais épiscopal est une belle maison. Il y a à *Lisieux* une grande fabrique de toiles, de frocs & de pinchinas.

Cette ville est entre Seez & Verdun, en partie sur une côte, en partie dans une belle vallée, au confluent de l'Arbec & du Gasse qui, après s'être joints, prennent le nom de *Touques*. La position de *Lisieux* est à 3 lieues de Pont-l'évêque, à 18 S. O. de Rouen, 10 E. de Caen, 5 de la mer, 40 N. O. de Paris. *Long.* selon Lieutaud, 15*d.* 40'. 30''. *lat.* 49. 11.

Vattier (*Pierre*) est, que je sache, le seul homme de lettres dont *Lisieux* soit la patrie; après être devenu médecin, & conseiller de Gaston, duc d'Orléans, il abandonna la Médecine pour cultiver la langue arabe. Nous lui devons la traduction françoise de Timur, & celle des califes mahométans d'Elmacinus, qui parut à Paris en 1657. (*D. J.*)

LISME, s. f. (*Commerce.*) espece de tribu que les François du Bastion de France payent aux Algériens & aux Maures du pays, suivant les anciennes capitulations, pour avoir la liberté de la pêche du corail & du commerce au Bastion, à la Calle, au cap de Rose, à Bonne & à Colle. *Dictionn. de commerce.*

LISMORE, (*Géog.*) petite ville d'Irlande, dans la province de Munster, au comté de Waterford; elle envoie deux députés au parlement; sa situation est sur la riviere de Blackwater, à 14 milles S. de Tallagh, & 13 O. de Dungarvan. *Long.* 10. 9. *lat.* 52. 1.

Quoique *Lismore* tombe en décadence, sur-tout depuis que le siege de son évêché a été réuni à celui de Waterford, cependant elle se ressouvient toujours d'avoir produit dans le dernier siecle un citoyen célebre, l'illustre Robert Boyle, que Charles II. le roi Jacques, & le roi Guillaume considérerent également. Il est si connu par ses travaux & ses importantes découvertes en Physique, que je suis dispensé des détails. Je dirai seulement qu'il mourut en 1691, à l'âge de 65 ans, On a donné à Londres, en 1744, une magnifique édition de ses œuvres en 5 vol. in-folio. (*D. J.*)

LISONZO, LE, (*Géog.*) riviere d'Italie dans l'état de la république de Venise, & au Frioul. Elle a sa source dans les Alpes & dans la haute Carinthie; & finit par se jetter dans le golfe de Venise, entre le golphe de Trieste à l'orient, & les lagunes de Marano à l'occident. (*D. J.*)

LISSA ou ISSA, (*Géog.*) petite île du golfe de Venise, sur la côte de Dalmatie, appartenante aux Vénitiens. Quoiqu'elle soit une des plus petites îles qui se trouvent sur la côte de Dalmatie, elle ne laisse pas d'être célebre dans l'histoire ancienne. Jules César, *Comm. liv. IV. Dé bello civili*, & Tite-Live, *Décad. 4. liv. I.* nous disent qu'elle avoit donné à la république Romaine un secours de vingt vaisseaux armés contre Philippe, roi de Macédoine. Elle ne pourroit donner aujourd'hui à la république de Venise, que quelques tonneaux d'excellent vin, des sardines & des anchois, que l'on pêche en assez grande abondance sur ses côtes. *Long.* 34. 35. *lat.* 43. 22.

LISSA, (*Géog.*) petite ville de la grande Pologne au palatinat de Posnanie, sur les frontieres de Silésie, proche de Glogau. *Long.* 33. 47. *lat.* 51. 39. (*D. J.*)

LISSE, s. f. (*Gram. & art. méchan.*) ce mot a des acceptions fort diverses. *Voyez* les articles suivans.

§ Chez les ouvriers qui ourdissent, ce sont des fils disposés sur des tringles de bois, qui embrassent les fils de chaîne & qui les font lever & baisser à discrétion.

Chez les ouvriers en papiers, en cartons & autres, ce sont des instrumens qu'on applique fortement sur l'ouvrage, & qui en effacent les plis.

LISSES, (*Marine.*) *Voyez* CEINTES ou PRÉCEINTES.

Les *lisses* sont de longues pieces de bois que l'on met en divers endroits sur le bout des membres des côtés d'un vaisseau. Elles portent divers noms, suivant l'endroit du vaisseau où elles sont placées.

Lisse de vibord, c'est une préceinte un peu plus petite que les autres, qui tient le vaisseau tout autour par les hauts. *Voyez Pl. IV. (Marine.) fig. 1.* N°. 167. & 168. Premiere *lisse* & seconde *lisse* de vibord. *Voyez* aussi *Pl. V. fig. 1.* ces pieces sous les mêmes nombres.

Lisse de plat-bord, c'est celle qui termine les œuvres mortes entre les deux premieres rabattues, on continue cette *lisse* de long en long avec des moulures pour y donner la grace; elle a de largeur un pouce moins que la cinquieme préceinte, elle en est éloignée d'une distance égale à cette largeur & on la trace parallelement à cette cinquieme préceinte. Sa largeur dans un vaisseau de 70 canons est de 9 pouces. Il arrive quelquefois que le dessous de la *lisse* du plat-bord se trouve plus ou moins élevé de quelques pouces que la ligne du gaillard, mais ordinairement ces deux lignes se confondent. La *lisse* de plat-bord doit être éloignée de la cinquieme préceinte de la largeur environ de cette même *lisse*, c'est-à-dire, que le remplissage entre la cinquieme préceinte & la *lisse* de plat-bord, differe très-peu de la largeur de cette *lisse*.

Lisse d'hourdy s'appelle aussi la *grande barre d'arcasse*, c'est une longue piece de bois qui est placée à l'arriere, & elle peut être regardée comme un ban qui passe derriere l'étambot, & sur lequel sont attachés les estains. Si on considere les estains comme une portion de cercle, elle en fait la corde & l'étambot la fléche, le tout ensemble s'appelle l'*arcasse*. Pour connoître la position de la *lisse d'hourdy* vûe différemment, *voyez Pl. III. Marine, fig. 1.* la poupe d'un vaisseau du premier rang, la *lisse d'hourdy* est *Tome IX.*

cottée *B*, & la poupe d'un vaisseau, *Pl. IV. fig. 1.* N°. 9.

La *lisse d'hourdy* a deux courbures, une dans le sens horisontal, l'autre dans le vertical, c'est ce qu'on appelle *son arc*, *sa tenture* ou *son bouge*.

Pour déterminer sur l'étambot la hauteur où doit être placée la *lisse d'hourdy*, il faut additionner le creux, le relevement du pont à l'arriere, avec la hauteur du feuillet des bords de la sainte-barbe, qui est la même chose que des feuillets de la premiere batterie.

La longueur de la *lisse d'hourdy* est fort arbitraire; beaucoup de constructeurs la font des deux tiers de la plus grande largeur du vaisseau, & pour sa largeur, son épaisseur & son bouge, ils prennent autant de pouces qu'elle a de piés de longueur.

Il y a des constructeurs qui prennent 6 lignes par pié de la longueur de la *lisse d'hourdy* pour en avoir l'arc ou le bouge; d'autres lui donnent autant de bouge qu'elle a d'épaisseur. Il ne convient pas d'établir une regle générale pour tous les vaisseaux de différentes grandeurs, cette *lisse* devant être proportionnellement plus longue pour les gros vaisseaux que pour les petits. Nous allons donner plusieurs exemples, qui mettront en état de fixer la longueur de la *lisse d'hourdy* pour toutes sortes de vaisseaux.

Pour un vaisseau de 110 canons, de 47 piés 6 pouces de largeur, on prend les deux tiers de la largeur totale du vaisseau, & 3 lignes de plus par pié.

Pour un vaisseau de 102 canons, on prend les deux tiers de la largeur & 8 pouces de plus.

Pour un vaisseau de 82 canons, les deux tiers de la largeur.

Pour un vaisseau de 74 canons, 7 pouc. 9 lignes par pié de la largeur.

Pour un vaisseau de 62 canons, 7 pouc. 8 lignes par pié de la largeur.

Pour un vaisseau de 56 canons, 7 pouc. 7 lignes 3 points par pié de la largeur.

Pour un vaisseau de 50 canons, 7 pouc. 6 lign. & demie par pié de la largeur.

Pour un vaisseau de 46 canons, 7 pouc. 6 lign. par pié de la largeur.

Pour un vaisseau de 32 canons, 7 pouc. 5 lign. & demie par pié de la largeur.

Pour une frégate de 22 canons, 7 pouc. 4 lign.

Pour une corvette de 12 canons, 7 pouces par pié de la largeur.

Ceci est tiré des *Élémens de l'architecture navale* de M. du Hamel.

Il y en a qui, sans tant de précaution, donnent de longueur à la *lisse d'hourdy*, les vaisseaux du premier rang & du deuxieme, les deux tiers de la largeur, & pour les autres vaisseaux un pié de moins.

Il est bon de remarquer que plus on augmente la longueur de la *lisse d'hourdy*, plus les vaisseaux ont de largeur à l'arriere, & plus on gagne d'emplacement pour le logement des officiers, plus encore on a de facilité dans le cas du combat pour placer de la mousqueterie. Mais cet élargissement du vaisseau présente une surface au vent, qui est toujours desavantageuse quand on court au plus près; néanmoins on peut négliger le petit avantage qu'il y auroit à raccourcir la *lisse d'hourdy* pour donner à la marche au plus près, pour donner aux officiers plus de commodité, parce qu'il n'y a pas à beaucoup près autant d'inconvénient à augmenter la largeur que l'élévation des œuvres mortes.

Lisses de gabarits, on donne ce nom à la beloire, aux lattes, & en général à toutes les pieces qui sont employées pour former les gabarits ou les façons d'un vaisseau.

Lisses de porte-haubans, ce sont de longues pieces

DDdd ij

de bois plates que l'on fait régner le long des porte-haubans, & qui servent à tenir dans leur place les chaînes de haubans. (*Z*)

Lisse, *chez les Cartonniers*, c'est un instrument à l'aide duquel on polit le carton quand il est collé & séché. On se sert pour cela d'une pierre à lisser, d'une pierre de *lisse*, & d'une perche à lisser, semblables à celles qui servent aux Cartiers pour lisser les cartes. *Voyez les articles* Cartier & Cartonnier, & *les Planches de ces arts*.

Lisse, *terme de Corroyeur*, est un instrument dont ces ouvriers se servent pour lisser & polir leurs cuirs de couleur, après qu'ils ont reçu leur dernier lustre. La *lisse* est un morceau de verre fait en forme d'une bouteille, solide, dont le col est assez long & gros pour servir de poignée, & dont la panse a quatre ou cinq pouces de diametre & deux pouces de hauteur. *Voyez la Planche du Corroyeur.*

Lisser, c'est se servir de la *lisse* pour polir & donner plus d'éclat au lustre des cuirs de couleur.

Lisses, *terme de Gazier*, ce sont des perles d'émail percées par le milieu, & à-travers desquelles passent les fils de la chaîne. Chaque métier a deux têtes de *lisses*, & chaque tête de *lisses* porte mille perles, si la gaze doit avoir une demi-aune de largeur. Mais si elle doit être plus ou moins large, il faut augmenter ou diminuer le nombre des perles à raison de 500 perles pour chaque quart d'aune qu'on veut donner de plus ou de moins à la gaze. *Voyez* Gaze.

Lisses, *tête de*, (*terme de Gazier*) qui signifie le haut des *lisses* dont se servent ces artisans à l'endroit où elles sont arrêtées sur les lisserons. *Voyez* Lisses & Gaze.

Lisse, *terme de Marbreur*, ou plutôt instrument dont ils se servent pour polir le papier marbré & le rendre luisant. C'est, à proprement parler, une pierre ou caillou fort uni que l'on conduit à la main en l'appuyant fortement sur le papier, ou bien que l'on enchâsse dans un outil de bois à deux manches, appellé *boîte à lisse*. *Voy. les Planches du Marbreur*, où l'on a représenté un ouvrier qui *lisse* une feuille de papier.

Lisse, (*Maréchall.*) est la même chose que chanfrein blanc : on dit qu'un cheval a *une lisse en tête*. *Voyez* Chanfrein.

Lisse, *terme de Riviere*, c'est la piece courante qui couronne à hauteur d'appui le garde-fou d'un pont de bois.

Lisses, (*Rub.*) instrument servant à passer les chaînes. (*Voyez* Passer en Lisses.) Elles sont de fil bis de Flandres, voici leur fabrique ; on tend d'abord une menue ficelle fixée en *L*, ou à-l'entour de la chevillette qui en est proche ; l'autre bout portant seulement & librement sur l'autre bout de la piece *D*, est tenu tendu par le poids de la pierre *M* ; c'est cette ficelle qui formera la tête de la *lisse* ; le bout de fil de Flandres qui est contenu sur le rochet *N*, est attaché à cette ficelle, au moyen de plusieurs nœuds ; en passant *N* dans les tours de ce fil, en *I* du côté *A* pour revenir en *B*, ce fil ainsi arrêté est passé simple sur la traverse *K* par la main droite, & reçu par la gauche en dessous du lissoir ; cette main le rend à la droite qui le passe à-l'entour de la ficelle *L*, en commençant ce passage par-dessus, & faisant passer *N* à-travers une boucle formée par le même fil, ce qui forme un nœud coulant qui s'approche du premier fait, & cela à chaque tour que fera *N* ; les différens tours que l'on va continuer de même formeront la moitié de la *lisse* ; il faut observer que l'on met un petit bâton que l'on voit en *G G*, qui s'applique & est tenu contre cette traverse dès le premier tour de fil que l'on fait sur lui ; des différens tours de fil que l'on va faire ; l'un passera sur ce bâton, & l'autre dessous, toujours alternativement, ce qui rendra ces tours d'inégale longueur ; on fera voir pourquoi cette inégalité : ceci fait autant de fois que l'on veut & que la *lisse* peut l'exiger, le bout de fil arrêté comme au commencement ; voilà la moitié de la *lisse* faite, qui après cela est ôtée de dessus le lissoir pour y être remise d'abord, après avoir écarté les traverses en distance convenable, & double pour faire l'autre partie ; pour cela, la partie faite remise sur la traverse en *K K*, où se place une autre personne ; ordinairement un enfant qui est assez capable pour cela ; cet enfant présente à l'ouvriere toujours placée en *I I*, chacun des tours de la partie faite ; l'ouvrier reçoit ce tour ouvert avec les doigts de la main gauche, qu'il présenté par la droite de l'enfant, qui tient la totalité avec la gauche, observant de ne présenter que celui qu'il faut, & suivant l'ordre dans lequel les tours ont été placés sur la ficelle ; l'ouvriere passe le rochet *N* à-travers ce tour, comme on le voit en *X Y*, puis elle le tourne à-l'entour de la ficelle *L*, comme quand elle a fait la premiere partie expliquée plus haut ; ces différens tours lui sont aussi présentés l'un après l'autre par-dessous le lissoir pour continuer la même opération, qui de la part de l'enfant se nomme *tendre* ; on entend par ce qui a été dit en haut, qu'il est tendu tantôt un tour plus long, plus un peu plus court, parce qu'ils ont tous cette figure, & cela alternativement, & c'est ce qui formera la diverse hauteur des bouclettes que l'on voit en *H I*, l'usage en est expliqué à l'article Passer en Lisse ; il faut laisser la ficelle sur laquelle la *lisse* est montée, excéder par chacune des quatre extrémités de la longueur de 8 ou 10 pouces, ce qui servira à l'enlisseronner. *Voyez* Lisserons. A l'égard des *lisses* à maillons qui sont fabriquées de la même maniere, excepté qu'elles sont de menues ficelles au lieu de fil, voici ce qu'il y a de particulier : tous les maillons sont enfilés dans la ficelle par la partie *A*, & toutes les fois que l'ouvriere forme un tour, elle laisse un de ces maillons en-dessus ; & lorsqu'il s'agit de former la seconde partie, à chaque tour qu'elle fait, il faut que le bout de cette ficelle ne soit pas pour lors sur le rochet *N*, puisqu'il faut que le tout passe successivement par le trou *B* du maillon pour être arrêté à chaque tour, comme il a été expliqué en parlant des *lisses* ; les hautes *lisses* qui sont de fil de ficelle, comme celles des *lisses* à maillon, n'ont d'autre différence de celles-là, qu'en ce que la fonction des deux parties se fait également, c'est-à-dire, sur la même ligne ; conséquemment les bouclettes se trouvent parallelles, comme on le voit dans la *fig. A A*, *B B*, à l'endroit marqué *C C*, juste au milieu de la haute *lisse*, ici représentée (mais dont il faut réformer le lisseron qui est trop grossier.) Pour revenir à l'inégalité des différentes mailles de la *lisse* expliquée plus haut, il faut entendre que les soies de la chaîne qui y seront passées, y sont placées ainsi, en commençant par le premier brin ; ayant choisi les deux mailles qu'il faut, on passe le brin de soie ou fil de chaîne dans ces deux mailles, d'abord sur la bouclette de l'une, puis sous celle de l'autre ; de force que ces deux mailles font l'effet du maillon qui est de tenir la soie contrainte de ne pas céder, soit en haussant, soit en baissant, que suivant le tirage operé par les marches. Le contraire arrive dans les hautes *lisses*, auxquelles il faut des bouclettes sur le même niveau ; les rames qui y sont passées devant que hausser à mesure que la haute *lisse* qui les contient levera, doivent y être toutes passées sur & jamais sous la bouclette, par conséquent il ne faut qu'une maille pour une rame ; mais les soies de la chaîne devant hausser & baisser, doivent nécessairement être passées chaque brin dans deux mailles de la *lisse*, pour être susceptibles de ce double mouvement.

LISSES , Hautes , *Voyez* LISSES : les *hautes lisses* enlisseronnées sont au nombre de vingt-quatre & quelquefois davantage; elles sont suspendues dans le châtelet, elles portent jusqu'à deux cents mailles chacune ; de sorte , que si l'on vouloit passer qu'une seule rame dans chaque maille , les *hautes lisses* en porteroient 4800 , elles peuvent cependant en porter davantage au moyen de l'emprunt. *Voyez* EMPRUNT. Elles servent par le secours des retours à faire hausser les rames qu'elles contiennent , passées suivant l'ordre du patron , pour operer la levée de chaîne nécessaire au passage de la navette.

LISSES , (*Manufact, en soie*) ce sont des boucles de fil entrelacées , dans lesquelles on passe les fils de la chaîne pour les faire lever ou baisser ; il y en a de diverses sortes.

Les *lisses à grand colisse* servent à passer les fils de poil dans les étoffes riches. Elles sont composées d'une maille haute & d'une maille basse alternativement , de façon que le colisse a environ 3 pouces de longueur. L'action de ces *lisses* est de faire baisser ou hausser le fil , selon que l'ouvriere l'exige.

Les *lisses à petit colisse*, sont à petites boucles, arrêtées par un nœud ; elles ne servent qu'aux étoffes unies. On donne le même nom à celles dont la maille est alternativement , l'une sur une ligne plus basse que l'autre , afin que les fils disposés sur une hauteur inégale , ne se frottent pas , comme il arriveroit s'ils étoient sur une même ligne.

Les *lisses de rabat* , ce sont celles sous la maille desquelles les fils sont passés pour les faire baisser.

Les *lisses de liage*, ce sont celles sous lesquelles les fils qui doivent lier la dorure dans les étoffes sans poil, sont passés pour les faire baisser.

LISSE BASSE , (*Tapissier*) espece de tapisserie de soie ou de laine , quelquefois rehaussée d'or & d'argent , où sont représentées diverses figures de personnages , d'animaux , de paysages ou autres semblables choses , suivant la fantaisie de l'ouvrier , ou le goût de ceux qui les lui commandent.

La *basse-lisse* est ainsi nommée , par opposition à une autre espece de tapisserie qu'on nomme *haute-lisse* ; non point de la différence de l'ouvrage , qui est proprement le même , mais de la différence de la situation des métiers sur lesquels on les travaille ; celui de la *basse-lisse* étant posé à plat & parallelement à l'horiſon , & celui de la *haute-lisse* étant dressé perpendiculairement & tout de bout.

Les ouvriers appellent quelquefois *basse-marche* , ce que le public ne connoît que sous le nom de *basse-lisse* ; & ce nom de manufacture lui est donné , à cause des deux marches que celui qui la fabrique a sous les piés , pour faire hausser & baisser les *lisses*, ainsi qu'on l'expliquera dans la suite , en expliquant la maniere d'y travailler. *Voyez* HAUTE-LISSE.

Fabrique de basse-lisse. Le métier sur lequel se travaille la *basse-lisse* est assez semblable à celui des tisserans. Les principales pieces sont les roines, les ensubles ou rouleaux, la camperche, le cloud, le wich, les tréteaux ou soutiens , & les arcs-boutans. Il y en a encore quelqu'autres , mais qui ne composent pas le métier, & qui servent seulement à y fabriquer l'ouvrage, comme sont les fautriaux , les marches , les lames , les *lisses*, &c.

Les roines sont deux fortes pieces de bois , qui forment les deux côtés du chassis ou métier & qui portent les ensubles pour donner plus de force à ces roines; elles sont non-seulement soutenues par-dessous avec d'autres sortes pieces de bois en forme de tréteaux , mais afin de les mieux affermir, elles sont encore arcboutées au plancher, chacune avec une espece de soliveau , qui les empêche d'avoir aucun mouvement, bien qu'il y ait quelquefois jusqu'à quatre ou cinq ouvriers appuyés sur l'ensuble de devant qui y travaillent à la fois. Ce sont ces deux soliveaux qu'on appelle les *arcs-boutans*.

Aux deux extrémités des roines sont les deux rouleaux ou ensubles , chacune avec ses deux tourillons & son wich. Pour tourner les rouleaux , on se sert du clou, c'est-à-dire, d'une grosse cheville de fer longue environ de trois piés.

Le *wich* des rouleaux est un long morceau , ou plutôt une perche de bois arrondie au tour, de plus de deux pouces de diametre, à peu près de toute la longueur de chaque ensuble ; une rainure qui est creusée tout le long de l'un & l'autre rouleau , enferme le wich qui la remplit entierement , & qui y est affermi & arrêté de distance en distance par des chevilles de bois. C'est à ces deux wichs que sont arrêtées les deux extrémités de la chaîne , que l'on roule sur celui des rouleaux qui est opposé au basselissier ; l'autre sur lequel il s'appuie en travaillant, sert à rouler l'ouvrage à mesure qu'il s'avance.

La camperche est une barre de bois , qui passe transversalement d'une roine à l'autre , presqu'au milieu du métier , & qui soutient les fautriaux, qui sont de petits morceaux de bois à peu près de la forme de ce qu'on appelle *le fléau* dans une balance. C'est à ces fautriaux que sont attachées les cordes qui portent les lames avec lesquelles l'ouvrier , par le moyen des deux marches qui sont sous le métier, & sur lesquelles il a les piés , donne du mouvement aux *lisses* , & fait alternativement hausser & baisser les fils de la chaîne. *Voyez* LAMES , LISSE.

Le dessein ou tableau que les Basselissiers veulent imiter, est placé au-dessous de la chaîne, où il est soutenu de distance en distance par trois cordes transversales , ou même plus s'il en est besoin : les extrémités de chacune aboutissent , & sont attachées des deux côtés aux roines , à une mentonniere qui en fait partie. Ce sont ces cordes qui font approcher le dessein contre la chaîne.

Le métier étant monté , deux instrumens servent à y travailler ; l'un est le peigne , ce qu'en terme de *basse-lisse* on nomme la *flûte*.

La flûte tient lieu dans cette fabrique de la navette des Tisserans. Elle est faite d'un bois dur & poli , de trois ou quatre lignes d'épaisseur par les bouts , & d'un peu moins par le milieu. Sa longueur est de 3 ou 4 pouces. Les deux extrémités sont aiguisées en pointe , afin de passer plus aisément entre les fils de la chaîne. C'est sur la flûte que sont dévidées les laines & les autres matieres qu'on veut employer à la tapisserie.

A l'égard du peigne , qui a ordinairement des dents des deux côtés , il est ou de buis ou d'ivoire. Son épaisseur dans le milieu est d'un pouce , qui va en diminuant des deux côtés jusqu'à l'extrémité des dents : sa longueur est de six ou sept pouces. Il sert à serrer les fils de la treme les uns contre les autres à mesure que l'ouvrier les a passés & placés entre la flûte entre ceux de la chaîne.

Lorsque le basselissier veut travailler (ce qui doit s'entendre aussi de plusieurs ouvriers , si la largeur de la piece permet qu'il y en ait plusieurs qui travaillent à la fois) , il se met au-devant du métier, assis sur un banc de bois, le ventre appuyé sur l'ensuble , un coussin ou oreiller entre deux ; & en cette posture, séparant avec le doigt les fils de la chaîne , afin de voir le dessein , & prenant la flûte chargée de la couleur convenable , il la passe entre ces fils , après les avoir haussés ou baissés par le moyen des lames & des *lisses* , qui font mouvoir les marches sur lesquelles il a les piés ; ensuite pour serrer la laine ou la soie qu'il a placée , il la frappe avec le peigne , à chaque paſſée qu'il fait. On appelle *paſſée*, l'allée & le venir de la flûte entre les fils de la chaîne.

Il eſt bon d'obſerver que chaque ouvrier ne fait qu'une lame ſéparée en deux demi-lames, l'une devant l'autre, l'autre derriere. Chaque demi-lame qui a ordinairement ſept ſeiziemes d'aune, meſure de Paris, eſt compoſée de plus ou moins de *liſſes*, ſuivant la fineſſe de l'ouvrage.

Ce qu'il y a d'admirable dans le travail de la *baſſe-liſſe*, & qui lui eſt commun avec la *haute liſſe*, c'eſt qu'il ſe fait du côté de l'envers; en ſorte que l'ouvrier ne peut voir ſa tapiſſerie du côté de l'endroit, qu'après que la piece eſt finie & levée de deſſus le métier. *Voyez* HAUTELISSE. *Dict. de Trévoux.*

LISSE-HAUTE, eſpece de tapiſſerie de ſoie & de laine, rehauſſée d'or & d'argent, qui repréſente de grands & petits perſonnages, ou des payſages avec toutes ſortes d'animaux. La *haute-liſſe* eſt ainſi appellée de la diſpoſition des *liſſes*, ou plutôt de la chaine qui ſert à la travailler, & qui eſt tendue perpendiculairement de haut en bas; ce qui la diſtingue de la *baſſe-liſſe*, dont la chaîne eſt miſe ſur un métier placé horiſontalement. *Voyez* BASSE-LISSE.

L'invention de la haute & baſſe-*liſſe* ſemble venir du Levant; & le nom de *ſarraſinois* qu'on leur donnoit autrefois en France, auſſi-bien qu'aux Tapiſſiers qui ſe mêloient de la fabriquer, ou plutôt de la rentraire & raccommoder, ne laiſſe guere lieu d'en douter. Les Anglois & les Flamands y ont-ils peut-être les premiers excellé, & en ont-ils apporté l'art au retour des croiſades & des guerres contre les Sarraſins.

Quoi qu'il en ſoit, il eſt certain que ce ſont ces deux nations, & particulierement les Anglois, qui ont donné la perfection à ces riches ouvrages; ce qui doit les faire regarder, ſinon comme les premiers inventeurs, du moins comme les reſtaurateurs d'un art ſi admirable, & qui fait donner une eſpece de vie aux laines & aux ſoies dans les tableaux, qui certainement ne cedent guere à ceux des plus grands peintres, ſur leſquels on travaille la *haute* & *baſſe-liſſe*.

Les François ont commencé plus tard que les autres à établir chez eux des manufactures de ces ſortes de tapiſſeries; & ce n'eſt guere que ſur la fin du regne de Henri IV, qu'on a vu ſortir des mains des ouvriers de France des ouvrages de haute & baſſe-*liſſe*, qui aient quelque beauté.

L'établiſſement qui ſe fit d'abord à Paris dans le fauxbourg S. Marcel, en 1607, par édit de ce prince du mois de Janvier de la même année, perdit trop tôt ſon protecteur pour ſe perfectionner; & s'il ne tomba pas tout-à-fait dans ſa naiſſance par la mort de ce monarque, il eut du moins bien de la peine à ſe ſoutenir; quoique les fleurs Comans & de la Planche, qui en étoient les directeurs, fuſſent très-habiles dans ces ſortes de manufactures, & qu'il leur eût été accordé & à leurs ouvriers de grands privilèges, tant par l'édit de leur établiſſement, que par pluſieurs déclarations données en conſéquence.

Le regne de Louis XIV. vit renaître ces premiers projets ſous l'intendance de M. Colbert. Dès l'an 1664, ce miniſtre fit expédier des lettres-patentes au ſieur Hinard, pour l'établiſſement d'une manufacture royale de tapiſſeries de haute & baſſe-*liſſe* en la ville de Beauvais en Picardie; & en 1667, fut établie par lettres-patentes la manufacture royale des Gobelins, où ont été fabriquées depuis ces excellentes tapiſſeries de *haute-liſſe*, qui ne cedent à aucune des plus belles d'Angleterre & de Flandres pour les deſſeins, & qui les égalent preſque pour la beauté de l'ouvrage, & pour la force & la ſureté des teintures des ſoies & des laines avec leſquelles elles ſont travaillées. *Voyez* GOBELINS.

Outre la manufacture des Gobelins & celle de Beauvais, qui ſubſiſtent toûjours, il y a deux autres manufactures françoiſes de *haute* & *baſſe-liſſe*, l'une à Aubuſſon en Auvergne, & l'autre à Felletin dans la haute Marche. Ce ſont les tapiſſeries qui ſe fabriquent dans ces deux lieux, qu'on nomme ordinairement *tapiſſeries d'Auvergne*. Felletin fait mieux les verdures, & Aubuſſon les perſonnages. Beauvais fait l'un & l'autre beaucoup mieux qu'en Auvergne: ces manufactures employoient auſſi l'or & l'argent dans leurs tapiſſeries.

Ces quatre manufactures françoiſes avoient été établies également pour la *haute* & *baſſe-liſſe*; mais il y a déja long-tems qu'on ne fabrique plus ni en Auvergne, ni en Picardie, que de la *baſſe-liſſe*; & ce n'eſt qu'à l'hôtel royal des Gobelins où le travail de la *haute* & *baſſe-liſſe* s'eſt conſervé.

On ne fait auſſi que des *baſſes-liſſes* en Flandres; mais il faut avouer qu'elles ſont pour la plûpart d'une grande beauté, & plus grandes que celles de France, ſi l'on en excepte celles des Gobelins.

Les hauteurs les plus ordinaires des *hautes* & *baſſes-liſſes* ſont deux aunes, deux aunes un quart, deux aunes & demie, deux aunes deux tiers, deux aunes trois quarts, trois aunes, trois aunes un quart; & trois aunes & demie, le tout meſure de Paris. Il s'en fait cependant quelques-unes de plus hautes, mais elles ſont pour les maiſons royales ou de commande.

En Auvergne, ſur-tout à Aubuſſon, il s'en fait au-deſſous de deux aunes; & il y en a d'une aune trois quarts, & d'une aune & demie.

Toutes ces tapiſſeries, quand elles ne ſont pas des plus hauts prix, ſe vendent à l'aune courante: les belles s'eſtiment par tentures.

Fabrique de la haute-liſſe. Le métier ſur lequel on travaille la *haute-liſſe* eſt dreſſé perpendiculairement: quatre principales pieces le compoſent, deux longs madriers ou pieces de bois, & deux gros rouleaux ou enſubles.

Les madriers qui ſe nomment *cotterets* ou *cotterelles*, ſont mis tous droits: les rouleaux ſont placés tranſverſalement, l'un au haut des cotterets, & l'autre au bas; ce dernier à un pié & demi de diſtance du plancher ou environ. Tous les deux ont des tourillons qui entrent dans les trous convenables à leur groſſeur qui ſont aux extrémités des cotterets.

Les barres avec leſquelles on les tourne ſe nomment des *tentoys*; celle d'en-haut le *grand tentoy*, & celle d'en-bas le *petit tentoy*.

Dans chacun des rouleaux eſt ménagée une rainure d'un bout à l'autre, capable de contenir un long morceau de bois rond, qu'on y peut arrêter & affermir avec des fiches de bois ou de fer. Ce morceau de bois, qui a preſque toute la longueur des rouleaux, s'appelle un *verdillon*, & ſert à attacher les bouts de la chaîne. Sur le rouleau d'en-haut eſt roulée cette chaîne, qui eſt faite d'une eſpece de laine torſe; & ſur le rouleau d'en-bas ſe roule l'ouvrage à meſure qu'il s'avance.

Tout du long des cotterets qui ſont des planches ou madriers de 14 ou 15 pouces de large, de 3 ou 4 d'épaiſſeur, & de 7 ou 8 piés de hauteur, ſont des trous percés de diſtance en diſtance du côté que l'ouvrage ſe travaille, dans leſquels ſe mettent des morceaux ou groſſes chevilles de fer qui ont un crochet auſſi de fer à un des bouts. Ces morceaux de fer qu'on nomme *des hardilliers*, & qui ſervent à ſoutenir la perche de *liſſe*, ſont percés auſſi de pluſieurs trous, qui paſſant en paſſant une cheville qui approche ou éloigne la perche, on peut bander ou lâcher les *liſſes*, ſuivant le beſoin qu'on en a.

La perche de *liſſe*, qui eſt d'environ trois pouces

de diametre, & de toute la longueur du métier, est nommée ainsi, parce qu'elle enfile les *lisses* qui font croiser les fils de la chaîne. Elle fait à-peu-près dans le métier de *haute-lisse*, ce que font les marchés dans celui des Tisserands.

Les *lisses* sont de petites cordelettes attachées à chaque fil de la chaîne avec une espece de nœud coulant aussi de ficelle, qui forme une espece de maille ou d'anneau : elles servent à tenir la chaîne ouverte pour y pouvoir passer les broches qui sont chargées des soies, des laines, ou autres matieres qui entrent dans la fabrique de la *haute lisse*.

Enfin, il y a quantité de petits bâtons, ordinairement de bois de saule, de diverses longueurs, mais tous d'un pouce de diametre, que le hautelissier tient auprès de lui dans des corbeilles pour s'en servir à croiser les fils de la chaîne, en les passant à-travers, d'où ils sont nommés *bâtons de croisure* ; & afin que les fils ainsi croisés se maintiennent toûjours dans un arrangement convenable, on entrelace aussi entre les fils, mais au-dessus du bâton de croisure, une ficelle à laquelle les ouvriers donnent le nom de *fleche*.

Lorsque le métier est dressé & la chaîne tendue, la premiere chose que doit faire le hautelissier, c'est de tracer sur les fils de cette chaîne les principaux traits du dessein qu'il veut qui soit représenté dans sa piece de tapisserie ; ce qui se fait en appliquant du côté qui doit servir d'envers, des cartons conformes au tableau qu'il copie, & puis en suivant leurs contours avec de la pierre noire sur les fils du côté de l'endroit, en sorte que les traits paroissent également & devant & derriere ; & afin qu'on puisse dessiner plus sûrement & plus correctement, on soutient les cartons avec une longue & large table de bois.

A l'égard du tableau ou dessein original sur lequel l'ouvrage doit s'achever, il est suspendu au dos du hautelissier, & roulé sur une longue perche de laquelle on en déroule autant qu'il est nécessaire, & à mesure que la piece s'avance.

Outre toutes les pieces du métier dont on vient de parler, qui le composent, ou qui y sont pour la plûpart attachées, il faut trois principaux outils ou instrumens pour placer les laines ou soies, les arranger & les serrer dans les fils de la chaîne. Les outils sont une broche, un *peigne*, & une *aiguille de fer*.

La broche est faite de bois dur, comme de buis ou autre semblable espece : elle est de sept à huit pouces de longueur, de huit lignes environ de grosseur & de figure ronde, finissant en pointe avec un petit manche. C'est sur cet instrument qui sert comme de navette, que sont dévidées les soies, les laines, ou l'or & l'argent que l'ouvrier doit employer.

Le peigne est aussi de bois, de huit à neuf pouces de longueur & d'un pouce d'épaisseur du côté du dos, allant ordinairement en diminuant jusqu'à l'extrémité des dents qui ont plus ou moins de distance les unes des autres, suivant le plus ou le moins de finesse de l'ouvrage.

Enfin l'aiguille de fer, qu'on appelle *aiguille à presser*, à la forme des aiguilles ordinaires, mais plus grosse & plus longue. Elle sert à presser les laines & les soies, lorsqu'il y a quelque contour qui ne va pas bien : le fil de laine, de soie, d'or ou d'argent, dont se couvre la chaîne des tapisseries, & que dans les manufactures d'étoffes on appelle *treme*, se nomme *assure* parmi les hautelissiers françois.

Toutes choses étant préparées pour l'ouvrage, & l'ouvrier le voulant commencer, il se place à l'envers de la piece, le dos tourné à son dessein ; de sorte qu'il travaille, pour ainsi dire, à l'aveugle, ne voyant rien de ce qu'il fait, & étant obligé de se déplacer, & de venir au-devant du métier, quand

il veut en voir l'endroit & en examiner les défauts pour les corriger avec l'aiguille à presser.

Avant de placer ses soies ou ses laines, le hautelissier se tourne & regarde son dessein ; ensuite de quoi ayant pris une broche chargée de la couleur convenable, il la place entre les fils de la chaîne qu'il fait croiser avec les doigts par le moyen des *lisses* attachées à la perche ; ce qu'il recommence chaque fois qu'il change de couleur. La soie ou la laine étant placée, il la bat avec le peigne ; & lorsqu'il en a mis plusieurs rangées les unes sur les autres, il va voir l'effet qu'elles font pour en réformer les contours avec l'aiguille à presser, s'il en est besoin.

Quand les pieces sont larges, plusieurs ouvriers y peuvent travailler à la fois : à mesure qu'elles s'avancent, on roule sur l'ensuble d'en-bas ce qui est fait, & on déroule de dessus celle d'en-haut autant qu'il faut de la chaîne pour continuer de travailler ; c'est à quoi servent le grand & petit tentoy. On en fait à proportion autant du dessein que les ouvriers ont derriere eux. *Voyez nos Pl. de Tapiss. & leur expl.*

L'ouvrage de la *haute-lisse* est bien plus long à faire que celui de la *basse-lisse*, qui se fait presque deux fois aussi vîte. La différence qu'il y a entre ces deux tapisseries, consiste en ce qu'à la *basse-lisse* il y a un filet rouge, large d'environ une ligne qui est mis de chaque côté du haut en-bas, & que ce filet n'est point à la *haute-lisse*. *Dict. du Com. & Chambers.*

LISSE, (*Tapissier.*) les Tapissiers de haute-*lisse* & de basse-*lisse*, les Sergiers, les Rubaniers, ceux qui fabriquent des brocards, & quelques autres ouvriers, nomment *lisse*, ce qu'on appelle *chaîne* dans les métiers de Tisserans & des autres fabriquans de draps & d'étoffes, c'est-à-dire les fils étendus de long sur & roulés sur les ensubles, à-travers desquels passent ceux de la treme. *Voyez* CHAÎNE.

Haute-*lisse*, c'est celle dont la *lisse* ou chaîne est dressée debout & perpendiculairement devant l'ouvrier qui travaille ; la basse-*lisse* étant montée sur un métier posé parallelement à l'horison, c'est-à-dire, comme le métier d'un tisserand. *Voyez* HAUTE-LISSE & BASSE-LISSE.

LISSES. Les *Haute-lissiers* appellent ainsi de petites ficelles ou cordelettes attachées à chaque fil de la chaine de la haute *lisse* avec une espece de nœud coulant en forme de maille ou d'anneau aussi de ficelle. Elles servent à tenir la chaîne ouverte, & on les baisse ou on les leve par le moyen de ce qu'on appelle la *perche de lisse*, où elles sont toutes enfilées. *Voyez* HAUTE-LISSE.

LISSE HAUTE, (*Tapissier.*) ce sont des étoffes dont la chaine est purement de soie & la treme de laine ; ou qui sont toutes de soie, comme les serges de Rome, les dauphines, les étamines, les férandines & burats, les droguets de soie. Ou leur donne le nom d'*haute-lisse* dans la fayetterie d'Amiens.

LISSÉ, adj. (*Jardinage.*) il se dit d'un fruit qui a l'écorce toute unie, tel que le marron, la châtaigne dépouillés de leur premiere cosse.

LISSÉ, *grand lissé*, c'est, parmi les *Confiseurs*, du sucre cuit assez former un filet assez fort pour ne point se rompre en ouvrant les deux doigts qu'on y a trempés, & pour prendre ainsi une assez grande étendue.

Lissé, petit, c'est quand le sucre fait entre les deux doigts un filet imperceptible & très-aisé à être rompu pour peu qu'on écarte les doigts.

LISSER, v. act. c'est passer ou polir à la lisse. *Voyez l'article* LISSE.

LISSER, *perche à*, *terme de Cartier*, c'est une perche de bois suspendue au plancher par un anneau de fer, & qui par l'autre bout descend sur l'établi du lisseur. Cette perche a à son extrémité une entaille dans laquelle on fait entrer la boite à *lisser* garnie de sa pierre. *Voyez les Planches du Cartier*, où l'on a représenté la partie inférieure de la perche avec son entaille, qui reçoit la boite à *lisser*.

LISSER, *pierre à lisser*, instrument de *Cartier*; c'est une pierre noire fort dure & bien polie, avec laquelle on frotte sur les feuilles des cartes pour les *lisser*, c'est-à-dire les rendre douces, polies & luisantes. On se sert aussi pour le même effet d'un lingot de verre.

LISSERONS, s. m. *ouvrage d'ourdisserie*, ce sont de petits liteaux de bois plat & très-mince sur quoi se tendent les lisses, qui ne sont, comme on l'a dit à leur article, qu'arrangés sur de la petite ficelle dont on laisse passer les bouts des quatre extrémités de la lisse de la longueur de huit à dix pouces, pour servir à *enlisseronner* par le moyen de plusieurs tours que l'on fait autour du *lisseron*, & que l'on arrête dans les échancrures qu'il porte à ses bouts ; par conséquent il faut deux *lisserons* pour chaque lisse. Les *lisserons* pour les hautes lisses sont plus longs & plus forts à proportion de la grandeur de la haute lisse.

LISSETTES, s. f. (*Ourdissage.*) Il n'y a d'autre différence entre les *lissettes* aux lisses, sinon que la *lissette* n'est pas ordinairement enlisseronnée : dans ce cas, comme elle n'est pas aussi considérable à beaucoup près qu'une lisse, & qu'il y en a très-fréquemment une grande quantité, on les attache seulement par le bout d'en haut à la queue des rames, & elles sont terminées par le bout d'en bas par un fuseau de plomb ou de fer qui les oblige de descendre lorsque l'ouvrier quitte la marche qui les avoit fait lever : elles ont d'ailleurs la même usage que les lisses dont on vient de parler.

LISSETTES *à luisant & à chaînette* pour les franges & galons à chaînettes, (*Ruban.*) Elles sont composées de petites ficelles haut & bas, au centre desquelles il y a des maillons de cuivre qui tiennent ici lieu de bouclettes, dont on a parlé à *l'article* LISSES. C'est à-travers ces émaillons que l'on passe les soies de la chaine qui formeront les luisans & chaînettes sur les têtes des franges & galons. Ces *lissettes*, que l'on voit dans *nos Pl. de Passementerie*, & dont il sera parlé aux *expl. de ces Pl.* sont au nombre de deux pour les franges, & attachées chacune par en haut aux deux bouts d'une ficelle dont les deux bouts viennent se joindre à elles après avoir passé sur la poulie du bandage qui ici est derriere : cette même ficelle vient aussi passer sur deux des poulies du porte-lisses, d'où les deux bouts viennent se terminer à ces deux *lissettes* par en bas ; elles sont tirées par deux tirans attachés aux marches ; ces tirans ont chacun un nœud juste à l'endroit de la lame percée ; ces nœuds empêchent les *lissettes* d'être entraînées par le bandage. Il y a trois marches, une pour le pié gauche, & deux pour le pié droit ; celle du pié gauche fait baisser une lisse, & l'une des deux du pié droit fait baisser l'autre lisse & en même tems une de ces deux *lissettes*, au moyen de deux tirans qui sont attachés à cette marche ; quand celle-ci a fait son office, l'ouvrier marche du pié gauche, puis du pié droit la seconde marche de ce pié, qui comme sa premiere baisse la lisse & l'autre *lissette*, cette marche portant comme la premiere de ce pié droit deux tirans. Pour plus de clarté, il faut entendre que toujours la marche de pié droit fait agir une lisse de fond ; & l'une de celles du pié gauche, en faisant agir l'autre lisse du fond, fait aussi agir une des deux *lissettes*, qui fait le sujet de cet article, & de même de la seconde marche de ce même pié droit. Quand l'une des deux marches du pié droit agit, elle entraîneroit l'autre si elle ne se trouvoit arrêtée par le nœud dont on a parlé, sans compter que le bandage tirant naturellement à lui, l'emporteroit ; mais l'obstacle de ce nœud empêchant que cela n'arrive, forme en même tems un point d'appui pour faire agir la marche qui travaille actuellement : un autre nœud se trouvant à l'autre tirant de la seconde marche de ce pié droit, devient lui-même point d'appui de celle-ci, & cela alternativement : de sorte que la poulie du bandage n'a d'autre mouvement que d'un demi - tour à droite & à gauche, selon qu'elle est mûe par l'une ou l'autre marche du pié droit.

LISSIER, HAUT ET BAS, ouvrier qui travaille à la haute & à la basse lisse. On le dit aussi du marchand qui en vend. *Voyez* HAUTE-LISSE & BASSE-LISSE.

LISSOIR, se dit dans l'*Artillerie* d'un assemblage de plusieurs tonneaux attachés ensemble, dans lesquels on met la poudre destinée pour la chasse, & qui tournant par le moyen d'un moulin, la remuent de maniere qu'elle devient lustrée, plus ronde, & d'un grain plus égal que la poudre de guerre.

LISSOIR *de devant*, terme de *Charron*. C'est un morceau de bois long de quatre à cinq piés, de l'épaisseur d'un pié, qui sert à supporter le train de devant. *Voyez les Pl. du Sellier*.

Lissoir de derriere ; c'est une piece de bois de la largeur environ d'un pié, sur deux piés d'épaisseur & cinq piés de longueur, dont la face de dessous est creusée pour y faire entrer l'essieu des grandes roues. A la face en-dehors sont attachés presque à chaque bout les crics qui portent les suspentes ; & à la face d'en haut, un peu à côté des crics, sont placées les mortaises pour enchâsser les moutons. *Voyez les Pl. du Sellier*.

LISSOIR, outil de *Gaînier* en gros ouvrage. C'est une planche de cuivre de la largeur de six pouces, quarrée par en bas & ronde par en haut, qui sert aux Gaîniers en gros ouvrages pour passer par-dessus les peaux dont ils se servent pour couvrir les caisses qu'ils font, pour les unir & empêcher que la colle ne soit plus d'un côté que de l'autre. *Voyez les Planches du Gaînier*.

LISSUS, (*Géog. anc.*) Ce nom, dans la géographie des anciens, désigne, 1°. une ville d'Illyrie en Dalmatie, sur les frontieres de la Macédoine, avec une citadelle qu'on appelloit *acrolissus*. Pline ajoûte que c'étoit une colonie de citoyens romains, à cent mille pas d'Epidaure.

2°. *Lissus* étoit un lieu de l'île de Crete, sur la côte méridionale, au couchant de Tarba.

3°. *Lissus* étoit cette riviere de Thrace qui fut tarie par l'armée de Xerxès, à laquelle elle ne put suffire. Elle couloit entre les villes de Mésembria & de Stryma.

LISTA, (*Géog. anc.*) ancienne ville d'Italie dans le pays des Aborigènes, dont elle étoit la capitale, située à une lieue au-delà de Matiera. Les Sabins s'en rendirent les maitres & la garderent. Nous ne connoissons aucun lieu qui y réponde précisément. (*D. J.*)

LISTAOS, s. m. (*Commerce.*) toiles rayées de blanc & de bleu qui se fabriquent en Allemagne ; elles passent de Hambourg en Espagne, & d'Espagne aux Indes occidentales.

LISTE, s. f. (*Grammaire & Commerce.*) mémoire ou catalogue qui contient les noms, les qualités, & quelquefois les demeures de plusieurs personnes.

Il n'y a guere à Paris de compagnies de judicature, de finances, d'académies, de corps, de communautés, qui ne fassent de tems en tems imprimer de ces sortes de *listes* : elles sont fur-tout d'un usage très-ordinaire & même universel dans les six corps des marchands & dans les communautés des arts & métiers de la ville & faubourgs de Paris.

Ce sont les gardes, jurés & syndics qui ont soin de l'impression de ces *listes* : les maitres y sont rangés suivant

LIS — LIT

suivant l'ordre de leur réception ; dans un rang à part sont mis les anciens qui ont passé par les charges, & au bas ceux qui y sont actuellement. On y comprend aussi les veuves qui jouissent des franchises des corps & communautés dont étoient leurs défunts maris. *Dictionnaire de Commerce.*

Liste signifie aussi en Hollande ce qu'on nomme en France un *tarif* ou *pancarte*, c'est-à-dire un état par ordre alphabétique de toutes les marchandises ou denrées qui sont sujetes au payement des droits d'entrée, de sortie & autres, avec la quotité du droit qui est dû pour chacune de ces marchandises. *Voyez* TARIF.

Les principales *listes* de Hollande sont celle du 8 Mars 1555, 29 Juin 1674, & celles du 4 Mars & 9 Avril 1685.

La derniere *liste* ou tarif que les états généraux ont dressée dans leur assemblée pour être observée à la place des anciennes dont nous venons de parler, est datée de la Haye le 31 Juillet 1725, mais elle n'a commencé à être exécutée qu'au premier Novembre suivant.

Cette *liste* est précédée des résolutions ou ordonnances des états, & d'un placard qui en fixent & reglent l'exécution en deux cent cinquante quatre articles. On peut voir toutes ces pieces dans le Dictionnaire de Commerce, sous les *articles Liste, Résolution & Placard. Dictionnaire de Commerce.*

LISTE CIVILE, (*Hist. d'Angleterre,*) nom qu'on donne en Angleterre à la somme que le parlement alloue au roi pour l'entretien de sa maison, autres dépenses & charges de la couronne. Les monarques de la Grande-Bretagne ont eu jusqu'au roi Guillaume 600 milles livres sterling ; le parlement en accorda 700 mille à ce prince en 1698. Aujourd'hui la *liste civile* est portée à près d'un million sterling. (*D.J.*)

LISTEL ou LISTEAU, s. m. (*Gram. & Architec.*) ceinture, moulure quarrée, petite bande ou regle qu'on met en quelques endroits comme ornement. Il se dit aussi de l'espace plein qui est entre les carrelures des colonnes, & qu'on appelle encore *filet*, ou *quarré*.

LISTON, s. m. (*Blason.*) petite bande en forme de ruban, qu'on mêle ordinairement avec les ornemens de l'écu, & sur laquelle on place quelquefois la devise.

LIT, s. m. (*Gram.*) meuble où l'on prend le repos pendant la nuit ; il est composé du chalit ou bois, de la paillasse, des matelats, du lit-de-plume, du traversin, des draps, des couvertures, du dossier , du ciel, des pentes, des rideaux, des bonnes-graces, de la courte-pointe, du couvre-pié, &c.

LIT, (*Jurisp.*) se prend en droit pour mariage ; on dit les enfans du premier, du second *lit*, &c. *Lit* se prend aussi quelquefois pour cohabitation ; c'est pourquoi la séparation de corps est appellée dans les canons *separatio à toro*. *Voyez* MARIAGE & SÉPARATION. (*A*)

LIT DE JUSTICE, (*Jurisp.*) ce terme pris dans le sens littéral signifie le trône où le roi est assis lorsqu'il siége solemnellement en son parlement.

Anciennement lorsque les parlemens ou assemblées de la nation se tenoient en pleine campagne, le roi y siégeoit sur un trône d'or, comme il est dit dans Sigebert & Aimoin ; mais depuis que le parlement a tenu ses séances dans l'intérieur d'un palais, on a substitué à ce trône d'or un dais & des coussins ; & comme dans l'ancien langage un siège couvert d'un dais se nommoit un *lit*, on a appellé *lit de justice* le trône où le roi siége au parlement ; cinq coussins forment le siége de ce *lit* ; le roi est assis sur l'un ; un autre tient lieu de dossier ; deux autres servent comme de bras, & soutiennent les coudes du monarque ; le cinquieme est sous ses piés. Charles V. renouvella cet ornement ; dans la suite Louis XII. le fit refaire à neuf, & l'on croit que c'est encore le même qui subsiste présentement.

On entend aussi par *lit de justice* une séance solemnelle du roi au parlement, pour y délibérer sur les affaires importantes de son état.

Toute séance du roi en son parlement, n'étoit pas qualifiée de *lit de justice* ; car anciennement les rois honoroient souvent le parlement de leur présence, sans y venir avec l'appareil d'un *lit de justice* ; ils assistoient au plaidoyer & au conseil ; cela fut fréquent sous Philippes-le-Bel & ses trois fils, & depuis sous Charles V. Charles VI. & Louis XII.

On ne qualifie donc de *lit de justice* que les séances solemnelles où le roi est assis dans son *lit de justice* ; & ces assemblées ne se tiennent, comme on l'a dit, que pour des affaires d'état.

Anciennement le *lit de justice* étoit aussi qualifié de *trône royal*, comme on le peut voir dans du Tillet ; présentement on ne se sert plus que du terme de *lit de justice*, pour désigner le siège où le roi est assis dans ces séances solemnelles, & aussi pour désigner la séance même.

Les *lits de justice* ont succédé à ces anciennes assemblées générales qui se tenoient autrefois au mois de Mars, & depuis au mois de Mai, & que l'on nommoit *champ de Mars* ou *de Mai*, & qui furent dans la suite nommées *placités généraux*, *cours plenieres*, *plein parlement*, *grand conseil*.

M. Talon, dans un discours qu'il fit en un *lit de justice* tenu en 1649, dit que ces séances n'avoient commencé qu'en 1369, lorsqu'il fut question d'y faire le procès à Edouard, prince de Galles, fils du roi d'Angleterre ; que ces séances étoient alors desirées des peuples, parce que les rois n'y venoient que pour délibérer avec leur parlement de quelques affaires importantes à leur état, soit qu'il fût question de déclarer la guerre aux ennemis de la couronne, soit qu'il fût à-propos de conclure la paix pour le soulagement des peuples.

Je trouve néanmoins qu'il est déja parlé *du lit de justice* du roi, dans une ordonnance de Philippes-le-Long, du 17 Novembre 1318. Cette ordonnance veut d'abord que le jour que le roi viendra à Paris, pour ouir les causes qu'il aura réservées, le parlement cessera toutes autres affaires.

Un autre article porte que quand le roi viendra au parlement, le parc sera tout uni, & qu'on laissera vuide toute la place qui est devant son siège, afin qu'il puisse parler secrétement à ceux qu'il appellera.

Enfin il est dit que personne ne partira de son siége, & ne viendra s'asseoir de lez le *lit* du roi, les chambellans exceptés, & que nul ne vienne se conseiller à lui, s'il ne l'appelle.

La même chose est rappellée dans un réglement fait par le parlement en 1344.

Le 21 Mai 1375, le roi Charles V. assista au parlement, à l'enregistrement de l'édit du mois d'Août précédent, sur la majorité des rois de France : il est dit que cette loi fut publiée au parlement du roi, en sa présence, et par lui, tenant sa justice en sondit parlement, en sa magnificence ou majesté royale: l'on trouve différens arrêts où la présence du roi est énoncée à-peu-près dans les mêmes termes. A ce *lit de justice* assisterent le dauphin, fils ainé du roi ; le duc d'Anjou, frere du roi ; le patriarche d'Alexandrie, 4 archevêques, 7 évêques, 6 abbés, le recteur & plusieurs membres de l'université de Paris, le chancelier de France, 4 princes du sang, plusieurs comtes & seigneurs, le prevôt des marchands, & les échevins de la ville de Paris, plusieurs autres gens sages & notables, & une grande affluence de peuple.

LIS

quelle on fait entrer la boite à *lisser* garnie de sa pierre. *Voyez les Planches du Cartier*, où l'on a représenté la partie inférieure de la perche avec son entaille, qui reçoit la boite à *lisser*.

LISSER, *pierre à lisser*, instrument de *Cartier* ; c'est une pierre noire fort dure & bien polie, avec laquelle on frotte sur les feuilles des cartes pour les *lisser*, c'est-à-dire les rendre douces, polies & luisantes. On se sert aussi pour le même effet d'un lingot de verre.

LISSERONS, s. m. *ouvrage d'ourdisserie*, ce sont de petits liteaux de bois plat & très-mince sur quoi se tendent les lisses, qui ne font, comme on l'a dit à leur article, qu'arrangés sur la petite ficelle dont on laisse passer les bouts des quatre extrémités de la lisse de la longueur de huit à dix pouces, pour servir à les *enlisseronner* par le moyen de plusieurs tours que l'on fait autour du *lisseron*, & que l'on arrête dans les échancrures qu'il porte à ses bouts ; par conséquent il faut deux *lisserons* pour chaque lisse. Les *lisserons* pour les hautes lisses sont plus longs & plus forts à proportion de la grandeur de la haute lisse.

LISSETTES, s. f. (*Ourdissage*.) Il n'y a d'autre différence entre les *lissettes* aux lisses, sinon que la *lissette* n'est pas ordinairement enlisseronnée : dans ce cas, comme elle n'est pas aussi considérable à beaucoup près qu'une lisse, & qu'il y en a très-fréquemment une grande quantité, on les attache seulement par le bout d'en haut à la queue des rames, & elles font terminées par le bout d'en bas par un fuseau de plomb ou de fer qui les oblige de descendre lorsque l'ouvrier quitte la marche qui les avoit fait lever : elles ont d'ailleurs la même usage que les lisses dont on vient de parler.

LISSETTES *à luisant & à chaînette* pour les franges & galons à chaînettes, (*Ruban*.) Elles font composées de petites ficelles haut & bas, au centre desquelles il y a des maillons de cuivre qui tiennent ici lieu de bouclettes, dont on a parlé à *l'article* LISSES. C'est à-travers ces émaillons que l'on passe les soies de la chaine qui formeront les luisans & chaînettes sur les têtes des franges & galons. Ces *lissettes*, que l'on voit dans *nos Pl. de Passementerie*, & dont il sera parlé aux *expl. de ces Pl.* sont au nombre de deux pour les franges, & attachées chacune par en haut aux deux bouts d'une ficelle dont les deux bouts viennent se joindre à elles après avoir passé sur la poulie du bandage qui ici est derriere : cette même ficelle vient aussi passer sur deux des poulies du porte-lisses, d'où les deux bouts viennent se terminer à ces deux *lissettes* par en bas ; elles sont tirées par deux tirans attachés aux marches : ces tirans ont chacun un nœud juste à l'endroit de la lame percée ; ces nœuds empêchent les *lissettes* d'être entraînées par le bandage. Il y a trois marches, une pour le pié gauche, & deux pour le pié droit ; celle du pié gauche fait baisser une lisse, & l'une des deux du pié droit fait baisser l'autre lisse & en même tems une de ces deux *lissettes*, au moyen de deux tirans qui sont attachés à cette marche ; quand celle-ci a fait son office, l'ouvrier marche du pié gauche, puis du pié droit la seconde marche de ce pié, qui comme sa premiere baisse la lisse & l'autre *lissette*, cette marche portant baisser la premiere de ce pié droit deux tirans. Pour plus de cl[…]té , il faut entendre que toujours la marche du pié droit fait agir une lisse de fond; & l'une de cel[…] pié gauche, en faisant agir l'autre lisse du fo[…] aussi agir une des deux *lissettes*, qui fait le f[…] article, & de même de la seconde marche d[…] pié droit. Quand l'une des deux march[…] agit, elle entraîneroit l'autre si elle ne […] rétée par le nœud dont on a parlé, […] le bandage tirant naturellement à l[…] mais l'obstacle de ce nœud empê[…]

LIS

rive, *forme* en même tems un point d'appui pour faire agir la marche qui travaille actuellement : un autre œud se trouvant à l'autre tirant de la seconde march de ce pié droit, devient lui-même point d'appui de celle-ci, & cela alternativement : de sorte que la poulie du bandage n'a d'autre mouv[…] que d'un demi-tour à droite & à gauche qu'elle est mûe par l'une ou l'autre marche droit.

LISIER, HAUT ET BAS, ouvrier qui tra[…] à la h[au]te & à la basse lisse. On le dit aussi du […] chan[…] qui en vend. *Voyez* HAUTE-LISSE & BA[SSE]-LISSE

LIS OIR, se dit dans l'*Artillerie* d'un assemblage c[…] plusie[ur]s tonneaux attachés ensemble, dans lesquel[s] on m[et] la poudre destinée pour la chasse, & qui tourn[en]t par le moyen d'un moulin, la remuent de mani[èr]e qu'elle devient lustrée, plus ronde, & d'un grain [p]lus égal que la poudre de guerre.

LI SOIR *de devant*, terme de *Charron*. C'est un morc[eau] de bois long de quatre à cinq piés, de l'épaiss[eur] d'un pié, qui sert à supporter le train de devant. *oyez* Pl. *du Sellier*.

Li[so]ir *de derriere* ; c'est une piece de bois de la largeur [d'env]iron d'un pié, sur deux piés d'épaisseur & cinq [pi]és de longueur, dont la face de dessous est creus[e] pour y faire entrer l'essieu des grandes roues. A la [fa]ce en dehors sont attachés presque à chaque bout [d]es crics qui portent les serpentes ; & à la face d'en [ha]ut, un peu à côté des crics, sont placées les mort[oises] pour enchâsser les moutons. *Voyez les Pl. du S[ell]ier.*

Li[so]IR, outil de *Gaînier* en gros ouvrage. C'[est] une [p]lanche de cuivre de la largeur de six pouc[es] quar[rée] par en bas & ronde par en haut, qui sert […] Gaîn[i]ers en gros ouvrages pour passer par-des[sus] peau d[e]nt ils se servent pour couvrir les caiss[…] sont [p]our les unir & empêcher que le c[…] plus [d'un] côté que de l'autre. *Voyez* les […] Gaî[nie]r.

L[IS]SUS, (*Géog. anc.*) Ce nom, […] phie [de]s anciens, désigne, 1°. un[…] Dalm[a]tie, sur les frontieres de l[…] une [ci]tadelle que l'on appelloit a[…] que [ét]oit une colonie de ces […] mill[ois]as d'Épidaure.

2°. *Lissus* étoit un lieu […] mér[…]rale, au couch[…]

3°. *Lissus* étoit cett[…] par l['a]rmée de Xer[…] elle [v]ouloit ent[…] Stry a.

L[IS]TA, ([…] le p[…]s des […] situ[…] s'en [p…] con[…] (R[…]

uis XII,
encore

ice solem-
rer sur les

ent, n'étoit
nnement les
de leur pré-
n *lit de justice*;
nseil; cela fut
ois fils, & depuis
; XII.
que les séances
n *lit de justice*;
omme on l'a dit,

étoit aussi qualifié
ut voir dans du Til-
plus que du terme
le siége où le roi est
lles, & aussi pour dé-

édé à ces anciennes as-
noient autrefois au mois
, de Mai, & que l'on nom-
de Mai, & qui furent dans
tés généraux, cours plenieres,
conseil.

un discours qu'il fit en un *lit de*
, dit que ces séances n'avoient
1369, lorsqu'il fut question d'y
Edouard, prince de Galles, fils du
e; que ces séances étoient alors desi-
ples, parce que les rois n'y venoient
ibérer avec leur parlement de quelques
portantes à leur état, soit qu'il fût ques-
éclarer la guerre aux ennemis de la cou-
soit qu'il fût à-propos de conclure la paix
e soulagement des peuples.

trouve néanmoins qu'il est déja parlé *du lit de*
ce du roi, dans une ordonnance de Philippes-
Long, du 17 Novembre 1318. Cette ordonnance
eut d'abord que le jour que le roi viendra à Paris,
pour ouir les causes qu'il aura réservées, le parlement cessera toutes autres affaires.

Un autre article porte que quand le roi viendra
au parlement, le parc sera tout uni, & qu'on laissera
vuide toute la place qui est devant son siége, afin
qu'il puisse parler secrétement à ceux qu'il appellera.

Enfin il est dit que personne ne partira de son siége, & ne viendra s'asseoir de lez le *lit* du roi, les
chambellans exceptés, & que nul ne vienne se conseiller à lui, s'il ne l'appelle.

La même chose est rappellée dans un réglement
fait par le parlement en 1344.

Le 21 Mai 1375, le roi Charles V. assista au parlement, à l'enregistrement de l'édit du mois d'Août
précédent, sur la majorité des rois de France: il est
dit que cette loi fut publiée au parlement du roi, en
sa présence, de par lui, tenant sa justice en sondit
parlement, en sa magnificence ou majesté royale:
l'on trouve différens arrêts où la présence du roi
est énoncée à-peu-près dans les mêmes termes. A ce
lit de justice assistèrent le dauphin, fils aîné du roi,
le duc d'Anjou, frere du roi, le patriarche d'Alexandrie, 4 archevêques, 7 évêques, 6 abbés, le recteur
& plusieurs membres de l'université de Paris, le
chancelier de France, 4 princes du sang, plusieurs
comtes & seigneurs, le prevôt des marchands, &
les échevins de la ville de Paris, plusieurs autres
gens sages & notables, & une grande affluence de
peuple.

EEe q

Il y eut un semblable *lit de justice* tenu par Charles VI. en 1386, & un autre en 1392, lequel, dans l'arrêt d'enregistrement, est appellé *lectum justitiæ*.

Du Tillet fait mention d'un autre *lit de justice* tenu le 10 Avril 1396, pour la grace de messire Pierre de Craon, où étoient les princes du sang, messire Pierre de Navarre, le fils du duc de Bourbonnois, le comte de la Marche, le connétable, le chancelier, le sire d'Albret, les deux maréchaux, l'amiral, plusieurs autres seigneurs, l'archevêque de Lyon, les évêques de Laon, de Noyon, de Paris, & de Poitiers; les présidens du parlement, les maîtres des requêtes, messieurs des enquêtes, & les gens du roi.

L'ordonnance du même prince, du 26 Décembre 1407, portant que quand le roi décédera avant que son fils aîné soit majeur, le royaume ne sera point gouverné par un régent, mais au nom du nouveau roi, par un conseil dans lequel les affaires seroient décidées à la pluralité des voix, fut lue publiquement & à haute voix, en la grand'chambre, où étoit dressé le *lit de justice*, présens le roi de Sicile, les ducs de Guienne, de Berry, de Bourbonnois & de Baviere; les comtes de Mortaing, de Nevers, d'Alençon, de Clermont, de Vendôme, de Saint-Pol, de Tancanille, & plusieurs autres comtes, barons, & seigneurs du sang royal & autres, le connétable, plusieurs archevêques & évêques, grand nombre d'abbés & autres gens d'église, le grand-maître d'hôtel, le premier & les autres présidens du parlement, le premier & plusieurs autres chambellans, grande quantité de chevaliers & autres nobles, de conseillers tant du grand-conseil & du parlement, que de la chambre des comptes, des requêtes de l'hôtel, des enquêtes & requêtes du palais, des aides, du trésor & autres officiers & gens de justice, & d'autres notables personnages en grande multitude.

Juvenal des Ursins, dans son histoire de Charles VI. en parlant de cette cérémonie, dit qu'il y eut une maniere de *lit de justice*, &c. C'est apparemment à cause que le roi étoit fort infirme d'esprit, qu'il regardoit le *lit de justice* comme n'en ayant que la forme & non l'autorité.

Il y en eut un autre en 1413, sous la faction du duc de Bourgogne, & ce fut alors que la voie d'autorité commença d'être introduite dans ces sortes de séances où les suffrages étoient auparavant libres; cependant le 5 Septembre de la même année il y ent un autre *lit de justice*, où l'on déclara nul tout ce qui avoit été fait dans le précédent, comme fait sans autorité due, & forme gardée, sans aviser & lire les lettres au roi & en son conseil, ni être avisé par la cour de parlement.

On tint un *lit de justice* en 1458, à Vendôme, pour le procès de M. d'Alençon.

François I. tint souvent son *lit de justice* : il y en eut jusqu'à 4 dans une année, savoir, les 24, 26, 27 Juillet, & 16 Décembre 1527.

Dans le dernier siecle il y en eut un le 18 Mai 1643, pour la régence; un en 1654, pour le procès de M. le prince; un en 1663, pour la réception de plusieurs pairs; il y en eut encore d'autres, pour des édits bursaux.

Ceux qui ont été tenus sous ce regne, sont des années 1715, 1718, 1723, 1725, 1730, 1732, & 1756.

Lorsque le roi vient au parlement, le grand maître vient avertir lorsqu'il est à la Sainte-Chapelle, & quatre présidens-à-mortier, avec six conseillers laïcs, & deux clercs, vont le recevoir, & saluer au nom de la compagnie; ils le conduisent en la grand'-chambre, les présidens marchant à ses côtés, des conseillers derriere lui, & le premier huissier entre les deux huissiers - massiers du roi.

Le dais de *lit de justice* du roi est placé dans l'angle de la grand'chambre; sur les hauts siéges, à la droite du roi, sont les princes du sang, les pairs laïcs; au bout du dernier banc se met le gouverneur de Paris.

A sa gauche aux hauts siéges sont les pairs ecclésiastiques, & les maréchaux de France venus avec le roi.

Aux piés du roi est le grand-chambellan.

A droite sur un tabouret, au bas des degrés du siége royal, le grand écuyer de France, portant au col l'épée de parement du roi.

A gauche sur un banc, au-dessous des pairs ecclésiastiques, sont les quatre capitaines des gardes du corps du roi, & le commandant des cent-suisses de la garde.

Plus bas, sur le petit degré par lequel on descend dans le parquet, est assis le prevôt de Paris, tenant un bâton blanc en sa main.

En une chaire à bras couverte de l'extrémité du tapis de velours violet semé de fleurs-de-lis, servant de drap de pié au roi, au lieu où est le greffier en chef aux audiences publiques, se met présentement M. le chancelier lorsqu'il arrive avec le roi, ou à son défaut M. le garde des sceaux.

Sur le banc ordinaire des présidens à mortier, lorsqu'ils sont au conseil, sont le premier président & les autres présidens à mortier revêtus de leur épitoge. Avant François I. M. le chancelier se plaçoit aussi sur ce banc au-dessus du premier président; il s'y place même encore, lorsqu'il arrive avant le roi, & jusqu'à son arrivée qu'il va se mettre aux piés du trône. On tient que ce fut le chancelier du Prat qui introduisit pour lui cette distinction de siéger seul, il le fit en 1527; cependant en cette même année, & encore en 1536, on retrouve le chancelier sur le banc de présidens.

Sur les trois bancs ordinaires, couverts de fleurs-de-lis, formant l'enceinte du parquet, & sur le banc du premier & du second barreau du côté de la cheminée, sont les conseillers d'honneur, les quatre maîtres des requêtes en robe rouge, les conseillers de la grand'chambre, les présidens des enquêtes & requêtes, tous en robe rouge, & de même que les autres conseillers au parlement.

Dans le parquet, sur deux tabourets, au-devant de la chaire de M. le chancelier, sont le grand maître & le maître des cérémonies.

Dans le même parquet, à genoux devant le roi, deux huissiers-massiers du roi, tenant leurs masses d'argent doré, & six hérauts d'armes.

A droite sur deux bancs couverts de tapis de fleurs-de-lis, les conseillers d'état, & les maîtres des requêtes venus avec M. le chancelier, en robe de satin noir.

Sur un banc en entrant dans le parquet, sont les quatre secrétaires-d'état.

Sur trois autres bancs à gauche dans le parquet, vis-à-vis les conseillers d'état, sont les chevaliers & officiers de l'ordre du Saint-Esprit, les gouverneurs & lieutenans généraux de provinces, & les baillis d'épée que le roi amene à sa suite.

Sur un siége à-part, le bailli du palais.

A côté de la forme où sont les secrétaires d'état, le greffier en chef revêtu de son épitoge, un bureau devant lui couvert de fleurs-de-lys, à la gauche l'un des principaux commis au greffe de la cour, servant en la grand'chambre, en robe noire, un bureau devant lui.

Sur une forme derriere eux, les quatre secrétaires de la cour.

Sur une autre forme derriere les secrétaires d'état, le grand prévôt de l'hôtel, le premier écuyer du roi, & quelques autres principaux officiers de la maison du roi.

Le premier huissier est en robe rouge, assis en sa chaire à l'entrée du parquet.

En leurs places ordinaires, les chambres assemblées au bout du premier barreau, jusqu'à la lanterne du côté de la cheminée, avec les conseillers de la grand'chambre, & les présidens des enquêtes & requêtes, sont les trois avocats du roi, & le procureur général placé après le premier d'entr'eux.

Dans le surplus des barreaux, des deux côtés, & sur quatre bancs que l'on ajoute derriere le dernier barreau du côté de la cheminée, se mettent les conseillers des enquêtes & requêtes, qui sont tous en robe rouge.

Lorsque le roi est assis & couvert, le chancelier commande par son ordre, que l'on prenne séance; ensuite le roi ayant ôté & remis son chapeau, prend la parole.

Anciennement le roi proposoit souvent lui-même les matieres sur lesquelles il s'agissoit de délibérer. Henri III. le faisoit presque toujours; mais plus ordinairement le roi ne dit que quelques mots, & c'est le chancelier, ou, à son défaut, le garde des sceaux, lorsqu'il y en a un, qui propose.

Lorsque le roi a cessé de parler, le chancelier monte vers lui, s'agenouille pour recevoir ses ordres; puis étant descendu, remis en sa place, assis & couvert, & après avoir dit que le roi permet que l'on se couvre, il fait un discours sur ce qui fait l'objet de la séance, & invite les gens du roi à prendre les conclusions qu'ils croiront convenables pour l'intérêt du roi & le bien de l'état.

Le premier président, tous les présidens & conseillers mettent un genouil en terre, & le chancelier leur ayant dit, le roi ordonne que vous vous leviez, ils se levent & restent debout & découverts; le premier président parle; & son discours fini, le chancelier monte vers le roi, prend ses ordres le genouil en terre; & descendu & remis en sa place, il dit que l'intention du roi est que l'on fasse la lecture des lettres dont il s'agit; puis s'adressant au greffier en chef, ou au secrétaire de la cour qui, en son absence, fait ses fonctions, il lui ordonne de lire les pieces; ce que le greffier fait étant debout & découvert.

La lecture finie, les gens du roi se mettent à genoux, M. le chancelier leur dit que le roi leur ordonne de se lever; ils se levent, & restent debout & découverts, le premier avocat général porte la parole, & requiert selon l'exigence des cas.

Ensuite M. le chancelier remonte vers le roi & le genouil en terre, prend ses ordres, ou, comme on disoit autrefois, son avis, & va aux opinions à messieurs les princes & aux pairs laïcs; puis revient passer devant le roi, & lui fait une profonde révérence, & va aux opinions aux pairs ecclésiastiques & maréchaux de France.

Puis descendant dans le parquet, il prend les opinions de messieurs les présidens (autrefois il prenoit leur avis après celui du roi;) ensuite il va à ceux qui sont sur les bancs & formes du parquet, & qui ont voix délibérative en la cour & dans les barreaux laïcs, & prend l'avis des conseillers des enquêtes & requêtes.

Chacun opine à voix basse, à moins d'avoir obtenu du roi la permission de parler à haute voix.

Enfin, après avoir remonté vers le roi & étant redescendu, remis en sa place, assis & couvert, il prononce: le roi en son *lit de justice* a ordonné & ordonne qu'il sera procédé à l'enregistrement des lettres sur lesquelles on a délibéré; & à la fin de l'arrêt il est dit, fait en Parlement le roi y séant en son *lit de justice*.

Anciennement le chancelier prenoit deux fois les opinions; il les demandoit d'abord de sa place, & chacun opinoit à haute voix; c'est pourquoi lorsque le conseil s'ouvroit, il ne demeuroit en la chambre que ceux qui avoient droit d'y opiner; on en faisoit sortir tous les autres, & les prélats eux-mêmes, quoiqu'ils eussent accompagné le roi, ils ne rentroient que lors de la prononciation de l'arrêt; cela se pratiquoit encore sous François I. & sous Henri II. comme on le voit par les regîtres de 1514, 1516, 1521, 1527. On croit que c'est du tems d'Henri II. que l'on a cessé d'opiner à haute voix; cela s'est pourtant encore pratiqué trois fois sous Louis XIV. savoir en 1643, en 1654 & 1663.

Présentement, comme on opine à voix basse, ceux qui ont quelque chose de particulier à dire, le disent tout haut.

Après la résolution prise, on ouvroit les portes de la grand'chambre au public, pour entendre la prononciation de l'arrêt. C'est ainsi que l'on en usa en 1610 & en 1643, & même encore en 1725; Après l'ouverture des portes, le greffier faisoit une nouvelle lecture des lettres qu'il s'agissoit d'enregistrer; les gens du roi donnoient de nouveau leurs conclusions, qu'ils faisoient précéder d'un discours destiné à instruire le public des motifs qui avoient déterminé; ensuite le chancelier reprenoit les avis pour la forme, mais à voix basse, allant de rang en rang, comme on le fait à l'audience au parlement lorsqu'il s'agit de prononcer un délibéré, & ensuite il prononçoit l'arrêt.

Présentement, soit qu'on ouvre les portes, ou que l'on opine à huis clos, M. le chancelier ne va aux opinions qu'une seule fois.

La séance finie, le roi sort dans le même ordre qu'il est entré. On a vu des *lits de justice* tenus au château des Thuileries, tels que ceux du 26 Août 1718, d'autres tenus à Versailles, comme ceux des 3 Septembre 1732, & 21 Août 1756. Il y en eut un en 1720 au grand conseil, où les princes & les pairs assisterent. Nos rois ont aussi tenu quelquefois leur *lit de justice* dans d'autres parlemens; François I. tint le sien à Rouen en 1517, il y fut accompagné du chancelier du Prat & de quelques officiers de la cour. Charles IX. y en tint aussi un, pour déclarer sa majorité.

Sur les *lits de justice*, voyez le *traité de la majorité des rois*; les *mémoires* de M. Talon, tome III. p. 329. son discours au roi en 1648, & ceux qui furent faits par les premiers présidens & avocats généraux aux *lits de justice* tenus en 1586, 1610, 1715, & les derniers procès-verbaux. (A)

LIT *des Romains*, (*Hist. rom.*) *lectus cubicularis*, Cic. couche sur laquelle ils se reposoient ou dormoient. Elle passa du premier degré d'austérité au plus haut point de luxe; nous en allons parcourir l'histoire en deux mots.

Tant que les Romains conserverent leur genre de vie dur & austere, ils couchoient simplement sur la paille, ou sur des feuilles d'arbres séches, & n'avoient pour couverture que quelques peaux de bêtes, qui leur servoient aussi de manteaux. Dans les beaux jours de la république, ils s'écartoient peu de cette simplicité; & pour ne pas dormir sous de riches lambris, leur sommeil n'en étoit ni moins profond, ni moins plein de délices. Mais bientôt l'exemple des peuples qu'ils soumirent, joint à l'opulence qu'ils commencerent à goûter, les porta à se procurer les commodités de la vie, & consécutivement les rafinemens de la mollesse. A la paille, aux feuilles d'arbres séches, aux peaux de bêtes, aux couvertures faites de leurs toisons, succéderent des

LIT

matelats de la laine de milet, & des *lits* de plumes du duvet le plus fin. Non-contens de bois. de *lits* d'ébene, de cedre & de citronnier, ils firent enrichir de marqueterie, ou de figures en relief. Enfin ils en eurent d'ivoire & d'argent massif, avec des couvertures fines, teintes de pourpre, & rehauffées d'or.

Au reste, leurs *lits*, tels que les marbres antiques nous les repréfentent, étoient faits à-peu-près comme nos *lits* de repos, mais avec un dos qui régnoit le long d'un côté, & qui de l'autre s'étendoit aux piés & à la tête, n'étant ouverts que par-devant. Ces *lits* n'avoient point d'impériale, ni de rideaux, & ils étoient si élevés, qu'on n'y pouvoit monter sans quelque espece de gradins.

LIT DE TABLE, *lectus-triclinaris*, (*Littér*.) *lit* sur lequel les anciens se mettoient pour prendre leur repas dans les salles à manger.

Ils ne s'asseyoient pas comme nous pour manger, ils se couchoient sur des *lits* plus ou moins semblables à nos *lits* de salle, dont l'usage peut nous être resté de l'antiquité. Leur corps étoit élevé sur le coude gauche, afin d'avoir la liberté de manger de la main droite, & leur dos étoit soutenu par derriere avec des traversins, quand ils vouloient se reposer.

Cependant la maniere dont les Romains étoient à table, n'a pas toujours été la même dans tous les tems, mais elle a toujours paru digne de la curiosité des gens de lettres, &, si je l'ose dire, je me suis mis du nombre.

Avant la seconde guerre punique, les Romains s'asseyoient sur de simples bancs de bois, à l'exemple des héros d'Homere, ou, pour parler comme Varron, à l'exemple des Crétois & des Lacédémoniens; car, dans toute l'Asie, on mangeoit couché sur des *lits*.

Scipion l'Africain fut la premiere cause innocente du changement qui se fit à cet égard. Il avoit apporté de Carthage de ces petits *lits*, qu'on a long-tems appellés *punicani*, afriquains. Ces *lits* étoient fort-bas, d'un bois assez commun, rembourrés seulement de paille ou de foin, & couverts de peaux de chevre ou de mouton.

Un tourneur ou menuisier de Rome, nommé *Archias*, les imita, & les fit un peu plus propres; ils prirent le nom de *lits archiaques*. Comme ils tenoient peu de place, les gens d'une condition médiocre n'en avoient encore point d'autres sous le siecle d'Auguste. Horace lui-même s'en servoit à son petit couvert; je le prouve par le témoignage de l'*épitre v. du liv. VII*. car c'est ainsi qu'il faut lire ce vers:

Si potes Archiacis conviva recumbert lectis.

» Si vous voulez bien, mon cher Torquatus, ac-
» cepter un repas frugal, où nous serons couchés
» sur des *lits* bourgeois ».

Il est certain qu'il y avoit peu de différence pour la délicatesse entre les *lits* africains, apportés à Rome par Scipion, & les anciens bancs dont on se servoit auparavant. Mais l'usage de se baigner chez soi, qui s'établissoit dans ce tems-là & qui affoiblit insensiblement le corps, fit que les hommes au sortir du bain se jettoient volontiers sur des *lits* pour se reposer, & qu'ils trouverent commode de ne pas quitter ces *lits* pour manger. Ensuite le même vice que celui qui prioit à souper, fit la galanterie du bain à ses conviés; c'est pourquoi on observoit en bâtissant les maisons de placer la salle des bains proche de celle où l'on mangeoit.

D'un autre côté, la coutume de manger couchés sur des *lits* prit faveur par l'établissement de dresser pour les dieux des *lits* dans leurs temples aux jours de leur fête & du festin public qui l'accompagnoit; la re-

marque est de Tite-Live, *Décad. liv. I. ch. j*. Il n'y avoit presque que la fête d'Hercule où l'on ne mettoit point de *lits* autour de ses tables, mais seulement des sieges, suivant l'ancien usage: ce qui fait dire à Virgile, quand il en parle, *hæc sacris sedes epulis*. Tous les autres dieux furent traités plus délicatement. On peut voir encore aujourd'hui la figure des *lits* dressés dans leurs temples sur des bas-reliefs & des médailles antiques. Il y en a deux représentations dans Spanheim, l'une pour la déesse *Salus*, qui donne à manger à un serpent; l'autre, au revers d'une médaille, de la jeune Faustine.

Comme les dames romaines, à la différence des dames grecques, mangeoient avec les hommes, elles ne crurent pas d'abord qu'il fût de la modestie d'être couchées à table, elles se tinrent assises sur les *lits* tant que dura la république; mais elles perdirent avec les mœurs la gloire de cette constance, & depuis les premiers césars, jusques vers l'an 320 de l'ere chrétienne, elles adopterent & suivirent sans scrupule la coutume des hommes.

Pour ce qui regarde les jeunes gens qui n'avoient point encore la robe virile, on les retint plus longtems sous l'ancienne discipline. Lorsqu'on les admettoit à table, ils y étoient assis sur le bord du *lit* de leurs plus proches parens. Jamais, dit Suétone, les jeunes césars, Caius & Lucius, ne mangerent à la table d'Auguste, qu'ils ne fussent assis *in imo loco*, au bas bout.

La belle maniere de traiter chez les Romains, étoit de n'avoir que trois *lits* autour d'une table, un côté demeurant vuide pour le service. De ces trois *lits* étoit au milieu, & les deux autres à chaque bout; d'où vint le nom de *triclinium*, donné également à la table & à la salle à manger.

Il n'y avoit guere de place sur les plus grands *lits*, que pour quatre personnes; les Romains n'aimoient pas être plus de douze à une même table, & le nombre qui leur plaisoit davantage, étoit le nombre impair de trois, de sept ou de neuf: leurs *lits* ordinaires ne contenoient que trois personnes. Le maître de la maison se plaçoit sur le *lit* à droite au bout de la table, d'où voyant l'arrangement du service, il pouvoit plus facilement donner des ordres à ses domestiques: il réservoit une place au-dessus de lui pour un de ses conviés, & une au-dessous pour sa femme ou quelque parent.

Le *lit* le plus honorable étoit celui du milieu; ensuite venoit celui du bout à gauche: celui du bout à droite étoit censé le moindre. L'ordre pour la premiere place sur chaque *lit*, requéroit de n'avoir personne au-dessus de soi; & la place la plus distinguée étoit la derniere sur le *lit* du milieu: on l'appelloit la *place consulaire*, parce qu'effectivement on la donnoit toujours à un consul quand il alloit manger chez quelque ami. L'avantage de cette place consistoit à être la plus libre pour sortir du repas, & la plus accessible à ceux qui survienroient pour lui parler d'affaires; car les Romains, quoiqu'à table, ne se départoient jamais de remplir les fonctions de leurs charges.

Horace, dans une de ses satyres, *l. II. sat. 8* ; nous instruit qu'on mettoit la table sous un dais quand on traitoit un grand seigneur, comme Mécene; & Macrobe décrivant un repas des pontifes, dit, pour en exprimer la magnificence, qu'il n'y avoit que dix conviés, & que cependant on mangeoit dans deux salles. C'étoit par le même principe de magnificence, qu'il y avoit une salle à cent *lits*, dans la célebre fête d'Antiochus Epiphanès, décrite par Elien.

La somptuosité particuliere des *lits de table* consistoit 1°. dans l'ébene, le cedre, l'ivoire, l'or, l'argent, & autres matieres précieuses dont ils étoient faits ou enrichis; 2°. dans les superbes couvertures de

LIT

diverses couleurs, brodées d'or & de pourpre; 3°. enfin dans les trépiés d'or & d'argent.

Pline, *l. XXXIII. c. xj.* remarque qu'il n'étoit pas extraordinaire sous Auguste, de voir les *lits de table* entierement couverts de lames d'argent, garnis des matelats les plus mollets, & des courtepointes les plus riches. Du tems de Seneque, ils étoient communément revêtus de lames d'or, d'argent ou d'électrum, métal d'or allié avec l'argent. Cette mode passa de l'Orient à Rome, comme il paroît par la pompe triomphale de Lucullus, dont Plutarque nous a laissé la description.

Aulugelle se plaignant du luxe des Romains en *lits* d'or, d'argent & de pourpre, ajoûte qu'ils donnoient aux hommes dans leurs festins, des *lits* plus magnifiques qu'aux dieux mêmes; cependant un docteur de l'Eglise, en parlant des *lits* des dieux, dit : *dii vestri tricliniis celestibus, atque in chalcidicis aureis cænitant.* En effet, un auteur grec fait mention d'un *lit* des dieux, qui étoit tout d'or dans l'île de Pandere. Que devoit-ce être des *lits* des hommes, s'ils les surpassoient encore !

Ciaconius qui a épuisé ce sujet dans sa dissertation *de triclinio*, vous en instruira. Il vous apprendra le degré de somptuosité où l'on porta la diversité de ces *lits*, suivant les saisons; car il y en avoit d'été & d'hiver. Il vous indiquera la matiere de ces divers *lits*, le choix des étoffes & de la pourpre ; enfin leur perfection en broderie. Pour moi j'aime mieux ne vous citer que ce seul vers d'Ovide, qui peint l'ancienne pauvreté romaine : « Les *lits* de nos peres n'étoient » garnis que d'herbes & de feuilles ; il appartenoit » qu'aux riches de les garnir de peaux,

Sæpè pelles poterat addere, dives erat.

La mode donna à ces *lits* depuis deux piés jusqu'à quatre piés de hauteur ; elle en changea perpétuellement la forme & les contours. On en fit en long, en ovale, en forme de croissant; & ensuite on les releva un peu sur le bout qui étoit proche de la table, afin qu'on fût appuyé plus commodément en mangeant. On les fit aussi plus ou moins grands, non-seulement pour être à son aise, mais encore afin que chaque *lit* pût tenir au besoin, sans se gêner, quatre ou cinq personnes ; d'où vient qu'Horace dit, *Sat. jv. l. I. v. 86* : « Vous voyez souvent quatre per- » sonnes sur chacun des trois *lits* qui entourent une » table ».

Sæpè tribus lectis videas cœnare quaternos.

Plutarque nous apprend que César après ses triomphes, traita le peuple romain à vingt-deux mille tables à trois *lits*. Comme il est vraisemblable que le peuple ne se fit point de scrupule de se presser pour un ami, & de se mettre quelquefois quatre, il en résulte qu'il y avoit au-moins deux cens mille personnes à ces vingt mille tables, aux dépens de César : lisez *au mot* LARGESSE ce que j'ai dit de l'argent qu'il avoit employé pour se faire des créatures.

Puisque dans les repas publics on faisoit manger le peuple romain sur des *lits*, l'on ne doit pas s'étonner de voir cet usage établi en Italie sous le regne de Néron, jusque parmi les laboureurs : Columelle leur en fait le reproche, & ne leur permet qu'aux jours de fêtes.

Quant aux tables autour desquelles les *lits* étoient rangés, c'est assez d'observer ici, que de la plus grande simplicité, on les porta en peu de tems à la plus grande richesse. Les convives y venoient prendre place à la sortie du bain, revêtus d'une robe qui ne servoit qu'aux repas, & qu'on appelloit *vestis cœnatoria*, *vestis convivalis*. C'étoit encore le maître de la maison qui fournissoit aux conviés ces robes de festins qu'ils quittoient après le repas.

Nous avons des estampes qui nous représentent ces robes, ces tables, ces *lits*, & la maniere dont les Romains étoient assis dessus pour manger, mais je ne sais si, dans plusieurs de ces estampes, l'imagination des artistes n'a pas suppléé aux monumens : du-moins il s'y trouve bien des choses difficiles à concilier. Il vaut donc mieux s'en tenir aux seules idées qu'on peut s'en former par la lecture des auteurs contemporains, & par la vûe de quelques bas-reliefs, qui nous en ont conservé des représentations incomplettes.

Dans l'un de ces bas-reliefs on voit une femme à table, couchée sur un des *lits*, & un homme près d'elle, qui se prépare à s'y placer quand on lui aura ôté ses souliers : on fait que la propreté vouloit qu'on les ôtât dans cette occasion. La femme paroit couchée un peu de côté, & appuyée sur le coude gauche, ayant pour tout habillement une tunique sans manche, avec une draperie qui l'enveloppe au-dessus de la ceinture jusqu'en bas. Elle a pour coëffure une espece de bourse où sont ses cheveux, & qui se ferme autour de la tête.

La *Planche XIV*. du *tome I.* des peintures antiques d'Herculanum, représente aussi la fin d'un souper domestique de deux personnes seulement, assises sur un même *lit*. La table est ronde; il y a dessus trois vases & quelques fleurs, & le plancher en est tout couvert. Je crains que cette estampe ne soit l'unique parmi les richesses d'Herculanum, puisque les éditeurs ne nous en ont point annoncé d'autres pour les tomes suivans. S'il y en avoit par hasard, elles me fourniroient un supplément à cet article. (*D. J.*)

LIT NUPTIAL, *lectus genialis*, (*Antiq. rom.*) Lit préparé par les mains de l'Hymen. C'étoit un *lit* qu'on dressoit exprès chez les Romains pour la nouvelle mariée, dans la salle située à l'entrée de la maison, & qui étoit décorée des images des ancêtres de l'époux. Le *lit nuptial* étoit toujours placé dans cette salle, parce que c'étoit le lieu où la nouvelle épouse devoit dans la suite se tenir ordinairement pour filer & faire des étoffes.

On avoit un grand respect pour ce *lit*; on le gardoit toujours pendant la vie de la femme, pour laquelle il avoit été dressé ; & si le mari se remarioit, il devoit en faire tendre un autre. C'est pourquoi Cicéron traite en orateur, de crime atroce, l'action de la mere de Cluentius, qui, devenue éperduement éprise de son gendre, l'épousa, & se fit tendre le même *lit nuptial*, qu'elle avoit dressé deux ans auparavant pour sa propre fille, & dont elle la chassa.

Properce appelle le *lit* de nôces, *adversum lectum*, parce qu'on le mettoit vis-à-vis de la porte. Il s'appelloit *genialis*, parce qu'on le consacroit au génie ; le dieu de la nature, & celui-là même qui présidoit à la naissance des hommes. (*D. J.*)

LITS, (*Chimie.*) en parlant des minéraux & des fossiles, signifie certain *strata* ou certaines *couches* de matieres arrangées les unes sur les autres. *Voyez* COUCHE, VEINE, STRATIFIER, CÉMENT.

LIT, (*Hydraul.*) on dit un *lit* de pierre, de marne, de craie, & de glaise. Ce terme exprime parfaitement leur situation horisontale, & leur peu d'épaisseur : on dit encore le *lit* d'une riviere, d'un canal, d'un reservoir, pour parler de son plafond. (*K*)

LIT DE MARÉE, (*Marine.*) endroit de la mer où il y a un courant assez rapide.

Lit du vent, nom qu'on donne aux lignes ou directions par lesquelles le vent souffle.

LIT, *en Architecture*, se dit de la situation naturelle d'une pierre dans la carriere.

On appelle *lit tendre*, celui de dessus, & *lit dur*, celui de dessous.

Les *lits* de pierre sont appellés par Vitruve, *cubicula*.

Lit de voussoir & de *claveau*, c'en est le côté caché dans les joints.

Lit en joint, c'est lorsqu'une pierre, au lieu d'être posée sur son *lit*, est posée sur son champ, & que le *lit* forme un joint à plomb. *Voyez* DELIT.

Lit de pont de bois ; c'en est le plancher, composé de poutrelles, & de travons avec son ponchis.

Lit de canal ou de *reservoir* ; c'en ell le fond de fable, de glaise, de pavé, ou de ciment & de cail-lou.

LIT, (*Coupe des pierres.*) par analogie au *lit* sur lequel on se couche, se dit 1°. de la situation naturelle de la pierre dans la carriere, qui est telle, que presque toujours les feuillets de la pierre sont paralleles à l'horison d'où ils ont pris le nom de *lits* ; 2°. de la surface sur laquelle on pose une pierre. La surface qui reçoit une autre pierre, laquelle regarde toujours vers le ciel supérieur, s'appelle *lit de dessus*. La surface par laquelle une pierre s'appuie sur une autre, & qui regarde toujours la terre ou le ciel inférieur, s'appelle *lit de dessous*. Lorsque les surfaces sont inclinées à l'horison, comme dans les voussoirs ou claveaux, on les appelle *lits en joint*. *Voyez* JOINT.

LIT, *en terme de Cirier* ; c'est un matelat couvert de drap & d'une couverte, entre lesquels on met les cierges jettés refroidir ou étuver, pour les rendre plus maniables.

LIT, (*Jardinage.*) on dit un *lit* de terre, un *lit* de fumier ; c'est une certaine largeur, une épaisseur de terre ou de fumier, entremêlés l'un dans l'autre, ou bien c'est un *lit* de sable, un *lit* de fruits ; tels que ceux que l'on pratique dans les mannequins, pour conserver les glands & les chataignes pendant l'hiver.

Dans les fouilles des terres, on trouve encore différens *lits*, un *lit* de tuf, un *lit* de craie, de marne, de sable, de crayon, de caillou, de coquilles appelés *coquillart*, de glaise & autres.

LIT, MALLE, MUÉE, *ou* BOUILLON DE POISSONS, (*Pêche.*) c'est ainsi que les pêcheurs de l'amirauté des sables d'Olone, appellent les troupes de poissons qui viennent ranger la côte dans certaines saisons.

LIT SOUS PLINTHE, *terme de Sculpture*. Le sculpteur dit faire un *lit sous plinthe*, pour exprimer le premier trait de scie qu'il fait donner à l'un des bouts d'un bloc de marbre, pour en former l'assise, base ou plinthe. *Voyez* PLINTHE.

LITA, (*Géog.*) petite ville de la Turquie européenne, dans la Macédoine, avec un évêché suffragant de Salonique, à 7 lieues du golfe de ce nom. *Long.* 40. 47. *lat.* 40. 41. (*D. J.*)

LITANIES, s. f. (*Théologie.*) terme de Liturgie. On appelle *litanies* dans l'Eglise les processions & les prieres qu'on fait pour appaiser la colere de Dieu, pour détourner quelque calamité dont on est menacé, & pour remercier Dieu des bienfaits qu'on reçoit de sa bonté.

Ce mot vient du grec λιτανεια, *supplication*. Le P. Poyrou voit plus loin ; & comme il a prétendu, que *litare* est pris du *lit* des Celtes, qui veut dire *solemnité*, il tireroit aussi apparemment les λιτω ou *litanies* dès Grecs du *lit* des Celtes.

Les auteurs ecclésiastiques & l'ordre romain appellent *litanie* les personnes qui composent la procession & qui y assistent.

Ducange dit que ce mot signifioit anciennement *procession*. *Voyez* PROCESSION.

Siméon de Thessalonique dit, que la sortie de l'église dans la *litanie*, marque la chute & le péché d'Adam qui fut chassé du paradis terrestre ; & que le retour à l'Eglise, marque le retour d'une ame à Dieu par la pénitence.

A l'occasion d'une peste qui ravageoit Rome l'an 590, saint Grégoire, pape, indiqua une *litanie* ou procession à sept bandes, qui devoient marcher au point du jour le mercredi suivant, sortant de diverses églises pour se rendre toutes à sainte Marie Majeure. La premiere troupe étoit composée du clergé ; la seconde des abbés avec leurs moines ; la troisieme des abbesses avec leurs religieuses ; la quatrieme des enfans ; la cinquieme des hommes laïques ; la sixieme des veuves ; la septieme des femmes mariées. On croit que de cette procession générale est venue celle de saint Marc, qu'on appelle encore la *grande litanie*.

Litanies, est aujourd'hui une formule de prieres qu'on chante dans l'église à l'honneur des saints, ou de quelque mystere. Elle contient certains éloges ou attributs, à la fin de chacun desquels on leur fait une invocation en mêmes termes.

LITANTHRAX, s. m. (*Hist. nat.*) nom donné par les anciens naturalistes au charbon de terre & au jais. *Voyez ces deux articles*.

LITCHFIELDS, *Litchfeldia*, (*Géog.*) ville d'Angleterre en Stafordshire, avec titre de comté, & un évêché suffragant de Cantorberi. Elle envoie deux députés au parlement. On voit près de *Litchfields* quelques restes de murs de l'ancien *Etocetum*, demeure des Carnavens, ou de l'ancien *Litchfields* même. Quoi qu'il en soit, cette ville est à 20 milles O. de Stafford, & à 94 N. O. de Londres. *Long.* 15. 50. *lat.* 52. 40.

Litchfields a donné le jour à deux hommes célebres qui étoient contemporains, Addisson & Ashmole.

Adisson (*Joseph*) un des beaux esprits d'Angleterre, a fait des ouvrages où regnent l'érudition, le bon goût, la finesse & la délicatesse d'un homme de cour. Sa tragédie de Caton est un chef d'œuvre pour la diction & pour la beauté des vers ; comme Caton étoit le premier des Romains, c'est aussi le plus beau personnage qui soit sur aucun théâtre. Le poème d'Adisson sur la campagne des Anglois en 1704, est très-estimé ; celui qu'il fit à l'honneur du roi Guillaume, lui valut une pension de 300 livres sterlings. Il se démit en 1717 de sa place de sécrétaire d'état, & mourut deux ans après, à l'âge de 47 ans. Il fut enterré dans l'abbaye de Westminster avec les beaux génies, les rois & les héros.

Ashmole (*Elie*) se distingua par ses connoissances dans les médailles, la Chimie & les Mathématiques. C'est de lui que le *Musæum Ashmolæanum* bâti à Oxford, a tiré son nom, parce qu'il a gratifié cette université de sa belle collection de médailles, de sa bibliotheque, de ses instrumens chimiques, & d'un grand nombre d'autres choses rares & curieuses. (*D. J.*)

LITE, (*Hist. nat.*) nom générique que les habitans de l'île de Madagascar donnent à différentes especes de gommes ou de résines, produites par les arbres de leur pays. *Lite-menta*, n'est autre chose que le benjoin ; *lite-rame*, est la gomme-résine appelée plus ordinairement *tacamahaca* ; *lite-simpi*, est une résine odorante, produite par un arbre appelé *simpi* ; *lite-enfouraha*, est une gomme-résine verte, d'une odeur très-aromatique ; *lite-minsi*, est une résine noire & liquide ; mais elle se durcit avec le tems : elle est produite par un arbre qui ressemble à l'acacia ; les femmes s'en servent pour se farder ; elle est très-propre à guérir les plaies. *Lite-bistic*, c'est une résine blanche qui se trouve attachée aux branches des arbres, où elle est portée par des fourmis. *Lithura* ou *litin-barencoco*, est une substance de la nature du sang-de-dragon ; *litin-pane*, est une gomme ou résine jaune & très-aromatique ; *litin-haronga*, est une autre résine jaune, produite par des arbres dont les abeilles du pays font le meilleur miel.

LITEAU, s. m. (*Menuis. & Charp.*) c'est une petite tringle de bois, ainsi appellée ou de sa disposition ou de son usage, ou parce qu'elle est couchée sur une autre qui lui sert de lit, ou parce que d'autres reposent sur elle.

LITEAU, *terme de Tisserand*, se dit des raies bleues qui traversent les toiles d'une lisiere à une autre. Il n'y a que les pieces de toiles destinées à faire des serviettes & des nappes qui aient des *liteaux*; & ces *liteaux* sont placés de distance en distance, de maniere que les nappes & les serviettes doivent en avoir un à chaque bout quand elles sont coupées.

LITEAU, *terme de chasse*: on appelle *liteau* le lieu où se couche & se repose le loup pendant le jour.

LITEMANGHITS, s. m. (*Commerce*) c'est la gomme que les droguistes appellent *alouchi*; on dit qu'elle coule du tronc du canelier.

LITER, v. act. (*Drap.*) c'est coudre ou attacher avec du gros fil ou de la menue ficelle, des petites cordes de la grosseur du bout du doigt, le long de la piece entre l'étoffe & la lisiere, afin que la partie qui en a été couverte ne puisse prendre teinture, & qu'elle garde son fond ou pié. On reconnoît à cela la bonne teinture. Il est défendu aux teinturiers de teindre en écarlate, violette, verd-brun, verd-gris, si les draps ne sont *lités*. *Voyez les réglem. de manuf.*

LITER, *terme de pêche*, c'est mettre le poisson par lit dans les tonnes.

LITES, (*Mythol.*) λιται; c'étoient, selon Homere, les Prieres, filles de Jupiter, & rien n'est plus ingénieux que l'allégorie sous laquelle il les dépeint. Ces déesses, dit-il, sont âgées, boiteuses, tiennent toujours les yeux baissés, & paroissent toujours rempries & toujours humiliées; elles marchent après l'Injure; car l'Injure altiere, pleine de confiance en ses propres forces, les devance d'un pié léger, parcourt la terre, & la ravage insolemment. Les humbles Prieres la suivent pour guérir les maux qu'elle a causés. Celui qui les respecte & qui les chérit, en reçoit les plus grands bienfaits; elles l'écoutent à leur tour dans ses besoins, & portent, avec efficace, ses vœux & ses supplications aux piés du trône de Jupiter.

On sait que du mot grec λιτη, *lité*, est venu dans l'église le terme de *litanies*, & celui de *litare*, faire un sacrifice agréable à la divinité. (*D. J.*)

LITHARGE, s. f. (*Pharmac. & Mat. méd.*): on emploie indifféremment en Pharmacie celle qui est appellée *litharge d'or*, & celle qui est appellée *litharge d'argent*.

Cette matiere se purifie & se divise pour les usages pharmaceutiques en la reparant ou la pulvérisant à l'eau. *Voyez* PRÉPARATION *Pharmac.* & PULVÉRISATION, *Chimie & Pharmac.*

La *litharge* est de toutes les préparations de plomb la plus employée en Médecine pour l'usage extérieur: elle est sur-tout un ingrédient très-ordinaire des emplâtres. Elle fait la base ou constitue le corps d'un grand nombre. *Voyez* EMPLATRE.

Elle entre aussi dans la composition de plusieurs onguens; le plus simple, le mieux entendu, celui ou la *litharge* est véritablement dominante, & jouissant de ses propriétés; celui en même tems qui est le plus usité, c'est le *nutritum* vulgaire. *Voyez* NUTRITUM.

Elle entre encore dans l'onguent dessicatif rouge, dans l'égyptiac, dans l'onguent de la mere, l'onguent des apôtres, &c. dans un grand nombre d'emplâtres, dans la pierre médicamenteuse, &c.

La *litharge*, est ainsi que les autres préparations de plomb, dessicative, répercussive & réfrigérante. *Voyez* PLOMB.

On peut employer la *litharge*, & on l'emploie même fort communément à préparer le vinaigre & le sel de saturne, dont nous parlerons au *mot* PLOMB. (*b*)

LITHIASE, s. f. (*Médec.*) λιθιασις, *litiasis*, est un des noms de la maladie appellée plus communément *la pierre ou le calcul*. *Voyez* PIERRE & CALCUL.

LITHIASIE *ou* LITHIASIS, est aussi une maladie des paupieres qui consiste dans des petites tumeurs dures & pétrifiées, engendrées sur leur bord. On les nomme autrement *gravelles*; elles sont causées par une lymphe épaissie, endurcie & convertie en petites pierres ou sables dans quelques grains glanduleux ou plutôt dans quelques vaisseaux lymphatiques; ce qui les rend enkistées. On fait facilement l'extraction de ces pierres avec une petite incision sur le kiste, jusqu'au corps étranger qu'on fait ensuite sauter avec une petite curette. La bonne Chirurgie prescrit que l'incision soit faite à la paupiere inférieure suivant sa longueur, c'est-à-dire d'un angle à l'autre pour suivre la direction des fibres du muscle orbiculaire. Au contraire les incisions intérieures qui se pratiquent à la paupiere supérieure, doivent se faire de haut en bas, de crainte de couper transversalement les fibres de l'aponevrose du muscle releveur de cette paupiere.

Lorsqu'on a quelques incisions à faire à l'intérieur des paupieres, il faut les renverser. *Voyez* SPECULUM OCULI. (*Y*)

LITHOBIBLIA, (*Hist. nat.*) nom donné par quelques auteurs aux pierres sur lesquelles on trouve des empreintes de feuilles; ces sortes de pierres sont très-communes, sur-tout dans le voisinage des mines de charbon de terre. *Voyez* PIERRES EMPREINTES. On les nomme aussi *lithophylla*. Quelques-uns entendent par-là non-seulement les empreintes des feuilles, mais les feuilles elles-mêmes pétrifiées; elles sont très-rares, si même il en existe: cependant Wallerius parle de feuilles de roseau pétrifiées.

LITHOBOLIES, s. f. (*Littér.*) fêtes qui se célébroient à Epidaure, à Egine & à Troézène, en mémoire de Lamie & d'Auxésie; deux jeunes filles de l'île de Crète, que quelques habitans de Troëzène lapiderent dans une sédition. On ordonna, dit Pausanias, que pour appaiser leurs manes, on célébreroit tous les ans dans Troëzène une fête en leur honneur, & cette fête fut appellée *lithobolies*, λιθοβωλια; ce mot vient de λιθος, *pierre*, & βαλλω, *je jette*. (*D. J.*)

LITHOCOLLE, s. f. (*Gramm. & Architect.*) espece de ciment dont on se sert pour attacher les pierres précieuses au manche, lorsqu'on se propose de les tailler sur la meule. Il se fait de vieille brique & de poix-résine; pour le diamant, on use de plomb fondu, on l'y enchâsse avant que ce métal ne soit tout-à-fait refroidi. Au lieu de vieilles briques & de poix-résine, on emploie la poudre de marbre & la colle-forte, si l'on se propose d'avoir un mortier. Si l'on a une pierre éclatée à réunir, on ajoute au mortier précédent du blanc d'œuf & de la poix.

LITHOGRAPHIE. s. f. (*Gram. Hist. nat.*) C'est la description des pierres.

LITHOLOGIE, s. f. (*Hist. nat. Miner.*) On nomme ainsi la partie de l'Histoire naturelle du regne mineral qui a pour objet l'examen des différentes especes de pierres, de leurs propriétés, & des caracteres qui les distinguent. *Voyez* PIERRES.

LITHOMANCIE, s. f. (*Divinat.*) divination par les pierres, comme le porte ce nom tiré du grec, & composé de λιθος, *pierre*, & de μαντεια, *divination*.

On n'a que quelques conjectures incertaines sur cette espece de divination. Dans le poëme des pierres attribué à Orphée, il est fait mention d'une qu'Apollon donna à Helenus le troyen. Cette pierre, dit le poëte, s'appelle *sideritès*, & le don de la parole; elle est un peu raboteuse, dure, pesante, noire, & à des rides qui s'étendent circulairement sur sa surface. Quand Helenus vouloit employer la vertu de cette pierre, il s'abstenoit pendant 21 jours du lit conjugal, des bains publics, & de la viande des animaux: ensuite il faisoit plusieurs sacrifices, il avoit la pierre dans une fontaine, l'enveloppoit pieusement, & la portoit dans son sein. Après cette préparation qui rendoit la pierre animée, pour l'exciter à parler, il la prenoit à la main, & faisoit semblant de la vouloir jetter. Alors elle jettoit un cri semblable à celui d'un enfant qui desire le lait de sa nourrice. Helenus profitant de ce moment, interrogeoit la pierre sur ce qu'il vouloit savoir, & en recevoit des réponses certaines : c'est sur ces réponses qu'il prédit la ruine de Troie sa patrie.

Dans ce qui nous reste des prétendus oracles de Zoroastre, il est mention d'une pierre que Pline nomme *astroite*, qu'il faut offrir en sacrifice, dit Zoroastre, lorsqu'on verra un demon terrestre s'approcher. Delrio & Psellus appellent cette pierre *mizouris*, *minzouris*, & *minsuris*, & ajoutent qu'elle avoit la vertu d'évoquer les génies & d'en tirer les réponses qu'on souhaitoit ; mais les poëmes d'Orphée & de Zoroastre sont des ouvrages supposés : cherchons donc dans ces sources les sources plus certaines des traces de la *lithomancie*.

On en trouve dans l'Ecriture au livre du *Lévitique*, *chap. xxvj. vers.* 1. où Moise défend aux Israélites d'ériger des pierres pour objet de leur culte. La vulgate porte *insignem lapidem*, quelques-uns croyent qu'il faut *in signum lapidem*, & que c'est une faute des copistes, car la version des septante porte λιθος σκοπον, c'est-à-dire à la lettre, *lapidem signum* : ce qu'on peut aussi entendre de la défense que Moise fit aux Israélites d'adorer les pierres. Mais il y a apparence que les Chananéens & les Phéniciens consultoient les pierres comme des oracles ; & ces pierres ainsi divinisées, sont connues dans toute l'antiquité sous le nom de *bætiles* ou pierres animées qui rendoient des oracles. *Voyez* BŒTILES. *Mem. de l'acad. des Inscript. tom. VI. pag.* 514. 525. & 531. Delrio, *Disquisit. magiq. lib. IV. ch. xj. quæst. vij. sect.* 1. *pag.* 555. On rapporte encore à la *lithomancie* la superstition de ceux qui pensent que la pierre précieuse qu'on nomme *amethiste*, a la vertu de faire connoître à ceux qui la portent, les événemens futurs par les songes.

LITHOMARGA, (*Hist. nat.*) nom donné par quelques auteurs à une espece de craie ou de marne, que Wallerius regarde comme formée par la décomposition de la stalactite : elle est pierreuse.

LITHONTRIPTIQUE, adj. (*Thérapeut.*) médicament qui a la vertu de briser les pierres renfermées en différentes cavités du corps humain, & spécialement dans la vessie urinaire. *Voyez* PIERRE, CHIMIE & THÉRAPEUTIQUE. (*b*)

LITHONTRIPTIQUE, de | Tulpius, (*Mat. medic.*) nom d'un fameux diurétique imaginé par Tulpius docteur en medecine, & bourg-mestre d'Amsterdam. C'est un mélange de mouches cantharides & de graine du petit cardamome ; mais quoique ce remede ait été donné quelquefois avec un grand succès dans les maux de reins & dans la gravelle, il requiert beaucoup de lumieres & de prudence, de la part des médecins qui tenteroient de l'employer. Voici, suivant M. Homberg (*Mem. de l'acad. des Scienc. ann.* 1709.) la préparation de ce remede, que Tulpius ne divulguoit pas, & pour qu'on n'en fît usage à contre-tems.

Prenez une dragme de cantharides sans les aîles, & une dragme du petit cardamome (*cardamomi minoris*) sans les gousses ; pulverisez-les ; versez ensuite dessus une once d'esprit de vin rectifié, & demi-once d'esprit de tartre ; laissez-les en infusion froide pendant cinq ou six jours, en les remuant de tems en tems. Il ne faut pas boucher exactement la phiole, car elle se casseroit par la fermentation perpétuelle qui s'y fait. La dose est depuis quatre jusqu'à quinze ou vingt gouttes dans un véhicule convenable, comme dans deux onces d'eau distillée de quelque plante apéritive, une heure après avoir avalé un bouillon, l'on prendroit ce remede trois ou quatre jours de suite, en observant un bon régime.

Le singulier de cette mixture de Tulpius, c'est qu'elle ne cesse point de fermenter durant plusieurs années. Si on bouche un peu fortement la phiole qui la contient, elle éclate en morceaux ; si on la bouche foiblement, elle fait sauter le bouchon avec explosion.

M. Homberg a éprouvé que cette liqueur a toujours travaillé pendant plus de deux ans, & qu'elle ne s'est jamais clarifiée parfaitement, même après l'avoir séparée par inclination de dessus ses féces.

Le sel d'urine ou l'alkali volatil qui se trouve dans les cantharides, est vraissemblablement si fort enveloppé des matieres huileuses & des autres parties de cet insecte, que l'acide quoique mineral ne peut l'atteindre qu'à la longue, & qu'il se fait pendant tout ce tems-là une ébullition continuelle. La même chose arrive à peu près de l'esprit de nitre avec la cochenille & avec la chair seche de viperes ; mais les substances liquides animales, comme l'urine ou la liqueur de la vésicule du fiel, font avec les mêmes acides des ébulitions très-promtes & très peu durables. (*D. J.*)

LITHOPHAGE, s. m. (*Hist. nat. Insectolog.*) petit ver qui s'engendre dans la pierre, & qui y vit en la rongeant. Il y en a de plusieurs especes : on en a trouvé de vivans & de morts entre les lits de la pierre la plus dure. D'autres on vu une petite coquille fort tendre, de couleur verdâtre & cendrée : on apperçoit les traces du *lithophage* dans l'ardoise où il s'est creusé un chemin, lorsqu'elle étoit encore molle.

LITHOPHYTE, s. m. (*Hist. nat.*) *lithophyton*, production d'insecte de mer que l'on a regardée presque jusqu'à présent comme une plante, & qui porte encore le nom de *plante marine*. Il est vrai que les *lithophytes* ressemblent beaucoup aux plantes ; ils ont une tige, des branches, des rameaux, &c. Si on les coupe transversalement, on voit à l'intérieur des couches concentriques, une écorce, &c. Cependant les *lithophytes* appartiennent au regne animal ; ils sont produits par des insectes, comme les gâteaux de cire sont l'ouvrage des abeilles : au lieu de racines, ils ont une base adhérente à un rocher, à un caillou, à une coquille, ou à tout autre corps solide qui se rencontre à l'endroit où les insectes commencent leur édifice : ils l'élevent peu à peu & le ramifient. Les *lithophytes* sont recouverts d'une écorce molle & poreuse : chaque pore est l'ouverture d'une cellule dans laquelle reside un insecte. Cette écorce est de différentes couleurs en diverses especes de *lithophytes* : il y en a de blancs, de jaunes, de rougeâtres, de pourprés, &c. M. Tournefort en rapporte vingt-huit especes dans ses institutions botaniques. Après avoir enlevé l'écorce du *lithophyte*, on trouve une substance qui a rapport à celle de la corne, lorsqu'elle est bien polie & d'un beau noir, on lui donne improprement le nom de *corail noir*. Il y a des *lithophytes* qui forment une sorte de rézeau. *Voyez* PANNACHE DE MER, & PLANTE MARINE.

LITHOPHOSPHORE, s. m. (*Hist. nat.*) nom que quelques naturalistes à une espece de spath, qui après avoir été calciné doucement dans le feu, comme bien d'autres pierres, a la propriété de luire dans l'obscurité. La pierre de Bologne est une pierre de la même nature. Le *lithophosphorus suhlensis* ou de Suhla, dans le comté d'Henneberg en Thuringe, est un spath violet ou pourpre. Ces sortes de pierres sont calcaires ; ainsi, si on les calcinoit trop fortement, elles se changeroient en chaux, & ne seroient plus phosphoriques. *Voyez* PHOSPHORE.

LITHO[

LIT

LITHOPTERIS, f. f. (*Hift. nat.*) nom donné par Lhuid à des fougeres dont on trouve les empreintes fur des pierres tirées du fein de la terre, telles que celles qui accompagnent les mines de charbon de terre de S. Chaumont & d'autres endroits.

LITHOSTREON, f. m. (*Hift. nat.*) Quelques auteurs entendent par ce mot les huîtres ou oftracites qui fe trouvent dans le fein de la terre.

LITHOSTROTION, f. m. (*Hift. nat.*) On nomme ainſi une eſpece de corail qui ſe trouve dans le ſein de la terre : il eſt compoſé de pluſieurs colonnes ou articulations menues, qui ſont ou cylindriques ou priſmatiques, qui ſe joignent exactement les unes aux autres, & au ſommet deſquelles on remarque la forme d'une étoile.

LITHOSTROTOS, f. m. (*Littér.*) Ce mot eſt grec; λιθοςρωτος, en latin *Lithoſtrotum*, c'eſt-à-dire, *pavé de pierres*; mais les petits pavés porterent ce nom par excellence chez les anciens. Ils entendoient proprement par *lithoſtrota*, des pavés tant de marqueterie ſimple, que de moſaïque, faits de coupures de divers marbres qui ſe joignoient & s'enchâſſoient enſemble dans le ciment. On formoit avec ce petit carrelage, toutes ſortes de compartimens différens en couleurs, en grandeur, & en figures. *Lithoſtrota*, dit Grapaldus, *è parvulis cruſtis marmoreis, quaſi pavimenta lapidibus ſtrata.* C'eſt de ces ſortes de pavés dont parle Varron, *de re ruſt. lib. III.* en écrivant à un de ſes amis, *quam villam haberes ope tectorio ac pavimentis nobilibus* lithoſtratis *ſpectandam, parum putaſſes, niſi quoque parietes eſſent illis ornati.*

Tel étoit le pavé du tribunal de Pilate, c'eſt-à-dire, du lieu où il tenoit le ſiege de judicature, dont il eſt fait mention dans S. Jean, *chap. xix.* ⅌. *13.* » Pilate, dit l'évangéliſte, les entendant parler de la » ſorte, amena Jeſus dehors, & prit ſéance dans » ſon tribunal, au lieu qu'on appelle en grec *lithoſ-* » *trotos*, & en hébreu *gabbata* ». On conſerve ici le mot *lithoſtrotos* avec pluſieurs traducteurs, le pere Amelote, M. Simon, la verſion de Mons, & autres; & je crois qu'ils ont raiſon.

Les *lithoſtrota* ou pavés de marqueterie & de moſaïque ſuccéderent aux pavés peints, inventés par les Grecs, & en firent perdre l'uſage. C'eſt Pline, *lib. XXXVI. cap. xxv.* qui nous l'apprend en ces termes: *Pavimenta originem apud Græcos habent, elaborata arte, picturâ ratione, donec* lithoſtrota *eam expulere.*

Ils commencerent à Rome ſous Sylla, qui fit faire un de ces nouveaux pavés de pieces de rapport, dans le temple de la Fortune, à Préneſte, environ 170 ans avant J. C. Les Juifs imiterent cette mode ; car outre le tribunal de Pilate, la ſalle de leur ſanhédrin étoit pavée de cette maniere comme on peut le voir dans Selden, *lib. II. cap. xv. de Syned. Hebræorum.*

Lithoſtrotos eſt compoſé de λιθος, *pierre* & ςρωτος, *un pavé*, en latin *ſtratum*. (*D. J.*)

LITHOTOME, f. m. (*Inſtrument de Chirurgie.*) eſpece de biſtouri avec lequel on fait une inciſion pour tirer la pierre de la veſſie. Cet mot eſt grec, λιθοτομος, compoſé de λιθος, *lapis*, pierre, & de τομη, *inciſio*, inciſion, du verbe τέμνω, *ſeco*, j'inciſe. Les réformateurs des termes penſent qu'il ſeroit plus à propos d'appeller ce biſtouri *cyſtitome*, de κύςις, *veſſie*, ou *uretro cyſtitome*; mais l'uſage a prévalu.

Il y a pluſieurs eſpeces de *lithotomes*; celui qui a été pratiqué le plus en uſage, reſſemble aſſez à une lancette. On y conſidere une lame & une châſſe compoſée de deux pieces d'écaille : la lame eſt tranchante des deux côtés, de la longueur d'un pouce juſqu'à la pointe. On y remarque quatre émoutures, deux de chaque côté qui forment dans le milieu une vive-arrête, ce qui conſerve beaucoup de force aux tranchans qui doivent être fort fins. Le talon de cette lame eſt terminé par une queue garnie à ſon extrémité d'une petite lentille, pour arrêter & aſſujettir la lame dans le manche quand l'inſtrument eſt ouvert.

La pointe de ce *lithotome* a été ſujette à pluſieurs variations, ſuivant les différentes manieres de tailler. Collot, qui ſe contentoit de faire une inciſion à l'uretre parallele à celle de la peau, ſe ſervoit d'un *lithotome* rond & mouſſe, *Pl. VIII. fig. 6.* Ceux qui ont pratiqué depuis, ayant ſenti la néceſſité d'allonger l'inciſion de l'uretre du côté du col de la veſſie, ont donné une pointe à la ſonde conductrice, le chirurgien eſt obligé de beaucoup baiſſer le poignet & de relever l'extrémité des doigts. M. Ledran a cru que ce mouvement ſeroit moins gênant, & qu'on tiendroit avec plus de facilité la pointe du *lithotome* dans cette cannelure, ſi le tranchant ſupérieur décrivoit une ligne droite. *Voyez ibidem, Pl. VIII. fig. 7.*

La lame de ces différens *lithotomes* doit être aſſujettie ſur la châſſe par une bandelette de linge fin. Pour éviter cette préparation, l'on a conſtruit des *lithotomes* dont la lame eſt fixée dans le manche; tels ſont les *lithotomes* de M. Cheſelden, *Pl. VIII. fig. 1. & 3,* & le *lithotome*, *Pl. IX. fig. 8.* M. Ledran a imaginé un petit couteau, *Pl. IX. fig. 10,* pour couper le proſtate & le col de la veſſie, après l'introduction du gorgeret dans la veſſie. Les deux inſtrumens entre leſquels ce couteau eſt repréſenté, ſont des gorgerets de l'invention de M. Ledran. *Voyez* GORGERET.

La *fig. 3* de cette même *Planche IX*, montre le *lithotome* de M. Foubert, pour ſa méthode particuliere de tailler, qu'il a décrit dans le *premier tome des mémoires de l'académie royale de Chirurgie*. Il en a depuis imaginé un autre qu'il croit plus avantageux : nous l'avons fait graver, *Pl. XXII. fig. premiere.*

Un homme qui s'eſt annoncé anonymement, en diſant qu'il n'étoit pas de l'art & qu'il n'y avoit aucune prétention, a imaginé il y a quelques années un *lithotome caché*, dont les premieres épreuves ont été faites ſur le vivant par feu M. de la Roche, chirurgien de Paris. L'auteur encouragé par quelques ſuccès, s'eſt fait *lithotomiſte*, & n'a pas toujours eu à ſe féliciter de n'avoir pas laiſſé ſon inſtrument en d'autres mains; l'académie royale de Chirurgie a porté ſur ce *lithotome* un jugement impartial, inſéré dans le troiſieme volume de ſes mémoires. Nous avons fait graver l'inſtrument, *Pl. XXXVI. fig. 4 :* en voici la deſcription.

La lame tranchante à quatre pouces & demi de long, *A*. Cette lame a une gaîne *B*, dont la ſoie paſſe dans toute la longueur d'un manche de bois *C*, qui peut tourner ſur elle : ce manche eſt à ſix pans ; chaque ſurface eſt à une diſtance inégale de l'axe de l'inſtrument *D*. Au moyen d'un reſſort à baſcule *E*, dont l'extrémité inférieure entre dans des engraînures ſur la virole du manche, on fixe la lame qu'on juge à propos ſous la queue de la lame tranchante *F*, de façon qu'on peut à volonté faire ſortir la lame de ſa gaîne de 5, de 7, de 9, de 11, de 13 ou de 15 degrés. Des chiffres gravés ſur chaque ſurface, indiquent le degré d'ouverture qu'elles permettent.

Pour ſe ſervir de cet inſtrument, on met le malade en ſituation, *voyez* LIENS. On fait ſur une ſonde cannelée l'inciſion comme au grand appareil : l'opérateur porte alors l'extrémité de la gaîne du *lithotome* caché dans la cannelure de la sonde; il en tient le manche avec la main gauche, puis en faisant glisser le bec du *lithotome* le long de la cannelure sous l'os pubis, il introduit son instrument dans la vessie, & en retire la sonde qui n'est plus d'aucune utilité. Il faut r. connoitre la pierre; & suivant le volume dont on la juge, on regle, par le manche de l'instrument, la grandeur de l'incision dont on croit avoir besoin. Ces choses étant ainsi disposées, on porte le dos de la gaine du *lithotome* sous l'arcade du pubis: on ouvre l'instrument, & on le retire tout ouvert jusqu'au dehors, en conduisant le tranchant de la lame suivant la direction de l'incision extérieure. Les parties sont coupées bien net; l'introduction des tenettes se fait facilement, & l'on acheve l'opération par l'extraction de la pierre.

Voilà ce que l'auteur dit de sa maniere d'opérer, à laquelle il attribue de grands avantages. Il juge avec raison que la plus grande perfection de l'opération de la taille consiste à débrider entierement & nettement le trajet par où il faut extraire la pierre, & il prétend que l'ouverture de son instrument, qu'il croit pouvoir proportionner au volume différent des pierres, fait, avec toute la précision possible, le degré convenable d'incision, ensorte qu'elle n'a point les inconvéniens du déchirement & de la contusion, dont les suites peuvent être si funestes dans l'opération du grand appareil, & qu'elle est aussi moins douloureuse, puisqu'on peut tirer le corps étranger sans violence par la voie libre qu'on a ouverte.

Le grand appareil est certainement une méthode très imparfaite, comme nous le démontrons *au mot* TAILLE: il a de très-grands inconvéniens, même par la maniere dont se fait la coupe extérieure, que l'auteur du *lithotome* caché a retenue. Il se propose d'obtenir, par l'incision que fait ce nouvel instrument, les avantages de la taille latérale dans laquelle, en ouvrant une voie libre à la pierre, on évite autant qu'il est possible la contusion de ces parties délicates, qui sont nécessairement déchirées & meurtries dans le grand appareil. C'est principalement du bourrelet que la prostate forme au col de la vessie, que dépend la plus grande difficulté de l'extraction de la pierre dans l'opération du grand appareil. Dès qu'on a incisé la prostate, il n'y a plus d'obstacle: la plaie forme un triangle dont la base est aux tégumens, & la pointe au col de la vessie. Voyons d'après ces principes, admis par l'auteur même du *lithotome* caché, si cet instrument a les avantages qu'il lui suppose.

Nous adoptons volontiers qu'il faut ouvrir une voie aisée aux pierres, pourvu qu'on n'entende pas que l'incision doive se faire sans égard aux parties qui peuvent être intéressées sans danger, & à celles qu'il est à propos de ménager. L'Anatomie doit être constamment le flambeau de la Chirurgie & le guide de ses opérations. La plus grande incision doit être bornée intérieurement à la section de la prostate, & s'étendre jusqu'au corps de la vessie exclusivement. C'est un dogme très-dangereux que de recommander vaguement une plus grande incision à l'extérieur pour les grosses pierres, que pour celles d'un volume moyen. Il faut compter sur la souplesse des parties; & dès qu'on convient qu'il n'y a que le corps de la prostate qui résiste, ce n'est que la prostate qu'il faut attaquer. Les incisions graduées du *lithotome* caché ont fait illusion à son auteur, & séduit ceux qui n'envisagent les objets que d'une vûe superficielle; mais la raison & l'expérience en demontrent également le danger à ceux qui jugent d'après un examen réfléchi. Le *lithotome* ouvert à cinq degrés peut fendre entierement la prostate, & donner le même ré-

sultat que la taille latérale; pourquoi donc se serviroit-on de cet instrument à un plus grand degré d'ouverture? ce ne sera pas pour faire une plus grande coupe extérieure: car il seroit absurde d'ouvrir une plus grande lame tranchante dans l'intérieur de la vessie, pour couper les tégumens & les parties qui sont en deçà de son col. S'il s'agit uniquement de couper la prostate, on le fait avec bien de la sureté par le dehors, en glissant un instrument tranchant, tel que le *lithotome* de Cheselden, le long de la cannelure de la sonde. Le nouveau *lithotome* ne doit couper que la prostate, & nous avons vu qu'il le pouvoit faire au n°. 5. Quel est donc le but qu'on se propose en ouvrant cet instrument jusqu'au n°. 13 ou n°. 15 ? Ce ne peut être que dans la vûe de couper des parties plus éloignées, ou d'entamer plus profondément celles qui le seroient moins par un moindre degré d'ouverture de la lame du *lithotome*. Mais l'incision portée plus haut que le col de la vessie, sera dangereuse & tout-à-fait inutile pour l'extraction de la pierre; si on entame plus profondément, on coupera les vésicules séminales & le rectum, & des vaisseaux dont l'hémorrhagie fera périr les malades. Voilà les dangers de cette pratique; la raison les fait sentir: des épreuves réitérées sur les cadavres nous les ont fait appercevoir; & les opérations sur le vivant ne les ont que trop confirmées. En appréciant ainsi la valeur des choses, sans considérer le prix que le hasard & l'opinion ont pu y mettre, nous servons l'humanité, bien sûrs d'ailleurs que les personnes les plus prévenues aujourd'hui nous sauroient quelque jour mauvais gré de la complaisance que nous aurions eu de nous être trop prétés à leur préoccupation.

L'avantage qui a le plus frappé dans le nouvel instrument, c'est l'invariabilité de son effet: on assure que le *lithotome* ouvert au degré qu'on juge convenable, fait avec précision & certitude la section, de même que l'ouverture donnée de ses branches, soit qu'une main habile le conduise ou qu'une maladroite le dirige. De-là on a conclu que le nouveau *lithotome* pouvoit être mis avec confiance entre les mains de toute sorte de chirurgiens de différens degrés de génie & d'adresse, que tous feront uniformément la même opération sans crainte de manquer de précision; qu'elle sera aussi parfaitement exécutée par l'homme qui a le moins d'expérience, que par le *lithotomiste* le plus consommé. Ce sont les propres expressions de ceux qui ont loué le nouveau *lithotome*; mais ont-ils assez réfléchi à la comparaison qu'ils en ont faite avec un compas? L'une des pointes du compas est fixe, & l'endroit sur lequel elle porte sera invariablement le centre du cercle que l'autre branche doit tracer. Il n'en est pas de même de la main d'un chirurgien, laquelle n'ayant pas de point fixe dans cette opération, & peut y avoir une inclinaison du poignet si legere qu'on ne pourroit s'en appercevoir, fait beaucoup de mal avec une lame tranchante qui a quatre pouces & demi de long. Pour établir l'invariabilité de la précision qu'on dit résulter de l'usage de cet instrument, il faudroit que les mêmes parties fussent toujours coupées par le même écartement de la lame; mais la lame portée plus ou moins profondément dans la vessie, fait varier la coupe au point que nous avons vû dans quelques cas l'incision moins grande au n°. 15 & au n°. 13, que dans d'autres tailles, avec les n°. 7 & 9. De plus, l'espace plus ou moins grand de l'intérieur de la vessie & la disposition variée de cet organe & des parties circonvoisines, font que l'instrument dans la même direction n'a pas les mêmes rapports avec les parties sur lesquelles il doit agir. La lame tranchante ouverte au n°. 9, par exemple, pourra ne pas blesser une vessie spacieuse; & qui peut douter qu'à ce même numéro elle ne doive faire une plaie très-dangereuse sur une vessie étroite & raccourcie ? Cependant l'ouverture de l'instrument ne se mesure pas sur le plus ou le moins de capacité de la vessie : c'est le volume de la pierre qui est la regle de l'écartement qu'on donne à la lame tranchante ; & malheureusement ce font ordinairement dans des vessies étroites que se trouvent les plus grosses pierres. Enfin, pour revenir à la comparaison si défectueuse d'un compas & du *lithotome*, en traçant un cercle, c'est le compas lui-même qui fixe & assujettit la main ; & dans le cas de la lithotomie, c'est la main qui conduit l'instrument. Le *troisieme volume des mémoires de l'académie royale de Chirurgie* rapporte les expériences qui ont servi à porter ce jugement du nouveau *lithotome*.

La lithotomie des femmes a fait l'objet de recherches particulieres qui m'ont conduit à une nouvelle méthode de leur faire l'opération : j'en parlerai au mot TAILLE. Je vais donner ici la description de mon *lithotome*, ou instrument spécialement destiné à ma méthode, qui consiste à ouvrir l'uretre par deux sections latérales.

Il a deux parties, dont l'une est le bistouri ou *lithotome*, voyez *Pl. XV. fig. 7*, & l'autre un étui ou chappe dans laquelle l'instrument tranchant est caché, *ibidem*, *fig. 2. 5. & 6*.

Le bistouri est composé d'une lame & d'une queue ou soie : la lame est longue de deux pouces & demi : les côtés font bien tranchans, & la pointe mousse. Sa largeur est différente, suivant les différens sujets : elle est de dix lignes pour les plus grands, & de six pour les enfans. La queue ou soie a quatre pouces & demi de long, en y comprenant la piece de pouce faite en cœur ou en trefle : la tige de cette queue a une crête dans toute sa longueur à sa face supérieure.

La seconde partie de l'instrument que j'ai nommée la *chappe*, est faite de deux pieces jumelles qui jointes ensemble forment une caisse de la même configuration que la lame du bistouri ; cette chappe est vue de profil, *fig. 6*. Chacune des pieces qui la composent est terminée par un bec de deux pouces & demi de long, & s'unit en un bouton olivaire pour former conjointement une sonde ou cannule ouverte latéralement pour le passage de l'instrument tranchant, *fig. 4*. A l'extrémité opposée la chappe fournit, avec le concours des deux pieces, un allongement quadrangulaire long de douze à quatorze lignes, dans lequel passe la soie du *lithotome* ; il y a une rainure en-dedans de la partie supérieure pour loger la crête de la tige du *lithotome*, & un petit ressort au-dessous de l'avance qui tient à la plaque inférieure, pour gêner un peu cette tige, afin qu'elle ne glisse pas d'elle-même, & que le *lithotome* soit contenu lors même qu'on ne la soutient pas, lorsque l'incision est faite & qu'on porte les tenettes dans la vessie.

Chaque piece de la chappe a encore des particularités qui la distinguent. La piece supérieure a extérieurement sur son milieu une crête pour servir de conducteur aux tenettes ; la piece supérieure, *fig. 5*, a dans son milieu un anneau auquel est fondé une piece de pouce, & l'on voit sur ses côtés les têtes de vis qui unissent les deux lames de la chappe. Cet instrument est d'argent, & la lame d'acier. Nous expliquerons ses avantages à *l'article* TAILLE, *opération de Chirurgie*. (*Y*)

LITHOTOMIE, s. f. *terme de Chirurgie*, opération par laquelle on tire la pierre de la vessie. *Voyez* l'étymologie de ce terme *au mot* LITHOTOME, & le détail des différentes manieres de pratiquer la *lithotomie au mot* TAILLE, *opération de Chirurgie*. (*Y*)

LITHOXYLON, s. m. (*Hist. nat.*) nom donné par plusieurs naturalistes au bois pétrifié.

LITHROS, (*Géog. anc.*) montagne de la petite Arménie, selon Strabon, *liv. XII. pag. 556*. Ortelius en a fait une ville, faute d'avoir entendu le passage de cet ancien géographe. (*D. J.*)

LITHUANIE, (*Géog.*) les Allemands nomment la *Lithuanie*, *Lishaw* ; quelques écrivains du moyen âge l'appellent en latin, *Lithavia*, *Litavia*, & les habitans, *Lithavi* ou *Litavi*. Ils ont remplacé les anciens Gélons, qui faisoient partie des Scythes.

C'est un grand pays de l'Europe, autrefois indépendant, & présentement uni à la république & à la couronne de Pologne, avec titre de grand duché.

Il a environ 150 lieues de long, & 100 lieues de large ; il est borné au nord par la Livonie, la Courlande, & partie de l'empire Russien ; à l'orient par le même empire ; au sud-est & au midi par la Russie polonoise ; au couchant par les palatinats de Lublin & de Poldaquie, le royaume de Prusse, & la mer Baltique.

Hartnoch nous a donné en latin la description de ce pays si long-tems inconnu ; mais son ancienne histoire est ensevelie dans la plus profonde obscurité.

Nous savons seulement en général que les ducs de Russie subjuguerent la *Lithuanie* dans les siecles barbares, & l'obligerent à lui payer un tribut qui consistoit en faisceaux d'herbes, en feuilles d'arbres, & en une petite quantité de chaussures faites d'écorces de tilleul. Ce tribut parut rude aux Lithuaniens, apparemment par la maniere dure dont on le levoit ; car il n'étoit pas difficile à payer. Quoi qu'il en soit, leur chef Erdivil prit les armes, secoua le joug, se rendit maître d'une partie de la Russie en 1217, & exigea des Russes le même tribut que la *Lithuanie* leur payoit précédemment.

Ringeld, un des successeurs d'Erdivil, ayant poussé ses conquêtes dans la Prusse, dans la Mazovie, & dans la Pologne, prit le titre de *grand duc de Lithuanie*. Mendog qui succéda à Ringeld, marcha sur ses traces ; mais à la fin ses pillages continuels qu'il faisoit sur ses voisins, attirerent sur haine, & les chevaliers Teutoniques profitant des circonstances favorables, l'attaquerent si vivement, que Mendog pour sauver ses propres états, se déclara chrétien, & se mit avec son duché sous la protection d'Innocent IV. qui tenoit alors le siége de Rome.

Ce pontife qui venoit de déclarer de sa propre autorité, Haquin roi de Norwegue, en le faisant enfant légitime, de bâtard qu'il étoit, n'hésita pas de protéger Mendog, & voulant imiter en quelque maniere la grandeur de l'ancien sénat romain, il le créa roi de *Lithuanie*, mais roi relevant de Rome. « Nous recevons, dit-il, dans la bulle du 15 Juillet » 1251, ce nouveau royaume de *Lithuanie* ; au droit » & à la propriété de Saint Pierre, vous prenant » sous notre protection, vous, votre femme, & vos » enfans ».

Cependant la *Lithuanie* ne fut point encore un royaume, malgré l'érection du pape. Mendog même abandonna bientôt le Christianisme, & reprit la Courlande sur les chevaliers Teutoniques affoiblis. Les successeurs de Mendog maintinrent ses conquêtes, & les étendirent.

L'un d'eux, Jagellon s'étant rendu redoutable à la Pologne, & craignant les vicissitudes de la fortune, offrit aux Polonois de recevoir le baptême, & d'unir à ce royaume le duché de *Lithuanie*, en épousant la reine Hedwige. Les Polonois accepterent ses offres ; Jagellon fut baptisé à Cracovie le 12 Février 1386. Il prit le nom d'Uladislas, épousa Hedwige, & fut proclamé roi de Pologne : par ce moyen la *Lithuanie* fut unie à la Pologne, & le Paganisme qui avoit regné jusqu'au tems de Jagellon en *Lithuanie*, peut-être plus superstitieusement que chez aucun peuple du monde, s'abolit insensiblement, & prit une teinture de Christianisme. Jagellon gagna par son exemple, par sa conduite, & par sa libéralité, un grand nombre de ses sujets à la foi chrétienne; il faisoit présent d'un habit gris à chaque personne qui se convertissoit.

Enfin, sous Casimir III. fils de Jagellon, les Polonois convinrent qu'ils ne feroient plus qu'un même peuple avec les Lithuaniens, que le roi seroit élu en Pologne; que les Lithuaniens auroient séance & suffrage à la diete; que la monnoie seroit la même; que chaque nation suivroit ses anciennes coutumes, & que les charges de la cour & du duché de *Lithuanie* subsisteroient perpétuellement, ce qui se pratique encore aujourd'hui. Tel est en deux mots tout ce qu'on fait de l'histoire de la *Lithuanie*.

On peut diviser ce pays en *Lithuanie* ancienne, & en *Lithuanie* moderne. La *Lithuanie* ancienne comprenoit la *Lithuanie* proprement dite, la Wolhinie, la Samogitie, la Poldakie, & partie de la Russie.

La *Lithuanie* moderne comprend neuf palatinats, savoir les palatinats de Vilna, de Troki, de Minski, de Novogrodeck, de Brestia, de Kiovie, de Mscislau, de Vitepsk, & de Poloczk.

La *Lithuanie* porte le titre de *grand duché*, parce qu'elle a dans son étendue plusieurs duchés particuliers, très anciens, & dont la plûpart ont été les partages des cadets des grands ducs.

On y parle la langue Esclavonne, mais fort corrompue; cependant les nobles & les habitans des villes parlent polonois; & c'est dans cette langue que les prédicateurs font leurs sermons.

Le duché de *Lithuanie* est un pays uni, coupé de lacs & de grandes rivieres très-poissonneuses, dont quelques-unes vont descendre dans la mer Noire, & les autres dans la mer Baltique. Les lacs sont formés par la fonte des neiges, l'eau coule dans des lieux creux, & y demeure. Les principaux fleuves sont le Dnieper, autrement dit le Borysthène, & le Vilia; l'un & l'autre prennent leurs sources dans la *Lithuanie*. La Dwine la traverse, & la Niemen qui s'y forme de plusieurs rivieres, va se perdre dans le golfe de Courlande; les forêts abondent en gibier & en venaison.

Le trafic du pays consiste en blé, en miel, en cire, en peaux de zibelines, de panthères, de castors, d'ours, & de loups, que les étrangers viennent chercher sur les lieux.

Les Lithuaniens ont une maniere de labourer, qui leur est commune avec les habitans de la Russie blanche; ils coupent dans l'été des rameaux d'arbres & de buissons; ils étendent ce bois sur la terre, & couchent par-dessus de la paille, pour le couvrir pendant l'hiver; l'été suivant ils y mettent le feu; ils sement sur la cendre & sur les charbons, & aussitôt ils passent la charrue par-dessus. C'est ainsi qu'ils engraissent leurs terres, tous les six ou huit ans, ce qui leur procure d'abondantes recoltes.

Il paroît de ce détail que le duché de *Lithuanie* doit être regardé comme un pays qui peut fournir toutes les choses nécessaires à la vie; mais cet avantage n'est que pour les nobles; les paysans y sont encore plus malheureux qu'en Pologne; leur état est pire que celui des esclaves de nos colonies; ils ne mangent que du pain noir mêlé avec la terre qu'ils sement, ne boivent que d'une bierre détestable, ou du médon, breuvage de miel cuit avec de l'eau, portent des chaussures d'écorces de tilleul, & n'ont rien en propriété. Un seigneur qui tue quelqu'un de ces malheureux, en est quitte pour une légere amende. La moitié de l'Europe est encore barbare: il n'y a pas long-tems que la coutume de vendre les hommes subsistoit en *Lithuanie* ; on en voyoit qui nés libres, vendoient leurs enfans pour soulager leur misere,

ou se vendoient eux-mêmes, pour pouvoir subsister. (*D. J.*)

LITHUS, s. m. (*Hist. nat.*) nom que les anciens ont quelquefois donné à l'aimant, qu'il appelloient *pierre par excellence*.

LITIERE, s. f. (*Littér. rom.*) en latin *basterna* & *lectica*. C'étoit chez les Romains comme parmi nous, une espece de corps de carrosse, suspendu sur des brancards. Entrons dans quelques détails.

Les Romains avoient deux sortes de voitures portatives, dont les formes étoient différentes, & qui étoient différemment portées; savoir, l'une par des mulets, on l'appelloit *basterna*, & l'autre par des hommes, on la nommoit *lectica*.

La basterne ou la *litiere* proprement nommée selon nos usages, a été parfaitement décrite dans une ancienne épigramme que voici:

Aurea matronas claudit basterna *pudicas,*
Quæ radians latum gestat utrumque latus.
Hunc geminus portat duplici sub robore burdo,
Provehit, & modicè pendula septa gradu.
Provisum est cautè, ne per loca publica pergens
Fucetur visis, casta marita viris.

« Une *litiere* dorée & vitrée des deux côtés, en- » ferme les dames de qualité. Elle est soutenue sur » un brancard par deux mulets qui portent à petits » pas cette espece de cabinet suspendu: la précau- » tion est fort bonne, pour empêcher que les fem- » mes mariées ne soient subornées par les hommes » qui passent ».

Isidore, dans ses Origines, *lib. XX. cap. xij.* & d'autres auteurs, parlent aussi de cette *litiere* fermée, qui ne servoit que pour les femmes.

L'autre espece de *litiere* appellée *lectica*, étoit communément ouverte, quoiqu'il y en eût de fermées; les hommes s'en servoient d'ordinaire, & des esclaves la portoient, comme c'est la coutume parmi les Asiatiques pour les palanquins. Il y en avoit de plus ou moins magnifiques, selon la qualité, le rang, ou le goût dominant du luxe. Dion Cassius nous apprend que sous Claude ces sortes de *litieres* vinrent à la mode pour les dames; on les faisoit alors plus petites qu'auparavant, & toutes découvertes. De-là vient que Pline appelloit les *litieres* couvertes, des *chambres de voyageurs*.

On y employoit plus ou moins de porteurs, deux, quatre, six, huit. La *litiere*, *lectica*, portée par quatre esclaves, s'appelloit *tétraphore*, *tetraphorum*; la *litiere* portée par six, s'appelloit *exaphore*, *exaphorum*; & la *litiere* portée par huit, se nommoit *octophore*, *octophorum*.

On en usoit non-seulement en ville, mais en voyage, comme on peut le voir dans Plutarque, au sujet de Cicéron, qui commanda à ses domestiques de s'arrêter, & de poser la *litiere*, lorsqu'Hérennius qui le cherchoit avec ses soldats, par ordre de Marc-Antoine, pour lui ôter la vie, étoit prêt de l'atteindre: alors Cicéron tendit le cou hors de sa *litiere*, regardant fixément ses meurtriers, tandis que ses domestiques désolés se couvroient le visage: ainsi périt l'orateur de Rome, le 8 Décembre 710, âgé de près de 64 ans.

Il semble résulter de ce détail, que nos *litieres* portées par des mulets ou par des chevaux, répondent à la *basterne*, & que nos chaises vitrées, portées par des hommes, se rapportent en quelque maniere à la *lectica* des Romains.

Mais il est bon de remarquer que le mot *lectica* avoit encore d'autres significations analogues à celui de *litiere*. 1°. Il désignoit de grandes chaires de chambre, vitrées de toutes parts, où les femmes se tenoient, travailloient, & parloient à tous ceux qui avoient à faire à elles; j'ai vû quelque chose d'ap-

LIT

prochant dans des cafés à Londres. Auguste avoit une de ces chaises, où il s'établissoit souvent après souper, pour travailler; Suétone l'appelle *lecticulam lucubratoriam*.

La *sella* étoit moins élevée que la *lectica*, & ne pouvoit contenir qu'une personne assise.

2°. *Lectica* signifioit encore le *cercueil* dans lequel on portoit les morts au bucher. On les plaçoit sur ce brancard, habillés d'une maniere convenable à leur sexe & à leur rang : on en trouvera la preuve dans Denys d'Halicarnasse, dans Cornelius Nepos & autres historiens. *Voyez* aussi Kirchman, *de funeribus Romanorum*.

Il est vraissemblable que *lectica* est dérivé de *lectus*, un lit, parce qu'il y avoit dans la *litiere* un coussin & un matelas comme à un lit.

L'invention de cette voiture portative par des hommes ou par des bêtes, venoit des rois de Bithynie; mais l'usage de ces voitures prit une telle faveur à Rome, que sous Tibere, les esclaves se faisoient porter en *litiere* par d'autres esclaves inférieurs. Enfin, cette mode s'abolit sous Alexandre Sévere, pour faire place à celle des chars, qui s'introduisit jusques chez les gens du menu peuple de Rome, à qui l'empereur permit de décorer leurs chars, & de les argenter à leur fantaisie.

Je finis d'autant mieux que le lecteur peut se dédommager de mes omissions par le traité de Scheffer, *de re vehiculari* in-4°. & celui d'Arstorphius, *de lectis & lecticis*, in-12. (*D. J.*)

LITIERE, (*Maréch.*) paille dénuée de grain, qu'on met sous les chevaux pour qu'ils se couchent dessus à l'écurie. *Faire la litiere*, c'est mettre de la *litiere neuve*, ou remuer la vieille avec des fourches, pour que le cheval soit couché plus mollement.

LITIERSE ou LITIERSÉS, f. m. (*Littér.*) sorte de chanson en usage parmi les Grecs, & sur-tout affectée aux moissonneurs : elle fut ainsi nommée de *Lytierses*, fils naturel de Midas, & roi de Celènes en Phrygie.

Pollux dit que le *lytierse* étoit une chanson de deuil qu'on chantoit autour de l'aire & des gerbes, pour consoler Midas de la mort de son fils, qui, selon quelques-uns, avoit été tué par Hercule. Cette chanson n'étoit donc pas une chanson grecque dans son origine. Aussi Pollux la met-il au rang des chansons étrangeres; & il ajoute qu'elle est particuliere aux Phrygiens, qui avoient reçu le *Lytierses* l'art de l'Agriculture. Le scholiaste de Théocrite assure que de son tems les moissonneurs de Phrygie chantoient encore les éloges de *Lytierses*, comme d'un excellent moissonneur.

Si le *lytierse* a été dans son origine une chanson étrangere aux Grecs, qui rouloit sur les éloges d'un prince phrygien, on doit reconnoître que les moissonneurs de la Grece n'adopterent que le nom de la chanson, & qu'il y eut toujours une grande différence entre le *lytierse* phrygien & le *lytierse* grec. Ce dernier ne paroit guere ni de *Lytierses*, ni de Midas, à en juger par l'*idille X* de Théocrite, où le poëte introduit un moissonneur, qui après avoir dit ; voyez ce que c'est que la chanson du divin *Lytierses*, la rapporte partagée en sept couplets, qui ne s'adressent qu'aux moissonneurs, à ceux qui battent le grain, & au laboureur qui emploie les ouvriers. Au reste cette chanson de *Lytierses* passa en proverbe en Grece, pour signifier une chanson qu'on chantoit à contrecœur & par force. Pollux, *lib. IV. c. vij*. Erasm. *adag. chil. iij. cent. 4. adag. 75. diss.* de M. de Nausé, *sur les chansons anciennes. Mém. de l'acad. des Belles-Lettres*, tome IX. pag. 349. & *suiv.*

LITIGANT, adj. (*Jurisprud.*) est celui qui conteste en justice. On dit les parties *litigantes*, & on appelle *colligigans* ceux qui sont unis d'intérêt, & qui plaident conjointement. (*A*)

LIT 593

LITIGE, s. f. (*Jurisprud.*) signifie procès : on dit qu'un bien est en *litige*, lorsqu'il y a contestation à ce sujet.

Ce terme est usité sur-tout en matiere bénéficiale, pour exprimer la contestation qui est pendante entre deux contendans, pour raison d'un même bénéfice; quand l'un des deux vient à décéder pendant le *litige*, on adjuge à l'autre la possession du bénéfice. (*A*)

LITIGIEUX, adj. (*Jurisprud.*) se dit de ce qui est en litige, comme un héritage, un office, un bénéfice; & on appelle *droits litigieux*, tous droits & actions qui ne sont pas liquides, & qui souffrent quelque difficulté. *Voyez* DROITS LITIGIEUX. (*A*)

LITISPENDANCE, s. f. (*Jurisprud.*) c'est quand il y a procès pendant & indécis avec quelqu'un.

La *litispendance* est un moyen d'évocation, c'està-dire que quand on est déja en procès avec quelqu'un dans une jurisdiction, on peut évoquer une demande qui est formée devant un autre juge, si cette demande est connexe avec le premier procès.

Pour que la *litispendance* puisse autoriser l'évocation, il faut que ce soit entre les mêmes personnes, pour le même objet, & en vertu de la même cause.

Les déclinatoires proposés pour cause de *litispendance*, doivent être jugés sommairement à l'audience, suivant l'*article 3. du tit. 6*. de l'ordonnance de 1667. (*A*)

LITOMANCIE, s. f. (*Divinat.*) espece de divination, ainsi nommé de λιτο, *ce qui rend un son clair & aigre*, & de μαντια, *divination*. Elle consistoit à pousser l'un contre l'autre plusieurs anneaux, dont le son plus ou moins clair ou aigu, manifestoit, disoit-on, la volonté des dieux, & formoit un présage bon ou mauvais pour l'avenir.

LITORNE, s. f. *turdus pilaris*, (*Hist. nat. Ornitholog.*) espece de grive, qui est un peu plus grande que la grive simplement dite. *Voyez* GRIVE. Elle a la tête, le cou, & le croupion de couleur cendrée, & le dos de couleur rousse obscure. Il y a de chaque côté de la tête une tache noire, qui s'étend depuis le bec jusqu'à l'œil. Raii *synop. avium. Voyez* OISEAU.

LITOTE, subst. f. ou *diminutions en Rhétorique*, (*Littér.*) Harris & Chambers disent que c'est un trope par lequel on dit moins qu'on ne pense; comme lorsqu'on dit à quelqu'un à qui l'on a droit de commander : *Je vous prie de faire telle ou telle chose*. Le mot *je vous prie*, emporte une idée d'empire & d'autorité qu'il n'a pas naturellement. *Voyez* DIMINUTIONS. Harris cite un autre exemple, mais qui n'est pas intelligible.

Mais M. de Marsais, qui a examiné très-philosophiquement la matiere des figures, dit que « c'est » un trope par lequel on ne se sert de mots, qui, à » la lettre, paroissent affoiblir une pensée dont » on fait bien que les idées accessoires feront sen- » tir toute la force : on dit le moins par modes- » tie ou par égard; mais on fait bien que ce moins » réveillera l'idée du plus. Quand Chimène dit à Ro- » drigue (*Cid, acte III. sc. 4.*) *Va, je ne te hais » point*, elle lui fait entendre bien plus que ces mots » là ne signifient dans leur sens propre. Il en est de » même de ces façons de parler : *je ne puis vous louer*, » c'est-à-dire, *je blâme votre conduite*; *je ne méprise pas » vos présens*, signifie que *j'en fais beaucoup de cas*... » On appelle aussi cette figure *exténuation*; elle est » opposée à l'*hyperbole* ».

Ce que j'ai remarqué sur l'ironie (*voyez* IRONIE) me paroit encore vrai ici. Si les tropes, selon M. du Marsais même, qui pense en cela comme tous les Rhéteurs & les Grammairiens, (*part. I. art. jx*) sont des figures par lesquelles on fait prendre à un mot une signification, qui n'est pas précisément la signification propre de ce mot; je ne vois pas qu'il y ait aucun trope, ni dans les exemples qu'on vient de voir, ni dans ceux qu'il cite encore : *il n'eſt pas un ſot, il n'eſt pas un poltron*; *Pythagore n'eſt pas un auteur mépriſable*; *je ne ſuis pas ſi difforme*. Chaque mot y conſerve ſa ſignification propre ; & la ſeule choſe qu'il y ait de remarquable dans ces locutions, c'eſt qu'elles ne diſent pas tout ce que l'on penſe, mais les circonſtances l'indiquent ſi bien, qu'on eſt ſûr d'être entendu. C'eſt donc en effet une figure de penſées, plutôt qu'une figure de mots, plutôt qu'un trope.

Le P. Lami, de l'Oratoire, dit dans ſa rhétorique (*liv. II. ch. iij.*), que l'on peut rapporter à cette figure les manieres extraordinaires de repréſenter la baſſeſſe d'une choſe, comme quand on lit dans Iſaïe, (*xl. 12.*) *Quis menſus eſt pugillo aquas, & cœlos palma ponderavit ? Quis apprendit tribus digitis molem terræ, & libravit in pondere montes, & colles in ſtatera ?* Et plus bas lorſqu'il parle de la grandeur de Dieu (22) : *Qui ſedet ſuper gyrum terræ, & habitatores ejus ſunt quaſi locuſtæ ; qui extendit ſicut nihilum cœlos, & expandit eos ſicut tabernaculum ad inhabitandum*. J'avoue que je ne vois rien ici qui indique une penſée miſe au-deſſous de ſa valeur, de propos délibéré, & par modeſtie ou par égard; ſi elle y eſt au-deſſous de la vérité, c'eſt que la vérité dans cette matiere eſt d'une nature inacceſſible à nos foibles regards.

LITRE, ſ. f. ou *ceinture funebre*, (*Juriſprud.*) eſt un lé de velours noir, ſur lequel on poſe les écuſſons des armes des princes & autres ſeigneurs lors de leurs obſeques.

On entend auſſi par le terme de *litre* une bande noire, peinte en forme de lé de velours ſur les murs d'une égliſe en dedans & en dehors, ſur laquelle on peint les armoiries des patrons & des ſeigneurs hauts-juſticiers après leur décès.

Le terme de *litre* vient du latin *litura*, à cauſe que l'on noircit la muraille de l'égliſe.

On l'appelle auſſi *ceinture funebre*, parce qu'elle ne s'appoſe qu'après le décès des perſonnes qui ſont en droit d'en avoir.

Le droit de *litre* eſt un des principaux droits honorifiques, ou grands honneurs de l'égliſe, & en conſéquence il n'appartient qu'aux patrons & aux ſeigneurs hauts-juſticiers du lieu où l'égliſe eſt bâtie.

L'uſage des *litres* n'a commencé que depuis que les armoiries ſont devenues héréditaires. Il a d'abord été introduit en l'honneur des patrons ſeulement ; & a été enſuite étendu aux ſeigneurs hauts-juſticiers.

Le patron a droit de *litre*, quoiqu'il n'ait ni le fief, ni la juſtice ſur le terrein où eſt l'égliſe, parce que le ſeigneur en lui permettant de faire bâtir une égliſe en ſon territoire, eſt cenſé avoir conſenti que le patron eût les premiers honneurs, à moins qu'il ne ſe les ſoit expreſſément réſervés. Le patron eccléſiaſtique ne peut mettre ſes armes de famille ſur ſa *litre*, il doit y mettre celles de ſon égliſe.

Le ſeigneur haut-juſticier a auſſi droit de *litre* à ſes armes. La coutume de Tours, *article 60*, & celle de Lodunois *c. v. art. ij.* en contiennent une diſpoſition expreſſe. Dans l'égliſe la *litre* du patron eſt au-deſſus de la ſienne ; au-dehors de l'égliſe, c'eſt celle du ſeigneur qui eſt au-deſſus de celle du patron.

Les moyens & bas-juſticiers n'ont point de *litre*, à moins qu'ils ne ſoient fondés en titre ou poſſeſſion immémoriale.

Le droit de *litre* eſt tantôt perſonnel & tantôt réel. Il eſt perſonnel à l'égard du patron ou fondateur, & comme tel il paſſe à l'aîné de la famille ; mais quand le patronage eſt attaché à une glebe, le droit de *litre* ſuit la glebe comme le patronage. Quant au haut-juſticier, il n'a jamais le droit de *litre* qu'à cauſe de ſa haute-juſtice.

Pour avoir droit de *litre* comme ſeigneur haut-juſticier, il faut être propriétaire, c'eſt pourquoi les uſufruitiers, les douairieres & les ſeigneurs engagiſtes, n'ont pas ce droit.

La largeur ordinaire de la *litre* eſt d'un pié & demi, ou deux piés au plus. Maréchal, en ſon traité des droits honorifiques, dit qu'il n'y a que les princes pour leſquels on en peut mettre de plus larges, telles que de deux piés & demi : les écuſſons d'armoiries ſont ordinairement éloignés de 12 piés les uns des autres.

Le fondateur d'une chapelle bâtie dans une aile d'une égliſe, dont un autre eſt patron ou ſeigneur haut-juſticier, ne peut avoir de *litre* que dans l'intérieur de ſa chapelle, & non dans le chœur, ni dans la nef, ni au-dehors de l'égliſe. Le patron du corps de l'égliſe peut même étendre ſa *litre* juſques dans la chapelle fondée par un autre, & faire poſer ſa *litre* au-deſſus de celle du fondateur de la chapelle. Ducange, *verbo* LITRA, & *voyez* la gloſſ. du Droit françois au mot *litre*. De Roye, *de jurib. honoriſic. l. I. c. ij. & iij*. Chopin, *de doman. l. III. tit. 19. n. 16*. Bacquet, *traité des dr. de juſt. c. xx. n. 26*. Maréchal, *des droits honorif. c. v.* Dolive, *queſt. l. II. c. xj.* (*A*)

LITRON, ſ. m. (*Meſur.*) petite meſure françoiſe, ronde, ordinairement de bois, dont on ſe ſert pour meſurer les choſes ſeches, comme grains, graines, pois, feves, & autres légumes ; ſel, farine, chataignes, &c. Elle contient la ſeizieme partie d'un boiſſeau de Paris.

Suivant l'ordonnance de 1670, le *litron* de Paris doit avoir trois pouces & demi de haut, ſur trois ponces dix lignes de diametre. Le demi-*litron* qui eſt la plus petite des meſures françoiſes, ſeches, manuelles & meſurables, excepté pour le ſel, doit avoir deux pouces dix lignes de haut, ſur trois pouces & demi de diametre. De la Mare, *traité de la pol. l. V. c. iij*. & Savary. (*D. J.*)

LITTÉRAL, adj (*Gram.*) pris à la lettre, ou dans l'exactitude rigoureuſe de l'expreſſion. Ainſi, l'écriture a un ſens *littéral*, & un ſens allégorique ; un ordre a un ſens *littéral*, ou un ſens figuré.

LITTÉRAL, adj. (*Math.*) les Mathématiciens modernes font un très-grand uſage du calcul *littéral*, qui n'eſt autre choſe que l'Algebre : on lui a donné ce nom, parce qu'on y fait uſage des lettres de l'alphabet, pour le diſtinguer du calcul numérique, où l'on n'emploie que des chiffres. *Voyez* ALGEBRE, ARITHMÉTIQUE, CALCUL. (*E*)

LITTÉRATURE, ſ. f. (*Sciences, Belles-Lettres, Antiq.*) terme général, qui déſigne l'érudition, la connoiſſance des Belles-Lettres & des matieres qui y ont rapport. *Voyez le mot* LETTRES, où en faiſant leur éloge on a démontré leur intime union avec les Sciences proprement dites.

Il s'agit ici d'indiquer les cauſes de la décadence de la *Littérature*, dont le goût tombe tous les jours davantage, du moins dans notre nation, & aſſurément nous ne nous flattons pas d'y apporter aucun remede.

Le tems eſt arrivé dans ce pays, où l'on ne tient pas le moindre compte d'un ſavant, qui pour éclaircir, ou pour corriger des paſſages difficiles d'auteurs de l'antiquité, un point de chronologie, une queſtion intéreſſante de Géographie ou de Grammaire, fait uſage de ſon érudition. On la traite de pédanterie, & l'on trouve par-là le véritable moyen de rebuter tous les jeunes gens qui auroient du zele & des talens pour réuſſir dans l'étude des humanités. Comme il n'y a point d'injure plus offenſante que d'être qualifié de pédant, on ſe garde bien de prendre la peine d'acquérir beaucoup de *littérature* pour être enſuite expoſé au dernier ridicule.

Il ne faut pas douter que l'une des principales raiſons qui ont fait tomber les Belles-Lettres, ne confifte en ce que plufieurs beaux-efprits prétendus ou véritables, ont introduit la coutume de condamner, comme une fcience de collège, les citations de paffages grecs & latins, & toutes les remarques d'érudition. Ils ont été affez injuftes pour envelopper dans leurs railleries, les écrivains qui avoient le plus de politeffe & de connoiffance de la fcience du monde. Qui oferoit donc après cela afpirer à la gloire de favant, en fe parant à propos de fes lectures, de fa critique & de fon érudition ?

Si l'on s'étoit contenté de condamner les Hérilles, ceux qui citent fans néceffité les Platons & les Ariftotes, les Hippocrates & les Varrons, pour prouver une penfée commune à toutes les fectes & à tous les peuples policés, on n'auroit pas découragé tant de perfonnes eftimables ; mais avec des airs dédaigneux, on a relégué hors du beau monde, & dans la pouffiere des claffes, quiconque ofoit témoigner qu'il avoit fait des recueils, & qu'il s'étoit nourri des auteurs de la Grece & de Rome.

L'effet de cette cenfure méprifante a été d'autant plus grand, qu'elle s'eft couverte du prétexte fpécieux de dire, qu'il faut travailler à polir l'efprit, & à former le jugement, & non pas à entaffer dans fa mémoire ce que les autres ont dit & ont penfé.

Plus cette maxime a paru véritable, plus elle a flatté les efprits pareffeux, & les a porté à tourner en ridicule la *Littérature* & le favoir ; tranchons le mot, le principal motif de telles gens, n'eft que d'avilir le bien d'autrui, afin d'augmenter le prix du leur. Incapables de travailler, à s'inftruire, ils ont blamé ou méprifé les favans qu'ils ne pouvoient imiter ; & par ce moyen, ils ont répandu dans la république des lettres, un goût frivole, qui ne tend qu'à la plonger dans l'ignorance & la barbarie.

Cependant malgré la critique amere des bouffons ignorans, nous ofons affurer que les lettres peuvent feules polir l'efprit, perfectionner le goût, & prêter des graces aux Sciences. Il faut même pour être profond dans la *Littérature*, abandonner les auteurs qui n'ont fait que l'effleurer & puifer dans les fources de l'antiquité, la connoiffance de la religion, de la politique, du gouvernement, des lois, des mœurs, des coutumes, des cérémonies, des jeux, des fêtes, des facrifices & des fpectacles de la Grece & de Rome. Nous pouvons appliquer à ceux qui feront curieux de cette vafte & agréable érudition, ce que Plaute dit plaifamment dans le prologue des Ménechmes : » La fcène eft à Epidamne, ville de Macédoine ; » allez-y, Meffieurs, & demeurez-y tant que la » piece durera ». (*D. J.*)

LITTUS, (*Géog. anc.*) ce mot latin qui veut dire *rivage*, côte de la mer, étant joint à quelque épithète, a été donné par les anciens comme nom propre à certains lieux. Ainfi dans Ptolomée, *Littus Cafiæ*, étoit une ville de Corfe ; *Littus magnum*, une ville de Taprobane, &c. (*D. J.*)

LITTUS, *PLAGIA*, *PORTUS*, *STATIO*, *POSITIO*, *COTO*, *REFUGIUM*, *GRADUS*, (*Géog. marit. de Rom.*) : il y a dans tous ces mots de la navigation des Romains, des différences qu'il importe d'expliquer, non-feulement pour l'intelligence des auteurs, mais encore parce que l'itinéraire maritime d'Antonin eft difpofé par *littora*, *plagia*, *portus*, *ftationes*, *pofitiones*, *cotones*, *refugia*, & *gradus*.

Je commence par le mot *littus*, terme qui a la plus grande étendue, & qui comprend tous les autres ; car, à parler proprement, *littus* eft la lifiere, le bord de la terre habitable qui touche les mers, comme *ripa*, *la rive*, fignifie la *lifiere* qui borde les fleuves de part & d'autre. Il eft vrai cependant qu'en navigation, ce mot général a une fignification fpéciale. En effet, il fe prend dans les bons auteurs pour tout endroit où les bâtimens peuvent aborder à terre, & y refter à l'ancre avec quelque fureté ; & pour lors, ce mot défigne ce que nous appellons une *rade*.

Plagia, *plage*, fe confond affez ordinairement avec *littus* & *ftatio*, comme Surita le remarque ; mais auffi fouvent les rades & plages, *plagia*, font des parties du rivage, fortifiées par des ouvrages de maçonnerie pour en rendre l'accès plus fûr & plus facile. On appelloit ces fortes de fortifications ou remparemens, *aggeres*, nom commun à toute levée de terre, excédant en hauteur la furface du terrein.

Il fe trouve auffi des rades ou ftations, *flationes*, très-fûrs, & qui font l'ouvrage feul de la nature. Telle eft celle que Virgile dépeint dans fes Géorgiques, *liv. II*.

. . . . . . *Eft fpecus ingens*
Exefi latere in montis quo plurima vento
Cogitur, *inque finus fcindit fefe unda reductos*,
Deprenfis olim ftatio tutiffima nautis.

Portus fignifie tous *ports* faits par nature ou par art, ou défignés par la nature, & achevés par artifice.

Cotones font les ports fûrs faits uniquement de main d'hommes ; *Cotones*, dit Feftus, *appellantur portus in mari tutiores*, *arte & manu facti* ; tel étoit le port de Carthage en Afrique, que Scipion attaqua. *Portum*, dit Appius, *quem cotonem appellant*, *incunte vere aggreffus eft Scipio* ; tel étoit encore le port de Pouzzole près de Naples, au rapport de Strabon.

Stationes, les ftations, tiennent le milieu entre les plages & les ports, *plagia & portus* ; ce font des lieux faits, foit naturellement, foit artificiellement, où les navires fe tiennent plus fûrement que dans de fimples plages ; mais moins fûrement que dans les ports. Surita nous le fait entendre en difant : *Stationes*, *funt quæ portuum tutam manfionem non affequuntur*, *& tamen littoribus præftant* : tel étoit dans l'île de Lesbos le havre dont parle Virgile en ces termes :

Nunc tantum finus, *& ftatio male fida carinis*.

Pofitiones, les pofitions, défignent la même chofe que les ftations ; *pofitiohes pro ftationibus indifferenter ufurpantur*, dit un des commentateurs de l'itinéraire d'Antonin.

Refugium femble défigner en général tout rivage où l'on peut aborder : cependant, il paroît fignifier fpécialement un *havre*, où les navires qui y abordent peuvent refter avec affurance. *Ego arbitror*, dit Surita, *voce refugii*, *flationes defignare*, *quâ fida navibus manfio defignatur*.

Gradus, degré, fignifie quelquefois une efpece de pont fur le bord de la mer, ou fur le rivage des grands fleuves, faits exprès comme par degrés pour monter de terre dans le vaiffeau, ou du vaiffeau defcendre fur terre avec plus de facilité. C'eft la définition de Surita. J'ajoute, que les Romains donnerent plus communément le nom de *gradus* aux ports qui étoient à l'embouchure des rivieres, & où l'on avoit pratiqué des degrés. Enfin, ils nommerent *gradus*, les embouchures du Rhône. Ammian Marcellin nous l'apprend en décrivant le cours de ce fleuve : Rhodanus, dit-il, *inter valles quas ei natura præfcripfit*, *fpumens gallico mari concorporatur ; per patulum finum*, *quem vocant*, ad gradus, *ab Arlate 18. fermè lapide difparatum* ; « le Rhône coulant entre des vallées que la » nature lui a prefcrites, fe jette tout écumant dans la » mer gauloife, par une ouverture qu'on nomme *aux* » *degrez*, environ à 18. milles de la ville d'Arles ». *Voyez* GRADUS. (*D. J.*)

LITUBIUM, (*Géog.*) ancien lieu de l'Italie dans la Ligurie, felon Tite-Live, *liv. XXXII*. C'eft préfentement *Ritorbio*, village du Milanez dans le Pavefan. (*D. J.*)

LITUITE, s. f. (*Hist. nat.*) nom donné par les naturalistes à une pierre formée ou moulée dans une coquille, que l'on nomme *lituus* ou *le bâton-pastoral*; elle est d'une figure conique, garnie de cloisons ou de concamérations; elle est droite dans une grande partie de sa longueur, & ensuite elle se courbe & va en spirale comme la etoffe d'un évêque. Wallérius la nomme *orthoceratitos*.

N. B. L'article suivant qui est corrigé de la main de M. de Voltaire, est d'un ministre de Lausanne.

LITURGIE, s. f. (*Théolog.*) c'est un mot grec, λειτουργία, il signifie *une œuvre*, *un ministere public*; il est composé de λῄτος, *pro* λεῖτος, *publicus*, & ἔργον, *opus, manus officium*, particulierement consacré au service des autels; il n'est plus employé aujourd'hui que pour désigner le culte & l'office divin, soit en général toutes les cérémonies qui s'y rapportent.

Suivant cette idée, on peut conclure qu'il y a eu des *liturgies* depuis que l'homme a reconnu une divinité, & senti la nécessité de lui rendre des hommages publics & particuliers: quelle fut la *liturgie* d'Adam? c'est ce qu'il ne seroit pas facile de décider; il paroît seulement par le récit de Moïse, que le culte de notre premier pere fut plûtôt le fruit de la crainte, que celui de la gratitude ou de l'espérance. *Gen. chap. iij. v. 10.*

Ses fils offroient des sacrifices, s'ils suivoient la même *liturgie*, on peut conclure que celle de Caïn n'avoit pas cette droiture d'intention qui devoit en faire tout le mérite, qui seule étoit nécessaire dans ces premiers âges de la religion; au lieu que dans la suite les objets & la vénération religieuse, multipliés & mis par la révélation divine au-dessus de l'intelligence humaine, il n'y a pas moins fallu qu'une vertu particuliere pour les croire; cette vertu connue sous le nom de *foi*, est sans doute ce qui donne toute l'efficace à une *liturgie*: il paroît que le successeur d'Abel fut l'auteur d'une *liturgie*; car sous lui, dit Moïse, *on commença d'invoquer le nom de l'Eternel, Gen. ch. iv. v. 26.* Cette *liturgie* se conserva dans la postérité jusques à Abraham, sans doute par le soin d'Enoch, septieme chef de famille depuis Adam, avoit pris de la rédiger par écrit, dans l'ancien livre de ce patriarche que saint Jude cite, *v. 14. 15,* & que les Abyssins se vantent encore d'avoir dans leur langue.

Mais sous Abraham la *liturgie* prit une face toute différente; la circoncision fut instituée comme un signe d'alliance entre Dieu & l'homme. L'Eternel exigea du pere des croyans les sacrifices les plus extraordinaires, les diverses visions, les visites assez fréquentes des messagers célestes, dont lui & sa famille furent honorés, font autant de choses si peu rapprochées des relations que nous soutenons aujourd'hui avec la divinité, que nous ne pouvons avoir que des idées fort confuses de l'espece de *liturgie* dont ils faisoient usage.

Quelle fut la *liturgie* des Hébreux en Egypte? c'est ce qu'il n'est pas facile de décider. Adorateurs du vrai Dieu, mais trop aisément conduits aux diverses pratiques religieuses d'un peuple qui sembloit occupé du soin de multiplier les objets de son adoration, voulant avoir comme leurs hôtes des dieux qui marchassent devant eux; leur *liturgie* dut se ressentir de tous ces contrastes, & présentoit sans doute quelque chose de monstrueux.

Moïse profita du séjour au desert pour rectifier & fixer le culte des Hébreux, cherchant à occuper par un culte onéreux & assujettissant, un peuple porté à tous vents de doctrine: cette *liturgie* respectable fut munie du secau de la divinité; elle devint aussi intéressante par des allusions continuelles aux divers objets d'espérances flatteuses dont le cœur du peuple juif étoit en quelque sorte enivré.

Sous un roi poëte & musicien, la *liturgie* des Hébreux releva ses solemnités religieuses par une musique que l'ignorance entiere où nous sommes de leur mérite, ne nous permet pas même de deviner; les maîtres chantres de David exécuterent d'abord ces hymnes sacrées, ces pseaumes, ces *Te Deum*, dont la lecture prescrite par les *liturgies*, fit dans la suite une des principales parties du culte.

Salomon bâtit le temple de Jérusalem, la *liturgie* devint immense: elle régloit un culte des plus fastueux, & des plus propres à satisfaire un peuple qui trouvoit dans la multitude de ses ordonnances & de ses rites, dans la pompe de ses sacrifices, dans le nombre, & dans les divers ordres des ministres de la religion, l'image des cultes idolâtres qu'il regrettoit sans cesse, & auxquels il revenoit toujours avec plaisir.

Jéroboam proposa sans doute au peuple d'Israël une nouvelle *liturgie* pour le culte des dieux de Bethel & de Dan; mais ne seroit-ce pas lui faire trop d'honneur que de la supposer plus raisonnable que les idoles qui en furent l'objet?

Dans l'un & l'autre royaume, le culte religieux souffrit des altérations inconcevables, & qui durent apporter les plus grands changemens aux *liturgies* générales & particulieres.

Jamais les Juifs ne furent plus éloignés de l'idolâtrie que dans le tems que Jésus-Christ vint au monde, & jamais les dogmes & la morale n'avoient été plus corrompus; les Saducéens dont les erreurs se renouvellent aujourd'hui, & trouvent tant de défenseurs, étoient une secte en crédit à Jérusalem, & jamais la *liturgie* n'avoit été plus exactement observée; celui qui nioit l'immortalité de l'ame, les anges, la résurrection, une vie à venir, ne perdoit rien de l'estime publique chez un peuple qui croit au blasphème pour la petite infraction à la loi cérémonielle, & qui lapidoit impitoyablement un artisan, pere de famille, qui avoit travaillé un jour de sabbat pour fournir à la subsistance de ses enfans; pour peu qu'on connoisse l'histoire de l'esprit humain, on ne doit pas s'étonner de ces contrastes & de ces inconséquences.

Jésus-Christ, l'auteur d'une *liturgie* toute divine, n'a rien écrit; mais on peut recueillir de ses discours une *liturgie* également simple & édifiante, il condamne les longues prieres & les vaines redites; il veut le recueillement, & le seul formulaire de priere qu'il laisse & qu'il prescrivit à ses disciples est également simple & édifiant, il institue des cérémonies religieuses; leur extrême simplicité donne beaucoup à la réflexion, & très-peu à l'extérieur & au faste.

L'institution du baptême au nom des trois Personnes fut embrassée par des sectateurs de Platon, devenus chrétiens; ils y trouvoient les sentimens de leur maître sur la divinité, puisqu'il distinguoit la nature en trois, *le Pere*, *l'entendement du Pere*, qu'il nomme aussi *le germe de Dieu*, ou *l'ouvrier du monde*, & *l'ame qui contient toutes choses*; ce que Chalcidius rend par *le Dieu souverain*, *l'esprit* ou *la providence*, & *l'ame du monde*, ou *le second esprit*; ou, comme s'exprime Numenius, *celui qui projette, celui qui commande, & celui qui exécute. Ordinans, jubens, insinuans*.

La *liturgie* de l'institution de la sainte cène est aussi dans l'Evangile d'une simplicité tout-à-fait édifiante; on eût évité, en la suivant à la lettre & dans l'esprit de son auteur, bien des disputes & des schismes qui ont eu leur source dans la fureur des disciples, à vouloir aller toujours plus loin que leur maître.

On ne doit point passer sous silence la *liturgie* pour l'élection de saint Matthias, *Act. ch. j. v. 24. 25.* Elle est des plus simples & des plus précises; on s'est s'eſt écarté de cette ſimplicité dans les élections, à meſure qu'on s'éloignoit de la premiere ſource des graces & de l'inſpiration divine.

Les apôtres & leurs ſucceſſeurs immédiats avoient beaucoup de foi & de piété dans les actes de leur culte, & dans la célébration de leurs myſteres ; mais il y avoit peu de prieres & peu de cérémonies extérieures ; leur *liturgie* en langue vulgaire, ſimple, peu étendue, étoit gravée dans la mémoire de tous les néophites. Mais lorſque les objets de la foi ſe développerent davantage, qu'on voulut attaquer des interpretations néceſſaires par les reſſources de l'éloquence, du faſte & de la pompe, chacun y mit du ſien ; on ne fut bientôt plus à quoi s'en tenir dans pluſieurs égliſes ; on ſe vit obligé de régler & de rédiger par écrit les prieres publiques, la maniere de célébrer les myſteres, & ſur-tout l'Euchariſtie. Alors les *liturgies* furent très-volumineuſes, la plûpart marquées au coin des erreurs ou des opinions régnantes dans l'Egliſe, ou chez les divers docteurs qui les avoient compilées ; ainſi les *liturgies* chrétiennes qui devoient être très-uniformes, furent extrêmement différentes pour le tour, les expreſſions, & ſur-tout les divers rites & pratiques religieuſes, différence ſenſible en particulier ſur le point eſſentiel, à ſavoir la célébration de l'Euchariſtie.

L'extrême groſſiereté des Grecs, ou plutôt le manque de politique de leurs patriarches, qui n'ont pas ſu, comme nos papes, conſerver en Orient le droit de chef viſible de l'Egliſe, & s'affranchir de bonne heure de l'autorité des empereurs, qui prétendoient régler & le culte & les cérémonies religieuſes ; cette groſſiereté, ce manque de politique, dis-je, leur ont laiſſé ignorer le dogme important de la tranſubſtantiation, & toutes les pratiques religieuſes qui en font la ſuite, leur *liturgie* eſt reſtée, à cet égard, dans l'état de cette primitive ſimplicité, mépriſable aujourd'hui à ceux qu'éclaire une foi plus étendue, & fortifiée par d'incompréhenſibles myſteres. Ils ne croyoient point la préſence réelle, & communioient nommément ſous les deux eſpeces. Quelques Grecs modernes ont profité des lumieres de l'Egliſe latine ; mais eſclaves de leurs anciens uſages, ils ont voulu aſſocier leurs idées aux nôtres, & leur *liturgie* offre ſur l'article important de l'Euchariſtie une bigarrure peu édifiante.

D'anciens Grecs, qui ſont aujourd'hui les Raſciens & les Valaques, communioient avec un petit enfant de pâte, dont chacun des communians prenoit un membre, ou une petite partie ; cet uſage bizarre s'eſt conſervé juſqu'à nos jours dans quelques égliſes de Tranſylvanie ſur les confins de la Pologne ; il y a des égliſes en Raſcie, où l'on célebre l'Euchariſtie avec un gâteau ſur lequel eſt peint ou repréſenté l'Agneau paſchal ; en général, dans toute l'égliſe grecque, l'Euchariſtie ſe fait, *more majorum*, à la ſuite d'une agappe ou repas ſacré. La haute égliſe d'Angleterre, appellée *l'égliſe anglicane*, a conſervé dans l'Euchariſtie bien des uſages de l'égliſe latine ; le ſaint Sacrement poſé ſur un autel, le communiant vient le recevoir à genoux. En Hollande, les communians s'aſſeyent autour d'une table dreſſée dans l'ancien chœur de leurs temples, le miniſtre placé au milieu bénit & rompt le pain, il remplit & bénit auſſi la coupe, il fait paſſer le plat où ſont les morceaux de pain rompu à droite, la coupe à gauche ; & dès que les aſſiſtans ont participé à l'un & à l'autre des ſymboles, il leur fait une petite exhortation, & les bénit ; une ſeconde table ſe forme, & ainſi de ſuite.

En Suiſſe, & dans la plûpart des égliſes proteſtantes d'Allemagne, on va en proceſſion auprès de la table, on reçoit debout la communion ; le paſteur, en diſtribuant le pain & le vin, dit à chacun des communians un paſſage de l'Ecriture ſainte ; la cérémonie finie, le paſteur remonte en chaire, fait une priere d'action de graces ; après le chant du cantique de Siméon, il bénit l'aſſemblée & la congédie.

Les collégians de Rinsburg ne communient qu'une fois l'année ; ils font précéder le Sacrement d'un pain, ou d'une oblation générale, qu'ils appellent *le baptême & la mort de Chriſt* : ils font un repas entrecoupé de prieres courtes & fréquentes, & le terminent par l'Euchariſtie ou fraction du pain, avec toute la ſimplicité des premiers tems de l'Egliſe.

Les Quakers, les Piétiſtes, les Anabaptiſtes, les Méthodiſtes, les Moraves ont tous des pratiques & des uſages différens dans la célébration de l'Euchariſtie ; les derniers en particulier ne croient leur communion efficace, qu'autant qu'ils entrent par la foi dans le trou myſtique du Sauveur, & qu'ils vont s'abreuver à cette eau miraculeuſe, à ce ſang divin qui ſortit de ſon côté percé d'une lance, qui eſt pour eux cette ſource d'une eau vive, jailliſſante en vie éternelle, qui prévient pour jamais la ſoif, & dont Jeſus-Chriſt parloit à l'obligeante Samaritaine. Les *liturgies* de ces diverſes ſectes reglent ces pratiques extérieures, & établiſſent auſſi les ſentimens de l'Egliſe ſur un ſacrement, dont l'eſſence eſt un des points fondamentaux de la foi chrétienne.

Depuis le xij. ſiecle, l'Egliſe catholique ne communie que dans une eſpece avec du pain azyme ; dans ce pain ſeul & dans chaque partie de ce pain on trouve le corps & le ſang de Jeſus-Chriſt ; & dont Jeſus-Chriſt & les méchans le reçoivent également, il n'y a que les juſtes qui reçoivent le fruit & les graces qui y ſont attachées.

Luther & ſes ſectateurs ſoutiennent que la ſubſtance du pain & du vin reſtent avec le corps & le ſang de Jeſus-Chriſt. Zwingle & ceux qui ſuivent ſa doctrine, penſent que l'Euchariſtie n'eſt que la figure du corps & du ſang du Sauveur, à laquelle on donnoit le nom des choſes dont le pain & le vin ſont la figure. Calvin cherchant à ſpiritualiſer encore plus les choſes, dit que l'Euchariſtie renferme ſeulement la vertu du corps & du ſang de Jeſus-Chriſt. Pour dire le vrai, il y a peu de ſyſtême & de philoſophie dans ces diverſes opinions ; c'eſt qu'on a voulu chercher beaucoup de myſteres dans des pratiques religieuſes très-ſimples dans leur origine, & dont l'eſprit facile à laiſir étoit cependant moins propoſé à notre intelligence qu'à notre foi.

Quoique ces diverſes opinions ſoient aſſez obſcurement énoncées dans les *liturgies*, leurs auteurs ont cependant cherché comme à l'envi à accréditer leurs ouvrages, en les mettant ſous les noms reſpectables des évangéliſtes, des apôtres, ou des premiers peres de l'Egliſe.

1°. Ainſi la *liturgie* de ſaint Jacques, l'une des plus anciennes, ne ſauroit être de cet apôtre, puiſque les termes conſacrés dans le culte, l'ordre des prieres & les cérémonies qu'elle regle, ne conviennent abſolument point aux tems apoſtoliques, & n'ont été introduites dans l'Egliſe que très-long-tems après. 2°. La *liturgie* de S. Pierre, compilation de celles des Grecs & de celle des Latins, porte avec elle des preuves qu'elle ne fut jamais compoſée par cet apôtre. 3°. La meſſe des Ethiopiens, appellée la *liturgie* de ſaint Matthieu, eſt viſiblement ſuppoſée, puiſque l'auteur y parle des évangéliſtes, il veut qu'on les invoque, & l'attribuer à ſaint Matthieu, c'eſt lui prêter un manque de modeſtie peu aſſorti à ſon caractere. D'ailleurs les prieres pour les papes, pour les rois, pour les patriarches, pour les archevêques, ce qui y eſt dit des conciles de Nicée, Conſtantinople, Epheſe, &c. ſont autant de preuves qu'elle n'a de ſaint Matthieu que le nom. On peut dire la même chose de celles sous les noms de saint Marc, de saint Barnabé, de saint Clément, de saint Denis l'aréopagite, &c.

L'Eglise latine a sa *liturgie*, qui a eu son commencement, ses progrès, ses augmentations, & qui n'est point parvenue à sa perfection, sans subir bien des changemens, suivant la nécessité des tems & la prudence des pontifes.

L'Eglise grecque a quatre *liturgies*, celle de saint Jacques, de saint Marc, de saint Jean-Chrysostôme & de saint Basile, mais les deux dernieres sont celles dont elle fait le plus généralement usage; celle de saint Jacques ne se lisant qu'à Jérusalem & à Antioche, & celle de saint Marc dans le district d'Alexandrie.

Il est étonnant que Leo Allatius, le cardinal Bellarmin, & après lui le cardinal Bona, ayent pû assurer que les *liturgies* de saint Marc & de saint Jacques soient réellement de ces apôtres, que celle de saint Jacques est l'origine de toutes les *liturgies*, & qu'elle a été changée & augmentée dans la suite, comme il arrive à tous les livres ecclésiastiques.

Penser de la sorte, c'est se refuser aux regles d'une saine critique, & ne faire nulle attention à d'anciennes autorités, qui ne doivent laisser aucun doute sur la question : ainsi Théod. Balsamon, ce patriarche grec d'Antioche, que l'empereur Isaac Lange fut si bien leurrer en se servant de lui pour procurer à Dosithée le patriarchat de Constantinople, dont il l'avoit flatté en secret; ce Balsamon, dis-je, requis par lettres de dire son sentiment, si les *liturgies* qu'on avoit sous les noms de saint Marc & de saint Jacques, étoient véritablement d'eux', répondit :
» Que ni l'Ecriture-sainte, ni aucun concile n'avoit
» attribué à saint Marc la *liturgie* qui portoit son
» nom ; qu'il n'y avoit que le 32. canon du concile
» de Trullo qui attribuât à saint Jacques la *liturgie* qui étoit sous son nom, mais que le 85 canon
» des apôtres, le 59 canon du concile de Laodicée
» dans le dénombrement qu'ils ont fait des livres
» de l'Ecriture-sainte composés par les apôtres, &
» dont on devoit se servir dans l'Eglise, ne faisoient
» aucune mention des *liturgies* de saint Jacques &
» de saint Marc ».

Les Arméniens, les Coptes, les Ethiopiens ont aussi leurs diverses *liturgies*, écrites dans leurs langues, ou traduites de l'arabe.

Les chrétiens de Syrie comptent plus de quarante *Liturgies* syriaques, sous divers noms d'apôtres, d'évangélistes, ou de premiers peres de l'Eglise; les Maronites ont fait imprimer à Rome, en 1592, un Missel qui contient douze *liturgies* différentes.

Les Nestoriens ont aussi leur *liturgie* en langue syriaque, de laquelle se servent aujourd'hui les chrétiens des Indes, qu'on appelle *de saint Thomas* ; il est étonnant que ceux qui ont attribué ce christianisme indien, ou plutôt ce nestorianisme à saint Thomas l'apôtre, ne lui ayent pas attribué aussi la *liturgie*. Mais la vérité est que saint Thomas n'établit ni la *liturgie*, ni la religion sur la côte de Coromandel ; on sait aujourd'hui que ce fut un marchand de Syrie, nommé *Marc-Thomas*, qui y étoit habitué dans cette province au vj. siecle, y porta sa religion nestorienne ; & lorsque dans les derniers tems nous allames trafiquer avec ces anciens chrétiens, nous trouvames qu'ils n'y connoissoient ni la transsubstantiation, ni le culte des images, ni le purgatoire, ni les sept sacremens.

On voit dans le cabinet d'un curieux en Hollande un manuscrit sur une espece de peau de poisson, qui est un ancien Missel d'Islande, dans un jargon dont il n'y a que les terminaisons qui soient latines, on y lit les noms de saint Olaüs & Hermogaré, c'est

une *liturgie* très - informe , l'office des exorcistes en contient près de trois quarts , tant la philosophie avoit de part à ces sortes d'ouvrages.

Les Protestans ont aussi leurs *liturgies* en langue vulgaire ; ils les prétendent fort épurées & plus conformes que toutes les autres à la simplicité évangélique , mais il ne faut que les lire pour y trouver l'esprit de parti parmi beaucoup de bonnes choses & des pratiques très-édifiantes ; d'ailleurs les dogmes favoris de leurs réformateurs , la prédestination , l'élection , la grace , l'éternité des peines , la satisfaction , &c. répandent plus ou moins dans leurs *liturgies* une certaine obscurité , quelque chose de dur dans les expressions , de forcé dans les allusions aux passages de l'Ecriture-sainte ; ce qui , sans éclairer la foi , diminue toujours jusques à un certain point cette onction religieuse , qui nourrit & soutient la piété.

Enfin quelques - unes de leurs *liturgies* particulieres pechent par les fondemens qu'elles prennent pour les cérémonies les plus respectables ; comme , par exemple , quelques *liturgies* fondent le baptême sur la bénédiction des enfans par le Seigneur Jesus ; action du Sauveur qui n'a nul rapport avec l'institution de ce sacrement.

Chaque église, ou plutôt chaque état protestant, a sa *liturgie* particuliere. Dans plusieurs pays les magistrats civils ont mis la main à l'encensoir, & ont fait & rédigé par écrit les *liturgies* ; se contentant de consulter pour la forme les ecclésiastiques ; peut-être n'est-ce pas un si grand mal.

La meilleure *liturgie* protestante est l'anglicane, autrement celle de la haute église d'Angleterre , la dévotion du peuple y est excitée par les petites litanies, & les divers passages de l'Ecriture-sainte qu'il repete si souvent.

Il est dans le christianisme une secte considérable, dont on peut dire que le principe fondamental est de ne point avoir de *liturgie*, & d'attendre dans leurs assemblées religieuses ce que l'esprit leur ordonne de dire, & l'esprit n'est rarement muet pour ceux qui ont la fureur de parler.

Les *liturgies* ont une intime relation avec les livres symboliques, entant qu'ils font regles de foi & de culte ; mais ils trouveront leur place à l'*article* SYMBOLE.

Est-ce la foudroyante musique des chantres de Josué autour de Jérico , à la douce harmonie de la harpe de David , à la bruyante ou fastueuse musique des chantres du temple de Salomon , ou au pieux chant du cantique que Jesus-Christ & ses apôtres entonnerent après la premiere institution de la pâque chrétienne, que nous sommes redevables de nos chœurs, des hymnes, pseaumes & cantiques spirituels, qui, dans toutes les communions chrétiennes, font & sont toujours fait une partie considérable du culte public réglé par nos *liturgies* ; c'est sans doute ce qui mériteroit de devenir l'objet des recherches de nos commentateurs, autant & plus que ce tas de futilités dont leurs savans & inutiles ouvrages sont remplis.

Au reste, la musique, ou plutôt le chant à été chez tous les peuples le langage de la dévotion.

Pacis opus docuit , jussit que silentimus omnes
Inter sacra tubas , non inter bella sonare.
Calph. eclog.

C'est encore aujourd'hui en chantant que les Sauvages de l'Amérique honorent leurs divinités. Toutes les fêtes, les mysteres des dieux de l'antiquité païenne se célébroient au milieu des acclamations publiques, du pieux frédonnement des prêtres & des bruyantes chansons des dévots. Chansons dont le sujet & les paroles faisoient avec les rites & les diverses cérémonies de leurs sacrifices toutes leurs *liturgies* ; à l'exacte observation desquelles ils étoient, comme on le fait, très-scrupuleusement attachés.

Jean-Gaspard Suicer, savant grec, fait une remarque qui mérite qu'on y fasse attention dans son trésor de la langue grecque au mot λιτυργος, *qui munus aliquod publicum obiit, minister publicus, sed peculialiter usurpatur de bello* ; en effet, ce mot dans Isocrates signifie un *héraut d'armes*, & sans doute que λιτυργια étoit ou sa *commission*, ou la *harangue* qu'il prononçoit dans les déclarations de guerre ; dans cette supposition toute naturelle, il faut convenir que les *liturgies* ont assez bien soutenu leur primitive destination, puisqu'elles ont causé je ne sais combien de guerres sanglantes, d'autant plus cruelles que leur source étoit sacrée. Que de sang n'ont pas fait répandre les doutes sur ces questions importantes dont les premieres notions parurent dans les *liturgies !* La consubstantiabilité du verbe, les deux volontés de Jesus-Christ, la célebre question, si le saint Esprit procede du Pere ou du Fils ?

Mais, pour parler d'évenemens plus rapprochés de notre siecle, ne fut-ce pas une question de *liturgie* qui abattit, en 1619, la tête du respectable vieillard Barneweldt ? Et trente ans après, l'infortuné roi d'Angleterre Charles I. ne dut-il point la perte ignominieuse & de sa couronne & de sa vie, à l'imprudence qu'il avoit eue quelques années auparavant, d'envoyer en Ecosse la *liturgie* anglicane, & d'avoir voulu obliger les presbytériens écossois à recevoir un formulaire de prieres différent de celui qu'ils suivoient.

Conclusion. Les *liturgies* nécessaires sont les plus courtes, & les plus simples sont les meilleures ; mais sur un article aussi délicat, la prudence veut qu'on sache respecter souvent l'usage de la multitude quelque informe qu'il soit, d'autant plus que celui à qui on s'adresse entend le langage du cœur, & qu'on peut, *in petto*, réformer ce qui paroît mériter de l'être.

LITUUS, s. m. (*Littér.*) bâton augural recourbé par le bout comme une crosse, & plus gros dans cette courbure qu'ailleurs.

Romulus, dont la politique demandoit de savoir se rendre les dieux favorables, créa trois augures, institua le *lituus* pour marque de leur dignité, & le porta lui-même, comme chef du collège, & comme très-versé dans l'art des préfages : depuis lors, les augures tinrent toujours en main le *lituus*, lorsqu'ils prenoient les auspices sur le vol des oiseaux ; c'est par cette raison qu'ils ne sont jamais représentés sans le bâton augural, & qu'on le trouve communément sur les médailles, joint aux autres ornemens pontificaux.

Comme les augures étoient en grande considération dans les premiers tems de la république, le bâton augural étoit gardé dans le capitole avec beaucoup de soin ; on ne le perdit qu'à la prise de Rome, par les Gaulois, mais on le retrouva, dit Ciceron, dans une chapelle des Saliens sur le mont-Palatin.

Les Romains donnerent aussi le nom de *lituus* à un instrument de guerre courbé à la maniere du bâton augural, dont on sonnoit à peu près comme on sonne aujourd'hui de la trompette ; il donnoit un son aigu, & servoit pour la cavalerie. (*D. J.*)

LIVADIA, (*Géog.*) ville de la Turquie Européenne, en Livadie. Les anciens l'ont connue sous le nom de *Lebadia*, *Lebadea*, & il y subsiste encore des inscriptions dans lesquelles on lit πολις λιβαδιων. Elle est partagée par une riviere que Wheeler nomme *Hercyna*, qui sort par quelques passages de l'Hélicon, & qui se rend dans le lac de Livadie. Cette ville est habitée par des Turcs, qui y ont des mosquées, & des Grecs qui y ont des églises. Son trafic

consiste en laine ; en blé & en ris. Elle est située à 23 lieues N. O. d'Athènes, & 25 S. E, de Lépante. *Long.* 41. 4. *lat.* 38. 40. (*D. J.*)

LIVADIE LA, (*Géog.*) ce mot pris dans un sens étendu, signifie tout le pays que les anciens entendoient par la Grece propre, ou Hellas ; mais la *Livadie* proprement dite, n'est que la partie méridionale de la *Livadie* prise dans le sens le plus étendu, & comprend ce que les anciens appelloient la Phocide, la Doride & la Locride. Elle a au levant le duché d'Athènes & la Stramulipa ; & est entre ces deux pays, la Macédoine, la basse Albanie, & le golphe de Lépante ; la ville de Livadia donne son nom à cette contrée. (*D. J.*)

LIVADIE, *lac de*, (*Géog.*) lac de Grece, connu des anciens sous le nom de *Copays*, ou plutôt sous autant de noms qu'il y avoit de villes voisines ; car on l'appelloit aussi *Haliartios*, de la ville d'Haljarte, qui étoit sur le rivage occidental ; Pausanias le nomme *Cephissis*, parce que le fleuve Cephisse le traversoit. Alien l'appelle le marais d'Onchestos, à cause d'une ville de ce nom, qui étoit au midi du lac. Son nom moderne est chez les Grecs d'aujourd'hui *Limnitis Livadias*, λιμνη της λιβαδιας le marais de *Livadie*, & plus particulierement *Lago di Topoglia*.

Il reçoit plusieurs petites rivieres qui arrosent cette belle plaine, laquelle a environ une quinzaine de lieues de tour, & abonde en blé & en pâturages. Aussi étoit-ce autrefois un des quartiers les plus peuplés de la Béotie.

Mais l'eau de cet étang s'enfle quelquefois si fort, par les pluies & les neiges fondues, qu'elle inonde la vallée jusqu'à plusieurs lieues d'étendue. Elle s'engoufre ordinairement sous la montagne voisine de l'Euripe, entre Négrepont & Talanda, & va se jetter dans la mer de l'autre côté de la montagne. Les Grecs modernes appellent ce lieu *Tabathra* ; *voyez* Spon & Wheeler. (*D. J.*)

LIVARDE, s. f. *terme de Corderie*, est une corde d'étoupe autour de laquelle on tortille le fil pour lui faire perdre le tortillement, & le rendre plus uni. *Voyez l'art.* CORDERIE.

LIVÈCHE, s. f. (*Hist. nat. Bot.*) Ligustrum, genre de plante à fleur, en rose & en umbelle, composée de plusieurs pétales disposés en rond, & soutenus par le calice qui devient un fruit composé de deux semences oblongues, plates d'un côté, convexes & cannelées de l'autre. Tournefort. *Inst. rei herb. Voyez* PLANTE.

Tournefort compte huit especes de ce genre de plante umbellifere ; la plus commune cultivée dans les jardins de médecine, est le *ligusticum vulgare, foliis agii* ; en anglois, *common lovage* ; en françois, *liveche* à feuilles d'ache ; nous allons la décrire.

Sa racine est charnue, épaisse, durable, noirâtre en-dehors, blanche en-dedans. Ses tiges sont ordinairement nombreuses, épaisses, creuses, cannelées, partagées quelquefois en plusieurs rameaux. Ses feuilles sont longues d'un pié & plus, découpées en plusieurs lobes, dont les dernieres divisions approchent en quelque maniere de celles de l'ache de marais, mais sont bien plus grandes, dentelées profondément à leur bord, fort lisses, luisantes, d'un verd foncé, & d'une odeur forte. Les rameaux & les sommets des tiges portent de grands parasols de fleurs en rose, composées de cinq pétales, jaunes le plus souvent, petites & rondes & soutenus sur un calice. Ce calice se change ensuite en un fruit, composé de deux graines, oblongues, plus grosses que celles d'ache, convexes, canelées d'un côté, applaties de l'autre, & de couleur obscure. Toute cette plante, sur tout sa graine, répand une odeur forte, aromatique & de drogue. (*D. J.*)

LIVECHE, (*Mat. méd.*) ou ACHE DE MONTA-

GNE, *levisticum*. La racine & la semence de *liveche* sont regardés comme alexipharmaques, carminatives, diurétiques & utérines. C'est principalement par cette derniere propriété, que les auteurs l'ont recommandée; ils ont dit qu'elle faisoit paroître les vuidanges, qu'elle chassoit le placenta & le fœtus mort. La dose de la racine en poudre est d'un gros jusqu'à deux, & celle de la graine, depuis un scrupule jusqu'à un gros.

Le suc des feuilles fraîches de *liveche* pris à la dose de deux ou trois onces, est regardé par quelques auteurs, comme un spécifique dans les mêmes cas, aussi-bien que contre la suppression des regles.

Les différentes parties de la *liveche* entrent dans quelques préparations pharmaceutiques. (*b*)

LIVENZA LA, (*Géog.*) en latin, *Liquentia*, riviere d'Italie, dans l'état de la république de Venise. Elle a sa source aux confins du Bellunèze, & se jette dans le golfe de Venise, à 20 milles de cette ville, au levant d'été. (*D. J.*)

LIVIDE, adj. LIVIDITÉ, s. f. (*Gramm.*) Couleur de la peau, lorsqu'on a été frappé d'un coup violent : elle a quelquefois la même couleur par un vice intérieur. Les chairs qui tendent à la gangrene, deviennent *livides*. La *lividité* du visage marque la mauvaise santé.

LIVIERE, (*Géog.*) en latin *Livoria*, lieu de France, en Languedoc, auprès de Narbonne. On y voit trois abimes d'eau assez profonds & fort poissonneux : les habitans les appellent *oëlialas*, en latin *oculi Livoriæ*. Il nous manque une explication physique de ces trois especes de gouffres. (*D. J.*)

LIVONIE, LA (*Géog.*) province de l'empire russien, avec titre de duché, sur la mer Baltique, qui la borne au couchant, & sur le golfe de Finlande, qui la borne au nord.

Cette province peut avoir environ cent milles germaniques de longueur, en la prenant depuis les frontieres de la Prusse jusqu'à Riga, & quarante milles dans sa plus grande largeur, sans y comprendre les îles.

On peut lire, sur l'histoire & la division de ce pays, Mathias Strubiez, *Livoniæ descriptio*, Hartknoch, & Albert Wynk Kojalowiez, *historia Lithuaniæ*.

On ne vint à pénétrer en *Livonie* que vers l'an 1158: des marchands de Lubec s'y rendirent pour y commercer, & par occasion ils annoncerent l'évangile à ces peuples barbares.

Le grand-maître de l'ordre teutonique y établit ensuite un maître particulier, & la *Livonie* demeura plus de trois cens ans sous la puissance de l'ordre. En 1513, Guillaume de Plettenberg, maître particulier du pays, secoua le joug de son ordre, & devint lui-même souverain de la *Livonie*.

Bientôt après, Yvan grand duc de Moscovie, ravagea le pays, & s'empara de plusieurs places : alors Kettler grand maître de l'ordre de *Livonie*, se voyant hors d'état de résister aux Moscovites, appella Sigismond à son secours en 1557, & la *Livonie* lui fut cédée.

Au milieu de ces troubles, la ville de Revel se mit sous la protection d'Eric roi de Suede : ce qui forma deux partis dans la province, & des guerres qui ont si long-tems duré entre la Moscovie, la Suede & la Pologne. Enfin, le gain de la bataille de Pultova valut à Pierre le grand la conquête de cette province, & le traité de Nieustad lui en assura la possession.

La *Livonie* comprend la Courlande, la Semigalle, l'île d'Oësel, l'archevêché de Riga, l'évêché de Derpt, & les terres du grand maître de l'ordre teutonique. Riga en est la capitale : ses autres villes & forteresses principales sont, Windau, Goldingen en Courlande, Mittau, Semigalle, Sonneburg dans l'île d'Oësel, Pernau, Revel, Derpt, Nerva, &c.

On cueille tant de froment en *Livonie*, que cette province est comme le grenier de Lubec, d'Amsterdam, de Danemark, & de Suede : elle abonde en pâturages & en bétail. Les lacs & les rivieres fournissent beaucoup de poisson. Les forêts nourrissent quantité de bêtes fauves : on y trouve des bisons, des élans, des martes, & des ours ; les lievres y sont blancs pendant l'hiver, & cendrés en été. Les paysans y sont toute l'année serfs & misérables ; les nobles durs, grossiers, & tenans encore de la barbarie. (*D. J.*)

LIVONIE, *terre de*, (*Hist. nat.*) espece de terre bolaire dont on fait usage dans les pharmacies d'Allemagne. Il y en a de jaune & de rouge : la premiere est fort douce au toucher, & fond, pour ainsi dire, dans la bouche. La seconde est d'un rouge pâle ; elle est moins pure que la précédente ; son goût est styptique & astringent. Ces terres ne font point solubles dans les acides. Les Espagnols, les Portugais & les Italiens en font usage. Elle vient sous la forme d'une terre sigillée, & est en petits gâteaux qui portent l'empreinte d'un cachet qui représente une église & deux clés en sautoir. Hill, *hist. nat. des fossiles*. Cette terre se trouve en *Livonie*, & paroît avoir beaucoup de rapport avec la terre lemnienne.

LIVOURNE, (*Géog.*) en latin moderne *Ligurnum*, en anglois *Leghorn*, ville d'Italie des états du grand-duc de Toscane dans le Pisan, avec une enceinte fortifiée, une citadelle, & un des plus fameux ports de la Méditerranée.

La franchise de son commerce y attire un très-grand abord d'étrangers ; on ne visite jamais les marchandises qui y entrent ; on y paye des droits très-modiques qui se levent par balles, de quelque grosseur qu'elles soient, & quelle qu'en soit la valeur.

La justice s'y rend promptement, réguliérement, & impartialement aux négocians. Toute secte & religion y jouit également d'un profond repos ; les Grecs, les Arméniens y ont leurs églises. Les Juifs qui y possedent une belle synagogue & des écoles publiques, regardent *Livourne* comme une nouvelle terre promise. La seule monnoie du grand duc annonce pleine liberté & protection. Ses écus appellés *livourniens*, présentent d'un côté le buste du prince, de l'autre le port de *Livourne*, & une vûe de la ville, avec ces deux mots qui disent tant de choses : *Et patet, & favet*.

C'est ainsi que *Livourne* s'est élevée en peu de tems, & est devenue tout ensemble une ville considérable, riche, peuplée, agréable par sa propreté, & par de larges rues tirées au cordeau ; elle dépend pour le spirituel de l'archevêché de Pise.

Ce n'étoit dans le seizieme siecle qu'un mauvais village au milieu d'un marais infect; mais Côme I. grand-duc de Toscane, a fait de ce village une des plus florissantes villes de la Méditerranée, au grand regret des Génois, qui crurent le tromper en lui demandant pour cette bicoque, Sarsane ville épiscopale qu'il vouloit bien leur rendre en échange, quoiqu'elle lui donnât une entrée dans leur pays : mais il connoissoit la bonté du port de *Livourne*, & les avantages qu'un gouvernement éclairé en pouvoit tirer pour le commerce de l'Italie. Il commença d'abord l'enceinte de la ville qu'il vouloit fonder, & bâtit un double môle.

Il faut cependant que les navigateurs se guident par le *portulant* de M. Michelot, pour les précautions à prendre pour le mouillage & l'entrée, tant du port que du môle de *Livourne*.

Cette ville patrie de Donato Rosetti, qui professoit les Mathématiques à Pise dans le dernier siecle, est située sur la Méditerranée, à 4 lieues S. de Pise,

18 S. O. de Florence, 8 S. O. de Lucques, 58 N. O. de Rome. *Long.* felon Caffini, 27. 53. 30. *lat.* 43. 33. 2. & felon Harris, *long.* 30. 16. 15. *lat.* 45. 18. (*D. J.*)

LIVRAISON, f. f. (*Jurifprud.*) eft la tradition d'une chofe dont on met en poffeffion celui à qui on la livre.

Mais ce terme ne s'applique communément qu'aux chofes qui fe doivent livrer par poids ou par mefure : pour les autres chofes mobiliaires & pour les immeubles, on dit ordinairement *tradition*.

La vente des chofes qui doivent fe livrer par poids & par mefure, n'eft point parfaite jufqu'à la *livraifon;* tellement que le bénéfice & la perte qui furviennent aux marchandifes avant la *livraifon*, ne concernent que le vendeur & non l'acheteur. *Voyez ci-après* TRADITION. (*A*)

LIVRE, f. m. (*Littér.*) écrit compofé par quelque perfonne intelligente fur quelque point de fcience, pour l'inftruction & l'amufement du lecteur: On peut encore définir un *livre*, une compofition d'un homme de lettres, faite pour communiquer au public & à la poftérité quelque chofe qu'il a inventée, vûe, expérimentée, & recueillie, & qui doit être d'une étendue affez confidérable pour faire un volume. *Voyez* VOLUME.

En ce fens, un *livre* eft diftingué par la longueur d'un imprimé ou d'une feuille volante, & d'un tome ou d'un volume comme le tout eft de fa partie; par exemple, l'hiftoire de Grece de *Temple Stanyan*, eft un fort bon *livre*, divifé en trois petits volumes.

Ifidore met cette diftinction entre *liber* & *codex*, que le premier marque particulierement un ouvrage féparé, faifant feul un tout à part, & que le fecond fignifie une collection de *livres* ou d'écrits. Ifid. orig. *lib. VI. cap. xiij*. M. Scipion Maffei prétend que *codex* fignifie un *livre* de forme quarrée, & *liber* un *livre* en forme de regiftre. *Voyez* Maffei, *hiftor. diplom. lib. II. bibliot. italiq. tom. II. p.* 244. *Voyez* auffi Saalbach, *de lib. veter. parag.* 4. Reimm. *idea fyftem. ant. litter. pag.* 230.

Selon les anciens, un *livre* différoit non-feulement par fa groffeur, mais encore parce que la lettre étoit pliée, & le *livre* feulement roulé. *Voyez* Pitifc. *L. ant. tom. II. pag.* 84. *voc. libri*. Il y a cependant divers *livres* anciens qui exiftent encore fous le nom de *lettres*: tel eft l'art poétique d'Horace. *Voyez* ÉPITRE, LETTRE.

On dit un vieux, un nouveau *livre*, un *livre* grec, un *livre* latin; compofer, lire, publier, mettre au jour, critiquer un *livre;* le titre, la dédicace, la préface, le corps, l'index ou la table des matieres, l'errata d'un *livre. Voyez* PRÉFACE, TITRE, *&c.*

Collationner un *livre*, c'eft examiner s'il eft correct, fi l'on n'en a pas oublié ou tranfpofé les feuillets, s'il eft conforme au manufcrit ou à l'original fur lequel il a été imprimé.

Les relieurs difent, plier *ou* brocher, coudre, battre, mettre en preffe, couvrir, dorer, lettrer un *livre. Voyez* RELIURE.

Une collection confidérable de *livres* pourroit s'appeller improprement une *librairie:* on la nomme mieux *bibliotheque*. *Voyez* LIBRAIRIE & BIBLIOTHEQUE. Un inventaire de *livres* fait à deffein d'indiquer au lecteur un *livre* en quelque genre que ce foit, s'appelle un *catalogue. Voyez* CATALOGUE.

Cicéron appelle M. Caton *hellus librorum*, un dévoreur de *livres*. Gaza regardoit les *livres* de Plutarque, & Hermol. Barbaro ceux de Pline comme les meilleurs de tous les *livres*. Gentsken, *hift. philof. pag.* 130. Harduin. *præfat. ad Plin.*

Barthol. *de libr. legend. differt. III. pag.* 66. a fait un traité fur les meilleurs *livres* des auteurs: felon lui, le meilleur *livre* de Tertullien eft fon traité *de pallio:* de S. Auguftin, *la cité de Dieu:* d'Hippocrate, *coaca prænotiones:* de Cicéron, le traité *de officiis:* d'Ariftote, *de animalibus:* de Galien, *de ufu partium:* de Virgile, le fixieme livre de l'Énéide : d'Horace, la premiere & la feptieme de fes Épitres ; de Catulle, *Coma Berenices:* de Juvenal, la fixieme fatyre: de Plaute, l'*Epidicus:* de Théocrite, la vingt-feptieme Idylle: de Paracelfe, *chirurgia:* de Séverinus, *de abceffibus:* de Budé, les Commentaires fur la langue gréque: de Jofeph Scaliger, *de emendatione temporum:* de Bellarmin, *de fcriptoribus ecclefiafticis;* de Saumaife, *exercitationes Plinianæ:* de Voffius, *inftitutiones oratoriæ:* d'Heinfius, *ariftharcus facer:* de Cafaubon, *exercitationes in Baronium*.

Il eft bon toutefois d'obferver que ces fortes de jugemens, qu'un auteur porte de tous les autres, font fouvent fujets à caution & à reforme. Rien n'eft plus ordinaire que d'apprécier le mérite de certains ouvrages, qu'on n'a pas feulement lûs, ou qu'on préconife fur la foi d'autrui.

Il eft néanmoins néceffaire de connoître par foi-même, autant qu'on le peut, le meilleur *livre* en chaque genre de Littérature : par exemple, la meilleure Logique, le meilleur Dictionnaire, la meilleure Phyfique, le meilleur Commentaire fur la Bible, la meilleure Concordance des Évangeliftes, le meilleur Traité de la religion chrétienne, *&c*. par ce moyen on peut fe former une bibliotheque compofée des meilleurs *livres* en chaque genre. On peut, par exemple, confulter pour cet effet, le *livre* de Pople, intitulé, *cenfura celebrium auctorum*, où les ouvrages des plus confidérables écrivains & des meilleurs auteurs en tout genre font expofés: connoiffance qui conduit à en faire un bon choix. Mais pour juger de la qualité d'un *livre*, il faut felon quelques-uns, en confidérer l'auteur, la date, les éditions, les traductions, les commentaires, les épitomes qu'on en a faits, le fuccès, les éloges qu'il a mérités, les critiques qu'on en a faites, les condamnations ou la fuppreffion dont on l'a flétri, les adverfaires ou les défenfeurs qu'il a eus, les continuateurs, *&c*.

L'hiftoire d'un *livre* renferme ce que ce *livre* contient ; & c'eft ce qu'on appelle ordinairement *extrait ou analyfe*, comme font les journaliftes; ou fes acceffoires, ce qui regarde les littérateurs & les bibliothécaires. *Voyez* JOURNAL.

Le corps d'un *livre* confifte dans les matieres qui y font traitées ; & c'eft la partie de l'auteur : entre ces matieres il y a un fujet principal à l'égard duquel tout le refte eft feulement acceffoire.

Les incidens acceffoires d'un *livre* font le titre, l'épitre dédicatoire, la préface, les fommaires, la table des matieres, qui font la partie de l'éditeur ; à l'exception du titre, de la premiere ou des frontifpice, qui dépend quelquefois du libraire. *Voyez* TITRE.

Les fentimens doivent entrer dans la compofition d'un *livre*, & en être le principal fondement : la méthode ou l'ordre des matieres doivent y régner ; & enfin, le ftyle qui confifte dans le choix & l'arrangement des mots, eft comme le coloris qui doit être répandu fur le tout. *Voyez* SENTIMENT, STYLE, MÉTHODE.

On attribue aux Allemands l'invention des hiftoires littéraires, comme les *journaux*, les *catalogues*, & autres ouvrages, où l'on rend compte des *livres* nouveaux; & un auteur de cette nation (Jean-Albert Fabricius) dit modeftement que fes compatriotes font en ce genre fupérieurs à toutes les autres nations. *Voyez* ce qu'on doit penfer de cette prétention au mot JOURNAL. Cet auteur a donné l'hiftoire des *livres* grecs & latins : Wolfius celle des *livres* hébreux: Boecler celle des principaux *livres* de chaque fcience : Struvius celle des *livres* d'Hiftoire, de Lois & de Philofophie : l'abbé Fabricius celle des *livres* de fa propre bibliotheque : Lambecius celle des *li-*

vres de la bibliotheque de Vienne : Lelong celle des *livres* de l'Écriture : Mattaire celle des *livres* imprimés avant 1550. *Voyez* Reimm. *Bibl. acroam. in præfat. parag.* 1. *pag.* 3. Bof. *ad not. script. ecclef. cap. iv. parag. xiij. pag.* 124. *& feq.* Mais à cette foule d'auteurs, fans parler de la Croix-du-Maine, de Duverdier, de Fauchet, de Colomiez, & de nos anciens bibliothécaires, ne pouvons-nous pas opposer MM. Baillet, Dupin, dom Cellier, les auteurs du Journal des favans, les journalistes de Trévoux, l'abbé Desfontaines, & tant d'autres, que nous pourrions revendiquer, comme Bayle, Bernard, Basnage, &c ?

Brûler un *livre* : forte de punition & de flétrissure fort en usage parmi les Romains : on en commettoit le foin aux triumvirs, quelquefois aux prêteurs ou aux édiles. Un certain Labienus, que son génie tourné à la fatyre fit furnommer *Rabienus*, fut, dit-on, le premier contre les ouvrages duquel on fevit de la forte. Ses ennemis obtinrent un fenatûs-confulte, par lequel il fut ordonné que tous les ouvrages qu'avoit compofés cet auteur pendant plufieurs années, feroient recherchés pour être brûlés : chofe étrange & nouvelle, s'écrie, Séneque, févir contre les Sciences ! *Res nova & inufitata, fupplicium de fludiis fumi !* exclamation au refte froide & puérile ; puifqu'en ces occafions ce n'eft pas contre les Sciences, mais contre l'abus des Sciences que févit l'autorité publique. On ajoute que Caffius Servius ami de Labienus, entendant prononcer cet arrêt, dit qu'il falloit auffi le brûler, lui qui avoit gravé ces *livres* dans fa mémoire : *nunc me vivum comburi oportet, qui illos didici* ; & que Labienus ne pouvant furvivre à fes ouvrages, s'enferma dans le tombeau de fes ancêtres, & y mourut de langueur. *Voyez* Tacit. *in agric. cap. ij. n. j.* Val. Max. *lib. I. cap. j. n. xij.* Tacit. *Annal. lib. IV. c. xxxv. n. iv.* Seneq. *Controv. in præfat. parag.* 5. Rhodig. *antiq. Lect. cap. xiij. lib. II.* Salm. *ad Pamirol. tom. I. tit. xxij. pag.* 68. Pitifcus, *Lect. antiq. tom. II. pag.* 84. On trouve plufieurs autres preuves de cet ufage de condamner les *livres* au feu dans Reimm. *Idea fyftem. ant. litter. pag.* 389. *& fuiv.*

A l'égard de la matiere des *livres*, on croit que d'abord on grava les caracteres fur de la pierre ; témoins les tables de la loi données à Moife, que l'on regarde comme le plus ancien *livre* dont il foit fait mention : enfuite on les traça fur des feuilles de palmier, fur l'écorce intérieure & extérieure du tilleul, fur celle de la plante d'Egypte nommée *papyrus*. On fe fervit encore de tablettes minces enduites de cire, fur lefquelles on traçoit les caracteres avec un ftilet ou poinçon, ou de peaux, fur-tout de celles des boucs & des moutons dont on fit enfuite le parchemin. Le plomb, la toile, la foie, la corne, & enfin le papier, furent fucceffivement les matieres fur lefquelles on écrivit. V. Calmet, *Differt. I. fur la Gen. Comment. t. I. diction. de la Bible, t. I, p.* 316. Dupin, *Libr. Differt. IV. pag.* 70. *hift. de l'acad. des Infcript. Bibliot. ecclef. tom. XIX. p.* 381. Barthole, *de legend. t. III. p.* 103. Schwatz, *de ornam. Libr. Differt. I.* Reimm. *Idea Sep. antiq. Litter. pag.* 235. *& 286. & fuiv.* Montfaucon, *Paleogr. liv. II. chap. viij. p.* 180. *& fuiv.* Guiland, *papir. memb.* 3. Voyez l'article PAPIER.

Les parties des végétaux furent long-tems la matiere dont on faifoit les *livres*, & c'eft même de ces végétaux que font pris la plûpart des noms & des termes qui concernent les *livres*, comme le nom grec βίβλος : les noms latins *folium, tabula, liber,* d'où nous avons tiré *feuillet, tablette, livre,* & le mot anglois *book*. On peut ajouter que cette coutume eft encore fuivie par quelques peuples du nord, tels que les Tartares Kalmouks, chez lefquels les Ruffiens trouverent en 1721 une bibliotheque dont les *livres* étoient d'une forme extraordinaire ; Ils étoient extrêmement longs & n'avoient prefque point de largeur. Les feuillets étoient fort épais, compofés d'une efpece de coton ou d'écorces d'arbres, enduit d'un double vernis, & dont l'écriture étoit blanche fur un fond noir. *Mém. de l'acad. des Bell. Lettr. tom. V. pag.* 5. *& 6.*

Les premiers *livres* étoient en forme de bloc & de tables dont il eft fait mention dans l'écriture fous le nom de *fepher*, qui a été traduit par les Septante αξονες, *tables quarrées*. Il femble que le *livre* de l'alliance, celui de la loi, le *livre* des malédictions, & celui du divorce ayent eu cette forme. *Voyez les Commentaires de* Calmet *fur la Bible*.

Quand les anciens avoient des matieres un peu longues à traiter, ils fe fervoient plus commodément de feuilles ou de peaux coufues les unes au bout des autres, qu'on nommoit rouleaux, appellés pour cela par les Latins *volumina*, & par les Grecs χυλιχα, coutume que les anciens Juifs, les Grecs, les Romains, les Perfes, & même les Indiens ont fuivie, & qui a continué quelques fiecles après la naiffance de Jefus-Chrift.

La forme des *livres* eft préfentement quarrée, compofée de feuillets féparés ; les anciens faifoient peu d'ufage de cette forme, ils ne l'ignoroient pourtant pas. Elle avoit été inventée par Attale, roi de Pergame, à qui l'on attribue auffi l'invention du parchemin. Les plus anciens manufcrits que nous connoiffions font tous de cette forme quarrée, & le P. Montfaucon affure que de tous les manufcrits grecs qu'il a vûs, il n'en a trouvé que deux qui fuffent en forme de rouleau. *Paleograp. græc. lib. I. ch. iv. p.* 26. Reimm. *idea fyftem. antiq. litter. pag.* 227. Item *pag.* 242. Schwartz, *de ornam. lib. Differt. II.* Voyez l'article RELIURE.

Ces rouleaux ou volumes étoient compofés de plufieurs feuilles attachées les unes aux autres & roulées autour d'un bâton ou nommoit *umbilicus*, qui fervoit comme de centre à la colonne ou cylindre que formoit le rouleau. Le côté extérieur des feuilles s'appelloit *frons*, les extrémités du bâton fe nommoient *cornua*, & étoient ordinairement décorés de petits morceaux d'argent, d'ivoire, même d'or & de pierres précieufes ; le mot συλλαβος étoit écrit fur le côté extérieur. Quand le volume étoit déployé, il pouvoit avoir une verge & demie de large fur quatre ou cinq de long. *Voyez* Salmuth *ad Pancirol. part. I. tit. XLII. pag.* 143. *& fuiv.* Wale *parerg. acad. pag.* 72. Pitrif. *l. ant. tom. II. pag.* 48. Barth. *adverf. l. XXII. c.* 28. *& fuiv.* Idem *pag.* 251. auxquels on peut ajouter plufieurs autres auteurs qui ont écrit fur la forme & les ornemens des anciens *livres* rapportés chez Fabricius, *Bibl. antiq. chap. xix.* § 7. *pag.* 607.

A la forme des *livres* appartient auffi l'arrangement de leur partie intérieure, ou l'ordre & la difpofition des points ou matieres, & des lettres en lignes & en pages, avec des marges & d'autres dépendances. Cet ordre a varié ; d'abord les lettres étoient feulement féparées en lignes, elles le furent enfuite en mots féparés, qui furent diftribués par points & *alinea*, en périodes, fections, paragraphes chapitres, & autres divifions. En quelques pays, comme parmi les orientaux, les lignes vont de droite à gauche ; parmi les peuples de l'occident & du nord, elles vont de gauche à droite. D'autres, comme les Grecs, du moins en certaines occafions, écrivoient la premiere ligne de gauche à droite, la feconde de droite à gauche, & ainfi alternativement. Dans d'autres pays les lignes font couchées de haut en bas à côté les unes des autres, comme chez les Chinois. Dans certains *livres* les pages font entieres & uniformes, dans d'autres elles font divifées par colonnes ; dans quelques-uns elles font divifées en texte & en notes, foit marginales, foit rejettées au bas de la page. Ordinairement elles portent au bas quelques lettres alphabétiques qui fervent à marquer le nombre des feuilles, pour connoître fi le *livre* eft entier. On charge quelquefois les pages de fommaires ou de notes: on y ajoûte auffi des ornemens, des lettres initiales, rouges, dorées, ou figurées; des frontifpices, des vignettes, des cartes, des eftampes; &c. A la fin de chaque *livre* on met *fin* ou *finis*; anciennement on y mettoit un < appellé *coronis*, & toutes les feuilles du *livre* étoient lavées d'huile de cèdre, ou parfumées d'écorce de citron, pour préferver les *livres* de la corruption. On trouve auffi certaines formules au commencement ou à la fin des *livres*, comme parmi les Juifs, *efto fortis*, que l'on trouve à la fin de l'exode, du Lévitique, des nombres, d'Ezéchiel, par lefquels on exhorte le lecteur (difent quelques uns) à lire les livres fuivans. Quelquefois on trouvoit à la fin des malédictions contre ceux qui falcifieroient le contenu du *livre*, & celle de l'apocalypfe en fournit un exemple. Les Mahométans placent le nom de Dieu au commencement de tous leurs *livres*, afin d'attirer fur eux la protection de l'Être fuprême, dont ils croyent qu'il fuffit d'écrire ou de prononcer le nom pour s'attirer du fuccès dans fes entreprifes. Par la même raifon plufieurs lois des anciens empereurs commençoient par cette formule, *In nomine Dei. V.* Barth. *de libr. legend. Differt. V. pag. 106. & fuiv.* Montfaucon *Paleogr. lib. I. c. xl.* Remm. *Idea fyftem. antiq. litter.* p. 227. Schwart *de ornam. libror. Differt. II.* Remm. *Id. fyftem. pag.* 251. Fabricius *Bibl. græc. lib. X. c. v.* p. 74. Revel, *c. xxij.* Alkoran, *fect. III. pag.* 59. Barthol. *lib. cit. pag.* 117.

A la fin de chaque *livre* les Juifs ajoûtoient le nombre de verfets qui y étoient contenus, & à la fin du Pentateuque le nombre des fections, afin qu'il pût être tranfmis dans fon entier à la poftérité; les Mafforetes & les Mahométans en ont encore fait plus. Les premiers ont marqué le nombre des mots, des lettres, des verfets & des chapitres de l'ancien Teftament, & les autres en ont ufé de même à l'égard de l'alcoran.

Les dénominations des *livres* font différentes, felon letir ufage & leur autorité. On peut les diftinguer en *livres humains*, c'eft-à-dire, qui font compofés par les hommes, & *livres divins*, qui ont été dictés par la Divinité même. On appelle auffi cette derniere forte de livres, *livres facrés* ou *infpirés. Voyez* RÉVÉLATION, INSPIRATION.

Les Mahométans comptent cent quatre *livres divins*, dictés ou donnés par Dieu lui-même à fes prophetes, favoir dix à Adam, cinquante à Seth, trente à Enoch, dix à Abraham, un à Moïfe, favoir le Pentateuque tel qu'il étoit avant que les Juifs & les Chrétiens l'euffent corrompu; un à Jefus-Chrift, & c'eft l'Evangile; à David un, qui comprend les Pfeaumes; & un à Mahomet, favoir l'alcoran: quiconque parmi eux rejette ces *livres* foit en tout foit en partie, même un verfet ou un mot, eft regardé comme infidele. Ils comptent pour marque de la divinité d'un *livre*, quand Dieu parle lui-même & non quand d'autres parlent de Dieu à la troifieme perfonne, comme cela fe rencontre dans nos *livres* de l'ancien & du nouveau Teftament, qu'ils rejettent comme des compofitions purement humaines, ou du moins fort altérées. *Voyez* Reland *de relig.* Mahomet. *liv. II. § 26. pag.* 231. Ifem. *ibid. liv. II. § 26. pag.* 231.

Livres fibyllins; c'étoient des *livres* compofés par de prétendues prophéteffes du paganifme, appellées *Sybilles*, lefquels étoient dépofés à Rome dans le capitole, fous la garde des duumvirs. *Voy.* Lomeier. *de Bibl. c. xiij. pag.* 377. Voyez auffi SIBYLLE.

Livres canoniques; ce font ceux qui font reçus par l'Eglife, comme faifant partie de l'Ecriture fainte: tels font les *livres* de l'ancien & du nouveau Teftament. *Voyez* CANON, BIBLE.

Livres apocryphes; ce font ceux qui font exclus du rang des canoniques, ou fauffement attribués à certains auteurs. *Voyez* APOCRYPHE.

Livres authentiques; l'on appelle ainfi ceux qui font véritablement des auteurs auxquels on les attribue, ou qui font décififs & d'autorité; tels font parmi les *livres de* Droit le code, le digefte. *Voyez* Bacon, *de aug. Scient. lib VIII. c. iij.* Works, *t. I. pag.* 257.

Livres auxiliaires; font ceux qui quoique moins effentiels en eux-mêmes, fervent à en compofer ou à en expliquer d'autres, comme dans l'étude des lois, les *livres* des inftituts, les formules, les maximes, &c.

Livres élémentaires; on appelle ainfi ceux qui contiennent les premiers & les plus fimples principes des fciences, tels font les rudimens, les méthodes, les grammaires, &c. par oû on les diftingue des *livres* d'un ordre fupérieur, qui tendent à aider ou à éclairer ceux qui ont des fciences une teinture plus forte. *Voyez les mém. de Trévoux, ann. 1734. pag.* 804.

Livres de bibliotheque; on nomme ainfi des *livres* qu'on ne lit point defuite, mais qu'on confulte au befoin, comme les dictionnaires, les commentaires, &c.

Livres exotériques; nom que les favans donnent à quelques ouvrages deftinés à l'ufage des lecteurs ordinaires ou du peuple.

Livres acroamatiques; ce font ceux qui traitent de matieres fublimes ou cachées, qui font feulement à la portée des favans ou de ceux qui veulent approfondir les fciences. *Voyez* Reimm. *Idea fyftem. ant. litter. pag.* 136.

Livres défendus; on appelle ainfi ceux qui font prohibés & condamnés par les évêques, comme contenant des héréfies ou des maximes contraires aux bonnes mœurs. *V.* Bingham, *orig. eclef. lib. XVI. chap. xj. part. II.* Pafe. *de Var. mod. mor. trad. c. iij. p.* 250. *&* 298. *Dictionn. univerf. de Trev.* tom. III. *pag.* 1507, Platt. *Inftr. hift. theolog.* tom. II. *pag.* 65. Henman, *Via ad hift. litt. cap. iv. parag.* 63. *p.* 162. *Voyez* INDEX.

Livres publics, libri publici; ce font les actes des tems paffés & des tranfactions gardées par autorité publique. *Voyez le Dictionn. de Trevoux t. I. p.* 1509. Voyez auffi ACTES.

Livres d'églife; ce font ceux dont on fe fert dans les offices publics de la religion, comme font le pontifical, l'antiphonier, le graduel, le lectionnaire, le pfeautier, le *livre* d'évangile, le miffel, l'ordinal, le rituel, le proceffional, le cérémonial, le bréviaire; & dans l'églife grecque, le monologue, l'euchologue, le tropologue, &c. Il y a auffi un *livre* de paix qu'on porte à baifer au clergé pendant la meffe: c'eft ordinairement le *livre* des évangiles.

Livres de plein chant; font ceux qui contiennent les pfeaumes, les antiennes, les répons & autres prieres que l'on chante & qui font notées.

Livres de liturgie; ce font ceux qui contiennent, non toutes les liturgies de l'églife grecque, mais feulement les quatre qui font préfentement en ufage, favoir les liturgies de S. Bafile, de S. Chryfoftome, celle des Préfanctifiés, Προηγιασμενων, & celle de faint Jacques, qui n'a lieu que dans l'églife de Jérufalem, & feulement une fois l'année. *Voyez* Pfaff. *Introd. hiftor. theolog. lib. IV. parag.* 8. *tom. III. pag.* 287. *Dictionn. univ. de Trev. tom. III. pag.* 1507.

Les *livres d'églife* en Angleterre qui étoient en ufage dès le milieu du x. fiecle, étoient felon qu'ils font nommés dans les canons d'Elfric, la Bible, le

Pseautier, les Epitres, l'Evangile, le *livre* de Messe, le *livre* de Plein-chant, autrement Antiphonier, le Manuel, le Calendrier, le Martyrologe, le Pénitentiel, & le *livre* des Leçons. *Voyez* Johns, *lois ecclis. ann. 957. parag. 21.*

Les *livres d'églife* chez les Juifs, sont le *livre* de la Loi, l'Hagiographe, les Prophetes, &c. Le premier de ces *livres* s'appelle auffi le *livre de Moife*, parce que ce légiflateur l'a compolé, & le *livre de l'Alliance*, parce qu'il contient l'alliance de Dieu avec les Juifs. Dans un fens plus abfolu, le *livre* de la Loi fignifie l'original ou l'autographe qui fut trouvé dans le tréfor du temple fous le regne de Jofias.

On peut diftinguer les *livres* felon leur deffein ou le fujet qu'ils traitent, en *hifloriques*, qui racontent les faits ou de la nature ou de l'humanité, & en *dogmatiques*, qui expofent une doctrine ou des vérités générales. D'autres font mêlés de dogmes & de faits, ou peut les nommer *hiftorico-dogmatiques*. D'autres recherchent fimplement des vérités, ou tout au plus indiquent les raifons par lefquelles ces vérités peuvent être prouvées comme la Géométrie de Mallet. On peut les ranger fous la même claffe; mais on donnera le titre de *fcientifico-dogmatiques*, aux ouvrages qui non-feulement enfeignent une fcience, mais encore qui la démontrent comme les élémens d'Euclide. *Voyez* Volf, *Philof. prat. fect. III. chap. j. parag. 7. page 750.*

Livres pontificaux, *libri pontificales*, ιϵρατικαι Βιβλοι; c'étoient parmi les Romains les *livres* de Numa qui étoient gardés par le grand-prêtre, & dans lefquels étoient décrites les cérémonies des fêtes, des facrifices, les prieres, & tout ce qui avoit rapport à la religion. On les appelloit auffi *indigitamenta*, parce qu'ils fervoient, pour ainfi dire, à défigner les dieux dont ils contenoient les noms, auffi-bien que les formules & les invocations ufitées en diverfes occafions. *Voyez* Lomeier, *de Bibl. c. vj. pag. 107.* Pitifc. *L. Ant. tom. II. pag. 85. voc. libri.*

Livres rituels, *libri rituales*; c'étoient ceux qui enfeignoient la maniere de bâtir & de confacrer les villes, les temples, & les autels, les cérémonies des confécrations des murs, des portes principales, des familles, des tribus, des camps. *Voyez* Lomeier, *loc. cit. chap. vj.* Pitifc. *ubi fuprà.*

Livres des augures, *libri augurales*, appellés par Ciceron *recondii*: c'étoient ceux qui contenoient la fcience de prévoir l'avenir par le vol & le chant des oifeaux. *Voyez* Ciceron, *orat. pro domo fuâ ad pontif.* Servius, *fur le V. liv. de l'Enéid. v. 738.* Lomeier, *lib. cit. lib. VI. pag. 109. Voyez auffi* AUGURE.

Livres des arufpices, *libri harufpicini*; c'étoient ceux qui contenoient les myfteres & la fcience de deviner par l'infpection des entrailles des victimes. *Voyez* Lomeier, *loc. cit. voyez* ARUSPICE.

Livres achrontiques; c'étoient ceux dans lefquels étoient contenues les cérémonies de l'acheron; on les nommoit auffi *libri etrufci*, parce qu'on en faifoit auteur Tagès l'Etrurien, quoique d'autres les attribuaffent à Jupiter même. Quelques-uns croient que ces *livres* étoient les mêmes que ceux qu'on nommoit *libri fatales*, & d'autres les confondent avec ceux des harufpices. *Voyez* Servius, *fur le V. liv. de l'Enéid. v. 398.* Lomeier, *de Bibl. c. vj. pag. 152.* Lindenbrog, *ad Cenforin. cap. xiv.*

Livres fulminans, *libri fulgurantes*; c'étoient ceux qui traitoient du tonnerre, des éclairs, & de l'interprétation qu'on devoit donner à ces météores. Tels étoient ceux qu'on attribuoit à Bigois, nymphe d'Etrurie, & qui étoient confervés dans le temple d'Apollon. *Voyez* Servius, *fur le VI. liv. de l'Enéid. v. 72.* Lomeier, *Ibid. pag. 3.*

Livres fatals, *libri fatales*, qu'on pourroit appeller autrement *livres des deftins*. C'étoient ceux dans lefquels on fuppofoit que l'âge ou le terme de la vie des hommes étoit écrit felon la difcipline des Etruriens. Les Romains confultoient ces *livres* dans les calamités publiques, & on y recherchoit la maniere d'expiation propre à appaifer les dieux. *Voyez* Cenforin. *dedie natal. cà xiv.* Lomeier, *ch. vj. pag. 112. & Pitifcus, page 85.*

Livres noirs; ce font ceux qui traitent de la magie. On donne auffi ce nom à plufieurs autres *livres*, foit par rapport à la couleur dont ils font couverts, foit par rapport aux chofes funeftes qu'ils contiennent. On en appelle auffi d'autres *livres* rouges, ou papiers rouges, c'eft à dire *livres* de jugement & de condamnation. *Voyez* JUGEMENT.

Bons livres; ce font communément les *livres* de dévotion & de piété, comme les foliloques, les méditations, les prieres. *Voyez* Shaftsbury, *tom. I. caract. pag. 165. & tome III. page 327.*

Un bon *livre*, felon le langage des Libraires, eft un *livre* qui fe vend bien; prefon tels curieux, c'eft un *livre* rare; & felon un homme de bon fens, c'eft un *livre* inftructif. Une des cinq principales chofes que Rabbi Akiba recommanda à fon fils fut; s'il étudioit en Droit, de l'apprendre dans un bon *livre*, de peur qu'il ne fût obligé d'oublier ce qu'il auroit appris. *Voyez* Evenius, *de furib. Librar. Voyez* auffi au commencement de cet article le choix qu'on doit faire des *livres*.

Livres fpirituels: on appelle ainfi ceux qui traitent plus particulierement de la vie fpirituelle, pieufe, & chrétienne, & de fes exercices, comme l'oraifon mentale, la contemplation, &c. Tels font les *livres* de S. Jean Climaque, de S. François de Sales, de fainte Thérefe, de Thomas Akempis, de Grenade, &c. *Voyez* MYSTIQUE.

Livres profanes; ce font ceux qui traitent de toute autre matiere que de la Religion. *Voyez* PROFANE.

Par rapport à leurs auteurs, on peut diftinguer les *livres* en *anonymes*, c'eft-à-dire, qui fans nom d'auteur. *Voyez* ANONYME; & en *cryptonimes*, dont le nom des auteurs eft caché fous un anagramme, &c. *pfeudonymes*, qui portent fauffement le nom d'un auteur; *pofthumes*, qui font publiés après la mort de l'auteur; *vrais*, c'eft-à-dire, qui font réellement écrits par ceux qui s'en difent auteurs, & qui demeurent dans le même état ci ils les ont publiés; *faux* ou *fuppofés*, c'eft-à-dire, ceux que l'on croit compofés par d'autres que les vrais auteurs; *falfifiés*, ceux qui depuis qu'ils ont été faits font corrompus par des additions ou des infertions fauffes. *Voyez* Pafch. *de variis mod. moral. trad. lib. III. pag. 287.* Henman, *via ad hiftor. litter. cap. vj. parag. 4. pag. 334.*

Par rapport à leurs qualités, les *livres* peuvent être diftingués en

Livres clairs & détaillés, qui font ceux du genre dogmatique, où les auteurs définiffent exactement tous leurs termes, & employent ces définitions dans tout le cours de leurs ouvrages.

Livres obfcurs, c'eft-à-dire, dont tous les mots font trop génériques, ou dont le point définis; en forte qu'ils ne portent aucune idée claire & précife dans l'efprit du lecteur.

Livres prolixes, qui contiennent des chofes étrangeres & inutiles au deffein que l'auteur paroît s'être propofé, comme fi dans un traité d'arpentage un auteur donnoit tout Euclide.

Livres utiles, qui traitent des chofes néceffaires ou aux connoiffances humaines, ou à la conduite des mœurs.

Livres complets, qui contiennent tout ce qui regarde le fujet traité. *Relativement* complets, c'eft-à-dire, qui renferment tout ce qui étoit connu fur le fujet sujet traité pendant un certain tems ; ou si un *livre* est écrit dans une vûe particuliere, on peut dire de lui qu'il est complet, s'il contient justement ce qui est nécessaire pour atteindre à son but. Au contraire, on appelle *incomplets*, les *livres* qui manquent de cet arrangement. *Voyez* Wolf. *Log. parag. 813. pag. 818. 20. & 25. &c.*

On peut encore donner une division des *livres*, d'après la matiere dont ils sont composés, & les distinguer en

Livres en papier qui sont écrits sur du papier fait de toile ou de coton, ou sur le *papyrus* des Egyptiens ; mais il en reste peu d'écrits de cette derniere maniere. *Voyez* Montfaucon, *Paleograph. græc. lib. I. c. ij. pag. 14. Voyez aussi* PAPIER.

Livres en parchemin, *libri in membrana*, ou *membranæ*, qui sont écrits sur des peaux d'animaux, & principalement de moutons. *Voyez* PARCHEMIN.

Livres en toile, *libri lintei*, qui chez les Romains étoient écrits sur des blocs ou des tables couvertes d'une toile. Tels étoient les *livres* des sibylles, & plusieurs lois, les lettres des princes, les traités, les annales. *Voyez* Plin. *hist. natur. lib. XIII. cap. xij.* Dempster, *ad Rom. lib. III. ch. xxiv.* Lomeier, *de bibl. cap. vj. pag. 166.*

Livres en cuir, *libri in corio*, dont fait mention Ulpien, *tit. 52. ff. de leg. 3.* Guilandus prétend que ce sont les mêmes que ceux qui étoient écrits sur de l'écorce, différente de celle dont on se servoit ordinairement, & qui étoit de tilleul. Scaliger pense plus probablement que ces *livres* étoient composés de feuilles faites d'une certaine peau, ou de certaines parties des peaux de bêtes, différentes de celles dont on se servoit ordinairement, & qui étoient les peaux ou les parties de la peau du dos des moutons. Guiland. *papir. membr. 3. n. 5.* Salmuth. *ad Pancirol. p. II. tit. XIII. pag. 252.* Scaliger. *ad Guiland p. 17.* Pitisc. *L. Ant. tom. II. pag. 84. voc. libri.*

Livres en bois, tablettes, *libri in schedis* : ces *livres* étoient écrits sur des planches de bois ou des tablettes polies avec le rabot, & ils étoient en usage chez les Romains. *Voyez* Pitisc. *loco citato.*

Livres en cire, *libri in ceris*, dont parle Pline : les auteurs ne sont pas d'accord sur la maniere dont étoient faits ces *livres*. Hermol. Barbaro croit que ces mots *in ceris* sont corrompus, & qu'il faut lire *in schedis*, & il se fonde sur l'autorité d'un ancien manuscrit. D'autres rejettent cette correction, & se fondent sur ce qu'on sait que les Romains couvroient quelquefois leurs planches ou *schedæ*, d'une legere couche de cire, afin de faire plus aisément les ratures ou des corrections, avantage que n'avoient point les *livres in schedis*, & conséquemment ceux-ci étoient moins propres aux ouvrages qui demandoient de l'élégance & du soin, que les *livres en cire*, qui sont aussi appellés *libri ceræ*, ou *cerei*. *Voyez* Pitisc. *ubi suprà.*

Livres en ivoire, *libri elephantini* ; ces *livres*, selon Turnebe, étoient écrits sur des bandes ou des feuilles d'ivoire. *Voyez* Salmuth, *ad Pancirol. p. II. tit. xiij. pag. 255.* Guiland. *papyr. membr. 2°. n°. 48.* selon Scaliger, *ad Guiland. pag. 16.* ces *livres* étoient faits d'intestins d'éléphans. Selon d'autres, c'étoient les *livres* dans lesquels étoient inscrits les actes du sénat, qu'on étoit empereurs faisoient conserver. Selon d'autres, c'étoient certaines collections volumineuses en 35 volumes qui contenoient les noms de tous les citoyens des trente-cinq tribus romaines. Fabricius, *descript. urb. c. vj.* Donat, *de urb. rom. lib. II. c. xxiij.* Pitisch. *L. Ant. loc. cit. pag. 84. & suiv.*

Par rapport à leur manufacture, ou au commerce qu'on en fait, on peut distinguer les *livres* en

Manuscrits qui sont écrits soit de la main de l'auteur, & on les appelle *autographes*, soit de celle du bibliotécaires & des copistes. *Voyez* MANUSCRITS, BIBLIOTÉCAIRE.

Imprimés, qui sont travaillés sous une presse d'imprimeur & avec des caracteres d'imprimerie. *Voyez* IMPRIMERIE.

Livres en blanc, qui ne sont ni liés ni consus : *livres in-folio*, dans lesquels une feuille n'est pliée qu'une fois, & forme deux feuilles ou quatre pages ; *in-quarto*, où le feuillet fait quatre feuilles ; *in-octavo*, où il en fait huit ; *in-douze*, où il en fait douze ; *in-seize*, où il en fait seize, & *in-24.* où il en fait vingt-quatre.

Par rapport aux circonstances ou aux accidens des *livres*, on peut les diviser en

Livres perdus, qui sont ceux qui ont péri par l'injure du tems, ou par la malice & par le faux zele des hommes. Tels sont plusieurs *livres*, même de l'Ecriture, qui avoient été composés par Salomon, & d'autres *livres* des Prophetes. *Voyez* Fabric. *cod. pseudopig. veter. testam. tom. II. pag. 171.* Joseph. *Hypotim. liv. V. c. cxx. apud Fabric. lib. cit. p. 247.*

Livres promis, ceux que des auteurs ont fait attendre, & n'ont jamais donné au public. Janson ab almeloveen a donné un catalogue des *livres promis*, mais qui n'ont jamais paru. *Voyez* Struv. *introd. ad notit. rei litter. c. viij. part. XXI. p. 754.*

Livres imaginaires, ce sont ceux qui n'ont jamais existé : tel est le *livre de tribus impostoribus*, dont quelques-uns ont fait tant de bruit, & que d'autres ont supposé existant, auxquels on peut ajouter divers titres de *livres imaginaires*, dont il est parlé dans M. Baillet & dans d'autres auteurs. Loescher a publié un grand nombre de plans ou de projets de *livres*, dont plusieurs pourroient être utiles & bien faits, s'ils étoient exécutés d'après ces plans, s'il est possible de faire quelque chose de bien d'après les idées d'un auteur, & ce qu'on n'a pas encore vû. *Voyez* Pasch. *de var. mod. moral. trad. c. iij. pag. 283.* Baillet, *des satyres personnelles*, Loesch. *arcan. litter. projets littéraires. Journal littér. tome I. p. 470.*

Livres d'ana & *d'anti. Voyez* ANA & ANTI.

Le but ou le dessein des *livres* sont différens, selon la nature des ouvrages : les uns sont faits pour montrer l'origine des choses ou pour exposer de nouvelles découvertes, d'autres pour fixer & établir quelque vérité, ou pour pousser une science à un plus haut degré ; d'autres pour dégager les esprits des idées fausses, & pour fixer plus précisément les idées des choses ; d'autres pour expliquer les noms & les mots dont se servent différentes nations ou qui étoient en usage en différens âges ou parmi différentes sectes ; d'autres ont pour but d'éclaircir, de constater la vérité des faits, des événemens, & d'y montrer les voies & les ordres de la providence ; d'autres n'embrassent que quelques-unes de ces parties, d'autres en réunissent la plûpart & quelquefois toutes. *Voyez* Loesch. *de Caus. ling. hebr. in præfat.*

Les usages des *livres* ne sont ni moins nombreux ni moins variés : c'est par eux que nous acquérons des connoissances : ils sont les dépositaires des lois, de la mémoire, des découvertes, des usages, mœurs, coutumes, &c. le véhicule de toutes les Sciences ; la religion même leur doit en partie son établissement & sa conservation. Sans eux, dit Bartholin, « *Deus jam silet, Justitia quiescit, torpet Medicina, » Philosophia manca est, litteræ mutæ, omnia tenebris » involuta cimmeriis.* » *De lib. legend. dissert. I. p. 5.*

Les éloges qu'on a donnés aux *livres* sont infinis : on les représente comme l'asyle de la vérité, qui souvent est bannie des conversations ; comme des conseillers toujours prêts à nous instruire quand nous voulons, & toujours désintéressés. Ils suppléent au défaut des maîtres, & quelquefois au manque de génie ou d'invention, & élevent quel-

Tome IX. HHhh

quefois ceux qui n'ont que de la mémoire au-deſſus des perſonnes d'un eſprit plus vif & plus brillant. Un auteur qui écrivoit fort élégamment, quoique dans un ſiecle barbare, leur donne toutes ces louanges. *Voyez* Lucas de Penna, *apud Morhoff.* Polyhiſt. liv. I. ch. iij, p. 27. *Liber*, dit-il, *eſt lumen cordis, ſpeculum corporis, virtutum magiſter, vitiorum depulſor, corona prudentum, comes itineris, domeſticus amicus, congerro jacentis, collega & conſiliarius præſidentis, myrophecium eloquentiæ, hortus plenus fructibus, pratum floribus diſtinctum, memoriæ penus, vita recordationis. Vocatus properat, juſſus feſtinat, ſemper præſto eſt, nunquam non morigeras, rogatus confeſtim reſpondet, arcana revelat, obſcura illuſtrat, ambigua certiorat, perplexa reſolvit, contra adverſam fortunam defenſor, ſecundæ moderator, opes adauget, jacturam propulſat,* &c.

Peut-être leur plus grande gloire vient-elle de s'être attiré l'affection des plus grands hommes dans tous les âges. Cicéron dit de M. Caton : *Marcum Catonem vidi in bibliothecâ conſedentem multis circumfuſum ſtoicorum libris. Erat enim, ut ſcis, in eo inexhauſta aviditas legendi, nec ſatiari poterat. Quippe qui, nec reprehenſionem vulgi inanem reformidans, in ipſâ curiâ ſolerit legere, ſæpe dum ſenatus cogebatur, nihil operæ reipublicæ detrahens.* De divinat. *lib. III, n°. 11.* Pline l'ancien, l'empereur Julien, & d'autres dont il ſeroit trop long de rapporter ici les noms fameux, étoient auſſi fort paſſionnés pour la lecture : ce dernier a perpétué ſon amour pour les *livres*, par quelques épigrammes grecques qu'il a fait en leur honneur. Richard Bury, évêque de Durham, & grand chancelier d'Angleterre, a fait un traité ſur l'amour des *livres. Voyez* Pline, *epiſt. 7. lib. III. Philobiblion ſive de amore librorum.* Fabrice, *bibl. lat. med. avi. tom. I. p. 842 & ſuiv.* Morhoff. Polyhiſt. liv. I. ch. xvij. *pag. 190.* Salmuth. *ad pancirol. lib. I. tit 22. p. 67.* Barthol. *de lib. legend. diſſert. I. p. 1. & ſuiv.*

Les mauvais effets qu'on peut imputer aux *livres*, c'eſt qu'ils emploient trop de notre tems & de notre attention, qu'ils engagent notre eſprit à des choſes qui ne tournent nullement à l'utilité publique, & qu'ils nous inſpirent de la répugnance pour les actions & le train ordinaire de la vie civile ; qu'ils nous rendent pareſſeux & empêchent de faire uſage des talens que l'on peut avoir pour acquérir par ſoi-même certaines connoiſſances, en nous fourniſſant à tous momens des choſes inventées par les autres ; qu'ils étouffent nos propres lumieres, en nous faiſant voir par d'autres que par nous-mêmes ; outre que les caracteres mauvais peuvent y puiſer tous les moyens d'infecter le monde d'irréligion, de ſuperſtition, de corruption dans les mœurs, dont on eſt toujours beaucoup plus avide que des leçons de ſageſſe & de vertu. On peut ajouter encore bien des choſes contre l'inutilité des *livres* ; les erreurs, les fables, les folies dont ils ſont remplis, leur multitude exceſſive, le peu de certitude qu'on en tire, ſont telles, qu'il paroît plus aiſé de découvrir la vérité dans la nature & la raiſon des choſes, que dans l'incertitude & les contradictions des *livres.* D'ailleurs les *livres* ſont bien loin de négliger les autres moyens de parvenir à la connoiſſance des choſes, comme les obſervations, les expériences, &c. ſans leſquelles les ſciences naturelles ne peuvent être cultivées avec ſuccès. Dans les Mathématiques, par exemple, les *livres* ont tellement abattu l'exercice de l'invention, que la plûpart des Mathématiciens ſe contentent de refondre un problême par ce qu'en ont dit les autres, & non par eux-mêmes, s'écartant ainſi du but principal de leur ſcience, puiſque ce qui eſt contenu dans les *livres* de Mathématiques n'eſt ſeulement que l'hiſtoire des Mathématiques, & non l'art ou la ſcience de réſoudre des queſtions, choſe qu'on doit apprendre de la nature & de la réflexion, & qu'on ne peut acquérir facilement par la ſimple lecture.

A l'égard de la maniere d'écrire ou de compoſer des *livres*, il y a auſſi peu de regles fixes & univerſelles que pour l'art de parler, quoique le premier ſoit plus difficile que l'autre ; car un lecteur n'eſt pas ſi aiſé à ſurprendre ou à éblouir qu'un auditeur, les défauts d'un ouvrage ne lui échappent pas avec la même rapidité que ceux d'une converſation. Cependant un cardinal de grande réputation réduit à très-peu de points les regles de l'art d'écrire ; mais ces regles ſont-elles auſſi aiſées à pratiquer qu'à preferire ? Il faut, dit-il, qu'un auteur conſidere à qui il écrit, ce qu'il écrit, & comment & pourquoi il écrit. *Voyez* Auguſt. Valer. *de caut. in edend. libr.* Pour bien écrire & pour compoſer un bon *livre*, il faut choiſir un ſujet intéreſſant, y réfléchir long-tems & profondément ; éviter d'étaler des ſentimens ou des choſes déja dites, ne point s'écarter de ſon ſujet, & ne faire que peu ou point de digreſſions ; ne citer que par néceſſité pour appuyer une vérité, ou pour embellir ſon ſujet par une remarque utile ou neuve & extraordinaire ; ſe garder de citer, par exemple, un ancien philoſophe pour lui faire dire des choſes que le dernier des hommes auroit dit tout auſſi bien que lui, & ne point faire le prédicateur, à moins que le ſujet ne regarde la chaire. *Voyez la nouv. républ. des Lettres, tome* XXXIX. *p. 427.*

Les qualités principales que l'on exige d'un *livre*, ſont, ſelon Salden, la ſolidité, la clarté & la conciſion. On peut donner à un ouvrage la premiere de ces qualités, en le gardant quelque tems avant que de le donner au public, le corrigeant & le revoyant avec le conſeil de ſes amis. Pour y répandre la clarté, il faut diſpoſer ſes idées dans un ordre convenable, & les rendre par des expreſſions naturelles. Enfin on le rendra concis, en écartant avec ſoin tout ce qui n'appartient pas directement au ſujet. Mais quels ſont les auteurs qui obſervent exactement toutes ces regles, qui les rempliſſent avec ſuccès ?

Vix totidem quot
Thebarum portæ vel divitis oſtia Nili.

Ce n'eſt pas dans ce nombre qu'il faut ranger ces écrivains qui donnent au public des ſix ou huit *livres* par an, & cela pendant le cours de dix ou douze années, comme Lintenpius, profeſſeur à Copenhague, qui a donné un catalogue de 72 *livres* qu'il compoſa en douze ans ; ſavoir ſix volumes de Théologie, onze d'hiſtoire eccléſiaſtique, trois de Philoſophie, quatorze ſur divers ſujets, & trente huit de Littérature. *Voyez* Lintenpius *relig. incend. Berg. apud nov. littur. Lubec.* ann. 1704, p. 247. On n'y comprendra pas non plus ces auteurs volumineux qui comptent leurs livres par vingtaines, par centaines, tel qu'étoit le P. Macedo, de l'ordre de ſaint François, qui a écrit de lui-même qu'il avoit compoſé 44 volumes, 53 panégyriques, 60 (ſuivant l'anglois) *ſpeeches* anglois, 105 épitaphes, 110 odes, 212 épitres dédicatoires, 500 épitres familieres, *poëmata epica juxta bis mille ſexcenta*: on doit ſuppoſer que par-là il entend 2600 petits poëmes en vers héroïques ou hexametres, & en enfin 150 mille vers. *Voyez* Noris, *miles macedo. Journ. des Savans, tome* XLVII. *p. 179.*

Il ſeroit également inutile de mettre au nombre des écrivains qui liment leurs productions, ces auteurs enfans qui ont publié des *livres* dès qu'ils ont été en âge de parler, comme le jeune duc du Maine, dont les ouvrages furent mis au jour lorſqu'il n'avoit encore que ſept ans, ſous le titre d'*œuvres diverſes d'un auteur de ſept ans.* Paris, *in-quarto* 1685. *Voyez* le *journ. des Sav. tom.* XIII. *p. 7.* Daniel Heinſius publia ſes notes ſur Silius Italicus, ſi jeune qu'il les intitula ses hochets, *crepundia filiana*, *Lugd. Batav. ann. 1600*. On dit de Caramuel qu'il écrivit sur la sphere avant que d'être assez âgé pour aller à l'école; & ce qu'il y a de singulier, c'est qu'il s'aida du traité de la sphere de Sacrobosco, avant que d'entendre un mot de latin. *Voyez les enfans célebres de M. Baillet, n°. 81. p. 300.* A quoi l'on peut ajouter ce que Placcius raconte de lui-même, qu'il commença à faire ses collections étant encore sous le gouvernement de sa nourrice, & n'ayant d'autres secours que le *livre* des prieres de cette bonne-femme. Placc. *de ant. excerpt. p. 190*.

M. Cornet avoit coutume de dire que pour écrire un *livre* il falloit être très-fou ou très-sage. Vigneul Marville. *Dictionn. univ. de Trév. tome III. p. 1509*. au mot *livre*. Parmi le grand nombre des auteurs, il y en a sans doute beaucoup de l'une & de l'autre espece; il semble cependant que le plus grand nombre n'est ni de l'une ni de l'autre.

On s'est bien éloigné de la maniere de penser des anciens, qui apportoient une attention extrême à tout ce qui regarde la composition d'un *livre*; ils en avoient une si haute idée, qu'ils comparoient les *livres* à des trésors, *thesauros oportet esse, non libros*. Il leur sembloit que le travail, l'assiduité, l'exactitude d'un auteur n'étoient point encore des passeports suffisans pour faire paroitre un *livre* : une vûe générale, quoiqu'attentive sur l'ouvrage, ne suffisoit point à leur gré. Ils considéroient encore chaque expression, chaque sentiment, les tournoient sur différens points de vûe, n'admettoient aucun mot qui ne fût exact : ensorte qu'ils apprenoient au lecteur, dans une heure employée comme il faut, ce qui leur avoit peut-être coûté dix ans de soins & de travail. Tels sont les *livres* qu'Horace regarde comme dignes d'être arrosés d'huile de cedre, *linenda cedro*, c'est-à-dire dignes d'être conservés pour l'instruction de la postérité. Les choses ont bien changé de face : des gens qui n'ont rien à dire, ou qu'à répéter des choses inutiles ou déja dites mille fois, pour composer un *livre* ont recours à divers artifices ou stratagêmes : on commence par jetter sur le papier un dessein mal digéré, auquel on fait revenir tout ce qu'on sait & qu'on fait mal, traits vieux ou nouveaux, communs ou extraordinaires, bons ou mauvais, intéressans ou froids & indifférens, sans ordre & sans choix, n'ayant d'autre attention, comme le rhéteur Albutius, que de dire tout ce que l'on peut sur un sujet, & non ce que l'on doit. *Curabant*, dit Bartholin, *cum Albutio rhetore, de omni quâ scriberet, non quâ debeant sed quâ poterant. Voyez Salmuth. ad pancirol. p. 1. tit. XLII. p. 144. Guiland, de papyr. memb. 24.* Reimus. idea *septem. ant. litter. p. 296.* Bartholi *de l'huomo di litt. p. 11. p. 318.*

Un auteur moderne a pensé qu'en traitant un sujet, il étoit quelquefois permis de saisir les occasions de détailler toutes les autres connoissances qu'on peut avoir, & les ramener à son dessein. Par exemple, un auteur qui écrit sur la goutte, comme a fait M. Aignan, peut inférer dans son ouvrage la nature des autres maladies & leurs remedes, y entremêler un systême de medecine, des maximes de théologie & des regles de morale. Celui qui écrit sur l'art de bâtir, imitera Caramuel, qui ne s'est pas renfermé dans ce qui concerne uniquement l'Architecture, mais qui a traité en même tems de plusieurs matieres de Théologie, de Mathématiques, de Géographie, d'Histoire, de Grammaire, &c. Ensorte que si nous ajoutons foi à l'auteur d'une piece insérée dans les œuvres de Caramuel, si Dieu permettoit que toutes les sciences du monde vinssent à être perdues, on pourroit les retrouver dans ce seul *livre*. Mais, en bonne foi, est-ce là faire ce qu'on appelle des *livres*? *Voyez* Aignan, *Traité de la goutte, Paris 1707. Journal des Savans, tome IX.*

Savans, tome XXXIX. p. 421 & suiv. Architect. civil recta y obliqua. Consid. nel. temp. de Jerusal. trois vol. in-fol. Vigev. 1678. Journal des Savans, tome X, pag. 348. Nouv. républ. des Lettres, tome I. p. 103.

Quelquefois les auteurs débutent par un préambule ennuyeux & absolument étranger au sujet, ou communément par une digression qui donne lieu à une seconde, & toutes deux écartent tellement l'esprit du sujet qu'on le perd de vûe; ensuite on nous accable de preuves pour une chose qui n'en a pas besoin : on forme des objections auxquelles personne n'eût pu penser ; & pour y répondre on est souvent forcé de faire une dissertation en forme, à laquelle on donne un titre particulier ; & pour allonger davantage, on y joint le plan d'un ouvrage qu'on doit faire, & dans lequel on promet de traiter plus amplement le sujet dont il s'agit, & qu'on n'a pas même effleuré. Quelquefois cependant on dispute en forme, on entasse raisonnemens sur raisonnemens, conséquences sur conséquences, & l'on a soin d'annoncer que ce sont des démonstrations géométriques; mais quelquefois l'auteur le pense & le dit tout seul; ensuite on arrive à une chaîne de conséquences auxquelles on s'attendoit pas ; & après dix ou douze corollaires dans lesquels les contradictions ne sont point épargnées, on est fort étonné de trouver pour conclusion une proposition ou entierement inconnue ou si éloignée qu'on l'avoit entierement perdue de vûe, ou enfin qui n'a nul rapport au sujet. La matiere d'un pareil *livre* est vraissemblablement une bagatelle, par exemple, l'usage de la particule *Et*, ou la prononciation de l'*êta grec*, ou la louange de l'âne, du porc, de l'ombre, de la folie ou de la paresse, ou l'art de boire, d'aimer, de s'habiller, ou l'usage des éperons, des fourches, des gants, &c.

Supposons, par exemple, un *livre* sur les *gants*, & voyons comment un pareil auteur disposé son ouvrage. Si nous considérons sa méthode, nous verrons qu'il commence à la maniere des Lullistes, & qu'il débute par le nom & l'étymologie du mot *gant*, qu'il donne non-seulement dans la langue où il écrit, mais encore dans toutes celles qu'il sait ou même qu'il ignore, soit orientales, soit occidentales, mortes ou vivantes, dont il a des dictionnaires ; il accompagne chacun de ces mots de leur étymologie respective, & quelquefois de leurs composés & de leurs dérivés, citant pour preuve d'une érudition plus profonde les dictionnaires dont il s'est aidé, sans oublier le chapitre ou le mot & la page. Du nom il passe à la chose avec un travail & une exactitude considérables, n'oubliant aucun des lieux communs, comme la matiere, la forme, l'usage, l'abus, les accessoires, les conjonctifs, les disjonctifs, &c. des gants. Sur chacun de ces points il ne se contentera pas du nouveau, du singulier, de l'extraordinaire ; il épuisera son sujet, & dira tout ce qu'il est possible d'en dire. Il nous apprendra, par exemple, *que les gants préservent les mains du froid*, & prononcera que *si l'on expose ses mains au soleil sans gants, on s'expose à les avoir perdues de tachs de rousseur ; que sans gants on gagne des engelures en hiver ; que des mains crevassées par les engelures sont desagréables à la vûe*, ou que *ces crevasses causent de la douleur. Voyez* Nicolai, *disquisitio. de chirotecarum usu & abusu. Giess. 1702. Nouv. républ. des Lettr. Août 1702. page 158 & suiv.* Cependant cet ouvrage part d'un auteur de mérite, & qui n'est point singulier dans sa maniere d'écrire : ne peut-on pas dire que tous les auteurs tombent dans ce défaut, aussi-bien que M. Nicolai, les uns plus, les autres moins ?

La forme ou la méthode d'un *livre* dépend de l'esprit & du dessein de l'auteur, qui lui applique quelquefois des comparaisons singulieres. L'un suppose que son *livre* est un chandelier à plusieurs branches, dont chaque chapitre est une bobeche. *Voyez* Wolf. *Bibl. hebr. tom. III. p. 987.* L'autre le compare à une porte brisée qui s'ouvre à deux battans pour introduire le lecteur dans une dichotomie. R. Schabsai, *labra dormientium apud* Wolf. *lib. cit. in praef. p. 12.*

Waltherus regarde son livre, *officina biblica*, comme une boutique; en conséquence, il divise & arrange ses matériaux sur plusieurs tablettes, & considere le lecteur comme un chaland. Un autre compare le sien à un arbre qui a un tronc, des branches, des fleurs, & des fruits. Les vingt-quatre lettres de l'alphabet formant les branches, les différens mots tenant lieu de fleurs, & cent-vingt discours qui sont insérés dans ce *livre* en étant comme le fruit. Cassian. à S. Elia, *arbor opinionum omnium moralium quae ex trunco pullulant, tot ramis quot sunt litterae alphabeti, cujus flores sunt verba, fructus sunt 120 contiones*, &c. *Venet.* 1688. fol. *Voyez giorn. de Parma ann.* 1688, *pag.* 60.

Nous n'avons rien d'assuré sur la premiere origine des *livres.* De tous ceux qui existent, les *livres* de Moïse sont incontestablement les plus anciens, mais Scipion, Sgambati & plusieurs autres soupçonnent que ces mêmes *livres* ne sont pas les plus anciens de tous ceux qui ont existé, & qu'avant le déluge il y en a eu plusieurs d'écrits par Adam, Seth, Enos, Caïnaan, Enoch, Mathusalem, Lamech, Noé & sa femme, Cham, Japhet & sa femme, outre d'autres qu'on croit avoir été écrits par les démons ou par les anges. On a même des ouvrages probablement supposés sous tous ces noms, dont quelques modernes ont rempli les bibliotheques, & qui passent pour des rêveries d'auteurs ignorans, ou imposteurs, ou mal-intentionnés. *Voyez les Mem. de l'Acad. des bell. Lettr. tom. VI. pag.* 32. *tom. VIII. pag.* 18. Sgambat. *archiv. veter. testam.* Fabricius *cod. pseudepig. veter. testam. passim.* Heuman, *via ad hist. litt. c. iij. parag. III. pag.* 29.

Le *livre* d'Enoch est même cité dans l'épître de S. Jude, *vers.* 14. & 15. sur quoi quelques-uns se fondent pour prouver la réalité des *livres* avant le déluge. Mais le *livre* que cite cet apôtre est regardé par les auteurs anciens & modernes, comme le *livre* imaginaire, ou du moins apocryphe. *Voyez* Saalbach. *sched. de libr. vet. parag.* 42. Reimm. *idea syst. ant. litter. pag.* 233.

Les Poëmes d'Homere sont de tous les *livres* profanes, les plus anciens qui soient passés jusqu'à nous. Et on les regardoit comme tels dès le tems de Sextus Empiricus. *Voyez* Fabric. *bibl. graec. lib. I. c. j. part. I. tom. I. pag.* 1. Quoique les auteurs grecs fassent mention d'environ soixante-dix *livres* antérieurs à ceux d'Homere, comme les *livres* d'Hermès, d'Orphée, de Daphné, d'Horus, de Linus, de Musée, de Palamede, de Zoroastre, &c. mais il ne nous reste pas le moindre fragment de la plûpart de ces *livres*, ou ce qu'on nous donne pour tel est généralement regardé comme supposé. Le P. Hardouin a porté ses prétentions plus loin en avançant que tous les anciens *livres*, tant grecs que latins, excepté pourtant Ciceron, Pline, les géorgiques de Virgile, les satyres & les épitres d'Horace, Hérodote & Homere, avoient été supposés dans le treizieme siecle par une société de savans, sous la direction d'un certain Severus Archontius. Harduini *de numm. herodiad. in prolus. Act. erud. Lips. ann.* 1710. *pag.* 170.

On remarque que les plus anciens *livres* des Grecs sont en vers; Hérodote est le plus ancien de leurs auteurs qui ait écrit en prose, & il étoit de quatre cens ans postérieur à Homere. Le même usage se remarque presque chez toutes les autres nations, & donne pour ainsi parler, le droit d'aînesse à la poësie sur la prose, au moins dans les monumens publics. *Voyez* Struv. *geogr. lib. I.* Heuman *lib. cit. parag.* 20. *pag.* 50. *parag.* 21. *pag.* 52. *Voyez aussi l'article* POESIE.

On s'est beaucoup plaint de la multitude prodigieuse des *livres*, qui est parvenue à un tel degré, que non-seulement il est impossible de les lire tous, mais même d'en savoir le nombre & d'en connoître les titres. Salomon se plaignoit il y a trois mille ans de ce qu'on composoit sans fin des *livres*; les savans modernes ne sont ni plus retenus, ni moins féconds que ceux de son tems. Il est plus facile, dit un de nos premiers, d'épuiser l'océan que le nombre prodigieux de *livres*, & de compter les grains de sable, que les volumes qui existent. On ne pourroit pas lire tous les *livres*, dit un autre, quand même on auroit la conformation que Mahomet donne aux habitans de son paradis, où chaque homme aura 70000 têtes, chaque tête 70000 bouches, dans chaque bouche 70000 langues, qui parleront toutes 70000 langages différens. Mais comment ce nombre s'augmente-t-il? Quand nous considérons la multitude de mains qui sont employées à écrire, la quantité de copistes répandus dans l'orient, occupés à transcrire, le nombre presqu'infini de presses qui roulent dans l'occident; il semble étonnant que le monde puisse suffire à contenir ce que produisent tant de causes. L'Angleterre est encore plus remplie de *livres* qu'aucun autre pays, puisqu'outre ses propres productions, elle s'est enrichie depuis quelques années de celles des pays voisins. Les Italiens & les François se plaignent, que leurs meilleurs *livres* sont enlevés par les étrangers. Il semblent, disent-ils, que c'est le destin des provinces qui composoient l'ancien empire romain, que d'être en proie aux nations du nord. Anciennement elles conquéroient un pays & s'en emparoient; présentement elles ne vexent point les habitans, ne ravagent point les terres, mais elles en emportent les sciences. *Commigrant ad nos quotidiè callidi homines, pecuniâ instructissimi, & praeclaram illam musarum supellectilem, optima volumina nobis abripiunt; artes etiam ac disciplinas paulatim abducturi aliò, nisi studio & diligentiâ resistatis. Voyez* Barthol. *de libr. legend. dissertat.* 5. *pag.* 7. Heuman. *via ad histor. litter. c. vj. parag.* 43. *pag.* 338. Facciol. *orat.* 1. *mem. de Trev. ann.* 1730. *pag.* 1793.

Les *livres* élémentaires semblent être ceux qui se font le moins multipliés, puisqu'une bonne grammaire ou un dictionnaire, ou des institutions en quelque genre que ce soit, sont rarement suivis d'un double dans un ou même plusieurs siecles. Mais on a observé qu'en France seulement, dans le cours de trente ans, il a paru cinquante nouveaux *livres* d'élémens de Géométrie, plusieurs traités d'Algebre, d'Arithmétique, d'Arpentage, & dans l'espace de quinze années on a mis au jour plus de cent grammaires, tant françoises que latines, des dictionnaires, des abrégés, des méthodes, &c. à proportion. Mais tous ces *livres* sont remplis des mêmes idées, des mêmes découvertes, des mêmes vérités, des mêmes faussetés. *Mém. de Trév. année* 1734. *page* 804.

Heureusement on n'est pas obligé de lire tout ce qui paroit. Graces à Dieu, le plan de Caramuel qui se proposoit d'écrire environ cent volumes *in-folio*, & d'employer le pouvoir spirituel & temporel des princes, pour obliger leurs sujets à les lire, n'a pas réussi. Ringelberg avoit aussi formé le dessein d'écrire environ mille volumes différens. *Voyez* M. Baillet, *enfans célèbres, sect.* 12. *jug. des sav. tom. V. part. I. pag.* 373. & il y a toute apparence, que s'il eût vécu assez long-tems pour composer tant de *livres*, il les eût donnés au public. Il auroit presqu'égalé Hermès Trismégiste, qui, selon Jamblique, écrivit trente-six mille cinq cens vingt-cinq *livres* ; supposé la vérité du fait, les anciens auroient eu infiniment plus de raison que les modernes, de se plaindre de la multitude des *livres*.

Au reste, de tous ceux qui existent, combien peu méritent d'être sérieusement étudiés ? Les uns ne peuvent servir qu'occasionnellement, les autres qu'à amuser les lecteurs. Par exemple, un mathématicien est obligé de savoir ce qui est contenu dans les *livres* de Mathématique ; mais une connoissance générale lui suffit, & il peut l'acquérir aisément en parcourant les principaux auteurs, afin de pouvoir les citer au besoin ; car il y a beaucoup de choses qui se conservent mieux par le secours des *livres*, que par celui de la mémoire. Telles sont les observations astronomiques, les tables, les regles, les théoremes, &c. qui, quoiqu'on en ait eu connoissance, ne s'impriment pas dans le cerveau, comme un trait d'histoire ou une belle pensée. Car moins nous chargeons la mémoire de choses, & plus l'esprit est libre & capable d'invention. *Voyez* Cartes. *Epist. à hogel. apud. Hook, phil. collect.* n°. 5. p. 144. & *suiv.*

Ainsi un petit nombre de *livres* choisis est suffisant. Quelques-uns en bornent la quantité au seul *livre* de la bible, comme contenant toutes les sciences. Et les Turcs se réduisent à l'alcoran. Cardan croit que trois *livres* suffisent à une personne qui ne fait profession d'aucune science, savoir, une vie des saints & des autres hommes vertueux, un *livre* de poësie pour amuser l'esprit, & un troisieme qui traite des régles de la vie civile. D'autres ont proposé de se borner à deux *livres* pour toute étude ; savoir, l'écriture, qui nous apprend ce que c'est que Dieu, & le *livre* de la création, c'est-à-dire, cet univers qui nous découvre son pouvoir. Mais toutes ces régles, à force de vouloir retrancher tous les *livres* superflus, donnent dans une autre extrémité, & en retranchent aussi de nécessaires. Il s'agit donc dans le grand nombre de choisir les meilleurs, & parce que l'homme est naturellement avide de savoir, ce qui paroît superflu en ce genre peut à bien des égards avoir son utilité. Les *livres* par leur multiplicité nous forcent en quelque sorte à les lire, ou nous y engagent pour peu que nous y ayons de penchant. Un ancien pere remarque que nous pouvons retirer cet avantage de la quantité des *livres* écrits sur le même sujet : que souvent ce qu'un lecteur ne saisit pas vivement dans l'un, il peut l'entendre mieux dans un autre. Tout ce qui est écrit, ajoute-t-il, n'est pas également à la portée de tout le monde, peut-être ceux qui liront mes ouvrages comprendront mieux la matiere que j'y traite, qu'ils n'auroient fait dans d'autres *livres* sur le même sujet. Il est donc nécessaire qu'une même chose soit traitée par différens écrivains, & de différentes manieres; quoiqu'on parte des mêmes principes, que la solution des difficultés soit juste, cependant ce sont différens chemins qui menent à la connoissance de la vérité. Ajoutons à cela, que la multitude des *livres* est le seul moyen d'en empêcher la perte ou l'entiere destruction. C'est cette multiplicité qui les a préservés des injures du tems, de la rage des tyrans, du fanatisme des persécuteurs, des ravages des barbares, & qui en a fait passer au moins une partie jusqu'à nous, à-travers les longs intervalles de l'ignorance & de l'obscurité.

Solaque non norunt hæc monumenta mori.

Voyez Bacon, *augment. Scient. lib. I. t. III. pag.* 49. S. Augustin. *de Trinit. lib. I. c. iij.* Barthol. *de lib. legend. dissertat. I. pag.* 8. & *suiv.*

A l'égard du choix & du jugement que l'on doit faire d'un *livre*, les auteurs ne s'accordent pas sur les qualités nécessaires pour constituer la bonté d'un *livre*. Quelques-uns exigent seulement d'un auteur qu'il ait du bon sens, & qu'il traite son sujet d'une maniere convenable. D'autres, comme Salden, desirent dans un ouvrage la solidité, la clarté & la conclusion ; d'autres l'intelligence & l'exactitude. La plupart des critiques assurent qu'un *livre* doit avoir toutes les perfections dont l'esprit humain est capable : en ce cas y auroit-il rien de plus rare qu'un bon *livre* ? Les plus raisonnables cependant conviennent qu'un *livre* est bon quand il n'a que peu de défauts ; *optimus ille qui minimis urgetur vitiis* ; ou du-moins lorsque les choses bonnes ou intéressantes excedent notablement les mauvaises ou les inutiles. De même un *livre* ne peut point être appellé mauvais, quand il s'y rencontre du bon à-peu-près également autant que d'autres choses. *Voyez* Baillet, *jug. des sçav. t. I. part. I. c. vj. p.* 19. & *suiv.* Honor. *reflex. sur les régles de crit. dissert.* 1.

Depuis la décadence de la langue latine, les auteurs semblent être moins curieux de bien écrire que d'écrire de bonnes choses ; de sorte qu'un *livre* est communément regardé comme bon, s'il parvient heureusement au but que l'auteur s'étoit proposé, quelques fautes qu'il y ait d'ailleurs. Ainsi un *livre* peut être bon, quoique le style en soit mauvais, par conséquent un historien bien informé, vrai & judicieux ; un philosophe qui raisonne juste & sûr des principes sûrs ; un théologien orthodoxe, & qui ne s'écarte ni de l'Ecriture, ni des maximes de l'Eglise primitive, doivent être regardés comme de bons auteurs, quoique peut-être on trouve dans leurs écrits des défauts dans des matieres peu essentielles, des négligences, même des défauts de style. *Voyez* Baillet, *jug. des sav. t. I. c. vij. p.* 24. & *suiv.*

Ainsi plusieurs *livres* peuvent être considérés comme bons & utiles, sous ces diverses manieres de les envisager, de sorte que le choix semble être difficile, non pas tant par rapport aux *livres* qu'on doit choisir, que par rapport à ceux qu'il faut rejetter. Pline l'ancien avoit coutume de dire qu'il n'y avoit point de *livre* quelque mauvais qu'il fût, qui ne renfermât quelque chose de bon : *nullum librum tam malum esse, qui non aliqua ex parte prosit.* Mais cette bonté a des degrés, & dans certains *livres* elle est si médiocre qu'il est difficile de s'en ressentir ; elle est ou cachée si profondément, ou tellement étouffée par les mauvaises choses, qu'elle ne vaut pas la peine d'être recherchée. Virgile disoit qu'il tiroit de l'or du fumier d'Ennius ; mais tout le monde n'a pas le même talent, ni la même dextérité. *Voyez* Hook, *collect.* n. 5. *pag.* 127 & 135. Pline, *epist.* 5. *l. III.* Reimman, *bibl. acrom. in præfat. magna. pag.* 7. *pag.* 8 & *suiv.* Sacchin, *de ration. lib. legend. c. iij pag.* 10 & *suiv.*

Ceux-là semblent mieux atteindre à ce but, qui recommandent un petit nombre des meilleurs *livres*, & qui conseillent de lire beaucoup, mais non pas beaucoup de choses ; *multum legere, non multa.* Cependant après cet avis, la même question revient toujours : comment faire ce choix ? Pline, *epist.* 9. *l. VII.*

Ceux qui ont établi des regles pour juger des *livres*, nous conseillent en observer le titre, le nom de l'auteur, de l'éditeur, le nombre des éditions, les lieux & les années où elles ont paru, ce qui dans les *livres* anciens est souvent marqué à la fin, le nom de l'imprimeur, sur-tout si c'en est un célebre. Ensuite il faut examiner la préface & le dessein de l'auteur ; la cause ou l'occasion qui le détermine à écrire ; quel est son pays, car chaque nation a son génie particulier. Barth. *diss.* 4. *pag.* 19. Baillet, *c. vij. p.* 228 & *suiv.* Les personnes par l'ordre desquelles l'ouvrage a été composé, ce qu'on apprend quelquefois par l'épitre dédicatoire. Il faut tâcher de savoir quelle étoit la vie de l'auteur, sa profession, son rang ; si quelque chose de remarquable a accompagné son éducation, ses études, sa maniere de vivre; s'il étoit en commerce de lettres avec d'autres savans; quels éloges on lui a donné (ce qui se trouve ordinairement au commencement du *livre*). On doit encore s'informer si son ouvrage a été critiqué par quelque écrivain judicieux. Si le dessein de l'ouvrage n'est pas exposé dans la préface, on doit passer à l'ordre & à la disposition du *livre*; remarquer les points que l'auteur a traités; observer si le sentiment & les choses qu'il expose sont solides ou futiles, nobles ou vulgaires, fausses ou puisées dans le vrai. On doit pareillement examiner si l'auteur suit une route déja frayée, ou s'il s'ouvre des chemins nouveaux, inconnus; s'il établit des principes jusqu'alors ignorés; si sa maniere d'écrire est une dichotomie; si elle est conforme aux regles générales du style, ou particulier & propre à la matiere qu'il traite. Struv. *introd. ad notit. rei litter. c. v. parag.* 2. *p. 338 & suiv.*

Mais on ne peut juger que d'un très-petit nombre de *livres* par la lecture, vû d'une part la multitude immense des *livres*, & de l'autre l'extrême briéveté de la vie. D'ailleurs il est trop tard pour juger d'un *livre* d'attendre qu'on l'ait lu d'un bout à l'autre. Quel tems ne s'exposeroit-on pas à perdre par cette patience ? Il paroit donc nécessaire d'avoir d'autres indices, pour juger d'un *livre* même sans l'avoir lu en entier. Baillet, Stollius & plusieurs autres, ont donné à cet égard des regles, qui n'étant que des présomptions & conséquemment sujettes à l'erreur, ne sont néanmoins pas absolument à mépriser. Les journalistes de Trévoux disent que la méthode la plus courte de juger d'un *livre*, c'est de le lire quand on est au fait de la matiere, ou de s'en rapporter aux connoisseurs. Heuman dit à-peu-près la même chose, quand il assure que la marque de la bonté d'un *livre*, est l'estime que lui accordent ceux qui possedent le sujet dont il traite, sur-tout s'ils ne sont ni gagés pour le préconiser, ni ligués avec l'auteur, ni intéressés par la conformité de religion ou d'opinions systématiques. Budd. *de criteriis boni libri passim*. Wate, *hist. critic. ling. lat. c. viij. pag.* 320. *Mém. de Trev. ann.* 1752. *art.* 17. Heuman, *comp. dup. litter. c. vj. part.* 11. *pag. 280 & suiv.*

Disons quelque chose de plus précis. Les marques plus particulieres de la bonté d'un *livre*, sont

1°. Si l'on sait que l'auteur excelle dans la partie absolument nécessaire pour bien traiter tel ou tel sujet qu'il a choisi, ou s'il a déja publié quelqu'ouvrage estimé dans le même genre. Ainsi l'on peut conclure que Jules-César entendoit mieux le métier de la guerre que P. Ramus; que Caton, Palladius & Columelle savoient mieux l'Agriculture qu'Aristote, & que Ciceron se connoissoit en éloquence tout autrement que Varron. Ajoûtez qu'il ne suffit pas qu'un auteur soit versé dans un art, qu'il faut encore qu'il possede toutes les branches de ce même art. Il y a des gens par exemple, qui excellent dans le Droit civil, & qui ignorent parfaitement le Droit public. Saumaise, à en juger par ses exercitations sur Pline, est un excellent critique, & paroit très-inférieur à Milton dans son livre intitulé *defensio regia*.

2°. Si le *livre* roule sur une matiere qui demande une grande lecture, on doit présumer que l'ouvrage est bon, pourvû que l'auteur ait eu les secours nécessaires, quoiqu'on doive s'attendre à être accablé de citations, sur-tout, dit Struvius, si l'auteur est jurisconsulte.

3°. Un *livre*, à la composition duquel un auteur a donné beaucoup de tems, ne peut manquer d'être bon. Villalpand, par exemple, employa quarante ans à faire son commentaire sur Ezéchiel; Baronius en mit trente à ses annales; Gousset n'en fut pas moins à écrire ses commentaires sur l'hébreu, &

Paul Emile son histoire. Vaugelas & Lamy en donnerent autant, l'un à sa traduction de Quinte-Curce, l'autre à son traité du temple. Em. Thesauro fut quarante ans à travailler son livre intitulé, *idea argutæ dictionis*, aussi-bien que le jésuite Carra, à son poème appellé *colombus*. Cependant ceux qui consacrent un tems si considérable à un même sujet, sont rarement méthodiques & soutenus, outre qu'ils sont sujets à s'affoiblir & à devenir froids; car l'esprit humain ne peut pas être tendu si long-tems sur le même sujet sans se fatiguer, & l'ouvrage doit naturellement s'en ressentir. Aussi a-t-on remarqué que dans les masses volumineuses, le commencement est chaud, le milieu tiede, & la fin froide : *apud vastorum voluminum autores, principia fervent, medium tepet, ultima frigent*. Il faut donc faire provision de matériaux excellens, quand on veut traiter un sujet qui demande un tems si considérable. C'est ce qu'observent les écrivains espagnols, que cette exactitude distingue de leurs voisins. Le public se trompe rarement dans les jugemens qu'il porte sur les auteurs, à qui leurs productions ont coûté tant d'années, comme il arriva à Chapelain qui mit trente ans à composer son poème de la Pucelle, ce qui lui attira cette épigramme de Montmaur.

Illa Capellani dudum expectata puella
Post tanta in lucem tempora prodit anus.

Quelques-uns, il est vrai, ont poussé le scrupule à un excès misérable, comme Paul Manuce, qui employoit trois ou quatre mois à écrire une épître, & Isocrate qui mit trois olympiades à composer un panégyrique. Quel emploi ou plûtôt quel abus du tems !

4°. Les *livres* qui traitent de doctrine, & sont composés par des auteurs impartiaux & desinteressés, sont meilleurs que les ouvrages faits par des écrivains attachés à une secte particuliere.

5°. Il faut considérer l'âge de l'auteur. Les livres qui demandent beaucoup de soin, sont ordinairement mieux faits par de jeunes gens que par des personnes avancées en âge. On remarque plus de feu dans les premiers ouvrages de Luther, que dans ceux qu'il a donnés sur la fin de sa vie. Les forces s'énervent avec l'âge; les embarras d'esprit augmentent; quand on a déja vécu un certain tems, on se confie trop à son jugement, on néglige de faire les recherches nécessaires.

6°. On doit avoir égard à l'état & à la condition de l'auteur. On doit par exemple regarder comme bonne une histoire dont les faits sont écrits par un homme qui en a été témoin oculaire, ou employé aux affaires publiques ; ou qui a eu communication des actes publics ou autres monumens authentiques, ou qui a écrit d'après des mémoires sûrs & vrais, ou qui est impartial, & qui n'a été ni aux gages des grands, ni honoré, c'est-à-dire corrompu par les bienfaits des princes. Ainsi Sallusie & Cicéron étoient très-capables de bien écrire l'histoire de la conjuration de Catilina, ce fameux évenement s'étant passé sous leurs yeux. De même Davila, Commines, Guichardin, Clarendon, &c. qui étoient présens à ceux qu'ils décrivent. Xénophon, qui fut employé dans les affaires publiques à Sparte, est un guide sûr pour tout ce qui concerne cette république. Amelot de la Houssaye, qui a vécu long-tems à Venise, a été très-capable de nous découvrir les secrets de la politique de cet état. Cambden a écrit les annales de son tems. M. de Thou avoit des correspondances avec les meilleurs écrivains de chaque pays. Puffendorf & Rapin Toyras ont eu communication des archives publiques. Ainsi dans la Théologie morale & pratique on doit considérer davantage ceux qui sont chargés des fonctions pastorales & de la direction des consciences, que les auteurs purement spéculatifs & sans expérience. Dans les matieres de Littérature, on doit présumer en faveur des écrivains qui ont eu la direction de quelque bibliotheque.

7°. Il faut faire attention au tems & au siecle où vivoit l'auteur, chaque âge, dit Barclai, ayant son génie particulier. *Voyez* Barthol. *de lib. legend. dissert. pag. 45.* Struv. *lib. cit. c. v. parag. 3. pag. 390.* Budd. *dissert. de crit. boni libri, parag. 7. p. 7.* Heuman. *comp. reip. litter. pag. 152.* Struv. *lib. cit. parag. 4. pag. 393.* Miscell. Lepsf. tom. 3. *pag. 287.* Struv. *lib. cit. par. 5. pag. 396 & suiv.* Baillet, *ch. x. pag. & ch. ix. pag. 378. Id. c. I. pag. 121 & suiv.* Barthol. *dissert. 2. pag. 3.* Struv. *parag. 6. pag. 46. & parag. 15. pag. 404 & 430.* Heuman. *Via ad histor. litter. c. vij. parag. 7. pag. 356.*

Quelques-uns croient qu'on doit juger d'un *livre* d'après sa grosseur & son volume, suivant la regle du grammairien Callimaque ; que plus un *livre* est gros , & plus il est rempli de mauvaises choses , μεγα βιβλιον μεγα κακον. *Voyez* Barthol. *lib. cit. Dissert. 3. pag. 62 & suiv.* & qu'une seule feuille des livres des sibylles étoit préférable aux vastes annales de Volusius. Cependant Pline est d'une opinion contraire , & qui souvent se trouve véritable ; savoir , qu'un bon *livre* est d'autant meilleur qu'il est plus gros , *bonus liber melior est quisque , quo major.* Plin. *epist. 20. lib. I.* Martial nous enseigne un remede fort aisé contre l'immensité d'un *livre*, c'est d'en lire peu.

Si nimius videar, seráque coronide longus
Esse liber, legito pauca, libellus ero.

Ainsi la briéveté d'un *livre* est une présomption de sa bonté. Il faut qu'un auteur soit ou bien ignorant, ou bien stérile, pour ne pouvoir pas produire une feuille, ni dire quelque chose de curieux, ni écrire si peu de lignes d'une maniere intéressante. Mais il faut bien d'autres qualités pour se soutenir egalement , soit dans les choses, soit dans le style , dans le cours d'un gros volume : aussi dans ceux de cette derniere espece un auteur est sujet à s'affoiblir , à sommeiller , à dire des choses vagues ou inutiles. Dans combien de *livres* rencontre-t-on d'abord un préambule assommant, & une longue file de mots superflus avant que d'en venir au sujet ? Ensuite, & dans le cours de l'ouvrage, que de longueurs & de choses uniquement placées pour le grossir ! C'est ce qui fe rencontre plus rarement dans un ouvrage court où l'auteur doit entrer d'abord en matiere , traiter chaque partie vivement , & attacher également le lecteur par la nouveauté des idées , & par l'énergie ou les graces du style ; au lieu que les meilleurs auteurs mêmes qui composent de gros volumes, évitent rarement les détails inutiles, & qu'il est comme impossible de n'y pas rencontrer des expressions hazardées, des observations & des pensées rebattues & communes. *Voyez le Spectateur* d'Adisson, *n. 124.*

Voyez ce qui concerne les *livres* dans les auteurs qui ont écrit sur l'histoire littéraire, les bibliotheques, les Sciences, les Arts , &c. sur-tout dans Salden. *Christ. Liberius, id est* Gull. Saldenus, βιβλιοφιλια, *sive de libr. scrib. & leg.* Hutrecht 1681 *in-12 &* Amsterdam 1688 *in-8°.* Struvius, *introd. ad hist. litter. c. v. parag. 21. pag. 454.* Barthol. *de lib. legend. 1671. in-8°. &* Francof. 1711 *in-12.* Hodannus , *dissert. de lib. leg.* Hanov. 1705. *in-8°.* Sacchinus , *de ratione libros cum profectu legendi.* Lipsf. 1711. Baillet , *jugement des Savans sur les principaux ouvrages des auteurs, tome I.* Buddeus, *de criteriis boni libri.* Jenæ 1714. Saalbach , *schediasma, de libr. veterum griphis.* 1705. *in-4°.* Fabricius , *bibl, ant. c. xix, part, VII. p. 607.*

Reimman, *idea system. antiq. litter. pag. 229 & suiv.* Gabb. Putherbeus, *de tollendis & expurgandis malis libris parti.* 1549. *in-8°.* Struvius, *lib. cit. c. viij. p. 694 & suiv.* Théophil. Raynaud, *cromata de bonis & malis libris,* Lyon 1683. *in-4°.* Morhoff , *polyhistor. littér. l. I. c. xxxvj. n. 28. p. 117.* Schufner, *dissert. acad. de multitud.* libror. Jenæ , 1702 *in-4°.* Lauffer , *dissert. advers. nimiam* libr. multitud. *Voyez aussi le journal des savans , tome XV , pag. 572.* chr. got. Schwartz , *de or. lib. apud veter.* Lips. 1705 & 1707. Reimm. *idea system. ant. litter. p. 335.* Erenius , *de libr. scriptor. optimis & utilis.* Lugd. Batav. 1704. *in-8°.* dont on a donné un extrait dans les *act. érudit.* Lips. *ann.* 1704. *p. 526 & suiv.* On peut aussi consulter divers autres auteurs qui ont écrit sur la même matiere.

Censeurs de livres. Voyez CENSEUR.
Privileges de livres. Voyez PRIVILEGE.

Le mot *livre* signifie particulierement une *division* ou *section de volume. Voyez* SECTION. Ainsi l'on dit le *livre* de la genese , le premier *livre* des rois, les cinq *livres* de Moïse qui font autant de parties de l'ancien testament. Le premier, le second , le vingtieme, le trentieme *livre* de l'histoire de M. de Thou. Le digeste contient cinquante *livres*, & le code en renferme douze. On divise ordinairement un *livre* en chapitres, & quelquefois en sections ou en paragraphes. Les écrivains exacts citent les chapitres & les paragraphes. On dit d'un mot *livre*, pour exprimer un catalogue qui renferme le nom de plusieurs personnes. Tels étoient parmi les anciens les *livres* des censeurs, *libri censorii.* C'étoient des tables ou registres qui contenoient les noms des citoyens dont on avoit fait le dénombrement, & particulierement sous Auguste. Tertullien nous apprend que dans ce *livre* censorial d'Auguste , on trouvoit le nom de Jesus-Christ. *Voyez* Tertull. *contr. marcion. lib. IV. chap. vij. de censu Augusti quem testem fidelissimum dominicæ nativitatis romana archiva custodiunt. Voyez aussi* Lomeier *de bibliot. p. 104.* Pitisc. *l, ant, tom. 2. p. 84. & le mot* DÉNOMBREMENT.

LIVRE, en terme de Commerce, signifie les différens registres dans lesquels les marchands tiennent leurs comptes. *Voyez* COMPTE. On dit, les *livres* d'un tel négociant sont en bon ordre. Effectivement les commerçans ne pourroient pas savoir l'état de leurs affaires, s'ils ne tenoient de pareils *livres*, & d'ailleurs ils y sont obligés par les lois. Mais ils en font plus ou moins d'usage, à proportion du détail plus ou moins grand de leur débit , ou selon la diverse exactitude que demande leur commerce. *Voyez* Savari, *Dict. de Commerc. tom. II, p. 569. au mot* LIVRE.

Les anciens avoient aussi leurs *livres* de comptes, témoin le *codex accepti & expensi*, dont il est si souvent fait mention dans les écrivains romains ; & leurs *livres* patrimoniaux, *libri patrimoniorum*, qui contenoient le détail de leurs rentes, terres, esclaves, troupeaux, du produit qu'ils en retiroient, des mises & frais que tout cela exigeoit.

Quant aux *livres* de compte des négocians, pour mieux concevoir la maniere de tenir ce *livre* ; il faut observer que quand une partie a un grand nombre d'articles, il faut en avoir un état séparé & distinct du grand *livre*. Il faut que cet état séparé soit conforme en tout à celui du grand *livre*, tant pour les dettes que pour les créances ; que tous les articles portés pour l'un, soient portés sur l'autre, & dans les mêmes termes; & continuer par la suite , jusqu'à ce que le compte soit soldé, de porter toutes les semaines les nouveaux articles du petit état sur le grand *livre*, observant de dater tous les articles. Cette attention est nécessaire pour parvenir au balancé du compte total. Au moyen de quoi on trouve tous les articles concernant la même partie ; attendu qu'ils se trouvent tous portés de suite sur le grand *livre*, dont il est d'usage d'employer toujours le même folio au même compte, & de ne point passer au second, que ce premier ne soit rempli. *Voyez* Savar. *liv. cit. p. 571. seq.* Malc. *c. ij. sect. ij. p. 54.*

Le *livre* d'envoi est celui qu'on tient séparément, pour éviter les ratures fréquentes qu'il faudroit faire sur le journal, si on y portoit confusément tous les articles reçus, envoyés ou vendus. Ce registre particulier fait aussi qu'on trouve plus aisément qu'on ne feroit dans le grand *livre*. Or les envois qu'on porte sur ce registre, sont de marchandises achetées & envoyées pour le compte d'un autre, de marchandises vendues par commission, de marchandises envoyées pour être vendues pour notre compte, de marchandises vendues en société, dont nous avons la direction, ou dont d'autres l'ont.

Ce *livre* contient article par article, dans l'ordre qu'ils ont été fournis, un état de toutes les marchandises qu'un marchand embarque ou pour son compte, ou en qualité de commissionnaire pour celui d'un autre, conforme au connoissement, & de tous les frais faits jusqu'à l'embarquement.

En ce cas, le *livre* d'envoi n'est qu'une copie de ce qui est écrit sur le grand *livre*. Après avoir daté ou énoncé l'envoi de cette maniere : embarqué sur tel vaisseau, partant pour tel endroit, les marchandises suivantes, consignées à N. pour notre compte ou par mon ordre, à N. ou bien on le commence par ces mots : envoi des marchandises embarquées, &c. *Voyez* Mal. *loco suprà citato, cap. ij. sect. iij. p. 62.*

Le *livre* d'un facteur ou courtier est celui sur lequel il tient un état des marchandises qu'il a reçues d'autres personnes pour les vendre, & de l'emploi qu'il en a fait. Ce *livre* doit être chiffré & distingué par folio, comme le grand *livre*. A gauche est écrit dans un style énonciatif, simple, un état des marchandises reçues, & des charges & conditions ; & à droite, celui de la vente & de l'emploi desdites marchandises ; en sorte que ceci n'est qu'une copie du compte d'emploi des marchandises porté au grand *livre*. Si le marchand fait peu de commissions, il peut se passer d'avoir un *livre* exprès pour cette partie. *Voyez* Mal. *loc. cit. p. 63.* Savar. *p. 575.*

Livre de comptes conrans, contient comme le grand *livre*, un état des dettes tant actives que passives, & sert pour régler avec ses correspondans, avant de porter la clôture de leurs comptes sur le grand *livre*. C'est proprement un duplicata des comptes courans, qu'on garde pour y avoir recours dans le besoin.

Livre d'acceptations est celui sur lequel sont enregistrées toutes les lettres de change dont on a été prévenu par des lettres d'avis de la part de ses correspondans, à l'effet de savoir lorsqu'il se présentera des lettres de change, si l'on a des ordres pour les accepter ou non. Quand on prend le parti de ne point accepter une lettre de change, on met à côté de l'article où elle est protestée, un *P*, qui veut dire *protestée* ; si au contraire on l'accepte, on met à côté de l'article un *A*, ajoutant la date du jour de l'acceptation ; & lorsqu'on a transporté cet article sur le *livre* des dettes, on l'efface sur celui-ci.

Livre de remise, est celui sur lequel on enregistre les lettres de change qu'on renvoie à ses correspondans, pour en tirer le montant. Si elles ont été protestées faute d'acceptation, & qu'elles soient revenues à celui qui les avoit renvoyées, on en fait mention à côté de chaque article, en ajoutant un *P* en marge, & la date du jour qu'elles sont revenues. Dans la suite on les raye.

Les *livres* d'acceptation & de remise ont tant de rapport l'un à l'autre, que bien des marchands n'en font qu'un des deux qu'ils chargent en dettes & en reprises, mettant les acceptations du côté des dettes, & les remises du côté des créances.

Livre de dépense, est un état des petites dépenses & achats pour les usages domestiques, dont on fait le total à la fin de chaque mois, pour le porter sur un *livre* consacré à cet usage. *Voyez* Savary, *p. 577.*

Ce *livre* joint aux différens *livres* particuliers de commerce, sert à marquer la perte ou le profit qu'on a fait. Il faut placer seuls les articles considérables ; mais pour les petits articles de dépense journaliere, on peut n'en mettre que les montans, quoique dans le fond chacun détaille plus ou moins les articles selon qu'il lui plaît. Ce qu'il faut seulement observer ici, qu'à mesure que les articles de ce *livre* sont soldés, il faut les porter sur un registre particulier, & ce qui en résulte de profit ou de perte sur le grand *livre*. *Voyez* Male. *loc. cit. p. 54.*

Livre des marchandises. Ce *livre* est nécessaire pour savoir ce qui est entré dans le magasin, ce qui en est sorti, & ce qui y est encore. A gauche on détaille la quantité, la qualité, & le nombre ou la marque de chacune des marchandises qui y est entrée ; & à droite, vis-à-vis de chaque article, ce qui en est sorti de chacun, de cette maniere :

N°.			
1.	Une balle de poivre blanc, pesant		400 l.
2.	Une piece de damas cramoisi, aunes		63
Mars 1.		Vendu à Michel le Fevre.	
Avr. 10.		Envoyé à Charles Regnard.	

Livre par mois. Ce *livre* est chiffré par folio, comme le grand *livre*, & partagé en plusieurs espaces, en tête de chacun desquels est le nom d'un des mois de l'année, en suivant l'ordre naturel, laissant pour chaque mois autant d'espace que vous jugerez nécessaire. A gauche vous mettrez les payemens qui vous doivent être faits dans le mois, & à droite, ceux que vous avez à faire. Vous réserverez à gauche de chaque page une colonne où vous écrirez le jour du payement, & ensuite le nom du débiteur ou créancier, & vous mettrez la somme dans les colonnes à argent. *Voyez* Male. *p. 64.*

Livre de vaisseaux. On en tient un particulier pour chaque vaisseau, qui contient un état des dettes & des créances. Dans la colonne des dettes on met l'avitaillement, l'équipement du vaisseau, & les gages des matelots. Du côté des créances, tout ce que le vaisseau a produit par le fret ou autrement. Ensuite après avoir fait un total de l'une & de l'autre, pour balancer le compte de chaque vaisseau, on le porte sur le journal.

Livre des ouvriers, est un *livre* que tiennent les directeurs de manufactures qui ont un grand nombre d'ouvrages dans les mains. On y tient un état des dettes & créances pour chaque ouvrier. Sous la colonne des dettes on met les matieres qu'on lui a fournies, & sous celle des créances, les ouvrages qu'il a rendus.

Livre de cargaison, ou plus communément *livre* de bord, est celui qui est tenu par le secrétaire ou commis du vaisseau, où il contient un état de toutes les marchandises que porte le vaisseau, pour transporter, vendre ou échanger ; le tout conforme à ce qui est porté sur les lettres de cargaison. *Voyez* Savar. *D. Comm. suppl. p. 965. au mot* LIVRE.

Livre de banque. Ce *livre* est nécessaire dans les villes où il y a banque, comme Venise, Amsterdam, Hambourg, & Londres. On y tient un état des sommes qui ont été payées à la banque, ou de celles qu'on en a reçues.

Livre,

, *Livre*, sans y ajouter rien de plus, signifie ordinairement *le grand livre*, quelquefois *le journal*. C'est en ce sens qu'il faut le prendre, lorsqu'on dit: *J'ai porté cette somme sur mon livre ; je vous donnerai un extrait de mon livre*, &c. *Voyez* Savary, *Dict. de comm. tit. I. p. 569. au mot* LIVRE.

On appelle en Angleterre, *livre de tarif*, un *livre* qui se garde au parlement, dans lequel on voit sur quel pié les différentes marchandises doivent être taxées à la douane. Celui qui a force de loi, a été fait l'an 12 de Charles II. & est souscrit par messire Harbottle Grimstone, pour lors président de la chambre des communes. Il y en a cependant un second qu'on ne laisse pas de suivre dans l'usage, quoiqu'il ne soit pas expressément contenu dans le premier souscrit l'an 11 du regne de Georges I. par le chevalier Spencer Compton, pour lors président de la chambre des communes.

LIVRES, (*Commerce*) au pluriel s'entend en termes de commerce, de tous les registres sur lesquels les négocians, marchands & banquiers écrivent par ordre, soit en gros, soit en détail, toutes les affaires de leur négoce, & même leurs affaires domestiques qui y ont rapport.

Les marchands ne peuvent absolument se passer de ces *livres* ; & en France, ils sont obligés par les ordonnances d'en avoir, mais ils en ont besoin de plus ou de moins, selon la qualité du négoce & la quantité des affaires qu'ils font, ou selon la maniere dont ils veulent tenir leurs *livres*. On les tient ou en parties doubles, ou en parties simples. Presque tous les auteurs conviennent que ce sont les Italiens, & particuliérement les Vénitiens, les Génois & les Florentins qui ont enseigné aux autres nations la maniere de tenir les *livres* en parties doubles.

Pour tenir les *livres* en parties simples, ce qui ne convient guere qu'à des merciers ou de petits marchauds qui n'ont guere d'affaires ; il suffit d'un journal & d'un grand *livre*, pour écrire les articles de suite, & à mesure que les affaires les fournissent. Mais pour les gros négocians qui tiennent leurs *livres* à parties doubles, il leur en faut plusieurs, dont nous allons rapporter le nombre, & expliquer l'usage.

Les trois principaux *livres* pour les parties doubles, sont le *mémorial*, que l'on nomme aussi *brouillon* & quelquefois *brouillard*, le *journal*, & le *grand livre*, qu'on appelle autrement *livre d'extrait* ou *livre de raison*.

Outre ces trois *livres*, dont un négociant ne peut se passer, il y en a encore jusqu'à treize autres, qu'on nomme *livres d'aides* ou *livres auxiliaires*, dont on ne se sert qu'à proportion des affaires qu'on fait, ou selon le commerce dont on se mêle. Ces treize *livres* sont:

Le *livre* de caisse & de bordereaux.
Le *livre* des échéances, qu'on nomme aussi *livre des mois*, *livre* des notes ou d'annotations, ou des payemens ou quelquefois *carnet*.
Le *livre* des numeros.
Le *livre* des factures.
Le *livre* des comptes courans.
Le *livre* des commissions, ordres, ou avis.
Le *livre* des acceptations ou des traites.
Le *livre* des remises.
Le *livre* des dépenses.
Le *livre* des copies de lettres.
Le *livre* des ports-de-lettres.
Le *livre* des vaisseaux.
Le *livre* des ouvriers.

A ces treize qui pourtant peuvent suffire, on peut en ajouter d'autres, suivant la nature du commerce ou la multiplicité des affaires.

LIVRE MÉMORIAL. Ce *livre* est ainsi nommé, à cause qu'il sert de mémoire ; on l'appelle aussi *livre brouillon* ou *livre brouillard*, parce que toutes les affaires du négoce s'y trouvent comme mêlées confusément, & , pour ainsi dire, mêlées ensemble. Le *livre mémorial* est le premier de tous, & celui duquel se tire ensuite tout ce qui compose les autres, aussi ne peut-on le tenir avec trop d'exactitude & de netteté, sur-tout parce qu'on y a recours dans les contestations qui peuvent survenir pour cause de commerce.

Le *livre mémorial* peut se tenir en deux manieres ; la premiere, en écrivant simplement les affaires à mesure qu'elles se font, *comme acheté d'un tel, vendu à un tel, payé à un tel, prêté telle somme*, &c. La seconde maniere de le tenir, est en débitant & créditant tout-d'un-coup chaque article : on estime celle-ci la meilleure, parce que formant d'abord une espece de journal, elle épargne la peine d'en faire un autre.

Quelques-uns, pour plus d'exactitude, divisent le *livre mémorial* en quatre autres, qui sont le *livre d'achat*, le *livre de vente*, le *livre de caisse* & le *livre de notes*. Des négocians qui suivent cet ordre, les uns portent d'abord les articles de ces quatre *livres* sur le grand *livre*, sans faire de journal ; & les autres, en mettant ces quatre *livres* au-net, en font leur journal, dont ils portent ensuite les articles sur le grand *livre*.

LIVRE JOURNAL. Le nom de ce *livre* fait assez entendre qu'on y écrit jour par jour toutes les affaires, à mesure qu'elles se font.

Chaque article qu'on porte sur ce *livre*, doit être composé de sept parties, qui sont la date, le débiteur, le créancier, la somme, la quantité & qualité, l'action ou comment payable, & le prix.

Ordinairement ce *livre* est un registre *in-folio* de cinq à six mains de papier, numeroté & reglé d'une ligne du côté de la marge, & de trois de l'autre pour y tirer les sommes.

C'est du *livre journal* dont l'ordonnance du mois de Mars 1673 entend parler, lorsqu'elle prescrit au *tit. III. art. 1. 3. & 5.* que les négocians & marchands, tant en gros qu'en détail, ayent un *livre* qui contienne tout leur négoce, leurs lettres de change, leurs dettes actives & passives, &c. & c'est aussi faute de tenir ce *livre* & de le représenter, que les négocians, lors des faillites, peuvent être réputés banqueroutiers frauduleux, & en conséquence poursuivis extraordinairement, & condamnés aux peines portées au *tit. XI. art. 11. & 12.* de la même ordonnance.

Modele d'un article du livre journal.

19 *Février* 1708.

Vin doit à caisse ——— f. 1600 .... acheté de Duval comptant 16 muids de vin de Bourgogne, à .... f. 100	f. 1600	0 0

LIVRE GRAND. Ce *livre*, outre ce nom qui lui vient de ce qu'il est le plus grand de tous les *livres* dont se servent les négocians, en a encore deux autres, savoir *livre d'extrait* & *livre de raison*. On l'appelle *livre d'extrait*, à cause qu'on y porte tous les articles extraits du *livre journal* & *livre de raison*, parce qu'il rend raison à celui qui le tient de toutes les affaires.

Sa forme est d'un très-gros volume *in-folio*, composé de plusieurs mains plus ou moins de papier très-fort, très-large & très-grand ; chaque page se regle à six lignes, deux du côté de la marge, & quatre du côté des sommes.

C'est sur ce *livre* qu'on forme tous les comptes en débit & crédit, dont on trouve les sujets pour le *livre* journal. Pour former chaque compte, il faut se servir de deux pages qui, au folio où l'on veut le mettre, se trouvent opposées l'une à l'autre. La page à gauche sert pour le débit, & la page à droite pour le crédit : le débit se marque par le mot *doit*, que l'on met après le nom du débiteur, & le crédit par le mot *avoir*.

Chaque article doit être composé de cinq parties ou membres, qui sont : 1°. la date : 2°. celui à qui on débite le compte, ou par qui on le crédite : 3°. le sujet, c'est-à-dire pourquoi on le débite, ou crédite : 4°. le folio de rencontre ; & enfin 5°. la somme ou le montant de l'article.

Deux exemples, l'un d'un article de débit, l'autre d'un article de crédit, feront mieux connoître la forme & l'usage de ce *livre*.

Exemple d'un article en débit.

| 1708. Janvier. | 14 | Antoine Robert DOIT
A caisse payé par son ordre à Thomas . . . . | F°. 16 | f. 1900 | 0 | 0 |

Exemple d'un article en crédit.

| Janvier, 1708. | 8 | AVOIR
Par caisse, pour la remise sur Jacques, ... | F°. 16 | f. 1900 | 0 | 0 |

Pour faciliter l'usage du *grand livre*, on fait aussi un *livre* d'alphabet, que l'on nomme aussi *table*, *index* & *repertoire*. Cette table se forme d'autant de feuillets de papier qu'il y a de lettres dans l'alphabet commun, c'est-à-dire vingt-quatre, sur l'extrémité de chaque feuillet découpé en diminuant, on met en gros caracteres une des lettres dans leur ordre naturel, & sur chaque feuillet ainsi marqué l'on écrit, soit la premiere lettre du nom, soit celle du surnom des personnes avec qui l'on a compte ouvert, avec le folio du *grand livre* où le compte est débité & crédité, de sorte que l'on trouve avec beaucoup de facilité les endroits du *grand livre* dont on a besoin.

Cet alphabet n'est guere nécessaire que pour les gros marchands ; car, pour ceux qui ne font qu'un négoce médiocre, une simple table sur les deux premiers feuillets du *grand livre* leur suffit. Ce qui doit aussi s'observer dans tous les autres *livres* dont on se sert dans le commerce.

LIVRE DE CAISSE ET DE BORDEREAUX. C'est le premier & le plus important des treize *livres*, qu'on nomme *livres d'aide*, ou *livres auxiliaires*. On l'appelle *livre de caisse*, parce qu'il contient en débit & crédit tout ce qui entre d'argent dans la caisse d'un négociant, & tout ce qui en sort ; & *livre de bordereaux*, à cause que les espèces de monnoie qui sont entrées dans la caisse, ou qui en sont sorties, y sont détaillées par bordereaux. *Voyez* BORDEREAU.

Sur ce *livre* que le marchand tient ou par lui-même, ou par un caissier ou commis, s'écrivent toutes les sommes qu'il reçoivent & se payent journellement ; la recette du côté du débit, en marquant de qui on a reçu, pour quoi, pour qui, & en quelles especes, & la dépense du côté du crédit, en faisant aussi mention des espèces des raisons du payement, & de ceux pour qui & à qui on l'a fait.

Le titre de ce *livre* se met en la maniere qui suit. Tous les autres *livres*, en changeant seulement le nom, ont aussi leur titre de même.

Livre de Caisse & de Bordereaux.

Les articles du débit & crédit se forment suivant les modeles ci-après.

Article en débit qui doit être à la page de gauche.

CAISSE DOIT

Le 29 Janvier 1708.

Reçu de Paul Creton, pour deux tonneaux de cire vendus le 6 courant,	f. 1380	0	0
Un sac de	f. 1000 : — : — :		
Pieces de 10 s.	f. 300 : — : — :		
Douzains,	f. 80 : — : — :		
	f. 1380 : — : — :		

Article en crédit qui doit être vis-à-vis de celui ci-dessus, à la page de droite.

AVOIR

Du 14 Janvier 1708.

Payé à Charles Harlan, pour deux tonneaux de cire achetés le 2 du courant,	f. 1350	0	0
Un sac de	f. 1000 : — : — :		
Pieces de 20 s.	f. 300 : — : — :		
Douzains,	f. 50 : — : — :		
	f. 1350		

LIVRE DES ÉCHÉANCES, que l'on nomme aussi *livre des mois* ou *payemens*, *carnet* ou *bilan*, & quelquefois *livre d'annotation* ou *de notes*.

C'est un *livre* dans lequel on écrit le jour de l'échéance de toutes les sommes que l'on a à payer ou à recevoir, soit par lettres de change, billets, marchandises, ou autrement, afin qu'en comparant les recettes & les payemens, on puisse pourvoir à tems aux fonds pour les payemens, en faisant recevoir les billets & les lettres échues, ou en prenant d'ailleurs ses précautions de bonne heure. Deux modeles suffiront pour faire comprendre toute la forme & tout l'usage de ce *livre* : il faut seulement observer qu'il se dresse de la même maniere que le grand *Livre*, c'est-à-dire sur deux pages qui sont opposées l'une à l'autre ; que ce qui est à recevoir se met à la page à gauche, & ce qui est à payer s'écrit à la page à droite.

Modele de la page à gauche, pour ce qui est à recevoir.

Janvier.	1708.	A RECEVOIR.			
1		Remise de Jean Vassor, du 10 Décembre, sur le Roi,	f. 600	0	0
		De Cadeau, pour laines vendues le 16 Juillet,	f. 1800	0	0
2					
3		De Duval, par obligation du 23 Mai dernier,	f. 2000	0	0
		Remise de P. Daguerre, du 25 Octobre, sur les Coulteux,	f. 1800	0	0
4					

Modele de la page à droite, pour ce qui est à payer.

Janvier.	1708.	A PAYER.			
1		A Ch. Harlan, pour achat du premier Juillet,	f. 1200	0	0
		T^{re}. de Jean du Peyron, du 22 Novembre, à Michel,	f. 2000	0	0
2		T^{re}. de T. Legendre, du 15 Décembre, à Hesel,	f. 4456	0	0
		Mon billet du 25 Octobre, au porteur.	f. 3000	0	0
3					
4					
5					

LIVRE DES NUMEROS. Ce *livre* se tient pour connoître facilement toutes les marchandises qui entrent dans un magasin, qui en sortent ou qui y restent. Sa forme est ordinairement longue & étroite comme d'une demi-feuille de papier pliée en deux dans sa longueur : chaque page est divisée par des lignes transversales & paralleles, éloignées les unes des autres d'environ un pouce, & réglées de deux autres lignes de haut en-bas, l'une à la marge & l'autre du côté des sommes.

Pour chaque intervalle des quarrés longs que forment ces lignes, on écrit dans la page à gauche le volume des marchandises ; c'est-à-dire, si c'est une balle, une caisse ou un tonneau, ou leur qualité, comme poivre, gérofle, miel, savon, &c. & leur poids vis-à-vis de leur quantité ; & vis-à-vis du côté de la marge, les numeros qui sont marqués sur les balles, caisses ou tonneaux qu'on a reçus dans le magasin.

A la page droite, on suit le même ordre pour la décharge des marchandises qui sortent du magasin, en mettant vis-à-vis de chaque article de la gauche d'abord à la marge la date des jours que les marchandises sont sorties du magasin, & dans le quarré long le nom de ceux à qui elles ont été vendues ou envoyées. En voici deux modeles, l'un de la page gauche, l'autre de la page à droite.

Page à gauche.

N°.		
1	Une balle de poivre blanc, pesant	400 lb
2	Une piece de damas cramoisi, aunes,	63
3	Un boucault de gérofle, pesant	284
4	Une caisse toile d'Hollande, piece	19
5		

Page à droite.

Mars 15	Vendu à Charles Harlan.
Avril 10	Envoyé à Myron d'Orléans.
Mai 15	Vendu à Regnault, pieces.

LIVRE DES FACTURES. On tient ce *livre* pour ne pas embarrasser le *livre* journal de quantité de factures, qui sont inévitables en dressant les comptes ou factures de diverses marchandises reçues, envoyées ou vendues, où l'on est obligé d'entrer dans un grand détail. Les factures qu'on doit porter sur ce *livre*, sont les factures des marchandises que l'on achete, & que l'on envoie pour le compte d'autrui.

Celle des marchandises que l'on vend par commission.

Les factures des marchandises que l'on envoie en quelque lieu pour être vendues pour notre compte.

Celles des marchandises qui sont en société, dont nous avons la direction.

Les factures des marchandises qui sont en société, dont d'autres ont la direction.

Enfin, tous les comptes qu'on ne termine pas sur le champ, & qu'on ne veut pas ouvrir sur le grand *livre*.

LIVRE DES COMPTES COURANS. Ce *livre* se tient en débit & crédit de même que le grand *livre*. Il sert à dresser les comptes qui sont envoyés aux correspondans pour les régler de concert avec eux, avant que de les folder sur le grand *livre*; & c'est proprement un double des comptes courans qu'on garde pour y avoir recours en cas de multiplicité.

LIVRE DES COMMISSIONS, *ordres ou avis*. On écrit sur ce *livre* toutes les commissions, ordres ou avis que l'on reçoit de ses correspondans.

Les marges de ce *livre* doivent être très-larges pour y pouvoir mettre vis-à-vis de chaque article les notes nécessaires concernant leur exécution. Quelques-uns se contentent de rayer les articles quand ils ont été exécutés.

LIVRE DES ACCEPTATIONS ou DES TRAITES. Ce *livre* est destiné à enregistrer toutes les lettres de change que les correspondans marquent par leurs lettres missives ou d'avis qu'ils ont tirées sur nous, & cet enregistrement se fait afin que l'on puisse être en état de connoître à la présentation des lettres, si l'on a ordre de les accepter ou non. Si on les accepte, on met sur le *livre des acceptations*, à côté de l'article, un *A* qui veut dire *accepté*; si au contraire on ne les accepte pas, on met un *A* & un *P*, qui signifie à *protester*. *Voyez* ACCEPTATION & PROTEST.

LIVRE DES REMISES. C'est un *livre* qui sert à enregistrer toutes les lettres de change à mesure que les correspondans les remettent pour en exiger le payement Si elles sont protestées faute d'acceptation, & renvoyées à ceux qui en ont fait les remises, il en faut faire mention à côté des articles, en mettant un *P* en marge & la date du jour qu'elles ont été renvoyées, puis les barrer; mais si ces lettres sont acceptées, on met un *A* à côté des articles & la date des acceptations, si elles sont à quelques jours de vue.

LIVRE DE DÉPENSE. C'est le *livre* où se mettent en détail toutes les menues dépenses qu'on fait, soit pour son ménage, soit pour son commerce, & dont au bout de chaque mois on fait un total, pour en former un article sur le mémorial ou journal.

LIVRE DES COPIES DE LETTRES. Ce *livre* sert à conserver des copies de toutes les lettres d'affaires qu'on écrit à ses correspondans, afin de pouvoir savoir avec exactitude, & lorsqu'on en a besoin, ce qu'on leur a écrit, & les ordres qu'on leur a donnés.

LIVRES DE PORTS DE LETTRES. C'est un petit registre long & étroit, sur lequel on ouvre des comptes particuliers à chacun de ses correspondans pour les ports de lettres qu'on a payés pour eux, & que l'on solde ensuite quand on le juge à propos, afin d'en porter le total à leur débit.

LIVRE DES VAISSEAUX. Ce *livre* se tient en débit & crédit, en donnant un compte à chaque vaisseau. Dans le débit se mettent les frais d'avitaillement, mises hors, gages, &c. & dans le crédit tout ce que le vaisseau a produit, soit pour fret, soit autrement, & ensuite le total de l'un & de l'autre se porte sur le journal en débitant & créditant le vaisseau.

LIVRE DES OUVRIERS. Ce *livre* est particulierement en usage chez les marchands qui font fabriquer des étoffes & autres marchandises. Il se tient en débit & en crédit pour chaque ouvrier qu'on fait travailler. Dans le débit, on met les matieres qu'on leur donne à fabriquer; & dans le crédit, les ouvrages qu'ils rapportent après les avoir fabriquées.

Outre tous ces *livres*, il y a des villes, comme Venise, Hambourg, Amsterdam, dont les marchands, à cause des banques publiques qui y sont ouvertes, ont encore besoin d'un *livre de banque*, qui se tient en débit & en crédit, & sur lequel ils mettent les sommes que leur paye ou que leur doit la banque; & c'est par ce secours qu'il leur est facile en très-peu de tems de savoir en quel état ils sont avec la banque, c'est-à-dire quel fonds ils peuvent y avoir.

Tous ces *livres* ou écritures se tiennent presque de la même maniere pour le fond dans les principales villes de commerce de l'Europe, mais non pas par rapport aux monnoies, chacun se réglant à cet égard sur celles qui ont cours dans les états où il se trouve établi.

En France, les *livres* de marchands & banquiers se tiennent par livres, sols & deniers tournois, la livre valant vingt sols, & le sols douze deniers.

En Hollande, Flandre, Zélande & Brabant, ils se tiennent par livres, sols & deniers de gros, que l'on somme par vingt & par douze, parce que la livre vaut vingt sols, & le sol douze deniers.

On les tient encore dans ces mêmes pays par florins, patars & penings, que l'on somme par vingt & par seize, à cause que le florin vaut vingt patars, & le patar seize penings. La livre de gros vaut six florins, & le sol de gros vaut six patars, ensorte que le florin vaut quarante deniers de gros, & le patar deux deniers de gros.

A Bergame les *livres* des banquiers, marchands, &c. se tiennent par livres, sols & deniers, qui se somment par vingt & par douze, parce que la livre vaut vingt sols, & le sol douze deniers, que l'on réduit ensuite en ducats de sept livres de Bergame.

A Boulogne en Italie, ils se tiennent de même par livres, sols & deniers, que l'on somme de même, & dont on fait la réduction en écus de quatrevingt-cinq sols de Boulogne.

A Dantzic & dans toute la Pologne, ils se tiennent par richedales, gros ou grochs & deniers, qu'on somme par quatre-vingt-dix & par douze, parce que la richedale vaut quatre-vingt-dix gros, & le gros douze deniers.

On les tient aussi dans les mêmes pays par florins, gros & deniers, qui se somment par soixante & par douze, le florin valant soixante gros, & le gros douze deniers. Ils s'y tiennent encore par livres, gros & deniers, que l'on somme par trente & par douze, attendu que la livre vaut trente gros, & le gros douze deniers.

A Francfort, à Nuremberg, & presque dans toute l'Allemagne, ils se tiennent par florins, creutzer & penings ou phenings conrans, que l'on somme par soixante-huit, parce que le florin vaut soixante creutzers, & le creutzer huit penings.

On les tient encore à Francfort par florins de change, qui se somment par soixante & cinq & par huit, parce que le florin vaut soixante-cinq creutzers, & le creutzer huit penings.

A Gênes, ils se tiennent par livres, sols & deniers, qui se somment comme en France, & qui se

LIV

réduisent ensuite en piastres de quatre-vingt-seize sols.

A Hambourg, on les tient par marcs, sols & deniers lubs, que l'on somme par seize & par douze, le marc valant seize sols, & le sol douze deniers lubs. On les y tient encore de la même maniere qu'en Hollande.

A Lisbonne, ils se tiennent par raies, qui se distinguent par des virgules de centaine en centaine de droite à gauche, que l'on réduit en mille raies, dont chacune de ces mille font une demi-pistole d'Espagne.

A Florence en écus, sols & deniers d'or, l'écu valant sept livres dix sols, & le sol douze deniers.

A Livourne, on les tient par livres, sols & deniers, que l'on somme par vingt & par douze, la livre y valant vingt sols, & le sol douze deniers, qu'on réduit en piastres de six livres.

En Angleterre, Ecosse & Irlande, la maniere de tenir les *livres* est par livres, sols & deniers sterlings, qu'on somme par vingt & par douze, la livre valant vingt sols, & le sol douze deniers sterlings.

A Madrid, à Cadix, à Séville & dans toute l'Espagne, ils se tiennent par maravedis, dont les 375 font le ducat, qui se distinguent par des virgules de gauche à droite, ou par réaux de plate & pieces de huit, dont trente-quatre maravedis font la réale, & huit réaux valent une piece de huit, ou piastre, ou réale de deux cens soixante & douze maravedis.

A Messine, à Palerme & dans toute la Sicile, on tient des *livres* par onces, taris, grains & picolis, que l'on somme par trente, par vingt & par six, parce que trente taris font une once, vingt grains un taris, & six picolis font un grain.

A Milan, ils se tiennent par livres, sols & deniers, qu'on somme par vingt & par douze, la livre valant vingt sols, & le sol douze deniers.

A Rome, on les tient par livres, sols & deniers d'or d'estampe, que l'on somme par vingt & par douze, parce que la livre vaut vingt sols, & le sol douze deniers d'estampe.

A Venise, par ducats & gros de banque, dont les vingt-quatre gros font un ducat, ce qui se pratique particulierement pour la banque. On les y tient aussi par livres, sols & deniers de gros, qui se somment par vingt & par douze, parce que vingt sols font la livre, & douze gros le sol. Il faut remarquer que de cette seconde maniere la livre de gros vaut dix ducats. Dans la même ville, on tient encore les *livres* par ducats courans, qui different de vingt pour cent des ducats de banque.

A Augsbourg, en talers & en creutzers; le taler de quatrevingt-dix creutzers, & le creutzer de huit penings.

A Bolzam comme à Ausbourg, & encore en florins & en creutzers, le florin de soixante creutzers.

A Naumbourg, en richedales, gros & senins, la richedale de vingt-quatre gros, le gros de douze senins.

A Geneve, en livres, sols & deniers, & aussi en florins. En Savoie comme à Geneve.

A Raconis, en florins & en gros.

En Suisse, en florins, creutzers & penings.

A Ancone, en écus, sols, deniers, l'écu valant vingt sols & le sol douze deniers.

A Luques, en livres, sols & deniers: on les y tient aussi en écus de 7 livres 10 sols.

LIV 617

A Nove, en écus, sols & deniers d'or de marc; l'écu d'or de marc valant vingt sols.

A Malte, en tarins, carlins & grains; ils s'y tiennent encore en sequins ou, comme parlent les Maltois, en *dieli-tarini*.

Dans les échelles du Levant & dans tous les états du grand-seigneur, en piastres, aboquels & en aspres.

En Hongrie, en hongres & demi-hongres d'or.

A Strasbourg, en florins, creutzers & penings monnoie d'Alsace.

A Berlin & dans une partie des états du roi de Prusse, en richedales, en grochs & aussi en florins.

En Suede, en dalles d'argent & en dalles de cuivre.

En Danemark, en richedales, en hors & en schelings.

Enfin, en Moscovie, en roubes, en altins & en grifs ou grives. *Voyez* toutes ces différentes monnoies, leur valeur & leur rapport avec les nôtres, ou sous leur titre particulier, ou à l'*article* MONNOIE.

LIVRE DE BORD, ce sont les registres que les capitaines ou les maîtres des vaisseaux marchands doivent tenir ou faire tenir par leur écrivain, sur lesquels ils sont obligés d'enregistrer le chargement de leurs vaisseaux, c'est-à-dire la quantité, la qualité, la destination & autres circonstances des marchandises qui composent leur cargaison.

Ces *livres*, avec les connoissemens, chartes-parties & autres semblables papiers & expéditions, font ce qu'on appelle *les écritures d'un navire marchand*; que les capitaines ou maîtres des vaisseaux sont tenus, par l'ordonnance de Février 1687, de communiquer aux commis du bureau le plus prochain du lieu où ils ont relâché, pour y justifier de la destination de leurs marchandises. *Voyez* CONNOISSEMENT, CHARTE-PARTIE, ÉCRITURES.

LIVRE DE SOUBORD, *terme de commerce de mer*; c'est un des *livres* que tient l'écrivain d'un navire marchand, dans lequel il enregistre toutes les marchandises qui composent le chargement du bâtiment, soit pour le simple fret, soit pour être vendues ou troquées à mesure que la vente s'en fait dans les lieux de leur destination, ou qu'on les délivre à leur adresse: le tout suivant ce qu'il est spécifié dans le connoissement du capitaine ou du maître de navire.

L'ordre de ce *livre* est de mettre à part toutes les marchandises qui doivent être vendues, chacune suivant les endroits où la traite s'en doit faire, & pareillement à part toutes celles qu'on ne prend qu'à fret, aussi chacunes suivant les personnes & les lieux à qui elles sont adressées.

Il y a ordinairement à chaque page de ce *livre* deux colonnes à gauche & trois à droite. Dans la premiere à gauche on met la marque du ballot ou de la caisse, & dans la seconde, son numéro: vis-à-vis, on écrit le lieu où se doit faire la traite, avec les marchandises qui y sont contenues, en observant la même chose pour celles qu'on a à fret: ensuite on porte dans les trois colonnes qui sont à droite les sommes qui ont été reçues, soit pour la vente, soit pour le fret.

On observe pour l'ordinaire de mettre les premieres celles qui sont pour la traite, & ensuite celles qui sont pour le fret. Un exemple de quelques articles d'un *livre* de soubord fera encore mieux connoître la maniere de le tenir.

Modèle d'un livre de foubord. Livre de foubord des marchandises chargées à la Rochelle le 6 Mars 1724, dans la frégate l'hirondelle, capitaine le sieur Coral, pour, Dieu aidant, les mener & délivrer aux lieux & personnes de leur destination.

		Marchandises à fret pour Cadix.	
M ♡	N°. 15.	Pour délivrer au fieur Paul David à Cadix un ballot n° & marque comme en marge, contenant 36 douzaines de chapeaux de castor, rottons,	400
℣ ✝	N°. 36.	Marchandises de traite pour les Canaries. Un boucault n° & marque comme en marge, contenant 400 pieces de toile de Bretagne en troc de vin du pays, bariques,	60 ½

Les *livres de foubord* ne font proprement regardés que comme des écritures particulieres, & ne peuvent avoir la même autorité que les connoissemens, chartes-parties, factures, & autres semblables écritures pour justifier du chargement d'un vaisseau, ainsi qu'il a été jugé par un arrêt du conseil d'état du roi du 21 Février 1693. *Dictionnaire de Commerce*, tome III, p. 167 & suiv.

LIVRE NUMÉRAIRE, (*Monn. Comm.*) monnoie fictive de compte reçue chez plusieurs peuples de l'Europe, pour la facilité du calcul & du Commerce.

Les Juifs & les Grecs ont eu, comme nos nations modernes, des monnoies imaginaires, lesquelles ne font, à proprement parler, que des noms collectifs qui comprennent sous eux un certain nombre de monnoies réelles : c'est ainsi qu'ils se sont servis de la mine & du talent. Les Romains ont inventé le sesterce, & les François se servent de la *livre*, en quoi ils ont été imités par les Anglois & les Hollandois. Notre *livre* de compte est composée de vingt sols, qui se divisent chacun en douze deniers, mais nous n'avons point d'espece qui soit précisément de cette valeur.

Je n'ignore pas qu'il y a eu des monnoies d'or & d'argent réelles, qui ont valu justement une *livre* ou vingt sols, comme les francs d'or des rois Jean I. & de Charles V. ainsi que les francs d'argent de Henri III. mais ce n'a été que par hasard que ces monnoies ont été de la valeur d'*une livre* : car dans la suite leur prix est augmenté considérablement, ce qui n'arrive point à la *livre numéraire* ou fictive : elle ne change jamais de valeur. Depuis le tems de Charlemagne, c'est-à-dire depuis 780 ou environ que nous nous en servons, elle a toujours valu vingt sols & le sol douze deniers ; le prix au contraire de toutes les autres monnoies réelles ne change que trop souvent.

Il est donc vrai de dire que la *livre de compte* est une monnoie imaginaire, puisque nous n'avons jamais eu d'espece qui ait toujours valu constamment vingt sols ni douze deniers. Cependant si nous remontons au tems où l'on a commencé en France à compter par *livres*, nous trouverons que cette monnoie imaginaire doit son origine à une chose réelle.

Il faut savoir à ce sujet que pendant la premiere & la seconde race de nos rois, on ne se servoit point pour peser l'or & l'argent du poids de marc composé de huit onces, mais de la *livre* romaine qui en pesoit douze. Pepin ordonna qu'on tailleroit vingt-deux sols dans cette *livre* de poids d'argent : ce métal étant devenu plus abondant en France par les conquêtes de Charlemagne, ce prince fit faire des sols d'argent plus pesans, & on n'en tailla plus que vingt dans une *livre* d'argent, c'est-à-dire qu'alors vingt sols pesoient une *livre* de douze onces, & ce sol se divisoit comme le nôtre en douze deniers.

Depuis Charlemagne jusqu'à Philippe I. les sols ont été d'argent, & les vingt pesoient presque toujours une *livre* de douze onces ou approchant : desorte qu'alors le sol d'argent pesoit 345 grains. Ainsi pendant environ deux siecles, les monnoies de France resterent sur le pié où Charlemagne les avoit mises ; petit à petit nos rois dans leurs besoins tantôt changerent les sols d'alliage, & tantôt en diminuerent le poids : néanmoins on ne laissa pas de se servir toujours du terme de *livre* pour exprimer une somme de vingt sols, quoiqu'ils ne pesassent plus à beaucoup près une *livre* d'argent, ou qu'ils fussent chargés d'alliage. En un mot, par un changement qui est presque la honte des gouvernemens de l'Europe, ce sol qui étoit autrefois ce qu'est à-peu-près un écu d'argent, n'est plus dans une *livre* en France qu'une legere piece de cuivre, avec un douzieme d'argent ; & la *livre*, qui est le signe représentatif de douze onces d'argent, n'est plus que le signe représentatif de vingt de nos sols de cuivre. Le denier qui étoit la cent vingt-quatrieme partie d'une *livre* d'argent, n'est plus que le tiers de cette vile monnoie qu'on appelle un *liard*. Le mare d'argent, qui sous Philippe Auguste valoit cinquante sols, vaut aujourd'hui près de cinquante livres. La même chose est arrivée au prix du marc d'or.

Si donc une ville de France devoit à une autre 120 *livres* de rente, c'est-à-dire 12 sols d'argent du tems de Charlemagne, elle s'acquitteroit présentement de sa dette (supposé que cette maniere de s'acquitter ne fit pas un procès) en payant ce que nous appellons un *gros écu* ou un *écu de six livres*, qui pese une once d'argent.

La *livre numéraire* des Anglois & des Hollandois, a moins varié. Une *livre* sterling d'Angleterre vaut 22 livres de France ; & une *livre* de gros chez les Hollandois vaut environ 12 livres de France. Ainsi les Hollandois se sont moins écartés que les François de la loi primitive, & les Anglois encore moins.

M. de Voltaire a bien raison d'observer que toutes les fois que dans l'Histoire nous parle de monnoie sous le nom de *livres*, nous devons examiner ce que valoit la *livre* au tems & dans le pays dont on parle, & la comparer à la valeur de la nôtre.

Nous devons avoir la même attention en lisant l'histoire grecque & romaine, & ne pas copier nos auteurs qui, pour exprimer en monnoie de France les taleus, les mines, les sesterces, se servent toujours de l'évaluation que quelques savans ont faite avant la mort de M. Colbert, « Mais le marc de huit

» onces qui valoit alors 26 *livres* & 10 *sols*, vaut au-
» jourd'hui 49 *livres* 10 sols, ce qui fait une diffé-
» rence de près du double : cette différence, qui a
» été quelquefois beaucoup plus grande, pourra
» augmenter ou être réduite. Il faut songer à ces
» variations, sans quoi on auroit une idée très-fausse
» des forces des anciens états, de leur commerce, de
» la paie de leurs troupes, & de toute leur économie ».
(*D. J.*)

LIVRE ROMAINE, *libra*, (*Poids & Mesure.*) poids d'usage chez les Romains.

Ses parties étoient l'once, qui en faisoit la douzieme partie ; le *sextans*, qui pesoit deux onces, étoit la sixieme partie de la *livre* ; le *quadrans* en pesoit trois, & en étoit le quart ; le *triens* en pesoit quatre, & en étoit le tiers ; le *quincunx* en pesoit cinq ; le *semis* six, & faisoit une demi-livre ; le *septunx* en pesoit sept, le *bes* huit ; le *dodrans* neuf ; le *dextans* dix, le *deunx* onze ; enfin *l'as* pesoit douze onces ou une *livre*.

On ne dispute point sur le sens de tous ces mots latins ; mais ce dont on n'est point assuré, c'est de la valeur de la *livre romaine*. Les uns y ont compté cent deniers ou cent drachmes, d'autres quatre-vingt-seize, & d'autres enfin quatre-vingt-quatre. Voilà les trois chefs auxquels on peut rapporter les principales évaluations que nos savans ont faites de la *livre romaine*.

Budé, dans son traité de cette *livre romaine* (*de asse*), est le premier qui a cru qu'elle pesoit cent drachmes. Cet habile homme ne manqua pas de graves autorités pour appuyer son sentiment ; & comme les deniers, qu'il pesa se trouverent la plûpart du poids d'un gros, il conclut que la *livre* qu'il cherchoit étoit égale à douze onces & demie de la *livre* de Paris ; mais son hypothèse n'a point eu de progrès, parce qu'elle s'est trouvée fondée sur des observations ou peu exactes, ou manifestement contraires à la vérité.

Agricola renversa cette opinion de fond en comble, en prouvant qu'au lieu de cent drachmes il n'en falloit compter que 96 à la *livre*, ce qu'il établit par une foule d'autorités précises, auprès desquelles celles que Budé avoit produites ne purent se soutenir. Tout le monde sentit que la commodité d'employer un nombre entier, peu éloigné du nombre vrai, avoit fait négliger aux écrivains allégués par ce savant, une exactitude qui ne leur avoit pas paru nécessaire.

Après la chûte du système de Budé, les deux autres ont régné successivement dans l'empire littéraire. Pendant près d'un siecle, presque tout le monde a supposé la *livre romaine* du poids de 96 drachmes ; enfin on s'est persuadé qu'il n'y avoit que 84 deniers dans cette *livre*, & c'est l'hypothèse la plus commune aujourd'hui.

La premiere preuve qu'on en donne, c'est que Pline & Scribonius Largus ont assuré que la *livre romaine* étoit composée de 84 deniers. Celse a dit aussi qu'il y avoit 7 deniers à l'once, & l'on apprend de Galien que la même chose avoit été avancée par d'anciens medecins, dont il avoit vû les ouvrages. La seconde preuve est qu'on s'est assuré de ce que le conge, mesure d'un demi-pié cubique, pouvoit contenir d'eau. Ce vaisseau qui contenoit à ce qu'on croit 10 *livres* ou 120 onces romaines d'eau ou de vin, ne contient que 108 ou 109 onces de la *livre* de Paris : ainsi l'once de Paris est bien plus forte que celle de Rome n'a pû être, & cela sera vrai si vous ne comptez à la *livre romaine* que 84 deniers ; mais vous serez obligé de supposer tout le contraire, si vous donnez 96 deniers à cette *livre*, & 8 deniers à chacune de ses 12 onces ; car les deniers qu'on a voulu employer ici, & qui ont été frappés au tems de la république, pesent chacun 74 ou 75 grains, c'est-à-dire deux ou trois grains de plus que nous n'en comptons pour un gros.

M. Eisenschmid qui publia en 1708 un traité des poids & des mesures des anciens, est peut-être celui qui a mis ces preuves dans un plus grand jour ; car après avoir déterminé la valeur de l'once romaine à 433 grains de Paris, conformément à l'expérience faite à Rome par M. Auzout pour connoître le poids d'eau que contenoit le conge, il a montré qu'en conséquence il étoit absolument nécessaire de ne compter que 7 deniers consulaires pour une once, puisque chacun de ces deniers étoit du poids de 74 à 75 grains ; & comme il auroit été un peu dur de contredire ce grand nombre d'anciens qui ont écrit qu'il y avoit 8 drachmes ou 8 deniers à l'once, il a remarqué que depuis Néron jusqu'à Septime Severe, le denier affoibli d'un huitieme ne pesa plus que 63 grains qui, multipliés par 8, en donnent 520 ; de sorte qu'alors on a pu & même on a dû dire, comme on a fait, qu'il y avoit 96 deniers à la *livre romaine*.

Une autre observation non moins importante du même auteur, c'est qu'encore que tous les anciens aient supposé que la drachme attique & le denier romain étoient du même poids, il y a néanmoins toujours eu une différence assez considérable entre ces deux monnoies, puisque la drachme attique avoit un peu plus de 83 grains.

Cependant M. de la Barre, qui présente lui-même cette hypothèse dans toute la force qu'elle peut avoir, la combat savamment dans les *mémoires des Inscriptions*, & soutient que la *livre romaine* étoit composée de 96 deniers, & son once de 8 deniers.

1°. Parce que le conge, qui rempli d'eau contient environ 109 onces de la *livre* de Paris, ne contenoit en poids romains que 100 onces de vin, ce qui montre que l'once romaine étoit plus forte que la nôtre. Or il y a 8 gros à notre once, & le gros est de trois grains plus foible que n'étoit le denier romain.

2°. Parce que divers auteurs, qui vivoient avant qu'on eût affoibli à Rome les deniers d'un huitieme ont assuré en termes exprès qu'il y avoit 96 à la *livre*, & qu'ils n'en ont dit que ce que tout le monde en disoit de leur tems.

3°. Parce qu'il y en a d'autres qui ont évalué le talent en *livres*, après avoir comparé le poids des deniers avec celui des drachmes, & que leur évaluation se trouve vraie en donnant 96 deniers à la *livre*.

Il faut pourtant convenir que les autorités qu'on rapporte pour donner 84 deniers à la *livre romaine* au lieu de 96, sont très-fortes. Pline dit positivement que la *livre romaine* avoit 84 deniers ; mais on peut répondre avec M. de la Barre, qu'il parloit de ce qu'on en délivroit à la monnoie pour une *livre* ; car les officiers des monnoies n'étoient pas tenus de donner une *livre* pesant de deniers pour une *livre* de matiere ; il s'en falloit un huitieme, dont sans doute une partie tournoit au profit de l'état, & l'autre au profit des monnoyeurs. De plus, Pline vivoit dans un tems où l'on affoiblit les deniers d'un huitieme, & cependant il marque 8 deniers pour une once, comme on faisoit avant lui, & comme font tous nos auteurs quand ils parlent de nos monnoies.

Pour moi voici mon raisonnement sur cette matiere : je le tire des faits mêmes, qu'aucune opinion ne peut contester.

Le poids des anciens a varié chez les Romains : le poids de leurs drachmes n'a pas toujours été uniforme à celui de leurs deniers, quoique ces deux mots soient synonymes dans les auteurs : les drachmes ni les deniers n'ont pas toujours été de poids. Tel des anciens a compté sept deniers à l'once, tel autre sept deniers & demi, & tel autre huit. Plusieurs d'entr'eux ont souvent confondu dans leurs

LIV.   LIV.

ouvrages la *livre* poids & la *livre* mesure sans nous en avertir, attendu qu'ils parloient des choses connues de leur tems, & qu'il ne s'agissoit pas d'expliquer aux Bizards à venir. Toutes ces raisons contribuent donc à nous confondre sur l'évaluation des monnoies romaines, parce qu'on ne peut établir aucun système que sur des autorités qui se contredisent. Voilà pourquoi parmi nos savans les uns comptent 100 deniers, d'autres 96, & d'autres 84 à la *livre romaine*.

Enfin, non-seulement les deniers, les drachmes, les onces, en un mot toutes les parties de la *livre* en or, en argent & en cuivre, qu'ils ont pris pour base de leurs évaluations en les pesant, n'ont pas toujours eu le même poids sous la république, ni depuis Néron jusqu'à Septime Severe; mais dans les pieces mêmes contemporaines & du même consulat, il est arrivé que par l'user ou autres causes, les unes d'un même tems pesent plus & les autres moins. Après cela croyez que vous trouverez fixement ce que la *livre romaine* contenoit de deniers, & allez ensuite déterminer la valeur de cette *livre* en la comparant avec la *livre* de Paris. Hélas, nous ne perdons nos plus beaux jours, faute de judiciaire, qu'à de pénibles & de vaines recherches! (*D. J.*)

LIVRE, (*Comm.*) c'est un poids d'un certain rapport, qui sert fort souvent d'étalon, ou de modele d'évaluation pour déterminer les pesanteurs ou la quantité des corps. *Voyez* POIDS.

En Angleterre on a deux différentes *livres*; le *pound-troy*, c'est-à-dire, un poids à 12 onces la *livre*, & le *pound-avoir du poids* ou la *livre* avoir du poids.

Le pound troy ou là *livre troy* consiste en 12 onces, chaque once de 20 deniers pesant, & chaque deniers de 24 grains pesant; de sorte que 480 grains font une once; & 5760 grains une *livre*. *Voyez* ONCE, &c.

On fait usage de ce poids pour peser l'argent, l'or, les pierres précieuses, toutes sortes de grains, &c.

Les apoticaires s'en servent aussi; mais la division en est différente. Chez eux 24 grains font un scrupule, trois scrupules une dragme, 8 dragmes une once, & 12 onces une *livre*. *Voyez* SCRUPULE, &c.

Le pound avoir du poids ou la *livre avoir du poids* pese 16 onces; mais alors l'once avoir du poids est plus petite de 42 grains que l'once troy; ce qui fait à peu-près la douzieme partie du tout; de sorte que l'once avoir du poids ne contient que 438 grains, & l'once troy 480.

Leur différence est à peu près celle de 73 à 80, c'est-à-dire, que 73 onces troy font 80 onces avoir du poids, 112 avoir du poids font un cent pesant ou un quintal. *Voyez* QUINTAL.

On pese avec ce poids toutes les grandes & grosses marchandises, la viande, le beurre, le fromage, le chanvre, le plomb, l'acier, &c.

Une *livre* avoir *du poids* vaut 14 onces $\frac{1}{8}$ d'une *livre* de Paris; de sorte que cent des premieres *livres* n'en sont que 91 des secondes.

La *livre* de France contient 16 onces; mais une *livre* de France vaut une *livre* une once $\frac{1}{4}$ de *livre* avoir du *poids*; tellement que 100 *livres* de Paris font 109 *livres* avoir du poids.

On divise la *livre* de Paris de deux manieres: la premiere division se fait en deux marcs, le marc en 8 onces, l'once en 8 gros, le gros en 3 deniers, le denier en 24 grains pesant chacun un grain de froment.

La seconde division de la *livre* se fait en deux demi-*livres*, la demi-*livre* en deux quarts, le quart en deux onces, l'once en deux demi-onces, &c.

On se sert ordinairement de la premiere division, c'est-à-dire, de la division en mares, &c. pour peser l'or, l'argent & d'autres marchandises précieuses,

& l'on fait usage de la seconde pour celles d'une moindre valeur.

A Lyon, la *livre* est de 14 onces. Cent *livres* de Paris font 116 *livres* de Lyon. A Venise, la *livre* vaut 8 onces $\frac{1}{4}$ de la *livre* de France, &c.

Quant aux différentes *livres* des différentes villes & pays, leur proportion, leur réduction, leur division: voici ce qu'en a recueilli de plus intéressant M. Savary dans son *Dictionnaire de commerce*.

A Amsterdam, à Strasbourg & à Besançon, la *livre* est égale à celle de Paris. A Genève, la *livre* est de 17 onces $\frac{1}{2}$, les 100 *livres* de Genève font à Paris 112 *livres*; & les 100 *livres* de Paris, n'en font à Genève que 89. La *livre* d'Anvers est à Paris 14 onces $\frac{1}{2}$, & une *livre* de Paris est à Anvers une *livre* 2 onces & $\frac{1}{2}$; de maniere que cent *livres* d'Anvers font à Paris 88 *livres*, & que 100 *livres* de Paris font à Anvers 113 *livres* $\frac{1}{2}$. La *livre* de Milan est à Paris neuf onces $\frac{1}{2}$; ainsi 109 *livres* de Milan font à Paris 95 *livres*, & 100 *livres* de Paris font à Milan 169 *livres* $\frac{1}{4}$. Une *livre* de Messine est à Paris neuf onces $\frac{1}{2}$, & une *livre* de Paris est à Messine une *livre* 10 onces $\frac{1}{2}$; de sorte que 100 *livres* de Messine font à Paris 61 *livres*, & que 100 *livres* de Paris font à Messine 163 *livres* $\frac{1}{2}$. La *livre* de Boulogne, de Turin, de Modene, de Raconis, de Reggio est à Paris 10 onces $\frac{1}{2}$, & une *livre* de Paris est à Boulogne, &c. une *livre* 8 onces $\frac{1}{2}$; de maniere que 100 *livres* de Boulogne, &c. font à Paris 66 *livres*, & que 100 *livres* de Paris font à Boulogne, &c. 151 *livres* $\frac{1}{2}$. Une *livre* de Naples & de Bergame est à Paris 8 onces $\frac{1}{4}$, & une *livre* de Paris est à Naples & à Bergame une *livre* 11 onces $\frac{1}{2}$; en sorte que 100 *livres* de Naples & de Bergame ne font à Paris que 99 *livres*, & que 100 *livres* de Paris font à Naples & à Bergame 169 *livres* $\frac{1}{2}$. La *livre* de Valence & de Sarragosse est à Paris 10 onces, & la *livre* de Paris est à Valence & à Sarragosse une *livre* 9 onces $\frac{3}{5}$; de façon que 100 *livres* de Valence & de Sarragosse font à Paris 63 *livres*, & que 100 *livres* de Paris font à Valence & à Sarragosse 158 *livres* $\frac{1}{2}$. Une *livre* de Gènes & de Tortose est à Paris 9 onces $\frac{7}{8}$, & la *livre* de Paris est à Gènes & à Tortose une *livre* 9 onces $\frac{1}{8}$; de maniere que 100 *livres* de Gènes de Tortose font à Paris 62 *livres*, & 100 *livres* de Paris font à Gènes & à Tortose 161 *livres* $\frac{1}{2}$. La *livre* de Francfort, de Nuremberg, de Bâle, de Berne est à Paris une *livre* $\frac{1}{4}$, & celle de Paris est à Francfort, &c. 15 onces $\frac{1}{2}$; ainsi 100 *livres* de Francfort, &c. font à Paris 102 *livres*; & 100 *livres* de Paris font à Francfort, &c. 98 *livres*. Cent *livres* de Lisbonne font à Paris 87 *livres* 8 onces un peu plus, & 100 *livres* de Paris font à Lisbonne 114 *livres* 8 onces un peu moins; en sorte que sur ce pié une *livre* de Lisbonne doit être à Paris 14 onces, & une *livre* de Paris doit être à Lisbonne une *livre* 2 onces.

La *livre* varie ainsi dans la plûpart des grandes villes de l'Europe, & dans le Levant: on n'en peut voir l'évaluation dans le *Dictionn. de comm.*

Livre signifie aussi une monnoie imaginaire dont on fait usage dans les comptes, qui contient plus ou moins suivant ses différens surnoms & les différens pays où l'on s'en sert. *Voyez* MONNOIE.

Ainsi l'on dit en Angleterre une *livresterling*; en France une *livre tournois* & *parisis*; en Hollande & en Flandre une *livre* ou une *livre de gros*, &c.

Ce mot vient de ce que l'ancienne *livresterling*, quoiqu'elle ne contint que 240 sols comme celle d'à-présent; néanmoins chaque sol valant 5 sols d'Angleterre, la *livre* d'argent pesoit une *livre-troy*. *Voyez* SOU.

La *livre-sterling* ou la *livre* d'Angleterre contient 20 chelings, le cheling 12 sols, le sol 4 liards. *Voyez*

Voyez CHELING, SOL, &c. *Voyez* auſſi MON-
NOIE.

On avoit anciennement trois moyens de payer une *livre* d'argent à l'échiquier. 1°. Le payement d'une *livre* de *numero* qui faiſoit juſtement le nombre de 20 chelings. 2°. *Ad ſcalum*, qui faiſoit 6 d. plus que 20 chelings. 3°. *Ad penſam*, ce qui donjuſte le poids de 12 onces.

La *livre* de France ou la *livre* tournois contient 20 ſols ou chelins, & le ſol 12 deniers auſſi tournois; ce qui étoit la valeur d'une ancienne monnoie de France appellée *franc*, terme qui eſt encore ſynonyme, ou qui ſignifie la même choſe que le mot *livre*. *Voyez* FRANC.

La *livre* ou la *livre tournois* contient pareillement 20 ſols ou chelings, le ſol 12 deniers ou ſols pariſis. Chaque ſol pariſis vaut 15 deniers tournois; de ſorte qu'une *livre* pariſis vaut 25 ſols tournois. *Voyez* LIVRE.

La *livre* ou la *livre de gros* d'Hollande ſe diviſe en 20 chelings de gros, le cheling en 12 ſols de gros. La *livre* de gros vaut 6 florins, le florin évalué à 24 ſols tournois, ſuppoſant le change ſur le pié de 100 ſols de gros pour un écu de France de 3 livres tournois; de ſorte que la *livre* de gros revient à 10 chelings & 11 ſols & 1 liard ſterling. La *livre* de gros de Flandre & de Brabant a la même diviſion que celle d'Hollande, & contient comme elle 6 florins; mais le florin vaut 25 ſols tournois; de ſorte que la *livre* de Flandre vaut 7 *livres* 10 ſols tournois, ou 11 chelings 3 deniers ſterling; en ſuppoſant le change à 96 deniers de gros pour un an de *livres* tournois, ce qui eſt le pair du change: car lorſqu'il augmente ou qu'il diminue, la *livre* de gros hauſſe ou baiſſe ſuivant l'augmentation ou la diminution du change. *Dictionn. de commerce. Voyez* CHANGE.

Les marchands, les facteurs, les banquiers, &c. ſe ſervent de caractères ou de lettres initiales, pour exprimer les différentes ſortes de *livres* de compte, comme *L* ou *L St livres ſterling*. *L G* livres de gros, & *L* ou *t* livres tournois.

En Hollande une tonne d'or eſt eſtimée 100000 *livres*. Un million de *livres* eſt le tiers d'un million d'écus. On dit que des créanciers ſont payés au mare la *livre*, lorſqu'ils ſont colloqués à proportion de ce qui leur eſt dû, ſur des effets mobiliaires, ce qu'on nomme *par contribution*; ou lorſqu'en matière hypothécaire ils ſont en concurrence ou égalité de privilege, & qu'il y a manque de fonds, ou encore lorſqu'en matière de banqueroute & de déconfiture, il faut qu'ils ſupportent & partagent la perte totale, chacun en particulier auſſi à proportion de ſon dû. En termes de commerce de mer, on dit *livre à livre*, au lieu de dire *au ſol la livre*. *Dictionn. de Comm.*

LIVRÉE, ſ. f. (*Hiſt. mod.*) couleur pour laquelle on a eu du goût, & qu'on a choiſie par préférence pour diſtinguer ſes gens de ceux des autres, & qu'il ſe faire reconnoitre ſoi-même des autres. *Voyez* COULEURS.

Les *livrées* ſe prennent ordinairement de fantaiſie, & continuent enſuite dans les familles par ſucceſſion. Les anciens chevaliers ſe diſtinguoient les uns des autres, dans leurs tournois, en portant les *livrées* de leurs maitreſſes. Ce fut de-là que les perſonnes de qualité prirent l'uſage de faire porter leur *livrée* à leurs domeſtiques, il eſt probable auſſi que la différence des émaux & des métaux dans le blaſon, a introduit la diverſité des couleurs, & même certaines figures relatives aux pieces des armoiries dans les *livrées*, comme on peut le remarquer dans les *livrées* de la maiſon de Rohan, dont les galons ſont ſemés de macles qui ſont une des pieces de l'écuſſon de cette maiſon. Le P. Meneſtrier dans ſon traité des carouzels, a beaucoup parlé du mélange des couleurs dans les *livrées*. Dion rapporte que Œnomalis fut le premier qui imagina de faire porter des couleurs vertes & bleues aux troupes qui devoient repréſenter dans le cirque des combats de terre & de mer. *Voyez* PARTI & FACTIONS.

Les perſonnes importantes dans l'état donnoient autrefois des *livrées* à gens qui n'étoient point leurs domeſtiques, pour les engager pendant une année à les ſervir dans leurs querelles. Cet abus fut réformé en Angleterre par les premiers ſtatuts d'Henry IV. & il ne fut permis à perſonne, de quelque condition qu'elle fût, de donner des *livrées* qu'à ſes domeſtiques ou à ſon conſeil.

En France, à l'exception du roi, des princes & des grands ſeigneurs qui ont leurs *livrées* particulieres & affectées à leurs domeſtiques, les *livrées* ſont arbitraires, chacun peut en compoſer à ſa fantaiſie, & les faire porter à ſes gens: auſſi y voit-on des hommes nouveaux donner à leurs domeſtiques des *livrées* plus ſuperbes que celles des grands.

LIVRÉE, (*Ruban.*) eſt tout galon uni & façonné, ou à figures, qui ſert à border les habits de domeſtique. La *livrée* du roi paſſe ſans contredit pour la plus belle & la plus noble de toutes les *livrées*; celle de la reine eſt la même, excepté que tout ce qui eſt cramoiſi dans celle du roi, eſt bleu dans celle de la reine; il y a un nombre infini de *livrées* dont la plûpart ſont affectées à certaines familles; ainſi on dit *livrée d'Orléans*, *livrée de Conti*, &c.

LIVRER, DONNER, METTRE entre les mains de quelqu'un, en ſa poſſeſſion, en ſon pouvoir, une choſe qu'on lui a vendue, dont on lui fait préſent, ou qui lui appartient.

Ce terme eſt également uſité parmi les marchands & parmi les artiſans. Les premiers diſent qu'ils ont *livré* tant de pieces de drap pour l'habillement des troupes, tant d'aulnes de damas pour un ameublement. Les autres qu'ils ont *livré* leur beſogne, des chenets, une ſerrure, une commode, &c. *Dictionn. de Comm.*

LIVRER, *terme de chaſſe*, on dit *livrer* le cerf aux chiens, c'eſt mettre les chiens après.

LIVRET *à argenter*, c'eſt une main de papier ordinaire, dans lequel les Batteurs d'or tranſvuident les *livrets* d'argent pour les Doreurs ſur cuir. Les feuilles d'argent y ſont rangées ſix à ſix. *On voit le livret dans nos Pl. de batteur d'or*.

LIVRET, ſ. m. (*Batteur & Tireur d'or*) petit livre où les ouvriers renferment leur or après qu'il eſt préparé.

LIVRON, (*Géog.*) en latin *Libero* ou *Liberonium*; petite ville de France, en Dauphiné, ſur une hauteur dans un lieu important à cauſe de ſa ſituation, mais entierement dépeuplé, depuis que les murailles de la ville ont été détruites. Elle eſt à une petite lieue du Rhône, & la Drome cotoye la colline ſur laquelle elle eſt ſituée. Henri III. en arrivant de Pologne en France, voulut avec quelques troupes qu'on lui avoit amenées, renverſer des villes, qu'il auroit pû gagner & s'attacher par la douceur: il dut s'appercevoir quand il tenta d'entrer à main armée dans la petite ville de *Livron*, qu'il n'avoit pas priſe le bon parti; on cria du haut des murs aux troupes qu'il conduiſoit: » approchez aſſaſſins, » venez maſſacreurs, vous ne nous trouverez pas » endormis comme l'amiral «. *Long.* 22. 40. *lat.* 44. 47.

LIXA, (*Géog. anc.*) & LIXOS, dans Pline, *liv. V. ch. j.* ville de la Mauritanie Tingitane, qui devint colonie romaine ſous Claudius. Elle étoit arroſée par la rivière *Lix*, nommée *Lixus* par Etienne le géographe, *Lixus*, *Lixos* par Pline, par Strabon. La ville *Lixa*, & le *Lix* qui y couloit, ſont à préfent la ville & la riviere de Larache. *Voyez* LARA-CHE. (*D. J.*)

LIXIVIATION, f. f. (*Chimie.*) on appelle ainfi en Chimie l'efpece de féparation qu'on opere, en appliquant de l'eau à un corps pulvérulant, compofé d'un mélange de terre & de fel, & retirant enfuite cette eau chargée de ce dernier principe.

On exécute la *lixiviation* de diverfes manieres : l'on verfe fur le corps à leffiver, une quantité d'eau fuffifante pour le furnager d'environ deux doigts, on le remue enfuite en tout fens pendant un certain tems, on le laiffe éclaircir par le repos, & enfin l'on verfe la leffive par inclination : ou bien on place le corps à leffiver fur un filtre. (*Voyez* FILTRE), & on verfe deffus à diverfes reprifes, une quantité fuffifante d'eau. C'eft de cette derniere façon que fe fait la *lixiviation* de platras & de terres nitreufes dans la fabrique du falpètre. *Voyez* SALPETRE, celle du fable imprégné de fel marin dans les falines des côtes de Normandie. *Voyez* SALINE, &c.

On fait la *lixiviation* à chaud ou à froid ; on emploie toujours de l'eau chaude fi le corps à leffiver ne contient qu'une efpece de fel, ou deux fels à peu près également folubles ; car les menftrues fe chargeant, comme on fait, plus facilement des corps à diffoudre, lorfque leur action eft favorifée par la chaleur, la *lixiviation* eft plus prompte & plus parfaite par ce moyen : mais fi le corps à leffiver contient des fels d'une folubilité fpécifique fort différente, & qu'on fe propofe de ne retirer que le moins foluble, c'eft un bon moyen d'y réuffir que d'employer l'eau froide, & de ne la laiffer féjourner que peu de tems fur les matieres. On procede de cette derniere maniere à la *lixiviation* de la potaffe ou de la foude, dont on veut retirer des alkalis deftinés à être purifiés pour les ufages de la Chimie. On applique au contraire l'eau bouillante aux cendres des plantes, dont on veut retirer les fels pour l'ufage de la Médecine. *Voyez* LIXIVIEL *fel*.

L'édulcoration chimique eft proprement une efpece de *lixiviation*. *Voyez* EDULCORATION *Chim.* (*b*).

LIXIVIEL, (*Chimie.*) nom qu'on donne au fel retiré des cendres des végétaux par la lixiviation. *Voy.* SEL LIXIVIEL. (*b*)

LIZIER, S. (*Géog.*) *fanctus Lycerius*, & dans les tems reculés *Auftria* ; ancienne ville de France en Guienne, capitale du Couférans, avec un évêché fuffragant d'Aufch. Elle a pris fon nom de *S. Lizier*, un de fes évêques, qui mourut en 752. Le diocèfe a feulement quatre-vingt-deux paroiffes, & vaut 18000 liv. de rentes à fon prélat. Ce n'eft que dans le douzieme fiecle, que les évêques de cette ville ont quitté le nom d'évêques d'Auftrie. *S. Lizier* eft fur le Salat, à 7 lieues de Pamiers, à 20 S. E. d'Aufch, 175 S. O. de Paris. *Long.* 18. 48. *lat.* 43. 1. (*D. J.*)

LL

LLACTA-CAMAYU, f. m. (*Hift. mod.*) c'eft ainfi qu'on nommoit chez les Péruviens du tems des Incas, un officier dont la fonction étoit de monter fur une petite tour, & d'annoncer au peuple affemblé la partie du travail à laquelle il devoit s'occuper le jour fuivant. Ce travail avoit pour objet l'agriculture, les ouvrages publics, la culture des terres du foleil, de celles des veuves & des orphelins, de celles des laboureurs, & enfin de celles de l'empereur.

LLAMA, f. m. (*Hift. nat. des anim. d'Amériq.*) les Efpagnols mouillent la premiere fyllabe de tous les mots qu'ils écrivent par deux *ll*. Animal à quatre piés du Pérou : il eft ainfi nommé par les Indiens du lieu. Les Efpagnols appellent les llamas, *carneros de tierra*, moutons du pays ; ce ne font pourtant pas des moutons.

Ces animaux ont environ quatre à cinq piés & demi de haut ; leur tête eft petite à proportion du corps, & tient en quelque chofe de celle du cheval & de celle du mouton. Leur levre fupérieure eft fendue au milieu, comme celle des lievres. Ils ont le col long, courbé en bas comme les chameaux à la naiffance du corps, & ils leur reffembleroient affez bien à cet égard, s'ils avoient une boffe fur le dos. Leur pié eft fendu comme celui des moutons; ils ont au-deffus du pié un éperon, dont ils fe fervent pour s'accrocher dans les rochers. Leur corps eft couvert de laine, qui rend une odeur forte & même defagréable ; elle eft longue, blanche, grife & rouffe par taches, affez belle, quoiqu'on la dife inférieure à celle de vigogne. Les Indiens en font une efpece de fil, qu'ils teignent avec le fuc de certaines plantes, mais ce n'eft pas fon feul ufage.

Avant que les Efpagnols euffent conquis le Pérou, les *llamas* y étoient les feuls animaux dont on fe fervoit pour porter les fardeaux ; à préfent ils partagent cette fatigue avec les chevaux, les ânes & les mules. On les emploie quelquefois dans les minieres pour porter le minerai au moulin, & plus fréquemment encore pour porter le *guana*, ou fiente des oifeaux, qui fait en partie les richeffes d'Arica, & de plufieurs autres lieux qui font fur la côte. Les *llamas* en portent jufqu'à cent livres pefant dans une efpece de beface, que les Efpagnols appellent *fforcas*. Dès qu'on les a chargés, ils marchent de bonne grace, la tête levée & d'un pas réglé, que les coups ne peuvent hâter ; quand on les bat pour y parvenir, ils fe couchent à terre, ou prennent la fuite, & grimpent jufqu'au haut des précipices dans des endroits inacceffibles.

Ils ne contient rien pour l'entretien, ni pour la nourriture de ces animaux, ni fer, ni bride, ni bâts. Il n'eft pas befoin d'avoine pour les nourrir ; on n'a d'autre foin à prendre qué de les décharger le foir, lorfqu'on arrive au lieu où on doit coucher ; ils vont paître dans la campagne, on les ramene le matin au lieu où on les a déchargés, on leur remet leur *fforcas*, & ils continuent volontiers leur route, qui eft chaque jour d'environ quatre lieues d'Amérique.

On peut voir la repréfentation de cet animal dans la relation de la mer du fud de Frézier ; le P. Feuillée reconnoît qu'elle eft très-fidelle. (*D. J.*)

LLAUTU, f. m. (*Hift. mod.*) c'étoit le nom que les Péruviens donnoient à une bandelette d'un doigt de largeur, attachée des deux côtés fur les tempes par un ruban rouge, qui fervoit de diadème aux Incas ou monarques du Pérou.

LLERENA, (*Géog.*) ville d'Efpagne dans l'Andaloufie, fur fes frontieres, au midi de la Guadiana. M. Baudrand qui eftropie trop fouvent les noms, appelle cette ville *Ellerena*. Elle fut bâtie en 1241, par les maîtres de l'ordre de S. Jacques, & déclarée cité en 1640 par Philippe IV. Les chevaliers en font feigneurs, & y entretiennent un évêque de leur ordre, relevant immédiatement du faint fiege. Cette ville eft fituée à 18 lieues S. E. de Mérida, & 20 N. E. de Séville dans une belle plaine, abondante en tout ce qui peut contribuer aux douceurs de la vie ; mais le tribunal de l'inquifition établi dans cette ville, ne concourt pas à fa félicité. *Long.* 12. 45. *lat.* 38. 8.

LLITHI, f. m. (*Bot. exot.*) arbre qui vient en plein vent au Chili, & en plufieurs endroits de l'Amérique. Je n'en connois que la defcription du P. Feuillée, qui eft très-incomplette, puifqu'elle ne dit rien de la fleur, du fruit & des graines : fon tronc à quatre ou cinq piés de circonférence ; fon bois eft blanc, fort dur, & devient rouge en fe féchant ; fon écorce est verdâtre, & donne en la coupant une eau de la même couleur. Ses branches sont chargées de feuilles alternes, longues d'un grand pouce & un peu moins larges, lisses, verd-gai, ovales, & assez semblables à celles de la lauréole. L'eau qui découle de cet arbre en le coupant, est d'une qualité caustique & vénéneuse, faisant enfler les parties du corps humain sur lesquelles elle tombe; mais le bois de l'arbre seroit admirable pour la construction des navires, car il devient encore plus dur dans l'eau; les naturels du pays en font divers ustensiles domestiques. (*D.J.*)

LLIVIA, (*Géog.*) ville d'Espagne dans la Catalogne, au comté de Cerdagne; elle est très-ancienne; mais ce n'est point la *Lilia*, *Lylia*, *Lybia* d'Antonin, ou l'*Oliba* de Ptolomée. *Lilivia* seroit plûtôt l'ancienne *Julia Lybica* du peuple *Cerretani*, au pié des Pyrénées, sur les frontieres de France. *Julia Lybica* est donnée pour ville unique des Cerretains, & *Llivia* a été la capitale de la Cerdagne ; mais son ancien lustre a passé, & ses murailles même ne subsistent plus. Elle est sur la Ségre, à 1 lieue de Puicerda, 2 de Mont-Louis, & 15 de Perpignan. *Long.* 19. 39. *lat.* 42. 31. (*D. J.*)

LO

LO, LOO, LOHE, (*Géog.*) ces mots demandent à être expliqués, parce qu'ils se rencontrent souvent dans ce dictionnaire en fait de géographie. Lazius prétend que dans le haut allemand, *lo*, *loo*, ou *lohe* veut dire la *flamme*, & qu'on appelle dans cette langue les comtes d'Hohenlo, ou d'Hohenloo, ou d'Hohenloh, ceux qu'on nomme en latin, *committes de altâ flammâ* ; dans la basse Allemagne , *lo*, ou *loo* signifient un *lieu élevé*, situé près des eaux & des marais; c'est en ce sens qu'on les prend dans les mots de *Loen*, *Looveen*, *Veenlo*, *Stadt-Loen*, &c. Il y a plusieurs noms dans les Pays-bas formés de cette maniere, comme *Tongerloo*, *Calloo*, *Westerloo*, enfin *loo* signifie quelquefois un *lieu ombragé* & boisé. (*D.J.*)

LO, *S. Fanum S. Laudi* (*Géog.*) petite ville de France, en basse Normandie, au diocese de Coutances, chef-lieu d'une élection dans la généralité de Caen. Quelques écrivains prétendent qu'elle est ancienne, & que son premier nom étoit *Briovera*, composé de deux mots, *bria* ou *briva*, un pont, & *Vera*, la riviere de Vire. Mais il paroit plus vraissemblable, qu'elle doit son origine & son premier nom à une église bâtie sous l'invocation de S. Lo, *S. Laudus*, ou *Laudo*, évêque de Coutances; mais le château du lieu, & qui vivoit sous le regne des enfans de Clovis; il y a de nos jours à S. Lo, une manufacture de serges, de raz, & d'empeignes de souliers, qui en prennent le nom. Cette ville est sur la Vire, dans un terrein fertile, à 6 lieues de Coutances, 58 N. E. de Paris. *Long.* 16. 32. *lat.* 49. 7.

L'abbé Joachim le Grand, éleve du P. le Cointe, naquit à *S. Lo* en 1653. Il fut secrétaire d'ambassade, en Espagne & en Portugal ; ses ouvrages historiques sont curieux & profonds. Il en a composé quelques-uns par ordre du ministere. On lui doit une excellente traduction françoise de la Relation de l'Abyssinie du Pere Lobo, jésuite. Il l'a enrichie de lettres, de mémoires, & de dissertations curieuses. Il avoit déja donné, long-tems auparavant, une traduction de l'histoire de l'île de Ceylan, du capitaine Ribeyro, avec des additions. Il mourut en 1733, âgé de 80 ans. *Voyez* le P. Niceron, *Mém. des hommes illustres*, *tom. XXVI*. (*D. J.*

LOANDA, (*Géog.*) petite île d'Afrique, sur la côte du royaume d'Angola, vis-à-vis de la ville de S. Paul de Léonda. C'est sur ces bords que l'on recueille ces petites coquilles appellées *zimbis*, qui servent de monnoie courante avec les Negres ; mais le droit de recueillir ces sortes de coquillages n'appartient qu'au roi de Portugal, car il fait une partie de ses domaines. Outre cet avantage, cette île en procure un autre, celui de fournir la ville d'eau douce. Les Portugais ont ici plusieurs habitations, des jardins où l'on éleve des palmiers, & des fours à chaux qui sont construits de coquilles d'huitres. (*D.J.*)

LOANDA, *S. Paul de*, (*Géog.*) ville d'Afrique, capitale du royaume d'Angola, dans la basse Guinée, avec un bon port, une forteresse, & un évêché suffragant de Lisbonne. On y compte un millier de maisons d'Européens, un plus grand nombre encore de maisons de Negres, qui sont les naturels du pays, & quantité d'esclaves. On y trafique par échange; & l'on y mange du pain de manioc. Les zimbis servent de petite monnoie, & les Negres tiennent lieu de la grosse monnoie dans le trafic. *Long.* 31. *lat. méridionale*, 8. 45. (*D. J.*)

LOANGO, ou LOWANGO, (*Géog.*) royaume d'Afrique dans la basse Guinée, sur la côte de l'Océan éthiopique. Il commence au cap Sainte-Catherine, par les 2 degrés de *latitude* méridionale, & finit par les 5 degrés de la même *latitude*, ce qui lui donne 3 degrés ou 75 lieues des côtes nord & sud. Son étendue est & ouest dans les terres est d'environ 100 lieues. Il est séparé du royaume de Congo par le Zaire, la capitale s'appelle *Loango*.

Les habitans de cette contrée sont noirs, & plongés dans l'idolâtrie; les hommes portent aux bras de larges bracelets de cuivre : ils ont autour du corps un morceau de drap, ou de peau d'animal, qui leur pend comme un tablier ; ils sont nuds depuis la ceinture en haut, mettent sur la tête des bonnets d'herbes, piqués avec une plume dessus, & une queue de buffle sur l'épaule, ou dans la main, pour chasser les mouches.

Les femmes ont des jupons ou *lavougus* de paille, qui couvrent ce qui distingue leur sexe, & ne se en trouvvent qu'à moitié, le reste de leur corps est nud par le haut & par le bas. Elles s'oignent d'huile de palmier & de bois rouge mis en poudre; elles portent toûjours sous le bras une petite natte, pour s'asseoir dessus par-tout où elles vont.

Ce sont elles qui gagnent la vie de leurs maris, comme font toutes les autres femmes de la côte d'Afrique; elles cultivent la terre, sement, moissonnent, servent leurs hommes à table, & n'ont pas l'honneur de manger avec eux.

Ils vivent les uns & les autres de poisson, & de viande à demi corrompue. Ils boivent de l'eau ou du vin de palmier, que ils tirent des arbres.

Le roi est despotique, & ce seroit un crime digne de mort d'oser le regarder boire; c'est pour cela qu'avant que sa majesté boive, on sonne une clochette, & tous les assistans baissent le visage contre terre; quand sa majesté a bû, on sonne encore la même clochette, & chacun se relève ; d'ailleurs, le roi mange rarement en présence de ses sujets, & même ce n'est que les jours de fêtes qu'il se montre en public.

Les revenus de l'état sont en cuivre, en dents d'éléphans, en habits d'herbes qu'on nomme *lavougus*, & dont le monarque a des magasins ; mais les principales richesses consistent en bétail, & en esclaves des deux sexes.

Ce pays nourrit des éléphans, quantité de buffles, de bœufs, de cerfs, de biches, de pourceaux, de volaille. Il abonde en tigres, en léopards, en civettes, & autres bêtes qui fournissent de belles fourrures. On y voit des singes à queue, que Van-den-Broeck a pris pour des hommes sauvages.

Les funérailles du peuple de *Loango* se font assez singulierement ; ils placent le mort sur une espece de bucher, dans la posture d'un homme assis, le couvrent d'un habit d'herbes, allument du feu tout autour, & après avoir entierement desseché le cadavre, ils le portent en terre avec pompe.

Dans ce royaume, les fils du roi ne sont pas les héritiers de la couronne, ce sont ceux de sa sœur ou de l'aîné de ses sœurs. Il a tant de femmes & d'enfans, qu'il y auroit toûjours des guerres entre eux si la succession pouvoit les regarder. (*D. J.*)

LOANGO, (*Géog.*) capitale du royaume de ce nom ; le roi y réside avec sa cour & son serrail ; l'enclos de sa demeure ou de son palais, est d'une palissade de branches de palmiers, & forme un quarré d'une très-grande étendue ; on y trouve les maisons de ses femmes & de ses concubines ; on reconnoît les unes & les autres à des brasselets d'ivoire, & elles sont étroitement gardées. Les bâtimens des autres habitans sont sur le modele de celui du roi ; ils ne se touchent pas, & sont bordés & entourés de bananas, de palmiers, & de bankoves. *Loango* est environ à deux lieues de la côte de l'Océan éthiopique. *Long.* 29. 15. *lat. mérid.* 4. 30. (*D. J.*)

LOANGO, *baie de*, (*Géog.*) elle se reconnoît aisément par les hautes montagnes rouges qui sont du côté de la mer, car il n'y en a point d'autres semblables sur la côte. Cette baie passe pour être bonne ; cependant à son entrée, vers l'extrémité septentrionale, il se trouve un banc qui court depuis la pointe, près d'une demi-lieue, le long de la côte. *Voyez* sur cette baie Van-den-Broeck, *Voyage de la Comp. des Indes orient.* tom. *IV. p.* 318. (*D. J.*)

LOANGO-MONGO, (*Géog.*) contrée d'Afrique dans la basse Ethiopie, contiguë à la province de Loangiri, ou Lovangiri. Cette contrée, dont on ignore les bornes orientales, est pleine de palmiers qui y produisent de l'huile en abondance. (*D. J.*)

LOBAW, (*Géog.*) *Lobavia*, petite place de la Prusse polonoise, qui donne son nom au canton circonvoisin. *Lobaw* est à 13 milles S. de Culm. *Long.* 37. 3. *lat.* 52. 38.

LOBE, ΛΟΒΟΣ, s. m. chez *les Anatomistes*, se dit de chacune des deux portions qui composent le poumon. *Voyez* POUMON.

Cette séparation en *lobes* sert à la dilatation du poumon, par leur moyen il reçoit une plus grande quantité d'air, d'où il arrive qu'il n'est pas trop pressé lorsque le dos est courbé. C'est pour cela que les animaux, qui sont toujours penchés vers la terre, ont le poumon composé de plus *lobes* que l'homme ; & même leur foie est partagé en plusieurs *lobes*, au lieu que celui de l'homme est un corps continu. *Voyez* nos *Planches d'Anatomie*, *& leur expl. Voyez aussi* FOIE.

Chacune des portions latérales du cerveau est distinguée en deux extrémités, une antérieure & une postérieure qu'on appelle *lobes du cerveau*, entre lesquels il y a inférieurement une grosse protubérance à laquelle on donne le même nom ; de sorte que chaque portion latérale a trois *lobes*, un antérieur, un moyen & un postérieur.

Les *lobes* antérieurs sont appuyés sur les parties de l'os frontal, qui contribue à la formation des orbites & des sinus frontaux, c'est-à-dire lorsqu'il y a endroits qu'on appelle communément *fosses antérieures de la base du crane.* Les *lobes* postérieurs sont posés sur la tente du cervelet, & les *lobes* moyens logés dans les fosses latérales ou moyennes de la base du crane. *Voyez* ORBITE, FRONTAL, *&c.*

La *lobe* antérieur & le *lobe* moyen sont séparés par un sillon très-profond & fort étroit qu'on appelle *fissure de Silvius* ou simplement *la grande fissure du cerveau. Voyez* CERVEAU.

LOBE se dit aussi du bout de l'oreille, qui est plus gras & plus charnu qu'aucune autre partie de l'oreille. *Voyez* OREILLE.

Du Laurent dit que le mot de *lobe* dans ce dernier sens, vient du grec λωβαν, *couvrir de honte* ou *être confus*, parce qu'on prétend que cette partie rougit dans les personnes qui ont de la honte.

LOBE s'emploie aussi en parlant des fruits & des grains.

C'est ainsi que la féve est composée de deux portions appellées *lobes*, qui sont enveloppées de la peau extérieure. Tous les autres grains, même les plus petits, sont partagés, ainsi que la féve, en deux *lobes* ou portions égales, comme le docteur Grew l'a fait voir dans son *anatomie des plantes. Voyez* FRUIT.

LOBES *d'une graine*, (*Jardinage.*) : une graine semée se partage ordinairement en deux *lobes* qui composent son corps même, & qui reçoivent chacune à travers la membrane appellée *secondine*, un des filets de la graine, lequel se divise en deux filamens, dont l'un se distribue dans toute l'étendue du *lobe*, & l'autre s'en va dans la radicule & dans la plume. Ces *lobes* ensuite grossissent & sortent de la terre pour former les feuilles qui ne sont autre chose que les *lobes* même étendus, sortis de la terre & changés en feuilles.

LOBETUM, (*Géog. anc.*) ville de l'Espagne Tarragonoise, selon Ptolomée, *liv. II. ch. vj*, c'est présentement *Albaracin*. (*D. J.*)

LOBRÉGAT, LE, (*Géog.*) nom commun à deux rivieres d'Espagne en Catalogne ; la premiere, en latin *Rubricatus*, tire sa source des montagnes, sur la frontiere de la Cerdagne, & se rend dans la Méditerranée ; la seconde coule dans l'Ampurdan, & se jette dans le golfe de Lyon auprès de la ville de Roses : c'est le *Clodianus* des anciens. (*D. J.*)

LOBULE, *lobellus*, *en Anatomie*, est un petit *lobe*, *Voyez* LOBE.

Chaque lobe du poumon est divisé en plusieurs lobes plus petits, ou *lobules*, qui sont attachés de chaque côté aux plus grosses branches de la trachée artere. Chaque *lobule* est composé d'un grand nombre de petites vessicules rondes, qui toutes communiquent ensemble. C'est dans ces vessicules que l'air entre par la trachée-artere dans le tems de l'inspiration ; & il en sort dans le tems de l'expiration. *Voyez nos Pl. d'Anat. &c. Voyez* aussi POUMON, TRACHÉE-ARTERE, *&c.*

LOCAL, ALE, adj. problème *local*, *en Mathématique*, est un problème dont la construction se rapporte à un lieu géométrique. *Voyez* LIEU. Ce mot de *problème local* n'est plus guere en usage.

Le problème *local* est du simple, lorsqu'il a pour lieu des lignes droites, c'est-à-dire lorsqu'il se résoud par l'intersection de deux droites ; ou *plan*, lorsqu'il peut se résoudre par les intersections de cercles & de droites ; ou *solide*, lorsqu'il ne peut se résoudre que par des intersections de sections coniques ou entre elles, ou avec des cercles ; ou bien enfin, il est *sur-solide*, ou *plus que solide*, lorsque sa solution demande la description d'une ligne d'un ordre plus élevé que le second. *Chambers.* (O)

LOCAL, (*Jurisprud.*) se dit de ce qui concerne spécialement un lieu : on appelle *coutume locale*, celle qui est particuliere à une seule ville, à une seigneurie. *Voyez* COUTUME.

On appelle *le local*, ce qui concerne la disposition des lieux. (*A*)

LOCARNO, (*Géog.*) en latin moderne *Locarnum*, les Allemands l'appellent *Luggaris*, ville commerçante de Suisse, capitale d'un bailliage de même nom, sur le lac Majeur, *lago Maggiore*, près de la riviere de Magia. Le bailliage de *Locarno* contient quarante-neuf paroisses, & est composé de vallées fertiles, arrosées de rivieres. Il se partage pour la police en quatre communautés. Le gouvernement civil, est aristo-démocratique, composé de nobles, d'anciens bourgeois & du peuple. La ville de *Locarno* est située au pié d'une montagne au centre du pays, qui abonde en pâturages, en vins, en fruits, à 18 lieues N. de Novarre, 17 N. O. de Milan. *Long.* 26. 16. *lat.* 46. 6ʹ.

Je ne connois d'hommes de lettres nés à *Locarno*, que Thaddée Dunus, médecin, qui fleurissoit dans le xvj. siecle. Il s'acquit dans ce siecle une grande réputation par ses ouvrages; on les a imprimés plusieurs fois à Zurich, où il s'étoit retiré à cause de la religion. (*D. J.*)

LOCATAIRE, s. m. (*Jurisprud.*) est celui qui tient quelque chose à loyer, comme une maison ou autre héritage, ou même quelque chose mobiliaire.

Dans tous baux à loyer ou à ferme, le *locataire* est appellé *preneur*; mais dans le discours ordinaire, le *locataire* d'une ferme est plus communément appellé *fermier*.

Pour les regles des fermes & des louages. *Voyez* FERME, LOUAGE, LOYER. (*A*)

LOCATION, s. f. (*Jurisprud.*) signifie l'acte par lequel l'un donne quelque chose à titre de louage, & l'autre le prend à ce même titre, ce qui s'appelle *conduction*. Ces termes *location* & *conduction* sont relatifs. *Voyez* aux Instituts le titre *de locatione* & *conductione*, & ci-après LOUAGE & LOYER. (*A*)

LOCCHEM, *Lochemum*, (*Géog.*) ville des Pays-bas Hollandois dans la Gueldres, au comté de Zultphem sur le Berckel, à 3 lieues de Zultphen. Les François la prirent en 1672, & l'abandonnerent en 1674, après en avoir rasé les fortifications. *Long.* 23. 58. *lat.* 52. 13. (*D. J.*)

LOCHE, s. f. (*Hist. nat. Ichtiolog.*) poisson rond. Rondelet en distingue quatre sortes; la premiere *cobites fluviatilis*, est la loche franche, ainsi nommée, parce qu'elle n'a point d'aiguillons, & qu'elle est plus tendre & plus douce au goût que les autres; on la trouve dans les ruisseaux & sur les bords des rivieres; elle est de la longueur du doigt; elle a le bec allongé; le corps est jaunâtre, marqué de taches noires, rond & charnu; il y a deux nageoires auprès des ouies, deux au ventre, une au-delà de l'anus, & une sur le dos.

La seconde espece de *loche*, *cobites aculeata*, differe de la premiere en ce qu'elle est plus grande & plus large; son corps est rond & non pas applati. Il y a un aiguillon au couvercle des ouies.

La troisieme espece, *cobites barbatula*, *loche* ou *lochette*, est aussi appellée *mouteille*. *Voyez* MOUTEILLE. Ces trois especes se trouvent dans l'eau douce.

La quatrieme, *aphia cobites*, se trouve dans les étangs & en mer; elle ne differe du goujon qu'en ce qu'elle est plus petite; elle differe aussi de la *loche* de riviere, en ce qu'elle est plus courte & plus grosse. *Voyez* Rondelet, *Hist. des poissons*.

LOCHES, (*Géog.*) en latin *Luccæ*, petite ville de France en Touraine, remarquable par ses mouvances. Elle est sur l'Indre, à 8 lieues S. d'Amboise, 10 S. E. de Tours, 55 S. O. de Paris. *Long.* 18ᵈ. 39ʹ. 22ʺ. *lat.* 47ᵈ. 7ʹ. 37ʺ.

C'est dans le chœur de l'église collégiale de Notre-Dame de *Loches* qu'est le tombeau d'Agnès Sorelle, la belle Agnès que Charles VII. n'eut pas plutôt vu, qu'il en devint éperdument amoureux. La tombe de sa maîtresse est de marbre noir, & deux anges tiennent l'oreiller sur lequel repose sa tête. On lit autour de ce tombeau cette épitaphe: « Cy gist no-

» ble demoiselle Agnès Senrelle, en son vivant dame » de hauté, Rochesserie, Issodun, Vernon sur Seine, » piteuse envers tous, donnant largement de ses » biens aux églises & aux pauvres, laquelle trépassa » le neuvieme jour de Février 1449 ». Charles VII. l'adora pendant sa vie, jusqu'à quitter, pour l'amour d'elle, tout le soin du gouvernement. Ce prince lui survécut douze ans, & n'eut point de part aux prodiges de son regne, la fortune seule les produisit en dépit de son indifférence pour les affaires publiques. (*D. J.*)

LOCHER, (*Maréch.*) fer qui *loche*, se dit en parlant du fer du cheval qui branle & qui est prêt à se détacher tout-à-fait.

LOCHER, *en terme de Rafinerie*, c'est détacher le pain de la forme en le secouant sans l'en tirer. Sans cela on risqueroit de casser les têtes en plamotant. *Voyez* PLAMOTER.

LOCHIA, (*Géog. anc.*) λοχίας, ἄχρα, promontoire d'Egypte auprès de Pharos, selon Stabon, *liv. XVII. p. 795.* Ortelius pense que c'est aujourd'hui *Castelleto*. (*D. J.*)

LOCHQUHABIR, *Leucopibia*, (*Géog.*) province maritime de l'Ecosse septentrionale. Elle abonde en pâturage, en lacs & rivieres, qui fournissent beaucoup de poisson. La capitale est Inverlochi.

LOCHTOA, (*Géog.*) riviere de Finlande dans la Bothnie orientale. Elle a sa source dans une grande chaîne de montagnes, qui séparent la Cajanie de la Thavastie, & va se perdre dans le golfe de Bothnie. (*D. J.*)

LOCKE, PHILOSOPHIE DE, (*Hist. de la Philosoph. moder.*) Jean Locke naquit à Wrington, à sept ou huit milles de Bristol, le 29 Août 1631: son pere servit dans l'armée des parlementaires au tems des guerres civiles; il prit soin de l'éducation de son fils, malgré le tumulte des armes. Après les premieres etudes, il l'envoya à l'université d'Oxford, où il fit peu de progrès. Les exercices de collège lui parurent frivoles; & cet excellent esprit n'eût peut-être jamais rien produit, si le hasard, en lui présentant quelques ouvrages de Descartes, ne lui eût montré qu'il y avoit une doctrine plus satisfaisante que celle dont on l'avoit occupé; & que son dégoût, qu'il prenoit pour incapacité naturelle, n'étoit qu'un mépris secret de ses maîtres. Il passa de l'étude du Cartésianisme à celle de la Médecine, c'est-à-dire, qu'il prit des connoissances d'Anatomie, d'Histoire naturelle & de Chimie, & qu'il considéra l'homme sous le rapport de points de vûe intéressans. Il n'appartient qu'à celui qui a pratiqué la Médecine pendant long-tems d'écrire de la Métaphysique; c'est lui seul qui a vû les phénomènes, la machine tranquille ou furieuse, foible ou vigoureuse, saine ou brisée, délirante ou réglée, successivement imbécile, éclairée, stupide, bruyante, muette, léthargique, agissante, vivante & morte. Il voyagea en Allemagne & dans la Prusse. Il examina ce que la passion & l'intérêt peuvent sur les caracteres. De retour à Oxford, il suivit le cours de ses études dans la retraite & l'obscurité. C'est ainsi qu'on devient savant & qu'on reste pauvre: Locke le savoir & ne s'en soucioit guere. Le chevalier Ashley, si connu dans la suite sous le nom de *Shaftsbury*, s'attacha le philosophe, moins encore par les pensions dont il le gratifia, que par de l'estime, de la confiance & de l'amitié. On acquiert un homme du mérite de Locke, mais on ne l'achete pas. C'est que les riches, qui font de leur or la mesure de tout, ignorent, excepté peut-être en Angleterre. Il est rare qu'un lord ait eu à se plaindre de l'ingratitude d'un savant. Nous voulons être aimés: Locke le fut de milord Ashley, du duc de Bukingam, de milord Halifax; moins jaloux de leurs titres que de leurs lumieres, ils étoient vains

d'être son égal. Il accompagna le comte de Northumberland & son épouse en France & en Italie. Il fit l'éducation du fils de milord Ashley : les parens de ce jeune seigneur lui laisserent le soin de marier son éleve. Croit-on que le philosophe ne fut pas plus sensible à cette marque de considération, qu'il ne l'eût été au don d'une bourse d'or ? Il avoit alors trente-cinq ans. Il avoit connu que les pas qu'on feroit dans la recherche de la vérité seroient toûjours incertains, tant que l'instrument ne seroit pas mieux connu, & il forma le projet de son essai sur l'entendement humain. Depuis, sa fortune souffrit différentes révolutions ; il perdit successivement plusieurs emplois auxquels la bienveillance de ses protecteurs l'avoit élevé. Il fut attaqué d'éthisie ; il quitta son pays ; il vint en France où il fut accueilli par les personnes les plus distinguées. Attaché à milord Ashley, il partagea sa faveur & ses disgraces. De retour à Londres, il n'y demeura pas long-tems. Il fut obligé d'aller chercher de la sécurité en Hollande, où il acheva son grand ouvrage. Les hommes puissans sont bien inconséquens ; ils persécutent ceux qui font par leurs talens la gloire des nations qu'ils gouvernent, & ils craignent leur désertion. Le roi d'Angleterre offensé de la retraite de *Locke*, fit rayer son nom des registres du collège d'Oxford. Dans la suite, des amis qui le regrettoient solliciterent son pardon ; mais *Locke* rejetta avec fierté une grace que l'auroit accusé d'un crime qu'il n'avoit pas commis. Le roi indigné le fit demander aux états généraux, avec quatre-vingt-quatre personnes que le mécontentement de l'administration avoit attachées au duc de Montmouth dans une entreprise rebelle. *Locke* ne fut point livré ; il faisoit peu de cas du duc de Montmouth ; ses desseins lui paroissoient aussi périlleux que mal concertés. Il se sépara du duc, & se réfugia d'Amsterdam à Utrecht & d'Utrecht à Cleves, où il vécut quelque tems caché. Cependant les troubles de l'état cesserent, son innocence fut reconnue ; on le rappella, on lui rendit les honneurs académiques dont on l'avoit injustement privé; on lui offrit des postes importans. Il rentra dans sa patrie sur la même flotte qui y conduisoit la princesse d'Orange ; il ne tint qu'à lui d'être envoyé en différentes cours de l'Europe, mais son goût pour le repos & la méditation le détacha des affaires publiques, & il mit la derniere main à son traité de l'entendement humain, qui parut dans la premiere fois en 1697. Ce fut alors que le gouvernement rougit de l'indigence & de l'obscurité de *Locke* ; on le contraignit d'entrer dans la commission établie pour l'intérêt du commerce, des colonies & des plantations. Sa santé qui s'affoiblissoit ne lui permit pas de vaquer long-tems à cette importante fonction ; il s'en dépouilla, sans rien retenir des honoraires qui y étoient attachés, & se retira à vingt-cinq milles de Londres, dans une terre du comte de Marsham. Il avoit publié un petit ouvrage sur le gouvernement civil, *de imperio civili* ; il y exposoit l'injustice & les inconvéniens du despotisme & de la tyrannie. Il composa à la campagne son traité de l'éducation des enfans, sa lettre sur la tolérance, son écrit sur les monnoies, & l'ouvrage singulier intitulé *le christianisme raisonnable*, où il bannit tous les mysteres de la religion & des auteurs sacrés, restitue la raison dans ses droits, & ouvre la porte de la vie éternelle à ceux qui auront cru en J. C. réformateur, & pratiqué la loi naturelle. Cet ouvrage lui suscita des haines & des disputes, & le dégoûta du travail : d'ailleurs sa santé s'affoiblissoit. Il se livra donc tout-à-fait au repos & à la lecture de l'écriture sainte. Il avoit éprouvé que l'approche de l'été le ranimoit. Cette saison ayant cessé de produire en lui cet effet, il en conjectura la fin de sa vie, & sa conjecture ne fut que

trop vraie. Ses jambes s'enflerent ; il annonça lui-même sa mort à ceux qui l'environnoient. Les malades en qui les forces défaillent avec rapidité, pressentent, par ce qu'ils en ont perdu dans un certain tems, jusqu'où ils peuvent aller avec ce qui leur en reste, & ne se trompent guere dans leur calcul. *Locke* mourut en 1704, le 8 Novembre, dans son fauteuil, maître de ses pensées, comme un homme qui s'éveille & qui s'assoupit par intervalles jusqu'au moment où il cesse de se réveiller ; c'est-à-dire que son dernier jour fut l'image de toute notre vie.

Il étoit fin sans être faux, plaisant sans amertume, ami de l'ordre, ennemi de la dispute, consultant volontiers les autres, les conseillant à son tour, s'accommodant aux esprits & aux caracteres, trouvant par-tout l'occasion de s'éclairer ou d'instruire, curieux de tout ce qui appartient aux arts, prompt à s'irriter & à s'appaiser, honnête homme, & moins calviniste que socinien.

Il renouvella l'ancien axiome, il n'y a rien dans l'entendement qui n'ait été auparavant dans la sensation, & il en conclut qu'il n'y avoit aucun principe de spéculation, aucune idée de morale innée.

D'où il auroit pû tirer une autre conséquence très-utile ; c'est que toute idée doit se résoudre en derniere décomposition en une représentation sensible, & que puisque tout ce qui est dans notre entendement est venu par la voie de la sensation, tout ce qui fort de notre entendement est chimérique, ou doit en retournant par le même chemin trouver hors de nous un objet sensible pour s'y rattacher.

De-là une grande regle en philosophie, c'est que toute expression qui ne trouve pas hors notre esprit un objet sensible auquel elle puisse se rattacher, est sans idée.

Il me paroît avoir pris souvent pour des idées des choses qui n'en sont pas, & qui n'en peuvent être d'après son principe ; tel est, par exemple, le froid, le chaud, le plaisir, la douleur, la mémoire, la pensée, la réflexion, le sommeil, la volonté, &c. ce sont des états que nous avons éprouvés, & dont par lesquels nous avons inventé des figues, mais dont nous n'avons nulle idée, quand nous ne les éprouvons plus. Je demande à un homme ce qu'il entend par plaisir, quand il ne jouit pas, & par douleur, quand il ne souffre pas. J'avoue, pour moi, que j'ai beau m'examiner, que je n'apperçois en moi que des mots de réclame pour rechercher certains objets ou pour les éviter. Rien de plus. C'est un grand malheur qu'il n'en soit pas autrement ; car si le mot *plaisir* prononcé ou médité réveilloit en nous quelque sensation, quelque idée, & si ce n'étoit pas un son pur ; nous serions heureux autant & aussi souvent qu'il nous plairoit.

Malgré tout ce que *Locke* & d'autres ont écrit sur les idées & sur les lignes de nos idées, je crois la matiere toute nouvelle & la source intacte d'une infinité de vérités, dont la connoissance simplifiera beaucoup la machine, qu'on appelle *esprit*, & compliquera prodigieusement la science qu'on appelle *grammaire*. La logique notre pourroit se réduire à un très-petit nombre de pages ; mais plus cette étude sera courte, plus celle des mots sera longue.

Après avoir sérieusement réfléchi, on trouvera peut-être, *1°*. Que ce que nous appellons *liaison d'idées* dans notre entendement, n'est que la mémoire de la coexistence des phénomenes dans la nature ; & que ce que nous appellons dans notre entendement *conséquence*, n'est autre chose qu'un souvenir de l'enchaînement ou de la succession des effets dans la nature.

2°. Que toutes les opérations de l'entendement se réduisent ou à la mémoire des figues ou sons, ou à l'imagination ou mémoire des formes & figures.

Mais ce n'est pas assez, pour être heureux, que de

LOC

jouir d'un bon esprit, il faut encore avoir le corps sain. Voilà ce qui détermina *Locke* à composer son traité de l'éducation, après avoir publié celui de l'entendement.

Locke prend l'enfant quand il est né. Il me semble qu'il auroit dû remonter un peu plus haut. Quoi donc ? n'y auroit-il point de regles à prescrire pour la production d'un homme ? Celui qui veut que l'arbre de son jardin prospere, choisit la saison, prépare le sol, & prend un grand nombre de précautions, dont la plûpart me semblent applicables à un être de la nature beaucoup plus important que l'arbre. Jeveux que le pere & la mere soient sains, qu'ils soient contens, qu'ils ayent de la sérénité, & que le moment où ils se disposent à donner l'existence à un enfant soit celui où ils se sentent le plus satisfaits de la leur. Si l'on remplit d'amertume la journée d'une femme enceinte, croit-on que ce soit sans conséquences pour la plante molle qui germe & s'accroît dans son sein ? lorsque vous aurez planté dans vôtre verger un jeune arbrisseau, allez le secouer avec violence seulement une fois par jour, & vous verrez ce qui en arrivera. Qu'une femme enceinte soit donc un objet sacré pour son époux & pour ses voisins.

Lorsqu'elle aura mis au jour son fruit, ne le couvrez ni trop ni trop peu. Accoutumez-le à marcher tête nue, rendez-le insensible au froid des piés. Nourrissez-le d'alimens simples & communs. Allongez sa vie en abrégeant son sommeil. Multipliez son existence, en appliquant son attention & ses sens à tout. Amez le contre le hasard, en le rendant insensible aux contre-tems; armez-le contre le préjugé, en ne soûmettant jamais qu'à l'autorité de la raison ; si vous fortifiez en lui l'idée générale de l'ordre, il ancera le bien ; si vous fortifiez en lui l'idée générale de honte, il craindra le mal. Il aura l'ame élevée, si vous attachez ses premiers regards sur de grandes choses. Accoutumez le au spectacle de la nature, si vous voulez qu'il ait le goût simple & grand ; parce que la nature est toujours grande & simple. Malheur aux enfans qui n'auront jamais vû couler les larmes de leurs parens au récit d'une action généreuse ; malheur aux enfans qui n'auront jamais vû couler les larmes de leurs parens sur la misere des autres. La fable du Deucalion & Pyrrha repeuplant le monde en jettant des pierres derriere eux, l'este dans l'ame la plus sensible, une molécule qui tint de sa premiere origine, & qu'il faut travailler à reconnoitre & à amollir.

Locke avoit dit dans son essai sur l'entendement humain, qu'il ne voyoit aucune impossibilité à ce que la matiere pensât. Des hommes pusillanimes s'effrayerent de cette assertion. Et qu'importe que la matiere pense ou non ? Qu'est-ce que cela fait à la justice ou à l'injustice, à l'immortalité, & à toutes les vérités du systême, soit politique, soit religieux ?

Quand la sensibilité seroit le germe premier de la pensée, quand elle seroit une propriété générale de la matiere ; quand inégalement distribuée entre toutes les productions de la nature, elle s'exerceroit avec plus ou moins d'énergie selon la variété de l'organisation, quelle conséquence fâcheuse en pourroit-on tirer ? *aucune.* L'homme seroit toujours ce qu'il est, jugé par le bon & le mauvais usage de ses facultés.

LOCMAN, (*Marine.*) voyez LAMANEUR.

LOCORITUM, (*Géogr. anc.*) ancienne ville de la grande Germanie, selon Pline, *l. III. c. xj.* Pierre Bien conjecture que c'est aujourd'hui Forchheim-sf-le-Meyn.

LOCRA, (*Géogr. anc.*) riviere de l'île de Corse, qui, selon Ptolomée, *l. III. c. ij.* a son embouchure sur la côte occidentale. Léandre croit que c'est le *Talabo* de nos jours.

LOC 627

LOCRENAN, s. m. (*Com.*) grosse toile de chanvre écru qui se fabrique à *Locrenan* en Bretagne ; elle a 30 aunes de long, sur ⅞ de large ; on l'emploie en voiles pour barques petites & grandes, & chaloupes.

LOCRES ou LOCRIENS, (*Géogr. anc.*) peuples de la Grece propre, dans la Locride. *Voyez* LOCRIDE.

LOCRI, (*Géog. anc.*) ville de la grande Grece ; au midi de sa partie occidentale, auprès du promontoire *Zephirium*, en tirant vers le nord. Le nom du peuple étoit le même, *Locri* ou *Locrenses*. Tite-Live emploie l'un & l'autre. Le territoire & le pays étoit appellé par les Grecs Λοκρὶς, *Locride*, & le promontoire τῆς Λοκρίδος, *le promontoire de la Locride*.

LOCRIDE ou LOCRIS, (*Géogr. anc.*) contrée de l'Achaïe, le Parnasse, selon Strabon, la partageoit en deux parties.

Cellarius, *Géog. antiq. l. II. c. xiij.* dit que celle qui se trouvoit en-deçà de ce mont, étoit habitée par les Locres ozoles, *Locri ozolæ*, & bornée par l'Etolie & la Phocide : la partie au-delà du Parnasse s'étendoit vers le détroit des Thermopyles le long de la côte de l'Euripe, vis-à-vis de l'Eubée.

Les Locres qui habitoient au-delà du Parnasse, étoient divisés en deux peuples ; savoir, les Locres *opuntiens*, qui demeuroient le long de la mer d'Eubée, & les Locres *épicnemidiens* qui avoient pris leur nom de la montagne Cnémide, & habitoient les terres qui étoient entre cette montagne & le golfe Méliaque.

Ces trois sortes de Locres ou de Locriens avoient chacun leur capitale ; celle des Locres ozoles étoit Amphysse ; celle des Locres opuntiens étoit Opus, d'où ils tiroient leur nom ; & celle des Locres épicnémidiens étoit Cnémide, ainsi nommée de la montagne au pié de laquelle cette ville étoit bâtie.

Ptolomée vous indiquera les autres villes qu'il attribue à chacun de ces peuples. On peut aussi consulter le P. Briet, quoique sa division soit différente de celle de Ptolomée.

Je remarquerai seulement au sujet des Locres ozoles, qu'on les trouve aussi nommés par les anciens *Zephirii*, c'est-à-dire occidentaux, parce que leur pays s'étendoit à l'occident de la *Locride*. Il commençoit à *Naupactus*, aujourd'hui *Lépante*, & finissoit aux confins de la Phocide. Nous ignorons quel peuple étoient les Locres dont parle Virgile, *Æneide l. XI. v. 265.* & qu'il place sur le rivage de la Lybie : *Lybico ve habitantes littore Locros* ; c'étoit peut-être des Locres ozoles qui furent jettés par la tempête sur cette côte. (*D. J.*)

LOCULAMENTUM, (*Littér.*) ce mot désignoit chez les Romains un *étui* à mettre des livres ; car les anciens n'ayant pas l'usage de l'Imprimerie, ni de la Reliure, écrivoient leurs ouvrages sur des écorces d'arbres, sur du parchemin, sur du papyrus d'Egypte ; &, après les avoir roulés, ils les fermoient avec des bossettes d'ivoire ou de métal, & les mettoient dans des étuis, dans des compartimens ou niches faites exprès pour les conserver, & c'est ce qu'ils appelloient *loculamentum*. (*D. J.*)

LOCUTIUS, (*Mythol.*) le dieu de la parole chez les Romains ; c'est le même que Tite-Live, *l. V. c. l.* appelle *Aius Locutius* ; il faut lire l'*article* AIUS LOCUTIUS, je n'ai rien à y ajouter.

LODESAN, LE, (*Géogr.*) petit pays d'Italie, au duché de Milan, le long de la riviere de l'Adda. Il prend ce nom de Lodi sa capitale, & appartient à la maison d'Autriche, ainsi que le reste du Milanois.

LODEVE, (*Géogr.*) ancienne ville de France au bas Languedoc, avec un évêché suffragant de Narbonne, érigé par le pape Jean XXII. en 1316. Le nom latin *Lodeva* est *Lutera* & *Forum Neronis* ; je le

d'être son égal. Il accompagna le comte de Northumberland & son épouse en France & en Italie. Il fit l'éducation du fils de milord Ashley: les parens de ce jeune seigneur lui laisserent le soin de marier son éleve. Croit-on que le philosophe ne fut pas plus sensible à cette marque de considération, qu'il ne l'eût été au don d'une bourse d'or? Il avoit alors trente-cinq ans. Il avoit connu que les pas qu'on feroit dans la recherche de la vérité seroient toûjours incertains, tant que l'instrument ne seroit pas mieux connu, & il forma le projet de son essai sur l'entendement humain. Depuis, sa fortune souffrit différentes révolutions; il perdit successivement plusieurs emplois auxquels la bienveillance de ses protecteurs l'avoit élevé. Il fut attaqué d'éthisie; il quitta son pays; il vint en France où il fut accueilli par les personnes les plus distinguées. Attaché à milord Ashley, il partagea sa faveur & ses disgraces. De retour à Londres, il n'y demeura pas long-tems. Il fut obligé d'aller chercher de la sécurité en Hollande, où il acheva son grand ouvrage. Les hommes puissans sont bien inconséquens; ils persécutent ceux qui font par leurs taleus la gloire des nations qu'ils gouvernent, & ils craignent leur désertion. Le roi d'Angleterre offensé de la retraite de *Locke*, fit rayer son nom des registres du collège d'Oxford. Dans la suite, des amis qui le regrettoient solliciterent son pardon; mais *Locke* rejetta avec fierté une grace qui l'auroit accusé d'un crime qu'il n'avoit pas commis. Le roi indigné le fit demander aux états généraux, avec quatre-vingt-quatre personnes que le mécontentement de l'administration avoit attachées au duc de Montmouth dans une entreprise rebelle. *Locke* ne fut point livré; il faisoit peu de cas du duc de Montmouth; ses desseins lui paroissoient aussi périlleux que mal concertés. Il se sépara du duc, & se réfugia d'Amsterdam à Utrecht & d'Utrecht à Cleves, où il vécut quelque tems caché. Cependant les troubles de l'état cesserent, son innocence fut reconnue; on le rappella, on lui rendit les honneurs académiques dont on l'avoit injustement privé; on lui offrit des postes importans. Il rentra dans sa patrie sur la même flotte qui y conduisoit la princesse d'Orange; il ne tint qu'à lui d'être envoyé en différentes cours de l'Europe, mais son goût pour le repos & la méditation le détacha des affaires publiques, & il mit la derniere main à son traité de l'entendement humain, qui parut pour la premiere fois en 1697. Ce fut alors que le gouvernement rougit de l'indigence & de l'obscurité de *Locke*; on le contraignit d'entrer dans la commission établie pour l'intérêt du commerce, des colonies & des plantations. Sa santé qui s'affoiblissoit ne lui permit pas de vaquer long-tems à cette importante fonction; il s'en dépouilla, sans rien retenir des honoraires qui y étoient attachés, & se retira à vingt-cinq milles de Londres, dans une terre du comte de Marsham. Il avoit publié un petit ouvrage sur le gouvernement civil, *de imperio civili*; il y exposoit l'injustice & les inconvéniens du despotisme & de la tyrannie. Il fit paroître à la campagne son traité de l'éducation des enfans, sa lettre sur la tolérance, son écrit sur les monnoies, & l'ouvrage singulier intitulé *le christianisme raisonnable*, où il bannit tous les mystères de la religion & des auteurs sacrés, restitue la raison dans ses droits, & ouvre la porte de la vie éternelle à ceux qui auront cru en J. C. réformateur, & pratiqué la loi naturelle. Cet ouvrage lui suscita des ennemis & des disputes, & le dégoûta du travail: d'ailleurs sa santé s'affoiblissoit. Il se livra donc tout-à-fait au repos & à la lecture de l'écriture sainte. Il avoit éprouvé que l'approche de l'été le ranimoit. Cette raison ayant cessé de produire en lui cet effet, il en conjectura la fin de sa vie, & sa conjecture ne fut que trop vraie. Ses jambes s'enflerent; il annonça lui-même sa mort à ceux qui l'environnoient. Les malades en qui les forces défaillent avec rapidité, pressentent, par ce qu'ils en ont perdu dans un certain tems, jusqu'où ils peuvent aller avec ce qui leur en reste, & ne se trompent guere dans leur calcul. *Locke* mourut en 1704, le 8 Novembre, dans son fauteuil, maître de ses pensées, comme un homme qui s'éveille & qui s'assoupit par intervalles jusqu'au moment où il cesse de se réveiller; c'est-à-dire que son dernier jour fut l'image de toute notre vie.

Il étoit fin sans être faux, plaisant sans amertume, ami de l'ordre, ennemi de la dispute, consultant volontiers les autres, les conseillant à son tour, s'accommodant aux esprits & aux caractères, trouvant par-tout l'occasion de s'éclairer ou d'instruire, curieux de tout ce qui appartient aux arts, prompt à s'irriter & à s'appaiser, honnête homme, & moins calviniste que socinien.

Il renouvella l'ancien axiome, il n'y a rien dans l'entendement qui n'ait été auparavant dans la sensation, & il en conclut qu'il n'y avoit aucun principe de spéculation, aucune idée de morale innée.

D'où il auroit pû tirer une autre conséquence très-utile; c'est que toute idée doit se résoudre en derniere décomposition en une représentation sensible, & que puisque tout ce qui est dans notre entendement est venu par la voie de la sensation, tout ce qui sort de notre entendement est chimérique, ou doit en retournant par le même chemin trouver hors de nous un objet sensible pour s'y rattacher.

De-là une grande regle en philosophie, c'est que toute expression qui ne trouve pas hors notre esprit un objet sensible auquel elle puisse se rattacher, est vuide de sens.

Il me paroît avoir pris souvent pour des idées des choses qui n'en sont pas, & qui n'en peuvent être d'après son principe; tel est, par exemple, le froid, le chaud, le plaisir, la douleur, la mémoire, la pensée, la réflexion, le sommeil, la volonté, &c. ce sont des états que nous avons éprouvés, & pour lesquels nous avons inventé des signes, mais dont nous n'avons nulle idée, quand nous ne les éprouvons plus. Je demande à un homme ce qu'il entend par plaisir, quand il ne soit pas, & par douleur, quand il ne souffre pas. J'avoue, pour moi, que j'ai beau m'examiner, que je n'apperçois en moi que des mots de réclame pour rechercher certains objets ou pour les éviter. Peut-être. C'est un grand malheur qu'il n'en soit pas autrement; car si le mot *plaisir* prononcé ne réveilloit en nous quelque sensation, quelque idée, & si ce n'étoit pas un son pur; nous serions heureux autant & aussi souvent qu'il nous plairoit.

Malgré tout ce que *Locke* & d'autres ont écrit sur les idées & sur les signes de nos idées, je crois la matiere toute nouvelle & la source intacte d'une infinité de vérités, dont la connoissance simplifiera beaucoup la machine, qu'on appelle *esprit*, & compliquera prodigieusement la science qu'on appelle *grammaire*. La logique vraie peut se réduire à un très-petit nombre de regles; mais plus cette étude sera courte, plus celle des mots sera longue.

Après avoir sérieusement réfléchi, on trouvera peut-être, 1°. que ce que nous appelons *liaison d'idées* dans notre entendement, n'est que la mémoire de la coexistence des phénomènes dans la nature; & que ce que nous appelons dans notre entendement *conséquence*, n'est autre chose qu'un souvenir de l'enchaînement ou de la succession des effets dans la nature.

2°. Que toutes les opérations de l'entendement se réduisent ou à la mémoire des signes ou sons, ou à l'imagination ou mémoire des formes & figures.

Mais ce n'est pas assez, pour être heureux, que de

jouir d'un bon efprit, il faut encore avoir le corps fain. Voilà ce qui détermina *Locke* à compofer fon traité de l'éducation, après avoir publié celui de l'entendement.

Locke prend l'enfant quand il eft né. Il me femble qu'il auroit dû remonter un peu plus haut. Quoi donc ? n'y auroit-il point de regles à prefcrire pour la production d'un homme ? Celui qui veut que l'arbre de fon jardin profpere, choifit la faifon, prépare le fol, & prend un grand nombre de précautions, dont la plûpart me femblent applicables à un être de la nature beaucoup plus important que l'arbre. Je veux que le pere & la mere foient fains, qu'ils foient contens, qu'ils ayent de la férénité, & que le moment où ils fe difpofent à donner l'exiftence à un enfant foit celui où ils fe fentent le plus fatisfaits de la leur. Si l'on remplit d'amertume la journée d'une femme enceinte, croit-on que ce foit fans conféquences pour la plante molle qui germe & s'accroît dans fon fein ? lorfque vous aurez planté dans vôtre verger un jeune arbriffeau, allez le fecouer avec violence feulement une fois par jour, & vous verrez ce qui en arrivera. Qu'une femme enceinte foit donc un objet facré pour fon époux & pour fes voifins.

Lorfqu'elle aura mis au jour fon fruit, ne le couvrez ni trop ni trop peu. Accoutumez-le à marcher tête nue, rendez-le infenfible au froid des piés. Nourriffez-le d'alimens fimples & communs. Allongez fa vie en abrégeant fon fommeil. Multipliez fon exiftence, en appliquant fon attention & fes fens à tout. Armez-le contre le hafard, en le rendant infenfible aux contre-tems; armez-le contre le préjugé, en ne le foumettant jamais qu'à l'autorité de la raifon; fi vous fortifiez en lui l'idée générale de l'ordre, il aimera le bien; fi vous fortifiez en lui l'idée générale de honte, il craindra le mal. Il aura l'ame élevée, fi vous attachez fes premiers regards fur de grandes chofes. Accoutumez le au fpectacle de la nature, fi vous voulez qu'il ait le goût fimple & grand; parce que la nature eft toujours grande & fimple. Malheur aux enfans qui n'auront jamais vû couler les larmes de leurs parens au récit d'une action généreufe; malheur aux enfans qui n'auront jamais vû couler les larmes de leurs parens fur la mifere des autres. La fable du duc Deucalion & Pyrrha repeuplerent le monde en jettant des pierres derriere eux. Il refte dans l'ame la plus fenfible, une molécule qui tient de fa premiere orígne, & qu'il faut travailler à reconnoître & à amollir.

Locke avoit dit dans fon effai fur l'entendement humain, qu'il ne voyoit aucune impoffibilité à ce que la matiere penfât. Des hommes pufillanimes s'effrayeront de cette affertion. Et qu'importe que la matiere penfe ou non ? Qu'eft-ce que cela fait à la juftice ou à l'injuftice, à l'immortalité, & à toutes les vérités du fyftême, foit politique, foit religieux? Quand la fenfibilité feroit le germe premier de la penfée, quand elle feroit une propriété générale de la matiere; quand inégalement diftribuée entre toutes les productions de la nature, elle s'exerceroit avec plus ou moins d'énergie felon la variété de l'organifation, quelle conféquence fâcheufe en pourroit-on tirer ? aucune. L'homme feroit toujours ce qu'il eft, jugé par le bon & le mauvais ufage de fes facultés.

LOCMAN, (*Marine.*) *voyez* LAMANEUR.

LOCORITUM, (*Géogr. anc.*) ancienne ville de la grande Germanie, felon Pline, *l. II. c. xj*. Pierre Apien conjecture que c'eft aujourd'hui Forchcimfur-le-Meyn.

LOCRA, (*Géogr. anc.*) riviere de l'île de Corfe, qui, felon Ptolomée, *l. III. c. ij.* a fon embouchure fur la côte occidentale. Léandre croit que c'eft le *Talabo* de nos jours.

LOCRENAN, f. m. (*Com.*) groffe toile de chanvre écru qui fe fabrique à *Locrenan* en Bretagne; elle a 30 aunes de long, fur ⅞ de large; on l'emploie en voiles pour barques petites & grandes, & chaloupes.

LOCRES ou LOCRIENS, (*Géogr. anc.*) peuples de la Grece propre, dans la Locride. *Voyez* LOCRIDE.

LOCRI, (*Géog. anc.*) ville de la grande Grece, au midi de la partie occidentale, auprès du promontoire *Zephirium*, en tirant vers le nord. Le nom du peuple étoit le même, *Locri* ou *Locrenfis.* Tite-Live emploie l'un & l'autre. Le territoire & le pays étoit appellé par les Grecs Λοκρίς, *Locride*, & le promontoire ἄκρα τῆς Λοκρίδος, *le promontoire de la Locride*.

LOCRIDE ou LOCRIS, (*Géogr. anc.*) contrée de l'Achaïe; le Parnaffe, felon Strabon, la partageoit en deux parties.

Cellarius, *Géog. antiq. l. II. c. xiij.* dit que celle qui fe trouvoit en-deçà de ce mont, étoit habitée par les Locres ozoles, *Locri ozolæ*, & bornée par l'Etolie & la Phocide: la partie au-delà du Parnaffe s'étendoit vers le détroit des Thermopyles le long de la côte de l'Euripe, vis-à-vis de l'Eubée.

Les Locres qui habitoient au-delà du Parnaffe étoient divifés en deux peuples; favoir, les Locres *opuntiens*, qui demeuroient le long de la mer d'Eubée, & les Locres *épicnemidiens* qui avoient pris leur nom de la montagne Cnémife, & habitoient les terres qui étoient entre cette montagne & le golfe Méliague.

Ces trois fortes de Locres ou de Locriens avoient chacun leur capitale; celle des Locres ozoles étoit Amphyffe; celle des Locres opuntiens étoit Opus, d'où ils tiroient leur nom; & celle des Locres épicnémidiens étoit Cnémide, ainfi nommée de la montagne au pié de laquelle cette ville étoit bâtie.

Ptolomée vous indiquera les autres villes qu'il attribue à chacun de ces peuples. On peut auffi confulter le P. Briet, quoique la divifion foit différente de celle de Ptolomée.

Je remarquerai feulement au fujet des Locres ozoles, qu'on les trouve auffi nommés par les anciens *Zephirii*, c'eft-à-dire occidentaux, parce que leur pays s'étendoit à l'occident de la *Locride*. Il commençoit à *Naupactus*, aujourd'hui *Lépante*, & finiffoit aux confins de la Phocide. Nous ignorons quel peuple étoient les Locres dont parle Virgile, *Æneide l. XI. v. 265.* & qu'il place fur le rivage de la Lybie: *Lybico ve habitantes littore Locros*; c'étoit peut-être des Locres ozoles qui furent jettés par la tempête fur cette côte. (*D. J.*)

LOCULAMENTUM, (*Littér.*) ce mot défignoit chez les Romains un *étui* à mettre des livres; car les anciens n'ayant pas l'ufage de l'Imprimerie, ni de la Reliure, écrivoient leurs ouvrages fur des écorces d'arbres, fur du parchemin, fur du papyrus d'Egypte; &, après les avoir roulés, ils les fermoient avec des boffettes d'ivoire ou de métal, & les mettoient dans des étuis, dans des compartimens ou niches faites exprès pour les conferver, & c'eft ce qu'ils appelloient *loculamentum*. (*D. J.*)

LOCUTIUS, (*Mythol.*) le dieu de la parole chez les Romains; c'eft le même que Tite Live, *l. V. c. l.* appelle *Aius Locutius*, il faut lire l'*article Aius Locutius*, je n'ai rien à y ajouter.

LODESAN, LE, (*Géogr.*) petit pays d'Italie, au duché de Milan, le long de la riviere de l'Adda. Il prend ce nom de Lodi fa capitale, & appartient à la maifon d'Autriche, ainfi que le refte du Milanois.

LODEVE, (*Géogr.*) ancienne ville de France au bas Languedoc, avec un évêché fuffragant de Narbonne, érigé par le pape Jean XXII. en 1316. Le nom latin *Lodeva* eft *Lutera* & *Forum Neronis*; je le prouve, parce que Pline, *l. III. c. iv.* en nomme les habitans *Lutevani*, qui eft *Foroneronienfes*; le même auteur ajoute que c'étoit une ville latine, fans doute à caufe de la colonie, à l'occafion de laquelle on l'avoit furnommée *Forum Neronis*. Elle a eu fes vicomtes, ainfi que les autres villes du Languedoc; *voyez* Catel, *Hift. du Languedoc, l. II. c. vij. p. 296.* & Hift. Valefius, *Notit. Gall. p. 274.* Quoique fituée dans un pays fec & ftérile, fes feules manufactures de draps & de chapeaux la font fleurir. Elle eft fur la Lergue, au pié des Cévennes, à 9 lieues de Beziers, 15 de Nifmes, 17 de Narbonne, 11 N. E. de Montpellier, 150 S. E. de Paris. *Long.* 21. *lat.* 43. 47.

Lodeve a l'honneur d'avoir donné naiffance à deux cardinaux, *Guillaume* de Mandagot, & *André-Hercule* de Fleury.

Le premier, mort à Avignon en 1321, fut fucceffivement archidiacre de Nifmes, prévôt de Touloufe, archevêque d'Embrun, d'Aix, & enfin cardinal & évêque de Paleftrine. Il avoit fait un traité d'élection des prélats, qu'on a imprimé à Cologne en 1573.

M. le cardinal de Fleury, mort à Iffy près de Paris en 1743, prefque nonagénaire, a été connu de tout le monde. Ce fut, dit *M. de Voltaire*, un homme des plus aimables, & de la fociété la plus délicieufe, jufqu'à l'âge de 73 ans; & quand à cet âge il eut pris en main le gouvernement de l'état, il fut regardé comme un des plus fages. Il conferva jufqu'à près de 90 ans une tête faine, libre & capable d'affaires. Depuis 1726 jufqu'à 1742, tout lui réuffit. Il prouva que les efprits doux & concilians font faits pour gouverner les autres. Il fut fimple & économe en tout, fans jamais fe démentir. La diftinction de la modeftie fut fon partage; & s'il y a eu quelque miniftre heureux fur la terre, c'étoit fans doute le cardinal de Fleury. (*D. J.*)

LODI, (*Géogr. anc. & mod.*) ancienne ville d'Italie, en Lombardie, au Milanois, dans le Pavefan, fur le Silaro. Les anciens l'ont connu fous le nom de *Laus Pompeia*. Pompée prit foin de la réparer, & elle devint une ville riche & floriffante; fon opulence excita la jaloufie des Milanois; ils formerent le deffein de la détruire, & l'exécuterent. Ce lieu n'eft plus qu'un village fur le chemin de Pavie; on l'appelle *Lodi Vecchio*, & l'on y a trouvé des médailles, des infcriptions & d'autres marques de fon antiquité.

Cinquante ans après la deftruction de cette ville, l'empereur Frédéric Barberouffe la fit rétablir, non pas cependant dans le terrein qu'elle occupoit autrefois, mais à trois milles de-là, fur l'Adda; elle fe maintint libre affez long tems, mais finalement elle fe foumit aux ducs de Milan, & devint la capitale du Lodefan. Othon & Acerbo Morena ont fait l'hiftoire de *Lodi*, *rerum Laudenfium*. Felix Ofio l'a rendue publique, & Leibnitz l'a inférée dans fon recueil des écrivains de Brunfwick.

Cette ville eft dans un fol agréable, fertile, arrofé d'eau, & abondant en toutes chofes, à 25 milles S. E. de Milan & de Pavie, 7 S. O. de Creme, 18 N. O. de Plaifance. *Long.* 27. 1. *latit.* 45. 18.

Maphée Vigius, né à *Lodi* en 1407, paffa pour le plus grand poëte latin, que l'on eût vu depuis plufieurs fiecles. Il fe fit une éminente réputation par fon XIII. livre de l'Enéide de Virgile, qui n'eft au fond qu'une entreprife ridicule. Son poëme fur les friponneries des payfans eft beaucoup mieux conçu. On trouve dans le Naudæana bien des particularités fort indifférentes aujourd'hui fur cet auteur. (*D. J.*)

LODIER ou LOUDIER, fubft. m. (*Com.*) groffe couverture piquée & remplie de laine en ploc entre deux étoffes ou toiles.

LODS & VENTES, (*Jurifprud.*) font le droit que l'on paye au feigneur féodal ou cenfier pour la vente qui eft faite d'un héritage mouvant de lui, foit en fief ou en cenfive.

Dans le pays de droit écrit, les droits que le contrat de vente occafionne, font appellés *lods*, tant pour les rotures que pour les fiefs dans les lieux où la vente des fiefs en produit; il en eft de même dans la coûtume d'Anjou, on y appelle *lods* les droits de tranfaction dûs, tant pour le fief que pour les rotures.

Dans la plûpart des autres coutumes, les *lods & ventes* ne font dûs que pour les rotures, & non pour les fiefs.

Le terme de *lods*, que l'on écrivoit auffi anciennement *los, loz* & *laods*, eft françois.

Les uns tirent fon origine du mot *leud*, qui, en langage thiais, c'eft-à-dire teutonique ou germanique, fignifie *fujet* & *vaffal*, de forte que droit de *lods* fignifieroit le droit que le fujet ou nouvel acquéreur doit au feigneur féodal.

De ce terme *leud* paroît dérivé celui de *leuda*, qui fignifie toute forte de redevance ou preftation, & principalement celle qui fe paye au feigneur du lieu pour la permiffion d'expofer des marchandifes en vente. En certains lieux on a dit *lauda* pour *leuda*, & quelques auteurs ont penfé que ce droit de *laude* avoit été ainfi nommé, parce qu'il fe paye pour *laudandâ venditione*; & il ne feroit pas bien extraordinaire que de *lauda* on eût fait *laudes* & *laudimia*, qui font les différentes dénominations latines, dont on fe fert pour exprimer les *lods* dûs au feigneur pour la vente d'un héritage roturier, & en françois *laods*, comme on l'écrivoit anciennement.

On trouve auffi qu'anciennement *leuda* ou *leudum* fignifioit *compofition*; il eft vrai que ce terme n'étoit d'abord ufité que pour exprimer l'amende que l'on payoit pour un homicide, mais il paroît que dans la fuite *leudum, leuda* ou *lauda* furent pris pour toute forte de preftation ou tribut, comme on l'a dit d'abord.

D'autres, comme Alciat, prétendent que les *lods, laudimia*, ont été ainfi nommés à *laudando id eft nominando autore*; car l'acheteur eft tenu de déclarer dans un certain tems au feigneur le nom de celui dont il a acquis.

D'autres encore tiennent que le terme de *lods*, pris pour le droit qui fe paye au feigneur en cas de vente d'un héritage roturier, vient de *los* ou *lods*, qui, dans l'ancien langage, fignifioit *gré, volonté, confentement*; on difoit alors *loër* pour *allouer, approuver, agréer, accorder*; on trouve fouvent en effet dans les anciens titres & cartulaires ces mots de *lode* ou *laude, confilio & affenfu*; pour *laudatione; pro laudationibus aut revestimentis*, *laudavimus & approbavimus*. L'ancienne chronique de faint Denis, *vol. I. chap. vij.* dit, *fans fon gré & fans fon lods*.

C'eft auffi dans ce même fens que le terme de *lods* ou *los* eft pris dans les anciennes coûtumes, tel que l'ancienne coûtume de Champagne & Brie, établie en Décembre 1224, *art. 4. li dires li doit loër, ne li doit mie contredire, &c.* Celle de Touloufe rédigée en 1285, *part. IV. tit. de feudis*, dit *laude verit vel conceffit*; celle de Valois, *art. 14.* dit *los & choix*; & dans quelques coûtumes, les *lods & ventes, laods*, font appellés *honneurs, iffues, accordement*, parce que le feigneur cenfier, en les recevant, loue ou allüue, approuve, agrée & accorde la vente, & inveftit l'acquéreur de l'héritage qu'il a acquis, en reconnoiffance de quoi les *lods* lui font payés.

Ainfi il faut écrire *lods*, & non pas *lots*, comme quelques-uns le font mal-à-propos.

Pour ce qui eft du mot de *ventes*, que l'on joint affez

assez ordinairement avec celui de *lods*, il n'est pourtant pas toujours synonyme ; car, dans plusieurs coûtumes, comme Troyes & Sens, les *lods* sont dûs par l'acquéreur, & les *ventes* par le vendeur. C'est pourquoi, dans les anciens titres, on lit *lodes* ou *laudes*, & *vendas* : les *ventes* sont dûes par les vendeurs, pour la permission de vendre ; & les *lods*, par l'acquéreur, pour être reconnu propriétaire par le seigneur.

On disoit anciennement *venditio*, dans la même signification que la laude ou louade, *leuda*, pour exprimer le droit qui se payoit au seigneur pour toute sorte de *ventes*.

La coûtume de Sens dit qu'en aucuns lieux il n'y a que *lods* ou *ventes* seulement.

Celle de Paris ne se sert que du terme de *ventes*, & néanmoins dans l'usage on y confond les *lods & ventes*, & l'on joint ordinairement ces deux termes ensemble, comme ne signifiant qu'un même droit qui est dû par le nouvel acquéreur.

L'usage des *lods & ventes* ne peut être plus ancien que celui des baux à cens, qui a produit la distinction des héritages roturiers d'avec les fiefs, & a donné occasion de percevoir des *lods & ventes* aux mutations par vente des héritages roturiers ; on ne trouve même guere d'actes où il soit parlé de *lods & ventes* avant le xij. siecle.

Les *lods & ventes*, ou *lods* simplement, sont dûs pour les mutations par vente ou par contrat équipolent à vente.

Ils se perçoivent à proportion du prix porté par le contrat ; si le seigneur trouve ce prix trop foible, il peut user du retrait féodal, si c'est un fief ; ou du retrait censuel, si c'est une roture, & que le retrait censuel ait lieu dans le pays.

La coûtume d'Auvergne donne au seigneur le droit de sujet, c'est-à-dire de faire surenchérir l'héritage.

Il est aussi dû des *lods* en cas d'échange, suivant les édits & déclarations qui ont assimilé les échanges aux *ventes*.

Le decret volontaire ou forcé, le contrat de bail à rente rachetable, la vente à faculté de réméré, le contrat appellé *datio in solutum*, & la donation à titre onéreux, produisent des *lods & ventes*.

Mais il n'en est pas dû pour une vente à vie, ni pour un bail emphytéotique, à moins qu'il n'y ait eu des deniers donnés pour entrée.

Il n'en est pas dû non plus pour la résolution du contrat de vente, lorsqu'elle est faite pour une cause inhérente au contrat même, mais seulement lorsque le contrat est résolu volontairement pour une cause postérieure au contrat.

Les privilégiés qui sont exempts des droits seigneuriaux en général dans la mouvance du roi, sont conséquemment aussi exempts des *lods & ventes*.

La quotité des *lods & ventes* est différente, selon les coûtumes.

Dans celles d'Anjou & Maine, le droit de *ventes* est de 20 deniers tournois pour livre, sinon en quelques contrées où il y a *ventes* & issues, qui sont de 3 s. 4 d. pour livre.

Quelques coûtumes, comme Lagny, disent que les *lods & ventes* sont de 3 s. 4 d. & se payent par le vendeur ; & quand il est dit, *francs deniers*, l'acquéreur doit les venteroles, qui sont de 20 deniers tournois par livre.

A Paris & dans plusieurs autres coûtumes, les *lods & ventes* sont de 12 deniers ; dans d'autres coûtumes, ils sont plus ou moins forts.

Dans le pays de Droit écrit, les *lods* sont communément du sixieme plus ou moins, ce qui dépend des titres & de l'usage, il y a des cas où il n'est dû qu'un milod. *Voyez* MILOD.

Les commentateurs des coûtumes ont traité des *lods & ventes* sur le titre des fives.

M. Guyot, *tome III.* de ses traités ou discours sur les matieres féodales, a fait un traité particulier du quint & des *lods & ventes*, *Voyez* CENSIVE, FIEF & MUTATION, SEIGNEUR, ROTURE. (*A*)

LOEWENSTEIN, *Lovesteniensis comitatus*, (*Géog.*) petit comté d'Allemagne en Franconie, long de quatre lieues sur deux de large, & n'ayant rien de remarquable.

Il n'en est pas de même du château de *Loewenstein* en Hollande, situé à la pointe de l'île de Bomenel, entre la Meuse & le Wahal, vis-à-vis de Workum. Ce château réservé de nos jours pour les prisonniers d'état, est bien autrement cher aux habitans des Provinces-Unies, pour avoir été le premier lieu qui affranchit les peuples belgiques du joug tyrannique espagnol. Un nommé Henri Ruyter, nom heureux aux Hollandois, homme plein de bravoure, fit en 1571, une des actions les plus hardies, dont il soit parlé dans l'histoire. Il osa le premier, & lui quatrieme, lever l'étendard de la liberté contre toute la puissance du duc d'Albe. Il surprit ce château de *Loewenstein*, y entra en habit de cordelier, avec ses trois compagnons, égorgea la garnison, & se rendit maître de la place. Le duc d'Albe envoya des troupes qui le canonnerent, & fondirent dedans par la breche. Ruyter n'espérant aucune capitulation, se jette dans le magasin des poudres ; là tenant d'une main le sabre dont il étoit armé, épuisé & percé de coups, il mit de l'autre main le feu aux poudres, & fit sauter avec lui la plus grande partie de ses ennemis. Cet exploit releva singulierement le courage des confédérés. Dèslors on ne vit plus de leur part que des armées en campagne, des flottes sur mer, des villes attaquées & emportées d'assaut. Ce fut un feu qui courut toute la Flandres. La Zélande, la Gueldres, l'Overissel, la Frise occidentale, embrasserent le parti de la Hollande ; & l'entiere défection de la tyrannie d'Espagne s'acheva l'année suivante. (*D. J.*)

LOF, s. m. (*Marine*.) c'est la moitié du vaisseau considéré par une ligne qui le diviseroit également de proue à poupe, laissant une moitié à stribord du grand mât, & l'autre moitié à bas-bord ; & celle qui se trouve au vent s'appelle *lof*. Ce terme a différentes significations, suivant qu'il est joint à d'autres, dont voici les principales :

Au lof, commandement d'aller au plus près du vent.

Bouter le lof, c'est mettre les voiles en écharpe pour prendre le vent.

Être au lof, c'est être sur le vent, s'y maintenir. Dans la Méditerrannée on dit *être au lof*, quand on parle du côté du vaisseau qui est vers la mer, & *être à rive*, lorsqu'on est du côté qui regarde la terre.

Tenir le lof, c'est serrer le vent, prendre le vent de côté.

Lof signifie encore le point d'une basse voile qui est vers le vent ; ainsi *lever le grand lof*, c'est lever le *lof* de la grande voile.

Lof au lof, commandement de mettre le vaisseau de telle forte qu'il le fasse venir vers le *lof*, c'est-à-dire vers le vent.

Lof pour lof, commandement de virer vent arriere, en mettant au vent un côté du vaisseau pour l'autre.

LOFNA, (*Mythologie*.) c'est ainsi que les anciens Goths appelloient une déesse, dont la fonction étoit de reconcilier les époux & les amans les plus désunis.

LOG, s. m. (*Mes. juive.*) mesure des liquides chez les Hébreux, qui contenoit un caph & un tiers, c'est-à-dire cinq sixiemes d'une pinte d'Angleterre.

Il est fait mention du *log* au *II. liv.* des Rois, *vj.* 25, comme d'une mesure de tous liquides. Dans le Lévitique, *chap. xiv. v.* 12, ce mot signifie particulierement la mesure d'huile, que les Lépreux étoient obligés d'offrir au temple après leur guérison.

Suivant les écrivains juifs, le *log* faisoit la quatrieme partie d'un *caph*, la douzieme d'un *hin*, la soixante-douzieme d'un *bath*, ou *épha*, & la sept cens vingtieme d'un *choron* ou *chomer*. Cet article, pour le dire en passant, contient plus d'erreurs que de lignes dans le dictionnaire de Trévoux. *Voyez* l'appréciation du *log*, au *mot* MESURE. (*D. J.*)

LOGARITHME, s. m. (*Arithmét.*) nombre d'une progression arithmétique ; lequel répond à un autre nombre dans une progression géométrique.

Pour faire comprendre la nature des *logarithmes*, d'une maniere bien claire & bien distincte, prenons les deux especes de progression qui ont donné naissance à ces nombres ; savoir, la *progression géométrique*, & la *progression arithmétique* : supposons donc que les termes de l'une soient directement posés sous les termes de l'autre, comme on le voit dans l'exemple suivant,

1. 2. 4. 8. 16. 32. 64. 128.
0. 1. 2. 3. 4. 5. 6. 7.

en ce cas, les nombres de la progression inférieure, qui est arithmétique, sont ce que l'on appelle les *logarithmes* des termes de la progression géométrique qui est en-dessus ; c'est-à-dire que o est le *logarithme* de 1, 1 est le *logarithme* de 2, 2 est le *logarithme* de 4, & ainsi de suite.

Ces *logarithmes* ont été inventés pour rendre le calcul plus expéditif, comme on le verra plus bas.

Le mot *logarithme* est formé des mots grecs λόγος, *raison*, & ἀριθμὸς, *nombre* ; c'est-à-dire *raison de nombres*.

Afin que l'on entende maintenant la doctrine & l'usage des *logarithmes*, il faut se rendre bien attentif aux propositions suivantes.

Proposition premiere. En supposant que le *logarithme* de l'unité soit 0, le *logarithme* du produit de deux nombres quelconques, tels que 4 & 8, sera toujours égal à la somme 5 des *logarithmes* des deux racines ou produisans ; ce qui est évident par les deux progressions que l'on a citées, car ajoutant 2 à 3, on a la somme 5, qui est le *logarithme* du produit 32, ce qui doit arriver effectivement ; car puisque $4 \times 8 = 32$, l'on aura cette proportion géométrique, 1.4::8.32, dont les *logarithmes* doivent une proportion arithmétique, ainsi l'on aura $l\,1.\,l\,4 :: l\,8.\,l\,32$ (là la lettre *l* signifie le *logarithme* du nombre qu'elle précede) ; mais on sait que dans une proportion arithmétique, la somme des extrêmes est égale à la somme des moyens ; ainsi $l\,1 + l\,32 = l\,4 + l\,8$; or le *logarithme* de 1 ou $l\,1 = 0$ (par la supp.) donc $l\,32 = l\,4 + l\,8$. C. Q. F. D.

Proposition seconde. Le *logarithme* du quotient 16 du nombre 64 divisé par 4, est égal à la différence qu'il y a entre le *logarithme* de 64 & le *logarithme* de 4 ; c'est-à-dire que $l\,16 = l\,64 - l\,4$; car par la supposition $\frac{64}{4} = 16$; donc en multipliant par 4, $64 \times 1 = 16 \times 4$, ainsi 1.4::16.64 ; donc $l\,1 + l\,64 = l\,4 + l\,16$. Or $l\,1 = 0$; par conséquent $l\,64 = l\,4 + l\,16$; donc enfin $l\,64 - l\,4 = l\,16$. C. Q. F. D.

Proposition troisieme. Le *logarithme* d'un nombre n'est que la moitié du *logarithme* de son quarré. *Démonstration* ; prenez 8, quarrez le, vous aurez 64. Il faut donc prouver que $l\,8 = \frac{l\,64}{2}$: par la supposition $8 \times 8 = 64 \times 1$; donc 1. 8 :: 8. 64 ; ainsi $l\,1.\,l\,8 :: l\,8.\,l\,64$; donc $l\,1 + l\,64 = l\,8 + l\,8 = 2\,l\,8$, or $l\,1 = 0$; donc $l\,64 = 2\,l\,8$, & par conséquent en divisant l'un & l'autre nombre par 2, on aura $\frac{l\,64}{2} = l\,8$. C. Q. F. D.

Proposition quatrieme. Le *logarithme* d'un nombre n'est que le tiers du *logarithme* de son cube. *Démonstration* ; prenez le nombre 2 & faites son cube 8, je dis que $l\,2 = \frac{l\,8}{3}$, car puisque $4 \times 2 = 8 \times 1$, on aura 1. 4 :: 2. 8 ; donc $l\,1.\,l\,4 :: l\,2.\,l\,8$; or par la démonstration précédente, 4 étant le quarré de 2, $l\,4 = 2\,l\,2$; donc $l\,1.\,2\,l\,2 :: l\,2.\,l\,8$; par conséquent $l\,1 + l\,8 = 2\,l\,2 + l\,2 = \frac{3}{1}\,l\,2$, & comme $l\,1 = 0$, on aura $l\,8 = 3\,l\,2$; donc $l\,\frac{8}{3} = l\,2$. C. Q. F. D.

Les propriétés que nous venons de démontrer, ont servi de fondement à la construction des tables des *logarithmes*, moyennant lesquelles on fait par l'addition & la soustraction, les opérations que l'on seroit obligé sans leurs secours, d'exécuter avec la multiplication, la division & l'extraction des racines, comme on va le faire voir en reprenant les deux progressions précédentes :

$+$ 1. 2. 4. 8. 16. 32. 64. 128. &c.
$+$ 0. 1. 2. 3. 4. 5. 6. 7. &c.

Voulez-vous multiplier 4 par 16, cherchez les *logarithmes* 2. 4. qui répondent à ces nombres, faites-en la somme 6, elle est le *logarithme* de leur produit 64.

Cherchez donc dans la table le nombre qui répond au *logarithme* 6, vous trouverez 64, qui est effectivement le produit de 4 par 16.

S'il s'agissoit de diviser 128 par 8, on chercheroit les *logarithmes* 7, 3. De ces nombres on ôteroit 3 de 7, le reste 4 seroit le *logarithme* de leur quotient, auquel répond le nombre 16.

Si on cherche la racine quarrée de 64, on n'a qu'à prendre la moitié de son *logarithme* 6, auquel répond 8 ; ainsi 8 est la racine quarrée de 64.

Il n'est pas plus difficile de trouver la racine cubique de 64, prenez le tiers de son *logarithme* 6, vous aurez 2, auquel répond 4.

Ainsi 4 est la racine cubique de 64. On feroit donc avec une extrême facilité, les opérations les plus laborieuses du calcul, si l'on avoit les *logarithmes* d'une grande quantité de nombres ; & c'est à quoi l'on a tâché de parvenir dans la construction des tables des *logarithmes*.

La découverte des *logarithmes* est dûe au baron Neper, écossois, mort en 1618. Il faut avouer cependant que Stifelius, arithméticien allemand, avoit remarqué avant lui la propriété fondamentale des *logarithmes* ; savoir que le *logarithme* du produit de deux nombres est égal à la somme de leurs *logarithmes*. Mais cette propriété resta stérile entre ses mains, & il n'en tira aucun usage pour abreger les opérations, ce qui fait l'essentiel de la découverte de Neper. Kepler dit aussi que Juste-Byrge, astronome du landgrave de Hesse, avoit imaginé les *logarithmes* ; mais de l'aveu de Kepler même, l'ouvrage de Byrge en paroît, n'a jamais paru.

Neper publia en 1614, sa découverte dans un livre intitulé *mirifici logarithmorum canonis descriptio*. Les *logarithmes* des nombres qu'il donne dans cet ouvrage, different de ceux que nous employons aujourd'hui dans toutes les tables : dans les nôtres le *logarithme* de 10 est l'unité, ou ce qui est la même chose, 1, 000000 ; dans celles de Neper, le *logarithme* de 10 est 2, 3025850. Nous verrons au *mot* LOGARITHMIQUE, la raison de cette différence. Mais cette supposition lui paroissant peu commode, il indiqua lui-même des tables de *logarithmes*, telles que nous les avons aujourd'hui. Elles furent construites après la mort par Henri Briggs, dans un ouvrage intitulé *Arithmetica logarithmica*. Adrien Ulacq, mathématicien des Pays-bas, perfectionna le travail de Briggs ; & plusieurs autres ont travaillé depuis sur cette matiere. Les tables de *logarithmes*, qui ont aujourd'hui le plus de réputation pour l'étendue & l'exactitude, sont celles de Gardiner, *in-4°*. Celles de M. Deparcieux, de l'académie des Sciences, mé-

LOG

riteint auffi d'être citées. Voyez *l'hiftoire des Mathématiques* de M. Montucla, *tom. II. part. IV. liv. I.*

Théorie des logarithmes. Soit propofé de trouver le *logarithme* d'un nombre quelconque, & de conftruire un canon ou une table pour les *logarithmes* naturels. 1°. Comme 1, 10, 100, 1000, 10000, &c. conftituent une progreffion géométrique, leurs *logarithmes* peuvent donc être pris dans une progreffion arithmétique à volonté ; or pour pouvoir exprimer par des fractions décimales les *logarithmes* de tous les nombres intermédiaires, nous prendrons la progreffion 0. 0000000 ; 1. 0000000, 2. 0000000 ; 3. 0000000, 4 0000000, &c. de maniere que le premier de ces nombres ou zero, foit le *logarithme* de 1, que le fecond foit le *logarithme* de 10, le troifieme celui de 100, & ainfi de fuite. *Voyez* DÉCIMAL.

2°. Il eft évident qu'on ne pourra point trouver des *logarithmes* exacts pour les nombres qui ne font point compris dans la férie géométrique ci-deffus, 1, 10, 100, &c. mais on pourra en avoir de fi approchans de la vérité, que dans l'ufage ils feront auffi bons que s'ils étoient exacts. Pour rendre ceci fenfible, fuppofons qu'on demande le *logarithme* du nombre 9 ; j'introduirai entre 1. 0000000 & 10. 0000000, un moyen proportionnel géométrique, & cherchant entre leurs *logarithmes* 0. 0000000 & 1. 0000000, un moyen proportionnel arithmétique, celui ci fera évidemment le *logarithme* de l'autre, c'eft-à-dire d'un nombre qui furpaffera 3 d'un peu plus que $\frac{1612777}{10000000}$, & par conféquent qui fera encore fort éloigné de 9. Je chercherai donc entre 3 $\frac{1612777}{10000000}$ & 10, un autre moyen proportionnel géométrique, qui approchera par conféquent plus de 9 que le premier ; & entre 10 & ce nouveau moyen proportionnel, j'en chercherai encore un troifieme, & ainfi de fuite, jufqu'à ce que j'en trouve deux confécutifs, dont l'un foit immédiatement au-deffus, & l'autre immédiatement au-deffous de 9, & cherchant un moyen proportionnel entre ces deux nombres là, & puis encore un autre entre celui-là & celui des deux derniers qui aura 9 entre lui & le précédent, on parviendra enfin à un moyen proportionnel qui fera égal 9 $\frac{0000000}{10000000}$, lequel n'étant pas éloigné de 9 d'une dix millioniéme partie d'unité, fon *logarithme* peut, fans aucune erreur fenfible, être pris pour le *logarithme* de 9 même. Je reviens donc à ces moyens proportionnels géométriques, & prenant l'un après l'autre, le *logarithme* de chacun d'eux par l'introduction d'autant de moyens proportionnels arithmétiques, je trouve enfin que 0. 9542425 eft le *logarithme* du dernier moyen proportionnel géométrique ; & j'en conclus que ce nombre peut être pris fans erreur fenfible, pour le *logarithme* de 9, ou qu'il en approche extrèmement.

3°. Si on trouve de même des moyens proportionnels entre 1. 0000000 & 3. 1622777, que nous avons vû plus haut être le moyen proportionnel entre 1. 0000000 & 10. 0000000, & qu'on cherche en même tems le *logarithme* de chacun d'eux, on parviendra à la fin à un *logarithme* très-approchant de celui de 2, & ainfi des autres. 4°. Il n'eft cependant pas néceffaire de prendre tant de peine pour trouver les *logarithmes* de tous les nombres ; puifque les nombres, qui font le produit des autres, ont pour *logarithmes*, la fomme des *logarithmes* de leurs produifans ; & réciproquement, fi l'on a le *logarithme* du produit de deux nombres, & celui de l'un de fes produifans, d'un cube, &c. on a celui de fa racine, ainfi qu'on l'a démontré dans les propofitions précédentes ; par conféquent, fi l'on prend la moitié du *logarithme* de 9 trouvé ci-deffus, l'on aura le *logarithme* de 3 , fçavoir 0. 4771212.

LOG

Dans les *logarithmes*, les nombres qui précedent le point, expriment des entiers ; & ceux qui font après le point, expriment le numérateur d'une fraction, dont le dénominateur eft l'unité, fuivie d'autant de zéros que le numérateur a de figures. L'on donne à ces entiers le nom de *caractériftiques*, ou d'*expofans*, parce qu'ils marquent, en leur ajoutant 1, combien de caracteres doit avoir le nombre auquel le *logarithme* correfpond ; ainfi 0 à la tête d'un *logarithme* ; ou placé dans le *logarithme* avant le point, fignifie que le nombre correfpondant ne doit avoir que le feul caractere des unités, qu'une feule figure, parce que ajoutant 1 à 0 caractériftique, on aura le nombre 1, qui marque le nombre de figures qu'a le nombre auquel fe rapporte le *logarithme* ; 1 caractériftique fignifie que le nombre correfpondant au *logarithme*, contient non-feulement des unités, mais encore des dixaines, & non pas des centaines ; qu'en un mot, il contient deux figures, & qu'il a fa place entre dix & cent, & ainfi des autres expofans ou caractériftiques. Il s'enfuit donc que tous les nombres, lefquels quoique différens, ont néanmoins autant de caracteres ou de figures les uns que les autres ; par exemple, les nombres compris entre 1 & 10, entre 10 & 100, entre 100 & 1000, &c. doivent avoir des *logarithmes* dont la caractériftique foit la même, mais qui different par les chiffres placés à la droite du point.

Si le nombre n'eft nombre qu'improprement, mais qu'il foit en effet une fraction décimale exprimée numériquement, ce qui arrivera lorfqu'il n'aura de caractere réel qu'après le point ; alors il devra évidemment avoir un *logarithme* négatif, & de plus la caractériftique de ce *logarithme* négatif marquera combien il y aura de 0 dans le nombre avant fa premiere figure réelle à gauche, y compris le 0, qui eft toujours cenfé fe trouver avant le point ; ainfi le *logarithme* de la fraction décimale 0. 256 eft 1. 40824 ; celui de la fraction décimale 0. 0256 eft 2. 40824, &c.

Tout cela eft une fuite de la définition des *logarithmes* ; car puifque les nombres entiers 1, 10, 100, &c. ont pour *logarithmes* 0, 1, 2, &c. les fractions &c. qui forment une progreffion géométrique avec les entiers 1, 10, 100, &c. doivent avoir pour *logarithmes* des nombres négatifs, 1, 2, &c. qui forment une progreffion arithmétique avec les nombres 0, 1, 2, &c. donc &c.

Soit propofé maintenant de trouver le logarithme d'un nombre plus grand que ceux qui font dans les tables, mais moindre que 10000000. Retranchez au nombre propofé fes quatre premieres figures vers la gauche, cherchez dans les tables le *logarithme* de ces quatre premieres figures, ajoutez à la caractériftique de ce *logarithme* autant d'unités qu'il eft refté de figures à droite dans le nombre propofé. Souftrayez enfuite le *logarithme* trouvé de celui qui le fuit immédiatement dans les tables, & faites après cela cette proportion, comme la différence des nombres qui correfpondent à ces deux *logarithmes* confécutifs eft à la différence des deux *logarithmes* eux-mêmes, ainfi ce qui refte à droite dans le nombre propofé eft à un quatrieme terme, que nous pouvons nommer la *différence logarithmique* ; en effet, fi vous l'ajoutez au *logarithme* d'abord trouvé, vous pourrez fans erreur fenfible, prendre la fomme pour le *logarithme* cherché. Si l'on vouloit par exemple, le *logarithme* du nombre 92375, je commencerai par en retrancher les quatre premieres figures à gauche (fçavoir 9237, & je prendrois dans les tables le *logar*. 3. 9653309 du nombre qu'elles forment à elles feules, & j'augmenterois la caractériftique 3 d'une unité, ce qui me donneroit 4. 9655309, auquel il ne s'agiroit plus que d'ajouter la différence logarithmique convenable : or pour la trouver, je prendrois dans les tables

le *logarithme* du nombre immédiatement au-dessus 9237, c'est-à-dire celui de 9238, lequel est . . . . 3. 9655780.
& j'en soustrairois celui de 9237, trouvé ci-dessus, sçavoir, ... 3. 9655309.

& il resteroit . . . . 471.
cela posé, je ferois cette proportion : comme 10, différence de 92380 à 92370, est à la différence trouvée toute-à-l'heure, savoir 471, ainsi 5 qui me restoit dans le nombre proposé à droite, après en avoir retranché les quatre premieres figures à gauche, est à la différence logarithmique que je cherchois, laquelle seroit par conséquent 235 ; il n'y auroit donc plus qu'à ajouter ensemble le *logarithme* de 92370, sçavoir, ... 4. 9655309.
& la différence logarithmique trouvée, . . 235.

& il viendroit . . . . 4. 9655544.
pour la valeur du *logarithme* cherché. La raison de cette opération est que les différences de trois nombres *a*, *b*, *c*, lorsque ces différences sont fort petites, sont entr'elles, à très-peu près, comme les différences de leurs *logarithmes*. Voyez LOGARITHMIQUE.

Si le nombre proposé étoit une fraction ou un entier plus une fraction, il faudroit d'abord réduire le tout à une seule fraction, & chercher séparément le *logarithme* du numérateur & celui du dénominateur pour la méthode qu'on vient de donner, ensuite on retrancheroit les deux *logarithmes* l'un de l'autre, & on auroit le *logarithme* de la fraction proposée.

Soit proposé *de plus de trouver le nombre correspondant à un logarithme plus grand qu'aucun de ceux qui sont dans les tables*. Soustrayez d'abord du *logarithme* donné le *logarithme* de 10, ou celui de 100, ou celui de 1000, ou celui de 10000, le premier en un mot, de cette espece qui donnera un restant d'un nombre de caracteres, tels qu'il s'en trouve dans les tables. Trouvez le nombre correspondant à ce restant considéré lui-même comme *logarithme*, & multipliez ce nombre trouvé par 100, par 1000, ou par 10000, &c. le produit sera le nombre cherché.

Supposons par exemple, qu'on demande le nombre correspondant au *logarithme* 7. 7589982, vous en ôterez le *logarithme* du nombre 10000, lequel est 4. 0000000, & le restant sera 3. 7589982, lequel correspond dans les tables au nombre 5741$\frac{11}{100}$. Vous multiplierez donc ce dernier nombre par 1000, & le produit 5741100 sera le nombre cherché. Si on propose de trouver le nombre, ou pour parler plus proprement, la fraction correspondante à un *logarithme négatif*, il faudra ajoûter au *logarithme* donné, le dernier *logarithme* de la table ; c'est-à-dire, celui du nombre 10000, ou pour mieux dire, il faudra soustraire le premier pris positivement du second, & trouver le nombre correspondant au reste de la soustraction regardée comme *logarithme*. Vous ferez de ce nombre le numérateur d'une fraction, à laquelle vous donnerez 10000 pour dénominateur, & cette fraction sera le nombre cherché. Par exemple, supposons qu'on demande la fraction correspondante au *logarithme négatif*, . . . 0. 3679767.
je le soustrais du *logarithme* de 10000, ou de . . . . 4. 0000000.

& le restant est . . . . 3. 6320233.
auquel correspond dans les tables le nombre 4285$\frac{71}{100}$. la fraction cherchée sera donc $\frac{428571}{1000000}$. On appercevra la raison de cette regle, en observant que toutes fractions étant le quotient de son numérateur par son dénominateur, l'unité doit être à la fraction comme le dénominateur est au numérateur ; mais comme l'unité est à la fraction qui doit correspondre au *logarithme* négatif donné, ainsi 10000 est au nombre correspondant au *logarithme* restant ; donc si l'on prend 10000 pour dénominateur, & le nombre correspondant pour numérateur, on aura la fraction requise.

Soit enfin proposé *de trouver un quatrieme proportionnel à trois nombres donnés*. Vous ajoûterez le *logarithme* du second à celui du troisieme, & de la somme que cette addition vous aura fournie, vous ôterez le *logarithme* du premier, le restant sera le *logarithme* du quatrieme nombre cherché. Par exemple, soit donné les nombres 4, 68 & 3.

Le *logarithme* de 68 est . . . . 1. 8325089.
Le *logarithme* de 3 est . . . . 0. 4771213.
Je les ajoûte, & je trouve pour somme . . . . 2. 3096302.
Le *logarithme* de 4 est . . . . 0. 6020600.

Je fais la soustraction, & il reste . . 1. 7075702, qui doit être le *logarithme* du nombre cherché ; & comme le nombre correspondant dans les tables est 51, j'en conclus que 51 est le nombre cherché lui-même.

Ce problème est du plus grand usage dans la Trigonométrie. *Voyez* TRIANGLE *&* TRIGONOMÉTRIE.

Tous ces problèmes sur les *logarithmes* se déduisent évidemment de la théorie des *logarithmes* donnée ci-dessus, & ils peuvent se démontrer aussi par la théorie de la logarithmique qu'on trouvera à son article.

Nous terminerons celui-ci par une question qui a été fort agitée entre MM. Léibnitz & Bernoulli. Les *logarithmes* des quantités négatives sont-ils réels ou imaginaires ? M. Léibnitz tenoit pour le second, M. Bernoulli pour le premier. On peut voir les lettres qu'ils s'écrivoient à ce sujet ; elles sont imprimées dans le *commercium epistolicum* de ces deux grands hommes, publié en 1745 à Lausanne. J'eus autrefois (en 1747 & 1748) une controverse par lettres avec le célebre M. Euler sur le même sujet ; il soutenoit l'opinion de M. Léibnitz, & moi celle de M. Bernoulli. Cette controverse a occasioné un savant mémoire de M. Euler, imprimé dans le volume de l'académie de Berlin pour l'année 1709. Depuis ce tems, M. de Foncenex a traité la même matiere dans le premier volume des mémoires de l'académie de Turin, & se déclare pour le sentiment de M. Euler qu'il appuie de nouvelles preuves. J'ai composé sur ce sujet un écrit dans lequel je me déclare au contraire pour l'opinion de M. Bernoulli. Comme cet écrit aura probablement vu le jour avant la publication du présent article, je ne l'inférerai point ici, & je me contenterai d'y renvoyer mes lecteurs, ainsi qu'aux écrits dont j'ai parlé ; ils y trouveront toutes les raisons qu'on peut apporter pour & contre les *logarithmes* imaginaires des quantités négatives. Je me bornerai à dire ici, 1°. Que si on prend entre deux nombres réels & positifs, par exemple 1 & 2, une moyenne proportionnelle, cette moyenne proportionnelle sera aussi-bien $-\sqrt{2}$ que $+\sqrt{2}$, & qu'ainsi le *logarithme* de $-\sqrt{2}$ & celui de $\sqrt{2}$ seront le même, savoir log. $\frac{1}{2}$. 2°. Que si dans l'équation $y = c^x$ & le logarithmique (*Voyez* LOGARITHMIQUE & EXPONENTIEL) on fait $x = \frac{1}{2}$, on aura $y = c^{\frac{1}{2}} = \pm \sqrt{c}$, & qu'ainsi le logarithme aura des ordonnées négatives & positives, en tel nombre qu'on voudra à l'infini ; d'où il s'ensuit que les *logarithmes* de ces ordonnées seront les mêmes, c'est-à-dire des quantités réelles. 3°. A ces raisons ajoûtez celle qui se tire de la quadrature de l'hyperbole entre ses asymptotes, que M. Bernoulli a donnée le premier, & que j'ai fortifiée par de nouvelles preuves ; ajoutez enfin beaucoup d'autres raisons que l'on peut lire dans mon mémoire, ainsi que mes ré-

LOG

ponses aux objections de MM. Euler & de Foncenex, & on sera, je crois, convaincu que les *logarithmes* des nombres négatifs *peuvent être* réels. Je dis *peuvent être*, & non pas *sont* ; c'est qu'en effet on peut prendre tel système de *logarithmes* qui rendra imaginaires les *logarithmes* des nombres négatifs. Par exemple, M. Euler prouve très-bien que si on exprime les *logarithmes* par des arcs de cercle imaginaires, le *logarithme* de -1 sera imaginaire ; mais au fond tout système de *logarithmes* est arbitraire en soi ; tout dépend de la premiere supposition qu'on a faite. On dit, par exemple, que le *logarithme* de l'unité est $= 0$, & que les *logarithmes* des fractions sont négatifs. Tout cela n'est qu'une supposition ; car on pourroit prendre une telle progression arithmétique que le *logarithme* de l'unité ne fût pas égal à 0, & que les *logarithmes* des fractions fussent des quantités réelles & positives. Il y a bien lieu de craindre que toute cette dispute sur les *logarithmes* imaginaires, ne soit qu'une dispute de mots, & n'ait été si agitée que faute de s'entendre. Ce n'est pas le premier exemple de dispute de mots en Géométrie. *Voyez* CONTINGENCE & FORCES VIVES.

MM. Gregori, Mercator, Newton, Halley, Cotés, Taylor, &c. ont donné différentes méthodes pour la construction des tables des *logarithmes*, que l'on peut voir dans les *Transactions philosophiques*. *Voyez* sur-tout un mémoire de M. Halloy dans les *Transact. philos. de 1695. n°. 216*. Sans entrer ici dans ce détail, nous donnerons une méthode assez simple pour calculer les *logarithmes*.

Nous supposerons d'abord (*voyez l'article* LOGARITMIQUE) que la soutangente de la logarithmique soit égale à l'ordonnée que l'on prend pour l'unité ; nous prendrons une ordonnée $1-u$ qui soit plus petite que l'unité, & nous aurons, en nommant l'abscisse dx, l'équation $dx = -\frac{du}{1-u}$, comme il résulte de l'article cité ; d'où il s'ensuit encore que x est égal au logarith. de $1-u$, & qu'ainsi le *logarithme* de $1-u$ est égal à l'intégrale de $-\frac{du}{1-u}$. Or faisant la division suivant les règles ordinaires, ou supposant $\frac{1}{1-u} = \overline{1-u}^{-1}$, on trouve (*voyez* DIVISION, BINOME, EXPOSANT, SERIE, SUITE, &c.) que $-\frac{du}{1-u} = -du - u du - u^2 du - u^3 du$, &c. dont l'intégrale est $-u - \frac{u^2}{2} - \frac{u^3}{3} - \frac{u^4}{4}$, &c.

à l'infini ; & cette série est convergente, parce que les numérateurs & les dénominateurs vont toujours en diminuant, car u est plus petit que l'unité. *Voyez* FRACTION. On aura donc, en prenant un certain nombre de termes de cette suite, la valeur approchée du *logarithme* de $1-u$; ou connoissant le *logarithme* de la fraction $1-u$, on connoîtra le *logarithme* du nombre entier qui est troisième proportionnel à cette fraction & à l'unité ; car ce *logarithme* le sera le même, mais pris avec un signe positif. Par exemple, si on veut avoir le *logarithme* du nombre 10, on cherchera celui de la fraction $\frac{1}{10} = 1 - \frac{9}{10}$, ainsi $u = \frac{9}{10}$. Donc le *logarithme* de $\frac{10}{10}$ est $-\frac{9}{10} - \frac{81}{200} - \frac{729}{3000}$ &c. & ainsi de suite ; & cette quantité prise avec le signe $+$, est le *logarithme* de 10.

Tout cela est vrai dans l'hypothese que la soutangente de la logarithmique soit $= 1$; mais si on vouloit que la *logarithme* de 10 fût 1, par exemple, au lieu d'être égal à la série précédente, alors tous les *logarithmes* des autres nombres devroient être multipliés par le rapport de l'unité à cette série. *Voyez* LOGARITHMIQUE. (O)

LOGARITHMIQUE, s. f. (*Géométrie*.) courbe qui tire ce nom de ses propriétés & de ses usages dans

LOG 633

la construction des logarithmes & dans l'explication de leur théorie.

Si l'on divise la ligne droite AX (*Pl. d'Analyse, fig. 37.*) en un nombre égal de parties, & que par les points A, P, p, de division, on tire des lignes toutes parallèles entr'elles & continuellement proportionnelles, les extrémités N, M, m, &c. de ces dernieres lignes, formeront la ligne courbe appellée *logarithmique*, de sorte que les abscisses AP, Ap, sont ici les logarithmes des ordonnées PM, pm, &c. puisque ces abscisses sont en progression arithmétique pendant que les ordonnées sont en progression géométrique. Donc si $AP = x$, $Ap = u$, $PM = y$, $pm = z$, & qu'on nomme $l y$ & $l z$ les logarithmes de y & de z, on aura $x = l y$, $u = l z$, & par conséquent $\frac{x}{u} = \frac{l y}{l z}$.

Propriétés de la logarithmique. Dans une courbe quelconque, si on nomme f la soutangente, on a $-\frac{dy}{f} = -\frac{dy}{y}$. *Voyez* SOUTANGENTE. Or dans la *logarithmique*, si on prend dx constant, c'est-à-dire les abscisses en progression arithmétique, dont la différence soit dx, les ordonnées seront en progression géométrique, & par conséquent les différences de ces ordonnées (*voyez* PROGRESSION GÉOMÉTRIQUE) seront entr'elles comme les ordonnées ; donc $\frac{dy}{y}$ sera constant, d'où $\frac{dy}{y}$ sera constant ; donc puisque (hyp.) dx est constant, f le sera aussi ; donc la soutangente de la *logarithmique* est constante ; j'appelle cette soutangente a.

2°. Si on fait $a = 1$, on aura $d x = \frac{dy}{y}$; dont l'intégrale est $x = $ log. y ; & si on suppose un nombre c, tel que son logarithme, soit $= 1$, on aura x log. $c = $ log. y, & par conséquent log. $c^x = $ log. y & $y = c^x$. *Voyez* LOGARITHME. C'est-là ce qu'on appelle *repasser des logarithmes aux nombres*, c'est-à-dire d'une équation *logarithmique* $x = l y$, à une équation finie exponentielle $y = c^x$. *Voyez* EXPONENTIEL.

3°. Nous avons expliqué au mot EXPONENTIEL ce que signifie cette équation $y = c^x$ appliquée à la *logarithmique*. En général, si dans une même *logarithmique* on prend quatre ordonnées qui soient en proportion géométrique ; l'abscisse renfermée entre les deux premieres sera égale à l'abscisse renfermée entre les deux autres, & le rapport de cette abscisse à la soutangente sera le logarithme du rapport des deux ordonnées. C'est une suite de l'équation $\frac{dx}{a} = \frac{dy}{y}$ qui donne $\frac{x}{a} = $ log. $\left(\frac{y}{b}\right)$, en supposant que $y = b$, lorsque $x = 0$.

4°. Si on prend pour l'unité dans la *logarithmique* l'ordonnée qui est égale à la soutangente, on trouvera que l'abscisse qui répond au nombre 10 (c'est-à-dire à l'ordonnée qui seroit égale à dix fois celle qu'on a prise pour l'unité) on trouvera, dis-je, que cette abscisse ou le logarithme de 10 est égal à 2,30258509 (*voyez* LOGARITHME), c'est-à-dire que cette abscisse est à la soutangente comme 2,30258509 est à 10000000 ; c'est sur ce fondement que Képler avoit construit ses tables de logarithmes, & pris 2,3025850 pour le logarithme de 10.

5°. Mais si on place autrement l'origine de la *logarithmique*, & de maniere que l'ordonnée 1 ne soit plus égale à la soutangente, & que l'abscisse comprise entre les ordonnées 1 & 10 soit égale à 1 ; ce qui se peut toujours supposer, puisqu'on peut placer l'origine des x où l'on voudra, alors le logarithme de 10 sera 1, ou 1,0000000, &c. & la soutangente sera telle que l'on aura 1,3025850 à l'unité, comme 1,0000000 est à la valeur de la soutangente, qui sera par conséquent dans ce cas-ci $\frac{1,0000000}{2,3025810}$ ou 0, 43429488. C'est sur cette supposition que sont calculés les logarithmes de Briggs, qui sont ceux des tables ordinaires.

6°. Dans deux *logarithmiques* différentes, si on prend des ordonnées proportionnelles, les abscisses correspondantes seront entre elles comme les sous-tangentes. C'est encore une suite de l'équation $\frac{dx}{a} = \frac{dy}{y}$.

7°. Si dans une même *logarithmique* on prend trois ordonnées très proches, les différences de ces ordonnées seront entre elles à très-peu-près comme les différences des abscisses. Car soient y, y', y'', les trois ordonnées, & dx, dx' les abscisses, on aura $\frac{dx}{a} = \frac{y'-y}{y}$ à très-peu près ; & de même $\frac{dx'}{a} = \frac{y''-y'}{y'}$ à très-peu près. Donc puisque y & y' different très-peu l'une de l'autre, on aura à très-peu près $dx : dx' :: y'-y : y''-y'$.

8°. Comme une progression géométrique s'étend à l'infini des deux côtés de son premier terme, il est évident que la *logarithmique* s'étend à l'infini le long de son axe AX au-dessus & au-dessous du point A. Il est de plus évident que AX est l'asymptote de la *logarithmique*. *Voyez* ASYMPTOTE. Car comme une progression géométrique va toûjours en décroissant, sans néanmoins arriver jamais à zéro, il s'ensuit que l'ordonnée Pm va toûjours en décroissant, sans jamais être absolument nulle. Donc, &c.

Sur la quadrature de la *logarithmique*, *voyez* QUADRATURE.

LOGARITHMIQUE SPIRALE, *ou* SPIRALE LOGARITHMIQUE, est une courbe dont voici la construction. Divisez un quart de cercle en un nombre quelconque de parties égales, aux points N, n, n, &c. (*Pl. d'anal. fig.* 22.) & retranchez des rayons CN, Cn, Cn, des parties continuellement proportionnelles CM, Cm, Cm, les points M, m, m, &c. formeront la *logarithmique spirale*. Par conséquent les arcs AN, An, &c. sont les logarithmes des ordonnées ou rayons CM, Cm, &c. pris sur les rayons du cercle, & en partant de son centre, qui dans cette courbe peut être considéré comme pole. On peut donc regarder la *logarithmique spirale* comme une *logarithmique* ordinaire dont l'axe a été roulé le long d'un cercle AN, & dont les ordonnées ont été arrangées de manière qu'elles concourent au centre C, & qu'elles se trouvent prises sur les rayons CN prolongés.

Cette courbe a plusieurs propriétés singulieres découvertes par M. Jacques Bernoulli son inventeur. 1°. Elle fait une infinité de tours autour de son centre C, sans jamais y arriver; ce qu'il est facile de démontrer : car les rayons CM, Cm, Cm, &c. de cette courbe forment une progression géométrique dont aucun terme ne sauroit être zéro ; & par conséquent la distance de la spirale à son centre C, ne peut jamais être zéro. 2°. Les angles CMm, Cmm des rayons CM, Cm avec la courbe, sont par tout égaux. Car nommant $CM, y, \& Nn, dx$, on aura $\frac{dx}{a} = \frac{dy}{y}$, puisque les arcs AN sont les logarithmes des y. *Voyez* ci-dessus LOGARITHMIQUE. Or dérivant du rayon CM un arc que l'on nommera dz, on aura $\frac{dz}{y} = \frac{dx}{a}$, en faisant $AC = r$; donc $dx = \frac{rdz}{y}$, donc $\frac{rdz}{y} = \frac{dy}{y}$. Donc $dy = \frac{rdz}{a}$; donc l'angle CMm est constant. 3°. La développée de cette courbe, ses caustiques par réfraction & par réflexion, &c. sont d'autres logarithmes spirales : c'est pour cette raison que M. Jacques Bernoulli ordonna qu'on mît sur son tombeau une logarithmique spirale avec cette inscription, *eadem mutata resurgo*. *Voyez* l'analyse des infiniment petits, par M. de l'Hôpital. *Voyez aussi* DÉVELOPPÉE & CAUSTIQUE. (*O*)

LOGARITHMIQUE, pris adjectivement, (*Géom.*) se dit de ce qui a rapport aux logarithmes. *Voyez* LOGARITHME, LOGISTIQUE.

C'est ainsi que nous disons l'Arithmétique *logarithmique*, pour dire le calcul des logarithmes, ou le calcul par le moyen des tables des logarithmes.

LOGATE, (*Cuisine.*) gigot de moûton à *la logate*, est un gigot qu'on a bien battu, qu'on a lardé avec moyen lard, fariné & passé par la poële, avec du lard ou du sain doux, après avoir ôté la peau & la chair du manche, & l'avoir coupé. Lorsqu'il paroît assez doux, on l'empôte avec une cueillerée de bouillon ; assaisonné de sel, poivre, clou, & un bouquet. On l'étoupe ensuite avec un couvercle bien fermé, on le garnit de farine delayée, & on le fait cuir ainsi à petit feu.

LOGE, s. f. *en Architecture*: les Italiens appellent ainsi une galerie ou portique formé d'arcades sans fermeture mobile, comme il y en a de voûtées dans les palais du Vatican & de Montecavallo, & à Sosite dans celui de la chancellerie à Rome. Ils donnent encore ce nom à une espece de donjon ou belveder, au dessus du comble d'une maison.

On appelle aussi *loge*, une petite chambre au rez-de-chaussée, sous l'entrée d'une grande maison destinée pour le logement d'un portier ou d'un suisse.

Où donne encore ce nom à de petites salles basses sûrement fermées dans une ménagerie, où l'on tient séparément des animaux rares, comme à la ménagerie de Versailles : latin, *cavea*.

Loge de comédie ; ce sont de petits cabinets ouverts pardevant avec appui, rangés au pourtour d'une salle de théâtre, & séparés les uns des autres par des cloisons à jour, & décorés par-dehors avec sculpture, peinture, & dorure.

Il y a ordinairement trois rangs l'un sur l'autre.

LOGE, (*Commerce.*) on appelle à Lyon, à Marseille, &c. *loge* du change, *loge* des Marchands, un certain lieu dans les places ou bourses où les marchands se trouvent à certaines heures du jour pour traiter des affaires de leur négoce.

Loge, que l'on appelle plus ordinairement *comptoir*, signifie aussi un bureau général établi en quelques villes des Indes pour chaque nation de l'Europe.

Loge est encore le nom qu'on donne aux boutiques qui sont occupées par les Marchands dans les foires. *Dictionnaire de Commerce*.

LOGE, (*Marine*.) c'est le nom qu'on donne aux logemens de quelques officiers inférieurs dans un vaisseau : on dit *loge* de l'aumônier, *loge* du maître cannonier.

LOGE, (*Jardin.*) veut dire cellule où se logent les pepins des fruits, cavités ordinairement séparées par des cloisons : le melon a des *loges* qui tiennent la semence renfermée.

LOGEMENS, s. m. (*Gram.*) lieu d'une maison qu'on habite ; une maison est distribuée en différens *logemens*.

LOGEMENT, dans *l'Art militaire*, exprime quelquefois le campement de l'armée. *Voyez* CAMP.

Faire le logement, c'est aussi regler avec les officiers municipaux des villes, les différentes maisons de bourgeois où l'on doit mettre le soldat pour loger.

L'officier major, porteur de la route de la Majesté, & chargé d'aller faire le *logement* en arrivant dans la ville & autre lieu où il n'y aura pas d'état major, doit aller chez le maire ou chef de la maison de ville, pour qu'il fasse faire le *logement*, conformément à l'extrait de la derniere revûe, qui faut lui communiquer. M. de Bombelles, *service journalier de l'infanterie*.

LOGEMENS *du camp des Romains*, (*Art milit.*)

les militaires curieux seront bien aises d'en trouver ici la disposition ; les connoissances que j'en puis donner, sont le fruit de la lecture de Polybe, & du livre intitulé, *le parfait capitaine*. On doit ce petit & savant ouvrage à M. le duc de Rohan, colonel général des Suisses & Grisons, mort dans le canton de Berne en 1638, des blessures qu'il reçut à Rhinfeld, & enterré à Genève dans une chapelle du temple de S. Pierre. Il fut pendant tout le cours de sa vie le chef des Protestans en France, & leur rendit de grands services, soit par ses négociations, soit à la tête des armées. La maison de Rohan étoit autrefois zélée calviniste ; elle donne à présent des cardinaux au royaume : je viens à mon sujet, dont je ne m'écarterai plus.

On sait que les Romains furent long-tems à ne pas mieux posséder l'arrangement d'un camp, que le reste de la science militaire. Ils n'observerent à cet égard de regle & de méthode, que depuis qu'ils eurent vû le camp de Pyrrhus. Alors ils en connurent si bien l'avantage, que non-seulement ils en suivirent le modele, mais ils le porterent encore à un plus haut point de perfection ; & voici comme ils s'y prirent.

D'abord que l'armée marchant sur trois lignes arrivoit à l'endroit où l'on avoit tracé le camp, deux des lignes restoient rangées en bataille, pendant que la troisieme s'occupoit à faire les retranchemens. Ces retranchemens consistoient en un fossé de cinq piés de large, & de trois de profondeur, dont on rejettoit la terre du côté du camp, pour en former une espece de rempart, qu'on accommodoit avec des gasons & des passades, lorsqu'il s'agissoit de n'y rester qu'une ou deux nuits.

Si l'on vouloit séjourner plus long-tems, on faisoit un fossé d'onze à douze piés de large, & profond à proportion, derriere lequel on élevoit un rempart fait de terre avec des fascines, revêtu de gasons. Ce rempart étoit flanqué de tours d'espace en espace, distantes de quatre vingt piés, & accompagnées de parapets garnis de créneaux, de même que les murailles d'une ville. Les soldats accoutumés à ce travail, l'exécutoient sans quitter leurs armes. Nous apprenons de Tacite, *liv. XXXI*, que l'ordonnance étoit si sévere à ce sujet, que le général Corbulon, qui commandoit sur le Rhin, sous le regne de l'empereur Claudius, condamna à mort deux soldats, pour avoir travaillé aux retranchemens du camp, l'un sans épée, & l'autre n'ayant qu'un poignard.

On plaçoit le *logement* du consul, du préteur, ou du général, au lieu le plus favorable pour voir tout le camp, & au milieu d'une place quarrée ; les tentes destinées aux soldats de sa garde, étoient tendues aux quatre coins de cette place : on l'appelloit le *prétoire*, & c'étoit-là qu'il rendoit la justice. Attenant le *logement* du général, se trouvoit celui de ceux que le sénat envoyoit pour lui servir de conseil ; usage observé souvent du tems de la république ; c'étoient ordinairement des sénateurs, sur l'expérience desquels on pouvoit compter : on posoit pour les honorer deux sentinelles devant leurs tentes. Les *logemens* des lieutenans du consul étoient vraissemblablement dans le même endroit ; sur le même alignement, & à la proximité du général, étoit le questoire avec le *logement* du questeur, qui outre la caisse dont il étoit dépositaire, avoit la charge des armes, des machines de guerre, des vivres, & des habillemens. Son *logement* étoit gardé par des sentinelles, ainsi que les places des armes, des machines, des vivres, & des habits.

On élevoit toûjours dans la principale place du camp une espece de tribunal de terre ou de gason, où le général montoit, lorsqu'avant quelque expédition considérable, il lui convenoit d'en informer l'armée, de l'y préparer, & de l'encourager par un discours public. C'est une particularité que nous tenons de Plutarque, dans ses vies de Sylla, de César, & de Pompée.

Tous les quartiers du camp étoient partagés en rues tirées au cordeau, en pavillons des tribuns, des préfets, & en *logemens* pour les quatre corps de troupes qui composoient une légion, je veux dire les VÉLITES, HASTAIRES, PRINCES, & TRIAIRES. *Voyez ces mots.*

Mais les *logemens* de ces quatre corps étoient compris sous le nom des trois derniers corps, parce qu'on divisoit & qu'on incorporoit les vélites, dans les trois autres corps ; & cela se pratiquoit de la maniere suivante.

Hastaires	1200 hommes.
Vélites joints aux hastaires . . .	480
	1680
Princes	1200
Vélites jointes aux princes . . .	480
	1680
Triaires	600
Vélites joints aux triaires . . .	240
	840

Il s'agit maintenant d'entrer dans le détail des *logemens du camp*, de la distribution du terrein, & de la quantité qu'on en donnoit à chacun.

Les Romains donnoient dix piés de terre en quarré pour loger deux soldats ; ainsi dix cohortes de hastaires, qui ne faisoient que mille six cens quatre-vingt soldats, les vélites compris dans ce nombre, étoient logés dans un espace, & il leur restoit encore de la place pour leur bagage.

Le même espace de terrein se donnoit aux princes, parce qu'ils étoient en pareil nombre ; moitié moins de terrein se distribuoit aux triaires, parce qu'ils étoient la moitié moins en nombre.

A la cavalerie on donnoit pour trente chevaux cent piés de terre en quarré, & pour les cent turmes, cent piés de large, & mille piés de long.

On donnoit à l'infanterie des alliés, pareil espace qu'aux légions romaines ; mais parce que le consul prenoit la cinquieme partie des légions des alliés, on retranchoit aussi dans l'endroit du camp qui leur étoit assigné, la cinquieme partie du terrein qu'on leur fournissoit ailleurs.

Quant à la cavalerie des alliés, elle étoit toûjours double de celle des Romains ; mais comme le général en prenoit le tiers pour loger autour de lui, il n'en restoit dans les *logemens* ordinaires qu'un quart de plus que celle des Romains ; & parce que l'espace de terrein étoit plus que suffisant, on ne l'augmentoit point. Cet espace de terrein contenoit, comme je l'ai dit, cent piés de large, & mille piés de long pour cent turmes.

Ces *logemens* de toutes les troupes étoient séparées par cinq rues, de cinquante piés de large chacune, & coupées par la moitié par une rue nommée *Quintaine*, de même longueur que les autres.

Polybe se dit rien des portes du camp, de leur nom, & de leur position. Il y avoit quatre portes, parce que le camp faisoit un quarré ; la porte du prétoire, la porte décumene, la porte quintaine, & la porte principale.

A la tête des *logemens* du camp, il y avoit une rue de cent piés de large ; après cette rue, étoient les *logemens* des douze tribuns vis-à-vis des deux légions romaines, & les *logemens* des douze préfets, vis-à-vis deux légions alliées : on donnoit à chacun de ces *logemens* cinquante piés en quarré.

Ensuite venoit le *logement* du consul, nommé la

prétoire, qui contenoit deux cens piés en quarré, & qui étoit posé au haut du milieu de la largeur du camp.

A gauche & à droite du *logement* du consul, il y avoit deux places, l'une celle du questeur, & l'autre celle du marché. Tout autour étoient logés les quatre cens chevaux & les seize cens trente hommes de pié, que le consul tiroit des deux légions des alliés. Les volontaires se trouvoient aussi logés dans cette enceinte; & de plus, il y avoit toûjours des *logemens* réservés pour les extraordinaires d'infanterie & de cavalerie qui pouvoient survenir.

On laissoit tout-au-tour des *logemens* du camp un espace de deux cens piés; au bout de cet espace on faisoit le retranchement, dont le fossé étoit plus ou moins large ou profond, & le rempart plus bas ou plus haut, selon l'appréhension que l'on avoit de l'ennemi.

Enfin, il faut remarquer que l'infanterie logeoit toûjours le plus près des retranchemens, étant faite pour les défendre, & pour couvrir la cavalerie. Mais le plan donné par M. de Rohan d'un camp des Romains, rendra ce détail beaucoup plus palpable.

Campement d'une armée romaine composée de 16800 hommes de pié, & de 1800 chevaux, contenant en quarré 2016 piés & un tiers de pié.

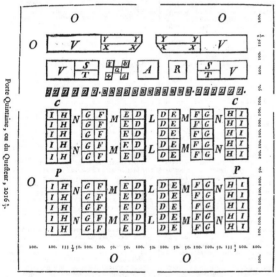

Porte du Prétoire extraordinaire, 2016 ⅓.
Porte Décumene, 2016 ⅓.

A, Prétoire.
B, Pavillon des tribuns.
C, Grande rue entre les pavillons des tribuns & le logement des légions.
D, Logement de la cavalerie romaine.
E, Logement des triaires.
F, Logement des princes.
G, Logement des hastaires.
H, Logement de la cavalerie des alliés.
I, Logement de l'infanterie des alliés.
L, Rue de l'infanterie des alliés.
M, Rue entre les princes & les triaires.
N, Rue entre les hastaires & les alliés.
O, Espace entre les *logemens* & le retranchement.
P, Rue Quintaine.
Q, Place du marché.
R, Place du questeur.
S, Logement des volontaires.
T, Logement de la cavalerie, que le consul a tirée des légions des alliés, pour être près de sa personne.
V, Logement de l'infanterie que le consul a tirée des alliés, pour être près de sa personne.
X, Logement de la cavalerie extraordinaire, qui pouvoit survenir.
Y, Logement de l'infanterie extraordinaire qui pouvoit survenir.
Z, Pavillon des préfets des alliés.
&, Logement des armes.
8, Logement des machines.
+, Logement des vivres.
△, Logement des habits.

Lorsque

Lorfque les armées du conful étoient compofées de plus de quatre légions, on les logeoit également dans le même ordre, à côté les unes des autres, en-forte que le camp formoit alors un quarré long; quand les deux armées des confuls fe joignoient & ne compofoient qu'un camp, il occupoit la place des deux quarrés, quelquefois voifins, quelquefois féparés, felon que le terrein le permettoit. Les tentes de l'armée furent faites de peaux de bêtes, jufqu'au tems de Céfar.

Quand l'armée approchoit du camp qui lui étoit deftiné d'avance, on marquoit premierement le lieu du *logement* du conful avec une banderole blanche, & on diftinguoit fon *logement* des autres par une banderole rouge; enfuite avec une feconde banderole rouge différenciée, on marquoit les *logemens* des tribuns. On féparoit & on diftinguoit le *logement* des troupes des légions par une troifieme banderole rouge, différente des deux autres: après cela on repartiffoit la diftribution générale du terrein, favoir tant pour la cavalerie, tant pour l'infanterie, ce qui fe marquoit avec des banderoles d'autres couleurs; enfin on fubdivifoit cette diftribution générale en diftributions particulieres, pour les *logemens* de chacun, ce qui fe traçoit uniformément & promptement avec le cordeau, parce qu'on ne changeoit jamais les mefures ni la forme du camp.

Les *logemens* de tout le monde fe trouvant ainfi reglés, arrangés, difpofés d'une maniere invariable; à l'arrivée de l'armée, toutes les troupes qui la compofoient reconnoiffoient fi bien la place de leurs domiciles, par les différentes banderoles & autres marques, que chacun fe rendoit à fon *logement* fans peine, fans confufion & fans erreur: ce feroit donc, ajoûte Polybe, être bien indifférent fur les chofes les plus curieufes, que de ne vouloir pas fe donner la peine d'apprendre une méthode fi digne d'être connue. (*D. J.*)

LOGEMENT, (*Art milit.*) c'eft dans l'attaque des places une efpece de tranchée, ou plûtôt de retranchement que l'on fait à découvert dans une ouvrage dont on vient de chaffer l'ennemi, afin de s'y maintenir dans fes attaques, & de fe couvrir du feu des ouvrages voifins qui le défendent.

Les *logemens* fe font avec des gabions, des fafcines, des facs à terre, &c.

Le *logement* du chemin couvert eft la tranchée ou le retranchement que l'on forme fur le haut du glacis après en avoir chaffé l'ennemi. On y conftruit beaucoup de traverfes tournantes pour fe couvrir de l'enfilade. *Voyez* TRAVERSES TOURNANTES. *Voyez auffi* ATTAQUE *du chemin couvert*.

On fait de pareils *logemens* dans la demi-lune & dans tous les différens ouvrages dont on a chaffé l'ennemi. *V. Pl. XVII. de Fortification*, le *logement* du chemin couvert, celui de la demi-lune C du front de l'attaque, & des baftions *A* & *B* du même front.

LOGER, (*Art milit.*) ancien terme qui, dans l'art militaire veut dire *camper*. M. de Turenne s'en fert fouvent dans fes mémoires: ainfi *loger une armée*, c'eft la faire *camper*, & la faire *déloger*, c'eft la faire *décamper*. *Voyez* CAMPER.

LOGH, (*Géog.*) c'eft ainfi que l'on appelle un lac en Ecoffe, où il s'en trouve en affez grand nombre. Voici le nom des plus remarquables; *logh*-Arkeg, *logh*-Affyn, *logh*-Dinart, *logh*-Kennerim, *logh*-Leffan, *logh*-Levin, *logh*-Logh, *logh*-Lomond, *logh*-Loyol, *logh*-Meaty, *logh*-Navern, *logh*-Neſs, *logh*-Rennach, *logh*-Sinn, & *logh*-Tay. Quelques-uns de ces lacs font des golphes que la mer a formés infenfiblement. Les cartes françoifes difent, le lac de Sinn, le lac de Tay, &c. mais les cartes étrangeres confervent les noms confacrés dans chaque pays, & cette méthode eft préférable. (*D. J.*)

LOGIA, (*Géog. ant.*) riviere d'Hibernie, felon Ptolomée, *liv. II. chap. ij.* c'eft-à-dire de l'Irlande; Camden croit que c'eft *Logh-Foyle*, efpece de golphe dans la province d'Ulfter, au comté de Londonderi; qui fe décharge dans l'Océan chalcédonien. (*D. J.*)

LOGIQUE, f. f. (*Philol.*) la *logique* eft l'art de penfer jufte, ou de faire un ufage convenable de nos facultés rationnelles, en définiffant; en divifant, & en raifonnant. Ce mot eft dérivé de λογος, terme grec, qui rendu en latin eft la même chofe que *fermo*, & en françois que *difcours*; parce que la penfée n'eft autre chofe qu'une efpece de difcours intérieur & mental, dans lequel l'efprit converfe avec lui-même.

La *logique* fe nomme fouvent *dialectique*; & quelquefois auffi *l'art canonique*, comme étant un canon ou une regle pour nous diriger dans nos raifonnemens.

Comme pour penfer jufte il eft néceffaire de bien appercevoir, de bien juger, de bien difcourir, & de lier méthodiquement fes idées; il fuit de-là que l'appréhenfion ou perception, le jugement, le difcours & la méthode deviennent les quatre articles fondamentaux de cet art. C'eft de nos réflexions fur ces quatre opérations de l'efprit que fe forme la *logique*.

Le lord Bacon tire la divifion de la *logique* en quatre parties, des quatre fins qu'on s'y propofe; car un homme raifonne, ou pour trouver ce qu'il cherche, ou pour raifonner de ce qu'il a trouvé, ou pour retenir ce qu'il a jugé, ou pour enfeigner aux autres ce qu'il a retenu: de-là naiffent autant de branches de l'art de raifonner, favoir l'art de la recherche ou de l'invention, l'art de l'examen ou du jugement, l'art de retenir ou de la mémoire, l'art de l'élocution ou de s'énoncer.

Comme on a fait un grand abus de la *logique*, elle eft tombée maintenant dans une efpece de difcrédit. Les écoles l'ont tant furchargée de termes & de phrafes barbares, elles l'ont tellement noyée dans de feches & de vaines fubtilités, qu'elle femble un art, qui a plûtôt pour but d'exercer l'efprit dans des querelles & des difputes, que de l'aider à penfer jufte. Il eft vrai que dans fon origine c'étoit plûtôt l'art de pointiller que celui de raifonner; les Grecs parmi lefquels elle a commencé étant une nation qui fe piquoit d'avoir le talent de parler dans le moment, & de favoir foutenir les deux faces d'un même fentiment; de-là leurs dialecticiens, pour avoir toûjours des armes au befoin, inventerent je ne fais quel affemblage de mots & de termes, propres à la contention & à la difpute, plûtôt que des regles & des raifons qui puffent y être d'un ufage réel.

La *logique* n'étoit alors qu'un art de mots, qui n'avoient fouvent aucun fens, mais qui étoient merveilleufement propres à cacher l'ignorance, au-lieu de perfectionner le jugement, à fe jouer de la raifon plûtôt qu'à la fortifier, & à défigurer la vérité plûtôt qu'à l'éclaircir. On prétend que les fondemens en ont été jettés par Zénon d'Elée, qui fleuriffoit vers l'an 400 avant Notre-Seigneur. Les Péripatéticiens & les Stoïciens avoient prodigieufement bâti fur ces fondemens, mais leur édifice énorme n'avoit que très-peu de folidité. Diogene Laerce donne dans la vie de Zénon un abrégé de la dialectique ftoïcienne, où il y a bien des chimeres & des fubtilités inutiles à la perfection du raifonnement. On fait ce fe propofoient les anciens Sophiftes, c'étoit de ne jamais demeurer court, & de foutenir le pour & le contre avec une égale facilité fur toutes fortes de fujets. Ils trouverent donc dans la dialectique des reffources immenfes pour ce beau talent,

& ils l'approprierent toute à cet uſage. Cet héritage ne demeura pas en friche entre les mains de ces ſcholaſtiques, qui enchérirent ſur le ridicule de leurs anciens prédéceſſeurs. *Univerſaux, catégories*, & autres doctes bagatelles firent l'eſſence de la *logique* & l'objet de toutes ſes méditations & de toutes les diſputes. Voilà l'état de la *logique* depuis ſon origine juſqu'au ſiecle paſſé, & voilà ce qui l'avoit fait tomber dans un décri dont bien des gens ont encore de la peine à revenir. Et véritablement il faut avouer que la maniere dont on traite encore aujourd'hui la *logique* dans les écoles, ne contribue pas peu à fortifier le mépris que beaucoup de perſonnes ont toûjours pour cette ſcience.

En effet, ſoit que ce ſoit un vieux reſpect qui parle encore pour les anciens, ou quelque autre chimere de cette façon, ce qu'il y a de certain, c'eſt que les pointilleries de l'ancienne école regnent toûjours dans les nôtres, & qu'on y traite la Philoſophie comme ſi l'on prenoit à tâche de la rendre ridicule, & d'en dégoûter ſans reſſource. Qu'on ouvre les cahiers qui ſe dictent dans les univerſités, n'y trouverons-nous pas toutes ces impertinentes queſtions?

Savoir ſi la Philoſophie, priſe d'une façon collective, ou d'une façon diſtributive, loge dans l'entendement ou dans la volonté.

Savoir ſi l'être eſt univoque à l'égard de la ſubſtance & de l'accident.

Savoir ſi Adam a eu la philoſophie habituelle.

Savoir ſi la *logique* enſeignante ſpéciale eſt diſtinguée de la *logique* pratique habituelle.

Savoir ſi les degrés métaphyſiques dans l'individu ſont diſtingués réellement, ou s'ils ne le ſont que virtuellement & d'une raiſon raiſonnée.

Si la relation du pere à ſon fils ſe termine à ce fils conſidéré abſolument, ou à ce fils conſidéré relativement.

Si l'on peut prouver qu'il y ait autour de nous des corps réellement exiſtans.

Si la matiere ſeconde, ou l'élément ſenſible, eſt dans un état mixte.

Si dans la corruption du mixte il y a réſolution juſqu'à la matiere premiere.

Si toute vertu ſe trouve cauſalement ou formellement placée dans le milieu, entre un acte mauvais par excès, & un acte mauvais par défaut.

Si le nombre des vices eſt parallele ou double de celui des vertus.

Si la fin meut ſelon ſon être réel, ou ſelon ſon être intentionnel.

Si ſyngatégoriquement parlant le concret & l'abſtrait ſe... Je vous fais grace d'une infinité d'autres queſtions qui ne ſont pas moins ridicules, ſur leſquelles on exerce l'eſprit des jeunes gens. On veut les juſtifier, en diſant que l'exercice en eſt très-utile, & qu'il ſubtiliſe l'eſprit. Je le veux; mais ſi toutes ces queſtions, qui ſont ſi fort éloignées de nos beſoins, donnent quelque pénétration & quelque étendue à l'eſprit qui les cultive, ce n'eſt point du tout parce qu'on lui donne des regles de raiſonnement, mais uniquement parce qu'on lui procure de l'exercice: & exercice pour exercice, la vie étant ſi courte, ne vaudroit-il pas mieux exercer tout d'abord l'eſprit, la préciſion & les talens ſur des queſtions de ſervice, & ſur des matieres d'expérience? Il n'eſt perſonne qui ne ſente que ces matieres conviennent à tous les états; que les jeunes eſprits les faiſiront avec feu, parce qu'elles ſont intelligibles; & qu'il ſera trop tard de les vouloir apprendre quand on ſera tout occupé des beſoins plus preſſans de l'état particulier qu'on aura embraſſé.

On ne peut pardonner à l'école ſon jargon inintelligible, & tout cet amas de queſtions frivoles & puériles, dont elle amuſe ſes éleves, ſur-tout depuis que des hommes heureuſement inſpirés, & ſecondés d'un génie vif & pénétrant, ont travaillé à la perfectionner, à l'épurer & à lui faire parler un langage plus vrai & plus intéreſſant.

Deſcartes, le vrai reſtaurateur du raiſonnement, eſt le premier qui a amené une nouvelle méthode de raiſonner, beaucoup plus eſtimable que ſa Philoſophie même, dont une bonne partie ſe trouve fauſſe ou fort incertaine, ſelon les propres regles qu'il nous a appriſes. C'eſt à lui qu'on eſt redevable de cette préciſion & de cette juſteſſe, qui regne non-ſeulement dans nos bons ouvrages de phyſique & de métaphyſique, mais dans ceux de religion, de morale, de critique. En général les principes & la méthode de Deſcartes ont été d'une grande utilité, par l'analyſe qu'ils nous ont accoûtumés de faire plus exactement des mots & des idées, afin d'entrer plus ſurement dans la route de la vérité.

La méthode de Deſcartes a donné naiſſance à la *logique*, dite *l'art de penſer*. Cet ouvrage conſerve toûjours ſa réputation. Le tems qui détruit tout ne fait qu'affermir de plus en plus l'eſtime qu'on en fait. Il eſt eſtimable ſur-tout par le ſoin qu'on a pris de dégager de pluſieurs queſtions frivoles. Les matieres qui avoient de l'utilité parmi les Logiciens au tems qu'elle fut traitée, y ſont traitées dans un langage plus intelligible qu'elles ne l'avoient été ailleurs en françois. Elles y ſont expoſées plus utilement, par l'application qu'on y fait des regles, à diverſes choſes dont l'occaſion ſe préſente fréquemment, ſoit dans l'uſage des ſciences, ou dans le commerce de la vie civile: au lieu que les *logiques* ordinaires ne faiſoient preſque nulle application des regles à des uſages qui intéreſſent le commun des honnêtes gens. Beaucoup d'exemples qu'on y apporte ſont bien choiſis; ce qui ſert à exciter l'attention de l'eſprit, & à conſerver le ſouvenir des regles. On y trouve en œuvre beaucoup de penſées de Deſcartes, en faveur de ceux qui ne les auroient pas aiſément ramaſſées dans ce philoſophe.

Depuis *l'art de penſer*, il a paru quantité d'excellens ouvrages dans ce genre. Les deux ouvrages ſi diſtingués, de M. Locke ſur *l'entendement humain*, & de D. Malebranche ſur la *recherche de la vérité*, renferment bien des choſes qui tendent à perfectionner la *logique*.

M. Locke eſt le premier qui ait entrepris de démêler les opérations de l'eſprit humain, immédiatement d'après la nature, ſans ſe laiſſer conduire à des opinions appuyées plûtôt ſur des ſyſtèmes que ſur des réalités; en quoi ſa Philoſophie ſemble être par rapport à celles de Deſcartes & de Malebranche, ce qu'eſt l'hiſtoire par rapport aux romans. Il examine chaque ſujet par les idées, les plus ſimples, pour en tirer peu à peu des vérités intéreſſantes. Il fait ſentir la fauſſeté de divers principes de Deſcartes par une analyſe des idées qui avoient fait prendre le change. Il diſtingue judicieuſement l'idée de *l'eſprit* d'avec l'idée du *jugement*: l'eſprit aſſemble promptement des idées qui ont quelque rapport, pour en faire des peintures qui plaiſent; le jugement trouve juſqu'à la moindre différence entre les idées qui ont d'ailleurs la plus grande reſſemblance; on peut avoir beaucoup d'eſprit & peu de jugement. Au ſujet des idées ſimples, M. Locke écrive judicieuſement que ſur ce point, les hommes different peu de ſentiment; mais qu'ils different dans les mots auxquels chacun demeure attaché. On peut dire en général de cet auteur, qu'il montre une inclination pour la vérité, qui fait aimer la route qu'il prend pour y parvenir.

Pour le pere Malebranche, ſa réputation a été ſi éclatante dans le monde philoſophique, qu'il paroît inutile de marquer en quoi il a été le plus diftingué parmi les Philofophes. Il n'a été d'abord qu'un pur cartéfien ; mais il a donné un jour fi brillant à la doctrine de Defcartes, que le difciple n'a plus répandue par la vivacité de fon imagination & par le charme de fes expreffions, que le maître n'avoit fait par la fuite de fes raifonnemens & par l'invention de fes divers fyftèmes.

Le grand talent du pere Malebranche eft de tirer d'une opinion tout ce qu'on peut en imaginer d'impofant pour les conféquences, & d'en montrer tellement les principes de profil, que du côté qu'il les laiffe voir, il eft impoffible de ne s'y pas rendre.

Ceux qui ne fuivent pas aveuglément ce philofophe, prétendent qu'il ne faut que l'arrêter au premier pas ; que c'eft la meilleure & la plus courte maniere de le réfuter, & de voir clairement ce qu'on doit penfer de fes principes. Ils les réduifent particulierement à cinq ou fix, à quoi il faut faire attention ; car fi on les lui paffe une fois, on fera obligé de faire avec lui plus de chemin qu'on n'auroit voulu. Il montre dans tout leur jour, les difficultés de l'opinion qu'il réfute ; & à l'aide du mépris qu'il en infpire, il propofe la fienne par l'endroit le plus plaufible ; puis, fans d'autre façon, il la fuppofe comme inconteftable, fans avoir ou fans faire femblant de voir ce qu'on y peut & ce qu'on y doit oppofer.

Outre ces ouvrages, nous avons bon nombre de *logiques* en forme. Les plus confidérables font celle de M. Leclerc. Cette *logique* a une grande prérogative fur plufieurs autres ; c'eft que renfermant autant de chofes utiles, elle eft beaucoup plus courte. L'auteur y fait appercevoir l'inutilité d'un grand nombre de regles ordinaires de *logique* ; il ne laiffe pas de les rapporter & de les expliquer affez nettement. Ayant formé fon plan d'après le livre de M. Locke, *de intellectu humano*, à qui il avoue, en lui dédiant fon ouvrage, qu'il n'a fait qu'un abregé du fien ; il a parlé de la nature & de la formation des idées d'une maniere plus jufte & plus plaufible que l'on n'avoit fait dans les *logiques* précédentes. Il a choifi ce qui fe rencontre de meilleur dans la *logique* dite *l'art de penfer*. Il tire des exemples de fujets intéreffans. Empruntant des ouvrages que je viens de nommer, ce qui eft de meilleur dans le fien, il ne dit rien qui ferve à découvrir les méprifes qui y font échappées. Il feroit à fouhaiter qu'il n'eût pas fuivi M. Locke dans fes obfcurités, & dans des réflexions auffi écartées du fentiment commun, que des principes de la morale.

Le deffein que fe propofe M. Crouzas dans fon livre, eft confidérable. Il y prétend raffembler les principes, les maximes, les obfervations qui peuvent contribuer à donner à l'efprit plus d'étendue, de force, de facilité, pour comprendre la vérité, la découvrir, la communiquer, &c. Ce deffein un peu vafte pour une fimple *logique*, traite ainfi des fujets les plus importans de la Métaphyfique. L'auteur a voulu recueillir fur les diverfes opérations de l'efprit, les opinions des divers philofophes de ce tems. Il n'y a guere que le livre de M. Locke, auquel M. Crouzas n'ait pas fait une attention qui en auroit valu la peine. Il y a un grand nombre d'endroits qui donnent entrée à des réflexions fubtiles & judicieufes. Plufieurs réflexions n'y font pas affez développées, les fujets ne paroiffent ni fi amenés par ce qui precede, ni affez foutenus par ce qui fuit. L'élocution quelquefois négligée diminue de l'extrême clarté que demandent des matieres abftraites. Cet ouvrage a pris diverfes formes & divers accroiffemens fous la main de l'auteur. Tous les éloges de M. de Fontenelle, qui y font fondus, ne contribuent pas peu à l'embellir & à y jetter de la variété. L'édition de 1712, deux *vol. in-12.* eft la meilleure pour les étudians, parce que c'eft la plus dégagée, & que les autres font comme noyées dans les ornemens.

Tels font les jugemens que le pere Buffier a portés de toutes ces différentes *logiques*. Ses principes du raifonnement font une excellente *logique*. Il a furtout parfaitement bien démêlé la vérité *logique* d'avec celle qui eft propre aux autres fciences. Il y a du neuf & de l'original dans tous les écrits de ce pere, qui a embraffé une efpece d'encyclopédie, que comprend l'ouvrage *in-folio* intitulé *cours des fciences*. L'agrément du ftyle rend amufant ce livre, quoiqu'il contienne véritablement l'exercice des fciences les plus épineufes. Il a trouvé le moyen de changer leurs épines en fleurs, & ce qu'elles ont de fatiguant en ce qui peut divertir l'imagination. On ne peut rien ajouter à la précifion & à l'enchaînement des raifonnemens & des objections, dont il remplit chacun des fujets qu'il traite. La maniere facile & peut-être égayée dont il expofe les chofes, répand beaucoup de clarté fur les matieres les plus abftraites.

M. Wolff a ramené les principes & les regles de *logique* à la démonftration. Nous n'avons rien de plus exact fur cette fcience que la grande *logique* latine de ce philofophe, dont voici le titre : *philofophia rationalis, five logica methodo fcientificâ pertractata, & ad ufum fcientiarum atque vitæ aptata. Præmittitur difcurfus præliminaris de philofophia in genere.*

Il a paru depuis peu un livre intitulé, *effai fur l'origine des connoiffances humaines*. M. l'abbé de Condillac en eft l'auteur. C'eft le fyftème de M. Locke, mais extrêmement perfectionné. On ne peut lui reprocher, comme à M. Leclerc, d'être un copifte fervile de l'auteur anglois. La précifion françoife a retranché toutes les longueurs, les répétitions & le defordre qui regnent dans l'ouvrage anglois, & la clarté, compagne ordinaire de la précifion, a répandu une lumiere vive & éclatante fur les tours obfcurs & embarraffés de l'original. L'auteur fe propofe, à l'imitation de M. Locke, l'étude de l'efprit humain, non pour en découvrir la nature, mais pour en connoitre les opérations. Il obferve avec quel art elles fe combinent, & comment nous devons les conduire, afin d'acquérir toute l'intelligence dont nous fommes capables. Remontant à l'origine des idées, il en développe la génération, les fuit jufqu'aux limites que la nature leur a preferites, & fixe par-là l'étendue & les bornes de nos connoiffances. La liaifon des idées, foit avec les fignes, foit entre elles, eft la bafe & le fondement de fon fyftème. A la faveur de ce principe fi fimple en lui-même & fi fécond en même tems dans fes conféquences, il montre quelle eft la fource des connoiffances, quels en font les matériaux, comment ils font mis en œuvre, quels inftrumens on y employe, & quelle eft la maniere dont il faut s'en fervir. Ce principe n'eft ni une propofition vague, ni une maxime abftraite, ni une fuppofition gratuite ; mais une expéricuce conftante, dont toutes les conféquences font confirmées par de nouvelles expériences. Pour exécuter fon deffein, il prend les chofes d'auffi haut qu'il lui eft poffible. D'un côté, il remonte à la perception, parce que c'eft la premiere opération qu'on peut remarquer dans l'ame ; & il fait voir comment & dans quel ordre, elle produit toutes celles dont nous pouvons acquérir l'exercice. D'un autre côté, il commence au langage d'action. Il explique comment a produit tous les arts qui font propres à exprimer nos penfées ; l'art des geftes, la danfe, la parole, la déclamation, l'art de la noter, celui des pantomimes, la mufique, la poéfie, l'éloquence, l'écriture, & les différens caracteres des langues.

Cette histoire du langage sert à montrer les circonstances où les signes ont été imaginés ; elle en fait connoître le vrai sens, apprend à en prévenir les abus, & ne laisse aucun doute sur l'origine des idées. Enfin après avoir développé les progrès des opérations de l'ame & ceux du langage, il indique par quels moyens on peut éviter l'erreur, & montre les routes qu'on doit suivre, soit pour faire des découvertes, soit pour instruire les autres de celles qu'on a faites. Selon cet auteur, les sensations & les opérations de notre ame sont les matériaux de toutes nos connoissances ; mais c'est la réflexion qui les met en œuvre, en cherchant par des combinaisons les rapports qu'ils renferment. Des gestes, des sons, des chiffres, des lettres, sont les instrumens dont elle se sert, quelque étrangers qu'ils soient à nos idées, pour nous élever aux connoissances les plus sublimes. Cette liaison nécessaire des signes avec nos idées, que Bacon a soupçonnée, & que Locke a entrevue, il l'a parfaitement approfondie. M. Locke s'est imaginé qu'aussitôt que l'ame reçoit des idées par les sens, elle peut à son gré les répéter, les composer, les unir ensemble avec une variété infinie, & en faire toutes sortes de notions complexes. Mais il est constant que dans l'enfance nous avons éprouvé des sensations, longtems avant que d'en savoir tirer des idées. Ainsi, l'ame n'ayant pas dès le premier instant l'exercice de toutes ses opérations, il étoit essentiel, pour mieux développer les ressorts de l'entendement humain, de montrer comment elle acquiert cet exercice, & quel en est le progrès. M. Loke, comme je viens de le dire, n'a fait que l'entrevoir ; & il ne paroît pas que personne lui en ait fait le reproche, ou ait essayé de suppléer à cette partie de son ouvrage. Enfin, pour conclure ce que j'ai à dire sur cet ouvrage, j'ajouterai que son principal mérite est d'être bien fondu, & d'être travaillé avec cet esprit d'analyse, cette liaison d'idées, qu'on y propose comme le principe le plus simple, le plus lumineux & le plus fécond, auquel l'esprit humain devoit tous ses progrès dans le tems même qu'il n'en remarquoit pas l'influence.

Quelque diverses formes qu'ait pris la *logique* entre tant de différentes mains qui y ont touché, toutes conviennent cependant qu'elle n'est qu'une méthode pour nous faire découvrir le vrai & pour faire éviter le faux à quelque sujet qu'on la puisse appliquer : c'est pour cela qu'elle est appellée *l'organe de la vérité*, *la clé des Sciences*, & *le guide des connoissances humaines*. Or il paroît qu'elle remplira parfaitement ces fonctions, pourvu qu'elle dirige bien nos jugemens : & telle est, ce me semble, son unique fin.

Car si je possede l'art de juger sainement de tous les sujets sur lesquels ma raison peut s'exercer, certainement dès-là même j'aurai la *logique* universelle. Quand avec cela on pourroit se figurer qu'il n'y eût plus au monde aucune regle pour diriger la premiere & la troisieme opération de l'esprit, c'est-à-dire la simple représentation des objets & la conclusion des syllogismes, ma *logique* n'y perdroit rien. On voit par-là, que la premiere & la troisieme opération ne sont essentiellement autres que le jugement, soit dans sa totalité, soit dans ses parties, ou du-moins que la premiere & la seconde opération tendent elles-mêmes au jugement, comme à leur derniere fin. Ainsi j'aurai droit de conclure que la derniere fin de la *logique* est de diriger nos jugemens & de nous apprendre à bien juger ; ensorte que tout le reste à quoi elle peut se rapporter, doit uniquement se rapporter tout entier à ce but. Le jugement est donc la seule fin de la *logique*. Un grand nombre de philosophes se récrient contre ce sentiment, & prétendent que la *logique* a pour fin les quatre opérations de l'esprit ; mais pour faire voir combien ils s'abusent, il n'y a qu'à lever l'équivoque que produit le mot *fin*.

Quelques-uns se figurent d'abord la *logique* (& à proportion les autres arts ou sciences) comme une sorte d'intelligence absolue ou de divinité qui prescrit certaines lois à quoi il faut que l'univers s'assujettisse ; cependant cette prétendue divinité est une chimere. Qu'est-ce donc réellement que la *logique* ? rien autre chose qu'un amas de réflexions écrites ou non écrites, appellées *regles*, pour faciliter & diriger l'esprit à faire ses opérations aussi bien qu'il en est capable : voilà au juste ce que c'est que la *logique*. Qu'est-ce que *fin* présentement ? c'est le but auquel un être intelligent se propose de parvenir.

Ceci supposé, demander si la *logique* a pour fin telles ou telles opérations de l'ame, c'est demander si un amas de réflexions écrites ou non écrites a pour fin telle ou telle chose. Quel sens peut avoir une proposition de cette nature ? Ce ne sont donc pas les réflexions mêmes ou leur amas qui peuvent avoir une fin, mais uniquement ceux qui font ou qui ont fait ces réflexions, c'est-à-dire que ce n'est pas la *logique* qui a une fin ou qui en peut avoir une, mais uniquement les logiciens.

Je sais ce qu'on dit communément à ce sujet, qu'autre est la fin de la *logique*, & autre est la fin du logicien ; autre est la fin de l'ouvrage, *finis operis*, & autre la fin de celui qui fait l'ouvrage ou de l'ouvrier, *finis operantis*. Je sais, dis-je, qu'on parle ainsi communément, mais je sais aussi que souvent ce langage ne signifie rien de ce qu'on imagine : car quelle fin, quel but, quelle intention peut se proposer un ouvrage ? Il ne se trouve aucun sens déterminé sous le mot de fin, *finis*, quand il s'attribue à des choses inanimées, & non aux personnes qui seules sont capables d'avoir & de se proposer une fin.

Quel est donc le vrai de ces mots *finis operis* ? c'est la fin que se proposent communément ceux qui s'appliquent à cette sorte d'ouvrage ; & la fin de l'ouvrier, *finis operantis*, est la fin particuliere que se proposeroit quelqu'un qui s'applique à la même sorte d'ouvrage : outre la fin commune que l'on s'y propose d'ordinaire en ce sens, on peut dire que la fin, de la peinture est de représenter des objets corporels par le moyen des linéamens & des couleurs ; car telle est la fin commune de ceux qui travaillent à peindre : au lieu que la fin du peintre est une fin particuliere, outre cette fin commune, savoir de gagner de l'argent, ou d'acquérir de la réputation, ou simplement de se divertir. Mais en quelque sens qu'on le prenne, la fin de l'art est toujours celle que se propose, non pas l'art même, qui n'est qu'un amas de réflexions incapables de se proposer une fin, mais celle que se proposent en général ceux qui ont enseigné ou étudié cet art.

La chose étant exposée sous ce jour, que devient cette question, quelle est la fin de la *logique* ? Elle se résout à celle-ci : quelle est la fin que se font proposée communément ceux qui ont donné des regles & fait cet amas de réflexions, qui s'appelle *l'art* ou *la science de la logique* ? Or cette question n'est plus qu'un point de fait avec lequel on trouvera qu'il y a autant de fins différentes de la *logique*, qu'il y a eu de différens logiciens.

La plûpart ayant donné des regles & dirigé leurs réflexions à la forme & à la pratique du syllogisme, la fin de la *logique* en ce sens sera la maniere de faire des syllogismes dans toutes les sortes de modes & de figures, dont on explique l'artifice dans les écoles ; mais une *logique* où les auteurs ont regardé comme peu important l'embarras des regles & des réflexions nécessaires pour faire des syllogismes en toutes sortes de modes & de figures, une *logique* de ce caractere, dis-je, n'a point du tout la fin de la *logique* ordinaire, parce que le logicien ne s'est point proposé cette fin.

Au reste il se trouvera néanmoins une fin commune à tous les logiciens, c'est d'atteindre toujours à la *vérité interne*, c'est-à-dire à une juste liaison d'idées pour former des jugemens vrais, d'une *vérité interne*, & non pas d'une *vérité externe*, que le commun des logiciens ont confondue avec la *vérité interne* : ce qui leur a fait aussi méconnoître quelle est ou quelle doit être la fin spéciale de la *logique*.

On demande aussi si la *logique* est une science : il est aisé de satisfaire à cette question. Elle mérite ce titre, si vous appellez *science* toute connoissance infaillible acquise avec les secours de certaines réflexions ou regles ; car ayant la connoissance de la *logique*, vous savez démêler infailliblement une conséquence vraie d'avec une fausse.

Mais est-elle un art ? question aussi aisée à résoudre que la précédente. Elle est l'un ou l'autre, suivant le sens que vous attachez au mot *art*. L'un veut seulement appeller *art* ce qui a pour objet quelque chose de matériel ; & l'autre veut appeller *art* toute disposition acquise qui nous fait faire certaines opérations spirituelles ou corporelles, par le moyen de certaines regles ou réflexions. Là-dessus il plaît aux logiciens de disputer si la *logique* est ou n'est pas un *art* ; & il ne leur plaît pas toujours d'avouer ni d'enseigner à leurs disciples que c'est une pure ou puérile question de nom.

On forme encore dans les écoles une autre question, savoir si la *logique* artificielle est nécessaire pour acquérir toutes les Sciences dans leur perfection. Pour répondre à cette question, il ne faut qu'examiner ce que c'est que la *logique* artificielle : or cette *logique* est un amas d'observations & de regles faites pour diriger les opérations de notre esprit ; & de-là elle n'est point absolument nécessaire : pourquoi ? parce que pour que notre esprit opere bien, il n'est pas nécessaire d'étudier comment il y réussit. C'est un instrument que Dieu a fait & qui est très-bien fait. Il est fort inutile de discuter métaphysiquement ce que c'est que notre entendement & de quelles pieces il est composé : c'est comme si l'on se mettoit à disséquer les pieces de la jambe humaine pour apprendre à marcher. Notre raison & notre jambe sont très-bien leurs fonctions sans tant d'anatomies & de préambules ; il ne s'agit que de les exercer, sans leur demander plus qu'elles ne peuvent. D'ailleurs, si l'esprit ne pouvoir bien faire ses opérations sans les secours que fournit la *logique* artificielle, il ne pourroit être sûr si les regles qu'il a établies font bien faites. Au reste, nous prouvons que les syllogismes ne sont rien moins que nécessaires pour découvrir la vérité. *Voyez* SYLLOGISMES.

La *logique* se divise en *docente* & *utente* ; la docente est la connoissance des regles & des préceptes de la *logique*, & la *logique* utente est l'application de ces mêmes regles. On peut appeller la premiere *théorétique*, & la seconde, *pratique* : elles ont besoin mutuellement l'une de l'autre. Les regles apprises & comprises s'effacent bientôt, si l'on ne s'exerce souvent à les appliquer, tout comme la danse ou le manege s'oublient aisément quand on discontinue ses exercices. Tel croit être logicien, parce qu'il a fait un cours de *logique* ; mais quand il faut venir au fait & à l'application, la *logique* se trouve en défaut : pourquoi ? c'est parce qu'il avoit jetté une bonne semence, mais qu'il l'a mal cultivée.

Disons aussi que le succès de la *logique* artificielle dépend beaucoup de la *logique* naturelle : celle-ci varie & se trouve en différens degrés chez les hommes. Tel comme tel est naturellement plus agile ou plus fort que son camarade, de même tel est meilleur logicien, c'est-à-dire qu'il a plus d'ouverture d'esprit & de solidité de jugement.

L'expérience prouve qu'entre douze disciples qui étudieront la même science sous le même maître, il y aura toujours une gradation qui vient en partie du fonds, en partie de l'éducation : car la *logique* naturelle acquise a aussi ses degrés. Avec un même fonds on peut avoir eu ou moins d'attention à le cultiver, ou des circonstances moins favorables. Cette diversité de dispositions, tant naturelles qu'acquises, qu'on apporte à l'étude de la *logique* artificielle, déterminent donc les progrès que l'on y fait.

LOGIS, s. m. (*Gramm.*) c'est la maison entiere qu'on occupe. On a son *logis* dans tel quartier, & l'on a son logement en tel endroit de la maison.

LOGISTE, s. m. (*Antiq. grecq.*) λογιστής ; nom d'un magistrat très-distingué à Athènes, préposé pour recevoir les comptes de tous ceux qui sortoient de charge. Le sénat même de l'Aréopage, ainsi que les autres tribunaux, étoit obligé à une reddition de compte devant les *logistes*, & à ce qu'on croit tous les ans.

Les *logistes* répondoient assez bien à ceux qu'on nommoit à Rome *recuperatores pecuniarum repetundarum* ; mais ils ne répondent pas également à nos maîtres des comptes en France, puisque la jurisdiction & l'inspection de nos maîtres des comptes ne s'étend pas à toute magistrature, comme celle des *logistes* d'Athènes.

Il faut encore distinguer les *logistes* des euthynes, ἐυθύνοι, quoique l'office de ces deux sortes magistrats ait la plus grande affinité ; les uns & les autres étoient au nombre de dix, & l'emploi des uns & des autres rouloit entierement sur la reddition des comptes : mais les euthynes étoient en sous-ordre. On doit les regarder comme les assesseurs des *logistes* : c'étoit eux qui recevoient les comptes, les examinoient, les dépouilloient, & en faisoient leur rapport aux *logistes*.

On élisoit les euthynes, on tiroit au sort les *logistes*. Si ces derniers trouvoient que le comptable étoit coupable de délit, son cas étoit évoqué au tribunal qui jugeoit les criminels. Enfin les *logistes* & les euthynes ne connoissoient que du fait des affaires pécuniaires, & renvoyoient la prononciation du jugement de droit aux autres tribunaux.

Logiste est dérivé de λογίζεσμαι, *compter* ; nous en avons vû la raison. (*D. J.*)

LOGISTIQUE, adj. (*Géom.*) pris substantivement, est le nom qu'on a donné d'abord à la logarithmique, & qui n'est presque plus en usage. *Voyez* LOGARITHMIQUE.

On appelle *logarithme logistique* d'un nombre quelconque donné de secondes, la différence entre le logarithme qu'on trouve dans les tables ordinaires du nombre $3600'' = 60'' \times 60$, $= 60' = 1°$, & celui du nombre de secondes proposé. On a introduit ces logarithmes pour prendre commodément les parties proportionnelles dans les tables astronomiques. *Voyez* en le calcul & l'usage dans les *Instit. astron.* de M. le Monnier, *p. 622-626*. (*O*)

LOGOGRIPHE, s. m. (*Littér.*) espece de symbole ou d'énigme consistant principalement dans un mot qui en contient plusieurs autres, & qu'on propose à deviner, comme, par exemple, dans le mot *Rome* on trouve les mots *orme*, *or*, *ré*, note de musique, *mer*, *voyez* ENIGME. Ce mot est formé de λογος, *discours*, & de γρῖφος, *énigme*, c'est-à-dire *énigme sur un mot*.

Le *logogriphe* consiste ordinairement en quelques allusions équivoques, ou en une décomposition des mots en des parties qui, prises séparément, signifient des choses différentes de celles que marque le mot. Il tient le milieu entre le *rebus* & l'énigme proprement dite.

Selon Kircher le *logogriphe* est une espece d'armes parlantes. Ainsi un anglois qui s'appelleroit *Léonard*,

& qui porteroit dans ſes armes un lion, *leo*, & un pié de l'aſpic, plante, qui en anglois s'appelle *nar*, feroit dn *logographe*, ſelon cet auteur. *Voyez* ŒDIP. EGYPT.

Le même auteur définit ailleurs le *logographe* une énigme qui ſous un ſeul nom ou mot porte à l'eſprit indifférentes idées, par l'addition ou le retranchement de quelques parties : ce genre d'énigmes eſt très-connu des Arabes, parmi leſquels il y a des auteurs qui en ont traité expreſſément.

LOGOMACHIE, ſ. f. (*Littér.*) eſt un mot qui vient du grec ; il ſignifie *diſpute de mots* ; il eſt compoſé de λογος *verbum*, & de μαχομαι, *pugno* ; je ne ſais pourquoi ce mot ne ſe trouve ni dans Furetiere, ni dans Richelet. Ce mot ſe prend toujours dans un ſens défavorable ; il eſt rare qu'il ne ſoit pas applicable à l'un & l'autre parti ; pour l'ordinaire tel qui le donne le premier, eſt celui qui le mérite le mieux.

On ne peut qu'admirer l'eſprit philoſophique de S. Paul, cet illuſtre éleve de Gamaliel, qui déclamant contre toutes les frivoles queſtions qu'on agitoit de ſon tems dans les écoles d'un peuple groſſier, & qui ne connut jamais les premieres notions d'une ſaine philoſophie, parle des *logomachies* comme d'une maladie funeſte, *ep. Timoth. C. v. 4*, νοσων περι λογομαχιας, maladie qui eſt devenue en quelque ſorte épidémique, & qu'on peut enviſager comme un apanage de l'humanité, puiſque toute la ſageſſe de l'Orient, une philoſophie fondée ſur l'expérience, la révélation divine même n'ont pu en tarir le cours. Mais pourquoi, dira-t-on, ce mal fâcheux attaque-t-il ſur-tout les gens de lettres, pourquoi de vaines diſputes ſur les choſes les plus viles & les plus ridicules occupent-elles la majeure partie des ouvrages des ſavans ; c'eſt qu'il eſt peu de vrais ſavans, & beaucoup de gens qui veulent paſſer pour l'être.

Le mot de *logomachies* peut ſe prendre en trois divers ſens. 1°. Une diſpute en paroles ou injures; 2°. une diſpute de mots, & dans laquelle les diſputans ne s'entendent pas ; 3°. une diſpute ſur des choſes minimes & de nulle importance : Homere parle du premier ſens lorſqu'il dit :

Ὅς τω ν'ἀντιβίοισι μαχησσαμενω ἐπίεσσιν Ἀντίστην
Illiade A.

logomachie, que toute la politeſſe du ſiecle, des mœurs douces, n'ont encore pu bannir de la littérature, toujours malheureuſement en proie à des frelons, à des ames baſſes, qu'une lache envie porte à injurier le petit nombre de ceux dont le vrai mérite les offuſque, & dont la ſupériorité les humilie.

On trouve des exemples de la ſeconde eſpece de *logomachie*, c'eſt-à-dire, *des pures diſputes de mots*, dans tous les ſiecles, & dans tous les divers genres de Sciences. Les écrits des anciens philoſophes partagés ſur le ſouverain bien en fourmillent ; les Juriſconſultes de tous les pays ſe diſputant ſur les premiers principes du Droit, & venant tous par des routes différentes, au bonheur de la ſociété, ſeul & vrai fondement des obligations réciproques de ceux qui la compoſent, tous ces divers juriſconſultes qui s'échauffent parce qu'ils ne s'entendent pas, ont extrèmement multiplié les éternelles *logomachies* littéraires.

Mais il en eſt une ſource inépuiſable dans la fureur de vouloir expliquer ce qui de ſa nature eſt inexplicable, je veux dire les myſteres que la Religion propoſe à notre foi ; combien de volumes pour & contre, immenſes receuils de *logomachies*, n'a pas produit le zele indiſcret de ceux qui ont voulu démontrer ce qu'on devoit ſe contenter de croire ? comment en effet ne pas bégayer ſur des choſes que ceux-mêmes qui ſont inſpirés ne voient que *confuſé-*

ment, & *comme à-travers un miroir* ? Attendons prudemment à en parler, que ſuivant les flateuſes eſpérances que nous donne l'eſprit divin, nous ayons le privilege de les voir clairement & face à face.

Mais il faut, nous dit l'eſprit de Dieu, qu'il y ait des diſputes ; ſachons donc reſpecter une néceſſité ordonnée par la ſageſſe ſouveraine, ſi même nous ne comprenons pas ſon but ; mais plus prudens que les faux devots, ſoyons juges plutôt qu'acteurs dans ces diſputes, nous entendrons beaucoup de *logomachies*, & l'on ne pourra pas nous en reprocher.

Nous avons un exemple frappant de ces pieuſes *logomachies*, dans la fameuſe diſpute de l'égliſe grecque avec la latine. La premiere prétendoit qu'il y avoit en Dieu τρεις υποστασεις, & la latine n'en admettoit qu'une. Après la diſpute la plus vive, un ſynode convoqué pour décider cette importante queſtion, des évêques venus d'Italie, d'Egypte, de l'Arabie, de l'Aſie mineure & de la Lybie, l'affaire débattue devant eux avec beaucoup de chaleur, on trouva que toute cette controverſe agitée de part & d'autre avec tant de vivacité, étoit une pure *logomachie*.

On ne voit que dans la *logomachie* de ce genre dans les écrits des Logiciens, des Métaphyſiciens, & ſur-tout des Critiques & des Commentateurs. Le troiſieme ſens qu'on peut donner au mot de *logomachie*, eſt des choſes futiles & d'une petite importance, ſuivant en cela la force du mot grec λογος, qui ne ſignifie pas ſeulement des paroles, mais auſſi des bagatelles, des choſes viles & minimes ; ce qui revient aux expreſſions latines, *verba ſunt verba dare*, &c. les *logomachies* dans ce dernier ſens ſeront donc ce que Flaccus appelle

Rixas de lanâ caprinâ ;

diſputes qui ſont ſans nombre dans tous les ſiecles, & dont on peut dire qu'il n'eſt aucune ſcience qui en ſoit exempte, & aucun ſavant qui du plus au moins n'ait à cet égard des reproches à ſe faire.

O tempora, ô mores !

Qui pourroit en effet s'empêcher de rire, lorſqu'on voit des critiques qui ont la réputation de ſavans, diſputer avec chaleur, pour ſavoir ſi le poiſſon qui engloutit le prophete Jonas étoit mâle ou femelle ; quel des deux piés Enée mit le premier ſur le territoire latin ; quelle étoit la véritable forme des agraffes qui portoient les anciens romains, & une multitude d'autres queſtions toutes auſſi importantes.

Les anciens philoſophes n'ont point été exempts de cette maladie ; Lucianus les caractériſe par un mot qui n'a point vieilli : il dit,

παντες περι ὁνε σχιας μαχονται οι φιλοσοφωντες ;

mais s'il avoit lu les ouvrages de nos philoſophes ſcholaſtiques, & qu'il eût bâillé à la lecture des *logomachies* dont ils ſont remplis, il auroit trouvé chez ces meſſieurs quelque choſe de plus réel que l'ombre d'un âne.

Toute la gravité des Théologiens ne les a point empêché de donner dans ces logomachies inepties. S. Paul cenſure ce qu'il appelle βιβηλας χενοφωνιας μωρας και απαιδευτυς ζητησεις ; l'égliſe grecque & la latine n'ont-elles pas gravement agité ces queſtions ſérieuſes ? convient-il aux eccléſiaſtiques de nourrir leurs barbes ; les évêques peuvent-ils porter des anneaux ; & ces fameuſes queſtions dignes de la ſagacité des caſuiſtes auxquels elles étoient gravement propoſées : *an ſi quis baptiſaret in nomine patruâ, filia & ſpiritua ſanctus, baptiſmus eſſet legitimus ? an aſinus poſſit bibere baptiſmum ?*

Qui ne craindroit une maladie que ſaint Jerôme & ſaint Auguſtin n'ont point évitée, & s'ils ont été aux prises avec une chaleur qui justifie bien le proverbe,

Tantæne animis celestibus iræ !

Pour savoir si la plante dont l'ombre réjouit si fort Jonas étoit des citrouilles ou du lierre, faut-il s'étonner si leurs successeurs s'échauffent pour des sujets qui ne sont pas plus intéressans ?

Saint Augustin avoue que la version de saint Jérôme qui avoit introduit du lierre au lieu de citrouilles, avoit causé dans le temple le plus grand tumulte ; & saint Jérôme de son côté se plaint amèrement qu'à cause de cette façon de traduire le *kikajou*, on avoit crié contre lui au sacrilege ; aussi Calvin qui se connoissoit en vivacité, avoue que saint Jérôme, dans sa réponse à saint Augustin, étoit sorti des bornes d'une honnête modération ; & cependant *tot capita tot sensus*, sur les choses importantes comme sur les minuties. Les uns prétendent que cette plante de Jonas étoit vigne sauvage ; d'autres, une espece de fèves ; ceux-ci, une plante inconnue, aussi miraculeuse dans son espece que sa production & son accroissement dans une nuit ont pu l'être ; plusieurs enfin entendent par le kikajou de Jonas, le *palma christi*, que les Arabes appellent *kiki*, &c. On n'auroit jamais fait si on vouloit rapporter toutes les questions frivoles qui ont été agitées dans la république des lettres, & qui ont toujours dégénéré en misérables *logomachies*. Scaliger & Cardan aux prises sur cette question très-importante : *an hædus tot habeat pilos quot caper* ? les Jurisconsultes partagés sur celles-ci : *an jus in bruta quoque animantia cadat ? sine aliquid juris naturalis*, necne ? &c.

La Physique est-elle une science ou un art ? &c.

La nouvelle Philosophie nous promettoit en définissant tous les termes, de prévenir toutes *logomachies* ; mais c'est guérir une migraine périodique par un mal de tête habituel ; puisqu'en multipliant les mots dans les définitions, on multiplie nécessairement les disputes.

Les sensations ont produit beaucoup de *logomachies* ; c'est que tous les hommes ne sentent pas de même, & qu'il est difficile d'exprimer ce qu'on sent.

Il faut, dit-on dans l'école, pour prévenir des *logomachies*, bien établir l'état de la question ; mais le petit nombre de ces questions dont l'état peut bien s'établir, sont précisément celles sur lesquelles il n'y a pas lieu de disputer, & sur lesquelles même on ne pourroit pas se faire raisonnablement. Au reste, vû les travers de l'esprit humain, la vérité est au bout d'une route embarrassée de ronces & d'épines, on n'y parvient qu'après bien des contradictions & des *logomachies* ; mais prétendre que ces contradictions & ces disputes ont conduit les hommes à la vérité, ce seroit vouloir se persuader que sans les inondations & les naufrages, l'animal appellé *homme* n'auroit pas sçû nager.

Turpe est difficiles habere nugas,
Et stultus labor est ineptiarum.
Epigramm. *Martialis ad Classicum.*

LOGOGRAPHIE, s. f. (*Gramm.*) C'est la partie de l'*Ortographe* qui prescrit les regles convenables pour représenter la relation des mots à l'ensemble de chaque proposition, & la relation de chaque proposition à l'ensemble du discours. On peut voir au *mot* GRAMMAIRE l'origine de ce mot, l'objet & la division de cette partie ; & *aux mots* ORTOGRAPHE & PONCTUATION, les principales regles qui en font l'essence.

LOGOTHETE, s. m. (*Hist. mod.*) nom tiré du grec λογος, *ratio*, établir.

Le *logothete* étoit un officier de l'empire grec, & on en distinguoit deux ; l'un pour le palais, & l'autre pour l'eglise. Selon Codin, le *logothete* de l'église de Constantinople étoit chargé de mettre par écrit tout ce qui concernoit les affaires relatives à l'église, tant de la part des grands, que de celle du peuple. Il tenoit le sceau du patriarche, & l'apposoit à tous les écrits émanés de lui ou dressés par ses ordres.

Le même auteur dit que le grand *logothete*, c'est ainsi qu'on nommoit celui du palais impérial, mettoit en ordre les dépêches de l'empereur, & généralement tout ce qui avoit besoin du sceau & de la bulle d'or : c'étoit une espece de chancelier ; aussi Nicetas explique-t-il par ce dernier titre celui de *logothete*.

LOGROGNO, *ou* LOGRONO, (*Géog.*) ancienne ville d'Espagne, dans la vieille Castille, sur les frontieres de la Navarre, dans un terrein abondant en fruits exquis, en olives, en blé, en chanvre, en vins, & en tout ce qui est nécessaire à la vie. Elle est sur l'Ebre, à 22 lieues N. E. de Burgos, 57 N. E. de Madrid. Quelques-uns la prennent pour la *Juliobrica* des anciens ; d'autres estiment que la *Juliobrica* de Pline est présentement *Fuente d'Ivero*. Sa *long.* 15. 32. *lat.* 42. 26.

Logrogno est la patrie de Rodriguez d'Arriega, fameux jésuite espagnol, mort à Prague en 1667, âgé de 75 ans. Il a répandu beaucoup de subtilités scholastiques dans sa vaste théologie, qui contient huit volume *in-fol.* & plus encore dans son cours latin de philosophie, imprimé à Anvers en 1632, & à Lyon en 1669 *in fol.* Semblable à ces guerriers qui dévastent le pays ennemi, sans pouvoir mettre leurs frontieres en état de résistance, il se montre bien plus habile à ruiner ce qu'il nie, qu'à prouver ce qu'il prétend établir. C'est dommage que cet homme subtil & pénétrant n'ait eu aucune connoissance des bons principes de la Théologie & de la Philosophie ; mais on est encore bien éloigné de s'en douter en Espagne ; eh, comment le jésuite d'Ariega les auroit-il connus il y a cent ans ? (*D. J.*)

LOGUDORO, *ou* LOGODORO, *la province de*, (*Géog.*) contrée septentrionale de l'île de Sardaigne, avec une petite ville de même nom, & quelques gros bourgs ; Sassari, Algheri, Sardi, Terranova, & Castel, Arogonese, Boca, &c (*D. J.*)

LOGUER, *en terme de Rafinerie*, c'est l'action d'humecter les formes pour les bâtardes & les fondus, en frottant l'extérieur des formes avec un morceau de vieux linge imbibé d'eau. *Voyez* BATARDES. FORMES & FONDUS.

LOGUETTE, s. f. *terme de riviere*, cordage de la grosseur d'une cinchelle, que l'on ajoute à un cable pour le tirage des bateaux.

LOHARDE, *la préfecture de*, (*Géog.*) petit canton de Danemarck, dans le Sud-Jutland, appartenant en partie au roi de Danemarck, & en partie au duc de Holstein. (*D. J.*)

LOHN, LA (*Géog.*) en latin *Logana* ou *Loganus*, riviere d'Allemagne, qui prend la source dans la haute Hesse, & se jette dans le Rhin au-dessus de Coblentz. Elle donne son nom à ce petit canton d'Allemagne qu'on appelle le *Lohn-gaw*. (*D. J.*)

LOI, s. f. (*Droit naturel, moral, divin, & humain.*) La *loi* en général est la raison humaine, en tant qu'elle gouverne tous les peuples de la terre ; & les *lois* politiques & civiles de chaque nation ne doivent être que les divers cas particuliers où s'applique cette raison humaine.

On peut définir la *loi* une regle prescrite par le souverain à ses sujets, soit pour leur imposer l'obligation de faire, ou de ne pas faire certaines choses, sous la menace de quelque peine, soit pour leur laisser la liberté d'agir, ou de ne pas agir en d'autres choses comme ils le trouveront à propos, &

leur affurer une pleine jouiffance de leur droit à cet égard.

Les hommes, dit M. de Montefquieu, font gouvernés par diverfes fortes de *lois*. Ils font gouvernés par le droit naturel, par le droit divin, qui eft celui de la religion ; par le droit eccléfiaftique, autrement appellé *canonique*, qui eft celui de la police de la religion ; par le droit des gens, qu'on peut confidérer comme le droit civil de l'univers, dans le fens que chaque peuple en eft un citoyen ; par le droit politique général, qui a pour objet cette fageffe humaine, qui a fondé toutes les fociétés ; par le droit politique particulier, qui concerne chaque fociété ; par le droit de conquête, fondé fur ce qu'un peuple a voulu, a pu ou dû faire violence à un autre ; par le droit civil de chaque fociété, par lequel un citoyen peut défendre fes biens & fa vie contre tout autre citoyen ; enfin, par le droit domeftique, qui vient de ce qu'une fociété eft divifée en diverfes familles qui ont befoin d'un gouvernement particulier. Il y a donc différens ordres de *lois*, & la fublimité de la raifon humaine confifte à favoir bien auquel de ces ordres fe rapportent principalement les chofes fur lefquelles on doit ftatuer, & à ne point mettre de confufion dans les principes qui doivent gouverner les hommes.

Les réflexions naiffent en foule à ce fujet. Détachons-en quelques-unes des écrits profonds de ces beaux génies qui ont éclairé le monde par leurs travaux fur cette importante matiere.

La force d'obliger qu'ont les *lois* inférieures, découle de celle des *lois* fupérieures. Ainfi dans les familles on ne peut rien prefcrire de contraire aux *lois* de l'état dont elles font partie. Dans chaque état civil on ne peut rien ordonner de contraire aux *lois* qui obligent tous les peuples, telles que font celles qui prefcrivent de ne point prendre le bien d'autrui, de réparer le dommage qu'on a fait, de tenir fa parole, &c. & ces *lois* communes à toutes les nations, ne doivent renfermer rien de contraire au domaine fuprême de Dieu fur fes créatures. Ainfi dès qu'il y a dans les *lois* inférieures des chofes contraires aux *lois* fupérieures, elles n'ont plus force de *lois*.

Il faut un code de *lois* plus étendu pour un peuple qui s'attache au commerce, pour un autre peuple qui fe contente de cultiver fes terres. Il en faut un plus grand pour celui-ci, que pour un peuple qui vit de fes troupeaux. Il en faut un plus grand pour ce dernier, que pour un peuple qui vit de fa chaffe. Ainfi les *lois* doivent avoir un grand rapport avec la façon dont les divers peuples fe procurent leur fubfiftance.

Dans les gouvernemens defpotiques, le defpote eft le prince, l'état & les *lois*. Dans les gouvernemens monarchiques il y a une *loi* ; & là où elle eft précife, le juge la fuit ; là où elle ne l'eft pas, il en cherche l'efprit. Dans les gouvernemens républicains, il eft de la nature de leur conftitution que les juges fuivent la lettre de la *loi* ; il n'y a point de citoyen contre qui on puiffe interpréter une *loi*, quand il s'agit de fes biens, de fon honneur ou de fa vie. En Angleterre les jurés décident du fait, le juge prononce la peine que la *loi* inflige ; & pour cela il ne lui faut que des yeux.

Ceux qui ont dans leurs mains les *lois* pour gouverner les peuples, doivent toujours fe laiffer gouverner eux-mêmes par les *lois*. C'eft la *loi*, & non pas l'homme qui doit régner. La *loi*, dit Plutarque, eft la reine de tous les mortels & immortels. Le feul édit de 1499, donné par Louis XII. fait chérir fa mémoire de tous ceux qui rendent la juftice dans ce royaume, & de tous ceux qui l'aiment. Il ordonne par cet édit mémorable « qu'on fuive toujours » la *loi*, malgré les ordres contraires à la *loi*, que » l'importunité pourroit arracher du monarque ».

Le motif & l'effet des *lois* doit être la profpérité des citoyens. Elle réfulte de l'intégrité des mœurs, du maintien de la police, de l'uniformité dans la diftribution de la juftice, de la force & de l'opulence de l'état, & les *lois* font les nerfs d'une bonne adminiftration. Quelqu'un ayant demandé à Anaxidame, roi de Lacédémone, qui avoit l'autorité dans Sparte, il répondit que c'étoient les *lois* ; il pouvoit ajouter avec les mœurs fur lefquels elles influent, & dont elles tirent leur force. En effet, chez les Spartiates, les *lois* & les mœurs intimement unies dans le cœur des citoyens n'y faifoient, pour ainfi dire, qu'un même corps. Mais ne nous ne flattons pas de voir Sparte renaître au fein du commerce & de l'amour du gain.

» La grande différence que Lycurgue a mife entre » Lacédémone & les autres cités, dit Xénophon, » confifte en ce qu'il a fur-tout fait, que les citoyens » obéiffent aux *lois*. Ils courent lorfque le magiftrat » les appelle : mais à Athènes, un homme riche fe» roit au defefpoir que l'on penfât qu'il dépendit du » magiftrat ».

Il y a plus ; la premiere fonction des éphores de Lacédémone, en entrant en charge, étoit une proclamation publique, par laquelle ils enjoignoient aux citoyens, non pas d'obferver les *lois*, mais de les aimer, afin que l'obfervation ne leur en fût point dure.

Rien ne doit être fi cher aux hommes que les *lois* deftinées à les rendre bons, fages & heureux. Les *lois* feront précieufes au peuple, tant qu'il les regardera comme un rempart contre le defpotifme, & comme la fauvegarde d'une jufte liberté.

Parmi les *lois*, il y en a d'excellentes, de vicieufes & d'inutiles. Toute bonne *loi* doit être jufte, facile à exécuter, particulierement propre au gouvernement, & au peuple qui la reçoit.

Toute *loi* équivoque eft injufte, parce qu'elle frappe fans avertir. Toute *loi* qui n'eft pas claire, nette, précife, eft vicieufe.

Les *lois* doivent commencer directement par les termes de juffion. Les préambules qu'on y met ordinairement font conftamment fuperflus, quoiqu'ils ayent été inventés pour la juftification du légiflateur, & pour la fatisfaction du peuple. Si la *loi* eft mauvaife, le légiflateur doit bien public, le légiflateur doit bien fe garder de la donner ; fi elle eft néceffaire, effentielle, indifpenfable, il n'a pas befoin d'en faire l'apologie.

Les *lois* peuvent changer, mais leur ftyle doit toujours être le même, c'eft-à-dire fimple, précis, reffentant toujours l'antiquité de leur origine comme un texte facré & inaltérable.

Que los *lois* refpirent toujours la candeur : faites pour prévenir ou pour punir la méchanceté des hommes, elles doivent avoir la plus grande innocence.

Des *lois* qui choqueroient les principes de la nature, de la morale ou de la religion, infpireroient de l'horreur. Dans la profcription du prince d'Orange, par Philippe II. ce prince promet à celui qui le tuera, ou à fes héritiers, vingt mille écus & la nobleffe, & cela en parole de roi, & comme ferviteur de Dieu. La nobleffe promife pour une telle action ! une telle action ordonnée comme ferviteur de Dieu ! tout cela renverfe également les idées de l'honneur, de la morale & de la religion.

Lorfqu'on fait tant que de rendre raifon d'une *loi*, il faut que cette raifon foit 1°. digne d'elle. Une *loi* romaine décide qu'un aveugle ne peut plaider, parce qu'il ne voit pas les ornemens de la magiftrature. Il eft pitoyable de donner une fi mauvaife raifon, quand

LOI

quand il s'en préfente tant de bonnes. 2°. Il faut que la raifon alléguée foit vraie ; Charles IX. fut déclaré majeur à 14 ans commencés, parce que, dit le chancelier de l'Hôpital, les *lois* regardent l'année commencée, lorfqu'il s'agit d'acquérir des honneurs ; mais le gouvernement des peuples n'eft-il qu'un honneur ? 3°. Il faut, dans les *lois*, raifonner de la réalité à la réalité, & non de la réalité à la figure, ou de la figure à la réalité. La *loi* des Lombards, *l. II. tit. XXXVII.* défend à une femme qui a pris l'habit de religieufe de fe marier. « Car, dit » cette *loi*, fi un époux qui a engagé à lui une femme » par un anneau, ne peut pas fans crime en époufer » une autre ; à plus forte raifon, l'époufe de Dieu » ou de la fainte Vierge ».

Enfin dès que dans une *loi* on a fixé l'état des chofes, il ne faut point y ajouter des expreffions vagues. Dans une ordonnance criminelle de Louis XIV. après l'énumération des cas royaux, on ajoute : « Et ceux dont de tous tems les juges royaux ont » décidé » : cette addition fait rentrer dans l'arbitraire que la *loi* venoit d'éviter.

Les *lois* ne font pas regle de droit. Les regles font générales, les *lois* ne le font pas : les regles dirigent, les *lois* commandent : la regle fert de bouffole, & les *lois* de compas.

Il faut impofer au peuple à l'exemple de Solon, moins les meilleures *lois* en elles-mêmes, que les meilleures que ce peuple puiffe comporter dans fa fituation. Autrement il vaut mieux laiffer fubfifter les défordres, que de prétendre y pourvoir par des *lois* qui ne feront point obfervées ; car, fans remédier au mal, c'eft encore avilir les *lois*.

Il n'y a rien de fi beau qu'un état où l'on a des *lois* convenables, & où on les obferve par raifon, par paffion, comme on le fit à Rome dans les premiers tems de la république ; car pour-lors il fe joint à la fageffe du gouvernement toute la force que pourroit avoir une faction.

Il eft vrai que les *lois* de Rome devinrent impuiffantes à fa confervation ; mais c'eft une chofe ordinaire que de bonnes *lois*, qui ont fait qu'une petite république s'aggrandit, lui deviennent à charge lorfqu'elle s'eft aggrandie, parce que ces *lois* n'étoient faites que pour opérer fon aggrandiffement.

Il y a bien de la différence entre les *lois* qui font qu'un peuple fe rend maître des autres, & celles qui maintiennent fa puiffance lorfqu'il l'a acquife.

Les *lois* qui font regarder comme néceffaire ce qui eft indifférent, ne font pas fenfées, & ont encore cet inconvénient qu'elles font confidérer comme indifférent ce qui eft néceffaire ; ainfi les *lois* ne doivent ftatuer que fur des chofes effentielles.

Si les *lois* indifférentes ne font pas bonnes, les inutiles le font encore moins, parce qu'elles affoibliffent les *lois* néceffaires ; celles qu'on doit craindre, affoibliffent auffi la légiflation. Une *loi* doit avoir fon effet, & il ne faut pas permettre d'y déroger par une convention particuliere.

Plufieurs *lois* paroiffent les mêmes qui font fort différents. Par exemple, les *lois* grecques & romaines puniffoient le receleur du vol comme le voleur ; la *loi* françoife ne l'ufe ainfi. Celles-là étoient taifounables, celle-ci ne l'eft point. Chez les Grecs & les Romains, le voleur étoit condamné à une peine pécuniaire, il falloit bien punir le receleur de la même peine ; car tout homme qui contribue, de quelque façon que ce foit, à un dommage, doit le réparer. Mais en France, la peine du vol étant capitale, on n'a pu, fans outrer les chofes, punir le receleur comme le voleur. Celui qui reçoit le vol, peut en mille occafions le recevoir innocemment ; celui qui vole eft toujours coupable. Le receleur empêche à la vérité la conviction d'un crime déja commis, mais l'autre commet le crime ; tout eft paffif dans le receleur, il y a une action dans le voleur. Il faut que le voleur furmonte plus d'obftacles, & que fon ame fe roidiffe plus long-tems contre les *lois*.

Comme elles ne peuvent prévoir ni marquer tous les cas, c'eft à la raifon de comparer les faits obmis avec les faits indiqués. Le bien public doit décider quand la *loi* fe trouve muette ; la coûtume ne peut rien alors, parce qu'il eft dangereux qu'on ne l'applique mal, & qu'on ne veuille la diriger, au lieu de la fuivre.

Mais la coutume affermie par une chaîne & une fucceffion d'exemples, fupplée au défaut de la *loi*, tient fa place, a la même autorité, & devient une *loi* tacite ou de prefcription.

Les cas qui dérogent au droit commun, doivent être exprimés par la *loi* ; cette exception eft un hommage qui confirme fon autorité ; mais rien ne lui porte atteinte, comme l'extenfion arbitraire & indéterminée d'un cas à l'autre. Il vaut mieux attendre une nouvelle *loi* pour un cas nouveau, que de franchir les bornes de l'exception déja faite.

C'eft fur-tout dans les cas de rigueur qu'il faut être fobre à multiplier les cas cités par la *loi*. Cette fubtilité d'efprit qui va tirer des conféquences, eft contraire aux fentimens de l'humanité & aux vûes du légiflateur.

Les *lois* occafionnées par l'altération des chofes & des tems, doivent ceffer avec les raifons qui les ont fait naître, loin de revivre dans des conjectures reffemblantes, parce qu'elles ne font prefque jamais les mêmes, & que toute comparaifon eft fufpecte, dangereufe, capable d'égarer.

On établit des *lois* nouvelles, ou pour confirmer les anciennes, ou pour les réformer, ou pour les abolir. Toutes les additions ne font que charger & embrouiller le corps des *lois*. Il vaudroit mieux, à l'exemple des Athéniens, recueillir de tems en tems les *lois* furannées, contradictoires, inutiles & abufives, pour épurer & diminuer le code de la nation.

Quand donc on dit que perfonne ne doit s'eftimer plus prudent que la *loi*, c'eft des *lois* vivantes qu'il s'agit, & non pas des *lois* endormies.

Il faut fe hâter d'abroger les *lois* ufées par le tems, de peur que le mépris des *lois* mortes ne retombe fur les *lois* vivantes, & que cette gangrene ne gagne tout le corps de droit.

Mais s'il eft néceffaire de changer les *lois*, apportez-y tant de folemnités & de précautions, que le peuple en conclue naturellement que les *lois* font bien faintes, puifqu'il faut tant de formalités pour les abroger.

Ne changez pas les ufages & les manieres par les *lois*, ce feroit une tyrannie. Les chofes indifférentes ne font pas de leur reffort : il faut changer les ufages & les manieres par d'autres ufages & d'autres manieres. Si les *lois* gênoient en France les manieres, elles gêneroient peut-être les vertus. Laiffez faire à ce peuple léger les chofes frivoles férieufement, & gaiement les chofes férieufes. Cependant les *lois* peuvent contribuer à former les mœurs, les manieres & le caractère d'une nation ; l'Angleterre en eft un exemple.

Tout ce qui regarde les regles de la modeftie, de la pudeur, de la décence, ne peut guere être compris fous un code de *lois*. Il eft aifé de régler par les *lois* ce qu'on doit aux autres ; il eft difficile d'y comprendre tout ce qu'on fe doit à foi-même.

La multiplicité des *lois* prouve, toutes chofes égales, la mauvaife conftitution d'un gouvernement ; car, comme on ne les fait que pour réprimer les injuftices & les défordres, il faut de néceffité que, dans l'état où il y a le plus de *lois*, il y ait aussi le plus de dérèglement.

L'incertitude & l'inefficacité des *lois* procede de leur multiplicité, de leurs vices dans la composition, dans le style & dans la sanction, du partage des interpretes, de la contradiction des jugemens, &c.

Les *lois* sont, comme au pillage, entre les mains de ce cortege nombreux de jurisconsultes qui les commentent. La seule vûe de leurs compilations a de quoi terrasser l'esprit le plus infatigable. Leurs gloses & leurs subtilités sont les lacets de la chicane. Toutes les citations, si ce n'est celles de la *loi*, devroient être interdites au barreau. Ce ne sont que des hommes que l'on montre à d'autres hommes, & c'est par des raisons, & non par des autorités qu'il faut décider les cas douteux.

Il y a des *lois* rétroactives qui viennent au secours des *lois* antérieures, & qui en étendent l'effet sur les cas qu'elles n'avoient pas prévus. Il faut très-rarement de ces *lois* à deux fins, qui portent sur le passé & sur l'avenir.

Une *loi* rétroactive doit confirmer, & non pas réformer celle qui la précede ; la réforme cause toujours des mouvemens de trouble, au lieu que les *lois* en confirmation affermissent l'ordre & la tranquillité.

Dans un état où il n'y a point de *lois* fondamentales, la succession de l'empire ne sauroit être fixe, puisque le successeur est déclaré par le prince, par ses ministres, ou par une guerre civile ; que de désordres & de maux en résultent !

Les *lois* ont sagement établi des formalités dans l'administration de la justice, parce que ces formalités sont le *palladium* de la liberté. Mais le nombre des formalités pourroit être si grand, qu'il choqueroit le but des *lois* mêmes qui les auroient établies : alors les affaires n'auroient point de fin, la propriété des biens resteroit incertaine, on ruineroit les parties à force de les examiner. Il y a des pays en Europe, où les sujets sont dans ce cas-là.

Les princes ont donné de bonnes *lois*, mais quelquefois si mal-à-propos qu'elles n'ont produit que de fâcheux effets. Louis le Débonnaire révolta contre lui les évêques par des *lois* rigides qu'il leur prescrivit, & qui alloient au-delà du but qu'il devoit se proposer dans la conjoncture des tems.

Pour connoître, pour peindre le génie des nations & des rois, il faut éclairer leur histoire par leurs *lois*, & leurs *lois* par leur histoire. Les *lois* de Charlemagne montrent un prince qui comprend tout par son esprit de prévoyance, unit tout par la force de son génie. Par ses *lois*, les prétextes pour éluder les devoirs sont ôtés, les négligences corrigées, les abus réformés ou prévenus. Un pere de famille pourroit y apprendre à gouverner sa maison : il ordonnoit qu'on vendît les œufs des basse-cours de son domaine, & les herbes inutiles de son jardin ; & l'on sait par l'histoire qu'il avoit distribué à ses peuples toutes les richesses des Lombards, & les immenses trésors de ces Huns qui avoient ravagé l'univers.

Dans toute société, c'est la force ou la *loi* qui domine. Tantôt la force se couvre de la *loi*, tantôt la *loi* s'appuie de la force. De-là trois sortes d'injustices, la violence ouverte, celle qui marche à l'ombre de la *loi*, & celle qui naît de la rigueur de la *loi*.

Les passions & les préjugés des législateurs passent quelquefois au-travers de leurs *lois*, & s'y teignent ; quelquefois elles y restent & s'y incorporent.

Justinien s'avisa dans un tems de décadence de réformer la jurisprudence des siecles éclairés. Mais c'est des jours de lumieres qu'il convient de corriger les jours de ténebres.

Je finis malgré moi toutes ces réflexions qui portent sur les *lois* en général, mais je parlerai séparément des *lois* fondamentales, civiles, criminelles, divines, humaines, morales, naturelles, pénales, politiques, somptuaires, &c. & je tâcherai d'en développer en peu de mots la nature, le caractere, l'esprit & les principes. (*D. J.*)

LOI, *proposition & sanction d'une*, (*Hist. rom.*) c'est un point fort curieux dans l'histoire romaine que l'objet de l'établissement d'une *loi*. Nous avons donc lieu de penser que le lecteur sera bien-aise d'être instruit des formalités qui se pratiquoient dans cette occasion.

Celui qui avoit dessein, dans Rome, d'établir quelque *loi*, qu'il savoit être du goût des principaux de la république, la communiquoit au sénat, afin qu'elle acquît un nouveau poids par l'approbation de cet illustre corps. Si au contraire le porteur de la *loi* étoit attaché aux intérêts du peuple, il tâchoit de lui faire approuver la *loi* qu'il vouloit établir, sans en parler au sénat. Il étoit cependant obligé d'en faire publiquement la lecture, avant que d'en demander la ratification, afin que chacun en eût connoissance. Après cela, si la *loi* regardoit les tribus, le tribun faisoit assembler le peuple dans la place ; & si elle regardoit les centuries, ce premier magistrat convoquoit l'assemblée des citoyens dans le champ de Mars. Là un crieur public répétoit mot-à-mot la *loi* qu'un scribe lui lisoit ; ensuite, si le tribun le permettoit, le porteur de la *loi*, un magistrat, & quelquefois même un simple particulier, autorisé par le magistrat, pouvoit haranguer le peuple pour l'engager à recevoir ou à rejetter la *loi*. Celui qui réussissoit à faire accepter la *loi*, en étoit appellé l'auteur.

Quand il s'agissoit d'une affaire de conséquence, on portoit une urne ou cassette, dans laquelle on renfermoit les noms des tribus ou des centuries, selon que les unes ou les autres étoient assemblées. On remuoit ensuite doucement la cassette, de peur qu'il n'en tombât quelque nom ; & quand ils étoient mêlés, on les tiroit au hazard ; pour lors, chaque tribu & chaque centurie prenoit le rang de son billet pour donner son suffrage. On le donna d'abord de vive voix ; mais ensuite il fut établi qu'on remettroit à chaque citoyen deux tablettes, dont l'une rejettoit la nouvelle *loi* en approuvant l'ancienne, & pour cela cette tablette étoit marquée de la lettre *A*, qui signifioit *ancienne* ; l'autre tablette portoit les deux lettres *U. R.* c'est-à-dire, soit fait comme vous le demandez, *uti rogas*.

Pour éloigner toute fraude, on distribuoit ces tablettes avec beaucoup d'attention. On élevoit alors dans la place où se tenoient les assemblées plusieurs petits théâtres ; sur les premiers qui étoient les plus élevés, on posoit les cassettes où étoient renfermées les tablettes qu'on délivroit à ceux qui devoient donner leurs suffrages ; & sur les derniers étoient d'autres cassettes où l'on remettoit lesdites tablettes qui portoient le suffrage. De-là vint le proverbe, *les jeunes gens chassent du théâtre les sexagénaires*, parce qu'après cet âge, on n'avoit plus de droit aux charges publiques.

On élevoit autant de théâtres qu'il y avoit de tribus dans les assemblées des tribus ; savoir 35, & dans les assemblées de centuries, autant qu'il y avoit de centuries, savoir 193.

Il faut maintenant indiquer la maniere de donner les suffrages. On prenoit les tablettes qui étoient à l'entrée du théâtre, & après l'avoir traversé, on les remettoit dans la cassette qui étoit au bout. D'abord après que chaque centurie avoit remis ses tablettes, les gardes qui avoit marqué les suffrages par des points, les comptoient, afin d'annoncer finalement la pluralité des suffrages de la tribu ou de la centurie pour ou contre la *loi* proposée. Cette action de compter les tablettes en les marquant avec des points, a fait dire à Cicéron, *comptez les points*, & à Horace, *celui-là a tous les points*, c'est-à-dire, réussit, qui fait joindre l'utile à l'agréable : *Omne tulit punctum, qui miscuit utile dulci*.

La *loi* qui étoit reçue par le plus grand nombre de suffrages, étoit gravée sur des tables de cuivre ; ensuite on la laissoit quelque tems exposée publiquement à la vue du peuple, ou bien on la portoit dans une des chambres du tréfor public pour la conserver précieusement (*D. J.*)

LOIS *des Barbares*, (*Code des Barbares*) on appelle *lois des Barbares*, les usages des Francs Saliens, Francs Ripuaires, Bavarois, Allemands, Thuringiens, Frisons, Saxons, Wisigoths, Bourguignons & Lombards.

Tout le monde sait avec quelle sagacité M. de Montesquieu a développé l'esprit, le caractère & les principes de toutes ces *lois*, je n'en tirerai que quelque généralités.

Les Francs sortis de leur pays, firent rédiger par les sages de leur nation les *lois* saliques. La tribu des Ripuaires s'étant jointe aux Saliens, conserva ses usages, & Théodoric, roi d'Austrasie, les fit mettre par écrit. Il recueillit de même les usages des Bavarois & des Allemands qui dépendoient de son royaume. Il est vraissemblable que le code des Thuringiens fut donné par le même Théodoric, puisque les Thuringiens étoient aussi ses sujets. La *loi* des Frisons n'est pas antérieure à Charles Martel & à Pepin qui les soumirent. Charlemagne, qui le premier domina les Saxons, leur donna la *loi* que nous avons. Les Wisigoths, les Bourguignons & les Lombards ayant fondé des royaumes, firent écrire leurs *lois*, non pas pour faire suivre leurs usages aux peuples vaincus, mais pour les suivre eux-mêmes.

Il y a dans les *lois* Saliques & Ripuaires, dans celles des Allemands, des Bavarois, des Thuringiens & des Frisons, une simplicité admirable, une rudesse originale, & un esprit qui n'avoit point été affoibli par un autre esprit. Elles changèrent peu, parce que ces peuples, si on en excepte les Francs, restèrent dans la Germanie ; mais les rois des Bourguignons, des Lombards & des Wisigoths, perdirent beaucoup de leur caractère, parce que ces peuples qui se fixèrent dans de nouvelles demeures, perdirent beaucoup du leur.

Les Saxons qui vivoient sous l'empire des Francs, eurent une ame indomptable. On trouve dans leurs *lois* des duretés du vainqueur, qu'on ne voit point dans les autres codes de *lois des Barbares*.

Les *lois* des Wisigoths furent toutes refondues par leurs rois, ou plûtôt par le clergé, dont l'autorité étoit immense. Nous devons à ce code toutes les maximes, tous les principes & toutes les vues du tribunal de l'inquisition d'aujourd'hui ; & les moines n'ont fait que copier contre les juifs des *lois* faites autrefois par les évêques du pays.

Du reste, les *lois* des Wisigoths sont puériles, gauches, idiotes, pleines de rhétorique, vuides de sens, frivoles dans le fonds, & gigantesques dans le style. Celles de Gondebaud pour les Bourguignons, paroissent assez judicieuses ; celles de Rhotaris & des autres princes Lombards, le sont encore plus.

Le caractère particulier des *lois des Barbares*, est qu'elles furent toutes personnelles, & point attachées à un certain territoire : le Franc étoit jugé par la *loi* des Francs, l'Allemand par la *loi* des Allemands, le Bourguignon par la *loi* des Bourguignons, le Romain par la *loi* romaine ; & bien loin qu'on songeât, dans ces tems-là, à rendre uniforme les *lois* des peuples conquérans, on ne pensa pas même à se faire législateur du peuple vaincu.

Cependant toutes ces *lois* personnelles *des Barbares*, vinrent à disparoître chez les François par des causes générales qui les firent cesser peu-à-peu. Ces *lois* étoient déja négligées à la fin de la seconde race, & au commencement de la troisieme on n'en entendit presque plus parler. Les fiefs étant devenus héréditaires, & les arriere-fiefs s'étant étendus, il s'introduisit de nouveaux usages, auxquels les *lois des Barbares* n'étoient plus applicables ; on leur substitua des coutumes.

Comme dans l'établissement de la monarchie, on avoit passé des coutumes & des usages à des *lois* écrites ; on revint quelques siecles apres des *lois* écrites, à des usages & des coutumes non écrites.

La compilation de Justinien ayant ensuite paru, elle fut reçue comme *loi* dans les parties de la France qui se gouvernoient par le droit romain, & seulement comme raison dans celles qui se gouvernoient par les coutumes ; c'est pourquoi l'on rassembla quelques-unes de ces coutumes sous le regne de S. Louis & les regnes suivans ; mais sous Charles VII. & ses successeurs, on les rédigea par tout le royaume ; alors elles furent écrites, elles devinrent plus connues & prirent le sceau de l'autorité royale. Enfin, on en a formé de nouvelles rédactions plus complettes dans des tems qui ne sont pas fort éloignés des nôtres, & dans des tems où l'on ne faisoit pas gloire d'ignorer ce qu'on doit savoir, & de savoir ce qu'on doit ignorer. (*D. J.*)

LOI, (*Jurisprud.*) signifie en général *un commandement émané d'une autorité supérieure, auquel un inférieur est obligé d'obéir*.

Les *lois* sont de plusieurs sortes, savoir divines ou humaines ; on les distingue aussi, la *loi* naturelle de la *loi* civile, la *loi* ancienne de la *loi* nouvelle. Il y a encore bien d'autres divisions des *lois*.

La premiere de toutes les *lois*, est celle de nature ; les premiers hommes vivoient selon cette *loi* naturelle, qui n'est autre chose qu'un rayon de lumiere & un principe de la droite raison que Dieu a donné aux hommes pour se conduire, & qui leur fait appercevoir les regles communes de la justice & de l'équité.

L'ancienne *loi* ou la *loi* de Moïse, appellée aussi *la vieille loi* ou la *loi des Juifs*, est celle que Dieu donna à son peuple par la bouche de son prophete.

A celle-ci a succédé la *loi* de grace ou la *loi* chrétienne, la *loi* de l'évangile qui nous a été apportée par Jesus-Christ, & qui est la plus parfaite de toutes.

Pour ce qui est des *lois* humaines, il est probable que les premieres furent les *lois* domestiques que chaque pere de famille fit pour établir l'ordre dans sa maison ; ces *lois* ne laissoient pas d'être importantes, vu que dans les premiers tems, les familles formoient comme autant de peuples particuliers.

Lorsque les hommes commencerent à se rassembler dans des villes, ces *lois* privées se trouverent insuffisantes pour contenir une société plus nombreuse, il fallut une autorité plus forte que la puissance paternelle. De l'union de plusieurs villes & pays, il se forma divers états que l'on soumit au gouvernement d'une puissance soit monarchique, ou aristocratique, ou démocratique ; dès-lors ceux qui furent revêtus de la puissance souveraine donnerent des *lois* aux peuples qui leur étoient soumis, & créerent des magistrats pour les faire observer.

Toute *loi* est censée émanée du souverain ou autres personnes qui sont revêtues de la puissance publique ; mais comme ceux qui gouvernent ne peuvent pas tout faire par eux-mêmes, ils chargent ordinairement de la rédaction des *lois* les plus habiles jurisconsultes, & lorsque ceux-ci en ont dressé le projet, la puissance publique y met le sceau de son autorité en les adoptant & les faisant publier en son nom.

Chez les anciens, les sages & les philosophes furent les premiers auteurs des *lois*.

Moïse, le plus anciens de tous législateurs, donna aux Juifs plusieurs fortes de *lois*; outre celles qui lui furent dictées par la sagesse divine, & que l'on appelle les *lois du Décalogue*, parce qu'elles sont renfermées en dix commandemens; il leur donna aussi des *lois* cérémonielles pour le culte divin, & des *lois* politiques pour le gouvernement civil.

Les premieres *lois* ne pourvurent qu'aux grands inconvéniens; les *lois* civiles régloient le culte des dieux, le partage des terres, les mariages, les successions; les *lois* criminelles n'étoient rigoureuses que pour les crimes que l'on redoutoit le plus; & à mesure qu'il survint de nouveaux désordres, on tâcha d'y rémédier par de nouvelles *lois*.

Ceux qui donnerent des *lois* aux nations voisines des juifs emprunterent beaucoup de choses dans les *lois* de Moïse.

En Egypte, les rois eux-mêmes s'étoient soumis à certaines *lois*; leur nourriture, leurs occupations étoient réglées, & ils ne pouvoient s'écarter de ces regles sans être sujets aux peines qu'elles prononçoient.

Osiris, roi d'Egypte, regla le culte des dieux, le partage des terres, la distinction des conditions. Il défendit d'user de prise de corps contre le débiteur, la rhétorique fut bannie des plaidoyers pour prévenir la séduction: les Egyptiens engageoient les cadavres de leurs peres, ils les donnoient à leurs créanciers en nantissement, & c'étoit une infamie à eux de ne les pas dégager avant leur mort; il y avoit même un tribunal où l'on jugeoit les hommes après leur mort, afin que la crainte d'une telle flétrissure portât les hommes à la vertu.

Amasis prononça la peine de mort contre le meurtrier volontaire, le parjure, le calomniateur, & contre ceux qui pouvant secourir un homme le laissoient assassiner.

En Crete, Minos établit la communauté des tables & des repas. Il voulut que les enfans fussent élevés ensemble, écarta l'oisiveté & le luxe, fit observer un grand respect pour la divinité & pour les maximes fondamentales de l'état.

Lycurgue qui donna des *lois* à Lacédémone, institua aussi à l'imitation de Minos, les tables communes & l'éducation publique de la jeunesse; il consentit à l'établissement d'un sénat qui tempérât la puissance trop absolue des rois par une autorité au moins égale à la leur; il bannit l'or & l'argent, & les arts superflus, & ordonna que les terres fussent partagées également entre tous les citoyens; que les ilotes, espece d'esclaves, cultiveroient les terres, & que les Spartiates ne s'occuperoient qu'aux exercices qui les rendroient propres à la guerre.

Il permit la communauté des femmes, voulant par ce moyen peupler l'état, sans que le courage des hommes fût amolli par des engagemens trop tendres.

Lorsque les parens pouvoient prouver que leurs enfans étoient mal sains, il leur étoit permis de les tuer. Lycurgue pensoit qu'un homme incapable de porter les armes ne méritoit pas de vivre.

La jeunesse des deux sexes luttoit ensemble; ils faisoient leurs exercices tous nuds en place publique.

On ne punissoit que les voleurs mal-adroits, afin de rendre les Spartiates vifs, subtils & défians.

Il étoit défendu aux étrangers de s'arrêter à Sparte, de crainte que leurs mœurs ne corrompissent celles que Lycurgue avoit introduites.

Dracon, premier législateur d'Athènes, fit des *lois* si rigoureuses, qu'on disoit qu'elles étoient écrites plutôt avec du sang, qu'avec de l'encre. Il punissoit de mort les plus petites fautes, & alla jusqu'à faire le procès aux choses inanimées; une statue, par exemple, qui en tombant avoit écrasé quelqu'un, étoit bannie de la ville.

Mais, comme les pauvres souffroient beaucoup des véxations de leurs créanciers; Solon fut choisi pour reformer les abus & déchargea les débiteurs.

Il accorda aux citoyens la liberté de tester, permit aux femmes qui avoient des maris impuissans, d'en choisir d'autres parmi leurs parens.

Ses *lois* prononçoient des peines contre l'oisiveté, & déchargeoient ceux qui tuoient un adultere. Elles défendoient de confier la tutelle d'un enfant à son plus proche héritier.

Celui qui avoit crevé l'œil à un borgne étoit condamné à perdre les deux yeux.

Il étoit interdit aux débauchés de parler dans les assemblées publiques.

Solon ne fit point de *loi* contre le parricide, ce crime lui paroissoit inoui; il craignit même en le défendant d'en donner l'idée.

Il voulut que ses *lois* fussent déposées dans l'aréopage.

Les *lois* d'Athènes passerent dans la suite à Rome: mais avant d'y avoir recours, Romulus, fondateur de l'empire romain, donna des *lois* à ses sujets; il permit aussi au peuple assemblé de faire des *lois* qu'on appella *plébiscites*.

Toutes les *lois* faites par Romulus & par ses successeurs rois furent appellées *lois royales*, & renfermées dans un code appellé *papyrien*.

Les sénatus consultes ou arrêts du sénat avoient aussi force de *lois*.

Vers la fin de l'an 300 de Rome, on envoya en Grece des députés pour choisir ce qu'il y auroit de meilleur dans les *lois* des différentes villes de ce pays, & en composer un corps de *lois*; les décemvirs substitués aux consuls, rédigerent ces *lois* sur dix tables d'airain, auxquelles peu après ils en ajouterent deux autres; c'est pourquoi ce corps de *lois* fut nommé *la loi des douze tables*, dont il ne nous reste plus que des fragmens.

Les préteurs & les édiles faisoient des édits qui avoient aussi force de *lois*.

Outre les droits de souveraineté dont Auguste fut gratifié par le peuple; on lui donna le pouvoir de faire des *lois*, cette prérogative lui fut accordée par une *loi* nommée *regia*.

Auguste donna lui-même à un certain nombre de jurisconsultes distingués le droit d'interpréter les *lois* & de donner des décisions, auxquelles les juges seroient obligés de conformer leurs jugémens.

Théodose donna pareillement force de *loi* aux écrits de plusieurs anciens jurisconsultes.

Les *lois* romaines ont été toutes renfermées dans les livres de Justinien, qui sont le digeste & le code, les institutes, les novelles.

Les successeurs de Justinien ont aussi fait quelques *lois*, mais il y en a peu qui se soient conservées jusqu'à nous.

Les romains porterent leurs *lois* dans tous les pays dont ils avoient fait la conquête; ce fut ainsi que les Gaules les reçurent.

Dans le cinquieme siecle, les peuples du nord inonderent une partie de l'Europe, & introduisirent leurs *lois* chez les vaincus.

Les Gaules furent envahies par les Visigoths, les Bourguignons & les Francs.

Clovis, fondateur de la monarchie françoise, laissa

à ſes ſujets le choix des *lois* du vainqueur ou de celles du vaincu ; il publia la *loi* ſalique.

Gondebaud, roi de Bourgogne, fit une ordonnance appellée de ſon nom *loi Gombette.*

Théodoric fit rédiger la *loi* des Ripuariens, & celles des Allemands & des Bavarois.

Ces différentes *lois* ont été recueillies en un même volume appellé *code des lois antiques.*

Sous la ſeconde race de nos rois, les *lois* furent appellées *capitulaires.*

Sous la troiſiéme race, on leur a donné le nom d'*ordonnances*, *édits* & *déclarations.*

Le pouvoir légiſlatif n'appartient en France, qu'au roi ſeul. Ainſi, quand les cours délibèrent ſur l'enregiſtrement de quelque nouvelle *loi*, ce n'eſt pas par une autorité qui leur ſoit propre ; mais ſeulement en vertu d'un pouvoir émané du roi même, & des ordonnances qui leur permettent de vérifier s'il n'y a point d'inconvénient dans la nouvelle *loi* qui eſt préſentée. Les cours ont la liberté de faire des remontrances, & quand le roi ne juge pas à propos d'y avoir égard, les cours procedent à l'enregiſtrement.

Les magiſtrats ſont établis pour faire obſerver les *lois*, ils peuvent ſous le bon plaiſir du roi, les interpréter, lorſqu'il s'agit de quelque cas qu'elles n'ont pas prévû ; mais il ne leur eſt pas permis de s'en écarter.

Les réglemens que les cours & autres tribunaux font ſur les matieres de leur compétence ne ſont point des *lois* proprement dites, ce ne ſont que des explications qu'ils donnent pour l'exécution des *lois* ; & ces réglemens ſont toujours cenſés faits ſous le bon plaiſir du roi, & en attendant qu'il lui plaiſe manifeſter ſa volonté.

Les autres nations ont pareillement leurs *lois* particulieres. *Voyez au mot* CODE & *au mot* DROIT, &c.

Toutes les *lois* ſont fondées ſur deux principes, la raiſon & la religion : ces principes étoient inconnus aux payens tellement, que leurs plus grands légiſlateurs s'en ſont écartés en pluſieurs points ; ainſi les Romains qui ont fait beaucoup de bonnes *lois* s'étoient donné comme les autres peuples, la licence d'ôter la vie à leurs propres enfans & à leurs eſclaves.

La religion peut être regardée comme l'aſſemblage de toutes les *lois* ; car outre qu'elle commande à l'homme la recherche du ſouverain bien, elle oblige les hommes à s'unir & à s'aimer, elle défend de faire aucun tort à autrui.

Les engagemens de la ſociété ſont de trois eſpeces, les uns qui ont rapport au mariage, à la naiſſance des enfans & aux ſucceſſions ; les autres qui regardent les conventions, d'autres enfin qui ſont involontaires, tels que l'obligation de remplir les charges publiques. De-là les différentes *lois* qui concernent chacun de ces objets.

On trouve communément dans tous les pays trois ſortes de *lois* ; ſavoir, celles qui tiennent à la politique & qui reglent le gouvernement, celles qui tiennent aux mœurs & qui puniſſent les criminels ; enfin les *lois* civiles, qui reglent les mariages, les ſucceſſions, les tutelles, les contrats.

Toutes les *lois* divines & humaines, naturelles & poſitives de la religion & de la police, du droit des gens ou du droit civil, ſont immuables ou arbitraires.

Les *lois* immuables ou naturelles, ſont celles qui ſont tellement eſſentielles pour l'ordre de la ſociété, qu'on ne pourroit y rien changer ſans bleſſer cet ordre ſi néceſſaire ; telles ſont les *lois* qui veulent que chacun ſoit ſoumis aux puiſſances, & qui défendent de faire tort à autrui.

Les *lois* arbitraires ſont celles qui ont été faites, ſelon les tems & les circonſtances, ſur des matieres qui ne ſont pas eſſentielles pour l'ordre de la ſociété, celles-ci n'ont d'effet que pour l'avenir.

Un long uſage acquiert force de *loi*, le non uſage abolit auſſi les *lois* ; les magiſtrats ſont les interprètes des *lois*: pour en pénétrer le ſens, il faut comparer les nouvelles aux anciennes, recourir aux *lois* des lieux voiſins, juger du ſens & de l'eſprit d'une *loi* par toute ſa teneur, s'attacher plutôt à l'eſprit de la *loi* qu'aux termes, ſuppléer au défaut d'expreſſion par l'eſprit de la *loi.*

Lorſque la *loi* ne diſtingue point, on ne doit pas non plus diſtinguer : néanmoins dans les matieres favorables, la *loi* peut être étendue d'un cas à un autre ; au lieu que dans les matieres de rigueur, on doit la renfermer dans ſon cas précis.

Voyez le titre du Digeſte *de legibus*, le *Traité des lois* de Domat, la *Juriſprudence romaine* de Terraſſon, l'*Eſprit des lois* de M. de Monteſquieu.

On va expliquer dans les diviſions ſuivantes les différentes ſortes de *lois* qui ſont diſtinguées par un nom particulier. (*A*)

Loi ACILIA eſt une de celles qui furent faites contre le crime de concuſſion. Pedianus Acilius en fut l'auteur, elle étoit très-ſévere ; il en eſt parlé dans la ſeconde Verrine. Il y avoit déjà eu d'autres *lois de pecuniis repetundis*, ou *repetundarum*, c'eſt-à-dire contre le crime de concuſſion. *Voyez* LOI CALPURNIA. (*A*)

Loi ÆBUTIA eut pour auteur un certain tribun nommé *L. AEBUTIUS*, lequel préſenta au peuple cette *loi*, dont l'objet étoit d'abroger pluſieurs formules inutiles qu'avoit établies la *loi* des douze tables, pour la recherche des choſes volées. Elle eſſuya beaucoup de contradiction, & néanmoins fut adoptée ; il en eſt parlé dans Aulu-Gelle. *Voyez auſſi* Zazius. (*A*)

Loi ÆLIA FUSIA fut faite par Ælius & Fuſius, tribuns du peuple, à l'occaſion de ce qu'anciennement les tribuns du peuple, qui faiſoient des *lois* dans les comices, n'étoient point aſtreints aux égards que la religion obligeoit d'avoir pour les auſpices. Il fut donc ordonné par cette *loi* que tout magiſtrat qui porteroit une *loi*, ſeroit obligé de garder le droit des prieres & des auſpices, & que chacun auroit la liberté de venir donner avis des préſages ſiniſtres qui ſe préſenteroient, par exemple, ſi l'on entendoit le tonnerre ; de ſorte que quand le college des augures, un conſul ou le préteur annonçoit quelque choſe de ſemblable, l'aſſemblée du peuple devoit ſe ſéparer, & il ne lui étoit pas permiſe rien entreprendre ce jour là. On croit que cette *loi* fut faite ſous le conſulat de Gabinius & de Piſon, quelque tems avant la troiſieme guerre punique, & qu'elle fut en vigueur pendant cent ans, ayant été abrogée par P. Clodius. Cicéron en fait mention dans pluſieurs de ſes ouvrages. *Voyez le Catalogue de* Zazius. (*A*)

Loi AELIA SANCTIA. *Voyez ci-après* LOI AELIA SENTIA ;

Loi AELIA SENTIA ou SEXTIA fut faite du tems d'Auguſte par les conſuls Ælius Sextius Catulus & C. Sentius Saturninus. Elle régloit pluſieurs choſes concernant les ſucceſſions, & entr'autres, que chacun ne pouvoit avoir qu'un héritier ſubſtituaire. Elle défendoit d'affranchir les eſclaves par teſtament, ou de les inſtituer héritiers en fraude des créanciers ; mais que pour que l'on pût accuſer le teſtament de fraude ; il falloit qu'il y eût *conſilium* & *eventus.* Elle avoit auſſi réglé que les mineurs de 15 ans ne pourroient affranchir leurs eſclaves qu'en préſence du magiſtrat, en la forme appellée *vindicta*, c'eſt-à-dire celle qui ſe faiſoit en donnant deux ou trois coups de baguette ſur la tête de l'eſclave,

jurisconsultes, & lorsque ceux-ci en ont dressé le projet, la puissance publique y met le sceau de son autorité en les adoptant & les faisant publier en son nom.

Chez les anciens, les sages & les philosophes furent les premiers auteurs des *lois*.

Moïse, le plus ancien de tous législateurs, donna aux Juifs plusieurs sortes de *lois*; outre celles qui lui furent dictées par la sagesse divine, & que l'on appelle les *lois du Décalogue*, parce qu'elles sont renfermées en dix commandemens; il leur donna aussi des *lois* cérémonielles pour le culte divin, & des *lois* politiques pour le gouvernement civil.

Les premieres *lois* ne pourvurent qu'aux grands inconvéniens; les *lois* civiles régloient le culte des dieux, le partage des terres, les mariages, les successions; les *lois* criminelles n'étoient rigoureuses que pour les crimes que l'on redoutoit le plus; & à mesure qu'il survint de nouveaux désordres, on tâcha d'y remédier par de nouvelles *lois*.

Ceux qui donnerent des *lois* aux nations voisines des juifs emprunterent beaucoup de choses dans les *lois* de Moïse.

En Egypte, les rois eux-mêmes s'étoient soumis à certaines *lois*; leur nourriture, leurs occupations étoient réglées, & ils ne pouvoient s'écarter de ces regles sans être sujets aux peines qu'elles prononçoient.

Osiris, roi d'Egypte, regla le culte des dieux, le partage des terres, la distinction des conditions. Il défendit d'user de prise de corps contre le débiteur, la rhétorique fut bannie des plaidoyers pour prévenir la séduction: les Egyptiens prenoient les cadavres de leurs peres, ils les donnoient à leurs créanciers en nantissement, & c'étoit une infamie à eux de ne les pas dégager avant leur mort; il y avoit même un tribunal où l'on jugeoit les hommes après leur mort, afin que la crainte d'une telle flétrissure portât les hommes à la vertu.

Amasis prononça la peine de mort contre le meurtrier volontaire, le parjure, le calomniateur, & contre ceux qui pouvant secourir un homme le laissoient assassiner.

En Crete, Minos établit la communauté des tables & des repas. Il voulut que les enfans fussent élevés ensemble, écarta l'oisiveté & le luxe, fit observer un grand respect pour la divinité & pour les maximes fondamentales de l'état.

Lycurgue qui donna des *lois* à Lacédémone, institua aussi à l'imitation de Minos, les tables communes & l'éducation publique de la jeunesse; il consentit à l'établissement d'un sénat qui tempérât la puissance trop absolue des rois par une autorité au moins égale à la leur; il bannit l'or & l'argent, & les arts superflus, & ordonna que les terres fussent partagées également entre tous les citoyens; que les ilotes, espece d'esclaves, cultiveroient les terres, & que les Spartiates ne s'occuperoient qu'aux exercices qui les rendroient propres à la guerre.

Il permit la communauté des femmes, voulant par ce moyen peupler l'état, sans que le courage des hommes fût amolli par des engagemens trop tendres.

Lorsque les parens pouvoient prouver que leurs enfans étoient mal sains, il leur étoit permis de tuer. Lycurgue pensoit qu'un homme incapable porter les armes ne méritoit pas de vivre.

La jeunesse des deux sexes luttoit ensem' faisoient leurs exercices tous nuds en pla que.

On ne punissoit que les voleurs mal-a de rendre les Spartiates vifs, subtils &

Il étoit défendu aux étrangers de s'

te, de crainte que leurs mœurs ne corrompissent les que Lycurgue avoit introduites.

Draco, premier législateur d'Athènes *lois* si rigoureuses, qu'on disoit qu'elles é tes plutôt avec du sang, qu'avec de l' nissoit de mort les plus petites fau qu'à fair le procès aux choses ir tue, par exemple, qui en tomb qu'un, étit bannie de la ville.

Mais, comme les pauvres des vexations de leurs créancie pour reformer les abus & déch

Il accorda aux citoyens la li mit aux hommes qui avoient de d'en choir d'autres parmi leurs

Ses *lo*. prononçoient des pei & déchéoient ceux qui tuoi les défen oient de confier la t son plus roche héritier.

Celui ui avoit crevé l'œil à damné à erdre les deux yeux.

Il éto. interdit aux débauch assembles publiques.

Solon e fit point de *loi* co crime li paroissoit inoui; il défendai d'en donner l'idée.

Il vouit que ces *lois* fussent page.

Les *lo* d'Athènes passeren mais avait d'y avoir recour de l'emp e romain, donn permit a si au peuple assem appella *ebiscites*.

Toutes les *lois* faites p cesseurs is furent appe mées da i un code app

Les s atus consult aussi for: de lois.

Vers fin de l'an Grece des députés meilleurs dans les pays, & en com virs sub tués au dix tabl d'aira terent cux au fut nom é reste pli q

Les p t avoient u

Outre fut gra de faire par un

Au jurir & ro

loi aux

nées dans & le code,

ait quelques nservées jus

s tous les pays fut ainsi que les

peuples du nord & introduisirent

les Visigoths, les chie françoise, laissa

LOI

à ses sujets le choix des *lois* du vainqueur ou de celles du vaincu ; il publia la *loi* salique.

Gondebaud, roi de Bourgogne, fit une ordonnance appellée de son nom *loi Gombette*.

Théodoric fit rédiger la *loi* des [...] celles des Allemands & des Bavaro[...]

Ces différentes *lois* ont été rec[...] me volume appellé *code des loi*[...]

Sous la seconde race de[...] appellées *capitulaires*.

Sous la troisième rac[...] d'*ordonnances*, *édits* &[...]

Le pouvoir législat[...] roi seul. Ainsi, quand [...] registrement de quelqu[...] par une autorité qui [...] ment en vertu d'un po[...] & des ordonnances qui [...] s'il n'y a point d'incon[...] qui est présenté. Lo[...] des remontrances, & q[...] propos d'y avoir égard[...] registrement.

Les magistrats sont établ[...] *lois*, ils peuvent [...] terpréter, lorsqu'il s'ag[...] n'ont pas prévu ; mais [...] s'en écarter.

Les réglemens [...] font sur les matieres d[...] point des *lois* propreme[...] explications qu'ils donne[...] & ces réglemens sont s[...] bon plaisir du roi, & [...] manifestent sa volonté.

Les autres nations [...] ticulieres. *Voyez au m*[...]

Toutes les *lois* s[...] la raison & la reli[...] connus aux payen[...] législateurs s'en son[...] si les Romains qu[...] s'étoient donné [...] d'ôter la v[...] esclaves.

La religion [...] blage de to[...] de à l'hom[...] obligé et [...] de faire [...]

Les [...] e trois espe[...] ces, [...] ne, à la naif[...] saire, [...] s autres qui rec[...] atin qui sont [...] é remplir les [...] *lois* qui con[...]

ns [...] pays trois [...] s [...] à la poli[...] [...] , celles qui [...] criminels ; [...] us rusages, les [...] contrats [...] humaine, naturelles [...] & de la police, du droit [...] , sont immables ou ar[...]

naturelles, sont celles qui [...] s pour l'ordre la société, [...] n changer ; ni blesser cet [...] lles sont les *lois* qui veulent [...] aux puissans, & qui dé[...] autrui.

sont celles qui ont été faites,

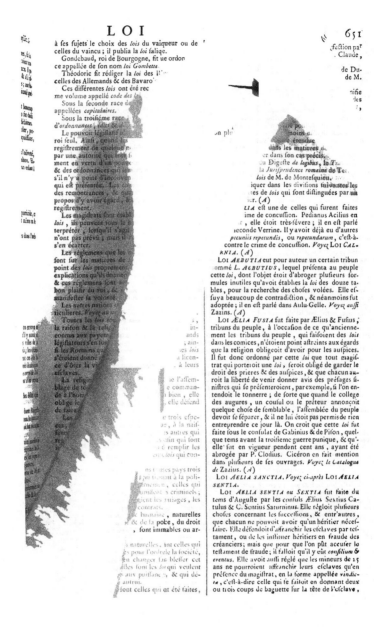

651

...section par Claude,

de Du-
de M.

...nifie
...des

...n plu[...] [...]oins [...] [...] étendu[...] dans les matieres [...] er dans son cas précis, [...] u Digeste *de legibus*, le T[...] la *Jurisprudence romaine* de T[...] *lois* de M. de Montesquieu, [...] iquer dans les divisions suivantes les [...] tes de *lois* qui sont distinguées par u[...] r. (*A*)

LIA est une celles qui furent faites [...] ime de concussion. Pedianus Acilius en [...] , elle étoit très-sévère ; il en est parlé [...] econde Verrine. Il y avoit déjà eu d'autres *pecuniis repetundis*, ou *repetundarum*, c'est-à-contre le crime de concussion. *Voyez* LOI CAL-KNIA. (*A*)

LOI *AEBUTIA* eut pour auteur un certain tribun ommé L. AEBUTIUS, lequel présenta au peuple cette *loi*, dont l'objet étoit d'abroger plusieurs formules inutiles qu'avoit établies la *loi* des douze tables, pour la recherche des choses volées. Elle essuya beaucoup de contradiction, & néanmoins fut adoptée ; il en est parlé dans Aulu-Gelle. *Voyez aussi* Zazins. (*A*)

LOI *ÆLIA FUSIA* fut faite par Ælius & Fusius, tribuns du peuple, à l'occasion de ce qu'anciennement les tribuns du peuple, qui faisoient des *lois* dans les comices, n'étoient point astreints aux égards que la religion obligeoit d'avoir pour les auspices. Il fut donc ordonné par cette *loi* que tout magistrat qui porteroit une *loi*, seroit obligé de garder le droit des prieres & des auspices, & que chacun auroit la liberté de venir donner avis des présages sinistres qui se présenteroient, par exemple, si l'on entendoit le tonnerre ; de sorte que quand le college des augures, un consul ou le préteur annonçoit quelque chose de semblable, l'assemblée du peuple devoit se séparer, & il ne lui étoit pas permise de rien entreprendre ce jour là. On croit que cette *loi* fut faite sous le consulat de Gabinius & de Pison, quelque tems avant la troisieme guerre punique, & qu'elle fut en vigueur pendant cent ans, ayant été abrogée par P. Clodius. Cicéron en fait mention dans plusieurs de ses ouvrages. *Voyez le Catalogue de Zazius*. (*A*)

LOI *ÆLIA SANCTIA*. *Voyez ci-après* LOI *ÆLIA SENTIA*.

LOI *ÆLIA SENTIA* ou *SEXTIA* fut faite du tems d'Auguste par les consuls Ælius Sextius Catulus & C. Sentius Saturninus. Elle régloit plusieurs choses concernant les successions, & entr'autres, que chacun ne pouvoit avoir qu'un héritier nécessaire. Elle défendoit d'affranchir les esclaves par testament, ou de les instituer héritiers en fraude des créanciers ; mais que pour que l'on pût accuser le testament de fraude ; il falloit qu'il y eût *consilium & eventus*. Elle avoit aussi réglé que les mineurs de 15 ans ne pourroient affranchir leurs esclaves qu'en présence du magistrat, en la forme appellée *vindicta*, c'est-à-dire celle qui se faisoit en donnant deux ou trois coups de baguette sur la tête de l'esclave,

& que ces manumissions ne seroient autorisées qu'en connoissance de cause ; ce qui fut ainsi ordonné dans la crainte que les mineurs ne fussent séduits par les caresses de leurs esclaves. Mais Justinien corrigea ce dernier chapitre de la *loi Ælia Sentia*, du-moins quant aux dernieres volontés, ayant ordonné par ses institutes que le maître âgé de 17 ans, pourroit affranchir ses esclaves par testament ; ce qu'il fixa depuis par sa novelle 119 au même âge auquel il est permis de tester. Il étoit encore ordonné par cette *loi*, par rapport aux donations entre mari & femme, que si la chose n'avoit pas été livrée, & que le mari eût gardé le silence jusqu'à sa mort, la femme n'auroit pas la vendication de la chose après la mort de son mari, mais seulement une exception, si elle ne possédoit pas. Cicéron dans ses Topiques nomme cette *loi Ælia Sanctia* ; mais Charondas en ses notes sur Zazius, fait voir que ces deux *lois* étoient différentes. (*A*)

Loi *AEMILIA* étoit une *loi* somptuaire qui fut faite par M. Aemilius Scaurus, consul. Il en est parlé dans Pline, *lib. VIII. consl. 57.* Son objet fut de réprimer le luxe de ceux qui faisoient venir à grands frais des coquillages & des oiseaux étrangers pour servir sur leur table. *Voyez* Zazius.

Il ne faut pas confondre cette *loi* avec le senatus-consulte Aemilien, qui déclaroit valables les donations faites entre mari & femme, lorsque le donateur avoit persévéré jusqu'à la mort. (*A*)

Lois AGRAIRES, *leges agrariæ*. On a donné ce nom à plusieurs *lois* différentes qui ont eu pour objet de régler ce qui concerne les champs ou terres appellées en latin *agri*.

On pourroit mettre au nombre des *lois agraires* les *lois* des Juifs & des Egyptiens, qui regardoient la police des champs, & celle que Lycurgue fit pour le partage égal des terres entre tous les citoyens, afin de maintenir entr'eux une égalité qui fût la source de l'union. Mais nous nous bornerons à parler ici des *lois* qui furent nommées *agraires*.

La premiere *loi* appellée *agraire* fut proposée par Spurius Cassius Viscellinus, lors de son troisieme consulat. Cet homme, qui étoit d'une humeur remuante, voulant plaire aux plébéiens, proposa que les terres conquises fussent partagées entr'eux & les alliés de Rome. Le sénat eut la foiblesse d'accorder cette division aux plébéiens par la célebre *loi* ou decret *agraire*; mais elle attira tant d'ennemis à celui qui en étoit l'auteur, que l'année suivante les quésteurs Fabius Cœso & L. Valerius se porterent parties contre Cassius, qu'ils accuserent d'avoir aspiré à la royauté ; il fut cité, comme perturbateur du repos public, & précipité du mont Tarpéien, l'an de Rome 270, ses biens vendus, sa maison détruite.

Cependant la *loi agraire* subsistoit toujours, mais le sénat en éludoit l'exécution : les grands possédoient la majeure partie du domaine public & aussi des biens particuliers : le peuple réclamoit l'exécution de la *loi agraire*, ce qui donna enfin lieu à la *loi licinia*, qui fut surnommée *agraria*. Elle fut faite par un riche plébéien nommé C. Licinius Stolon, lequel ayant été créé tribun du peuple l'an de Rome 377, voulant favoriser le peuple contre les patriciens, proposa une *loi* tendante à obliger ces derniers de céder au peuple toutes les terres qu'ils auroient au-delà de 500 arpens chacun. Les guerres contre les Gaulois & la création de plusieurs nouveaux magistrats, furent cause que cette affaire traîna pendant neuf années, mais la *loi licinia* fut enfin reçue malgré les patriciens.

Le premier article de cette *loi* portoit que l'une des deux places de consuls ne pourroit être remplie que par un plébéien, & qu'on n'éliroit plus de tribuns militaires.

Les autres articles de cette *loi*, qui la firent surnommer *agraria*, parce qu'ils concernoient le partage des terres, ordonnoient qu'aucun citoyen ne pourroit posséder dorénavant plus de 500 arpens de terre, & qu'on distribueroit gratuitement ou qu'on affermeroit à un très-bas prix l'excédent de cette quantité à ceux d'entre les citoyens qui n'auroient pas de quoi vivre, & qu'on leur donneroit au-moins à chacun sept arpens.

Cette *loi* regloit aussi le nombre des bestiaux & des esclaves que chacun pourroit avoir, pour faire valoir les terres qu'il auroit eu en partage, & l'on nomma trois commissaires pour tenir la main à l'exécution de cette *loi*.

Mais comme les auteurs des *lois* ne sont pas toujours ceux qui les observent le mieux, Licinius fut convaincu d'être possesseur de 1000 arpens de terre; pour éluder la *loi*, il avoit donné la moitié de ces terres à son fils, qu'il fit pour cet effet émanciper ; mais cette émancipation fut réputée frauduleuse, & Licinius obligé de restituer à la république 500 arpens qui furent distribués à de pauvres citoyens. On le condamna même à payer l'amende de 10 mille sols d'or, qu'il avoit ordonnée : de sorte qu'il porta le premier la peine qu'il avoit établie, & eut encore le chagrin de voir dès la même année abolir cette *loi* par la cabale des patriciens.

Le mauvais succès de la *loi licinia agraria* fut cause que pendant long-tems on ne parla plus du partage des terres, jusqu'à ce que C. Quintius Flaminius, tribun du peuple, quelques années avant la seconde guerre punique, proposa au peuple, en dépit du sénat, un projet de *loi* pour faire partager au peuple les terres des Gaules & du Picentin ; mais la *loi* ne fut pas faite, Flaminius ayant été détourné de son dessein par son pere.

La *loi sempronia agraria* mit enfin à exécution l'ancien decret *agraire* de Cassius, & ordonna que les provinces conquises se tireroient en sort entre le sénat & le peuple ; & en conséquence le sénat envoyoit des proconsuls dans ces provinces pour les gouverner. Le peuple envoyoit dans les siennes des préteurs provinciaux, jusqu'à ce que Tibere ôta aux tribuns le droit de décerner des provinces, & nomma à celles du peuple des recteurs & des préfets.

Le peuple desiroit toujours de voir rétablir la *loi licinia*, mais il s'écoula plus de 130 années sans aucune occasion favorable. Ce fut Tibérius Gracchus, lequel ayant été élu tribun du peuple vers l'an de Rome 527, entreprit de faire revivre la *loi licinia*. Pour cet effet il fit déposer Octavius son collegue, lequel s'étoit rangé du parti des grands, au moyen de quoi la *loi* fut reçue d'une voix unanime ; mais les patriciens en conçurent tant de ressentiment, qu'ils le firent périr dans une émotion populaire.

Caïus Gracchus, frere de Tibérius, ne laissa pas de solliciter la charge de tribun, à laquelle il parvint enfin ; il signala son avénement en proposant de recevoir une troisieme fois la *loi licinia*. Elle fut si bien qu'elle fut encore reçue, malgré les oppositions des patriciens ; mais il en coûta aussi la vie à Caïus Gracchus, par la faction des grands, qui ne pouvoient souffrir le rétablissement des *lois agraires*. Pour ôter jusqu'au souvenir des *lois* des Gracques, on fit périr tous ceux qui avoient été attachés à leur famille.

Après la mort des Gracques on fit une *loi agraire*, portant que chacun auroit la liberté de vendre les terres qu'il avoit eu en partage, ce qui avoit été défendu par Tibérius Gracchus.

Peu de tems après on en fit encore une autre qui défendit de partager à l'avenir les terres du domaine public, mais que ceux qui les possédoient les conserveroient en payant une redevance annuelle ; & que l'argent qui en proviendroit seroit distribué au peuple. Cette *loi* fut reçue favorablement, parce que chacun espéroit d'avoir sa part de ces revenus; mais comme ils ne suffisoient pas pour une si grande multitude, l'attente du peuple fut vaine; & environ dix ans après que Tibérius Gracchus avoit fait sa *loi*, Sp. Thorius revêtu de la même dignité, enfit une autre par laquelle il déchargea les terres publiques de toute imposition, au moyen de quoi le peuple fut privé de la jouissance des terres & de la redevance.

Ciceron, *lib. II. de ses offices*, fait mention d'une autre *loi agraire* faite par Philippe, tribun du peuple; & Valere Maxime parle aussi d'une *loi agraire* faite par Sex. Titius, mais on fait point ce que portoient ces *lois*.

Cornelius Sylla fit pendant sa dictature une *loi agraire*, appellée de son nom *cornelia*: il fit distribuer beaucoup de terres aux soldats, lesquels augmentoient encore leurs possessions par les voies les plus iniques.

Le tribun Servilius fit ensuite une autre *loi agraire* qui tendoit à bouleverser tout l'état: il vouloir que l'on créât des décemvirs pour vendre toutes les terres d'Italie, de Syrie, d'Asie, de Lybie, & des provinces que Pompée venoit de subjuguer, pour, de l'argent qui en proviendroit, acheter des terres pour le peuple, & lui assurer ainsi sa subsistance; mais Cicéron par son éloquence fit si bien que cette *loi* fut rejettée.

Quelques années après le tribun Curion fit une autre *loi agraire* ou *viaire*, presque semblable à celle de Servilius.

Environ dans le même tems le tribun Flavius Canuleius en fit une autre, dont Cicéron fait mention *lib. I. ad Atticum*. *Voyez* LOI FLAVIA.

Enfin Jules-César fit aussi, par le conseil de Pompée, une *loi agraire*, appellée de son nom *julia*, & que Cicéron appelle aussi *campana*, par laquelle il partagea les terres publiques de l'Italie à ceux qui étoient peres de trois enfans; & afin que chacun pût conserver son héritage, il établit une amende contre ceux qui dérangeroient les bornes.

La *loi* troisieme au digeste *de termino moto*, fait mention d'une *loi agraire* faite par l'empereur Nerva.

On trouve quelques fragmens des dernieres *lois agraires* dans les recueils d'inscriptions; & dans les anciennes *lois* que Flavius Ursinus a fait imprimer à la fin de ses notes sur le livre d'Antoine Augustin, *de legibus senatus consultis*. *Voyez* aussi le catalogue de Zazius.

Nous avons aussi en France plusieurs *lois* que l'on peut appeller *lois agraires*, parce qu'elles reglent la police des champs: telles sont celles qui concernent les paturages, le nombre des bestiaux, le tems de la récolte des foins & grains, & des vendanges, &c. *Voyez* le *code rural*. (*A*)

LOI DES ALLEMANDS étoit la *loi* des peuples d'Alsace & du haut Palatinat. Elle fut formée des usages non écrits du pays, & rédigée par écrit par ordre de Théodoric ou Thierry, roi de France, fils de Clovis. Il fit en même tems rédiger la *loi* des Ripuariens & celle des Bavarois, tous peuples qui étoient soumis à son obéissance. Ce prince étoit alors à Châlons-sur-Marne; il fit plusieurs corrections à ces *lois*, principalement pour ce qui n'étoit pas conforme au Christianisme. Elle fut encore réformée par Childebert, & ensuite par Clotaire, lequel y procéda avec ses princes; savoir 33 évêques, 34 ducs, 72 comtes, & avec tout le peuple, ainsi que l'annonce le titre de cette *loi*. Agathias dit que sous l'empire de Justinien les Allemands, pour leur gouvernement politique, suivoient les *lois* faites par les rois de France.

Dagobert renouvella cette *loi des Allemands* &

autres *lois* antiques, & les mit en leur perfection par le travail de quatre personnages illustres, Claude, Chaude, Indomagne & Agiluife.

Voyez le code des lois antiques, le glossaire de Ducange, au mot lex; l'histoire du Droit françois de M. de Fleury. (*A*)

LOI D'AMIENS, dans les anciens auteurs, signifie les *coutumes d'Amiens*. On appelle de même celles des autres villes, comme *loi de Tournay*, *loi de Vervins*, *loi de la Bastie*, &c. (*A*)

LOI ANCIENNE, ou plûtôt ANCIENNE LOI, qu'on appelle aussi la *vieille loi*, est la *loi* de Moïse. *Voyez ci-après* LOI DE MOÏSE. (*A*)

LOI DES ANGLES, ANGLIENS ou THURINGIENS, *lex Angliorum*, étoit la *loi* des anciens Angles, peuples de la Germanie qui habitoient le long de l'Albe. Elle fut confirmée par Charlemagne. *Voy. le glossaire de Ducange, au mot lex*. (*A*)

LOI DES ANGLOIS, *lex Anglorum*, peuples de la Grande-Bretagne, fut originairement établie par les anciens Angles, ou Anglo-Germains, ou Anglo-Saxons & Danois qui occuperent cette île. Il y eut trois sortes de *lois des Anglois*; savoir celle des Saxons occidentaux, celle des Merciens, & celle des Danois.

Le premier prince que l'on connoisse pour avoir fait rédiger des *lois* par écrit chez les Anglois, fut Ethelred, roi de Kent, qui commença à regner en 567, & établit la religion chrétienne; mais ces *lois* furent très-concises & très-grossieres. Inas, roi des Saxons occidentaux, qui commença à regner en 712, publia aussi ces *lois*; & Offa, roi des Merciens, qui régnoit en 758, publia ensuite les siennes. Enfin Aured, roi de la West Saxe ou des Saxons occidentaux, auquel tous les Angles ou Saxons se soumirent, ayant fait examiner les *lois* d'Ethelred, d'Inas & d'Offa, en forma une nouvelle, dans laquelle il conserva tout ce qu'il y avoit de convenable dans celles de ces différens princes, & retrancha le reste. C'est pourquoi il est regardé comme l'auteur des premieres *lois* d'Angleterre; il mourut l'an 900. Cette *loi* est celle qu'on appelle *west-senclaga*; elle fut observée principalement dans les neuf provinces les plus septentrionales que la Tamise sépare du reste de l'Angleterre.

La domination des Danois ayant prévalu en Angleterre, fit naître une autre *loi* appellée *denelaga*, c'est-à-dire *loi danoise*, qui étoit autrefois suivie par les 14 provinces orientales & septentrionales.

De ces différentes *lois* Edouard III. dit le confesseur, forma une *loi* appellée *loi commune* ou *loi d'Edouard*; d'autres cependant l'attribuent à Edgard.

Enfin Guillaume le bâtard ou le Conquérant ayant subjugué l'Angleterre, lui donna de nouvelles *lois*; il confirma pourtant les anciennes *lois*, & principalement celle d'Edouard.

Henri I. roi d'Angleterre, donna encore depuis à ce royaume de nouvelles *lois*.

Voyez Selden & Welocus en sa *collection des lois d'Angleterre*; le glossaire de Ducange, au mot *lex Anglorum*, & au mot DROIT DES ANGLOIS. (*A*)

LOI ANNAIRE, *annaria*. On donnoit quelquefois ce nom aux *lois* annales qui régloient l'âge auquel on pouvoit parvenir à la magistrature; mais les anciens distinguoient la *loi annaire* de la *loi* annale, & entendoient par la premiere celle qui fixoit l'âge auquel on étoit exempt à l'avenir de remplir les charges publiques. *Voyez* Lampridius *in commodo*.

LOIS ANNALES, ou comme qui diroit *loi des années*, étoient des *lois* qui furent faites à Rome pour régler l'âge auquel on pouvoit parvenir à la magistrature. Tite-Live, *liv. X. decad. 4*, dit que cette *loi* fut faite sur les instances d'un tribun du peuple. Ceux qui étoient de cette famille furent de-là surnommés *annales*. Ovide en parle aussi dans *ses fastes*, où il dit :

Finitaque certis
Legibus est ætas, unde petatur honos.

La premiere *loi* de ce nom fut la *loi junia*, surnommée *annalis*. *Voyez* LOI JUNIA.

Les autres *lois* qui furent faites dans la suite pour le même objet, furent pareillement nommées *lois annales*.

Cicéron *de oratore* fait mention que Pinnarius Rusca fit aussi une *loi annale*.

Voyez aussi Pacatus *in laudat. Theod.* Loyseau, *des off. liv. I. ch. jv. n. 22. (A)*

LOI ANNONAIRE, est celle qui pourvoit à ce que les vivres n'enchérissent point, & qui rend sujets à accusation & punition publique ceux qui sont cause d'une telle cherté. *Vid.* Tit. *ad leg. jul. de anno. ff.* On a fait beaucoup de ces *lois* en France. *Voyez* Terrien *sur l'ancienne coutume de Normandie, liv. IV. ch. xvj.* (A)

LOI ANTIA étoit une *loi* somptuaire chez les Romains, ainsi appellée, parce qu'elle fut faite par Anitius Restio. Outre que cette *loi* régloit en général la dépense des festins, elle défendit à tout magistrat ou à celui qui aspiroit à la magistrature, d'aller manger indifféremment chez tout le monde, afin qu'ils ne fussent pas si familiers avec les autres, & que les magistrats ne pussent aller manger que chez certaines personnes qualifiées ; mais peu après elle fut rejettée. Il est fait mention de cette loi par Cicéron dans le *VII. liv. de ses épitr. famil.* & dans le catalogue des *lois* antiques par Zazius. Gosson en parle aussi dans son *commentaire sur la coutume d'Artois, article 12*, où il dit que les magistrats doivent être leurs propres juges sur ce qui convient à leur dignité. Parmi nous il n'y a d'autre *loi* sur cette matiere que celle de la bienséance. (A)

LOIS ANTIQUES, sont les *lois* des Wisigoths ; un édit de Théodoric, roi d'Italie ; les *lois* des Bourguignons ou Gombettes ; la *loi* salique & celle des Ripuariens, qui sont proprement les *lois* des Francs ; la *loi* des Allemands ; celle des Bavarois, des Anglois, & des Saxons ; la *loi* des Lombards ; les capitulaires de Charlemagne ; & les constitutions des rois de Naples & de Sicile : elles ont été recueillies par Lindenbrog en douze livres, intitulés *Codex legum antiquarum. Voyez* CODE DES LOIS ANTIQUES, *& ici l'art. de chacune de ces* lois. (A)

LOI *ANTONIA JUDICIARIA*, c'étoit un projet de *loi* que le consul Marc-Antoine tâcha de faire passer après la mort de César, par laquelle il rejettoit dans la troisieme décurie qui étoit celle des questeurs ou financiers appellés *tribuni ærarii*, les centurions, & gens de la légion des Alandes. Cicéron en parle dans sa premiere Philippique, mais Antoine fut déclaré ennemi de la république avant que cette *loi* fut reçue.

Appien fait aussi Antoine auteur d'une *loi dictatâra*, & Macrobe rapporte qu'il en fit *de nomine mensis Julii*, par laquelle il ordonna que le mois qui avoit été appellé jusqu'alors *Quintilis*, seroit nommé *Julius*, du nom de Jules-César qui étoit né dans ce mois. *Voy.* Zazius & l'*Hist. de la Jurisp. rom.* de M. Terrasson. (A)

LOI APERTE, ou LOI SIMPLE, ou SIMPLE LOI, qui font synonymes, signifient en Normandie la maniere de juger les actions simples, par lesquelles on défend quelque chose, sans qu'il soit besoin des formalités requises pour les autres actions. Il est dit dans le *chap. lxxxvij.* de l'ancienne coutume, que toute querelle de meuble au-dessous de dix sols est simple, où terminée par *simple loi* ; & au-dessus, apparissant, ou terminée par *loi apparissant*. *Voyez le Glossaire* de M. de Lanion *au mot* LOI APPARISSANTE, & *ci-après* LOI APPARENTE.

LOI APPARENTE ou APPAROISSANT, qui dans l'ancienne coûtume de Normandie est aussi appellée *loi apparissant*, est un bref ou lettres royaux qu'on obtient en chancellerie à l'effet de recouvrer la possession d'un héritage dont on est propriétaire, & que l'on a perdu.

Cette forme de revendication est particuliere à la coûtume de Normandie.

Pour pouvoir agir par *loi apparente*, il faut que trois choses concourent.

1°. Que le demandeur justifie de son droit de propriété, & qu'il a perdu la possession depuis moins de quarante ans.

2°. Que celui contre qui la demande est faite soit possesseur de l'héritage, & qu'il n'ait aucun droit à la propriété.

3°. Que l'héritage contentieux soit désigné clairement dans les lettres par sa situation & par ses confins.

Pendant cette instance de revendication, le défendeur demeure toûjours en possession de l'héritage ; mais si par l'évenement il succombe, il est condamné à la restitution des fruits par lui perçus depuis la demande en *loi apparente*.

Il y avoit dans l'ancienne coûtume plusieurs sortes de *lois apparoissant*, savoir l'enquête de droit & de coûtume, le duel ou bataille, & le *reconnoissant* ou enquête d'établissement. *Voyez l'anc. coût. chap. lxxxvij.* & le *Glossaire* de M. de Lauriere *au mot*, LOI APPARISSANT. *Voyez* Basnage *sur les art.* 60, 61 *& 62 de la coût. de Normandie.* (A)

LOI *APULEIA*, fut faite par le consul Apuleïus Saturninus, lequel voulant gratifier ce Marius dont le crédit égaloit l'ambition, ordonna que dans chaque colonie latine Marius pourroit faire trois citoyens romains ; mais cela n'eut point d'exécution. Cicéron fait mention de cette *loi* dans son oraison *pro Cornelio Balbo. Voyez aussi* Zazius.

Il y eut une autre *loi* du même nom, surnommée *lex apulsia majestatis*, ou *de majestate*, qui fut faite à l'occasion d'un certain M. Norbanus, homme méchant & séditieux, lequel avoit condamné injustement Q. Cepion en excitant contre lui une émotion populaire. Norbanus fut accusé du crime de lese-majesté pour avoir ainsi ameuté le peuple. Ce fut Sulpitius qui l'accusa, & Antoine qui le défendit. Cicéron parle de cette affaire dans son second livre de *oratore*.

LOI *AQUILIA*, étoit un plebiscite fait par l'instigation de L. Aquilius, qui fut tribun du peuple en l'année 572 de la fondation de Rome, & ensuite préteur de Sicile en 577. Quelques jurisconsultes ont cru qu'elle étoit d'Aquilius Gallus, inventeur de la stipulation aquilienne, mais celui-ci ne fut point tribun du peuple ; & la *loi aquilia* est plus ancienne que lui.

Cette loi contenoit trois chapitres.

Le premier défendoit de tuer de dessein prémédité les esclaves & les animaux d'autrui.

On ne sait point certainement la teneur du second chapitre. Justinien nous apprend qu'il n'étoit plus observé de son tems. On croit qu'il établissoit des peines contre ceux qui enlevoient aux autres l'utilité qu'ils pouvoient tirer de quelque chose, comme quand on offusquoit le jour de son voisin sans aucun droit ; d'autres croyent que ce chapitre traitoit *de servo corrupto* & qu'il fut abrogé, parce que le préteur décerna la peine du double contre celui qui seroit poursuivi pour l'action *de servo corrupto* au lieu que la *loi aquilia* ne punissoit que ceux qui nioient le crime.

Le troisieme chapitre contenoit des dispositions contre ceux qui avoient blessé des esclaves ou animaux

maux d'autrui, & contre ceux qui avoient tué ou bleſſé des animaux, *qui pecudum numero non erant*, c'eſt-à-dire, de ces bêtes que l'on ne raſſemble point par troupeaux.

Voyez le titre du digeſte, *ad legem Aquiliam*. Pigrius, en ſes *Annales romaines tom. II.* & M. Terraſſon, en ſon *hiſtoire de la Juriſprudence tom. p. 144 & 145*. (*A*)

LOI ARBITRAIRE *ou* MUABLE, eſt celle qui dépend de la volonté du légiſlateur, qui auroit pû n'être pas faite ou l'être tout autrement, & qui étant faite peut être changée, ou même entierement abolie; telles ſont les lois qui concernent la diſpoſition des biens, les offices, l'ordre judiciaire. Il y a au contraire des *lois immuables* & qui ne ſont point arbitraires, ce ſont celles qui ont pour fondement les regles de la juſtice & de l'équité. (*A*)

LOI ATERINA, que d'autres appellent auſſi *loi Tarpeia*, fut faite ſous les conſuls Tarpeius Capitolinus & A. Aterinus Fontinalis; elle fixoit les peines & amendes à un certain nombre de brebis ou de bœufs: mais comme tous les beſtiaux ne ſont pas de même prix, & que d'ailleurs leur valeur varie, il arrivoit - là que la peine du même crime n'étoit pas toûjours égale; c'eſt pourquoi la *loi Aterina* fixa dix deniers pour la valeur d'une brebis, & cent deniers pour un bœuf. Denis d'Halicarnaſſe remarque auſſi que cette *loi* donna à tous les magiſtrats le droit de prononcer des amendes, ce qui n'appartenoit auparavant qu'aux conſuls. *Voyez* Zazius. (*A*)

LOI ATTILIA, fut ainſi nommée du préteur Attilius qui en fut l'auteur, elle concernoit les tutelles: la loi des douze tables avoit ordonné qu'un pere de famille pourroit par ſon teſtament nommer à ſes enfans tel tuteur qu'il voudroit; & que ſi un pere mouroit ſans avoir teſté, le plus proche parent ſeroit tuteur des enfans; mais il arrivoit quelquefois que les enfans n'avoient point de parens proches, & que le pere n'avoit point fait de teſtament. Le préteur Attilius pourvut à ces enfans orphelins, en ordonnant que le préteur & le tribun du peuple leur feroient nommer un tuteur à la pluralité des voix; c'eſt ce que les juriſconſultes nommerent *tuteurs Attiliens*, parce qu'ils étoient nommés en vertu de la *loi Attilia* ; comme cette *loi* ne s'obſerva d'abord qu'à Rome, on en fit dans la ſuite une autre appellée *Julia Tibia*, qui étendit la diſpoſition de la *loi Attilia* dans toute les provinces de l'empire. *Voyez les inſtitutes tit. de Attiliano tutore*. (*A*)

LOI ATINIA, fut faite pour confirmer ce que la loi des douze tables avoit ordonné au ſujet de la preſcription, ou plûtôt uſucapion des choſes volées, ſavoir, que ces ſortes de choſes ne pouvoient être preferites à moins qu'elles ne revinſſent entre les mains du légitime propriétaire. On ne ſait pas au juſte l'époque de cette *loi*. Cicéron obſerve ſeulement qu'elle fut faite dans des tems antérieurs à ceux de Scévola, Brutus, Manlius. Pighius, *en ſes Annales, tom. II. p. 255*. penſe qu'elle fut faite l'an de Rome 556, par C. Atinius Labeo, qui étoit tribun du peuple ſous le conſulat de Cornélius Cethegus, & de Q. Mucius Rufus, ce qui eſt aſſez vraiſemblable: Cicéron en parle dans *ſa troiſieme Verrine*. *Voyez auſſi* Zazins. (*A*)

LOI AURELIA, ſurnommée JUDICIARIA, fut faite par M. Aurelius Cotta, homme très-qualifié, & qui étoit préteur; ce fut à l'occaſion des abus qui s'étoient enſuivis de la *loi Cornelia judiciaria*. Depuis dix ans le ſénat ſe laiſſoit gagner par argent pour abſoudre les coupables, ce qui fit que Cotta commit le pouvoir de juger aux trois ordres, c'eſt-à-dire, des ſénateurs, des chevaliers, & des tribuns du peuple romain, qui étoient eux-mêmes du corps des chevaliers romains. Cette *loi* fut obſervée pendant environ ſeize ans, juſqu'à ce que la *loi Pompeia* reglât d'une autre maniere la forme des jugemens. *Voyez* Velleius Paterculus, *lib. II. &* Zazius. (*A*)

LOI AURELIA DE TRIBUNIS, eut pour auteur C. Aurelius Cotta, qui fut couſul avec L. Manlius Torquatus; il fut dit par cette *loi*, que les tribuns du peuple pourroient parvenir aux autres magiſtratures dont ils avoient été exclus par une *loi* que Sylla fit pendant ſa dictature. *V*. Appien, *lib. I. Bell. civ.* & Aſcanius *in Cornelianam leg*. (*A*)

LOIS BARBARES, on entend ſous ce nom les *lois* que les peuples du Nord apporterent dans les Gaules, & qui ſont raſſemblées dans le code des *lois* antiques, telles que la *loi* gothique ou des Viſigoths; la *loi* gombette ou des Bourguignons; la *loi* ſalique ou des Francs; celle des Ripuariens, celle des Allemands, celle de Bavarois; les *lois* des Saxons, des Anglois, des Friſons, des Lombards; elles ont été nommées *barbares*, non pas pour dire qu'elles ſoient cruelles ni groſſieres, mais parce que c'étoient les *lois* de peuples qui étoient étrangers à l'égard des Romains, & qu'ils qualifioient tous de *Barbares*. *Voyez code des lois antiques*, & les articles où il eſt parlé de chacune de ces lois en particulier. (*A*)

LOI DE BATAILLE, ſignifioit autrefois les regles que l'on obſervoit pour le duel lorſqu'il étoit autoriſé & même permis. Il en eſt parlé dans l'ancienne coûtume de Normandie, *chap. cxvij. cxx. & ailleurs*. (*A*)

LOI DES BAVAROIS, *lex Bajwariorum*. La préface de cette *loi* nous apprend que Théodoric ou Thierry, roi d'Auſtraſie, étant à Châlons-ſur-Marne, fit aſſembler les gens de ſon royaume les plus verſés dans les ſciences des anciennes *lois*, & que par ſon ordre ils réformerent & mirent par écrit la *loi* des Francs, celle des Allemands & des Bavarois qui étoient tous ſoumis à ſa puiſſance; il y fit les additions & retranchemens qui parurent néceſſaires, & ce qui étoit réglé ſelon les mœurs des payens fut rendu conforme aux *lois* du chriſtianiſme; & ce qu'une coûtume trop invétérée l'empêcha alors de changer, fut enſuite revu par Childebert & achevé par Clotaire. Le roi Dagobert fit remettre cette *loi* en meilleur ſtyle par quatre perſonnages diſtingués, nommés Claude, Chaude, Indomagne & Agilulfe. La préface de cette derniere réformation porte, que cette *loi* eſt l'ouvrage du roi, de ſes princes, & de tout le peuple chrétien qui compoſe le royaume des Mérovingiens. On a ajoûté depuis à ces *lois* un decret de Taſſilon, duc de Baviere. *Voyez l'Hiſt. du Dr. fr.* par M. l'Abbé Fleury. (*A*)

LOI DES BOURGUIGNONS. *Voyez* LOI GOMBETTE.

LOI BURSALE, eſt celle dont le principal objet eſt de procurer au ſouverain quelque finance pour fournir aux beſoins de l'état. Ainſi toutes *lois* qui ordonnent quelque impoſition, ſont des *lois burſales* : on comprend même dans cette claſſe celles qui établiſſent quelque formalité pour les actes, lorſque la finance en revient au prince eſt le principal objet qui a fait établir ces formalités. Tels ſont les édits & déclarations qui ont établi la formalité du papier & du parchemin timbré, & celle de l'inſinuation laïque. Il y a quelques-unes de ces *lois* qui ne ſont pas purement *burſales*, ſavoir celles qui en procurant au roi une finance, établiſſent une formalité qui eſt réellement utile pour aſſurer la vérité & la date des actes : tels ſont les édits du contrôle tant pour les actes des notaires que pour les billets & promeſſes ſous ſignature privée. Les *lois* purement *burſales* ne s'obſervent pas avec la même rigueur que les autres. Ainſi, lorſqu'un nouveau propriétaire n'a pas fait inſinuer ſon titre dans le tems porté par les édits & déclarations, le titre n'eſt pas pour cela nul ; l'acquéreur encourt ſeulement la peine du double ou du triple droit, & il dépend du fermier des inſinuations d'admettre l'acquéreur à faire inſinuer ſon contrat, & de lui faire remiſe du double ou triple droit. (A)

Loi Caducaire, *caducaria lex*, ſurnommée auſſi *Julia*, fut une *loi* d'Auguſte, par laquelle il ordonna que les biens qui n'appartiendroient à perſonne, ou qui auroient appartenu à des propriétaires qui auroient perdu le droit qu'ils pouvoient y avoir, ſeroient diſtribués au peuple.

On comprit auſſi ſous le nom de *lois caducaires* pluſieurs autres *lois* faites par le même empereur pour augmenter le tréſor qui avoit été épuiſé par les guerres civiles. Telles étoient les *lois* portant que toute perſonne qui vivoit dans le célibat, ne pourroit acquérir aucun legs ou libéralité teſtamentaire, & que tout ce qui lui étoit ainſi laiſſé, appartenoit au fiſc, s'il ne ſe marioit dans le tems preſini par la *loi*.

Ceux qui étoient mariés & n'avoient point d'enfans, perdoient la moitié de ce qui leur étoit laiſſé par teſtament ou codicile : cela s'appelloit en droit *pœna orbitatis*. De même tout ce qui étoit laiſſé par teſtament à des perſonnes qui décédoient du vivant du teſtateur, ou après ſon décès, avant l'ouverture du teſtament, devenoit caduc, & appartenoit au fiſc.

Juſtinien abolit toutes ces *lois* pénales. *Voyez* au *code* le titre *de caducis tollendis*, & la *Juriſprudence rom.* de Colombet. (A)

Loi Calphurnia ou *CALPURNIA de ambitu*, c'eſt-à-dire contre ceux qui briguoient les magiſtratures par des voies illicites. Elle fut faite par le tribun L. Calphurnius Pizo. *Voyez* ce qui eſt dit de lui dans l'article ſuivant. Zazius fait mention de cette *loi* en ſon catalogue. (A)

Loi calphurnia repetundarum eut pour auteur le même tribun qui fit la *loi* précédente. Ce fut la premiere *loi* faite contre le crime de concuſſion. C'étoit ſous le conſulat de Cenſorius & de Manlius, & du tems de la troiſieme guerre punique ; Ciceron en fait mention *in Bruto*, & dans ſon *ſecond livre des offices*. *Voyez* auſſi Zazius. (A)

Loi Campana, ainſi appellée *à campis*, parce qu'elle concernoit les terres. C'eſt ſous ce nom que Cicéron déſigne la *loi Julia agraria, lib. II. ad Atticum*. *Voyez* Lois agraires & Loi *JULIA AGRARIA*. (A).

Loi Canonique eſt une diſpoſition qui fait partie du droit canonique romain, ou du droit eccléſiaſtique en général. *Voyez* Droit canonique. (A)

Loi Canuleia. C'étoit un plébiſcite qui fut ainſi nommé de C. Canuleius tribun du peuple, qui le propoſa au peuple. Les décemvirs, dans les deux dernieres tables de la *loi* qu'ils rédigerent, avoient ordonné entre autres choſes, que les patriciens ne pouvoient s'allier aux plébéiens : ce qui porta les décemvirs à faire cette *loi*, fut qu'ils étoient eux-mêmes tous patriciens, & que ſuivant la coûtume ancienne aucun plébéien ne pouvoit entrer dans le collége des augures, Romulus ayant réſervé cet honneur aux ſeuls patriciens : d'où il ſeroit arrivé que, ſi l'on n'empêchoit pas les méſalliances des patriciens avec les plébéiens, le droit excluſif des patriciens pour le collége d'augures auroit été troublé par une nouvelle race, que l'on n'auroit ſû ſi l'on devoit regarder comme patricienne ou comme plébéienne. Mais pour abolir cette *loi* qui excluoit les plébéiens, Canuleius propoſa le plébiſcite dont on vient de parler, portant que les patriciens & les plébéiens pourroient s'allier les

uns aux autres indifféremment : car il ne paroiſſoit pas convenable que dans une ville libre, la plus grande partie des citoyens fuſſent regardés comme indignes que l'on prît alliance avec eux. Les patriciens s'oppoſerent fortement à cette *loi*, diſant que c'étoit ſouiller leur ſang ; que c'étoit confondre le droit des différentes races ; & que cela troubleroit les auſpices publics & privés. Mais comme dans le même tems d'autres tribuns publierent auſſi une *loi*, portant que l'un des deux conſuls ſeroit choiſi entre les plébéiens, les patriciens prévoyant que s'ils s'oppoſoient à la *loi canuleia*, ils ſeroient obligés de conſentir à l'autre, ils aimerent mieux donner les mains à la premiere concernant les mariages. Cela ſe paſſa ſous le conſulat de M. Genutius & de P. Curiatus. *Voyez* Tit. Liv. *lib. IV*. & Zazius. (A)

Loi Carboniene. Carbonicn défendoit de conſacrer une maiſon, un autel ſans la permiſſion du peuple.

Il y eut auſſi une *loi* de Sylla & de Carbon qui donna le droit de cité à ceux qui étoient aggrégés aux villes alliées, pourvû qu'au tems où cette *loi* fut publiée, ils euſſent leur domicile en Italie, ou qu'ils euſſent demeuré ſoixante jours auprès du préteur. *Voyez* Cicéron *pro Archia poëta*. (A)

Loi *CASSIA*. Il y a eu trois *lois* de ce nom.

La premiere eſt la *loi caſſia agraria*, dont on a parlé ci-devant, à l'article des Lois agraires.

La ſeconde eſt la *loi caſſia de judiciis*, qui fut faite par C. Caſſius & L. F. Longinus tribuns du peuple, ſous le conſulat de C. Marius & de C. Flavius Fembria. Cette *loi* dont le but étoit de diminuer le pouvoir des grands, ordonne que quiconque auroit été condamné par le peuple ou deſtitué de la magiſtrature, n'auroit plus entrée dans le ſénat.

La troiſieme *loi caſſia* eſt une des *lois* appellées *tabélaires*, c'eſt-à-dire, qui régloient que l'on opineroit par écrit, au lieu de le faire de vive voix. *Voyez* Lois tabélaires. (A)

Loi de Cens ſignifie amende de cens non payé : c'eſt-là qu'on trouve dans les anciens dénombremens *cens & loi & amende*, ſous *cens* & *loi*, qui en défaut de payement peuvent échoir. *Voyez* le contrat de 1477 pour la fondation de la meſſe dite *du Mouy* en l'égliſe de S. Quentin. Lafont, ſur Vermandois, art. 135. (A)

Loi Cincia étoit un plébiſcite qui fut faſt par le tribun M. Cincius, ſous le conſulat de M. Cethegus & de P. Sempronius Tuditanus. Il le fit à la perſuaſion de Fabius, celui-là qui fut en temporiſant, rétablir les affaires de la république. Dans les premiers ſiecles de Rome, les avocats plaidoient gratuitement, le peuple leur faiſoit des préſens. Dans la ſuite, comme on leur marquoit moins de reconnoiſſance, ils exigerent de leurs cliens des préſens, qui étoient d'abord volontaires. C'eſt pourquoi il fut ordonné par la *loi cincia* aux avocats de prêter gratuitement leur miniſtere au menu peuple. La *loi cincia* avoit encore deux autres chefs. L'un caſſoit les donations faites aux avocats, lorſqu'elles excédoient certaine ſomme ; l'autre concernoit la forme de ces donations. Le juriſconſulte Paulus avoit fait un *livre* ſur la *loi cincia*, mais qui eſt perdu : nous avons un *commentaire* ſur cette même *loi* par Frédéric Prummerus.

Il y a pluſieurs autres *lois* qui ont quelque rapport avec la *loi cincia*, telle que la *loi Titia* dont il ſera parlé en ſon lieu. Il faut voir le ſurplus de ce qui concerne les avocats & leurs honoraires, *au mot* Avocats. (A)

Loi Civile, (*Droit civil d'une nation.*) reglement émané du ſouverain, pour procurer le bien commun de ſes ſujets.

LOI

L'assemblage ou le corps des *lois* qu'il fait conformément à ce but, est ce qu'on nomme *droit civil*; & l'art au moyen duquel on établit les *lois civiles*, on les explique lorsqu'elles ont quelqu'obscurité, ou on les applique convenablement aux actions des citoyens, s'appelle *jurisprudence civile*.

Pour pourvoir d'une maniere stable au bonheur des hommes & à leur tranquillité, il falloit établir des *lois* fixes & déterminées, qui éclairées par la raison humaine, tendissent à perfectionner & à modifier utilement la *loi* naturelle.

Les *lois civiles* servent donc, 1°. à faire connoître plus particulierement les *lois* naturelles elles-mêmes. 2°. A leur donner un nouveau degré de force, par les peines que le souverain inflige à ceux qui les méprisent & qui les violent. 3°. A expliquer ce qu'il peut y avoir d'obscur dans les maximes du droit naturel. 4°. A modifier en diverses manieres l'usage des droits que chacun a naturellement. 5°. A déterminer les formalités que l'on doit suivre, les précautions que l'on doit prendre pour rendre efficaces & valables les divers engagemens que les hommes contractent entr'eux, & de quelle maniere chacun doit poursuivre son droit devant les tribunaux.

Ainsi les bonnes *lois civiles* ne sont autre chose que les *lois* naturelles elles-mêmes perfectionnées & modifiées par autorité souveraine, d'une maniere convenable à l'état de la société qu'il gouverne & à ses avantages.

On peut distinguer deux sortes de *lois civiles*; les unes sont telles par rapport à leur autorité seulement, & les autres par rapport à leur origine.

On rapporte à la premiere classe toutes les *lois* naturelles qui servent de regles dans les tribunaux civils, & qui sont d'ailleurs confirmées par une nouvelle sanction du souverain : telles sont toutes les *lois* qui déterminent quels sont les crimes qui doivent être punis.

On rapporte à la seconde classe les *lois* arbitraires, qui ont pour principe la volonté du souverain, ou qui roulent sur des choses qui se rapportent au bien particulier de l'état, quoiqu'indifférentes en elles-mêmes : telles sont les *lois* qui reglent les formalités nécessaires aux contrats, aux testamens, la maniere de procéder en *justice*, &c. Mais quoique ces réglemens soient arbitraires, ils doivent toujours tendre au bien de l'état & des particuliers.

Toute la force des *lois civiles* consiste dans leur *justice* & dans leur *autorité*, qui sont deux caracteres essentiels à leur nature, & au défaut desquels elles ne sauroient produire une véritable obligation.

L'autorité des *lois civiles* consiste dans la force que leur donne la puissance de celui, qui, étant revêtu du pouvoir législatif, a droit de faire ces *lois*, & dans les maximes de la droite raison, qui veulent qu'on lui obéisse.

La justice des *lois civiles* dépend de leur rapport à l'ordre de la société dont elles font les regles, & de leur convenance avec l'utilité particuliere qui se trouve à les établir, selon que le tems & les lieux le demandent.

La puissance du souverain constitue l'autorité de ces *lois*, & la béneficence ne lui permet pas d'en faire d'injustes.

S'il y en avoit qui renversassent les principes fondamentaux des *lois* naturelles & des devoirs qu'elles imposent, les sujets seroient en droit & même dans l'obligation de refuser d'obéir à des *lois* de cette nature.

Il convient absolument que les sujets ayent connoissance des *lois* du souverain : il doit par conséquent publier ses *lois*, les bien établir & les notifier.

Tome IX.

Il est encore absolument essentiel qu'elles soient écrites de la maniere la plus claire, & dans la langue du pays, comme ont été écrites toutes les *lois* des anciens peuples. Car comment les observeroit-on, si on ne les connoît pas, si on ne les entend pas? Dans les premiers tems, avant l'invention de l'écriture, elles étoient composées en vers que l'on apprenoit par cœur, & que l'on chantoit pour les bien retenir. Parmi les Athéniens, elles étoient gravées sur des lames de cuivre attachées dans des lieux publics. Chez les Romains, les enfans apprenoient par cœur les *lois* des douze tables.

Quand les *lois civiles* sont accompagnées des conditions dont on vient de parler, elles ont sans contredit la force d'obliger les sujets à leur observation, non seulement par la crainte des peines qui sont attachées à leur violation, mais encore par principe de conscience, & en vertu d'une maxime même du droit naturel, qui ordonne d'obéir au souverain en tout ce qu'on peut faire sans crime.

Personne ne sauroit ignorer l'auteur des *lois civiles*, qui est établi ou par un consentement exprès des citoyens, ou par un consentement tacite, lorsqu'on se soumet à son empire, de quelque maniere que ce soit.

D'un autre côté, le souverain dans l'établissement des *lois civiles*, doit donner ses principales attentions à faire ensorte qu'elles ayent les qualités suivantes, qui sont de la plus grande importance au bien public.

1°. D'être justes, équitables, conformes au droit naturel, claires, sans ambiguité & sans contradiction, utiles, nécessaires, accommodées à la nature & au principe du gouvernement qui est établi ou qu'on veut établir, à l'état & au génie du peuple pour lequel elles sont faites ; relatives au physique du pays, au climat, au terroir, à sa situation, à sa grandeur, au genre de vie des habitans, à leurs inclinations, à leurs richesses, à leur nombre, à leur commerce, à leurs mœurs, & à leurs coûtumes.

2°. De nature à être observées avec facilité ; dans le plus petit nombre, & le moins multipliées qu'il soit possible ; suffisantes pour terminer les affaires qui se trouvent le plus communément entre les citoyens, expéditives dans les formalités & les procédures de la justice, tempérées par une juste sévérité proportionnée à ce que requiert le bien public.

Ajoutons, que les *lois* demandent à n'être pas changées sans nécessité ; que le souverain ne doit pas accorder des dispenses pour ses *lois*, sans les plus fortes raisons; qu'elles doivent s'entre-aider les unes les autres autant qu'il est possible. Enfin, que le prince doit s'y assujettir lui-même & montrer l'exemple, comme Alfred, qu'un des grands hommes d'Angleterre nomme *la merveille & l'ornement de tous les siecles*. Ce prince admirable, après avoir dressé pour son peuple un corps de *lois civiles*, pleines de sagesse & de douceur, pensa, disent les historiens, que ce seroit en vain qu'il tâcheroit d'obliger ses sujets à leur observation, si les juges, si les magistrats, si lui même n'en donnoit le premier l'exemple.

Ce n'est pas assez que les *lois civiles* des souverains renferment les qualités dont nous venons de parler, si leur style n'y répond.

Les *lois civiles* demandent essentiellement & nécessairement un style précis & court : les *lois* des douze tables en sont un modele. 1°. Un style simple ; l'expression directe s'entend toujours mieux que l'expression réfléchie. 2°. Sans subtilités, parce qu'elles ne sont point un art de Logique. 3°. Sans ornemens, ni comparaison tirée de la réalité à la

O o o o ij

figure, ou de la figure à la réalité. 4°. Sans détails d'exceptions, limitations, modifications; excepté que la nécessité ne l'exige, parce que lorsque la *loi* présume, elle donne aux juges une regle fixe, & qu'en fait de présomption, celle de la *loi* vaut mieux que celle de l'homme, dont elle évite les jugemens arbitraires. 5°. Sans artifice, parce qu'étant établies pour le bien des hommes, ou pour punir leurs fautes, elles doivent être pleines de candeur. 6°. Sans contrariété avec les *lois* politiques du même peuple, parce que c'est toujours pour une même société qu'elles sont faites. 7°. Enfin, sans effet rétroactif, à moins qu'elles ne regardent des choses d'elles-mêmes illicites par le droit naturel, comme le dit Cicéron.

Voilà quelles doivent être les *lois civiles* des états, & c'est dans toutes ces conditions réunies que consiste leur excellence. Les envisager sous toutes leurs faces, relativement les unes aux autres, de peuples à peuples, dans tous les tems & dans tous les lieux, c'est former en grand, l'esprit des *lois*, sur lequel nous avons un ouvrage immortel, fait pour éclairer les nations & tracer le plan de la félicité publique. (*D. J.*)

Loi Claudia, on connoît deux lois de ce nom. L'une surnommée *de jure civitatis*, c'est-à-dire au sujet du droit de citoyen romain, fut faite par Claudius, consul l'an 577 de Rome, sur les instances des habitans du pays latin, lesquels voyant que ce pays se dépeuploit par le grand nombre de ceux qui passoient à Rome, & que le pays ne pouvoit plus facilement fournir le même nombre de soldats, obtinrent du sénat que le consul Claudius feroit une *loi* portant que tous ceux qui étoient associés au nom latin, seroient tenus de se rendre chacun dans leur ville avant les calendes de Novembre.

Il y eut une autre *loi claudia* faite par le tribun Claudius, appuyé de C. Flaminius, l'un des patriciens. Cette loi défendoit à tout sénateur, & aux peres des sénateurs, d'avoir aucun navire maritime qui fût du port de plus de 300 amphores, qui étoit une mesure usitée chez les Romains. Cela parut suffisant pour donner moyen aux sénateurs de faire venir les provisions de leurs maisons des champs; car du reste on ne vouloit pas qu'ils fissent aucun commerce. *Voyez* Livius, *lib. XXXI.* Cicéron, *actione in Verrem sept.* Cette *loi* fut dans la suite reprise par César, dans la *loi julia de repetundo*.

Loi Clodia. Il y eut diverses *lois* de ce nom; savoir,

La *loi clodia monetaria*, étoit celle en vertu de laquelle on frappa des pieces de monnoie marquées du signe de la victoire, au lieu qu'auparavant elles représentoient seulement un char à deux ou à quatre chevaux. *Voyez* Pline, *lib. XXXIII. cap. ij.*

Clodius surnommé *pulcher*, ennemi de Cicéron, fit aussi pendant son tribunat quatre *lois* qui furent surnommées de son nom, & qui furent très-préjudiciables à la république.

La premiere surnommée *annonaria* ou *frumentaire*, ordonna que le blé qui se distribuoit aux citoyens, moyennant un certain prix, se donneroit à l'avenir gratis. *Voyez* ci-après Loi Frumentaire.

La seconde fut pour défendre de consulter les auspices pendant les jours auxquels il étoit permis de traiter avec le peuple, ce qui ôta le moyen que l'on avoit de s'opposer aux mauvaises *lois* per *obnuntiationem*. *Voyez* ce qui sera dit ci-après de la *loi celia sufia*.

La troisieme *loi* fut pour le rétablissement des différens collèges ou corps que Numa avoit institués pour distinguer les personnes de chaque art & métier. La plûpart de ces différens collèges avoient été supprimés sous le consulat de Marius; mais Clodius les rétablit, & en ajouta même de nouveaux. Toutes ces associations furent depuis défendues, sous le consulat de Lentulus & de Metellus.

La quatrieme *loi Clodia*, surnommée *de censoribus*, défendit aux censeurs d'omettre personne lorsqu'ils lisoient leurs dénombremens dans le sénat, & de noter personne d'aucune ignominie; à moins qu'il n'eût été accusé devant eux, & condamné par le jugement des deux censeurs; car auparavant les censeurs se donnoient la liberté de noter publiquement qui bon leur sembloit, même ceux qui n'étoient point accusés; & quand un des deux censeurs avoit noté quelqu'un, c'étoit la même chose que si tous deux l'avoient condamné, à-moins que l'autre n'intervint, & n'eût déchargé formellement de la note qui avoit été imprimée par son collegue. *Voyez* Zazius.

Loi Cæcilia & Didia, fut faite par Q. Cæcilius Metellus, & T. Didius Vivius, consuls l'an de Rome 656. Ce fut à l'occasion de ce que les tribuns du peuple & autres auxquels il étoit permis de proposer des *lois*, engloboient plusieurs objets dans une même demande, & souvent y mêloient des choses injustes, d'où il arrivoit que le peuple qui étoit frappé principalement de ce qu'il y avoit de juste, ordonnoit également ce qu'il y avoit d'injuste compris dans la demande; c'est pourquoi par cette *loi* il fut ordonné que chaque règlement seroit proposé séparément, & en outre que la demande en seroit faite pendant trois jours de marché, afin que rien ne fût adopté par précipitation ni par surprise. Cicéron en parle dans la cinquieme *Philippique*, & en plusieurs autres endroits. *Voyez* aussi Zazius.

Loi Cæcilia Repetundarum, est une des *lois* qui furent faites pour réprimer le crime de concussion. L. Lentulus, homme consulaire, fut poursuivi en vertu de cette *loi*, ce qui fait juger qu'elle fut faite depuis la *loi Calphurnia repetundarum. Voyez* Loi Calphurnia, & Zazius.

Loi Cælia, étoit une des *lois* tabellaires qui fut faite par Cœlius pour abolir entierement l'usage de donner les suffrages de vive-voix. *Voyez* ci-après Lois Tabellaires.

Loi Commissoire, ou Pacte de la Loi Commissoire, est une convention qui se fait entre le vendeur & l'acheteur, que si le prix de la chose vendue n'est pas payé en certain tems, la vente sera nulle s'il plait au vendeur.

Ce pacte est appellé *loi*, parce que les conventions font les *lois* des contrats; on l'appelle *commissoire*, parce que le cas de ce pacte étant arrivé, la chose est rendue au vendeur, *res venditori committitur*; le vendeur rentre dans la propriété de sa chose, comme si elle n'avoit point été vendue. Il peut même en répéter les fruits, à moins que l'acheteur n'ait payé des arrhes, ou une partie du prix, auquel cas l'acheteur peut retenir les fruits pour se récompenser de la perte de ses arrhes, ou de la portion qu'il a payée du prix.

La *loi commissoire* a son effet, quoique le vendeur n'ait pas mis l'acheteur en demeure de payer; le contrat l'avertit suffisamment, *dies interpellat pro homine*.

La peine de la *loi commissoire* n'a pas lieu lorsque dans le tems convenu l'acheteur a offert le prix au vendeur, & qu'il la consigné; autrement les offres pourroient être réputées illusoires. Elle n'a pas lieu non plus lorsque le payement du prix, ou de partie d'icelui, a été retardé pour quelque cause légitime.

Quand on n'auroit pas apposé dans le contrat de vente, le pacte de la *loi commissoire*, il est toujours au pouvoir du vendeur de poursuivre l'acheteur, pour le payement du prix convenu, & à faute de ce il peut faire déclarer la vente nulle, & rentrer dans le bien par lui vendu; mais avec cette différence, que dans ce cas l'acheteur en payant même après le tems convenu, demeure propriétaire de la chose à lui vendue; au lieu que quand le pacte de la *loi commissoire* a été apposé dans le contrat, & que l'acheteur n'a pas payé dans le tems convenu, le vendeur peut faire résoudre la vente, quand même l'acheteur offriroit alors de payer.

Mais soit qu'il y ait pacte ou non, il faut toûjours un jugement pour résoudre la vente, sans quoi le vendeur ne peut de son autorité privée rentrer en possession de la chose vendue. *Voyez* au digeste le titre *de lege commissoriâ*.

Le pacte de la *loi commissoire* n'a pas lieu en fait de prêt sur gage, c'est-à-dire que l'on ne peut pas stipuler que si le débiteur ne satisfait pas dans le tems convenu, la chose engagée sera acquise au créancier; un tel pacte est réputé usuraire, à moins que le créancier n'achetât le gage pour son juste prix. *Voyez* la *loi* 16. §. *ult. ff. de pign. & hyppot.* & la *loi* derniere au code *de pactis pignorum*.

Lois consulaires étoient celles qui étoient faites par les consuls, comme les *lois tribunitiennes* étoient faites par les tribuns.

Loi Cornelia; il y a eu plusieurs *lois* de ce nom, savoir:

La *loi cornelia & gellia* qui donna le pouvoir à Cn. Pompée, proconsul en Espagne, lequel partoit pour une guerre périlleuse, d'accorder le droit de cité à ceux qui auroient bien mérité de la république; elle fut faite par Lucius Gellius Publicola, & par Cn. Cornelius Lentulus.

La *loi cornelia agraria* fut faite par le dictateur Sylla, pour adjuger & partager aux soldats beaucoup de terres, & sur-tout en Toscane: les soldats rendirent cette *loi* odieuse, soit en perpétuant leur possession, soit en s'emparant des terres qu'ils trouvoient à leur bienséance. Cicéron en parle dans une de ses oraisons.

La *loi cornelia de falso* ou *de falsis*, fut faite par Cornelius Sylla, à l'occasion des testamens; c'est pourquoi elle fut aussi surnommée *testamentaire*; elle confirmoit les testamens de ceux qui étoient en la puissance des ennemis, & pourvoyoit à toutes les faussetés & altérations qui pouvoient être faites dans un testament; elle statuoit aussi sur les faussetés des autres écritures, des monnoies, des poids & mesures.

La *loi cornelia de injuriis*, faite par le même Sylla, concernoit ceux qui se plaignoient d'avoir reçu quelque injure, comme d'avoir été poussés, battus, ou leur maison forcée. Cette *loi* excluoit tous les proches parens & alliés du plaignant, d'être juges de l'action.

La *loi cornelia judiciaria*. Par cette *loi* Sylla rendit tous les jugemens au sénat, & retrancha les chevaliers du nombre des juges; il abrogea les *lois* Semproniennes, dont il adopta pourtant quelque chose dans la sienne; elle ordonnoit encore que l'on ne pourroit pas récuser plus de trois juges.

La *loi cornelia majestatis* fut faite par Sylla, pour régler le jugement du crime de leze-majesté. *Voyez* Loi Julia.

La *loi cornelia de parricidio*, qui étoit du même Sylla, fut ensuite réformée par le grand Pompée dont elle prit le nom. *Voyez* Loi Pompeia.

La *loi cornelia de proscriptione*, dont parle Cicéron dans sa *troisieme Verrine*, fut faite par Valerius Flaccus; c'est elle nommée ailleurs *loi Valeria*; elle donnoit à Sylla droit de vie & de mort sur les citoyens.

La *loi cornelia repetundarum*, avoit pour objet de réprimer les concussions des magistrats qui gouvernoient les provinces. *Voyez* Cicéron, *épitre* à Appius.

La *loi cornelia de sicariis & veneficis*, fut aussi faite par Sylla; elle concernoit ceux qui avoient tué quelqu'un, ou qui l'avoient attendu dans ce dessein, ou qui avoient préparé, gardé, ou vendu du poison, ceux qui par un faux témoignage avoient fait condamner quelqu'un publiquement, les magistrats qui recevoient de l'argent pour quelque affaire capitale, ceux qui par volupté ou pour un commerce infame auroient fait des eunuques.

La *loi cornelia sumptuaria* fut encore une *loi* de Sylla, par laquelle il régla la dépense que l'on pourroit faire les jours ordinaires, & celle que l'on pourroit faire les jours solemnels qui étoient ceux des calendes, des ides, des nones, & des jeux; il diminua aussi par cette *loi* le prix des denrées.

Le tribun Cornelius fit aussi deux *lois* qui porterent son nom, l'une appellée

Loi cornelia de iis qui legibus solvuntur, défendoit d'accorder aucune grace ou privilege contre les *lois*, qu'il n'y eût au-moins 200 personnes dans le sénat; & à celui qui auroit obtenu quelque grace, d'être présent lorsque l'affaire seroit portée devant le peuple.

La *loi cornelia de jure dicendo*, du même tribun, ordonna que les préteurs seroient tenus de juger suivant l'édit perpétuel, au lieu qu'auparavant leurs jugemens étoient arbitraires. Il y avoit encore une autre *loi* surnommée *Cornelia*, savoir,

La *loi Cornelia & Titia*, suivant laquelle on pouvoit faire des conventions ou gageures pour les jeux où l'adresse & le courage ont part. Le jurisconsulte Martianus parle de cette *loi*. Sur ces différentes *lois voyez* Zazius.

Loi de crédence, c'est ainsi que l'on appelloit anciennement les enquêtes, lorsque les témoins déposoient seulement qu'ils croyoient tel & tel fait, à la différence du témoignage positif & certain, où le témoin dit qu'il a vu ou qu'il sait telle chose; il en est parlé au *style du pays de Normandie*. François I. par son ordonnance de 1539, *article* 36, ordonna qu'il n'y auroit plus de réponses par *crédit*, &c. (*A*)

Loi criminelle. (*Droit civil ancien & mod.*) *loi* qui statue les peines des divers crimes & délits dans la société civile.

Les *lois criminelles*, dit M. de Montesquieu, n'ont pas été perfectionnées tout d'un coup. Dans les lieux mêmes où l'on a le plus cherché à maintenir la liberté, on n'en a pas toujours trouvé les moyens. Aristote nous dit qu'à Cumes les parens pouvoient être témoins dans les affaires criminelles. Sous les rois de Rome, la *loi* étoit si imparfaite, que Servius Tullius prononça la sentence contre les enfans d'Ancus Martius, accusés d'avoir assassiné le roi son beaupere. Sous les premiers rois de France, Clotaire fit une *loi* en 560, pour qu'un accusé ne pût être condamné sans être oui, ce qui prouve qu'il régnoit une pratique contraire dans quelques cas particuliers. Ce fut Charondas qui introduisit les jugemens contre les faux témoignages: quand l'innocence des citoyens n'est pas assurée, la liberté des citoyens ne l'est pas non plus.

Les connoissances que l'on a acquises dans plusieurs pays, & que l'on acquerra dans d'autres, sur les regles les plus sûres que l'on puisse tenir dans les jugemens criminels, intéressent le genre humain plus qu'aucune chose qu'il y ait au monde; car c'est sur la pratique de ces connoissances que sont fondés l'honneur, la sûreté, & la liberté des hommes.

Ainsi la *loi* de mort contre un assassin est tres-juste, parce que cette *loi* qui le condamne à périr, a été faite en sa faveur; elle lui a conservé la vie à tous les instans, il ne peut donc pas reclamer contre elle.

Mais toutes les *lois criminelles* ne portent pas ce

caractere de justice. Il n'y en a que trop qui révoltent l'humanité, & trop d'autres qui sont contraires à la raison, à l'équité, & au but qu'on doit se proposer dans la sanction des *lois*.

La *loi* d'Henri II. qui condamnoit à mort une fille dont l'enfant avoit péri, au cas qu'elle n'eût point déclaré sa grossesse au magistrat, blessoit la nature. Ne suffisoit-il pas d'obliger cette fille d'instruire de son état une amie, une proche parente, qui veillât à la conservation de l'enfant? Quel aveu pourroit-elle faire au fort du supplice de sa pudeur? L'éducation a augmenté en elle l'idée de la conservation de cette pudeur, & à peine dans ces momens reste-t-il dans son ame une idée de la perte de la vie.

La *loi* qui prescrit dans plusieurs états, sous peine de mort, de révéler les conspirations auxquelles même on n'a pas trempé, est bien dure, du-moins ne doit-elle être appliquée dans les états monarchiques, qu'au seul crime de leze-majesté au premier chef, parce qu'il est très-important de ne pas confondre les différens chefs de ce crime.

Nos *lois* ont puni de la peine du feu la magie, l'hérésie, & le crime contre nature, trois crimes dont on pourroit prouver du premier qu'il n'existe pas; du second, qu'il est susceptible d'une infinité de distinctions, interprétations, limitations; & du troisieme, qu'il est dangereux d'en répandre la connoissance; & qu'il convient mieux de le proscrire sévèrement par une police exacte, comme une infame violation des mœurs.

Mais sans perdre de tems à rassembler des exemples puisés dans les erreurs des hommes, nous avons un principe lumineux pour juger des *lois criminelles* de chaque peuple. Leur bonté consiste à tirer chaque peine de la nature particuliere du crime, & leur vice à s'en écarter plus ou moins. C'est d'après ce principe que l'auteur de l'esprit des *lois* a fait lui-même un code criminel : je le nomme *code Montesquieu*, & je le trouve trop beau, pour ne pas le transcrire ici, puisque d'ailleurs sa brièveté me le permet.

Il y a, dit-il, quatre sortes de crimes. Ceux de la premiere espece, choquent la religion; ceux de la seconde, les mœurs; ceux de la troisieme, la tranquillité; ceux de la quatrieme, la sûreté des citoyens. Les peines doivent dériver de la nature de chacune de ces especes.

Il ne faut mettre dans la classe des crimes qui intéressent la Religion, que ceux qui l'attaquent directement, comme sont tous les sacrileges simples; car les crimes qui en troublent l'exercice, sont de la nature de ceux qui choquent la tranquillité des citoyens ou leur sûreté, & doivent être renvoyés à ces classes.

Pour que la peine des sacrileges simples soit tirée de la nature de la chose, elle doit consister dans la privation de tous les avantages que donne la Religion; telles sont l'expulsion hors des temples, la privation de la société des fideles pour un tems ou pour toujours, la fuite de leur présence, les exécrations, les détestations, les conjurations.

Dans les choses qui troublent la tranquillité, ou la sûreté de l'état, les actions cachées sont du ressort de la justice humaine. Mais, dans celles qui blessent la divinité, là où il n'y a point d'action publique, il n'y a point de matiere de crime; tout s'y passe entre l'homme & Dieu, qui fait la mesure & le tems de ses vengeances. Que si, confondant les choses, le magistrat recherche aussi le sacrilege caché, il porte une inquisition sur un genre d'action où elle n'est point nécessaire, il détruit la liberté des citoyens, en armant contre eux le zele des consciences timides, & celui des consciences hardies. Le mal est venu de cette idée, qu'il faut venger la divinité; mais il faut faire honorer la divinité, & ne la venger jamais. Si l'on se conduisoit par cette derniere idée, quelle seroit la fin des supplices? Si les *lois* des hommes ont à venger un être infini, elles se régleront sur son infinité, & non pas sur les foiblesses, sur les ignorances, sur les caprices de la nature humaine.

La seconde classe des crimes, est de ceux qui sont contre les mœurs; telles sont la violation de la continence publique ou particuliere, c'est-à-dire de la police, sur la maniere dont on doit jouir des plaisirs attachés à l'usage des sens, & à l'union des corps. Les peines de ces crimes doivent être tirées de la nature de la chose. La privation des avantages que la société a attachés à la pureté des mœurs, les amendes, la honte de se cacher, l'infamie publique, l'expulsion hors de la ville & de la société; enfin, toutes les peines qui sont de la jurisdiction correctionnelle, suffisent pour reprimer la témérité des deux sexes. En effet ces choses sont moins fondées sur la méchanceté, que sur l'oubli ou le mépris de soi-même.

Il n'est ici question que de crimes qui intéressent uniquement les mœurs, non de ceux qui choquent aussi la sûreté publique, tels que l'enlevement & le viol, qui sont de la quatrieme espece.

Les crimes de la troisieme classe, sont ceux qui choquent la tranquillité. Les peines doivent donc se rapporter à cette tranquillité, comme la privation, l'exil, les corrections, & autres peines qui ramenent les esprits inquiets, & les font rentrer dans l'ordre établi.

Il faut restreindre les crimes contre la tranquillité, aux choses qui contiennent un simple lésion de police : car celles qui, troublant la tranquillité, attaquent en même tems la sûreté, doivent être mises dans la quatrieme classe.

Les peines de ces derniers crimes sont ce qu'on appelle des supplices. C'est une espece de talion, qui fait que la société refuse la sûreté à un citoyen qui en a privé, ou qui a voulu en priver un autre. Cette peine est tirée de la nature de la chose, puisée dans la raison, & dans les sources du bien & du mal. Un citoyen mérite la mort, lorsqu'il a violé la sûreté, au point qu'il a ôté la vie. Cette peine de mort est comme le remede de la société malade.

Lorsqu'on viole la sûreté à l'égard des biens, il peut y avoir des raisons pour que la peine soit capitale; mais il vaudroit peut-être mieux, & il seroit plus de la nature, que la peine des crimes contre la sûreté des biens, fût punie par la perte des biens; & cela devroit être ainsi si les fortunes étoient communes ou égales; mais comme ce sont ceux qui n'ont point de biens qui attaquent plus volontiers celui des autres, il a fallu que la peine corporelle suppléât à la pécuniaire, du moins on a cru dans quelque pays qu'il le falloit.

S'il vaut mieux ne point ôter la vie à un homme pour un crime, lorsqu'il ne s'est pas exposé à la perdre par son attentat, il y auroit de la cruauté à punir de mort le projet d'un crime; mais il est de la clémence d'en prévenir la consommation, & c'est ce qu'on fait en infligeant des peines modérées pour un crime consommé. (*D. J.*)

LOI DE DESRENNE, étoit une maniere de procéder usitée dans l'ancienne coutume de Normandie, pour les matieres qui se terminent par *desrenne* ou *simple loi*; elle y fut abolie. Desfontaines en fait mention chap. xxxiv. n. 2. *Voyez* DESRENNE, & LOI SIMPLE. (*A*)

LOI DIOCÉSAINE, (*Hist. ecclés.*) taxe que les évêques imposoient anciennement aux ecclésiastiques de leur diocèse pour leurs visites; c'étoit une espece de droit qui n'entroit point dans la jurisdiction spirituelle ou temporelle des évêques, mais émanoit de leur siege & de leur caractere, en les autorisant d'exiger des curés & des monasteres, une aide pour soutenir les dépenses qu'ils étoient obligés de faire en visitant leurs diocèses.

Ce droit est nommé par les auteurs ecclésiastiques *procuratio* ; mais il est appellé *dispensa*, la dépense de l'évêque dans les capitulaires de Charles le chauve ; *procuratio* paroît le véritable nom qu'on doit lui donner ; car *procurare aliquem*, signifie *traiter bien quelqu'un*, *lui faire bonne chere* : Virgile dit dans l'Enéide, *lib*. IX.

Quod superest læti bene gestis corpora rebus
Procurate, viri.

Les évêques ne se prévalent plus de ce droit, quoiqu'ils y soient autorisés par plusieurs conciles, lesquels leur recommandent en même tems la modération, & leur défendent les exécutions. En effet la plûpart des évêques sont si fort à leur aise, & leurs curés si pauvres, qu'il est plus que juste qu'ils visitent leurs diocèses gratuitement. Leur droit ne pourroit être répété que sur les riches monasteres qui sont sujets à la visite : les décimateurs en ont toujours été exemts. *Voyez* Hautefiere, *l. IV. c. iv. de ses dissertations canoniques*. (*D. J.*)

Loi DOMITIA, étoit la même que la *loi Licinia*, qui régloit que les prêtres ne seroient plus choisis par les colleges, mais par le peuple. Le préteur Lælius ayant fait abroger cette *loi*, elle fut remise en vigueur par Domitius Œnobarbus tribun du peuple, d'où elle prit alors le nom de *Domitia*. Il apporta seulement un tempérament à la *loi Licinia*, en ce qu'il ordonna que l'on appelleroit le peuple en moindre nombre, & que celui qui seroit ainsi proposé seroit confirmé par le college des prêtres. Ce qui donna lieu à Domitius de rétablir en partie la *loi Licinia*, fut le ressentiment qu'il eut de ce que les prêtres ne l'avoient point admis au sacerdoce en la place de son pere. *Voyez* Suétone *in Nerone*, Cicéron *pro Rullo*, & dans *ses épîtres à Brutus*. (*A*.)

Loi DIDIA, étoit une des *lois* somptuaires des Romains ; elle fut ainsi nommée de Didius tribun du peuple. C'étoit une extension de la *loi Orchia* & *Fannia*, qui régloient la dépense des repas. Elle ordonna que ceux qui inviteroient & ceux qui seroient invités, encourroient également la peine portée par la *loi*, en cas de contravention. *Voyez ci-après* Loi FANNIA, Loi ORCHIA, LOIS SOMPTUAIRES, & *le catalogue de* Zazius. (*A*)

Loi DIVINE, (*Droit divin*.) Les *lois divines* sont celles de la Religion, qui rappellent sans cesse l'homme à Dieu, qu'il auroit oublié à chaque instant.

Elles tirent leur force principale de la croyance qu'on donne à la religion. La force des *lois* humaines vient de ce qu'on les craint : les *lois* humaines sont variables, les *lois* divines sont invariables. Les *lois* humaines statuent sur le bien, celles de la Religion sur le meilleur.

Il ne faut donc point toujours statuer par les *lois* divines, ce qu'on doit l'être par les *lois* humaines, ni régler par les *lois* humaines, ce qui doit l'être par les *lois* divines.

Les choses qui doivent être réglées par les *lois* humaines, peuvent rarement l'être par les principes des *lois* de la Religion ; ces dernieres ont plus de sublimité, & les *lois* humaines plus d'étendue. Les *lois* de perfection tirées de la Religion, ont plus pour objet la bonté de l'homme qui les observe, que celle de la société dans laquelle elles sont observées. Les *lois* humaines au contraire ont plus pour objet la bonté morale des hommes en général, que celle des individus. Ainsi, quelles que soient les idées qui naissent immédiatement de la Religion, elles ne doivent pas toujours servir de principe aux *lois* civiles, parce que celles-ci en ont un autre, qui est le bien général de la société.

Il ne faut point non plus opposer les *lois* religieuses à celles de la *loi* naturelle, au sujet, par exemple, de la défense de soi-même, & de la prolongation de sa vie, parce que les *lois* de la Religion n'ont point abrogé les préceptes des *lois* naturelles.

Grotius admettoit un droit divin, positif, universel ; mais la peine de prouver la plûpart des articles qu'on rapporte à ce prétendu droit universel, forme d'abord un préjugé désavantageux contre sa réalité. S'il y a quelque *loi* divine qu'on puisse appeler *positive*, & en même tems *universelle*, dit M. Barbeyrac, elle doit 1°. être utile à tous les hommes, dans tous les tems & dans tous les lieux ; car Dieu étant très-sage & très-bon, ne sauroit prescrire aucune *loi* qui ne soit avantageuse à ceux-là même auxquels on l'impose. Or une *loi* convenable aux intérêts de tous les hommes, en tous tems & en tous lieux, vû la différence infinie de ce que demande le climat, le génie, les mœurs, la situation, & cent autres circonstances particulieres ; une telle *loi*, dis-je, ne peut être conçue que conforme à la constitution de la nature humaine en général, & par conséquent c'est une *loi* naturelle.

En second lieu, s'il y avoit une telle *loi*, comme elle ne pourroit être découverte que par les lumieres de la raison, il faudroit qu'elle fût bien clairement révélée à tous les peuples. Or, un grand nombre de peuples n'ont encore eu aucune connoissance de la révélation. Si l'on replique que les *lois* dont il s'agit, n'obligent que ceux à la connoissance desquels elles sont parvenues, on détruit par-là l'idée d'*universalité*, sans nous apprendre pourquoi elles ne sont pas publiées à tous les peuples, puisqu'elles sont faites pour tous. Aussi M. Thomasius qui avoit d'abord admis ce système de *lois divines*, positives & universelles, a reconnu depuis qu'il s'étoit trompé, & a lui-même renversé son édifice, le trouvant bâti sur de trop foibles fondemens. (*D. J.*)

Loi DORÉE, *lex aurea :* on a donné ce surnom à une disposition de la novelle 149 de Justinien, *chap. cxluj*. où cet empereur veut de salut du peuple soit la premiere loi, *salus populi suprema lex esto*.

Loi DUELLIA ; il y en eut deux de ce nom : l'une appellée aussi *duellia-mænia*, fut la premiere *loi* que l'on fit pour réprimer les usures excessives. Cette *loi* fut ainsi nommée de M. Duellio, d'autres disent Duellius, & de Menenius ou Mænius tribuns du peuple, qui en furent les auteurs ; elle défendoit d'exiger plus d'une once du douzieme partie de la somme à titre d'usure, c'est-à-dire un pour cent ; cela arriva l'an 398 de Rome. *Voyez* Tite-Live, *lib. VII*.

L'autre *loi* appellée aussi *duellia*, fut faite l'an 306 de Rome par le tribun M. Duellius : elle ordonnoit que celui qui laisseroit le peuple sans tribuns, ou qui créeroit des magistrats sans convoquer le peuple, seroit frappé de verges & décapité. *Voyez* Denys d'Halicarnasse, *lib. XIII*.

Loi EBUTIA, *voyez ci-après* Loi LICINIA & EBUTIA.

Loi ECCLÉSIASTIQUE, en général est toute *loi* qui concerne l'Eglise ou ses ministres, & les matieres qui ont rapport à l'Eglise, telles que les bénéfices, les dixmes.

Quelquefois par le terme de *lois ecclésiastiques*, on entend spécialement celles qui sont faites par les prélats ; elles sont générales pour toute l'Eglise, ou particulieres à une nation, à une province, ou à un seul diocèse, suivant le pouvoir de ceux dont elles sont émanées.

Quiconque veut voir les *lois ecclésiastiques* digérées dans un ordre méthodique, doit consulter l'excellent ouvrage de M. de Héricourt, qui a pour titre *les lois eccléfiastiques*.

LOIS ÉCHEVINALES, c'eſt la juriſdiction des échevins de certaines villes des Pays-Bas : le magiſtrat eſt pris en cette occaſion pour la *loi* même, *quia magiſtratus eſt lex loquens*, la *loi* vivante. Il eſt parlé du devoir des *lois échevinales*, dans les coutumes de Hainaut, *chap*. iij. Mons, *chap*. xxxvij. xxxviij. & xlix. Valenciennes, *article* 160.

LOI ÉCRITE ; on entend quelquefois par ce terme la *loi de Moiſe*, & auſſi le tems qui s'eſt écoulé depuis ce prophete juſqu'à Jeſus-Chriſt, pour le diſtinguer du tems qui a précédé, qu'on appelle *le tems de la loi de nature*, où les hommes n'avoient pour ſe gouverner que la raiſon naturelle & les traditions de leurs ancêtres. *Voyez* LOI DE MOÏSE.

En France, dans les commencemens de la troiſieme race, on entendoit par *loi écrite*, le Droit romain, qui étoit ainſi appellé par oppoſition aux coutumes qui commencerent alors à ſe former, & qui n'étoient point encore rédigées par écrit. *Voyez* DROIT ÉCRIT, DROIT ROMAIN.

LOI DE L'EGLISE, eſt une regle reçue par toute l'Egliſe, telles que font les regles de foi. Il y a des *lois* qui ne concernent que la diſcipline, & qui peuvent être reçues dans une égliſe, & ne l'être pas dans une autre.

LOI D'EMENDE, dans les anciennes coutumes, ſignifie un reglement qui prononce quelque amende. On entend auſſi quelquefois par-là l'amende même qui eſt prononcée par la coutume. *Voyez* la coutume d'Anjou, *article* 146. 150. & 250. celle du Maine, *article* 161. 163. 182. & 458.

LOI DE L'ÉTAT, eſt toute regle qui eſt reçue dans l'état, & qui y a force de *loi*, ſoit qu'elle ait rapport au gouvernement général, ou au droit des particuliers.

Quelquefois par la *loi de l'état*, on entend ſeulement une regle que l'on ſuit dans le gouvernement politique de l'état. En France, par exemple, on appelle *lois de l'état*, celles qui excluent les femelles de la couronne, & qui empêchent le partage du royaume ; celles qui déclare les rois majeurs à 14 ans, & qui rend les apanages réverſibles à la couronne à défaut d'hoirs mâles, & ainſi des autres. Quelques-unes de ces regles ſont écrites dans les ordonnances de nos rois ; d'autres ne ſont fondées que ſur d'anciens uſages non écrits qui ont acquis force de *loi*.

On appelle *loi fondamentale de l'état*, celle qui touche la conſtitution, comme en France l'excluſion des femelles, &c.

LOI *FABIA*, fut faite par Fabius, pour reſtreindre le nombre des ſectateurs. On appelloit ainſi ceux qui accompagnoient les candidats : le peuple ſe mit peu en peine de faire obſerver cette *loi*. *Voyez* Cicéron, *pro Murena*.

LOI *FALCIDIA*, défendit de léguer plus des trois quarts de ſon bien. *Voyez* QUARTE FALCIDIE.

LOI *FANNIA*, ainſi nommée de Fannius. Strabon qui fut conſul onze ans avant la troiſieme guerre punique, la croit la ſeconde *loi* ſomptuaire qui fut faite à Rome ; elle fixa la dépenſe qu'il ſeroit permis de faire ; elle défendit de s'aſſembler plus de trois, outre les perſonnes de la famille, les jours ordinaires, & plus de cinq les jours des nones ou des foires ; la dépenſe fut fixée à cent ſols chaque repas les jours des jeux & des fêtes publiques, 30 ſols les jours des nones ou des foires, & 10 ſols les autres jours ; les légumes & les herbes n'y étoient point compriſes ; & pour maintenir cette frugalité, la même *loi* défendit de ſervir dans un repas d'autre volaille qu'une poule non engraiſſée. *Voyez* Zazius, *le traité de police*, *titre des feſtins*, *page* 461. & ci-après LOIS SOMPTUAIRES.

LOI *FAVIA*, que d'autres appellent auſſi *Fabia*, d'autres *Flavia*, & dont l'auteur eſt incertain, fut faite contre les plagiaires : elle ordonnoit que celui ou ceux qui auroient célé un homme ingénu, c'eſt-à-dire de condition libre, ou un affranchi, ou qui l'auroit tenu dans les liens, ou l'auroit acheté ſciemment & de mauvaiſe foi ; ceux qui auroient perſuadé à l'eſclave d'autrui de ſe ſauver, ou qui l'auroient célé, l'auroient tenu dans les fers, ou l'auroient acheté ſciemment ; enfin, ceux qui ſeroient complices de ces diverſes ſortes de plagiat, ſeroient punis ſuivant la *loi* : cette peine n'étoit d'abord que pécuniaire ; dans la ſuite, on prononça des peines afflictives, même la peine de mort, ou la condamnation aux mines. *Voyez* Ciceron, *pro Rabirio*.

LOI *FLAVIA* ; c'eſt ainſi que quelques-uns nomment la *loi* précédente : il y eut auſſi une autre *loi Flavia*, du nombre des *lois* agraires, qui fut faite par Flavius Canuleius tribun du peuple, laquelle n'avoit rien de populaire que ſon auteur. *Voyez* LOIS AGRAIRES. (*A*)

LOI FONDAMENTALE, (*Droit politique*.) toute *loi* primordiale de la conſtitution d'un gouvernement.

Les *lois fondamentales* d'un état, priſes dans toute leur étendue, ſont non-ſeulement des ordonnances par leſquelles le corps entier de la nation, détermine quelle doit être la forme du gouvernement, & comment on ſuccédera à la couronne ; mais encore ce ſont des conventions entre le peuple, & celui ou ceux à qui il défere la ſouveraineté ; leſquelles conventions reglent la maniere dont on doit gouverner, & preſcrivent des bornes à l'autorité ſouveraine.

Ces reglemens ſont appellés *lois fondamentales*, parce qu'ils ſont la baſe & le fondement de l'état, ſur leſquels l'édifice du gouvernement eſt élevé, & que les peuples les conſiderent comme ce qui en fait toute la force & la ſûreté.

Ce n'eſt pourtant que d'une maniere, pour ainſi dire abuſive, qu'on leur donne le nom de *lois* ; car, à proprement parler, ce ſont de véritables conventions ; mais ces conventions étant obligatoires entre les parties contractantes, elles ont force de *lois* mêmes.

Toutefois pour en aſſurer le ſuccès dans une monarchie limitée, le corps entier de la nation peut ſe réſerver le pouvoir légiſlatif, la nomination de ſes magiſtrats, confier à un ſénat, à un parlement, le pouvoir judiciaire, celui d'établir des ſubſides, & donner au monarque entr'autres prérogatives, le pouvoir militaire & exécutif. Si le gouvernement eſt fondé ſur ce pié-là par l'acte primordial d'aſſociation, cet acte primordial porte le nom de *lois fondamentales* de l'état, parce qu'elles en conſtituent la ſûreté & la liberté. Au reſte, de telles *lois* ne rendent point la ſouveraineté imparfaite ; mais au contraire elles la perfectionnent, & réduiſent le ſouverain à la néceſſité de bien faire, en le mettant pour ainſi dire dans l'impuiſſance de faillir.

Ajoutons encore, qu'il y a une eſpece de *lois fondamentales* de droit & de néceſſité, eſſentielles à tous les gouvernemens, même dans les états où la ſouveraineté eſt, pour ainſi dire abſolue ; & cette *loi* eſt celle du bien public, dont le ſouverain ne peut s'écarter ſans manquer plus ou moins à ſon devoir. (*D. J.*)

LOIS FORESTIERES, ſont les reglemens qui concernent la police des eaux & forêts. M. Becquet grand maître des eaux & forêts au département de Berry, a donné au public en 1753 les *lois foreſtieres*, en deux vol. *in-4°*. C'eſt un commentaire hiſtorique &

& raisonné sur l'ordonnance des eaux & forêts, & sur les réglemens qui ont précédé & suivi.

Il y a en Angleterre les *lois forestieres*, concernant la chasse & les crimes qui se commettent dans les bois. Il y a sur cette matiere des ordonnances d'Edouard III. & le recueil appellé *charta de forestâ*. *Voyez* EAUX & FORÊTS, MAÎTRES DES EAUX & FORÊTS.

LOI DES FRANCS, *lex Francorum, seu Francica*, appellée plus communément *loi salique*. *Voyez* ci-après LOI SALIQUE.

LOI DES FRISONS, est une des *lois* apportées dans les Gaules par les peuples du Nord, & qui se trouve dans le code des *lois* antiques. (*A*)

LOIS FRUMENTAIRES, chez les Romains, étoient des *lois* faites pour régler la distribution du blé que l'on faisoit d'abord aux troupes & aux officiers du palais, & enfin que l'on étendit aussi aux citoyens, & même à tout le peuple. Chaque chef de famille recevoit tous les mois une certaine quantité de froment des greniers publics. Cet usage, à l'égard du peuple, fut établi par le moyen des largesses que les grands de Rome faisoient au menu peuple pour gagner ses bonnes graces; ils lui faisoient délivrer du blé, d'abord c'étoit seulement à bas prix, ensuite ce fut tout-à-fait gratuitement. On fit diverses *lois* à ce sujet ; savoir, les lois *Sempronia*, *Livia*, *Terrentia*, *Cassia*, *Clodia* & *Roscia*, qui furent appellées d'un nom commun, *lois frumentaires* ; elles sont expliquées par Lipse, *cap. viij. electorum* ; & par Rosinus, *antiquit. roman. lib. VIII. cap. xij*. Ces distributions continuerent sous les empereurs, & se pratiquoient encore du tems de Justinien. *Voyez* Loiseau, *des offices, liv. I. chap. j. n°. 59. & suiv.*

LOI *FURIA*, fut faite par Furius, tribun du peuple. Elle défendoit à tout testateur de léguer à quelqu'un plus de mille écus, à peine de restitution du quadruple, pour empêcher que les héritiers institués n'abdicassent l'hérédité, qui se trouvoit épuisée par des legs excessifs. *Voyez* Théophile, *dans ses institutions grecques* ; & Cicéron, *pro Cornelio Balbo*.

LOI *FUSIA CANINIA*, fut faite pour limiter le pouvoir d'affranchir ses esclaves par testament ; d'un côté, elle régla le nombre des esclaves que l'on pourroit ainsi affranchir, savoir que celui qui en auroit deux, pourroit les affranchir tous deux ; que celui qui en auroit trois, n'en pourroit affranchir que deux, depuis 3 jusqu'à 10 la moitié, depuis 10 jusqu'à 30 le tiers, depuis 30 jusqu'à 100 le quart, depuis 100 jusqu'à 500 la cinquieme partie, & que l'on ne pourroit en affranchir un plus grand nombre que 100. Cette même *loi* ordonnoit que les esclaves ne pourroient être affranchis par le testament qu'en les appellant par leur nom-propre. Dans la suite, le jurisconsulte Orphitien permit de les affranchir aussi en les désignant par le nom de leur emploi.

Cette *loi fusia* fut abrogée par Justinien, comme peu favorable à la liberté. *Voyez* le *titre VII. aux institutes*.

LOI *GABINIA*, il y en cut trois de ce nom.

La premiere fut une des *lois* tabellaires. *Voyez* ci-après LOIS TABELLAIRES.

La seconde fut faite par A. Gabinius, tribun du peuple, pour envoyer Pompée faire la guerre aux pirates, avec un pouvoir égal à celui des proconsuls, dans toutes les provinces jusqu'à 50 milles de la mer. *Voyez* Paterculus, *lib. II*. Plutarque, *en la vie de Pompée*.

La troisieme *loi* de ce nom fut faite par le même Gabinius; pour réprimer les usures énormes que les receveurs publics commettoient dans les provinces. *Voyez* Cicéron, *lib. VI. ad Atticum*, & Zazius.

LOI *GELLIA*, *voyez* ci-devant LOI *CORNELIA*, à *l'article premier*.

Tome IX.

LOI GÉNÉRALE, est celle qui est observée dans tous les pays d'une même domination, ou du moins dans toute une province. Telles sont les *lois* romaines, les ordonnances, édits & déclarations, les coûtumes générales de chaque province, à la différence des *lois* particulieres, telles que sont les coûtumes locales & statuts particuliers de certaines villes, cantons ou communautés.

LOI *GENUTIA*, fut un plébiscite proposé par Genutius, tribun du peuple, par lequel les intérêts furent entiérement proscrits, comme nous l'apprenons de Tite-Live, *lib. VII*. Ce plébiscite fut reçu à Rome, mais il n'étoit pas d'abord observé chez les autres peuples du pays latin, de sorte qu'un Romain qui avoit prêté de l'argent à un, de ses concitoyens, transportoit sa dette à un latin, parce que celui-ci pouvoit en exiger l'intérêt ; & comme, par ce moyen, la *loi* étoit éludée, le tribun Sempronius fit une *loi*, appellée *sempronia*, portant que les Latin & autres alliés du peuple romain seroient sujets à la *loi genutia*.

LOI *GLAUCIA* fut faite par C. Servitius Glaucia, pour rendre à l'ordre des chevaliers romains le pouvoir de juger avec le sénat, qui lui avoit été ôté. *Voyez* Cicéron, *in Bruto*, & ci-après, LOIS JUDICIAIRES.

LOI *GLICIA*, ainsi nommée, parce qu'elle fut faite, à ce que l'on croit, par quelqu'un de la famille *Glicia*, qui étoit une des plus célebres de la ville de Rome. Tacite, Suétone, Florus & Tite-Live ont parlé de cette famille ; & les marbres capitolins en ont conservé la mémoire : ce fut cette *loi* qui introduisit la querelle ou plainte d'inofficiosité en faveur des enfans qui étoient prétérits ou exhérédés par le testament de leur pere ; nous devons à Cujas la découverte de cette *loi*. Hotman a pourtant nié qu'il y ait jamais eu une *loi* de ce nom ; mais les auteurs les plus accrédités attribuent, comme Cujas, à cette *loi* l'origine de la querelle d'inofficiosité ; & la preuve que cette *loi* a existé, se trouve encore dans l'intitulé de la loi *non est* au digeste *de inoffic. testam.* lequel nous apprend que le jurisconsulte Caius avoit fait un traité sous le titre de *liber singularis ad legem Gliciam*. *Voyez* l'histoire de la *jurisprud. rom.* par M. Terrasson, *p. 125*.

LOI GOMBETTE OU LOIS DES BOURGUIGNONS, *lex Gundebada seu Burgundionum*, étoit la loi des peuples du royaume de Bourgogne ; elle fut réformée par Gondebaud, l'un de leurs derniers rois, qui la publia à Lyon le 29 Mars de la seconde année de son regne, c'est-à-dire en 501 ; c'est du nom de ce roi que les *lois des Bourguignons* furent depuis nommées *gombettes*, quoiqu'il n'en fût pas le premier auteur. Il le reconnoît lui même, & Grégoire de Tours le témoigne, lorsqu'il dit que Gondebaud donna aux Bourguignons des *lois* plus douces pour les empêcher de maltraiter les Romains : elle porte les souscriptions de trente comtes, qui promettent de l'observer, eux & leurs descendans. Il y a quelques additions qui vont jusqu'en l'an 520, c'est à-dire dix ou douze ans avant la ruine du royaume des Bourguignons ; elle fait mention de la *loi* romaine, & l'on y voit clairement que le nom de *barbare* n'étoit point une injure, puisque les Bourguignons même, pour qui elle est faite, y sont nommés *barbares* pour les distinguer des Romains. Comme ce qui obéissoit aux Bourguignons forme environ le quart de notre France, on ne peut douter que cette *loi* ne soit entrée dans la composition du Droit françois. Elle se trouve dans le code des *lois* antiques sous ce titre : *Liber constitutionum de præteritis & præsentibus atque in perpetuo conservandis, editus sub die 4 kal. April. Lugduni*. Il en est parlé dans la *loi* des Lombards, dans les capitulaires & dans plusieurs auteurs. Ce

PPpp

qui nous refte de cette *loi*, fait connoître que les Bourguignons en avoient plufieurs autres; ainfi que l'obferve le M. préfident Bouhier fur la coûtume de Bourgogne, *chap. ix.* §. *14.* Cette *loi* défere le duel à ceux qui ne voudront pas s'en tenir au ferment; c'étoit une coûtume barbare venue du nord, & qui étoit ufitée alors chez tous les nouveaux peuples qui s'étoient établis dans les Gaules. (*A*)

Loi Gothique *ou* Loi des Visigoths, eft celle qui fut faite pour les Vifigoths, qui occupoient l'Efpagne & une grande partie de l'Aquitaine. Comme ce royaume fut le premier qui s'établit fur les ruines de l'empire romain, fes *lois* paroiffent auffi avoir été écrites les premieres: elles furent d'abord rédigées fous Evarix, qui commença à regner en 466; & comme elles n'étoient que pour les Goths, fon fils Alarie fit faire pour les Romains un abrégé du code théodofien. *Voyez* Loi Romaine.

La *loi gothique* fut corrigée & augmentée par le roi Leuvigild, & enfuite Chindafwind & Recefwind lui donnerent une pleine autorité, en ordonnant que ce recueil feroit l'unique *loi* de tous ceux qui étoit fujets des rois goths, de quelque nation qu'ils fuffent, de forte que l'on abolit en Efpagne la *loi* romaine, ou plutôt ou la mêla avec la *gothique;* car ce fut de la *loi romaine* (c'eft ainfi qu'on appelloit un abrégé du code théodofien fait par ordre d'Alaric) que l'on tira la plus grande partie de ce qui fut ajouté aux anciennes *lois*. Ce code gothique fut divifé en douze livres, & s'appelloit le *livre de la loi gothique*. Le roi Egica, qui regna jufqu'en 701, fit une révifion de ce livre, & le fit confirmer par le concile de Toléde en 693. On y voit les noms de plufieurs rois, mais tous font depuis Recarede qui fut le premier entre les rois catholiques. Les *lois* précédentes font intitulées *antiques*, fans qu'on y ait mis aucun nom de rois, pas même celui d'Evatix; peut-être a-t-on fupprimé ces noms en haine de l'arianifme. Ces *lois* antiques prifes féparément, ont beaucoup de rapport avec celles des autres barbares, ainfi elles comprennent tous les ufages des Goths qu'Evarix avoit fait rédiger par écrit. A prendre la *loi gothique* en entier, c'eft la plus belle & la plus ample de toutes les *lois* des Barbares, & l'on y trouve l'ordre judiciaire qui s'obfervoit du tems de Juftinien bien mieux que dans les livres de Juftinien même. Cette *loi* fait encore le fond du droit d'Efpagne, & elle fe conferva dans le Languedoc longtems après que les Goths eurent ceffé d'y dominer, comme il paroît par le fecond concile de Troyes, tenu par le pape Jean VIII. en 878. elle avoit acquis tant d'autorité qu'on en tira quelque chofe pour inférer dans les capitulaires de Charlemagne, comme on voit *liv. VI. chap. cclxix. & liv. VII. addit. 4. chap. j.*

Loi de Grace *ou* Loi Chrétienne, Loi évangélique, eft celle qui nous a été apportée par Jefus-Chrift. *Voyez* Evangile.

Loi de grands six sols, c'eft l'amende de quatre francs bordelois, & au-deffus.

Loi de petits fix fols, c'eft l'amende qui eft au deffous des quatre francs; il en eft parlé dans la coûtume de la Bouft, *tit. VI. art. 6.*

Loi de fept fols fix deniers, c'eft auffi une amende, coûtume de Lodunois, *chap. xxxvij. art. 5. loi de treize fols fix deniers.* S. Sever, *tit. VIII. art. 8.* &c.

Loi des Gracques, c'étoient les *lois agraires*, & autres *lois* qui furent faites ou renouvellées du tems de Tiberius & Caïus Gracchus freres, qui furent tous deux fucceffivement tribuns du peuple. Pour favoir quel fut le fort de ces *lois des Gracques*, *voyez* ce qui eft dit *ci-devant à l'article* Lois Agraires, en parlant de la *loi licinia*, dont les Gracques s'efforcerent de procurer l'exécution.

Lois de la Guerre, *jus belli*, ce font certaines maximes du droit des gens, que toutes les nations conviennent d'obferver même en fe faifant la guerre, comme la fufpenfion des hoftilités, pour enterrer les morts; la fûreté que l'on donne à ceux qui viennent pour porter quelque parole; de ne point empoifonner les armes, ni les eaux, &c. *Voyez* Droit de la Guerre, *voyez* Grotius, *de jure belli & pacis.*

Loi *habeas corpus*, eft un ufage obfervé en Angleterre, fuivant lequel un acculé eft élargi en donnant caution de fe repréfenter lorfqu'il ne s'agit point de vol, homicide ni trahifon.

Loi *Hieronica* fut donnée aux Siciliens par le tyran Hiéron; elle régloit la maniere de payer les dîmes au receveur public, la quantité de froment, le prix, & le tems du payement. Les chofes étoient réglées de maniere que le laboureur ne pouvoit frauder le receveur public, ni le receveur exiger du laboureur plus du dixieme; le rôle des laboureurs devoit être foufcrit tous les ans par le magiftrat. Cette *loi* parut fi équitable aux Romains, lorfqu'ils fe rendirent maîtres de la Sicile, qu'ils laifferent les chofes fur le même pié. *Voyez* Zazius.

Loi *Hircia* fut faite par Hircius, ami de Céfar, pour exclure de la magiftrature tous ceux qui avoient fuivi le parti de Pompée. *Voyez la 13. Philippique de* Cicéron.

Loi *Horatia* fut l'ouvrage de M. Horatius, furnommé *Barbatus*, lequel voulut fignaler fon confulat par la publication de cette *loi*; elle ordonnoit que tout ce que le peuple féparé du fénat ordonneroit, auroit la même force que fi les patriciens & le fénat l'euffent décidé dans une affemblée générale. Cette *loi* fut dans la fuite renouvellée par plufieurs autres, qui furent de-là furnommées *lois horatiennes*. *Voyez* Zazius, & *l'hift. de la jurifprud. rom.* de M. Terraffon, *p.* 207.

Loi *Hortensia* fut faite par Qu. Hortenfius, dictateur, lequel ramena le peuple dans Rome; elle portoit que les plébifcites obligeroient tout le monde de même que les autres *lois*. *Voyez* les *inftitutes* de Juftinien, *tit. de jure nat.*

Loi Hostilia permit d'intenter l'action pour vol au nom de ceux qui étoient prifonniers chez les ennemis, *apud hoftes*, d'où elle prit fon nom. Elle ordonna de même chofe à l'égard de ceux qui étoient abfens pour le fervice de l'état, ou qui étoient fous la tutelle de quelque perfonne femblable. *Voyez* aux *inftit.* le *titre per quos agere poffumus*. (*A*)

Loi humaine, (*Jurifprud.*) les *lois humaines* font toutes celles que les hommes font en divers tems, lieux & gouvernemens. Leur nature eft d'être foumifes à tous les accidens qui arrivent, & de varier à mefure que les volontés des hommes changent, au lieu que les *lois* naturelles font invariables. Il y a même des états où les *lois humaines* ne font qu'une volonté capricieufe & tranfitoire du fouverain. La force des *lois humaines* vient de ce qu'on les craint; mais elles tirent un grand avantage de leur juftice, & de l'attention particuliere & actuelle que les hommes y ont à faire obferver.

Toutes les *lois humaines*, confidérées comme procédant originairement d'un fouverain qui commande dans la fociété, font toutes *pofitives*; car, quoiqu'il y ait des *lois* naturelles qui font la matiere des *lois humaines*, ce n'eft point du légiflateur humain qu'elles tirent leur force obligatoire, elles obligeroient également fans fon intervention, puifqu'elles émanent du fouverain même de la nature.

Il ne faut point faire des confeils de la religion, la matiere des *lois humaines*. La religion parle du cœur & du parfait, mais la perfection ne regardant pas l'univerfalité des hommes ni des chofes, elle ne doit pas être l'objet des *lois* des mortels. Le célibat étoit un conseil du christianisme pour quelques êtres privilégiés. Lorsqu'on en fit une *loi* pour un certain ordre de gens, il en fallut chaque jour de nouvelles pour réduire les hommes qu'on vouloit forcer à l'observation de celle-ci. Le législateur demandoit plus que ce que la nature humaine comportoit, il se fatigua, il fatigua la société pour faire exécuter à tous les hommes par précepte, par jussion, ce que plusieurs d'entr'eux auroient exécuté comme un conseil de perfection. (*D. J.*)

Loi *Icilia* fut faite par L. Icilius, tribun du peuple, cinq années avant la création des décemvirs ; c'étoit une des *lois* qu'on appella *sacrées* ; elle comprenoit tous les droits du peuple & ceux des tribuns, peut-être fut-elle surnommée *sacrée*, parce qu'elle fut faite sur le mont Aventin, qui étoit un mont sacré, sur lequel le peuple s'étoit retiré par mécontentement contre les grands ; & il se peut faire que par imitation, on appelle aussi *sacrées* les autres *lois* du même genre ; cependant *voyez* ce qui est dit *au mot* LOIS SACRÉES. Tite-Live, *lib. III.* fait mention de cette *loi*.

Loi IMMUABLE, est celle qui ne peut être changée, telles sont celles qui dérivent du droit naturel & du droit divin, & des regles de la justice & de l'équité, qui sont les mêmes dans tous les tems & dans les pays, au lieu qu'il y a des *lois* arbitraires qui sont muables, parce qu'elles dépendent de la volonté du législateur, ou des tems & autres conjonctures. (*A*)

Lois JUDICIAIRES *ou* JUDICIELLES, on appelloit ainsi chez les Romains celles qui concernoient les jugemens.

Au commencement, les sénateurs jugeoient seuls avec les consuls & les prêteurs, jusqu'à ce que C. Sempronius Gracchus fit une *loi* appellée de son nom *sempronia*, qui ordonna que l'on adjoindroit aux trois cens sénateurs six cens chevaliers. Après la mort de Gracchus, Servilius Scepio tâcha de rétablir le sénat dans son autorité. Servilius Glaucia fit ensuite une *loi* appellée de son nom *glaucia*, qui restitua aux chevaliers le pouvoir de juger. Plotius Sillanus en fit une autre appellée *plotia*, qui ordonna que chaque tribu choisiroit dans son corps cinquante personnes, qui seroient juges pendant l'année. Mais L. Cornelius Sylla fit la *loi cornelia*, qui rendit toute l'autorité des jugemens au sénat, & en exclut les chevaliers. Le préteur M. Aurelius Cotta, fit la loi *aurelia*, qui commit le droit de juger aux trois ordres ; c'est-à-dire aux sénateurs, aux chevaliers & aux tribuns, appellés *ærarii*. La *loi pompeia* faite environ 16 ans après M. Pompeius, laissa bien aux trois ordres le pouvoir de juger ; mais elle régla différemment l'ordre des procédures ; enfin vint la *loi julia*, que fit César étant alors dictateur, par laquelle il retrancha des jugemens les tribuns, & fit plusieurs autres réglemens, tant sur l'âge & la dignité des juges, que sur la forme des jugemens publics & privés sur les différentes *lois*. *Voyez* Zazins. (*A*)

Loi DES JUIFS, *voyez* LOI DE MOÏSE.

Loi *JULIA*, on a donné ce nom à plusieurs *lois* différentes ; sçavoir, la *loi julia agraria*, faite par Jules César, pour la distribution des terres. *Voyez* Lois AGRAIRES.

Loi *julia de ambitu*, pour réprimer les cabales criminelles que quelques-uns employoient pour parvenir à la magistrature.

Loi *julia de adulteriis*, faite par le même prince, pour infliger des peines à ceux qui seroient coupables d'adultere.

Loi *julia de annonâ*, qui est aussi du même empereur, prononçoit des peines contre ceux qui étoient coupables de monopole pour le fait des blés.

Tome IX.

Loi *julia caducaria*, voyez LOI *CADUCARIA*.

Loi *julia de civitate*, fut faite par Livius Drusus, tribun du peuple, pour attribuer à tout le pays latin droit de cité.

Loi *julia de fænore*, faite par Jules-César, régla la maniere dont les débiteurs satisferoient leurs créanciers.

Loi *julia de fundo dotali*, défendit aux maris d'aliéner les biens dotaux de leurs femmes malgré elles, ou de les hypothéquer quand même elles y consentiroient. Cette *loi*, qui ne s'appliquoit qu'aux biens d'Italie, fut étendue par Justinien à tous les fonds en général. *Voyez* la *loi* unique au code *de rei uxoriæ actione*.

Loi *julia judiciaria*, du même prince que la précédente, renferma le pouvoir de juger dans l'ordre des sénateurs & celui des chevaliers, & en exclut les tribuns du peuple.

Loi *julia de libertatibus*, contenoit un réglement par rapport à ceux qui étoient affranchis de la servitude.

Loi *julia de maritandis ordinibus*, fut faite par Auguste pour obliger les grands de se marier ; elle décernoit des honneurs & des récompenses à ceux qui avoient femme & enfans, & des peines contre les célibataires & ceux qui n'avoient point d'enfans.

Loi *julia miscella*, fut faite par Julius Miscellus pour favoriser les mariages. Elle permit pour cet effet à une femme veuve de se remarier, & de prendre ce que son mari lui avoit laissé à condition de ne se point marier, pourvu qu'elle jurât dans l'année qu'elle se remarioit pour procréer des enfans.

Loi *julia de majestate*, qui étoit de Jules-César, régloit le jugement & les peines du crime de leze-majesté ; elle abolit l'appel au peuple qui étoit auparavant usité dans cette matiere.

Loi *julia norbana*, faite la cinquieme année du regne de Tibere, régloit la condition des affranchis. D'autres l'appellent *junia norbana*. Voyez LOI JUNIA.

Loi *julia peculatus*, faite par le même prince, prononçoit des peines contre ceux qui détournoient les deniers publics, ou l'argent destiné aux sacrifices, ou à la construction d'un édifice sacré.

Loi *julia de pecuniis mutuis*, étoit la même que l'on connoît sous le nom de loi *julia de fænore*.

Loi *julia repetundarum*, dont Jules-Cesar fut aussi l'auteur, avoit pour objet de réprimer les concussions des magistrats.

Loi *julia de sacerdotiis*, faite par le même prince, étoient une de celles qui régloient la maniere de conférer le sacerdoce.

Loi *julia sumptuaria*, qui étoit aussi de Jules-César, avoit pour objet de réprimer le luxe. *Voyez ci-après* LOIS SOMPTUAIRES.

Loi *julia testamentaria*, qui est de l'empereur Auguste, avoit pour objet la publicité des testamens & la reconnoissance de la signature des témoins.

Loi *julia théatrale*, fut un adoucissement que fit Jules-César de la *loi roscia*, en faveur des pauvres chevaliers, dont il régla la séance au théâtre avec plus de bénignité.

Loi *julia de vi*, étoit une de celles qui défendoient d'user d'aucune violence, soit pour s'emparer de quelque chose, soit pour empêcher le cours de la justice.

Sur ces différentes *lois*, surnommées *julia*, on peut voir Zazius, & les autres qu'il indique sur chacune.

Loi *JUNIA*, l'on en connoît quatre de ce nom ; sçavoir la loi *junia & licinia*, qui fut faite l'an 690 de Rome, par Junius Sillanus, & Licinius Murena, consuls, pour prescrire plus étroitement l'observation des têtes, & empêcher que ces jours-là, on ne

PPpp ij

traitât d'aucune affaire avec le peuple, ou qu'on ne fit quelque loi. Cic. *Philipp. 5. & l. IV. ad Atticum.*

Loi *junia annale*, *annalis*, fut ainsi appellée, parce qu'elle régloit le nombre d'années qu'il falloit avoir pour chaque degré de magistrature; elle fut faite sous le consulat de L. Manlius Accidenus, & de Qu. Fulvius Flaccus.

Loi *junia norbana*, ainsi nommée de Junius Sillanus & de L. Norbanus Balbus, sous le consulat desquels elle fut faite l'an de grace 21, régloit l'état des affranchis. Elle établit une sorte d'affranchis, appellés *latini*, qui vivoient libres; mais qui en mourant retomboient dans la condition servile, & leurs biens retournoient au patron, comme par droit de pécule, ces affranchis n'ayant ni la capacité de tester, ni les autres droits de tester. Il fut dérogé à cette *loi* d'abord par le S. C. Largien, ensuite par un édit de Trajan. Enfin la *loi* fut entierement abrogée par Justinien, qui ordonna que tous les affranchis seroient réputés citoyens romains. *Voyez* aux *instit.* & le tit. de *succ. libert.*

Loi *junia velleia*, ordonna à tout testateur d'instituer tous ceux qui étoient ses héritiers *siens*; *sui*, préfomptifs, & que si quelqu'un de ses héritiers cessoit d'être *sien*, il institueroit ses enfans. Elle régloit encore plusieurs autres choses concernant les testamens; quelques-uns croient que cette *loi* fut faite par Vellejus, le même qui fut auteur du S. C. Velleien. *Voyez* Zazius & la *note* de Carondas.

Loi *lætoria*, défendoit de prêter à usure aux fils de famille; cette prohibition fut encore portée plus loin par le sénatusconsulte macédonien, qui annulla indistinctement toutes les obligations des fils de famille pour cause de prêt. *Voyez* MACÉDONIEN.

Lois DE LAYRON, *voyez* LOIS D'OLERON.

Loi *lectoria*, fut faite par Qu. Lectoris, pour empêcher les mineurs & les personnes en démence d'être trompés; & pour cet effet, elle ordonna qu'on leur donneroit des curateurs. Cicéron fait mention de cette loi. *Lib. III. de divinat.* & *lib. III. offic.*

Loi *licinia*, il y eut diverses *lois* de ce nom, sçavoir la loi *junia.* & *licinia*, dont on a parlé ci-devant à l'*article* LOI JUNIA.

Loi *licinia* & *ebutia*; ces deux *lois* furent faites par deux tribuns du peuple pour empêcher les magistrats de s'enrichir aux dépens du public, eux & leur famille. On ne sait précisément le tems où ces *lois* furent publiées. Il en est parlé dans Cicéron, *de lege agraria.*

Loi *licinia de communi dividundo*, avoit pour objet les partages. Il en est parlé dans Martien, *l. fin. ff. de alienat.*

Loi *licinia* & *mutia*, fut faite par les consuls Licinius & Mutius Scevola, pour empêcher ceux qui n'étoient pas citoyens romains de demeurer à Rome. Il en est parlé dans Cicéron, *lib. III. offic.*

Loi *licinia agraria*, pour le partage des terres. *Voyez ci-devant* LOIS AGRAIRES.

Loi *licinia de consulibus*, fut faite par le tribun Licinius Stolo, pour établir que l'un des consuls seroit choisi entre les Plébeïens.

Loi *licinia de ære minuendo*, qui étoit du même tribun, fut faite pour le soulagement des débiteurs; elle ordonnoit qu'en déduisant sur le capital ce qui avoit été payé pour les intérêts, le surplus seroit payé en trois ans en trois payemens égaux.

Loi *licinia de sacerdotiis*, faite par Licinius Crassus, ordonnoit que les prêtres ne seroient plus choisis par leurs colleges, mais par le peuple.

Loi *licinia de sodalitiis*, qui étoit du même auteur, avoit pour objet de défendre toutes les associations qui pouvoient être faites dans la vue de gagner les suffrages pour parvenir aux honneurs. Ciceron, *pro Plantio* en fait mention.

Loi *licinia sumptuaria*, fut faite pour réprimer le luxe. *Voyez ci-après* LOIS SOMPTUAIRES.

Sur ces différentes *lois*, *voyez* Zazius & l'*histoire de la jurisprud. rom.* par M. Terrasson.

LOI DES LOMBARDS, *lex Longobardorum*, fut d'abord mise en ordre par leur roi Rotharis, & se trouve sous ce titre dans Heroldus: *incipiunt leges Longobardorum, quas Rotharis rex solâ memoriâ & usu retinebat & composuit, justitque edictum appellari, anno 707 ex quo Longobardi in Italiam venerant.* La même chose a été observée par Herman, moine de saint Gal, sous l'an 637; dans ces tems, dit-il, Rotharis roi des Lombards, amateur de la justice, quoiqu'il fût arien, écrivit les *lois des Lombards*; dans la suite les rois Grimould, la sixieme année de son regne, & Luitprand la premiere année, Ratchis & Aistulphe, réformerent cette *loi*, & y ajouterent de nouvelles dispositions, qui sont distinguées en leur lieu dans l'édition d'Heroldus. Enfin Charlemagne, Louis le Débonnaire, Lothaire, Pepin, Guy, Othon, Henry & Conrard, empereurs, y firent encore quelques additions, & le tout fut distribué en trois livres, sans néanmoins que l'on sache précisément dans quel tems elle a été mise dans cet ordre; dans cette derniere rédaction, il se trouve plusieurs choses tirées des capitulaires de Charlemagne, comme on le voit par l'édition qu'en a donnée le docte M. Baluze.

LOI LURCONIENE, *lurconis de ambitu*, fut faite par Lurcon tribun du peuple; elle avoit pour objet de prévenir les brigues que l'on faisoit pour parvenir à la magistrature. Elle ordonnoit que celui qui dans cette vue auroit répandu de l'argent dans sa tribu, seroit obligé tous les ans de payer une somme considérable à chaque tribu. Ciceron, *lib. I. ad Atticum.*

LOI *mamilia*, est la même que la *loi manilia*, dont il est parlé ci-après; quelques-uns appellent son auteur *Mamilius*, mais on l'appelle plus communément Manilius.

Loi *manilia*; il y en eut trois de ce nom, sçavoir la *loi manilia*, faite par le tribun Manilius Lemetanus, pour la recherche de tous ceux qui avoient malversé dans la guerre jugurthine, soit en négligeant les decrets du sénat, soit en payant l'argent.

Loi *manilia*, faite par le tribun Manilius, pour commettre au grand Pompée la direction de la guerre contre Mithridate.

Loi *manilia de suffragiis libertinorum*, fut proposée par le même Manilius, pour accorder à tous les affranchis droit de suffrage dans toutes les tribus; ce qui ne fut tenté que l'à la faveur d'une émotion populaire; mais ce trouble ayant été appaisé par le questeur Domitius Ænobarbus, le projet de Manilius fut rejetté. *Voyez* Ciceron, *pro Milone.*

LOI *manlia*, fut faite par le consul M. Manlius Capitolin; elle ordonnoit que l'on payeroit au tresor public le vingtieme de ceux qui seroient affranchis. *Voyez* Tite-Live, *lib. VII.* & Ciceron, *ad Atticum, lib. II.*

LOI *maria*; il y eut deux *lois* de ce nom, l'une surnommée de *pontibus*; cette loi, pour dissiper les brigues, ordonna que les ponts construits dans le champ de Mars, par lesquels on devoit aller au scrutin, seroient rendus si étroits qu'il n'y pourroit passer qu'une personne à la fois. On ne sait si cette *loi* est du préteur Marius, ou du consul de ce nom.

L'autre *loi* appellée *maria de moneta*, parce qu'elle eut pour objet de fixer le prix des monnoies qui étoit alors si incertain, que chacun ne pouvoit sçavoir la valeur de ce qu'il avoit en espece; elle fut faite par le préteur Marius Gratidianus, dont Catilina porta la tête par toute la ville. *Voyez* Ciceron, *lib. III. de offic.*

LOI MEMNIA, établit des peines contre les calomniateurs ; elle difpenfoit auſſi ceux qui étoient abfens pour le fervice de l'état de comparoitre en jugement. *Voyez* Zazius.

LOI MENIA, fut faite par le tribun Menius, pour diminuer l'autorité du fénat ; avant cette *loi*, lorſque le peuple avoit donné fon fuffrage, le fénat interpoſoit fon autorité ; au lieu que fuivant cette *loi*, le fénat étoit réputé auteur de ce qui fe propoſoit même avant que le peuple eût donné fon fuffrage ; de maniere que tout ce que le peuple ordonnoit, paroiſſoit fait de l'autorité du fénat. Tite-Live, *lib. I.*

LOI MENSIA, régloit que l'enfant né d'un pere ou d'une mere étranger, fuivroit la condition de celui qui étoit étranger. *Voyez* Charondas en fa *note* fur Zazius à la fin.

LOI METELLA, fut préfentée au peuple par le conful Metellus, de l'ordre des cenfeurs Flaminius & Æmilius, elle concernoit la police du métier de foulon. *Voyez* Pline, *lib. XXXV. cap. xvij.*

LOIS DE LA MER, *voyez ci-après* LOIS D'OLERON.

LOI DE MELÉE, c'eſt l'amende dûe pour une rixe. *Voyez* la coûtume de Mons, *chap. xlix.*

LOI MOLMUTINE, *lex molmutina, feu molmucina, vel mulmutina*; ce font les *lois* faites en Angleterre par Dunwallo Molmutius, fils de Clothon, roi de Cornouaille, lequel fuccéda à fon pere. Ces *lois* furent célebres en Angleterre juſqu'au tems d'Edouard, furnommé le Conſeſſeur, c'eſt-à-dire juſques dans le onzieme fiecle. *Voyez* le *gloſſaire* de Ducange, au mot *lex molmutina.*

LOI MONDAINE, *lex mundana feu terrena ;* fous la premiere & la feconde race de nos rois, on appelloit ainſi les *lois* civiles par oppoſition au droit canonique ; elle étoit compoſée du code théodofien pour les Romains, & des codes nationaux des Barbares, fuivant leſquels ces derniers étoient jugés tels que les *lois* faliques & ripuaires pour les Francs, les *lois* gombettes pour les Bourguignons, &c. Dans les capitulaires & écrits des fept, huit, neuf & dixieme fiecles, le terme de *loi mondaine* fignifie les *lois* propres de chaque peuple, & déſigne preſque toujours les capitulaires. *Voyez* M. le préfident Henaut fous Clovis, & fes *recherches fur le droit françois*, p. 162.

LOI MUABLE, *voyez* LOI ARBITRAIRE.

LOI MUNICIPALE, eſt celle qui eſt propre à une ville ou à une province : ce nom vient du latin *municipium*, lequel chez les Romains fignifioit une ville qui fe gouvernoit par les propres *lois*, & qui avoit fes magiſtrats particuliers.

Les *lois municipales* font oppoſées aux *lois* générales, leſquelles font communes à toutes les provinces qui compoſent un état, telles que les ordonnances, édits & déclarations qui font ordinairement des *lois* générales ; au lieu que les coutumes des provinces & des villes & autres lieux font des *lois municipales. Voyez* DROIT MUNICIPAL. *(A)*

LOI NATURELLE, *(Morale.)* la *loi naturelle* eſt l'ordre éternel & immuable qui doit fervir de regle à nos actions. Elle eſt fondée fur la différence eſſentielle qui fe trouve entre le bien & le mal. Ce qui favoriſe l'opinion de ceux qui refuſent de reconnoître cette diſtinction, c'eſt d'un côté la difficulté que l'on rencontre quelquefois à marquer les bornes préciſes qui féparent la vertu & le vice : de l'autre, la diverſité d'opinions qu'on trouve parmi les favans mêmes qui diſputent entre eux pour favoir ſi certaines choſes font juſtes ou injuſtes, fur-tout en matiere de politique, & enfin les *lois* diamétralement oppoſées les unes aux autres qu'on a faites fur toutes ces choſes en divers fiecles & en divers pays ; mais comme on voit dans la peinture, qu'en détrempant enſemble doucement & par degrés deux couleurs oppoſées ; il arrive que de ces deux couleurs extrêmes, il en réſulte une couleur mitoyenne, & qu'elles fe mêlent ſi bien enſemble, que l'œil le plus fin ne l'eſt pas aſſez pour marquer exactement où l'une finit & l'autre commence, quoique pourtant les couleurs foient auſſi différentes l'une de l'autre qu'il fe puiſſe : ainſi quoiqu'en certains cas douteux & délicats, il puiſſe fe faire que les confins où fe fait la féparation de la vertu & du vice, foient très-difficiles à marquer préciſément, de forte que les hommes fe font trouvés partagés là deſſus, & que les *lois* des nations n'ont pas été par-tout les mêmes, cela n'empêche pas qu'il n'y ait réellement & eſſentiellement une très-grande différence entre le juſte & l'injuſte. La diſtinction éternelle du bien & du mal, la regle inviolable de la juſtice fe concilie fans peine l'approbation de tout homme qui réfléchit & qui raifonne ; car il n'y a point d'homme à qui il arrive de tranfgreſſer volontairement cette regle dans des occaſions importantes, qui ne fente qu'il agit contre fes propres principes, & contre les lumieres de fa raiſon, & qui ne fe faſſe là-deſſus de fecrets reproches. Au contraire, il n'y a point d'homme qui, après avoir agi conformément à cette regle, ne fe fache gré à lui-même, & ne s'applaudiſſe d'avoir eu la force de réſiſter à ces tentations, & de n'avoir fait que ce que fa conſcience lui dicte être bon & juſte ; c'eſt ce que faint Paul a voulu dire dans ces paroles du *chap. ij.* de fon épitre aux Romains ; *qui les Gentils qui n'ont point de loi, font naturellement les choſes qui font de la loi, & qui n'ayant point de loi, ils font leur loi à eux-mêmes, qu'ils montrent l'œuvre de la loi écrite dans leurs cœurs, leur conſcience leur rendant témoignage, & leurs penſées entre elles s'accuſant ou s'excuſant.*

Je ne diſconviens pas qu'il n'y ait des gens qui, gâtés par une mauvaiſe éducation, perdus de débauche, & accoutumés au vice par une longue habitude, ont furieuſement dépravé leurs principes naturels, & pris un tel aſcendant fur leur raiſon, qu'ils lui impoſent filence pour n'écouter que la voix de leurs préjugés, de leurs paſſions & de leurs cupidités. Ces gens plûtôt que de fe rendre & de paſſer condamnation fur leur conduite, vous foutiendront impudemment, qu'il ne faurioient voir cette diſtinction naturelle entre le bien & le mal qu'on leur prêche tant ; mais ces gens-là, quelque affreuſe que foit leur dépravation, quelque peine qu'ils fe donnent pour cacher au reſte des hommes les reproches qu'ils fe font à eux-mêmes, ne peuvent quelquefois s'empêcher de laiſſer échapper leur fecret, & de fe découvrir dans de certains momens où ils ne font point en garde contre eux-mêmes. Il n'y a point d'homme en effet ſi ſcélérat & ſi perdu, qui, après avoir commis un meurtre hardiment & fans fcrupule, n'aimât mieux, ſi la choſe étoit miſe à fon choix, n'avoir obtenu le bien par d'autres voies que par des crimes, fût-il ſûr de l'impunité. Il n'y a point d'homme imbu des principes d'Hobbes, & placé dans fon état de nature, qui, toutes choſes égales, n'aimât beaucoup mieux pourvoir à fa propre conſervation, fans être obligé d'ôter la vie à tous fes femblables, qu'en la leur ôtant. On n'eſt méchant, s'il eſt permis de parler ainſi, qu'à fon corps défendant, c'eſt-à-dire, parce qu'on ne fauroit autrement fatisfaire fes defirs & contenter fes paſſions. Il faut être aveuglé pour conſondre les forfaits & les horreurs avec cette vertu qui, ſi elle étoit foigneuſement cultivée, feroit voir au monde la réalité des traits ingénieux dont les anciens poëtes fe font fervis pour peindre l'âge d'or.

La *loi naturelle* eſt fondée, comme nous l'avons dit, fur la diſtinction eſſentielle qui fe trouve entre

le bien & le mal moral, il s'en suit que cette *loi* n'est point arbitraire. « La *loi naturelle*, dit Cicéron, *liv.*
» *II. des lois*, n'est point une invention de l'esprit
» humain, ni un établissement arbitraire que les
» peuples aient fait, mais l'impression de la raison
» éternelle qui gouverne l'univers. L'outrage que
» Tarquin fit à Lucrece, n'en étoit pas moins un cri-
» me, parce qu'il n'y avoit point encore à Rome de
» *loi* écrite contre ces sortes de violences. Tarquin
» pécha contre la *loi naturelle* qui étoit *loi* dans tous
» les tems, & non pas seulement depuis l'instant
» qu'elle a été écrite. Son origine est aussi ancienne
» que l'esprit divin : car la véritable, la primitive,
» & la principale *loi*, n'est autre que la souveraine
» raison du grand Jupiter ».

Que ce soit donc une maxime pour nous incontestable, que les caracteres de la vertu sont écrits au fond de nos ames : de fortes passions nous les cachent à la vérité quelques instans ; mais elles ne les effacent jamais, parce qu'ils sont ineffaçables. Pour les comprendre, il n'est pas besoin de s'élever jusqu'aux cieux, ni de percer dans les abymes ; ils sont aussi faciles à saisir que les principes des arts les plus communs : il en sort de toutes parts des démonstrations, soit qu'on réfléchisse sur soi-même, ou qu'on ouvre les yeux sur ce qui s'offre à nous tous les jours. En un mot, la *loi naturelle* est écrite dans nos cœurs en caracteres si beaux, avec des expressions si fortes & des traits si lumineux, qu'il n'est pas possible de la méconnoître.

Loi *NUMMARIA*, défendit à tout particulier de fabriquer des pieces de monnoie. *Voyez* Zazius *sur la loi Cornelia de falso*. (*A*)

Loi *OGULNIA*, fut faite l'an de Rome 453 par les deux tribuns Quintus & M. Ogulnius ; elle portoit, que quand il y auroit quatre augures & quatre pontifes, & que l'on voudroit augmenter le nombre des prêtres, on choisiroit quatre pontifes & cinq augures, tous parmi les plébéiens, au lieu qu'auparavant le ministere du sacerdoce étoit affecté aux seuls patriciens. *Voyez* Zazius *sur la loi Julia de sacerdotiis*. (*A*)

Lois D'OLERON, appellées quelquefois par corruption *lois de Layron* ou *droits de Layron*, & connues aussi sous le titre *de coutumes de la mer*, sont des *lois* faites pour les habitans de l'île d'Oleron, lesquels depuis 6 à 7 cens ans ont toujours passé pour bons hommes de mer ; de sorte que les *lois* particulieres qui avoient été faites pour eux, par rapport à la navigation, furent regardées comme les coutumes de la mer, sans doute parce qu'il n'y en avoit point d'autres alors, la premiere ordonnance de la marine n'étant que de 1681. Selden dans *sa dissertation sur fleta*, *p. 532 & 539*, tient que Richard I. roi d'Angleterre, fut l'auteur de ces *lois* ; mais ce sentiment est réfuté par Denis Morisot & par Cleyrac ; lequel fit imprimer ces *lois* à Rouen & ensuite à Bordeaux l'an 1647 ; ceux-ci assurent que ces *lois* furent faites par Éléonore, duchesse d'Aquitaine, à son retour de Syrie, & qu'on les appella *le rouleau d'Oleron*, qu'elles furent ensuite augmentées par Richard I. fils d'Éléonore. M. Ducange croit que les additions ne différoient point de la charte du même Richard, intitulée *Statuta illorum qui per mare ituri erunt*.

Ces *lois* ont été traduites en Anglois, ce qui fait voir combien on en faisoit de cas & d'usage. (*A*)

Loi *OPPIA*, dont Oppius tribun du peuple, fut l'auteur du tems de la seconde guerre punique, fut faite pour réprimer le luxe des dames Romaines ; elle défendit qu'aucune femme portât plus d'une demi-once d'or, & qu'elle eût un habit de diverses couleurs, ou qu'elle se fit voiturer dans un char par la ville ou à mille pas de distance, à moins que ce ne fût pour aller aux sacrifices publics. Dans la suite les tribuns Valérius & Fundanius demanderent l'abrogation de cette *loi* ; le consul Portius Caton parla pour maintenir la *loi* ; le tribun Valérius insista ; enfin au bout de vingt ans cette *loi* fut abrogée par ordre du peuple à la grande satisfaction des dames. *Voyez* Tite-Live, *lib. XXXVII*. (*A*)

Loi *ORCHIA*, ainsi nommée du tribun Orchius, fut la premiere *loi* somptuaire des Romains ; elle limita le nombre des convives, mais ne fixa rien pour la dépense. *Voyez* Lois *DIDIA*, Loi *FANNIA*, LOIS SOMPTUAIRES. (*A*)

Loi DE L'OSTRACISME, c'est-à-dire la peine de l'ostracisme ou bannissement que l'on prononçoit à Athènes contre ceux dont la fortune ou le crédit donnoit de l'ombrage aux autres citoyens. *Voyez* OSTRACISME.

Loi OUTRÉE, dans l'ancienne coutume de Normandie, étoit lorsque quelque différend étoit terminé par enquête ou brief. Quelques-uns ont cru que *loi outrée* étoit la même chose que *loi de bataille* ou *duel*, appellé *combat à outrance* ; mais cette explication ne peut s'accorder avec ce qui est dit dans le *chap. xlij*. de l'ancienne coutume de Normandie, où il est parlé de *loi outrée* pour les mineurs, puisque ceux-ci avoient terme jusqu'à vingt-un ans pour les querelles, qui se terminoient par bataille ; ainsi par *loi ou. trée*, on doit entendre, comme Terrien, les brefs & enquêtes en matiere possessoire, de sorte que *loi outrée* n'est proprement autre chose qu'une *loi* apparoissant. *Voyez le Glossaire* de M. de Lauriere *au mot* LOI. *Voyez* LOI APPARENTE. (*A*)

Loi *PAPIA*, il y en eut deux de ce nom ; savoir la

Loi *Papia de jure civitatis*, ainsi nommée d'un certain Papius qui en fut l'auteur un peu avant le tems des Gracques ; elle concernoit les étrangers qui usurpoient les droits de cité. *Voyez* Cicéron, *lib. III, Officior.*

Loi *Papia Popæa de maritandis ordinibus*, qui fut aussi appellée *loi Julia*, fut faite par Papius Popœus, consul, sous l'autorité d'Auguste. *Voyez ci-devant* LOI *JULIA de maritandis ordinibus*, & Zazius. (*A*)

Loi *PAPYRIA*, il y eut cinq différentes *lois* de ce nom, qui furent faites par différens tribuns ou consuls surnommés Papyrius ; savoir la

Loi *Papyria de sacrandis agris*, fut faite par Papyrius, qui défendoit de consacrer aucune maison, terre ou autel sans le consentement du peuple.

Loi *Papyria de nexis* dont L. Papyrius, consul, fut l'auteur, défendit aux créanciers de tenir chez eux leurs débiteurs liés & enchaînés, comme cela étoit permis par la *loi* des douze tables.

Loi *Papyria de refectione*, *Trib. pleb.* fut faite par Papyrius Carbon, tribun, homme féditieux, pour autoriser à créer tribun la même personne autant de fois qu'elle le voudroit bien, ce qui étoit auparavant défendu par plusieurs *lois*.

Loi *Papyria monetaria*, fut publiée après la seconde guerre punique pour la fabrication des sols *semiunciales* ; ce fut un nommé Papyrius qui en fut l'auteur, mais on ne sait quel est celui de la race papyrienne qui eut part à cette *loi*.

Loi *Papyria tabellaria* qui étoit du même auteur, regloit la maniere de donner les suffrages. *Voyez ci-après* LOIS TABELLAIRES. (*A*)

LOI PARTICULIERE, est opposée à *loi* générale ; mais ce terme se prend en deux sens différens, une coutume locale, un statut d'une ville ou d'une communauté dont des *lois particulieres*, en tant qu'elles font des exceptions à la coutume générale de la province ; on entend aussi quelquefois par *loi particuliere*, celle qui est faite précisément pour un certain cas à la différence des autres *lois*, qui contiennent seulement des regles générales que l'on applique par

LOI

interprétation aux divers cas qui y ont rapport. (*A*)

Loi PEDIA, fut faite par le conful Pedius, contre les meurtriers de Céfar, elle prononça contr'eux la peine du banniffement. *Voyez* Suétone, *in Nerone*.

LOI PÉNALE, (*Droit nat. & polit.*) *loi* faite pour prévenir les délits & les crimes, & les punir.

Les *lois pénales*, ne font pas feulement celles qui font accompagnées de menaces expreffes d'une certaine punition ; mais encore celles qui laiffent quelquefois à la prudence des juges, le foin de déterminer la nature, & le degré de la peine fur laquelle ils doivent prononcer.

Comme il eft impoffible que les *lois* écrites ayent prévû tous les cas de délits ; les maximes de la raifon, la *loi* naturelle, le climat, les circonftances & l'efprit de modération, ferviront de bouffole & de fupplément à la loi civile ; mais on ne fauroit trop reftraindre la rigueur des peines, fur-tout capitales ; il faut que la *loi* prononce.

Lors même que les *lois pénales* font pofitives pour la punition des crimes, il eft des cas où le fouverain eft le maitre de fufpendre l'exécution de ces *lois*, fur-tout lorfqu'en le faifant, il peut procurer autant ou plus d'utilité, qu'en puniffant.

S'il fe trouve d'autres voies plus commodes d'obtenir le but qu'on fe propofe , tout dicte qu'il faut les fuivre.

Ce n'eft pas tout, les *lois pénales* doivent avoir de l'harmonie , de la proportion entr'elles , parce qu'il importe d'éviter plutôt un grand crime qu'un moindre, ce qui attaque plus la fociété, que ce qui la choque le moins. C'eft un grand mal en France, de faire fubir la même peine à celui qui vole fur un grand chemin, qu'à celui qui vole & affaffine ; on affaffine toujours, car les morts, difent ces brigands, ne racontent rien. En Angleterre on n'affaffine point, parce que les voleurs peuvent efpérer d'être tranfportés dans les colonies, & jamais les affaffins.

Je n'ai pas befoin de remarquer que les *lois pénales* en fait de religion , font non-feulement contraires à fon efprit , mais de plus elles n'ont jamais eu d'effet, que comme deftruction.

Enfin, la premiere intention des *lois pénales* , eft de prévenir le crime , & non pas de le punir. Si on les exécute à la rigueur, fi l'on emploie la moindre fubtilité d'efprit pour tirer des conféquences , ce feront autant de fléaux qui tomberont fur la tête du peuple. Laiffez donc les *lois pénales* , je ne dirai pas dormir tout-à-fait , mais repofer très-fouvent. S'il eft permis aux juges, dit Bacon, de montrer quelque foibleffe, c'eft en faveur de la pitié. (*D. J.*)

LOI PESULANIA, que quelques-uns ont appellée par corruption *Pefolonia*, & *Cujas loi Solonia*, mais fans fondement, fit faire probablement par quelque tribun du peuple nommé, Pefulanus ou Pefulanius; elle avoit établi au fujet des chiens en particulier, ce que la *loi* des douze tables avoit reglé pour le dommage caufé par toutes fortes de bêtes en général, c'eft-à-dire, que fi le chien avoit caufé du dommage dans un chemin ou lieu public , que le maître du chien étoit tenu du dédommagement, finon de livrer le chien ; mais par l'édit des édiles dont Juftinien fait mention en fes inftitutes , le maitre de l'animal fut aftreint à réparer le dommage,en payant une fomme plus ou moins forte, felon le délit. *Voyez* le jurifconfulte Paulus , *recept. fentent. lib. I. tit.* 15.

§. 1.

Loi PETILIA *de ambitu*, fut faite par le tribun Petilius vers l'an de Rome 397 , ce fut la premiere *loi* que l'on fit pour réprimer les brigues que l'on employoit pour parvenir à la magiftrature, *voyez* Tite-Live , *lib. VII.*

Loi *Pecilia de peculatu*, fut faite contre ceux qui s'étoient rendus coupables de péculat , lors de la guerre que l'on avoit faite en Afie contré le roi Antiochus. *Voyez* Tite-Live, *lib. XXXVIII.*

LOI PETRONIA, fut faite par un tribun du peuple nommé Petronius ; on ignore quel étoit fon principal objet, tout ce que l'on en fait eft qu'elle défendoit aux maitres de livrer arbitrairement leurs efclaves pour combattre avec les bêtes , & qu'elle ordonnoit que celui qui n'auroit pas prouvé l'adultere qu'il avoit mis en avant, ne pourroit plus intenter cette accufation. *Voyez* Zazius.

LOI DE PHILIPPE , *lex Philippi* ; on appella de ce nom une *loi* agraire faite par un certain Philippus, tribun du peuple. *Voyez* Valere-Maxime & LOIS AGRAIRES.

LOI PLANTIA , déclaroit que les chofes ufurpées par force n'étoient pas fujettes à l'ufucapion ; on croit qu'elle fut faite fous le confulat de Lepidus & de Catulus. *Voyez ci-après* LOI PLOTIA *de judiciis.*

LOI *Plotia*, il y en eut deux de ce nom.

LOI *Plotia agraria*, fut une des *lois* faites pour le partage des terres. *Voyez* Zazius *fur les lois agraires.*

LOI *Plotia de judiciis*, étoit une des *lois* qui défferoient le pouvoir judiciaire aux fénateurs conjointement avec les chevaliers , d'autres écrivent *loi Plautia ;* & en effet, on tient qu'elle fut faite par Plautius Sillanus , tribun du peuple. *Voyez* Zazius.

LOI PLENIERE , *lex plenaria*, étoit la même chofe en Normandie , que loi apparoiffant ; les lois de Guillaume le conquérant difent *plener lei.*

LOI POLITIQUE , (*Droit polit.*) les *lois politiques*, font celles qui forment le gouvernement qu'on veut établir ; les *lois* civiles font celles qui le maintiennent.

La *loi politique* a pour objet , le bien & la confervation de l'état , confidéré politiquement en lui-même , & abftraction faite des fociétés renfermées dans cet état , lefquelles font gouvernées par les *lois* qu'on nomme *civiles.* Ainfi , la *loi politique* eft le cas particulier où s'applique la raifon humaine pour l'intérêt de l'état qui gouverne.

Les *lois politiques* décident feules , fi le domaine de l'état eft aliénable ou non : feules elles reglent les fucceffions à la couronne.

Il eft auffi néceffaire qu'il y ait un domaine pour faire fubfifter un état , qu'il eft néceffaire qu'il y ait dans l'état des *lois* civiles qui reglent la difpofition des biens des particuliers. Si donc on aliene le domaine , l'état fera forcé de faire un nouveau fonds pour un autre domaine ; mais cet expédient renverfe le gouvernement politique , parce que par la nature de la chofe , à chaque domaine qu'on établira , le fujet payera toujours plus , & le fouverain tirera toujours moins. En un mot, le domaine eft néceffaire , & l'aliénation ne l'eft pas.

L'ordre de fucceffion dans une monarchie, eft fondée fur le bien de l'état , qui demande pour la confervation de cette monarchie , que cet ordre foit fixé. Ce n'eft pas pour la famille régnante que cet ordre eft établi ; mais parce qu'il eft de l'intérêt de l'état , qu'il y ait une famille régnante. La *loi* qui regle la fucceffion des particuliers eft une *loi* civile , qui a pour objet l'intérêt des particuliers. Celle qui regle la fucceffion à la monarchie , eft une *loi politique* , qui a pour objet l'avantage & la confervation de l'état. *Voyez* SUCCESSION *à la couronne* , (*Droit polit.*)

Quant aux fucceffions des particuliers , les *lois politiques* les reglent conjointement avec les *lois* civiles, feules elles doivent établir dans quel cas la raifon veut que cette fucceffion foit déférée aux enfans , & dans quel cas il faut la donner à d'autres ; car quoique l'ordre politique demande généralement que les enfans fuccedent aux peres , il ne le veut pas toujours ; en un mot, l'ordre des fucceffions ne dépend nullement des principes du droit naturel.

D'un autre côté, il ne faut pas décider par les *lois politiques* ou civiles, des choses qui appartiennent au droit des gens. Les *lois politiques* demandent, que tout homme soit soumis aux tribunaux criminels ou civils du pays où il est, & à l'animadversion du souverain. Le droit des gens a voulu que les ambassadeurs ne dépendissent pas du souverain chez lesquels ils sont envoyés, ni de ses tribunaux.

Pour ce qui regarde les *lois politiques* en fait de religion, en voici le principe général. Elles doivent soutenir la religion dominante, & tolérer celles qui sont établies dans l'état, & qui contribuent à la faire fleurir.

Enfin, les *lois politiques* doivent avoir toutes les conditions, toutes les qualités pour le fonds & le style, qui sont requises dans les *lois* civiles, & dont nous avons fait le détail au mot Loi CIVILE. (*D.J.*)

Loi *POMPEIA* : il y en eut six de ce nom qui furent faites par les Pompeius ; savoir la

Loi *Pompeia de ambitu*, fut faite pour éloigner les brigues que l'on employoit pour s'élever à la magistrature.

Loi *Pompeia judiciaria*, cette *loi* ordonna que les juges seroient choisis également dans les trois ordres qui composoient le peuple romain.

Loi *Pompeia de coloniis*, qui étoit de Cneius Pompeius Strabon, attribua aux latins la capacité de parvenir à la magistrature, & de jouir de tous les autres droits de cité.

Loi *Pompeia parricidii* dont le grand Pompée fils du précédent fut l'auteur, regla la peine du parricide.

Il y eut une autre *loi* du même Pompée qu'il donna en Bithynie, qui regloit entr'autres choses l'âge auquel on pourroit être admis à la magistrature ; sur toutes ces lois, *voyez* Zazius.

Loi *PORTIA*, fut une de celles que l'on fit pour maintenir les privileges des citoyens Romains, celle-ci prononçoit des peines graves contre ceux qui auroient tué, ou même seulement frappé un citoyen Romain. *Voyez* Ciceron, *pro Rabirio*.

Loi POSITIVE, est celle qui a été faite, elle est opposée à la *loi naturelle* qui n'est point proprement une *loi* en forme, & qui n'est autre chose que la droite raison. La *loi* positive se sous-divise en *loi* divine & *loi* humaine. *Voyez* DROIT POSITIF.

Loi PRÉDIALE, le terme de *loi* est pris ici pour condition, ou bien c'est l'acte par lequel on a imposé & imprimé quelque qualité & condition à un héritage qui l'affectent en lui-même, & lui demeurent en quelques mains qu'il passe ; par exemple, *ut ager sit vectigalis vel emphyteuticus vel censualis*. *Voyez* Loyseau, *du déguerpissement*, *liv. X. ch. iij. n°. 2*.

Loi PROBABLE *& MONSTRABLE*, on appelloit ainsi anciennement celle qui étoit appuyée du serment d'une ou de plusieurs personnes.

Loi PUBLILIENNES, on appella ainsi trois lois que fit le dictateur Q. Publilius, l'une pour ordonner que les plébiscites obligeroient tous les Romains ; l'autre portant, que le sénat seroit réputé le seul auteur de toutes les *lois* qui se feroient dans les contrées avant que l'on eût pris les suffrages. La premiere portoit, que l'un des censeurs pourroit être pris entre les plébiciens ; ces lois furent depuis englobées dans d'autres. *Voyez* Tite-Live, *liv. VIII.*

Loi *PUPIA*, que l'on croit de Pupius Pisou, tribun du peuple, régla le tems où le sénat devoit tenir ses séances. *Voyez* Zazius & Charondas en *sa note* au même endroit.

Loi *QUINTIA, AGRARIA*, étoit une des lois agraires. *Voyez* ci-devant LOIS AGRAIRES.

Loi *REGIA*, est celle par laquelle le peuple Romain accorda à Auguste, au commencement de son empire, le droit de législation. Ulpien fait mention de cette *loi* en ces termes : *Quod principi placuit legis habet vigorem*, & ajoûte que cela eut lieu en conséquence de la *loi Regia*, par laquelle le peuple lui remit tout le pouvoir qu'il avoit : quelques auteurs ont prétendu que cette *loi* n'avoit jamais existé, & qu'elle étoit de l'invention de Tribonien, mais il faudroit donc dire aussi qu'il a supposé le passage d'Ulpien qui en fait mention. Cette *loi* fut renouvellée en faveur de chaque empereur, & notamment du tems de Vespasien ; suivant les fragmens que l'on en a trouvés, elle donnoit à l'empereur le droit de faire des traités & des alliances avec les ennemis & avec les peuples dépendans ou indépendans de l'empire ; il pouvoit, suivant cette même *loi*, assembler & congédier le sénat à sa volonté, & faire des *lois* qui auroient la même autorité que si elles avoient émané du sénat & du peuple, il avoit tout pouvoir d'affranchir sans observer les anciennes formalités ; la nomination aux emplois & aux charges lui étoient dévolues, & il lui étoit libre d'étendre ou de resserrer les limites de l'empire, enfin, de regler tout ce qui regardoit le bien public & les intérêts des particuliers ; ce pouvoir ne différant en rien de celui qu'avoient ces rois de Rome, ce fut apparamment ce qui fit donner à cette *loi* le nom de *regia*. *Voyez l'hist. de la Jurisp. rom.* par M. Terrasson, *page 240. & suivantes*. *Voyez* LOIS ROYALES. (*A*)

Loi *RHODIA DE JACTU*, est une *loi* du digeste qui décide, qu'en cas de péril imminent sur mer, s'il est nécessaire de jetter quelques marchandises pour alléger le vaisseau, la perte des marchandises doit être supportée par tous ceux dont les marchandises ont été conservées.

Cette *loi* fut nommée *Rhodia*, parce que les Romains l'empruntèrent des Rhodiens, qui étoient fort expérimentés dans tout ce qui a rapport à la navigation.

Elle fut confirmée par Auguste & ensuite par Antonin, à la reserve de ce qui pouvoit être contraire à quelque *loi* romaine. *Voyez* au digeste le titre *de lege Rhodiâ de jactu*. (*A*)

Loi DES RIPUARIENS *ou* RIPUAIRES, *lex Ripuariorum*, n'est quasi qu'une répétition de la *loi* Salique, aussi l'une & l'autre étoient-elles pour les Francs : on croit que la *loi* Salique étoit pour ceux qui habitoient entre la Meuse & la Loire, & la *loi Ripuaire* pour ceux qui habitoient entre la Meuse & le Rhin ; elle fut rédigée sous le roi Théodoric étant à Châlons-sur-Marne avec celles des Allemands & des Bavarois ; il y avoit fait plusieurs corrections, principalement de ce qui n'étoit pas conforme au christianisme. Childebert, & ensuite Clotaire II. la corrigerent, & enfin Dagobert la renouvella & la mit dans sa perfection, comme il a été dit en parlant de la *loi* des Bavarois. Pour juger du génie de cette *loi*, nous en citerons seulement deux dispositions : il en coûtoit cent sols pour avoir coupé une oreille à un homme, & si la surdité ne suivoit pas, on en étoit quitte pour cinquante sols. Le *chap. iij.* de cette *loi* permet au meurtrier d'un évêque de racheter son crime avec autant d'or que pesoit une tunique de plomb de la hauteur du coupable, à une épaisseur déterminée : ainsi ce n'étoit pas tant la qualité des personnes, ni les autres circonstances du délit, qui regloient la peine, c'étoit la taille du coupable ; quelle ineptie ! Il est parlé de la *loi des Ripuariens* dans les *lois* d'Henri, roi d'Angleterre. (*A*)

LOIS ROMAINES, on donna ce nom à un *abrégé* du code Théodosien, qui fut fait par l'ordre d'Alaric, roi des Goths qui occupoient l'Espagne, & une grande partie de l'Aquitaine ; il fit faire cet abrégé par

par Anien son chancelier, qui le publia en la ville d'Aire en Gascogne: cette loi n'étoit pas pour les Goths, mais pour les Romains.

On entend aussi par *lois romaines* en général, toutes les *lois* faites pour les Romains, & qui sont renfermées dans le corps de droit civil. *Voy.* DROIT ROMAIN & CODE.

LOI ROMULEIA, fut faite par un des triumvirs nommé Romuleius, elle institua le college des ministres & des sacrifices, appellés *epulones*, & déféra cet emploi aux triumvirs. *Voyez* Tite-Live, *lib. III. Décad.* 4.

LOI ROSCIA, il y en eut deux de ce nom, savoir la *Loi Roscia*, qui étoit une des *lois* frumentaires, dont Cicéron fait mention dans son *livre II.* à Atticus.

Loi Roscia théâtrale, dont L. Roscius, tribun du peuple, fut l'auteur, pour donner aux chevaliers les quatorze premiers rangs au théâtre *V.* Cicéron *pro Murená. Voyez aussi* LOIS THÉATRALES.

LOI ROYALE, en Danemark, est une *loi* faite en 1660, qui confirme la nouvelle puissance qui fut alors déférée à Charles Gustave, puissance bien plus étendue que celle qu'avoient eu jusqu'alors les rois ses prédécesseurs, avant la révolution arrivée en 1660. Le gouvernement de Danemark, semblable en ce point à tous les gouvernemens gothiques, étoit partagé entre un roi électif, les grands de la nation ou le sénat, & les états. Le roi n'avoit presque point d'autre droit que celui de présider au sénat & de commander les armées: les rois qui précéderent Frédéric III. avoient souscrit à des capitulations qui limitoient leur pouvoir; mais Charles Gustave, roi de Suede, entra en Danemark sous prétexte de secourir le roi contre le sénat & , la nation blessée de la supériorité que s'attribuoit la noblesse, se réunit pour déférer au roi une puissance absolue & héréditaire: on rendit au roi les capitulations qui limitoient son pouvoir, & l'on s'obligea par serment de maintenir la nouvelle puissance que l'on venoit de déférer au roi.

La *loi* qui la confirme, & qu'on appelle la *loi royale*, contient quarante articles, dont les principaux sont, que les rois héréditaires de Danemark & de Norwege seront regardés par leurs sujets comme les seuls chefs suprèmes qu'ils ayent sur la terre; qu'ils seront au-dessus de toutes les lois humaines, & ne reconnoitront dans les affaires civiles & ecclésiastiques d'autre supérieur que Dieu seul; qu'ils jouiront du droit suprême de faire & d'interpreter les *lois*, de les abroger, d'y ajoûter ou d'y déroger; de donner ou d'ôter les emplois à leur volonté; de nommer les ministres & tous les officiers de l'état; de disposer & des forces & des places du royaume; de faire la guerre avec qui & quand ils jugeront à propos; de faire des traités; d'imposer des tributs; de déterminer & regler les cérémonies de l'office divin; de convoquer des conciles; & enfin, suivant cette *loi*, le roi réunit en sa personne tous les droits éminens de la souveraineté tels qu'ils puissent être, & les exerce en vertu de sa propre autorité. La *loi* le déclare majeur dès qu'il est entré dans sa quatorzieme année, dès le moment il déclare publiquement lui-même qu'il est son maître, & qu'il ne veut plus se servir de tuteur ni de curateur; il n'est tenu ni à prêter serment, ni à prendre aucun engagement, sous quelque nom ou titre que ce puisse être, soit de bouche ou par écrit envers qui que ce soit. Le même pouvoir doit appartenir à la reine héréditaire; si dans la suite des tems la couronne passoit à quelque princesse du sang royal; si quelqu'un, de quelque rang qu'il fût, osoit faire ou obtenir quelque chose qui fût contraire à cette autorité absolue, tout ce qui aura été ainsi accordé & obtenu sera nul & de nul effet, & ceux qui auroient obtenu de pareilles choses seront punis comme coupables du crime de lése majesté. Tel est le précis de cette *loi*, la seule à laquelle il ne soit pas permis au roi lui-même de déroger. *Voyez les Lettres sur le Danemark*, imprimées à Geneve, & *l'extrait* qui en est fait dans l'année littéraire, année 1758, *let. XIV. p.* 314. & *suiv.* (*A*)

LOI RUPILIA, fut donnée aux Siciliens par P. Rupilius, lequel après avoir été employé à la recette des revenus publics, fut fait consul, & délivra la Sicile de la guerre des brigands & des transfuges; elle regloit la forme des jugemens & la compétence des juges. *Voyez* Cicéron, *Verriná quartá.*

LOI SACRÉE, (*Hist. rom.*) en latin *lex sacrata*; les Romains appelloient *lois sacrées*, dit Grotius, les *lois* à l'observation desquelles le peuple Romain s'étoit lui-même astreint par la religion du serment. Il falloit, à la vérité, que l'autorité du peuple intervint pour faire une *loi sacrée*; mais toute *loi* dans l'établissement de laquelle le peuple étoit intervenu, n'étoit pas pour cela *sacrée*, à moins qu'elle ne portât expressément, que la tête de quiconque la violeroit, seroit devouée aux dieux, ensorte qu'il pourroit être impunément tué par toute autre personne; car c'est ce qu'on entendoit par *caput sacrum sancire*, ou *consecrare.* Voyez Paul Manus dans son traité *de Legibus*; Festus au mot *sacrataæ leges*, & Perizonii *animadversiones.* (*D. J.*)

LOIS SACRÉES; on donna ce nom à certaines *lois*, qui pour peine des contraventions que l'on y commettroit, ordonnoient que le contrevenant & toute sa famille & son argent, seroient consacrés à quelqu'un des dieux. *Voyez* Cicéron *pro Cornelio Balbo.*

La qualité de *sacrées* que l'on donnoit à ces *lois*, étoit différente de ce qu'on entend par *lois saintes. Voyez ci-après* LOIS SAINTES. *Voyez aussi* LOI CILIA. (*A*)

LOIS SACRÉES *des Mariages*, (*Hist. & Jurisprud. rom.*) *leges sacrataæ nuptiarum*; c'est une sorte d'hypallage, pour dire, *lois des mariages sacrés.*

Par les *mariages sacrés* des Romains, il faut entendre, ou les *mariages* qui se pratiquoient par la confarréation, laquelle se faisoit avec un gâteau de froment, en présence de dix témoins, & avec certains sacrifices & des formules de prieres; d'où vient que les enfans qui naissoient de ce mariage s'appelloient, *confarreatis parentibus geniti*; ou bien il faut entendre par *mariages sacrés*, ceux qui se faisoluet *ex coemtione*, par un achat mutuel, d'où les femmes étoient nommées *matres familias*, meres de familles. Ces deux sortes de *mariages* sont également appellés par les anciens jurisconsultes, *justa nuptia*, pour les distinguer d'une troisieme sorte de *mariage*, qui s'appelloit *matrimonium ex usu*, concubinage.

Les *lois des mariages sacrés* portoient, que la femme, ainsi mariée, entreroit en communauté de sacrifices & de biens avec son mari, *sacrorum, fortunarumque esset socia*; qu'elle seroit la maîtresse de la famille, comme lui en étoit le maître; qu'elle seroit héritière de ses biens en portion égale, comme une de ses enfans, s'ils en avoient de leur mariage, si non, qu'elle hériteroit de tout, *ex asse verò, si minus.*

Cette communauté, cette société de sacrifices & de biens, dans laquelle la femme entroit avec son mari, doit s'entendre des sacrifices privés de certaines familles, qui étoient en usage parmi les Romains, comme du jour de la naissance, des expiations, des funérailles, à quoi même étoient tenus les héritiers & les descendans des mêmes familles. De-là vient que Plante a dit, qu'il lui étoit échu un grand héritage, sans être obligé à aucun sacrifice de famille, *se hereditatem adeptum esse*, *sine sacris*, *effectissimam*.

La femme unie *juxtà sacratas leges*, ou pour m'exprimer avec les jurisconsultes, *justis nuptiis*, devenoit maîtresse de la famille, comme le mari en étoit le maître.

On sait qu'après la conclusion du mariage la mariée se présentoit sur le seuil de la porte, & qu'alors on lui demandoit qui elle étoit; elle répondoit à cette question, *ego sum Caia*, je suis Caia, parce que Caïa Cecilia, femme de Tarquin l'ancien, avoit été fort attachée à son mari & à filer; ensuite on lui présentoit le feu & l'eau, pour lui marquer qu'elle devoit avoir part à toute la fortune de son mari. Plutarque nous apprend encore, dans la troisieme question romaine, que le mari disoit à son épouse, lorsqu'elle le recevoit à son tour chez elle, *ego sum Caius*, je suis Caius, & qu'elle lui repliquoit de nouveau, *ego Caia*; & moi je suis Caia. Ces sortes d'usages peignent les mœurs, ils se font perdus avec elles. (*D. J.*)

LOIS SAINTES. Les *lois* font ainsi appellées, parce que le respect leur est dû, *sub sanctione pœnæ*; c'est pourquoi elles font mises au nombre des choses que l'on appelle en Droit *res sanctæ*. *Voyez* aux *instit. le tit. de rev. divis.* & *les annotateurs*. (*A*)

LOI DE SAINT BENOIST; c'est ainsi que l'on appelle vulgairement dans le pays de Labour le droit que les habitans de chaque paroisse ont de s'assembler pour leurs affaires communes, & de faire des statuts particuliers pour leurs bois padouans & paturages, pourvu que leurs délibérations ne soient pas préjudiciables au bien public & aux ordonnances du roi. Ce droit est ainsi appellé dans les coutumes de Labour, *tit. XX. article 4 & 5*. *Voyez* aussi celle de Sole, *tit. I. art. 4. & 5*; & *la conférence des eaux & forêts*, *titre XXV. article 7*. (*A*)

LOI SALIQUE, *lex salica* ou plûtôt *pactum legis salica*, appellée aussi *lex Francorum seu francica*; étoit la *loi* particuliere des Francs qui habitoient entre la Meuse & le Rhin, comme la *loi* des Ripuaires étoit celle des Francs qui habitoient entre la Loire & la Meuse.

Il y a beaucoup d'opinions diverses sur l'origine & l'étymologie de la *loi salique*; nous ne rapporterons ici que les plus plausibles.

Quelques-uns ont prétendu que cette *loi* avoit été nommée *salica*, parce qu'elle avoit été faite en Lorraine sur la petite riviere de Scille, appellée en latin *Salia*, laquelle se jette dans la Moselle.

Mais cette étymologie ne peut s'accorder avec la préface de la *loi salique*, qui porte qu'elle avoit été écrite avant que les Francs eussent passé le Rhin.

Ceux qui l'attribuent à Pharamond, disent qu'elle fut nommée *salique* de Salogast, l'un des principaux conseillers de ce prince, ou plûtôt duc; mais du Tillet remarque que Salogast n'étoit pas un nom propre, que ce mot signifioit *gouverneur des pays saliens*. On tient donc que cette *loi* fut d'abord rédigée l'an 422 en langue germanique, avant que les Francs eussent passé le Rhin; mais cette premiere rédaction ne se trouve plus.

D'autres veulent que le mot *salica* vienne de *sala*, qui signifie *maison*, d'où l'on appella *terre salique* celle qui étoit autour de la maison, & que la *loi* dont nous parlons ait pris le surnom de *salica*, à cause de la disposition fameuse qu'elle contient au sujet de la terre salique, & qui est regardée comme le titre qui assure aux mâles la couronne à l'exclusion des femelles.

D'autres encore tiennent, & avec plus de raison, que la *loi salique* a été ainsi nommée, comme étant la *loi* des Francs Saliens, c'est-à-dire de ceux qui habitoient le long de la riviere de Sala, fleuve de l'ancienne Germanie.

D'autres enfin croient que les François Saliens du nom desquels fut surnommée la *loi salique*, étoient une milice ou faction de Francs qui furent appellés Saliens *à saliendo*, parce que cette milice ou nation faisoit des courses imprévues hors de l'ancienne France sur la Gaule. Et en effet, les François Saliens étoient cités par excellence, comme les peuples les plus legers à la course, suivant ce que dit Sidon Apollinaire, *sauromata clypeo*, *salius pede*, *falce gelonus*.

Quoi qu'il en soit de l'étymologie du nom des Saliens, il paroît certain que la *loi salique* étoit la *loi* de ce peuple, & que son nom est dérivé de celui des Saliens; c'étoient les plus nobles des Francs, lesquels firent la conquête d'une partie des Gaules sur les Romains.

Au surplus, telle que soit aussi l'étymologie du surnom de *salique* donné à cette *loi*, on entend par *loi salique* la *loi* des Francs ou premiers François, ce qui se prend en deux sens, c'est-à-dire ou pour le droit public de la nation qui comprend, comme disent les Jurisconsultes, tout ce qui sert à conserver la religion & l'état; ou le droit des particuliers, qui sert à régler leurs droits & leurs différends les uns par rapport aux autres.

Nous avons un recueil des *lois* de nos premiers ancêtres: il y en a deux textes assez différens pour les termes, quoiqu'à peu de chose près les mêmes pour le fond; l'un encore à moitié barbare, est celui qui se servoit sous la premiere race, l'autre réformé & publié par Charlemagne en 798.

Le premier texte a été publié d'abord été donné en 1557 par Herold, sur un manuscrit de la bibliotheque de Fuld, qui, au jugement d'Herold, avoit 700 ans d'antiquité; ensuite en 1720 par M. Eccard, sur un manuscrit de la bibliotheque de duc de Volfenbutel; écrit au commencement de la seconde race. Enfin, en 1727 par Schelter, sur un manuscrit de la bibliotheque du Roi, n° 5189. Ce texte a 80 articles, ou plûtôt 80 titres dans le manuscrit de M. Fuld, 94 dans le manuscrit de Volfenbutel, 100 dans le manuscrit du Roi.

Le second texte est celui que nous ont donné du Tillet, Pithou, Goldast, Lindenbrog, le célebre Bignon & Baluse, qui l'avoit reçu sur onze manuscrits. Il n'a que 71 articles, mais avec une remarque que ce nombre varie beaucoup dans divers exemplaires.

Goldast a attribué ce recueil à Pharamond, & a supposé en conséquence le titre qu'il lui a donné dans son édition. M. Eccard rejette avec raison cette opinion, qui n'est fondée sur aucune autorité: car l'auteur même des Gestes qui parle de l'établissement de cette *loi*, après avoir rapporté l'élection de Pharamond, ne la lui attribue pas, mais aux chefs de la noblesse & premiers de la nation. *Quæ consiliarii eorum priores gentiles*, ou, suivant une autre leçon, *qua eorum priores gentiles tractaverunt*; & de la façon dont la narration est disposée, il fait entendre que l'élection de Pharamond & l'institution des lois, se firent en même tems. Après la mort de Sunnon, dit-il, ils résolurent de se réunir sous le gouvernement d'un seul roi, comme étoient les autres nations; ce fut aussi l'avis de Marchomir; & ils choisirent Pharamond son fils. C'est aussi alors qu'ils commencerent à avoir des lois qui furent dressées par leurs chefs & les premiers de la nation, *Salogan*, *Bodogan* & *Widogan*, au-delà du Rhin à *Salehaim*, *Bodehaim* & *Widehaim*. Cette *loi* fut donc dressée dans l'assemblée des états de chacune de ces provinces, c'est pourquoi elle n'est pas intitulée *lex* simplement, mais *pactum legis salica*.

L'ancienne préface du recueil, écrite à ce qu'il

paroît fous Dagobert, ne reconnoît point non plus d'autre auteur de ces *lois* que ces mêmes feigneurs; & on ne peut raifonnablement aujourd'hui propofer une autre opinion, fans quelqu'autorité nouvelle.

Une note qui eſt à la fin du manufcrit de Volfenbutel, dit que le premier roi des François n'autorifa que 62 titres, *ſtatuit, diſpoſuit judicaré*; qu'enfuite, de l'avis de fes feigneurs, *cum obtimalis ſuis*; il ajouta les titres 63 & fuivans, jufque & compris le 78; que longtems après Childebrand (c'eſt Childebert) y en ajouta 5 autres, qu'il fit agréer facilement à Clotaire, fon frere cadet, qui lui-même en ajouta 10 nouveaux, c'eſt-à-dire juſqu'au 93, qu'il fit réciproquement approuver par fon frere.

L'ancienne préface dit en général que ces *lois* furent fucceſſivement corrigées & publiées par Clovis, Thierry, Childebert & Clotaire, & enfin par Dagobert, dont l'édition paroît s'être maintenue juſqu'à Charlemagne.

Clovis, Childebert & Clotaire firent traduire cette *loi* en langue latine, & en même tems la firent réformer & amplifier. Il eſt dit auſſi que Clovis étoit convenu avec les Francs de faire quelques additions à cette *loi*.

Elle ne paroît même qu'un compoſé d'articles faits fucceſſivement dans les parlemens généraux ou aſſemblées de la nation; car ſon texte le plus ancien porte preſque à chaque article des noms barbares, qui font fans doute les lieux de ces parlemens.

Childebert & Clotaire, fils de Clovis, firent un traité de paix; & dans ce traité de nouvelles additions à la *loi falique*, il eſt dit que ces réfolutions furent prifes de concert avec les Francs, & l'on regarde cela comme un parlement.

Cette *loi* contient un grand nombre d'articles, mais le plus célebre eſt celui qui fe trouve au *titre LXII. de alode*, où ſe trouve prononcée l'excluſion des femelles en faveur des mâles dans la fucceſſion de la terre *falique*, *de terrâ vero ſalicâ nulla portio hereditatis mulieri veniat, ſed ad virilem ſexum tota terræ hereditas perveniat*.

Il s'agit ici en général de toute terre *falique* dont les filles étoient excluſes à la différence des autres aleux non *faliques*, auxquels elles fuccédoient.

M. Eccard prétend que le mot *falique* vient de *ſala*, qui ſignifie *maifon* : qu'ainfi la terre *falique* étoit un morceau de terre autour de la maifon.

Ducange croit que la terre *falique* étoit toute terre qui avoit été donnée à un franc lors du partage des conquêtes pour la poſſéder librement, à la charge feulement du fervice militaire; & que comme les filles étoient incapables de ce fervice, elles étoient auſſi excluſes de la fucceſſion de ces terres. Le même ufage avoit été fuivi par les Ripuariens & par les Anglois de ce tems, & non pas par les Saxons ni par les Bourguignons.

L'opinion qui paroît la mieux établie fur le véritable ſens de ce mot *alode*, eſt qu'il ſignifioit *hereditas aviatica*, c'eſt-à-dire un propre ancien. Ainfi les filles ne fuccédoient point aux propres : elles n'étoient pourtant excluſes des terres *faliques* que par des mâles du même degré.

Au reſte, dans les pays même où la *loi falique* étoit obſervée, il étoit permis d'y déroger & de rappeller les filles à la fucceſſion des terres *faliques*, & cela étoit d'un uſage aſſez commun. C'eſt ce que l'on voit dans le *II. liv. des formules de Marculphe*. Le pere amenoit ſa fille devant le comte ou le commiſſaire, & difoit : » Ma chere fille, un uſage ancien & » impie ôte parmi nous toute portion paternelle aux » filles; mais ayant confidéré cette impiété, j'ai vû » que, comme vous m'avez été donnés tous de Dieu » également, je dois vous aimer de même. Ainſi, ma » chere fille, je veux que vous héritiez par portion » égale avec vos freres dans toutes mes terres, » &c. »

La *loi falique* a toujours été regardée comme une des *lois* fondamentales du royaume, pour l'ordre de fuccéder à la couronne, à laquelle l'héritier mâle le plus proche eſt appellé à l'exclufion des filles, en quelque degré qu'elles foient.

Cette coutume nous eſt venue de Germanie, où elle s'obſervoit déjà avant Clovis. Tacite dit que dès lors les mâles avoient feuls droit à la couronne; il remarque comme une fingularité que les peuples de Germanie, appellés *Sitones*, étoient les feuls, chez leſquels les femmes euſſent droit au trône.

Cette *loi* fut obſervée en France fous la premiere race, après le décès de Childebert, de Cherebert & de Gontrant, dont les filles furent excluſes de la couronne.

Mais la premiere occafion où l'on conteſta l'application de la *loi falique*, fut en 1316, après la mort de Louis Hutin. Jeanne fa fille, qui prétendoit à la couronne, en fut excluſe par Philippe V. ſon oncle.

Cette *loi* fut encore réclamée avec le même ſuccès en 1328, par Philippe de Valois contre Edouard III. qui prétendoit à la couronne de France, comme étant fils d'Iſabelle de France, ſœur de Louis Hutin, Philippe-le-long & Charles IV, qui regnerent ſucceſſivement & moururent fans enfaus mâles.

Enfin le 28 Juin 1593, Jean le Maiſtre, petit-fils de Gilles le Maiſtre, prémier préſident, prononça le célebre arrêt par lequel la cour déclara nuls tous traités faits & à faire pour tranſférer la couronne en maifon étrangere, comme étant contraires à la *loi falique* & autres *lois* fondamentales de ce royaume, ce qui écarta toutes les prétentions de la ligue.

La *loi falique* écrite contient encore une chofe remarquable, ſavoir que les Francs feroient juges les uns des autres avec le prince, & qu'ils décerneroient enſemble les *lois* de l'avenir, ſelon les occafions qui fe préfenteroient, ſoit qu'il fallût garder en entier ou réformer les anciennes coutumes qui venoient d'Allemagne.

Nous avons trois éditions différentes de la *loi falique*.

La premiere & la plus ancienne eſt celle qui a été tirée d'un manufcrit de l'abbaye de Fulde, & publiée par Heroldus, fur laquelle Wendelinus a fait un commentaire.

La feconde eſt celle qui fut réformée & remiſe en vigueur par Charlemagne; elle a été publiée par Pitou & Lindenbrog : on y a ajouté pluſieurs capitulaires de Charlemagne & de Louis le debonnaire. C'eſt celle qui fe trouve dans le code des *lois* antiques.

La troifieme eſt un manufcrit qu'un allemand nommé Eccard prétend avoir recouvré, beaucoup plus ample que les autres exemplaires, & qui contient la troifieme partie de cette *loi*, avec une chronologie de la même *loi*.

Au reſte la *loi falique* eſt bien moins un code de *lois* civiles qu'une ordonnance criminelle. Elle defcend dans les derniers détails fur le meurtre, le viol, le larcin, tandis qu'elle ne ſtatue rien fur les contrats ni fur l'état des perſonnes & les droits des mariages, à peine effleure-t-elle la matiere des ſucceſſions; mais ce qui eſt de plus étrange, c'eſt qu'elle ne prononce la peine de mort contre aucun des crimes dont elle parle; elle n'aſſujettit les coupables qu'à des compoſitions; les vengeances privées y font même expreſſément autoriſées; car elle défend d'ôter les têtes de deſſus les pieux fans le conſentement du juge ou fans l'agrément de ceux qui les y avoient expoſées.

Cependant fous Childebert on inféra par addition dans la *loi falique*, la peine de mort pour l'inceſte, le rapt, l'aſſaſſinat & le vol : on y défendit toute composition pour les crimes, & les juges devoient en connoître hors du parlement.

Cette *loi*, de même que les autres *lois* des Barbares, étoit personnelle & non territoriale, c'est-à-dire qu'elle n'étoit que pour les Francs; elle les suivoit dans tous les pays où ils étoient établis; & hors les Francs elle n'étoit *loi* que pour ceux qui l'adoptoient formellement par acte ou déclaration juridique.

On suivoit encore en France la *loi salique* pour les Francs, du tems de Charlemagne, puisque ce prince prit soin de la réformer; mais il paroit que depuis ce tems, sans avoir jamais été abrogée, elle tomba dans l'oubli, si ce n'est la disposition que l'on applique à la succession à la couronne; car par rapport à toutes les autres dispositions qui ne concernoient que les particuliers, les capitulaires qui étoient des *lois* plus récentes, fixerent davantage l'attention. On fut sans doute aussi bien aise de quitter la *loi salique*, à cause de la barbarie qu'elle marquoit de nos ancêtres, tant pour la langue que pour les mœurs: de sorte que presentement on ne cite plus cette *loi* qu'historiquement, ou lorsqu'il s'agit de l'ordre de succéder à la couronne.

Un grand nombre d'auteurs ont écrit sur la *loi salique*; on peut voir Vindelinus, du Tillet, Pithou, Lindenbrog, Chifflet, Boulainvilliers en son *traité de la pairie*, &c. (*A*)

LOI DES SAXONS, *lex Saxonum*, étoit la *loi* des peuples de Germanie ainsi appellés; cette *loi* succéda au code théodosien, & devint insensiblement le Droit commun de toute l'Allemagne. L'édition de cette *loi* se trouve dans le code des *lois* antiques; c'est le droit que Charlemagne permit à ces peuples de suivre après les avoir soumis. *Voyez le code des lois antiques*. (*A*)

LOI SCANTINIA, que l'on attribue à C. Scantinius, tribun du peuple, fut publiée contre ceux qui se prostituoient publiquement, qui débauchoient les autres. La peine de ce crime étoit d'abord pécuniaire; les empereurs chrétiens prononcerent ensuite la peine de mort. *Voyez* Zazius. (*A*)

LOI SEMPRONIA; il y eut un grand nombre de *lois* de ce nom, faites par Sempronius Gracchus, savoir :

Loi Sempronia agraria. *Voyez* LOIS AGRAIRES.

Loi Sempronia de ætate militari, qui défendoit de forcer au service militaire ceux qui étoient au-dessous de 17 ans.

Loi Sempronia de coloniis, ordonna d'envoyer des colonies romaines dans toutes les parties du monde.

Loi Sempronia de fænore, que l'on croit de M. Simpronius, tribun du peuple, ordonna que les intérêts de l'argent prêté aux Latins & aux autres alliés du nom romain, se régleroit de même qu'à l'égard des Romains.

Loi Sempronia de libertate civium; elle défendoit de décider du sort d'un citoyen romain sans le consentement du peuple.

Loi Sempronia de locatione agri Attalici & Asiæ, fut faite pour ordonner aux censeurs de louer chaque année les terres léguées au peuple romain par Attalus roi de Pergame.

Loi Sempronia de suffragiis, regle que les centuries auroient un nombre de voix, à proportion du cens qu'elles payoient.

Loi Sempronia de provinciis, régla que le sénat défereroit le gouvernement des provinces.

Loi Sempronia de veste militari, ordonna que l'habit des soldats leur seroit donné gratuitement.

Loi Sempronia frumentaria, ordonne que le blé seroit distribué au peuple pour un certain prix.

Loi Sempronia judiciaria, fut celle qui ôta au sénat le pouvoir de juger, & le transmit aux chevaliers. *Voyez* Plutarque *en la vie des Gracques*.

Sur toutes ces *lois* en général, *voyez* Zazius & les auteurs qu'il cite. (*A*)

LOI SENILIA; on en connoît trois de ce nom; savoir la

Loi Senilia agraria. *Voyez ci-devant* LOIS AGRAIRES.

Loi Senilia judiciaria, faite par le consul Senilius, rendit au sénat le droit de participer aux jugemens avec les chevaliers, dont il avoit été privé par la *loi Sempronia*.

Loi Senilia repetundarum, fut faite par Senilius Glaucia, pour régler le jugement de ceux qui avoient commis des concussions dans la guerre d'Asie. *Voyez* Zazius. (*A*)

LOI SIMPLE. *Voyez ci-devant* LOI A PERTE.

LOIS SOMPTUAIRES, sont celles qui ont pour objet de reprimer le luxe, soit dans la table ou dans les habits, ameublemens, équipages, &c.

Lycurgue fut le premier qui fit des *lois somptuaires* pour reprimer l'excès du vivre & des habits. Il ordonna le partage égal des terres, défendit l'usage de la monnoie d'or & d'argent.

Chez les Romains, ce fut le tribun Orchius qui fit la premiere *loi somptuaire*; elle fut appellée de son nom *Orchia*, de même que les suivantes prirent le nom de leur auteur; elle régloit le nombre des convives, mais elle ne fixa point la dépense. Elle défendit seulement de manger les portes ouvertes, afin que l'on ne fît point de superfluités par ostentation: il est parlé de cette *loi* dans Aulugelle, *c. xxiv.* & dans Macrobe, *l. II. e. xxviij*.

Cette *loi* défendoit aussi à toutes les femmes, sans distinction de condition, l'usage des habits d'étoffes de différentes couleurs, & des ornemens d'or ou excédassent le poids d'une demi-once. Elle leur défendoit pareillement d'aller en carrosse, à moins que ce ne fût pour assister à une cérémonie publique, ou pour un voyage éloigné au-moins d'une demi-lieue de la ville, ou du bourg de leur demeure.

Les dames romaines murmurerent de cette *loi*, & vingt ans après l'affaire fut mise en délibération dans les comices ou assemblées générales. Les tribuns demanderent que la liberté fût retablie; Caton fut d'avis contraire, & parla fortement en faveur de la *loi*; mais l'avis des tribuns prévalut, & la *loi Appia* fut révoquée.

Le luxe augmenta beaucoup, lorsque les Romains furent de retour de leurs expéditions en Asie; ce qui engagea Jules-Cesar, lorsqu'il fut parvenu à l'empire, à donner un édit, par lequel il défendit l'usage des habits de pourpre & de perles, à l'exception des personnes d'une certaine qualité, auxquelles il permit d'en porter les jours de cérémonie seulement. Il défendit aussi de se faire porter en litiere, dont la coutume avoit été apportée d'Asie.

Auguste voulut reprimer le luxe des habits, mais trouva tant de résistance, qu'il se réduisit à défendre de paroître au barreau ou au cirque sans habit long.

Tibere défendit aux hommes l'usage des habits de soie.

Néron défendit à toutes personnes l'usage de la pourpre.

Alexandre Severe eut dessein de régler les habits selon les conditions; mais Ulpien & Paul, deux de ses conseillers, l'en détournerent, lui objectant que ces distinctions feroient beaucoup de mécontents; que ce seroit une semence de jalousie & d'envie; que les habits uniformes seroient un signal pour se connoître & s'assembler, ce qui étoit dangereux par rapport aux gens de certaines conditions, naturellement séditieux, tels que les esclaves. L'empereur se contenta donc d'établir quelque distinction entre les habits des sénateurs & ceux des chevaliers.

Le luxe croissant toujours malgré les précautions

que l'on avoit prise pour le réprimer, les empereurs Valentinien & Valens défendirent en 367 à toutes personnes privées, hommes & femmes, de faire broder aucun vêtement; les princes furent seuls exceptés de cette loi. Mais l'usage de la pourpre devint si commun, que les empereurs, pour arrêter cet abus, se réserverent à eux-seuls le droit d'envoyer à la pêche du poisson qui servoit à teindre la pourpre: ils firent faire cet ouvrage dans leur palais, & prirent des précautions pour empêcher que l'on n'en vendît de contrebande.

L'usage des étoffes d'or fut totalement interdit aux hommes par les empereurs Gratien, Valentinien & Théodose, à l'exception de ceux qui auroient obtenu permission d'en porter. Il arriva de-là que chacun prit l'habit militaire; les sénateurs mêmes affectoient de paroître en public dans cet habit. C'est pourquoi les mêmes empereurs ordonnerent aux sénateurs, greffiers & huissiers, lorsqu'ils alloient en quelqu'endroit pour remplir leurs fonctions, de porter l'habit de leur état; & aux esclaves de ne porter d'autres habits que les chausses & la cape.

Les irruptions fréquentes que diverses nations firent dans l'empire sur la fin du iv. siécle, & au commencement du v. y ayant introduit plusieurs modes étrangeres, cela donna lieu de faire trois *lois* différentes, dans les années 397, 399 & 416, qui défendirent de porter dans les villes voisines de Rome & à Constantinople, & dans la province voisine, des cheveux longs, des hauts-de-chausse & des bottines de cuir, à la peine contre les personnes libres, de bannissement & de confiscation de tous biens, & pour les esclaves, d'être condamnés aux ouvrages publies.

L'empereur Théodose défendit en 424, à toutes personnes sans exception, de porter des habits de soie, & des étoffes teintes en pourpre, ou mêlées de pourpre, soit vraie ou contrefaite: il défendit d'en receler sous peine d'être traité comme criminel de lése-majesté.

Le même prince & Honorius, défendirent, sous la même peine, de contrefaire la teinture de couleur de pourpre.

Enfin, la derniere *loi* romaine *somptuaire* qui est de l'empereur Léon en 460, défendit à toutes personnes d'enrichir de perles, d'émeraudes ou d'hyacinthes, leurs baudriers, le frein des brides, ou les selles de leurs chevaux. La *loi* permit seulement d'y employer toutes autres sortes de pierreries, excepté aux mords de brides; les hommes pouvoient avoir des agraffes d'or à leurs casaques, mais sans autres ornemens, le tout sous peine d'une amende de 50 livres d'or.

La même *loi* défendit à toutes personnes, autres que ceux qui étoient employés par le prince dans son palais, de faire aucuns ouvrages d'or ou de pierres précieuses, à l'exception des ornemens permis aux dames, & des anneaux que les hommes & les femmes avoient droit de porter. Ceux qui contrevenoient à cette partie de la *loi*, étoient condamnés en une amende de 100 livres d'or, & punis du dernier supplice.

En France, le luxe ne commença à paroître que sous Charlemagne, au retour de ses conquêtes d'Italie. L'exemple de la modestie qu'il donnoit à ses sujets n'étant pas assez fort pour les contenir, il fut obligé de faire une ordonnance en 808, qui défendit à toutes personnes de vendre ou acheter le meilleur façon ou robe de dessous, plus cher que 20 sols pour le double, 10 sols le simple, & les autres à proportion, & le rochet qui étoit la robe de dessus, étant fourré de martre ou de loutre, 30 sols, & de peau de chat, 10 sols, le tout sous peine de 40 sols d'amende.

Il n'y eut point d'autres *lois somptuaires* en France jusqu'à Philippe le Bel, lequel en 1294 défendit aux bourgeois d'avoir des chars, & à tous bourgeois de porter aucune fourrure, or, ni pierres précieuses, & aux clercs de porter fourrure ailleurs qu'à leur chaperon, à moins qu'ils ne fussent constitués en dignité.

La quantité d'habits que chacun pouvoit avoir par an, est réglé par cette ordonnance; sçavoir, pour les ducs, comtes, barons, de 6000 livres de rente, & leurs femmes, quatre robes; les prélats, deux robes, & une à leurs compagnons, & deux chapes par an; les chevaliers de 3000 livres de rente, & les banerets, trois paires de robes par an, y compris une robe pour l'été, & les autres personnes à proportion.

Il est défendu aux bourgeois, & même aux écuyers & aux clercs, s'ils ne sont constitués en dignité, de brûler des torches de cire.

Le prix des étoffes est réglé selon les conditions; les plus cheres pour les prélats & les barons, sont de 25 sols l'aune, & pour les autres états à proportion.

Sous le même regne s'introduisit l'usage des souliers à la poulaine, qui étoient une espece de chaussure fort longue, & qui occasionnoit beaucoup de superfluités. L'église cria beaucoup contre cette mode; elle fut même défendue par deux conciles, l'un tenu à Paris en 1212, l'autre à Angers en 1365, & enfin abolie par des lettres de Charles V. en 1368.

Les ouvrages d'orfévrerie au dessus de 3 marcs, furent défendus par Louis XII. en 1506; cela fut néanmoins révoqué quatre ans après, sous prétexte que cela nuisoit au commerce.

Charles VIII. en 1485 défendit à tous ses sujets de porter aucuns draps d'or, d'argent ou de soie, soit en robes ou doublures, à peine de confiscation des habits, & d'amende arbitraire. Il permit cependant aux chevaliers ayant 2000 livres de rente, de se vêtir de toutes sortes d'étoffes de soie, & aux écuyers ayant pareil revenu, de se vêtir de damas ou satin figuré; il leur défendit sous les mêmes peines le velours & autres étoffes de cette qualité.

Le luxe ne laissant pas de faire toujours des progrès, François I. par une déclaration de 1543, défendit à tous princes, seigneurs, gentilshommes, & autres sujets du roi, de quelque état qu'ils fussent, à l'exception des princes enfans de France, du dauphin & du duc d'Orléans, de se vêtir d'aucun drap, ou toile d'or ou d'argent, & de porter aucunes profilures, broderies, passemens d'or ou d'argent, velours, ou autres étoffes de soie barrées d'or ou d'argent, soit en robes, saies, pourpoints, chausses, bordure d'habillement, ou autrement, en quelque sorte ou maniere que ce soit, sinon sur les harnois, à peine de mille écus d'or sol d'amende, de confiscation, d'être punis comme infracteurs des ordonnances. Il donna néanmoins trois mois à ceux qui avoient de ces habillemens, pour les user ou pour s'en défaire.

Les mêmes défenses furent renouvellées par Henri II. en 1547, & étendues aux femmes, à l'exception des princesses & dames, & demoiselles qui étoient à la suite de la reine, & de madame sœur du roi.

Ce prince fut obligé de donner en 1549 une déclaration plus ample que la premiere; l'or & l'argent furent de nouveau défendus sur les habits, excepté les boutons d'orfévrerie.

Les habits de soie cramoisi ne furent permis qu'aux princes & princesses.

Le velours fut défendu aux femmes de justice & des autres habitans des villes, & aux gens d'église, à moins qu'ils ne fussent princes.

Il ne fut permis qu'aux gentilshommes de porter foie fur foie.

On régla auffi la dorure que l'on pourroit mettre fur les harnois.

Il fut dit que les pages ne feroient habillés que de drap, avec une bande de broderie en foie ou velours.

Les bourgeoifes ne devoient point prendre le titre de damoifelles, à moins que leurs maris ne fuffent gentilshommes.

Enfin il fut défendu à tous artifans, & gens de pareil état ou au-deffous, de porter des habillemens de foie.

Il y eut des explications données fur plufieurs articles de cette déclaration, fur lefquels il y avoit des doutes.

L'article 145 de l'ordonnance d'Orléans, qui paroît être une fuite des remontrances que les députés de la nobleffe & du tiers-état avoient fait fur le luxe, défendit à tous les habitans des villes d'avoir des dorures fur du plomb, du fer, ou du bois, & de fe fervir des parfums des pays étrangers, à peine d'amende arbitraire, & de confifcation des marchandifes.

Cette difpofition qui étoit fort abrégée, fut étendue à tous les autres cas du luxe par des lettres patentes du 22 Avril 1561, qui reglent les habillemens felon les conditions.

Cette ordonnance n'ayant point eu d'exécution, fut renouvellée par une déclaration du 17 Janvier 1563, qui défendit encore de nouveaux abus qui s'étoient introduits, entre autres de porter des vertugadins de plus d'une aune & demie de tour.

Cependant par une autre déclaration de 1565, le roi permit aux dames d'en porter à leur commodité, mais avec modeftie.

Ceux qui n'avoient pas la liberté de porter de l'or & de l'argent, s'en dédommageoient en portant des étoffes de foie figurée, qui coûtoient auffi cher que les étoffes mêlées d'or ou d'argent, de forte qu'on fut obligé de défendre cette contravention.

Henri III. ordonna en 1576, que les *lois fomptuaires* de fes prédéceffeurs feroient exécutées : il en fit lui-même de nouvelles en 1577, & 1583.

Il y en eut de femblables fous Henri IV. en 1599, 1601 & 1606.

Louis XIII. en fit auffi plufieurs en 1613, 1633, 1634, 1636 & 1640.

Louis XIV. prit auffi grand foin de réformer le luxe des meubles, habits, & des équipages, comme il paroît par fes ordonnances, édits & déclarations de 1644, 1656, 1660, 1661, 1663, 1664, 1667, 1672, 1687, 1689, 1700, 1704.

La multiplicité de ces *lois*, fait voir combien on a eu de peine à les faire obferver.

Quant aux *lois* faites pour reprimer le luxe de la table, il y en eut chez les Lacédémoniens, & chez les Athéniens. Les premiers étoient obligés de manger enfemble tous les jours à frais communs ; les tables étoient pour quinze perfonnes ; les autres mangeoient auffi enfemble tour à tour dans le prytanée, mais aux dépens du public.

Chez les Romains, après la feconde guerre punique, les tables étant devenues trop nombreufes, le tribun Orchius régla que le nombre des conviés ne feroit pas de plus de neuf.

Quelque tems après le fénat défendit à tous magiftrats & principaux citoyens de dépenfer plus de 120 fols pour chaque repas qui fe donneroient après les jeux mégaléfiens, & d'y fervir d'autre vin que celui du pays.

Le conful Fannius fit étendre cette *loi* à tous les feftins, & la *loi* fut appellée de fon nom *Fannia*. Il fut défendu de s'affembler plus de trois, outre les perfonnes de la famille, les jours ordinaires, & plus de cinq des jours des nones ou des foires. La dépenfe fut fixée à cent fols par repas, les jours de jeux & fêtes publiques ; 30 fols, les jours des noues ou des foires, & 10 fols les autres jours. Il fut défendu de fervir des volailles engraiffées, parce que cette préparation coûtoit beaucoup.

La *loi Didia*, en renouvellant les défenfes précédentes, ajoûta que non-feulement ceux qui inviteroient, mais encore ceux qui fe trouveroient à un repas contraire aux *lois*, feroient punis comme prévaricateurs.

La dépenfe des repas fut encore réglée felon les jours & les occafions, par la *loi Licinia*. Mais comme elle permettoit de fervir à difcrétion tout ce que la terre produifoit, on inventa des ragoûts de légumes fi délicats, que Cicéron dit fe avoir préférés aux huitres & aux lamproies qu'il aimoit beaucoup.

La *loi Cornelia* renouvella toutes les précédentes, & régla le prix des vivres.

Jules Céfar fit auffi une *loi fomptuaire*; mais tout ce que l'on en fait, eft qu'il établit des gardes dans les marchés, pour enlever ce qui y étoit expofé en contravention, & des huiffiers qui avoient ordre de faifir jufque fur les tables, ce qui étoit échappé à ces gardes.

Augufte mitigea les *lois fomptuaires*, dans l'efpérance qu'elles feroient mieux obfervées. Il permit de s'affembler jufqu'à douze ; d'employer aux repas des jours ordinaires 200 fols ; à ceux des calendes, ides, nones, & autres fêtes 300 ; & aux jours des noces & du lendemain, jufqu'à 1000 fefterces.

Tibere permit de dépenfer depuis 300 fefterces jufqu'à 2000, felon les différentes folemnités.

Le luxe des tables augmenta encore fous Caligula, Claude & Néron. Les *lois fomptuaires* étoient fi mal obfervées qu'on ceffa d'en faire.

En France, les capitulaires de la deuxieme race, & les ordonnances de S. Louis, défendent l'ébriété, ce qui concernoit plutôt l'intempérance que le luxe.

Philippe le Bel, par un édit de l'an 1294, défendit de donner dans un grand repas plus de deux mets & un potage au lard ; & dans un repas ordinaire, un mets & un entre-mets. Il permit les jours de jeûne feulement de fervir deux potages aux harengs, & deux mets, ou un feul potage & trois mets. Il défendit de fervir dans un plat plus d'une piece de viande, ou d'une feule forte de poiffon ; enfin il déclara que toute groffe viande feroit comptée pour un mets, & que le fromage ne pafferoit pas pour un mets, s'il n'étoit en pâte ou cuit dans l'eau.

François I. fit un édit contre l'ivrognerie, du refte il ne régla rien pour la table.

Mais par un édit du 20 Janvier 1563, Charles IX. mit un taux aux vivres, & régla les repas. Il porte qu'en quelques noces, feftins ou tables particulieres que ce foit, il n'y aura que trois fervices ; fçavoir, les entrées, la viande ou le poiffon, & le deffert ; qu'en toute forte de repas, foit en potage, fricaffée ou patifferie, il n'y aura au plus que fix plats, & autant pour la viande ou le poiffon, & dans chaque plat une feule forte de viande ; que ces viandes ne feront point mifes doubles, comme deux chapons, deux lapins, deux perdrix pour un plat ; que l'on pourra fervir jufqu'à trois poulets ou pigeonneaux, les grives, becaffines, & autres oifeaux femblables, jufqu'à quatre, & les alouettes & autres efpeces femblables, jufqu'à une douzaine ; qu'au deffert, foit fruits, patifferie, fromage ou autre chofe, il ne pourra non plus être fervi que fix plats, le tout fous peine de 200 livres d'amende pour la premiere fois, & 400 livres pour la feconde.

Il ordonne que ceux qui fe trouveront à un feftin où l'on contreviendra à cette *loi*, le dénonceront dans le jour, à peine de 40 livres d'amende ; & si ce sont des officiers de justice qui se trouvent à de pareils festins, qu'ils ayent à se retirer aussi-tôt, & procéder contre les contrevenans.

Que les cuisiniers qui auroient servi à ces repas, seront condamnés pour la premiere fois en 10 livres d'amende, à tenir prison 15 ans au pain & à l'eau ; pour la seconde fois, au double de l'amende & du tems de la prison, & pour la troisieme, au quadruple, au fouet & au bannissement du lieu.

Enfin il défend de servir chair & poisson en un même repas.

La disette qui se fit sentir en 1573, donna lieu à une déclaration du 20 Octobre, par laquelle le roi mande aux gens tenans la police générale de Paris, que pour faire cesser les grandes & excessives dépenses qui se faisoient en habits & en festins, ils fissent de nouveau publier & garder inviolablement toutes ses ordonnances *somptuaires*; & afin que l'on pût être averti des contraventions qui se commettroient à cet égard, que les commissaires de Paris pourroient aller & assister aux banquets qui se feroient. Une autre déclaration du 18 Novembre suivant, enjoignit aux commissaires du châtelet & juges des lieux, chacun en droit soi, de faire les perquisitions nécessaires pour la découverte des contraventions.

La ville de Paris étant bloquée en 1591, les magistrats dans une assemblée générale de police, rendirent une ordonnance portant défense de faire aucuns festins ou banquets en salles publiques, soit pour nôces ou autrement, jusqu'à ce que par justice il en eût été autrement ordonné ; & à l'égard des maisons particulieres, il fut défendu d'y traiter plus de douze personnes.

La derniere *loi* touchant les repas, est l'ordonnance de 1629, dont quelques articles concernent la réformation du luxe des tables. Il y est dit qu'il n'y aura que trois services d'un simple rang chacun, & de six pieces au plus dans chaque plat. Tous les repas de réception sont abolis ; enfin, il est défendu aux traiteurs de prendre plus d'un écu par tête, pour les nôces & festins.

Il seroit à souhaiter que toutes ces *lois somptuaires* fussent observées pour reprimer le luxe, tant des tables, que celui des meubles, habits & équipages. *Voyez le traité de la police de la Marre*, tom. I. liv. III. tit. 2. (A)

LOIS SULPITIENNES, *leges Sulpitia*, furent l'ouvrage de P. Sulpitius, homme qui fut d'abord cher à tous les gens de bien, & célebre par son éloquence ; mais étant devenu tribun du peuple, l'ambition & l'esprit de parti l'aveuglerent tellement, qu'il perdit l'estime des grands, & que son éloquence même lui devint pernicieuse par le mauvais usage qu'il en fit. Lorsque César voulut de la place d'édile s'élever à celle de consul sans passer par la préture, ce qui étoit défendu par les *lois* annales, Sulpitius s'y opposa comme les autres tribuns du peuple ; il le fit d'abord avec modération, mais bientôt il en vint aux armes ; il fit quelques *lois*, une entr'autres contre le sénat, portant qu'un sénateur ne pourroit emprunter plus de 2000 drachmes ; une autre *loi*, pour rappeller les exilés ; une portant que les affranchis & nouveaux citoyens seroient distribués dans les tribus ; la derniere *loi* fut pour destituer Sylla du commandement que le sénat lui avoit décerné pour la guerre contre Mithridate : cette *loi* fut une des causes de la guerre civile qui s'éleva, Sylla disant publiquement qu'il n'étoit pas tenu de se soumettre aux *lois* de Sulpitius, qui n'avoient été établies que par force ; & s'étant mis à la tête de l'armée, il prit Capoue, chassa Marius son compétiteur, tua Sulpitius, & révoqua tous ses décrets. *Voyez* Cicéron, *Philip. VIII.*

& de resp. arusp. Applen. *lib. I.* Florus, *&c.*

LOIS TABELLAIRES étoient celles qui autoriserent à donner les suffrages sur des tablettes enduites de cire, dans laquelle on marquoit un point pour exprimer son avis.

Le peuple romain donnoit d'abord son avis de vive voix, soit pour le choix des magistrats, soit pour le jugement des coupables, soit pour la formation ou abrogation des *lois*.

Mais comme cette maniere d'opiner exposoit le peuple au ressentiment des grands, cela fit que l'on donna au peuple une table ou tablette pour marquer les suffrages, comme on vient de le dire.

Il y eut quatre différentes *lois* surnommées *tabellaires*, parce qu'elles établirent ou confirmerent cette maniere d'opiner.

La premiere fut la *loi Gabinia*, promulguée sous le consulat de Calphurnius Pison & de Popilius Lænate, par Gabinius, homme de néant & peu connu ; elle portoit que dans les comices où les magistrats seroient élus, le peuple n'opineroit point de vive voix, mais donneroit son suffrage sur une tablette ; & afin qu'il y eût plus de liberté, il fut défendu de regarder cette tablette, ni de prier ou appeller quelqu'un pour donner son suffrage.

Deux ans après vint une seconde *loi tabellaire*, appellée *Cassia*, de L. Cassius qui la proposa : celui-ci étoit de la famille patricienne ; il fut ordonner que, dans le jugement des accusés, on opineroit de même que pour l'élection des magistrats : cette *loi* passa contre l'avis de tous les gens de bien, pour prévenir jusqu'au moindre bruit que le peuple faisoit courir.

La troisieme *loi tabellaire* fut la *loi Papyria*, que proposa Carbon, homme séditieux & méchant, pour étendre l'usage des tablettes aux délibérations qui concerneroient la démission ou reprobation des *lois*.

Cassius ayant excepté de sa *loi* le crime de trahison contre l'état, cela donna lieu à Cælius de faire une quatrieme *loi tabellaire*, appellée de son nom *Cælia*, par laquelle l'usage des tablettes fut aussi admis dans cette matiere, au moyen de quoi tout suffrage de vive voix fut aboli.

Dans la suite, le droit de suffrage & de créer des magistrats ayant été ôté au peuple, soit par Jules César, ou, selon d'autres, par Tibere, on transféra au sénat ; celui-ci qui usoit comme auparavant des suffrages vocaux, changea de maniere du tems de Trajan, & se servit aussi des tablettes pour l'élection des magistrats ; avec cette différence néanmoins que dans ces tablettes les sénateurs ne marquoient pas des points, mais les noms même des candidats. Cette méthode ne dura pas non plus long-tems dans le sénat, à cause de l'impudence & de la pétulance de quelques-uns. *Voyez* Pline, *lib. IV. epist. & V. ad Maximum* ; *voyez* aussi Zazius.

LOI DES DOUZE TABLES est celle qui fut faite pour les Romains par les décemvirs.

Les *lois* faites par les rois de Rome & par les premiers consuls, n'ayant pas pourvu à tout & n'étant pas suffisantes pour en composer un corps de *lois*, on envoya trois députés à Athenes & dans d'autres villes grecques, pour y recueillir ce qu'il y avoit de meilleur dans les *lois* de Solon & de plusieurs autres législateurs. On nomma dix personnes qu'on appella *les décemvirs*, pour en composer un corps de *lois* ; ils y joignirent plusieurs dispositions tirées des usages non écrits des Romains.

À peine la premiere année du décemvirat étoit finie, que chacun des décemvirs présenta au peuple la portion de *lois* dont la rédaction lui avoit été confiée. Le peuple reçut ces *lois* avec applaudissement ; on les fit d'abord graver sur des tables de chêne, & non pas d'ivoire, comme quelques-uns

LOI

ont cru. Chacun eut la liberté de propofer fes réflexions ; & cette critique ayant produit plufieurs changemens & augmentations, le fénat s'affembla pour examiner de nouveau ces *lois*, &, après que tous les ordres furent demeurés d'accord de les accepter, le fénat les approuva par un arrêt ; & pour les faire recevoir dans les comices affemblés par centuries, on ordonna des comices pendant trois jours de marché : & enfin les dix tables ayant été reçues folemnellement par le peuple, on les grava fur des colonnes d'airain, arrangées par ordre dans la place publique, & elles fervirent de fondement à toutes les décifions.

Depuis que ces dix tables furent ainfi expofées en public, on trouva qu'il y manquoit beaucoup de chofes néceffaires à la religion & à la fociété ; on réfolut d'y fuppléer par deux autres tables, & les décemvirs prirent de-là occafion de prolonger encore leur adminiftration pendant une troifieme année ; les onzieme & douzieme tables furent donc préfentées au peuple, aux ides de Mai de l'année fuivante ; on les grava pareillement fur des tables d'airain, que l'on mit à côté des premieres. Et Diodore de Sicile dit que chaque table fut attachée à un des éperons de navire, dont le frontifpice du fénat étoit orné.

Ces premieres tables furent confumées peu de tems après dans l'incendie de Rome par les Gaulois, mais elles furent rétablies, tant fur les fragmens qui en reftoient, que fur les copies qui en avoient été tirées ; & pour en mieux conferver la teneur, on les fit apprendre par cœur aux enfans. Rittershufius, dans *fes commentaires* fur cette *loi*, prétend que les douze tables périrent encore lors de l'irruption des Goths. Ce qu'il y a de certain, c'eft qu'elles fubfiftoient encore peu de tems avant Juftinien ; puifqu'on lit dans le digefte que Caius les avoit toutes commentées, & en avoit rapporté tous les textes ; dont la plus grande partie fe trouve aujourd'hui perdue ; & il y a apparence que ce fut du tems de Juftinien que les exemplaires de cette *loi* furent détruits, de même que les livres des jurifconfultes dont il compofa le digefte.

Plufieurs auteurs ont travaillé à raffembler dans les écrivains de l'ancienne Rome les fragmens de la *loi des douze tables*, dont il nous refte encore cent cinq *lois* ; les unes dont le texte s'eft conferve en partie ; les autres, dont on ne fait que la fubftance.

Suivant les différentes inductions que l'on a tiré des auteurs qui ont parlé de cette *loi*, on tient que la premiere table traitoit des procédures civiles ; la feconde, des jugemens & des vols ; la troifieme, des dettes ; la quatrieme, de la puiffance paternelle ; la cinquieme, des fucceffions & des tutelles ; la fixieme, de la poffeffion des biens & du divorce ; la feptieme, des crimes ; la huitieme, des métiers, des biens de ville & de campagne, & des fervitudes ; la neuvieme, du droit public ; la dixieme, des cérémonies funebres ; les onzieme & douzieme, fervant de fupplément aux dix autres, traitoient de diverfes matieres.

Pour donner une idée de l'efprit de cette *loi*, nous remarquerons que quand le débiteur refufoit de payer ou de donner caution, le créancier pouvoit l'emmener chez lui, le lier par le col, lui mettre les fers aux piés, pourvu que la chaîne ne pefât pas 15 livres : & quand le débiteur étoit infolvable à plufieurs créanciers, ils pouvoient l'expofer pendant trois jours de marché, & après le troifieme jour, mettre fon corps en pieces, & le partager en plus ou moins de parties, ou bien le vendre à des étrangers.

Un pere auquel il naiffoit un enfant difforme, devoit le tuer auffi-tôt. Il avoit en général le droit de vie & de mort fur fes enfans, & pouvoit les vendre quand il vouloit : quand le fils avoit été vendu trois fois, il ceffoit d'être fous la puiffance paternelle.

Il eft dit que quand une temme libre avoit demeuré pendant un an entier dans la maifon d'un homme, fans s'être abfentée pendant trois nuits, elle étoit réputée fon époufe, par l'ufage & la cohabitation feulement.

La *loi* prononce des peines contre ceux que l'on difoit jetter des forts fur les moiffons, ou qui fe fervoient de paroles magiques pour nuire à quelqu'un.

Le latin de la *loi des douze tables* eft auffi barbare que le font la plûpart de fes difpofitions.

Au furplus, on y découvre l'origine de plufieurs ufages qui ont paffé de cette *loi* dans les livres de Juftinien, & qui font obfervés parmi nous, en quoi les fragmens de cette *loi* ne laiffent pas d'être curieux & utiles. *Voyez* le *commentaire* de Rittershufius, les *trois differtations* de M. Bonamy, & le *commentaire* de M. Terraffon *inféré dans fon hift. de la jurifprud. rom.*

LOI DU TALION eft celle qui veut que l'on inflige au coupable une peine toute femblable au mal qu'il a fait à un autre ; c'eft ce que l'on appelle auffi *la peine du talion*.

Cette *loi* eft une des plus anciennes, puifqu'elle tire fon origine des *lois* des Hébreux. Il eft dit en la Genefe, *chap. ix. n°. 6*. « qui aura répandu le fang » de l'homme, fon fang fera répandu » ; & dans l'Exode, *chap. xxj.* en parlant de celui qui a maltraité un autre, il eft dit qu'il « rendra vie pour vie, » œil pour œil, dent pour dent, main pour main, » pié pour pié, brûlure pour brûlure, plaie pour » plaie, meurtriffure pour meurtriffure » ; & dans le Lévitique, *chap. xxiv.* il eft dit pareillement « que » celui qui aura frappé & occis un homme, mourra » de mort ; que celui qui aura occis la bête, rendra » le pareil » ; c'eft-à-dire bête pour bête ; que quand quelqu'un aura fait outrage à un de fes parens, il lui fera fait de même, fracture pour fracture, œil pour œil, dent pour dent, &c.

Il paroît que les Grecs adopterent cette *loi* ; car, felon les *lois* de Solon, la *peine du talion* avoit lieu contre celui qui avoit arraché le fecond œil à un homme qui étoit déjà privé de l'ufage du premier ; & le coupable étoit condamné à perdre les deux yeux.

Entre les *lois* que les Romains emprunterent des Grecs, & dont ils formerent une efpece de code, que l'on appella *la loi des douze tables*, fut comprife la *loi du talion* ; il paroît que tout homme qui avoit rendu un autre impotent d'un membre, feroit puni par la *loi du talion*, s'il ne faifoit pas un accommodement avec fa partie.

La *loi du talion* fut encore en ufage long-tems après les douze tables ; car Caton, cité par Prifcien, *liv. VI.* paroît encore de fon tems de la *loi du talion*, comme d'une *loi* qui étoit actuellement en vigueur, & qui donnoit même au coufin du bleffé le droit de pourfuivre la vengeance : *talione proximus cognatus ulcifcitur*.

La *loi des douze tables* n'étendoit pas ainfi le droit de vengeance jufqu'au coufin du léfé ; ce qui a fait croire à quelques-uns que Caton avoit parlé de la *loi du talion* relativement à quelque autre peuple.

Il n'y a même pas d'apparence que la *loi du talion* ait guere eu lieu chez les Romains, le coupable ayant le choix de racheter la peine en argent ; elle n'auroit pû avoir lieu qu'à l'égard des miférables qui n'avoient pas le moyen de fe racheter, encore n'en trouve-t-on pas d'exemple ; & il y a lieu de penfer que, dans les tems polis de Rome, on n'a jamais mis en ufage cette *loi*.

LOI

Il est du-moins certain que long-tems avant Justinien, la *loi du talion* étoit abolie, puisque le droit du préteur, appellé *jus honorarium*, avoit établi que les personnes lésées feroient procéder à l'estimation du mal par-devant le juge ; c'est ce que nous apprend Justinien dans ses instituts, *liv. IV. tit. IV.* où il dit que, suivant la *loi* des douze tables, la peine pour un membre rompu étoit *le talion*, que pour un os cassé il y avoit une peine pécuniaire ; cela fait voir que *le talion* n'avoir pas lieu dans tous les cas.

Justinien ajoute que la peine des injures introduite par la *loi* des douze tables, est tombée en désuétude, qu'on pratique dans les jugemens celles que les préteurs ont introduites.

Jesus-Christ, dans saint Matthieu, *chap. v.* condamne la *loi du talion* : « Vous avez entendu, dit-il, » que l'on vous a dit, œil pour œil, dent pour dent ; » mais moi je vous dis de ne point vous défendre » du mal qu'on veut vous faire, & si quelqu'un vous » frappe sur la joue droite, tendez lui la gauche ». Cette *loi* qui enseigne le pardon des injures est une doctrine bien plus pure que celle du *talion*.

Les meilleurs jurisconsultes ont même regardé la *loi du talion* comme une *loi* barbare, contraire au droit naturel. Grotius, *de jure belli & pacis*, *l. III. c. ij.* dit qu'elle ne doit avoir lieu ni entre particuliers, ni d'un peuple à un autre : il tire sa décision de ces belles paroles d'Aristide : « Ne seroit-il pas ab- » surde de justifier & d'imiter ce que l'on condamne » en autrui comme une mauvaise action » ?

Il faut cependant convenir que le droit de représailles, dont on use en tems de guerre envers les ennemis, approche beaucoup de la *loi du talion. Voyez* le jurisconsulte Paul, *lib. sentent. V. tit. IV.* Aulu-Gell. *l. XX. c. j. institut. de injur.* §. *7. Jurisprud. rom.* de Terrasson, *part. II.* §. *9.*

LOI *TARPEIA*, *Voyez* ci-devant LOI *ATERINA.*

LOI *TERENTIA & CASSIA*, fut une des *lois* frumentaires ; elle fut faite sous le consulat de M. Terentius & de Cassius Varus ; elle ordonna que l'on acheteroit du blé pour le distribuer au peuple dans les tems de disette, ce qui devint très-préjudiciable à la république. Le blé de Sicile devoit être distribué également à toutes les villes ; mais Verrès, gouverneur de cette province, fut plus occupé de son intérêt particulier que de celui du public, comme Cicéron le lui reproche.

LOI *TERENTILLA*, fut faite par Terentius Arsa, tribun du peuple, à l'occasion des mécontentemens du peuple romain qui se plaignoit de ce qu'il n'y avoit aucun droit certain, & que le sénat jugeoit tout arbitrairement ; elle ordonnoit que le peuple, après avoir assemblé légitimement des comices, choisiroit dix hommes d'un âge mûr, d'une sagesse consommée, & d'une réputation saine pour composer un corps de *lois*, tant pour l'administration publique que pour la décision des affaires particulieres, & que ces *lois* seroient affichées dans la place publique, afin que chacun pût en dire son avis. Cette *loi* excita de nouvelles divisions entre le sénat & le peuple ; enfin après cinq années de contestations au sujet de l'acceptation de la *loi Terentilla*, les plébéiens l'emporterent ; & ce qui est de singulier, c'est que ce fut Romilius, homme consulaire, qui poursuivit l'exécution de la *loi Terentilla*. On envoya donc trois députés en Grece pour y rassembler les meilleures *lois*, dont les décemvirs formerent ensuite la *loi* des 12 tables. *Voyez* le catalogue de Zazins, & ci-devant au mot LOI DES DOUZE TABLES. (*A*).

LOIS TESTAMENTAIRES, on appelle ainsi les *lois romaines* qui concernent la matiere & la forme des testamens.

LOIS THÉATRALES chez les Romains étoient celles qui regloient les places que chacun devoit occuper au théâtre & dans les jeux publics, selon son rang & sa condition.

La premiere *loi* qui regla ainsi les places ne fut faite par Vatere que 656 ans après la fondation de Rome ; jusques-là la personne ne s'étoit avisé de prendre place devant les sénateurs. Cependant, au rapport de Tite-Live, le peuple s'offensa de cette *loi* ; & lorsque Roscius eut fait faire la *loi* qui donna rang à part aux chevaliers dans le théâtre, ce qui arriva sous le consulat de Cicéron, cela occasionna au théâtre une grande sédition que Cicéron appaisa promptement par son éloquence, dont Plutarque le loue grandement. Auguste fit aussi quelques années après une *loi théâtrale* surnommée de son nom *Julia. Voyez* Tite-Live, *liv. XXXIII.* Loiseau, *des ordres, c. j. n. 29.*

LOI *THORIA AGRARIA*, fut faite par le tribun Sp. Thorius, lequel déchargea les terres du fisc de toute redevance, au moyen de quoi le peuple fut privé de ce revenu qu'on lui distribuoit auparavant. *Voyez* LOIS AGRAIRES.

LOI *TITIA*, il y en a eu plusieurs de ce nom, savoir la

Loi *Titia agraria*, qui fut une des lois agraires, faite par Sextus Titius. *Voyez* Valere Maxime.

Loi *Titia de donis & muneribus*, défendoit de rien recevoir pour plaider une cause. *Voyez* Tacite, *liv. VI.* Quelques-uns croient que c'est la même que la *loi Cincia*; cependant Ausone en fait mention. *Voyez* Zazius.

Loi *Titia & Cornelia*, défendit de jouer de l'argent à moins que ce ne fût pour prix de quelque exercice dont l'adresse, le courage ou la vertu fissent l'objet ; il en est parlé par le jurisconsulte Martien, *ff. de Meatoribus.*

Loi *Titia de provinciis quæstoris*, regla le pouvoir des questeurs dans les provinces où ils étoient envoyés.

Loi *Titia de vocationes consulatus*, fut faite par P. Titius, tribun du peuple du tems des triumvirs, pour ordonner que le consulat finiroit au bout de cinq ans. *Voyez* Appien, *liv. IV. Sur toutes ces lois, voyez* Zazins. (*A*)

LOI *TRIBUNITIA PRIMA*, étoit celle par laquelle le sénat de Rome consentit, en faveur du peuple, à la création de cinq tribuns dont la personne seroit sacrée, c'est pourquoi cette *loi* fut nommée *sacrata* ; il étoit défendu de rien attenter sur leur personne. Elle fut surnommée *prima*, parce qu'il y eut dans la suite d'autres *lois* faites en faveur des tribuns, entre autres celle qui défendoit les interrompre lorsqu'ils haranguoient le peuple. La *loi Tribunitia* défendoit aussi de consacrer une maison ou un autel sans la permission du peuple. *Voyez* Fulvius Ursinus dans *ses notes sur le livre d'Antoine Augustin*, & *la Jurisprud. rom.* de M. Terrasson, *pag. 73.*

LOIS TRIBUNITIENNES, c'étoient les plébiscites qui étoient proposés par les tribuns & faits de l'autorité du peuple.

LOI *TULLIA*, *DE AMBITU*, fut faite sous le consulat de M. Tullius Cicéron ; c'étoit un senatus-consulte, portant que celui qui aspireroit à la magistrature ne pourroit, dans les deux années qui précéderoient son élévation, donner au peuple des jeux ni des repas, ni se faire précéder ou accompagner de gens gagés, sous peine d'exil. *Voyez* Cicéron, *pro Murena.*

LOI *VALERIA* ; on en connoît plusieurs de ce nom, savoir la

Loi *Valeria* faite par M. Valerius, consul, collegue d'Apuleius ; elle défendoit de condamner à mort un citoyen romain, même de le faire batre de verges.

Loi *Valeria de provocatione*, étoit de P. Valerius, surnommé *Publicola*, lequel pendant son consulat fit plusieurs réglemens utiles à la république & favorable à la liberté du peuple ; une de ces *lois* entre autres, fut que l'on pouvoir appeller de tous les magistrats au peuple.

Le même Valerius fit encore d'autres *lois*, portant que personne n'auroit de commandement à Rome, à moins qu'il ne lui eût été déféré par le peuple ; que l'on consacreroit aux dieux la personne & les biens de celui qui auroit conspiré contre l'état : il déchargea aussi le menu peuple des impôts, pensant que de t. ls gens sont assez chargés de leur famille qu'ils ont à élever.

Loi *Valeria de ære alieno*, étoit de Valerius Flaccus, lequel succéda, pour le consulat, à Marius ; elle autorisoit les débiteurs à ne payer que le quart de ce qu'ils devoient. Ce Valerius fit une fin digne de son injustice ; car il fut tué dans une sédition excitée par les troupes d'Asie où il commandoit. *Voyez* Zazius.

Loi *Valeria, de proscriptione*, étoit de L. Valerius Flaccus ; il ordonna que Sylla seroit créé dictateur, & qu'il auroit droit de vie & de mort sur tous les citoyens. *Voyez aussi* Zazius. (A)

Loi *Varia*, ainsi nommée de Qu. Varius tribun du peuple, ordonna d'informer contre ceux par le fait ou conseil desquels les alliés auroient pris les armes contre les Romains. *Voyez* Zazius.

Loi *Vatinia*, fut faite par Vatinius pour déférer à César le gouvernement des Gaules & de l'Illyric avec le commandement de dix légions pendant cinq ans. *Voyez* l'*Oraison* de Cicéron *contre Vatinius*.

Loi VIAIRE, *lex viaria*, faite par Curion, tribun du peuple, par laquelle il se fit attribuer l'inspection & la police des chemins. Appian, *liv. II.*

Loi VISCELLIA ou VISELLIA, défendit aux affranchis d'aspirer aux charges qui étoient destinées aux ingénus ou personnes de condition libre ; mais cette *loi* fut abrogée lorsqu'on supprima la distinction des affranchis & des ingénus. *Voyez* Buguion, *des lois abrogées, liv. I. n. 190.*

Loi VOCONIA, faite par le tribun Voconius, contenoit plusieurs dispositions dont l'objet étoit de limiter la faculté de léguer par testament.

L'une défendoit à un homme riche de cent mille sesterces, de laisser à des étrangers plus qu'il ne laissoit à son héritier. Un autre chapitre de cette *loi* excluoit toutes les femmes & filles de pouvoir être instituées héritières, & d'autres disent que les sœurs étoient exceptées ; d'autres encore prétendent qu'il n'y avoit que la femme & la fille unique du testateur qui étoient comprises dans la prohibition ; d'autres enfin soutiennent que la *loi* défendoit seulement de léguer à sa femme plus du quart de son bien.

L'exclusion des filles fut dans la suite révoquée par Justinien, mais elle continua d'avoir lieu pour les successions qui ne venoient pas de la famille.

Le jurisconsulte Paulus fait mention que cette *loi* défendoit aussi d'acquérir par usucapion des servitudes. *Voyez la Dissertation de Perizonius sur la loi Voconia.* (A)

Loi DU VICOMTE, c'est le droit & l'usance du *vicomte* ; il en est parlé dans la coutume de Boulenois, *art. 180*, & dans celle de Montreuil, *art. 1.*

Loi VILLAINE, *lex villana*, c'est le nom qu'on donnoit autrefois aux *lois* des villageois ou plutôt aux *lois* qui concernoient les gens de la campagne.

Loi VOLERONIA, fut faite par P. Volero, tribun du peuple ; elle portoit que les magistrats plébéiens seroient nommés dans les comices assemblés par tribus, dans lesquelles assemblées on ne s'arrêtoit point aux auspices, & l'autorité du sénat n'étoit point nécessaire ; cela arriva sous le consulat de T. Quintius & d'Appius Claudius. *Voyez le catalogue de* Zazius.

Loi DES WISIGOTHS. *Voyez ci-devant* Loi GOTHIQUE. (A)

Loi, *à la monnoie*, exprime la bonté intérieure des espèces. Il n'y a que les ouvriers qui se servent de ce mot. *Voyez* TITRE, ALOI.

LOIBEIA, (*Antiq. grecq.*) λοιβεια, ce mot manque dans nos meilleurs lexicographes : c'étoient de petits vases avec lesquels on faisoit les libations, & que l'on appelloit autrement λοιβίδες & σπονδεια. *Voyez* LIBATION. (D. J.)

LOIMIEN, (*Littér.*) surnom d'Apollon sous lequel les Lindiens l'honoroient, comme le dieu de la Medecine, qui pouvoir guérir les malades attaqués de la peste, & la châtier du pays ; car λοιμος en grec veut dire *la peste.* (D. J.)

LOING, LE, (*Géog.*) riviere de France ; elle a sa source en Puysaye, sur les confins de la Bourgogne, passe à Châtillon, Montargis, Nemours, Moret, & se rend dans la Seine. Son nom en latin est *Lupa* ou *Lupia.* (D. J.)

LOINTAIN, *en Peinture*, sont les parties d'un tableau qui paroissent les plus éloignées de l'œil. Les *lointains* sont ordinairement bleuâtres, à cause de l'interposition de l'air qui est entr'eux & l'œil. Ils conservent leur couleur naturelle à proportion qu'ils en sont proches, & sont plus ou moins brillans, selon que le ciel est plus ou moins serain. On dit, ces objets fuient bien, il semble qu'on entre dans le tableau, qu'il y a dix lieues du devant au *lointain.*

LOJOWOGOROD, *Loiovogrodum*, (*Géogr.*) petite ville de Pologne dans la basse Volhinie, fameuse par la bataille de 1649. Elle est sur la rive occidentale du Nieper, à environ 20 lieues N. O. de Kiovie. *Long. 49. 22. lat. 50. 48.* (D. J.)

LOIR, *glis*, s. m. (*Hist. nat. Zoolog.*) rat dormeur qui se trouve dans les bois comme l'écureuil, & qui lui ressemble beaucoup par la forme du corps, surtout par la queue, qui est garnie de longs poils d'un bout à l'autre. Cependant le *loir* est beaucoup plus petit que l'écureuil ; il a la tête & le museau moins larges que l'écureuil, les yeux plus petits & moins saillans, les oreilles moins longues, plus minces, & presque nues ; les jambes & les piés plus petits, & les poils de la queue moins longs. Il y a des différences très-apparentes dans les couleurs du poil de ces deux animaux ; les yeux du *loir* sont bordés de noir ; la face supérieure de cet animal, depuis le bout du museau jusqu'à l'extrémité de la queue, est d'une couleur grise, mêlée de noir & argentée : la face inférieure a une couleur blanche légerement teinte de fauve en quelques endroits, & argentée sur quelques poils. Le milieu de la face supérieure du poignet & du métatarse est noirâtre.

Le *loir* se nourrit, comme l'écureuil, de faîne, de noisettes, de châtaignes, & d'autres fruits sauvages ; il mange aussi de petits oiseaux dans leurs nids. Il se fait un lit de mousse dans les creux des arbres ou dans les fentes des rochers élevés. Le mâle & la femelle s'accouplent sur la fin du printems ; les petits naissent en été : il y en a quatre ou cinq à chaque portée. On assure que les *loirs* ne vivent que fix ans : ils faisoient partie de la bonne-chere chez les Romains ; on en mange encore en Italie. Pour en avoir on fait des fosses dans un lieu sec, à l'abri d'un rocher, au milieu d'une forêt : on tapisse de mousse ces fosses, on les recouvre de paille ; les *loirs* s'y retirent, & on les y trouve endormis vers la fin de l'automne. En France, la chair de cet animal n'est guere meilleure que celle du rat d'eau. Les *loirs* sont courageux, ils mordent violemment ; ils ne craignent ni la belette ni les petits oiseaux de proie : ils évitent le renard en grimpant au sommet des arbres ; mais ils deviennent la proie du chat sauvage & de la marte. On ne dit pas qu'il y ait des *loirs* dans les climats très-froids ou très-chauds, mais seulement dans les pays tempérés & couverts de bois. On en trouve en Espagne, en France, en Grece, en Italie, en Allemagne, en Suisse, &c. *Voyez l'hist. nat. génér. & particul. tome. VIII. Voyez* RAT DORMEUR, *quadrupede*.

LOIR, *le*, *Lidericus*, (*Géogr.*) riviere de France qui prend sa source dans le Perche, passe à Illiers, à Chateaudun, à Claye, à Vendôme, à Montoire, à la Fleche, à Duretal, & se perd dans la Sarte à Briolé, une demi-lieue au dessus de l'île de S. Aubin.

LOIRE, LA, (*Géogr.*) grande riviere de France. Elle prend sa source dans le Vivarais au mont Gerbier-le-joux, sur les confins du Velai, coule dans le Forès, le Bourbonnois, le Nivernois, cotoie le Berry, qu'elle sépare de l'Orléanois, arrose Gien & Orléans ; ensuite se tournant vers le sud-ouest, elle passe à Beaugency, à Blois, à Tours, puis vient à Saumur, fort de l'Anjou, entre dans la Bretagne, baigne Nantes ; & élargissant son lit, qui est semé d'îles, elle se perd dans l'Océan entre le Croisic & Bourgneuf.

Un poëte anglois a peint avec élégance les ravages que cause la *Loire* dans ses débordemens : je vais transcrire son tableau en faveur des lecteurs sensibles à la poésie de cette langue.

> *When this french river raisd'with sudden rains,*
> *Or snows dissolvd, o'erflows the adjoi'ning plains,*
> *The husbandmen with high rais'd banks secure*
> *Their greedy hopes ; and this he can endure :*
> *But if with bays, and dams, they strive to force*
> *His channel, to a new or narrow'r course,*
> *No longer then within his banks he dwells,*
> *First to a torrent, then a deluge swells ;*
> *Stronger and fiercer by restraints he roars,*
> *And knows no bound, but makes his pow'r his shores.*

Je voudrois bien que quelque bon françois nous peignît aussi le débordement excessif des droits honteux qu'on exerce sur cette riviere, sous prétexte de maintenir sa navigation, mais en réalité pour ruiner le commerce. On compte au-moins une trentaine de divers péages qui s'y sont introduits, indépendamment desquels on paie une imposition assez bien nommée *le trépas de Loire*, ainsi que les droits de simple, double, triple cloison, établis anciennement pour l'entretien des fortifications de la ville d'Angers. On n'en peut guere voir de plus cheres ni de plus mauvaises, à ce qu'assure un homme éclairé.

Le droit de boëte des marchands fréquentant la *Loire*, a été établi solemnellement à Orléans pour le balisage & le curage de la riviere, dont on ne prend aucun soin, malgré les éloges de ce curage, par le sieur Piganiol de la Force ; mais en revanche, dit avec plus de vérité l'auteur estimable des *recherches sur les finances*, une petite compagnie de fermiers y fait une fortune honnête & qui mérite l'attention du conseil, soit à raison du produit, soit à raison des vexations qu'elle exerce sur le Commerce.

LOIRET, (*Géogr.*) petite riviere de France en Orléanois, nommée par Grégoire de Tours *Ligeretus*, par d'autres *Ligericinus*, & par plusieurs modernes *Ligerulus*.

Elle tire sa naissance au-dessus d'Olivet, du milieu des jardins du château de la *Source* (que le lord Bollingbrocke, & depuis M. Boutin receveur général des finances, ont rendu la plus charmante maison de campagne qui soit aux environs d'Orléans), & coule jusqu'au-delà du pont de Saint Mesmin, où elle se jette dans la Loire, après un cours d'environ deux lieues.

Il s'en faut beaucoup que le *Loiret* soit une riviere dès son origine ; elle ne mérite même le nom de riviere qu'un peu au-dessus du pont de Saint Mesmin, *Tome IX.*

jusqu'à son embouchure dans la Loire ; c'est-à-dire dans l'étendue seulement d'une petite demi-lieue. En effet, le bassin du Loiret dans cet espace ne contient communément d'eau courante que 500 piés cubiques, trois fois moins qu'il n'en passe sous le pont royal à Paris, où il s'en écoule à chaque instant 2000 piés cubiques, selon la supputation de Mariotte.

Cependant presque tous les auteurs ont parlé du *Loiret*, comme d'un prodige. Papyre, Masson, Coulon, Léon, Tripaut, François le Maire, Guion, Daviti, Symphorien, Corneille, Peluche, & tant d'autres, nous représentent le *Loiret* aussi gros à sa naissance qu'à son embouchure, par tout navigable, & capable de porter bateau à sa source même.

Je n'ai rien vû de tout cela sur les lieux, mais ce n'est pas mon témoignage que je dois donner. Il faut lire, pour s'assurer de l'exacte vérité des faits, les réflexions de M. l'abbé de Fontenu sur le *Loiret*, insérées dans le recueil historique de l'académie des Inscriptions, *tome VI*. où l'on trouvera de plus la carte détaillée du cours de cette petite riviere.

L'objet principal de l'académicien de Paris a été de rectifier & de ramener à leur juste valeur les exagérations des auteurs qui ont parlé de cette riviere, laquelle ne paroît considérable que parce que ses eaux sont retenues par des digues qui les font refluer dans son bassin.

Cependant M. de Fontenu, après avoir dissipé les fausses préventions dans lesquelles on est dans tout l'Orléanois au sujet du *Loiret*, convient que cette petite riviere est digne des regards des amateurs de l'histoire Naturelle.

Premierement, l'abondance des deux sources dont le *Loiret* tire son origine, est curieuse. On voit sortir du sein de la terre par ces deux sources, seize à dix-huit piés cubiques d'eau, qui rendent le *Loiret* capable dès-lors de former un ruisseau assez considérable. La grande source du *Loiret* prend de si loin son essor de dessous la terre, que l'antre d'où elle s'éleve est un abime dont il n'a pas été possible jusqu'à-présent de trouver le fond, en en faisant toute la profondeur avec 300 brasses de cordes attachées à un boulet de canon.

Cette expérience a été faite en 1583 par M. d'Entragues, gouverneur d'Orléans, au rapport de François le Maire ; & milord Bollingbroke répéta la même tentative, je crois, en 1732, avec aussi peu de succès. Toutefois cette maniere de sonder ne prouve pas absolument ici une profondeur aussi considérable qu'on l'imagine, parce que le boulet de canon peut être entraîné obliquement par l'extrême rapidité de quelque torrent qui se précipite au loin par des pentes souterraines.

Non-seulement la petite source du *Loiret* ne se peut pas mieux fonder, mais elle a cette singularité, que dans les grands débordemens de la Loire, son eau s'élance avec un bourdonnement qu'on entend de deux ou trois cent pas : la cause vient apparemment de ce que se trouvant alors trop resserrée entre les rochers à-travers desquels elle a son cours sous terre, elle fait de grands efforts pour s'y ouvrir un passage.

Ces deux sources du *Loiret* annoncent dans le pays, par leurs crues inopinées, le débordement de la Loire vingt ou vingt-quatre heures avant qu'on apperçoive à Orléans aucune augmentation de cette riviere. Ces crues inopinées prouvent que les sources du *Loiret* tirent de fort loin leur origine de la Loire, & qu'elles ne sont qu'un dégorgement des eaux de cette riviere qui s'étant creusé un canal très-profond, viennent en droiture se faire jour dans les jardins du château de la *Source*. Ces crues arrivent ici beaucoup plûtôt que la crue de la Loire de-

R R r r ij

vant Orléans, parce qu'elles ont plus de pente sous terre, qu'elles sont plus resserrées dans leur canal, & qu'elles viennent plus en droiture que les eaux qui coulent dans le lit de la Loire.

On vante beaucoup dans le pays les paturages des prairies du *Loiret*, les laitages, & les vins de ses côteaux. L'eau de cette riviere est légere, elle ne gele, dit-on, jamais, du-moins ce doit être très-rarement, parce que c'est une eau souterraine & de sources vives.

Les vapeurs épaisses qui s'élevent du *Loiret* venant à se répandre sur les terres voisines, les préservent aussi de la gelée, leur servent d'engrais, & conservent la verdure des prairies d'alentour.

Enfin les eaux du *Loiret* sont d'un verd foncé à la vûe, & celles de la Loire blanchâtres. La raison de ce phénomene procede de la différence du fond, dont l'un a beaucoup d'herbes, & l'autre n'est que du sable qu'elle charrie sans cesse dans son cours. (*D. J.*)

LOISIR, s. m. (*Gramm.*) tems vuide que nos devoirs nous laissent, & dont nous pouvons disposer d'une maniere agréable & honnête. Si notre éducation avoit été bien faite, & qu'on nous eût inspiré un goût vif de la vertu, l'histoire de nos *loisirs* seroit la portion de notre vie qui nous seroit le plus d'honneur après notre mort, & dont nous nous ressouviendrions avec le plus de consolation sur le point de quitter la vie : ce seroit celle des bonnes actions auxquelles nous nous serions portés par goût & par sensibilité, sans que rien nous y déterminât que notre propre bienfaisance.

LOK, s. m. (*Marine.*) c'est un morceau de bois de 8 à 9 pouces de long, quelquefois de la forme du fond d'un vaisseau ou d'une figure triangulaire qu'on leste d'un peu de plomb pour le fixer sur l'eau à l'endroit où on le jette. On appelle *ligne de lok* une petite corde attachée à ce morceau de bois, au moyen de laquelle ou mesure le chemin qu'on a fait. Pour cet effet on dévide la ligne ou corde ; sa portion dévidée dans un tems donné, marque l'intervalle du vaisseau au *lok*. On appelle *nœud de la ligne de lok* les portions de la ligne distinguées par des nœuds éloignés les uns des autres d'environ 41 piés 8 pouces. Si l'on file trois nœuds dans une demi-minute, on estime le chemin qu'on a fait à une lieue par heure. La table du *lok* est une planche de bois divisée en cinq colonnes : on y écrit avec de la craie l'estime de chaque jour. A la premiere colonne sont les heures de deux en deux ; à la seconde le rumb du vent ou la direction du vaisseau ; à la troisieme la quantité de nœuds filés ; à la quatrieme le vent qui regne ; à la cinquieme les observations sur la variation de l'aiguille aimantée. Ce sont des officiers qui reglent la table de *lok*.

LOKE, s. m. (*Mythol.*) nom donné par les anciens peuples du Nord au démon. Suivant leur mythologie *Loke* étoit le calomniateur des dieux, l'artisan des tromperies, l'opprobre du ciel & de la terre. Il étoit fils d'un géant, & avoit une femme nommée *Signie*. Il en eut plusieurs fils ; il eut aussi trois enfans de la géante *Angerbode*, messagere des malheurs ; savoir le loup *Fenris*, le grand serpent de Midgard, & Hela le mort. *Loke* faisoit une guerre éternelle aux dieux, qui le prirent enfin, l'attacherent avec les intestins de son fils, & suspendirent sur sa tête un serpent dont le venin lui tombe goutte à goutte sur le visage. Cependant *Signie* sa femme est assise auprès de lui, & reçoit ces gouttes dans un bassin qu'elle va vuider ; alors le venin tombant sur *Loke*, le fait hurler & frémir avec tant de force, que la terre en est ébranlée. Telle étoit, suivant les Goths, la cause des tremblemens de terre. *Loke* devoit rester

enchainé jusqu'au jour des ténébres des dieux. *Voyez* l'*Edda des Islandois*.

LOLARDS, s. m. plur. (*Théolog.*) nom de secte. Les *lolards* sont une secte qui s'éleva en Allemagne au commencement du xiv. siecle. Elle prit son nom de son auteur nommé *Lothard Walter* qui commença à dogmatiser en 1315.

Lemoine de Cantorbery dérive le mot *lolard* de *loliout* qui signifie de l'*ivraie*, comme si le *lolard* étoit de l'ivraie semée dans le champ du seigneur. Abelly dit que *lolard* signifie *louant Dieu*, apparemment de l'allemand *loben*, Jouer, & *herr*, seigneur ; parce qu'ils faisoient profession d'aller de côté & d'autre en chantant des psaumes & des hymnes.

Lolard & ses sectateurs rejettoient le sacrifice de la messe, l'extrème-onction & les satisfactions propres pour les péchés, disant que celle de J. C. suffisoit. Il rejettoit aussi le baptème qu'il soutenoit n'avoir aucune efficace, & la pénitence qu'il disoit n'être point nécessaire. *Lolard* fut brûlé vif à Cologne en 1322.

On appella en Angleterre les sectateurs de Wiclef *lolards*, à cause que ses dogmes avoient beaucoup de conformité avec ceux de cet hérésiarque. D'autres prétendent qu'ils viennent des *lolards* d'Allemagne. *Voyez* WICLEFITES.

Ils furent solemnellement condamnés par Thomas d'Arundel archevêque de Cantorbery, & par le concile d'Oxford. *Voyez* le *Diction. de Trévoux*.

LOLOS, s. m. (*Hist. mod.*) C'est le titre que les Macassarois donnent aux simples gentilshommes, qui chez eux formoient un troisieme ordre de noblesse. Ce titre est héréditaire, & se donne par le souverain. Les *Ducus* forment le premier ordre de la noblesse ; ils possedent des fiefs qui relevent de la couronne & qui lui sont dévolus faute d'hoirs mâles ; ils sont obligés de suivre le roi à la guerre avec un certain nombre de soldats qu'ils sont forcés d'entretenir. Les *Carrés* forment le second ordre : le souverain leur confere ce titre qui répond à celui de comte ou de marquis.

LOMAGNE, LA, (*Géogr.*) ou LAUMAGNE, en latin moderne *Lxomania*; petit pays de France, en Gascogne, qui fait partie du bas Armagnac ; c'étoit autrefois une vicomté, c'est aujourd'hui une pauvre élection dont le commerce est misérable. (*D. J.*)

LOMBAIRES, adj. (*Anat.*) qui appartient aux lombes. *Voyez* LOMBES.

Arteres lombaires sont des branches de l'aorte qui se distribuent aux muscles des lombes. *Voy.* AORTE & ARTERES.

Veines lombaires sont des veines qui rapportent le sang des artéres, & vont se décharger dans le tronc de la veine-cave. *Voyez* VEINES.

Glandes lombaires. *Voyez* GLANDES.

Les *nerfs lombaires* sont au nombre de cinq paires : ils ont cela de commun qu'ils communiquent ensemble avec le nerf intercostal.

La premiere paire passe entre la premiere & la seconde vertebre des lombes : elle communique avec la premiere dorsale & la seconde *lombaire* ; elle jette plusieurs rameaux qui se distribuent aux muscles du bas ventre, au muscle psoas, à l'iliac, au ligament, de Fallope, au cordon spermatique, &c.

La seconde paire sort entre la deuxieme & la troisieme vertebre des lombes : elle communique avec la premiere paire, & la troisieme paire *lombaire* avec le nerf intercostal : elle jette plusieurs rameaux, parmi lesquels il y en a qui s'unissent au nerf crural & au nerf obturateur : les autres se distribuent aux muscles psoas, sacro-lombaires, long dorsal, vertébraux obliques, &c. au scrotum, aux glandes inguinales, aux membranes des testicules, &c.

La troisième paire sort entre la troisieme & la quatrieme vertebre des lombes : elle communique avec la seconde paire & la quatrieme paire *lombaire* & avec le nerf intercostal : elle jette plusieurs filets dont quelques-uns s'unissent avec le nerf obturateur, & d'autres avec le nerf crural ; & plusieurs se perdent dans les muscles vertébraux, psoas, pectiné, &c.

La quatrieme paire sort entre la quatrieme & la cinquieme vertebre des lombes, s'unit à la troisieme & à la cinquieme paire *lombaire*, & communique avec le nerf intercostal : elle jette des branches aux muscles vertébraux & aux muscles voisins, & s'unit avec le nerf crural & avec le nerf obturateur.

La cinquieme paire passe entre la derniere vertebre des lombes & l'os sacrum : elle s'unit avec la quatrieme paire *lombaire* & avec la premiere sacrée : elle communique avec le nerf intercostal : elle jette des rameaux aux muscles vertébraux, &c. en fournit un au nerf crural, & se joint au nerf sacré pour former le nerf sciatique.

Le muscle *lombaire interne. Voyez* PSOAS.

LOMBARD, (*Hist. mod. & Com.*) ancien peuple d'Allemagne qui s'établit en Italie dans la décadence de l'empire romain, & dont on a long-tems donné le nom en France aux marchands italiens qui venoient y trafiquer, particulierement aux Génois & aux Vénitiens. Il y a même encore à Paris une rue qui porte leur nom, parce que la plûpart y tenoient leurs comptoirs de banque, le commerce d'argent étant le plus considérable qu'ils y fissent.

Le nom de *lombard* devint ensuite injurieux & synonyme à *usurier*.

La place du change à Amsterdam conserve encore le nom de *place lombarde*, comme pour y perpétuer le souvenir du grand commerce que les *lombards* y ont exercé, & qu'ils ont enseigné aux habitans des Pays-bas.

On appelle encore à Amsterdam le *lombard* ou la maison des *lombards*, une maison où tous ceux qui sont pressés d'argent en peuvent trouver à emprunter sur des effets qu'ils y laissent pour gages. Il y a dans les bureaux du *lombard* des receveurs & des estimateurs : ces derniers estiment la valeur du gage qu'on porte, à-peu-près son juste prix ; mais on ne donne dessus que les deux tiers, comme deux cens florins sur un gage de trois cens. L'on délivre en même tems un billet qui porte l'intérêt qu'on en doit payer, & le tems auquel on doit retirer le gage. Quand ce tems est passé, le gage est vendu au plus offrant & dernier enchérisseur, & le surplus (le prêt & l'intérêt préalablement pris) est rendu au propriétaire. Le moindre intérêt qu'on paye au *lombard*, est de six pour cent par an ; & plus le gage est de moindre valeur, plus l'intérêt est grand : en sorte qu'il va quelquefois jusqu'à vingt pour cent.

Les Hollandois nomment ce lombard *bank van leeninge*, c'est-à-dire *banque d'emprunt*. C'est un grand bâtiment que les régens des pauvres avoient fait bâtir en 1550 pour leur servir de magasin, & qu'ils cédérent à la ville en 1614 pour y établir une banque d'emprunt sur toutes sortes de gages, depuis les bijoux les plus précieux jusqu'aux plus viles guenilles, que les particuliers qui les y ont portées peuvent retirer quand il leur plait, en payant l'intérêt ; mais s'ils laissent écouler un an & six semaines, où qu'ils ne prolongent pas le terme du payement en payant l'intérêt de l'année écoulée, leurs effets sont acquis au *lombards* qui les fait vendre, comme on a déja dit.

L'intérêt de la somme se paye, savoir, au-dessous de cent florins, à raison d'un penning par semaine de chaque florin, ce qui revient à $16\frac{1}{4}$ pour cent par an. Depuis 100 jusqu'à 500 florins, on paye l'intérêt à 6 pour cent par an : depuis 500 florins jusqu'à 3000, 5 pour cent par an : & depuis 3000 jusqu'à 10000 florins, l'intérêt n'est que de 4 pour cent par an.

Outre ce dépôt général, il y a encore par la ville différens petits bureaux répandus dans les divers quartiers, qui ressortissent tous au *lombard*. Tous les commis & employés de cette banque sont payés par la ville. Les sommes dont le *lombard* a besoin se tirent de la banque d'Amsterdam, & tous les profits qui en proviennent, sont destinés à l'entretien des hôpitaux de cette ville. *Dictionn. de comm.* Jean P. Ricard, *Traité du commerce d'Amsterdam.*

LOMBARDES, (*Jurisprud.*) *Voyez ci-devant* LETTRES LOMBARDES.

LOMBARDS, (*Géog. anc.*) en latin *Langobardi* ou *Longobardi*, anciens peuples de la Germanie, entre l'Elbe & l'Oder.

Il y auroit de la témérité à vouloir désigner plus spécialement leur pays & en marquer les bornes, parce qu'aucun ancien auteur n'en parle : nous ne savons que quelques faits généraux qui concernent ces peuples. Tacite nous apprend seulement que, quoiqu'ils fussent placés au milieu de diverses nations puissantes, ils ne laisserent pas de conserver leur liberté.

Sous le regne de Marc-Aurele, les *Lombards* quitterent leur ancienne demeure, s'avancerent jusqu'au Danube, passerent ce fleuve, & s'emparerent d'une province dont ils furent chassés par Vindex & par Candidus chefs de l'armée romaine. Ensuite, pendant plus de deux siecles on n'entendit plus parler d'eux : on ignore même le pays qu'ils allerent habiter.

Mais sous l'empire de Théodose, Agilmund leur chef rendit fameux le nom des *Lombards*. Vers l'an 487 ils aiderent Odoacre roi des Hérules à s'emparer de l'île de Rugen ; & dans la suite eux-mêmes en devinrent les maîtres.

En 526, leur roi Audouin les conduisit en Pannonie, & ils ne furent pas long-tems à subjuguer cette province. Le royaume des Ostrogoths ayant été détruit vers l'an 560, Alboin invité par Narsès conduisit ses *Lombards* en Italie, & il y fonda un royaume puissant, sous le nom de *royaume de Lombardie*.

Bientôt les vainqueurs adopterent les mœurs, la politesse, la langue, & la religion des vaincus : c'est ce qui n'étoit pas arrivé aux premiers Francs ni aux Bourguignons, qui porterent dans les Gaules leur langage grossier & leurs mœurs encore plus agrestes. La nation lombarde étoit composée de payens & d'ariens, qui d'ailleurs s'accordoient fort bien ensemble, ainsi qu'avec les peuples qu'ils avoient subjugués. Rotharis leur roi publia vers l'an 640 un édit qui donnoit la liberté de professer toute religion ; de sorte qu'il y avoit dans presque toutes les villes d'Italie un évêque catholique & un évêque arien, qui laissoient vivre paisiblement les idolâtres répandus encore dans les bourgs & les villages.

Enfin, le royaume des *Lombards* qui avoit commencé par Alboin en 568 de l'ere vulgaire, dura tranquillement sous vingt-trois rois jusqu'à l'an 774, tems auquel Pepin défit Astolphe roi de ce peuple, & l'obligea de remettre au pape Etienne l'exarchat de Ravenne. Cependant Didier duc de Toscane s'empara du royaume, & fut le vingt-troisieme & dernier roi des *Lombards*. Le pape mécontent de ce prince, appella Charlemagne en Italie. Ce guerrier mit le siege devant Pavie, & fit Didier prisonnier.

Pour lors tout cédant à la force de ses armes, il

nomma des gouverneurs dans les principales villes de fes nouvelles conquêtes, & joignit à fes autres titres celui de roi des *Lombards*. On peut dire néanmoins que le royaume ne finit pas pour cela; parce que les principaux de cette nation voyant que leur roi étoit pris, & conduit en France dans un monaftere, fans efpérance d'obtenir jamais fa délivrance, ils reconnurent Charlemagne à fa place, à condition qu'il maintiendroit leur liberté, leurs priviléges & leurs lois. En effet, nous avons encore le code de ces lois particulieres, felon lefquelles Charlemagne & fes fucceffeurs s'engagerent de les gouverner : & l'on voit plufieurs des capitulaires de ce prince inférés en divers endroits de ce code. (*D. J.*)

LOMBARDIE, (*Géog.*) en latin moderne *Longobardia*; contrée d'Italie, qui répond dans fa plus grande partie, à la gaule Cifalpine des Romains; elle a pris fon nom des Lombards, qui y fonderent un royaume, après le milieu du fixieme fiecle.

Comme la Gaule Cifalpine des Romains comprenoit la Gaule Tranfpadane, & la Gaule Cifpadane; il y avoit pareillement dans le royaume de *Lombardie* la *Lombardie* tranfpadane & la *Lombardie* cifpadane, qui toutes deux font regardées comme deux des plus beaux quartiers de l'Italie. Les collines y font couvertes de vignes, de figuiers, d'oliviers, &c. Les campagnes coupées de rivieres poiffonneufes & portant batteau, produifent en abondance de toutes fortes de grains.

A la faveur des guerres d'Italie, & des révolutions qui furvinrent, tant en Allemagne, qu'en France; il fe forma dans le royaume de *Lombardie* , diverfes fouverainetés & républiques, qui dans la fuite, furent annexées au royaume de *Lombardie ;* de forte que ce royaume, alors improprement royaume de *Lombardie*, fe trouva renfermer divers états, qui n'avoient jamais appartenu aux rois Lombards. Voici les terres que l'on comprend aujourd'hui fous la dénomination de *Lombardie* improprement dite.

1°. Le Padouan, le Véronois, le Vicentin, le Breffan, le Crémafque & le Bergamafque, qui font foumis à la république de Venife.

2°. Le duché de Milan & le duché de Mantoue, font poffédés par la maifon d'Autriche.

3°. Le Piémont, le comté de Nice, & le duché de Montferrat, reconnoiffent pour fouverain le roi de Sardaigne.

4°. Le duché de Modene, le duché de Reggio, la principauté de Carpi, la Frignane & la Carfagnane, appartiennent à la maifon de Modene.

5°. Le duché de Parme, le duché de Plaifance, l'état Palavicini & la principauté de Landi, font dévolus à la maifon de Parme.

6°. La maifon de la Mirandole jouit du duché de la Mirandole.

Au refte, il ne faut pas croire que cet arrangement fubfifte long-tems. La poffeffion des états divers qui compofent l'Italie, n'offre qu'un tableau mouvant de viciffitude. (*D. J.*)

LOMBES, f. m. *en Anatomie*, eft cette partie du corps qui eft autour des reins. Proprement, c'eft la partie inférieure de l'épine du dos, laquelle eft compofée de cinq vertebres, qui font plus groffes que celles du dos, auxquelles elles fervent de bafe, & ont leur articulation un peu lâche, afin que le mouvement des *lombes* foit plus libre. *Voyez Pl. Anat.* Voyez auffi EPINE & VERTEBRE.

LOMBEZ, (*Géog.*) en latin *Lumbaria*, petite ville de France, en Gafcogne, dans la Cominges, avec un évêché fuffragant de Touloufe. Elle eft fur la Seve, à 8 lieues S. O. de Touloufe, 4 S. E. d'Aufch, 5 N. O. de Rieux, 166 S. O. de Paris. *Long. 18. 33. lat. 43. 33.* (*D. J.*)

LOMBOYER, v. neut. (*Salines.*) faire épaiffir le fel ; l'on ne mixionne point le fel par mélange quelconque, fauf que quelquefois pour lui donner plus de vif, on y jette des pieces, ce que l'on appelle *lomboyer.*

LOMBRICAL, adj. (*Méd.*) épithete que l'on donne à quatre mufcles que font mouvoir les doigts de la main. On les a appellés *lombricaux* ou *vermiformes*, parce qu'ils ont la figure de vers. Il y a aux piés un pareil nombre de mufcles.

LOMOND-LOGH, (*Géog.*) ou le *lac Lomond*, grand lac d'Ecoffe, dans la province de Lemnox. Il abonde en poiffon ; fa longueur du nord au fud eft de 24 milles, & fa plus grande largeur de 8 milles. Il y a des îles dans ce lac qui font habitées, & qui ont des églifes. (*D. J.*)

LONCHITES ou HASTIFORME, f. f. (*Phyl.*) eft le nom qu'on donne à une efpece de comete, qui reffemble à une lance ou pique. Sa tête eft d'une forme ovale, & fa queue eft très-longue, mince & pointue par le bout, cette expreffion n'eft plus en ufage, & ne fe trouve que dans quelques anciens auteurs. Harris.

LONCLOATH, f. m. (*Comm.*) toiles de coton, blanches ou bleues qui viennent de la côte de Coromandel. Elles ont 72 cobres de longueur fur 2 & ¼ de largeur.

LONDINIUM, (*Géog. anc.*) ancienne ville de la grande Bretagne, la Tamife, chez les Trinobantes. *Londinium* (dit déja Tacite de fon tems, *l. XIV. ch. xxxiij*) *cognomento quidem coloniæ non infigne, fed copiâ negociatorum & commeatuum maximè celebre*. Il falloit que ce fût la plus importante place de l'île, dès le tems que l'itinéraire d'Antonin fut dreffé ; car c'eft de-là comme du centre, qu'il fait commencer fes routes, & c'eft-là qu'elles aboutiffent: Ammien Marcellin, en parlant d'elle, Lundinium, *vetus oppidum*, *quod* Auguftam *pofteritas adpellabit.* Bede la nomme, *Lundonia.* Les anciens l'ont appellée plus conftamment *Lundinium.* Les chroniques faxonnes portent *Lundone* , Lundenbyrig, *Lundenburgh*, *Lundenceafter*, & enfin, *Lundenric*, felon les obfervations du docte Gibfon. Les Anglois d'aujourd'hui l'appellent *London*, les Italiens *Londra*, & les François *Londres*. *Voyez* LONDRES.

LONDONDERRI, LE COMTÉ DE, (*Géog.*) contrée maritime d'Irlande, dans la province d'Ulfter. Elle a 56 milles de long, fur 30 de large, & eft très-fertile ; on la divife en cinq baronnies. *Londonderri* en eft la capitale. (*D. J.*)

LONDONDERRI, (*Géog.*) ville d'Irlande, capitale de la province d'Ulfter, & du comté de *Londonderri*, avec un évêché fuffragant d'Armagh, & un port très-commode ; elle eft célebre par les fieges qu'elle a foutenus. Elle eft fur la Lough-Foyle, à 108 milles N. O. de Dublin, 45 N. E. d'Armagh. Son véritable & ancien nom, eft *Derry ;* il s'augmenta des deux premieres fyllabes, à l'occafion d'une colonie angloife, qui s'y établit de Londres en 1612. *Long. 10. 10. lat. 54. 58.* (*D. J.*)

LONDRES, (*Géog.*) en bon latin *Londinium ; (voyez* ce mot) & en latin moderne *Londinum* , capitale de la grande Bretagne, le fiege de la monarchie, l'une des plus anciennes, des plus grandes, des plus riches, des plus peuplées & des plus floriffantes villes du monde. Elle étoit déja célebre par fon commerce du tems de Tacite, *copiâ negociatorum ac commeatuum maximè celebre* ; mais Ammien Marcellin a été plus loin, il a tiré l'horofcope de fa grandeur future : *Londinium*, dit-il, *vetus oppidum*, *quod* Auguftam *pofteritas adpellabit.*

Elle mérite aujourd'hui le titre à tous égards. M. de Voltaire la préfente dans fa Henriade, comme le centre des arts, le magasin du monde & le temple de Mars.

Pour comble d'avantages, elle jouit du beau privilege de se gouverner elle-même. Elle a pour cet effet, ses cours de justice, dont la principale est nommée, *commun-conncil*, le conseil-commun; c'est une espece de parlement anglois, composé de deux ordres; le lord maire & les échevins, représentent la chambre des seigneurs; & les autres membres du conseil, au nombre de 231, choisis dans les différens quartiers de la ville, représentent la chambre des communes. Cette cour seule a le pouvoir d'honorer un étranger du droit de bourgeoisie. C'est dans cette cour que se font les lois municipales, qui lient tous les bourgeois, chacun y donnant son consentement, ou par lui-même, ou par ses représentans; en matieres ecclésiastiques, la ville est gouvernée par son évêque, suffragant de Cantorbery.

Londres contient cent trente-cinq paroisses, & par conséquent un grand nombre d'églises, dont la cathédrale nommée S. Paul, est le plus beau bâtiment qu'il y ait dans ce genre, après S. Pierre de Rome. Sa longueur de l'orient à l'occident, est de 570 piés; sa largeur du septentrion au midi, est de 311 piés; son dôme depuis le rez de chaussée, est d'environ 338 piés de hauteur. La pierre de cet édifice qui fut commencé en 1667, après l'incendie, & qui fut promptement achevé, est de la pierre de Portland, laquelle dure presque autant que le marbre.

Les Non-conformistes ont dans cette ville environ quatre-vingt assemblées ou temples, au nombre desquels les protestans étrangers en ont pour eux une trentaine; & les Juifs y jouissent d'une belle synagogue.

On compte dans *Londres* cinq mille rues, environ cent mille maisons, & un million d'habitans.

Cette capitale, qui selon l'expression des auteurs anglois, éleve sa tête au-dessus de tout le monde commerçant, est le rendez-vous de tous les vaisseaux qui reviennent de la Méditerrannée, de l'Amérique & des Indes orientales. C'est elle, qui après avoir reçu les sucres, le tabac, les indiennes, les épiceries, les huiles, les fruits, les vins, la morue, &c. répand toutes ces choses dans les trois royaumes: c'est ainsi dans son sein que viennent se rendre presque toutes les productions naturelles de la grande Bretagne. Cinq cens gros navires y portent continuellement du charbon de terre; que l'on juge par ce seul article, de l'étonnante consommation qui s'y fait des autres denrées nécessaires à la subsistance d'une ville si peuplée. Les provinces méditerranées qui l'entourent, transportent dans ses murs toutes leurs marchandises, soit qu'elles les destinent à y être consommées, ou à être embarquées pour les pays étrangers. Vingt mille mariniers sont occupés sur la Tamise à conduire à *Londres*, ou de *Londres* dans les provinces, une infinité de choses de mille especes différentes. Enfin, elle est comme le ressort qui entretient l'Angleterre dans un mouvement continuel.

Je ne me propose point d'entrer ici dans de plus grands détails sur ce sujet. John Stow a comme immortalisé les monumens de cette ville immense, par son ample description, que l'auteur de l'état de la grande Bretagne a poursuivi jusqu'à ce jour; on peut les consulter.

Mais je ne puis m'empêcher d'observer, que la plûpart des belles choses, ou des établissemens importans qu'on y voit, sont le fruit de la munificence de ses citoyens estimables qui ont été épris de l'amour du bien public, & de la gloire d'être utiles à leur patrie.

L'eau de la nouvelle riviere, dont les habitans de *Londres* jouissent, outre l'eau de la Tamise, est

dûe aux soins, à l'habileté & à la générosité du chevalier Hughes Middleton. Il commença cet ouvrage de ses propres deniers en 1608, & le finit au bout de cinq ans, en y employant chaque jour des centaines d'ouvriers. La riviere qui fournit cette eau, prend sa source dans la province de Hartford, fait 60 milles de chemin, avant que d'arriver à *Londres*, & passe sous huit cent ponts.

La bourse royale, cet édifice magnifique destiné aux assemblées des négocians, & qui a donné lieu à tant d'excellentes réfléxions de M. Addisson dans le *spectateur*, fut fondée en 1566 par le chevalier Thomas Gresham, négociant, sous le regne d'Elisabeth. C'est aujourd'hui un quarré long de 230 piés de l'orient à l'occident, & de 171 piés du septentrion au midi, qui a couté plus de 50 mille livres sterling; mais comme il produit 4 mille livres sterling de rente, on peut le regarder pour un des plus riches domaines du monde, à proportion de sa grandeur.

Le même Gresham, non content de cette libéralité, bâtit le college qui porte son nom, & y établit sept chaires de professeurs, de 50 liv. sterling par an chacune, outre le logement.

On est redevable à des particuliers, guidés par le même esprit, de la fondation de la plûpart des écoles publiques, pour le bien des jeunes gens: par exemple, l'école nommée *des Tailleurs*, où l'on enseigne cent écoliers gratis; cent pour deux shellins 6 sols chacun par quartier; & cent autres pour cinq shellins chacun par quartier, (ce qui ne fait que 3 ou 6 livres de notre monnoie par tête, pour trois mois.) Cette école, dis-je, a été fondée par Thomas White, marchand tailleur, de *Londres*; il devint échevin de la ville, & ensuite fut créé chevalier.

M. Sutton acheta en 1611 le monastere de la Chartreuse, 13 mille liv. sterling, & en fit un hôpital pour y entretenir libéralement quatre-vingt personnes, tirées d'entre les militaires & les négocians.

Ce même citoyen crut aussi devoir mériter quelque chose de ses compatriotes qui voudroient cultiver les lettres. Dans cette vûe, il fonda une école, pour apprendre le latin & le grec à quarante jeunes gens, dont les plus capables passeroient ensuite à l'université de Cambridge, où d'après sa fondation, l'on fournit annuellement à chacun d'eux, pour leur dépense pendant huit ans, 30 liv. sterling.

La statue de Charles II. qui est dans Soho-Square, a été élevée aux frais du chevalier Robert Viner.

Mais la bourse de Gresham, & tous les bâtimens dont nous venons de parler, périrent dans l'incendie mémorable de 1666, par lequel la ville de *Londres* fut presque entierement détruite. Ce malheur arrivé après la contagion, & au fort d'une trille guerre contre la Hollande, paroissoit irréparable. Cependant, rien ne fait tant voir la richesse, l'abondance & la force de cette nation, quand elle est d'accord avec elle-même, que le dessein formé par elle-même, d'abord que l'embrasement eut cessé, de rétablir de pierres & de briques sur de nouveaux plans, plus réguliers & plus magnifiques, tout ce que le feu avoit emporté d'édifices de bois, d'aggrandir les temples & les lieux publics, de faire les rues plus larges & plus droites, & de reprendre le travail des manufactures & de toutes les branches du commerce en général, avec plus de force qu'auparavant; projet qui passa dans l'esprit des autres peuples, pour une bravade de la nation Angloise, mais dont un court intervalle de tems justifia la solidité. L'Europe étonnée, vit au bout de trois ans, *Londres* rebâtie, plus belle, plus régulière, plus commode qu'elle n'étoit auparavant ; quelques impôts sur le charbon, & sur-tout l'ardeur & le zéle des citoyens, suffirent à ce travail, également immense & couteux ; bel exemple de ce que peuvent les hommes, dit M. de Voltaire, & qui rend croyable ce qu'on rapporte des anciennes villes de l'Asie & de l'Egypte, construites avec tant de célérité.

Londres se trouve bâtie dans la province de Middlesex, du côté septentrional de la Tamise, sur un côteau élevé, situé sur un fond de gravier, & par conséquent très-sain. La riviere y forme une espece de croissant; la marée y monte pendant quatre heures, baisse pendant huit, & les vaisseaux de charge peuvent presque arriver jusqu'au pont de cette métropole ; ce qui est un avantage infini pour le prodigieux commerce qu'elle fait.

Son étendue de l'orient à l'occident, est au moins de huit milles ; mais sa plus grande largeur du septentrion au midi, n'a pas plus de deux milles & demi. Comme *Londres* est éloignée de la mer d'environ 60 milles, elle est à couvert dans cette situation de toute surprise de la part des flottes ennemies.

Sa distance est à 85 lieues S. E. de Dublin, 90 S. d'Edimbourg, 100 N. O. de Paris, 255 N. E. de Madrid, 282 N. O. de Rome, & 346 N. E. de Lisbonne, avec laquelle néanmoins elle a une poste reglée chaque semaine, par le moyen de ses pacquebots.

Par rapport à d'autres grandes villes, *Londres* est à 70 lieues N. O. d'Amsterdam, 170 S. O. de Copenhague, 240 O. de Vienne, 295 S. O. de Stockholm, 280 O. de Cracovie, 530 O. de Constantinople & de Moscow.

Long. suivant Flamstead & Cassini, 17. 26. 15. *lat.* 51. 31. La différence des méridiens entre Paris & *Londres*, ou pour mieux dire entre l'observatoire de Paris & de celui de Gresham, est de 2. 20. 45. dont *Londres* est plus à l'occident que Paris. (*D. J.*)

LONDRES, (*Géog.*) ville de l'Amérique méridionale dans le Tucuman, bâtie en 1555, par Tarita, gouverneur du Tucuman : le fondateur la nomma *Londres*, pour faire sa cour à la reine Marie d'Angleterre, fille d'Henri VIII. qui venoit d'épouser Philippe II. roi d'Espagne. *Long.* 313. 25. *lat. mérid.* 29. (*D. J.*)

LONDRINS, s. m. pl. (*Comm.*) draps de laine qui se fabriquent en France, & qu'on envoye au levant. Il y en a de deux sortes, qu'on distingue par des épithetes de premiers & de seconds. Ceux-là sont tout de laine sigovie, tant en trame qu'en chaine; la chaîne de 3000 fils, faites dans des rots de deux aunes, pour revenir du foulon larges d'une aune ¼ entre deux lisieres, & marquées au chef, *londrins premiers*. Ceux-ci sont de laine soria ou autrement pour la chaîne, & de seconde sigovie pour la trame ; la chaîne de 2600 fils dans des rots de au moins de deux aunes moins 1/12, pour revenir du foulon, larges d'une aune ¼ entre les lisieres. *Voyez les regl. des Manufact.*

LONG, adj. (*Gram.*) *voyez* LONGUEUR.

LONG, en *Anatomie*, nom d'un grand nombre de muscles, par opposition à ceux qui sont nommés *courts. Voyez* COURT.

Le *long* extenseur de l'avant-bras. *Voy.* ANCONÉ.

Le *long* radial externe. *Voyez* RADIAL.

Le *long* palmaire. *Voyez* PALMAIRE.

Le *long* extenseur du pouce de la main & du pié. *Voyez* EXTENSEUR.

Le *long* supinateur. *Voyez* SUPINATEUR.

Le *long* extenseur commun du pié ou orteils. *Voyez* EXTENSEUR.

Le *long* peronier. *Voyez* PERONIER.

Le *long* dorsal. *Voyez* DORSAL.

Le *long* fléchisseur commun des orteils. *Voyez* PERFORANT.

Le *long* du cou vient des parties latérales du corps des quatre à cinq vertebres supérieures du dos, & s'insere aux cinq à six vertebres inférieures du cou.

LONG JOINTÉ, (*Maréchal.*) se dit du cheval qui a la jointure, c'est-à-dire, le paturon trop long. *Chevaucher long. Voyez* CHEVAUCHER.

Un cheval *long jointé* n'est pas propre à la fatigue, parce qu'il a le paturon si pliant & si foible, que le boulet donne presque à terre.

LONG, terme *de Fauconnerie*, on dit *voler en long*: LONGANUS, (*Géog. anc.*) en grec, Λογγανος, ancien nom d'une riviere de Sicile. Polybe, *liv. I. chap. ix.* en parle, son nom moderne est *Ruzolino-Fiume*. Elle prend la source auprès de Castro-Réale. (*D. J.*)

LONG-CHAMP, (*Géog.*) en latin *Longus-campus*, abbaye royale de filles en France, située à 2 lieues de Paris. Elle fut fondée en 1260, par sainte Elisabeth, sœur de saint Louis, & cela se fit avec un appareil merveilleux ; car dans ce tems-là on n'étoit occupé de choses de ce genre; on ne connoissoit point encore les autres fondations vraiment utiles. (*D. J.*)

LONGE, s. f. (*Maréchal.*) laniere de cuir ou de corde qu'on attache dans les maneges à la têtiere d'un cheval. *Voyez* TÊTIERE. Donner dans les *longes* ou cordes, se dit d'un cheval qui travaille entre deux piliers.

Longe d'un licou, est une corde ou une bande de cuir attachée à une têtiere, & arrêtée à la mangeoire, pour tenir la tête du cheval sujette.

LONGE, on dit, *en Fauconnerie*, tirer à la *longe*, de l'oiseau qui vole pour revenir à celui qui le gouverne.

Longe cul, se dit en Fauconnerie d'une ficelle qu'on attache au pié de l'oiseau quand il n'est pas assuré.

LONGER, en terme *de Guerre* ; on dit *longer* la riviere, pour signifier qu'on peut aller librement le long de ses bords ou sur la riviere : c'est pourquoi l'on dit qu'il faut attaquer un poste ou se rendre maitre d'un pont pour pouvoir *longer* la riviere, parce que ce pont ou ce poste empêche qu'on ne puisse naviger en sureté sur cette riviere & marcher le long de ses bords.

LONGER *un chemin*, terme *de Chasse*, c'est quand une bête va d'assurance, ou qu'elle fuit, on dit la bête *longe le chemin* ; & quand elle retourne sur ses voies, cela s'appelle *ruse & retour*.

LONGFORD, (*Géog.*) petite ville d'Irlande, dans la province de Leinster, au comté de *Longford*, canton de 27 milles d'étendue, large de 16, & qu'on divise en six baronies. Son chef-lieu est la ville dont nous parlons, située sur la riviere de Camlin, à 5 mille O. de S. John's-Town, & à 6 milles d'Ardagh. *Long.* 9. 50. *lat.* 53. 38. (*D. J.*)

LONGIMÉTRIE, s. f. (*Géom.*) c'est l'art de mesurer les longueurs, soit accessibles, comme les routes, soit inaccessibles, comme les bras de mer. *Voyez* MESURE, &c.

La *longimétrie* est une partie de la trigonométrie, & une dépendance de la Géométrie, de même que l'altimétrie, la planimétrie, la stéréométrie, &c. *Voyez* l'article de la LONGIMÉTRIE, aux articles où l'on parle des instrumens qui servent à la résolution des problèmes particuliers à cette science; consultez sur-tout les articles PLANCHETTE, CHAINE, &c.

On appelle aussi *longimétrie* cette partie de la Géométrie élémentaire qui traite des propriété des lignes droites ou circulaires. *Voyez* GÉOMÉTRIE, LIGNE, &c.

LONGITUDE,

LON

LONGITUDE d'une étoile, s. f. (*Astronomie*) est un arc de l'écliptique compris depuis le premier point d'*aries*, jusqu'à l'endroit où le cercle de latitude de l'étoile coupe l'écliptique.

Ainsi, la longitude d'une étoile comme S, (*Pl. d'Ast. fig.* 32.) est un arc de l'écliptique *T L*, compris entre le commencement d'*aries*, & le cercle de latitude *T M*, qui passe par le centre S de l'étoile, & par les poles de l'écliptique.

La *longitude* est par rapport à l'écliptique ce que l'ascension droite est par rapport à l'équateur. *Voyez* ASCENSION.

Dans ce sens la *longitude* d'une étoile n'est autre chose que son lieu dans l'écliptique, à compter depuis le commencement d'*aries*.

Pour trouver la *longitude* d'une étoile, ainsi que sa latitude, la difficulté se réduit à trouver son *inclinaison* & son *ascension droite*. *Voyez* ces deux mots ; car connoissant ces deux derniers, & connoissant de plus l'angle de l'équateur avec l'écliptique, & l'endroit où l'écliptique coupe l'équateur, il est visible qu'on aura par les seules regles de la Trigonométrie sphérique la *longitude* & la latitude de l'étoile. Or nous avons donné & indiqué *aux mots* DÉCLINAISON, ÉTOILE, ASCENSION & GLOBE, les différens moyens de trouver l'ascension droite & la déclinaison des étoiles ou des planetes.

La *longitude* du soleil ou d'une étoile depuis le point équinoxial le plus proche de l'étoile, c'est le nombre de degrés, de minutes qu'il y a du commencement d'*aries* ou de *libra*, jusqu'au soleil ou à l'étoile, soit en avant, soit en arriere, & cette distance ne peut jamais être de plus de 180 degrés.

Longitude d'un lieu, *en Géographie*, c'est la distance de ce lieu à un méridien qu'on regarde comme le premier ; ou un arc de l'équateur, compris entre le méridien du lieu & le premier méridien, *Voyez* MÉRIDIEN.

Le premier méridien étoit autrefois placé à l'île de Fer, la plus occidentale des Canaries, & Louis XIII. l'avoit ainsi ordonné pour rendre la Géographie plus simple ; aujourd'hui presque tous les Géographes & les Astronomes comptent les *longitudes* de leur méridien, c'est-à-dire du méridien du lieu où ils observent : cela est assez indifférent en soi ; car il est égal de prendre pour premier méridien un méridien ou un autre, & on aura toûjours la *longitude* d'un endroit de la terre lorsqu'on aura la position de son méridien par rapport au méridien de quelque autre lieu, comme Paris, Londres, Rome, &c. Il est pourtant vrai que si tous les Astronomes convenoient d'un méridien commun, on ne seroit point obligé de faire des réductions qui sont nécessaires pour ne pas embrouiller la géographie moderne. On peut en général définir la *longitude*, le nombre de degrés de l'équateur compris entre le méridien du lieu & celui de tout autre lieu proposé. Vous voulez savoir, par exemple, de combien Pekin, capitale de la Chine, est éloignée de Paris en longitude ; amenez Paris sous le méridien commun, & éloignez ensuite ce point vers l'occident, en comptant combien il passe de degrés de l'équateur sous le méridien, jusqu'à ce que vous apperceviez Pekin arrivé sous le méridien ; suivant le grand globe de M. de Lille, vous trouverez 113 degrés de l'équateur, écoulés entre le méridien de Paris & celui de Pekin.

Dans la numération des degrés, le pole arctique étant toûjours vers le haut, la distance qui s'étend à droite jusqu'à 180 degrés, marque de combien un lieu proposé est plus oriental qu'un autre. La distance qui s'étend de même à gauche jusqu'à 180 degrés, marque de combien un lieu est plus occidental qu'un autre. Ce seroit une commodité d'appeller *longitude orientale* les degrés qui sont à droite

du méridien d'un lieu, jusqu'au nombre de 180 degrés, & *longitude occidentale* ceux qui s'étendent à la gauche du même méridien, en pareil nombre ; mais c'est un usage universel de ne compter qu'une seule progression de *longitude* jusqu'à 360 degrés.

Longitude, en Navigation, c'est la distance du vaisseau, ou du lieu où on est à un autre lieu, compté de l'est à l'ouest, en degrés de l'équateur.

La longitude de deux lieux sur mer peut s'estimer de quatre manieres ; ou par l'arc de l'équateur compris entre les méridiens de ces deux lieux ; ou par l'arc du parallele qui passe par le premier de ces lieux, & qui est terminé par les deux méridiens ; ou par l'arc du parallele compris entre les deux méridiens, & qui passe par le second de ces deux lieux ; ou enfin par la somme des arcs de différens paralleles compris entre les différens méridiens qui divisent l'espace compris entre les deux méridiens. Or de quelque maniere qu'on s'y prenne il faudra toûjours estimer la distance des méridiens en degrés, & il paroît plus commode de la marquer par des degrés de l'équateur qu'autrement. Mais il faut remarquer que ces degrés ne donnent point la distance des deux lieux : car tous les arcs, soit de l'équateur, soit des paralleles compris entre les mêmes méridiens, ont le même nombre de degrés, & tous les lieux situés sous ces méridiens ont la même différence de *longitude*, mais ils sont d'autant plus proches les uns des autres qu'ils sont plus près du pole ; c'est à quoi il faut avoir égard en calculant les distances des lieux dont les *longitudes* & les latitudes sont communes, & les marins ont des tables toutes dressées pour cela.

La recherche d'une méthode exacte pour trouver les *longitudes* en mer, est un problème qui a beaucoup exercé les Mathématiciens des deux derniers siecles, & pour la solution duquel les Anglois ont proposé publiquement de grandes récompenses : on a fait de vains efforts pour en venir à bout, & on a proposé différentes méthodes, mais sans succès ; les projets se sont toûjours trouvés mauvais, supposant des opérations trop impraticables, ou vicieuses par quelque endroit ; de façon que la palme n'a encore été déférée à personne.

L'objet que la plûpart se proposent, est de trouver une différence de tems entre deux points quelconques de la terre : car il répond une heure à 15 degrés de l'équateur, c'est-à-dire, 4 minutes de tems à chaque degré de l'équateur, 4 secondes de tems à chaque minute de degré ; & ainsi la différence de tems étant connue & convertie en degrés, elle donneroit la *longitude*, & réciproquement.

Pour découvrir la différence de tems, on s'est servi d'horloges, de montres & d'autres machines, mais toûjours en vain, n'y ayant, de tous les instrumens propres à marquer le tems, que la seule pendule qui soit assez exacte pour cet effet, & la pendule ne pouvant être d'usage à la mer. D'autres avec des vûes plus saines, & plus de probabilité de succès, vont chercher dans les cieux les moyens de découvrir les *longitudes* sur terre. En effet, si l'on connoit pour deux différens endroits les tems exacts de quelque apparence céleste, la différence de ces deux tems donnera la différence des *longitudes* entre ces deux lieux. Or nous avons dans les éphémérides les mouvemens des planetes, & les tems de tous les phénomènes célestes, comme les commencemens & les fins des éclipses, les conjonctions de la lune avec les autres planetes dans l'écliptique calculées pour un certain lieu. Si donc on pouvoit observer exactement l'heure & la minute dans laquelle ces phénomenes arrivent dans un autre lieu quelconque, la différence de tems entre ces momens-là & celui qui est marqué dans les tables étant convertie en degrés, donneroit la différence de *longitude* entre le lieu où l'on fait l'observation & celui pour lequel les tables ont été construites.

La difficulté ne consiste pas à trouver exactement l'heure qu'il est, on en vient à bout par les observations de la hauteur du soleil ; mais ce qui manque, c'est un nombre suffisant d'apparences qui puissent être observées ; car tous ces mouvemens lents, par exemple, celui de saturne, sont d'abord exclus, parce qu'une petite différence d'apparence ne s'y laisse appercevoir que dans un grand espace de tems, & qu'il faut ici que le phénomene varie sensiblement en deux minutes de tems au plus, une erreur de deux minutes sur le tems en produisant une de trente mille dans la *longitude*. Or parmi les phénomenes qui se trouvent dans ce cas, ceux qui ont paru les plus propres à cet objet, sont les différentes phases des éclipses de lune, la *longitude* de cet astre ou son lieu dans le zodiaque, la distance des étoiles fixes, ou le mouvement où elle se joint à elles, & la conjonction, la distance & les éclipses des satellites de Jupiter : nous allons parler de chacun de ces moyens l'un après l'autre.

1°. La méthode par les éclipses de lune est très-aisée, & seroit assez exacte s'il y avoit des éclipses de lune chaque nuit. Au moment que nous voyons le commencement ou le milieu d'une éclipse de lune, nous n'avons qu'à prendre la hauteur ou le zénith de quelque étoile fixe, & nous en conclurons l'heure, cela suppose que nous connoissons d'ailleurs la latitude, & alors il n'y aura qu'à résoudre un triangle sphérique dont les trois côtés sont connus, savoir le premier, la distance du zénith au pole, complément de la latitude ; le second, celle de l'étoile au zénith, complément de la hauteur de l'étoile ; le troisieme, celle de l'étoile au pole, complément de la déclinaison de l'étoile, car on tirera de-là la valeur de l'angle formé par le méridien & le cercle de déclinaison passant par l'étoile, ce qui ajouté à la différence d'ascension droite du soleil & de l'astre pour ce jour-là, donnera la distance du soleil au méridien, ou le tems qu'on cherche, c'est-à-dire, l'heure du jour au moment & au lieu de l'observation ; on n'auroit pas même besoin de connoître la hauteur de l'étoile, si l'étoile étoit dans le méridien. En effet, l'heure du moment de l'observation sera donnée alors par la seule différence d'ascension droite de l'œil & de l'étoile pour ce jour-là, convertie en tems ; ce moment qu'on aura trouvé de la sorte, étant comparé à celui qui est marqué dans les tables pour la même éclipse, nous donnera la *longitude*. *Voyez* ÉCLIPSE.

2°. Le lieu de la lune dans le zodiaque n'est pas un phénomene qui ait, comme ce dernier, le défaut de ne pouvoir être observé que rarement ; mais en revanche l'observation en est difficile, & le calcul compliqué & embarrassé à cause de deux parallaxes auxquels il faut avoir égard ; de sorte qu'à peine peut-on se servir de ce phénomene avec la moindre assurance, pour déterminer les *longitudes*. Il est vrai que si l'on attend que la lune passe au méridien du lieu, & qu'on prenne alors la hauteur de quelque étoile remarquable (on suppose qu'on a connue déjà la latitude du lieu) la latitude déduira assez exactement le tems, quoiqu'il fût mieux encore d'employer à cela l'observation de quelques étoiles situées dans le méridien.

Or le tems étant trouvé, il sera aisé de connoître quel point de l'écliptique passe alors par le méridien, & par-là nous aurons le lieu de la lune dans le zodiaque correspondant au tems de l'endroit où nous nous trouvons ; nous chercherons alors dans les éphémérides à quelle heure du méridien des éphémérides la lune doit se trouver dans le même point du zodiaque, & nous aurons ainsi les heures des deux lieux dans le même instant, enfin leur différence convertie en degrés de grand cercle, nous donnera la *longitude*.

3°. Comme il arrive souvent que la lune doit être observée dans le méridien, les Astronomes ont tourné pour cette raison leurs vues du côté d'un autre phénomene plus fréquent pour en déduire les *longitudes*, c'est l'occultation des étoiles fixes par la lune ; en effet, l'entrée des étoiles dans le disque de la lune, ou leur sortie de ce disque, peut déterminer le vrai lieu de la lune dans le ciel pour le moment donné de l'observation ; mais les parallaxes auxquelles il faut avoir égard, les triangles sphériques obliquangles qu'il faut résoudre, & la variété des cas qui peuvent se présenter, rendent cette méthode si difficile & si compliquée, que les gens de mer n'en ont fait que très-peu d'usage jusqu'à présent. Ceux qui voudront s'en servir trouveront un grand secours dans le zodiaque des étoiles, publié par les soins du docteur Halley, & qui contient toutes les étoiles dont on peut observer les occultations par la lune.

Mais malgré le peu d'usage qu'on a fait jusqu'ici de cette méthode, la plûpart des plus habiles astronomes de ce siecle croient que l'observation de la lune est peut-être le moyen le plus exact de découvrir les *longitudes*. Il n'est pas nécessaire, selon eux, d'observer l'occultation des étoiles par la lune pour marquer un instant déterminé ; le mouvement de la lune est si rapide, que si on rapporte sa situation à deux étoiles fixes, elle forme avec ces étoiles un triangle qui, changeant continuellement de figure, peut être pris pour un phénomene instantané, & déterminer le moment auquel on l'observe. Il n'y a plus d'heure de la nuit, il n'y a plus d'heure où la lune & les étoiles soient visibles, qui n'offre à nos yeux un tel phénomene ; & nous pouvons par le choix des étoiles, par leur position, & par leur splendeur prendre entre tous les triangles celui qui paroîtra le plus propre à l'observation.

Pour parvenir maintenant à la connoissance des *longitudes*, il faut deux choses : l'une qu'on observe sur mer avec assez d'exactitude le triangle formé par la lune & par les étoiles ; l'autre qu'on connoisse assez exactement le mouvement de la lune pour savoir quelle heure marqueroit la pendule reglée dans le lieu où l'on est parti, lorsque la lune forme avec les deux étoiles le triangle tel qu'on l'observe. On peut faire l'observation assez exactement, parce qu'on a assez exactement sur mer l'heure du lieu où l'on est, & que d'ailleurs on a depuis quelques années un instrument avec lequel on peut ; malgré l'agitation du vaisseau, prendre les angles entre la lune & les étoiles avec une justesse assez grande pour déterminer le triangle dont nous parlons. La difficulté se réduit à la théorie de la lune, à connoître assez exactement ses distances & ses mouvemens pour pouvoir calculer à chaque instant sa position dans le ciel, & déterminer à quel instant pour tel ou tel lieu le triangle qu'elle forme avec deux étoiles fixes, sera tel ou tel. Nous ne dissimulerons point que c'est en ceci que consiste la plus grande difficulté. Cet astre qui a été donné à la terre pour satellite, & qui semble lui promettre les plus grandes utilités, échappe aux usages que nous en voudrions faire, par les irrégularités de son cours : cependant on pense aux progrès qu'a faits depuis quelque tems la théorie de la lune, on ne sauroit s'empêcher de croire que le tems est proche où cet astre qui domine sur la mer, & qui en cause le flux & reflux, enseignera aux navigateurs à s'y conduire, *Préface du traité de la parallaxe de la lune* par M. de Maupertuis. On verra à *l'article* LUNE le détail des travaux des plus habiles géomètres & astronomes sur une matiere aussi importante.

Il faut avouer que cette méthode pour découvrir les *longitudes* demandera plus de science & de soin qu'il n'en eût fallu, si on eut pû trouver des horloges qui conservassent sur mer l'égalité de leur mouvement; mais ce sera aux Mathématiciens à se charger de la peine des calculs; pourvû qu'on ait les élémens sur lesquels la méthode est fondée, on pourra par des tables ou des instrumens, réduire à une grande facilité la pratique d'une théorie difficile.

Cependant la prudence voudra qu'au commencement on ne fasse qu'un usage fort circonspect de ces instrumens ou de ces tables, & qu'en s'en servant on ne néglige aucune des autres pratiques par lesquelles on estime la *longitude* sur mer; un long usage en fera connoître la sûreté.

Comme les lieux de la lune sont différens pour les différens points de la surface de la terre, à cause de la parallaxe de cette planete, il sera nécessaire dans les observations qu'on fera des lieux de la lune, de pouvoir réduire ces lieux les uns aux autres, ou au lieu de la lune vue du centre de la terre. M. de Maupertuis dans son *Discours sur la parallaxe de la lune*, dont nous avons tiré une partie de ce qui précéde, donne des méthodes très-élégantes pour cela, & plus exactes qu'aucune de celles qu'on avoit publiées jusqu'à lui. *Voyez* PARALLAXE.

4°. On préfere généralement dans la recherche des *longitudes* sur terre des observations des satellites de Jupiter à celles de la lune, parce que les premieres sont moins sujettes à la parallaxe que les autres, & que de plus elles peuvent toujours se faire commodément quelle que soit la situation de Jupiter sur l'horison. Les mouvemens des satellites sont prompts & doivent se calculer pour chaque heure; or pour découvrir la *longitude* au moyen de ces satellites, vous observerez avec un bon télescope la conjonction de deux d'entre eux ou de l'un d'eux avec Jupiter, ou quelques autres apparences semblables, & vous trouverez en même tems l'heure & la minute pour l'observation de la hauteur méridienne de quelques étoiles. Consultant ensuite les tables des satellites, vous observerez l'heure & la minute à laquelle cette apparence doit arriver au méridien du lieu pour lequel les tables sont calculées, & la différence du tems vous donnera, comme ci-dessus, la *longitude*. *Voyez* SATELLITES.

Cette méthode de déterminer les *longitudes* sur terre est aussi exacte qu'on le puisse désirer, & depuis la découverte des satellites de Jupiter, la Géographie a fait de très-grands progrès par cette raison; mais il n'est pas possible de s'en servir par mer. La longueur des lunettes jusqu'ici nécessaires pour pouvoir observer les immersions & les émersions des satellites, & la petitesse du champ de leur vision, font qu'à la moindre agitation du vaisseau l'on perd de vue le satellite, supposé qu'on l'ait pu trouver. L'observation des éclipses de lune est plus praticable sur mer; mais elle est beaucoup moins bonne pour connoître les *longitudes*, à cause de l'incertitude du tems précis auquel l'éclipse commence ou finit, ou se trouve à son milieu; ce qui produit nécessairement de l'incertitude dans le calcul de la *longitude* qui en résulte.

Les méthodes qui ont pour fondement des observations de phénomene céleste ayant toutes ce défaut qu'elles ne peuvent être toujours d'usage, parce que les observations ne se peuvent pas faire en tous tems, & étant outre cela d'une pratique difficile en mer, par rapport au mouvement du vaisseau; il y a par cette raison des mathématiciens qui ont abandonné les moyens que peuvent fournir la lune & les satellites; ils ont recours aux horloges & autres instrumens de cette espece, & il faut avouer que s'ils pouvoient en faire d'assez justes & d'assez parfaits pour qu'ils allassent précisément sur le soleil sans avancer ni retarder, & sans que d'ailleurs la chaleur ou le froid, l'air, & les différens climats n'y apportassent aucune altération, on auroit en ce cas la *longitude* avec toute l'exactitude imaginable; car il n'y auroit qu'à mettre sa pendule ou son horloge sur le soleil au moment du départ, & lorsqu'on voudroit avoir la *longitude* d'un lieu, il ne s'agiroit plus que d'examiner au ciel l'heure & la minute qu'il est; ce qui se fait la nuit au moyen des étoiles, & le jour au moyen du soleil: la différence entre le tems ainsi observé, & celui de la machine, donneroit évidemment la *longitude*. Mais on n'a point découvert jusqu'aujourd'hui de pareille machine; c'est pourquoi on a eu encore recours à d'autres méthodes.

M. Whiston a imaginé une méthode de trouver les *longitudes* par la flamme & le bruit des grands canons. Le son, comme on le sait, se meut assez uniformément dans toutes ses ondulations, quel que soit le corps sonore d'où il part, & le milieu par où il se transmet. Si l'on tire donc un mortier ou un grand canon dans un endroit où la *longitude* est connue, la différence entre le tems où le feu, qui se meut comme dans un instant, sera vu, & celui où le son qui se meut sur le pié de 173 toises par seconde, sera entendu, donnera la distance des deux lieux l'un de l'autre; ainsi en supposant qu'on eût la *latitude* des lieux, on pourra par ce moyen parvenir à la connoissance de la *longitude*. *Voyez* SON, &c.

De plus si l'heure & la minute où l'on tire le canon sont connues pour le lieu où l'on le tire, observant alors, par le soleil & les étoiles, l'heure & la minute dans le lieu dont on cherche la *longitude*, & où nous supposons qu'on entend le canon même sans le voir, la différence de ces deux tems sera la différence de *longitude*.

Enfin, si ce mortier étoit chargé d'un boulet creux ou d'une maniere de bombe pleine de matiere combustible, & qu'on le plaçat perpendiculairement, il porteroit sa charge à un mille de haut, & on en pourroit voir le feu à près de cent milles de distance. Si l'on se trouve donc dans un endroit d'où l'on ne puisse appercevoir la flamme du canon, ni en entendre le son, on pourra néanmoins déterminer la distance du lieu où l'on sera, à celui où le mortier aura été braqué, par la hauteur dont la bombe s'élevera au-dessus de l'horison: or la distance & la latitude étant une fois connues, la *longitude* se trouvera facilement.

Suivant cette idée, on proposoit d'avoir de ces mortiers placés de distance en distance, & à des stations connues, dans toutes les côtes, les iles, les caps, &c. qui sont fréquentés, & de les tirer à certains momens marqués de la journée pour l'usage & l'avantage des navigateurs.

Cette méthode, qui pourroit plaire à l'esprit dans la théorie, est cependant entierement inutile, parce qu'elle est très-incommode & même qu'elle suppose trop. Elle suppose, par exemple, que le son peut être entendu de 40, 50 ou 60 milles, & il est vrai qu'on en a des exemples; mais ces exemples sont très-rares, & d'ordinaire le bruit du canon ne s'entend que de la moitié au plus de cet espace, & quelquefois de beaucoup moins loin. Elle suppose encore que le son se meut toujours avec une égale vitesse, au lieu que dans le fait sa vitesse peut augmenter ou diminuer selon qu'il est porté, se meut ou en même sens que le vent, ou en sens contraire.

Il est vrai que suivant quelques expériences le vent n'altere en rien la vitesse du son; mais ces expériences auroient besoin d'être répétées un grand nombre de fois pour qu'on pût en déduire des regles générales ; & il y en a même qui leur paroissent contraires, puisque souvent on entend les cloches lorsque le vent en pousse le son aux oreilles, & qu'on cesse de les entendre quand le vent y est contraire.

Cette méthode suppose enfin que la force de la poudre est uniforme, & que la même quantité porte toujours le même boulet à la même hauteur ; or il n'y a aucun cannonier qui ne sache le contraire. Nous ne disons rien des nuits couvertes & obscures où on ne peut point voir de lunes, ni des nuits orageuses où on ne peut point entendre le son, même à de très-petites distances.

C'est pourquoi les marins sont réduits à des méthodes fort imparfaites pour trouver la *longitude* : voici une idée générale de la principale de ces méthodes. Ils estiment le chemin que le vaisseau a fait depuis l'endroit d'où ils veulent compter la *longitude*, ce qui ne se peut faire que par des instrumens jusqu'ici fort peu exacts. Ils observent la latitude du lieu où le vaisseau est arrivé, & la comparent à la latitude de l'autre lieu pour savoir combien ils ont changé en latitude ; & connoissant à-peu-près le rhumb de vent sous lequel ils ont couru pendant ce tems, ils déterminent par la combinaison de ces différens élémens la différence des *longitudes*.

On voit assez combien d'élémens suspects entrent dans cette détermination, & combien la recherche des *longitudes* à cet égard est encore loin de la perfection qu'on y desire.

On peut encore se servir de la déclinaison de la boussole pour déterminer la *longitude* en mer. *Voyez* sur cela le *Traité de navigation* de M. Bouguer, *pag.* 313, ainsi que les méthodes les plus usitées par les marins pour trouver la *longitude*. (*O*)

LONGITUDINAL, *en Anatomie*, se dit des parties étendues, ou situées en long.

Les membranes qui composent les vaisseaux, sont tissues de deux sortes de fibres, les unes *longitudinales*, & les autres circulaires, qui coupent les fibres *longitudinales* à angles droits. *Voyez* MEMBRANE.

Les fibres *longitudinales* sont tendineuses & élastiques. Les circulaires sont musculeuses & motrices, comme les sphincters. *Voyez* FIBRE.

Le sinus *longitudinal* supérieur ou grand sinus de la dure-mere s'étend depuis la connexion de la crête éthmoïdale avec l'os frontal, le long du bord supérieur de la faulx jusqu'au milieu du bord postérieur de la tente ou cloison transversale où il se bifurque dans les deux sinus latéraux. *Voyez* DURE-MERE, *&c.*

LONGONÉ, (*Géog.*) *Voyez* PORTO-LONGONÉ.

LONGPAN, s. m. (*terme d'Arch.*) c'est le plus long côté d'un comble, qui a environ le double de sa largeur ou plus.

LONGUE, adj. s. *en terme de Grammaire*. On appelle *longue* une syllabe relativement à une autre que l'on appelle *breve*, & dont la durée est de moitié plus courte, *voyez* BREVE. La *longueur* & la briéveté n'appartiennent jamais qu'au son qui est l'ame de la syllabe ; les articulations sont essentiellement instantanées & indivisibles.

LONGUE, *dans nos anciennes Musiques*, une note quarrée avec une queue à droite, ainsi ⌐. Elle vaut ordinairement quatre mesures à deux tems, c'est-à-dire deux breves ; quelquefois aussi elle en vaut trois, selon le mode. *Voyez* MODE.

Aujourd'hui la *longue*, 1°. toute note qui commence le tems, & sur-tout le tems fort, quand il est partagé en plusieurs notes égales ; 2°. toute note qui vaut deux tems ou plus, de quelque mesure que ce soit ; 3°. toute note pointée, 4°. & toute note syncopée. *Voyez* MESURE, POINT, SYNCOPE, TEMS, VALEUR DES NOTES.

LONGUES PIECES (*Fondeur de caracteres d'Imprimerie.*) *Longues pieces* du moule, ainsi appellées parce qu'elles sont les plus *longues* de toutes. C'est sur un bout des *longues pieces* que le blanc est retenu par une vis & la potence. De l'autre côté est la fourchette ou entaille, dans laquelle se place & coule la tête de la potence de l'autre piece, lorsque le moule est fermé. *Voyez* MOULE, *Planche*, *figures*.

LONGUES, *terme de Fondeur de caracteres d'Imprimerie.* On entend par *longues* les lettres qui occupent les deux tiers du corps par en-haut, comme les *d*, *D*, *b*, *B*, &c. *p*, *q*, *g*, *y*, par en-bas, & dont on ne coupe que d'un côté l'extrémité du corps du côté de l'œil. On appelle ces lettres *longues* relativement aux courtes que l'on coupe des deux côtés, comme les *m*, *o*, *e*, &c. & aux pleines qui occupent tout le corps, & qu'on ne coupe point, comme Q. *s*. *ff*. &c. *Voyez* COUPER.

LONGUET, s. m. (*Lutherie.*) sorte de marteau dont les facteurs de clavessins se servent pour enfoncer les pointes auxquelles les cordes sont attachées. Ce marteau est ainsi nommé à cause de la longueur de son fer, qui est telle que la tête puisse atteindre les pointes sans que le manche du marteau touche au bord du clavecin. *Voyez* la figure de cet outil *Planches de Lutherie.*

LONGUEUR, s. f. (*Gramm.*) la plus grande dimension d'un corps, mesuré par une ligne droite.

LONGUEUR *de l'étrave à l'étambord*, (*Marine.*) c'est la *longueur* en ligne droite qu'il peut y avoir de l'un à l'autre.

Longueur de la quille portant sur terre, c'est toute la *longueur* de la quille droite, & celle qui porte sur les tins.

Longueur d'un cable ; c'est une mesure de 120 brasses de long, qui est celle de la plus grande *longueur* des cables.

LONGUEUR, (*Maréch.*) Passéger un cheval de sa *longueur*, en termes de manege, c'est le faire aller en rond, de deux pistes, soit au pas, soit au trot, sur un terrein si étroit, que les hanches étant au centre de la volte, sa *longueur* soit à-peu-près le demi-diametre de la volte, & qu'il manie toujours entre deux talons, sans que la croupe échappe, & sans qu'il marche plus vite, ou plus lentement à la fin qu'au commencement. *Voyez* PISTE, VOLTE, *&c.*

LONGUEUR, (*Rubanier.*) s'entend des soies de la chaîne, depuis les ensuples de derriere, jusqu'aux lisses ou lissettes ; ainsi l'ouvrier dit, j'ai fait ma *longueur* ; j'ai nettoyé ma *longueur*, c'est-à-dire, j'ai épluché toutes les bourres & nœuds de ma *longueur*.

LONGUNTICA, (*Géog. anc.*) ville maritime d'Espagne. Il paroît d'un passage de Tite-Live, *liv.* XXII. *c.* xx. que *Loguntica* n'étoit pas loin de Carthagène ; quelques-uns conjecturent que c'est aujourd'hui *Guardamar*, place sur la côte du royaume de Valence.

LONGWY ou LONWIC, (*Géog.*) en latin moderne *Longus-Wicus* ; petite ville de France, sur les frontieres du duché de Luxembourg, avec un château. Elle est divisée en ville vieille & en ville neuve ; cette derniere fut bâtie par Louis XIV. après la paix de Nimégue, & fortifiée à la maniere du maréchal de Vauban. Elle est sur une hauteur, à 6 lieues S. O. de Thionville, 67 N. E. de Paris. *Long.* 23. 26 25. *lat.* 49. 31. 35. (*D. J.*)

LONKITE, s. f. *lonchitis*, (*Hist. nat.*) genre de plante, dont les feuilles ne different pas de celles de la fougere, qu'en ce qu'elles ont une oreillette à la base de leurs découpures. Tournefort, *inst. rei herb.* *Voyez* PLANTE.

LONS-LE-SAUNIER, (*Géog.*) en latin *Ledo* ; plus communément *Ledo-Salinarius*, & quelquefois

Lëodunum : on dit aussi par abus, *Lion-le-Saunier*, petite ville de France en Franche-comté, près du duché de Bourgogne. Elle prend son nom d'une auge, ou mesure d'eau salée, laquelle en terme de saunerie, s'appelle *long*. Gollut dit qu'un *long* contient 24 muids. Cette ville est située sur la petite riviere de Solvan; à 8 lieues de Dôle, 9 de Châlons. *Long.* 23. 15. *lat.* 46. 36. (*D. J.*)

LON-YEN ou LUM-YEN, s. m. (*Botan. exot.*) nom d'un fruit de la Chine, qui ne croît que dans les provinces australes de l'empire, à un arbre sauvage ou cultivé, lequel est de la grandeur de nos noyers. Le *lon-yen* est de la grosseur de nos cerises, d'une figure ronde, d'une chair blanche, aigrelette, pleine d'eau, & d'un goût approchant de celui de nos fraises. Il est couvert d'une pelure mince, lisse, d'abord grisâtre, & jaunissant ensuite, à mesure que le fruit mûrit. Les Chinois des provinces australes, & en particulier les habitans de Focheu, font la récolte de ces fruits en Juillet, & les arrosent d'eau salée pour les conserver frais; mais ils en sechent la plus grande partie pour les transporter pendant l'hiver, dans les autres provinces; ils en font aussi du vin agréable, en les pilant, & les laissant fermenter; la poudre des noyaux de ce fruit est d'un grand usage dans leur médecine. Plus la nature a caché le germe de ses productions, plus l'homme ridiculement fin, s'est persuadé d'y trouver la conservation de sa vie, ou du moins le remede à ses maux. (*D. J.*)

LOOCH, ou LOOH, s. m. (*Pharm. & Thérap.*) mot pris de l'arabe, & les noms d'une composition pharmaceutique d'une consistance moyenne, entre le syrop & l'électuaire mou, destinée à être roulée dans la bouche, & avalée peu-à-peu, ou à être prise par très-petites portions, & en léchant. Les Grecs ont appellé cette préparation *eclegma*, & les Latins *linctus*. Le mot *looch* est depuis long-tems le plus usité, même chez les auteurs qui ont écrit en latin.

Le *looch* n'est composé que de remedes appellés pectoraux (*voyez* PECTORAL), & principalement des liquides, ou au moins mous, comme décoctions, eaux distillées, émulsions, huiles douces, syrops, mucilages délayés, miel, pulpes, gelées, conserves, &c. ou consistans, mais solubles, comme sucre, gomme, &c. On y fait entrer quelquefois aussi des matieres pulvérulentes, non solubles, comme de l'amydon, de la réglisse en poudre, des absorbans porphyrisés, &c. mais alors le remede est moins élégant & moins parfait.

Pour unir différens ingrédiens sous forme de *looch*, il n'y a 1°. s'ils sont tous vraiment miscibles, ou réciproquement solubles, qu'à y mêler exactement en agitant, triturant, appliquant une chaleur convenable; en un mot procurant la dissolution ou combinaison réelle, ces différens ingrédiens employés en proportion convenable, pour que le mélange achevé ait la consistance requise: cette proportion s'apprend facilement par l'usage, & un tâtonnement facile y conduit.

2°. Si les différens ingrédiens ne sont pas analogues, qu'il s'agisse, par exemple, d'incorporer une huile avec des liqueurs aqueuses & des gommes; en joignant ces substances immiscibles par l'intermede des substances savonneuses, le sucre & le jaune d'œuf, & en leur faisant contracter une union, au-moins superficielle, indépendamment de celle qui est procurée par cet intermede, par une longue conquassation, en les battant, & broyant long-tems ensemble.

Le *looch* blanc de la Pharmacopée de Paris, nous fournira le modele de la composition la plus compliquée, & la plus artificielle du *looch*.

Looch blanc de la Pharmacopée de Paris réformé. Prenez quatre onces d'émulsion ordinaire, préparées avec douze amandes douces; dix-huit grains de gomme adragant réduite en poudre très-subtile. Mettez votre gomme dans un mortier de marbre, & versez peu-à-peu votre émulsion, en agitant continuellement & long-tems, jusqu'à ce que vous ayez obtenu la consistance de mucilage. Alors mêlez exactement avec une once de syrop de capillaire, & une once d'huile d'amandes douces, que vous incorporerez avec le mélange précédent, en continuant d'agiter le tout dans le mortier, fournissant l'huile peu-à-peu : enfin vous introduirez par la même manœuvre environ deux drachmes d'eau de fleurs d'orange.

Ce que j'appelle la *réforme de ce looch*, consiste à substituer de l'eau pure à une décoction de réglisse demandée dans les dispensaires, & qui ôte de l'élégance au remede, en ternissant sa blancheur, sans y ajoûter aucune vertu réelle; & à mettre le syrop de capillaire à la place du syrop d'althéa, de Fernel, & de celui de diacode, qui le rendent désagréable au goût, sans le rendre plus efficace. Les bons apoticaires de Paris préparent le *looch blanc* de la maniere que nous avons adoptée. Ils dérogent à cet égard à la loi de la Pharmacopée; & certes c'est-là une espece d'infidélité plûtôt louable, que condamnable, & presque de convention; les Medecins qui connoissent le mieux la nature des remedes, l'approuvent, & ce suffrage vaut assurement mieux que la soumission servile à un précepte dicté par la routine.

Quant à l'usage médicinal, & à la vertu des *looch*, il faut observer premierement, qu'ils sont donnés, ou comme topiques, dans les maladies de la bouche & du gosier, en quoi ils n'ont absolument rien de particulier, mais agissant au contraire selon la condition commune des topiques (*v.* TOPIQUE), ou bien qu'on les roule dans la bouche aussi long-tems qu'on peut les y tenir, sans céder au mouvement de la déglutition, qui est machinalement déterminé par ce *roulement* dans la bouche (*quantùm patitur frustratæ deglutitionis tædium*), dans l'espoir que l'air à inspirer, qui passera à travers le *looch* retenu dans la bouche, se chargera, sinon de la propre substance, du-moins d'une certaine émanation du remede; & qu'ainsi il arrivera au poumon empreint de la vertu médicamenteuse de ce remede.

Secondement, que le premier emploi du *looch*, c'est-à-dire, à titre de topique, est très-rare, pour ne pas dire absolument nul; car, dans le cas de maladies de la bouche & du gosier, c'est presqu'uniquement le gargarisme qu'on employe. *Voyez* GARGARISME.

Troisiemement, que le second emploi, à titre de pectoral, ou béchique incrassant, dirigé immédiatement vers le poumon par le véhicule de l'air inspiré, qui est très-ordinaire & très-usuel, est fondé sur un des préjugés des plus puériles, des plus absurdes, des plus répandus pourtant, non-seulement chez le peuple, mais même chez les gens de l'art, & dans les livres.

Car d'abord l'air ne peut certainement rien enlever des corps doux ou huileux, qui font la nature essentielle des *looch*, ni par une action menstruelle, car l'air ne dissout point ces substances grossieres; ni par une action méchanique, car l'air ne traverse pas impétueusement la bouche, pour se porter par un courant rapide le poumon; l'air est au contraire doucement attiré par l'inspiration; d'où il est clair *à priori*, que l'air inspiré ne se charge d'aucune partie intégrante substantielle du *looch*. En second lieu, cette vérité est démontrée *à posteriori*, par cette observation familiere, vulgaire, qu'une seule goutte d'un liquide très-benin, *blandissimi*, d'eau pure, qui enfile l'ouverture de la glotte, occasionne sur le champ une toux convulsive, suffocante, qui s'appaise à peine par l'expulsion du corps dont la présence l'excitoit. Que seroit-ce si des matieres plus grossieres, plus irritantes, telles que sont celles qui composent le *looch*, si de pareilles matieres, dis-je, étoient portées dans la trachée-artere.

Quatriemement, que si on se restraint à prétendre que l'air ne se charge que d'une émanation d'une vapeur, la prétention est au-moins tout aussi frivole; car la matiere des *looch* n'exhale absolument qu'une substance purement aqueuse : c'est-là un fait très-connu des Chimistes. Ce n'est donc certainement pas la peine de rouler un *looch* dans la bouche pour envoyer de l'eau, un air humide au poumon. Si c'étoit-là une vûe utile, il vaudroit mieux que le malade tint continuellement devant la bouche, un vaisseau plein d'eau chaude, fumante, que de tenir sa bouche continuellement pleine de salive.

On emploie communément le *looch*, le blanc ci-dessus décrit principalement, pour servir de véhicule à des remedes qu'on donne peu-à-peu, & pendant toute la journée, le kermès minéral, par exemple. Cet usage a commencé d'après un préjugé : on a donné le kermès principalement destiné à agir sur la poitrine, dans un véhicule prétendu pectoral; la vûe est certainement vaine, mais l'usage est indifférent. (*b*)

LOOCH BLANC, (*Pharm. & Thérap.*) *voyez l'article précédent.*

LOOPEN, s. m. (*Commerce.*) mesure pour les grains dont on se sert à Riga. Les 46 *loopens* font le last de cette ville; ils sont aussi le last d'Amsterdam. *Voyez* LAST. *Dict. de Comm.*

LOOPER, s. m. (*Comm.*) mesure des grains dont on se sert dans quelques lieux de la province de Frise, particulierement à Groningue, à Leeuwarden & à Haarlingen. Trente-six *loopers* font le laste de ces trois villes, qui est de 33 mudes, ils font aussi trois hoeds de Roterdam. *Voyez* LAST & HOEDS. *Dict. de Comm.*

LOOT, s. m. (*Comm.*) C'est ainsi qu'on nomme à Amsterdam la trente-deuxieme partie de la livre poids de marc. Le *loot* se divise en dix engels, & l'engel en 32 as. *Voyez* LIVRE. *Dict. de Comm.*

LOPADIUM, ou LÔPADI, (*Géog. anc.*) lieu de Natolie, que les Francs nomment *Loubat*. (*D. J.*)

LOPOS, (*Géog.*) peuples sauvages de l'Amérique méridionale, au Brésil. Ils sont voisins des Motayes, petits de taille, de couleur brune, de mœurs rudes & farouches. Ils se tiennent dans les montagnes, où ils vivent de pignons, & de fruits sauvages. Delaet dit, que cette contrée abonde autant en métaux & en pierres précieuses, qu'aucune autre de l'Amérique, mais qu'elle est à une distance si grande de la mer, qu'on n'y peut aller que très-difficilement. (*D. J.*)

LOQUE, s. f. (*Jardinage.*) terme de jardinage, qui n'est autre chose qu'un petit morceau de drap, avec lequel on attache sur les murailles chaque branche & chaque bourgeon à leurs places, en y chassant un clou. On prétend que cette maniere de palisser les arbres, quoique moins élégante que les treillages peints en verd, est plus avantageuse aux fruits, & les blesse moins que le bois de treillage.

LOQUET, s. m. (*Serrurier.*) fermeture que l'on met aux portes, où les serrures sont dormantes & sans demi-tour, ou à celles où il n'y a point de serrures.

Il y a le *loquet à bouton*. Il n'a qu'un bouton rond ou à olive; la tige passe à-travers la porte; au bout il y a une bascule rivée ou fixée avec un écrou, de maniere qu'en tournant le bouton, le batant pose sur la bascule qui se leve.

Le *loquet à la capucine*. Sa clé a une espece d'anneau ouvert selon la forme de la broche. Lorsque la broche est entrée dans sa serrure, on leve la clé, & en levant la clé on leve le battant auquel tient la broche.

Le *loquet poucier*; c'est le commun. Il est fait d'un battant, d'un crampon, d'un poucier, d'une plaque, d'une poignée ou d'un mantonnet.

Le *loquet à vrille*; c'est un loquet à serrure qui se pose en dehors, dans l'épaisseur du bois, s'ouvre à clé, est garni en-dedans de rouets & rateaux, & a au lieu de pêne, une manivelle comme celle d'une vrille, laquelle est fixée avec un étochio sur le palatre. La clé mise dans la serrure, en tournant, fait lever la manivelle, dont la queue fait lever le battant qui étoit fermé dans le mantonnet.

LOQUETS, s. m. (*Comm.*) laine qu'on enleve de dessus les cuisses de bêtes à laine; c'est la moins estimée; on en fait des matelats. Elle entre aussi en trame dans la fabrication des droguets de Rouen.

LOQUET, *en terme de vergetier*, est un petit paquet de chiendent ou de soie, dont on remplit les trous du bois, & qui fait la brosse, à proprement parler.

LOQUETEAU, s. m. (*Serrurerie.*) c'est un loquet monté sur une platine dont le battant est percé au milieu d'un trou rond, en aile, pour recevoir un étochio rivé sur la platine, au bord du derriere sur lequel il roule. Au bord antérieur de la platine, est posé verticalement un crampon dans lequel passe la tête du battant, qui excede la platine environ d'un pouce, pour entrer dans le mantonnet. Il faut que le crampon soit assez haut, pour que le battant se leve & se place dans le mantonnet. Sur la platine, au-dessus du battant, il y a un ressort à boudin ou à chien, dont les extrémités passent sous le crampon, & agissent sur le battant qu'ils tiennent baissé. Le bout où est pratiqué l'œil, est posé sur un étochio rivé sur la platine. Il y a au bout de la queue du battant un œil où passe le cordon qui fait lever. La partie du battant, depuis l'œil où est l'étochio sur lequel roule le battant, peut se lever. Ce qui est arrondi jusqu'à l'œil où passe le cordon, se nomme *queue du battant.* Lorsque le battant du *loqueteau* n'a point de queue, il faut que l'œil où passe le cordon soit percé à l'autre bout, & au bord de dessous de la tête du battant. Alors le ressort est posé sous le battant, & le mantonnet est aussi renversé. La raison de ce changement de position du mantonnet, c'est que quand le cordon étoit à la queue du battant, en tirant on faisoit lever la bascule & se levoit. Or cela ne se peut plus, lorsque le cordon est à la tête du battant. Au contraire, en tirant le cordon on le feroit appuyer plus fort sur le mantonnet; il a donc fallu retourner le mantonnet sens-dessus-dessous, afin d'ouvrir, & ce changement a entraîné le déplacement du ressort, pour qu'il tint le battant levé, & poussé en-haut dans le mantonnet.

On appelle *loqueteau à panache* celui où le bout de la platine est découpé.

On place le *loqueteau* aux endroits à fermer, où l'on ne peut atteindre de la main, comme croisées, portes, contrevents, &c.

LORARIUS, s. m. (*Hist. anc.*) homme armé de fouet, qui animoit au combat les gladiateurs, & qui les punissoit lorsqu'ils ne montroient pas assez de courage; on les appelloit aussi pour châtier les esclaves paresseux ou coupables.

LORBUS, (*Géog.*) ville d'Afrique, au royaume de Tunis en Barbarie. Le mot *Lorbus* paroît corrompu de *urbs*; Marmol, *tom. II. liv. vj. ch. xxx.* entre dans d'assez grands détails sur cette ville, & dit qu'on y voyoit encore de son tems de beaux restes d'antiquité. Elle est dans une plaine très-fertile à 60 lieues O. de Tunis. *Long.* 26. 35. *lat.* 35. 35. (*D. J.*)

LORCA, (*Géog.*) ancienne ville d'Espagne, au royaume de Murcie. Elle est fort délabrée, quoique située dans un pays fertile, sur une hauteur, au pié de laquelle coule le Guadalentin, à 6 lieues de la mer, 14 lieues S. O. de Murcie, 12. N. O. de Carthagène. *Long.* 16. 32. *lat.* 37. 25. *(D. J.)*

LORD, f. m. *(Hist. mod.)* titre d'honneur qu'on donne en Angleterre à ceux qui sont nobles ou de naissance, ou de création, & qui sont de plus revêtus de la dignité de baron. *Voyez* NOBLESSE & BARON.

Ce mot tire son origine de *l'anglo-saxon*, & il signifioit anciennement un homme qui donne du pain à d'autres, pour faire allusion à la charité & à l'hospitalité des anciens nobles. Il s'est formé selon Camden, de *hlaxond* qu'on a écrit depuis *lofendet* qui est composé de *hlax, pain,* & *xond, fournir.* Dans ce sens *lord* veut dire la même chose que *pair* du royaume, *lord* du parlement. *Voyez* PAIR & PARLEMENT.

On donne aussi par politesse en Angleterre, le titre de *lord* à tous les fils de ducs ou de marquis, & aux fils aînés des comtes.

Lord se donne aussi aux personnes distinguées par leurs grands emplois, comme le *lord* chef de la justice, le *lord* chancelier, le *lord* du trésor, de l'amirauté, &c. *Voyez* JUSTICE, CHANCELLIER, TRÉSOR, AMIRAUTÉ.

Ce titre se donne encore à des personnes d'un rang inférieur, qui ont des terres seigneuriales, & à qui des personnes qui en relevent doivent hommage à leur manoir. *Voyez* FIEF & MANOIR.

Car ses vassaux l'appellent *lord*, & en quelques endroits *lord de terre*, pour le distinguer des autres. C'est dans cette derniere signification que les livres anglois de droit prennent le plus souvent le mot *lord*. Ils en distinguent de deux especes: *lord paramount*, ou seigneur suzerain, & *lord mesne*, ou seigneur direct. *Lord* ou seigneur direct; c'est celui qui rend foi & hommage à un autre seigneur, & qui en vertu de cela a des vassaux qui relevent de lui en fief, & par acte enregistré à la chambre des comptes, quoiqu'il releve lui même d'un autre seigneur supérieur, qui s'appelle *suzerain*. *Voyez* SUZERAIN. On trouve aussi dans les livres de droit *franc lord*, ou *franc seigneur*, & *franc vassal*. *Voyez* FRANC. *Franc lord* ou seigneur est celui qui est seigneur immédiat de son vassal; & *franc vassal* est celui qui releve immédiatement de son *lord* ou seigneur; de sorte que lorsqu'il y a seigneur suzerain, seigneur direct & vassaux, le seigneur suzerain n'est pas franc seigneur des vassaux.

Lord, haut amiral d'Angleterre, est un des grands officiers de la couronne, dont l'autorité & les honneurs sont si considérables, qu'on en a rarement créé qui ne fussent des fils cadets du roi, ou ses proches parens ou alliés. *Voyez* AMIRAL. C'est lui à qui le roi remet le maniement & la direction de toutes les affaires maritimes, soit de juridiction, soit de protection, le commandement de la marine, & le pouvoir de décider toutes les différentes causes, tant civiles que criminelles, entre les sujets de sa majesté, soit sur les côtes, soit delà les mers. C'est aussi à lui qu'appartiennent les débris des naufrages, & les prises qu'on appelle *lagonjetson* & *flotson*, c'est-à-dire tous les marchandises qui sont restées flottantes sur la mer, ou tombées sur les côtes, excepté dans les royaumes où elles appartiennent au *lord* ou seigneur de terre, & avec tous les grands poissons nommés *poissons royaux*, excepté les baleines & les esturgeons, une part considérable des prises en tems de guerre, & les biens des pirates ou félons condamnés. *Voyez* FLOTSON, &c.

Le *lord* haut-amiral a sous lui plusieurs officiers de plus & de moins haut rang, les uns de mer, & les autres de terre; les uns militaires, d'autres de plume; les uns dans la judicature, d'autres dans le ministere, ou ecclésiastiques; dans sa cour qu'on appelle *cour de l'amirauté*, tous les procès se jugent en son nom, & non pas en celui du roi, comme c'est la coutume dans les autres cours; en sorte que le domaine & la juridiction de la mer peuvent être à juste titre considérés en Angleterre, comme une autre république ou un royaume à part; & le *lord*, haut-amiral comme le viceroi de cette espece de royaume maritime; il a sous lui un lieutenant qui est juge de l'amirauté; c'est ordinairement un docteur en droit, d'autant que dans cette cour tous les procès en matiere civile se jugent suivant le droit civil; mais quant aux matieres criminelles, on y procede par une commission particuliere de la secrétairerie, suivant les lois d'Angleterre. *Voyez* AMIRAUTÉ.

Le *lord*, grand-maître de la maison du roi, est le principal officier pour le gouvernement civil des domestiques du roi dans le bas, & non dans la chambre, ou passé l'escalier, & il a juridiction sur les officiers de la maison. *Voyez* GRAND-MAITRE & MAISON. On l'investit de sa charge en lui délivrant le bâton blanc qu'on regarde comme la marque de son office; & sans autre commission il juge de toutes les fautes commises dans la cour & dans la barre ou juridiction de la cour, & y rend des jugemens ou sentences, selon que le cas le requiert. A la mort du roi il porte son bâton sur le tombeau où le corps du roi est déposé, & il congédie par-là tous les officiers qui servoient sous lui.

Lord avocat. *Voyez* AVOCAT. *Lord* haut-trésorier. *Voyez* TRÉSORIER. *Lord* chambellan de la maison, *lord* grand-chambellan d'Angleterre. *Voyez* CHAMBELLAN. *Lord* haut-chancelier d'Angleterre. *Voyez* CHANCELLIER. *Lords* de la chambre, *Voyez* CHAMBRE. *Lords* de la trésorerie. *Voyez* TRÉSORERIE.

Les *lords* des comtés ou provinces sont des officiers de grande distinction, qui en ont la charge de commander la milice de la comté, & de régler toutes les affaires militaires qui la concernent. *Voyez* COMTÉ. Ils sont généralement choisis de la premiere qualité, parmi les personnes les plus puissantes du pays. Ils doivent assembler les milices en cas de rébellion, & marcher à leur tête où le roi ordonnera. *Voyez* MILICE. Ces *lords* ont le pouvoir de donner des commissions de colonels, de majors, de capitaines, comme aussi de présenter au roi les noms des députés, lieutenans, lesquels doivent être choisis dans la meilleure noblesse de la comté ou province, & faire les fonctions des *lords* lieutenans en leur absence. Sous les *lords* lieutenans & les députés lieutenans, sont les juges de paix, qui selon les ordres qu'ils reçoivent des premiers, sont chargés de publier les ordres des hauts & petits connétables, pour le service militaire, &c.

LORD-MAIRE, *(Jurisp.)* est le premier magistrat de la ville de Londres. Son pouvoir dure un an; il a la juridiction souveraine sur la ville, les fauxbourgs, & la Tamise; sa cour est composée de plusieurs officiers, & l'on porte toûjours devant lui l'épée de justice; le roi ne peut entrer dans la ville sans sa permission; & même si ce n'est qu'il faut qu'il la traverse sans suite. Le *lord-maire* doit toûjours être membre d'un des douze bons corps de métiers établis dans la ville, & on le tire par élection du corps des aldermans, qui sont les échevins: ceux-ci sont au nombre de 26, & leur fonction est à vie; on ne peut devenir *lord-maire*, sans avoir exercé le shériffat, qui est une fonction assez désagréable. Les shérifs sont élus tous les ans; ils sont chargés de mettre à exécution les ordres du roi, & de faire mettre à exécution les sentences de mort. Ils sont aussi gardiens nés des prisons, & responsables envers les créanciers des sommes dûes par ceux qui s'en échappent. *Voyez l'état abregé des lois, revenus, usages & productions de la Grande-Bretagne.* (A)

LORDOSE, s. f. (*Medecine.*) λορδωσις, λορδωλια, maladie des os propre aux ulceres. Ce nom vient du grec λορδος qui signifie *plié*, *courbé* en-devant; ainsi suivant l'étymologie & la signification rigoureuse, on appelle de ce nom l'état de l'épine opposé à la bosse, c'est-à-dire dans lequel les vertebres se courbent, se déjettent vers les parties antérieures, & laissent un vuide dans le dos; c'est ainsi que Galien l'a défini, *comment. III. in lib. de articul.* où il dit que cette maladie n'est autre chose que la distorsion (διαςροφη) de l'épine, sur le devant (εἰς τα πρόσω) occasionnée par cette inclinaison des vertebres : cependant Hippocrate moins exact, confond ce nom avec ceux de Βωλια & de Κυφωλια, par lesquels il désigne la bosse, *lib. de articul.* Ce vice, suite du rachitis, dépend absolument des mêmes causes que la bosse, & lorsqu'il est guérissable, c'est par les mêmes remedes; il pourroit aussi être occasionné par un coup, par une chûte, &c. *Voyez* BOSSE. Cependant il faut remarquer que cet état-ci est beaucoup plus dangereux. Les visceres de la poitrine ou du bas-ventre sont beaucoup plus génés, lorsque l'épine se porte en-dedans; il est impossible que leurs fonctions se fassent avec l'aisance requise ; aussi ne voit-on personne vivre avec une pareille maladie. *Article de M. MENURET.*

LORETTE, (*Géog.*) petite & assez forte ville d'Italie, dans la marche d'Ancone, avec un évêché relevant du pape, & érigé par Sixte V. en 1586.

Malgré cet avantage, *Lorette* n'est qu'un pauvre lieu, peuplé seulement d'ecclésiastiques & de marchands de chapelets benis ; mais l'église & le palais épiscopal sont du dessein du célebre Bramante ; cependant l'église ne sert pour ainsi dire que d'étui à la chambre, où selon la tradition vulgaire du pays, Jesus-Christ lui-même, s'est incarné ; & ce sont des anges qui ont transporté cette chambre, *la casa santa*, de la Palestine, dans la marche d'Ancone.

La casa santa a 32 piés d'Angleterre de longueur, 13 de largeur, & 17 de hauteur. On y voit une image de la sainte Vierge en sculpture, haute de 4 piés, & qu'on donne pour être l'ouvrage de Saint-Luc. Sa triple couronne couverte de joyaux, est un présent de Louis XIII. roi de France.

La chambre du trésor est un endroit spacieux, dont 17 armoires à doubles battans lambrissent les murs. On prétend que ces armoires sont remplies des plus riches offrandes en or pur, en vases, & en pierres précieuses; mais bien des gens doutent de l'existence actuelle de toutes ces richesses.

Quoi qu'il en soit, *Lorette* est située sur une montagne, à 3 milles de la côte du golfe de Venise, 5 S. E. d'Ancone, 45 N. O. de Rome. *Long.* 31. 25. *lat.* 43. 24. ou plûtôt selon la fixation du P. Viva, 43. 42.

Les Jésuites ont aussi une place dans l'Amérique septentrionale, au bord de la mer Vermeille, au pays de Concho, qu'ils ont nommée *Lorette-concho*, sur laquelle on peut lire les *lettres édifiantes, tom. V.* Ils ont là quelques bourgades, il n'y manque plus que des pellerins. (*D. J.*)

LORETZ, LE, (*Géog.*) petite riviere de Suisse, au canton de Zug. Elle a sa source dans le lac d'Egeri, nommé sur la carte *Egeri-sie*, & se perd dans la Russ. (*D. J.*)

LORGNETTE, s. f. f. (*Dioptr.*) on donne ce nom où à une lunette à un seul verre que l'on tient à la main, ou à une petite lunette à tuyau, composée de plusieurs verres, & qu'on tient aussi à la main. Les lunettes à mettre sur le nez, ou les lunettes à long tuyau, s'appellent simplement *lunettes. Voyez* LUNETTE. Les *lorgnettes* s'appellent aussi par les Physiciens *monocles*, en ce qu'elles ont la propriété de ne servir que pour un seul œil; au lieu que les lunettes ou *besicles* servent pour les deux. Les *lorgnettes* à un seul verre doivent être formées d'un verre concave pour les myopes, & d'un verre convexe pour les presbytes. (*Voyez* MYOPE *&* PRESBYTE) parce que l'usage de ces *lorgnettes* est de faire voir l'objet plus distinctement. (O)

LORGUES, (*Géog.*) en latin dans les anciennes chartres, *Leonica*, petite ville de France en Provence, chef-lieu d'une vigueric de même nom. Elle est située sur la riviere d'Argent, à deux lieues de Draguignant, cinq de Fréjus, 14 d'Aix, 172 S. O. de Paris. *Long.* 24^d. 2′. 1″. *lat.* 43^d. 29′. 31″. (*D. J.*)

LORIN, s. m. (*Corderie.*) corde qu'on attache à une ancre, & à l'autre extrémité de laquelle on met un morceau de liége pour retrouver l'ancre, en cas que le gros cable s'en sépare. *Voyez* ANCRE.

LORIOT, s. m. (*Hist. nat. Ornitholog.*) *galbula* Aldr. *chloreus* Arist. *oriolus*, Gesn. oiseau qui est à-peu-près de la grosseur du merle. Il a neuf pouces & demi de longueur depuis l'extrémité du bec jusqu'au bout de la queue, & environ seize pouces d'envergure. La tête, la gorge, le cou, la partie antérieure du dos, la poitrine, le ventre, les côtés, les jambes, les petites plumes du dessous de la queue & des ailes, sont d'un beau jaune ; la partie postérieure du dos, le croupion, & les petites plumes du dessous de la queue, ont une couleur jaune mêlée d'olivâtre. Il y a une tache noire de chaque côté de la tête entre le bec & l'œil ; les petites plumes ont du noir & du jaune olivâtre; les petites plumes du dessus de l'aile sont noires, quelques-unes ont du jaune pâle à la pointe; les grandes plumes des ailes sont noires en entier ou bordées de blanc pur ou de blanc jaunâtre ; les deux plumes du milieu de la queue sont en partie de couleur d'olive, en partie noires & terminées par un point jaune ; les autres sont noires & jaunes; le bec est rouge, les piés sont livides, & les ongles noirâtres. Cet oiseau suspend son nid avec beaucoup d'art à des branches d'arbres : les couleurs de la femelle ne sont pas si belles que celles du mâle. *Voyez l'Ornithologie* de M. Brisson, où sont aussi les descriptions des *loriots* de la Cochinchine, des Indes, de Bengale, & du *loriot* à la tête rayée. *Voyez* OISEAU.

LORMERIE, s. f. ouvrage de *Lormerie*, (*Cloutier.*) sous ce nom sont compris tous les petits ouvrages de fer qu'il est permis aux maîtres Cloutiers-Lormiers de forger & fabriquer, comme gourmettes de chevaux, anneaux de licols & autres. *Voyez* CLOUTIER.

LORMIER, s. m. (*Cloutier.*) qui fait des ouvrages de Lormerie. Les Cloutiers, Selliers, & Eperonniers, sont qualifiés dans leurs statuts *maîtres Lormiers*, parce qu'il est permis aux maîtres de ces trois arts de faire des ouvrages de Lormerie, savoir aux deux premiers sans se servir de lime ni d'estoc, & aux derniers en les limant & les polissant.

LOROS, s. m. (*Hist. nat.*) nom que les Espagnols donnent à une espece de perroquet commun dans le Mexique & les autres parties de la nouvelle Espagne. Ses plumes sont vertes, mais sa tête & l'extrémité de ses ailes sont d'un beau jaune. Il y a encore une petite espece de perroquets de la même couleur, mais qui ne sont pas plus gros que des grives ; on les nomme *pericos*.

LORRAINE, (*Géog.*) état souverain de l'Europe, entre les terres de l'empire, & celles du royaume de France. Plusieurs écrivains, entre autres le P. Calmer, ont donné l'histoire intéressante de cet état, en 7 vol. *in-fol.* nous n'en dirons ici que deux mots.

Le

Le premier fort des peuples qui l'habitoient, fut de fubir le joug des Romains comme les autres Gaulois; ils obéirent à ces maîtres du monde, jufqu'au commencement de la monarchie françoife.

Ce pays fit la plus confidérable partie du royaume d'Auftrafie, qui fe forma dans les partages des enfans de Clovis & de Clotaire. Il ne changea de nom que fous le regne du jeune Lothaire, fils de l'empereur Lothaire, & fous lequel il eut le titre de royaume, *regnum Lotharii*; d'où l'on fit *Lotharingia*, & de *Lotharingia*, vint le vieux mot françois *Loherregne* : depuis pour *Loherregne*, on a dit *Lorrène*, & enfin *Lorraine*. Ce pays dans le xiij. fiecle fe nommoit auffi *Lothier*, comme il paroit par une publication de paix de l'an 1300, qui commence ainfi : « Jehan, par la grace de Dieu, duc de *Lothier*, de » Braibant, & de Lemboure ». . . .

La *Lorraine* fut par fucceffion de tems divifée en deux grands duchés, dont l'un s'appelle *Lorraine* fupérieure, ou *Lorraine* Mofellane, & l'autre *Lorraine* inférieure, ou *Lorraine* fur la Meufe.

Enfin, la *Lorraine* fut réduite à une bien petite portion du pays qui avoit porté ce nom, & ne fut plus connue que fous la fimple dénomination de *duché de Lorraine*, dont nous devons parler ici.

Cet état fut borné au nord par les évêchés de Metz, Toul, & Verdun; par le Luxembourg, & par l'archevêché de Treves; à l'orient par l'Alface, & par le duché des Deux-ponts; au midi par la Franche-Comté; & au couchant par la Champagne & par le duché de Bar. Il a 35 à 40 lieues de long depuis Longwick jufqu'à Philisbourg, & 25 à 30 lieues de large depuis Bar jufqu'à Vaudrange. Nancy en eft la capitale.

Ce pays abonde en grains, vins, chanvre, gibier, & poiffon; il s'y trouve de vaftes forêts, des mines de fer, & plufieurs falines. Il eft arrofé d'un grand nombre de rivieres, dont les plus confidérables font la Meufe, la Mofelle, la Seille, la Meutte, la Saone, & la Sare. Jaillot eft le géographe qui en a donné la meilleure carte.

Les terres du domaine de la *Lorraine* comprennent quatre grands bailliages; le bailliage de Nancy, celui de Vofge, celui de Baffigny, & le bailliage allemand, appellé auffi la *Lorraine* allemande.

Les ducs de *Lorraine* defcendent en ligne directe mafculine de Gerard d'Alface, comte de Caftinach, iffu d'une noble & ancienne maifon du pays, & oncle de l'empereur Conrard. Henri le Noir empereur, lui donna la *Lorraine* fupérieure à titre de duché, en 1048, & fes defcendans en ont joui jufqu'au traité conclu à Vienne en 1738, par lequel ce duché eft cédé au roi Stanislas I. pendant fa vie, pour être réuni à la couronne de France après la mort de ce prince; c'eft l'ouvrage du cardinal de Fleuri. Ainfi que la fageffe de ce miniftre, cette province a eu pour la derniere fois un prince réfident chez elle, & ce fouverain l'a rendue très-heureufe; fon nom fera long-tems cher aux habitans d'un pays dont il eft le pere. (*D. J.*)

LORRÉ, adj. (*Blafon.*) en termes de Blafon fe dit des nageoires des poiffons.

LORRIS, (*Géog.*) petite ville de France en Orléannois, fituée dans des marécages, à fix lieues de Montargis. Cette ville a une *coutume* finguliere qui porte fon nom, & qui s'étend affez loin. Elle fut rédigée en 1531 ; le fleur de la Thaumaffiere a fait un ample commentaire fur cette coutume, qui parut à Bourges en 1679 *in-fol.* C'eft un grand malheur que cette multiplicité de coutumes dans ce royaume, & cette foule de commentateurs qu'un avocat doit avoir dans fa bibliotheque ; mais il ne s'agit pas ici de déplorer nos folies, il eft queftion d'une ville dont la *long. eft* 20. 24. la *lat.* 47. 55.

Guillaume de *Lorris* prit ce furnom, parce qu'il naquit dans cette ville fous le regne de S. Louis. Fauchet & la Croix du Maine, racontent qu'il entreprit de compofer le fameux *roman de la Rofe*, pour plaire à une dame qu'il aimoit. Il mourut vers l'an 1260, fans avoir achevé cet ouvrage, qui a été continué par Jean Clopinel, dit de *Meun*, fous le regne de Philippe-le-Bel. (*D. J.*)

LOSANGE, f. m. (*Géom.*) efpece de parallélogramme, dont les quatre côtés font égaux & chacun parallele à fon oppofé, & dont les angles ne font point droits, mais qui en a deux aigus oppofés l'un à l'autre, & deux autres obtus oppofés auffi l'un à l'autre. *Voyez* PARALLÉLOGRAMME.

Quelques-uns n'appellent *lofange*, que celui où la diagonale qui joint les deux angles obtus, eft égale aux côtés du *lofange* ; mais la dénomination générale a prévalu.

Scaliger dérive le mot *lofange*, de *laurengia*, parce que cette figure reffemble à quelques égards à la feuille de laurier. On l'appelle ordinairement *rhombe* en Géométrie, & *rhomboïde*, quand les côtés contigus font inégaux. *Voyez* RHOMBE & RHOMBOIDE. *Chambers.* (*E*)

LOSANGE, (*Menuiferie.*) eft un quarré qui a deux angles aigus. Les Menuifiers en mettent dans le milieu des panneaux des pilaftres pour en interrompre la longueur.

LOSANGE, (*Pâtifferie.*) c'eft un gâteau feuilleté & glacé de nompareilles, c'eft-à-dire d'ouvrages de confiferie de plufieurs couleurs & de toutes façons.

LOSANGE, *terme de Blafon*, figure à quatre pointes, dont deux font un peu plus étendues que les autres, & qui eft affife fur une de ces pointes : les filles portent leur écu en *lofange*.

LOSANGE, *en terme de Blafon*, fe dit de l'écu & de toute figure couverte de lofange.

Craom en Anjou, *lofangé* d'or & de gueules.

LOSON, (*Géog.*) nom de deux petites rivieres de France, l'une en Béarn, qui fe perd dans le Gave, l'autre dans le Cotantin, qui finit fon cours dans la riviere de Tante. (*D. J.*)

LOT, f. m. (*Jurifprud.*) fignifie portion d'une chofe divifée en plufieurs parties pour la partager & diftribuer entre plufieurs perfonnes.

Dans les fucceffions, quand l'aîné fait les *lots*, c'eft ordinairement le cadet qui choifit.

Quelquefois on les fait tirer au fort par un enfant, ou bien la diftribution s'en fait par convention.

Entre co héritiers, les *lots* font garans les uns des autres. *Voyez* HÉRITIER, PARTAGE, SUCCESSION.

Tiers lot, en matiere bénéficiale, eft celui qui eft deftiné à acquitter les charges, les deux autres étant l'un pour l'abbé commendataire, l'autre pour les religieux. *Voyez* ABBÉ, BÉNÉFICE, RELIGIEUX, RÉPARATIONS. (*A*)

LOT, fe dit auffi *en termes de loterie*, de la part en argent, en bijoux, en meubles, marchandifes, &c. dont eft compofée une loterie, & le hafard fait tomber à quelques-uns de ceux qui y ont mis. On appelle *gros-lot* celui qui eft le plus confidérable de tous. *Dictionnaire de Commerce.*

LOT, (*Mefure des liquides.*) vieux mot de notre langue, qui entr'autres fignifications, dit Ménage, défigne une mefure de chofes liquides ; enfuite cet auteur nous renvoie pour l'explication, au Gloffaire de Ducange, lequel ne nous inftruit pas mieux ; mais Cotgrave nous apprend que le *lot* eft une mefure contenant un peu plus de deux pintes d'eau ; Borel, dans *fes recherches & antiquités gauloifes*, remarque qu'en 1351, le *lot* de vin valoit deux deniers.

LOT, le, (*Géog.*) riviere de France ; ses anciens noms latins sont, selon Baudrand, *Olda*, *Oldus*, *Olindis*, *Olitus*, & plus récemment *Lotus*. Il prend sa source dans le Gévaudan, au-dessus de la ville de Mende, & se jette dans la Garonne à Aiguillon. Il commence d'être navigable à Cahors, & quoiqu'il ne le soit que par des écluses, sa navigation est très-utile. (*D. J.*)

LOTARIUS, s. m. (*Hist. anc.*) homme qui se rendoit de bonne heure aux spectacles & prenoit une place commodé, qu'il cédoit ensuite à quelque personne riche pour une legere rétribution

LOTE, s. t. (*Hist. nat. Ichthiolog.*) *mustella fluviatilis*, *vel locustris*, Rond. poisson de lac & de riviere qui differe de la mustelle vulgaire de mer, en ce qu'elle a le corps moins rond & moins épais. La *lote* a un barbillon au bout de la machoire de dessous, deux nageoires près des ouies, deux au-dessous, au-delà de l'anus qui s'étend jusqu'à la queue, une aussi grande sur la partie postérieure du dos, & enfin une petite nageoire au-devant de la grande du dos. La queue ressemble à la pointe d'une épée ; le corps a de petites écailles & une couleur mêlée de roux & de brun, avec des taches noires disposées en ondes. Rondelet, *hist. des poissons des lacs*.

LOTERIE, s. f. (*Arithmétique.*) espece de jeu de hasard dans lequel différens lots de marchandises ou différentes sommes d'argent sont déposées pour en former des prix & des bénéfices à ceux à qui les billets favorables échoient. L'objet des *loteries* & la maniere de les tirer, sont des choses trop communes pour que nous nous y arrétions ici. Nos *loteries* de France ont communément pour objet de parvenir à faire des fonds destinés à quelques œuvres pieuses ou à quelque besoin de l'état ; mais les *loteries* sont très-fréquentes en Angleterre & en Hollande, où l'on n'en peut faire que par permission du magistrat.

M. Leclerc a composé un traité sur les *loteries*, où il montre ce qu'elles renferment de louable & de blâmable. Grégorio Leti a donné aussi un ouvrage sur les *loteries*, & le P. Menetrier a publié en 1700 un traité sur le même sujet, où il montre l'origine des *loteries*, & leur usage parmi les Romains ; il distingue divers genres de *loteries*, & prend de-là occasion de parler des hasards & de resondre plusieurs cas de consience, qui y ont rapport. *Chambers*.

« Soit une *loterie* de n billets dans laquelle m soit le prix du billet, $m n$ sera l'argent de toute la *loterie* ; & comme cet argent ne rentre jamais en total dans la bourse des intéressés pris ensemble, il est évident que la *loterie* est toujours un jeu desavantageux. Par exemple, soit une *loterie* de 10 billets à 20 livres le billet, & qu'il n'y ait qu'un lot de 150 livres, l'espérance de chaque intéressé n'est que de $\frac{150}{10}$ liv. = 15 l. & sa mise est de 20 liv. ainsi il perd un quart de sa mise, & ne pourroit vendre son espérance que 15 l. *Voyez* JEU AVANTAGE, PROBABILITÉ, &c.

Pour calculer en général l'avantage ou le desavantage d'une *loterie* quelconque, il n'y a qu'à supposer qu'on en particulier, prenne à lui seul toute la *loterie*, & soit le rapport de ce qu'il a déboursé à ce qu'il recevra : soit m l'argent déboursé, & n la somme des lots qui est toujours moindre ; il est évident que le desavantage de la *loterie* est $\frac{m-n}{m}$. *Voyez* AVANTAGE, JEU, PARI, PROBABILITÉ, &c.

Si une *loterie* contient n billets & m lots, on demande quelle probabilité il y a qu'on ait un lot, si on prend r billets. Prenons un exemple : on suppose en tout 20 billets, 15 lots, & par conséquent 15 billets qui doivent sortir, & qu'on ait pris 4 billets : on représentera ces 4 billets par les quatre premieres lettres de l'alphabet, a, b, c, d, & les 20 billets par les vingt premieres lettres du même alphabet. Il est visible, 1°. que la question se réduit à savoir combien de fois 20 lettres peuvent être prises quinze à quinze ; 2°. quelle probabilité il y a que l'un des 4 billets se trouve dans les 15. Or l'*article* COMBINAISON apprend que vingt choses peuvent être combinées quinze à quinze au nombre de sois représenté par une fraction dont le dénominateur est 1. 2. 3. 4. &c. jusqu'à 15. & le numérateur 6. 7. 8.... &c. jusqu'à 6 + 14 ou 20. A l'égard de la seconde question, elle se réduit à savoir combien de fois les 20 billets (excepté les quatre a, b, c, d,) peuvent être pris quinze à quinze, c'est-à-dire combien de fois 16 billets peuvent être pris quinze à quinze, ce qui s'exprime (*Voyez l'article* COMBINAISON) par une fraction dont le dénominateur est 1. 2. 3. 4. &c. jusqu'à 15. & le numérateur. 2. 3. 4. &c. jusqu'à 2 + 14 ou 16. Donc la probabilité cherchée est la raison de la premiere de ces deux fractions, moins la seconde à la premiere ; car la différence des deux fractions exprime évidemment le nombre de cas où l'un des billets a, b, c, d, sortira de la roue. Donc cette probabilité est en raison de 6. 7. 8..... 20 - 2. 3. 4..... 16 à 6. 7. 8..... 20, c'est-à-dire de 17. 18. 19. 20 - 2. 3. 4. 5. à 17. 18. 19. 20.

Donc en général la probabilité cherchée est exprimée par le rapport de ($n - m + 1$. $n - m + 2$...... n) - ($n - r - m + 1$. $n - r - m + 2$...... $n - r$) à ($n - m + 1$. $n - m + 2$..... n)

D'où l'on voit que si $n - r - m + 1 = 0$ ou est négatif, on jouera à jeu sûr. Si, par exemple, dans le cas précédent au lieu de 4 billets on en prenoit 6, alors on auroit $n - r - m + 1 = 20 - 6 - 15 + 1 = 0$; & il y auroit certitude d'avoir un lot, ce qui est évident, puisque si de 20 billets on en prend 6 & qu'il en doive sortir 15 de la roue, il est infaillible qu'il en sortira un des 6, les autres ne faisant ensemble que 14. *Voyez* JEU, &c. (O)

LOTERIE, (*Jeu*) Ce jeu est ainsi nommé de la ressemblance qu'il y a entre la maniere de le jouer & de tirer une *loterie* ; il est d'ailleurs fort récréatif & d'un grand commerce. Il n'est beau qu'autant qu'on est beaucoup de monde à le jouer ; mais il ne faut pas être moins de quatre. On prend deux jeux de cartes où sont toutes les petites ; l'un sert pour faire les lots, & l'autre pour les billets. *Voyez* LOTS & BILLETS. Quand on est convenu du nombre des jettons que chacun doit avoir devant soi, de leur valeur & des autres choses qui regardent le jeu ou les joueurs, deux des joueurs prennent chacun un jeu de cartes (ce sont les premiers venus, car il n'y a nul avantage d'être premier ou dernier à ce jeu) ; & après les avoir battues & fait couper à ceux qui sont à leur gauche, l'un d'eux en met une devant chaque joueur de façon qu'elle ne peut être vûe. Quand toutes ces cartes sont ainsi rangées sur la table, chaque joueur met le nombre des jettons qu'il juge à-propos sur celle qui est vis-à-vis de lui, faisant attention à ce que les jettons ne soient point de même égal. Les lots ainsi chargés, celui qui à l'autre jeu de carte en donne à chacun une : ensuite on tourne les lots, & alors chaque joueur voit si sa carte est semblable à quelqu'une des lots, c'est-à-dire que s'il a pour billet un valet de cœur, une dame de carreau, & que quelqu'un des lots soit une dame de carreau ou un valet de cœur, il gagne ce lot, & ainsi des autres. Les lots qui n'ont pas été enlevés sont ajoutés au fonds de la *loterie*, pour être triés au coup suivant, & on continue à jouer ainsi jusqu'à ce que le fonds de la *loterie* soit tout tiré. *Voyez* LOTS, BILLETS.

Lorsque la partie est trop long-tems à finir, on double ou on triple les billets qu'on donne à chaque, mais toujours cependant l'un après l'autre : la grosseur des lots abrege encore beaucoup la partie.

LOTERIES *des Romains*, (*Hist. rom.*) en latin *pittacia*, n. pl. dans Pétrone.

Les Romains imaginerent pendant les faturnales des efpeces de *loteries*, dont tous les billets qu'on diftribuoit gratis aux conviés, gagnoient quelque prix ; & ce qui étoit écrit fur les billets fe nommoit *apophoreta*. Cette invention étoit une adreffe galante de marquer fa libéralité & de rendre la fête plus vive & plus intéreffante, en mettant d'abord tout le monde de bonne humeur.

Augufte goûta beaucoup cette idée ; & quoique les billets des *loteries* qu'il faifoit confiftaffent quelquefois en de pures bagatelles, ils étoient imaginés pour donner matiere à s'amufer encore davantage ; mais Néron, dans les jeux que l'on célébroit pour l'éternité de l'empire, étala la plus grande magnificence en ce genre. Il créa des *loteries* publiques en faveur du peuple de mille billets par jour, dont quelques-uns fuffifoient pour faire la fortune des perfonnes entre les mains defquels le hafard les diftribuoit.

L'empereur Héliogabale trouva plaifant de compofer des *loteries* moitié de billets utiles & moitié de billets qui gagnoient des chofes rifibles & de nulle valeur. Il y avoir, par exemple, un billet de fix efclaves, un autre de fix mouches, un billet d'un vafe de grand prix, & un autre d'un vafe de terre commune, ainfi du refte.

Enfin en 1685 Louis XIV. renouvella dans ce royaume le mémoire des anciennes *loteries* romaines: il en fit une fort brillante au fujet du mariage de fa fille avec M. le Duc. Il établit dans le falon de Marly quatre boutiques remplies de ce que l'induftrie des ouvriers de Paris avoit produit de plus riche & de plus recherché. Les dames & les hommes nommés du voyage, tirerent au fort les bijoux dont ces boutiques étoient garnies. La fête de ce prince étoit fans doute très-galante, & même à ce que prétend M. de Voltaire, fupérieure en ce genre à celle des empereurs romains. Mais fi cette ingénieufe galanterie du monarque, fi cette fomptuofité, fi les plaifirs magnifiques de fa cour euffent infulté à la mifere du peuple, de quel œil les regarderions-nous ? (*D. J.*)

LOTH, f. m. (*Commerce.*) poids ufité en Allemagne, & qui fait une demi-once ou la trente-deuxieme partie d'une livre commune.

LOTHIANE, (*Géogr.*) en latin *Laudamia*, province maritime de l'Ecoffe méridionale, fur le golfe de Forth. C'eft la plus belle, la plus fertile & la plus peuplée de toute l'Ecoffe. On la divife en trois parties, l'une orientale, l'autre occidentale, & une troifieme qui eft celle du milieu, nommée par cette raifon *mid-Lothian* ; c'eft dans cette derniere partie qu'eft Edimbourg, capitale de l'Ecoffe. (*D. J.*)

LOTIER, *lotus*, f. m. (*Hift. nat. Bot.*) genre de plante à fleur légumineufe ; il fort du calice un piftil qui devient dans la fuite une filique divifée dans quelques efpeces en cellules par des cloifons tranfverfales; cette filique renferme des femences ordinairement arrondies. Ajoutez à ces caracteres qu'il y a trois feuilles fur une même pédicule, dont la bafe eft encore garnie de deux autres feuilles. Tournefort, *inst. rei herb. Voyez* PLANTE.

LOTIER *odorant*, (*Botan.*) ou trefle odoriférant, ou trefle mufqué. C'eft une des efpeces de mélilot, c'eft le *melilotus major*, *odorata*, *violacea* de Tournefort, *hist.* 407, *lotus hortensis*, *odora* de C. B. P. 330. *Trifolium odoratum* de Gérard, de Parkinfon & de Ray, *histor.* I. 950.

Sa racine eft menue, fimple, blanche, ligneufe, garnie de quelques fibres. Sa tige eft au-moins haute d'une coudée, droite, grêle, cannelée, un peu anguleufe, liffe, creufe & branchue dès le bas. Ses feuilles naiffent alternativement portées trois enfemble fur une longue queue ; elles font d'un verd pâle,

liffes, dentelées tout au tour : celles du bas des tiges font obtufes, plus courtes & plus arrondies : celles du haut font plus longues & plus pointues. Des aiffelles des feuilles fupérieures fortent de longs pédicules qui portent des épics ou des bouquets de petites fleurs légumineufes d'un bleu clair, répandant une odeur aromatique un peu forte, mais agréable, & qui dure même lorfque la plante eft arrachée & féchée. Il s'éleve du calice de chaque fleur un piftil qui fe change en une capfule dure, nue, c'eft-à-dire qui n'eft pas cachée dans le calice comme dans le trefle, & qui renferme deux ou trois graines jaunes odorantes & arrondies. Cette plante eft annuelle : on la cultive dans les jardins pour fa bonne odeur. (*D. J.*)

LOTIER *odorant*, (*Mat. med.*) trefle mufqué, ou faux baume du Pérou.

Les feuilles & les fleurs de cette plante font d'ufage en Medecine.

Cette plante déterge, digere, calme les douleurs, réfout le fang épanché & grumelé, & confolide les plaies. Quelques-uns même la mettent au nombre des alexipharmaques : on la mêle dans les potions vulnéraires avec les autres plantes vulnéraires. Les fommités fleuries prifes à la dofe d'un gros en décoction dans du vin ou dans de l'hydromel, guériffent la pleuréfie en procurant la fueur. Cette même décoction excite les regles & les urines ; on dit qu'on la donne encore utilement, ou la graine pilée à la dofe d'un gros dans du vin, contre le poifon, quand on croit avoir été empoifonné.

On l'employe extérieurement dans les décoctions & les fomentations vulnéraires. On fait avec les fommités fleuries, macerées dans l'huile commune, une huile qui eft très-recommandée pour réunir les plaies & le défendre de l'inflammation, pour guérir les hernies des enfans, pour amollir & faire aboutir les tumeurs.

On met dans les habits la plante quand elle eft féche, & l'on croit qu'elle empêche qu'ils ne foient mangés des vers. L'eau diftillée paffe pour vulnéraire & ophtalmique. Geoffroi, *mat. med.*

LOTION, f. f. (*Chimie.*) l'action de laver. Ce mot n'eft ufité, & même peu ufité, que dans la Chimie pharmaceutique ; il s'employe dans le même fens que celui d'*édulcoration*, & ce dernier eft beaucoup plus en ufage. *Voyez* EDULCORATION. L'action de laver, dans les travaux de la Métallurgie, s'appelle *lavage*, *voyez* LAVAGE. (*b*)

LOTION, (*Med. thérap.*) l'action de laver différentes parties du corps, comme la tête, les mains & les piés : c'eft-là une efpece de bain, *voyez* BAIN. La *lotion* des piés, qui eft la plus ufitée des *lotions* medicinales & celle dont les effets font les mieux obfervés, eft connue dans l'art fous le nom de *pédiluve*, *voyez* PÉDILUVE.

C'eft un ufage établi chez plufieurs peuples, & principalement chez ceux qui habitent les pays du Nord, de fe laver habituellement la tête, les piés & les mains avec de l'eau froide : cette pratique eft recommandée par plufieurs medecins, tant anciens que modernes, & Loke la recommande beaucoup dans fon traité de l'éducation des enfans. Nous fommes affez portés à la croire falutaire, fur-tout lorfqu'on s'y eft accoutumé dès la plus tendre enfauce. Nous en avons parlé à l'article EAU, *Matiere médicale*. *Voyez cet article.* (*b*)

LOTISSAGE, f. m. (*Commerce.*) c'eft la divifion que l'on fait de quelque chofe en diverfes parts, pour être tirées au fort entre plufieurs perfonnes.

Ce terme n'eft guere ufité que dans les communautés de Paris, qui font lotir les marchandifes foraines qui arrivent dans leurs bureaux. *Voyez* LOTISSEMENT.

LOTISSAGE, (*Métallurgie.*) opération qui se pratique pour être plus sûr de la quantité de métal que contient une mine, dont on veut faire l'essai. Pour cet effet, quelque métal que contienne la mine, c'est-à-dire soit qu'elle soit une mine d'argent, de plomb, de cuivre, de fer, &c. on commence par la trier. *Voyez* TRIAGE. Quand elle a été triée, on en fait un monceau ou un tas, & l'on enleve de la mine avec une petite pelle dans différens endroits du monceau, & même dans son intérieur ; on mêle tout ce qu'on a ainsi pris dans ce monceau, & on le met sur une place bien nette ; on le pulvérise pour rendre la mine plus menue qu'elle n'étoit d'abord ; on la mêle bien, & on en forme un tas arrondi, on partage ce tas en deux parties égales ; on prend une de ces parties qu'on réduit en une poudre encore plus fine ; on la mêle & on la divise encore en deux parties égales ; enfin, quand la mine a été bien mêlée, on la met dans un mortier de fer, ou on la pulvérise & on la tamise jusqu'à ce qu'il ne reste plus rien sur le tamis. Quand la mine a été ainsi préparée, on en prend ce qu'il faut pour les essais, ou bien on en remplit autant de boîtes qu'il est nécessaire, & on les cachete.

Pour le *lotissage* des mines déja pilées, on prend indifféremment de cette mine avec un cueilleur de fer, & l'on a soin de prendre aussi de la pierre ou du spath qui a été écrasé avec la mine, afin de connoître au juste le produit de la mine telle qu'elle est ; on la pulvérise, on la tamise de la maniere qui a été dite, & avec les mêmes précautions. On en use de même pour les mines lavées, après les avoir séchées.

Cette opération est d'une très-grande conséquence. En Allemagne, ceux qui sont chargés du *lotissage* des mines, sont des officiers publics qui ont prêté serment de choisir avec équité. *Voyez* le *Traité de la fonte des mines* de Schlutter.

LOTISSEMENT, s. m. (*Comm.*) est le partage qui se fait au sort d'une marchandise arrivante à un port, ou dans un marché, ou à un bureau de marchands, entre les différens marchands qui se présentent pour acheter ; c'est un très-bon expédient pour empêcher le monopole des riches marchands ou artisans, qui enleveroient toute la marchandise au préjudice de ceux de leurs confreres qui sont plus pauvres qu'eux. *Voyez* ENEAU.

LOTISSEUR, s. m. (*Commerce.*) celui qui fait le partage & la division des lots. La plûpart des communautés qui font lotir les marchandises, ont des *lotisseurs* choisis d'entre les maîtres de la communauté ; quelques-unes, comme celle des courroyeurs, ont des *lotisseurs* en titre d'office. *Dict. de commerce.*

LOTOPHAGES, (*Géogr. anc.*) peuples d'Afrique, auprès du golfe de la Sidre, ainsi nommés, parce qu'ils se nourrissoient du fruit du lotus. Ptolomée, *l. III. c. iv.* place l'île des Lotophages, *Lotophagites insula*, dans le même golfe. On croit que c'est présentement l'île de Zerhi, que nous appellons *l'île de Gerbes*.

Ulysse, dit Homere, ayant été jetté par la tempête sur la côte des *Lotophages*, envoya deux de ses compagnons pour la reconnoître. Les habitans enchantés de l'abord de ces deux étrangers, ne songerent qu'à les retenir auprès d'eux, en leur donnant à goûter de leur lotus, ce fruit agréable qui faisoit oublier la patrie à tous ceux qui en mangeoient ; c'est qu'on l'oublie naturellement au milieu des plaisirs. (*D. J.*)

LOTUS, LE, s. m. (*Botan.*) nom commun à plusieurs genres de plantes, & qui peut justifier que les Botanistes modernes ne sont pas toujours exempts des défauts d'homonimie qu'ils reprochent à leurs prédécesseurs.

Saumaise a perdu son tems & ses peines à vouloir découvrir quelles sont les diverses plantes, auxquelles les anciens ont donné le nom de *lotus*. Tout ce qu'il en dit, n'est qu'un étalage d'érudition qui ne répand aucune lumiere sur ce sujet. Il est clair qu'il ne faut pas espérer de rien apprendre par l'étymologie du nom, parce que ce nom est commun à beaucoup de plantes, & que Théophraste avoue qu'il y en a effectivement plusieurs qui le portent.

Cependant à force de recherches, il semble du moins que nous soyons parvenus à connoître aujourd'hui le *lotus* en particulier, dont parle le même Théophraste, le *lotus*, dis-je, qui croissoit en Egypte & au bord du Nil.

Le merveilleux qui se lit dans la description qu'en a donnée cet auteur, avoit tellement & si long-tems ébloui les Botanistes, que ne trouvant rien de plus commun dans les campagnes arrosées par le Nil que des nymphæa, ils ont été des siecles entiers à n'oser croire que c'en fût un.

Abanbitar, savant medecin de Malaga, est le premier qui l'ait reconnu pour tel, dans le voyage qu'il fit au Caire avec Saladin, au commencement du xiij. siecle. Prosper Alpin en est convenu depuis ; & de nos jours, M. Lippi, à qui l'amour de la Botanique fit entreprendre en 1704 le voyage de la haute Egypte, a confirmé cette notion dans les mémoires de ses découvertes, qu'il envoyoit à M. Fagon, premier medecin du feu roi.

La figure que nous en avons la plus conforme à la description de Théophraste, nous a été donnée d'après nature par l'auteur du recueil des plantes de Malabar ; les parties qui sont représentées sur les monumens, s'y trouvent très-conformes. La fleur est de toutes ces parties celle qui s'y remarque le plus ordinairement en toutes sortes d'états ; ce qui vient du rapport que ces peuples croyoient qu'elle avoit avec le soleil, à l'apparition duquel elle se montroit d'abord sur la surface de l'eau, & s'y replongeoit dès qu'il étoit couché ; phénomène d'ailleurs très-commun à toutes les especes de nymphæa.

C'étoit-là l'origine de la consécration que les Egyptiens avoient faite de cette fleur à cet astre le premier & le plus grand des dieux qu'ils ayent adoré. De-là vient la coûtume de la représenter sur la tête de leur Osiris, sur celle d'autres divinités, sur celle même des prêtres qui étoient à leur service. De tous tems & en tous pays les prêtres ont voulu partager les honneurs qu'on rend aux divinités qu'ils servent.

Les rois d'Egypte affectant les symboles de la divinité, se sont fait des couronnes de cette fleur. Elle est aussi représentée sur les monnoies, tantôt naissante, tantôt épanouie, & environnant son fruit. On la voit avec sa tige comme un sceptre royal dans la main de quelques idoles.

Le *lotus* de Théophraste est donc l'espece de nénuphar, nommée *nymphæa alba, major, ægyptiaca*, par quelques-uns de nos Botanistes, & que Prosper Alpin a si bien décrite dans son second livre des plantes d'Egypte, *chap. xvj.*

Sa tige ressemble à celle de la feve, & pousse quantité de fleurs blanches, comme celles du lis. Ses fleurs se resserrent, plongent sa tige dans l'eau quand le soleil se couche, & se redressent quand il paroit sur l'horison. Il porte une tête & une graine comme le pavot, ou semblable au millet dont les Egyptiens faisoient autrefois du pain, ainsi que le témoignent Hérodote & Théophraste. Cette plante a une racine faite en pomme de pin, qui est bonne à manger crue & cuite.

Il y a une autre espece de *lotus* ou de *nymphæa*, dont Cluvius & Herman nous ont donné des figures,

LOU — LOV

& qui ne differe de la précédente que par la couleur incarnate de sa fleur. Cette fleur, au rapport d'Athénée, *liv. XV.* est celle qu'un certain poète présenta comme une merveille, sous le nom *de lotus antoien*, à l'empereur Hadrien, qui renouvella dans Rome le culte d'Isis & de Sérapis.

Le fruit de cette plante, qui a la forme d'une coupe de ciboire, en portoit le nom chez les Grecs. Dans les bas-reliefs, sur les médailles & sur les pierres gravées, souvent elle sert de siege à un enfant, que Plutarque dit être le crépuscule, à cause de la similitude de couleur de ce beau moment du jour avec cette fleur. Le *lotus antoien* est vraissemblablement la même chose que la feve d'Egypte, qui a été assez amplement décrite par Théophraste.

Les autres *lotus* mentionnés dans les écrits des anciens sont des énigmes qu'on n'a point encore devinées. Nous n'avons point vu ces plantes dans leur lieu natal pour les reconnoître, & les descriptions qui nous en restent sans figures sont très-vagues, très-courtes & très-imparfaites.

Les modernes n'ont que trop imité les anciens à imposer le nom de *lotus* à plusieurs genres de plantes différentes, à les mal caractériser, à en donner de mauvaises représentations & des descriptions incompletes. C'est un nouveau chaos, qu'on a bien de la peine à débrouiller.

Il y a d'abord le *lotus*, en françois *lotier* ou *trefle sauvage*, genre de plante particulier, dont on compte vingt-trois especes.

Il y a le *lotus* ou *melilotus vulgaris*, en françois *mélilot*, autre genre de plante, qui renferme 14 ou 15 especes. *Voyez* MÉLILOT.

Il y a le *lotus hortensis*, *odora*, en françois *lotier odorant*, *trefle musqué*, qu'on peut regarder comme une espece de mélilot. *Voyez* LOTIER ODORANT.

Il y a le *lotus* d'Afrique, qui est le *guajacana augustiore flore* de Tournefort, plante originaire des Indes occidentales, & que les Anglois nomment *Indian-date-plumb-tree.*

Enfin il y a le *lotus*, *arbor africana*, que nous appellons en françois *micocoulier*; cet arbre dont le fruit parut si délicieux aux compagnons d'Ulysse, qu'après en avoir mangé, il fallut user de violence pour les faire rentrer dans leurs vaisseaux. *Voyez* donc MICOCOULIER. (*D. J.*)

LOUAGE, s. m. (*Jurisprud.*) qu'on appelle aussi *location*, est un contrat du droit des gens, par lequel deux ou plusieurs personnes conviennent que l'un donne à l'autre une chose mobiliaire ou immobiliaire, pour en jouir pendant un certain tems, moyennant une certaine somme payable dans les termes convenus.

On entend par ce terme de *louage* l'action de celui qui loue, & celle de celui qui prend à titre de *loyer*; dans certaines provinces, on entend aussi par-là l'acte qui contient cette convention.

Le terme de *louage* est générique, & comprend les baux à ferme aussi-bien que les baux à loyer.

Celui qui donne à *louage* ou *loyer* est appellé dans les baux à loyer le *bailleur*; & celui qui prend à louer ou ferme, est appellé *preneur*, c'est-à-dire *locataire* ou *fermier*.

Le *louage* est un contrat obligatoire de produit, & produit une action, tant en faveur du bailleur, qu'en faveur du preneur.

L'action du bailleur a pour objet d'obliger le preneur à payer les loyers ou fermages, & à remplir ses autres engagemens, comme de ne point dégrader la chose qui lui a été louée, d'y faire les réparations locatives, si c'est une maison.

Celui qui loue doit avoir le même soin de la chose louée, que si c'étoit la sienne propre; il ne doit point s'en servir à d'autres usages que ceux auxquels elle est destinée, & doit se conformer en tout à son bail. Mais on n'exige pas de lui une exactitude aussi scrupuleuse que si la chose lui avoit été prêtée gratuitement, de sorte que quand la chose louée vient à périr, si c'est par un cas fortuit ou par une faute très-légere du preneur, la perte tombe sur le propriétaire; car, dans ce contrat, le preneur n'est tenu que de ce qu'on appelle en droit *lata aut levis culpa*.

L'action du preneur contre le bailleur est pour obliger celui-ci à faire jouir le preneur; le bailleur n'est pas non plus tenu de *levissimâ culpâ*, mais il est responsable du dommage qui arrive en la chose louée par sa faute ; *latâ aut levi*.

Il y a un vieux axiome qui dit que morts & mariages rompent tous baux & *louages*, ce qui ne doit pas être pris à la lettre ; car il est certain que la mort ni le mariage, s'ils font du bailleur ou du preneur, ne rompent point les baux, les héritiers des uns & des autres sont obligés de les tenir : mais ce que l'on a voulu dire par cet axiome, est que, comme la mort & le mariage amenent du changement, il arrive ordinairement dans ces cas que le propriétaire demande à occuper sa maison en personne.

En effet, il y a trois cas où le locataire d'une maison peut être évincé avant la fin de son bail ; le premier est lorsque le propiétaire veut occuper en personne ; le second est pour la réparer ; le troisieme, lorsque le locataire dégrade la maison ou en fait un mauvais usage. *Voyez* la loi *Æde* au code *locato-conducto.*

On loue non-seulement des choses inanimées, mais les personnes se louent elles-mêmes pour un certain tems pour faire quelques ouvrages, ou pour servir ceux qui les prennent à ce titre, moyennant le salaire dont on est convenu. *Voyez* DOMESTIQUES & OUVRIERS. *Voyez au ff.* le titre *locati*, *conducti*, au code celui *de locato conducto*, & aux institutes *de locatione conductione*. *Voyez* aussi BAIL, CONGÉ, FERME, & *ci-après* LOYER. (*A*)

LOUANGE, s. f. (*Morale.*) c'est le discours, l'écrit ou l'action, par lesquels on releve le mérite d'une action, d'un ouvrage, d'une qualité d'un homme, ou d'un être quelconque. Tous les hommes desirent la *louange*, ou parce qu'ils ont des doutes sur leur propre mérite, & qu'elle les rassure contre le sentiment de leur foiblesse, ou parce qu'elle contribue à leur donner promptement le plus grand avantage de la société, c'est-à-dire l'estime du public. Il faut louer les jeunes gens, mais toujours avec restriction ; la *louange*, comme le vin, augmente les forces quand elle n'enivre pas. Les hommes qui louent le mieux, mais qui louent rarement, sont ceux que le beau, l'agréable & l'honnête frappent par-tout où ils les rencontrent ; le vil intérêt, pour obtenir des graces ; la plate vanité, pour obtenir grace, prodiguent la *louange*, & l'envie le refuse. L'honnête homme releve dans les hommes ce qu'il y a de bien, ne l'exagere pas, & se tait sur les défauts ou sur les tantes ; il trouve, quoi qu'en dise la Fontaine, qu'on peut trop louer, non les dieux qu'on ne tromperoit pas, mais sa maîtresse & son roi qu'on tromperoit.

LOVANGIRI ou LOANGIRO, (*Géog.*) contrée maritime d'Afrique, dans la basse Ethiopie, au royaume de Loango. Cette contrée est arrosée de petites rivieres qui la fertilisent.

LOVANGO-MONGO, (*Géog.*) *Voyez* LOANGO-MONGO.

LOUBAT, (*Géog. anc. & mod.*) village d'Asie, dans la Natolie. Cet endroit ainsi nommé par les Francs, *Ulabat* par les Turcs, *Lopadion* par les Grecs du moyen âge, *Lopadium* par Nicétas & Calchondyle, *Loupadi* par Spon, & *Lopadi* par Tournefort, eft fur une colline, au pié de laquelle coule le Rhindacus des anciens. *Voyez* RHINDACUS.

Quoique *Loubat* n'ait aujourd'hui qu'environ 200 maisons d'assez mauvaise apparence, habitées par des Turcs & par des Chrétiens, cependant ce lieu a été considérable sous les empereurs grecs. Ses murailles qui sont presque ruinées, étoient défendues par des tours, les unes rondes, les autres pentagones, quelques-unes triangulaires. On y voyoit encore dans le dernier siecle des morceaux de marbre antique, des colonnes, des chapiteaux, des bas-reliefs & des architraves, le tout brisé & très-mal traité.

L'empereur Jean Comnène, qui parvint à l'empire en 1118, y fit bâtir un château, qui est présentement tout démoli. La ville étoit plus ancienne que cet empereur; car elle fut pillée par les Mahométans sous Andronic Comnène, qui régnoit en 1081. Cet Andronic Comnène envoya une armée à *Lopadion*, pour ramener à leur devoir les habitans, qui, à l'exemple de ceux de Nicée & de Pruse, avoient abandonné son parti.

Après la prise de Constantinople par le comte de Flandres, Pierre de Bracheux mit en suite les troupes de Théodore Lascaris, à qui *Lopadium* resta par la paix qu'il fit avec Henri, successeur de Baudouin, comte de Flandres & premier empereur latin d'Orient.

Quand le grand Ottoman eut défait le gouverneur de Pruse, & les princes voisins qui s'étoient ligués pour arrêter le cours de ses conquêtes, il poursuivit le prince de Feck dans *Lopadium*, & le fit hacher en morceaux à la vûe de la citadelle.

Enfin *Lopadium* est aussi fameux dans les annales turques par la victoire qu'Amurat remporta sur son oncle Mustapha, que le *Rhindacus* l'est dans l'histoire romaine par la défaite de Mithridate. On peut lire Leunclavius & Calchondyle sur cet évenement.

M. Spon a fait bien des fautes en parlant de *Lopadi*, ou comme il l'appelle *Loupadi*. Il a eu tort de prendre le lac de *Lopadi* pour le lac *Ascanius* des anciens, qui est celui que les Turcs nomment *Isnich*. Il s'est encore trompé, en assûrant que la riviere de *Lopadi* se jette dans le Graniquc.

Il paroît aussi que le même Spon & le sieur Lucas & M. Vaillant sont tous trois dans l'erreur, quand ils ont pris *Lopadion* ou *Loubat* pour être l'ancienne *Apollonia*. Cette fameuse ville, où Apollon étoit sans doute révéré, est aujourd'hui le village d'*Aboullona*, qui en conserve le nom. Son lac est appellé par Strabon le *lac Apolloniate*. *Voyez* les *voyages* de Tournefort, & le *Dict.* de la Martiniere *aux mots* LOUBAT, *Lopadium*, APOLLONIE *&* ABOUILLONA. (*D. J.*)

LOUCHET, s. m. (*Econ. rustiq.*) espece de hoyau ou de bêche propre à fouir la terre. Il est plat, tranchant, droit, & avec son manche il ressemble à une pelle.

LOUDUN, (*Géog.*) ville de France en Poitou. On la nomme en latin, *castrum Lausdunensi*, *Losdunum*, *Lavesdunum*, *Laucidunum*, & *Laudunum*.

Macrin & les freres Sainte-Marthe sont les premiers qui, par une licence poétique, ont donné à cette ville le nom de *Juliodunum*, que Chevreau & quelques autres ont tâché de lui conserver.

Il est certain qu'on doit la mettre au rang des anciennes villes, puisqu'avant l'an 1000, elle figuroit déja comme un lieu considérable, & la principale place du Loudunois soumis à l'obéïssance des comtes d'Anjou. *Voyez* à ce sujet ce qu'en dit Longuerue, dans *sa description de la France*, *I. partie, pag.* 151.

Cette ville se fit considérer dans les guerres civiles du seizieme siecle, & par sa situation, & par son château, que Louis XIII. démolit en 1633. Le couvent des Ursulines de *Loudun* se rendit célebre dans la même année, par l'histoire de la possession imaginaire de plusieurs de ses religieuses, & par la condamnation d'Urbain Grandier, qui fut une des malheureuses victimes de la haine du cardinal de Richelieu. On pourroit opposer ce seul trait de la vie du grand ministre de Louis XIII. à tous les éloges si fades & si bas que lui prodiguent nos académiciens lors de leur réception à l'académie françoise.

Loudun est située sur une montagne à douze lieues N. O. de Poitiers, quinze S. O. de Tours, soixante-deux S. O. de Paris. *Long.* 17. 42. *lat.* 47. 2.

Il me reste à dire que cette ville est la patrie de plusieurs gens de lettres, parmi lesquels je ne dois pas oublier de nommer M[tl]. Bouillaud, Chevreau, Macrin, Renaudot, & les freres de Sainte-Marthe.

Bouillaud (*Ismael*) possédoit ce Théologie, l'Histoire, les belles-Lettres, & les Mathématiques; j'en ai pour preuve les divers ouvrages qu'il a publiés, & le journal des savans, *tom. XXIII. pag.* 126. Ses voyages en Italie, en Allemagne, en Pologne, & au Levant, lui procurerent des connoissances qu'on n'acquiert que par ce moyen. Il mourut à Paris en 1694, âgé de quatre-vingt-neuf ans. Son éloge se trouve parmi les hommes illustres de Perrault.

Chevreau (*Urbain*) savant & bel esprit, qui a eu beaucoup de réputation, mais elle ne s'est pas soutenue; l'*histoire du monde*, son meilleur ouvrage, souvent réimprimé, fourmille de trop de fautes pour qu'on puisse le louer. M. Chevreau est mort en 1701, à quatre-vingt-huit ans.

Macrin (*Jean*) un des meilleurs poëtes latins du seizieme siecle, au jugement de M. de Thou, qui a fait son éloge; son vrai nom étoit Maigret: il s'appella *Macrinus* dans ses poésies latines, d'où lui vint le nom de *Macrin* en françois, qui lui est demeuré. Il mourut de vieillesse dans sa patrie en 1555.

Renaudot (*Théophraste*) medecin, mort en 1653 à soixante-dix ans, commença le premier en 1631, à publier les nouvelles publiques si connues sous le nom de *gazettes*. Il a eu pour petit-fils, l'abbé Renaudot, savant dans l'histoire & les langues orientales, mort à Paris en 1720 âgé de soixante-quatorze ans.

Mais les freres jumeaux, Scévole & Louis de Sainte-Marthe, fils du premier Scévole, enterrés tous les deux à Paris à S. Severin dans le même tombeau, furent très-illustres par leur savoir. On a d'eux l'histoire généalogique de la maison de France, la *Gallia Christiana* pleine d'érudition, & plusieurs autres ouvrages. Scévole mourut à Paris en 1650 à soixante-dix-sept ans, & Louis en 1656.

Leur pere Scévole leur avoit servi d'exemple dans la culture des sciences. C'est lui qui réduisit Poitiers sous l'obéïssance d'Henri IV. & qui sauva la ruine de *Loudun*, où il finit ses jours en 1623, âgé de soixante-dix-huit ans. On doit le mettre au rang des meilleurs poëtes latins de son siecle. C'est une famille bien noble que celle de Sainte-Marthe, car elle n'a produit que des gens de mérite, qui tous ont prolongé leur carriere dans le sein des Muses, jusqu'à la derniere vieillesse. Aucun d'eux n'est mort avant l'âge de soixante-dix ans. Nous ne voyons plus de familles aussi heureusement organisées que l'étoit celle des Sainte-Marthe. (*D. J.*)

LOUDUNOIS, ou LOUDUNOIS, (*Géog.*) contrée de France, dont la capitale est Loudun. La petite riviere de Dive sépare cette contrée de l'Anjou & du Poitou. Le *Loudunois* a sa coûtume particuliere, à laquelle le parlement a tantôt égard & tantôt point. De Lauriere a fait un commentaire sur cette coûtume, avec une histoire abregée du pays, qui est ce qui nous intéresse le plus ici. (*D. J.*)

LOUER, v. act. (*Gramm. & Morale.*) c'est témoigner qu'on peufe avantageufement. La louange devroit toujours être l'expreffion de l'eftime. *Louer* délicatement, c'eft faire croire à la louange. Toute louange qui ne porte pas avec elle le caractere de la fincérité, tient de la flaterie ou du perfiffiage, & par conféquent indique de la malice dans celui qui la donne, & quelque fotife dans celui qui la reçoit. L'homme de fens la rejette & en reffent de l'indignation. Rien ne fe prodigue plus entre les hommes que la louange; rien ne fe donne avec moins de grace. L'intérêt & la complaifance inondent de proteftations, d'exagérations, de fauffetés; mais l'envie & la vanité viennent prefque toujours à la traverfe, & répandent fur la louange un air contraint qui la rend infipide. Ce feroit peut être un paradoxe que de dire qu'il n'y a point de louange qui ne peche ou par le défaut de mérite en celui à qui elle eft adreffée, ou par défaut de connoiffance en celui qui la donne; mais je fais bien que l'écorce d'une belle action, féparée du motif qui l'a infpirée, n'en fait pas le mérite, & que la valeur réelle qui dépend de la raifon fecrette de celui qui agiffoit, & qu'on loue d'avoir agi, nous eft fouvent inconnue, & plus fouvent encore déguifée.

- Le louangeur éternel m'ennuie; le railleur impitoyable m'eft odieux. *Voyez l'article* LOUANGE.

LOUER, (*Comm.*) prendre ou donner à louage des terres, des vignes, des maifons & autres immeubles. Il fe dit auffi des meubles, des voitures, des beftiaux, & encore des perfonnes & de leur travail.

- Dans tous ces fens on dit dans le commerce *louer* une boutique, un magafin, une échope dans les rues, une place aux halles, une loge à la foire.

Louer des meubles, des habits chez les Tapiffiers & Fripiers; *louer* un caroffe, une litiere, un cheval, une place dans une voiture publique; ce qui appartient aux voituriers, meffagers, caroffiers, loueurs de chevaux, maquignons, &c.

- Enfin *louer* des compagnons, des garçons, des gens de journée, manouvriers, &c. ce que font les maîtres des communautés des arts & métiers, & les particuliers qui ont quelques travaux à faire faire. *Dictionn. de commerce.*

LOUER UN CABLE, *ou* ROUER UN CABLE, (*Marine.*) c'eft mettre un cable en rond en façon de cerceaux, afin de le tenir prêt à filer lorfqu'il faut mouiller. Les cables doivent toujours être *loués* dans le vaiffeau, parce qu'ils tiennent alors moins de place: lorfqu'on met les cables en bas, il faut les tenir féchement, pour cet effet on met deffous quelques pieces de bois, afin que s'il entre de l'eau dans le lieu où ils font *loués*, elle ne les touche pas. C'eft le contremaître qui en eft chargé.

· Autrefois on difoit *louer une manœuvre*, mais préfentement on dit *rouer des manœuvres. Voy.* ROUER.

LOUEUR, f. m. (*Comm.*) celui qui donne quelque chofe à louage; on le dit particulierement des *loueurs* de chevaux, des *loueurs* de caroffes.

LOUGH LENE, (*Hift. nat.*) le mot *lough* en irlandois fignifie *lac*; ainfi *lough-Lene* veut dire *lac de Lene.* C'eft un lac fingulier d'Irlande dans le comté de Kerry, à la partie méridionale de cette île, qui contient environ trois mille arpens quarrés; on le divife en fupérieur & en inférieur. Il eft commandé par des montagnes; au haut de l'une, qui s'appelle *Mangerton*, il y a un lac dont on ne connoît pas le fond, & qu'en langue du pays on nomme pour cette raifon *poulle iferon*, c'eft-à-dire *trou d'enfer.* Ce lac eft fujet à fe déborder; alors il en fort des torrens très-confidérables qui retombent dans le lac inférieur, & qui forment des cafcades ou des chûtes d'eau, dont l'afpect eft très-fingulier. On dit qu'il fe trouve des pierres précieufes dans ce lac, & dans fon voifinage on rencontre des mines de cuivre & d'argent.

LOUGH-NEAGH, (*Hift. nat.*) ce mot fignifie *lac de Neagh.* C'eft le nom d'un lac fameux d'Irlande, fitué au nord de cette île, entre les comtés d'Antrim, de Tyrone & d'Ardmach. Il a environ trente milles, c'eft-à-dire dix lieues de longueur; & quinze milles, c'eft-à-dire cinq lieues de largeur. Il eft remarquable par la propriété que quelques auteurs lui ont attribuée de pétrifier & de changer même en fer les corps que l'on y jette. On a, dit-on, obfervé qu'en enfonçant des pieux de bois dans ce lac, ils étoient au bout d'un certain tems pétrifiés dans la partie qui avoit été enfoncée dans l'eau, tandis que la partie qui étoit reftée hors de l'eau, reftoit combuftible, & dans l'état d'un vrai bois. M. Barton a examiné ce phénomene avec une attention particuliere, & il a trouvé que ce n'eft point une incruftation ou un dépôt qui fe fait à l'extérieur du bois, comme M. de Buffon l'a cru, mais toute la fubftance eft pénétrée du fuc lapidifique & changée en pierre. Les bois pétrifiés que l'on tire de ce lac, font de deux efpeces; il y en a qui fe changent en une pierre blanche, légere, poreufe & propre à aiguifer les outils. On trouve d'autres bois changés en une pierre noire, dure, pefante, dans laquelle il y a fouvent foit à fa furface, foit à fon intérieur, des parties ligneufes qui n'ont point été changées en pierre. Ces deux efpeces de bois pétrifiés confervent le tiffu ligneux, & font feu lorfqu'on les frappe avec de l'acier; elles foutiennent le feu le plus violent fans fe calciner ni fe changer en verre; la feconde efpece, après avoir été calcinée, devient blanche, légere & poreufe comme la premiere. On croit que c'eft du bois de houx qui a été ainfi pétrifié; mais il paroît que c'eft plûtot un bois réfineux, car on dit qu'il répand une odeur agréable lorfqu'on le calcine. Quelques gens ont cru que cette pétrification fe faifoit en fept ans de tems, mais ce fait ne paroît point conftaté.

La pétrification ne fe fait pas feulement dans le lac de *lough Neagh*, mais encore elle fe fait dans la terre qui en approche jufqu'à huit milles de diftance, & l'on y trouve des amas de bois enfouis en terre, & parfaitement pétrifiés. *Voyez* Barton, *philofophical lectures.*

Boyle dit dans fon traité fur *l'origine des pierres précieufes*, que dans le fond du lac de *Neagh*, il y a des rochers où font attachées des cryftallifations de différentes couleurs.

LOUGNON, (*Géogr.*) riviere qui prend fa fource dans les montagnes de Vauge, aux confins de la Bourgogne, traverfe une partie de ce comté & fe jette dans la Sône à trois lieues au-deffous de Gréy.

LOUNIGUIN, f. m. *terme de relation*, nom donné par les Sauvages d'Amérique, au trajet de terre qui fait la diftance du paffage d'une riviere à une autre, pendant lequel trajet on eft obligé de porter fon canot fur la tête ou fur les épaules. Il fe trouve auffi des endroits dans les rivieres, où la navigation eft empêchée par des fauts, par des chûtes d'eau entre des rochers, qui rétréciffent le paffage, & rendent le courant fi rapide, que l'on eft forcé de porter le canot jufqu'à l'endroit où le cours de la riviere permet qu'on en faffe ufage; quelquefois le portage du canot eft de quelques lieues; & fe répete affez fouvent; mais ce portage ne fatigue ni n'arrête les Sauvages, à caufe de la légéreté de leurs canots. Nous indiquerons ailleurs leur fabrique & leur forme.

LOUIS D'ARGENT, (*Monnoie.*) piece de monnoie de France qu'on commença de fabriquer fous Louis XIII. en 1641, peu de tems après les *louis d'or.*

L'ordonnance porte que les *louis d'argent* feront fabriqués les uns de foixante fols, les autres de trente fols, de quinze fols & de cinq fols, tous au titre de onze deniers de fin, au remede de deux grains. Les *louis d'argent* de foixante fols, pefant vingt-un deniers huit grains trébuchant chacun, à la taille de huit pieces, onze douziemes de piece, au remede d'un douzieme de piece, & les autres especes à proportion. On n'avoit point encore fait de monnoie d'argent si pesante en France depuis le commencement de la monarchie. Les *louis d'argent* de Louis XV. ont été à la taille de huit, de dix au marc, & ont valu tantôt plus, tantôt moins, selon les opérations de finance, dont nous ne ferons pas ici l'éloge. Nous remarquerons seulement que les *louis d'argent* de soixante sols, se nomment à présent un *petit écu*, & que par-tout où il est parlé d'écus avant l'an 1641, il faut toujours l'entendre de l'écu d'or.

LOUIS D'OR, (*Monnoie.*) piece de monnoie de France qu'on a commencé à fabriquer sous le regne de Louis XIII. en 1640.

Les *louis d'or* fabriqués alors & depuis, étoient à vingt-deux karats, & par conséquent plus foibles d'un karat que les écus d'or. Le *louis d'or* du poids de trois deniers six grains trébuchant, valoit dix livres; celui de deux deniers quinze grains trébuchant, valoit cinq livres.

Mais il ne faut pas oublier de remarquer ici qu'on fabriqua pour la premiere fois en 1640, la majeure partie des *louis d'or* au moulin, dont enfin l'utilité fut reconnue & protégée par le chancelier Séguier, contre les oppositions & les cabales qui duroient depuis vingt-cinq ans, & qui avoient obligé Briot, l'auteur de cette invention, à la porter en Angleterre, où on n'hésita pas à l'adopter sur le champ.

On fit aussi dans ce tems-là, des *demi-louis*, des *doubles louis*, des quadruples, & des pieces de dix *louis*; mais ces deux dernieres especes ne furent que des pieces de plaisir, & n'ont point eu cours dans le commerce. Le célebre Warrin en avoit fait les coins; jamais les monnoies n'ont été si belles ni si bien monnoyées, que pendant que cet habile homme en a eu l'intendance.

Les *louis d'or*, ou comme nous les nommons simplement, les *louis*, n'ont changé ni de poids ni de titre, quoique leur prix idéal soit augmenté. Ceux qu'on fait aujourd'hui sont les mêmes, ou doivent être les mêmes que ceux qu'on faisoit sous Louis XIII. en 1640.

On trouvera, si l'on en est curieux, dans le Blanc, Boizard, & autres écrivains modernes, les différens changemens idéaux qui sont arrivés au prix du *louis d'or*, sous le regne de Louis XIV. & de Louis XV. jusqu'à ce jour; mais il vaudra mieux lire les *mots* ESPECES (*commerce*), & MONNOIE.

LOUISBOURG, (*Géogr.*) petite ville de l'Amérique septentrionale, dans la nouvelle France, capitale de l'Isle royale; on la nommoit précédemment le *Havre à l'Anglois.* Elle est située au détroit, ou passage de Fronsac, qui sépare l'Isle royale de l'Acadie, sur une langue de terre qui forme l'entrée du port, & qui est très-bien fortifiée; le port est aussi défendu par plusieurs batteries; d'ailleurs le gouverneur de l'Isle royale, le conseil & l'état-major, avec une bonne garnison, font leur résidence à *Louisbourg.* Cependant elle fut prise en 1746 par les Anglois, après cinquante jours d'une vigoureuse défense. Ce ne fut point une opération du cabinet des ministres de Londres, comme le remarque M. de Voltaire; ce fut le fruit de la hardiesse des négocians établis dans la nouvelle Angleterre. Ils armerent quatre mille hommes, les foudroyerent, les approvisionnerent, & leur fournirent des vaisseaux de transport. Tant une nation commerçante & guerriere est capable de grandes choses! La *long. de Louisbourg*, à l'égard de Paris, est de 4°. 8′. 27″. selon M. de Lisle, dans les mémoires de l'académie des Sciences, ann. 1751.

Louisbourg a été reprise de nouveau par les Anglois en 1758.

LOUP, *lupus*, s. m. (*Hist. nat. Zool.*) animal quadrupede qui a beaucoup de rapport avec les grands chiens mâtins, pour la taille, les proportions du corps, & la conformation intérieure. Le principal trait qui distingue la face du *loup* de celle du mâtin, est dans la direction de l'ouverture des paupieres qui est fort inclinée, au lieu d'être horisontale, comme dans les chiens. Les oreilles sont droites. Le *loup* a le corps plus gros que le mâtin, les jambes plus courtes, la tête plus large, le front moins élevé, le museau un peu plus court & plus gros, les yeux plus petits & plus éloignés l'un de l'autre. Il paroît plus robuste, plus fort & plus gros; mais la longueur du poil contribue beaucoup à cette apparence, principalement le poil de la tête qui est au-devant de l'ouverture des oreilles, celui du cou, du dos, des fesses, & de la queue qui est fort grosse. Les couleurs du poil sont le noir, le fauve, le gris, & le blanc mêlé différemment sur différentes parties. Le *loup* est très-carnassier, naturellement grossier & poltron, mais ingénieux par le besoin & hardi par nécessité. Il attaque en plein jour les animaux qu'il peut emporter, tels que les agneaux, les chevreaux, les petits chiens, quoiqu'ils soient sous la garde de l'homme. Mais lorsqu'il est maltraité par les hommes ou par les chiens, il ne fort que la nuit; il rôde autour des habitations; il attaque les bergeries; il creuse la terre pour passer sous les portes; & lorsqu'il est dans la bergerie il a mort avant de choisir & d'emporter sa proie. Lorsqu'il n'a pu rien trouver dans les lieux habités, il se met en quête au fond des bois; il poursuit les animaux sauvages; enfin, dans l'extrême besoin, il se jette sur les femmes & les enfans, & même sur les hommes. Les *loups* qui se sont accoutumés à manger de la chair humaine en suivant les armées, attaquent les hommes par préférence: on les appelle *loups-garoux*, c'est-à-dire *loup* dont il faut se garer. Quoique le *loup* ressemble beaucoup au chien par la conformation du corps, cependant ils sont antipathiques par nature, & ennemis par instinct. Les jeunes chiens fuient les *loups*; les chiens qui ont assez de force, les combattent à toute outrance. Si le *loup* est plus fort, il dévore sa proie: au contraire le chien abandonne le *loup* qu'il a tué; il sert de pâture à d'autres *loups*, car ces animaux s'entre-dévorent: s'il s'en trouve un qui soit grievement blessé, les autres s'attroupent pour l'achever. On apprivoise de jeunes *loups*; mais avec l'âge ils reprennent leur caractere féroce, & retournent, s'ils le peuvent, à leur état sauvage. Les *louves* deviennent en chaleur dans l'hiver; les vieilles à la fin de Décembre, & les jeunes au mois de Février ou au commencement de Mars. Leur chaleur ne dure que douze ou quinze jours. Elles portent pendant environ trois mois & demi; elles font ordinairement cinq ou six petits, quelquefois sept, huit, & même neuf, & jamais moins de trois. Elles mettent bas au fond d'un bois, dans leur fort, sur une grande quantité de mousse qu'elles y apportent pour servir de lit à leurs petits. Elles allaitent les yeux fermés comme les chiens; la mere les alaite pendant quelques semaines, & leur porte ensuite la proie qu'elle a mâchée. Au bout de six semaines ou deux mois, ils sortent avec la mere qui les mene boire; ils la suivent ainsi pendant plusieurs mois; elle les ramene au gite; les cache, lorsqu'elle craint quelque danger; & si on les attaque, elle les défend avec fureur. Les mâles & les femelles sont en état d'engendrer à l'âge d'environ deux ans; ils vivent quinze ou vingt ans. La couleur & le poil de ces animaux changent suivant les différens climats, & varie quelquefois

fois dans le même pays. Il y a des loups dans toutes les parties du monde. *Hist. natur. géner. & part. tom. VII.*

LOUP, *le*, (*Chasse*) est le plus robuste des animaux carnassiers, dans les climats doux de l'Europe : il a sur-tout beaucoup de force dans les parties antérieures du corps : il est pourvû d'haleine, de vitesse, & d'un fonds de vigueur qui le rend presqu'infatigable. Avec ces avantages, la nature lui a encore donné des sens très-délicats. Il voit, il entend finement; mais son principalement est l'organe d'un sentiment exquis. C'est le nez qui apprend à cet animal, à très-grandes distances, où il doit chercher sa proie, & qui l'instruit des dangers qu'il peut rencontrer sur sa route. Ces dons de la nature joints au besoin de se nourrir de chair, paroissent destiner le *loup* singulierement à la rapine : en effet, c'est le seul moyen qu'il ait de se nourrir. Nous l'appellons *cruel*, parce que ses besoins sont souvent en concurrence avec les nôtres. Il attaque les troupeaux que l'homme reserve pour sa nourriture, & les bêtes fauves qu'il destine à ses plaisirs. Aussi lui faisons-nous une guerre déclarée ; mais cette guerre même qui fait périr un grand nombre d'individus de cette espece vorace, sert à étendre l'instinct de ceux qui restent : elle multiplie leurs moyens, met en exercice la défiance qui leur est naturelle, & fait germer en eux des précautions & des rules qui sans cela leur seroient inconnues.

Avec une grande vigueur jointe à une grande sagacité, le *loup* fourniroit facilement à ses besoins, si l'homme n'y mettoit pas mille obstacles ; mais il est contraint de passer tout le jour retiré dans les bois pour se dérober à la vûe de son ennemi : il y dort d'un sommeil inquiet & leger, & il ne commence à vivre qu'au moment où l'homme revenu de ses travaux, laisse régner le silence dans les campagnes. Alors il se met en quête ; & marchant toujours le nez au vent, il est averti de fort loin du lieu où il doit trouver sa proie : dans les pays où les bois sont peuplés de bêtes fauves, la chasse lui procure aisément de quoi vivre. Un *loup* seul abat les plus gros cerfs. Lorsqu'il est rassasié, il enterre ce qui lui reste, pour le retrouver au besoin ; mais il ne revient jamais à ces restes que quand la chasse a été malheureuse. Lorsque les bêtes fauves manquent, le *loup* attaque les troupeaux, cherche les campagnes quelque cheval ou quelque âne égaré : il est très-friand sur-tout de la chair de l'ânon.

Si les précautions des bergers & la vigilance des chiens mettent les troupeaux hors d'insulte ; devenu hardi par nécessité, il s'approche des habitans, cherche à pénétrer dans les basse-cours, enleve les volailles, & dévore les chiens qui n'ont pas la force ou l'habitude de se défendre contre lui. Lorsque la disette rend sa faim plus pressante, il attaque les enfans, les femmes ; & même après s'y être accoutumé par degré, il se rend redoutable aux hommes faits. Malgré ces excés, cet animal vorace est souvent exposé à mourir de faim. Lorsqu'il est, trahi par ses talons pour la rapine, il est contraint d'avaler de la glaise, de la terre, afin, comme l'a remarqué M. de Buffon, de lester son estomac & de donner à cette membrane importante l'étendue & la contention nécessaires, pour que le ressort ne manque pas à toute la machine.

Il doit à ce secours l'avantage d'exister peut-être quelques jours encore ; & il lui doit la vie, lorsque pendant ce tems le hazard lui offre une meilleure nourriture qui le répare.

Les *loups* restent en famille tant qu'ils sont jeunes, parce qu'ils ont besoin d'être ensemble pour s'aider réciproquement à vivre. Lorsque vers l'âge de dix-huit mois ils ont acquis de la force & qu'ils

la sentent, ils se séparent jusqu'à ce que l'amour mette en société un mâle & une femelle ; parmi celles-ci, les vieilles entrent en chaleur les premieres. Elles sont d'abord suivies par plusieurs mâles, que la jalousie fait combattre entr'eux cruellement : quelques-uns y périssent ; mais bien-tôt le plus vigoureux écarte les rivaux ; & l'union étant une fois décidée, elle subsiste. Les deux *loups* que l'amour a joints, chassent ensemble, ne se quittent point, ou ne se séparent que de convention ; & pour se rendre mutuellement la chasse plus facile. *Voyez* INSTINCT. Le tems de la chaleur n'est pas long ; mais la société n'en subsiste pas moins pendant les trois mois & demi que dure la gestation de la femelle, & même beaucoup au-delà. On prétend que la *louve* se dérobe au mâle pour mettre bas ses petits. Mais il est certain que très-souvent le pere chasse encore avec elle après ce tems, & qu'il apporte avec elle à manger aux louveteaux.

La vigueur & la finesse de sens dont les *loups* sont doués, leur donnant beaucoup de facilité pour attaquer à force ouverte ou surprendre leur proie, ils ne sont pas communément forcés à beaucoup d'industrie : il n'est pas nécessaire que leur mémoire, quant à cet objet, soit chargée d'un grand nombre de faits, ni qu'ils en tirent des inductions bien compliquées. Mais si le pays, quoiqu'abondant en gibier, est assiégé de pieges ; le vieux *loup* instruit par l'expérience, est forcé à des craintes qui balancent son appétit : il marche toujours entre le double écueil ou de donner dans l'embuche ou de mourir de faim. Son instinct acquiert alors de l'étendue ; sa marche est précautionnée ; tous ses sens excités par un intérêt aussi vif veillent à sa garde, & il est très-difficile de surprendre sa défiance.

On a pour chasser le *loup* des équipages de chiens courans, composés comme ceux lesquels on chasse les bêtes fauves. *Voyez* VÉNERIE. Mais il est nécessaire que les chiens d'un équipage du *loup* soient plus vîtes ; c'est pourquoi on les tire ordinairement d'Angleterre. Il faut aussi que les chevaux aient plus de vigueur & de fonds d'haleine ; parce qu'il est impossible de placer surement les relais pour la chasse du *loup*. Quoique ces animaux soient comme les autres, des refusites qui leur sont familieres, leur défiance naturelle & la finesse de leur odorat y mettent beaucoup plus d'incertitude ; ils en changent, dès qu'il se présente quelqu'obstacle sur leur route. D'ailleurs le *loup* va toujours en avant, & il ne forme de retours à moins que quelque blessure ne l'ait affoibli.

La raison des retours qui sont familiers à la plupart des bêtes fauves qu'on chasse, est pour les uns la foiblesse, & pour d'autres la crainte de s'éparer dans des lieux inconnus. Les cerfs nés dans un pays, ne s'écartent guere quand ils sont chassés de l'enceinte de deux ou quatre lieues qu'ils connoissent. Mais lorsque dans le tems du rut, l'effervescence amoureuse & l'odeur des femelles les a forcés de quitter le lieu de leur naissance, pour chercher au loin la jouissance & le plaisir ; s'ils sont attaqués, on voit aussi-tôt prendre leur parti & refuir sans retour dans les bois d'où ils étoient venus. Le *loup* connoît toujours une grande étendue de pays ; souvent il parcourt vingt lieues dans une seule nuit. Né vagabond & inquiet ; il n'est retenu que par l'abondance de gibier ; & cet attrait est aisément détruit par le bruit des chiens & de la nécessité de se dérober à leur pourfuite.

On va en quête avec le limier pour détourner le *loup* aussi bien que pour le cerf, mais il faut beaucoup plus de précautions pour s'assurer du premier. On peut approcher assez près du cerf sans le faire lever de la reposée, mais le moindre bruit fait partir le *loup* du liteau. Ainſi quand on l'a rembuché, il faut prendre les devans de très-loin pour s'aſſurer s'il n'eſt pas paſſé plus avant. On eſt forcé ſouvent de faire ainſi pluſieurs lieues à la ſuite d'un *loup*. Souvent encore, d'enceinte en enceinte, on arrive au bord d'une plaine où l'on trouve qu'il s'eſt déchauſſé, c'eſt-à-dire qu'il a piſſé & gratté comme fait le chien : alors il eſt ſûr qu'il a pris ſon parti de percer en avant, & il eſt inutile de le ſuivre.

Il ſeroit très-rare de forcer les *loups* avec des chiens courans, parce qu'il eſt peu de chiens qui puiſſent joûter de vigueur contre ces animaux. Ainſi quand on chaſſe, des gens à cheval cherchent à gagner les devans pour tuer, ou du moins bleſſer le *loup* à coups de fuſils. On l'attend auſſi dans les plaines qu'on ſuppoſe qu'il doit traverſer, & on l'y fait attaquer par des levriers & des mâtins qu'on tient en laiſſe pour cet uſage. Les levriers atteignent aſſez promptement le *loup* : pendant qu'ils l'amuſent, les mâtins plus lourds ont le tems d'arriver. Alors le combat devient inégal & ſanglant ; & pendant que le *loup* eſt occupé à ſe défendre, on le tue aſſez facilement à coups d'épées.

La chaſſe du *loup* eſt en général vive & piquante, par le deſir que les chaſſeurs ont de tuer l'animal, par la rapidité du train & la ſingularité des refuites. Mais elle a cet inconvénient, qu'on n'eſt jamais ſûr de trouver l'occaſion de chaſſer. Le moindre bruit fait vuider l'enceinte aux *loups* les mieux détournés : & les buiſſons creux ſont très-ordinaires à cette chaſſe. Dans les provinces où les ſeigneurs n'ont pas d'équipages, on s'aſſemble pour tuer les *loups* en battue. Les payſans rangés & ſerrés paſſent dans les bois en faiſant beaucoup de bruit, & les chaſſeurs ſe poſtent pour attendre & tuer les bêtes effrayées : mais ordinairement il en échappe beaucoup ; outre que ſouvent les battues ſont mal faites, & les poſtes mal gardés, ces animaux défians éventent de loin les embuſcades, & retournent ſur les batteurs malgré le bruit.

Toutes ces chaſſes d'appareil n'ont qu'un grand ſuccès pour la deſtruction des *loups*. Le plus ſûr moyen d'y parvenir, c'eſt d'être aſſidu à tendre des piéges, à multiplier les dangers ſous leurs pas, & à les attirer par des apâts convenables. Le meilleur piége, lorſqu'on ſait en faire uſage, eſt celui qui eſt connu dans beaucoup d'endroits ſous le nom de *traquenard*. Avant de le tendre, on commence par traîner un cheval ou quelqu'autre animal mort dans une plaine que les *loups* ont coûtume de traverſer ; on le laiſſe dans un guéret ; on paſſe le rateau ſur la terre des environs pour juger mieux les pas de l'animal, & d'ailleurs le familiariſer avec la terre égalée qui doit couvrir le piége. Pendant quelques nuits le *loup* rode autour de cet apât, ſans oſer en approcher. Il s'enhardit enfin : il faut le laiſſer s'y aſſurer pluſieurs fois. Alors on tend pluſieurs piéges autour, & on les couvre de trois pouces de terre pour en dérober la connoiſſance au défiant animal. Le remuement de la terre que cela occaſionne, ou peut-être des particules odorantes de l'homme qui y reſtent, réveillent toute l'inquiétude du *loup*, & il ne faut pas eſperer de le prendre les premieres nuits. Mais enfin l'habitude lui fait perdre la défiance, & lui donne une ſécurité qui le trahit. Il eſt un apât d'un autre genre, qui attire bien plus puiſſamment les *loups*, & dont les gens du métier font communément un myſtere. Il faut tâcher de ſe procurer la matrice d'une *louve* en pleine chaleur. On la fait ſécher dans le four, & on la garde dans un lieu ſec. On place enſuite à pluſieurs endroits, ſoit dans le bois, ſoit dans la plaine une pierre, autour de laquelle on répand du ſable. On frotte la ſemelle de ſes ſouliers avec cette matrice, & on en frotte bien ſur-tout les différentes pierres qu'on a placées. L'odeur s'y conſerve pendant pluſieurs jours, & les *loups* mâles & femelles l'éventent de très-loin : elle les attire & les occupe fortement. Lorſqu'ils ſe ſont accoûtumés à venir gratter à quelqu'une des pierres, on y tend le piége, & rarement ſans ſuccès lorſqu'il eſt bien tendu & bien couvert.

Quelque défiant que ſoit le *loup*, on le prend avec aſſez de facilité par-tout où les piéges ne lui ſont pas connus. Mais lorſqu'il eſt inſtruit par l'expérience, il met en défaut tout l'art des louvetiers. Cet animal naturellement groſſier, parce qu'il eſt fort, acquiert alors un degré ſupérieur d'intelligence, & il apprend à ſe ſervir de tous les avantages que lui donne la fineſſe de ſes ſens : il devient néceſſaire de connoître toutes les ruſes de l'animal, & de varier à l'infini celles qu'on leur oppoſe. Cet aſſemblage d'obſervations & de connoiſſances forme une ſcience dont la perfection, comme celle de toutes les autres, paſſe les bornes de l'eſprit humain. *Voyez* PIÉGE. Il eſt certain que ſans tous ces moyens de deſtruction, la multiplication des *loups* deviendroit funeſte à l'eſpece humaine. Les *louves* ſont ordinairement en état de porter à dix-huit mois : elles ſont quelquefois juſqu'à huit ou neuf petits, & jamais moins de trois. Elles les défendent avec fureur lorſqu'ils ſont attaqués, & s'expoſent aux plus grands périls pour les les nourrir.

LOUP, (*Mat. médic.*) Les parties médicamenteuſes du *loup* ſont, ſelon l'énumération de Schroder, les dents, le cœur, le foie, les boyaux, les os, la graiſſe, la fiente, & la peau : & encore Schroder a-t-il oublié la chair.

On prétend que les hochets faits avec une dent de *loup* ſont très-utiles pour faciliter la dentition plus aiſée aux enfans ; & que ſi on leur fait porter des dents de *loup* en amulette, ils ne ſont point ſujets à la peur.

Parmi les vertus attribuées aux autres parties dont nous avons fait mention, les plus célébrées ſont du même ordre que cette derniere : il s'agit d'une ceinture de peau ou de boyau de *loup* contre la colique ; de ſa fiente appliquée aux bras ou aux jambes ; au moyen d'une bandelette faite avec la laine d'une brebis qui ait été égorgée par un *loup*, &c. il eſt inutile d'ajouter que le peuple même croit à préſent à peine à ces contes.

La graiſſe de *loup* n'a abſolument que les qualités très-génériques, très-communes des graiſſes (*Voyez* GRAISSE), & c'eſt encore là un remede très-peu employé.

La ſeule partie encore miſe en uſage, c'eſt le foie. Les payſans & les chaſſeurs qui prennent des *loups*, ne manquent point d'en conſerver le foie qu'ils font ſécher au four, ou de le vendre à quelqu'apoticaire. C'eſt une droguè qui ſe trouve aſſez communément dans les boutiques : elle eſt vantée contre tous les vices du foie, & principalement contre les hydropiſies qui dépendent d'un vice de ce viſcere. On le donne en poudre, à la doſe d'un gros : c'eſt un remede peu éprouvé. (*b*)

On prétend que le *loup* fournit lui-même un remede très-efficace contre ſa voracité ; & l'on aſſure que ſi on frotte les brebis avec ſa fiente, il ne leur fait plus aucun mal. Pour cet effet, on dit qu'il n'y a qu'à détremper de la fiente de *loup* dans de l'eau ; on en frotte enſuite la gorge, le dos, & les côtés des brebis : cette fiente s'attache ſi fortement à leur laine, qu'elle y reſte pendant très-long tems. On prétend que les *loups* ont de l'antipathie pour l'odeur qui en part, & qu'ils ne touchent point aux animaux qui en ſont ainſi frottés. C'eſt à l'expérience à conſtater un fait qui, s'il ſe trouvoit véritable, ſeroit d'un grand avantage dans l'économie ruſtique. *Voyez* les *Mémoires de l'académie de Suede*, année 1753.

Loup, (*Pelleterie.*) la peau du *loup*, garnie de son poil, après avoir été préparée par le pelletier ou le mégissier, sert à faire des manchons & des housses de chevaux.

Loup marin, *lupus*, (*Hist. nat.*) poisson de mer ainsi nommé à cause de sa voracité ; on lui donne aussi le nom de *lubin* ou *lupin* qui vient de *lupus* : les petits sont appellés *lupassons* en Languedoc. Ce poisson est grand, épais, couvert d'écailles ; il a la tête longue, la bouche & les yeux grands, deux nageoires près des ouies, deux au-dessous, des aiguillons pointus & inégaux sur le dos; ces aiguillons sont soutenus par une membrane mince : la nageoire de la queue n'a qu'un aiguillon, mais il y en a trois dans la nageoire qui est au-delà de l'anus. Lorsque ce poisson reste dans la mer, il a le dos mêlé de blanc & de bleu ; celui qui est à l'embouchure des rivieres est presque tout blanc, il vit de poissons & d'algue. Rond. *hist. des poissons*, *liv. IX.*

Loup, (*Astronomie.*) constellation méridionale qui comprend dix-neuf étoiles. *Voyez* Etoile & Constellation.

Loup, (*Chimie.*) c'est un des noms que les Chimistes ont donné à l'antimoine, parce qu'il dévore dans la fonte tous les métaux, excepté l'or & l'argent; qu'il divise ou qu'il dissout non seulement ces substances, mais même tout limon, sable ou pierre avec lesquels on le fait fondre. (*b*)

Loup, *en Chirurgie*, ulcere virulent & chancreux qui vient aux jambes ; ainsi appellé, de ce qu'il ronge & consume les chairs voisines comme un *loup* affamé. *Voyez* Ulcere.

Loup-garou, (*Hist. des superstitions.*) c'est dans l'opinion du menu peuple & des laboureurs un esprit malin , très-dangereux, travesti en *loup* , qui court les champs & les rues pendant la nuit.

L'idée superstitieuse que les hommes pouvoient être changés en loups, & reprendre ensuite leur forme , est des plus anciennes : *hominem in lupos verti, rursumque restitui sibi, falsum existimare debemus*, dit Pline, *lib. VIII.* Cependant cette idée extravagante a subsisté long-tems ; la Religion & la Philosophie ne l'avoient point encore détruite en France sur la fin du seizieme siecle. La Rocheslavin, *liv. II. tit. xij. art. 9.* rapporte un arrêt du parlement de Dôle, du 18 Janvier 1574, qui condamne aux feux Gilles Garnier, lequel ayant renoncé à Dieu, & s'étant obligé par serment de ne plus servir que le diable, avoit été changé en *loup-garou.* Bodin & Daniel Auge, Augentius, ont cité l'arrêt entier.

Il faut quelquefois rappeller ces sortes de traits aux hommes pour leur faire sentir les avantages des siecles éclairés. Nous devrions à jamais les bénir ces siecles éclairés, quand ils ne nous procureroient d'autres biens que de nous guérir de l'existence des *loups-garou* , des esprits, des lamies, des larves, des liliths , des lémures, des spectres, des génies, des démons , des fées, des revenans, des lutins , & autres phantômes nocturnes si propres à troubler notre ame, à l'inquiéter, à l'accabler de craintes & de frayeurs. *Voyez* Lutin. (*D. J.*)

Loup, le, (*Art milit.*) machine de guerre des anciens. *Voyez* Corteau.

Loup, *terme de Pêche*, sorte de filet que l'on peut rapporter à l'espece des ravoirs simples. Elle est en usage sur la côte de l'amirauté de Nantes. Cette pêche se fait à demi-lieue ou environ de terre. Pour cet effet, il faut trois grandes perches dont voici la destination. Celle de terre, qu'ils nomment *perche amortie* ou *sédentaire* , a environ vingt-deux piés de long; elle reste toujours, & on ne la releve point comme les deux autres. La deuxieme se nomme la *perche de rade* qu'on plante, & qu'on releve tous les jussans. La forme du sac du ret ou filet est en losange à bout coupé ; il n'a aux deux bouts que trois brasses de haut, dans le milieu ou le fond , huit brasses, & sa longueur d'un bout à l'autre est de douze à treize brasses. La troisieme perche est celle du milieu.

Ce filet, dans son opération, est ajusté de maniere que ce tiers environ releve ou est retroussé comme aux filets que l'on nomme *ravoirs*.

Il ne faut qu'un bateau pour faire la perche du *loup*, & souvent il n'y a qu'un homme & des femmes ou filles, trois à quatre personnes au plus.

Quand les pêcheurs veulent tendre leur *loup*, ils amarent à la perche de terre ou amortie une haussiere de trente à quarante brasses de long ; on file le lin ; & à treize à quatorze brasses de la perche amortie , on jette le grapin frappé sur un petit cablot dont on file environ dix brasses : on fixe ensuite la perche de rade, en la faisant couler à pic sur un fond de vase où elle enfonce aisément par son propre poids ; & on y amare le cablot du grapin qui de cette maniere lui sert d'étai, & la rend plus ferme & plus stable sur le fond.

Avant de piquer la perche de rade, on passe le bas & le haut des haussieres, bras ou hales du filet qui ont huit brasses de long ; celle du bas reste frappée à cinq piés au-dessus du fond , & celle du haut à cinq à six piés au-dessous du bout de la perche : on amare ensuite le haut & le bas des bras de la perche de terre qui est la perche amortie.

L'ouverture du ret est établie de maniere que la marée s'y entonne. Lorsque le filet est tendu, on met au milieu la troisieme perche qui peut avoir environ douze à treize piés de haut ; le bas passe environ un pié de la partie du ret du *loup* qui est le fond , & cette perche se pique d'elle-même sur les vases durant que la pêche se fait. Les pêcheurs, dans leur bateau , se tiennent sur leur filet au-dessus de la perche du milieu.

Le ret de cette maniere est un filet non flotté , n'ayant ni plomb par bas , ni flottes par la tête ou le haut, de même que les ravoirs auxquels on le pourroit plûtôt comparer qu'à toute autre espece de ret ; il se tend à une heure de justant ou de reslux, c'est-à-dire une heure environ après que la marée a commencé de perdre.

L'ouverture, comme nous avons dit, est de bout à la marée, & il est établi de maniere qu'aux deux tiers du justant il en paroit alors trois piés de hors l'eau. On le releve une heure avant la marée.

Pour prendre le poisson du filet, on démonte la perche de rade, on dépique celle du milieu, & on dégage les deux bras de celle de terre ou sédentaire.

Cette pêche se fait avec succès depuis la saint Michel jusqu'à Noël; il faut un tems calme & le gros de l'eau ; elle se fait également de jour & de nuit. On y prend de toutes sortes d'especes de poissons plats & des ronds , suivant les saisons & les marées.

Les mailles des rets des *loups* de Bourg-neuf, où nous n'avons trouvé que deux de ces filets, sont du grand échantillon, ayant seize à dix-sept lignes en quarré ; ces filets sont au surplus mal lacés & mal travaillés.

Cette pêche, comme on le peut remarquer par sa manœuvre, ne peut être que très-utile, sans pouvoir apporter aucun dommage sur les fonds où l'on peut pratiquer, ne trainant point & ne pouvant jamais arrêter de frai ni de poisson du premier âge, parce que les mailles qui en sont larges, restent aussi toujours ouvertes & étendues de toute leur grandeur. *Voyez* nos *Pl. de Pêche.*

Il y a aussi une autre sorte de filets qu'on appelle *loup*, & dont on se sert dans la riviere de Loire ; ce sont les mêmes que l'on appelle *verveux* dans le canal de la Manche, avec cette différence qu'ils sont bien moins proprement faits & beaucoup plus petits. Ils sont composés d'un demi-cercle à l'entrée, & le sac du ret est soutenu de trois autres especes de cercles composés de petits batons emboîtés dans des morceaux de bois de sureau.

Le goulet du sac de ces *loups* va jusqu'au fond, & les mailles du sac qui en font le tour, sont de cinq à six especes différentes d'échantillons ; celles de l'entrée sont de trois sortes, les plus larges ont 37 lignes en quarré, les suivantes 29 lignes, & les plus serrés 27 lignes ; celles du fond du *loup* sont d'un assez bon calibre, & fort larges par rapport aux rets qu'elles forment ; les plus larges sont de 15 lignes, les autres ont 14 & 13 lignes, ensorte qu'on peut juger que le petit poisson ni le frai ne sauroient y être arrêtés, parce que le ret étant tendu, les mailles sont ouvertes, & qu'il a autant de liberté d'en sortir que d'y entrer. Les Pêcheurs tendent les *loups* dans les repos de la riviere.

LOUPE, s. f. (*Dioptr.*) on appelle ainsi une lentille à deux faces convexes, dont les rayons sont fort petits ; cette lentille a la propriété de grossir les objets, *voyez* LENTILLE ; & elle les grossit d'autant plus que son foyer, c'est-à-dire le rayon de sa convexité, est plus court. Supposons que l'objet placé au foyer de la *loupe* puisse être vû distinctement sans *loupe* à 8 pouces de distance, & que le foyer de la *loupe* soit demi-ligne, l'objet sera grossi en raison de demi-ligne à 8 pouces, c'est-à-dire de 1 à 192, parce que la *loupe* fait voir l'objet distinctement (comme s'il étoit à la distance de 8 pouces), & sous le même angle à peu-près sous lequel on le verroit sans *loupe*, mais confusément à la distance de demi-ligne. *Voyez l'article* MICROSCOPE, où on donne la raison de cette proportion.

LOUPE, *terme de Chirurgie*, tumeur qui se forme sous la peau dans les cellules du tissu adipeux. Cette tumeur est circonscrite, sans chaleur, sans douleur, & sans changement de la couleur naturelle de la peau qui la couvre. La peau n'y est pas adhérente, & l'on sent dans son centre une fluctuation quelquefois très sensible, & quelquefois plus obscure.

Les *loupes* sont des humeurs enkistées, qu'on a rangées sous trois classes, relativement à la nature de l'humeur qu'elles contiennent : mais cela ne forme que des différences accidentelles, puisque, comme l'a fort bien remarqué notre célebre chirurgien françois Ambroise Paré, on ne connoit que contiennent ces tumeurs que lorsqu'elles sont ouvertes. *Voyez les art.* ENKISTÉ, ATHEROME, STEATOME, MELICERIS.

M. Littre ajoute une quatrieme sorte de *loupe* formée par une graisse molle, & qu'il a nommée *lipoma*. *Voyez* LIPOME.

La cause formelle des *loupes* est une accumulation des sucs lymphatiques, qui prennent des couleurs & des consistences différentes, suivant qu'ils sont plus ou moins chargés de sucs bilieux, graisseux, gélatineux, ou d'autres sucs recrémenteux. Les coups, les chûtes peuvent en être les causes occasionnelles & primitives. Les *loupes* se forment peu-à-peu par des degrés insensibles ; aussi ne compriment point les vaisseaux du voisinage, & ne le faisant que fort peu & très-lentement, le sang se conserve une entiere liberté de circuler, en dilatant à proportion les vaisseaux collatéraux, ce qui fait que les *loupes* n'attirent ordinairement aucune inflammation. Quand elles grossissent, elles peuvent s'enflammer, s'abscéder ; il y en a qui deviennent skirrheuses & carcinomateuses, cela dépend de la dégénération vicieuse des sucs qui y sont renfermés. *Voyez* CANCER & CARCINOME.

Paré appelle *énorme* une *loupe* dont il a fait heureusement l'extirpation. Elle pesoit huit livres, étoit de la grosseur de la tête d'un homme, située derriere le col, & pendoit entre les épaules. Il est parlé, dans les *Transactions philosophiques*, d'une *loupe* bien plus extraordinaire qu'avoit à la mâchoire inférieure un nommé Alexandre Palmer, de Keith en Ecosse ; il la portoit depuis vingt-sept ans. Sa grosseur énorme & les douleurs violentes qu'elle lui causoit, le déterminerent à se la faire couper. La base de cette *loupe* avoit cinq pouces d'étendue, ce qui est considérable par le lieu qu'elle occupoit ; elle pesoit vingt-une à vingt-deux livres ; elle étoit de figure sphéroïde, & avoit trente-quatre pouces de tour dans un sens & vingt huit dans un autre. L'hémorrhagie qui suivit l'opération, fut arrêtée par le moyen de la poudre de vitriol, & la plaie par des pansemens ordinaires fut guérie en six semaines.

Les *loupes* sont des maux opiniâtres, mais qui ne sont pas ordinairement dangereux, lorsqu'elles ne changent point de nature ; elles peuvent néanmoins incommoder beaucoup par leur volume ou par leur situation. On ne peut espérer de les guérir par la voie de la résolution, que quand elles sont commençantes ; & les *loupes* graisseuses se résoudront plus facilement que les autres par des applications discussives, telles que la fumigation de vinaigre dans lequel on aura fait dissoudre de la gomme ammoniaque : les emplâtres de ciguë, de diabotanum, de vigo *cum mercurio*, sont fort recommandés, & ne font pas grand effet.

Les *loupes*, dont la base est étroite, peuvent être détruites par la ligature ; l'extirpation est plus prompte & moins douloureuse. J'ai vû plusieurs personnes qui craignoient l'instrument tranchant, en demander l'usage de préférence à la ligature qu'on avoit tentée. Quand le pédicule est assez considérable, on peut inciser circulairement la peau à la base de la tumeur, & en lier la base intérieurement ; ce procédé épargne les grandes douleurs qui viennent de la grande sensibilité de la peau. On peut aussi cautériser circulairement la peau, & tracer par une escarre la voie de la ligature.

Nous avons donné *au mot* ENKISTÉE des regles pour l'extirpation de ces sortes de tumeurs ; mais les grands principes se tirent de l'Anatomie, qui instruit dans chaque cas particulier des points auxquels la tumeur a ses attaches. Elle peut tenir à des tendons, à des nerfs, être sur la route de vaisseaux considérables, &c. toutes ces différences sont varier le traitement, ou établissent des procédés particuliers. On peut attaquer la tumeur par la partie la plus éminente par le moyen des cathérétiques, dont on continue l'usage méthodiquement jusqu'à la parfaite éradication de la tumeur. Si la *loupe* étoit carcinomateuse, ce seroit une voie fort dangereuse ; l'extirpation par l'instrument tranchant est indispensable, si elle est possible. Quand le kiste est emporté ou détruit en entier, l'ulcere est simple, & se guérit aisément par les pansemens ordinaires. (*Y*)

LOUPES, (*Monnoie.*) on appelle ainsi dans les monnoies les briques & les carreaux des vieux fourneaux qui ont servi à la fonte de l'or & de l'argent. On les broye & on les concasse, pour en tirer par le moyen du moulin aux lavures, les particules de ces deux métaux qui peuvent s'y être attachées. *Voyez* LAVURES.

Loupes se dit encore en terme de jouaillier, des perles & des pierres précieuses imparfaites, dans la formation desquelles la nature est, pour ainsi dire, restée à moitié chemin.

Les pierres qui restent le plus ordinairement en *loupes*, sont les saphirs, les rubis & les émeraudes. A l'égard de ces dernieres, il ne faut pas confondre leurs *loupes* avec ce qu'on appelle *prime d'émeraudes. Voyez* EMERAUDE.

Pour ce qui eſt des *loupes* de perles, ce n'eſt quelquefois des endroits que de nacre de perles un peu élevés en demi-boſſe, que les Lapidaires ont l'adreſſe de ſcier & de joindre enſemble en forme de vraies perles. *Voyez* PERLE.

LOUPÉ, ſ. f. (*Groſſe forge.*) Voyez *cet article.*

LOURD, adj. (*Gramm.*) terme relatif à la peſauteur ; il en marque la quantité ou plutôt l'excès. On dit ce fardeau eſt *lourd.* L'or eſt le plus *lourd* de tous les métaux : voilà ſes acceptions phyſiques. En morale, on dit d'un homme qui n'a nulle fineſſe, ni d'idées, ni d'expreſſions, qu'il eſt *lourd*; & qu'une plaiſanterie *lourde* eſt tout-à-fait inſupportable.

LOURDE, *Laperdum*, (*Géog.*) petite ville de France en Gaſcogne, ville unique, & chef-lieu du Lavedan, avec un ancien château ſur un rocher. Elle eſt ſur le Gave de Pau, à 4 lieues de Bagnieres. *Long. 17. 30. lat. 43. 8.* (*D. J.*)

LOURE, ſ. f. (*Muſique.*) eſt, ſelon quelques-uns, le nom d'un ancien inſtrument, ſemblable à une muſette. C'eſt auſſi une ſorte de danſe dont le mouvement eſt grave, & marqué le plus ſouvent par la meſure à $\frac{6}{4}$. On pointe ordinairement la note au milieu de chaque tems, & l'on marque le premier tems un peu plus que le ſecond.

La gigue n'eſt qu'une eſpece de *loure*, dont le mouvement eſt plus vif que celui de la *loure* ordinaire. *Voyez* GIGUE.

LOURE DE PERTUIS, *terme de riviere*, eſt une piece de bois ſur laquelle poſent les aiguilles.

LOURER, v. act. *en Muſique*, c'eſt nourrir les ſons avec douceur, & marquer un peu plus ſenſiblement la premiere note de chaque tems, que la ſeconde de même valeur. (*S*)

LOÛS, ſ. m. (*Antiq. greq.*) mois macédoniens ; il répondoit, ſuivant le P. Petau, au mois attique Boédromion, & au mois Panæmus des Corinthiens, c'eſt-à-dire au mois de Novembre. Nous traiterons ailleurs ce ſujet avec ſoin, & d'après les meilleures ſources. *Voyez* MOIS DES GRECS. (*D. J.*)

LOUTH, *comté de*, (*Géog.*) canton d'Irlande, dans la province de Leinſter. Il n'a que 25 milles de long ſur 13 de large, & ſe diviſe en 4 baronnies, qui contiennent cinq petites villes ; ſçavoir, Carlingford, Dundalk, Louth, Atherdée & Drogheda. Ce pays s'appelloit anciennement Luva ou Luda, & en irlandois *Iriel*.

LOUTH, (*Géog.*) en latin *Luvapolis*, petite ville à marché d'Irlande, dans la province de Leinſter, capitale du comté de *Louth*. Elle eſt à 7 milles S. O. de Dundalk, & à 6 N. O. d'Atherdée. *Long. 11. lat. 53. 56.* (*D. J.*)

LOUTRE, ſ. f. (*Hiſt. nat. Zoolog.*) *lutea*, animal quadrupede, qui a le corps preſque auſſi long que le blaireau, les jambes beaucoup plus courtes ; la tête plate, le muſeau, la mâchoire du deſſous plus étroite, & moins longue que celle du deſſus ; le cou court & gros, la queue groſſe à ſon origine, & pointue à l'extrémité. La *loutre* a deux ſortes de poils ; un duvet court, ſoyeux, & un poil plus long & plus ferme. Toutes les parties ſupérieures de cet animal ſont de couleur brune, & les parties inférieures ſont blanchâtres & luiſantes ; les piés ont une couleur brune, rouſâtre. Il y a cinq doigts dans chaque pié ; ils tiennent les uns aux autres par une forte membrane, qui eſt plus longue dans les piés de derriere que dans ceux du devant, parce que les doigts ſont auſſi plus longs. Ces membranes donnent à cet animal beaucoup de facilité pour nager ; il eſt plus avide de poiſſon que de chair ; il ne s'éloigne guere des rivieres & des lacs. Quelquefois il dépeuple les étangs. Lorſqu'il ne trouve ni poiſſon, ni écreviſſe, ni grenouille, ni rat d'eau ; il mange l'écorce des arbres aquatiques, ou l'herbe nouvelle au printems. La *loutre* devient en chaleur en hiver, & met bas au mois de Mars. La chair de cet animal ſe mange en maigre, & a un très-mauvais goût de poiſſon, ou plutôt de marais. On trouve des *loutres* en Europe, depuis la Suede juſqu'à Naples, & dans l'Amérique ſeptentrionale. Les Grecs les connoiſſoient. Il y en a vraiſſemblablement dans tous les climats tempérés, ſur-tout ſi il y a beaucoup d'eau. *Voyez l'Hiſt. nat. génér. & part. tome VII.*

LOUTRE, (*Diette.*) la chair de cet animal eſt dure & coriaſſe, quoique chargée de beaucoup de graiſſe ; elle eſt fade, gluante, & d'un goût déſagréable de poiſſon. Elle eſt par conſéquent dégoûtante & malſaine ; & elle doit être rejettée de la claſſe des alimens. (*b*)

LOUTRE, (*Pelleterie.*) Les peaux de *loutres* garnies de leur poil, font une partie du commerce de la Pelleterie.

On trouve en France & dans d'autres pays de l'Europe des *loutres*, mais qui ne ſont comparables, ni pour la longueur, ni pour la couleur & la fineſſe de leur poil, à celles qu'on tire du Canada, & d'autres cantons de l'Amérique ſeptentrionale.

M. Furetiere a avancé dans ſon dictionnaire que le poil de *loutre* entroit dans la compoſition des chapeaux. M. Savary prétend que c'eſt une erreur ; & les plus habiles chapeliers de Paris conviennent de bonne foi qu'ils ne s'en ſervent jamais, & que s'ils donnent quelquefois le nom de *loutre* à certains chapeaux, ce n'eſt que pour les déguiſer, & les faire mieux valoir en les vendant au public, auquel on en impoſe par un nouveau nom.

Les Chapeliers appellent *chapeaux de loutre*, certains chapeaux dans leſquels ils ſuppoſent qu'il entre de la peau de *loutre*.

LOUVAIN, (*Géog.*) en flamand *Loeven*, ville des Pays bas, dans le Brabant, avec une univerſité qui jouit de grands privileges.

Louvain a l'honneur d'être la premiere à l'aſſemblée des états de Brabant. Son ancien nom latin eſt *Luvonium* ou *Lovonium*, changé depuis en *Lovanium*. Il n'eſt fait aucune mention de ſon exiſtence avant le regne des petits-fils de Louis le débonnaire.

Ce n'étoit qu'un bourg au commencement du xij. ſiecle. Le duc Godefroy le fit entourer de murailles en 1165. Cette nouvelle ville s'agrandit promtement, ſe peupla prodigieuſement, & devint dans l'eſpace de deux cens ans, la plus grande, la plus riche, & la plus marchande de tout le pays. Son principal trafic conſiſtoit en drap, en liane, en toile ; & ce trafic étoit ſi floriſſant au milieu du xiv ſiecle, qu'on y comptoit plus de quatre mille maiſons de drapiers ou de tiſſerans, & plus de 150 mille ouvriers ; mais ce commerce vint à ceſſer tout d'un coup, par les révolutions qui cauſa la révolte de 1381, contre Venceſlas, duc de Brabant. Tous les ouvriers qui étoient entrés dans la révolte furent pendus ou bannis. Alors les exilés ſe retirerent pour la plupart en Angleterre, où ils furent reçus à bras ouverts ; ainſi *Louvain* demeura dépeuplée faute de commerce & d'habitans, & elle ne s'eſt jamais relevée depuis. En vain Jean IV. duc de Brabant, crut la rétablir en y fondant l'an 1426, une univerſité ; mais des profeſſeurs, des colleges & des étudians, ne rendent point la valeur du commerce & de l'induſtrie ; auſſi cette valeur eſt aujourd'hui reſſerrée dans *Louvain*, au triſte débit d'une bierre très-médiocre.

Louvain appartient au dioceſe de Malines pour le ſpirituel. Elle eſt ſituée ſur la Dyle, à 4 lieues de Bruxelles & de Malines, 3 de Tillemont, 12 N. O. de Namur, 16 N. E. de Mons, 65 N. de Paris. *Long.* ſelon Street, 22 deg. 26 min. 15 ſec. *lat. 50. 50.*

Espen (Zeger Bernard van) célebre jurisconsulte, & savant canoniste, naquit dans cette ville en 1646, & mourut à Amersfoot en 1718, à 83 ans. On doit des éloges à quelques-uns de ses ouvrages, mais surtout à son *jus ecclesiasticum universum*, dans lequel il fait paroître une grande connoissance de la discipline ecclésiastique ancienne & moderne. (*D. J.*)

LOUVE, s. f. (*Litter.*) nourrice de Rémus & de Romulus. Ces deux freres jumeaux, dit Virgile, d'après la tradition populaire, suçoient les mamelles de cet animal, badinoient sans crainte autour de la bête féroce, qu'ils regardoient comme leur mere, & qui les traitoit comme ses enfans. Cette *louve* se trouve souvent dans les anciens monumens de Rome, avec les deux enfans qui tettent. Telle est cette belle statue du Tibre copiée sur l'antique, & que l'on voit dans le jardin des Tuileries. Plutarque, mal ou mal instruit, raconte dans ses paralleles un fait à-peu-près semblable à celui de Rome, arrivé dans l'Arcadie: mais sur les médailles, un *loup* ou une *louve* signifient toujours l'origine de la ville de Rome, ou la domination romaine à laquelle les peuples étoient soumis. (*D. J.*)

LOUVE, (*Architect.*) dans l'art de bâtir, est un morceau de fer comme une main, avec un œil, qu'on serre dans un trou fait exprès à une pierre prête à poser, avec deux *louveteaux*, qui sont deux coins de fer; ensuite on attache le cable d'une grue ou autre machine à l'œil de la *louve*, ce qui sert à enlever la pierre du chantier sur le tas.

Louver, c'est faire le trou dans la pierre pour y mettre la *louve*.

LOUVE, LA, (*Géog.*) nom de deux petites rivieres de France, l'une en Franche-comté, a sa source dans le bailliage de Pontarlier, & se jette dans le Doux au-dessous de Dôle. Elle est rapide, poissonneuse, & très-utile pour le flotage du bois. L'autre a sa source en Béarn, au village de Louboux, & se perd dans l'Adour, un peu au-dessous de Castelnau. (*D. J.*)

LOUVESTAN, (*Géog.*) pays d'Asie, dans le Curistan méridional, entre le Tigre, le Curistan & la Perse. M. Fréret juge avec beaucoup de vraissemblance, que c'est la Bactriane de Xénophon; qu'il ne faut pas confondre avec la Bactriane, qui s'étendoit sur la rive méridionale du fleuve Oxus, & dont Bactra, aujourd'hui Termend, sur le Gihon, étoit la capitale, au sentiment de plusieurs géographes. (*D. J.*)

LOUVET, (*Maréch.*) poil de cheval, il est d'un gris couleur de poil de loup.

LOUVETEAU, s. m. (*Pelleterie.*) petit engendré d'un loup & d'une louve. La peau du *louveteau* garnie de son poil, est une assez bonne fourrure quand elle est bien préparée par le pelletier. On l'emploie à en faire des manchons & autres fourrures semblables, qui sont plus ou moins estimées, suivant la beauté & la finesse du poil. *Voyez* LOUP.

LOUVETERIE, s. f. (*Vén.*) équipage de chasse pour le loup. Il y a des officiers de *louveterie*, & dans plusieurs provinces la *louveterie* a ses lieutenans.

LOUVETIER, s. m. (*Vénerie*) officier qui commande à l'équipage du roi, pour la chasse du loup. Le grand *louvetier* de France porte à ses armes deux têtes de loup au-dessous de l'écu; il fut créé sous François I. en 1520. On se proposa d'exterminer les animaux malfaisants appellés *loups*: on établit des *louvetiers* particuliers. Ils ont encore les fonctions dans la plupart de nos villages avoisinés de forêts.

LOUVETIER, (*Hist. mod.*) officier qui commande à l'équipage de la chasse du loup. Autrefois il y avoit des *louvetiers* entretenus dans toutes les forêts; & il en reste encore en beaucoup d'endroits. Le grand *louvetier* a deux têtes de loup au-dessus de l'écu de ses armes: ce fut François I. qui en créa la charge en 1520. Le grand *louvetier* prête serment entre les mains du roi, les autres officiers de la louveterie le prêtent entre ses mains. Le ravage que caula dans les provinces la grande multiplication de loups, occasionnée par la dépopulation qui suivit les incursions des barbares dans les Gaules, attirerent l'attention du gouvernement: il y eut des lois faites à ce sujet. Il fut ordonné par celles des Bourguignons, & par les capitulaires de nos rois d'avertir les seigneurs du nombre de loups que chacun aura tués, d'en présenter les peaux au roi; de chercher & de prendre les louveteaux au mois de Mai; & aux vicaires ou lieutenans des gouverneurs, d'avoir chacun deux *louvetiers* dans leur district: on proposa des prix à ceux qui prendroient des loups. On finit par établir des *louvetiers* dans chaque forêt, & par créer un grand *louvetier*, auquel les autres seroient subordonnés. Les places de *louvetiers*, en chaque province, n'étoient que des commissions, lorsque François I. les mit en titre d'office, & au-dessus de ces officiers, celui de grand *louvetier* de France. On attribua d'abord aux *louvetiers* deux deniers par loup, & trois deniers par louve, salaire qui dans la suite fut porté à quatre deniers par louve, & qui dut être payé par chaque feu de village, à deux lieues à la ronde du lieu où l'animal avoit été pris. Les habitans de la banlieue de Paris en furent & ont continués d'en être exempts.

LOUVEURS, s. m. pl. (*Maçonnerie.*) ouvriers qui font les trous dans la pierre, & qui y placent la louve. *Voyez* LOUVE.

LOUVIER, ou plutôt LOUVOIER, (*Marine.*) c'est courir au plus près du vent, tantôt à tribord, tantôt à bas-bord, en portant quelque tems le cap d'un côté, puis revirant & le portant d'un autre côté, ce qui se fait lorsqu'on a le vent contraire, & qu'on veut chicanner le vent, & maintenir le vaisseau dans le parage où il est, afin de ne se pas éloigner de la route.

LOUVIERS, (*Géog.*) en latin moderne *Lupariæ*; ville de France dans la haute Normandie, sous titre de comté. Il y a une manufacture de draperies qui est assez considérable. *Louviers* est d'ailleurs située favorablement entre une plaine fertile, à 4 lieues N. d'Evreux, 2 S. du Pont-de-l'arche, 8 S. E. de Rouen, 22 N. O. de Paris. *Long.* 18. 50. *lat.* 49. 10.

LOUVO, ou LOUVEAU, (*Géog.*) Kœmpfer écrit LIVO, & les Siamois l'appellent *Nocchéboury*; ville d'Asie, au royaume de Siam, avec un palais que les rois de Siam habitent une partie de l'année; c'est leur Versailles. Elle est fort peuplée, & située dans une belle plaine à lieues de la capitale, où l'on peut aller par un canal. *Long.* selon les PP. Jésuites, *118. 33.* selon M. de Lille, *121. 11. 30. lat. 14. 43. 25.*

LOUVOYER, verbe neutre, (*Marine.*) c'est voguer quelque tems d'un côté, puis virer de cap, & aller autant de l'autre, afin de se conserver toujours une même hauteur, & dériver de la route le moins qu'il est possible. On *louvoie* quand le vent est contraire.

LOUVRE, LE, (*Hist. mod.*) en latin *lupara*, palais auguste des rois de France dans Paris, & le principal ornement de cette capitale. Tout le monde connoît le *louvre*, du moins par les descriptions détaillées de Brice & autres écrivains.

Il fut commencé grossierement en 1214 sous Philippe Auguste, & hors de la ville. François I. jetta les fondemens des ouvrages, qu'on appelle le *vieux louvre*; Henri II. son fils employa d'habiles architectes pour le rendre régulier. Louis XIII. éleva le pavillon du milieu couvert en dôme quarré; Louis XIV. fit exécuter la superbe façade du *louvre* qui est à l'orient du côté de saint Germain l'Auxerrois. Elle est composée d'un premier étage, pareil à celui des autres façades de l'ancien *louvre*; & elle a au-dessus un grand ordre de colonnes corinthiennes, couplées avec des pilastres de même. Cette façade, longue d'environ 88 toises, se partage en trois avant-corps, un au milieu, & deux aux extrémités

L'avant-corps du milieu est ornée de huit colonnes couplées, & est terminé par un grand fronton, dont la cimaise est de deux seules pierres, qui ont chacune cinquante-deux piés de longueur, huit de largeur & quatorze pouces d'épaisseur.

Claude Perrault donna le dessein de cette façade, qui est devenue par l'exécution, un des plus augustes monumens qui soient au monde. Il inventa même les machines, avec lesquelles on transporta les deux pierres dont nous venons de parler.

L'achevement de ce majestueux édifice, exécuté dans la plus grande magnificence, reste toujours à désirer. On souhaiteroit, par exemple, que les rez-de-chaussée de ce bâtiment fussent nettoyés & rétablis en portiques. Ils serviroient ces portiques, à ranger les plus belles statues du royaume, à rassembler ces sortes d'ouvrages précieux, épars dans les jardins où on ne se promene plus, & où l'air, le tems & les saisons, les perdent & les ruinent. Dans la partie située au midi, on pourroit placer tous les tableaux du roi, qui font présentement entassés & confondus ensemble dans des gardes-meubles où personne n'en jouit. On mettroit au nord la galerie des plans, s'il ne s'y trouvoit aucun obstacle. On transporteroit aussi dans d'autres endroits de ce palais, les cabinets d'Histoire naturelle, & celui des médailles.

Le côté de saint Germain l'Auxerrois libre & dégagé, offriroit à tous les regards cette colonade si belle, ouvrage unique, que les citoyens admiretoient, & que les étrangers viendroient voir.

Les académies différentes s'assembleroient ici, dans des salles plus convenables que celles qu'elles occupent aujourd'hui ; enfin, on formeroit divers appartemens pour loger des académiciens & des artistes. Voilà, dit-on, ce qu'il seroit beau de faire de ce vaste édifice, qui peut-être dans deux siecles n'offrira plus que des débris. M. de Marigni a depuis peu consacré à la plus importante de ces choses, la conservation de l'édifice. *(D. J.)*

LOUVRE, *honneur du*, (*Hist. de France.*) on nomme ainsi le privilege d'entrer, au *louvre* & dans les autres maisons royales, en carrosse. En 1607, le duc d'Epernon étant entré de cette maniere dans la cour du *louvre*, sous prétexte d'incommodité, le roi voulut bien le lui permettre encore à l'avenir, quoique les princes seuls eussent ce privilege ; mais il accorda la même distinction au duc de Sully en 1609 ; enfin, sous la régence de Marie de Médicis, cet honneur s'étendit à tous les ducs & officiers de la couronne, & leur est demeuré. *(D. J.)*

LOUYSIANE, LA, (*Géog.*) grande contrée de l'Amérique septentrionale, & qui faisoit autrefois partie de la Floride. Le P. Charlevoix en a donné une description détaillée dans son Histoire de la nouvelle France ; je n'en dirai qu'un mot.

Fernand de Soto, Espagnol, la découvrit le premier, mourut dans le pays, & les Espagnols ne songerent pas à s'y établir. Le P. Marquette, jésuite, & le sieur Jolyet y aborderent en 1672. Dix ans aprés, M. de la Sale perfectionna cette découverte, & nomma cette vaste contrée la *Louysiane*. En 1698, M. d'Iberville, capitaine de vaisseaux, entra dans le Mississipi, & le remonta jusqu'à son embouchure. En 1718, 1719 & 1720, la France y projetta un établissement qui n'a point eu de succès jusqu'à ce jour : cependant ce pays paroit un des meilleurs de l'Amérique ; il est traversé du nord au sud par le Mississipi. Le P. Hennepin, récollet, a donné en 1683 une description de la *Louysianue*, qui a grand besoin de corrections. *Longitude 279–289. latit. 39–39.* *(D. J.)*

LOWICKZ ou LOWIECKZ, ou LOWITZ, (*Géog.*) en latin *Lovicium*, ville de Pologne au palatinat de Rava, avec une forteresse ; c'est la résidence des archevêques de Gnesne ; elle est sur le ruisseau de Bzura, à 7 lieues S. de Ploczko, 11 N. de Rava. *Long.* 37. 49. *lat.* 52. 18.

LOWLANDERS, (*Géog.*) nom qu'on donne aux Ecossois qui demeurent dans le plat-pays, pour les distinguer des montagnards qui sont appellés *Highlanders*. Les *Lowlanders* sont composés de diverses nations, d'Ecossois, d'Anglois, de Normands, de Danois, &c. Leur langue renferme quantité de termes tirés de l'ancien Saxon ; mais ces termes s'abolissent tous les jours, depuis que l'anglois y a pris si fort racine, que le vieux langage écossois ne se parle plus que dans les montagnes, & dans les iles parmi le petit peuple.

LOXA, (*Géog.*) ou LOJA, car c'est la même prononciation ; ville d'Espagne au royaume de Grenade, dans un terroir agréable & fertile sur le Xénil, à 6 lieues de Genade. *Long.* 14. 5. *lat.* 37. 5.

Il y a une petite ville de *Loxa* au Pérou, dans l'audience de Quito, sur le confluent de deux petits ruisseaux, qui descendent du nord de Caxanuma, & qui tournant à l'est, & grossis de plusieurs autres, forment la riviere de Zamora, qui se jette dans le Maranon, sous le nom de *Sant-Jago*. *Loxa* est situé quatre degrés au-delà de la ligne équinoxiale, environ cent lieues au sud de Quito, un degré plus à l'ouest. La montagne de Caxanuma, célebre par l'excellent quinquina qui y croît, est à plus de deux lieues & demie au sud de *Loxa*. Cette petite ville a été fondée en 1546, dans un vallon assez agréable par Mercadillo, l'un des capitaines de Gonçale Pizarre. Son sol est d'environ 1100 toises au-dessus du niveau de la mer, aussi le climat y est fort doux, quoique les chaleurs y soient quelquefois incommodes. J'en parle ainsi d'après M. de la Condamine, *Mém. de l'acad. des Sc. ann. 1745.* *(D. J.)*

LOXODROMIE, s. f. *loxodromia*, (*Navigat. & Géométrie.*) ligne qu'un vaisseau décrit sur mer, en faisant toûjours voile avec le même rhumb de vent. *Voyez* RHUMB.

Ce mot vient du grec, & il est formé de λέξες, *oblique*, & de δρόμος, *course*.

Ainsi la *loxodromie*, qu'on appelle aussi *ligne loxodromique*, ou *loxodrimique* ; coupe tous les méridiens sous un même angle, qu'on appelle *angle loxodromique*.

La *loxodromie* est une espece de spirale logarithmique tracée sur la surface d'une sphere, & dont les méridiens sont les rayons. *Voyez* LOGARITHMIQUE (SPIRALE). M. de Maupertuis, dans son *discours sur la parallaxe de la lune*, nous a donné plusieurs propriétés de la *loxodromie*, ainsi que dans un mémoire imprimé parmi ceux de l'académie des sciences de Paris, en 1744. *Voyez l'article* CAPOTAGE.

La *loxodromie* tourne autour du pole sans jamais y arriver, comme la logarithmique spirale tourne autour de son centre. Il est de plus évident que toute portion quelconque de la *loxodromie* est toûjours en raison constante avec la portion correspondante du méridien.

Si on nomme *l* l'arc compris entre le pole & un point de la *loxodromie*, & 1 le rayon, *du* la différence de la longitude, on aura l'arc infiniment petit du parallele correspondant égal à *du* sin. *z* ; & cet arc doit être en raison constante avec *dz*, à cause que la *loxodromie* coupe toûjours le méridien sous le même angle, donc $\frac{dz}{z\sqrt{\sin.\zeta}}$ est $= b$; c'est l'équation de la *loxodromie*; soit fin. $\zeta = x$ on aura $d\zeta = \frac{dx}{\sqrt{1-xx}}$ & $b\,d\,u = \frac{dx}{x\sqrt{1-xx}}$; soit $x = \frac{1}{r}$, on aura $b\,d\,u = -\frac{dr}{\sqrt{rr-1}}$ ou $-b\,d\,u = \frac{dr}{\sqrt{rr-1}}$, dont l'intégrale est $-b\,u + C = $ log. $r + \sqrt{rr-1}$. *Voyez* INTÉGRAL & LOGARITHME. Par cette équation on peut construire des tables *loxodromiques* pour tel rhumb de vent qu'on voudra. *Voyez* LOXODROMIQUE.

La *loxodromie*, ou plûtôt sa projection sur le plan de l'équateur, est représentée *fig. 7 & 8. de Navigat. P* représente le pole; *P A*, *P B*, *P C*, &c. les méridiens, ou plûtôt leurs projections sur le plan de l'équateur; *A I H G* est la *loxodromie*. (*O*)

LOXODROMIQUE, s. f. (*Navigat.*) est l'art ou la méthode de faire voile obliquement au moyen de la loxodromie. *Voyez* NAVIGATION, RHUMB & LOXODROMIE.

Loxodromique se prend aussi adjectivement, & il est beaucoup plus en usage dans ce sens.

Ligne loxodromique, ou simplement *loxodromique*, est la même chose que *loxodromie*; on l'appelle aussi *ligne de rhumb*.

Tables loxodromiques sont des tables dressées pour l'usage des navigateurs, dans lesquelles on calcule pour chaque rhumb de vent partant de l'équateur, la longueur du chemin parcouru, & le changement de longitude, en supposant le changement en latitude de dix en dix minutes. *Voy. l'art.* CAPOTAGE & CARTE. *Voyez* aussi *l'histoire des Mathématiques* de M. Montucla, *tome I. pag. 608 − 617.*

En général, pour construire ces tables, on remarquera que par la propriété de la loxodromie qui fait toûjours un angle constant avec les méridiens, un arc ou portion quelconque de la loxodromie, qui est le chemin du vaisseau, est à l'arc du méridien correspondant comme le sinus total est au co-sinus de l'angle de la loxodromie avec le méridien, ou au sinus de son angle avec l'équateur. A l'égard de la longitude, on peut la calculer de deux manieres. 1°. Par cette proportion l'angle de la loxodromie avec l'équateur est au co-sinus de ce même angle comme l'incrément de la latitude est à l'incrément de la longitude pris dans l'arc du parallele; & ainsi on aura pour chaque particule du méridien de dix en dix minutes l'arc du parallele correspondant, qui divisé par le rayon du parallele, ou le cosinus de latitude, donnera l'incrément réel de la longitude; la somme de ces incrémens sera évidemment la longitude totale. 2°. On peut se servir de la formule que nous avons donnée *au mot* LOXODROMIE, & qui contient l'équation entre les longitudes & les latitudes. Ceux qui desireront un plus long détail, peuvent avoir recours à *l'histoire des Mathématiques* déjà citée. *Voyez aussi* MILLES *de longitude*, & LIEUES MINEURES *de longit.*

LOYAL, adj. (*Jurisprud.*) se dit de ce qui est légitime & conforme à la loi; il sembleroit par-là que *légal & loyal* seroient toûjours la même chose: on dit souvent un précipût légal, un augment légal, c'est-à-dire fondé sur la loi, & non sur la convention: on appelle du grain bon, *loyal* & marchand, lorsqu'il est tel que la loi veut qu'on le donne; néanmoins dans quelques coutumes, on dit *loyal* administrateur pour légal.

Légal signifie quelquefois *féal* ou *fidele*; c'est en ce sens que l'on dit qu'un vassal doit être féal & *loyal* à son seigneur. (*A*)

LOYAL, (*Maréch.*): cheval *loyal*, est celui qui étant recherché de quelque manege, donne librement ce qu'il a, qui emploie sa force pour obéir, & ne se défend point, quoiqu'on le maltraite.

Bouche loyale, est une bouche excellente, une bouche à pleine main. *Voyez* BOUCHE.

LOYAUX-COUTS ou LOYAUX-COUTEMENS, (*Jurisprud.*), sont toutes les sommes que l'acquéreur a été obligé de payer outre le prix de son acquisition, tant pour les frais de son contrat que pour les proxénetes, pour pot-de-vin & épingles, pour les frais d'un decret volontaire, s'il en a fait un, pour les droits seigneuriaux & pour les réparations nécessaires, faites par autorité de justice.

Ce terme est usité en matiere de retrait; l'acquéreur qui est évincé par retrait devant être indemne, le retrayant doit lui rembourser, outre le prix principal, tous les *loyaux*.

On les appelle *loyaux*, parce que le retrayant n'est tenu de rembourser que ce qui a été payé légitimement ou suivant la loi; de sorte que, si l'acquéreur a trop payé pour les frais du contrat ou pour ceux de son decret, ou s'il a fait des réparations inutiles, ou sans les avoir fait constater par justice, le retrayant n'est tenu de lui rembourser que ce qui pouvoit être dû légitimement.

Il en est parlé dans l'*art. 129.* de la coutume de Paris, à l'occasion du retrait lignager. *Voyez* les Commentateurs sur cet article. (*A*)

LOYER, (*Jurisprud.*) est ce que le locataire d'une chose donne pour le prix de la location.

On donne à *loyer* ou plûtôt à louage des choses mobiliaires, comme un cheval, des meubles meublans, &c.

Le terme de *loyer* se prend plus particulierement pour le prix du louage d'une maison, terre ou autre héritage.

Le propriétaire d'une maison a un privilege sur les meubles de ses locataires pour les trois derniers quartiers & le courant, à moins que le bail n'ait été passé devant notaire, auquel cas le privilege s'étend sur tous les *loyers* qui doivent échoir jusqu'à la fin du bail. *Voyez l'article 171.* de la coûtume de Paris.

L'ordonnance de 1629, *art.* 142, dit que les *loyers* des maisons & prix des baux à ferme, ne pourront être demandés cinq ans après les baux expirés.

Cette décision paroît suivie au parlement de Paris. *Voy.* BAIL, LOCATAIRE, LOCATION, LOUAGE. (*A*)

LOYS, (*Hist. mod. Géog.*) c'est le nom des peuples qui habitent le royaume de Champa ou Siampa dans les Indes orientales; ils ont été subjugués par les Cochinchinois qui sont aujourd'hui les maîtres du pays, & à qui les premiers payent tribut. Les *Loys* ont les cheveux noirs, le nez applati, des moustaches, & se couvrent de toile de coton. Ils sont plus laborieux, plus robustes & plus humains que les Cochinchinois leurs maîtres. Parmi eux les gens du bas peuple n'ont point la permission d'avoir de l'argent chez eux.

LOYTZ, (*Géog.*) ville d'Allemagne au cercle de la haute Saxe, dans la Poméranie citérieure, sur la Pêne, à 2 lieues S. de Stralsund, 5 N. O. de Gutzkow. Les historiens Allemands la nomment en latin *Lutitia*, & prétendent que c'est un reste des *Lutitii* ou *Luticii*, ancien peuple de Germanie entre les Slaves, & cette opinion a quelque fondement dans la Topographie. (*D. J.*)

L U

LUA, (*Mythol.*) divinité romaine, qu'on invoquoit à la guerre. Il n'en est parlé que dans Tite-Live, *liv. VIII.* & ce qu'il en dit ne nous rend pas trop savans. Cet historien rapporte qu'après un combat contre les Volsques, le consul qui commandoit l'armée des Romains, consacra à la déesse *Lua* les armes des morts qui se trouverent sur le champ de bataille. Loméier infere de-là, dans son savant traité *de lustrationibus Gentilium, cap. iv,* qu'il étoit d'usage de faire des expiations après un combat, & que l'offrande l'offrande des armes des morts se fit par le consul, pour expier son armée du sang humain répandu. Selon ce système, *Lua* étoit la déesse des expiations, du moins son nom le désigneroit assez clairement; il est tiré de *luere*, expier. (*D. J.*)

LUBECK, (*Géog.*) en latin moderne *Lubecum*; ville d'Allemagne dans le cercle de la basse - Saxe, capitale de la Vagrie, avec un évêché, dont l'évêque est prince de l'empire, & suffragant de Brême, une citadelle & un port. C'est une ville libre, impériale, anséatique & très - florissante, qui fait une espece de république.

Elle doit sans doute sa naissance à des cabanes de pêcheurs; car on ne sait ni quand, ni qui l'a fait bâtir; & comme on n'en trouve aucune mention avant Godefschalc, roi des Hérules ou Obotrites, lequel fut assassiné par les Slaves vers l'an 1066, on prétend qu'il en fut le restaurateur; mais que ce soit lui, Vikbon danois, Trutton le vandale ou tel autre que l'on voudra qui en ait jetté les fondemens, ce n'est certainement aucun roi de Pologne, quoi qu'en disent les historiens de ce royaume.

Nous savons que dans le xiij. siecle *Lubeck* étoit déjà considérable, qu'elle avoit la navigation libre de la Trave, & que Voldemar, frere de Canut, roi de Danemark, s'en étant emparé, ne ménagea pas les habitans. Ceux-ci, pour s'en délivrer, s'adresserent à l'empereur Frédéric II, à condition d'être ville libre & impériale. Aussi depuis 1227, *Lubeck* conserva sa liberté, & devint une véritable république sous la protection de l'empereur. Malheureusement elle fut réduite en cendres par un incendie en 1276.

Elle a joué le premier rang entre les anciennes villes anséatiques, & en eut le directoire. Elle embrassa la confession d'Augsbourg en 1535, & jouit actuellement d'un territoire assez étendu, dans lequel on compte une centaine de villages; elle a rang au banc des villes impériales, à la diete de l'empire, & elle y alterne pour la préséance avec la ville de Worms.

Lubeck est située au confluent des rivieres de la Trave, de Wackenitz & de Steckenitz, à 4 lieues du golfe de son nom, dans la Wagrie, aux confins de Stomar, & du duché de Lawenbourg; elle est à 19 lieues N. O. de Lawenbourg, 15 N. E. d'Hambourg, 53 S. O. de Copenhague, 178 N. O. de Vienne. *Long.* selon Appien, 28, 20; selon Bertins, 32, 45. *lat.* selon tous les deux, 54, 48. Jean Kirckman, *Henri* Meibomius, *Henri* Muller, & *Laurent* Surius font nés à *Lubeck*. Je ne m'appesantirai pas sur leur vie, ni sur leurs ouvrages.

Kirchman est un littérateur dont on estime les deux Traités *de annulis*, & *de funeribus Romanorum*; il mourut en 1643 à 68 ans.

Meibom s'est fait un grand nom dans la Littérature & la Médecine. Ses ouvrages composent 3 vol. *in-fol.* Il mourut en 1700, à 52 ans.

Muller est auteur de plusieurs écrits polémiques en Théologie; il mourut en 1675, à 44 ans, las de la vie, & assurant ses amis, qu'il ne se ressouvenoit pas d'avoir encore passé un seul jour agréable.

Surius, de protestant devenu chartreux, chose rare, a publié un Recueil des conciles en 4. vol. *in-fol.* Le cardinal du Perron le traite d'ignorant, & Seckendorff d'aveugle. Il a plus que justifié cette derniere épithete par son apologie du massacre de la S. Barthélemi. Il est mort à 56 ans, en 1578. (*D. J.*)

LUBECK, *le droit*, (*Droit Germanic.*) c'est originairement le droit que *Lubeck* a établi dans son ressort pour le régir & le gouverner.

Comme autrefois cette ville avoit acquis une grande autorité par sa puissance & par son commerce maritime, il arriva que ses lois & ses statuts furent adoptés par la plûpart des villes situées sur la mer du nord. Stralsund, Rostock, & Wismar en particulier, obtinrent de leurs maitres la liberté d'introduire ce droit chez elles, & d'autres villes le reçurent malgré leurs souverains.

Plusieurs auteurs placent les commencemens de ce droit sous Frédéric II. qui le premier accorda la liberté à la ville de *Lubeck*, & de plus confirma ses statuts & son pouvoir législatif; il y a néanmoins apparence que le droit qui la gouverne ne fut pas établi tout-à-la fois, mais qu'on y joignit de nouveaux articles de tems à autres, selon les diverses conjonctures. Ce ne fut même qu'en 1582 que le sénat de *Lubeck* rangea tous ses statuts en un corps de lois, qui vit le jour en 1586. L'autorité de ce code est encore aujourd'hui fort considéré dans le Holstein, la Poméranie, le Mecklenbourg, la Prusse & la Livonic: quoique les villes de ces pays n'aient plus le privilege d'appeller à *Lubeck*, on juge néanmoins leurs procès selon le droit de cette ville; ce qui s'observe particulierement au tribunal de Wismar.

On peut consulter l'ouvrage latin de Jean Sibrand sur cette matiere, & le savant commentaire, *Commentarius ad jus Lubecense*, de David Mœvius, qui fut d'abord professeur à Gryfswald, & enfin vice-président de la chambre de Wismar. (*D. J.*)

LUBEN, *Lubena*, (*Géog.*) petite ville d'Allemagne, capitale de la basse Lusace sur la Sprée. *Long.* 31. 50. *lat.* 51. 68.

LUBEN, (*Géog.*) petite ville de Silésie au duché de Lignitz, sur le ruisseau de Kaltzback, & faisant un cercle à part, selon Zeyler. Elle est à 3 milles de Bokowitz sur la route de Breslau à Francfort sur l'Oder: *long.* 33. 49. *lat.* 51. 27. (*D. J.*)

LUBENTEA, s. f. (*Mytholog.*) déesse du desir. C'étoit elle qui l'exécutoit.

LUBLIN, PALATINAT DE, (*Géog.*) province de la petite Pologne, qui prend son nom de sa capitale. La Vistule la borne au couchant, & le Viepers la coupe d'abord du S. O. au N. O. & ensuite du nord au couchant.

LUBLIN, (*Géog.*) ville de Pologne, capitale du palatinat de même nom, avec une citadelle, un évêché suffragant de Cracovie, une académie, & une synagogue pour les Juifs. *Lublin* est remarquable par ses foires, & plus encore parce qu'on y tient les grands tribunaux judiciaires de toute la Pologne. Elle est située dans un terroir fertile sur la Bystrzna, à 36 milles N. E. de Cracovie, 24 S. E. de Warsovie, 14 N. E. de Sandomir, & 70 S. Q. de Vilna: *long.* 40. 50. *lat.* 51. 41.

LUBOLO, (*Géog.*) pays d'Afrique dans l'Ethiopie occidentale, au royaume d'Angola, c'est-là le *Lubolo* proprement dit, contrée couverte d'animaux carnassiers, de chevres & de cerfs sauvages, qui y trouvent abondamment de quoi subsister à leur aise. (*D. J.*)

LUBRIQUE, LUBRICITÉ, s. f. (*Gram.*) termes qui désignent un penchant excessif dans l'homme pour les femmes, dans la femme pour les hommes, lorsqu'il se montre extérieurement par des actions contraires à la décence; la *lubricité* est dans les yeux, dans la contenance, dans le geste, dans les discours. Elle annonce un tempérament violent; elle promet dans la jouissance beaucoup de plaisir & peu de retenue. On dit de quelques animaux, comme les boucs, les chats, qu'ils sont *lubriques*; mais on ne dira pas qu'ils sont impudiques: il semble donc que l'impudicité soit un vice acquis, & la *lubricité* un défaut naturel. La lascivété tient plus aux mouvemens qu'à la sensation.

LUBRIFIER, v. act. (*Méd.*) Il est synonyme à *oindre* & *rendre glissant*. L'huile d'amande douce *lubrifie* les intestins, amortit l'action des humeurs acres & caustiques, & peut soulager dans la colique,

LUC, EVANGILE DE SAINT, (*Théol.*) nom d'un des livres canoniques du nouveau Testament, qui contient l'histoire de la vie & des miracles de Jesus-Christ, écrite par saint *Luc*, qui étoit syrien de nation, natif d'Antioche, medecin de profession, & qui fut compagnon des voyages & de la prédication de S. Paul.

Quelques-uns, comme Tertullien, *liv. IV. contre Marcion*, *ch. v.* & S. Athanase ou l'auteur de la synope qu'on lui attribue, enseignent que l'*évangile de S. Luc* étoit proprement l'évangile de saint Paul ; que cet apôtre l'avoit dicté à S. *Luc* ; & que quand il parle de son évangile, comme *Rom. xj. 16. & xvj. 25. & II. Thessalonic. xj. v. 13*, il entend l'*évangile de S. Luc*. Mais S. Irenée, *liv. III. ch. j.* dit simplement que *S. Luc* rédigea par écrit ce que S. Paul prêchoit aux nations, & S. Grégoire de Nazianze, que cet évangéliste écrivit appuyé du secours de S. Paul. Il est certain que S. Paul cite ordinairement l'*évangile de S. Luc*, comme on peut voir *I. Cor. xj. 23. 24 & 25, & I. Cor. xv. v. 5.* Mais S. *Luc* ne dit nulle part qu'il ait été aidé par S. Paul ; il adresse son évangile, aussi bien que les actes des apôtres, à un nommé *Théophile*, personnage qui n'est pas connu, & plusieurs anciens ont pris ce nom dans un sens appellatif pour un homme qui aime Dieu. Les Marcionites ne recevoient que le seul *évangile de S. Luc*, encore le tronquoient-ils en plusieurs endroits, comme l'ont remarqué Tertullien, *liv. V. contra Marcion. &* saint Epiphane, *hæres. 42.*

Le style de S. *Luc* est plus pur que celui des autres évangélistes, mais on y remarque plusieurs expressions propres aux juifs hellenites, plusieurs traits qui tiennent du génie de la langue syriaque & même de la langue grecque, au jugement de Grotius. *Voyez la préface de dom Calmet sur cet évangile.* Calmet, *Dictionn. de la Bible.*

LUCANIE, LA, (*Géogr. anc*) région de l'Italie méridionale, nommée *Lucania* par les Romains, & Λουκανια par les Grecs.

Elle étoit entre la mer Tyrrène & le golfe de Tarente, & confinoit avec les Picentins, les Hirpins, la Pouille & le Brutium. Le Silaris, aujourd'hui le Silaro, la séparoit des Picentins ; le Brodanus, aujourd'hui le Brandano, la séparoit de la Pouille ; le Laus, aujourd'hui le *Laino*, & le Sibaris, aujourd'hui la *Cochile*, la séparoient du Brutium.

Pline, *liv. III. ch. v.* dit que les Lucaniens tiroient leur origine des Samnites. Elien rapporte qu'ils avoient une belle loi, laquelle condamnoit à l'amende ceux qui refusoient de loger les étrangers qui arrivoient dans leurs villes après le soleil couché ; cependant du tems de Strabon ce peuple étoit tellement affoibli, qu'à peine ses villes, si bonnes hospitalieres, étoient-elles reconnoissables. Le P. Briet a tâché de les retrouver dans les noms modernes ; mais c'est assez pour nous de remarquer en général que l'ancienne *Lucanie* est à-présent la partie du royaume de Naples qui comprend la Basilicate (demeure des anciens Sybarites), la partie méridionale de la principauté citérieure, & une petite portion de la Calabre moderne.

Il y a un grand nombre de belles médailles frappées dans les anciennes villes de cette contrée d'Italie : il faut lire à ce sujet Goltzius, Nonnius, & le chevalier Marsham. (*D. J.*)

LUCAR, s. m. (*Hist. anc.*) l'argent qu'on dépensoit pour les spectacles, & sur-tout pour les gages des acteurs. Ce mot vient de *locus*, place, ou ce que chaque spectateur payoit pour sa place. Le salaire d'un acteur étoit de cinq ou sept deniers : libre le diminua. Sous Antonnin, il alla jusqu'à sept *aurei* ; il étoit défendu d'en donner plus de dix : peut-être faut-il entendre que sept ou cinq *denarii* furent le salaire du jour ou d'une représentation ; & sept ou dix *aurei*, le mois. On prenoit les frais du fisc, & ils étoient avancés par ceux qui donnoient les jeux.

LUÇAR, San, cap, (*Géogr.*) cap de l'Amérique septentrionale dans la mer du Sud ; ce cap fait la pointe la plus méridionale de la Californie. Nous savons que sa *longitude* est exactement 258^d. $3'. 0''$.

LUCAR de BARRAMEDA, San, (*Géogr.*) ville & port de la mer d'Espagne dans l'Andalousie, sur la côte de l'Océan, à l'embouchure du Guadalquivir, sur le penchant d'une colline.

Les anciens ont nommé cette ville *Lux dubia*, *phosphorus sacer*, ou *Luciferi fanum*. Son port est également bon & important, parce qu'il est la clé de Séville, qui en est à 14 lieues ; & celui qui se rendroit maitre de *Saint Lucar* pourroit arrêter tous les navires & les empêcher de monter. Il y a d'ailleurs une rade capable de contenir une nombreuse flotte. *Long. 11. 30. lat. 36. 50.*

LUCAR de GUADIANA, San, (*Géogr.*) ville forte d'Espagne dans l'Andalousie, aux confins de l'Algarve & du Portugal, & sur la rive orientale de la Guadiana. *Long. 10. 36. lat. 37. 20.*

LUCAR la MAYOR, San, (*Géogr.*) petite ville d'Espagne dans l'Andalousie, avec titre de duché & de cité depuis 1636. Elle est sur la Guadiamar, à 3 lieues N. O. de Seville. *Long. 12. 12. lat. 37. 25.* (*D. J.*)

LUCARIES, *Lucaria*, s. f. pl. (*Littérat.*) fêtes romaines qui tomboient au 18 Juillet, & qui prenoient leur nom d'un bois sacré, *Lucus*, situé entre le Tibre & le chemin appellé *via salaria*. Les Romains célébroient les *lucaries* dans ce lieu-là, en mémoire de ce qu'ayant été battus par les Gaulois, ils s'étoient sauvés dans ce bois, & y avoient trouvé un heureux asyle. D'autres tirent l'origine de cette fête des offrandes en argent qu'on faisoit aux bois sacrés, & qu'on appelloit *luci*. Plutarque observe que le jour de la célébration des *lucaries* on payoit les comédiens des deniers qui provenoient des coupes réglées qu'on faisoit dans le bois sacré dont nous parlons. (*D. J.*)

LUCARNE, s. f. (*Architect.*) espece de fenêtre sur une corniche dans le comble d'un bâtiment, qui est placée à plomb, & qui sert à donner du jour au dernier étage. *Voyez* FENÊTRE & *Pl. de Charp.*

Ce mot vient du latin *lucerna*, qui signifie *lumiere* ou *lanterne*.

Nos architectes en distinguent de différens genres, suivant les différentes formes qu'elles peuvent avoir.

Lucarne quarrée, celle qui est fermée quarrément en plate bande, ou celle dont la largeur est égale à la hauteur.

Lucarne ronde, celle qui est cintrée par sa fermeture, ou celle dont la base est ronde.

Lucarne bombée, celle qui est fermée en portion de cercle par le haut.

Lucarne flamande, celle qui, construite de maçonnerie, est couronnée d'un fronton & porte sur l'entablement.

Lucarne damoiselle, petite *lucarne* de charpente qui porte sur les chevrons & est couverte en contre-auvent ou triangle.

Lucarne à la capucine, celle qui est couverte en croupe de comble.

Lucarne faîtiere, celle qui est prise dans le haut d'un comble, & qui est couverte en maniere de petit pignon fait de deux noulets.

LUCAYES, LES, (*Géogr.*) îles de l'Amérique septentrionale dans la mer du Nord, aux environs du tropique du cancer, à l'orient de la presqu'île de la Floride, au nord des îles de Cuba & de Saint-Domingue.

Ces îles, qu'on met au nombre des Antilles, & dont Bahama est la plus considérable, sont presque toutes defertes, grandes & petites. C'eſt cependant par elles que Chriſtophe Colomb découvrit le nouveau monde; il les appella *Lucayes*, parce qu'il apprit que leurs habitans ſe nommoient ainſi. Les Eſpagnols les ont dépeuplées par la rage funeſte de s'enrichir, employant ces malheureux inſulaires à l'exploitation des mines de Saint-Domingue.

LUCAYONEQUE, (*Géogr.*) l'une des grandes îles Lucayes dans l'Amérique ſeptentrionale. Elle eſt deſerte, toute entourée d'écueils au nord, à l'orient & au couchant. *Long.* 300. *lat* 26. 27. (*D. J.*)

LUCCIOLE, ſ. f. (*Hiſt. nat. Inſectiolog.*) mouche luiſante; il y en a une prodigieuſe quantité près de Samagia, les haies en ſont couvertes; elles en font comme des buiſſons ardens. Elles font à-peu-près de la forme des hannetons, mais plus petites : l'endroit brillant eſt ſous le ventre; c'eſt un petit poil velouté de couleur citron, qui s'épanouit à chaque coup d'aîle, & qui jette en même tems un trait de lumiere.

LUCE, EAU DE, (*Chimie & Mat. med.*) l'*eau de luce* eſt une liqueur laiteuſe, volatile, très-pénétrante, formée par la combinaiſon de l'eſprit volatil de ſel ammoniac, avec une petite portion d'huile de karabé.

Cette eau, dont feu M. du Balen, apoticaire de Paris, a eu ſeul le ſecret pendant long-tems, a excité la curioſité des Chimiſtes. Quelques-uns ne connoiſſant cette nouvelle liqueur que par réputation, l'ont confondue avec une autre eau volatile de couleur bleue qui a fait du bruit à Paris, ſous le nom du ſieur Luce, apoticaire de Lille en Flandre; les autres, plus à portée d'analyſer l'*eau de luce* du ſieur du Balen, en ont d'abord reconnu les principes conſtitutifs.

Il ſeroit trop long de faire ici l'énumération de tous les procédés que l'envie de découvrir le myſtere de cette préparation a fait imaginer; il ſuffit de rappeller que tous ces procédés ſe réduiſent à trouver un intermede qui rende miſcible l'eſprit de ſel ammoniac à l'huile de karabé. Celui que M. de Machi vient de rendre public, eſt un des plus raiſonnables & des plus ingénieux: *l'eau de luce* qui en réſulte eſt blanche, pénétrante, & paroît avoir toutes les qualités de l'*eau de luce* du ſieur du Balen. Malgré ces avantages, nous ſommes fondés à avancer que le procédé de M. de Machi n'eſt pas le plus ſimple qu'il ſoit poſſible d'employer, puiſqu'il ſe ſert de l'intermede de l'eſprit-de-vin pour combiner l'eſprit volatil avec l'huile, & que tout intermede devient inutile pour cette combinaiſon, puiſqu'elle peut s'exécuter par le ſeul rapport de ces deux principes: elle s'execute en effet par le procédé ſuivant.

Mettez dans un flacon de cryſtal quelques gouttes d'huile blanche de karabé rectifiée, verſez deſſus le double de bon eſprit volatil de ſel ammoniac; bouchez le flacon avec ſon bouchon de cryſtal, & portez-le pendant quelques jours dans la poche de la culotte, jé près de l'huile ſe diſſoudra. Ajoutez pour lors une pareille quantité du même eſprit volatil; & après avoir laiſſé le tout en digeſtion à la même chaleur pendant quelques jours encore, vous trouverez l'huile entierement combinée avec l'alkali volatil, ſous la forme & la conſiſtence d'un ſait clair de couleur jaunâtre. Ce produit n'eſt proprement qu'une eſpece de ſavon reſſont. Conſervez-le dans le même flacon exactement fermé.

Il eſt eſſentiel, pour le ſuccès de ce procédé, de n'expoſer à l'action de l'alkali volatil que trois ou quatre gouttes d'huile de karabé; ſi on emploie cette derniere matiere juſqu'à la quantité d'un gros, le procédé ne réuſſit point.

Pour faire *l'eau de luce*, il ſuffit de verſer quelques gouttes du ſavon que nous venons de décrire ſur de

Tome IX.

l'eſprit volatil de ſel ammoniac bien vigoureux: on en ajoute plus ou moins à une quantité donnée d'eſprit volátil, ſuivant le degré de blancheur & d'odeur de karabé qu'on veut donner à ſon eau de luce. *Extrait de deux écrits de M. Betheder, medecin de Bordeaux, inſérés dans le recueil périodique d'obſervations de Medecine*, &c. *l'un au mois d'Octobre 1756, & l'autre au mois de Mai 1757.*

Le procédé de M. de Machi dont il a été fait mention au commencement de cet article, eſt rapporté dans le même ouvrage périodique au mois de Juin 1756: voici ce procédé.

Prenez un gros d'huile de ſuccin extrèmement blanche, faites-la diſſoudre dans ſuffiſante quantité d'eſprit-de-vin: il en faudra bien près de deux onces. Ajoutez-y deux autres onces d'eſprit-de-vin, & ſervez-vous de cette diſſolution pour préparer le ſel volatil ammoniac ſuivant la méthode ordinaire ou celle qu'on emploie pour les eſprits ou les ſels volatils aromatiques huileux. Cette liqueur vous ſervira à blanchir de bon eſprit volatil préparé avec la chaux vive, & la liqueur blanche ne ſera ſujette à aucun changement; elle ſera toujours laiteuſe, ne fera jamais de dépôt, & remplira par conſéquent toutes les conditions déſirées pour faire une bonne *eau de luce*. Quelques gouttes de la premiere liqueur ſuffiſent, mais on ne craint rien de la ſurabondance: l'auteur en a mélangé preſque à partie égale d'eſprit volatil, & la liqueur étoit ſeulement plus épaiſſe & plus blanche, à-peu-près comme eſt du bon lait de vache, & ſans qu'il ait paru le plus leger ſédiment.

L'*eau de luce* n'a de vertus réelles que celles de l'eſprit volatil de ſel ammoniac, tant dans l'uſage intérieur que dans l'uſage extérieur. La très-petite portion d'huile de ſuccin qu'elle contient, ne peut être comptée pour rien dans l'action d'un remede auſſi efficace. *Voyez* SEL AMMONIAC & SEL VOLATIL. (*b*)

LUCENSES, (*Géog. anc.*) peuple ancien d'Italie au pays des Marſes, ſelon Pline, *liv. III. ch. xij.* édition de P. Hardouin. Ce peuple tiroit ſon nom du bourg *Lucus*, & ce bourg tiroit le ſien d'un bois, le même que Virgile nomme *Angitiæ nemus.*

LUCERA, (*Géog.*) c'eſt la Lucéria des Romains, ancienne ville d'Italie au royaume de Naples, dans la Capitanate, avec un évêché ſuffragant de Bénévent. Les Italiens la nomment *Lucera delli pagani*; ce ſurnom lui vient de ce que l'empereur Conſtance l'ayant ruinée, Frédéric II. en fit préſent aux Sarrazins pour demeure, à condition de la réparer; mais enſuite Charles II. roi de Naples les en chaſſa. Elle eſt à 8 lieues S. O. de Manfrédonia. *Long.* 32. 59. *lat.* 41. 28. (*D. J.*)

LUCERES, ſ. m. pl. (*Littér.*) nom de la troiſieme tribu du peuple romain, au commencement de la fondation. Romulus, dit Varron *de ling. lat. lib. IV.* diviſa les habitans de la nouvelle ville en trois tribus; la premiere fut appellée les *Tatiens*, qui prirent ce nom de Tatius; la ſeconde les *Rhamnes*, ainſi nommés de Romulus; & la troiſieme les *Luceres*, qui tiroient leur nom de Lucumon. (*D. J.*)

LUCÉRIE, *Luceria*, (*Géogr. anc.*) aujourd'hui *Lucera*, étoit une ville conſidérable d'Italie dans la Pouille daunienne, aux confins des Hirpins, avec le titre de colonie romaine. C'eſt la *Nuceria Apulorum* de Ptolomée *liv. III. ch. j.* Ses peuples ſont nommés *Lucerini* dans Tite-Live. Ses pâturages paſſoient pour excellens: les laines de ſes troupeaux, au rapport de Strabon, quoiqu'un peu moins blanches que celles de Tarente, étoient plus fines, plus douces & plus eſtimées. Horace, *ode* 15. *liv. III.* aſſure Chloris qu'elle n'a point de graces à jouer du luth & à ſe couronner de roſes, & qu'elle n'eſt propre qu'à filer des laines de *Lucerie*.

X X x x ij

Te lanæ prope nobilem
Tonsæ Luceriam, *non cithara decent,*
Nec flos purpureus rosæ. (*D. J.*)

LUCERIUS, (*Littérat.*) *Lucerius* & *Luceria* sont des surnoms dont l'antiquité payenne honoroit Jupiter & Junon, comme les divinités qui donnoient la lumiere au monde. Dans la langue osque Jupiter portoit aussi le nom de *Lucerius*, par la même raison. (*D. J.*)

LUCERNE, LE CANTON DE, (*Géog.*) Ce canton tient le troisieme nom entre les treize du corps helvétique, & le premier rang des cantons catholiques. Il a les Alpes au midi, & au nord un pays de bois, de prés ou de champs assez fertiles en blé. On retire beaucoup de poisson du lac qui porte le nom de *Lucerne*, ainsi que celui des quatre cantons, en allemand *vier waldstetten-sèe*, parce que ceux d'Uri, de Schwitz & d'Undervald sont situés sur ses bords. Ce lac a 8 lieues de longueur & deux de largent : en plusieurs endroits il est entouré de rochers escarpés, qui sont le repaire des chamois, des chevreuils & autres bêtes fauves de cette nature. Le canton de *Lucerne* a encore en particulier deux ou trois petits lacs fertiles en écrevisses assez grosses, qui ne deviennent point rouges à la cuisson, mais prennent une couleur livide. On trouve ailleurs des écrevisses qui restent noires quand on les fait cuire.

LUCERNE, *Lucerna*, (*Géog.*) ville de Suisse, autrefois impériale, capitale du canton de même nom. Elle a peut-être tiré le sien d'une vieille tour qui borde un de ses ponts, au haut de laquelle on allumoit un fanal pour éclairer les bateaux qui sortoient ou entroient dans la ville.

Son gouvernement civil est aristocratique, & fort approchant de celui de Berne ; mais quant au gouvernement ecclésiastique, les Lucernois bons catholiques dépendent de l'évêque de Coutances, & les nonces du pape y exercent aussi leur autorité. Ils secouerent en 1333 le joug de la maison d'Autriche, & entrerent dans la ligue des cantons de Schwits, Uri & Underwald.

Lucerne est située sur le lac qui porte son nom, dans l'endroit où la Russ sort de ce lac, à 12 lieues S. O. de Zurich, 14 N. E. de Berne, 19 S. E. de Bâle. *Long.* 26. 1. *lat.* 47. 5. (*D. J.*)

LUCETTE, s. f. terme à l'usage de ceux qui travaillent l'ardoise. *Voyez l'article* ARDOISE.

LUCIANISTES, s. m. pl. (*Théol.*) nom de secte, qui prit son nom de *Lucianus* ou *Lucanus*, hérétique du second siécle. Cet hérétique fut disciple de Marcion, dont il suivit toutes les erreurs, auxquelles il en ajouta même de nouvelles.

S. Epiphane dit qu'il abandonna Marcion, en enseignant de ne point se marier, de crainte d'enrichir le Créateur. Cependant, comme a remarqué le P. le Quien, c'étoit-là une erreur de Marcion, & des autres Gnostiques. Il nioit l'immortalité de l'ame, qu'il croyoit matérielle. *Voyez* MARCIONITES.

Il y a eu d'autres *Lucianistes* qui ont paru quelque tems après les Ariens ; ils disoient que le pere avoit toujours été pere, & qu'il en avoit pû avoir le nom avant que d'avoir produit son fils , parce qu'il avoit la vertu de le produire, ce qui suppose l'erreur des Ariens au sujet de l'éternité du verbe. *Dictionn. de Trévoux.*

LUCIE, *sainte* ou *sainte* ALOUZIE, s. f. (*Géog.*) c'est une des îles Antilles, située dans l'océan, à 7 lieues de distance de la pointe méridionale de la Martinique, & à 10 de la partie du nord de l'île de saint Vincent.

Sainte-Lucie, peut avoir environ 25 lieues de tour, la nature y a formé un excellent port dans lequel les vaisseaux de toutes grandeurs peuvent se mettre à l'abri des ouragans & de la grosse mer ; cette île est fort montagneuse, très-brisée & arrosée de plusieurs rivieres ; la terre y produit un grand nombre de fruits & de plantes, dont on pourroit faire un objet de commerce ; les bestiaux y multiplient beaucoup, & la chasse ainsi que la pêche y sont très-abondantes ; ces avantages font un peu balancés par les maladies qu'occasionne le climat, & par la prodigieuse quantité d'insectes venimeux & de serpens dont le pays est rempli. En 1640 *l'île de sainte Lucie* n'étant occupée par aucune nation, M. Duparquet, gouverneur général des iles , en prit possession au nom du roi, sans nulle opposition de la part des Anglois de la Barbade ; il y fit passer une colonie qui depuis ce tems ne s'est pas fort étendue.

LUCIFER, s. m. (*Astron.*) est le nom que l'on donne à la planete de Venus, lorsqu'elle paroît le matin avant le lever du soleil. Comme cette planete ne s'éloigne jamais du soleil de plus de 48°, elle doit paroître sur l'horison quelque-tems avant le lever du soleil, lorsqu'elle est plus occidentale que le soleil. Elle annonce alors pour ainsi dire , le lever de cet astre , & c'est pour cette raison que les Astronomes & les Poëtes l'ont nommée *lucifer*, c'est-à-dire , qui *apporte la lumiere.* Quand elle paroît le soir après le soleil, on la nomme *hesperus* ; ce mot *lucifer* pour désigner Venus, ne se trouve plus que dans quelques Astronomes qui ont écrit en latin, *Voyez* PHOSPHORUS & HESPERUS. (*O*)

LUCIFER LAPIS, (*Hist. nat.*) nom donné par quelques Naturalistes à la pierre qui a la propriété de luire dans l'obscurité, telle que celle de Bologne, &c. *Voyez* PHOSPHORE.

LUCIFER, s. m. (*Mythol.*) nom que la poësie donne à l'étoile de Venus, lorsqu'elle paroît le matin , quand elle est orientale au soleil. Les Poëtes l'ont divinisée ; c'est le fils de la belle aurore aux doigts de rose, le chef & le conducteur des astres ; il prend soin des coursiers & du char du soleil, qu'il attelle & dételle avec les heures : on le reconnoît à ses chevaux blancs dans la voûte azurée, *albo clarus equo ;* & c'est pour lors qu'il annonce aux mortels , l'agréable nouvelle de l'arrivée de la mere. Les chevaux de main, *desultorii*, n'étoient consacrés qu'à ce dieu ; Milton n'a pas oublié de le saluer sur son passage.

Wellcome Guide of the starry flock
Fairest of stars, last of the train of night ,
If better thou belong not to the down ,
Sure pledge of the day ! Thou, crown'st the smiling morn
With thy bright circlet ! (*D. J.*)

LUCIFERE, (*Littér.*) *Lucifera*, surnom de proserpine, de Diane-lune, en un mot de la triple Hécate. Les Grecs invoquent Diane *Lucifere* pour l'accouchement, dit Cicéron, de même que nous invoquons Junon-lucine. Diane *Lucifere* est représentée, couverte d'un grand voile, parsemé d'étoiles, portant un croissant sur sa tête, & tenant à la main un flambeau élevé.

Pindare nous la décrit dans sa sixieme olympionique , où il lui donne l'épithete de λυκιππος ; à cause des chevaux blancs qu'elle attelloit toujours à son char , qui est celui que les Poëtes ont feint que Jupiter lui envoya dans le sombre royaume de Pluton, pour la ramener pendant quelque tems sur l'olympe ; la plûpart de nos médailles portent le nom de *Diana Lucifera*. (*D. J.*)

LUCIFERIEN, s. m. (*Théolog.*) nom de secte. On appelle *Luciferiens*, ceux qui adhererent au schis-

LUC   LUC   713

me de Lucifer de Cagliari au quatrieme siecle.
S. Augustin semble indiquer, qu'ils croyoient que l'ame étoit transmise aux enfans par leurs peres. Théodoret dit, que Lucifer fut auteur d'une nouvelle erreur. Les *Luciferiens* se multiplierent beaucoup dans les Gaules, sur-tout à Trèves, à Rome, en Espagne, en Egypte & en Afrique.

L'occasion de ce schisme fut, que Lucifer ne put souffrir qu'on eût rétabli les évêques tombés dans l'hérésie; qu'il se sépara de leur communion & persista dans ce schisme jusqu'à la mort. Il y eut peu d'évêques *Luciferiens*, mais beaucoup de prêtres & de diacres. Ceux de cette secte avoient une aversion extrême pour les Ariens. *Dict. de Trév.* (*D. J.*)

LUCINE, s. f. (*Mythol.*) déesse qui présidoit aux accouchemens des femmes & à la naissance des enfans. Souvent c'est Diane, comme dans une inscription antique recueillie par Gruter, qui porte *Diana Lucina invicta*; mais plus communément, c'est Junon; Térence ne dit que *Junon Lucina*. Olen de Lycie, un des plus anciens poètes de la Grece, donne cette déesse pour mere de Cupidon, dans un hymne qu'il avoit fait en son honneur, & dont parle Pausanias, mais Olen est le seul qui ait imaginé cette fiction.

Dès que les femmes en travail invoquoient *Lucine*, elle venoit pour les assister, & leur procurer une heureuse délivrance. Les Parques accouroient aussi de leur côté, mais c'étoit pour se rendre maîtresses de la destinée de l'enfant, au moment de sa naissance.

On connoît les formules de prieres des femmes en couche, lorsqu'elles appelloient *Lucine* à leur secours: elles s'écrioient, *casta fave Lucina! Juno Lucina fer opem; serva me, obsecro!* Mais Ovide qu'on peut regarder comme un grand prêtre, initié dans les mysteres les plus secrets de *Lucine*, ou plutôt instruit par elle-même, apprit aux femmes en travail la conduite importante qu'elles doivent tenir dans ces momens, lorsqu'il leur dit:

Ferte Deæ flores, gaudet florentibus herbis
Hæc Dea; de tenero cingite flore caput;
Dicite: Te lumen nobis Lucina *dedisti,*
Dicite: Tu voto parturientis ades.

Le même Ovide nous décrit toutes les fonctions de *Lucine*; mais c'est assez pour nous de voir, que les couronnes & les guirlandes entroient dans les cérémonies de son culte. Tantôt on représentoit cette déesse comme une matrone, qui tenoit une coupe de la main droite, & une lance de la gauche; tantôt elle est figurée assise sur une chaise, tenant de la main gauche un enfant emmailloté, & de la droite une fleur faite en lys. Quelquefois on lui donnoit une couronne de dictamne, parce qu'on croyoit que cette plante produisoit une prompte & heureuse délivrance.

On appelloit cette déesse *Ilithie*, *Zygie*, *Natalis*, *Opigene*, *Olympique*; & sous ce dernier nom, elle avoir un temple en Elide, dont la prêtresse étoit annuelle.

Le nom de *Lucine* vient, dit Ovide, de *lux*, lumiere, parce que c'est cette divinité qui donne par sa puissance, le jour, la lumiere aux enfans. (*D. J.*)

LUCINIENNE, (*Littér.*) surnom de Junon Lucine chez les Romains; c'est aussi sous ce surnom de *Lucinienne* qu'elle avoit un autel à Rome, où l'on sacrifioit en son honneur, & où les femmes grosses portoient leur encensement. (*D. J.*)

LUCKO, (*Géog.*) en latin *Luccovia*, en allemand *Lusne*; ville de Pologne dans la Volhinie, avec un évêché suffragant de Gnesne. Bodeslas, roi de Pologne, s'en rendit maître en 1074, après un siége de plusieurs mois. Elle est située sur la Stur,

à 25 lieues N. E. de Lembourg, 67 S. E. de Varsovie, 78 N. E. de Cracovie, *long.* 43. 48. *lat.* 50. 52. (*D. J.*)

LUÇON, (*Géog.*) île considérable d'Asie dans l'Océan oriental, la plus grande & la plus septentrionale des îles Philippines, située à la latitude d'environ 15 degrés. Elle est cependant saine, & a les eaux les meilleures du monde; elle produit tous les fruits qui croissent dans les climats chauds, & est admirablement placée pour le commerce de la Chine & des Indes.

On la nomme aussi *Manille*, du nom de sa capitale, elle a environ 160 lieues de long, 30 à 40 de large, & 360 de circuit: On y trouve de la cire, du coton, de la cannelle sauvage, du soufre, du cacao, du ris, de l'or, des chevaux sauvages, des sangliers & des bufles. Elle fut conquise en 1571 par Michel Lopez espagnol, qui y fonda la ville de Manille; les habitans sont Espagnols & Indiens, tributaires de l'Espagne.

La baye & le port de Manille qui sont à sa côte occidentale, n'ont peut-être rien de pareil. La baye est un bassin circulaire de près de 10 lieues de diametre, renfermé presque tout par les terres; *voyez* les *Voyages* du Lord Anson, & la belle carte qu'il a donnée de cette île.

Sa situation, selon les cartes de Tornton, est à 116. 30. à l'orient du méridien de Londres, & 114. 5. du méridien de Paris, *lat.* 14. à 15. (*D. J.*)

LUÇON, (*Géog.*) petite ville de France en Poitou, avec un évêché suffragant de Bordeaux, érigé en 1317 par Jean XXII: *long.* 16. 29. 26. *lat.* 46. 27. 14.

LUCOPIDIA, (*Géog. anc.*) ancienne ville de l'île d'Albion, dans la grande Bretagne, selon Ptolomée, *liv. II. ch. iij.* Neubridge, Talbot & Humfret, croyent que c'est présentement *Carlisle*. (*D. J.*)

LUCQUES, (*Géog.*) en latin *Luca* & *Lucca*, ancienne ville d'Italie, capitale de la république de *Lucques*, avec un archevêché.

Cette ville est fort ancienne; elle fut déclarée colonie, lorsque Rome l'an 576 de sa fondation, y envoya deux mille citoyens. Les Triumvirs qui la formerent, furent P. Elius. L. Egilius, & Cn. Sicinius; lors de la décadence de l'empire romain, elle tomba sous le pouvoir des Goths, puis des Lombards qui la garderent jusqu'au regne de Charlemagne; ensuite, elle a passé sous différentes dominations d'états & de particuliers, jusqu'à l'année 1450 qu'elle recouvra sa liberté, & elle a eu le bonheur de la conserver jusqu'à ce jour.

Lucques est située sur le Serchio, au milieu d'une plaine environnée de côteaux agréables, à 4 lieues N. E. de Pise, 15 N. O. de Florence, 8 N. E. de Livourne, 62 N. O. de Rome; *long.* selon Cassini, 31. 4. *lat.* 43. 50.

Cette petite ville est la patrie, 1°. d'*André Ammonius*, poëte latin, qui devint secrétaire d'Henri VIII. & qui mourut de la suette en Angleterre, en 1517: 2°. de *Jean Guidiccioni*, qui fleurissoit aussi dans le seizieme siecle, & qui fut élevé aux premieres dignités de la cour de Rome; ses œuvres ont vû le jour à Naples en 1718: 3°. de *Martino Poli*, chimiste associé de l'acad. des Sciences de Paris, mort en 1714; il combattit dans son Traité intitulé, *il triompho degli acidi*, un violent préjugé de médecine qui régnoit alors, & qui subsistoit encore un peu dans ce pays: 4°. de *Sanctes Pagninus*, religieux dominicain, très-versé dans la langue hébraïque & chaldaïque; il est connu de ce côte-là, par son *Thesaurus linguæ sanctæ*, qu'on a réimprimé plusieurs fois; il mourut à Lyon en 1536.

Les Lexicographes vous indiqueront quelques autres gens de lettres, dont *Lucques* eſt la patrie. (*D. J.*)

LUCQUOIS, LE, (*Géog.*) ou l'état de la république de Lucques, en italien *il Luchese*, pays d'Italie, sur la mer de Toscane, d'environ 31 milles de long sur 25 au moins de large. C'est un petit état souverain, dont le gouvernement ariſtocratique, ſous la protection de l'empereur, paroît très-ſage & très-bien entendu.

Le chef eſt nommé *gonfalonnier*; il porte un bonnet ducal; de couleur cramoiſi, bordé d'une frange d'or; le terroir que poſſede la république a du vin, mais il abonde principalement en olives, lupins, phaſeoles, chataignes, millet, lin & ſoie. Les *Lucquois* vendent de ce dernier article, tous les ans, pour trois à quatre cent mille écus.

Leur mont de Piété, ou leur *office d'abondance*, comme ils l'appellent (établiſſement admirable dans tout pays de commerce) prend de l'argent à cinq pour cent des particuliers, & le négocie en toutes ſortes de marchandiſes avec les pays étrangers, en Flandres, Hollande, Angleterre, ce qui rapporte un grand profit à l'état. Il prête auſſi du blé aux habitans qui en ont beſoin, & s'en indemniſe peu-à-peu. Tous les fours ſont à la république, qui oblige d'y cuire tout le pain qui ſe mange, & c'eſt une idée fort cenſée: la ville de Lucques eſt la capitale de cet état, également économe & induſtrieux. (*D. J.*)

LUCRATIF, adj. (*Juriſprud.*) ſe dit de ce qui emporte le gain de quelque choſe comme un titre *lucratif*, ou une cauſe *lucrative*: les donations, les legs ſont des titres *lucratifs*: deux cauſes *lucratives* ne peuvent pas concourir pour la même perſonne ſur un même objet, c'eſt-à-dire, qu'elle ne peut pas avoir deux fois la même choſe. *Voyez* TITRE LUCRATIF & TITRE ONÉREUX. (*A*)

LUCRE, ſ. m. (*Gram.*) c'eſt le gain, le profit, le produit des actions, des profeſſions qui ont pour objet l'intérêt & non l'honneur; dans les profeſſions les plus honorées, ſi le profit devient conſidérable, il dégénere en *lucre*, & la profeſſion s'avilit.

LUCRETILE, (*Géog. anc.*) *Lucretilis*, montagne de la Sabine, en Italie, dans le canton de Banduſie, peu loin de la rive droite de la Currèze. Horace avoit ſa maiſon de campagne ſur un coteau de ce mont, & je trouve qu'elle étoit mal placée pour un poëte qui ne haïſſoit pas le bon vin; car les vignobles de tout le pays, & particulierement du mont *Lucretile*, étoient fort décriés; mais il avoit tant d'autres agrémens, qu'Horace n'a pu s'empêcher de le célébrer & d'y inviter Tyndaride: « Faune, » lui dit-il, ne fait pas toûjours ta démeure ſur le » Lycée; ſouvent il lui préfere les délices de *Lucre-* » *tile*; c'eſt-là qu'il garantit mes troupeaux contre » les vents pluvieux, & contre les chaleurs brû- » lantes de l'été. Tu ne tiendra qu'à vous de venir » dans ce riant ſéjour».

Velox amœnum ſæpè Lucretilem
Mutat Lycæo Faunus, & igneam
Defendit ætatem capellis
Uſque meis, pluvioſque ventos, &c.
Ode xvij. *liv.I.*
(*D. J.*)

LUCRIN LE, (*Géog. anc.*) *Lucrinus lacus*, lac d'Italie, qui étoit ſur les côtes de la Campanie, entre le promontoire de Miſène & les villes de Bayes & de Pouzzoles, au fond du golphe Tyrrhénien.

Il communiquoit avec le lac Averne, par le moyen d'un canal qu'Agrippa fit ouvrir l'an 717 de Rome. Il conſtruiſit dans cet endroit un magnifique port, le port de Jules, *portus Julius*, en l'honneur d'Auguſte, qui s'appelloit alors ſeulement *Julius Octa-*

vianus; la flatterie ne lui avoit pas encore décerné d'autre titre.

Outre Pline & Pomponius Méla, nous avons Horace, qui parle plus d'une fois du *lac Lucrin*; tantôt ce ſont les huitres de ce lac qu'il vante, à l'imitation de ſes compatriotes: *non me* Lucrina *juverint conchilia*, Ode xj. *liv. V.* « Non, les huitres du » *lac Lucrin* ne me feroient pas faire une meilleure » chere ». En effet, les Romains donnerent long-tems la préférence aux huitres de ce lac; ils s'en régaloient dans les feſtins de nôces, *nuptiæ videbant oſtreas* lucrinas, dit Varron; ils les regardoient comme les plus délicates, *concha* Lucrini *delicatior ſtagni*, diſoit Martial de ſon tems: enſuite ils aimerent mieux celles de Brindes & de Tarente; enfin ils ne purent plus ſouffrir que celles de l'Océan atlantique.

Horace portant ſes réflexions ſur les progrès du luxe dit, qu'il avoit formé de grands viviers & de vaſtes étangs dans les maiſons de plaiſance, des étangs même d'une plus grande étendue que le *lac Lucrin*.

Undique latius
Extincta viſentur Lucrino
Stagna lacu.
Ode xv. *liv. II.*

Mais nous ne pouvons plus juger de la grandeur de ce lac, ni du mérite de ſes coquillages. En 1538, le 29 Septembre, le *lac Lucrin* fut preſque entierement comblé; la terre, après pluſieurs ſecouſſes, s'ouvrit, jetta des flammes & des pierres brûlées en ſi grande quantité, qu'en vingt-quatre heures de tems il s'éleva du fond une nouvelle montagne qu'on nomma *Monte nuovo di Cinere*, & que Jules-Céſar Capaccio a décrite dans les antiquités de Pouzzoles, *hiſtoria Puteolana, cap xx*. Ce qui reſte de l'ancien lac, autour de cette nouvelle montagne, ſur laquelle il ne croit point d'herbes, n'eſt plus qu'un marais qu'on appelle *lago di Licola*. *Voyez* LICOLA, (*Géog.*) (*D. J.*)

LUCULLEUM MARMOR, (*Hiſt. nat.*) nom que les anciens donnoient à un marbre noir ſans veines, très-dur, & qui prenoit un très-beau poli; lorſqu'il étoit caſſé on remarquoit dans l'endroit de la fracture des petits points luiſans comme du ſable. Son nom lui a été donné, parce que Lucullus fut le premier qui en introduiſit l'uſage à Rome, & l'apporta d'Egypte. On en trouve en Italie, en Allemagne, en Flandres, & dans le comté de Namur. Les Italiens le nomment *nero antique*, noir antique: on le nomme auſſi *marbre de Namur*.

LUCULLIENS JEUX, (*Littér.*) *ludi luculliani*, jeux publics, que la province d'Aſie décerna à Lucullus, en mémoire de ſes bienfaits.

Ce général romain célebre par ſon éloquence, par ſes victoires, & par ſes richeſſes, après avoir chaſſé Mithridate du Pont, & ſoumis preſque tout le reſte de ce royaume, employa près d'un an à réformer les abus que les exactions des traitans y avoient introduits. Il remédia à tous les deſordres, & gagna ſi fort l'eſtime & le cœur de toute la province, qu'elle inſtitua, l'an 70 avant Jeſus-Chriſt, des *jeux* publics en ſon honneur, qui furent nommés *luculliens*, & qui durerent aſſez long-tems; on les célébroit tous les ans avec un nouveau plaiſir; mais les partiſans voyant leurs groſſes fortunes détruites par les reglemens de Lucullus, vinrent cabaler fortement à Rome contre lui, & firent ſi bien pour leur argent & leurs intrigues, qu'on ne le rappella & qu'on lui donna un ſucceſſeur qui recueillit les lauriers dûs à ſes victoires. (*D. J.*)

LUCUMA, ſ. m. (*Botan. exot.*) arbre qui vient en plein vent dans le Pérou: il a de grandes racines; ſon tronc eſt de la groſſeur d'un homme; l'écorce qui le couvre eſt gercée, d'un verd griſâtre juſqu'où ſe fait la ſubdiviſion des branches, qui forment une belle tête; ſes feuilles ſont alternes, d'un verd foncé, différentes dans leur longueur & dans leur largeur. Les moyennes ont à peu près cinq pouces de long & deux pouces de large : la côte qui les traverſe d'un bout à l'autre répand des nervures en tout ſens. Les queues des feuilles ont environ huit lignes de long ſur deux d'épaiſſeur : ſa fleur n'eſt point décrite par le pere Feuillée, & je n'y ſaurois ſuppléer : ſon fruit a la figure d'un cœur applati par les deux bouts; il eſt rond, large de trois pouces, long d'un peu-plus de deux, & couvert d'une peau fort mince; ſa chair eſt mollaſſe, fade, douçâtre, & d'un blanc ſale; elle renferme au centre deux ou trois noyaux, qui dans leur maturité, ont la figure & la couleur de nos châtaignes. Frézier nomme cet arbre *lucumo*, & a commis pluſieurs erreurs dans la deſcription qu'il en a faite. (*D. J.*)

LUCUMON, ſ. m. (*Littérat.*) prince ou chef particulier de chaque peuple des anciens Etruſques. Comme l'Etrurie ſe partageoit en douze peuples, chacun avoit ſon *lucumon*, mais on d'eux jouiſſoit d'une autorité plus grande que les autres. Les privileges diſtinctifs des *lucumons*, étoient de s'aſſeoir en public dans une chaire d'ivoire, d'être précedés par douze licteurs, de porter une tunique de pourpre enrichie d'or, & ſur la tête une couronne d'or, avec un ſceptre au bout duquel pendoit une aigle. (*D. J.*)

LUCUS, (*Géog.*) ce mot latin veut dire un *bois ſaint*; & comme l'antiquité avoit l'uſage de conſacrer les bois à des dieux ou à des déeſſes, il eſt arrivé en géographie, qu'il y a des noms de divinités, même des noms d'empereurs, joints à *lucus*, qui déſignent des villes ou lieux autrefois célebres, comme *Lucus Auguſti*, ville de la Gaule narbonnoiſe, dont nous dirons un mot; *Lucus Aſturum*, qui eſt Oviedo, ville d'Eſpagne en Aſturie, & autres ſemblables.

L'étymologie du mot *lucus*, bois conſacré aux dieux, vient de ce qu'on éclairoit ces ſortes de bois aux jours de fêtes, *quod in illis maximè lucebat*; du moins cette étymologie me ſemble préférable à celle de Quintilien & de Servius, qui ont recours à l'antiphraſe, figure de l'invention des Grammairiens, que les habiles critiques ne goûtent gueres, & dont ils ont fort ſujet de ſe moquer. (*D. J.*)

LUCUS AUGUSTI, (*Géogr. anc.*) ville de la Gaule narbonnoiſe, alliée des Romains, diſent Pline, *liv. III. chap. iv.* Tacite, *Hiſt. liv. I.* la nomme Lucus *vocontienſis*, à ſavoir fait qu'un municipe; c'étoit la ville de Luc en Dauphiné des Diois, grande route des Alpes, ſur la Drome. Il y a ſeulement quelques ſiecles, qu'une roche étant tombée dans cette riviere, en boucha le lit, & cauſa une inondation, dont l'ancien *Luc* fut ſubmergé & détruit. Le nouveau *Luc* qu'on rebâtit au-deſſus de Die, n'eſt reſté qu'un ſimple village.

Les anciens ont encore donné le nom de *Lucus Auguſti* à la ville de Lugo en Eſpagne, &c. le mot *lucus* ſignifie un bois, & l'on ſait que la religion payenne ayant conſacré les bois aux divinités, la flatterie ne tarda pas d'y joindre des noms d'empereurs, elle commença par Auguſte. (*D. J.*)

LUDLOW, (*Géog.*) *Ludlovia*, petite ville à marché d'Angleterre, en Shropſhire, aux frontieres du pays de Galles, avec un mauvais château pour ſa défenſe. Elle envoye deux députés au parlement, & eſt à 106 milles N. O. de Londres. *Long.* 14. 59. *lat.* 52. 25. (*D. J.*)

LUDUS HELMONTII, (*Hiſt. nat.*) pierre ou ſubſtance foſſile, d'une figure indéterminée & irréguliere à l'extérieur, mais dont l'arrangement intérieur eſt très-régulier. Elle eſt d'une couleur terreuſe, & diviſée en maſſes diſtinctes & ſéparées les unes des autres par pluſieurs veines de différentes couleurs & d'une matiere plus pure que le reſte de la pierre; ces petites maſſes ſont ſouvent d'une figure aſſez réguliere, qui les fait reſſembler à des dés à jouer; mais le plus communément elles n'ont point de forme déterminée. Quelques-unes de ces maſſes ſont compoſées de pluſieurs croûtes ou enveloppes placées les unes ſur les autres autour d'un noyau qui eſt au centre : dans celles-ci les veines ou cloiſons qui les ſéparent ſont très-minces, elles ſont plus épaiſſes dans les autres. On ne fait uſage que de ces veines ou cloiſons dans la médecine; on prétend que c'eſt un remede pour les maux de reins, *Supplément* de Chambers. Son nom lui vient du célebre Van-Helmont qui a célébré ſes vertus réelles ou prétendues. On dit que cette pierre ſe trouve ſur les bords de l'Eſcaut, près d'Anvers. Schroeder & Etmuller diſent qu'elle eſt calcaire. Paracelſe l'a appellée *ſel terræ*. Quelques auteurs ont cru que Van-Helmont vouloit déſigner ſous ce nom la pierre de la veſſie.

LUETS, ſ. m. pl. (*Juriſprud.*) devoir de *luets*, terme uſité en Bretagne pour exprimer une redevance d'un boiſſeau de ſeigle dûe ſur chacune terre & ſur chacun *ménager* tenant feu & fumée & labourant terre en la paroiſſe : il en eſt fait mention dans le recueil des arrêts des chambres de Bretagne du 16 Octobre 1361, & du 20 Mai 1564. *Voyez le Gloſſaire* de M. de Lauriere, *au mot* LUETS.

LUETTE, *uvula*, ſ. f. (*Anatomie.*) c'eſt un corps rond, mol & ſpongieux, ſemblable au bout du doigt d'un enfant, qui eſt ſuſpendu à la portion la plus élevée de l'arcade formée par le bord libre & flottant de la valvule du palais, près des trous des narines, perpendiculairement ſur la glotte. *Voyez* GLOTTE, LARYNX, VOIX, &c.

Son uſage eſt de briſer la force de l'air froid, & d'empêcher qu'il n'entre avec trop de précipitation dans le poumon. *Voyez* RESPIRATION, POUMON, &c.

Elle eſt formée d'une duplicature de la tunique du palais. Quelques auteurs la nomment *columella*, & d'autres *gurgulio*.

Elle eſt mue par deux paires de muſcles, & ſuſpendue par autant de ligamens. Les muſcles ſont l'*externe*, appellé *ſphénoſtaphylin*, qui tire la *luette* en haut & en arriere, & empêche les alimens qui ont été mâchés, de paſſer dans les trous des narines pendant la déglutition. *Voyez* SPHÉNOSTAPHYLIN. L'*interne*, appellé *ptérygoſtaphylin*, qui tire la *luette* en haut & en-devant. *Voyez* PTÉRYGOSTAPHYLIN.

Ces deux muſcles tirent la *luette* en-haut pour faciliter la déglutition, & ſervent à la relever lorſqu'elle eſt relâchée & tombée. Dans ce cas-là, on a coutume de l'aider à la relever, en y appliquant un peu de poivre concaſſé que l'on met ſur le bout d'une cueiller. *Voyez* DÉGLUTITION.

Bartholin dit que ceux qui n'ont point de *luette*, ſont ſujets à la phthiſie, & en meurent ordinairement; parce que l'air froid entrant trop rapidement dans les poumons, les corrompt. *Voyez* l'HTHISIE.

Chûte de la LUETTE, *voyez* CHÛTE.

LUETTE, (*maladies de la*) cette partie eſt ſujette à s'enflammer, & à devenir groſſe & longue par un engorgement d'humeur pituiteuſe. Dans le premier cas, les ſaignées, le régime humectant, & les gargariſmes rafraîchiſſans peuvent calmer l'inflammation, & réſoudre la tumeur. Si elle ſe terminoit par gangrène, comme on le voit quelquefois dans la maladie vénérienne, il faudroit en faire l'amputation.

La *luette* relâchée par des humeurs exige des gargariſmes aſtringens & fortifians. On lui donne auſſi du reſſort en mettant dans une petite cuciller du poivre en poudre fine, que l'on porte ſous la *luette* pour la ſaupoudrer. Mais ſi elle étoit devenue blanche, longue, ſans irritabilité, & incapable d'être rétablie dans ſon état naturel, il faudroit en retrancher la partie excédente.

Celſe a parlé de cette opération, en diſant qu'il faut ſaiſir la *luette* avec des pinces, & couper au-deſſus ce qu'il eſt néceſſaire d'emporter. Mais Fabrice d'Aquapendente ne trouve pas cette opération facile ; comment, dit-il, ſaiſir la *luette* avec des pincettes d'une main, & la couper de l'autre dans la partie la plus étroite, la plus profonde & la plus obſcure de la bouche, principalement par la néceſſité qu'il y a d'une main-tierce pour abaiſſer la langue ? C'eſt pourquoi, dit-il, je ne me ſers point de pinces. J'abaiſſe la langue, & je coupe la *luette* avec des petits ciſeaux. Il ſeroit à propos d'avoir pour cette opération des ciſeaux, dont les lames échancrées en croiſſant embraſſeroient la *luette*, & la couperoient néceſſairement d'un ſeul coup. 2°. Les branches doivent être fort longues, & former une courbe de côté du plat des lames, afin d'avoir les anneaux fort bas, & que la main ne bouche pas le jour. Fabricius Hildanus avoit imaginé un anneau cannelé, portant un fil noué, propre à embraſſer la *luette*, & à la lier. Scultet a corrigé cet inſtrument, & dit s'en être ſervi utilement à Ulm le 8 Juin 1637, ſur un ſoldat de l'empereur, qui avoit la *luette* pourrie. Après que Fabrice d'Aquapendente avoit coupé la portion de *luette* relâchée, qu'il avoit jugé à propos de retrancher ; il portoit un inſtrument de fer, fait en forme de cueiller, bien chaud, non pour brûler & cautériſer la *luette*, mais pour fortifier la chaleur naturelle preſque éteinte de la partie, & rappeller ſa vie languiſſante. Nous avons parlé *au mot* FEU, comment cet auteur s'étoit ſervi du feu d'une façon qu'il n'avoit pas une action immédiate, dans la même intention de fortifier & de reſſerrer le tiſſu d'une partie trop humide. (*Y*)

LUEUR, ſ. m. (*Gram.*) lumiere foible & ſombre. Il ſe dit au phyſique & au moral : je vois à la *lueur* du feu : cet homme n'a que des *lueurs*.

LUFFA, ſ. f. (*Hiſt. nat. Bot.*) genre de plante dont les fleurs ſont des baſſins diviſés en cinq parties juſque vers leur centre. Sur la même plante, on trouve quelques-unes de ces fleurs qui ſont nouées, & quelques autres qui ne les ſont pas : celles qui ſont nouées tiennent à un embryon, qui devient un fruit ſemblable à un concombre ; mais ce fruit n'eſt pas charnu ; on ne voit ſous ſa peau qu'un tiſſu de fibres qui forment un admirable raiſeau, & qui laiſſent trois loges dans la longueur du fruit, leſquelles renferment des grains preſque ovales. Tournefort, *Mém. de l'Acad. roy. des ſcien. année 1706. Voyez* PLANTE.

LUGANO, *Lucanum*, (*Géogr.*) ville de Suiſſe dans les bailliages d'Italie, capitale d'un bailliage de même nom, qui eſt conſidérable ; il contient une ſoixantaine de bourgs ou paroiſſes, & une centaine de villages. Il a été conquis par les Suiſſes ſur les ducs de Milan. *Lugano*, ſa capitale, eſt ſituée ſur le lac de *Lugano*, à 6 lieues N. O. de Coine, 10 S. O. de Chiavenne. *Long. 26. 28. latit. 45. 58.*

LUGDUNUM, (*Géog. anc.*) ce nom a été écrit ſi différemment, *Lugdunum, Lugdunus, Lugodinum, Lugodunum, Lugodunum, Lucdynum, Lygdunum*, & a été donné à tant de villes, que ne pouvant point entrer dans ce détail, nous renvoyons le lecteur aux remarques de Mrs de Valois, de Méziriac, & autres qui ont tâché de l'éclaircir. Nous remarquerons ſeulement que tous ces noms ont été donnés ſpécialement par les anciens à la ville de Lyon, capitale du Lyonnois ; *Lugdunum* ſignifie-t-il en vieux gaulois, la *montagne du corbeau*, ou la *montagne de Lucius*, parce que Lucius Munatius Plancus y conduiſit une colonie ? C'eſt ce que nous ignorons. Nous ne l'avons pas mieux l'origine du nom de pluſieurs autres villes qui ont la même épithete, comme *Lugdunum Batavorum*, Leyden ; *Lugdunum Clavatum*, Laon ; *Lugdunum Convenarum*, Comminges, &c. Elles n'ont pas toutes certainement été appellées de la ſorte du nom de *Lucius Plancus*, ni des *corbeaux* qui y étoient quand on en a jetté les fondemens. Peut-être pourroit. on dire que ce nom leur a été donné, à cauſe de leur ſituation près des bois, ou ſur des montagnes, des collines & des côteaux. Cette derniere idée paroît la plus vraiſſemblable.

LUGO, (*Géog.*) les anciens l'ont connue ſous le nom de *Lucus-Auguſtus* ; c'eſt de nos jours une petite ville d'Eſpagne en Galice, avec un évêché ſuffragant de Compoſtelle. Elle eſt ſituée ſur le Minho, à 13 lieues de Mondonédo, 24 S. E. d'Oviédo, 23 N. E. de Compoſtelle. *Long. 10. 40. latit. 43. 1.* (*D. J.*)

LUGUBRE, adj. (*Gram.*) qui marque la triſteſſe. Un vêtement eſt *lugubre* : un chant eſt *lugubre*. Il ne ſe dit guere des perſonnes ; cependant un homme *lugubre* ne déplairoit pas. C'eſt que notre langue commence à ſe permettre de ces hardieſſes. Elles paſſent du ſtyle plaiſant, où on les reçoit ſans peine, dans le ſtyle ſérieux.

LUGUBRE, *oiſeau*, (*Hiſt. nat. ſuperſtition.*) c'eſt le nom que quelques voyageurs ont donné à un oiſeau du Bréſil, dont le plumage eſt d'un gris cendré ; il eſt de la groſſeur d'un pigeon, il a un cri *lugubre* & affligeant, qu'il ne fait entendre que pendant la nuit, ce qui le fait reſpecter par les Bréſiliens ſauvages, qui ſont perſuadés qu'il eſt chargé de leur porter des nouvelles des morts. Léry, voyageur françois, raconte que paſſant par un village, il en ſcandaliſa les habitans, pour avoir ri de l'attention avec laquelle ils écoutoient le cri de cet oiſeau. Tais-toi, lui dit rudement un vieillard, *ne nous empêche point d'entendre les nouvelles que nos grands-peres nous font annoncer*.

LUGUVALLIUM, (*Géogr. anc.*) ancien lieu de la grande Bretagne où Antonin déſigne par *Luguvallium ad vallum*, auprès d'un foſſé. Le ſavant Gale démontre preſque que c'eſt *Old Carluil* ſur le Wize, entre Boulneſs & Périth, qui eſt *Voreda*. On y a trouvé des inſcriptions, des ſtatues équeſtres, & autres monumens de ſa grande antiquité. (*D. J.*)

LUISANT, (*Rubanier.*) s'entend de quelques portions de chaîne qui levant continuellement pendant un certain nombre de coups de navette, & par conſéquent n'étant point compris dans le travail, forment au moyen de cette inaction un compartiment de ſoies traînantes ſur l'ouvrage qui fait le *luiſant*, la lumiere n'étant point rompue par l'inégalité que le travail occaſionne ; il faut pourtant que cette levée continuelle ſoit interrompue d'eſpace en eſpace, pour que l'on faſſe adhérer au corps de la chaîne, ſans quoi ces ſoies traînant toujours ſeroient inutiles ; on les fait baiſſer для un ſeul coup de navette qui ſert à couper cette continuité, & les lier avec la chaîne ; après ce coup de navette, le *luiſant* leve de nouveau comme il a fait précédemment, & ainſi de ſuite : les *luiſans* ſe mettent plus ordinairement qu'ailleurs ſur les bords ou liſieres des ouvrages, & ſervent à donner plus de relief aux deſſeins qu'ils environnent. On en met indifféremment ſur tous les ouvrages de ce métier, où l'on juge qu'ils feront un bon effet.

LUISANTE, adj. (*Aſtron.*) eſt un nom qu'on a donné à pluſieurs étoiles remarquables par leur éclat dans différentes conſtellations.

Luiſante de la couronne eſt une étoile fixe de la ſeconde grandeur, ſituée dans la couronne ſeptentrionale

LUM

nale. *Voyez* COURONNE SEPTENTRIONALE.

Luisante de la lyre, est une étoile brillante de la premiere grandeur dans la constellation de la lyre.

Il y a aussi dans la constellation de l'aigle une étoile brillante, appellée *la luisante de l'aigle*, &c. (O)

LUKAW, (*Géog.*) petite ville d'Allemagne, au cercle de haute Saxe dans l'Osterland, à 2 milles de Zeitz en Misnie, & à 4 de Leipsick. *Long.* 30. 4. *latit.* 51. 12.

LUL, (*Bot. exot.*) nom persan d'un arbre de la Perse & de l'Inde; les Portugais l'appellent *arbol de reyes*, arbre des rois, & les François *arbre des Bianianes*, parce que les Bianianes se retirent dessous. Les descriptions que les voyageurs donnent de cet arbre, sont si pleines de fables & d'inepties, que je n'en connois aucune qui puisse nous instruire. Ajoutez-y les contradictions dont elles fourmillent. Les uns nous représentent cet arbre comme le liseron d'Amérique, jettant des rameaux sarmenteux sans feuilles qui s'allongent à terre, s'y insinuent, poussent des racines & deviennent de nouveaux troncs d'arbres, ensorte qu'un seul *lul* produit une forêt. D'autres nous le peignent comme le plus bel arbre du pays, qui ne trace ni ne jette des sarmens, qui est tout garni de feuilles semblables à celles du coignassier, mais beaucoup plus larges & plus longues, & donnant un fruit assez agréable au goût, de couleur incarnate tirant sur le noir. Qui croirois-je, de Tavernier ou de Pietro de la Vallée, sur la description de cet arbre? Aucun des deux.

LULA ou LUHLA, (*Géog.*) ville de la Laponie, au bord du golfe de Bothnie, au nord à-travers de l'embouchure de la riviere dont elle porte le nom. *Long.* 40. 30. *latit.* 66. 30. (*D. J.*)

LULAF, s. m. (*Antiq.*) c'est ainsi que les Juifs nomment des guirlandes & des bouquets de myrthes, de saules, de palmes, &c. dont ils ornent leurs synagogues à la fête des tabernacles.

LUMACHELLE, *marbre*, (*Hist. nat.*) c'est ainsi que, d'après les Italiens, on nomme un marbre rempli d'un amas de petites coquilles; il y en a de noir. Il s'en trouve de cette espece en Westphalie, au village de Belem, à environ une lieue d'Osnabruck. Mais le marbre *lumachelle* le plus connu est d'un gris de cendre, mêlé quelquefois d'une teinte de jaune; c'est celui que les Italiens nomment *lumachella dorata antica*, ou *lumachella cinerea*; ils l'appellent aussi *lumachella di trapani*, & *lumachellone antico*. Il y a des carrieres de ce marbre en Italie; il s'en trouve pareillement en Angleterre dans la province d'Oxford; on dit que depuis peu l'on en a découvert une très-belle carriere en Champagne.

LUMB, s. m. (*Hist. natur.*) oiseau aquatique, qui se trouve sur les côtes de Spitzberg; il a le bec long, mince, pointu & recourbé, comme le pigeon plongeur du même pays; ses piés & ses ongles sont noirs, ainsi que les pattes qui sont courtes; il est noirâtre sur le dos, & d'une blancheur admirable sous le ventre. Son cri est celui du corbeau; cet oiseau se laisse tuer plûtôt que de quitter ses petits qu'il couvre de ses aîles, en nageant sur les eaux. Les *lumbs* se rassemblent en troupes, & se retirent sur les montagnes.

LUMBIER, (*Géog.*) en latin *Lumbaria*, & le peuple *Lumberitani*, dans Pline, *l. III. c. iij.* ancienne petite ville d'Espagne, dans la haute Navarre, sur la riviere d'Irato, près de Langueça. *Long.* 16. 36. *lat.* 42. 30. (*D. J.*)

LUMBO-DORSAL, *en Anatomie*, nom d'un muscle appellé *sacro-lombaire*. *Voyez* SACRO-LOMBAIRE.

LUMBON, (*Hist. nat.*) arbre qui croît dans les îles Philippines. Il produit des especes de petites noix dont l'écorce est très-dure, mais le dedans est

Tome IX.

LUM 717

indigeste; on en tire une huile, qui sert au lieu de suif pour espalmer les vaisseaux.

LUMBRICAUX, (*Anat.*) on nomme ainsi quatre muscles de la main, & autant du pié. Le mot est formé du latin *lumbricus*, ver, parce que ces muscles ressemblent à des vers par leur figure & leur petitesse. C'est pourquoi on les nomme aussi *vermiculaires*.

Les *lumbricaux de la main* sont des muscles, que l'on regarde communément comme de simples productions des tendons du muscle profond. Ils se terminent au côté interne du premier os de chacun des quatre derniers doigts. Quelquefois leur tendon se confond avec ceux des interosseux.

Les *lumbricaux du pié* sont des muscles qui viennent, comme ceux de la main, chacun d'un des tendons du profond, & qui se terminent au côté interne de la premiere phalange des quatre derniers orteils, & quelquefois se confondent avec les tendons des interosseux.

LUME, s. f. *terme de grosses forges*, *voyez* cet *article*.

LUMIERE, s. f. (*Optiq.*) est la sensation que la vûe des corps lumineux apporte ou fait éprouver à l'ame, ou bien la propriété des corps qui les rend propres à exciter en nous cette sensation. *Voyez* SENSATION.

Aristote explique la nature de la *lumiere*, en supposant qu'il y a des corps transparens par eux-mêmes, par exemple, l'air, l'eau, la glace, &c. c'est-à-dire des corps qui ont la propriété de rendre visibles ceux qui sont derriere eux; mais comme dans la nuit nous ne voyons rien à-travers de ces corps, il ajoute qu'ils ne sont transparens que potentiellement ou en puissance, & que pour les faire le deviennent réellement & actuellement; & d'autant qu'il n'y a que la présence de la *lumiere* qui puisse réduire cette puissance en acte, il définit par cette raison la *lumiere l'acte du corps transparent considéré comme tel*. Il ajoute que la *lumiere* n'est point le feu ni aucune autre chose corporelle qui rayonne du corps lumineux, & se transmet à-travers du corps transparent, mais la seule présence ou application du feu, ou de quelqu'autre corps lumineux, au corps transparent.

Voilà le sentiment d'Aristote sur la *lumiere*; sentiment que ses sectateurs ont mal compris, & au lieu duquel il lui en ont donné un autre très-différent, imaginant que la *lumiere* & les couleurs étoient de vraies qualités des corps lumineux & colorés, semblables à tous égards aux sensations qu'elles excitent en nous, & ajoutant que les objets lumineux & colorés ne pouvoient produire des sensations en nous, qu'ils n'eussent en eux-mêmes quelque chose de semblable, puisque *nihil dat quod in se non habet*. *Voyez* QUALITÉ.

Mais le sophisme est évident: car nous sentons qu'une aiguille qui nous pique nous fait du mal, & personne n'imaginera que ce mal est dans l'aiguille. Au reste on se convaincra encore plus évidemment au moyen d'un prisme de verre, qu'il n'y a aucune ressemblance nécessaire entre les qualités des objets, & les sensations qu'ils produisent. Ce prisme nous représente le bleu, le jaune, le rouge, & d'autres couleurs très-vives, sans qu'on puisse dire néanmoins qu'il y ait en lui rien de semblable à ces sensations.

Les Cartésiens ont approfondi cette idée. Ils avouent que la *lumiere* telle qu'elle existe dans les corps lumineux, n'est autre chose que la puissance ou faculté d'exciter en nous une sensation de clarté très-vive; ils ajoutent que ce qui est requis pour la perception de la *lumiere*, c'est que nous soyons formés de façon à pouvoir recevoir ces sensations;

Y y y y

que dans les pores les plus cachés des corps transparens, il se trouve une matiere subtile, qui à raison de son extrême petitesse peut en même tems pénétrer ce corps, & avoir cependant assez de force pour secouer & agiter certaines fibres placées au fond de l'œil ; enfin que cette matiere poussée par ce corps lumineux, porte ou communique l'action qu'il exerce sur elle, jusqu'à l'organe de la vûe.

La *lumiere* premiere consiste donc selon eux en un certain mouvement des particules du corps lumineux, au moyen duquel ces particules peuvent pousser en tout sens la matiere subtile qui remplit les pores des corps transparens.

Les petites parties de la matiere subtile ou du premier élément étant ainsi agitées, poussent & pressent en tout sens les petits globules durs du second élément, qui les environnent de tous côtés, & qui se touchent. M. Descartes suppose que ces globules sont durs, & qu'ils se touchent, afin de pouvoir transmettre en un instant l'action de la *lumiere* jusqu'à nos yeux ; car ce philosophe croyoit que le mouvement de la *lumiere* étoit instantané.

La *lumiere* est donc un effort au mouvement, ou une tendance de cette matiere à s'éloigner en droite ligne du centre du corps lumineux ; & selon Descartes l'impression de la *lumiere* sur nos yeux, par le moyen de ces globules, est à-peu-près semblable à celle que les corps étrangers font sur la main d'un aveugle par le moyen de son bâton. Cette derniere idée a été employée depuis par un grand nombre de philosophes, pour expliquer différens phénomenes de la vision ; & c'est presque tout ce qui reste aujourd'hui du système de Descartes, sur la *lumiere*. Car en premier lieu la *lumiere*, comme nous le ferons voir plus bas, emploie un certain tems, quoique très-court, à se répandre ; & ainsi ce philosophe s'est trompé, en supposant qu'elle étoit produite par la pression d'une suite de globules durs. D'ailleurs si les particules des rayons de *lumiere* étoient des globules durs, elles ne pourroient se réfléchir de maniere que l'angle de réflexion fût égal à l'angle d'incidence. Cette propriété n'appartient qu'aux corps parfaitement élastiques. Un corps d'or qui vient frapper perpendiculairement un plan, perd tout son mouvement, & ne se réfléchit point. Il se réfléchit au contraire dans cette même perpendiculaire, s'il est élastique ; si ce corps vient frapper le plan obliquement, & qu'il soit dur, il perd par là la rencontre du plan tout ce qu'il avoit de mouvement perpendiculaire, & ne fait plus après le choc, que glisser parallèlement au plan : si au contraire le corps est élastique, il reprend en arriere en vertu du son ressort, tout son mouvement perpendiculaire, & se réfléchit par un angle égal à l'angle d'incidence. *Voyez* RÉFLEXION. *Voyez aussi* MATIERE SUBTILE, & CARTÉSIANISME.

Le P. Malebranche déduit l'explication de la *lumiere*, d'une analogie qu'il lui suppose avec le son. On convient que le son est produit par les vibrations des parties insensibles du corps sonore. Ces vibrations ont beau être plus grandes ou plus petites, c'est-à-dire se faire dans de plus grands ou de plus petits arcs de cercle, si malgré cela elles sont d'une même durée, elles ne produiront en ce cas dans nos sensations, d'autre différence que celle du plus ou moins grand degré de force ; au lieu que si elles ont différentes durées, c'est-à-dire si un des corps sonores fait dans un même tems plus de vibrations qu'un autre, les deux sons différeront alors en especé, & on distinguera deux différens tons, les vibrations promptes formant les tons aigus, & les plus lentes les tons graves. *Voyez* SON AIGU & GRAVE.

Le P. Malebranche suppose qu'il en est de même de la *lumiere* & des couleurs. Toutes les parties du corps lumineux sont selon lui dans un mouvement rapide ; & ce mouvement produit des pulsations très-vives dans la matiere subtile qui se trouve entre le corps lumineux & l'œil ; ces pulsations sont appellées par le P. Malebranche, *vibrations de pression*. Selon que ces vibrations sont plus ou moins grandes, le corps paroit plus ou moins lumineux ; & selon qu'elles sont plus promptes ou plus lentes, le corps paroîtra de telle ou telle couleur.

Ainsi on voit que le P. Malebranche ne fait autre chose que de substituer aux globules durs de Descartes, de petits tourbillons de matiere subtile. Mais indépendamment des objections générales qu'on peut opposer à tous les systêmes qui font consister la *lumiere* dans la pression d'un fluide, objections qu'on trouvera exposées dans la suite de cet article ; on peut voir à *l'article* TOURBILLON, les difficultés jusqu'ici insurmontables, que l'on a faites contre l'existence des tourbillons tant grands que petits.

M. Huyghens croyant que la grande vitesse de la *lumiere*, & la décussation ou le croisement des rayons ne pouvoit s'accorder avec le systême de l'émission des corpuscules lumineux, a imaginé un autre systême qui fait encore consister la propagation de la *lumiere* dans la pression d'un fluide. Selon ce grand géometre, comme le son s'étend tout-à-l'entour du lieu où il a été produit par un mouvement qui passe successivement d'une partie de l'air à l'autre, & que cette propagation se fait par des surfaces ou ondes sphériques, à cause que l'extension de ce mouvement est également prompte de tous côtés, de même il n'y a point de doute selon lui, que la *lumiere* ne se transmette du corps lumineux jusqu'à nos yeux, par le moyen de quelque fluide intermédiaire, & que ce mouvement ne s'étende par des ondes sphériques semblables à celles qu'une pierre excite dans l'eau quand on l'y jette.

M. Huyghens déduit de ce systême, d'une maniere fort-ingénieuse, les différentes propriétés de la *lumiere*, les lois de la réflection, & de la réfraction, &c. mais ce qu'il paroit le plus de peine à expliquer, & ce qui est en effet le plus difficile dans cette hypothèse, c'est la propagation de la *lumiere* en ligne droite. M. Huyghens compare la propagation de la *lumiere* à celle du son : pourquoi donc la *lumiere* ne se propage-t-elle pas en tout sens comme le son ? L'auteur fait voir assez bien que l'action ou la pression de l'onde lumineuse doit être la plus forte dans l'endroit où cette onde est coupée par une ligne menée du corps lumineux ; mais il ne suffit pas de prouver que la pression ou l'action de la *lumiere* en ligne droite, est plus forte qu'en aucun autre sens : il faut encore démontrer qu'elle n'existe pas dans ces sens-là ; c'est ce que l'expérience nous prouve, & ce qui ne suit point du systême de M. Huyghens.

Selon M. Newton, la *lumiere* premiere, c'est-à-dire la faculté par laquelle un corps est lumineux, consiste dans un certain mouvement des particules du corps lumineux, non que ces particules poussent une certaine matiere fictice qu'on imagineroit placée entre les corps lumineux & l'œil, & logée dans les pores des corps transparens ; mais parce qu'elles se lancent continuellement du corps lumineux qui les darde de tous côtés avec beaucoup de force ; & la *lumiere* secondaire, c'est-à-dire, l'action par laquelle le corps produit en nous la sensation de clarté, consiste selon le même auteur non dans un effort au mouvement, mais dans le mouvement réel de ces particules qui s'éloignent de tous côtés du corps lumineux en ligne droite, & avec une vitesse presqu'incroyable.

En effet, dit M. Newton, si la *lumiere* consistoit

dans une simple pression ou pulsation, elle se répandroit dans un même instant aux plus grandes distances ; or nous voyons clairement le contraire par les phénomenes des éclipses des satellites de Jupiter. En effet lorsque la terre approche de Jupiter, les immersions des satellites de cette planete anticipent un peu sur le tems vrai, ou commencent plutôt ; au lieu que lorsque la terre s'éloigne de Jupiter, leurs émersions arrivent de plus en plus tard, s'éloignant beaucoup dans les deux cas du tems marqué par les tables.

Cette déviation qui a été observée d'abord par M. Roemer, & ensuite par d'autres astronomes, ne sauroit avoir pour cause l'excentricité de l'orbe de Jupiter ; mais elle provient selon toute apparence, de ce que la *lumiere* solaire que les satellites nous réfléchissent, a dans un cas plus de chemin à faire que dans l'autre, pour parvenir du satellite à nos yeux : ce chemin est le diametre de l'orbe annuel de la terre. *Voyez* SATELLITE.

Descartes qui n'avoit pas une assez grande quantité d'expérience, avoit cru trouver dans les éclipses de lune, que le mouvement de la *lumiere* étoit instantané. Si la *lumiere*, dit-il, demande du tems, par exemple une heure pour traverser l'espace qui est entre la terre & la lune, il s'ensuivra que la terre étant parvenue au point de son orbite où elle se trouve entre la lune & le soleil, l'ombre qu'elle cause, ou l'interruption de la *lumiere* ne sera pas encore parvenue à la lune, mais n'y arrivera qu'une heure après ; ainsi la lune ne sera obscurcie qu'une heure après que la terre aura passé par la conjonction avec la lune : mais cet obscurcissement ou interruption de *lumiere* ne sera vû de la terre qu'une heure après. Voilà donc une éclipse qui ne paroîtroit commencer que deux heures après la conjonction, & lorsque la lune seroit déjà éloignée de l'endroit de l'écliptique qui est opposé au soleil. Or toutes les observations sont contraires à cela.

Il est visible qu'il ne résulte autre chose de ce raisonnement, sinon que la *lumiere* n'emploie pas une heure à aller de la terre à la lune, ce qui est vrai ; mais si la *lumiere* n'emploie que 7 minutes à venir du soleil jusqu'à nous, comme les observations des satellites de Jupiter le font connoître ; elle emploiera beaucoup moins d'une minute à venir de la terre à la lune, & de la lune à la terre, & alors il sera difficile de s'appercevoir d'une si petite quantité dans les observations astronomiques.

J'ai cru devoir rapporter cette objection pour montrer que si Descartes s'est trompé sur le mouvement de la *lumiere*, au-moins il avoit imaginé le moyen de s'assurer du tems que la *lumiere* met à parcourir un certain espace. Il est vrai que la lune étant trop proche de nous, les éclipses de cette planete ne peuvent servir à décider la question ; mais il y a apparence que si les satellites de Jupiter eussent été mieux connus alors, ce philosophe auroit changé d'avis ; & on doit le regarder comme le premier auteur de l'idée d'employer les observations des satellites, pour prouver le mouvement de la *lumiere*.

La découverte de l'aberration des étoiles fixes, faite il y a 20 ans par M. Bradley, a fourni une nouvelle preuve du mouvement successif de la *lumiere*, & cette preuve s'accorde parfaitement avec celle qu'on tire des éclipses des satellites. *Voyez* ABERRATION.

La *lumiere* semblable à cet égard aux autres corps, ne se meut donc pas en un instant. M. Roemer & M. Newton ont mis hors de doute par le calcul des éclipses des satellites de Jupiter, que la *lumiere* du soleil emploie près de sept minutes à parvenir à la terre, c'est-à-dire, à parcourir une espece de plus de 23,000,000, de lieues, vitesse 10000000 fois plus grande que celle du boulet qui sort d'un canon.

De plus, si la *lumiere* consistoit dans une simple pression, elle ne se répandroit jamais en droite ligne ; mais l'ombre la feroit continuellement fléchir dans son chemin. Voici ce que dit là-dessus M. Newton : « Une pression exercée sur un milieu fluide, c'est-
» à-dire un mouvement communiqué par un tel mi-
» lieu au-delà d'un obstacle qui empêche en partie
» le mouvement du milieu, ne peut point être con-
» tinuée en ligne droite, mais se répandre de tous
» côtés dans le milieu en repos par-delà l'obstacle.
» La force de la gravité tend en en-bas, mais la
» pression de l'eau qui en est la suite, tend égale-
» ment de tous côtés, & se répand avec autant de
» facilité & autant de force dans des courbes que
» dans des droites ; les ondes qu'on voit sur la sur-
» face de l'eau lorsque quelques obstacles en em-
» pêchent le cours, se fléchissent en se répandant
» toujours & par degré dans l'eau qui est en repos,
» & par-delà l'obstacle. Les ondulations, pulsations,
» ou vibrations de l'air, dans lesquelles consiste le
» son, subsistent aussi des inflexions, & le son se ré-
» pand aussi facilement dans des tubes courbes, par
» exemple dans un serpent, qu'en ligne droite » ; or on n'a jamais vû la *lumiere* se mouvoir en ligne courbe ; les rayons de *lumiere* sont donc de petits corpuscules qui s'élancent avec beaucoup de vitesse du corps lumineux. Sur quoi *voyez l'article* ÉMISSION.

Quant à la force prodigieuse avec laquelle il faut que ces corpuscules soient dardés pour pouvoir se mouvoir si vite, qu'ils parcourent jusques à plus de 3000000 lieues par minutes, écoutons là-dessus le même auteur : « Les corps qui sont de même genre,
» & qui ont les mêmes vertus, ou une force attra-
» ctive, d'autant plus grande par rapport à leur vo-
» lume, qu'ils sont plus petits. Nous voyons que
» cette force a plus d'énergie dans les petits aimans
» que dans les grands, eu égard à la différence des
» poids ; & la raison en est, que les parties des petits
» aimans étant plus proches les unes des autres,
» elles ont par-là plus de facilité à unir intimement
» leur force, & à agir conjointement ; par cette rai-
» son, les rayons de *lumiere* étant les plus petits de
» tous les corps, leur force attractive sera du plus
» haut degré, eu égard à leur volume ; & on peut
» en effet conclure des regles suivantes, combien
» cette attraction est forte. L'attraction d'un rayon
» de *lumiere*, eu égard à sa quantité de matiere est
» à la gravité qu'un projectile, eu égard aussi à sa
» quantité de matiere, en raison composée de la vi-
» tesse du rayon, à celle du projectile, & de la cour-
» bure de la ligne que le rayon décrit dans la réfra-
» ction, à la courbure de la ligne que le projectile
» décrit aussi de son côté ; pourvû cependant que
» l'inclinaison du rayon sur la surface réfractante,
» soit la même que celle de la direction du projectile
» sur l'horison. De cette proportion il s'en suit que
» l'attraction des rayons de *lumiere* est plus que 1,
» 000, 000, 000, 000, 000, fois plus grande
» que la gravité des corps sur la surface de la terre,
» eu égard à la quantité de matiere du rayon & des
» corps terrestres, & en supposant que la *lumiere*
» vienne du soleil à la terre en 7 minutes de tems ».

Rien ne montre mieux la divisibilité des parties de la matiere, que la petitesse des parties de la *lumiere*. Le docteur Nieuwentit a calculé qu'un pouce de bougie, après avoir été converti en *lumiere*, se trouve avoir été divisé par-là en un nombre de parties exprimé par le chifre 269617040, suivi de quarante zéros, ou, ce qui est la même chose, qu'à chaque seconde que la bougie brûle, il en doit sortir un nombre de parties exprimé par le chiffre 418660, suivi de trente-neuf zéros, nombre beaucoup plus que mille millions de fois plus grand que celui des fables que pourroit contenir la terre entiere, en supposant qu'il tienne cent parties de fable dans la longueur d'un pouce.

L'expansion ou l'étendue de la propagation des parties de la *lumiere* est inconcevable : le docteur Hook montre qu'elle n'a pas plus de bornes que l'univers, & il le prouve par la distance immense de quelques étoiles fixes, dont la *lumiere* est cependant sensible à nos yeux au moyen d'un télescope. Ce ne sont pas seulement, ajoute-t-il, les grands corps du soleil & des étoiles qui sont capables d'envoyer ainsi leur *lumiere* jusques aux points les plus reculés des espaces immenses de l'univers, il en peut être de même de la plus petite étincelle d'un corps lumineux, du plus petit globule qu'une pierre à fusil aura détaché de l'acier.

Le docteur Gravesande prétend que les corps lumineux sont ceux qui dardent le feu, ou qui donnent un mouvement au feu en droite ligne ; & il fait consister la différence de la *lumiere* & de la chaleur, en ce que pour produire la *lumiere*, il faut selon lui, que les particules ignées viennent frapper les yeux, & y entrent en ligne droite, ce qui n'est pas nécessaire pour la chaleur. Au contraire, le mouvement irrégulier semble plus propre à la chaleur ; c'est ce qui paroît par les rayons qui viennent directement du soleil au sommet des montagnes, lesquelles n'y font pas à beaucoup près autant d'effet, que ceux qui se font sentir dans les vallées, & qui ont auparavant été agités d'un mouvement irrégulier par plusieurs réflexions. *Voyez* FEU & FEU ÉLECTRIQUE.

On demande s'il peut y avoir de la *lumiere* sans chaleur, ou de la chaleur sans *lumiere*; nos sens ne peuvent décider suffisamment cette question, la chaleur étant un mouvement qui est susceptible d'une infinité de degrés, & la *lumiere* une matiere qui peut être infiniment rare & foible ; à quoi il faut ajouter qu'il n'y a point de chaleur qui nous soit sensible, sans avoir en même tems plus d'intensité que celle des organes de nos sens. *Voyez* CHALEUR.

M. Newton observe que les corps & les rayons de *lumiere* agissent continuellement les uns sur les autres ; les corps sur les rayons de *lumiere*, en les lançant, les réfléchissant, & les réfractant ; & les rayons de *lumiere* sur les corps, en les échauffant, & en donnant à leurs parties un mouvement de vibration dans lequel consiste principalement la chaleur : car il remarque encore que tous les corps fixes lorsqu'ils ont été échauffés au-delà d'un certain degré, deviennent lumineux, qualité qu'ils paroissent devoir au mouvement de vibrations de leurs parties ; & enfin, que tous les corps qui abondent en parties terrestres & sulphureuses, donnent de la *lumiere* s'ils sont suffisamment agités de quelque maniere que ce soit. Ainsi la mer devient lumineuse dans une tempête ; le vif-argent lorsqu'il est secoué dans le vuide ; les chats & les chevaux, lorsqu'on les frotte dans l'obscurité ; le bois, le poisson, & la viande, lorsqu'ils sont pourris. *Voyez* PHOSPHORE.

Hawksbée nous a fourni une grande variété d'exemples de la production artificielle de la *lumiere* par l'attrition des corps qui ne sont pas naturellement lumineux, comme de l'ambre frotté sur un habit de laine, du verre sur une étoffe de laine, du verre sur du verre, des écailles d'huitres sur une étoffe de laine, & de l'étoffe de laine sur une autre, le tout dans le vuide.

Il fait sur la plûpart de ces expériences les réflexions suivantes, que différentes sortes de corps donnent diverses sortes de *lumieres*, qui different soit en couleur, soit en force ; qu'une même attrition à divers effets, selon les différentes préparations des corps qui la souffrent, ou la différente maniere de les frotter, & que les corps qui ont donné une certaine *lumiere* en particulier, peuvent être rendus par la friction incapables d'en donner davantage de la même espece.

M. Bernoulli a trouvé par expérience que le mercure amalgamé avec l'étain, & frotté sur un verre, produisoit dans l'air une grande *lumiere*; que l'or frotté sur un verre en produisoit aussi & dans un plus grand degré ; enfin, que de toutes ces especes de *lumieres* produites artificiellement, la plus parfaite étoit celle que donnoit l'attrition d'un diamant, laquelle est aussi vive que celle d'un charbon qu'on souffle fortement. *Voyez* DIAMANT, & ELECTRICITÉ.

M. Boyle parle d'un morceau de bois pourri & brillant, dont la *lumiere* s'éteignit lorsqu'on en eut fait sortir l'air, mais qui redevint de nouveau brillant comme auparavant, lorsqu'on y eut fait rentrer l'air. Or il ne paroît pas douteux que ce ne fût-là une flamme réelle, puisqu'ainsi que la flamme ordinaire, elle avoit besoin d'air pour s'entretenir ou se conserver. *Voyez* PHOSPHORE.

L'attraction des particules de la *lumiere* par les autres corps, est une vérité que des expériences innombrables ont rendue évidentes. M. Newton a observé le premier ce phénomène ; il a trouvé par des observations répétées, que les rayons de *lumiere* dans leur passage près des bords des corps, soit opaques, soit transparens, comme des morceaux de métal, des tranchans de lames de couteaux, des verres cassés, &c. sont détournés de la ligne droite. *Voyez* DISTRACTION.

Cette action des corps sur la *lumiere* s'exerce à une distance sensible, quoiqu'elle soit toûjours d'autant plus grande, que la distance est plus petite ; c'est ce qui paroit clairement dans le passage d'un rayon entre les bords de deux plaques minces à différentes ouvertures. Les rayons de *lumiere* lorsqu'ils passent du verre dans le vuide, ne sont pas seulement fléchis ou pliés vers le verre ; mais s'ils tombent trop obliquement, ils retournent alors vers le verre, & sont entierement réfléchis.

On ne sauroit attribuer la cause de cette réflexion à aucune résistance du vuide ; mais il faut convenir qu'elle procede entierement de quelque force ou puissance qui réside dans le verre, par laquelle il attire & fait retourner en-arriere les rayons qui l'ont traversé, & qui sans cela passeroient dans le vuide. Une preuve de cette vérité, c'est que si vous frottez la surface postérieure du verre avec de l'eau, de l'huile, du miel, ou une dissolution de vif-argent, les rayons qui sans cela auroient été réfléchis, passeront alors dans cette liqueur & au-travers ; ce qui montre aussi que les rayons ne sont pas encore réfléchis tant qu'ils ne sont pas parvenus à la seconde surface du verre ; car si à leur arrivée sur cette surface, ils tomboient sur un des milieux dont on vient de parler ; alors ils ne seroient plus réfléchis, mais ils continueroient leur premiere route, l'attraction du verre se trouvant en ce cas contre-balancée par celle de la liqueur. De cette attraction mutuelle entre les particules de la *lumiere*, & celles des autres corps, naissent deux autres grands phénomènes, qui sont la réflexion & la réfraction de la *lumiere*. On sait que la direction du mouvement d'un corps, change nécessairement s'il se rencontre obliquement dans son chemin quelqu'autre corps ; ainsi la *lumiere* venant à tomber sur la surface des corps solides, il paroitroit pour cela seul qu'elle devroit être détournée de sa route, & renvoyée ou réfléchie de façon que son angle de réflexion fût égal, (comme il arrive dans la réflexion des autres corps) à l'angle d'incidence ; c'est aussi ce que fait voir l'expérience, mais

LUM

la cause en est différente de celle dont nous venons de faire mention. Les rayons de *lumiere* ne sont pas réfléchis en heurtant contre les parties des corps mêmes qui les réfléchissent, mais par quelques puissances répandues également sur toute la surface des corps, & par laquelle les corps agissent sur la *lumiere*, soit en l'attirant, soit en la repoussant, mais toûjours sans contact: cette puissance est la même par laquelle dans d'autres circonstances les rayons sont réfractés. *Voyez* RÉFLEXION & RÉFRACTION.

M. Newton prétend que tous les rayons qui sont réfléchis par un corps ne touchent jamais le corps, quoiqu'à la vérité ils en approchent beaucoup. Il prétend encore que les rayons qui parviennent réellement aux parties solides du corps s'y attachent, & sont comme éteins & perdus. Si l'on demande comment il arrive que tous les rayons ne soient pas réfléchis à la fois par toute la surface, mais que tandis qu'il y en a qui sont réfléchis, d'autres passent à-travers, & soient rompus:

Voici la réponse que M. Newton imagine qu'on peut faire à cette question. Chaque rayon de *lumiere* dans son passage à-travers une surface capable de le briser, est mis dans un certain état transitoire, qui dans le progrès du rayon se renouvelle à intervalles égaux; or à chaque renouvellement le rayon se trouve disposé à être facilement transmis à-travers la prochaine surface réfractante. Au contraire, entre deux renouvellemens consécutifs, il est disposé à être aisément réfléchi: & cette alternative de réflexions & de transmissions, paroît pouvoir être occasionnée par toutes sortes de surfaces & à toutes les distances. M. Newton ne cherche pas par quel genre d'action ou de disposition ce mouvement peut être produit; s'il consiste dans un mouvement de circulation ou de vibration, soit des rayons, soit du milieu, ou en quelque chose de semblable; mais il permet à ceux qui aiment les hypothèses, de supposer que les rayons de *lumiere* lorsqu'ils viennent à tomber sur une surface réfringente ou réfractante, excitent des vibrations dans le milieu réfringent ou réfractant, & que par ce moyen ils agitent les parties solides du corps. Ces vibrations ainsi répandues dans le milieu, pourront devenir plus rapides que le mouvement du rayon lui-même; & quand quelque rayon parviendra au corps dans ce moment de la vibration, où le mouvement qui forme celle-ci, conspirera avec le sien propre, sa vitesse en sera augmentée, de façon qu'il passera aisément à-travers de la surface réfractante; mais s'il arrive dans l'autre moment de la vibration, dans celui où le mouvement de vibration est contraire au sien propre, il sera aisément réfléchi; d'où s'en suivent à chaque vibration des dispositions successives dans les rayons, à être réfléchis ou transmis. Il appelle *accès de facile réflexion*, le retour de la disposition que peut avoir le rayon à être réfléchi, & *accès de facile transmission*, le retour de la disposition à être transmis; & enfin, *intervalle des accès*, l'espace de tems compris entre les retours. Cela posé, la raison pour laquelle les surfaces de tous les corps épais & transparens réfléchissent une partie des rayons de *lumiere* qui y tombent & en réfractent le reste, est qu'il y a des rayons qui au moment de leur incidence sur la surface du corps, se trouvent dans des accès de réflexion facile, & d'autres qui se trouvent dans des accès de transmission facile.

Nous avons déja remarqué à l'article COULEUR, que cette théorie de M. Newton, quelque ingénieuse qu'elle soit, est encore bien éloignée du degré d'évidence nécessaire pour satisfaire l'esprit sur les propriétés de la *lumiere* réfléchie. *V.* RÉFLEXION & MIROIR.

Un rayon de *lumiere* qui passe d'un milieu dans un autre de différente densité, & qui dans son passa-

LUM 721

ge, se meut dans une direction oblique à la surface qui sépare les deux milieux, sera réfracté ou détourné de son chemin, parce que les rayons sont plus fortement attirés par un milieu plus dense que par un plus rare. *Voyez* RÉFRACTION.

Les rayons ne sont point réfractés en heurtant contre les parties solides des corps, & le sont au contraire sans aucun contact, & par la même force par laquelle ils sont réfléchis, laquelle s'exerce différemment en differentes circonstances. Cela se prouve à-peu-près par les mêmes argumens qui prouvent que la réflexion se fait sans contact.

Pour les propriétés de la *lumiere* rompue ou réfractée, *voyez* RÉFRACTION & LENTILLE.

On observe dans le crystal d'Islande, une espece de double réfraction très-différente de celle qu'on remarque dans tous les autres corps. *Voyez l'article* CRYSTAL D'ISLANDE, le détail de ce phénomene, & les conséquences que M. Newton en a tirées.

M. Newton ayant observé que l'image du soleil projetée sur le mur d'une chambre obscure par les rayons de cet astre, & transmise à-travers un prisme, étoit cinq fois plus longue que large, se mit à rechercher la raison de cette disproportion; & d'expérience en expérience, il découvrit que ce phénomene provenoit de ce que quelques-uns des rayons de *lumieres* étoient plus réfractés que d'autres, & que cela suffisoit pour qu'ils représentassent l'image du soleil allongée. *Voyez* PRISME.

De-là il en vint à conclure, que la *lumiere* elle-même est un mélange hétérogene de rayons différemment refrangibles, ce qui lui fit distinguer la *lumiere* en deux especes; celle dont les rayons sont également refrangibles, qu'il appella *lumiere homogene*, *similaire* ou *uniforme*; & celle dont les rayons sont inégalement refrangibles, qu'il appella *lumiere hétérogene*. *Voyez* RÉFRANGIBILITÉ.

Il n'a trouvé que trois affections par lesquelles les rayons de *lumiere* différassent les uns des autres; sçavoir, la réfrangibilité, la réflexibilité & la couleur; or les rayons qui conviennent entr'eux en réfrangibilités, conviennent aussi dans les autres affections, d'où il s'ensuit qu'ils peuvent à cet égard être regardés comme homogenes, quoiqu'à d'autres égards, il fût possible qu'ils fussent hétérogenes.

Il appelle de plus, *couleurs homogenes*, celles qui sont représentées par une *lumiere* homogene, & *couleurs hétérogenes*, celles qui sont produites par une *lumiere* hétérogene. Ces définitions expliquées, il en déduit plusieurs propositions. En premier lieu, que la *lumiere* du soleil consiste en des rayons qui different les uns des autres en des degrés indéfinis de réfrangibilités. Secondement, que les rayons qui different en réfrangibilité, différeront aussi à proportion dans les couleurs qu'ils représenteront lorsqu'ils auront été séparés les uns des autres. Troisiememement, qu'il y a autant de couleurs simples & homogenes, que de degrés de réfrangibilité; car à chaque degré different de réfrangibilité, répond une couleur différente.

Quatriemement, que la blancheur semblable à celle de la *lumiere* immédiate du soleil, est un composé de sept couleurs primitives. *Voyez* COULEUR.

Cinquiemement, que les rayons de *lumiere* ne souffrent aucunes altérations dans leurs qualités par la réfraction.

Sixiemement, que la réfraction ne sauroit décomposer la *lumiere* en couleurs qui n'y auroient pas été mêlées auparavant, puisque la réfraction ne change pas les rayons, mais qu'elle sépare seulement les uns des autres ceux qui ont différentes qualités, par le moyen de leurs différentes réfrangibilités.

Nous avons déja observé que les rayons de *lumiere*

font composés de parties dissimilaires ou hétérogenes, y en ayant probablement de plus grandes les unes que les autres. Or plus ces parties sont petites, plus elles sont réfrangibles ; c'est-à-dire plus il est facile qu'elles se détournent de leur cours rectiligne. De plus nous avons encore fait remarquer que les parties qui différoient en réfrangibilité, & par conséquent en volume, différoient en même tems en couleur.

De-là on peut déduire toute la théorie des couleurs. *Voyez* COULEUR.

L'académie royale des Sciences de Paris, ayant proposé pour le sujet du prix de 1736, la question de la propagation de la *lumiere*, M. Jean Bernoulli le fils, docteur en Droit, composa à ce sujet une dissertation qui remporta le prix. Le fond du système de cet auteur est celui du pere Malebranche, avec cette seule différence que M. Bernoulli ajoute aux petits tourbillons des petits globules durs ou solides, répandus çà & là, selon lui, dans l'espace que les petits tourbillons occupent. Ces petits globules, quoiqu'éloignés assez considérablement les uns des autres, par rapport à leur petitesse, se trouvent en grand nombre dans la plus petite ligne droite sensible. Ces petits corps demeureront toujours en repos, étant comprimés de tous côtés. Mais si on conçoit que les particules d'un corps lumineux, agitées en tout sens avec beaucoup de violence, frappent suivant quelque direction, les tourbillons environnans ; ces tourbillons ainsi condensés, chasseront le corpuscule le plus voisin ; celui-ci comprimera de même les tourbillons suivans, jusqu'au second corpuscule, &c. Cette compression étant achevée, les tourbillons reprendront leur premier état, & feront une vibration en sens contraire, puis ils seront chassés vers le premier fois, & feront ainsi des oscillations, par le moyen desquelles la *lumiere* se répandra. M. Bernoulli déduit de cette explication plusieurs phénomenes de la *lumiere* ; & les recherches mathématiques dont sa piece est remplie sur la pression des fluides élastiques, la rendent fort instructive & fort intéressante à cet égard. C'est sans doute ce qui lui a mérité le glorieux suffrage de l'académie ; car le fond du système de cet auteur est d'ailleurs sujet à toutes les difficultés ordinaires contre le système de la propagation de la *lumiere* par pression. Le système de ceux qui avec M. Newton, regardent un rayon de *lumiere* comme une file de corpuscules émanés du corps lumineux, ne peut être attaqué que par les deux objections suivantes. 1°. On demande comment dans cette hypothese, les rayons de *lumiere* peuvent se croiser sans se nuire. A cela on peut répondre, que les rayons qui nous paroissent parvenir à nos yeux en se croisant, ne se croisent pas réellement, mais passent l'un au-dessus de l'autre, & sont censés se croiser à cause de leur extrème finesse. 2°. On demande comment le soleil n'a point perdu sensiblement de sa substance, depuis le tems qu'il en envoie continuellement de la matiere lumineuse hors de lui. On peut répondre que non-seulement cette matiere est renvoyée en partie au soleil par la réflexion des planetes, & que les cometes qui approchent fort de cet astre, servent à le reparer par les exhalaisons qui en sortent ; mais encore que la matiere de la *lumiere* est si subtile, qu'un space de cette matiere suffit peut-être pour éclairer l'univers pendant l'éternité. En effet, on démontre aisément, qu'étant donnée une si petite portion de matiere qu'on voudra, on peut diviser cette portion de matiere en parties si minces, que ces parties rempliront un espace donné, en conservant entr'elles des intervalles moindres que $\frac{1}{1000000}$, &c. de ligne. *Voyez* dans l'introduction *ad veram Physicam* de Keill, le chapitre de la divisibilité de la matiere. C'est pourquoi une portion de matiere lumineuse, si petite qu'on voudra, suffit pour remplir pendant des sieles un espace égal à l'orbe de Saturne. Il est vrai que l'imagination se revolte ici ; mais l'imagination se revolte en vain contre des vérités démontrées. *Voyez* DIVISIBILITÉ. *Chambers*.

Il est certain d'une part, que l'opinion de Descartes & de ses partisans, sur la propagation de la *lumiere*, ne peut se concilier avec les lois connues de l'Hydrostatique ; & il ne l'est pas moins de l'autre, que les émissions continuelles lancées des corps lumineux, suivant Newton & ses partisans, effrayent l'imagination. D'ailleurs, il n'est pas facile d'expliquer (même dans cette derniere hypothese) pourquoi la *lumiere* cesse tout d'un coup dès que le corps lumineux disparoît, puisqu'un moment après que ce corps a disparu, les corpuscules qu'il a lancés, existent encore autour de nous, & doivent conserver encore une grande partie du mouvement prodigieux qu'ils avoient, étant lancés par ce corps jusqu'à nos yeux. Les deux opinions, il faut l'avouer, ne sont démontrées ni l'une ni l'autre ; & la plus sage réponse à la question de la matiere & de la propagation de la *lumiere*, seroit peut-être de dire que nous n'en savons rien. Newton paroit avoir bien senti ces difficultés, lorsqu'il dit *de naturâ radiorum lucis, utrum sint corpora nec ne, nihil omninò disputans*. Ces paroles ne semblent-elles pas marquer un doute si la *lumiere* est un corps ? mais si elle n'en est pas un, qu'est-elle donc ? Tenons-nous-en donc aux assertions suivantes.

La *lumiere* se propage suivant une ligne droite d'une maniere qui nous est inconnue ; & les lignes droites suivant lesquelles elle se propage, sont nommées ses rayons. Ce principe est le fondement de l'Optique. *Voyez* OPTIQUE & VISION.

Les rayons de *lumiere* se réfléchissent par un angle égal à l'angle d'incidence. *Voyez* REFLEXION & MIROIR. Ce principe est le fondement de toute la Catoptrique. *Voyez* CATOPTRIQUE.

Les rayons de *lumiere* qui passent d'un milieu dans un autre, se rompent de maniere que le sinus d'incidence est au sinus de réfraction en raison constante. Ce principe est le fondement de la Dioptrique. *Voyez* DIOPTRIQUE, RÉFRACTION, VERRE, LENTILLE, *&c*. Avec ces propositions bien simples, la théorie de la *lumiere* devient une science purement géométrique, & on en démontre les propriétés sans savoir ni en quoi elle consiste, ni comment se fait sa propagation ; à peu-près comme le professeur Saunderson donnoit des leçons d'Optique quoiqu'il fût presque aveugle de naissance. *Voyez* AVEUGLE. *Voyez* aussi VISION.

LUMIERE ZODIACALE, (*Physiq*.) est une clarté ou une blancheur souvent assez semblable à celle de la voie lactée que l'on apperçoit dans le ciel en certains tems de l'année après le coucher du soleil ou avant son lever, en forme de lame ou de pyramide, le long du zodiaque, qui est elle est toujours renfermée par sa pointe & par son axe, appuyée obliquement sur l'horison par sa base. Cette *lumiere* a été découverte, décrite & ainsi nommée par feu M. Cassini.

M. de Mairan, en son traité de la *aurore boréale*, est entré dans un assez grand détail sur la *lumiere zodiacale* : nous allons faire l'extrait de ce qu'il dit sur ce sujet, & c'est lui qui nous parlera dans le reste de cet article.

Les premieres observations de feu M. Cassini sur la *lumiere zodiacale*, furent faites au printems de 1683, & rapportées dans le journal des Savans, du 10 Mai de la même année. M. Fatio de Duillier, qui se trouvoit alors à Paris en liaison avec M. Cassini, & qui étoit très-capable de sentir toute la beauté de cette découverte, y fut témoin de plusieurs de ces observations. Ayant passé peu de tems après à Genève, il observa de son côté très-soigneusement le même phénomene pendant les années 1684, 1685, & jusque vers le milieu de 1686, où il en écrivit à M. Cassini une grande lettre qui fut imprimée à Amsterdam la même année. M. Cassini a fait mention de cette lettre & avec éloge, en plus d'un endroit du traité qu'il nous a laissé sur ce sujet, sous le titre de *découverte de la lumiere céleste qui paroît dans le zodiaque*, & qui fut donné au public quatre ans après, dans le volume des voyages de l'académie des Sciences. Il est parlé encore dans les *miscellanea naturæ curioforum*, de plusieurs observations de cette *lumiere* faites en Allemagne par MM. Kirch & Eimmart, aux années 1688, 89, 91 & 93, jusqu'au commencement de 1694; mais il n'y en a qu'un petit nombre qui y soient détaillées.

On pourroit conjecturer, dit M: Cassini, que ce phénomene a paru autrefois, & qu'il est du nombre de ceux que les anciens ont appellés *trabes* ou *poutres*. M. Cassini se rappelle aussi avoir vû dès l'année 1668, étant à Boulogne, un phénomene fort semblable à celui dont il s'agit, dans le tems que le chevalier Chardin en observoit un tout pareil dans la ville capitale de l'une des provinces de Perse.

Mais un avertissement que Childrey donna aux Mathématiciens à la fin de son histoire naturelle d'Angleterre, *Britannia Baconica*, écrite environ l'an 1659, porte quelque chose de plus positif sur ce sujet, & dont M. Cassini n'a pas oublié de lui faire honneur. « C'est, dit le savant anglois, qu'au mois » de Février, un peu avant, un peu après, j'ai ob- » servé, pendant plusieurs années consécutives vers » les six heures du soir, & quand le crépuscule a » presque quitté l'horison, un chemin lumineux fort » aisé à remarquer, qui se darde vers les pléiades, & » qui semble les toucher ».

Enfin M. Cassini ajoute aux témoignages celui de plusieurs anciens auteurs qui ont vû des apparences célestes qu'on ne peut méconnoître pour la *lumiere zodiacale*, quoiqu'ils ne l'aient pas soupçonnée en tant que telle, ce qui acheve de le convaincre de l'ancienneté de ce phénomene.

L'opinion la plus reçue touchant la *lumiere* de la queue des cometes, est qu'elle consiste dans la réflexion des rayons du soleil qui les éclaire. Or M. Cassini remarque en cent endroits de son ouvrage la ressemblance extrême de la *lumiere zodiacale* avec la queue des cometes. « Les queues des cometes, dit-il, » font une apparence semblable à celle de notre *lu- » miere*, elles sont de la même couleur..... Leur » extrémité qui est plus éloignée du soleil, paroît » aussi douteuse : de sorte qu'en un même instant » elles paroissent diversement étendues à diverses » personnes, étant de même variables selon les di- » vers degrés de clarté de l'air, & selon le mélange » de la *lumiere* de la lune & des autres astres. On » voit aussi à-travers de ces queues les plus petites » étoiles : de sorte que par tous ces rapports on peut » juger que l'une & l'autre apparence peut avoir un » sujet semblable ».

M. Fatio, qui a aussi examiné très assidument la *lumiere zodiacale* pendant trois ou quatre années, en porte le même jugement. Ce sera donc vraissemblablement, comme M. Fatio l'insinue en plusieurs endroits de sa lettre, une espece de fumée ou de brouillard, mais si délié, qu'on voit à-travers les plus petites étoiles. Cette derniere circonstance est remarquable, & se trouve souvent de même ou à-peu-près, soit dans les parties les plus claires & les plus brillantes de l'aurore boréale, soit dans les plus obscures & les plus fumeuses, telles que le segment qui borde ordinairement l'horison, & qui est concentrique aux arcs lumineux.

M. Cassini compare encore très-souvent la *lumiere zodiacale* à la voie lactée, tant parce qu'elle paroît ou disparoît dans les mêmes circonstances, que par leur rapport de clarté. C'est sous cette idée qu'il l'annonça aux Savans dans le journal de 1683....« Une » *lumiere* semblable à celle qui blanchit la voie de » lait, mais plus claire & plus éclatante vers le mi- » lieu, & plus foible vers les extrémités, s'est répan- » due par les signes que le soleil doit parcourir, &c ». Mais il paroit qu'elle augmenta de force & de densité dans la suite; & sur-tout en 1686 & 1687.

A en juger par mes propres yeux depuis que j'observe, dit M. de Mairan, elle est aussi plus forte ; plus dense de la *lumiere* de la voie de lait, dans les jours favorables à l'observation, & presque toujours plus uniforme, moins blanche quelquefois, & tirant un peu vers le jaune ou le rouge dans sa partie qui borde l'horison, ce qui pourroit aussi venir sans doute des vapeurs & du petit brouillard dont il est rare que l'horison soit parfaitement dégagé; & dans cet état je ne vois pas, ajoute le même auteur, qu'on puisse distinguer les petites étoiles à-travers, excepté vers les extrémités de la *lumiere*. M. Derham, de la société royale de Londres, a apperçu cette couleur rougeâtre dans la *lumiere zodiacale* en 1707. On peut avoir pris garde aussi depuis quelques années, que sa base est très-souvent confondue avec une espece de nuage fumeux qui nous en dérobe la clarté, qui déborde plus ou moins au-delà à droite & à gauche sur l'horison, & qui est tout-à-fait semblable par sa couleur & par sa consistance apparente , au segment obscur qu'on a coutume de voir au-dessous de l'arc lumineux de l'aurore boréale. Ce phénomene s'y mêle encore ordinairement dans cette occasion , & fait corps avec la *lumiere zodiacale* au-dessus du nuage fumeux, en s'étendant vers le nord-ouest, & quelquefois jusqu'au nord & au-delà.

Enfin, je ne dois pas passer sous silence, continue M. de Mairan, une singularité remarquable du tissu apparent de cette *lumiere*, c'est qu'en la regardant attentivement par de grandes lunettes, feu M. Cassini y a vû petiller comme de petites étincelles ; il a douté cependant si cette apparence n'étoit point causée par la forte application de l'œil ; ne pouvant déterminer ni le nombre ni la configuration de ces atomes lumineux, & ceux qui observoient avec lui n'y distinguant rien de plus fixe. M. de Mairan a vû deux fois ce petillement avec une lunette de 18 piés. Il croit l'avoir vû une fois sans lunettes. J'avoue, continue-t-il , que je me défie beaucoup, avec M. Cassini, du témoignage des yeux, quand il s'agit des objets de cette nature, & si peu marqués. Mais je trouve encore quelques autres observations dont on peut inférer qu'il y a eu des tems & certains cas où les étincelles apperçues dans la *lumiere zodiacale*, & ce petillement, ont été sensibles à la vue simple , si ce n'est dans cette *lumiere*, du-moins dans celle de la queue des cometes, qui lui ressemble déjà si fort par d'autres endroits.

A en juger par les observations , & à rassembler toutes les circonstances qui les accompagnent, M. de Mairan trouve que la *lumiere zodiacale*, lorsqu'elle s'est été apperçue , n'a jamais occupé guere moins de 50 ou 60 degrés de longueur depuis le soleil jusqu'à sa partie la plus foible, & de 8 à 9 degrés à sa partie la plus claire & la plus proche de l'horison : ce sont là les dimensions qu'elle eut souvent en l'année 1683, où M. Cassini commença de l'observer. Elle ne parut avoir que 45 degrés de longueur en 1688, le 6 Janvier, mais les brouillards qu'il y avoit près de l'horison, & la clarté de la planete de Vénus, où elle se terminoit, ne peuvent manquer de l'avoir beaucoup diminuée. M. de Mairan trouve de même

LUM

que sa plus grande étendue apparente, & c'est aux années 1686, 1687, a été de 90, 95, & jusqu'à 100 ou 103 degrés de longueur, & de plus de 20 de largeur.

Je n'ai jamais pu me convaincre, dit M. de Mairan, d'aucun mouvement propre dans la *lumiere zodiacale*, & je ne trouve pas que M. Cassini lui en ait attribué d'autre que celui qu'elle doit avoir ou paroît avoir en qualité de compagne ou d'atmosphere du soleil. « Elle paroît, dit-il, s'avancer peu-à peu » d'occident en orient, & parcourir les signes du zo- » diaque par un mouvement à-peu-près égal à celui » du soleil ». Ce fut d'abord une des principales raisons qu'il apporta pour prouver que le sujet de cette *lumiere* n'étoit pas dans la sphere élémentaire.

Voilà un précis de ce que M. de Mairan nous a donné sur la *lumiere zodiacale*, qu'il attribue à une atmosphere répandue autour du soleil. On peut voir dans l'ouvrage dont nous venons d'extraire ce qui précede, les raisons sur lesquelles M. de Mairan se fonde pour attribuer à cette atmosphere la *lumiere zodiacale*, raisons trop mêlées de géométrique, & qui demandent un trop grand détail pour pouvoir être insérées ici. *Voyez* aussi l'article AURORE BORÉALE.

LUMIERE, (*Artillerie.*) La *lumiere* d'un canon, d'un mortier, ou d'une autre arme à feu, est un trou proche la culasse qui communique avec l'ame de la piece par où on met l'amorce pour faire prendre feu à sa charge. *Voyez* CANON & MORTIER.

La *lumiere* des pieces de canon, mortiers & pierriers, doit, suivant l'ordonnance du 7 Octobre 1732, être percée dans le milieu d'une masse de cuivre rouge pure rozette, bien corroyée, & elle doit avoir la figure d'un cone tronqué renversé ; cette masse sert à conserver la *lumiere*, parce qu'elle résiste davantage à l'effort de la poudre que le métal ordinaire du canon.

Dans les pieces de 12 le canal de la *lumiere* aboutit à 8 lignes du fond de l'ame ; dans celles de 8, à 7 lignes ; & dans celles de 4, à 6 lignes. Ce canal va un peu en biaisant de la partie supérieure de la piece à l'intérieur de l'ame : en sorte qu'il fait à-peu-près un angle de 100 degrés avec la partie intérieure de la piece vers la volée.

Dans les pieces de 24 & de 16, où y a de petites chambres, elles ont deux pouces 6 lignes de longueur dans les premieres, & un pouce 6 lignes de diametre ; dans les secondes, elles ont un pouce 19 lignes de longueur, & un pouce de diametre ou de calibre. La *lumiere* aboutit à 9 lignes du fond de ces petites chambres dans les pieces de 24, & à 8 lignes dans les pieces de 16.

Ces petites chambres n'étant point sphériques, mais cylindriques, elles ne sont pas propres à retenir des parties de feu comme les sphériques dont on a parlé à l'*article* du CANON. Ainsi elles n'ont pas l'inconvénient de ces chambres qui conservoient du feu qui a causé différens accidens. *Voyez* CHAMBRE.

Il a été proposé autrefois différentes inventions pour diminuer l'action de la poudre sur le canal de la *lumiere* ; mais comme elles n'étoient pas sans inconvénient, on a conservé l'ancienne maniere, qui consiste à percer le canal de la *lumiere* comme on vient de l'expliquer.

On a montré dans nos *Planches de Fortification* la disposition du canal de la *lumiere c d* dans une piece de 24. La masse de cuivre rouge dans laquelle elle est percée, est marquée par une hachure particuliere qui sert à la faire distinguer du métal de la piece.

LUMIERE, terme à l'usage de ceux qui travaillent l'ardoise. *Voyez* l'article ARDOISE.

LUMIERE, *terme d'Arquebusier*, c'est le petit trou qui est fait dans le côté droit du canon à un pouce de la culasse qui communique dans le bassinet, & qui sert pour faire passer la flamme de l'amorce dans le canon de fusil, & pour enflammer la poudre qui est dedans.

LUMIERE, (*Peinture.*) Par ce terme l'on n'entend point en Peinture la *lumiere* en elle-même, mais l'imitation de ses effets représentés dans un tableau : on dit, voilà une *lumiere* bien entendue, une belle intelligence de *lumiere*, une belle distribution, une belle économie de *lumiere*, un coup hardi de *lumiere*, &c.

Il y a *lumiere* naturelle & *lumiere* artificielle. La *lumiere* naturelle est celle qui est produite par le soleil lorsqu'il n'est point caché par des nuages, ou celle du jour lorsqu'il en est caché ; & la lumiere artificielle est celle que produit tout corps enflammé, tel qu'un feu de bois, de paille, un flambeau, &c. On appelle *lumiere* directe, soit qu'elle soit naturelle ou artificielle, celle qui est portée sans interruption sur les objets & *lumiere* de reflet, celle qui renvoie en sens contraire les objets éclairés sur le côté ombré de ceux qui les entourent, *voyez* REFLET. Il ne faut qu'une *lumiere* principale dans un tableau ; & que celles qu'on pourroit y introduire par une porte, par une lucarne, ou à l'aide d'un flambeau, &c. qu'on appelle *accidentelle*, lui soient subordonnées en étendue & en vivacité. Il faut que les objets éclairés participent à la nature des corps lumineux qui les éclairent, c'est-à-dire qu'ils soient plus colorés si c'est un flambeau que si c'est le soleil ; & plus colorés si c'est le soleil que si c'est le jour qui les éclaire, &c. On doit observer que ces *lumieres* colorent plus ou moins les objets, suivant les différentes heures du jour.

LUMIGNON, s. m. (*Chandelier & Cirier.*) sorte de fil d'étoupe de chanvre écru, dont les marchands épiciers-ciriers font les meches des flambeaux de poing & des torches.

LUMINAIRES, s. m. pl. *luminaria*, (*Astronom.*) nom qu'on donne comme par excellence au soleil & à la lune, à cause de leur éclat extraordinaire & de la grande quatité de lumiere qu'ils nous envoient. Ce mot se trouve employé dans le premier chapitre de la Genése, où Moïse dit que Dieu fit deux grands luminaires, *duo luminaria magna*, le soleil pour présider au jour, & la lune pour présider à la nuit. Il faut cependant remarquer que le soleil brille de sa lumiere propre, au lieu que la lumiere de la lune est une lumiere empruntée du soleil ; & cette planete, qui est un corps obscur & opaque, ne nous éclaire si fort que parce qu'elle est fort près de nous. De plus, la lune ne nous éclaire pas toutes les nuits, comme l'expérience journaliere le prouve ; & quand on dit que la lune préside à la nuit, c'est en prenant une partie pour le tout. (*O*)

LUMINEUX, EUSE, adj. (*Phys.*) qui a la propriété de rendre de la lumiere. Le soleil, la flamme d'une bougie, &c. sont des corps lumineux. *Voyez* LUMIERE & COULEUR. (*O*)

LUMINEUSE, *pierre*, (*Hist. nat.*) On rapporte que Henri II. roi de France, étant à Boulogne-sur-mer, un homme inconnu lui apporta une pierre qu'il disoit venir des Indes orientales ; elle avoit la propriété de répandre des éclairs si brillans, que les yeux des spectateurs avoient peine à en soutenir l'éclat. *Voyez* l'*histoire* du président de Thou, *liv. VI*. On ne peut décider si cet effet étoit dû à une pierre ou à une composition ; quoi qu'il en soit, les éphémérides des curieux de la nature nous apprennent qu'un nommé Jean Daniel Krafft fit voir à l'électeur de Brandebourg une substance renfermée dans une bouteille de verre scellée hermétiquement, qu'il nommoit le *feu perpétuel* ; ayant ouvert la phiole, il mit cette matiere sur du papier bleu ; & lorsque l'on eut ôté toutes

LUN LUN

toutes les bougies, elle répandit des éclairs semblables à ceux qui se font voir en été dans les soirées qui suivent les journées fort chaudes. Cette matiere frottée avec le doigt, y laissoit une empreinte lumineuse. En ayant enfermé quelques petits grains dans un tube de verre bouché avec de la cire d'Espagne, on vit qu'à des intervalles très-courts il en partoit des éclairs. *Voyez éphémerides nat. curiosor. decad. I. ann. 8 & 9.*

LUMINIERS, f. m. pl. (*Jurisprud.*) est le nom que l'on donne en quelques endroits aux marguilliers, à cause que ce sont eux qui prennent soin de l'entretien du luminaire de l'église. Ils sont ainsi nommés dans la coutume d'Auvergne, *chap. ij. article 7. Voyez* MARGUILLIERS.

LUN, f. m. (*Botan. exot.*) arbrisseau du Chili qu'on trouve à 33^d de hauteur du pole austral. La tige de cet arbrisseau s'éleve à huit & dix piés, se divise & se subdivise en branches & en rameaux; elle est hérissée de piquans fort courts, mais peu épineux: les seules extrémités des tiges & des branches sont garnies de feuilles assez semblables à celles de l'olivier. Les fleurs naissent de l'aisselle des feuilles; elles sont portées sur un embryon de fruit qui se termine par un calice d'un beau rouge, taillé comme en entonnoir: la partie postérieure est un tuyau, lequel s'évase en un pavillon découpé en cinq lobes. Ce calice renferme une fleur de la même couleur & de la même figure. (*D. J.*)

LUNA, (*Géogr. anc.*) ancienne ville & port d'Italie: elle étoit dans l'Etrurie, au bord oriental de la Macra, près de son embouchure; mais il n'en reste plus que les ruines, & on nomme *Luna distrutta*. Cependant elle a l'honneur de donner encore son nom au canton de la Toscane appellé la *Lunégiane*. Le port de Luna, *Lunæ portus*, golfe de la Méditerranée, est, dit Strabon, un très-grand & très-beau port, lequel en renferme plusieurs qui sont tous assez profonds près du rivage. Aussi Silius Italicus parlant de *Luna*, dit, *liv. VIII. v. 482:*

Insignis portus, quo non spatiosior alter,
Innumeras cepisse rates, & claudere pontum.

(*D. J.*)

LUNAIRE, ou BULBONAC, *lunaria*, (*Botan.*) genre de plante à fleur en croix, composée de quatre petales: il sort du calice un pistil qui devient dans la suite un fruit très-applati, divisé en deux loges par une cloison qui soutient des panneaux membraneux & transversaux. Ce fruit renferme des semences qui ont ordinairement la forme d'un rein & qui sont bordées. Tournefort, *Inst. rei herb. Voyez* PLANTE.

M. de Tournefort distingue sept especes de ce genre de plante, qu'il a eu l'honneur d'établir & de caractériser le premier. La principale des especes est celle qu'il appelle *lunaria major, siliquâ rotundiore*, grande lunaire, à silique arrondie. Cette grande lunaire est nommée vulgairement le *bulbonach*, la *médaille*, la *satinée*, le *satin blanc* ou *passe-satin; voyez*-en la description *au mot* BULBONAC.

Elle tire son nom de *bulbonac* de sa racine bulbeuse; celui de *médaille* dérive de la rondeur de ses siliques & de leur bord argentin. Le nom de *lunaire* dépend de la même cause ou de la forme de ses graines; les noms de *satinée*, de *satin blanc* ou de *passe-satin* viennent de ce que les cosses de cette plante, dans leur maturité, sont transparentes & ressemblent à du satin blanc. Cette transparence est produite par la cloison mitoyenne des siliques, laquelle cloison est d'un blanc argenté, très-luisant. Les Anglois connoissent aussi cette espece de *lunaire* sous le nom de *white-satin*, & ce sont eux qui m'ont appris l'origine du nom françois.

Tome IX.

Mais une chose plus importante, c'est d'avertir le lecteur, que plusieurs de nos botanistes modernes ont nommé *lunaires* des plantes d'un genre tout différent de celui de Tournefort; ainsi la *lunaire bisuttata* de quelques-uns est le *thlaspidium* de Montpellier; la *lunaire peltata* des autres est une des especes de Jonthlaspi; la *lunaire radiata* de Lobel est une sorte de luzerne, &c. (*D. J.*)

LUNAIRE, (*pierre*) (*Hist. nat.*) *lapis lunaris*, en allemand *monden-stein*. C'est une pierre qui se trouve, dit-on, dans quelques mines de Suede; elle est ronde & plate, & lisse d'un côté: on prétendoit y voir des demi-cercles qui représentoient comme une demi-lune d'une couleur jaune, & l'on étoit dans le préjugé de croire que cette tache sembla-ble à la lune, croissoit & décroissoit avec cet astre. Mais Kunckel assure n'avoir jamais remarqué ce phénomene, & dit que la tache restoit toujours dans le même état, quoique cependant l'humidité de l'air contribuât quelquefois à rendre cette tache plus apparente, effet que l'on pouvoit produire, même en poussant l'haleine sur cette pierre.

On a encore donné le nom de *pierre lunaire* au talc, à la sélenite, à la *pierre spéculaire*, &c. *Voyez éphémerides natur. curiosf. decad. III. ann. v. & vj.*

LUNAIRE, adj. (*Astron.*) se dit de ce qui appartient à la lune. *Voyez* LUNE.

Les mois périodiques *lunaires* sont de 27 jours 7 heures & quelques minutes.

Les mois synodiques *lunaires* sont de 29 jours 12 heures $\frac{3}{4}$. *Voyez* LUNAISON & SYNODIQUE.

L'année *lunaire* est de 354 jours. *Voyez* ANNÉE.

Dans les premiers âges, toutes les nations se servoient de l'année *lunaire*. Ces variétés du cours de la lune étant plus fréquentes & par conséquent mieux connues aux hommes que celles de toutes les autres planetes, les Romains réglerent leurs années par la lune jusques au tems de Jules Cesar. *Voyez* AN & CALENDRIER.

Les Juifs avoient aussi leur mois *lunaire*. Quelques rabins prétendent que le mois *lunaire* ne commençoit pas au premier moment où la lune paroissoit, mais qu'il y avoit une loi qui obligeoit la premiere personne qui la verroit paroitre, d'en aller avertir le sanhedrin; sur quoi le président du sanhedrin prononçoit solennellement que le mois étoit commencé, & on en donnoit avis au peuple par des feux qu'on allumoit au haut des montagnes; mais ce fait ne paroît pas trop certain. *Chambers*.

Cadran lunaire. *Voyez* CADRAN.

Eclipse lunaire. *Voyez* ECLIPSE.

Arc-en-ciel lunaire. *Voyez* ARC-EN-CIEL.

LUNAISON, f. f. (*Astron.*) période ou espace de tems compris entre deux nouvelles lunes consécutives. *Voyez* LUNE.

La *lunaison* est aussi nommée *mois synodique*, & elle est composée de 29 jours 12 heures $\frac{3}{4}$. *Voyez* MOIS, &c.

La *lunaison* est fort différente de l'espace de tems que la lune met à faire sa révolution autour de la terre; car cet espace de tems qu'on appelle *mois périodique lunaire*, est de 27 jours 7 heures 43 sec. plus court d'environ 2 jours que la *lunaison*. *Voyez* la raison de cette différence à *l'article* LUNE.

Après 19 ans, les mêmes *lunaisons* reviennent au même jour, mais non pas au même instant du jour; y ayant au contraire une différence de quelque une heure 25 minutes 33 secondes; en quoi les anciens étoient tombés dans l'erreur, croyant le nombre d'or plus sûr & plus infaillible qu'il n'est. *Voyez* NOMBRE D'OR, MÉTHONIQUE, EPACTE, & CALENDRIER. *Voyez aussi* SAROS.

On a trouvé depuis qu'en 312 ans les *lunaisons* avancent d'un jour sur le commencement du mois;

Z z z ij

de façon que lorsque l'on réforma le calendrier, les *lunaisons* arrivoient dans le ciel quatre à cinq jours plutôt que le nombre d'or ne le marquoit. Pour remédier à cela, nous faisons maintenant usage du cycle perpétuel des épactes.

Nous prenons 19 épactes pour répondre à un cycle de 29 ans ; & quand au bout de 300 ans la lune a avancé d'un jour, nous prenons dix-neuf autres épactes : ce qui se fait aussi lorsque l'on est obligé de rajuster, pour ainsi dire, le calendrier au soleil par l'omission d'un jour intercalaire, comme il arrive trois fois dans 400 ans.

Il faut avoir soin que l'index des épactes ne soit jamais changé, si ce n'est au bout du siecle, lorsqu'il doit l'être en effet par rapport à la métemptose ou proemptose. *Voyez* MÉTEMPTOSE & PROEMPTOSE.

LUNAIRE, (*Comm.*) On appelle dans le Levant *intérêts lunaires*, les intérêts usuraires que les nations chrétiennes payent aux Juifs chaque lune ; les Turcs comptent par lunes & non par mois pour l'argent qu'ils empruntent d'eux. *Voyez* INTÉRÊT. *Diction. de comm.*

LUNATIQUE, (*Marechall.*) On appelle ainsi un cheval qui est atteint ou frappé de la lune, c'est-à-dire, qui a une débilité de vûe plus ou moins grande, selon le cours de la lune ; qui a les yeux troublés & chargés sur le déclin de la lune, & qui s'éclaircissent peu-à-peu, mais toujours en danger de perdre entierement la vûe.

LUNDE, s. f. (*Hist. natur.*) c'est un oiseau que Clusius appelle *anas arctica*, & Linnœus *alca rostri sulcis quatuor, oculorum regione, temporibusque albis*. Cet oiseau, qui est un peu plus gros qu'un pigeon, a un bec fort & crochu ; il est toujours en guerre avec le corbeau qui en veut à ses petits. Dès que le corbeau s'approche, la *lunde* s'élance sur lui, le saisit à la gorge avec son bec, & lui serre la poitrine avec ses ongles, & pour ainsi dire, se cramponne à lui ; quand le corbeau s'envole, la *lunde* se tient toujours attachée à lui, jusqu'à ce qu'il soit arrivé au-dessus de la mer, alors elle l'entraîne dans l'eau où elle l'étrangle. La *lunde* fait son nid dans des antres pierreux ; quand son petit est éclos & en état de prendre l'essor, elle nettoie son nid, ôte toutes les branches qu'elle y avoit apportées, & y remet du gason frais. On prend les petits de ces oiseaux dans leurs nids en faisant entrer des chiens dans les creux où il y en a. Il s'en trouve beaucoup dans les îles de Feroé. *Voyez* Acta hafniensia, ann. 1671.

LUNDEN, (*Géog.*) *Lundinum Scanorum*, ville de Suede capitale de la province de Schone avec un évêque de la confession d'Augsbourg, & une université fondée en 1668 par Charles XI. Cette ville avoit été érigée en archevêché en 1103, & en primatie de Suede & de Norvège en 1151. Les Danois furent obligés de la céder à la Suède en 1658. Ce fut près de cette ville que Charles XI. défit Christian V. roi de Danemarck en 1676. Elle est à 7 lieues E. de Copenhague, 90 S. O. de Stokolm. *Long.* selon Picard & les *Acta litterar. suec.* 30. 53. 45. *lat.* selon les mêmes 55. 42. 10.

Lunden est encore une petite ville ou plutôt un bourg au cercle de basse Saxe dans le Ditzmarsz, vers les confins de Slefwig, proche l'Eyder ; ce bourg appartient au duc de Holstein. (*D. J.*)

LUNDI, s. m. (*Chronolog.*) est le second jour de la semaine : on l'appelle ainsi, parce que chez les payens il étoit consacré à la lune. Ce jour est appellé dans l'office de l'église *feria secunda*, seconde férie, le dimanche étant regardé comme la premiere férie.

LUNE, s. f. (*Astr.*) est l'un des corps celestes que l'on met ordinairement au nombre des planetes, mais qu'on doit regarder plûtôt comme un satellite, ou comme une planete secondaire. *Voyez* PLANETE & SATELLITE.

La *lune* est un satellite de notre terre, vers laquelle elle se dirige toûjours dans son mouvement comme vers un centre, & dans le voisinage de laquelle elle se trouve constamment, de façon que si on la voyoit du soleil, elle ne paroîtroit jamais s'éloigner de nous d'un angle plus grand que dix minutes.

La principale différence que l'on apperçoit entre les mouvemens des autres planetes & celui de la *lune* se peut aisément concevoir : car puisque toutes ces planetes tournent autour du soleil qui est à peu près au centre de leur mouvement, & puisqu'il les attire, pour ainsi dire, à chaque instant, il arrive de-là qu'elles sont toûjours à peu près à la même distance du soleil, au-lieu qu'elles s'approchent quelquefois considérablement de la terre, & d'autres fois s'en éloignent considérablement. Mais il n'en est pas tout-à-fait de même de la *lune*, on doit la regarder comme un corps terrestre. Ainsi selon les lois de la gravitation elle ne peut guere s'éloigner de nous, mais elle est retenue à peu près dans tous les tems à la même distance.

Il est si visible que la *lune* tourne autour de la terre, que nous ne voyons point qu'aucun philosophe de l'antiquité, ni même de ces derniers tems, ait pensé à faire un système différent. Il étoit réservé au P. D. Jacques Alexandre, bénédictin, de soutenir le premier que ce n'est point la *lune* qui tourne autour de la terre, mais la terre autour de la *lune*. Il a avancé cette opinion dans une dissertation sur le flux & reflux de la mer, qui remporta le prix de l'académie de Bordeaux en 1727 ; & toute son explication du flux & reflux porte sur l'hypothese du mouvement de la terre autour de la *lune*. L'académie de Bordeaux, dans le programme qu'elle a fait imprimer à la tête de cet ouvrage, a eu grand soin d'avertir qu'en couronnant l'auteur, n'avoit pas prétendu adopter son système, & que si elle n'adjugeoit le prix qu'à des systèmes démontrés, elle auroit souvent le déplaisir de ne pouvoir le distribuer ; M. de Mairan, membre de cette académie & de plusieurs autres, a cru qu'il étoit nécessaire de réfuter l'opinion de D. Jacques Alexandre, & il l'a fait par une dissertation imprimée dans les mémoires de l'académie des Sciences de Paris 1727. Il y démontre par des observations astronomiques que la *lune* tourne autour de la terre, & non la terre autour de la *lune*. Ceux qui voudront voir ces preuves en détail, peuvent consulter la dissertation dont nous parlons, ou l'extrait qu'en a donné M. de Fontenelle.

De même que toutes les planetes premieres se meuvent autour du soleil, de même la lune se meut autour de la terre ; son orbite est à peu près une ellipse dans laquelle elle est retenue par la force de la gravité ; elle fait sa révolution autour de nous en 27 jours, 7 heures 43 minutes, ce qui est aussi le tems précis de sa rotation autour de son axe. *Voyez* LIBRATION.

La moyenne distance de la *lune* à la terre est d'environ 60 ¼ diametres de la terre, ce qui fait environ 80000 lieues.

L'excentricité moyenne de son orbite est environ $\frac{1}{22}$ de sa moyenne distance, ce qui produit une variation dans la distance de cette planete à la terre, car elle s'en approche & s'en éloigne alternativement de plus d'un dixieme de sa moyenne distance.

Le diametre de la *lune* est à celui de la terre à peu près comme 11 est à 40, c'est-à-dire, qu'il est d'environ 725 lieues, son diametre apparent moyen est de 31'. 16" ¼. & celui du soleil de 32'. 12". *Voyez* DIAMETRE.

La surface de la *lune* contient environ 1555555 lieues quarrées, &c. La densité de la *lune* est à celle de la terre, suivant M. Newton, :: 48911. 39214, & à celle du soleil :: 48211 à 10000 : sa quantité de matiere est à celle de la terre à peu près :: 1. 39, & la force de gravité sur sa surface, est à la force de gravité sur la surface de la terre :: 139 : 407. *Voyez* DENSITÉ, GRAVITÉ.

Les Astronomes sont assez d'accord entre eux sur la plûpart de ces rapports, qui sont assez exactement déterminés par les observations. Celui qui jusqu'à présent est le plus incertain, est le rapport de la densité de la *lune* à celle de la terre ou du soleil ; le rapport que nous venons d'en donner, est celui qu'a assigné M. Newton. Mais les observations & les calculs desquels il la déduit ne paroissent pas satisfaisans à M. Bernoulli dans sa piece sur le flux & reflux de la mer. Il est certain que la détermination de la densité de la *lune* est un des problèmes les plus difficiles de l'Astronomie ; nous en parlerons à la fin de cet article, lorsque nous ferons mention des travaux des géometres modernes sur la *lune*.

Phénomenes de la lune. On distingue un grand nombre de différentes apparences ou phases de la *lune :* tantôt elle croît, tantôt elle décroît ; quelquefois elle est cornue, d'autres fois demi - circulaire, d'autres fois bossue, pleine, & circulaire, ou plûtôt sphérique. *Voyez* PHASE.

Quelquefois elle nous éclaire la nuit entiere, quelquefois une partie de la nuit seulement ; quelquefois elle est visible dans l'hémisphere méridional, & quelquefois dans le boréal ; or comme toutes ses variations ont été d'abord découvertes par Endimion ancien grec, qui a été le premier attentif à observer les mouvemens de la *lune*, la fable a supposé que pour cette raison qu'il en étoit amoureux.

La cause de la plûpart de ces apparences, c'est que la *lune* est un corps obscur, opaque & sphérique, & qu'elle ne brille que de la lumiere qu'elle reçoit du soleil ; ce qui fait qu'il n'y a que celle des deux moitiés qui est tournée vers cet astre, qui soit éclairée, la moitié opposée conservant toujours son obscurité naturelle.

La face de la *lune* qui est visible pour nous, c'est cette partie de son corps qui est tout-à-la-fois tournée vers la terre & éclairée du soleil, d'où il arrive que suivant les différentes positions de la *lune* par rapport au soleil & à la terre, on en voit une plus ou moins grande partie éclairée, parce que c'est tantôt une plus grande portion , & tantôt une plus petite de son hémisphere lumineux qui nous est visible.

Phases de la lune. Pour concevoir les phases de la *lune*, supposons que *S* (*Pl. d'Astr. fig. 11.*) représente le soleil, *T* la terre, *R T S* une portion de l'orbite de la terre, & *A B C D E F* l'orbite de la *lune*, où elle fait sa révolution autour de la terre dans l'espace d'un mois, & d'occident en orient ; joignez les centres du soleil & de la *lune* par la droite *S L*, & imaginez un plan *M L N*, qui passe par le centre de la *lune* & qui soit perpendiculaire à la droite *S L*, la section de ce plan avec la surface de la *lune* marquera la ligne qui termine la lumiere & l'ombre, & qui sépare la face lumineuse de l'obscure.

Joignez les centres de la terre & de la *lune* par la ligne *T L*, à laquelle vous menerez par le centre de la *lune* un plan perpendiculaire *P L O*, ce plan donnera sur la surface de la *lune* le cercle qui sépare l'hémisphere visible , ou celui qui est tourné vers nous, de l'hémisphere invisible , cercle que l'on nomme par cette raison, *cercle de vision*.

Il s'en suit de-là que la *lune* étant en *A*, le cercle qui termine la lumiere & l'ombre, & le cercle de vision coincideront ; de façon que toute la surface lumineuse de la *lune* sera tournée alors vers la terre ; la lune en ce cas sera pleine par rapport à nous, &

luira toute la nuit ; mais par rapport au soleil elle sera en opposition, parce que le soleil & la *lune* seront vûs de la terre dans des points des cieux directement opposés, l'un de ces astres se levant quand l'autre se couchera. *Voyez* OPPOSITION.

Quand la *lune* arrive en *B*, le disque éclairé *MPN* ne sera pas tourné en entier vers la terre, de façon que la partie qui sera alors tout-à-la-fois éclairée & visible, ne sera pas tout-à-fait un cercle, & la *lune* paroîtra bossue comme en *B*. *Voyez* BOSSUE.

Quand elle sera arrivée vers *C*, où l'angle *C T S* est droit, il n'y aura plus qu'environ la moitié du disque éclairé qui sera tournée vers la terre, & nous verrons une *demi-lune*, elle sera dite alors *dichotomisée*, ce qui veut dire coupée en deux. *Voyez* DICHOTOMIE.

Dans cette situation le soleil & la *lune* ne sont éloignés l'un de l'autre que d'un quart de cercle, & on dit que la *lune* est dans son *aspect quadral*, ou dans sa quadrature. *Voyez* QUADRATURE.

La *lune* arrivant en *D*, il n'y aura plus qu'une petite partie du disque éclairé *M P N* qui soit tournée vers la terre, ce qui fera que la petite partie qui nous luira paroîtra cornue, ou comme une faulx, c'est-à-dire terminée par de petits angles ou cornes comme en *O*. *Voyez* CORNES & FAULX.

Enfin la *lune* arrivant en *E*, elle ne montre plus à la terre aucune partie de sa face éclairée comme en *O*, & c'est cette position qu'on appelle *nouvelle lune* ; la *lune* est dite alors en conjonction avec le soleil, parce que ces deux astres répondent à un même point de l'écliptique. *Voyez* CONJONCTION.

A mesure que la *lune* avance vers *F* elle reprend ses cornes, mais avec cette différence qu'avant la nouvelle *lune* les cornes étoient tournées vers l'occident, au-lieu qu'à présent elles changent de position & elles regardent l'orient : lorsqu'elle est arrivée en *G*, elle se trouve de nouveau dichotomisée ; en *H* elle est encore bossue, & en *A* elle redevient pleine. *Voyez la figure 12.*

L'angle *S T L* compris entre les lignes tirées des centres du soleil & de la *lune*, à celui de la terre, est nommée l'*élongation de la lune au soleil*, & l'arc *P N*, qui représente la portion du cercle éclairée *M O N*, laquelle est tournée vers nous, est par-tout presque semblable à l'arc d'élongation *E L* ; ou ce qui est la même chose, l'angle *S T L* est presque égal à l'angle *M L O*, selon que les Geometres le démontrent.

Moyen de décrire les phases de la lune pour un tems donné. Que le cercle *C O B P* (*fig.* 13. & 14.) représente le disque de la *lune* qui est tourné vers la terre, & soit *O P* la ligne dans laquelle le demi-cercle *O C P* est projetté, laquelle nous supposerons coupée à angles droits par le diametre *B C* ; prenez *L P* pour rayon, & dans cette supposition *L F* pour cosinus de l'élongation de la *lune* sur *B C* prise pour grand axe, & *L F* prise pour petit axe ; décrivez une ellipse *B F C*, cette ellipse retranchera du disque de la *lune* la portion *B F C P* de la face éclairée laquelle est visible.

Ceux qui voudront avoir la démonstration de cette pratique, la trouveront dans l'*Introductio ad veram Astronomiam* de Keill, qui a été traduite en françois par M. Lemonnier, avec beaucoup d'additions : c'est dans le *chapitre ix*. de cet ouvrage que cet auteur a donné la démonstration dont nous parlons.

Comme la *lune* éclaire la terre d'une lumiere qu'elle reçoit du soleil, de même elle est éclairée par la terre qui lui renvoye aussi de son côté par reflexion des rayons du soleil, & cela en plus grande abondance qu'elle n'en reçoit elle-même de la *lune* ; car la surface de la terre est environ quinze fois plus grande que celle de la *lune*, & par conféquent en fuppofant à chacune de ces furfaces une texture femblable, eu égard à l'aptitude de réflechir les rayons de lumiere, la terre enverra à la *lune* dans cette fuppofition quinze fois plus de lumiere qu'elle n'en reçoit d'elle. Or dans les nouvelles *lunes*, le côté éclairé de la terre eft tourné en plein vers la *lune*, & il éclaire par conféquent alors la partie obfcure de la *lune*: les habitans de la *lune*, s'il y en a, doivent donc avoir alors pleine terre, comme dans une pofition femblable nous avons pleine *lune*; de-là cette lumiere foible qu'on obferve dans les nouvelles *lunes*, qui outre les cornes brillantes, nous fait appercevoir encore le refte de fon difque, & nous le fait même appercevoir affez bien pour y diftinguer des taches. Il eft vrai que cette lumiere eft bien moins vive que celle du croiffant, mais elle n'en eft pas moins réelle; la preuve qu'on en peut donner, c'eft qu'elle va en s'affoibliffant à mefure que la terre s'écarte du lieu qu'elle occupoit relativement au foleil & à la *lune*, c'eft-à-dire à mefure que la *lune* s'approche de fes quadratures & de fon oppofition au foleil.

Quand la *lune* parvient en oppofition avec le foleil, la terre vûe de la *lune* doit paroître alors en conjonction avec lui, & fon côté obfcur doit être tourné vers la *lune*; dans cette pofition la terre doit ceffer d'être vifible aux habitans de la *lune*, comme la *lune* ceffe de l'être pour nous lorfqu'elle eft nouvelle dans fa conjonction avec le foleil; peu après les habitans de la *lune* doivent voir la terre cornue, en un mot la terre doit préfenter à la *lune* les mêmes phafes que la *lune* préfente à la terre.

Le docteur Hook cherchant la raifon pourquoi la lumiere de la *lune* ne produit point de chaleur fenfible, obferve que la quantité de lumiere qui tombe fur l'hémifphere de la pleine *lune* eft difperfée avant que d'arriver jufqu'à nous, dans une fphere 188 fois plus grande en diametre que la *lune*, que par conféquent la lumiere de la *lune* eft 104368 plus foible que celle du foleil, & qu'ainfi il faudroit qu'il y eût tout-à-la-fois dans les cieux 104368 pleines *lunes*, pour donner une lumiere & une chaleur égale à celle du foleil à midi. *Voyez* SOLEIL, CHALEUR, &c.

On a même obfervé que la lumiere de la *lune* ramaffée au foyer d'un miroir ardent ne produifoit aucune chaleur. Sans avoir recours au calcul du doctur Hook, on peut en apporter une raifon fort fimple, favoir que la furface de la *lune* abforbe la plus grande partie des rayons du foleil, & ne nous en envoie que la plus petite partie.

Cours & mouvemens de la lune. Quoique la *lune* finiffe fon cours en 27 jours 7 heures, intervalle que nous appellons mois périodiques, elle emploie cependant plus de tems à paffer d'une conjonction à la fuivante, & ce dernier intervalle de tems s'appelle *mois fynodique* ou *lunaifon. Voyez* MOIS & LUNAISON.

La raifon en eft que pendant que la *lune* fait fa révolution autour de la terre dans fon orbe, la terre avec tout fon fyftème fait de fon côté une partie de fa révolution autour du foleil, de façon qu'elle & fon fatellite, la *lune*, avancent l'un & l'autre de prefque un figne entier vers l'orient; le point de l'orbite, qui dans fa premiere pofition répondoit à la droite qui paffe par les centres de la terre & du foleil, fe trouve donc alors à l'occident du foleil, & par conféquent lorfque la *lune* revient à ce même point elle ne doit plus fe retrouver comme auparavant en conjonction avec le foleil, ce qui fait que la lunaifon ne peut s'achever en moins de 29 jours & demi. *Voyez* PÉRIODIQUE, SYNODIQUE, &c.

C'eft pourquoi le mouvement dont la *lune* s'éloigne chaque jour du foleil n'eft que de 12^d. & quelques minutes: on a nommé ce mouvement, *le mouvement diurne de la lune au foleil.*

Si le plan de l'orbite de la *lune* étoit coincident avec celui de l'écliptique, c'eft-à-dire fi la terre & la *lune* fe mouvoient dans un même plan, le chemin de la *lune* dans les cieux, vû de la terre, paroîtroit précifément le même que celui du foleil, avec cette feule différence que le foleil fe trouveroit décrire fon cercle dans l'efpace d'une année, & que la *lune* décriroit le fien dans un mois: mais il n'en eft pas ainfi, car ces deux plans fe coupent l'un l'autre dans une droite qui paffe par le centre de la terre, & font inclinés l'un à l'autre d'un angle d'environ 5^d. *Voyez* INCLINAISON.

Suppofons, par exemple, que *A B* (*fig. 15.*) foit une portion de l'orbite de la terre, *T* la terre, & *C E D F* l'orbite de la *lune* dans lequel fe trouve le centre de la terre; décrivez de ce même centre *T*, dans le plan de l'écliptique, un autre cercle *C G D H* dont le demi-diametre foit égal à celui du demi-diametre de l'orbite de la *lune*, ces deux cercles qui font dans un différent plan & qui ont le même centre *T*, fe couperont l'un l'autre dans une droite *D C* qui paffera par le centre de la terre, & par conféquent l'une des moitiés *C E D* de l'orbite de la *lune* fera élevée au-deffus du plan du cercle *C G H* vers le nord, & l'autre moitié *D F C* fera au-deffous vers le fud. La droite *D C* dans laquelle les deux cercles fe coupent, s'appelle la *ligne des nœuds*, & les points des angles *C* & *D* les *nœuds*, celui de ces nœuds dans lequel la *lune* s'éleve au-deffus du plan de l'écliptique vers le nord, s'appelle *nœud afcendant* ou *tête du dragon*, & l'autre *nœud defcendant* & *queue du dragon. Voyez* NŒUD; & l'intervalle de tems que la *lune* emploie en partant du nœud afcendant pour revenir au même nœud, s'appelle *mois dracontique. Voyez* DRAGON & DRACONTIQUE.

Si la ligne des nœuds étoit immobile, c'eft-à-dire fi elle n'avoit d'autre mouvement que celui par lequel elle tourne autour du foleil, elle regarderoit toujours en ce cas le même point de l'écliptique, c'eft-à-dire qu'elle refteroit toujours parallele à elle-même. Mais ces obfervations prouvent au contraire que la ligne des nœuds change continuellement de place, que fa fituation décline toujours de l'orient à l'occident contre l'ordre des fignes, & qu'elle finit la révolution de ce mouvement rétrograde dans une efpace d'environ 19 ans, après quoi chacun des nœuds revient au même point de l'écliptique dont il s'étoit d'abord éloigné. *Voyez* CYCLE.

Il s'enfuit de-là que la *lune* n'eft jamais précifément dans l'écliptique que deux fois dans chaque période, favoir lorfqu'elle fe trouve dans fes nœuds. Dans tout le refte de fon cours elle s'éloigne plus ou moins de l'écliptique, fuivant qu'elle eft plus ou moins proche de ces nœuds. Les points *F* & *E* où elle eft le plus éloignée de ces nœuds, font nommés *fes limites. Voyez* LIMITE.

La diftance de la *lune* à l'écliptique eft nommée *fa latitude*, & fe mefure par un arc de cercle qui va de la *lune* perpendiculairement à l'écliptique, & qui eft comprife entre la *lune* & l'écliptique, ayant la terre pour centre; la latitude de la *lune*, même lorfqu'elle eft la plus grande, comme en *E* & en *F*, ne paffe jamais 5^d & environ 18'. & cette latitude eft la mefure des angles des nœuds. *Voyez* LATITUDE.

Il paroit par ces obfervations, que la diftance de la *lune* à la terre change continuellement, de forte que la *lune* eft tantôt plus proche & tantôt plus loin de nous. En effet, elle paroît tantôt fous un angle plus grand, tantôt fous un angle plus petit: l'angle fous lequel le diametre horifontal de la *lune* a été obfervé lorfqu'elle étoit pleine & périgée, excede un peu

33' ½ ; mais étant pleine & apogée, on ne l'apperçoit guere que sous un angle de 29ᵈ. 30'. la raison en est que la *lune* ne se meut point dans un orbite circulaire qui ait la terre pour centre, mais dans un orbite à peu près elliptique (telle que celle qui est représentée dans la *fig. 17.*) dont l'un des foyers est le centre de la terre; *A P* y marque le grand axe de l'ellipse, ou la ligne des apsides; *T Cl*'excentricité: le point *A* qui est la plus haute apside s'appelle l'*apogée de la lune*, *P* ou l'apside inférieure est le *périgée de la lune*, ou le point de son orbite dans lequel elle est le plus proche de la terre. *Voyez* APOGÉE & PÉRIGÉE.

L'espace de tems que la *lune* employe en partant de l'apogée pour revenir au même point, s'appelle *mois anomalistique*.

Si la ligne des apsides de la *lune* n'avoit d'autre mouvement que celui par lequel elle est emportée autour du soleil, elle conserveroit toujours une position semblable, c'est-à-dire qu'elle resteroit parallele à elle-même, qu'elle regarderoit toujours le même point des cieux, & qu'on l'observeroit toujours dans le même point de l'écliptique; mais on a observé que la ligne des apsides est aussi mobile, ou qu'elle a un mouvement angulaire autour de la terre d'occident en orient selon l'ordre des signes, mouvement dont la révolution se fait dans l'espace d'environ neuf années. *Voyez* APSIDE.

Les irrégularités du mouvement de la *lune* & de celui de son orbite sont très-considérables : car 1°. quand la terre est dans son aphélie, la *lune* finit sa révolution dans un tems plus court ; au contraire, quand la terre est dans son périhélie, la *lune* ralentit alors son mouvement ; ainsi des révolutions autour de la terre se font en moins de tems, toutes choses d'ailleurs égales, lorsque la terre est dans son aphélie que lorsqu'elle est dans son périhélie, de sorte que les mois périodiques ne sont point égaux les uns aux autres. *Voyez* PÉRIODIQUE.

2°. Quand la *lune* est dans ses syzygies, c'est-à-dire dans la droite qui joint les centres de la terre & du soleil, ou, ce qui est la même chose, dans la conjonction ou son opposition, elle se meut (toutes choses égales d'ailleurs) plus vite que dans les quadratures. *Voyez* SYZYGIE.

3°. Le mouvement de la *lune* varie suivant les différentes distances de cet astre aux syzygies, c'est-à-dire à l'opposition ou à la conjonction dans le premier quartier, c'est-à-dire depuis la conjonction jusqu'à la premiere quadrature, elle perd un peu de sa vitesse pour la recouvrer dans le second quartier, & elle en perd encore un peu dans le troisieme pour la recouvrer dans le quatrieme. Tycobrahé a découvert le premier cette inégalité, & l'a nommée *variation de la lune*. *Voyez* VARIATION.

4°. La *lune* se meut dans une ellipse, dont l'un des foyers est placé dans le centre de la terre, & son rayon vecteur décrit autour de ce point des aires proportionnelles au tems, comme il arrive aux planetes à l'égard du soleil ; son mouvement doit donc être plus rapide dans le périgée, & plus lent dans l'apogée.

5°. L'orbite même de la *lune* est variable, & ne conserve pas toujours la même figure, son excentricité augmentant quelquefois, & diminuant d'autres fois. Elle est la plus grande, lorsque la ligne des apsides coïncide avec celle des syzygies ; & la plus petite, lorsque la ligne des apsides coupe l'autre à angles droits.

Cela est aisé à reconnoitre par les diametres apparens que l'on observe. M. Picard est le premier qui ait découvert que la *lune* périgée au premier & au second quartier, paroissoit sous un angle d'environ une minute plus petit que lorsqu'elle étoit pleine & périgée ; ce qui a fait connoître la loi sui-

vant laquelle l'excentricité de l'orbite varioit à chaque lunaison. Il est encore à remarquer que la différence entre la plus grande & la plus petite excentricité, est si grande, que dans le premier de ces deux cas elle excede la moitié cette derniere. Par les observations des éclipses de *lune* on avoit conclu autrefois la plus petite excentricité de l'orbite de cette planete ; ce qui donnoit pour sa plus grande équation du centre, 5° ou 4° 59' 30" ; mais de l'observation de M. Picard il a fallu conclure que l'équation du centre pouvoir être vers le premier ou second quartier de 7ᵈ 30' 0", & qu'ainsi les deux plus grandes équations qui peuvent arriver, l'une dans la pleine *lune*, l'autre dans les quadratures, different d'environ 2° 30'.

6°. L'apogée de la *lune* n'est pas exempt d'irrégularité ; car on trouve qu'il se meut en avant, lorsqu'il coincide avec la ligne des syzygies, & en arriere, lorsqu'il coupe cette ligne à angles droits. Ces deux mouvemens en avant & en arriere ne sont pas non plus égaux. Dans la conjonction ou l'opposition, le mouvement en avant est assez rapide ; dans les quadratures, ou bien l'apogée se meut lentement en avant, ou bien il s'arrête, ou bien il se meut en arriere.

7°. Le mouvement des nœuds n'est pas uniforme ; mais quand la ligne des nœuds coincide avec celle des syzygies, les nœuds s'arrêtent. Lorsque les nœuds sont dans les quadratures, c'est-à-dire que leurs lignes coupent celles des syzygies à angles droits, ils vont en avant d'orient en occident, & M. Newtun fait voir que c'est avec une vitesse de 16" 19" 24" par heure.

Le seul mouvement uniforme qu'ait la *lune*, est celui par lequel elle tourne autour de son axe précisément dans le même espace de tems qu'elle employe à faire sa révolution autour de nous dans son orbite, d'où il arrive qu'elle nous présente toujours à-peu-près la même face : nous disons *à-peu-près*, & non pas *exactement* ; car comme le mouvement de la *lune* autour de son axe est uniforme, & que cependant son mouvement ou sa vitesse dans son orbite est inégale, il arrive de-là que quelque partie du limbe de la *lune* s'éloigne quelquefois du centre de son disque, & que d'autres fois elle s'en approche, & que quelques parties qui étoient auparavant invisibles, deviennent par-là visibles. *Voyez* VIBRATION.

Si la *lune* décrivoit un cercle autour de la terre, & qu'elle décrivît ce cercle d'un mouvement uniforme dans le même tems qu'elle tourne autour de son axe, assurément ce seroit toujours le plan du même méridien lunaire qui passeroit par notre œil ou par le centre de la terre, & l'on apperceveroit exactement chaque jour le même hémisphere. Il suit de ces observations que si la *lune* est habitée, quelques-uns de ses habitans doivent tantôt voir la terre & tantôt ne la plus voir, que près de la moitié doivent ne la voir jamais, & près de la moitié la voir toujours. Cette espece d'ondulation ou de vacillation de la *lune* se fait d'abord d'occident en orient, ensuite d'orient en occident ; de sorte que diverses régions qui paroissoient situées vers le bord occidental ou oriental de la *lune*, se cachent ou se montrent alternativement. On a donné à ce mouvement le nom de *libration*.

Cette uniformité de rotation produit encore une autre irrégularité apparente ; car l'axe de la *lune* n'étant point perpendiculaire au plan de son orbite, mais étant un peu incliné à ce plan, & cet axe conservant continuellement son parallélisme dans son mouvement autour de la terre, il faut nécessairement qu'il change de situation, par rapport à un observateur placé dans la terre ; & à la vue duquel il

[...] un des poles, & tantôt l'autre. De sorte que l'observateur, placé sur la surface de la terre, ne verra pas toujours exactement un hémisphere terminé par un plan qui passe par l'axe de la *lune*, mais l'axe se trouvera presque toujours tantôt d'un côté de ce plan, tantôt de l'autre; ce qui fait qu'il paroît avoir une espece d'ondulation ou vacillation.

Causes physiques du mouvement de la lune. Nous avons déja observé que la *lune* se meut autour de la terre suivant les mêmes lois & de la même maniere que les autres planetes se meuvent autour du soleil; & il s'ensuit de-là que l'explication du mouvement lunaire en général retombe dans celle du mouvement des autres planetes autour du soleil. *Voyez* PLANETE *&* TERRE.

Quant aux irrégularités particulieres au mouvement de la *lune*, & auxquelles la terre & les autres planetes ne sont point sujettes, elles proviennent du soleil qui agit sur la *lune*, & trouble son cours ordinaire dans son orbite, & elles peuvent toutes se déduire méchaniquement de la même loi qui dirige le mouvement général de la *lune*, je veux dire de la loi de gravitation & d'attraction. *Voyez* GRAVITATION.

Les autres planetes secondaires, par exemple les satellites de Jupiter & de Saturne sont sans doute sujets aux mêmes irrégularités que la *lune*, parce qu'ils sont exposés à cette même force d'action du soleil sur eux, qui peut les troubler dans leur cours; aussi apperçoit-on dans le mouvement de ces satellites de grandes irrégularités. *Voyez* SATELLITE.

Astronomie de la lune. Premier moyen de déterminer la révolution de la *lune* autour de la terre ou le mois périodique, & le tems compris entre une opposition & la suivante ou le mois synodique.

Puisque la *lune*, dans le milieu d'une éclipse lunaire est opposée au soleil, *voyez* ECLIPSE; calculez le tems compris entre deux éclipses ou oppositions, & divisez-le par le nombre des lunaisons qui se sont écoulées dans cet intervalle, le quotient sera la quantité du mois synodique. Calculez le mouvement moyen du soleil durant le tems du mois synodique, & ajoûtez-y le cercle entier décrit par la *lune*, après quoi vous ferez cette proportion : comme la somme trouvée est à 360 secondes, de même la quantité du mois synodique est à celle du périodique. Ainsi Copernic ayant observé à Rome en l'an 1500, le 6 Novembre à minuit, une éclipse de *lune*, & une autre à Cracovie le premier Aout 1523, à 4 heures 25 secondes, il en conclut de cette sorte la quantité du mois synodique de 29 jours 12 heures 41 min. 9 sec. 9 tierces.

Le même auteur, au moyen de deux autres éclipses observées, l'une à Cracovie, l'autre à Babylone, a déterminé encore plus exactement la quantité du mois synodique qu'il a trouvée par-là;

De 29 jours, ... 11 heures 43′ 10‴.
Moyen mouvement du
soleil en même tems, . 29° 6′ 24″ 18‴.
Mouvement de la *lune*, . 389° 6′ 24″ 18‴.
Quantité du mois périodique, 27 jours 7 heures 43′ 4″.

D'où il s'ensuit 1°. que la quantité du mois périodique étant donnée, on peut trouver par la regle de trois le mouvement diurne & horaire de la *lune*, &c. & de cette sorte construire des tables du moyen mouvement de la *lune*.

2°. Si on soustrait le moyen mouvement diurne du soleil du moyen mouvement diurne de la *lune*, le restant donnera le mouvement diurne de la *lune* au soleil; ce qui fournira le moyen de construire une table de ce mouvement diurne.

3°. Puisqu'au milieu des éclipses totales, la *lune* se trouve dans le nœud, il s'ensuit de-là que si on cherche le lieu du soleil pour ce tems, & qu'on y ajoûte six signes, la somme donnera le lieu du nœud.

4°. En comparant les observations anciennes avec les modernes, il paroît, comme nous l'avons déja dit, que les nœuds ont un mouvement, & qu'ils avancent *in antecedentia*, ou contre l'ordre des signes, c'est-à-dire, de taurus à aries, d'aries à pisces, &c. Si l'on ajoûte donc au moyen mouvement diurne de la *lune* le mouvement diurne des nœuds, la somme sera le mouvement de la *lune* par rapport aux nœuds; & on pourra conclure de là, au moyen de la regle de trois, en combien de tems la *lune* parcourt 360°, à compter du nœud ascendant, ou combien de tems elle met à revenir à ce point depuis qu'elle en est partie, c'est-à-dire la quantité du mois draconique.

Moyen de trouver l'âge de la lune. Ajoûtez au jour du mois, l'épacte de l'année, & les mois écoulés depuis Mars inclusivement, la somme, si elle est au-dessous de 30, & si elle est au-dessus, son excès sur 30 sera l'âge de la *lune*; en supposant que le mois ait 31 jours, & si le mois n'a que 30 jours, sera l'excès sur 29.

La raison de cette pratique est 1°. que l'épacte de l'année donne toujours l'âge de la *lune* au premier Mars. 2°. Que comme l'année lunaire est plus courte de 11 à 12 jours que l'année solaire (*voyez* ÉPACTE), & que l'année a 12 mois, la nouvelle *lune* anticipe ou remonte à-peu-près d'un jour chaque mois, en commençant par Mars. Au reste cette pratique ne donne l'âge de la *lune* que d'une maniere approchée; la seule maniere de connoître exactement l'âge de la *lune*, c'est d'avoir recours aux tables astronomiques.

Pour trouver le tems où la *lune* passe au méridien, on remarquera 1°. que le jour de la nouvelle *lune*, la *lune* passe au méridien en même tems que le soleil. 2°. Que le passage de la *lune* au méridien retarde d'environ trois quarts d'heure [(*voyez* FLUX & REFLUX), ainsi prenez autant de fois trois quarts d'heure qu'il y a de jours dans l'âge de la *lune*, & vous aurez le tems qui doit s'écouler entre l'heure de midi d'un jour donné, & le passage de la *lune* au méridien qui doit suivre. Cette seconde regle n'est encore qu'approchée, & seulement pour un usage journalier & grossier. La véritable tems du passage de la *lune* au méridien, se trouve dans les tables astronomiques, dans les éphémérides, dans la connoissance des tems, &c. *Voyez* EPHÉMÉRIDE, &c.

Quant aux éclipses de *lune*, *voyez* ECLIPSE; sur la parallaxe de la *lune*; *voyez* PARALLAXE.

Théorie des mouvemens & des irrégularités de la lune. Supposons qu'on demande, dans un tems donné, le lieu de la *lune* dans le zodiaque en longitude, nous trouverions d'abord dans les tables le lieu où la *lune* seroit, si son mouvement étoit uniforme, c'est ce qu'on appelle son *mouvement moyen*, lequel est quelquefois plus prompt, & quelquefois plus lent que le *mouvement vrai*. Pour trouver ensuite où elle doit se rencontrer en conséquence de son mouvement vrai, qui est aussi l'apparent, nous chercherons dans une autre table à quelle distance elle est de son apogée, car cette distance rend plus ou moins grande la différence entre le mouvement vrai & le mouvement moyen, & les deux lieux qui correspondent à ces deux mouvemens. Le vrai lieu trouvé de la sorte n'est pas encore le vrai lieu, mais il en est plus ou moins éloigné, selon que la *lune* est plus ou moins éloignée, & du soleil, & de l'apogée du soleil; & comme cette variation dépend en même tems de ces deux différentes distances, il faudra les considérer & les combiner ensemble dans une table à part; cette table donne la correction qu'il faut faire au vrai lieu trouvé ci-dessus. Mais ce lieu ainsi corrigé n'est pas encore le vrai lieu, à moins que la *lune* ne soit en conjonction ou en opposition; si elle est hors de ces deux cas, il y aura encore une correction à faire, laquelle dépend de deux élémens qu'il faut prendre ensemble, & comparer, savoir la distance du lieu corrigé de la *lune* au soleil, & celle du lieu où elle est par rapport à son propre apogée, cette derniere distance ayant été changée par la derniere correction.

Par toutes ces opérations & ces corrections, on arrive enfin au vrai lieu de la *lune* pour l'instant donné, mais il faut convenir qu'il se rencontre en tout cela des difficultés prodigieuses. Les inégalités de *lune* sont si grandes que ç a été inutilement que les Astronomes ont travaillé jusqu'au grand Newton à les soumettre à quelque regle. C'est à ce grand homme que nous devons la découverte de leur cause méchanique, ainsi que la méthode de les calculer & de les déterminer, de façon qu'on peut dire de lui qu'il a découvert un monde presque entier, ou plûtôt qu'il se l'est soumis.

Suivant la théorie de M. Newton, on démontre d'une maniere fort élégante les lois méchaniques d'où dépendent les mouvemens que l'on a reconnus tant à l'égard de la *lune* que de son orbite apparent. C'est une chose remarquable que l'astre qui est le plus proche de la terre, soit celui dont les mouvemens nous font, pour ainsi dire, le moins connus. Au reste, quelque utilité que l'Astronomie ait retiré du travail de M. Newton, les mouvemens de la *lune* sont si irréguliers, qu'on n'est pas encore parvenu à découvrir entierement toutes ce qui appartient à la théorie de cette planete, & cela faute d'une longue suite d'observations qui demandent beaucoup de veilles & d'assiduités.

M. Newton fait voir par la théorie de la gravité, que les plus grandes planetes, en tournant autour du soleil, peuvent emporter avec elles de plus petites planetes qui tournent autour d'elles, & il prouve *à priori*, que ces dernieres doivent se mouvoir dans des ellipses dont les foyers se trouvent dans le centre des plus grandes, & qu'en même tems leur mouvement dans leur orbite est différemment troublé par l'action du soleil. Enfin, il infere de-là que les satellites de Saturne sont sujets à des irrégularités analogues. Il examine d'après la même théorie quelle est la force du soleil pour troubler le mouvement de la *lune*, il détermine quel seroit l'incrément horaire de l'aire que la *lune* décriroit dans une orbite circulaire par des rayons vecteurs aboutissant à la terre, sa distance de la terre, son mouvement horaire dans une orbite circulaire & elliptique, le mouvement moyen des nœuds, le mouvement vrai des nœuds, la variation horaire de l'inclinaison de l'orbite de la *lune* au plan de l'écliptique.

Enfin, il a conclu de la même théorie que l'équation annuelle du mouvement moyen de la *lune* provient de la différente figure de son orbite, & que cette variation a pour cause la différente force du soleil; laquelle étant plus grande dans le périgée, allonge alors l'orbite, & devenant plus petite dans l'apogée, lui permet de nouveau de se contracter. Dans l'allongement de l'orbite, la *lune* se meut plus lentement, & dans la contraction elle va plus vîte, & l'équation annuelle propre à compenser cette inégalité est nulle, lorsque le soleil est apogée ou périgée : dans la moyenne distance du soleil, elle va suivant les observations à 11' 50", & dans les autres distances elle est proportionnelle à l'équation du centre du soleil, on l'ajoute au moyen mouvement de la *lune*,

lorsque la terre va de son aphélie au périhélie, & on la soustrait lorsqu'elle va en sens contraire. Or, supposant le rayon du grand orbe de mille parties & l'excentricité de la terre de 16 ⅞, cette équation, lorsqu'elle sera la plus grande, ira suivant la théorie de la gravité à 11' 49"; ce qui s'accorde, comme l'on voit, avec l'observation.

M. Newton ajoute que dans le périhélie de la terre les nœuds de sa distance, cette inégalité donneroit pour plus promptement que dans l'aphélie, & cela en raison triplée inverse de la distance de la terre au soleil, d'où proviennent des équations annuelles des mouvemens des nœuds proportionnelles à celui du centre du soleil; or les mouvemens du soleil sont en raison doublée inverse de la distance de la terre au soleil, & la plus grande équation du centre que cette inégalité puisse produire est de 1° 56' 26", en supposant l'excentricité de 16 ⁱ¹⁄₁₄ partie.

Si le mouvement du soleil étoit en raison triplée inverse de sa distance, cette inégalité donneroit pour plus grande équation 2° 56' 9", & par conséquent les plus grandes équations que puissent produire les inégalités des mouvemens de l'apogée de la *lune* & des nœuds, sont à 2° 56' 9", comme le mouvement diurne de l'apogée de la *lune* & le moyen mouvement diurne de ces nœuds sont au moyen mouvement diurne du soleil; d'où il s'ensuit que la plus grande équation du moyen mouvement de l'apogée est d'environ 19' 52", & que la plus grande équation du moyen mouvement des nœuds est de 9' 27". On ajoute la premiere équation, & on soustrait la seconde, lorsque la terre va de son périhélie à son aphélie, & dans l'autre cas on fait le contraire.

Il paroit aussi par la même théorie de la gravité, que l'action du soleil sur la *lune* doit être un peu plus grande, quand l'axe transverse de l'orbite lunaire passe par le soleil, que lorsqu'il coupe à angles droits la droite qui joint la terre & le soleil, & que par conséquent l'orbite lunaire est un peu plus grande dans le premier cas que dans le second; ce qui donne naissance à une autre équation du moyen mouvement de la *lune*, laquelle dépend de la situation de l'apogée de la *lune* par rapport au soleil, & devient la plus grande qui soit possible, lorsque l'apogée de la *lune* est à 45° du soleil ; & nulle, lorsque la *lune* arrive aux quadratures & aux syzygies. On l'ajoute au moyen mouvement, lorsque l'apogée de la *lune* passe des quadratures aux syzygies, & on l'en soustrait, lorsque l'apogée passe des syzygies aux quadratures.

Cette équation que M. Newton appelle *semestre*, devient de 3' 45", lorsqu'elle est la plus grande qui soit possible (c'est-à-dire à 45° de l'apogée) dans les moyennes distances de la terre au soleil; mais elle augmente & diminue en raison triplée inverse de la distance du soleil; ce qui fait que dans les plus grandes distances du soleil elle est environ de 3' 34", & dans la plus petite, de 3' 56"; mais lorsque l'apogée de la *lune* est hors des octans, c'est-à-dire a passé 45°, elle diminue alors, & elle est à la plus grande équation, comme le sinus de la distance double de l'apogée de la *lune* à la plus prochaine syzygie ou quadrature, est au rayon.

De la même théorie de la gravité il s'ensuit que l'action du soleil sur la *lune*, est un peu plus grande, lorsque la droite tirée par les nœuds de la *lune*, passe par le soleil, que lorsque cette ligne est à angles droits avec celle qui joint le soleil & la terre; & de-là il se déduit une autre équation du moyen mouvement de la *lune*, que M. Newton appelle *seconde équation semestre*, & qui devient la plus grande possible, lorsque les nœuds sont dans les octans du soleil, c'est-à-dire à 45°. du soleil; & nulle, lorsqu'ils sont dans les syzygies ou quadratures. Dans d'autres situations des nœuds cette équation est proportionnelle au sinus du double de la distance de chaque nœud à la derniere syzygie ou quadrature.

On l'ajoûte au moyen mouvement de la *lune*, lorsque les nœuds sont dans leur passage des quadratures du soleil à la plus prochaine syzygie, & on l'en soustrait dans leur passage des syzygies aux quadratures.

Lorsqu'elle est la plus grande qu'il est possible, c'est-à-dire dans les octans & dans la distance moyenne de la terre au soleil, elle monte à 45″, selon qu'il paroît par la théorie de la gravité : à d'autres distances du soleil, cette équation dans les octans des nœuds est réciproquement comme le cube de la distance du soleil à la terre ; elle est par conséquent dans le périgée du soleil de 45″, & dans son apogée, d'environ 49″.

Suivant la même théorie de la gravité, l'apogée de la *lune* va le plus vîte, lorsqu'il est en conjonction ou en opposition avec le soleil, & il retrograde lorsqu'il est en quadrature avec lui. L'excentricité est dans le premier cas la plus grande possible, & dans le second, la plus petite possible. Ces inégalités sont très-considérables, & elles produisent la principale équation de l'apogée qui s'appelle *semestre* ou *semimenstruelle*. La plus grande équation semimenstruelle est d'environ 12′ 18″, suivant les observations.

Horrox a observé le premier que la *lune* faisoit à-peu-près sa révolution dans une ellipse dont la terre occupoit le foyer ; & Halley a mis le centre de l'ellipse dans une épicycle dont le centre tourne uniformément autour de la terre, & il déduit du mouvement dans l'épicycle les inégalités qu'on observe dans le progrès & la rétrogradation de l'apogée & la quantité de l'excentricité.

Supposons la moyenne distance de la *lune* à la terre divisée en 100000 parties, & que TC (*Pl. astronom. figure 18.*) représente la terre, & TC, la moyenne excentricité de la *lune* de 5505 parties ; qu'on prolonge TC en B, de façon que BC puisse être le sinus de la plus grande équation semimenstruelle ou de 11° 18′ pour le rayon TC, le cercle BDA, décrit du centre C & d'un intervalle CB, sera l'épicycle dans lequel est placé le centre de l'orbite lunaire, & dans lequel il tourne selon l'ordre des lettres BDA. Prenez l'angle BCD égal au double de l'argument annuel, ou au double de la distance du vrai lieu du soleil à l'apogée de la *lune* corrigée une fois, & CTD sera l'équation semimenstruelle de l'apogée de la *lune*, & TD, l'excentricité de son orbite, en allant vers l'apogée ; d'où il s'ensuit qu'on peut trouver par les méthodes connues le moyen mouvement de la *lune*, son apogée & son excentricité, comme aussi le grand axe de son orbite de 200000 parties, son vrai lieu & sa distance de la terre. On peut voir dans les *Principes mathématiques* les corrections que M. Newton fait à ce calcul.

Voilà la théorie de la *lune* telle que M. Newton nous l'a donnée dans le troisieme livre de son ouvrage intitulé : *Philosophiæ naturalis principia mathematica* : mais ce grand géometre n'a point démontré la plûpart des regles qu'il donne pour calculer le lieu de la *lune*. Dans le second volume de l'astronomie de Grégori, on trouve un autre ouvrage de M. Newton, qui a pour titre, *Lunæ theoria Newtoniana*, & où il explique d'une maniere encore plus précise & plus particuliere les opérations qu'il faut faire pour trouver le lieu de la *lune* dans un tems donné, mais toujours sans démonstration : dans le commentaire que les PP. Leseur & Jacquier, minimes, ont publié sur les principes de Newton, M. Calandrin, célebre professeur de mathématiques à Geneve, &

depuis l'un des principaux magistrats de la république, a commenté fort au-long toute cette théorie, & a tâché de développer la méthode que M. Newton a suivie ou pu suivre pour y parvenir : mais il avoue que sur certains points, comme le mouvement de l'apogée & l'excentricité, il y a encore quelque chose à desirer de plus précis & de plus exact que ne donne la théorie de M. Newton. Rien ne seroit plus utile que la connoissance des mouvemens de la *lune* pour la recherche des longitudes ; & c'est ce qui doit porter tous les Astronomes & les Géometres à perfectionner de plus en plus les tables qui doivent y servir. *Voyez* LONGITUDE, & la fin de cet *article*.

Au reste, quelles que soient les causes des irrégularités des mouvemens de la *lune*, les observations ont appris qu'après 223 lunaisons, c'est-à-dire 223 retours de la *lune* vers le soleil, les circonstances du mouvement de la *lune* redevenant les mêmes, par rapport au soleil & à la terre , ramenent dans son cours les mêmes irrégularités qu'on y avoit observées dix-huit ans auparavant. Une suite d'observations continuées pendant une telle période avec assez d'assiduité & d'exactitude, donnera donc le mouvement de la *lune* pour les périodes suivantes.

Ce travail si long & si pénible d'une période entiere bien remplie d'observations, fut entrepris par M. Halley, lorsqu'il étoit déja dans un âge si avancé, qu'il ne se flattoit plus de le pouvoir terminer. Ce grand & courageux astronome nous avertit que n'étant encore qu'à la fin de cette période qui ne contient que 111 lunaisons, & qui ne donne pas si exactement que celle de 223 le retour des mêmes inégalités , il pouvoit déja déterminer sur mer la longitude à 20 lieues près vers l'équateur, à 15 lieues près dans nos climats, & plus exactement encore plus près des poles.

Mais on n'aura rien à desirer, & on aura l'ouvrage le plus utile que l'on puisse espérer sur cette matiere, si le travail qu'a entrepris M. Lemonnier s'accomplit. Depuis qu'il s'est attaché à la théorie de la *lune*, il a fait un si grand nombre d'excellentes observations, qu'on ne sauroit espérer de voir cette partie de la période mieux remplie : & dans les institutions astronomiques qu'il a publiées en 1746 , il a déja donné d'après la théorie de M. Newton, des tables du mouvement de la *lune*, plus exactes & plus completes qu'aucune de celles qu'on a publiées jusqu'ici.

A la fin de ce même ouvrage, il donne la maniere de se servir de ces tables, & de calculer par leur secours quelques lieux de la *lune*. Nous parlerons à la fin de cet article de la suite de ses travaux par rapport à cet objet.

Nature & propriétés de la lune, 1°. De ce que la *lune* ne montre qu'une petite partie de son disque, lorsqu'elle suit le soleil prêt à se coucher ; de ce que cette portion croît à mesure qu'elle s'éloigne du soleil jusqu'à la distance de 180^d où elle est pleine , qu'elle diminue au contraire à mesure qu'elle se rapproche du soleil, & qu'elle perd toute sa lumiere lorsqu'elle est exactement conjointe ; que sa partie lumineuse est constamment tournée vers l'occident lorsqu'elle est dans son croissant, & vers l'orient quand elle est dans son décours ; & de tout cela il suit évidemment qu'elle n'a d'éclairée que la seule partie sur laquelle tombent les rayons du soleil ; enfin des phénomenes des éclipses qui n'arrivent que dans les tems où elle est pleine, & lorsqu'elle est éloignée de 180^d du soleil , on doit conclure qu'elle n'a point de lumiere propre , mais qu'elle emprunte du soleil toute celle qu'elle nous envoie. *Voyez* PHASE, ÉCLIPSE.

2°. La *lune* disparoît quelquefois par un ciel clair, serein, & de façon qu'on ne sauroit la découvrir avec les meilleurs verres, quoique des étoiles de la 5e & 6^e

6ᵉ grandeur restent toujours visibles. Kepler a observé deux fois ce phénomène en 1581 & 1583 ; & Hévelius en 1620 ; Riccioli, d'autres jésuites de Boulogne, & beaucoup d'autres personnes dans la Hollande observerent la même chose le 14 Avril 1642, quoique cependant la *lune* fût restée toujours visible à Venise & à Vienne. Le 23 Décembre 1703, il y eut une autre disparition totale, la lune parut d'abord à Arles d'un brun jaunâtre, & à Avignon elle parut rougeâtre & transparente, comme si le soleil avoit brillé au-travers ; à Marseille un des côtés parut rougeâtre, & l'autre fort obscur ; & à la fin, elle disparut entierement, quoique par un tems serein. Il est évident dans ce phénomène que les couleurs qui paroissoient différentes dans un même tems, n'appartenoient pas à la lune, mais qu'elles provenoient de quelque matiere qui l'entouroit & qui se trouvoit différemment disposée pour donner passage à des rayons de telle ou telle couleur.

3°. L'œil nud ou armé d'un télescope, voit dans la face de la *lune* des parties plus obscures que d'autres, qu'on appelle *maculæ* ou *taches*. A travers le télescope, les bornes de la lumiere paroissent dentelées & inégales, composées d'arcs dissemblables, convexes & concaves. On observe aussi des parties lucides, dispersées ou semées parmi de plus obscures, & on voit des parties illuminées par-elles les limites de l'illumination ; d'autres intermediaires, restant toujours dans l'obscurité & auprès des taches, ou même dans les taches : on voit souvent de ces petites taches lumineuses. Outre les taches qu'avoient observées les anciens, il en est d'autres variables, invisibles à l'œil nud, qu'on nomme *taches nouvelles*, qui sont toujours opposées au soleil, & qui se trouvent par cette raison dans les parties qui sont le plutôt éclairées dans le croissant, & qui perdent dans le decours leur lumiere plus tard que les autres intermédiaires, tournant autour de la *lune*, & paroissant quelquefois plus grandes & quelquefois plus petites. *Voyez* TACHES.

Or, comme toutes les parties de la surface de la *lune* sont également illuminées par le soleil, puisqu'elles en sont également éloignées ; il s'ensuit de-là que s'il y en a qui paroissent plus brillantes, & d'autres plus obscures, c'est qu'il en est qui réfléchissent les rayons du soleil plus abondamment que d'autres, & par conséquent qu'elles sont de différente nature : les parties qui sont le plutôt éclairées par le soleil, sont nécessairement plus élevées que les autres, c'est-à-dire qu'elles sont au-dessus du reste de la surface de la *lune*. Les nouvelles taches répondent parfaitement aux ombres des corps terrestres.

4°. Hévelius rapporte qu'il a souvent trouvé dans un tems très-serein, lors même que l'on pouvoit voir les étoiles de la 6ᵉ & de la 7ᵉ grandeur, qu'à la même hauteur & à la même élongation de la terre, & avec le même télescope qui étoit excellent, la *lune* & ses taches n'étoient pas toujours également lumineuses, claires & visibles, mais qu'elles étoient plus brillantes, plus pures & plus distinctes dans un tems que dans un autre. Or, par les circonstances de cette observation, il est évident qu'il ne faut point chercher la raison de ce phénomene, ni dans notre air, ni dans la *lune*, ni dans l'œil du spectateur, mais dans quelqu'autre chose qui environne le corps de la *lune*.

5°. Cassini a souvent observé que Saturne, Jupiter & les étoiles fixes, lorsqu'elles se cachoient derriere la *lune*, paroissoient près de son limbe, soit éclairé, soit obscur, changer leur figure circulaire en ovale ; & dans d'autres occultations, il n'a point trouvé du tout d'altération ; il arrive de même que le soleil & la *lune* se levant & se couchant dans un horison vaporeux ne paroissent plus circulaires, mais elliptiques.

Or, comme nous savons par une expérience certaine que la figure circulaire du soleil & de la *lune* ne se changent en elliptique qu'à cause de la réfraction que les rayons de ces astres souffrent dans l'atmosphere, il est donc permis d'en conclure que dans les tems où la figure presque circulaire des étoiles est changée par la *lune*, cet astre est alors entouré de matiere dense qui réfracte les rayons que les étoiles envoient ; & que si dans d'autres tems on n'observe point ce changement de figure, cette même matiere ne se trouve plus autour de la *lune*. *Voyez* ATMOSPHERE.

6°. La *lune* est donc un corps opaque, couvert de montagnes & de vallées. Riccioli a mesuré la hauteur d'une de ces montagnes, & a trouvé qu'elle avoit 9 milles ou environ, 3 lieues de haut. Il y a de plus dans la *lune* de grands espaces, dont la surface est unie & égale, & qui réfléchissent en même tems moins de lumiere que les autres. Or, comme la surface des corps fluides est naturellement unie, & que ces corps étant que transparens transmettent une grande partie de la lumiere, & n'en réfléchissent que fort peu, plusieurs astronomes ont conclu de-là que les taches de la *lune* sont des corps fluides transparens, & que lorsqu'elles sont fort étendues, ce sont des mers. Il y a donc dans la *lune* des montagnes, des vallées & des mers. De plus, les parties lumineuses des taches doivent être par la même raison des îles & des péninsules. Et puisque dans les taches & près de leur limbe on remarque certaines parties plus hautes que d'autres, il faut donc qu'il y ait dans les mers de la *lune* des rochers & des promontoires.

Il faut avouer cependant que d'autres astronomes ont prétendu qu'il n'y avoit point de mers dans la *lune* ; car si on regarde, disent-ils, avec un bon télescope les grandes taches que l'on prend pour des mers, on y remarque une infinité de cavernes ou de cavités très-profondes, ce qui s'apperçoit principalement par le moyen des ombres qui sont jettées au-dedans lorsque la *lune* croit, ou lorsqu'elle est en décours. Or c'est, ajoutent-ils, ce qui ne peut guere convenir à des mers d'une vaste étendue. Ainsi ils croient que ces régions de la *lune* ne sont point des mers, mais qu'elles sont d'une matiere moins dure & moins blanche que les autres contrées des pays montueux.

7°. La *lune* est entourée, selon plusieurs astronomes, d'une atmosphere pesant & élastique, dans lequel les vapeurs & les exhalaisons s'élevent pour retomber ensuite en forme de rosée ou de pluie.

Dans une éclipse totale de soleil, on voit la *lune* couronnée d'un anneau lumineux parallele à sa circonférence.

Selon ces astronomes, on en a trop d'observations pour en douter. Dans la grande éclipse de 1715, on vit l'anneau à Londres, & par-tout ailleurs ; Kepler a observé qu'on a vu la même chose à Naples & à Anvers dans une éclipse de 1605 ; & Wolf a observé aussi à Leipsick dans une de 1706, décrite fort au-long dans les *acta eruditorum*, avec cette circonstance remarquable que la partie la plus voisine de la *lune* étoit visiblement plus brillante que celle qui en étoit plus éloignée, ce qui est confirmé par les observations des astronomes françois dans les *mémoires de l'Académie de l'année 1706*.

Il faut donc, concluent-ils, qu'il y ait autour de la *lune* quelque fluide dont la figure corresponde à celle de cet astre, & qui soit tout-à-la-fois réfléchisse & brise les rayons du soleil ; il faut aussi que ce fluide soit plus dense près du corps de la *lune*, & plus rare au-dessus ; ou comme l'air qui environne notre terre est un fluide de cette espece, on peut conclure de-là que la *lune* doit avoir son air ; & puisque la différente densité de notre air dépend de sa différente gravité & élasticité, il faut donc aussi attribuer la différente densité de l'air lunaire à la même cause. Nous avons de plus observé que l'air lunaire n'est pas toujours également transparent, qu'il change quelquefois les figures sphériques des étoiles en ovales, & que dans quelques-unes des éclipses totales dont nous avons parlé, on a apperçu immédiatement avant l'immersion un tremblement dans le limbe de la *lune* avec une apparence d'une fumée claire & légere qui se tenoit suspendue au-dessus durant l'immersion, & qui s'est fait fort remarquer en particulier en Angleterre ; & comme ces mêmes phénomenes s'observent aussi dans notre air quand il est plein de vapeur, il est donc presque sûr que lorsqu'on les observe dans l'atmosphere de la *lune*, cette atmosphere doit être alors pleine de vapeurs & d'exhalaisons : enfin puisque dans d'autres tems l'air de la *lune* est clair & transparent, & qu'il ne produit aucun de ces phénomenes, il s'ensuit aussi que les vapeurs ont été alors précipitées sur la *lune*, & qu'il faut par conséquent qu'il soit tombé sur cet astre de la rosée, de la pluie ou de la neige.

Cependant d'autres astronomes prétendent que quand des étoiles s'approchent de la *lune*, elles ne paroissent souffrir aucune réfraction, ce qui prouveroit que la *lune* n'a point d'atmosphere, du-moins telle que notre terre. Ils ajoutent qu'il y a beaucoup d'apparence que sur la *lune* il n'y a jamais de nuages, ni de pluies. Car s'il s'y trouvoit des nuages, on les verroit, disent-ils, se répandre indifféremment sur toutes les régions du disque apparent, en sorte que ces mêmes régions nous seroient souvent cachées : or c'est ce qu'on n'a point observé. Il faut donc que le ciel de la *lune* soit parfaitement serein. Cependant les nuages pourroient se trouver dans la partie de l'atmosphere qui n'est point éclairée du soleil : car la chaleur qui est très-grande dans la partie éclairée, l'unique hémisphere qu'il nous est permis d'appercevoir, cette chaleur, dis-je, excitée par les rayons du soleil qui éclairent sans discontinuer ces régions de la *lune* pendant près de quinze fois 14 heures, suffit, ce semble, pour raréfier l'atmosphere de la *lune*. De plus, au sujet de cette atmosphere, M. le Monnier dit avoir remarqué en 1736 & 1738, que l'étoile Aldebaran s'avançoit en plein jour un peu sur le disque éclairé de la *lune*, où cette même étoile disparut ensuite après avoir entamé très-sensiblement le disque, & cela vers le diametre horisontal de la *lune*.

8°. La *lune* est donc à tous égards un corps semblable à la terre, & qui paroît propre aux mêmes fins ; en effet, nous avons fait voir qu'elle est dense, opaque, qu'elle a des montagnes & des vallées ; selon plusieurs auteurs, elle a des mers avec des iles, des péninsules, des rochers & des promontoires, une atmosphere changeant où les vapeurs & les exhalaisons peuvent s'élever pour y retomber ensuite ; enfin elle a un jour & une nuit, un soleil pour éclairer l'un, & une *lune* pour éclairer l'autre, un été & un hiver, &c.

On peut encore conclure de-là par analogie une infinité d'autres propriétés dans la *lune*. Les changemens auxquels son atmosphere est sujette, doivent produire des vents & d'autres météores, suivant les différentes saisons de l'année, des pluies, des brouillards, de la gelée, de la neige, &c. Les inégalités de la surface de la *lune* doivent produire de leur côté des lacs, des rivieres, des sources, &c.

Or comme nous savons que la nature ne produit rien en vain, que les pluies & les rosées tombent sur notre terre pour faire végéter les plantes, & que les plantes prennent racine, croissent & produisent des semences pour nourrir des animaux ; comme nous savons d'ailleurs que la nature est uniforme & constante dans les procédés, que les mêmes choses servent aux mêmes fins : pourquoi ne conclurions-nous donc pas qu'il y a des plantes & des animaux dans la *lune* ? A quoi bon sans cela cet appareil de provisions qui paroît si bien leur être destiné ? Ces preuves recevront une nouvelle force, quand nous ferons voir que notre terre est elle-même une planete, & que si on la voyoit des autres planetes, elle paroîtroit dans l'une semblable à la *lune*, dans d'autres à *Vénus*, dans d'autres à *Jupiter*, &c. En effet, cette ressemblance, soit optique, soit physique, entre les différentes planetes, fournit une présomption bien forte qu'il s'y trouve les mêmes choses. *Voyez* TERRE & PLANETE.

Moyen de mesurer la hauteur des montagnes de la lune. Soit ED, *fig. 19.* le diametre de la *lune*, ECD le terme de la lumiere & de l'ombre, A le sommet d'une montagne située dans la partie obscure, lequel commence à être éclairé ; observez avec un télescope le rapport que AE, c'est-à-dire la distance du point A à la ligne où la lumiere commence, aura avec le diametre ED, & vous aurez par-là deux côtés d'un triangle rectangle, savoir AE, CE, dont les quarrés étant ajoutés ensemble, donneront le quarré du 3°, *voyez* HYPOTHÉNUSE. Vous soustrairez de ce 3° côté le rayon CE, & il restera AB hauteur de la montagne. Riccioli a distingué les différentes parties de la *lune* par les noms des plus célebres savans, & c'est par ces noms qu'on les marque toujours dans les observations des éclipses *de lune*, &c. *Voyez* en la figure, *Pl. astron. fig. 20.*

Parmi les autres observateurs qui ont tâché de représenter la figure de la *lune*, telle qu'on l'apperçoit avec des lunettes ordinaires, on compte principalement Langrenus, Hevelius & Grimaldi. Mais cet auteur sur-tout représentoit dans leur sénélographie, ou description de la *lune*, les plus belles taches. Hevelius qui appréhendoit les guerres civiles qui se seroient élevées entre les Philosophes modernes, si on donnoit leurs noms aux taches de la *lune*, au lieu de devoir attribuer tout ce domaine, comme il se l'étoit proposé, jugea à propos d'y appliquer des noms de notre Géographie. C'est un vrai que ces taches ne ressemblent guere, tant par rapport à leurs situations qu'à leurs figures, aux mers & aux continens de notre terre, dont ils portent le nom ; cependant on a recommandé jusqu'ici aux Astronomes, ces noms géographiques, qui ne sauroient leur devenir trop familiers, principalement à ceux qui veulent étudier dans Ptolomée la Géographie ancienne.

M. le Monnier prétend que de toutes les figures de la *lune* qui ont été publiées jusqu'ici, celles qui ont été gravées en 1635 par le fameux D. Mellan, par ordre de Peiresc, sur les observations de Gassendi, & qui consiste en trois phases (dont l'une représente la pleine *lune*, & les deux autres le premier quartier & le décours), sont sans contredit les meilleures & les plus ressemblantes. Quoiqu'il n'y ait pas plus de vingt ans qu'elles sont devenues publiques, ces mêmes phases font néanmoins plus d'usage aujourd'hui, puisqu'elles ont précédé celles d'Hevelius & de Riccioli, qui sont celles qu'on a le plus imitées, & dont les Astronomes ont le plus fait d'usage jusqu'à ce jour.

M. le Monnier a donné dans ses institutions astronomiques, *pag.* 140, trois différentes figures ou phases de la *lune*. La premiere est celle qu'Hevelius a publiée en 1645, avec les termes de la plus grande & de la plus petite libration ; la seconde a été publiée pour la premiere fois dans les mém. de l'académie royale des Sciences, pour l'année 1692 ; les termes de la plus grande & de la plus petite libration n'y font point marqués, mais seulement la libration moyenne, c'est-à-dire les termes entre la plus grande & la plus petite. La troisieme table que donne M. le Monnier est celle des PP. Grimaldi & Riccioli, avec la plus grande & la plus petite libration. Ces trois figures du disque de la *lune* sont assez différentes entr'elles.

On a attribué autrefois beaucoup de puissance à la *lune* sur les corps terrestres, & plusieurs personnes sont encore dans cette opinion, que les Philosophes regardent comme chimérique. Cependant si on examine la chose avec attention, il ne doit point paroître impossible que la *lune* ne puisse avoir beaucoup d'influence sur l'air que nous respirons & les différens effets que nous observons. Il est certain que le soleil & la lune sur-tout, agissent sur l'Océan, & en causent le flux & le reflux. Or si l'action de ces astres est si sensible sur la masse des eaux, pourquoi ne le sera-t-elle pas sur l'atmosphere qui les couvre? Pourquoi n'en causera-t-elle pas dans cette atmosphere des mouvemens & des altérations sensibles? Il est vrai que le vulgaire tombe dans beaucoup d'erreurs à ce sujet, & nous ne prétendons point adopter tous les préjugés sur la nouvelle *lune*, sur les effets de la *lune*, tant en croissant ou en décours, sur les remedes qu'il faut faire quand la *lune* est dans certains signes du zodiaque; mais nous croyons pouvoir dire que plusieurs vents, par exemple, & les effets qui en résultent, peuvent être attribués très-vraissemblablement à l'action de la *lune*; que par son action sur l'air que nous respirons, elle peut changer la disposition de nos corps, & occasionner des maladies: il est vrai que comme les dérangemens qui arrivent dans l'atmosphere ont encore une infinité d'autres causes dont la loi ne paroit point réglée, les effets particuliers de la *lune* se trouvant mêlés & combinés avec une infinité d'autres, sont par cette raison très-difficiles à connoître & à distinguer; mais cela n'empêche pas qu'ils ne soient réels, & dignes de l'observation des Philosophes. Le docteur Mead, célebre medecin anglois, en a fait un livre qui a pour titre, *de imperio solis ac lunæ in corpore humano*, de l'empire du soleil & de la *lune* sur les corps humains.

Jusqu'ici nous n'avons presque fait que traduire l'article *lune* tel qu'il se trouve à peu-près dans l'encyclopédie angloise, & nous y avons joint quelques remarques tirées de différens auteurs, entr'autres des institutions astronomiques de M. le Monnier. Il s'agit à présent d'entrer dans le détail de ce que les savans de notre siecle ont ajouté à la théorie de M. Newton.

Ce qu'on a lû jusqu'ici dans cet article contient les phénomenes du mouvement de la *lune*, tels à peu-près que les observations les ont fait connoître successivement aux Astronomes, & tels que M. Newton a tenté de les expliquer: nous disons *a tenté*, car quelque estimable que soit l'essai de théorie que ce grand homme nous a donné sur ce sujet, on a dû voir, par ce qui précede, que cet essai laisse encore beaucoup à desirer; la raison en est que M. Newton n'avoir point résolu le problème fondamental, nécessaire pour trouver les différentes irrégularités de la *lune*; ce problème consiste à déterminer au moins par approximation, l'équation de l'orbite que la *lune* décrit autour de la terre; c'est une branche du problème fameux connu sous le nom du *problème des trois corps*. *Voyez* PROBLÈME DES TROIS CORPS.

La lune est attirée vers la terre en raison inverse du quarré de la distance, suivant la loi générale de la gravitation (*voyez* GRAVITATION), & en même tems elle est attirée par le soleil; mais comme la terre est aussi attirée par ce dernier astre, & qu'il s'agit ici non du mouvement absolu de la *lune*, mais de son mouvement par rapport à la terre, il faut transporter à la *lune* en sens contraire, l'action du soleil sur la terre, ainsi que la force avec laquelle la *lune* agit sur la terre (*voyez* les *mém. de l'académie de 1745, pag. 365*.); & en combinant ces différentes actions avec la force de gravitation de la *lune* vers la terre, il en résultera deux forces, l'une dirigée vers la terre, l'autre perpendiculaire au rayon vecteur. La force dirigée vers la terre est composée de deux parties, dont l'une est la force d'attraction de la *lune* vers la terre, & l'autre est très-petite par rapport à celle-là, & dépendante de celle du soleil. Il s'agit donc de trouver l'équation de la courbe, que la *lune* décrit en vertu de ces forces, & son intégration approchée; or c'est que M. Euler, M. Clairaut & moi, avons trouvé en 1747 par différentes méthodes, qui toutes s'accordent quant au résultat. Je donnerai au *mot* PROBLÈME DES TROIS CORPS, une idée de la mienne, qui me paroît la plus simple de toutes; mais quelque jugement qu'on en porte, il est certain que les trois méthodes conduisent exactement aux mêmes conclusions. La seule difficulté est dans la longueur peut-être du calcul. On peut en voir la preuve dans les ouvrages que Messieurs Euler, Clairaut & moi, avons publiés sur ce sujet. Celui de M. Euler a pour titre *Theoria motûs lunæ*; celui de M. Clairaut est la piece qui a remporté le prix à Petersbourg en 1751, & le mien est intitulé *Recherches sur différens points importans du système du monde*.

M. Euler est le premier qui ait imaginé de donner aux tables de la *lune* une nouvelle forme différente de celle de M. Newton; au lieu de faire varier l'équation du centre, il regarde l'excentricité comme constante, & il ajoute à l'équation du centre une autre équation qu'on peut appeller *évection* (*voyez* ÉVECTION), & qui fait à peu-près le même effet que la variation supposée par M. Newton à l'excentricité, & au mouvement de l'apogée. M. Euler a publié le premier des tables suivant cette nouvelle forme, & dans lesquelles il a fait encore quelques autres changemens à la forme des tables de M. Newton; on peut voir sur cela le *premier volume de ses opuscules*, Berlin 1746: mais les tables très-commodes & très-expéditives pour le calcul, avoient le défaut de n'être pas assez exactes. M. Mayer, célebre astronome de Gottingue, a perfectionné ces mêmes tables, en suivant la théorie de M. Euler, & en la corrigeant par les observations, du reste il a conservé la forme donnée par M. Euler aux tables de la *lune*, & il l'a même encore simplifiée; par ce moyen il a formé de nouvelles tables, qui ont paru en 1753, dans le second volume *des mém. de l'acad.* de Gottingen, & qui ont l'avantage d'être jusqu'ici les plus commodes & les plus exactes que l'on connoisse; aussi l'académie royale des Sciences de Paris les a-t-elle adoptées par préférence à toutes les autres, dans la connoissance des tems pour l'année 1760; cependant malgré toutes les raisons qu'on a de croire ces tables de M. Mayer plus exactes que les autres, il est nécessaire, pour n'avoir aucun doute là-dessus, de les comparer à un plus grand nombre d'observations; & j'ai exposé dans la troisieme partie de mes *recherches sur le système du monde*, les doutes qu'on pourroit encore former sur l'exactitude de ces mêmes tables, ou du moins les raisons de suspendre son jugement à cet égard, jusqu'à ce qu'on en ait fait une plus longue épreuve.

M. Clairaut & moi avons aussi publié des tables de la *lune* suivant notre théorie; celles de M. Clairaut, qui sont moins exactes que celles de M. Mayer, ont encore l'inconvénient de demander beaucoup plus de tems pour le calcul, parce qu'elles renferment un très-grand nombre d'équations. On assure que M. Clairaut a depuis ce tems perfectionné & simplifié beaucoup ces mêmes tables, mais il n'a encore rien publié de son travail dans le moment où nous écrivons ceci (le 15 Nov. 1759). Pour moi je me suis presque borné à donner d'après ma théorie, des tables de correction pour celle des institutions astronomiques; mais j'ai reconnu depuis par la comparaison avec les observations & avec les meilleures tables, que ces tables de correction pourroient être perfectionnées à plusieurs égards; non-seulement je les ai perfectionnées, mais j'ai plus fait, j'ai dressé des tables de la *lune* entierement nouvelles, dont le calcul est très expéditif, & qui, je crois, répondront assez exactement aux observations. Je n'en dirai pas davantage ici, parce que ces tables auront probablement vû le jour avant que cet article paroisse.

Ces nouvelles tables sont dressées en partie sur les calculs que j'ai faits par théorie, en partie sur la comparaison que j'ai faite de mes premieres tables avec celles de Messieurs le Monnier & Mayer, qui ont été comparées jusqu'ici à un plus grand nombre d'observations que les autres, & qui ont l'avantage de s'en écarter peu, & d'être d'ailleurs les plus expéditives pour le calcul, & les plus familieres aux Astronomes. La raison qui m'a déterminé à ne pas dresser mes tables uniquement d'après la théorie, c'est l'épreuve que j'ai faite par mes propres calculs, & par ceux des autres, de la plûpart des coefficiens des équations lunaires, dont on ne peut, ce me semble, assurer qu'aucun soit exact à une minute près, & peut-être davantage. Cet inconvénient vient 1°. de ce que le nombre de petits termes & de petites quantités qui entrent dans chacun de ces coefficiens est si grand, qu'on n'est jamais assuré de n'en avoir point omis qui puisse produire d'effet sensible. 2°. De ce que plusieurs des series qui expriment les coefficiens sont assez peu convergentes. 3°. Enfin de ce qu'il y a des termes qui étant très-petits dans la différencielle, peuvent devenir très-grands, ou au moins beaucoup plus grands par l'intégration. On peut voir les preuves de tout cela dans mes *recherches sur le sysyème du monde*, premiere & troisieme parties, & dans un écrit inséré à la fin de la seconde édition de mon *traité de dynamique*, en réponse à quelques objections qui m'avoient été faites sur ce sujet.

Une des preuves les plus frappantes de ce que j'avance ici sur l'incertitude des coefficiens des équations lunaires, c'est l'erreur où nous avons été long-tems Messieurs Euler, Clairaut & moi, sur le mouvement de l'apogée de la *lune*. Nous nous étions bornés tous trois à calculer d'abord le premier terme de la serie qui exprime ce mouvement, nous avons trouvé que ce terme ne donnoit que la moitié du mouvement réel de l'apogée, parce que nous supposions tacitement que le reste de la serie pouvoit se négliger par rapport au premier terme; de là M. Clairaut avoit conclu que la gravitation n'étoit pas la raison inverse du quarré des distances, mais qu'elle suivoit quelqu'autre loi; en quoi il faut avouer que sa conclusion a été trop précipitée, puisque quand même le mouvement de l'apogée trouvé par la théorie ne seroit que la moitié de ce qu'il est réellement, on pourroit sans changer la loi d'attraction & y substituer une loi bisarre, attribuer cet effet comme je l'avois imaginé, à quelque cause particuliere différente de la gravitation, comme à la force magnétique, dont M. Newton fait mention expressément. On peut voir dans les *mém. de l'acad. des Sciences* de 1745, la dispute de Messieurs Clairaut & de Buffon sur ce sujet. On peut aussi consulter *l'article* ATTRACTION, & mes *recherches sur le sysyème du monde*, premiere partie, *art. 173*. Quoi qu'il en soit, M. Clairaut s'apperçut le premier de l'erreur commune à nos calculs, & me communiqua la remarque qu'il en avoit faite; on peut en voir le détail dans mes *recherches sur le sysyème du monde*, *art. 107 & suivans*. Il m'apprit qu'ayant voulu calculer le second terme de la serie du mouvement de l'apogée, pour connoître à très-peu près ce que le fond de la gravitation donnoit pour le mouvement, il lui étoit venu un second terme qui n'étoit pas fort différent du premier, ce qui rendoit à la gravitation tout son effet pour produire le mouvement entier de l'apogée. Cette remarque, il faut l'avouer, étoit très-forte en faveur de la gravitation; cependant il est évident qu'elle ne suffit pas encore pour décider la question; car puisque les deux premiers termes de la serie étoient presque égaux, le troisieme pouvoit l'être encore aux deux premiers; & en ce cas, selon le sigue de ce troisieme terme, on auroit trouvé le mouvement de l'apogée beaucoup plus grand ou beaucoup plus court qu'il ne falloit pour la théorie de la gravitation. Il étoit donc absolument nécessaire de calculer ce troisieme terme, & même quelques-uns des suivans, pour s'assurer si la théorie de la gravitation répondoit en effet aux phénomenes; car jusques-là, je le repete, il n'y avoit encore rien de décidé. J'entrepris donc ce calcul, que jusqu'ici aucun autre géometre n'a fait encore. J'en ai donné le résultat dans mes *recherches sur le sysyème du monde, au chap. xx. de la premiere partie*, & il en résulte que le mouvement de l'apogée trouvé par la théorie, est tel que les observations donnent. Voilà ce que l'Astronomie doit à M. Clairaut & à moi sur cette importante matiere.

Une autre remarque qui m'est entierement dûe, & que je communiquai à M. Clairaut au mois de Juin 1748, c'est le calcul des termes, qui dans l'équation de l'orbite lunaire ont pour argument la distance du soleil à l'apogée de la *lune*. M. Clairaut croyoit alors, c'est-à-dire, d'avoir calculé tous les termes essentiels qui entrent dans cette équation, qu'elle montoit à environ 35 ou 40 minutes; ce qui, comme M. Clairaut le croyoit alors, renverseroit entierement la théorie & le systême neutonien; je lui fis voir que cette équation étoit beaucoup moindre, & de deux à trois minutes seulement; ce qui rétablissoit la théorie dans tous ses droits.

Je ne dois pas oublier d'ajouter 1°. que ma méthode pour déterminer le mouvement de l'apogée, est très-élégante & très-simple, n'ayant besoin d'aucune intégration, & ne demandant que la simple inspection des coefficiens du second terme de l'équation différencielle. 2°. que j'ai démontré par une méthode rigoureuse, ce que personne n'avoit encore fait, & n'a même fait jusqu'ici, que l'équation de l'orbite lunaire ne devoit point contenir d'arcs de cercle; si on ajoute à cela la maniere simple & facile dont je parviens à l'équation différentielle de l'orbite lunaire, sans avoir besoin pour cela, comme d'autres géometres, de transformations & d'intégrations multipliées, & le détail que j'ai donné ci-dessus de mes travaux & de ceux des autres géometres, on conviendra, ce me semble, que j'ai eu plus de part à la théorie de la *lune* que certains mathématiciens n'avoient voulu le faire croire. Je ne dois pas non plus passer sous silence la maniere élégante dont M. Euler integre l'équation de l'orbite lunaire; méthode plus simple & plus facile que celle de M. Clairaut & que la mienne; & cette observation jointe à ce que j'ai dit plus haut des travaux de ce grand géometre, par rapport à la *lune*, suffira pour faire voir qu'il a aussi travaillé très-utilement à cette théorie, quoiqu'on ait aussi cherché à le mettre à l'écart autant qu'on l'a pû. L'Encyclopédie faite pour tranfmettre à la poftérité l'hiſtoire des découvertes de notre fiecle, doit par cette raifon rendre juſtice à tout le monde; & c'eſt ce que nous croyons avoir fait dans cet article. Comme ce manufcrit eſt prêt à fortir de nos mains pour n'y rentrer peut-être jamais, nous ajouterons par la fuite dans les fupplémens de l'Encyclopédie ce qui aura été ajouté à la théorie de la *lune*, depuis le mois de Novembre 1759, où nous écrivons cet article.

Nous avons dit plus haut que M. Halley avoit commencé l'obfervation d'une période de deux cens vingt-trois lunaifons, & que M. le Monnier avoit continué ce travail; le public en a déja recueilli le fruit, M. le Monnier ayant publié deux volumes de fes obfervations, qui ferviront à connoître l'erreur des tables; il continue ce travail avec ardeur & avec affiduité; & il efpere publier fucceffivement le réfultat de fes obfervations à la fin de chaque période; au refte il ne faut pas croire, comme je l'ai remarqué & prouvé ce me femble le premier dans mes *recherches fur le fyftême du monde, troifieme partie*, qu'au bout de la période de deux cens vingt-trois lunaifons, les inégalités reviennent exactement les mêmes; mais la différence n'eſt pas bien confidérable, & au moyen d'une méthode facile que j'ai indiquée, on peut déterminer affez exactement l'erreur des tables pour chaque lieu calculé de la *lune*. Voyez *l'article xxxj*. de l'ouvrage cité.

Pour achever de rendre compte des travaux des Géometres de notre fiecle fur la *lune*, il ne nous reſte plus qu'à parler de leurs recherches fur la maffe de cette planete. M. Newton, par quelques phenomenes des marées, avoit effayé de la déterminer. *Voyez* FLUX & REFLUX. M. Daniel Bernouilli a depuis corrigé ce calcul; enfin par une théorie de la préceffion des équinoxes & de la nutation, j'ai déterminé la maffe de la *lune* d'environ un $\frac{1}{71}$ de celle de la terre; c'eſt-à-dire environ la moitié de ce qu'avoit trouvé M. Newton; ce calcul eſt fondé fur ce que la nutation de l'axe de la terre vient prefque uniquement de la force lunaire, & qu'au contraire la préceffion vient de la force lunaire & de la force folaire réunies; d'où il s'enfuit qu'on trouvera le rapport des deux forces, en comparant la quantité obfervée de la nutation avec la quantité obfervée de la préceffion. Or le rapport des forces étant connu, on en déduit aifément la maffe de la *lune*. *Voyez* mes *recherchs fur la préceffion des équinoxes*, 1749, & la *feconde partie de mes recherches fur le fyftême du monde*, *liv.* III. *art. iij.* voyez *auffi les articles* NUTATION & PRÉCESSION.

J'ajouterai ici que dans l'hypothefe de la non-fphéricité de la *lune*, la terre & le foleil doivent produire dans l'axe de cette planete un mouvement analogue à celui que l'action de la *lune* & du foleil produifent dans l'axe de la terre, & d'où réfulte la préceffion des équinoxes; fur quoi *voyez* mes *recherches fur le fyftême du monde, feconde partie*, *articles cccxliij* & *fuiv.* voyez *auffi l'article* LIBRATION. Au refte, fi les diametres de la *lune* font inégaux, leur inégalité eſt très-peu fenfible par les obfervations, comme je l'ai prouvé dans les mêmes *recherches, feconde partie*, *art. ccclxxvj* & *fuiv.* (O)

LUNE, (*Chimie.*) nom que les Chimiſtes donnent à l'argent. *Voyez* ARGENT.

LUNE, *cryftaux de*, (*Chimie.*) c'eſt ainfi qu's'appelle le fel qui réfulte de l'union de l'acide nitreux & de l'argent. Les cryftaux de *lune* fondus & moulés dans une lingotiere, fourniffent la pierre infernale des Chirurgiens. *Voyez* PIERRE INFERNALE. (*b*)

LUNE, (*Hiſt. nat. Chimie, Métallurgie & Minéralogie.*) *luna chimicorum*; c'eſt le nom fous lequel un grand nombre de Chimiſtes ont défigné l'argent.

Comme dans l'article ARGENT, *contenu dans le premier volume de ce Dictionnaire, on n'eſt point entré dans tous les détails nécellaires pour faire connoître ce métal, fes mines & les opérations par lefquelles on eſt obligé de le faire paſſer, on a cru devoir y fuppléer ici, afin de ne rien laiſſer à défirer au lecteur fur une matiere fi intéreffante.*

L'argent eſt un des métaux que l'on nomme *parfaits*, à caufe de la propriété qu'il a de ne point s'altérer ni dans le feu, ni à l'air, ni dans l'eau. Il eſt d'un blanc brillant, dur, fonore; & c'eſt après l'or, le plus duêtile des métaux. Sa pefanteur eſt à celle de l'eau comme 11091 eſt à 1000. Son poids eſt à celui de l'or environ comme 5 eſt à 9. L'argent entre en fufion plus promptement que le cuivre. Il fe diſſout très-aifément dans l'acide nitreux; il fe diffout dans l'acide vitriolique, lorfqu'on fait bouillir ce diffolvant. Il s'unit avec l'acide du fel marin qui le dégage & le précipite des autres diffolvans, & forme avec lui ce qu'on appelle *lune cornée*. Il a beaucoup de difpofition à s'unir avec le foufre, & par cette union l'argent devient noir ou rougeâtre. Il s'amalgame très-bien avec le mercure. Il ne fe diffout point dans le feu par la litharge ou le verre de plomb.

L'argent fe montre fous un grand nombre de formes différentes dans le fein de la terre, ce qui fait que les Minéralogiftes en comptent plufieurs mines différentes.

1°. Ce métal fe trouve fous la forme qui lui eſt propre, c'eſt ce qu'on nomme *argent-vierge* ou *argent-natif*, alors il eſt très-aifé à reconnoître; il fe montre fous différentes formes, tantôt il eſt en maffes compactes & folides, que les Efpagnols nomment *pepitas*. Il y en a de différentes grandeurs; M. Henckel dans la préface de fa pyritologie nous apprend que l'on trouva autrefois dans les mines de Freyberg en Mifnie une maffe d'argent natif qui pefoit 400 quintaux. L'argent natif fe trouve fort communément par lames ou en petits feuillets attachés à la pierre qui lui fert de matrice. Il forme fouvent des ramifications femblables à des arbriffeaux ou à des feuilles de fapin, enfin il reffemble très-fouvent à des fils ou à des poils. Cet argent natif n'eſt point parfaitement pur, il eſt fouvent mêlé d'arfenic ou de foufre ou même de cuivre.

2°. L'argent eſt minéralifé avec du foufre feul, & forme la mine que l'on nomme *mine d'argent vitreufe*, parce qu'elle a quelque reffemblance avec du verre. Elle a à peu près la couleur du plomb, quoique cependant elle foit un peu plus noire que ce métal. Cette mine eſt fi tendre, qu'on peut la couper avec un couteau; elle prend différentes formes, & fe mêle fouvent avec des mines d'autres métaux. Cette mine d'argent eſt très-riche, & ne contient que peu de foufre.

3°. La mine d'argent rouge n'eſt compofée que d'argent, de foufre & d'arfenic; tantôt elle eſt par maffes compactes & arrangées en criftaux; elle eſt en criſtaux réguliers d'un rouge vif comme celui du rubis ou du grenat; tantôt elle eſt d'un brun noirâtre, & fans transparence, alors elle eſt très-riche; quelquefois elle te ne des efpeces de lames ou d'écailles. Cette mine fe trouve fort abondamment dans les mines d'Andreasberg au Hartz. Cette mine d'argent écrafée donne une poudre rouge; expofée au feu, elle pétille & fe gerfe; après quoi elle entre aifément en fufion, & le feu en dégage l'arfenic.

4°. La mine d'argent cornée, en allemand *horn-ertz*; elle eſt extrèmement rare; c'eſt de l'argent qui a été minéralifé par l'acide du fel marin, fuivant quelques auteurs; & par l'arfenic, fuivant d'autres. Il y en a de la brune, & un peu tranfparente comme la corne; ce qui lui a fait donner fon nom; cette efpece est cassante. Il y en a aussi qui a une couleur qui approche de celle des perles ; elle est demi-transparente & ductile. Cette mine se volatilise à un grand feu. On en a trouvé à Johann-Georgenstadt en Misnie.

5°. La mine d'argent blanche est composée d'argent, de cuivre, de soufre, d'arsenic, & quelquefois d'une petite portion de plomb. C'est improprement qu'on lui donne le nom de *mine d'argent blanche*, vû qu'elle est d'un gris clair. Plus elle contient de cuivre, plus elle est d'une couleur foncée, & alors on la nomme *mine d'argent grise*, en allemand *fahl-ertz*. C'est relativement à cette derniere que la premiere s'appelle *blanche*. Ces mines varient pour la quantité d'argent qu'elles contiennent ; souvent elles en ont jusqu'à vingt marcs par quintal.

6°. La mine d'argent en plumes, en allemand *feder-ertz* ; c'est une mine composée de petites houpes semblables à des poils ou aux barbes d'une plume ; elle est légere & noire comme de la suie, & colore les doigts. C'est de l'argent minéralisé par le soufre, l'arsenic & l'antimoine. On pourroit soupçonner que cette mine est formée par la décomposition de celle que les Allemands nomment *leber-ertz*, ou *mine de foie*, qui n'est autre chose que l'argent minéralisé par le soufre & l'antimoine ; elle est brune, & se trouve à Braunsdorf en Saxe.

7°. La mine d'argent de la couleur de merde d'oie, est un mélange de la mine d'argent rouge & grise, de l'argent natif dans une roche verdâtre ou dans une espece d'ochre. Elle est très-rare.

Telles sont les principales mines d'argent ; mais ce métal se trouve encore en plus ou moins d'abondance dans les mines d'autres métaux ; c'est ainsi qu'il n'y a presque point de mine de plomb qui ne contienne une portion d'argent ; il n'y a, dit-on, que la mine de plomb de Willach en Carinthie, qui n'en contient point du tout. *Voyez* PLOMB. Plusieurs terres ferrugineuses jaunes & couleur d'ochre, contiennent aussi de l'argent ; les Allemands les nomment *gilben*. On trouve des terres noires qui ne sont que des mines décomposées qui renferment ce métal. L'argent se rencontre aussi dans des mines de fer, dans celles de cobalt, dans des pyrites, dans la blende ou mine de zinc. On en trouve même dans des ardoises ou pierres feuilletées, dans des terres argilleuses, dans quelques especes de *guhrs*, &c. L'or natif est souvent mêlé d'une portion d'argent. *Voy.* OR.

M. de Justi, célebre minéralogiste allemand, assure avoir trouvé à Annaberg en Autriche, une mine dans laquelle l'argent se trouvoit minéralisé avec un alkali, & enveloppé dans de la pierre à chaux. Cette découverte seroit importante dans la minéralogie, vû que jusqu'ici on ne connoissoit que le soufre & l'arsenic, qui fussent propres à minéraliser les métaux. Cependant il y a lieu de douter de la réalité de la découverte de M. de Justi, qui demande des preuves plus convaincantes que celles qu'il a données jusqu'à présent au public.

Il est bon de remarquer que la plûpart des minéralogistes ont donné le nom de *mines d'argent* à des mines qui contenoient une très-petite quantité de ce métal, contre une beaucoup plus grande quantité, soit de cuivre, soit de fer, &c. Il est évident que ces dénominations sont vicieuses, & qu'il seroit plus exact de nommer ces mines d'après le métal qui y domine, en ajoutant qu'elles contiennent de l'argent ; ainsi la mine d'argent grise pourroit s'appeller *mine de cuivre tenant argent*. Il en est de même de beaucoup d'autres.

Aucun pays ne produit une aussi grande quantité d'argent que l'Amérique espagnole ; c'est sur-tout dans le Potosi & le Méxique que se trouvent les mines les plus abondantes de ce métal. L'Europe ne laisse pas d'en fournir une très-grande quantité. On en trouve principalement dans les mines du Hartz, qui produisent un revenu très-considérable pour la maison de Brunswick. Les mines de Freyberg en Misnie, ont été pareillement depuis plusieurs siecles, une source de richesses pour la maison de Saxe. L'Espagne fournissoit autrefois une quantité d'argent presqu'incroyable aux Carthaginois & aux Romains. Pline nous apprend qu'Annibal en tiroit réguliérement de la seule mine de Belbel trois cens livres par jour. Il paroît que depuis que ce pays eut été entierement soumis aux Romains, ces fiers conquérans tirerent d'Espagne la valeur de 111542 livres d'argent dans l'espace de neuf années. La Norvege produit aussi une assez grande quantité d'argent. On trouvera dans le premier volume de ce Dictionnaire à *l'article* ARGENT, les noms des principaux endroits du monde, où l'on trouve des mines de ce métal, ainsi que les différens noms que les Espagnols donnent aux différentes mines du Potosi.

Lorsque l'on a trouvé une mine d'argent, il faudra s'assurer par les essais de la quantité de ce métal qui y est contenu. Si c'est de l'argent natif, on n'aura qu'à dégager ce métal de la matrice ou de la roche qui l'enveloppe, après quoi on le fera fondre dans un creuset avec du flux noir ; ou bien on joindra la mine pulvérisée avec du mercure, qui formera un amalgame avec l'argent ; on passera cet amalgame par une peau de chamois, & on prendra la masse qui sera restée dans le chamois, & on la placera sous une moufle pour en dégager le mercure ; par ce moyen l'on aura l'argent seul que l'on pesera. Si la mine d'argent que l'on voudra essayer est du sulfureuse ou arsénicale, ou l'un & l'autre à-la-fois, on commencera par la pulvériser grossierement, on la fera griller doucement pour en dégager les substances étrangeres ; après quoi on fera fondre huit parties de cette mine avec une écuelle placée sous une moufle ; on y portera une partie de la mine grillée & encore chaude, on y aura mêlée préalablement avec partie égale de litharge ; on augmentera le feu, on remuera le mélange, afin que l'argent qui est dans la mine puisse s'incorporer avec le plomb fondu ; lorsqu'il se sera formé une scorie semblable à du verre à la surface, on vuidera le tout dans une coupelle que l'on aura frottée de suif ; le plomb uni à l'argent tombera au fond, & formera un culot ou régule, à la surface duquel seront les scories que l'on pourra en détacher. Ce régule est alors en état de passer à la coupelle. *Voyez* COUPELLE & ESSAI.

Les mines d'argent se traitent en grand de trois manieres ; savoir 1°. par la simple fusion ; 2°. en les joignant soit avec du plomb, soit avec de la litharge, soit avec des mines de plomb ; 3°. en les amalgamant avec du mercure.

Lorsque les mines d'argent sont très-riches, telles que celles qui contiennent de l'argent vierge, les mines d'argent rouges & blanches, &c. on les fait griller pour dégager les parties sulfureuses & arsénicales qui pourroient y être jointes ; après quoi on les fait fondre simplement dans le fourneau, & en leur joignant un fondant qui puisse vitrifier la pierre qui sert de matrice à la mine d'argent, par-là ce métal se dégage & tombe au fond du fourneau. On le purifie ensuite pour lui enlever les substances étrangeres qui ont pû se combiner avec lui.

Mais comme les mines d'argent vierge sont assez rares, & comme ce métal est plus communément joint en petite quantité avec un grand volume d'autres métaux, tels que le cuivre & le plomb, on est obligé de joindre du plomb ou de la mine de plomb, avec de la mine d'argent, après l'avoir grillée, afin que le plomb s'unisse avec ce métal, le sépare des autres métaux, & l'entraîne au fond du fourneau ;

tandis que les matieres hétérogenes font converties en fcories, & nagent à fa furface. Ce plomb ainfi combiné avec l'argent, fe nomme *plomb d'œuvre*; on le verfe dans des poëllons de fer, où il refroidit & prend de la confiftance. *Voyez* ŒUVRE. Ce plomb uni avec l'argent eft en gâteaux, que l'on porte à la grande coupelle, où le plomb eft converti en un verre que l'on nomme *litharge*, & l'argent feul refte fur la coupelle. *Voyez* COUPELLE.

Lorfque les mines font peu riches en argent, on tâche de rapprocher & de concentrer fous un moindre volume l'argent qu'elles contiennent, fans quoi on dépenferoit trop en plomb pour les mettre en fufion. Pour cet effet, on mêle ces mines d'argent avec des fcories & avec des pyrites, & on les fait fondre au fourneau; c'eft ce qu'on appelle *dégroffir* la mine. Ce travail produit un mélange ou une matte, que l'on fait paffer par différens feux pour la griller; après quoi on joint ces mattes grillées avec des mines d'argent plus riches, ou avec du plomb ou des mines de plomb que l'on traite de la maniere indiquée ci-deffus, alors le produit s'appelle *matte de plomb*; elle nage au-deffus du plomb d'œuvre & au-deffous des fcories. Lorfque la matte de plomb a été grillée convenablement, on en fait l'effai en petit, pour favoir la quantité d'argent qu'il donne à la grande coupelle.

Lorfque des mines de cuivre contiennent une portion d'argent, on l'obtient en joignant du plomb au cuivre, opération qui fe nomme *liquation*. Voyez *cet article*.

Dans les pays où l'on trouve beaucoup d'argent vierge, ou bien où le bois eft trop rare pour qu'on faffe fondre ces mines, on les traite par l'amalgame, en les écrafant & en les triturant enfuite avec le mercure que l'on fait évaporer enfuite par le moyen du feu; c'eft là ce qui fe pratique au Pérou, au Potofi & dans les autres endroits de l'Amérique efpagnole. *Voyez* PIGNES.

Au fortir des travaux en grand, il eft très-rare que l'argent foit d'une pureté parfaite: quand on veut l'avoir entierement pur, on eft obligé de le faire paffer par de nouvelles opérations; la principale eft celle de la coupelle, *voyez* COUPELLE. Elle eft fondée fur la propriété que le plomb a de vitrifier tous les métaux, à l'exception de l'or & de l'argent; mais la coupelle n'a point toujours purifié l'argent auffi parfaitement qu'on le defire, alors pour achever de le rendre pur, on fe fert du foufre. Pour cet effet, on prendra de l'argent de coupelle que l'on mettra dans un creufet avec du foufre; on donnera un feu affez fort pour que l'argent entre en fufion; lorfqu'il fera parfaitement fondu, on vuidera la matiere dans un mortier de fer; lorfqu'elle fera refroidie, elle aura la couleur du plomb & fera femblable à la mine d'argent vitreufe. On divifera cette maffe & on la pulvérifera autant qu'il fera poffible; on la mettra dans une écuelle de terre, où on la fera calciner pour en dégager le foufre; lorfqu'il fera entierement diffipé, on fera fondre l'argent avec du borax & de l'alkali fixe, & l'argent qu'on obtiendra fera parfaitement pur.

On peut encore purifier l'argent par le moyen du nitre. On n'a pour cela qu'à faire fondre de l'argent de coupelle avec ce fel, & le tenir en fufion jufqu'à ce qu'il n'en parte plus aucune vapeur. Alors l'argent fera auffi pur que l'on puiffe le defirer; on jugera que ce metal aura été parfaitement purifié, lorfque les fcories qui fe forment à fa furface n'auront aucune couleur verte.

On purifie encore l'argent par le moyen de l'antimoine crud, dont le foufre s'unit aux métaux qui font alliés avec l'argent, fans toucher à ce métal qui fe combine avec la partie réguline de l'antimoine. On le fépare enfuite de ce régule en le faifant détonner avec le nitre qui réduit l'antimoine en chaux fans décompofer l'argent.

Pour s'affurer fi l'argent eft pur, on n'aura qu'à le faire diffoudre dans de l'eau forte; pour peu qu'il donne une couleur verte à ce diffolvant, on aura lieu d'être convaincu que l'argent contenoit encore quelques portions de cuivre. C'eft fouvent le plomb qui a été joint avec l'argent dans la coupelle, qui lui communique du cuivre, & c'eft ce cuivre qui eft caufe du déchet que l'on éprouve lorfqu'on fait fondre l'argent à plufieurs reprifes, parce qu'alors l'action du feu calcine le cuivre, ce qui eft caufe du déchet dont on s'apperçoit. Si on verfe de l'alkali volatil fur de l'argent, il fe colorera en bleu, pour peu que ce métal contienne du cuivre.

Lorfque l'argent eft parfaitement pur, il eft fort mou, au point qu'il eft difficile d'en faire des ouvrages d'orfévrerie, c'eft pour cela qu'on l'allie communément avec du cuivre pour lui donner du corps. D'où l'on voit que les vaiffeaux d'argent ainfi allié, peuvent avoir fouvent les mêmes dangers que les vaiffeaux ou uftenfiles de cuivre. Si l'on vouloit avoir des pieces d'argent parfaitement pur, il faudroit les faire faire plus épaiffes & plus fortes.

Les Orfèvres pour donner de la blancheur & de l'éclat aux ouvrages d'argent, les font bouillir dans une eau où ils ont fait diffoudre du tartre avec du fel marin, auxquels quelques-uns joignent du fel ammoniac. On fent aifément que cette opération n'eft point une vraie purification; elle ne pénetre point dans l'intérieur de l'argent, & n'enleve que les parties cuivreufes qui fe trouvent à la furface.

Ce qu'on appelle le *titre de l'argent*, eft fon degré de pureté. Une maffe d'argent quelconque fe divife en douze parties, que l'on nomme *deniers*, & chaque denier en trente-deux grains. Ainfi fi une maffe étoit compofée de onze parties d'argent fin & d'une douzieme de cuivre, on diroit que cet argent *eft à onze deniers* & ainfi de fuite. En Allemagne l'argent eu égard à fa pureté, fe divife en feize parties que l'on nomme *loths* ou *demi-onces*. La maniere dont les Orfèvres jugent communément de la pureté ou du titre de l'argent eft très-peu exacte; ils frottent la piece d'argent qu'ils veulent connoître fur une pierre de touche, fur la trace que ce métal a laiffé fur la pierre, ils mettent de l'eau forte; fi elle devient verte ou bleuâtre, ils jugent que cet argent contient du cuivre, mais ils ne peuvent point connoitre par-là la quantité de cuivre que l'argent contient; d'ailleurs cette épreuve ne peut faire connoitre fi les morceaux qu'on leur préfente ne renferment point quelque autre métal à leur intérieur.

Les Chimiftes ont long-tems cru que l'argent non plus que l'or ne pouvoit point fe calciner, c'eft-à-dire, que l'action du feu ne pouvoit point le décompofer ou lui enlever fon phlogiftique: maintenant on eft convaincu de cette verité. On n'a qu'à exposer de l'argent en limaille, ou ce qui vaut encore mieux, on prendra de l'argent, qui aura été diffout dans de l'eau forte, on l'expofera pendant deux mois à un feu de réverbere qui ne foit point affez fort pour le faire fondre, & l'on obtiendra une véritable chaux d'argent; d'où l'on voit que l'argent perd fon phlogiftique, quoique plus lentement que les autres métaux. Cette chaux d'argent vitrifiée donne un verre jaune.

L'auteur d'un ouvrage allemand fort eftimé des Chimiftes, qui a pour titre *Alchymia denudata*, indique un autre moyen pour calciner l'argent. Il dit de mettre l'argent en cementation avec de la craie, de la corne de cerf, &c. & de l'expofer enfuite à un feu de réverbere. Le même auteur donne encore un autre procédé; il confifte à diffoudre l'argent dans l'acide nitreux ; on met cette dissolution dans une cornue, on y ajoute de l'acide vitriolique & du mercure. On pousse le feu fortement ; d'abord il passe un peu de mercure dont une partie demeure unie avec les acides, mais il s'attache au col de la cornue un vrai cinnabre. En répétant plusieurs fois cette opération, la quantité du cinnabre qui s'attache au col de la cornue augmente, & à la fin on ne retrouve plus d'argent. M. Rouelle trouve que ce procédé démontre que l'acide vitriolique s'unit avec le phlogistique de l'argent, ce qui fait du soufre ; & ce soufre en se combinant avec le mercure forme un vrai cinnabre.

De l'argent pur exposé à un feu très-violent pendant un mois n'a perdu qu'un $\frac{1}{96}$ de son poids ; au lieu que l'or p, exposé à ce même feu pendant trois mois, n'a souffert aucun déchet.

L'argent se dissout dans l'acide nitreux, dans l'acide vitriolique & dans l'acide du sel marin, mais ce métal n'est point attaqué par l'eau régale. Les acides tirés des végétaux agissent sur l'argent, pourvû que son aggrégation soit rompue, c'est-à-dire, pourvû qu'il soit dans un état d'atténuation & de division. Pour faire dissoudre ce métal dans l'acide nitreux, il faut le réduire en lames bien minces que l'on fera rougir pour les rendre plus nettes, & que l'on trempera dans l'esprit de nitre étendu d'eau ; il se fera une effervescence, & lorsqu'elle sera finie la dissolution sera faite ; elle sera claire & un peu jaunâtre, si l'argent est parfaitement pur, mais elle deviendra verdâtre si l'argent contient du cuivre. Si l'argent contient de l'or, ce dernier métal tombera au fond du vaisseau sous la forme d'une poudre ; c'est sur cette expérience qu'est fondée la maniere de séparer l'or d'avec l'argent. *Voyez* DÉPART & QUARTATION.

L'acide vitriolique & l'acide du sel marin ont plus de disposition à s'unir avec l'argent, que l'acide nitreux ; ainsi lorsque l'argent a été dissout dans de l'eau forte, mêlée d'acide vitriolique & d'acide du sel marin ; ces derniers acides s'emparent de l'argent & le précipitent sous la forme d'un sel, cela fournit un moyen de purifier l'eau forte dans les autres acides qui y sont mêlés, ce qui se fait en versant quelques gouttes de dissolution d'argent faite par l'acide nitreux, dans l'eau forte que l'on veut purifier, ce que l'on continue jusqu'à ce qu'il ne se précipite plus rien ; alors l'eau forte s'appelle *précipitée*, & elle est beaucoup plus pure qu'auparavant.

L'argent dissout dans l'acide nitreux, versé dans une eau minérale, est très-propre à faire connoître si cette eau contient le sel appellé *séléniteux*, qui est une combinaison de l'acide vitriolique & d'une terre calcaire ; si une eau contient de ce sel, elle se trouble & devient laiteuse aussi-tôt qu'on y verse quelques gouttes de dissolution d'argent, parce qu'alors l'acide vitriolique contenu dans la sélénite, quitte la terre calcaire pour s'unir avec l'argent.

L'argent dissout dans l'acide nitreux, noircit la peau. On peut s'en servir pour former des desseins sur l'agathe & le caillou ; secret dont on se sert quelquefois pour tromper les curieux qui font des collections d'histoire naturelle sans connoissance de cause.

En faisant évaporer cette dissolution, on obtient des cryftaux blancs, composés de lames qui s'unissent à angles droits, & qui, lorsque l'évaporation s'est faite doucement ressemblent assez à ceux du nitre quadrangulaire ; c'est-là ce que quelques Chimistes ont nommé assez mal-à-propos *vitriol de lune*, on les appelle avec plus de raison *cryftaux de lune*. Lorsqu'avant de faire évaporer la dissolution, on y a joint un peu d'esprit de vin, ces cryftaux se nomment *hydragogue d'angelus sala* ou *sel metallorum*,

parce qu'ils ont un goût amer ; ce remède qui est peu sûr, est corrosif & passe pour un puissant diurétique.

Si on met des cryftaux de *lune* dans du plomb fondu, & qu'on leur donne le tems de s'y incorporer par la fusion, tout l'argent passera dans le plomb. C'est une des fourberies des Alchimistes qui s'en servent pour persuader aux simples, qu'ils savent convertir le plomb en argent.

Si l'on joint du mercure à de l'argent qui a été dissout dans l'acide nitreux, on obtiendra une végétation métallique que l'on nomme *arbre de Diane*.

Les cryftaux de *lune* unis avec de la dissolution de mercure, étendue dans une grande quantité d'eau, teignent les cheveux en noir. Si on fait évaporer jusqu'à siccité la dissolution d'argent par l'acide nitreux dans une capsule de verre, garnie de terre grasse que l'on place à feu nud ; les cryftaux de *lune* entreront en fusion : en versant la matiere fondue dans des moules, on aura ce qu'on appelle le *caustique lunaire* ou la *pierre infernale*. Il faut pour cela de l'argent très-pur, parce que s'il étoit mêlé de cuivre, la pierre infernale attireroit l'humidité de l'air. Cette méthode est celle de M. Rouelle.

Kunckel dit dans son *laboratoire chimique*, que si l'on fait fondre la pierre infernale dans un creuset, & que l'on y joigne de l'esprit d'urine avec de son sel, *spiritum urinæ cum suo sale*, en donnant un degré de chaleur convenable, il se fait une masse tenace d'un rouge de sang, & que l'on peut plier comme un fil autour du doigt.

L'argent qui a été dissout dans l'acide nitreux, se précipite par l'alkali fixe, par l'alkali volatil ; mais il ne faut en mettre que ce qui est nécessaire pour saturer l'acide nitreux, sans quoi l'argent qui aura été précipité se dissoudra de nouveau. Cette précipitation se fait encore par les terres calcaires, par le zinc, le fer, le cuivre, le plomb, le bismuth, le mercure ; par ce moyen on a de l'argent très-atténué & très-pur que l'on pourra édulcorer avec de l'eau chaude, pour lui enlever l'acide nitreux qui lui est demeuré attaché, & ensuite avec du vinaigre pour en enlever les petites molécules de cuivre qui peuvent encore lui être jointes.

Cette dissolution de l'argent se précipite encore par le moyen de l'acide vitriolique, l'argent tombe sous la forme d'une poudre blanche. Quand on veut dissoudre l'argent par l'acide vitriolique, il faut que ce dissolvant soit chauffé & que l'aggrégation de ce métal ait été rompue. Le sel produit par la combinaison de l'acide vitriolique & de l'argent est fusible, comme la *lune cornée*, dont nous allons parler.

Kunckel dit, que si on fait dissoudre de l'argent dans de l'esprit de nitre ; qu'on précipite ce métal par le cuivre, qu'on édulcore & qu'on fasse sécher le précipité ; qu'on y verse ensuite deux parties d'acide vitriolique concentré ; on mettra le tout au bain de sable, & on donnera le degré de feu nécessaire pour faire bouillir la dissolution & pour l'évaporer, jusqu'à ce que la matiere soit fluide comme de la cire. Si on joint à cette dissolution de mercure vif, elle prendra la consistence d'une *pierre*, & elle deviendra rouge & malléable. En ajoûtant plus d'acide vitriolique, cette masse devient si solide, qu'il n'y a plus que le feu de fusion qui puisse la décomposer. *Voyez* le *laboratoire chimiq*.

Si dans une dissolution d'argent par l'acide nitreux on verse de l'acide du sel marin, ou du sel marin dissout dans de l'eau, il se fait une effervescence, le mélange devient trouble & il se forme une espece de matiere coagulée, qui n'est autre chose que de l'argent combiné avec l'acide du sel marin ; c'est ce qu'on nomme *lune cornée*, parce qu'elle entre en fusion

sion à un feu assez foible, & alors elle forme une espece de verre semblable à de la corne. Cette matiere est volatile au feu, insoluble dans l'eau. M. Henckel a cru que cette *lune cornée* étoit une espece de verre malléable si recherché par les anciens, vû que cette substance a de la fléxibilité. Les Alchimistes ont regardé la *lune cornée* comme un moyen de parvenir à la calcination de l'argent ; ils ont exposé cette substance pendant long-tems au feu de réverbere sans la laisser entrer en fusion, & ils se promettent de grands effets de cette chaux.

La volatilité de la *lune cornée*, la rend très-difficile à réduire ; il faut pour cela recourir à des intermedes. On met de l'antimoine dans une cornue avec la *lune cornée* ; on donne un feu très-violent, par ce moyen l'acide du sel marin s'unit à l'antimoine & forme du beurre d'antimoine, & l'argent reste au fond de la cornue uni avec un peu d'antimoine, dont on le sépare en le faisant détonner avec du nitre.

On peut encore faire cette réduction de la *lune cornée*, en mettant avec elle du plomb dans une cornue, la réduction est faite aussi-tôt que le plomb a été fondu. Il se forme au-dessus du plomb une scorie qui ressemble beaucoup à de la *lune cornée*, & qui en a le poids ; expérience, qui suivant M. Zimmermann, mérite l'attention des Chimistes.

Le soufre s'unit avec l'argent, & le rend si fusible & si divisé, qu'il perce les creusets, & en mêmetems il devient si cassant, que l'on peut le pulvériser. C'est sur la disposition que le soufre a s'unir à l'argent, qu'est fondée l'opération par laquelle l'on dégage l'or d'avec l'argent par la voie seche, parce que le soufre ne touche point à l'or. *Voyez, séparation ou départ de la voie seche*. Lorsque l'argent est uni avec le soufre, l'eau forte n'agit plus sur ce métal, parce qu'il est alors entouré d'une enveloppe grasse ; qui le défend contre l'action de l'acide. On peut dégager l'argent du soufre, en le faisant fondre avec du cuivre, auquel on pourra joindre un peu de limaille de fer à la fin de l'opération. On peut encore dégager ce soufre par le moyen de l'alkali fixe, en prenant garde de ne point faire du foie de soufre qui dissoudroit l'argent : ce soufre se dégagera aussi, si on joint du mercure sublimé avec l'argent sulfuré, alors le soufre s'unira au mercure & fera du cinnabre, tandis que l'argent s'unira à l'acide du sel marin avec qui il fera la *lune cornée*.

Les Alchimistes, toujours occupés de mysteres, ont donné plusieurs noms différens à l'argent ; ils ont désigné ce métal sous le nom de *luna*, *lumen minus*, *regina*, *Diana*, *mater Diana*, *fermentum album*. Ils ont cru que pour être de l'or, il ne lui manquoit qu'un *soufre colorant*, mais ils n'ont point jugé à-propos de nous expliquer ce qu'ils entendoient par là.

Les Chimistes disent, que l'argent est composé, 1°. d'une terre fine qui se démontre par sa fixité au feu, & par la difficulté qu'on a de la calciner, 2°. d'une terre inflammable qui est le phlogistique, 3°. d'une terre mercurielle qui lui donne la fusibilité.

A l'exception de la pierre infernale, l'argent n'est d'aucun usage dans la Médecine & dans la Pharmacie ; les prétendues *teintures lunaires* dont parlent quelques auteurs, sont des remedes très-suspects, vû que l'argent par lui-même ne donne point de couleur ; & lorsqu'il en donne une, elle est dûe au cuivre avec qui il est mêlé.

Les usages de l'argent dans les arts & métiers, sont très-étendus & très-connus de tout le monde ; on ne s'arrêtera pas à les décrire ici, vû qu'il en sera parlé aux articles où l'on traite ces différens arts.

Quand on voudra argenter une piece à froid, on

Tome IX.

n'aura qu'à faire dissoudre de l'argent dans de l'eau-forte ; on précipitera la dissolution par le cuivre ; on mêlera l'argent qui se sera précipité, avec parties égales de sel ammoniac & de sel marin ; on frottera avec ce mélange la piece de cuivre jaune que l'on voudra argenter. D'autres artistes font dans l'usage de se servir de sel marin & de crême de tartre, au lieu du mélange précédent.

LUNE CORNÉE, (*Chimie Métall.*) les Chimistes nomment ainsi l'argent qui a été dissout dans l'esprit de nitre, & précipité par de l'esprit de sel, par une dissolution de sel marin, ou de sel ammoniac. Pour cette opération, on fait dissoudre de l'argent dans de l'esprit de nitre ; ensuite on fait dissoudre du sel marin ou du sel ammoniac dans de l'eau ; on verse l'une de ces dissolutions, ou bien simplement de l'esprit de sel dans l'esprit de nitre chargé d'argent ; il devient trouble & laiteux ; on ajoute de l'eau claire, & on laisse reposer ce mélange. Au bout de quelque tems il tombe au fond du vaisseau une poudre ou un précipité blanc ; on décante la liqueur qui surnage, & on verse de nouveau de l'esprit de nitre ; ou de l'esprit de sel sur le précipité, & l'on fait chauffer le tout au bain de sable ; on décante cette nouvelle liqueur ; on verse de l'eau chaude sur le précipité ; on le fait bouillir ; on réitere la même chose plusieurs fois, jusqu'à ce que l'eau soit entierement insipide ; on la décante, & l'on fait sécher la poudre blanche ou le précipité qui a été ainsi édulcoré ; c'est là ce qu'on nomme *lune cornée*. C'est de l'argent combiné avec de l'acide du sel marin : cette combinaison de l'argent est très-aisée à mettre en fusion ; & quand elle a été fondue, elle forme une masse qui ressemble à de la corne ; c'est ce qui lui a fait donner le nom de *lune cornée*. Cette matiere conserve une certaine flexibilité, de-là vient que M. Henckel a cru que ce pouvoit être-là le verre malléable des anciens.

Il n'y a point de moyen plus sûr d'avoir un argent bien pur & dégagé de toute partie cuivreuse, que de le mettre en *lune cornée*. On peut ensuite en retirer ce métal ou le réduire, en mettant la *lune cornée* dans un creuset enduit de savon ; on y joint la moitié de son poids de sel de tartre bien sec & pulvérisé, que l'on couvrira d'huile, de suif, ou de quelque matiere grasse, on placera le creuset dans un fourneau de fusion ; on ne donnera d'abord qu'un degré de feu suffisant pour faire rougir le creuset ; on l'augmentera ensuite, & l'on remettra de tems en tems de nouvelle matiere grasse ; lorsqu'il ne partira plus de fumée du creuset, on le vuidera à l'ordinaire dans un cône de fer enduit de suif. *Voyez, la Chimie pratique de M. Maquer*.

LUNE, (*Mythologie.*) Pindare l'appelle ingénieusement *l'œil de la nuit*, & Horace, *la reine du silence*, *Diana, quæ silentium regis !* C'étoit après le soleil, la plus grande divinité du paganisme : Hésiode la fait fille de Théa, c'est-à-dire, de la divinité. Une partie des peuples orientaux l'honoroient sous le titre d'*Uranie*, ou de *Célesse*. C'est elle que les Egyptiens adoroient sous le symbole du bœuf Apis ; les Phéniciens sous le nom d'*Astarté* ; les Perses sous le nom de *Militra* ; les Arabes sous le nom d'*Alizat* ; les Africains sous le nom du dieu *Lunus* ; les Grecs & les Romains sous le nom de *Diane*.

L'Ecriture-sainte parle souvent du culte que l'on rendoit à la reine du ciel, car le soleil en étoit le roi ; & Macrobe a prétendu que toutes les divinités des payens pouvoient se rapporter à ces deux astres. Du moins il est sûr qu'ils firent l'un & l'autre les premiers objets de l'idolatrie chez la plûpart des peuples de la terre.

Les hommes frappés de ces deux globes lumineux

B b b b

qui brilloient sur tous les autres avec tant de grandeur & de régularité, se persuaderent aisément qu'ils étoient les maitres du monde, & les premiers dieux qui le gouvernoient. Ils les crurent animés; & comme ils les voyoient toûjours les mêmes, & sans aucune altération, ils jugerent qu'ils étoient immuables & éternels.

Dès-lors on commença à se prosterner devant eux, à leur bâtir des temples découverts, & à leur adresser mille hommages, pour se les rendre favorables.

Mais la *lune* ne paroissant que la nuit, inspira le plus de craintes & de frayeurs aux hommes; ses influences furent extrèmement redoutées; de-là vinrent les conjurations des magiciennes de Thessalie, celles des femmes de Crotone, les sortiléges, & tant d'autres superstitions de divers genres, qui n'ont pas encore disparu de dessus notre hémisphere.

César ne donna point d'autres divinités aux peuples du Nord, & aux anciens Germains que le feu, le soleil, & la *lune*. Le culte de ce dernier astre franchit les bornes de l'océan germanique, & passa de la Saxe dans la grande Bretagne.

Il ne fut pas moins répandu dans les Gaules; & si nous en croyons l'auteur de la religion des Gaulois, il y avoit un oracle de la *lune* desservi par des druidesses dans l'île de Sain, située sur la côte méridionale de la basse-Bretagne.

En un mot, on ne vit qu'un petit nombre de philosophes Grecs & Romains, qui regarderent la *lune* comme une simple planete, & pour m'exprimer avec Anaximandre, comme un feu renfermé dans la concavité d'un globe dix-neuf fois plus grand que la terre. C'est-là, disent-ils, que les ames moins legeres que celles des hommes parfaits, font reçues, & qu'elles habitent les vallées d'Hécate, jusqu'à ce que dégagées de cette vapeur qui les avoit empêchées d'arriver au séjour céleste, elles y parviennent à la fin. (*D. J.*)

LUNEBOURG, (*Géog.*) *Luneburgum*, ville d'Allemagne, au cercle de la basse Saxe, chef-lieu du duché de même nom. Elle étoit autrefois impériale, mais à présent elle appartient à l'électeur de Hannover; elle a une bonne douane & des salines d'un revenu considérable, sur le produit desquelles sont assignées les pensions de toutes les personnes en charge & des gens d'église; de sorte que ce qui passe ailleurs pour un honoraire, est à *Lunebourg* un vrai salaire, si l'origine de ce mot donnée par Turnebe, *à sale*, n'est pas fausse. *Lunebourg* se trouve situé avantageusement, près d'une montagne qui lui fournit beaucoup de chaux pour bâtir, & sur l'Elmenow, à 14 lieues S. E. de Hambourg, 31 N. de Brunswick. *Long. 28. 15. lat. 53. 28.*

Sagittarius (*Gaspard*) littérateur, & célebre historiographe d'Allemagne, naquit à *Lunebourg* en 1643. Ses principaux ouvrages, comme historiographe, tous écrits en latin, sont l'histoire de la Lusace, du duché de Thuringe, des villes d'Harderwick, d'Halberstad, de Nuremberg; l'histoire de la succession des princes d'Orange, jusqu'à Guillaume III, &c. Il a publié en latin comme littérateur, un traité des oracles, un livre sur les chaussures des anciens, intitulé *de nudipedalibus veterum*, la vie de Tullia fille de Cicéron, & quelques autres, dont le P. Nicéron vous donnera la liste dans ses mémoires des hommes illustres, *tome IV. page 229*. Sagittarius est mort en 1694. (*D. J.*)

LUNEL, (*Blason.*) on appelle ainsi dans le Blason quatre croissans appointés en forme de rose à quatre feuilles; ils ne sont d'usage qu'en Espagne.

LUNENSE MARMOR, (*Hist. nat.*) nom que les anciens donnoient à une espece de marbre blanc plus connu sous le nom de *marbre de Carrare*.

Il étoit très-estimé chez les anciens; il est d'un blanc très-pur, d'un tissu très-serré, & d'un grain très-fin; il s'en trouve encore beaucoup en Italie; il est plus dur que les autres especes de marbre, & a plus de transparence. Quelques auteurs l'ont confondu avec le marbre de Paros; mais ce dernier n'est pas d'un tissu aussi solide, & n'est point si blanc que le marbre de Carrare, quoiqu'il ait plus d'éclat que lui. Em. Mendez d'Acosta, *histoire naturelle des minéraux*, *page 190*. (—)

LUNETTE, s. f. (*Dioptr.*) instrument composé d'un ou de plusieurs verres, & qui a la propriété de faire voir distinctement ce qu'on n'appercevroit que foiblement ou point du tout à la vûe simple.

Il y a plusieurs especes de *lunettes*; les plus simples sont les *lunettes* à mettre sur le nez, qu'on appelle autrement *besicles*, & qui sont composées d'un seul verre pour chaque œil. *Voyez* BESICLES. L'invention de ces *lunettes* est de la fin du xiij. siecle; on l'a attribuée sans preuve suffisante au moine Roger Bacon. On peut voir sur ce sujet le *traité d'optique* de M. Smith, & l'*histoire des Mathématiques* de M. de Montucla, *tome I. page 424*. Dans cette même histoire on prouve (*voyez la page 433. & les additions*) que l'inventeur de ces *lunettes* est probablement un florentin nommé Salvino de Gl'armati, mort en 1317, & dont l'épitaphe qui se lisoit autrefois dans la cathédrale de Florence, lui attribue expressément cette invention. *Alexandre Despina*, de l'ordre des freres Prêcheurs, mort en 1313 à Pise, avoit aussi découvert ce secret, comme on le voit par ce passage rapporté dans une chronique manuscrite; *ocularia ex aliquo primo facta, & communicare nolente, ipse fecit & communicavit*.

Il est très-singulier que les anciens qui connoissoient les effets de la réfraction, puisqu'ils se servoient de spheres de verre pour brûler (*voyez* ARDENT), n'ayent pas connu l'effet des verres lenticulaires pour grossir. Il est même très-singulier que le hasard seul ne leur ait pas fait connoître cette propriété; mais il n'est encore aujourd'hui guere d'invention des *lunettes* simples, qui est d'environ 1300 (car il y a des preuves qu'elles étoient connues dès 1299), & l'invention des *lunettes* à plusieurs verres, ou *lunettes* d'approche, il se fait écoulé 300 ans; car l'invention de ces dernieres est du commencement du xvij. siecle. *Voyez l'article* TÉLESCOPE, où nous détaillerons les propriétés de ces sortes de *lunettes*.

Il y a des *lunettes* à mettre sur le nez, qu'on appelle des *conserves*; mais elles ne méritent véritablement ce nom, que lorsque les font formées de verres absolument plans, dont la propriété se borneroit à affoiblir un peu la lumiere sans changer rien d'ailleurs à la disposition des rayons. Dans ce cas, ils pourroient servir à une vûe qui seroit bonne d'ailleurs, c'est-à-dire, ni *myope* ni *presbyte*, mais qui auroit beaucoup souffert de la part de la lumiere trop vive. Ainsi les *lunettes* qu'on appelle *conserves*, ne méritent donc point ce nom, parce qu'elles sont presque toûjours formées de verres couverxes, qui servent à remédier à un défaut réel de la vûe; défaut qui consiste à ne pas voir distinctement les objets trop proches & trop petits; ce défaut provient de ce que l'œil est trop plat.

Les grandes *lunettes* d'approche s'appellent plus particulierement *télescopes*: elles sont formées de plusieurs verres convexes; les *petites lunettes d'approche*, qu'on appelle aussi *lorgnettes d'opéra*, sont composées de deux verres, un objectif convexe, & un oculaire concave. *Voyez* OBJECTIF, OCULAIRE, & TÉLESCOPE.

Nous avons parlé *au mot* FOYER, des variations que M. Bouguer a observées dans le foyer des grandes *lunettes*, par rapport aux différens observateurs & à la différente constitution de l'atmosphere. Les moyens qu'il propose de remédier à cet inconvénient, sont 1°. de faire en sorte que l'aitre passe à peu de distance du centre du champ ; 2°. de se servir d'un objectif coloré ; 3°. de diminuer beaucoup l'étendue de l'objectif en couvrant les bords d'un diaphragme ; ce qui suppose un objectif bien *centré*. *Voyez* CENTRER. *Voyez* aussi un plus grand détail sur ces différens objets dans l'*ouvrage* de M. Bouguer, *sur la figure de la terre*, p. 208 & suiv. (*O*)

LUNETTES, (*Hist. des invent. mod.*) les *lunettes*, ou plutôt les verres à *lunettes* qu'on applique sur le nez ou devant les yeux pour lire, écrire, & en général, pour mieux découvrir les objets voisins que par le secours des yeux seuls, ne sont pas à la vérité d'une invention aussi récente que les *lunettes* d'approche ; car elles les ont précédé de plus de trois siecles, mais leur découverte appartient aux modernes, & les anciens n'en ont point eu connoissance.

Je sai bien que les Grecs & les Romains avoient des ouvriers qui faisoient des yeux de verre, de crystal, d'or, d'argent, de pierres précieuses pour les statues, principalement pour celles des dieux. On voit encore des têtes de leurs divinités, dont les yeux sont creusés : telles sont celles d'un Jupiter Ammon, d'une Bacchante, d'une idole d'Egypte, dont on a des figures. Pline parle d'un lion en marbre, dont les yeux étoient des émeraudes ; ceux de la Minerve du temple de Vulcain à Athènes, qui, selon Paufanias, brilloient d'un verd de mer, n'étoient sans doute autre chose que des yeux de béril. M. Buonarotti avoir dans son cabinet quelques petites statues de bronze avec des yeux d'argent. On nommoit *faber ocularius*, l'ouvrier qui faisoit ces fortes d'ouvrages ; & ce terme se trouve dans les marbres sépulchraux ; mais il ne signifioit qu'un faiseur d'yeux postiches ou artificiels, & nullement un faiseur de *lunettes*, telles que celles dont nous faisons usage.

Il seroit étonnant si les anciens les eussent connues, que l'histoire n'en eût jamais parlé à propos de vieillards de vûe courte. Il seroit encore plus surprenant, que les Poëtes de la Grece & de Rome, ne se fussent jamais permis à ce sujet aucun de ces traits de satyre ou de plaisanterie, qu'ils ne se sont pas refusé à tant d'autres égards. Comment Pline qui ne laisse rien échapper, auroit-il obmis cette découverte dans son ouvrage, & particulierement dans le *livre VII. ch. lvj*, qui traite des inventeurs des choses ? Comment les medecins grecs & romains, qui indiquent mille moyens pour soulager la vûe, ne disent-ils pas un mot de celui des *lunettes* ? Enfin, comment leur usage qui est fondé sur les besoins de l'humanité, auroit-il pû cesser ? Comment l'art de faire un instrument d'optique si simple, & qui ne demande ni talent, ni génie, se seroit-il perdu dans la suite des tems ? Concluons donc, que les *lunettes* sont une invention des modernes, & que les anciens ont ignoré ce beau secret d'aider & de soulager la vûe.

C'est sur la fin du xiij. siecle, entre l'an 1280 & 1300, que les *lunettes* furent trouvées ; Redi témoigne avoir eu dans sa bibliotheque un écrit d'un Scandro Dipopozzo, composé en 1298, dans lequel il dit : « je suis si vieux que je ne puis plus lire ni écrire » sans verres qu'on nomme *lunettes*, *senza occhiali* ». Dans le dictionnaire italien de l'académie de la Crusca, on lit ces paroles au mot *occhiali* : « frere Jor» danus de Rivalto, qui finit ses jours en 1311, a » fait un sermon en 1305, dans lequel il dit, qu'on a » découvert depuis 20 ans l'art utile de polir des » verres à *lunettes* ». Roger Bacon mort à Oxford en 1292, connoissoit cet art de travailler les verres ;

cependant ce fut vraissemblablement en Italie qu'on en trouva l'invention.

Maria Manni dans ses opuscules scientifiques, *tome IV*, & dans son petit livre intitulé *de gl'occhiali del naso*, qui parut en 1738, prétend que l'histoire de cette découverte est due à Salvino de gl' armati, florentin, & il le prouve par son épitaphe. Il est vrai que Redi, dans sa lettre à Charles Dati, imprimée à Florence en 1678, *in-4°*. avoit donné Alexandre Spina dominicain, pour l'auteur de cette découverte ; mais il paroît par d'autres remarques du même Redi, qu'Alexandre Spina avoit seulement imité par son génie ces sortes de verres trouvés avant lui. En effet, dans la bibliotheque des peres de l'Oratoire de Pise, on garde un manuscrit d'une ancienne chronique latine en parchemin, où est marquée la mort du frere Alexandre Spina à l'an 1313, avec cet éloge : *quæcumque vidit aut audivit facta, scivit, & facere ocularia ab aliquo primò facta, & communicare nolente, ipse fecit, & communicavit.* Alexandre Spina n'est donc point l'inventeur des *lunettes* ; il en imita parfaitement l'invention, & tant d'autres avec lui y réussirent, qu'en peu d'années cet art fut tellement répandu par-tout, qu'on n'employoit plus que des *lunettes* pour aider la vûe. De-là vient que Bernard Gordon, qui écrivoit en 1300 son ouvrage intitulé, *lilium Medicinæ*, y déclare dans l'éloge d'un certain collyre pour les yeux, qu'il a la propriété de faire lire aux vieillards les plus petits caracteres, sans le secours des *lunettes*. (*D. J.*)

LUNETTE D'APPROCHE, (*Hist. des inventions modernes.*) cet utile & admirable instrument d'optique, qui rapproche la vûe des corps éloignés, n'a point été connu des anciens, & ne l'a même été des modernes, sous le nom de *lunettes d'Hollande*, ou *de Galilée*, qu'au commencement du dernier siecle.

C'est en vain qu'on allegue pour reculer cette date, que dom Mabillon déclare dans son voyage d'Italie, qu'il avoit vû dans un monastere de son ordre, les œuvres de Comestor écrites au treizieme siecle, ayant au frontispice le portrait de Ptolomée, qui contemple les astres avec un tube à grands tuyaux ; mais dom Mabillon ne dit point que le tube fût garni de verres. On ne se servoit de tube dans ce tems là, que pour diriger la vûe, ou la rendre plus nette, en séparant par ce moyen les objets qu'on regardoit, des autres dont la proximité auroit empêché de voir ceux-là bien distinctement.

Il est vrai que les principes sur lesquels se font les *lunettes* d'approche ou les téléscopes, n'ont pas été ignorés des anciens géometres ; & c'est peut-être faute d'y avoir réfléchi, qu'on a été si long-tems sans découvrir cette merveilleuse machine. Semblable à beaucoup d'autres, elle est demeurée cachée dans ses principes, ou dans la majesté de la nature, pour me servir des termes de Pline, jusqu'à ce que le hasard l'ait mise en lumiere. Voici donc comment M. de la Hire rapporte dans les *mémoires de l'acad. des Sciences*, l'histoire de la découverte des *lunettes d'approche* ; & le récit qu'il en fait est d'après le plus grand nombre des historiens du pays.

Le fils d'un ouvrier d'Alcmaer, nommé Jacques Métius, ou plutôt Jakob Metzu, qui faisoit dans cette ville de la Nord-Hollande, des lunettes à porter sur le nez, tenoit d'une main un verre convexe, comme l'ont ceux qui servent les presbytes ou vieillards, & de l'autre main un verre concave, qui sert pour ceux qui ont la vûe courte. Le jeune homme ayant mis par amusement ou par hasard le verre concave proche de son œil, & ayant son bras éloigné le convexe qu'il tenoit au devant de l'autre main, il s'apperçut qu'il voyoit au-travers de ces deux verres quelques objets éloignés beaucoup plus grands,

qui brilloient fur tous les autres avec tant de grandeur & de régularité, fe perfuaderent aifément qu'ils étoient les maîtres du monde, & les premiers dieux qui le gouvernoient. Ils les crurent animés ; & comme ils les voyoient toûjours les mêmes, & fans aucune altération, ils jugerent qu'ils étoient immuables & éternels.

Dès-lors on commença à fe profterner devant eux, à leur bâtir des temples découverts, & à leur adreffer mille hommages, pour fe les rendre favorables.

Mais la *lune* ne paroiffant que la nuit, infpira le plus de craintes & de frayeurs aux hommes ; fes influences furent extrèmement redoutées ; de-là vinrent les conjurations des magiciennes de Theffalie, celles des femmes de Crotone, les fortiléges, & tant d'autres fuperftitions de divers genres, qui n'ont pas encore difparu de deffus notre hémifphere.

Céfar ne donna point d'autres divinités aux peuples du Nord, & aux anciens Germains que le feu, le foleil, & la *lune*. Le culte de ce dernier aftre franchit les bornes de l'océan germanique, & paffa de la Saxe dans la grande Bretagne.

Il ne fut pas moins répandu dans les Gaules ; & fi nous en croyons l'auteur de la religion des Gaulois, il y avoit une oracle de la *lune* deffervi par des druideffes dans l'île de Sain, fituée fur la côte méridionale de la baffe-Bretagne.

En un mot, on ne vit qu'un petit nombre de philofophes Grecs & Romains, qui regarderent la *lune* comme une fimple planete, & pour m'exprimer avec Anaximandre, comme un feu renfermé dans la concavité d'un globe dix-neuf fois plus grand que la terre. C'eft-là, difent-ils, que les ames moins legeres que celles des hommes parfaits, font reçues ; & qu'elles habitent les vallées d'Hécate, jufqu'à ce que dégagées de cette vapeur qui les avoit empêchées d'arriver au féjour célefte, elles y parviennent à la fin. (*D. J.*)

LUNEBOURG, (*Géog.*) *Luneburgum*, ville d'Allemagne, au cercle de la baffe Saxe, capitale du duché de même nom. Elle étoit autrefois impériale, mais à préfent elle appartient à l'électeur de Hanover ; elle a une bonne douane & des falines d'un revenu confidérable, fur le produit defquelles font affignées les penfions de toutes les perfonnes en charge & des gens d'églife ; de forte que ce qui paffe ailleurs pour un honoraire, eft à *Lunebourg* un vrai falaire, fi l'origine de ce mot donnée par Turnebe, *à falé*, n'eft pas fauffe. Lunebourg fe trouve fituée avantageufement, près d'une montagne qui lui fournit beaucoup de chaux pour bâtir, & fur l'Elmenow, à 14 lieues S. E. de Hambourg ; 31 N. de Brunfwick. *Long. 28. 15. lat. 53. 28.*

Sagittarius (*Gafpard*) littérateur, & célebre hiftoriographe d'Allemagne, naquit à *Lunebourg* en 1643. Ses principaux ouvrages, comme hiftoriographe, tous écrits en latin, font l'hiftoire de la Luface, du duché de Thuringe, des villes d'Harderwick, d'Halberftad, & de Nuremberg ; l'hiftoire de la fucceffion des princes d'Orange, jufqu'à Guillaume III, &c. Il a publié en latin comme littérateur, un traité des oracles, un livre fur les chauffures des anciens, intitulé de *nudipedalibus veterum*, la vie de Tullia fille de Cicéron, & quelques autres, dont le P. Nicéron vous donnera la lifte dans fes mémoires des hommes illuftres, *tome IV. page 229.* Sagittarius eft mort en 1694. (*D. J.*)

LUNEL, (*Blafon.*) on appelle ainfi dans le Blafon quatre croiffans appointés en forme de rofe à quatre feuilles ; ils ne font d'ufage qu'en Efpagne.

LUNENSE MARMOR, (*Hift. nat.*) nom que les anciens donnoient à une efpece de marbre blanc plus connu fous le nom de *marbre de Carrare*.

Il étoit très-eftimé chez les anciens ; il eft d'un blanc très-pur, d'un tiffu très-ferré, & d'un grain très-fin ; il s'en trouve encore beaucoup en Italie ; il eft plus dur que les autres efpeces de marbre, & a plus de tranfparence. Quelques auteurs l'ont confondu avec le marbre de Paros ; mais ce dernier n'eft pas d'un tiffu auffi folide, & n'eft point fi blanc que le marbre de Carrare, quoiqu'il ait plus d'éclat que lui. Em. Mendez d'Acofta, *hiftoire naturelle des minéraux, page 190.* (—)

LUNETTE, f. f. (*Dioptr.*) inftrument compofé d'un ou de plufieurs verres, & qui a la propriété de faire voir diftinctement ce qu'on n'appercevroit que foiblement ou point du tout à la vûe fimple.

Il y a plufieurs efpeces de *lunettes* ; les plus fimples font les *lunettes* à mettre fur le nez, qu'on appelle autrement *beficles*, & qui font compofées d'un feul verre pour chaque œil. *Voyez* BESICLES. L'invention de ces *lunettes* eft à la fin du xiij. fiecle ; on l'a attribuée fans preuve fuffifante au moine Roger *Bacon*. On peut voir fur ce fujet le *traité d'optique* de M. Senith, & l'*hiftoire des Mathématiques* de M. de Montucla, *tome I. page 424.* Dans cette même hiftoire on prouve (*voyez la page 433. & les additions*) que l'inventeur de ces *lunettes* eft probablement un florentin nommé Salvino de Gl'armati, mort en 1317, & dont l'épitaphe qui fe lifoit autrefois dans la cathédrale de Florence, lui attribue expreffément cette invention. *Alexandre Defpina*, de l'ordre des freres Prêcheurs, mort en 1313 à Pife, avoit auffi découvert ce fecret, comme on le voit par ce paffage rapporté dans une chronique manufcrite ; *ocularia ab aliquo primo facta, & communicare nolente, ipfe fecit & communicavit.*

Il eft très-fingulier que les anciens qui connoiffoient les effets de la réfraction, puifqu'ils fe fervoient de fpheres de verre pour brûler (*voyez* ARDENT), n'ayent pas connu l'effet des verres lenticulaires pour groffir. Il eft même très-fingulier que le hafard feul ne leur ait pas fait connoître cette propriété ; mais il n'eft encore davantage qu'entre l'invention des *lunettes* fimples, qui eft d'environ 1300 (car il y a des preuves qu'elles étoient connues dès 1299), & l'invention des *lunettes* à plufieurs verres, ou *lunettes* d'approche, il fe foit écoulé 300 ans ; car l'invention de ces dernieres eft du commencement du xvij. fiecle. *Voyez l'article* TÉLESCOPE, où nous détaillerons les propriétés de ces fortes de *lunettes.*

Il y a des *lunettes* à mettre fur le nez, qu'on appelle des *conferves* ; mais elles ne méritent véritablement ce nom, que lorfqu'elles font formées de verres abfolument plans, dont la propriété fe borneroit à affoiblir un peu la lumiere fans changer rien d'ailleurs à la difpofition des rayons. Dans ce cas, ils pourroient fervir à une vûe qui feroit bonne d'ailleurs, c'eft-à-dire, ni *myope* ni *presbyte*, mais qui auroit feulement le défaut d'être bleffée par une lumiere trop vive. Ainfi les *lunettes* qu'on appelle *conferves*, ne méritent donc point ce nom, parce qu'elles font prefque toûjours formées de verres convexes, qui fervent à remédier à un défaut réel de la vûe ; défaut qui confifte à ne pas voir diftinctement les objets trop proches & trop petits ; ce défaut augmente à mefure qu'on avance en âge.

Les grandes *lunettes* d'approche s'appellent plus particulierement *télefcopes* : elles font formées de plufieurs verres convexes ; les *petites lunettes d'approche*, qu'on appelle auffi *lorgnettes d'opéra*, font compofées de deux verres, un objectif convexe, & un oculaire concave. *Voyez* OBJECTIF, OCULAIRE, & TÉLESCOPE.

Nous avons parlé *au mot* FOYER, des variations que M. Bouguer a obfervées dans le foyer des grandes

LUN

lunettes, par rapport aux différens observateurs & à la différente constitution de l'atmosphere. Les moyens qu'il propose de remédier à cet inconvénient, sont 1°. de faire en sorte que l'astre passe à peu de distance du centre du champ ; 2°. de se servir d'un objectif coloré ; 3°. de diminuer beaucoup l'étendue de l'objectif en couvrant les bords d'un diaphragme ; ce qui suppose un objectif bien *centré*. *Voyez* CENTRER. *Voyez* aussi un plus grand détail sur ces différens objets dans l'*ouvrage* de M. Bouguer, *sur la figure de la terre*, p. 208 & suiv. (O)

LUNETTES , (*Hist. des invent. mod.*) les *lunettes*, ou plutôt les verres à *lunettes* qu'on applique sur le nez ou devant les yeux pour lire, écrire, & en général, pour mieux découvrir les objets voisins que par le secours des yeux seuls, ne sont pas à la vérité d'une invention aussi récente que les *lunettes* d'approche ; car elles les ont précédé de plus de trois siecles, mais leur découverte appartient aux modernes, & les anciens n'en ont point eu connoissance.

Je sai bien que les Grecs & les Romains avoient des ouvriers qui faisoient des yeux de verre, de crystal, d'or, d'argent, de pierres précieuses pour les statues, principalement pour celles des dieux. On voit encore des têtes de leurs divinités, dont les yeux sont creusés : telles sont celles d'un Jupiter Ammon, d'une Bacchante, d'une idole d'Egypte, dont on a des figures. Pline parle d'un lion en marbre, dont les yeux étoient des émeraudes ; ceux de la Minerve du temple de Vulcain à Athenes, qui, selon Pausanias, brilloient d'un verd de mer, n'étoient sans doute autre chose que des yeux de béril. M. Buonarotti avoit dans son cabinet quelques petites statues de bronze avec des yeux d'argent. On nommoit *faber ocularius*, l'ouvrier qui faisoit ces sortes d'ouvrages ; & ce terme se trouve dans les marbres sépulchraux ; mais il ne signifioit qu'un faiseur d'yeux postiches ou artificiels, & nullement un faiseur de *lunettes*, telles que celles dont nous faisons usage.

Il seroit bien étonnant si les anciens les eussent connues, que l'histoire n'en eût jamais parlé à propos de vieillards & de vûe courte. Il seroit encore plus surprenant, que les Poëtes de la Grece & de Rome, ne se fussent jamais permis à ce sujet aucun de ces traits de satyre ou de plaisanterie, qu'ils ne se sont pas refusé à tant d'autres égards. Comment Pline qui ne laisse rien échapper, auroit-il obmis cette découverte dans son ouvrage, & particulierement dans le *livre VII. ch. lvj.* qui traite des inventeurs des choses ? Comment les medecins grecs & romains, qui indiquent mille moyens pour soulager la vûe, ne disent-ils pas un mot de celui des *lunettes* ? Enfin, comment leur usage qui est fondé sur les besoins de l'humanité, auroit-il pû cesser ? Comment l'art de faire un instrument d'optique si simple, & qui ne demande ni talent, ni génie, se seroit-il perdu dans la suite des tems ? Concluons donc, que les *lunettes* sont une invention des modernes, & que les anciens ont ignoré ce beau secret d'aider & de soulager la vûe.

C'est sur la fin du xiij. siecle, entre l'an 1280 & 1300, que les *lunettes* furent trouvées ; Redi témoigne avoir eu dans sa bibliotheque un écrit d'un Scandro Dipopozzo, composé en 1298, dans lequel il dit : « je suis si vieux que je ne puis plus lire ni écrire » sans verres qu'on nomme *lunettes, senza occhiali* ». Dans le dictionnaire italien de l'académie de la Crusca, on lit ces paroles au mot *occhiali* : « frere Jordanus de Rivalto, qui finit ses jours en 1311, a » fait un livre en 1305, dans lequel il dit , qu'on a » découvert depuis 20 ans l'art utile de polir des » verrés à *lunettes* ». Roger Bacon mort à Oxford en 1292 , connoissoit cet art de travailler les verres ;

LUN 743

cependant ce fut vraissemblablement en Italie qu'on en trouva l'invention.

Maria Manni dans ses opuscules scientifiques, *tome IV*. & dans son petit livre intitulé *de gl'occhiali del naso*, qui parut en 1738 , prétend que l'histoire de cette découverte est dûe à Salvino de gl' armati, florentin , & il le prouve par son épitaphe. Il est vrai que Redi, dans sa lettre à Charles Dati, imprimée à Florence en 1678 , *in-4°.* avoit donné Alexandre Spina dominicain, pour l'auteur de cette découverte ; mais il paroît par d'autres remarques du même Redi, qu'Alexandre Spina avoit seulement imité par son génie ces sortes de verres trouvés avant lui. En effet, dans la bibliotheque des peres de l'Oratoire de Pise, on garde un manuscrit d'une ancienne chronique latine en parchemin , où est marquée la mort du frere Alexandre Spina à l'an 1313, avec cet éloge : *quæcumque vidit aut audivit facta , scivit, & facere ocularia ab aliquo primò facta , & communicare nolente, ipse fecit , & communicavit.* Alexandre Spina n'est donc point l'inventeur des *lunettes* ; il en imita parfaitement l'invention, & tant d'autres avec lui y réussirent, qu'en peu d'années cet art fut tellement répandu par-tout, qu'on n'employoit plus que des *lunettes* pour aider la vûe. De-là vient que Bernard Gordon, qui écrivoit en 1300 son ouvrage intitulé , *lilium Medicinæ*, y déclare dans l'éloge d'un certain collyre pour les yeux, qu'il a la propriété de faire lire aux vieillards les plus petits caracteres, sans le secours des *lunettes*. (*D. J.*)

LUNETTE D'APPROCHE , (*Hist. des inventions modernes.*) cet utile & admirable instrument d'optique, qui rapproche la vûe des corps éloignés, n'a point été connu des anciens ; il a de même été des modernes, sous le nom de *lunettes d'Hollande*, ou *de Galilée*, qu'au commencement du dernier siecle.

C'est en vain qu'on allegue pour reculer cette date, que dom Mabillon déclare dans son voyage d'Italie, qu'il avoit vû dans un monastere de son ordre , les œuvres de Comestor écrites au treizieme siecle, ayant au frontispice le portrait de Ptolomée, qui contemple les astres avec un tube à quatre tuyaux ; mais dom Mabillon ne dit point que le tube fût garni de verres. On ne se servoit de tubes dans ce tems là, que pour diriger la vûe, ou la rendre plus nette, en séparant par ce moyen les objets qu'on regardoit, des autres dont la proximité auroit empêché de voir ceux-là bien distinctement.

Il est vrai que les principes sur lesquels le front les *lunettes d'approche* ou les télescopes, n'ont pas été ignorés des anciens géometres ; & c'est peut-être faute d'y avoir réfléchi, qu'on a été si long-tems sans découvrir cette merveilleuse machine. Semblable à beaucoup d'autres, elle est demeurée cachée dans ses principes, ou dans la majesté de la nature, pour me servir des termes de Pline, jusqu'à ce que le hasard l'ait mise en lumiere. Voici donc comme M. de la Hire rapporte dans les *mémoires de l'acad. des Sciences*, l'histoire de la découverte des *lunettes d'approche* ; & le récit qu'il en fait est d'après le plus grand nombre des historiens du pays.

Le fils d'un ouvrier d'Alcmaer, nommé Jacques Métius, ou plutôt Jakob Metzu, qui faisoit dans cette ville de la Nord-Hollande, des lunettes à porter sur le nez , tenoit d'une main un verre convexe, comme font ceux dont se servent les presbytes ou vieillards, & de l'autre main un verre concave, qui sert pour ceux qui ont la vûe courte. Le jeune homme ayant mis par amusement ou par hasard le verre concave proche de son œil , & ayant un peu éloigné le convexe qu'il tenoit au devant de l'autre main, il s'apperçut qu'il voyoit au-travers de ces deux verres quelques objets éloignés beaucoup plus grands,

& plus diſtinctement, qu'il ne les voyoit auparavant à la vûe ſimple. Ce nouveau phénomene le frappa; il le fit voir à ſon pere, qui ſur le champ aſſembla ces mêmes verres & d'autres ſemblables, dans des tubes de quatre ou cinq pouces de long, & voilà la premiere découverte des *lunettes d'approche*.

Elle ſe divulgua promptement dans toute l'Europe, & elle fut faite ſelon toute apparence en 1609; car Galilée publiant en 1610 ſes obſervations aſtronomiques avec les *lunettes d'approche*, reconnoît dans ſon *Nuncius ſydereus*, qu'il y avoit neuf mois qu'il étoit inſtruit de cette découverte.

Une choſe aſſez étonnante, c'eſt comment ce célebre aſtronome, avec une lunette qu'il avoit faite lui-même ſur le modele de celles de Hollande, mais très-longue, put reconnoître le mouvement des ſatellites de Jupiter. La *lunette d'approche* de Galilée avoit environ cinq piés de longueur; or plus ces ſortes de *lunettes* ſont longues, plus l'eſpace qu'elles ſont appercevoir eſt petit.

Quoiqu'il en ſoit, Képler mit tant d'application à ſonder la cauſe des prodiges que les *lunettes d'approche* découvroient aux yeux, que malgré les travaux aux tables rudolphines, il trouva le tems de compoſer ſon beau traité de Dioptrique, & de le donner en 1611, un an après le *Nuncius ſydereus* de Galilée.

Deſcartes parut enſuite ſur les rangs, & publia en 1637 ſon ouvrage de Dioptrique, dans lequel il faut convenir qu'il a pouſſé fort loin ſa théorie ſur la viſion, & ſur la figure que doivent avoir les lentilles des *lunettes d'approche*; mais il s'eſt trompé dans les eſpérances qu'il fondoit ſur la conſtruction d'une grande *lunette*, avec un verre convexe pour objectif, & un concave pour oculaire. Une *lunette* de cette eſpece, ne feroit voir qu'un eſpace preſque inſenſible de l'objet. M. Deſcartes ne ſongea point à l'avantage qu'il retireroit de la combinaiſon d'un verre convexe pour oculaire; cependant ſans cela, ni les grandes *lunettes*, ni les petites, n'auroient été d'aucun uſage pour faire des découvertes dans le ciel, & pour l'obſervation des angles. Képler l'avoit dit, en parlant de la combinaiſon des verres lenticulaires: *duobus convexis, majora & diſtincta præſtare viſibilia, ſed everſo ſitu.* Mais Deſcartes, tout occupé de ſes propres idées, ſongeoit rarement à ſe ſervir des idées des autres. C'eſt donc à l'année 1611, qui eſt la date de la Dioptrique de Képler, qu'on doit fixer l'époque de la *lunette* à deux verres convexes.

L'ouvrage qui a pour titre, *oculus Eliæ & Enoch*, par le P. Reita capucin allemand, où l'on traite de cette eſpece de *lunette*, n'a paru que long-tems après. Il eſt pourtant vrai, que ce pere après avoir parlé de la *lunette* à deux verres convexes, a imaginé de mettre au-devant de cette *lunette* une ſeconde petite *lunette*, compoſée pareillement de deux verres convexes; cette ſeconde *lunette* renverſe le renverſement de la premiere, & fait paroître les objets dans leur poſition naturelle, ce qui eſt fort commode en pluſieurs occaſions; mais cette invention eſt d'une très-petite utilité pour les aſtres, en comparaiſon de la clarté & de la diſtinction, qui eſt bien plus grandes avec deux ſeuls verres, qu'avec quatre, à cauſe de l'épaiſſeur des quatre verres, & des huit ſuperficies, qui n'ont toûjours que trop d'inégalités & de défauts.

Cependant on a été fort long-tems ſans employer les *lunettes* à deux verres convexes: ce ne fut qu'en 1659, que M. Huyghens inventeur du micrometre, les mit au foyer de l'objectif, pour voir diſtinctement les plus petits objets. Il trouva par ce moyen le ſecret de meſurer les diametres des planetes, après avoir connu par l'expérience du paſſage d'une étoile derriere ce corps, combien de ſecondes de degrés il comprenoit.

C'eſt ainſi que depuis Métius & Galilée, on a combiné les avantages qu'on pourroit retirer des lentilles qui compoſent les *lunettes d'approche*. On fait que tout ce que nous avons de plus curieux dans les ſciences & dans les arts, n'a pas été trouvé d'abord dans l'état où nous le voyons aujourd'hui: mais les beaux génies qui ont une profonde connoiſſance de la Méchanique & de la Géométrie, ont profité des premieres ébauches, ſouvent produites par le balard, & les ont portées dans la ſuite au point de perfection dont elles étoient ſuſceptibles. (*D. J.*)

LUNETTES, (*Fortificat.*) ce ſont dans la Fortification des eſpeces de demi-lunes, ou des ouvrages à-peu-près triangulaires, compoſées de deux faces qui forment un angle ſaillant vers la campagne, & qui ſe conſtruiſent auprès des glacis ou au-delà de l'avant-foſſé. *Voyez* REDOUTES.

Les *lunettes* ſont ordinairement fortifiées d'un parapet le long de leurs faces; leur terreplein eſt au niveau de la campagne; elles ſe placent communément vis-à-vis les angles rentrans du chemin couvert.

Pour conſtruire une *lunette A* au delà d'un avant-foſſé, ſoit, *Pl. IV. de Fortif. fig. 3.* ce foſſé tracé vis-à-vis d'une place d'armes rentrante *R* du chemin couvert, on prendra des points *a* & *e*, ſommets des angles rentrans de l'avant-foſſé *a b* & *e f* de 10 ou 12 toiſes; enſuite de ces points pris pour centre, & d'un intervalle de 30 ou 40 toiſes, on décrira deux arcs qui ſe couperont dans un point *g* duquel on tirera les lignes *g b*, *g f*, qui feront les faces de la *lunette A*.

La *lunette* a un foſſé de 8 ou 10 toiſes de largeur, mené parallelement à ſes faces, un parapet de 3 toiſes d'épaiſſeur, & de 7 ou 8 de hauteur. On éleve la banquette de ces ouvrages de maniere que le parapet n'ait que 4 piés & demi de hauteur au deſſus. La pente de la partie ſupérieure ou de la plongée du parapet, ſe dirige au bord de la contreſcarpe du foſſé de la *lunette*.

On arrondit la gorge de la *lunette* par un arc décrit de l'angle rentrant *h* du glacis pris pour centre, & de l'intervalle *h e*. La partie du glacis de la place vis-à-vis la *lunette* s'arrondit auſſi en décrivant du point *h* & de l'intervalle *h i* un ſecond arc parallele au premier.

Au-delà de l'avant-foſſé on décrit un avant-chemin couvert qui l'enveloppe entierement & qui enveloppe auſſi les *lunettes*. Elémens *de Fortificat*.

LUNETTES, grandes, (*Fortificat.*) *Voyez* TENAILLONS.

LUNETTES, petites, (*Fortificat.*) ce ſont dans la Fortification des eſpeces de places d'armes retranchées ou entourées d'un foſſé & d'un parapet qu'on conſtruit quelquefois dans les angles rentrans du foſſé des baſtions & des demi-lunes. Ces *lunettes* ſont flanquées par le baſtion & par la face de la demi-lune, dont elles couvrent une partie de la face.

LUNETTE, (*Hydr.*) eſt une piece que l'on ajoute à un niveau dans les grandes & longues opérations, où la vue ne ſuffiroit pas pour découvrir facilement les objets.

LUNETTE, (*Architect.*) eſt une eſpece de voûte qui traverſe les reins d'un berceau, & ſert à donner du jour, à ſoulager la portée, & empêcher la pouſſée d'une voûte en berceau. La *lunette* ſe dit auſſi d'une petite vue pratiquée dans un comble ou dans une fleche de clocher, pour donner un peu de jour & d'air à la charpente. On appelle encore *lunette* un ais ou planche percée qui forme le ſiége d'un lieu d'aiſance.

LUNETTE, (*Corroyeur.*) C'est un instrument de fer, dont les corroyeurs & autres ouvriers en cuir se servent pour ratisser & parer les cuirs; elle est de figure sphérique, plate & très-tranchante par sa circonférence extérieure. Il y a au milieu une ouverture ronde assez grande, pour que l'ouvrier puisse y passer la main pour s'en servir. *Voyez-en la fig. dans nos Planches du Corroyeur*, où l'on a aussi représenté un ouvrier qui pare un cuir avec la lunette.

LUNETTE *d'une boîte de montre*, (*Horlog.*) c'est cette partie qui contient le crystal. *Voyez* BOITE DE MONTRE & *la fig. dans nos Pl. de l'Horlogerie.*

LUNETTE, *fer à lunette*, (*Maréchal.*) est celui dont les éponges sont coupées. On se sert de cette espece de fer dans certaines occasions.

Lunettes, ronds de cuir qu'on pose sur les yeux du cheval pour les lui boucher.

Si l'on veut travailler dans un manege un cheval qui a les seimes, il faut le ferrer à *lunettes*; mais si l'on veut le faire travailler à la campagne, il faut le ferrer à pantoufle. *Voyez* SEIME.

LUNETTE, *en terme d'Orfev. en grosserie*, c'est la partie d'un soleil destinée à recevoir l'hostie. Elle est fermée de deux glaces, & entourée d'un nuage d'où sortent des rayons. *Voyez* NUAGE & RAYONS.

LUNETTE, *en terme de Peaussier*, c'est un instrument dont ces ouvriers se servent pour adoucir les peaux du côté de la chair, & en coucher le duvet du même côté.

La *lunette* est un outil de fer fort mince, & dont le diametre d'environ dix pouces; elle est évidée au centre de maniere à y placer commodément la main; mais comme cet outil est fort mince, le diametre intérieur est garni de cuir pour ne point blesser l'ouvrier qui s'en sert. Le diametre extérieur est un peu coupant, pour racler aisément la peau, & en enlever toutes les inégalités. *Voyez la fig.*

LUNETTE, (*Tourneur.*) partie du tour, est un trou quarré, dans lequel sont deux pieces de cuivre ou d'étain qu'on appelle *collets*, qui y sont retenus par une piece qu'on appelle *chaperon*, attachée à la poupée avec des vis. *Voyez* TOUR A LUNETTE & *les figures.*

LUNETTES, (*Verrerie.*) c'est ainsi qu'on appelle certaines ouvertures pratiquées aux fourneaux. *Voyez l'art.* VERRERIE.

LUNETTIER, s. m. (*Art méch.*) ouvrier qui fait des lunettes, & qui les vend. Comme ce sont à Paris les maîtres miroitiers qui font les lunettes, ils ont pris de-là la qualité de maîtres miroitiers-*lunettiers*. Les marchands merciers en font aussi quelque commerce; mais ils n'en fabriquent point. *Voyez* MIROITIER.

LUNEVILLE, (*Géogr.*) en latin *Lunæ-villa* ou *Lunaris villa*, jolie ville de Lorraine, avec un beau château où les ducs de Lorraine, & présentement le roi Stanislas tient sa cour. Ce prince y a établi un bon hôpital & une école de cadets pour l'éducation de jeunes gentilshommes dans l'art militaire. Il a encore embelli cette ville à plusieurs autres égards. Elle est dans une plaine agréable, sur la Vezouze & sur la Meurte, à 5 lieues S. E. de Nancy, 25 O. de Strasbourg, 78 S. E. de Paris. *Long.* 24^d. 10'. 6". *lat.* 48^d. 35'. 23". (*D. J.*)

LUNISOLAIRE, adj. (*Astronomie.*) marque ce qui a rapport à la révolution du soleil & à celle de la lune, considérés ensemble. *Voyez* PÉRIODE.

Année *lunisolaire* est une période d'années formée par la multiplication du cycle lunaire, qui est de 19 ans, & du cycle solaire, qui est de 28. Le produit de ces deux nombres est 532.

Cette période est appellée *dionysienne*, du nom de Denis le Petit, son inventeur. Quand elle est révolue, les nouvelles & les pleines lunes reviennent à très-peu-près aux mêmes jours du mois; & chaque jour du mois se retrouve précisément aux mêmes jours de la semaine.

Dans l'ancien calendrier le jour de Pâques revenoit au même jour du mois au bout de la période dionysienne, parce qu'au bout de cette période la pleine lune de l'équinoxe tomboit au même jour du mois de Mars ou d'Avril, & qu'outre cela l'année avoit la même lettre dominicale. *Voyez* ANNÉE & PÉRIODE. *Chambers.* (*O*)

L'UN SUR L'AUTRE, se dit *dans le Blason* des animaux & autres choses, dont l'une est posée & étendue au-dessus d'une autre.

Caumont en Agenois, d'azur à trois léopards d'or, armés, lampassés & couronnés, *l'un sur l'autre.*

LUNULE, s. f. (*Géométr.*) figure plane en forme de croissant, terminée par des portions de circonférence de deux cercles qui se coupent à ses extrémités.

Quoiqu'on ne soit point encore venu à bout de trouver la quadrature du cercle en entier, cependant les Géometres ont trouvé moyen de quarrer plusieurs parties du cercle: la première quadrature partielle qu'on ait trouvée, a été celle de la *lunule*: nous la devons à Hippocrate de Chio. *Voyez* GÉOMÉTRIE.

Soit *A E B* (*Pl. de Géométrie*, fig. 8.) un demi-cercle, & *G C = G B*; avec le rayon *B C* décrivez un quart de cercle *A F B*, *A E B F A* sera la *lunule* d'Hippocrate.

Or puisque le quarré de *B C* est double de celui de *G B* (*voyez* HYPOTHENUSE) le quart de cercle *A F B C* sera égal au demi-cercle *A E B*; ôtant donc de part & d'autre le segment commun *A F B G A*, la *lunule A E B F A* se trouvera égale au triangle rectiligne *A C B*, ou au quarré de *G B. Chambers.*

Voyez sur la *lunule* d'Hippocrate & sur Hippocrate même, les mémoires de l'académie des sciences de Prusse, année 1748. *Voyez* aussi l'article GÉOMÉTRIE.

Différens géometres ont prouvé que non-seulement la *lunule* d'Hippocrate étoit quarrable, mais encore que l'on pouvoit quarrer différentes parties de cette *lunule*; ce détail nous meneroit trop loin. On peut consulter un petit écrit de M. Clairaut le cadet, qui a pour titre, *diverses quadratures circulaires, elliptiques & hyperboliques.* (*O*)

LUNULE, *lunula*, (*Littér.*) ornement que les patriciens portoient sur leurs souliers, comme une marque de leur qualité & de l'ancienneté de leur race. Martial nous le prouve lorsque pour caractériser une vieille noblesse il dit, liv. II. épig. 29, *non hesterna sedet limata lingula plantâ.*

Cet ornement, inventé par Numa, étoit, selon l'opinion la plus généralement reçue, une espece d'anneau de boucle d'ivoire qu'on attachoit sur la cheville du pié. Plutarque, dans ses questions romaines, regardoit cette boucle lunaire comme un symbole qui signifioit l'inconstance de la fortune, ou que ceux qui portoient de ces *lunules* seroient après leur mort élevés au-dessus de l'astre dont elles étoient l'image; mais Isidore, Orig. *liv. XIX, ch. xxxjv.* prétend plus simplement que cet ornement représentoit la lettre C, pour conserver le souvenir de cent sénateurs établis par Romulus. (*D. J.*)

LUNUS, (*Art numer.*) Le dieu Lunus, appellé M^n par les Grecs, paroît sur plusieurs médailles de Sardes; il est représenté avec un bonnet phrygien sur sa tête & une pomme de pin à la main: il porte quelquefois un croissant sur les épaules, comme sur deux médailles décrites par Haym. On voit d'un côté la tête du dieu Lunus, avec le bonnet phrygien & le croissant: on lit autour MHN ACKHNOC; de l'autre côté, un fleuve couché & appuyé sur son urne, tient de la droite un roseau, & de la gauche une corne d'abondance, avec la légende ΚΑΡΔΙΑΝΩΝ Β. ΝΕΩΚΟΡΩΝ, & à l'exergue, ΕΡΜΟC. L'autre médaille dont parle Haym, a la même tête avec la même légende, & au revers un gouvernail & une corne d'abondance posés l'un sur l'autre en sautoir, avec la légende, ΚΑΡΔΙΑΝΩΝ Β. ΝΕΩΚΟΡΩΝ. Ces deux médailles ont été frappées sous le regne de Septime Severe. Le nom d'ΑCΚΗΝΟC est une épithete du dieu *Lunus*, à qui les peuples de l'Asie donnoient différens surnoms, comme de ΦΑΡΝΑΚΟΣ dans le Pont, de ΚΑΡΟΣ ou ΚΑΦΗΣ, en Carie, de ΚΑΜΑΡΕΙΤΗΣ à Nysa, d'ΑΡΚΑΙΟΣ en Pisidie, & suivant ces médailles, d'ΑΣΚΗΝΟΣ en Lydie. Haym pense que ce nom est composé d'un Α privatif, & de ΣΚΗΝΗ, *tentorium*, & qu'il signifie *mensis sive* Lunus *sine tentorio*, parce que la lune ne s'arrête jamais, & est toujours en mouvement. Tous ces noms paroissent être des mots barbares, dont il est inutile de rechercher l'étymologie dans la langue grecque. Quoi qu'il en soit, le culte du dieu *Lunus* étoit établi en Syrie, en Mésopotamie, dans le Pont, & en plusieurs autres provinces de l'Orient. *Mém. des Inscript. tome XVIII. p. 135.* (D. J.)

LUNUS, s. m. (*Mythol. Littér. Médaill.*) divinité payenne qui n'est autre chose que la lune ; c'est Spartien qui nous l'apprend dans la vie de Caracalla.

Dans plusieurs langues de l'Orient cet astre a un nom masculin, dans d'autres un féminin ; & dans quelques-unes, comme en hébreu, il a deux genres, un masculin & un féminin. Delà vient que plusieurs peuples en ont fait un dieu, d'autres une déesse, & quelques-uns une divinité hermaphrodite.

On peut en voir les preuves en lisant les *Recherc. curieus. d'antiq.* de M. Spon, car je n'ose adresser mes lecteurs à Saumaise, ils seroient trop effarouchés de l'érudition qu'il a pris plaisir de prodiguer à ce sujet dans ses notes sur Spartien, sur Trebellius Pollion, & sur Vopiscus.

C'est assez pour nous de remarquer que les Egyptiens sont les premiers qui de la même divinité ont fait un dieu & une déesse ; & leur exemple ayant été suivi par les autres nations, une partie des habitans de l'Asie & ceux de la Mésopotamie en particulier, honorerent la lune comme dieu, tandis que les Grecs, qui lui avoient donné place entre les déesses, l'adoroient sous le nom de *Diane*.

Mais entre les peuples qui mirent la lune au rang des divinités mâles, les habitans de Charres en Mésopotamie ne doivent pas être oubliés ; ils lui rendoient de si grands honneurs, que Caracalla fit un voyage exprès dans cette ville pour en être témoin.

Les médailles frappées en Carie, en Phrygie, en Pisidie, nous offrent assez souvent le dieu *Lunus* représenté sous la forme d'un jeune homme, portant sur sa tête un bonnet à l'arménienne, un croissant sur le dos, tenant de la main droite une bride, de la main gauche un flambeau, & ayant un coq à ses piés.

Tristan a eu raison de croire qu'une figure toute semblable qu'il trouva sur une médaille d'Hadrien, devoit être le dieu *Lunus* ; cet auteur n'a pas toujours aussi bien rencontré. C'est aussi sans doute le dieu *Lunus* qu'on voit sur une pierre gravée du cabinet du Roi : ce dieu est en habit phrygien, son bonnet, sa tunique, son manteau, sa chaussure, indiquent le pays où son culte a dû prendre naissance ; & le croissant qui est derriere sa tête le caractérise à ne pouvoir pas le méconnoître. Une longue haste sur laquelle il s'appuie, est une marque de sa puissance. Il porte dans sa main une petite montagne, ou parce que c'est derriere les montagnes que le dieu *Lunus* disparoît à nos yeux, ou parce que c'est toujours sur les hauteurs que se font les observations astronomiques. (D. J.)

LUPANNA, (*Géogr.*) île de la mer Adriatique dans l'état de la petite république de Raguse, proche de l'île de Mezo. Cette petite île a un assez bon port, & elle est très-bien cultivée par les Ragusains. (D. J.)

LUPERCAL, s. m. (*Littér.*) nom de la grotte où la fable dit que Rémus & Romulus avoient été alaités par une louve. Cette grotte étoit au pié du mont Palatin, près de l'endroit où Evandre, natif d'Arcadie, avoit long-tems auparavant bâti un temple au dieu Pan, & établi les lycées ou les lupercales en son honneur. Ce temple prit ensuite le nom de *lupercal*, & les lupercales instituées par Romulus, continuerent d'y faire leurs sacrifices au même dieu.

LUPERCALES, s. f. pl. *lupercalia*, (*Littér. rom.*) fête instituée à Rome en l'honneur de Pan. Elle se célébroit, selon Ovide, le troisieme jour après les ides de Février.

Romulus n'a pas été l'inventeur de cette fête, quoi qu'en dise Valere-Maxime ; ce fut Evandre qui l'établit en Italie, où il se retira soixante ans après la guerre de Troie. Comme Pan étoit la grande divinité de l'Arcadie, Evandre, natif d'Arcadie, fonda la fête des *lupercales* en l'honneur de cette divinité, dans l'endroit où il bâtit des maisons pour la colonie qu'il avoit menée, c'est-à-dire sur le mont Palatin. Voilà le lieu qu'il choisit pour élever un temple au dieu Pan, ensuite il ordonna une fête solemnelle qui se célébroit par des sacrifices offerts à ce dieu, & par des courses de gens nuds portant des fouets à la main qui les frappoient par amusement ceux qu'ils rencontroient sur leur route. Nous apprenons ces détails d'un passage curieux de Justin, *lib. XLIII. cap. j, In hujus (montis Palatini) radicibus templum Lycæo, quem Græci Pana, Romani Lupercum appellant, constituit Evander. Ipsum dei simulachrum nudum, caprinâ pelle amictum est, quo habitu, nunc Romæ lupercalibus decurritur.*

Tout cela se passoit avant que Romulus & Rémus ayent pû songer à la fondation de Rome ; mais comme l'on prétendoit qu'une louve les avoit nourris dans l'endroit même qu'Evandre avoit consacré au dieu Pan, il ne faut pas douter que ce hasard n'ait engagé Romulus à continuer la fête des *lupercales* & à la rendre plus célebre.

Evandre avoit tiré cette fête de la Grece avec son indécence grossiere, puisque des bergers nuds couroient lascivement de côté & d'autre, en frappant les spectateurs de leurs fouets. Romulus institua des luperques exprès pour les préposer au culte particulier de Pan ; il les érigea en collèges ; il habilla ces prêtres, & les peaux des victimes immolées leur formoient des ceintures, *cincti pellibus immolatarum hostiarum jocantes obviam petiverunt*, dit Denys d'Halicarnasse, *lib. I.* Les *luperques* devoient donc être vêtus & ceints de peaux de brebis, pour être autorisés, en courant dans les rues, à pouvoir insulter les curieux sur leur passage, ce qui faisoit ce jour-là l'amusement du petit peuple.

Cependant la cérémonie des *lupercales* tombant de mode sur la fin de la république, quoique les deux collèges des luperques subsistassent avec tous leurs biens, & que Jules-César eût créée un troisieme collège des mêmes prêtres, Auguste ordonna que les *lupercales* fussent remises en vigueur, & défendit seulement aux jeunes gens qui n'avoient point encore de barbe, de courir les rues avec les luperques un fouet à la main.

On ne devine point la raison qui put déterminer Auguste à rétablir une fête ridicule, puisqu'elle s'abolissoit d'elle-même ; mais il est encore plus étrange de voir que cette fête vint à reprendre une telle vogue, qu'elle ait été continuée fous les empereurs chrétiens; & que lorfqu'enfin le pape Gélafe ne voulut plus la tolérer, l'an 496 de J. C, il fe trouva des chrétiens parmi les fénateurs mêmes qui tâcherent de la maintenir, comme il paroît par l'apologie que ce pape écrivit contr'eux, & que Baronius nous a confervée toute entiere au *tome VI.* de fes œuvres, *ad annum* 496, n°. 28 & *feq.*

Je finis par remarquer avec Plutarque, que plufieurs femmes ne fe fauvoient point devant les luperques, & que loin de craindre les coups de fouet de leurs courroies, elles s'y expofoient au contraire volontairement, dans l'efpérance de devenir fécondes fi elles étoient ftériles, ou d'accoucher plus heureufement fi elles étoient groffes.

Le mot *lupercale* vient peut-être de *lupus*, un loup, parce qu'on facrifioit au dieu Pan un chien, ennemi du loup, pour prier ce dieu de garantir les troupeaux contre les loups.

L'ufage de quelques jeunes gens qui couroient dans cette fête prefque nuds, s'établit, dit-on, en mémoire de ce qu'un jour qu'on célébroit les *lupercales*, on vint avertir le peuple que quelques voleurs s'étoient jettés fur les troupeaux de la campagne ; à ce récit plufieurs fpectateurs fe deshabillerent pour courir plus vite après ces voleurs, eurent le bonheur de les atteindre & de fauver leur bétail.

On peut ici confulter Denys d'Halicarnaffe, *l. I.* Tite-Live, *lib. I. cap. v.* Plutarque, dans la vie de Romulus, d'Antoine, & dans les queftions romaines; Ovide, *faftes*, *liv. II.* Juftin, *lib. XLIII.* Varron, *lib. V.* Valere-Maxime, Servius *fur l'Enéide*, *lib. VIII. v. 342 & 663.* Scaliger, Meurfius, Rofinus, Voffius & plufieurs autres. (*D. J.*)

LUPERQUES, f. m. pl. *luperci*, (*Littér.*) prêtres prépofés au culte particulier du dieu Pan, & qui célébroient les lupercales. Comme on attribuoit leur inftitution à Romulus, ces prêtres paffoient pour les plus anciens qui ayent été établis à Rome.

Ils étoient divifés en deux communautés, celle des Quintiliens & celle des Fabiens, pour perpétuer, dit-on, la mémoire d'un Quintilius & d'un Fabius, qui avoient été les chefs, l'un du parti de Romulus, & l'autre de celui de Rémus. Cicéron, dans fon difcours pour Cœlius, traite le corps des *luperques* de fociété agrefte, formée avant que les hommes fuffent humanifés & policés. Cependant Céfar, qui avoit befoin de créatures dans tous les ordres, fit ériger par fon crédit & en fon honneur, un troifieme collège de *luperques*, auquel il attribua de bons revenus. Cette troifieme communauté fut nommée celle des *Juliens*, à la gloire du fondateur : c'eft ce que nous apprennent Dion, *liv. XLIV.* & Suétone *dans fa vie de Céfar, ch. lxxvj.*

Marc Antoine pour flatter fon ami, fe fit aggréger à ce troifieme collège ; & quoiqu'il fût conful, il fe rendit, graiffé d'onguens & ceint par le corps d'une peau de brebis, à la place publique, où il monta fur la tribune dans cet ajuftement, pour y haranguer le peuple. Cicéron en plein fénat lui reprocha cette indécence, que n'avoit jamais commife avant lui, non-feulement aucun conful, mais pas même aucun préteur, édile ou tribun du peuple. Marc-Antoine tâcha de juftifier fa conduite par fa qualité de *luperque*, mais Cicéron lui répondit que la qualité de conful qu'il avoit alors devoit l'emporter fur celle de *luperque*, & que perfonne n'ignoroit que le confulat ne fût une dignité de tout le peuple, dont il falloit conferver par-tout la majefté, fans la deshonorer comme il avoit fait.

Pour ce qui regarde les cérémonies que les *luperques* devoient obferver en facrifiant, elles étoient fans doute affez fingulières, vu qu'entr'autres chofes il y falloit deux jeunes garçons de famille noble qui fe miffent à rire avec éclat lorfque l'un des *luperques* leur avoit touché le front avec un couteau fanglant, & que l'autre le leur avoit effuyé avec de la laine trempée dans du lait. *Voyez* là-deffus Plutarque *dans la vie de Romulus*.

Quant aux raifons pour quoi ces prêtres étoient nuds avec une fimple ceinture pendant le fervice divin, *voyez* Ovide, qui en rapporte un grand nombre au *II. liv. des faftes*. Il y en a une plaifante tirée de la méprife de Faunus, c'eft-à-dire du dieu Pan, amoureux d'Omphale, qui voyageoit avec Hercule. Elle s'amufa le foir à changer d'habit avec le héros ; Faunus, dit Ovide, après avoir fait le récit de cette avanture, prit en horreur les habits qui l'avoient trompé, & voulut que fes prêtres n'en portaffent point pendant la cérémonie de fon culte. (*D. J.*)

LUPIÆ, (*Géog. anc.*) Λουπίαι, felon Strabon, *lib. VI. p.* 282, & *Lupia*, felon Pline, *liv. III. ch. vj.* ancienne ville d'Italie dans la Calabre, fur la côte de la mer, entre Brindes & Otrante. C'étoit une colonie romaine : on croit que c'eft préfentement la *Tour de Saint-Catalde*.

LUPIN, f. m. *lupinus*, (*Hift. nat, Bot.*) genre de plante à fleur légumineufe ; il fort du calice un piftil, qui devient dans la fuite une filique remplie de femences plates dans des efpeces de ce genre, & rondes dans d'autres. Ajoutez à ces caracteres que les feuilles font difpofées en éventail, ou en main ouverte fur leur pédicule. Tournefort, *Inft. rei herb.* *Voyez* PLANTE.

Parlons à préfent des efpeces de *lupins*. M. de Tournefort en compte dix-fept, qui font toutes agréables par la variété de leurs fleurs & de leurs graines. La plus commune que nous allons décrire, eft le *lupin* cultivé à fleurs blanches, *lupinus fativus, flore albo*, C. B. P. 347. J. R. H. 392.

Sa racine eft ordinairement unique, ligneufe & garnie de plufieurs fibres capillaires. Sa tige eft haute d'une coudée ou d'une coudée & demie, médiocrement épaiffe, droite, cylindrique, un peu velue, creufe & remplie de moëlle. Après que les fleurs placées au fommet de cette tige font féchées, il s'éleve trois rameaux au-deffous, dont chacun donne affez fouvent deux autres rameaux, quelquefois trois de la même maniere, fur-tout lorfque le *lupin* a été femé dans le tems convenable, & que l'été eft chaud.

Ses feuilles font alternes ou placées fans ordre, portées fur des queues longues de deux ou trois lignes, compofées la plupart fouvent de fegmens oblongs, étroits qui naiffent de l'extrémité de la queue dans le même point, comme dans la quinte-feuille. On peut les nommer affez bien *feuilles en éventails*, ou *feuilles en main ouverte*. Elles font d'un verd foncé, entieres à leur bord, velues en-deffous, & garnies d'un duvet blanc & comme argenté ; les bords de leurs fegmens s'approchent & fe refferrent au coucher du foleil, s'inclinent vers la queue & fe réfléchiffent vers la terre.

Les fleurs font rangées en épic au fommet des tiges ; elles font légumineufes, blanches, portées fur des pédicules courts. Il fort de leur calice un piftil, qui fe change en une gouffe épaiffe, large, applatie, longue environ de trois pouces, droite, plus petite que la feve, pulpeufe, jaunâtre, un peu velue en-dehors, liffe en-dedans.

Cette gouffe contient cinq ou fix graines affez grandes, orbiculaires, un peu anguleufes, applaties. Elles renferment une plantule fort apparente, & font creufées légerement en nombril du côté qu'elles tiennent à la gouffe, blanchâtres en-dehors, jaunâtres en-dedans, & fort ameres.

On fume cette plante dans les pays chauds de la

France, en Italie, en Espagne & en Portugal. La farine de sa graine est de quelque usage en médecine dans les cataplâmes résolutifs.

On cultive les *lupins* en Toscane, non-seulement pour servir de nourriture au peuple, mais encore pour engraisser les terres. On les employoit déjà au même usage du tems de Pline, qui les vante comme un excellent fumier pour engraisser les champs & vignobles. On les seme en Angleterre parmi les panais pour la nourriture du bétail.

On cultive les plus belles espèces de *lupins* à fleurs bleues, jaunes, pourpres, incarnates, pour des bordures de jardins, où elles donnent un coup-d'œil agréable, en produisant pendant long-tems une succession de fleurs, lorsqu'on les seme en Avril, en Mai & Juin dans le même endroit où l'on veut les laisser à demeure ; *voyez* Miller qui vous apprendra les détails ; tandis que je vais dire un mot de l'usage que les anciens ont fait de la graine, qu'ils nommoient *lupin* comme nous. (*D. J.*)

LUPIN, (*Littér.*) en latin *lupinus* ou *lupinum*, semence de *lupin*.

Du tems de Galien, on faisoit souvent usage des graines de *lupin* pour la table ; aujourd'hui on n'en mange plus. Lorsqu'on les macere dans l'eau chaude, ils perdent leur amertume & deviennent agréables au goût. On les mangeoit cuits avec de la saumure simple, ou avec de la saumure & du vinaigre, ou même assaisonnés seulement avec un peu de sel. Pline rapporte que Protogene travaillant à ce chef-d'œuvre du Jalyse, pour l'amour duquel Démétrius manqua depuis de prendre Rhodes, ne voulut pendant long-tems se nourrir que de *lupins* simplement apprêtés, de peur que d'autres mets ne lui rendissent les sens moins libres ; je ne conseillerois pas ce régime à tous les Artistes, mais je loue le principe qui guidoit le rival d'Apelle & l'ami d'Aristote.

Les comédiens & les joueurs à Rome se servoient quelquefois de *lupins*, au lieu d'argent ; & on y imprimoit une certaine marque pour obvier aux friponneries : cette monnoie fictive couroit entr'eux, pour représenter une certaine valeur qui ne passoit que dans leur société. De-là vient qu'Horace, *ep. VII. l. I.* dit qu'un homme sensé connoît la différence qu'il y a entre l'argent & les *lupins*.

Nec tamen ignorat quid distent ære lupinis.

Il y a un passage assez plaisant à ce sujet dans le *Panlus* de Plaute, *act. III. scè. e II.* le voici :

Agas *Agite, inspicite, aurum est.* Col. *Profecto*, Spectatores, *comicum !*
Macerato hoc pingues fiunt auro, in barbariâ boves.

» *Aga*, c'est de l'or, Col. oui, ma foi, messieurs,
» c'est de l'or de comédie ; c'est de cet or dont on se
» sert en Italie pour engraisser les bœufs ».

Il paroit par une loi de Justinien, *liv. I. cod. titre de Aleatoribus*, que les joueurs se servoient souvent de *lupins*, au lieu d'argent, comme nous nous servons de jettons ; « Si quelqu'un, dit la loi, a perdu
» au jeu des *lupins* ou d'autres marques, celui qui a
» gagné ne pourra s'en faire payer la valeur ».

Je ne sai d'où vient l'origine de *lupin* ; mais je ne puis la tirer du grec λυπή, *tristesse*, parce que les anciens Grecs ne font point mention de ce légume ; il n'étoit connu qu'en Italie ; c'est donc plutôt à cause de son amertume, que Virgile appelle *lupin*, *triste*, *triste*. On corrigeoit, comme j'ai dit, ce défaut en faisant cuire la graine dans de l'eau bouillante ou froide ; ensuite on les égouttoit bien & on les apprêtoit. (*D. J.*)

LUPIN, (*Mat. med.*) on n'emploie que la semence de cette plante ; elle a une saveur herbacée, amere, très-desagréable.

Galien & Pline assurent que de leur tems les *lupins*

étoient un aliment assez ordinaire ; le dernier de ces auteurs rapporte que Protogene n'avoit vécu que de *lupins* pendant le tems qu'il étoit occupé à peindre un célèbre tableau. Plusieurs modernes ont avancé au contraire avec Averroës, que la graine de *lupin* prise intérieurement étoit un poison, & ont rapporté des faits sur lesquels ils ont appuyé cette opinion : mais ces faits sont peu concluans, & s'il est vrai que les *lupins* avalés avec toute leur amertume naturelle ayent occasionné une irritation considérable dans les organes de la digestion, & même quelques agitations convulsives dans les sujets foibles ; il est au moins très-vraisemblable que ce légume n'a aucune qualité dangereuse, lorsqu'il a perdu son amertume, dont on le dépouille facilement en le faisant macérer dans de l'eau. Quoi qu'il en soit, nos paysans même les plus pauvres n'en mangent pas, nos Peintres ne s'avisent pas de se mettre au *lupin* pour toute nourriture lorsqu'ils exécutent les plus grands ouvrages, & on ne les ordonne point intérieurement comme remede.

On n'emploie les *lupins* qu'extérieurement, soit en décoction, soit en substance, & réduits en farine. La décoction de *lupins*, appliquée en fomentation, passe pour guérir les dartres, la teigne & les autres maladies de la peau. La farine de *lupin* est une des quatre farines résolutives. *Voyez* FARINES RÉSOLUTIVES, *les quatre.* (*b*)

LUPINASTRE, s. m. *lupinaster*, (*Botan.*) nouveau genre de plante établi par Buxbaum, qui lui a donné ce nom à cause de sa ressemblance aux caractères du lupin.

Les fleurs du *lupinastre* sont légumineuses, d'un pourpre bleu ; elles s'élèvent hors du calice, forment une tête, & sont soutenues par un long pédicule qui sort des aisselles des feuilles ; le calice est divisé en plusieurs segmens ; les tiges ne montent qu'à la hauteur de sept ou huit pouces ; les feuilles sont en éventail, ou en main ouverte, longues, d'un verd bleuâtre, finement dentelées & élégamment cannelées. Elles naissent au nombre de six, sept ou huit portées sur une queue, qui part d'une membrane jaunâtre ; les fleurs y sont été revêtue ; les gousses sont longues, applaties ; les graines sont noires & taillées en forme de rein. Cette plante croît en abondance sur les bords du Volga. *Voyez* les *Mémoires de Petersbourg, vol. IV. p. 346.* (*D. J.*)

LUQUOISE, s. f. (*Commerce.*) sorte d'étoffe de soie ; elle est montée à huit lisses, & elle a autant de lisses pour rabattre, qu'elle en a pour lever ; de manière qu'à chaque coup de la tête on fait baisser une lisse de rabat, & on passe la navette de la même couleur, ce qui fait un diminutif du lustrine. *Voyez l'article* LUSTRINE. La chaîne en est très-menue, ainsi que la trame.

LUSACE, LA, *Lusatia*, & en allemand *Lausnitz*, (*Géog.*) province d'Allemagne dans la Saxe, bornée N. par le Brandebourg, E. par la Silésie, S. par la Bohème, O. par la Misnie. On la divise en haute & en basse. La haute appartient à l'électeur de Saxe depuis 1636. *Bautzen*, ou *Budissin* en est la capitale. La basse est partagée entre le roi de Prusse, l'électeur de Saxe & le duc de Mersebourg. M. Spener prétend que la *Lusace* a été nommée par les anciens auteurs, *pagus Lucijorum* ; & en effet, la description donnée par Ditmar de *Lucizi pagus* convient fort à ce pays. Comme la *Lusace* contient six villes, savoir Gorlitz, Bautsen, Sittau, Camitz, Luben & Guben, les Allemands l'appellent quelquefois *die sechs Stadten*, c'est-à-dire *les six villes*. L'empereur Henri I. l'érigea en marquisat, & Henri IV. l'annexa à la Bohème. *Voyez* Heiss, *Hist. de l'empire*, *liv. VI. chap. viij.*

Quoique la *Lusace* soit une assez grande province, on peut dire que M. Tschirnaus lui a fait honneur par

LUS

par sa naissance en 1651. Il a découvert, non sans quelques erreurs, les fameuses caustiques qui ont retenu son nom ; c'est-à-dire qu'il a trouvé que la courbe formée dans un quart de cercle par des rayons réfléchis, qui étoient venus d'abord parallèles à un diametre, étoit égale aux ¼ du diametre.

Les grandes verreries qu'il établit en Saxe, lui procurerent un magnifique miroir ardent, portant trois piés rhinlandiques de diametre convexe des deux côtés, & pesant 160 livres. Il le présenta à M. le régent, duc d'Orléans, comme une chose digne de sa curiosité.

Non-seulement M. de Tschirnaus trouva l'art de tailler les plus grands verres, mais aussi celui de faire de la porcelaine, semblable à celle de la Chine, invention dont la Saxe lui est redevable, & qu'elle a portée depuis, par les talens du comte de Hoym, à la plus haute perfection.

Je ne sache qu'un seul ouvrage de M. de Tschirnaus, & l'exécution ne répond pas à ce que la beauté du titre annonce, *Medicina mentis & corporis*, Amst. 1687, *in-4°.* Les vrais principes de la medecine du corps n'ont pas été développés par notre habile Lusacien ; & il n'a guere bien fondé la medecine de l'esprit, en l'étayant sur la Logique. Pétrone a mieux connu la Medecine quand il l'a définie, *consolatio animi* ; celui qui pratique cet art, n'a souvent que ce seul avantage. Il ne peut produire dans plusieurs cas que la consolation de l'esprit du malade, par la confiance qu'il lui porte.

M. Tschirnaus est mort en 1708, & M. de Fontenelle a fait son éloge dans *l'hist. de l'acad. des Sciences*, ann. 1709. (*D. J.*)

LUSERNE, s. f. *medica*, (*Hist. nat. Bot.*) genre de plante à fleur légumineuse ; il sort du calice un pistil, qui devient ensuite un fruit en forme de vis ; il renferme des semences qui ressemblent à un rein. Tournefort, *Inst. rei herb. Voyez* PLANTE.

LUSIGNAN, *Luziniacum*, (*Géogr.*) petite ville de France en Poitou, sur la Vienne, à 5 lieues S. O. de Poitiers, 23 N. E. de la Rochelle, 80 S. O. de Paris. *Long.* 17. 42. *latit.* 16. 28.

Tout auprès de cette petite ville étoit le château de *Lusignan*, ou plutôt de *Lezignan*, en latin *Leziniacum Castrum*, connu dès le xj. siecle, ayant dès-lors ses seigneurs particuliers, qui devinrent dans la suite comtes de la Marche & d'Angoulême. Jean d'Arras dans son roman, & Bouchet dans ses annales, nous assurent que c'étoit l'ouvrage de la fée Mellusine ; & *bien que tout cela soit fables*, dit Brantome, *si on ne peut mal parler d'elle*. Ce château bâti réellement par Hugues II. seigneur de *Lusignan*, fut pris sur les Calvinistes en 1575, après quatre mois de siege, par le duc de Montpensier ; & ce prince obtint d'Henri III. de le raser de fond en comble.

Ainsi fut détruit, continue Brantome, « ce châ-
» teau si ancien & si admirable, qu'on pouvoit dire
» que c'étoit la plus belle marque de forteresse an-
» tique, & la plus noble décoration vieille de toute
» la France ». (*D. J.*)

LUSIN, s. m. (*Marine.*) c'est un même cordage un peu plus gros que celui que l'on appelle *merlin*. On s'en sert à faire des enflechures : on le fait de trois fils.

LUSITANIE, LA, *Lusitania*, (*Géogr.*) c'étoit une des trois provinces qui composoient l'Espagne, mais ses limites ne furent pas toujours les mêmes ; & d'ailleurs on a souvent confondu la province très-étendue de la *Lusitanie*, avec celle qu'habitoient les Lusitaniens proprement dits. Quoi qu'il en soit, ce pays produisoit non seulement toutes les denrées nécessaires à la vie, mais de plus il abondoit en mines d'or.

La province de *Lusitanie* jointe à celle de Galice

LUS 749

& des Asturies, payoit aux Romains vingt mille livres d'or tous les ans. On trouve encore des paillettes d'or dans le Tage. Polybe remarque qu'un veau, qu'un cochon du poids de cent livres, ne valoit en *Lusitanie* que cinq drachmes ; qu'on vendoit cent brebis pour deux drachmes, un bœuf pour dix, & que les animaux tués dans les forêts se donnoient pour rien.

Comme une partie de l'ancienne *Lituanie* répond au Portugal, on nomme présentement en latin ce royaume *Lusitania* ; mais il faut se rappeller que c'est très-improprement, parce que leurs bornes sont fort différentes. (*D. J.*)

LUSITANIENS, *Lusitani*, (*Géog. anc.*) anciens peuples de l'Espagne dans la Lusitanie ; ils tiroient peut-être leur nom de *Lusus*, préfet de Bacchus ; voici du moins quel étoit le génie de ces premiers peuples, au rapport de Strabon, *liv. III.* Ils aimoient mieux subsister de brigandages, que de labourer la terre fertile de leur pays ; ils vivoient d'ailleurs très-simplement & très-sobrement, n'usoient que d'un seul mets à leur repas, se baignoient dans l'eau froide, se chauffoient avec des cailloux rougis au feu, & ne s'habilloient que de noir. Ils commerçoient en échange, ou se servoient quelquefois de lames d'argent pour leurs achats, dont ils coupoient des morceaux. Ils exposoient leurs malades sur les chemins publics, afin que les passans qui sauroient des remedes à leur état, pussent les leur indiquer. Du reste, les *Lusitaniens* étoient pleins de valeur, & les Romains les soumirent moins par la force, que par la ruse & l'artifice.

LUSO, (*Géog.*) petite riviere d'Italie, dans la Romagne ; elle a sa source vers le mont Feltre, près du duché d'Urbin, & se jette dans le golfe de Venise, entre Rimini & Cervia. Le *Luso* est l'ancien *Rubicon*, dont les auteurs ont tant parlé, & sur lequel Villani a fait une dissertation fort curieuse. *Voyez* RUBICON.

LUSORIA, (*Antiq. rom.*) endroits particuliers que les empereurs faisoient construire dans l'enceinte de leurs palais, ou tout auprès, pour se donner le divertissement des jeux, des combats de gladiateurs ou de bêtes féroces, hors de la foule, &, pour ainsi dire, dans leurs domestiques.

Lambride, dans la vie d'Eliogabale, fait mention des *lusoria* que les empereurs avoient à Rome. Domitien en avoit un à Albe, dont il est parlé dans Juvenal, *sat. IV. vers. 99.* & dans son ancien scholiaste. Lactance parle de celui de Valere Maximien, dont lequel il se plaisoit à faire déchirer des hommes par des ours furieux. A Constantinople, il y avoit deux de ces *lusoria*, l'un dans la quatorzieme région, & l'autre dans la premiere auprès du grand palais.

Ces *lusoria* étoient des diminutifs de vrais amphithéatres. Ils étoient beaucoup plus petits & beaucoup moins couteux, mais destinés aux mêmes usages. Peut-être ont-ils servi de modeles aux petites arenes, dont la mémoire s'est conservée en un grand nombre de villes. (*D. J.*)

LUSTRAGE, s. m. (*Manuf. en soie.*) machine composée d'un chassis fort, à la traverse duquel & d'un côté sont deux crochets fixes ; d'une écroue de deux pouces de diametre attachée à une grande roue, dans laquelle entre une vis de pareille grosseur, dont la tête traverse une coulisse mouvante, à laquelle sont fixés deux autres crochets vis-à-vis des deux autres, & de deux boulons de fer polis & ronds, qu'on place dans les deux crochets de chaque côté. Cet assemblage sert à lustrer la soie, & sur-tout la grosse. Pour cet effet, on prend une quantité d'echevaux de soie teinte, qu'on met autour des boulons entre les deux crochets ; on a l'attention de les bien

Tome IX. C Cccc

égaliser. Puis on tourne la roue qui, au moyen de l'écroue, tirant la coulisse & la vis, donne une si forte extension à la soie, qu'elle en augmente de brillant. On laisse la soie tendue pendant un certain tems, après quoi on la leve pour en mettre d'autre.

LUSTRAL, JOUR, (*Antiq. grec. & rom.*) en grec ἐφεδρομία, en latin *lustricus dies*; voilà comme on appelloit chez les Grecs & les Romains le jour dans lequel les enfans nouveau-nés recevoient leur nom & la cérémonie de leur lustration. La plupart des auteurs assurent que c'étoit pour les mâles le neuvieme jour après leur naissance, & le huitieme pour les femelles. D'autres prétendent que c'étoit le cinquieme jour après la naissance, sans aucune distinction pour le sexe ; & d'autres établissent que le jour *lustral* étoit le dernier jour de la semaine où l'enfant étoit né.

Quoi qu'il en soit, cette cérémonie se pratiquoit ainsi. Les accoucheuses, après s'être purifiées elles-mêmes, en lavant leurs mains, faisoient trois fois le tour du foyer avec l'enfant dans leurs bras; ce qui désignoit d'un côté son entrée dans la famille, & de l'autre, qu'on le mettoit sous la protection des dieux de la maison à laquelle le foyer servoit d'autel; ensuite on jettoit par aspersion quelques gouttes d'eau sur l'enfant.

On célébroit ce même jour un festin, avec de grands témoignages de joie, & on recevoit des présens de ses amis à cette occasion. Si l'enfant étoit un mâle, la porte du logis étoit couronnée d'une guirlande d'olive; si c'étoit une femelle, la porte étoit ornée d'écheveaux de laine, symbole de l'ouvrage auquel le beau sexe devoit s'occuper. *Voyez* Potter, *Archæol. græc. lib. IV. cap. xiv. tit. I.* & Lomeier, *de lustrationibus veterum gentilium.* (*D. J.*)

LUSTRALE, EAU (*Littér.*) eau sacrée qu'on mettoit dans un vase à la porte des temples. *Voyez* EAU LUSTRALE. J'ajoute seulement que c'étoit parmi les Grecs une forte d'excommunication, que d'être privé de cette *eau lustrale*. C'est pourquoi dans Sophocle, *act. II. sect. j.* Œdipe défend expressément de faire aucune part de cette eau sacrée au meurtrier de Laïus. (*D. J.*)

LUSTRATION, s. f. (*Antiq. grec. & rom.*) en latin *lustratio*, cérémonies sacrées accompagnées de sacrifices ; par lesquelles cérémonies les anciens payens purifioient les villes, les champs, les troupeaux, les maisons, les armées, les enfans, les personnes souillées de quelque crime, par l'infection d'un cadavre ou par quelqu'autre impureté.

On faisoit les *lustrations* de trois manieres différentes; ou par le feu, le soufre allumé & les parfums, ou par l'eau qu'on répandoit, ou par l'air qu'on agitoit autour de la chose qu'on vouloit purifier.

Les *lustrations* étoient ou publiques ou particulieres. Les premieres se faisoient à l'égard d'un lieu public, comme d'une ville, d'un temple, d'une armée, d'un camp. On conduisoit trois fois la victime autour de la ville, du temple, du camp, & l'on brûloit des parfums dans le lieu du sacrifice.

Les *lustrations* particulieres se pratiquoient pour l'expiation d'un homme, la purification d'une maison, d'un troupeau. A tous ces égards il y avoit des *lustrations* dont on ne pouvoit se dispenser, comme celles d'un camp, d'une armée, des personnes dans certaines conjonctures, & des maisons en tems de peste, &c. Il y en avoit d'autres dont on s'acquittoit par un simple esprit de dévotion.

Dans les armilustres qui étoient les plus célebres des *lustrations* publiques, on assembloit tout le peuple en armes, au champ de Mars, on en faisoit la revûe, & on s'expioit par un sacrifice au dieu Mars; cela s'appelloit *condere lustrum*, & le sacrifice se nommoit *solitaurilia*; parce que les victimes étoient une truie, une brebis, & un taureau. Cette cérémonie du *lustre* se faisoit ou devoit se faire tous les cinq ans le 19 Octobre; mais on la reculoit fort souvent, sur-tout lorsqu'il étoit arrivé quelque malheur à la République, étoient proprement appellées des *expiations*, & la victime se nommoit *hostia piacularis*. *Voyez* EXPIATION.

Il y avoit encore une sorte de *lustration* ou de purification pour les enfans nouveaux nés, qu'on pratiquoit un certain jour après leur naissance, & ce jour s'appelloit chez les Romains *lustricus dies*, jour lustral. *Voyez* LUSTRAL, JOUR. (*Antiq. grecq. & rom.*)

Il paroît donc que *lustration* signifie proprement *expiation* ou *purification*. Lucain a dit *purgare mœnia lustro*; ce qui signifie *purifier les champs en marchant*, tout-au-tour en forme de procession.

On peut consulter les auteurs des antiquités grecques & romaines qui ont rassemblé plusieurs choses curieuses sur les *lustrations* des payens; mais Jean Lomeyer a épuisé la matiere dans un gros ouvrage exprès intitulé *de lustrationibus veterum gentilium*, à Utrecht 1681, *in* 4°. (*D. J.*)

LUSTRE, s. m. (*Botan.*) le *lustre*, ou la girandole d'eau, est un genre de plante que M. Vaillant nomme en Botanique *chara*, & qu'il caractérise ainsi dans les *Mém. de l'acad. des Scienc. ann.* 1719.

Ses fleurs naissent sur les feuilles ; chaque fleur est incomplette, réguliere, monopétale & androgine : elles portent sur le sommet d'un ovaire dont les quartiers figurent une couronne antique. Par-là, cet ovaire devient une capsule couronnée, laquelle est monosperme. Les feuilles sont simples, sans queue, & disposées en rayons qui accollent la tige d'espace en espace. Celles d'où naissent les fleurs sont découpées; de maniere que les segmens d'un côté se trouvent directement opposés à ceux de l'autre, pour former ensemble comme des mors de pincettes, dans chacun desquels un ovaire est engagé.

M. Linnæus prétend que le caractere de ce genre de plante consiste en ce que le calice est petit & composé de deux feuilles. Il est fort douteux que la fleur soit monopétale, & même qu'il y en ait une. Il n'y a point d'apparence d'étamines, ni de stile. Le germe du pistil est ovale, la graine est unique, & est d'une forme ovoïde & alongée.

Le *chara* & ſes eſpeces ont été mal rangés avant M. Vaillant parmi les *equiſetum* ou prêles. Ces plantes n'ont d'autre rapport enſemble, qu'en ce que les feuilles du prêle & les branches de celui-ci ſont diſpoſées de la même maniere.

Le nom de *luſtre* ou de *girandole d'eau* donné par M. Vaillant au *chara*, eſt fondé ſur ce que ſes verticilles ou rangs de feuilles chargés d'ovaires couronnés repréſentent aſſez bien ces ſortes de chandeliers branchus, qu'on nomme *luſtres* ou *girandoles*. (*D. J.*)

LUSTRE, ſ. m. (*Littér. rom.*) *luſtrum*; eſpace que les anciens & les modernes ont conſtamment regardé comme un intervalle de cinq ans. En effet, comme le cens devoit naturellement avoir lieu tous les cinq ans, cet eſpace de tems prit le nom de *luſtre*, à cauſe d'un ſacrifice expiatoire que les cenſeurs faiſoient à la clôture du cens, pour purifier le peuple.

Si nous approfondiſſions cependant le véritable état de la choſe, nous ne trouverions point de raiſon ſuffiſante pour donner au *luſtre* la ſignification préciſe de cinq ans; nous verrions au contraire que le cens & le *luſtre* furent célébrés le plus ſouvent ſans regle, dans des tems incertains & différens, ſuivant l'exigente particuliere & les beſoins de la république.

Ce fait réſulte invinciblement & du témoignage des anciens auteurs, & des monumens antiques, tels que les faſtes gravés ſur le marbre & conſervés au capitole, où l'on voit une ſuite de magiſtrats de la république, ainſi qu'un abregé de leurs actions, depuis les premiers ſiecles de Rome. Par exemple, Servius Tullius qui établit le cens, adopta le *luſtre*, & qui ne fit que quatre fois l'eſtimation des biens & le dénombrement des citoyens, commença à régner en 175, & ſon regne dura trente-quatre ans: Tarquin le ſuperbe ſon ſucceſſeur ne tint point de cens.

Les conſuls P. Valerius & T. Lucretius rétablirent l'inſtitution de Servius, & tinrent le cinquieme cens, l'an de Rome 245 : les marbres du capitole manquent à cette époque, & l'on y voit une lacune qui comprend les ſept premiers *luſtres*, mais ils marquent que le huitieme fut fait l'an de Rome 279 ; de ſorte que les trois premiers *luſtres* célébrés par les conſuls, forment un intervalle de 34 ans.

Ce fut à la création des cenſeurs l'an de Rome 311, qu'on célébra le onzieme *luſtre* qui à un an près, a le même intervalle que les trois derniers tenus par les conſuls.

Le douzieme *luſtre*, ſelon les marbres du capitole, ſe rapporte à l'an de Rome 390; ce qui montre que ſous les cenſeurs créés afin de faire le dénombrement du peuple, & d'en eſtimer les biens, les neuf premiers *luſtres* l'un dans l'autre, embraſſent chacun d'eux à peu près l'eſpace de neuf années.

Le dernier *luſtre* fut fait par les cenſeurs Appius Claudius & L. Piſon l'an de Rome 703, & ce fut le 71e *luſtre*. Si donc on compte les *luſtres*, depuis le premier célébré par les cenſeurs juſqu'au dernier, on trouve entre chacun des 60 *luſtres* intermédiaires, un intervalle d'environ ſix ans & demi ; tel eſt le véritable état des choſes. Il en réſulte avec évidence, que quoique le tems & l'uſage aient attaché l'idée de cinq ans au mot *luſtre*, c'eſt ſans fondement que cet uſage s'eſt établi.

Au reſte, l'on n'a pas eu moins de tort d'écrire que Servius Tullius eſt l'auteur du *luſtre* pris pour le ſacrifice expiatoire du peuple. Servius Tullius n'inventa que le cens ou le dénombrement. Le *luſtre*, la luſtration, le *ſacrificium luſtrale* étoit d'uſage avant ce prince ; il le prouve par ce paſſage de Tite-Live

Tome IX.

qui dit que Tullus Hoſtilius ayant gagné la bataille contre les habitans d'Albe, prépara un *ſacrifice luſtrale* ou *expiatoire* pour le lendemain à la pointe du jour. Après que tout fut préparé ſelon la coutume, il fit aſſembler les deux armées, &c. *Sacrificium luſtrale in diem poſterum parat, ubi illuxit. Paratis omnibus, ut aſſolet, vocari ad concionem utrumque exercitum jubet*, &c.

Servius Tullius adopta ſeulement pour la clôture du cens le même ſacrifice luſtral, pratiqué avant lui par Tullus Hoſtilius, lors de ſa bataille contre les Albains.

Si le mot *luſtrum*, luſtre, ne vient pas de *luſtrare*, purifier, peut-être eſt-il dérivé de *luere* qui ſignifioit *payer* la taxe à laquelle chaque citoyen étoit impoſé par les cenſeurs : c'eſt du moins le ſentiment de Varron. (*D. J.*)

LUSTRE, (*Chapeliers.*) On donne ſouvent le *luſtre* aux chapeaux avec de l'eau commune, à quoi on ajoûte quelquefois un peu de teinture noire : le même *luſtre* ſert aux peauſſiers, excepté qu'ils ne ſe ſervent jamais de teinture noire pour leurs fourrures blanches. Lorſqu'ils veulent donner le *luſtre* à des fourrures très-noires, ils préparent quelquefois pour cela un *luſtre* de noix de galle, de couperoſe, d'alun romain, de moëlle de bœuf, & d'autres ingrédiens. On donne le *luſtre* aux draps, aux moëres, en les paſſant à la calandre, où les preſſant ſous la calandre. *Voyez* CALANDRE.

LUSTRE, en *terme de Bourſiers*, c'eſt une eſpece de vernis fait de blancs d'œufs, de gomme & d'encre, dont les bourſiers ſe ſervent pour rendre leurs calottes de maroquin luiſantes.

LUSTRE, (*Corroyeurs.*) Les Corroyeurs s'y prennent de différentes façons pour donner le *luſtre* à leurs cuirs, ſelon les différentes couleurs qu'ils veulent luſtrer. Pour le noir, ils donnent le premier *luſtre* avec le jus du fruit de l'épine-vinette, & le ſecond avec un compoſé de gomme arabique, de bierre douce, de vinaigre, & de colle de Flandre qu'ils font bouillir enſemble. Pour les couleurs, ils ſe ſervent d'un blanc d'œuf battu dans de l'eau. On donne le *luſtre* au maroquin avec du jus de fruit de l'épine-vinette & du jus d'orange ou de citron.

LUSTRE, (*Pelletiers.*) Les Pelletiers ſe ſervent du même *luſtre* que les Chapeliers, à l'exception qu'ils ne mettent point de teinture ſur les fourrures blanches & ſur celles qui ſont d'une couleur claire. Quelquefois cependant ils compoſent un *luſtre* pour les fourrures très-noires, & principalement pour celles qu'ils employent aux manchons. Il y entre de la noix de galle, de la couperoſe, de l'alun de Rome, de la moëlle de bœuf, & quelques autres drogues.

LUSTRER, v. a. c'eſt donner du luſtre. *Voyez l'article* LUSTRE.

LUSTRER, en *terme de Bourſier*, c'eſt l'action de donner de l'éclat aux calottes, en les verniſſant d'une certaine drogue faite exprès. *Voyez* LUSTRE.

LUSTRÉ, adj. (*Jardinage.*) ſe dit d'une anemone, d'une renoncule, d'une oreille d'ours, dont la couleur eſt luiſante.

LUSTRER *une glace*, (*Miroitier.*) c'eſt la recherche avec le luſtroir, après qu'on l'a entierement polie. On dit auſſi *molleter une glace*, parce que les ouvriers donnent quelquefois au luſtroir le nom de *molette. Voyez* GLACE & MOLETTE.

LUSTRINE, ſ. f. (*Manufacture en ſoie.*) eſpece d'étoffe dont le nom connoîtra ſuffiſamment la qualité, d'après ce que nous en allons dire.

On diſtingue pluſieurs ſortes de *luſtrine*. Il y a la *luſtrine* à poil, la *luſtrine* ſans poil, la *luſtrine* courante, & la *luſtrine* rebordée ou liſerée & brochée.

De la luſtrine ſans poil. Quoique cette étoffe ne

CCccij

soit guere de mode aujourd'hui, cependant comme elle peut revenir, & qu'il s'en fabrique chez l'étranger, il ne sera pas inutile d'en donner une idée; elle se fabrique à douze lisses, huit de satin, quatre de liage, & quatre de rabat. *Voy.* les articles LISSES & SATIN.

On entend par le rabat quatre lisses dont les fils sont passés sous la maille, comme au liage, avec cette différence, qu'à la premiere & à la seconde lisse, les fils sont passés sous la premiere lisse de rabat, & qu'à la troisieme & quatrieme ils sont passés sous la seconde lisse de rabat; à la cinquieme & sixieme, sous la troisieme; & à la septieme & huitieme, sous la quatrieme; de maniere que les quatre lisses contiennent tous les fils de huit lisses de satin.

Par cette distribution on se propose d'exécuter sur cette étoffe une figure qui imite exactement le gros-de-Tours. Pour cet effet, la soie qui est tirée aux deux coups de navette de la premiere & seconde marches, est abaissée moitié net par deux lisses de rabat qu'on a soin de faire baisser sur chacun des deux coups qui sont passés sous la premiere & seconde marche, où il n'y a plus de liage par rapport au rabat; observant de faire baisser les mêmes lisses sous la premiere & seconde marche, qui sont la premiere & la troisieme de rabat; sous la troisieme & quatrieme marche, la seconde & la quatrieme de rabat; sous la cinquieme & sixieme, la premiere & la troisieme; enfin sous la septieme & huitieme, la seconde & la quatrieme, en se servant d'une seule navette pour aller & venir chaque coup, & la trame de la couleur de la chaîne.

De la lustrine courante. Si la *lustrine* est courante, à une seule navette, il ne faut que huit marches: si c'est à deux navettes qui fassent figures, comme aux satins en fin, il en faut douze; & si elle est brochée & à deux navettes, il en faut seize & pas plus.

Armure d'une lustrine *à une seule navette.*

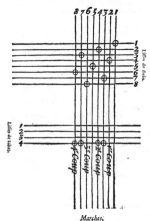

Marches.

Armure d'une lustrine *courante à deux navettes seulement, c'est-à-dire rebordée & liserée.*

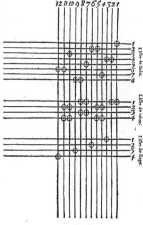

Marches.

On voit par cette démonstration, que la premiere & seconde marche ne font baisser que deux lisses de rabat; la troisieme, une seulement de liage, pour arrêter la soie de couleur qui doit faire la figure; la sixieme, la seconde de liage; la neuvieme, la troisieme de liage; & la douzieme, la quatrieme de liage.

Il faut observer à l'égard du rabat, que si l'on faisoit baisser aux deux premiers coups de navette la premiere & la seconde lisse de rabat, on feroit baisser quatre fils de suite, ce qui seroit défectueux dans la figure lustrinée, par le vuide de ces quatre fils baissés; au lieu qu'en faisant baisser la premiere & la troisieme, il ne peut baisser que deux fils en une seule place, & deux levés par la tire; & qu'un fil double ou deux fils ensemble, comme les fils passés sous le rabat, levant & baissant alternativement, forment le grain de gros-de-Tours.

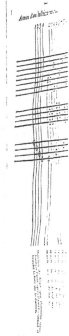

Armure d'une luſtrine *rebordée ou liſérée & brochée.*

On donne le nom de *liſerée* à une étoffe dont une navette fait une figure dans le fond, avec la ſoie arrêtée par le liage, & lorſque cette figure eſt grande, & forme un ornement ou feuillage; mais lorſque la figure ne compoſe qu'une eſpace de trait qui environne des figures plus grandes, ou une tige dont les feuilles ſont différentes, alors on dit qu'elle eſt rebordée.

De la luſtrine à poil. On en fabrique peu aujourd'hui ; c'eſt cependant la plus belle & la plus délicate de toutes les étoffes riches. Elle eſt ordinairement compoſée de quatre-vingt-dix portées de chaîne, & de quinze de poil, de la couleur de la dorure. Les poils dont on parlera dans les étoffes riches, ne ſervent qu'à lier la dorure & l'accompagnage. On donne le nom d'*accompagnage* à trois ou quatre brins de la plus belle trame, qui ſont paſſés ſous les mêmes lacs de la dorure qui domine dans l'étoffe. Cet accompagnage eſt arrêté par deux liſſes de poil qui doivent baiſſer quand les lacs de dorure ſont tirés. Des deux liſſes qui baiſſent pour l'accompagnage, on doit avoir ſoin de choiſir celle qui doit lier la dorure quand le coup eſt paſſé, & celle qui doit la lier le coup ſuivant : les liſſes qui contiennent le poil dans les étoffes riches, doivent être toutes à grand coliſſe, c'eſt-à-dire à mailles doubles, une pour faire lever le fil, & l'autre pour le faire baiſſer. Le coliſſe aura deux pouces & demi de longueur & plus, afin que le fil ne ſoit point arrêté par la tire. Enfin les liſſes doivent être attachées de maniere à faire ſucceſſivement l'opération des liſſes de fond & des liſſes de rabat. *Voyez* L'ARMURE.

La chaîne de cette étoffe eſt diſtribuée comme celle de la *luſtrine* ſans poil, ſur huit liſſes de ſatin, & quatre de rabat, & le poil ſur quatre liſſes à grand coliſſe qui ſervent de liage à la dorure & à la ſoie. C'eſt pourquoi il doit être de la couleur de la dorure.

L'armure de la *luſtrine* pour la chaîne, eſt ſemblable à celle de la *luſtrine* ſans poil, pour les huit liſſes de ſatin ; à l'égard du rabat, il ne baiſſe que ſur le premier coup de *luſtrine* ; le ſecond coup de navette eſt la rebordure, & le troiſieme coup qui eſt celui d'accompagnage, leve une liſſe de ſatin ; qui eſt la deuxieme pour le premier coup. Pour le poil, la premiere marche leve les trois liſſes, & laiſſe celle qui doit lier la dorure ; la ſeconde pour la rebordure, ne leve que deux liſſes de poil, & baiſſe celle qui doit lier la ſoie & la dorure, afin que ce coup ſoit lié. Elle laiſſe celle qui doit baiſſer le coup ſuivant, à l'accompagnage, pour ne la pas contrarier, & ainſi des autres.

Avant que de donner l'armure, il faut ſe ſouvenir que l'on n'a marqué que les liſſes de poil, pour lever & pour baiſſer, leur fonction étant pour l'un & l'autre ; que quoique les liſſes de rabat ſoient marquées O, cependant c'eſt pour baiſſer, leur fonction ne s'étendant pas à un autre jeu ; il en eſt de celles du fond pour lever, comme de celles de rabat pour baiſſer ; que ceci doit s'entendre des liſſes de fond & de rabat, en quelqu'endroit qu'il en ſoit parlé ; & que toutes les autres liſſes marquées O doivent lever, & les autres marquées * doivent baiſſer, & que les blanches ne levent ni ne baiſſent dans le poil.

Armure d'une luſtrine *à poil.*

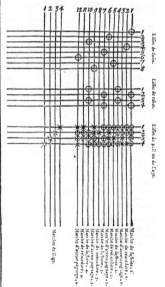

On voit par cette démonſtration, que la premiere

marche leve la premiere de satin, fait baisser la deuxieme & quatrieme de rabat; fait lever les trois premieres de poil, & laisse en l'air la quatrieme qui doit lier la rebordure, les soies & la dorure.

Que la seconde marche leve la premiere & la seconde de poil, fait baisser la quatrieme pour lier la soie; qu'elle passe & laisse en l'air la troisieme qui doit baisser au coup d'accompagnage suivant.

Que la troisieme leve selon l'ordre & l'armure du satin.

Que la quatrieme baisse la quatrieme & la troisieme de poil, & leve la premiere & la seconde.

Que la quatrieme leve la septieme de chaine ou de satin, baisse la premiere & la troisieme de rabat, leve la premiere, la seconde, & la quatrieme de poil, & laisse en l'air la troisieme qui doit lier.

Que la cinquieme leve la premiere & la quatrieme de poil, baisse la troisieme, & laisse en l'air la deuxieme qui doit baisser au coup d'accompagnage suivant.

Que la sixieme leve la deuxieme de satin, baisse la deuxieme & la troisieme de poil pour accompagner, & leve la premiere & la quatrieme.

Que la septieme leve la cinquieme de satin, baisse la deuxieme & la quatrieme de rabat, leve la premiere, la quatrieme & la troisieme de poil, & laisse en l'air la deuxieme qui doit servir au liage.

Que la huitieme leve la troisieme & la quatrieme, baisse la deuxieme qui doit lier, & laisse en l'air la premiere qui doit accompagner au coup qui suit.

Que la neuvieme leve la huitieme de satin, baisse la premiere & la deuxieme de poil pour accompagner, leve la troisieme & la quatrieme.

Que la dixieme leve la troisieme de satin, baisse la premiere & la troisieme de rabat, leve la deuxieme, la troisieme, & la quatrieme de poil, & laisse en l'air la premiere qui doit lier au coup qui suit.

Que la onzieme leve la deuxieme & la troisieme de poil, baisse la premiere, & laisse en l'air la quatrieme qui doit accompagner au coup suivant.

Que la douzieme enfin leve la premiere de satin, la deuxieme & la troisieme de poil, & baisse la premiere & la quatrieme pour accompagner.

Tous les trois coups de navette passés, on baisse une marche de liage, pour brocher. On voit que la lisse qui baisse à chaque coup, est la même qui étoit en l'air au coup de *lustrine*, & qui baisse seule au coup de rebordure.

On met ordinairement un quinze de peigne aux *lustrines*, ce qui fait douze fils par deux; & quand on met un dix-huit de peigne, il faut un poil de dix-huit portées, ce qui fait dix fils par deux, & tous les cinq fils de chaine un fil de poil.

La *lustrine* a un beau satin, un beau gros-de-Tours figuré & une belle dorure par l'accompagnage.

Il est évident par cette armure que le mouvement du poil à l'accompagnage, est précisément celui du raz-de-saint-Maur, ou du raz-de-saint-Cyr; & comme tous les accompagnages sont les mêmes dans les étoffes riches, excepté celles qui sont liées par la corde ou la découpure, dont l'accompagnage doit toujours être armé en taffetas ou gros-de-Tours; nous nous servirons du terme de *raz-de-saint-Maur*, pour le mouvement des lisses, le même que celui de la serge, quand elle n'a que quatre lisses.

LUSTRINÉ, (*Manufacture en soie.*) Pour faire le *lustriné*, il faut deux chaînes de la même couleur & du même nombre de portées: l'une sert à faire le corps de l'étoffe en gros-de-Tours, par le moyen du remettage & de l'armure; l'autre fait le fond façonné à la tire, & n'est point passée dans la remise; on en fait en dorure comme en soie. La largeur de ceux de Lyon est de $\frac{11}{24}$. *Voyez* ÉTOFFE DE SOIE.

On faisoit autrefois des *lustrinés*; mais cette étoffe n'est plus en usage.

LUSTROIR, s. m. (*Manufacture de glace.*) On appelle ainsi dans les manufactures de glace, une petite regle de bois doublée de chapeau, de trois pouces de long, sur un pouce & demi de large, dont on se sert pour rechercher les glaces après qu'elles ont été polies, & pour enlever les taches qui ont échappé au polissoir. Cet instrument se nomme aussi *molette*. *Voyez* GLACE.

LUT & LUTER, (*Chimie.*) ce mot est tiré du latin *lutum*, boue, parce qu'un des *luts* le plus communément employés, est une boue ou de la terre détrempée.

On appelle *lut* toute matiere ténace qu'on applique aux vaisseaux chimiques, & qu'on y fait fortement adhérer, soit pour les munir contre l'action immédiate du feu, soit pour fermer les jointures des différens vaisseaux qu'on adapte les uns aux autres dans les appareils composés, soit enfin pour boucher les fentes des vaisseaux fêlés, en affermir & retenir les parties dans leur ancienne union, ou même les réunir lorsqu'elles sont entierement séparées.

Ce dernier usage n'est absolument que d'économie; mais cette économie est presque de nécessité dans les laboratoires de chimie; car s'il falloit mettre en rebut tous les vaisseaux, sur-tout de verre, fêlés & cassés, la consommation en deviendroit très-dispendieuse: les deux autres usages des *luts* sont presque absolument indispensables.

Premierement, quant aux *luts* destinés à prémunir les vaisseaux contre l'action immédiate du feu, ce n'est autre chose qu'un garni, *voyez* GARNI, un enduit de terre applicable au vaisseau dans toute sa surface extérieure, & dont voici les avantages: ce ne sont que les vaisseaux fragiles, & fragiles par l'action du feu, & par conséquent ceux de verre & de terre, qu'on s'avise de *luter*, car appliquer un *lut* c'est *luter*. *Voyez* VAISSEAUX, (*Chimie.*). Les vaisseaux de verre & de terre ne se rompent au feu que lorsqu'il est appliqué brusquement ou inégalement. Or un enduit d'une certaine épaisseur, d'une matiere incombustible & massive de terre, ne pouvant être échauffé ou refroidi, & par conséquent communiquer la chaleur & le froid qu'avec une certaine lenteur; il est clair que le premier avantage que procure son emploi, est de mettre une bonne couche de *lut*, c'est de prémunir les vaisseaux contre un coup de feu soudain, ou l'abord brusque d'un air froid. Les intermedes appellés *bains* (*voyez* BAIN & INTERMEDE, *Chimie*), procurent exactement le même avantage; aussi ne *lute-t-on* pas les vaisseaux qu'on expose au feu de ces bains, dont la susceptibilité de chaleur n'est pas bornée, comme les bains de sable, de limaille, de cendres, &c. Mais ils ont dans les appareils ordinaires, l'inconvénient de ne diriger la chaleur vers le vaisseau que d'une maniere peu avantageuse, de n'en chauffer que la partie inférieure, ce qui restraint considérablement l'étendue du degré de feu qu'on peut commodément appliquer par le moyen de ces bains; au-lieu que les vaisseaux *lutés* sont disposés, par cette défense, & plus avantageusement qu'il est possible pour être exposés au feu de reverbere ou environnant, & en souffrir le degré extrême. Quand j'ai dit que les bains pulverulens étoient d'un emploi moins commode & plus borné que le *lut*, j'ai ajoûté dans les appareils ordinaires; car il y a moyen de disposer dans un fourneau de reverbere une capsule contenant une petite couche de sable, & de poser dessus une cornue ou une cucurbite non *lutée* avec tout avantage du *lut* dont nous avons parlé jusqu'à présent: *Voyez l'article* DISTILLATION. Je dis ce premier, car le *lut* en a un autre plus essentiel, plus particulier, dont nous ferons mention dans un instant. Il faut observer auparavant que quoiqu'il soit si supérieurement commode de travailler dans le feu très-fort avec les vaisseaux de verre & de terre *lutés*, & même dans le degré quelconque de feu mis avec les vaisseaux de verre *lutés*; cependant les bons artistes n'ont pas absolument besoin de ce secours, du-moins pour les vaisseaux de terre; & qu'il n'est point de bon ouvrier qui ne se chargeât d'exécuter, avec les vaisseaux de terre non *lutés*, les opérations qui se font ordinairement avec ces vaisseaux *lutés*, il n'auroit besoin pour cela que d'un peu plus d'assiduité auprès de son appareil, & de faire toujours feu lui-même; au-lieu que communément on se contente de faire entretenir le feu par les apprentifs & les manœuvres. Il faut savoir encore que les vaisseaux de verre très-minces, tels que ceux qu'on appelle dans les boutiques *phioles à médecine*, peuvent sans être *lutés* se placer sans ménagement à-travers un brasier ardent.

Cet autre avantage plus essentiel du *lut* dont on enduit les vaisseaux de verre ou de terre destinés à essuyer un feu très-fort, c'est de les renforcer, de les maintenir, de leur servir pour ainsi dire de supplément ou d'en tenir lieu, lorsque les vaisseaux sont détruits en partie par la violence du feu. Ceci va devenir plus clair par le petit détail suivant qui va : les cornues de verre employées à des distillations qui demandent un feu très-violent (à celle du nitre ou du sel marin avec le bol, par exemple), coulent ou se fondent sur la fin de l'opération; si donc elles n'étoient soutenues par une enveloppe fixe indestructible, par une espece de second vaisseau, il est clair qu'une cornue qui se fond laisseroit répandre, tomber dans le foyer du fourneau les matieres qu'on y avoit renfermées, & qu'ainsi l'opération n'iroit pas jusqu'à la fin. Une bonne couche de *lut* bien appliquée, exactement moulée sur le vaisseau, devient dans ces cas le second vaisseau, & contient les matieres; qui dans le tems de l'opération, sont toujours seches jusqu'à ce qu'on les ait épuisées par le feu. On *lute* aussi quelquefois les creusets dans les mêmes vûes, lorsqu'on veut fondre dans ces vaisseaux des matieres très-fondantes, ou douées de la propriété des flux, (*voyez* FLUX & FONDANT, *Chimie, Métal*.) & qui attaquent, entament dans la fonte le creuset même, le pénetrent, le criblent, comme cela arrive souvent en procédant à l'examen des pierres & des terres par la fusion, selon la méthode du célebre M. Pott. *Voyez* LITHOGEOGNOSIE, PIERRES, TERRES.

Le *lut* à cuirasser les vaisseaux (le terme est technique, du-moins en latin; *loricare, luter, loricatio, action de luter*) est diversement décrit dans presque tous les auteurs : mais la base en est toujours une terre argilleuse, dans laquelle on répand uniformément de la paille hachée, de la fiente de cheval, de la filasse, de la bourre, ou autres matieres analogues, pour donner de la liaison au *lut*, l'empêcher autant qu'il est possible, de le gerser en se desséchant. L'addition de chaux, de sable, de limaille de fer, de litarge, de sang, &c. qu'on trouve demandés dans les livres, est absolument inutile. Une argille quelconque, bien pétrie avec une quantité de bourre qu'on apprend facilement à déterminer par l'usage, & qu'il suffit de déterminer fort vaguement, fournit un bon *lut*, bien adhérent, & soutenant très-bien le feu. On y employe communément à Paris une espece de limon, connu sous le nom vulgaire de *terre à four*, & qui est une terre argilleuse mêlée de sablon & de marne. Cette terre est très-propre à cet usage; elle vaut mieux que de l'argille ou terre de potier commune; mais, encore un coup, cette derniere est très-suffisante.

Ce même *lut* sert à faire les *garnis* des fourneaux (*voyez* GARNI), à fermer les jointures des fourneaux à plusieurs pieces, & le vuide qui se trouve entre les cous des vaisseaux & les bords des ouvertures par lesquelles ces cous sortent des fourneaux; à bâtir des domes de plusieurs pieces, ou à former avec des morceaux de briques, des débris de vaisseaux, des morceaux de *lut* sees, &c. des supplémens quelconques à des fourneaux incomplets, délabrés & dont on est quelquefois obligé de se servir; enfin à bâtir les fourneaux de brique; car comme dans la construction des fours de boulangers, des fourneaux de cuisine, &c. il ne faut y employer ni mortier ni plâtre. On peut se passer pour ce dernier usage de mêler des matieres filamenteuses à la terre.

Les *luts* à fermer les jointures des vaisseaux doivent être différens, selon la nature de vapeurs qui doivent parvenir à ces jointures; car ce n'est jamais qu'à des vapeurs qu'elles sont exposées. Celui qu'on employe à *luter* ensemble les différentes pieces d'un appareil destiné à la distillation des vapeurs salines, & sur-tout acides, doit être tel que ces vapeurs ne puissent point l'entamer. Une argille pure, telle que la terre à pipes de Rouen, & la terre qu'on employe à Montpellier & aux environs, à la préparation de la crème de tartre, fournit la base convenable d'un pareil *lut* : reste à la préparer avec quelque liqueur visqueuse, ténace, qui puisse la réduire en une masse liée, continue, incapable de contracter la moindre gerfure, qui soit d'ailleurs souple, ductile, & qui ne se durcisse point assez en se desséchant, pour qu'il soit difficile de la détacher des vaisseaux après l'opération; car la liaison grossiere & méchanique du *lut* à cuirasser seroit absolument insuffisante ici, où l'on se propose de fermer tout passage à la vapeur la plus subtile, & ce *lut* se desseche & se durcit au point qu'on risqueroit de casser les vaisseaux, en voulant enlever celui qui se seroit glissé entre deux.

Le meilleur *lut* de ce genre que je connoisse, est celui-ci, que j'ai toujours vû employer chez M. Rouelle, sous le nom de *lut gras*, & que M. Baron propose aussi dans ses *notes sur la Chimie de Lémery*.

Lut gras. Prenez de terre à pipes de Rouen, ou, d'argille très-pure réduite en poudre tres fine, trois livres & demie; de vernis de succin (*voyez* VERNIS & SUCCIN), quinze onze ; d'huile de lin cuite, sept à huit onces: incorporez exactement ces matieres en les battant long-tems ensemble dans le grand mortier de fer ou de bronze. Pour rendre ce mélange aussi parfait & aussi égal qu'il est possible, on déchire par petits morceaux la premiere masse qu'on a formée, en faisant absorber peu-à-peu tout le vernis & toute l'huile à l'argille; on jette ces morceaux un à un dans le mortier, & en battant toujours, on les réunit à mesure qu'on les jette. On réitere cette manœuvre cinq ou six fois. On apprend facilement par l'usage à déterminer les proportions des divers ingrédiens, que les artistes exercés n'ont pas besoin de fixer par le poids. Si après avoir fait le mélange par estimation on ne le trouve pas assez collant, on ajoûte du vernis; si on veut simplement le ramollir, on ajoûte de l'huile; s'il manque de consistance, on augmente la proportion de la terre.

Ce *lut* doit être gardé exactement enveloppé d'une vessie. Moyennant cette précaution, il le conserve pendant plusieurs années sans se desséeher. Mais s'il devient enfin trop sec, on le ramollit en le battant dans le mortier avec un peu d'huile de lin cuite.

Un *lut* qui est éminemment agglutinatif, mais que les acides attaquent, & que les vapeurs aqueuses même détruisent, qui ne peut par conséquent être appliqué que sur un but sec & à l'abri de toute vapeur ou liqueur, c'est celui qui résulte du mélange de la chaux en poudre, soit vive, soit éteinte à l'air, & du fromage mou, ou du blanc d'œuf. Une bande de linge bien imbibée de blanc d'œuf, saupoudrée de chaux, humectée de nouveau avec le blanc d'œuf, & chargée d'une nouvelle couche de chaux pétrie prestement avec le doigt, & étendue sur ce linge des deux côtés; cette bande de linge ainsi préparée, dis-je, appliquée sur le champ & bien tendue sur les corps même les plus polis, comme le verre, y adhere fortement, s'y durcit bientôt, & forme un corps solide & presque continu avec celui auquel on l'applique. Ces qualités la rendent très-propre à affermir & retenir dans une situation constante les divers vaisseaux adaptés ensemble dans les appareils ordinaires de distillation, où l'on veut fermer les jointures le plus exactement qu'il est possible : c'est pour cela qu'après avoir bouché exactement le vuide de ces jointures avec du *lut gras*, on applique ensuite avec beaucoup d'avantage une bande de linge chargée de *lut* de blanc d'œuf, sur les deux vaisseaux à réunir, de maniere que chacun des bords de la bande porte immédiatement sur le corps de l'un & l'autre vaisseau, & que la couche de *lut* soit embrassée & dépassée des deux côtés. Si on ne faisoit que recouvrir le *lut*, comme le prescrit M. Baron dans la note déjà citée, on ne rempliroit pas le véritable objet de l'emploi de ce second *lut*; car ce qui rend le premier insuffisant, c'est qu'étant naturellement mou, & pouvant se ramollir davantage par la chaleur, il peut bien réunir très-exactement des vaisseaux immobiles, mais non pas les fixer, empêcher qu'au plus léger mouvement ils ne changent de situation, & ne dérangent par-là la position du *lut*, qui deviendra alors inutile.

Les jointures des vaisseaux dans lesquels on distille ou on digere à une chaleur légere des matieres qui ne jettent que des vapeurs aqueuses & spiritueuses, peu dilatées, faisant peu d'effort contre ces jointures, on se contente de les fermer avec des bandelettes de vessie de cochon mouillées, ou de papier chargées de colle ordinaire de farine.

Enfin les vaisseaux félés ou cassés se recollent ou se rapiécent avec les bandes de linge chargées de *lut* de chaux & de blanc d'œuf; sur quoi il faut observer, 1°. que des vaisseaux ainsi *rajustés* ne sauroient aller au feu ni à l'eau, & qu'ainsi ce *radoub* se borne aux chapiteaux, aux récipiens, aux poudriers, aux bouteilles, qu'encore il ne faut point rincer en dehors; 2°. que lorsque ces vaisseaux à recoller sont destinés à contenir des liqueurs, il est bon d'étendre de long de la fente une couche mince & étroite, un filet de *lut gras*, & d'appliquer par-dessus une large bande de linge, &c. (G)

LUTH, s. m. (*Luth.*) instrument de musique à cordes; comme il differe du théorbe, qu'il n'est à proprement parler qu'un *luth* à deux manches, nous renvoyons ce que nous avons à dire du *luth* à l'article THÉORBE.

LUTHÉRANISME, (*Théol.*) sentimens du docteur Luther & de ses sectateurs sur la Religion.

Le *luthéranisme* eut pour auteur, dans le xvj. siecle, Martin Luther, dont il a pris son nom. Cet hérésiarque naquit à Eisleben, ville du comté de Mansfeld en Thuringe, l'an 1483. Après ses études il entra dans l'ordre des Augustins en 1508 : il vint à Vittemberg & y enseigna la Philosophie dans l'université qui y avoit été établie quelques années auparavant. En 1512 il prit le bonnet de docteur en théologie : il commença en 1516 à s'élever contre la théologie scholastique, qu'il combattit cette année là dans des theses. En 1517 Léon X. ayant fait prêcher des indulgences pour ceux qui contribueroient aux dépenses de l'édifice de S. Pierre de Rome, il en donna la commission aux Dominicains : les Augustins prétendirent qu'elle leur appartenoit préférablement à eux; & Jean Staupitz, leur commissaire général en Allemagne, donna ordre à Luther de prêcher contre ces quêteurs. *Voyez* INDULGENCE.

Luther, homme violent & emporté, & d'ailleurs fort vain & fort plein de lui-même, s'acquitta de cette commission d'une autre maniere que son supérieur apparemment n'avoit voulu. Des prédicateurs des indulgences, il passa aux indulgences même, & déclara également contre les uns & contre les autres. Il avança d'abord des propositions ambiguës ; engagé ensuite par la dispute , il les soutint dans un mauvais sens, & il en dit tant , qu'il fut excommunié par le pape l'an 1520. Il goûta si bien le plaisir flatteur de se voir chef de parti, que ni l'excommunication de Rome, ni la condamnation de plusieurs universités célebres, ne firent point d'impression sur lui. Ainsi il fit une secte que l'on a nommé *luthéranisme*, & dont les sectateurs sont appellés *luthériens*, du nom de Luther, qui approche du grec, & qu'il prit au lieu de celui de sa famille, qui étoit *Loser* ou *Lauther*. C'étoit la coutume des gens de lettres dans ce siecle de se donner des noms grecs, témoins Capnion, Erasme, Melanchton, Bucer, &c. *Voyez* NOMS.

En 1523 Luther quitta tout-à-fait l'habit religieux, & en 1525 il séduisit une religieuse nommée Catherine de Bere, la débaucha & l'épousa ensuite publiquement. Après avoir attiré l'Allemagne à ses sentimens, sous la protection du duc Saxe Georges, il mourut à Eislebe, sa patrie, l'an 1546. *Voyez* RÉFORME.

Les premiers qui reçurent le *luthéranisme* furent ceux de Mansfeld & ceux de Saxe : il fut prêché à Kreichsaw en 1621 : il fut reçu à Groslar, à Rostoeh, à Riga en Livonie, à Reutlinge & à Hall en Souabe, à Ausgbourg, à Hambourg, à Trept en Poméranie en 1522, en Prusse en 1523 ; à Einbech, dans le duché de Lunebourg, à Nuremberg & à Breslaw en 1525 ; dans la Hesse en 1526. A Aldembourg, à Strasbourg & à Brunswich en 1528 ; à Gottingen, à Lemgou, à Lunebourg en 1530; à Munster & à Paderborn en Westphalie, en 1532; à Eslingen & à Ulm en 1533 ; dans le duché de Crubenhagen, à Hanovre & en Poméranie en 1534 ; dans le duché de Wirtemberg en 1535; à Cothus dans la basse Lusace, en 1537 ; dans le comté de Lipe en 1538 ; dans l'électorat de Brandebourg, à Brême, à Hall en Saxe, à Léipsic en Misnie, & à Quetlenbourg en 1539 ; à Embden dans la Frise orientale, à Hailbron, à Halberstad, à Magdebourg en 1540; au Palatinat dans les duchés de Neubourg, à Ragensbourg & à Wismar en 1540; à Buxtende, à Hildesheim & à Osnabruck en 1543 ; dans le bas Palatinat en 1546, dans le Meklembourg en 1552 ; dans le marquisat de Dourlach & de Hochberg en 1556 ; dans le comté de Bentheim en 1564; à Haguenau & au bas marquisat de Bade en 1568, & en 1570 dans le duché de Magdebourg. Jovet, *tom. I. p.* 460. 461.

Le *luthéranisme* a souffert plusieurs variations, soit pendant la vie, soit depuis la mort de son auteur. Luther rejettoit l'épître de S. Jacques, comme contraire à la doctrine de S. Paul touchant la justification, & l'apocalypse ; mais ces deux livres sont aujourd'hui reçus par les Luthériens. Il n'admettoit de sacremens que le Baptême & l'Eucharistie ; il croyoit l'impanation, c'est-à-dire que la matiere du pain & du vin reste avec le corps de Jesus-Christ, & c'est en quoi les Luthériens different des Calvinistes. *Voyez* CONSUBSTANTIATION.

Luther prétendoit que la messe n'est point un sacrifice ; il rejettoit l'adoration de l'hostie , la confession auriculaire , toutes les œuvres satisfactoires, les indulgences, le purgatoire , le culte & l'usage des images. Luther combattoit la liberté , & soutenoit que nous sommes nécessités en toutes nos œuvres , & que toutes les actions faites en péché mortel sont les vertus mêmes des payens font des crimes ; que nous ne fommes juftes que par l'imputation des mérites & de la juftice de Jefus-Chrift. Il blâmoit le jeune & l'abftinence de la viande, les vœux monaftiques & le célibat des perfonnes confacrées à Dieu.

Il eft forti du *luthéranifme* trente-neuf fectes toutes différentes ; favoir les Confeffioniftes appellés *Miricains*, les Antinomiens, les Samofatenfes, les Inferains, les Antidiaphoriftes, les Antifwenkfeldiens, les Antofandrins, les Anticaliniftes, les Impofeurs des mains, les Biffacramentaux, les Trifacramentaux, les Confeffioniftes, lès Mous-philofophes, les Maioniftes, les Adiaphoriftes, les Quadrifacramentaux, les Luthero-Caliniftes, les Anmétiftes, les Mediofandrins, les Confeffioniftes opiniâtres & Récalcitrants, les Sufeldiens, les Onandrins, les Stanoariens, les Antifancariens, les Zuingliens fimples, les Zuingliens fignificatifs, les Carloftatiens, les Tropiftes évargiques, les Arrabonaires, les Sucéfeldiens fpirituels, les Servetiens, les Daviticus ou Davidi-Georgiens, & les Memnonites. Jovet, *tome I. p. 475. Dictionn. de Trévoux.*

LUTHÉRIEN, (*Théol.*) celui qui fuit, qui profeffe le luthéranifme, les fentiments de Luther. *Voyez* LUTHÉRANISME.

Les *Luthériens* font aujourd'hui de tous les Proteftans les moins éloignés de l'Eglife catholique ; ils font divifés en plufieurs fectes, dont les principales fe trouvent aux articles fuivans, & à leur rang dans le cours de cet ouvrage.

Luthérien mitigé, celui qui a adouci la doctrine de Luther, ou qui fuit la doctrine de Luther adoucie. Melanchthon eft le premier des *luthériens mitigés*.

Luthérien relâché, c'eft un des noms que l'on donna à ceux qui fuivirent l'*interim* & qui firent trois partis différens, celui de Melanchthon, celui de Pacius ou Peteffinger, & de l'univerfité de Léipfic, & celui des théologiens de Franconie. *Voyez* INTERIM & ADIAPHORISTES.

Luthérien rigide, celui qui foutient encore l'ancien luthéranifme de Luther & des premiers luthériens.

Il n'y a, principalement fur la prédeftination & la grace, plus ou prefque plus de *luthériens rigides*. Le chef des *luthériens rigides* fut Flaccius Illyricus, le premier des quatre auteurs de l'hiftoire eccléfiaftique divifée en centuries, & connue fous le nom de *centuries* ou *centuriateurs de Magdebourg*. Il ne pouvoit fouffrir que l'on apportât quelque changement à la doctrine de Luther.

Luthero-Calvinifte, celui ou celle qui foutient les opinions de Luther conjointement avec celles de Calvin, autant qu'on peut les concilier, ce qui eft impoffible en quelques points, fur-tout fur la préfence réelle.

Luthero-Ofiandrien, celui ou celle qui fait un mélange de la doctrine de Luther & de Luc Ofiander.

Luthero-Papifte, c'eft le nom qu'on a donné aux luthériens qui fe fervoient d'excommunication contre les facramentaux.

Luthero-Zuinglien, celui ou celle qui mêle les dogmes de Zuingle à ceux de Luther.

Les *Luthero-Zuingliens* eurent pour chef Martin Bucer, de Scheleftadt en Alface, où il naquit en 1491, & qui, de dominicain qu'il étoit, fe fit, par une double apoftafie, comme difent les Catholiques, *luthérien*.

Les *Luthero-Zuingliens* firent moins un mélange de la doctrine de Luther & de Zuingle, qu'une fociété de *luthériens* & de zuingliens qui fe toléroient mutuellement, & convinrent enfemble de fouftrir les dogmes les uns des autres. *Dictionn. de Trévoux.*

LUTHIER, f. m. On appelle, en *terme d'arts*, *luthier* un joueur de luth. Il n'y a jamais eu en cette partie d'homme plus fameux & plus diftingué

qu'Anaxenor. Non-feulement les citoyens deThiane lui rendirent des honneurs extraordinaires, mais Marc-Antoine, qui étoit enchanté des talens de cet artifte, lui donna des gardes & le revenu de quatre villes ; enfin après fa mort on lui fit dreffer une ftatue. *Voyez* pour preuve Strabon, *liv. XXIV*.

Jacob, connu fous le nom du Polonois, a été regardé comme le premier joueur de luth du xvij. fiecle. Ballard imprima quantité de pieces de fa compofition, parmi lefquelles les *gaillardes* font celles que les Muficiens eftiment davantage.

Les Gautiers marcherent fur les traces du Polonois, & ont été les derniers joueurs de luth de réputation. La difficulté de bien toucher cet inftrument de mufique à cordes, & fon peu d'ufage dans les concerts, l'ont fait abandonner. On lui a préféré le violon, qui eft plus facile à manier, & qui produit d'ailleurs des fons plus agréables, plus cadencés & plus harmonieux. (*D. J.*)

LUTIN, f. m. (*Hift. des fuperft.*) Un *lutin* eft, dans l'efprit des gens fuperftitieux, un efprit malin, inquiétant, nuifible, qui ne paroit que de nuit, pour tourmenter & faire du mal, du dégât, du défordre.

Les noms de *lutin*, de phantôme, de fpectre, de revenant & autres femblables, abondent dans les pays à proportion de leur ftupidité & de leur barbarie. C'eft pour cela qu'autrefois il y avoit dans prefque toutes les villes du royaume, des noms particuliers des *lutins* de chacune de ces villes, dont on fe fervoit encore plus malheureufement pour faire peur aux enfans. C'étoit le moine-bourru à Paris, la mala-beftia à Touloufe, le mulet-odet à Orléans, le loup-garou à Blois, le roi Hugon à Tours, Fortépaule à Dijon, &c. On faifoit de ces noms ridicules l'épouvantail des femmelettes, ainfi que le cannevas de mille fables abfurdes ; & il faut bien que cela tût très-répandu, puifque M. de Thou n'a pas dédaigné d'en parler dans fon hiftoire. Ce qui prouve que nous vivons dans des tems plus éclairés, c'eft que tous ces noms ont difparu : rendons-en grace à la Philofophie, aux études & aux gens de lettres. (*D. J.*)

LUTRIN, f. m. *terme d'églife*, pupitre fur lequel on met les livres d'églife, & auprès duquel les chantres s'affemblent ; mais ce mot eft principalement confacré au pupitre, qui eft placé au milieu du chœur. Nos peres l'ont appellé *letери*, *lettri*, *létrin*, du mot grec λεύτρον, dit du Cange, parce que c'étoit le lieu où on lifoit l'évangile. Entre les beautés de détail dont eft rempli le poëme du *lutrin* de M. Defpréaux, on doit compter celle de la defcription du *lutrin* même. Le poëte, après avoir parlé du chœur de l'églife, ajoute :

> Sur ce rang d'ais ferrés qui forment fa clôture,
> Fut jadis un lutrin d'inégale ftructure,
> Dont les flancs élargis de leur vafte contour
> Ombrageoient pleinement tous les lieux d'alentour;
> Derriere ce lutrin, ainfi qu'au fond d'un antre,
> A peine fur fon banc on difcernoit le chantre ;
> Tandis qu'à l'autre banc, le prélat radieux
> Découvert au grand jour, attiroit tous les yeux, &c.

Boileau pouvoit fe vanter d'avoir le talent d'annoblir en poéfie les chofes les plus communes, & c'eft en cela, & dans le choix des termes & des tours que confifte fon grand mérite. (*D. J.*)

LUTTE, f. f. (*Art gymnaftique.*) combat de deux hommes corps à corps, pour éprouver leur force & voir qui terraffera fon adverfaire.

C'étoit un des plus illuftres exercices paleftriques des anciens. Les Grecs, qui l'ont cultivé avec le plus de foin & qui l'ont porté à la plus haute perfection, le nommoient παλη, mot que nos Grammairiens modernes dérivent de παλλειν, *fecouer*, *agiter*, ou de παλος, *de la boue*, à caufe de la pouffiere dont se frottoient les lutteurs : du-moins les autres étymologies rapportées par Plutarque ne sont pas plus heureuses. Quant au mot *lucta* des Latins, on ne sait s'il vient de *lucere* pris au sens de *solvere*, résoudre, relâcher, ou de *luxare*, démettre, déboëter, ou de quelqu'autre source.

Mais sans nous arrêter à ces futilités, recherchons l'origine de la *lutte* & ses préparatifs : après cela nous indiquerons les principales especes de *luttes* & les descriptions qui nous en restent ; ensuite nous déterminerons en quel tems les lutteurs furent admis aux jeux publics de la Grece ; enfin nous repasserons en revûe ceux qui s'y sont le plus distingués. Les auteurs latins de l'art gymnastique ont épuisé cette matiere ; mais M. Burette en particulier l'a traitée dans les mémoires de Littérature avec le plus de netteté & l'érudition la plus agréable : il va nous prêter ses lumieres.

La *lutte* chez les Grecs, de même que chez les autres peuples, ne se montra dans ses commencemens qu'un exercice grossier, où la pesanteur du corps & la force des muscles avoient la meilleure part. Les hommes les plus robustes & de la taille la plus avantageuse, étoient presque sûrs d'y vaincre, & l'on ne connoissoit point encore la supériorité que pouvoit donner dans cette espece de combat beaucoup de souplesse & de dextérité jointes à une force médiocre.

La *lutte* considérée dans cette premiere simplicité, peut passer pour un des plus anciens exercices ou des premieres manieres de se battre ; car il est à croire que les hommes devenus ennemis les uns des autres, ont commencé par se colleter & s'attaquer à coups de poings, avant que de mettre en œuvre des armes plus offensives. Telle étoit la *lutte* dans les siecles héroïques & fabuleux de la Grece, dans ces tems féconds en hommes féroces, qui n'avoient d'autres lois que celle du plus fort.

On reconnoît à ce portrait ces fameux scélérats qui infestoient, par leurs brigandages, les provinces de la Grece, & dont quelques-uns contraignoient les voyageurs à lutter contr'eux, malgré l'inégalité de leurs forces, & les tuoient après les avoir vaincus. Hercule & Thésée travaillerent successivement à purger la terre de ces monstres, employant d'ordinaire pour les punir, les mêmes moyens dont ces barbares s'étoient servis pour immoler tant de victimes à leur cruauté. C'est ainsi que ces deux héros vainquirent à la lutte Antée & Cercyon, inventeurs de ce combat, selon Platon, & auxquels il en coûta la vie pour avoir osé se mesurer contre de si redoutables adversaires.

Thésée fut le premier, au rapport de Pausanias, qui joignit l'adresse à la force dans la *lutte*, & qui établit des écoles publiques appellées *palestres*, où des maîtres enseignoient aux jeunes gens. Comme cet exercice fit partie des jeux isthmiques, rétablis par ce héros, & qu'il fut admis dans presque tous ceux que l'on célébroit en Grece & ailleurs, les athletes n'oublierent rien pour s'y rendre habiles ; & le desir de remporter le prix les rendit ingénieux à imaginer de nouvelles ruses & de nouveaux mouvemens, qui en perfectionnant la *lutte* les missent en état de s'y distinguer. Ce n'est donc que depuis Thésée que la *lutte*, qui avoit été jusqu'alors un exercice informe, fut réduite en art, & se trouva dans tout son lustre.

Les frictions & les onctions, si communes dans les gymnases, parurent être dans l'art athlétique des préparatifs admirables pour ce combat en particulier. Comme il étoit question dans la *lutte* de faire valoir toute la force & toute la souplesse des membres, on eut recours aux moyens les plus efficaces pour réunir ces deux qualités. Les frictions en ou-

vrant les pores & en facilitant la transpiration, rendent la circulation du sang plus rapide, & procurent en même tems une distribution plus abondante des esprits animaux dans tous les muscles du corps. Or l'on sait que la force de ces organes dépend de cette abondance, jointe à la fermeté du tissu des fibres ; d'un autre côté, les onctions qui succédoient aux frictions produisoient deux bons effets : l'un d'empêcher, en bouchant les pores, une trop grande dissipatiou d'esprits, qui eût bientôt mis les athletes hors de combat ; l'autre de donner aux muscles, à leurs tendons, & aux ligamens des jointures, une plus grande flexibilité, & par-là de prévenir la rupture de quelques-unes de ces parties dans les extensions outrées auxquelles la *lutte* les exposoit.

Mais comme ces onctions, en rendant la peau des lutteurs trop glissante, leur ôtoit la facilité de se colleter & de se prendre au corps avec succès, ils remédioient à cet inconvénient, tantôt en se roulant dans la poussiere de la palestre, ce que Lucien exprime plaisamment en disant, *les uns se vautrent dans la boue comme des pourceaux*, tantôt en se couvrant réciproquement d'un sable très-fin, reservé pour cet usage dans les xistes & sous les portiques des gymnases. Ceux-ci, ajoute le même Lucien & dans le même style, *prenant le sable qui est dans cette fosse, se le jettent les uns aux autres comme des coqs*. Ils se frottoient aussi de poussiere après les onctions, pour essuyer & sécher la sueur dont ils se trouvoient tout trempés au fort de la *lutte*, & qui leur faisoit quitter prise trop facilement. Ce moyen servoit encore à les préserver des impressions du froid ; car cet enduit de poussiere mêlé d'huile & de sueur, empêchoit l'air de les saisir, & mettoit par-là ces athletes à couvert des maladies ordinaires à ceux qui se refroidissent trop promptement après s'être fort échauffés.

Les lutteurs ainsi préparés en venoient aux mains. On les apparioit deux à deux, & le fil faisoit quelquefois plusieurs *luttes* en même tems. A Sparte, les personnes de différent sexe luttoient les unes contre les autres, & Athénée observe que la même chose se pratiquoit dans l'île de Chio.

Le but que l'on se proposoit dans la *lutte*, où l'on combattoit de pié ferme, étoit de renverser son adversaire, de le terrasser, en grec καταβάλλειν ; de-là vient que la *lutte* s'appelloit καταβλητική, l'art de jetter par terre.

Pour y parvenir, ils employoient la force, l'adresse & la ruse ; ces moyens de force & d'adresse se réduisoient à s'empoigner réciproquement les bras, en grec δράσσειν ; à se retirer en avant, ἀπαγωγή ; à se pousser & à se renverser en arriere, ὠθείν & ἀνατρέπειν ; à se donner des contorsions & à s'entrelacer les membres, λυγίζειν ; à se prendre au collet, & à se serrer la gorge jusqu'à s'ôter la respiration, ἄγχειν & ἀποπνίγειν ; à s'embrasser étroitement & se secouer, ἀγκυρίζειν ; à se plier obliquement & sur les côtés, πλαγιάζειν ; à se prendre au corps & à s'élever en l'air, à se heurter du front comme des béliers, συναρπάττειν τὰ μέτωπα ; à se tordre le cou, τραχηλίζειν.

Tous ces mots grecs qu'on peut se dispenser de lire, & plusieurs autres que je supprime pour ne pas ennuyer le lecteur, étoient consacrés à la *lutte*, & se trouvent dans Pollux & dans Hésychius.

Parmi les tours de souplesse & les ruses ordinaires aux lutteurs, nommées en grec παλαίσματα, je ne dois pas oublier celui qui consistoit à se rendre maître des jambes de son antagoniste ; cela s'exprimoit en grec par différens verbes, ὑποσκελίζειν, πτερνίζειν, ἀγκυρίζειν, qui reviennent aux mots françois, *supplanter, donner le croc en jambe* ; Dion, ou plutôt Xiphilin son abréviateur, remarque dans la vie d'Adrien,

LUT

que cette adresse ne fut pas inutile aux soldats romains, dans un de leurs combats contre les Jaziges.

Telle étoit la *lutte* dans laquelle les athlètes combattoient debout, & qui se terminoit par la chûte ou le renversement à terre de l'un des deux combattans. Mais lorsqu'il arrivoit que l'athlete terrassé entraînoit dans sa chûte son antagoniste, soit par adresse, soit autrement, le combat recommençoit de nouveau, & ils luttoient couchés sur le sable, se roulant l'un sur l'autre, & s'entrelaçant en mille façons jusqu'à ce que l'un des deux gagnant le dessus, contraignît son adversaire à demander quartier & à se confesser vaincu.

Une troisieme espece de *lutte* se nommoit ἀκροχιρισμὸς, parce que les athletes n'y employoient que l'extrémité de leurs mains sans se prendre au corps, comme dans les deux autres especes. Il paroît que l'ἀκροχιρισμὸς étoit un prélude de la véritable *lutte*, par lequel les athletes essayoient réciproquement leurs forces, & commençoient à dénouer leurs bras.

En effet, cet exercice consistoit à se croiser les doigts, en se les serrant fortement, à se pousser en joignant les paumes des mains, à se tordre les poignets & les jointures des bras, sans seconder ces divers efforts par le secours d'aucun autre membre ; & la victoire demeuroit à celui qui obligeoit son concurrent à demander quartier. Pausanias parle de l'athlete léontisque, qui ne terrassoit jamais son adversaire dans cette sorte de combat, mais le contraignoit seulement en lui serrant les doigts de se confesser vaincu.

Cette sorte de *lutte*, qui faisoit aussi partie du pancrace, étoit connue d'Hipocrate, lequel, dans le *II. livre du régime*, l'appelle ἀκροχιρίν, & lui attribue la vertu d'exténuer le reste du corps & de rendre les bras plus charnus.

Comme nous ne pouvons plus voir ces sortes de combats, & que le tems des spectacles de la *lutte* est passé, le seul moyen d'y suppléer à quelques égards, c'est de consulter pour nous en faire une idée, ce que la gravure & la sculpture nous ont conservé de monumens qui nous représentent quelques parties de l'ancienne gymnastique, & sur-tout de recourir aux descriptions que les poëtes nous en ont laissées, & qui sont autant de peintures parlantes, propres à mettre sous les yeux de notre imagination les choses que nous ne pouvons envisager d'une autre manière.

La description que fait Homere, *Iliade*, *l. XXIII. vers. 708 & suivans*, de la *lutte* d'Ajax & d'Ulysse, l'emporte sur tous les autres pour la force, pour le naturel & pour la précision. La *lutte* d'Hercule & d'Achéloüs, si fameuse dans la fable, a servi de matiere au tableau poétique qu'Ovide en a fait dans le *neuvieme de ses métamorphoses*. On peut voir aussi de quelle maniere Lucain dans sa pharsale, *l. IV. vers. 610. & suivans*, décrit la *lutte* d'Hercule & d'Antée. La *lutte* de Tydée & d'Agyllée, peinte par Stace dans sa Thébaïde, *liv. VI. vers. 847*. est sur-tout remarquable par la disproportion des combattans, dont l'un est d'une taille gigantesque, & l'autre d'une taille petite & ramassée.

Ces quatre portraits méritent d'autant mieux d'être consultés sur la *lutte*, qu'en nous présentant tous ce même objet dont le spectacle étoit autrefois si célebre, ils le montrent à notre imagination par différens côtés, & par-là servent à nous le faire connoître plus parfaitement, de sorte qu'en rassemblant ce que chacun renserme de plus particulier, on trouve presque toutes les circonstances qui caractérisoient cette espece d'exercice.

Le lecteur est encore le maître d'y joindre une cinquieme description, laquelle, quoiqu'en prose, peut

Tome IX.

LUT 759

figurer avec la poësie. Elle se trouve au *XVI. livre de l'histoire éthiopique* d'Héliodore, ingénieux & aimable romancier grec du iv. siecle. Cette peinture représente une *lutte* qui tient, en quelque sorte, du Pancrace, & qui se passe entre Théagene le héros du roman, & une espece de géant éthiopien.

Après avoir considéré la *lutte* en elle-même, & renvoyé les curieux à la lecture des descriptions qui nous en restent, indiquons dans quel tems on a commencé d'admettre cet exercice dans la solemnité des jeux publics, dont il faisoit un des principaux spectacles.

Nous apprenons de Pausanias que la *lutte* faisoit partie des jeux olympiques dès le tems de l'Hercule de Thebes, puisque ce héros en remporta le prix. Mais Iphitus ayant rétabli la cérémonie de ces jeux qui, depuis Hercule, avoit été fort négligée ; les différentes especes de combats n'y rentrerent que successivement, en sorte que ce ne fut que dans la xviij. olympiade qu'on y vit paroître des lutteurs ; & le lacédémonien Eurybate fut le premier qu'on y déclara vainqueur à la *lutte*. On n'y proposa des prix pour la *lutte* des jeunes gens que dans la xxxvij. olympiade, & le lacédémonien Hiposthene y reçut la premiere couronne. Les lutteurs & les pancratiens n'eurent entrée dans les jeux pythiques que beaucoup plus tard, c'est-à-dire dans la xlviij. olympiade. A l'égard des jeux Néméens & des Isthmiques, Pausanias ni aucun auteur ne nous apprennent, de ma connoissance, en quel tems la *lutte* commença de s'y introduire.

Les prix que l'on proposoit aux lutteurs dans ces jeux publics, ne leur étoient accordés qu'à certaines conditions. Il falloit combattre trois fois de suite, & terrasser au-moins deux fois son antagoniste pour être digne de la palme. Un lutteur pouvoit donc sans honte être renversé une fois, mais il ne le pouvoit être une seconde, sans perdre l'espérance de la victoire.

Entre les fameux Athletes, qui furent plusieurs fois couronnés aux jeux de la Grece, l'histoire a immortalisé les noms de Milon, de Chilon, de Polydamas & de Théagene.

Milon étoit de Crotone, & fleurissoit du tems des Tarquins. Sa force étonnante & ses victoires athlétiques ont été célébrées par Diodore, Strabon, Athénée, Philostrate, Galien, Elien, Eustathe, Cicéron, Valere-Maxime, Pline, Solin, & plusieurs autres. Mais Pausanias est celui qui paroît s'être le plus intéressé à la gloire de cet illustre athlete, par le détail dans lequel il est entré dans le second livre de ces éliaques, sur ce qui le concerne. Il nous apprend entr'autres particularités, que Milon remporta six palmes aux jeux olympiques, toutes à la *lutte*, l'une desquelles lui fut adjugée lorsqu'il n'étoit encore qu'eusant ; qu'il en gagna une en luttant contre les jeunes gens, & six en luttant contre des hommes faits aux jeux pythiens ; que s'étant présenté une septieme fois à Olympie pour la *lutte*, il ne put y combattre, faute d'y trouver un antagoniste qui voulût se mesurer à lui.

Le même Historien raconte ensuite plusieurs exemples de la force incomparable de cet athlete. Il portoit sur ses épaules sa propre statue, faite par le sculpteur Daméas son compatriote. Il empoignoit une grenade, de maniere que, sans l'écraser, il la serroit suffisamment pour la retenir, malgré les efforts de ceux qui tâchoient de la lui arracher. Il n'y avoit que sa maîtresse, dit Elien en badinant, qui pût, en cette occasion, lui faire quitter prise.

Pausanias ajoute que Milon se tenoit si ferme sur un disque qu'on avoit huilé, pour le rendre plus glissant, qu'il étoit comme impossible de l'y ébranler. Lorsqu'appuyant son coude sur son côté, il pré-

D D d d ij

LUT

fentoit la main droite ouverte, les doigts ferrés l'un contre l'autre, à l'exception du pouce qu'il élevoit, il n'y avoit prefque force d'homme qui pût lui écarter le petit doigt des trois autres. Cet athlete fi robufte, ce vainqueur des Sybarites, fut néanmoins obligé de reconnoître que fa force étoit inférieure à celle du berger Titorme, qu'il rencontra fur les bords d'Evenus, s'il en faut croire Elien.

Le lutteur Chilon, natif de Patras en Achaïe, n'eft guere moins fameux que Milon, par le nombre de fes victoires à la *lutte*. Il fut couronné deux fois à Olympie, une fois à Delphes, quatre fois aux jeux ifthmiques, & trois fois aux néméens. Sa ftatue faite des mains de Lyfippe, fe voyoit encore à Olympie du tems de Paufanias. Il fut tué dans une bataille, & les Achéens lui éleverent un tombeau à leurs dépens, avec une infcription fimple, qui contenoit les faits que je viens de rapporter.

Paufanias parle du pancratiafte Polydamas, non-feulement comme du plus grand homme de fon fiecle pour la taille, mais il raconte encore de ce célebre athlete des chofes prefque auffi furprenantes que celles qu'on attribue à Milon. Il mourut, comme lui, par trop de confiance en fes forces. Etant entré avec quelques camarades dans une caverne, pour s'y mettre à couvert de l'exceffive chaleur, la voûte de la caverne prête à fondre fur eux, s'entr'ouvrit en plufieurs endroits. Les compagnons de Polydamas prirent la fuite ; mais lui moins craintif, ou plus téméraire, éleva fes deux mains, prétendant foutenir la hauteur de pierres qui s'écrouloit, & qui l'accabla de fes ruines.

Je finis ma lifte des célebres *lutteurs* par l'athlete Théagene de Thafos, vainqueur au pancrace, au pugilat & à la courfe, une fois aux jeux olympiques, trois fois aux pythiens, neuf fois aux néméens, & dix fois aux ifthmiques. Il remporta tant de prix aux autres jeux de la Grece, que fes couronnes alloient jufqu'au nombre de quatorze-cens, felon Paufanias, ou de douze cens, felon Plutarque. (*D. J.*)

LUTTER, (*Géog.*) petite ville d'Allemagne au duché de Brunfwick, remarquable par la victoire que les Impériaux y remporterent fur Chriftian IV. roi de Danemark, en 1626. Elle eft à 2 lieues N. O. de Goflar. *Long.* 28. 8. *latit.* 52. 2.

LUTTERWORTH, (*Géog.*) bourg à marché d'Angleterre en Leiceftershire, à 72 milles N. O. de Londres. *Long.* 15. 26. *latit.* 52. 26.

Je n'ai parlé de ce bourg, que parce que c'eft le lieu de la naiffance, de la mort & de la fépulture de Jean Wiclef, décédé en 1384. Il s'étoit déclaré hautement pendant fa vie contre les dogmes de l'Eglife romaine. Son parti déja confidérable dans le royaume de la grande Bretagne, étoit étayé de la protection du duc de Lancaftre, dont l'autorité n'étoit pas moins grande que celle du roi fon frere. Wiclef expliquoit la manducation du corps de notre Seigneur, à-peu-près de la même maniere que Berenger l'avoit expliqué avant lui. Ses fectateurs, qu'on nomma *Lollards*, s'augmentoient tous les jours ; mais ils fe multiplierent bien davantage par les perfécutions qu'ils effuyerent fous Henri IV. & fous Henri V.

LUTZELSTEIN, (*Géog.*) petite ville de la baffe Alface, à 6 lieues de Strasbourg, capitale de la principauté de même nom, appartenante à l'électeur palatin, qui en fait hommage au roi de France.

LUTZEN, (*Géog.*) petite ville d'Allemagne dans la haute Saxe, & dans l'évêché de Merfebourg, fameufe par la bataille de 1632, où Guftave Adolphe, roi de Suéde, périt malheureufement. Elle eft fur l'Elfter, à 2 milles O. de Leipfick. *Long.* 30. 12. *latit.* 51. 20. (*D. J.*)

LUVAS ou LUBOS, (*Hift. mod.*) c'eft le nom qu'on donne aux chefs d'une nation guerriere & bar-

LUX

bare appellée *Gallas*, qui depuis très-long-tems font les fléaux des Ethiopiens & des Abyffins, fur qui ils font des incurfions très-fréquentes. Ces *lubos* font des fouverains dont l'autorité ne dure que pendant huit ans. Auffi-tôt que l'un d'eux a été élu, il cherche à fe fignaler par les ravages & les cruautés qu'il exerce dans quelque province d'Ethiopie. Son pouvoir ne s'étend que fur les affaires militaires ; pour les affaires civiles, elles fe reglent dans les affemblées ou diètes de la nation, que le *lubo* a droit de convoquer, mais qui peut de fon côté annuller ce qu'il peut avoir fait de contraire aux loix du pays. Il y a, dit-on, environ foixante de ces fouverains éphemeres dans la nation des Gallas ; ils font une très-pauvre figure dans leur cour, dont le pere Lobo raconte un ufage fingulier & peu propre à engager les étrangers à s'y rendre. Lorfque le *lubo* donne audience à quelque étranger, les courtifans qui l'accompagnent tombent fur lui, & lui donnent une baftonnade très-vive qui l'oblige à fuir ; lorfqu'il rentre, on le reçoit avec politeffe. Le P. Lobo eut le malheur d'effuyer cette cérémonie ; en ayant demandé le motif, on lui dit que c'étoit pour faire connoître aux étrangers la valeur & la fupériorité des Gallas fur toutes les autres nations.

LUXATION, f. f. *terme de Chirurgie*, déplacement d'un ou de plufieurs os de l'endroit où ils font naturellement joints. Les *luxations* font en général de deux efpeces par rapport à leurs caufes ; les unes viennent de caufes externes, comme chûtes, coups, fauts, extenfions, &c. les autres viennent de caufes internes, comme par exemple du relâchement des ligamens, de la paralyfie des mufcles, du gonflement des têtes des os, d'une fluxion d'humeurs qui s'eft faite tout-à-coup dans l'articulation, & qui en a abreuvé les capfules ligamenteufes ou d'humeurs qui s'y font accumulées peu-à-peu : tel eft l'épanchement de la fynovie, qui chaffe la tête de l'os de fa cavité.

La *luxation* n'arrive proprement qu'aux os qui ont un mouvement manifefte, comme font tous ceux dont la jonction eft par diarthrofe : ceux qui font articulés par fynarthrofe, n'ayant qu'un mouvement fort obfcur, font plus fujets à être caffés qu'à fe luxer : les os joints par charniere ou gynglime fe luxent plus difficilement que ceux dont la jonction eft faite par une feule tête & une feule cavité ; & ils font plus fujets à la *luxation incomplette* qu'à la *complette*.

On entend par *luxation complette* celle où la tête d'un os eft réellement hors de la cavité de celui qui la recevoit. On reconnoît cette *luxation* par une tumeur ou éminence que forme la tête de l'os déboîté dans un endroit qui n'eft pas deftiné à la loger ; & par un enfoncement que l'on fent dans l'endroit d'où l'os eft forti. Ces fignes font quelquefois difficiles à appercevoir, fur-tout à la cuiffe, lorfqu'il y a gonflement. La *luxation* complette eft auffi accompagnée d'une grande douleur, d'une abolition du mouvement & d'un raccourciffement du membre, fi la *luxation* eft en-haut ; car le membre eft plus long dans la *luxation* en en-bas.

La *luxation incomplette* ou *partiale*, appellée auffi *fubluxation*, eft un dérangement des os dans leur contiguïté, mais qui fe touchent encore par quelque furface. Dans la *luxation incomplette*, outre la douleur & l'impuiffance du membre, qui font des fignes communs & équivoques de *luxation*, l'on remarque 1°. que le lieu de l'articulation eft plus éminent qu'il ne doit être ; 2°. que le membre ne change prefque pas de figure, ni de longueur ; & 3°. que la partie n'eft pas plus difpofée à fe mouvoir d'un côté que de l'autre, à caufe que les mufcles font prefque également tendus, parce que l'éloignement de l'os n'eft pas affez grand pour changer confidérablement la

LUX

distance de leurs attaches ; ce qui n'est point de même dans la *luxation* complette. L'entorse est une espece de *luxation incomplette. Voyez* ENTORSE.

Une *luxation* est simple, lorsqu'elle n'est accompagnée d'aucun accident ; & compliquée, lorsqu'elle se trouve avec plaie, inflammation, fracture, &c.

Le prognostic des *luxations* est relatif à leur espece, à leur cause, & aux accidens qui les compliquent.

La *luxation* exige la réduction le plutôt qu'il est possible. Il y a des complications qui s'y opposent. Une fracture, une grande tension, une contorsion profonde ne permettent quelquefois pas de réduire une *luxation*. Si l'os du bras, par exemple, étoit fracturé dans sa partie moyenne supérieure, & luxé dans l'épaule, les extensions convenables pour réduire la *luxation* ne seroient pas sans inconvénient, & il faudroit absolument abandonner la *luxation*, à moins que la tête de l'os ne pressât fortement les gros vaisseaux ; ce qui mettroit le malade en danger, & détermineroit à tout tenter plutôt que de differer la réduction.

Lorsqu'elle est possible, il faut faire les extensions & les contre-extensions convenables, qui s'exécutent par le secours des mains seulement, ou avec des lacs & des machines. *Voyez* EXTENSION, LACS, MACHINE pour les *luxations*.

Quand les extensions sont suffisantes, il faut conduire la tête de l'os dans sa cavité naturelle, en faisant lâcher doucement ceux qui tirent, afin que l'os se replace. Il n'est pas toujours nécessaire de pousser l'os : les muscles & les ligamens qui n'ont pas été trop forcés, le retirent avec action ; il est même quelquefois dangereux d'abandonner l'os à toute la force des muscles : on court risque 1°. s'il y a un rebord cartilagineux, de le renverser en lâchant tout-à-coup, ce qui pourroit causer une ankylose, du-moins le mouvement du membre deviendroit-il fort difficile. 2°. Quand même la vitesse du retour de l'os ne romproit pas le rebord cartilagineux, la tête de l'os seroit une contusion plus ou moins forte aux cartilages qui encroutent la tête & la cavité. Il est donc nécessaire de conduire l'os doucement dans sa cavité, au moins jusqu'à ce qu'on soit assûré qu'il en prend bien la route.

Il faut observer que cette route n'est pas toujours le plus court chemin que puisse prendre l'os pour rentrer, mais celui par lequel il est indiqué qu'il est sorti de sa cavité. On est obligé de suivre ce chemin, quand même il ne seroit pas le plus court ; tant parce qu'il est déja frayé par la tête de l'os luxé, que parce qu'il conduit à l'ouverture qu'a été faite à la poche ligamenteuse par la sortie de l'os. Il n'est pas bien prouvé que ce dogme soit aussi important dans la pratique qu'il est spécieux dans la théorie : on dit fort bien que si l'on ne suit pas le chemin frayé, on en fait un autre avec peine pour l'opérateur, & douleur pour le malade ; que la tête de l'os arrivant à sa cavité, ne trouve point d'ouverture à la capsule ligamenteuse ; qu'elle la renverse avec elle dans la cavité, ce qui empêche l'exacte réduction, & cause des douleurs, des gonflemens, inflammations, dépôts & autres accidens funestes. J'ai vu tous ces accidens dans la pratique, & ils ne venoient pas de cette cause ; j'ai réduit beaucoup de *luxations* ; je n'ai jamais apperçu qu'on pût distinguer cette route précise de l'os ; on le réduit toujours, ou plutôt il se réduit par la seule route qui peut lui permettre de rentrer, lorsque, par des mouvemens non méthodiques, ou empyriques, on a levé les obstacles qui s'opposoient au remplacement. Nous parlerons de ces cas *au mot machine pour la réduction* des luxations.

On connoît par la réduction est faite lorsque dans l'opération on entend un certain bruit qui annonce le retour de la tête dans sa cavité, & que la bonne conformation, l'usage & le mouvement de l'articulation sont rétablis.

On applique ensuite l'appareil contentif de l'os moins que des topiques nécessaires pour remédier à la tension des parties, & les consoler de l'effort qu'elles ont souffert. Les bandages sont sur-tout nécessaires dans les *luxations* de cause interne, principalement à celles qui sont produites par la relaxation des ligamens ou la paralysie des muscles ; dans ces cas le seul poids du membre met la tête de l'os hors de sa cavité.

Après l'application de l'appareil, on met le membre en situation convenable. Le malade doit être couché dans les *luxations* du tronc & des extrémités inférieures ; il n'est pas nécessaire qu'il le soit dans les *luxations* de la mâchoire inférieure, ou des extrémités supérieures. Il faut ensuite que le chirurgien s'applique à corriger les accidens, suivant les diverses indications qu'ils prescrivent.

La nature différente des *luxations*, par rapport à la nature des parties, à la façon dont elles ont été lésées, aux causes du désordre, aux symptomes & accidens qu'il produit, exige des attentions diversifiées & des procédés particuliers qu'il faut voir dans les livres de l'art. Ambroise Paré parmi les anciens, & M. Petit parmi les modernes, dans son *traité des maladies des os*, sont les plus grands maîtres qu'on puisse consulter sur cette matiere. (*Y*)

Machine pour la réunion des tendons extenseurs des doigts & du poignet. Chirurgie, Pl. XX. fig. 6. Cette machine est composée de deux parties, une fixe, & l'autre mobile, unies ensemble par une charniere.

La partie fixe est une gouttiere de dix pans de long, de cinq pouces de large, & de deux pouces de profondeur.

A l'extérieure on voit trois pieces fondées ; au milieu & à l'extrémité antérieure sont des especes d'anses quarrées, par où passent les liens qui assujettissent cette gouttiere à l'avant-bras. Entre ces deux anneaux il y a une crémaillere à quatre crans, dont l'usage est de loger le bec d'un crochet attaché à la piece mobile.

Cette seconde partie de la machine est une espece de femelle, cave intérieurement, convexe à l'extérieur, haute d'environ sept pouces, sur quatre pouces & demi de diametre.

Elle a sur les côtés deux petites fentes, qui servent à passer une bande qui tient la main appliquée sur la palette ; & à ses parties latérales & inférieures, on voit s'attache des crochets.

Pour se servir de cette machine, on la garnit d'un petit lit de paille d'avoine, couvert de quelques compresses, & d'un bandage à dix-huit chefs ; on met l'avant-bras sur ces préparatifs, la main étendue ; on panse la plaie, & on soutient la main au degré d'extension convenable, par la piece mobile qu'on fixe au degré d'élévation qu'on juge à propos.

Machine pour la réunion du tendon d'Achille, inventée par M. Petit. *Voyez Pl. XXXII & XXXIII.* Une espece de genouillere de cuir fort, & couverte d'un cuir plus pliant, sert de point d'appui à la force mouvante. La jambe étant pliée, on place dans le pli du jarret, le milieu de cette espece de genouillere. De deux branches qui la composent, la plus large garnie en dedans de chamois, comme d'un coussin, entoure le bas de la cuisse, au-dessus du genou. Elle y est assujettie par deux appendices d'un cuir pliant, qui, comme deux courroies, achevent le tour de la cuisse, & vont passer par deux boucles, au moyen desquelles on serre autant qu'il faut, & l'on assujettit cette partie du bandage. L'autre branche qui est un peu plus étroite, entoure la jambe au dessus du mollet ; elle est matelassée à la partie qui porte sur les muscles gémeaux. Deux courroies & deux boucles la serrent & l'assujettissent comme la premiere. Par cette disposition les boucles & les courroies ne peuvent blesser la peau, & les gros vaisseaux sont à l'abri de la compression. Au milieu de la branche qui entoure la cuisse, est pour ainsi dire enchâssée & cousue une plaque de cuivre, sur le plan de laquelle s'élevent perpendiculairement deux montans, à-travers lesquels passe un treuil qui se meut sur son axe, au moyen d'une clé ou cheville quarrée qui sert de manivelle. Sur le treuil est attachée & s'emploie une courroie, laquelle est cousue par son autre bout au talon d'une pantoufle, qui reçoit le pié du blessé. La direction de cette courroie depuis le talon jusqu'au jarret, est donnée & conservée par un passant de cuir, cousu sur le milieu de la petite branche de la genouillere, vis-à-vis du treuil sur lequel elle est employée. *Pl. XXXII. fig. 1.* genouillere ; *fig. 2.* la pantoufle & sa courroie ; *fig. 3.* le treuil ; *fig. 4.* la manivelle. La *Pl. XXXIII. fig. 1.* montre la machine en situation.

A mesure que par la cheville quarrée qui passe dans l'axe du treuil, on le tourne dans le sens qu'il convient, on oblige le pié de s'étendre, & l'on approche les deux bouts du tendon. Mais lorsqu'ils seront au point d'attouchement nécessaire, le treuil, & par conséquent la courroie doivent être retenus & fixés en ce lieu. Cela se fait par une roue à crochet & un mentonnet à ressort, qui engrene dans les dents de cette roue ; par ce moyen on peut étendre ou relâcher plus ou moins la courroie, & fixer le pié au dégré d'extension convenable. Une boucle au lieu de treuil, simplifieroit beaucoup la construction de cette machine ; mais elle en seroit moins parfaite dans l'usage.

Cette invention est des plus utiles & des plus ingénieuses. Ce bandage ne fait aucune compression sur les parties qui en reçoivent l'utilité ; le degré d'extension est immuable, non-seulement le pié est étendu, mais la jambe est contenue en même tems dans le degré de flexion, qui relâche les muscles gémeaux, & facilite le rapprochement du bout supérieur du tendon : ces muscles sont comprimés & gênés au point qu'on n'a rien à craindre des tressaillemens involontaires durant le sommeil, enfin ce bandage laisse la jambe & le talon à découvert, de maniere qu'on peut observer ce qui se passe, aussi souvent qu'on le veut, & appliquer les médicamens nécessaires, sans être obligé de toucher à ce bandage, avantage dont on sent tout le prix dans le cas des plaies. Rien n'étoit si dangereux que les plaies du tendon d'achille, & elles rentrent dans la classe des plus simples & des plus faciles à guérir, depuis l'heureuse découverte de cette machine, fruit du génie d'un des plus grands chirurgiens que la France ait eu.

Machine pour réduire les luxations, inventée par M. Petit, & décrite dans son *traité des maladies des os*. Elle est composée de deux parties (*voyez* la *fig.* 2. *Pl. XXXIV.*) ; l'une fait le corps, & l'autre les branches.

Le corps est composé de deux jumelles de bois de chêne, droites & paralleles entre elles, de deux piés onze pouces de longueur, & de deux pouces de largeur, sur dix-huit lignes d'épaisseur.

Ces jumelles sont éloignées l'une de l'autre de seize lignes ; il y a deux traverses qui les entretiennent, & y sont jointes par tenons, mortaises & chevilles.

A chaque jumelle, du côté qu'elles se regardent, on a pratiqué une rainure ou coulisse dans le milieu de leur épaisseur, pour loger de part & d'autre les languettes d'une moufle de bois.

Il y a deux moufles, l'une est dormante, & a un tenon qui entre dans une mortaise pratiquée dans l'épaisseur de la traverse inférieure, où elle est retenue fixement par une cheville de fer, qui passant dans la traverse, en pénetre la mortaise, & le tenon de la moufle. L'autre moufle est mobile, & a deux languettes qui entrent dans les coulisses des deux jumelles, & qui lui donnent la liberté d'aller & de venir. A sa tête se trouve un trou, par lequel passe une corde en anse, qui sert à attacher par le milieu un lacs de soie, d'une aune de longueur, & d'une tresse ou d'un tissu triple. Les bouts de ce lacs sont noués d'un même nœud d'espace en espace, de façon que les nœuds sont à la distance de deux pouces les uns des autres. Celui qui est à l'extrémité sert de bouton, & les espaces qu'ils laissent entre eux sont des boutonnieres, dans lesquelles on engage le premier nœud. On forme ainsi avec ce lacs une anse plus ou moins grande, dans laquelle on arrête celle d'un lacs qui, comme on le dira, s'attache au membre que l'on veut remettre.

La chape des deux moufles est de bois quarré, & chacune d'elles a six poulies en deux rangées. Les trois de la premiere rangée ont un pouce de diametre ; celles de la seconde ont dix lignes, & toutes ont trois lignes d'épaisseur. Un cordon de soie ou de lin d'une ligne & demie de diametre, & de 27 ou 28 piés de longueur, est arrêté d'un bout à la chape de la moufle dormante, au-dessous de la rangée des petites poulies, passe ensuite avec ordre par toutes les petites poulies tant de l'une que de l'autre moufle, & est ensin arrêté par son autre bout à l'anneau d'un piton qui traverse le treuil. *Voyez* la méthode d'arranger les cordes *au mot* MOUFLE.

Le treuil est de bois tourné en bobine, porté par deux moutons de bois joints aux jumelles par deux tenons. Ce treuil a une roue dentelée en rochet, qui mesure les degrés d'extension.

Les branches de cette machine sont aussi composées de deux jumelles ; mais elles ne sont ni droites, ni paralleles entre elles. Par-devant elles sont ceintrées en arc. Leur longueur est de deux piés trois pouces, y compris les tenons quarrés de quatre pouces neuf lignes de longueur, sur huit lignes de diametre. Ces tenons sortent de chaque côté du bout de la partie la plus forte ; ce qui sert de base aux branches. Chaque tenon entre dans le bout supérieur de chaque jumelle du corps de la machine, lequel bout est garni par un collet de fer qui le recouvre en entier, excepté le côté par où les jumelles se regardent.

Les extrémités des jumelles des branches sont moufles & arrondies pour se loger facilement dans deux gaines qui font aux extrémités d'une espece de lacs nommé *arcboutant*. Ib. *Pl. XXXIII. fig.* 3.

Il est composé d'un morceau de coutil, de la longueur d'un pié, de trois pouces de largeur, fendu en boutonniere par le milieu suivant sa longueur. Cette fente ou boutonniere a neuf pouces ; & le surplus du coutil qui n'est point fendu, borne également les deux extrémités, au-dessous de chacune desquelles est pratiquée une poche ou gaîne, qui sert à loger les extrémités des branches de la machine. Toute cette piece de coutil est revêtue de chamois, pour ne point blesser le corps, ni le membre qui doit porter par la fente ou bourionniere.

La piece ou le lacs qui doit servir à tirer le membre luxé (*fig.* 4.), est composé d'un morceau de chamois doublé & cousu, ayant quatorze pouces de long, & deux & demi de large. Sur le milieu, dans sa longueur, est un cordon de soie à double tresse, de la longueur de trois quarts d'aune, ayant de dix lignes, passé dans les deux anses d'un lacs de tirebotte, revêtu de chamois. Le cordon de soie est cousu à la piece de chamois, sur le milieu & près des extrémités, de maniere que cette couture n'empêche point qu'on éloigne ou qu'on rapproche l'une de l'autre, les anſes du lacs de tire-botte revêtu de chamois, afin qu'il puiſſe convenir aux différentes groſſeurs des membres auxquels on l'attache. Ce lacs qui a dix huit pouces de longueur & un de large, fait une anſe de neuf pouces ; la piece de chamois fait le tour du membre, & forme une compreſſe circulaire, afin que les lacs ne puiſſent bleſſer. Le cordon de ſoie fait deux tours ſur le chamois, & on le lie d'un ſimple nœud ou d'une roſe.

Pour ſe ſervir de cette machine, on la place toute montée au-deſſous du membre. Quand on a poſé l'arc-boutant & le lacs, on engage les bouts des branches dans les deux poches ou gaines de l'arc-boutant. On paſſe le lacs de la mouſſle mobile dans l'anſe du lacs qui eſt attaché au membre, & on arrête ce lacs en paſſant le nœud de ſon extrémité dans l'une de ſes boutonnieres : on met alors à l'eſſieu du treuil la manivelle, & on tourne autant qu'il eſt néceſſaire pour allonger & réduire le membre démis.

Cette machine peut être appliquée pour faire les extenſions dans certaines fractures, en preſſant différemment les lacs.

Pour ſe ſervir de cette machine aux *luxations* de la cuiſſe, M. Petit a ajouté deux eſpeces de croiſſans aux branches (*voyez fig. 5.*), dont l'un appuie ſur l'os des iles, & l'autre ſur la partie moyenne de la cuiſſe. On prend une ſerviette dont on noue enſemble deux angles, pour en former une anſe dans laquelle on paſſe la cuiſſe juſqu'à l'aîne, on en attache l'anſe au cordon de la mouſſle mobile, & on tourne la manivelle : par-là on fait trois efforts différens. Le croiſſant ſupérieur archoute contre l'os de la hanche; l'inférieur pouſſe le bas de la cuiſſe en-dedans, la ſerviette tire le haut du fémur en-dehors, & par le concours de ces trois mouvemens, la réduction ſe fait preſque toujours ſans peine, & ſans qu'il ſoit néceſſaire de faire d'autres extenſions: on ne parle ici que de la *luxation* de la cuiſſe en-bas & en-dedans.

Il faut voir tous les détails dans l'auteur pour ſe mettre au fait des particularités dans leſquelles nous ne pouvons entrer. On trouve une machine deſtinée aux mêmes uſages dans la chirurgie de Platner, mais ſi l'on fait bien attention aux regles poſées par les meilleurs auteurs, & fondées en raiſon & en expérience, pour la réduction des *luxations*, on ſentira combien peu l'on doit attendre de ſecours de toutes ces machines. La réduction des *luxations* dépend de pluſieurs mouvemens combinés. Chaque eſpece de déplacement exige que le membre ſoit ſitué différemment, pour que les muſcles qui ſont accidentellement dans une tenſion contre nature, ne ſoient pas expoſés à de nouvelles violences par l'effet des extenſions néceſſaires; on riſque de déchirer les muſcles, & de les arracher dans une opération mal dirigée. Il faut ſurement plus de lumieres & d'adreſſe que de forces, pour faire à propos tout ce qu'il convient, ſuivant la ſituation de la tête de l'os qui peut être portée en-haut, en-bas, en-devant, en-arriere, en-dehors, en-dedans; ce qui fait que les membres ſont tantôt plus longs, tantôt plus courts, ſuivant l'eſpece de *luxation*. Comment donc pourroit-on réuſſir avec un inſtrument qui n'agit, & ne peut agir que ſuivant une ſeule & unique direction ? dès qu'il eſt conſtant qu'il faut combiner les mouvemens pour relâcher à propos certains muſcles, en étendre d'autres avec des efforts variés en différens ſens, à meſure que la tête de l'os ſe rapproche de ſa cavité, pour y être replacée. C'eſt ce qui eſt expoſé dans un plus grand détail, dans le diſcours préliminaire de la derniere édition du *traité des maladies des os* de feu M. Petit, en 1758. *Voyez* AMBI.

Machines pour arrêter les hémorrhagies, voyez TOURNIQUET.

Machine pour redreſſer les enfans boſſus, Pl. VI. fig. 2. *voyez* RACHITIS.

Machines pour les hernies de l'ombilic, Pl. VI. fig. 3. & Pl. XXIX. *voyez* EXOMPHALE.

Machine pour les fractures compliquées de la jambe; *voyez* BOITE. (*Y*)

LUXE, c'eſt l'uſage qu'on fait des richeſſes & de l'induſtrie pour ſe procurer une exiſtence agréable.

Le *luxe* a pour cauſe premiere ce mécontentement de notre état; ce deſir d'être mieux, qui eſt & doit être dans tous les hommes. Il eſt en eux la cauſe de leurs paſſions, de leurs vertus & de leurs vices. Ce deſir doit néceſſairement leur faire aimer & rechercher les richeſſes; le deſir de s'enrichir entre donc & doit entrer dans le nombre des reſſorts de tout gouvernement qui n'eſt pas fondé ſur l'égalité & la communauté des biens ; or l'objet principal de ce deſir doit être le *luxe*; il y a donc du *luxe* dans tous les états, dans toutes les ſociétés : le ſauvage a ſon hamac qu'il achete pour des peaux de bêtes ; l'européen à ſon canapé, ſon lit ; nos femmes mettent du rouge & des diamans, les femmes de la Floride mettent du bleu & des boules de verre.

Le *luxe* a été de tout tems le ſujet des déclamations des Moraliſtes, qui l'ont cenſuré avec plus de moroſité que de lumiere, & il eſt depuis quelque tems l'objet des éloges de quelques politiques qui en ont parlé plus en marchands ou en commis qu'en philoſophes & en hommes d'état.

Ils ont dit que le *luxe* contribuoit à la population. L'Italie, ſelon Tite-Live. dans le tems du plus haut degré de la grandeur & du *luxe* de la république romaine, étoit de plus de moitié moins peuplée que lorſqu'elle étoit diviſée en petites républiques preſque ſans *luxe* & ſans induſtrie.

Ils ont dit que le *luxe* enrichiſſoit les états. Il y a peu d'états où il y ait un plus grand *luxe* qu'en Portugal ; & le Portugal, avec les reſſources de ſon ſol, de ſa ſituation, & de ſes colonies, eſt moins riche que la Hollande qui n'a pas les mêmes avantages, & dans les mœurs de laquelle regnent encore la frugalité & la ſimplicité.

Ils ont dit que le *luxe* facilitoit la circulation des monnoies. La France eſt aujourd'hui une des nations où regne le plus grand *luxe*, & on s'y plaint ſur-tout du défaut de circulation dans les monnoies qui paſſent des provinces dans la capitale, ſans reſſluer également de la capitale dans les provinces.

Ils ont dit que le *luxe* adouciſſoit les mœurs, & qu'il répandoit les vertus privées. Il y a beaucoup de *luxe* au Japon, & les mœurs y ſont toujours atroces. Il y avoit plus de vertus privées dans Rome & dans Athènes, plus de bienfaiſance & d'humanité dans le tems de leur pauvreté que dans le tems de leur *luxe*.

Ils ont dit que le *luxe* étoit favorable aux progrès des connoiſſances & des beaux arts. Quels progrès les beaux arts & les connoiſſances ont-ils fait chez les Sibarites, chez les Lydiens, & chez les Tonquinois ?

Ils ont dit que le *luxe* augmentoit également la puiſſance des nations & le bonheur des citoyens. Les Perſes ſous Cyrus avoient peu de *luxe*, & ils ſubjuguerent les riches & induſtrieux Aſſyriens. Devenus riches, & celui des peuples où le *luxe* regnoit le plus, les Perſes furent ſubjugués par les Macédoniens, peuple pauvre. Ce ſont des ſauvages qui ont renverſé ou uſurpé les empires des Romains, des califes de l'Inde & de la Chine. Quant au bonheur du citoyen, ſi le *luxe* donne un plus grand nombre de commodités & de plaiſirs, vous verrez, en parcourant l'Europe & l'Asie, que ce n'est pas du-moins au plus grand nombre des citoyens.

Les censeurs du luxe sont également contredits par les faits.

Ils disent qu'il n'y a jamais de luxe sans une extrème inégalité dans les richesses, c'est-à-dire, sans que le peuple soit dans la misere, & un petit nombre d'hommes dans l'opulence ; mais cette disproportion ne se trouve pas toujours dans les pays du plus grand luxe, elle se trouve en Pologne & dans d'autres pays qui ont moins de luxe que Berne & Geneve, où le peuple est dans l'abondance.

Ils disent que le luxe fait sacrifier les arts utiles aux agréables, & qu'il ruine les campagnes en rassemblant les hommes dans les villes.

La Lombardie & la Flandre sont remplies de luxe & de belles villes ; cependant les laboureurs y sont riches, les campagnes y sont cultivées & peuplées. Il y a peu de luxe en Espagne, & l'agriculture y est négligée ; la plûpart des arts utiles y sont encore ignorés.

Ils disent que le luxe contribue à la dépopulation.

Depuis un siecle le luxe & la population de l'Angleterre sont augmentés dans la même proportion ; elle a de plus peuplé des colonies immenses.

Ils disent que le luxe amollit le courage.

Sous les ordres de Luxembourg, de Villars & du comte de Saxe, les François, le peuple du plus grand luxe connu, se sont montrés le plus courageux. Sous Sylla, sous César, sous Lucullus, le luxe prodigieux des romains porté dans leurs armées, n'avoit rien ôté à leur courage.

Ils disent que le luxe éteint les sentimens d'honneur & d'amour de la patrie.

Pour prouver le contraire, je citerai l'esprit d'honneur & le luxe des françois dans les belles années de Louis XIV. & ce qu'ils sont depuis ; je citerai le fanatisme de patrie, l'enthousiasme de vertu, l'amour de la gloire qui caractérisent dans ce moment la nation angloise.

Je ne prétends pas rassembler ici tout le bien & le mal qu'on a dit du luxe, je me borne à dire le principal, soit des éloges, soit des censures, & à montrer que l'histoire contredit également les unes & les autres.

Les philosophes les plus modérés qui ont écrit contre le luxe, ont prétendu qu'il n'étoit funeste aux états que par son excès, & ils ont placé cet excès dans le plus grand nombre de ses objets & de ses moyens, c'est-à-dire dans le nombre & la perfection des arts, à ce moment des plus grands progrès de l'industrie, qui donne aux nations l'habitude de jouir d'une multitude de commodités & de plaisirs, & qui les leur rend nécessaires. Enfin, ces philosophes n'ont vu les dangers du luxe que chez les nations les plus riches & les plus éclairées ; mais il n'a pas été difficile aux philosophes, qui avoient plus de logique & d'humeur que ces hommes modérés, de leur prouver que le luxe avoit été vicieux chez des nations pauvres & presque barbares ; & de conséquence en conséquence, pour faire éviter à l'homme les inconvéniens du luxe, on a voulu le replacer dans les bois & dans un certain état primitif qui n'a jamais été & ne peut être.

Les apologistes du luxe n'ont jusqu'à présent rien répondu de bon à ceux qui, en suivant le fil des événemens, les progrès & la décadence des empires, ont vû le luxe s'élever par degrés avec les nations, les mœurs se corrompre, & les empires s'affoiblir, décliner & tomber.

On a les exemples des Egyptiens, des Perses, des Grecs, des Romains, des Arabes, des Chinois, &c. dont le luxe a augmenté en même tems que ces peuples ont augmenté de grandeur, & qui depuis le moment de leur plus grand luxe n'ont cessé de perdre de leurs vertus & de leur puissance. Ces exemples ont plus de force pour prouver les dangers du luxe que les raisons de ses apologistes pour le justifier ; aussi l'opinion la plus générale aujourd'hui est-elle que pour tirer les nations de leur foiblesse & de leur obscurité, & pour leur donner une force, une consistence, une richesse qui les élevent sur les autres nations, il faut qu'il y ait du luxe ; il faut que ce luxe aille toujours en croissant pour avancer les arts, l'industrie, le commerce, & pour amener les nations à ce point de maturité suivi nécessairement de leur vieillesse, & enfin de leur destruction. Cette opinion est assez générale, & même M. Hume ne s'en éloigne pas.

Comment aucun des philosophes & des politiques qui ont pris le luxe pour objet de leurs spéculations, ne s'est-il pas dit : dans les commencemens des nations, on est & on doit être plus attaché aux principes du gouvernement ; dans les sociétés naissantes, toutes les lois, tous les réglemens, sont chers aux membres de cette société, si elle s'est établie librement ; & si elle ne s'est pas établie librement, toutes les lois, tous les réglemens sont appuyés de la force du législateur, dont les vûes n'ont point encore varié, & dont les moyens ne sont diminués ni en force ni en nombre ; enfin l'intérêt personnel de chaque citoyen, cet intérêt qui combat presque partout l'intérêt général, & qui tend sans cesse à s'en séparer, à moins eu le tems & les moyens de le combattre avec avantage, il est plus confondu avec lui, & par conséquent dans les sociétés naissantes, il doit y avoir plus que dans les anciennes sociétés un esprit patriotique, des mœurs & des vertus.

Mais aussi dans le commencement des nations, la raison, l'esprit, l'industrie, ont fait moins de progrès ; il y a moins de richesses, d'arts, de luxe, moins de manieres de se procurer par le travail des autres une existence agréable ; il y a nécessairement de la pauvreté & de la simplicité.

Comme il est dans la nature des hommes & des choses que les gouvernemens se corrompent avec le tems ; & aussi dans la nature des hommes & des choses qu'avec le tems les états s'enrichissent, les arts se perfectionnent & le luxe augmente :

N'a-t-on pas vu comme cause & comme effet l'un de l'autre ce qui, dans être ni funeste ni la cause l'un de l'autre, se rencontre ensemble & marche à peu-près d'un pas égal ?

L'intérêt personnel, sans qu'il soit tourné en amour des richesses & des plaisirs, n'est en ces passions qui amenent le luxe, n'a-t-il pas, tantôt dans les magistrats, tantôt dans le souverain ou dans le peuple fait faire des changemens dans la constitution de l'état qui l'ont corrompu ? Cet intérêt personnel, l'habitude, les préjugés, n'ont-ils pas empêché de faire des changemens que les circonstances avoient rendu nécessaires ? N'y a-t-il pas enfin dans la constitution, dans l'administration, des fautes, des défauts qui, très-indépendamment du luxe, ont amené la corruption des gouvernemens & la décadence des empires ?

Les anciens Perses vertueux & pauvres sous Cyrus, ont conquis l'Asie, ils sont corrompus. Mais se sont-ils corrompus pour avoir conquis l'Asie, ou pour avoir pris son luxe, n'est-ce pas l'étendue de leur domination qui a changé leurs mœurs ! N'étoit-il pas impossible que dans un empire de cette étendue il subsistât un bon ordre ou un ordre quelconque. La Perse ne devoit-elle pas tomber dans l'abime du despotisme ? & par-tout où l'on voit le despotisme, pourquoi chercher d'autres causes de corruption ?

Le despotisme est le pouvoir arbitraire d'un seul sur le grand nombre par le secours d'un petit nombre ;

bre; mais le despote ne peut parvenir au pouvoir arbitraire sans avoir corrompu ce petit nombre.

Athènes, dit-on, a perdu sa force & ses vertus après la guerre du Péloponnese, époque de ses richesses & de son luxe. Je trouve une cause réelle de la décadence d'Athènes dans la puissance du peuple & l'avilissement du sénat; quand je vois la puissance exécutrice & la puissance législative entre les mains d'une multitude aveugle, & que je vois en même tems l'aréopage sans pouvoir, je juge alors que la république d'Athènes ne pouvoir conserver ni puissance ni bon ordre; ce fut en abaissant l'aréopage, & non pas en édifiant les théatres, que Périclès perdit Athènes. Quant aux mœurs de cette république, elle les conserva encore long-tems, & dans la guerre qui la détruisit elle manqua plus de prudence que de vertus, & moins de mœurs que de bon sens.

L'exemple de l'ancienne Rome, cité avec tant de confiance par les censeurs du luxe, ne m'embarrasseroit pas davantage. Je verrois d'abord les vertus de Rome, la force & la simplicité de ses mœurs naître de son gouvernement & de sa situation: mais ce gouvernement devoit donner aux romains de l'inquiétude & de la turbulence; il leur rendoit la guerre nécessaire, & la guerre entretenoit en eux la force des mœurs & le fanatisme de la patrie. Je verrois que dans le tems que Carnéades vint à Rome, & qu'on y transportoit les statues de Corinthe & d'Athènes, il y avoit dans Rome deux partis, dont l'un devoit subjuguer l'autre, dès que l'état n'auroit plus rien à craindre de l'étranger. Je verrois que le parti vainqueur, dans cet empire immense, devoit nécessairement le conduire au despotisme ou à l'anarchie; & que quand même on n'auroit jamais vu dans Rome ni le luxe & les richesses d'Antiochus & de Carthage, ni les philosophes & les chef-d'œuvres de la Grece, la république romaine n'étant constituée que pour s'agrandir sans cesse, elle seroit tombée au moment de sa grandeur.

Il me semble que si pour me prouver les dangers du luxe, on me citoit l'Asie plongée dans le luxe, la misere & les vices; je demanderois qu'on me fît voir dans l'Asie, la Chine exceptée, une seule nation où le gouvernement s'occupât des mœurs & du bonheur du grand nombre de ses sujets.

Je ne serois pas plus embarrassé par ceux qui, pour prouver que le luxe corrompt les mœurs & affoiblit les courages, me montreroient l'Italie moderne qui vit dans le luxe, & qui en effet n'est pas guerriere. Je leur dirois que si l'on fait abstraction de l'esprit militaire qui n'entre pas dans le caractere des Italiens, ce caractere vaut bien celui des autres nations. Vous ne verrez nulle part plus d'humanité & de bienfaisance, nulle part la société n'a plus de charmes qu'en Italie, nulle part on ne cultive plus les vertus privées. Je dirois que l'Italie, soumise en partie à l'autorité d'un clergé qui ne prêche que la paix, & d'une république où l'objet du gouvernement est la tranquillité, ne peut absolument être guerriere. Je dirois même qu'il ne lui serviroit à rien de l'être; que les hommes ni les nations n'ont que foiblement les vertus qui leur font inutiles; que n'étant pas unie sous un seul gouvernement; enfin qu'étant située entre quatre grandes puissances, telles que le Turc, la maison d'Autriche, la France & l'Espagne, l'Italie ne pourroit, quelles que fussent ses mœurs, résister à aucune de ces puissances; elle ne doit donc s'occuper que des lois civiles, de la police, des arts, & de tout ce qui peut rendre la vie tranquille & agréable. Je concluerois que ce n'est pas le luxe, mais la situation & la nature des gouvernemens qui empêchent l'Italie d'avoir des mœurs fortes & les vertus guerrieres.

Après avoir vu que le luxe pourroit bien n'avoir

Tome IX,

pas été la cause de la chûte ou de la prospérité des empires & du caractere de certaines nations; j'examinerois si le luxe ne doit pas être relatif à la situation des peuples, au genre de leurs productions, à la situation, & au genre de productions de leurs voisins.

Je dirois que les Hollandois, facteurs & colporteurs des nations, doivent conserver leur frugalité, sans laquelle ils ne pourroient fournir à bas prix le fret de leurs vaisseaux, & transporter les marchandises de l'univers.

Je dirois que si les Suisses tiroient de la France & de l'Italie beaucoup de vins, d'étoffes d'or & de soie, des tableaux, des statues & des pierres précieuses, ils ne tireroient pas de leur sol sterile de quoi rendre en échange à l'étranger, & qu'un grand luxe ne peut leur être permis que quand leur industrie aura réparé chez eux la disette des productions du pays.

En supposant qu'en Espagne, en Portugal, en France, la terre fut mal cultivée, & que les manufactures de premiere ou seconde nécessité fussent négligées, ces nations seroient encore en état de soutenir un grand luxe.

Le Portugal, par ses mines du Brésil, ses vins & ses colonies d'Afrique & d'Asie, aura toujours de quoi fournir à l'étranger, & pourra figurer entre les nations riches.

L'Espagne, quelque peu de travail & de culture qu'il y ait dans sa métropole & ses colonies, aura toujours les productions des contrées fertiles qui composent sa domination dans les deux mondes; & les riches mines du Mexique & du Potozi soutiendrout chez elles le luxe de la cour & celui de la superstition.

La France, en laissant tomber son agriculture & ses manufactures de premiere ou seconde nécessité, auroit encore des branches de commerce abondantes en richesses; le poivre de l'Inde, le sucre & le caffé de ses colonies, les huiles & ses vins, lui fourniroient des échanges à donner à l'étranger, dont elle tireroit une partie de son luxe; elle soutiendroit encore ce luxe par ses modes: cette nation long-tems admirée de l'Europe en est encore imitée aujourd'hui. Si jamais son luxe étoit excessif, relativement au produit de ses terres & de ses manufactures de premiere ou seconde nécessité, ce luxe seroit un remede à lui-même, il nourriroit une multitude d'ouvriers de mode, & retarderoit la ruine de l'état.

De ces observations & de ces réflexions je conclurois, que le luxe est contraire ou favorable à la richesse des nations, selon qu'il consomme plus ou moins le produit de leur sol & de leur industrie, ou qu'il consomme le produit du sol & de l'industrie de l'étranger, qu'il doit avoir un plus grand ou un plus petit nombre d'objets, selon que ces nations ont plus ou moins de richesses: le luxe est à cet égard pour les peuples ce qu'il est pour les particuliers, il faut que la multitude de jouissances soit proportionnée aux moyens de jouir.

Je verrois que cette envie de jouir dans ceux qui ont des richesses, & l'envie de s'enrichir dans ceux qui n'ont que le nécessaire, doivent exciter les arts & toute espece d'industrie. Voilà le premier effet de l'instinct & des passions qui nous menent au luxe & du luxe; ces nouveaux arts, cette augmentation d'industrie, donnent au peuple de nouveaux moyens de subsistance, & doivent par conséquent augmenter la population; sans luxe il y a moins d'échanges & de commerce; sans commerce les nations doivent être moins peuplées; celle qui n'a dans son sein que des laboureurs, doit avoir moins d'hommes que celle qui entretient des laboureurs, des matelots, des ouvriers en étoffes. La Sicile qui

EEeee

n'a que peu de *luxe* est un des pays les plus fertiles de la terre, elle est sous un gouvernement modéré, & cependant elle n'est ni riche ni peuplée.

Après avoir vû que les passions qui inspirent le *luxe*, & le *luxe* même, peuvent être avantageux à la population & à la richesse des états, je ne vois pas encore comment ce *luxe* & ces passions doivent être contraires aux mœurs. Je ne puis cependant me dissimuler que dans quelques parties de l'univers, il y a des nations qui ont le plus grand commerce & le plus grand *luxe*, & qui perdent tous les jours quelque chose de leur population & de leurs mœurs.

S'il y avoit des gouvernemens établis sur l'égalité parfaite, sur l'uniformité de mœurs, de manieres, & d'état entre tous les citoyens, tels qu'ont été à peu près les gouvernemens de Sparte, de Crete, & de quelques peuples qu'on nomme Sauvages, il est certain que le desir de s'enrichir n'y pourroit être innocent. Quiconque y desireroit de rendre sa fortune meilleure que celle de ses concitoyens, auroit déjà cessé d'aimer les lois de son pays & n'auroit plus la vertu dans le cœur.

Mais dans nos gouvernemens modernes, où la constitution de l'état & les lois civiles encouragent & assurent les propriétés : dans nos grands états où il faut des richesses pour maintenir leur grandeur & leur puissance, il semble que quiconque travaille à s'enrichir soit un homme utile à l'état, & que quiconque étant riche veut jouir soit un homme raisonnable ; comment donc concevoir que des citoyens, en cherchant à s'enrichir & à jouir de leurs richesses, ruinent quelquefois l'état & perdent les mœurs ?

Il faut pour résoudre cette difficulté se rappeller les objets principaux des gouvernemens.

Ils doivent assurer les propriétés de chaque citoyen ; mais comme ils doivent avoir pour but la conservation du tout, les avantages du plus grand nombre, en maintenant, en excitant même dans les citoyens l'amour de la propriété, le desir d'augmenter ses propriétés & celui d'en jouir ; ils doivent y entretenir, y exciter l'esprit de communauté, l'esprit patriotique ; ils doivent avoir attention à la maniere dont les citoyens veulent s'enrichir & à celle dont ils peuvent jouir ; il faut que les moyens de s'enrichir contribuent à la richesse de l'état, & que la maniere de jouir soit encore utile à l'état ; chaque propriété doit servir à la communauté ; le bien-être d'aucun ordre de citoyens ne doit être sacrifié au bien-être de l'autre ; enfin le *luxe* & les passions qui menent au *luxe* doivent être subordonnées à l'esprit de communauté, aux biens de la communauté.

Les passions qui menent au *luxe* ne sont pas les seules nécessaires dans les citoyens ; elles doivent s'allier à d'autres, à l'ambition, à l'amour de la gloire, à l'honneur.

Il faut que toutes ces passions soient subordonnées à l'esprit de communauté ; lui seul les maintient dans l'ordre, sans lui elles porteroient à de fréquentes injustices & feroient des ravages.

Il faut qu'aucune de ces passions ne détruise les autres, & que toutes se balancent ; si le *luxe* avoit éteint ces passions, il deviendroit vicieux & funeste, & alors il ne se rapporteroit plus à l'esprit de communauté : mais il reste subordonné à cet esprit, à moins que l'administration ne l'en ait rendu indépendant, à moins que dans une nation où il y a des richesses, de l'industrie & du *luxe*, l'administration n'ait éteint l'esprit de communauté.

Enfin par-tout où je verrai le *luxe* vicieux, partout où je verrai le desir des richesses & leur usage contraire aux mœurs & au bien de l'état, je dirai que l'esprit de communauté, cette base nécessaire sur laquelle doivent agir tous les ressorts de la société s'est anéanti par les fautes du gouvernement, je dirai que le *luxe* utile sous une bonne administration, ne devient dangereux que par l'ignorance ou la mauvaise volonté des administrateurs, & j'examinerai le *luxe* dans les nations où l'ordre est en vigueur, & dans celles où il s'est affoibli.

Je vois d'abord l'agriculture abandonnée en Italie sous les premiers empereurs, & toutes les provinces de ce centre de l'empire romain couvertes de parcs, de maisons de campagne, de bois plantés, de grands chemins, & je me dis qu'avant la perte de la liberté & le renversement de la constitution de l'état, les principaux sénateurs, dévorés de l'amour de la patrie, & occupés du soin d'en augmenter la force & la population, n'auroient point acheté le patrimoine de l'agriculteur pour en faire un objet de *luxe*, & n'auroient point converti leurs fermes utiles en maisons de plaisance : je suis même assuré que si les campagnes d'Italie n'avoient pas été partagées plusieurs fois entre les soldats des partis de Sylla, de César & d'Auguste qui négligeoient de les cultiver, l'Italie même sous les empereurs, auroit conservé plus long-tems son agriculture.

Je porte mes yeux sur des royaumes où regne le plus grand *luxe*, & où les campagnes deviennent des deserts ; mais avant d'attribuer ce malheur au *luxe* des villes, je me demande quelle a été la conduite des administrateurs de ces royaumes ; & je vois de cette conduite naître la dépopulation attribuée au *luxe*, j'en vois naître les abus du *luxe* même.

Si dans ces pays on a surchargé d'impôts & de corvées les habitans de la campagne ; si l'abus d'une autorité légitime les a tenus souvent dans l'inquiétude & dans l'avilissement ; si des monopoles ont arrêté le débit de leurs denrées ; si on a fait ces fautes & d'autres dont je ne veux point parler, une partie des habitans des campagnes a dû les abandonner pour chercher la subsistance dans les villes ; ces malheureux y ont trouvé le *luxe*, & se sont consacrant à son service, ils ont pu vivre dans leur patrie. Le *luxe* en occupant dans les villes les habitans de la campagne n'a fait que retarder la dépopulation de l'état, je dis retarder & non empêcher, parce que les mariages sont rares dans des campagnes misérables, & plus rares encore parmi l'espece d'hommes qui se réfugient de la campagne dans les villes ; ils arrivent pour apprendre à travailler aux arts de *luxe* ; & il leur faut un tems considérable avant qu'ils se soient mis en état d'assurer par leur travail la subsistance d'une famille, ils laissent passer les momens où la nature sollicite fortement à l'union des deux sexes, & le libertinage vient encore les détourner d'une union légitime. Ceux qui prennent le parti de se donner un maître sont toujours dans une situation incertaine, ils n'ont ni le tems ni la volonté de se marier ; mais si quelqu'un d'eux fait un établissement, il en a l'obligation au *luxe* & à la prodigalité de l'homme opulent.

L'oppression des campagnes suffit pour avoir établi l'extrème inégalité des richesses dont on attribue l'origine au *luxe*, quoique lui seul au contraire puisse rétablir une sorte d'équilibre entre les fortunes : le paysan opprimé cesse d'être propriétaire, il vend le champ de ses peres au maître qu'il s'est donné, & tous les biens de l'état passent insensiblement dans un plus petit nombre de mains.

Dans un pays où le gouvernement tombe dans de si grandes erreurs, il ne faut pas de *luxe* pour éteindre l'amour de la patrie ou la faire haïr au citoyen malheureux, ou apprend aux autres qu'elle est indifférente pour ceux qui la conduisent, & c'est assez pour que personne ne l'aime plus avec passion.

Il y a des pays où le gouvernement a pris encore d'autres moyens pour augmenter l'inégalité des richesses, & dans lesquels on a donné; on a continué des privileges exclusifs aux entrepreneurs de plusieurs manufactures, à quelques citoyens pour faire valoir des colonies, & à quelques compagnies pour faire seuls un riche commerce. Dans d'autres pays, à ces fautes on a ajouté celle de rendre lucratives à l'excès les charges de finance qu'il falloit honorer.

On a par tous ces moyens donné naissance à des fortunes odieuses & rapides : si les hommes favorisés qui les ont faites n'avoient pas habité la capitale avant d'être riches, ils y feroient venus depuis comme au centre du pouvoir & des plaisirs, il ne leur reste à desirer que du crédit & des jouissances, & c'est dans la capitale qu'ils viennent les chercher : il faut voir ce que doit produire la réunion de tant d'hommes opulens dans le même lieu.

Les hommes dans la société se comparent continuellement les uns aux autres, ils tentent sans cesse à établir dans leur propre opinion, & ensuite dans celle des autres, l'idée de leur supériorité : cette rivalité devient plus vive entre les hommes qui ont un mérite du même genre ; or il n'y a qu'un gouvernement qui ait rendu, comme celui de Sparte, les richesses inutiles, où les hommes puissent ne pas se faire un mérite de leurs richesses ; dès qu'ils s'en font un mérite, ils doivent faire des efforts pour paroître riches ; il doit donc s'introduire dans toutes les conditions une dépense excessive pour la fortune de chaque particulier, & un *luxe* qu'on appelle de bienséance : sans un immense superflu chaque condition se croit misérable.

Il faut observer que dans presque toute l'Europe l'émulation de paroître riche, & la considération pour les richesses ont dû s'introduire indépendamment des causes si naturelles dont je viens de parler ; dans les tems de barbarie où le commerce étoit ignoré, & où des manufactures grossieres n'enrichissoient pas les fabriquans, il n'y avoit de richesses que les fonds de terre, les seuls hommes opulens étoient les grands propriétaires ; or ces grands propriétaires étoient des *seigneurs de fiefs*. Les lois des fiefs, le droit de posséder seuls certains biens maintenoient les richesses entre les mains des nobles ; mais les progrès du commerce, de l'industrie & du *luxe* ayant créé, pour ainsi dire, un nouveau genre de richesses qui furent le partage du roturier, le peuple accoutumé à respecter l'opulence dans ses supérieurs, la respecta dans ses égaux : ceux-ci crurent s'égaler aux grands en imitant leur faste ; les grands crurent voir tomber l'hiérarchie qui les élevoit au-dessus du peuple, ils augmenterent leur dépense pour conserver leurs distinctions, c'est alors que le *luxe* de bienséance devint onéreux pour tous les états & dangereux pour les mœurs. Cette situation des hommes fit dégénerer l'envie de s'enrichir en excessive cupidité ; elle devint dans quelques pays la passion dominante, & fit taire les passions nobles qui ne devoient point la détruire mais lui commander.

Quand l'extrême cupidité remue tous les cœurs, les enthousiasmes vertueux disparoissent, cette extrême cupidité ne va point sans l'esprit de propriété le plus excessif, l'ame s'éteint alors, car elle s'éteint quand elle se concentre.

Le gouvernement embarrassé ne peut plus récompenser que par des sommes immenses ceux qu'il récompensoit par de légeres marques d'honneur.

Les impôts multipliés se multiplient encore, & pesent sur les fonds de terre & sur l'industrie nécessaire, qu'il est plus aisé de taxer que le *luxe*, soit que par ses continuelles vicissitudes il échappe au gouvernement, soit que les hommes les plus riches ayent le crédit de s'affranchir des impôts, il est moralement impossible qu'ils n'ayent pas plus de crédit qu'ils ne devroient en avoir ; plus leurs fortunes sont fondées sur des abus & ont été excessives & rapides, plus ils ont besoin de crédit & de moyens d'en obtenir. Ils cherchent & réussissent à corrompre ceux qui sont faits pour les réprimer.

Dans une république, ils tentent les magistrats, les administrateurs : dans une monarchie, ils présentent des plaisirs & des richesses à cette noblesse, dépositaire de l'esprit national & des mœurs, comme les corps de magistrature sont les dépositaires des lois.

Un des effets du crédit des hommes riches quand les richesses sont inégalement partagées, un effet de l'usage fastueux des richesses, un effet du besoin qu'on a des hommes riches, de l'autorité qu'ils prennent, des agrémens de leur société, c'est la confusion des rangs dont j'ai déjà dit un mot ; alors se perdent le ton, la décence, les distinctions de chaque état, qui servent plus qu'on ne pense à conserver l'esprit de chaque état ; quand on ne tient plus aux marques de son rang, on n'est plus attaché à l'ordre général ; c'est quand on ne veut pas remplir les devoirs de son état, qu'on néglige un extérieur, un ton, des manieres qui rappelleroient l'idée de ces devoirs aux autres & à soi-même. D'ailleurs on ne conduit le peuple ni par des raisonnemens, ni par des définitions ; il faut imposer à ses sens, & lui annoncer par des marques distinctives son souverain, les grands, les magistrats, les ministres de la religion ; il faut que leur extérieur annonce sa puissance, la bonté, la gravité, la sainteté, ce qu'est ou ce que doit être un homme d'une certaine classe, le citoyen revêtu d'une certaine dignité : par conséquent l'emploi des richesses qui donneroit au magistrat l'équipage d'un jeune seigneur, l'attirail de la mollesse & la parure affectée au guerrier, l'air de la dissipation au prêtre, le cortege de la grandeur au simple citoyen, affoibliroit nécessairement dans le peuple l'impression que doit faire sur lui la présence des hommes destinés à le conduire, & avec les bienséances de chaque état, on verroit s'effacer jusqu'à la moindre trace de l'ordre général, rien ne pourroit rappeller les riches à des devoirs, & tout les avertiroit de jouir.

Il est moralement nécessaire que l'usage des richesses soit contraire au bon ordre & aux mœurs. Quand les richesses sont acquises sans travail ou par des abus, les nouveaux riches se donnent promptement la jouissance d'une fortune rapide, & d'abord s'accoutument à l'inaction & au besoin des dissipations frivoles : odieux à la plûpart de leurs concitoyens, auxquels ils ont été injustement préférés, aux fortunes desquels ils ont été des obstacles, ils ne cherchent point à obtenir d'eux ce qu'ils ne pourroient en espérer, l'estime & la bienveillance ; ce sont sur-tout les fortunes des monopoleurs, des administrateurs & receveurs des fonds publics qui sont les plus odieuses, & par conséquent celles dont on est le plus tenté d'abuser. Après avoir sacrifié la vertu & la réputation de probité aux désirs de s'enrichir, on ne s'avise guère de faire de ses richesses un usage vertueux, on cherche à couvrir sous le faste & les décorations du *luxe*, l'origine de sa famille & celle de sa fortune, on cherche à perdre dans les plaisirs le souvenir de ce qu'on a fait & de ce qu'on a été.

Sous les premiers empereurs, des hommes d'une autre classe que ceux dont je viens de parler, étoient rassemblés dans Rome où ils venoient apporter les dépouilles des provinces assujetties ; les patriciens se succédoient dans les gouvernemens de ces provinces, beaucoup même ne les habitoient pas, & se contentoient d'y faire quelques voyages ; le questeur pilloit pour lui & pour le proconful que les empereurs ai-moient à retenir dans Rome, fur-tout s'il étoit d'une famille puiſſante ; là le patricien n'avoit à eſpérer ni crédit ni part au gouvernement qui étoit entre les mains des affranchis, il ſe livroit donc à la molleſſe & aux plaiſirs ; on ne trouvoit plus rien de la force & de la fierté de l'ancienne Rome, dans des ſéna-teurs qui achetoient la ſécurité par l'aviliſſement ; ce n'étoit pas le *luxe* qui les avoit avilis, c'étoit la tyrannie ; comme la paſſion des ſpectacles n'auroit pas fait monter ſur le théâtre les ſénateurs & les em-pereurs, ſi l'oubli parfait de tout ordre, de toute décence & de toute dignité n'avoit précédé & amené cette paſſion.

S'il y avoit des gouvernemens où le légiſlateur auroit trop fixé les grands dans la capitale ; s'ils avoient des charges, des commandemens, &c. qui ne leur donneroient rien à faire ; s'ils n'étoient pas obligés de mériter par de grands ſervices leurs pla-ces & leurs honneurs ; ſi on n'excitoit pas en eux l'émulation du travail & des vertus ; ſi enfin on leur laiſſoit oublier ce qu'ils doivent à la patrie, contens des avantages de leurs richeſſes & de leur rang, ils en abuſeroient dans l'oiſiveté.

Dans pluſieurs pays de l'Europe, il y a une ſorte de propriété qui ne demande au propriétaire ni ſoins économiques, ni entretien, je veux parler des dettes nationales, & cette ſorte de biens eſt encore très-propre à augmenter, dans les grandes villes, les dé-ſordres qui ſont les effets néceſſaires d'une extrême opulence unie à l'oiſiveté.

De ces abus, de ces fautes, de cet état des choſes dans les nations, voyez quel caractere le *luxe* doit prendre, & quels doivent être les caracteres des dif-férens ordres d'une nation.

Chez les habitans de la campagne, il n'y a nulle élévation dans les ſentimens, il y a peu de ce courage qui tient de l'eſtime de ſoi-même, au ſentiment de ſes forces ; leurs corps ne ſont point robuſtes, ils n'ont nul amour pour la patrie qui n'eſt pour eux que le théâtre de leur aviliſſement & de leurs lar-mes : chez les artiſans des villes il y a la même baſ-ſeſſe d'ame, ils ſont trop près de ceux qui les mépri-ſent pour s'eſtimer eux-mêmes ; leurs corps énervés par les travaux ſédentaires, ſont peu propres à ſou-tenir les fatigues. Les lois qui dans un gouverne-ment bien réglé ſont la ſécurité de tous, dans un gouvernement où le grand nombre gémit ſous l'op-preſſion, ne ſont pour ce grand nombre qu'une bar-riere qui lui ôte l'eſpérance d'un meilleur état ; il doit deſirer une plus grande licence plûtôt que le rétabliſſement de l'ordre : voilà le peuple, voici les autres claſſes.

Celle de l'état intermédiaire, entre le peuple & les grands, compoſée des principaux artiſans du *luxe*, des hommes de finance & de commerce, & de preſque tous ceux qui occupent les ſecondes places de la ſociété, travaille ſans ceſſe pour paſſer d'une fortune médiocre à une plus grande ; l'intrigue & la friponnerie ſont ſouvent ſes moyens : lorſque l'habi-tude des ſentimens honnêtes ne retient plus dans de juſtes bornes la cupidité & l'amour effréné de ce qu'on appelle plaiſirs, lorſque le bon ordre & l'exem-ple n'impriment pas le reſpect & l'amour de l'hon-nêteté, le ſecond ordre de l'état réunit ordinaire-ment les vices du premier & du dernier.

Pour les grands, riches ſans fonctions, décorés ſans occupations, ils n'ont pour mobile que la fuite de l'ennui, qui ne donnant pas même des goûts, fait paſſer l'ame d'objets en objets, qui l'amuſent ſans la remplir & ſans l'occuper ; on a dans cet état non des enthouſiaſmes, mais des enjouemens pour tout ce qui promet un plaiſir : dans ce torrent de modes, de fantaiſies, d'amuſemens, dont aucun ne dure, &

dont l'un détruit l'autre, l'ame perd juſqu'à la force de jouir, & devient auſſi incapable de ſentir le grand & le beau que de le produire ; c'eſt alors qu'il n'eſt plus queſtion de ſavoir lequel eſt le plus eſtimable de Corbulon ou de Traſéas, mais ſi on donnera la pré-férence à Pilade ou à Batylle, c'eſt alors qu'on abandonne la Médée d'Ovide, le Thieſte de Varus, & les pieces de Térence pour les farces de Labérius ; les talens politiques & militaires tombent peu à peu, ainſi que la philoſophie, l'éloquence, & tous les arts d'imitation : des hommes frivoles qui ne ſont que jouir, ont épuiſé le beau & cherchent l'extraordi-naire ; alors il entre de l'incertain, du recherché, du puérile dans les idées de la perfection ; de petites ames qu'étonnent & humilient le grand & le fort, leur préferent le petit, le bouffon, le ridicule, l'af-fecté ; les talens qui ſont le plus encouragés ſont ceux qui flattent les vices & le mauvais goût, & ils perpétuent ce déſordre général que n'a point amené le *luxe*, mais qui a corrompu le *luxe* & les mœurs.

Le *luxe* déſordonné ſe détruit lui-même, il épuiſe ſes ſources, il tarit ſes canaux.

Les hommes oiſifs qui veulent paſſer ſans inter-valle d'un objet de *luxe* à l'autre, vont chercher les productions & l'induſtrie de toutes les parties du monde : les ouvrages de leurs nations paſſent de mode chez eux, & les artiſans y ſont découragés : l'Egypte, les côtes d'Afrique, la Grece, la Syrie, l'Eſpagne, ſervoient au *luxe* des Romains ſous les premiers empereurs, & ne lui ſuffiſoient pas.

Le goût d'une dépenſe exceſſive répandu dans tou-tes les claſſes des citoyens, porte les ouvriers à exi-ger un prix exceſſif de leurs ouvrages. Indépendam-ment de ce goût de dépenſe, ils ſont forcés à hauſſer le prix de la main-d'œuvre, parce qu'ils habitent les grandes villes, des villes opulentes, où les denrées néceſſaires ne ſont jamais à bon marché : bientôt des nations plus pauvres & dont les mœurs ſont plus ſimples, ſont les mêmes choſes ; & les débitant à un prix plus bas, elles les débitent de préférence. L'in-duſtrie de la nation même, l'induſtrie du *luxe* dimi-nue, ſa puiſſance s'affoiblit, ſes villes ſe dépeuplent, ſes richeſſes paſſent à l'étranger, & d'ordinaire il lui reſte de la molleſſe, de la langueur, & de l'habitude à l'eſclavage.

Après avoir vu quel eſt le caractere d'une nation où regnent certains abus dans le gouvernement ; après avoir vu que les vices de cette nation ſont moins les effets du *luxe* que de ces abus, voyons ce que doit être l'eſprit national d'un peuple qui raſſem-ble chez lui tous les objets poſſibles du plus grand *luxe*, mais que fait maintenir dans l'ordre un gou-vernement ſage & vigoureux, également attentif à conſerver les véritables richeſſes de l'état & les mœurs.

Ces richeſſes & ces mœurs ſont le fruit de l'aiſance du grand nombre, & ſur-tout de l'attention extrême de la part du gouvernement à diriger toutes ſes opé-rations pour le bien général, ſans acceptions ni de claſſes ni de particuliers, & de ſe parer ſans ceſſe aux yeux du public de ces intentions vertueuſes.

Partout ce grand nombre eſt ou doit être compoſé des habitans de la campagne, des cultivateurs ; pour qu'ils ſoient dans l'aiſance, il faut qu'ils ſoient labo-rieux ; pour qu'ils ſoient laborieux, il faut qu'ils aient l'eſpérance que leur travail leur procurera un état agréable ; il faut auſſi qu'ils en aient le deſir. Les peuples tombés dans le découragement, ſe con-tentent volontiers du ſimple néceſſaire, ainſi que les habitans de ces contrées fertiles où la nature donne tout, & où tout languit, ſi le légiſlateur ne fait point introduire la vanité & à la ſuite un peu de *luxe*. Il faut qu'il y ait dans les villages, dans les plus petits bourgs, des manufactures d'uſtenſiles, d'étoffes, &c.

LUX   LUX   769

nécessaires à l'entretien & même à la parure groffiere des habitans de la campagne : ces manufactures y augmenteront encore l'aifance & la population. C'étoit le projet du grand Colbert , qu'on a trop accufé d'avoir voulu faire des François une nation feulement commerçante.

Lorfque les habitans de la campagne font bien traités , infenfiblement le nombre des propriétaires s'augmente parmi eux : on y voit diminuer l'extrême diftance & la vile dépendance du pauvre au riche ; de-là ce peuple a des fentimens élevés , du courage , de la force d'ame, des corps robuftes , l'amour de la patrie , du refpect , de l'attachement pour des magiftrats , pour un prince , un ordre , des lois auxquelles il doit fon bien-être & fon repos : il tremble moins devant fon feigneur , mais il craint fa confcience, la perte de fes biens, de fon honneur & de fa tranquillité. Il vendra chèrement fon travail aux riches , & on ne verra pas le fils de l'honorable laboureur quitter fi facilement le noble métier de fes peres pour aller fe fouiller des livrées & du mépris de l'homme opulent.

Si l'on n'a point accordé les privilèges exclufifs dont j'ai parlé , fi le fyftême des finances n'entaffe point les richeffes, fi le gouvernement ne favorife pas la corruption des grands, il y aura moins d'hommes opulens fixés dans la capitale , & ceux qui s'y fixeront n'y feront pas oififs ; il y aura peu de grandes fortunes , & aucune de rapide : les moyens de s'enrichir , partagés entre un plus grand nombre de citoyens, auront naturellement divifé les richeffes ; l'extrême pauvreté & l'extrême richeffe feront également rares.

Lorfque les hommes accoutumés au travail font parvenus lentement & par degrés à une grande fortune , ils confervent le goût du travail, peu de plaifirs les délaffe , parce qu'ils jouiffent du travail même , & qu'ils ont pris long-tems, dans les occupations affidues & l'économie d'une fortune modérée, l'amour de l'ordre & la modération dans les plaifirs.

Lorfque les hommes font parvenus à la fortune par des moyens honnêtes , ils confervent leur honnêteté, ils confervent ce refpect pour foi-même qui ne permet pas qu'on fe livre à mille fantaifies défordonnées; lorfqu'un homme par l'acquifition de fes richeffes a fervi fes concitoyens, en apportant de nouveaux fonds à l'état, ou en faifant fleurir un genie d'induftrie utile , il fait que fa fortune eft moins enviée qu'honorée ; & comptant fur l'eftime & la bienveillance de fes concitoyens, il veut conferver l'une & l'autre.

Il y aura , dans le peuple des villes & un peu dans celui des campagnes , une certaine recherche de commodités & même un *luxe* de bienféance , mais qui tiendra toujours à l'utile ; & l'amour de ce *luxe* ne dégénérera jamais en une folle émulation.

Il y régnera dans la feconde claffe des citoyens un efprit d'ordre & cette aptitude à la difcuffion que prennent naturellement les hommes qui s'occupent de leurs affaires: cette claffe de citoyens cherchera du folide dans fes amufemens même ; fiere, parce que de mauvaifes mœurs ne l'auront point avilie ; jaloufe des grands qui ne l'auront pas corrompue, elle veillera fur fa conduite, elle fera flattée de les éclairer, & ce fera qu'elle que partiront des lumieres qui tomberont fur le peuple & remonteront vers les grands.

Ceux-ci auront des devoirs, ce fera dans les armées & fur la frontiere qu'apprendront la guerre ceux qui fe confacreront à ce métier, qui eft leur état ; ceux qui fe deftineront à quelques parties du gouvernement , s'en inftruiront long-tems avec affiduité, avec application ; & fi des récompenfes pécuniaires ne font jamais entaffées fur ceux même qui auront rendu les plus grands fervices ; fi les grandes placés , les gouvernemens , les commandemens ne font jamais donnés à la naiffance fans les fervices ; s'ils ne font jamais fans fonctions, les grands ne perdront pas dans un *luxe* oifif & frivole leur fentiment & la faculté de s'éclairer : moins tourmentés par l'ennui , ils n'épuiferont ni leur imagination ni celle de leur flatteur , à la recherche des plaifirs puérils & de modes fantaftiques ; ils n'étaleront pas un fafte exceffif , parce qu'ils auront des prérogatives réelles & un mérite véritable dont le public leur tiendra compte. Moins raffemblés, & voyant à côté d'eux moins d'hommes opulens , ils ne porteront point à l'excès leur *luxe* de bienféance : témoins de l'intérêt que le gouvernement prend au maintien de l'ordre & au bien de l'état, ils feront attachés à l'un & à l'autre ; ils infpireront l'amour de la patrie & tous les fentimens d'un honneur vertueux & févere; ils feront attachés à la décence des mœurs , ils auront le maintien & le ton de leur état.

Alors ni la mifere ni le befoin d'une dépenfe exceffive n'empêchent point les mariages, & la population augmente ; on fe foutient ainfi que le *luxe* & les richeffes de la nation : ce *luxe* eft de repréfentation, de commodité & de fantaifie : il raffemble dans ces différens genres tous les arts fimplement utiles & tous les beaux arts ; mais retenu dans de juftes bornes par l'efprit de communauté, par l'application aux devoirs, & par des occupations qui ne laiffent perfonne dans le befoin continu des plaifirs , il eft divifé , ainfi que les richeffes ; & toutes les manieres de jouir , tous les objets les plus oppofés ne font point raffemblés chez le même citoyen. Alors les différentes branches de *luxe*, fes différens objets fe placent felon la différence des états : le militaire aura de belles armes & des chevaux de prix ; il aura de la recherche dans l'équipement de la troupe qui lui fera confiée : le magiftrat conservera dans fon *luxe* la gravité de fon état ; fon *luxe* aura de la dignité, de la modération : le négociant , l'homme de finance auront de la recherche dans les commodités : tous les états fentiront le prix des beaux arts , & en jouiront; mais alors ces beaux arts ramenent encore l'efprit des citoyens aux fentimens patriotiques & aux véritables vertus : ils ne font pas feulement pour eux des objets de diffipation , ils leur préfentent des leçons & des modeles. Des hommes riches dont l'ame eft élevée , éleveur l'ame des artiftes ; ils ne leur demandent pas une Galatée maniérée , de petits Daphnis , une Madeleine, un Jérôme ; mais ils leur propofent de repréfenter Saint-Hilaire bleffé dangereufement , qui montre à fon fils le grand Turenne perdu pour la patrie.

Tel fut l'emploi des beaux arts dans la Grece avant que les gouvernemenss'y fuffent corrompus : c'eft ce qu'ils font encore fouvent en Europe chez les nations éclairées qui ne fe font pas écartées des principes de leur conftitution. La France fait faire un tombeau par Pigalle au général qui vient de la couvrir de gloire : fes temples font remplis de monumens érigés en faveur des citoyens qui l'ont honorée , & fes peintres ont fouvent fanctifié leurs pinceaux par les portraits des hommes vertueux. L'Angleterre a fait bâtir le château de Bleinheim à la gloire du duc de Malboroug : fes poëtes & fes orateurs célebrent continuellement leurs concitoyens illuftres, déjà fi récompenfés par le cri de la nation , & par les honneurs que leur rend le gouvernement. Quelle force, quels fentimens patriotiques , quelle élévation , quel amour de l'honnêteté , de l'ordre & de l'humanité , n'infpirent pas les poéfies des Corneille, des Adiffon, des Pope , des Voltaire ! Si quelque poëte chante quelquefois la molleffe & la volupté , fes vers deviennent les expreffions dont fe fert un peuple heureux dans les momens d'une ivreffe paffagere qui n'ôte rien à ſes occupations & à ſes devoirs.

L'éloquence reçoit des ſentimens d'un peuple bien gouverné ; par ſa force & ſes charmes elle rallumeroit les ſentimens patriotiques dans les momens où ils ſeroient prêts à s'éteindre. La Philoſophie, qui s'occupe de la nature de l'homme, de la politique & des mœurs, s'empreſſe à repandre des lumieres utiles ſur toutes les parties de l'adminiſtration, à éclairer ſur les principaux devoirs, à montrer aux ſociétés leurs fondemens ſolides, que l'erreur ſeule pourroit ébranler. Ranimons encore en nous l'amour de la patrie, de l'ordre, des lois ; & les beaux arts ceſſeront de ſe profaner, en ſe dévouant à la ſuperſtition & au libertinage ; ils choiſiront des ſujets utiles aux mœurs, & ils les traiteront avec force & avec nobleſſe.

L'emploi des richeſſes dicté par l'eſprit patriotique, ne ſe borne pas au vil intérêt perſonnel & à de fauſſes & de puériles jouiſſances : le luxe alors ne s'oppoſe pas aux devoirs de pere, d'époux, d'ami & d'homme. Le ſpectacle de deux jeunes gens pauvres qu'un homme riche vient d'unir par le mariage, quand il les voit contens ſur la porte de leur chaumiere, lui fait un plaiſir plus ſenſible, plus pur & plus durable, que le ſpectacle du grouppe de Salmacis & d'Hermaphrodite placé dans ſes jardins. Je ne crois pas que dans un état bien adminiſtré & où par conſéquent regne l'amour de la patrie, les plus beaux magots de la Chine rendent auſſi heureux leurs poſſeſſeurs que le feroit le citoyen qui auroit volontairement contribué de ſes tréſors à la réparation d'un chemin public.

L'excès du luxe n'eſt pas dans la multitude de ſes objets & de ſes moyens; le luxe eſt rarement exceſſif en Angleterre, quoiqu'il y ait chez cette nation tous les genres de plaiſirs que l'induſtrie peut ajouter à la nature, & beaucoup de riches particuliers qui ſe procurent ces plaiſirs. Il ne l'eſt devenu en France que depuis que les malheurs de la guerre de 1700 ont mis du déſordre dans les finances & ont été la cauſe de quelques abus. Il y avoit plus de luxe dans les belles années du ſiecle de Louis XIV. qu'en 1720, & en 1720 ce luxe avoit plus d'excès.

Le luxe eſt exceſſif dans toutes les occaſions où les particuliers ſacrifient à leur faſte, à leur commodité, à leur fantaiſie, leurs devoirs ou les intérêts de la nation ; & les particuliers ne font conduits à cet excès que par quelques défauts dans la conſtitution de l'état, ou par quelques fautes dans l'adminiſtration. Il n'importe à cet égard que les nations ſoient riches ou pauvres, éclairées ou barbares, quand on n'entretiendra point chez elles l'amour de la patrie & les paſſions utiles ; les mœurs y ſeront dépravées, & le luxe y prendra le caractere des mœurs : il y aura dans le peuple foibleſſe, pareſſe, langueur, découragement. L'empire de Maroc n'eſt ni policé, ni éclairé, ni riche ; & quelques fanatiques ſtipendiés par l'empereur, en opprimant le peuple en ſon nom & pour eux, ont fait de ce peuple un vil troupeau d'eſclaves. Sous les regnes foibles & pleins d'abus de Philippe III. Philippe IV. & Charles II. les Eſpagnols étoient ignorans & pauvres, ſans induſtrie & ſans mœurs, comme ſans induſtrie ; ils n'avoient conſervé de vertus que celles que la religion doit donner, & il y avoit juſque dans leurs armées un luxe ſans goût & une extrème miſere. Dans les pays où regne un luxe groſſier, ſans art & ſans lumieres, les traitemens injuſtes & durs que la plus foible eſſuie partout du plus fort, ſont plus atroces. On ſait quelles ont été les horreurs du gouvernement féodal, & quel fut dans ce tems le luxe des ſeigneurs. Aux bords de l'Orénoque les meres ſont remplies de joie quand elles peuvent en ſecret noyer ou empoiſonner leurs jeunes filles, pour les dérober aux travaux auxquels les condamnent la pareſſe féroce & le luxe ſauvage de leurs époux.

Un petit émir, un nabab, &leurs principaux officiers, écraſent le peuple pour entretenir des ſérails nombreux : un petit ſouverain d'Allemagne ruine l'agriculture par la quantité de gibier qu'il entretient dans ſes états. Une femme ſauvage vend ſes enfans pour acheter quelques ornemens & de l'eau-de-vie. Chez les peuples policés, une mere tient ce qu'on appelle un grand état, & laiſſe ſes enfans ſans patrimoine. En Europe, un jeune ſeigneur oublie les devoirs de ſon etat, & ſe livre à nos gouts polis & à nos arts. En Afrique, un jeune negre paſſe les jours à ſemer des roſeaux & à danſer. Voilà ce qu'eſt le luxe dans des pays où les mœurs s'alterent ; mais il prend le caractere des nations, il ne le fait pas, tantôt efféminé comme elles, & tantôt cruel & barbare. Je crois que pour les peuples il vaut encore mieux obéir à des épicuriens frivoles qu'à des ſauvages guerriers, & nourrir le luxe des fripons voluptueux & éclairés que celui des voleurs héroïques & ignorans.

Puiſque le deſir de s'enrichir & celui de jouir de ſes richeſſes ſont dans la nature humaine dès qu'elle eſt en ſociété ; puiſque ces deſirs ſoutiennent, enrichiſſent, vivifient toutes les grandes ſociétés ; puiſque le luxe eſt un bien, & que par lui-même il ne fait aucun mal, il ne faut donc ni comme philoſophe ni comme ſouverain attaquer le luxe en lui-même.

Le ſouverain corrigera les abus qu'on peut en faire & l'excès où il peut être parvenu, quand il réformera dans l'adminiſtration ou dans la conſtitution les fautes ou les défauts qui ont amené cet excès ou ces abus.

Dans un pays où les richeſſes ſe feroient entaſſées en maſſe dans une capitale, & ne ſe partageroient qu'entre un petit nombre de citoyens chez leſquels regneroit ſans doute le plus grand luxe, ce ſeroit une grande abſurdité de mettre tout-à-coup les hommes opulens dans la néceſſité de diminuer leur luxe ; ce ſeroit fermer les canaux par où les richeſſes peuvent revenir du riche au pauvre ; & vous réduiriez au deſeſpoir une multitude innombrable de citoyens que le luxe fait vivre ; ou bien ces citoyens, étant des artiſans moins attachés à leur patrie que l'agriculture, ils paſſeroient en foule chez l'étranger.

Avec un commerce auſſi étendu, une induſtrie auſſi univerſelle, une multitude d'arts perfectionnés, n'eſpérez pas aujourd'hui ramener l'Europe à l'ancienne ſimplicité ; ce ſeroit la ramener à la foibleſſe & à la barbarie. Je prouverai ailleurs combien le luxe ajoute au bonheur de l'humanité ; je me flatte qu'il réſulte de cet article que le luxe contribue à la grandeur & à la force des états, & qu'il faut l'encourager, l'éclairer & le diriger.

Il n'y a qu'une eſpece de loix ſomptuaires qui ne ſoit pas abſurde, c'eſt une loi qui chargeroit d'impôts une branche de luxe qu'on tireroit de l'étranger, ou une branche de luxe qui favoriſeroit trop un genre d'induſtrie aux dépens de pluſieurs autres ; il y a même des tems où cette loi pourroit être dangereuſe.

Toute autre loi ſomptuaire ne peut être d'aucune utilité ; avec des richeſſes trop inégales, de l'oiſiveté dans les riches, & l'extinction de l'eſprit patriotique, le luxe paſſera ſans ceſſe d'un abus à un autre : ſi vous lui ôtez un de ſes moyens, il le remplacera par un autre également contraire au bien général.

Des princes qui ne voyoient pas les véritables cauſes du changement dans les mœurs, s'en ſont pris tantôt à un objet de luxe, tantôt à l'autre : commodités, fantaiſies, beaux-arts, philoſopie, tout a été proſcrit tour-à-tour par les empereurs romains & grecs ; aucun n'a voulu voir que le luxe ne faiſoit pas les mœurs, mais qu'il en prenoit le caractere & celui du gouvernement.

La premiere opération à faire pour remettre le *luxe* dans l'ordre & pour rétablir l'équilibre des richeffes, c'eft le foulagement des campagnes. Un prince de nos jours a fait, felon moi, une très-grande faute en défendant aux laboureurs de fon pays de s'établir dans les villes ; ce n'eft qu'en leur rendant leur état agréable qu'il eft permis de le leur rendre néceffaire, & alors on peut fans conféquence charger de quelques impôts le fuperflu des artifans du *luxe* qui reflueront dans les campagnes.

Ce ne doit être que peu-à-peu & feulement en forçant les hommes en place à s'occuper des dévoirs qui les appellent dans les provinces, que vous devez diminuer le nombre des habitans de la capitale.

S'il faut féparer les riches, il faut divifer les richeffes ; mais je ne propofe point des lois agraires, un nouveau partage des biens, des moyens violens ; qu'il n'y ait plus de privileges excluſifs pour certaines manufactures & certains genres de commerce ; que la finance foit moins lucrative ; que les charges, les bénéfices foient moins entaffés fur les mêmes têtes ; que l'oifiveté foit punie par la honte ou par la privation des emplois ; & fans attaquer le *luxe* en lui-même, fans même trop gêner les riches, vous verrez infenfiblement les richeffes fe divifer & augmenter, le *luxe* augmenter & fe divifer comme elles, & tout rentrera dans l'ordre. Je fens que la plûpart des vérités renfermées dans cet article, devroient être traitées avec plus d'étendue ; mais j'ai refferré tout, parce que je fais un article & non pas un livre : je prie les lecteurs de fe dépouiller également des préjugés de Sparte & de ceux de Sybaris ; & dans l'application qu'ils pourroient faire à leur fiecle ou à leur nation de quelques traits répandus dans cet ouvrage, je les prie de vouloir bien, ainfi que moi, voir leur nation & leur fiecle, fans des préventions trop ou trop peu favorables, & fans enthoufiafme, comme fans humeur.

LUXEMBOURG, LE DUCHÉ DE, (*Géog.*) l'une des 17 provinces des Pays-bas, entre l'évêché de Liège, l'électeur de Treves, la Lorraine, & la Champagne. Elle appartient pour la majeure partie à la maifon d'Autriche, & pour l'autre à la France, par le traité des Pyrénées : Thionville eft la capitale du *Luxembourg* françois. Il eft du gouvernement militaire de Metz & de Verdun, & pour la juftice du parlement de Metz.

Le comté de *Luxembourg* fut érigé en duché par l'empereur Charles IV, dont le regne a commencé en 1346. On a trouvé dans cette province bien des veftiges d'antiquités romaines, fimulachres de faux-dieux, médailles, & inſcriptions. Le pere Wiltheim avoit préparé fur ces monumens un ouvrage dont on a defiré la publication, mais qui n'a point vû le jour.

LUXEMBOURG, (*Géog.*) anciennement *Lutzelbourg*, en latin moderne *Luxemburgum*, *Lutzelburgum*, ville des Pays-bas autrichiens, capitale du duché de même nom. Elle a été fondée par le comte Sigefroi, avant l'an 1000 ; car ce n'étoit qu'un château en 936.

Elle fut prife par les François en 1542, & 1543. Ils la bloquerent en 1682, & la bombarderent en 1683 : Louis XIV. la prit en 1684, & en augmenta tellement les fortifications, qu'elle eft devenue une des plus fortes places de l'Europe. Elle fut rendue à l'Efpagne en 1697, par le traité de Ryfwick. Les François en prirent de nouveau poffeffion en 1701 ; mais elle fut cédée à la maifon d'Autriche par la paix d'Utrecht. Elle eft divifée en ville haute, & en ville baffe, par la riviere d'Elfe ; la haute ou ancienne ville eft fur une hauteur prefque environnée de rôchers ; la neuve ou baffe eft dans la plaine, à 10 lieues S. O. de Treves, 40 S. O. de Mayence, 15 N. O. de Metz, 65 N. E. de Paris. *Long.* 23. 42. *lat.* 49. 40.

LUXEU, ou LUXEUIL, *Luxovium*, (*Géog.*) petite ville de France en Franche-Comté, au pié d'une célebre abbaye de même nom, à laquelle elle doit fon origine ; elle eft au pié du mont de Vofge, à fix lieues de Vezoul. *Long.* 24. 4. *lat.* 47. 40.

LUXIM, ou LIXIM, *Luximum*, (*Géog.*) petite ville de la principauté de Platzbourg, à 4 lieues de Saverne. *Long.* 26. 2. *lat.* 48. 49. (*D. J.*)

LUXURE, f. f. (*Morale.*) ce terme comprend dans fon acception toutes les actions qui font fuggerées par la paffion immodérée des hommes pour les femmes, ou des femmes pour les hommes. Dans la religion chrétienne, la *luxure* eft un des fept péchés capitaux.

LUZIN, f. m. (*Marine.*) efpece de menu cordage qui fert à faire des enflechures.

L Y

LY, (*Hift. mod.*) mefure ufitée parmi les Chinois, qui fait 240 pas géométriques ; il faut dix *ly* pour faire un jou ou une lieue de la Chine.

LYÆUS, (*Littér.*) furnom de Bacchus chez les Latins, qui fignifie la même chofe que celui de *liber* ; car fi *liber* vient de *liberare*, délivrer, *Lyæus* vient du grec λύω, *détacher*, *quia vinum curis mentem liberat & folvit*, parce que le vin nous délivre des chagrins. Paufanias appelle Bacchus *Lyſius*, qui eft encore la même chofe que *Lyæus*. (*D. J.*)

LYCANTHROPE, ou LOUP-GAROU, (*Divin.*) homme transformé en loup par un pouvoir magique, ou qui par maladie a les inclinations & le caractere féroce d'un loup.

Nous donnons cette définition conformément aux idées des Démonographes, qui admettent de deux fortes de *lycanthropes* ou de *loups-garoux*. Ceux de la premiere efpece font, difent-ils, ceux que le diable couvre d'une peau de loup, & qu'il fait errer par les villes & les campagnes en pouffant des hurlemens affreux & commettant des ravages. Ils ne les transforment pas proprement en loups, ajoutent-ils, mais ils leur en donnent feulement une forme fantaftique, ou il tranfporte leurs corps quelque part, & fubftitue dans les endroits qu'ils ont coutume d'habiter & de fréquenter, une figure de loup. L'exiftence de ces fortes d'êtres n'eft prouvée que par des hiftoires qui ne font rien moins qu'avérées.

Les *loups-garoux* de la feconde efpece font des hommes atrabilaires, qui s'imaginent être devenus loups par une maladie que les Medecins nomment en grec λυκανθια, & λυκανθρωπια, mot compofé de λυκος, *loup*, & αντρωπος, *homme*, Delrio, *lib. II.*

Voici comme le pere Malebranche explique comment un homme s'imagine qu'il eft *loup-garou* : « un » homme, dit il, par un effort déréglé de fon ima- » gination, tombe dans cette folie qu'il fe croit de- » venir *loup* toutes les nuits. Ce déreglement de fon » efprit ne manque pas à le difpofer à faire toutes » les actions que font les *loups*, ou qu'il a oui dire » qu'ils faifoient. Il fort donc à minuit de fa maifon, » il court les rues, il fe jette fur quelque enfant s'il » en rencontre, il le mord & le maltraite, & le peu- » ple ftupide & fuperftitieux s'imagine qu'en effet » ce fanatique devient *loup*, parce que ce mal-heu- » reux le croit lui-même, & qu'il l'a dit en fecret à » quelques perfonnes qui n'ont pû s'en taire. »

» S'il étoit facile, ajoute le même auteur, de for-
» mer dans le cerveau les traces qui persuadent aux
» hommes qu'ils sont devenus *loups*, & si l'on pou-
» voit courir les rues, & faire tous les ravages que
» font ces misérables *loups-garoux*, sans avoir le
» cerveau entierement bouleversé, comme il est fa-
» cile d'aller au sabbat dans son lit & sans se réveil-
» ler, ces belles histoires de transformations d'hom-
» mes en *loups*, ne manqueroient pas de produire
» leur effet comme celles qu'on fait du sabbat, &
» nous aurions autant de *loups-garoux*, que nous
» avons de sorciers. *Voyez* SABBAT.

» Mais la persuasion qu'on est transformé en *loup*,
» suppose un bouleversement de cerveau bien plus
» difficile à produire que celui d'un homme qui croit
» seulement aller au sabbat... Car afin qu'un hom-
» me s'imagine qu'il est *loup*, bœuf, &c. il faut
» tant de choses, que cela ne peut être ordinaire;
» quoique ces renversemens d'esprit arrivent quel-
» quefois, ou par une punition divine, comme l'E-
» criture le rapporte de Nabuchodonosor, ou par
» un transport naturel de mélancholie au cerveau,
» comme on en trouve des exemples dans les au-
» teurs de Medecine ». *Recherches de la vérité*, *tome
premier*, *livre XI. chapitre vj*.

LYCANTHROPIE, s. f. (*Medecine*.) λυκανθρωπια, nom entierement grec formé de λύκος, *loup*, & ἄνθρωπος, *homme*: suivant son étymologie, il signifie un *loup qui est homme*. Il est employé en Medecine, pour designer cette espèce de mélancholie dans laquelle les hommes se croyent transformés en loups; & en conséquence, ils en imitent toutes les actions; ils sortent à leur exemple de leurs maisons la nuit; ils vont roder autour des tombeaux; ils s'y enferment, se mêlent & se battent avec les bêtes féroces, & risquent souvent leur vie, leur santé dans ces sortes de combats. Actuarius remarque qu'après qu'ils ont passé la nuit dans cet état, ils retournent au point du jour chez eux, & reprennent leur bon sens; ce qui n'est pas constant: mais alors même ils sont rêveurs, tristes, misantropes; ils ont le visage pâle, les yeux enfoncés, la vûe égarée, la langue & la bouche seches, une soif immodérée, quelquefois aussi les jambes meurtries, déchirées, fruits de leurs débats nocturnes. Cette maladie, si l'on en croit quelques voyageurs, est assez commune dans la Livonie & l'Irlande. Donatus Ab alto mari dit en avoir vû lui-même deux exemples; & Forestus raconte qu'un lycanthrope qu'il a observé, étoit sur-tout dans le printems toûjours à rouler dans les cimetieres, *lib. X. observ. 25*. Le démoniaque dont il est parlé dans l'Ecriture-sainte (*S. Marc, chap. v.*), qui se plaisoit à habiter les tombeaux, qui couroit tout nud, poussoit sans cesse des cris effrayans, &c. & le Lycaon, célebre dans la fable, ne paroissent être que des mélancholiques de cette espece, c'est-à-dire des lycantropes. Nous passons sous silence les causes, la curation, &c. de cette maladie, parce qu'elles sont absolument les mêmes que dans la mélancholie, dont nous traiterons plus bas. *Voyez* MÉLANCHOLIE. Nous remarquerons seulement quant à la curation, qu'il faut sur-tout donner à ces malades des alimens de bon suc analyptiques, pendant l'accès les saigner abondamment. Oribaze recommande comme un spécifique, lorsque l'accès est sur le point de se décider, de leur arroser la tête avec de l'eau bien froide ou des décoctions somniferes; & lorsqu'ils sont endormis, de leur frotter les oreilles & les narines avec l'opium (*synops, lib. IX. c. x*.) Il faut aussi avoir attention de les enchaîner pour les empêcher de sortir la nuit, & d'aller risquer leur vie parmi les animaux les plus féroces, si l'on n'a pas d'autre moyen de les contenir.

LYCAONIE, *Lycaonia*, (*Géog. anc.*) province de l'Asie mineure, entre la Pamphilie, la Cappadoce, la Pisidie, & la Phrygie, selon Cellarius. La *Lycaonie* voisine du Taurus, quoiqu'on partie située sur cette montagne, fut réputée par les Romains appartenir à l'Asie au-dedans du Taurus; *Asiæ intra Taurum*. Strabon prétend que l'Isaurique faisoit une partie de la *Lycaonie*: la notice de l'empereur Léon le Sage, & celle d'Hiéroclès, ne s'accordent pas ensemble sur le nombre des villes épiscopales de cette province, qui eut cependant l'avantage d'avoir S. Paul & S. Barnabé pour apôtres, comme on le lit dans les actes, *ch. xiv. v. 16*.

Nous ignorons quel a été dans les premiers tems l'état & le gouvernement de la *Lycaonie*; nous savons seulement que le grand roi, c'est-à-dire le roi de Perse, en étoit le souverain, lorsqu'Alexandre porta ses armes en Asie, & en fit la conquête. Sous les successeurs d'Alexandre, ce pays souffrit diverses révolutions, jusqu'à ce que les Romains s'en rendirent maitres. Dans la division de l'empire, la *Lycaonie* fit partie de l'empire d'orient, & se trouva sous la domination des empereurs grecs.

Depuis ce tems-là, ce pays fut possédé par divers souverains grands & petits, & usurpé par plusieurs princes ou tyrans, qui le ravagerent tour-à-tour. Sa situation l'exposa aux incursions des Arabes, Sarrasins, Persans, Tartares, qui l'ont défolé, jusqu'à ce qu'il soit tombé entre les mains des Turcs, qui le possedent depuis plus de trois cens ans.

La *Lycaonie*, qu'on nomme à présent *grande Caramanie*, ou *pays de Cogny*, est située à-peu-près entre le 38 & le 40 degré de *latitude* septentrionale, & entre le 50 & le 52 degré de *longitude*. Les villes principales de la *Lycaonie*, sont Iconium, aujourd'hui Cogni, Thébase, située dans le mont Taurus, Hyde située sur les confins de la Galatie & de Cappadoce, &c.

Quant à la langue lycaonienne, dont il est parlé dans les actes des Apôtres, *XIV. 10*. en ces mots *ils eleverent la voix parlant lycaonien*, nous n'en avons aucune connoissance. Le sentiment le plus raisonnable, & le mieux appuyé sur cette langue, est celui de Grotius, qui croit que la langue des Lycaoniens étoit la même que celle des Cappadociens, ou du-moins en étoit une sorte de dialecte.

LYCAONIENS, *Lycaones*, (*Géog. anc.*) outre les habitans de la province de Lycaonie, il y avoit des peuples *lycaoniens*, différens des asiatiques, & qui vinrent d'Arcadie s'établir en Italie, selon Denys d'Halicarnasse, *l. I. c. iv*. Il ajoute que cette transmigration d'arcadiens arriva sous Œnotrus leur chef, fils de Lycaon II. & qu'alors ils prirent en Italie le nom d'*Œnotriens*. (*D. J.*)

LYCÉE, λυκεῖον, (*Hist. anc.*) c'étoit le nom d'une école célebre à Athènes, où Aristote & ses sectateurs expliquoient la Philosophie. On y voit des portiques & des allées d'arbres plantés en quinconce, où les Philosophes agitoient des questions en se promenant; c'est de-là, qu'on a donné le nom de *Péripatéticienne* ou de *Philosophie du Lycée* à la philosophie d'Aristote. Suidas observe que le nom de *Lycée* venoit originairement d'un temple bâti dans ce lieu, & consacré à Apollon *Lycéon*; d'autres disent que les portiques qui faisoient partie du *Lycée*, avoient été élevés par un certain Lycus fils d'Apollon; mais l'opinion la plus généralement reçue, est que cet édifice commencé par Pisistrate, fut achevé par Périclès.

LYCÉES, fêtes d'Arcadie, qui étoient à-peu-près la même chose que les lupercales de Rome. On y donnoit des combats, dont le prix étoit une armure d'airain, on ajoute que dans les sacrifices on immoloit une victime humaine, & que Lycaon étoit l'instituteur de ces fêtes. On en célebroit encore d'autres

LYC   LYC   773

tres de même nom à Argos, en l'honneur d'Apollon Lycogene, ainsi surnommé ou de ce qu'il aimoit les loups, ou comme d'autres le prétendent, de ce qu'il avoit purgé le pays d'Argos des loups qui l'infestoient.

LYCÉES, s. f. plur. λυκαῖα, (*Littér.*) il-y avoit deux fêtes de ce nom dans la Grece : l'une se faisoit en Arcadie à l'honneur de Pan, & ressembloit en plusieurs choses aux lupercales des Romains. Elle en différoit seulement, en ce qu'il y avoit une course où, selon M. Potter, on donnoit au vainqueur une armure complette de fonte. L'autre fête appellée *Lycées* se célébroit chez les Argiviens, & avoit été fondée par Danaüs en l'honneur d'Apollon, auquel ce roi bâtit un temple sous le nom d'Apollon Lycéen.

LYCÉE mont, *Lycæus*, (*Géog. anc.*) montagne du Péloponnese, dans l'Arcadie méridionale, entre l'Alphée & l'Eurotas. Les Poëtes l'ont chanté, & Pausanias, *l. VIII. c. xxxix.* débite des merveilles sur les vertus de la fontaine du *Lycée* ; sur la ville Lycosure qu'on y voyoit, & qu'il estimoit une des plus anciennes du monde, soit dans le continent, soit dans les îles ; sur le temple de Pan, placé dans un autre endroit du *Lycée*, sur une plaine de cette montagne consacrée à Jupiter Lycéen, & qui étoit inaccessible aux hommes. Enfin, il ajoute : « au sommet du *Lycée*, est une élévation de terre, d'où l'on peut découvrir tout le Péloponnèse ; un autel décore cette terrasse : devant cet autel sont deux piliers surmontés par des aigles dorés ; le temple d'Apollon Parrhasien est à l'orient ; le champ de Thison est au nord, &c ». C'est ainsi que cet aimable historien nous inspire le desir de monter avec lui sur le *Lycée*, ou plutôt nous donne des regrets de la ruine de tant de belles choses. (*D. J.*)

LYCÉEN, (*Littérat.*) surnom de Jupiter, tiré du mont *Lycée*, où les Arcadiens prétendoient que le souverain des dieux avoit été nourri par trois belles nymphes, dans un petit canton nommé *Critée* ; il n'étoit pas permis aux hommes, dit Pausanias, d'entrer dans l'enceinte de ce canton consacré à Jupiter *lycéen* ; & toute bête poursuivie par des chasseurs s'y trouvoit en sûreté, lorsqu'elle venoit à s'y réfugier. Sur la croupe de la montagne étoit l'autel de Jupiter *lycéen*, où ses prêtres lui sacrifioient avec un grand mystere. Il ne m'est pas permis, ajoute Pausanias, de rapporter les cérémonies de ce sacrifice ; ainsi laissons, continue-t-il, les choses comme elles sont, & comme elles ont toujours été : ces derniers mots sont la formule dont les anciens usoient pour éviter de divulguer ou de censurer les mysteres d'un culte étranger. (*D. J.*)

LYCHNIS, (*Hist. nat. Bot.*) genre de plante à fleur en œillet, composée de plusieurs pétales qui sont disposés en rond, qui ont ordinairement la forme d'un cœur, & qui sortent d'un calice fait en tuyau ; ces pétales ont chacun deux ou trois petites feuilles qui forment une couronne par leur position ; il sort du calice un pistil qui devient dans la suite un fruit qui se plus souvent est terminé en couronne, & qui s'ouvre par le sommet ; ce fruit est enveloppé du calice ; il n'a souvent qu'une cavité ; il renferme des semences arrondies ou anguleuses, & qui ont quelquefois la forme d'un rein ; elles sont attachées à un placenta. Tournefort, *Inst. rei herb.* Voyez PLANTE.

LYCHNITES, (*Hist. nat.*) nom que les anciens donnoient quelquefois au marbre blanc de Paros, dont sont faites les plus belles statues de l'antiquité. Voyez PAROS.

C'est son éclat qui lui avoit apparemment fait donner le nom de *lychnites*, parce qu'il brilloit comme une lampe. Quelques auteurs ont cru que les anciens désignoient sous ce nom une espece d'escar-

boucle qui se trouvoit, disoit-on, aux environs d'Orthosia, & dans toute la Carie. Voyez Pline, *Hist. nat. lib. XXXVII. cap. vij.*

LYCHNOMANCIE, (*Divin.*) espece de divination qui se faisoit par l'inspection de la flamme d'une lampe. Ce mot est grec, & vient de λυχνος, *lampe*, & de μαντεια, *divination*.

On ignore le détail des cérémonies qui s'y pratiquoient. Il y a grande apparence que c'étoit la même chose que la lampadomancie. Voyez LAMPADOMANCIE.

LYCIARQUE, s. m. (*Littér.*) grand magistrat annuel de Lycie, qui présidoit aux affaires civiles & religieuses de toute la province. Le *lyciarque*, dit Strabon, *liv. XIV.* étoit créé dans le conseil composé de députés de 23 villes de la Lycie. Quelques-unes de ces villes avoient trois voix, d'autres deux, & d'autres une seulement, suivant les charges qu'elles supportoient dans la confédération. Voy. LYCIE.

Les *lyciarques* étoient tout-à-la-fois les chefs des tribunaux pour les affaires civiles, & pour les chosses de la religion ; c'étoient ceux qui avoient soin des jeux & des fêtes que l'on célébroit en l'honneur des dieux, dont ils étoient inaugurés pontifes, en même tems qu'ils étoient faits *lyciarques*. Leur nom indiquoit leur puissance, *commandant de Lycie*, Voyez Saumaise sur Solin, & sur-tout le *savant traité des époques Syro-Macédoniennes* du cardinal de Norris, *dissert. III.* (*D. J.*)

LYCIE, *Lycia*, (*Géog. anc.*) province maritime de l'Asie-mineure, en-deçà du Taurus, entre la Pamphylie à l'orient, & la Carie à l'occident. Le fleuve Xante, ce fleuve si fameux dans les écrits des poëtes, divisoit cette province en deux parties, dont l'une étoit en-de-là du fleuve, & l'autre au-delà. Elle reçut son nom de Lycus, fils de Pandion, frere d'Égée, & oncle de Thésée.

La Lycie est très-célebre par ses excellens parfums, par les feux de la chimere, & par les oracles d'Apollon de Patare ; mais elle doit l'être bien davantage, par la confédération politique de ses 23 villes. Elles payoient les charges dans l'association, selon la proportion de leurs suffrages. Leurs juges & leurs magistrats étoient élus par le conseil commun ; s'il falloit donner un modele d'une belle république confédérative, dit l'auteur de l'esprit des lois, je prendrois la république de Lycie.

Les géographes qui ont traité de ce pays réduit en province sous Vespasien, n'en connoissoient guere que les côtes. La notice de l'empereur Léon le sage, & celle d'Hierocles, ne s'accordent pas ensemble sur le nombre des villes épiscopales de la Lycie. La premiere en compte 38, & la seconde 30. On appelle aujourd'hui cette province *Aidine*, & elle fait une partie méridionale de la Natolie. (*D. J.*)

LYCIE, *mer de*, *lycium mare*, (*Géog.*) c'étoit la partie occidentale de ce que nous nommons aujourd'hui mer de Caramanie. Elle avoit à l'orient la mer de Pamphilie, & à l'occident la mer Carpatienne. (*D. J.*)

LYCIUM, (*Hist. anc. des drog.*) suc tiré d'un arbre épineux de la Lycie, ou d'un arbrisseau des Indes nommé *louchitis* par Dioscoride. Voilà les deux especes de *lycium* mentionnées dans les écrits des anciens Grecs, & que nous ne connoissons plus. Voyez ce qu'on a dit à la fin de l'article CACHOU.

On a substitué dans les boutiques, au *lycium* des anciens, le suc d'*acacia vrai*, ou celui du fruit d'*acacia nostras*, qu'on épaissit sur le feu en consistence solide. (*D. J.*)

LYCODONTES, (*Hist. nat.*) nom donné par M. Hill aux pierres que l'on nomme communément *bufonites* ou *crapaudines*. Voyez ces articles.

FFff

LYCOMIDES, LES, (*Littér.*) famille sacerdotale d'Athènes, confacrée au culte de Cérès éleufinienne ; c'étoit dans cette famille que réfidoit l'intendance des myfteres de la déeffe, pour laquelle divinité le poète Mufée compofa l'hymne qu'on y chantoit. Il étoit heureux d'être de la famille des *lycomides* ; ainfi Paufanias en parle plus d'une fois dans fes ouvrages. (*D. J.*)

LYCOPHTALMUS, (*Hift. nat.*) Les anciens donnoient ce nom à une efpece d'onyx dans laquelle ils croyoient trouver de la reffemblance avec l'œil d'un loup.

LYCOPOLIS, (*Géog. anc.*) c'eſt-à-dire, *ville des loups* ; Strabon nomme deux *Lycopolis*, toutes deux en Egypte, l'une fur les bords du Nil, & l'autre dans les terres, à une affez grande diftance de ce fleuve ; cette feconde donnoit le nom au nome ou territoire lycopolite, dont elle étoit la métropole. La premiere *Lycopolis* pourroit bien être la *Munia* ou *Minio* moderne. *Voyez* MUNIA. (*D. J.*)

LYCOPODION, (*Chimie & Mat. méd.*) *Voyez* PIÉ DE LOUP.

LYCOPUS, (*Hift. nat. Bot.*) genre de plante à fleur monopétale ; mais elle eſt labiée, & preſque campaniforme ; on diftingue à peine la lettre fupérieure de l'inférieure ; de forte qu'au premier afpect cette fleur femble être divifée en quatre parties ; il fort du calice un piftil attaché comme un clou à la partie poſtérieure de la fleur, & entouré de quatre embryons qui deviennent dans la fuite autant de femences arrondies & enveloppées dans une capfule qui a été le calice de la fleur. Tournefort, *Inft. rei herb. Voyez* PLANTE.

LYCORÉE, (*Géog. anc.*) *Lycorea*, quartier de la ville de Delphes en Grece, dans la Phocide, où Apollon étoit particulierement honoré. C'étoit le refte d'une ville antérieure à Delphes même, dont elle devint une partie. Etienne le géographe dit que c'étoit un village du territoire de Delphes ; Lucien prétend que *Lycorée* étoit une montagne fur laquelle Deucalion fut à couvert du déluge.

LYCORMAS, (*Géog. anc.*) riviere de Grece, dans l'Etolie ; on l'appella dans la fuite *Evenus*, & puis *Chrifforrhoas*. C'eſt le *Calydonius amnis* d'Ovide, & le *Centaureus* de Stace : fon nom eſt la *Fidari*. (*D. J.*)

LYCURGÉES, f. f. pl. (*Antiq. greques.*) Λυκυργεια, fêtes des Lacédémoniens en l'honneur de Lycurgue, auquel ils éleverent un temple après fon décès, & ordonnerent qu'on luifit des facrifices anniverfaires, comme on en feroit à un dieu, dit Paufanias ; ils fubfiftoient encore, ces facrifices, du tems de Plutarque. On prétend que lorfque les cendres de Lycurgue eurent été apportées à Sparte, la foudre confacra fon tombeau. Il ne laiffa qu'un fils qui fut le dernier de fa race ; mais fes parens & fes amis formerent une fociété qui dura des fiecles ; & les jours qu'ils s'affembloit, s'appellent *lycurgides*. Lycurgue fort fupérieur au légiflateur de Rome, fonda par fon puiffant génie une république inimitable, & la Grece entiere ne connut point de plus grand homme que lui. Les Romains profpérerent en renonçant aux inftitutions de Numa, & les Spartiates n'eurent pas plutôt violé les ordonnances de Lycurgue, qu'ils perdirent l'empire de la Grece, & virent leur état en danger d'être entierement détruit. (*D. J.*)

LYCUS, (*Géog. anc.*) ce mot eſt grec, & veut dire un *loup* : on l'a donné à quantité de rivieres, par allufion aux ravages qu'elles caufoient lorfqu'elles fortoient de leur lit. Auffi compte-t-on en particulier dans l'Afie mineure, plufieurs rivieres de ce nom ; comme 1°. *Lycus*, riviere dans la Phrygie, fur laquelle étoit fituée la Laodicée, qui prit le nom de *Laodicée* fur le *Lycus*. 2°. *Lycus*, riviere dans la Carie, qui tiroit fa fource du mont Cadmus. 3°. *Lycus*, riviere dans la Myfie, au canton de Pergame, qui avoit fa fource au mont Dracon, & fe jettoit dans la Caique. 4°. *Lycus*, riviere dans le Pont, où elle mêloit fes eaux avec celles de l'Iris : fon nom moderne eſt *Tofanlus*, & autrement la riviere de *Tocat*. 5°. *Lycus*, riviere dans la Cappadoce, ou plutôt dans le Pont cappadocien. 6°. *Lycus*, riviere dans l'Affyrie, qui fe jette dans le Tigre ; Ninive n'en étoit pas éloignée. 7°. *Lycus*, riviere dans la Syrie, près du golfe d'Iffus. 8°. *Lycus*, riviere dans l'île de Chypre. 9°. *Lycus*, riviere dans la Phénicie, entre l'ancienne Biblos & Bérythe. (*D. J.*)

LYDDE, (*Géog. anc.*) en hébreu *Lud* ou *Lod*, en grec *Lydda* ou *Diofpolis*, & aujourd'hui *Loudde*, felon le P. Nau, dans fon *voyage de la Terre-fainte* liv. *I*. chap. *vj*. Ancienne ville de la Paleftine, fur le chemin de Jérufalem à Céfarée de Philippe, Elle étoit à 4 ou 5 lieues E. de Joppé, appartenoit à la tribu d'Ephraim, & tenoit le cinquieme rang entre les onze toparchies ou feigneuries de la Judée. Saint Pierre étant venu à *Lydde*, difent les actes des apôtres, *c. ix. v. 33.* y guérit un homme paralytique, nommé *Enée*.

Cette ville eſt actuellement bien pauvre. Le revenu qu'on en tire, ainfi que fes environs, eſt affigné en partie pour l'entretien de l'hôpital de Jérufalem, en partie pour quelques frais de la caravane de la Meque. C'eſt le *metouallo*, ou intendant du fépulchre, qui recueille avec grande peine fes revenus, car il a affaire à des payfans & à des arabes qui ne donnent pas volontiers. (*D. J.*)

LYDIE, (*Géog. anc.*) *Lydia*, province de l'Afie mineure, qui a été auffi nommée *Méonie*. Elle s'étendoit le long du Caïftre, aujourd'hui le petit Madre, & confinoit avec la Phrygie, la Carie, l'Ionie & l'Eolide. On trouvoit en *Lydie* le mont Tmolus, & le Pactole y prenoit fa fource. Les notices de Léon le Sage & d'Hiéroclès different entre elles, fur le nombre des villes épifcopales ; le premier en compte 27, & le fecond 23.

M. Sévin a donné dans le *recueil de l'académie des Infcriptions*, l'hiftoire des rois de *Lydie* ; & M. Fréret y ajoint de favantes recherches fur la chronologie de cette hiſtoire. J'y renvoie le lecteur, & je me contenterai de remarquer que le royaume de *Lydie*, fut détruit par Cyrus roi de Perfe, 545 ans avant J. C. après une guerre de quelques années, terminée par la prife de Sardes, capitale des Lydiens, & par la captivité de Créfus, qui fut le dernier roi de ce pays-là. (*D. J.*)

LYDIEN, en *Mufique*, étoit le nom d'un des anciens modes des Grecs, lequel occupoit le milieu entre l'éolien & l'hyperdorien.

Euclide diftingue deux modes *lydiens* ; celui-ci, & un autre qu'il appelle *grave*, & qui eſt le même que le mode éolien. *Voyez* MODE.

LYDIENS, *Jeux*, (*Littér.*) nom qu'on donnoit aux exercices & amufemens que les *Lydiens* inventerent. Ces peuples afiatiques, après la prife de leur capitale, fe réfugierent la plupart en Etrurie, où ils apporterent avec eux leurs cérémonies & leurs jeux.

Quelques romains ayant pris goût pour les jeux de ces étrangers, en introduifirent l'ufage dans leur pays, où ils en nomma *lydi*, & par corruption *ludi*. Il paroît de-ceux que les *ludi* étoient des jeux d'adreffe comme le palet, dont on attribue la premiere invention aux *Lydiens*, & des jeux de hafard, comme les dés. Ces derniers devinrent fi communs fous les empereurs, que Juvénal déclame vivement dans fes fatyres, contre le nombre de ceux qui s'y ruinoient. (*D. J.*)

LYM

LYDIUS LAPIS, (*Hist. nat. Minér.*) nom donné par les anciens à une pierre noire, fort dure, dont ils se servoient pour s'assurer de la pureté de l'or ; son nom lui avoit été donné parce que cette pierre se trouvoit dans la riviere de Tmolus en Lydie. On nommoit aussi cette pierre *lapis heraclius*, & souvent les auteurs se sont servis de ces deux dénominations pour désigner l'aimant, aussi-bien que la pierre de touche ; ce qui a produit beaucoup d'obscurité & de confusion dans quelques passages des anciens. Au reste il pourroit se faire que les anciens eussent fait usage de l'aimant pour essayer l'or, du-moins est-il constant que toutes les pierres noires, pourvû qu'elles aient assez de consistence & de dureté, peuvent servir de pierre de touche. *Voyez* **Touche**, *pierre de*. (—)

LYGDINUM MARMOR, ou **LYGDUS LAPIS**, (*Hist. nat.*) Les anciens nommoient ainsi une espece de marbre ou d'albâtre, d'une blancheur admirable, & qui surpassoit en beauté le marbre même de Paros, & tous les autres marbres les plus estimés. Il est composé de particules spathiques, ou de feuillets luisans, que l'on apperçoit sur-tout lorsqu'on vient à le casser, dans l'endroit de la fracture ; ce qui fait que le tissu de cette pierre ne paroît point compacte comme celui des marbres ordinaires ; & même il n'a point leur solidité, il s'égraine facilement, & se divise en petites masses. On en trouvoit des couches immenses en Egypte & en Arabie ; il y en a aussi en Italie. Les blocs que l'on tire de cette pierre ne sont point considérables, parce que son tissu fait qu'elle se fend & se gerse facilement : les anciens en faisoient des vases & des ornemens.

Il y a lieu de croire que cette pierre étoit formée de la même maniere que les stalactiques, & qu'elle ne doit pas être regardée comme un vrai marbre, mais plutôt comme un vrai spathe. Pline dit qu'on le tiroit du mont Taurus en Asie ; & Chardin dans son *voyage de Perse*, dit qu'on trouvoit encore une espece de marbre blanc & transparent dans une chaine de montagnes. *Voyez* Hill & Eman. Mendez d'Acosta, *Hist. nat. des fossiles*. (—)

LYGIENS, (*Géog. anc.*) *Lygii, Ligii, Lugii, Logionss*, ancien peuple de la grande Germanie. Tacite, *de morib. German.* dit, qu'au-delà d'une chaine de montagnes qui coupe le pays des Sueves, il y a plusieurs nations, entre lesquelles les *Lygiens* composent un peuple fort étendu, partagé en plusieurs cantons. Leur pays fait présentement partie de la Pologne, en deçà de la Vistule, partie de la Silésie, & partie de la Bohême. (*D. J.*)

LYGODESMIENNE, adj. (*Litter.*) surnom donné à Diane Orthienne, parce que sa statue étoit venue de la Tauride à Sparte, empaquetée dans des liens d'osier : c'est ce que désigne ce nom, composé de λύγος, osier, & δέσμος, lien. (*D. J.*)

LYMAX, (*Géog. anc.*) riviere du Péloponnèse, dans l'Arcadie ; elle baignoit la ville de Phigalé, & se dégorgeoit dans le Néda. Les Poëtes ont feint que les Nymphes qui assisterent aux couches de Rhée, lorsqu'elle eut mis au monde Jupiter, laverent la déesse dans cette riviere pour la purifier. Le mot grec λύμα signifie *purification*. (*D. J.*)

LYMBES, s. m. (*Théolog.*) terme consacré aujourd'hui dans le langage des Théologiens, pour signifier le lieu où les ames des SS. patriarches étoient détenues, avant que J. C. y fût descendu après sa mort, & avant sa résurrection, pour les délivrer & pour les faire jouir de la béatitude. Le mot de *lymbes* ne se lit, ni dans l'Ecriture, ni dans les anciens peres, mais seulement celui d'*enfers*, *inferi*, ainsi qu'on le voit dans le symbole, *descendit ad inferos*. Les bons & les méchans vont dans l'enfer, pris en ce sens ; mais toutefois il y a un grand cahos, un grand abîme entre les uns & les autres. J. C. descendant aux enfers ou aux *lymbes*, n'en a délivré que les saints & les patriarches. *Voyez ci-devant* **Enfer**, & Suicer dans son dictionnaire des PP. grecs, sous le nom ΑΔΗΣ, *tom. I. pag. 92. 93. 94.* & Martinius dans son *lexicon philologicum*, sous le nom **Lymbus** ; & M. Ducange, dans son dictionnaire de la moyenne & basse latinité, sous le même mot **Lymbus** ; & enfin les Scholastiques sur le quatrieme livre du maitre des sentences, *distinct. 4 & 25.* On ne connoît pas qui est le premier qui a employé le mot *lymbus*, pour désigner le lieu où les ames des saints patriarches, & selon quelques-uns, celles des enfans morts sans baptême sont détenues : on ne le trouve pas en ce sens dans le maître des sentences ; mais ses commentateurs s'en sont servis. *Voyez* Durand, *in 3. sent. dist. 22. qu. 4. art. 1. & in 4. dist. 21. qu. 1. art. 1. & alibi sæpius.* D. Bonavent. *in. 4. dist. 45. art. 1. qu. 1. responf. ad argument. limbus.* Car c'est ainsi qu'il est écrit, & non pas *lymbus* ; c'est comme le bord & l'appendice de l'enfer. Calmet, *diction. de la Bibl. tom. II. pag. 574.*

LYME, (*Géog.*) petite ville à marché en Angleterre, en Dorsetshire, sur une petite riviere de même nom, avec un havre peu fréquenté, & qui n'est connu dans l'histoire que parce que le duc de Montmouth y prit terre, lorsqu'il arriva de Hollande, pour se mettre à la tête du parti, qui vouloit lui donner la couronne de Jacques II. *Lyme* envoie deux députés au Parlement, & est à 120 milles S. O. de Londres. *Long.* 14. 48. *lat.* 50. 46. (*D. J.*)

LYMPHATIQUES, (*Anatom.*) *vaisseaux lymphatiques*, sont des petits vaisseaux transparens qui viennent ordinairement des glandes, & reportent dans le sang une liqueur claire & limpide appellée *lymphe*. *Voyez* **Lymphe**.

Quoique ces vaisseaux ne soient pas aussi visibles que les autres, à cause de leur petitesse & de leur transparence, ils ne laissent pas d'exister dans toutes les parties du corps ; mais la difficulté de les reconnoitre a empêché de les décrire dans plusieurs parties.

Les vaisseaux *lymphatiques* ont à des distances inégales, mais peu considérables, deux valvules semi-lunaires, l'une vis-à-vis de l'autre, qui permettent à la lymphe de couler vers le cœur, mais l'empêchent de rétrograder.

Ils se trouvent dans toutes les parties du corps ; & leur origine ne peut guere être un sujet de dispute ; car il est certain que toutes les liqueurs du corps, à l'exception du chyle, se séparent du sang dans les vaisseaux capillaires, par un conduit qui est différent du conduit commun où coule le reste du sang. Mais soit que ces conduits soient longs ou courts, visibles ou invisibles, ils donnent néanmoins passage à une certaine partie du sang, tandis qu'ils la refusent aux autres. *Voyez* **Sang**.

Or, les glandes par lesquelles la lymphe passe, doivent être de la plus petite espece, puisqu'elles sont invisibles, même avec les meilleurs microscopes. Mais les vaisseaux *lymphatiques*, à la sortie de ces glandes, s'unissent les uns aux autres, & deviennent plus gros à mesure qu'ils approchent du cœur. Cependant ils ne se déchargent pas dans un canal commun, comme font les veines ; car on trouve quelquefois deux ou trois vaisseaux *lymphatiques*, & même davantage, qui sont placés l'un à côté de l'autre, qui ne communiquent entre eux que par de petits vaisseaux intermédiaires & très-courts, qui se réunissent, & aussi-tôt après se séparent de nouveau. Dans leur chemin, ils touchent toujours une ou deux glandes conglobées, dans lesquelles ils se déchargent de leur lymphe. Quelquefois un vaisseau *lymphatique* se décharge tout entier dans une glande ; d'autres fois il y envoie seulement deux ou trois branches , tandis que le tronc principal passe outre , & va joindre les vaisseaux *lymphatiques* qui viennent des côtés opposés de la glande, & vont se décharger dans le reservoir commun.

Les glandes de l'abdomen qui reçoivent les vaisseaux *lymphatiques* de toutes les parties de cette cavité, comme aussi des extrémités inférieures, sont les glandes inguinales, les sacrées, les iliaques, les lombaires, les mesentériques & les hépatiques, &c. qui toutes envoient de nouveaux vaisseaux *lymphatiques*, lesquels se déchargent dans le reservoir du chyle , comme ceux du thorax , de la tête & des bras, se déchargent dans le canal thorachique , dans les veines jugulaires dans les souclavieres. *Voyez* GLANDE & CONGLOBÉE.

Il est un autre genre de vaisseaux, auxquels on a donné le nom de *lymphatiques*: car comme il y a dans les corps animés des particules blanches , le sang , a-t-on dit , n'y pénetre donc pas ; il faut donc qu'il y ait des arteres qui ne se chargent que de la lymphe, c'est-à-dire des sucs blancs ou aqueux. M. Ruisch a sur-tout observé ces arteres *lymphatiques* dans les membranes de l'œil, & il n'est pas le seul; Hovius a vu les mêmes vaisseaux : ce sont, selon lui, des arteres *lymphatiques*. Nuck les a décrites avant cet écrivain qui a été son copiste, ou qui a copié la nature après lui. *Voyez les lettres sur le nouveau système de la voix , & sur les arteres lymphatiques.*

LYMPHÉ, (*Chimie.*) ou nature de la *lymphe. Voyez* SANG , (*Chimie*) , & SUBSTANCES ANIMALES, (*Chimie*).

LYMPHÆA, s. m. pl. (*Littérat.*) espece de grottes artificielles, ainsi nommées du mot *lympha*, eau , parce qu'elles étoient formées d'un grand nombre de canaux & de petits tuyaux cachés , par lesquels on faisoit jaillir l'eau sur les spectateurs , pendant qu'ils s'occupoient à admirer la variété & l'arrangement des coquilles de ces grottes. Les jardins de Versailles abondent en ces sortes de jeux hydrauliques.

LYN, (*Géogr.*) ville à marché & fortifiée d'Angleterre, dans le comté de Norfolck ; elle envoie deux députés au parlement, & est située à l'embouchure de l'Ouse, où elle jouit d'un grand port de mer, à 75 milles N. E. de Londres. *Long.* 17. 50. *lat.* 52. 43. (*D.* J.)

LYNCE, (*Hist. nat.*) pierre fabuleuse formée, disoit-on, par l'urine du lynx ; on prétendoit qu'elle devenoit molle lorsqu'on l'enfouissoit en terre , & qu'elle se durcissoit dans les lieux secs. Sa couleur étoit mêlée de blanc & de noir. Boece de Boot croit que c'est le *lapis fungifer*, ou la pierre à champignons.

LYNCESTES , (*Géogr. anc.*) *Lyncesta* , Strabon dit *Lyncista ;* peuple de la Macédoine ; leur province nommée *Lyncestides*, étoit au couchant de l'Ematie, ou Macédoine propre. La capitale s'appelloit *Lyncus*. Tite-Live en parle *liv. XXVI. chap. xxv.* (*D.* J.)

LYNCURIUS LAPIS , (*Hist. nat.*) les naturalistes modernes sont partagés sur la pierre que les anciens désignoient sous ce nom. Theophraste dit qu'elle étoit dure , d'un tissu solide comme les pierres prétieuses, qu'elle avoit le pouvoir d'attirer comme l'ambre, qu'elle étoit transparente & d'une couleur de flamme , & qu'on s'en servoit pour graver des cachets.

Malgré cette description, Woodward & plusieurs autres naturalistes ont cru que le *lapis lyncurius* des anciens étoit la belemnite , quoiqu'elle ne possede aucune des qualités que Theophraste lui attribue. Gesner & M. Geoffroy se sont imaginés que les anciens vouloient par-là désigner l'ambre ; mais la définition de Theophraste, qui dit que le *lapis lyncu-*

rius attiroit de même que l'ambre , & qui compare ces deux substances, détruit cette opinion.

M. Hill conjecture avec beaucoup de raison , d'après la description de Theophraste , que cette pierre étoit une vraie hyacinthe , sur laquelle on voit que les anciens gravoient assez volontiers. Les anciens ont distingué plusieurs especes de *lapis lyncurius* , telles que le *lyncurius* mâle & le *lyncurius* femelle , le *lyncurius* fin. M. Hill pense que c'étoit des hyacinthos qui ne différoient cutr'elles que par le plus ou moins de vivacité de leur couleur. *Voyez* Theophraste , *traité des pierres , avec les notes de* Hill ; & *voyez* HYACINTHE. (—)

LYNX , s. m. (*Hist. nat.*) *lynx* ou *loup-cervier*, animal quadrupede ; il a environ deux piés & demi de longueur depuis le bout du museau jusqu'à l'origine de la queue , qui n'est longue que d'un demi-pié. Cet animal a beaucoup de rapport au chat, tant pour la figure que pour la conformation. Il y a sur la pointe des oreilles un bouquet de poils noirs en forme de pinceau long d'un pouce & demi. Toutes les parties supérieures de l'animal , & la face externe des jambes ont une couleur fauve , roussâtre très foible, mêlée de blanc , de gris, de brun & de noir ; les parties inférieures & la face interne des jambes sont blanches avec des teintes de fauve & quelques taches noires ; le bout de la queue est noir, & le reste a les mêmes couleurs que les parties inférieures du corps; les doigts sont au nombre de cinq dans les piés de devant , & de quatre dans ceux de derriere. Il y a des *lynx* en Italie & en Allemagne ; ceux qui sont en Asie ont de plus belles couleurs ; il y a aussi de la variété dans celles des *lynx* d'Europe. On a donné à ces animaux le nom de *loup-cervier* , parce qu'ils sont très-carnassiers & qu'ils attaquent les cerfs. *Voyez* QUADRUPEDE.

LINX , *pierre de* (*Mat. med.*) *Voyez* BELEMNITE.

LYNX , (*Mythol.*) animal fabuleux consacré à Bacchus. Tout ce que les anciens nous ont dit de la subtilité de la vue de ce quadrupede, en supposant même qu'ils eussent dit vrai, ne vaut pas cette seule réflexion de la Fontaine, *fable VII. liv. I.*

Voilà ce que nous sommes ,
Lynx envers nos pareils , & taupes envers nous ,
Nous nous pardonnons tout , & rien aux autres hommes.

LYON , (*Géogr.*) grande, riche , belle , ancienne & célebre ville de France , la plus considérable du royaume après Paris , & la capitale du Lyonnois. Elle se nomme en latin *Lugdunum, Lugudunum , Lugdunum Segusianorum , Lugdunum Celtarum* , &c. *Voyez* LUGDUNUM.

Lyon fut fondée l'an de Rome 712 , quarante-un ans avant l'ere chrétienne, par Lucius Munatius Plancus , qui étoit consul avec Æmilius Lepidus. Il la bâtit sur la Sône , au lieu où cette riviere se jette dans le Rhône, & il la peupla des citoyens romains qui avoient été chassés de Vienne par les Allobroges.

On lit dans Gruter une inscription où il est parlé de l'établissement de cette colonie ; cependant on n'honora pas *Lyon* d'un nom romain ; elle eut le nom gaulois *Lugdun,* (en latin moderne aujourd'hui *Forvieres*, sur laquelle cette ville fut fondée. Vibius Sequester prétend que ce mot *Lugdun* signifioit en langue gauloise, *montagne du corbeau*. Quoi qu'il en soit , la ville de *Lyon* est presque aussi souvent nommée *Lugudunum* dans les inscriptions antiques des deux premiers siecles de notre ere. M. de Boze avoit une médaille de Marc-Antoine , au revers de laquelle se voyoit un lion, avec ce mot partagé en deux , Lugu-duni.

Lyon fondée, comme nous l'avons dit , sur la montagne de Forvieres, nommée *Forum-vetus*, & selon d'autres *Forum-veneris*, s'agrandit rapidement le long des collines, & sur le bord de la Sône; elle devint bientôt une ville florissante & l'entrepôt d'un grand commerce. Auguste la fit capitale de la Celtique, qui prit le nom de *province lyonnoise*. Ce fut de *Lyon*, comme de la forteresse principale des Romains au-deçà des Alpes, qu'Agrippa tira les premiers commencemens des chemins militaires de la Gaule, tant à cause de la rencontre du Rhône & de la Sône qui se fait à *Lyon*, que pour la situation commode de cette ville, & son rapport avec toutes les autres parties de la Gaule.

Il n'y a rien eu de plus célebre dans notre pays, que ce temple d'Auguste, qui fut bâti à *Lyon* par soixante peuples des Gaules, à la gloire de cet empereur, avec autant de statues pour orner son autel.

On ne peut point oublier qu'après que Caligula eut reçu dans *Lyon* l'honneur de son troisieme consulat, il y fonda toutes fortes de jeux, & en particulier cette fameuse académie *Athænæum*, qui s'assembloit devant l'autel d'Auguste, *Ara Lugdunensis*. C'étoit là qu'on disputoit les prix d'éloquence greque & latine, en se soumettant à la rigueur des lois que le fondateur avoit établies. Une des conditions singulieres de ces lois étoit que les vaincus non-seulement fourniroient à leurs dépens les prix aux vainqueurs, mais de plus qu'ils seroient contraints d'effacer leurs propres ouvrages avec une éponge, & qu'en cas de refus, ils seroient battus de verges, ou même précipités dans le Rhône. De-là vient le proverbe de Juvenal, *sat. 2. v. 44.*

Palleat ut nudis pressit qui calcibus anguem,
Aut Lugdunensem rhetor dicturus ad aram.

Le temple d'Auguste, son autel, & l'académie de Caligula, dont parlent Suétone & Juvenal, étoient dans l'endroit où est aujourd'hui l'abbaye d'Aïsnay, nom corrompu du mot *Athænæum*.

Lyon jouissoit de tant de décorations honorables, lorsque cent ans après sa fondation, elle fut détruite en une seule nuit, par un incendie extraordinaire, dont on ne trouve pas d'autres exemples dans les annales de l'histoire. Seneque, *épist. 91* à Lucius, dit avec beaucoup d'esprit, en parlant de cet embrasement, qu'il n'y eut que l'intervalle d'une nuit, entre une grande ville & une ville qui n'existoit plus; le latin est plus énergique: *inter magnam urbem, & nullam, una nox interfuit.* Cependant Néron ayant appris cette triste nouvelle, envoya sur le champ une somme considérable pour rétablir cette ville, & cette somme fut si bien employée, qu'en moins de vingt ans *Lyon* se trouva en état de faire tête à Vienne, qui suivoit le parti de Galba contre Vitellius.

On voit encore à *Lyon* quelques pauvres restes des magnifiques ouvrages dont les Romains l'avoient embellie. Le théâtre où le peuple s'assembloit pour les spectacles étoit sur la montagne de *Saint-Gust*, dans le terrein qui est occupé par le couvent & les vignes des Minimes. On y avoit construit des aqueducs pour conduire de l'eau du Rhône dans la ville, avec des réservoirs pour recevoir ces eaux. Il ne subsiste de tout cela qu'un réservoir assez entier, qu'on appelle la *grotte Berelle*, quelques arcades ruinées & des amas de pierres.

Le palais des empereurs & des gouverneurs, lorsqu'ils se trouvoient à *Lyon*, étoit sur le penchant de la même montagne, dans le terrein du monastere des religieuses de la Visitation. L'on ne sauroit presque y creuser que l'on n'y trouve encore quelque *antiquaille*. On peut ici se servir de ce mot *antiquaille*, parce qu'une partie de la colline en a retenu le nom.

Lorsque dans le cinquieme siecle les Gaules furent envahies par des nations barbares, *Lyon* fut prise par les Bourguignons, dont le roi devint feudataire de Clovis sur la fin du même siecle. Les fils de Clovis détruisirent cet état des Bourguignons, & se rendirent maitres de *Lyon*. Mais cette ville dans la suite des tems changea plusieurs fois de souverains; & ses archevêques eurent de grands différends avec les seigneurs du Lyonnois, pour la jurisdiction. Enfin les habitans s'étant affranchis de la servitude, contraignirent leur archevêque de se mettre sous la protection du roi de France, & de reconnoitre sa souveraineté. C'est ce qui arriva sous Philippe le Bel en 1307; alors ce prince érigea la seigneurie de *Lyon* en comté, qu'il laissa à l'archevêque & au chapitre de saint Jean; & c'est là l'origine du titre de comtes de *Lyon* que prennent les chanoines de cette église.

En 1563, le droit de justice que l'archevêque avoit, fut mis en vente, & adjugé au roi, dernier enchérisseur. Depuis ce tems-là toute la justice de *Lyon* a été entre les mains des officiers du Roi.

Cette ville a présentement un gouverneur, un intendant, une sénéchaussée & siége présidial, qui ressortissent au parlement de Paris; un échevinage, un arsenal, un bureau des tresoriers de France, une cour des monnoies & deux foires renommées.

L'archevêché de *Lyon* vaut environ cinquante mille livres de rente. Quand il est vacant c'est l'évêque d'Autun qui en a l'administration, & qui jouit de la régale; mais il est obligé de venir en personne en faire la demande au chapitre de saint Jean de *Lyon*. L'archevêque a aussi l'administration du diocése d'Autun pendant la vacance, mais il ne jouit pas de la régale.

Comme plusieurs écrivains ont donné d'amples descriptions de *Lyon*, j'y renvoie le lecteur, sans entrer dans d'autres détails. Je remarquerai seulement, que cette ville se trouvant au centre de l'Europe, si l'on peut parler ainsi, & sur le confluent de deux rivieres, la Sône & le Rhône; une situation si heureuse la met en état de fleurir & de prospérer éminemment par le négoce. Elle a une douane fort ancienne & fort considérable; mais il est bien singulier que ce n'est qu'en 1743, que les marchandises allant à l'étranger ont été déchargées des droits de cette douane. Cette opération si tardive, dit un homme d'esprit, prouve assez combien longtems les François ont été aveuglés sur la science du commerce.

Lyon est à six lieues N. O. de Vienne, vingt N. O. de Grenoble, vingt-huit S. O. de Geneve, trente-six N. d'Avignon, quarante S. O. de Dijon, soixante N. O. de Turin, cent S. E. de Paris. *Long.* suivant Cassini, $22^d. 16'. 30''$. *lat.* $45^d. 45'. 20''$.

On sait que l'empereur Claude fils de Drusus, & neveu de Tibere, naquit à *Lyon* dix ans avant J. C. mais cette ville ne peut pas se glorifier d'un homme dont la mere, pour peindre un stupide, disoit qu'il étoit aussi sot que son fils Claude. Ses affranchis gouvernerent l'empire, & le deshonorerent; enfin lui-même mit le comble au désastre en adoptant Néron pour son successeur au préjudice de Britannicus. Parlons donc des gens de lettres, dont la naissance peut faire honneur à *Lyon*, car elle en a produit d'illustres.

Sidonius Apollinaris doit être mis à la tête, comme un des grands évêques & des célebres écrivains du cinquieme siecle. Son pere étoit préfet des Gaules sous Honorius. Apollinaire devint préfet de Rome, patrice, & évêque de Clermont. Il mourut en 480, à cinquante-deux ans. Il nous reste de lui neuf livres d'épitres & vingt-quatre pieces de poésies, publiées avec les notes de Jean Savaron & du pere Sirmond.

Entre les modernes, Messieurs Terrasson, de Boze,

Spon, Chazelles, Lagni, Truchet, le pere Ménétirer, &c. ont eu *Lyon* pour patrie.

L'abbé Terraſſon (*Jean*) philoſophe pendant ſa vie & à ſa mort, mérite notre reconnoiſſance par ſon élégante & utile traduction de Diodore de Sicile. Malgré toutes les critiques qu'on a faites de ſon *Sethos*, on ne peut s'empêcher d'avouer qu'il s'y trouve des caracteres admirables & des morceaux quelquefois ſublimes; il mourut en 1750. Deux de ſes freres ſe ſont livrés à la prédication avec applaudiſſement; leurs ſermons imprimés forment huit volumes *in-12*. L'avocat Terraſſon ne s'eſt pas moins diſtingué par ſes ouvrages de juriſprudence. Il étoit l'oracle du Lyonnois, & de toutes les provinces qui ſuivent le droit romain.

M. de Boze (*Claude Gros de*) habile antiquaire & ſavant littérateur, s'eſt diſtingué par pluſieurs diſſertations de ſes médailles antiques, par ſa bibliotheque de livres rares & curieux, & plus encore par les quinze premiers volumes *in-4°*. des mémoires de l'académie des Inſcriptions, dont il étoit le ſecrétaire perpétuel. Il mourut en 1754 âgé de ſoixante-quatorze ans.

Le public. eſt redevable à M. Spon (*Jacob*) des recherches curieuſes d'antiquités *in-folio*, d'une relation de ſes voyages de Grece & du Levant, imprimés tant de fois, & d'une bonne hiſtoire de la ville de Genève. Il mourut en 1685 âgé ſeulement de trente-huit ans.

Chazelles (*Jean Mathieu de*) imagina le premier qu'on pouvoit conduire des galeres ſur l'Océan; ce qui réuſſit. Il voyagea dans la Grece & dans l'Egypte; il meſura les pyramides, & remarqua que les quatre côtés de la plus grande ſont expoſés aux quatre régions du monde; c'eſt-à-dire à l'orient, à l'occident, au midi & au nord. Il fut aſſocié à l'académie des Sciences, & mourut à Marſeille en 1710 âgé de cinquante-trois ans.

M. de Lagny (*Thomas Fantet de*) a publié pluſieurs mémoires de Mathématiques dans le recueil de l'académie des Sciences, dont il étoit membre. Il mourut en 1734 âgé de ſoixante-quatorze ans. *Voyez* ſon éloge par M. de Fontenelle.

Truchet (*Jean*) célebre méchanicien, plus connu ſous le nom de P. Sébaſtien, naquit à *Lyon* en 1657, & mourut à Paris en 1729. Il enrichit les manufactures du royaume de pluſieurs machines très-utiles, fruit de ſes découvertes & de ſon génie; il inventa les tableaux mouvans, l'art de tranſporter de gros arbres entiers ſans les endommager; & cent autres ouvrages de Méchanique. En 1699, le roi le nomma pour un des honoraires de l'académie des Sciences, à laquelle il a donné comme académicien quelques morceaux, entr'autres une élégante machine du ſyſtême de Galilée, pour les corps peſans, & les combinaiſons des carreaux mi-partis, qui ont excité d'autres ſavans à cette recherche.

Le R. P. Menetrier (*Claude François*.) jéſuite, décédé en 1705, a rendu ſervice à *Lyon* ſa patrie, par l'hiſtoire conſulaire de cette ville. Il ne faut pas le confondre avec les deux habiles antiquaires de Dijon, qui portent le même nom, Claude & Jean-Baptiſte la Meneſtrier, & qui ont publié tous les deux des ouvrages curieux ſur les médailles d'antiquités romaines.

Je pourrois louer le poëte Gacon (*François*,) né à Lyon en 1667, s'il n'avoit mis au jour que la traduction des odes d'Anacréon & de Sapho, celle de la comédie des oiſeaux d'Ariſtophane, & celle du poëme latin de du Freſnoy ſur la Peinture. Il mourut en 1725.

Vergier (*Jacques*) poëte lyonnois, eſt à l'égard de la Fontaine, dit M. de Voltaire, ce que Campiſtron eſt à Racine, *imitateur foible, mais naturel*. Ses chanſons de table ſont charmantes, pleines d'élégance & de naiveté. On ſait quelle a été la triſte fin de ce poëte; il fut aſſaſſiné à Paris par des voleurs en 1720, à ſoixante-trois ans.

Enfin *Lyon* a donné de fameux artiſtes; par exemple, Antoine Coyſevox, dont les ouvrages de ſculpture ornent Verſailles; Jacques Stella, qui devint le premier peintre du Roi, & qui a ſi bien réuſſi dans les paſtorales; Joſeph Vivien, excellent dans le paſtel, avant le célebre artiſte de notre ſiecle, qui a porté ce genre de peinture au dernier point de perfection, &c. (*D. J.*)

LYONNOIS, LE (*Géogr.*) grande province de France, & l'un de ſes gouvernemens. Elle eſt bornée au nord par le Mâconnois & par la Bourgogne; à l'orient par le Dauphiné & par le Vivarais & le Vélay; & du côté du couchant, les montagnes la ſéparent de l'Auvergne. Cette province comprend le *Lyonnois* proprement dit, dont la capitale eſt Lyon, le Beaujolois & le Forez. Elle produit du vin, du blé, des fruits & de bons marrons. Ses rivieres principales ſont le Rhône, la Sône & la Loire.

Les peuples de cette province s'appelloient anciennement *Seguſiani*, & furent ſous la dépendance des Edui, c'eſt-à-dire de ceux d'Autun (*in clientelâ Æduorum*, dit Céſar), juſqu'à l'empire d'Auguſte qui les affranchit; c'eſt pourquoi Pline les nomme *Seguſiani liberi*. Dans les annales du regne de Philippe & ailleurs, le *Lyonnois* eſt appellé *Pagus Lugdunenſis*, *in regno Burgundiæ*.

LYONNOISE, LA (*Géogr. anc.*) en latin *provincia Lugdunenſis*, une des régions ou parties de la Gaule; l'empereur Auguſte qui lui donna ce nom, la forma d'une partie de ce qui compoſoit du tems de Jules-Céſar, la Gaule celtique. Dans la ſuite, la province *lyonnoiſe* fut partagée en deux. Enfin ſous Honorius, chacune de ces deux *Lyonnoiſes* fut encore partagée en deux autres; de ſorte qu'il y avoit la premiere, la ſeconde, la troiſieme & la quatrieme *Lyonnoiſe*, autrement dite *Lyonnoiſe ſénonoiſe*. (*D. J.*)

LYRE, ſ. f. (*Aſtr.*) conſtellation de l'hémiſphere ſeptentrional. *Voyez* ETOILE & CONSTELLATION.

Le nombre de ces étoiles dans les catalogues de Ptolomée & de Tycho eſt de dix, & dans le catalogue anglois de dix-neuf.

LYRE, (*Muſique anc.*) en grec λύρα, χέλυς; en latin *lyra*, *teſtudo*, inſtrument de muſique à cordes; dont les anciens faiſoient tant d'eſtime, que d'abord les Poëtes en attribuerent l'invention à Mercure, & qu'ils la mirent enſuite entre les mains d'Apollon.

La *lyre* étoit différente de la cithare, 1°. en ce que les côtés étoient moins écartés l'un de l'autre; 2°. en ce que ſa baſe reſſembloit à l'écaille d'une tortue, animal dont la figure, dit-on, avoit donné la premiere idée de cet inſtrument. La rondeur de cette baſe ne permettoit pas à la *lyre* de ſe tenir droite comme la cithare, & il falloit, pour en jouer, la ſerrer avec les genoux. On voit par-là qu'elle avoit quelque rapport à un luth poſé debout, & dont le manche ſeroit fort court: & il y a grande apparence que ce dernier inſtrument lui doit ſon origine. En couvrant d'une table la baſe ou le ventre de la *lyre*, on en a formé le corps du *luth*, & en joignant par un ais les deux bras ou les deux côtés de la premiere, on en a fait le manche du ſecond.

La *lyre* a fort varié pour le nombre des cordes. Celle d'Olympe & de Terpandre n'en avoit que trois, dont les Muſiciens ſavoient chercher les ſons avec tant d'art, que, s'il en faut croire Plutarque, ils l'emportoient de beaucoup ſur ceux qui jouoient d'une *lyre* plus compoſée. En ajoutant une quatrieme corde à ces trois premieres, on rendit le tétracorde complet, & c'étoit la différente maniere dont on accordoit ces quatre cordes, qui conſtituoit les trois genres, diatonique, chromatique & enharmonique.

L'addition d'une cinquieme corde produiſit le pentacorde, dont Pollux attribue l'invention aux Scythes. On avoit ſur cet inſtrument la conſonnance de la quinte, outre celle de la tierce & de la quarte que donnoit déja le tétracorde. Il eſt dit du muſicien Phrynis, que de ſa *lyre* à cinq cordes il tiroit douze ſortes d'harmonies, ce qui ne peut s'entendre que de douze chants ou modulations différentes, & nullement de douze accords, puiſqu'il eſt manifeſte que cinq cordes n'en peuvent former que quatre, la deuxieme, la tierce, la quarte & la quinte.

L'union de deux tétracordes joints enſemble, de maniere que la corde la plus haute du premier devient la baſe du ſecond, compoſa l'heptacorde, ou la *lyre* à ſept cordes, la plus en uſage & la plus célebre de toutes.

Cependant, quoiqu'on y trouvât les ſept voix de la muſique, l'octave y manquoit encore. Simonide l'y mit enfin, ſelon Pline, en y ajoutant une huitieme corde, c'eſt-à-dire en laiſſant un ton entier d'intervalle entre les deux tétracordes.

Long-tems après lui, Timothée Miléſien, qui vivoit ſous Philippe roi de Macédoine vers la cviij. olympiade, multiplia les cordes de la *lyre* juſqu'au nombre de douze, & alors la *lyre* contenoit trois tétracordes joints enſemble, ce qui faiſoit l'étendue de la douzieme, ou de la quinte par-deſſus l'octave.

On touchoit de deux manieres les cordes de la *lyre*, ou en les pinçant avec les doigts, ou en les frappant avec l'inſtrument nommé *plectrum*, πληκτρον, du verbe πλήττειν ou πλήσσειν, *percutere*, frapper. Le *plectrum* étoit une eſpece de baguette d'ivoire ou de bois poli, plutôt que de métal pour épargner les cordes, & que le muſicien tenoit de la main droite. Anciennement on ne jouoit point de la *lyre* ſans *plectrum* ; c'étoit manquer à la bienſéance que de la toucher avec les doigts ; & Plutarque, cité par Henri Etienne, nous apprend que les Lacédémoniens mirent à l'amende un joueur de *lyre* pour ce ſujet. Le premier qui s'affranchit de la ſervitude du *plectrum* fut un certain Epigone, au rapport de Pollux & d'Athénée.

Il paroît par d'anciens monumens & par le témoignage de quelques auteurs, qu'on touchoit des deux mains certaines *lyres*, c'eſt-à-dire qu'on en pinçoit les cordes avec les doigts de la main gauche, ce qui s'appelloit *jouer en-dedans*, & qu'on frappoit des mêmes cordes de la main droite armée du *plectrum*, ce qui s'appelloit *jouer en-dehors*. Ceux qui jouoient ſans *plectrum*, pouvoient pincer les cordes avec les doigts des deux mains. Cette maniere de jouer étoit pratiquée ſur la *lyre* ſimple, pourvu qu'elle eût un nombre de cordes ſuffiſant, & encore plus ſur la *lyre* à double cordes. Aſpendius, un des plus fameux joueurs de *lyre* dont l'hiſtoire faſſe mention, ne ſe ſervoit que des doigts de la main gauche pour toucher les cordes de cet inſtrument, & il le faiſoit avec tant de délicateſſe, qu'il n'étoit preſque entendu que de lui-même ; ce qui lui fit appliquer ces mots, *mihi & fidibus cano*, pour marquer qu'il ne jouoit que pour ſon unique plaiſir.

Toutes ces obſervations que je tire de M. Burette ſur la ſtructure, le nombre des cordes, & le jeu de la *lyre*, nous conduiſent à rechercher quelle ſorte de concert pouvoit s'exécuter par un ſeul inſtrument de cette eſpece ; mais je ne puis le ſuivre dans ce genre de détail. C'eſt aſſez de dire ici que la *lyre* à trois ou quatre cordes n'étoit ſuſceptible d'aucune ſymphonie ; qu'on pouvoit ſur le pentacorde jouer deux parties à la tierce l'une de l'autre ; enfin que plus le nombre des cordes ſe multiplioit ſur la *lyre*, plus on trouvoit de facilité à compoſer ſur cet inſtrument

des airs qui fiſſent entendre en même tems différentes parties. La queſtion eſt de ſavoir ſi les anciens ont profité de cet avantage, & je crois que s'ils n'en tirerent pas d'abord tout le parti poſſible, du-moins ils y parvinrent merveilleuſement dans la ſuite.

De-là vient que les poëtes n'entendent autre choſe par la *lyre* que la plus belle & la plus touchante harmonie. C'eſt par la *lyre* qu'Orphée apprivoiſoit les bêtes farouches, & enlevoit les bois & les rochers ; c'eſt par elle qu'il enchanta Cerbere, qu'il ſuſpendit les tourmens d'Ixion & des Danaïdes ; c'eſt encore par elle qu'il toucha l'inéxorable Pluton, pour tirer des enfers la charmante Euridice.

Auſſi l'auteur de Télémaque nous dit, d'après Homere, que lorſque le prêtre d'Apollon prenoit en main la *lyre* d'ivoire, les ours & les lions venoient le flatter & lécher ſes piés ; les ſatyres ſortoient des forêts, pour danſer autour de lui ; les arbres même paroiſſoient émus, & vous auriez cru que les rochers attendris alloient deſcendre du haut des montagnes aux charmes de ſes doux accens ; mais il ne chantoit que la grandeur des dieux, la vertu des héros & le mérite des rois, qui ſont les peres de leurs peuples.

L'ancienne tragédie grecque ſe ſervoit de la *lyre* dans les chœurs. Sophocle en joua dans ſa piece nommée *Thamyris*, & cet uſage ſubſiſta tant que les chœurs conſerverent leur ſimplicité grave & majeſtueuſe.

Les anciens monumens de ſtatues, de bas-reliefs & de médailles nous repréſentent pluſieurs figures différentes de *lyres*, montées depuis trois cordes juſqu'à vingt, ſelon les changemens que les Muſiciens firent à cet inſtrument.

Ammien Marcellin rapporte que de ſon tems, & cet auteur vivoit dans le iv. ſiecle de l'ere chrétienne, il y avoit des *lyres* auſſi groſſes que des chaiſes roulantes : *Fabricantur* lyræ *ad ſpeciem carpentorum ingentes*. En effet, il paroît que dès le tems de Quintilien, qui a écrit deux ſiecles avant Ammien Marcellin, chaque ſon avoit déja ſa corde particuliere dans la *lyre*. Les muſiciens, c'eſt Quintilien qui parle, ayant diviſé en cinq échelles, dont chacune a pluſieurs degrés, tous les ſons qu'on peut tirer de la *lyre*, ils ont placé entre les cordes qui donnent les premiers tons de chacune de ces échelles, d'autres cordes qui rendent des tons intermédiaires, & ces cordes ont été ſi bien multipliées, que, pour paſſer d'une des cinq maîtreſſes-cordes à l'autre, il y a autant de cordes que de degrés.

On fait que la *lyre* moderne eſt d'une figure approchante de la viole, avec cette différence, que ſon manche eſt beaucoup plus large, auſſi-bien que ſes touches, parce qu'elles ſont couvertes de quinze cordes, dont les ſix premieres ne ſont que trois rangs ; & ſi on vouloit doubler chaque rang comme au luth, on auroit vingt-deux cordes ; mais bien loin qu'on y ſonge, cet inſtrument eſt abſolument tombé de mode. Il y a cependant des gens de goût, qui prétendent que, pour la puiſſance de l'expreſſion ſur le ſentiment, le claveſſin même doit lui céder cette gloire.

Ils diſent que la *lyre* a ſur le claveſſin les avantages qu'ont des expreſſions non-interrompues ſur celles qui ſont iſolées. Le premier ſon de la *lyre* dure encore, lorſque le ſecond ſon commence ; à ce ſecond ſon, il s'en joint un troiſieme, & tous ces ſons ſe font entendre en même tems. Il eſt vrai que, ſans beaucoup de ſcience & de délicateſſe, il eſt très-difficile de porter à l'ame l'impreſſion puiſſante de cette union de ſons confuſe ; & voilà ce qui peut avoir dégradé la *lyre* : mais il n'en étoit pas vraiſemblablement de même du jeu de Terpandre, de Phrynis & de Timothée ; ces grands maîtres pouvoient, par un savant emploi des sons continus, mouvoir les ressorts les plus secrets de la sensibilité. (*D. J.*)

LYRIQUE, (*Littér.*) chose que l'on chantoit ou qu'on jouoit sur la lyre, la cithare ou la harpe des anciens.

Lyrique se dit plus particulierement des anciennes odes ou stances qui répondent à nos airs ou chansons. C'est pour cela qu'on a appellé les odes *poésies lyriques*, parce que quand on les chantoit, la lyre accompagnoit la voix. *Voyez* ODE.

Les anciens étoient grands admirateurs des vers lyriques, & ils donnoient ce nom, selon M. Barnés, à tous les vers qu'on pouvoit chanter sur la lyre. *Voyez* VERS.

On employa d'abord la poësie *lyrique* à célébrer les louanges des dieux & des héros. *Musa dedit fidibus divos puerosque deorum*, dit Horace; mais ensuite on l'introduisit pour chanter les plaisirs de la table, & ceux de l'amour : & *juvenum curas & libra vina referre*, dit encore le même auteur.

Ce seroit une erreur de croire avec les Grecs qu'Anacréon en ait été le premier auteur, puisqu'il paroît par l'écriture que plus de mille ans avant ce poëte, les Hébreux étoient en possession de chanter des cantiques au son des harpes, de cymbales & d'autres instrumens. Quelques auteurs ont voulu exclure de la poësie *lyrique* les sujets héroïques, M. Barnés a montré contre eux que le genre *lyrique* est susceptible de toute l'élévation & la sublimité que ces sujets exigent. Ce qu'il confirme par des exemples d'Alcée, de Stésichore & d'Horace, & enfin par un essai de sa façon qu'il a mis à la tête de son ouvrage sous le titre d'*Ode triomphale* au duc de Marlboroug. Il finit par l'histoire de la poësie *lyrique*, & par celle des anciens auteurs qui y ont excellé.

Le caractere de la poésie *lyrique* est la noblesse & la douceur ; la noblesse, pour les sujets héroïques ; la douceur, pour les sujets badins ou galans ; car elle embrasse ces deux genres, comme on peut voir *au mot* ODE.

Si la majesté doit dominer dans les vers héroïques ; la simplicité, dans les pastorales ; la tendresse, dans l'élégie ; le gracieux & le piquant, dans la satyre ; la plaisanterie, dans le comique ; le pathétique, dans la tragédie ; la pointe, dans l'épigramme: dans le *lyrique*, le poëte doit principalement s'appliquer à étonner l'esprit par le sublime des choses ou par celui des sentimens, ou à le flatter par la douceur & la variété des images, par l'harmonie des vers, par des descriptions & d'autres figures fleuries, ou vives & véhémentes, selon l'exigence des sujets. *Voyez* ODE.

La poësie *lyrique* a de tout tems été faite pour être chantée, & telle est celle de nos opéras, mais superieurement à toute autre, celle de Quinault, qui semble avoir connu ce genre infiniment mieux que ceux qui l'ont précédé ou suivi. Par conséquent la poësie *lyrique* & la musique doivent avoir entre elles un rapport intime, & fondé dans les choses mêmes qu'elles ont l'une & l'autre à exprimer. Si cela est, la musique étant une expression des sentimens du cœur par les sons inarticulés, la poësie musicale ou *lyrique* est l'expression des sentimens par les sons articulés, ou ce qui est la même chose par les mots.

M. de la Mothe a donné un discours sur l'ode, ou la poësie *lyrique*, ou parmi plusieurs réflexions ingénieuses, il y a peu de principes vrais sur la chaleur ou l'enthousiasme qui doit être comme l'ame de la poësie *lyrique*. *Voyez* ENTHOUSIASME & ODE.

LYRNESSE, (*Géog. anc.*) *Lyrnessus*, en grec Λύρνησσος, ville d'Asie dans le territoire de Troie : le champ où elle étoit bâtie portoit le nom d'une ville appellée *Thébé*, Adramytte se forma des ruines de *Lyrnesse*, selon Hiéroclès. (*D. J.*)

LYSER LE, (*Géog.*) petite riviere d'Allemagne ; elle a sa source dans l'évêché de Saltzbourg, & se jette dans la Drave à Ortnbourg. (*D. J.*)

LYSIARQUE, s. m. (*Hist. anc.*) nom d'un ancien magistrat qui étoit le pontife de *Lycia*, ou le surintendant des jeux sacrés de cette province.

Strabon observe que le *lysiarque* étoit créé dans un conseil composé des députés de vingt-trois villes, c'est-à-dire de toutes les villes de la province, dont quelques-unes avoient trois voix, d'autres deux, & d'autres une seulement.

Le cardinal Norris dit que le *lysiarque* présidoit en matiere de religion. En effet le *lysiarque* étoit à-peu-près la même chose que les asiarques & ciriarques, qui, quoiqu'ils fussent les chefs des conseils & des états des provinces, étoient cependant principalement établis pour prendre soin des jeux & des fêtes qui se célébroient en l'honneur des dieux, dont on les instituoit les prêtres en même tems qu'on les créoit. *Voyez* ASIARQUES *ou* CIRIARQUES.

LYSIMACHIE, s. f. (*Botan.*) J'allois presque ajoûter les caracteres de ce genre de plante par Linnæus ; mais pour abréger, je me contenterai de décrire la grande *lysimachie* jaune, qui est la principale espece.

Elle est nommée *lysimachia lutea, major, quæ Dioscoridis*, par C. B. P. 245. Tournefort, J. R. H. 141. *lysimachia lutea*, J. B. 2. 90. Raii histor. *lysimachia foliis lanceolatis, caule corymbo terminato*, par Linnæus, fl. lappon. 51. Les Anglois l'appellent *great yellaw willow-herb*, terme équivoque ; les François la nomment *lysimachie jaune, corneille, souci d'eau, percebosse, chassebosse* ; le seul premier nom lui convient, il faut abroger tous les autres qui sont ridicules.

La racine de cette plante est foible, rougeâtre, rampante à fleur de terre ; elle pousse plusieurs tiges à la hauteur de deux ou trois piés, droites, cannelées, brunes, velues, ayant plusieurs nœuds : de chacun d'eux sortent trois ou quatre feuilles, quelquefois cinq, plus rarement deux, oblongues, pointues, semblables à celles du saule à larges feuilles, d'un verd brun en-dessus, blanchâtres & lanugineuses en-dessous.

Ses fleurs naissent aux sommets des branches, plusieurs à côté les unes des autres ; elles n'ont qu'un seul pétale, divisé en cinq ou six parties jaunes ; elles sont sans odeur, mais d'un goût aigre. Quand les fleurs sont passées, il leur succede des fruits qui forment une espece de coquille sphéroide ; ils s'ouvrent par la pointe en plusieurs quartiers, & renferment dans leur cavité, des semences fort menues, d'un goût assez astringent.

Cette plante prospére dans les endroits humides & marécageux, proche des ruisseaux, & au bord des fossés ; elle fleurit en Juin & Juillet.

Césalpin a remarqué qu'elle a quelquefois deux, trois, quatre, ou cinq feuilles opposées aux nœuds des tiges. Son observation est véritable, & constitue les variétés de cette plante ; elle n'a point d'autre qualité que d'embellir la campagne de ses bouquets de fleurs, qui se mêlant avec ceux de la salicaire, dont nous parlerons en son lieu, forment un agréable coup d'œil. On dit que son nom lui vient de Lysimaque fils d'un roi de Sicile, qui la découvrit le premier ; mais c'est qu'on a bien voulu faire honneur à ce prince de cette découverte imaginaire.

Nos Botanistes ont commis bien d'autres fautes ; ils ont nommé *lysimachie jaune cornue* une espece d'onagra ; *lysimachie rouge*, une espece de salicaire ; *lysimachie bleue*, une espece de véronique, &c. (*D. J.*)

LYSIMACHIE, (*Géog. anc.*) ville de la Thrace ;

qui prit ensuite le nom d'*Hexamilium :* on l'appelle aujourd'hui *Hexamili*, selon Sophien; ou *Policastro*, selon Nardus. (*D. J.*)

LYSIMACHUS, (*Hist. nat.*) pierre ou espece de marbre dans lequel on voyoit des veines d'or ou de la couleur de ce métal; Pline dit qu'il ressembloit au marbre de Rhodes.

LYSPONDT, (*Commerce.*) sorte de poids qui pese plus ou moins, suivant les endroits où l'on s'en sert.

A Hambourg le *lyspondt* est de quinze livres, qui reviennent à quatorze livres onze onces un gros un peu plus de Paris, d'Amsterdam, de Strasbourg & de Besançon où les poids sont égaux. A Lubeck, le *lyspond* est de seize livres poids du pays, qui font à Paris quinze livres trois onces un gros un peu plus.

A Coppenhague, le *lyspondt* est de seize livres poids du pays, qui rendent quinze livres douze onces six gros un peu plus de Paris.

A Dantzick, le *lyspondt* est de dix-huit livres, qui en font seize de Paris.

A Riga, le *lyspondt* est de vingt livres, qui font seize livres huit onces de Paris. *Dictionn. de Comm. tome III. page 206.*

LYSSA, (*Littérat.*) λύσσα, signifie *rage*, *desespoir*. Euripide en a fait une divinité, qu'il met au nombre des furies; l'emploi particulier de celle-ci consistoit à souffler dans l'esprit des mortels la fureur & la rage. Ainsi Junnon dans ce poëte ordonne à sa messagere Iris de conduire promptement *Lyssa*, coëffée de serpens, auprès d'Hercule, pour lui inspirer ces terribles fureurs qui lui firent enfin perdre la vie. (*D. J.*)

LYSTRES, (*Géog. anc.*) *Lystra*, ville d'Asie dans la Lycaonie; il en est parlé dans les *Actes*, *chap. xiv. & xxvij*, c'étoit la patrie de S. Timothée. Les apôtres S. Paul & S. Barnabé y ayant guéri un homme boiteux depuis sa naissance, y furent pris pour deux divinités. (*D. J.*)

LYTHAN, s. m. (*Hist. anc.*) mois de l'année des Cappadociens. Selon un fragment qu'on trouve dans Ussérius, ce mois répondoit au mois de Janvier des Romains.

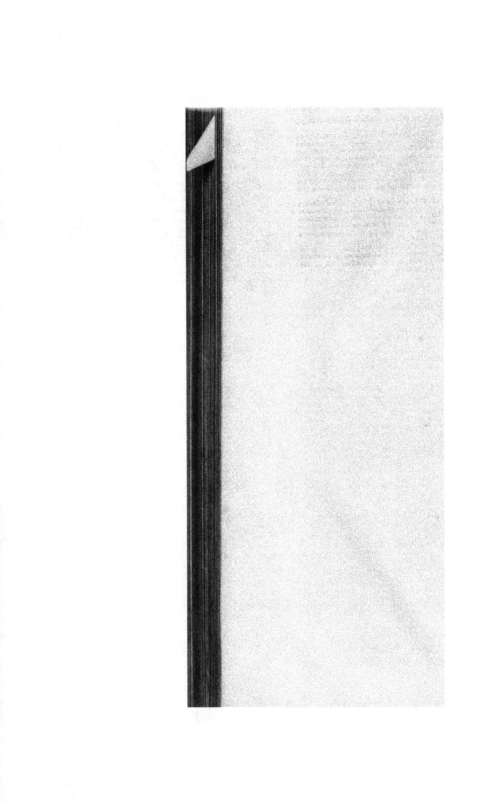

M | M

M, subf. fém. (*Gram.*) c'est la treizieme lettre & la dixieme consonne de notre alphabet : nous la nommons *emme* ; les Grecs la nommoient *mu*, μῦ, & les Hébreux *men*. La facilité de l'épellation demande qu'on la prononce *me* avec un *e* muet ; & ce nom alors n'est plus féminin, mais masculin.

L'articulation représentée par la lettre M est labiale & nasale : labiale, parce qu'elle exige l'approximation des deux levres, de la même maniere que pour l'articulation B ; nasale, parce que l'effort des levres ainsi rapprochées, fait refluer par le nez une partie de l'air sonore que l'articulation modifie, comme on le remarque dans les personnes fort enrhumées qui prononcent *b* pour *m*, parce que le canal du nez est embarrassé, & que l'articulation alors est totalement orale.

Comme labiale, elle est commuable avec toutes les autres labiales *b*, *p*, *v*, *f* ; c'est ainsi que *scabellum* vient de *scamnum*, selon le témoignage de Quintilien ; que *fors* vient de μέρος, que *pulvinar* vient de *pluma* : cette lettre attire aussi les deux labiales *b* & *p*, qui sont comme elle produites par la réunion des deux lettres ; ainsi voit-on le *b* attiré par *m* dans *tombeau* dérivé de *tumulus*, dans *flambeau* formé de *flamme*, dans *ambigo* composé de *am* & *ago* ; & *p* est introduit de même dans *promptus* formé de *promotus*, dans *sumpsi* & *sumptum* qui viennent de *fumo*.

Comme nasale, la lettre ou articulation M se change aussi avec N: c'est ainsi que *signum* vient de ςήμα, *nappe* de *mappa*, & *natte* de *matta*, en changeant *m* en *n* ; au contraire *amphora* vient de ἀναφέρω, *amplus* de ἀνάπλεος, *abstemius* d'*abstinco*, *sommeil* de *somnus*, en changeant *n* en *m*.

M *obscurum in extremitate*, dit Priscien (*lib. I. de accid. litt.*) *ut* templum : *apertum in principio*, *ut* magnus : *mediocre in mediis*, *ut* umbra. Il nous est difficile de bien distinguer aujourd'hui ces trois prononciations différentes de *m*, marquées par Priscien : mais nous ne pouvons guere douter qu'outre sa valeur naturelle, telle que nous la démêlons dans *manie*, *mœurs*, &c. elle n'ait encore servi, à peu-près comme parmi nous, à indiquer la nasalité de la voyelle finale d'un mot ; & c'est peut-être dans cet état que Priscien dit, M *obscurum in extremitate*, parce qu'en effet on n'y entendoit pas plus distinctement l'articulation *m*, que nous ne l'entendons dans nos mots françois *nom*, *faim*. Ce qui confirme ce raisonnement, c'est que dans les vers toute voyelle finale, accompagnée de la lettre *m*, étoit sujette à l'élision, si le mot suivant commençoit par une voyelle :

Divisum imperium cum Jove Cæsar habet :

dans ce tems-là même, si l'on en croit Quintilien, *Inst. IX.* 4. ce n'est pas que la lettre *m* fût muette, mais c'est qu'elle avoit un son obscur : *adeo ut penè cujusdam novæ litteræ sonum reddat ; neque enim eximitur, sed obscuratur*. C'est bien là le langage de Priscien.

« On ne sauroit nier, dit M. Harduin, *Rem. div.* » *sur la prononc. p.* 40. que le son nasal n'ait été » connu des anciens. Nicod assure, d'après Nigidius » Figulus, auteur contemporain & ami de Cicéron, » que les Grecs employoient des sons de ce genre » devant les consonnes *y*, *x* ». Mais Cicéron lui-même & Quintilien nous donnent assez à entendre que *m* à la fin étoit le signe de la nasalité. Voici comme parle le premier, *Orat. XXII. p. 156*.

Quid ? illud non det unde fit, quod dicitur cum illis *; cum* autem nobis non dicitur*, sed* nobiscum *? Quia si ita diceretur, obscænius concurrerent litteræ, ut etiam modò, nisi* autem *interposuissem, concurrissent*. Quintilien, *Inst. VIII.* 3. s'exprime ainsi dans les mêmes vûes, & d'après le même principe : *Vitanda est junctura deformiter sonans, ut si* cum hominibus notis loqui nos dicimus*, nisi hoc ipsum hominibus medium sit, in* κακόφατον *videmur incidere : quia ultima prioris syllabæ littera* (c'est la lettre *m* de *cum*) *quæ exprimi nisi labris coëuntibus non potest, aut ut intersistere nos indecentissimè cogit, aut continuata cùm N insequente in naturam ejus corrumpitur*. Cette derniere observation est remarquable, si on la compare avec une autre remarque de M. Harduin : *ibid*. « Le même » Nigidius, dit-il, donne à entendre que chez les » Latins *n* rendoit aussi la voyelle nasale dans *an-* » *guis*, *increpat*, & autres mots semblables : *in his*, » dit-il, *non verum n, sed adulterinum ponitur ; nam* » *si ea littera esset, lingua palatum tangeret* ». Si donc on avoit mis de suite *cum nobis* ou *cum notis*, il auroit fallu s'arrêter entre deux, ce qui étoit, selon la remarque de Quintilien, de très-mauvaise grace ; ou, en prononçant les deux mots de suite, vu que le premier étoit nasal, on auroit entendu la même chose que dans le *mot* obscène, *cunno*, où la premiere étoit apparemment nasale conformément à ce que nous venons d'apprendre de Nigidius.

Qu'il me soit permis, à cette occasion, de justifier notre ortographe usuelle, qui représente les voyelles nasales par la voyelle ordinaire suivie de l'une des consonnes *m* ou *n*. J'ai prouvé, *article* H, qu'il est de l'essence de toute articulation de précéder le son qu'elle modifie ; c'est donc la même chose de toute consonne à l'égard de la voyelle. Donc une consonne à la fin d'un mot doit ou y être muette, ou y être suivie d'une voyelle prononcée, quoique non écrite : c'est ainsi que nous prononçons le latin même *dominos*, *crepat*, *nequit*, comme s'il y avoit *dominose*, *crepate*, *nequite* avec l'*e* muet françois ; au contraire, nous prononçons *il bat*, *il promet*, *il fit*, *il crut*, *sabot*, &c. comme s'il y avoit *il ba*, *il promè*, *il fi*, *il cru*, *sabo* sans *t*. Il a donc pu être aussi raisonnable de placer *m* ou *n* à la fin d'une syllabe, pour y être des signes muets par rapport au mouvement explosif qu'ils représentent naturellement, mais sans cesser d'indiquer l'émission nasale de l'air qui est essentielle à ces articulations. Je dis plus : il étoit plus naturel de marquer la nasalité par un de ces caracteres à qui elle est essentielle, que d'introduire des voyelles nasales diversement caractérisées : le méchanisme de la parole m'en paroît mieux analysé ; on vient de voir, en effet, que les anciens Grecs & Latins ont adopté ce moyen suggéré en quelque sorte par la nature.

Quoi qu'il en soit, la lettre *m* à la fin du mot est en françois un simple signe de la nasalité de la voyelle précédente, comme dans *nom*, *pronom*, *faim*, *thim*, &c. il faut excepter l'interjection *hem*, & les noms propres étrangers, où l'*m* finale conserve sa véritable prononciation ; comme *Sem*, *Cham*, *Jérusalem*, *Krim*, *Stokolm*, *Salm*, *Surinam*, *Amsterdam*, *Rotterdam*, *l'ostdam*, &c. Il y en a cependant quelques uns où cette lettre n'est qu'un signe de nasalité, comme *Adam*, *Absalom* : & c'est de l'usage qu'il faut apprendre ces différences, puisque c'est l'usage seul qui les établit sans égard pour aucune analogie.

M au milieu des mots, mais à la fin d'une syllabe, est encore un signe de nasalité, quand cette lettre est

MAA

suivie de l'une des trois lettres *m*, *b*, *p* ; comme dans *emmener*, *combler*, *comparer*. On en excepte quelques mots qui commencent par *imm*, comme *immodeste*, *immodestie*, *immodestement*, *immaculée* conception, *immédiat*, *immédiatement*, *immatriculé*, *immatriculation*, *immense*, *immensité*, *immodéré*, *immunité*, &c. on y fait sentir la réduplication de l'articulation *m*.

On prononce aussi l'articulation *m* dans les mots où elle est suivie de *n*, comme *indemniser*, *indemnité*, *amnistie*, *Agamemnon*, *Memnon*, *Mnémosine*, &c. excepté *damner*, *solemnel*, & leurs dérivés où la lettre *m* est un signe de nasalité.

Elle l'est encore dans *comte* venu de *comitis*, dans *compte* venu de *computum*, dans *prompt* venu de *promptus*, & dans leurs dérivés.

M. l'abbé Regnier, *Gramm. franç.* in-12. *p. 37.* propose un doute sur quatre mots, *contemptible*, qui n'est, dit-il, plus guere en usage, *exemption*, *rédemption* & *rédempteur*, dans lesquels il semble que le son entier de *m* se fasse entendre. A quoi il répond : « Peut-être aussi que ce n'est qu'une illusion que fait à l'oreille le son voisin du *p* rendu plus dur par le *t* suivant. Quoi qu'il en soit, la différence n'est pas assez distinctement marquée pour donner lieu de décider là-dessus ». Il me semble qu'aujourd'hui l'usage est très-décidé sur ces mots ; on prononce avec le son nasal *exemt*, *exemption*, *exemtes sans p* ; & plusieurs même l'écrivent ainsi, & entre autres le rédacteur qui a rendu portatif le dictionnaire de Richelet ; le son nasal est suivi distinctement du *p* dans la prononciation & dans l'orthographe des mots *contempteur*, *contemptible*, *rédemption*, *rédempteur*.

M en chiffres romains signifient *mille* ; une ligne horisontale au-dessus lui donne une valeur *mille fois plus grande*, M vaut *mille fois mille* ou *un million*.

M, dans les ordonnances des Médecins, veut dire *misce*, mêlez, ou *manipulus*, une poignée ; les circonstances décident entre ces deux sens.

M, sur nos monnoies, indique celles qui sont frappées à Toulouse.

M, (*Ecriture.*) dans sa forme italienne, se forme trois droites & trois courbes ; la premiere est un I, sans courbe ; la seconde est un I parfait, en le regardant du côté de sa courbe ; la troisieme est la premiere, la huitieme, la troisieme, la quatrieme & la cinquieme partie de l'O. L'*m* coulée est faite de trois *i* liés ensemble. Il en est de même de l'*m* ronde.

Ces trois *m* se forment du mouvement composé des doigts & du poignet. *Voyez* les *Planches d'Ecriture.*

MA

MA, s. f. (*Mythol.*) nom que la fable donne à une femme qui suivit Rhéa, & à qui Jupiter confia l'éducation de Bacchus. Ce nom se donnoit encore quelquefois à Rhéa même, sur-tout en Lydie, où on lui sacrifioit un taureau sous ce nom. *Dict. de Trévoux.*

MAAMETER, (*Géog.*) ville de Perse, autrement nommée *Basrouche*. Elle est située, selon Tavernier, à 77. 35. *de long.* & à 36. 50. *de latitude.* (*D. J.*)

MAAYPOOSTEN, s. m. (*Comm.*) sorte d'étoffe de soie qui nous vient de la compagnie des Indes orientales hollandoise. Les cavelins ou lots sont de cinquante pieces. En 1720, chaque piece revenoit à 8 florins ½. *Voyez* le *Diction. de Commerce.*

MABOUJA, s. m. (*Botan. exot.*) nom donné par les sauvages d'Amérique à une racine, dont ils font leurs massues. Biron, dans ses curiosités de l'art & de la nature, dit que cette racine est extrêmement compacte, dure, pesante, noire, & toute garnie de nœuds gros comme des châtaignes. On trouve l'arbre qui l'a produit sur le haut de la montagne de la Souffriere dans la Guadaloupe, mais personne n'a décrit cet arbre. (*D. J.*)

MAB

MABOUYAS, s. m. (*Hist. nat.*) lézard des Antilles ainsi appellé par les sauvages, parce qu'il est très-laid, & qu'ils donnent communément le nom de *mabouyas* à tout ce qui leur fait horreur. Ce lézard n'est pas des plus grands, il n'a jamais la longueur d'un pié. Ses doigts sont plats, larges, arrondis par le bout, & terminés par un petit ongle semblable à l'aiguillon d'une guêpe. On le trouve ordinairement sur les arbres & sur le faîte des cases. Lorsque cet animal est irrité, il se jette sur les hommes, & s'y attache opiniâtrement ; mais il ne mord, ni n'est dangereux ; cependant on le craint ; ce n'est sans doute qu'à cause de sa laideur. Pendant la nuit, il jette de tems en tems un cri effrayant, qui est un pronostic du changement de tems. *Hist. nat. des Ant.* par le P. du Tertre, *tome II. page 315.*

MABOYA ou MABOUYA, s. m. (*Théolog. caraïbe.*) nom que les Caraaïbes sauvages des îles Antilles donnent au diable ou à l'esprit dont ils craignent le malin vouloir ; c'est par cette raison qu'ils rendent au seul *mabouya* une espece de culte, fabriquant en son honneur de petites figures de bois bisarres & hideuses, qu'ils placent au-devant de leurs pirogues, & quelquefois dans leurs cases.

On trouve souvent en creusant la terre plusieurs de ces figures, formées de terre cuite, ou d'une pierre verdâtre, ou d'une résine qui ressemble à l'ambre jaune ; c'est une espece de copal qui découle naturellement d'un grand arbre nommé *courbaril*. *Voyez* COURBARIL.

Ces idoles anciennes ont différentes formes : les unes représentent des têtes de perroquet ou des grenouilles mal formées, d'autres ressemblent à des lézards à courte queue ou bien à des singes accroupis, toujours avec les parties qui désignent le sexe feminin. Il y en a qui ont du rapport à la figure d'une chauve-souris ; d'autres enfin sont si difformes, qu'il est presqu'impossible de les comparer à quoi que ce soit. Le nombre de ces idoles, que l'on rencontre à certaines profondeurs parmi des vases de terre & autres ustensiles, peut faire conjecturer que les anciens sauvages les enterroient avec leurs morts.

Il est d'usage parmi les Caraïbes d'employer encore le mot *mabouya* pour exprimer tout ce qui est mauvais : aussi lorsqu'ils sentent une mauvaise odeur, ils s'écrient, en faisant la grimace, *mabouya*, *caye, en en*, comme en pareil cas nous disons quelquefois, *c'est le diable.* M. LE ROMAIN.

MABY, s. m. boisson rafraîchissante fort en usage aux îles d'Amérique ; elle se fait avec de grosses racines nommées *patates* : celles dont l'intérieur est d'un rouge violet, sont préférables à celles qui sont ou jaunes ou blanches, à cause de la couleur qui donne une teinture très-agréable à l'œil.

Après avoir bien nettoyé ou épluché ces racines, on les coupe par morceaux & on les met dans un vase propre pour les faire bouillir dans autant d'eau que l'on veut faire de *maby* ; cette eau étant bien chargée de la substance & de la teinture des patates, on y verse une suffisante quantité de sirop de sucre clarifié, y ajoutant quelquefois des oranges aigres & un peu de gingembre : on continue quatre à cinq bouillons, on retire le vase de dessus le feu ; & après avoir laissé fermenter le tout, on passe la liqueur fermentée au-travers d'une chausse de drap, on presse fortement le marc. Il faut repasser deux ou trois fois la liqueur pour l'éclaircir, ensuite de quoi on la verse dans des bouteilles dans chacune desquelles on a eu soin de mettre un ou deux cloux de gérofle. Cette boisson est fort agréable à l'œil & au goût lorsqu'elle est bien faite : elle fait sauter le bouchon de la bouteille, mais elle ne se conserve pas, & elle est un peu venteuse. M. LE ROMAIN.

MACACOUAS, s. m. (*Hist. nat.*) oiseau du Brésil qui, suivant les voyageurs, est une espece de perdrix de la grosseur d'une oie.

MACÆ, (*Géog. anc.*) Dans Strabon & Ptolomée ce sont des peuples de l'Arabie heureuse sur le golfe Persique ; dans Hérodote, ce sont des peuples d'Afrique, au voisinage de la Cyrénaïque. (*D. J.*)

MACAF, s. m. (*Imprimerie.*) c'est la petite ligne horisontale qui joint deux mots ensemble dans l'écriture hébraïque ; comme dans cet exemple françois, vous *aime-t-il* ? *Macaf* vient de *necaf*, joindre. Les grammairiens hébraïsans prononcent *maccæph*, les autres *macaf*.

MACAM, s. m. (*Hist. nat. Bot.*) petit fruit des Indes orientales de la grosseur & de la forme de notre pomme sauvage ; il a un noyau fort dur au milieu, il est acide : l'arbre qui le porte est petit ; il ressemble assez par ses feuilles & son port au coignassier : sa feuille est d'un verd jaunâtre. Le mot *macan* est de la langue portugaise, il signifie *pomme*.

MACAN, (*Géog.*) ville de Corassane. *Long.* 93. 30. *lat.* 37. 35. (*D. J.*)

MACANDON, s. m. (*Botan. exot.*) arbre conifere qui croît au Malabar, où on l'appelle *cada eàtava*. Bontius dit que son fruit est semblable à la pomme de pin, avec cette seule différence, que ses cones ne sont pas si pointus, & qu'ils font un peu mols, d'un goût assez insipide. Il lui donne des fleurs semblables à celles du mélianthe. Les habitans de Malabar font cuire ce fruit sous la cendre, & le mangent dans la dyssenterie ; il est salutaire dans les maladies des poumons, telles que l'asthme, à cause de la vertu emplastique de ses parties muqueuses. Ray en parle dans son *histoire des plantes*. (*D. J.*)

MACANITÆ, (*Géogr. anc.*) peuples de la Mauritanie Tingitane. Dion dit que le mont Atlas étoit dans la Macennitide. (*D. J.*)

MACAO, s. m. (*Ornith.*) nom d'un genre de perroquets qu'on distingue aussi par la longueur de leurs queues. Il y en a trois différentes especes qu'on nous apporte en Europe qui ne different pas seulement en grosseur & à d'autres égards, mais encore en couleur. La premiere espece, qui est la plus grosse, est joliment marquetée de bleu & de jaune ; la seconde, plus petite, est rouge & jaune, & la troisieme est rouge & bleue. Il n'est pas rare de voir des *macao* tout blancs, & ce sont ceux-là qu'on appelle en particulier *cockatoou*, quoique quelques-uns fassent ce nom synonyme à celui de la classe générale des *macao*. (*D. J.*)

MACAO, (*Géog.*) ville de la Chine située dans une île à l'embouchure de la riviere de Canton. Une colonie de portugais s'y établit il y a environ deux siecles, par une concession de l'empereur de la Chine, à qui la nation portugaise paie des tributs & des droits pour y jouir de leur établissement. On y compte environ trois mille portugais, presque tous métis. C'étoit autrefois une ville très-riche, très-peuplée, & capable de se défendre contre les gouverneurs des provinces de la Chine de son voisinage, mais elle est aujourd'hui entierement déchue de cette puissance. Quoiqu'habitée par des portugais & commandée par un gouverneur que le roi de Portugal nomme, elle est à la discrétion des Chinois, qui peuvent l'affamer & s'en rendre maîtres quand il leur plaira. Aussi le gouverneur portugais a grand soin de rien faire qui puisse choquer le moins du monde les Chinois. *Longitude*, selon Cassini, 130. 39'. 45". *lat.* 22. 12. *Long.* selon les PP. Thomas & Noël, 130. 48'. 30". *lat.* de même que Cassini. (*D. J.*)

MACAQUE, (*Hist. nat.*) *Voyez* SINGE.

MACAREÆ, (*Géogr. anc.*) ville de l'Arcadie, dont Pausanias dit qu'on voyoit les ruines à deux stades du fleuve Alphée. (*D. J.*)

MACAREE, s. m. (*Mythol.*) fils d'Eole. *Macarée* habita avec Canacé sa sœur. Eole ayant connu cet inceste, fit jetter l'enfant aux chiens, & envoya à Canacé une épée dont elle se tua. *Macarée* évita le même sort en fuyant ; il arriva à Delphes, où on le fit prêtre d'Apollon. Il y a encore un *Macarée* fils d'Hercule & de Déjanire, qui se sacrifia généreusement pour le salut des Héraclides.

MACARESE, (*Géog.*) en italien *macarese*, étang d'Italie dans l'état de l'Eglise, près de la côte de la mer. Cet étang peut avoir trois milles de longueur, & un mille dans l'endroit le plus large ; il est assez profond, fort poissonneux, & communique à la mer par un canal. On pourroit en faire un port utile, mais la chambre apostolique n'ose y toucher, de peur d'infecter l'air par l'ouverture des terres. (*D. J.*)

MACARET, s. m. (*Navigation.*) flot impétueux qui rémonte de la mer dans la Garonne ; il est de la grosseur d'un tonneau ; il renverseroit les plus grands bâtimens s'ils n'avoient l'attention de l'éviter en tenant le milieu de la riviere. Le *macaret* suit toujours le bord, & son bruit l'annonce de trois lieues. *Voyez* l'*article* GARONNE.

MACARIA, (*Géog. anc.*) nom commun, 1°. à une île du golfe Arabique, 2°. à une ville de l'île de Cypre, 3°. à une fontaine célebre près de Marathon, selon Pausanias, *liv.* I. *ch.* 32. (*D. J.*)

MACARIENS, adj. (*Hist. ecclésiast.*) c'est ainsi qu'on désigne les tems où le consul Macarius fut envoyé par l'empereur Constans, avec le consul Paul, pour ramener les Donatistes dans le sein de l'église. On colora le sujet de leur mission du prétexte de soulager la misere des pauvres par les libéralités de l'empereur : c'est un moyen qu'on emploira rarement, & qui réussira presque toujours. On irrite l'hétérodoxie par la persécution, & on l'éteindroit presque toujours par la bienfaisance ; mais il n'en coûte rien pour exterminer, & il en coûteroit pour soulager. Aptat de Nulere & S. Augustin parlent souvent des tems *macariens* ; ils correspondent à l'an de Jesus-Christ 348. Ils furent ainsi appellés du nom du consul Macarius.

MACARISME, s. m. (*Théolog. & Liturg.*) Les *macarismes* sont dans l'office grec des hymnes ou tropains à l'honneur des Grecs. On donne le même nom aux pseaumes qui commencent en grec par le mot *macarios*, & aux neuf versets du chapitre cinq de l'évangile selon saint Matthieu, depuis le troisieme verset jusqu'au onzieme. Macarios signifie *heureux*.

MACARON, s. m. (*Dicte.*) espece de pâtisserie friande dont les deux ingrédiens principaux sont le sucre & les amandes, & dont les qualités diététiques doivent être estimées par conséquent par celles du sucre & des amandes. *Voyez* SUCRE & AMANDES.

MACARON, (*Dicte.*) espece de pâte qu'on mange dans les potages, & dont on prépare aussi quelques autres mets. *Voyez* PATES D'ITALIE.

MACARON, (*Tabletier.*) sorte de peigne arrondi par les deux côtés, ce qui lui donne la forme d'un *macaron*. On le façonne ainsi pour que les grosses dents des bouts ne blessent point.

MACARONI, s. m. (*Pâtiss.*) pâte faire avec de la farine de ris. Le *macaroni* ne differe du vermicelle que par la grosseur. Le vermicelle a à peine une ligne d'épaisseur, le *macaroni* est presque de la grosseur du petit doigt. Toutes les pâtes de ris s'appellent en général *farinelli*.

MACARONIQUE ou MACARONIEN, adj. (*Littérat.*) espece de poésie burlesque, qui consiste en un mélange de mots de différentes langues, avec des mots du langage vulgaire, latinisés & travestis en burlesque. *Voyez* BURLESQUE.

On croit que ce mot nous vient des Italiens, chez

MAC

lesquels *maccarone* signifie un *homme grossier* & rustique, selon Cælius Rhodiginus;& comme ce genre de poésie rapetassée pour ainsi dire de différens langages, & pleins de mots extravagans, n'a ni l'aisance ni la politesse de la poésie ordinaire; les Italiens chez qui il a pris naissance l'ont nommé par cette raison poésie *macaronienne* ou *macaronique*.

D'autres font venir ce nom des macarons d'Italie, *à macaronibus*, qui sont des morceaux de pâte, ou des especes de petits gâteaux faits de farine non blutée, de fromage, d'amandes-douces, de sucre & de blancs d'œufs, qu'on sert à table à la campagne, & que les villageois sur-tout regardent comme un mets exquis. Ce mélange d'ingrédiens a fait donner le même nom à ce genre de poésie bisarre, dans la composition duquel entrent des mots françois, italiens, espagnols, anglois, &c. qui forment ce que nous appellons en fait d'odeurs *un pot pourri*; terme que nous appliquons aussi quelquefois à un style bigarré de choses qui ne paroissent point faites pour aller ensemble.

Par exemple, un soldat fanfaron dira en style *macaronique* :

Enflavi omnes scadrones & regimentos.

ou cet autre

Atcheros pistolisferos furiam que manantum
Et grandem esmentam quæ inopinum facta Ruellæ est,
Toxinumque alto troublantem corda clochero.

On attribue l'invention de ces sortes de vers à Théophile Folengio de Mantoue, moine bénédictin, qui florissoit vers l'an 1520. Car quoique nous ayons une *macaronea ariminensis* en lettres très-anciennes, qui commence par ces mots :

Est autor Typhis Leonicus atque parannis

qui contient six livres de poésies *macaroniques*, contre Cabrin, roi de *Gogue Magogue*; on sait qu'elle est l'ouvrage de Guarino Capella, & ne parut qu'en 1526; c'est-à-dire, six ans après celle de Folengio qui fut publiée sous le nom de *Merlin Coccaie* en 1520, & qui d'ailleurs est fort supérieure à celle de Capella, soit pour le style, soit pour l'invention, soit par les épisodes dont Folengio enrichit l'histoire de Baldus qui est le héros de son poëme. On prétend que Rabelais a voulu imiter dans la prose françoise le style *macaronique* de la poésie italienne, & que c'est sur ce modele qu'il a écrit quelques-uns des meilleurs endroits de son pantagruel.

Le prétendu Merlin Coccaie eut tant de succès dans son premier essai, qu'il composa un autre livre partie en style *macaronique* & qui a pour titre, *il chars del tri per uno*, mais celui-ci fut reçu bien différemment des autres. Il parut ensuite en Italie un autre ouvrage fort mauvais dans le même genre, intitulé, macaronica *de syndicatu & condemnatione doctoris Samsonis Lembi*, & un autre excellent; savoir, *macaronis forza*, composé par un jésuite nommé *Schetonius* en 1610. Bazani publia le *carnavale tabula macaronica* : le dernier italien qui ait écrit en ce style a été César Ursinius à qui nous devons les *capricia* macaronica *magistri Stopini poetæ Poujanensis*, imprimés en 1636.

Le prémier françois qui ait réussi en ce genre se nommoit dans son style burlesque, *Antonio di arma Provençalis de bragardissima villa de Soleriis*. Il nous a donné deux poëmes, l'un *de arte dansandi*, l'autre *de guerra neapolitaná romaná & genuensi*. Il fut suivi par un avocat qui donna l'*historia bravissima Caroli V, imperat. à Provincialibus paysanis triumphanter fugati*. La Provence, comme on voit, a été parmi nous le berceau de la muse *macaronique*, comme elle a été celui de notre poésie. Quelque tems après Remi Belleau donna avec ses poésies françoises, *dictamen metrificum de Bello hugonotico & rusticorum pigliaminu*, *ad sodales* ; piece fort estimée ; & qui fut suivie de *cacasanga reistro suisso lansquenetorum per M. J. B. Lichiardum recatholicatum spaliporcinum poetam*, à laquelle Etienne Tabourot plus connu sous le nom du *sieur des Accords*, répondit sur le même ton. Enfin, Jean Edouard Demonin nous a laissé *inter teretismata sua carmina*, une piece intitulée, *arenaicum de quorumdam nugigerulorum piaffa insupportabili* ; & une autre sous le titre de *recitus veritabilis super terribili esmenta paysannorum de Ruellio*, dont nous avons cité quelques vers ci-dessus, & qui passe pour un des meilleurs ouvrages en ce genre.

Les Anglois ont peu écrit en style *macaronique*, à peine connoit-on d'eux en ce genre quelques feuilles volantes, recueillies par Camden. Au reste, ce n'est point un reproche à faire à cette nation, qu'elle ait négligé ou méprisé une sorte de poésie dont on peut dire en général : *turpe est difficiles habere nugas, & stultus labor est ineptiarum*. L'Allemagne & les Pays-bas ont eu & même en assez grand nombre leurs poëmes *macaroniques*, entr'autre le *certamen catholicum cum calvinistis*, par Martinius Hamconius Frinus, ouvrage de mille deux cens vers, dont tous les mots commencent par la lettre *C*.

MACARON-NESOS, (*Géog. anc.*) en grec Μακαρώννησος ; c'étoit le nom de la citadelle de Thèbes, en Béotie, & Thèbes même porta ce nom. (*D. J.*)

MACARSKA, (*Géog.*) petite ville de Dalmatie, capitale de Primorgie, avec un évêché, suffragant de Spalatro. Elle est sur le golfe de Venise, à 8 lieues S. E. de Spalatro, & 9 N. E. de Narenta ; *long.* 35, 32. *lat.* 43. 42. (*D. J.*)

MACASSAR, (*Géog.*) MACACAR ou MANCACAR ; royaume considérable des Indes dans l'île de Célebes, dont il occupe la plus grande partie, sous la Zone Torride.

Les chaleurs y seroient insupportables sans les vents du nord, & les pluies abondantes qui y tombent quelques jours avant & après les pleines lunes, & pendant les deux mois que le soleil y passe.

Le pays est extrêmement fertile en excellens fruits, mangues, oranges, melons d'eau, figues, qui y sont mûrs en tous les tems de l'année. Le ris y vient en abondance ; les cannes de sucre, le poivre, le bétel & l'arek s'y donnent presque pour rien ; on trouve dans les montagnes des carrieres de belles pierres, chose très-rare aux Indes, quelques mines d'or, de cuivre & d'étain. On y voit des oiseaux inconnus en Europe ; mais on s'y passeroit bien de la quantité des singes à queue & sans queue, qui y fourmillent.

Le gouvernement y est monarchique & despotique, cependant la couronne y est héréditaire avec cette clause, que les freres succedent à l'exclusion des enfans. La religion y est celle de Mahomet, mêlée d'autres superstitions. Ils n'emmaillottent point les enfans, & se contentent après leur naissance, de les mettre nuds dans des paniers d'osier. Ils font consister la beauté, comme plusieurs autres peuples, dans l'applatissement du nez, qu'ils procurent artificiellement ; dans des ongles courts, & petits de différentes couleurs ainsi que les dents.

Gervaise a publié la description de ce royaume, & l'on s'apperçoit bien qu'il l'a faite en partie d'imagination. C'est un roman que son histoire de l'établissement du mahométisme dans ce pays-là, & du hasard qui lui fait donner la préférence sur le christianisme. (*D. J.*)

MACASSAR, (*Géog.*) grande ville de l'île de Célebes, capitale du royaume de *Macassar*, & la résidence ordinaire des rois. Les maisons y sont presque toutes de bois, & soutenues en l'air sur de grandes colonnes ; on y monte avec des échelles. Les

MAC

toits font couverts de grandes feuilles d'arbres, que la pluie ne perce qu'à la longue. *Macaſſar* eſt ſituée dans une plaine très-fertile, près l'embouchure de la grande riviere, qui traverſe tout le royaume du Nord au Sud; *long.* 135. 20. *lat. mérid.* 5. (*D. J.*)

MACATUTÆ, (*Géog. anc.*) peuples d'Afrique dans la Pentapole, ſelon Ptolomée, *liv. IV. ch. iv.* (*D. J.*)

MACAXOCOTL, ſ. m. (*Bot. exot.*) fruit des Indes occidentales. Il eſt rouge, d'une forme oblongue, de la groſſeur d'une noix ordinaire, contenant des noyaux aſſez gros qui renferment une pulpe molle, ſucculente, jaune au-dedans comme le noyau. Ce fruit ſe mange, & les Européens qui y ſont accoutumés, en font beaucoup de cas; il eſt d'une douceur mêlée d'un peu d'acidité, ce qui le rend très-agréable au goût. L'arbre qui porte ce fruit, nommé par Nieremberg *arbor Macaxocotlifera*, a la groſſeur d'un prunier commun, & croit dans les lieux chauds, en plein champ. On employe ſon écorce pulvériſée pour deſſécher les ulceres. Les femmes ſe ſervent des cendres de ſon bois pour peindre leurs cheveux en jaune. *Voyez* Ray, *Hiſt. Plant.* (*D. J.*)

MACCHABÉES, LIVRE DES, (*Critiq. ſacrée.*) nous avons quatre livres ſous ce nom, qui méritent quelques détails approfondis.

Les livres qui contiennent l'hiſtoire de Judas & de ſes freres, & leurs guerres avec les rois de Syrie, pour la défenſe de leur religion & de leur liberté, ſont appellés le premier & le ſecond livre des *Macchabées*; le livre qui fait l'hiſtoire de ceux qui pour la même cauſe, avoient été expoſés à Aléxandrie aux éléphans de Philopator, eſt auſſi appellé le troiſieme des *Macchabées*; & celui du martyre d'Eléazar & de ſes ſept freres, avec leur mere, écrit par Joſephe, eſt nommé le quatrieme.

Le premier approche plus du ſtyle & du génie des livres hiſtoriques du canon qu'aucun autre livre ; il fut écrit en chaldaïque, tel qu'on le parloit à Jéruſalem, qui étoit la langue vulgaire de toute la Judée, depuis le retour de la captivité de Babylone. Il ſe trouvoit encore dans cette langue du tems de ſaint Jérôme ; car il dit *in prologo galeato*, qu'il l'avoir vû. Le titre qu'il avoit alors, étoit *ſharbit ſat bene el* ; le ſceptre du prince des fils de Dieu, titre qui convenoit fort bien à Judas, ce brave général du peuple de Dieu perſécuté. *Voyez* Origenes *ad pſalm.* vol. I. p. 47. & Euſebe, *hiſt. eccl.* VI. 25.

Quelques ſavans conjecturent qu'il a été écrit par Jean Hyrcan, fils de Simon, qui fut près de trente ans prince des Juifs & ſouverain ſacrificateur, & qui entra dans cette charge au tems où finit l'hiſtoire de ce livre. Il y a beaucoup d'apparence qu'il fut écrit effectivement de ſon tems, immédiatement après ſes guerres, ou par lui-même, ou par quelqu'un ſous lui : car il ne va pas plus loin que le commencement de ſon gouvernement, & comme on s'y ſert des archives, & que l'on y renvoye dans cette hiſtoire, il faut qu'elle ait été compoſée ſous les yeux de quelqu'un qui fût en autorité.

Elle fut traduite du chaldaïque en grec, & enſuite du grec en latin. La verſion angloiſe eſt faite ſur le grec. On croit que ce fut Théodotion qui la mit le premier en grec : mais il y a apparence que cette verſion eſt plus ancienne, parce qu'on voit que des auteurs auſſi anciens que lui, s'en ſont ſervis, comme Tertullien, Origene, & quelques autres auteurs.

Le ſecond livre des *Macchabées*, eſt un recueil de différentes pieces ; on ne ſait point du tout qui en eſt l'auteur. Il commence par deux lettres des Juifs de Jéruſalem, à ceux d'Aléxandrie en Egypte ; pour

MAC 787

les exhorter à célébrer la fête de la dédicace du nouvel autel que fit faire Judas, quand il purifia le temple. Cette dédicace s'obſervoit le vingt-cinquieme jour de leur mois de Ciſleu. La premiere de ces lettres eſt de l'an 169 de l'ere des Séleucides, c'eſt-à-dire, de l'an 144 avant J. C. & contient les neuf premiers verſets du premier chapitre. La ſeconde eſt de la même ere, ou de l'an 125 avant J. C. & commence au verſet 10 du j ch. & finit au 18. du ſuivant.

L'une & l'autre de ces lettres paroiſſent ſuppoſées ; il n'importe où le compilateur les a priſes. La premiere appelle très-mal à-propos la fête de la dédicace, la fête des tabernacles du mois de Ciſleu. Car quoiqu'ils puſſent bien porter à la main quelque verdure pour marque de joie dans cette ſolemnité, ils ne pouvoient pas au cœur de l'hiver, coucher dans les cabinets de verdure, comme on faiſoit à la fête des tabernacles. Ils n'auroient pas même trouvé aſſez de verdure pour en faire. Pour la ſeconde lettre, outre qu'elle eſt écrite au nom de Judas *Macchabée*, mort il y avoir alors trente-ſix ans, elle contient tant de fables & de puérilités, qu'il eſt impoſſible qu'elle ait été écrite par le grand conſeil des Juifs, aſſemblé à Jeruſalem pour toute la nation, comme on le prétend.

Ce qui ſuit dans ce chapitre, après cette ſeconde lettre, eſt la préface de l'auteur de l'abrégé de l'hiſtoire de Jaſon, qui commence au 1. verſet du iij. chapitre & continue juſqu'au 37. du dernier. Les deux verſets qui ſuivent font la concluſion de l'auteur. Le Jaſon de l'hiſtoire, dont preſque tout ce livre ne contient que l'abrégé, étoit un juif belléniſte de Cyrene, deſcendu de ceux qui y avoient été envoyés par Ptolomée Soter. Il avoit écrit en grec, en cinq livres, l'hiſtoire de Judas Macchabée & de ſes freres ; la purification du temple de Jéruſalem, la dédicace de l'autel, & les guerres contre Antiochus Epiphanes & ſon fils Eupator : ce ſont ces cinq livres dont cet auteur donne ici l'abrégé.

C'eſt de cet abrégé fait auſſi en grec, & des pieces dont j'ai parlé, qu'eſt compoſé le recueil qui porte le titre de ſecond livre des *Macchabées*. Cela prouve que l'auteur étoit auſſi helléniſte, & apparemment d'Aléxandrie ; car il y a une expreſſion particuliere qui revient ſouvent dans ce livre, qui eſt une forte preuve ; c'eſt qu'en parlant du temple de Jéruſalem, il l'appelle toujours le *grand temple*, ce qui en ſuppoſe véritablement un moindre, & ce plus petit ne peut être que celui d'Egypte, bâti par Onias.

Les Juifs d'Egypte regardoient cette derniere maiſon comme une fille de la premiere, à qui ils faiſoient toujours honneur comme à la mere. Alors il étoit naturel qu'ils la traitaſſent de grand temple, parce qu'ils en avoient un moindre ; ce que les Juifs des autres pays n'auroient pas pu faire ; car aucun d'eux ne reconnoiſſoit le temple d'Egypte, & ils regardoient même comme ſchiſmatiques tous ceux qui offroient des ſacrifices en quelqu'endroit que ce fût, excepté dans le temple de Jéruſalem. Par conſéquent, ce ne peut être qu'un Juif d'Egypte qui reconnoiſſoit le petit temple d'Egypte auſſi bien que le grand temple de Jéruſalem, qui ſe ſoit exprimé de cette maniere, & qui ſoit l'auteur de ce livre. Et comme de tous les Juifs d'Egypte, ceux d'Aléxandrie étoient les plus polis & les plus ſavans, il y a beaucoup d'apparence que c'eſt-là qu'il a été écrit, mais ce ſecond livre n'approche pas de l'exactitude du premier.

On y trouve même quelques erreurs palpables ; par exemple, c. iv. l'auteur dit que Ménélaüs qui obtint la ſouveraine ſacrificature, étoit frere de Simon le Benjamite de la famille de Tobie. Or cela ne se peut pas ; car il n'y avoit que ceux de la famille d'Aaron qui pussent être admis à la charge de souverains pontifes. Josephe est plus croyable dans cette rencontre ; il dit positivement, *Antiq. liv. XII. c. vj.* que Ménélaüs étoit frere d'Onias & de Jason, & fils de Simon II. qui avoit été souverain sacrificateur, & qu'il fut le troisieme de ses fils qui parvint à cette charge. Son premier nom étoit Onias, comme celui de son frere aîné ; mais entêté aussi-bien que Jason, des manieres des Grecs ; il en prit un grec à son imitation, & se fit appeller Ménélaüs. Son pere & son frere aîné avoient été des hommes d'une grande vertu & d'une grande piété : mais il aima mieux suivre l'exemple de ce Jason que le leur ; car il l'imita dans sa fourberie, dans sa mauvaise vie, & dans son apostasie, & porta même toutes ces choses à de plus grands excès.

On remarque encore dans le second livre des *Macchabées*, *chap. xj. ỹ. xxj.* des fautes d'un autre genre. Par exemple, *ch. xj. v. xxj.* il est parlé d'une lettre de Lysias datée du mois *Dioscorinthius* (dans la vulgate *Dioscorus*, l'an 148) ; mais ces deux mois ne se trouvent ni dans le calendrier syro-macédonien ni dans aucun autre de ces tems-là. Usserius & Scaliger conjecturent que c'étoit un mois intercalaire que l'on plaçoit entre les mois de *Dystrus* & de *Xanthicus* dans le calendrier des Chaldéens, comme on mettoit le mois de *Veadar* entre ceux d'*Adar* & de *Nisan* dans celui des Juifs. Mais comme il est constant que les Chaldéens, les Syriens, & les Macédoniens n'avoient pas l'usage des mois intercalaires, il vaut mieux dire que *Dioscorinthius* ou *Dioscorus* est une faute de copiste, faite peut-être au lieu du mot *Dystrus*, qui est le nom d'un mois qui précede celui de *Xanthicus* dans le calendrier syro-macédonien.

Enfin, il paroît que les deux premiers livres des *Macchabées* sont de différens auteurs ; car en se servant tous deux de l'ere des Séleucides dans leurs dates, le premier de ces deux livres fait commencer cette ere au printems, & l'autre à l'automne de la même année.

Quoiqu'il en soit, il y a dans les polyglottes de Paris & de Londres, des versions syriaques des deux premiers livres des *Macchabées* ; mais elles sont assez modernes, & toutes deux faites sur le grec, quoiqu'elles s'en écartent quelquefois.

Passons au troisieme livre des *Macchabées*. On sait que ce nom de *Macchabées* fut donné d'abord à Judas & à ses freres ; & c'est pourquoi le premier & le second livre qui portent ce nom, contiennent leur histoire. Comme ils avoient souffert pour la cause de la Religion, il arriva dans la suite les Juifs appellerent insensiblement *Macchabées*, tous ceux qui souffroient pour la même cause, & rendoient par leurs souffrances témoignage de la vérité. C'est ce qui fait que Josephe écrivant dans un traité particulier l'histoire de ceux qui avoient souffert le martyre dans la persécution d'Antiochus Epiphanes, donne le titre de *Macchabées* à son livre. C'est par la même raison que cette histoire de la persécution de Ptolomée Philopator contre les Juifs d'Egypte, est appellée le troisieme livre des *Macchabées*, quoique ce dût être le premier ; parce que les événemens qui y sont racontés, sont antérieurs à ceux des deux livres des *Macchabées*, qu'on appelle le premier & le second, dont les héros n'existoient pas encore. Mais ce livre n'étant pas de même poids que les deux dont il s'agit, on l'a mis après eux par rapport à la dignité, quoiqu'il soit avant eux dans l'ordre des tems.

Il y a apparence qu'il a été écrit en grec par quelque juif d'Alexandrie, peu de tems après le fils de Sirach. Il est aussi en syriaque ; mais l'auteur de cette version n'entendoit pas bien le grec, car dans quelques endroits il s'écarte du sens de l'original ; & il est visible que c'est faute d'avoir entendu la langue greque. Il se trouve dans les plus anciens manuscrits des Septante, particulierement dans celui d'Alexandrie, qui est dans la bibliotheque du roi d'Angleterre à S. James, & dans celui du vatican à Rome, deux des plus anciens manuscrits de cette version qui soient au monde. Mais on ne l'a jamais mis dans la vulgate latine ; il n'y a pas un seul manuscrit qui l'ait. Je conviens que ce troisieme livre des *Macchabées* porte un habit de roman, avec des embellissemens & des additions qui sentent l'invention d'un juif. Cependant il est sûr que le fond de l'histoire est vrai, & qu'il y a eu réellement une persécution excitée par Philopator contre les Juifs d'Alexandrie, comme ce livre le dit. On a des relations d'autres persécutions aussi cruelles qu'ils ont eues à essuyer, dont personne ne doute. *Voyez* le livre de Philon *contre Flaccus*, & son *histoire de l'ambassade auprès de Caligula*.

Le premier ouvrage authentique qui fasse mention du troisieme livre des *Macchabées*, est la *Chronique* d'Eusebe, *pag. 185*. Il est aussi nommé avec les deux autres livres des *Macchabées* dans le *85e. canon apostolique*, mais on ne sait pas quand ce canon a été ajouté aux autres. Quelques manuscrits des bibles greques ont, outre ce troisieme livre des *Macchabées*, l'histoire des martyrs de Josephe sous le regne d'Anthiocus Epiphanes, sous le nom du quatrieme livre des *Macchabées* ; mais on n'en fait aucun cas, & on ne l'a mis dans aucune des bibles latines. *(D. J.)*

MACCHIA, (*Peinture, Sculpture.*) terme italien, qui signifie une *premiere ébauche* faite par un peintre, un sculpteur, pour un ouvrage qu'il projette d'exécuter ; où rien cependant n'est encore digéré, & qui paroît comme un ouvrage informe, comme un assemblage de taches irrégulieres à ceux qui n'ont aucune connoissance des arts. Ce sont de legeres esquisses, dans lesquelles l'artiste se livre au feu de son imagination, & se contente de quelques coups de crayon, de plume, de ciseau, pour marquer ses intentions, l'ordre & le caractere qu'il veut donner à son dessein. Ces esquisses que nous nommons en françois *premieres pensées*, lorsqu'elles partent du génie des grands maîtres, sont précieuses aux yeux d'un connoisseur, parce qu'elles contiennent ordinairement une franchise, une liberté, un feu, une hardiesse, enfin un certain caractere qu'on ne trouve point dans des desseins plus finis. *(D. J.)*

MACCLESFIELD, (*Géog.*) petite ville à marché d'Angleterre, avec titre de comté, en Cheshire, à 40 lieues N. O. de Londres. *(D. J.)*

MACCURÆ, (*Géog. anc.*) peuples de la Mauritanie Césarienne, suivant Ptolomée, *liv. IV. c. ij.* qui les place au pié des monts Garaphi. *(D. J.)*

MACÉDOINE, EMPIRE DE (*Hist. anc.*) Ce n'est point ici le lieu de suivre les révolutions de cet empire ; je dirai seulement que cette monarchie sous Alexandre, s'étendoit dans l'Europe, l'Asie, & l'Afrique. Il conquit en Europe la Grece, la partie de l'Illyrie où étoient les Thraces, les Triballiens & les Daces. Il soumit dans l'Asie, la presqu'île de l'Asie mineure, l'île de Chypre, l'Assyrie, une partie de l'Arabie, & l'empire des Perses qui comprenoit la Médie, la Bactriane, la Perse proprement dite, &c. Il joignit encore à toutes ces conquêtes une partie de l'Inde en-deçà du Gange. Enfin, en Afrique il possédoit la Lybie & l'Egypte. Après sa mort, cette vaste monarchie fut divisée en plusieurs royaumes qui tomberent sous la puissance des Romains. Aujourd'hui cette prodigieuse étendue de pays renferme une grande partie de l'empire des Turcs, une partie de l'empire du Mogol, quelque chose de la grande Tartarie, & tout le royaume de la Perse moderne. (*D. J.*)

MACÉDOINE, (*Géog. anc. & mod.*) royaume entre la Grece & l'ancienne Thrace. Tite-Live, *liv. XL. c. iij.* dit qu'on la nomma premierement *Pœonie*, à cause sans doute des peuples Pœons qui habitoient vers Rhodope; elle fut ensuite appellée *Æmathie*, & enfin *Macédoine*, d'un certain *Macedo*, dont l'origine & l'histoire sont fort obscures.

Elle étoit bornée au midi par les montagnes de Thessalie, à l'orient par la Béotie & par la Pierie, au couchant par les Lyncestes, au septentrion par la Migdonie & par la Pélagonie: cependant ses limites n'ont pas toujours été les mêmes, & quelquefois la *Macédoine* est confondue avec la Thessalie.

C'étoit un royaume héréditaire, mais si peu considérable dans ses commencemens, que ses premiers rois ne dédaignoient pas de vivre sous la protection tantôt d'Athènes & tantôt de Thèbes. Il y avoit eu neuf rois de *Macédoine* avant Philippe, qui prétendoient descendre d'Hercule par Caranus, & être originaires d'Argos; ensorte que comme tels, ils étoient admis parmi les autres Grecs aux jeux olympiques.

Lorsque Philippe eut conquis une partie de la Thrace & de l'Illyrie, le royaume de *Macédoine* commença à devenir célebre dans l'histoire. Il s'étendit depuis la mer Adriatique jusqu'au fleuve Strymon, & pour dire plus, commanda dans la Grece; enfin, il étoit réservé à Alexandre d'ajoûter à la *Macédoine*, non-seulement la Grece entiere, mais encore toute l'Asie, & une partie considérable de l'Afrique. Ainsi, par les mains de ce conquérant, s'éleva l'empire de *Macédoine* sous un tas immense de royaumes & de républiques grecques; & le débris de leur gloire fit un nom singulier à des barbares qui avoient été long-tems tributaires des seuls Athéniens.

Aujourd'hui la *Macédoine* est une province de la Turquie européenne qui a des limites extrêmement étroites. Elle est bornée au septentrion par la Servie, & par la Bulgarie, à l'orient par la Romanie proprement dite, & par l'Archipel, au midi par la Livadie, & à l'occident par l'Albanie.

Les Turcs appellent cette province *Magdonia*. Saloniki en est la capitale: c'étoit autrefois Pella où nâquirent Philippe & Alexandre.

Mais la *Macédoine* a eu l'avantage d'être un des pays où S. Paul annonça l'évangile en personne. Il y fonda les églises de Thessalonique & de Philippe, & eut la consolation de les voir florissantes & nombreuses. (*D. J.*)

MACÉDONIENS, s. m. plur. (*Hist. ecclés.*) hérétiques du iv. siecle qui nioient la divinité du S. Esprit, & qui furent ainsi nommés de Macedonius leur chef.

Cet hérésiarque qui étoit d'abord du parti des Ariens, fut élu par leurs intrigues patriarche de Constantinople en 342; mais ses violences & quelques actions qui déplurent à l'empereur Constance, engagerent Eudoxe & Acace prélats de son parti, qu'il avoit d'ailleurs offensés, à le faire déposer dans un concile tenu à Constantinople en 359. Macedonius piqué de cet affront devint aussi chef de parti: car s'étant déclaré contre Eudoxe & les autres vrais ariens, il soutint toujours le fils semblable en substance ou même consubstantiel au pere selon quelques auteurs; mais il continua de nier la divinité du S. Esprit comme les purs ariens, soutenant que ce n'étoit qu'une créature semblable aux anges, mais d'un rang plus élevé. Tous les évêques qui avoient été déposés avec lui au concile de Constantinople, embrasserent la même erreur; & quelques catholiques mêmes y tomberent, c'est-à-dire que n'ayant aucune erreur sur le fils, ils tenoient le Saint-Esprit pour une simple créature. Les Grecs les nommerent πνευματομάχοι, c'est-à-dire *ennemis du Saint-Esprit*. Cette hérésie fut condamnée dans le onzieme concile général tenu à Constantinople, l'an de J. C. 381. Théodoret, *liv. II. c. vj.* Socrat. *liv. II. c. xlv.* Sozom. *liv. IV. c. xxvij.* Fleury, *Hist. ecclés. tom. III. liv. XIV. n. 30.*

MACÉDONIEN, adj. (*Jurisprud.*) ou *senatusconsulte-macédonien*, étoit un decret du senat, qui fut ainsi nommé du nom de Macédo fameux usurier à l'occasion duquel il fut rendu.

Ce particulier vint à Rome du tems de Vespasien; & profitant du goût de débauche dans lequel étoit la jeunesse romaine, il prêtoit de l'argent aux fils de famille qui étoient sous la puissance paternelle, en leur faisant reconnoitre le double de ce qu'il leur avoit prêté; de sorte que quand ils devenoient usans de leurs droits, la plus grande partie de leur bien se trouvoit absorbée par les usures énormes de ce Macédo. C'est pourquoi l'empereur fit rendre ce sénatus-consulte appellé *macédonien*, qui déclare toutes les obligations faites par les fils de familles nulles, même après la mort de leur pere.

La disposition du sénatus-consulte *macédonien* se trouve rappellée dans les capitulaires de Charlemagne.

Elle est observée dans tous les pays de droit écrit du ressort du parlement de Paris; mais elle n'a pas lieu dans les pays coutumiers: les défenses qui y ont été faites en divers tems de prêter aux enfans de famille, ne concernent que les mineurs, attendu que les enfans majeurs ne sont plus en la puissance de leurs pere, mere ni autres tuteurs ou curateurs. *Voyez* au digeste le titre *ad senatus-consult.* macédon. & le *recueil de questions* de M. Bretonnier, au mot *fils de famille*. (*A*)

MACELLA, ou MACALLA. (*Géog. anc.*) Tite-Live & Polybe placent cette ville dans la Sicile. Barri en fait une ville de la Calabre, & prétend que c'est aujourd'hui *Strongili* à trois milles de la mer. (*D. J.*)

MACELLUM, s. m. (*Antiq. rom.*) Le *macellum* de Rome n'étoit point une boucherie, mais un marché couvert situé près de la boucherie, & où l'on vendoit non-seulement de la viande, mais aussi du poisson & autres victuailles. Térence nous la peint à merveille, quand il fait dire par Gnathon, dans l'Eunuque, *act. II. scène iij*.

Intereà loci ad macellum *ubi advenimus; Concurrunt læti mi obviam cupedinarii omnes; Cætarii, lanii, coqui, sartores, piscatores, aucupes*.

« Nous arrivons au marché: aussi-tôt viennent
» au-devant de moi, avec de grands témoignages
» de satisfaction, tous les confiseurs, les vendeurs
» de marée, les bouchers, les traiteurs, les rôtis-
» seurs, les pêcheurs, les chasseurs, &c. »

On peut voir la forme du *macellum*, dans une médaille de Néron, au revers de laquelle, sous un édifice magnifique on lit: mac. *Aug.* c'est-à-dire, *macellum Augusti*.

Erizzo, dans ses *dichiaraz. di medagl. ant. p. 117.* est le premier qui ait publié cette médaille; elle est de moyen bronze, & représente d'un côté la tête de Néron encore jeune, avec la légende *Nero. Claud. Cæsar. Aug. Ger. P. M. Tr. P. Imp. P. P.* Au revers un édifice orné d'un double rang de colonnes, & terminé par un dôme. Dans le milieu on voit une porte à laquelle on monte par quelques degrés qui torment un perron: en-dedans de cette porte est une statue de Néron de-bout; la légende de ce revers est *mac. Aug.* dans le champ S. C. Erizzo a lû *macellum Augusti*, fondé sur un passage de Dion, qui dit expressément que Néron fit la dédicace d'un marché destiné à vendre toutes les choses nécessaires à la vie, *obsoniorum mercatum* macellum *nuncupatum dedicavit*.

L'explication d'Erizzo a été suivie par tous les antiquaires, jusqu'au P. Hardouin qui entreprit de la combattre, & qui a expliqué cette médaille, *mausoleum Cæsaris Augusti*; mais outre que les argumens du P. Hardouin contre l'explication commune, ne font rien moins que convaincans, celle qu'il a donnée n'est pas heureuse. 1°. On ne voit pas pourquoi *mausoleum* seroit désigné par deux lettres, tandis que *Cæsaris* est exprimé par une lettre seule. 2°. Les trois premieres lettres Mac. sont jointes ensemble, tout comme les trois dernieres *Aug.* le point est entre deux; pourquoi donc les trois premieres formeront-elles deux mots, & les dernieres un seul? 3°. L'édifice que nous voyons sur la médaille de Néron, ne ressemble point au mausolée d'Auguste. *Voyez* MAUSOLÉE. (*D. J.*)

MACE-MUTINE, s. f. (*Hist. mod.*) monnoie d'or. Pierre II. roi d'Arragon, étant venu en personne à Rome, en 1204, se faire couronner par le pape Innocent III. mit sur l'autel une lettre-patente, par laquelle il offroit son royaume au saint-siége, & le lui rendoit tributaire, s'obligeant stupidement à payer tous les ans deux cent cinquante *mace-mutines*. La *mace-mutine* étoit une monnoie d'or venue des Arabes; on l'appelloit autrement *mahoze-mutine*. Fleuri, *Hist. ecclés.*

MACÉNITES, *Macænitæ*, (*Géog. anc.*) Μακανῖται dans Ptolomée, peuples de la Mauritanie Tingitane, sur le bord de la mer. Le mont Atlas étoit la Macénitide. (*D. J.*)

MACER, s. m. (*Hist. nat. des drog.*) écorce médicinale d'un arbre des Indes orientales, dont il est fait mention dans les écrits de Dioscoride, de Pline, de Galien, & des Arabes; mais ils ne s'accordent ni les uns ni les autres sur l'arbre qui produit cette écorce, sur la partie de l'arbre d'où elle se tire, sur la qualité de son odeur & de sa saveur; c'est à la variété de leurs relations sur ce point, & à l'ignorance des commentateurs qui confondirent le *macer* avec le *macis*, qu'il paroît qu'on peut sur-tout attribuer la cause de l'oubli dans lequel a été chez nous cette drogue depuis Galien; car pour ce qui est des Indes orientales d'où Pline, Sérapion, & Averroès conviennent qu'on la faisoit venir; Garcias-ab-Horto, Acosta, & Jean Mocquet qui dans le pénultieme siecle y avoient voyagé, assurent qu'alors ce remede y étoit usité dans les hôpitaux, & qu'à Bengale il s'en faisoit un commerce assez considérable.

Dioscoride donne à cette écorce le nom μακηρ & μακηρις. Il dit qu'elle est de couleur jaunâtre, assez épaisse, fort astringente, & qu'on l'apportoit de Barbarie. C'est ainsi qu'on appelloit alors les pays orientaux les plus reculés. On faisoit de cette écorce une boisson pour remédier aux hémorragies, aux dissenteries, & aux dévoiemens. Pline appelle des mêmes noms dont s'est servi Dioscoride, l'écorce d'un arbre qui étoit apporté des Indes à Rome, & qu'il dit être rougeâtre. Galien qui dans les descriptions qu'il en fait, & sur les vertus qu'il lui attribue, s'accorde avec ces deux auteurs, ajoute seulement qu'elle est aromatique; il n'est pas étonnant qu'Averroès & d'autres médecins arabes connussent le *macer*, puisque l'arbre dont il est l'écorce, croissoit dans les pays orientaux.

Les relations de quelques-uns de nos voyageurs aux Indes orientales, c'est-à-dire à la côte de Malabar & à l'île sainte-Croix, parlent d'une écorce grisâtre qui étant desséchée, devient à ce qu'ils assurent, jaunâtre, fort astringente, & douée des mêmes vertus que le *macer* des anciens.

Christophe Acosta, l'un des premiers historiens des drogues simples qu'on apporte des Indes, & qui y étoit médecin du viceroi, dit que l'arbre qui porte cette écorce, étoit appellé *arbore de las camaras*, *arbore sancto* par les Portugais, c'est-à-dire, arbre pour les dissenteries, & par excellence, arbre saint; *arbore de sancto Thome*, arbre de saint Thomas par les chrétiens; *macruyre* par les gens du pays, & *macre* par les médecins brachmans, ce qui est conforme avec l'ancien mot *macer*. Ce même historien qui est le seul qui nous ait donné la figure de cet arbre, le compare à un de nos ormes, & attribue des vertus admirables à l'usage de son écorce.

Enfin M. de Jussieu croit avoir retrouvé le *macer* des Indes orientales, dans le Simarouba d'Amérique; mais il ne faut donner cette opinion que comme une légere conjecture; car malgré la conformité qui se trouve dans les vertus entre le *macer* des anciens, le *macre* des Indiens orientaux, & le *simarouba* des occidentaux, il seroit bien étonnant que ce fût la même plante. Il est vrai pour-tant que l'Asie & l'Amérique ont d'autres plantes qui leur sont communes, à l'exclusion de l'Europe. Le ginzing en est un bel exemple. *Voyez* GINZING. (*D. J.*)

MACERATA, (*Géog.*) ville d'Italie dans l'état de l'Eglise, dans la marche d'Ancone, avec un évêché suffragant de Fermo, & une petite université. Elle est sur une montagne, proche de Chiento, à 5 lieues S. O. de Lorette, 8 S. O. d'Ancone. *Long.* 31. 12. *lat.* 43. 5.

Macerata est la patrie de Lorenzo Abstemius, & d'Angelo Galucci, jésuites. Le premier se fit connoître en répandant dans les fables des traits satyriques contre le clergé. Le second est auteur d'une histoire latine de la guerre des Pays-bas, depuis 1593. jusqu'à 1609. Cet ouvrage parut à Rome en 1671, *in-folio*, & en Allemagne en 1677, *in-4°*. (*D. J.*)

MACÉRATION, (*Morale. Gramm.*) C'est une douleur corporelle qu'on se procure dans l'intention de plaire à la divinité. Les hommes ont par-tout des peines, & ils ont très-naturellement conclu que les douleurs des êtres sensibles donnoient un spectacle agréable à Dieu. Cette triste superstition a été répandue & l'est encore dans beaucoup de pays du monde.

Si l'esprit de *macération* est presque toûjours un effet de la crainte & de l'ignorance des vrais attributs de la divinité, il a d'autres causes, sur-tout dans ceux qui cherchent à le répandre. La plûpart sont des charlatans qui veulent en imposer au peuple par de l'extraordinaire.

Le bonze, le talopin, le marabou, le derviche, le faquir, pour la plûpart se livrent à différentes sortes de supplices par vanité & par ambition. Ils ont encore d'autres motifs. Le jeune faquir se tient de-bout, les bras en croix, le poudre de fiente de vache, & va tout nud; mais les femmes vont lui faire dévotement des caresses indécentes. Plus d'une femme à Rome, en voyant la procession du jubilé monter à genoux la scala santa, a remarqué que certain flagellant étoit bien fait, & avoit la peau belle.

Les moyens de se macérer les plus ordinaires dans quelques religions, sont le jeûne, les étrivieres, & la mal-propreté.

Le caractère de la *macération* est par-tout cruel, petit, pusillanime.

La mortification consiste plus dans la privation des plaisirs; la *macération* s'impose des peines. On mortifie ses sens, parce qu'on leur refuse; on macere son corps, parce qu'on le déchire; on mortifie son esprit, on macere son corps; il y a cependant la *macération*

cération de l'ame; elle confifte à fe détacher des affections qu'infpirent la nature & l'état de l'homme dans la fociété.

MACÉRATION, (*Chimie.*) C'eft ainfi qu'on appelle en Chimie la digeftion & l'infufion à froid. La *macération* ne différe de ces dernieres opérations, que pour le degré de chaleur qui anime le menftrue employé; car l'état des menftrues défigné dans le langage ordinaire de l'art, par le nom de froid, eft une chaleur très-réelle, quoique communément cachée aux fens. *Voyez* FROID & FEU (*Chimie.*), INFUSION, DIGESTION, & MENSTRUE. (*b*)

MACÉRATION *des mines*, (*Métallurg.*) quelques auteurs ont regardé comme avantageux de mettre les mines en *macération*, c'eft-à-dire de les faire féjourner dans des eaux chargées d'alcali fixe, de chaux vive, de matieres abforbantes, de fer, de cuivre, & même d'urine & de fiente d'animaux, avant que de les faire fondre. On prétend que cette méthode eft fur-tout profitable pour les mines des métaux précieux, quand elles font chargées de parties arfenicales, fulfureufes, & antimoniales, qui peuvent contribuer à les volatilifer, & à les diffiper dans un grillage trop violent.

Orfchall a fait un traité de la *macération des mines*, dans lequel il prouve par un grand nombre d'exemples & de calculs, que les mines de cuivre qu'il a ainfi traitées, lui ont donné des produits beaucoup plus confidérables que celles qu'il n'avoit point mifes en *macération*. Voyez l'article *de la fonderie d'Orfchall.*

Becher approuve cette pratique; il en donne plufieurs procédés dans fa *concordance chimique*, *part. XII.* Il dit qu'il eft avantageux de fe fervir de la *macération* pour les mines d'or qui font mêlées avec des pyrites fulfureufes & arfenicales; il confeille de commencer par les griller, de les pulvérifer enfuite, & d'en mêler une partie contre quinze parties de chaux vive & de terre fufible ou d'argille, arrofée de vingt-cinq parties de leffive tirée de cendres, & d'y joindre quatre parties de vitriol, & autant de fel marin: pour les mines d'argent on mettra de l'alun au lieu du vitriol, & du nitre au lieu de fel marin: on mêlera bien toutes ces matieres, & on les laiffera quelque tems en digeftion; après quoi on mettra le tout dans un fourneau, l'on donnera pendant vingt-quatre heures un feu de charbons très-violent, au point de faire rougir parfaitement le mélange. Becher penfe que par cette opération la mine eft fixée, maturée, & même améliorée. *Voy.* CONCORDANCE CHIMIQUE.

MACERON, f. m. *fmyrnum*, (*Hift. nat. Bot.*) genre de plante à fleur en rofe, en ombelle, & compofé de plufieurs pétales difpofés en rond, & foutenus par un calice qui devient quand la fleur eft paffée, un fruit prefque rond compofé de deux femences un peu épaiffes, & quelquefois faites en forme de croiffant, relevées en boffe ftriées d'un côté, & plattes de l'autre. Tournefort, *Inft. rei herb. Voyez* PLANTE.

Le maceron eft appellé *fmyrnium femine nigro* par Bauhin, *J. B. III.* 126. *Smyrnium Diofcoridis*, par *C. B. P.* 154. *Smyrnium Matthioli*, par Tournefort, *I. R. H.* 316. *Hippofelinum* , par Ray, *Hift.* 437.

Sa racine eft moyennement longue, groffe, blanche, empreinte d'un fuc âcre & amer, qui a l'odeur & le goût approchant en quelque maniere de la myrrhe : elle pouffe des tiges à la hauteur de trois piés, rameufes, cannelées, un peu rougeâtres. Ses feuilles font femblables à celles de l'ache, mais plus amples, découpées en fegmens plus arrondis, d'un verd brun, d'une odeur aromatique, & d'un goût approchant de celui du perfil. Les tiges & leurs rameaux font terminés par des ombelles ou parafols qui foutiennent de petites fleurs blanchâtres compofées chacune de cinq feuilles difpofées en rofe, avec autant d'étamines dans leur milieu. Lorfque ces fleurs font paffées, il leur fuccede des femences jointes deux-à-deux, groffes, prefque rondes; ou taillées en croiffant, cannelées fur le dos, noires, d'un goût amer.

Cette plante croît aux lieux fombres, marécageux, & fur les rochers près de la mer. On la cultive auffi dans les jardins: elle fleurit au premier printems, & fa femence eft mûre en Juillet. C'eft une plante bis-annuelle, qui fe multiplie aifément de graine, & qui refte verte tout l'hiver. La premiere année elle ne produit point de tige, & elle périt la feconde année, après avoir pouffé fa tige, & amené fa graine à maturité: fa racine tirée de terre en automne, & confervée dans le fable pendant l'hiver, devient plus tendre & plus propre pour les falades. On mangeoit autrefois fes jeunes pouffes comme le céleri; mais ce dernier a pris le deffus, & l'a chaffé de nos jardins potagers. Sa graine eft de quelque ufage en pharmacie, dans de vieilles & mauvaifes compofitions galéniques. (*D. J.*)

MACERON, (*Mat. méd.*) gros perfil de Macédoine. On emploie quelquefois fes femences comme fuccédanées de celles du vrai perfil de Macédoine. *Voyez* PERSIL DE MACÉDOINE. (*b*)

MÂCHECOIN, ou IRIAQUE, f. f. (*Econ. ruft.*) machine à broyer le chanvre. *Voyez l'article* CHANVRE.

MACHAMALA, (*Géog.*) montagne d'Afrique dans le royaume de Serra-lione, près des îles de Bannanes. *Voyez* Dapper , *defcription de l'Afrique.*

MACHA-MONA, f. f. (*Botan. exot.*) calebaffe de Guinée, ou calebaffe d'Afrique; c'eft , dit Biron, un fruit de l'Amérique qui a la figure de nos calebaffes. Il eft long d'environ un pié, & de fix pouces de diametre: fon écorce eft ligneufe & dure. On en pourroit fabriquer des taffes & d'autres uftenfiles, comme on fait avec le coco. Quand le fruit eft mûr, fa chair a un goût aigrelet , un peu ftyptique. On en prepare dans le pays une liqueur qu'on boit pour fe rafraîchir, & dont on donne aux malades dans les cours de ventre. Ses femences font groffes comme des petits pignons, & renferment une amande douce, agréable, & bonne à manger. (*D. J.*)

MACHAN, f. m.(*Hift. nat.*) animal très-remarquable, qui fe trouve dans l'île de Java. On le regarde comme une efpece de lion; cependant fa peau eft marquetée de blanc, de rouge & de noir, à peu près comme celle des tigres. On dit que le *machan* eft la plus terrible des bêtes féroces; il eft fi agile qu'il s'élance à plus de dix-huit piés fur fa proie, & il fait tant de ravages, que les princes du pays font obligés de mettre des troupes en campagne pour le détruire. Cette chaffe fe fait avec plus de fuccès la nuit que le jour ; parce que le *machan* ne diftingue aucun objet dans l'obfcurité, au lieu qu'on le remarque très bien à fes yeux enflammés comme ceux des chats. *Voyez l'hift. génér. des voyages.*

MACHAO, f. m. (*Hift. nat. Ornitholog.*) oifeau du Bréfil, d'un plumage noir, mêlangé de verd, qui le rend très-éclatant au foleil. Il a les piés jaunes ; le bec & les yeux rougeâtres ; il habite le milieu du pays , on le trouve rarement vers les rivages.

MACHARI, f. m. (*Comm.*) forte d'étoffe, dont il fe fait négoce en Hollande. Les pieces fimples portent 12 aunes; les doubles qu'on nomme *machari à deux fils*, en portent 24.

MACHASOR, f. m. (*Théol.*) mot qui fignifie *cycle*, eft le nom d'un livre de prieres fort en ufage chez les Juifs , dans leurs plus grandes fêtes. Il eft très-difficile à entendre, parce que ces prieres font en vers & d'un ftyle concis. Buxtorf remarque qu'il

HHhhh

y en a eu un grand nombre d'éditions, tant en Italie qu'en Allemagne, & en Pologne; & qu'on a corrigé dans ceux qui sont imprimés à Venise, quantité de choses qui sont contre les Chrétiens. Les exemplaires manuscrits n'en sont pas fort communs chez les Juifs; cependant il y a un assez grand nombre de manuscrits dans la bibliotheque de Sorbonne à Paris. Buxtorf, *in biblioth. rabbin.* (*G*)

MACHE, s. f. (*Hist. nat. Bot.*) *valerianella*, genre de plante à fleur monopétale, en forme d'entonnoir, profondément découpée, & soutenue par un calice qui devient dans la suite un fruit qui ne contient qu'une seule semence, mais dont la figure varie dans différentes especes. Quelquefois il ressemble au fer d'une lance, & il est composé de deux parties, dont l'une ou l'autre contient une semence; d'autres fois il est ovoïde, il a un ombilic & trois pointes, ou la semence de ce fruit a un ombilic en forme de bassin, ou ce fruit est allongé de substance fongeuse. Il a la forme d'un croissant, & il renferme une semence à peu près cylindrique; ou enfin ce fruit est terminé par trois crochets, & il contient une semence courbe. Tournefort, *inst. rei herb.* voyez PLANTE.

C'est une des dix especes du genre de plante que les Botanistes nomment *valérianelle*. *Voyez* VALÉRIANELLE.

La *mâche* est la *varianella arvensis, præcox, humilis, femine compresso* de Tournefort, J. R. H. 132. *Valerianella campestris, inodora, major* de C. B. P. 165. Raii *hist.* 392.

Sa racine est menue, fibreuse, blanche, annuelle, d'un goût un peu doux, & presque insipide. Elle pousse une tige à la hauteur d'environ un demi-pié, foible, ronde, courbée souvent vers la terre, cannelée, creuse, nouée, rameuse, se subdivisant ordinairement en deux branches à chaque nœud, & ces dernieres en plusieurs rameaux. Ses feuilles sont oblongues, assez épaisses, molles, tendres, délicates, conjuguées ou opposées deux à deux, de couleur herbeuse, ou d'un verd-pâle, les unes entieres, sans queue, & les autres crenelées, d'un goût douçâtre.

Ses fleurs sont ramassées en bouquets, ou en maniere de parasol, formées en tuyau évasé, & découpé en cinq parties; elles sont assez jolies, mais sans odeur. Lorsque ces fleurs sont tombées, il leur succede des fruits arrondis, un peu applatis, ridés, blanchâtres, lesquels tombent avant la parfaite maturité. Cette plante croit presque par-tout dans les champs, parmi les blés. On la cultive dans les jardins pour en manger les jeunes feuilles en salade. (*D. J.*)

MACHE, (*Diete & Mat. méd.*) *poule grasse, doucette, salade de chanoine*. La *mâche* est communément regardée comme fort analogue à la laitue. Elle en differe pourtant en ce que son parenchyme est plus serré & plus ferme, lors même qu'il est aussi renflé & aussi ramolli, qu'il est possible, par la culture & par l'arrosement; cette différence est essentielle dans l'usage le plus ordinaire de l'une & de l'autre plante, c'est-à-dire lorsqu'on les mange en salade. La texture plus solide de la *mâche*, la rend moins facile à digérer; & dans le fait la *mâche* ainsi mangée, est indigeste pour beaucoup de sujets.

L'extrait de ces deux plantes, c'est-à-dire la partie qu'elles fournissent aux décoctions, peut être beaucoup plus identique, & on peut les employer ensemble, ou l'une pour l'autre, dans les bouillons de veau & de poulet que l'on veut rendre plus adoucissans, plus tempérans, plus rafraîchissans par l'addition des plantes douées de ces vertus; & entre lesquelles la *mâche* doit être placée. *Voyez* RAFRAICHISSANS. (*b*)

MÂCHÉCHOU, ou MÂCHÉCOL, (*Géog.*) petite ville de France en Bretagne, diocèse & recette de Nantes, chef-lieu du duché de Retz, sur la petite riviere de Tenu, à 8 lieues de Nantes. *Long.* 15. 48. *lat.* 47. 2. (*D. J.*)

MACHEFER, s. m. (*Arts.*) c'est ainsi qu'on nomme une substance demi-vitrifiée, ou même une espece de scorie, qui se forme sur la forge des Maréchaux, des Serruriers, & de tous les Ouvriers qui travaillent le fer. Cette substance est d'une forme irréguliere, elle est dure, légere & spongieuse. Les Chimistes n'ont point encore examiné la nature du *mâche-fer*, cependant il y a lieu de présumer que c'est une masse produite par une fusion, occasionnée par la combinaison qui se fait dans le feu, des cendres du charbon avec une portion de fer, qui contribue à leur donner de la fusibilité.

Ce n'est pas seulement dans les forges des ouvriers en fer qu'il se produit du *mâche-fer*. Il s'en forme aussi dans les endroits des forêts où l'on fait du charbon de bois. Ce *mâche-fer* doit sa formation à la vitrification qui se fait des cendres avec une portion de sable, & avec la portion de fer contenue, comme on sait, dans toutes les cendres des végétaux.

MACHE-FER, (*Med.*) en latin *scoria ferri*, & *recrementum ferri*. On en conseille l'usage en Médecine pour les pâles-couleurs, après l'avoir pulvérisé subtilement, lavé plusieurs fois, & finalement fait sécher. Mais il est inutile de prendre tant de peines, car la simple rouille du fer est infiniment préférable au *mâche-fer*, qu'il est si difficile de purifier après bien des soins, que le meilleur parti est d'en abandonner l'usage aux Taillandiers. (*D. J.*)

MACHELIERES, adj. *en Anatomie*, se dit des dents molaires. *Voyez* MOLAIRE.

MACHÆRA, s. f. (*Hist. anc.*) machere, arme offensive des anciens. C'étoit l'épée espagnole que l'infanterie légionnaire des Romains portoit, & qui la rendit si redoutable, quand il falloit combattre de près; c'étoit une espece de sabre court & renforcé, qui frappoit d'estoc & de taille, & faisoit de terribles exécutions. Tite-Live raconte que les Macédoniens, peuples d'ailleurs si aguerris, ne purent voir sans une extrême surprise, les blessures énormes que les Romains faisoient avec cette arme. Ce n'étoient rien moins que des bras & des têtes coupées d'un seul coup de tranchant; des têtes à demi-fendues, & des hommes éventrés d'un coup de pointe. Les meilleures armes offensives n'y résistoient pas; elles coupoient & perçoient les casques & les cuirasses à l'épreuve; on ne doit point après cela s'étonner si les batailles des anciens étoient si sanglantes. (*G*)

MACHERA, (*Hist. nat.*) pierre fabuleuse dont parle Plutarque dans son traité *des fleuves*. Il dit qu'elle se trouvoit en Phrygie sur le mont Berecinthus; qu'elle ressembloit à du fer, & que celui qui la trouvoit au tems de la célébration des mysteres de la mere des dieux, devenoit fou & furieux. *Voyez* Boetius de Boot. *de lapidib.*

MACHEMOURE, s. f. (*Marine.*) On donne ce nom aux plus petits morceaux du biscuit écrasé ou égrené. Lorsque les morceaux de biscuits sont de la grosseur d'une noisette, ils ne sont pas réputés *machemoure*, & les équipages doivent le recevoir comme faisant partie de leur ration, suivant l'ordonnance de 1689. *liv.* X. *tit.* III. *art.* 15. (*Z*)

MACHER, v. act. (*Gram.*) c'est briser & moudre un tems convenable les alimens avec ses dents. Plus les alimens sont *mâchés*, moins ils donnent de travail à l'estomac. On ne peut trop recommander de *mâcher*, c'est un moyen sûr de prévenir plusieurs maladies, mais difficile à pratiquer. Il n'y a peut-être aucune habitude plus forte que celle de manger vîte. *Mâcher* se dit au figuré. Je lui ai donné sa besogne toute *mâchée*. Il y a des peuples septentrionaux qui tuent leurs peres quand ils n'ont plus de dents. Un habitant de ces contrées demandoit à un des nôtres ce que nous faisions de nos vieillards quand ils ne *mâchoient* plus. Il auroit pû lui répondre, nous *mâchons* pour eux. Il ne faut quelquefois qu'un mot frappant qui reveille dans un souverain le sentiment de l'humanité, pour lui faire reconnoître & abolir des usages barbares.

MACHER SON MORS, (*Maréchal.*) se dit d'un cheval qui remue son mors dans sa bouche, comme s'il vouloit le *mâcher*. Cette action attire du cerveau une écume blanche & liée, qui témoigne qu'il a de la vigueur & de la santé, & qui lui humecte & rafraîchit continuellement la bouche.

MACHEROPSON, s. m. (*Hist. anc.*) *voyez* MACHÆRA.

MACHETTE, (*Ornith.*) *voyez* HULOTTE.

MACHICOULIS ou MASSICOULIS, s. m. sont en *termes de Fortification*, des murs dont la partie extérieure avance d'environ 8 ou 10 pouces sur l'inférieure; elle est soutenue par des especes de suports de pierre de taille, disposés de maniere qu'entre leurs intervalles on peut découvrir le pié du mur sans être découvert par l'ennemi. Ces *machicoulis* étoient fort en usage dans l'ancienne fortification. Dans la nouvelle on s'en sert quelquefois aux redoutes de maçonnerie, placées dans des endroits éloignés des places: comme ces sortes d'ouvrages ne sont pas flanqués, l'ennemi pourroit les détruire aisément par la mine, si l'accès du pié du mur lui étoit permis; c'est un inconvénient auquel on remédie par les *machicoulis*. *Voyez* REDOUTES A MACHICOULIS. On n'emploie pas cet ouvrage dans les lieux destinés à résister au canon, mais dans les forts qu'on veut conserver & mettre à l'abri des partis.

MACHIAN, (*Géog.*) l'une des îles Moluques, dans l'Océan oriental : elle a environ 7 lieues de tour. *Long.* 144. 50. *lat.* 16. (*D. J.*)

MACHIAVELISME, s. m. (*Hist. de la Philos.*) espece de politique détestable qu'on peut rendre en deux mots, par l'art de tyranniser, dont Machiavel le florentin a répandu les principes dans ses ouvrages.

Machiavel fut un homme d'un génie profond & d'une érudition très-variée. Il sut les langues anciennes & modernes. Il posséda l'histoire. Il s'occupa de la morale & de la politique. Il ne négligea pas les lettres. Il écrivit quelques comédies qui ne sont pas sans mérite. On prétend qu'il apprit à regner à César Borgia. Ce qu'il y a de certain, c'est que la puissance despotique de la maison des Médicis lui fut odieuse, & que cette haine, qu'il étoit si bien dans ses principes de dissimuler, l'exposa à de longues & cruelles persécutions. On le soupçonna d'être entré dans la conjuration de Soderini. Il fut pris & mis en prison; mais le courage avec lequel il résista aux tourmens de la question qu'il subit, lui sauva la vie. Les Médicis qui ne purent le perdre dans cette occasion, le protégerent, & l'engagerent par leurs bienfaits à écrire l'histoire. Il le fit; l'expérience du passé ne le rendit pas plus circonspect. Il trempa encore dans le projet que quelques citoyens formerent d'assassiner le cardinal Jules de Médicis, qui fut dans la suite élevé au souverain pontificat sous le nom de Clément VII. On ne put lui opposer que les éloges continuels qu'il avoit fait de Brutus & de Cassius. S'il n'y avoit en pas assez pour le condamner à mort, il y en avoit autant & plus qu'il n'en falloit pour le châtier par la perte de ses pensions : ce qui lui arriva. Ce nouvel échec le précipita dans la misere, qu'il supporta pendant quelque tems. Il mourut à l'âge de 48 ans, l'an 1527, d'un médicament qu'il s'administra lui-même comme un préservatif contre la maladie. Il laissa un fils appellé Luc Machiavel. Ses derniers discours, s'il est permis d'y ajoûter foi, furent de la derniere impiété. Il disoit qu'il aimoit mieux être dans l'enfer avec Socrate, Alcibiade, César, Pompée, & les autres grands hommes de l'antiquité, que dans le ciel avec les fondateurs du christianisme.

Nous avons de lui huit livres de l'histoire de Florence, sept livres de l'art de la guerre, quatre de la république, trois de discours sur Tite-Live, la vie de Castruccio, deux comédies, & les traités du prince & du sénateur.

Il y a peu d'ouvrages qui ait fait autant de bruit que le traité du prince : c'est-là qu'il enseigne aux souverains à fouler aux piés la religion, les regles de la justice, la sainteté des pactes & tout ce qu'il y a de sacré, lorsque l'intérêt l'exigera. On pourroit intituler le quinzieme & le vingt-cinquieme chapitres, des circonstances où il convient au prince d'être un scélérat.

Comment expliquer qu'un des plus ardens défenseurs de la monarchie soit devenu tout-à-coup un infâme apologiste de la tyrannie? le voici. Au reste, je n'expose ici mon sentiment que comme une idée qui n'est pas tout-à-fait destituée de vraissemblance. Lorsque Machiavel écrivit son traité du prince, c'est comme s'il eût dit à ses concitoyens, *lisez bien cet ouvrage. Si vous acceptez jamais un maître, il sera tel que je vous le peins: voilà la bête féroce à laquelle vous vous abandonnerez.* Ainsi ce fut la faute de ses contemporains, s'ils méconnurent son but: ils prirent une satyre pour un éloge. Bacon le chancelier ne s'y est pas trompé, lui, lorsqu'il a dit : cet homme n'apprend rien aux tyrans, ils ne savent que trop bien ce qu'ils ont à faire, mais il instruit les peuples de ce qu'ils ont à redouter. *Est quod gratias agamus Machiavello & hujus modi scriptoribus, qui apertè & indissimulanter proferunt quod homines facere soleant, non quod debeant.* Quoi qu'il en soit, on ne peut guère douter qu'au moins Machiavel n'ait pressenti que tôt ou tard il s'éleveroit un cri général contre son ouvrage, & que ses adversaires ne réussiroient jamais à démontrer que son prince n'étoit pas une image fidele de la plûpart de ceux qui ont commandé aux hommes avec le plus d'éclat.

J'ai oui dire qu'un philosophe interrogé par un grand prince sur une réfutation qu'il venoit de publier du *machiavelisme*, lui avoit répondu : « sire, je » pense que la premiere leçon que Machiavel eût » donné à son disciple, c'eût été de réfuter son ou- » vrage ».

MACHIAVELISTE, s. m. (*Gramm. & Moral.*) homme qui suit dans sa conduite les principes de Machiavel, qui consultent à tendre à ses avantages particuliers par quelques voies que ce soit. Il y a des *Machiavelistes* dans tous les états.

MACHICATOIRE, s. m. (*Gramm. & Méd.*) toute substance médicamenteuse qu'on ordonne à un malade de tenir dans sa bouche, & de mâcher, soit qu'il en doive avaler, soit qu'il en doive rejetter le suc. Le tabac est un *machicatoire*.

MACHICORE, (*Géog.*) grand pays de l'île de Madagascar : sa longueur peut avoir, selon Flacourt, 70 lieues de l'est à l'ouest, & autant du nord au sud; il a environ 50 lieues de large; mais tout ce pays des *Machicores* a été ruiné par les guerres, sans qu'on l'ait cultivé depuis. Les habitans vivent dans les bois, & se nourrissent de racines, & des bœufs sauvages qu'ils peuvent attraper. (*D. J.*)

MACHICOT, s. m. (*Hist. ecclés.*) c'est, dit le dictionnaire de Trévoux, un officier de l'église de Notre-Dame de Paris, qui est moins que les bénéficiers, & plus que les chantres à gage. Ils portent chappe aux fêtes semi-doubles, & tiennent chœur,

De *machicot* on a fait le verbe *machicoter*, qui signifie altérer le chant, soit en le rendant plus léger, soit en le rendant plus simple ou plus composé, soit en prenant les notes de l'accord, en un mot en ajoûtant de l'agrément à la mélodie & à l'harmonie.

MACHINAL, adj. (*Gram.*) ce que la machine exécute d'elle-même, sans aucune participation de notre volonté : deux exemples suffiront pour faire distinguer le mouvement machinal, du mouvement qu'on appelle *libre* ou *volontaire*. Lorsque je fais un faux pas, & que je vais tomber du côté droit, je jette en avant & du côté opposé mon bras gauche, & je le jette avec la plus grande vitesse que je peux ; qu'en arrive-t-il ? C'est que par ce moyen non réfléchi je diminue d'autant la force de ma chûte. Je pense que cet artifice est la suite d'une infinité d'expériences faites dès la premiere jeunesse, que nous apprenons sans presque nous en appercevoir, à tomber le moins rudement qu'il est possible dès nos premiers ans, & que ne sachant plus comment cette habitude s'est formée, nous croyons, dans un âge plus avancé, que c'est une qualité innée de la machine ; c'est une chimere que cette idée. Il y a sans doute actuellement quelque femme dans la société, déterminée à s'aller jetter ce soir entre les bras de son amant, & qui n'y manquera pas. Si je suppose cent mille femmes tout-à-fait semblables à cette premiere femme, de même âge, de même état, ayant dès amans tous semblables, le même tempérament, la même vie antérieure, dans un espace conditionné de la même maniere ; il est certain qu'un être élevé au-dessus de ces cent mille femmes les verroit toutes agir de la même maniere, toutes se porter entre les bras de leurs amans, à la même heure, au même moment, de la même maniere : une armée qui fait l'exercice & qui est commandée dans ses mouvemens ; des capucins de carte qui tombent tous les uns à la file des autres, ne se ressembleroient pas davantage ; le moment où nous agissons paroissant si parfaitement dépendre du moment qui l'a précédé, & celui-ci du précédent encore ; cependant toutes ces femmes sont libres, & il ne faut pas confondre leurs actions quand elles se rendent à leurs amans, avec leur action, quand elles se secourent *machinalement* dans une chûte. Si l'on ne faisoit aucune distinction réelle entre ces deux cas, il s'ensuivroit que notre vie n'est qu'une suite d'instans nécessairement tels, & nécessairement enchaînés les uns aux autres ; que notre volonté n'est qu'un acquiescement nécessaire à être ce que nous sommes nécessairement dans chacun de ces instans, & que notre liberté est un mot vuide de sens : mais en examinant les choses en nous-mêmes, quand nous parlons de nos actions & de celles des autres, quand nous les louons ou que nous les blamons, nous ne sommes certainement pas de cet avis.

MACHINATION, (*Droit françois.*) La *machination* est une action par laquelle on dresse une embuche à quelqu'un, pour le surprendre par adresse, ou par artifice ; l'attentat est un outrage & violence qu'on fait à quelqu'un. Suivant l'ordonnance de Blois, il faut pour établir la peine de l'assassinat, réunir la *machination* & l'attentat ; « nous voulons, » dit l'ordonnance, la seule *machination* & attentat, » être punis de peine *de mort*, » la conjonction & est copulative : mais selon l'ordonnance criminelle, pour être puni de la peine de l'assassinat, la *machination* seule suffit, encore qu'il n'y ait eû que la seule *machination*, ou le seul attentat ; *ou*, est une conjonction disjonctive & alternative.

Suivant donc la jurisprudence de France, il n'est pas nécessaire que l'assassin ait attenté immédiatement à la vie de celui qui est l'objet de son dessein criminel, il suffit qu'il ait *machiné* l'assassinat. En conséquence ; par arrêt du parlement, un riche juif ayant engagé son valet à donner des coups de bâton à un joueur d'instrumens, amant de sa maîtresse, ils furent tous deux condamnés à être roués, ce qui fut exécuté réellement à l'égard du valet, & en effigie à l'égard du maitre : on punit donc alors la *machination*, quoiqu'il n'avoit été suivie d'aucun attentat. M. de Montesquieu fait voir que cette loi est trop dure. (*D. J.*)

MACHINE, s. f. (*Hydraul.*) Dans un sens général signifie ce qui sert à augmenter & à regler les forces mouvantes, ou quelque instrument destiné à produire du mouvement de façon à épargner ou du tems dans l'exécution de cet effet, ou de la force dans la cause. *Voyez* MOUVEMENT & FORCE.

Ce mot vient du grec μηχανὴ, *machine, invention, art.* Ainsi une *machine* consiste encore plûtôt dans l'art & dans l'invention que dans la force & dans la solidité des matériaux.

Les *machines* se divisent en simples & composées ; il y a six *machines* simples auxquelles toutes les autres *machines* peuvent se réduire, la balance & le levier, dont on ne fait qu'une seule espece, le treuil, la poulie, le plan incliné, le coin & la vis. *Voyez* BALANCE, LEVIER, &c. On pourroit même réduire ces six *machines* à trois, le levier, le plan incliné & le coin ; car le treuil & la poulie se rapportent au levier, & la vis au plan incliné & au levier. Quoi qu'il en soit, à ces six machines simples M. Varignon en ajoute une septieme qu'il appelle *machine funiculaire*, *voyez* FUNICULAIRE.

Machine composée, c'est celle qui est en effet composée de plusieurs *machines* simples combinées ensemble.

Le nombre des *machines composées* est à-présent presqu'infini, & cependant les anciens semblent en quelque maniere avoir surpassé de beaucoup les modernes à cet égard ; car leurs *machines* de guerre, d'architecture, &c. telles qu'elles nous sont décrites, paroissent supérieures aux nôtres.

Il est vrai que par rapport aux *machines* de guerre, elles ont cessé d'être si nécessaires depuis l'invention de la poudre, par le moyen de laquelle on a fait en un moment ce que les béliers des anciens & leurs autres *machines* avoient de la peine à faire en plusieurs jours.

Les *machines* dont Archimede se servit pendant le siége de Syracuse, ont été fameuses dans l'antiquité ; cependant on révoque en doute aujourd'hui la plus grande partie de ce qu'on en raconte. Nous avons de très-grands recueils de *machines* anciennes & modernes, & parmi ces recueils, un des principaux est celui des *machines* approuvées par l'académie des Sciences, imprimé en 6 volumes in-4°. On peut aussi consulter les recueils de Ramelli, de Lupold, & celui des *machines* de Zabaglia, homme sans lettres, qui par son seul génie a excellé dans cette partie.

Machine architectonique est un assemblage de pieces de bois tellement disposées, qu'au moyen de cordes & de poulies un petit nombre d'hommes peut élever de grands fardeaux & les mettre en place, telles sont les grues, les crics, &c. *Voyez* GRUE, CRIC, &c.

On a de la peine à concevoir de quelles *machines* les anciens peuvent s'être servis pour avoir élevé des pierres aussi immenses que celles qu'on trouve dans quelques bâtimens anciens.

Lorsque les Espagnols firent la conquête du Pérou, ils furent surpris qu'un peuple qu'ils croyoient sauvage & ignorant, fût parvenu à élever des masses énormes, à bâtir des murailles dont les pierres n'étoient pas moindres que de dix piés en quarré, sans avoir d'autres moyens de charrier qu'à force de bras, en traînant leur charge, & sans avoir seulement l'art d'échaffauder ; pour y parvenir, ils n'avoient point d'autre méthode que de hausser la terre contre leur bâtiment à mesure qu'il s'élevoit, pour l'ôter après.

Machine hydraulique ou *machine à eau*, signifie ou bien une simple *machine* pour servir à conduire ou élever l'eau, telle qu'une écluse, une pompe, &c. ou bien un assemblage de plusieurs *machines* simples qui concourent ensemble à produire quelques effets hydrauliques, comme la *machine* de Marly. Dans cette machine le premier mobile est un bras de la riviere de Seine, lequel par son courant fait tourner plusieurs grandes roues qui menent des manivelles, & celles-ci des pistons qui élevent l'eau dans les pompes ; d'autres pistons la forcent à monter dans des canaux le long d'une montagne jusqu'à un réservoir pratiqué dans une tour de pierre fort élevée au-dessus du niveau de la riviere, & l'eau de ce reservoir est conduite à Versailles par le moyen d'un aqueduc. M. Weidler, professeur en Astronomie à Wirtemberg, a fait un traité des *machines hydrauliques*, dans lequel il calcule les forces qui font mouvoir la *machine* de Marly ; il évalue à 1000594 livres, & il ajoute que cette *machine* éleve tous les jours 1 1700000 livres d'eau à la hauteur de 500 piés. M. Daniel Bernoully, dans son *hydrodynamique*, section 9. a publié différentes remarques sur les *machines hydrauliques*, & sur le dernier degré de perfection qu'on leur peut donner.

Les pompes de la Samaritaine & du pont Notre-Dame à Paris, sont aussi des *machines hydrauliques*. La premiere a été construite pour fournir de l'eau au jardin des Tuileries, & la seconde en fournit aux différens quartiers de la ville. On trouve dans l'ouvrage de M. Belidor, intitulé, *architecture hydraulique*, le calcul de la force de plusieurs *machines* de cette espece. *Voyez* la description de plusieurs de ces *machines*, au mot HYDRAULIQUE.

Les *machines* militaires des anciens étoient de trois especes : les premieres servoient à lancer des fleches, comme le scorpion ; des pierres ou des javelines, comme la catapulte ; des traits ou des boulets, comme la baliste ; des dards enflammés, comme le pyrobole : les secondes servoient à battre des murailles, comme le bélier : les troisiemes enfin, à couvrir ceux qui approchoient des murailles des ennemis, comme les tours de bois, &c. *Voyez* SCORPION, CATAPULTE, &c.

Pour calculer l'effet d'une *machine*, on la considere dans l'état d'équilibre, c'est-à-dire dans l'état où la puissance qui doit mouvoir le poids ou surmonter la résistance, est en équilibre avec le poids ou la résistance. On a donné pour cela des méthodes aux mots ÉQUILIBRE & FORCES MOUVANTES, & nous ne les répéterons point ici ; mais nous ne devons pas oublier de remarquer qu'après le calcul du cas de l'équilibre, on n'a encore qu'une idée très-imparfaite de l'effet de la *machine* : car comme toute *machine* est destinée à mouvoir, on doit la considérer dans l'état de mouvement, & alors il faut avoir égard, 1°. à la masse de la *machine*, qui s'ajoute à la résistance qu'on doit vaincre, & qui doit augmenter par conséquent la puissance ; 2°. au frottement qui augmente prodigieusement la résistance, comme on le peut voir aux mots FROTTEMENT & CORDE, où l'on trouvera quelques essais de calcul à ce sujet. C'est principalement ce frottement & les lois de la résistance des solides, si différens pour les grands & pour les petits corps (*voyez* RÉSISTANCE) ; ce sont, dis-je, ces deux causes qui font souvent qu'on ne sauroit conclure de l'effet d'une *machine* en petit à celui d'une autre *machine* semblable en grand, parce que les résistances n'y sont pas proportionnelles aux dimensions des *machines*. Sur les *machines* particulieres, *voyez* les différens *articles* de ce Dictionnaire, LEVIER, POULIE, &c. (*O*)

MACHINE DE BOYLE, est le nom qu'on donne quelquefois à la *machine* pneumatique, parce qu'on regarde ce physicien comme le premier inventeur de cette *machine*. Cependant il n'a fait réellement que la perfectionner ; elle étoit inventée avant lui : c'est à Othon de Guericke, bourguemestre de Magdebourg, que l'on en doit la premiere idée. *Voyez* MACHINE PNEUMATIQUE, *au mot* PNEUMATIQUE. (*O*)

MACHINES MILITAIRES, ce sont en général toutes les *machines* qui servent à la guerre de campagne & à celle des sièges. Ainsi les *machines militaires* des anciens étoient le *bélier*, la *catapulte*, la *baliste*, &c. celles des modernes sont le *canon*, le *mortier*, &c. *Voyez* chacun de ces mots à leur article.

Il n'est pas rare de trouver des gens qui proposent de nouvelles *machines* ou de nouvelles inventions pour la guerre. Le chevalier de Ville rapporte dans son *traité de Fortification*, « qu'au siège de Saint-Jean » d'Angely il y eut un personnage qui fit bâtir un » pont grand à merveille, soutenu sur quatre roues, » tout de bois, avec lequel il prétendoit traverser » le fossé, & depuis la contrescarpe jusque sur le » parapet des remparts, faire passer par-dessus ice- » lui 15 ou 20 soldats à couvert. Il fit faire la ma- » chine, qui coûta douze ou quinze mille écus ; & » lorsqu'il fut question de la faire marcher avec 50 » chevaux qu'on avoit attelés, soudain qu'elle fut » ébranlée, elle se rompit en mille pieces avec un » bruit effroyable. La même chose arriva d'une au- » tre à Lunel qui coûtoit moins que celle-là, & réus- » sit ainsi que l'autre.

» J'en ai vu, continue le même auteur, qui pro- » mettoient pouvoir jetter avec une *machine* 50 hom- » mes tout-à-la-fois depuis la contrescarpe jusque » dans le bastion, armés à l'épreuve du mousquet ; » d'autres de réduire en cendre les rédutes, » voire les murailles mêmes, sans que ceux de dedans » y pussent donner remede, quand bien leurs mai- » sons seroient terrassées. Enfin on ne voit aucun » effet de ces promesses, & le plus souvent ou c'est » folie ou malice pour attraper l'argent du prince qui » les croit ». Le chevalier de Ville prétend & avec raison, qu'il ne faut pas se livrer aisément à ces faiseurs de miracles qui proposent des choses extraordinaires, à moins qu'ils n'en fassent premierement l'expérience à leurs dépens. Ce n'est pas, dit-il, que je blâme toutes sortes de *machines* : on en a fait, & on en invente tous les jours de très-utiles ; mais je parle de ces extraordinaires qu'on juge par raison ne pouvoir être mises en œuvre & faire les effets qu'on propose. Il ne faut jamais faire une chose si douteuse fonder totalement un grand dessein ; on doit en faire l'épreuve à loisir lorsqu'on n'en a pas besoin, afin d'être assuré de leur effet au besoin. (*Q*)

MACHINE INFERNALE, (*Art milit.*) c'est un bâtiment à trois ponts chargé au premier de poudre, au second de bombes & de carcasses, & au troisieme de barils cerclés de fer pleins d'artifices, son tillac aussi comblé de vieux canons & de mitraille, dont on s'est quelquefois servi pour essayer de ruiner des villes & différens ouvrages.

Les Anglois ont essayé de bombarder ou ruiner plusieurs des villes maritimes de France, & notamment Saint Malo, avec des *machines* de cette espece, mais sans aucun succès.

Celui qui les mit le premier en usage, fut un ingénieur italien, nommé *Frédéric Jambelli*. Durant le siège qu'Alexandre de Parme avoit mis devant Anvers, où les Hollandois se défendirent long-tems avec beaucoup de constance & de bravoure ; l'Éscaut est extraordinairement large au-dessus & au-dessous d'Anvers, parce qu'il approche-là de son embouchure; Alexandre de Parme, malgré cela, entreprit de faire un pont de 2400 piés de long au-dessous de cette place pour empêcher les secours qui pourroient venir de Zélande. Il en vint à bout, & il ne s'étoit point fait jusqu'alors d'ouvrage en ce genre comparable à celui-là. Ce fut contre ce pont que Jambelli destina ses *machines infernales*. Stradon dans cet endroit de son histoire, une des mieux écrites de ces derniers tems, fait une belle description de ces *machines* & de la maniere dont on s'en servoit. Je vais le traduire ici.

» Ceux qui défendoient Anvers, dit cet auteur, » ayant achevé l'ouvrage qu'ils préparoient depuis » long-tems pour la ruine du pont, donnerent avis » de cela à la flotte qui étoit au delà du pont du côté » de la Zélande, que le quatrieme d'Avril leurs vaisseaux » sortiroient du port d'Anvers sur le soir; » qu'ainsi ils se tinssent prêts pour passer avec le » convoi des munitions par la breche qu'on feroit » infailliblement au pont. Je vais, continue l'histo- » rien, décrire la structure des bateaux d'Anvers & » leurs effets, parce qu'on n'a rien vu dans les sie- » cles passés de plus prodigieux en cette matiere, » & je tirerai ce que je vais en dire des lettres d'A- » lexandre de Parme au roi d'Espagne Philippe II. » & de la relation du capitaine Tuc.

» Frédéric Jambelli ayant passé d'Italie en Es- » pagne pour offrir son service au roi, sans pou- » voir obtenir audience, se retira piqué du mé- » pris que l'on faisoit de sa personne, dit en par- » tant que les Espagnols entendroient un jour parler » de lui d'une maniere à se repentir d'avoir méprisé » ses offres. Il se jetta dans Anvers, & il y trouva » l'occasion qu'il cherchoit de mettre ses menaces à » exécution. Il construisit quatre bateaux plats, » mais très-hauts de bords, & d'un bois très-fort & » très-épais, & imagina le moyen de faire des » mines sur l'eau de la maniere suivante. Il fit dans » le fond des bateaux & dans toute leur longueur » une maçonnerie de brique & de chaux, de la hau- » teur d'un pié & de la largeur de cinq. Il éleva tout » à l'entour & aux côtés de petites murailles, fit » la chambre de sa mine haute & large de trois piés; » il la remplit d'une poudre très-fine qu'il avoit fait » lui-même, & la couvrit avec des tombes, des » meules de moulin, & d'autres pierres d'une ex- » traordinaire grosseur: il mit par-dessus des bou- » lets, des monceaux de marbre, des crocs, des » clous & d'autre ferraille, & bâtit sur tout cela » comme un toit de grosses pierres. Ce toit n'étoit » pas plat, mais en dos d'âne, afin que la mine ve- » nant à crever l'effet ne s'en fit pas seulement » en-haut, mais de tous côtés. L'espace qui étoit » entre les murailles de la mine & les côtés des ba- » teaux, fut rempli de pierres de taille maçonnées » & de poutres liées avec les pierres par des cram- » pons de fer. Il fit sur toute la largeur des bateaux » un plancher de grosses planches, qu'il couvrit en- » core d'une couche de brique, & sur le milieu il » éleva un bucher de bois poissé pour l'allumer, » quand les bateaux démareroient, afin que les en- » nemis les voyant aller vers le pont, crussent que » ce n'étoient que des bateaux ordinaires qu'on en- » voyoit pour mettre le feu au pont. Pour que le » feu ne manquât pas de prendre à la mine, il se ser- » vit de deux moyens. Le premier fut une meche » enfoufrée d'une certaine longueur proportionnée » au tems qu'il falloit pour arriver au pont, quand » ceux qui les conduiroient les auroient abandon- » nés & mis dans le courant. L'autre moyen dont il » se servit pour donner le feu à la poudre étoit un » de ces petits horloges à réveils-matin, qui en se » détendant après un certain tems battent le fusil. » Celui-ci faisant feu devoit donner sur une traînée » de poudre qui aboutissoit à la mine.

» Ces quatre bateaux ainsi préparés devoient être » accompagnés de treize autres où il n'y avoit point » de mine, mais qui étoient de simples brûlots. On » avoit su dans le camp des Espagnols qu'on prépa- » roit des brûlots dans le port d'Anvers; mais on » n'y avoit nul soupçon de l'artifice des quatre ba- » teaux, & Alexandre de Parme crut que le dessein » des ennemis étoit seulement d'attaquer le pont en » même tems au-dessus du côté d'Anvers, & au-des- » sous du côté de la Zélande. C'est pourquoi il ren- » força les troupes qu'il avoit dans les forts des di- » gues voisines, & sur tout le pont, & y distribua » ses meilleurs officiers, qu'il exposoit d'autant plus » au malheur qui les menaçoit, qu'il sembloit pren- » dre de meilleures mesures pour l'éviter. On vit » sortir d'abord trois brûlots du port d'Anvers, & » puis trois autres, & le reste dans le même ordre. » On sonna l'allarme, & tous les soldats coururent » à leurs postes sur le pont. Ces vaisseaux voguoient » en belle ordonnance, parce qu'ils étoient conduits » chacun par leurs pilotes. Le feu y étoit si vive- » ment allumé qu'il sembloit que les vaisseaux mê- » mes brûloient, ce qui donnoit un spectacle qui eut » fait plaisir aux spectateurs qui n'en n'eussent eu » rien à craindre: car les Espagnols de leur côté » avoient allumé un grand nombre de feux sur » leurs digues & dans leurs forts. Les soldats étoient » rangés en bataille sur les deux bords de la riviere » & sur le pont, enseignes déployées, avec les offi- » ciers à leur tête; & les armes brilloient encore » plus à la flamme qu'elles n'auroient fait au plus » beau soleil.

» Les matelots Anglois qui conduisoient ces vaisseaux jus- » qu'à deux mille pas du pont, firent prendre, sur- » tout aux quatre où étoient les mines, le courant » de l'eau, & se retirerent dans leurs esquifs; car » pour ce qui est des autres ils ne se mirent pas si » fort en peine de si bien diriger leur route; ceux-ci » pour la plûpart échouerent contre l'estaccade & » aux deux bords de la riviere. Un des quatre desti- » nés à rompre le pont, fit eau & coula bas au mi- » lieu de la riviere; on en vit sortir une épaisse fu- » mée sans autre effet. Deux autres furent poussés » par un vent qui s'éleva, & portés par le cou- » rant vers Calloo au rivage du côté de la Flandre; » il y eut pendant quelque tems sujet de croire que » la même chose arriveroit au quatrieme, parce » qu'il paroissoit aussi tourner du côté de la rive de » Flandre; les soldats voyant tout cela, & que le » feu paroissoit s'éteindre sur la plûpart des bateaux, » commencerent à se moquer de ce grand appareil » qui n'aboutissoit à rien; il y en eut même d'assez » hardis pour monter dans un des deux qui avoient » échoué au bord, & ils y enfonçoient leurs piques » sur le plancher pour découvrir ce qu'il y avoit » dessous; mais dans ce moment, ce quatrieme vais- » seau, qui étoit beaucoup plus fort que les autres, » ayant brisé l'estaccade, continua sa route vers le » pont. Alors les soldats redoublant de vigilance » reprit, jetterent un grand cri. Le duc de Parme » qui étoit aussi attentif à la Hollandoise qui » étoit au-dessous du pont du côté de Lillo, qu'aux » brûlots qui venoient d'Anvers, accourut à ce cri. » Il commanda aussi-tôt des soldats & des matelots; » les uns pour détourner le vaisseau avec des crocs; » les autres pour sauter dedans & y éteindre le feu, » & se mit dans une espece de château de bois, bâti » sur pilotis à la rive de Flandre, & auquel étoient » attachés les premiers bateaux du pont. Il avoit » avec lui les seigneurs de Roubais, Caëtan, Billi, » Duguast, & les officiers du corps-de-garde de ce » château.

» Il y avoit parmi eux un vieux enseigne, do- » mestique du prince de Parme, à qui ce prince fut

MAC

» en cette occasion redevable de la vie. Cet homme
» qui savoit quelque chose du métier d'ingénieur,
» soit qu'il fût instruit de l'habileté de Jambelli &
» du chagrin qu'on lui avoit fait en Espagne, soit
» par une inspiration de Dieu qui avoit voulu qu'An-
» vers fût pris par Alexandre de Parme, s'appro-
» cha de ce prince, & le conjura de se retirer puis-
» qu'il avoit donné tous les ordres nécessaires. Il le
» fit jusqu'à trois fois, sans que ce prince voulût
» suivre son conseil ; mais l'enseigne ne se rebuta
» pas : & au nom de Dieu, dit-il à ce prince, en se
» jettant à ses piés, croyez seulement pour cette
» fois le plus affectionné de vos serviteurs. Je vous
» assure que votre vie est ici en danger ; & puis se
» relevant, il le tira après lui. Alexandre aussi sur-
» pris de la liberté de cet homme que du ton, &
» en quelque façon inspiré, dont il lui parloit, le sui-
» vit, accompagné de Caëtan, & Duguast.

» A peine étoient-ils arrivés au fort de Sainte-
» Marie, sur le bord de la riviere du côté de Flan-
» dre, que le vaisseau creva avec un fracas épou-
» ventable. On vit en l'air une nuée de pierres, de
» poutres, de chaines, de boulets ; le château de
» bois, auprès duquel la mine avoit joué, une par-
» tie des bateaux du pont, les canons qui étoient
» dessus, les soldats furent enlevés & jettés de tous
» côtés. On vit l'Escaut s'enfoncer en abyme, &
» l'eau poussée d'une telle violence qu'elle passa sur
» toutes les digues, & un pié au-dessus du fort de
» Sainte-Marie ; on sentit la terre trembler à près de
» quatre lieues de-là ; on trouva de ces grosses tom-
» bes dont la mine avoit été couverte à mille pas de
» l'Escaut.

Un des autres bateaux qui avoit échoué contre le rivage de Flandre, fit encore un grand effet ; il périt huit cens hommes de différent genre de mort ; une infinité furent estropiés, & quelques-uns échappè-rent par des hazards surprenans.

Le vicomte de Bruxelle, dit l'historien, fut trans-porté fort loin, & tomba dans un navire sans se faire aucun mal. Le capitaine Tuc, auteur d'une relation de cette avanture, après avoir été quelque tems sus-pendu en l'air tomba dans la riviere ; & comme il savoit nager, & que dans le mouvement du tour-billon qui l'emporta, sa cuirasse s'étoit détachée de son corps, il regagna le bord en nageant ; enfin, un des gardes du prince de Parme fut porté de l'endroit du pont qui touchoit à la Flandre, à l'autre rivage du côté de Brabant, & ne se blessa qu'un peu à l'é-paule en tombant. Pour ce qui est du prince de Par-me, en le croit mort ; car comme il étoit prêt d'en-trer dans Sainte-Marie, il fut terrassé par le mouve-ment de l'air, & frappé en même tems entre les épau-les & le casque d'une poutre ; on le trouva évanoui & sans connoissance : mais il revint à lui un peu après ; & la premiere chose qu'il fit fut de faire ame-ner promptement quelques vaisseaux, non pas pour réparer la breche du pont, car il falloit beaucoup de tems pour cela, mais seulement pour boucher l'es-pace que la mine avoit ruiné, afin que le matin il ne parût point à la flotte hollandoise, qu'il y eût de pas-sage ouvert ; cela lui réussit. Les Hollandois voyant des soldats dans toute la longueur du pont qui n'avoit point été ruinée, & dans les bateaux dont on avoit bouché la breche, & entendant sonner de tous cô-tés les tambours & les trompettes, n'oserent tenter de forcer le passage. Cela donna le loisir aux Espa-gnols de réparer leur pont ; & quelque tems après, Anvers fut contraint de capituler.

Voilà donc l'époque des *machines infernales* & de ces mines l'on fait cont on a tant parlé dans les der-nieres guerres, & qui ont fait bien plus de bruit que de mal ; car nulle n'a eu un si bon succès à beaucoup près que celle de Jambelli en eut au pout d'An-

MAC 797

vers, quoiqu'à ces dernieres l'on eût ajouté des bom-bes & des carcasses dont on n'avoit point encore l'u-sage dans le tems du siege de cette ville. *Histoire de la milice françoise.*

Pour donner une idée de la *machine infernale* échouée devant Saint-Malo, on en donne *fig.* 6. *Pl. XI.* de fortification, la coupe ou le profil.

B. C'est le fond de calle de cette *machine*, rempli de sable.

C. Premier pont rempli de vingt milliers de pou-dre, avec un pié de maçonnerie au-dessus.

D. Second pont garni de six cens bombes à feu & carcasses, & de deux piés de maçonnerie au-dessus.

E. Troisieme pont au-dessus du gaillard, garni de cinquante barils à cercle de fer, remplis de tou-tes fortes d'artifices.

F. Canal pour conduire le feu aux poudres & aux amorces.

Le tillac, comme on le voit en *A*, étoit garni de vieux canons & d'autres vieilles pieces d'artillerie de différentes especes.

» Si l'on avoit été persuadé en France que ces for-
» tes d'inventions eussent pû avoir une réussite in-
» faillible, il est sans difficulté que l'on s'en seroit
» servi dans toutes les expéditions maritimes, que
» l'on a terminées si glorieusement sans ce secours ;
» mais cette incertitude, & la prodigieuse dépense
» que l'on est obligé d'y faire, ont été cause que l'on
» a négligé cette maniere de bombe d'une construc-
» tion extraordinaire, que l'on a vûe long-tems
» dans le port de Toulon, & qui avoit été coulée &
» préparée pour un pareil usage ; ce fut en 1688, &
» voici comme elle étoit faite, suivant ce qu'en
» écrivit en ce tems-là un officier de Marine.

» La bombe qui est embarquée sur la Flûte le Cha-
» meau, est de la figure d'un œuf ; elle est remplie de
» sept à huit milliers de poudre ; on peut de-là ju-
» ger de sa grosseur ; on l'a placée au fond de ce bâ-
» timent dans cette situation. Outre plusieurs gros-
» ses poutres qui la maintiennent de tous côtés, elle
» est encore appuyée de neuf gros canons de fer de
» 18 livres de balle, quatre de chaque côté, & un sur
» le derriere qui ne sont point chargés, ayant la
» bouche en bas. Par dessus on a mis encore dix
» pieces de moindre grosseur, avec plusieurs petites
» bombes & plusieurs éclats de canon, & l'on a fait
» une maçonnerie à chaux & à ciment qui couvre &
» environne le tout, où il est entré trente milliers
» de brique ; ce qui compose comme une espece de
» rocher au milieu de ce vaisseau, qui est d'ailleurs
» armé de plusieurs pieces de canon chargées à cre-
» ver, de bombes, carcasses & pots à feu, pour en
» défendre l'approche. Les officiers devant se retirer
» après que l'ingenieur aura mis le feu à l'amorce
» qui durera une heure, cette flûte doit éclater avec
» la bombe, pour porter de toutes parts les éclats
» des bombes & des carcasses, & causer par ce
» moyen l'embrasement de tout le port de la ville
» qui sera attaquée. Voilà l'effet qu'on s'en promet :
» on dit que cela coutera au roi quatrevingt mille
» livres.

Suivant M. Deschiens de Ressons « cette bom-
» be fut faite dans la vûe d'une *machine infer-
» nale* pour Alger ; & celles que les ennemis ont
» exécutées à Saint Malo & à Dunkerque, ont été
» faites à l'instar de celle-ci. Mais toutes ces *ma-
» chines* ne valent rien, parce qu'un bâtiment étant
» à flot, la poudre ne fait pas la centieme partie de
» l'effort qu'elle feroit sur un terrain ferme ; la rai-
» son de cela est, que la partie la plus foible du bâti-
» ment cédant lors de l'effet, cette bombe se trou-
» vant surchargée de vieux canons, de bombes,
» carcasses & autres, tout l'effort se fait par-dessous

» dans l'eau, ou dans la vase ou le sable ; de sorte
» qu'il n'en peut provenir d'autre incommodité que
» quelques débris qui ne vont pas loin, & une fra-
» ction de vitres, tuiles, portes, & autres bagatelles,
» par la grande compression de l'air causée par l'agi-
» tation extraordinaire ; c'est pourquoi on l'a refon-
» due, la regardant comme inutile.

» Celle-ci contenoit huit milliers de poudre ; elle
» avoit neuf piés de longueur, & cinq de diametre
» en dehors, six pouces d'épaisseur ; mais quand je
» l'ai fait rompre, j'ai trouvé que le noyau avoit
» tourné dans le moule, & que toute l'épaisseur
» étoit presque d'un côté, & peu de choses de l'au-
» tre ; ce qui ne se peut guere éviter, parce que la
» fonte coulant dans le moule, rougit le chapelet de
» fer qui soutient le noyau, dont le grand poids fait
» plier le chapelet.

» Il se rapportoit dessus un chapiteau, dans le-
» quel étoit ajusté la fusée, qui s'arrêtoit avec deux
» barres de fer qui passoient dans les anses.

» La fusée étoit un canon de mousquet rempli de
» composition bien battue ; ce qui ne valoit rien,
» par la raison que la crasse du salpêtre bouchoit le
» canon lorsque la fusée étoit brûlée à demi, ce qui
» faisoit éteindre la fusée. Ainsi les Anglois ont été
» obligés de mettre le feu au bâtiment de leur ma-
» chine, pour qu'il parvînt ensuite à la poudre ».
Mémoires d'Artillerie, par M. de Saint-Remy.

MACHINE A MATER, (*Marine.*) c'est celle qui sert à élever & poser les mâts dans un vaisseau ; elle est faite à peu près comme une grue ou un engin que l'on place sur un ponton. Quelquefois on ne se sert que d'un ponton avec un mât, un vindas avec un cabestan, & des seps de drisse. (*Z*)

MACHINE, *en Architecture*, est un assemblage de pieces de bois disposées, de maniere qu'avec le secours de poulies, mouffles & cordages, un petit nombre d'hommes peuvent enlever de gros fardeaux, & le poser en place, comme le vindas, l'engin, la grue, le gruau, le treuil, &c. qui se montent & démontent selon le besoin qu'on en a. *Voyez* nos *Pl. de Charp.*

MACHINE PYRIQUE, (*Artificier.*) c'est un assemblage de pieces d'artifice, rangées sur une carcasse de tringles de bois ou de fer, disposées pour les recevoir & diriger la communication de leurs feux, comme sont celles qui paroissent depuis quelques années sur le théâtre italien à Paris.

MACHINE, (*Peinture.*) terme dont on se sert en Peinture, pour indiquer qu'il y a une belle intelligence de lumiere dans un tableau. On dit voilà une belle *machine* ; ce peintre entend bien la *machine*. Et lorsqu'on dit une *grande machine*, il signifie non-seulement belle intelligence de lumieres, mais encore grande ordonnance, grande composition.

MACINE A FORER, *voyez l'article* FORER. Cette *machine* soulage l'ouvrier, lorsque les pieces qu'il a à percer ne peuvent l'être à la poitrine. L'ouvrier fore à la poitrine, lorsqu'il pose la palette à laquelle est contre sa poitrine, qu'il appuie du bout rond le foret contre la palette, & qu'en poussant & faisant tourner le foret avec l'archet, il fait entrer le bout aigu du foret dans la piece à percer. La *machine* qui le dispense de cette fatigue, est composée de trois pieces, la palette, la vis & l'écrou à queue. La palette est toute de fer ; le bout de sa queue est recourbé en crochet : ce crochet ou cette queue recourbée, se place dans l'épaisseur de l'établi. Au-dessous de la palette il y a un œil qui correspond à la boite de l'étau, pour recevoir la vis de la *machine à forer*. A un des bouts de la vis il y a un crochet en rond, qui sert à accrocher cette vis sur la boite, & la partie taraudée passe par l'œil de la queue de la palette. C'est à la partie qui excede l'œil, que se met

l'écrou à queue, de sorte que le compagnon qui a posé le crochet de la palette à une distance convenable de l'étau, suivant la longueur du foret, en tournant l'écrou, force la palette sur laquelle est posée le foret, à le presser contre la piece qu'il veut percer, & qui est entré les mâchoires de l'étau. Au moyen de la vis & des autres parties de cette *machine*, l'ouvrier a toute sa force, & réussit en très-peu de tems à forer une piece dont il ne viendroit peut-être jamais à bout.

MACHINE POUR LA TIRE, *Instrument du métier d'étoffe de soie*. Ce qu'on appelle *machine* pour servir au métier des étoffes de soie est d'une si grande utilité, qu'avant qu'elle eût été inventée par le sieur Garon de Lyon, il falloit le plus souvent deux filles à chaque métier d'étoffes riches pour tirer ; depuis qu'elle est en usage, il n'en faut qu'une, ce qui n'est pas une petite économie, outre qu'au moyen de cette *machine* l'étoffe se fait infiniment plus nette.

Le corps de cette *machine* est simple ; c'est aussi sa simplicité qui en fait la beauté : c'est un bois de trois pouces en quarré qui descend de l'estave du métier au côté droit de la tireuse, qui va & vient librement. De ce bois quarré, il se présente à côté du temple deux fourches rondes, & une troisieme qui est aussi ronde qui tient les deux autres ; elle monte directement à côté du premier bois dont il est ci-dessus parlé. La fille pour se servir de cette *machine*, tire à elle son lacs, passe la main derriere, & entrelace ses cordes de temple entre les deux fourches qui sont à côté, & après lesquels sont enfilées, elle prend la fourche qui monte en haut, & à mesure qu'elle la descend en la tirant, elle fait faire en même tems un jeu aux deux fourches qui embrassent les cordes. Par ce mouvement elle tire net, & facilite l'ouvrier à passer sa navette sans endommager l'étoffe. Après que le coup est passé, elle laisse partir la *machine* qui s'en retourne d'elle même sans poids ni contrepoids pour la renvoyer ; la main seule de la tireuse suffit. *Voyez cette machine dans nos Pl. de Soierie*.

MACHINE, (*Littérat.*) en poëme dramatique se dit de l'artifice par lequel le poëte introduit sur la scene quelque divinité, génie, ou autre être surnaturel, pour faire réussir quelque dessein important, ou surmonter quelque difficulté supérieure au pouvoir des hommes.

Ces *machines*, parmi les anciens, étoient les dieux, les génies bons ou malfaisans, les ombres, &c. Shakespear, & nos modernes françois avant Corneille, employoient encore la même espece de ces ressources. Elles ont tiré de ce nom des *machines* ou inventions qu'on a mis en usage pour les faire apparoître sur la scène, & les en retirer d'une maniere qui imite le merveilleux.

Quoique cette même raison ne subsiste pas pour le poème épique, on est cependant convenu d'y donner le nom de *machines* aux êtres surnaturels qu'on y introduit. Ce mot marque & dans le dramatique & dans l'épopée l'intervention ou le ministere de quelque divinité ; mais comme les occasions qui peuvent dans l'une & l'autre *machines*, ou les rendre nécessaires, ne sont pas les mêmes, les regles qu'on y doit suivre sont aussi différentes.

Les anciens poëtes dramatiques n'admettoient jamais aucune *machine* sur le théâtre, que la présence du dieu ne fût absolument nécessaire, & ils étoient fidèles lorsque par leur regle ils étoient réduits à cette nécessité, suivant ce principe fondé dans la nature, que le dénouement d'une piece doit naître du fond même de la fable, & non d'une *machine* étrangere, que le génie le plus stérile peut amener pour le tirer tout-à-coup d'embarras, comme dans Médée qui se dérobe à la vengeance de Créon, en fendant les airs sur un char traîné par des dragons ailés. Horace paroît

paroît un peu moins sévere, & se contente de dire que les dieux ne doivent jamais paroître sur la scène à moins que le nœud ne soit digne de leur préfence.

Nec deus intersit, nisi dignus vindice nodus
Inciderit. Art. poet.

Mais au fonds, le mot *dignus* emporte une nécessité absolue. *Voyez* INTRIGUE. Outre les dieux, les anciens introduisoient des ombres, comme dans les Perses d'Eschyle, où l'ombre de Darius paroît. A leur imitation Shakespear en a mis dans *hamlet* & dans *macbet* : on en trouve aussi dans les pieces de Hardy ; la statue du festin de Pierre, le Mercure & le Jupiter dans l'Amphitrion de Moliere sont aussi des *machines*, & comme des restes de l'ancien goût dont on ne s'accommoderoit pas aujourd'hui. Aussi Racine dans son Iphigénie, a-t-il imaginé l'épisode d'Eriphile, pour ne pas fouiller la scène par le meurtre d'une personne aussi aimable & aussi vertueuse qu'il falloit représenter Iphigénie, & encore parce qu'il ne pouvoit dénouer sa tragédie par le secours d'une déesse & d'une métamorphose, qui auroit bien pû trouver créance dans l'antiquité, mais qui seroit trop incroyable & trop absurde parmi nous. On a relégué les *machines* à l'Opéra, & c'est bien là leur place.

Il en est tout autrement dans l'épopée ; les *machines* y sont nécessaires à tout moment & par-tout. Homere & Virgile ne marchent, pour ainsi dire, qu'appuyés sur elles. Pétrone, avec son feu ordinaire, soutient que le poëte doit être plus avec les dieux qu'avec les hommes, & laisser par-tout des marques de la verve prophétique, & du divin enthousiasme qui l'échauffe & l'inspire ; que ses pensées doivent être remplies de fables, c'est-à-dire d'allégories & de figures. Enfin il-veut que le poëme se distingue en tout point de l'Histoire, mais sur-tout moins par la mesure des vers, que par ce feu poétique qui ne s'exprime que par allégories, & qui ne fait rien que par *machines*, ou par l'intervention des dieux.

Il faut, par exemple, qu'un poëte laisse à l'historien raconter qu'une flotte a été dispersée par la tempête, & jettée sur des côtes étrangeres, mais pour lui il doit dire avec Virgile, que Junon s'adresse à Eole, que le tyran des mers déchaîne & souleve les vents contre les Troiens, & faire intervenir Neptune pour les préserver du naufrage. Un historien dira qu'un jeune prince s'est comporté dans toutes les occasions avec beaucoup de prudence & de discrétion, le poëte doit dire avec Homere que Minerve conduisoit son héros par la main. S'il laisse raconter à l'historien, qu'Agamemnon dans sa querelle avec Achille, voulut faire entendre à ce prince, quoiqu'avec peu de fondement, qu'il pouvoit prendre Troie sans son secours. Le poëte doit représenter Thétis, irritée de l'affront qu'a reçu son fils, volant aux cieux pour demander vengeance à Jupiter, & dire que ce dieu pour la satisfaire envoie à Agamemnon un songe trompeur, qui lui persuade que ce même jour-là il le rendra maître de Troie.

C'est ainsi que les poëtes épiques se servent de *machines* dans toutes les parties de leurs ouvrages. Qu'on parcoure l'Iliade, l'Odyssée, l'Enéide, on trouvera que l'exposition fait mention de ces *machines* ; c'est-à-dire de ces dieux ; que c'est à eux que s'adresse l'invocation ; que la narration en est remplie, qu'ils causent les actions, forment les nœuds, & les démêlent à la fin du poëme ; c'est ce qu'Aristote a condamné dans ses regles du drame, mais ce qu'ont observé Homere & Virgile dans l'épopée. Ainsi Minerve accompagne & dirige Ulysse dans tous les périls ; elle combat pour lui contre tous les amans de Pénélope ; elle aide à cette princesse à s'en défaire,

& au dernier moment, elle conclut elle-même la paix entre Ulysse & ses sujets, ce qui termine l'Odyssée. De même dans l'Enéide, Vénus protege son fils, & le fait à la fin triompher de tous les obstacles que lui opposoit la haine invétérée de Junon.

L'usage des *machines* dans le poëme épique, est, à quelques égards, entierement opposé à ce qu'Horace prescrit pour le dramatique. Ici elles ne doivent être admises que dans une nécessité extrême & absolue ; là il semble qu'on s'en serve à tout propos, même lorsqu'on pourroit s'en passer, bien loin que l'action les exige nécessairement. Combien de dieux & de *machines* Virgile n'emploie-t-il pas pour susciter cette tempête qui jette Enée sur les côtes de Carthage, quoique cet évenement eût pû facilement arriver dans le cours ordinaire de la nature? Les *machines* dans l'épopée ne sont donc point un artifice du poëte pour le relever lorsqu'il a fait un faux pas, ni pour le tirer de certaines difficultés particulieres à certains endroits de son poëme ; c'est seulement la présence d'une divinité, ou quelqu'action surnaturelle & extraordinaire que le poëte insere dans la plûpart de son ouvrage, pour le rendre plus majestueux & plus admirable, ou en même tems pour inspirer à ses lecteurs des idées de respect pour la divinité ou des sentimens de vertu. Or il faut employer ce mélange de maniere que les *machines* puissent se retrancher sans que l'action y perde rien.

Quant à la maniere de les mettre en œuvre & de les faire agir, il faut observer que dans la Mythologie on distinguoit des dieux bons, des dieux malfaisans, & d'autres indifférens, & qu'on peut faire de chacune de nos passions autant de divinités allégoriques, en sorte que tout ce qui se passe de vertueux ou de criminel dans un poëme, peut être attribué à ces *machines*, ou comme cause, ou comme occasion, & se faire par leur ministere. Elles ne doivent cependant pas toutes, ni toujours agir d'une même maniere ; tantôt elles agiront sans paroître, par de simples inspirations, qui n'auront en elles-mêmes rien de miraculeux ni d'extraordinaire, comme quand nous disons que le démon suggere telle pensée, tantôt d'une maniere tout-à-fait miraculeuse, comme lorsqu'une divinité se rend visible aux hommes, & s'en laisse connoître, ou lorsque sans se découvrir à eux, elle se déguise sous une forme humaine. Enfin le poëte peut se servir tout à la fois de chacune de ces deux manieres d'introduire une *machine*, comme lorsqu'il suppose des oracles, des songes, & des inspirations extraordinaires, ce que le P. le Bossu appelle des *demi-machines*. Dans toutes ces manieres, il faut se garder avec soin de s'écarter de la vraissemblance ; car quoique la vraissemblance s'étende fort loin lorsqu'il est question de *machines*, parce qu'alors elle est fondée sur la puissance divine, elle a toujours néanmoins ses bornes. *Voyez* VRAISSEMBLANCE.

Horace propose trois sortes de *machines* à introduire sur le théâtre : la premiere est un dieu visiblement présent devant les acteurs ; & c'est de celle-là qu'il donne la regle dont nous avons déja parlé. La seconde espece comprend les *machines* plus incroyables & plus extraordinaires, comme la métamorphose de Progné en hirondelle, celle de Cadmus en serpent. Il ne les exclut, ni ne les condamne absolument, mais il veut qu'on ne les mette en récit & non pas en action. La troisieme espece est absolument absurde, & il la rejette totalement ; l'exemple qu'il en donne, c'est un enfant qu'on retireroit tout vivant du ventre d'un monstre qui l'auroit dévoré. Les deux premiers genres sont reçus indifféremment dans l'épopée, & dans la distinction d'Horace, qui ne regarde que le théâtre. La différence entre ce qui se passe sur la scène, & à la vûe des spectateurs, d'avec ce qu'on suppose s'achever derriere le rideau, n'ayant lieu que dans le poëme dramatique.

On convient que les anciens poëtes ont pu faire intervenir les divinités dans l'épopée ; mais les modernes ont-ils le même privilége ? C'est une question qu'on trouvera examinée au mot *merveilleux. Voyez* MERVEILLEUX.

MACHINES DE THÉATRE *chez les anciens.* Il s en avoient de plusieurs sortes dans leurs théâtres, tant celles qui étoient placées dans l'espace ménagé derrierere la scène, & qu'on appelloit παρασκινιον, que celles qui étoient sous les portes de retour pour introduire d'un côté les dieux des bois & des campagnes, & de l'autre les divinités de la mer. Il y en avoit aussi d'autres au-dessus de la scène pour les dieux célestes, & enfin d'autres sous le théâtre pour les ombres, les furies, & les autres *divinités infernales* : ces dernieres étoient à-peu-près semblables à celles dont nous nous servons pour ce sujet. Pollux *l. IV.* nous apprend que c'étoient des especes de trapes qui élevoient les acteurs au niveau de la scène, & qui redescendoient ensuite sous le théâtre par le relâchement des forces qui les avoient fait monter. Ces forces consistoient comme celles de nos théâtres, en des cordes, des roues, des contrepoids ; c'est pour cela que les Grecs nommoient ces *machines* αναπιεσματα: pour celles qu'ils appelloient ως ριακτοι, & qui étoient sur les portes de retour, c'étoient des *machines* tournantes sur elles-mêmes, qui avoient trois faces différentes, & qui se tournoient d'un & d'autre côté, selon les dieux à qui elles servoient. Mais de toutes ces *machines*, il n'y en avoit point dont l'usage fût plus ordinaire que celles qui descendoient du ciel dans les dénouemens, & dans lesquelles les dieux venoient, pour ainsi dire, au secours du poëte, d'où vint le proverbe de Θεος απο μηχανης. Ces *machines* avoient même assez de rapport avec celles de nos cintres ; car, au mouvement près, les usages en étoient les mêmes, & les anciens en avoient comme nous de trois sortes en général ; les unes qui ne descendoient point jusqu'en bas, & qui ne faisoient que traverser le théâtre ; d'autres dans lesquelles les dieux descendoient jusques sur la scène, & de troisiemes qui servoient à élever ou à soutenir en l'air les personnes qui sembloient voler. Comme ces dernieres étoient toutes semblables à celles de nos vols, elles étoient sujettes aux mêmes accidens: car nous voyons dans Suétone, qu'un acteur qui jouoit le rôle d'Icare, & dont la *machine* eut malheureusement le même sort, alla tomber près de l'endroit où étoit placé Néron, & couvrit de sang ceux qui étoient autour de lui. Suétone, *in Nerone, c. xij.* Mais quoique ces *machines* eussent assez de rapport avec celles de nos cintres, comme le théâtre des anciens avoit toute son étendue en largeur, & que d'ailleurs il n'étoit point couvert, les mouvemens en étoient fort différens. Car au lieu d'être emportés comme les nôtres par des chassis courans dans des charpentes en plafond, elles étoient guindées à une espece de grue, dont le col passoit par dessus la scène, & qui passoit sur elle-même pendant que les contrepoids faisoient monter ou descendre ces *machines*, leur faisoient décrire des courbes composées de son mouvement circulaire & de sa direction verticale, c'est-à-dire une ligne en forme de vis de bas en haut, ou de haut en bas, à celles qui ne faisoient que monter ou descendre d'un côté du théâtre à l'autre, & différentes demi-ellipses à celles, qui après être descendues d'un côté jusqu'au milieu du théâtre, remontoient de l'autre jusqu'au dessus de la scene, d'où elles étoient toutes rappellées dans un endroit du *postscenium*, où leurs mouvemens étoient placés. *Diss.* de M. Boindin, *sur les théâtres des anciens. Mém. de l'acad. des Belles-Lettres, tome I. pag.* 148. & *suiv.* (G)

MACHINISTE, s. m. (*Art méchan.*) est un homme qui par le moyen de l'étude de la Méchanique, invente des *machines* pour augmenter les forces mouvantes, pour les décorations de théâtre, l'Horlogerie, l'Hydraulique & autres. (K)

MACHINOIR, s. m. (*Cordonnerie.*) petit outil de buis qui sert aux Cordonniers à ranger & décrasser les points de derriere du soulier. Il est fort pointu, long de quatre à cinq pouces, arrondi par les deux bouts, dentelé à l'un, le milieu est un peu excavé en arc, afin que l'ouvrier le tienne plus commodément. Ce sont des marchands de crépin qui vendent des *machinoirs*.

MACHLIS, s. m. (*Hist. nat. Zoolog.*) c'est un animal dont il est parlé dans Pline ; il est, dit-il, commun en Scandinavie. Il a les jambes toutes d'une venue, sans jointures, ainsi il ne se couche point ; il dort appuyé contre un arbre. Pour le prendre on scie l'arbre en partie ; l'animal s'appuyant, l'arbre tombe & l'animal aussi, qui ne peut se relever. Il est si vite, qu'on ne pourroit le prendre autrement. Il ressemble à l'alcé. Il a la levre de dessus fort grande ; de sorte qu'il est obligé d'aller à reculons pour paître.

MACHLYES, (*Géog. anc.*) en grec Μάχλυες, ancien peuple d'Afrique aux environs des Syrtes, & dans le voisinage des Lotophages, selon Hérodote. (*D. J.*)

MACHO, s. m. (*Commerce.*) on appelle en Espagne *quintal-macho*, un poids de cent cinquante livres, c'est-à-dire de cinquante livres plus fort que le quintal commun, qui n'est que de cent livres. Il faut six arobes pour le quintal *macho*, l'arobe de vingt-cinq livres, la livre de seize onces, & l'once de seize adarmes ou demi-gros ; le tout néanmoins un peu plus foible que le poids de Paris ; en sorte que les cent cinquante livres du *macho* ne rendent que cent trente-neuf livres & demi, un peu plus, un peu moins de cette derniere ville. *Dict. de comm.* (*G*)

MACHOIRE, s. f. *en Anatomie,* c'est une partie d'un animal où sont les dents placées, & qui sert à mâcher les alimens. *Voyez* MASTICATION & DENT.

Les *mâchoires* sont au nombre de deux, appellées à cause de leur situation, l'une *supérieure* & l'autre *inférieure*.

La *mâchoire supérieure* est immobile dans l'homme & dans tous les animaux que nous connoissons, excepté dans le perroquet, le crocodile, & le poisson appellé *acus vulgaris. Voyez* Ray, *Synopsis. pisc. p. 109*.

Elle est composée de treize os, joints les uns aux autres par harmonie, six de chaque côté & un au milieu. Leurs noms sont le *zigomatique* ou *os de la pommette*, l'*os maxillaire*, l'*os unguis*, l'*os du nez*, l'*os du palais*, le *cornet inférieur du nez*, & le *vomer. Voyez* ZIGOMATIQUE, &c. Il y a dans cette *mâchoire* des alveoles pour seize dents. *Voyez* nos *Pl. d'Anat.* & *leur explic.*

La *mâchoire inférieure* n'est composée que de deux os, qui d'abord sont unis au milieu du menton par le moyen d'un cartilage qui se durcit à mesure que l'enfant croit, & qui vers l'âge de sept ans, devenant osseux, unit tellement les deux os, qu'ils n'en forment plus qu'un seul de la figure de l'y grec. *Voyez* nos *Pl.*

Cette *mâchoire* est composée de deux tables, entre lesquelles se trouve une substance spongieuse, qui est médullaire dans les enfans. La partie antérieure est mince, & garnie ordinairement de seize alvéoles pour autant de dents. *Voyez* ALVÉOLE.

On distingue dans la *mâchoire* inférieure une arcade antérieure, qu'on appelle le *corps*, laquelle se termine sur les parties latérales en deux branches.

On remarque au bord supérieur de l'arcade, les alvéoles qui reçoivent les dents. On divise le bord

MAC

inférieur en deux levres, une externe & l'autre interne. La face antérieure externe est convexe, plus ou moins inégale vers sa partie moyenne, que l'on appelle le *menton*, aux parties latérales duquel sont placés les trous mentonniers antérieurs, ou les orifices antérieurs des conduits qui traversent depuis ce trou jusqu'à la face postérieure des branches.

La face postérieure est concave ; on y voit vers la partie moyenne & inférieure une aspérité plus ou moins sensible, deux petites bosses sur les parties latérales de cette aspérité.

Chaque branche a 1°. deux faces, une latérale externe, & une latérale interne, concave, à la partie moyenne de laquelle se voit le trou mentonnier postérieur, ou l'orifice postérieur du conduit mentonnier. 2°. Deux apophyses à la partie supérieure, une antérieure nommée *coronoïde*, à la partie antérieure de laquelle se trouve une petite cavité oblongue ; une postérieure appellée *condiloïde*, entre ces deux apophyses, une échancrure. 3°. A la partie inférieure, un angle.

La structure de la *mâchoire* de quelques animaux n'est pas indigne de la curiosité des Physiciens ; mais on y a rarement porté les yeux.

Il faut pourtant remarquer en général que les animaux qui vivent d'autres animaux, qu'ils prennent & qu'ils étranglent, ont une force considérable aux *mâchoires*, à cause de la grandeur des muscles destinés aux mouvemens de cette partie ; ensorte que pour loger ces grands muscles, une force particuliere, par le moyen d'une crête qui s'éleve sur le sommet. Cette crête est très-remarquable dans les lions, les tigres, les ours, les loups, les chiens & les renards. La structure & l'usage de cette crête est pareille à ce qui se voit dans le bréchet des oiseaux.

Comme le crocodile ouvre la gueule & ses *mâchoires* plus grandes qu'aucun animal, c'est pour être ce qui a fait croire qu'il a la *mâchoire* supérieure mobile, quoiqu'en réalité il n'y ait rien de si immobile que cette *mâchoire*, dont les os sont joints avec les autres os du crâne aussi exactement qu'il est possible ; ainsi que M. Perrault l'a remarqué le premier contre l'opinion des anciens naturalistes. Mais la structure de la *mâchoire* inférieure du crocodile a quelque chose de fort particulier dans ce qui regarde la méchanique que la nature y a employée pour la faire ouvrir plus facilement ; ce méchanisme consiste en ce que cette *mâchoire* a comme une queue au-delà de l'endroit où elle est articulée ; car étant appuyée dans cet endroit contre l'os des tempes, lorsque la queue vient à être tirée en haut, par un muscle attaché à cette queue, l'extrémité opposée de la *mâchoire* qui compose le menton, descend en bas, & fait ouvrir la gueule.

La *mâchoire* des poissons ne seroit pas moins digne d'examen. Il y a par exemple, un poisson qui se pêche en Canada, dont les deux *mâchoires*, la supérieure & l'inférieure, sont également applaties, & font l'office de meule de moulin ; elles sont comme pavées de dents plates, serrées les unes contre les autres, & aussi dures que les cailloux : ce poisson s'en sert pour briser les coquilles des moules dont il vit.

A l'égard des hommes, il arrive quelquefois que la *mâchoire* inférieure s'ossifie tellement sur un côté, qu'elle ne peut avoir aucun mouvement. Eustachi, Columbus, Volcher, Palfin, & autres anatomistes, ont vû des crânes dans lesquels se rencontroit cette ossification.

Il me semble qu'on n'a pas eu raison de nommer la grande cavité de la *mâchoire* supérieure, l'*antre* d'Highmor, *antrum Highmorianum*, puisque cet anatomiste n'est pas le premier qui en ait fait la description

Tome IX.

MAC 801

tion, & que Cassérius en avoit parlé long-tems avant lui sous le nom d'*antrum genæ*. (*D. J.*)

MACHOIRE DE BROCHET, (*Mat. méd.*) quoique les Pharmacologistes aient accordé plusieurs vertus particulieres à la *mâchoire* de brochet, on peut assurer cependant qu'elle ne possede en effet que la qualité absorbante, & qu'elle doit être rangée avec les écailles d'huitres, les perles, les coquilles d'œufs, les yeux d'écrevisses, &c. du-moins dans l'usage & la préparation ordinaire, car il est vraisemblable que si on rapoit cette substance offeuse, qu'on en prit une quantité considérable, & qu'on la traitât par un décoction convenable, on pourroit en tirer une matiere gélatineuse ; mais encore un coup, on ne s'en sert point à ce titre, & l'on fait bien, puisqu'on a mieux dans la corne de cerf. On ne l'emploie qu'en petite quantité, & réduite en poudre subtile, & encore rarement, parce qu'on a commodément & abondamment les yeux d'écrevisses, l'écaille d'huitres, &c. qui valent davantage. (*b*)

MACHOIRE, (*Art. méchan.*) c'est, dans presque toutes les machines destinées à serrer quelque chose, comme l'étau, les pinces, les mordaches, &c. les extrémités qui embrassent la chose & qui la tiennent ferme.

MACHRONTICHOS, (*Géogr. anc.*) c'est-à-dire longue muraille ; aussi ce mot désigne les grandes murailles qui joignoient la ville d'Athènes au Pirée ; ce fut par la même raison, qu'on nomma du nom de *machrontichos*, la grande muraille de la Thrace, bâtie par Justinien, avec des moles aux deux bouts, une galerie voûtée, & une garnison pour garantir l'Isthme des incursions des ennemis.

MACHROPOGONES, (*Géogr. anc.*) peuples de la Sarmatic asiatique, aux environs du Pont-Euxin, ainsi nommés parce qu'ils laissoient croître leur barbe. (*D. J.*)

MACIGNO, (*Hist. nat.*) nom donné par Ferrante Imperato, à une espece de grais d'une couleur grise, verdâtre, d'un grain fort égal, & qui a de la ressemblance avec l'émeril, & est mélangé de particules de mica. On dit qu'elle est propre à être sculptée. On s'en sert pour polir le marbre, & pour faire des meules à repasser les couteaux.

MACIS, s. m. (*Bot. exot.*) improprement dit *fleur de muscade*, car c'en est l'enveloppe réticulaire. On lui conserve en latin le même nom indien de *macis*. Sérapion l'appelle *bisbese* ; Avicenne *besbahe*, & Pison *bongopala moluccensibus*.

C'est une feuille, une enveloppe, qui couvre en maniere de réseau ou de laniere, la noix muscade, & qui est placée sous la premiere écorce. Elle est épaisse, huileuse, membraneuse, & comme cartilagineuse, d'une couleur rougeâtre d'abord, & fort belle ; mais qui dans l'exposition à l'air, devient jaunâtre, d'une odeur aromatique, suave, d'un goût gratieux, aromatique, âcre, & un peu amer.

La compagnie hollandoise fait transporter en Europe, des Indes orientales, le *macis* séparé des noix muscades, & lorsqu'il est séché. On estime celui qui est récent, fléxible, odorant, huileux, & d'une couleur saffranée. Il a les mêmes vertus que la muscade, excepté qu'il est moins astringent ; mais si l'on en abuse, il dispose les membranes de l'estomac à l'inflammation, par ses parties actives, volatiles & huileuses.

En effet le *macis* donne encore plus d'huile essentielle & subtile par la distillation, que la muscade.

Celle qui paroit d'abord, est transparente & coulante comme l'eau, d'un goût & d'une odeur admirable ; celle qui vient ensuite est jaunâtre, & la troisieme est roussâtre lorsqu'on presse fortement le feu. Toutes ces huiles sont en même tems si volatiles,

IIiii ij

que pour en éviter l'évaporation, il faut les garder dans des vaisseaux bouchés hermétiquement. On tire encore du *macis* par expression, une huile plus épaisse, approchante de la consistance de la graisse, plus subtile néanmoins que l'huile de noix muscade, & plus chere. *Voyez* la maniere dont on tire ces sortes d'huiles au mot MUSCADE.

Les Hollandois font un très-grand commerce du *macis*, & l'estiment plus que la noix. A la vente de la compagnie hollandoise des Indes orientales, chaque cavelin ou lot de *macis*, est ordinairement d'un boucaut, du poids environ de six cens livres. Son prix est depuis vingt sols jusqu'à vingt & demi sols de gros la livre. (*D. J.*)

MACIS, *ou* FLEUR DE MUSCADE, (*Pharmac. & Mat. méd.*) la drogue connue sous ce nom dans les boutiques est une certaine enveloppe réticulaire, ou plutôt partagée en plusieurs lanieres, épaisse & comme cartilagineuse, huileuse, qui couvre la coque ligneuse de la noix muscade, & qui est placée sous sa premiere écorce. Le *macis* a une odeur aromatique fort agréable; un goût gracieux, aromatique, âcre & un peu amer. On nous l'apporte séparé des noix muscades, & lorsqu'il est séché, On estime celui qui est récent, flexible, huileux, très-odorant, & d'une couleur qui approche du saffran. Geoffroy, *Mat. méd.*

Le *macis* possede à peu près les mêmes propriétés médicinales que la muscade; & la Chimie en sépare par l'analyse, des substances très-analogues à celles de ce fruit. Le *macis* fournit par exemple, comme la muscade, une huile essentielle & une huile par expression. *Voyez* MUSCADE.

Il entre dans le plus grand nombre des compositions officinales, alexipharmaques, stomachiques, antispasmodiques, cordiales. Il est employé comme correctif dans les anciens électuaires purgatifs, tels que l'hiéra picra, &c. *Voyez* CORRECTIF. (*b*)

MACLE, s. f. (*Hist. nat. Minér.*) nom d'une pierre ou substance minérale que l'on trouve en Bretagne à trois lieues de Rennes; sa forme est celle d'un prisme quadrangulaire, renfermé dans une ardoise ou pierre feuilletée d'un gris bleuâtre, qui en est pour ainsi dire entierement lardée en tout sens. Il y en a de plusieurs especes; celles qui viennent du canton de la Bretagne, qu'on appelle *les salles de Rohan*, sont des prismes quadrangulaires plus ou moins longs, mais exactement quarrés dans toute leur longueur, qui est quelquefois de deux pouces à deux pouces & demi, sur environ un quart de pouce de diametre. Ces prismes ont des surfaces unies, & entierement couvertes d'une substance luisante, semblable au talc ou au mica. Sur leur extrémité, c'est-à-dire sur la tranche, ces prismes présentent la figure d'une croix enfermée dans un quarré ou losange. Cette croix qui a la figure d'un X ou d'une croix de saint André, est formée par deux petites lignes bleuâtres ou noirâtres, qui partant de chaque angle de la pierre, se coupent à son centre, & forment un noyau bleuâtre plus ou moins large, qui conserve toujours une forme quarrée ou de losange dans toute la longueur du prisme. Ces pierres se rompent & se partagent aisément en travers, & paroissent composées d'une matiere d'un blanc jaunâtre, striée, dont les stries sont parallelles, & vont se diriger vers le centre du prisme, qui est du même tissu que l'ardoise qui leur sert d'enveloppe. Le centre de quelques-unes de ces *macles* ou prismes est quelquefois rempli d'ochre, ou d'une matiere ferrugineuse, qui semble avoir rempli leur intérieur, lorsque l'ardoise qui leur sert d'enveloppe est venu les couvrir. On trouve souvent dans ces ardoises deux ou même trois de ces *macles*, & plus, qui s'unissent, se croisent & se confondent ensemble. M. le président de Robien,

qui a le premier donné une description exacte de ces pierres, les regarde comme une espece de crystallisation pyriteuse, formée par la combinaison du sel marin avec du soufre, du fer & du vitriol; ces conjectures ne paroissent point assez constatées, cependant ces substances singulieres mériteroient bien d'être examinées & analysées.

Il y a encore une autre espece de *macle* qui se trouve dans les paroisses de Baud & de Quadry; on les nomme *pierres de croix*, parce qu'elles sont formées de deux *macles* ou prismes, qui se coupent, & forment une croix; elles sont revêtues d'une matiere talqueuse, mais on les trouve détachées, sans être enveloppées dans de l'ardoise comme les précédentes.

Les pierres qui viennent d'être décrites ressemblent beaucoup à la pierre de croix, ou *lapis crucifer* de Compostelle en Galice; qui paroit être une crystallisation du même genre, excepté que celles de Galice ont la figure d'une croix à leur intérieur, au lieu que celles de Bretagne ont la forme de croix à l'extérieur & en relief. *Voyez* le livre qui a pour titre, *nouvelles idées sur la formation des fossiles*, imprimé à Paris, chez David l'aîné en 1751.

MACLES, *ou* MACQUES, s. f. (*Marine.*) ce sont des cordes qui traversent, & qui étant ridées en losange, font une figure de mailles.

MACLE, terme de Blason, espece de petite figure faite comme une maille de cuirasse, & percée en losange. La *macle* a la même dimension que le losange, auquel elle est tout-à-fait semblable, excepté qu'elle est aussi percée au milieu en forme de losange; en quoi elle differe des rustres qui sont percées en rond. *Voyez* nos *Pl. de Blason*.

MACLER, (*Verrerie.*) lorsque le verre est devenu cordelé, on prend le fer à *macler*, on le chauffe, & l'on travaille à mêler le verre dur avec celui qui est plus mol; & cette manœuvre s'appelle *macler*.

MACLER, (*Verrerie.*) *fer à macler*. Quand le four est un peu refroidi, le verre devient dans le pot quelquefois cordelé: alors on prend le *fer à macler*, on le fait rougir dans le four, & l'on en presse le bout au fond du pot au-travers du verre ou de la matiere, & on l'éleve de bas en haut pendant quelque tems, en la remuant avec le *fer à macler*.

MACOCK, s. m. (*Botan. Exot.*) sorte de courge étrangere; le *macock* de Virginie, *pepo virginianus*, C. B. est un fruit de Virginie rond ou ovale, ressemblant à une courge ou à un melon. Son écorce est dure, polie, de couleur brune ou rougeâtre en-dehors, noirâtre en-dedans. Il contient une pulpe noire, acide, dans laquelle sont enveloppés plusieurs grains rouges-bruns, faits en forme d'un cœur, & remplis d'une moëlle blanche. Le macocquer de Clusius est le *macock* de Virginie, décrit par Ray, dans son *histoire des plantes*.

MACOCO, (*Géog.*) *voyez* ANSICO; c'est le même nom d'une grande contrée d'Afrique, au nord de la riviere de Zaire. Son roi s'appelle *le grand Macoco*, & les habitans *Mouzoles*: Dapper nous les donne pour antropophages, décrit leur pays & leurs boucheries publiques d'hommes, comme s'il les eût vûes.

MACODAMA, (*Géog. anc.*) ville maritime de l'Afrique propre, sur la petite Syrte, *l. IV. c. iij.* c'est peut-être aujourd'hui la bourgade de Mahomette.

MACOLICUM, (*Géog.*) ville de l'Hibernie dans les terres, selon Ptolomée, *l. II. c. ij*. Est-ce *Malek* de nos cartes modernes? nous n'en savons rien.

MACON, (*Géog.*) ancienne ville de France en Bourgogne, capitale du Mâconnois, avec un évêché suffragant de Lyon. César en parle dans ses *commentaires*, *l. VII.* & l'appelle *Matisco.* Les tables de Peutinger en parlent aussi ; mais Strabon & Ptolomée n'en disent rien. Il y a cinq à six cens ans, que par une transposition assez ordinaire, on changea *Matisco* en *Mastico* ; & c'est de-là, qu'est venue la vicieuse orthographe qu'il écrit *Mascon*.

Cette ville appartenoit anciennement aux Eduéens, *Ædui* ; on ne sait pas précisément le tems où elle en a été séparée ; mais elle étoit érigée en cité, lorsque les Bourguignons s'en rendirent les maîtres.

L'évêché de *Mâcon* vaut environ vingt mille livres de rente, & n'est composé que de deux cens paroisses. On ignore le tems de cet établissement ; on sait seulement que le premier de ses évêques, dont on trouve le nom, est *Placidus*, qui assista au troisieme concile d'Orléans.

Cette petite ville où l'on ne compte qu'environ huit mille ames, se sentit cruellement des desordres que les guerres sacrées causerent en France dans le xvj. siecle ; siecle abominable, auprès duquel la génération présente, toute éloignée de la vertu qu'elle est, peut passer pour un siecle d'or, au-moins par son esprit de tolérance en matiere de religion ! Il n'est pas possible d'abolir la mémoire des jours d'aveuglement, de sang, & de rage, qui nous ont précédés. Quelque fâcheux qu'en soit le récit pour l'honneur du nom françois & du nom chrétien, les seules *sauteries de Mâcon*, exécutées par Saint-Point, font mieux immortalisées, que celles que Tibere mit en usage dans l'île de Caprée, quoiqu'un célebre historien, traduit dans toutes les langues, & cent fois imprimé, les ait insérées dans la vie de cet empereur odieux.

Mâcon est situé sur le penchant d'un côteau, proche de la Sône, à quatre lieues S. de Tournus, quatre E. de Cluny, 15 N. de Lyon, 90 S. de Paris. *Long.* 22. 23. *lat.* 46. 20. (*D. J.*)

MAÇON, s. m. (*Architect.*) artisan employé ordinairement sous la direction d'un architecte à élever un bâtiment. Il y a des auteurs qui le dérivent du mot latin barbare *machio*, machiniste, parce que les *Maçons* sont obligés de se servir de machines pour élever les murailles. Ducange fait venir ce mot de *maceria*, nom qu'on donnoit à une longue clôture de mur pour fermer les vignes, à quoi on imagine que les *Maçons* ont été d'abord employés ; *maçon est maceriarum constructor* : M. Huet le dérive de *mas*, vieux mot qui signifie *maison* ; ainsi *maçon* est une personne qui fait des mas ou des maisons : dans la basse latinité on appelloit un maçon *magister*, *comacinus*, ce que Lindenbroeck fait venir de *comacina*. C'est dans la Romagne où se trouvoient les meilleurs architectes du tems des Lombards.

Le principal ouvrage du *maçon* est de préparer le mortier, d'élever les murailles depuis le fondement jusqu'à la cime, avec les retraites & les à-plombs nécessaires, de former les voûtes, & d'employer les pierres qu'on lui donne.

Lorsque les pierres sont grosses, c'est aux Tailleurs de pierres (que l'on confond souvent avec les *Maçons*) à les tailler, ou à les couper ; les ornemens de sculpture se font par les Sculpteurs en pierres ; les outils dont se servent les *Maçons* sont la ligne, la regle, le compas, la toise & le pié, le niveau, l'équerre, le plomb, la hachette, le marteau, le décintroir, la pince, le ciseau, le riflar, la truelle, la truelle brétée, l'auge, le seau, le balai, la pelle, le tamis, le panier, le rabot, l'oiseau, la brouette, le bar, la pioche & le pic. *Voyez* ces différens noms, & nos *Pl. de Maçon*.

Outre les instrumens nécessaires pour la main, ils ont aussi des machines pour lever de grands fardeaux ; ce sont la grue, le gruau ou engin, le quindal, la chevre, le treuil, les moufles, le levier. Pour conduire de grosses pierres, ce sont le chariot, le bar, les madriers, les rouleaux. *Voyez* nos *Pl.*

MAÇONNÉ, *en termes de Blason*, se dit des traits des tours, pans de murs, châteaux, & autres bâtimens.

Pontevez en Provence, de gueules au pont de deux arches d'or, *maçonné* de sable.

MAÇONNERIE, sub. fém. (*Arts méchaniques.*) *De la Maçonnerie en général*. Sous le nom de *Maçonnerie*, l'on entend non-seulement l'usage & la maniere d'employer la pierre de différente qualité, mais encore celle de se servir de libaye, de moilon, de plâtre, de chaux, de sable, de glaise, de roc, &c. ainsi que celle d'excaver les terres pour la fouille des fondations (*a*) des bâtimens, pour la construction des terrasses, des taluds, & de tout autre ouvrage de cette espece.

Ce mot vient de *maçon* ; & celui-ci, selon Isidore, du latin *machio*, un machiniste, à cause des machines qu'il emploie pour la construction des édifices & de l'intelligence qu'il lui faut pour s'en servir ; & selon M. Ducange, de *maceria*, muraille, qui est l'ouvrage propre du maçon.

Origine de la Maçonnerie. La Maçonnerie tient aujourd'hui le premier rang entre les arts mécaniques qui servent à la construction des édifices. Le bois avoit d'abord paru plus commode pour bâtir, avant que l'on eût connu l'usage de tous les autres matériaux servant aujourd'hui à la construction.

Anciennement les hommes habitoient les bois & les cavernes, comme les bêtes sauvages. Mais, au rapport de Vitruve, un vent impétueux ayant un jour par hasard poussé & agité vivement des arbres fort près les uns des autres, ils s'entrechoquerent avec une si grande violence, que le feu s'y mit. La flamme étonna d'abord ces habitans : mais s'étant approchés peu-à-peu, & s'étant apperçus que la température de ce feu leur pouvoit devenir commode, ils l'entretinrent avec d'autres bois, en firent connoître la commodité à leurs voisins, & y trouverent par la suite de l'utilité.

Ces hommes s'étant ainsi assemblés, poussoient de leurs bouches des sons, dont ils formerent par la suite des paroles de différentes especes, qu'ils appliquerent chacune à chaque chose, & commencerent à parler ensemble, & à faire société. Les uns se firent des huttes (*b*) avec des feuillages, ou des loges qu'ils creuserent dans les montagnes. Les autres imitoient les hirondelles, en faisant des lieux couverts de branches d'arbres, & de terre grasse. Chacun se glorifiant de ses inventions, perfectionnoit la maniere de faire des cabanes, par les remarques qu'il faisoit sur celles de ses voisins, & bâtissoit toujours de plus en plus commodément.

Ils planterent ensuite des fourches entrelacées de branches d'arbre, qu'ils remplissoient & enduisoient de terre grasse pour faire les murailles.

Ils en bâtirent d'autres avec des morceaux de terre grasse desséchés, élevés les uns sur les autres, sur lesquels ils portoient des pieces de bois en travers qu'ils couvroient de feuilles d'arbres, pour s'y mettre à l'abri du soleil & de la pluie ; mais ces couvertures n'étant pas suffisantes pour se défendre contre les mauvais tems de l'hiver, ils imaginerent des especes de combles inclinées qu'ils enduisirent de terre grasse pour faire écouler les eaux.

(*a*) On distingue ce mot d'avec *fondement*, en ce que le premier est l'excavation ou la fouille faite dans la terre pour recevoir un massif capable de supporter l'édifice que l'on veut construire, & le second est le massif même : cependant on confond quelquefois ces deux mots dans la pratique ; mais ce que l'on en dit les fait bientôt distinguer.

(*b*) Espece de baraque ou cabane.

Nous avons encore en Espagne, en Portugal, en Aquitaine & même en France, des maisons couvertes de chaume ou de bardeau (c).

Au royaume de Pont dans la Colchide, on étend de part & d'autre sur le terrain des arbres ; sur chacune de leurs extrémités on y en place d'autres, de maniere qu'ils enferment un espace quarré de toute leur longueur. Sur ces arbres placés horisontalement, on y en éleve d'autres perpendiculairement pour former des murailles que l'on garnit d'échalas & de terre grasse : on lie ensuite les extrémités de ces murailles par des pieces de bois qui vont d'angle en angle, & qui se croisent au milieu pour en retenir les quatre extrémités ; & pour former la couverture de ces especes de cabanes, on attache aux quatre coins, par une extrémité, quatre pieces de bois qui vont se joindre ensemble par l'autre vers le milieu, & qui sont assez longues pour former un toit en croupe, imitant une pyramide à quatre faces, que l'on enduit aussi de terre grasse.

Il y a chez ces peuples de deux especes de toits en croupe ; celui-ci, que Vitruve appelle *testudinatum*, parce que l'eau s'écoule des quatre côtés à-la-fois ; l'autre, qu'il appelle *displuviatum*, est lorsque le faîtage allant d'un pignon (d) à l'autre, l'eau s'écoule des deux côtés.

Les Phrygiens, qui occupent des campagnes où il n'y a point de bois, creusent des fossés circulaires ou petits tertres naturellement élevés qu'ils font les plus grands qu'ils peuvent, auprès desquels ils font un chemin pour y arriver. Autour de ces creux ils élevent des perches qu'ils lient en haut en forme de pointe ou de cône, qu'ils couvrent de chaume, & sur cela ils amassent de la terre & du gason pour rendre leurs demeures chaudes en hiver & fraiches en été.

En d'autres lieux on couvre les cabanes avec des herbes prises dans les étangs.

A Marseille les maisons sont couvertes de terre grasse paîtrie avec de la paille. On fait voir encore maintenant à Athènes, comme une chose curieuse par son antiquité, les toits de l'aréopage faits de terre grasse, & dans le temple du capitole, la cabane de Romulus couverte de chaume.

Au Pérou, les maisons sont encore aujourd'hui de roseaux & de cannes entrelacées, semblables aux premieres habitations des Egyptiens & des peuples de la Palestine. Celles des Grecs dans leur origine n'étoient non plus construites que d'argille qu'ils n'avoient pas l'art de durcir par le secours du feu. En Irlande, les maisons ne sont construites que des menues pierres ou du roc mis dans la terre détrempée, & de la mousse. Les Abyssins logent dans des cabanes faites de torchis (e).

Au Monomotapa les maisons sont toutes construites de bois. On voit encore maintenant des peuples se construire, faute de matériaux & d'une certaine intelligence, des cabanes avec des peaux & des os de quadrupedes & de monstres marins.

Cependant on peut conjecturer que l'ambition de perfectionner ces cabanes & d'autres bâtimens élevés par la suite, leur fit trouver les moyens d'allier avec quelques autres fossiles l'argille & la terre grasse, que leur offroient d'abord les surfaces des terreins où ils établissoient leurs demeures, qui peu-à-peu leur donnerent l'idée de chercher plus avant dans le sein de la terre non - seulement les pierres, mais encore les différentes substances qui dans la suite les pussent mettre à portée de préférer la solidité de la *maçonnerie* à l'emploi des végétaux, dont ils ne tarderent pas à connoître le peu de durée. Mais malgré cette conjecture, on considere les Egyptiens comme les premiers peuples qui aient fait usage de la *maçonnerie* ; ce qui nous paroit d'autant plus vraissemblable, que quelques-uns de leurs édifices sont encore sur pié ; témoins ces pyramides célebres, les murs de Babylone construits de brique & de bitume ; le temple de Salomon, le phar de Ptolomée, les palais de Cléopatre & de César, & tant d'autres monumens dont il est fait mention dans l'Histoire.

Aux édifices des Egyptiens, des Assyriens & des Hébreux, succéderent les ouvrages des Grecs, qui ne se contenterent pas seulement de la pierre qu'ils avoient chez eux en abondance, mais qui firent usage des marbres des provinces d'Egypte, qu'ils employerent avec profusion dans la construction de leurs bâtimens ; bâtimens quipar la solidité immuable seroient encore sur pié, sans l'irruption des barbares & les siecles d'ignorance qui sont survenus. Ces peuples, par leurs découvertes, exciterent les autres nations à les imiter. Ils firent naître aux Romains, possédés de l'ambition de devenir les maîtres du monde, l'envie de les surpasser par l'incroyable solidité qu'ils donnerent à leurs édifices ; en joignant aux découvertes des Egyptiens & des Grecs l'art de la main-d'œuvre, & l'excellente qualité des matieres que leurs climats leur procuroient ; en sorte que l'on voit aujourd'hui avec étonnement plusieurs vestiges intéressans de l'ancienne Rome.

A ces superbes monumens succéderent les ouvrages des Goths ; monumens dont la legereté surprenante nous retrace moins les belles proportions de l'Architecture, qu'une élégance & une pratique inconnue jusqu'alors, & qui nous assurent par leurs aspects que leurs constructeurs s'étoient moins attachés à la solidité qu'au goût de l'Architecture & à la convenance de leurs édifices.

Sous le regne de François I. l'on chercha la solidité de ces édifices dans ceux qu'il fit construire ; & ce fut alors que l'Architecture sortit du cahos où elle avoit été plongée depuis plusieurs siecles. Mais ce fut principalement sous celui de Louis XIV. que l'on joignit l'art de bâtir au bon goût de l'Architecture, & où l'on rassembla la qualité des matieres, la beauté des formes, la convenance des bâtimens, les découvertes sur l'art du trait, la beauté de l'appareil, & tous les arts libéraux & méchaniques.

De la maçonnerie en particulier. Il y a deux sortes de *maçonnerie*, l'ancienne, employée autrefois par les Egyptiens, les Grecs & les Romains, & la moderne, employée de nos jours.

Vitruve nous apprend que la *maçonnerie* ancienne se divisoit en deux classes ; l'une qu'on appelloit *ancienne* qui se faisoit en liaison & dont les joints étoient horisontaux & verticaux ; la seconde, qu'on appelloit *maillée*, étoit celle dont les joints étoient inclinés selon l'angle de 45 degrés, mais cette derniere étoit très-défectueuse, comme nous le verrons ci-après.

Il y avoit anciennement trois genres de *maçonnerie* ; le premier de pierres taillées & polies, le second de pierres brutes, & le troisieme de ces deux especes de pierres.

La maçonnerie de pierres taillées & polies étoit de deux especes ; savoir la maillée, *fig. premiere*, appellée par Vitruve *reticulatum*, dont les joints des pierres étoient inclinés selon l'angle de 45 degrés, & dont

(c) C'est un petit ais de mairain en forme de tuile ou de latte, de dix ou douze pouces de long, sur sept de large, dont on se sert encore à-présent pour couvrir des hangards, appentis, moulins, &c.

(d) *Pignon* est, à la face d'un mur élevé à-plomb, le triangle formé par la base & les côtés obliques d'un toit dont les eaux s'écoulent de part & d'autre.

(e) *Torchis*, espece de mortier fait de terre grasse détrempée, mêlée de foin & de paille coupée & bien corroyée, dont on se sert à-présent faute de meilleure liaison : il est ainsi appellé à cause des bâtons en forme de torche, au bout desquels on le tortille pour l'employer.

les angles étoient faits de *maçonnerie* en liaison, pour retenir la poussée de ces pierres inclinées, qui ne laissoit pas d'être fort considérable; mais cette espece de *maçonnerie* étoit beaucoup moins solide, parce que le poids de ces pierres qui portoient sur leurs angles les faisoit éclater ou égrainer, ou du-moins ouvrir par leurs joints, ce qui détruisoit le mur. Mais les anciens n'avoient d'autres raisons d'employer cette maniere que parce qu'elle leur paroissoit plus agréable à la vûe. La maniere de bâtir en échiquier selon les anciens, que rapporte Palladio dans son *I. liv.* (*Voyez* la *fig. 9.*), étoit moins défectueuse, parce que ces pierres, dont les joints étoient inclinés, étoient non-seulement retenues par les angles du mur, faits de *maçonnerie* de brique en liaison, mais encore par des traverses de pareille *maçonnerie*, tant dans l'intérieur du mur qu'à l'extérieur.

La seconde espece étoit celle en liaison (*fig. 2. & 3*), appellée *insertum*, & dont les joints étoient horisontaux & verticaux: c'étoit la plus solide, parce que ces joints verticaux se croisoient, en sorte qu'un ou deux joints se trouvoient au milieu d'une pierre, ce qui s'appelloit & s'appelle encore maintenant *maçonnerie en liaison*. Cette derniere se subdivise en deux, dont l'une étoit appellée simplement *insertum*, *fig. 2*, qui avoit toutes les pierres égales par leurs paremens; l'autre, *fig. 3*, étoit la structure des Grecs, dans laquelle se trouve l'une & l'autre; mais les paremens des pierres étoient inégaux, en sorte que deux joints perpendiculaires se rencontroient au milieu d'un pierre.

Le second genre étoit celui de pierre brute, *fig. 4. 5. & 6*; il y en avoit de deux especes, dont l'une étoit appellée, comme la derniere, *la structure des Grecs* (*fig. 4. & 5.*), mais qui différoit en ce que les pierres n'en étoient point taillées, à cause de leur dureté, que les liaisons n'étoient pas régulieres, & qu'elles n'avoient point de grandeur reglée. Cette espece se subdivisoit encore en deux, l'une que l'on appelloit *isodomum* (*fig. 4.*), parce que les assises étoient d'égale hauteur; l'autre *pseudisodomum* (*fig. 5.*), parce que les assises étoient d'inégale hauteur. L'autre espece, faite de pierres brutes, étoit appellée *amplecton* (*fig. 6.*), dans laquelle les assises n'étoient point déterminées par l'épaisseur des pierres; mais la hauteur de chaque assise étoit faite de plusieurs si le cas y échéoit, & l'espace d'un parement (*f*) à l'autre étoit rempli de pierres jettées à l'aventure, sur lesquelles on versoit du mortier que l'on enduisoit uniment; & quand cette assise étoit achevée, on en recommençoit une autre par dessus; c'est ce que les Limousins appellorent des *arrases*, & que Vitruve nomme *erecta coria*.

Le troisieme genre appellé *revinctum* (*fig. 7.*) étoit composé de pierres taillées posées en liaison & cramponnées; ensorte que chaque joint vertical se trouvoit au milieu d'une pierre, tant dessus que dessous, entre lesquelles on mettoit des cailloux & d'autres pierres jettées à l'aventure mêlées de mortier.

Table des manieres anciennes de bâtir, présentées sous un même aspect.

Des pierres taillées & polies,	la maillée, ou *reticulatum*.	
	en liaison, ou *insertum*,	*insertum*.
		la structure des Grecs.
De pierres brutes,	la structure des Grecs,	*isodomum*.
		pseudisodomum.
	amplecton.	
De l'une & de l'autre,	*revinctum*.	

Il y avoit encore deux manieres anciennes de bâtir; la premiere étoit de poser les pierres les unes sur les autres sans aucune liaison; mais alors il falloit que leurs surfaces fussent bien unies & bien planes. La seconde étoit de poser ces mêmes pierres les unes sur les autres, & de placer entre chacune d'elles une lame de mortier d'environ une ligne d'épaisseur.

Ces deux manieres étoient fort solides, à cause du poids & de la charge d'un grand nombre de ces pierres, qui leur donnoient assez de force pour se soûtenir; mais les pierres étoient sujettes par ce même poids à s'éclater & à se rompre dans leurs angles, quoiqu'il y ait, selon Vitruve, des bâtimens fort anciens où de très-grandes pierres avoient été posées horisontalement, sans mortier ni plomb, & dont les joints n'étoient point éclatés, mais étoient demeurés presque invisibles par la jonction des pierres, qui avoient été taillées si juste & se touchoient en un si grand nombre de parties, qu'elles s'étoient conservées entieres; ce qui peut très-bien arriver, lorsque les pierres sont démaigries, c'est-à-dire plus creuses au milieu vers les bords, tel que le fait voir la *figure 8*, parce que lorsque le mortier se seche, les pierres se rapprochent, & ne portent ensuite que sur l'extrémité du joint; & ce joint n'étant pas assez fort pour le fardeau, ne manque pas de s'éclater. Mais les maçons qui ont travaillé au louvre ont imaginé de fendre les joints des pierres avec la scie, à mesure que le mortier se séchoit, & de remplir lorsque le mortier avoit fait son effet. On doit remarquer que d'un mur de cette espece a d'autant moins de solidité que l'espace est grand depuis le démaigrissement jusqu'au parement de devant, parce que ce mortier mis après coup n'étant compté pour rien, ce même espace est un moins dans l'épaisseur du mur, mais le charge d'autant plus.

Palladio rapporte dans son premier livre, qu'il y avoit anciennement six manieres de faire les murailles; la premiere en échiquier, la seconde de terre cuite ou de brique, la troisieme de ciment fait de cailloux de riviere ou de montagne, la quatrieme de pierres incertaines ou rustiques, la cinquieme de pierres de taille, & la sixieme de remplage.

Nous avons expliqué ci-dessus la maniere de bâtir en échiquier rapportée par Palladio, *fig. 9*.

La deuxieme maniere étoit de bâtir en liaison, avec des carreaux de brique ou de terre cuite grands ou petits. La plus grande partie des édifices de Rome, à la rotonde, les thermes de Dioclétien & beaucoup d'autres édifices, sont bâtis de cette maniere.

La troisieme maniere (*fig. 10*) étoit de faire les

(*f*) Parement d'une pierre est sa partie extérieure; elle peut en avoir plusieurs, selon qu'elle est placée dans l'angle saillant ou rentrant d'un bâtiment.

deux faces du mur de carreaux de pierre ou de briques en liaison ; le milieu, de ciment ou de cailloux de riviere paîtris avec du mortier ; & de placer de trois piés en trois piés de hauteur, trois rangs de brique en liaison ; c'est-à-dire le premier rang vû sur le petit côté, le second vû sur le grand côté, & le troisieme vû aussi sur le petit côté. Les murailles de la ville de Turin sont bâties de cette maniere ; mais les garnis sont faits de gros cailloux de riviere cassés par le milieu, mêlés de mortier, dont la face unie est placée du côté du mur de face. Les murs des arenes à Vérone sont aussi construits de cette maniere avec un garni de ciment, ainsi que ceux de plusieurs autres bâtimens antiques.

La quatrieme maniere étoit celle appellée *incertaine* ou *rustique* (*fig. 11.*). Les angles de ces murailles étoient faits de carreaux de pierre de taille en liaison ; le milieu de pierres de toutes sortes de forme, ajustées chacune dans leur place. Aussi se falloit-il servir pour cet effet d'un instrument (*fig. 70.*) appellé *sauterelle* ; ce qui donnoit beaucoup de sujétion, sans procurer pour cela plus d'avantage. Il y a à Preneste des murailles, ainsi que les pavés des grands chemins faits de cette maniere.

La cinquieme maniere (*fig. 12.*), étoit en pierres de taille ; & c'est ce que Vitruve appelle la *structure des Grecs*. *Voyez* la *fig.* 3. Le temple d'Auguste a été bâti ainsi ; on le voit encore par ce qui en reste.

La sixieme maniere étoit les murs de remplage (*fig. 13.*) ; on construisoit pour cet effet des especes de caisses de la hauteur qu'on vouloit les lits, avec des madriers retenus par des arcs-boutans, qu'on remplissoit de mortier, de ciment, & de toutes sortes de pierres de différentes formes & grandeurs. On bâtissoit ainsi de lit en lit : il y a encore à Sirmion, sur le lac de Garda, des murs bâtis de cette maniere.

Il y avoit encore une autre maniere ancienne de faire les murailles (*fig. 14.*), qui étoit de faire deux murs de quatre piés d'épaisseur, de six piés distans l'un de l'autre, joints ensemble par des murs distans aussi de six piés, qui les traversoient, pour former des especes de coffres de six piés en quarré, que l'on remplissoit ensuite de terre & de pierre.

Les anciens pavoient les grands chemins en pierre de taille, ou en ciment mêlé de sable & de terre glaise.

Le milieu des rues des anciennes villes se pavoit en grais, & les côtés avec une pierre plus épaisse & moins large que les carreaux. Cette maniere de paver leur paroissoit plus commode pour marcher.

La derniere maniere de bâtir, & celle dont on bâtit de nos jours, se divise en cinq especes.

La premiere (*fig. 15.*) se construit de carreaux (*g*) & boutisse (*h*) de pierres dures ou tendres bien posées en recouvrement les unes sur les autres. Cette maniere est appellée communément *maçonnerie en liaison*, où la différente épaisseur des murs détermine les différentes liaisons à raison de la grandeur des pierres que l'on veut employer : la *fig.* 2 est de cette espece.

Il faut observer, pour que cette construction soit bonne, d'éviter toute espece de garni & remplissage, & pour faire une meilleure liaison, de piquer les paremens intérieurs au marteau, afin que par ce moyen les agens que l'on met entre deux pierres puissent les consolider. Il faut aussi bien éviter les pierres, & n'y souffrir aucun tendre ni bouzin

(*g*) *Carreau*, pierre qui ne traverse point l'épaisseur du mur, & qui n'a qu'un ou deux paremens au plus.

(*h*) *Boutisse*, pierre qui traverse l'épaisseur du mur, & qui fait parement des deux côtés. On l'appelle encore *pamieresse*, *pierre parpeigne*, *de parpein*, ou *faisant parpein*.

(*i*), parce que l'un & l'autre émousseroit les parties de la chaux & du mortier.

La seconde est celle de brique, appellée en latin *lateritium*, espece de pierre rougeâtre faite de terre grasse, qui après avoir été moulée d'environ huit pouces de longueur sur quatre de largeur & deux d'épaisseur, est mise à sécher pendant quelque tems au soleil & ensuite cuite au four. Cette construction se fait en liaison, comme la précédente. Il se trouve à Athènes un mur qui regarde le mont Hymette, les murailles du temple de Jupiter, & les chapelles du temple d'Hercule faites de brique, quoique les architraves & les colonnes soient de pierre. Dans la ville d'Arezzo en Italie, on voit un ancien mur aussi en brique très-bien bâti, ainsi que la maison des rois attaliques à Sparte ; on a levé de dessus un mur de brique anciennement bâti, des peintures pour les encadrer. On voit encore la maison de Crésus aussi bâtie en brique, ainsi que le palais du roi Mausole en la ville d'Halycarnasse, dont les murailles de brique sont encore toutes entieres.

On peut remarquer ici que ce ne fut pas par économie que ce roi & d'autres après lui, presque aussi riches, ont préféré la brique, puisque la pierre & le marbre étoient chez eux très-communs.

Si l'on défendit autrefois à Rome de faire des murs en brique, ce ne fut que lorsque les habitans se trouvant en grand nombre, on eut besoin de ménager le terrein & de multiplier les surfaces ; ce qu'on ne pouvoit faire avec des murs de brique, qui avoient besoin d'une grande épaisseur pour être solides : c'est pourquoi on substitua à la brique la pierre & le marbre ; & par-là on put non-seulement diminuer l'épaisseur des murs & procurer plus de surface, mais encore élever plusieurs étages les uns sur les autres, ce qui fit alors que l'on fixa l'épaisseur des murs à dix-huit pouces.

Les tuiles qui ont été long-tems sur les toîts, & qui s'y sont éprouvé toute la rigueur des saisons, sont, dit Vitruve, très-propres à la *maçonnerie*.

La troisieme est de moilon, en latin *cæmentitium*, ce n'est autre chose que des éclats de la pierre, dont il faut retrancher le bouzin & toutes les inégalités, qu'on réduit à une même mesure, bien équarris, & posés exactement de niveau en liaison, comme ci-dessus. Le parement extérieur de ces moilons peut être piqué (*l*) ou rustiqué (*m*), lorsqu'ils sont apparens & destinés à la construction des souterreins, des murs de cloture, de caves, mitoyens, &c.

La quatrieme est de limousinage, que Vitruve appelle *amplecton* (*fig. 6.*) ; elle se fait aussi de moilons posés sur leurs lits & en liaison, mais sans être dressés ni équarris, étant destinés pour les murs que l'on enduit de mortier ou de plâtre.

Il est cependant beaucoup mieux de dégrossir ces moilons pour les rendre plus gissans & en ôter toute espece de tendre, qui, comme nous l'avons dit précédemment, absorberoit ou amortiroit la qualité de la chaux qui compose le mortier. D'ailleurs si on ne les équarrissoit pas au-moins avec la hachette (*fig. 106*), les interstices de différentes grandeurs produiroient une inégalité dans l'emploi du mortier, & un tassement inégal dans la construction du mur.

La cinquieme se fait de blocage, en latin *structura ruderaria*, c'est-à-dire de menues pierres qui s'emploient avec du mortier dans les fondations, & avec

(*l*) *Bouzin*, est la partie extérieure de la pierre abreuvée de l'humidité de la carriere, & qui n'a pas eu le tems de sécher, après en être sortie.

(*l*) *Piqué*, c'est-à-dire dont les paremens sont piqués avec la pointe du marteau.

(*m*) *Rustiqué*, c'est-à-dire dont les paremens, après avoir été équarris & hachés, sont grossierement piqués avec la pointe du marteau.

du plâtre dans les ouvrages hors de terre. C'est-là, selon Vitruve, une très-bonne maniere de bâtir, parce que, selon lui, plus il y a de mortier, plus les pierres en font abreuvées, & plus les murs font solides quands ils font secs. Mais il faut remarquer auffi que plus il y a de mortier, plus le bâtiment est sujet à tasser à mesure qu'il se seche ; trop heureux s'il se tasse également, ce qui est douteux. Cependant on ne laisse pas que de bâtir souvent de cette maniere en Italie, où la pozzolane est d'un grand secours pour cette construction.

Des murs en général. La qualité du terrein, les différens pays où l'on se trouve, les matériaux que l'on a, & d'autres circonstances que l'on ne sauroit prévoir, doivent décider de la maniere que l'on doit bâtir : celle où l'on emploie la pierre est sans doute la meilleure ; mais comme il y a des endroits où elle est fort chere, d'autres où elle est très-rare, & d'autres encore où il ne s'en trouve point du tout, on est obligé alors d'employer ce que l'on trouve, en observant cependant de pratiquer dans l'épaisseur des murs, sous les retombées des voûtes, sous les poutres, dans les angles des bâtimens & dans les endroits qui ont besoin de solidité, des chaînes de pierre ou de grais si on en peut avoir, ou d'avoir recours à d'autres moyens pour donner aux murs une fermeté suffisante.

Il faut observer plusieurs choses en bâtissant : premierement, que les premieres assises au rez-de-chaussée soient en pierre dure, même jusqu'à une certaine hauteur, si l'édifice est très-élevé : secondement, que celles qui sont sur un même rang d'assises soient de même qualité, afin que le poids supérieur, chargeant également dans toute la surface, trouve aussi une résistance égale sur la partie inférieure : troisiemement, que toutes les pierres, moilons, briques & autres matériaux, soient bien unis ensemble & posés bien de niveau. Quatriemement, lorsqu'on emploie le plâtre, de laisser une distance entre les arrachemens *A*, *fig. 16.* & *17*, & les chaînes de pierres *B*, afin de procurer à la *maçonnerie* le moyen de faire son effet, le plâtre étant sujet à se renfler & à pousser les premiers jours qu'il est employé ; & lors du ravalement général, on remplit ces interstices. Cinquiemement enfin, lorsque l'on craint que les murs ayant beaucoup de charge, soit par leur très-grande hauteur, soit par la multiplicité des planchers, des voûtes &c. qu'ils portent, ne deviennent trop foibles & n'en affaissent la partie inférieure, de faire ce qu'on a fait au Louvre, qui est de pratiquer dans leur épaisseur (*fig. 16. & 17.*) des arcades ou décharges *C*, appuyées sur des chaînes de pierre ou jambes sous poutres *B*, qui en soutiennent la pesanteur. Les anciens, au lieu d'arcades, se servoient de longues pieces de bois d'olivier (*fig. 17.*) qu'ils posoient sur toute la longueur des murs, ce bois ayant la vertu de s'unir avec le mortier ou le plâtre sans se pourrir.

Des murs de face & de refend. Lorsque l'on construit des murs de face, il est beaucoup mieux de faire en sorte que toutes les assises soient d'une égale hauteur, ce qui s'appelle *bâtir à assise égale* ; que les joints des paremens soient le plus serrés qu'il est possible. C'est à quoi les anciens apportoient beaucoup d'attention ; car, comme nous l'avons vû, ils appareilloient leurs pierres & les posoient les unes sur les autres sans mortier, avec une si grande justesse, que les joints devenoient presqu'imperceptibles, & que leur propre poids suffisoit seul pour les rendre fermes. Quelques-uns croient qu'ils laissoient sur tous les paremens de leurs pierres environ un pouce de plus, qu'ils retondoient lors du ravalement total, ce qui paroît destitué de toute vraissemblance, par la description des anciens ouvrages dont l'Histoire fait mention. D'ailleurs l'appareil étant une partie très essentielle dans la construction, il est dangereux de laisser des joints trop larges, non-seulement parce qu'ils font désagréables à la vûe, mais encore parce qu'ils contribuent beaucoup au défaut de solidité, soit parce qu'en liant des pierres tendres ensemble, il se fait d'autant plus de cellules dans leurs pores, que le mortier dont on se sert est d'une nature plus dure ; soit parce que le bâtiment est sujet à tasser davantage, & par conséquent à s'ébranler ; soit encore parce qu'en employant du plâtre, qui est d'une consistance beaucoup plus molle & pour cette raison plûtôt pulvérifée par le poids de l'édifice, les arrêtes des pierres s'éclatent à mesure qu'elles viennent à se toucher. C'est pour cela que dans les bâtimens de peu d'importance, où il s'agit d'aller vîte, on les cale avec des lattes *D*, *fig. 18*, entre lesquelles on fait couler du mortier, & on les jointoie, ainsi qu'on peut le remarquer dans presque tous les édifices modernes. Dans ceux qui méritent quelqu'attention, on se sert au contraire de lames de plomb *E*, *fig. 19*, ainsi qu'on l'a pratiqué au péristile du Louvre, aux châteaux de Clagny, de Maisons & autres.

Quoique l'épaisseur des murs de face doive différer selon leur hauteur, cependant on leur donne communément deux piés d'épaisseur, sur dix toises de hauteur, ayant soin de leur donner six lignes par toise de talut ou de retraite en dehors *A*, *fig. 20*, & de les faire à plomb par le dedans *B*. Si on observe aussi des retraites en dedans *B*, *fig. 21*, il faut faire en sorte que l'axe *C D* du mur se trouve dans le milieu des fondemens.

La hauteur de ces murs n'est pas la seule raison qui doit déterminer leur épaisseur ; les différens poids qu'ils ont à porter doivent y entrer pour beaucoup, tels que celui des planchers, des combles, la poussée des arcades, des portes & des croisées ; les scellemens des poutres, des solives, sablieres, corbeaux, &c. raison pour laquelle on doit donner des épaisseurs différentes aux murs de même espece.

Les angles d'un bâtiment doivent être non-seulement élevés en pierre dure, comme nous l'avons vû, mais aussi doivent avoir une plus grande épaisseur, à cause de la poussée des voûtes, des planchers, des croupes & des combles ; irrégularité qui se corrige aisément à l'extérieur par des avant-corps qui font partie de l'ordonnance du bâtiment, & dans l'intérieur par des revêtissemens de lambris.

L'épaisseur des murs de refend doit auffi différer selon la longueur & la grosseur des pieces de bois qu'ils doivent porter, sur-tout lorsqu'ils séparent des grandes pieces d'appartement, lorsqu'ils servent de cage à des escaliers, où les voûtes & le mouvement continuel des rampes exigent une épaisseur relative à leurs poussées, ou enfin lorsqu'ils contiennent dans leur épaisseur plusieurs tuyaux de cheminées qui montent de fond, seulement séparés par des languettes de trois ou quatre pouces d'épaisseur.

Tous ces murs se payent à la toise superficielle, selon leur épaisseur.

Les murs en pierre dure se payent depuis 3 liv. jusqu'à 4 liv. le pouce d'épaisseur. Lorsqu'il n'y a qu'un parement, il se paye depuis 12 liv. jusqu'à 16 livres ; lorsqu'il y en a deux, le premier se paye depuis 12 jusqu'à 16 livres, & le second depuis 10 livres jusqu'à 12 livres.

Les murs en pierre tendre se payent depuis 2 liv. 10 sols jusqu'à 3 liv. 10 sols le pouce d'épaisseur. Lorsqu'il n'y a qu'un parement, il se paye depuis 3 liv. 10 sols jusqu'à 4 liv. 10 sols. Lorsqu'il y en a deux, le premier se paye depuis 3 liv. 10 sols jusqu'à

4 liv. 10 fols ; & le second depuis 3 liv. jusqu'à 3 liv. 10 fols.

Les murs en moilon blanc se payent depuis 18 fols jusqu'à 22 fols le pouce ; & chaque parement, qui est un enduit de plâtre ou de chaux, se paye depuis 1 liv. 10 fols jusqu'à 1 liv. 16 fols.

Tous ces prix different selon le lieu où l'on bâtit, selon les qualités des matériaux que l'on emploie, & selon les bonnes ou mauvaises façons des ouvrages ; c'est pourquoi on fait toujours des devis & marchés avant que de mettre la main à l'œuvre.

Des murs de terrasse. Les murs de terrasse different des précédens en ce que non-seulement ils n'ont qu'un parement, mais encore parce qu'ils sont faits pour retenir les terres contre lesquels ils sont appuyés. On en fait de deux manieres : les uns (*fig.* 22.) ont beaucoup d'épaisseur, & coutent beaucoup ; les autres (*fig.* 23.), fortifiés par des éperons ou contreforts *E*, coutent beaucoup moins. Vitruve dit que ces murs doivent être d'autant plus solides que les terres poussent davantage dans l'hiver que dans d'autres tems ; parce qu'alors elles sont humectées des pluies, des neiges & autres intempéries de cette saison : c'est pourquoi il ne se contente pas seulement de placer d'un côté des contreforts *A* (*fig.* 24. & 25.), mais il en met encore d'autres endedans, disposés diagonalement en forme de scie *B* (*fig.* 24.), ou en portion de cercle *C* (*fig.* 25.), étant par-là moins sujets à la poussée des terres.

Il faut observer de les élever perpendiculairement du côté des terres, & inclinés de l'autre. Si cependant on jugeoit à-propos de faire faire perpendiculaires à l'extérieur, il faudroit alors leur donner plus d'épaisseur, & placer en-dedans les contreforts que l'on auroit dû mettre en-dehors.

Quelques-uns donnent à leur sommet la sixieme partie de leur hauteur, & de talut la septieme partie : d'autres ne donnent à ce talut que la huitieme partie. Vitruve dit que l'épaisseur de ces murs doit être relative à la poussée des terres, & que les contreforts que l'on y ajoute font faits pour le fortifier & l'empêcher de se détruire ; il donne à ces contreforts, pour épaisseur, pour saillie, & pour intervalle de l'un à l'autre, l'épaisseur du mur, c'està-dire qu'ils doivent être quarrés par leur sommet, & la distance de l'un à l'autre aussi quarrée ; leur empatement, ajoute-t-il, doit avoir la hauteur du mur.

Lorsque l'on veut construire un mur de terrasse, on commence d'abord par l'élever jusqu'au rez-de-chaussée, en lui donnant une épaisseur & un talut convenables à la poussée des terres qu'il doit soutenir : pendant ce tems-là, on fait plusieurs tas des terres qui doivent servir à remplir le fossé , selon leurs qualités : ensuite on en fait apporter près du mur & à quelques piés de largeur, environ un pié d'épaisseur, en commençant par celles qui ont le plus de poussée, réservant pour le haut celles qui en ont moins. Précaution qu'il faut nécessairement prendre, & sans laquelle il arriveroit que le côté le mur ne se trouveroit pas assez fort pour retenir la poussée des terres, tandis que le fossé se trouveroit plus fort qu'il ne seroit nécessaire. Ces terres ainsi apportées, on en fait un lit de même qualité que l'on pose bien de niveau, & que l'on incline du côté du terrein pour les empêcher de s'ébouler, & que l'on affermit ensuite en les battant, & les arrosant à mesure : car si on remettoit à les battre après la construction du mur, non-seulement elles en seroient moins fermes, parce qu'on ne pourroit battre que la superficie, mais encore il seroit à craindre qu'on n'ébranlât la solidité du mur. Ce lit fait, on en recommence un autre, & ainsi de suite, jusqu'à ce que l'on soit arrivé au rez-de-chaussée.

De la pierre en général. De tous les matériaux compris sous le nom de *maçonnerie*, la pierre tient aujourd'hui le premier rang ; c'est pourquoi nous expliquerons ses différentes especes, ses qualités, ses défauts, ses façons & ses usages; après avoir dit un mot des carrieres dont on la tire, & cité les auteurs qui ont écrit de l'art de les réunir ensemble, pour parvenir à une construction solide, soit en enseignant les développemens de leur coupe, de leurs joints & de leurs lits relativement à la pratique, soit en démontrant géométriquement la rencontre des lignes, la nature des courbes, les sections des solides, & les connoissances qui demandent une étude particuliere.

On distingue deux choses également intéressantes dans la coupe des pierres, l'ouvrage & le raisonnement, dit Vitruve ; l'un convient à l'artisan, & l'autre à l'artiste. Nous pouvons regarder Philibert Delorme, en 1567, comme le premier auteur qui ait traité méthodiquement de cet art. En 1642, Mathurin Jousse y ajouta quelques découvertes, qu'il intitula, *le secret de l'Architecture*. Un an après, le P. Deraut fit paroître un ouvrage encore plus profond sur cet art, mais plus relatif aux besoins de l'ouvrier. La même année, Abraham Bosse mit au jour le système de Desargue. En 1728, M. de la Rue renouvella le traité du P. Deraut, le commenta, & y fit plusieurs augmentations curieuses ; ensorte que l'on peut regarder son ouvrage comme le résultat de tous ceux qui l'avoient précédé sur l'art du trait. Enfin, en 1737, M. Fraizier, ingénieur en chef des fortifications de Sa Majesté, a traité en théorie cette partie de l'Architecture, & la mémoire de ce savant.

Il faut savoir qu'avant que la géométrie & la méchanique fussent devenues la base de l'art du trait pour la coupe des pierres, on ne pouvoit s'assurer précisément de l'équilibre & de l'effort de la poussée des voutes, non plus que de la résistence des piés droits, des murs, des contreforts, &c. de maniere que l'on rencontroit lors de l'exécution des difficultés que l'on n'avoit pu prévoir, & qu'on ne pouvoit résoudre qu'en démolissant ou retondant en place les parties défectueuses jusqu'à ce que l'œil fût moins mécontent ; d'où il résultoit que ces ouvrages coutoient souvent beaucoup, & duroient peu, sans satisfaire les hommes intelligens. C'est donc à la théorie qu'on est maintenant redevable de la légéreté qu'on donne aux voutes des différentes especes, ainsi qu'aux voussures, aux trompes, &c. & de ce qu'on est parvenu insensiblement à abandonner la maniere de bâtir des derniers siecles, trop difficile par l'immensité des poids qu'il falloit transporter, & d'un travail beaucoup plus lent. C'est même ce qui a donné lieu à ne plus employer la méthode des anciens, qui étoit de faire des colonnes & des architraves d'un seul morceau, & de préférer l'assemblage de plusieurs pierres bien plus faciles à mettre en œuvre. C'est par le secours de cette théorie que l'on est parvenu à soutenir des plate-bandes, & à donner à l'architecture ce caractere de vraissemblance & de légéreté inconnue à nos prédécesseurs. Il est vrai que les architectes gothiques ont poussé très-loin la témérité dans la coupe des pierres, n'ayant, pour ainsi dire, d'autre but dans leurs ouvrages que de s'attirer de l'admiration. Malgré nos découvertes, nous sommes devenus plus modérés ; & bien-loin de vouloir imiter leur trop grande hardiesse, nous ne servons de la facilité de l'art du trait que pour des cas indispensables relatifs à l'économie, ou à la sujétion qu'exige certain genre de construction : les préceptes n'enseignant pas une singularité présomptueuse, & la vraissemblance de vant toujours être préférée, sur-tout dans les arts qui ne tendent qu'à la solidité.

On distingue ordinairement de deux especes de pierres: l'une dure, & l'autre tendre. La première est, sans contredit, la meilleure: il arrive quelquefois que cette derniere résiste mieux à la gelée que l'autre; mais cela n'est pas ordinaire, parce que les parties de la pierre dure ayant leurs pores plus condensés que celles de la tendre, doivent résister davantage aux injures des tems, ainsi qu'aux courans des eaux dans les édifices aquatiques. Cependant, pour bien connoître la nature de la pierre, il faut examiner pourquoi ces deux especes sont sujettes à la gelée, qui les fend & les détruit.

Dans l'assemblage des parties qui composent la pierre, il s'y trouve des pores imperceptibles remplis d'eau & d'humidité, qui, venant à s'enfler pendant la gelée, fait effort dans les pores, pour occuper un plus grand espace que celui où elle est resserrée; & la pierre ne pouvant résister à cet effort, se fend & tombe par éclat. Ainsi plus la pierre est composée de parties argilleuses & grasses, plus elle doit participer d'humidité, & par conséquent être sujette à la gelée. Quelques-uns croient que la pierre ne se détruit pas seulement à la gelée, mais qu'elle se mouline (*n*) encore à la lune: ce qui peut arriver à de certaines especes de pierres, dont les rayons de la lune peuvent dissoudre les parties les moins compactes. Mais il s'en suivroit de-là que les rayons seroient humides, & que venant à s'introduire dans les pores de la pierre, ils seroient cause de la séparation de ses parties qui tombant insensiblement en parcelles, la feroient paroître moulinée.

Des carrieres & des pierres qu'on en tire. On appelle communément *carriere* des lieux creusés sous terre A (*fig. 26.*), où la pierre prend naissance. C'est de-là qu'on tire celle dont on se sert pour bâtir, & cela par des ouvertures B en forme de puits, comme on en voit aux environs de Paris, ou de plain-pié, comme à S. Leu, Trocy, Maillet, & ailleurs; ce qui s'appelle encore *carriere découverte*.

La pierre se trouve ordinairement dans la carriere disposée par banc, dont l'épaisseur change selon les lieux & la nature de la pierre. Les ouvriers qui la tirent, se nomment *carriers*.

Il faut avoir pour principe dans les bâtimens, de poser les pierres sur leurs lits, c'est-à-dire dans la même situation qu'elles se sout trouvé placées dans la carriere, parce que, selon cette situation, elles sont capables de résister à de plus grands fardeaux; au lieu que posées sur un autre sens, elles sont très-sujettes à s'éclater, & n'ont pas à beaucoup près tant de force. Les bons ouvriers connoissent du premier coup-d'œil le lit d'une pierre; mais si l'on n'y prend garde, ils ne s'assujettissent pas toujours à la poser comme il faut.

La pierre dure supportant mieux que toute autre un poids considérable, ainsi que les mauvais tems, l'humidité, &c. il faut prendre la précaution de les placer de préférence dans les endroits exposés à l'air, réservant celles que l'on aura reconnu moins bonnes pour les fondations & autres lieux à couvert. C'est de la premiere que l'on emploie le plus communément dans les grands édifices, sur-tout jusqu'à une certaine hauteur. La meilleure est la plus pleine, serrée, la moins coquilleuse, la moins remplie de moye (*o*), veine (*p*) ou moliere (*q*),

(*n*) Une pierre est *moulinée*, lorsqu'elle s'écrase sous le pouce, & qu'elle se réduit en poussiere.

(*o*) *Moye* est une pierre tendre qui se trouve au milieu de la pierre, & qui fait tort de la carriere.

(*p*) *Veine*, défaut d'une pierre à l'endroit où la partie tendre se joint à la partie dure.

(*q*) *Moliere*, partie de la pierre remplie de trous; ce qui est un défaut de propreté dans les paremens extérieurs.

Tome IX.

d'un grain fin & uni, & lorsque les éclats sont sonores & se coupent net.

La pierre dure & tendre se tire des carrieres par gros quartiers que l'on débite sur l'attelier, suivant le besoin que l'on en a. Les plus petits morceaux servent de libage ou de moilon, à l'usage des murs de fondation, de refends, mitoyen, &c. on les unit les unes aux autres par le secours du mortier, fait de ciment ou de sable broyé avec de la chaux, ou bien encore avec du plâtre, selon le lieu où l'on bâtit. Il faut avoir grand soin d'en ôter tout le bouzin, qui n'étant pas encore bien consolidé avec le reste de la pierre, est sujet à se dissoudre par la pluie ou l'humidité, de maniere que les pierres dures ou tendres, dont on n'a pas pris soin d'ôter ce bouzin, ne sont au bout de quelque tems en poussiere, & leurs arrêtes s'égrainent par le poids de l'édifice. D'ailleurs ce bouzin beaucoup moins compacte que le reste de la pierre, & s'abreuvant facilement des esprits de la chaux, en exige une très-grande quantité, & par conséquent beaucoup de tems pour la sécher: de plus l'humidité du mortier le dissout, & la liaison ne ressemble plus alors qu'à de la pierre tendre réduite en poussiere, posée sur du mortier; ce qui ne peut faire qu'une très-mauvaise construction.

Mais comme chaque pays a ses carrieres & ses différentes especes de pierres, auxquelles on s'assujettit pour la construction des bâtimens, & que le premier soin de celui qui veut bâtir est, avant même que de projetter, de visiter exactement toutes celles des environs du lieu où il doit bâtir, d'examiner soigneusement les bonnes & mauvaises qualités, soit en consultant les gens du pays, soit en en exposant une certaine quantité pendant quelque tems à la gelée & sur une terre humide, soit en les éprouvant encore par d'autres manieres; nous n'entreprendrons pas de faire un dénombrement exact & général de toutes les carrieres dont on tire la pierre. Nous nous contenterons seulement de dire quelque chose de celles qui se trouvent en Italie, pour avoir occasion de rapporter le sentiment de Vitruve sur la qualité des pierres qu'on en tire, avant que de parler de celles dont on se sert à Paris & dans les environs.

Les carrieres dont parle Vitruve, & qui sont aux environs de Rome, sont celles de Pallienne, de Fidenne, d'Albe, & autres, dont les pierres sont rouges & très-tendres. On s'en sert cependant à Rome en prenant la précaution de les tirer de la carriere en été, & de les exposer à l'air deux ans avant que de les employer, ainsi que Palladio, celles qui ont résisté aux mauvais tems sans se gâter, puissent servir aux ouvrages hors de terre, & les autres dans les fondations. Les carrieres de Rora, d'Amiterne, & de Tivoli fournissent des pierres moyennement dures. Celles de Tivoli résistent fort bien à la charge & aux rigueurs des saisons, mais non au feu qui les fait éclater, pour le peu qu'il les approche; parce qu'étant naturellement composées d'eau & de terre, ces deux élémens ne sauroient lutter contre l'air & le feu qui s'insinuent aisément par ses porosités. Il s'en trouve plusieurs d'où l'on tire des pierres aussi dures que le caillou. D'autres dans la carriere de la terre de Labour, d'où l'on en tire que l'on appelle *tuf rouge* & *noir*. Dans l'Omberie, le Pisantin, & proche de Venise, on tire aussi un tuf blanc qui se coupe à la scie comme le bois. Il y a chez les Tarquiniens des carrieres appellées *avitiennes*, dont les pierres sont rouges comme celles d'Albe, & s'amassent près du lac de Balsenne & dans le gouvernement Statonique: elles résistent très-bien à la gelée & au feu, parce qu'elles sont composées de très-peu d'air, de feu, & d'humidité,

KKkk ij

mais de beaucoup de terreſtre; ce qui les rend plus fermes, telles qu'il s'en voit à ce qui reſte des anciens ouvrages près de la ville de Ferente où il ſe trouve encore de grandes figures, de petits bas-reliefs, & des ornemens délicats, de roſes, de feuilles d'acanthe, &c. faits de cette pierre, qui ſont encore entiers malgré leur vieilleſſe. Les Fondeurs des environs la trouvent très-propre à faire des moules; cependant on en emploie fort peu à Rome à cauſe de leur éloignement.

Des différentes pierres dures. De toutes les pierres dures, la plus belle & la plus fine eſt celle de liais, qui porte ordinairement depuis ſept juſqu'à dix pouces de hauteur de banc (*r*).

Il y en a de quatre ſortes. La premiere qu'on appelle *liais franc*, la ſeconde *liais ferault*, la troiſieme *liais roſe*, & la quatrieme *franc liais de S. Leu*.

La premiere qui ſe tire de quelques carrieres derriere les Chartreux fauxbourg S. Jacques à Paris, s'emploie ordinairement aux revêtiſſemens du dedans des pieces où l'on veut éviter la dépenſe du marbre, recevant facilement la taille de toutes ſortes de membres d'architecture & de ſculpture : conſidération pour laquelle on en fait communément des chambranles de cheminées, pavés d'anti-chambres & de ſalles à manger, balluſtres, entrelas, appuis, tablettes, rampes, échifres d'eſcaliers, &c. La ſeconde qui ſe tire des mêmes carrieres, eſt beaucoup plus dure, & s'emploie par préférence pour des corniches, bazes, chapiteaux de colonnes, & autres ouvrages qui ſe font avec ſoin dans les façades extérieures des bâtimens de quelqu'importance. La troiſieme qui ſe tire des carrieres proche S. Cloud, eſt plus blanche & plus pleine que les autres, & reçoit un très-beau poli. La quatrieme ſe tire le long des côtes de la montagne près S. Leu.

La ſeconde pierre dure & la plus en uſage dans toutes les eſpeces de bâtimens, eſt celle d'Arcueil, qui porte depuis douze juſqu'à quinze pouces de hauteur de banc, & qui ſe tiroit autrefois des carrieres d'Arcueil près Paris; elle étoit très-recherchée alors, à cauſe des qualités qu'elle avoit d'être preſqu'auſſi ferme dans ſes joints que dans ſon cœur, de réſiſter au fardeau, & de s'entretenir dans l'eau, ne point craindre les injures des tems : auſſi la préféroit-on dans les fondemens des édifices, & pour les premieres aſſiſes. Mais maintenant les bancs de cette pierre ne ſe ſuivant plus comme autrefois, les Carriers ſe ſont jettés du côté de Bagneux près d'Arcueil, & du côté de Montrouge, où ils ſe trouvent des maſſes moins profondes dont les bancs ſe continuent plus loin. La pierre qu'on en tire eſt celle dont on ſe ſert à-préſent, à laquelle on donne le nom d'*Arcueil*. Elle ſe diviſe en haut & bas appareil : le premier porte depuis dix-huit pouces juſqu'à deux piés & demi de hauteur de banc; & le ſecond depuis un pié juſqu'à dix-huit pouces. Celui-ci ſert à faire des marches, ſeuils, appuis, tablettes, cimaiſes de corniches, &c. Elle a les mêmes qualités que celle d'Arcueil, mais plus remplie de moye, plus ſujette à la gelée, & moins capable de réſiſter au fardeau.

La pierre de cliquart qui ſe tire des mêmes carrieres, eſt un bas appareil de ſix à ſept pouces de hauteur de banc, plus blanche que la derniere, reſſemblante au liais, & ſervant auſſi aux mêmes uſages. Elle ſe diviſe en deux eſpeces, l'une plus dure que l'autre : cette pierre un peu graſſe eſt ſujette à la gelée; c'eſt pourquoi on a ſoin de la tirer de la carriere, & de l'employer en été.

La pierre de bellehache ſe tire d'une carriere près d'Arcueil, nommée la *carriere royale*, & porte depuis dix-huit juſqu'à dix-neuf pouces de hauteur de banc. Elle eſt beaucoup moins parfaite que le liais ferault, mais de toutes les pierres la plus dure, à cauſe d'une grande quantité de cailloux dont elle eſt compoſée : auſſi s'en ſert-on fort rarement.

La pierre de ſouchet ſe tire des carrieres du fauxbourg S. Jacques, & porte depuis douze pouces juſqu'à vingt-un pouces de hauteur de banc. Cette pierre qui reſſemble à celle d'Arcueil, eſt griſe, trouée & poreuſe. Elle n'eſt bonne ni dans l'eau ni ſous le fardeau : auſſi ne s'en ſert-on que dans les bâtimens de peu d'importance. Il ſe tire encore une pierre de ſouchet des carrieres du fauxbourg S. Germain, & de Vaugirard, qui porte depuis dix-huit juſqu'à vingt pouces de hauteur de banc. Elle eſt griſe, dure, poreuſe, graſſe, pleine de fils, ſujette à la gelée, & ſe moulinant à la lune. On s'en ſert dans les fondemens des grands édifices & aux premieres aſſiſes, vouſſoirs, ſoupiraux de caves, jambages de portes, & croiſées des maiſons de peu d'importance.

La pierre de bonbave ſe tire des mêmes carrieres, & ſe prend au-deſſus de cette derniere. Elle porte depuis quinze juſqu'à vingt-quatre pouces de hauteur de banc, fort blanche, pleine & très-fine : mais elle ſe mouline à la lune, réſiſte peu au fardeau, & ne ſauroit ſubſiſter dans les dehors ni à l'humidité : on s'en ſert pour cela dans l'intérieur des bâtimens, pour des appuis, rampes, échifres d'eſcaliers, &c. On la quelquefois employée à découvert où elle n'a pas gelé, mais cela eſt fort douteux. On en tire des colonnes de deux piés de diametre; la meilleure eſt la plus blanche, dont il eſt coquilleuſe, & à quelques molieres.

Il ſe trouve encore au fauxbourg S. Jacques un bas appareil de bonbave, qui n'eſt pas ſi beau que l'arcueil, mais qui ſert à faire des petites marches, des appuis, des tablettes, &c.

Après la pierre d'Arcueil, celle de S. Cloud eſt la meilleure de toutes. Elle porte de hauteur de banc depuis dix-huit pouces juſqu'à deux piés, & ſe tire des carrieres de S. Cloud près Paris. Elle eſt un peu coquilleuſe, ayant quelques molieres; mais elle eſt blanche, bonne dans l'eau, réſiſte au fardeau, & ſe délite facilement. Elle ſert aux façades des bâtimens, & ſe poſe ſur celle d'Arcueil. On en tire des colonnes d'une piece, de deux piés de diametre; on en fait auſſi des baſſins & des auges.

La pierre de Meudon ſe tire des carrieres de ce nom, & porte depuis quatorze juſqu'à dix-huit pouces de hauteur de banc. Il y en a de deux eſpeces. La premiere appellée *pierre de Meudon*, a les mêmes qualités que celles d'Arcueil, mais pleine de trous, & incapable de réſiſter aux mauvais tems. On s'en ſert pour des premieres aſſiſes, des marches, tablettes, &c. Il s'en trouve des morceaux d'une grandeur extraordinaire. Les deux cimaiſes des corniches rampantes du fronton du Louvre ſont de cette pierre, chacune d'un ſeul morceau. La ſeconde qu'on appelle *ruſtique de Meudon*, plus dure, rougeâtre, & coquilleuſe, & n'eſt propre qu'aux libages & garni des fondations de piles de ponts, quais & angles de bâtimens.

La pierre de S. Nom, qui porte depuis dix-huit juſqu'à vingt pouces de hauteur de banc, ſe tire au bout du parc de Verſailles, & eſt preſque de même qualité que celle d'Arcueil, mais griſe & coquilleuſe : on s'en ſert pour les premieres aſſiſes.

La pierre de la chauffée, qui ſe tire des carrieres près Bougival, à côté de S. Germain en Laye, & qui porte depuis quinze juſqu'à vingt pouces de hauteur de banc, approche beaucoup de celle de

(*r*) La hauteur d'un banc eſt l'épaiſſeur de la pierre dans la carriere; il y en a pluſieurs dans chacune.

liais, & en a le même grain. Mais il est nécessaire de moyer cette pierre de quatre pouces d'épaisseur par-dessus, à cause de l'inégalité de sa dureté : ce qui la réduit à quinze ou seize pouces, nette & taillée.

La pierre de montesson se tire des carrieres proche Nanterre, & porte neuf à dix pouces de hauteur de banc. Cette pierre est fort blanche, & d'un très-beau grain. On en fait des vases, balustres, entrelas, & autres ouvrages des plus délicats.

La pierre de Fécamp se tire des carrieres de la vallée de ce nom, & porte depuis quinze jusqu'à dix-huit pouces de hauteur de banc. Cette pierre qui est très-dure, se fend & se feuillette à la gelée, lorsqu'elle n'a pas encore jetté toute son eau de carriere. C'est pourquoi on ne l'emploie que depuis le mois de Mars jusqu'au mois de Septembre, après avoir long-tems séché sur la carriere : celle que l'on tiroit autrefois étoit beaucoup meilleure.

La pierre dure de Saint-Leu se tire sur les côtes de la montagne d'Arcueil.

La pierre de lambourde, ou seulement la lambourde, se tire près d'Arcueil, & porte depuis dix-huit pouces jusqu'à cinq piés de hauteur de banc. Cette pierre se délite (s), parce qu'on ne l'emploie pas de cette hautcur. La meilleure est la plus blanche, & celle qui résiste au fardeau autant que le Saint-Leu.

On tire encore des carrieres du fauxbourg saint Jacques & de celles de Bagneux, de la lambourde depuis dix-huit pouces jusqu'à deux piés de hauteur de banc. Il y en a de deux especes : l'une est graveleuse & se mouline à la lune ; l'autre est verte, se feuillette, & ne peut résister à la gelée.

La pierre de Saint-Maur qui se tire des carrieres du village de ce nom, est fort dure, résiste très-bien au fardeau & aux injures des tems. Mais le banc de cette pierre est fort inégal, & les quartiers ne sont pas si grands que ceux d'Arcueil : cependant on en a tiré autrefois beaucoup, & le château en est bâti.

La pierre de Vitry qui se tire des carrieres de ce nom, est de même espece.

La pierre de Passy dont on tiroit autrefois beaucoup des carrieres de ce nom, est fort inégale en qualité & en hauteur de banc. Ces pierres sont beaucoup plus propres à faire du moilon & des libages que de la pierre de taille.

La pierre que l'on tire des carrieres du fauxbourg Saint Marceau, n'est pas si bonne que celle des carrieres de Vaugirard.

Toutes les pierres dont nous venons de parler se vendent au pié-cube, depuis 10 sols jusqu'à 50, quelquefois 3 livres ; & augmentent ou diminuent de prix, selon la quantité des édifices que l'on bâtit.

La pierre de Senlis se tire des carrieres de S. Nicolas, près Senlis, à dix lieues de Paris, & porte depuis douze jusqu'à seize pouces de hauteur de banc ; cette pierre est aussi appellée *liais*. Elle est très-blanche, dure & pleine, très-propre aux plus beaux ouvrages d'Architecture & de Sculpture. Elle arrive à Paris par la riviere d'Oise, qui se décharge dans la Seine.

La pierre de Vernon à douze lieues de Paris, en Normandie, qui porte depuis deux piés jusqu'à trois piés de hauteur de banc, est aussi dure & aussi blanche que celle de S. Cloud. Elle est un peu difficile à tailler, à cause des cailloux dont elle est composée ; on en fait cependant plusieurs usages, mais principalement pour des figures.

La pierre de Tonnerre à trente lieues de Paris, en

(s) *Déliter* une pierre, c'est la moyer ou la fendre par sa moye, ou par des parties tendres qui suivent le lit de la pierre.

Champagne, qui porte depuis seize jusqu'à dix-huit pouces de hauteur de banc, est plus tendre, plus blanche, & aussi pleine que le liais ; on ne s'en sert à cause de sa cherté, que pour des vases, termes, figures, colonnes, retables d'autels, tombeaux & autres ouvrages de cette espece. Toute la fontaine de Grenelle, ainsi que les ornemens, les statues du chœur de S. Sulpice, & beaucoup d'autres ouvrages de cette nature, sont faits de cette pierre.

La pierre de meuliere ainsi appellée, parce qu'elle est de même espece à peu près, que celles dont ont fait des meules de moulins, est une pierre grise, fort dure & poreuse, à laquelle le mortier s'attache beaucoup mieux qu'à toutes autres pierres pleines ; étant composée d'un grand nombre de cavités. C'est de toutes les maçonneries la meilleure que l'on puisse jamais faire, sur-tout lorsque le mortier est bon, & qu'on lui donne le tems nécessaire pour sécher, à cause de la grande quantité qui entre dans les pores de cette pierre : raison pour laquelle les murs qui en sont faits sont sujets à tasser beaucoup plus que d'autres. On s'en sert aux environs de Paris, comme à Versailles, & ailleurs.

La pierre fusiliere est une pierre dure & seche, qui tient de la nature du caillou : une partie du pont Notre-Dame en est bâti. Il y en a d'autre qui est grise ; d'autre encore plus petite que l'on nomme pierre à fusil, elle est noire, & sert à paver les terrasses & les bassins de fontaines ; on s'en sert en Normandie pour la construction des bâtimens.

Le grais est une espece de pierre ou roche qui se trouve en beaucoup d'endroits, & qui n'ayant point de lit, se débite sur tous sens & par carreaux, de telle grandeur & grosseur que l'ouvrage le demande. Mais les plus ordinaires sont de deux piés de long, sur un pié de hauteur & d'épaisseur. Il y en a de deux especes ; l'un tendre, & l'autre dure. La premiere sert à la construction des bâtimens, & sur-tout des ouvrages rustiques, comme cascades grottes, fontaines, reservoirs, aqueducs, &c. tel qu'il s'en voit à Vaux-le-vicomte & ailleurs. Le plus beau & le meilleur est le plus blanc, sans fil, d'une dureté & d'une couleur égale. Quoiqu'il soit d'un grand poids, & que les membres d'architecture & de sculpture s'y taillent difficilement, malgré les ouvrages que l'on en voit, qui sont faits avec beaucoup d'adresse ; cependant la nécessité contraint quelquefois de s'en servir pour la construction des grands édifices, comme à Fontainebleau, & fort loin aux environs ; ses paremens doivent être piqués, ne pouvant être lissés proprement, qu'avec beaucoup de tems.

Le grais dans son principe, étant composé de grains de sable unis ensemble & attachés successivement les uns aux autres, pour le former par la suite des tems un bloc ; il est évident que sa constitution aride exige, lors de la construction, un mortier composé de chaux & de ciment, & non de sable ; parce qu'alors les différentes parties anguleuses du ciment, s'insinuant dans le grais avec une forte adhérence, unissent si bien par le secours de la chaux, toutes les parties de ce fossile, qu'ils ne font pour ainsi dire qu'un tout : ce qui rend cette construction indissoluble, & très-capable de résister aux injures des tems. Le pont de Ponts-sur-Yonne en est une preuve ; les arches ont soixante-douze piés de largeur, l'arc est surbaissé, & les voussoirs de plus de quatre piés de long chacun, ont été enduits de chaux & de ciment, & non de sable : il faut cependant avoir soin de former des cavités en zigzag dans les lits de cette pierre, afin que le ciment puisse y entrer en plus grande quantité, & n'être pas sujet à se sécher trop promptement par la nature du grais, qui s'abbreuve volontiers des esprits de la chaux ; parce que le ciment se trouvant alors dépourvû de cet agent, n'auroit pas seul le pouvoir de s'accrocher & de s'incorporer dans le grais, qui a besoin de tous ces secours, pour faire une liaison solide.

Une des causes principales de la dureté du grais, vient de ce qu'il se trouve presque toujours à découvert, & qu'alors l'air le durcit extrèmement ; ce qui doit nous instruire qu'en général, toutes les pierres qui se trouvent dans la terre sans beaucoup creuser, sont plus propres aux bâtimens que celles que l'on tire du fond des carrieres ; c'est à quoi les anciens apportoient beaucoup d'attention : car pour rendre leurs édifices d'une plus longue durée, ils ne se servoient que du premier banc des carrieres, précautions que nous ne pouvons prendre en France, la plûpart de nos carrieres étant presque usées dans leur superficie.

Il est bon d'observer que la taille du grais est fort dangereuse aux ouvriers novices, par la subtilité de la vapeur qui en sort, & qu'un ouvrier instruit évite, en travaillant en plein air & à contrevent. Cette vapeur est si subtile, qu'elle traverse les pores du verre ; expérience faite, à ce qu'on dit, avec une bouteille remplie d'eau, & bien bouchée, placée près de l'ouvrage d'un tailleur de grais, dont le fond s'est trouvé quelques jours après, couvert d'une poussiere très fine.

Il faut encore prendre garde lorsque l'on pose des dalles, seuils, canivaux & autres ouvrages en grais de cette espece, de les bien caller & garnir par-dessous pour les empêcher de se gauchir ; car on ne pourroit y remédier qu'en les retaillant.

Il y a plusieurs raisons qui empêchent d'employer le grais à Paris ; la premiere est, que la pierre étant assez abondante, on le relegue pour en faire du pavé. La seconde est, que sa liaison avec le mortier n'est pas si bonne, & ne dure pas si long-tems que celle de la pierre, beaucoup moins encore avec le plâtre. La troisieme est, que cette espece de pierre couteroit trop, tant pour la matiere, que pour la main-d'œuvre.

La seconde espece de grais qui est la plus dure, ne sert qu'à faire du pavé ; & pour cet effet se taille de trois différentes grandeurs. La premiere, de huit à neuf pouces cubes, sert à paver les rues, places publiques, grands chemins, &c. & se pose à sec sur le sable de riviere. La seconde, de six à sept pouces cubes, sert à paver les cours, basses-cours, perrons, trotoirs, &c. & se pose aussi à sec sur du sable de riviere, comme le premier, ou avec du mortier de chaux & de ciment. La troisieme, de quatre à cinq pouces cubes, sert à paver les écuries, cuisines, lavoirs, communs, &c. & se pose avec du mortier de chaux & de ciment.

La pierre de Caën, qui se tire des carrieres de ce nom, en Normandie, & qui tient de l'ardoise, est fort noire, dure, & reçoit très-bien le poli ; on en fait des compartimens de pavé dans les vestibules, salles à manger, sallons, &c.

Toutes ces especes de pavés se payent à la toise superficielle.

Il se trouve dans la province d'Anjou, aux environs de la ville d'Angers, beaucoup de carrieres très-abondantes en pierre noire & assez dure, dont on fait maintenant de l'ardoise pour les couvertures des bâtimens. Les anciens ne connoissant pas l'usage qu'on en pouvoit faire, s'en servoient dans la construction des bâtimens, tel qu'il s'en voit encore dans la plûpart de ceux de cette ville, qui sont faits de cette pierre. On s'en sert quelquefois dans les compartimens de pavé, en place de celle de Caën.

Des différentes pierres tendres. Les pierres tendres ont l'avantage de se tailler plus facilement que les autres, & de se durcir à l'air. Lorsqu'elles ne sont pas bien choisies, cette dureté ne se trouve qu'aux paremens extérieurs qui se forment en croute, & l'intérieur se mouline : la nature de ces pierres doit faire éviter de les employer dans des lieux humides ; c'est pourquoi on s'en sert dans les étages supérieurs, autant pour diminuer le poids des pierres plus dures & plus serrées, que pour les décharger d'un fardeau considérable qu'elles sont incapables de soutenir, comme on vient de faire au second ordre du portail de S. Sulpice, & au troisieme de l'intérieur du Louvre.

La pierre de Saint-Leu qui se tire des carrieres, près Saint-Leu-sur-Oise, & qui porte depuis deux, jusqu'à quatre piés de hauteur de banc, se divise en plusieurs especes. La premiere qu'on appelle, *pierre de Saint-Leu*, & qui se tire d'une carriere de ce nom, est tendre, douce, & d'une blancheur tirant un peu sur le jaune. La seconde qu'on appelle de *Maillet*, qui se tire d'une carriere appellée ainsi, est plus ferme, plus pleine & plus blanche, & ne se délite point : elle est très propre aux ornemens de sculpture & à la décoration des façades. La troisieme qu'on appelle de *Trocy*, est de même espece que cette derniere ; mais de toutes les pierres, celle dont le lit est le plus difficile à trouver ; on ne le découvre que par des petits trous. La quatrieme s'appelle *pierre de Vergelée* : il y en a de trois sortes. La premiere qui se tire d'un des bancs des carrieres de Saint-Leu, est fort dure, rustique, & remplie de petits trous. Elle résiste très-bien au fardeau, & est fort propre aux bâtimens aquatiques ; on s'en sert pour faire des voûtes de ponts, de caves, d'écuries & autres lieux humides. La seconde sorte de vergelée qui en est beaucoup meilleure, se tire des carrieres de Villiers, près Saint-Leu. La troisieme qui se prend à Carriere-sous-le-bois, est plus tendre, plus grise & plus remplie de veine que le Saint-Leu, & ne sauroit résister au fardeau.

La pierre de tuf, du latin *tophus*, pierre rustique, tendre & trouée, est une pierre pleine de trous, à-peu-près semblable à celle de meuliere, mais beaucoup plus tendre. On s'en sert en quelques endroits en France & en Italie, pour la construction des bâtimens.

La pierre de craye est une pierre très-blanche & fort tendre, qui porte depuis huit pouces jusqu'à quinze pouces de hauteur de banc, avec laquelle on bâtit en Champagne, & dans une partie de la Flandres. On s'en sert encore pour tracer au cordeau, & pour definer.

Il se trouve encore à Belleville, Montmartre, & dans plusieurs autres endroits, aux environs de Paris, des carrieres qui fournissent des pierres que l'on nomme *pierres à plâtre*, & qui ne sont pas bonnes à autre chose. On en emploie quelquefois hors de Paris, pour la construction des murs de clôture, barraques, cabanes, & autres ouvrages de cette espece. Mais il est défendu sous de sévères peines aux entrepreneurs, & même aux particuliers, d'en employer à Paris, cette pierre étant d'une mauvaise qualité, se moulinant & se pourrissant à l'humidité.

De la pierre selon ses qualités. Les qualités de la pierre dure ou tendre, sont d'être vive, fiere, franche, pleine, trouée, poreuse, choqueuse, gelisse, verte ou de couleur.

On appelle pierre *vive* celle qui se durcit autant dans la carriere que dehors, comme les marbres de liais, &c.

Pierre fiere, celle qui est difficile à tailler, à cause de sa grande sécheresse, & qui résiste au ciseau, comme la belle hache, le liais ferault, & la plûpart des pierres dures.

Pierre franche, celle qui est la plus parfaite que l'on puisse tirer de la carriere, & qui ne tient ni de la dureté du ciel de la carriere, ni de la qualité de celles qui sont dans le fond.

Pierre pleine, toute pierre dure qui n'a ni cailloux, ni coquillages, ni trous, ni moye, ni moliers, comme sont les plus beaux liais, la pierre de tonnere, &c.

Pierre entiere, celle qui n'est ni cassée ni fêlée, dans laquelle il ne se trouve ni fil, ni veine courante ou traversante; on le connoît facilement par le son qu'elle rend en la frappant avec le marteau.

Pierre trouée, poreuse, ou *choqueuse*, celle qui étant taillée est remplie de trous dans ses paremens, tel que le rustic de Meudon, le tuf, la meuliere, &c.

Pierre gelisse ou *verte*, celle qui est nouvellement tirée de la carriere, & qui ne s'est pas encore dépouillée de son humidité naturelle.

Pierre de couleur, celle qui tirant sur quelques couleurs, cause une variété quelquefois agréable dans les bâtimens.

De la pierre selon ses défauts. Il n'y a point de pierre qui n'ait des défauts capables de la faire rebuter, soit par rapport à elle-même, soit par la négligence ou mal-façon des ouvriers qui la mettent en œuvre; c'est pourquoi il faut éviter d'employer celles que l'on appelle ainsi.

Des défauts de la pierre par rapport à elle-même.
Pierre de ciel, celle que l'on tire du premier banc des carrieres; elle est le plus souvent défectueuse ou composée de parties très-tendres & très-dures indifféremment, selon le lieu de la carriere où elle s'est trouvée.

Pierre coquilleuse ou *coquilliere*, celle dont les paremens taillés sont remplis de trous ou de coquillages, comme la pierre de S. Nom, à Versailles.

Pierre de soupré, celle du fond de la carriere de S. Leu, qui est trouée, poreuse, & dont on ne peut se servir à cause de ses mauvaises qualités.

Pierre de souchet, en quelques endroits, celle du fond de la carriere, qui n'étant pas formée plus que le bouzin, est de nulle valeur.

Pierre humide, celle qui n'ayant pas encore eu le tems de sécher, est sujette à le feuilleter ou à se geler.

Pierre grasse, celle qui étant humide, est par conséquent sujette à la gelée, comme la pierre de cliquart.

Pierre feuilletée, celle qui étant exposée à la gelée, se délite par feuillet, & tombe par écaille, comme la lambourde.

Pierre délitée, celle qui après s'être fendue par un fil de son lit, ne peut être taillée sans déchet, & ne peut servir après cela que pour des arrafes.

Pierre moulinée, celle qui est graveleuse, & s'égraine à l'humidité, comme la lambourde qui a particulierement ce défaut.

Pierre fêlée, celle qui se trouve cassée par une veine ou un fil qui court ou qui traverse.

Pierre moyée, celle dont le lit n'étant pas également dur, dont on ôte la moye & le tendre, qui diminue son épaisseur, ce qui arrive souvent à la pierre de la chaussée.

Des défauts de la pierre, par rapport à la main-d'œuvre. On appelle *pierre gauche*, celle qui au sortir de la main de l'ouvrier, n'a pas ses paremens opposés paralleles, lorsqu'ils doivent l'être suivant l'épure(*t*), ou dont les surfaces ne se bornoyent point, & qu'on ne sauroit retailler sans déchet.

(*t*) Une *épure* est un dessein ou développement géométrique des lignes droites & courbes des voûtes.

Pierre coupée, celle qui ayant été mal taillée, & par conséquent gâtée, ne peut servir pour l'endroit où elle avoit été destinée.

Pierre en délit, ou *délit en joint*, celle qui dans un cours d'assises, n'est pas posée sur son lit de la même maniere qu'elle a été trouvée dans la carriere, mais au contraire sur un de ses paremens. On distingue *pierre en délit* de *délit en joint*, en ce que l'un est lorsque la pierre étant posée, le parement de lit fait parement de face, & l'autre lorsque ce même parement de lit fait parement de joint.

De la pierre selon ses façons. On entend par *façon* la premiere forme que reçoit la pierre, lorsqu'elle sort de la carriere pour arriver au chantier, ainsi que celle qu'on lui donne par le secours de l'appareil, selon la place qu'elle doit occuper dans le bâtiment; c'est pourquoi on appelle.

Pierre au binard, celle qui est en un si gros volume, & d'un si grand poids, qu'elle ne peut être transportée sur l'attelier, par les charrois ordinaires, & qu'on est obligé pour cet effet de transporter sur un binard; espece de chariot tiré par plusieurs chevaux attelés deux à deux, ainsi qu'on l'a pratiqué au Louvre, pour des pierres de S. Leu, qui pesoient depuis douze jusqu'à vingt-deux & vingt-trois milliers, dont on a fait une partie des frontons.

Pierre d'échantillon, celle qui est assujettie à une mesure envoyée par l'appareilleur aux carrieres, & à laquelle le carrier est obligé de se conformer avant que de la livrer à l'entrepreneur; au lieu que toutes les autres sans aucune mesure constatée, se livrent à la voie, & ont un prix courant.

Pierre en debord, celle que les carriers envoient à l'attelier, sans être commandée.

Pierre velue, celle qui est brute, telle qu'on l'a amenée de sa carriere au chantier, & à laquelle on n'a point encore travaillé.

Pierre bien faite, celle où il se trouve fort-peu de déchet en l'équarissant.

Pierre ébouzinée, celle dont on a ôté tout le tendre & le bouzin.

Pierre tranchée, celle où l'on a fait une tranchée avec le marteau, *fig. 89.* dans toute sa hauteur, à dessein d'en couper.

Pierre déliée, celle qui est sciée. La pierre dure & la pierre tendre ne se débitent point de la même maniere. L'une se débite à la scie sans dent, *fig. 143.* avec de l'eau & du grais comme le liais, la pierre d'Arcueil, &c. & l'autre à la scie à dent, *fig. 145.* comme le S. Leu, le tuf, la craie, &c.

Pierre de haut & bas appareil, celle qui porte plus ou moins de hauteur de banc, après avoir été atteinte jusqu'au vif.

Pierre en chantier, celle qui se trouve callée par le tailleur de pierre, & disposée pour être taillée.

Pierre ésmillée, celle qui est équarrie & taillée grossierement avec la pointe du marteau, pour être employée dans les fondations, gros murs, &c. ainsi qu'on l'a pratiqué aux cinq premieres assises des fondemens de la nouvelle église de Sainte Geneviève, & à ceux des bâtimens de la place de Louis XV.

Pierre hachée, celle dont les paremens sont dressés avec la hache *A* du marteau bretelé *fig. 93.* pour être ensuite layée ou rustiquée.

Pierre layée, celle dont les paremens sont travaillés au marteau bretelé, *fig. 91.*

Pierre rustiquée, celle qui ayant été équarrie & hachée, est piquée grossierement avec la pointe du marteau, *fig. 89.*

Pierre piquée, celle dont les paremens sont piqués avec la pointe du marteau, *fig. 91.*

Pierre ragréés au fer, ou *ristée*, celle qui a été passée au riflard, *fig. 114 & 115.*

Pierre traversée, celle qui après avoir été bretelée, les traits des bretelures se croisent.

Pierre polie, celle qui étant dure, a reçu le poli au grais, en sorte qu'il ne paroît plus aucunes marques de l'outil avec lequel on l'a travaillée.

Pierre taillée, celle qui ayant été coupée, est taillée de nouveau avec déchet: on appelle encore de ce nom celles qui provenant d'une démolition, a été taillée une seconde fois, pour être de rechef mise en œuvre.

Pierre faite, celle qui est entierement taillée, & prete à être enlevée, pour être mise en place par le poseur.

Pierre nette, celle qui est équarrie & atteinte jusqu'au vif.

Pierre retournée, celle dont les paremens opposés sont d'équerre & parallèles entre eux.

Pierre louvée, celle qui a un trou méplat pour recevoir la louve, *fig. 163.*

Pierre d'encoignure, celle qui ayant deux paremens d'équerre l'un à l'autre, se trouve placée dans l'angle de quelques avants ou arrieres corps.

Pierre parpeigne, de parpein, ou faisant parpein, celle qui traverse l'épaisseur du mur, & fait parement des deux côtés; on l'appelle encore *pamieresse*.

Pierre fusible, celle qui change de nature, & devient transparente par le moyen du feu.

Pierre statuaire, celle qui étant d'échantillon, est propre & destinée pour faire une statue.

Pierre fichée, celle dont l'intérieur du joint est rempli de mortier clair ou de coulis.

Pierres jointoyées, celles dont l'extérieur des joints est bouché, & ragréé de mortier serré, ou de plâtre.

Pierres feintes, celles qui pour faire l'ornement d'un mur de face, ou de terrasse, sont séparées & comparties en manière de bossage en liaison, soit en relief ou seulement marquées sur le mur par les enduits ou crepis.

Pierres à bossages, ou *de refend*, celles qui étant posées, representent la hauteur égale des assises, dont les joints sont refendus de différentes manieres.

Pierres artificielles, toutes espèces de briques, tuiles, carreaux, &c. pétriés & moulées, cuites ou crues.

De la pierre selon ses usages. On appelle *première pierre*, celle qui avant que d'élever un mur de fondation d'un édifice, est destinée à renfermer dans une cavité d'une certaine profondeur, quelques médailles d'or ou d'argent, frappées relativement à la destination du monument, & une table de bronze, sur laquelle sont gravées les armes de celui par les ordres duquel on construit l'édifice. Cette cérémonie qui se fait avec plus ou moins de magnificence, selon la dignité de la personne, ne s'observe cependant que dans les édifices royaux & publics, & non dans les bâtimens particuliers. Cet usage existoit du tems des Grecs, & c'est par ce moyen qu'on a pu apprendre les époques de l'édification de leurs monumens, qui sans cette précaution seroit tombée dans l'oubli, par la destruction de leurs bâtimens, dans les différentes révolutions qui sont survenues.

Derniere pierre, celle qui se place sur l'une des faces d'un édifice, & sur laquelle on grave des inscriptions, qui apprennent à la postérité le motif de son édification, ainsi qu'on l'a pratiqué aux piédestaux des places Royale, des Victoires, de Vendôme à Paris, & aux fontaines publiques, porte S. Martin, saint Denis, saint Antoine, &c.

Pierre percée, celle qui est faite en dalle (*u*), & qui se pose sur le pavé d'une cour, remise ou écurie, ou qui s'encastre dans un chassis aussi de pierre, soit pour donner de l'air ou du jour à une cave, ou

(*u*) *Dalle* est une pierre platte & très-mince.

sur un puisard pour donner passage aux eaux pluviales d'une ou de plusieurs cours.

Pierre à chassis, celle qui a une ouverture circulaire, quarrée, ou rectangulaire, de quelque grandeur que ce soit, avec feuillure ou sans feuillure, pour recevoir une grille de fer maillée ou non maillée, percée ou non percée, & servir de fermeture à un regard, fosse d'aisance, &c.

Pierre à évier, du latin *emissarium*, celle qui est creuse, & que l'on place à rez-de-chaussée, ou à hauteur d'appui, dans un lavoir ou une cuisine, pour faire écouler les eaux dans les dehors. On appelle encore de ce nom une espèce de canal long & étroit, qui sert d'égout dans une cour ou allée de maison.

Pierre à laver, celle qui forme une espèce d'auge plate, & qui sert dans une cuisine pour laver la vaisselle.

Pierre perdue, celle que l'on jette dans quelques fleuves, rivieres, lacs, ou dans la mer, pour sonder, & que l'on met pour cela dans des caissons, lorsque la profondeur ou la qualité du terrain ne permet pas d'y enfoncer des pieux; on appelle aussi de ce nom celles qui sont jettées à baies de mortier dans la maçonnerie de blocage.

Pierres incertaines, ou irrégulieres, celles que l'on emploie au sortir de la carriere, & dont les angles & les pans sont inégaux: les anciens s'en servoient pour paver; les ouvriers la nomment de pratique, parce qu'ils la font servir sans y travailler.

Pierres sectices, celles qui se peuvent poser à la main dans toute sorte de construction, le poids & le transport desquelles on n'est pas obligé de se servir de machines.

Pierres d'attente, celles que l'on a laissé en bossage, pour y recevoir des ornemens, ou inscriptions taillées, ou gravées en place. On appelle encore de ce nom celles qui lors de la construction ont été laissées en harpes (*x*), ou arrachement (*y*), pour attendre celle du mur voisin.

Pierres de rapport, celles qui étant de différentes couleurs, servent pour les compartimens de pavés mosaïques (*z*), & autres ouvrages de cette espèce.

Pierres précieuses, toutes pierres rares, comme l'agate, le lapis, l'aventurine, & autres, dont on enrichit les ouvrages en marbre & en marqueterie, tel qu'on en voit dans l'église des carmelites de la ville de Lyon, où le tabernacle est composé de marbre & de pierres précieuses, & dont les ornemens sont de bronze.

Pierre spéculaire, celle qui chez les anciens étoit transparente comme le talc, qui se débitoit par feuillet, & qui leur servoit de vitres; la meilleure, selon Pline, venoit d'Espagne: Martial en fait mention dans ses épigrammes, *livre II.*

Pierres milliaires, celles qui en forme de socle, ou de borne, chez les Romains, étoient placées sur les grands chemins, & espacées de mille en mille, pour marquer la distance des villes de l'empire, & se comptoient depuis la milliaire dorée de Rome, tel que nous l'ont appris les historiens par les mots de *primus*, *secundus*, *tertius*, &c. *ab urbe Roma*; cet usage existe encore maintenant dans toute la Chine.

Pierres noires, celles dont se servent les ouvriers dans le bâtiment pour tracer sur la pierre : la plus tendre sert pour dessiner sur le papier. On appelle

(*x*) *Harpes*, pierres qu'on a laissées à l'épaisseur d'un mur alternativement en saillie, pour faire liaison avec un mur voisin qu'on doit élever par la suite.

(*y*) *Arrachemens* sont des pierres ou moilons aussi en saillie, qui attendent l'édification du mur voisin.

(*z*) *Mosaïque*, ouvrage composé de verres de toutes sortes de couleurs, taillés & ajustés quarrément sur un fond de stuc, qui imitent très-bien les diverses couleurs de la peinture, & avec lesquels on exécute différens sujets.

encore

encore *pierre blanche* ou *craye*, celle qui eſt employée aux mêmes uſages : la meilleure vient de Champagne.

Pierre d'appui, ou ſeulement *appui*, celle qui étant placée dans le tableau inférieur d'une croiſée, ſert à s'appuyer.

Auge, du latin *lavatrina*, une pierre placée dans des baſſes-cours, pour ſervir d'abreuvoir aux animaux domeſtiques.

Seuil, du latin *limen*, celle qui eſt poſée au rez-de-chauſſée, dont la longueur traverſe la porte, & qui formant une eſpece de feuillure, ſert de battement à la traverſe inférieure du chaſſis de la porte de menuiſerie.

Borne, celle qui a ordinairement la forme d'un cône de deux ou trois piés de hauteur, tronqué dans ſon ſommet, & qui ſe place dans l'angle d'un pavillon, d'un avant-corps, ou dans celui d'un piédroit de porte cochere, ou de remiſe, ou le long d'un mur, pour en éloigner les voitures, & empêcher que les moyeux ne les écorchent & ne les faſſent éclater.

Banc, celle qui eſt placée dans des cours, baſſes-cours, où à la principale porte des grands hôtels, pour ſervir de ſiege aux domeſtiques, ou dans un jardin, à ceux qui s'y promenent.

Des libages. Les libages ſont de gros moilons ou quartiers de pierre ruſtique & malfaite, de quatre, cinq, ſix, & quelquefois ſept à la voie, qui ne peuvent être fournis à la toiſe par le carrier, & que l'on ne peut équarrir que groſſierement, à cauſe de leur dureté, provenant le plus ſouvent du ciel des carrieres, ou d'un banc trop mince. La qualité des libages eſt proportionnée à celle de la pierre des différentes carrieres d'où on les tire : on ne s'en ſert que pour les garnis, fondations, & autres ouvrages de cette eſpece. On emploie encore en libage les pierres de taille qui ont été coupées, ainſi que celles qui proviennent des démolitions, & qui ne peuvent plus ſervir.

On appelle *quartier de pierre*, lorſqu'il n'y en a qu'un à la voie.

Carreaux de pierre, lorſqu'il y en a deux ou trois.

Libage, lorſqu'il y en a quatre, cinq, ſix, & quelquefois ſept à la voie.

Du moilon. Le moilon, du latin *mollis*, que Vitruve appelle *cœmentum*, n'étant autre choſe que l'éclat de la pierre, en eſt par conſéquent la partie la plus tendre ; il provient auſſi quelquefois d'un banc trop mince. Sa qualité principale eſt d'être bien équarri & bien giſſant, parce qu'alors il a plus de lit, & conſomme moins de mortier ou de plâtre.

Le meilleur eſt celui que l'on tire des carrieres d'Arcueil. La qualité des autres eſt proportionnée à la pierre des carrieres dont on le tire, ainſi que celui du faubourg ſaint Jacques, du faubourg ſaint Marceau, de Vaugirard, & autres.

On l'emploie de quatre manieres différentes ; la premiere qu'on appelle *en moilon de plat*, eſt de le poſer horiſontalement ſur ſon lit, & en liaiſon dans la conſtruction des murs mitoyens, de refend & autres de cette eſpece élevés d'aplomb. La ſeconde qu'on appelle *en moilon d'appareil*, & dont le parement eſt apparent, exige qu'il ſoit bien équarri, à vives arrêtes, comme la pierre, poſé proprement, de hauteur, & de largeur égale, & bien poſé de niveau, & en liaiſon dans la conſtruction des murs de face, de terraſſe, &c. La troiſieme qu'on appelle *en moilon de coupe*, eſt de le poſer ſur ſon champ (*b*) dans la conſtruction des voûtes. La quatrieme qu'on appelle *en moilon piqué*, eſt après l'avoir équarri & ébouriné, de le piquer ſur ſon parement avec la

(*b*) Le champ d'une pierre platte, eſt la ſurface la plus mince & la plus petite.

Tome *IX*.

pointe du marteau, *fig. 91*, pour la conſtruction des voûtes des caves, murs de baſſes-cours, de clôture, de puits, &c.

Du moilon ſelon ſes façons. On appelle *moilon blanc*, chez les ouvriers, un platras, & non un moilon ; ce qui eſt un défaut dans la conſtruction.

Moilon ſmillé, celui qui eſt groſſierement équarri, & ébouziné avec la hachette, *fig. 106*, à l'uſage des murs de parcs de jardin, & autres de peu d'importance.

Moilon bourru ou *de blocage*, celui qui eſt trop mal-fait & trop dur pour être équarri, & que l'on emploie dans les fondations, ou dans l'intérieur des murs, tel qu'il eſt ſorti de la carriere.

Le moilon de roche, dit *de meuliere*, eſt de cette derniere eſpece.

Toutes ces eſpeces de moilons ſe livrent à l'entrepreneur à la voie ou à la toiſe, & dans ce dernier cas l'entrepreneur ſe charge du toiſé.

Du marbre en général. Le marbre, du latin *marmor*, dérivé du grec μαρμαρον, *reluire*, à cauſe du poli qu'il reçoit, eſt une eſpece de pierre de roche extrèmement dure, qui porte le nom des différentes provinces où ſont les carrieres dont on le tire. Il s'en trouve de pluſieurs couleurs ; les uns ſont blancs ou noirs, d'autres ſont variés ou mêlés de taches, veines, mouches, ondes & nuages, différemment colorés ; les uns & les autres ſont opaques, le blanc eſt tranſparent, lorſqu'il eſt débité par tranches minces. Auſſi M. Félibien rapporte-t-il que les anciens s'en ſervoient au lieu de verre pour les croiſées des bains, étuves & autres lieux qu'on vouloit garantir du froid ; & qu'à Florence, il y avoit une égliſe très-bien éclairée, dont les croiſées en étoient garnies.

Le marbre ſe diviſe en deux eſpeces ; l'une qu'on appelle *antique*, & l'autre *moderne* : par marbre antique, l'on comprend ceux dont les carrieres ſont épuiſées, perdues ou inacceſſibles, & que nous ne connoiſſons que par les ouvrages des anciens : par marbres modernes, l'on comprend ceux dont on ſe ſert actuellement dans les bâtimens, & dont les carrieres ſont encore exiſtantes. On ne l'emploie le plus communément, à cauſe de la cherté, que par revêtiſſement ou incruſtation, étant rare que l'on en faſſe uſage en bloc, à l'exception des vaſes, figures, colonnes & autres ouvrages de cette eſpece. Il ſe trouve d'aſſez beaux exemples de l'emploi de cette matiere dans la décoration intérieure & extérieure des châteaux de Verſailles, Trianon, Marly, Sceaux, &c. ainſi que dans les différens boſquets de leurs jardins.

Quoique la diverſité des marbres ſoit infinie, on les réduit cependant à deux eſpeces ; l'une que l'on nomme *veiné*, & l'autre *breche* ; celui-ci n'étant autre choſe qu'un amas de petits cailloux de différente groſſeur unis enſemble, de maniere que lorſqu'il ſe caſſe, il s'en forme autant de breches qui lui ont fait donner ce nom.

Des marbres antiques. Le marbre antique, dont les carrieres étoient dans la Grece, & dont on voit encore de ſi belles ſtatues en Italie, eſt abſolument inconnu aujourd'hui ; à ſon défaut on ſe ſert de celui de Carrare.

Le lapis eſt eſtimé le plus beau de tous les marbres antiques ; ſa couleur eſt d'un bleu foncé, mouchetée d'un autre bleu plus clair, tirant ſur le céleſte, & entremêlé de quelque veines d'or. On ne s'en ſert, à cauſe de ſa rareté, que par incruſtation ; tel qu'on en voit quelques pieces de rapport à pluſieurs tables dans les appartemens de Trianon & de Marly.

Le porphyre, du grec πορφυρος, *pourpre*, paſſe pour le plus dur de tous les marbres antiques, &, après le lapis, pour un des plus beaux ; il tiroit

LLlll

autrefois de la Numidie en Afrique, raison pour laquelle les anciens l'appelloient *lapis Numidicus*; il s'en trouve de rouge, de verd & de gris. Le porphyre rouge est fort dur; sa couleur est d'un rouge foncé, couleur de lie de vin, semé de petites taches blanches, & reçoit très-bien le poli. Les plus grands morceaux que l'on en voye à présent, sont le tombeau de Bacchus dans l'église de sainte Constance, près celle de sainte Agnès hors les murs de Rome; celui de Patricius & de sa femme dans l'église de sainte Marie majeure; celui qui est sous le porche de la Rotonde, & dans l'intérieur une partie du pavé; une frise corinthienne, plusieurs tables dans les compartimens du lambris; huit colonnes aux petits autels, ainsi que plusieurs autres colonnes, tombeaux & vases que l'on conserve à Rome. Les plus grands morceaux que l'on voye en France, sont la cuve du roi Dagobert, dans l'église de saint Denis en France, & quelques bustes, tables ou vases dans les magasins du roi. Le plus beau est celui dont le rouge est le plus vif, & les taches les plus blanches & les plus petites. Le porphyre verd, qui est beaucoup plus rare, a la même dureté que le précédent, & est entremêlé de petites taches vertes & de petits points gris. On en voit encore quelques tables, & quelques vases. Le porphyre gris est tacheté de noir & est beaucoup plus tendre.

Le serpentin, appellé par les anciens *ophites*, du grec ὄφις, *serpent*, à cause de sa couleur qui imite celle de la peau d'un serpent, se tiroit anciennement des carrieres d'Egypte. Ce marbre tient beaucoup de la dureté du porphyre; sa couleur est d'un verd brun, mêlée de quelques taches quarrées & rondes, ainsi que de quelques veines jaunes, & d'un verd pâle couleur de ciboule. Sa rareté fait qu'on ne l'emploie que par incrustation. Les plus grands morceaux que l'on en voit, font deux colonnes dans l'église de S. Laurent, *in lucina*, à Rome, & quelques tables dans les compartimens de pavés, ou de lembris de plusieurs édifices antiques, tel que dans l'intérieur du panthéon, quelques petites colonnes corinthiennes au tabernacle de l'église des Carmelites de la ville de Lyon, & quelques tables dans les appartemens & dans les magasins du roi.

L'albâtre, du grec ἀλάβαστρον, est un marbre blanc & transparent, ou varié de plusieurs couleurs, qui se tire des Alpes & des Pyrénées; il est fort tendre au sortir de la carriere, & se durcit beaucoup à l'air. Il y en a plusieurs especes, le blanc, le varié, le moutahuto, le violet & le roquebrue. L'albâtre blanc sert à faire des vases, figures & autres ornemens de moyenne grandeur. Le varié se divise en trois especes; la premiere se nomme *oriental*; la seconde *le fleuri*, & la troisieme *lagatato*. L'oriental se divise encore en deux, dont l'une, en forme d'agate, est mêlée de veines roses, jaunes, bleues, & de blanc pâle; on voit dans la galerie de Versailles plusieurs vases de ce marbre, de moyenne grandeur. L'autre est ondé & mêlé de veines grises & rousses par longues bandes. Il se trouve dans le bosquet de l'étoile à Versailles, une colonne ionique de cette espece de marbre, qui porte un buste d'Alexandre. L'albâtre fleuri est de deux especes; l'une est tachetée de toutes sortes de couleurs, comme des fleurs d'où il tire son nom; l'autre, veiné en forme d'agate, est glacé & transparent; il se trouve encore dans ce genie d'albâtre qu'on appelle en Italie *à pecores*, parce que ces taches ressemblent en quelque sorte à des moutons que l'on peint dans les paysages. L'albâtre agatato est de même que l'albâtre oriental; mais dont les couleurs sont plus pâles. L'albâtre de moutahuto est fort tendre; mais cependant plus dur que les agates d'Allemagne, auxquelles il ressemble. Sa couleur est d'un fond brun, mêlée de veine grise qui semble imiter des figures de cartes géographiques; il s'en trouve une table de cette espece dans le sallon qui précede la galerie de Trianon. L'albâtre violet est ondé & transparent. L'albâtre de Roquebrue, qui se tire du pays de ce nom en Languedoc, est beaucoup plus dur que les précédens; sa couleur est d'un gris foncé & d'un rouge brun par grandes taches; il y a de toutes ces especes de marbres dans les appartemens du roi, soit en tables, figures, vases, &c.

Le granit, ainsi appellé, parce qu'il est marqué de petites taches formées de plusieurs grains de sables condensés, est très-dur & reçoit mal le poli; il est évident qu'il n'y a point de marbre dont les anciens n'ayent tiré de si grands morceaux, & en si grande quantité; puisque la plûpart des édifices de Rome, jusqu'aux maisons des particuliers, en étoient décorés. Ce marbre étoit sans doute très-commun, par la quantité des troncs de colonnes qui servent encore aujourd'hui de bornes dans tous les quartiers de la ville. Il en est de plusieurs especes; celui d'Egypte, d'Italie & de Dauphiné; le verd & le violet. Le granit d'Egypte, connu sous le nom de *Thebaicum marmor*, & qui se tiroit de la Thébaïde, est d'un fond blanc sale, mêlé de petites taches grises & verdâtres, & presque aussi dur que le porphyre. De ce marbre sont les colonnes de sainte Sophie à Constantinople, qui passent 40 piés de hauteur. Le granit d'Italie qui, selon M. Félibien, se tiroit des carrieres de l'île d'Elbe, a des petites taches un peu verdâtres, & est moins dur que celui d'Egypte. De ce marbre sont les seize colonnes corinthiennes du porche du Panthéon; ainsi que plusieurs cuves de bain servant aujourd'hui à Rome de bassins de fontaines. Le granit de Dauphiné qui se tire des côtes du Rhône, près de l'embouchure de Lisere, est très-ancien, comme il paroît par plusieurs colonnes qui sont en Provence. Le granit verd est une espece de serpentin ou verd antique, mêlé de petites taches blanches & vertes; on voit à Rome plusieurs colonnes de cette espece de marbre. Le granit violet qui se tire des carrieres d'Egypte, est d'un fond blanc, & de violet par petites taches. De ce marbre sont la plûpart des obélisques antiques de Rome, tel que ceux de saint Pierre du Vatican, de saint Jean de Latran, de la porte du Peuple, &c.

Le marbre de jaspe, du grec υς, *verd*, est de couleur verdâtre, mêlé de petites taches rouges. Il y a encore un jaspe antique noir & blanc par petites taches, mais qui est très-rare.

Le marbre de Paros se tiroit autrefois d'une île de l'Archipel, nommée ainsi, & qu'on appelle aujourd'hui Peris ou *Parissa*. Varron lui a donné le nom de *marbre lychnites*, du grec λυχνος, *une lampe*, parce qu'on le tailloit dans les carrieres à la lumiere des lampes. Sa couleur est d'un blanc un peu jaune & transparent, plus tendre que celui dont nous nous servons maintenant, approchant de l'albâtre, mais pas si blanc; la plûpart des statues antiques sont de ce marbre.

Le marbre verd antique, dont les carrieres sont perdues, est très-rare. Sa couleur est mêlée d'un verd de gazon, & d'un verd noir par taches d'inégales formes & grandeur; il n'en reste que quelques chambranles dans le vieux château de Meudon.

Le marbre blanc & noir, dont les carrieres sont perdues, est mêlé par plaques de blanc très-pur, & de noir très-noir. De ce marbre sont deux petites colonnes corinthiennes dans la chapelle de S. Roch aux Mathurins, deux autres composites dans celle de Rostaing aux Feuillans rue S. Honoré, une belle table au tombeau de Louis de la Trémouille aux Célestins, ainsi que les pié-d'estaux & le parement d'autel de la chapelle de S. Benoît dans l'église de

S. Denys en France, qui en font incruſtés.

Le marbre de petit antique eſt de cette derniere eſpece, c'eſt-à-dire blanc & noir ; mais plus brouillé, & par petites veines, reſſemblant au marbre de Barbançou. On en voit deux petites colonnes ioniques dans le petit appartement des bains à Verſailles.

Le marbre de brocatelle ſe tiroit autrefois près d'Andrinople en Grece : ſa couleur eſt mêlée de petites nuances griſes, rouges, pâles, jaunes, & iſabelles : les dix petites colonnes corinthiennes du tabernacle des Mathurins, ainſi que les huit compoſites de celui de ſainte Géneviève, ſont de ce marbre. On en voit encore quelques chambranles de cheminées dans les appartemens de Trianon, & quelques tables de moyenne grandeur dans les magazins du roi.

Le marbre africain eſt tacheté de rouge brun, mêlé de quelques veines de blanc ſale, & de couleur de chair, avec quelques filets d'un verd foncé. Il ſe trouve quatre conſolles de ce marbre en maniere de cartouche, au tombeau du marquis de Geſvres dans l'égliſe des peres Céleſtins à Paris. Scamozzi parle d'un autre marbre africain très-dur, recevant un très-beau poli, d'un fond blanc, mêlé de couleur de chair, & quelquefois couleur de ſang, avec des veines brunes & noires fort déliées, & ondées.

Le marbre noir antique étoit de deux eſpeces ; l'un qui ſe nommoit *marmor luculleum*, & qui ſe tiroit de Grece, étoit fort tendre. C'eſt de ce marbre que Marcus Scaurus fit tailler des colonnes de trente-huit piés de hauteur, dont il orna ſon palais ; l'autre appellé par les Grecs βαλανιτις, *pierre de touche*, & par les Italiens, *pietra di paragone*, *pierre de comparaiſon*, & que Vitruve nomme *index ;* parce qu'il ſert à éprouver les métaux, ſe tiroit de l'Ethiopie, & étoit plus eſtimé que le premier : ce marbre étoit d'un noir gris tirant ſur le fer. Veſpaſien en fit faire la figure du Nil, accompagnée de celle des petits enfans, qui ſignifioient les crues & recrues de ce fleuve, & qui de ſon tems fut poſée dans le temple de la paix. De ce marbre font encore à Rome deux ſphynx au bas du Capitole ; dans le veſtibule de l'orangerie de Verſailles une figure de reine d'Egypte ; dans l'égliſe des peres Jacobins rue S. Jacques à Paris, quelques anciens tombeaux, ainſi que quelques vaſes dans les jardins de Meudon.

Le marbre de cipolin, de l'italien *cipolino*, que Scamozzi croit être celui que les anciens appelloient *auguſteum* ou *tiberium marmor*, parce qu'il fut découvert en Egypte du tems d'Auguſte & Tibere, eſt formé de grandes ondes ou de nuances de blanc, & de verd pâle couleur d'eau de mer ou de ciboule, d'où il tire ſon nom. On ne l'employoit anciennement que pour des colonnes ou pilaſtres. Celles que le roi fit apporter de *Lebeda* autrefois *Leptis*, près de Tripoli, ſur les côtes de Barbarie, ainſi que les dix corinthiennes du temple d'Antonin & de Fauſtine, ſemblent être de ce marbre. On en voit encore pluſieurs pilaſtres dans la chapelle de l'hôtel de Conti, près le collége Mazarin, du deſſein de François Manſard.

Le marbre jaune eſt de deux eſpeces ; l'une appellée *jaune de ſienne*, eſt d'un jaune iſabelle, ſans veine, & eſt très-rare : auſſi ne l'emploie-t-on que par incruſtation dans les compartimens. On voit de ce marbre dans le ſallon des bains de la reine au Louvre, des ſcabellons de buſtes, qui ſans doute ſont très-précieux. L'autre appellée *dorée*, plus jaune que le précédent, eſt celui à qui Pauſanias a donné le nom de *marmor croceum*, à cauſe de ſa couleur de ſafran : il ſe tiroit près de la Macédoine ; les bains publics de cette ville en étoient conſtruits. Il ſe trouve encore à Rome dans la chapelle du mont de piété, quatre niches incruſtées de ce marbre.

Le marbre de bigionero, dont les carrieres ſont perdues, eſt très-rare. Il y en a quelques morceaux dans les magazins du roi.

Le marbre de lumachello, appellé ainſi, parce que ſa couleur eſt mêlée de taches blanches, noires & griſes, formées en coquilles de limaçon, d'où il tire ſon nom, eſt très-rare, les carrieres en étant perdues : on en voit cependant quelques tables dans les appartemens du roi.

Le marbre de piccinifeo, dont les carrieres ſont auſſi perdues, eſt veiné de blanc, & d'une couleur approchante de l'iſabelle : les quatorze colonnes corinthiennes des chapelles de l'égliſe de la Rotonde à Rome, ſont de ce marbre.

Le marbre de breche antique, dont les carrieres ſont perdues, eſt mêlé par tache rondé de différente grandeur, de blanc, de noir, de rouge, de bleu & de gris. Les deux corps d'architecture qui portent l'entablement où ſont nichées les deux colonnes de la ſépulture de Jacques de Rouvré, grand-prieur de France, dans l'égliſe de S. Jean de Latran à Paris, ſont de ce marbre.

Le marbre de breche antique d'Italie, dont les carrieres ſont encore perdues, eſt blanc, noir, & gris : le parement d'autel de la chapelle de S. Denys à Montmartre, eſt de ce marbre.

Des marbres modernes. Le marbre blanc qui ſe tire maintenant de Carrare, vers les côtes de Gênes, eſt dur & fort blanc, & très-propre aux ouvrages de ſculpture. On en tire des blocs de telle grandeur que l'on veut ; il s'y rencontre quelquefois des cryſtallins durs. La plûpart des figures modernes du petit parc de Verſailles ſont de ce marbre.

Le marbre de Carrare, que l'on nomme *marbre vierge*, eſt blanc, & ſe tire aux Pyrénées du côté de Bayonne. Il a le grain moins fin que le dernier, reluit comme une eſpece de ſel, & reſſemble au marbre blanc antique, dont toutes les ſtatues de la Grece ont été faites ; mais il eſt plus tendre, pas ſi beau, ſujet à jaunir & à ſe tacher : on s'en ſert pour des ouvrages de ſculpture.

Le marbre noir moderne eſt pur & ſans tache, comme l'antique ; mais beaucoup plus dur.

Le marbre de Dinant, qui ſe tire près de la ville de ce nom dans le pays de Liège, eſt fort commun & d'un noir très-pur & très-beau : on s'en ſert pour les tombeaux & ſépultures. Il y a quatre colonnes corinthiennes au maître autel de l'égliſe de S. Martin-des-Champs, du deſſein de François Manſard ; ſix colonnes de même ordre au grand autel de S. Louis des peres Jéſuites, rue S. Antoine, quatre autres de même ordre dans l'égliſe des peres Carmes déchauſſés ; & quatre autres compoſites à l'autel de ſainte Théreſe de la même égliſe, ſont de ce marbre. Les plus belles colonnes qui en ſont faites, ſont les ſix corinthiennes du maître autel des Minimes de la Place royale à Paris.

Le marbre de Namur eſt auſſi fort commun &, auſſi noir que celui de Dinant, mais pas ſi parfait, tirant un peu ſur le bleuâtre, & étant traverſé de quelques filets gris : on en fait un grand commerce de carreau en Hollande.

Le marbre de Thée qui ſe tire du pays de Liege, du côté de Namur, eſt plus dur, plus tendre, & facile à tailler ; recevant un plus beau poli que celui de Namur & de Dinant. Il eſt par conſéquent très-propre aux ouvrages de ſculpture. On en voit quelques chapiteaux corinthiens dans les égliſes de Flandres, & pluſieurs têtes & buſtes à Paris.

Le marbre blanc veiné qui vient de Carrare, eſt d'un bleu foncé ſur un fond blanc, mêlé de taches griſes & de grandes veines. Ce marbre eſt ſujet à jaunir & à ſe tacher. On en fait des piédeſtaux, entablemens, & autres ouvrages d'Architecture ; de ce marbre est la plus grande partie du tombeau de M. le Chancelier le Tellier, dans l'église de S. Gervais à Paris.

Le marbre de Margorre qui se tire du Milanez, est fort dur & assez commun. Sa couleur est d'un fond bleu, mêlé de quelques veines brunes, couleur de fer ; une partie du dôme de Milan en a été bâti.

Le marbre noir & blanc qui se tire de l'abbaye de Leff près de Dinant, a le fond d'un noir très-pur avec quelques veines fort blanches. De ce marbre sont les quatre colonnes corinthiennes du maître-autel de l'Eglise des Carmélites du faubourg S. Jacques.

Le marbre de Barbançon qui se tire du pays de Hainaut, est un marbre noir veiné de blanc, qui est assez commun. Les six colonnes torses composites du baldaquin du Val-de-Grace, l'architrave de corniche corinthienne de l'autel de la chapelle de Créqui aux Capucines, sont de ce marbre. Le plus beau est celui dont le noir est le plus noir, & dont les veines sont les plus blanches & déliées.

Le marbre de Givet se tire près de Charlemont, sur les frontieres de Luxembourg. Sa couleur est d'un noir veiné de blanc, mais moins brouillé que le Barbançon. Les marches du baldaquin du Val-de-Grace sont de ce marbre.

Le marbre de Portor se tire du pié des Alpes, aux environs de Carrare. Il en est de deux sortes ; l'un qui a le fond très-noir mêlé de quelques taches & veines jaunes dorées, est le plus beau ; l'autre dont les veines sont blanchâtres est moins estimé. On voit de ce marbre deux colonnes ioniques au tombeau de Jacques de Valois, duc d'Angoulême, dans l'église des Minimes de la Place royale ; deux autres de même ordre dans la chapelle de Rostaing de l'église des Feuillans rue S. Honoré ; plusieurs autres dans l'appartement des bains à Versailles, & plusieurs tables, chambranles de cheminées, foyers, &c. au même château, à Marly & à Trianon.

Le marbre de S. Maximin est une espece de portor, dont le noir & le jaune sont très-vifs : on en voit quelques échantillons dans les magasins du roi.

Le marbre de serpentin moderne vient d'Allemagne, & sert plutôt pour des vases & autres ornemens de cette espece, que pour des ouvrages d'Architecture.

Le marbre verd moderne est de deux especes ; l'une qu'on nomme improprement *verd d'Egypte*, se tire près de Carrare sur les côtes de Gênes. Sa couleur est d'un verd foncé, mêlé de quelques taches de blanc & de gris-de-lin. Les deux cuves rectangulaires des fontaines de la Gloire, & de la Victoire dans le bosquet de l'arc de triomphe à Versailles, la cheminée du cabinet des bijoux, & celle du cabinet de monseigneur le dauphin à S. Germain en Laye, sont de ce marbre ; l'autre qu'on nomme *verd de mer*, se tire des environs. Sa couleur est d'un verd plus clair, mêlé de veines blanches. On en voit quatre colonnes ioniques dans l'église des Carmélites du faubourg saint Jacques à Paris.

Le marbre jaspé est celui qui approche du jaspe antique ; le plus beau est celui qui en approche le plus.

Le marbre de Lumachello moderne vient d'Italie, & est presque semblable à l'antique ; mais les taches n'en sont pas si bien marquées.

Le marbre de Breme qui vient d'Italie, est d'un fond jaune mêlé de taches blanches.

Le marbre *occhio di pavone*, œil de paon, vient aussi d'Italie, & est mêlé de taches blanches, bleuâtres, & rouges, ressemblantes en quelque sorte aux especes d'yeux qui sont au bout des plumes de la queue des paons ; ce qui lui a fait donner ce nom.

Le marbre *porta sancta* ou *serena*, de la porte sainte ou seraine, est un marbre mêlé de grandes taches & de veines grises, jaunes & rougeâtres : on en voit quelques échantillons dans les magasins du roi.

Le marbre *fior di persica*, ou fleur de pêcher, qui vient d'Italie, est mêlé de taches blanches, rouges & un peu jaunes : on voit de ce marbre dans les magasins du roi.

Le marbre *di Vescovo*, ou de l'évêque, qui vient aussi d'Italie, est mêlé de veines verdâtres, traversées de bandes blanches, allongées, arrondies & transparentes.

Le marbre de brocatelle, appellé *brocatelle d'Espagne*, & qui se tire d'une carriere antique de Tortose en Andalousie, est très-rare. Sa couleur est mêlée de petites nuances de couleurs jaune, rouge, grise, pâle & isabelle. Les quatre colonnes du maître-autel des Mathurins à Paris sont de ce marbre ; ainsi que quelques chambranles de cheminées à Trianon, & quelques petits blocs dans les magasins du roi.

Le marbre de Boulogne est une espece de brocatelle qui vient de Picardie, mais dont les taches sont plus grandes, & mêlées de quelques filets rouges. Le jubé de l'église métropolitaine de Paris en est construit.

Le marbre de Champagne qui tient de la brocatelle, est mêlé de bleu par taches rondes comme des yeux de perdrix ; il s'en trouve encore d'autres mêlés par nuances de blanc & de jaune pâle.

Le marbre de Sainte Baume se tire du pays de ce nom en Provence. Sa couleur est d'un fond blanc & rouge, mêlé de jaune approchant de la brocatelle. Ce marbre est fort rare, & a valu jusqu'à 60 livres le pié cube. Il s'en voit deux colonnes corinthiennes à une chapelle à côté du maître-autel de l'église du Calvaire au Marais.

Le marbre de Tray qui se tire près Sainte Baume en Provence, ressemble assez au précédent. Sa couleur est d'un fond jaunâtre, tacheté d'un peu de rouge, de blanc & de gris mêlé. Les pilastres ioniques du sallon du château de Seaux, quelques chambranles de cheminée au même château, & quelques autres à Trianon, sont de ce marbre.

Le marbre de Languedoc est de deux especes ; l'une qui se tire près de la ville de Cosne en Languedoc, est très-commun. Sa couleur est d'un fond rouge, de vermillon sale, entremêlé de grandes veines & taches blanches. On l'employe pour la décoration des principales cours, vestibules, péristiles, &c. Les retraites de la nef de S. Sulpice, l'autel de Notre-Dame de Savonne dans l'église des Augustins déchaussés à Paris, ainsi que les quatorze colonnes ioniques de la cour du château de Trianon, sont de ce marbre ; l'autre qui vient de Narbonne, & qui est de couleur blanche, grise & bleuâtre, est beaucoup plus estimé.

Le marbre de Roquebrue qui se tire à sept lieues de Narbonne, est à-peu-près semblable à celui du Languedoc ; & ne differe qu'en ce que taches blanches sont toutes en forme de pommes rondes ; il s'en trouve plusieurs blocs dans les magasins du roi.

Le marbre de Caen en Normandie, est presque semblable à celui de Languedoc, mais plus brouillé, & moins vif en couleur. Il se trouve de marbre à Vallery en Bourgogne, au tombeau de Henri de Bourbon prince de Condé.

Le marbre de griotte, ainsi appellé, parce que sa couleur approche beaucoup des griottes ou cerises, se tire près de Cosne en Languedoc, & est d'un rouge foncé, mêlé de blanc sale ; le chambranle de cheminée du grand appartement du roi à Trianon, est de ce marbre.

Le marbre de bleu turquin vient des côtes de Gênes. Sa couleur est mêlé de blanc sale, sujette à jaunir & à fe tacher. De ce marbre font l'embaffement du piédeftal de la ftatue équeftre de Henri IV. fur le pont-neuf, & les huit colonnes refpectivement oppofées dans la colonnade de Verfailles.

Le marbre de Serancolin fe tire d'un endroit appellé le *Val d'or*, ou *la vallée d'or*, près Serancolin & des Pyrénées en Gafcogne. Sa couleur eft d'un rouge couleur de fang, mêlé de gris, de jaune, & de quelques endroits tranfparens comme l'agate ; le plus beau eft très-rare, la carriere en étant épuifée. Il fe trouve dans le palais des tuileries quelques chambranles de cheminées de ce marbre. Les corniches & bafes des piédeftaux de la galerie de Verfailles, le pié du tombeau de M. le Brun dans l'églife de S. Nicolas du chardonnet, font auffi de ce marbre : on en voit dans les magafins du roi des blocs de douze piés, fur dix-huit pouces de groffeur.

Le marbre de Balvacaire fe tire au bas de Saint-Bertrand, près Cominges en Gafcogne. Sa couleur eft d'un fond verdâtre, mêlée de quelques taches rouges, & fort peu de blanches : il s'en trouve dans les magafins du roi.

Le marbre de campan fe tire des carrieres près Tarbes en Gafcogne, & fe nomme de la couleur qui y domine le plus : il y en a de blanc, de rouge, de verd & d'ifabelle, mêlé par taches & par veines. Celui que l'on nomme *verd de campan* eft d'un verd très-vif, mêlé feulement de blanc, & eft fort commun. On en fait des chambranles, tables, foyers, &c. Les plus grands morceaux que l'on en ait, font les huit colonnes ioniques du château de Trianon.

Le marbre de figuan qui eft d'un verd brun mêlé de taches rouges, qui font quelquefois de couleur de chair mêlée de gris, & de quelques filets verds dans un même morceau ; il reffemble affez au moindre campan verd. Le piédeftal extraordinaire de la colonne funéraire d'Anne de Montmorency, Connétable de France, aux Céleftins ; les piédeftaux, focles & appuis de l'autel des Minimes de la Place royale, & les quatre pilaftres corinthiens de la chapelle de la Vierge dans l'églife des Carmes déchauffés à Paris, font de ce marbre.

Le marbre de Savoie qui fe tire du pays de ce nom, eft d'un fond rouge, mêlé de plufieurs autres couleurs, qui femblent être maftiquées De ce marbre font les deux colonnes ioniques de la porte de l'hôtel-de-ville de Lyon.

Le marbre de gauchenet qui fe tire près de Dinant, eft d'un fond rouge brun, tacheté, & mêlé de quelques veines blanches. On voit de ce marbre quatre colonnes au tombeau du cardinal de Biraque, dans l'églife de la Culture fainte Catherine ; quatre aux autels de faint Ignace & de faint François Xavier, dans l'églife de faint Louis des peres Jéfuites, rue faint Antoine ; fix au maitre-autel de l'églife de faint Euftache ; quatre à celui de l'églife des Cordeliers, & quatre au maitre-autel de l'églife des Filles-Dieu, rue faint Denis, toutes d'ordre corinthien.

Le marbre de Leff, abbaye près de Dinant, eft d'un rouge pâle, avec de grandes plaques & quelques veines blanches. Le chapiteau du fanctuaire derriere le baldaquin du Val-de-grace à Paris, eft de ce marbre.

Le marbre de rance qui fe tire du pays de Hainaut, & qui eft très-commun, eft auffi de différente beauté. Sa couleur eft d'un fond rouge fale, mêlé de taches, & de veines bleues & blanches. Les plus grands morceaux que l'on en ait à Paris, font les fix colonnes corinthiennes du maître-autel de l'églife de la Sorbonne. On en voit à la chapelle de la Vierge de la même églife, quatre autres de même ordre & de moyenne grandeur ; & huit plus petites aux quatre autres petits autels. Les huit colonnes ioniques de la clôture de faint Martin des champs, les huit compofites aux autels de fainte Marguerite, & de faint Ca. fimir dans l'églife de faint Germain des Prés, font de ce marbre. Les plus beaux morceaux que l'on en voit, font les quatre colonnes & les quatre pilaftres françois de la galerie de Verfailles, les vingt-quatre doriques du balcon du milieu du château ; ainfi que les deux colonnes corinthiennes de la chapelle de Créqui aux Capucines.

Le marbre de Bazalto a le fond d'un brun clair & fans tache, avec quelques filets gris feulement, mais fi déliés, qu'ils reffemblent à des cheveux qui commencent à grifonner : on en voit quelques tables dans les appartemens du Roi.

Le marbre d'Auvergne, qui fe tire de cette province, eft d'un fond couleur de rofe, mêlé de violet, de jaune & de vert ; il fe trouve dans la piece entre la falle des ambaffadeurs & le fallon de la grande galerie à Verfailles, un chambranle de cheminée de ce marbre.

Le marbre de Bourbon, qui fe tire du pays de ce nom, eft d'un gris bleuâtre & d'un rouge fale, mêlé de veines de jaune fale. On en fait communément des compartimens de pavé de fallons, veftibules, périftiles, &c. Le chambranle de la cheminée de la falle du bal à Verfailles, & la moitié du pavé au premier étage de la galerie du nord, de plain pié à la chapelle, font de ce marbre.

Le marbre de Hon, qui vient de Liege, eft de couleur grifâtre & blanche, mêlé d'un rouge couleur de fang. Les piédeftaux, architraves & corniches du maitre autel de l'églife de S. Lambert à Liege, font de ce marbre.

Le marbre de Sicile eft de deux efpeces ; l'un que l'on nomme *ancien*, & l'autre *moderne*. Le premier eft d'un rouge brun, blanc & ifabelle, & par taches quarrées & longues, femblables à du taffetas rayé ; fes couleurs font très-vives. Les vingt-quatre petites colonnes corinthiennes du tabernacle des PP. de l'Oratoire de faint Honoré, ainfi que quelques morceaux de dix à douze piés de long dans les magafins du Roi, font de ce marbre. Le fecond, qui reffemble à l'ancien, eft une efpece de breche de Verone, *voyez* ci-après. On en voit quelques chambranles & attiques de cheminée dans le château de Meudon.

Le marbre de Suiffe eft d'un fond bleu d'ardoife, mêlé par nuance de brun pâle.

Des marbres de breche moderne. La breche blanche eft mêlée de brun, de gris, de violet, & de grandes taches blanches.

La breche noire ou petite breche eft d'un fond gris, brun, mêlé de taches noires & quelques petits points blancs. Le focle & le fond de l'autel de Notre-Dame de Savonne, dans l'églife des PP. Auguftins déchauffés à Paris, font de ce marbre.

La breche dorée eft mêlée de taches jaunes & blanches. Il s'en trouve des morceaux dans les magafins du Roi.

La breche coraline ou ferancoline a quelques taches de couleur de corail. Le chambranle de la principale piece du grand appartement de l'hôtel de Saint-Pouange à Paris, eft de ce marbre.

La breche violette ou d'Italie moderne a le fond brun, rougeâtre, avec de longues veines ou taches violettes mêlées de blanc. Ce marbre eft très-beau pour les appartemens d'été ; mais fi on le néglige & qu'on n'ait pas foin de l'entretenir, il paffe, fe jaunit, & eft fujet à fe tacher par la graiffe, la cire, la peinture, l'huile, &c.

La breche ifabelle eft mêlée de taches blanches, violettes & pâles, avec de grandes plaques de couleur ifabelle. Les quatre colonnes doriques ifolées dans le veftibule de l'appartement des bains à Verfailles, font de ce marbre.

La breche des Pyrénées est d'un fond brun, mêlé de gris & de plusieurs autres couleurs. De ce marbre sont deux belles colonnes corinthiennes au fond du maître autel de Saint Nicolas des Champs à Paris.

La breche grosse ou grosse breche, ainsi appellée parce qu'elle a toutes les couleurs des autres breches, est mêlée de taches rouges, grises, jaunes, bleues, blanches & noires. Des quatre colonnes qui portent la châsse de Sainte Génevieve dans l'église de ce nom à Paris, les deux de devant sont de ce marbre.

La breche de Vérone est entremêlée de bleu, de rouge pâle & cramoisi. Il s'en trouve un chambranle de cheminée dans la derniere piece de Trianon, sous le bois du côté des sources.

La breche sauveterre est mêlée de taches noires, grises & jaunes. Le tombeau de la mere de M. Lebrun, premier peintre du Roi, qui est dans sa chapelle à Saint Nicolas du chardonnet, est de ce marbre.

La breche saraveche a le fond brun & violet, mêlé de grandes taches blanches & isabelles. Les huit colonnes corinthiennes du maître autel des grands Augustins, sont de ce marbre.

La breche saraveche petite, ou petite breche saraveche, n'est appellée ainsi que parce que les taches en sont plus petites.

La breche *sette bati* ou de sept bases, a le fond brun, mêlé de petites taches rondes de bleu sale. Il s'en trouve dans les magasins du Roi.

Il se trouve encore à Paris plusieurs autres marbres, comme celui d'Antin, de Laval, de Cerfontaine, de Bergoopzom, de Montbart, de Malplaquet, de Merlemont, de Saint-Remy & le royal, ainsi que quelques breches, comme celles de Florence, de Florieres, d'Alet, &c.

Les marbres antiques s'employoient par corvée, & se payent à proportion de leur rareté; les marbres modernes se payent depuis douze livres jusqu'à cent livres le pié cube, façon à part, à proportion de leur beauté & de leur rareté.

Des défauts du marbre. Le marbre, ainsi que la pierre, a des défauts qui peuvent le faire rebuter: ainsi on appelle.

Marbre fier celui qui, à cause de sa trop grande dureté, est difficile à travailler, & sujet à s'éclater comme tous les marbres durs.

Marbre pouf, celui qui est de la nature du grais, & qui étant travaillé ne peut retenir ses arrêtes vives, tel est le marbre blanc des Grecs, celui des Pyrénées & plusieurs autres.

Marbre terrasseux, celui qui porte avec lui des parties tendres appellées *terrasses*, qu'on est souvent obligé de remplir de mastic, tel que le marbre de Languedoc, celui de Hon, & la plûpart des breches.

Marbre filardeux, celui qui a des fils qui le traversent, comme celui de Sainte-Baume, le serancolin, le rance, & presque tous les marbres de couleur.

Marbre camelotté, celui qui étant de même couleur après avoir été poli, paroît tabisé, comme le marbre de Namur & quelques autres.

Du marbre selon ses façons. On appelle *marbre brut* celui qui étant sorti de la carriere en bloc d'échantillon ou par quartier, n'a pas encore été travaillé.

Marbre dégrossi, celui qui est débité dans le chantier à la scie, ou seulement équarri ou refendu, selon la disposition d'un vase, d'une figure, d'un profil, ou autre ouvrage de cette espece.

Marbre ébauché, celui qui ayant déja reçu quelques membres de sculpture ou d'architecture, est travaillé à la double pointe (*fig. 89.*) pour l'un, & approché avec le ciseau pour l'autre.

Marbre piqué, celui qui est travaillé avec la pointe du marteau (*fig. 91.*) pour détacher les avant-corps des arriere-corps dans l'extérieur des ouvrages rustiques.

Marbre matte, celui qui est frotté avec de la ptêle (*a*) ou de la peau de chien de mer (*b*), pour détacher des membres d'architecture ou de sculpture de dessus un fond poli.

Marbre poli, celui qui ayant été frotté avec le grais & le rabot (*c*) & ensuite repassé avec la pierre de ponce, est poli à force de bras avec un tampon de linge, & de la potée d'émeril pour les marbres de couleur, & de la potée d'étain pour les marbres blancs, celle d'émeril les rousfissant. Il est mieux de se servir, ainsi qu'on le pratique en Italie, d'un morceau de plomb au lieu de linge, pour donner au marbre un plus beau poli & de plus longue durée; mais il en coûte beaucoup plus de tems & de peine. Le marbre sale, terne ou taché, se repolir de la même maniere. Les taches d'huile, particulierement sur le blanc, ne peuvent s'effacer, parce qu'elles pénetrent.

Marbre fini, celui qui ayant reçu toutes les opérations de la main-d'œuvre, est prêt à être posé en place.

Marbre artificiel, celui qui est fait d'une composition de gypse en maniere de stuc, dans laquelle on met diverses couleurs pour imiter le marbre. Cette composition est d'une consistance assez dure & reçoit le poli, mais sujette à s'écailler. On fait encore d'autres marbres artificiels avec des teintures corrosives sur du marbre blanc, qui imitent les différentes couleurs des autres marbres, en pénétrant de plus de quatre lignes dans l'épaisseur du marbre : ce qui fait que l'on peut peindre dessus des figures & des ornemens de toute espece : ensorte que si l'on pouvoit débiter ce marbre par feuilles très-minces, on en auroit autant de tableaux de même façon. Cette invention est de M. le comte de Cailus.

Marbre feint, peinture qui imite la diversité des couleurs, veines & accidens des marbres, à laquelle on donne une apparence de poli sur le bois ou sur la pierre, par le vernis que l'on pose dessus.

De la brique en général. La brique est une espece de pierre artificielle, dont l'usage est très-nécessaire dans la construction des bâtimens. Non-seulement on s'en sert avantageusement au lieu de pierre, de moilon ou de plâtre, mais encore il est de certains genres de construction qui exigent de l'employer préférablement à tous les autres matériaux, comme pour des voûtes legeres, qui exigent des murs d'une moindre épaisseur pour en retenir la poussée ; pour des languettes (*d*) de cheminées, des contre-cœurs, des foyers, &c. Nous avons vu ci-devant que cette pierre étoit rougeâtre & qu'elle se jettoit en moule ; nous allons voir maintenant de quelle maniere elle se fabrique, connoissance d'autant plus nécessaire, que dans de certains pays il ne s'y trouve souvent point de carrieres à pierre ni à plâtre, & que par-là on est forcé de faire usage de brique, de chaux & de sable.

De la terre propre à faire de la brique. La terre la plus propre à faire de la brique est communément appellée *terre glaise*; la meilleure doit être de couleur grise ou blanchâtre, grasse, sans graviers ni cailloux, étant plus facile à corroyer. Ce foin étoit fort recommandé par Vitruve, en parlant de celles dont les anciens se servoient pour les cloisons, murs, planchers, &c. qui étoient mêlées de foin & de paille hachée, & point cuites, mais seulement séchées au soleil pendant quatre ou cinq ans, parce

(*a*) *Prêle*, espece de plante aquatique très-rude.
(*b*) *Chien de mer*, sorte de poisson de mer dont la peau d'une certaine rudesse est très-bonne pour cet usage.
(*c*) *Rabot*, est un morceau de bois dur avec lequel on frotte le marbre.
(*d*) Espece de cloison qui sépare plusieurs tuyaux de cheminée dans une souche.

que ,difoit-il , elles fe fendent & fe détrempent lorf-qu'elles font mouillées à la pluie.

La terrequi eft rougeâtre eft beaucoup moins efti-mée pour cet ufage , les briques qui en font faites étant plus fujettes à fe feuilleter & à fe réduire en poudre à la gelée.

Vitruve prétend qu'il y a trois fortes de terre pro-pres à faire de la brique ; la premiere , qui eft auffi blanche que de la craie ; la feconde , qui eft rouge ; & la troifieme , qu'il appelle *fablon mâle*. Au rapport de Pérault , les interpretes de Vitruve n'ont jamais pu décider quel étoit ce fablon mâle dont il parle, & que Pline prétend avoir été employé de fon tems pour faire de la brique. Philander penfe que c'eft une terre folide & fablonneufe ; Barbaro dit que c'eft un fable de riviere gras que l'on trouve en pelotons, comme l'encens mâle ; & Baldus rapporte qu'il a été appellé *mâle* , parce qu'il étoit moins aride que l'autre fable. Au refte , fans prendre garde fcrupu-leufement à la couleur, on reconnoîtra qu'une terre eft propre à faire de bonnes briques, fi après une petite pluie on s'apperçoit qu'en marchant deffus elle s'attache aux piés & s'y amaffe en grande quantité, fans pouvoir la détacher facilement , ou fi en la pai-triffant dans les mains on ne peut la divifer fans peine.

De la maniere de faire la brique. Après avoir choifi un efpace de terre convenable , & l'ayant reconnu également bonne par-tout, il faut l'amaffer par mon-ceaux & l'expofer à la gelée à plufieurs reprifes, enfuite la corroyer avec la houe (*fig. 118*.) ou le rabot (*fig. 117*.), & la laiffer repofer alternative-ment jufqu'à quatre ou cinq fois. L'hiver eft d'autant plus propre pour cette préparation , que la gelée contribue beaucoup à la bien corroyer.

On y mêle quelquefois de la bourre & du poil de bœuf pour la mieux lier , ainfi que du fablon pour la rendre plus dure & plus capable de refifter au far-deau lorfqu'elle eft cuite. Cette pâte faite , on la jette par motte dans des moules faits de cadres de bois de la même dimenfion qu'on veut donner à la bri-que ; & lorfqu'elle eft à demi feche , on lui donne avec le couteau la forme que l'on juge à-propos.

Le tems le plus propre à la faire fecher , felon Vitruve , eft le printems & l'automne , ne pouvant fécher en hiver , & la grande chaleur de l'été la fé-chant trop promptement à l'extérieur , ce qui la fait fendre, tandis que l'intérieur refte humide. Il eft auffi néceffaire, felon lui , en parlant des briques crues, de les laiffer fécher pendant deux ans, parce qu'é-tant employés nouvellement faites , elles fe refferent & fe féparent à mefure qu'elles fe fechent : d'ailleurs l'enduit qui les retient ne pouvant plus fe foutenir, fe détache & tombe ; & la muraille s'affaiffant de part & d'autre inégalement , fait périr l'édifice.

Le même auteur rapporte encore que de fon tems dans la ville d'Utique il n'étoit pas permis de fe fer-vir de brique pour bâtir qu'elle n'eût été vifitée par le magiftrat , & qu'on eût été fûr qu'elle avoit féché pendant cinq ans. On fe fert encore maintenant de briques crues, mais ce n'eft que pour les fours à chaux (*fig. 29*.) , à tuile ou à brique (*fig. 27*.).

La meilleure brique eft celle qui eft d'un rouge pâle tirant fur le jaune, d'un grain ferré & compacte, & qui lorfqu'on la frappe rend un fon clair & net. Il arrive quelquefois que les briques faites de même terre & préparées de même , font plus ou moins rou-ges les unes que les autres , lorfqu'elles font cuites, & par conféquent de différente qualité : ce qui vient des endroits où elles ont été placées dans le four, & où le feu a eu plus ou moins de force pour les cuire. Mais la preuve la plus certaine pour connoître la meilleure, fur-tout pour des édifices de quelque importance, eft de l'expofer à l'humidité & à la gelée pendant l'hiver, parce que celles qui y auront ré-fifté fans fe feuilleter , & auxquelles il ne fera arrivé aucun inconvénient confidérable , pourront être mi-fes en œuvre en toute fûreté.

Autrefois on fe fervoit à Rome de trois fortes de briques ; la premiere qu'on appelloit *didodoron*, qui avoit deux palmes en quarré ; la feconde , *tetradoron*, qui en avoit quatre ; & la troifieme , *pentadoron*, qui en avoit cinq : ces deux dernieres manieres ont été long-tems employées par les Grecs. On faifoit en-core à Rome des demi-briques & des quarts de bri-ques , pour placer dans les angles des murs & les achever. La brique que l'on faifoit autrefois , au rapport de Vitruve , à Calente en Efpagne , à Mar-feille en France , & à Pitence en Afie , nageoit fur l'eau comme la pierre-ponce , parce que la terre dont on la faifoit étoit très-fpongieufe , & que fes pores externes étoient tellement ferrés lorfqu'elle étoit feche, que l'eau n'y pouvoit entrer , & par conféquent la faifoit furnager. La grandeur des bri-ques dont on fe fert à Paris & aux environs , eft ordinairement de huit pouces de longueur , fur qua-tre de largeur & deux d'épaiffeur, & fe vend depuis 30 jufqu'à 40 livres le millier.

Il faut éviter de les faire d'une grandeur & d'une épaiffeur trop confidérable , à moins qu'on ne leur donne pour fécher un tems proportionné à leur grof-feur ; parce que fans cela la chaleur du feu s'y com-munique inégalement, & le cœur étant moins atteint que la fuperficie, elles fe gerfent & fe fendent en cuifant.

La tuile pour les couvertures des bâtimens , le carreau pour le fol des appartemens , les tuyaux de grais pour la conduite des eaux, les boiffeaux pour les chauffes d'aifance , & généralement toutes les autres poteries de cette efpece, fe font avec la même terre , fe préparent & fe cuifent exactement de la même maniere. Ainfi ce que nous avons dit de la brique , peut nous inftruire pour tout ce que l'on peut faire en pareille terre.

Du plâtre en général. Le *plâtre* du grec πλατης pro-pre à être formé , eft d'une propriété très-impor-tante dans le bâtiment. Sa cuiffon fait fa vertu prin-cipale. C'eft fans doute par le feu qu'il acquiert la qualité qu'il a, non-feulement de s'attacher lui-même, mais encore d'attacher enfemble les corps folides. Comme la plus effentielle eft la promptitude de fon action , & qu'il fe fuffit à lui-même pour faire un corps folide, lorfqu'il a reçu toutes les prépara-tions dont il a befoin , il n'y a point de matiere dont on puiffe fe fervir avec plus d'utilité dans la conftruction.

De la pierre propre à faire le plâtre. La pierre pro-pre à faire du plâtre fe trouve dans le fein de la terre , comme les autres pierres. On n'en trouve des carrieres qu'aux environs de Paris , comme à Montmartre , Belleville , Meudon , & quelques au-tres endroits. Il y en a de deux efpeces : l'une dure, & l'autre tendre. La premiere eft blanche & rem-plie de petits grains luifans : la feconde eft grifâtre, & fert , comme nous l'avons dit ci-devant , à la conftruction des bicoques & murs de clôtures dans les campagnes. L'une & l'autre fe calcinent au feu, fe blanchiffent & fe réduifent en poudre après la cuiffon. Mais les ouvriers préferent la derniere, étant moins dure à cuir.

De la maniere de faire cuir le plâtre. La maniere de faire cuir le plâtre confifte à donner un degré de chaleur capable de deffecher peu-à-peu l'humidité qu'il renferme , de faire évaporer les parties qui le lient , & de difpofer auffi le feu de maniere que la chaleur agiffe toujours également fur lui. Il faut encore arranger dans le four les pierres qui doivent être calcinées , enforte qu'elles foient toutes également embrasées par le feu, & prendre garde que le plâtre ne soit trop cuit; car alors il devient aride & sans liaison, & perd la qualité que les ouvriers appellent *l'amour du plâtre*; la même chose peut arriver encore à celui qui auroit conservé trop d'humidité, pour s'être trouvé pendant la cuisson à une des extrémités du four.

Le plâtre bien cuit se connoît lorsqu'en le maniant on sent une espece d'onctuosité ou graisse, qui s'attache aux doigts; ce qui fait qu'en l'employant il prend promptement, se durcit de même, & fait une bonne liaison; ce qui n'arrive point lorsqu'il a été mal cuit.

Il doit être employé le plûtôt qu'il est possible, en sortant du four, si cela se peut : car étant cuit, il devient une espece de chaux, dont les esprits ne peuvent jamais être trop-tôt fixés: du-moins si on ne peut l'employer sur le champ, faut-il le tenir à couvert dans des lieux secs & à l'abri du soleil; car l'humidité en diminue la force, l'air dissipe ses esprits & l'évente, & le soleil l'échauffe & le fait fermenter: ressemblant en quelque sorte, suivant M. Belidor, à une liqueur exquise qui n'a de saveur qu'autant qu'on a eu soin d'empêcher ses esprits de s'évaporer. Cependant lorsque dans un pays où il est cher, on est obligé de le conserver, il faut alors avoir soin de le serrer dans des tonneaux bien fermés de toute part, le placer dans un lieu bien sec, & le garder le moins de tems qu'il est possible.

Si l'on avoit quelque ouvrage de conséquence à faire, & qu'il fallût pour cela du plâtre cuit à propos, il faudroit alors envoyer à la carriere, prendre celui qui se trouve au milieu du four, étant ordinairement plûtôt cuit que celui des extrémités. Je dis au milieu du four, parce que les ouvriers ont bien soin de ne jamais le laisser trop cuire, étant de leur intérêt de consommer moins de bois. Sans cette précaution, on est sûr d'avoir toujours de mauvais plâtre : car, après la cuisson, ils le mêlent tout ensemble; & quand ils en sont en poudre, celui des extrémités du four & celui du milieu sont confondus. Ce dernier qui eût été excellent, s'il avoit été employé à part, est altéré par le mélange que l'on en fait, & ne vaut pas à beaucoup près ce qu'il valoit auparavant.

Il faut aussi éviter soigneusement de l'employer pendant l'hiver ou à la fin de l'automne, parce que le froid glaçant l'humidité de l'eau avec laquelle il a été gaché (*e*), & l'esprit du plâtre étant amorti, il ne peut plus faire corps ; & les ouvrages qui en sont faits tombent par éclats, & ne peuvent durer long-tems.

Le plâtre cuit se vend 10 à 11 livres le muid, contenant 36 sacs, ou 72 boisseaux, mesure de Paris, qui valent 24 piés cubes.

Du plâtre selon ses qualités. On appelle *plâtre cru* la pierre propre à faire le plâtre, qui n'a pas encore été cuite au four, & qui sert quelquefois de moilons après l'avoir exposé long-tems à l'air.

Plâtre blanc, celui qui a été râblé, c'est-à-dire dont on a ôté tout le charbon provenant de la cuisson ; précaution qu'il faut prendre pour les ouvrages de sujétion.

Plâtre gris, celui qui n'a pas été râblé, étant destiné pour les gros ouvrages de *maçonnerie*.

Plâtre gras, celui qui, comme nous l'avons dit, étant cuit à-propos, est doux & facile à employer.

Plâtre vert, celui qui ayant été mal cuit, se dissout en l'employant, ne fait pas corps, & est sujet à se gercer, à se fendre & à tomber par morceau à la moindre gelée.

Plâtre mouillé, celui qui ayant été exposé à l'humidité ou à la pluie, a perdu par-là la plus grande

(*e*) *Gâcher* du plâtre, c'est le mêler avec de l'eau.

partie de ses esprits, & est de nulle valeur.

Plâtre éventé, celui qui ayant été exposé trop long-tems à l'air, après avoir été pulvérisé, a de la peine à prendre, & fait infailliblement une mauvaise construction.

Du plâtre selon ses façons. On appelle *gros plâtre* celui qui ayant été concassé grossierement à la carriere, est destiné pour la construction des fondations, ou des gros murs bâtis en moilon ou libage, ou pour hourdir (*f*) les cloisons, bâtis de charpente, ou tout autre ouvrage de cette espece. On appelle encore de ce nom les gravois criblés ou rebattus, pour les renformis (*g*), hourdis ou gobetayes (*h*).

Plâtre au panier, celui qui est passé dans un manequin d'osier clair (*fig.* 139.), & qui sert pour les crépis (*i*), renformis, &c.

Plâtre au sas, celui qui est fin, passé au sas (*k*), & qui sert pour les enduits (*l*) des membres d'architecture & de sculpture.

Toutes ces manieres d'employer le plâtre exigent aussi de le gacher ferré, clair ou liquide.

On appelle *plâtre gaché-serré* celui est le moins abreuvé d'eau, & qui sert pour les gros ouvrages, comme enduits, scellement, &c.

Plâtre gaché clair, celui qui est un peu plus abreuvé d'eau, & qui sert à traîner au calibre des membres d'architecture, comme des chambranles, corniches, cimaises, &c.

Plâtre gaché liquide, celui qui est le plus abreuvé d'eau, & qui sert pour couler, caller, ficher & jointoyer les pierres, ainsi que pour les enduits des cloisons, plafonds, &c.

De la chaux en général. La chaux, du latin *calx*, est une pierre calcinée, & cuite au four qui se détrempe avec de l'eau, comme le plâtre : mais qui ne pouvant agir seule comme lui pour faire les pierres ensemble, a besoin d'autres agens, tel que le sable, le ciment tu la pozolane, pour la faire valoir. Si l'on piloit, dit Vitruve, des pierres avant que de les cuir, on ne pourroit en rien faire de bon : mais si on les cuit assez pour leur faire perdre leur premiere solidité & l'humidité qu'elles contiennent naturellement, elles deviennent poreuses & remplies d'une chaleur intérieure, qui fait qu'en les plongeant dans l'eau avant que cette chaleur soit dissipée, elles acquierent une nouvelle force, & s'échauffent par l'humidité de l'eau, les refroidissant, pousse la chaleur au-dehors. C'est ce qui fait que quoique de même grosseur, elles pesent bien moins après la cuisson.

De la pierre propre à faire de la chaux. Toutes les pierres sur lesquelles l'eau-forte agit & bouillonne, sont propres à faire de la chaux ; mais les plus dures & les plus pesantes sont les meilleures. Le marbre même, lorsqu'on se trouve dans un pays où il est commun, est préférable à toute autre espece de pierre. Les coquilles d'huitres sont encore très-propres pour cet usage : mais en général celle qui est tirée fraichement d'une carriere humide & à l'ombre, est très-bonne. Palladio rapporte que, dans les montagnes de Padoue, il se trouve une espece de pierre écaillée, dont la chaux est excellente pour les ouvrages exposés à l'air, & ceux qui sont dans l'eau, parce qu'elle prend promptement & dure très-long-tems.

(*f*) *Hourdir*, est maçonner grossierement avec du mortier ou du plâtre ; c'est aussi faire l'aire d'un plancher sur des lattes.
(*g*) *Renformis*, est la réparation des vieux murs.
(*h*) *Gobeter*, c'est jetter du plâtre avec la truelle, & le faire entrer avec la main dans les joints des murs.
(*i*) *Crépis*, plâtre ou mortier employé avec un balai, sans passer la main ni la truelle par-dessus.
(*k*) *Sas* est une espece de tamis, *fig.* 140.
(*l*) *Enduit*, est une couche de plâtre ou de mortier sur un mur de moilon, ou sur une cloison de charpente.

Vitruve

Vitruve nous affure que la chaux faite avec des cailloux qui se rencontrent sur les montagnes, dans les rivieres, les torrens & ravins, est très-propre à la maçonnerie ; & que celle qui est faite avec des pierres spongieuses & dures, & que l'on trouve dans les campagnes, sont meilleures pour les enduits & crépis. Le même auteur ajoute que plus une pierre est poreuse, plus la chaux qui en est faite est tendre; plus elle est humide, plus la chaux est tenace; plus elle est terreuse, plus la chaux est dure; & plus elle a de feu, plus la chaux est fragile.

Philibert Delorme conseille de faire la chaux avec les mêmes pierres avec lesquelles on bâtit, parce que, dit-il, les sels volatils dont la chaux est dépourvue après sa cuisson, lui sont plus facilement rendus par des pierres qui en contiennent de semblables.

De la maniere à faire cuire la chaux. On se sert pour cuire la chaux de bois ou de charbon de terre, mais ce dernier est préférable, & vaut beaucoup mieux ; parce que non-seulement il rend la chaux beaucoup plus grasse & plus onctueuse, mais elle est bien plûtôt cuite. La meilleure chaux, selon cet auteur, est blanche, grasse, sonore, point éventée ; en la mouillant, rend une fumée abondante; & lorsqu'on la détrempe, elle se lie fortement au rabot, *fig*. 117. On peut encore juger de sa bonté après la cuisson, si en mêlant un peu de pulvérisé avec de l'eau que l'on bat un certain tems, on s'apperçoit qu'elle s'unit comme de la colle.

Il est bon de savoir que plus la chaux est vive, plus elle foisonne en l'éteignant, plus elle est grasse & onctueuse, & plus elle porte de sable.

Si la qualité de la pierre peut contribuer beaucoup à la bonté de la chaux, aussi la maniere de l'éteindre avant que de l'unir avec le sable ou le ciment, peut réparer les vices de la pierre, qui ne se rencontre pas également bonne par-tout où l'on veut bâtir.

De la maniere d'éteindre la chaux. L'usage ordinaire d'éteindre la chaux en France, est d'avoir deux bassins *A* & *B*, *fig*. 30 & 31. L'un *A* tout-à-fait hors de terre, & à environ deux piés & demi d'élévation, est destiné à éteindre la chaux : l'autre *B* creusé dans la terre à environ six piés plus ou moins de profondeur, est destiné à la recevoir lorsqu'elle est éteinte. Le premier sert à retenir les corps étrangers, qui auroient pû se rencontrer dans la chaux vive, & à ne laisser passer dans le second que ce qui doit y être reçu. Pour cet effet, on a soin de pratiquer non-seulement dans le passage *C* qui communique de l'un à l'autre, une grille pour retenir toutes les parties grossieres, mais encore de tenir le fond de ce bassin plus élevé du côté du passage *C* ; afin que ces corps étrangers demeurent dans l'endroit le plus bas, & ne puissent couler dans le second bassin. Ces précautions une fois prises, on nettoyera bien le premier qu'on fermera hermétiquement dans sa circonférence, & que l'on emplira d'eau & de chaux en même tems. Il faut prendre garde de mettre trop ou trop peu d'eau ; car le trop la noye & en diminue la force, & le trop peu la brûle, dissout ses parties & la réduit en cendre : ceci fait, on la tourmentera à force de bras avec le rabot (*fig*.117.) pendant quelques tems, & à diverses reprises; après quoi on la laissera couler d'elle-même dans le second bassin, en ouvrant la communication *C* de l'un à l'autre, & la tourmentant toujours jusqu'à ce que le bassin *A* soit vuidé. Ensuite on refermera le passage *C*, & on recommencera l'opération jusqu'à ce que le second bassin soit plein.

La chaux ainsi éteinte, on la laissera refroidir quelques jours, après lesquels on pourra l'employer. Quelques-uns prétendent que c'est-là le moment de

l'employer, parce que ses sels n'ayant pas eu le tems de s'évaporer, elle en est par conséquent meilleure.

Mais si on vouloit la conserver, il faudroit avoir soin de la couvrir de bon sable, d'environ un pié ou deux d'épaisseur. Alors elle pourroit se garder deux ou trois ans sans perdre sa qualité.

Il arrive quelquefois que l'on trouve dans la chaux éteinte des parties dures & pierreuses, qu'on appelle *biscuits* ou *recuits*, qui ne sont d'aucun usage, & qui pour cela sont mis à part pour en tenir compte au marchand. Ces biscuits ne sont autre chose que des pierres qui ont été mal cuites, le feu n'ayant pas été entretenu également dans le fourneau ; c'est pour cela que Vitruve & Palladio prétendent que la chaux qui a demeuré deux ou trois ans dans le bassin, est beaucoup meilleure ; & leur raison est que s'il se rencontre des morceaux qui ayent été moins cuits que les autres, ils ont eu le tems de s'éteindre & de se détremper comme les autres. Mais Palladio en excepte celle de Padoue, qu'il faut, dit-il, employer aussi-tôt après sa fusion : car si on la garde, elle se brûle & se consume de maniere qu'elle devient entierement inutile.

La maniere que les anciens pratiquoient pour éteindre la chaux, étoit de faire usage seulement d'un bassin creusé dans la terre, comme seroit celui *B* de la *figure* 30, qu'ils remplissoient de chaux, & qu'ils couvroient ensuite de sable, jusqu'à deux piés d'épaisseur : ils l'aspergeoient ensuite d'eau, & l'entretenoient toujours abreuvée, de maniere que la chaux qui étoit dessous pouvoit se dissoudre sans se brûler ; ce qui auroit très-bien pû arriver, sans cette précaution. La chaux ainsi éteinte, ils la laissoient, comme nous l'avons dit, deux ou trois ans dans la terre, avant que de l'employer ; & au bout de ce tems cette matiere devenoit très-blanche, & se convertissoit en une masse à-peu-près comme de la glaise, mais si grasse & si glutineuse, qu'on n'en pouvoit tirer le rabot qu'avec beaucoup de peine, & faisoit un mortier d'un excellent usage pour les enduits ou pour les ouvrages en stucs. Si pendant l'espace de ce tems on s'appercevoit que le sable se fendoit dans sa superficie, & ouvrir un passage à la fumée, on avoit soin aussi-tôt de refermer les fentes avec d'autre sable.

Les endroits qui fournissent le plus communément de la chaux à Paris & aux environs, sont Boulogne, Senlis, Corbeil, Melun, la Chaussée près Marly, & quelques autres. Celle de Boulogne qui est faite d'une pierre un peu jaunâtre, est excellente & la meilleure. On employe à Mets & aux environs une chaux excellente qui ne se fuse point. Des gens qui n'en connoissoient pas la qualité, s'aviserent d'en fuser dans des trous bien couverts de sable. L'année suivante, ils la trouverent si dure, qu'il fallut la casser avec des coins de fer, & l'employer comme du moilon. Pour bien éteindre cette chaux, dit M. Belidor, il la faut couvrir de tout le sable qui doit entrer dans le mortier, l'asperger ensuite d'eau à différente reprise. Cette chaux s'éteint ainsi sans qu'il sorte de fumée au dehors, & fait de si bon mortier, que ceux de pays-là toutes les caves en sont faites sans aucun autre mélange de gros gravier de riviere, & se change en un mastic si dur, que lorsqu'il a fait corps, les meilleurs outils ne peuvent l'entamer.

Comme il n'est point douteux que ce ne peut être que l'abondance des sels que contiennent de certaines pierres, qui les rendent plus propres que d'autres à faire de bonne chaux ; il est donc possible par ce moyen d'en faire d'excellente dans les pays où elle a coutume d'être mauvaise, comme on le va voir.

M M m m m

MAÇ

Il faut d'abord commencer, comme nous l'avons dit ci-dessus, par avoir deux bassins A & B, fig. 31; l'un A plus élevé que l'autre, mais tous deux bien pavés, & revêtus de maçonnerie bien enduite dans leur circonférence. On remplira ensuite le bassin supérieur A de chaux que l'on éteindra, & que l'on fera couler dans l'autre B comme à l'ordinaire. Lorsque tout y sera passé, on jettera dessus autant d'eau qu'on en a employé pour l'éteindre, qu'on broyera bien avec le rabot, & qu'on laissera ensuite reposer pendant vingt quatre heures, ce qui lui donnera le tems de se rasseoir, après lequel on la trouvera couverte d'une quantité d'eau verdâtre qui contiendra presque tous ses sels, & qu'on aura soin de mettre dans des tonneaux; puis on ôtera la chaux qui se trouvera au fond du bassin B, & qui ne sera plus bonne à rien: ensuite on éteindra de la nouvelle chaux dans le bassin supérieur A, & lorsqu'elle sera servir d'eau ordinaire, on prendra celle que l'on avoit versée dans les tonneaux, & on fera couler à l'ordinaire la chaux dans l'autre bassin B. Cette préparation la rend sans doute beaucoup meilleure, puisqu'elle contient alors deux fois plus de sel qu'auparavant. S'il s'agissoit d'un ouvrage de quelqu'importance fait dans l'eau, on pourroit la rendre encore meilleure, en recommençant l'opération une seconde fois, & une troisième s'il étoit nécessaire. Mais la chaux qui resteroit dans le bassin B cette seconde & cette troisième fois, ne seroit pas si dépourvue de sels, qu'elle ne pût encore servir dans les fondations, dans le massif des gros murs, ou à quelqu'autre ouvrage de peu d'importance. A la vérité il en coûtera pour cela beaucoup plus de tems & de peine; mais il ne doit point être question d'économie lorsqu'il s'agit de certains ouvrages qui ont besoin d'être faits avec beaucoup de précaution. Ainsi, comme dit M. Belidor, faut-il que parce que l'on est dans un pays où les matériaux sont mauvais, on ne puisse jamais faire de bonne maçonnerie, puisque l'art peut corriger la nature par une infinité de moyens?

Il faut encore remarquer que toutes les eaux ne sont pas propres à éteindre la chaux; celles de riviere & de source sont les plus convenables: celle de puits peut cependant être d'un bon usage, mais il ne faut pas s'en servir sans l'avoir laissé séjourner pendant quelque tems à l'air, pour lui ôter sa première fraîcheur qui ne manqueroit pas sans cela de resserrer les pores de la chaux, & de lui ôter son activité. Il faut sur-tout éviter de se servir d'eau bourbeuse & croupie, étant composée d'une infinité de corps étrangers capables de diminuer beaucoup les qualités de la chaux. Quelques uns prétendent que l'eau de la mer n'est pas propre à éteindre la chaux, ou l'est très-peu, parce qu'étant salée, le mortier fait de cette chaux seroit difficile à sécher. D'autres au contraire prétendent qu'elle contribue à faire de bonne chaux, pourvû que cette derniere soit forte & grasse, parce que les sels dont elle est composée, quoique de différente nature, concourent à la coagulation du mortier; au lieu qu'étant foible, ses sels détruisent ceux de la chaux comme leur étant inférieurs.

De la chaux selon ses façons. On appelle *chaux vive* celle qui tout dans le bassin lorsqu'on la détrempe.

Chaux éteinte ou *fusée*, celle qui est détrempée, & que l'on conserve dans le bassin. On appelle encore *chaux fusée*, celle qui n'ayant point été éteinte, est restée trop long-tems exposée à l'air, & dont les sels & les esprits se sont évaporés, & qui par conséquent n'est plus d'aucun usage.

Lait de chaux, ou *laitance*, celle qui a été détrempée claire, qui ressemble à du lait, & qui sert à blanchir les murs & plafonds.

La chaux se vend à Paris, au muid contenant douze septiers, le septier deux minés, & la mine deux minots, dont chacun contient un pié cube. On la mesure encore par futailles, dont chacune contient quatre piés cubes: il en faut douze pour un muid, dont six sont mesurés combles, & les autres rases.

Du sable. Le sable, du latin *sabulum*, est une matiere qui differe des pierres & des cailloux; c'est une espèce de gravier de différente grosseur, âpre, raboteux & sonore. Il est encore diafane ou opaque, selon ses différentes qualités, les sels dont il est formé, & les différens terreins où il se trouve: il y en a de quatre especes; celui de terrein ou de cave, celui de riviere, celui de ravin, & celui de mer. Le sable de cave est ainsi appellé, parce qu'il se tire de la fouille des terres, lorsque l'on construit des fondations de bâtiment. Sa couleur est d'un brun noir. Jean Martin, dans sa traduction de Vitruve, l'appelle *sable de fosse*. Philibert de Lorme l'appelle *sable de terrein*. Perault n'a point voulu lui donner ce nom, de peur qu'on ne l'eût confondu avec *terreux*, qui est le plus mauvais dont on puisse jamais se servir. Les ouvriers l'appellent *sable de cave*, qui est l'*arena di cava* des Italiens. Ce sable est très-bon lorsqu'il a été séché quelque tems à l'air. Vitruve prétend qu'il est meilleur pour les enduits & crépis des murailles & des plafonds, lorsqu'on l'employe nouvellement tiré de la terre; car si on le garde, le soleil & la lune l'alterent, la pluie le dissout, & le convertit en terre. Il ajoute encore qu'il vaut beaucoup mieux pour la maçonnerie que pour les enduits, parce qu'il est si gras & se seche si promptement, que le mortier se gerse; c'est pourquoi, dit Palladio, on l'emploie préférablement dans les murs & les voutes continues.

Ce sable se divise en deux especes; l'une que l'on nomme *sable mâle*, & l'autre *sable femelle*. Le premier est d'une couleur foncée & égale dans son même lit; l'autre est plus pâle & inégale.

Le sable de riviere est jaune, rouge, ou blanc; & se tire du fond des rivieres ou des fleuves, avec des dragues, *fig. 119*. Bons pour cet usage; ce qu'on appelle *draguer*. Celui qui est près du rivage est plus aisé à tirer; mais n'est pas le meilleur, étant sujet à être mêlé & couvert de vase, espèce de limon qui s'attache dessus dans les tems de grandes eaux & des débordemens. Alberti & Scamozzi prétendent qu'il est très-bon lorsque l'on a ôté cette superficie, qui est de nature & croute de mauvaise terre. Ce sable est le plus estimé pour faire de bon mortier, ayant été battu par l'eau, & se trouvant par-là dégorgé de toutes les parties terrestres dont il est sale d'origine: il est facile de comprendre que plus il est graveleux, pourvû qu'il ne le soit pas trop, plus il est propre pour ses cavités & la vertu de la chaux à s'agraffer dans la pierre, ou au moilon à qui le mortier sert de liaison. Mais si au contraire, on choisit pas un sable dépouillé de toutes ses parties terreuses, qu'il soit plus doux & plus humide, il est capable de nuire & de diminuer & d'émousser les esprits de la chaux; & empêcher le mortier fait de ce sable de s'incorporer aux pierres qu'il doit unir ensemble, & rendre indissolubles.

Le sable de riviere est un gravier, qui selon Scamozzi & Alberti, n'a que le dessus de bon, le dessous étant des petits cailloux trop gros pour pouvoir s'incorporer avec la chaux & faire une bonne liaison. Cependant il faut pas que de s'en servir dans la construction des fondemens, gros murs, &c après avoir été passé à la claye. (*m*)

Le sable de mer, est une espece de sablon fin, que l'on prend sur les bords de la mer & aux environs.

(*m*) Une *claie* est une espece de grille d'osier, qui sert à tamiser le sable.

rons, qui n'est pas si bon que les autres. Ce sable joint à la chaux, dit Vitruve, est très-long à sécher: Les murs qui en sont faits ne peuvent pas soutenir un grand poids, à moins qu'on ne les bâtisse à différente reprise. Il ne peut encore servir pour les enduits & crépis, parce qu'il suinte toujours par le sel qui se dissout, & qui fait tout fondre. Alberti prétend qu'au pays de Salerne, le sable du rivage de la mer est aussi bon que celui de cave, pourvu qu'il ne soit point pris du côté du midi. On trouve encore, dit M. Bélidor, une espece de sablon excellent dans les marais, qui se connoît lorsqu'en marchant dessus, on s'apperçoit qu'il en sort de l'eau; ce qui lui a fait donner le nom de *sable bouillant.*

En général, le meilleur sable est celui qui est net, & point terreux ; ce qui se connoît de plusieurs manieres. La premiere, lorsqu'en le frottant dans les mains, on sent une rudesse qui fait du bruit, & qu'il n'en reste aucune partie terreuse dans les doigts. La seconde lorsqu'après en avoir jetté un peu dans un vase plein d'eau claire & l'avoir brouillé; si l'eau en est peu troublée, c'est une marque de sa bonté. On le connoît encore, lorsqu'après en avoir étendu sur de l'étoffe blanche, ou sur du linge, on s'apperçoit qu'après l'avoir secoué, il ne reste aucune partie terreuse attachée dessus.

Du ciment. Le ciment n'est autre chose, dit Vitruve, que de la brique ou de la tuile concassée ; mais cette derniere est plus dure & préférable. A son défaut, on se sert de la premiere, qui étant moins cuite, plus tendre & plus terreuse, est beaucoup moins capable de résister au fardeau.

Le ciment ayant retenu après sa cuisson la causticité des sels de la glaise, dont il tire son origine, est bien plus propre à faire de bon mortier, que le sable. Sa dureté le rend aussi capable de résister aux plus grands fardeaux, ayant reçu différentes formes par sa pulvérisation. La multiplicité de ses angles fait qu'il peut mieux s'encastrer dans les inégalités des pierres qu'il doit lier, étant joint avec la chaux dont il soutient l'action par ses sels, & qui l'ayant environné, lui communique les siens; de façon que les uns & les autres s'animant par leur onctuosité mutuelle, s'insinuent dans les pores de la pierre, & s'y incorporent si intimement, qu'ils cooperent de concert à recueillir, & à exciter les sels des différens minéraux auxquels ils sont joints : de maniere qu'un mortier fait de l'un & de l'autre est capable, même dans l'eau, de rendre la construction immuable.

De la pozzolane, & des différentes poudres qui servent aux mêmes usages. La pozzolane, qui tire son nom de la ville de Pouzzole, en Italie, si fameuse par ses grottes & ses eaux minérales, se trouve dans le territoire de cette ville, au pays de Baye, & aux environs du Mont-Vésuve ; c'est une espece de poudre rougeâtre, admirable par sa vertu. Lorsqu'on la mêle avec la chaux, elle joint si fortement les pierres ensemble, fait corps, & s'endurcit tellement au fond même de la mer, qu'il est impossible de les désunir. Ceux qui en ont cherché la raison, dit Vitruve, ont remarqué que dans ces montagnes & dans tous ces environs; il s'y trouve une quantité de fontaines bouillantes, qu'on a cru ne pouvoir venir que d'un feu souterrain, de soufre, de bitume & d'alun, & que la vapeur de ce feu traversant les veines de la terre, la rend non-seulement plus légere, mais encore lui donne une aridité capable d'attirer l'humidité. C'est pourquoi, lorsque l'on joint par le moyen de l'eau, ces trois choses qui sont engendrées par le feu, elles s'endurcissent si promptement & font un corps si ferme, que rien ne peut le rompre, ni dissoudre.

La comparaison qu'en donne M. Bélidor, est que la tuile étant une composition de terre, qui n'a de vertu pour agir avec la chaux, qu'après sa cuisson & après avoir été concassée & réduite en poudre ; de même aussi la terre bitumineuse qui se trouve aux environs de Naples, étant brûlée par les feux souterrains, les petites parties qui en résultent & que l'on peut considérer comme une cendre, composent la poudre de pozzolane, qui doit par conséquent participer des propriétés du ciment. D'ailleurs la nature du terrein & les effets du feu peuvent y avoir aussi beaucoup de part.

Vitruve remarque que dans la Toscane & sur le territoire du Mont-Appenin, il n'y a presque point de sable de cave; qu'en Achaïe vers la mer Adriatique, il ne s'en trouve point du tout ; & qu'en Asie au-delà de la mer, on n'en a jamais entendu parler. De sorte que dans les lieux où il y a de ces fontaines bouillantes, il est très-rare qu'il ne s'y fasse de cette poudre, d'une maniere ou d'une autre ; car dans les endroits où il n'y a que des montagnes & des rochers, le feu ne laisse pas que de les pénétrer, d'en consumer le plus tendre, & de n'y laisser que l'âpreté. C'est pour cette raison, que la terre brûlée aux environs de Naples, se change en cette poudre. Celle de Toscane se change en une autre à-peu-près semblable, que Vitruve appelle *carbunculus*; & l'une & l'autre sont excellentes pour la maçonnerie ; mais la premiere est préférée pour les ouvrages qui se font dans l'eau, & l'autre plus tendre que le tuf, & plus dure que le sable ordinaire, est réservée pour les édifices hors de l'eau.

On voit aux environs de Cologne, & près du bas-Rhin, en Allemagne, une espece de poudre grise, que l'on nomme *terrasse de Hollande*, faite d'une terre qui se cuit comme le plâtre, que l'on écrase & que l'on réduit en poudre avec des meules de moulin. Il est assez rare qu'elle soit pure & point falsifiée ; mais quand on en peut avoir, elle est excellente pour les ouvrages qui font dans l'eau ; résiste également à l'humidité, à la sécheresse, & à toutes les rigueurs des différentes saisons : elle unit si fortement les pierres ensemble, qu'on l'employe en France & aux Pays-bas, pour la construction des édifices aquatiques, au défaut de pozzolane, par la difficulté que l'on a d'en avoir à juste prix.

On se sert encore dans le même pays au lieu de terrasse de Hollande, d'une poudre nommée *cendrée de Tournay*, que l'on trouve aux environs de cette ville. Cette poudre n'est autre chose qu'un composé de petites parcelles d'une pierre bleue, & très-dure, qui tombe lorsqu'on la fait cuire, & qui fait d'excellente chaux. Ces petites parcelles s'entombant sous la grille du fourneau, se mêlent avec la cendre du charbon de terre, & ce mélange compose la cendrée de Tournay, que les marchands débitent telle qu'elle sort du fourneau.

On fait assez souvent usage d'une poudre artificielle, que l'on nomme *ciment de fontainier* ou *ciment perpétuel*, composé de pots & de vases de grais cassés & pilés, de morceaux de machefer provenant du charbon de terre brûlé dans les forges, aussi réduit en poudre, mêlé d'une pareille quantité de ciment, de pierre de meule de moulin & de chaux, dont on compose un mortier excellent, qui résiste parfaitement dans l'eau.

On amasse encore quelquefois des cailloux ou gallets, que l'on trouve dans les campagnes ou sur le bord des rivieres, que l'on fait rougir, & que l'on réduit ensuite en poudre ; ce qui fait une espece de terrasse de Hollande, très-bonne pour la construction.

Du mortier. Le mortier, du latin *mortarium*, qui, selon Vitruve, signifie plutôt le bassin où on le fait, que le mortier même, est l'union de la chaux avec le sable, le ciment ou autres poudres; c'est de cet alliage que dépend toute la bonté de la construction. Il ne suffit pas de faire de bonne chaux, de la bien éteindre, & de la mêler avec de bon sable, il faut encore proportionner la quantité de l'un & de l'autre à leurs qualités, les bien broyer ensemble, lorsqu'on est sur le point de les employer; & s'il se peut n'y point mettre de nouvelle eau, parce qu'elle surcharge & amortit les esprits de la chaux. Perault, dans ses commentaires sur Vitruve, croit que plus la chaux a été corroyée avec le rabot, plus elle devient dure.

La principale qualité du mortier étant de lier les pierres les unes avec les autres, & de se durcir quelque tems après pour ne plus faire qu'un corps solide; cette propriété venant plutôt de la chaux que des autres matériaux, il sera bon de savoir pourquoi la pierre, qui dans le four a perdu sa dureté, la reprend étant mêlée avec l'eau & le sable.

Le sentiment des Chimistes étant que la dureté des corps vient des sels qui y sont répandus, & qui servent à lier leurs parties; de sorte que selon eux, la destruction des corps les plus durs, qui se fait à la longueur des tems, vient de la perte continuelle de leurs sels, qui s'évaporent par la transpiration, & que s'il arrive que l'on rende à un corps les sels qu'il a perdus, il reprend son ancienne dureté par la jonction de ses parties:

Lorsque le feu échauffe & brûle la pierre, il emporte avec lui la plus grande partie de ses sels volatils & sulfurés qui lioient toutes ses parties; ce qui la rend poreuse & plus légere. Cette chaux cuite & bien éteinte, étant mêlée avec le sable, il se fait dans ce mélange une fermentation causée par les parties salines & sulfurées qui restent encore dans la chaux, & qui faisant sortir du sable une grande quantité de sels volatils, se mêlent avec la chaux, & en remplissent les pores; & c'est la plus ou moins grande quantité des sels qui se rencontrent dans de certains sables, qui fait la différence de leurs qualités. De-là vient que la chaux & le sable sont broyés ensemble, plus le mortier s'endurcit quand il est employé, parce que les frottemens réitérés font sortir du sable une plus grande quantité de sels. C'est pour cela que le mortier employé aussitôt, n'est pas si bon qu'au bout de quelques jours, parce qu'il faut donner le tems aux sels volatils du sable de passer dans la chaux, afin de faire une union indissoluble; l'expérience fait encore voir que le mortier qui a demeuré longtems sans être employé, & par conséquent dont les sels se sont évaporés, se desseche, ne fait plus bonne liaison, & n'est plus qu'une matiere seche & sans onctuosité; ce qui n'arrive pas étant employé à propos, parce qu'il peut faire sortir de la pierre d'autres sels, qui passent dans les pores de la chaux, lorsqu'elle-même s'insinue dans ceux de la pierre; car quoiqu'il semble qu'il n'y ait plus de fermentation dans le mortier lorsqu'on l'emploie, elle ne laisse pas cependant de subsister encore fort longtems après son emploi, par l'expérience que l'on a d'en voir qui acquierent de plus en plus de la dureté par les sels volatils qui passent de la pierre dans le mortier, & par la transpiration que sa chaleur y entretient; ce que l'on remarque tous les jours dans la démolition des anciens édifices, où l'on a quelquefois moins de peine à rompre les pierres qu'à les désunir, sur-tout lorsque ce sont des pierres spongieuses, dans lesquels le mortier s'est mieux insinué.

Plusieurs pensent que la chaux a la vertu de brûler certains corps, puisqu'elle les détruit. Il faut se garder de croire que ce soit par sa chaleur; cela vient plutôt de l'évaporation des sels qui lioient leurs parties ensemble, occasionnée par la chaux, & qui sont

passés en elle, & qui n'étant plus entretenus se détruisent, & causent aussi une destruction dans ces corps.

La dose du sable avec la chaux est ordinairement de moitié; mais lorsque le mortier est bon, on y peut mettre trois cinquiemes de sable sur deux de chaux; & quelquefois deux tiers de sable sur un de chaux, selon qu'elle foisonne plus ou moins; car lorsqu'elle est bien grasse & faite de bons cailloux, on y peut mettre jusqu'à trois quarts de sable sur un de chaux; mais cela est extraordinaire, car il est fort rare de trouver de la chaux qui puisse porter tant de sable. Vitruve prétend que le meilleur mortier est celui où il y a trois parties de sable de cave, ou deux de sable de riviere ou de mer, contre une de chaux; qui, ajoute-t-il, sera encore meilleur, si à ce dernier on ajoute une partie de tuileau pilé, qui n'est autre chose que du ciment.

Le mortier fait de chaux & de ciment se fait de la même maniere que le dernier; les doses sont les mêmes plus ou moins, selon que la chaux foisonne. On fait quelquefois aussi un mortier composé de ciment & de sable, à l'usage des bâtimens de quelque importance.

Le mortier fait avec de la pozzolane se fait aussi à-peu-près comme celui de sable. Il est, comme nous l'avons dit ci-devant, excellent pour les édifices aquatiques.

Le mortier fait de chaux & de terrasse de Hollande se fait en choisissant d'abord de la meilleure chaux non éteinte, & autant que l'on peut en employer pendant une semaine; on en étend un pié d'épaisseur dans une espece de bassin, que l'on arrose pour l'éteindre; ensuite on le couvre d'un autre lit de terrasse de Hollande, aussi d'environ un pié d'épaisseur; cette préparation faite, on la laisse reposer pendant deux ou trois jours, afin de donner à la chaux le tems de s'éteindre, après quoi on la brouille & on la mêle bien ensemble avec des houes (*fig. 118.*), & des rabots (*fig. 117.*), & on en fait un tas qu'on laisse reposer pendant deux jours, après quoi on en remue de nouveau ce que l'on veut en employer dans l'espace d'un jour ou deux, la mouillant de tems en tems jusqu'à ce qu'on s'apperçoive que le mortier ne perd point de sa qualité.

En plusieurs provinces le mortier ordinaire se prépare ainsi, cette maniere ne pouvant que contribuer beaucoup à sa bonté.

Comme l'expérience fait voir que la pierre dure fait toujours de bonne chaux, & qu'un mortier de cette chaux mêlé avec de la poudre provenant du charbon ou mache-fer que l'on tire des forges, est une excellente liaison pour les ouvrages qui sont dans l'eau; il n'est pas étonnant que la cendrée de Tournay soit aussi excellente pour cet usage, participant en même tems de la qualité de ces deux matieres; car il n'est pas douteux que les parties de charbon qui se trouvent mêlées avec la cendrée, ne contribuent beaucoup à l'endurcir dans l'eau.

Pour faire de bon mortier avec la cendrée de Tournay, il faut d'abord bien nettoyer le fond d'un bassin *B fig. 31*, qu'on appelle *batterie*; qui doit être pavé de pierres plates & unies, & construit de la même maniere dans sa circonférence, dans lequel on jettera cette cendrée. On éteindra ensuite dans un autre bassin *A*, à côté de la chaux, avec une quantité d'eau suffisante pour la bien dissoudre, après quoi on la laissera couler dans le bassin *B*, où est la cendrée, à travers une claie *C*, faite de fil d'archal; tout ce qui ne pourra passer au travers de cette claie sera rebuté. Enfin on battra le tout ensemble dans cette batterie pendant dix à douze jours consécutifs, & à différente reprise, avec une damoiselle, *fig. 147*, espece de cylindre de bois ferré par-dessous, du poids d'environ trente livres, jusqu'à ce qu'elle fasse une pâte bien grasse & bien fine. Ainsi faite, on peut l'employer sur le champ, ou la conserver pendant plusieurs mois de suite sans qu'elle perde de sa qualité, pourvû que l'on ait soin de la couvrir & de la mettre à l'abri de la poussiere, du soleil & de la pluie.

Il faut encore prendre garde quand on la rebat pour s'en servir de ne mettre que très-peu d'eau, & même point du tout s'il se peut, car à force de bras, elle devient assez grasse & assez liquide ; c'est pourquoi ce sera plutôt la paresse des ouvriers, & non la nécessité, qui les obligera d'en remettre pour la rebattre ; ce qui pourroit très-bien, si l'on n'y prenoit garde, la dégraisser, & diminuer beaucoup de sa bonté.

Ce mortier doit être employé depuis le mois d'Avril jusqu'au mois de Juillet, parce qu'alors il n'éclate jamais, ce qui est une de ses propriétés remarquables, la plûpart des cimens étant sujets à se gerser.

Il arrive quelquefois qu'on le mêle avec un sixieme de tuileau pilé ; M. Belidor souhaiteroit qu'on la mélât plutôt avec de la terrasse de Hollande ; ce qui seroit, dit-il, un ciment le plus excellent qu'il fût possible d'imaginer, pour la construction des ouvrages aquatiques.

Dans les provinces où la bonne chaux est rare, on en emploie quelquefois de deux especes en même tems ; l'une faite de bonne pierre dure, qui est sans contredit la meilleure, & qu'on appelle *bon mortier*, sert aux ouvrages de conséquence ; & l'autre faite de pierre commune, qui n'a pas une bonne qualité, & qu'on appelle pour cela *mortier blanc*, s'emploie dans les fondations & dans les gros ouvrages. On se sert encore d'un mortier qu'on appelle *bâtard*, & qui est fait de bonne & mauvaise chaux, qu'on emploie aussi dans les gros murs, & qu'on se garde bien d'employer dans les édifices aquatiques.

Quelques-uns prétendent que l'urine dans laquelle on a détrempé de la suie de cheminée, mêlée avec l'eau dont on se sert pour corroyer le mortier, le fait prendre promptement ; mais ce qu'il y a de vrai, c'est que le sel armoniac dissout dans l'eau de riviere, qui sert à corroyer le mortier, le fait prendre aussi promptement que le plâtre ; ce qui peut être d'un bon usage dans les pays où il est très-rare ; mais si au lieu de sable on pulvérisoit de la même pierre avec laquelle on a fait la chaux, & qu'on s'en servît au lieu de plâtre, ce mortier seroit sans doute beaucoup meilleur.

Le mortier, dit Vitruve, ne sauroit se lier avec lui-même, ni faire une bonne liaison avec les pierres, s'il ne reste longtems humide ; car lorsqu'il est trop tôt sec, l'air qui s'y introduit dissipe les esprits volatils du sable & de la pierre à mesure que la chaux les attire à elle, & les empêche d'y pénétrer pour lui donner la dureté nécessaire ; ce qui n'arrive point lorsque le mortier est longtems humide ; ces sels ayant alors le tems de pénétrer dans la chaux. C'est pourquoi dans les ouvrages qui sont dans la terre, on met moins de chaux dans le mortier, parce que la terre étant naturellement humide, il n'a pas tant besoin de chaux pour conserver son humidité ; ainsi une plus grande quantité de chaux ne fait pas plus d'effet pendant peu de tems, qu'une moindre pendant un long tems. C'est par cette raison là que les anciens faisoient leurs murs d'une très-grande épaisseur, persuadés qu'ils étoient qu'il leur falloit à la vérité beaucoup de tems pour sécher, mais aussi qu'ils en devenoient beaucoup plus solides.

Des excavations des terres, & de leurs transports.
On entend par excavation, non-seulement la fouille des terres pour la construction des murs de fondation, mais encore celles qu'il est nécessaire de faire pour dresser & applanir des terrains de cours, avant-cours, basse-cours, terrasses, &c. ainsi que les jardins de ville ou de campagne ; car il n'est guere possible qu'un terrein que l'on choisit pour bâtir, n'ait des inégalités qu'il ne faille redresser pour en rendre l'usage plus agréable & plus commode.

Il y a deux manieres de dresser le terrain, l'une qu'on appelle de niveau, & l'autre selon sa pente naturelle ; dans la premiere on fait usage d'un instrument appellé *niveau d'eau*, qui facilite le moyen de dresser la surface dans toute son étendue avec beaucoup de précision ; dans la seconde on n'a besoin que de raser les butes, & remplir les cavités avec les terres qui en proviennent. Il se trouve une infinité d'auteurs qui ont traité de cette partie de la Géométrie pratique assez amplement, pour qu'il ne soit pas besoin d'entrer dans un trop long détail.

L'excavation des terres, & leur transport, étant des objets très-considérables dans la construction, on peut dire avec vérité que rien ne demande plus d'attention ; si on n'a pas une grande expérience à ce sujet, bien loin de veiller à l'économie, on multiplie la dépense sans s'en appercevoir ; ici parce qu'on est obligé de rapporter des terres par de longs circuits, pour n'en avoir pas assez amassé avant que d'élever des murs de *maçonnerie* ou de terrasse ; là, parce qu'il s'en trouve une trop grande quantité, qu'on est obligé de transporter ailleurs, quelquefois même auprès de l'endroit d'où on les avoit tirés : de maniere que ces terres au-lieu de n'avoir été remuées qu'une fois, le sont deux, trois, & quelquefois plus, ce qui augmente beaucoup la dépense ; & il arrive souvent que si on n'a pas bien pris ses précautions, lorsque les fouilles & les fondations sont faites, on a dépensé la somme que l'on s'étoit proposée pour l'ouvrage entier.

La qualité du terrein que l'on fouille, l'éloignement du transport des terres, la vigilance des inspecteurs & des ouvriers qui y sont employés, la connoissance du prix de leurs journées, la provision suffisante d'outils qu'ils ont besoin, leur entretien, les relais, le loyer de la force, ou la diligence des hommes aux ouvrages plus ou moins pénibles, & la saison où l'on fait ces sortes d'ouvrages, sont autant de considérations qui exigent une intelligence consommée, pour remédier à toutes les difficultés qui peuvent se rencontrer dans l'exécution. C'est-là ordinairement ce qui fait la science & le bon ordre de cette partie, ce qui détermine la dépense d'un bâtiment, & le tems qu'il faut pour l'élever. Par la négligence de ces différentes observations & le desir d'aller plus vite, il résulte souvent plusieurs inconvéniens. On commence d'abord par fouiller une partie du terrein, sur laquelle on construit ; alors l'attelier se trouve surchargé d'équipages & d'ouvriers de différente espece, qui exigent chacun un ordre particulier. D'ailleurs ces ouvriers, quelquefois en grand nombre, appartenant à plusieurs entrepreneurs, dont les intérêts sont différens, se nuisent les uns aux autres, & par conséquent aussi à l'accélération des ouvrages. Un autre inconvénient est, que les fouilles & les fondations étant faites en des tems & des saisons différentes, il arrive que toutes les parties d'un bâtiment où l'on a préféré la diligence à la solidité ayant été bâtis à diverses reprises, s'affaissent inégalement, & engendrent des surplombs, lézardes (*n*), &c.

Le moyen d'user d'économie à l'égard du transport des terres, est non-seulement de les transporter le moins qu'il est possible, mais encore d'user des charrois les plus convenables ; ce qui doit en décider, est la rareté des hommes, des bêtes de somme ou de voitures, le prix des fourages, la situation des lieux, & d'autres circonstances encore

(*n*) Especes de crevasses.

que l'on ne sauroit prévoir; car lorsqu'il y a trop loin, les hottes, *fig.* 134. brouettes, *fig.* 135. bauveaux, *fig.* 136. ne peuvent servir. Lorique l'on bâtit sur une demi-côte, les tombereaux ne peuvent être mis en usage, à moins que lorsqu'il s'agit d'un bâtiment de quelque importance, on ne pratique des chemins en zigzague pour adoucir les pentes.

Cependant la meilleure maniere, lorsqu'il y a loin, est de se servir de tombereaux qui contiennent environ dix à douze piés cubes de terre chacun, ce qui coûte beaucoup moins, & est beaucoup plus prompt que si l'on employoit dix ou douze hommes avec des hottes ou brouettes, qui ne contiennent guère chacune qu'un pié cube.

Il faut observer de payer les ouvriers préférablement à la toise, tant pour éviter les détails embarrassans que parce qu'ils vont beaucoup plus vite, les ouvrages traînent moins en longueur, & les souilles peuvent se trouver faites de maniere à pouvoir élever des fondemens hors de terre avant l'hiver.

Lorsque l'on aura beaucoup de terre à remuer, il faudra obliger les entrepreneurs à laisser des témoins (o) sur le tas jusqu'à la fin des travaux, afin qu'ils puissent servir à toiser les surcharges & vuidanges des terres que l'on aura été obligé d'apporter ou d'enlever, selon les circonstances.

Les fouilles pour les fondations des bâtimens se font de deux manieres : l'une dans toute leur étendue, c'est-à-dire dans l'intérieur de leurs murs de face; lorsqu'on a dessein de faire des caves souterreines aquéducs, &c. on fait enlever généralement toutes les terres jusqu'au bon terrein : l'autre seulement par partie, lorsque n'ayant besoin ni de l'un ni de l'autre, on fait seulement les tranchées, que l'épaisseur des murs qu'il s'agit de fonder, que l'on trace au cordeau sur le terrein, & que l'on marque avec des repaires.

Des différentes especes de terreins. Quoique la diversité des terreins soit très-grande, on peut néanmoins la réduire à trois especes principales; la premiere est celle de tuf ou de roc, que l'on connoît difficilement par la dureté, & pour lesquels on est obligé d'employer le pic, *fig.* 128. l'aiguille, *fig.* 116. le coin, *fig.* 78. la malie, *fig.* 79. & quelquefois la mine : c'est une pierre dont il faut prendre garde à la qualité. Lorsqu'on emploie la mine pour la tirer, on se sert d'abord d'une aiguille, *fig* 116. qu'on appelle ordinairement *trépan*, bien acéré par un bout, & de six à sept piés de longueur, manoeuvré par deux hommes, avec lequel on fait un trou de quatre ou cinq piés de profondeur, capable de contenir une certaine quantité de poudre. Cette mine chargée on bouche le trou d'un tampon chassé à force, pour faire faire plus d'effet à la poudre; on y met ensuite le feu par le moyen d'un morceau d'amadou, afin de donner le tems aux ouvriers de s'éloigner; la mine ayant ébranlé & écarté les pierres, on en fait le déblai, & on recommence l'opération toutes les fois qu'il est nécessaire.

La seconde est celle de rocaille, ou de sable, pour lesquels on n'a besoin que du pic, *fig.* 128. & de la pioche, *fig.* 130. l'une, dit M. Bélidor, n'est autre chose qu'une pierre morte mêlée de terre, qu'il est beaucoup plus difficile de fouiller que les autres; aussi le prix en est-il à peu près du double. L'autre se divise en deux especes; l'une qu'on appelle *sable ferme*, sur lequel on peut fonder solidement; l'autre *sable mouvant*, sur lequel on ne peut fonder qu'en prenant des précautions contre les accidens qui pourroient arriver. On les distingue or-

(o) Des *témoins* sont des mottes de terre de la hauteur du terrein, qu'on laisse de distance à autre, pour pouvoir toiser après le déblais ou remblaie.

dinairement par la terre que l'on retire d'une sonde de fer, *fig.* 155. dont le bout est fait en tariere, & avec laquelle on a percé le terrein. Si la sonde résiste & a de la peine à entrer, c'est une marque que le sable est dur; si au contraire elle entre facilement, c'est une marque que le sable est mouvant. Il ne faut pas confondre ce dernier avec le sable bouillant, appellé ainsi parce qu'il est fort de l'eau lorsque l'on marche dessus, puisqu'il arrive sovent que l'on peut fonder dessus très-solidement, comme on le verra dans la suite.

La troisieme est de terres franches, qui se divise en deux especes; les unes que l'on appelle *terres hors d'eau*, se tirent & se transportent sans difficultés ; les autres qu'on appelle *terres dans l'eau*, coûtent souvent beaucoup, par les peines que l'on a de détourner les sources, ou par les épuisemens que l'on est obligé de faire. Il y en a de quatre sortes, la terre ordinaire, la terre grasse, la terre glaise, & la terre de tourbe. La premiere se trouve dans tous les lieux secs & élevés ; la seconde que l'on tire des lieux bas & profonds, est le plus souvent composée de vase & de limon, qui n'ont aucune solidité; la troisieme qui se tire indifféremment des lieux bas & élevés, peut recevoir des fondemens solides, surtout lorsqu'elle est ferme, que son banc a beaucoup d'épaisseur, & qu'elle est par-tout d'une égale consistance ; la quatrieme est une terre grasse, noire, & bitumineuse, qui se tire des lieux aquatiques & marécageux, & qui étant séché se consume au feu. On ne peut fonder solidement sur un pareil terrein, sans le secours de l'art & sans des précautions que l'on connoîtra par la suite. Une chose très-essentielle, lorsque l'on voudra connoître parfaitement un terrein, est de consulter les gens du pays: l'usage & le travail continuel qu'ils ont fait depuis long-tems dans les mêmes endroits, leur ont fait faire des remarques & des observations dont il est bon de prendre connoissance.

La solidité d'un terrein, dit Vitruve, se connoît par les environs, soit par les herbes qui en naissent, soit par des puits, citernes, ou par des trous de sonde.

Une autre preuve encore de sa solidité, est lorsque laissant tomber de fort haut un corps très-pesant, on s'apperçoit qu'il ne raisonne ni ne tremble, ce que l'on peut juger par un tambour placé près de l'endroit où doit tomber ce corps, ou un vase plein d'eau dont le calme n'en est pas troublé.

Mais avant de entrer dans des détails circonstanciés sur la maniere de fonder dans les différens terreins, nous dirons quelque chose de la maniere de planter les bâtimens.

De la maniere de planter les bâtimens. L'expérience & la connoissance de la géométrie sont des choses également nécessaires pour cet objet ; c'est par le moyen de cette derniere que l'on peut tracer sur le terrein les tranchées des fondations d'un bâtiment, qu'on aura soin de rapporter aux principaux points de vûe qui en embelliront l'aspect : cette observation est si essentielle, qu'il y a des occasions où il seroit mieux de préférer les alignemens directs des principales issues, à l'obliquité de la situation du bâtiment.

Il faut observer de donner aux traits, les cotter bien exactement, marquer l'ouverture des angles, supprimer les saillies au-dessus des fondations, exprimer les empattements nécessaires pour le retour des corps saillans ou rentrans, intérieurs ou extérieurs, & prendre garde que les mesures particulieres s'accordent avec les mesures générales.

Alors pour faciliter les opérations sur le terrein, on place à quelque distance des murs de face, des pieces de bois bien équarries, que l'on enfonce affez avant dans la terre, & qui fervent à recevoir des cordeaux bien tendus, pour marquer l'épaiffeur des murs, & la hauteur des affifes. On aura foin de les entretenir par des efpeces d'entretoifes, non-feulement pour les rendre plus fermes, mais afin qu'ils puiffent auffi entretenir les cordeaux à demeure tels qu'on les a placés, felon les cotes du plan.

Il ne fera pas inutile encore, lorfque les fondations feront hors de terre, de recommencer les opérations d'alignement, afin que les dernieres puiffent fervir de preuves aux premieres, & par-là s'affurer de ne s'être pas trompé.

Des fondemens en général. Les fondemens exigent beaucoup d'attention pour parvenir à leur donner une folidité convenable. C'eft ordinairement de-là que dépend tout le fuccès de la conftruction : car, dit Palladio, les fondemens étant la bafe & le pié du bâtiment, s'ils font difficiles à réparer ; & lorfqu'ils fe détruifent, le refte du mur ne peut plus fubfifter. Avant que de fonder, il faut confidérer fi le terrein eft folide : s'il ne l'eft pas, il faudra peutêtre fouiller un peu dans le fable ou dans la glaife, & fuppléer enfuite au défaut de la nature par le fecours de l'art. Mais, dit Vitruve, il faut fouiller autant qu'il eft néceffaire jufqu'au bon terrein, afin de foutenir la pefanteur des murs, bâtir enfuite le plus folidement qu'il fera poffible, & avec la pierre la plus dure ; mais avec plus de largeur qu'au rez-de-chauffée. Si ces murs ont des voutes fous terre, il leur faudra donner encore plus d'épaiffeur.

Il faut avoir foin, dit encore Palladio, que le plan de la tranchée foit de niveau, que le milieu du mur foit au milieu de la fondation, & bien perpendiculaire ; & obferver cette méthode jufqu'au faîte du bâtiment ; lorfqu'il y a des caves ou fouterrains, qu'il n'y ait aucune partie de mur ou colonne qui porte à-faux ; que le plein porte toûjours fur le plein, & jamais fur le vuide ; & cela afin que le bâtiment puiffe taffer bien également. Cependant, dit-il, fi on vouloit les faire à plomb, ce ne pourroit être que d'un côté, & dans l'intérieur du bâtiment, étant entretenues par les murs de refend & par les planchers.

L'empâtement d'un mur que Vitruve appelle *fterèobatté*, doit, felon lui, avoir la moitié de fon épaiffeur. Palladio donne aux murs de fondation le double de leur épaiffeur fupérieure ; & lorfqu'il n'y a point de cave, la fixieme partie de leur hauteur : Scamozzi leur donne le quart au plus, & le fixieme au moins ; quoiqu'aux fondations des tours, il leur ait donné trois fois l'épaiffeur des murs fupérieurs. Philibert de Lorme, qui femble être fondé fur le fentiment de Vitruve, leur donne auffi la moitié ; les Manfards aux Invalides & à Maifons, leur ont donné la moitié ; Bruant à l'hôtel de Belle-Ifle, leur a donné les deux tiers. En général, l'épaiffeur des fondemens doit fe regler, comme dit Palladio, fur leur profondeur, la hauteur des murs, la qualité du terrein, & celle des matériaux que l'on y employe ; c'eft pourquoi n'étant pas poffible d'en régler un jufte épaiffeur, c'eft, ajoute cet auteur, à un habile architecte qu'il convient d'en juger.

"Lorfque l'on veut, dit-il ailleurs, ménager la dépenfe des excavations & des fondemens, on pratique des piles *M, fig. 32. & 33.* que l'on pofe fur le bon fond *B*, & fur lefquelles on bande des arcs *C* ; il faut faire attention alors de faire celles des extrémités plus fortes que celles du milieu, parce que tous ces arcs *C*, appuyés les uns contre les autres, tendent à pouffer les plus éloignés ; & c'eft ce que Philibert de Lorme a pratiqué au château de Saint-Maur, lorfqu'en fouillant pour pofer les fondations de ce château, il trouva des terres rapportées de plus de quarante piés de profondeur. Il fe contenta alors de faire des fouilles d'un diametre convenable à l'épaiffeur des murs, & fit élever fur le bon terrein des piles éloignées les unes des autres d'environ douze piés, fur lefquelles il fit bander des arcs en plein ceintre, & enfuite bâtir deffus comme à l'ordinaire.

Léon Baptifte Alberti, Scamozzi, & plufieurs autres, propofent de fonder de cette maniere dans les édifices où il y a beaucoup de colonnes, afin d'éviter la dépenfe des fondemens & des fouilles au-deffous des entrecolonnemens ; mais ils confeillent en même tems de renverfer les arcs *C, fig. 33.* de maniere que leurs extrados foient pofées fur le terrein, ou fur d'autres arcs bandés en fens contraire, parce que, difent-ils, le terrein où l'on fonde pouvant fe trouver d'inégale confiftance, il eft à craindre que dans la fuite quelque pile venant à s'affaiffer, ne caufât une rupture confidérable aux arcades, & par conféquent aux murs élevés deffus. Ainfi par ce moyen, fi une des piles devient moins affurée que les autres, elle fe trouve alors arcboutée par des arcades voifines, qui ne peuvent céder étant appuyées fur les terres qui font deffous.

Il faut encore obferver, dit Palladio, de donner de l'air aux fondations des bâtimens par des ouvertures qui fe communiquent, d'en fortifier tous les angles, d'éviter de placer trop près d'eux des portes & des croifées, étant autant de vuides qui en diminuent la folidité.

Il arrive fouvent, dit M. Belidor, que lorfque l'on vient à fonder, on rencontre des fources qui nuifent fouvent beaucoup aux travaux. Quelques-uns prétendent les éteindre en jettant deffus de la chaux vive mêlée de cendre ; d'autres rempliffent, difent-ils, de vif-argent les trous par où elles fortent ; afin que fon poids les oblige à prendre un autre cours. Ces expédiens étant fort douteux, il vaut beaucoup mieux prendre le parti de faire un puits au-delà de la tranchée, & d'y conduire les eaux par des rigoles de bois ou de brique couvertes de pierres plates, & les élever enfuite avec des machines : par ce moyen on pourra travailler à fec. Néanmoins pour empêcher que les fources ne nuifent dans la fuite aux fondemens, il eft bon de pratiquer dans la maçonnerie des efpeces de petits aqueducs, qui leur donnent un libre cours.

Des fondemens fur un bon terrein. Lorfque l'on veut fonder fur un terrein folide, il ne fe trouve pas alors beaucoup de difficultés à furmonter ; on commence d'abord par préparer le terrein, comme nous l'avons vû précédemment, en faifant des tranchées de la profondeur & de la largeur que l'on veut faire les fondations. On paffe enfuite deffus une affife de gros libages, ou quartier de pierres plates à bain de mortier ; quoique beaucoup de gens les pofent à fec, ne garniffant de mortier que leurs joints. Sur cette premiere affife, on en éleve d'autres en liaifon à carreau & boutiffe alternativement. Le milieu du mur fe remplit de moilon mêlé de mortier : lorfque ce moilon eft brut, on en garnit les interftices avec d'autres plus petits que l'on enfonce bien avant dans les joints, & avec lefquels on arrafe les lits. On continue de même pour les autres affifes, obfervant de conduire l'ouvrage toûjours de niveau dans toute fa longueur ; & des retraites, on talude enfin en diminuant jufqu'à l'épaiffeur du mur au rez-de-chauffée.

Quoique le bon terrein fe trouve le plus fouvent dans les lieux élevés, il arrive cependant qu'il s'en trouve d'excellens dans les lieux aquatiques & profonds, & fur lefquels on peut fonder folidement, & avec confiance ; tel que ceux de gravier, de marne, de glaife, & quelquefois même fur le fable bouillant, en s'y conduisant cependant avec beaucoup de prudence & d'adresse.

Des fondemens sur le roc. Quoique les fondemens sur le roc paroissent les plus faciles à faire par la solidité du fonds, il n'en faut pas pour cela prendre moins de précautions. C'est, dit Vitruve, de tous les fondemens les plus solides; parce qu'ils sont déja fondés par le roc même. Ceux qui se font sur le tuf & la *seareute* (*p*), ne le sont pas moins, dit Palladio, parce que ces terreins sont naturellement fondés eux-mêmes.

Avant que de commencer à fonder sur le roc *A*, *fig.* 34. & 35. il faut avec le secours de la sonde, *fig.* 155. s'assurer de sa solidité; & s'il ne se trouvoit dessous aucune cavité, qui par le peu d'épaisseur qu'elle laisseroit au roc, ne permettroit pas d'élever dessus un poids considérable de *maçonnerie*; alors il faudroit placer dans ces cavités des piliers de distances à autres, & bander des arcs pour soutenir le fardeau que l'on veut élever, & par-là éviter ce qui est arrivé en bâtissant le Val-de Grace, où lorsqu'on eut trouvé le roc, on crut y asseoir solidement les fondations; mais le poids fit fléchir le ciel d'une carriere qui anciennement avoit été fouillée dans cet endroit; de sorte que l'on fut obligé de percer ce roc, & d'établir par-dessous œuvre dans la carriere des piliers pour soutenir l'édifice.

Il est arrivé une chose à-peu-près semblable à Abbeville, lorsque l'on eut élevé les fondemens de la manufacture de Vanrobais. Ce fait est rapporté par M. Briseux, dans son traité des maisons de campagne, & par M. Blondel, dans son Architecture françoise. Ce bâtiment étant fondé dans sa totalité, il s'enfonça également d'environ six piés en terre; le fait parut surprenant, & donna occasion de chercher le sujet d'un événement si subit & si général. L'on découvrit enfin, que le même jour on avoit achevé de percer un puits aux environs, & que cette ouverture ayant donné de l'air aux sources, avoit donné lieu au bâtiment de s'affaisser. Alors on se détermina à le combler; ce que l'on ne put faire malgré la quantité de matériaux que l'on y jetta; de maniere que l'on fut obligé d'y enfoncer un pont de charpente de la largeur du puits, & qui n'étoit point percé à jour. Lorsqu'il fut descendu jusqu'au fond, on jetta dessus de nouveaux matériaux jusqu'à ce qu'il fût comblé : mais en le remplissant, on s'apperçut qu'il y en étoit entré une bien plus grande quantité qu'il ne sembloit pouvoir en contenir. Cependant lorsque cette opération fut finie, on continua le bâtiment avec succès, & il subsiste encore aujourd'hui.

Jean-Baptiste Alberti, & Philibert de Lorme, rapportent qu'ils se sont trouvés en pareil cas dans d'autres circonstances.

Lorsque l'on sera assuré de la solidité du roc *A*, *fig.* 34. & que l'on voudra bâtir dessus, il faudra pratiquer des assises *C*, par ressauts en montant, ou descendant, selon la forme du roc, leur donnant le plus d'assiette qu'il est possible. Si le roc est trop uni, & qu'il soit à craindre que le mortier ne puisse pas s'agraffer, & faire bonne liaison, il faut avoir soin d'en piquer les lits avec le têtu, *fig.* 87. ainsi que celui des pierres qu'on posera dessus; afin que cet agent entrant en plus grande quantité dans ces cavités, puisse consolider cette nouvelle construction.

Lorsque l'on y adossera de la *maçonnerie* B, *fig.* 35. on pourra réduire les murs à une moindre épaisseur, en pratiquant toûjours des arrachemens piqués dans leurs lits, pour recevoir les harpes *C* des pierres.

Lorsque la surface du roc est très-inégale, on

(*p*) La *seareute* est une espece de pierre très-suffisante pour supporter de grands bâtimens, tant dans l'eau que dehors.

peut s'éviter la peine de la tailler, en employant toutes les menues pierres qui embarrassent l'attelier, & qui avec le mortier remplissent très-bien les inégalités du roc. Cette construction étoit très-estimée des anciens, & souvent préférée dans la plûpart des bâtimens. M. Belidor en fait beaucoup de cas, & prétend que lorsqu'elle s'est une fois endurcie, elle forme une masse plus solide & plus dure que le marbre; & que par conséquent elle ne peut jamais s'affaisser, malgré les poids inégaux dont elle peut être chargée, ou les parties de terreins plus ou moins solides sur lesquels elle est posée.

Ces sortes de fondemens sont appellés *pierrées*, & se font de cette maniere.

Après avoir creusé le roc *A*, *fig.* 36. d'environ sept à huit pouces, on borde les allignemens des deux côtés *B* & *C*, de l'épaisseur des fondemens, avec des cloisons de charpente, en sorte qu'elles composent des coffres dont les bords supérieurs *B* & *C*, doivent être posés le plus horisontalement qu'il est possible; les bords inférieurs *D*, suivant les inégalités du roc. On amasse ensuite une grande quantité de menues pierres, en y mêlant si l'on veut des décombres du roc, lorsqu'ils sont de bonne qualité, que l'on corroie avec du mortier, & dont on fait plusieurs lits. Le lendemain ou le surlendemain au plus, les uns le posent immédiatement sur le roc, & en remplissent les coffres sans interruption dans toute leur étendue; tandis que les autres le battent également par-tout avec la damoiselle, *fig.* 147. à mesure que la *maçonnerie* s'éleve; mais sur-tout dans le commencement, afin que le mortier & les pierres s'insinuent plus facilement dans les sinuosités du roc. Lorsqu'elle est suffisamment seche, & qu'elle a déja une certaine solidité, on détache les cloisons pour s'en servir ailleurs. Cependant lorsque l'on est obligé de faire des ressauts en montant ou en descendant, on soutient la *maçonnerie* par les côtés avec d'autres cloisons *E*; & de cette maniere, on surmonte le roc jusqu'à environ trois ou quatre piés de hauteur, selon le besoin; ensuite on pose d'autres fondemens à assises égales, sur lesquels on éleve des murs à l'ordinaire.

Lorsque le roc est fort escarpé *A*, *fig.* 37. & que l'on veut éviter les remblais derriere les fondemens *B*, on se contente quelquefois d'établir une seule cloison sur le devant *C*, pour soutenir la *maçonnerie* *D*, & on remplit ensuite cet intervalle de pierrée comme auparavant.

La hauteur des fondemens étant établie, & arrasée convenablement dans toute l'étendue que l'on a embrassée; on continue la même chose en prolongeant; observant toujours de faire obliques les extrémités de la *maçonnerie* déja faite, jetter de l'eau dessus, & bien battre la nouvelle, afin de les mieux lier ensemble. Une pareille *maçonnerie* faite avec de bonne chaux, est, dit M. Bélidor, est la plus excellente & la plus commode que l'on puisse faire.

Lorsque l'on est dans un pays où la pierre dure est rare, on peut, ajoûte le même auteur, faire ces soubassemens des gros murs de cette maniere, avec de bonne chaux, s'il est possible, qui, à la vérité renchérit l'ouvrage par la quantité qu'il y faut; mais l'économie, dit-il encore, ne doit pas avoir lieu lorsqu'il s'agit d'un ouvrage de quelque importance. Cependant, tout bien considéré, cette *maçonnerie* coute moins qu'en pierre de taille; les paremens ne sont pas agréables à la vûe à cause de leurs inégalités; mais il est facile d'y remédier, comme nous allons le voir.

Avant de construire on fait de deux especes de mortier; l'un mêlé de gravier, & l'autre, comme nous l'avons dit, de menues pierres. Si on se trouvoit dans un pays où il y eût de ;deux especes de chaux,

chaux, la meilleure ferviroit pour celui de gravier, & l'autre pour celui des menues pierres. On commence par jetter un lit de mortier fin dans le fond du coffre, s'agraffant mieux que l'autre fur le roc; ensuite d'une quantité d'ouvriers employés à cela, les uns jettent le mortier fin de part & d'autre fur les bords intérieurs du coffre qui foutiennent les paremens; d'autres rempliffent le milieu de pierrée, tandis que d'autres encore le battent. Si cette opération est faite avec foin, le mortier fin fe liant avec celui du milieu, formera un parement uni qui, en fe durciffant, deviendra avec le tems plus dur que la pierre, & fera le même effet : on pourra même quelque tems après, fi on juge à propos, y figurer des joints.

Il est cependant beaucoup mieux, difent quelques-uns, d'employer la pierre, ou le libage, s'il est possible, fur-tout pour les murs de face, de refend ou de pignons; & faire, fi l'on veut, les rempliffages en moilon à bain de mortier, lorfque le roc eft d'inégale hauteur dans toute l'étendue du bâtiment.

On peut encore par économie, ou autrement, lorfque les fondations ont beaucoup de hauteur, pratiquer des arcades B, fig. 38, dont une retombée pofe quelquefois d'un côté fur le roc A, & de l'autre fur un piédroit ou maffif C, pofé fur un bon terrein battu & affermi, ou fur lequel on a placé des plate-formes. Mais alors il faut que ces pierres qui compofent ce maffif, foient pofées fans mortier, & que leurs furfaces ayent été frottées les unes fur les autres avec l'eau & le grais, jufqu'à ce qu'elles fe touchent dans toutes leurs parties; & cela jufqu'à la hauteur D du roc; & fi on emploie le mortier pour les joindre ensemble, il faut lui donner le tems néceffaire pour fécher; afin qu'un d'un côté ce maffif ne foit pas fujet à taffer, tandis que du côté du roc il ne taffera pas. Il ne faut pas cependant négliger de remplir de mortier les joints que forment les extrémités des pierres ensemble, & avec le roc, parce qu'ils ne font pas fujets au taffement, & que c'est la feule liaifon qui puiffe les entretenir.

Des fondemens fur la glaife. Quoique la glaife ait l'avantage de retenir les fources au-deffus & au-deffous d'elle, de forte qu'on n'en eft point incommodé pendant la bâtiffe, cependant elle eft fujette à de très-grands inconvéniens. Il faut éviter, autant qu'il est poffible, de fonder deffus, & prendre le parti de l'enlever, à moins que fon banc ne fe trouvât d'une épaiffeur fi confidérable, qu'il ne fût pas poffible de l'enlever fans beaucoup de dépenfe; & qu'il ne fe trouvât deffous un terrein encore plus mauvais, qui obligeroit d'employer des pieux d'une longueur trop confidérable pour atteindre le bon fonds; alors il faut tourmenter la glaife le moins qu'il eft poffible, raifon pour laquelle on ne peut fe fervir de pilotis ; (q) l'expérience ayant appris qu'en enfonçant un pilot, fig. 43, à une des extrémités de la fondation, où l'on fe croyoit affuré d'avoir trouvé le bon fonds, on s'appercevoit qu'en en enfonçant un autre à l'autre extrémité, le premier s'élançoit en l'air avec violence. La glaife étant très-vifqueufe, & n'ayant pas la force d'agraffer les parties du pilot, le détichoit à mefure qu'on l'enfonçoit; on prend le parti de creufer le moins qu'il eft poffible, & de niveau fur l'épaiffeur de la glaife, on y pofe enfuite un grillage de charpente A, fig. 39, d'un pié ou deux plus large que les fondemens, pour lui donner plus d'empatement, affemblé avec des longrines B, & des traverfines C, de neuf ou dix pouces de groffeur, qui fe croifent, & qui laiffent des intervalles ou cellules que l'on remplit enfuite de brique, de moilon ou de cailloux à bain de mortier, fur lequel on pofe des madriers bien attachés deffus avec

(q) *Pilotis* est un affemblage de pilots fichés près-à-près dans la terre.

des chevilles de fer à tête perdues; enfuite on éleve la *maçonnerie* à affifes égales dans toute l'étendue du bâtiment, afin que le terrain s'affaiffe également par-tout.

Lorfqu'il s'agit d'un bâtiment de peu d'importance, on fe contente quelquefois de pofer les premieres affifes fur un terrain ferme, & lié par des racines & des herbes qui en occupent la totalité, & qui fe trouvent ordinairement de trois ou quatre piés d'épaiffeur pofés fur la glaife.

Des fondemens fur le fable. Le fable fe divife en deux efpeces; l'une qu'on appelle *fable ferme*, eft fans difficulté le meilleur, & celui fur lequel on peut fonder folidement & avec facilité ; l'autre qu'on appelle *fable bouillant*, eft celui fur lequel on ne peut fonder fans prendre les précautions fuivantes.

On commence d'abord par tracer les alignemens fur le terrain, amaffer près de l'endroit où l'on veut bâtir, les matériaux néceffaires à la conftruction, & ne fouiller de terre que pour ce que l'on peut faire de *maçonnerie* pendant un jour; pofer enfuite fur le fond, le plus diligemment qu'il eft poffible, une affife de gros libages, ou de pierres plates, fur laquelle on en pofe une autre en liaifon, & à joint recouvert avec de bon mortier; fur cette derniere on en pofe une troifieme de la même maniere, & ainfi de fuite, le plus promptement que l'on peut, afin d'empêcher les fources d'inonder le travail, comme cela arrive ordinairement. Si l'on voyoit quelquefois les premieres affifes flotter & paroître ne pas prendre une bonne confiftance, il ne faudroit pas s'épouvanter, ni craindre pour la folidité de la *maçonnerie*, mais au contraire continuer fans s'inquiéter de ce qui arrivera; & quelque tems après on s'appercevra que la *maçonnerie* s'affermira comme fi elle avoit été placée fur un terrein bien folide. On peut enfuite élever les murs, fans craindre jamais que les fondemens s'affaiffent davantage. Il faut fur-tout faire attention de ne pas creufer autour de la *maçonnerie*, de peur de donner de l'air à quelques fources, & d'y attirer l'eau, qui pourroit faire beaucoup de tort aux fondemens. Cette maniere de fonder eft d'un grand ufage en Flandre, principalement pour les fortifications.

Il fe trouve à Bethune, à Arras, & en quelques autres endroits aux environs, un terrein tourbeux, qu'il eft néceffaire de connoître pour y fonder folidement. Dès que l'on creufe un peu dans ce terrein, il en fort une quantité d'eau fi prodigieufe, qu'il eft impoffible d'y fonder fans qu'il en coute beaucoup pour les épuifemens. Après avoir employé une infinité de moyens, on a enfin trouvé que le plus court & le meilleur étoit de creufer le moins qu'il eft poffible, & de pofer hardiment les fondations, employant les matériaux que l'on peut fe faire trouver. Cette *maçonnerie* ainfi faite, s'affermit de plus en plus, fans être fujette à aucun danger. Lorfque l'on fe trouve dans de femblables terreins que l'on ne connoît pas, il faut les fonder un peu éloignés de l'endroit où l'on veut bâtir, afin que fi l'on venoit à fonder trop avant, & qu'il en fortît une fource d'eau, elle ne pût incommoder pendant les ouvrages. Si quelquefois on employoit la *maçonnerie* de pierrée, dit M. Belidor, ce feroit être principalement dans ce cas; car étant d'une prompte exécution, & toutes les parties faifant une bonne liaifon, fur-tout lorfqu'elle eft faite avec de la pozzolanne, de la cendrée de Tournay, ou de la terraffe de Hollande, elle fait un maffif, ou une efpece de banc, qui ayant reçu deux pieds ou deux piés & demi d'épaiffeur, eft fi folide, que l'on peut fonder deffus avec confiance. Cependant, lorfque l'on eft obligé d'en faire ufage, il faut donner plus d'empatement à la foundation, afin que comprenant plus de terrein, elle en ait auſſi plus de ſolidité.

On peut encore fonder d'une maniere différente de ces dernieres, & qu'on appelle *par coffre*, *fig*. 40 : on l'emploie dans les terreins peu ſolides, & où il eſt néceſſaire de ſe garantir des éboulemens & des ſources. On commence d'abord par faire une tranchée *A*, d'environ quatre ou cinq piés de long, & qui ait de largeur l'épaiſſeur des murs. On applique ſur le bord des terres, pour les ſoutenir, des madriers *B*, d'environ deux pouces d'épaiſſeur, ſoutenus à leur tour de diſtance en diſtance par des pieces de bois *C* en travers, qui ſervent d'étréſillons. Ces coffres étant faits, on les remplit de bonne *maçonnerie*, & on ôte les étréſillons *C*, à meſure que les madriers *B* ſe trouvent appuyés par la *maçonnerie*; enſuite on en fait d'autres ſemblables à côté, dont l'abondance plus ou moins grande des ſources, doit déterminer les dimenſions, pour n'en être pas incommodé. Cependant s'il arrivoit, comme cela ſe peut, que les ſources enflent aſſez de force pour pouſſer ſans qu'on pût les en empêcher, malgré toutes les précautions que l'on auroit pu prendre, il faut ſelon quelques-uns, avoir recours à de la chaux vive, & ſortant du four, que l'on jette promptement deſſus, avec du moilon ou libage, mêlé enſuite de mortier, & par ce moyen on bouche la ſource, & on l'oblige de prendre un autre cours, ſans quoi on ſe trouveroit inondé de toutes parts, & on ne pourroit alors fonder ſans épuiſement. Lorſque l'on a fait trois ou quatre coffres, & que la *maçonnerie* des premiers eſt un peu ferme, on peut ôter les madriers qui ſervoient à la ſoutenir, pour s'en ſervir ailleurs; mais ſi on ne pouvoit les retirer ſans donner jour à quelques ſources, il ſeroit mieux alors de les abandonner.

Lorſque l'on veut fonder dans l'eau, & qu'on ne peut faire des épuiſemens, comme dans de grands lacs, bras de mer, &c. ſi c'eſt dans le fond de la mer, on profite du tems que la marée eſt baſſe, pour unir le terrain, planter les repaires, & faire les alignemens néceſſaires. On doit comprendre pour cela non-ſeulement le terrain de la grandeur du bâtiment, mais encore beaucoup au-delà, afin qu'il y ait autour des murailles, une berme aſſez grande pour en aſſurer davantage le pié ; on emplit enſuite d'une certaine quantité de bateaux, des matériaux néceſſaires, & ayant choiſi le tems le plus commode, on commence par jetter un lit de cailloux, de pierres, ou de moilons, tels qu'ils ſortent de la carriere, ſur leſquels on fait un autre lit de chaux, mêlé de pozzolanne, de cendrée de Tournay, ou de terraſſe de Hollande. Il faut avoir ſoin de placer les plus groſſes pierres ſur les bords, & leur donner un taillé de deux fois leur hauteur ; enſuite on fait un ſecond lit de moilon ou de cailloux que l'on couvre encore de chaux & de pozzolanne comme auparavant, & alternativement un lit de l'un & un lit de l'autre. Par la propriété de ces différentes poudres, il ſe forme auſſi-tôt un maſtic, qui rend cette *maçonnerie* indiſſoluble, & auſſi ſolide que ſi elle avoit été faite avec beaucoup de précaution ; car quoique la grandeur des eaux & les crues de la mer empêchent qu'on ne puiſſe travailler de ſuite, cependant on peut continuer par repriſes, ſans que cela faſſe aucun tort aux ouvrages. Lorſque l'on aura élevé cette *maçonnerie* au-deſſus des eaux, ou au rez-de-chauſſée, on peut la laiſſer pendant quelques années à l'épreuve des inconvéniens de la mer, en la chargeant de tous les matériaux néceſſaires à la conſtruction de l'édifice, afin qu'on lui donnant tout le poids qu'elle pourra jamais porter, elle s'affaiſſe également & ſuffiſamment par-tout. Lorſqu'au bout d'un tems on s'apperçoit qu'il n'eſt arrivé aucun accident conſidérable à ce maſſif, on peut placer un grillage de charpente,

comme nous l'avons déja vu *fig*. 39, & bâtir enſuite deſſus avec ſolidité, ſans craindre de faire une mauvaiſe conſtruction. Il ſeroit encore mieux, ſi l'on pouvoir, de battre des pilots autour de la *maçonnerie*, & former un bon empatement, qui garantiroit le pié des dégradations qui pourroient arriver dans la ſuite.

On peut encore fonder dans l'eau d'une autre maniere (*fig*. 41.), en ſe ſervant de caiſſons *A*, qui ne ſont autre choſe qu'un aſſemblage de charpente & madriers bien calfatés, dans l'intérieur deſquels l'eau ne ſauroit entrer, & dont la hauteur eſt proportionnée à la profondeur de l'eau où ils doivent être poſés, en obſervant de les faire un peu plus hauts, afin que les ouvriers ne ſoient point incommodés des eaux. On commence par les placer & les arranger d'alignement dans l'endroit où l'on veut fonder ; on les attache avec des cables qui paſſent dans des anneaux de fer attachés deſſus ; quand ils ſont ainſi préparés, on les remplit de bonne *maçonnerie*. A meſure que les ouvrages avancent, leur propre poids les fait enfoncer juſqu'au fond de l'eau ; & lorſque la profondeur eſt conſidérable, on augmente leur hauteur avec des hauſſes, à meſure qu'elles approchent du fond : cette maniere eſt très-en uſage, d'une grande utilité, & très-ſolide.

Des fondemens ſur pilotis. Il arrive quelquefois qu'un terrein ne ſe trouvant pas aſſez bon pour fonder ſolidement, & que voulant creuſer davantage, on le trouve au contraire encore plus mauvais : alors il eſt mieux de creuſer le moins que l'on pourra, & poſer deſſus un grillage de charpente *A*, *fig*. 42, aſſemblé comme nous l'avons vu précédemment, ſur lequel on poſe quelquefois un plancher de madriers, mais ce plancher *B* ne paroiſſant pas toujours néceſſaire, on ſe contente quelquefois d'élever la *maçonnerie* ſur ce grillage, obſervant d'en faire les paremens en pierre juſqu'au rez-de-chauſſée, & plus haut, ſi l'ouvrage étoit de quelque importance. Il eſt bon de faire regner autour des fondations ſur le bord des grillages des heurtoirs *C* ou eſpeces de pilots, enfoncés dans la terre au refus du mouton (*fig*. 153.), pour empêcher le pié de la fondation de gliſſer, principalement lorſqu'il eſt poſé ſur un plancher de madriers, & par-là prévenir ce qui eſt arrivé un jour à Bergue-Saint-Vinox, où le terrein s'étant trouvé très-mauvais, une bonne partie conſidérable du revêtement de la face d'une demi-lune s'eſt détachée & a gliſſé tout d'une piece juſque dans le milieu du foſſé.

Mais lorſqu'il s'agit de donner encore plus de ſolidité au terrein, on enfonce diagonalement dans chacun des intervalles du grillage, un ou deux pilots *D* de remplage ou de compreſſion ſur toute l'étendue des fondations ; & ſur les bords du grillage, des pilots de cordage ou de garde *E* près-à-près, le long deſquels on poſe des palplanches pour empêcher la *maçonnerie*. Palladio recommande expreſſément, lorſque l'on enfonce des pilots, de les frapper à petits coups redoublés, parce que, dit-il, en les chaſſant avec violence, ils pourroient ébranler le fond. On acheve enſuite de remplir de charbon, comme dit Vitruve, ou, ce qui vaut encore mieux, & de cailloux ou de moilons à bain de mortier, les vuides que la tête des pilots a laiſſés : on arraſe bien le tout, & on éleve deſſus les fondemens.

Pour connoître la longueur des pilots, que Vitruve conſeille de faire en bois d'aulne, d'olivier ou de chêne, & que Palladio recommande ſur-tout de faire en chêne, il faut obſerver, avant que de piloter, juſqu'à quelle profondeur le terrein fait une aſſez grande réſiſtance, & s'oppoſe fortement à la pointe d'un pilot que l'on enfonce exprès. Ainſi ſachant de combien il s'est enforcé, on pourra déterminer la longueur des autres en les faisant un peu plus longs, se pouvant rencontrer des endroits où le terrein résiste moins & ne les empêche point d'entrer plus avant. Palladio conseille de leur donner de longueur la huitieme partie de la hauteur des murs qui doivent être élevés dessus ; lorsque la longueur est déterminée, on en peut proportionner la grosseur en leur donnant, suivant le même auteur, environ la douzieme partie de leur longueur, lorsqu'ils ne passent pas douze piés, mais seulement douze ou quatorze lorsqu'ils vont jusqu'à dix-huit ou vingt piés ; & cela pour éviter une dépense inutile de pieces de bois d'un gros calibre.

Comme ces pilots ont ordinairement une de leurs extrémités faite en pointe de diamant, dont la longueur doit être depuis une fois & demie de leur diametre jusqu'à deux fois, il faut avoir soin de ne pas leur donner plus ni moins ; car lorsqu'elles ont plus, elles deviennent trop foibles & s'émoussent lorsqu'elles trouvent des parties dures ; & lorsqu'elles sont trop courtes, il est très-difficile de les faire entrer. Quand le terrein dans lequel on les enfonce ne résiste pas beaucoup, on se contente seulement, selon Palladio, de brûler la pointe pour la durcir, & quelquefois aussi la tête, afin que les coups du mouton ne l'éclatent point ; mais s'il se trouve dans le terrein des pierres, cailloux ou autres choses qui résistent & qui en émoussent la pointe, on la garnit alors d'un sabot ou lardon A, *fig. 43*, espece d'armature de fer (*fig. 44.*) faisant la pointe, retenue & attachée au pilot par trois ou quatre branches. L'on peut encore en armer la tête B d'une virole de fer qu'on appelle *frette*, pour l'empêcher de s'éclater, & l'on proportionne la distance des pilots à la quantité que l'on croit avoir besoin pour rendre les fondemens solides. Mais il ne faut pas les approcher plus de l'autre, ajoute encore Palladio, de plus d'un diametre, afin qu'il puisse rester assez de terre pour les entretenir.

Lorsque l'on veut placer des pilots de bordage ou de garde A, *fig. 45*, entrelacés de palplanches B le long des fondemens, on fait à chacun d'eux, après les avoir équarris, deux rainures C opposées l'une à l'autre de deux pouces de profondeur sur toute leur longueur, pour y enfoncer entre deux des palplanches B qui s'y introduisent à coulisse, & dont l'épaisseur differe selon la longueur : par exemple, si elles ont six piés, elles doivent avoir trois pouces d'épaisseur ; si celles en ont douze, qui est la plus grande longueur qu'elles puissent avoir, on leur donne quatre pouces d'épaisseur, & cette épaisseur doit déterminer la largeur des rainures C sur les pilots, en observant de leur donner jusqu'à environ d'un pouce de jeu, afin qu'elles y puissent entrer plus facilement.

Pour joindre les palplanches avec les pilots, on enfonce d'abord deux pilots perpendiculairement dans la terre, distant l'un de l'autre de la largeur des palplanches, qui est ordinairement de douze à quinze pouces, en les plaçant de maniere que deux rainures se trouvent l'une vis-à-vis de l'autre. Après cela on enfonce au refus du mouton une palplanche entre les deux, & on la fait entrer à force entre les deux rainures ; ensuite on pose à la même distance un pilot, & on enfonce comme auparavant une autre palplanche, & on continue de suite à battre alternativement un pilot & une palplanche. Si le terrein résistoit à leur pointe, on pourroit les armer comme les pilots, d'un sabot de fer par un bout, & d'une frette par l'autre.

On peut encore fonder sur pilotis, en commençant d'abord par enfoncer le long des fondemens, au refus du mouton, des rangées de pilots (*fig. 46.*)

éloignés les uns des autres d'environ un pié ou deux, plus ou moins, disposés en échiquier ; en observant toujours de placer les plus forts & les plus longs dans les angles, ayant beaucoup plus besoin de solidité qu'ailleurs pour retenir la *maçonnerie* ; ensuite on récepera tous les pilots au même niveau, sur lesquels on posera un grillage de charpente A, comme ci-devant, de maniere qu'il se trouve un pilot sous chaque croisée, pour l'arrêter dessus avec une cheville à tête perdue (*fig. 47.*), après quoi on pourra enfoncer des pilots de remplage & élever ensuite les fondemens à l'ordinaire : cette maniere est très-bonne & très-solide.

Quoiqu'il arrive très-souvent que l'on employe les pilots pour affermir un mauvais terrein, cependant il se trouve des circonstances où on ne peut les employer, sans courir un risque évident. Si l'on fondoit, par exemple, dans un terrein aquatique, sur un sable mouvant, &c. alors les pilots seroient non-seulement très-nuisibles, mais encore éventeroient les sources, & fourniroient une quantité prodigieuse d'eau qui rendroit alors le terrein beaucoup plus mauvais qu'auparavant : d'ailleurs on voit tous les jours que ces pilots ayant été enfoncés au refus du mouton avec autant de difficulté que dans un bon terrein, sortent de terre quelques heures après, ou le lendemain, l'eau des sources les ayant repoussés, en faisant effort pour sortir ; de maniere que l'on a renoncé à les employer à cet usage.

Si l'on entreprenoit de rapporter toutes les manieres de fonder, toutes les différentes qualités de terreins, & toutes les différentes circonstances où l'on se trouve, on ne finiroit jamais. Ce que l'on vient de voir est presque suffisant pour que l'on puisse de soi-même, avec un peu d'intelligence & de pratique, faire un choix judicieux des différens moyens dont on peut se servir, & suppléer aux inconvéniens qui surviennent ordinairement dans le cours des ouvrages.

Des outils dont se servent les carriers pour tirer la pierre des carrieres. La *fig. 48* est une pince de fer quarré, arrondi par un bout A, & aminci par l'autre B, d'environ six à sept piés de long, sur deux pouces & demi de grosseur, servant de levier.

La *fig. 49* est une semblable pince, mais de deux pouces de grosseur sur quatre à cinq piés de long, employée aux mêmes usages.

La *fig. 50* est un rouleau qui se place dessous les pierres ou toute espece de fardeau, pour les transporter, & que l'on fait rouler avec des leviers, *fig. 158 & 159*, dont les bouts A entrent dans les trous b du rouleau, *fig. 50*, ne pouvant rouler de eux-mêmes, à cause du grand fardeau qui pese dessus.

La *fig. 51* est aussi un rouleau de bois, mais sans trous, & qui pouvant rouler seul en poussant le fardeau, n'a pas besoin d'être tourné avec des leviers, comme le précédent.

Les *fig. 52 & 53* sont des instrumens de fer, appellés *esses*, qui ont depuis dix jusqu'à treize & quatorze pouces de long, sur quinze à vingt lignes de grosseur, ayant par chaque bout une pointe camuse aciérée ; le manche a depuis quatre jusqu'à huit piés de long. Ces esses servent à s'enchevêtrer entre les lits des pierres pour les dégrader.

La *fig. 54.* est la même esse vûe du côté de l'œil.

Les *fig. 55 & 57* sont des masses de fer quarrées, appellées *mails*, qui ont depuis trois jusqu'à quatre pouces & demi de grosseur, sur neuf à quatorze pouces de long, avec un manche d'environ deux piés à deux piés & demi de longueur, fort menu & élastique, pour donner plus de coup à la masse. Ils servent à enfoncer les coins, *fig. 62 & 63*, dans les filieres (r) des pierres, ou les entailles que l'on y a

(r) Des filieres sont des especes de joints qui se trouvent na-

faites avec le marteau, *fig. 61*, pour les rompre.

Les *fig. 56 & 58* sont les mêmes mails vûs du côté de l'œil.

La *fig. 59* est un instrument appellé *tire-terre*, fait à-peu-près comme une pioche, dont le manche differe, comme celui des esses, *fig. 52 & 53*. Il sert à tirer la terre que l'on a souchevée avec ces mêmes esses entre les lits des pierres ; ce qui lui a donné le nom.

La *fig. 60* est le même tire-terre vû du côté de l'œil.

Les *fig. 62 & 63* sont deux coins de fer, depuis vingt lignes jusqu'à trois pouces de grosseur, & depuis neuf pouces jusqu'à un pié de long, amincis par un bout pour placer dans des filieres ou entailles faites dans les pierres pour les séparer.

La *fig. 64* est un cric composé d'une barre de fer plat, enfermé dans l'intérieur d'un morceau de bois, ayant des dents sur sa longueur, & mû en montant & en descendant, par un pignon arrêté à demeure sur la manivelle *A* ; ce qui fait qu'en tournant cette manivelle, & qu'en posant le croc *B* du cric sous un fardeau, on peut l'élever à la hauteur que l'on juge à propos.

La *fig. 65* est une espece de plateau appellé *baquet*, suspendu sur des cordages *A*, & ensuite à l'esse *B*, qui répond au treuil du singe, *fig. 26*, qui sert à monter les moilons que l'on arrange dessus.

Des outils dont se servent les maçons & tailleurs de pierre dans les bâtimens. La *fig. 66* est une regle de bois plate, de six piés de long, qui sert aux maçons pour tirer des lignes sur des planchers, murs, &c. Il s'en trouve de cette espece jusqu'à douze piés de long.

La *fig. 67* est aussi une regle de bois de six piés de long, mais quarrée, qui se place dans les embrasures (*s*) des portes & croisées, pour en former la feuillure.

La *fig. 68* est une regle de bois de quatre piés de long, quarrée comme la derniere, & servant aux mêmes usages. Ces trois especes de regles se posent souvent & indifféremment à des surfaces sur lesquelles on pose les deux piés *A* du niveau, *fig. 75*, afin d'embrasser un plus long espace, & par-là prendre un niveau plus juste.

La *fig. 69* est une équerre de fer mince, depuis dix-huit pouces jusqu'à trois piés de longueur chaque branche, à l'usage des tailleurs de pierre.

La *fig. 70* est un instrument de bois appellé *fausse-équerre*, *sauterelle* ou *beuveau droit*, fait pour prendre des ouvertures d'angle.

La *fig. 71* est un instrument aussi de bois, appellé *beuveau concave*, fait pour prendre des angles mixtes.

La *fig. 72* est encore un instrument appellé *beuveau convexe*, fait aussi pour prendre des angles mixtes. Ces trois instrumens se font depuis un pié jusqu'à deux piés de longueur chaque branche, & la longueur à proportion. Ils peuvent s'ouvrir & se fermer tout-à-fait par le moyen des charnieres *A* & des doubles branches *B*.

La *fig. 73* est une fausse-équerre ou grand compas, qui sert à prendre des ouvertures d'angles & des espaces, & que les appareilleurs portent souvent avec eux pour appareiller les pierres.

La *fig. 74* est un petit compas à l'usage des tailleurs de pierre.

La *fig. 75* est un instrument appellé *niveau*, qui avec le secours d'une grande regle, pour opérer turellement entre les pierres dans les carrieres.

(*s*) Une *embrasure* est l'intervalle d'une porte ou d'une croisée, entre la superficie extérieure du mur & la superficie intérieure.

plus juste, sert à poser les pierres de niveau, à mesure que les murs s'élevent.

La *fig. 76* est aussi un niveau, mais d'une autre espece.

La *fig. 77* est une regle d'appareilleur, ordinairement de quatre piés de long, sur laquelle les piés & les pouces sont marqués, & que les appareilleurs portent toujours avec eux dans les bâtimens.

La *fig. 78* est un coin de fer d'environ deux ou trois pouces de grosseur, & depuis huit jusqu'à douze pouces de long, pour fendre les pierres, & les débiter.

La *fig. 79* est une masse de fer appellée *grosse masse*, d'environ deux à trois pouces de grosseur, sur dix à quatorze pouces de long, & qui avec le secours du coin, comme nous l'avons vû ci-devant, sert à fendre & débiter les pierres.

La *fig. 80* est la même masse vûe du côté de l'œil.

La *fig. 81* est une autre masse de fer plus petite que la précédente, appellée *petite masse*, d'environ dix-huit lignes ou deux pouces de grosseur, sur six à huit pouces de long, qui avec la pointe ou poinçon, *fig. 110*, sert à faire des trous dans la pierre.

La *fig. 82* est la même masse vûe du côté de l'œil.

Les *fig. 83 & 85* sont des marteaux appellés *têtus*, à l'usage des tailleurs de pierre, lorsqu'ils ont des masses de pierre à rompre. Ces especes de marteaux ont depuis deux jusqu'à trois pouces de gros, & depuis neuf pouces jusqu'à un pié de long, & les deux bouts en sont creusés en forme d'un V.

Les *fig. 84 & 86* sont les mêmes têtus vûs du côté de l'œil.

La *fig. 87* est aussi un têtu, mais plus petit & plus long, & dont un côté est fait en pointe, à l'usage des *maçons* pour démolir.

La *fig. 88* est le même vu du côté de l'œil.

La *fig. 89* est un marteau à deux pointes, dont se servent les tailleurs de pierre pour dégrossir les pierres dures, les piquer & les rustiquer.

La *fig. 90* est le même marteau vu du côté de l'œil.

La *fig. 91* est un marteau à pointe du côté *A*, servant aux mêmes usages que le précédent, & de l'autre *B*, aminci en forme de coin, avec un tranchant taillé de dents qu'on appelle *bretelures* ; ce côté sert pour breteler les pierres dures ou tendres lorsqu'elles ont été dégrossies avec la pointe *A* du même marteau, ou celle *A* du marteau *fig. 95*.

La *fig. 92* est le même vu du côté de l'œil.

La *fig. 93* est un marteau dont le côté bretelé *B* sert aux mêmes usages que le précédent, & l'autre côté appellé *hache*, sert pour hacher les pierres & les finir lorsqu'elles ont été bretelées. Ce côté *A* est fait comme le côté *B*, excepté qu'il n'y a point de bretelures.

La *fig. 94* est le même vu du côté de l'œil.

La *fig. 95* est un marteau dont le côté *B* sans bretelure est appellé *hache*, & l'autre aussi appellé *hache*, mais plus petite, est fait pour dégrossir les pierres tendres.

La *fig. 96* est le même vu du côté de l'œil.

La *fig. 97* est un marteau dont les deux côtés sont faits pour tailler & dégrossir la pierre tendre.

La *fig. 98* est le même vu du côté de l'œil.

La *fig. 99* est un ciseau large, mince & aciéré par un bout, avec le secours du maillet, *fig. 111*, sert à tailler les pierres & à les équarrir.

La *fig. 100* est un marteau à l'usage des maçons, dont un côté est quarré & l'autre est fait en hache, pour démolir les cloisons ou murs faits en plâtre.

La *fig. 101* est le même vu du côté de l'œil.

La *fig. 102* est un marteau à deux pointes aussi à l'usage des maçons, pour démolir toutes especes de murs en plâtre, moilon ou pierre.

La *fig. 103* est le même vu du côté de l'œil.

La *fig. 104* est un marteau quarré d'un côté & à pointe de l'autre, ainsi que le précédent, aussi à l'usage des maçons pour démolir.

La *fig. 105* est le même vu du côté de l'œil.

La *fig. 106* est un marteau plus petit que les autres, & appellé pour cela *hachette*, à cause de la petite hache *A* qu'il a d'un côté ; l'autre *B* est quarré.

La *fig. 107* est le même vu du côté de l'œil.

La *fig. 108* est un marteau appellé *décintroir*; les deux côtés sont faits en hache, mais l'une est tournée d'un sens & l'autre de l'autre. Il sert aussi aux maçons pour démolir les murs & cloisons en plâtre.

La *fig. 109* est le même décintroir vu du côté de l'œil.

La *fig. 110* est un poinçon qui, avec la masse *fig. 81*, & le maillet, *fig. 111*, sert à percer des trous dans la pierre.

La *fig. 111* est une espece de marteau de bois appellé *maillet*, moins pesant que la masse, & par conséquent plus commode pour tailler la pierre avec le ciseau *fig. 99*, ou le poinçon *fig. 110*.

La *fig. 112* est un ciseau à main à l'usage des maçons, pour tailler les moulures plates des angles des corniches en plâtre : il y en a de plusieurs largeurs selon les moulures.

La *fig. 113* est une gouge, espece de ciseau arrondi fait pour tailler les moulures rondes des mêmes angles de corniche en plâtre : il y en a aussi de plusieurs grosseurs, selon les moulures, & plus ou moins cintrées, selon les courbes.

La *fig. 114* est un instrument appellé *riflard sans brételure*, à l'usage des maçons & tailleurs de pierre, pour rifler & unir la pierre, ou les murs en plâtre lorsqu'ils sont faits.

La *fig. 115* est un semblable riflard, mais avec brételures, servant aux mêmes usages que le précédent.

La *fig. 116* est une aiguille ou trépan aciéré par le bout *A*, pour percer la pierre ou le marbre avec le secours d'un levier à deux branches, comme celui *A* de la sonde, *fig. 155*, sur-tout lorsque l'on veut faire jouer la mine.

La *fig. 117* est un rabot tout de bois, dont le manche a environ depuis six jusqu'à huit piés de longueur, qui sert aux Limousins dans les bâtimens pour corroyer le mortier, éteindre la chaux, &c.

La *fig. 118* est un instrument de fer appellé *houe*, emmenché sur un bâton à peu-près de même longueur que le précédent, servant aux mêmes usages, sur-tout en Allemagne.

La *fig. 119* est un instrument de fer appellé *drague*, très-mince, & percé de plusieurs trous du côté *A*, le côté *B* ayant une douille sur laquelle s'emmanche une perche depuis sept jusqu'à dix & douze piés de longueur, avec laquelle on tire le sable du fond des rivieres.

La *fig. 120* est un petit morceau de bois *A* sur lequel enveloppe un cordeau ou une ligne, espece de ficelle qu'on appelle *fouet*, au bout de laquelle pend un petit cylindre *B* de cuivre, de plomb ou de fer, appellé *plombs*, qui sert à prendre des à-plombs, niveaux & alignemens. La piece *C* est une petite plaque de cuivre ou de cuivre, mince & quarrée, du même diametre que le plomb, & que l'on appuie le long d'un mur pour former, avec l'espace *B C* & la ligne du mur, deux paralleles qui font juger si le mur est d'à-plomb.

La *fig. 121* est un instrument de fer appellé *rondelle*, large, mince & coudé par un bout *A*, & appointé par l'autre *B*, enfoncée dans un manche de bois *C*, pour rifler la pierre & sur-tout le plâtre dans des parties circulaires.

La *fig. 122* est un pareil instrument de fer appellé *crochet sans brételure*, fait aussi pour rifler la pierre ou le plâtre dans des parties plates & unies.

La *fig. 123* est un semblable instrument de fer, mais avec des brételures, servant aussi aux mêmes usages.

La *fig. 124* est un instrument de fer appellé aussi *riflard*, composé d'une plaque de tôle forte, aminci de deux côtés *B* & *C*, avec des brételures d'un côté *B*, & sans brételure de l'autre *C*, attaché au bout d'une tige de fer à deux branches d'un côté *C* & à pointe de l'autre *D*, entrant dans un manche de bois, à l'usage des maçons, pour rifler les murs en plâtre lorsqu'ils sont faits.

La *fig. 125* est un instrument de cuivre appellé *truelle*, ayant par un bout *A* une plaque large, mince, arrondie & coudée, & par l'autre *B*, une pointe coudée, enfoncée dans un manche de bois, dont les Maçons se servent pour employer le plâtre. Cet instrument est plûtôt de cuivre que de fer, parce que le fer se rouillant par l'humidité, laisseroit souvent des taches jaunes sur les murs en plâtre.

La *fig. 126* est une autre truelle de fer, plate, large, mince & pointue par un bout *A*, & une pointe coudée de l'autre *B*, emmanchée dans un manche de bois, pour employer le mortier ; elle est plûtôt de fer que de cuivre, parce que les sels de la chaux & du sable la rongeroient, & feroient qu'elle ne seroit jamais unie ni lisse.

La *fig. 127*, est une semblable truelle, mais avec des brételures, pour faire des enduits de chaux sur les murs.

La *fig. 128* est un instrument appellé *pic*, d'environ douze à quinze pouces de long, à pointe d'un côté *A*, & à douille par l'autre *B* ; emmanché sur un bâton d'environ trois ou quatre piés de long, à l'usage des Terrassiers.

La *fig. 129* est le même pic vu du côté de la douille.

La *fig. 130* est un instrument appellé *pioche*, d'environ douze à quinze pouces de long, dont un bout *A* est aminci en forme de coin, & l'autre *B*, à douille, emmanché aussi sur un bâton de trois ou quatre piés de long.

La *fig. 131* est la même pioche vue du côté de la douille.

La *fig. 132*, est une pelle de bois, trop connue pour en faire la description ; elle sert aux Terrassiers & aux Limousins dans les bâtimens.

La *fig. 133* est un bâton rond, appellé *batte*, plus gros par un bout que par l'autre, fait pour battre le plâtre, en le prenant par le plus petit bout.

La *fig. 134* est une hotte contenant environ un pié cube de terre, qui sert aux Terrassiers & aux Limousins dans les bâtimens, pour transporter les terres.

La *fig. 135* est une brouette, traînée par un seul homme ; elle contient environ un pié cube de terre, & sert aussi aux Terrassiers & aux Limousins pour transporter des terres, de la chaux, du mortier, &c.

La *fig. 136* est un banneau, traîné par deux hommes ; il contient environ cinq à six piés cubes de terre, & sert aux mêmes usages que les brouettes.

La *fig. 137* est un instrument de fer, appellé *oiseau*, à l'usage des Limousins pour transporter le mortier sur les épaules.

La *fig. 138* est une ange de bois à l'usage des Maçons, dans laquelle on gache le plâtre pour l'employer.

La *fig. 139* est un panier d'osier clair, d'environ deux piés à deux piés & demi de diametre, à l'usage des Maçons pour passer le plâtre propre à faire des crépis.

La *fig. 140* est une espece de tamis, appellé *sas*,

fait aussi pour tamiser le plâtre; mais plus fin que le précédent, & propre à faire des enduits.

La *fig. 141* est un instrument de bois, appellé *bar*, d'environ six à sept piés de long sur deux piés de large, avec des traverses *A*, porté par deux ou plusieurs hommes, fait pour transporter des pierres d'un moyen poids dans les bâtimens; les trous *B* sont faits pour y passer, en cas de besoin, un boulon de fer clavetté pour rendre le bar plus solide.

La *fig. 142* est un instrument aussi de bois, appellé *civiere*, avec des traverses comme le précédent, servant aussi aux mêmes usages.

La *fig. 143* est une scie sans dent pour débiter la pierre dure; elle est manœuvrée par un ou deux hommes, lorsque les pierres sont fort longues.

La *fig. 144* est une espece de cuilliere de fer, emmanchée sur un petit bâton, depuis six jusqu'à dix piés de long, à l'usage des scieurs de pierres, pour arroser avec de l'eau & du grais les pierres qu'ils débitent à la scie sans dent.

La *fig. 145* est une scie avec dent pour débiter la pierre tendre, manœuvrée par deux ou quatre hommes, selon la grosseur de la pierre.

La *fig. 146*, est une scie à main avec dent, faite pour scier les joints des pierres tendres, & par-là, livrer passage au mortier ou au plâtre, & faire liaison.

La *fig. 147*, est un instrument appellé *demoiselle*, dont on se sert en Allemagne pour corroyer le mortier; c'est une espece de cône tronqué dans son sommet, dont la partie inférieure *A* est armée d'une masse de fer, & la partie supérieure d'une tige de bois en forme de T, pour pouvoir être manœuvrée par plusieurs hommes.

La *fig. 148* est une scie à main sans dent, faite pour scier les joints des pierres dures, & faire passage au mortier ou au plâtre, pour former liaison.

La *fig. 149* est une lame de fer plate, d'environ trois piés de long, appellée *fiche*, faite pour ficher le mortier dans les joints des pierres.

La *fig. 150* est un assemblage de charpente, appellé *brancard*, d'environ cinq à six piés de long, sur deux ou trois piés de large & de hauteur, fait avec le secours du gruau, *fig. 160*, ou de la grue, *fig. 162*, pour monter sur le bâtiment des pierres de sujétions ou des moilons.

La *fig. 151* est un instrument appellé *bouriquet*, avec lequel, par le secours du gruau, *fig. 160*, ou de la grue, *fig. 162*, on monte des moilons sur le bâtiment; les cordages *A* s'appellent *brayer du bouriquet*; & B, l'*esse du même bouriquet*.

La *fig. 152* est un chassis de bois, appellé *manivelle*, de deux ou trois piés de hauteur, sur environ dix-huit pouces de large, percé de plusieurs trous pour y placer un boulon *A* à la hauteur que l'on juge à propos, à l'usage des Maçons & Tailleurs de pierre, pour servir avec le secours du levier, *fig. 158*, à lever les pierres ou toute espece de fardeau.

La *fig. 153* est un assemblage de charpente, appellé *mouton*, d'environ quinze à vingt piés d'élévation, dont on se sert pour planter des pilotis *A*. Cet assemblage est composé de plusieurs pieces, dont la premiere marquée *B*, est un gros billot de bois, appellé *mouton*, fretté par les deux bouts, appellé *K*; au bout des deux cordages *C*, tiré & lâché alternativement par des hommes; ce cordage roule sur des poulies *D*; & c'est ce qu'on appelle *sonnettes*. *E*, est le fût; *F*, la fourchette; *G*, les moutons; *H*, les bras ou liens; *I*, le ranche garni de cheville; *K*, la jambette.

La *fig. 154* est un échafaut adossé à un mur *A*, dont se servent les Maçons dans les bâtimens; il est composé de perches *B*, de boulins *C*, attachés dessus avec des cordages, & des planches ou madriers *D* posés dessus, & sur lesquels les Maçons travaillent à la surface des murs.

La *fig. 155* est une sonde composée de plusieurs tringles de fer *B*, selon la profondeur du terrein que l'on veut sonder, de chacune six à sept piés de long, sur quinze à dix-huit lignes de grosseur en quarré, portant par le bout d'en haut une vis *C*, & par l'autre une douille *D*, creusée, & à écrou qui se visse sur le bout *C*; *E*, est une espece de cuiller en forme de vrille pour percer le terrein; *F*, est une fraise pour percer le roc; *A*, est le manche ou levier avec lequel on manœuvre la sonde.

La *fig. 156* est une chevre faite pour lever des fardeaux d'une moyenne pesanteur, composée d'un treuil *A*, d'un cordage *B*, de deux leviers *C*, d'une poulie *D*, de deux bras *E*, & de deux traverses *F*.

La *fig. 157* est un cabestan appellé dans les bâtimens *vindas*, qui sert à transporter des fardeaux, en faisant tourner par des hommes les leviers *A*, qui entrent dans les trous du treuil *B*, & qui en tournant, enfile d'un côté *C* le cordage *D*; & de l'autre *E*, le défile.

Les *fig. 158 & 159* sont des leviers ou boulins de différente longueur à l'usage des bâtimens.

La *fig. 160* est un gruau d'environ trente à quarante piés de hauteur, fait pour enlever les pierres, les grosses pieces de charpente, & toute espece de fardeau fort lourd, pour les poser ensuite sur le bâtiment; il est composé de leviers *A*, d'un treuil *B*, d'un cordage *C*, de deux ou trois poulies *D*, d'un poids quelconque *E*. *F*, est le fol du gruau; *G*, la poulie; *H*, les bras; *I*, la jambette; *K*, le ranche garni de chevilles; *L*, la sellette; *M*, le poinçon; *N*, le lien; & *O*, les moises, retenues de distances en distances par des boulons clavettés.

La *fig. 161* est la partie supérieure d'un gruau d'une autre espece; *A*, en est le poinçon; *B*, la sellette; *C*, le fauconneau ou diablotin; *D*, les liens; *E*, le cordage; & *F*, les poulies.

La *fig. 162*, est une grue d'environ cinquante à soixante piés de hauteur, servant aussi à enlever de grands fardeaux, & est composée d'une roue *A*, fermée dans sa circonférence, & dans laquelle des hommes marchent, & en marchant font tourner le treuil *B*, qui enveloppe la corde ou chable *C*, attaché de l'autre côté à un grand poids *D*; au lieu de cette roue, on y en place quelquefois une autre, comme celle de la *fig. 26*. *E*, est l'empattement de la grue; *F*, l'arbre; *G*, les bras ou liens en contrefiches; *H*, le poinçon; *I*, le ranche garni de chevilles; *K*, les liens; *L*, les petites moises; *M*, la grande moise; *N*, la soupente; *O*, le mamelon du treuil; & *P*, la lumiere du même treuil.

La *fig. 163*, est un instrument appellé *louve*, qui s'engage jusqu'à l'œil *A* dans la pierre que l'on doit enlever & poser sur le bâtiment, afin d'éviter par-là d'écorner les arrêtes, en y attachant des cordages, & en même tems afin que les pierres soient mieux posées, plûtôt, & plus facilement; ce qui produit de l'accélération nécessaire dans la bâtisse. *B*, est la louve; *C*, sont les louveteaux, espece de coins qui retiennent la louve dans l'entaille faite dans la pierre; *D* en est l'esse.

La *fig. 164* est un ciseau à louver, d'environ dix-huit pouces de long. M. LUCOTE.

MACONNOIS, (*Géog.*) pays de France en Bourgogne, que Louis XI. conquit & réunit à la couronne en 1476: il est situé entre le Beaujolois & le Châlonnois, & est séparé vers l'orient de la Bresse par la riviere de Sône. On sait qu'il est fertile en bons vins, & qu'il a ses états particuliers, dont Piganiol de la Force vous instruira.

J'ajoute seulement que Mrs du Ryer & S. Julien, connus par leurs ouvrages, sont de cette province,

& que Guichenon & Sénécé ont eu *Mâcon* pour patrie.

André du Ryer, fleur de Malézair, différent de Pierre du Ryer, l'un des quarante de l'Académie françoise, apprit, pendant son long séjour à Constantinople & en Egypte, les langues turque & arabe; ce qui nous a valu nonseulement sa traduction de l'alcoran dont je ne ferai point l'éloge, mais celle du Gulistan, ou de *l'empire des Roses* de Saadi, que j'aime beaucoup.

M. de S. Julien, surnommé de *Balleure*, premier chanoine séculier de Mâcon en 1557, mort en 1593, étudia beaucoup l'histoire particuliere de son pays; ses mélanges historiques & ses antiquités de Tournus sont pleines de recherches utiles.

Guichenon (Samuel) s'est fait honneur par son histoire de Bresse & du Bugey, en 3 vol. *in-folio*, auxquels il faut joindre son recueil des actes & des titres de cette province. Il fut comblé de biens par le duc de Savoie, pour récompense de son histoire généalogique de la maison de ce prince, en 2 vol. *in-fol*. Il mourut en 1604, à 57 ans.

Sénécé (Antoine Bauderon), né à Mâcon en 1643, mort en 1737, poète d'une imagination singuliere, a mis des beautés neuves dans ses *travaux d'Apollon*. Ses mémoires sur le cardinal de Retz amusent sans intéresser. Son conte de Kaimac, au jugement de M. de Voltaire, est, à quelques endroits près, un ouvrage distingué. Je crois l'épithete trop forte. Quoi qu'il en soit, *Sénécé* conserva jusqu'à la fin de ses jours une gaieté pure, qui lui appelloit avec raison *le baume de la vie*. (*D. J.*)

MACOQUER, s. m. (*Hist. nat. Bot.*) fruit commun aux îles de l'Amérique, & dans la plus grande partie du continent. Il a la forme de nos courges, & il est d'un goût agréable. Cependant sa figure & sa grosseur varient. Son écorce est dure, ligneuse, polie, brune ou rougeâtre en-dehors, noire en-dedans. Il contient une pulpe qui de blanche devient violette en mûrissant. Dans cette pulpe sont parsemés plusieurs grains plats & durs. Les chasseurs mangent le *macoquer*; ils lui trouvent le goût du vin cuit; il étanche la soif, mais il resserre un peu le ventre. Les Indiens en font une espece de tambour, en le vuidant par une ouverture, & le remplissant ensuite de petits cailloux. Dutertre appelle le *macoquer, calebassier*, d'autres *cohyne* ou *hyguero*.

MACORIS, (*Géog.*) riviere poissonneuse & navigable de l'île Hispaniola, qui se décharge dans la mer à la côte du sud, à environ 7 lieues de San Domingo. (*D. J.*)

MACOUBA, TABAC DU, s. m. (*Botan.*) c'est un excellent tabac d'une couleur foncée, ayant naturellement l'odeur de la rose; il tire son nom d'un canton situé dans la partie du nord de la Martinique, où quelques habitans en cultivent, sans toutefois en faire le principal objet de leur commerce; c'est pourquoi ce tabac est fort rare en Europe. Les sieurs J. Bapt. le Verrier & Josué Michel en ont toujours fabriqué d'une qualité supérieure à celui qu'on recueille dans le reste du canton. M. LE ROMAIN.

MACOUTE, s. f. (*Com.*) espece de monnoie de compte, en usage parmi les Négres, dans quelques endroits des côtes de l'Afrique, particulierement à Loango. Compter par *macoutes* ou par dix, c'est la même chose.

MACPHÉLA, (*Géog. sacrée.*) c'est le lieu *Cham*, dont il est parlé dans la Genese, *chap. xvij. vers. 23*. & qu'on traduit ordinairement par caverne *Macphéla*. On pourroit traduire *la caverne fermée*. En arabe *Macphéla* signifie *fermé, muré*. La caverne *Macphéla*, achetée par Abraham pour y enterrer Sara sa femme, étoit apparemment son tombeau creusé dans le roc, & fermé exactement ou muré, de peur qu'on n'y entrât. On voit encore dans l'O. rient des tombeaux fermés & murés. (*D. J.*)

MACQUE, s. f. (*Econ. rustiq.*) instrument de bois dont on se sert pour briser le chanvre, & le réduire en filasse. *Voyez l'article* CHANVRE.

MACRA, (*Géog. anc.*) c'est 1°. une riviere d'Italie, aujourd'hui le *Magra*, qui séparoit l'Etrurie de la Ligurie. 2°. Une île du Pont-Euxin, dans le golfe de Carcine, selon Pline, *l. IV. c. xiij*. 3°. Une ville de Macédoine, aussi nommée *Orthagoria*, & plus anciennement *Stagira*. *Voyez* STAGIRA. (*D. J.*)

MACRE, s. f. *tribuloïdes*, (*Hist. nat. Bot.*) genre de plante à fleur en rose, composée de plusieurs pétales disposés en rond. Il s'éleve du calice un pistil, qui devient dans la suite avec le calice un fruit arrondi pointu, qui n'a qu'une capsule, & qui renferme une seule semence semblable à une châtaigne: les pointes du fruit formées par les feuilles du calice. Tournefort, *Inst. rei herb. appendix*, *Voyez* PLANTE.

MACRENI, (*Géog. anc.*) peuple de l'île de Corse, dans la partie septentrionale, selon Ptolomée, *l. III. c. ij*.

MACREUSE, s. f. *anas niger*, Ald. (*Hist. nat. Ornith.*) oiseau qui est plus gros que le canard domestique; il a le bec large, court, & terminé par un angle rouge; le milieu du bec est noir, & tout le reste jaunâtre: la tête & la partie supérieure du cou sont d'un noir verdâtre; tout le reste du corps est noir, à l'exception d'une bande blanche, transversale, & de la largeur d'un pouce, qui se trouve sur le milieu des ailes; il y a aussi de chaque côté derriere l'œil une tache blanche. Les pattes & les piés ont la face extérieure rouge, & la face intérieure jaune. La membrane qui tient les doigts unis ensemble & les ongles sont très-noirs. Raii, *Synop. meth*. *Voyez* OISEAU.

MACREUSE, (*Diete & Cuisine.*) cet oiseau qui est regardé comme aliment maigre, est ordinairement dur, coriace, & sent le poisson ou le marécage. M. Bruhier conclut très-raisonnablement de cette observation, dans les *additions au traité des alimens* de Louis Lemery, qu'il ne faut pas nous reprocher l'indulgence de l'Eglise, qui nous en permet l'usage pendant le carême. Le même auteur nous apprend que la meilleure maniere d'apprêter la *macreuse*, pour la rendre supportable au goût, est de la faire cuire à demi à la broche, & de la mettre en salmi, avec le vin, le sel & le poivre. Par cette méthode, on dépouille la *macreuse* d'une partie de son huile, d'où vient en bonne partie son goût desagréable; mais il en reste encore assez pour nager sur le ragoût, & il faut avoir soin de l'enlever avec une cueiller. Cette préparation de la *macreuse* la rend aussi plus saine. (*b*)

Les *macreuses* de la riviere de la Plata, *fulica menilopos*, ne different de quelques-unes des *macreuses* européennes que par la tête. Leur grosseur égale celle de nos poules domestiques: leurs piés sont composés de trois feres fort longues sur le devant, & d'une petite sur le derriere, armées d'ongles durs, noirs & pointus. Les trois serres du devant sont bordées d'un cartilage qui leur sert de nageoire: ce cartilage est taillé à triple bordure, & toujours étranglé à l'endroit des articulations des phalanges, dont trois composent la serre du milieu. (*D. J.*)

MACREUSE, (*Pêche.*) voici la maniere dont cela se fait dans les bayes de Mesquet & de Pennit, ressort de l'amirauté de Vannes. Le fond y est garni de moules. C'est-là que se tendent les filets. Les mailles en ont trois ou quatre pouces en quarré. On choisit le tems des grandes marées. Les pieces du rets ont sept à huit brasses en quarré: elles sont montées & garnies à l'entour d'une petite corde, & de flottes de liége qui les soutiennent. On les tend de basse mer

MAC

sur les rochers, ou moulieres ; les *macreuses* viennent paître de ces coquillages. On remarque leur-présence par le dépouillement des rochers. On arrête les quatre coins du filet avec des pierres, de maniere cependant qu'il puisse s'élever de haute mer sur la mouliere, d'environ deux piés. Les *macreuses* plongent pour tomber sur les fonds, ou remontent des fonds où elles ont plongé, & tirent alors le filet & s'y prennent par les ailes ou le col dans les mailles, à-travers lesquelles leur corps ne peut passer. Si elles se noyent, le pêcheur ne peut les retirer que de basse eau. Le rets est teint, afin que l'oiseau ne puisse le distinguer du gouesmont ou du rocher. La pêche se fait depuis le commencement de Novembre jusqu'à la fin de Mars, mais seulement pendant les six Jours de la nouvelle lune, & les six autres Jours de la pleine lune. On tend aussi le rez aux *macreuses* sur des piquets. Les pêcheurs bas-normands l'appellent alors *courtine à macreuse*. *Voyez* nos *Planches de Pêche*. Outre le rets, dont nous venons de parler, il y a l'agrès qui se tend de plat, pierré & flotté ; c'est une sorte de cibaudiere. Il y a les petits pieux, les crayers, les demi-folles, les ravoirs ou raviers, les macrolieres, les berces, &c. ceux de mer se tendent de plat, flottés & pierrés ; les autres, de plat aussi, mais montés sur des piquets comme les folles, &c. Lorsque les agrès sont tendus de plat sans piquet, ils ressemblent à une nappe flottée tout autour. Pour les arrêter, on se sert des alinguës ou cordages faits d'une double ligne, au bout desquelles le pêcheur frappe une petite cabliere ou gros galet, laissant au filet la liberté de s'élever seulement de 18 à 20 pouces, comme on le pratique aux mêmes filets établis en piquets, berces, berceaux, courtines ou chariots.

On tend les agrès qu'en hiver, lorsque le grand froid amene les oiseaux marins de haute mer à la côte.

MACRI, (*Géog.*) village de la Turquie en Europe, dans la Romanie, sur le détroit des Dardanelles, auprès de Rodosto. C'étoit anciennement une ville, appellée *Macronteichos*, parce qu'elle étoit à l'extrémité de la longue muraille, bâtie par les empereurs de Constantinople, depuis la Propontide jusqu'à la mer Noire, afin de garantir la capitale des insultes des Barbares qui venoient souvent jusqu'aux portes. Mais que servent les murailles aux états qui tombent en ruine ?

MACRIS, (*Géog. anc.*) nom commun 1°. à une île de la mer de Pamphylie ; 2°. à une île de la mer de Rhodes ; 3°. à une île de la mer Ionienne. (*D. J.*)

MACROCÉPHALE, s. m. (*Médecine.*) μακροκεφαλος marque une personne qui a la tête plus large ou plus longue qu'on ne l'a naturellement. Ce mot est composé des mots grecs μακρος, *long*, *large*, & κεφαλη, *tête*.

MACROCÉPHALI, (*Géog. anc.*) peuples d'Asie, voisins de la Colchide ; ils étoient ainsi nommés à cause de la longueur de leur tête. (*D. J.*)

MACROCOLUM, s. m. (*Littér.*) sorte de grand papier qui se trouve dans les lettres de Cicéron à Atticus. Ce mot vient du grec, & est dérivé μακρος *long*, & de κολλαω *je colle*. On colloit ensemble chez les anciens les feuillets des livres ; & lorsqu'on en faisoit faire une derniere copie au net, pour les mettre dans sa bibliotheque, on l'écrivoit ordinairement sur de grandes feuilles. *Macrocollum* est donc la même chose qu'on écrit, un livre, un ouvrage en grand papier. *Voyez* Pline *lib. III. cap. xij.* Cette sorte de grand papier avoit au moins seize pouces de long, & communément vingt-quatre. (*D. J.*)

MACROCOSME, s. m. (*Cosmogr.*) signifie le *monde entier*, c'est-à-dire l'*univers*. Ce mot qui ne

se trouve que dans quelques ouvrages anciens, & qui n'est plus aujourd'hui en usage, est composé des mots grecs μακρος *grand*, & κοσμος *monde*. Dans ce sens, il, est opposé à *microcosme*. *Voyez* MICROCOSME, *Chamb.*

MACRONES, (*Géog. anc.*) peuples du Pont sur les bords du fleuve *Absarus* & dans le voisinage du fleuve *Sydenus*, selon Pline *l. VI. c. iv.* (*D. J.*)

MACRONISI, (*Géog.*) île de Grece dans l'Archipel ; elle est abandonnée, mais fameuse, & de plus admirable pour herboriser. Pline prétend qu'elle avoit été séparée de l'île Eubée par les violentes secousses de la mer. Elle n'a pas plus de trois milles de large ; sur sept ou huit de longueur : ce qui lui a valu le nom de *Macris* ou d'*île longue*. Les Italiens l'appellent encore *isola longa*. Strabon assure qu'elle se nommoit autrefois *Crané*, raboteuse & rude ; mais qu'elle reçut le nom d'*Hélene* après que Pâris y eut conduit cette belle Lacédémonienne qu'il venoit d'enlever. Cette île selon M. de Tournefort est encore dans le même état que Strabon l'a décrite, c'est-à-dire que c'est un rocher sans habitans ; & suivant les apparences, ajoûte notre illustre voyageur, la belle Hélene n'y fut pas trop bien logée ; mais elle étoit avec son amant, & n'avoit pas reçu l'éducation délicate d'une sybarite. *Macronisi* n'a présentement qu'une mauvaise cale dont l'entrée regarde l'est. M. de Tournefort coucha dans une caverne près de cette cale, & eut belle peur pendant la nuit, des cris épouvantables de quelques veaux marins qui s'étoient retirés dans une caverne voisine pour y faire l'amour à leur aise. (*D. J.*)

MACROPHYSOCÉPHALE, s. f. *terme de Chirurgie*, peu usité. Il signifie la tuméfaction de la tête d'un fœtus, qui seroit produite par des ventosités. Le dictionnaire de Trévoux rapporte ce terme d'après le dictionnaire de James, & l'applique à celui dont la tête est distenduë au-delà de la longueur naturelle par quelque affection flatulente. Ambroise Paré s'est servi de ce terme dans son livre *de la génération*. « Si, dit-il, la femme ne peut accoucher » à raison du volume excessif de la tête de l'enfant » qui se présente la premiere, soit qu'elle soit rem- » plie de ventosités que les Grecs appellent *macro- » physocéphale*, ou d'aquosités qu'ils nomment *hy- » drocéphale* ; si la femme est en un extrême travail » & qu'on connoisse l'enfant être mort, il faut ou- » vrir la tête de l'enfant, &c. » *Voyez* HYDROCÉPHALE, CROCHET, COUTEAU À CROCHET. Le mot de cet article vient de μακρος *long*, de φυσα *flatulence*, & de κεφαλη *tête*. (*Y*)

MACROPOGONES, (*Géog. anc.*) comme qui diroit *longues barbes* ; peuples de la Sarmatie asiatique, aux environs du pont Euxin, selon Strabon *liv. XI. pag. 492.* (*D. J.*)

MACROSTICHE, adj. (*Hist. ecclés.*) écrit à longues lignes. Ce fut ainsi qu'on appella dans le quatrieme siecle, la cinquieme formule de foi que composerent les Eusébiens au concile qu'ils tinrent à Antioche l'an 345. Elle ne contient rien que l'on puisse absolument condamner. Elle prit son nom de *macrostiche*, de la longueur de tout écrit écrite.

MACROULE, s. f. (*Hist. nat. Ornit.*) diable de mer, *fulica major* Bellonii. Oiseau qui est entierement noir : il ressemble parfaitement à la poule d'eau, dont il ne differe qu'en ce qu'il a la tache blanche de la tête plus large, & en ce qu'il est un peu plus gros. Cet oiseau cherche toujours les eaux douces. Willughby. *Voyez* OISEAU.

MACSARAT ou MACZARAT, s. m. (*Hist. mod.*) habitation où les Negres se retirent pour se mettre à couvert des incursions de leurs ennemis. Le *macsarat* est grand, spatieux, & fortifié à la maniere de ces nations.

MACSURAH,

MAC

MACSURAH, f. m. (*Hift. mod.*) lieu féparé dans les mofquées, & fermé de rideaux : c'eft-là que fe placent les princes. Le *macfurah* reffemble à la courtine des Efpagnols, efpece de tour de lit qui dérobe les rois & princes à la vûe des peuples, pendant le fervice divin.

MACTIERNE, f. m. & f. (*Hift. mod.*) ancien nom de dignité, d'ufage en Bretagne. Il fignifie proprement *fils de prince*. L'autorité des princes, tyrans, comtes ou *mactiernes*, tous noms fynonymes, étoit grande : il ne fe faifoit rien dans leur diftrict, qu'ils n'euffent autorifé. Les évêques fe font fait quelquefois appeller *mactiernes*, foit des terres de leur patrimoine, foit des fiefs & feigneuries de leurs églifes. Ce titre n'étoit pas tellement affecté aux hommes, que les femmes n'en fuffent auffi quelquefois décorées par les fouverains : alors elles en faifoient les fonctions. Il y avoit peu de *mactiernes* au douzieme fiecle : ils étoient déja remplacés par les comtes, vicomtes, barons, vicaires & prevôts.

MACTORIUM, (*Géog. anc.*) ville ancienne de Sicile, au-deffus de celle de Gela. Il eft fort douteux que ce foit la petite ville de Mazarino. (*D. J.*)

MACUCAQUA, f. f. (*Ornith.*) grande poule fauvage du Brefil. Elle eft groffe, puiffante, fans queue ; fon bec eft fort, noir, & un peu crochu au bout ; fa tête & fon col font tachetés de noir & de jaune ; fon jabot eft blanc ; fon dos, fon ventre, & fa poitrine font cendrés-brun ; fes ailes olivâtres & diaprées de noir, mais fes longues pennes font toutes noires ; fes œufs font plus gros que ceux de la poule ordinaire ; leur couleur eft d'un bleu-verdâtre. Cet oifeau vit des fruits qui tombent des arbres ; il court fort vîte, mais il ne peut voler ni haut ni loin ; il eft excellent à manger. Marggrave *Hiftor. brafil.* (*D. J.*)

MACULATURE, f. f. (*Imprimerie.*) Les Imprimeurs appellent *maculatures* les feuilles de papier grifes ou demi-blanches, & très-épaiffes qui fervent d'enveloppe aux rames. Ils s'en fervent pour conferver le papier blanc, qu'ils pofent toujours fur une de fes feuilles, au fur & à mefure qu'ils le trempent ou qu'ils l'impriment. Les Imprimeurs, ainfi que les Libraires entendent auffi par *maculatures*, les feuilles qui fe trouvent mal imprimées, pochées, peu lifibles, & entierement défectueufes.

MACULATURE, (*Graveurs en bois.*) feuilles de papier fervant aux Graveurs en bois. Ce font les papiers de tapifferies & de contr'épreuves à mettre entre les épreuves & les feuilles blanches qu'ils contr'épreuvent entre les rouleaux de la preffe en taille-douce. Ces *maculatures* font plus grandes d'un pouce tout-au-tour que les épreuves & que les feuilles contr'éprouvées : elles fervent à empêcher que par l'envers l'impreffion ne macule, & ne tache les unes & les autres en paffant fous la preffe ; ce qui pourroit même falir & embrouiller le côté de l'impreffion. Aucun dictionnaire n'a parlé de ces *maculatures* à l'ufage des contr'épreuves de la gravure en bois. A force de fervir, elles deviennent fort noires dans le carré où elles reçoivent les épreuves & les feuilles que ces dernieres contr'épreuvent : on en change, & l'on en fait d'autres de tems en tems. *Voyez* CONTR'ÉPREUVES & PASSÉE.

MACULATURE, *terme de Papeterie*, qui fignifie une forte de gros papier grifâtre dont on fe fert pour empaqueter les rames de papier. On le nomme auffi *tracé*. *Voyez* PAPIER.

MACULE, *terme de l'œconomie animale*. Ce font des taches du fang fur le fœtus faites par la force de l'imagination de la mere enceinte, en defirant quelque chofe, foit en ventre, & qu'elle croit ne pouvoir obtenir, ou qu'elle n'ofe demander. On prétend que

MAC 839

dans ce cas le fœtus fe trouve marqué fur la partie du corps qui répond à celui de la mere où elle s'eft grattée ou frottée. *Voyez ci-après* un plus grand détail *fous l'article* MONSTRE ; *Voyez* auffi FŒTUS & IMAGINATION.

MACULER, v. act. (*Imprim.*) Feuilles d'impreffion *maculées* ou qui *maculent*, font des feuilles qui, ayant été battues par le relieur, en fortant pour ainfi dire de la preffe, & avant d'être bien feches, font peu lifibles, les lignes paroiffant fe doubler les unes dans les autres ; ce qui arrive quand l'encre qui foutiendroit par elle-même le battement confiderable du marteau, ne peut plus le foutenir, parce que l'humidité du papier l'excite à s'épancher & à fortir des bornes de l'œil de la lettre ; effet que l'on évitera prefque toujours fi le papier & l'encre ont eu un tems raifonnable pour fécher.

MACYNIA, (*Géograp. anc.*) ville de l'Etolie, felon Strabon & felon Pline. *Macynium* eft une montagne de la même contrée.

MACZARAT *ou* MACSARAT, (*Géog.*) nom des cafes ou habitations des negres dans l'intérieur de l'Afrique fur le Niger ou Nil occidental. C'eft une maifon grande, fpacieufe & forte, à la maniere du pays, où les negres fe retirent par fe garantir des incurfions de leurs ennemis.

MADAGASCAR, (*Géogr.*) île immenfe fur les côtes orientales d'Afrique. Sa *longit.* felon Harris, commence à $62^d\ 1'\ 15''$. Sa *latit.* méridionale tient depuis $12^d\ 12'$ jufqu'à $25^d\ 10'$, ce qui fait 336 lieues françoifes de longueur. Elle a 120 lieues dans fa plus grande largeur, & elle eft fituée nord-nord-eft & fud-fud-oueft. Sa pointe au fud s'élargit vers le cap de Bonne-Efpérance ; mais celle du nord, beaucoup plus étroite, fe courbe vers la mer des Indes. Son circuit peut aller à 800 lieues, en forte que c'eft la plus grande île des mers que nous connoiffons.

Elle a été vifitée de tous les peuples de l'Europe qui navigent au-delà de la ligne, & particulierement des Portugais, des Anglois, des Hollandois, & des François. Les premiers l'appellerent l'île de Saint-Laurent, parce qu'ils la découvrirent le jour de la fête de ce faint en 1492. Les autres nations l'ont nommée *Madagafcar*, nom peu différent de celui des naturels du pays, qui l'appellent *Madécaffe*.

Les anciens Géographes l'ont auffi connue, quoique plus imparfaitement que nous. La *Cerné* de Pline eft la *Menuthias* de Ptolomée, qu'il place au $12^d\ 30'$ de latit. fud, à l'extrémité d'été du cap *Praffum*. C'eft auffi la fituation que nos cartes donnent à la pointe feptentrionale de *Madagafcar*. D'ailleurs, la defcription que l'auteur du Périple fait de fa *Menuthias*, convient fort à *Madagafcar*.

Les François ont eu à *Madagafcar* plufieurs habitations, qu'ils ont été obligés d'abandonner. Flacourt nous a fait l'hiftoire naturelle de cette île qu'il n'a jamais pû connoître, & Rennefort en a forgé le roman.

Tout ce que nous en favons, fe réduit à juger qu'elle fe divife en plufieurs provinces & régions, gouvernées par diverfes nations, qui font de différentes couleurs, de différentes mœurs, & toutes plongées dans l'idolatrie ou dans les fuperftitions du mahométifme.

Cette île n'eft point peuplée à proportion de fon étendue. Tous les habitans font noirs, à un petit nombre près, defcendans des Arabes qui s'emparerent d'une partie de ce pays au commencement du quinzieme fiecle. Les hommes y éprouvent toutes les influences du climat ; l'amour de la pareffe & de la fenfualité. Les femmes qui s'abandonnent publiquement, n'en font point deshonorées. Les gens du peuple vont prefque tout nuds, les plus riches n'ont que des caleçons ou des jupons de foie. Ils n'ont aucunes commodités dans leurs maisons, couchent sur des nattes, se nourrissent de lait, de riz, de racines & de viande presque crue. Ils ne mangent point de pain qu'ils ne connoissent pas, & boivent du vin de miel.

Leurs richesses consistent en troupeaux & en pâturages, car cette île est arrosée de cent rivieres qui la fertilisent. La quantité de bétail qu'elle produit est prodigieuse. Leurs moutons ont une queue qui traine de demi-pié par terre. La mer, les rivieres & les étangs fourmillent de poisson.

On voit à *Madagascar* presque tous les animaux que nous avons en Europe, & un grand nombre qui nous sont inconnus. On y cueille des citrons, des oranges, des grenades, des ananas admirables; le miel y est en abondance, ainsi que la gomme de tacamahaca, l'encens & le benjoin. On y trouve du talc, des mines de charbon, de salpêtre, de fer; des minéraux de pierreries, comme cristaux, topases, améthystes, grenats, girasoles & aigues-marines. Enfin, on n'a point encore assez pénétré dans ce vaste pays, ni fait des tentatives suffisantes pour le connoître & pour le décrire.

MADAIN, (*Géog.*) ville d'Asie en Perse, dans l'Iraque babylonienne en Chaldée, sur le Tygre, à 9 lieues de Bagdat, avec un palais bâti par Khosroès surnommé Nurshivan. Les tables arabiques donnent à *Madain* 79 degrés de *long.* & 33. 10. de *latit.* septentrionale.

MADAMS, s. m. pl. (*terme de relation.*) on appelle ainsi dans les Indes orientales, du moins dans le royaume de Maduré, un bâtiment dressé sur les grands chemins pour la commodité des passans; ce bâtiment suppléée aux hôtelleries, dont on ignore l'usage. Dans certains *madams* on donne à manger aux brames, mais communément on n'y trouve que de l'eau & du feu, il faut porter tout le reste.

MADAROSE, s. f. *madarosis*, (*Medec.*) chûte des poils des paupieres. *Milphosis* est cette chûte des cils dans laquelle le bord des paupieres est rouge; & *ptilosis*, en latin *desquammatio*, est cet état dans lequel le bord des paupieres est épais, dur & calleux. Nos auteurs ont eu grand soin de donner des noms grecs aux moindres maladies des paupieres comme aux plus grandes; mais leurs cils tombés, ne renaissent par aucuns remedes, quand leurs racines sont consommées, ou quand les pores de la peau, dans lesquels ils étoient implantés, sont détruits.

MADASUMMA, (*Géog.*) ville de l'Afrique propre, à 18 milles pas de Sufes. Dans la notice épiscopale d'Afrique, on trouve entre les évêques de la Byzacène le siege de *Madasumma*, qui étoit alors vacant.

MADAURE, (*Géogr. anc.*) en latin *Madaura* & *Medaura*, ancienne ville d'Afrique proprement dite, ou de la Numidie; elle n'étoit pas éloignée de Tagaste, patrie de S. Augustin: cette ville avoit anciennement appartenu à Siphax. Les Romains la donnerent ensuite à Masinisse, & avec le tems elle devint une colonie très-florissante, parce que des soldats vétérans s'y établirent. Personne n'ignore que c'étoit la patrie d'Apulée, célebre philosophe qui vivoit l'an 160 de J. C. sous Antonin & Marc-Aurele. Ses ouvrages ont été publiés à Paris en 1688, en 1 vol. *in-4°.* & c'est, je crois, la meilleure édition qu'on en cite. J'ajoute que Martianus-Mineus-Felix-Capella étoit aussi de *Madaure*; il fleurissoit à Rome au milieu du cinquieme siecle, sous Léon de Thrace. Il est fort connu par son ouvrage de littérature, moitié vers, moitié prose, intitulé *de Nuptiis Philologia & Mercurii*. Grotius en a donné la bonne édition, réimprimée à Leyde, *Lugd. Batav.* 1734, *in-8°.* (*D. J.*)

MADÉFACTION, s. f. (*Pharmacie.*) action d'humecter; c'est la même chose que *humectation*. On entend par *madéfactibles*, toutes les substances capables d'admettre au-dedans d'elles-mêmes une humidité accidentelle, telles que la laine & l'éponge. Cette préparation se fait souvent en Chimie & en Pharmacie, pour attendrir & ramollir les parties que l'on veut préparer.

MADELEINE, *riviere de la*, (*Géog.*) Il y a plusieurs grandes rivieres de ce nom. 1°. Celle de la Guadeloupe en Amérique. 2°. Celle de la Louisiane, qui se dégorge dans le golfe du Mexique, après un cours de 60 lieues dans de belles prairies. 3°. La *Madeleine* est encore une grande riviere de l'Amérique septentrionale, qui prend sa source dans le nouveau royaume de Grenade, s'appelle ensuite *Rio-grande*, & se jette dans la mer du nord. (*D. J.*)

MADERE, ou MADERA, (*Géog.*) île de l'Océan atlantique, située à environ 13 lieues de Portosanto, à 60 des Canaries cutr'elles & le détroit de Gibraltar, par les 32 degrés 27 minutes de latitude septentrionale, & à 18 de longitude, à l'ouest du méridien de Londres.

Elle fut découverte en 1420 par Juan Gonzalès & Tristan Vaz, Portugais. Ils la nommerent *Madera*, c'est-à-dire *bois* ou *forêt*, parce qu'elle étoit hérissée de bois lorsqu'ils la découvrirent. On dit même qu'ils mirent le feu à une de ces forêts pour leurs besoins; que ce feu s'étendit beaucoup plus qu'ils n'avoient prétendu, & que les cendres qui resterent après l'incendie, rendirent la terre si fertile, qu'elle produisit dans les commencemens soixante pour un; de sorte que les vignes qu'on y planta, donnoient plus de grapes que de feuilles.

Madere a, suivant Sanut, 6 lieues de largeur, 15 de longueur de l'orient à l'occident, & environ 40 de circuit. Elle forme comme une longue montagne qui court de l'est à l'ouest sous un climat des plus agréables & des plus tempérés. La partie méridionale est la plus cultivée, & on y respire toujours un air pur & serein.

Cette île fut divisée par les Portugais en quatre quartiers, dont le plus considérable est celui de Funchal. On comptoit déja dans *Madere* en 1625 jusqu'à quatre mille maisons, & ce nombre a beaucoup augmenté. Elle est arrosée par sept ou huit rivieres & plusieurs ruisseaux qui descendent des montagnes.

La grande richesse du lieu sont les vignobles qui donnent un vin exquis; le plan en a été apporté de Candie. On recueille environ 28 mille pieces de vin de *Madere* de différentes qualités; on en boit le quart dans le pays; le reste se transporte ailleurs, sur-tout aux Indes occidentales & aux Barbades. Un des meilleurs vignobles de l'île appartient aux jésuites, qui en tirent un révenu considérable.

Tous les fruits de l'Europe réussissent merveilleusement à *Madere*. Les citrons en particulier, dont on fait d'excellentes confitures, y croissent en abondance; mais les habitans font encore plus de cas des bananes. Cette île abonde aussi en sangliers, en animaux domestiques, & en toutes sortes de gibier. Elle retire du blé des Açores, parce qu'elle n'en recueille pas assez pour la nourriture des insulaires.

Ils sont bigots, superstitieux au point de refuser la sépulture à ceux qu'ils nomment *hérétiques*; en même tems ils sont très-débauchés, d'une lubricité effrénée, jaloux à l'excès, punissant le moindre soupçon de l'assassinat, pour lequel ils trouvent un asyle assuré dans les églises. Ce contraste de dévotion & de vices prouve que les préjugés ont la force de concilier dans l'esprit des hommes les oppositions les plus étranges; ils les dominent au point, qu'il est rare d'en triompher, & souvent dangereux de les combattre.

MADERE *la*, (*Géog.*) ou *rio da Madeira*, c'est-à-dire *riviere du Bois*, ainsi nommée par les Portugais: peut-être à cause de la quantité d'arbres déracinés qu'elle charrie dans le tems de ses débordemens; c'est une vaste riviere de l'Amérique méridionale, & l'une des plus grandes du monde. On lui donne un cours de six à sept cens lieues, & sa grande embouchure dans le fleuve des Amazones. Il seroit long & inutile d'indiquer les principales nations qu'elle arrose, c'est assez pour présenter une idée de l'étendue de son cours, de dire que les Portugais qui la fréquentent beaucoup, l'ont remontée en 1741, jusqu'aux environs de Santa-Crux de la Sierra, ville épiscopale du haut Pérou, située par 17. de *latitude* australe. Cette riviere porte le nom de *Marmora* dans sa partie supérieure, où sont les missions des Moxes; mais parmi les différentes sources qui la forment, la plus éloignée est voisine du Potosi. (*D. J.*)

MADERE, (*Géog.*) vaste riviere de l'Amérique méridionale, elle est autrement nommée *riviere de la Plata*, & les Indiens l'appellent *Cuyati*. (*D. J.*)

MADIA VAL, (*Géog.*) ou MAGIA, & par les Allemands *Meynthal*, pays de la Suisse, aux confins du Milanès; c'est le quatrieme & dernier bailliage des douze cantons en Lombardie. Ce n'est qu'une longue vallée étroite, serrée entre de hautes montagnes, & arrosée dans toute sa longueur par une riviere qui lui donne son nom. Le principal endroit de ce bailliage, est la ville ou bourg de *Magia*, les baillis qui y sont envoyés tous les deux ans par les cantons, y ont une autorité absolue pour le civil & pour le criminel. *Lat.* du bourg de *Magia*, 45. 56. (*D. J.*)

MADIA, (*Géog.*) autrement MAGIA, & par les Allemands *Meyn*, riviere de Suisse, au bailliage de Locarno en Italie. Elle a sa source au mont Saint-Gothard, & baigne la vallée, qui en prend le nom de *Val-Madia*. (*D. J.*)

MADIAN, (*Hist. nat. Bot.*) suc semblable à l'opium, que les habitans de l'Indostan & des autres parties des Indes orientales prennent pour s'enivrer.

MADIAN, (*Géog. sac.*) pays d'Asie, dans le voisinage de la Palestine, à l'orient de la mer Morte. *Madian* étoit encore un pays d'Asie dans l'Arabie, à l'orient de la mer Rouge. Il est beaucoup parlé dans l'Ecriture, des Madianites de la mer Morte & de la mer Rouge. *Madian* étoit la capitale du pays de ce nom, sur la mer Morte, & *Madiena* du pays sur la mer Rouge. (*D. J.*)

MADIANITES LES, (*Géog. sacrée.*) *Madianitæ*, peuples d'Arabie, où ils habitoient deux pays très-différens, l'un sur la mer Morte, l'autre sur la mer Rouge, vers la pointe qui sépare les deux golfes de cette mer. Chacun de ces peuples avoit pour capitale, & peut-être pour unique place, une ville du nom de Madian. Josephe nomme *Madiéné*, *Masin'un*, celle de la mer Rouge. (*D. J.*)

MADIERS, s. m. pl. (*Marine.*) grosses planches, épaisses de cinq à six pouces. (*Q*)

MADONIA, (*Géog.*) *Madoniæ montes*, anciennement *Nebrodes*, montagnes de Sicile. Elles sont dans la vallée de Démona, & s'étendent au long entre Traina à l'orient, & Termine à l'occident. (*D. J.*)

MADRA, (*Géog.*) royaume d'Afrique, dans la Nigritie. Sa capitale est à 45. 10. de *long*. & à 11. 20. de *latitude*. (*D. J.*)

MADRACHUS, s. m. (*Mythol.*) surnom que les Syriens donnerent à Jupiter, lorsqu'ils eurent adopté son culte. M. Huet tire l'origine de ce mot des langues orientales, & croit qu'il signifie *présent par-tout*. (*D. J.*)

MADRAGUES, s. f. pl. (*Pêch.*) ce sont des pêcheries faites de cables & de filets pour prendre des thons: elles occupent plus d'un mille en quarré. Les *Madragues* sont différentes des pazes, en ce qu'elles sont sur le bord de la mer, & que les pazes ne sont que sur le sable.

MADRAS, ou MADRASPATAN, (*Géographie.*) grande ville des Indes orientales, sur la côte de Coromandel, avec un fort, nommé le *fort Saint-Georges*. Elle appartient aux Anglois, & est pour la compagnie d'Angleterre, ce que Pondichéry est pour celle de France. On doit la regarder comme la métropole des établissemens de la nation angloise en orient, au-delà de la côte de la Pescherie.

Cette ville s'est considérablement augmentée depuis la ruine de Saint-Thomé, des débris de laquelle elle s'est accrue. On y compte 80 à 100 mille ames. Les impôts que la compagnie d'Angleterre y levoit avant la guerre de 1745, montoient à 50000 pagodes; la pagode vaut environ 8 shellings, ou 8 livres 10 sols de notre argent.

M. de la Bourdonnaye se rendit maitre de *Madras* en 1746, & en tira une rançon de 5 à 6 millions de France. C'est ce même homme, qu'on traita depuis en criminel, & qui après avoir langui plus de trois ans à la Bastille, eut l'avantage de trouver dans M. de Gennes, célebre avocat, un zélé défenseur de sa conduite; de sorte qu'il fut déclaré innocent par la commission que le roi nomma pour le juger.

Madras est situé au bord de la mer, dans un terrein très-fertile, à une lieue de Saint-Thomé, 25 de Pondichery. *Long.* 98. 8. *lat.* selon le P. Munnaos, 13. 20. (*D. J.*)

MADRE LE, (*Géog.*) riviere de Turquie en Asie, dans la Natolie; elle n'est pas large, mais assez profonde: c'est le *Méandre* des anciens, mot qu'il faut toujours employer dans la traduction de leurs ouvrages, tandis que dans les relations modernes il convient de dire le *Madre*. (*D. J.*)

MADRENAGUE, s. f. (*Com.*) espece de toile, dont la chaîne est de coton, & la trame de fil de palmier. Il s'en fabrique beaucoup aux Philippines, c'est un des meilleurs commerces que ces insulaires, soit soumis, soit barbares, fassent avec les étrangers.

MADRÉPORES, s. m. *madrepora*, (*Hist. nat.*) ce sont des corps marins, qui ont la consistence & la dureté d'une pierre, & qui ont la forme d'un arbrisseau ou d'un buisson, étant ordinairement composés de rameaux qui partent d'un centre commun ou d'une espece de tronc. La surface de ces corps est tantôt parsemée de trous circulaires, tantôt de trous sillonnés qui ont la forme d'une étoile & qui varient à l'infini. Quelques *madrépores* ont une surface lisse, parsemée de trous ou de tuyaux; d'autres ont des sillons ou des tubercules plus ou moins marqués, qui leur ont fait souvent donner une infinité de noms différens, qui ne servent qu'à jetter de la confusion dans l'étude de l'Histoire naturelle. C'est ainsi qu'on a nommé *millépores*, ceux à la surface desquels on remarquoit un grand nombre d'ouvertures ou de trous très-petits: on les a aussi nommés *tubulaires*, à cause des trous qui s'y trouvent. Quelques auteurs regardent les coraux comme des *madrépores*, d'autres croyent qu'il faut les distinguer; & ne donnent le nom de *madrépores* qu'aux *lytophites* ou corps marins semblables à des arbres qui ont des porcs, c'est-à-dire qui sont d'un tissu spongieux & rempli de trous, soit simples, soit étoilés.

Quoi qu'il en soit de ces différens sentimens, les *madrépores* sont très-aisés à reconnoître par leur forme, par leur consistence qui est celle d'une pierre calcaire sur laquelle les acides agissent, ce qui indique sa nature calcaire. Les Naturalistes conviennent aujourd'hui que ces corps font des loges qui servent de retraite à des polypes, & autres infectes marins, qui fe bâtiffent eux-mêmes la demeure où ils habitent. Les *madrépores* varient avec les différentes mers où on les trouve.

On appelle *madréporites* les *madrépores* que l'on rencontre, foit altérés, foit non altérés dans le fein de la terre; quelques-uns font changés en cailloux, d'autres font dans leur état naturel: ces corps ont été portés dans l'intérieur des couches de la terre, par les mêmes caufes qui font que l'on y trouve les coquilles, & tous les autres corps marins foffiles. *Voyez* FOSSILES.

On a fouvent confondu les *madréporites* ou *madrépores* foffiles avec le bois pétrifié, ce qui a donné lieu à quelques gens de douter s'il exiftoit réellement du bois pétrifié, mais les *madréporites* fe diftinguent par un tiffu qu'un œil attentif ne peut point confondre avec du bois.

MADREPORE, (*Mat. med.*) on trouve fouvent dans les boutiques, fous le nom de *corail blanc*, une efpece de *madrépore* blanche, & divifée en rameaux, qui ne differe du corail blanc qu'en ce qu'elle eft percée de trous, qu'elle eft creufe en-dedans, & qu'elle croit fans être recouverte, de ce qu'on appelle *écorce* dans les coraux. Cette efpece de *madrépore* s'appelle *madrepora vulgaris*, l. v. h. 573; *corallium album oculatum*, off. J. B. 3. 805.

Geoffroi dit de cette fubftance que quelques-uns lui attribuent les mêmes vertus qu'au corail blanc. Il faut dire aujourd'hui qu'elle a abfolument la même vertu, c'eft-à-dire qu'elle eft terreufe, abforbante, & rien de plus. *Voyez* CORAIL, & *remedes terreux, au mot* TERRE. (*b*)

MADRID, (*Géogr.*) ville d'Efpagne dans la nouvelle Caftille, & la réfidence ordinaire des rois. On croit communément que c'eft la *Mantua Carpetanorum* des anciens, ou plutôt qu'elle s'eft formée des ruines de *villa-Manta*.

En 1085, fous le regne d'Alphonfe VI. après la capitulation de Tolède, qu'occupoient les Mahométans, toute la Caftille neuve fe rendit à Rodrigue, furnommé le Cid, le même qui époufa depuis Chimene, dont il avoit tué le pere. Alors *Madrid*, petite place qui devoir un jour être la capitale de l'Efpagne, tomba pour la premiere fois au pouvoir des Chrétiens.

Cette bourgade fut enfuite donnée en propre aux archevêques de Tolède, mais depuis Charles V. les rois d'Efpagne l'ayant choifie pour y tenir leur cour, elle eft devenue la premiere ville de cette vafte monarchie.

Elle eft grande, peuplée, ornée du palais du roi, de places, d'autres édifices publics, de quantité d'églifes, & d'une académie fondée par Philippe IV. mais les rues y font mal propres & très-mal pavées. On y voit plufieurs maifons fans vitres, parce que c'eft la coutume que les locataires font mettre le vitrage à leurs dépens, & lorfqu'ils délogent, ils ont foin de l'emporter; le locataire qui fuccede s'en paffe, s'il n'eft pas affez riche pour remettre des vitres.

Un autre ufage fingulier, c'eft que dans la bâtiffe des maifons, le premier étage qu'on éleve appartient au roi, duquel le propriétaire le prend ordinairement. C'eft une forte d'impôt très-bifarre, & très-mal imaginé.

Philippe IV. a fondé dans cette capitale une maifon pour les enfans trouvés; on peut prendre des adminiftrateurs un certificat qui coute deux patagons; ce certificat fert pour retirer l'enfant quand on veut. Tous ces enfans font cenfés bourgeois de *Madrid*, & même ils font réputés à certains égards gentilshommes, c'eft-à-dire qu'ils peuvent entrer dans un ordre de chevalerie, qu'on appelle *habito*.

Madrid jouit d'un air très-pur, très-fubtil, & froid dans certains tems, à caufe du voifinage des montagues. Elle eft fituée dans un terrain fertile, fur une hauteur, bordée de collines d'un côté, à fix lieues S. O. d'Alcala, fept de l'Efcurial, neuf de Puerto de Guadaréma, cent fix N. E. de Lisbonne, environ deux cens de Paris, & trois cens de Rome. *Long.* felon Caffini, 13^d. $45'$. $45''$. *lat.* 40. 26. (*D. J.*)

MADRIERS, f. m. (*Hydr.*) ce font des planches fort épaiffes de bois de chêne, qui fervent à foutenir les ferres ou à former des plate-formes pour affeoir la maçonnerie des puits, des citernes, & des baffins. (*K*)

MADRIERS, (*Art milit.*) font des planches fort épaiffes qui fervent à bien des chofes dans l'artillerie & la guerre des fiéges. Les *madriers* qu'on emploie pour les plate-formes des batteries de canon & de mortier, ont depuis neuf jufqu'à douze ou quinze piés de long, fur un pié de largeur, & au moins deux pouces & demi d'épaiffeur.

MADRIERS, (*Architect.*) on appelle ainfi les plus gros ais qui font en maniere de plate-forme, & qu'on attache fur des racinaux ou pieux pour affeoir fur de la glaife, les murs de maçonnerie lorfque le terrain paroît de foible confiftance.

Madriers, on appelle de ce nom de fortes planches de fapin qui fervent pour les échafauts, & pour conduire deffus avec des rouleaux de groffes pierres toutes taillées, ou prêtes à être pofées.

MADRIGAL, f. m. (*Littér.*) dans la poéfie moderne italienne, efpagnole, françoife, fignifie une petite piece ingénieufe & galante, écrite en vers libres, & qui n'eft affujettie ni à la fcrupuleufe régularité du fonnet, ni à la fubtilité de l'épigramme, mais qui confifte feulement en quelques penfées tendres exprimées avec délicateffe & précifion.

Menage fait venir ce mot de *mandra*, qui en latin & en grec fignifie une *bergerie*, parce qu'il penfe que ç'a été originairement d'une chanfon paftorale que les Italiens ont formé leur *madrigal*, & nous à leur imitation. D'autres tirent ce mot de l'efpagnol *madrug*, *fe lever matin*, parce que les amans avoient coutume de chanter des *madrigaux* fous les férénades qu'ils donnoient de grand matin fous les fenêtres de leurs maîtreffes. *Voyez* SÉRÉNADE.

Le *madrigal*, felon M. le Brun, n'a à la fin ou dans fa chûte rien de trop vif ni de trop fpirituel, roule fur la galanterie, mais d'une maniere également bienféante, fimple, & cependant noble. Il eft plus fimple & plus précis de dire avec un auteur moderne, que l'épigramme peut être polie, douce, mordante, maligne, &c. pourvû qu'elle foit vive, c'eft affez. Le *madrigal* au contraire, a une pointe toujours douce, gracieufe, & qu'une pointe piquante que ce qu'il lui en faut pour n'être pas fade. *Cours de belles Lettres, tome II. pag.* 168.

Les anciens n'avoient pas le nom de *madrigal*, mais on peut le donner à quelques odes d'Anacréon, à certains morceaux de Tibulle & de Catulle. Rien ne reffemble plus à nos *madrigaux* que cette épigramme du dernier.

Odi & amo, quare id faciam fortaffe requiris:
Nefcio; fed fieri fentio & excrucior.

L'auteur du cours des belles Lettres, que nous avons déja cité, rapporte en exemple ce *madrigal* de Pradon, qui réuffiffoit mieux en ce genre là qu'en tragédies. C'eft une réponfe à une perfonne qui lui avoit écrit avec beaucoup d'efprit.

Vous n'écrivez que pour écrire,
C'eft pour vous un amufement,
Moi qui vous aime tendrement,
Je n'écris que pour vous le dire.

On regarde le *madrigal* comme le plus court de tous les petits poëmes. Il peut avoir moins de vers que le sonnet & le rondeau ; le mélange des rimes & des mesures dépend absolument du goût du poëte. Cependant la briéveté extrême du *madrigal* interdit absolument toute licence, soit pour la rime ou la mesure, soit pour la pureté de l'expression. M. Despreaux en a tracé le caractère dans ces deux vers :

Le madrigal plus simple & plus noble en son tour,
Respire la douceur, la tendresse & l'amour.

Art poét. c. 2. (*G*)

MADRIGAL, (*Géogr.*) *Madrigala*, petite ville d'Espagne dans la vieille Castille, abondante en blé & en excellent vin, à quatre lieues de Medina-del-Campo. *Long.* 13. 36. *lat.* 41. 25.

Madrigal est célebre en Espagne par la naissance d'Alphonse Tostat, évêque d'Avila, qui fleurissoit dans le quinzieme siecle ; il mourut en 1454 à l'âge de quarante ans, & cependant il avoit déjà composé des commentaires sur l'Ecriture-sainte, qui ont vû le jour en vingt-sept tomes *in-folio*. Il est vrai aussi qu'on ne les lit plus, & qu'on songe encore moins à les réimprimer. (*D. J.*)

MADRINIER, s. m. (*Gramm. franç.*) vieux mot de notre langue ; c'est le nom d'un officier qui avoit soin autrefois dans les palais de nos rois & les maisons des grands, des pots, des verres, & des vases précieux qui n'étoient que d'une seule pierre. Il en est parlé dans les comptes du quatorzième siecle pour la dépense du roi. Ce mot est formé de *madre*, qui signifioit un vaisseau à boire, un vaisseau où l'on mettoit du vin pour boire. (*D. J.*)

MADROGAN, *ou* BANAMALAPA, (*Géogr.*) grande ville d'Afrique, capitale du Monomotapa, à vingt milles de Sofala. L'empereur y réside dans un grand palais bâti de bois ou de torchis, & se fait servir à genoux, dit Daper ; en ce cas, il n'a pas choisi la meilleure posture pour être servi commodément. *Long.* 47. 15. *lat. mérid.* 18.

MADURE, *ou* MADURA, (*Géogr.*) île de la mer des Indes, entre celles de Java & de Borneo. Elle est très-fertile en ris, & inaccessible aux grands bâtimens, à cause des fonds dont elle est environnée ; ses habitans ont à peu près les mêmes mœurs que ceux de Java.

MADURE, (*Géogr.*) royaume des Indes orientales, au milieu des terres, dans la grande péninsule qui est en-deçà du Gange ; ce royaume est aussi grand que le Portugal ; il est gouverné par soixante-dix viceroïs, qui sont absolus dans leurs districts, en payant seulement une taxe au roi de *Madure*. Comme les missionnaires ont établi plusieurs missions dans cette contrée, on peut lire la description qu'ils en ont faite dans les lettres édifiantes. Je dirai seulement que c'est le pays du monde où l'on voit peut-être le plus de malheureux, dont l'indigence est telle, qu'ils sont contraints de vendre leurs enfans, & de se vendre eux-mêmes pour pouvoir subsister. Tout le peuple y est partagé en castes, c'est-à-dire en classes de personnes qui sont de même rang, & qui ont leurs usages & leurs coutumes particulieres. Les femmes y sont les esclaves de leurs maris. Le millet & le ris font la nourriture ordinaire des habitans, & l'eau pure fait leur boisson.

MADURÉ, (*Géogr.*) ville fortifiée des Indes orientales, qui étoit la capitale du pays de même nom. Le pagode où on tient l'idole que les habitans adorent, est au milieu de la forteresse ; mais cette ville a perdu toute sa splendeur depuis que les Mastriens se sont emparés du royaume, & qu'ils ont transporté leur cour à Trichirapali. *Long.* de *Maduré* est 98. 32. *lat.* 10. 20.

MADUS, (*Géogr. anc.*) ancienne ville de l'île de la grande Bretagne, que Cambden explique par *Maidstown*.

MÆATÆ, (*Géogr. anc.*) anciens peuples de l'île de la grande Bretagne ; ils étoient auprès du mur qui coupoit l'île en deux parties. Cambden ne doute point que ce soit le Northumberland.

MÆDI, (*Géogr.*) peuple de Thrace aux frontieres de la Macédoine. Tite-Live, *liv. XXVI. ch. xxv*, nomme le pays *Mædica*, la Médique, dont la capitale étoit selon lui, Jamphorina. Pline, *liv. IV. c. xj.* les met au bord du Strimon, au voisinage des Dentseltes. Il faut bien les distinguer des *Medi*, les Medes, nation d'Asie.

MAELSTROM, (*Géogr.*) espece de goufre de l'Océan septentrional sur la côte de Norwege ; quelques-uns le nomment en latin *umbilicus maris*. Il est entre la petite île de Wéro au midi, & la partie méridionale de l'île de Losfouren au nord, par les 68, 10 à 15 minutes de *latitude*, & le 28ᵉ degré de *longitude*. Ce goufre, que plusieurs voyageurs nous peignent de couleurs les plus effrayantes, n'est qu'un courant de mer, qui fait grand bruit en montant tous les jours durant six heures, après lesquelles il est plus calme pendant le même espace de tems ; tant que ce calme dure, les petites barques peuvent aller d'une île à l'autre sans danger. Le bruit que fait ce courant est vraissemblablement causé par de petites îles ou rochers, qui repoussent les vagues tantôt au septentrion, tantôt au midi ; de maniere que ces vagues paroissent tourner en rond. (*D. J.*)

MÆMACTERIES, s. f. pl. (*Littér. grecq.*) Μαιμακτηρια ; fête que les Athéniens faisoient à Jupiter dans le mois Mæmacterion, pour obtenir de lui, comme maître des saisons, un hiver qui leur fût heureux. (*D. J.*)

MÆMACTERION, (*Littér. grecq.*) Μαιμακτηριων, le quatrieme mois de l'année des Athéniens, qui faisoit le premier mois de leur hiver. Il avoit 29 jours, & concouroit, selon le P. Pétau, avec le mois de Novembre & de Décembre, & selon M. Pott, qui a bien approfondi ce sujet avec la fin du mois de Septembre, & le commencement d'Octobre. Les Béotiens l'appelloient *alalcoménius*. *Voyez* Pott. *archæol. græc. l. II. c. xx. tom. I. p.* 413. (*D. J.*)

MÆMACTE, s. m. (*Mythol.*) surnom donné par les Grecs à Jupiter, en l'honneur de qui les Athéniens célébroient les fêtes Mæmactéries. Toutes les étymologies qu'on rapporte de ce surnom *Mæmacte*, sont aussi peu certaines les unes que les autres. Festus nous apprend seulement, que dans la célébration des Mæmactéries, on prioit ce Dieu d'accorder un hiver doux & favorable aux navigateurs. (*D. J.*)

MÆNALUS, (*Géog. anc.*) montagne du Péloponnèse dans l'Arcadie, dont Pline, Strabon & Virgile font mention. Cette montagne avoit plusieurs bourgs, & leurs habitans furent rassemblés dans la ville de Mégalopolis. Entre ces bourgs, il y en avoit un nommé *Mænalum oppidum*, mais on n'en voyoit plus que les ruines du tems de Pausanias. (*D. J.*)

MÆNOBA, (*Géog. anc.*) *ou* MANOBA, ancienne ville d'Espagne dans la Bétique, avec une riviere du même nom, selon Pline, *l. III. c. j.* & Strabon, *l. III. c. xliij.* le P. Hardouin dit, que cette riviere s'appelle présentement *Rio-Frio*, & la ville TORRES, au royaume de Grenade. (*D. J.*)

MÆONIA, (*Géog. anc.*) ville de l'Asie mineure dans la province de Méonie, avec laquelle il ne faut pas la confondre ; la ville étoit située, selon Pline, au pié du Tmolus, du côté opposé à celui où Sardes étoit. Les *Mæonii* sont les habitans de la Lydie. (*D. J.*)

MÆRGETES, adj. m. (*Mythol.*) ce surnom

donné à Jupiter, fignifie le conducteur des parques, parce qu'on croyoit que ces divinités ne faifoient rien que par l'ordre du fouverain des Dieux. (*D. J.*)

MAESECK, (*Géog.*) *Mafacum*, ville de l'évêché de Liège, fur la Meufe, à 5 lieues de Maftricht, 3 S. O. de Ruremonde, 12 N. E. de Liège ; *long*. 23. 25. *lat*. 51. 5. (*D. J.*)

MAESTRAL, adj. (*Mar.*) on donne ce nom dans la mer Méditerranée au vent qui fouffle, entre l'occident & le feptentrion, qu'on appelle dans les autres mers *nord-oueft*. (*Q*)

MAESTRALISER, v. n. (*Mar.*) c'eft quand le bout de l'aiguille aimantée, au lieu de fe porter directement au nord, fe dirige un peu vers le nordoueft, ce qu'on appelle *variation nord-oueft* ; mais dans la Méditerranée on dit ma bouffolle *maeftralife*, à caufe que le rumb de vent qui eft entre le feptentrion & l'occident, eft nommé *maeftral*, & par les Italiens *maeftro*. (*Q*)

MAELSTRAND, (*Géog.*) place forte de Norwége, avec un château au gouvernement de Bahus; Elle eft fur un rocher à l'embouchure de Wener. Elle appartenoit autrefois aux Danois qui l'avoient bâtie, & qui la céderent aux Suédois en 1658 ; *long*. 28. 56. *lat*. 57. 58. (*D.J.*)

MAETONIUM, (*Géog. anc.*) ancienne ville de la Sarmatie en Europe, felon Ptolomée, *l. III. c. v.* (*D. J.*)

MAFORTE, f. f. (*Hift. eccl.*) efpece de manteau autrefois à l'ufage des moines d'Egypte ; il fe mettoit fur la tunique, & couvroit le col & les épaules ; il étoit de lin comme la tunique, il y avoit pardeffus une milote ou peau de mouton.

MAFORTIUM, MAFORIUM, MAVORTE, MAVORTIUM, (*Hift. anc.*) habillement de tête des mariées chez les Romains ; il s'appella dans des tems plus reculés *ricinum*. Les moines le prirent enfuite, il leur couvroit les épaules & le col.

MAFOUTRA, (*Hift. nat. Bot.*) arbre de l'ile de Madagafcar, qui jette une réfine femblable au fang de dragon ; fon fruit a la forme d'une petite poire renverfée, c'eft-à-dire, dont la partie la plus groffe eft du côté de la queue. Ce fruit renferme un noyau, qui contient une amande de la couleur & de l'odeur d'une noix de mufcade. Les habitans en tirent une huile, que l'on dit être un remede fouverain contre les maladies de la peau.

MAFRACH, f. m. (*Hift. mod.*) groffe valife à l'ufage des Perfans opulens ; ils s'en fervent en voyage, elle contient leurs habits, leur linge & leur lit de campagne. Le dedans eft de feutre, & le dehors d'un gros canevas de laine de diverfes couleurs, deux *mafrachs* avec le valet font la charge d'un cheval.

MAGADA, (*Mythol.*) nom fous lequel Vénus étoit connue & adorée dans la baffe-Saxe, où cette déeffe avoit un temple fameux, qui fut refpecté par les Huns & les Wendes ou Vandales, lorfqu'ils ravagerent le pays. On dit que ce temple fubfifta même jufqu'au tems de Charlemagne, qui le renverfa. (*D. J.*)

MAGADE, f. f. (*Mufiq. anc.*) *magadis* ; inftrument de mufique à 20 cordes, qui étant mifes deux à deux, & accordées à l'uniffon ou à l'octave, ne faifoient que fix fons, lorfqu'elles étoient pincées enfemble. De-là vint le mot μαγαδίζειν, qui fignifioit *chanter ou jouer à l'uniffon ou à l'octave* ; c'eft la plus grande étendue de modulation, que les anciens Grecs & & Romains ayent connue jufqu'au fiecle d'Augufte, comme on le voit par Vitruve, qui renferme tout le fyftême de la mufique dans l'étendue de cinq tétracordes, lefquels ne contiennent que vingt cordes. (*D.J.*)

MAGADOXO, (*Géog.*) royaume d'Afrique, fur la côte orientale ; il eft borné au nord, par le royaume d'Adel ; à l'orient, par la côte déferte ; au midi, par les terres de Brava; & à l'occident, par le royaume des Machidas. (*D. J.*)

MAGADOXO, (*Géog.*) ville d'Afrique, capitale du royaume de même nom à l'embouchure de la riviere de *Magadoxo* ; elle eft habitée par des Mahométans : *long*. 62. 50. *lat*. 3. 28. (*D. J.*)

MAGALAISE, (*Hift. nat.*) fubftance minérale. *Voyez* MANGANESE.

MAGARAVA, (*Géog.*) montagne d'Afrique dans le royaume de Trémeçen ; elle eft habitée par des Béréberes de la tribu des Zénetes. (*D. J.*)

MAGARSOS, (*Géog. anc.*) ville d'Afie dans la Cilicie, felon Pline, *l. V. c. xxvij.* qui la place auprès de Mallos & de Tharfe. (*D. J.*)

MAGASIN, f. m. (*Comm.*) lieu où l'on ferre des marchandifes, foit pour les vendre par pieces, ou comme on dit *balles fous cordes*, ainfi que font les Marchauds en gros, foit pour les y conferver jufqu'à ce qu'il fe préfente occafion de les porter à la boutique, comme font les détailleurs ; ces derniers nomment auffi *magafin*, une arriere-boutique où l'on met les meilleures marchandifes, & celles dont on ne veut pas faire de montre. *Dict. de Comm.*

On appelle *marchands en magafin*, celui qui ne tient point de boutique ouverte fur la rue, & qui vend en gros fes étoffes & marchandifes.

Garçon de magafin, eft la même chofe qu'un garçon de boutique. *Voyez* GARÇON.

Garde-magafin, eft celui qui a foin des marchandifes enfermées dans un *magafin*, foit pour les délivrer fur les ordres du maître, foit pour recevoir les nouvelles qui arrivent.

Garde-magafin, fe dit auffi des marchandifes qui font hors de mode, & qui n'ont plus de débit. C'eft dans le commerce en gros ce qu'on appelle dans le commerce en détail, *un garde-boutique. Voyez* BOUTIQUE. *Dict. de Comm.*

Magafin fe dit encore de certains grands paniers d'ofier, que l'on met ordinairement au-devant & au derriere des caroffes, coches, carrioles & autres voitures publiques, pour y mettre des caiffes, malles, ballots, &c. foit des perfonnes qui voyagent par ces voitures, foit d'autres qui envoyent des paquets d'un lieu à un autre, en faifant charger le regiftre ou la feuille du commis, defdites hardes, caiffes, &c. *Diction. du Comm.*

Magafin d'entrepôt, c'eft un *magafin* établi dans certains bureaux des cinq groffes fermes, pour y recevoir les marchandifes deftinées pour les pays étrangers, & où celles qui ont été entrepofées ne doivent & ne payent aucun droit d'entrée & de fortie, pourvu qu'elles foient tranfportées hors du royaume par les mêmes lieux par où elles y font entrées dans les fix mois, après quoi elles font fujettes aux droits d'entrée. *Voyez* ENTRÉE. *Dict. de Comm.*

MAGASIN, *en terme de Guerre*, eft un lieu dans une place fortifiée, où font toutes les munitions, & où travaillent pour l'ordinaire les charpentiers, les charrons, les forgerons, pour les befoins de la place & le fervice de l'Artillerie. *Voyez* ARSENAL & GARDE-MAGASIN. *Chambers*. Ce font auffi des différens amas de vivres & de fourrages que l'on fait pour la fubfiftance des armées en campagne.

Une armée ne fauroit s'avancer fort au-delà des frontieres de l'état fans *magafins*. Il faut qu'elle en ait à portée des lieux qu'elle occupe. On les place fur les derrieres de l'armée, & non avant, afin qu'ils foient moins expofés à être pris ou brûlés par l'ennemi. Les *magafins* doivent être diftribués en plufieurs lieux, les plus à portée del'armée qu'il eft poffible, pour en voiturer furement & commodément les provifions au camp. Il eſt très-important, dans les lieux où l'on a de grands *magaſins*, de veiller ſoigneuſement à leur conſervation, & d'empêcher les eſpions ou gens mal intentionnés d'y mettre le feu. Il ſeroit bien à ſouhaiter que le général eût toujours des états bien exacts de ce qui ſe trouve dans chacun des *magaſins* de l'armée, on éviteroit par-là, dans des circonſtances malheureuſes où l'on ſe trouve obligé de les diſſiper & de les abandonner, l'inconvénient de s'en rapporter pour leur eſtimation à la bonne foi de ceux qui en ſont chargés. D'ailleurs le général ſeroit par-là en état de juger ſi les entrepreneurs des vivres rempliſſent exactement les conditions de leurs marchés pour la quantité des munitions qu'ils doivent fournir. M. de Santacrux prétend qu'il eſt à propos que le général ait des gens affidés qui viſitent les *magaſins*, & qui lui rendent un compte exact de l'état des proviſions pour s'aſſurer ſi elles ſont conformes aux mémoires que les entrepreneurs en donnent. » Parce que ces fortes de gens, dit cet auteur, ſont » dans l'habitude de différer l'exécution des engage-» mens auxquels ils ſont obligés, dans l'eſpérance » de trouver quelque conjoncture favorable d'ache-» ter à bon marché, & de pouvoir faire paſſer pour » bon ce qui eſt gâté, ou de manquer à leur traité » par malice ou par nonchalance, en diſant toujours » que tout eſt prêt; ce qui peut, continue toujours » le même auteur, être cauſe de la perte d'une ar-» mée, qui, ſur cette croyance ſe fera miſe en cam-» pagne ». *Réfl. milit.* de M. le marquis de Santacrux.

MAGASINS A POUDRE, (*Art milit.*) ſont dans l'Art militaire des édifices conſtruits pour ſerrer la poudre, & la mettre à l'abri de tous accidens.

On ne faiſoit point autrefois de *magaſins à poudre*, comme on le pratique actuellement dans notre Fortification moderne. On la ſerroit dans des tours attachées au corps de la place, ce qui étoit ſujet à de grands accidens; car quand le feu venoit à y prendre, ſoit par haſard ou par trahiſon, il ſe formoit une breche dont l'ennemi pouvoit ſe prévaloir, pour ſe procurer la priſe de la place.

Les *magaſins à poudre*, ſuivant le modele de M. le Maréchal de Vauban, ont ordinairement dix toiſes de longueur dans œuvre ſur 25 piés de largeur. Les fondemens des longs côtés ont neuf ou dix piés d'épaiſſeur. Sur ces fondemens on éleve des piés-droits de neuf piés d'épaiſſeur, lorſque la maçonnerie n'eſt pas des meilleures, & de huit piés ſeulement lorſqu'elle ſe trouve compoſée de bons matériaux. On leur donne huit piés de hauteur au-deſſus de la retraite, de ſorte que quand le plancher du *magaſin* eſt élevé au-deſſus du rez-de-chauſſée, autant qu'il eſt néceſſaire pour le mettre à l'abri de l'humidité, il reſte à-peu-près ſix piés depuis l'aire du plancher juſqu'à la naiſſance de la voûte. Cette voûte qui eſt à plein cintre, a trois piés d'épaiſſeur au milieu des reins; elle eſt compoſée de quatre voûtes de briques répétées l'une ſur l'autre; l'extradoſs de la derniere eſt terminée en pente, dont la direction ſe détermine en donnant huit piés d'épaiſſeur au-deſſus de la clef, ce qui rend l'angle du faîte un peu plus ouvert qu'un droit.

Les pignons ſe font chacun de quatre piés d'épaiſſeur, élevés juſqu'aux pentes du toit, & même un peu au-deſſus. Les piés droits ou longs côtés ſe ſoutiennent par quatre contreforts de ſix piés d'épaiſſeur & de quatre de longueur, eſpacés de douze piés les uns des autres.

Dans le milieu de l'intervalle d'un contrefort à l'autre, on pratique des évents pour donner de l'air aux *magaſins*; les dez de ces évents ont ordinairement un pié & demi en tout ſens, & l'eſpace vuide pratiqué autour, ſe fait de trois pouces de largeur, contourné de maniere qu'ils aboutiſſent au parement

extérieur & intérieur en forme de creneaux. Ces dés ſervent à empêcher que des gens mal intentionnés ne puiſſent jetter quelque feu d'artifice pour faire ſauter le *magaſin*. Pour prévenir ce malheur, il eſt encore à propos de fermer les fentes des évents par pluſieurs plaques de fer percées, parce qu'autrement on pourroit attacher à la queue de quelque petit animal une meche ou quelqu'autre artifice, pour lui faire porter le feu dans les *magaſins*; ce qui ſeroit pas difficile, puiſqu'on a trouvé pluſieurs fois dans les *magaſins* à poudre des coquilles d'œufs & des volailles que les fouines y avoient portées. *Science des Ingénieurs* par M. Belidor.

Les *magaſins à poudre* ainſi conſtruits, ſont voûtés à l'épreuve de la bombe. Il ne leur eſt arrivé aucun accident à cet égard dans les villes qui ont le plus ſouffert des bombes; il en eſt tombé plus de 80 ſur un des *magaſins* de Landau, ſans qu'il en ait été endommagé. La même choſe eſt arrivé dans les ſieges de pluſieurs autres villes, notamment au ſiege de Tournay de 1709; les alliés jetterent plus de 45000 bombes dans la citadelle, dont le plus grand nombre tomba ſur deux *magaſins* qui n'en furent point ébranlés.

Les *magaſins* à poudre ſe placent ordinairement dans le milieu des baſtions vuides : ils ſont les plus iſolés de la place en cas d'accidens, & ils ſont entierement cachés à l'ennemi par la hauteur du rempart. Il y a cependant des ingénieurs qui les font auſſi conſtruire le long des courtines, afin de ſe conſerver tout l'eſpace du baſtion, pour y former différens retranchemens en cas de beſoin.

Pour empêcher qu'on n'approche des *magaſins*, on leur fait un mur de cloture à douze piés de diſtance tout autour. On lui donne un pié & demi d'épaiſſeur, & neuf ou dix de hauteur.

La poudre, qui eſt en baril, s'arrange dans le *magaſin* ſur des eſpeces de chantiers, à-peu-près comme on arrange des pieces de vin dans une cave.

MAGASIN GÉNÉRAL D'UN ARSENAL DE MARINE, (*Marine.*) eſt en France celui où ſe mettent & ſe diſtribuent les choſes néceſſaires pour les armemens des vaiſſeaux du roi.

Magaſin particulier, c'eſt celui qui renferme les agrès & apparaux d'un vaiſſeau particulier. *Voyez Pl. VII.* (*Marine.*) le plan d'un arſenal de Marine, avec ſes parties de détail, où ſont les *magaſins* généraux & particuliers.

MAGASINER, v. act. (*Commerce.*) mettre des marchandiſes en magaſin. *Voyez* MAGASIN.

MAGASINIER, ſubſt. m. (*Commerce.*) garçon ou commis qui eſt chargé du détail d'un magaſin. C'eſt la même choſe que garde - magaſin. Ce terme eſt moins uſité dans le commerce que parmi les munitionnaires & entrepreneurs des vivres pour les armées & dans les arcenaux du roi. *Diction. de comm. tome III. pag.* 223.

MAGDALA, (*Géograp.*) *Magdala, magdalum, magdolum* ou *migdole*, ſont autant de termes qui ſignifient une *tour*. Il ſe trouve quelquefois ſeul, & quelquefois joint à un autre nom propre. Ainſi *Magdalel* ſignifie la tour de Dieu; *Magdal-gad*, la tour de Gad. (*D. J.*)

MAGDALA, (*Géog. ſacrée.*) ville de la Paleſtine, proche de Tibériade & de Chammatha, à une journée de Gadara. Il eſt dit dans S. Matthieu, *ch. xiij. v.* 39. que Jeſus ſe rendit aux confins de *Magdala*, & quelques manuſcrits portent *Magédan*. (*D. J.*)

MAGDALENA, (*Géog.*) c'eſt-à-dire en françois baie de la Magdeleine, baie de l'Amérique ſeptentrionale au midi de la Californie, à l'orient de la baie de S. Martin, vers les 263 degrés de longitude, & les 25 degrés de latitude nord. (*D. J.*)

MAGDALÉON, ſ. m. (*Pharmacie.*) petit rouleau ou cylindre, sous la forme duquel on garde les emplâtres dans les boutiques. Pour mettre un emplâtre en *magdaleon*, on prend la masse presque refroidie, & on la roule par parties avec le plat de la main sur un marbre légerement frotté d'huile. On donne à tous les rouleaux un diametre à-peu-près égal, une longueur aussi à-peu-près pareille, & un poids déterminé, ce poids est d'une once le plus communément. On recouvre chacun de ces *magdaleons* d'un papier blanc qui y adhere suffisamment, & qu'on arrête d'ailleurs en l'enfonçant par des petites coches faites avec la lame des ciseaux dans un des bouts du *magdaleon*, de façon que le milieu de l'aire du cylindre reste à nud pour pouvoir reconnoître facilement l'espece d'emplâtre; & en fixant l'autre extrémité du papier en le pliant & le redoublant sur lui-même de la même maniere qu'on ferme les paquets chez les apoticaires & chez les épiciers. (*b*)

MAGDEBOURG, LE DUCHÉ DE, (*Géogr.*) pays d'Allemagne au cercle de la basse Saxe. C'étoit autrefois le diocèse & l'état souverain de l'archevêque de *Magdebourg*; c'est à présent un duché, depuis qu'il a été sécularisé par les traités de paix de Westphalie, en faveur de l'électeur de Brandebourg, roi de Prusse, qui en jouit. La confession d'Augsbourg s'y est introduite sous la régence de ses ayeux. La capitale de ce beau duché est *Magdebourg*. *Voyez-en l'article*. (*D. J.*)

MAGDEBOURG, *Magdeburgum*, (*Géog.*) ancienne, forte, belle & commerçante ville d'Allemagne, capitale du cercle de la basse Saxe & du duché de même nom, autrefois impériale & anséatique, avec un archevêché dont l'archevêque étoit souverain, & prenoit la qualité de primat de Germanie; mais en 1666 cet archevêché a été sécularisé par le traité de Westphalie, & cédé au roi de Prusse, outre que la ville avoit déjà embrassé la confession d'Augsbourg.

Quelques auteurs prennent cette ville pour le *Mesovium* de Ptolomée. Bertius est même fondé à tirer son étymologie de *Magd*, vierge, & de *Burg*; car Othon en fit un présent de nôces à Edithe sa femme, l'entoura de murs, lui donna des priviléges, & obtint du pape que son évêché seroit érigé en siége archiépiscopal; ce qui fut fait en 968.

On ne sçauroit dire combien cette ville a souffert par les guerres & autres accidens, non-seulement avant le regne d'Othon, mais depuis même qu'elle eut monté par les soins de ce monarque, à un haut degré de splendeur. Avant lui, Charlemagne avoit pris plaisir à l'embellir; mais les Wendes la ravagerent à diverses reprises. En 1013 elle fut ruinée par Boleslas, roi de Pologne; réduite en cendres par un incendie en 1180; ravagée en 1214 par l'empereur Othon IV. assiégée en 1547 & 1549; saccagée en 1631 par les Impériaux qui la prirent d'assaut, & commirent tous les desordres imaginables, & finirent par la brûler.

Elle est sur l'Elbe, à 9 milles d'Halberstat, 11 de Brandebourg, 12 N. E. de Wittemberg, 35 S. O. d'Hambourg, & 98 N. E. de Vienne. *Long.* selon Bertins, 83. 50. *lat.* 62. 18.

Magdebourg est la patrie d'Othon de Guérike & de Georges-Adam Struve. Guérike devint bourguemestre de cette ville, lui rendit de grands services par ses négociations, & se fit un nom célebre par son invention de la pompe pneumatique. Il décéda en 1686, âgé de 84 ans. Struve est connu des jurisconsultes par des ouvrages estimés, & en particulier par son *Syntagma Juris civilis*. Il mourut en 1692, âgé de 73 ans.

MAGDELAINE, (*Hist. eccl.*) religieuses de la *Magdelaine*, Il y a plusieurs sortes de religieuses qui portent le nom de Sainte *Magdelaine*, qu'en bien des endroits le peuple appelle *Magdelonnettes*.

Telles sont celles de Mets établies en 1452; celles de Paris, qui ne le furent qu'en 1492; & celles de Naples fondées en 1324, & dotées par la reine Sanche d'Arragon, pour servir de retraite aux pécheresses, & celles de Rouen & de Bordeaux, qui prirent naissance à Paris en 1618.

Il y a trois sortes de personnes & de congrégations dans ces monasteres. La premiere est de celles qui sont admises à faire des vœux: elles portent le nom de la *Magdelaine*. La congrégation de Sainte Marthe est la seconde, composée de celles qui ne peuvent être admises, & qu'on ne juge pas à-propos d'admettre aux vœux. La congrégation du Lazare, est de celles qui sont dans ces maisons par force.

Les religieuses de la *Magdelaine* à Rome, dites *les converties*, furent établies par Leon X. Clement VIII. assigna pour celles qui y seroient renfermées, cinquante écus d'aumône par mois, & ordonna que tous les biens des femmes publiques qui mourroient sans tester, appartiendroient à ce monastere, & que le testament de celles qui en feroient, seroit nul, si elles ne lui laissoient au-moins le cinquieme de leurs biens. *Voyez le Dict. de Trévoux.*

MAGDOLOS, (*Géog. anc.*) ville d'Egypte dont parlent Jérémie, *c. xlvj*, Hérodote & Etienne le géographe. L'itinéraire d'Antonin semble la placer aux environs du Delta, à douze milles de Péluse. (*D. J.*)

MAGES, SECTE DES, (*Hist. de l'Idol. orient.*) Secte de l'Orient, diamétralement opposée à celle des Sabéens. Toute l'idolâtrie du monde a été long-tems partagée entre ces deux sectes. *Voyez* SABÉENS, *Secte des*.

Les *Mages*, ennemis de tout simulacre que les Sabéens adoroient, révéroient dans le feu qui donne la vie à la nature, l'emblème de la Divinité. Ils reconnoissoient deux principes, l'un bon, l'autre mauvais; ils appelloient le bon *yardan* ou *omuzd*, & le mauvais, *ahraman*.

Tels étoient les dogmes de leur religion, lorsque Smerdis, qui la professoit, ayant usurpé la couronne après la mort de Cambyse, fut assassiné par sept seigneurs de la premiere noblesse de Perse; & le massacre s'étendit sur tous ses sectateurs.

Depuis cet incident, ceux qui suivirent le magianisme, furent nommés *Mages* par dérision; car *mige-gush* en langue persane, signifie un homme qui a les oreilles coupées; & c'est à cette marque que leur roi Smerdis avoit été reconnu.

Après la catastrophe dont nous venons de parler, la secte des *Mages* sembloit éteinte, & ne jettoit plus qu'une foible lumiere parmi le peuple, lorsque Zoroastre parut dans le monde. Ce grand homme, né pour donner par la force de son génie un culte à l'univers, comprit peut-être qu'il pourroit faire revivre une religion qui pendant tant de siecles avoit été la religion dominante des Medes & des Perses.

Ce fut en Médie, dans la ville de Xiz, disent quelques-uns, & à Ecbatane, selon d'autres, qu'il entreprit vers l'an 36 du regne de Darius, successeur de Smerdis, de ressusciter le magianisme & le réformant.

Pour mieux réussir dans son projet, il enseigna qu'il y avoit un principe supérieur aux deux autres que les *Mages* adoptoient; sçavoir, un Dieu suprême, auteur de la lumiere & des ténebres. Il fit élever des temples pour célébrer le culte de cet être suprême; & pour conserver le feu sacré à l'abri de la pluie, des vents & des orages. Il confirma ses sectateurs dans la persuasion que le feu étoit le symbole

bole de la préfence divine. Il établit que le soleil étant le feu le plus parfait, Dieu y réfidoit d'une maniere plus glorieufe que partout ailleurs, & qu'après le soleil on devoit regarder le feu élémentaire comme la plus vive repréfentation de la Divinité.

Voulant encore rendre les feux facrés des temples qu'il avoit érigés, plus vénérables aux peuples, il feignit d'en avoir apporté du ciel ; & l'ayant mis de fes propres mains fur l'autel du premier temple qu'il fit bâtir, ce même feu fut répandu dans tous les autres temples de fa religion. Les prêtres eurent ordre de veiller jour & nuit à l'entretenir fans ceffe avec du bois fans écorce, & cet ufage fut rigoureufement obfervé jufqu'à la mort d'Yuzdejerde, dernier roi des Perfes de la religion des *Mages*, c'eſt-à-dire pendant environ 1150 ans.

Il ne s'agiſſoit plus que de fixer les rites religieux & la célébration du culte divin ; le réformateur du magianifme y pourvut par une liturgie qu'il compofa, qu'il publia, & qui fut ponctuellement fuivie. Toutes les prieres publiques fe font encore dans l'ancienne langue de Perfe, dans laquelle Zoroaftre les a écrites il y a 2245 ans, & ; ar conféquent le peuple n'en entend pas un feul mot.

Zoroaftre ayant établi folidement fa religion en Médie, paffa dans la Bactriane, province la plus orientale de la Perfe, où fe trouvant appuyé de la protection d'Hyftafpe, pere de Darius, il éprouva le même fuccès. Alors tranquille fur l'avenir, il fit un voyage aux Indes, pour s'y inftruire à fond des fciences des Brachmanes. Ayant appris d'eux tout ce qu'il defiroit favoir de Métaphyfique, de Phyfique, & de Mathématique, il revint en Perfe, & fonda des écoles pour y enfeigner ces mêmes fciences aux prêtres de fa religion ; en forte qu'en peu de tems *favant* & *mage* devinrent des termes fynonymes.

Comme les prêtres *mages* étoient tous d'une même tribu, & que nul autre qu'un fils de prêtre, ne pouvoit prétendre à l'honneur du facerdoce, ils réferverent pour eux leurs connoiffances, & ne les communiquerent qu'à ceux de la famille royale qu'ils étoient obligés d'inftruire pour les mieux former au gouvernement. Auffi voyons-nous toujours quelques-uns de ces prêtres dans le palais des rois, auxquels ils fervoient de précepteurs & de chapelains tout enfemble. Tant que cette fecte prévalut en Perfe, la famille royale fut cenfée appartenir à la tribu facerdotale, foit que les prêtres efpéraffent s'attirer par ce moyen plus de crédit, foit que les rois cruffent par efprit de religion perfonne plus facrée, foit enfin par l'un & l'autre de ces motifs.

Le facerdoce fe divifoit en trois ordres, qui avoient au-deffus d'eux un *archimage*, chef de la religion, comme le grand facrificateur l'étoit parmi les Juifs. Il habitoit le temple de Balck, où Zoroaftre lui-même réfida long-tems en qualité d'*archimage* ; mais après que les Arabes eurent ravagé la Perfe dans le feptieme fiecle, l'*archimage* fut obligé de fe retirer dans le Kerman, province de Perfe ; & c'eſt-là que jufqu'ici fes fucceffeurs ont leur réfidence. Le temple de Kerman n'eſt pas moins refpecté de nos jours de ceux de cette fecte, que celui de Baleh l'étoit anciennement.

Il ne manquoit plus au triomphe de Zoroaftre, que d'établir fa réforme dans la capitale de Perfe. Ayant bien médité ce projet épineux, il fe rendit à Suze auprès de Darius, & lui propofa la doctrine avec tant d'art, de force & d'adreffe, qu'il la gagna, & en fit fon profélyte le plus fincere & le plus zélé. Alors à l'exemple du prince, les courtifans, la nobleffe, & tout ce qu'il y avoit de perfonnes de diftinction dans le royaume, embrafferent le *Magianiſme*. On comptoit parmi les nations qui le profef-

foient, les Perfes, les Parthes, les Bactriens, les Chowarefmiens, les Saces, les Medes, & plufieurs autres peuples barbares, qui tomberent fous la puiffance des Arabes dans le feptieme fiecle.

Mahomet tenant le fceptre d'une main & le glaive de l'autre, établit dans tous ces pays là le Mufulmanifme. Il n'y eut que les prêtres *mages* & une poignée de dévots, qui ne voulurent point abandonner une religion qu'ils regardoient comme la plus ancienne & la plus pure, pour celle d'une fecte ennemie, qui ne faifoit que de naître. Ils fe retirerent aux extrémités de la Perfe & de l'Inde. « C'eſt là qu'ils vivent » aujourd'hui fous le nom de *Gaures* ou de *Guebres*, » ne fe mariant qu'entr'eux, entretenant le feu fa-» cré, fideles à ce qu'ils connoiffent de leur ancien » culte, mais ignorans, méprifés, & à leur pauvreté » près, femblables aux Juifs, fi long-tems difperfés » fans s'allier aux autres nations ; & plus encore aux » Banians, qui ne font établis & difperfés que dans » l'Inde ».

Le livre qui contient la religion de Zoroaftre, & qu'il compofa dans une retraite, fubfifte toujours ; on l'appella *zenda vefta*, & par contraction *zend*. Ce mot fignifie originairement, *allume feu* ; Zoroaftre par ce titre expreffif, & qui peut nous fembler bifarre, a voulu infinuer que ceux qui liroient fon ouvrage, fentiroient allumer dans leur cœur le feu de l'amour de Dieu, & du culte qu'il lui faut rendre. On allume le feu dans l'Orient, en frottant deux tiges de rofeaux l'une contre l'autre, jufqu'à ce que l'une s'enflamme ; & c'eſt ce que Zoroaftre efpéroit que fon livre feroit fur les cœurs. Ce livre renferme la liturgie & les rites du Magianifme. Zoroaftre feignit l'avoir reçu du Ciel, & on en trouve encore des exemplaires en vieux caracteres perfans. M. Hyde qui entendoit le vieux perfan comme le moderne, avoit offert de publier cet ouvrage avec une verfion latine, pourvu qu'on l'aidât à foutenir les frais de l'impreffion. Faute de ce fecours, qui ne lui manqueroit pas aujourd'hui dans fa patrie, ce projet a échoué au grand préjudice de la république des lettres, qui tireroit de la traduction d'un livre de cette antiquité, des lumieres précieufes fur cent chofes dont nous n'avons aucune connoiffance. Il fuffit pour s'en convaincre, de lire fur les *Mages* & le Magianifme, le bel ouvrage de ce favant anglois, *de religione veterum Perfarum*, & celui de Pocock fur le même fujet. Zoroaftre finit fes jours à Balk, où il régna par rapport au fpirituel fur l'empire, avec la même autorité que le roi de Perfe par rapport au temporel. Les prodiges qu'il a opérés en matiere de religion, par la fublimité de fon génie, orné de toutes fes connoiffances humaines, font des merveilles fans exemple. (*D. J.*)

MAGES, (*Théologie.*) des quatre Evangéliftes, faint Matthieu eſt le feul qui faffe mention de l'adoration des *mages* qui vinrent exprès d'Orient, de la fuite de Jofeph en Egypte avec fa famille, & du maffacre des Innocens qui fe fit dans Bethléem & fes environs par les ordres cruels d'Hérode l'ancien, roi de Judée. Quoique cette autorité fuffife pour établir la croyance de ce fait dans l'efprit d'un chrétien, & que l'hiftoire nous peigne Hérode comme un prince foupçonneux & fans ceffe agité de la crainte que fon fceptre ne lui fût enlevé, & qui facrifiant tout à cette jaloufie outrée de puiffance & d'autorité, ne balança pas à tremper fes mains dans le fang de fes propres enfans : cependant il y a des difficultés qu'on ne fauroit fe diffimuler, tel eſt le filence des trois autres évangéliftes, celui de l'hiftorien Jofephe fur un événement auffi extraordinaire, & la peine qu'on a d'accorder le récit de faint Luc avec celui de faint Matthieu.

Saint Matthieu dit que Jefus étant né à Bethléem

de Juda, les *Mages* vinrent d'Orient à Jérusalem pour s'informer du lieu de sa naissance, le nommant roi des Juifs : *ubi est qui natus est rex Judæorum?* qu'Hérode & toute la ville en furent allarmés; mais que ce prince prenant le parti de dissimuler, fit assembler les principaux d'entre les prêtres, pour savoir d'eux où devoit naître le Christ ; que les prêtres lui répondirent que c'étoit à Bethléem de Juda ; qu'Hérode laissa partir les *Mages* pour aller adorer le Messie nouveau né ; qu'il se contenta de leur demander avec instance de s'informer avec soin de tout ce qui concernoit cet enfant, afin qu'étant lui-même instruit, il pût, disoit-il, lui rendre aussi ses hommages ; mais que son dessein secret étoit de profiter de ce qu'il apprendroit, pour lui ôter plus sûrement la vie ; que les *Mages*, après avoir adoré Jesus-Christ, & lui avoir offert leurs présens, avertis par Dieu même, prirent pour s'en retourner une route différente de celle par laquelle ils étoient venus, évitant ainsi de reparoître à la cour d'Hérode ; que Joseph reçut par un ange l'ordre de se soustraire à la colere de ce prince en fuyant en Egypte avec sa famille ; qu'Hérode voyant enfin que les *Mages* lui avoient manqué de parole, fit tuer tous les enfans de Bethléem & des environs depuis l'âge de deux ans & au-dessous, selon le tems de l'apparition de l'étoile ; qu'après la mort de ce prince, Joseph eut ordre de retourner avec l'enfant & sa mere dans la terre d'Israël ; mais qu'ayant appris qu'Archelaüs fils d'Hérode, régnoit dans la Judée, il craignit, & n'osa y aller demeurer ; de sorte que sur un songe qu'il eut la nuit, il résolut de se retirer en Galilée, & d'établir son séjour à Nazareth, afin que ce que les Prophetes avoient dit fût accompli, que Jesus seroit nommé Nazaréen : *& venit in terram Israel, audiens autem quod Archelaus regnaret in Judæâ pro Herode patre suo, timens illò ire, & admonitus somnis, secessit in partes Galilææ & veniens habitavit in civitate quæ vocatur Nazareth, ut adimpleretur quod dictum est per Prophetas, quoniam Nazareus vocabitur.*

L'évangéliste distingue là Bethléem par le territoire où elle étoit située, afin qu'on ne la confondit pas avec une autre ville de même nom, située dans la Galilée, & dans la tribu de Zabulon.

Saint Luc commence son évangile par nous assurer qu'il a fait une recherche exacte & particuliere de tout ce qui regardoit notre Sauveur, *assecuto à principio omnia diligenter.* En effet, il est le seul qui nous ait raconté quelque chose de l'enfant Jesus. Après ce prélude sur son exactitude historique, il dit que l'ange Gabriel fut envoyé de Dieu dans une ville de Galilée, nommée Nazareth, à une vierge nommée Marie, épouse de Joseph, de la famille de David; que César ayant ensuite ordonné par un édit, que chacun se feroit inscrire, selon sa famille, dans les registres publics dressés à cet effet: Joseph & Marie monterent en Judée, & allerent à Bethléem se faire inscrire, parce que c'étoit dans cette ville que se tenoient les registres de ceux de la famille de David ; que le tems des couches de Marie arriva précisément dans cette circonstance ; que les bergers de la contrée furent avertis par un ange de la naissance du Sauveur; qu'ils vinrent aussi-tôt l'adorer ; que huit jours après on circoncit l'enfant, qui fut nommé Jesus; qu'après le tems de la purification marqué par la loi de Moïse, c'est-à-dire huit jours immondes & trente-trois d'attente, on porta l'enfant à Jérusalem pour le présenter au Seigneur, & faire l'offrande accoûtumée pour les aînés ; que ce précepte de la loi accompli, Joseph & Marie revinrent en Galilée avec leur fils, dans la ville de Nazareth leur demeure, *in civitatem suam Nazareth* ; que l'enfant y fut élevé croissant en âge & en sagesse ; que ses parens ne manquoient point d'aller tous les ans une fois à Jérusalem ; qu'ils l'y perdirent lorsqu'il n'avoit que douze ans ; & qu'après l'avoir cherché avec beaucoup d'inquiétude, ils le trouverent dans le temple disputant au milieu des docteurs, *& ut perfecerunt omnia secundum legem Domini, reversi sunt in Galilæam in civitatem suam Nazareth. Puer autem crescebat & confortabatur plenus sapientiâ, & gratiâ Dei erat in illo, & ibant parentes ejus per omnes annos in Jerusalem, in die solemni paschæ.*

Tels sont les récits différens des deux évangélistes. Examinons-les maintenant en détail. 1°. S. Mathieu ne dit rien de l'adoration des bergers, mais il n'oublie ni celle des *Mages*, ni la cruauté d'Hérode, deux événemens qui mirent Jérusalem dans le mouvement & le trouble. S. Luc qui se pique d'être minutieux, comme il le dit lui-même, *multi quidem conati sunt ordinare narrationem quæ in nobis completæ sunt rerum ; visum est & mihi assecuto omnia à principio diligenter : ex ordine, tibi scribere, optime Theophile, ut cognoscas eorum verborum de quibus eruditus es veritatem ;* cependant il se tait de l'adoration des *Mages* & de la fuite de Joseph en Egypte, & du massacre des innocens. Pouvoit-il ignorer des faits si publics, si marqués, si singuliers, s'ils sont véritablement arrivés ? & s'il n'a pu les ignorer, quelle apparence que lui, qui affecte plus d'exactitude que les autres, les ait omis ? n'est-ce pas là un préjugé contre saint Matthieu ?

2°. S. Mathieu dit qu'après le départ des *Mages* de Bethléem, Joseph alla en Egypte avec l'enfant & Marie, & qu'il y demeura jusqu'à la mort d'Hérode. Saint Luc dit qu'ils demeurerent à Bethléem jusqu'à ce que le tems marqué pour la purification de la femme accouchée fût accompli ; qu'alors on porta l'enfant à Jérusalem pour l'offrir à Dieu dans le temple, où Siméon & la prophétesse Anne eurent le bonheur de le voir ; que de-là ils retournerent à Nazareth, où Jesus fut élevé au milieu de sa famille ; & que ses parens ne manquoient pas d'aller chaque année à Jérusalem, dans le tems de la pâque, avec leur fils, & qu'il y arriva de se dérober une fois de leur compagnie pour aller disputer dans les écoles des docteurs, quoiqu'il n'eût encore que douze ans. Quand est-il donc allé en Egypte ? quand est-ce que les *Mages* l'ont adoré ? Ce dernier fait s'est passé à Bethléem, à ce que dit S. Matthieu ; il faut donc que ce soit pendant les quarante jours que Joseph & Marie y séjournerent en attendant le tems de la purification. Pour le voyage d'Egypte, si Joseph en reçut l'ordre immédiatement après l'adoration des *Mages*, ensorte qu'en même tems que ceux-ci évitoient la rencontre d'Hérode par un chemin, celui-ci en évitoit la colere en fuyant en Egypte : comment ce voyage d'Egypte s'arrangera-t-il avec le voyage de Bethléem à Jérusalem, entrepris quarante jours après la naissance de Jesus, avec le retour à Nazareth, & les voyages faits tous les ans à la capitale, expressément annoncés par S. Luc ? Pour placer la fuite en Egypte immédiatement après l'adoration des *Mages*, reculera-t-on celle-ci jusqu'après la purification, lorsque Jesus ni sa famille n'étoient plus à Bethléem ? Ce seroit nier le fond de l'histoire pour en défendre une circonstance. Reculera-t-on la fuite de Joseph en Egypte jusqu'à un tems plus commode, & les promenera-t-on à Jérusalem & de-là à Nazareth, comme le dit S. Luc ? Mais combien de préjugés contre cette supposition ? Le premier, c'est que le récit de S. Matthieu semble marquer évidemment que Joseph alla de Bethléem en Egypte immédiatement après l'adoration des *Mages*, & peu de tems après la naissance de Jesus. Le second, qu'il ne falloit pas un long tems pour qu'Hérode fût informé du départ des *Mages*, Bethléem n'étant pas fort éloignée de Jérusalem, & la jalousie d'Hérode le tevant très-attentif ; aussi ne tarda-t-il guère à exercer sa cruauté ; son ordre inhumain d'égorger les enfans fut expédié aussi-tôt qu'il connut que les *Mages* l'avoient trompé, *videns quod illusus esset à Magis, misit, &c.* On ne peut donc laisser à Joseph le tems d'aller à Jérusalem & de-là à Nazareth, avant que d'avoir prévenu par sa fuite les mauvais desseins d'Hérode. Le troisieme, c'est que le commandement fait à Joseph pressoit, puisqu'il partit dès la nuit, *qui consurgens accepit puerum & matrem ejus nocte, & secessit in Ægyptum.* Et comment dans la nécessité pressante d'échapper à Hérode lui auroit-il été enjoint d'aller de Nazareth en Egypte, c'est-à-dire de retourner à Jérusalem où étoit Hérode, & de passer du côté de Bethléem où ce prince devoit chercher sa proie, afin de traverser toute la terre d'Israël & le royaume de Juda, pour chercher l'Egypte à l'autre bout ; car on fait que c'est là le chemin. Etant à Nazareth, il étoit bien plus simple de fuir du côté de Syrie, & il y a toute apparence que S. Matthieu n'envoye Jesus en Egypte que parce que cette contrée étoit bien plus voisine du lieu où Joseph séjournoit alors ; c'est-à-dire que cet évangéliste suppose manifestement par son récit que le départ de la sainte famille fut de Bethléem & non de Nazareth. Le quatrieme, c'est qu'Hérode devoit chercher à Bethléem & non à Nazareth ; que ce fut sur cette premiere ville & non sur l'autre que tomba la fureur du tyran, & que par conséquent Joseph ne devoit fuir avec son dépôt que de Bethléem & non de Nazareth, où il étoit en sûreté. Le cinquieme, c'est que S. Luc nous fait entendre que Jesus, après son retour à Nazareth, n'en sortit plus que pour aller tous les ans à Jérusalem avec ses parens, & que c'est là que se passerent les premieres années de son enfance, & non en Egypte.

3°. Il semble que S. Matthieu ait ignoré que Nazareth étoit le séjour ordinaire de Joseph & de Marie, & que la naissance de Jesus à Bethléem n'a été qu'un effet du hasard ou de la Providence, une suite de la description des familles ordonnée par César. Car après avoir dit simplement que Jesus vint au monde dans la ville de Bethléem, y avoir conduit les *Mages* & l'avoir fait sauver devant la persécution d'Hérode ; quand après la mort de ce prince, il se propose de le ramener dans son pays, il ne le conduit pas directement à Nazareth en Galilée, mais dans la Judée où Bethléem est située, & ce n'est qu'à l'occasion de la crainte que le fils d'Hérode n'eût hérité de la cruauté de son pere, que S. Matthieu résout Joseph à se retirer à Nazareth en Galilée, & non dans son ancienne demeure, afin que les prophéties qui disoient que Jesus seroit nommé *Nazaréen* fussent accomplies. De sorte que la demeure du Sauveur dans Nazareth n'a été, selon S. Mathieu, qu'un événement fortuit, ou la suite de l'ordre de Dieu à l'occasion de la crainte de Joseph, pour l'accomplissement des prophéties. Au lieu que dans S. Luc, c'est la naissance du Sauveur à Bethléem qui devient un événement fortuit, ou arrangé pour l'accomplissement des prophéties à l'occasion de l'édit de César ; & son séjour à Nazareth n'a rien de singulier, c'est une chose naturelle ; Nazareth est le lieu où demeuroit Joseph & Marie, où l'ange fit l'annonciation, d'où ils partirent pour aller à Bethléem se faire inscrire, & où ils retournerent, après l'accomplissement du précepte pour la purification des femmes accouchées & l'offrande des aînés.

Voilà les difficultés qu'on fait naître, de la part des antichrétiens, la diversité des évangiles sur l'adoration des *Mages*, l'apparition de l'étoile, la fuite de Joseph en Egypte, & le massacre des innocens. Que s'ensuit-il ? rien ; rien ni sur la vérité de la religion, ni sur la sincérité des historiens sacrés.

Il y a bien de la différence entre la vérité de la religion & la vérité de l'histoire, entre la certitude d'un fait, & la sincérité de celui qui le raconte.

La foi & la morale, c'est-à-dire le culte que nous devons à Dieu par la soumission du cœur & de l'esprit, sont l'unique & le principal objet de la révélation, &, autant qu'il est possible & raisonnable, les faits & les circonstances historiques qui en accompagnent le récit.

C'est en ce qui regarde ce culte divin & spirituel que Dieu a inspiré les écrivains sacrés, & conduit leur plume d'une maniere particuliere & infaillible. Pour ce qui est du tissu de l'histoire & des faits qui y sont mêlés, il l'a laissé écrire naturellement, comme d'honnêtes gens écrivent, dans la bonne foi & selon leurs lumieres, d'après les mémoires qu'ils ont trouvés & crus véritables.

Ainsi les faits n'ont qu'une certitude morale plus ou moins forte, selon la nature des preuves & les regles d'une critique sage & éclairée ; mais la religion a une certitude infaillible, appuyée non-seulement sur la vérité des faits qui y ont connexion, mais encore sur l'infaillibilité de la révélation & l'évidence de la raison.

Le doigt de Dieu se trouve marqué dans tout ce qui est de lui. Le Créateur a gravé lui-même dans sa créature ce qu'il inspiroit aux prophetes & aux apôtres, & la raison est le premier rayon de sa lumiere éternelle, une étincelle de sa science. C'est delà que la religion tient sa certitude, & non des faits que M. l'abbé d'Houteville, ni Abadie, ni aucun autre docteur ne pourra jamais mettre hors de toute atteinte, lorsque les difficultés seront proposées dans toute leur force.

MAGES *étoile des*, (*Ecrit. sac.*) Il y a différens sentimens sur la nature de l'étoile qui apparut aux *Mages*. Beaucoup de savans ont pensé que cette étoile étoit quelque phenomene en forme d'astre, qui ayant été remarqué par les *Mages* avec des circonstances extraordinaires, leur parut être l'étoile prédite par Balaam, & conséquemment ils se déterminerent à la suivre pour chercher le roi dont elle annonçoit la venue ; mais l'opinion particuliere de M. Benoît, illustre théologien, né à Paris dans le dernier siecle, & mort en Hollande en 1728, m'a paru d'un goût si singulier, & remplie d'idées si neuves, que je crois faire plaisir à bien des personnes, au lieu de l'exposer ici dans toute son étendue, de les renvoyer à ce qu'en a dit M. Chaufepié dans son dictionnaire.

MAGE, (*Jurisprud.*) *Juge-mage, quasi major judex*, est le titre que l'on donne en quelques villes de Languedoc, comme à Toulouse au lieutenant du Sénéchal. (*A*)

MAGEDAN, (*Géog. sacrée.*) lieu de la Palestine, dans le canton de Dalmanutha. Saint Marc, *c. viij. ỳ. x.* dit que Jesus-Christ s'étant embarqué sur la mer de Tibériade avec ses disciples, vint à Dalmanutha (saint Matthieu dit *Magedan*, & dans le grec *Magdala.*) Il est assez vraisemblable que *Médan*, *Magedam*, *Delmana*, & *Delmanutha* sont un même lieu près de la source du Jourdain nommé *Dan*, au pié du mont Liban. (*D. J.*)

MAGELLAN, *Détroit de* (*Géog.*) celebre dans l'Amérique septentrionale.

Ce fut en 1519, dans le commencement des conquêtes espagnoles en Amérique, & au milieu des grands succès des Portugais en Asie & en Afrique, que Ferdinand Magalhaens, que nous nommons *Magellan*, découvrit pour l'Espagne le fameux détroit qui porte son nom ; qu'il entra le premier dans la mer du Sud ; & qu'en voguant de l'occident à l'orient, il trouva les îles qu'on nomme depuis *Mariannes*, & une des Philippines, où il perdit la vie. Magellan étoit un portugais auquel on avoit refusé une augmentation de paye de six écus. Ce refus le détermina à servir l'Espagne, & à chercher par l'Amérique un passage, pour aller partager les possessions des Portugais en Asie.

Le *détroit de Magellan* est selon Acosta, sur 42 degrés ou environ de la ligne vers le sud. Il a de longueur 80 ou 100 lieues d'une mer à l'autre, & une lieue de large dans l'endroit où il est le plus étroit.

Nous avons plusieurs cartes estimées du *détroit de Magellan* ; mais la meilleure au jugement de milord Anson, est celle qui a été dressée par le chevalier Narborough. Elle est plus exacte dans ce qu'elle contient, & est à quelques égards supérieure à celle du docteur Halley, particulierement dans ce qui regarde la longitude de ce détroit & celle de ses différentes parties.

Les Espagnols, les Anglois, & les Hollandois ont souvent entrepris de passer ce détroit malgré tous les dangers. Le chevalier François Drake étant entré dans la mer du Sud, y éprouva une si furieuse tempête pendant cinquante jours, qu'il se vit emporté jusques sur la hauteur de cinquante-sept degrés d'élévation du pole antarctique, & fut contraint par la violence des vents de regagner la haute mer.

Les difficultés que tous les Navigateurs conviennent avoir éprouvées à passer ce détroit, ont ensuite engagé quelques marins à essayer si vers le midi ils ne trouveroient point un passage moins long & moins dangereux. Branr hollandois prit sa route plus au sud, & donna son nom au passage qui est à l'orient de la petite île des états.

Enfin, depuis ce tems là on a découvert la nouvelle mer du Sud au midi de la terre de Feu, où le passage de la mer du Nord dans l'ancienne mer du Sud est très-libre, puisqu'on y est toujours en pleine mer. C'est ce qui a fait négliger le *détroit de Magellan*, comme sujet à trop de périls & de contre-tems. Néanmoins ce détroit est important à la Géographie, parce que sa position sert à d'autres déterminations avantageuses aux navigateurs. *Voyez* donc dans les *Mém. de l'acad. des Scienc. année 1716*, les *observations* de M. de Lisle sur la *longitude* du *détroit de Magellan*, que M. Halley suppose être dans sa partie orientale, de 75 degrés plus occidentale que Londres ; & M. de Lisle pense que M. Halley se trompe de 10 degrés. (*D. J.*)

MAGELLANIQUE LA TERRE, (*Géog.*) C'est ainsi que l'on nomme la pointe la plus méridionale de l'Amérique, au midi du Brésil & du Paraguay, à l'orient & au sud du Chili ; & au nord du détroit de Magellan. Les Espagnols regardent ce pays comme une dépendance du Chili ; mais on ne connoît de ses côtes, du côté de la mer du nord, quelques baies où les navigateurs ont relâché par hasard. Les habitans de cette vaste contrée nous sont par conséquent très-inconnus. Nous avons appelé *Pampas*, un grand peuple qui en occupe la partie septentrionale ; *Cessares*, les sauvages qui sont à l'orient de la source de la riviere Saint-Domingue ; & *Patagons*, ceux qui sont au midi, entre la mer du Nord & le détroit de la mer Pacifique. Voilà jusqu'où s'étendent nos connoissances. (*D. J.*)

MAGELLI, (*Géog. anc.*) ancien peuple d'Italie, dans la Ligurie, selon Pline, *l. III. c. v.* (*D. J.*)

MAGHIAN, (*Géog.*) ville de l'Arabie Heureuse en Asie, située dans une plaine, à six stations de Sanan, & à trois de Zabid. *Long.* 61. 50. *lat.* 16. 3. (*D. J.*)

MAGICIEN, on donne ce nom à un enchanteur, qui fait réellement ou qui paroit faire des actions surnaturelles ; il signifie aussi un *devin*, un diseur de bonne avanture : ce fut dans les siecles de barbarie ou d'ignorance un assez bon métier, mais la Philosophie & sur-tout la Physique expérimentale,

plus cultivées & mieux connues, ont fait perdre à cet art merveilleux son crédit & sa vogue ; le nom de *magicien* se trouve souvent dans l'écriture sainte, ce qui justificroit une ancienne remarque, c'est qu'il n'y a eu parmi les auteurs sacrés que peu ou point de philosophes.

Moïse, par exemple, défend de consulter ces sortes de gens, sous peine de mort ; *Lévit. xix. 31. Ne vous détournez point après ceux qui ont l'esprit de Python, n'y après les devins, &c. Lévitiq. xx. 6. Quant à la personne qui se détournera après ceux qui ont l'esprit de Python & après les devins, en paillardant après eux, je mettrai ma face contre cette personne là, & je la retrancherai du milieu de son peuple.* C'eût été manquer contre les lois d'une saine politique dans le plan de la théocratie hébraïque, de ne pas sévir contre ceux qui dérogeoient au culte du seul Dieu de vérité, en allant consulter les ministres de l'esprit tentateur ou du pere du mensonge ; d'ailleurs Moïse qui avoit été à la cour de Pharaon aux prises avec les *magiciens* privilégiés de ce prince, pouvoit par sa propre expérience dequoi ils étoient capables, & que pour leur résister, il ne falloit pas moins qu'un pouvoir divin & surnaturel; par-là même il vouloit par une défense si sage, prévenir le danger & les funestes illusions, dans lesquelles tombent nécessairement ceux qui ont la foiblesse de courir après les ministres de l'erreur.

Nous lisons dans l'exode, *ch. vij. v. 10. 11.* que Pharaon frappé de la verge qu'Aaron avoit jettée devant lui & ses serviteurs, s'étoit métamorphosée en un dragon, *fit aussi venir les sages, les enchanteurs & les magiciens d'Egypte, qui par leur enchantement, firent la même chose ; ils jetterent donc chacun leurs verges, & elles devinrent des dragons ; mais la verge d'Aaron engloutit leurs verges.*

Nous connoissons peu la signification des termes de l'original ; la vulgate n'en traduit que deux, les envisageant sans doute comme des synonymes inutiles ; *chacamim* signifie des *sages*, mais de cette sagesse qu'on peut prendre en bonne & mauvaise part, ou pour vraie sagesse, ou pour cette sagesse dissimulée, maligne, dangereuse & fausse par-là même ; ainsi dans tous les tems, il y a eu des hommes assez politiques & habiles pour faire servir l'apparence de la Philosophie à leurs intérêts temporels, souvent même à leurs passions.

Mecasphim vient du mot *casehaph*, qui marque toujours dans l'écrit, une divination, ou une explication des choses cachées ; ainsi ce sont des devins, tireurs d'horoscopes, interpretes de songes, ou diseurs de bonne avanture : *Les carthumines sont des magiciens*, enchanteurs, ou gens qui par leur art & leur habileté fascinent les yeux, & semblent opérer des changemens phantastiques ou véritables, dans les objets ou dans les sens ; tels furent les gens que Pharaon opposa à Moïse & Aaron, *& ils firent la même chose par leurs enchantemens.* Les termes de l'original expriment le grimoire, ces paroles cachées que prononçoient sourdement & en marmotant les *magiciens*, ou ceux qui vouloient passer pour l'être ; c'est en effet l'être à demi que de persuader aux simples que des mots vuides de sens, prononçés d'une voix rauque, peuvent produire des miracles ; combien d'auteurs se sont fait une réputation à la faveur de leur obscurité ? cette espece de magie est la seule qui se pratique aujourd'hui avec succès.

Il seroit très-difficile, pour ne pas dire impossible, de décider si le miracle de la métamorphose des verges en serpens fut bien réel & constaté de la part des *magiciens* de Pharaon ; le pour & le contre sont également plausibles & peuvent se soutenir; mais les rabbins dans la vie de Moïse, présentent cet événement d'une maniere encore plus glorieuse pour ce chef des Hébreux : *vie de Moïse*, publiée par M. Gaulmin, *l'an 1629*; ils disent que Balaam voyant que la verge de Moïse convertie en dragon, avoit dévoré les leurs aussi changées en serpens, soutint qu'en cela il n'y avoit point de miracle, puisque le dragon est un animal vorace & carnassier, mais qu'il falloit voir si la verge de bois restant verge mangeroit aussi les leurs; Moïse accepta le défi, on jetta les verges à terre, celle de Moïse sans changer de forme consuma celles des *magiciens*.

Les chefs des *magiciens* de Pharaon ne sont point nommés dans l'exode, mais S. Paul nous a conservé leurs noms; il les appelle *Jamnès* & *Manbrès*: ces mêmes noms se trouvent dans les paraphrases chaldéennes, dans le Talmud, la Gemarre & d'autres livres hébreux; les rabbins veulent qu'ils ayent été fils du faux prophete Balaam, qu'ils accompagnoient leur pere lorsqu'il vint vers Balac, roi de Moab. Les Orientaux les nomment *Sabour* & *Gadour*; ils les croient venus de la Thébaïde, & disent que leur pere étant mort depuis long-tems, leur mere leur avoit conseillé, avant que de se rendre à la cour, d'aller consulter les manes de leur pere sur le succès de leur voyage; ils l'évoquerent en l'appellant par son nom, il ouït leur voix & leur répondit, & après avoir appris d'eux le sujet qui les amenoit à son tombeau, il leur dit; prenez garde si la verge de Moïse & d'Aaron se transformoit en serpent pendant le sommeil de ces deux grands *magiciens*, car les enchantemens qu'un *magicien* peut faire, n'ont nul effet pendant qu'il dort; & sachez, ajoute la mort, que s'il arrive autrement à ceux-ci, nulle créature n'est capable de leur résister. Arrivés à Memphis, Sabour & Gadour apprirent, qu'en effet la verge de Moïse & d'Aaron se changeoit en dragon qui veilloit à leur garde, dès qu'ils commencoient à dormir, & ne laissoit approcher qui que ce fût de leurs personnes; étonnés de cette espèce de prodige, ils ne laisserent pas de se présenter devant le roi avec tous les autres *magiciens* du pays, qui s'y étoient rendus de toutes parts, & que quelques-uns font monter au nombre de soixante-dix mille ; car Giath & Mossa célebres *magiciens*, se présenterent aussi devant Pharaon avec une suite des plus nombreuses; Siméon, chef des *magiciens* & souverain pontife des Egyptiens, y vint aussi suivi d'un très-grand cortege.

Tous ces *magiciens* ayant vu que la verge de Moïse s'étoit changée en serpent, jetterent aussi par terre les cordes & baguettes qu'ils avoient remplies de vif-argent; dès que ces baguettes furent échauffées par les rayons du soleil, elles commencerent à se mouvoir ; mais la verge miraculeuse de Moïse se jetta sur elles & les dévora en leur présence. Les Orientaux ajoutent, si l'on en croit M. Herbelot, que Sabour & Gadour se convertirent, & renoncerent à leur vaine profession en se déclarant pour Moïse ; Pharaon les regardant comme gagnés par les Israëlites pour favoriser les deux freres hébreux, leur fit couper les piés & les mains, & fit attacher leur corps à un gibet.

Les Persans enseignent que Moïse fut instruit dans toutes les sciences des Egyptiens, par Jamnès & Mambrès, voulant réduire tout le miracle à un fait assez ordinaire ; c'est que les disciples vont souvent plus loin que leur maitre ; Chardin, *voyage de Perse*, tom. III. pag. 207.

Pline parle d'une sorte de grands *magiciens*, qui ont pour chef Moïse, Jannès & Jotapel, en Jocabel, juifs; il y a toute apparence que par ce dernier il veut désigner Joseph, que les Egyptiens ont toujours regardé comme un de leurs sages les plus célebres.

Daniel parle aussi des *magiciens* & des devins de Chaldée sous Nabucodonosor : il en nomme de quatre sortes; *Chartumins*, des enchanteurs; *Asaphins*, des devins interpretes de songes, ou tireurs d'horoscopes; *Mecasphins*, des magiciens, des sorciers ou gens qui usoient d'herbes, de drogues particulieres, du sang des victimes & des os des morts pour leurs opérations superstitieuses; *Casdins*, des Chaldéens, c'est-à-dire, des astrologues qui prétendoient lire dans l'avenir par l'inspection des astres, la science des augures, & qui se mêloient aussi d'expliquer les songes & d'interpréter les oracles. Tous ces honnêtes gens étoient en grand nombre, & avoient dans les cours des plus grands rois de la terre un crédit étonnant ; on ne décidoit rien sans eux ; ils formoient le conseil dont les décisions étoient d'autant plus respectables, qu'étant pour l'ordinaire les ministres de la religion, ils savoient les étayer de son autorité, & qu'ils avoient l'art de persuader à des rois crédules, qui ne connoissoient pas les premiers élémens de la Philosophie, à des peuples si ignorans, qu'à peine se trouvoit-il parmi eux, un esprit assez ami du vrai pour oser douter; qu'ils avoient, dis-je, l'art de persuader à de tels juges, qu'ils étoient les premiers confidens de leurs dieux: on auroit sans doute peine à croire un renversement d'esprit si incompréhensible, s'il ne nous étoit rapporté par des auteurs dignes de foi, puisqu'on les regarde comme divinement inspirés.

Le peuple juif étoit trop grossier pour s'affranchir de ce joug de la superstition; il semble au contraire, que la grace que l'Eternel lui faisoit de lui envoyer fréquemment des prophetes pour l'instruire de sa volonté, a tout tourné en son piége à cet égard ; l'autorité de ces prophetes, leurs miracles, le libre accès qu'ils avoient auprès des rois, leur influence dans les délibérations & les affaires publiques, les faisoit considérer par la multitude, & excitoit par-là même l'envie toute naturelle d'avoir part à ces distinctions, & de s'arroger pour cela le don de prophétie ; ensorte que si l'on a dit de l'Egypte, que tout y étoit Dieu, il y a un tems qu'on pouvoit dire de la Palestine que tout y étoit prophete ; parmi ce nombre prodigieux de voyans, il y en eut sans doute plus de faux que de vrais; les premiers voulurent s'accréditer par des miracles, & cette pieuse obscurité dans les discours qui a toujours fait merveille pour en imposer au peuple, il fallut pour cela avoir recours aux Sciences & aux Arts occultes : la magie fut mise en œuvre, on en vint même à élever autel contre autel ; pour soutenir la gloire des divers objets d'un culte souvent idolâtre, rarement raisonnable, & presque toujours assez superstitieux pour fournir bien des ressources à ceux qui aspiroient à passer pour magiciens.

Ainsi, quoique les lois divines & humaines sévissent contre cet art illusoire, il fut pratiqué dans presque tous les tems par un grand nombre d'imposteurs ; si les tems évangéliques furent féconds en démoniaques, ils ne furent pas stériles en *magiciens* & devins, il paroît même que ceux qui professoient ces peu philosophiques métiers ne faisoient pas mal leurs affaires, témoins les reproches amers du maître de cette servante, délivrée d'un esprit de Python, sur la perte considérable que lui causoit cette perdition, vû que son domestique lui valoit beaucoup par ses divinations ; & Simon, ce riche magicien de Samarie, qui par ses enchantemens avoit su renverser l'esprit de tout le peuple, se disant être un grand personnage, auquel grands & petits étoient attachés, au point de l'appeller la grande vertu de Dieu. *Act. apost. chap. viij. ℣. 9. & suiv.* Au reste, il n'est personne qui n'ait ses apologistes, Judas a eu les siens comme instrument dans la main de Dieu pour le salut de l'humanité ; Simon en a trouvé un qui le présente comme un suppôt de satan, sincerement converti, & qui vouloit par l'acquisition d'un pouvoir divin, rompre un pacte qu'il avoit avec le diable, & s'attacher à détruire autant son empire qu'il avoit travaillé à l'établir par ses sortiléges ; mais S. Pierre n'a pas fourni les matériaux de cette apologie ; & le négoce du *magicien* Simon est si fort décrié dans l'église, qu'il faudroit une éloquence plus que magique pour rétablir aujourd'hui sa réputation des plus délabrée ; l'auteur des actes des Apôtres ne s'explique point sur les choses curieuses que renfermoient les livres que brûlerent dévotement les Ephésiens, nouveaux convertis à la foi chrétienne, il se contente de dire que le prix de ces livres supputés fut trouvé monter à cinquante mille pieces d'argent; si ces choses curieuses étoient de la magie, comme il y a tout lieu de le croire, assurément les adorateurs de la grande Diane étoient de très-petits philosophes, qui avoient de l'argent de reste & payoient cherement de mauvaises drogues.

Je reviens aux *magiciens* de Pharaon : on agite une grande question au sujet des miracles qu'ils ont opérés & que rapporte Moïse ; bien des interpretes veulent que ces prestiges n'ayent été qu'apparens, qu'ils sont dûs uniquement à leur industrie, à la souplesse de leurs doigts ; ensorte que s'ils en imposerent à leurs spectateurs, cela ne vint que de la précipitation du jugement de ceux-ci, & non de l'évidence du miracle, à laquelle seule ils auroient dû donner leur consentement.

D'autres veulent que ces miracles ayent été bien réels, & les attribuent aux secrets de l'art magique & à l'action du démon ; lequel de ces deux partis est le plus conforme à la raison & à l'analogie de la foi, c'est ce qu'il est également difficile & dangereux de décider, & il faudroit être bien hardi pour s'ériger en juge dans un procès si célebre.

L'illusion des tours de passe-passe, l'habilité des joueurs de gobelets, tout ce que la méchanique peut avoir de plus étonnant & de plus propre à surprendre, & à faire tomber dans l'erreur ; les admirables secrets de la chimie, les prodiges sans nombre qu'ont opéré l'étude de la nature, & les belles expériences qui l'ont dévoilée jusques dans les plus secretes opérations, tout cela nous est connu aujourd'hui jusqu'à un certain point ; mais il faut en convenir, nous ne connoissons que peu ou point du tout le démon, & les puissances infernales qui dépendent de lui ; il semble même que grace au goût de la Philosophie, qui gagne & prend insensiblement le dessus, l'empire du démon va tous les jours en déclinant.

Quoi qu'il en soit, Moïse nous dit que les *magiciens* de Pharaon ont opéré des miracles, vrais ou faux, & que lui-même soutenu du pouvoir divin, en a fait de beaucoup plus considérables, & a griévement affligé l'Egypte, parce que le cœur de son roi étoit endurci ; nous devons le croire religieusement, & nous applaudir de n'en avoir pas été les spectateurs.

Nous renvoyons ce qu'il nous reste à dire sur cette matiere à l'*article* MAGIE.

MAGIE, science ou art occulte qui apprend à faire des choses qui paroissent au-dessus du pouvoir humain.

La *magie*, considérée comme la science des premiers mages, ne fut autre chose que l'étude de la sagesse : pour lors elle se prenoit en bonne part, mais il est rare que l'homme se renferme dans les bornes du vrai, il est trop simple pour lui. Il est presqu'impossible qu'un petit nombre de gens instruits, dans un siecle & dans un pays en proie à une crasse ignorance, ne succombent bien-tôt à la tentation de passer pour extraordinaires & plus

qu'humains : ainsi les mages de Chaldée & de tout l'orient, ou plutôt leurs disciples (car c'est de ceux-ci que vient d'ordinaire la dépravation dans les idées), les mages, dis-je, s'attacherent à l'astrologie, aux divinations, aux enchantemens, aux maléfices ; & bientôt le terme de *magie* devint odieux, & ne servit plus dans la suite qu'à désigner une science également illusoire & méprisable : fille de l'ignorance & de l'orgueil, cette science a dû être des plus anciennes ; il seroit difficile de déterminer le tems de son origine, ayant pour objet d'alléger les peines de l'humanité, elle a pris naissance avec nos miseres. Comme c'est une science ténébreuse, elle est sur son trône dans les pays où regnent la barbarie & la grossiereté. Les Lapons, & en général les peuples sauvages cultivent la *magie*, & en font grand cas.

Pour faire un traité complet de *magie*, à la considérer dans le sens le plus étendu, c'est-à-dire dans tout ce qu'elle peut avoir de bon & de mauvais, on devroit la distinguer en *magie* divine, *magie* naturelle & *magie* surnaturelle.

1°. La *magie* divine n'est autre chose que cette connoissance particuliere des plans, des vûes de la souveraine sagesse, que Dieu dans sa grace revele aux saints hommes animés de son esprit, ce pouvoir surnaturel qu'il leur accorde de prédire l'avenir, de faire des miracles, & de lire, pour ainsi dire, dans le cœur de ceux à qui ils ont à faire. Il fut de tels dons, nous devons le croire ; si même la Philosophie ne s'en fait aucune idée juste, éclairée par la foi, elle les revere dans le silence. Mais en est-il encore ? je ne sai, & je crois même qu'il est permis d'en douter. Il ne dépend pas de nous d'acquérir cette desirable *magie* ; elle ne vient ni du courant ni du voulant ; c'est un don de Dieu.

2°. Par la *magie* naturelle, on entend l'étude un peu approfondie de la nature, les admirables secrets qu'on y découvre ; les avantages inestimables que cette étude a apportés à l'humanité dans presque tous les arts & toutes les sciences ; Physique, Astronomie, Médecine, Agriculture, Navigation, Méchanique, je dirai même Eloquence ; car c'est à la connoissance de la nature & de l'esprit humain en particulier & des ressorts qui le remuent, que les grands maîtres sont redevables de l'impression qu'ils font sur leurs auditeurs, des passions qu'ils excitent chez eux, des larmes qu'ils leur arrachent, &c. &c. &c.

Cette *magie* très-louable en elle-même, fut poussée assez loin dans l'antiquité : il paroît même par le feu grégeois, & quelques autres découvertes dont les auteurs nous parlent, qu'à divers égards les anciens nous ont surpassés dans cette espece de *magie* ; mais les invasions des peuples du Nord lui firent éprouver les plus funestes révolutions, & la replongerent dans cet affreux cahos dont les sciences & les beaux arts avoient eu tant de peine à sortir dans notre Europe.

Ainsi, bien des siecles après la sphere de verre d'Archimede, la colombe de bois volante d'Architras, les oiseaux d'or de l'empereur Léon qui chantoient, les oiseaux d'airain de Boëce qui chantoient & qui voloient, les serpens de même matiere qui sifloient, &c. il fut un pays en Europe (mais ce n'étoit ni le siecle ni la patrie de Vaucanson) il fut, dis-je, un pays dans lequel on fut forcé de brûler Brioché & ses marionnettes. Un cavalier françois qui promenoit & faisoit voir dans les foires une jument qu'il avoit eu l'habileté de dresser à répondre exactement à ses signes, après en avoir été long-tems vûs dans la suite, eut la douleur en Espagne de voir mettre à l'inquisition un animal qui faisoit toute sa ressource, & eut assez de peine à se sauver lui-même d'affaire. On pourroit multiplier sans nombre les exemples de choses toutes naturelles, que l'ignorance a voulu criminaliser & faire passer pour les actes d'une *magie* noire & diabolique : à quoi ne furent pas exposés ceux qui les premiers oserent parler d'antipodes & d'un nouveau monde?

Mais nous reprenons insensiblement le dessus, & l'on peut dire qu'aux yeux mêmes de la multitude, les bornes de cette prétendue *magie* naturelle se rétrécissent tous les jours ; parce qu'éclairés du flambeau de la Philosophie, nous faisons tous les jours d'heureuses découvertes dans les secrets de la nature, & que de bons systèmes soutenus par une multitude de belles expériences annoncent à l'humanité dequoi elle peut être capable par elle-même & sans *magie*. Ainsi la boussole, les télescopes, les microscopes, &c. & de nos jours, les polypes, l'électricité ; dans la Chimie, dans la Méchanique & la Statique, les découvertes les plus belles & les plus utiles, vont immortaliser notre siecle ; & si l'Europe retomboit jamais dans la barbarie dont elle est enfin sortie, nous passerons chez de barbares successeurs pour autant de magiciens.

3°. La *magie* surnaturelle est la *magie* proprement dite, cette *magie* noire qui se prend toujours en mauvaise part, que produisent l'orgueil, l'ignorance & le manque de Philosophie : c'est elle qu'Agrippa comprend sous les noms de *cælestialis* & *ceremonialis* ; elle n'a de science que le nom, & n'est autre chose que l'amas confus de principes obscurs, incertains & non démontrés, de pratiques la plûpart arbitraires, puériles, & dont l'inefficace se prouve par la nature des choses.

Agrippa aussi peu philosophe que magicien, entend par la *magie* qu'il appelle *cælestialis*, l'astrologie judiciaire qui attribue à des esprits une certaine domination sur les planetes, & aux planetes sur les hommes, & qui prétend que les diverses constellations influent sur les inclinations, le sort, la bonne ou mauvaise fortune des humains ; & sur ces foibles fondemens bâtit un système ridicule, mais qui n'ose paroître aujourd'hui que dans l'almanach de Liege & autres livres semblables, tristes dépôts des matériaux qui servent à nourrir des préjugés & des erreurs populaires.

La *magie ceremonialis*, suivant Agrippa, est bien sans contredit ce qu'il y a de plus odieux dans ces vaines sciences : elle consiste dans l'invocation des démons, & s'arroge ensuite d'un pacte exprès ou tacite fait avec les puissances infernales, le prétendu pouvoir d'attirer à leurs ennemis, & de produire des effets mauvais & pernicieux, que ne sauroient éviter les malheureuses victimes de leur fureur.

Elle se partage en plusieurs branches, suivant ses divers objets & opérations ; la cabale, le sortilege, l'enchantement, l'évocation des morts ou des malins esprits ; la découverte des trésors cachés, des plus grands secrets ; la divination, le don de prophétie ; celui de guérir par des pratiques mystérieuses les maladies les plus opiniâtres ; la fréquentation du sabbat, &c. De quels travers n'est pas capable l'esprit humain ! On a donné dans toutes ces rêveries ; c'est le dernier effort de la Philosophie d'avoir enfin desabusé l'humanité de ces humiliantes chimeres ; elle a eu à combattre la superstition, & même la Théologie qui ne fait que trop souvent cause commune avec elle. Mais enfin dans les jours où l'on fait penser, réflechir & douter, le démon tait un petit rôle, & la *magie* diabolique reste sans estime & crédit.

Mais ne tirons pas vanité de notre façon de penser : nous y sommes venus un peu tard ; ouvrez les registres de la plus petite cour de Justice, vous y trouverez d'immenses cahiers de procédures contre les sorciers, les magiciens & les enchanteurs. Les seigneurs de jurisdictions se sont enrichis de leurs dépouilles, & la confiscation des biens appartenans aux prétendus sorciers a peut-être allumé plus d'un bucher ; du-moins est-il vrai que souvent la passion a fu tirer un grand parti de la crédulité du peuple, & faire regarder comme un loteur & docteur en *magie* celui qu'elle vouloit perdre, dans le tems même que suivant la judicieuse remarque d'Apulée accusé autrefois de *magie*, *ce crime*, dit-il, *n'est pas même cru par ceux qui en accusent les autres ; car si un homme étoit bien persuadé qu'un autre homme le pût faire mourir par magie, il appréhenderoit de l'irriter en l'accusant de ce crime abominable*.

Le fameux maréchal d'Ancre, Léonora Galigaï son épouse, sont des exemples mémorables de ce que peut la funeste accusation d'un crime chimérique, fomentée par une passion secrette & poussée par la dangereuse intrigue de cour. Mais il est peu d'exemples dans ce genre mieux constatés que celui du célebre Urbain Grandier curé & chanoine de Loudun, brûlé vif comme magicien l'an 1629. Qu'un philosophe ou seulement un ami de l'humanité souffre avec peine l'idée d'un malheureux immolé à la simplicité des uns & à la barbarie des autres ! Comment le voir de sang-froid condamné comme magicien à périr par les flammes, jugé sur la déposition d'Astaroth diable de l'ordre des séraphins ; d'Easas, de Celsus, d'Acaos, de Cédon, d'Asmodée, diables de l'ordre des trônes ; d'Alex, de Zabulon, Nephtalim, de Cham, d'Uriel, d'Ahaz, de l'ordre des principautés ? comment voir ce malheureux chanoine jugé impitoyablement sur la déposition de quelques religieuses qui disoient qu'il les avoit livrées à ces légions d'esprits infernaux ? comment n'est-on pas mal à son aise, lorsqu'on le voit brûlé tout vif, avec des caracteres prétendus magiques, poursuivi & noirci comme magicien jusques sur le bucher même ci tête de Grandier, fut prise par un moine qui sans doute avoit lû dans le *concile* de Quieres, que les diables se trouvoient toujours à la mort des hommes pour les tenter, fut pris, dis-je, pour Béelzebut prince des mouches, qui voloit autour de Grandier pour emporter son ame en enfer ? Observation puérile, mais qui dans la bouche de ce moine & dans les mauvais argumens qu'une barbare politique sut mettre en usage pour justifier ses excès, & en imposer par des contes absurdes à la funeste crédulité des simples. Que d'horreurs ! & où ne se porte pas l'esprit humain lorsqu'il est aveuglé par les malheureuses passions de l'envie & de l'esprit de vengeance? L'on doit sans doute tenir compte à Gabriel Naudé d'avoir pris généreusement l'idée d'un malheureux immolé à la simplicité d'avoir entrepris l'apologie des grands hommes accusés de *magie* ; mais je pense qu'ils ont plus d'obligations à ce goût de Philosophie qui a fait sentir toute la vanité de cette accusation, qu'au zele de leur avocat qui a peut-être marqué plus de courage dans son entreprise que d'habileté dans l'exécution & de forces dans les raisonnemens qu'il emploie. Si Naudé a pu justifier bien des grands hommes d'une imputation qui aux yeux du bons sens & de la raison se détruit d'elle-même ; malgré tout son zele il eût sans doute échoué, s'il eût entrepris d'innocenter entierement à cet égard les sages de l'antiquité, puisque toute leur philosophie n'a pu les mettre à l'abri de cette grossiere superstition, que la *magie* tient par la main. Je n'en citerai d'autre exemple que Caton, lui qui l'on peut guérir les maladies les plus sérieuses par des paroles enchantées ; voici les paroles barbares, au moyen desquelles suivant lui on a une recette très-assurée pour remettre les membres démis : *Incipe cantare in alto S: F. motas danata dardarias astotaries, dic una parite usque dum cotant*, &c. C'est l'édition d'Alde Manuce que je lis; car celle d'Henri Estienne, revûe & corrigée par Victorius, a été fort changée sur un point où la grande obscurité du texte ouvre un vaste champ à la manie des critiques.

Chacun sait que les anciens avoient attaché les plus grandes vertus au mot magique *abracadabra*. Q. Serenus, célebre Médecin, prétend que ce mot vuide de sens écrit sur du papier & pendu au cou, étoit un sûr remede pour guérir la fievre quarte ; sans doute qu'avec de tels principes la superstition étoit toute sa pharmacie, & la foi du patient sa meilleure ressource.

C'est à cette foi qu'on peut & qu'on doit rapporter ces guérisons si extraordinaires dans le récit qu'elles semblent tenir de la *magie*, mais qui approfondies, sont presque toujours des fraudes pieuses, ou les suites de cette superstition qui n'a que trop souvent triomphé du bon sens, de la raison & même de la Philosophie. Nos préjugés, nos erreurs & nos folies se tiennent toutes par la main. La crainte est fille de l'ignorance ; celle-ci a produit la superstition qui est à son tour la mere du fanatisme, source féconde d'erreurs, d'illusions, de phantômes, d'une imagination échaufée qui change en lutins, en loups-garoux, en revenans, en démons même tout ce qui se heurte ; comment dans cette disposition d'esprit ne pas croire à tous les rêves de la *magie* ? si le fanatique est pieux & dévot, (& c'est presque toujours ce ton sur lequel il est monté)il se croira magicien pour la gloire de Dieu ; du-moins s'attribuera-t-il l'important privilege de sauver & damner sans appel : il n'est pire *magie* que celle des faux dévots. Je finis par cette remarque ; c'est qu'on pourroit appeler le *sabbath* l'empire des amazones souterraines ; du-moins il y a toujours eu beaucoup plus de sorcieres que de sorciers : nous l'attribuons bonnement à la foiblesse d'esprit ou à la trop grande curiosité des femmes ; filles d'Eve, elles veulent se perdre comme elle pour tout savoir. Mais un anonyme (*Voyez* ALECTOR OU LE COQ, *lib. II. des adeptes*) qui voudroit persuader au public qu'il est un des premiers confidens de satan, prête aux démons un esprit de galanterie qui justifie leur prédilection pour le sexe, & les faveurs dont ils l'honorent : par-là même le juste retour du bon côté du genre humain avec laquelle pour l'ordinaire on gagne plus qu'on ne perd.

MAGIOTAN, (*Hist. nat.*) nom que l'on donne en Provence & dans d'autres provinces du royaume, à une substance pierreuse ou à une espece de concrétion de tuf qui s'amasse à l'embouchure des rivieres : on dit qu'elle est tendre & spongieuse, & paroit formée par le limon que déposent les eaux & qui a pris de la consistance.

MAGIQUE, (*Médecine.*) *Voyez* ENCHANTEMENT, (*Médecine.*)

MAGIQUE, *Baguette*, verge ou bâton dont se servent les magiciens pour tracer les cercles dans leurs opérations & leurs enchantemens.

Voici la description qu'en donne M. Blanchard : » Elle doit être de coudrier, de la poussée de l'an-» née. Il faut la couper le premier mercredi de la lu-» ne, entre onze & douze heures de nuit ; en la cou-» pant,il faut prononcer certaines paroles ; il faut que » le couteau soit neuf, & le retirer en haut en cou-» pant la baguette. Il faut la bénir,& écrire au gros » bout le mot *agla*, au milieu *on*, & le *tetragrammaton* » au petit bout, avec une croix à chaque mot, & di-» re : *Conjuro te citò mihi obedire. Venias per Deum vi-» vum*, & faire une croix ; *per Deum verum*, une se-» conde croix ; *per Deum sanctum*, une troisieme » croix «. *Mém. de l'acad. des Inscript. tome XII. page 56.* (G)

MAGIOVINTUM, (*Géog. anc.*) ancien lieu de l'île de la Grande-Bretagne entre *Lactodorum & Durocobriva*, à dix sept mille pas de la premiere, & à douze mille de la seconde, selon l'itinéraire d'Antonin. Cambden croit que c'est Ashwell, bourgade aux confins d'Hertfordshire, en tirant vers Cambridge. M. Gale penche à croire que c'est Dunstable, parce que la distance entre *Lactodorum* & Dunstable convient beaucoup mieux au nombre de milles déterminé par Antonin, quoiqu'elle ne s'y accorde pas tout-à-fait. (*D. J.*)

MAGISTER, s. m. (*Hist. mod.*) *maître* ; titre qu'on trouve souvent dans les anciens écrivains, & qui marque que le personnage qui le portoit, étoit parvenu à quelque degré d'éminence, *in scientiâ aliquâ præsertim litterariâ*. Anciennement on nommoit *magistri* ceux que nous appellons maintenant *docteurs*. *Voyez* DOCTEURS, DEGRÉ & MAITRE.

C'est un usage encore subsistant dans l'université de Paris, de nommer *maîtres* tous les aspirans au doctorat, qui font le cours de la licence ; & dans les examens, les thèses, les assemblées, & autres actes publics de la faculté de Théologie, les docteurs sont nommés *S. M. N. Sapientissimi Magistri Nostri*. Charles IX. appelloit ordinairement & d'amitié son précepteur Amyot, *mon maître*.

MAGISTER *equitum*, (*Littérat.*) il n'y a point de mot françois qui puisse exprimer ce que c'étoit que cette charge ; & en le rendant par *général de la cavalerie*, comme font tous nos traducteurs, on n'en donne qu'une idée très-imparfaite ; il suffit de dire que c'étoit la premiere place après le dictateur, tant en paix qu'en guerre.

MAGISTER *scrinii dispositionum*, (*Antiq. rom.*) c'étoit celui qui faisoit le rapport au prince des sentences & des jugemens rendus par les juges des lieux, & qui les examinoit, pour voir s'ils avoient bien jugé ou non, & envoyoit sur cela la réponse du prince. Il y avoit des couriers établis pour porter ces réponses nommés *agentes ad responsum*, & un fonds pour les payer, appellé *aurum ad responsum*.

MAGISTER *scrinii epistolarum*, (*Antiq. rom.*) secrétaire qui écrivoit les lettres du prince. Auguste écrivoit les siennes lui-même, & puis les donnoit à Mécénas & à Agrippa pour les corriger, dit Dion. Les autres empereurs les dictoient ordinairement, ou disoient à leur secrétaire leurs intentions, se contentant de les souscrire de ce mot *vale*. Ce secrétaire avoit sous lui trente-quatre commis, qu'on appelloit *epistolares*.

MAGISTER *scrinii libellorum*, (*Antiq. rom.*) maître des requêtes, qui rapportoit au prince les requêtes & les placets des particuliers, & recevoit sa réponse qui étoit rédigée par écrit par les commis au nombre de trente-quatre, nommés *libellenses*. Nous voyons cela en la notice de l'empire : *cogniciones & preces magister libellorum tractabat, & aica libellenses scribebant*. Nous avons une formule de requete qui fut présentée à l'empereur Antonin le *Pieux*, dont voici les termes.

Cùm ante hos dies conjugem & filium amiserim, & pressus necessitate corpora eorum fictili sarcophago commendaverim, donec quietis locus quem emeram ædificaretur, viâ flaminiâ, inter milliare secundum & tertium euntibus ab urbe, parte lævâ, custodia monumenti Flam. Thymel. Amelo, M. signii Orgilii, rogo, domine, permittas mihi in eodem loco, in marmoreo sarcophago quem mihi modò comparavi, eadem corpora colligere, ut quando & ego esse desiero, pariter cum iis ponar. Voilà la requête que présentoit Arrius Alphius, affranchi d'Arria Fadilla, mere de l'empereur,

tendante

tendante à ce qu'il lui fût permis de ramasser les os de sa femme & de son fils en un cercueil de marbre, qu'il n'avoit mis que dans un de terre, en attendant que le lieu qu'il avoit acheté pour y faire bâtir un monument, fût construit; à quoi il fut répondu ce qui suit : *decretum fieri placet*, *Jubentius Celsus*, promagister *subscripsi*. III. non. Novembris.

MAGISTER scrinii memoriæ, (*Antiquit. rom.*) secrétaire & officier de l'empire, à qui le prince donnoit la ceinture dorée en le créant. Sa charge étoit de mettre en un mot les réponses que faisoit l'empereur aux requêtes & placets qu'on lui préfentoit, & de les étendre ensuite dans les patentes ou brevets. Il avoit sous lui les commis qu'on nommoit *scriniarii memoriæ*, ou *memoriales*. On croit que cette charge fut instituée par Auguste, & qu'il la faisoit exercer par des chevaliers romains. (*D. J.*)

MAGISTER scripturæ, (*Littér.*) receveur d'un département de Rome. *Scriptura* étoit ce que l'on payoit en Asie aux fermiers de la république, pour les pâturages. Ceux qui levoient ce droit étoient appellés *scripturarii*, & le bétail *pecus inscriptum*. (*D. J.*)

MAGISTERE, s. m. (*Chimie.*) On donne ce nom à quelques précipités de toutes les especes, & par conséquent fort arbitrairement, sans que les précipités qu'on désigne par ce nom ayent aucun caractere distinctif. *Voyez* PRÉCIPITÉ. Il y a un *magistere* de bismuth, un *magistere* d'antimoine, un *magistere* de saturne, un *magistere* d'étain, un *magistere* de corail, un *magistere* de perle, un *magistere* de soufre, &c. *Voyez* BISMUTH, MATIERE PERLÉE, qui est un autre nom du *magistere d'antimoine*, ETAIN, CORAIL, &c.

Magistere est aussi un des noms de la pierre philosophale. Plusieurs alchimistes l'ont appellée le *grand magistere*, le *magistere*, notre *magistere*. *Voyez* PIERRE PHILOSOPHALE. (*b*)

MAGISTRAL REMEDE, (*Thérapeut.*) le remede ou médicament *magistral*, appellé aussi quelquefois *extemporané*, *extemporaneum*, est un médicament composé sur le champ, ou dans un tems déterminé, d'après l'ordonnance du médecin ; il differe par-là du remede officinal qui se trouve tout composé dans les boutiques d'après des recettes consignées dans les pharmacopées ou dispensaires.

Nous avons exposé *au mot* FORMULE les regles sur lesquelles le médecin doit se diriger dans la prescription des remedes *magistraux*. *Voyez cet article*. (*b*)

MAGISTRAL, sirop, (*Pharmacie & Mat. méd.*) Il y a en Pharmacie deux sirops très-connus qui portent ce nom : le *sirop magistral* purgatif & le *sirop magistral* astringent ou diffentérique. Le premier est composé d'un grand nombre de purgatifs des plus forts ; aussi est-il un puissant hydragogue : mais ce n'est pas la peine d'entasser douze ou quinze drogues pour purger efficacement, lorsqu'on peut obtenir le même effet avec une seule. Le sirop de nerprun purge aussi-bien & plus sûrement que ce sirop très-composé.

Le *sirop magistral* astringent se prépare de la maniere suivante, selon la pharmacopée de Paris. Prenez de rhubarbe concassée une once & demie, de santal, citrin, & de cannelle de chacun un gros, de mirobolans citrins une once ; faites-les macérer dans un vaisseau fermé au bain-marie pendant douze heures dans trois livres d'eau de plantain, passez & prenez d'autre part de roses rouges seches deux onces, de balaustes une once, de sucs d'épinevinette & de groseille de chacun quatre onces ; faites macérer pendant douze heures au bain-marie dans un vaisseau fermé dans huit onces d'eau-rose ; passez avec expression ; mêlez les deux colatures, laissez-les se clarifier par le repos ; & faites-les cuire au bain-marie selon l'art en consistence de sirop, avec une livre & demie de sucre.

Ce sirop est préparé contre les regles de l'art, en ce que le bain-marie est employé dans l'espoir très-frivole de retenir le principe aromatique du santal, de la cannelle, des roses rouges, de l'eau-rose & peut-être de l'eau de plantain ; car il est très-démontré qu'en dissipant, comme il faut le faire ici, pour obtenir la consistence de sirop, environ trois livres & un quart d'eau, il est impossible de retenir une quantité sensible de ce principe aromatique, quelque légere que soit la chaleur par laquelle on exécute cette prodigieuse évaporation : il faut donc ou négliger ce principe aromatique, qui ne paroît pas être un ingrédient fort essentiel d'un sirop astringent, & dans ce cas retrancher les ingrédiens de cette composition, qui ne peuvent donner que du parfum ; ou charger quatre ou cinq fois davantage les infusions, & employer à-peu-près huit livres de sucre, au lieu d'une livre & demie ; & alors le faire fondre au bain-marie dans un vaisseau fermé, si l'on ne préfere encore le moyen plus exact de la distillation. *Voyez* SIROP.

Le *sirop magistral* astringent est recommandé pour remplir l'indication de resserrer le ventre & de fortifier l'estomac & les intestins, après avoir évacué doucement. On le conseille aussi contre les pertes de sang. La dose en est depuis une once jusqu'à trois pris le matin à jeun, pendant plusieurs jours de suite. (*b*)

MAGISTRAT, s. m. (*Politique.*) ce nom présente une grande idée ; il convient à tous ceux qui par l'exercice d'une autorité légitime, sont les défenseurs & les garants du bonheur public ; & dans ce sens, il se donne même aux rois.

Le premier homme en qui une société naissante eut assez de confiance pour remettre entre les mains le pouvoir de la gouverner, de faire les *lois* qu'il jugeroit convenables au bien commun, & d'assurer leur exécution, de réprimer les entreprises capables de troubler l'ordre public, enfin de protéger l'innocence contre la violence & l'injustice, fut le premier *magistrat*. La vertu fut le fondement de cette autorité : un homme se distingua-t-il par cet amour du bien qui caractérise les hommes vraiment grands ; avoit-il sur ses concitoyens cet empire volontaire & flatteur, fruit du mérite & de la confiance que donne quelquefois la supériorité du génie, & toujours celle de la vertu ? ce fut sans doute cet homme qui fut choisi pour gouverner les autres. Quand des raisons que nous laissons discuter à la Philosophie, détruisirent l'état de nature, il fut nécessaire d'établir un pouvoir supérieur, maitre des forces de tout le corps, à la faveur duquel celui qui en étoit revêtu fût en état de réprimer la témérité de ceux qui pourroient former quelque entreprise contre l'utilité commune & la sûreté publique, ou qui refuseroient de se conformer à ce que le desir de les maintenir auroit fait imaginer ; les hommes renoncerent au nom de liberté pour en conserver la réalité. Ils firent plus : le droit de vie & de mort fut réuni à ce pouvoir suprème, droit terrible que la nature méconnut, & que la nécessité arracha. De chef de la société reçut différentes dénominations suivant les tems, les mœurs, & les différentes formes des gouvernemens ; il fut appellé *empereur*, *consul*, *dictateur*, *roi*, titres tous contenus sous celui de *magistrat*, pris dans ce sens.

Mais ce nom ne signifie proprement dans notre langue que ceux qui le souverain se repose pour rendre la justice en son nom, conserver le dépôt sacré des lois, leur donner par l'enregistrement la notoriété nécessaire, & les faire exécuter ; fonctions augustes & saintes, qui exigent de celui qui en est chargé, les plus grandes qualités. Obligé seulement comme citoyen de n'avoir aucun intérêt si cher qui ne cede au bien public, il contracte par sa charge & son état un nouvel engagement plus étroit encore; il se dévoue à son roi & à sa patrie, & devient l'homme de l'état: passions, intérêts, préjugés, tout doit être sacrifié. L'intérêt général ressemble à ces courans rapides, qui reçoivent à la vérité dans leur sein les eaux de différens ruisseaux; mais ces eaux s'y perdent & s'y confondent, & forment en se réunissant un fleuve qu'elles grossissent sans en interrompre le cours.

Si l'on me demandoit quelles vertus sont nécessaires au *magistrat*, je ferois l'énumération de toutes: mais il en est d'essentielles à son état, & qui, pour ainsi dire, le caractérisent. Telles, par exemple, cet amour de la patrie, passion des grandes ames, ce desir d'être utile à ses semblables & de faire le bien, source intarissable des seuls plaisirs du cœur qui soient purs & exempts d'orages, desir dont la satisfaction fait goûter à un mortel une partie du bonheur de la divinité dont le pouvoir de faire des heureux est sans doute le plus bel apanage.

Il est un temple, & c'est celui de mémoire, que la nature éleva de ses mains dans le cœur de tous les hommes; la reconnoissance y retrace d'âge en âge les grandes actions que l'amour de la patrie fait faire dans tous les tems. Vous y verrez le consul Brutus offrir à sa patrie d'une main encore fumante le sang de ses enfans versé par son ordre. Quelle est donc la force de cette vertu, qui pour soutenir les lois d'un état, a bien pu faire violer celles de la nature, & donner à la postérité un spectacle qu'elle admire en frémissant? Vous y verrez aussi Larcher, Brisson, Tardif, victimes de la cause publique & de leur amour pour leur roi légitime, dans ces tems malheureux de séditions & d'horreurs, où le fanatisme déchaîné contre l'état, se baignoit dans les flots du sang qu'il faisoit répandre, garder jusqu'au dernier moment de leur vie la fidélité due à leur souverain, & préférer la mort à la honte de trahir leurs sermens. Mânes illustres, je n'entreprendrai pas ici votre éloge; votre mémoire sera pour moi au nombre de ces choses sacrées auxquelles le respect empêche de porter une main profane.

MAGISTRAT, (*Jurisprud.*) signifioit anciennement tout officier qui étoit revêtu de quelque portion de la puissance publique; mais présentement par ce terme, on n'entend que les officiers qui tiennent un rang distingué dans l'administration de la justice.

Les premiers *magistrats* établis chez les Hébreux, furent ceux que Moïse choisit par le conseil de Jéthro son beau-pere, auquel ayant exposé qu'il ne pouvoit soutenir seul tout le poids des affaires, Jéthro lui dit de choisir dans tout le peuple des hommes sages & craignans Dieu, d'une probité connue, & sur-tout ennemis du mensonge & de l'avarice, pour leur confier une partie de son autorité; de prendre parmi eux des tribuns, des centeniers, des cinquanteniers & dixainiers, ainsi qu'il est dit au *xviij. chap. de l'Exode*: ceci donne une idée des qualités que doit avoir le *magistrat*.

Pour faire cet établissement, Moïse assembla tout le peuple; & ayant choisi ceux qu'il crut les plus propres à gouverner, il leur ordonna d'agir toûjours équitablement, sans nulle faveur ou affection de personnes, & qu'ils lui référeroient les choses difficiles, afin qu'il pût les regler sur leur rapport.

Comme les Israëlites n'avoient alors aucun territoire fixe, il partagea le peuple en différentes tribus de mille familles chacune, & subdivisa chaque tribu en d'autres portions de cent, de cinquante, ou dix familles.

Ces divisions faites, il établit un préfet ou intendant sur chaque tribu, & d'autres officiers d'un moindre rang sur les subdivisions de cent, de cinquante, & de dix.

Moïse choisit encore par l'ordre de Dieu même, avant la fin de l'année, 70 autres officiers plus avancés en âge, dont il se forma un conseil, & ceux-ci furent nommés *seniores* & *magistri populi*; d'où est sans doute venu dans la suite le terme de *magistrats*.

Tous ces officiers établis par Moïse dans le desert, subsisterent de même dans la Palestine. Le sanhédrin ou grand-conseil des 70 établit son siége à Jérusalem: ce tribunal souverain, auquel présidoit le grand-prêtre, connoissoit seul de toutes les affaires qui avoient rapport à la religion & à l'observation des lois, des crimes qui méritoient le dernier supplice ou du moins effusion de sang, & de l'appel des autres juges.

Il y eut aussi alors à Jérusalem deux autres tribunaux & un dans les autres villes, pour connoître en premiere instance de toutes les affaires civiles, & de tous les délits autres que ceux dont on a parlé.

Les centeniers, cinquanteniers, dixainiers, eurent chacun l'intendance d'un certain quartier de la capitale.

Les Grecs qui ont paru immédiatement après les Hébreux, & qui avoient été long-tems leurs contemporains, eurent communément pour maxime de partager l'autorité du gouvernement & de la magistrature entre plusieurs personnes.

Les républiques prenoient de plus la précaution de changer souvent de *magistrats*, dans la crainte que s'ils restoient trop long-tems en place, ils ne se rendissent trop puissans & n'entreprissent sur la liberté publique.

Les Athéniens qui ont les premiers usé de cette politique, choisissoient tous les ans 500 de leurs principaux citoyens, dont ils formoient le sénat qui devoit gouverner la république pendant l'année.

Ces 500 sénateurs étoient distribués en dix classes de 50 chacune, que l'on appelloit *prytanes*; chaque prytane gouvernoit l'état pendant 35 jours.

Des 50 qui gouvernoient pendant ce tems, on en tiroit toutes les semaines dix, qui étoient qualifiés de présidens; & de ces dix on en choisissoit sept qui partageoient entre eux les jours de la semaine, & tout cela se tiroit au sort. Celui qui étoit de jour, se nommoit *archi*, prince ou premier; les autres formoient son conseil.

Ils suivoient à-peu-près le même ordre pour l'administration de la justice: au commencement de chaque mois, lorsqu'on avoit choisi la cinquantaine qui devoit gouverner la république, on choisissoit ensuite un *magistrat* dans chaque autre cinquantaine. De ces neuf *magistrats* appellés *archontes*, trois étoient tirés au sort pour administrer la justice pendant le mois; l'un qu'on appelloit *préfet* ou *gouverneur* de la ville, présidoit aux affaires des particuliers, & à l'exécution des lois pour la police & le bien public; l'autre nommé βασιλεύς, *roi*, avoit l'intendance & la jurisdiction sur tout ce qui avoit rapport à la religion; le troisieme appellé *polemarchus*, connoissoit des affaires militaires & de celles qui survenoient entre les citoyens & les étrangers; les six autres archontes servoient de conseil aux trois premiers.

Il y avoit encore quelques autres tribunaux inférieurs pour différentes matieres civiles & criminelles; ils changeoient aussi de juges les uns tous les mois, les autres tous les ans.

Tous ces tribunaux n'étoient chargés de la police que pour l'exécution; la connoissance principale en étoit réservée au sénat de l'Aréopage, qui étoit le seul tribunal composé de juges fixes & perpétuels; on les choisissoit entre les principaux citoyens qui avoient exercé avec le plus d'applaudissement l'une des trois magistratures dont on vient de parler.

Pour ce qui est des Romains, lorsque Romulus eut fondé cet empire, il rendoit lui-même la justice avec ceux des principaux citoyens qu'ils s'étoit choisi pour conseil, & qu'il nomma *sénateurs*. Il distingua le peuple en deux classes ; les patriciens ou nobles, furent les seuls auxquels il permit d'aspirer aux charges de la magistrature ; il accorda aux Plébéiens le droit de choisir eux-mêmes leurs *magistrats* dans l'ordre des patriciens.

Lorsque les rois furent chassés de Rome, la puissance du sénat s'accrut beaucoup ; la république fut gouvernée par deux consuls qui étoient les chefs du sénat ; ils l'étoient encore du tems d'Auguste, & néanmoins le sénat leur commandoit sur-tout dans la guerre ; on leur donna pour collegue le censeur, dont la charge étoit de faire le dénombrement des citoyens, & d'imposer chacun aux subsides selon ses facultés ; & comme les consuls étoient quelquefois obligés de commander dans les provinces, on nommoit dans les tems de trouble un souverain *magistrat*, qu'on appela *dictateur*.

Le préfet de la ville, qui avoit été institué dès le tems de Romulus pour commander en son absence, devint sous Justinien le chef du sénat ; après lui les patrices, les consuls, ensuite les autres officiers, tels que ceux que l'on appelloit *préfets* & *mestres-de-camp* ; enfin les sénateurs & les chevaliers, les tribuns du peuple, lesquels avoient été institués par Romulus, & dont le pouvoir augmenta beaucoup sous la république ; les édiles, le questeur & autres officiers.

On créa aussi des tribuns des soldats, des édiles curules, des préteurs, les préfets du prétoire, un maitre général de la cavalerie, un maitre des offices, un préfet de l'épargne, *comes sacrarum largitionum* ; un préfet particulier du domaine du prince, *comes rerum privatarum* ; le grand pouvoir, *comes sacri patrimonii* ; un maitre de la milice, des proconsuls & des légats ; un préfet d'Orient, un préfet d'Auguste, un préfet des provisions, *præfectus annonæ* ; un préfet des gardes de nuit, *præfectus vigilum*.

Il y eut aussi des vicaires ou lieutenans donnés à divers *magistrats*, des asseffeurs ou conseillers, des défenseurs des cités, des décurions, des decemvirs, & plusieurs autres officiers.

La fonction de tous ces *magistrats* n'étoit point érigée en office ; ce n'étoient que des commissions annales qui étoient données par le sénat, ou par le peuple, ou en dernier lieu par les empereurs.

Aucune magistrature n'étoit vénale ; mais comme il se glisse par-tout de l'abus, on fut obligé de défendre à ceux qui briguoient les charges, de venir aux assemblées avec une double robe sous laquelle ils pussent cacher de l'argent, comme ils avoient coutume de faire pour acheter le suffrage du peuple.

Tous ceux qui exerçoient quelque partie de la puissance publique, étoient appellés *magistrats*, soit qu'ils fussent simplement officiers de judicature, soit qu'ils eussent aussi le gouvernement civil & militaire, ou même qu'ils fussent simplement officiers militaires. Il y avoit des *magistrats* ordinaires, comme les consuls, les préteurs, &c. & d'autres extraordinaires, comme les dictateurs, le préfet des vivres, &c.

On distinguoit aussi les *magistrats* en deux classes, savoir en grands & petits magistrats, *majores & minores magistratus*.

En France on ne donne le nom de *magistrats* qu'à ceux qui tiennent un certain rang dans l'administration de la justice, tels que le chancelier, qui est le chef de la magistrature, les conseillers d'état & maîtres des requêtes, les présidens & conseillers de cour souveraine, les avocats & procureurs généraux.

Nous avons aussi pourtant des *magistrats* d'épée ; tels que les pairs de France, les conseillers d'état d'épée, les chevaliers d'honneur, les baillis d'épée, les lieutenans criminels de robe courte, les prévôts des maréchaux.

Les juges des présidiaux, bailliages & sénéchaussées royales, sont aussi regardés comme *magistrats* ; ils en prennent même ordinairement le titre dans leurs jugemens.

Les prevôts des marchands, maires & échevins, & autres juges municipaux qui reçoivent divers noms en quelques provinces, sont aussi *magistrats*.

Il ne suffit pas à un *magistrat* de remplir exactement les devoirs de son état, il doit aussi le comporter dans toutes ses actions avec une certaine dignité & bienséance pour faire respecter en lui l'autorité qui lui est confiée, & pour l'honneur de la magistrature en général.

Sur les fonctions & devoirs des *magistrats*, *voyez* au digeste le titre *de origine juris & omnium magistratuum*, & au code le titre *de dignitatibus*, Loyseau, *traité des offices*. (*A*)

MAGISTRATURE, (*Politique.*) ce mot signifie l'exercice d'une des plus nobles fonctions de l'humanité : rendre la justice à ses semblables, & maintenir ses lois, le fondement & le lien de la société ; c'est sans doute un état dont rien n'égale l'importance, si ce n'est l'exactitude scrupuleuse avec laquelle on en doit remplir les obligations.

On peut aussi entendre par ce mot *magistrature*, le corps des magistrats d'un état ; il signifiera en France cette partie des citoyens, qui divisée en différens tribunaux, veille au dépôt des lois & à leur exécution, semblables à ces mages dont les fonctions étoient de garder & d'entretenir le feu sacré dans la Perse.

Si l'on peut dire avec assurance, qu'un état n'est heureux qu'autant que par sa constitution toutes les parties qui le composent tendent au bien général comme à un centre commun, il s'ensuit que le bonheur de celui dans lequel différens tribunaux sont dépositaires de la volonté du prince, dépend de l'harmonie & du parfait accord de tous ces tribunaux, sans lequel l'ordre politique ne pourroit subsister. Il en est des différens corps de *magistrature* dans un état, comme des astres dans le système du monde, qui par le rapport qu'ils ont entre eux & une attraction mutuelle, se contiennent l'un l'autre dans la place qui leur a été assignée par le Créateur, & qui suivent, quoique renfermés chacun dans un tourbillon différent, le mouvement & l'impulsion générale de toute la machine céleste. *Voyez l'article* MAGISTRAT.

MAGISTRIENS, s. m. pl. (*Hist. anc.*) satellites du magister. Or comme il y avoit différens magisters, les *magistriens* avoient aussi différentes fonctions.

MAGLIANO, *Manliana*, (*Géogr.*) petite ville d'Italie dans la Sabine ; elle est située sur la cime d'une montagne, près du Tibre, à 12 lieues S. O. de Spolete, 8 N. E. de Rome. *Long.* 30. 10. *lat.* 42. 20. (*D. J.*)

MAGMA, s. m. (*Pharmac.*) liniment épais dans lequel il n'entre qu'une très-petite quantité de liquide, pour l'empêcher de s'étendre & de couler ; strictement c'est la partie récrementicielle d'un onguent, une fois que les suces qui restent après l'expression des parties les plus fluides. Galien restraint l'acception de ce terme aux feces des mirobolans, *liv. VIII.* D. C. M. P. G.

MAGNA CHARTA, (*Jurispr.*) *Voyez* au mot CHARTRE *l'article* CHARTRE, *la grande*.

MAGNANIME, adj. (*Morale.*) c'est celui qu'élevent au-dessus des objets & des passions qui conduisent fent les hommes, une paffion plus noble, un objet plus grand ; qui facrifie le moment au tems, fon bien-être à l'avantage des autres, la confidération, l'eftime même à la gloire ou à la patrie : c'eft Fabius qui s'expofe au mépris de Rome pour fauver Rome.

La *magnanimité* n'eft que la grandeur d'ame devenue inftinct, enthoufiafme, plus noble & plus pure par fon objet & par le choix de fes moyens, & qui met dans fes facrifices je ne fais quoi de plus fort & de plus facile.

MAGNANIMITÉ (*Médecine.*) ce mot eft un euphemifme dans le langage medicinal ; il fignifie exactement *vigueur* dans l'acte vénérien. Au refte, c'eft expliquer un euphémifme par un autre, mais le dernier nous paroît beaucoup plus intelligible que le premier ; & il ne feroit pas honnête de le rendre plus clair. (*b*)

MAGNES ÆRIS, (*Chimie.*) nom donné par le célebre Hoffman à une préparation faite avec de la craie & de l'efprit-de-vin.

MAGNES ARSENICALIS, (*Chimie.*) c'eft une combinaifon faite avec parties d'antimoine, de foufre & d'arfencic, fondus enfemble dans un creufet.

MAGNES CARNEUS, (*Hift. nat.*) nom donné par Cardan à une efpece de terre blanche qui fe trouve en Italie ; elle eft blanche à une certaine confiftance femblable à celle de l'oftéocolle, elle eft mouchetée de taches noires ; elle s'attache fortement à la langue qu'elle femble attirer. Le même Cardan prétend avoir vu qu'une bleffure faite dans la chair avec une épée dont la lame avoit été frottée de cette terre, fe referma fur le champ. Cette fubftance, que quelques-uns ont appellée *calamita alba*, fe trouve, dit-on, dans l'île d'Elbe, près des côtes de la Tofcane. *Voyez* Boëtius de Boot, *de lapid. & gemmis.*

MAGNÉSIE ou MAGNESE, (*Hift. nat.*) fubftance minérale. *Voyez* MANGANESE.

MAGNÉSIE BLANCHE, (*Chimie & Mat. medic.*) c'eft le nom le plus ufité aujourd'hui d'une poudre terreufe blanche, & qui a été connue auffi auparavant fous les noms de *panacée folutive*, de *panacée angloife*, de *fécule alkaline*, de *panacée anti-hyppocondriaque*, de *poudre du comte de palma*, de *poudre de fentinelli.* Voici la préparation qu'en donne M. Baron dans fes *additions au cours de Chimie* de Lémery.

Mettez la quantité qu'il vous plaira d'eau-mere des falpétriers dans une terrine de grais ; verfez deffus parties égales d'huile de tartre par défaillance ou de diffolution de cendres gravelées, peu de tems après le mélange fe troublera ; mais il reprendra fa limpidité auffi-tôt qu'il aura dépofé un fédiment blanchâtre qui le rendoit laiteux : décantez alors la liqueur qui furnage le précipité, lavez-le à plufieurs reprifes, & mettez-le égoutter fur un filtre ; faites-le fécher enfuite jufqu'à ce qu'il foit réduit en une poudre blanche.

Il y a deux autres procédés pour préparer la *magnéfie*, l'un & l'autre plus anciens que le précédent. Le premier confifte à évaporer jufqu'à ficcité de l'eau-mere de falpêtre, à calciner le produit de cette deffication, jufqu'à ce qu'il ne donne plus de vapeurs acides, à l'édulcorer enfuite par des lotions répétées avec l'eau bouillante, & enfin à le faire égoutter & fécher felon l'art. La *magnéfie* préparée ainfi eft peut-être moins fubtile, moins divifée que celle qu'on obtient par la précipitation, ce qui fuffit pour rendre cette dèrniere préférable dans l'ufage medicinal ; mais d'ailleurs les produits de ces deux procédés font parfaitement femblables. L'eau-mere du nitre étant compofée du mélange de nitre à bafe terreufe & de fel marin à bafe terreufe (*Voyez* NITRE), qui font l'un & l'autre des fels neutres éminemment folubles par l'eau, il eft clair que la portion de ces fels, qui pourroient avoir été épargnés dans la calcination, eft infailliblement enlevée par les lotions réitérées.

L'autre procédé confifte à précipiter l'eau-mere du nitre par l'acide vitriolique : celui-ci eft abfolument défectueux ; ce n'eft qu'un faux précipité qu'on obtient par ce moyen (*voyez* PRÉCIPITATION) ; c'eft un fel feleniteux produit par l'union de l'acide vitriolique à une partie de la terre qui fert de bafe aux fels neutres contenus dans l'eau-mere du falpêtre, & dont nous avons déja fait mention. Je dis une portion, car ce n'eft pas une feule efpece de terre qui fournit la bafe de ces fels. Une portion feulement eft calcaire & produit le faux précipité avec l'acide vitriolique ; l'autre portion eft analogue à la bafe du fel de feidlitz & d'ebsham, & elle conftitue, avec l'acide vitriolique un fel neutre foluble, & qui refte fufpendu par conféquent dans la liqueur. *Voyez* SEL MARIN, SEL DE SEIDLITZ, SEL D'EBSHAM, *fous l'article général* SEL.

C'eft évidemment à cette terre que j'appelle *feidlitiene* que la *magnéfie* doit la propriété que Hoffman y a remarquée de fournir une diffolution faline amere & falée, lorfqu'on la diffout dans de l'efprit de vitriol, tandis que les terres purement calcaires ne donnent avec le même acide qu'une liqueur très-peu chargée de fel qui n'eft ni amere ni falée, & qui eft même prefqu'abfolument infipide.

La *magnéfie* eft donc à mon avis une terre abforbante mélangée d'une portion de terre calcaire & d'une portion de terre analogue à la bafe du fel de feidlitz. La comparaifon que fait Hoffman de l'eau-mere des falpétriers & de la liqueur faline appellée *huile de chaux*, provenant de la décompofition du fel ammoniac par la chaux, relativement à la propriété de produire la *magnéfie blanche* ; cette comparaifon, dis-je, n'eft point exacte.

Le D. Black, medecin à Edimbourg, qui a pris comme une matiere abfolument femblable à la *magnéfie blanche*, la terre qui fert de bafe au fel d'ebsham (*voyez recueil de medecine* de Paris, *vol. VIII*.), a donné dans une erreur oppofée. Le précipité de l'huile de chaux eft entierement calcaire, & celui du fel d'ebsham eft entierement *feidlitien* ; ni l'un ni l'autre n'eft par conféquent la *magnéfie blanche*, quoique leurs vertus medicinales foient peut-être les mêmes, ce qui eft cependant fort douteux & qui refte à éprouver.

La *magnéfie blanche* ordinaire, c'eft-à-dire le précipité de l'eau-mere de nitre, purge très-bien prefque tous les fujets à la dofe d'une drachme ou de deux, ou même de demi-once pour les adultes, & à proportion pour les enfans. Il arrive quelquefois, mais rarement, qu'étant prife à la même dofe, elle ne donne que des envies inutiles d'aller, & ne purge point du tout. Hoffman attribue cette diverfité d'action à la préfence ou à l'abfence des acides dans les premieres voies. Si cette terre, purement abforbante & dépourvue, dit-il, de tout principe purgatif rencontre des acides dans les premieres voies, elle s'unit avec ces acides, & fe change par-là en un fel neutre, âcre & ftimulant : ce qui trouve évident par l'analogie qu'il admet entre ce fel formé dans les premieres voies, & celui qui réfulte de l'union de cette terre à l'acide vitriolique. Cette explication n'eft que du jargon tout pur, une franche theorie à prendre ce terme dans fon acception la plus défavorable ; car, 1°. elle fuppofe tacitement que la préfence des acides dans les premieres voies eft le cas le plus fréquent, puifqu'en effet la *magnéfie* purge le plus grand nombre de fujets ; or cette fuppofition eft démentie par l'expérience : 2°. elle indique l'inadvertence la plus puérile fur le degré d'acidité réelle des fucs acides contenus quelquefois dans les premieres voies : car il eft de fait que même dans le degré extrême d'acidité de ces sucs concourant avec leur plus grande abondance, il n'y a jamais eu dans les premieres voies de quoi saturer dix grains de *magnésie*; & quand même on pourroit supposer qu'il s'y en trouvât quelquefois de quoi en saturer deux gros, cette quantité devroit être la dose extrême, & tout ce qu'on pourroit en donner au-delà seroit inutile. Or il est cependant prouvé par l'expérience que dans tous les cas l'activité de la *magnésie* est proportionnelle à sa dose: une once purge plus que demi-once. 3°. C'est gratuitement au-moins qu'on estime la nature du sel neutre formé dans les premieres voies par celles de celui qui résulte de la combinaison de l'acide vitriolique avec la même base. 4°. Enfin la diversité d'action reconnue même par Hoffman entre la *magnésie blanche* & les autres absorbans, prouve sans doute qu'il n'est point permis de considérer la *magnésie* comme un simple absorbant. On a presque regret au tems qu'on emploie à réfuter de pareilles spéculations; mais comme ce sont principalement les théories arbitraires & frivoles dont la Medecine est inondée, qui deshonorent l'art aux yeux des bons juges, & que celle que nous venons de discuter est défendue par l'appareil des principes chimiques exacts & lumineux en soi, & par une simplicité apparente qui séduit toujours les demi-savans, & dont les vrais connoisseurs se méfient toujours au contraire; pour toutes ces considérations, dis-je, on s'est permis d'attaquer ce préjugé plus sérieusement & avec plus de chaleur qu'il n'en mérite dans le fond.

Quant à l'utilité absolue de la *magnésie*, il est sûr que l'usage fréquent qu'elle a chez nous depuis quelque tems, a été principalement une affaire de mode, & qu'il est soutenu principalement par l'avantage d'être un remede moins dégoûtant que les autres purgatifs. On doit pourtant convenir de l'emploie avec assez de succès pour purger dans les affections hypocondriaques, & toutes les fois qu'on a à remplir la double indication d'absorber & de purger, comme dans la toux stomachale & l'asthme humide, & quelque cas même d'asthme convulsif. Elle est très-utile aussi dans la constipation qu'occasionne quelquefois le lait, *voyez* LAIT. Hoffman remarque & l'observation journaliere confirme que cette poudre est sujette à causer des ventosités & de l'irritation dans les intestins, si on en fait un trop fréquent usage.

On la donne dans l'eau, du bouillon, des infusions ou décoctions de plantes laxatives, dans des sucs de plantes émollientes, dans une émulsion, &c. (*b*)

MAGNÉSIE OPALINE, (*Chimie.*) ou RUBIN E D'ANTIMOINE. Ce n'est autre chose qu'une espece de foie d'antimoine qui ne differe du foie d'antimoine ordinaire (*voyez* foie d'antimoine au mot ANTIMOINE) qu'en ce qu'on a fait entrer dans sa préparation au lieu des deux ingrédiens ordinaires, savoir l'antimoine crud & le nitre employés à parties égales, l'antimoine crud, le nitre & le sel marin employés aussi à parties égales.

Le nom de *magnésie opaline* lui vient de sa couleur; elle prouve par sa différence d'avec celle du foie d'antimoine ordinaire, que le sel marin a influé réellement sur le changement que le régule d'antimoine a subi dans cette opération: car d'ailleurs on ignore encore parfaitement la théorie de l'action du sel marin dans cette préparation & dans celle des régules medicinaux préparés avec ce sel. *Voyez régule d'antimoine medicinal* au mot ANTIMOINE.

La *magnésie opaline* est regardée comme moins émétique que le foie d'antimoine ordinaire, mais cela ne dépend point de la différence reconnue de l'action du nitre sur le régule dans l'une & dans l'autre opération; car il n'est pas connu que le sel marin affoiblisse cette action du nitre qui est employé en même proportion dans les deux opérations. (*b*)

MAGNÉSIE, (*Géog. anc.*) province de la Macédoine, annexée à la Thessalie; elle s'étendoit entre le golfe de Thermée & le golfe Pélasgique, depuis le mont Ossa jusqu'à l'embouchure de l'Amphrise. Sa ville capitale portoit le nom de la province, ainsi que son principal promontoire, qu'on appelle à présent *Cabo S. Gregorio.* Les monts Olympe, Ossa, & Pélion, sont connus des gens les moins lettrés. Aujourd'hui cette province de *Magnésie* est une presqu'île de la Janna, entre les golfes de Salonique & de Volo. (*D. J.*)

MAGNÉSIE, (*Géog. anc.*) ville de la Macédoine, dans la province de *Magnésie*. Pline l'a nommée *Pegaza*, Pégase, parce qu'elle s'accrut des ruines de cet endroit. Elle étoit située au pié du mont Pélée. Pausanias la met au nombre des trois villes qu'on appelloit les *trois clés de la Grece.* Philippe s'en empara, en assurant qu'il la rendroit, & se promettant bien de la garder. Le D. d'Albe disoit à un autre Philippe, que les princes ne se gouvernoient point par des scrupules; & cet autre Philippe prouva, par sa conduite, que cette maxime lui plaisoit. (*D. J.*)

MAGNÉSIE *sur le Méandre*, (*Géog. anc.*) ville de l'Asie mineure, dans l'Ionie; son surnom *ad Mæandrum*, la distinguoit de *Magnésie*, ville de Lydie, au pié du mont Sipyle : cependant on l'appelloit aussi *Magnésie* tout court, parce qu'elle étoit beaucoup plus considérable que Magnésie *ad Sipylum*, qui avoit besoin de ce surnom. C'est de cette maniere qu'on en a usé dans les medailles qui appartiennent à ces deux villes Strabon, *liv. XIV. pag.* 647. nous apprend que la *Magnésie* d'Ionie n'étoit pas éloignée de le Méandre, & que la riviere Léthée en étoit plus près que ce fleuve, *vicinior urbi amnis Lethæus.* Scylax donne à *Magnésie* Ionienne, le titre de ville grecque. Paterculus l'estime comme colonie de Lacédémoniens; & Pline la regarde comme colonie des Magnésiens de Thessalie. Elle a été épiscopale sous la métropole d'Ephese: on la nomme à présent *Gusetlissar.* (*D. J.*)

MAGNÉSIE *ad Sipylum*, (*Géog. anc.*) autrement dite *Manachie* (on l'appelloit encore *Héraclée*, selon Dionysius dans Eustathe) ville de l'Asie mineure en Lydie, au pié du mont Sipyle, dans un pays assez plat, terminée par une grande plaine, qui mérite un article à part. La victoire que les Romains y remporterent sur Antiochus, rendit célebre cette bataille, & la ville, & la montagne au bas de laquelle elle est située. Sous l'empereur Tibere, & du tems de Strabon, la ville fut ruinée par des tremblemens de terre, & rétablie à chaque fois. Elle avoit déja été pillée antérieurement par Gygès, roi de Lydie, & par les Scythes, qui traiterent les habitans avec la derniere inhumanité: voici la suite de ses autres vicissitudes.

Après la prise de Constantinople par le comte de Flandres, Jean Ducas Vatatze, successeur de Théodore Lascaris, regna dans *Magnésie* pendant trente-trois ans. Les Turcs s'en rendirent maitres sous Bajazet; mais Tamerlan qui le fit prisonnier à la fameuse bataille d'Angora, vint à *Magnésie*, & y transporta toutes les richesses des villes de Lydie.

Roger de Flor, vice-roi de Sicile, assiégea cette place sans succès: Amurat y passa à la fin de ses jours. Mahomet II. son fils, forma des environs de *Magnésie* une petite province, & le grand Soliman II. y résida jusqu'à la mort de son pere. C'est un *moussélin* & un *jardar* qui commandent à présent dans *Magnésie*. Elle n'est pas plus grande que la moitié de la Prusse; il n'y a ni belles églises, ni beaux caravansérais; on n'y trafique qu'en coton.

La plûpart de ses habitants font Mahométans, les autres font des Grecs, des Arméniens, & des Juifs, qui y ont trois synagogues. Le serrail y tombe en ruine, & n'a pour tout ornement que quelques vieux cyprès. (*D. J.*)

MAGNÉSIE *plaine de*, (*Géog. anc. histor.*) plaine à jamais célebre, aux environs de la ville de même nom, au pié du mont Sipyle.

Quoique cette plaine soit d'une beauté surprenante, dit M. de Tournefort, elle est cependant presque toute couverte de tamaris, & n'est bien cultivée que du côté du levant : la fertilité en est marquée par une médaille du cabinet du roi : d'un côté c'est la tête de Domitia, femme de Domitien ; de l'autre est un fleuve couché, lequel de la main droite tient un rameau, de la gauche une corne d'abondance. Du haut du mont Sipyle la plaine paroît admirable, & l'on découvre avec plaisir tout le cours de l'Hermus.

C'est dans cette plaine que les grandes armées d'Agésilaüs & de Thissapherne, & celles de Scipion & d'Antiochus, se sont disputées l'empire de l'Asie. Le roi de Lacédémone, étant descendu du mont Sipyle, attaqua les Perses le long du Pactole, & les mit en déroute.

La bataille de Scipion & d'Antiochus se donna entre *Magnése* & la riviere Hermus, que Tite-Live & Appien appellent le *fleuve de Phrigie*. Antiochus campa avantageusement autour de la ville ; les éléphans d'une grandeur extraordinaire brilloient par l'or, l'argent, l'ivoire & la pourpre dont ils étoient couverts. Scipion ayant fait passer la riviere à son armée, obliga les ennemis de combattre, & cette bataille, qui fut la premiere que les Romains gagnerent en Asie, leur assura la possession du pays, jusqu'aux guerres de Mithridate. (*D. J.*)

MAGNÉTIQUE, adj. (*Phys.*) se dit de tout ce qui a rapport à l'aimant ; ainsi on dit *fluide magnétique*, *vertu magnétique*, *pôle magnétique*, &c. *V.* MAGNÉTIQUE, AIMANT, AIGUILLE, BOUSSOLE, &c.

MAGNÉTIQUE *emplâtre*, (*Pharmacie & matiere médicale externe*) c'est du *magnes arsenicalis*, ou *aimant arsénical*. *Voy.* AIMANT ARSÉNICAL, que cette emplâtre qui est fort peu utile tire son nom. Cet auteur Angelus Sala, prétend qu'il guérit les charbons pestilentiels, par une vertu attractive ou *magnétique*. S'il opere en effet quelque chose dans ce cas, c'est par la vertu légerement caustique de l'aimant arsénical : c'est par cette même vertu qu'il peut être utilement employé dans le traitement des ulceres rebelles. (*b*)

MAGNÉTISME, f. m. (*Phys.*) c'est le nom général qu'on donne aux différentes propriétés de l'aimant ; ces propriétés, comme l'on sait, sont au nombre de trois principales ; l'attraction ou la vertu par laquelle l'aimant attire le fer ; la direction ou la vertu par laquelle l'aimant se tourne vers les poles du monde, avec plus ou moins de déclinaison, selon le lieu de la terre où il est placé ; enfin l'inclinaison ou la vertu par laquelle une aiguille aimantée suspendue sur des pivots, s'incline vers l'horison en se tournant vers le pole : ses différentes propriétés ont été détaillées aux *articles* AIMANT, AIGUILLE, BOUSSOLE, & nous y renvoyons le lecteur, ainsi qu'aux *mots* DÉCLINAISON, VARIATION, COMPAS, &c. Il s'agit maintenant de la cause de ces différens phénomenes, dont nous avons promis au mot AIMANT, de parler dans cet article. Les Philosophes ont fait là-dessus bien des systèmes, mais jusqu'ici ils n'ont pu parvenir à rien donner de satisfaisant : ceux de nos lecteurs qui voudront connoître ce qu'on a dit sur ce sujet de plus plausible, pourront lire les trois dissertations de Mrs Euler, Dufour, & Bernoulli, qui ont remporté le prix de l'académie en 1746 ; ils y trouveront des hypotheses ingénieuses, & dans celles de M. Dufour plusieurs expériences curieuses. Nous nous contenterons de dire ici que chacun de ces auteurs, ainsi que tous les Physiciens qui les ont précédés, attribuent les effets de l'aimant à une matiere qu'ils appellent *magnétique*. Il est difficile en effet, quand on a examiné les phénomenes, & sur-tout la disposition de la limaille d'acier autour de l'aimant, de se refuser à l'existence & à l'action de cette matiere : cependant cette existence & cette action a souffert plusieurs difficultés : on peut en voir quelques-unes dans l'*histoire de l'académie des Sciences de l'année 1733* ; on peut en voir aussi beaucoup d'autres dans l'*Essai de physique* de M. Musschenbroeck, §. 587. & *suiv.* contre les *écoulemens* qu'on attribue à la matiere *magnétique* ; nous renvoyons le lecteur à ces différens ouvrages, pour ne point trop grossir cet article, & aussi pour ne point paroître favoriser une des deux opinions préférablement à l'autre, car nous avouons franchement que nous ne voyons rien d'assez établi sur ce sujet pour nous décider.

Au défaut de la connoissance de la cause qui produit les propriétés de l'aimant, ce seroit beaucoup pour nous que de pouvoir au-moins trouver la liaison & l'analogie des différentes propriétés de cette pierre, de savoir comment sa direction est liée à son atraction, & son inclinaison à l'une & à l'autre de ces propriétés. Mais quoique ces trois propriétés soient vraisemblablement liées par une seule & même cause, elles paroissent avoir si peu de rapport entre elles, que jusqu'à présent on n'a pû en découvrir l'analogie. Ce qu'il y a de mieux à faire jusqu'à présent, est d'amasser des faits, & de laisser les systèmes à faire à notre postérité, qui vraissemblablement les laissera de même à la sienne.

M. Halley, pour expliquer la déclinaison de la boussole, a imaginé un gros aimant au centre de la terre, un second globe contenu au-dedans d'elle comme dans un noyau, & qui par la rotation sur un axe qui lui est propre, entretiene la déclinaison de l'aiguille dans une variation continuelle. M. Halley employoit encore ce globe d'aimant à l'explication de l'aurore boréale ; il supposoit que l'espace compris entre la terre & le noyau étoit rempli d'une vapeur légere & lumineuse, qui venant à s'échapper en certain tems par les poles du globe terrestre, produit toutes les apparences de ce phénomene ; mais outre que toutes les suppositions sont purement hypothétiques, on ne verroit pas encore comment ce gros aimant produiroit l'attraction du fer, ni comment il agiroit sur les petits aimans qui se trouvent sur ce globe, & dont il est si éloigné.

Le résultat de cet article est que les phénomenes de l'aimant sont vraissemblablement produits par une matiere subtile, différente de l'air ; nous disons *différente de l'air*, parce que ces phénomenes ont également lieu dans le vuide ; mais nous ignorons absolument la maniere dont cette machine agit. C'est encore une question non moins difficile que de savoir s'il y a quelque rapport entre la cause du *magnétisme* & celle de l'électricité, car on ne connoit guère mieux l'une que l'autre. *Voyez* ÉLECTRICITÉ, CONDUCTEUR, COUP FOUDROYANT, FEU ÉLECTRIQUE, &c. (*O*)

MAGNETTES, s. f. (*Com.*) toiles qui se fabriquent en Hollande, & quelques provinces voisines ; elles sont plissées à plat ou roulées : le taux les apprécie à 20 florins la piece.

MAGNICE *ou* MAGNICA, (*Géog.*) fleuve d'Afrique, dont l'embouchure est à 27^d. 40'. de *lat. mérid.* On dit qu'il prend sa source du lac Gayaue. Il se divise en deux bras, dont l'un traverse les ter-

MAG

res du Monomotapa, & se décharge dans la mer par sept embouchures. (*D. J.*)

MAGNIFICENCE, (*Morale.*) dépense des choses qui sont de grande utilité au public. Je suis ici de près les traces d'Aristote, qui distingue deux vertus, dont l'office concerne l'usage des richesses; l'une est la simple libéralité, ἐλευθεριότης; l'autre la magnificence, μεγαλοπρέπεια. La premiere, selon ce fameux philosophe, regarde l'usage des petites dépenses; l'autre regle les dépenses que l'on fait pour de grandes & belles choses, comme sont les présens offerts aux dieux, la construction d'un temple, ce que l'on donne pour le service de l'état, pour les festins publics, & autres choses de cette nature. Aristote oppose à cette vertu, comme les deux extrémités vicieuses, une somptuosité ridicule & mal entendue, & une sordide mesquinerie. (*D. J.*)

MAGNIFIQUE, adj. (*Gram.*) il se dit au simple & au figuré, des personnes & des choses, & il désigne tout ce qui donne une idée de grandeur & d'opulence. Un homme est *magnifique*, lorsqu'il nous offre en lui-même, & dans tout ce qui l'intéresse, un spectacle de dépense, de libéralité & de richesse, que sa figure & ses actions ne déparent point ; un entrée est *magnifique*, lorsqu'on a pourvû à tout ce qui peut lui donner un grand éclat par le choix des chevaux, des voitures, des vêtemens, & de tout ce qui tient au cortege ; un éloge est *magnifique*, lorsqu'il nous donne de la personne qui l'a fait, & de celle à qui il est adressé, une très-haute idée. Le luxe va quelquefois sans la magnificence, mais la magnificence est inséparable du luxe; c'est par cette raison qu'elle éblouit souvent & qu'elle ne touche jamais.

MAGNI-SIAH, (*Géog.*) ville d'Asie, dans la province de Serhan, au pié d'une montagne ; c'est la même ville, selon les apparences, que la Magnésie du mont Sipyle. Les orientaux lui donnent 60ᵈ. de *long*. & 40ᵈ. de *lat*. (*D. J.*)

MAGNISSA, (*Hist. nat. minéral.*) nom donné par quelques auteurs anciens à une substance minérale que l'on croit être la pyrite blanche, ou *pyrito-arsénicale*, que l'on nommoit aussi *leucolithos* & *argyrolithos*, à cause de sa ressemblance avec l'argent. *Voyez* PYRITE.

MAGNOAC, (*Géog.*) petit pays sur les confins du pays d'Astarac, & qui fait aujourd'hui partie de celui d'Armagnac. *Voyez* Longuerue, *descript. de la France*, *part. I. pag*. 201. (*D. J.*)

MAGNOLE, *magnolia*, s. f. (*Hist. nat. Botan.*) plante à fleur en rose, composée de plusieurs pétales disposés en rond. Le pistil s'éleve du fond du calice, & devient dans la suite un fruit dur, tuberculeux, dans lequel on trouve de petits noyaux oblongs, qui renferment une amande de la même forme. Plumier, *nova plant. amer. gen. Voyez* PLANTE.

Ce genre de plante a été ainsi nommé en l'honneur de M. Magnole, botaniste. Sa fleur est en rose, composée de plusieurs pétales, placées circulairement. Du calice de la fleur s'éleve un pistil, qui dégénere en un fruit conique, garni d'un grand nombre de tubes contenant chacun une noix dure, laquelle venant à sortir, demeure suspendue par un long fil. Comme c'est un très-beau genre de plante, M. Linneus a pris plaisir d'entrer encore dans de plus grands détails de ses caracteres. Le calice particulier de sa fleur, nous dit-il, est formé de trois feuilles ovales & creuses, qu'on prendroit pour des pétales, & qui tombent avec la fleur. Sa fleur consiste en neuf pétales, d'une forme oblongue, cavés en gouttiere, étroits à la base, & s'élargissant à la pointe, qui est obtuse. Les étamines sont des filets nombreux, courts & pointus. Le pistil est placé sous le germe, & est d'une figure comprimée. Les bossettes des étamines sont oblongues, fines & déliées. Le fruit est en cône écailleux, à *capsules* comprimées, arrondies, composées de deux valvules qui forment une seule loge. Cette loge ne renferme qu'une graine, pendante dans sa parfaite maturité par un fil qui procede de la capsule du fruit. *Voyez* aussi Dillenius, *Hort. Eltham. pag*. *168*. (*D. J.*)

MAGNUS, A, UM, (*Géogr. anc.*) Il faut remarquer ici sur ce mot latin, que les anciens appelloient *magnum promontorium* le cap d'Afrique nommé *Deyrat-Lincyn* par les Africains ; & qu'ils ont donné le même nom au cap de Lisbonne. Ils appelloient *magnum ostium*, la grande embouchure, l'une des bouches du Gange. Ils donnoient le nom de *magni campi* à des plaines d'Afrique, au voisinage d'Utique ; ils nommerent *magnus portus*, un port de la Grande-Bretagne, vis-à-vis l'île de Wigth, & *magnus sinus*, le grand golfe, une partie de l'Océan oriental, &c. (*D. J.*)

MAGNY, (*Géog.*) petite ville de France, au Vexin françois, sur la route de Paris à Rouen, à 14 lieues de ces deux villes, & dans un terrein fertile en blé : le P. Breit croit que c'est le *Petromantalum* des anciens. *Long*. *19*. *22*. *lat*. *49*. *8*.

C'est la patrie de Jean-Baptiste Santerre, un de nos peintres qui a excellé dans les sujets de fantaisie. Il a fait encore des tableaux de chevalet d'une grande beauté, entre autres celui d'Adam & d'Eve. *Voyez l'article* de cet illustre maître, au *mot* ÉCOLE FRANÇOISE (*D. J.*)

MAGO, (*Géogr. anc.*) ville de la petite île Baléard, selon Pline, *liv*. *III*. *chap*. *v*. & Pomponius Mela, *liv*. *II*. *chap*. *vij*. C'est présentement Port-Mahon dans l'île de Minorque.

MAGODES, (*Littér. Théat. des Grecs.*) μαγῳδοὶ, Athénée, *liv*. *XIV*. *pag*. *261*, nous définit ainsi les *magodes* ; ceux qu'on appelle *magodes*, dit-il, usent des tymbales, s'habillent en femme, en jouent les rôles, aussi-bien que celui de débauché & d'homme ivre ; & sont toutes sortes de gestes lascifs & deshonnêtes. Suivant Hésichius, ces *magodes* étoient des especes de pantomimes, qui sans parler, exécutoient différens rôles par des danses seules.

Le spectacle d'une comédie noble qui s'étoit fixé dans la Grece un peu avant le regne d'Alexandre, qui étoit si propre à divertir les honnêtes gens, ne pût suffire au peuple, il lui fallut toujours des bouffons. Aristote nous dit que de son tems, la coutume de chanter des vers phalliques subsistoit encore dans plusieurs villes. On conserva bien des farces dans l'ancien goût, qui furent appellées *dicélies*, *magodies*, & les baladins de ces farces furent nommés *dicélistes*, *magodes*, *mimographes*. *Voyez* DICÉLISTES, MIME, FARCE, COMÉDIE. (*D. J.*)

MAGODUS, s. m. (*Littérature.*) personnage des spectacles anciens. Il paroissoit habillé en femme ; cependant son rôle est d'homme. Il correspondoit à nos magiciens.

MAGOPHONIE, s. f. (*Antiq. de Perse.*) fête célébrée chez les anciens Perses, en mémoire du massacre des Mages, & particulierement de Smerdis, qui avoit envahi le trône après la mort de Cambyse. Darius fils d'Hystape, ayant été élu roi à la place de cet usurpateur, voulut perpétuer le souvenir du bonheur qu'on avoit eu d'en être délivré, en instituant une grande fête annuelle, qui fut nommée *magophonie*, c'est à-dire *le massacre des Mages*. (*D. J.*)

MAGOT, (*Hist. nat.*) *Voyez* SINGE.

MAGOT, s. m. (*Grammaire.*) figures en terre, en plâtre, en cuivre, en porcelaine, ramassées, contre-faites, bisarres, que nous regardons comme représentant des Chinois ou des Indiens. Nos appartemens en sont décorés. Ce sont des colifichets précieux dont la nation s'est entêtée ; ils ont chasse de nos appartemens des ornemens d'un goût beaucoup meilleur. Ce regne est celui des *mogots*.

MAGRA, LA VALLÉE DE (*Géogr.*) en latin *vallis Macræ*; vallée d'Italie dans la Toscane, d'environ onze lieues de long sur six de large. Elle appartient presque toute au grand-duc. Pontremoli en est la capitale.

MAGRA, la (*Géogr.*) en italien *Macra*, riviere d'Italie. Elle a sa source dans les montagnes de l'Apennin, coule dans la vallée de son nom, & va se perdre dans la mer, auprès du cap del Corvo.

MAGRAN, (*Géograph.*) montagne d'Afrique au royaume de Maroc, dans la province de Tedla. Ses habitans logent dans des hutes d'écorces d'arbres, & vivent de leurs bestiaux. Ils ont à redouter les lions dont cette montagne est pleine, & le froid qui est très-grand, sur-tout au sommet.

MAGUELONE, *ou* MAGALO, MAGALONA, MAGALONE, en latin *civitas Magalonensis*, ville ruinée dans le bas Languedoc. Elle étoit située au midi de Montpellier dans une île ou péninsule de l'étang de *Maguelone*, sur la côte méridionale de cet étang, qui est à l'orient de celui de Thau, *insula Magalo*. On a sans doute dit dans la suite *Magalona*, d'où l'on a fait le nom vulgaire *Maguelone*.

Il n'est point parlé de *Maguelone* dans les anciens géographes, ni dans aucun écrit antérieur à la domination des Wisigoths; c'est pourquoi nous pouvons leur attribuer l'origine de cette ville & de son évêché.

Maguelone qui tomba sous le pouvoir des Sarrasins, après la ruine de la monarchie des Wisigoths, fut prise & détruite par Charles Martel, l'an 737; alors l'évêque, son clergé, & la plûpart des habitans, se retirerent en terre ferme, à une petite ville ou bourgade nommée *Sustantion*, qui est marquée dans la carte de Peutinger. Ce lieu appellé *Sustantion*, qui avoit ses comtes particuliers, a été entierement détruit.

Maguelone au contraire fut rebâtie vers l'an 1060, au lieu où elle avoit été précédemment dans l'île, & les évêques y eurent leur siége ainsi que la cathédrale, jusqu'à l'an 1536, que le pape Paul III. transféra ce siége dans la ville de Montpellier. La raison de cette translation est qu'on ne pouvoit plus être en sûreté à *Maguelone*, à cause des incursions des pirates maures & sarrasins, qui y faisoient souvent des descentes. Si vous êtes curieux de plus grands détails, *voyez* Catel, *mém. de Languedoc*, & Longuerue, *descript. de la France*.

J'ajoute seulement que cette ville a été la patrie de Bernard de Tréviez, chanoine de son église cathédrale, & qui vivoit en 1170. Il est l'auteur du roman intitulé, *histoire des deux vrais & parfaits amans*, Pierre de Provence & la belle Maguelone, fille du roi de Naples. Ce roman fut imprimé pour la premiere fois à Avignon en 1524, *in*-8°.

MAGNEY, *voyez l'article* KARATA.

MAGUIL, (*Géogr.*) petite ville d'Afrique en Barbarie, au royaume de Fez. Les Romains l'ont fondée. Elle est bâtie sur la pointe de la montagne de Zarbon, & jouit au bas d'une belle plaine qui rapporte beaucoup de blé, de chanvre, de carvi, de moutarde, &c. mais ses murailles de la ville sont tombées en ruine.

MAGULABA, (*Géogr. anc.*) ville de l'Arabie heureuse selon Ptolomée, *liv. VI. chap. vij.* qui la place entre Jula & Sylecum.

MAGUSANUS, (*Littérat.*) épithete donnée à Hercule, & dont l'origine est inconnue; mais on a trouvé au temple d'Hercule, à l'embouchure de l'Escaut, *Magusai Herculis fanum*. Il en est fait mention dans une ancienne inscription qu'on découvrit en 1514 à Berteappel en Zélande. La voici, telle que la rapporte Ortelius, qui déclare l'avoir bien examinée. *Herculi Magutano, M. Primilius, Tertius, V. S. L. M.* Le nom & la figure de cet Hercule, surnommée *Magutanus*, se trouve sur une médaille de posthume en bronze. Trébellius Pollion nous apprend que cet empereur commanda sur la frontiere du Rhin, & fut fait président de la Gaule, par l'empereur Vallérien.

MAGWIBA, *ou* RIO-NOVO, (*Géogr.*) grande riviere d'Afrique en Guinée, au royaume de Quoja. En été cette riviere est moins grosse qu'en hiver, & l'eau qui y remonte est salée jusqu'à deux lieues au-dessus de la côte.

MAHA, (*Géogr.*) peuple errant de l'Amérique septentrionale, dans la Louisiane, au nord du Missouri & des habitations les plus septentrionales des Padoucas, par les quarante-cinquieme de *lat.* septentrionale, & à deux cens lieues de l'embouchure du Missouri dans le Mississipi.

MAHAGEN, (*Géogr.*) ville de l'Arabie heureuse, où elle sépare les deux provinces nommées *Jimamah* & *Temamah*. Elle est située dans une plaine fertile, à deux journées de Zébid.

MAHAL, *ou* MAHL, (*Histoire mod.*) c'est ainsi qu'on nomme le palais du grand mogol, où ce prince a ses appartemens & ceux de ses femmes & concubines. L'entrée de ce lieu est interdite même aux ministres de l'empire. Le medecin Bernier y est entré plusieurs fois pour voir une sultane malade, mais il avoit la tête couverte d'un voile, & il étoit conduit par des eunuques. Le *maal* du grand mogol est la même chose que le *serrail* du grand seigneur & le *haram* des rois de Perse; celui de Dehli passe pour être d'une très-grande magnificence. Il est rempli par les reines ou femmes du mogol, par les princesses du sang, par les beautés asiatiques destinées aux plaisirs du souverain, par les femmes qui veillent à leur conduite, par celles qui les servent, enfin par des eunuques. Les enfans mâles du mogol y restent aussi jusqu'à ce qu'ils soient mariés; leur éducation est confiée à des eunuques, qui leur inspirent des sentimens très-opposés à ceux qui sont nécessaires pour gouverner un grand empire; quand ces princes sont mariés, on leur donne un gouvernement ou une vice-royauté dans quelque province éloignée.

Les femmes chargées de veiller sur la conduite des princesses & sultanes, sont d'un âge mûr; elles influent beaucoup sur le gouvernement de l'empire. Le souverain leur donne des offices ou dignités qui correspondent à ceux des grands officiers de l'état; ces derniers sont tous les ordres de ces femmes, qui ayant l'oreille du monarque, disposent souverainement de leur sort. L'une d'elles ait les fonctions de premier ministre; une autre celles de secrétaire d'état, &c. Les ministres du dehors reçoivent leurs ordres par lettres, & mettent leur unique étude à leur plaire; d'où l'on peut juger de la rigueur des mesures & de la profondeur des vues de ce gouvernement ridicule.

Le grand-mogol n'est servi que par des femmes; dans l'intérieur de son palais; il est même gardé par une compagnie de cent femmes tartares, armées d'arcs, de poignards & de sabres. La femme qui les commande a le rang & les appointemens d'un *omrah* de guerre, ou général d'armée.

MAHALEB, (*Botan.*) le *mahaleb*, ou bois de Sainte-Lucie, se doit rapporter au genre des cerisiers. Il est nommé *cerasus sylvestris amara*, *mahaleb putata*, par Tourn. *I. R. H. J. B.* 1. 227. Ray, *hist. 2.* 1549. *Cerasa affinis*, C. B. P. 451.

Le *mahaleb* est une espece de cerisier sauvage, ou un petit arbre assez semblable au cerisier commun; son bois est gris, rougeâtre, agréable à la vue, compact, assez pesant, odorant, couvert d'une écorce brune

brune, ou d'un noir tirant fur le bleu ; fes feuilles reſſemblent à celles du bouleau, ou à celles du peuplier noir ; mais elles font petites, un peu moins larges que longues, crénelées aux bords, veineufes, d'une couleur verte ; fes fleurs font femblables à celles du cerifier ordinaire, mais plus petites, blanches, compofées chacune de cinq pétales difpofés en rofe, de bonne odeur, attachées par des pédicules courts, qui fortent plufieurs d'un autre pédicule plus grand & rameux. Quand ces fleurs font tombées, il leur fuccede de petits fruits ronds, noirs, ayant la figure de nos cerifes, amers, teignant les mains quand on les écrafe, peu charnus, contenant un noyau, dans lequel on trouve une amande amere. Quelques-uns appellent ce petit fruit *vaccinium*, & ils prétendent que c'eſt de lui dont Virgile parle dans ce vers :

Alba liguſtra cadunt, vaccinia *nigra leguntur.*

La racine de l'arbre eſt longue, groſſe, branchue & étendue ; il croit aux lieux aquatiques, aux bords des rivieres. Son fruit contient beaucoup d'huile & de fel volatil.

On nous apporte d'Angleterre & de plufieurs autres endroits, l'amande du noyau de ce fruit feche, parce que les parfumeurs en employent dans leurs favonettes. On appelle cette amande du nom de l'arbre, *mahaleb*, ou *magaleb*. Elle doit être groſſe comme l'amande du noyau de cerife, récente, nette ; elle a ordinairement une odeur fort defagréable, & approchante de celle de la punaife.

Le bois de Sainte-Lucie qui nous eſt apporté de Lorraine, & dont les Ebéniſtes fe fervent pour leurs beaux ouvrages, eſt tiré du tronc de l'arbre *mahaleb*. Il doit être dur, compact, médiocrement pefant, fans nœuds ni ohier, de couleur grife, tirant fur le rougeâtre, couvert d'une écorce mince & brune, femblable à celle du cerifier, d'une odeur agréable, qui augmente à mefure que le bois vieillit.

MAHALEU, (*Géog.*) confidérable ville d'Egypte, capitale de la Garbie, l'une des deux provinces du Deltba. Il s'y fait un grand commerce de toiles de lin, de toiles de coton, & de fel ammoniac. Il y a des fours à faire éclore des poulets par la chaleur, à la façon des anciens Egyptiens. Elle eſt près de la mer. *Long. 49. 56. lat. 31. 4.* (*D. J.*)

MAHA-OMMARAT, (*Hiſt. mod.*) c'eſt le nom que l'on donne dans le royaume de Siam au feigneur le plus diſtingué de l'état, qui eſt le chef de la nobleſſe, & qui dans l'abſence du roi & à la guerre, fait les fonctions du monarque & le repréſente.

MAHATTAM, (*Géogr.*) île de l'Amérique feptentrionale fur la côte de la nouvelle Yorck, à l'embouchure de la riviere de Hudſon, ainſi nommée par le fameux navigateur anglois, qui la découvrit en 1609.

MAHLSTROM, ou MOSKOESTROM, (*Géogr.*) c'eſt ainſi qu'on nomme un goufre fameux placé près des côtes de Norwege, à environ quarante milles au nord de la ville de Drontheim. En cet endroit de la mer on rencontre une fuite de cinq îles, que l'on nomme le diſtrict de Lofoden, quoique chacune de ces îles ait pour nom particulier. Entre chacune de ces îles le paſſage n'a jamais plus d'un quart de mille de largeur ; mais au fud-oueſt du diſtrict de Lofoden, il fe trouve encore deux îles habitées, que l'on nomme *Wæron* & *Roeſton*, qui font féparées de Lofoden, & les unes des autres par des paſſages ou détroits aſſez larges. Entre cette rangée d'îles & le Helgoland, qui eſt une portion du continent de la Norwege, la mer forme un golfe. C'eſt entre le promontoire de Lofoden & l'île de Waron, que paſſe le courant qu'on nomme *Mahlſtrom*. Sa largeur du nord au fud eſt d'environ deux milles ; fa longueur de l'eſt

Tome IX.

à l'oueſt eſt d'environ cinq milles. Il y a auſſi un courant entre l'île de Wœron & celle de Roeſton, mais il eſt moins fort que le *Mahlſtrom*. Au milieu du détroit qui fépare Lofoden & Wœron, mais un peu plus du côté du fud, fe trouve le rocher appellé *Moskos*, qui forme une île qui peut avoir un tiers de mille de longueur, & quelque choſe de moins en largeur ; cette île n'eſt point habitée, mais comme elle a de bons pâturages, les habitans des îles voifines y laiſſent paître des brebis l'hiver & l'été. C'eſt entre cette île de Moskoe & la pointe de Lofoden, que le courant eſt le plus violent ; il devient moins fenfible à mefure qu'il approche des îles de Wœron & de Roeſton.

On trouve dans plufieurs relations des defcriptions étonnantes de ce goufre & de ce courant ; mais la plûpart de ces circonſtances ne font fondées que fur des bruits populaires ; on dit que ce goufre fait un bruit horrible, & qu'il attire à une très-grande diſtance les baleines, les arbres, les barques & les vaiſſeaux qui ont le malheur de s'en approcher ; quaprès les avoir attirés, il les réduit en pieces contre les rochers pointus qui font au fond du goufre. C'eſt de cette prétendue propriété qu'eſt venu le nom de *Mahlſtrom*, qui fignifie *courant qui moud*. L'on ajoute qu'au bout de quelques heures, il rejette les débris de ce qu'il avoit englouti. Cela dément le fentiment du pere Kircher, qui a prétendu qu'il y avoit en cet endroit un trou ou un abîme qui alloit au centre de la terre, & qui communiquoit avec le golfe de Bothnie. Quelques auteurs ont aſſuré que ce courant, ainſi que le tournoyement qui l'accompagne, n'étoit jamais tranquille ; mais on a publié en 1750, dans le *tome XII. des mém. de l'académie royale des Sciences de Suede*, une defcription du *Mahlſtrom*, qui ne laiſſe plus rien à déſirer aux Phyficiens, & qui en faifant difparoître tout le merveilleux, réduit tous ces phénomenes à la fimple vérité. Voici comme on nous les décrit.

Le courant a fa direction pendant fix heures du nord au fud, & pendant fix autres heures du fud au nord ; il fait conſtamment cette marche. Ce courant ne fuit point le mouvement de la marée, mais il en a un tout contraire, en effet dans le tems que la marée monte & va du fud au nord, le *Mahlſtrom* va du nord au fud, &c. Lorfque ce courant eſt le plus violent, il forme de grands tourbillons ou tournoyemens qui ont la forme d'un cône creux renverfé, qui peut avoir environ deux tamnars, c'eſt-à-dire douze piés de profondeur ; mais loin d'engloutir & de brifer tout ce qui s'y trouve, c'eſt dans le tems que le courant eſt le plus fort, que l'on y pêche avec le plus de fuccès ; & même en y jettant un morceau de bois, il diminue la violence du tournoyement. C'eſt dans le tems que la marée eſt la plus haute & qu'elle eſt la plus baſſe, que le goufre eſt le plus tranquille ; mais il eſt très-dangereux dans le tems des tempêtes & des vents orageux, qui font très-communs dans ces mers, alors les navires s'en éloignent avec foin, & le *Mahlſtrom* fait un bruit terrible. Il n'y a point de trous ni d'abîme en ce lieu, & les pêcheurs ont trouvé avec la fonde, que le fond du goufre étoit compofé de rochers & d'un fable blanc qui fe trouve à vingt braſſes dans la plus grande profondeur. M. Sallderup, confeiller d'état en Norwege, à qui cette defcription eſt dûe, dit que tous ces phénomenes viennent de la difpofition dans laquelle fe trouve cette rangée d'îles, entre lefquelles il n'y a que de paſſages étroits qui font que les eaux de la pleine mer ne pouvant y paſſer librement, & par là s'amaſſent & demeurent en quelque façon fufpendu, lorfque la marée hauſſe ; d'un autre côté lorfque la marée fe retire, les eaux qui fe trouvent dans le golfe qui fépare ces îles du continent, ne peuvent point

R R r r r

s'écouler promptement au-travers de ces mêmes passages étroits. *Voyez* les *mém. de l'académie royale de Suede, année 1730, tome XII.*

Les marins donnent en général le nom de *Mahlstrom* à tous les tournans d'eau qui le trouvent dans la mer. Les voyageurs rapportent qu'il y en a un très-confidérable dans l'Océan, entre l'Afrique & l'Amérique ; les navigateurs l'évitent avec grand foin. Les gouffres de Sylla & de Charybde font auffi des efpeces de *mahlstroms*. (—)

MAHOL, (*Hist. nat.*) fruit qui croît dans les îles Philippines. Il est un peu plus gros qu'une pêche, mais cotoneux ; il a la couleur d'une orange ; l'arbre qui le produit est de la hauteur d'un poirier ; fes feuilles reffemblent à celles du laurier ; fon bois est prefque auffi beau que l'ébene.

MAHOMÉTISME, f. m. (*Hist. des religions du monde.*) religion de Mahomet. L'historien philofophe de nos jours en a peint le tableau fi partaitement, que ce feroit s'y mal connoître que d'en préfenter un autre aux lecteurs.

Pour fe faire, dit-il, une idée du *Mahométifme,* qui a donné une nouvelle forme à tant d'empires, il faut d'abord fe rappeller que ce fut fur la fin du fixieme fiecle, en 570, que naquit Mahomet à la Mecque dans l'Arabie Pétrée. Son pays défendoit alors fa liberté contre les Perfes, & contre ces princes de Constantinople qui retenoient toujours le nom d'empereurs romains.

Les enfans du grand Noushirvan, indignes d'un tel pere, défoloient la Perfe par des guerres civiles & par des parricides. Les fucceffeurs de Juftinien aviliffoient le nom de l'empire ; Maurice venoit d'être détrôné par les armes de Phocas & par les intrigues du patriarche fyriaque & de quelques évêques, que Phocas punit enfuite de l'avoir fervi. Le fang de Maurice & de fes cinq fils avoit coulé fous la main du bourreau, & le pape Grégoire le grand, ennemi des patriarches de Conftantinople, tâchoit d'attirer le tyran Phocas dans fon parti, en lui prodiguant des louanges & en condamnant la mémoire de Maurice qu'il avoit loué pendant fa vie.

L'empire de Rome en occident étoit anéanti ; un déluge de barbares, Goths, Hérules, Huns, Vandales, inondoient l'Europe, quand Mahomet jettoit dans les déferts de l'Arabie les fondemens de la religion & de la puiffance mufulmane.

On fait que Mahomet étoit le cadet d'une famille pauvre ; qu'il fut long-tems au fervice d'une femme de la Mecque, nommée Cadifchée, laquelle exerçoit le négoce ; qu'il l'époufa & qu'il vécut obfcur jufqu'à l'âge de quarante ans. Il ne déploya qu'à cet âge les talens qui le rendoient fupérieur à fes compatriotes. Il avoit une éloquence vive & forte, dépouillée d'art & de méthode, telle qu'il la falloit à des Arabes ; un air d'autorité & d'infinuation, animé par des yeux perçans & par une heureufe phyfionomie ; l'intrépidité d'Alexandre, la libéralité, & la fobriété dont Alexandre auroit eu befoin pour être grand homme en tout.

L'amour qu'un tempérament ardent lui rendoit néceffaire, & qui lui donna tant de femmes & de concubines, n'affoiblit ni fon courage, ni fon application, ni fa fanté. C'eft ainfi qu'en parlent les Arabes contemporains, & ce portrait eft juftifié par fes actions.

Après avoir connu le caractere de fes concitoyens, leur ignorance, leur crédulité, & leur difpofition à l'enthoufiafme, il vit qu'il pouvoit s'ériger en prophete, il feignit des révélations, il parla : il fe fit croire d'abord dans fa maifon, ce qui étoit probablement le plus difficile. En trois ans, il eut quarante-deux difciples perfuadés ; Omar, fon perfécuteur, devint fon apôtre ; au bout de cinq ans, il en eut cent quatorze.

Il enfeignoit aux Arabes, adorateurs des étoiles, qu'il ne falloit adorer que le Dieu qui les a faites, que les livres des Juifs & des Chrétiens s'étant corrompus & falfifiés, on devoit les avoir en horreur : qu'on étoit obligé fous peine de châtiment éternel de prier cinq fois le jour, de donner l'aumône, & fur-tout, en ne reconnoiffant qu'un feul Dieu, de croire en Mahomet fon dernier prophete ; enfin de hafarder fa vie pour fa foi.

Il défendit l'ufage du vin parce que l'abus en eft dangereux. Il conferva la circoncifion pratiquée par les Arabes, ainfi que par les anciens Egyptiens, inftituée probablement pour prévenir ces abus de la première puberté, qui énervent fouvent la jeuneffe. Il permit aux hommes la pluralité des femmes, ufage immémorial de tout l'orient. Il n'altéra en rien la morale qui a toujours été la même dans le fond chez tous les hommes, & qu'aucun légiflateur n'a jamais corrompue. Sa religion étoit d'ailleurs plus affujettiffante qu'aucune autre, par les cérémonies légales, par le nombre & la forme des prieres & des ablutions, rien n'étant plus gênant pour la nature humaine, que des pratiques qu'elle ne demande pas & qu'il faut renouveller tous les jours.

Il propofoit pour récompenfe une vie éternelle, où l'ame feroit enivrée de tous les plaifirs fpirituels, & où le corps reffufcité avec fes fens, goûteroit par fes fens mêmes toutes les voluptés qui lui font propres.

Cette religion s'appella l'*iflamifme*, qui fignifie *réfignation* à la volonté de Dieu. Le livre qui la contient s'appella *coran*, c'eft-à-dire, *le livre*, ou l'écriture, ou la lecture par excellence.

Tous les interpretes de ce livre conviennent que fa morale eft contenue dans ces paroles : « recherchez qui vous chaffe, donnez à qui vous » ôte, pardonnez à qui vous offenfe, faites du bien » à tous, ne conteftez point avec les ignorans ». Il auroit dû également recommander de ne point difputer avec les favans. Mais, dans cette partie du monde, on ne fe doutoit pas qu'il y eût ailleurs de la fcience & des lumieres.

Parmi les déclamations incohérentes dont ce livre eft rempli, felon le goût oriental, on ne laiffe pas de trouver des morceaux qui peuvent paroître fublimes. Mahomet, par exemple, en parlant de la ceffation du déluge, s'exprime ainfi : « Dieu dit : » terre, engloutis tes eaux : ciel, puife les eaux » que tu as verfées : le ciel & la terre obéirent ».

Sa définition de Dieu eft d'un genre plus véritablement fublime. On lui demandoit quel étoit cet Alla qu'il annonçoit : « c'eft celui, répondit-il, qui » tient l'être de foi-même & de qui les autres le » tiennent, qui n'engendre point & qui n'eft point » engendré, & à qui rien n'eft femblable dans toute » l'étendue des êtres ».

Il eft vrai que les contradictions, les abfurdités, les anachronifmes, font répandus en foule dans ce livre. On y voit fur-tout une ignorance profonde de la Phyfique la plus fimple & la plus connue. C'eftlà la pierre de touche des livres que les fauffes religions prétendent écrits par la Divinité : car Dieu n'eft i abfurde, ni ignorant : mais le vulgaire qui emploient un déluge de paroles pour les pallier.

Mahomet ayant été perfécuté à la Mecque, fa fuite, qu'on nomme *égire*, fut l'époque de fa gloire & de la fondation de fon empire. De fugitif il devint conquérant. Réfugié à Médine, il y perfuada le peuple & l'afferved. Il battit d'abord avec cent treize hommes les Mecquois qui étoient venus fondre fur lui au nombre de mille. Cette victoire qui fut un miracle aux yeux de fes fectateurs, les perfuada que Dieu combattoit pour eux comme eux pour lui. Dès-lors ils espérerent la conquête du monde. Mahomet prit la Mecque, vit ses persécuteurs à ses piés, conquit en neuf ans, par la parole & par les armes, toute l'Arabie, pays aussi grand que la Perse, & que les Perses ni les Romains n'avoient pû soumettre.

Dans ces premiers succès, il avoit écrit au roi de Perse Cosroès II. à l'empereur Héraclius, au prince des Coptes gouverneur d'Egypte, au roi des Abissins, & à un roi nommé Mandar, qui régnoit dans une province près du golfe persique.

Il osa leur proposer d'embrasser sa religion; & ce qui est étrange, c'est que de ces princes il y en eut deux qui se firent mahométans. Ce furent le roi d'Abissinie & ce Mandar. Cosroès déchira la lettre de Mahomet avec indignation. Héraclius répondit par des présens. Le prince des Coptes lui envoya une fille qui passoit pour un chef-d'œuvre de la nature, & qu'on appelloit la belle Marie.

Mahomet au bout de neuf ans se croyant assez fort pour étendre ses conquêtes & sa religion chez les Grecs & chez les Perses, commença par attaquer la Syrie, soumise alors à Héraclius, & lui prit quelques villes. Cet empereur entêté de disputes métaphysiques de religion, & qui avoit embrassé le parti des Monothélites, essuya en peu de tems deux propositions bien singulieres; l'une de la part de Cosroès II. qu'il avoit long-tems vaincu, & l'autre de la part de Mahomet. Cosroès vouloit qu'Héraclius embrassât la religion des Mages, & Mahomet qu'il se fît musulman.

Le nouveau prophete donnoit le choix à ceux qu'il vouloit subjuguer, d'embrasser sa secte ou de payer un tribut. Ce tribut étoit réglé par l'alcoran à treize dragmes d'argent par an pour chaque chef de famille. Une taxe si modique est une preuve que les peuples qu'il soumit étoient très-pauvres. Le tribut a augmenté depuis. De tous les législateurs qui ont fondé des religions, il est le seul qui ait étendu la sienne par des conquêtes. D'autres peuples ont porté leur culte avec le fer & le feu chez des nations étrangeres; mais nul fondateur de secte n'avoit été conquérant. Ce privilege unique est aux yeux des Musulmans l'argument le plus fort, que la Divinité prit soin elle-même de seconder leur prophete.

Enfin Mahomet, maître de l'Arabie & redoutable à tous ses voisins, attaqué d'une maladie mortelle à Médine, à l'âge de soixante-trois ans & demi, voulut que ses derniers momens parussent ceux d'un héros & d'un juste: « que celui à qui j'ai » fait violence & injustice paroisse, s'écria-t-il, & » je suis prêt de lui faire réparation ». Un homme se leva qui lui redemanda quelque argent; Mahomet le lui fit donner, & expira peu de tems après, regardé comme un grand homme par ceux même qui savoient qu'il étoit un imposteur, & révéré comme un prophete par tout le reste.

Les saints contemporains écrivirent sa vie dans le plus grand détail. Tout y ressent la simplicité barbare des tems qu'on nomme *héroïques*. Son contrat de mariage avec sa premiere femme Cadischée, est exprimé en ces mots: « attendu que Cadischée est » amoureuse de Mahomet, & Mahomet pareille» ment amoureux d'elle ». On voit quels repas apprêtoient ses femmes, & on apprend le nom de les épées & de ses chevaux. On peut remarquer surtout dans son peuple des mœurs conformes à celles des anciens Hébreux (je ne parle que des mœurs), la même ardeur à courir au combat au nom de la Divinité, la même soif du butin, le même partage des dépouilles, & tout se rapportant à cet objet.

Mais en ne considérant ici que les choses humaines, & en faisant toujours abstraction des jugemens de Dieu & de ses voies inconnues, pourquoi Mahomet & ses successeurs, qui commencerent leurs conquêtes précisément comme les Juifs, firent-ils de si grandes choses, & les Juifs de si petites? Ne seroit-ce point parce que les Musulmans eurent le plus grand soin de soumettre les vaincus à leur religion, tantôt par la force, tantôt par la persuasion? Les Hébreux au contraire n'associerent guere les étrangers à leur culte; les Musulmans arabes incorporerent à eux les autres nations; les Hébreux s'en tinrent toujours séparés. Il paroît enfin que les Arabes eurent un enthousiasme plus courageux, une politique plus généreuse & plus hardie. Le peuple hébreux avoit en horreur les autres nations, & craignoit toujours d'être asservi. Le peuple arabe au contraire voulut attirer tout à lui, & se crut fait pour dominer.

La derniere volonté de Mahomet ne fut point exécutée. Il avoit nommé Aly son gendre & Fatime sa fille pour les héritiers de son empire: mais l'ambition qui l'emporte sur le fanatisme même, engagea les chefs de son armée à déclarer calife, c'est-à-dire, vicaire du prophete, le vieux Abubéker son beau-pere, dans l'espérance qu'ils pourroient bien-tôt eux-mêmes partager la succession: Aly resta dans l'Arabie, attendant le tems de se signaler.

Abubéker rassembla d'abord en un corps les feuilles éparses de l'alcoran. On lut en présence de tous les chefs les chapitres de ce livre, & on établit son authenticité invariable.

Bien-tôt Abubéker mena ses Musulmans en Palestine, & y défit le frere d'Héraclius. Il mourut peu après avec la réputation du plus généreux de tous les hommes, n'ayant jamais pris pour lui qu'environ quarante sols de notre monnoie par jour de tout le butin qu'on partageoit, & ayant fait voir combien le mépris des petits intérêts peut s'accorder avec l'ambition que les grands intérêts inspirent.

Abubéker passe chez les Mahométans pour un grand homme & pour un Musulman fidele. C'est un des saints de l'alcoran. Les Arabes rapportent son testament conçu en ces termes: « au nom de Dieu » très-miséricordieux, voici le testament d'Abubé» ker fait dans le tems qu'il alloit passer de ce mon» de à l'autre, dans le tems où les infideles croient, » où les impies cessent de douter, & où les men» teurs disent la vérité ». Ce début semble être d'un homme persuadé; cependant Abubéker, beau-pere de Mahomet, avoit vû ce prophete de bien près. Il faut qu'il ait été trompé lui-même par le prophete, ou qu'il ait été le complice d'une imposture illustre qu'il regardoit comme nécessaire. Sa place lui ordonnoit d'en imposer aux hommes pendant sa vie & à sa mort.

Omar, élu après lui, fut un des plus rapides conquérans qui ait désolé la terre. Il prend d'abord Damas, célebre par la fertilité de son territoire, par les ouvrages d'acier les meilleurs de l'Univers, par ces étoffes de soie qui portent encore son nom. Il chasse de la Syrie & de la Phénicie les Grecs qu'on appelloit *Romains*. Il reçoit à composition, après un long siége, la ville de Jérusalem, presque toute occupée par des étrangers qui se succederent les uns aux autres, depuis que David l'eut enlevée à ses anciens citoyens.

Dans le même tems, les lieutenans d'Omar s'avançoient en Perse. Le dernier des rois persans, que nous appellons Hormidas IV. livre bataille aux Arabes à quelques lieues de Madain, devenue la capitale de cet empire; il perd la bataille & la vie. Les Perses passent sous la domination d'Omar plus facilement qu'ils n'avoient subi le joug d'Alexandre. Alors tomba cette ancienne religion des Mages, que le vainqueur de Darius avoit respectée ; car il ne toucha jamais au culte des peuples vaincus.

Tandis qu'un lieutenant d'Omar subjugue la Perse, un autre enleve l'Egypte entiere aux Romains, & une grande partie de la Lybie. C'est dans cette conquête qu'est brûlée la fameuse bibliotheque d'Alexandrie, monument des connoissances & des erreurs des hommes, commencée par Ptolomée Philadelphe, & augmentée par tant de rois. Alors les Sarrasins ne vouloient de science que l'alcoran ; mais ils faisoient déjà voir que leur génie pouvoit s'étendre à tout. L'entreprise de renouveller en Egypte l'ancien canal creusé par les rois, & rétabli ensuite par Trajan, & de rejoindre ainsi le Nil à la mer Rouge, est digne des siecles les plus éclairés. Un gouverneur d'Egypte entreprend ce grand travail sous le califat d'Omar, & en vint à bout. Quelle différence entre le génie des Arabes & celui des Turcs ! ceux-ci ont laissé périr un ouvrage, dont la conservation valoit mieux que la possession d'une grande po .

Les succès de ce peuple conquérant semblent dûs plûtôt à l'enthousiasme qui les animoit & à l'esprit de la nation, qu'à ses conducteurs : car Omar est assassiné par un esclave perse en 603. Otman, son successeur, l'est en 655 dans une émeute. Aly, ce fameux gendre de Mahomet, n'est élu & ne gouverne qu'au milieu des troubles ; il meurt assassiné au bout de cinq ans comme ses prédécesseurs, & cependant les armes musulmanes sont toujours victorieuses. Cet Aly que les Persans réverent aujourd'hui, & dont ils suivent les principes en opposition de ceux d'Omar, obtint enfin le califat, & transféra le siége des califes de la ville de Médine où Mahomet est enseveli, dans la ville de Coussa, sur les bords de l'Euphrate : à peine en reste-t-il aujourd'hui des ruines ! C'est le sort de Babylone, de Séleucie, & de toutes les anciennes villes de la Chaldée, qui n'étoient bâties que de briques.

Il est évident que le génie du peuple arabe, mis en mouvement par Mahomet, fit tout de lui-même pendant près de trois siecles, & ressembla en cela au génie des anciens Romains. C'est en effet sous Valid, le moins guerrier des califes, que se font les plus grandes conquêtes. Un de ses généraux étend son empire jusqu'à Samarkande en 707. Un autre attaque en même tems l'empire des Grecs vers la mer Noire. Un autre, en 711, passe d'Egypte en Espagne, soumise aisément tour à tour par les Carthaginois, par les Romains, par les Goths & Vandales, & enfin par ces Arabes qu'on nomme Maures. Ils y établirent d'abord le royaume de Cordoue. Le sultan d'Egypte secoue à la vérité le joug du grand calife de Bagdat, & Abdérame, gouverneur de l'Espagne conquise, ne reconnoit plus le sultan d'Egypte : cependant tout plie encore sous les armes musulmanes.

Cet Abdérame, petit-fils du calife Hésham, prend les royaumes de Castille, de Navarre, de Portugal, d'Arragon. Il s'établit en Languedoc ; il s'empare de la Guienne & du Poitou ; c'est Charles Martel qui lui ôta la victoire & la vie, la France étoit une province mahométane.

Après le regne de dix-neuf califes de la maison des Ommiades, commence la dynastie des califes abassides vers l'an 752 de notre ere. Abougiafar Almanzor, second calife abasside, fixa le siége de ce grand empire à Bagdat, au-delà de l'Euphrate, dans la Chaldée. Les Turcs disent qu'il en jetta les fondemens. Les Persans assurent qu'elle étoit très-ancienne, & qu'il ne fit que la réparer. C'est cette ville qu'on appelle quelquefois *Babylone*, & qui a été le sujet de tant de guerres entre la Perse & la Turquie.

La domination des califes dura 655 ans : despotiques dans la religion, comme dans le gouvernement, ils n'étoient point adorés ainsi que le grand-lama, mais ils avoient une autorité plus réelle ; & dans les tems même de leur décadence, ils furent respectés des princes qui les persécutoient. Tous ces sultans turcs, arabes, tartares, reçurent l'investiture des califes, avec bien moins de contestation que plusieurs princes chrétiens n'en ont reçu des papes : On ne baisoit point les piés du calife, mais on se prosternoit sur le seuil de son palais.

Si jamais puissance a menacé toute la terre, c'est celle de ces califes ; car ils avoient le droit du trône & de l'autel, du glaive & de l'enthousiasme. Leurs ordres étoient autant d'oracles, & leurs soldats autant de fanatiques.

Dès l'an 671, ils assiégerent Constantinople qui devoit un jour devenir mahométane ; les divisions, presque inévitables parmi tant de chefs féroces, n'arrêterent pas leurs conquêtes. Ils ressemblerent en ce point aux anciens Romains qui, parmi leurs guerres civiles, avoient subjugué l'Asie mineure.

A mesure que les Mahométans devinrent puissans, ils se polirent. Ces califes, toujours reconnus pour souverains de la religion, & en apparence de l'Empire, par ceux qui ne recoivent plus leurs ordres de si loin, tranquilles dans leur nouvelle Babylone, y font bien-tôt renaître les arts. Aaron Rachild, contemporain de Charlemagne, plus respecté que ses prédécesseurs, & qui fut se faire obéir jusqu'en Espagne & aux Indes, ranima les sciences, fit fleurir les arts agréables & utiles, attira les gens de lettres, combla des vers, & fit succéder dans ses états la politesse à la barbarie. Sous lui les Arabes, qui adoptoient déjà les chiffres indiens, les apporterent en Europe. Nous ne connumes en Allemagne en France les cours des astres, que par le moyen de ces mêmes Arabes. Le seul mot d'*almanach* en est encore un témoignage.

L'almageste de Ptolomée fut alors traduit du grec en arabe par l'astronome Benhonain. Le calife Almamon fit mesurer géométriquement un degré du méridien pour déterminer la grandeur de la terre : opération qui n'a été faite en France que plus de 900 ans aprés sous Louis XIV. Ce même astronome Benhonain poussa ses observations assez loin, reconnut, ou que Ptolomée avoit fixé la plus grande déclinaison du soleil trop au septentrion, ou que l'obliquité de l'écliptique avoit changé. Il vit même que la période de trente-six mille ans, assignée au mouvement prétendu des étoiles fixes d'occident en orient, devoit être beaucoup raccourcie.

La Chimie & la Medecine étoient cultivées par les Arabes. La Chimie, perfectionnée aujourd'hui par nous, ne nous fut connue que par eux. Nous leur devons de nouveaux remedes, qu'on nomme les *minoratifs*, plus doux & plus salutaires que ceux qui étoient auparavant en usage dans l'école d'Hippocrate & de Galien. Enfin, dès le second siecle de Mahomet, il fallut que les Chrétiens d'occident s'instruisissent chez les Musulmans.

Une preuve infaillible de la supériorité d'une nation dans les arts de l'esprit, c'est la culture perfectionnée de la Poésie. Il ne s'agit pas de cette poésie enflée & gigantesque, de ce ramas de lieux communs insipides sur le soleil, la lune & les étoiles, les montagnes & les mers : mais de cette poésie sage & hardie, telle qu'elle fleurit du tems d'Auguste, telle qu'on l'a vûe renaître sous Louis XIV. Cette poésie d'image & de sentiment fut connue du tems d'Aaron Rachild. En voici un exemple, entre plusieurs autres, qui a frappé M. de Voltaire, & qu'il rapporte parce qu'il est court. Il s'agit de la célebre disgrace de Giafar le Barmécide :

Mortel, foible mortel, à qui le sort prospere
Fait goûter de ses dons les charmes dangereux,
Connois quelle est des rois la faveur passagere ;
Contemple Barmécide, & tremble d'être heureux.

Ce dernier vers est d'une grande beauté. La langue arabe avoir l'avantage d'etre perfectionnée depuis long-tems ; elle étoit fixée avant Mahomet, & ne s'est point altérée depuis. Aucun des jargons qu'on parloit alors en Europe, n'a pas seulement laissé la moindre trace. De quelque côté que nous nous tournions, il faut avouer que nous n'existions que d'hier. Nous allons plus loin que les autres peuples en plus d'un genre, & c'est peut-être parce que nous sommes venus les derniers.

Si l'on envisage à présent la religion musulmane, on la voit embrasée par toutes les Indes, & par les côtes orientales de l'Afrique où ils trafiquoient. Si on regarde leurs conquêtes, d'abord le calife Aaron Rachild impose un tribut de soixante-dix mille écus d'or par an à l'impératrice Irene. L'empereur Nicéphore ayant ensuite refusé de payer le tribut, Aaron prend l'île de Chypre, & vient ravager la Grèce. Almamon son petit-fils, prince d'ailleurs si recommandable pour son amour pour les sciences & par son savoir, s'empare par ses lieutenans de l'île de Crete en 826. Les Musulmans bâtirent Candie, qu'ils ont reprise de nos jours.

En 828, les mêmes Africains qui avoient subjugué l'Espagne, & fait des incursions en Sicile, reviennent encore désoler cette île fertile, encouragés par un sicilien nommé *Ephémius*, qui ayant, à l'exemple de son empereur Michel, épousé une religieuse, poursuivi par les lois que l'empereur s'étoit rendues favorables, fit à peu-près en Sicile ce que le comte Julien avoit fait en Espagne.

Ni les empereurs grecs, ni ceux d'occident, ne purent alors chasser de Sicile les Musulmans, tant l'orient & l'occident étoient mal-gouvernés ! Ces conquérans alloient se rendre maitres de l'Italie, s'ils avoient été unis ; mais leurs fautes sauverent Rome, comme celles des Carthaginois la sauverent autrefois. Ils partent de Sicile en 846 avec une flotte nombreuse. Ils entrent par l'embouchure du Tibre ; & ne trouvant qu'un pays presque desert, ils vont affiéger Rome. Ils prirent les dehors ; & ayant pillé la riche église de S. Pierre hors les murs, ils leverent le siege pour aller combattre une armée de François, qui venoit secourir Rome, sous un général de l'empereur Lothaire. L'armée françoise fut battue ; mais la ville rafraichie fut manquée, & cette expédition, qui devoit être une conquête, ne devint par leur mésintelligence qu'une incursion de barbares.

Ils revinrent bien-tôt avec une armée formidable, qui sembloit devoir détruire l'Italie, & faire une bourgade mahométane de la capitale du Christianisme. Le pape Leon IV. prenant dans ce danger une autorité que les généraux de l'empereur Lothaire sembloient abandonner, se montra digne, en défendant Rome, d'y commander en souverain.

Il avoit employé les richesses de l'Eglise à réparer les murailles, à élever des tours, à tendre des chaînes sur le Tibre. Il arma les milices à ses dépens, engagea les habitans de Naples & de Cayette à venir défendre les côtes & le port d'Ostie, sans manquer à la sage précaution de prendre d'eux des ôtages, sachant bien que ceux qui sont assez puissans pour nous secourir, le sont assez pour nous nuire. Il visita lui-même tous les postes, & reçut les Sarrasins à leur descente, non pas en équipage de guerrier, ainsi qu'en avoit usé Gotlin évêque de Paris, dans une occasion encore plus pressante, mais comme un pontife qui exhortoit un peuple chrétien, & comme un roi qui veilloit à la sûreté de ses sujets.

Il étoit né romain ; le courage des premiers âges de la république revivoit en lui dans un tems de lâcheté & de corruption, tel qu'un des beaux monumens de l'anciene Rome, qu'on trouve quelquefois dans les ruines de la nouvelle. Son courage & ses soins furent secondés. On reçut vaillamment les Sarrasins à leur descente ; & la tempête ayant dissipé la moitié de leurs vaisseaux, une partie de ces conquérans, échapés au naufrage, fut mise à la chaîne.

Le pape rendit sa victoire utile, en faisant travailler aux fortifications de Rome, & à ses embellissemens, les mêmes mains qui devoient les détruire. Les Mahométans resterent cependant maitres du Garillan, entre Capoue & Gayette ; mais plûtôt comme une colonie de corsaires indépendans, que comme des conquérans disciplinés.

Voilà donc au neuvieme siecle, les Musulmans à la fois à Rome & à Constantinople, maitres de la Perse, de la Syrie, de l'Arabie, & de toutes les côtes d'Afrique jusqu'au Mont-Atlas, & des trois quarts de l'Espagne : mais ces conquérans ne formerent pas une nation comme les Romains, qui étendus presque autant qu'eux, n'avoient fait qu'un seul peuple.

Sous le fameux calife Almamon vers l'an 815, un peu après la mort de Charlemagne, l'Egypte étoit indépendante, & le grand Caire fut la résidence d'un autre calife. Le prince de la Mauritanie Tangitane, sous le titre de *miramolin*, étoit maitre absolu de l'empire de Maroc. La Nubie & la Lybie obéissoient à un autre calife. Les Abdérames qui avoient fondé le royaume de Cordoue, ne purent empêcher d'autres Mahométans de fonder celui de Tolède. Toutes ces nouvelles dynasties révéroient dans le calife, le successeur de leur prophete. Ainsi que les chrétiens, alloient en foule en pélerinage à Rome, les Mahométans de toutes les parties du monde, alloient à la Mecque, gouvernée par un chérif que nommoit le *calife* ; & c'étoit principalement par ce pélerinage, que le calife, maitre de la Mecque, étoit vénérable à tous les princes de sa croyance ; mais ces princes distinguant la religion de leurs intérêts, dépouilloient le calife en lui rendant hommage.

Cependant les arts fleurissoient à Cordoue ; les plaisirs recherchés, la magnificence, la galanterie régnoient à la cour des rois Maures. Les tournois, les combats à la barriere, sont peut-être de l'invention des Arabes. Ils avoient des spectacles, des théatres, qui tout grossiers qu'ils étoient, montroient encore que les autres peuples étoient moins polis que ces Mahométans : Cordoue étoit le seul pays de l'occident, où la Géométrie, l'Astronomie, la Chimie, la Médecine, fussent cultivées. Sanche le gros, roi de Léon, fut obligé de s'aller mettre à Cordoue en 956, entre les mains d'un médecin arabe, qui, invité par le roi, voulut que le roi vint à lui.

Cordoue est un pays de délices, arrosé par le Guadalquivir, où des forêts de citronniers, d'orangers, de grenadiers, parfument l'air, & où tout invite à la mollesse. Le luxe & le plaisir corrompirent enfin les rois musulmans ; leur domination fut au dixieme siecle comme celle de presque tous les princes chrétiens, partagée en petits états. Tolède, Murcie, Valence, Huesca même eurent leurs rois ; c'étoit le tems d'accabler cette puissance divisée, mais ce tems n'arriva qu'au bout d'un siecle ; d'abord en 1085 les Maures perdirent Tolède, & toute la Castille neuve se rendit au Cid. Alphonse, dit le *batailleur*, prit sur eux Sarragoce en 1114 ; Alphonse de Portugal leur ravit Lisbonne en 1147 ; Ferdinand III. leur enleva la ville délicieuse de Cordoue en 1236, & les chassa de Murcie & de Séville : Jaques, roi d'Arragon, les expulsa de Valence en 1238; Ferdinand IV. leur ôta Gibraltar en 1303; Ferdinand V. surnommé le *catholique*, conquit finalement sur eux le royaume de Grenade, & les chassa d'Espagne en 1492.

Revenons aux Arabes d'orient; le *Mahometisme* florissoit, & cependant l'empire des califes étoit détruit par la nation des Turcomans. On se fatigue à rechercher l'origine de ces Turcs: ils ont tous été d'abord des sauvages, vivant de rapines, habitant autrefois au-delà du Taurus & de l'Immaüs; ils se répandirent vers le onzieme siecle du côté de la Moscovie; ils inonderent les bords de la mer Noire, & ceux de la mer Caspienne.

Les Arabes sous les premiers successeurs de Mahomet, avoient soumis presque toute l'Asie mineure, la Syrie & la Perse: Les Turcomans à leur tour soumirent les Arabes, & dépouillerent tout-ensemble les califes fatimites & les califes abassides.

Togrul-Beg de qui on fait descendre la race des Ottomans, entra dans Bagdat, à peu-près comme tant d'empereurs sont entrés dans Rome. Il se rendit maître de la ville & du calife, en se prosternant à ses piés. Il conduisit le calife à son palais en tenant la bride de sa mule; mais plus habile & plus heureux que les empereurs allemands ne l'ont été à Rome, il établit sa puissance, ne laissa au calife que le soin de commencer le vendredi les prieres à la mosquée, & l'honneur d'investir de leurs états tous les tyrans mahométans qui se feroient souverains.

Il faut se souvenir, que comme les Turcomans imitoient les Francs, les Normands & les Goths, dans leurs irruptions, ils les imiterent aussi en se soumettant aux lois, aux mœurs & à la religion des vaincus; c'est ainsi que d'autres tartares en ont usé avec les Chinois, & c'est l'avantage que tout peuple policé, quoique le plus foible, doit avoir sur le barbare, quoique le plus fort.

Au milieu des croisades entreprises si follement par les chrétiens, s'éleva le grand Saladin, qu'il faut mettre au rang des capitaines qui s'emparerent des terres des califes, & aucun ne fut aussi puissant que lui. Il conquit en peu de tems l'Egypte, la Syrie, l'Arabie, la Perse, la Mésopotamie & Jérusalem, où après avoir établi des écoles musulmanes, il mourut à Damas en 1195, admiré des chrétiens même.

Il est vrai que dans la suite des tems, Tamerlan conquit sur les Turcs, la Syrie & l'Asie mineure; mais les successeurs de Bajazet rétablirent bien-tôt leur empire, reprirent l'Asie mineure, & conserverent tout ce qu'ils avoient en Europe sous Amurath. Mahomet II. son fils, prit Constantinople, Trébizonde, Caffa, Scutari, Céphalonie, & pour le dire en un mot, marcha pendant trente-un ans de regne, de conquêtes en conquêtes, se flattant de prendre Rome comme Constantinople. Une colique en délivra le monde en 1481, à l'âge de cinquante-un ans; mais les Ottomans n'ont pas moins conservé en Europe, un pays plus beau & plus grand que l'Italie.

Jusqu'à présent leur empire n'a pas reculé d'invasions étrangeres. Les Persans ont rarement entamé les frontieres des Turcs; on a vû à contraire le sultan Amurath IV. prendre Bagdat d'assaut sur les Persans en 1638, demeurer toujours le maître de la Mésopotamie, envoyer d'un côté des troupes au grand Mogol contre la Perse, & de l'autre menacer Venise. Les Allemands ne se sont jamais présentés aux portes de Constantinople, comme les Turcs à celles de Vienne. Les Russes se sont devenus redoutables à la Turquie, que depuis Pierre le grand. Enfin, la force a établi l'empire Ottoman, & les divisions des chrétiens l'ont maintenu. Cet empire en augmentant sa puissance, s'est conservé long-tems dans ses usages féroces, qui commencent à s'adoucir.

Voilà l'histoire de Mahomet, du *mahométisme*, des Maures d'Occident, & finalement des Arabes, vaincus par les Turcs, qui devenus musulmans dès l'an 1055, ont persévéré dans la même religion jusqu'à ce jour. C'est en cinq pages sur cet objet, l'histoire de onze siecles. *Le chevalier DE JAUCOURT*.

MAHON, s. m. (*Monnoie.*) c'est un vieux mot françois. On nommoit ainsi en quelques lieux, les gros sols de cuivre, ou pieces de douze deniers. Ménage dans ses étymologies, remarque qu'on appelle en Normandie les médailles anciennes des *mahons*; or nos *mahons* font de la grosseur des médailles de grand bronze, & les demi ressemblent aux moyennes; si l'on y joint des liards fabriqués en même tems, & qui ont une marque toute semblable, on aura les trois grandeurs. (*D. J.*)

MAHON, (*Géog.*) voyez PORT-MAHON. (*D. J.*)

MAHONNE, s. f. (*Marine.*) sorte de galeasse dont les Turcs se servent & qui ne differe des galeasses de Venise, qu'en ce qu'elle est plus petite & moins forte. *Voyez* GALEASSE.

MAHOTS, s. m. (*Botan.*) c'est ainsi que les habitans de l'Amérique nomment différens arbres qui croissent sur le continent & dans les iles, situées entre les tropiques.

Le *mahot* des Antilles est encore connu sous le nom de *mangle blanc*; on en trouve beaucoup sur le bord des rivieres & aux environs de la mer, son bois est blanchâtre, léger, creux dans son milieu, rempli de moëlle, & ne paroît pas propre à être mis en œuvre; ses branches s'étendent beaucoup en se recourbant vers la terre, où elles reprennent racine & continuent de se multiplier de la même façon que le mangle noir ou paletuvier, dont on parlera en son lieu; ses branches sont garnies d'assez grandes feuilles presque rondes, douces au toucher, flexibles, d'un verd foncé, & entre-mêlées dans la suite de grosses fleurs jaunes à plusieurs pétales, disposées en forme de vases.

Plus on coupe les branches du *mahot*, plus il en repousse de nouvelles, leur écorce ou plutôt la peau qui les couvre est liante, souple, coriace & s'en sépare avec peu d'effort; on l'enleve par grandes lanieres d'environ un pouce de large, que l'on refend s'il en est besoin, pour en former de grosses cordes tressées ou cordées, selon l'usage qu'on en veut faire; la pellicule qui se trouve sous cette écorce s'emploie aussi à faire des cordelettes propres à construire des filets de pêcheurs, & les sauvages de l'Orenoque en fabriquent des hamacs en forme de rézeau, très-commodes dans les grandes chaleurs.

Les terrains occupés par des *mahots* s'appellent *mahotieres*, ce sont des retraites assurées pour les rats & les serpens. *M. LE ROMAIN.*

MAHOT COTON *ou* COTONNIER BLANC, très-grand arbre, dont le bois est plus solide que celui du précédent; il produit une fleur jaune à laquelle succede une gousse, qui venant à s'ouvrir en mûrissant, laisse échapper un duvet fin & léger que le vent emporte facilement; on en fait peu d'usage.

MAHOT A GRANDES FEUILLES, autrement dit, MAPOU *ou* BOIS DE FLOT; quelques-uns le nomment *liége*, à cause de son extrème légereté; il est de moyenne grandeur, ses branches sont assez droites, garnies de grandes feuilles souples, veloutées comme celles de la mauve, d'un verd foncé en-dessus & beaucoup plus pâle en-dessous; ses fleurs qui de blanches qu'elles sont au commencement deviennent jaunes ensuite; elles sont composées de cinq grandes pétales, disposées en forme de clochette, au fond de laquelle est un pistil qui se change en une grande silique ronde, de 12 à 14 lignes de diametre, longue d'environ un pié, cannelée dans sa longueur, un peu veloutée & s'ouvrant d'elle-même quand elle est mûre; cette silique renferme une bouatte fort courte, de couleur tannée, un peu cendrée, luisante, & plus fine que de la soie, *voyez l'article* COTON *de* MAHOT. Le bois de cet arbre est blanchâtre, extrèmement mou, & presque aussi léger que du liége; il est percé dans le cœur & rempli d'une moëlle blanche, seche, très-légere, qui s'étend & se prolonge de la grosseur du doigt dans toute la longueur du tronc & des branches; les pêcheurs coupent ces branches par tronçons, de 5 à 6 pouces de longueur, & après en avoir enlevé la moëlle avec une broche de bois, ils les enfilent dans une corde, & s'en servent au lieu de liége, pour soutenir la partie supérieure de leurs filets au-dessus de la surface de l'eau. M. LE ROMAIN.

MAHOT COUZIN, s. m. (*Botan.*) plante rameuse très-commune aux îles Antilles, croissant parmi les broussailles qu'elle enlace de ses branches. Ses feuilles sont de moyenne grandeur, assez larges, dentelées sur les bords, flexibles & douces au toucher. Elle porte des petites fleurs jaunes à cinq pétales, renfermant un petit grain rond de la grosseur d'un pois, tout couvert de petites pointes crochues au moyen desquelles il s'attache facilement au poil des animaux & aux habits des passans. La racine de cette plante est assez forte, longue, blanche, charnue extérieurement & coriace dans son milieu : elle est estimée des gens du pays, comme un excellent remede contre le flux de sang. La façon de s'en servir est d'en raper la partie la plus tendre, & de la mettre bouillir légerement dans du lait, dont on fait usage trois fois le jour jusqu'à parfaite guérison.

MAHOUTS, s. m. pl. (*Drap.*) il s'en fabrique en France & en Angleterre; ce sont des draps de laine destinés pour les échelles du Levant.

MAHOUZA, (*Géog.*) ville d'Asie dans l'Iraque arabique, située près de Bagdat. Cosroës, fils de Nouschirvan, y établit une colonie des habitans d'Antioche qu'il avoit conquise.

MAHURAH, (*Géog.*) *ou* MAHOURAT, ville d'Asie dans l'Indoustan, à peu de distance de celle de Cambaye. C'est peut-être la même ville que Massourat, qu'on appelle par abréviation *Sourat*. (*D. J.*)

MAHUTES, s. f. (*Fauconn.*) ce sont les hauts des ailes pris du corps de l'oiseau.

MAI, s. m. *Maius*, (*Chronol.*) le cinquieme mois de l'année à compter depuis Janvier, & le troisieme à compter le commencement de l'année du mois de Mars, comme faisoient anciennement les Romains. *Voyez* MOIS & AN, & *l'article suivant*.

Il fut nommé *Maius* par Romulus, en l'honneur des sénateurs & nobles de la ville qui se nommoient *majores*, comme le mois suivant fut nommé *Junius*, en l'honneur de la jeunesse de Rome, *in honorem juniorum*; c'est-à-dire de la jeunesse qui servoit à la guerre, d'autres prétendent que le mois de *Mai* a tiré son nom de *Maja*, mere de Mercure, à laquelle on offroit des sacrifices dans ce mois.

C'est dans ce mois que le soleil entre dans le signe des gémeaux, & que les plantes fleurissent.

Le mois de *Mai* étoit sous la protection d'Apollon; c'étoit aussi dans ce mois que l'on faisoit les fêtes de la bonne déesse, celles des spectres appellés *muria*, & la cérémonie du *regi-fugium* ou de l'expulsion des rois.

Les anciens ont regardé ce mois comme malheureux pour le mariage: cette superstition vient peut-être de ce qu'on célébroit la fête des esprits malins au mois de *Mai*, & c'est à propos de cette fête qu'Ovide dit au cinquieme livre de ses fastes,

Nec viduæ tædis eadem, nec virginis apta

Tempora, quæ nupsit, non diuturna fuit:
Hâc quoque de causâ, si te proverbia tangunt,
Mense malas Maio nubere vulgus ait.

Chambers.

MAI, (*Antiq. rom.*) le troisieme mois de l'année selon le calendrier de Romulus, qui le nomma *Maius* en considération des sénateurs & des personnes distinguées de la ville, qu'on appelloit *majores*. Ainsi le mois suivant fut appellé *Junius*, en l'honneur des plus jeunes, *in honorem juniorum*. D'autres veulent que *Mai* ait pris son nom de *Maia*, mere de Mercure; ce mois étoit sous la protection d'Apollon.

Le premier jour on solemnisoit la mémoire de la dédicace d'un autel dressé par les Sabins aux dieux Lares. Les dames romaines faisoient ce même jour un sacrifice à la bonne déesse dans la maison du grand pontife, où il n'étoit pas permis aux hommes de se trouver: on voiloit même tous les tableaux & les statues du sexe masculin. Le neuvieme on célébroit la fête des lémuries on rémuries. Le 12 arrivoit celle de Mars, surnommé *ultor*, *le vengeur*, auquel Auguste dédia un temple. Le 15, jour des ides, se faisoit la cérémonie des Argiens, où les Vestales jettoient trente figures de jonc dans le Tibre par-dessus le pont Sublicien. Le même jour étoit la fête des marchands, qu'ils célébroient en l'honneur de Mercure. Le 21 arrivoient les agonales. Le 24 étoit une autre cérémonie appellée *regifugium*, la fuite des rois, en mémoire de ce que Tarquin le superbe avoir été chassé de Rome & la monarchie abolie.

Le peuple romain se faisoit un scrupule de se marier dans le cours de *Mai*, à cause des fêtes lémuriennes dont nous avons parlé, & cette ancienne superstition subsiste encore aujourd'hui dans quelques endroits.

Ce mois étoit personnifié sous la figure d'un homme entre deux âges, vêtu d'une robe ample à grandes manches, & portant une corbeille de fleurs sur sa tête avec le paon à ses piés, symbole du tems où tout fleurit dans la nature.

C'est ce mois, dit Ausone, qu'Uranie aime sur tout autre; il orne nos vergers, nos campagnes, & nous fournit les délices du printemps; mais la peinture qu'en donne Dryden est encore plus riante.

For thee, sweat month, the groves green liv'ries wear,
If not the first, the fairest of the year.
For thee the graces lead the dancing hours,
And nature's readi pencil paints the flow'rs.
Each gentle breast with kindly warmth thou moves,
Inspires new flames, revives extinguish'd loves.
When thy short reign is past, the fev'rish sun
The sultry tropicks fears and goes more slowly on.

(*D. J.*)

MAI, s. m. (*Marine.*) c'est une espece de plancher de bois fait en grillage, sur lequel on met égoutter le cordage lorsqu'il est nouvellement sorti du goudron. *Voyez Pl. II. Marine*, la vûe d'une étuve & de ses travaux. (*Z*)

MAI, (*Hist. mod.*) gros arbre ou rameau qu'on plante par honneur devant la maison de certaines personnes considérées. Les clercs de la bazoche plantent tous les ans un *mai* dans la cour du palais. Cette cérémonie se pratique encore dans nos villages & dans quelques-unes de nos villes de province.

MAI, (*Economie rustique.*) c'est le fond d'un pressoir, la table sur laquelle on place les choses qu'on veut rouler pour en exprimer le suc.

MAI, (*Economie domestique.*) espece de coffre où l'on pétrit la pâte qui fait le pain quand elle est cuite. *Voyez l'article* PAIN.

MAÏDA, (*Géog.*) petite ville d'Italie au royaume de Naples, dans la Calabre ultérieure, au pié du mont Appennin, & à 8 milles de Nicastro; c'est peut-être le *Malanius* d'Etienne le géographe.

MAIDSTONE, (*Géogr.*) en latin *Madus & Vagniacum*, ville à marché d'Angleterre au pays de Kent, sur Medway. Elle est assez considérable, bien peuplée ; elle envoie deux députés au parlement, & est à 9 lieues E. S. de Londres. *Long. 18. 20. lat. 51. 21.*

MAIED, (*Géog.*) île d'Asie dans l'Océan oriental, sur la côte de la Chine, à trois journées de navigation de l'île Dhalah. Les Chinois y font un grand trafic.

MAIENNE, LA, (*Géog.*) riviere de France. *Voyez* MAINE, *le*, (*Géog.*)

MAIENNE, (*Géograph.*) ville de France. *Voyez* MAYENNE. (*D. J.*)

MAJESQUE, (*Jurisprud.*) terme usité dans le Béarn pour exprimer le droit que quelqu'un a de vendre seul son vin pendant tout le mois de Mai à l'exclusion de toutes autres personnes. Ce droit a pris sa dénomination du mois de Mai, pendant lequel se fait cette vente. Il est nommé dans les anciens titres *maiade*, *majeneque* & *majesque* : c'est la même chose que ce qu'on appelle ailleurs *droit de banvin*.

Centule, comte de Béarn, se réserva le droit de vendre ses vins & ses pommades ou cidres, provenans de ses rentes ou devoirs pendant tout le mois. Ce droit est domanial, il appartient au souverain dans les terres de son domaine, & aux seigneurs particuliers dans leurs villages ; mais présentement ce droit n'est presque plus usité, attendu que les seigneurs en ont traité avec les communautés moyennant une petite redevance en argent que l'on appelle *maiade*. On a aussi donné le nom de *majesque* au contrat que les communautés de vin passent avec un fermier pour en faire le fournissement nécessaire, aux conditions qui sont arrêtées entr'eux ; & comme ces sortes de monopoles sont défendus, ces contrats de *majesque* ne sont valables qu'autant que le parlement en accorde la permission. *Voyez* M. de Marca, *hist. de Béarn*, *liv. IV. ch. xvij.* & le *glossaire* de Lauriere, *au mot* MAIADE. (*A*)

MAJESTÉ, s. f. (*Hist.*) titre qu'on donne aux rois vivans, & qui leur sert souvent de nom pour les distinguer. Louis XI. fut le premier roi de France qui prit le titre de *majesté*, que l'empereur seul portoit, & que la chancellerie allemande n'a jamais donné à aucun roi jusqu'à nos derniers tems. Dans le xij. siecle les rois de Hongrie & de Pologne étoient qualifiés d'*excellence* ; dans le xv. siecle, les rois d'Arragon, de Castille & de Portugal avoient encore les titres d'*altesse*. On disoit à celui d'Angleterre votre *grace*, on auroit pu dire à Louis XI. votre *despotisme*. Le titre même de *majesté* s'établit fort lentement ; il y a plusieurs lettres du sire de Bourdeille dans lesquelles on appelle Henri III. votre *altesse* ; & quand les états accorderent à Catherine de Médicis l'administration du royaume, ils ne l'honorerent point du titre de *majesté*.

Sous la république romaine le titre de *majesté* appartenoit à tout le corps du peuple & au sénat réuni : d'oì vient que *majestatem minuere*, diminuer, blesser la *majesté*, c'étoit manquer de respect pour l'état. La puissance étant passée dans la main du seul, la flatterie transporta le titre de *majesté* à ce seul maitre & à sa famille impériale, *majestas augusti*, *majestas divina domus*.

Enfin le mot de *majesté* s'employa figurément dans la langue latine, pour peindre la grandeur des choses qui attirent de l'admiration, l'éclat que les grandes actions répandent sur le visage des héros, & qui inspirent du respect & de la crainte au plus hardi. Silius Italicus a employé ce mot merveilleusement en ce dernier sens, dans la description d'une conspiration formée par quelques jeunes gens de Capoue.

Il fait parler ainsi un des conjurés : « Tu te trompes » si tu crois trouver Annibal désarmé à table : la *ma-* » *jesté* qu'il s'est acquise par tant de batailles, ne le » quitte jamais ; & si tu l'approches, tu verras autour » de lui les journées de Cannes, de Trébie & de » Trasymène, avec l'ombre du grand Paulus ».

Fallit te mensas inter quod credis inermem,
Tot bellis quæsita viro, *tot cædibus armat*
Majestas æterna ducem ! si admoveris ora,
Cannas & Trebiam ante oculos, Trasimenaque busta;
Et Pauli stare ingentem miraberis umbram,

(*D. J.*)

MAJESTÉ, (*Jurispr.*) crime de *lese-majesté*. *Voyez* l'article LESE-MAJESTÉ.

MAJEUR, (*Jurispr.*) est celui qui a atteint l'âge de majorité, auquel la loi permet de faire certains actes.

Comme il y a plusieurs sortes de majorités, il y a aussi plusieurs sortes de *majeurs*, savoir ;

Majeur d'ans, c'est-à-dire celui qui a atteint le nombre d'années auquel la majorité est parfaite.

Majeur coutumier est celui qui a atteint la majorité coutumiere, ce qui n'empêche pas qu'il ne soit encore mineur de droit. *Voyez l'article suivant* & les *notes sur Artois*, *p. 414.*

Majeur de majorité coutumiere est celui qui a atteint l'âge auquel les coutumes permettent d'administrer ses biens. Cet âge est réglé différemment par les coutumes : dans quelques-unes c'est à 20 ans, dans d'autres à 18 ou à 15.

Majeur de majorité flodale est celui qui a atteint l'âge auquel les coutumes permettent de porter la foi pour les fiefs. *Voyez ci-après* MAJORITÉ FÉODALE.

Majeur de majorité parfaite. *Voyez ci-après* MAJORITÉ PARFAITE.

Majeur de vingt-cinq ans est celui qui ayant atteint l'âge de 25 ans accomplis, a acquis par ce moyen la faculté de faire tous les actes dont les *majeurs* sont capables, comme de s'obliger, tester, ester en jugement, &c. *Voyez* MAJORITÉ, MINEUR & MINORITÉ. (*A*)

MAJEUR, (*Comm.*) dans le négoce des échelles du Levant, signifie un marchand qui fait le commerce pour lui-même, ce qui le distingue des commissionnaires, facteurs, coagis & courtiers. Ceux-ci appellent quelquefois leurs commettans leurs *majeurs*. *Voyez* FACTEUR, COAGI, &c. *Dictionnaire de Commerce*. (*G*)

MAJEUR, adj. (*Musique*.) est le nom qu'on donne en musique à certains intervalles, quand ils sont aussi grands qu'ils peuvent l'être sans devenir faux. Il faut expliquer cette idée.

Il y a des intervalles qui ne sont sujets à aucune variation, & qui à cause de cela s'appellent *justes* ou *parfaits*, *voyez* INTERVALLES. D'autres, sans changer de nom, sont susceptibles de quelque différence par laquelle ils deviennent *majeurs* ou *mineurs*, selon qu'on la pose ou qu'on la retranche. Ces intervalles variables sont au nombre de cinq ; savoir le semi-ton, le ton, la tierce, la sixte & la septieme. A l'égard du ton & du semi-ton, leur différence du *majeur* au mineur ne sauroit s'exprimer en notes ; mais en nombre seulement ; le semi-ton *mineur* est l'intervalle d'une note à son dièse ou à son bémol, dont le rapport est de 24 à 25. Le semi ton *majeur* est l'intervalle d'une seconde mineure, comme d'*ut* à *si* ou de *mi* à *fa*, & son rapport est de 15 à 16. La différence de ces deux semi-tons forme un intervalle que quelques-uns appellent *dièse majeur* ; & qui s'exprime par les nombres 125. 128.

Le ton *majeur* est la différence de la quarte à la quinte,

quinte, & son rapport est de 8 à 9. Le ton mineur est la différence de la quinte à la sixte *majeure*, en rapport de 9 à 10. La différence de ces deux tons, qui est en rapport de 80 à 81, s'appelle *comma*, *voyez* COMMA. On voit ainsi que la différence du ton *majeur* au ton mineur est moindre que celle du semi-ton mineur au semi-ton *majeur*.

Les trois autres intervalles, savoir la tierce, la sixte & la septieme, different toujours d'un semi-ton du *majeur* au mineur, & ces différences peuvent se noter. Ainsi la tierce mineure a un ton & demi, & la tierce *majeure* deux tons, &c.

Il y a quelques autres plus petits intervalles, comme le diése & le comma, qu'on distingue en moindres, mineurs, moyens, *majeurs* & maximes; mais comme ces intervalles ne peuvent s'exprimer qu'en nombre, toutes ces distinctions sont assez inutiles. *Voyez* DIÈSE & COMMA. (*S*)

MAJEUR, (*Mode.*) *Voyez* MODE.

MAIGRE, MAIGREUR, (*Gram.*) La *maigreur* est l'état opposé à l'embonpoint. Il consiste dans le défaut de graisse, & dans l'affaissement des parties charnues. Il se remarque à l'extérieur par la saillie de toutes les éminences des parties osseuses: ce n'est ni un symptome de santé, ni un signe de maladie. La vieillesse amene nécessairement la maigreur. On ne fait aucun excès sans perdre de l'embonpoint; c'est une suite de la maladie & de la longue diete.

MAIGRE, *Voyez* OMBRE.

MAIGRE, (*Coupe des pierres.*) par analogie à la maigreur des animaux, se dit des pierres dont les angles sont plus aigus qu'ils ne doivent être, de sorte qu'elles n'occupent pas entierement la place à laquelle elles étoient destinées.

MAIGRE, (*Ecriture.*) se dit dans l'écriture d'un caractere dont les traits frappés avec timidité, ou trop légerement ou trop obliquement, présentent des pleins foibles & délicats, des liaisons & des déliés de plusieurs pieces.

MAIGRE, (*Jardinage.*) se dit d'une terre usée qui demande à se repoiser & à être amandée.

MAIGRE, (*Maréchal.*) étamper *maigre. Voyez* ÉTAMPER.

MAIGRE ou EXTÉNUÉ, (*Maréchal.*) On dit qu'un cheval est *exténué*, quand son ventre, au lieu de pousser en-dehors, se contracte ou rentre du côté de ses flancs.

MAIGRE, on dit *en Fauconnerie* voler bas & *maigre*.

MAIL, f. m. (*Jeu.*) Au jeu de ce nom c'est un instrument en forme de maillet, dont le manche va toujours en diminuant de haut en bas, & dont la tête d'un bois très-dur, est garnie à chacune de ses extrémités d'une virole ou cercle de fer pour empêcher qu'elles ne s'émoussent. Il faut que le poids & la hauteur du *mail* soient proportionnés à la force & à la grandeur du joueur; car s'il est trop long ou trop pesant, on prend la terre, & s'il est trop court ou trop léger, on prend la boule, comme on dit, *par les cheveux*.

Ce jeu sans contredit de tous les jeux d'exercice le plus agréable, le moins gênant, & le meilleur pour la santé. Il n'est point violent: on peut en même tems jouer, causer & se promener en bonne compagnie. On y a plus de mouvement qu'à une promenade ordinaire. L'agitation qu'on se donne fait un merveilleux effet pour la transpiration des humeurs, & il n'y a point de rhumatismes ou d'autres maux semblables, qu'on ne puisse prévenir par ce jeu, à le prendre avec modération, quand le beau tems & la commodité le permettent. Il est propre à tous âges, depuis l'enfance jusqu'à la vieillesse. Sa beauté ne consiste pas à jouer de grands coups, mais à jouer juste, avec propreté, sans trop de façons; quand à cela l'on peut ajouter la sûreté & la force qui font la longue étendue du coup, on est un joueur parfait. Pour parvenir à ce degré de perfection, il faut chercher la meilleure maniere de jouer, se conformer à celle des grands joueurs, se mettre aisément sur sa boule, ni trop près ni trop loin, n'avoir pas un pié guere plus avancé que l'autre; les genoux ne doivent être ni trop mols ni trop roides, mais d'une fermeté bien assurée pour donner un bon coup; les mains ne doivent être ni serrées ni trop éloignées l'une de l'autre; les bras ni trop roides ni trop allongés, mais faciles afin que le coup soit libre & aisé: il faut encore se bien assurer sur les piés, se mettre dans une posture aisée; que la boule soit vis-à-vis le talon gauche, ne pas trop reculer le talon droit en arriere, ni baisser le corps, ni plier le genouil quand on frappe, parce que c'est ce qui met le joueur hors de mesure, & qui le fait souvent manquer.

MAIL-ÉLOU, f. m. (*Botan. exot.*) grand arbre du Malabar, qui est toujours verd, qui porte fleurs & fruits en même tems, & même deux fois l'année. Commelin, dans l'*Hort. malab.* caractérise cet arbre en botaniste, *arbor baccifera, trifolia, malabarica simplici officulo, cum plurimis nucleis, lusitanis carilla.* On fait de ses feuilles bouillies dans une infusion de riz, qu'on passe ensuite, une boisson pour expulser l'arriere-faix, & faciliter les vuidanges. (*D. J*)

MAIL-ELOU-RATOU, f. m. (*Botan. exot.*) arbre de Malabar, qui croit dans ses contrées montagneuses, & qui est encore plus grand que le *mail-élou*. Il est toujours vert, porte fleurs & fruits à-la-fois, & vit environ 200 ans: il est nommé *arbor baccifera malabarica, folio pinnato, floribus umbellatis, simplici officulo, cum pluribus nuclis.* H. M. (*D. J.*)

MAILLE, (*Jurisprud.*) terme usité en quelques coûtumes dans le même sens que *venditio. Voyez* VENDITION.

MAILLE ou OBOLE, f. f. (*Monnoie.*) monnoie de billon, qui avoit cours en France pendant la troisieme race. *Maille* ou *obole*, dit M. le Blanc, ne sont qu'une même chose, & ne valent que la moitié du denier; c'est pourquoi il y avoit des *mailles parisis* & des *mailles tournois*. On trouve plusieurs monnoies d'argent de la seconde race, qui pesent justement la moitié du denier de ce tems-là, & qui par conséquent ne peuvent être que l'*obole*. Dans une ordonnance de Louis VIII. pour le payement des ouvriers de la monnoie, il est fait mention d'*oboles*. On continua sous les regnes suivans de fabriquer de cette monnoie. La *maille* ou l'*obole* n'étoit pas, comme on le croit, la plus petite de nos monnoies; il y avoit encore une espece qui ne valoit que *demi-maille*, & par conséquent la quatrieme partie du denier. (*D. J.*)

MAILLE NOIRE, (*Jurisprud.*) en Angleterre, étoit une certaine quantité d'argent, de grains, ou de bestiaux, ou autre chose que payoient les habitans de Westmorland, Cumberland, Northumberland & Durham, à différentes personnes qui les avoisinoient, & étoient à la vérité gens d'un rang distingué, ou bien alliés, mais grands voleurs, ne respirant que le pillage, & taxant ainsi le peuple, sous prétexte de protection. Cette sorte d'extorsion a été défendue & abolie par la reine Elisabeth.

MAILLE, (*Bas au métier.*) il se dit de chaques petits entrelacemens du fil, qui forment par leur continuité l'ouvrage qu'on exécute sur le métier. Il y a des *mailles* fermées, des *mailles* tombées, des *mailles* mêlées, des *mailles* doubles, des *mailles* mordues, portées, retournées, &c. *Voyez l'article* BAS AU MÉTIER, & MÉTIER À BAS.

MAILLE, (*Marine.*) c'est un menu cordage ou

ligne, qui fait plusieurs boucles au haut d'une bonnette, & qui sert à la jointure à la voile.

Maille se dit des distances qu'il y a entre les membres d'une vaisseau.

MAILLE, (*Aiguilletier.*) est une ouverture en forme de losange, qui étant plusieurs fois répétée, forme des treillis de fil de fer ou de laiton. Ce sont les Epingliers qui font les treillis à *mailles*; ils les vendent au pié quarré plus ou moins, selon que les *mailles* sont larges ou étroites, & le fil plus ou moins gros.

MAILLE, *voyez l'article* DRAPERIE, *ou* MANUFACTURE EN LAINE.

MAILLE, MAILLER, (*Jardinage.*) ce sont des réseaux que l'on fait dans les treillages de huit à neuf pouces en quarré. Il se dit encore des quarreaux faits sur le papier, ainsi que sur le lieu pour tracer un parterre. *Voyez* PARTERRE.

Mailler s'emploie pour signifier le nœud où se forme le fruit dans les melons, les concombres, & le raisin. On dit *le raisin blanc maille bien plus près que le noir.*

MAILLE, *terme d'Orfévre*, petit poids qui vaut deux felins, & qui est la quatrieme partie d'une once. *Voyez* FELIN.

MAILLE, (*Rubannerie.*) on entend par ce mot, des tours de fil ou de ficelle qui composent les lisses, hautes lisses ou lissettes, quoiqu'à proprement parler, on ne dût donner ce nom qu'à l'endroit où se fait la jonction des deux parties qui composent la *maille*, & que l'on a toûjours jusqu'ici nommée *bouclette*. L'usage de la *maille* ainsi entendue, est de recevoir la trame si ce sont des hautes-lisses, ou les soies de la chaîne, si ce sont des lisses ou lissettes. *Voyez* HAUTES-LISSES, LISSES, & LISSETTES.

MAILLE DE CORPS, instrument du *métier d'étoffe de soie.*

La *maille de corps* est un fil passé dans le maillon de verre, dont les deux bouts sont attachés à la hauteur d'un pié à l'arcade. *Voyez* MAILLONS, *voyez* ARCADES.

MAILLE, (*Chasse.*) c'est l'ouverture qui demeure entre les ouvrages de fil, comme on le voit dans les filets à pêcheurs ou à chasseurs. Il y a des *mailles* à losanges, qui sont celles qui ont la pointe ou le coin des *mailles* en haut, lorsque le filet est tendu; les *mailles* quarrées sont celles qui paroissent toutes rangées comme les quarrés d'un damier; il y a encore les *mailles* doubles.

Mailler, on dit *mailler un filet*; c'est le terme dont se servent ceux qui font des filets.

Mailler se dit aussi des perdreaux; ce perdreau commence à *mailler*, c'est-à-dire, à se couvrir de moucheture ou de madrieres: les perdreaux ne sont bons que quand ils sont *maillés.*

MAILLÉ, adj. *terme de Fourreur*, se dit d'une chose marquetée, pleine de petites taches, comme les plumes des faucons, des perdrix, &c. ou les fourrures de différentes bêtes fauves.

MAILLEAU, s. m. (*Tondeur de drap.*) petit instrument de bois qui sert à ces ouvriers à faire mouvoir le côté des forces à tondre, qu'on appelle le *mâle. Voyez* FORCES. Quand le *mailleau* n'a point de manche, on l'appelle *cureau.*

MAILLER, v. act. (*Art milit.*) c'est couvrir d'un tissu de mailles. (*Chas.*) c'est se moucheter à l'estomac & aux aîles; il se dit des perdreaux: ils se *maillent.* (*Maçonnerie.*) c'est construire en échiquier & à joints obliques: ce mur est *maillé*. (*Jardinage.*) c'est bourgeonner: c'est aussi espacer les échallas montans, traversans par intervalles égaux, formant des carrés ou des losanges en treillis: c'est encore former un parterre d'après un dessein. (*Blanchissage des toiles.*) c'est battre la toile de batiste sur un marbre avec un maillet de bois bien uni, pour en abattre le grain & lui donner un œil plus fin.

MAILLET, s. m. (*Gram. arts méchaniq.*) marteau de bois, à l'usage d'un grand nombre d'ouvriers. *Voyez les articles suivans.*

MAILLET DE PLOMB, *instrument de Chirurgie*, est une masse de plomb de figure cylindrique, qui a environ deux pouces & demi de long sur quinze lignes de diametre. Il est percé dans son milieu pour le passage d'un bout du manche, lequel est de buis, parce que les pores de ce bois étant très-serrés, le manche a plus de résistance.

Ce manche est composé d'une poignée & d'une tige, orné de différentes façons, suivant le goût de l'ouvrier. *Fig. 5. Pl. XXI.*

Ce *maillet* sert à frapper sur le ciseau ou la gouge, pour enlever les exostoses. *Voyez* EXOSTOSE, CISEAU & GOUGE.

On se sert du plomb préférablement à toute autre matiere, parce qu'étant plus lourd, il agit par sa masse, & les percussions en sont plus fortes, quoique faites avec moins d'action de la part du chirurgien; ce qui occasionne moins de secousse. Si le *maillet* avoit moins de poids, il faudroit pour un effet égal, que la gouge fût frappée avec plus de vîtesse, d'où il suivroit un ébranlement qui pourroit être préjudiciable. (*Y*)

MAILLET, s. m. (*Hydr.*) *voyez* outils de Fontainier au *mot* FONTAINIER.

MAILLET DE CALFAT, (*Marine.*) ce mail ou *maillet* est emmanché fort court; sa masse est longue & menue, avec une mortaise à jour de chaque côté; ses têtes sont reliées de cercles de fer. Il sert à calfater. (*K*)

MAILLET, *termes d'Architecture*; espece de gros marteau de bois fort en usage parmi les artisans qui travaillent au ciseau; les Sculpteurs, Maçons, Tailleurs de pierres & Marbriers s'en servent; il est ordinairement de forme ronde; ceux des Charpentiers, Menuisiers, sont de forme quarrée.

MAILLET, (*Artificier.*) c'est une masse de bois dur & pesant, proportionnée à celle de la fusée dont elle doit fouler la composition à grands coups; ainsi chaque moule doit avoir son *maillet.*

MAILLET, *en termes de Bijoutier*; est un marteau de bois ou de buis, dont on se sert pour redresser ou repousser les parties d'une piece qu'on ne veut point étendre ni endommager. Il y en a de toutes formes, grosseurs & grandeurs.

MAILLET, (*Charpent.*) il est de bois, & sert aux Charpentiers pour frapper sur leurs ébauchoirs ou ciseaux, lorsqu'ils ébauchent leurs ouvrages. *Voyez la fig. Pl. des outils de Charpentier.*

MAILLET, (*Bourrelier.*) instrument de bois dont se servent les Bourreliers, & qui est composé de deux parties, sçavoir le *cylindre* & le *manche*, qui tous les deux sont de bois. Le cylindre a environ quatre pouces de diametre, & cinq à six pouces de hauteur; au milieu de la hauteur du cylindre, est pratiqué un trou dans lequel on insinue le manche du *maillet*, qui est environ de huit à dix pouces de longueur.

MAILLET, (*Cartiers.*) est un cylindre de bois emmanché par le milieu d'un manche aussi de bois, dont les Cartiers se servent pour battre sur un billot le carton dont ils font leurs cartes.

MAILLET, *termes & outil de Ceinturier*; qui leur sert pour frapper sur les poinçons avec lesquels ils découpent leurs ouvrages. Ce *maillet* qui est de buis, est représenté *Pl. du Ceinturier.*

MAILLET, *outil de Charron*; ce *maillet* n'a rien de particulier, & sert aux Charrons pour faire des mortoises au ciseau. *Voyez* MAILLET DES CHARPENTIERS.

MAI

MAILLET, les Ardoisiers en ont de plusieurs sortes; le *maillet* à créner, le *maillet* à frapper, &c. *Voyez* l'article ARDOISE.

MAILLET, (*Ferblantier*.) ces *maillets* sont de buis; il y en a dont les deux pans sont ronds, & d'autres dont l'un des pans est large & plat. Ils servent aux Ferblantiers à faire prendre à une piece de fer blanc une figure cylindrique, en la faisant tourner sur une bigorne ronde, & frappant avec le *maillet* de buis. Ils s'en servent plus volontiers que du marteau de fer, attendu qu'il forme moins d'inégalité. *Voyez* Pl. du Ferblantier.

MAILLET, (*Fourbisseur*.) ce *maillet* n'a rien de particulier, & sert aux Fourbisseurs pour redresser les branches des gardes d'épées faussées, &c. *Voyez* la Pl. de Fourbisseur.

MAILLET, terme *de moulin à papier*; c'est une espece de masse de bois garnie par un bout de pieces de fer appellées *cloux*, serrées tout au tour par une barre de fer appellée *guirlande*; les *maillets* ont environ deux piés ou deux piés & demi de hauteur, & par l'extrémité d'en haut, ont une mortoise dans laquelle entrent des pieces de bois longues & plates (*Voyez les Planches de Papeterie*.) qui leur servent de manches, & qu'on appelle *les queues des maillets*; ces queues sont traversées à leurs extrémités par une grosse cheville de bois, qui tient à un autre assemblage de bois de la même hauteur que les *maillets*, & qu'on appelle *la clef*.

Lorsqu'on veut arrêter un *maillet*, il faut l'assujettir dans un état d'élévation, tel que l'arbre de la roue en tournant ne le rencontre point avec les levées. Pour cet effet la clé des *maillets* est garnie en-dehors d'un fort crochet de fer, que l'on passe sur l'extrémité de la queue du *maillet*, & qui l'empêche de retomber. Mais comme le *maillet* est fort pesant, & que l'homme n'a point assez de force pour le lever seul, on se sert d'un instrument appellé *angin* qui est garni d'un long manche de bois. On introduit le fer de cet instrument à l'extrémité de la queue du *maillet*; & en appuyant fortement sur le manche de l'engin, on parvient à faire lever le *maillet*, & à l'assujettir dans cet état par le moyen du crochet.

Les nez des *maillets*, qui est la partie du manche par où les levées du cylindre les élevent, passent dans les entailles des clés qui leur servent de coulisse.

MAILLET, *outil de Plombier* : c'est une masse coupée en deux dans sa longueur; ensorte qu'un de ses côtés est plat, & l'autre fait en demi-cercle; le manche est placé dans le demi cercle, mais couché & parallele à la section du cylindre; on s'en sert pour battre le plomb par le côté qui est plat, & quelquefois pour frapper sur des outils par un des bouts. *Voyez* l'art. PLOMBIER & *les Pl. du Plombier*.

MAILLET, en terme de Tabletier-Cornetier, s'entend d'un gros marteau d'un bois très-dur, dont le manche est fort long; on s'en sert pour faire entrer les coins dans les plaques de la presse à coins. *Voyez* COINS, PRESSE A COINS & PLAQUE.

MAILLET, (*Tonnelier*.) outil dont se servent les Tonneliers. C'est un marteau de bois dont la masse est ronde, & d'environ deux pouces d'épaisseur. Sa forme est quarrée, plus longue que large, un peu ceintrée par en haut, & échancrée par en bas; le manche est placé dans le milieu de l'épaisseur de la masse. Les Tonneliers s'en servent pour chasser & enfoncer les cerceaux.

MAILLET, ou BATOIRE, f. m. (*Verrerie*.) ce *maillet* ressemble à celui du menuisier. On s'en sert pour former & battre les contours du pot. Il faut que la balle & le *maillet* soient couverts de toile.

MAILLET, (*Blason*.) petits marteaux de bois,

Tome IX.

MAI 873

dont quelques écus sont chargés. On les appelle *mailloches* quand ils sont de fer, & plus petits que les *maillets*.

MAILLEZAIS, *Malliacum Pictonum*, (*Géogr*.) ville de France en Poitou; son évêché fut transféré à la Rochelle en 1648. Elle est dans une île formée par la Seure & l'Autise, entre dans des marais, à huit lieues N. E. de la Rochelle, vingt S. O. de Poitiers, quatre-vingt-onze S. O. de Paris. *Long*. 16d. 55′. 22″. *lat*. 46d. 22′. 16″. (*D. J.*)

MAILLOCHE, s. f. (*Art méchan*.) petit maillet de bois. En *blason* la *mailloche* est de fer.

MAIL-OMBI, s. m. (*Bot. exot*.) arbre de la grosseur d'un pommier ordinaire, qui croit en plusieurs lieux du Malabar. Il est toujours verd, & porte du fruit deux fois l'année. Il est nommé *arbor baccifera indica, racemosa, fructu umbilicato, rotundo, monopyreno*, H. M. (*D. J.*)

MAILLON, s. m. (*Chaînetier*.) c'est chaque petite portion du tissu qui forme une chaîne flexible sur toute sa longueur; comme celle d'une montre, ou autre. C'est par l'assemblage des *maillons* que se forme la chaîne. En ce sens *maillon* est synonyme à *chainon*.

MAILLON, s. m. (*Gazier*.) espece de petit anneau d'émail, qui dans le métier des Gaziers sert à attacher les lissettes aux plombs. *Voyez* GAZE.

MAILLON, (*Rubanier*.) c'est un très-petit morceau de cuivre jaune, plat & percé de trous dans sa longueur; il est arrondi par les deux bouts pour faciliter les montées & descentes continuelles qu'il est obligé de faire sans fin du travail; il fait l'effet de la maille dont on a parlé à l'*article* MAILLE, au sujet des lisses & lissettes: car il ne peut servir aux hautes lisses pour le passage des rames, attendu qu'il faut que les rames soient dans les mailles des hautes lisses pour pouvoir n'être levées qu'au besoin & par ceux qui les travaillent. Les deux trous des extrémités du *maillon* servent à passer les deux ficelles qui le suspendent, & celui du milieu pour le passage des soies de la chaîne. On fait des *maillons* d'émail, mais qui ne sont pas si bons pour l'usage; il s'y trouve souvent de petites inégalités tranchantes qui coupent les soies, ce qui, joint à leur extrême fragilité, rend le *maillon* de cuivre bien plus utile. *Voyez* LISSES.

MAILLON, instrument du *métier d'étoffe de soie*. Le *maillon* est un anneau de verre de la longueur du pouce environ; il a trois trous, un à chaque bout, qui sont ronds, & dans lesquels passent d'un côté la maille de corps pour tirer la poulie le *maillon*, & à l'autre un fil un peu gros pour tenir l'aiguille de plomb qui tient le tout en raison. Ces deux trous sont séparés par un autre de la longueur d'un demi-pouce environ, à-travers duquel l'on passe un nombre de fils de la chaine proportionné au genre d'étoffe.

MAILLOT, s. m. (*Economie domestique*.) couches & langes dont on enveloppe un enfant nouveau-né à sa naissance & pendant sa premiere enfance.

MAILLOTIN, s. m. (*Art méchan. & Hist. mod*.) espece de masse ou mailloche de bois ou de fer dont on en enfonçoit les casques & cuirasses. Il y a eu en France une faction appellée *maillotins* de cette arme.

MAILLURE, s. t. (*Chasse*.) taches, mouchetures, diversité de couleurs qui surviennent aux plumes d'un oiseau. On dit qu'un perdreau est *maillé* lorsqu'on apperçoit sous les ailes aux deux côtés de son estomac des plumes rougeâtres: alors il est bon à être chassé & tué. Le même mot se dit aussi en fauconnerie des oiseaux de proie dont les plumes prennent des taches en forme de mailles. Les taches de devant s'appellent *paremens*.

MAILS ou MAILLETS, (*Art milit*.) espece de long marteau dont on se servoit autrefois dans les

SSsss ij

combats. « Jean V. duc de Bretagne, dans un man-
» dement pour convoquer les communes de fon du-
» ché, leur marque, entr'autres armes dont les fol-
» dats pourroient être armés, un *mail de plomb*.
» En 1351, dans la bataille des trente, si fameuse
» dans les histoires de Bretagne, & qui fut ainsi nom-
» mée du nombre des combattans, qui étoient trente
» de chaque côté, les uns du parti de Charles de
» Blois & du roi de France, & les autres du parti du
» comte de Montfort & du roi d'Angleterre ; dans
» cette bataille, dis-je, ou plûtôt ce combat, il est
» marqué que Billefort, du parti des Anglois, frap-
» poit d'un *maillet* pesant vingt-cinq livres ; que Jean
» Rousselet, chevalier, & Tristan de Pestivien,
» écuyer, tous deux du parti françois, furent abattus
» d'un coup de *mail*, & Tristan de Pestivien, autre
» écuyer du même parti, blessé d'un coup de mar-
» teau.
» Une autre preuve de l'usage des *maillets* pour les
» soldats, est ce qu'on rapporte de la sédition des
» Parisiens au commencement du regne de Charles
» VI. où la populace, au sujet des nouveaux impôts,
» força l'arsenal & en tira quantité de *maillets* pour
» s'armer & assommer les commis des douanes, ce
» qui fit donner à ces séditieux le nom de *maillotins* »
Hist. de la milice françoise. (Q)

MAIN, s. f. (*Anatom*.) partie du corps de l'homme
qui est à l'extrémité du bras, & dont le méchanisme
la rend capable de toutes sortes d'arts & de manufactures.

La *main* est un tissu de nerfs & d'osselets enchâssés
les uns dans les autres, qui ont toute la force & toute
la souplesse convenables pour tâter les corps voisins,
pour les saisir, pour s'y accrocher, pour les lancer,
pour les tirer, pour les repousser, &c.

Anaxagore soutenoit que l'homme est redevable
à l'usage de ses *mains* de la sagesse, des connoissances & de la supériorité qu'il a sur les autres animaux.
Galien exprime la même pensée d'une maniere différente ; suivant lui, l'homme n'est point la créature
la plus raisonnable, parce qu'il a des *mains*, mais
celles-ci ne lui ont été données qu'à cause qu'il est
le plus raisonnable de tous les animaux : car ce ne
font point les *mains* de qui nous tenons les arts, mais
de la raison, dont les *mains* ne sont que l'organe.
De usu part. lib. I. cap. iij.

La *main*, en terme de Medecine, s'étend depuis
l'épaule jusqu'à l'extrémité des doigts, & se divise
en trois parties ; la premiere s'étend depuis l'épaule
jusqu'au coude, & s'appelle proprement bras, *bra-
chium*, *voyez* BRAS; la seconde depuis le coude jusqu'au poignet, & s'appelle l'*avant-bras* ; & la troisieme la *main* proprement dite. Celle-ci se divise encore en trois parties, le *carpe*, qui est le poignet,
le *métacarpe*, qui est la paume de la *main* ; enfin les
cinq doigts. Ces mots sont expliqués selon leur ordre.
Voyez CARPE, MÉTACARPE *&* DOIGTS.

Les *mains* sont si commodes & les ministres de
tant d'arts, comme dit Ciceron, qu'on ne peut trop
en admirer la structure: cependant cette partie du
corps humain, qui est composée du carpe, du métacarpe & des doigts, n'est point exempte des jeux de
conformation. Je n'en citerai pour preuve qu'un
seul fait tiré de l'*histoire de l'académie des Sciences,
année* 1753.

M. Petit a montré à cette académie en 1727, un
enfant dont les bras étoient difformes : la *main* étoit
jointe à la partie latérale antérieure de l'extrémité
de l'avant-bras, & renverlée de maniere qu'elle formoit avec l'avant bras un angle aigu ; elle avoit un
mouvement manifeste, mais de peu d'étendue. Cette
main n'avoit que quatre doigts d'une conformation
naturelle dans leur longueur, leur grosseur & leur
articulation ; il n'y avoit point de pouce ; les doigts
étoient dans le creux de la *main* ; l'annulaire & le
petit doigt étoient par dessus & se croisoient avec
eux. Cette *main* avoit 12 à 14 lignes de largeur &
18 de longueur en étendant les doigts & en comprenant le carpe.

La *main* est le sujet de la chiromancie, qui s'occupe
à considérer les différentes lignes & éminences qui
paroissent sur la paume de la *main*, & à en donner
l'explication. *Voyez* CHIROMANCIE.

Chez les Egyptiens la *main* est le symbole de la
force ; chez les Romains c'est le symbole de la foi ;
& elle lui fut consacrée par Numa avec beaucoup de
solemnité.

MAINS, on appelle *en Botanique* les *mains* des
plantes, ce que les Latins on nommé *capreoli*, *cla-
viculi*, *clavieula* ; ces *mains* sont des filets qui s'en-
tortillent contre les plantes voisines & les embrassent fortement, ainsi que l'on voit en la vigne, en la
couleuvrée, & en la plûpart des plantes grimpantes. On les
nomme aussi des *vrilles*, *voyez* VRILLES, *Botanique*.
(*D. J.*)

MAIN DE MER, (*Insectol*.) *fucus manum referens* ;
Tourn. production d'insectes de mer. Sa substance
est fongueuse & de la nature des agarics ; elle est
couverte de quantité de peties bossettes. « Lorsqu'on
» les regarde attentivement dans l'eau de mer, on
» voit qu'il s'en éleve insensiblement de petits corps
» cylindriques & mobiles d'une substance blanche
» & transparente, hauts d'environ trois lignes & de-
» mie, & larges d'une ligne ; ils disparoissent dès
» qu'ils ne baignent plus dans l'eau de mer. Les *mains*
» *de mer* varient beaucoup dans leurs figures, cepen-
» dant la plûpart ont une base cylindrique plus ou
» moins évasée, chargée de plusieurs petits corps
» cylindriques longs d'environ un pouce & demi,
» représentant autant de doigts blancs, rouges, ou
» d'un jaune orangé : toute la superficie de ce corps
» chagriné par des mamelons dont toute son écorce
» est couverte ; mamelons de différente grandeur
» dont le diametre dans les plus grands est d'une li-
» gne. Ils sont chacun étoilés par la disposition de
» huit rayons qui ont leurs pointes dirigées vers le
» centre. Les mamelons étoilés de ces corps s'ouvrent
» lorsqu'il est plongé dans l'eau de la mer ; & chacun
» des rayons qui forment ces especes d'étoiles se re-
» levant alors, donne passage à une espece de cy-
» lindre creux, membraneux, blanc & transparent,
» qui parvenu à la hauteur de trois lignes & demie,
» représente une petite tour terminée par huit pointes
» découpures en forme de créneaux aigus. Toutes ces
» découpures sont elles-mêmes chargées à leur ex-
» trémité de petites éminences en maniere de cornes,
» & de chacune de ces découpures nait un filet délié,
» jaunâtre, aboutissant à la base de cette espece de
» petite tour, & qui paroît sur la membrane trans-
» parente dont elle est formée. Sa base est tellement
» environnée de ces huits rayons, qu'elle fait corps
» avec eux. Entre ces manieres de créneaux on voit
» un plancher concave percé dans son milieu ; au-
» dessous duquel est placée dans l'intérieur de cette
» tour une espece de vessie allongée, jaunâtre, qui
» à sa base est garnie de quelques petits filets déliés, extérieu-
» rement courbés en arc près de leur origine, & en-
» suite perpendiculaires & plus gros à leur extré-
» mité.

» Telle est l'apparence de ce qui sort de chacun
» des mamelons de la *main de mer* quand qu'elle est dans
» l'eau de la mer ; & ce qui ne laisse aucun doute
» que ce soit des animaux, c'est que pour peu qu'on
» en touche quelques-uns, on voit leur cornes, que
» nous avons comparées à celles des limaçons, se recour-
» ber & se retirer vers le centre du plancher qui est
» au sommet de ces sortes de tours, & ne représenter
» plus qu'autant de cylindres dont l'extrémité est

» rondie, lesquels, si l'on continue à les toucher,
» rentrent insensiblement dans la cavité d'où ils
» étoient sortis, & reparoissent peu de tems après
» sous leur premiere forme, ce qui arrive de même
» lorsqu'on leur ôte ou qu'on leur donne l'eau de
» mer.

» Le corps de la *main de mer* considérée intérieu-
» rement est de substance fongueuse, plus molle que
» celle de son extérieur qui est coriace; & par la
» quantité des tuyaux dont il est percé, aboutissant
» aux mamelons extérieurs, ressemble aux loges
» d'un gâteau d'une ruche, chacune desquelles con-
» tient le petit polype que j'ai décrit, & un peu
» d'eau rousssâtre ». *Mem. de l'acad. royale des Scienc.
année 1740*, par M. de Jussieu.

MAINS, (*Critique sacrée.*) manus selon la vulgate.
Ce mot dans l'Ecriture sainte se prend quelquefois
pour l'étendue: *hoc mare magnum & spaciosum manibus*, *Job xxviij. 8*. Il se prend aussi pour la puissance
du saint-Esprit, qui se fait sentir sur un prophete:
Facta est super eum manus Domini. Ezech. iij. 22. Dieu
parle *à son peuple par la main des prophetes*, c'est-à-
dire par leur bouche. La *main élevée* marque la force,
l'autorité. Ainsi il est dit que Dieu a tiré son peuple
de l'Egypte la *main haute* & élevée. Cette expression
marque aussi l'insolence du pécheur qui s'éleve contre Dieu, *peccare elatâ manu*. La main exprime encore
la vengeance que Dieu exerce tontre quelqu'un: *la
main du Seigneur s'appesantit sur les Philistins*; il se
met pour *fois*. Daniel & ses compagnons se trouverent *dix mains* plus sages que tous les magiciens &
les devins du pays. *Jetter de l'eau sur les mains de quelqu'un*, c'est le servir: ainsi Elisée jettoit de l'eau sur
les *mains* d'Elie, c'est-à-dire qu'il étoit son serviteur.
Laver ses mains dans le sang des pécheurs, c'est approuver la vengeance que Dieu tire de leur iniquité. Le
juste *lave ses mains parmi les innocens*, c'est-à-dire est
lié d'amitié avec eux. Pilate lave ses *mains* pour marquer qu'il est innocent de la mort de Jesus-Christ.
Baiser la main est un acte d'adoration. Si j'ai vu le
soleil dans son éclat, & si j'ai *baisé ma main*, dit Job.
Remplir ses mains, signifie *entrer en possession d'une dignité sacerdotale*, parce que dans cette cérémonie on
mettoit dans les *mains* du nouveau prêtre les parties
de la victime qu'il devoit offrir. *Donner les mains* signifie *faire alliance, jurer amitié*. Les Juifs disent qu'ils
ont été obligés de donner les *mains* aux Egyptiens
pour avoir du pain, c'est-à-dire de se rendre à eux.
(*D. J.*)

MAINS, (*Antiq. rom.*) Le grand nombre de *mains*
chargées quelquefois de symboles de diverses divinités qui se trouvent parmi les anciens monumens,
désignent des accomplissemens de vœux. Elles
étoient appendues dans les temples des dieux à qui
elles étoient vouées, en reconnoissance de quelque
faveur signalée reçue, ou de quelque miraculeuse
guérison. S. Athanase a cru que ces *mains* & toutes
les autres parties du corps priées séparément, étoient
honorées par les gentils comme des divinités. On
peut reprocher aux payens tant d'objets réels d'idolâtrie, qu'il ne faut pas leur en attribuer de faux.
(*D. J.*)

MAIN, (*Littérat.*) L'inégalité que la coutume,
l'éducation & les préjugés ont mise entre la *main droite*
& la *main gauche*, est également contraire à la nature
& au bon sens. La nature a dispensé ses graces avec une
proportion égale à toutes les parties des corps réguliè-
rement organisés. L'oreille droite n'entend pas mieux
que la gauche; l'œil gauche voit également comme
l'œil droit; & l'on ne marche pas plus aisément d'un
pié que de l'autre. L'anatomie la plus délicate ne
remarque aucune différence sensible entre les nerfs,
les muscles & les vaisseaux des parties doubles des
enfans bien conformés. Si telle observation n'a pas

lieu dans les corps plus avancés en âge; c'est une
suite de l'usage abusif qui nous assujettit à tout faire
de la *main droite* & à laisser la gauche dans une inaction presque continuelle: d'où il résulte un écoulement beaucoup plus considérable des sucs nourriciers dans la *main* qui est toujours en action; que
dans celle qui se repose. Il seroit donc à souhaiter
qu'au lieu de corriger les enfans qui usent indifféremment de l'une ou l'autre *main*, on les accoutumât
de bonne heure à se servir de leur *ambi-dextérité* naturelle, dont ils tireroient de grands avantages dans
le cours de la vie. Platon le pensoit ainsi, & désa-
prouvoit extrêmement la préférence dont on honoroit déja de son tems la *main* droite au préjudice de
la gauche; il soutenoit avec raison qu'en cela les
hommes n'entendoient pas leurs vrais intérêts, &
que, sous le prétexte ridicule du bon air & de la
bonne grace, ils se privoient eux-mêmes de l'utilité
qu'ils pouvoient retirer en mille rencontres de l'u-
sage des deux *mains*. Il est étonnant que dans ces derniers siecles on ne se soit pas avisé de renouveller
dans l'art militaire l'exercice ambi-dextre, qui donne
une grande supériorité à ceux qui y sont dressés.
Henri IV. fit sortir de ses gendarmes cinq bons sujets,
par la seule raison qu'ils étoient gauchers, tant les
préjugés de la mode & de la coutume ont de force
sur l'esprit des hommes! (*D. J.*)

MAINS-JOINTES. (*Art numismat.*) Le type de
deux *mains-jointes* est fréquent sur les médailles latines & égyptiennes; il a pour légende ordinaire
concordia exercituum. En effet, Tacite nous apprend
que du tems de Galba, c'étoit une coûtume déja
ancienne, que les villes voisines des quartiers des
légions leur envoyassent deux *mains jointes* en signe
d'hospitalité: *miserat civitas Lingonum, vetere offi-
tio, dona legionibus, dextras hospitii insigne*. Et pendant la guerre civile d'Othon & de Vitellius, Siuen-
na, centurion, porte de Syrie à Rome aux prétoriens des figures de main droite pour gage de la concorde que vouloit entretenir avec eux l'armée de
Syrie: *centurionem, Sisenna dextras, concordiæ insi-
gnia, syriaci exercitûs nomine ad prætorianos ferentem*.
Ces symboles étoient représentés en bas-relief sur
l'airain & sur le marbre, qui devenoient dignes de
l'attention des princes, quand ces monumens
avoient pour objet les affaires publiques; les particuliers mêmes ornoient de ces figures les monumens de famille. Sur un marbre trouvé dans l'ancien pays des Marses, se voyent deux *mains-jointes* pour symbole de la foi conjugale, & au-dessus
une inscription donnée par M. Muratori: *D. M. S.
Q. Ninnio, Q. F. strenuo Seviro aug. titecia januaria
conjugi B. M. F. & sibi*. (*D. J.*)

MAIN HARMONIQUE, (*Musique.*) est, en musique, le nom que donna l'Arétin à une figure, par
laquelle il expliquoit le rapport de ses hexacordes,
de ses sept lettres, & de ses six syllabes aux cinq
tetracordes des Grecs. Cette figure représentoit une
main gauche, sur les doigts de laquelle étoient marqués tous les sons de la gamme avec leurs lettres
correspondantes, & les diverses syllabes dont on
les devoit nommer selon la regle des muances, en
chantant par bequarre ou b mol. *Voyez* GAM-
ME, MUANCES, SOLFIER, *&c.* (*S*)

MAIN, (*Marine.*) sorte de petite fourche de fer,
dont on se sert à tenir le fil de caret dans l'auge
quand on le gaudronne.

MAIN, (*Jurisprud.*) Ce terme a dans cette matiere plusieurs significations différentes. Il signifie
souvent *puissance*, *autorité*, *garde*, *conservation*,
&c.

Mettre en sa main, c'est saisir féodalement; mettre sous la *main* de justice, c'est saisir & arrêter, faire exécuter, ou saisir réellement.

Le vaſſal doit à ſon ſeigneur *la bouche & les mains*, c'eſt-à-dire, qu'il doit joindre ſes *mains* en celle de ſon ſeigneur en lui faiſant la foi & hommage, & que le ſeigneur le baiſe en la bouche en ſigne de protection.

Les autres ſignifications du terme *main* vont être expliquées dans les diviſions ſuivantes, où ce terme ſe trouve joint avec un autre. (*A*)

MAIN-ASSISE *ou* MAIN-MISE, eſt une des trois voies uſitées dans certaines coûtumes, telles qu'Amiens & Artois, & autres coûtumes de Picardie & de Champagne, qu'on appelle *coûtumes de nantiſſement*. Pour acquérir droit réel d'hypotheque ſur un héritage, on fait une eſpece de tradition feinte de l'héritage par deſſaiſine, ou par *main-aſſiſe*, ou par miſe de fait.

Pour acquérir droit réel par *main-aſſiſe*, le créancier auquel le débiteur a accordé le pouvoir d'uſer de cette voie, c'eſt-à-dire, de faire aſſeoir la *main* de juſtice ſur l'héritage pour ſûreté de ſa créance, obtient une commiſſion du juge immédiat; ou, ſi les héritages ſont ſitués ſous différentes juſtices immédiates, il obtient une commiſſion du juge ſupérieur; en vertu de cette commiſſion, l'huiſſier ou ſergent qui exploite déclare par ſon procès-verbal qu'il aſſeoit la *main* de juſtice ſur l'héritage, &, en cas de conteſtation, il aſſigne le débiteur & le ſeigneur de l'héritage pour conſentir ou débattre la *main-aſſiſe* & voir ordonner qu'elle tiendra; ſur quoi le créancier obtient ſentence qui prononce la *main-aſſiſe*, s'il y échet.

On ne peut procéder par *main-aſſiſe* qu'en vertu de lettres authentiques, & néanmoins il faut une commiſſion pour aſſigner ceux qui s'oppoſent à la *main-aſſiſe*. *Voyez* les notes ſur Artois, *art. 1*, & de Heu ſur Amiens, *art. 247 & ſuivans*. (*A*)

BASSE MAIN. Gens de *baſſe main* étoient les roturiers, & ſingulierement le menu peuple. On diſtinguoit les bourgeois des gens de *baſſe main*. *Voyez* les aſſiſes de Jéruſalem, *chap. ij*. (*A*)

MAIN AU BATON *ou* A LA VERGE. Mettre la *main au bâton*, &c. c'eſt ſe deſſaiſir d'un héritage pardevant le ſeigneur féodal ou cenſuel dont il eſt tenu, ou pardevant ſes officiers. Cette expreſſion vient de ce qu'anciennement le veſt & deveſt, la ſaiſine & la deſſaiſine ſe faiſoient par la tradition d'un petit bâton. Amiens, *art. 33*; Laon, *art. 126*; Reims, *165*; Chauny, *30*; Liſle, *80*. *Voyez* Lauriere en ſon gloſſaire au mot *main*. (*A*)

MAIN-BOURNIE, (*Juriſprud.*) ſignifie *garde*, *tutelle*, *adminiſtration*, & quelquefois auſſi *puiſſance paternelle*, *protection*. Il en eſt parlé dans les lois ripuariennes, *tit. de tabulariis*, *art. 14 & 15*; la reine, ſes enfans qui ſont en ſa *main-bournie*, c'eſt-à-dire, en ſa garde. (*A*)

MAIN BREVE *ou* ABREGÉE, *brevis manus*, ſignifie en droit une *fiction* par laquelle, pour éviter un circuit inutile, on fait une compenſation de la tradition qui devoit être faite de part & d'autre de quelque choſe, comme dans la vente d'une choſe que l'on tenoit déja à titre de prêt.

On fait de même par *main breve* un payement, lorſque le débiteur au lieu de le faire directement à ſon créancier, le fait au créancier de ſon créancier. *Voyez* MAIN LONGUE. (*A*)

CONFORTE-MAIN, *voyez* CONFORTEMENT.

MAIN-FERME, *manu firmitas*, ſignifioit autrefois un *bail à rente* de quelques héritages ou terres roturieres. Quelquefois par *main-ferme* on entendoit tous les héritages qui n'étoient point fiefs, on les appelloit ainſi *eò quòd manu donatorum firmabantur*. On en trouve des exemples fort anciens, entr'autres un dans le cartulaire de Vendôme de l'an 1002. Boutillier qui vivoit en 1460, en parle dans ſa ſomme rurale, & dit que tenir en *main-ferme*, c'eſt tenir une terre en cotterie; que c'eſt un fief qui n'eſt tenu que ruralement. *Voyez* FIEF-RURAL.

La *main-ferme* étoit en quelque choſe différente du bail à cens. *Voyez* M. de Lauriere en ſon gloſſaire au mot MAIN-FERME. *Voyez* FIEF FERME. (*A*)

MAIN-FORTE, (*Juriſprud.*) eſt le ſecours que l'on prête à la juſtice, afin que la force lui demeure & que ſes ordres ſoient exécutés.

Quand les huiſſiers & ſergens, chargés de mettre quelque jugement à exécution, éprouvent de la réſiſtance, ils prennent *main-forte*, ſoit des records armés, ſoit quelque détachement de la garde établie pour empêcher le déſordre.

La maréchauſſée eſt obligée de prêter *main-forte* pour l'exécution des jugemens tant des juges ordinaires, que de ceux d'attribution & de privilege.

Les juges d'égliſe ne peuvent pas employer *main-forte* pour l'exécution de leurs jugemens, ils ne peuvent qu'implorer l'aide du bras ſéculier. *Voyez* BRAS SÉCULIER.

Main-forte ſe dit auſſi des perſonnes puiſſantes qui poſſedent quelque choſe. (*A*)

MAIN-GARNIE, (*Juriſprud.*) ſignifie la *poſſeſſion de la choſe conteſtée*. Quand on fait une ſaiſie de meubles, on dit qu'il faut *garnir la main* du roi ou de la juſtice, pour dire qu'il faut trouver un gardien qui s'en charge.

Le ſeigneur plaide contre ſon vaſſal *main-garnie*, c'eſt-à-dire, qu'ayant ſaiſi le fief mouvant de lui, il fait les fruits ſiens pendant le procès, juſqu'à ce que le vaſſal ait fait ſon devoir.

On dit auſſi que le roi plaide toujours *main-garnie*, ce qui n'a lieu néanmoins qu'en trois cas:

Le premier, eſt lorſqu'il a faiſi féodalement, &; dans ce cas, ce privilege lui eſt commun avec tous les ſeigneurs de fief.

Le ſecond cas, eſt lorſqu'il s'agit de quelque bien où droit notoirement domanial, comme juſtice, péage, tabellionage.

Le troiſieme, eſt lorſque le roi eſt en poſſeſſion du bien conteſté; car comme il n'y a jamais de complainte contre le roi, il jouit par proviſion pendant le procès.

Mais, hors les cas que l'on vient d'expliquer, le roi ne peut pas durant le procès dépoſſéder le poſſeſſeur d'un héritage; ainſi il n'eſt pas vrai indiſtinctement qu'il plaide toujours *main-garnie*. *Voyez* Bacquet en *ſon tit. du droit d'aubaine*, *ch. xxxvj*, *art. 2*, & *tit. des droits de juſtice*: Dumoulin, ſur Paris, *art. LII*, *n. 27 & ſuivans*.

On appelle auſſi *main-garnie* la ſaiſie & arrêt que le créancier, fondé en cédule ou promeſſe, peut faire ſur ſon débiteur en vertu d'ordonnance de juſtice. Cela s'appelle *main-garnie*, parce que l'ordonnance qui permet de ſaiſir, s'obtient ſur ſimple requête avant que le créancier ait obtenu une condamnation contre ſon débiteur. (*A*)

GRANDE-MAIN, (*Juriſprud.*) c'eſt la main du roi en matiere féodale, relativement aux autres ſeigneurs; lorſqu'il y a combat de fief entre deux ſeigneurs, le vaſſal ſe fait recevoir en foi par main ſouveraine, parce que le roi eſt à la *grande-main*, c'eſt-à-dire que tous les fiefs relevent de lui médiatement ou immédiatement, & que tout eſt préſumé relever de lui directement, s'il n'y a titre ou poſſeſſion au contraire. (*A*)

MAIN DE JUSTICE, (*Juriſprud.*) on entend par ce terme l'autorité de la juſtice & la jouiſſance qu'elle a de mettre à effet ce qu'elle ordonne en contraignant les perſonnes & procédant ſur leurs biens. Cette puiſſance qui émane du prince, de même que le pouvoir de juger eſt repréſentée par une main d'ivoire qui eſt au-deſſus d'une verge. On repréſente ordinairement les princes souverains & la justice personnifiée sous la figure d'une femme tenant un sceptre d'une main & de l'autre la *main de justice*, laquelle est une marque de puissance, comme le sceptre, la couronne & l'épée.

Les huissiers & sergens qui sont les ministres de la justice & chargés d'exécuter ses ordres, sont pour cet effet dépositaires d'une partie de son autorité qui est le pouvoir de faire des commandemens, de saisir toutes sortes de biens, de vendre les meubles saisis, d'emprisonner les personnes quand le cas y échet; c'est pourquoi lorsque l'on fait la montre du prevôt de Paris, les huissiers & sergens y portent entre autres attributs la *main de justice*.

Mettre des biens sous la *main de justice*, c'est les saisir, les mettre en sequestre ou à bail judiciaire.

Cependant mettre en sequestre ou à bail judiciaire est plus que mettre simplement sous la *main de justice*; car le sequestre désaisit, au lieu qu'une saisie qui met simplement les biens sous la *main de justice*, ne désaisit pas.

Lorsque la justice met simplement la *main* sur quelque chose, c'est un acte conservatoire qui ne préjudicie à personne, comme dit Loisel en ses *Inst. liv. V. tit. 4. regle 30*. (*A*)

MAIN-LEVÉE, (*Jurisprud.*) est un acte qui leve l'empêchement résultant d'une saisie ou d'une opposition. On l'appelle *main-levée*, parce que l'effet de cet acte est communément d'ôter la main de la justice de l'autorité de laquelle avoit été formé l'empêchement; on donne cependant aussi *main-levée* d'une opposition sans ordonnance de justice ni titre paré.

On donne *main-levée* d'une saisie & arrêt, d'une saisie & exécution, d'une saisie réelle, & d'une saisie féodale.

En fait de saisie réelle, la *main-levée* donnée par le poursuivant, ne préjudicie point aux opposans, parce que tout opposant est saisissant.

Lorsqu'on statue sur l'opposition formée à une sentence, ce n'est pas par forme de *main-levée*; on déclare non-recevable dans l'opposition ou bien l'on en déboute; & si c'est l'opposant qui abandonne son opposition, il se sert du terme de désistement.

Les oppositions que l'on efface par le moyen de la *main-levée* sont des oppositions extrajudiciaires, telles qu'une opposition à une publication de bans, à la célébration d'un mariage, à une saisie réelle, ou entre les mains de quelqu'un pour empêcher qu'il ne paye ce qu'il doit au débiteur de l'opposant.

La *main-levée* peut être ordonnée par un jugement ou consentie par le saisissant ou opposant, soit en jugement ou dehors.

On distingue plusieurs sortes de *main-levées*, savoir:

Main-levée pure & simple, c'est-à-dire, celle qui est ordonnée ou consentie sans aucune restriction ni condition.

Main-levée en donnant caution; celle-ci s'ordonne en trois manieres différentes; savoir, *en donnant caution suffisante*, c'est-à-dire qu'elle s'entend d'une caution resséante & solvable; ou *à la caution des fonds*, ou bien *à la caution juratoire*.

Main-levée provisoire, est celle qui est ordonnée ou consentie par provision seulement, & pour avoir son effet en attendant que les parties soient réglées sur le fond.

Main-levée définitive, est celle qui est accordée sans aucune restriction ni retour; lorsqu'il y a eu d'abord une *main-levée* provisoire, on ordonne, s'il y a lieu, qu'elle demeurera définitive.

Main-levée en payant, c'est lorsque les saisies sont valables, le juge ordonne que le débiteur en aura *main-levée* en payant. *Voyez* EMPÊCHEMENT, OPPOSITION, SAISIE. (*A*)

MAIN-LIÉE, (*Jurisprud.*) signifie l'état de celui qui est dans un empêchement de faire quelque chose; on a les *mains liées* par une saisie ou opposition ou par un jugement qui défend de faire quelque chose. *Voyez* MAIN-LEVÉE. (*A*)

MAIN-LONGUE, *fictio longa manus*, en droit est une tradition feinte qui se fait en donnant la faculté d'appréhender une chose que l'on montre à quelqu'un; on use de cette fiction dans la tradition des biens immeubles & dans celles des choses mobiliaires d'un poids considérable, & que l'on ne peut mettre dans la main.

On entend aussi quelquefois par *main-longue* le pouvoir du prince ou de quelque autre personne puissante: on dit en ce sens que les rois & les ministres ont les *mains longues*, pour dire qu'ils savent bien trouver les gens quelque part qu'ils soient. (*A*)

MAIN-METTRE, (*Jurisprud.*) du latin *manu-mittere*, signifie *affranchir quelqu'un de la condition servile*.

On dit aussi *sans main mettre*, pour dire *sans user de main-mise*. *Voyez* MAIN-MISE; ou bien pour signifier *sans frais ni dépense*, comme quand on dit que les dixmes champart & droits seigneuriaux viennent sans *main-mettre*, c'est-à-dire sans frais de culture. (*A*)

MAIN-MIS, *manu-missus*, signifie *celui qui est affranchi de servitude*. Coutume de la Rue d'indre, *art. 19. Voyez* AFFRANCHISSEMENT, MAIN-MORTE, SERF. (*A*)

MAIN-MISE, (*Jurisprud.*) en général signifie *toute saisie*; elle est ainsi appellée parce que la justice met en sa main les choses saisies de son autorité.

On entend ordinairement par *main-mise* la saisie féodale, qui dans quelques coutumes est appellée *main-mise féodale*. Berry, *tit. V. article 10, 13, 14, 24, 55, & tit. IX, article 82*.

Le terme de *main-mise* se prend aussi quelquefois pour certaines voies de fait employées contre la personne de quelqu'un en le frappant & le maltraitant; & l'on dit en ce sens *qu'il n'est pas permis d'user de main-mise*. *Voyez* MAIN-ASSISE.

On appelloit aussi autrefois *main-mise* du latin *manu-missio*, l'affranchissement que les seigneurs faisoient de leurs serfs. *Voyez* ci-devant MAIN MIS, & ci-après MAIN-MORTABLE, MAIN-MORTE, SERF. (*A*)

MAIN-MORTABLE, (*Jurisprud.*) est celui qui est de condition servile, & sujet aux droits de main-morte.

On appelle aussi *biens main mortables*, ceux qui appartiennent aux serfs & gens de main-morte ou de morte main. *Voyez* MAIN-MORTE. (*A*)

MAIN-MORTE, signifie puissance morte, ou l'état de quelqu'un qui est sans pouvoir à certains égards, de même que s'il étoit mort. Ainsi on appelle *gens de main-morte* ou *main-mortables*, les serfs & gens de condition servile qui sont dans un état d'incapacité qui tient de la mort civile.

On appelle aussi les corps & communautés *gens de main-morte*, soit parce que les héritages qu'ils acquierent tombent en *main-morte* & ne changent plus de main, ou plutôt parce qu'ils ne peuvent pas disposer de leurs biens non plus que les serfs sur lesquels le seigneur a droit de *main-morte*. On distingue néanmoins les main-mortables des gens qui sont simplement de *main-morte*.

Les main-mortables sont des serfs ou personnes de condition servile: on les appelle aussi *vilains*, *gens de corps & de pot*, *gens de main morte & de morte main*.

Il n'y a de ces *main-mortes* que dans un petit nombre de coutumes les plus voisines des pays de droit écrit, comme dans les deux Bourgognes, Nivernois, Bourbonnois, Auvergne, &c.

L'origine de ces *main-mortes* coutumieres vient des Gaulois & des Germains ; César en fait mention dans ses Commentaires, *lib. VI. Plebs penè servorum habetur loco, quæ per se nihil laudet & nulli adhibetur consilio, plerique cum aut ære alieno, aut magnitudine tributorum, aut injuriâ potentiorum premuntur, sese in servitutem dicant nobilibus, in hos eadem omnia sunt jura quæ dominis in servos.*

Le terme de *main-morte* vient de ce qu'après la mort d'un chef de famille serf, le seigneur a droit dans plusieurs coutumes de prendre le meilleur meuble du défunt, qui est ce que l'on appelle *droit de meilleur catel*.

Anciennement lorsque le seigneur du main-mortable ne trouvoit point de meuble dans la maison du décédé, on coupoit la main droite du défunt, & on la présentoit au seigneur pour marquer qu'il ne le serviroit plus. On lit dans les chroniques de Flandres qu'un évêque de Liege nommé *Albero* ou *Adalbero*, mort en 1142, abolit cette coutume qui étoit ancienne dans le pays de Liege.

La *main-morte* ou servitude personnelle est appellée dans quelques provinces *condition serve*, comme en Nivernois & Bourbonnois ; en d'autres *taillabilité*, comme en Dauphiné & en Savoie, dans les deux Bourgognes & en Auvergne, on dit *main-morte*.

Il est assez évident que la *main-morte* tire son origine de l'esclavage qui avoit lieu chez les Romains, & dont ils avoient étendu l'usage dans les Gaules ; en effet la *main-morte* a pris naissance aussi-tôt que l'esclavage a cessé ; elle est devenue aussi commune. Les main-mortables sont occupés à la campagne au même travail dont on chargeoit les esclaves, & il n'est pas à croire que l'on ait affranchi purement & simplement tant d'esclaves dont on tiroit de l'utilité, sans se réserver sur eux quelque droit.

Enfin l'on voit que les droits des seigneurs sur les main-mortables, sont à-peu-près les mêmes que les maitres ou patrons avoient sur leurs esclaves ou sur leurs affranchis. Les esclaves qui servoient à la campagne, étoient *glebæ adscriptitii*, c'est-à-dire qu'ils furent déclarés faire partie du fond, lequel ne pouvoit être aliéné sans eux, ni eux sans lui.

Il y avoit aussi chez les Romains des personnes libres qui devenoient serves par convention, & s'obligeant à cultiver un fonds.

En France, la *main-morte* ou condition serve se contracte en trois manieres ; savoir, par la naissance, par une convention expresse, ou par une convention tacite, lorsqu'une personne libre vient habiter dans un lieu mortaillable.

Quant à la naissance, l'enfant né depuis que le pere est mortaillable, suit la condition du pere ; *focus*, des enfans nés avant la convention par laquelle le pere se feroit rendu serf.

Ceux qui sont serfs par la naissance sont appellés *gens de poursuite*, c'est-à-dire, qu'ils peuvent être poursuivis pour le payement de la taille qu'ils lui doivent, en quelque lieu qu'ils aillent demeurer.

Pour devenir mortaillable par convention expresse, il faut qu'il y ait un prix ou une cause légitime, mais la plupart des *main-mortes* sont si anciennes que rarement on en voit le titre.

Un homme libre devient mortaillable par convention tacite, lorsqu'il vient demeurer dans un lieu de *main-morte*, & qu'il y prend un meix ou tenement servile ; car c'est par-là qu'il se rend homme de seigneur.

L'homme franc qui va demeurer dans le meix main-mortable de sa femme, peut le quitter quand bon lui semble, soit du vivant de sa femme ou après son décès dans l'an & jour, en laissant au seigneur tous les biens étant en la *main-morte*, moyennant quoi il demeure libre ; mais s'il meurt demeurant en la *main-morte*, il est reputé main-mortable, lui & sa postérité.

Quand au contraire une femme franche se marie à un homme de *main-morte*, pendant la vie de son mari elle est reputée comme lui de *main-morte* ; après le decès de son mari, elle peut dans l'an & jour quitter le lieu de *main-morte*, & aller demeurer en un lieu franc, moyennant quoi elle redevient libre, pourvû qu'elle quitte tous les biens mainmortables que tenoit son mari, mais si elle y demeure plus d'an & jour, elle reste de condition mortaillable.

Suivant la coutume du comté de Bourgogne, l'homme franc affranchit sa femme mainmortable, au regard seulement des acquêts & biens-meubles faits en lieu franc, & des biens qui lui adviendront en lieu de franchise ; & si elle trépasse sans hoirs de son corps demeurant en communion avec lui, & sans avoir été séparés, le seigneur de la *main-morte* dont elle est née emporte la dot & mariage qu'elle a apporté, & le trousseau & biens-meubles.

Les main-mortables vivent ordinairement ensemble en communion, qui est une espece de société non-seulement entre les différentes personnes qui composent une même famille, mais aussi quelquefois entre plusieurs familles, pourvû qu'il y ait parenté entre elles. Il y en a ordinairement un entr'eux qui est le chef de la communion ou communauté, & qui administre les affaires communes ; les autres sont ses communiers ou co-personniers.

La communion n'est pas une société spéciale & particuliere, & n'est pas non plus une société pure & simple de tous biens ; car chacun des communiers conserve la propriété de ceux qu'il a ou qui lui sont donnés dans la suite, & auxquels il succede suivant le droit & la coutume, pour la préléver lorsque la communion cessera. Cette société est générale de tous biens, mais les associés n'y conferent que le revenu, leur travail & leur industrie ; elle est contractée pour vivre & travailler ensemble, & pour faire un profit commun.

Chaque communier supporte sur ses biens personnels les charges qui leur sont propres, comme de marier ses filles, faire le patrimoine de ses garçons.

Les main-mortables, pour conserver le droit de succéder les uns aux autres, doivent vivre ensemble, c'est-à-dire au même feu & au même pain, en un mot sous même toit & à frais communs.

Ils peuvent disposer à leur gré entrevifs de leurs meubles & biens francs ; mais ils ne peuvent disposer de leurs biens par des actes de derniere volonté, même de leurs meubles & biens francs qu'en faveur de leurs parens qui sont en communion avec eux au tems de leur décès. S'ils n'en ont pas disposé par des actes de cette espece, leurs communiers seuls leur succedent ; & s'ils n'ont point de communiers, quoiqu'ils ayent d'autres parens avec lesquels ils ne sont pas en communion, le seigneur leur succede par droit de chûte main-mortable.

La communion passe aux héritiers & même aux enfans mineurs d'un communier.

Elle se dissout par le partage de la maison que les communiers habitoient ensemble.

L'émancipation ne rompt pas la communion, car on peut obliger l'émancipé de rapporter à la masse ce qu'il a acquis.

Le fils qui s'est affranchi ne cesse pas non plus d'être communier de son pere, & ne perd pas pour cela le droit de lui succéder ; autrement ce seroit lui ôter la faculté de recouvrer sa liberté.

La communion étant une fois rompue, ne peut être rétablie que du consentement de tous les communiers que l'on y veut faire rentrer ; il faut aussi le consentement du seigneur.

Quoique

Quoique l'habitation féparée rompe ordinairement la communion à l'égard de celui qui établit fon domicile à part ; dans le comté de Bourgogne, la fille qui fe marie, & qui fort de la maifon de fes pere & mere, peut continuer la communion en faifant le *reprêt*, qui eft un acte de fait ou de paroles, par lequel elle témoigne que fon intention eft de continuer la communion, pourvû qu'elle retourne coucher la premiere nuit de fes noces dans fon meix & héritage.

Dans le duché de Bourgogne, le parent proche qui eft communier, peut rappeller à la fucceffion ceux qui font en égal degré, quoiqu'ils aient rompu la communion.

Il peut aussi y avoir communions entre des perfonnes franches qui poffedent des héritages mortaillables ; & fans cette communion, ils ne fuccedent pas les uns aux autres à ces fortes de biens, fi ce n'eft que les enfans à leurs afcendans de franche condition.

Les fucceffions *ab inteftat* des main-mortables, fe reglent comme les autres, par la proximité du degré de parenté ; mais il faut être communier pour fuccéder, fi ce n'eft pour les héritages de *main-morte* délaiffés par un homme franc, auxquels fes defcendans fuccedent quoiqu'ils ne foient pas communiers.

Quelques coutumes n'admettent à la fucceffion des ferfs que leurs enfans ; d'autres y admettent tous les parens du ferf qui font en communauté avec lui.

Les autres charges de la *main-morte* confiftent pour l'ordinaire,

1°. A payer une taille au feigneur fuivant les facultés de chacun ; à dire de prud'hommes, ou une certaine fomme à laquelle les feigneurs ont compofé ce qu'on appelle *taille abonnée*.

2°. Les mortaillables ne peuvent fe marier à des perfonnes d'une autre condition, c'eft-à-dire francs, ou même à des ferfs d'un autre feigneur ; s'ils le font, cela s'appelle *for-mariage* ; le feigneur en ce cas prend le tiers des meubles & des immeubles fitués au-dedans de la feigneurie ; & en outre, quand le mainmortable n'a pas demandé congé à fon feigneur pour fe formarier, il lui doit une amende.

3°. Ils ne peuvent aliéner le tenement fervile à d'autres qu'à des ferfs du même feigneur, autrement le feigneur peut faire un commandement à l'acquéreur de remettre l'héritage entre les mains d'un homme de la condition requife ; & s'il ne le fait dans l'an & jour, l'héritage vendu eft acquis au feigneur.

La *main-morte* finit par l'affranchiffement du ferf. Cet affranchiffement fe fait par convention ou par defaveu : par convention, quand le feigneur affranchit volontairement fon ferf ; par defaveu, lorfque le ferf quitte tous les biens mortaillables, & déclare qu'il entend être libre, mais quelques coutumes veulent qu'il laiffe auffi une partie de fes meubles au feigneur.

Le facerdoce, ni les dignités civiles n'affranchiffent pas des charges de *la main-morte*, mais exemptent feulement de fubir en perfonne celles qui aviliroient le caractere dont le mainmortable eft revêtu.

Le roi peut néanmoins affranchir un ferf de *mainmorte*, foit en l'ennobliffant directement, ou en lui conférant un office qui donne le titre de nobleffe ; ainfi que le titre de nobleffe efface la fervitude avec laquelle il eft incompatible ; le feigneur du ferf ainfi affranchi peut feulement demander une indemnité.

La liberté contre la *main-morte* perfonnelle fe prefcrit comme les autres droits, par un efpace de tems plus au moins long felon les coutumes ; quelques-unes veulent qu'il y ait titre.

Les *main-mortes* réelles ne fe prefcrivent point, étant des droits feigneuriaux qui font de leur nature impreferiptibles. *Voyez* Coquille, *des fervit. perfonnelles* ; *le traité de la* main-morte *par* Dunod. (*A*)

MAIN AU PECT, *ou* SUR LA POITRINE, fe difoit anciennement par abbréviation du latin *ad pectus*, & par corruption on difoit *la main au pis*. Les eccléfiaftiques qui font dans les ordres facrés, font ferment en maintenant la main *ad pectus*, au lieu que les laïcs levent la main. *Voyez* AFFIRMATION & SERMENT. (*A*)

MAIN-MORTE, *Statut de*, (*Hift. d'Angl.*) ftatut remarquable fait fous Edouard I. en 1278, par lequel ftatut il étoit défendu à toutes perfonnes fans exception, de difpofer directement ni indirectement de leurs terres, immeubles, ou autres bien-fonds, en faveur des fociétés qui ne meurent point.

Il eft vrai que dans la grande charte donnée par le roi Jean, il avoit été déjà défendu aux fujets d'aliéner leurs terres en faveur de l'églife. Mais cet article, ainfi que plufieurs autres, ayant été fort mal obfervé, ce corps mourant point, acquéroit toûjours & n'aliénant jamais, il devoit arriver qu'il poffederoit à la fin toutes les terres du royaume. Edouard & le parlement remédierent à cet abus par le fameux ftatut connu fous le nom de *main-morte*. Ce ftatut d'Angleterre fut ainfi nommé parce qu'il tendoit à empêcher que les terres ne tombaffent en *main-morte*, c'eft-à-dire en mains inutiles au fervice du roi & du public, fans efpérance qu'elles duffent jamais changer de maîtres.

Ce n'eft pas que les biens qui appartiennent aux gens de *main-morte* foient abfolument perdus pour le public, puifque leurs terres font cultivées, & qu'ils en dépendent le produit dans le royaume ; mais l'état y perd en général prodigieufement, en ce que ces terres ne contribuent pas dans la proportion des autres, & en ce que n'entrant plus dans le partage des familles, ce font autant de moyens de moins pour accroître ou conferver la population. On ne fauroit donc veiller trop attentivement à ce que la maffe de ces biens ne s'accroiffe pas, comme fit l'Angleterre dans le tems qu'elle étoit toute catholique. (*D. J.*)

MAIN-SOUVERAINE, (*Jurifprud.*) en matiere féodale fignifie *la main du roi*, c'eft-à-dire fon autorité à laquelle un vaffal a recours pour fe faire recevoir en foi & hommage par les officiers du bailliage ou fénéchauffée, dans le diftrict defquels eft le fief ; lorfque fon feigneur dominant refufe fans caufe légitime de le recevoir en foi, ou qu'il y a combat de fief entre plufieurs feigneurs ; ou enfin lorfqu'un feigneur prétend que l'héritage eft tenu de lui en fief, & qu'un autre foutient qu'il eft tenu de lui en roture.

Cette reception en foi par *main-fouveraine*, ne peut être faite que par les baillis & fénéchaux, & non par aucun autre juge royal ou feigneurial.

Pour y parvenir, il faut obtenir en chancellerie des lettres de *main-fouveraine* adreffantes aux baillifs & fénéchaux.

Il faut affigner le feigneur qui refufe la foi par-devant les officiers du bailliage, pour voir ordonner l'entérinement des lettres de *main-fouveraine*.

S'il y a combat de fief, il faut affigner les feigneurs contendans à ce qu'ils aient à fe concerter entre eux.

Mais il ne fuffit pas de fe faire recevoir en foi par le juge, il faut faire des offres réelles des droits qui peuvent être dûs, & les configner.

Quand le combat de fief eft entre le roi & un autre feigneur, il faut par provifion faire la foi & hommage au roi, ce qui opere l'effet de la reception par *main-souveraine*, sans qu'il soit besoin dans ce cas d'obtenir des lettres de chancellerie.

Le vassal en se faisant recevoir en foi par *main-souveraine*, doit interjetter appel des saisies féodales, s'il y en a, au moyen dequoi il en obtient la main-levée en consignant les droits. *Voyez* les commentateurs de la coutume de Paris sur *l'article 60* ; Duplessis, *chap. vj. de la saisie féodale*.

On a aussi recours à la *main-souveraine* lorsqu'il y a conflit entre deux juges de seigneurs, ou deux juges royaux indépendans l'un de l'autre ; on s'adresse en ce cas au juge supérieur, qui ordonne par provision ce qui lui paroît convenable. *(A)*

MAIN DU ROI, est la même chose que main de justice. Mettre & asseoir la *main du roi* sur un héritage, c'est le saisir. *Voyez* la coutume de *Berry, tit. V. art. 7* ; Ponthieu, *article 120*.

MAIN-TIERCE, *(Jurisprud.)* signifie une personne entre les mains de laquelle on dépose un écrit, une somme d'argent ou autre chose, pour la remettre à celui auquel elle appartiendra.

Un débiteur qui est en même tems créancier pour quelqu'autre objet de son créancier, fait lui-même une saisie entre ses mains, comme en *main-tierce* ; c'est-à-dire comme s'il saisissoit entre les mains d'un tiers. *Voyez* TIERS SAISI. *(A)*

MAIN-AVANT, *(Marine.)* c'est une espece de commandement pour faire passer alternativement les *mains* des travailleurs l'une devant l'autre, en tirant une longue corde, ce qui avance le travail.

MAIN-AVANT, *(Marine.)* monter *main-avant*, c'est monter sans échelle, c'est monter aux hunes le long des manœuvres sans enflechures, mais seulement par adresse des mains & des jambes.

MAIN, *(Com.)* parmi les artisans se prend figurément en divers sens.

Acheter la viande à la main, c'est l'acheter sans la peser.

Lâcher la main sur une marchandise, signifie diminuer du prix qu'on en a d'abord demandé à l'acheteur, en faire meilleur marché, la donner quelquefois à perte.

Acheter une chose de la *premiere main*, c'est l'acheter de celui qui l'a fabriquée ou recueillie, sans qu'elle ait passé par les *mains* des revendeurs : l'acheter de la *seconde main*, c'est l'avoir de celui qui l'a achetée d'un autre pour la revendre. On dit dans le même sens, *troisieme* & *quatrieme main*. Rien n'est plus avantageux dans le commerce que d'avoir les marchandises de la *premiere main*. *Dictionn. de Com. tom. II. (G)*

Vendre hors la main, terme usité à Amsterdam pour exprimer les ventes particulieres, c'est-à-dire celles où tout se passe entre l'acheteur & le vendeur, ou tout au plus avec l'entremise des courtiers, sans qu'il y intervienne aucune autorité publique, ce qui les distingue des ventes au bassin, qui se font par ordre du bourguemestre, & où préside un vendumestre ou commissaire nommé par le magistrat. *Dictionn. de Comm.*

MAIN, *(Comm.)* poids des Indes orientales, qui ne sert guere qu'à peser les denrées qui se consomment pour l'usage de la vie : on l'appelle plus ordinairement *mas*. *Voyez* MAS, *Dictionn. de comm.*

MAIN, instrument de cuivre ou de fer-blanc, qui sert aux marchands banquiers, commis, caissiers, qui reçoivent beaucoup d'argent blanc, à le ramasser sur leur comptoir ou bureau après qu'ils l'ont compté, pour le remettre plus facilement dans des sacs. Cet instrument appellé *main*, à cause de son usage, est long d'environ dix pouces, large de cinq à six, de figure quarrée, avec une espece de poignée par en haut. Il a des bords de trois côtés, celui par où l'on ramasse les especes n'en ayant point. *Dict. de comm.*

MAIN, *en terme de Blanchisserie*, c'est une planche de sapin, longue de cinq piés sur un de large, dont les cornes font bien abattues. Elle est posée à l'une de ses extrémités en ovale, & garnie d'un morceau de bois rond qui lui sert de poignée ; c'est avec cet instrument qu'on retourne la cire. *Voyez les fig. des Pl. de la Blanchisserie des cires*, & *l'art.* BLANCHIR.

MAIN, *outil du Cirier*, avec lequel ils prennent la chaudiere pour l'ôter de dessus le cagnard, & éviter de se brûler lorsqu'elle est chaude, ou de se remplir les mains de cire fondue. *Voyez les fig. des Pl. du Cirier*. La premiere représente la *main* seule, & la seconde, la *main* qui embrasse la chaudiere, & qui lui fait un espece de manche.

MAIN A L'ÉPÉE, L'ÉPÉE A LA MAIN, *(Gramm.)* Il y a de la différence entre mettre la *main* à *l'épée*, & mettre *l'épée à la main*. La premiere expression signifie qu'on se met seulement en état de tirer l'épée, ou qu'on ne la tire qu'à demi ; la seconde marque qu'on tire l'épée tout-à-fait hors du fourreau. Il en est de même des termes, *mettre la main au chapeau*, ou *mettre le chapeau à la main*, & autres ; on dit toujours, *mettre la main à la plume*, & jamais *mettre la plume à la main. (D. J.)*

MAIN, *(Horlogerie.)* piece de la cadrature d'une montre ou pendule à répétition : on ne s'en sert presque plus aujourd'hui ; elle faisoit la fonction de la piece des quarts dans les anciennes répétitions à la françoise. *Voyez les figures de nos Planches de l'Horlogerie. Voyez* PIECE DES QUARTS, RÉPÉTITION, &c. C'est encore un instrument représenté dans les mêmes *Pl. de l'Horlogerie*, dont les Horlogers se servent pour remonter les montres & pour y travailler, lorsqu'elles sont finies, sans les toucher avec les doigts : on en voit le plan, *fig. 79. p.* Les parties 9,9,9, sont mobiles sur les centres *v v*, & portent des especes de griffes 9,9, *figure 80. c*, entre lesquelles on serre une des platines sur le moyen des vis *v v*, *même fig.*

MAIN, *(Imprimerie.)* est un signe figuré comme une main naturelle, en usage dans l'Imprimerie pour marquer une note ou une observation : exemple ☞.

MAIN, *(Maréchall.)* terme qui s'emploie dans les expressions suivantes par rapport au cheval. *Avant-main, arriere-main*. *Voyez* ces termes à la lettre A. Un cheval est beau ou mal fait *de la main en avant*, ou *de la main en arriere*, lorsqu'il a *l'avant-main* ou *l'arriere-main* beau ou vilain. *Cheval de main*, est un cheval de selle, qu'un palefrenier mene *en main*, c'est-à-dire sans être monté dessus, pour servir de monture à son maître quand il en est besoin. *Cheval à deux mains*, signifie un cheval qui peut servir à tirer une voiture & à monter dessus. Un cheval *entier à une* ou *aux deux mains*. *Voyez* ENTIER. Un cheval qui est *sous la main* à un carrosse, est celui qui est attelé à la droite du timon, du côté droit du cocher qui tient le fouet ; celui qui est *hors la main*, est celui qui est attelé à gauche du timon. *Aller aux deux mains*, se dit d'un cheval de carrosse, qui n'est pas plus gêné à droite qu'à gauche du timon. *Léger à la main*. *Voyez* LÉGER. *Etre bien dans la main*, se dit d'un cheval dressé, & qui obéit avec grace à la main du cavalier. *Peser à la main, voyez* PESER. *Obéir, répondre à la main. Battre, tirer à la main. Forcer la main. Appui à pleine main. Voyez* tous ces termes à leurs lettres. *Tourner à toutes mains*, se dit d'un cheval qui tourne aussi aisément à droite qu'à gauche. Le terme de *main* s'emploie aussi par rapport au cavalier. *La main de dedans, la main de dehors*. *Voyez* DEDANS, DEHORS. *La main de la bride*, est la main gauche du cavalier. *La main de la gauche, de la lame de l'épée*, est la droite. *L'effet de la main*, est la même chose que l'effet de la bride. *Voyez* BRIDE. *La main haute*, est la main gauche du

MAI

cavalier, lorfque tenant la bride il tient fa main fort élevée au-deſſus du pommeau. *La main baſſe*, eſt la main de la bride fort près du pommeau. *Avoir la main légere*, c'eſt conduire la main de la bride de façon qu'on entretienne la ſenſibilité de la bouche de ſon cheval. *N'avoir point de main*, c'eſt ne ſavoir pas conduire la main de la bride, & échauffer la bouche du cheval, ou en ôter la ſenſibilité. Ces deux expreſſions ſe diſent auſſi à l'égard de la *main* des cochers. *Partir de la main, faire une partie de main, faire partir ſon cheval de la main*, ou *laiſſer échapper de la main*, tout cela ſignifie faire aller tout-à-coup ſon cheval au galop. On appelle *preſteſſe de main*, l'action vive & prompte de la main du cavalier, quand il s'agit de ſe ſervir de la bride. *Faire courir en main*. *Voyez* COURIR. *Affermir ſon cheval dans la main, ſoutenir ſon cheval de la main, tenir ſoumis ſon cheval dans la main, rendre la main, changer de main; promener, mener un cheval en main, ſéparer ſes rênes dans la main, travailler à la main, à la main*. *Voyez* tous ces termes à leurs lettres.

MAIN, *en terme d'Orfévre*, eſt une tenaille de fer plus ou moins groſſe, dont les branches ſont recourbées, & s'enclavent dans l'anneau triangulaire qui eſt au bout de la ſangle, laquelle eſt attachée au noyau du moulinet du banc à tirer; les mâchoires de cette *main*, taillées à dents plus ou moins fines, happent le bout du fil qui ſort de la filiere, ſelon le numéro mis en action, ferme les branches & les mâchoires, & fait paſſer à force le fil par le trou de la filiere.

MAIN DE PAPIER, (*Comm.*) c'eſt un paquet de papier plié en deux, qui contient vingt-cinq feuilles. Vingt *mains de papier* compoſent ce qu'on appelle une *rame de papier*. *Voyez* PAPIER.

MAIN, ſ. f. ſe dit encore en pluſieurs *arts méchaniques*. On dit une *main de carroſſe*, ce ſont des morceaux de fer attachés aux montans & au bas du corps du carroſſe, où l'on paſſe les ſouſpentes pour le ſoutenir. Le carroſſe verſé, ſi la *main* vient à manquer. Les cordons ou gros tiſſus de ſoie qu'on attache en dedans d'une voiture, à côté des portieres, pour appuyer celui qui ſe fait voiturer, & le garantir d'être baloté, dans les carroſſes, s'appellent auſſi *mains*. Ce qui embraſſe une poulie, le morceau de fer entre les branches duquel elle ſe met, s'appelle *main* ou *chappe*. La *main* d'un preſſoir eſt ce qui ſert à relever le marc. La piece de fer à reſſort & crochet qui eſt attachée à l'extrémité d'une corde de puits, & qui ſert à pendre l'un ſceau, quand on le deſcend & qu'on le retire, a la même dénomination. La *main d'œuvre* ſe dit en général du travail pur & ſimple de l'ouvrier, ſans avoir égard à la matiere qu'il employe; ainſi en Orfévrerie même, quelquefois le prix de la *main d'œuvre* ſurpaſſe celui de la matiere. On donne encore le nom de *main* à une eſpece de rateau avec lequel on ramaſſe l'argent épars ſur les tables de jeu, bureau de finance, comptoirs, &c. Une *main* au jeu de cartes, ou une levée des cartes du coup joué, c'eſt la même choſe. *Avoir la main* ſe dit au piquet, & à d'autres jeux *donner la main*; celui qui reçoit les cartes & qui joue le premier à la *main*; celui qui mêle & qui diſtribue les cartes, la donne. La *main* d'un coffre, c'eſt ſon anſe: en général la *main* dans un meuble, c'eſt l'anſe qui ſert à le poſer, &c.

La *main* des puits ſe fait d'une barre de fer plat, au bout de laquelle on forme un crochet d'environ ſix pouces; l'autre partie eſt repliée en double de la longueur de douze à quinze, obſervant de pratiquer un œil pour paſſer un anneau; le reſte de la barre revient joindre le crochet, l'un chevauchant ſur l'autre d'environ deux pouces, obſervant que la branche de la *main* qui ſe rend au crochet ſoit en dedans, de maniere que gênant cette branche, elle

Tome IX.

MAI 881

s'écarte du crochet, & donne la facilité à l'anſe du ſceau d'entrer & de ſe placer.

MAIN DE SOIE, (*Soierie.*) ce ſont quatre pantimes torducs enſemble. *Voyez l'article* PANTIME.

MAIN, *terme de Fauconnerie*, on dit ce faucon a la *main* habile, fine, déliée, forte, bien onglée.

MAINS DE CHRIST, (*Pharmacie.*) on appelle ainſi certains trochiſques faits de ſucre de roſes avec une addition de perles, & alors on les appelle *manus chriſti perlata*; ou ſans perles, & on les appelle *manus chriſti ſimplices*.

MAIN DE DIEU, (*Pharmac.*) nom d'un emplâtre vulnéraire, réſolutif & fortifiant.

Prenez huile d'olive, deux livres; litharge de plomb, une livre; cire vierge, une livre quatre onces; verd-de-gris, une once; gomme ammoniac, trois onces & trois gros; galbanum, opopanax, de chaque une once; ſagapenum, deux onces; maſtic, une once; myrrhe, une once & deux gros; oliban, bdellium, de chaque deux onces; ariſtoloche ronde, une once; pierre calaminaire, deux onces.

Commencez par mettre votre litharge avec votre huile dans une grande baſſine de cuivre, enſuite agitez-les enſemble: ajoûtez-y trois livres d'eau commune, & faites-les cuire ſelon l'art; faites-y fondre la cire: après quoi, retirant votre baſſine du feu, ajoûtez les gommes, le galbanum, la gomme ammoniaque, l'opopanax, & le ſagapenum, que vous aurez diſſous dans le vinaigre, paſſés & épaiſſis; & enfin, vous y mélerez le maſtic, la myrrhe, l'oliban, le bdellium, la pierre calaminaire, le verd-de-gris & l'ariſtoloche, réduits en poudre. Ce mélange fait, l'emplâtre ſera parfait. Il eſt maturatif, digeſtif, détertif, & enfin incarnatif.

MAÏNA BRAZZODI, (*Géog.*) contrée de Grece dans la Morée, où elle occupe la partie méridionale du fameux pays de Lacédémone.

Le *Brazzo di Maïna* eſt renfermé entre deux chaînes de montagnes qui s'avancent dans la mer, pour former le cap de Matapan, nommé par les anciens, le *promontoire de Ténare*. Ce cap fait à l'oueſt le golfe de Coron, autrefois golfe de Meſſene, & à l'eſt le golfe Laconique.

Les habitans de *Brazzo di Maïna* ſont nommés *Maïnotes*, ou *Magnotes*, & ne ſont guere qu'au nombre de vingt à vingt-cinq mille ames.

On parle diverſement de ce peuple: quelques-uns les regardent comme des perfides & des brigands; d'autres au contraire trouvent encore dans les Magnotes des traces de ces grecs magnanimes, qui préféroient leur liberté à leur propre vie, & qui par mille actions héroïques, ont donné de la terreur & du reſpect aux autres nations.

Il eſt vrai que de tous les peuples de la Grece, il ne s'eſt trouvé que les Epirotes, aujourd'hui les Albanois & les Magnotes, déplorables reſtes des Lacédémoniens, qui ayent pû chicaner le terrein aux Mulſulmans. Les Albanois ſuccomberent en 1466; que mourut Scanderberg leur général; & depuis la priſe de Candie en 1669, la plûpart des Magnotes ont cherché d'autres habitations.

Ceux qui ſont demeurés dans le pays, vivent de brigandage autant qu'ils peuvent, & ont pour directeurs des calogers, eſpece de moines de l'ordre de S. Baſile, qui leur montrent l'exemple. Ils font des captifs par tout, enlevent des Chrétiens qu'ils vendent aux Turcs, & prennent des Turcs qu'ils vendent aux Chrétiens.

Auſſi les Turcs ont fortifié pluſieurs poſtes dans le *Brazzo*, pour tenir les Magnotes en reſpect; & chaque poſte eſt gardé par un aga, qui commande quelques janiſſaires.

MAINE LE, *Pagus cenomanenſis*, (*Géog.*) province de France. Il eſt borné au levant par le Perche

che, au nord par la Normandie, au couchant par l'Anjou & la Bretagne, au midi par la Touraine & le Vendomois. Sa longueur du levant au couchant eſt de 35 lieues; ſa largeur du midi au nord de 20 ou environ, & ſon circuit de 90.

Le nom du *Maine*, auſſi bien que celui du Mans ſa capitale, vient des peuples celtiques, *Cenomani*, nommés auſſi *Aulerci*, nom qui leur étoit commun avec quelques autres peuples d'entre les Celtes.

Les Francs ſe rendirent maîtres de ce pays, peu après leur arrivée dans les Gaules: il fut ſouvent déſolé ſous la ſeconde race par les Normands; & dans le x. ſiecle, ſous le regne de Louis d'Outremer, il vint au pouvoir du comte Hugues, qui laiſſa ce comté héréditaire à ſa poſtérité.

Philippe Auguſte conquit le *Maine* ſur Jean-ſans-Terre; S. Louis le donna en partage avec l'Anjou, à ſon frere Charles, qui fut depuis roi de Sicile, & comte de Provence; enfin, il échut par ſucceſſion à Louis XI. & depuis lors, le *Maine* eſt demeuré uni à la couronne.

C'eſt une bonne province, où l'on trouve des terres labourables, des côteaux ornés de quelques vignobles, de jolies collines, des prairies, des forêts, & des étangs. Ses principales rivieres ſont la Mayenne, l'Huiſne, la Sarte, & le Loir.

Il y a dans le *Maine* des mines de fer, deux carrieres de marbre, & pluſieurs verreries. Laval a une ancienne manufacture de toiles fines & blanches.

Cette province ſe diviſe en haut & bas-*Maine*; elle a ſa coûtume particuliere, & eſt du reſſort du parlement de Paris.

Entre les gens de lettres qu'elle a produits, c'eſt aſſez de nommer ici Belon, de la Chambre, la Croix du Maine, Lami, Merſenne, & Poupart.

Belon (Pierre), a publié les obſervations qu'il avoit faites dans ſes courſes en Grece, en Egypte, en Arabie, &c. & d'autres écrits ſur l'hiſtoire naturelle, qui ſont rares aujourd'hui. Il fut tué près de Paris par un de ſes ennemis, à l'âge d'environ 46 ans.

M. de la Chambre, (Marin Cureau) l'un des premiers des 40 de l'académie françoiſe, & enſuite de l'académie des Sciences, ſe fit beaucoup de réputation par des ouvrages qu'on ne lit plus. Il décéda en 1669, à 75 ans.

La Croix du Maine, (François Gradé de) eſt uniquement cónnu par ſa bibliotheque françoiſe, qu'il mit au jour en 1584. Il fut aſſaſſiné à Tours en 1592 à la fleur de ſon âge.

Lami (Bernard) de l'Oratoire, ſavant en plus d'un genre, compoſa les élémens de mathématiques, dans un voyage qu'il fit à pié de Grenoble à Paris. Il eſt mort en 1715, à 70 ans.

Merſenne (Marie) minime, ami de Deſcartes, philoſophe doux & tranquille, fut un des ſavans hommes en plus d'un genre du xvij. ſiecle; il préféra l'étude & les connoiſſances à toute autre choſe; ſes queſtions ſur la Genèſe, & ſes traités de l'harmonie & des ſons, ſont de beaux ouvrages. Il mourut ſéxagénaire en 1648. Le P. Hilarion de Coſte a donné ſa vie.

Poupart (François), de l'académie des Sciences, où il a donné quelques mémoires, cultiva beaucoup l'hiſtoire naturelle, qui eſt peut-être la ſeule phyſique à notre portée. Il vécut pauvre, & mourut tel, ayant toûjours mieux aimé étudier, que de chercher à ſe procurer les commodités de la vie.

MAINE LE, ou LA MAYENNE, en latin *Meduana*, (*Géog.*) riviere de France; elle a ſa ſource à Limieres, aux confins du *Maine* & de la Normandie, parcourt la ſeule généralité de Tours, & ſe jette dans la Loire, à deux lieues au-deſſous du pont de Cé en Anjou. Il ſeroit aiſé de rendre cette riviere navigable juſqu'à *Mayenne*; & ce ſeroit une choſe très-utile, non-ſeulement pour tout le pays, mais encore pour les provinces de Normandie & de Bretagne.

MAINLAND, *Minlandia*, (*Géog.*) île au nord de l'Ecoſſe, entre celles de Schetland. Elle a environ 20 lieues de long ſur cinq de large; elle eſt fertile, & bien peuplée ſur les côtes. Ses lieux les plus conſidérables ſont Lerwich & Scallowai: cette île eſt à la couronne britannique. (*D. J.*)

MAINOTES, (*Hiſt. mod.*) peuples de la Morée; ce ſont les deſcendans des anciens Lacédémoniens, & ils conſervent encore aujourd'hui l'eſprit de bravoure qui donnoit à leurs ancêtres la ſupériorité ſur les autres Grecs. Ils ne ſont guere que 10 à 12 mille hommes, qui ont conſtamment réſiſté aux Turcs, & n'ont point encore été réduits à leur payer tribut. Le canton qu'ils habitent eſt défendu par les montagues qui l'environnent. *Voyez* Cantemir, *hiſtoire ottomane*.

MAINTENIR, v. act. (*Gramm.*) c'eſt en général appuyer, & défendre; à ce ſens au ſimple & au figuré; on *maintient* la vérité de ſon ſentiment; on ſe *maintient* dans ſa religion; les anciens bâtimens ſe ſont *maintenus* en tout ou en partie contre le tems.

MAINTENIR & GARDER LE CHANGE, (*Vénerie.*) il ſe dit des chiens, lorſqu'ils chaſſent toûjours la bête qui leur a été donnée, & la *maintiennent* dans le change.

MAINTENIR ſon cheval au galop, (*Manege.*) c'eſt la même choſe qu'*entretenir*. *Voyez* ENTRETENIR.

MAINTENON, (*Géog.*) gros bourg de France dans la Beauce, ſur la riviere d'Eure, à quatre lieues de Chartres. Il y a une collégiale & un château: ce fut près de ce bourg, que Louis XIV. entreprit en 1684, de conduire une partie des eaux de la riviere d'Eure à Verſailles. Les travaux furent abandonnés en 1688, & ſont reſtés inutiles. En 1679, le même prince érigea la terre de *Maintenon* en marquiſat, & en fit préſent à Françoiſe d'Aubigné, qui prit le titre de *marquiſe de Maintenon*, ſous lequel elle devint ſi célebre par ſa faveur ſous le monarque dont elle conſerva la confiance tant qu'il vécut, quoiqu'elle fût plus âgée que lui. *Long.* de ce bourg, 19. 15. *lat.* 48. 33. (*D. J.*)

MAINTENUE, ſ. f. (*Juriſprud.*) eſt un jugement qui conſerve à quelqu'un la poſſeſſion d'un héritage ou d'un bénéfice.

Ces ſortes de jugemens intervienent ſur le poſſeſſoire; le juge *maintient* & garde en poſſeſſion celui qui a le droit le plus apparent.

Lorſque la poſſeſſion n'eſt adjugée que proviſoirement, & pendant le procès, cette ſimple *maintenue* s'appelle *récréance*.

Mais lorſque la poſſeſſion eſt adjugée définitivement à celui qui a le meilleur droit, cela s'appelle la pleine *maintenue*.

Avant de procéder ſur la pleine *maintenue*, le jugement de récréance doit être entierement exécuté.

L'appel d'une ſentence de pleine *maintenue*, n'en ſuſpend pas l'exécution.

En matiere bénéficiale, quand le juge royal a adjugé la pleine *maintenue* d'un bénéfice ſur le vû des titres, on ne peut plus aller devant le juge d'égliſe pour le pétitoire. *Voyez* l'ordonnance de 1667. titre XV. (*A*)

MAINTIEN, ſ. m. (*Gramm. & Morale.*) il ſe dit de toute l'habitude du corps en repos. Le *maintien* ſéant marque de l'éducation & même du jugement; il décele quelquefois des vices: il ne faut pas trop compter ſur les vertus qu'il ſemble annoncer; il prouve plus en mal qu'en bien. *Maintien* ſe prend dans un sens tout-à-fait différent pour les précautions que l'on employe, afin de conserver une chose dans son état d'intégrité. Ainsi les juges s'occupent constamment au *maintien* des lois, les prêtres au *maintien* de la religion, le juge de police au *maintien* du bon ordre & de la tranquillité publique.

MAINUNGEN, (*Géog.*) ville d'Allemagne en Franconie, sur la Werre, chef-lieu d'un petit état dont jouit une branche de la maison de Saxe-Gotha. Elle est à trois lieues N. E. d'Henneberg. *Long.* 28. 10. *lat.* 50. 36. (*D. J.*)

MAJOLICA, (*Arts.*) c'est le nom qu'on donne en Italie à une espece de poterie de terre ou de fayence fort belle qui se fabrique à Faenza. On dit que ce nom lui vient de *Majolo* son inventeur. *Voyez* FAYENCE.

MAJOR, s. m. (*Art milit.*) dans l'art de la guerre est un nom donné à plusieurs officiers qui ont différentes qualités & fonctions.

MAJOR GÉNÉRAL, c'est un des principaux officiers de l'armée, sur lequel roulent tous les détails du service de l'infanterie. C'est lui qui donne l'ordre qu'il a reçu de l'officier général à tous les *majors* des brigades; il ordonne les détachemens, & il les voit partir; il assigne aux troupes les postes qu'elles doivent occuper. Il doit tenir un registre exact de ce que chaque brigade doit fournir de troupes, & commander les colonels & lieutenans colonels selon leur rang. Il doit aussi avoir grande attention que le pain soit bon, & qu'il ne manque rien aux soldats.

Le *major général* va au campement avec le maréchal-de-camp de jour : il distribue aux *majors* des brigades le terrein que leurs brigades doivent occuper.

Le jour d'une bataille, le *major général* reçoit du général le plan de son armée, pour avoir la distribution de l'infanterie. Ses fonctions dans un siege sont fort étendues; il avertit les troupes qui montent la tranchée, les détachemens, & les travailleurs; il commande le nombre de fascines & de gabions qui convient chaque jour, & il a soin de faire fournir généralement tout ce qui est nécessaire à la tranchée. Cet emploi demande un officier actif, diligent, expérimenté, & bien entendu en toutes choses. On lui paye six cens livres par mois de 45 jours sans le pain de munition. Il a pour le soulager deux aides *majors* généraux, & plusieurs autres aides; les aides *majors* généraux sont d'anciens officiers qu'on prend dans l'infanterie; ils ont cent écus par mois de campagne ou de 45 jours.

Chaque brigade d'infanterie est obligée d'envoyer un sergent d'ordonnance chez le *major général* : il s'en sert pour faire porter aux brigades les ordres qu'il a à leur donner.

Cette charge est de la création de Louis XIV. elle ne donne point rang parmi les officiers généraux ; mais le *major général* a toûjours quelque grade, soit de brigadier, de maréchal-de-camp, ou de lieutenant général.

Quand le *major général* visite les gardes ordinaires, & autres détachemens postés autour de l'armée ou ailleurs, elles doivent le recevoir étant sous les armes, mais le tambour ne bat pas.

Major de brigade de cavalerie ou d'infanterie, est un officier qui prend l'ordre des *majors* généraux, & qui le donne aux *majors* particuliers des régimens. C'est à lui à tenir la main que les détachemens qu'on commande de sa brigade soient complets : il doit les mener au rendez-vous, soit pour les gardes, soit pour les détachemens ; c'est lui qui porte l'ordre au brigadier. Il doit assister aux distributions des vivres qu'on fait aux troupes de sa brigade; c'est lui qui fait faire l'exercice aux troupes dont elle est composée.

MAJOR dans un régiment, est un officier qui fait à-peu-près dans le régiment les mêmes fonctions que le *major général* fait dans toute l'infanterie. Il est chargé de faire les logemens, de poser & de relever les gardes, de faire les détachemens, d'aller prendre l'ordre du *major*, de le porter au commandant, & de le donner aux maréchaux des logis de la cavalerie.

Tout *major*, soit d'infanterie, de cavalerie, ou de dragons, tient du jour de la date de sa commission de capitaine, rang avec ceux de son régiment, & commande à tous les capitaines reçus après lui.

Les *majors* doivent tenir la main à l'exécution des ordonnances concernant la police & la discipline.

Ils peuvent visiter les régimens & compagnies, soit dans les villes, ou dans le plat pays, aussi souvent qu'ils le jugent à propos ; ils assistent aux revûes que les inspecteurs ou commissaires en font.

Un *major* de cavalerie peut se mettre à la tête de l'escadron de son régiment, & le commander toute & quantesfois il le desire, lorsque son rang lui en donne le commandement.

Les *majors* doivent en campagne tenir un état des travailleurs, ainsi que des fascines & gabions que leur régiment fournit, suivant le nombre que le *major général* en demande à la brigade, afin que lorsqu'ils reçoivent le payement, ils puissent faire exactement le compte de ce qui lui revient.

Ils doivent de plus tenir un contrôle bien exact des officiers qui marchent aux travailleurs pendant un siege, afin que dans un autre on continue le tour ; les différens mouvemens que les régimens font, n'y doivent apporter aucun changement.

Ils doivent aussi conserver le contrôle des officiers qui sont du conseil de guerre, afin qu'aucun capitaine n'en soit deux fois, qu'après que tous les autres en auront été une fois chacun, à mesure qu'ils se trouveront au corps.

Les *majors* & aides-*majors* des régimens vont à l'ordre chez le *major* de brigade, qui le leur dicte avec les détails concernans le service de leur régiment & ceux que le brigadier a recommandés ; ils vont ensuite porter le mot à leur colonel ; chaque aide-*major* va le porter au commandant de son bataillon, & lui fait lecture de l'ordre ; le *major* ne porte point le mot au lieutenant-colonel, lorsque le colonel est présent.

Les *majors* marchent avec leur colonel ; lorsqu'ils sont *majors* de brigade, le colonel n'a avec lui qu'un aide-*major*.

Le *major*, en son absence l'officier chargé du détail, tient un contrôle des officiers du régiment avec la date de leur commission depuis le colonel jusqu'aux sous-lieutenans, le jour de leur réception, les charges vacantes, depuis quand & pourquoi, sans y comprendre ceux qui n'ont pas été reçus à leur charge, le nom des officiers absens, le tems de leur départ, le lieu de leur demeure, s'ils ont congé ou non, pour quel tems, & les raisons ; il doit donner une copie de ce contrôle au commissaire des guerres, lors de la premiere revûe & à chaque changement de garnison, & une autre copie mois par mois des changemens arrivés depuis la précédente revûe.

L'officier chargé du détail, doit écrire compagnie par compagnie, dans les colomnes marquées sur les registres que la cour envoie à cet effet, les noms propres de familles & de guerre des sergens & soldats, le lieu de leur naissance, la paroisse, la province, la jurisdiction, leur âge, leur taille, les marques qui peuvent servir à les faire reconnoître, leur métier, la date de leur arrivée & le terme de leur enrôlement, en les plaçant sur le registre suivant leur rang d'ancienneté dans la compagnie : la même chose doit être observée pour les cavaliers, les dragons, & les troupes étrangeres.

Il lui est défendu, sous peine d'être cassé & d'un an de prison, d'employer aucun nom de soldat supposé.

Il marque sur ce registre, regulierement & à côté de chaque article, la date précise des changemens à mesure qu'ils arrivent, soit par la mort, les congés absolus ou la désertion des soldats ; il envoie tous les mois à la cour l'état & le signalement des soldats de recrues arrivés pendant le mois précédent.

Il tient un contrôle des engagemens limités de chaque compagnie ; il y fait mention des sommes qu'il vérifie avoir été données ou promises pour ses engagemens.

Il doit enregistrer & motiver tous les congés des soldats, sous peine de perdre ses appointemens pendant un mois pour chaque omission.

Il doit aussi tenir un état exact du tems & des motifs des congés limités de ceux qui ne sont engagés que pour un tems, & en donner copie au commissaire des guerres pour y avoir recours en cas de besoin.

Les *majors* de cavalerie doivent tenir un contrôle signalé des chevaux de leur régiment ; ils en sont responsables, & payent 300 livres pour chacun de ceux qui sont détournés.

Les *majors* d'infanterie sont seuls chargés des deniers & des masses, ils en répondent ; ils peuvent se servir d'un *aide-major* dont ils sont garans ; ils doivent donner tous les mois un bordereau signé d'eux à chaque capitaine du compte de sa compagnie ; le même compte doit être sur leurs livres, & signé par le capitaine.

Ceux qui sont pourvus des charges de *major* ou *aide-major*, n'en peuvent point posséder d'autres en même tems. *Art militaire* par M. d'Héricourt.

Les jours de bataille, les *majors* doivent être à cheval pour se porter par-tout où il est besoin, pour faire exécuter les ordres du commandant.

MAJOR, dans une place de guerre, est un officier qui doit y commander en l'absence du gouverneur & du lieutenant de roi, & veiller à ce que le service militaire s'y passe avec exactitude.

Tous les *majors* des places n'avoient pas anciennement le pouvoir de commander en l'absence du gouverneur & du lieutenant de roi : mais sous le ministere de M. de Louvois, il fut réglé que ce pouvoir seroit énoncé dans toutes les commissions des *majors*, ce qui a depuis été observé à l'exception de quelques villes ; telles que Peronne, Abbeville, Toulon, & quelques autres où les magistrats sont en droit, par des privileges particuliers, de commander en l'absence du gouverneur ou commandant naturel. *Code milit.* de Briquet.

Les *majors* doivent être fort entendus dans le service de l'infanterie. Ils sont chargés des gardes, des rondes, &c. Ils doivent aussi être habiles dans la fortification & dans la défense des places.

MAJOR, (*Marine.*) c'est un officier qui a soin dans le port de faire assembler à l'heure accoutumée les soldats-gardiens pour monter la garde ; & il doit être toujours présent, lorsqu'elle est relevée, pour indiquer les postes. Il doit visiter une fois le jour les corps-de-garde, & rendre compte de tout au commandant de la marine. Les fonctions du *major* de la marine & de l'*aide-major* sont réglées & détaillées dans l'ordonnance de 1689. *Liv. I. tit. viij.* (Z)

MAJORAT, s. m. (*Jurisprud.*) est un fidei-commis graduel, successif, perpétuel, indivisible, fait par le testateur, dans la vûe de conserver le nom, les armes & la splendeur de sa maison, & destiné à toujours pour l'aîné de la famille du testateur.

Il est appellé *majorat*, parce que sa destination est pour ceux qui sont *natu majores*.

L'origine des *majorats* vient d'Espagne ; elle se tire de quelques lois faites à ce sujet du tems de la reine Jeanne en 1505, dans une assemblée des états qui fut tenue à Toro, ville située au royaume de Léon.

Au défaut de ces lois, on a recours à celles que le roi Alphose fit en 1321 pour régler la succession de la couronne, qui est un *majorat*.

Le testateur peut déroger à ces lois, comme le décident celles qui furent faites à Toro.

Pour faire un *majorat*, il n'est pas nécessaire d'y être autorisé par le prince, si ce n'est pour ériger un *majorat* de dignité.

Ce n'est pas seulement en Espagne que l'on voit des *majorats*, il y en a aussi en Italie & dans d'autres pays. Il y en a quelques-uns dans la Franche-comté, laquelle en passant de la domination d'Espagne sous celle de France, a conservé tous ses privileges & ses usages.

Les *majorats* sont de leur nature perpétuels, à moins que celui qui en est l'auteur, n'en ait disposé autrement.

La disposition de la novelle 159, qui restraint à quatre générations la prohibition d'aliéner les biens grévés de fidei-commis, n'a pas lieu pour les *majorats*.

Les descendans, & même les collatéraux descendans d'une souche commune, sont de l'agnation ou de la cognation du testateur, sont appellés à l'infini chacun en leur rang, pour recueillir le *majorat* sans aucune préférence des mâles au préjudice des femelles, à moins que le testateur ne l'eût ordonné nommément.

La vocation de certaines personnes, à l'effet de recueillir le *majorat*, n'est pas limitative ; elle donne seulement la préférence à ceux qui sont nommés sur ceux qui ne le sont pas, de maniere que ces derniers viennent en leur rang après ceux qui sont appellés nommément.

Quand le testateur ne s'est point expliqué sur la maniere dont le *majorat* doit être dévolu, on y suit l'ordre de succéder *ab intestat*.

La représentation a lieu dans les *majorats*, tant en ligne directe que collatérale, au lieu que dans les fidei-commis ordinaires elle n'a lieu qu'en ligne directe.

Voyez le Traité de Molina sur l'origine des majorats *d'Espagne*, où les principes de cette matiere sont parfaitement développés. (*A*)

MAJORDOME, s. m. (*Hist. mod.*) terme italien qui est en usage pour marquer un maître-d'hôtel. *Voyez* MAITRE-D'HÔTEL, *ou* INTENDANT. Le titre de *majordome* s'est donné d'abord dans les cours des princes à trois différentes sortes d'officiers, à celui qui prenoit soin de ce qui regardoit la table & le manger du prince, & qu'on nommoit autrement *Eleata*, *præfectus mensæ*, *architriclinus dapifer*, *princeps coquorum*. 2°. *Majordome* se disoit aussi d'un grand-maître de la maison du pape ; en Espagne, pour désigner le grand-maître de la maison du roi & de la reine ; & nous avons vû en France le premier officier de la maison de la reine douairiere du roi Louis I. fils de Philippe V. qualifié du titre de *majordome*. 3°. On donnoit encore le titre de *majordome* au premier ministre, ou à celui que le prince chargeoit de l'administration de ses affaires, tant de la paix que de la guerre, tant étrangeres que domestiques. Les histoires de France, d'Angleterre & de Normandie fournissent de fréquens exemples de *majordomes*. Dans ces deux premiers sens, *voyez* MAITRE-D'HÔTEL, *ou* GRAND-MAITRE & MAIRE.

MAJORDOME, (*Marine.*) terme dont on se sert

fur les galeres pour défigner celui qui a à la charge des vivres.

MAJORITES, f. m. (*Hift. eccl.*) hérétiques ainfi appellés de George Major, un des difciples de Luther, qui foutenoit que perfonne ne pouvoit être bienheureux, fans le mérite des bonnes œuvres, pas même les enfans.

MAJORITÉ, f. f. (*Jurifprud.*) eft un certain âge fixé par la loi, auquel on acquiert la capacité de faire certains actes. On diftingue plufieurs fortes de *majorités*, fçavoir:

MAJORITÉ COUTUMIERE *ou* LÉGALE, eft une efpece d'émancipation légale que l'on acquiert de plein droit à un certain âge, à l'effet d'adminiftrer les biens, difpofer de fes meubles, & d'efter en jugement.

Elle donne bien auffi le pouvoir d'aliéner les immeubles, & de les hypothéquer, mais à cet égard elle n'exclut pas le bénéfice de reftitution au cas qu'il y ait léfion.

Elle ne fuffit pas pour poffeder un office fans difpenfe, ni pour contracter mariage fans le confentement des pere & mere; il faut avoir acquis la *majorité* parfaite ou de vingt-cinq ans.

Les coûtumes de Reims, Châlons, Amiens, Peronne, Normandie, Anjou & Maine, réputent les perfonnes majeures à vingt ans, ce qui s'entend feulement de la *majorité* coutumiere; celles de Ponthieu & de Boulenois déclarent les mâles majeurs à quinze ans, & les filles encore plûtôt.

Cette *majorité* fe regle par la coutume du lieu de la naiffance, & s'acquiert de plein droit fans avis de parens & fans aucun miniftere de juftice; néanmoins en Normandie il eft d'ufage de prendre du juge un acte de paffé-âge pour rendre la *majorité* notoire; ce que le juge n'accorde qu'après qu'il lui eft apparu par une preuve valable de la naiffance & de l'âge de vingt ans accomplis.

Voyez Dumoulin en fes notes *fur l'article 154 de la coutume d'Artois, fur le trente-feptieme de celle de Lille, & le cent quarante-deuxieme d'Amiens*. Le Prêtre, *cent. 3. chap. xlvij*. Peleus, *liv. IV*. de fes actions forenfes, *ch. xxix*. Soevre, *tome I. cent. 2 ch. lxxxj*.

MAJORITÉ FÉODALE, eft l'âge auquel les coutumes permettent au vaffal de porter la foi & hommage à fon feigneur.

La coutume de Paris, *art. 32*, porte que tout homme tenant fief, eft réputé âgé à vingt ans, & la fille à quinze ans accomplis, quant à la foi & hommage & charge de fief.

Dans quelques coutumes cette *majorité* eft fixée à dix-huit ans pour les mâles, & quelques-unes l'avancent encore davantage, & celle des femelles à proportion.

MAJORITÉ GRANDE, eft la même chofe que *majorité* parfaite, ou *majorité* de vingt-cinq ans. *Voyez ci-après* MAJORITÉ PARFAITE.

MAJORITÉ LÉGALE, eft la même chofe que *majorité* coutumier. *Voyez ci-devant* MAJORITÉ COUTUMIERE.

MAJORITÉ PARFAITE, eft celle qui donne la capacité de faire tous les actes néceffaires pour l'adminiftration & la difpofition des biens, que pour efter en jugement, & généralement pour contracter toutes fortes d'engagemens valables. Par l'ancien ufage de la France, elle étoit fixée à quatorze ans.

La *majorité* coutumiere, la *majorité* féodale, & l'âge auquel finiffent les gardes noble & bourgeoife, font des reftes de cet ancien droit, que les coutumes ont réformé comme étant préjudiciables aux mineurs. Préfentement la *majorité* parfaite ne s'acquiert que par l'âge de vingt-cinq ans accomplis, tems auquel toute perfonne foit mâle ou femelle, eft capable de contracter, de vendre, engager & hypothé-

quer tous fes biens, meubles & immeubles; fans aucune efpérance de reftitution, fi ce n'eft par les moyens accordés au majeur.

Le tems de cette *majorité* fe regle par la loi du lieu de la naiffance, non pas néanmoins d'un lieu où quelqu'un feroit né par hafard, mais par la loi du lieu du domicile au tems de la naiffance.

Suivant le droit commun, la *majorité* parfaite ne s'acquiert qu'à vingt-cinq ans; cependant en Normandie elle s'acquiert à vingt ans; & ce n'eft pas fimplement une *majorité* coutumiere; elle a tous les mêmes effets que la *majorité* de vingt-cinq ans, fi ce n'eft que pour les actes paffés en minorité, ceux qui font majeurs de vingt ans en Normandie ont quinze ans pour fe faire reftituer, au lieu que les majeurs de vingt-cinq ans n'ont que dix années. *Voyez* MAJEUR & RESTITUTION EN ENTIER.

MAJORITÉ PLEINE, *voyez ci-devant* MAJORITÉ PARFAITE.

MAJORITÉ DU ROI, eft fixée en France à quatorze ans commencés. Jufqu'au regne de Charles V. il n'y avoit rien de certain fur le tems auquel les rois devenoient majeurs, les uns l'avoient été reconnus plûtôt, d'autres plûtard.

Charles V. dit le Sage, fentant les inconvéniens qui pourroient réfulter de cette incertitude, par rapport à fon fils & à fes fucceffeurs, donna un édit à Vincennes au mois d'Août 1374, par lequel il déclara qu'à l'avenir les rois de France ayant atteint l'âge de quatorze ans, prendroient en main le gouvernement du royaume, recevroient la foi & hommage de leurs fujets, & des archevêques & évêques; enfin qu'ils feroient réputés majeurs comme s'ils avoient vingt-cinq ans.

Cet édit fut vérifié en parlement le 20 Mai fuivant. Il y a eu depuis en conféquence plufieurs édits donnés par nos rois pour publier leur *majorité*, ce qui fe fait dans un lit de juftice. Cette publication n'eft pourtant pas abfolument néceffaire, la *majorité* du Roi étant notoire de même que le tems de fa naiffance.

Voyez le traité de la majorité des rois, par M. Dupuy; le code de Louis XIII. avec des commentaires fur l'ordonnance de Charles V. M. de Lauriere fur Loifel, *liv. I. tit. 1. regle 34*; Dolive, *actions forenfes, part. I. act. 1. & les notes*.

MAJORITÉ DE VINGT-CINQ ANS, *voyez* MAJORITÉ PARFAITE.

MAIORQUE, LE ROYAUME DE (*Géogr.*) petit royaume qui comprenoit les îles de *Maiorque*, de Minorque, d'Ivica, & quelques annexes, tantôt plus, tantôt moins. Les Maures s'étant établis en Efpagne, affujettirent ces îles, & fonderent un royaume; mais Jacques, le premier des rois d'Arragon, leur enleva ce royaume en 1229 & 1230; enfin cent cinquante ans après, il fut réuni par dom Pedre, à l'Arragon, à la Caftille, & aux autres parties qui compofent la monarchie d'Efpagne.

MAIORQUE, *île de* (*Géogr.*) *Balearis major*, île confidérable de la Méditerranée, & l'une de celles que les anciens ont connues fous le nom de *Baliares*. Elle eft entre l'île d'Ivica au couchant, & celle de Minorque au levant. On lui donne environ trente-cinq lieues de circuit.

Il femble que la nature fe foit jouée agréablement dans la charmante perfpective qu'elle offre à la vue. Les fommets de fes montagnes font entr'ouverts, pour laiffer fortir de toutes ouvertures des forêts d'oliviers fauvages. Les habitans induftrieux ont pris foin de cultiver, & ont fi bien choifi les greffes, qu'il n'y a guere de meilleures olives que celles qui en proviennent, ni de meilleure huile que celle qu'on en tire. Au bas des montagnes font de belles collines où regne un vignoble qui fournit en abondance d'excellens vins; ce vignoble commence une vaste plaine, qui produit d'aussi bon froment que celui de la Sicile. Une si belle décoration de terrein a fait appliquer ingénieusement aux Maiorquois ce passage du pseaume, *à fructu frumenti & olei sui, multiplicati sunt*. Le ciel y est serain, le paysage diversifié de tous côtés; un grand nombre de fontaines & de puits dont l'eau est excellente, réparent le manque de rivieres.

Cette île, qu'Alphonse I. roi d'Arragon, a conquise sur les Maures en 1229, n'est séparée de Minorque que par un détroit. *Maiorque* sa capitale, dont nous parlerons, & Alcudia, en sont les principaux lieux. C'est là qu'on fabrique la plûpart des réales & doubles réales, qui ont cours dans le commerce.

Les *Maiorquois* sont robustes, & d'un esprit subtil. Leur pays a produit des gens singuliers dans les arts & les sciences. Raimond Lulle y prit naissance en 1225. Ses ouvrages de Chimie & d'Alchimie sont en manuscrits dans la bibliotheque de Leyde. Il parcourut toute l'Europe, & se rendit auprès de Geber en Mauritanie, dans l'espérance d'apprendre de lui quelque remede pour guerir un cancer de sa maîtresse. Enfin il finit ses jours par être lapidé en Afrique, où il alla prêcher le christianisme aux infideles.

MAIORQUE, (*Géogr.*) les Latins l'ont connue sous le nom de *Palma*; c'est une belle & riche ville, capitale de l'île de même nom, avec un évêché suffragant de Valence. On y compte huit à dix mille habitans, & on loue beaucoup la beauté des places publiques, de la cathédrale, du palais royal, & de la maison de *contractation*, où se traitent les affaires du commerce. Il y a dans cette ville un capitaine général qui commande à toute l'île, & une garnison contre l'incursion des Maures. Les Anglois prirent *Maiorque* en 1706, mais elle fut reprise en 1715, & depuis ce tems elle est restée aux Espagnols. Elle est au S. O. de l'île, avec un bon havre, à 29 lieues N. E. d'Ivica, 48 S. E. de Barcelone, 57 E. de Valence. *Long.* selon Cassini, 20. 0. 4. *lat.* 39. 35. (*D. J.*)

MAIRRAIN, s. m. (*Tonnelier & autres arts méchan.*) bois de chêne refendu en petites planches, ordinairement plus longues que larges. Il y a deux sortes de *mairrain*: l'un qui est propre aux ouvrages de menuiserie; on l'appelle *mairrain à panneaux*: l'autre qui est propre à faire des douves & des fonds pour la construction des futailles; on l'appelle *mairrain à futailles*.

Le *mairrain* à futailles est différent, suivant les lieux & les différens tonneaux auxquels on le destine. Celui qu'on destine pour les pipes doit avoir quatre piés, celui pour les muids trois piés & celui des barriques ou demi-queues, deux piés & demi de longueur; il doit avoir depuis quatre jusqu'à sept pouces de largeur, & neuf lignes d'épaisseur. Toutes les pieces qui sont au-dessous sont réputées mairrain de rebut.

Le *mairrain* destiné pour faire des fonds de tonneaux doit avoir deux piés de long, six pouces de large au moins, & neuf lignes d'épaisseur; celui qui n'a pas ces dimensions, est réputé pareillement effautage ou rebut.

MAIRE, s. m. (*Jurisprud.*) signifie *chef* ou *premier* d'un tribunal ou autre corps politique; les uns dérivent ce titre de l'allemand *meyer*, qui signifie *chef* ou *surintendant*, d'autres du latin *major*. Il y a plusieurs sortes de *maires*, sçavoir:

MAIRE EN CHARGE, s'entend ou d'un *maire* de ville érigé en titre d'office, ou d'un *maire* électif qui est actuellement en exercice. *Voyez* MAIRE PERPÉTUEL, MAIRE DE VILLE.

MAIRE DU PALAIS, *quasi magister palatii seu major domus regiæ*, étoit anciennement la premiere dignité du royaume. Cet office répondoit assez à celui qu'on appelloit chez les Romains *préfet du prétoire*. Les *maires du palais* portoient aussi le titre de *princes* ou *ducs du palais*, & de *ducs de France*. L'histoire ne fait point mention de l'institution de cet office, qui est aussi ancien que la monarchie; il est vrai qu'il n'en est point fait mention sous Clovis I. ni, sous ses enfans; mais quand Gregoire de Tours & Fredegaire en parlent sous le regne des petits-fils de ce prince, ils en parlent comme d'une dignité déja établie. Ils n'étoient d'abord établis que pour un tems, puis à vie, & enfin devinrent héréditaires. Leur institution n'étoit que pour commander dans le palais, mais leur puissance s'accrut generalement, ils devinrent bientôt ministres, & l'on vit ces ministres sous le regne de Clotaire II. à la tête des armées. Le *maire* étoit tout-à-la-fois le ministre & le général né de l'état; ils étoient tuteurs des rois en bas âge; on vit cependant un *maire* encore enfant exercer cet office sous la tutelle de sa mere: ce fut Théodebalde, petits-fils de Pepin; qui fut *maire du palais* sous Dagobert III. en 714.

L'usurpation que firent les *maires* d'un pouvoir sans bornes ne devint sensible qu'en 660, par la tyrannie du *maire* Ebroin; ils déposoient souvent les rois, & en mettoient d'autres en leur place.

Lorsque le royaume fut divisé en différentes monarchies de France, Austrasie, Bourgogne & Aquitaine, il y eut des *maires du palais* dans chacun de ces royaumes.

Pepin, fils de Charles Martel, lequel fut après son pere, *maire du palais*, étant parvenu à la couronne en 752, mit fin au gouvernement des *maires du palais*. Ceux qui les ont remplacés ont été appellés *grands sénéchaux*, & ensuite *grands-maîtres de France*, ou *grands-maîtres de la maison du Roi*, *Voyez* dans Moréry & dans M. le président Henault, la suite des *maires du palais*; Gregoire de Tours, Pasquier, Favin, Ducange, & l'auteur du livre des *maires* de la maison royale.

MAIRE PERPÉTUEL, est un *maire* de ville érigé en titre d'office. *Voyez ci-après* MAIRE DE VILLE.

MAIRE DE RELIGIEUX, *major*, on appelloit ainsi dans quelques monasteres celui qui étoit le premier entre les religieux, qu'on appelle à présent *prieur*. La fondation faite à saint Martin-des-Champs, par Philippe de Morvilliers, porte que le *maire des religieux* de ce couvent présentera deux bonnets, & au premier huissier des gants & une écritoire. *Voyez* Ducange au mot *Major*, & l'éloge du parlement par de la Baune.

MAIRE ROYAL, est le juge d'une jurisdiction royale qui a titre de mairie ou prevôté.

MAIRE DE VILLE, est le premier officier municipal d'une ville, bourg ou communauté. Le *maire* est à la tête des échevins ou des consuls, comme à Paris & dans quelques autres grandes villes; le prevôt des marchands; dans quelques provinces, on l'appelle *maieur*.

Les *maire* & échevins tiennent parmi nous la place des officiers que les Romains appelloient *deffensores civitatum*. Ce fut vers le regne de Louis VII. que les villes acheterent des seigneurs, le droit de s'élire des *maire* & échevins.

Dans toutes les villes les plus importantes, les *maires* même électifs doivent être confirmés par le roi.

Il y a des villes qui ont droit de mairie par chartes, c'est-à-dire le privilege de s'élire un *maire*. Les villes de Chaumont, Pontoise, Meulan, Mantes, Eu, & autres, ont des chartes de Philippe Auguste, des années 1182 & 1188, qui leur donnent le droit de mairie.

On trouve aussi un mandement de ce prince adressé au *maire* de Sens & autres *maires* & communes, parce que dans ce tems-là la justice temporelle étoit exercée dans les villes par les communes, dont les *maires* étoient les chefs ; en quelques endroits ils ont retenu l'administration de la justice, en d'autres ils n'ont que la justice foncière ou basse-justice.

S. Louis fit deux ordonnances en 1256, touchant les *maires*.

Il régla par la première que l'élection des *maires* seroit faite le lendemain de la saint Simon saint Jude ; que les nouveaux *maires* & les anciens, & quatre des prud'hommes de la ville viendroient à Paris aux octaves de la saint Martin, pour rendre compte de leur recette & dépense, & qu'il n'y auroit que le *maire*, ou celui qui tient sa place, qui pourroit aller en cour ou ailleurs pour les affaires de la ville, & qu'il ne pourroit avoir avec lui que deux personnes avec le clerc & le greffier, & celui qui porteroit la parole.

L'autre ordonnance qui concerne l'élection des *maires* dans les bonnes villes de Normandie, ne diffère de la précédente, qu'en ce qu'elle porte que le lendemain de la saint Simon, celui qui aura été *maire*, & les notables de la ville, choisiront trois prud'hommes, qu'ils présenteront au Roi à Paris, aux octaves de la saint Martin, dont le Roi choisira un pour être *maire*.

Les *maires* ont été électifs, & leur fonction pour un tems seulement, jusqu'à l'édit du mois d'Août 1692, par lequel le Roi créa des *maires* perpétuels en titre d'office dans chaque ville & communauté du royaume, avec le titre de conseiller du Roi, à l'exception de la ville de Paris & de celle de Lyon, pour lesquelles on confirma l'usage de nommer un prevôt des marchands.

Il fut ordonné que ces *maires* en titre jouiroient des mêmes honneurs, droits, émolumens, privilèges, prérogatives, rang & séance, dont jouissoient auparavant les *maires* électifs ou autres premiers officiers municipaux, tant ès hôtels de ville, assemblées & cérémonies publiques ou autres lieux.

Il fut aussi ordonné que ces *maires* convoqueroient les assemblées générales & particulières ès hôtels-de-ville, où il s'agiroit de l'utilité publique, du bien du service du Roi, & des affaires de la communauté ; qu'ils recevroient le ferment des échevins ou autres officiers de ville, pour celles où il n'y a point de parlement.

L'édit leur donne droit de présider à l'examen, audition & clôture des comptes des deniers patrimoniaux, & autres appartenans aux villes & communautés.

Le secrétaire des maisons-de-ville ne doit signer aucun mandement ou ordre concernant le payement des dettes & charges de villes & communautés, qu'il n'ait été signé d'abord par le *maire*.

Les officiers de ville ne peuvent faire l'ouverture des lettres & ordres qui leur sont adressés, sinon en présence du *maire*, lorsqu'il est sur les lieux.

Le *maire* a une clef des archives de la ville. C'est lui qui allume les feux de joie.

Il a droit de porter la robe & autres ornemens accoutumés, même la robe rouge, dans les villes où les présidiaux ont droit de la porter.

Dans les pays d'états, il a entrée & séance aux états, comme député né de la communauté.

Le privilège de noblesse fut attribué aux *maires* en titre d'office dans les villes où il avoit été rétabli & confirmé, comme à Poitiers.

On leur accorda aussi l'exemption de tutelle & curatelle de la taille personnelle dans les villes taillables, & de garde dans toutes les villes, du service du ban & arriere-ban, du logement des gens de guerre, & autres charges & contributions, même des droits de tarif qui se levent dans les villes abonnées, & des octrois dans toutes les villes pour les denrées de leurs provisions.

On leur donna la connoissance avec les échevins de l'exécution du règlement de 1669 concernant les manufactures, & de toutes les autres matières dont les *maire* & échevins avoient connu jusqu'alors.

Il fut aussi créé en même tems des offices d'assesseurs des *maires*, & par édit du mois de Mai 1702, on leur donna des lieutenans, & par un autre édit du mois de Décembre 1706, il fut créé des *maires* & lieutenans alternatifs & triennaux.

Dans plusieurs endroits tous ces offices furent levés par les provinces, villes & communautés, & réunis aux corps de ville.

Il fut même permis aux seigneurs de les acquérir, soit pour les réunir, ou pour les faire exercer.

Tous ces offices furent dans la suite supprimés.

On commença par supprimer en 1708 les lieutenans de *maires* alternatifs & triennaux ; & en 1714 on supprima tous les offices de *maire* & de lieutenant qui restoient à vendre.

En 1717 on supprima tous les offices de *maire*, lieutenant & assesseur, à l'exception des provinces où ces offices étoient unis aux états, & il fut ordonné qu'à l'avenir les élections des *maires* & autres officiers municipaux, se feroient en la même forme qu'elles se faisoient avant la création des offices supprimés.

Ces offices de *maire* en titre furent rétablis en 1722, & supprimés une seconde fois en 1724, à l'exception de quelques lieux où ils furent conservés ; mais depuis, par édit de 1733, ces offices ont encore été rétablis dans toutes les villes, & réunis au corps des villes, lesquelles élisent un *maire*, comme elles faisoient avant ces créations d'offices.

Sur la jurisdiction des *maire* & échevins, *voyez* Pasquier, Loyseau, & *aux mots* ECHEVIN & ECHEVINAGE. (*A*)

MAIRE *de Londres*, (*Hist. d'Angl.*) premier magistrat de la ville de Londres, & qui en a le gouvernement civil. Sa charge est fort considérable. Il est choisi tous les ans du corps des vingt-six aldermans par les citoyens le 29 de Septembre ; & il entre dans l'exercice de son emploi le 29 Octobre suivant.

Son autorité s'étend non-seulement sur la cité & partie des fauxbourgs, mais aussi sur la Tamise, dont il fut déclaré le conservateur par Henri VII. Sa jurisdiction sur cette riviere commence depuis le pont de Stones jusqu'à l'embouchure de Medway. Il est le premier juge de Londres, & a le pouvoir de citer & d'emprisonner. Il a sous lui de grands & de petits officiers. On lui donne pour sa table mille livres sterling par an ; pour ses plaisirs, une meute de chiens entretenue, & le privilège de chasser dans les trois provinces de Middlesex, Sussex & Surrey. Le jour du couronnement du roi, il fait l'office de grand échanson. Une chose remarquable, c'est que lorsque Jacques I. fut invité à venir prendre possession de la couronne, le *lord-maire* signa le premier acte qui en fut fait, avant les pairs du royaume. Enfin, le *lord-maire* est commandant en chef des milices de la ville de Londres, le tuteur des orphelins, & a une cour pour maintenir les lois, privilèges & franchises de la ville. Je l'appelle toujours *lord maire*; quoiqu'il ne soit point pair du royaume ; mais on lui donne ce titre par politesse. C'est par la grande chartre que la ville de Londres a le droit d'élire un *maire* ; il est vrai que Charles II. & Jacques II. révoquèrent ce privilège ; mais il a été rétabli par le roi Guillaume, & confirmé par un acte du parlement. (*D. J.*)

MAIRE, *détroit de*, (*Géog.*) détroit qui est au-delà de la terre del Fuego, entre laquelle est le continent de l'Amérique, & le détroit de Magellan au sud. Ce détroit est ainsi nommé de Jacques le Maire, fameux pilote hollandois, qui le découvrit le premier l'an 1615. Nous avons la relation de son expédition dans le recueil des voyages de l'Amérique, imprimés à Amsterdam en 1622 *in-folio*; mais les détroits de la Maire & de Magellan sont devenus inutiles aux navigateurs ; car depuis qu'on sait que la terre de Feu, del Fuego, est entre ces deux détroits & la mer, on fait le tour pour éviter les longueurs & les dangers du vent contraire, des coulans, & du voisinage des terres. (*D.J.*)

MAIRIE, (*Jurisprud.*) signifie la *dignité* ou *fonction* de maire.

Mairie foncière, c'est la basse-justice qui appartient aux maire & échevins.

Mairie de France, c'étoit la dignité de maire du palais.

Mairie perpétuelle, c'est la fonction d'un maire en titre d'office.

Mairie royale, est le titre que l'on donne à plusieurs juridictions royales ; *mairie* & prevôté paroissent synonymes, on se sert de l'un ou de l'autre, suivant l'usage du lieu.

Mairie seigneuriale, est une justice de seigneur qui a titre de *mairie* ou prevôté. *Voyez ci-devant* MAIRE. (*A*)

MAIS, (*Botan.*) & plus communément en françois *blé de Turquie*, parce qu'une bonne partie de la Turquie s'en nourrit. *Voyez* BLÉ DE TURQUIE.

C'est le *frumentum turcicum*, *frumentum indicum*, *triticum indicum* de nos Botanistes. *Mais*, *maiz*, *mays*, comme on voudra l'écrire, est le nom qu'on donne en Amérique à ce genre de plante, si utile & si curieuse.

Ses racines sont nombreuses, dures, fibreuses, blanches & menues. Sa tige est comme celle d'un roseau, roide, solide, remplie d'une moëlle fongueuse, blanche, succulente, d'une saveur douce & sucrée quand elle est verte, fort noueuse, haute de cinq ou six piés, de la grosseur d'un pouce, quelquefois de couleur de pourpre, plus épaisse à sa partie inférieure qu'à sa partie supérieure.

Ses feuilles sont semblables à celles du roseau, longues d'une coudée & plus, larges de trois ou quatre pouces, veinées, un peu rudes en leurs bords. Elles portent des panicules au sommet de la tige, longues de neuf pouces, grêles, éparses, souvent en grand nombre, quelquefois partagées en quinze, vingt, ou même trente épis penchés, portant des fleurs stériles & séparées de la graine ou du fruit.

Les fleurs sont semblables à celles du seigle, sans pétales, composées de quelques étamines, chargées de sommets chancelans & renfermées dans un calice : tantôt elles sont blanches, tantôt jaunes, quelquefois purpurines, selon que le fruit ou les épis qui portent les graines, sont colorés ; mais elles ne laissent point de fruits après elles.

Les fruits sont séparés des fleurs, & naissent en forme d'épis des nœuds de la tige ; chaque tige en porte trois ou quatre, placés alternativement, longs, gros, cylindriques, enveloppés étroitement de plusieurs feuillets ou tuniques membraneuses, qui servent comme de gaines. De leur sommet il sort de longs filets, qui sont attachés chacun à un embryon de graine, & dont ils ont la couleur.

Les graines sont nombreuses, grosses comme un pois, nues, sans être enveloppées dans une follicule, lisses, arrondies à leur superficie, anguleuses du côté qu'elles sont attachées au poinçon dans lequel elles sont enchâssées. On trouve dans les Indes jusques à quatre ou cinq cens grains sur un même épi, très-serrés, rangés sur huit ou dix rangs, &

quelquefois sur douze ; ces grains sont de différentes couleurs, tantôt blancs, tantôt jaunes, tantôt purpurins, tantôt bruns ou rouges, remplis cependant d'une moëlle farineuse, blanche, & d'une saveur plus agréable & plus douce que celle des autres grains.

Cette plante qui vient naturellement dans l'Amérique, se trouve dans presque toutes les contrées de cette partie du monde, d'où elle a été transportée en Afrique, en Asie & en Europe ; mais c'est au Chili que régnoient autrefois dans le jardin des Incas les plus beaux *maïs* du monde. Quand cette plante y manquoit, on en substituoit à sa place étoient formés d'or & d'argent, que l'art avoit parfaitement bien imités, ce qui marquoit la grandeur & la magnificence de ces souverains. Leurs champs remplis de *maïs* dont les tiges, les fleurs, les épis, & les pointes étoient d'or, & le reste d'argent, le tout artistement soudé ensemble, présentoient autant de merveilles que les siecles à venir ne verront jamais. (*D. J.*)

MAÏS, (*Agricult.*) C'est de toutes les plantes celle dont la culture intéresse le plus du monde, puisque toute l'Amérique, une partie de l'Asie, de l'Afrique & de la Turquie, ne vivent que de *maïs*. On en seme beaucoup dans quelques pays chauds de l'Europe, comme en Espagne, & on devroit le cultiver en France plus qu'on ne fait.

L'épi de *maïs* donne une plus grande quantité de grains qu'aucun épi de blé. Il y a communément huit rangées de grains sur un épi, & davantage si le terroir est favorable. Chaque rangée contient au moins trente grains, & chacun d'eux donne plus de farine qu'aucun de nos grains de froment.

Cependant le *maïs* quoiqu'essentiellement nécessaire à la vie de tant de peuples, est sujet à des accidens. Il ne mûrit dans plusieurs lieux de l'Amérique que vers la fin de Septembre, de sorte que souvent les pluies qui viennent alors le pourrissent sur tige, & les oiseaux le mangent quand il est tendre. Il est vrai que la nature l'a revêtu d'une peau épaisse qui le garantit long-tems contre la pluie ; mais les oiseaux dont il est difficile de se parer, en dévorent une grande quantité à-travers cette peau.

On connoit en Amérique trois ou quatre sortes de *maïs* : celui de Virginie pousse ses tiges à la hauteur de sept ou huit piés ; celui de la nouvelle Angleterre s'élève moins ; il y en a encore de plus bas en avançant dans le pays.

Les Américains plantent le *maïs* depuis Mars jusqu'en Juin. Les Indiens sauvages qui ne connoissent rien de notre division d'année par mois, se guident pour la semaille de cette plante sur le tems où certains arbres de leurs contrées commencent à bourgeonner, ou sur la venue de certains poissons dans leurs rivieres.

La maniere de planter le blé d'Inde, pratiquée par les Anglois en Amérique, est de former des sillons égaux dans toute l'étendue d'un champ à environ cinq ou six piés de distance, de labourer en-travers d'autres sillons à la même distance, & de semer la graine dans les endroits où les sillons se croisent & se rencontrent. Ils couvrent de terre la semaille avec la bêche, ou bien en formant avec la charrue une autre sillon par-derriere, qui en renverse la terre par-dessus. Quand les mauvaises herbes commencent à faire du tort au blé d'Inde, ils labourent de nouveau le terrein où elles se trouvent, les coupent, les détruisent, & favorisent puissamment la végétation par ces divers labours.

C'est, pour le dire en passant, cette belle méthode du labourage du *maïs*, employée depuis long-tems par les Anglois d'Amérique, que M. Tull a

MAÏ   MAÏ   889

adoptée, & à appliquée de nos jours avec tant de succès à la culture du blé.

D'abord que la tige du *maïs* a acquis quelque force, les cultivateurs la soutiennent par de la terre qu'ils amoncelent tout autour, & continuent de l'étayer ainsi jusqu'à ce qu'elle ait poussé des épis ; alors ils augmentent le petit côteau & l'élevent davantage, ensuite ils n'y touchent plus jusqu'à la récolte. Les Indiens, pour animer ces mottes de terre sous lesquelles le *maïs* est semé, y mettent deux ou trois poissons du genre qu'ils appellent *aloof*; ce poisson échauffe, engraisse & fertilise ce petit tertre au point de lui faire produire le double. Les Anglois ont goûté cette pratique des Indiens dans leurs établissemens où le poisson ne coûte que le transport. Ils y employent, avec un succès admirable, des têtes & des tripes de merlus.

Les espaces qui ont été labourés à dessein de détruire les mauvaises herbes, ne sont pas perdus. On y cultive des féverolles qui, croissant avec le *maïs*, s'attachent à ses tiges & y trouvent un appui. Dans le milieu qui est vuide, on y met des *pompions* qui viennent à merveille, ou bien après le dernier labour, on y seme des graines de navet qu'on recueille en abondance pour l'hiver quand la moisson du blé d'Inde est faite.

Lorsque le *maïs* est mûr, il s'agit d'en profiter. Les uns dépouillent sur le champ la tige de son grain ; les autres mettent les épis en bottes, & les pendent dans quelques endroits pour les conserver tout l'hiver : mais une des meilleures méthodes est de les coucher sur terre, qu'on couvre de mottes, de gazon, & de terreau par-dessus. Les Indiens avisés ont cette pratique, & s'en trouvent fort bien.

Le principal usage du *maïs* est de le réduire en farine pour les besoins : voici comme les Indiens qui ne connoissent pas notre art de moudre s'y prennent. Ils mettent leur *maïs* sur une plaque chaude, sans néanmoins le brûler. Après l'avoir ainsi grillé, ils le pilent dans leurs mortiers & le tassent. Ils tiennent cette farine dans des sacs pour leurs provisions, & l'emportent quand ils voyagent pour la manger en route & en faire des gâteaux.

Le *maïs* bien moulu donne une farine qui séparée du son est très-blanche, & fait du très-bon pain, de la bonne bouillie avec du lait, & de bons puddings.

Les médecins du Mexique composent avec le blé d'Inde des tisannes à leurs malades, & cette idée n'est point mauvaise, car ce grain a beaucoup de rapport avec l'orge.

On sait que le blé est très-agréable aux bestiaux & à la volaille, & qu'il sert merveilleusement à l'engraisser. On en fait aussi une liqueur vineuse, & on en distille un esprit ardent. Les Américains ne tirent pas seulement parti du grain, mais encore de toute la plante : ils fendent les tiges quand elles sont seches, les taillent en plusieurs filamens, dont ils font des paniers & des corbeilles de différentes formes & grandeurs. De plus, cette tige dans sa fraîcheur, est pleine d'un suc dont on fait un sirop aussi doux que celui du sucre même : on n'a point encore essayé si ce sucre se cryſtalliseroit, mais toutes les apparences s'y trouvent. Enfin le *maïs* sert aux Indiens à plusieurs autres usages, dont les curieux trouveront le détail dans l'*histoire des Incas de Garcilasso de la Véga*, *l. VIII. c. ix*, & dans la *description des Indes occidentales de Jean de Laet*. *l. VII. c. iij.* (*D. J.*)

MAIS, (*Diete & Mat. méd.*) voyez BLÉ DE TURQUIE, & l'*article* FARINE & FARINEUX.

MAISON, s. f. (*Architecture.*) du latin *mansio*, demeure ; c'est un bâtiment destiné pour l'habitation des hommes, & consiste en un où plusieurs corps-de-logis.

MAISON ROYALE, tout château avec ses dépendances, appartenant au Roi, comme celui de Versailles, Marli, Saint-Germain-en-Laye, Fontainebleau, Choisi, Chambor, Compiegne & autres.

MAISON-DE-VILLE, voyez HÔTEL-DE-VILLE.

MAISON DE PLAISANCE, est un bâtiment à la campagne, qui est plutôt destiné au *plaisir* qu'au profit de celui qui le possede. On l'appelle en quelque endroit de France *cassine*, en Provence *bastide*, en Italie *vigna*, en Espagne & en Portugal *quinta*. C'est ce que les Latins nomment *villa*, & Vitruve *ædes pseudo-urbanæ*.

MAISON RUSTIQUE. On appelle ainsi tous les bâtimens qui composent une ferme ou une métairie.

MAISON, (*Hist. mod.*) se dit des personnes & des domestiques qui composent la *maison* d'un prince ou d'un particulier. *Voyez* FAMILLE, DOMESTIQUE.

MAISON-DE-VILLE, est un lieu où s'assemblent les officiers & les magistrats d'une ville, pour y délibérer des affaires qui concernent les lois & la police. *Voyez* SALLE & HÔTEL-DE-VILLE.

MAISON, se dit aussi d'un couvent, d'un monastere. *Voyez* COUVENT.

Ce chef d'ordre étant de *maisons* dépendantes de sa filiation, on a ordonné la réforme de plusieurs *maisons religieuses*.

MAISON, se dit encore d'une race noble, d'une suite de personnes illustres venues de la même souche. *Voyez* GÉNÉALOGIE.

MAISON, en terme d'*Astrologie*, est une douzieme partie du ciel. *Voyez* DODÉCATÉMORIE.

MAISONS de l'ancienne Rome, (*Antiq. rom.*) en latin *domus*, mot qui se prend d'ordinaire pour toutes sortes de maisons, magnifiques ou non, mais qui signifie le plus souvent un *hôtel de grand seigneur & le palais des princes*, tant en dehors qu'en dedans : c'est, par exemple, le nom que donne Virgile au palais de Didon.

At domus interior regali splendida luxu.

La ville de Rome ne fut qu'un amas de cabannes & de chaumieres, sans en excepter le palais même de Romulus, jusqu'au tems qu'elle fut brûlée par les Gaulois. Ce désastre lui devint avantageux, en ce qu'elle fut rebâtie d'une maniere un peu plus solide, quoique fort irréguliere. Il paroît même que jusqu'à l'arrivée de Pyrrhus en Italie, les *maisons* de cette ville ne furent couvertes que de planches ou de bardeaux ; les Romains ne connoissoient point le plâtre, dont on ne se sert pas encore à présent dans la plus grande partie de l'Italie. Ils employoient plus communément dans leurs édifices la brique que la pierre, & pour les liaisons & les enduits, la chaux avec le sable, ou avec une certaine terre rouge qui est toujours d'usage dans ce pays-là ; mais ils avoient le secret de faire un mortier qui devenoit plus dur que la pierre même, comme il paroît par les fouilles des ruines de leurs édifices.

Ce fut du tems de Marius & de Sylla, qu'on commença d'embellir Rome de magnifiques bâtimens ; jusques-là, les Romains s'en étoient peu soucié, s'appliquant à des choses plus grandes & plus nécessaires ; ce ne fut même que vers l'an 580 de la fondation de cette ville, que les censeurs Flaccus & Albinus commencerent de faire paver les rues. Lucius-Crassus l'orateur fut le premier qui décora sa frontispice de sa *maison* de douze colonnes de marbre grec. Peu de tems après M. Scaurus, gendre de Sylla, en fit venir une prodigieuse quantité, qu'il employa à la construction de la superbe *maison* qu'il bâtit fur le mont-Palatin. Si ce qu'Augufte dit eft vrai, qu'il avoit trouvé Rome bâtie de briques, & qu'il la laiffoit revêtue de marbre, on pourroit juger par ce propos de la magnificence des *maifons* & des édifices qu'on éleva fous fon regne.

Il eſt du moins certain que fous les premiers empereurs, les marbres furent employés aux *maifons* plus communément qu'on n'avoit encore employé les pierres; & qu'on fe fervit pour les orner, de tout ce qu'il y avoit de plus rare & de plus précieux ; les dorures, les peintures, les fculptures, l'ivoire, les bois de cèdre, les pierres précieufes, rien de toutes ces magnificences ne fut épargné. Le pavé des appartemens ne n'étoit que des mofaïques, ou des morceaux de marbre rapportés avec fymmétrie; cependant cette ville ne fut lamais plus magnifique, qu'après que Néron y eut fait mettre le feu, qui en confuma les deux tiers. On prétend, que lorfqu'elle fut rebâtie, on y comptoit quarante-huit mille *maifons* ifolées, & dont l'élévation avoit été fixée par l'empereur ; c'eſt Tacite qui nous apprend cette particularité. Nous favons auffi par Strabon, qu'il y avoit déja eu une ordonnance d'Augufte, qui défendoit de donner aux édifices plus de foixante-dix piés de hauteur ; il voulut par cette loi remédier aux accidens fréquens qui arrivoient par la trop grande élévation des *maifons*, lefquelles fuccombant fous la charge, tomboient en ruine au moment qu'on s'y attendoit le moins. Ce vice de conftruction s'étoit introduit à Rome à la fin de la derniere guerre punique ; cette ville étant alors devenue extrêmement peuplée par l'affluence des étrangers qui s'y rendoient de toutes parts, on éleva extraordinairement les *maifons* pour avoir plus de logement. Enfin, Trajan fixa cette hauteur à foixante piés.

Dans la fplendeur de la république, les *maifons* ou hôtels des perfonnes diftinguées, étoient conftruites avec autant de magnificence que d'étendue. Elles contenoient plufieurs cours, avant-cours, appartemens d'hiver & d'été, corps-de-logis, cabinets, bains, étuves & falles, foit pour y manger, foit pour y conférer des matieres d'état.

La porte formoit en-dehors une efpece de portique, foutenue par des colonnes, & deſtinée à mettre à l'abri des injures du tems, les cliens qui venoient dès le matin faire leur cour à leur patron. La cour étoit ordinairement entourée de plufieurs corps-de-logis, avec des portiques au rez-de-chauffée. On appelloit cette feconde partie de la maifon *cavum ædium* ou *cavedium*. Enfuite on trouvoit une grande falle nommée *atrium interius*, & le portier de cet atrium s'appelloit *fervus atrienfis*. Cette galerie étoit ornée de tableaux, de ſtatues & de trophées de la famille ; on y voyoit des batailles, peintes ou gravées, des haches, des faifceaux & autres marques de magiftrature, que le maître de la *maifon* ou fes ancêtres avoient exercée. On y voyoit les ftatues de la famille en bas relief, de cire, d'argent, de bronze, ou de marbre, mifes dans des niches d'un bois précieux ; c'eſt dans cet endroit que les gens d'un certain ordre s'affembloient, en attendant que le maître du logis fût vifible ou de retour.

Polybe rapporte que ç'étoit au haut de la *maifon* qu'étoient placées les ſtatues de la famille, qu'on découvroit, & qu'on paroit de feftons & de guirlandes, dans certains jours de fêtes & de folemnités publiques. Lorfque quelque homme de confidération de la famille venoit à mourir, on faifoit porter les mêmes figures à fes funérailles, & on y ajoutoit le reſte du corps, afin de leur donner plus de reffemblance ; on les habilloit felon les dignités qu'avoient poffédés ceux qu'elles repréfentoient ; de la robe confulaire, s'ils avoient été confuls; de la robe triomphale, s'ils avoient eu les honneurs du triomphe, & ainfi du refte. Voilà, dit Pline, comment il arrivoit que tous les morts d'une famille illuftre affiftoient aux funérailles, depuis le premier jufqu'au dernier.

On peut aifément concilier la différence des récits qu'on trouve dans les autres auteurs, avec ce paffage de Polybe, en faifant attention que ces autres auteurs lui font poftérieurs ; que de fon tems le fafte & le luxe n'avoient pas fait autant de progrès que fous les empereurs ; qu'alors les Romains ne mettant plus de bornes à leur magnificence, eurent des falles baffes ou des veftibules dans leur *maifon*, pour placer de grandes ſtatues de marbre, ou de quelqu'autre matiere précieuſe, & que cela n'empêchoit pas qu'ils ne conſervaſſent dans un appartement du haut les buſtes de ces mêmes ancêtres, pour s'en fervir dans les cérémonies funèbres, comme étant plus commodes à tranfporter que des ſtatues de marbre.

On voyoit dans ces *maifons*, diverfes galeries foutenues par des colonnes, de grandes falles, des cabinets de converfation, des cabinets de peinture, & des bafiliques. Les falles étoient ou corinthiennes ou égyptiennes, les premieres n'avoient qu'un rang de colonnes pofées fur un pié-deftal, ou même en bas fur le pavé, & ne foutenoient que leur architrave, & leurs corniches de menuiſerie ou de ſtuc, fur quoi étoit le plancher en voûte furbaiffée : mais les dernieres avoient des architraves fur des colonnes, & fur les architraves des planchers d'affemblage, qui faifoient une terraffe découverte tournant tout au tour.

Ces hôtels, principalement depuis les réglemens qui en fixoient la hauteur, n'avoient ordinairement que deux étages au-deffus de l'entre fol. Au premier étoient les chambres à coucher, qu'on appelloit *dormitoria* ; au fecond étoient les appartemens des femmes, & les falles à manger qu'on nommoit *triclinia*.

Les Romains n'avoient point de cheminées faites comme les nôtres dans leurs appartemens, parce qu'ils n'imaginerent pas de tuyaux pour laiſſer paſſer la fumée. On faifoit le feu au milieu d'une falle baſſe, fur laquelle il y avoit une ouverture pratiquée au milieu du toit, par où fortoit la fumée ; cette forte de falle fervoit dans les commencemens de la république à faire la cuifine, c'étoit encore le lieu où l'on mangeoit ; mais dès que le luxe fe fut gliffé dans Rome, les falles baffes furent feulement deſtinées pour les cuifines.

On mettoit dans les appartemens des fourneaux portatifs ou des brafiers, dans lefquels on brûloit un certain bois, qui étant frotté avec du marc d'huile, ne fumoit point. Sénèque dit, que de fon tems, on inventa des tuyaux, qui paffant dans les murailles, échauffoient également toutes les chambres, jufqu'au haut de la *maifon*, par le moyen du feu qu'on faifoit dans les fourneaux placés le loog du bas des murs. On rendoit auffi les appartemens d'été plus frais, en fe fervant pareillement de tuyaux qui s'élevoient des caves, d'où ils tiroient la fraîcheur qu'ils répandoient en paffant dans les appartemens.

On ignore ce qui fervoit à leurs fenêtres pour laiſſer entrer le jour dans leurs appartemens, & pour fe garantir des injures de l'air. C'étoit peut-être de la toile, de la gaze, de la mouffeline ; car on eſt bien affuré, que quoique le verre ne leur fût pas inconnu, puifqu'ils en faifoient des vafes à boire, ils ne l'employoient point comme nous à des vîtres. Néron fe fervit d'une certaine pierre tranfparenſe comme l'albâtre, coupée par tables, au-travers de laquelle il y paroiffoit.

L'hiftorien Joſephe nous parle encore d'une autre matiere qu'on employoit pour cet ufage, mais fans s'expliquer clairement. Il rapporte que l'empereur Caligula donnant audience à Philou, ambassadeur des juifs d'Aléxandrie, dans une galerie d'un de fes palais proche Rome, fit fermer les fenêtres à caufe du vent qui l'incommodoit; enfuite il ajoute que ce qui fermoit ces fenêtres, empêchant le vent d'entrer, & laiffant feulement paffer la lumiere, étoit fi clair & fi éclatant, qu'on l'auroit pris pour du cryftal de roche. Il n'auroit pas eu befoin de faire une defcription auffi vague, s'il s'agiffoit du verre, connu par les vafes qu'on en faifoit ; c'étoit peut-être du talc que Pline nomme une efpece de pierre qui fe fendoit en feuilles déliées comme l'ardoife, & auffi tranfparentes que le verre; il y a bien des chofes dans l'antiquité dont nous n'avons que des connoiffances imparfaites.

Il n'en eft pas de même des citernes; on eft certain qu'il y en avoit de publiques & de particulieres dans les grandes *maifons*. La cour intérieure qu'on nommoit *impluvium*, étoit pratiquée de maniere qu'elle recevoit les eaux de pluïe de tout le bâtiment, qui alloient fe raffembler dans la citerne.

Dans le tems de la grandeur de Rome, les *maifons* de gens de confidération, avoient toujours des appartemens de réferve pour les étrangers avec lefquels ils étoient unis par les liens d'hofpitalité. Enfin, on trouvoit dans plufieurs *maifons* des perfonnes aifées, des bibliotheques nombreufes & ornées; & dans toutes les *maifons* des perfonnes riches, il y avoit des bains qu'on plaçoit toujours près des falles à manger, parce qu'on étoit dans l'habitude de fe baigner avant-que le mettre à table. *Le chevalier* DE JAUCOURT.

MAISONS *de plaifance des Romains*, (*Antiq. rom.*) Les *maifons* de plaifance des Romains étoient des *maifons* de campagne, fituées dans des endroits choifis, qu'ils prenoient plaifir d'orner & d'embellir, pour aller s'y divertir ou s'y repofer du foin des affaires. Horace les appelle tantôt *nitida villæ*, à caufe de leur propreté, & tantôt *villæ candentes*, parce qu'elles étoient ordinairement bâties de marbre blanc qui jettoit le plus grand éclat.

Le mot de *villa* chez les premiers Romains, fignifioit une *maifon* de campagne qui avoit un revenu; mais dans la fuite, ce même nom fut donné aux *maifons* de plaifance, foit qu'elles euffent du revenu, ou qu'elles n'en euffent point.

Ce fut bien autre chofe fur la fin de la république, lorfque les Romains fe furent enrichis des dépouilles de tant de nations vaincues; chaque grand feigneur ne fougea plus qu'à employer dans l'Italie, en tout genre de luxe, ce qu'il avoit amaffé de bien par toutes fortes de brigandages dans les provinces; alors ils firent bâtir de grandes *maifons* de plaifance, accompagnées de tout ce qui pouvoit les rendre plus magnifiques & plus délicieufes. Dans cette vûe, ils choifirent les endroits les plus commodes, les plus fains & les plus agréables.

Les côtés de la Campanie le long de la mer de Tofcane, & en particulier les bord du golfe de Bayes, eurent la préférence dans la comparaifon. Les hiftoriens & les poëtes parlent fi fouvent des délices de ce pays, qu'il faut nous y arrêter avec M. l'abbé Couture, pour connoître les *maifons* de plaifance des Romains. Toute la côte voifine du golfe étoit poiffonneufe, & la campagne auffi belle que fertile en grains & en vins. Il y avoit dans les environs une multitude de fontaines minérales, également propres pour le plaifir & pour la fanté. Les promenades y étoient charmantes & en très-grand nombre, les unes fur l'eau, les autres dans des prairies, que le plus affreux hiver fembloit toujours refpecter.

Cette image du golfe de Bayes, & de toute cette contrée de la Campanie, n'eft qu'un léger crayon du tableau qu'en font Pline & Strabon. Le dernier de ces auteurs qui vivoit fous Augufte, ajoute que les riches qui aimoient la vie luxurieufe, foit qu'ils fuffent las des affaires, foit qu'ils fuffent rebutés par la difficulté de parvenir aux grands emplois, ou que leur propre inclination les entraînât du côté des plaifirs, chercherent à s'établir dans un lieu délicieux, qui n'étoit qu'à une diftance raifonnable de Rome, & où l'on pouvoit impunément vivre à fa fantaifie. Pompée, Céfar, Védius Pollion, Hortenfius, Pifon, Servilius Vatia, Pollius, y firent élever de fuperbes *maifons* de plaifance. Cicéron en avoit au-moins trois le long de la mer de Tofcane, & Lucullus autant.

D'abord on fut un peu retenu par la pudeur des mœurs antiques, à laquelle la vie qu'on menoit à Bayes étoit directement oppofée; il falloit au-moins une ordonnance de médecin pour paffeport. Scipion l'Africain fatigué des bruits injurieux que les tribuns du peuple répandoient tous les jours contre lui, choifit Literne pour le lieu de fon exil & de fa mort, préférablement à Bayes, de peur de deshonorer les derniers jours de fa vie, par une retraite fi peu convenable à fes commencemens.

Marius, Pompée, & Jules Céfar ne furent pas tout-à-fait fi réfervés que Scipion; ils firent bâtir dans le voifinage, mais ils bâtirent leurs *maifons* fur la croupe de quelques collines, pour leur donner un air de châteaux & de places de guerre, plûtôt que de *maifons* de plaifance. *Illi quidem ad quos primos fortuna populi romani publicas opes tranftulit, C. Marius, & Cn. Pompeius & Cæfar extruxerunt quidem villas in regione Baianâ : fed illas impofuerunt fummis jugis montium : videbatur hoc magis militare, ex edito fpeculari longè latèque fubjecta : fcias non villas fuiffe fed caftra.* Croyez-vous, dit Séneque, car c'eft de lui qu'on a tiré ces exemples, croyez-vous que Caton eût pu fe réfoudre à habiter dans un lieu auffi contraire à la bonne difcipline, que l'eft aujourd'hui Bayes? Et qu'y auroit-il fait ? Quoi ? Compter les femmes galantes qui auroient paffé tous les jours fous fes fenêtres dans les gondoles de toutes fortes de couleurs, *&c. Putas tu habitaturum fuiffe in micâ Catonem?* (Miça étoit un falon fur le bord du golfe) *ut præter-navigantes adulteras dinumeraret, & adipifceret tot genera cymbarum, & flaitantem toto lacu rofam, & audiret canentium nocturna convicia.* Voilà une peinture de la vie licencieufe de Bayes.

Cicéron en avoit parlé avant Séneque dans des termes moins étudiés, mais pas moins fignificatifs, dans fon oraifon pour Cælius. Ce jeune homme avoit fait à Bayes divers voyages avec des perfonnes d'une réputation affez équivoque, & s'y étoit comporté avec une liberté que la préfence des cenfeurs auroit pu gêner dans Rome: fes accufateurs en prirent occafion de le décrier comme un débauché, & par conféquent capable du crime pour lequel ils le pourfuivoient. Cicéron qui parle pour lui, convient de ce qu'il ne fauroit nier, que Baye étoit un lieu dangereux. Il dit feulement que tous ceux qui y vont, ne fe perdent pas pour cela; que d'ailleurs il ne faut pas tenir les jeunes gens en braffieres, mais leur permettre quelques plaifirs, pourvu que ces plaifirs ne portent préjudice à perfonne, &c. mais ceux qui fe piquoient de régularité, avoient beau déclamer contre la diffolution qui regnoit à Bayes & dans les environs, le goût nouveau l'emportoit dans le cœur des Romains; & ce qui dans ces commencemens ne s'étoit fait qu'avec quelque retenue, fe pratiqua publiquement dans la fuite.

Quand une fois on a paffé les premieres barrieres de la pudeur, la dépravation va tous les jours en augmentant. Bayes devint le lieu de l'Italie le plus fréquenté & le plus peuplé. Les Romains s'y rendoient en foule du tems d'Horace, & y élevoient des bâtimens superbes à l'envi les uns des autres, en forte qu'il s'y forma en peu de tems au rapport de Strabon, une ville aussi grande que Pouzole, quoique celle-ci fût alors le port le plus considérable de toute l'Italie, & l'abord de toutes les nations.

Mais comme le terrein étoit fort serré d'un côté par la mer, & de l'autre par plusieurs montagnes, rien ne leur coûta pour vaincre ces deux obstacles. Ils raserent les coteaux qui les incommodoient, & comblerent la plus grande partie du golfe, pour trouver des emplacemens que la diligence des premiers venus avoit enlevés aux paresseux. C'est précisément ce que dans Salufte Catilina entend par ces mots de la harangue qu'il fait à ses conjurés pour allumer leur rage contre les grands de Rome, leurs ennemis communs. *Quis ferat illis superare divitias quas profundant in extruendo mari, coaquandisque montibus? Nobis larem familiarem deesse?* Qui est l'homme de cœur qui puisse souffrir que des gens qui ne font pas d'une autre condition que nous, ayent plus de bien qu'il ne leur en faut pour applanir des montagnes, & bâtir des palais dans la mer, pendant que nous manquons du nécessaire?

C'est à quoi l'on doit rapporter ces vers de l'Enéide, dans lesquels Virgile, pour mieux représenter la chûte du géant Bitias, la compare à ces masses de pierre qu'on jette dans le golfe de Bayes pour servir de fondations.

Qualis in Euboico Baiarum littore quondam, &c.
Ænéid. l. *IX. v.* 708.

Qu'un de nos Romains ou Horace se mette en tête qu'il n'y a pas au monde une plus belle situation que celle de Bayes, aussi-tôt le lac Lucrin & la mer de Toscane sentent l'empressement de ce nouveau maître pour y bâtir.

*Nullus in orbe sinus Bajis prælucet amœnis,
Si dixit dives, lacus & mare sentit amorem
Festinantis heri.*
Ep. j. liv. I. v. 83.

Un grand seigneur, observe ailleurs le même poète, dédaignant la terre ferme, veut étendre ses *maisons de plaisance* sur la mer, il borde les rivages d'une foule d'entrepreneurs & de manœuvres; il y roule des masses énormes de pierre; il comble les abimes d'une prodigieuse quantité de matériaux. Les poissons surpris se trouvent à l'étroit dans ce vaste élément.

*Contracta pisces æquora sentiunt
Jactis in altum molibus.*
Ode j. liv. III.

Mais ce ne furent pas les seuls poissons de Toscane qui souffrirent de ce luxe; les laboureurs, les cultivateurs de tous les beaux endroits de l'Italie virent avec douleur leurs coteaux changés en *maisons de plaisance*, leurs champs en parterres, & leurs prairies en promenades. L'étendue de la campagne depuis Rome jusqu'à Naples, étoit couverte de palais de gens riches. On peut bien le croire, puisque Cicéron pour sa part en avoit dix-huit dans cet espace de terrein, outre plusieurs *maisons* de repos sur la route. Il parle souvent avec complaisance de celle du rivage de Bayes, qu'il nomme son *puteolum.* Elle tomba peu de tems après sa mort entre les mains d'Antistius Vetus, & devint ensuite le palais de l'empercur Hadrien qui y finit ses jours, & y fut enterré. C'est-là qu'on suppose qu'il a fait son dernier adieu si célebre par les vers suivans:

*Animula, vagula, blandula,
Hospes, comesque corporis,
Quæ nunc abibis in loca
Pallidula, rigida, nudula,
Nec, ut soles, dabis jocos.*
(*D. J.*)

MAISONS DES GRECS, (*Architect. gréq.*) Les *maisons des Grecs* dont nous voulons parler, c'est-à-dire les palais des grands & des gens riches, brilloient par le goût de l'architecture, les statues, & les peintures dont ils étoient ornés. Ces *maisons* n'avoient point de vestibules comme celles des Romains, mais de la premiere porte on traversoit un passage où d'un côté étoient les écuries, & de l'autre la loge du portier, avec quelques logemens de domestiques. Ce passage conduisoit à une grande porte, d'où l'on entroit dans une galerie soutenue par des colonnes avec des portiques. Cette galerie menoit à des appartemens où les meres de famille travailloient en broderie, en tapisserie, & autres ouvrages, avec leurs femmes ou leurs amies. Le principal de ces appartemens se nommoit *thalamus*, & l'autre qui lui étoit opposé, *anti-thalamus.* Autour des portiques il y avoit d'autres chambres & des gardes-robes destinées aux usages domestiques.

A cette partie de la maison étoit jointe une autre partie plus grande, & décorée de galeries spacieuses, dont les quatre portiques étoient d'égale hauteur. Cette partie de la *maison* avoit de grandes salles quarrées, si vastes qu'elles pouvoient contenir, sans être embarrassées, quatre lits de table à trois sieges, avec la place suffisante pour le service, la musique & les jeux. C'étoit dans ces salles que se faisoient les festins où l'on sait que les femmes n'étoient point admises à table avec les hommes.

A droite & à gauche étoient d'autres petits bâtimens dégagés, contenant des chambres ornées & commodes, uniquement destinées pour recevoir les étrangers avec lesquels on entretenoit les droits d'hospitalité. Les étrangers pouvoient vivre dans cette partie de la *maison* en particulier & en liberté. Les pavés de tous les appartemens étoient de mosaïque ou de marqueterie. Telles étoient les *maisons des Grecs*, que les Romains imiterent, & qu'ils porterent au plus haut point de la magnificence. *Voyez* MAISONS de l'ancienne Rome. (*D. J.*)

MAISON DORÉE, *la*, (*Antiq. rom.*) C'est ainsi qu'on nommoit par excellence le palais de Néron. Il suffira pour en donner une idée, de dire que c'étoit un édifice décoré de trois galeries, chacune de demi-lieue de longueur, dorées d'un bout à l'autre. Les salles, les chambres & les murailles étoient enrichis d'or, de pierres précieuses, & de nacre de perles par compartimens, avec des planchers mobiles & tournoyans, incrustés d'or & d'ivoire, qui pouvoient changer de plusieurs faces, & verser des fleurs & des parfums sur les convives. Néron appella lui-même ce palais *domum auream, cujus tanta laxitas, ut porticus triplices milliarias haberet. In cæteris partibus cuncta auro lita, distincta gemmis unionumque conchis; erant cænationes laqueatæ tabulis eburneis versatilibus, ut flores, fistulatis, & unguenta desuper spargerentur.*

Domitien voulut céder à Néron dans ses folles dépenses : du-moins Plutarque ayant décrit la dorure somptueuse du capitole, ajoute qu'on sera bien autrement surpris si on vient à considérer les galeries, les bains, ou les serrails des concubines de Domitien. En effet c'étoit une chose bien étonnante, qu'un temple si superbe & si richement orné que celui du capitole, ne parût rien en comparaison d'une partie du palais d'un seul empereur. (*D. J.*)

MAISON MILITAIRE DU ROI, c'est en France les compagnies des gardes-du-corps, les gendarmes

MAI

de la garde, les chevaux-légers, & les mousquetaires. On y ajoute aussi ordinairement les grenadiers à cheval, qui campent en campagne à-côté des gardes-du-corps ; mais ils ne font pas du corps de la *maison du roi*. Les compagnies forment la cavalerie de la *maison du roi*. Elle a pour infanterie le régiment des gardes françoises, & celui des gardes suisses. *Voyez* GARDES-DU-CORPS, GENDARMES, CHEVAUX-LÉGERS, MOUSQUETAIRES, &c.

MAISON, (*Comm.*) lieu de correspondance que les gros négocians établissent quelquefois dans diverses villes de grand commerce, pour la facilité & sûreté de leur négoce. On dit en ce sens qu'un marchand ou banquier résidant dans une ville, *tient maison* dans une autre, lorsqu'il a dans cette derniere une *maison* louée en son nom, où il tient un facteur ou associé pour accepter & payer les lettres-de-change qu'il tire sur eux, vendre, acheter en son nom des marchandises, &c. Plusieurs gros banquiers ou négocians de Lyon, Bordeaux, &c. tiennent de ces *maisons* dans les principales villes du royaume, & même chez l'étranger qui à son tour en a parmi nous. *Dictionnaire de comm.* (G)

MAISONNAGE, s. m. (*Jurisprud.*) terme usité dans quelques coutumes, pour exprimer les bois de futaie que l'on coupe pour construire des bâtimens. *Voyez* la coutume d'Anjou, *art.* 497. (A)

MAITAEIROTINE, LA, (*Géogr.*) riviere de l'Amérique septentrionale, dans le Canada. Plusieurs nations sauvages voisines de la baye de Hudson, descendent cette riviere, & apportent les plus belles pelleteries du Cahada. (*D. J.*)

MAITRE, (*Hist. mod.*) titre que l'on donne à plusieurs officiers qui ont quelque commandement, quelque pouvoir d'ordonner, & premierement aux chefs des ordres de chevaleries, qu'on appelle *grands-maitres*. Ainsi nous dirons *grand-maitre* de Malthe, de S. Lazare, de la Toison d'or, des Franc-maçons.

Maitre, *chez les Romains*; ils ont donné ce nom à plusieurs offices. Le *maitre* du peuple *magister populi*, c'étoit le dictateur. Le *maitre* de la cavalerie, *magister equitum*, c'étoit le colonel général de la cavalerie : dans les armées il étoit le premier officier après le dictateur. Sous les derniers empereurs il y eut des *maitres* d'infanterie, *magistri peditum* ; maitre du cens, *magister censûs*, officier qui n'avoit rien des fonctions du censeur ou du subcenseur, comme le nom semble l'indiquer, mais qui étoit la même chose que le *propositus frumentariorum*. *Maitre de la milice* étoit un officier dans le bas empire, créé à ce que l'on prétend par Dioclétien ; il avoit l'inspection & le gouvernement de toutes les forces de terre, avec une autorité semblable à-peu-près à celle qu'ont eu les connétables en France. On créa d'abord deux de ces officiers, l'un pour l'infanterie, & l'autre pour la cavalerie. Mais Constantin réunit ces deux offices en un seul. Ce nom devint ensuite commun à tous les généraux en chef, dont le nombre s'augmenta à proportion des provinces ou gouvernemens où ils commandoient. On en créa un pour le Pont, un pour la Thrace, un pour le Levant, & un pour l'Illyrie ; on les appella ensuite *comites*, comtes, & *clarissimi*. Leur autorité n'étoit qu'une branche de celle du préfet du prétoire, qui par là devint un officier purement chargé du civil.

Maitre des armes dans l'empire grec, *magister armorum*, étoit un officier ou un contrôleur subordonné au *maitre* de la milice.

Maitre des offices, *magister officiorum* ; il avoit l'intendance de tous les offices de la cour. On l'appelloit *magister officii palatini*, ou simplement *magister* ; sa charge s'appelloit *magisteria*. Ce *maitre* des offices étoit à la cour des empereurs d'Occident le même que le curo-palate à la cour des empereurs d'Orient.

MAI 893

Maitre des armoiries ; c'étoit un officier qui avoit le soin ou l'inspection des armes ou armoiries de sa majesté. *Voyez* ARMES & ARMOIRIES.

Maitre ès arts, celui qui a pris le premier degré dans la plupart des universités, ou le second dans celles d'Angleterre, les aspirans n'étant admis aux grades en Angleterre qu'après sept ans d'études. Autrefois, dans l'université de Paris, le degré de *maitre ès arts* étoit donné par le recteur, à la suite d'une thèse de Philosophie que le candidat soutenoit au bout de son cours. Cet ordre est maintenant changé ; les candidats qui aspirent au degré de *maitre ès arts*, après leurs deux ans de Philosophie, doivent subir deux examens ; un devant leur nation, l'autre devant quatre examinateurs tirés des quatre nations, & le chancelier ou sous-chancelier de Notre-Dame, ou celui de Sainte-Genevieve. S'ils sont trouvés capables, le chancelier ou sous-chancelier leur donne le bonnet de *maitre ès arts*, & l'université leur en fait expédier des lettres. *Voyez* BACHELIER, DOCTEUR.

Maitre de cérémonie en Angleterre, est un officier qui fut institué par le roi Jacques premier, pour faire une reception plus solemnelle & plus honorable aux ambassadeurs & aux étrangers de qualité, qu'il présente à sa majesté. La marque de la charge est une chaîne d'or, avec une médaille qui porte d'un côté l'emblême de la paix avec la devise du roi Jacques, & au revers l'emblême de la guerre, avec ces mots *Dieu est mon droit*. Cet office doit être rempli par une personne capable, & qui possede les langues. Il est toujours de service à la cour, & il a sous lui un *maitre*-assistant ou député qui remplit sa place sous le bon plaisir du roi. Il y a aussi un troisieme officier appelé *maréchal de cérémonie*, dont les fonctions sont de recevoir & de porter les ordres du *maitre des cérémonies* ou de son député pour ce qui concerne leurs fonctions, mais qui ne peut rien faire sans leur commandement. Cette charge est à la nomination du roi. *Voyez* MARÉCHAL.

Maitres de la chancellerie en Angleterre : on les choisit ordinairement parmi les avocats ou licenciés en droit civil, & ils ont séance à la chancellerie ou au greffe ou bureau des rôles & registres, comme assistans du lord chancelier ou *maitre* des rôles. On leur renvoie des rapports interlocutoires, les réglemens ou arrêts de comptes, les taxations de frais, &c. & on leur donne quelquefois par voie de référé le pouvoir de terminer entierement les affaires. Ils ont eu de tems immémorial l'honneur de s'asseoir dans la chambre des lords, quoiqu'ils n'aient aucun papier ou lettres patentes qui leur en donnent droit, mais seulement en qualité d'assistans du lord chancelier & du *maitre* des rôles. Ils étoient autrefois chargés de l'inspection sur tous les écrits, sommations, assignations : ce que fait maintenant le clerc du petit scean. Lorsque les lords envoient quelque message aux communes, ce font les *maitres de chancellerie* qui les portent. C'est devant eux qu'on fait les déclarations par serment, & qu'on reconnoît les actes publics. Outre ceux qu'on peut appeller *maitres ordinaires de chancellerie* qui sont au nombre de douze, & dont le *maitre* des rôles est regardé comme le chef, il y a aussi des *maitres de chancellerie* extraordinaires, dont les fonctions sont de recevoir les déclarations par serment & les reconnoissances dans les provinces d'Angleterre, à 10 milles de Londres & par-delà, pour la commodité des plaideurs.

Maitre de la cour des gardes & saisines en étoit le principal officier, il en tenoit le sceau & étoit nommé par le roi ; mais cette cour & tous ses officiers, ses membres, son autorité & ses appartenances ont été abolies par un statut de la seconde année du règne de Charles II. *ch.* xxiv. *Voyez* GARDES.

Maîtres des facultés en Angleterre; officier sous l'archevêque de Cantorbéry, qui donne les licences & les dispenses: il en est fait mention dans les *statuts XXII. XXIII.* de Charles II.

Maître Canonnier. Voyez CANONNIER.

Maître de cavalerie en Angleterre, grand officier de la couronne, qui est chargé de tout ce qui regarde les écuries & les haras du roi, & qui avoit autrefois les postes d'Angleterre. Il commande aux écuries & à tous les officiers ou maquignons employés dans les écuries, en faisant apparoitre au contrôleur qu'ils ont prêté le serment de fidélité, &c. pour justifier à leur décharge qu'ils ont rempli leur devoir. Il a le privilege particulier de se servir des chevaux, des pages, & des valets de pié de l'écurie; de sorte que ses carrosses, ses chevaux, & ses domestiques sont tous au roi, & en portent les armes & les livrées.

Maître de la maison; c'est un officier sous le lord steward de la maison, & à la nomination du roi: ses fonctions sont de contrôler les comptes de la maison. *Voyez* MAISON. Anciennement le lord steward s'appelloit *grand-maître de la maison*.

Maître des joyaux; c'est un officier de la maison du roi, qui est chargé de toute la vaisselle d'or & d'argent de la maison du roi & de celle des officiers de la cour, de celle qui est déposée à la tour de Londres, comme aussi des chaines & menus joyaux qui ne sont pas montés ou attachés aux ornemens royaux.

Maître de la monnoie, étoit anciennement le titre de celui qu'on nomme aujourd'hui *garde de la monnoie*, dont les fonctions sont de recevoir l'argent & les lingots qui viennent pour être frappés, ou d'en prendre soin. *Voyez* MONNOIE.

Maître d'artillerie, grand officier à qui on confie tout le soin de l'artillerie du roi. *Voyez* ARTILLERIE.

Maître des menus plaisirs du roi, grand officier qui a l'intendance sur tout ce qui regarde les spectacles, comédie, bals, mascarades, &c. à la cour. Il avoit aussi d'abord le pouvoir de donner des permissions à tous les comédiens forains & à ceux qui montrent les marionnettes, &c. & on ne pouvoit même jouer aucune piece aux deux salles de spectacles de Londres, qu'il ne l'eût lue & approuvée; mais cette autorité a été fort réduite, pour ne pas dire absolument abolie par le dernier réglement qui a été fait sur les spectacles.

Maître de la garde-robe. Voyez GARDE-ROBE.

Maître des comptes, officier par patentes & à vie, qui a la garde des comptes & patentes qui passent au grand sceau & des actes de chancellerie. *Voyez* CHANCELLERIE. Il siége aussi comme juge à la chancellerie en l'absence du chancelier & du garde, & M. Edouard Cok l'appelle *assistant. Voyez* CHANCELIER. Il entendoit autrefois les causes dans la chapelle des rôles; il y rendoit des sentences; il est aussi le premier des *maîtres* de chancellerie & il en est assisté aux rôles, mais on peut appeller de ses sentences au lord chancelier; & il a aussi séance au parlement, & y siége auprès du lord chancelier sur le second tabouret de laine. Il est gardien des rôles du parlement, & occupe la maison des rôles, & à la garde de toutes les chartes, patentes, commissions, actes, reconnoissances, qui étant faites en rôles de parchemin, ont donné le nom à sa place. On l'appelloit autrefois *clerc des rôles*. Les six clercs en chancellerie, les examinateurs, les trois clercs du petit sac, & les six gardes de la chapelle des rôles ou gardes des rôles sont à sa nomination. *Voyez* CLERC & RÔLE.

Maître d'un vaisseau, celui à qui l'on confie la direction d'un vaisseau marchand, qui commande en chef & qui est chargé des marchandises qui sont à bord. Dans la Méditerranée le *maître* s'appelle souvent *patron*, & dans les voyages de long cours vire. *Voyez* CAPITAINE. C'est le propriétaire du vaisseau qui choisit le *maître*, & c'est le *maître* qui fait l'équipage & qui leve les pilotes & les matelots, &c. Le *maître* est obligé de garder un registre des hommes qui servent dans son vaisseau, des termes de leur engagement, de leurs reçus & payemens, & en général de tout ce qui regarde le commandement de ce navire.

Maître du Temple; le fondateur de l'ordre du Temple & tous ses successeurs ont été nommés *magni Templi magistri*; & même depuis l'abolition de l'ordre, le directeur spirituel de la maison de ce nom est encore appellé de ce nom. *Voyez* TEMPLE & TEMPLIER.

MAÎTRES, (*Hist. mod.*) *magistri*, nom qu'on a donné par honneur & comme par excellence à tous ceux qui enseignoient publiquement les Sciences, & aux recteurs ou prefets des écoles publiques.

Dans la suite ce nom est devenu un titre d'honneur pour ceux qui excelloient dans les Sciences, & est enfin demeuré particulierement affecté aux docteurs en Théologie dont le degré a été nommé *magisterium* ou *magisterii gradus*; eux-mêmes ont été appellés *magistri*, & l'on trouve dans plusieurs écrivains les docteurs de la faculté de Théologie de Paris désignés par le titre de *magistri parisienses*.

Dans les premiers tems on plaçoit quelquefois la qualité de *maître* avant le nom propre, comme *maître Robert*, ainsi que Joinville appelle Robert de Sorbonne ou *magister Nicolas Oresme* de la maison de Navarre: quelquefois on ne mettoit cette qualification qu'après le nom propre, comme *Florus magister*, archidiacre de Lyon & plusieurs autres.

Quelques-uns ont joint au titre de *maître* des dénominations particulieres tirées des Sciences auxquelles ils s'étoient appliqués & des différentes matieres qu'ils avoient traitées. Ainsi l'on a surnommé Pierre Lombard le *maître des sentences*, Pierre Comestor *ou* le mangeur le *maître de l'Histoire scholastique* ou *savante*, & Gratien le *maître des canons* ou *des decrets*.

Ce titre de *maître* est encore d'un usage frequent & journalier dans la faculté de Paris, pour désigner les docteurs dans les actes & les discours publics: les candidats ne les nomment que *nos très-sages maîtres*, en leur adressant la parole: le syndic de la faculté ne les désigne point d'autres titres dans les assemblées & sur les registres. Et on marque cette qualité dans les manuscrits ou imprimés par cette abréviation, pour le singulier, *S. M. N.* c'est-à-dire *sapientissimus magister noster*, & pour le pluriel, par celle-ci, *SS. MM. NN. sapientissimi magistri nostri*, parce que la Théologie est regardée comme l'étude de la sagesse.

MAÎTRE ŒCUMÉNIQUE, (*Hist. mod.*) nom qu'on donnoit dans l'empire grec au directeur d'un fameux college pour Constantin dans la ville de Constantinople. On lui donna ce titre qui signifie *universel*, ou parce qu'on ne consioit cette place qu'à un homme d'un rare mérite, & dont les connoissances en tout genre étoient très-étendues, ou parce que son autorité s'étendoit universellement sur tout ce qui concernoit l'administration de ce college. Il avoit inspection sur douze autres *maîtres* ou docteurs qui instruisoient la jeunesse dans toutes les sciences divines & humaines. Les empereurs honoroient ce *maître œcuménique* & les professeurs d'une grande considération, & les consultoient même dans les affaires importantes. Leur college étoit riche, & sur-tout orné d'une bibliotheque de six cens mille volumes. L'empereur Léon l'Isaurien irrité ce que le *maître œcuménique* & ses docteurs soutenoient le culte des images, les fit enfermer dans leur college, & y ayant fait mettre le feu pendant la nuit, livra aux flammes la bibliotheque & le college & les savans, exerçant ainsi sa rage contre les lettres aussi bien que contre la religion. Cet incendie arriva l'an 726. *Cedren. Theoph. Zonaras.*

MAÎTRE DU SACRÉ PALAIS, (*Hist. mod.*) officier du palais du pape, dont la fonction est d'examiner, corriger, approuver ou rejetter tout ce qui doit s'imprimer à Rome. On est obligé de lui en laisser une copie, & après qu'on a obtenu une permission du vice-gèrent pour imprimer sous le bon plaisir du *maître du sacré palais*, cet officier ou un de ses compagnons (car il a sous lui deux religieux pour l'aider) en donne la permission ; & quand l'ouvrage est imprimé & trouvé conforme à la copie qui lui est restée entre les mains, il en permet la publication & la lecture : c'est ce qu'on appelle le *publicetur*. Tous les Libraires & Imprimeurs sont sous sa jurisdiction. Il doit voir & approuver les images, gravures, sculptures, &c. avant qu'on puisse les vendre ou les exposer en public. On ne peut prêcher un sermon devant le pape, que le *maître du sacré palais* ne l'ait examiné. Il a rang & entrée dans la congrégation de l'*Indice*, & séance quand le pape tient chapelle, immédiatement après le doyen de la rote. Cet office a toujours été rempli par des religieux dominicains qui sont logés au vatican, ont bouche à cour, un carrosse, & des domestiques entretenus aux dépens du pape.

MAÎTRE DE LA GARDE-ROBE, (*Hist. mod.*) *vestiarius*, dans l'antiquité, & sous l'empire des Grecs, étoit un officier qui avoit le soin & la direction des ornemens, robes & habits de l'empereur. *Voyez* GARDE-ROBE.

Le grand *maître* de la garde-robe *proto-vestiarius*, étoit le chef de ces officiers ; mais parmi les Romains, *vestiarius* n'étoit qu'un simple frippier ou tailleur.

MAÎTRE DES COMPTES. (*Jurisprud.*) *Voyez* au mot COMPTES, à *l'article de la chambre des comptes.*

MAÎTRE DES EAUX ET FORÊTS, (*Jurisprudence.*) est un officier royal qui a inspection & jurisdiction sur les eaux & forêts du roi, des communautés laïques & ecclésiastiques, & de tous les autres sujets du Roi, pour la police & conservation de ces sortes de biens.

Ces officiers sont de deux sortes, les uns qu'on appelle *grands-maîtres*, les autres *maîtres particuliers*.

Quelques seigneurs ont conservé à leurs juges des eaux & forêts le titre de *maîtres particuliers :* mais quand ces officiers se présentent pour être reçus à la table de marbre, ils ne prêtent serment que comme gruyers, & n'ont point séance à la table de marbre comme les *maîtres particuliers* royaux. *Voyez* les deux *articles* suivans. (*A*)

GRANDS-MAITRES DES EAUX ET FORÊTS, sont ceux qui ont l'inspection & jurisdiction en chef sur les eaux & forêts ; les *maîtres* particuliers exercent la même jurisdiction chacun dans leur district.

Pour bien développer l'origine de ces sortes d'officiers, il faut observer que tous les peuples policés ont toujours eu des officiers pour la conservation des forêts. Les Romains apprirent cet ordre des Grecs ; ils tenoient cette fonction à grand honneur, puisque l'on en chargeoit le plus souvent les nouveaux consuls, comme l'on fit à l'égard de Bibulus & de Jules-César : ces magistrats avoient sous eux d'autres officiers pour la garde des forêts.

En France, un des premiers soins de nos rois fut aussi d'établir des officiers qui eussent l'inspection sur les eaux & forêts ; c'étoit principalement pour la conservation de la chasse & de la pêche, plûtôt que pour la conservation du bois, lequel étoit alors si commun en France, que l'on s'attachoit plûtôt à en défricher qu'à en planter ou à le conserver.

Sous la premiere & la seconde race de nos rois on les appelloit forestiers, *forestarii*, non pas qu'ils n'eussent inspection que sur les forêts seulement, ils l'avoient également sur les eaux ; le terme de forêt qui vient de l'allemand, signifioit dans son origine *défends, garde*, ou *reserve*, ce qui convenoit aux fleuves, rivieres, étangs, & autres eaux que l'on tenoit en défense, aussi-bien qu'aux bois que l'on vouloit conserver : ainsi *forestier* signifioit *gouverneur* & *gardien* des forêts & des eaux.

Grégoire de Tours, *liv. X. chap. x.* rapporte que la quinzieme année du regne de Childebert, roi de France, vers l'an 729, ce prince chassant dans la forêt de Vosac, ayant découvert la trace d'un busle qui avoit été tué, il contraignit le forestier de lui déclarer celui qui avoit été si hardi de commettre un tel acte, ce qui occasionna un duel entre le forestier & un nommé Chandon, soupçonné d'avoir tué le busle.

Il est aussi parlé des forestiers dans un *capitulaire* de Charlemagne de l'an 823, *art. xvij. de forestis*, où il est dit que les forestiers, *forestarii*, doivent bien défendre les forêts, & conserver soigneusement les poissons.

On donna aussi le nom de *forestiers* aux gouverneurs de Flandres, ce qui vient peut-être de ce que ce pays étoit alors presque entierement couvert de la forêt Charboniere, & que la conservation de cette forêt étoit le principal objet des soins du gouverneur, ou plûtôt parce que le terme de *forestier* signifioit *gardien* & *gouverneur*, comme on l'a déjà remarqué. Quelques Historiens tiennent que le premier de ces forestiers de Flandres fut Lideric I. fils unique de Salvart, prince de Dijon, que Clotaire II. éleva à cette dignité vers l'an 621 ; qu'il y eut consécutivement six gouverneurs appellés *forestiers*, jusqu'à Baudouin, surnommé Bras-de-fer, en faveur duquel Charles-le-Chauve érigea la Flandres en comté.

Nos rois avoient cependant toujours leur forestier, que l'on appelloit le *forestier* du roi, *forestarius regis*, ou *regius*, lequel faisoit alors la même fonction que fait aujourd'hui le grand-veneur, & avoit en même tems inspection sur toutes les eaux & forêts du roi.

Le moine Aymoin, en son *Histoire des gestes des François*, *liv. V. chap. xlvij.* rapporte que du tems du roi Robert, l'an 1004, Thibaut, surnommé fileétoupe, son forestier, fortifia Montlhéry.

Il ne faut pas confondre ces forestiers du roi, ou grands-forestiers avec les simples juges forestiers, ni avec les gardes-bois, tels que ceux que nous avons encore, que l'on appelle *sergens forestiers*.

Il paroit que le titre de *grand forestier* du roi fut depuis changé en celui de *maître veneur* du roi, *quasi magister venatorum*, appellé depuis *grand-veneur*.

Le *maître veneur* du roi avoit, de même que le grand-forestier, l'intendance des eaux & forêts, pour la chasse & la pêche.

Il étoit aussi ordinairement *maître des eaux & forêts* du roi, pour la police & conservation de cette partie du domaine, qui étoit autrefois une des plus considérables.

Jean Leveneur, chevalier, qui étoit maître veneur du roi dès l'an 1289, étoit aussi *maître des eaux & forêts* ; il alla deux fois, en 1298, pour faire des informations sur les forêts de Normandie, & au mois de Juin 1300, sur celles du bailliage de Coutances : il mourut en 1301.

Robert Leveneur son fils, chevalier, étoit veneur dès 1308, & le fut jusqu'en 1312, qu'il se démit de cette charge en faveur de son frere, il prit possession de la charge de *maître des eaux & forêts* du roi le 4 Février 1312, au-lieu d'Etienne Bienfait, & exerçoit encore cette charge en 1330, il est qualifié de *maître enquêteur des eaux & forêts* du roi, dans un mandement du 11 Avril 1326; c'est la premiere fois que l'on trouve la qualité d'enquêteur donnée aux *maîtres des eaux & forêts*. Il y en avoit alors plusieurs, puisque par une déclaration de 1317 le nombre en fut réduit à deux.

Jean Leveneur, frere de Robert, & veneur depuis 1312, fut aussi *maître enquêteur des eaux & forêts* ès années 1303, 1313, 1328, & 1329; il paroît par-là qu'il fit cette fonction dans le même tems que Robert Leveneur son frere.

Henri de Meudon, reçu maître de la venerie du roi en 1321, fut institué *maître des eaux & forêts* de France le 24 Septembre 1335, & reçut en cette qualité une gratification sur le domaine de Rouen, en considération de ses services, il est qualifié *maître enquêteur des eaux & forêts du roi* par tout son royaume, & de celles du duc de Normandie dans un ordre daté de Saint-Germain-en-Laye le premier Août 1339, adressé au receveur de Domfront, auquel il mande de payer la dépense que Huart Piçart avoit faite en apportant des éperviers au roi.

Après la mort d'Henri de Meudon, arrivée en 1344, Renaud de Giry fut maître de la venerie du roi, *maître des eaux & forêts*, & de celles des ducs de Normandie & d'Orléans en 1347; il étoit aussi en même tems verdier de la forêt de Breteuil, & exerça ces charges jusqu'à sa mort, arrivée en 1355.

Il eut pour successeur dans ces deux charges de maître de la vénerie du roi & de *maître des eaux & forêts* Jean de Meudon, fils d'Henri, dont on a parlé ci-devant; l'histoire des grands officiers de la couronne le qualifie de *maître des eaux & forêts*, & dans un autre endroit, *premier maître des eaux & forêts*, ce qui suppose qu'il y en avoit alors plusieurs, & qu'il avoit la primauté.

Jean de Corguilleray, qui étoit maître vêneur du duc de Normandie, régent du royaume, & *maître enquêteur des eaux & forêts* du même prince, fut aussi *maître enquêteur des eaux & forêts* du roi.

Jean de Thubeauville, maître de la vénerie du roi, fut aussi *maître enquêteur des eaux & forêts* du roi en 1372, il l'étoit encore en 1377 & en 1379 : de son tems fut faite une ordonnance, le 22 Août 1375, qui réduisoit les *maîtres des eaux & forêts* au nombre de six, y compris le maître de la venerie, qui par le droit de cette charge devoit être aussi *maître des eaux & forêts*.

Philippes de Corguilleray, qui étoit maître de la vénerie du roi dès 1377, succéda à Jean de Thubeauville en l'office de *maître enquêteur des eaux & forêts* du roi, qu'il exerça jusqu'au 22 Août 1399 qu'il en fut déchargé.

Ce fut Robert de Franconville qui lui succéda dans ces deux offices. Il se démit en 1410 de l'office de maître de la vénerie en faveur de Guillaume de Gamaches.

Celui-ci en fut deux fois desapointé; & en 1424 Charles VII. pour le dédommager des pertes qu'il avoit souffert, lui donna la charge de *grand-maître & souverain réformateur des eaux & forêts* du royaume, qu'il exerçoit encore en 1428.

Depuis ce tems on ne voit pas qu'aucun grand-vêneur ait été *grand-maître général de toutes les eaux & forêts* de France, on en trouve seulement quelques-uns qui furent *grands-maîtres des eaux & forêts* d'une province ou deux; tel fut Yves Dufon, lequel dans une quittance du 16 Novembre 1478, prend la qualité de *général réformateur des eaux & forêts*.

Tel fut aussi Louis, seigneur de Rouville, que François I. institua *grand maître enquêteur & réformateur des eaux & forêts* de Normandie & de Picardie en 1519.

Louis de Brezé, grand-véneur, dans une quittance du 9 Novembre 1490, est qualifié *réformateur général* du pays & duché de Normandie, mais il n'est pas dit que ce fût singulierement pour les eaux & forêts.

Le grand-veneur étoit donc anciennement, par le droit de sa charge, seul *maître des eaux & forêts* du roi: & depuis, lorsqu'on eut multiplié le nombre des *maîtres des eaux & forêts*, il étoit ordinairement de ce nombre, & même le premier; on a même vû que quelques-uns des grands-véneurs avoient le titre de grand-maître & souverain réformateur des eaux & forêts du royaume; mais cette fonction n'étoit pas alors un office permanent, ce n'étoit qu'une commission momentanée que le roi donnoit au grand-véneur, & aussi à d'autres personnes.

Les *maîtres des eaux & forêts*, autres que les grands veneurs, sont nommés *magistri forestarum & aquarum*: dans une ordonnance de Philippe-le-Bel, de l'an 1291, ils sont nommés avant les gruyers & les forestiers; ils avoient pourtant aussi des supérieurs, car cette ordonnance dit qu'ils prêteront serment entre les mains de leur supérieur : c'étoit apparemment le grand-vêneur qui avoit alors seul l'inspection en chef sur les autres *maîtres des eaux & forêts*.

Quelque tems après on lui donna des collegues pour les eaux & forêts : le nombre en fut réglé différemment en divers tems.

Le plus ancien *maître ordinaire des eaux & forêts* qui soit connu entre ceux qui n'étoient pas grands-véneurs, est Etienne Bienfait, chevalier, qui étoit *maître des eaux & forêts* en l'année 1294, & exerça cet office jusqu'en 1312. Jean Leveneur, maître de la vénerie du roi exerçoit aussi dans le même tems l'office de *maître des eaux & forêts*.

Jean Leveneur, second du nom, maître de la vénerie du roi, avoit pour collegue en la charge de *maître des eaux & forêts*, Philippe de Villepreux, dit Leconvers, clerc du roi, chanoine de l'église de Tournay, puis de celle de Paris, & archidiacre de Brie en l'église de Meaux. Celui-ci exerça la fonction de *maître des eaux & forêts* du roi en plusieurs occasions, & fut député commissaire avec Jean Leveneur, pour le fait des forêts de Normandie au mois de Décembre 1300. Le roi le commit aussi en 1310, pour regler aux habitans de Gaillefontaine leur droit d'usage aux bois de la Cauchie & autres; & en 1314 pour vendre certains bois, tant pour les religieuses de Poissy, que pour les bâtimens que le roi y avoit ordonnés.

Le grand-véneur n'étoit donc plus, comme auparavant, seul *maître des eaux & forêts*; il paroît même qu'il n'avoit pas plusieurs collegues pour cette fonction.

En effet, suivant un mandement de Philippe V. du 12 Avril 1317, adressé aux gens des comptes, il est dit, qu'il avoit ordonné par délibération de son conseil, que dorénavant il n'auroit que deux *maîtres de ses forêts & de ses eaux*, sçavoir Robert Leveneur, chevalier, & Oudart de Cros, Doucreux, ou du Cros, & que tous les autres étoient ôtés de leur office, non pas pour nul méfait, car il pensoit, disoit-il, à les pourvoir d'une autre manière, & en conséquence il mande à ces gens des comptes, que pour cause de l'office de *maître de ses eaux & forêts*, ils ne comptent gages là nul autre qu'aux deux susnommés, & que nul autre ne s'entremette des enquêtes desdites forêts.

Le nombre en fut depuis augmenté; car suivant une ordonnance de Philippe de Valois du 29 Mai 1346, il y en avoit alors dix qui étoient tous égaux en pouvoirs, sçavoir deux en Normandie, un pour la vicomté de Paris, deux en Yveline, Senlis, Valois, Vermandois, Amiénois; deux pour l'Orléanois, Sens, Champagne & Mâcon, & trois en Touraine, Anjou, Maine, Xaintonge, Berry, Auvergne: tous les autres maîtres & gruyers furent ôtés. La suite de cette ordonnance fait connoître que les autres maîtres qui furent supprimés, étoient des maîtres particuliers. Il y en eut pourtant de rétablis peu de tems après, car dans des lettres du roi Jean du 2 Octobre 1354, il est parlé des *maîtres des eaux & forêts* de la sénéchaussée de Toulouse ; & dans d'autres lettres de Jean, comte d'Armagnac, du 9 Février 1355, il est parlé des *maîtres des forêts du roi*, de la sénéchaussée de Carcassonne & de Beziers.

Les dix *maîtres enquêteurs des eaux & forêts* qui étoient au-dessus de ces maîtres particuliers, étoient égaux en pouvoirs comme sont aujourd'hui les grands-maîtres. En 1356 un nommé Encirus Dol, ou Even de Dol, fut pourvû de l'office de *maître général enquêteur des eaux & forêts* dans tout le royaume, & sur sa requisition donnée dans la même année, Robert de Coetelez fut pourvû du même office, mais nonobstant le titre d'enquêteur général qui leur est donné, il ne paroît pas qu'ils eussent aucune supériorité sur les autres ni qu'ils fussent seuls; car Charles, régent du royaume, ordonne qu'ils auront les mêmes gages que les autres *maîtres enquêteurs des eaux & forêts*, il paroît que depuis ce tems ils prirent tous le titre de *maître enquêteur général*.

Pendant la prison du roi Jean, Charles V. qui étoit alors régent du royaume, fit en cette qualité une ordonnance le 27 Janvier 1359, portant entre autres choses, qu'en l'office de la maîtrise des eaux & forêts, il y en auroit dorénavant quatre pour le Languedouil (ou pays coûtumier) & un pour le Languedoc (ou pays de droit écrit) tant seulement : ainsi par cette ordonnance ils furent réduits à moitié de ce qu'ils étoient auparavant.

Jean de Melun, comte de Tancarville, fut institué souverain *maître & réformateur des eaux & forêts de France*, par des lettres du premier Décembre 1360, & exerça cette charge jusqu'au premier Novembre 1362.

Néanmoins dans le même tems qu'il exerçoit cet office, le roi Jean envoya en 1361 dans le bailliage de Mâcon & dans les sénéchaussées de Toulouse, Beaucaire & Carcassonne, trois rétormateurs généraux ; savoir l'évêque de Meaux, le comte de la Marche, & Pierre Scatisse, trésorier du roi, pour réformer tous les abus qui pouvoient avoir été commis de la part des officiers, & nommément des *maîtres des eaux & forêts*, gruyers & autres.

Robert, comte de Roucy, succéda en 1362 à Jean de Melun en l'office de souverain *maître & réformateur des eaux & forêts*, qu'il exerça jusqu'à son décès arrivé deux années après.

Cet office fut ensuite donné à Gaucher de Châtillon, qui l'exerça jusqu'à sa mort arrivée en 1377.

Le souverain *maître & réformateur des eaux & forêts* étoit le supérieur des autres *maîtres généraux des eaux & forêts*, qui avoient sous eux les *maîtres particuliers*, gruyers, verdiers.

Charles V. ordonna le dernier Février 1378, pour le gouvernement de ses eaux & forêts il y auroit pour le tout six *maîtres* seulement, dont quatre seroient ordonnés *maîtres des forêts*, qui visiteroient par-tout le royaume, tant en Languedoc qu'ailleurs, & que les deux autres seroient *maîtres des eaux*.

Il ne paroît point qu'il eût alors de *souverain maître réformateur général* au-dessus des autres *maîtres des eaux & forêts* ; mais en 1384 Charles VI. établit Charles de Châtillon souverain *maître & réformateur général des eaux & forêts de France* par des lettres du 4 Juillet. Il en fit le serment le 15 du même mois, & donna quittance sur les gages de cet office le 24 Mai 1387. Il mourut en 1401 ; mais il paroît que depuis 1387 il n'exerçoit plus l'office de souverain & réformateur général des eaux & forêts. C'est ce que l'on voit par des lettres du 9 Février de ladite année, où Charles VI. réglant le nombre des *maîtres des eaux & forêts* & garennes, ordonne que le sire de Châtillon sera sur le fait de ses garennes seulement ; que pour les forêts de Champagne, Brie, France & Picardie, il y auroit deux *maîtres* : qu'il nomme deux autres pour la Normandie, deux pour l'Orléanois & la Touraine, & un pour les terres que le roi de Navarre avoit coutume de tenir en France & en Normandie.

Guillaume IV. du nom, vicomte de Melun, comte de Tancarville, fut institué souverain *maître & général réformateur des eaux & forêts de France* par lettres du premier Juillet 1394, ce qui n'étoit probablement qu'une commission passagere, ayant encore obtenu de semblables lettres le 23 Janvier 1395, suivant un compte du trésor.

Valeran de Luxembourg III. du nom, comte de Saint-Pol & de Ligny, fut institué au même titre en l'année 1402 ; il l'étoit encore en 1410, suivant des lettres du 24 Juillet de ladite année, qui lui sont adressées en cette qualité.

Cependant le comte de Tancarville qui avoit déjà eu cet office en 1394 & 1395, l'exerçoit encore en 1407, suivant une ordonnance du 7 Janvier de ladite année, par laquelle on voit que le nombre des *maîtres des eaux & forêts* étoit toujours le même. Charles VI. ordonne que le nombre des *maîtres des eaux & forêts* dont le comte de Tancarville est souverain *maître*, demeure ainsi qu'il étoit auparavant, savoir en Picardie & Normandie trois ; en France, Champagne, Brie & Touraine deux, & un en Xaintonge.

On tient aussi que Guillaume d'Estouteville fut grand-maître & général réformateur des eaux & forêts de France ; il est nommé dans deux arrêts du parlement, des années 1406 & 1408.

Pierre des Essarts, qui fut prevôt de Paris, fut institué souverain *maître & réformateur des eaux & forêts de France* le 5 Mars 1411.

Sur la résignation de celui-ci, cet office fut donné par lettres du 19 Septembre 1412, à Charles Baron d'Yvry, lequel en fut destitué peu de tems après & sa place donnée d'abord à Robert d'Aunoy, par lettres du 12 Mai 1413, & ensuite à Georges sire de la Trémoille, par d'autres lettres du 18 du même mois. La charge fut même supprimée par les nouvelles ordonnances, nonobstant lesquelles Charles Baron d'Yvry y fut rétabli le 17 Août 1413, & donna quittance sur ces gages de cet office le 7 Avril 1415. Après Pâques il eut procès au parlement au sujet de cet office avec le comte de Tancarville & le sieur de Graville, les 19 Novembre & 4 Janvier 1415, 18 Mai & 14 Août 1416. Du Tillet rapporte que le procureur général soutint que ce n'étoit point un office, & qu'il n'en falloit point.

Cependant Charles VII. n'étant encore que régent du royaume, institua Guillaume de Chaumont *maître enquêteur & général réformateur des eaux & forêts de France*, par lettres du 20 Septembre 1418 ; il paroît qu'il tint cet office jusqu'en 1424.

Dans la même année Guillaume de Gamaches fut institué grand *maître & souverain réformateur des eaux & forêts de France* : c'est la premiere fois que l'on trouve le titre de grand maître des eaux & forêts ; on disoit auparavant *maître général* ou *souverain maître*. Il exerçoit encore cette fonction en 1418.

Charles de la Riviere fut nommé au lieu & place de Guillaume de Gamaches par lettres-patentes du 21 Mai 1428, sous le titre de *grand maître & général réformateur des eaux & forêts* ; il n'en fit pas long-tems les fonctions, étant mort l'année suivante.

Christophe & Guillaume de Harcour, qui tinrent ensuite successivement cet office, prenoient le titre de *souverain maître & général réformateur des eaux & forêts*.

Leurs successeurs prirent celui de *grand maître, enquêteur & général réformateur des eaux & forêts de France*.

Cet office, qui étoit unique, subsista ainsi jusqu'au tems d'Henri Clausse, qui en fut pourvu en 1567; il l'exerçoit encore en 1570. Depuis cet office fut supprimé en 1575; Henry Clausse y fut pourtant rétabli en 1598, & en prenoit encore la qualité en 1609.

Lorsque l'office unique de *grand maître des eaux & forêts* fut supprimé en 1575, on en créa six, mais leur établissement ne fut bien assuré qu'en 1609.

En 1667 toutes les charges de *grands-maîtres* furent supprimées, ou pour mieux dire suspendues jusqu'en 1670 qu'ils furent ensuite rétablis dans leurs fonctions sur le pié de l'édit de 1575.

L'édit du mois de Février 1589 créa 16 départemens de *grands-maîtres*; il a encore été créé depuis une 17e charge pour le département d'Alençon, par édit du mois de Mars 1703.

Présentement ils sont au nombre de 18, qui ont chacun leur département dans les provinces & généralités; savoir Paris, Soissons, Picardie, Artois & Flandres; Hainault, Châlons en Champagne, Metz, duché & comté de Bourgogne & Alsace; Lyonnois, Dauphiné, Provence & Riom; Toulouse & Montpellier; Bordeaux, Auch, Béarn, Navarre & Montauban; Poitou, Aunis, Limoges, la Rochelle & Moulins; Touraine, Anjou & Maine; Bretagne, Rouen, Caen, Alençon, Berry & Blaisois, & Orléans.

Dans cette derniere généralité il y a deux *grands-maîtres*, l'un ancien, l'autre alternatif.

Il a été créé en divers tems de semblables offices de *grands-maîtres* alternatifs & triennaux pour les différens départemens, mais ces offices ont été réunis aux anciens.

Les *grands-maîtres* ont deux sortes de jurisdiction; l'une, qu'ils exercent seuls & sans le concours de la table de marbre, l'autre qu'ils exercent à la tête de ce siége.

Par rapport à leur jurisdiction personnelle, ils ne la peuvent exercer contentieusement qu'en réformation, c'est-à-dire en cours de visite dans leurs départemens; ils font alors des actes de justice & rendent seuls des ordonnances dont l'appel est porté directement au parlement ou au conseil, si le *grand maître* agit en vertu de quelque commission particuliere du conseil.

Les *grands-maîtres* étant en cours de visite, peuvent, quand ils le jugent à-propos, tenir le siége des maitrises, & alors les officiers des maitrises deviennent leurs assistans. Il n'y a pourtant point de loi qui oblige les *grands-maîtres* de les appeller pour juger avec eux; mais quand ils le font, l'appel des jugemens qu'ils rendent ainsi en matiere civile ne peut être porté à la table de marbre, ni même devant les juges en dernier ressort; il est porté directement au conseil ou au parlement, de même que s'ils avoient jugé seuls, parce qu'en ce cas le siége des maitrises devient le leur, ce qui fait disparoître l'infériorité ordinaire des maitrises à l'égard de la table de marbre.

L'habillement des *grands-maîtres* est le manteau & le rabat plissé; ils siégent l'épée au côté, & se couvrent d'un chapeau garni de plumes.

Ils prêtent serment au parlement, & sont ensuite installés à la table de marbre par un conseiller au parlement; ils peuvent ensuite y venir siéger lorsqu'ils le jugent à-propos, & prennent toujours leur place au-dessus de leur lieutenant général, ont voix délibérative; mais c'est toujours le lieutenant général, ou autre officier qui préside en son absence, qui prononce.

Les *grands-maîtres* ont aussi voix délibérative à l'audience & chambre du conseil des juges en dernier ressort, & dans ce tribunal ils ont droit de prendre leur séance à main gauche après le doyen de la chambre.

L'ordonnance des eaux & forêts leur attribue la connoissance en premiere instance, à la charge de l'appel de toutes actions qui sont intentées devant eux en procédant aux visites, ventes & réformations d'eaux & forêts.

Ils ont l'exécution des lettres-patentes, ordres & mandemens du roi sur le fait des eaux & forêts.

En procédant à leurs visites ils peuvent faire toutes sortes de réformations & juger de tous les délits, abus & malversations qu'ils trouveront avoir été commis dans leur département sur le fait des eaux & forêts.

Ils peuvent faire le procès aux officiers qui sont en faute, les decréter, emprisonner & subdéléguer pour l'instruction, & les juger définitivement, ou renvoyer le procès en état à la table de marbre.

A l'égard des bucherons, chartiers, pâtres, garde-bêtes & autres ouvriers, ils peuvent les juger en dernier ressort au présidial du lieu du délit, au nombre de sept juges au-moins, mais ils ne peuvent juger les autres personnes qu'à la charge de l'appel.

Ils doivent faire tous les ans une visite générale en toutes les maitrises & gruries de leur département.

En faisant la visite des ventes à adjuger, ils désignent aux officiers des maitrises le canton où l'on doit asseoir les ventes de l'année suivante.

Ils font marquer de leur marteau les piés corniers des ventes & arbres de reserve lorsqu'il convient de le faire.

Les ventes & adjudications des bois du roi doivent être faites par eux avant le premier Janvier de chaque année.

Ils doivent faire les récolemens par réformation le plus souvent qu'il est possible, pour voir si les officiers des maitrises sont leur devoir.

Quand ils trouvent des places vagues dans les bois du roi, ils peuvent les faire planter.

Les bois où le roi a droit de grurie, grairie, tiers & danger; ceux tenus en apanage ou par engagement, ceux des ecclésiastiques, communautés & gens de main-morte, sont sujets à la visite des *grands-maîtres*.

Ils reglent les partages & triages des seigneurs avec les habitans.

Enfin ils ont aussi la visite des rivieres navigables & flotables, ensemble des pécheries & moulins du roi, pour empêcher les abus & malversations.

Les prévôts des maréchaux & autres officiers de justice, sont tenus de prêter main-forte à l'exécution de leurs jugemens & mandemens.

Voyez le recueil des *eaux & forêts* de Saint Yon, & les *lois forestieres* de Pecquet. (*A*)

MAITRE PARTICULIER DES EAUX ET FORÊTS est le premier officier d'une jurisdiction royale appellée *maitrise*, qui connoît en premiere instance des matieres d'eaux & forêts.

L'établissement de ces officiers est fort ancien; ils ont succédé à ces officiers qui sous la seconde race de nos rois avoient l'administration des forêts du roi sous le nom de *juges* ou de *forestiers*; ils sont nommés dans les capitulaires *judices*, & quelquefois *judices villarum regiarum*, c'est-à-dire des domaines ou métairies du roi; & ailleurs *forestarii seu justitiarii forestarum*.

Ces juges n'étoient proprement que de simples

administrateurs de ces domaines, dont le principal objet étoit les forêts du roi, *foresta*, ce qui comprenoit les bois & les eaux. Ils étoient obligés de bien garder les bêtes & les poissons, d'avoir soin de vendre le poisson & de repeupler les viviers.

Dans la suite on établit dans certains districts des especes de lieutenans des juges sous le nom de *vicarii*, auxquels succederent d'autres officiers sous le titre de *baillivi*; ces baillis connoissoient de certains faits d'eaux & forêts, comme on le voit par des actes de 1283; mais à mesure que la jurisdiction particuliere des eaux & forêts s'est formée, la connoissance de ces matieres a été ôtée aux baillis & attribuée aux *maîtres des eaux & forêts*.

Ces officiers étoient dans l'origine ce que sont aujourd'hui les grands-maîtres des eaux & forêts; il y en avoit dès l'an 1318, dont la fonction étoit distinguée de celle des *maîtres généraux des eaux & forêts*; & dès l'an 1364 on les qualifioit de *maîtres particuliers*, comme on voit dans des lettres de Charles V. de ladite année.

Il n'y avoit au commencement qu'un seul *maître particulier* dans chaque bailliage ou sénéchaussée; mais dans la suite le nombre en fut beaucoup multiplié, au moyen de ce que les maîtrises furent démembrées, & que d'une on en fit jusqu'à quatre ou cinq.

Ces *maîtres particuliers* n'étoient que par commissions qui étoient données par le grand-maître des eaux & forêts de tout le royaume; ces places n'étoient remplies que par des gens de condition & d'officiers qui étoient à la suite des rois, comme on le peut voir par la liste qu'en a donné Saint-Yon; mais par édit du mois de Février 1554, tous les officiers des maîtrises furent créés en titre d'office. Présentement ces charges de *maîtres particuliers* peuvent être remplies par des roturiers; elles ne laissent pas néanmoins d'être toujours honorables.

Pour posséder ces offices il faut être âgé au-moins de 25 ans, être pourvu par le roi, reçu à la table de marbre du département sur une information de vie, mœurs & capacité, faite sur l'attache du grand-*maître* par le lieutenant général.

Les *maîtres particuliers* & leurs lieutenans ont séance en la table de marbre après leur réception, & peuvent assister quand bon leur semble aux audiences, sans néanmoins qu'ils y aient voix déliberative.

Les *maîtres particuliers* peuvent être reçus sans être gradués; ceux qui ne sont pas gradués siégent l'épée au côté, ceux qui sont gradués siégent en robe.

Quand le *maître particulier* n'est pas gradué, il peut siéger avec l'uniforme qui s'établit depuis quelque tems dans presque tous les départemens des grandsmaîtres: cet uniforme est un habit bleu de roi brodé en argent; la broderie est différente selon le département. Cet uniforme a été introduit principalement pour les visites que les officiers des maîtrises sont obligés de faire dans les bois & forêts de leur district; ils doivent tous porter cet habit quand ils sont à cheval pour leurs visites & descentes; & tous ceux qui ne sont pas gradués doivent siéger avec cet uniforme.

Le *maître particulier* a sous lui un lieutenant de robe longue, un garde-marteau; il y a aussi un procureur du roi, un greffier, des huissiers.

Il doit avoir une clé du coffre dans lequel on enferme le marteau de la maîtrise.

Le *maître particulier* ou son lieutenant connoit en premiere instance, à la charge de l'appel, de toutes les matieres d'eaux & forêts.

Lorsqu'il n'est pas gradué, son lieutenant fait l'instruction & le rapport: le *maître* cependant a toujours voix délibérative & la prononciation; mais quand il est gradué, le lieutenant n'a que le rapport & son suffrage: l'instruction, le jugement & la prononciation suivant la pluralité des voix, demeurent au *maître*, tant en l'audience qu'en la chambre du conseil.

Les *maîtres particuliers* doivent donner audience au moins une fois la semaine au lieu accoutumé.

Ils doivent cotter & parapher les registres du procureur du roi, du garde-marteau & des gruyers, greffiers, sergens & gardes des forêts & bois du roi, & des bois tenus en gruirie, grairie, tiers & danger, possédés en appanage, engagement & par usufruit.

Tous les 6 mois ils doivent faire une visite générale dans ces mêmes bois, & des rivieres navigables & flottables de leur maîtrise, assistés du garde-marteau & des sergens, sans en exclure le lieutenant & le procureur du roi s'ils veulent y assister. S'ils manquent à faire cette visite, ils encourent une amende de 500 livres, & la suspension de leurs charges, même plus grande peine en cas de récidive.

Le procès-verbal de visite doit être signé du *maître particulier*, & autres officiers présens. Il doit contenir les ventes ordinaires, extraordinaires, soit de futaye, ou de taillis faites dans l'année, l'état, âge & qualité du bois de chaque garde & triage, le nombre & l'essence des arbres chablis, l'état des fossés, chemins royaux, bornes & séparations, pour y mettre ordre le plus promptement qu'il sera possible.

Ces visites générales ne les dispensent pas d'en faire souvent de particulieres, dont ils doivent aussi dresser des procès-verbaux.

Ils doivent représenter tous ces procès-verbaux aux grands-maîtres, pour les instruire de la conduite des riverains, gardes & sergens des forêts, marchands ventiers, leurs commis, bucherons, ouvriers, & voituriers, & généralement de toutes choses concernant la police & conservation des eaux & forêts du roi.

Les amendes des délits contenus dans leurs procès-verbaux de visite, doivent être jugées par eux dans la quinzaine, à peine d'en répondre en leur propre & privé nom.

Il leur est aussi ordonné d'arrêter & signer en présence du procureur du roi, quinzaine après, chaque quartier échu, le rôle des amendes, restitutions & confiscations qui ont été jugées en la maîtrise, & de les faire délivrer au sergent collecteur, à peine d'en demeurer responsables.

Ils doivent pareillement faire le récolement des ventes usées dans les bois du roi, six semaines après le tems de la coupe & vuidange expiré.

Ce sont eux aussi qui font les adjudications des bois taillis qui sont en gruirie, grairie, tiers & danger, par indivis, apanage, engagement & usufruit, chablis, arbres de délit, menus marchés, panages & glandées.

Ils sont obligés tous les ans avant le premier Décembre, de dresser un état des surmesures & outrepasses qu'ils ont trouvées lors du récolement des ventes des bois du roi, & des taillis en gruirie, & autres bois dont on a parlé ci-devant, & des arbres, panage & glandée qu'ils ont adjugé dans le cours de l'année. Cet état doit contenir les sommes à recouvrer, & pour cet effet être remis au receveur des bois, s'il y en a un, ou au receveur du domaine; ils doivent remettre un double de cet état au grand maître, le tout à peine d'interdiction & d'amende arbitraire.

Enfin ils peuvent visiter étant assistés comme on l'a déja dit, toutes les fois qu'ils le jugent nécessaire, ou qu'il leur est ordonné par le grand-maître, les bois & forêts situés dans leur maîtrise, appartenans aux prélats & autres ecclésiastiques, commandeurs, communautés régulieres & séculieres, aux maladreries, hôpitaux & gens de main-morte, & en dresser leurs procès-verbaux en la même forme, & sous les mêmes peines que l'on a expliqué par rapport aux bois du roi. Sur les *maîtres particuliers*, *voyez* Saint-Yon, Miraulmont, *l'ordonnance des eaux & forêts, tit.* 2 & 3; *la conférence des eaux & forêts.* (*A*)

MAITRE DES REQUÊTES, *ou* MAITRE DES REQUÊTES DE L'HOTEL DU ROI, (*Jurisprud.*) *libellorum supplicum magister*, & anciennement *requestarum magister*, est un magistrat ainsi appellé, parce qu'il rapporte au conseil du roi les requêtes qui y sont présentées.

Les magistrats prennent le titre de *maîtres des requêtes ordinaires*, parce qu'on en a créé en divers tems quelques-uns extraordinaires qui n'avoient point de gages : quelquefois ceux-ci y remplaçoient un ordinaire à sa mort ; quelquefois ils étoient sans fonctions.

Il est difficile de fixer l'époque de l'établissement des *maîtres des requêtes* ; leur origine se perd dans l'antiquité de la monarchie. Quelques auteurs les font remonter jusqu'au regue de Charlemagne, & l'on cite des capitulaires de ce prince, où se trouvent les termes de *missi dominici* ; dénomination qui ne peut s'appliquer qu'aux magistrats connus depuis sous le nom de *maîtres des requêtes*. Ce qu'il y a de certain, c'est qu'ils existoient long-tems avant que les parlemens fussent devenus sédentaires, & qu'ils étoient chargés des rois, des fonctions les plus augustes & les plus importantes.

Ces magistrats portoient autrefois le nom de *poursuivans*, ou de *missi dominici*, noms qui leur avoient été donnés par rapport à l'une de leurs principales fonctions.

En effet plusieurs d'entre eux étoient chargés de parcourir les provinces pour y écouter les plaintes des peuples, veiller à la conservation des domaines, à la perception & répartition des impôts, avoir inspection sur les juges ordinaires, recevoir les requêtes qui leur étoient présentées ; les expédier le champ, quand elles ne portoient que sur des objets de peu de conséquence, & les renvoyer au roi lorsque l'importance de la matiere l'exigeoit.

D'autres *maîtres des requêtes*, dans le même tems, suivoient toujours la cour ; partie d'entre eux servoit en parlement, tandis que les parlemens étoient assemblés ; & dans l'intervalle d'un parlement à l'autre, expédioient les affaires qui requéroient célérité; partie répondoient les requêtes à la porte du palais, & c'est pour cela qu'on les a souvent appellés *juges de la porte, ou des plaids de la porte.* En effet dans ces tems reculés, les rois étoient dans l'usage d'envoyer quelques personnes de leur conseil, recevoir & expédier les requêtes à la porte de leur palais ; souvent même ils s'y rendoient avec eux pour rendre justice à leurs sujets. On voit dans Joinville que cette coutume étoit en vigueur du tems de S. Louis, & que ce prince ne dédaignoit pas d'exercer lui-même cette auguste fonction de la royauté : *Souventes fois*, dit cet auteur, *le roi nous envoyoit les sieurs de Nesle, de Soissons & moi, ouir les plaids de la porte, & puis il nous envoioit quérir, & nous demandoit comme tout se portoit*, & s'il y avoit aucuns qu'on ne pût dépécher sans lui, plusieurs fois, suivant nore rapport, il envoyoit quérir les plaidoians & les contentoit les mettants en raison & droiture. On voit dans le passage de Joinville lui-même étoit juge de la porte, ou du-moins qu'il en faisoit les fonctions, fonctions qui étant souvent honorées de la présence du prince, n'étoient point au-dessous de la dignité des noms les plus respectables.

Enfin, sous Philippe de Valois, le nom de *maîtres des requêtes* leur est seul demeuré, tant parce qu'ils connoissoient spécialement des causes des domestiques & commensaux de la maison du roi, que parce que c'étoit dans le palais même qu'ils exerçoient leur jurisdiction. Le premier monument où on les trouve ainsi qualifiés, est une ordonnance de 1345.

Le nombre des *maîtres des requêtes* a fort varié. Il paroît par une ordonnance de 1285, qu'ils n'étoient pour lors que trois.

Philippe le Bel, par une ordonnance de 1289, porta leur nombre jusqu'à six, dont deux seulement devoient suivre la cour, & les quatre autres servir en parlement. Au commencement du regne de François I. ils n'étoient que huit, & ce prince eut bien de la peine à en faire recevoir un neuvieme en 1522 ; mais dès l'année suivante il créa trois charges nouvelles. Ce n'a plus été depuis qu'une suite continuelle de créations & de suppressions, dont il seroit inutile de suivre ici le détail. Il suffit de savoir que, malgré les représentations du corps, & les remontrances des parlemens qui se sont toujours opposés aux nouvelles créations, les charges de *maître des requêtes* s'étoient multipliées jusqu'à quatre-vingt-huit, & que par la derniere suppression de 1751, elles ont été réduites à quatre-vingt.

Il paroit que l'état des *maîtres de requêtes* étoit de la plus grande distinction, & qu'étant attachés à la cour, on les regardoit autant comme des courtisans, que comme des magistrats ; il y a même lieu de penser qu'ils n'ont pas toujours été de robe longue.

Indépendamment des grands noms que l'on trouve dans le passage de Joinville, ci dessus rapporté, ainsi que dans l'ordonnance de 1289, & plusieurs autres monumens, les régistres du parlement en fournissent des preuves plus récentes. On y voit qu'en 1406, un *maître des requêtes* fut bailli de Rouen ; deux autres furent prevôts de Paris en 1321 & en 1512 : or il est certain que la charge de prevôt de Paris, & celles de baillifs & sénéchaux, ne se donnoient pour lors qu'à la plus haute noblesse, & qu'il falloir avoir servi pour les remplir. D'ailleurs le titre de *sieur* ou *messire*, qui leur est donné dans les anciennes ordonnances, & notamment dans celle de 1289, ne s'accordoit qu'aux personnes les plus qualifiées. C'est par un reste de cette ancienne splendeur que les *maîtres des requêtes* ont conservé le privilege de se présenter devant le roi & la famille royale dans les cérémonies, non par députés, ni en corps de compagnie, comme les cours souveraines, mais séparément comme les autres courtisans.

Les prérogatives des *maîtres des requêtes* étoient proportionnées à la considération attachée à leur état. Du tems de François I. & de Henri II. ils avoient leurs entrées au lever du roi, comme les gens de le grand-aumônier. Ils ont toujours été regardés comme commensaux de la maison du roi, & c'est en cette qualité, qu'aux obseques des rois, ils ont une place marquée sur le même banc que les évêques ; ils en ont encore un aux représentations des pieces de théâtre.

Nous avons déja remarqué que dès les tems les plus reculés, ils avoient seuls le privilege de recevoir les placets présentés au roi & de lui en rendre compte. M. le duc d'Orléans les en avoit remis en possession au commencement de sa régence, mais comme il falloit les remettre aux secrétaires d'état ; l'usage s'est établi de les donner aux premiers des gardes, qui les met sur un banc dans l'anti-chambre du roi, sur lequel les secrétaires du roi les prennent ; de sorte que les *maîtres des requêtes* ne jouissent actuellement que du droit de suivre le roi à sa messe & d'y assister & le reconduire jusqu'à son cabinet, comme ils le faisoient lorsqu'il leur remettoit les placets. Il y en a

MAI

toujours deux nommés par semaine pour cette fonction, qu'ils ne rempliffent plus que les dimanches & fêtes. Ils font en robe lorfque le roi entend la meffe en cérémonie à fon prié-dieu, & leur place eft auprès du garde de la manche, du côté du fauteuil du roi, & fur le bord de fon tapis. Lorfqu'il entend la meffe en fa tribune, ils font en manteau court, & fe placent auprès du fauteuil : ils ont la même fonction lorfque le roi va à des *Te Deum*, ou à d'autres cérémonies dans les églifes.

L'établiffement des intendans a fuccédé à l'ufage d'envoyer les *maîtres des requêtes* dans les provinces. L'objet de leur miffion y eft toujours à-peu-près le même, à cette différence qu'ils font aujourd'hui attachés d'une maniere fixe à une province particuliere; au lieu qu'autrefois leur commiffion embraffoit tout le royaume, & n'étoit que paffagere.

Les fonctions des *maîtres des requêtes* fe rapportent à trois objets principaux; le fervice du confeil, celui des requêtes de l'hôtel, & les commiffions extraordinaires du confeil.

Ils forment avec les confeillers d'état, le confeil privé de S. M. que tient M. le chancelier. Ils y font chargés de l'inftruction & du rapport de toutes les affaires qui y font portées; ils y affiftent & y rapportent debout, à l'exception du doyen feul qui eft affis & qui rapporte couvert.

Ils font au contraire tous affis à la direction des finances; la raifon de cette différence vient de ce que le roi eft reputé préfent au confeil, & non à la direction. Ils entrent auffi au confeil des dépêches & à celui des finances, lorfqu'ils fe trouvent chargés d'affaires de nature à être rapportées devant le roi, & ils y rapportent debout à côté du roi.

Le fervice des *maîtres des requêtes* au confeil, étoit divifé par trimeftres, mais depuis le réglement de 1671, ils y fervent également toute l'année; mais à l'exception des requêtes en caffation & des rediftributions, ils n'ont part à la diftribution des inftances que pendant leur quartier. Cette diftinction de quartiers s'eft confervée aux requêtes de l'hôtel. Ce tribunal compofé de *maîtres des requêtes*, connoît en dernier reffort de l'exécution des arrêts du confeil, & jugemens émanés de commiffions du confeil, des taxes de dépens du confeil, du faux incident, & autres pourfuites criminelles incidentes aux inftances pendantes au confeil ou dans les commiffions, & à charge d'appel au parlement des affaires que ceux qui ont droit de *committimus* au grand fceau peuvent y porter. Il y a un avocat & un procureur général dans cette jurifdiction.

Ils fervent auffi dans lefdites commiffions qu'il plaît au roi d'établir à la fuite de fon confeil, & ce font eux qui y inftruifent & rapportent les affaires.

L'affiftance au fceau fait encore partie des fontions des *maîtres des requêtes*. Il y en a toujours deux qui y font de fervice pendant leur quartier aux requêtes de l'hôtel; mais quand S. M. le tient en perfonne, elle en nomme fix au commencement de chaque quartier pour y tenir pendant ce quartier conjointement avec les fix confeillers qui forment avec eux un confeil pour le fceau. Ils y affiftent en robe, debout aux deux côtés du fauteuil du roi; & ils font pareillement de l'affemblée qui fe tient alors chez l'ancien des confeillers d'état, pour l'examen des lettres de graces & autres expéditions qui doivent être préfentées au fceau.

La garde des fceaux de toutes les chancelleries de France leur appartient de droit. Celui de la chancellerie de Paris eft tenu aux requêtes de l'hôtel par le doyen des *maîtres des requêtes*, le premier mois de chaque quartier, & le refte de l'année par les doyens des quartiers, chacun pendant les deux derniers mois de fon trimeftre.

MAI 901

Les *maîtres des requêtes* font membres du parlement, & ils y font reçus; c'eft en cette qualité qu'ils ont le droit de ne pouvoir être jugés que par les chambres affemblées, & ils ne peuvent l'être, ni même décretés par autre parlement que celui de Paris. En 1517 le parlement de Rouen ayant décrété un *maître des requêtes*, l'arrêt fut caffé & lacéré, & le premier préfident décrété. Autrefois les *maîtres des requêtes* fiégeoient au parlement fans limitation de nombre; mais depuis les charges s'étant fort multipliées, le parlement demanda que le nombre de ceux qui pourroient y avoir entrée à la fois fût fixé. Ces remontrances eurent leur effet vers 1600; il fut réglé qu'il ne pourroit y avoir que quatre *maîtres des requêtes* à la fois au parlement; & cet ufage a toujours été obfervé depuis.

Ils ont pareillement féance dans les autres parlemens du royaume; leur place eft au-deffus du doyen de la compagnie; depuis l'établiffement des préfidiaux, les *maîtres des requêtes*, *les préfidens*, ont le droit de les précéder.

Les *maîtres des requêtes* font pareillement membres du grand-confeil & préfidens nés de cette compagnie. Ce droit dont l'exercice avoit été fufpendu quelque tems, leur a été rendu en 1738 par la fuppreffion des charges de préfidens en titre d'office. Depuis cette année ils en font les fonctions par commiffion au nombre de huit, quatre par femeftre; ces commiffions fe renouvellent de 4 ans en 4 ans.

Dans les cérémonies publiques, telles que les *Te Deum*, les *maîtres des requêtes* n'affiftent point en corps de cour, mais quatre d'entr'eux y vont avec le parlement, & deux y font à côté du prié-dieu du roi, lorfqu'il y vient; d'autres enfin y accompagnent le chancelier & le garde des fceaux, fuivant qu'ils y font invités par eux, & ordinairement au nombre de huit; ils y prennent place après les confeillers d'état.

Le doyen des *maîtres des requêtes* eft confeiller d'état ordinaire né, il en a les appointemens, & fiege en cette qualité au confeil toute l'année; les doyens des quartiers jouiffent de la même prérogative, mais pendant leur trimeftre feulement.

Les *maîtres des requêtes*, en qualité de membres du parlement, ont le droit d'indult. De tout tems nos rois leur ont accordé les privileges & les immunités les plus étendues. Ils jouiffent notamment de l'exemption de tous droits féodaux, lorfqu'ils acquierent des biens dans la mouvance du roi.

Leur habit de cérémonie eft une robe de foie; avec le rabat pliffé; à la cour ils portent un petit manteau ou le grand, lorfque le roi reçoit des révérences de la cour, pour les pertes qui lui font arrivées. Ils ne prennent la robe que pour entrer au confeil, ou pour le fervice des requêtes de l'hôtel ou du palais. *Voyez* le célebre Budée qui avoit été *maître des requêtes*, dans fa lettre à Erafme, où il déclare les prééminences de l'office de *maître des requêtes*. *Voyez* auffi Miraulmont, Fontanon, Boucheul, La Rochellavin, Joly, & le *moi* INTENDANT. (*A*)

MAÎTRES DES REQUÊTES DE L'HÔTEL DES ENFANS DU ROI, font des officiers établis pour rapporter les requêtes au confeil des enfans de France; il en eft parlé dans une ordonnance de Philippe de Valois du 15 Février 1345; par laquelle il femble qu'ils connoiffoient des caufes perfonnelles des gens du roi; ce qui ne fubfifte plus, ils jouiffent des privileges des commenfaux.

MAÎTRES DES REQUÊTES DE L'HÔTEL DE LA REINE, font des officiers établis pour faire le rapport des requêtes & mémoires qui font préfentés au confeil de la reine; il en eft parlé dans une ordonnance de Philippe de Valois du 15 Février 1345;

suivant laquelle il paroît qu'ils connoissoient des causes personnelles des gens de l'hôtel du roi. Présentement ces sortes d'offices sont presque sans fonction. Ils sont au nombre de quatre ; ils jouissent de tous les privileges des commensaux. (*A*)

MAÎTRE EN CHIRURGIE, c'est le titre qu'on donne à ceux qui ont requis le droit d'exercer la *Chirurgie* par leur reception au corps des Chirurgiens, après les épreuves nécessaires qui justifient de leur capacité. C'est aux Chirurgiens seuls & exclusivement qu'il appartient d'apprécier le mérite & le savoir de ceux qui se destinent à l'exercice d'un art si important & si difficile. Les lois ont pris les plus sages précautions, & les mesures les plus justes, afin que les études, les travaux & les actes nécessaires, pour obtenir le grade de *maître en Chirurgie*, fussent suivis dans le meilleur ordre, relativement à l'utilité publique. Nous allons indiquer en quoi consistent ces différens exercices.

Par la déclaration du roi du 23 Avril 1743, les Chirurgiens de Paris sont tenus, pour parvenir à la maîtrise, de rapporter des lettres de maître-ès-arts en bonne forme, avec le certificat du tems d'études. On y reconnoît qu'il est important que dans la capitale les Chirurgiens, par l'étude des lettres, puissent acquérir une connoissance plus parfaite des regles d'un art si nécessaire au genre humain ; & cette loi regrette que les circonstances des tems ne permettent pas de l'établir de même dans les principales villes du royaume.

Une déclaration si favorable au progrès de la Chirurgie, & qui sera un monument éternel de l'amour du roi pour ses sujets, a trouvé des contradicteurs, & a été la source de disputes longues & vives, dont nous avons parlé *au mot* CHIRURGIEN. Les vûes du bien public ont enfin prévalu, & les parlemens de Guyenne, de Normandie & de Bretagne, sans égard aux contestations qui se sont élevées à Paris, ont enregistré des statuts pour les principales villes de leur ressort, par lesquels les frais de réception à la maîtrise en Chirurgie sont moindres en faveur de ceux qui y aspireront, avec le grade de maître ès-arts. La plûpart des cours souveraines du royaume, en enregistrant les lettres-patentes du 10 Août 1756, qui donnent aux Chirurgiens de provinces, exerçans purement & simplement la Chirurgie, les privileges de citoyens *notables*, ont restreint la jouissance des honneurs & des prérogatives attachées à cette qualité aux seuls Chirurgiens gradués, & qui présenteront des lettres de maître-ès-arts en bonne forme.

Un arrêt du conseil d'état du roi du 4 Juillet 1750, qui fixe entre autres choses l'ordre qui doit être observé dans les cours de Chirurgie à Paris, établis par les bienfaits du roi en vertu des lettres-patentes du mois de Septembre 1724, ordonne que les éleves en Chirurgie seront tenus de prendre des inscriptions aux écoles de saint Côme, & de rapporter des certificats en bonne forme, comme ils ont fait le cours complet de trois années sous les professeurs royaux qui y enseignent pendant l'été ; la premiere année, la Physiologie & l'Hygiene ; la seconde année, la Pathologie générale & particuliere, qui comprend le traité des tumeurs, des plaies, des ulceres, des luxations & des fractures ; la troisieme, la Thérapeutique ou la méthode curative des maladies chirurgicales ; l'on traite spécialement dans ces leçons de la matiere médicale externe, des saignées, des ventouses, des cauteres, des eaux minérales, considérées comme remedes extérieurs, &c. Pendant l'hiver de ces trois années d'études, les éleves doivent fréquenter assidument l'école pratique : elle est tenue par les professeurs & démonstrateurs royaux d'anatomie & des opérations, qui tirent des hôpitaux ou de la basse-geole les cadavres dont ils ont besoin pour l'instruction publique. Il y a en outre un professeur & démonstrateur pour les accouchemens, fondé par feu M. de la Peyronie, premier chirurgien du roi, pour enseigner chaque année les principes de cette partie de la Chirurgie aux éleves séparément du pareil cours ; à la même fondation, se fait un cours en faveur des sages-femmes & de leurs apprentisses.

Les professeurs des écoles de Chirurgie sont brevetés du roi, & nommés par Sa Majesté sur la présentation de son premier chirurgien. Ils sont permanens, & occupés par état & par honneur à mériter la confiance des éleves & l'applaudissement de leurs collegues. Cet avantage ne se trouveroit point, si l'emploi de professeur étoit passager comme dans d'autres écoles, où cette charge est donnée par le sort & pour un seul cours ; ce qui fait qu'une des plus importantes fonctions peut tomber par le hasard sur ceux qui sont les moins capables de s'en bien acquitter.

Outre les cours publics, il y a des écoles d'Anatomie & de Chirurgie dans tous les hôpitaux, & des maîtres qui, dévoués par état & par honneur à l'instruction des éleves, leur font disséquer des sujets, & enseignent dans leurs maisons particulieres l'anatomie, & font pratiquer les opérations chirurgicales.

Il ne suffit pas que l'éleve en chirurgie soit préparé par l'étude des humanités & de la philosophie qui ont dû l'occuper jusqu'à environ dix-huit ans, âge avant lequel on n'a pas ordinairement l'esprit assez formé pour une étude bien sérieuse ; & que depuis il ait fait le cours complet de trois années dans les écoles de chirurgie, on exige que les jeunes Chirurgiens ayent demeuré en qualité d'éleve durant six ans consécutifs chez un maître de l'art, ou chez plusieurs pendant sept années. Dans d'autres écoles qui ont, comme celle de Chirurgie, la conservation & le rétablissement de la santé pour objet, on parvient à la maîtrise en l'art, où, pour parler le langage reçu, l'on est promu au doctorat après les seuls exercices scholastiques pendant le tems prescrit par les statuts. Mais en Chirurgie, on demande des éleves une application assidue à la pratique sous les yeux d'un ou de plusieurs maîtres pendant un tems assez long.

On a reproché aux jeunes Chirurgiens, dans des disputes de corps, cette obligation de domicile, qu'on traitoit de servitude, ainsi que la dépendance où ils sont de leurs chefs dans les hôpitaux, employés aux fonctions ministérielles de leur art pour le service des malades. Mais le bien public en est l'objet de cette obligation, & les éleves n'y trouvent pas moins d'utilité pour leur instruction, que pour leur avancement particulier. L'attachement à un maître, est un moyen d'être exercé à tout ce qui concerne l'art, & par degrés depuis ce qu'il y a de moindre, jusqu'aux opérations les plus délicates & les plus importantes. Tout le monde convient que, dans tous les arts, ce n'est qu'en pratiquant qu'on devient habile : l'éleve, en travaillant sous des maîtres, profite de leur habileté & de leur expérience ; il en reçoit journellement des instructions de détail, dont l'application est déterminée ; il ne néglige rien de ce qu'il faut savoir ; il demande des éclaircissemens sur les choses qui passent la partie actuelle de ses lumieres ; enfin il voit habituellement les malades. Quand on a passé ainsi quelques années à leur service sous la direction des maîtres de l'art, & qu'on est parvenu au même grade, on est moins exposé à l'inconvénient, fâcheux à plus d'un égard, de se trouver long-tems, après sa réception, ancien maître & jeune praticien, comme on en voit des exemples ailleurs.

Dans

Dans un art aussi important & qui ne demande pas moins de pratique que de théorie, ce seroit un grand défaut dans la constitution des choses, qu'un homme pût s'élever à la qualité de maitre, sans avoir été l'éleve de personne en particulier. Les leçons publiques peuvent être excellentes, mais elles ne peuvent être ni assez détaillées, ni assez soutenues, ni avoir le mérite des instructions pratiques, personnelles, variables, suivant les différentes circonstances qui les exigent. Avant l'établissement des universités, la Medecine, de même que la Chirurgie, s'apprenoit sous des maîtres particuliers, dont les éleves étoient les enfans adoptifs. Le serment d'Hippocrate nous rappelle, à ce sujet, une disposition bien digne d'être proposée comme modele. « Je regarderai toujours » comme mon pere celui qui m'a enseigné cet art ; » je lui aiderai à vivre, & lui donnerai toutes les ».choses dont il aura besoin. Je tiendrai lieu de » frere à ses enfans, & s'ils veulent se donner à la » medecine, je la leur enseignerai sans leur deman-» der ni argent, ni promesse. Je les instruirai par des » *préceptes abrégés* & par des *explications étendues*, » & autrement avec tout le soin possible. J'instrui-» rai de même mes enfans, & les disciples qu'on » aura mis sous ma conduite, qui auront été imma-» triculés, & qui auront fait le serment ordinaire, » & je ne communiquerai cette science à nul autre » qu'à ceux-là ».

On pourroit objecter contre l'obligation du domicile, qu'un jeune homme trouve des ressources pour son instruction dans les leçons publiques, dans la fréquentation des hôpitaux, & qu'il se fera par l'étude l'éleve d'Hippocrate, d'Ambroise Paré, de Fabrice de Hilden & d'Aquapendente, comme les Médecins le font d'Hippocrate, de Galien, de Sydenham & de Boerhaave. Mais ces grands maîtres ne sont plus, & ne peuvent par conséquent nous répondre de la capacité de leurs disciples. Il est de l'interêt public qu'avant de se présenter sur les bancs, un candidat ait été attaché pendant plusieurs années à quelque praticien qui l'ait formé dans son art, introduit chez les malades, entretenu d'observations bien suivies sur les maladies, dans leurs différens états, dans leurs diverses complications, & dans leurs différentes terminaisons. Le grand fruit de l'assujettissement des éleves sous des maîtres n'est pas seulement relatif à l'instruction, les Chirurgiens y trouvent même un moyen d'avancement & de fortune. Menés dans les maisons, ils sont connus du public pour les éleves des maîtres en qui l'on a confiance ; ils sont à portée de la mériter à un certain degré par leur application & leur bonne conduite. Ceux qui n'ont pas eu cet avantage, percent plus difficilement : c'est ce qu'on voit dans la Médecine, où ordinairement il faut veiller avant que d'atteindre à une certaine réputation qui procure une grande pratique. Il est rare que des circonstances heureuses favorisent un homme de mérite. C'est la mort ou la retraite des anciens médecins, comme celle des anciens avocats, qui pouroit le plus chez les malades & au barreau. De cette maniere, on doit à son âge, plus encore qu'à ses talens, l'avantage d'être fort employé sur la fin de ses jours. Delà peut-être est né ce proverbe si commun, *jeune chirurgien, vieux médecin*, dont on peut faire de si fausses applications. Si les Chirurgiens sont plutôt formés, ils le doivent au grand exercice de leur art ; & ceux même qu'on regarderoit comme médiocres, sont capables de rendre au public des services essentiels & très-utiles, par l'opération de la saignée & le traitement d'un grand nombre de maladies, qui n'exigent pas des lumieres supérieures, ni des opérations considérables, quoique l'art d'opérer, considéré du côté manuel, ne soit pas la partie la plus difficile de la Chirurgie, comme nous l'avons prouvé aux mots *Chirurgie & Opération. Voyez* CHIRURGIE & OPÉRATION.

L'éleve qui a toutes les qualités requises ne peut se mettre sur les bancs pour parvenir à la maîtrise que pendant le mois de Mars, & il subit le premier Lundi du mois d'Avril, dans une assemblée générale, un examen sommaire sur les principes de la Chirurgie : les quatre prevôts sont les seuls interrogateurs ; & si le candidat est jugé suffisant & capable, il est immatriculé sur les registres. L'acte de tentative ne peut être différé plus de trois mois après l'immatricule. Dans cet exercice, l'aspirant est interrogé au moins par treize maîtres, à commencer par le dernier reçu ; les douze autres examinateurs sont tirés au sort par le lieutenant du premier chirurgien du roi, immédiatement avant l'examen & en présence de l'assemblée. En tentative, on interroge ordinairement sur les principes de la Chirurgie, & principalement sur des points physiologiques. Le troisieme acte, nommé *premier examen*, a pour objet la Pathologie, tant générale que particuliere. Le candidat est interrogé par neuf maîtres, au choix du premier chirurgien du roi ou de son lieutenant : si le candidat est approuvé après cet acte, il entre en semaine. Il y en a quatre depuis le cours de la licence : dans la premiere, nommée *d'ostéologie*, le candidat doit soutenir deux actes en deux jours séparés, dont l'un est sur la démonstration du squelete, & l'autre sur toutes les opérations nécessaires pour guérir les maladies des os. Après la semaine d'ostéologie vient celle d'anatomie, pour laquelle on ne peut se présenter que depuis le premier jour de Novembre, jusqu'au dernier jour de Mars, ou au plus jusqu'à la fin d'Avril, si la saison le permet.

La semaine d'anatomie se fait sur un cadavre humain : elle est composée de treize actes. L'aspirant devant travailler & répondre pendant six jours & demi consécutifs, soir & matin ; savoir, le matin pour les opérations de la Chirurgie ; & le soir, sur toutes les parties de l'Anatomie.

La troisieme semaine est celle des saignées. L'aspirant y soutient deux actes à deux différens jours, l'un sur la théorie, & l'autre sur la pratique des saignées.

La quatrieme & derniere semaine est appellée *des médicamens*, pendant laquelle le candidat est obligé de soutenir encore deux actes à deux différens jours ; le premier, sur les médicamens simples : le second, sur les médicamens composés. Les quatre prevôts sont les seuls interrogateurs dans les actes des quatre semaines, & c'est le lieutenant du premier chirurgien du roi qui recueille les voix de l'assemblée sur l'admission ou le refus de l'aspirant.

Après les quatre semaines, il y a un dernier examen, nommé *de rigueur*, qui a pour objet les méthodes curatives des différentes maladies chirurgicales, & l'explication raisonnée de faits de pratique. Dans cet acte, le candidat doit avoir au-moins douze interrogateurs, tirés au sort par le lieutenant du premier chirurgien du roi, en présence de l'assemblée.

Les candidats doivent ensuite soutenir une these en acte public en latin. La faculté de Médecine y est invitée par le répondant ; elle y députe avec son doyen deux autres professeurs, qui occupent trois fauteuils au côté droit du bureau du lieutenant du premier chirurgien du roi & des prevôts. Cet acte doit durer au-moins quatre heures : pendant la premiere, les médecins députés proposent les difficultés qu'ils jugent à-propos sur les matieres de l'acte : les *maitres en Chirurgie* argumentent pendant les trois autres heures ; après quoi, si l'aspirant a été trouvé capable par la voie du scrutin au suffrage des seuls maîtres de l'art ; on procede à sa reception dans une salle séparée. Le lieutenant propose au candidat une question, sur laquelle il demande son rapport par écrit ; il faut y satisfaire sur le champ, & faire lecture publique de ce rapport ; ensuite de quoi, le candidat prête le serment accoûtumé, & signe sur les registres sa reception à la maîtrise en l'art & science de la Chirurgie.

Ceux qui ont rendu pendant six années des services gratuits dans les hôpitaux de Paris, avec la qualité de gagnant-maîtrise, après un examen suffisant, sont dispensés des actes de la licence, & sont reçus au nombre des maîtres en l'art & science de la Chirurgie en soutenant l'acte public. Il y a six places de gagnant-maîtrise ; deux à l'Hôtel-Dieu, dont une par le privilege de l'hôpital des Incurables, une à l'hôpital de la Charité ; deux à l'hôpital général, l'une pour la maison de la Salpetriere, l'autre pour la maison de Bicêtre ; enfin une place de gagnant-maîtrise en Chirurgie à l'hôtel royal des Invalides ; ensorte que, par la voie des hôpitaux, il y a chaque année l'une dans l'autre un maître en Chirurgie.

Ceux qui ont acheté des charges dans la maison du roi ou des princes, auxquelles le droit d'aggrégation est attaché, sont aussi admis, sans autre examen que le dernier, à la maîtrise en Chirurgie, de laquelle ils sont déchus, s'ils viennent à vendre leurs charges avant que d'avoir acquis la véteranie par vingt-cinq années de possession.

Les Chirurgiens qui ont pratiqué avec réputation dans une ville du royaume où il y a archevêché & parlement, après vingt années de reception dans leur communauté, peuvent se faire aggréger au college des Chirurgiens de Paris, où ils ne prennent rang que du jour de leur aggrégation.

Les examens que doivent subir les candidats en Chirurgie, paroissent bien plus utiles pour eux & bien plus propres à prouver leur capacité, que le vain appareil des thèses qu'on feroit soutenir successivement ; parce que les thèses sont toujours sur une matiere au choix du candidat ou du président ; qu'on n'expose sur le programme la question que sous le point de vûe qu'on juge à-propos ; que le sujet est prémédité, & suppose une étude bornée & circonscrite, qui ne demande qu'une application déterminée à un objet particulier & exclusif de tout ce qui n'y a pas un rapport immédiat. Il n'y a personne qu'on ne puisse mettre en état de soutenir assez passablement une thèse, pour peu qu'il ait les premieres notions de la science. Il y a long-tems qu'on a dit que la distinction avec laquelle on répondoit soutenoit un acte public, prouvoit moins son habileté que l'artifice du maître. M. Baillet a dit à ce sujet, qu'on pouvoit paroître avec applaudissement sur le théâtre des écoles par le secours de machines qu'on monte pour une seule représentation, & dont on ne conserve souvent plus rien après qu'elles ont fait leur effet. On peut lire avec satisfaction & avec fruit une dissertation contre l'usage de soutenir des thèses en Médecine, par M. le François, docteur en Médecine de la faculté de Paris, publiée en 1720, & qui se trouve chez Cavelier, libraire, rue S. Jacques, au lys-d'or. Il y a du même auteur des réflexions critiques sur la Médecine, en deux volumes in-12. qui sont un ouvrage très-estimable & trop peu connu.

La réception n'est pas le terme des épreuves auxquelles les Chirurgiens sont assujettis, pour mériter la confiance du public. L'arrêt déja cité du Conseil d'état du Roi du 4 Juillet 1750, portant règlement entre la faculté de Médecine de Paris & les maîtres en l'art & science de la Chirurgie, a ordonné, sur les représentations de M. de la Martiniere, premier chirurgien de sa Majesté, pour la plus grande perfection de la Chirurgie, que les maîtres nouveaux reçus seront tenus d'assister assidument, pendant deux ans au moins, aux grandes opérations qui se feront dans les hôpitaux ; en tel nombre qu'il sera jugé convenable par les chirurgiens majors desdits hôpitaux, ensorte qu'ils puissent y être tous admis successivement. Par un autre article de ce règlement, lesdits nouveaux maîtres sont tenus d'appeller pendant le même tems deux de leurs confreres, ayant au moins douze années de réception, aux opérations difficiles qu'ils entreprendront, sa Majesté leur défendant d'en faire aucune durant ledit tems qu'en présence & par le conseil desdits maîtres à ce appellés. Cette disposition de la loi est une preuve de la bonté vigilante du prince pour ses sujets, & fait l'éloge du chef de la Chirurgie qui l'a sollicitée.

Les chirurgiens des grandes villes de province, telles que Bordeaux, Lyon, Montpellier, Nantes, Orléans, Rouen, ont des statuts particuliers qui prescrivent des actes probatoires aussi multipliés qu'à Paris ; &, suivant les statuts généraux pour toutes les villes qui n'ont point de réglemens particuliers, les épreuves pour la réception sont assez rigoureuses pour mériter la confiance du public, si les interrogateurs s'acquittent de leur devoir avec la capacité & le zele convenables.

Les aspirans doivent avoir fait un apprentissage de quatre ans au moins, puis avoir travaillé trois ans sous des maîtres particuliers, ou deux ans dans les hôpitaux des villes frontieres, ou au moins une année dans les hôpitaux de Paris, à l'Hôtel-Dieu, à la Charité ou aux Invalides.

L'immatricule se fait après un examen sommaire ou tentative, dans lequel l'aspirant est interrogé par le lieutenant du premier chirurgien du Roi & par les prevôts, ou par le prevôt, s'il n'y en a qu'un, & par le doyen de la communauté.

Deux mois après au plus tard, il faut soutenir le premier examen, où le lieutenant, les deux prevôts, le doyen & quatre maîtres tirés au sort, interrogent l'aspirant, chacun pendant une demi-heure au moins, sur les principes de la Chirurgie, & le général des tumeurs, des plaies & des ulceres. S'il est jugé incapable, faute de suffisante application, il est renvoyé à trois mois pour le même examen ; sinon il est admis à faire sa semaine d'Ostéologie deux mois après.

La semaine d'Ostéologie a deux jours d'exercice. Le premier jour, l'aspirant est interrogé par le lieutenant, les prevôts & deux maîtres tirés au sort, sur les os du corps humain ; &, après deux jours d'intervalle, le second acte de cette semaine est sur les fractures & luxations, & sur les bandages & appareils.

On n'entre en semaine d'Anatomie que depuis le premier de Novembre jusqu'au dernier jour d'Avril. Cette semaine a deux actes. Le premier jour, on examine sur l'Anatomie, & l'aspirant fait les opérations sur un sujet humain ; à son défaut, sur les parties des animaux convenables. Le second jour, l'examen a pour objet les opérations chirurgicales, telles que la cure des tumeurs, des plaies, l'amputation, la taille, le trépan, le cancer, l'empyeme, les hernies, les ponctions, les fistules, l'ouverture des abscès, &c.

La troisieme semaine, l'aspirant soutient deux actes : le premier, sur la théorie & la pratique de la saignée, sur les accidens de cette opération, & les moyens d'y remédier. Le second, sur les médicamens simples & composés, sur leurs vertus & effets.

Dans le dernier examen, l'aspirant est interrogé sur des faits de pratique par le lieutenant, les prevôts, & fix maîtres tirés au fort. S'il est jugé capable, on procede à sa réception, & il prete serment dans une autre séance entre les mains du lieutenant du premier chirurgien du Roi en présence du médecin royal, qui a dû être invité à l'acte appellé *tentative*, & au premier & dernier examen seulement. Sa présence à ces actes de théorie est purement honorifique, c'est-à-dire, qu'il ne peut interroger le récipiendaire, & qu'il n'a point de droit de suffrage pour l'admettre ou le refuser.

Pour les bourgs & villages, il n'y a qu'un seul examen de trois heures sur les principes de la Chirurgie, sur les saignées, les tumeurs, les plaies & les médicamens, devant le lieutenant du premier chirurgien du Roi, les prevôts, ou le prevôt & le doyen de la communauté. (*Y*)

MAÎTRE CANONNIER, (*Hist. mod.*) est en Angleterre un officier commis pour enseigner l'art de tirer le canon à tous ceux qui veulent l'apprendre, en leur faisant prêter un serment qui, indépendamment de la fidélité qu'ils doivent au roi, leur fait promettre de ne servir aucun prince ou état étranger sans permission, & de ne point enseigner cet art à d'autres que ceux qui auront prêté le même serment. Le *maître canonnier* donne aussi des certificats de capacité à ceux que l'on présente pour être canonniers du roi.

M. Moor observe qu'un *canonnier* doit connoître ses pieces d'artillerie, leurs noms qui dépendent de la hauteur du calibre, & les noms des différentes parties d'un canon; comme aussi la maniere de les calibrer, &c. *Voyez* ARTILLERIE. *Chambers*.

Il n'y a point en France de *maître canonnier*; les soldats de royal-Artillerie sont instruits dans les écoles de tout ce qui concerne le service du *canonnier*. *Voyez* ÉCOLES D'ARTILLERIE.

MAÎTRE, (*Marine.*) Ce mot dans la marine se donne à plusieurs officiers chargés de différens détails. Sur les vaisseaux du roi, le *maître* est le premier officier marinier : c'est lui qui est chargé de faire exécuter les commandemens que lui donne le capitaine ou l'officier de quart pour la manœuvre. Dans un jour de combat, sa place est à côté du capitaine. Cet officier est chargé de beaucoup de détails ; il observe le travail des matelots afin d'instruire ceux qui manquent par ignorance, & châtier ceux qui ne font pas leur devoir.

Le *maître* doit assister à la carene, prendre soin de l'arrimage & assiete du vaisseau, être présent au magasin pour prendre leur premiere garniture & pour recevoir le rechange, dont ils doivent donner un inventaire signé de leur main au capitaine.

Il doit avoir soin du vaisseau & de tout ce qui est dedans, le faire nettoyer, laver, suiser, brayer & goudronner; avoir l'œil sur tous les agrès, & faire mettre chaque chose en sa place.

Il est défendu aux officiers des sièges de l'amirauté, de recevoir aucuns *maîtres* qu'ils ne soient âgés de vingt-cinq ans, & qu'ils n'aient fait deux campagnes de trois mois chacune au moins sur les vaisseaux du roi, outre les cinq années de navigation qu'il doive avoir faites précédemment.

L'ordonnance de Louis XIV. pour les armées navales & arsenaux de marine du 15 Avril 1689, regle & détaille toutes sonctions particulieres du *maître* dans lesquelles il seroit trop long d'entrer.

MAÎTRE DE VAISSEAU ou CAPITAINE MARCHAND, (*Marine.*) appellé sur la Méditerranée *patron*. Il appartient au *maître d'un vaisseau marchand* de choisir les pilotes, contre-maître, matelots & compagnons ; ce qu'il doit néanmoins faire de concert avec les propriétaires lorsqu'il est dans le lieu de leur demeure.

Pour être reçu *capitaine*, *maître* ou *patron* de navire marchand, il faut avoir navigué pendant cinq ans, & avoir été examiné publiquement sur le fait de la navigation, & trouvé capable par deux anciens *maîtres*, en présence des officiers de l'amirauté & du professeur d'Hydrographie, s'il y en a.

Le *maître* ou *capitaine marchand* est responsable de toutes les marchandises chargées dans son bâtiment, dont il est tenu de rendre compte sur le pié des connoissemens. Il est tenu d'être en personne dans son bâtiment lorsqu'il sort de quelque port, havre ou riviere. Il peut, par l'avis du pilote & contremaître, faire donner la cale, mettre à la boucle, & punir d'autres semblables peines les matelots mutins, ivrognes & désobéissans. Il ne peut abandonner son bâtiment pendant le cours du voyage pour quelque danger que ce soit, sans l'avis des principaux officiers & matelots ; &, en ce cas, il est tenu de sauver avec lui l'argent & ce qu'il peut des marchandises plus précieuses de son chargement. Si le *maître* fait fausse route, commet quelque larcin, souffre qu'il en soit fait dans son bord, ou donné frauduleusement lieu à l'altération ou confiscation des marchandises ou du vaisseau, il doit être puni corporellement. *Voyez* l'ordonnance de 1681, *l. II. tit. 1.*

MAÎTRE D'ÉQUIPAGE ou MAÎTRE ENTRETENU DANS LE PORT, (*Marine.*) c'est un officier marinier choisi entre les plus expérimentés, & établi dans chaque arsenal, afin d'avoir soin de toutes les choses qui regardent l'équipement, l'armement & le désarmement des vaisseaux, tant pour les agréer, garnir & armer, que pour les mettre à l'eau, les caréner, & pour ce qui sert à les amarrer & tenir en sûreté dans le port. Il fait disposer les cabestans & manœuvres nécessaires pour mettre les vaisseaux à l'eau, & est chargé du soin de préparer les amarres & de les faire amarrer dans le port. *Voyez* l'ordonnance de 1689 citée ci-dessus.

MAÎTRE DE QUAI, (*Marine.*) officier qui fait les fonctions de capitaine de port dans un havre. Il est chargé de veiller à tout ce qui concerne la police des quais, ports & havres ; d'empêcher que de nuit on ne fasse du feu dans les navires, barques & bateaux ; d'indiquer les lieux propres pour chauffer les bâtimens, gaudronner les cordages, travailler aux radoubs & calfats, & pour lester & délester les vaisseaux ; de faire passer & entretenir les fanaux, les balises, tonnes & boules, aux endroits nécessaires ; de visiter une sois le mois, & toutes les sois qu'il y a eu tempête, les passages ordinaires des vaisseaux, pour reconnoître si les fonds n'ont point changé ; enfin de couper, en cas de nécessité, les amarres que les *maîtres de navire* refuseroient de larguer.

MAÎTRE DE PORTS, (*Marine.*) c'est un inspecteur qui a soin des ports, des estacades, & qui y fait ranger les vaisseaux, afin qu'ils ne se puissent causer aucuns dommages les uns aux autres.

L'ordonnance de la marine de 1689 le charge de veiller au travail des gardiens & matelots, distribués par escouade pour le service du port.

On appelle aussi *maître de ports* un commis chargé de lever les impositions & traites foraines dans les ports de mer.

MAÎTRE DE HACHE, (*Marine.*) c'est le *maître charpentier* du vaisseau.

MAÎTRE CANONNIER, (*Marine.*) c'est un des principaux officiers mariniers qui commande sur toute l'artillerie, & qui a soin des armes.

Le second *maître canonnier* a les mêmes sonctions en son absence.

MAÎTRE DE CHALOUPE, (*Marine.*) c'est un officier marinier qui est chargé de conduire la chaloupe, & qui a en sa garde tous les agrès. Il la fait embarquer, débarquer & appareiller, & il empêche que les matelots ne s'en écartent lorsqu'ils vont à terre.

MAÎTRE MATEUR, (*Marine.*) Il assiste à la visite & recette des mâts, a soin de leur conservation, qu'ils soient toûjours assujettis sous l'eau dans les fosses, & qu'ils ne demeurent pas exposés à la pluie & au soleil. Il fait servir les arbres du Nord aux beauprés & mâts de hune, & autres mâtures d'une seule piece. Il fait faire les hunes, barres & chouquets, des grandeurs & proportions qu'ils doivent être, &c.

MAÎTRE VALET, (*Marine.*) c'est un homme de l'équipage qui a soin de distribuer les provisions de bouche, & qui met les vivres entre les mains du cuisinier selon l'ordre qu'il en reçoit du capitaine. Son poste est à l'écoutille, entre le grand mât & l'artimon. Il a un aide ou assistant qu'on appelle *maître valet d'eau*, qui fait une partie de ses fonctions lorsqu'il ne peut tout faire, & qui est chargé de la distribution de l'eau douce.

MAÎTRE EN FAIT D'ARMES, (*Escrime.*) celui qui enseigne l'art de l'Escrime, & qui, pour cet effet, tient salle ouverte où s'assemblent les écoliers.

Les *maîtres en fait d'armes* composent une des cinq ou six communautés de Paris qui n'ont aucun rapport au commerce : elle a ses statuts comme les autres.

MAÎTRES ÉCRIVAINS, (*Art. méch.*) la communauté des maîtres experts jurés *écrivains*, expéditionnaires & arithméticiens, teneurs de livres de comptes, établis pour la vérification des écritures, signatures, comptes & calculs contestés en justice, doit son établissement à Charles IX. roi de France en 1570. Avant cette érection, la profession d'enseigner l'art d'écrire étoit libre, & elle est encore en Italie & en Angleterre. Il y avoit pourtant quelques maîtres autorisés par l'université, mais ils n'empêchoient point la liberté des autres. Ce droit de l'université subsiste encore ; il vient de ce qu'elle avoit anciennement enseigné cet art, qui faisoit alors une partie de la Grammaire. Pour instruire clairement sur l'origine d'un corps dont les talens sont nécessaires au public, il faut remonter un peu haut & parler des faussaires.

Dans tous les tems, il s'est trouvé des hommes qui se sont attachés à contrefaire les écritures & à fabriquer de faux titres. Suivant l'histoire des contestations sur la diplomatique, *pag.* 99, il y en avoit dans tous les états, parmi *les moines & les clercs*, parmi *les séculiers*, *les notaires*, *les écrivains & les maîtres d'écoles*. Les femmes mêmes se sont mêlées de cet exercice honteux. Les siecles qui paroissent en avoir le plus produit, sont les sixieme, neuvieme & onzieme. Dans le seizieme, il s'en trouva un assez hardi pour contrefaire la signature du roi Charles IX. Les dangers auxquels un talent si funeste exposoit l'état, firent réfléchir plus sérieusement qu'on n'avoit fait jusqu'alors sur les moyens d'en arrêter les progrès. On remit en vigueur les ordonnances qui portoient des peines contre les faussaires, & pour qu'on pût les reconnoître, on forma d'habiles vérificateurs: Adam Charles, secrétaire ordinaire du roi Charles IX. & qui lui avoit enseigné l'art d'écrire, fut chargé par ce prince de faire le choix des sujets les plus propres à ce genre de connoissances. Il répondit aux vûes de son prince en homme habile & profond dans son art, & choisit parmi les maîtres qui le professoient ceux qui avoient le plus d'expérience. Ils se trouverent au nombre de huit, qui sur la requête qu'ils présenterent au roi, obtinrent des lettres patentes d'érection au mois de Novembre 1570, lesquelles furent enregistrées au parlement le 31 Janvier 1576.

Ces lettres patentes sont écrites sur parchemin en lettres gothiques modernes, très-bien travaillées ; la premiere ligne qui est en or a conservé toute sa fraîcheur ; elles peuvent passer en fait d'écriture, pour une curiosité du seizieme siecle. Ces lettres établissent les maîtres *écrivains* privativement à tous autres, *pour faire la vérification des écritures & signatures contestées dans tous les tribunaux, & enseigner l'écriture & l'arithmétique à Paris & par tout le royaume.*

Telle est l'origine de l'établissement des maîtres *écrivains*, dont l'idée est dûe à un monarque françois ; il convient à présent de s'étendre plus particulierement sur cette compagnie.

Cet établissement fut à peine formé, qu'Adam Charles qui en étoit le protecteur, qui visoit au grand, & qui par son mérite s'étoit élevé à une place éminente à la cour, sentit que pour donner un relief à cet état naissant, il lui falloit un titre qui le distinguât aux yeux du public, & qui lui attirât son estime & sa confiance. Il supplia le roi d'accorder à chacun des maîtres de la nouvelle compagnie dont il étoit le premier, la qualité de *secrétaire ordinaire de sa chambre*, dont sa majesté l'avoit décoré. Comme cette qualité engageoit à des fonctions, Charles IX. qui donna à deux des maîtres *écrivains* qui étoient obligés de se trouver à la suite du roi, l'un après l'autre par quartier.

Les maîtres *écrivains* vérificateurs, ou du moins les deux qui étoient secrétaires de la chambre de sa majesté, ont été attachés à la cour jusqu'en 1633 ; voici le motif qui fit cesser leurs fonctions à cet égard. Rien de plus évident que l'établissement des maîtres *écrivains* avoit procuré aux écritures une correction sensible ; il avoit même déja paru sur l'art d'écrire quelques ouvrages gravés avec des préceptes. Cependant malgré ces secours, il régnoit encore en général un mauvais goût, un reste de gothique qu'il étoit dangereux de laisser subsister. Il consistoit en traits superflus, en plusieurs lettres quoique différentes qui se rapprochoient beaucoup pour la figure ; enfin en abréviations multipliées dont la forme toujours arbitraire, exigeoit une étude particuliere de la part de ceux qui en cherchoient la signification. On peut sentir que le concours de tous ces vices, rendoit les écritures cursives aussi difficiles à lire que fatiguantes aux yeux. Pour bannir absolument ces défauts, le parlement de Paris qui n'apportoit pas moins d'attention que le roi aux progrès de cet art, ordonna aux maîtres *écrivains* de s'assembler & de travailler à la correction des écritures, & d'en fixer les principes. Après plusieurs conférences tenues à ce sujet par la société des maîtres *écrivains*, Louis Barbedor qui étoit alors secrétaire de la chambre du roi & syndic, exécuta un exemplaire de lettres françoises ou rondes, & le Bé un autre sur les lettres italiennes ou bâtardes ; ces deux artistes avoient un mérite supérieur. Le premier, homme renommé dans son art, étoit savant dans la construction des caracteres pour les langues orientales. Le second, qui ne lui cédoit en rien dans l'écriture, avoit eu l'honneur d'enseigner à écrire au roi Louis XIV. Ces deux écrivains présenterent au parlement les exemplaires qu'ils avoient exécutés ; cette cour après en avoir fait l'examen, décida par un arrêt du 26 Février 1633 ; qu'à l'avenir on ne suivroit point d'autres alphabets, caracteres, lettres & forme d'écrire, que ceux qui étoient figurés & expliqués dans les deux exemplaires. Que ces exemplaires seroient gravés, burinés & imprimés au nom de la communauté des maîtres *écrivains* vérificateurs. Enfin, que ces exemplaires resteroient à perpétuité au greffe de la cour, &, que les pieces qui se tireroient des gravures seroient distribuées par tout le royaume, pour servir sans doute de modele aux particuliers, & de regle aux maîtres pour enseigner la jeunesse. Il est aisé de sentir que le but de cet arrêt étoit de simplifier l'écriture & empêcher toute innovation dans la forme des caracteres & dans leurs principes.

Les deux secrétaires de la chambre du roi, dont les fonctions consistoient à écrire & à lire les ouvrages d'écritures adressés aux rois, devenant inutiles par le réglement dicté par cet arrêt du parlement ; on jugea à-propos de les supprimer. Mais, quoique les maîtres *écrivains* n'eussent plus l'honneur d'être de la suite du roi, ils ne perdirent pas pour cela le droit d'avoir toujours dans leur compagnie deux secrétaires de sa majesté. Parmi ceux qui ont joui de ce titre, on remarque Gabriel Alexandre en 1658, Nicolas Duval en 1677, Nicolas Lesgrét en 1694, & Robert Jacquesson en 1727.

Après avoir parlé d'un titre honorable qui fit autrefois distinguer les maîtres *écrivains*, je laisserois quelque chose à desirer, si je négligeois d'instruire des priviléges qui leur ont été accordés par les rois successeurs de Charles IX. Cette espece d'instruction est importante ; elle fera connoître que les souverains n'ont pas oublié un corps, qui depuis son institution a perfectionné l'écriture, abregé le développement des principes, simplifié les opérations de l'arithmétique, découvert les trompeuses manœuvres des faussaires, & cherché continuellement à être utile à leurs concitoyens, dont l'ingratitude va aujourd'hui jusqu'à le méconnoître.

Henri IV. dont la bonté pour ses peuples ne s'effacera jamais, leur a donné des lettres patentes qui sont datées de Folembrai le 22 Décembre 1595, par lesquels ils sont dispensés de *toutes commissions abjectes & de toutes charges viles*, à *l'exemple de tous les régens & maîtres-ès-arts de l'université de Paris*. C'est sur ce sujet que le 13 Octobre 1657, le châtelet a rendu un jugement où cette juridiction s'exprime en termes bien honorables pour l'état de maître *écrivain*. Il y est dit, *que l'excellence de l'art d'écrire mérite cette exemption* ; & plus bas, *que les charges viles & abjectes de police sont incompatibles avec la pureté & la noblesse de leur art*, reconnu sans contredit pour le pere & le principe des sciences.

Louis XIII. ne perdit point de vûe les maîtres *écrivains*. Dans des lettres patentes qu'il donna en leur faveur le 30 Mars 1616, il déclare qu'il n'a point *entendu comprendre en l'édit de création de deux maîtres en chacun métier*, ladite maitrise d'écrivain juré, qu'elle auroit exceptée & réservée, déclarant *nulles toutes lettres & provisions qui en pourroient avoir été ou être expédiées*.

Louis XIV. par un arrêt de son conseil privé du 20 Novembre 1672, ordonne *que la communauté des maîtres écrivains seroit exceptée de la création de deux lettres de maitrise de tous arts & métiers*, créées par son édit du mois de Juin 1660. en faveur de M. le duc de Choiseul. C'est par ce dernier titre que les maîtres *écrivains* ont fait évanouir depuis peu toutes les espérances d'un particulier qui étoit revêtu d'un privilége de monseigneur le duc de Bourgogne, pour enseigner l'art d'écrire & tenir classe ouverte.

Louis XV. aujourd'hui régnant n'a pas été moins favorable aux maîtres *écrivains*, que ses prédécesseurs, dans une occasion d'où dépendoit toute leur fortune. Les maîtres des petites écoles avoient obtenu un arrêt du conseil du 9 Mai 1719, qui leur donnoit le droit d'*enseigner l'écriture, l'ortographe, l'arithmétique & tout ce qui en est relatif même, comme les comptes à parties doubles & simples & les changes étrangers*. Un arrêt de cette conséquence, à qui l'autorité suprème donnoit un poids qu'il n'étoit pas possible de renverser, étoit un coup de foudre pour les maîtres *écrivains* ; en effet, il les dépouilloit du plus solide de leurs avantages. J'ignore les moyens dont se servirent les maîtres des petites écoles pour surprendre la cour & parvenir à le posséder ; mais il est certain que le roi ayant été fidelement instruit de l'injustice de cet arrêt, l'annulla & le cassa par un autre du 4 Avril 1724.

Je ne m'étendrai pas davantage sur les titres & priviléges des maîtres *écrivains* ; mais avant d'entrer dans un détail sommaire de leurs statuts, qu'il me soit permis de parler des grands maîtres qui ont illustré cette compagnie.

Les Grecs & les Romains élevoient des statues aux grands hommes, qui s'étoient distingués dans les arts & dans les sciences. Cet usage n'a point lieu parmi nous, mais on consacre leurs noms dans l'histoire ; jusqu'à présent aucun ouvrage n'a parlé de ceux qui se sont fait admirer par la beauté de leur écriture, & par leur talent à former de belles mains pour le service de l'état, comme si les grands maitres dans ce genre ne pouvoient pas parvenir au même degré de célébrité que ces fameux artistes dont les noms sont immortels. Un auteur dans le journal de Verdun en a dit la raison ; *c'est que le fracas est nécessaire pour remuer l'imagination du plus grand nombre des hommes, & qu'un bien réel qui s'opere sans bruit ne touche que les gens sensés*.

Je pourrois passer sous silence le tems qui s'est écoulé depuis l'établissement des *maîtres écrivains* vérificateurs, jusqu'à l'arrêt du parlement de 1633, dont j'ai parlé plus haut. Mais dans cet intervalle il a paru des écrivains respectables que les amateurs seront bien aises de reconnoître. Les laisser dans l'oubli, ce seroit une ingratitude, une ingratitude : les voici.

Jean de Beauchêne se fit de la réputation par une methode sur l'art d'écrire qui parut en 1580.

Jean de Beaugrand, reçu professeur en 1594, étoit un habile homme, écrivain du roi & de ses bibliotheques, & secrétaire ordinaire de sa chambre. Il fut choisi pour enseigner à écrire au roi Louis XIII. lorsqu'il étoit dauphin, & pour lequel il a fait un livre gravé par Firens, où l'on trouve des cadeaux, fur-tout aux deux premieres pieces, ingénieusement composés & d'un seul trait.

Guillaume le Gangneur, natif d'Angers, & secrétaire ordinaire de la chambre du roi, fut un artiste célebre dans son tems. Ses œuvres sur l'écriture parurent en 1599, & sont gravés savamment par Frisius, qui étoit pour-lors le plus expert graveur en lettres, & contiennent les écritures françoise, italienne & greque. Chaque morceau traite des dimensions qui conviennent à chaque lettre & à chaque écriture, avec démonstrations. M. l'abbé Joly, grand chantre de l'église de Paris, en fait l'éloge dans son *Traité des écoles épiscopales* pag. 466, il dit que *les caracteres grecs de cet écrivain surpassent ceux du nouveau Testament grec imprimé par Robert Etienne l'an 1550*. Cet artiste qui avoit une réputation étonnante, & que tous les Poëtes de son siecle ont chanté, mourut vers l'an 1624.

Nicolas Quittrée, reçu professeur en 1598, étoit éleve de Gangneur, & fut comme lui un très-habile homme. Il n'a point fait graver, & j'ai entre mes mains quelques morceaux de ses ouvrages, qui prouvent son génie & son adresse dans l'art.

De Beaulieu, gentilhomme de Montpellier, a été fort connu, & a fait un livre sur l'écriture en 1624, gravé par Matthieu Greuter, allemand.

Desperrois, en 1628, donna au public un ouvrage sur l'art d'écrire, qui fut goûté.

Ces maîtres ont vécu dans les premiers tems de l'établissement de la communauté des *maîtres Ecrivains jurés*. Je vais parcourir un champ plus vaste, c'est-à-dire depuis la correction arrivée aux caracteres en 1633 jusqu'à ce jour. Je passerai rapidement sur une partie, & m'arrêterai davantage sur les articles en écriture qui paroissent plus le mériter.

Entre ceux qui se sont distingués dans cet espace, on peut citer le Bé & Barbedor dont j'ai déjà parlé, auxquels il faut ajoûter Robert Vignon, Moreau, Pérré, Philippe Limosin, Ravenceau, Nicolas Duval, Etienne de Blégny, de Héman, Leroy, & Baillet; tous, excepté les trois derniers qui n'ont donné que des ouvrages seulement à la main, ont produit de bons livres gravés en l'art d'écrire. Il en est encore d'autres dont la réputation & le talent semblent l'emporter.

Le premier est Senault, qui étoit un homme habile, non-seulement dans l'écriture, mais encore dans l'art de les graver. Il a donné au public beaucoup d'ouvrages où la fécondité du génie & l'adresse de la main paroissoient avec éclat. C'étoit un travailleur infatigable, & qui dès l'âge de 24 ans étonna par les productions qui sortoient de sa plume & de son burin. M. Colbert à qui il a présenté plusieurs de ces livres l'estimoit beaucoup. Cet artiste habile en deux genres, & qui étoit secrétaire ordinaire de la chambre du roi, fut reçu professeur en 1675.

Le second est Laurent Fontaine; il mit au jour en 1677 son Art d'écrire expliqué en trois tables, & gravé par Senault. Le génie particulier de ce maître étoit la simplicité; tout dans son ouvrage respire le naturel, le clair, le précis & l'instructif.

Le troisieme est Jean-Baptiste Allais de Beaulieu, qui en 1680 fit paroître un livre sur l'écriture, gravé par Senault, qui eut un succès étonnant. Il médita sur son art en homme profond & qui veut percer, aussi son ouvrage est un des meilleurs sur cette matiere: tout s'y trouve détaillé sans confusion ni superfluité; ses démonstrations ont pour base la vérité & la justesse. Ce grand maître ne s'étoit point destiné d'abord pour l'art d'écrire, mais pour le barreau. Il étoit avocat, lorsque son pere, habile maître écrivain de la ville de Rennes, mourut à Paris des chagrins que lui causerent des envieux de son mérite & de son talent. Cette mort changea ses desseins; il se vit forcé vers l'an 1648, à travailler à un art qui ne lui avoit servi jusqu'alors qu'à écrire des plaidoyers; mais comme il vouloit se faire connoître par une capacité supérieure, il resta pour ainsi dire enseveli dans le travail pendant douze années, & jusqu'au moment où il se fit recevoir professeur, ce qui fut en 1661. Cet habile écrivain jouissoit d'une si grande réputation & étoit si recherché pour son écriture, que M. le marquis de Louvois lui offrit une place de dix mille livres qu'il refusa, parce que sa classe composée de tout ce qu'il y avoit de mieux à Paris, lui rapportoit le double. L'éloge le plus flatteur que l'on puisse faire de ce célebre écrivain, c'est qu'il étoit avec justice le plus grand maître en écriture du xvij. siecle.

Le quatrieme est Nicolas Lesgret, natif de Reims. Il se distingua de bonne heure dans l'art d'écrire, & j'ai des pieces de ce maître faites à l'âge de vingt-quatre ans, où il y a de très-belles choses. La cour fut le théâtre où il brilla le plus, étant rectificateur ordinaire de la chambre du roi, & toujours à sa suite; il fut préféré à tout autre pour enseigner aux jeunes seigneurs. Cet expert écrivain reçu professeur en 1659, donna en 1694 un ouvrage au public, gravé par Berey, où le corps d'écriture est bon & correct, & les traits d'une riche composition.

Le siecle où nous vivons a produit, ainsi que le précédent, de très-habiles écrivains. Je ne parlerai seulement que d'Olivier Sauvage, Alexandre, Rossignol, Michel, Bergerat, & de Rouen.

Olivier Sauvage, reçu professeur en 1693, étoit de Rennes, & neveu du célebre Allais, Il se forma sous les yeux de son oncle; il possédoit le beau de l'art, & avoit un feu dans l'exécution qui le distinguera toujours. Cet artiste qui a eu une grande réputation & une infinité de bons éleves, est mort le 14 Octobre 1737, âgé d'environ 72 ans.

Alexandre avoit une main des plus brillantes. Il avoit possédé de beaux emplois avant d'enseigner l'art d'écrire. Dans l'une & l'autre fonction il a fait des ouvrages qui méritent d'être conservés. Ce qu'on pourroit pourtant lui reprocher, c'est d'avoir mis quelquefois trop de confusion; mais quel est l'artiste exempt de défauts? Cet écrivain a fait de bons éleves, & est mort au mois de Juillet 1738.

Louis Rossignol, natif de cette ville, éleve de Sauvage, a été le peintre de l'écriture. Cet artiste étoit né avec un goût décidé pour cet art, aussi l'a-t-il exécuté avec la plus grande perfection sans sortir de la belle simplicité. Il a su, en suivant le principe d'Allais, éviter ses défauts, & donner à tout ce qu'il traçoit une grace frappante. Dès l'âge de 15 ans il commença à acquérir une réputation qui s'est beaucoup accrue par les progrès rapides qu'il a fait dans son art. Sa classe étoit des plus brillantes & des plus nombreuses; il la conduisoit avec un ordre & une régularité unique. Son habileté lui a mérité l'honneur d'être choisi pour enseigner à écrire à M. le duc d'Orléans, actuellement vivant. Je m'estimerai toujours heureux d'avoir été un de ses disciples, & je conserve avec tous les corrections qu'il m'a faites en 1733, & beaucoup de ses pieces; elles sont d'une beauté & d'une justesse de principes dont rien n'approche. On peut dire de cet habile maître, reçu professeur en 1719, & qui mourut en 1739, dans la 45e année de son âge, ce que M. Lépicié dit de Rapael, fameux peintre, (*Catalog. raisonn. des tab. du roi, tom. I. pag. 72.*) « que son nom seul emporte avec lui l'idée » de la perfection ».

Michel étoit un savant maître, & peut-être celui qui a le mieux connu l'effet de la plume; aussi passoit-il avec raison pour un grand démonstrateur. Reçu professeur en 1698, il mourut à quelques années.

Bergerat, reçu professeur en 1739, écrivoit d'une maniere distinguée. Il excelloit dans la composition des traits, qu'il touchoit avec beaucoup de goût & de délicatesse. Il réussissoit aussi dans l'exécution des états, qu'il rangeoit dans un ordre & dans une élégance admirable. Ce maître qui mourut le 14 Août 1755, n'avoit pas un grand fini de la main, mais beaucoup d'ordre, de sagesse & de raisonnement.

Pierre Adrien de Rouen, avoit comme aussi patient dans ses ouvrages, que vif dans ses autres actions. Ce maître qui a été habile dans l'art d'écrire, ne l'a pas été autant dans la démonstration & dans l'art d'enseigner. Son goût le portoit à faire des traits artistement travaillés, & à écrire extrêmement fin dans le genre de ceux dont il est parlé dans le dictionnaire à l'article *Ecrivain*, fait par M. le chevalier de Jaucourt. Tout Paris a vû avec surprise de ses ouvrages, sur-tout les portraits du roi & de la reine ressemblans. A l'aspect de ces deux tableaux on croyoit voir une belle gravure; mais examinés de plus près, ce qu'on avoit cru l'effet du burin, n'étoit autre chose que de l'écriture d'une finesse surprenante. Cette écriture exprimoit tous les passages de l'Ecriture-sainte, relatifs à la soumission & au respect que l'on doit aux souverains. J'ai quelques ouvrages de cet artiste, sur-tout une grande piece sur parchemin, représentant un morceau d'architecture en traits, formant un autel avec deux croix, dont l'une est composée du *Miserere*, & l'autre du *Vexilla regis, &c.* Ce chef-d'œuvre (car on peut l'appeller ainsi) est étonnant & fait voir une patience inconcevable. Cet écrivain adroit présenta un livre curieux, qu'il avoit écrit, à madame la chanceliere, qui pour le récompenser le fit recevoir profeſſeur en 1734. Le long eſpace de rems qu'exigeoient des ouvrages de cette nature, & le peu de gain qu'il en retiroit, le réduiſirent dans un état de miſere à laquelle M. l'abbé d'Herman de Clery, amateur de l'écriture, & qui poſſede beaucoup de ſes ouvrages, apporta quelque adouciſſement, par un emploi qu'il a conſervé juſqu'à ſa mort, arrivée en 1757, âgé ſeulement de 48 ans.

Je me ſuis un peu étendu ſur les plus grands artiſtes que la communauté des *maitres Ecrivains* à produits. J'ai cru ce détail néceſſaire pour encourager les jeunes gens, & leur faire comprendre que par le travail & l'application on peut parvenir à tous les arts.

Il s'agit à préſent de faire l'analyſe des ſtatuts, par lequel je terminerai cet article.

Les ſtatuts actuels des *maitres Ecrivains* ſont de 1727. Ils ont été confirmés par lettres-patentes du roi données au mois de Décembre de la même année, & enregiſtrées en parlement le 3 Septembre 1728. Ce ne ſont pas les premiers ſtatuts qu'ils aient eus, ils en avoient auparavant de 1658, & cès derniers avoient ſuccédé à de plus anciens, qui ſervoient depuis l'érection de la communauté.

Ces ſtatuts contiennent trente articles.

Le premier veut qu'avec de la capacité l'on ſoit de la religion catholique, apoſtolique & romaine, & de bonnes vie & mœurs.

Le ſecond, que l'on ait au moins 20 ans pour être reçu, & que l'on ſubiſſe trois examens dans trois jours différens, ſur tout ce qui concerne l'Ecriture, l'Ortographe, l'Arithmétique univerſelle, les comptes à parties ſimples & doubles, & les changes étrangers.

Le troiſieme, défend à tout autre qu'à un maître reçu, de tenir claſſe & d'enſeigner en ville, à peine de 500 livres d'amende.

Le quatrieme, que chaque maitre ait le droit d'écrire pour le public, & de ſigner tous les ouvrages qu'il fera à cette fin.

Le cinquieme fait défenſe à toutes perſonnes de prendre le titre *d'écrivain*, à moins qu'elles ne ſoient membres de la communauté.

Il eſt dit dans le ſixieme, que les fils de maitre nés dans la maitriſe de leur pere, ſeront reçus à 18 ans accomplis, ſans examen, mais ſeulement feront une legere expérience par écrit de leur capacité.

Et dans le ſeptieme, qu'ils ſeront reçus *gratis*, en payant les deux tiers du droit royal, le coût de la lettre de maitriſe & autres petits droits.

Le huitieme, après avoir expliqué ce que l'on doit payer pour la maitriſe, ajoute que les aſpirans ſeront reçus par le ſyndic, greffier, doyen, & vingt-quatre anciens, qui étant partagés en deux bandes, recevront alternativement les aſpirans, qui feront enſuite ferment pardevant monſieur le lieutenant général de police.

Le neuvieme, porte que les doyen & vingt-quatre anciens, préſenteront alternativement les aſpirans à la maitriſe, ſelon leur ordre de réception. A l'égard des fils de maitres, ils ſeront préſentés par leur pere ou par le doyen.

Le dixieme, que les fils de maitres nés avant la réception de leur pere, ainſi que ceux qui épouſeront des filles de maitres, ſubiront les examens ordinaires, & payeront la moitié des droits, les deux tiers du droit royal, le coût de la lettre de maitriſe & autres.

Le onzieme, qu'aucuns maitres en général ne pourront aſſiſter à la vérification, qu'ils n'ayent atteint l'âge de 25 ans accomplis.

Le douzieme, que chaque maitre pourra mettre au-devant de ſa maiſon un ou deux tableaux ornés de plumes d'or, traits, cadeaux, & autres ornemens, dans leſquels il s'indiquera par rapport aux fonctions générales ou particulieres attachées à la qualité de *maitre Ecrivain*, deſquelles il voudra faire uſage. Qu'aucun ne pourra encore faire appoſer affiches ès-lieux publics, ſans un privilège du roi, ni même envoyer & faire diſtribuer par les maiſons & ſur les places publiques, aucuns billets, mémoires imprimés ou écrits à la main, pour indiquer ſa demeure & ſa profeſſion : le tout à peine de 500 livres d'amende.

Le treizieme, que les veuves de maitres auront la liberté pendant leur viduité, de tenir claſſe d'écritures & d'arithmétique pour la faire exercer par quelqu'un capable ; qui à la réquiſition de la veuve, ſe fera avouer par les ſyndic, greffier en charge, le doyen & les vingt-quatre anciens.

Le quatorzieme, que ſi une veuve de maitre vouloit ſe marier en ſecondes noces à un particulier qui voulût être de la profeſſion de ſon défunt mari, elle jouira du privilège attribué aux filles nées dans la maitriſe de leur pere.

Le quinzieme, que ſi quelqu'un des maitres étoit obligé d'agir en juſtice contre un ou pluſieurs de ſes confreres pour quelque cas qui concernât la maitriſe, il ne pourra ſe pourvoir que par-devant M. le lieutenant général de police, comme juge naturel de ſa communauté.

Le ſeizieme, que l'on fera célebrer le ſervice divin en l'honneur de Dieu & de ſaint Jean l'Evangéliſte deux fois l'année, le ſix Mai & 27 Décembre, & que le lendemain du ſix Mai, il y aura un ſervice pour les maitres défunts.

Le dix-ſeptieme, que tous les deux ans il ſera élu un ſyndic & un greffier, pour gérer les affaires de la communauté, leſquels ſeront nommés à la pluralité des voix de toute la communauté généralement convoquée en l'hôtel, & par-devant M. le lieutenant général de police, en préſence de M. le procureur du roi du châtelet.

Le dix-huitieme, que le ſyndic aura la conduite & le maniement des affaires conjointement avec le greffier, lequel ſyndic ne pourra cependant rien entreprendre ſans en avoir conféré avec les vingt-quatre anciens, qui doivent être naturellement regardés comme ſes adjoints ; & quand le cas le requerra, avec tous les maitres généralement convoqués.

Le dix-neuvieme, que toutes les aſſemblées générales ſeront faites au bureau, & que les maitres convoqués qui ne s'y trouveront pas, payeront trois livres d'amende.

Le vingtieme, que quand la communauté ſera plus nombreuſe, & pour éviter la confuſion, on fera des aſſemblées ſeulement compoſées du doyen, des vingt-quatre anciens, de douze modernes & douze jeunes ; en ſorte qu'elles ne formeront que 49 maitres, non compris le ſyndic & le greffier, leſquels ſeront tenus de s'y trouver.

Le vingt-unieme concerne l'ordre des aſſemblées, tant générales que particulieres, & de quelle maniere on doit ſe conduire pour les délibérations.

Le vingt-deuxieme, que les modernes & jeunes, auront la liberté de venir aux examens des récipiendaires pour y voir leur chef-d'œuvre, à condition qu'ils auront ſoin de n'en pas abuſer, & qu'ils ſe tiendront dans le reſpect & le ſilence.

Le vingt-troiſieme, qu'aucun maitre ne pourra entrer aux aſſemblées avec l'épée au côté.

Le vingt-quatrieme, qu'il ſera communiqué aux récipiendaires un formulaire par demandes & réponſes ſur l'art d'écrire, l'Orthographe, l'Arithmétique, les vérifications, &c. quinze jours avant ſon

MAI

premier examen, afin qu'il puisse répondre sur tout ce qui lui sera demandé.

Le vingt-cinquieme, que les doyen & vingt-quatre anciens en ordre de liste, seront tenus de se trouver aux examens, à peine de perdre leurs droits de vacations, qui tourneront au profit de la communauté.

Le vingt-sixieme, qu'aux affaires qui regarderont la communauté, le syndic ne pourra mettre son nom seul, mais seulement sa qualité, en y employant ces mots, *les syndic & communauté*. Que dans les tableaux d'icelle, qui se placent tant aux greffes des cours souveraines, du Châtelet, qu'autres jurisdictions, les noms des syndic & greffier en charge n'y seront mis que dans leur ordre de réception, & non en lieu plus éminent que les autres maîtres.

Le vingt-septieme, que l'armoire de la communauté où sont les titres & papiers, aura trois clefs distribuées ; savoir la premiere au doyen, la seconde au syndic, & la troisieme au greffier.

Le vingt-huitieme, qu'attendu la conséquence de toutes les fonctions attachées à la qualité de *maître Ecrivain*, il sera tenu une académie tous les jeudis de chaque semaine, lorsqu'il n'y aura point de fête, au bureau de la communauté, pour perfectionner de plus en plus les parties de cet art, & instruire les jeunes maîtres particulierement de la vérification des écritures.

Le vingt-neuvieme, que sur les fonds oisifs de la communauté, sera distribué aux pauvres maîtres une somme jugée convenable pour leur pressant besoin & pour les relever, s'il est possible.

Le trentieme & dernier article, enjoint le syndic à observer les statuts & à les faire observer.

Voilà ce qu'il y a de plus intéressant sur une communauté qui a été florissante dans son commencement & dans le siecle passé. Aujourd'hui elle est ignorée, & les maîtres qui la composent sont confondus avec des gens qui n'ayant aucune qualité & souvent aucun mérite, s'ingerent d'enseigner en ville & quelquefois chez eux, l'art d'écrire & l'Arithmétique, on appelle ces sortes de prétendus maîtres *buissonniers*. L'origine de ce mot vient de ce que du tems de Henri II. les Luthériens tenoient leurs écoles dans la campagne derriere les buissons, par la crainte d'être découverts par le chantre de l'église de Paris. Rien de plus véritable que les buissonniers font coux qui par leur grand nombre, font aux *maîtres Ecrivains* un dommage qu'on ne peut exprimer. Encore s'ils étoient réellement maîtres, & qu'ils eussent le talent d'enseigner ; le mal seroit moins grand, parce que la jeunesse confiée à leurs soins seroit mieux instruire. Mais on fait à n'en pas douter, que quoique le nombre en soit prodigieux aujourd'hui, il en est très-peu qui ayent quelque teinture de l'art. Ce qui est de plus fâcheux pour les *maîtres Ecrivains*, c'est que ces usurpateurs se font passer par-tout pour des experts jurés ; & comme leur incapacité se reconnoît par leur travail & par les mauvais principes qu'ils sement, on regarde les véritables maîtres du même œil, & l'on se prévient sans raison contre leurs talens & leur conduite.

Si le public vouloit pourtant se prêter, tous ces prétendus maîtres disparoîtroient bien-tôt ; ils n'abuseroient pas de sa crédulité, & l'on ne verroit pas mauvais principes se multiplier si fort. Pour cet effet, il faudroit que lorsqu'on veut donner à un jeune homme la connoissance d'un art quelconque, on se donnât soi-même la peine d'examiner si celui que l'on se propose est bien instruit de ce qu'il doit enseigner. Combien s'en trouveroient-ils qui seroient obligés d'embrasser un autre genre de travail, pour lequel ils auroient plus d'aptitude, & qui fourniroit plus légitimement au besoin qui les presse ? Ils ne sont pas répréhensibles, il est vrai, de chercher les moyens de subsister ; mais ils le font par la témérité qu'ils ont de vouloir instruire les autres de ce que la nature & l'étude ne leur ont pas donné. Les buissonniers sont un tort qu'il est presqu'impossible de réparer ; ils corrompent les meilleures dispositions ; ils font perdre à la jeunesse un tems qui lui est précieux ; ils reçoivent des peres & meres un salaire qui ne leur est pas dû ; ils ôtent à toute une communauté les droits qui lui appartiennent, sans partager avec elle les charges que le gouvernement lui impose. Il est donc autant de l'intérêt des particuliers de ne point confier une des parties les plus essentielles de l'éducation à des gens qui les trompent, qu'il l'est du corps des *maîtres Ecrivains* de sévir contre eux. Je me flate que les parens & les maîtres, me sauront gré de cet avis qui leur est également salutaire ; je le dois en qualité de confrere, & plus encore en qualité de concitoyen. *Cet article est de M.* PAILLASSON, *expert écrivain juré.*

MAITRE À DANSER, *ou* CALIBRE À PRENDRE LES HAUTEURS, outil *d'Horlogerie*, représenté *dans nos Planches de l'Horlogerie.* Voici comme on se sert de cet instrument.

On prend avec les jambes JJ, la hauteur d'une cage, ou celle qui est comprise entre la platine de dessus, & quelque creusure de la platine des piliers ; & comme les parties CE, CE, sont de même longueur positivement que les jambes EJ, EJ, en serrant la vis V, on a une ouverture propre à donner aux arbres ou tiges des roues la hauteur requise pour qu'elles ayent leur jeu dans la cage & dans leurs creusures.

MAÎTRE, *ancien terme de Monnoyage*, nom que l'on donnoit autrefois au directeur d'un hotel de monnoie. *Voyez* DIRECTEUR.

MAITRES DES PONTS, *terme de riviere*, sont ceux qui sont obligés de fournir des hommes ou compagnons de riviere pour passer les bateaux sans danger. Ils répondent du dommage, & reçoivent un certain droit.

MAITRE VALET DE CHIENS, (*Vénerie.*) c'est celui qui donne l'ordre aux autres valets de chiens.

MAITRES, *petits*, (*Gravure.*) on appelle ainsi plusieurs anciens Graveurs, la plûpart allemands, qui ne se sont guere attachés qu'à graver de petits morceaux, mais qui tous ont gravé avec beaucoup de propreté. On met de ce nombre Aldegraf, Hirbius, Krispin, Madeleine, Barbedepas, &c. (*D. J.*)

MAITRE (*petit*), selon les jésuites, auteurs du dictionnaire de Trévoux, on appelle *petits-maîtres*, ceux qui se mettent-au-dessus des autres, qui se mêlent de tout, qui décident de tout souverainement, qui se prétendent les arbitres du bon goût, &c.

On entend aujourd'hui par ce mot, qui commence à n'être plus de bel usage, les jeunes gens qui cherchent à se distinguer par les travers *à la mode.* Ceux au commencement de ce siecle affectoient le libertinage ; ceux qui les ont suivis ensuite, vouloient paroître des hommes à bonnes fortunes. Ceux de ce moment, en conservant quelques vices de leurs prédécesseurs, se distinguent par un ton dogmatique, par une insupportable capacité.

MAITRESSE CONDUITE DES EAUX, (*Hydr.*) est la conduite principale qui fournit à plusieurs branches, & dont le diametre doit être bien proportionné, afin qu'il y passe autant d'eau que dans toutes les autres, pour qu'un jet ne soit pas affamé quand ils jouent tous ensemble. (*K*)

MAITRESSE PIECE, (*Tonnelier.*) c'est la principale piece du faux fond de la cuve, celle du milieu sur laquelle la clé est posée.

MAITRISE,

MAI

MAITRISE, f. f. (*Gram. & Hist.*) terme de ceux qui sont parvenus à la qualité de maîtres dans la fabrique d'étoffe. On appelle *maître*, l'ouvrier qui, après avoir fait cinq années d'apprentissage & cinq années de compagnonage, & avoir fait son chef-d'œuvre, s'est fait enregistrer au bureau de la communauté sur le livre tenu à cet effet.

Les fils de maître ne sont point tenus à cet apprentissage ni au compagnonage; ils sont enregistrés sur le livre de la communauté, dès qu'ils sont parvenus à l'âge de vingt-un ans, en faisant toujours un chef-d'œuvre pour prouver qu'ils savent travailler, & sont en état de diriger des métiers, soit en qualité de maître, soit en qualité de marchand.

On appelle *marchand*, celui qui, après s'être fait enregistrer maître de la manière qu'il est prescrit ci-dessus, prend une lettre de marchand en la qualité de fabriquant, & a payé pour cet effet la somme de 300 livres, au moyen de quoi il peut donner de l'ouvrage à tout autant de maîtres, qu'on appelle communément *ouvriers*, qu'il en peut employer; les maîtres au contraire ne peuvent point travailler pour leur compte, mais uniquement pour le compte des marchands en qualités.

MAITRISE DES EAUX ET FORÊTS, est un certain département ou jurisdiction pour les eaux & forêts.

Les *grandes maîtrises* sont les départemens des grands maîtres; les *maîtrises particulieres* sont le territoire de chaque maître particulier.

On dit communément que les *maîtrises* sont bailliageres, c'est-à-dire que ce ne sont point des justices personnelles, mais territoriales, & que l'une ne peut empiéter sur le territoire de l'autre, non plus que les bailliages.

Les officiers des *maîtrises* ont succédé dans cette fonction aux bailifs & sénéchaux.

Les anciennes ordonnances défendoient de vendre ces places, mais par édit du mois de Février 1544, elles ont été érigées en titre d'office & rendues vénales.

Le nombre des officiers des *maîtrises* ayant été trop multiplié, il fut réduit par édit du mois d'Avril 1667 pour chaque *maîtrise*, à un maître particulier, un lieutenant, un procureur du roi, un garde-marteau, un greffier, un arpenteur, & un certain nombre de sergens à garde.

Il y a eu en divers tems beaucoup d'autres officiers créés pour les *maîtrises*, comme des maîtres lieutenans alternatifs & triennaux, des conseillers rapporteurs des défauts, des commissaires enquêteurs, examinateurs, des gardes-scels, des inspecteurs des eaux & forêts, des avocats du roi, &c. mais tous ces offices ont depuis été supprimés ou réunis, soit au corps de chaque *maîtrise*, ou singulierement à quelqu'un des offices qui sont subsistans.

Les officiers des *maîtrises* sont reçus en la table de marbre, où ressortit l'appel des jugemens de la *maîtrise* dont ils sont corps. *Voyez le titre second de l'ordonnance des eaux & forêts*, & *les deux articles précédens*, MAITRE DES EAUX ET FORÊTS, MAITRE PARTICULIER, & *le mot* EAUX ET FORÊTS, où sont tous les mots indiqués à la fin de cet article. (*A*)

MAITRISES, (*Arts, Commerce, Politique.*) Les *maîtrises* & acceptions sont censées établies pour constater la capacité requise dans ceux qui exercent le négoce & les arts, & encore plus pour entretenir parmi eux l'émulation, l'ordre & l'équité; mais au vrai, ce ne sont que des rafinemens de monopole vraiment nuisibles à l'intérêt national, & qui n'ont du reste aucun rapport nécessaire avec les sages dispositions qui doivent diriger le commerce d'un grand peuple. Nous montrerons même que rien ne contribue davantage à fomenter l'ignorance, la mauvaise foi, la paresse dans les différentes professions.

Les Egyptiens, les Grecs, les Romains, les Gaulois, conservoient beaucoup d'ordre dans toutes les parties de leur gouvernement; cependant on ne voit pas qu'ils ayent adopté comme nous les *maîtrises*, ou la profession exclusive des arts & du commerce. Il étoit permis chez eux à tous les citoyens d'exercer un art ou négoce; & à peine dans toute l'histoire ancienne trouve-t-on quelque trace de ces droits privatifs qui font aujourd'hui le principal réglement des corps & communautés mercantiles.

Il est encore de nos jours bien des peuples qui n'assujettissent point les ouvriers & les négocians aux *maîtrises* & réceptions. Car sans parler des orientaux, chez qui elles sont inconnues, on assure qu'il n'y en a presque point en Angleterre, en Hollande, en Portugal, en Espagne. Il n'y en a point du tout dans nos colonies, non plus que dans quelques-unes de nos villes modernes, telles que Lorient, S. Germain, Versailles & autres. Nous avons même des lieux privilégiés à Paris où bien des gens travaillent & trafiquent sans qualité légale, le tout à la satisfaction du public. D'ailleurs combien de professions qui sont encore tout-à-fait libres, & que l'on voit subsister néanmoins à l'avantage de tous les sujets? D'où je conclus que les *maîtrises* ne sont point nécessaires, puisqu'on s'en est passé long-tems, & qu'on s'en passe tous les jours sans inconvénient.

Personne n'ignore que les *maîtrises* n'ayent bien dégénéré de leur premiere institution. Elles consistoient plus dans les commencemens à maintenir le bon ordre parmi les ouvriers & les marchands, qu'à leur tirer des sommes considérables; mais depuis qu'on les a tournées en tribut, *ce n'est plus*, comme dit Furetiere, *que cabale, ivrognerie & monopole*, les plus riches ou les plus forts viennent communément à bout d'exclure les plus foibles, & d'attirer ainsi tout à eux; abus constans que l'on ne pourra jamais déraciner qu'en introduisant la concurrence & la liberté dans chaque profession: *Has perniciosus pistes ejicite, refrenate coemptiones istas divitum, ac velut monopolii exercendi licentiam*. Lib. I. Eutopiæ Mori.

Je crois pouvoir ajouter là-dessus ce que Colbert disoit à Louis XIV. « La rigueur qu'on tient dans » la plûpart des grandes villes de votre royaume » pour recevoir un marchand, est un abus que votre » majesté a intérêt de corriger; car il empêche que » beaucoup de gens ne se jettent dans le commerce, » où ils réussiroient mieux bien souvent que ceux » qui y sont. Quelle nécessité y a-t-il qu'un homme » fasse apprentissage? cela ne sauroit être bon tout » au plus que pour les ouvriers, afin qu'ils n'entre- » prennent pas un métier qu'ils ne savent point; » mais les autres, pourquoi leur faire perdre le tems? » Pourquoi empêcher des gens qui en ont quel- » quefois plus appris dans les pays étrangers qu'il » n'en faut pour s'établir, ne le tasent pas, parce » qu'il leur manque un brevet d'apprentissage? Est-il » juste, s'ils ont l'industrie de gagner leur vie, qu'on » les en empêche sous le nom de votre majesté, elle » qui est le pere commun de ses sujets, & qui est » obligée de le prendre en sa protection? Je crois » donc que quand elle feroit une ordonnance par » laquelle elle supprimeroit tous les réglemens tous » jusqu'ici à cet égard, elle n'en feroit pas plus mal ». *Testam. polit. ch. xv.*

Personne ne se plaint des foires franches établies en plusieurs endroits du royaume, & qui sont en quelque sorte des dérogeances aux *maîtrises*. On ne se plaint pas non plus à Paris de ce qu'il est permis d'y apporter des vivres deux fois la semaine. Enfin ce n'est pas aux *maîtrises* ni aux droits privatifs qu'on a dû tant d'heureux génies qui ont excellé parmi nous en tous genres de littérature & de science.

Il ne faut donc pas confondre ce qu'on appelle *maîtrife* & police : ces idées font bien différentes, & l'une n'amene peut-être jamais l'autre. Auffi ne doit-on pas rapporter l'origine des *maîtrifes* ni à un perfectionnement de police, ni même aux befoins de l'état, mais uniquement à l'efprit de monopole qui regne d'ordinaire parmi les ouvriers & les marchands. On fait en effet que les *maîtrifes* étoient inconnues il y a quatre à cinq ficcles. J'ai vu des reglemens de police de ces tems-là qui commencent par annoncer une franchife parfaite en ce qui concerne les Arts & le Commerce : *Il eft permis à cil qui voudra*, &c.

L'efprit de monopole aveugla dans la fuite les ouvriers & les négocians ; ils crurent mal-à-propos que la liberté générale du négoce & des arts leur étoit préjudiciable : dans cette perfuafion ils complotérent ensemble pour fe faire donner certains réglemens qui leur fuffent favorables à l'avenir, & qui fuffent un obftacle aux nouveaux venus. Ils obtinrent donc premierement une entiere franchife pour tous ceux qui étoient actuellement établis dans telle & telle profeffion ; en même tems ils prirent des mefures pour affujettir les afpirans à des examens & à des droits de réception qui n'étoient pas confidérables d'abord, mais qui fous divers prétextes fe font accrus prodigieufement. Sur quoi je dois faire ici une obfervation qui me paroit importante, c'eft que les premiers auteurs de ces établiffemens ruineux pour le public, travaillerent fans y penfer contre leur poftérité même. Ils devoient concevoir en effet, pour peu qu'ils euffent réfléchi fur les viciffitudes des familles, que leurs defcendans ne pouvant pas embraffer tous la même profeffion, alloient être afservis durant les fiecles à toute la gêne des *maîtrifes* ; & c'eft une réflexion que devroient faire encore aujourd'hui ceux qui en font les plus entêtés & qui les croient utiles à leur négoce, tandis qu'elles font vraiment dommageables à la nation. J'en appelle à l'expérience de nos voifins, qui s'enrichiffent par de meilleures voies, en ouvrant à tout le monde la carriere des Arts & du Commerce.

Les corps & communautés ne voient qu'avec jaloufie le grand nombre des afpirans, & ils font en conféquence tout leur poffible pour le diminuer ; c'eft pour cela qu'ils enflent perpétuellement les droits de réception, du-moins pour ceux qui ne font pas fils de maîtres. D'un autre côté, lorfque le miniftere en certains cas annonce des *maîtrifes* de nouvelle création & d'un prix modique, ces corps, toujours conduits par l'efprit de monopole, aiment mieux les acquérir pour eux-mêmes fous des noms empruntés, & par ce moyen les éteindre à leur avantage, que de les voir paffer à de bons fujets qui travailleroient en concurrence avec eux.

Mais ce que je trouve de plus étrange & de plus inique, c'eft l'ufage où font plufieurs communautés à Paris de priver une veuve de tout fon droit, & de lui faire quitter fa fabrique & fon commerce lorfqu'elle époufe un homme qui n'eft pas dans le cas de la *maîtrife* : car enfin fur quoi fondé lui caufer à elle & à fes enfans un dommage fi confidérable, & qui ne doit être que la peine de quelque grand délit. Tout le crime qu'on lui reproche & pour lequel on la punit avec tant de rigueur, c'eft qu'elle prend, comme on dit, un mari fans qualité. Mais quelle police ou quelle loi, quelle puiffance même fur la terre peut gêner ainfi les inclinations des perfonnes libres, & empêcher des mariages d'ailleurs honnêtes & légitimes ? De plus, où eft la juftice de punir les enfans d'un premier lit & qui font fils de maître, où eft, dis-je, la juftice de les punir pour les fecondes nôces de leur mere ?

Si l'on prétendoit fimplement qu'en époufant une veuve de maître l'homme fans qualité n'acquiert aucun droit pour lui-même, & qu'avenant la mort de fa femme il doit ceffer un négoce auquel il n'eft pas admis par la communauté, à la bonne heure, j'y trouverois moins à redire ; mais qu'une veuve qui a par elle-même la liberté du commerce tant qu'elle refte en viduité, que cette veuve remariée vienne à perdre fon droit & en quelque forte celui de fes enfans, par la raifon feule que les ftatuts donnent l'exclufion à fon mari, c'eft, je le dis hautement, l'injuftice la plus criante. Rien de plus oppofé à ce que Dieu preferit dans l'Exode xxij. 22. *viduæ & pupillo non nocebitis*. Il eft vifible en effet qu'un ufage fi déraifonnable, fi contraire au droit naturel, tend à l'oppreffion de la veuve & de l'orphelin ; & l'on fentira, fi l'on y réfléchit, qu'il n'a pu s'établir qu'à la fourdine, fans avoir jamais été bien difcuté ni bien approfondi.

Voilà donc fur les *maîtrifes* une légiflature arbitraire, d'où il émane de prétendus réglemens favorables à quelques-uns & nuifibles au grand nombre ; mais convient-il à des particuliers fans autorité, fans lumieres & fans lettres, d'impofer un joug à leurs concitoyens, d'établir pour leur utilité propre des lois onéreufes à la fociété ? Et notre magiftrature enfin peut-elle approuver de tels attentats contre la liberté publique ?

On parle beaucoup depuis quelques années de favorifer la population, & fans doute que c'eft l'intention du miniftere ; mais fur cela malheureufement nous fommes en contradiction avec nous-mêmes, puifqu'il n'eft rien en général de plus contraire au mariage que d'affujettir les citoyens aux embarras des *maîtrifes*, & de gêner les veuves fur cet article au point de leur ôter en certains cas toutes les reffources de leur négoce. Cette mauvaife politique réduit bien des gens au célibat ; elle occafionne le vice & le défordre, & elle diminue nos véritables richeffes.

En effet, comme il eft difficile de paffer maître & qu'il n'eft guere poffible fans cela de foutenir une femme & des enfans, bien des gens qui fentent & qui craignent cet embarras, renoncent pour toujours au mariage & s'abandonnent enfuite à la pareffe & à la débauche : d'autres effrayés des mêmes difficultés, penfent à chercher au loin de meilleures pofitions ; & perfuadés fur le bruit commun que les pays étrangers font plus favorables, ils y portent comme à l'envi leur courage & leurs talens. Du refte, ce ne font pas les difgraciés de la nature, les foibles ni les imbécilles qui fongent à s'expatrier ; ce font toujours les plus vigoureux & les plus entreprenans qui tentent leur fortune chez l'étranger, & qui vont quelquefois dans la même vûe jufqu'aux extrémités de la terre. Ces émigrations fi deshonorantes pour notre police, & que différentes caufes occafionnent tous les jours, ne peuvent qu'affoiblir fenfiblement la puiffance nationale ; & c'eft pourquoi il eft important de travailler à les prévenir. Un moyen pour cela des plus efficaces, ce feroit d'attribuer des avantages folides à la fociété conjugale, de rendre, en un mot, les *maîtrifes* gratuites ou peu coûteufes aux gens mariés, tandis qu'on les vendroit fort cher, aux célibataires, fi l'on n'aimoit encore mieux leur donner l'entiere exclufion.

Quoi qu'il en foit, les *maîtrifes*, je le repete, ne font point une fuite néceffaire d'une police exacte ; elles ne fervent proprement qu'à fomenter parmi nous la divifion & de monopole ; & il eft aifé fans ces pratiques d'établir l'ordre & l'équité dans le commerce.

On peut former dans nos bonnes villes une chambre municipale compofée de cinq ou fix échevins ayant un magiftrat à leur tête, pour régler gratuitement tout ce qui concerne la police des arts & du négoce, de maniere que ceux qui voudront fabriquer ou vendre quelque marchandise ou quelqu'ouvrage, n'auront qu'à se présenter à cette chambre, déclarant à quoi ils veulent s'attacher, & donnant leur nom & leur demeure pour que l'on puisse veiller sur eux par des visites juridiques dont on fixera le nombre & la rétribution à l'avantage des surveillans.

A l'égard de la capacité requise pour exercer chaque profession en qualité de maitre, il me semble qu'on devroit l'estimer en bloc sans chicane & sans partialité, par le nombre des années d'exercice ; je veux dire que quiconque prouveroit, par exemple, huit ou dix ans de travail chez les maitres, seroit censé pour lors *ipso facto*, sans brevet d'apprentissage, sans chef d'œuvre & sans examen, raisonnablement au fait de son art ou négoce, & digne enfin de parvenir à la *maitrise* aux conditions prescrites par sa majesté.

Qu'est-il nécessaire en effet d'assujettir les simples compagnons à de prétendus chefs-d'œuvre, & à mille autres formalités gênantes auxquelles on n'assujettit point les fils de maitre ? On s'imagine sans doute que ceux-ci sont plus habiles, & cela devroit être naturellement ; cependant l'expérience fait assez voir le contraire.

Un simple compagnon a toujours de grandes difficultés à vaincre pour s'établir dans une profession ; il est communément moins riche & moins protégé, moins à portée de s'arranger & de se faire connoitre ; cependant il est autant qu'un autre membre de la république, & il doit ressentir également la protection des lois. Il n'est donc pas juste d'aggraver le malheur de sa condition, ni de rendre son établissement plus difficile & plus coûteux, en un mot d'assujettir un sujet foible & sans défense à des cérémonies ruineuses dont on exempte ceux qui ont plus de facultés & de protection.

D'ailleurs est-il bien constant que les chefs-d'œuvre soient nécessaires pour la perfection des Arts ? pour moi je ne le crois en aucune sorte ; il ne faut communément que de l'exactitude & de la probité pour bien faire, & heureusement ces bonnes qualités sont à la portée des plus médiocres sujets. J'ajoute qu'un homme passablement au fait de sa profession peut travailler avec fruit pour le public & pour sa famille, sans être en état de faire des prodiges de l'art. Vaut-il mieux dans ce cas-là qu'il demeure sans occupation ? A Dieu ne plaise ! il travaillera utilement pour les petits & les médiocres, & pour lors son ouvrage ne sera payé que sa juste valeur ; au lieu que ce même ouvrage devient souvent fort cher entre les mains des maitres. Le grand ouvrier, l'homme de goût & de génie sera bientôt connu par ses talens, & il les employera pour les riches, les curieux & les délicats. Ainsi, quelque facilité qu'on ait à recevoir des maitres d'une capacité médiocre, on ne doit pas appréhender de manquer au besoin d'excellens artistes. Ce n'est point la gêne des *maitrises* qui les forme, c'est le goût de la nation & le prix qu'on peut mettre aux beaux ouvrages.

On peut inférer de ces réflexions que tous les sujets étant également chers, également soumis au roi, sa majesté pourroit avec justice établir un réglement uniforme pour la réception des ouvriers & des commerçans. Et qu'on ne dise pas que les *maitrises* sont nécessaires pour assoir & pour faire payer la capitation, puisqu'enfin tout cela se fait également bien dans les villes où il n'y a que peu ou point de *maitrises* : d'ailleurs on conserveroit toujours les corps & communautés, tant pour y maintenir l'ordre & la police, que pour asseoir les impositions publiques.

Mais je soutiens d'un autre côté que les *maitrises*, & réceptions sur le pié qu'elles sont aujourd'hui, *Tome IX.*

sont éluder la capitation à bien des sujets qui la payeroient en tout autre cas. En effet, la difficulté de devenir maitre forçant bien des gens dans le Commerce & dans les Arts à vieillir garçons de boutique, courtiers, compagnons, &c. ces gens-là presque toujours isolés, errans & peu connus, esquivent assez facilement les impositions personnelles ; au lieu que si les *maitrises* étoient plus accessibles, il y auroit en conséquence beaucoup plus de maitres, gens établis pour les Arts & pour le Commerce, qui tous payeroient la capitation à l'avantage du public & du roi.

Un autre avantage qu'on pourroit trouver dans les corps que le lien des *maitrises* réunit de nos jours, c'est qu'au lieu d'imposer aux aspirans des taxes considérables qui fondent presque toujours entre les mains des chefs & qui sont infructueuses au général, on pourroit, par des dispositions plus sages, procurer des ressources à tous les membres contre le desastre des faillites ; je m'explique.

Un jeune marchand dépense communément pour sa réception, circonstances & dépendances, environ 2000 francs, & cela, comme nous l'avons dit, en pure perte. Je voudrois qu'à la place, après l'examen de capacité que nous avons marqué ou autre qu'on croiroit préférable, on fît compter aux candidats la somme de 10000 livres, pour lui conférer le droit & le crédit de négociant ; somme dont on lui payeroit l'intérêt à quatre pour cent tant qu'il voudroit faire le commerce, & qu'il retireroit quand il voudroit cesser son commerce : cet argent seroit aussi-tôt placé à cinq ou six pour cent chez des gens solvables & bien cautionnés d'ailleurs. Au moyen des 10000 liv. avancées par tous marchands, chacun auroit dans son corps un crédit de 40000 francs à la caisse ou au bureau général : ensorte que ceux qui lui fourniroient des marchandises ou de l'argent pourroient toujours assurer leur créance jusqu'à ladite somme de 40000 livres.

Au lieu qu'on marche aujourd'hui à tâtons & en tremblant dans les crédits du commerce, le nouveau réglement augmenteroit la confiance & par conséquent la circulation ; il préviendroit encore la plûpart des faillites, par la raison principale qu'on verroit beaucoup moins d'avanturiers s'introduire en des négoces pour lesquels il faudroit alors du comptant, ce qui seroit au reste un exclusif plus efficace, plus favorable aux anciennes familles & aux anciens installés, que l'exigence actuelle des *maitrises*, qui n'opèrent en autre effet dans le commerce que d'en arrêter les progrès.

Avec le surplus d'intérêt qu'auroit la caisse, quand elle ne placeroit qu'à cinq pour cent, elle remplaceroit les vuides & les pertes qu'elle essuyeroit encore quelquefois, mais qui seroient pourtant assez rares, parce que le commerce, comme on l'a vu, ne se feroit plus guère que par des gens qui auroient un fonds & des ressources connues. Si cependant la caisse faisoit quelque perte au-delà de ses produits, ce qui est difficile à croire, cette perte seroit supportée ailleurs par le corps entier, suivant la taxe de capitation imposée à chacun des membres. Cette contribution, qui n'auroit peut-être pas lieu en vingt ans, deviendroit presqu'imperceptible aux particuliers, & elle empêcheroit la ruine de tant d'honnêtes gens qu'une seule banqueroute écrase souvent aujourd'hui. Quand un homme voudroit quitter le commerce, on lui rendroit ses 10000 liv. pourvu qu'il eût satisfait les créanciers qui auroient assuré à la caisse.

Au surplus, ce qu'on dit ici sommairement en faveur, des marchands se pourroit pratiquer à proportion pour les ouvriers ; on pourroit employer à-peu-près les mêmes dispositions pour augmenter le crédit des notaires & la sécurité du public à leur égard.

Quoi qu'il en soit, comme il est naturel d'employer les recompenses & les punitions pour intéresser chacun dans son état à se rendre utile au public, ceux qui se seront distingués pendant quelques années par leur vigilance, leur droiture & leur habileté, pourront être gratifiés d'une sorte d'enseigne, que la police leur accordera comme un témoignage authentique de leur exactitude & de leur probité. Au contraire, si quelqu'un commet des malversations ou des friponneries avérées, il sera condamné à l'amende, & obligé de souffrir pendant quelque tems à sa porte une enseigne de répréhension & d'infamie; pratique beaucoup plus sage que de murer sa boutique.

En un mot, on peut prendre toute sorte de précautions, pour que chacun remplisse les devoirs de son état; mais il faut laisser à tous la liberté de bien faire: & loin de fixer le nombre des sujets qu'il doit y avoir dans les professions utiles, ce qui est absolument déraisonnable, à moins qu'on ne fixe en même tems le nombre des enfans qui doivent naitre; il faut procurer des ressources à tous les citoyens, pour employer à propos leurs facultés & leurs talens.

Il est à présumer qu'avec de tels réglemens chacun voudra se piquer d'honneur, & que la police sera mieux observée que jamais, sans qu'il faille recourir à des moyens embarrassans, & qui sont une source de divisions & de procès entre les différens corps des arts & du commerce. Il résulte encore une autre utilité des précautions qu'on a marquées, c'est que l'on connoîtroit aisément les gens sûrs & capables à qui l'on pourroit s'adresser; connoissance qui ne s'acquiert aujourd'hui qu'après bien des épreuves que l'on fait d'ordinaire à ses dépens.

Pour répondre à ce que l'on dit souvent contre la liberté des arts & du commerce; savoir qu'il y auroit trop de monde en chaque profession; il est visible que l'on ne raisonneroit pas de la sorte, si l'on vouloit examiner la chose de près: car enfin la liberté du commerce feroit-elle quitter à chacun son premier état pour en prendre un nouveau? Non, sans doute: chacun demeureroit à sa place, & aucune profession ne seroit surchargée, parce que toutes seroient également libres. A la vérité, bien des gens à présent trop misérables pour aspirer aux *maitrises*, se verroient tout-à-coup tirés de servitude, & pourroient travailler pour tout ce qu'ils veulent, & il y auroit à gagner pour le public.

Mais, dit-on, ne sentez-vous pas qu'une infinité de sujets qui n'ont aucun état fixé, voyant la porte des arts & du négoce ouverte à tous les monde, s'y jetteroient bientôt en foule, & troubleroient ainsi l'harmonie qu'on y voit regner?

Plaisante objection! si l'entrée des arts & du commerce devenoit plus facile & plus libre, trop de gens, dit-on, profiteroient de la franchise. Hé, ne seroit-ce pas le plus grand bien que l'on pût desirer? Si ce n'est qu'on croie peut-être qu'il vaut mieux subsister par quelque industrie vicieuse, ou croupir dans l'oisiveté, que de s'appliquer à quelque honnête travail. En un mot, je ne comprends pas qu'on puisse hésiter pour ouvrir à tous les sujets la carriere du négoce & des arts; puisqu'enfin il n'y a pas à délibérer, & qu'il est plus avantageux d'avoir bien des travailleurs & des commerçans, dût-il s'en trouver quelques-uns de mal-habiles, que de rendre l'oisiveté presque inévitable, & de former ainsi des fainéans, des voleurs & des filous.

Que le sort des hommes est à plaindre! Ils n'ont pas la plûpart en naissant un point où reposer la tête, pas la moindre espace dans l'immensité qui appartienne à leurs parens, & dont il ne faille payer la location. Mais c'étoit trop peu que les riches &

les grands eussent envahi les fonds, les terres, les maisons; il falloit encore établir les *maitrises*, il falloit interdire aux foibles, aux indéfendus l'usage si naturel de leur industrie & de leurs bras.

L'arrangement que j'indique ici produiroit bientôt dans le royaume un commerce plus vif & plus étendu; les manufacturiers & les autres négocians s'y multiplieroient de toutes parts, & seroient plus en état qu'aujourd'hui de donner leurs marchandises à un prix favorable, sur-tout si, pour complément de réforme, on supprimoit au-moins les trois quarts de nos fêtes, & qu'on rejettât sur la capitation générale le produit des entrées & des sorties qu'on fait payer aux marchandises & denrées, au-moins celles qui se perçoivent dans l'intérieur du royaume, & de province à province.

On est quelquefois surpris que certaines nations donnent presque tout à meilleur marché que les François; mais ce n'est point un secret qu'elles ayent privativement à nous. La véritable raison de ce phénomene moral & politique, c'est que le commerce est regardé chez elle comme la principale affaire de l'état, & qu'il y est plus protégé que parmi nous. Une autre raison qui fait beaucoup ici, c'est que leurs douanes sont moins embarrassantes & moins ruineuses pour le commerce, au moins pour tout ce qui est de leur fabrique & de leur cru. D'ailleurs ces peuples commerçans ne connoissent presque point l'exclusif des *maitrises* ou des compagnies; ils connoissent encore moins nos fêtes, & c'est en quoi consiste bien de l'avantage sur nous. Tout cela joint au bas intérêt de leur argent, à beaucoup d'économie & de simplicité dans leur maniere de vivre & de s'habiller, les met en état de vendre à un prix modique, & de conserver par-là la supériorité du commerce. Rien n'empêche que nous ne profitions de leur exemple, & que nous ne travaillions à les imiter, pour-lors nous irons bientôt de pair avec eux. Rentrons dans notre sujet.

On soutient que la franchise générale des arts & du négoce nuiroit à ceux qui sont déja maîtres, puisque tout homme pourroit alors travailler, fabriquer & vendre.

Sur cela il faut considérer sans prévention, qu'il n'y auroit pas tant de nouveaux maîtres qu'on s'imagine. En effet, il y a mille difficultés pour commencer; on n'a pas d'abord des connoissances & des pratiques, & sur-tout on n'a pas, à point nommé, des fonds suffisans pour se loger commodément, pour s'arranger, s'établir, payer, faire des avances, &c. Cependant tout cela est nécessaire, & c'est ce qui rendra ces établissemens toujours trop difficiles; ainsi les anciens maîtres profiteroient encore long-tems de l'avantage qu'ils ont sur tous les nouveaux-venus. Et au pis aller, la nation jouissant dans la suite, & jouissant également de la liberté du commerce, elle se verroit à-peu-près, à quelque chose près qu'elle étoit il y a quelques siecles, au point que sont encore nos colonies, & la plûpart même des étrangers, à qui la franchise des arts & du négoce procure, comme on sait, l'abondance & les richesses.

Au surplus, on peut concilier les intérêts des anciens & des nouveaux maîtres, de maniere que personne ait sujet de se plaindre. Voici donc le tempérament que l'on pourroit prendre; c'est que pour laisser aux anciens maîtres le tems de faire valoir leurs droits privatifs, on n'accorderoit la franchise des arts & du commerce qu'à condition de payer pour les *maitrises* & réceptions la moitié de ce que l'on débourse aujourd'hui, & par cent continueroit ainsi pendant le cours de vingt ans; après quoi, on ne payeroit plus à perpétuité que le quart de ce qu'il en coûte, c'est-à-dire qu'une *maitrise* ou réception qui revient à 1200 liv, seroit modifiée d'abord à 600 liv. & au bout de vingt ans, fixée pour toujours à 300 liv. le tout fans repas & fans autres cérémonies.

Les fommes payables par les nouveaux maîtres, pendant l'efpace de vingt ans, feroient employées au profit des anciens, tant pour acquitter les dettes de leur communauté, que pour leur capitation particuliere, & cela pour les dédommager d'autant ; mais dans la fuite, les fommes qui viendroient des nouvelles receptions, & qui feroient payées également par tous les fujets, fils de maîtres & autres, feroient converties en octrois à l'avantage des habitans, & non-diffipées, comme aujourd'hui, en *Te Deum*, en pains benis, en repas, en frairies, &c.

Au refte, je crois qu'en attendant la franchife dont il s'agit, on pourroit établir dès-à-préfent un marché franc dans les grandes villes, marché qui fe tiendroit quatre ou cinq fois par an, avec une entiere liberté d'y apporter toutes marchandifes non-prohibées ; mais avec cette précaution effentielle, de ne point affujettir les marchands à fe mettre dans certains bâtimens, certains enclos, où l'étalage & les loyers font trop chers.

Outre l'inconvénient qu'ont les *maîtrifes* de nuire à la population, comme on l'a montré ci-devant, elles en ont un autre qui n'eft guere moins confidérable, elles font que le public eft beaucoup plus mal fervi. Les *maîtrifes*, en effet, pouvant s'obtenir par faveur & par argent, & ne fuppofant effentiellement ni capacité, ni droiture dans ceux qui les obtiennent ; elles font moins propres à diftinguer le mérite, ou à établir la juftice & l'ordre parmi les ouvriers & les négocians, qu'à perpétuer dans le commerce l'ignorance & le monopole : en ce qu'elles autorifent de mauvais fujets qui nous font payer enfuite, je ne dis pas feulement les frais de leur réception, mais encore leurs négligences & leurs fautes.

D'ailleurs la plûpart des maîtres employant nombre d'ouvriers, & n'ayant fur eux qu'une infpection générale & vague, leurs ouvrages font rarement auffi parfaits qu'ils devroient l'être ; fuite d'autant plus néceffaire que ces ouvriers fubalternes font payés maigrement, & qu'ils ne font pas fort intéreffés à ménager des pratiques pour les maîtres ; ne vifant communément qu'à paffer la journée, ou bien à expédier beaucoup d'ouvrages, s'ils font, comme l'on dit, à leurs pieces ; au lieu que s'il étoit permis de bien faire à quiconque en a le vouloir, plufieurs de ceux qui travaillent chez les maîtres, travailleroient bientôt pour leur compte ; & comme chaque artifan pour-lors feroit moins chargé d'ouvrage, & qu'il voudroit s'affurer des pratiques, il arriveroit infailliblement que tel qui fe néglige aujourd'hui en travaillant pour les autres, feroit plus foigneux & plus attaché dès qu'il travailleroit pour lui même.

Enfin le plus terrible inconvénient des *maîtrifes*, c'eft qu'elles font la caufe ordinaire du grand nombre de fainéans, de bandits, de voleurs, que l'on voit de toutes parts ; en ce qu'elles rendent l'entrée des arts & du négoce fi difficile & fi pénible, que bien des gens, rebutés par ces premieres obftacles, s'éloignent pour toujours des profeffions utiles, & ne fubfiftent ordinairement dans la fuite que par la mendicité, la fauffe monnoie, la contrebande, par les filouteries, les vols & les autres crimes. En effet, la plûpart des malfaiteurs que l'on condamne aux galeres, ou que l'on punit du dernier fupplice, font originairement de pauvres orphelins, ou des foldats licenciés, des domeftiques hors de place, ou tels autres fujets ifolés, qui n'ayant pas été mis à des métiers folides, & qui trouvant des obftacles perpétuels à tout le bien qu'ils pourroient faire, fe voient par-là comme entraînés dans une fuite affreufe de crimes & de malheurs.

Combien d'autres gens d'efpeces différentes, hermites, foufleurs, charlatans, &c. combien d'afpirans à des profeffions inutiles ou nuifibles, qui n'ont d'autre vocation que la difficulté des arts & du commerce, & dont plufieurs fans bien & fans emploi ne font que trop fouvent réduits à chercher, dans leur défefpoir, des reffources qu'ils ne trouvent point par-tout ailleurs ?

Qu'on favorife le commerce, l'agriculture & tous les arts néceffaires, qu'on permette à tous les fujets de faire valoir leurs biens & leurs talens, qu'on apprenne des métiers à tous les foldats, qu'on occupe & qu'on inftruife les enfans des pauvres, qu'on faffe regner dans les hôpitaux l'ordre, le travail & l'aifance, qu'on reçoive tous ceux qui s'y préfenteront, enfin qu'on renferme & qu'on corrige tous les mendians valides, bientôt au lieu de vagabonds & de voleurs fi communs de nos jours, on ne verra plus que des hommes laborieux ; parce que les peuples trouvant à gagner leur vie, & pouvant éviter la mifere par le travail, ne feront jamais réduits à des extrémités fâcheufes ou funeftes.

Pauciores alantur otio, reddatur agricolatio, lanificium inftauretur, ut fit honeftum negotium quo fe utiliter exerceat otiofa ifta turba, vel quos hactenùs inopia fures facit, vel qui nunc errones aut otiofi funt miniftri, fures nimirum utrique futuri. Lib. I. Eutopiæ. *Article de M. FAIGUET DE VILLENEUVE.*

MAJUMA, (*Littérat.*) ce mot défigne *les jeux* ou *fêtes* que les peuples des côtes de la Paleftine célébroient, & que les Grecs & les Romains adopterent dans la fuite. Les jurifconfultes ont eu tort de dériver ce mot du mois de Mai ; il tire fon origine d'une des portes de la ville de Gaza, appellée *majuma*, du mot phénicien *maim*, qui fignifie *les eaux*. La fête n'étoit d'abord qu'un divertiffement fur l'eau que donnoient les pêcheurs & les bateliers, qui tâchoient, par cent tours d'adreffe, de fe faire tomber les uns les autres dans l'eau, afin d'amufer les fpectateurs. Dans la fuite, ce divertiffement devint un fpectacle régulier, que les magiftrats donnoient au peuple dans certains jours. Ces fpectacles ayant dégénéré en fêtes licentieufes, parce qu'on faifoit paroître des femmes toutes nues fur le théâtre, les empereurs chrétiens les défendirent, fans pouvoir néanmoins les abolir entiérement, & les peuples du Nord les continuerent. Le *maïcamp* des Francs, célébré en préfence de Charlemagne, & le *campus roncalia* proche de Plaifance où les rois d'Italie fe rendoient avec leurs vaffaux, conferverent pendant plufieurs fiecles la plus grande partie des ufages du *majuma*. (*D. J.*)

MAJUME, (*Mythol.*) fête que les Romains célébroient le premier jour de Mai en l'honneur de Maïa ou de Flore. L'empereur Claude l'inftitua, ou plutôt purgea fous fon nom l'indécence qui régnoit dans les florales. Mais comme la *majume* fe folemnifoit avec beaucoup de fomptuofité, foit en feftins, foit en offrandes, au rapport de Julien ; elle dégénéra bientôt des regles de fon inftitution, & jamais il ne fut poffible d'en arrêter les abus.

Les hiftoriens prétendent que la fête *majume* duroit fept jours, qu'elle fe célébroit originairement à Oftie fur le bord du Tibre & de la mer, & qu'elle fe répandit au troifieme fiecle dans toutes les provinces de l'empire. Bouche dit dans fon hiftoire de provence que la fête de la Maie, qui fe fait dans plufieurs villes de cette province, n'eft qu'un refte de l'ancienne *majume*. (*D. J.*)

MAJUME, ou MAJUMA, *ou la petite* GAZA, (*Géog.*) c'étoit proprement le port de la ville de Gaze. Il étoit ordinaire aux villes trafiquantes, fituées à quelque diftance de la mer, d'avoir un port pour le magafinage & le commerce, tel étoit Aía;

juma pour *Gaza*. Mais Conſtantin en fit une ville ſéparée, indépendante, lui donna le droit de cité, & l'appella *Conſtantia*. L'empereur Julien la dépouilla de ſes privileges, lui rendit ſon ancien nom, & la remit tous la dépendance de Gaze quant au temporel. A l'égard du ſpirituel, *Majume* conſerva ſon évêque, ſon clergé & ſon dioceſe. Il faut donc diſtinguer l'ancienne ville de Gaza & la nouvelle, ſurnommée *Majuma* ou *Conſtantia*. Cette derniere étoit au bord de la mer, & la premiere à environ 2 milles de la mer. On ne voit plus des deux Gaza que des ruines, des moſquées, & un vieux château dont un bacha avoit fait ſon ſerrail dans le dernier ſiecle, au rapport de Thevenot. (*D. J.*)

MAJUSCULES *ou* MAJEURES, (*Ecriture.*) ſe dit dans l'écriture des lettres capitales & initiales, dont le volume eſt beaucoup plus conſidérable que les autres. *Voyez les Planches à la table de l'écriture, & leur explic.*

MAJUSCULES, (*Imprimerie.*) eſt un terme peu uſité dans l'Imprimerie, & qui tient plus de l'art de l'écriture; mais comme l'art de l'Imprimerie eſt une imitation parfaite de l'écriture, l'on peut dire, ſans bleſſer les termes d'art, que les capitales ſont les *majuſcules*, & les petites capitales les *minuſcules* de l'impreſſion. *Voyez* LETTRES, CAPITALES.

MAIXENT, SAINT, *Maxentium*, (*Géogr.*) ville de France dans le Poitou, chef lieu d'une élection, avec une abbaye. Elle eſt ſur la Sevre, à 12 lieues S. O. de Poitiers, 86 S. O. de Paris. *Long. 17. 18. lat. 46. 25.*

Saint-Maixent eſt la patrie d'André Rivet, fameux miniſtre calviniſte, qui devint profeſſeur en Théologie à Leyde. Il mourut à Breda en 1651, âgé de 78 ans. Ses œuvres théologiques ont été recueillies en 3 volumes *in-fol.* (*D. J.*)

MAKAQUE, ſ. m. (*Hiſt. nat. Médecine.*) c'eſt ainſi que les habitans de Cayenne nomment une eſpece de ver, qui ſe produit aſſez communément dans la chair de ceux qui demeurent dans cette partie d'Amérique. Il eſt de la groſſeur d'un tuyau de plume; ſa couleur eſt d'un brun foncé, & il a la forme d'une chenille. Il naît ordinairement ſous la peau des jambes, des cuiſſes, & ſurtout près des genoux & des articulations. Sa préſence s'annonce par une démangeaiſon ſuivie d'une tumeur. Lorſqu'on la perce, on trouve ce ver nâgeant dans le ſang. On le retire en preſſant la peau, & en la pinçant avec un morceau de bois fendu. Pour mûrir la tumeur, on la frotte avec l'eſpece d'huile qui ſe forme dans les pipes à fumer du tabac.

MAKAREKAU, ſ. m. (*Hiſt. nat. Botan.*) grand & bel arbre des Indes orientales, remarquable par ſon utilité. Ses feuilles ont trois à quatre piés de longueur ſur huit ou dix pouces de largeur; elles ſe partagent & ſervent à écrire, comme le papier ou le parchemin. Son bois eſt poreux, & n'eſt point d'une grande utilité. Son fruit eſt rond, & de la groſſeur d'une citrouille; il eſt couvert d'une peau dure, diviſée par quarrés, qui vont juſqu'au centre du fruit; ſa couleur eſt d'un rouge incarnat. La chair de ce fruit ne ſe mange point; mais il eſt rempli de pignons qui ſont d'un goût très-agréable. Les racines de cet arbre ſont hors de la terre, à laquelle elles ne tiennent que très-foiblement, & qui forment comme des arcades.

MAKELAER, ſ. m. (*Commerce.*) l'on nomme ainſi en Hollande, & particulierement à Amſterdam, cette eſpece d'entremetteurs, ſoit pour la banque, ſoit pour la vente des marchandiſes, qu'on nommoit autrefois à Paris *Courtiers*, & depuis quelque tems, *Agens de banque & de charge.* *Voyez* AGENT DE CHANGE. *Voyez auſſi* COURTIERS, *Dictionn. de Commerce*, tom. III. pag. 236.

MAKI, ſ. m. *proſimia*, (*Hiſt. nat.*) animal quadrupede, qui reſſemble beaucoup au ſinge par la forme du corps, des jambes & des piés, mais qui en differe par celle de ſa face; car il a le muſeau fort allongé, comme celui du renard. M. Briſſon diſtingue quatre eſpeces de *maki*.

1°. Le *maki* ſimplement, dit-il, a onze pouces de longueur, depuis le ſommet de la tête juſqu'à l'origine de la queue, qui eſt longue de quatre pouces & demi; les oreilles ſont courtes & preſque cachées dans le poil, qui eſt doux, laineux & brun ſur tout le corps, à l'exception du nez, de la gorge & du ventre, qui ſont d'un blanc ſale.

3°. Le *maki aux piés blancs*. Il ne differe guere du précédent, qu'en ce que les quatre piés ſont blancs.

3°. Le *maki aux piés fauve*. Il eſt un peu plus grand que les précédens; il en differe auſſi en ce que le poil eſt d'un blanc ſale & jaunâtre par-deſſous le corps & à la partie intérieure des jambes, & que la face & le muſeau ſont noirs.

4°. Le *maki à queue annelée*. Il a depuis le ſommet de la tête juſqu'à l'origine de la queue, un pié de longueur; celle de la queue eſt d'un pié & demi; ſon muſeau eſt blanchâtre; le poil du deſſus du corps, des piés de devant & de l'extérieur des quatre jambes eſt roux près de l'origine, & gris à la pointe: on ne voit que cette derniere couleur, lorſque les poils ſont ſerrés les uns contre les autres. Le deſſous du corps, les piés de derriere & l'intérieur des quatre jambes ſont blancs. La queue a des anneaux alternativement noirs & blancs. *Voyez le Regne animal, diviſé en neuf claſſes*, pag. 221. *Voyez* QUADRUPEDE.

MAKKREA, (*Phyſique & Hiſt. nat.*) c'eſt ainſi que l'on nomme dans le royaume de Pégu, aux Indes orientales, une lame d'eau formée par le reflux de la mer, qui ſe porte avec une violence extraordinaire vers l'embouchure de la riviere de Pégu. Cette maſſe d'eau, appellée *makkrea* par les habitans du pays, a communément douze piés de hauteur; elle occupe un eſpace très-conſidérable, qui remplit toute la baie, depuis la ville de Negrais juſqu'à la riviere de Pégu. Elle fait un bruit ſi effrayant, qu'on l'entend à une diſtance de pluſieurs lieues; elle eſt d'une force ſi grande, qu'il n'y a point de navire qui n'en ſoit renverſé. Cette maſſe d'eau eſt portée contre la terre avec une rapidité & une violence, qui fait qu'il eſt impoſſible de l'éviter.

MAL, LE, ſ. m. (*Métaphyſiq.*) C'eſt tout ce qui eſt oppoſé au bien phyſique ou moral. Perſonne n'a mieux traité ce ſujet important que le docteur Guillaume King, dont l'ouvrage écrit originairement en latin, a paru à Londres en anglois, en 1732, en 2 *vol. in-8°.* avec d'excellentes notes de M. Edmond Law; mais comme il n'a point été traduit en françois, nous croyons obliger les lecteurs en le leur faiſant connoître avec un peu d'étendue, & nous n'aurons cependant d'autre guide pour ce travail que le beau dictionnaire de M. de Chaufepié. Voici l'idée générale du ſyſtème de l'illuſtre archevêque de Dublin.

1°. Toutes les créatures ſont néceſſairement imparfaites, & toûjours infiniment éloignées de la perfection de Dieu; ſi l'on admettoit un principe négatif, tel que la privation des Péripatéticiens, on pourroit dire que chaque être créé eſt compoſé d'exiſtence & de non-exiſtence; c'eſt un rien tant par rapport aux perfections qui lui manquent, qu'à l'égard de celles que les autres êtres poſſedent: ce défaut, ou comme on peut l'appeller, ce mélange de non-entité, dans la conſtitution des êtres créés, eſt le principe néceſſaire de tous les *maux* naturels,

& rend le *mal*-moral possible, comme il paroîtra par la suite.

2°. L'égalité de perfection dans les créatures est impossible ; & l'on peut ajouter qu'il ne seroit pas même convenable de les rendre toutes également parfaites.

3°. Il est conforme à la sagesse & à la bonté divine d'avoir créé non-seulement les créatures les plus parfaites, mais encore les moins parfaites, comme la matiere : attendu qu'elles sont préférables au néant, & qu'elles ne nuisent point aux plus parfaites.

4°. En supposant de la matiere & du mouvement, il faut nécessairement qu'il y ait des compositions & des dissolutions de corps ; ou, ce qui est la même chose, des générations & des corruptions, que quelques-uns regarderont peut-être comme des imperfections dans l'ouvrage de Dieu ; il n'est pourtant pas contraire à sa sagesse & à sa bonté de créer des êtres qui soient nécessairement sujets à ces *maux*. Il est donc évident que quoique Dieu soit infiniment bon, puissant & sage, certains *maux*, tels que la génération & la corruption, avec leurs suites nécessaires, peuvent avoir lieu parmi ses œuvres ; & si un seul *mal* peut y naître sans supposer un mauvais principe, pourquoi pas plusieurs ? L'on peut présumer que si nous connoissions la nature de toutes choses & tout ce qui y a du rapport, aussi bien que nous connoissons la matiere & le mouvement, nous pourrions en rendre raison sans donner la moindre atteinte aux attributs de Dieu.

5°. Il n'est pas incompatible avec les perfections de l'Etre suprème d'avoir créé des esprits ou des substances pensantes, qui dépendent de la matiere & du mouvement dans leurs opérations, & qui étant unies à la matiere, peuvent mouvoir leurs corps & être susceptibles de certaines sensations par ces mouvemens du corps, & qui ont besoin d'une certaine disposition des organes pour faire usage de leur faculté de penser, en supposant que les esprits qui n'ont absolument rien de commun avec la matiere, sont aussi parfaits que le système de tout l'univers le peut permettre, & que ceux d'un ordre inférieur ne font aucun tort à ceux d'un ordre supérieur.

6°. On ne peut nier que quelques-unes des sensations excitées par la matiere & par le mouvement, doivent être désagréables, tout comme il y en a d'autres qui doivent être agréables : car il est impossible, & même peu convenable, que l'ame puisse sentir qu'elle perd sa faculté de penser, qui seule la peut rendre heureuse, sans en être affectée. Or toute sensation désagréable doit être mise au rang des *maux* naturels ; & elle ne peut cependant être évitée, à moins que de bannir un tel être de la nature des choses. Que si l'on demande pourquoi une pareille loi d'union a été établie ? la réponse est parce qu'il ne pouvoit pas y en avoir de meilleure. Cette sorte de nécessité découle de la nature même de l'union des choses qui ne pouvoient exister ni ne pouvoient être gouvernées par des lois plus convenables. Ces *maux* ne répugnent point aux perfections divines, pourvû que les créatures qui y sont sujettes jouissent d'ailleurs d'autres biens qui contrebalancent ces *maux*. Il faut encore remarquer que ces *maux* ne viennent pas proprement de l'existence que Dieu a donnée aux créatures, mais de ce qu'elles n'ont pas reçu plus d'existence, ce que leur état & le rang qu'elles occupent dans le vaste système de l'univers ne pouvoient permettre. Ce mélange de non-existence tient donc la place du mauvais principe par rapport à l'origine du *mal*, comme on l'a dit ci-dessus.

7°. Le bonheur de chaque être naît du légitime usage des facultés que Dieu lui a données ; & plus un être a de facultés, plus le bonheur dont il est susceptible est grand.

8°. Moins un agent dépend des objets hors de lui, plus il se suffit à lui-même ; plus il a en lui le principe de ses actions, & plus cet agent est parfait. Puis donc que nous pouvons concevoir deux sortes d'agens, les uns qui n'agissent qu'autant qu'ils sont poussés par une force extérieure, les autres qui ont le principe de leur activité en eux-mêmes ; il est évident que ces derniers sont beaucoup plus parfaits que les premiers. On ne peut nier que Dieu ne puisse créer un agent revêtu de la puissance d'agir par lui-même, sans la détermination d'aucune cause extérieure, tant que Dieu conserve par son concours général à cet agent son existence & ses facultés.

9°. Un tel agent peut se proposer une fin, y tendre par des moyens propres à y conduire, & se complaire dans la recherche de cette fin, quoiqu'elle pût lui être parfaitement indifférente avant qu'il se la fût proposée, & qu'elle ne soit pas plus agréable que toute autre fin de la même espece ou d'une espece différente, si l'agent s'étoit déterminé à la poursuivre : car puisque tout plaisir ou bonheur dont nous jouissons consiste dans le légitime usage de nos facultés, tout ce qui offre à nos facultés un sujet sur lequel elles puissent s'exercer d'une maniere également commode, nous procurera le même plaisir. Ainsi la raison qui fait qu'une chose nous plaît plus qu'une autre, est fondée dans l'action de l'agent même, savoir le choix. C'est ce qui est expliqué avec beaucoup d'étendue dans l'ouvrage dont nous parlons.

10°. Il est impossible que toutes choses conviennent à tous les êtres, ou ce qui revient au même, qu'elles soient bonnes : car puisque les choses sont distinctes & différentes les unes des autres, & qu'elles ont des appétits finis, distincts & différens, il s'ensuit nécessairement que cette diversité doit produire les relations de convenance & de disconvenance ; il s'ensuit au moins que la possibilité du *mal* est un apanage nécessaire de toutes les créatures, & qu'il n'y a aucune puissance, sagesse ou bonté, qui les en puisse affranchir. Car lorsqu'une chose est appliquée à un être auquel elle n'est point appropriée, comme elle ne lui est point agréable & ne lui convient point, elle lui cause nécessairement un sentiment de peine ; & il n'étoit pas possible que toutes choses fussent appropriées à chaque être, là où les choses mêmes & les appétits varient & different nécessairement.

11°. Puisqu'il y a des agens qui sont maîtres de leurs actions, comme on l'a dit, & qui peuvent trouver du plaisir dans le choix des choses qui donnent de l'exercice à leurs facultés ; & puisqu'il y a des manieres de les exercer qui peuvent leur être préjudiciables, il est évident qu'ils peuvent choisir *mal*, & exercer leurs facultés à leur préjudice ou à celui des autres. Or comme dans une si grande variété d'objets il est impossible qu'un être intelligent, borné & imparfait de sa nature, puisse toûjours distinguer ceux qui sont utiles & ceux qui sont nuisibles, il étoit convenable à la sagesse & à la bonté de Dieu de donner aux agens des directions, pour les instruire de la place qu'ils peuvent leur être utile ou unisible, c'est-à-dire, de ce qui est bon ou mauvais, afin qu'ils puissent choisir l'un & éviter l'autre.

12°. Puisqu'il est impossible que toutes les créatures soient également parfaites, & même qu'il ne seroit pas à propos qu'elles fussent placées dans un même état de perfection, il s'ensuit qu'il y a divers ordres parmi les êtres intelligens ; & comme quelques-uns de ceux d'un rang inférieur sont capables de jouir des avantages de leur ordre, il s'ensuit qu'ils doivent être contens d'une moindre portion de bonheur dont leur nature les rend fusceptibles, & qu'ils ne peuvent aspirer à un rang plus élevé, qu'au détriment des êtres supérieurs qui l'occupent. En effet, il faut que ceux-ci quittent leur place avant qu'un autre puisse y monter; or il paroît incompatible avec la nature de Dieu de dégrader un être supérieur, tant qu'il n'a rien fait qui le mérite. Mais si un être supérieur choisit librement des choses qui le rendent digne d'être dégradé, Dieu sembleroit être injuste vers ceux d'un ordre inférieur, qui par un bon usage de leur liberté sont propres à un état plus élevé, s'il leur refusoit le libre usage de leur choix.

C'est ici que la sagesse & la bonté divine semblent s'être déployées de la maniere la plus glorieuse; l'arrangement des choses paroît l'effet de la plus profonde prudence. Par-là Dieu a montré la plus complette équité envers ses créatures; de sorte qu'il n'y a personne qui soit dans le cas de se récrier, ou de se glorifier de son partage. Celui qui est dans une situation moins avantageuse, n'a aucun sujet de se plaindre, puisqu'il est doué de facultés dont il a le pouvoir de se servir d'une maniere propre à s'en procurer une meilleure; & il est obligé d'avouer que c'est sa propre faute s'il en demeure privé: d'un autre côté, celui qui est dans un rang supérieur doit apprendre à craindre, de peur qu'il n'en déchée par un usage illégitime de ses facultés. Ainsi le plus élevé a un sujet de terreur qui peut en quelque façon diminuer sa félicité, & celui qui occupe un rang inférieur peut augmenter la sienne; par-là ils approchent de plus près de l'égalité, & ils ont en même-tems un puissant aiguillon qui les excite à faire un usage avantageux de leurs facultés. Ce conflit contribue au bien de l'univers, & y contribue infiniment plus que si toutes choses étoient fixées au destin nécessaire.

13°. Si tout ce qu'on vient d'établir est vrai, il est évident que toutes sortes de maux, le *mal* d'imperfection, le *mal* naturel ou physique, & le *mal* moral, peuvent avoir lieu dans un monde créé par un être infiniment sage, bon & puissant, & qu'on peut rendre raison de leur origine, sans avoir recours à un mauvais principe.

14°. Il est évident que nous sommes attachés à cette terre; que nous y sommes confinés comme dans une prison, & que nos connoissances ne s'étendent pas au-delà des idées que nous viennent par les sens; mais puisque tout l'assemblage des élémens n'est là qu'un point par rapport à l'univers entier, est-il surprenant que nous nous trompions, lorsque sur la vue de cette petite partie, nous jugeons, ou pour mieux dire, nous formons des conjectures touchant la beauté, l'ordre & la bonté du tout? Notre terre est peut être la basse-fosse de l'univers, un hôpital de foux, ou une maison de correction pour des malfaiteurs; & néanmoins telle qu'elle est, il y a plus de bien naturel & moral que de *mal*.

Voilà, dit M. Law, jusqu'où la question de l'origine du *mal* est traitée dans l'ouvrage de l'auteur, parce que tout ce qu'on vient de dire, ou y est contenu en termes exprès, ou peut être déduit facilement des principes qui y sont établis. Ajoutons-y un beau morceau inféré dans les notes de la traduction de M. Law, sur ce qu'on prétend que le *mal* moral l'emporte dans le monde sur le bien.

M. King déclare qu'il est d'un sentiment différent. Il est fermement persuadé qu'il y a plus de bien moral dans le monde, & même sur la terre, que de *mal*. Il convient qu'il peut y avoir plus d'hommes méchans que de bons, parce qu'une seule mauvaise action suffit pour qualifier un homme de méchant. Mais d'un autre côté, ceux qu'on appelle *méchans* font souvent dans leur vie dix bonnes actions pour une mauvaise. M. King ne connoît point l'auteur de l'objection, & il ignore à qui il a à faire; mais il déclare que parmi ceux qu'il connoît, il croit qu'il y en a des centaines qui sont disposés à lui faire du bien, pour un seul qui voudroit lui faire du mal, & qu'il a reçu mille bons offices pour un mauvais.

Il n'a jamais pu adopter la doctrine de Hobbes, que tous les hommes sont des ours, des loups, & des tigres ennemis les uns des autres; ensorte qu'ils sont tous naturellement faux & perfides, & que tout le bien qu'ils font provient uniquement de la crainte; mais si l'on examinoit les hommes un par un, peut-être n'en trouveroit-on pas deux entre mille, calqués sur le portrait de loups & de tigres. Ceux-là même qui avancent un tel paradoxe ne se conduisent pas pour ce pié-là envers ceux avec qui ils sont en relation. S'ils le faisoient, peu de gens voudroient les avouer. Cela vient, direz-vous, de la coutume & de l'éducation: eh bien, supposons que cela soit, il faut que le genre humain n'ait pas tellement dégénéré, que la plus grande partie des hommes n'exerce encore la bienfaisance; & la vertu n'est pas tellement bannie, qu'elle ne soit appuyée par un consentement général & par les suffrages du public.

Effectivement on trouve peu d'hommes, à moins qu'ils ne soient provoqués par des passions violentes, qui aient le cœur assez dur pour être inaccessibles à quelque pitié, & qui ne soient disposés à témoigner de la bienveillance à leurs amis & à leurs enfans. On citeroit peu de Caligula, de Commode, de Caracalla, ces monstres portés à toutes sortes de crimes, & qui peut-être encore ont fait quelques bonnes actions dans le cours de leur vie.

Il faut remarquer en second lieu, qu'on parle beaucoup d'un grand crime comme d'un meurtre, qu'on le publie davantage, & que l'on en conserve plus longtems la mémoire, que de cent bonnes actions qui ne font point de bruit dans le monde; & cela même prouve que les premieres sont beaucoup plus rares que les dernieres, puisque cela n'exciteroient pas tant de surprise & d'horreur.

Il faut observer en troisieme lieu, que bien des choses paroissent très-criminelles à ceux qui ignorent les vues de celui qui agit. Néron tua un homme qui étoit innocent; mais qui sait s'il ne fit par une malice préméditée! peut-être que quelque courtisan flateur, auquel il étoit obligé de se fier, lui dit que cet innocent conspiroit contre la vie de l'empereur, & insista sur la nécessité de le prévenir. Peut-être l'accusateur lui-même fut-il trompé. Il est évident que de pareilles circonstances diminuent l'atrocité du fait, si Néron change de conduite. Au surplus il est vraissemblable que si l'on pesoit impartialement les fautes des humains, il se présenteroit bien des choses qui iroient à leur décharge.

En quatrieme lieu, plusieurs actions blâmables se font sans que ceux qui les commettent sachent qu'elles font telles. C'est ainsi que saint Paul persécuta l'Eglise, & lui-même avoue qu'il s'étoit conduit par ignorance. Combien de choses de cette nature se pratiquent tous les jours par ceux qui professent des religions différentes? C'est bien, je l'avoue, des péchés, mais des péchés qui ne procedent pas d'une volonté corrompue. Tout homme qui use de violence contre un autre, par amour pour la vertu, par haine contre le vice, ou par zele pour la gloire de Dieu, fait *mal* sans contredit; mais l'ignorance & un cœur honnête fervent beaucoup à l'excuser. Cette considération suffit pour diminuer le nombre des méchans de cœur; les préjugés de parti doivent aussi être pesés, & quoiqu'il n'y ait pas d'erreur plus fatale au genre humain, cependant elle vient d'une ame remplie de droiture. La méprise consiste en ce que les hommes qui s'y laissent entrainer, oublient qu'on doit défendre

dre l'état par des voies justes, & non aux dépens de l'humanité.

En cinquieme lieu, de petits soupçons sont souvent regarder comme criminels des gens qui ne le font point. Le commerce innocent entre un homme & une femme, fournit assez souvent un sujet de les calomnier. Sur une circonstance qui accompagne ordinairement une action criminelle, on déclare coupable du fait même, la personne soupçonnée. Une mauvaise action suffit pour deshonorer toute la vie d'un homme.

Sixiemement, nous devons distinguer (& la loi même le fait) entre les actions qui viennent d'une malice préméditée, & celle auxquelles quelque violente passion ou quelque desordre dans l'esprit portent l'homme. Lorsque l'offenseur est provoqué, & qu'un transport subit le met hors de lui, il est certain que cet état diminue sa faute aux yeux de l'Eternel qui nous jugera miséricordieusement.

* Enfin la conservation & l'accroissement du genre humain est une preuve assurée qu'il y a plus de bien que de *mal* dans le monde; car une ou deux actions peuvent avoir une influence funeste sur plusieurs personnes. De plus, toutes les actions vicieuses tendent à la destruction du genre humain, du-moins à son desavantage & à sa diminution; au lieu qu'il faut nécessairement le concours d'un grand nombre de bonnes actions pour la conservation de chaque individu. Si donc le nombre des mauvaises actions surpassoit celui des bonnes, le genre humain devroit finir. On en voit une preuve sensible dans les pays où les vices se multiplient, car le nombre des hommes y diminue tous les jours; si la vertu s'y rétablit, les habitans y reviennent à sa suite. Le genre humain ne pourroit subsister, & jamais le vice étoit dominant, puisqu'il faut le concours de plusieurs bonnes actions pour réparer les dommages causés par une seule mauvaise; qu'un seul crime suffit pour ôter la vie à un homme ou à plusieurs: mais combien d'actes de bonté doivent concourir pour conserver chaque particulier?

De tout ce qu'on vient de dire, il résulte qu'il y a plus de bien que de *mal* parmi les hommes, & que le monde peut être l'ouvrage d'un Dieu bon, malgré l'argument qu'on fonde sur la supposition que le *mal* l'emporte sur le bien. Tout cela cependant n'est pas nécessaire, puisqu'il peut y avoir dix mille fois plus de bien que de *mal* dans tout l'univers, quand même il n'y auroit absolument aucun bien sur cette terre que nous habitons. Elle est trop peu de chose pour avoir quelque proportion avec le système entier; & nous ne pouvons que porter un jugement très-imparfait du tout sur cette partie. Elle peut être l'hôpital de l'univers; & peut-on juger de la bonté & de la pureté de l'air du climat, sur la vue d'un hôpital où il n'y a que des malades ou de la sagesse d'un gouvernement, sur la vue d'une maison destinée pour y héberger des fols? ou de la vertu d'une nation, sur la vue d'une seule prison qui renferme des malfaiteurs? Non que la terre soit effectivement telle; mais il est permis de le supposer, & toute supposition qui montre que la chose peut être, renverse l'argument manichéen, fondé sur l'impossibilité d'en rendre raison. Cependant loin de l'imaginer, regardons plûtôt la terre comme un séjour rempli de douceurs; « Au » moins, dit M. King, j'avoue avec la plus vive re- » connoissance pour Dieu, que j'ai passé mes jours » de cette maniere; je suis persuadé que mes parens, » mes amis, & mes domestiques en ont fait autant, » & je ne crois pas qu'il y ait de *mal* dans la vie qui » ne soit supportable, sur-tout pour ceux qui ont des » espérances d'un bonheur à venir.

Au reste, indépendamment des preuves de l'illustre archevêque de Dublin, qui établissent que le

bien, tant naturel que moral, l'emporte dans le monde sur le *mal*, le lecteur peut encore consulter Sherlock, traité de la Providence; Hutcheson, *On the Nature and conduct of the passions*; London, 1728; Leibnitz, essais de Théodicée; Chubb's, *supplement to the vindication of God's Moral Character*, &c. & Lucas, *Enquiry after Happiness*.

Bayle a combattu le système du docteur King, dans la réponse aux questions d'un provincial; mais outre que l'archevêque de Dublin a répondu aux remarques du savant de Roterdam, il est bon d'observer que Bayle a eu tort d'avoir réfuté l'ouvrage sans l'avoir lû autrement que dans les extraits de M. Bernard & des journalistes de Leipsig. On peut encore lui reprocher en général d'avoir mêlé dans ses raisonnemens, plusieurs citations qui ne sont que des fleurs oratoires, & qui par conséquent ne prouvent rien; la méthode de raisonner sur des autorités est très-peu philosophique dans des matieres de Métaphysique. (*D. J.*)

MAL, (*Médecine.*) On employe souvent ce mot dans le langage médicinal & on lui attache différentes idées; quelquefois on s'en sert comme d'un synonyme à *douleur*, comme quand on dit *mal de tête*, *mal aux dents*, *au ventre*, pour dire *douleur de tête*, *de dents*, *de ventre*; d'autrefois il n'exprime qu'un certain malaise, un sentiment qui n'est point douleur, mais toujours un état contre nature, qu'il est plus facile de sentir que d'énoncer: c'est le cas de la plûpart des *maux* d'estomac, du *mal au cœur*, &c. Il est aussi d'usage pour désigner une affection quelconque indéterminée d'une partie malade. Ainsi on dit communément, *j'ai mal aux yeux*, *à la jambe*, &c. sans spécifier quel est le genre ou l'espece de maladie dont on est attaqué. Enfin on substitue dans bien des cas le mot *mal* à maladie, & on l'employe dans la même signification. C'est ainsi qu'on appelle l'épilepsie *mal caduc*, une espece de lepre ou de galle *mal-mort*. On dit de même indifféremment maladie ou *mal* pédiculaire, maladie ou *mal* de Siam, &c. Toutes les autres maladies étant traitées à leur article particulier, à l'exception des deux dernieres, nous nous bornerons uniquement ici à ce qui les regarde.

MAL PÉDICULAIRE. Ce nom est dérivé du latin *pediculus* qui signifie *poux*. Le caractère univoque de cette maladie est une prodigieuse quantité de poux qui occupent principalement les parties couvertes de poils, sur-tout la tête; quelquefois aussi ils infestent tout le corps. Les Grecs appellent cette maladie φθιριασις, du mot φθειρ qui veut dire *poux*, que Gallien prétend être tiré radicalement de φθειν, *corrompre*; faisant entendre par-là que les poux sont un effet de la corruption. On a vu quelques malades tellement chargés de ces animaux, que leurs bras & leurs jambes en étoient recouverts; bien plus, ils sembloient sortir de dessous la peau, lorsque le malade en se grattant souleveroit quelque portion d'épiderme, ce qui confirmeroit l'opinion de Galien & d'Avenzoar qui pensent que les poux s'engendrent entre la peau & la chair. Outre le désagrément & l'espece de honte pour l'ordinaire bien fondée, qui sont attachés à cette maladie, elle entraîne à sa suite un symptome bien incommode, c'est l'extrême demangeaison occasionnée par ces poux. C'est cette même incommodité, que Serenus croyant bonnement qu'il n'y a rien de pernicieux ou même d'inutile, regarde comme un grand avantage que la nature tire de la présence de ces vilains animaux. Voici comme il s'exprime:

Noxia corporibus quædam de corpore nostro
Progenuit natura, volens abrumpere somnos
Sensibus admonitis vigilesque inducere curas.
Lib. de medi.

Mercuriel refute très-férieusement cette idée & assure que cette précaution de la nature pourroit être très-bonne pour des forçats de galeres, mais qu'elle seroit très-déplacée vis-à-vis des enfans, qui sont cependant les plus ordinairement infectés de poux & sujets à cette maladie.

On pourroit établir autant d'especes de *mal pédiculaire*, qu'il y a de sortes de poux ; mais ces sortes de divisions toujours minutieuses, n'ont aucune utilité pour la pratique. Il y en a une qui mérite seulement quelqu'attention , c'est celle qui est occasionnée par une espece de petits poux qu'on a peine à distinguer à la vue simple. Ils sont assez semblables à des *lentes*, leur principal effet est de couper, de déchirer les cheveux qui tombent alors par petits morceaux. On pourroit aussi rapporter à la maladie que nous traitons, les cirons qui s'attachent aux mains, & se pénétrent, de même que les morpions, espece de poux opiniâtres, qui se cramponnent fortement à la peau qui est recouverte de poils aux environs des parties de la génération. *Voyez* CIRONS & MORPIONS.

Parmi les causes qui concourent à la maladie pédiculaire, quelques-autres comptent le changement d'eau, l'interruption de quelqu'exercice habituel. Avicenne place le coït chez des personnes mal-propres ; Gallien l'usage de la chair de vipere dans ceux qui ont des sucs vicieux : cet auteur assure aussi que rien ne contribue plus à cette maladie que certains alimens. Les figues passent communément pour avoir cette propriété. Mais il n'y a aucune cause plus fréquente que la mal-propreté : on peut regarder cette affection comme une juste punition des crasseux qui négligent de se peigner, d'emporter par-là la crasse qui s'accumule sur la tête & qui gêne la transpiration, & de changer de linge, ce qui fait qu'elle est souvent un apanage de la mire. On la contracte facilement en couchant avec les personnes qui en sont atteints. Rarement elle est principale ; on l'observe quelquefois comme symptome dans la lepre, dans la phthysie, dans les fievres lentes, hectiques, &c. La plupart des anciens auteurs ont cru que la corruption des humeurs étoit une disposition nécessaire & antécédente pour cette maladie : ils étoient dans l'idée comme ieurs physiciens contemporains, que les insectes s'engendroient de la corruption , la fausseté de cette opinion est démontrée par les expériences incontestables que les physiciens modernes ont faites ; nous pouvons cependant avancer comme certain, fondés sur des faits, que la corruption ou plutôt la dégénération des humeurs favorise la génération des poux. Sans doute qu'alors ils trouvent dans ces matrices plus propres à faire éclore leurs œufs. Dès qu'ils ont commencé à s'emparer d'un corps disposé, ils se multiplient à l'infini dans un très-court espace de tems ; leur nombre augmente dans un jour d'une maniere inconcevable. En général, les especes les plus viles, les plus abjectes, celles dont l'organisation est la plus simple, sont celles qui multiplient le plus abondamment & le plus vite.

Cette maladie est plutôt honteuse, desagréable, incommode que dangereuse. Il y a cependant des observations pour lesquelles il consle que quelques personnes qui avoient tout le corps couvert de poux en sont mortes. Aristote rapporte d'un syrien nommé *Phérécide* & du poëte Alcmane. Il y a pourtant lieu de présumer que c'est moins aux poux qu'à quelqu'autre maladie dont ils étoient symptome, que la mort dans ces cas doit être attribuée. Apollonius nous a transmis une remarque d'Aristote, que dans cette maladie, lorsque le malade étoit prêt à mourir, les poux se détachoient de la tête & couroient sur le lit, les habits du moribond : on a depuis vérifié cette remarque.

Lorsque la maladie est essentielle & qu'elle est bornée à la tête, on la guérit souvent par la simple attention de la tenir bien propre, bien peignée ; quelquefois l'on est obligé de couper les cheveux ; &, si malgré cela, le *mal pédiculaire* subsiste & qu'il s'étende à tout le corps, il y a tout lieu de soupçonner qu'il est produit, entretenu, favorisé par quelque disposition interne , par quelqu'altération dans les humeurs qu'il faut connoitre , & combattre par les remedes appropriés. Les stomachiques amers sont ceux dont on use plus familierement & qui réussissent le mieux, pris intérieurement ou employés à l'extérieur. Gahen vante beaucoup les pilules qui reçoivent l'aloès dans leur composition ; mais le staphisaigre est de tous ces remedes celui qu'une longue expérience a fait choisir spécialement. On l'a surnommé à cause de cette vertu particuliere *herbe pédiculaire*. On fait prendre intérieurement la décoction de cette plante, on lave la tête & les différentes parties du corps infectées par les poux ; ou on fait entrer la pulpe dans la plupart des onguens destinés au même usage. La cévadille découverte depuis, &c. a paru préférable à plusieurs médecins. Je pense que tous ces médicamens doivent ceder au mercure dont on peut faire user intérieurement & qu'on peut appliquer à l'extérieur sous forme d'onguent. L'action de ce remede est prompte, assurée & exempte de tout inconvénient. Que quelques médecins timides n'en redoutent point l'application à la tête, & dans les enfans : on est parvenu à mitiger ce remede, de façon qu'on peut sans le moindre inconvénient l'appliquer à toutes les parties , & s'en servir dans tous les âges.

MAL DE DENTS, est une maladie commune que les chirurgiens appellent *odontalgie*. *Voyez* ODONTALGIE.

Le *mal de dent* vient ordinairement d'une carie qui pourrit l'os & le ronge au-dedans. Quant aux causes de cette carie, &c. *Voyez* DENT.

Quelquefois il vient d'une humeur âcre qui se jette sur les gencives. Une pâte faite de pain tendre & de graine de stramonium, & mise sur la dent affectée, appaise le *mal de dent*. Si la dent est creuse, & la douleur violente, une composition de parties égales d'opium, de myrrhe & de camphre réduites en pâte avec de l'eau-de-vie ou de l'esprit de vin, dont on met environ un grain ou deux dans le creux de la dent, arrête la carie, émousse la violence de la douleur, & par ce moyen soulage souvent dans le moment.

Les huiles chimiques, comme celles d'origan, de girofle, de tabac, &c. sont aussi utiles, en détruisant par leur nature chaude & caustique le tissu des vaisseaux sensibles de la partie affectée : néanmoins un trop grand usage de ces sortes d'huiles cause souvent des fluxions d'humeurs, & des abscès.

Un vésicatoire appliqué derriere une oreille ou derriere toutes deux, manque rarement de guérir le *mal de dent*, sur-tout lorsqu'il est accompagné d'une fluxion d'humeurs chaudes, d'un gonflement des gencives, du visage, &c. Les linimens faits avec l'onguent de guimauve, de sureau, &c. mêlé avec l'eau de vie ou l'esprit de vin camphré, sont bons extérieurement pour appaiser la douleur.

M. Cheselden parle d'un homme qui fut guéri d'un *mal de dent* par l'application d'un petit cautere actuel vers l'anthelix de l'oreille ; après que la saignée, la purgation, la salivation par l'usage des masticatoires, les setons, &c. avoient été inutiles. Une chose fort singuliere dans ce *mal de dent*, c'est que dès que la douleur devenoit violente, ou que le malade essayoit de parler, il survenoit une convulsion de tout le côté du visage où étoit la douleur.

MAL

Scooçkius dans son *traité du beurre*, prétend que rien n'est meilleur pour conserver les dents belles & saines, que de les frotter avec du beurre : ce qui suivant M. Chambers qui apparamment n'aimoit pas le beurre, n'est guere moins dégoûtant que l'urine avec laquelle les Espagnols se rincent les dents tous les matins.

Pour prévenir & guérir le scorbut des gencives, on recommande de se laver tous les matins la bouche avec de l'eau salée. Et pour empêcher les dents de se gâter ou carier, quelques-uns emploient seulement la poudre de corne de cerf dont ils se frottent les dents, & les rincent ensuite avec de l'eau froide. On prétend que cela est préférable aux dentifrices qui par la dureté de leurs parties emportent l'émail qui couvre les dents, & les garantit des mauvais effets de l'air, des alimens, des liqueurs, &c. lesquelles occasionnent des douleurs de dents, lorsqu'elles sont usées.

Les dentifrices sont ordinairement composés de poudres de corne de cerf, de corail rouge, d'os de seche, d'alun brûlé, de myrrhe, de san-dragon, &c. Quelques-uns recommandent la poudre de brique, comme suffisante pour remplir toutes les intentions d'un bon dentifrice. *Voyez* DENTIFRICE.

La douleur de dent qui vient de la carie, se guérit en desséchant le nerf & plombant la dent : si ce moyen ne réussit pas, il faut faire le sacrifice de la dent.

MAL DES ARDENS, (*Hist. de France.*) vieux mot qu'on trouve dans nos anciens historiens, & qui désigne un *feu brûlant*. On nomma *mal des ardens* dans le tems de notre barbarie, une fievre ardente, érésipélateuse, épidémique, qui courut en France en 1130 & 1374, & qui fit de grands ravages dans le royaume ; voyez-en les détails dans *Mézerai* & autres historiens. (*D. J.*)

MAL CADUC. *Voyez* ÉPILEPSIE.

M. Turberville rapporte dans les *transactions philosophiques*, l'histoire d'un malade qui étoit attaqué du *mal caduc*. Il observa dans son urine un grand nombre de vers courts qui avoient beaucoup de jambes, & sembloient à mille piés. Tant que les vers furent vivans & eurent du mouvement, les accès revenoient tous les jours ; mais aussi-tôt qu'il lui eut fait prendre une demi-once d'oximel avec de l'ellebore dans de l'eau de tanaise, les vers mouroient, & la maladie cessa.

MAL DE MER, (*Marine.*) c'est un soulevement de l'estomac, qui cause de fréquens vomissemens & un mal-être général par tout le corps, dont sont affectés ceux qui ne sont pas accoutumés à la mer, & qui pour l'ordinaire cesse au bout de quelques jours. On prétend que le mouvement du vaisseau n'est une des principales causes.

MAL DE CERF, (*Maréchal.*) rhumatisme général par tout le corps du cheval.

MAL TEINT, (*Maréchal.*) variété du poil noir. *Voyez* NOIR.

MAL DE OJO, (*Hist. mod.*) Cela signifie *mal de l'œil* en espagnol. Les Portugais & les Espagnols sont dans l'idée que certaines personnes ont quelque chose de nuisible dans les yeux, & que cette mauvaise qualité peut se communiquer par les regards, sur-tout aux enfans & aux chevaux. Les Portugais appellent ce mal *quebranto*; il paroît que cette opinion ridicule vient à ces deux nations des Maures ou Sarrasins : en effet les habitans du royaume de Maroc sont dans la même préjugé.

MALABAR, LA CÔTE DE, (*Géogr.*) Quelques-uns comprennent sous ce nom toute la partie occidentale de la presqu'île de l'Inde en-deçà du Gange, depuis le royaume de Beylana au nord , jusqu'au cap Comorin au midi ; d'autres prennent seulement cette

MAL 921

côte à l'extrémité septentrionale du royaume de Canare, & la terminent , comme les premiers , au cap Comorin.

Le *Malabar* peut passer pour le plus beau pays des Indes au-deçà du Gange : outre les villes qu'on y voit de tous côtés , les campagnes de riz , les touffes de bois de palmiers, de cocotiers , & autres arbres toujours verds ou chargés de fruits , les ruisseaux & les torrens qui arrosent les prairies & les paturages , rendent toutes les plaines également belles & riantes. La mer & les rivieres fournissent d'excellens poissons ; & sur la terre, outre la plûpart des animaux connus en Europe, il y en a beaucoup d'autres qui sont particuliers au pays. Le riz blanc & noir, le cardamome, les ananas , le poivre , le tamarin , s'y recueillent en abondance. Il suffit de savoir qu'on a mis au jour en Europe 12 tomes de plantes de *Malabar*, pour juger combien le pays est riche en ce genre.

Les *Malabares* de la côte sont noirs , ont les cheveux noirs , lisses & fort longs. Ils portent quantité de bracelets d'or , d'argent , d'ivoire , de cuivre ou d'autre métal ; les bouts de leurs oreilles descendent fort bas : ils y font plusieurs trous & y pendent toutes sortes d'ornemens. Les hommes , les femmes & les filles se baignent ensemble dans des bassins publiquement au milieu des villes. On marie les filles dès l'âge de huit ans. (*M. MENURET.*)

L'ordre de succession , soit pour la couronne , soit pour les particuliers , se fait en ligne féminine : on ne connoît les enfans que du côté de la mere , parce que les femmes sont en quelque maniere communes , & que les peres sont incertains.

Les *Malabares* sont divisés en deux ordres ou castes, savoir les nairos, qui sont les nobles, & les poliars , qui sont artisans , paysans ou pêcheurs. Les nairos seuls peuvent porter les armes & commercent avec les femmes des poliars tant qu'il leur plaît : c'est un honneur pour ces derniers. La langue du pays est une langue particuliere.

La religion des peuples qui l'habitent n'est qu'un assemblage de superstitions & d'idolatrie ; ils représentent leurs dieux supérieurs & intérieurs sous de monstrueuses figures , & mettent sur leurs têtes des couronnes d'argille , de métal , ou de quelqu'autre matiere. Les pagodes où ils tiennent ces dieux ont des murailles épaisses bâties de grosses pierres brutes ou de briques. Les prêtres de ces idoles laissent croître leurs cheveux sans les attacher ; ils sont nuds depuis la ceinture jusqu'aux genoux : les uns vivent du service des idoles, d'autres exercent la medecine , & d'autres sont courtiers.

Il est vrai qu'il y a eu des chrétiens jettés de bonne heure sur les côtes de *Malabar*, & au milieu de ces idolâtres. Un marchand de Syrie nommé Marc-Thomas, s'étant établi sur cette côte avec sa famille & ses facteurs en vj. siecle , y laissa sa religion , qui étoit le Nestorianisme. Ces sectaires orientaux s'étant multipliés, se nommerent les *chrétiens de S. Thomas*, & vécurent paisiblement parmi les idolâtres. (*D. J.*)

MALABARES, PHILOSOPHIE DES , (*Hist. de la Philosophie.*) Les premieres notions que nous avons eues de la religion & de la morale de ces peuples, étoient conformes à l'inattention , à l'inexactitude & à l'ignorance de ceux qui nous les avoient transmises. C'étoient des commerçans qui ne connoissoient guère des opinions des hommes que celles qu'ils ont de la poudre d'or , & qui ne s'étoient pas éloignés de leurs contrées pour savoir ce que des peuples du Gange , de la côte de Coromandel & du Malabar pensoient de la nature & de l'être suprême. Ceux qui ont entrepris les mêmes voyages par le zele de porter le nom de Jesus-Christ , & d'élever des croix dans les mêmes pays , étoient plus instruits. Pour se faire entendre des peuples, ils ont été forcés d'en apprendre la langue, de connoître leurs préjugés pour les combattre, de conférer avec leurs prêtres; & c'est de ces missionnaires que nous tenons le peu de lumieres sur lesquelles nous puissions compter: trop heureux si l'enthousiasme dont ils étoient possédés n'a pas altéré, tantôt en bien, tantôt en mal, des choses dont les hommes en général ne s'expliquent qu'avec l'emphase & le mystere.

Les peuples du *Malabare* sont distribués en tribus ou familles; ces tribus ou familles forment autant de sectes. Ces sectes animées de l'aversion la plus forte les unes contre les autres, ne se mêlent point. Il y en a quatre principales divisées en 98 familles, parmi lesquelles celle des bramines est la plus considérée. Les bramines se prétendent issus d'un dieu qu'ils appellent *Brama*, *Birama* ou *Biruma*; le privilege de leur origine c'est d'être regardés par les autres comme plus saints, & de se croire eux-mêmes les prêtres, les philosophes, les docteurs & les sages nés de la nation; ils étudient & enseignent les sciences naturelles & divines; ils sont théologiens & medecins. Les idées qu'ils ont de l'homme philosophe ne sont pas trop inexactes, ainsi qu'il paroît par la réponse que fit un d'entr'eux à qui l'on demandoit ce que c'est qu'un sage. Ses vrais caracteres, dit le barbare, sont de mépriser les fausses & vaines joies de la vie; de s'affranchir de tout ce qui séduit & enchaîne le commun; de manger quand la faim le presse, sans aucun choix recherché des mets; de faire de l'être suprême l'objet de sa pensée & de son amour; de s'en entretenir sans cesse, & de rejetter, comme au-dessous de son application, tout autre sujet, ensorte que sa vie devient une pratique continuelle de la vertu & une seule prière. Si l'on compare ce discours avec ce que nous avons dit des anciens Brachmanes, on en conclura qu'il reste encore parmi ces peuples quelques traces de leur premiere sagesse.

Les Brames ne sont point habillés, & ne vivent point comme les autres hommes; ils sont liés d'une corde qui tourne sur le col, qui passe de leur épaule gauche au côté droit de leur corps, & qui les ceint au-dessus des reins. On donne cette corde aux enfans avec cérémonie. Quant à leur vie, voici comme les Indiens s'en expliquent: ils se levent deux heures avant le soleil, ils se baignent dans des eaux sacrées; ils font une priere: après ces exercices ils passent à d'autres qui ont pour objet la purgation de l'ame; ils se couvrent de cendres; ils vaquent à leurs fonctions de théologiens & de ministres des dieux; ils parent les idoles, ils craignent de toucher à des choses impures; ils évitent la rencontre d'un autre homme, dont l'approche les souilleroit; ils s'abstiennent de la chair; ils ne mangent de rien qui ait eu vie: leurs mets & leurs boissons sont purs; ils veillent rigoureusement pour leurs actions & sur leurs discours. La moitié de leur journée est employée à des occupations saintes, ils donnent le reste à l'instruction des hommes; ils ne travaillent point des mains: c'est la bienfaisance des peuples & des rois qui les nourrit. Leur fonction principale est de rendre les hommes meilleurs, en les encourageant à l'amour de la religion & à la pratique de la vertu, par leur exemple & leurs exhortations. Le lecteur attentif appercevra une grande conformité entre cette institution & celle des Thérapeutes; il ne pourra guere s'empêcher, à l'examen des cérémonies égyptiennes & indiennes, de leur soupçonner une même origine; & s'il se rappelle ce que nous avons dit de Xéxia, de son origine & de ses dogmes, ses conjectures se tourneront presque en certitude; & reconnoissant dans la langue du *malabari* une multitude d'expressions grecques, il verra la sagesse par-

courir successivement l'Archipel, l'Egypte, l'Afrique, les Indes & toutes ces contrées adjacentes.

On peut considérer les Bramines sous deux aspects différens; l'un relatif au gouvernement civil, l'autre au gouvernement ecclésiastique, comme législateurs ou comme prêtres.

Ce qui concerne la religion est renfermé dans un livre qu'ils appellent le *veda*, qui n'est qu'entre leurs mains & sur lequel il n'y a qu'un bramine qui puisse sans crime porter l'œil ou lire. C'est ainsi que cette famille d'imposteurs habiles s'est conservée une grande autorité dans l'état, & un empire absolu sur les consciences. Ce secret est plus ancien.

Il est traité dans le veda de la matiere premiere, des anges, des hommes, de l'ame, des châtimens Préparés aux méchans, des récompenses qui attendent les bons, du vice, de la vertu, des mœurs, de la création, de la génération, de la corruption, des crimes, de leur expiation, de la souveraineté, des temples, des dieux, des cérémonies & des sacrifices.

Ce sont les bramines qui sacrifient aux dieux pour le peuple sur lequel on leve un tribut pour l'entretien de ces ministres, à qui les souverains ont encore accordé d'autres privileges.

Des deux sectes principales de religion, l'une s'appelle *tchiva samciam*, l'autre *wisna samciam*: chacune a ses divisions, ses sous-divisions, ses tribus & ses familles, & chaque tribu & famille a ses bramines particuliers.

Il y a encore dans le *Malabare* deux especes d'hommes qu'on peut ranger parmi les Philosophes; ce sont les jogigueles & guanigueles: les premiers ne se mêlent ni des cérémonies ni des rits; ils vivent dans la solitude; ils contemplent, ils se macerent, ils ont abandonné leurs femmes & leurs enfans; ils regardent ce monde comme une illusion, le rien comme l'état de perfection; ils y tendent de toute leur force; ils travaillent du matin au soir à s'abrutir, à ne rien desirer, ne rien haïr, ne rien penser, ne rien sentir; & lorsqu'ils ont atteint cet état de stupidité complette où le présent, le passé & l'avenir s'est anéanti pour eux; où il ne leur reste ni peine, ni plaisir, ni crainte, ni espérance; où ils sont absorbés dans un engourdissement d'ame & de corps profond où ils ont perdu tout sentiment, tout mouvement, toute idée, alors ils se tiennent pour sages, pour parfaits, pour heureux, pour égaux à Foé, pour voisins de la condition de Dieu.

Ce quiétisme absurde a eu ses sectateurs dans l'Afrique & dans l'Asie; & il n'est presqu'aucune contrée, aucun peuple religieux où l'on n'en rencontre des vestiges. Par-tout où l'homme sortant de son état se proposera l'être éternel immobile, impassible, inaltérable pour modele, il faudra qu'il descende au-dessous de la bête. Puisque la nature t'a fait homme, sois homme & non dieu.

La sagesse des guanigueles ne vaut mieux entendue; ils ont en aversion l'idolâtrie; ils méprisent l'ineptie des jogigueles; ils s'occupent de la méditation des attributs divins, &, c'est à cette spéculation qu'ils passent leur vie.

Au reste, la philosophie des bramines est diversifiée à l'infini; ils ont parmi eux des stoïciens, des épicuriens; il y en a qui nient l'immortalité, les châtimens & les récompenses à venir, pour qui l'estime des hommes & la leur est l'unique récompense de la vertu; qui traitent le veda comme une vieille fable; qui ne recommandent aux autres & ne sont eux-mêmes qu'à jouir de la vie, & qui se moquent du dogme fondamental, le retour périodique des êtres.

Ces impies professent leurs sentimens en secret. Les sectes sont au *Malabare* aussi intolérantes qu'ailleurs; & l'indiscrétion a coûté plusieurs fois la vie aux bramines épicuriens.

L'athéisme a aussi ses partisans dans le *Malabare*: on y lit un poëme où l'auteur s'est proposé de démontrer qu'il n'y a point de Dieu, que les raisons de son existence sont vaines; qu'il n'y a aucunes vérités absolues; que la courte limite de la vie circonscrit le mal & le bien; que c'est une folie de laisser à ses piés le bonheur réel pour courir après une félicité chimérique qui ne se conçoit point.

Il n'est pas étonnant qu'il y ait des athées par-tout où il y a des superstitieux: c'est un sophisme qu'on fera par-tout où l'on racontera de la divinité des choses absurdes. Au lieu de dire Dieu n'est pas tel qu'on me le peint, on dira il n'y a point de Dieu.

Les bramines avadontes sont des especes de gymnosophistes.

Ils ont tous quelques notions de Medecine, d'Astrologie & de Mathématiques: leur medecine n'est qu'un empyrisme. Ils placent la terre au centre du monde, & ils ne conçoivent pas qu'elle pût se mouvoir autour du soleil, sans que les eaux des mers déplacées ne se répandissent sur toute sa surface. Ils ont des observations célestes, mais très imparfaites; ils prédisent les éclipses, mais les causes qu'ils donnent de ce phénomène sont absurdes. Il y a tant de rapport entre les noms qu'ils ont imposés aux sigues du zodiaque, qu'on ne peut douter qu'ils ne les aient empruntés des Grecs ou des Latins. Voici l'abrégé de leur théologie.

Théologie des peuples du Malabare. La substance suprème est l'essence par excellence, l'essence des essences & de tout; elle est invisible, elle est l'être des êtres. Le veda l'appelle *vastou*: cet être est invisible; il n'a point de figure; il ne peut se mouvoir, on ne peut le comprendre.

Personne ne l'a vu; il n'est point limité ni par l'espace ni par les tems.

Tout est plein de lui; c'est lui qui a donné naissance aux choses.

Il est la source de la sagesse, de la science, de la sainteté, & de la vérité.

Il est infiniment juste, bon & miséricordieux.

Il a créé tout ce qui est. Il est le conservateur du monde; il aime à converser parmi les hommes; il les conduit au bonheur.

On est heureux si on l'aime & si on l'honore.

Il a des noms qui lui sont propres & qui ne peuvent convenir qu'à lui.

Il n'y a ni idole ni image qui puisse le représenter; on peut seulement figurer ses attributs par des symboles ou emblèmes.

Comment l'adorera-t-on, puisqu'il est incompréhensible?

Le veda n'ordonne l'adoration que des dieux subalternes.

Il prend part à l'adoration de ces dieux, comme si elle lui étoit adressée, & il la récompense.

Ce n'est point un germe, quoiqu'il soit le germe de tout. Sa sagesse est infinie; il est sans tache; il a un œil au front; il est juste; il est immobile; il est immuable; il prend une infinité de formes diverses.

Il n'y a point d'acception devant lui; sa justice est la même sur tout. Il s'annonce de différentes manieres, mais il est toujours difficile à deviner.

Nulle science humaine n'atteint à la profondeur de son essence.

Il a tout créé, il conserve tout; il ordonne le passé, le présent & l'avenir, quoiqu'il soit hors du tems.

C'est le souverain pontife. Il préside en tout & par-tout; il remplit l'éternité; il est lui seul éternel.

Il est abimé dans un océan profond & obscur qui le dérobe. On n'approche du lieu qu'il habite que par le repos. Il faut que les sens de l'homme qui le cherche se concentrent en un seul.

Mais il ne se montre jamais plus clairement que dans sa loi & dans les miracles qu'il opere sans cesse à nos yeux.

Celui qui ne le reconnoît ni dans la création ni dans la conservation, néglige l'usage de sa raison & ne le verra point ailleurs.

Avant que de s'occuper de l'ordination générale des choses, il prit une forme matérielle; car l'esprit n'a aucun rapport avec le corps & pour agir sur le corps il faut que l'esprit s'en revétisse.

Source de tout, germe de tout, principe de tout, il a donc en lui l'essence, la nature, les propriétés, la vertu des deux sexes.

Lorsqu'il eut produit les choses, il sépara les qualités masculines des féminines, qui confondues seroient restées stériles. Voilà les moyens de propagation & de génération dont il se servit.

C'est de la séparation des qualités masculines & féminines, de la génération & de la propagation qu'il a permis que nous fissions trois idoles ou symboles intelligibles qui fussent l'objet de notre adoration.

Nous l'adorons principalement dans nos temples sous la forme des parties de la génération des deux sexes qui s'approchent, & cette image est sacrée.

Il est émané de lui deux autres dieux puissans, le tschiven, qui est mâle : c'est le pere de tous les dieux subalternes; le tschaidi, c'est la mere de toutes les divinités subalternes.

Le tschiven a cinq têtes, entre lesquelles il y en a trois principales, brama, isuren & witnou.

L'être à cinq têtes est inéfable & incompréhensible; il s'est manifesté sous ce symbole par condescendance pour notre foiblesse: chacune de ses faces est un symbole de ses attributs relatifs à l'ordination & au gouvernement du monde.

L'être à cinq têtes est le dieu gubernateur; c'est de lui qu'émane tout le système théologique.

Les choses qu'il a ordonnées retourneront un jour à lui: il est l'abime qui engloutira tout.

Celui qui adore les cinq têtes adore l'être suprème; elles sont toutes en tout.

Chaque dieu subalterne est mâle, & la déesse subalterne est femelle.

Outre les premiers dieux subalternes, il y en a au-dessous d'eux trois cens trente millions d'autres; & au-dessous de ceux-ci quarante mille. Ce sont des prophetes que ces derniers, & l'être souverain les a créés prophetes.

Il y a quatorze mondes, sept mondes supérieurs & sept mondes inférieurs.

Ils sont tous infinis en étendue, & ils ont chacun leurs habitans particuliers.

Le padalalogue, ou le monde appellé de ce nom, est le séjour du dieu de la mort, d'emen, c'est l'enfer.

Dans le monde palogue il y a des hommes: ce lieu est un quarré oblong.

Le magalogue est le séjour de Wistnou.

Les mondes ont une infinité de périodes finies; la premiere & la plus ancienne que nous appellons *anandan*, a duré cent quarante millions d'années, les autres ont suivi celle-là.

Ces révolutions se succedent & se succederont pendant des millions innombrables de tems & d'années, d'un dieu à un autre, l'un de ces dieux naissant quand un autre périt.

Toutes ces périodes finies, le tems de l'incréé ou de l'incréé reviendra.

Il y a lune & soleil dans le cinquieme monde, anges tutélaires dans le sixieme monde; anges du premier ordre, formateur des ondes dans le septieme & le huitieme.

Le monde actuel est le pere de tous ; tout ce qui y est, est mal.

Le monde est éclos d'un œuf.

Il finira par être embrasé ; ce sera l'effet des rayons du soleil.

Il y a de bons & de mauvais esprits issus des hommes.

L'essence & la nature de l'ame humaine ne sont pas différentes de la nature & de l'essence de l'ame des brutes.

Les corps sont les prisons des ames ; elles s'en échappent pour passer en d'autres corps ou prisons.

Les ames émanerent de Dieu : elles existoient en lui ; elles en ont été chassées pour quelque faute qu'elles expient dans les corps.

Un homme après sa mort peut devenir, par des transmigrations successives, animal, pierre ou même diable.

C'est dans d'autres mondes, c'est dans les vieux que l'ame de l'homme sera heureuse après sa mort.

Ce bonheur à venir s'acquerra par la pratique des bonnes œuvres & l'expiation des mauvaises.

Les mauvaises actions s'expient par les pèlerinages, les fêtes, les ablutions & les sacrifices.

L'enfer sera le lieu du châtiment des fautes inexpiées : là les méchans seront tourmentés ; mais il y en a peu dont le tourment soit éternel.

Les ames des mortels étant répandues dans toutes les substances vivantes, il ne faut ni tuer un être vivant ni s'en nourrir, sur-tout la vache qui est sainte entre toutes : ses excrémens sont sacrés.

Physique des peuples du Malabare. Il y a cinq élémens ; l'air, l'eau, le feu, la terre & l'agachum, ou l'espace qui est entre notre atmosphere & le ciel.

Il y a trois principes de mort ou de corruption, anoubum, maguei & ramium ; ils naissent tous trois de l'union de l'ame & du corps ; anoubum est l'enveloppe de l'ame, ramium la passion, maguei l'imagination.

Les êtres vivans peuvent se ranger sous cinq classes, les végétans, ceux qui vivent, ceux qui veulent, les sages & les heureux.

Il y a trois tempéramens ; le mélancholique, le sanguin, le phlegmatique.

Le mélancholique fait les hommes ou sages, ou modestes, ou durs, ou bons.

Le sanguin fait les hommes ou pénitens, ou tempérans, ou vertueux.

Le phlegmatique fait les hommes ou impurs, ou fourbes, ou méchans, ou menteurs, ou paresseux, ou tristes.

C'est le mouvement du soleil autour d'une grande montagne qui est la cause du jour & de la nuit.

La transmutation des métaux en or est possible.

Il y a des jours heureux & des jours malheureux ; il faut les connoître pour ne rien entreprendre sous de mauvais présages.

Morale des peuples du Malabare. Ce que nous allons en exposer est extrait d'un ouvrage attribué à un bramine célebre appellé Barthrouherri. On dit de ce philosophe que, né d'un pere bramine, il épousa, contre la loi de sa secte, des femmes de toute espece ; que son pere au lit de la mort jettant sur lui des regards pleins d'amertume, lui reprocha que par cette conduite irréguliere il s'étoit exclu du ciel tant que ses femmes & les enfans qu'il avoit eus d'elles, & les enfans qu'ils auroient existeroient dans le monde ; que Barthrouherri touché renvoya ses femmes, prit un habit de réforme, étudia, fit des pèlerinages, & s'acquit la plus grande considération. Il disoit :

La vie de l'homme est une bulle, cependant l'homme s'abaisse devant les grands ; il se corrompt dans leurs cours ; il loue leurs forfaits, il les perd, il se perd lui-même.

Tandis que l'homme pervers vieillit & décroît, sa perversité se renouvelle & s'accroît.

Quelque durée qu'on accorde aux choses de ce monde, elles finiront, elles nous échaperont, & laisseront notre ame pleine de douleur & d'amertume ; il faut y renoncer de bonne heure. Si elles étoient éternelles en soi-même, on pourroit s'y attacher, sans exposer son repos.

Il n'y a que ceux que le ciel a daigné éclairer, qui s'élèvent vraiment au-dessus des passions & des richesses.

Les dieux ont dédommagé les sages des horreurs de la prison où ils les retiennent, en leur accordant les biens de cette vie ; mais ils y sont peu attachés.

Les craintes attaquent l'homme de toutes parts ; il n'y a de repos & de sécurité que pour celui qui marche dans les voies de Dieu.

Tout finit. Nous voyons la fin de tout ; & nous vivons comme si rien ne devoit nous manquer.

Le desir est un fil ; souffre qu'il se rompe ; mets ta confiance en Dieu, & tu seras sauvé.

Soumets-toi avec respect à la loi du tems qui n'épargne rien. Pourquoi poursuivre ces choses dont la possession est si incertaine ?

Si tu te laisses captiver par les biens qui t'environnent, tu seras tourmenté. Cherche Dieu ; tu n'auras pas approché de lui, que tu mépriseras le reste.

Ame de l'homme, Dieu est en toi, & tu coure après autre chose !

Il faut s'assurer du vrai bonheur avant la vieillesse & la maladie. Différer, c'est imiter celui qui creuseroit un puits, pour en tirer de l'eau, lorsque le feu consumeroit le toit de la maison.

Laisse-là toutes ces pensées vaines qui t'attachent à la terre ; méprise toute cette science qui t'élève à tes yeux & aux yeux des autres ; quelle ressource y trouveras-tu au dernier moment ?

La terre est le lit du sage ; le ciel le couvre ; le vent le rafraîchit ; le soleil l'éclaire ; celle qu'il aime est dans son cœur ; que le souverain, le plus puissant du monde a-t-il de préférable ?

On ne fait entendre la raison ni à l'imbécille ni à l'homme irrité.

L'homme qui fait peu se taira, s'il est assis parmi les sages ; son silence dérobera son ineptie, & on le prendra pour un d'entr'eux.

La richesse de l'ame est à l'abri des voleurs. Plus on la communique, plus on l'augmente.

Rien ne pare tant un homme, qu'un discours sage.

Il ne faut point de cuirasse à celui qui sait supporter une injure. L'homme qui s'irrite n'a pas besoin d'un autre ennemi.

Celui qui conversera avec les hommes, en deviendra meilleur.

Le prince imitera les femmes de mauvaise vie ; il simulera beaucoup ; il dira la vérité aux bons ; il mentira aux méchans ; il se montrera tantôt humain, tantôt féroce ; il fera le bien dans un moment ; le mal dans un autre ; alternativement économe & dissipateur.

Il n'arrive à l'homme que ce qui lui est envoyé de Birama.

Le méchant interprete mal tout.

Celui qui se lie avec les méchans, loue les enfans d'iniquité, manque à ses devoirs, coure après la fortune, perd sa candeur, méprise la vertu, n'a jamais le repos.

L'homme de bien conforme sa conduite à la droite raison, ne consent point au mal, se montre grand dans l'adversité, & se plaît à vivre, quel que soit son destin.

Dormez dans un desert, au milieu des flots, entre

les traits des ennemis, au fond d'une vallée, au sommet d'une montagne, dans l'ombre d'une forêt, exposé dans une plaine, si vous êtes un homme de bien, il n'y a point de péril pour vous.

MALABATHRUM, (*Botan. exot.*) ou feuille indienne ; car nos Botanistes l'appellent indifféremment *malabathrum folium*, ou *folium indicum*. Elle est nommée *sadegi* par Avicenne, & *tamolapatra* par les naturels du pays.

C'est une feuille des Indes Orientales, semblable à celle du cannelier de Ceylan, dont elle ne diffère presque que par l'odeur & le goût. Elle est oblongue, pointue, compacte, luisante, distinguée par trois nervures ou côtes qui s'étendent de la queue jusqu'à la pointe. Son odeur est aromatique, agréable, & approche un peu de celle du clou de gérofle.

On recommande de choisir celle qui est récente, compacte, épaisse, grande, entière, & qui ne se casse pas facilement en petits morceaux ; mais aucune des feuilles indiennes qui nous parviennent, ne possede ces qualités, de sorte qu'on n'en fait point d'usage, & on a pris sagement le parti de leur substituer le macis, dans la thériaque & le mithridat.

Il est assez difficile de décider si notre *feuille indienne* est la même que celle des anciens ; nous savons seulement que quand Dioscoride nous dit que le *malabathrum* nage sur l'eau comme la lentille de marais, sans être soutenu d'aucune racine, cet auteur nous débite une fable, ou bien son *malabathrum* nous est inconnu ; cependant quand l'on considere que les Indiens appellent notre feuille indienne *tamalapatra*, on croit s'appercevoir que le mot grec μαλαβατρον en a été anciennement dérivé.

De plus, les anciens préparoient du *malabathrum* mêlé avec d'autres aromates, des essences précieuses. Un passage d'Horace en est la preuve. Il dit, *ode vij. liv. II.*

Coronatus nitentes
Malabathro syrio capillos.

Couronné de fleurs, & parfumé d'essence de Syrie, mot-à-mot, du *malabathrum* de Syrie. Il semble donc qu'il s'agit ici de notre feuille indienne qui croissoit comme aujourd'hui dans le pays de Malabar, en-deçà du Gange. Cette feuille est appellée *syrienne*, parce qu'avant 707 où la navigation des Indes fut réglée par Ælius Gallus gouverneur d'Egypte, les marchands de Rome envoyoient chercher le *malabathrum* en Syrie, qui est une contrée au fond de la Méditerranée, entre l'Asie mineure, l'Arménie, la Mésopotamie, l'Arabie & la Phénicie. C'est-là l'origine de son nom *Syrium*. Et quoique Pline ait écrit, *l. XII. c. xxvj.* que le *malabathrum* croissoit en Syrie, *dat & malabathrum Syria* ; il n'a pas été bien informé ; mais parmi les modernes M. Dacier se montre encore moins instruit que Pline, quand il nous dit que le *malabathrum* d'Horace est la feuille de hêtre.

L'arbre qui porte la feuille indienne, est appellé *canella sylvestris malabarica*, par Ray, *Pist.* 1562. *Katou-karua*, Hort. Malab. part. 5. 105. *tamalapatrum sive folium*, dans C. B. P. 409.

Cet arbre qui est un des *enneandria monogynia* de Linnæus, ou du genre des arbres, *fructu calyculato* de Ray, ressemble assez pour l'odeur au cannelier de Ceylan, mais il est plus gros & plus haut. Ses feuilles parvenues à leur cru ont dix à douze pouces de long, sur six ou huit de large ; elles sont ovalaires, sillonnées par trois nervures qui regnent tout-du-long, & traversées par plusieurs veines. De petites fleurs disposées en ombelles, naissent à l'extrémité des rameaux. Elles sont sans odeur, d'un verd jaune, garnies de petits sommets. A ces fleurs succedent de petites bayes qui ressemblent à nos grosailles rouges. Cet arbre croit dans les montagnes de Malabar, & au royaume de Camboge. Il fleurit en Juin & Juillet ; & ses fruits sont mûrs en Décembre ou Janvier, au rapport de Garciaz. (*D. J.*)

MALABOBNARZA, (*Hist. nat.*) c'est ainsi que les habitans de la Carniole nomment un canal ou une caverne souterreine, qui se trouve aux environs du lac de Czirkniz, qui lorsqu'il tonne rend un son semblable à celui d'un tambour. Il y a deux grottes ou cavernes de cette espece ; l'autre s'appelle *velkabobnarza*. Ces deux mots signifient *le grand tambour & le petit tambour*.

MALABRIGO, (*Géogr.*) port de l'Amérique Méridionale, au Pérou, dans l'audience de Lima. Son nom qui signifie *mauvais abri*, montre assez qu'on n'y est pas à couvert des vents. Il y a de ce port à celui de Guanchaco qui est sous le huitieme degré de latitude méridionale, environ quatorze lieues. (*D. J.*)

MALACA, (*Géog. anc.*) ville d'Espagne dans la Bétique, sur la Méditerranée. Pline, *l. III. c. j.* dit qu'elle appartenoit aux alliés du peuple romain. Strabon remarque que c'étoit une colonie des Carthaginois, & une ville de grand commerce, où l'on saloit beaucoup de vivres pour les habitans de la côte opposée. La riviere qui l'arrose s'appelloit de même que la ville ; son nom moderne est *guadalmedina*, & celui de la ville est *malaga*, au royaume de Grenade. *Voyez* MALAGA. (*D. J.*)

MALACASSA, (*Hist. nat. Minéral.*) Quelques voyageurs nous apprennent que l'on donne ce nom à une espece d'or qui se trouve dans l'île de Madagascar, & qui selon eux differe de ce mé:al tel que nous le connoissons en Europe. On dit qu'il est d'une couleur fort-pâle, & qu'il entre en fusion aussi aisément que le plomb ; cet or, dit-on, se trouve dans toutes les parties de l'île, & sur-tout dans les mines de la province d'Anossi. On en distingue de trois sortes : le premier s'appelle *litcharonga*, il est très-fin ; le second se nomme *voulamenesontchi*, il est moins fin que le premier ; le troisieme tient le milieu entre les deux especes qui précedent, & s'appelle *ahessavau*. Il seroit à souhaiter que les voyageurs à qui l'on doit ces détails, eussent examiné de quelle nature sont les substances avec lesquelles ces différens ors sont mêlés, & ce qui peut contribuer à leur susibilité.

MALACCA, ROYAUME DE, (*Géogr.*) royaume des Indes orientales, dans la partie occidentale de la péninsule de *Malacca*, & sur le détroit de même nom. Sa largeur est de huit à dix lieues, & sa longueur de trente. (*D. J.*)

MALACCA, (*Géog.*) capitale du royaume de *Malacca*, dans la partie méridionale de la péninsule, sur le détroit auquel elle donne son nom.

Cette ville est habitée par des Hollandois, des Maures & des Chinois. On y compte quatre à cinq mille ames. Comme sa situation est à 2 degrés 12 m. de latitude, elle jouit toujours d'un parfait équinoxe ; son climat tempéré produit presque tous les fruits qu'on voit à Goa ; mais les coccos y sont beaucoup plus grands. Le port de *Malacca* est fort bon, & il s'y fait un grand commerce. On y trouve dans les hazards les marchandises du Japon, de la Chine, de Bengale, de Perse & de la côte de Coromandel. On compte environ 300 lieues espagnoles de Ceylan à *Malacca*, & 350 de *Malacca* à la Chine. Elle est défendue par une forteresse, dont le gouverneur de la ville est le commandant. Les Hollandois en sont maitres depuis plus d'un siecle ; car ils s'en emparerent sur les Portugais en 1640. *Long. selon* Casfini, *119. 36ʹ 30ʺ selon les* pp. de Beze & Camille, *117. 20ʹ. 30ʺ*. (*D. J.*)

MALACCA, *Péninsule de*, (*Géog.*) grande presqu'île des Indes, au midi du royaume de Siam, entre le golfe de Siam à l'orient, celui de Bengale & le détroit de *Malacca* à l'occident. On estime que la longueur de cette péninsule, le long de la côte, est d'environ 250 lieues. Cette étendue de terre renferme le royaume de *Malacca*, & six autres. Les habitans de cette presqu'île sont noirs, petits, bien proportionnés dans leur petite taille, & redoutables lorsqu'ils ont pris de l'opium, qui leur cause une espece d'ivresse furieuse. Ils vont tous nuds de la ceinture en haut, à l'exception d'une petite écharpe qu'ils portent tantôt sur l'une, tantôt sur l'autre épaule. Ils sont fort vifs, fort sensuels, & se noircissent les dents par le fréquent usage qu'ils font du bétel. *Long. 119. lat. 3. 40.* (*D. J.*)

MALACCA, *Détroit de*, (*Géog.*) détroit dans les Indes, entre la péninsule de *Malacca*, qui lui donne son nom, & l'île de Sumatra. Les Portugais le nomment le *détroit de Sincapour*. Il communique, du côté du nord, au golfe de Bengale. (*D. J.*)

MALACHBELUS, (*Myth.*) nom d'une fausse Divinité qu'on trouve parmi les dieux des Palmyréniens, sujets de la fameuse Zénobie. Il paroît que cette partie de la Syrie adoroit entre ses dieux, Aglibelus & *Malachbelus*; c'est du-moins ce qu'on peut conclure d'une grande table qui fut enlevée du temple du Soleil, lorsqu'Aurelien prit la ville de Palmyre, & sur laquelle se lisoient ces deux noms. Il y avoit autrefois à Rome, dans les jardins qu'on appelloit *Horti carpensis*, & qui sont aujourd'hui ceux des princes Justiniani, près de S. Jean-de-Latran, un beau monument, qui avoit été apporté de Palmyre à Rome. M. Spon a publié en 1685 ce bas-relief, avec l'inscription qui l'accompagne. Elle est en langue palmyrénienne, qui n'est plus connue, & en grec, qui contient apparemment la même chose. On trouvoit déja dans le trésor des antiquités de Gruterus l'inscription toute entiere, mais sans les figures. Le R. P. dom Bernard de Montfaucon s'en est procuré une copie beaucoup plus exacte, & mieux dessinée, que celle qui avoit paru dans d'autres recueils d'antiquités; c'est celle que nous avons sous les yeux; elle differe un peu de celle de Spon: en voici une traduction très-fidelle. « Titus Aurelius Heliodorus Adrianus, palmyrénien, fils d'Antiochus, » a offert & consacré, à ses dépens, à Aglibelus & » à *Malachbelus*, dieux de la patrie, ce marbre, & » un signe ou petite statue d'argent, pour sa conser- » vation, & pour celle de sa femme & de ses en- » fans, en l'année cinq cent quarante-sept, au mois » Peritius ».

Le bas-relief est ce qu'on appelle un *ex voto*. Il représente le frontispice d'un temple, soutenu de deux colonnes. On y voit deux figures de jeunes personnes, au milieu desquelles est un arbre que quelques antiquaires ont pris mal-à-propos pour un pin, mais qui est sûrement un palmier, ce qui caractérise la ville de Palmyre, qui s'appelloit aussi *Tadmor*, ou *Tamor*, ce qui est la même chose; car *thamar* en hébreu signifie *palme*. Au côté droit de cet arbre, est le dieu Aglibelus, sous la figure d'un jeune homme, vêtu d'une tunique relevée par la ceinture, en sorte qu'elle ne descend que jusques au-dessus du genou, & qui par-dessus a une espece de manteau; tenant, de la main gauche, un petit bâton fait en forme de rouleau; le bras droit, dont peut-être il tenoit quelque chose, est cassé. A l'autre côté est le dieu *Malachbelus*, qui représente aussi un jeune homme, vêtu d'un habillement militaire, avec le manteau sur les épaules, une couronne radiale à la tête, & ayant derriere lui un croissant, dont les deux cornes débordent des deux côtés.

Le savant & judicieux M. l'Abbé Bannier, dans son excellent ouvrage de la Mythologie & des fables expliquées par l'histoire, *tom. III. chap. vij p. 107*. n'est pas satisfaisant sur cet article; il s'en rapporte à l'idée de M. Spon, dont l'opinion, dit-il, n'a point été contredite: mais assurément il ne s'en suit pas de-là qu'elle ne puisse l'être. Quelques auteurs, dit M. Spon, prétendent que ces deux figures représentent le soleil d'hiver & d'été; mais comme l'un des deux a derriere lui un croissant, il vaut mieux croire que c'est le soleil & la lune. Chacun sait, comme le remarque Spartien, & d'autres auteurs, que les Payens avoient leur dieu Lunus; & parmi les médailles de Seguin, il y en a une qui représente ce dieu Lunus avec un bonnet arménien.

Pour Aglibelus, ajoute M. Bannier, il n'est pas douteux que ce ne soit le Soleil, ou Bélus; car les Syriens peuvent fort bien avoir prononcé ainsi ce nom, que d'autres appelloient *Baal*, *Belenus*, *Bel* ou *Belus*. Le changement de l'*e* en *o* est peu de chose dans les différens dialectes d'une langue; mais le mot *agli* sera inintelligible, à moins qu'on n'admette la conjecture du savant Malaval, qui prétend que ce nom signifie *la lumiere qu'envoie le soleil*, fondé sur l'autorité d'Hésichius, qui met parmi les épithetes du soleil, celle d'αἰγληκτὴς; or il n'est pas étonnant que les Grecs ayent prononcé *Aglibolus*, au lieu d'*Egletes Belos*. Il appuie ce sentiment sur le culte particulier que les Palmyréniens rendoient au soleil.

Pour ce qui est de *Malachbelus*, ce mot est composé de deux autres; savoir, *malach*, qui veut dire *roi*, & *baal*, *seigneur*. Ce dieu étant représenté avec un croissant & une couronne, il est certain, prétend M. Spon, que c'est la Lune, ou le dieu Lunus, l'Ecriture-sainte désignant souvent la lune par l'épithete de reine du ciel; ainsi le prophete Jérémie, condamnant l'usage d'offrir des gâteaux à cette déesse, s'exprime ainsi: *Placentas offert reginæ cæli*.

M. Jurieu pense que Aglibolus signifie l'*oracle de Bel*, dérivant *agli* du mot hébreu *revelavit*. Une attention plus particuliere au mot *Aglibelus* & aux divers attributs des deux figures du monument, auroit donné à ces savans une idée plus juste, & les eût conduit à trouver dans ces deux figures les deux points du jour, le matin & le soir. L'une signifie *gutta*, ou *uligo*, *humor quæ fit ex rore liquefacto*, ce mot se trouve dans ce beau passage du livre de Job, *chap. xxxviij. v. 28. La pluie n'a-t-elle point de pere?* ou *qui produit les gouttes de la rosée?* Aglibolus est donc le dominateur des gouttes, le seigneur de la rosée, qui est dans la nature un des plus grands principes de végétation & de fécondité; le rouleau qu'il tient à la main, sont les cieux de nuit, éclairés & embellis par une multitude d'astres, que le point du jour fait disparoitre, & qu'il roule, suivant l'expression du psalmiste, figure très-belle, empruntée dans l'énergie du style oriental; & si le bras droit d'Aglibolus tenoit une coupe, ou qu'il exprimoit une espece d'éponge, ce n'étoit, dont il faisoit distiller la rosée; peut-être même avoit-il dans la main droite l'étoile du matin, conjectures qui justifient un grand nombre d'autres figures analogues, qu'on trouve dans des recueils d'antiquités. La tunique relevée par la ceinture, & qui ne descend que jusqu'au-genou, sert encore à confirmer notre explication, puisque c'est la précaution que prenoient sans doute les anciens, habillés de longues robes, & que prennent encore nos femmes de la campagne, lorsqu'elles vont à l'ouvrage, avant que la rosée soit dissipée.

Quant à *Malachbelus*, l'on ne peut assez s'étonner que M. Spon, M. l'Abbé Bannier, après lui, ayent pu, malgré son nom, qui semble l'élever au-dessus de toutes les autres divinités, & les divers attributs qui lui sont donnés dans le monument de Palmyre, & qui soutiennent ses prérogatives ; que ces MM. dis-je, ayent pu le postposer en quelque sorte à Aglibelus ; saire de celui-ci le soleil, & de *Malachbelus* la lune. *Malachbelus* est composé de deux mots : *malac*, *moloch* ou *molech*, suivant les divers dialectes, signifie *roi*, *belus*, ou *bahal* vient de *dominer*, *être maître* : ainsi *Malachbelus* est un roi dominateur & maître ; ce qui nous donne l'idée d'un être suprême, du plus grand des dieux : aussi il paroît dans le monument palmyrénien, avec un éclat & une distinction particuliere, vêtu d'un habillement militaire, le manteau royal sur les épaules, la tête couronnée ; cette couronne radiale marque l'éclat du soleil dans son midi ; & s'il a derriere lui un croissant, dont les deux cornes débordent des deux côtés, c'est pour marquer l'empire que le soleil a sur la lune, qu'il fait disparoître par sa présence.

Au reste, Aglibolus occupant la droite dans ce monument, nommé avant *Malachbelus* dans l'inscription, justifie encore notre opinion, parce que le point du jour précede le midi. Le pin, ou plutôt le palmier qui est entre les deux figures, nous fait connoître que le dévot palmyrénien vivoit à la campagne, ou du moins s'intéressoit à l'agriculture, & qu'implorant le secours des dieux pour sa conservation, & celle de sa famille, il s'adressoit à ceux qui influoient le plus sur la fertilité de la terre.

C'est à ces divinités syriennes que nous devons rapporter le surnom du dernier empereur romain de la famille des Antonins ; il s'appelloit Marc-Aurele Antoninus Varius, surnommé *Elagabale*, parce qu'il avoit été sacrificateur de ce dieu, dont les divers auteurs écrivent le nom avec quelques petites différences ; les uns, comme Herodianus, *Alagabalus* ; d'autres, comme Capitolinus, *Elagabalus* ; quelques-uns, comme Lampridius, *Holæogabalus* ; mais les Grecs & les Latins, pour l'ordinaire, *Heliogabalus*.

Le mot de *Bahal* paroissant dans ces divers noms, c'est de l'intelligence de ce mot que dépend la connoissance de ces divinités, & de *Malachbelus* en particulier. Il n'y a pas de faux dieu plus célebre dans l'Ecriture-sainte que Bahal ; c'est qu'il étoit, sans doute, l'un des principaux objets de la religion des peuples qu'avoient dépossédés les Hébreux, ou des Hordes qui avoisinoient la Palestine. C'est sur-tout dans l'histoire de Gédéon qu'il est extrêmement parlé de Bahal. Juges, 5. v. 23. Gédéon démolit son autel, & coupa le boccage qui étoit auprès ; *les gens du lieu s'en mirent fort en colere*, & *voulurent le faire mourir* ; mais Joas, pere de Gédéon, le défendit ; & plus philosophe qu'on ne l'étoit dans ce tems-là, & qu'on ne l'a été depuis, il dit fort judicieusement : *Si Baal est un dieu, qu'il prenne la cause pour lui-même, de ce qu'on a démoli son autel*. Et il l'appella du nom de son fils, *Jetabbahal*, qui signifie, *que Bahal prenne querelle*, ou qu'il plaide & dispute ; & c'est sans doute là le *Jerombahal* duquel le fameux Sanchoniaton dit avoir emprunté une partie des choses qu'il rapporte, παρὰ τοῦ ιρομβαλ̃ου ιερεω τοῦ θεοῦ ιευω, ou selon Porphire. ιευω, Jézabel, femme de l'impie Achab, roi d'Israël, fille d'Ethbahal, roi des Sydoniens, apporta avec elle à Samarie, le culte de Bahal, & sut persuader à son époux de le préférer à celui de l'Eternel, *I. liv. des Rois, chap. xviij. v. 4.* dont tous les prophetes surent exterminés, à la réserve d'Elie, & de cent autres, qu'à l'insu même de ce grand prophete, qui se croyoit seul en Israël, le pieux Abdias (v. 22.) avoit cachés dans deux cavernes, & qui échaperent ainsi à la fureur d'Achab & de Jézabel. Au reste, ce couple impie détruisoit d'un côté pour édifier de l'autre ; car ils consacrerent plus de 450 pro-

phetes au service du nouveau Dieu, & 400 à celui de ces boccages & hauts lieux qu'avoit fait planter Jézabel. Dans un état aussi petit que Samarie, & dans un tems où l'esprit humain emporté à tous vents de doctrine, se livroit à toute sorte de culte, c'est sans doute consacrer beaucoup trop de ministres aux solemnités & aux mysteres du culte d'un seul Dieu ; mais il faut croire qu'alors ceux qui servoient aux autels, n'étoient pas, comme parmi nous, en pure perte pour la société civile, & que du moins on pouvoit être prophete, & donner des sujets à l'état. Quoi qu'il en soit, ce peuple de prophetes, & la cruelle Jézabel, leur protectrice, furent étrangement humiliés dans le fameux procès qu'ils eurent à soutenir avec Elie, pour savoir qui étoit le vrai Dieu, l'Eternel ou Bahal. Elie demande qu'on assemble (*I. liv. des Rois, chap. xviij. v. 19.*) les 850 prophetes de Bahal & des boccages, qui mangeoient à la table de Jézabel ; il leur propose de sacrifier des victimes sans seu, (v. 23.) lui, sur un autel qu'il bâtiroit à son Dieu ; eux, sur l'autel de Bahal ; & que celui qui seroit brûler ses victimes, en faisant tomber le seu du ciel pour les consumer, seroit estimé le véritable Dieu. La proposition sut acceptée ; l'enthousiasme s'en meloit sans doute ; il est rare que le don de prophétie en soit exempt.

I. Rois, xviij. v. 26. Ils prirent donc une jeune génisse qu'on leur donna, & l'appréterent, & invoquerent le nom de Bahal, depuis le matin jusqu'à midi, disant : *Bahal, exauce-nous* ; mais il n'y avoit ni voix, ni réponse, & ils sautoient d'outre en outre par-dessus l'autel qu'on avoit fait, &c. &c. Ils crioient donc à haute voix, & se faisoient des incisions avec des couteaux & des lancettes, selon leur coutume, tant que le sang couloit. v. 27. Elie, de son côté, se mocquoit d'eux, & disoit : *Criez à haute voix, car il est dieu ; mais il pense à quelque chose, ou il est occupé à quelque affaire, ou il est en voyage ; peut-être qu'il dort, & il se réveillera.*

v. 30 & *seq*. L'Eternel soutint sa cause, & sit glorieusement triompher son prophete, qui avoit imploré avec ardeur son puissant secours. A peine Elie eut-il élevé son autel, qu'après plusieurs ablutions & aspersions réiterées, tant sur la victime, que sur le bois qui devoit lui servir de bûcher, en posant que les eaux alloient à l'entour de l'autel, & qu'Elie remplit même le conduit d'eau, le seu de l'Eternel, un seu miraculeux descendit, consuma l'holocauste, le bois, les pierres &, la poudre, réduisit tout en cendres, & huma toute l'eau qui étoit au conduit.

Dans une sécheresse des plus extraordinaires, & telle, que, (*O tempora! O mores!*) le roi Achab, pour ne pas laisser dépeupler son pays de bêtes, *I. Reg. xviij. v. 3. 5. 6.* parcouroit ses états à la tête de ses chevaux, ânes & mulets, pour chercher vers les fontaines d'eaux & torrens, de l'herbe pour leur sauver la vie ; son favori, son premier ministre Abdias faisant la même chose de son côté ; dans de telles circonstances, dis-je, l'eau qu'Elie prodiguoit dans ce sacrifice extraordinaire, ne sut sans doute pas ce que les spectateurs regretterent le moins. Il est vrai que le peuple s'étant prosterné, & ayant reconnu, après le sacrifice, l'Eternel pour le seul vrai Dieu, les prophetes de Bahal tous égorgés par l'ordre d'Elie, ce grand prophete obtint de la bonté du Très-Haut une pluie abondante.

II. Reg. cap. xj. v. 17. 18. La malheureuse Athalie, mere de Joas, avoit établi dans Jérusalem le culte du même dieu Bahal ; mais Joas, sous la conduite & par l'ordre du souverain sacrificateur Jehojada, détruisit cette idole, & tout le peuple du pays entra dans la maison de Bahal, & la démolirent, ensemble ses autels, & briserent entierement les images; ils tuerent auſſi Mathan, ſacrificateur de Bahal, devant ſes autels.

Au reſte, Bal, Baal, Bahal, Bebel, Bel, Belus, ſont une ſeule & même divinité, dont le nom eſt varié par les divers dialectes dans leſquels il eſt employé. Connu des Carthaginois, le nom de ce faux dieu, ſuivant l'uſage des anciens, ſe remarque dans les noms de leurs princes, ou généraux; ainſi, en langue punique, *Annibal* ſignifie *exaucé* ou *favoriſé par Bahal*; *Aſdrubal*, recherché par Bal, *Adherbal*, aidé par le Dieu Bahal.

J'obſerve que l'Ecriture-ſainte parle ſouvent de ce faux dieu au pluriel, les Bahals ou Bahalins, je ſerois donc aſſez porté à croire que cela eſt dans le génie des langues orientales; car quelque ſoin que prenne l'Etre ſuprême de rappeller ſans ceſſe les hommes à l'unité de ſon eſſence adorable; très-ſouvent les auteurs ſacrés le nomment au pluriel; peut-être auſſi qu'il eſt parlé des Bahals ou Bahalins, ſuivant les diverſes ſtatues ou idoles qui avoient accrédité ſa dévotion; c'eſt ainſi que Jupiter reçoit les différens noms de *Olympien*, *Dodonéen*, *Hammon*, *Feretrien*, &c. Et ſans aller plus loin, n'avons-nous pas la même Notre-Dame qui s'appelle en un lieu *de Montſerrat*, ici *de Lieſſe*, là *de Lorette*, ailleurs *des Ardilleres*, *d'Einſfelden*, &c. ſuivant les images miraculeuſes qui lui ont fait élever des autels, ou conſacrer des dévotions particulieres. Mais ce qui eſt digne de remarque, c'eſt que très-ſouvent les 70 Interpretes déſignent ce dieu Bahal, comme une déeſſe, auſſi bien que comme un dieu, & conſtruiſent ce mot avec des articles féminins, comme *S. Jean*, vij. 4. περιλοντας βααλιμ, ils détruiſirent les Bahalines. *Jer. ij. 18. xj. 13. xix. 5. xxxij. 33.*

Au reſte pour peu qu'on ſoit au fait de la Mythologie, on ſait que les Payens croyoient honorer leurs dieux, en leur attribuant les deux ſexes, & les faiſant hermaphrodites, pour exprimer la vertu génerative & féconde de la divinité. Auſſi Arnobe remarque que dans leurs invocations, ils avoient accoutumé de dire, ſoit que tu ſois dieu, ſoit que tu ſois déeſſe; *nam conſuetis in precibus dicere, ſive tu deus, ſive tu dea, quæ dubitationis exceptio dare vos diis ſexum, disjunctione ex ipſa declarat. Arnob. contra Gent. lib. III.*

Vid. Aul. Gel. lib. II. 23. Dans les hymnes attribuées à Orphée, parlant à Minerve, il dit: αρσην και θηλυς εφυς, tu es mâle & femelle. Chacun ſait la Penſée de Plutarque dans ſon traité d'Iſis & d'Oſiris: *ὁδε τοὺς ὁ θεὸς ἀρρενοθηλυν ὢν ζωῆ καὶ φῶς ἀπεχυσεν λόγον ἕτερον νοῦν δημιουργὸν, or Dieu qui eſt une intelligence mâle & femelle, étant la vie & la lumiere, a enfanté un autre verbe qui eſt l'intelligence créatrice du monde.*

Vénus même, la belle Vénus a été faite mâle & femelle. Macrobe, *ſaturn. III*. dit qu'un poëte nommé Cœlius, l'avoit appellée *pollentemque deum Venerem*, *non deam*, & que dans l'île de Chypre, on la peignoit avec de la barbe: *ſic poeſis ut pictura*, &c.

Comme les Peintres & les Poëtes donnent toujours à leurs héroïnes les traits & la reſſemblance de leurs maîtreſſes, ſans doute que le premier peintre Cypriot, qui s'aviſa de peindre Vénus barbue, aimoit une belle au menton cotonné & velu, telles qu'on en voit qui ne laiſſent pas d'être appétiſſantes & très-aimables. Nous connoîtrons plus particulierement ce que les Orientaux adoroient ſous le nom de *Bahals*, ſi nous nous rappellons que Moyſe, dans l'hiſtoire de la création, dit que Dieu fit les deux grandes lumieres, le ſoleil & la lune, pour dominer ſur le jour & la nuit; & c'eſt pour cela ſans doute, que ces deux aſtres ont été appellés *Bahalins*, les dominateurs; que *Malachbelus* ſoit le ſoleil, c'eſt ce dont on conviendra ſans peine, ſi conſidérant que les luminaires, les aſtres en général, les planetes en particulier ayant été les premiers objets de l'idolâtrie des anciens peuples, le ſoleil a dû être regardé comme le roi de ces prétendues divinités; & certes, tant de raiſons parlent en ſa faveur, que l'on conçoit ſans peine, j'ai preſque dit, que l'on excuſe le culte qu'ont pu lui rendre les peuples privés de la révélation.

Unique & brillant ſoleil, s'écrie *Zaphy*) manuſcript. *Lugd. in Batavis*, *Zaphy*), poëte arabe, *unique & brillant ſoleil*, *ſource de vie*, *de chaleur & de lumiere*, *je n'adorerois que toi dans l'univers*, *ſi je ne te conſidérois comme l'eſclave d'un maître plus grand que toi*, *qui a ſu t'aſſujettir à une route de laquelle tu n'oſes t'écarter*; *mais tu es & ſeras toujours le miroir dans lequel je vois & connois ce maître inviſible & incomprehenſible.* Nous trouvons dans Sanchoniaton, le théologien des anciens Phéniciens, une preuve ſans réplique que *Malachbelus* étoit le ſoleil. *Les Phéniciens*, dit-il, *c'eſt-à dire ceux de Tyr*, *de Sidon & de la côte*, *regardoient le ſoleil comme l'unique modérateur du ciel*; *ils l'appelloient Beelſamein ou Baal-ſamen, qui ſignifie, ſeigneur des cieux*. Sur quoi j'obſerve que l'Ecriture ne parle preſque jamais de l'idole Bahal, qu'elle n'y joigne Aſtoreth, & toute l'armée des cieux; c'eſt ainſi qu'il eſt dit de Joſias, *II. Rois, xxiij*. 5. qu'il abolit auſſi ceux qui faiſoient des encenſemens à Bahal, à la lune, aux aſtres, & à toute l'armée des cieux, *c'eſt-à-dire au ſoleil, à la lune & aux étoiles*.

Servius, ſur le premier livre de l'Enéide, dit que le Bahal des Aſſyriens eſt le ſoleil: *Linguâ punicâ deus dicitur Bal, apud Aſſyrios autem Bel dicitur, quadam ſacrorum ratione & ſaturnus & ſol*.

La ville de Tyr étoit conſacrée à Hercule, c'étoit la grande divinité de cette ville célebre dans l'antiquité. Or, ſi on conſulte Hérodote, & ſi l'on doit & peut l'en croire, on ne peut raiſonnablement douter que cet Hercule tyrien ne ſoit le Bahal des Orientaux, c'eſt-à-dire le ſoleil même. *Hérod. liv. II. pag. 120.* Hérodote dit s'être tranſporté à Tyr tout exprès pour connoître cet Hercule; qu'il y avoit trouvé ſon temple d'une grande magnificence, & rempli des plus riches dons, entr'autres une colonne d'émeraudes qui brilloit de nuit, & jettoit une grande lumiere. Si le fait eſt vrai, ne ſeroit-ce point parce que les ſacrificateurs avoient ménagé dans le milieu de la colonne, un vuide pour y placer un flambeau? Quoi qu'il en ſoit, cela étoit viſiblement deſtiné à repréſenter la lumiere du ſoleil, qui brille en tout tems. Hérodote ajoute que par les entretiens qu'il eut avec les ſacrificateurs, il fut perſuadé que cet Hercule tyrien étoit infiniment plus ancien que l'Hercule des Grecs; que le premier étoit un des grands dieux, que l'Hercule grec n'étoit qu'un héros, ou demi-dieu.

Le nom même d'Hercule prouveroit que c'eſt le ſoleil; ce mot eſt pur Phénicien. *Heir-coul* ſignifie, dans cette langue, *illuminat omnia*. Je ne voudrois cependant pas décider que jamais le ſoleil ait porté à Tyr ou Carthage, le nom d'Hercule; je penſe même que non, & qu'on l'appelloit *Baal* ou *Moloch*, ou, à l'imitation de ceux de Tadmor, *Malachbelus*; mais je ne doute point que parmi les éloges ou attributs de Bahal, on ait mis celui de *Heir-coul*, c'eſt-à-dire, *illuminant toutes choſes*.

Les Romains, fort portés à adopter tous les dieux étrangers, avec leſquels ils faiſoient connoiſſance, voyant que les Carthaginois donnoient à leur Baal le titre & l'éloge de *Heir-coul*, en ont fait leur exclamation, *me Hercule! & me Hercule!* & même leur *Hercule*; & de-là eſt venu que celui que les Tyriens, & leurs enfans les Carthaginois, appelloient *Bahal*, les Latins l'ont appellé *Hercules*.

Saturn. lib. I. cap. xx. Macrobe paroît être dans l'idée qu'Hercule étoit le soleil, lorsque faisant uniquement attention à l'étymologie grecque, il dit : *& revera Herculem solem esse, vel res nomine claret ; Hercules enim quid aliud est nisi heras, id est, aeris cleos, id est gloria.* Il ajoute plusieurs raisons très-fortes pour prouver la même these, c'est qu'Hercule est le soleil. Les douze travaux d'Hercule n'auroient-ils point été inventés sur les douze constellations du zodiaque, que le soleil parcourt tous les ans ? Le célebre Vossius a mis dans le plus grand jour ce système, qu'Hercule est le soleil, vraissemblablement adoré à Palmyre sous le nom de *Malachbelus* ; le soleil y avoir un temple très-fameux. Guillaume Hallifax, gentilhomme anglois, a examiné avec soin les ruines superbes de ce somptueux édifice : on peut voir la description magnifique qu'il en a faite dans les Transactions philosophiques en l'année 1695. Deux gentilshommes de la même nation, ayant avec eux un peintre fort habile, ont entrepris le voyage de Palmyre, & ont donné au public, depuis quelques années, les planches gravées de ce qui reste du superbe temple du soleil ; ce qui annonce un bâtiment plus grand, plus magnifique, qu'on n'auroit dû l'attendre du siecle dans lequel il fut élevé, & mieux entendu qu'on ne pouvoit l'espérer des mains barbares qui y travaillerent.

MALACHE, (*Médecine.*) remede propre à relâcher le ventre, ou à mûrir les tumeurs. (*Blanchard.*)

MALACIE, s. f. (*Médecine.*) μαλακια, maladie qui consiste dans un appétit dépravé, & où le malade souhaite avec une passion extraordinaire certains alimens particuliers, & en mange avec excès. *Voyez* APPÉTIT.

Le mot a été formé de μαλακος, *mal ;* car le relâchement des fibres de l'estomac est ordinairement la cause des indigestions & des appétits singuliers.

Plusieurs auteurs confondent cette maladie avec une autre appellée *Pica*, qui est une dépravation d'appétit, où le malade souhaite des choses absurdes & contre nature, comme de la chaux, du charbon, &c. *Voyez* PICA.

Le *malacie* paroit venir d'une mauvaise disposition de la liqueur gastrique, ou de quelque dérangement de l'imagination, qui la détermine à une chose plutôt qu'à une autre.

Ces deux maladies sont très-ordinaires aux filles qui ont les pâles-couleurs, de même qu'aux femmes qui sont nouvellement enceintes ; il est aisé d'appercevoir que la cause éloignée de ces symptômes est l'épaississement du sang qui obstrue les rameaux de la cœliaque, & empêche par conséquent la secrétion aisée de la liqueur stomacale qui doit exciter l'appétit & opérer la digestion. Le meilleur remède à ce mal, est d'emporter la cause par les médicamens qui lui sont propres. *Voyez* PALES COULEURS, GROSSESSE.

MALACODERME, adj. m. & f. (*Hist. natur.*) épithete qu'on donne aux animaux qui ont la peau molle, pour les distinguer des ostracodermes, οςρακοδερμοι, ou des animaux testacés, qui ont la peau dure. *Malacoderme* est formé des mots grecs, μαλακος *mou*, & δερμα *peau*. (*D. J.*)

MALACOIDE, (*Botan.*) Tournefort ne connoit que deux especes de ce genre de plante : la grande & la petite *malacoide*, à fleur de bétoine ; ni l'une ni l'autre n'ont besoin d'être décrites. *Malacoide* vient de μαλακη *mauve*, & de ιδος *apparence*, comme qui diroit *ressemblant à la mauve*. La *malacoide* en a aussi les propriétés. (*D. J.*)

MALACOSTRACA, (*Hist. nat.*) nom donné par quelques Naturalistes à des animaux crustacés pétrifiés, ou à leurs empreintes dans des pierres.

MALACHITE, MALACHITES, ou MOLOCHITES, s. f. (*Hist. nat. Min.*) substance minérale, opaque, dure, compacte, & d'un beau verd. Pline donne le nom de *malachites* à un jaspe de couleur verte ; mais Wallerius met la *malachite* au rang des crysocolles, il l'appelle *ærugo nativa solida*, ou *lapidea*. Quoi qu'il en soit, M. Pott a observé que la *malachite* devient phosphorique à une chaleur médiocre ; ce qui n'arrive point au jaspe à la plus grande chaleur. Il regarde la *malachite* comme un spath qui tient de la nature du quartz, & qui a été pénétré & coloré par le cuivre, mis en dissolution & réduit en verd-de-gris dans le sein de la terre. *Voyez* la Lithogéognosie de M. Pott, *tome II. page* 249.

Boëtius de Boot regarde la *malachite* comme une espece de jaspe ; il dit que son nom lui vient de sa couleur, qui est d'un verd semblable à celui des feuilles de mauve, que les grecs nomment μαλαχη. Il en distingue quatre especes ; la premiere est, selon lui, exactement du verd des feuilles de mauve ; la seconde a des veines blanches & des taches noires ; la troisieme est mêlée de bleu ; la quatrieme approche de là couleur de la turquoise, c'est elle qu'il estime le plus. Il dit qu'on en trouve des morceaux assez grands pour pouvoir en former des petits vaisseaux. On trouve de la *malachite* en Misnie, en Bohême, en Tirol, en Hongrie, & dans l'île de Chypre. *Voyez Lapidum & Gemmarum hist.*

M. de Justi, dans son *plan du regne minéral*, dit que la *malachite* est une pierre verte & transparente qui n'a point une grande dureté ; il prétend que l'on a tort de la regarder comme une crysocolle qui croît en mamellons, dont elle differe considérablement ; il dit que la *malachite* est d'une forme ovale & hémisphérique, & qu'elle est remplie à la surface de taches noires & rondes. Il ajoute que la *malachite* fait effervescence avec les acides.

On voit par-là que les Naturalistes ne sont guère d'accord sur la substance à laquelle ils ont donné le nom de *malachite*, & qu'ils ont appellé de ce nom des substances très-différentes au fond. Au reste, il s'en trouve dans beaucoup de mines de cuivre, & la *malachite* doit elle-même être regardée comme une terre imprégnée de cuivre, qui a été dissout & changé en verd-de gris, & par conséquent comme une vraie mine de cuivre qui ne differe du verd de montagne que parce qu'elle est solide & susceptible de prendre le poli.

Quelques auteurs ont vanté l'usage de la *malachite* dans la médecine, mais le cuivre qui y abonde ne peut que la rendre très-dangereuse ; quant aux autres vertus fabuleuses qu'on lui attribue, elles ne méritent pas qu'on en parlé. (—)

MALACTIQUES, adj. (*Médecine.*) il se dit des choses qui adoucissent les parties par une chaleur tempérée & par l'humidité, en dissolvant les unes & dissipant les autres. *Blanchard.*

MALACUBI, (*Hist. nat.*) c'est ainsi que les Siciliens nomment des endroits de la terre dans le voisinage d'Agrigente, qui sont agités d'un mouvement perpétuel, & lesquels il se fait, par l'éboulement & l'écoulement des terres, des trous fort considérables, d'où il s'échappe un vent si impétueux, que les bâtons & les perches que l'on y jette sont repoussés en l'air avec une force prodigieuse. Ce terrein est raboteux, & ressemble à une mer agitée. l'occone dit qu'il y a en Italie plusieurs endroits qui sont pareillement agités, ce qui vient des feux souterreins qui sont continuellement allumés dans l'intérieur de ce pays, & qui dégagent avec violence l'air qui est renfermé dans le sein de la terre, & qui obligé de sortir par des conduits étroits, en acquiert beaucoup plus de force. *Voyez* Boccone, *Museo di fisica & d'esperinze.* (—)

MALADIE, s. f. (*Médec.*)

morbus, c'est en général l'état de l'animal vivant, qui ne jouit pas de la santé ; c'est la vie physique dans un état d'imperfection.

Mais pour déterminer avec plus de précision la signification de ce terme, qui d'ailleurs est mieux entendu ou mieux senti de tout le monde qu'il n'est aisé d'en donner une définition bien claire & bien exacte, il convient d'établir ce que c'est que la vie, ce que c'est que la santé.

Quiconque paroît être en santé, est censé posséder toutes les conditions requises pour jouir actuellement, non-seulement de la vie, mais encore de l'état de vie dans la perfection plus ou moins complette, dont elle est susceptible.

Mais comme la vie, par elle-même, consiste essentiellement dans l'exercice continuel des fonctions particulieres, sans lesquelles l'animal seroit dans un état de mort décidé ; il suffit donc que l'exercice de ses fonctions subsiste, ou du moins qu'il ne soit suspendu que de maniere à pouvoir encore être rétabli pour qu'on puisse dire que la vie existe : toutes les autres fonctions peuvent cesser ou être suspendues, ou être abolies sans qu'elle cesse.

Ainsi la vie est proprement cette disposition de l'économie animale, dans laquelle subsiste le mouvement des organes nécessaires pour la circulation du sang & pour la respiration, ou même seulement le mouvement du cœur, quelque imparfaitement qu'il se fasse.

La mort est la cessation entiere & constante de mouvement, par conséquent de toutes les fonctions du corps animal ; la santé ou la vie dans l'état absolument opposé, consiste donc dans la disposition de toutes ses parties, telle qu'elle soit propre à l'exécution de toutes les fonctions dont il est susceptible, relativement à toutes ses facultés & à l'âge, au sexe, au tempérament de l'individu : enforte que toutes ces fonctions soient actuellement en exercice, les unes ou les autres, selon les différens besoins de l'économie animale, non toutes ensemble, parce qu'elle seroit en desordre dans cette économie, parce qu'elle exige à l'égard de la plûpart d'entre elles, la succession d'exercice des unes par rapport aux autres ; mais il suffit qu'il y ait faculté toujours subsistante, par laquelle elles puissent, lorsqu'il est nécessaire, être mises en action sans aucun empêchement considérable. *V.* VIE, SANTÉ, MORT.

La *maladie* peut être regardée comme un état moyen entre la vie & la mort : dans le premier de ces deux états, il y a toujours quelqu'une des fonctions qui subsiste, quelque imparfait que puisse en être l'exercice ; au-moins la principale des fonctions auxquelles est attachée la vie, ce qui distingue toujours l'état de *maladie* de l'état de mort, tant que cet exercice est sensible ou qu'il reste susceptible de le devenir.

Mais comme celui de toutes les différentes fonctions ne se fait pas sans empêchement dans la *maladie* ; qu'il est plus ou moins considérablement altéré par excès ou par défaut, & qu'il cesse même de pouvoir se faire à l'égard de quelqu'une ou de plusieurs ensemble, c'est ce qui distingue l'état de *maladie* de celui de santé.

On peut, par conséquent, définir la *maladie* une disposition vicieuse, un empêchement du corps ou de quelqu'une de ses organes, qui cause une lésion plus ou moins sensible, dans l'exercice d'une ou de plusieurs fonctions de la vie saine, ou même qui en fait cesser absolument quelqu'une, toutes même, excepté le mouvement du cœur.

Comme le corps humain n'est sujet à la *maladie* que parce qu'il est susceptible de plusieurs changemens qui alterent l'état de santé ; quelques auteurs ont défini la *maladie*, un changement de l'état naturel en un état contre nature : mais cette définition n'est, à proprement parler, qu'une explication du nom, & ne rend point raison de ce en quoi consiste ce changement, d'autant que l'on ne peut en avoir une idée distincte, que l'on ne soit d'accord sur ce que l'on entend par le terme de *nature* & *contre nature*, sur la signification desquels on convient trèspeu, parmi les Médecins : ainsi cette définition est tout au-moins obscure, & n'établit aucune idée distincte de la *maladie*.

Il en est ainsi de plusieurs définitions rapportées par les anciens, telles que celle de Galien ; savoir, que la *maladie* est une affection, une disposition, une constitution contre nature. On ne tire pas plus de lumieres de quelques autres proposées par des modernes ; telles sont celles qui présentent la *maladie*, comme un effort, une tendance vers la mort, un concours de symptomes ; tandis qu'il est bien reconnu qu'il y a des *maladies* salutaires, & que l'expérience apprend qu'un seul symptome peut faire une maladie. *Voyez* MORT, SYMPTOME, NATURE.

La définition que donne Sydenham n'est pas non plus sans défaut ; elle consiste à établir que la *maladie* est un effort salutaire de la nature, un mouvement extraordinaire qu'elle opere pour emporter les obstacles qui se forment à l'exercice des fonctions, pour séparer, pour porter hors du corps ce qui nuit à l'économie animale.

Cette idée de la *maladie* peche d'abord par la mention qu'elle fait de la nature sur laquelle on n'est pas encore bien convenu : ensuite elle suppose toujours un excès de mouvement dans l'état de *maladie*, tandis qu'il dépend souvent d'un défaut de mouvement, d'une diminution ou cessation d'action dans les parties affectées : ainsi la définition ne renferme pas tout ce qui en doit faire l'objet. D'ailleurs, en admettant que les efforts extraordinaires de la nature constituent la *maladie*, on ne peut pas toujours les regarder comme salutaires, puisqu'ils sont souvent plus nuisibles par eux-mêmes que la cause morbifique qu'ils attaquent ; que souvent même ils sont cause de la mort ou du changement d'une *maladie* en une autre, qui est d'une nature plus funeste. Ainsi la définition de Sydenham ne peut convenir qu'à certaines circonstances que l'on observe dans la plûpart des *maladies*, sur-tout dans celles qui sont aiguës ; telles font la coction, la crise. *Voyez* EFFORT, COCTION, CRISE, EXPECTATION.

Le célebre Hoffman, après avoir établi de bonnes raisons pour rejetter les définitions de la *maladie* les plus connues, se détermine à en donner une très-détaillée, qu'il croit, comme cela se pratique, préférable à toute autre. Selon lui, la *maladie* doit être regardée comme un changement considérable, un trouble sensible dans la proportion & l'ordre des mouvemens qui doivent se faire dans les parties solides & fluides du corps humain, lorsqu'ils sont trop accélérés ou retardés dans quelques-unes de ses parties ou dans toutes ; ce qui est suivi d'une lésion importante, dans les sécrétions, dans les excrétions, & dans les autres fonctions qui composent l'économie animale ; enforte que ce desordre tende ou à opérer une guérison, ou à causer la mort, ou à établir la disposition à une *maladie* différente & souvent plus pernicieuse à l'économie animale.

Mais cette définition est plutôt une exposition raisonnée de ce en quoi consiste la *maladie*, de ses causes & de ses effets qu'une idée simple de sa nature, qui doit être présentée en peu de mots. Mais cette exposition paroît très-conforme à la physique du corps humain, & n'a rien de contraire à ce qui vient d'être ci-devant établi, que toute lésion de fonction considérable & plus ou moins constante, présente l'idée de la *maladie*, qui la distingue suffisamment de ce que l'on doit entendre par affection, qui n'est qu'une indisposition légere de peu de durée ou peu importante, que les Grecs appellent πάθος, *passio*. Telle est une petite douleur instantanée, ou que l'on supporte sans en être presque incommodé ; une déjection de la nature de la diarrhée, mais qui ne se répete pas souvent & qui est sans conséquence, une verrue, une tache sur la peau, une égratignure ou toute autre plaie peu considérable, qui ne cause aucune lésion essentielle de fonction. On peut éprouver souvent de pareilles indispositions sans être jamais malade.

L'homme ne jouit cependant jamais d'une santé parfaite, à cause des différentes choses dont il a besoin de faire usage, ou qui l'affectent inévitablement, comme les alimens, l'air & ses différentes influences, &c. mais il n'est pas aussi disposé qu'on pourroit le l'imaginer à ce qui peut causer des troubles dans l'économie animale, qui tendent à rompre l'équilibre nécessaire entre les solides & les fluides du corps humain, à augmenter ou à diminuer essentiellement l'irritabilité & la sensibilité, qui, dans la proportion convenable, déterminent & reglent l'action, le jeu de tous les organes, puisqu'il est des gens qui passent leur vie sans aucune *maladie* proprement dite. *Voyez* ÉQUILIBRE, IRRITABILITÉ, SENSIBILITÉ, SANTÉ, PHYSIOLOGIE.

Ainsi, connoître la nature de la *maladie*, c'est savoir qu'il existe un défaut dans l'exercice des fonctions, & quel est l'empêchement présent, ou quelles sont les conditions qui manquent ; d'où s'ensuit que telle ou telle fonction ne peut pas avoir lieu convenablement. Par conséquent, pour avoir une connoissance suffisante de ce qu'il y a de défectueux dans la fonction lésée, il faut connoître parfaitement toutes les fonctions dont l'exercice peut le faire dans quelque partie que ce soit & les conditions requises pour cet exercice. Il faut donc aussi avoir une connoissance parfaite, autant que les sens le comportent, de la structure des parties qui sont les instrumens des fonctions quelconques. Car, comme dit Boerhaave (*comm. in instit. med. pathol.* §. 698.), il faut, par exemple, le concours & l'intégrité de mille conditions physiques pour que la vision se fasse bien, que toutes les fonctions de l'œil puissent s'exercer convenablement, ayez une connoissance parfaite de toutes ces conditions, par conséquent de la disposition qui les établit, & vous saurez parfaitement en quoi consiste la fonction de la vision & toutes les circonstances. Mais si de ces mille conditions il en manque une seule, vous comprendrez d'abord que cette fonction ne peut plus se faire entierement, & qu'il y a un défaut par rapport à cette millieme partie lésée ; pendant que les autres 999 conditions physiques connues, avec les effets qui s'ensuivent restent telles qu'il faut, pour que les fonctions des parties nécessaires à la vision puissent être continuées.

La connoissance de la *maladie* dépend donc de la connoissance des actions, dont le vice est une *maladie* : il ne suffit pas d'en savoir le nom, il faut en connoître la cause prochaine : il est aisé de s'appercevoir qu'une personne est aveugle pour peu qu'on la considere ; mais que s'ensuit-il de-là pour sa guérison si elle est possible ? Il faut, à cet égard, savoir ce qui l'a privée de la vue, si la cause est externe ou interne, examiner si le vice est dans les enveloppes des organes de l'œil, ou s'il est dans les humeurs & les corps naturellement transparens qui sont renfermés dans ces enveloppes, ou, si c'est dans les nerfs de cette partie. Vous pourrez procurer la guérison de la *maladie*, si par hasard les conditions qui manquent pour l'exercice de la fonction vous sont connues ; mais vous serez absolument aveugle vous-

même sur le choix des moyens de guérir la cécité dont il s'agit, si le vice qui constitue la *maladie* se trouve dans le manque de la condition requise qui est l'unique que vous ignorez entre mille. Si au contraire vous connoissez toutes les causes qui constituent la fonction dans son état de perfection, vous ne pouvez manquer d'avoir l'idée de la *maladie* qui se présente à traiter.

La Pathologie, qui a pour objet la considération des *maladies* en général, & de tout ce qui est contraire à l'économie animale dans l'état de santé, est la partie théorique de l'art dans laquelle on trouve l'exposition de tout ce qui a rapport à la nature de la *maladie*, à ses différences, à ses causes & à ses effets, *voyez* PATHOLOGIE ; ce qui vient d'être dit pouvant suffire pour connoître ce qu'on entend par *maladie* proprement dite, il suffit d'ébaucher l'idée que l'on doit avoir de ce qui la produit.

On appelle *causes de la maladie*, dans les écoles, tout ce qui peut, de quelque maniere que ce soit, changer, altérer l'état sain des solides & des fluides du corps humain, conséquemment donner lieu à la lésion des fonctions, & disposer le corps à ce dérangement, soit par des moyens directs, immédiats, prochains, soit par des moyens indirects, éloignés, en établissant un empêchement à l'exercice des fonctions, ou en portant atteinte aux conditions nécessaires pour cet exercice.

On distingue plusieurs sortes de causes morbifiques, dont la recherche fait l'objet de la partie de la Pathologie, qu'on appelle *aithiologie*. Il suffit de dire ici en général, comme il a déja été pressenti, que tout ce qui peut porter atteinte, de quelque maniere que ce soit, à l'équilibre nécessaire entre les parties solides & fluides dans l'économie animale, & à l'irritabilité, à la sensibilité des organes qui en sont susceptibles, renferme l'idée de toutes les différentes causes des *maladies* que l'on peut adapter à tous les différens systèmes à cet égard, pour expliquer ce que l'on y a trouvé de plus occulte jusqu'à présent, par exemple les qualités, les intempéries des galénistes, le resserrement & le relâchement des méthodistes, les vices de la circulation des hydrauliques, l'excès ou le défaut d'irritation & d'action des organiques-méchaniciens, le principe actif, la nature des autocratiques, des sthaaliens, &c. *Voyez* PATHOLOGIE, AITHIOLOGIE, IRRITABILITÉ, SENSIBILITÉ, GALÉNISME, &c.

Toute dépravation, dans l'économie animale, qui survient à quelque lésion de fonctions déja établie, est ce qu'on appelle *symptome*, qui est une addition à la *maladie* de laquelle il provient comme de sa cause physique. Dans la pleurésie, par exemple, la respiration génée est une addition à l'inflammation de la plèvre, c'est un effet qui en provient, quoique l'inflammation n'affecte pas toute la poitrine : le *symptome* est une *maladie* même, entant qu'il est une nouvelle lésion de fonction : mais c'est toujours une dépendance de la lésion qui a existé la premiere, d'où il découle comme de son principe.

La considération de tout ce qui concerne en général les symptomes de la *maladie*, leur nature, leur différence, est l'objet de la troisieme partie de la Pathologie, qu'on appelle dans les écoles *symptomatologie*. *Voyez* PATHOLOGIE, SYMPTOMATOLOGIE.

Ce sont les différens symptomes qui font toute la différence des *maladies* qui ne se manifestent au par leur existence sensible, par leur concours plus ou moins considérable. C'est pour déterminer le caractere propre à chaque genre de *maladies*, d'où on puisse dériver les especes, & fixer en quelque sorte leur variété infinie, que quelques auteurs sentant que la science des Médecins sera en défaut tant qu'il manquera une histoire générale des *maladies*, ont entrepris de tirer du recueil immense d'observations sur toute sortes de *maladies*, qui jusqu'à présent a resté sans ordre, une méthode qui indique la maniere d'en distinguer les différens caracteres, tant généraux que particuliers.

On a proposé plusieurs moyens d'établir cette méthode ; on en connoît trois principaux, savoir l'ordre alphabétique, l'aithiologique & l'anatomique. Le premier, tel qu'est celui qu'ont adopté Burnet, Manget, consiste à ranger les *maladies* suivant les lettres initiales de leurs noms grecs, latins ou autres, par conséquent à en former un dictionnaire : mais ces noms étant des signes arbitraires & variables, ne présentent aucune idée qui puisse fixer celle qu'il s'agit d'établir, de la nature, du caractere de chaque *maladie*.

L'ordre des causes prochaines ou éloignées de chaque *maladie*, suivi par Juncker, Boerrhaave & d'autres, est sujet à de grands inconvéniens & suppose la connoissance du système de l'auteur : ainsi un moyen aussi hypothétique ne paroît pas propre à fixer la maniere de connoître les *maladies*.

La plus suivie de toutes est l'ordre anatomique, qui range les *maladies*, suivant les différens sieges qu'elles ont dans le corps humain : tel est l'ordre suivi par Pison, par Sennert, Riviere, &c. dans lequel on trouve l'exposition des *maladies*, tant externes qu'internes, telles qu'elles peuvent affecter en particulier les différentes parties du corps, comme les inflammations, les douleurs de la tête, du cou, de la poitrine, du bas-ventre, des extrémités, & ensuite celles qui sont communes à toutes les parties ensemble, telles que la fievre, & la véroie, le scorbut, &c. mais cette méthode ne paroît pas mieux fondée que les autres, & ne souffre pas moins d'inconvéniens, eu égard sur-tout à la difficulté qu'il y a dans bien des *maladies*, de fixer le siege principal de la cause morbifique, dont les effets s'étendent à plusieurs parties en même-tems, comme la migraine, qui semble affecter autant l'estomac, que la tête ; le flux hépatique dans lequel il est très-douteux si le foie est affecté, & qui, selon bien des auteurs, paroît plutôt être une *maladie* des intestins. *Voyez* MIGRAINE, FLUX HÉPATIQUE.

Il reste donc à donner la préférence à l'ordre symptomatique, qui est celui dans lequel on range les *maladies*, suivant leurs effets, leurs phénomenes essentiels, caractéristiques, les plus évidens & les plus constans ; en formant des classes de tous les genres de *maladies*, dont les signes pathognomoniques ont un caractere commun entr'eux, & dont les différences qui les accompagnent constituent les différentes especes rangées sous chacun des genres, avec lequel elles ont le plus de rapport.

Suivant cette méthode, on doit distinguer en général les *maladies* en internes ou médicinales, & en externes ou chirurgicales ; les médicinales sont ainsi désignées, parce qu'elles intéressent essentiellement l'œconomie animale, dont la connoissance appartient spécialement au médecin proprement dit ; c'est-à-dire, à celui qui ayant fait une etude particuliere de la Physique du corps humain, a acquis les connoissances nécessaires pour preserer les moyens propres à procurer la conservation de la santé, & la guérison des *maladies*. *Voyez* MÉDECIN. Les *maladies* chirurgicales sont celles, qui pour le traitement dont elles sont susceptibles, exigent principalement les secours de la main ; par conséquent les soins du chirurgien pour faire des opérations, ou des applications de remedes. *Voyez* CHIRURGIEN.

Les *maladies* sont dites internes, lorsque la cause morbifique occupe un siége, qui ne tombe pas sous les sens, par opposition aux *maladies* externes, dont les symptômes caractéristiques sont immédiatement sensibles à celui qui en recherche la nature : c'est ainsi, par exemple, que l'érésipele au visage se manifeste par la rougeur & la tension douloureuse que l'on y apperçoit ; au lieu que la même affection inflammatoire qui a son siége dans la poitrine, ne se fait connoître que par la douleur vive de la partie, accompagnée de fievre ardente, de toux séche, &c. qui font des symptomes, dont la cause immédiate est placée dans l'intérieur de la poitrine.

Les *maladies* ont plusieurs rapports avec les plantes ; c'est par cette considération, que Sydenham avec plusieurs autres auteurs célebres, desiroit une méthode pour la distribution des *maladies*, qui fût dirigée à l'imitation de celle que les botanistes employent pour les plantes : c'est ce qu'on se propose, en établissant l'ordre symptomatique, dans lequel la différence des symptomes qui peuvent être comparés aux différentes parties des plantes, d'où se tirent les différens caracteres de leurs familles, de leurs genres & de leurs especes, établit aussi les différences des classes, des genres & des especes des *maladies*.

Mais avant que de faire l'exposition de la méthode symptomatique, il est à-propos de faire connoître les distinctions générales des *maladies*, telles qu'on les présente communément dans les écoles & dans les traités ordinaires de pathologie.

Les différences principales des *maladies* sont essentielles, ou accidentelles : commençons par celles-ci, qui n'ont rien de relatif à notre méthode en particulier, & dont on peut faire l'application à toute sorte de *maladies* dans quelqu'ordre que l'on les distribue : les différences essentielles dont il sera traité ensuite, nous rameneront à celui que nous adopterons ici.

Les différences, qui ne dépendent que des circonstances accidentelles des *maladies*, quoiqu'elles ne puissent point servir à en faire connoître la nature, ne laissent pas d'être utiles à savoir dans la pratique de la Médecine, pour diriger dans le jugement qu'il convient d'en porter & dans la recherche des indications qui se présentent à remplir pour leur traitement.

Comme les circonstances accidentelles des *maladies* sont fort variées & sont en grand nombre, elles donnent lieu à ce que leurs différences soient variées & multipliées à proportion ; on peut cependant, d'après M. Astruc, dans sa pathologie, *cap. ij. de accidentalib. morbor.*, différent. les réduire à huit sortes ; savoir, par rapport au mouvement, à la durée, à l'intensité, au caractere, à l'événement, au sujet, à la cause & au lieu.

1°. On appelle *mouvement* de la *maladie*, la maniere dont elle parcourt ses différens tems ; qui sont le principe ou commencement lorsque les symptomes s'établissent ; l'accroissement, lorsqu'ils augmentent en nombre & en intensité ; l'état, lorsqu'ils sont fixés ; le déclin, lorsque leur nombre & leur intensité diminuent ; & la fin, lorsqu'ils cessent ; ce qui peut arriver dans tous les tems de la *maladie*, lorsque c'est par la mort. *Voyez* TEMS, PRINCIPE, &c.

2°. La *durée* de la *maladie* est différente par rapport à l'étendue, ou à la continuité. Ainsi, on distingue des *maladies* longues ; chroniques, dont le mouvement se fait lentement, comme l'hydropisie ; d'autres courtes, sans danger, comme la fievre éphemere ; ou avec danger, comme l'angine, l'apoplexie : celles-ci sont appellées *aiguës*, dont il n'a pas été fait mention dans l'ordre alphabétique de ce dictionnaire ; elles sont encore de différente espece : celles qui font les progrès les plus prompts & les plus violens ; avec le plus grand danger, *morbi peracuti*, se terminent le plus souvent par la mort dans l'espace de quatre jours, quelquefois dans un jour, ou même ne durent que quelques heures, ou qu'une heure ; ou tuent sur le champ, comme il arrive quelquefois à l'égard de l'apoplexie, & comme on l'a vû à l'égard de certaines pestes, qui faisoient cesser tout à coup le mouvement du cœur. Il y a d'autres *maladies* fort aigûes qui ne passent pas sept jours, *morbi peracuti*. D'autres encore qui sont moins courtes, qu'on appelle simplement *aigues*. *Morbi acuti* qui dûrent quatorze jours, & s'étendent même quelquefois jusqu'à vingt ; telles sont les fièvres inflammatoires, les fièvres putrides, malignes. En général, plus le progrès de la *maladie* est rapide & excessif, plus elle est funeste & plus il y a à craindre qu'elle ne devienne mortelle ; une partie de la durée de la *maladie* est souvent retranchée par la mort. A l'égard de la continuité des *maladies*, il y en a qui, lorsqu'elles ont commencé affectent sans intervalle, pendant toute leur durée : ce sont les *continues*; proprement dites, comme la fièvre ardente. D'autres, dont les symptomes cessent & reviennent par intervalles ; ce sont les *maladies* intermittentes que l'on appelle *périodiques*, lorsque leur retour est reglé comme la fièvre tierce, quarte ; & *erratiques*, lorsque leur retour ne suit aucun ordre, comme l'asthme, l'épilepsie : le retour des périodiques continues se nomme *redoublement*, & dans les intermittens, *accès* ; le relâche dans les premieres est connu sous le nom de *rémission*, & dans les autres sous celui d'*intermission*. L'ordre des redoublemens ou des accès est appellé le *type* de la *maladie. Voyez* INTERMITTENTE.

3°. L'*intensité* des *maladies* est déterminé, suivant que les lésions des fonctions qui les constituent, sont plus ou moins considérables ; ce qui établit les *maladies* grandes, ou petites, violentes ou foibles, comme on le dit, de la douleur, d'une attaque de goutte, &c.

4°. Le caractere des *maladies* se tire de la différente maniere dont les fonctions sont lésées : si les lésions ne portent pas grande atteinte au principe de la vie, que les forces ne soient pas fort abattues, que les coctions & les crises s'operent librement ; elles forment des *maladies* bénignes. Si la disposition manque à la coction, aux crises par le trop grand abattement, par l'oppression des forces ; les *maladies* sont dites malignes. *Voyez* MALIGNITÉ. Les *maladies* malignes sont aussi distinguées en véneneuses, en pestilentielles & en contagieuses. *Voyez* VENIN, PESTE, CONTACT, CONTAGIEUX.

5°. Les *maladies* ne different pas peu par l'événement ; car les unes se terminent, non-seulement sans avoir causé aucun danger, mais encore de maniere à avoir corrigé de mauvaises dispositions, ce qui les fait regarder comme salutaires ; telles sont pour la plûpart les fièvres éphémeres qui guérissent des rhumes, & même quelques fièvres quartes, qui ont fait cesser des épilepsies habituelles. Les autres sont toujours mortelles, telles que la phthisie, la fièvre hectique confirmée. D'autres sont de nature à être toujours regardées comme dangereuses, & par conséquent douteuses, pour la maniere dont elles peuvent se terminer ; telles sont la pleurésie, la fièvre maligne, &c. *Voyez* SALUTAIRE, MORTEL, DANGEREUX. Les *maladies* se terminent en général, par le retour de la santé ou par la mort, ou par quelqu'autre *maladie*, de trois manieres, ou par solution lente ou par crise, ou par métastase ; ce qui établit encore la distinction des *maladies* guérissables, comme la fièvre tierce, & des incurables, comme la plûpart des paralysies. *Voyez* TERMINAISON, SOLUTION, CRISE, MÉTASTASE, MORT.

6°. Les différences des *maladies* qui se tirent du sujet ou de l'individu qui en est affecté, consistent,

en ce qu'elles l'intéressent tout entier, ou seulement quelques-unes de ses parties, ce qui les fait appeller *universelles*, ou *particulieres* ; qu'elles ont leur siège au-dehors ou au-dedans du corps, ce qui les fait distinguer ; comme on l'a déja dit, en *externes* & *internes* ; qu'elles sont idiopathiques ou sympathiques ; protopathiques ou déutéropathiques ; lorsque la cause de la *maladie* réside primitivement dans la partie affectée, ou lorsque cette cause a son siège ailleurs que dans la partie affectée, ou lorsque la *maladie* ne dépend d'aucune autre qui ait précédé, ou lorsqu'elle est l'effet d'un vice qui avoit produit une premiere *maladie. Voyez* la plûpart de ces différens mots en leur lieu.

7°. Les *maladies* different par rapport à leur cause, en ce que les unes sont simples, qui ne dépendent que d'une lésion de fonctions ; les autres composées qui dépendent de plusieurs, les unes sont produites par un vice antérieur à la génération du sujet, & qui en a infecté les principes, *morbi congeniti* ; les autres sont contractées après la conception, pendant l'incubation utérine & avant la naissance, *morbi connati* ; les unes & les autres sont établies lors de la naissance, comme la claudication, la gibbosité, qui viennent des parens ou de quelques accidens arrivés dans le sein maternel : les premieres sont héréditaires, les autres sont acquises ou adventices, telles que sont aussi toutes celles qui surviennent dans le cours de la vie. On distingue encore respectivement à la cause des *maladies*, les unes en vraies ou légitimes, qui sont celles qui ont réellement leur siège dans la partie qui paroit affectée ; telle est la douleur de côté, qui provenant en effet d'une inflammation de la pleure, est appellée *pleurésie* ; les autres en fausses ou bâtardes ; telle est la douleur rhumatismale des muscles intercostaux externes, qui forme la fausse pleurésie avec bien des apparences de la vraie.

8°. Les maladies different enfin par rapport au lieu où elles paroissent, lorsqu'elles affectent un grand nombre de sujets en même tems, se répandent & dominent avec le même caractere dans un pays plûtôt que dans un autre, avec un regne limité ; elles sont appellées *maladies épidémiques*, c'est-à-dire populaires ; telles sont la petite verole, la rougeole, la dysenterie, les fievres pestilentielles, &c. Lorsqu'elles affectent dans un même pays, d'une maniere à-peu-près semblable, un grand nombre de personnes dans un même pays, d'une maniere à-peu-près semblable, un grand nombre de personnes dans un même pays, elles sont appellées *endémiques* ; telles sont les écrouelles en Espagne, la peste dans le Levant, &c. Lorsqu'elles ne sont que vaguement répandues en petit nombre, & sans avoir rien de commun entr'elles, au-moins pour la plûpart, c'est ce qu'on appelle *maladies sporadiques* ; telles sont la pleurésie, la fievre continue, la phthysie, l'hydropisie, la rage, qui peuvent se trouver en même tems dans un même espace de pays. *Voyez* ÉPIDÉMIQUE, ENDÉMIQUE, SPORADIQUE.

On peut ajouter à toutes ces différences accidentelles des *maladies*, celles qui sont tirées des différentes saisons, où certaines maladies s'établissent, paroissent régner plûtôt que d'autres ; telles sont les fievres intermittentes, dont les unes sont vernales, comme les tierces ; les autres automnales, comme les quartes ; distinction qui renferme toute l'année d'un solstice à l'autre, & qui est importante pour le prognostic & la curation. On ne laisse cependant pas de remarquer dans quelque cas, sur-tout par rapport aux *maladies* aigûes, les *maladies* d'eté & celles d'hiver.

Il y en a de propres aux différens âges, comme la dentition à l'égard des enfans, les croissans aux garçons de l'âge de puberté, les pâles-couleurs aux filles du même âge ; les hémorrhoïdes aux personnes de l'âge de confiftence; la dyfurie aux vieillards. Il y en a de particulieres aux différens fexes, aux différens tempéramens, comme l'hiftéricité aux femmes, la manie aux perfonnes fanguines & bilieufes. Il y en a: d'affectées à différentes profeffions, comme la colique aux plombiers, d'autres au pays qu'on habite, comme la fievre quarte dans les contrées marécageufes, &c.

Enfin on diftingue encore les *maladies*, felon les Sthaaliens (qui font auffi appellés *animiftes*, *naturiftes*), en actives & en paffives. Les premieres font celles dont les fymptômes dépendent de la nature, c'eft-à-dire de la puiffance motrice, de la force vitale, de l'action des organes, comme l'hémophtyfie, qui furvient à la pléthore, & toutes les évacuations critiques. *Voyez* NATURE, CRISE. Les dernieres font celles que produifent des caufes externes, contre la difpofition de la nature, fans concours de la puiffance qui régit l'économie animale; comme l'hémorragie à la fuite d'une bleffure, l'apoplexie, par l'effet de la fracture du crâne; la paralyfie, par la compreffion que fait une tumeur fur les nerfs; la diarrhée, la fueur colliquative par l'effet de quelque venin diffolvant, ou d'une fonte fymptomatique des humeurs.

On voit par tout ce qui vient d'être dit des différences accidentelles des maladies, qu'elles ont plufieurs chofes communes avec les plantes; parce qu'elles prennent comme elles leur accroiffement, plus ou moins vite ou doucement; que les unes finiffent en peu de jours, tandis que d'autres fubfiftent plufieurs mois, plufieurs années; il y a des *maladies* qui, comme les plantes, femblent avoir ceffé d'exifter, mais qui font vivaces, & dont les caufes, comme des racines cachées pouffent de tems en tems des tiges, des branches, des feuilles, produifent auffi différens fymptômes; telles font les *maladies* récidivantes. De plus, comme il eft des plantes parafites, il eft des *maladies* fecondaires entretenues par d'autres, avec lefquelles elles font compliquées. Comme il eft des plantes qui font propres à certaines faifons, à certains climats, à certains pays, & y font communes; d'autres que l'on voit par-tout repandues çà & là, fans affecter aucun terrein particulier; d'autres qui font fufceptibles d'être portées d'une contrée dans une autre, de fe peupler de leur efpece, & d'en difparoître enfuite; il en eft auffi de même, comme il a été ci-devant, de plufieurs fortes de *maladies*.

Telle eft en abrégé l'expofition des différences accidentelles des *maladies*: nous ne dirons qu'un mot des différences effentielles, qui feront fuffifamment établies par la diftribution méthodique des *maladies* mêmes qui nous reftent à expofer.

Comme la *maladie* eft une léfion des fonctions des parties, il s'enfuit que l'on a cru pouvoir diftinguer les *maladies* en autant de genres différens, qu'il y en a de parties qui entrent dans la compofition du corps humain, ainfi que les vices conftituens les *maladies*. Ainfi comme il eft compofé en général de parties folides & de parties fluides; il eft affez généralement reçu dans les écoles, & admis dans les traités de Pathologie qui leur font deftinés, de tirer de la confidération des vices de ces parties principales ou fondamentales, les différences effentielles des *maladies*. On en établit donc de deux fortes; les unes qui regardent les vices des fluides, les autres ceux des folides en général; fans avoir égard aux fentimens des anciens, qui n'admettoient point de vices dans les humeurs, & n'attribuoient toutes les *maladies* qu'aux vices des folides, aux différentes intempéries. *Voyez* INTEMPÉRIE.

On diftingue les *maladies* des folides, felon la plupart des modernes, en admettant des *maladies* des parties fimples ou fimilaires, & des *maladies* des parties compofées, organiques ou inftrumentales.

Quant aux fluides, on leur attribue différentes, *maladies*, felon la différence de leur quantité ou de leur qualité vicieufe.

Enfin on confidere encore les *maladies* qui affectent en même tems les parties folides & les parties fluides.

Mais comme il eft affez difficile de concevoir les deux premieres diftinctions, en tant qu'elles ont pour objet les vices des folides, diftingués de ceux des fluides, & qu'il ne paroit pas qu'il puiffe y avoir réellement de pareille différence, parce que le vice d'un de ces genres de parties principales, ne peut pas exifter fans être la caufe ou l'effet du vice de l'autre; il s'enfuit qu'il eft bien plus raifonnable & bien plus utile de confidérer les maladies, telles qu'elles fe préfentent, fous les fens que l'on peut les obferver, que de fubtilifer d'après l'imagination & par abftraction, en fuppofant des genres de *maladies*, tels que l'économie animale ne les comporte jamais chacun féparément.

Ainfi, d'après ce qui a été remarqué précédemment, par rapport aux inconvéniens que préfentent les méthodes que l'on a fuivies pour l'expofition des *maladies*, & eu égard aux avantages que l'on eft porté conféquemment à rechercher dans une méthode qui foit plus propre que celles qui font le plus ufitées à former le plan de l'hiftoire des *maladies*; il paroit que la connoiffance des maladies tirée des fignes ou fymptômes, évidens, & non pas de certaines caufes hypothétiques, purement pathologiques, doit avoir la préférence à tous égards. Il fuffira vraiffemblablement de préfenter la méthode fymptomatique déjà annoncée, pour juftifier la préférence que l'on croit qu'elle peut mériter, à ne la confidérer même que comme la moins imparfaite de toutes celles qui ont été propofées jufqu'à préfent.

Elle confifte donc à former fix claffes de toutes les *maladies*, dont les fignes pathognomoniques, les effets effentiels ont quelque chofe de commun entre eux bien fenfiblement, & ne different que par les fymptômes accidentels, qui fervent à divifer chaque claffe en différens genres, & ces genres en différentes efpeces.

Dans la méthode dont il s'agit, toutes les *maladies* étant diftinguées, comme il a été dit, en internes & en externes, en aiguës & en chroniques, on les diftingue encore en univerfelles & en particulieres. Les *maladies* ordinairement aiguës forment la premiere partie de la diftribution; les *maladies* ordinairement chroniques forment la feconde, & les *maladies* chirurgicales forment la troifieme.

I. Claffe. *Maladies fébriles fimples. Caractere.* La fréquence du poulx, avec léfion remarquable & conftante de différentes fonctions, felon les différens genres & les différentes efpeces de fievres. *Voyez* FIEVRE. On pourroit encore rendre ce caractère plus diftinctif, tel qu'il peut être plus généralement obfervé dans toutes les maladies fébriles, en établiffant qu'il confifte dans l'excès ou l'augmentation des forces vitales, abfolue ou refpective fur les forces mufculaires foumifes à la volonté. Confultez à ce fujet les favantes notes de M. de Sauvages, dans fa traduction de l'hæmaftatique de M. Hales; la differtation de M. de la Mure, profeffeur célebre de la faculté de Montpellier, intitulée *nova theoria febris*, Montpellier 1738; & la queftion feptieme parmi les douze thèfes qu'il a foutenues pour la difpute de fa chaire, Montpellier 1749.

Les *maladies* de cette claffe font divifées en trois fections. La premiere eft formée des fievres intermittentes, dont les principaux genres font la fievre quotidienne, la tierce, la quarte, l'erratique (les bornes bornés d'un dictionnaire ne permettent pas de détailler ici les especes). La seconde section est celle des fievres continues, égales, dont les genres sont la fievre éphémere, la synoche simple, la fievre putride, la fievre lente. La troisieme section est celle des fievres avec redoublement, dont les genres sont la fievre amphimérine ou quotidienne continue, la tritée ou tierce continue, la trithiophie ou fievre ardente, l'hémitritée, les fievres irrégulieres, colliquatives, les irrégulieres, prothéiformes.

II. Classe. *Maladies fébriles composées ou inflammatoires. Caractere*. La fievre avec redoublemens irréguliers, accompagnée d'inflammation interne ou externe, marquée dans le premier cas par la douleur de la partie affectée, avec différens symptômes relatifs à la disposition de cette partie ; dans le second cas, par la tumeur, la rougeur, la chaleur, qui sont le plus souvent sensibles dans la partie enflammée, & par d'autres symptômes absolus & relatifs, comme à l'égard de l'inflammation interne. *Voyez* INFLAMMATION.

Les *maladies fébriles ou inflammatoires* sont divisées en trois sections ; savoir, 1°. les inflammations des visceres parenchymateux, comme le cerveau, les poumons, le foie. Les genres différens sont le sphacélisme ou l'inflammation du cerveau dans sa substance ; la péripneumonie, l'hépatite ou l'inflammation du foie, celle de la rate, des reins, de la matrice. 2°. Les inflammations des visceres membraneux, comme les meninges, la plevre, le diaphragme, l'estomac, les intestins, la vessie, &c. Les genres sont l'esquinancie, la pleurésie, la paraphrénésie, la gastrite ou l'inflammation du ventricule, l'enthérite ou l'inflammation des intestins, celles de la vessie. 3°. Les inflammations cutanées ou exanthemateuses, dont les genres sont la rougeole, la petite-vérole, la fievre miliaire, la fievre pourprée, la scarlatine, l'érésipelateuse, la fievre pestilentielle.

III. Classe. *Maladies convulsives ou spasmodiques. Caractere*. La contraction musculaire, irréguliere, constante, ou par intervalle, par secousses ou vibrations : le mouvement, la rigidité d'une partie indépendamment de la volonté à l'égard des organes qui y sont fournis. *Voyez* CONVULSION, SPASME, NERF, NERVEUSES (*maladies.*) &c.

Ces *maladies* sont distinguées en trois sections. 1°. Les *maladies* toniques, qui consistent dans une contraction, qui se soutient constamment, avec roideur, dans une partie musculeuse, ou dans tous les muscles du corps en même tems. Les genres de cette section sont, le spasme, auquel se rapportent le strabisme, le priapisme, &c. la contracture qui est la rigidité qui se fait insensiblement dans une partie, le tétane qui est la roideur convulsive, auquel se rapportent l'épisthotone, l'emprosthotone, &c. le catoche, qui est la roideur spasmodique. 2°. Les *maladies* convulsives proprement dites, que l'on peut appeler *cloniques*, avec quelques praticiens, parce qu'elles consistent dans une irrégularité de vibrations musculaires ou mouvemens involontaires, de tremblement dans les organes, qui en sont susceptibles, indépendamment d'aucune fievre inflammatoire. Les genres sont la convulsion proprement dite, qui est le mouvement convulsif d'une partie, sans perte de connoissance, le frisson, la convulsion hystérique, ou les vapeurs, l'hieranosos, ou la convulsion générale sans perte de sentiment, l'épilepsie, le tremblement, l'agitation considérable des parties affectées, le scelotyrbe ou la danse de S. Wit, le béribéri des indiens, la palpitation. 3°. Les *maladies* dyspnoiques, c'est-à-dire, avec gêne, spasme, ou mouvement convulsif dans les organes de la respiration. Les genres sont l'éphialte ou cochemar, l'angine spasmodique ou convulsive, la courte haleine, la suffocation, l'asthme, la fausse pleurésie nerveuse, la fausse péripneumonie spasmodique, le bocquet, le bâillement, la pandiculation : les efforts convulsifs tendans à procurer quelqu'évacuation le plus souvent sans effet, tels que l'éternument, la toux, la nausée, le ténesme, la dysurie, la dystocie.

IV. Classe. *Maladies paralytiques. Caractere*. La privation du mouvement & du sentiment, ou au-moins de l'un des deux.

Cette classe est partagée en trois sections, qui renferment les différens genres de *maladies paralytiques*. 1°. Les syncopales, qui consistent dans l'abattement, la privation des forces indépendamment de la fievre, &c. Les genres sont la syncope, proprement dite, la léypothymie ou défaillance, l'asphicie, l'asthémie. 2°. Les affections soporeuses, qui sont celles où il y a une abolition ou diminution très-considérable du sentiment & du mouvement dans tout le corps, avec une espece de sommeil profond & constant, sans cessation de l'exercice des mouvemens vitaux. Les genres sont l'apoplexie, le carus ou assoupissement contre nature, le cataphora ou subeth, qui est le *coma somnolentum*, la léthargie, la typhomanie, ou le sommeil simulé, involontaire, la catalepsie. 3°. Les paralysies externes ou des organes du mouvement & des sens. Les genres sont l'émiplégie, la paraplégie, la paralysie d'un membre, la cataracte, la goutte sereine, la vûe trouble, la surdité, la perte de l'odorat, la mutité, le dégoût, l'inappétence, l'adipsie ou l'abolition de la sensation de la soif, l'athecnie ou l'impuissance.

V. Classe. *Maladies dolorifiques. Caractere*. La douleur plus ou moins considérable par son intensité, par son étendue, & par sa durée, sans aucune agitation convulsive, évidente, sans fievre inflammatoire, & sans évacuation de conséquence ; en sorte que le sentiment douloureux est le symptôme dominant. *Voyez* DOULEUR.

On distingue ces *maladies* entre elles par les douleurs vagues & par les douleurs fixes ou topiques ; ce qui forme deux sections principales. 1°. Les différens genres de douleurs, qui affectent différentes parties successivement, ou plusieurs en même tems ; telles sont la goutte & toutes les affections arthritiques, le rhumatisme, la catarre, la démangeaison douloureuse des parties externes, appellée *prurit*, l'anxiété à laquelle se rapportent la jectigation, la lassitude douloureuse. 2°. Les genres différens de douleurs fixes, topiques, telles que la céphalalgie ou le mal de tête sans tension, la cephalée ou le mal de tête avec tension, la migraine, le clou, qui est très-souvent un symptôme d'histéricité, l'ophtalgie ou la douleur aux yeux, l'odontalgie ou le mal aux dents, la douleur à l'oreille, le soda, vulgairement cremoison, la gastrique ou douleur d'estomac, la douleur au foie (*voyez* HÉPATITE, ICTERE), à la rate, la colique proprement dite, qui est la douleur aux intestins (*voyez* COLIQUE), la passion iliaque ou miserere, l'hypochondrialgie, qui est la douleur à la région du foie, de la rate, l'histéralgie, mal de mere, ou douleur de matrice, la néphrétique, à laquelle se rapportent le calcul comme cause, la courbature, la sciatique, la douleur des parties génitales.

VI. Classe. *Maladies qui affectent l'esprit*, qu'on peut appeler avec les anciens *maladies paraphroniques. Caractere*. L'altération ou l'aliénation de l'esprit, la dépravation considérable de la faculté de penser, en tant que l'exercice de cette faculté, sans cesser de s'en faire, souvent même rendu plus actif, n'est pas conforme à la droite raison, & peut en général être regardé comme un état de délire, sans fievre, qui consiste dans une production d'idées, qui ont du rapport à celles des rêves, quoiqu'il n'y ait point de sommeil dans le cas dont il s'agit; en sorte que les idées ne sont point conformes aux objets qui doivent affecter, mais sont relatives aux dispositions viciées du cerveau. *Voyez* ALIÉNATION, ESPRIT, DÉLIRE, MÉLANCHOLIE, MANIE, FOLIE.

L'aliénation de l'esprit est susceptible de beaucoup de variété, soit pour son intensité, soit pour sa durée, soit pour ses objets; c'est ce qui fournit la division de cette classe en trois sections. 1°. Les *maladies mélancholiques* qui dépendent d'un exercice excessif & dépravé de la pensée, du jugement & de la raison. Les genres sont la démence, la folie, la mélancholie, proprement dite, la démonomanie, à laquelle se rapportent le délire des forciers, celui des fanatiques, celui des wampires, des loups garoux, &c. la passion hypochondriaque, l'hystérique, le somnambulisme, la terreur panique. 2°. Les *maladies de l'imagination* affoiblie, dont l'exercice est comme engourdi. Les genres sont la perte de la mémoire, la stupidité, le vertige. 3°. Les *maladies de l'esprit*, qui sont une dépravation de la volonté, un déreglement des desirs par excès ou par défaut, effet du vice des organes de l'imagination ou de ceux des sens. Les genres sont la nostalgie ou maladie du pays, l'érotomanie, le satyriasis, la fureur utérine, la rage, les envies, c'est-à-dire des appétits déréglés, à l'égard des alimens, de la boisson, & autres choses extraordinaires, la faim canine, la soif excessive, le narautisme, qui consiste dans un désir insurmontable de sauter, de danser hors de propos, l'antipathie, l'hydrophobie.

VII. Classe. *Maladies évacuatoires. Caractere.* Pour symptome principal, une évacuation extraordinaire, primitive, constante, & considérable par sa quantité ou par les efforts violens qu'elle occasionne. *Voyez* ÉVACUATION. Cette évacuation, le plus souvent, est de courte durée, & forme une *maladie aiguë*.

Cette classe est composée de trois sections, qui comprennent, 1°. les *maladies évacuatoires*, dont les écoulemens sont sanglans ou rougeâtres. *Genres.* L'hémorrhagie, le stomacace ou saignement des gencives, l'émophtysie, le vomissement de sang, la dysenterie sanglante, le flux hépatique, le pissement de sang, le flux hémorrhoïdal, la perte de sang, la sueur sanglante. 2°. Les *maladies évacuatoires* à écoulement séreux ou blanchâtre, dont la matiere est ou la lymphe, ou l'urine, ou la sueur, ou la salive, le chyle, la semence, le lait utérin, &c. *Genres.* L'épiphora, ou l'écoulement des larmes contre nature, le flux des oreilles, le flux des narines, que Juncker désigne sous le nom de *phlegmatorrhagie*, le corya, le ptyalisme ou la salivation, la vomique, l'anacathare, ou expectoration extraordinaire, le diabete, l'incontinence d'urine, les fleurs blanches, les lochies laiteuses ou séreuses, immodérées, la gonorrhée. 3°. Les *maladies dans lesquelles* la matiere des évacuations est de diverse couleur & consistence. *Genres.* Le vomissement, la diarrhée, la lienterie, la cœliaque, le choleramorbus, les ventosités.

VIII. Classe. *Maladies cachectiques. Caractere.* La cachexie, c'est-à-dire la dépravation générale ou fort étendue de l'habitude du corps, qui consiste dans le changement contre nature de ses qualités extérieures; savoir, dans la figure, le volume, la couleur, & tout ce qui est susceptible d'affecter le sens, par l'effet d'un vice dépendant ordinairement de celui de la masse des humeurs. *Voyez* CACHEXIE.

Cette classe est divisée en quatre sections, qui renferment 1°. les cachexies, avec diminution excessive du volume du corps. *Genres.* La consomption, l'ectisie, la phtisie, l'atrophie, le marasme. 2°. Les cachexies, avec augmentation outre mesure du volume du corps, ou de quelqu'une de ses parties. *Genres.* La corpulence ou l'embonpoint excessif, la bouffissure, la leucophlegmatic, l'hydropisie générale ou particuliere; comme l'hydrocéphale, l'hydropisie de poitrine, du péricarde, l'ascite, l'hydropisie enkistée, l'hydromphale, l'hydrocele, l'hydropisie de matrice, l'emphyséme, le méteorisme, la tympanite, la grossesse vicieuse, comme la tuboce, la molaire, le rachitis ou la chartre, les obstructions skirrheuses, chancreuses, scrophuleuses, l'éléphantiase. 3°. Les cachexies, avec éruptions cutanées, lépreuses, contagieuses & irrégulieres. *Genres.* La vérole, le scorbut, la gale, la lepre, la ladrerie, les dracuncules, l'alopécie, le plica, le phtiriasis ou la maladie péduliaire, la teigne, la rache, la dartre. 4°. Les *maladies cachectiques*, avec changement dans la couleur de la peau. *Genres.* La pâleur, la cachexie proprement dite, la chlorose ou les pâles couleurs, la jaunisse, l'ictere noir, la gangrene & les sphaceles. On peut rapporter à cette classe la cataracte, le glaucome, & toutes les *maladies des yeux* non inflammatoires, sans écoulement, qui proviennent d'obstruction.

IX. Classe. Affections superficielles, la premiere des deux classes des *maladies chirurgicales. Caracteres.* Ce sont toutes les mauvaises dispositions topiques, simples de la surface du corps, qui blessent l'intégrité, la beauté, ou la bonne conformation des parties externes par le vice de la couleur, du volume, ou de la figure ou de la situation, sans causer directement aucune autre lésion importante de fonctions; ce qui distingue ces *maladies* des fievres inflammatoires & exanthémateuses, & des affections cachectiques. *Voyez* CHIRURGIE.

Cette classe est divisée en deux sections, qui comprennent 1°. les affections externes sans prominence, ou toujours sans fievre primitive & ordinairement sans la plûpart sans élévation considérable, comme les taches & les efflorescences. *Genres.* Le leucome, la lepre des Juifs, le hâle, les rousseurs, les bourgeons, le feu volage, les marques qu'on appelle *envies*, l'échimose, la meurtrissure, l'ébullition de sang, les élevûres, les boutons, les pustulles, les phlyctenes. 2°. Les affections des parties externes, avec prominence considérable. *Genres.* Les enflures circonscrites, humorales, dolentes, telles que les tumeurs phlegmoneuses, érésypélateuses, chancreuses, osseuses, les bubons, les parotydes, les furoncles, le panaris, le charbon, le cancer, les aphtes sans fievre. 2°. Les enflures circonscrites, indolentes. *Genres.* Les excroissances dans les parties molles, telles que le sarcome, le polype, les verrues, les condylomes, les tumeurs enkistées, comme l'anévrysme, la varice, l'hydatide, le staphylome, l'abscés ou apostême, les loupes, l'athérome, le stéatome, le méliceris, le broncocele ou goitre, les tumeurs dans les parties dures, comme l'exostose, le spina ventosa, la gibbosité, les tumeurs, les difformités rachitiques.

X. Classe. *Maladies diatiques*, c'est la seconde classe des *maladies chirurgicales. Caractere.* La séparation contre nature accidentelle des parties du corps eutr'elles, avec solution de continuité ou de contiguïté. *Voyez* SOLUTION, &c.

Cette classe est divisée en deux sections, qui comprennent 1°. les *maladies de séparation avec déperdition de substance. Genres.* La plaie, avec enlevement de quelque partie du corps, la carie. 2°. Les *maladies de séparation*, sans déperdition de substance. *Genres.* La plaie simple, la fracture, les luxations, tant des parties molles, que des parties dures, c'est-à-dire le déplacement de ces différentes parties ; comme des os (ce qui forme la luxation proprement dite), des tendons, des muscles, & de tous autres organes ; ainsi, dans ce genre de léfion, toutes les différentes fortes de hernies fe trouvent comprifes, telles que l'exophtalmie, l'omphalocele, l'hyftérocele, l'entérocele, le bubonocele & la hernie proprement dite.

Tel eft le plan d'une méthode générale, d'après laquelle on peut entreprendre, avec ordre, l'hiftoire des *maladies*, qui eft fufceptible de prefqu'autant de précifion, que la botanique. En effet, après avoir déterminé, comme on le fait pour les plantes, ce que les *maladies* ont de commun entr'elles, comme l'eft la végétation à l'égard de celles-là, on recherche ce qui les diftingue en général à raifon ou de leur nature, ¦ ou en former des claffes différentes qui raffemblent les *maladies*, qui ont le plus de rapport entr'elles, c'eft-à-dire que chaque claffe eft formée des maladies en plus ou moins grand nombre, dont les fymptomes principaux ont beaucoup de reffemblance. Mais comme il en eft entr'eux de fufceptibles d'être encore diftingués plus en détail, & d'une maniere plus caractériftique de reffemblance; des *maladies* fufceptibles de cette différence, il en a réfulté la formation des genres ; & enfuite, par la defcription des fymptomes particuliers à chaque différente *maladie* du même genre, s'eft établie la différence des efpeces, qui dépend de la variété des circonftances fenfibles qui accompagnent le caractere de chaque genre de *maladies*.

La péripneumonie feche, par exemple, qui dépend d'une inflammation éréfipélateufe, eft bien différente par fes effets, & conféquemment par rapport au prognoftic & à fa curation, de la péripneumonie phlegmoneufe, humide ou catarreufe. De même, l'afthme qui eft produit par une goutte remontée, c'eft-à-dire qui furvient lorfque l'humeur de la goutte change de fiege & fe porte par métaftafe dans la fubftance des poumons ; cet afthme donc a des fymptomes fpécifiques bien différens de ceux des autres fortes d'afthmes : on doit auffi fe comporter bien différemment dans le jugement & le traitement de cette *maladie* : ainfi ce font là des *maladies* qui, fous le même nom générique, ne laiffent pas d'être diftinguées d'une maniere bien marquée les unes des autres, ce qui forme la différence des efpeces fous un même genre ; comme fous le nom générique de *chardon* fe trouve compris un grand nombre de plantes bien différentes entr'elles, qui forment autant d'efpeces de chardons, parce qu'elles ont toutes quelque chofe de particulier, comme elles ont auffi quelque chofe d'effentiellement commun entr'elles, c'eft-à-dire un caractere dominant, un grand nombre de rapports, ce qui fait qu'on les range toutes fous un même genre.

Cette maniere de faire l'expofition des *maladies*, de les diftribuer par claffes, genres & efpeces, comme le pratique pour les plantes, fi différente de celle des Arabes, qui a dominé dans les écoles & dans les livres de Pathologie, a été préfentée, defirée, propofée, approuvée par la plûpart des plus grands maîtres de l'art parmi les modernes, tels que Plater, Sydenham, Matgrave, Baglivi, Neuter, Boerhaave, comme la plus propre à former le plan d'une hiftoire des *maladies*. Cependant cette méthode fans doute, parce qu'elle demande trop de travail, n'a encore été employée & même feulement ébauchée que par M. de Sauvage, célebre profeffeur de Montpellier, grand botanifte, dans fon livre des *nouvelles claffes des maladies*, édition d'Avignon 1731, qu'il a retracée dans fa Pathalogie, Pathologia methodica, &c. Amftelod. 1762, & dont il fait efpérer une nouvelle édition auffi complette qu'elle en eft fufceptible, qui ne pourra

Tome IX.

être qu'un excellent ouvrage qui manque jufqu'à préfent à la Médecine, & dont Boerhaave agréa fi fort le projet, lorfque l'auteur dans le tems fournit à fon jugement qu'il lui écrivit en conféquence, pour le lui témoigner & l'exciter à l'exécution d'une entreprife auffi grande & auffi utile. C'eft ce qu'on voit dans la lettre du célebre profeffeur de Leyde, mife à la tête du livre dont on vient de parler, qui eft devenu fort rare.

Il contient le dénombrement des claffes des *maladies*, de leurs genres, avec leurs caracteres particuliers & leurs efpeces indiquées par des qualifications diftinctives, ce qu'on appelle des *phrafes* à l'imitation de celles qui font employées par les botaniftes; enforte que ces efpeces font ainfi fommairement défignées telles qu'elles ont été obfervées en détail par les auteurs cités à la fuite de ces qualifications.

C'eft d'après cet effai de M. de Sauvage que vient d'être expofée ici en abrégé la méthode fymptomatique de diftribution des *maladies* par claffes & par genres, à quoi il auroit été trop long d'ajouter les efpeces, comme a fait cet auteur, que l'on peut confulter, felon lui, dans la préface du livre dont il vient d'être fait mention : le nombre des efpeces des *maladies* eft actuellement porté à environ trois mille bien caractérifées par des fignes, qui paroiffent conftamment toutes les fois que la même caufe eft fubfiftante dans les mêmes circonftances, qui produit toujours les mêmes effets effentiels ; enforte qu'en général la marche de la nature eft effentiellement la même chofe dans le cours de chaque efpece des *maladies*, malgré la différence de l'âge, de fexe, du tempérament du fujet ; malgré la différence du climat, de la faifon, de la pofition par rapport au lieu d'habitation.

Toutes ces différentes circonftances peuvent bien contribuer à procurer quelques différences dans les fymptomes accidentels de la *maladie* fpécifique ; mais elles ne changent prefque jamais les fymptomes caractériftiques, tels, par exemple, que, dans le genre de fievres exanthémateufes, qu'on appelle *petite-vérole*, l'éruption inflammatoire, la fuppuration, qui, dans cette *maladie* lorfqu'elle parcourt fes tems, arrivent conftamment à des jours marqués, felon la différence de fa nature particuliere, qui peut auffi produire des accidens bien différens qui font réguliers, pour diftinguer la petite-vérole difcrete de la confluente ou irréguliers, qui établiffent une différence entre la petite-vérole bénigne & la maligne, la fimple & la compliquée, ce qui forme les différentes modifications de ce genre de *maladie*.

Mais quoique le caractere connu de chaque genre & de chaque efpece de *maladie* ne foit point fufceptible de changer originairement & effentiellement, cependant une fois établi, il arrive quelquefois qu'il change par fubftitution ou par addition, ce qui eft, felon les Grecs, par *métaptofe* & par *épigenefe*.

La métaptofe ou fubftitution eft le changement qui fe fait, de maniere que tous les fymptomes de la *maladie* font remplacés par d'autres tous différens. On diftingue deux fortes de métaptofe, le *diadoche* & la *métaptofe* : la premiere, lorfque la caufe morbifique change entierement de fiege, eft tranfportée d'une partie à une autre, fans effort critique, qui opere ce changement, & comme par voie de fécrétion de mouvemens naturels : c'eft ainfi que le diabete furvient à l'afcite, ou que le flux hémorrhoïdal fait ceffer l'afthme pléthorique : la feconde efpece de métaptofe, lorfque, par un effort de la nature, il fe fait un tranfport de la matiere morbifique d'une partie à une autre; comme lorfque les paroïdes furviennent dans la fievre maligne, que l'afthme fur-

CCCccc ij

vient à la goutte. *Voyez* NATURE, EFFORT, MÉ-
TAPTOSE.

L'épigenese ou addition est le changement qui se fait dans une *maladie*, entant qu'il paroît de nouveaux symptomes, sans aucune cessation de ceux qui subsistoient auparavant ; par conséquent c'est un état qui est toujours plus fâcheux pour le malade ; c'est ainsi que ce ténesme, qui survient à la diarrhée dans la grossesse, est souvent cause de l'avortement ; que le spasme, qui est une suite de la superpurgation, est souvent mortel. Ces symptomes ajoûtés à la *maladie*, sont appellés *épiphénomenes* ; ils sont tout le sujet du septieme livre des aphorismes d'Hippocrate. *Voyez* SYMPTOME, ÉPIPHÉNOMENE.

Ce seroit ici le lieu de faire mention en général de tout ce qui a rapport aux symptomes, avec signes diagnostics & prognostics, & au traitement des *maladies* ; mais, pour se conformer aux bornes prescrites dans un dictionnaire, & pour éviter les répétitions, *voyez* PATHOLOGIE, SYMPTOME, SÉMÉIOTIQUE, SIGNE, THÉRAPEUTIQUE, CURE, TRAITEMENT ; & pour trouver, en ce genre, plus de lumieres réunies, consultez les ouvrages des auteurs célebres, tels sur-tout que les *Traités de la Médecine raisonnée* d'Hoffmann, contenant les vrais fondemens de la méthode pour connoître & traiter les *maladies*, la *Pathologie & la Thérapeutique* de M. Astruc ; les aphorismes de cet auteur, *de cognoscendis & curaturis morbis* ; le *Commentaire de cet ouvrage*, par M. Wanswieten, &c. la *Pathologie & la Thérapeutique* de Boerhaave, avec son propre *Commentaire*.

MALADIE DES COMICES, *comitialis morbus*, (*Médecine.*) c'est un mot dont on se servoit anciennement pour signifier l'*épilepsie*, ou le *mal caduc* : elle avoit ce nom à cause que si quelqu'un en étoit attaqué dans les *comices* des Romains, l'assemblée se rompoit ou se séparoit immédiatement, cet accident étant regardé comme un très-mauvais présage ; ou plutôt à cause que ceux qui y étoient sujets en avoient principalement des attaques dans les *comices* ou dans les grandes assemblées. *Voyez* ÉPILEPSIE.

MALADIE HERCULÉENNE, *herculeus morbus*, (*Médecine.*) est le nom que l'on donne en Médecine à l'*épilepsie*, à cause de la frayeur qu'elle cause, & de la difficulté avec laquelle on la guérit. *Voyez* ÉPILEPSIE.

MALADIE HONGROISE, (*Médecine.*) c'est le nom d'une maladie qui est du genre des fievres malignes, & en quelque façon endémique & contagieuse. On l'appelle autrement *fievre hongroise* ; son signe distinctif & caractéristique est qu'outre tous les symptomes généraux de fievres continues & remittentes, le malade souffre une douleur intolérable à l'orifice inférieur de l'estomac qui est enflé, & douloureux au moindre attouchement.

Cette maladie paroît d'ordinaire en automne, après une saison pluvieuse, dans les lieux humides, marécageux, où les habitans ont manqué de bonne eau & de bonne nourriture. La fievre de cette espece est en conséquence contagieuse & fréquente dans les camps & les armées. *Voyez* le *traité du d' Pringle* sur cette matiere intitulé : *Observations on the diseases of the army*.

Les causes pathognomiques de la *maladie hongroise* hors de la contagion, autant qu'on en peut juger, semblent être une matiere bilieuse, âcre, putride, qui s'est, en partie rassemblée à l'orifice de l'estomac, & en partie mêlée avec les autres humeurs dans la circulation.

Cette matiere bilieuse, âcre, putride, adhérente au ventricule, cause la cardialgie, le mal de tête, par la communication des nerfs, une chaleur & une ardeur mordicante, l'anoréxie, l'anxiété, les nau-

sées, une soif continuelle & violente, & autres maux de l'estomac & du bas-ventre, accompagnés d'une fievre continue ou remittente qui redouble sur le soir.

Cette maladie se guérit par des vomissemens naturels, ou par un cours-de-ventre bilieux ; la guérison n'est qu'incomplette par les urines ou par des sueurs. Si la matiere morbifique reste dans le corps, elle prolonge la *maladie* au-delà du cours des *maladies* aiguës, produit la sécheresse ou la saleté de la langue, des anxiétés, la difficulté de respirer, l'esquinancie, la surdité, l'assoupissement, le délire, la phrénésie, & quelquefois une hémorrhagie symptomatique. Rarement cette *maladie* se termine par un abscès ou des parotides, mais elle amene des pétéchies, ou dégénere en sphacele sur les extrémités.

La méthode curative, lorsque la cause procede d'une mauvaise nourriture, est d'abord un vomitif diluent. Si les maux de tête & du bas-ventre s'y trouvent joints, les purgatifs doux, antiphlogistiques, sont préférables aux vomitifs actuels. Si la *maladie* provient de contagion sans aucun signe de dépravation d'humeurs, il faut employer dans la cure les acides & les antiputrides, en tenant le ventre libre. La saignée & les échauffans doivent être évités comme contraires aux principes de l'art.

Cette maladie est quelquefois si cruelle dans des tems de contagion, que Schuckius, qui en a fait un traité, la nomme *lues pannonia*, & en allemand, *ungarische pest*. (*D. J.*)

MALADIE JAUNE, (*Médecine.*) *voyez* JAUNISSE.

MALADIE IMAGINAIRE, (*Médecine.*) cette maladie concerne une personne qui, attaquée de mélancholie, ou trop éprise du soin d'elle-même, s'écoutant sans cesse, gouverne sa santé par poids & par mesure. Au lieu de suivre le desir naturel de manger, de boire, de dormir, ou de se promener à l'exemple des gens sages, elle se regle sur les ordonnances de son cerveau, pour se priver des besoins & des plaisirs que demande la nature, par la crainte chimérique d'altérer sa santé, qu'il se croit des plus délicates.

Cette triste fille répand dans l'ame des inquiétudes perpétuelles, détruit insensiblement la force des organes du corps, & ne tend qu'à affoiblir la machine, & en hâter la destruction. C'est bien pis, si cet homme effrayé se contente des drogues de la pharmacie, & s'il est assez heureux au bout de quelque tems, pour qu'on puisse lui adresser le propos que Béralde tient à Argan dans Moliere : « Une preuve » que vous n'avez pas besoin des remedes d'apo» thicaire, c'est que vous avez encore un bon tem» pérament, & que vous n'êtes pas crevé de toutes » les médecines que vous avez prises ». (*D. J.*)

MALADIE NOIRE, (*Médecine.*) μέλαινα νόσος. Cette *maladie* tire son nom & son principal caractere de la couleur des matieres que les personnes qui en sont attaquées rendent par les selles, ou par les vomissemens. Hippocrate, le premier & le plus exact des observateurs, nous a donné une définition fort détaillée de cette maladie (*lib. II. de morb. sect. v.*), qu'on a quelquefois appellée pour cette raison *maladie noire d'Hippocrate*. Voici ses termes simplement traduits du grec : le malade, dit-il, vomit de la bile noire qui quelquefois ressemble aux excrémens, quelquefois à du sang extravasé, d'autres fois à du vin pressuré. Dans quelques malades, on la prendroit pour le suc noir du polype, *voyez* POLYPE, *boisson hist. nat*. dans d'autres, elle a l'âcreté du vinaigre : il y a aussi des malades qui ne rendent qu'une espece de pituite tenue, une salive aqueuse, une bile verdâtre. Lorsque les matieres rejettées sont noires, sanguinolentes, elles exhalent une odeur détestable qu'on pourroit comparer à celle qu'on sent dans les boucheries ; elles fermentent avec la terre sur laquelle elles tombent, elles enflamment la bouche & le gosier, & agacent les dents. Cette évacuation dissipe pour quelques instans le mal-aise du malade qui sent alors renaître son appétit, il a même besoin de manger, & s'il contient son appétit, s'il reste à jeun, ses entrailles murmurent, il sent des borborigmes, & la salive inonde sa bouche ; si au contraire voulant éviter ces accidens, il prend quelque nourriture, il tombe dans d'autres inconvéniens, son estomac ne peut supporter les alimens, il éprouve après avoir mangé un poids, une oppression dans tous les viscères, les côtés lui font mal, & il lui semble qu'on lui enfonce des aiguilles dans le dos & dans la poitrine, il survient un léger mouvement de fievre avec douleur de tête, les yeux sont privés de la lumiere, les jambes s'engourdissent, la couleur naturelle de la peau s'efface & prend une teinte noirâtre. A ces symptômes exposés par Hippocrate on peut ajouter les déjections par les selles, noirâtres, cadavéreuses, un amaigrissement subit, foiblesse extrème, cardialgie, syncopes fréquentes, douleur & gonflement dans les hypocondres, coliques, &c.

La *maladie noire* qui est assez rare, attaque principalement les hystériques, hypocondriaques, ceux qui ont des embarras dans les viscères du bas-ventre, sur-tout dans les vaisseaux qui aboutissent à la veine porte, dans les voies hémorrhoïdales ; les personnes dans qui les excrétions menstruelles & hémorrhoïdales sont supprimées y sont les plus sujettes. On ne connoît point de cause évidente qui produise particulierement cette *maladie*, on sait seulement que les peines d'esprit, les soucis, les chagrins y disposent, & il y a lieu de présumer qu'elle se prépare de loin, & qu'elle n'est qu'un dernier période de l'hypocondriacité & de la mélancolie : *voyez ces mots*. Les matieres qu'on rend par les selles & le vomissement ne sont point un sang pourri, comme quelques médecins modernes peu exacts ont pensé, confondant ensemble deux maladies très-différentes ; la couleur variée qu'on y apperçoit, leur goût, l'impression qu'elles font sur le gosier, sur les dents, la fermentation qui s'excite lorsqu'elles tombent à terre, & tout en un mot nous porte à croire que c'est véritablement la bile noire, μέλαινα χολη, des anciens, qui n'est peut-être autre chose que de la bile ordinaire qui a croupi long-tems, qui est fort saoulée d'acides ; les causes qui disposent à cette *maladie* favorisent encore cette assertion. On fait en outre que les mélancoliques, hypocondriaques, abondent communément en acides, & que c'est une des causes les plus ordinaires des coliques & des spasmes auxquels ils sont si sujets. Les observations anatomiques nous font voir beaucoup de désordre & de delabrement dans le bas-ventre & sur-tout dans l'épigastre, partie qui joue un grand rôle dans l'économie animale, *voy. ce mot*, & qui est le siége d'une infinité de maladies. Riolan dit avoir observé dans le cadavre d'un illustre sénateur qui étoit mort d'un vomissement de bile noirâtre (c'est ainsi qu'il l'appelle), les vaisseaux courts qui vont de la rate à l'estomac dilatés au point d'égaler le diametre du petit doigt, & ouverts dans l'estomac (*Anthropolog. lib. II. cap. xvij.*). Columbus assure avoir trouvé la même chose dans le cadavre du cardinal Cibo, mort de la *maladie noire* (*rerum anatomic. lib. XV. pag. 492.*). Wedelius rapporte aussi une observation parfaitement semblable. Felix Plater raconte que dans la même *maladie* il a vû la rate principalement affectée, son tissu étoit entierement détruit, son volume diminué, ce qui restoit paroissoit n'être qu'un sang coagulé (*observ. lib. II.*). Théophile Bonet a observé la rate noirâtre à demi rongée par

un ulcère carcinomateux, dans un sénateur qui étoit attaqué d'un vomissement périodique de matiere noirâtre (*Medic. septentr. lib. III. sect. v. cap. 4.*). Tous ces faits réunis & comparés aux raisons exposées ci-dessus, nous prouvent clairement combien les opinions des anciens sur l'existence de l'atrabile, sur la part que la rate a à son excrétion, approchent de la vérité ; & combien peu elles méritent le ridicule dont les théoriciens modernes ont voulu les couvrir : le siécle de l'observation renaissant, toutes ces idées, vraiment pratiques que les anciens nous ont transmises, sont sur le point de reprendre leur crédit.

La *maladie noire* d'Hippocrate dont il est ici question, a été défigurée, mal interprétée, ou confondue avec une autre maladie dans un petit mémoire qu'on trouve inféré dans le *journal de Médecine* (mois de Février 1757, *tom. VI. pag. 83.*). L'auteur rapporte quelques observations de malades qu'il prétend attaqués de la *maladie noire* d'Hippocrate ; il dit que les matieres rendues par les selles étoient un sang corrompu, gangrené, qu'on ne pouvoit méconnoître à la couleur & à l'odeur cadavéreuse, & que les acides lui ont presque toujours réussi dans la guérison de cette *maladie* qu'il croit produite par le tumeux & imaginaire alkali spontané de Boerrhaave : il tâche d'ailleurs de distinguer avec soin cette maladie de celle qu'on observe chez les hypocondriaques, & qui est marquée par l'excrétion des excrémens noirâtres, semblables à la poix par leur consistance & leur couleur, & qui est cependant la vraie dans le sens d'Hippocrate, de Cœlius Aurelianus, de Fréderic Hoffman, &c. Ce qui prouve encore ce que j'ai avancé plus haut que ce que ces malades vomissoient n'étoit que de la bile altérée, dégénérée, c'est qu'elle a à différentes couleurs plus ou moins foncées, tantôt exactement noire, d'autrefois brune, quelquefois verte, &c. & lorsque la *maladie* prend une bonne tournure, la couleur des excrémens s'éclaircit par nuances jusqu'à ce qu'ils deviennent jaunâtres, comme cet auteur dit l'avoir lui-même observé, *les selles prirent une nuance plus claire* ; & comme le prouve une autre observation rapportée dans le même journal (Juin 1758, *tome VIII. pag. 517.*), où il est dit qu'après quelques remedes ce que le malade rendoit n'étoit plus noir, mais *d'un jaune verdâtre*. Il peut bien arriver que dans quelques sujets scorbutiques, dans des gangrenes internes, dans une hémorrhagie des intestins, on rende par les selles un sang noirâtre, sur-tout si dans le dernier cas il a croupi long-tems avant d'être évacué : mais ce sera une *maladie* particuliere toutà-fait différente de celle dont il est ici question. L'auteur de ce journal M. de Vandermonde, médecin de Paris, a aussi fort improprement caractérisé du titre de *maladie noire*, une fievre maligne accompagnée d'exanthèmes noirs & de déjections de la même couleur. (Mai 1757, *tome VI. pag. 336.*)

Le pronostic de cette *maladie* est presque toujours très-fâcheux. Hippocrate a décidé que les déjections noires, l'excrétion de l'atrabile, ayant lieu sans fiévre ou avec fiévre, au commencement ou à la fin d'une *maladie*, étoient très-dangereuses (*lib. IV. aphor. 21 & 22.*) ; & que si on l'observoit dans des personnes exténuées, épuisées par des débauches, des blessures, des maladies antérieures, on pouvoit pronostiquer la mort pour le lendemain (*aphor. 23.*). Lorsque la mort ne termine pas promptement cette *maladie*, elle donne naissance à l'hydropisie ascite, qui est alors déterminée par les embarras du bas-ventre, qui augmentent & prennent un caractère skirrheux : Marcellus Donatus, Dodonée & quelques autres rapportent des exemples de cette terminaison. On a vû quelquefois aussi, quoique très-rarement, ces déjections noires devenir critiques, mettre fin à des dérangemens dans l'action du foie, des visceres abdominaux, dissiper les *maladies* qui en dépendoient : Hippocrate a vû guérir par-là une fievre aiguë, & disparoître une tumeur considérable à la rate. (*Epidem. lib. III. sect. vij.*) Heurnius a aussi observé ces déjections salutaires dans une fievre aiguë. (*Comment. in aphor. 21, lib. IV.*) Fœsius, sur la fin d'un ictere très-long, &c. Il arrive aussi quelquefois que la mélancolie se guérit par cette voie. *Voyez* MÉLANCOLIE.

Il est rare qu'on puisse administrer efficacement des remedes dans cette *maladie*; ceux cependant qui paroissent devoir être les moins infructueux, sont pour soulager, ou même pour guérir tout-à-fait, s'il est encore tems, sout les anti-spasmodiques, les calmans, les terreux, les fondans aloétiques, les savonneux, les martiaux, &c. Ces differens remedes, prudemment administrés & habilement variés suivant les cas, remplissent toutes les indications qu'on peut se proposer. Ainsi le camphre, le nitre, le castor, pourront être employés avec succès lorsque les spasmes sont fréquens, les coliques vives, les douleurs aiguës; & lorsque les matieres, rejettées par le vomissement ou les selles, manifestent leur acidité par le sentiment d'astriction qu'elles impriment à la bouche, par l'agacement des dents, par le goût, &c. c'est le cas de faire usage des absorbans terreux. Les autres remedes fondans, savonneux, l'aloès, le tartre vitriolé, le savon, la rhubarbe, les préparations de Mars & fur-tout les eaux minérales & ferrugineuses, sont plus appropriés au fond de la *maladie*; leur action consiste à corriger la bile, à en rendre le cours libre & facile, & à emporter les embarras du bas ventre. Il faut seconder leurs effets par des purgatifs convenables, ménagogues, qu'il faut, suivant le conseil d'Hippocrate, réitérer souvent. On doit bannir du traitement toutes les compositions huileuses, fades, sucrées, grasses, & sur-tout les acides qui ne seroient qu'aigrir la *maladie*, ou du moins seroient inutiles, comme l'ont éprouvé ceux qui ont voulu les employer (*voyez* l'observ. citée journal de Médec. Juin 1758.), animés par leurs merveilleux succès dans les prétendues *maladies* noires dont on donne l'histoire. (*Ibid.* Février 1757, *pag. 83.*) M. MÉNURET.

MALADIE DE VIERGE *ou* DE FILLE, (*Médec.*) *virgineus morbus.* Ce sont les pâles-couleurs, ou ce que l'on appelle autrement *chlorosis. Voyez* CHLOROSIS & PALES-COULEURS.

MALADRERIE, s. f. (*Police.*) hôpital public de malades, & particulierement de lépreux :

A sad, noizom place, wherein are laid
Numbers of all disseas'd of all maladies !
Dire is the tossing, deep the groans ; despair
Tends the sick, busy from couch to couch ;
And over them, triumphant death his dart
Shakes, but delays to strike, thô oft invok'd
With vows, as theirs chief good, and final hope.

C'est la peinture qu'en fait le célebre Milton, *voyez* INFIRMERIE, LÉPROSERIE. (*D. J.*)

MAL-ADROIT, MAL-ADRESSE, (*Gram.*) ils se disent du peu d'aptitude aux exercices du corps, aux affaires. Il y a cette différence entre la *maladresse* & la *mal-habileté*, que celle-ci ne se dit que du manque d'aptitude aux fonctions de l'esprit. Un joueur de billard est *mal-adroit*, un négociateur est *mal-adroit*; ce second est aussi *mal-habile*, ce qu'on ne dira pas du premier.

MALA-ELENGI, (*Botan. exot.*) arbre du Malabar, d'environ vingt piés de haut, toûjours verd, & qui porte du fruit une fois par an. L'auteur du jardin de Malabar appelle cet arbre *arbor baccifera, indica, flore composito.* Les habitans du pays font de ses fleurs, bouillies avec du poivre & du calamus aromatique dans de l'huile de Sésame, un liniment pour les affections céphaliques. (*D. J.*)

MALAGA, (*Géog.*) en latin *Malaca*; ancienne, belle, riche & forte ville d'Espagne, au royaume de Grenade, avec deux châteaux, un évêché de vingt mille ducats de revenu, suffragant de Grenade, & un bon port qui la rend très-commerçante. Les Anglois & les Hollandois y vont charger des fruits exquis, & des vins délicieux que son terrein produit en abondance. Elle est sur le rivage de la mer, au pié d'une montagne escarpée, à vingt-deux lieues de Gibraltar, 34 S. de Cordoue, 25 S. O. de Madrid. *Long.* 13. 40. *lat.* 36. 45. (*D. J.*)

MALAGME, s. f. m. (*Pharmacie.*) est ordinairement synonyme au *cataplasme émollient.* C'est un médicament topique & peu différent de l'emplâtre; on ne donna ce nom dans le commencement qu'aux cataplasmes émolliens, mais on l'étendit dans la suite aux astringens. Le *malagme* est composé principalement de gommes, d'aromats, & d'autres ingrédiens stimulans, tels que les sels &, d'autres substances semblables. Le cataplasme, le *malagme* & l'emplâtre, sont trois compositions dans lesquelles il entre peu de graisse, d'huile & de cire : on pulvérise d'abord les ingrédiens solides, ensuite on les humecte de quelque liqueur, & on les applique sur les parties affectées.

Malagme de l'Arabe, pour les tumeurs scrophuleuses & pour les tubercules. Prenez myrrhe, sel ammoniac, encens, résine seche & liquide, crocomagma, cire, de chaque un gros. Celse, *lib. V. cap. xxviij.* Le *malagme* d'Aristogene, pour les nerfs & les os, se trouve dans le même auteur.

MALAGOS, s. f. m. (*Hist. nat.*) oiseau aquatique du cap de Bonne-Espérance, qui est de la grandeur d'une oie, mais dont le bec est plus court que celui d'un canard, il est garni de dents courtes & pointues. Ses plumes sont mêlées de blanc, de gris & de noir. Ses jambes sont fort courtes & proches du croupion, ce qui le fait marcher désagréablement. Il se nourrit de poisson.

MALAGUETTE, LA CÔTE DE, (*Géogr.*) ou la côte de *Maniguette*, grand pays d'Afrique dans la Guinée, le long de la mer. On borne ordinairement ce pays depuis Rio-Sanguin jusqu'au cap de Palmes. Cette côte est partagée en plusieurs souverainetés, dont la principale est le royaume de Sanguin. Elle est arrosée de quantité de rivieres. Les negres du pays sont grands, forts & vigoureux. Les hommes & les femmes y vont plus nuds qu'en aucuns autres lieux de la Guinée. Ils ne portent au plus qu'un fort petit chiffon sur ce qui distingue un sexe de l'autre. Leur pays qui est bas, uni, gras, arrosé de rivieres & de ruisseaux, est extrèmement fertile, & propre à produire tout ce qu'on y semeroit. On en tire de l'ivoire, des esclaves, de l'or en poudre, & sur-tout de la maniguette ou *malaguette*, qui donne le nom au pays; c'est une graine rondelette, de la grosseur du chénevi, d'un goût piquant, & approchant de celui du poivre, d'où vient qu'on l'appelle aussi *poivre de Guinée.* (*D. J.*)

MALAISE, (*Anatomie.*) nom d'une apophyse de l'os de la pommette, qu'on appelle aussi *malaise*, & d'une apophyse de l'os maxillaire qui s'articule avec cet os. *Voyez* POMMETTE.

MALAISE, s. f. m. MALAISÉ, adj. (*Gramm.*) manque des choses nécessaires aux besoins de la vie. On dit dans ce sens, il est dans le *malaise.* Cet homme est pauvre & *malaisé.*

Mais l'adjectif *malaisé* a une acception que n'a point le substantif *malaise*; il est synonyme à *difficile.* Cette affaire est *malaisée.* De l'adjectif *malaisé*

MAL

pris en ce sens, on a fait l'adverbe *malaisément*, & l'on a dit, une ame sensible s'accommode *malaisément* de la société des hommes; elle y trouve une infinité de petites peines qui l'en dégoutent.

MALANDRE, (*Maréchal.*) maladie de chevaux qui a pris ce nom du mot italien *malandare*, aller mal.

Elle se manifeste par certaines crevasses ulcéreuses dans l'intérieur de la jambe de devant, précisément au pli du genoux, qui rendent une humeur rouge, âcre & piquante.

MALANDRES, (*Charp.*) endroits gâtés & pourris dans les pieces de bois, qui en restreignent l'emploi à un plus petit nombre d'usages.

MALANDRIN, s. m. (*Hist. moderne.*) nom qu'on donna dans les croisades aux voleurs arabes & égyptiens. Ce fut aussi celui de quelques brigands qui firent beaucoup de dégats sous Charles Quint. Ils parurent deux fois en France; l'une pendant le regne du roi Jean, l'autre pendant le regne de Charles son fils. C'étoit des soldats licentiés. Sous la fin du regne du roi Jean, lorsqu'on les nommoit les *tards-venus*, ils s'étoient pour ainsi dire accoutumés à l'impunité. Ils avoient des chefs. Ils s'étoient presque disciplinés. Ils s'appelloient entr'eux les *grandes compagnies*. Ils n'épargnoient dans leurs pillages, ni les maisons royales ni les églises. Ils étoient conduits par le chevalier Vert, frere du comte d'Auxerre, Hugues de Caurelac, Mathieu de Gournac, Hugues de Varennes, Gautier Huet, Robert l'Escot, tous chevaliers. Bertrand du Guesclin en délivra le royaume en les menant en Espagne contre Pierre le Cruel, sous prétexte de les employer contre les Maures.

MALAQUE, PIERRE DE (*Hist. nat.*) nom que l'on donne quelquefois au bezoard de porc, ou une pierre qui se trouve dans la vessie des cochons de *malaque*. On lui attribue un grand nombre de vertus, en la faisant infuser pendant quelques minutes dans une liqueur quelconque. *Voyez* BEZOARD & HYSTRICITES.

MALARMAT, *lyra altera*, Rond. (*Hist. natur.*) poisson de mer dont tout le corps est couvert d'écailles dures, larges & épaisses. Il y a sur le milieu de chacune de ces écailles une espece de crochet dont l'extrémité est dirigée en arriere. Ces crochets forment des rangs de pointes qui divisent le corps en huit faces dans toute sa longueur. La tête paroit comme entierement osseuse, & se termine en avant par deux prolongemens larges en forme de cornes, ce qui a fait donner à ce poisson le nom de *cornuta*. Ces prolongemens ont quelquefois jusqu'à un demi-pié de longueur. La bouche manque de dents; il y a au-devant de la mâchoire supérieure deux barbillons mols & charnus. Ce poisson ressemble au rouget par le nombre & la position des nageoires & des piquans. Il a tout le corps rouge quand il est vivant; mais cette couleur se perd dès qu'il est mort; il est très-peu charnu, & sa chair est dure & seche. Rondelet, *hist. des poiss. premiere partie, liv. X. chap. ix. Voyez* POISSON.

MALAT, (*Géogr.*) montagne de l'Amérique septentrionale au Méxique, dans la province de Sciron; c'est un des volcans des Indes, qui vomit de tems en tems par plusieurs bouches, la fumée, le feu & des pierres ardentes.

MALATHIA, (*Géogr.*) ville d'Asie sur l'Euphrate, à 72 degrés de *long.* & à 37 de *lat.* Elle dépend de la Syrie, & en est frontiere.

MALATHIAH, (*Géogr.*) ville d'Asie en Turquie dans l'Aladulie, sur la riviere d'Arzu. C'est la Mélitene des anciens. Elle est située à 61 degrés de *long.* & à 39. 8. de *latitude.*

MALATOUR, (*Géogr.*) anciennement *Mars-latour*, en latin *Martis turris*, chef-lieu d'un petit ter-

MAL 941

ritoire de France au pays Messin, sur lequel on peut lire Longuerue, *descript. de la France, II. partie, pag.* 202. (*D. J.*)

MALAVISÉ, adj. (*Gramm.*) qui a reçu un mauvais avis, ou qui s'est donné à lui-même un mauvais conseil. On dit, je fus bien *malavisé* lorsque je m'embarquai dans une entreprise qui devoit avoir de si fâcheuses suites.

MALAXE, (*Pharmacie.*) du mot grec qui signifie *ramollir*. Cette expression est sur-tout usitée en parlant des emplâtres, soit qu'on les ramollisse en les maniant, & les pressant successivement dans les différentes parties de leur masse, ou bien qu'on les batte dans le mortier, soit seuls, soit en ajoutant un peu d'huile, ou enfin & plus communément, soit qu'on mêle ensemble plusieurs emplâtres par l'une ou l'autre de ces manœuvres. (*b*)

MALAYE, (*Géogr.*) ville d'Asie, dans l'île de Ternate, une des Moluques. Les Hollandois à qui elle appartient, l'ont fortifiée.

MALCHIN, (*Géogr.*) prononcé *Malkin*, petite ville d'Allemagne en basse Saxe, au duché de Mecklebourg dans la Vandalie, à l'entrée de la riviere de la Pène, dans le lac de Cummerow. *Long.* 30. 18. *lat.* 53. 58. (*D. J.*)

MALCONTENT, adj. (*Gramm.*) il ne se dit plus guere. C'est *mécontent* qui est d'usage.

Ce fut le nom d'une faction qu'on appella aussi celle des *politiques*. Elle se forma en 1573 sous Charles IX. C'étoit des frondeurs qui se plaignoient de l'administration & de l'inobservation des édits; ils demandoient l'assemblée des états. Ils avoient à leur tête le duc d'Alençon, frere du roi, Henri de Montmorency, & Guillaume de la Tour vicomte de Turenne.

MALCROUDA, (*Hist. nat.*) oiseau de l'île de Ceylan de la grosseur d'un merle, & noir comme lui; on dit qu'il apprend à parler très-facilement.

MALDEN, ou plûtôt MALDON, (*Géogr.*) ville à marché d'Angleterre, dans la province d'Essex, sur le Chelmer, à dix milles de Colchester, à douze de la mer, & à trente N. E. de Londres. Elle envoie deux députés au parlement. *Long.* 18. 10. *lat.* 51. 42.

Plusieurs savans ont prétendu que *Malden* est le *Camulodunum* des Trinobantes. Le pere Porcheron, le pere Hardouin, & autres, dont l'autorité peut prévenir en faveur d'une opinion, ont embrassé ce sentiment d'après Cambden; mais les raisons du contraire, données par le seul M. Gale, sont triomphantes. Le *Camulodunum* désigne une colline sur la riviere *Cam*, dont la source est aux frontieres du côté d'Essex. De ces deux noms, *Cam* & *Dunum*, les Romains ont fait leur *Camulodunum*, qui étoit la Waldembourgh des Saxons; cette colline s'appelle présent *Starburg-Hill*. On y a trouvé une médaille d'or de Claudius César, une coupe d'argent d'un ouvrage, d'un poids & d'une figure qui en justifient l'antiquité; & ce sont des découvertes qui conviennent à ce que dit Tacite, qu'on avoit érigé dans cet endroit, un temple au divin Claudius; mais M. Gale apporte un concours d'autres preuves, qu'il seroit trop long de suivre, & qui persuadent toutes que cette célebre colonie romaine dont parlent les auteurs, étoit dans cet endroit là. (*D. J.*)

MALDER, ou MULDER, s. m. (*Commerce.*) mesure de continence pour les grains dont on se sert en quelques lieux d'Allemagne. Trois *malders* sont deux septiers de Paris. *Voyez* SEPTIER, *Diction. de comm.*

MALDIVES, (*Géogr.*) îles des Indes orientales en-deçà du Gange, dans la grande mer des Indes. Elles commencent à huit degrés de la ligne équinoxiale du côté du nord, & finissent à quatre degrés du côté du sud. Leur longueur est ainsi de 100 lieues, mais elles n'ont que 30 à 35 lieues de largeur. Elles font éloignées de la terre ferme, & à 50 lieues du cap Comorin.

Ce fut en 1506 que dom Laurent d'Almeyda, portugais, fils du viceroi des Indes, fit la découverte des *Maldives*, ensuite les Portugais les ont divisées en treize provinces, qu'ils nomment *atollons*. La division est naturelle, selon la situation des lieux. Chaque atollon est séparé des autres, & contient une grande multitude de petites îles.

Ptolomée, *liv. VII. c. iv.* en parlant de ces îles, qu'il met devant celle de Taprobane, dit que de son tems, on vouloit qu'elles fussent au nombre de 1378. Il est certain que le nombre en est grand, quoiqu'il diminue tous les jours par les courans & les grandes marées. Le tout même semble n'avoir autrefois formé qu'une seule île, qui a été partagée en plusieurs. La mer y est pacifique, & a peu de profondeur.

Entre ces îles, il y en a beaucoup d'inhabitées, & qui ne sont couvertes que de gros crabes, & d'oiseaux qu'on nomme *pinguy*.

Par la position de toutes ces îles, on doit juger que la chaleur y est excessive; les jours en tout tems y sont égaux aux nuits; mais les nuits y amenent une rosée abondante, qui les rafraichissent, & qui font qu'on supporte plus aisément la chaleur du jour. L'hiver, qui dure six mois, consiste en pluies perpétuelles, qui fertilisent la terre. Le miel, le riz, & plusieurs sortes de racines croissent aux *Maldives* en abondance. Le coco y est plus commun qu'en aucun lieu du monde, & la banane y est délicieuse.

La religion des Maldivois est celle de Mahomet; le gouvernement y est monarchique & absolu; mais il y regne une bonne coutume bien différente de celle de la Perse, du Japon, & autres états despotiques; c'est que lorsqu'un seigneur est disgracié, il peut aller tous les jours faire sa cour au roi, jusqu'à ce qu'il rentre en grace; sa présence desarme le courroux du prince.

On trouve dans ces îles une assez grande police; les peres y marient leurs filles à dix ans, & la loi permet de reprendre la femme qui a été répudiée. Pyrard vous indiquera leurs autres usages.

On croit que les *Maldives* ont été autrefois peuplées par les Chingulois; c'est le nom que l'on donne aux habitans de l'île de Ceylan. Cependant ils ne leur ressemblent guere, car les Chingulois sont noirs & mal-faits, au lieu que les Maldivois sont bien formés & proportionnés, & qu'ils ne different presque des Européens que par la couleur qui est olivâtre. C'est vraisemblablement un peuple mêlé de diverses nations, qui s'y sont établies après y avoir fait naufrage. Il est vrai que toutes les femmes & les hommes y ont les cheveux noirs, mais l'art y contribue pour beaucoup, parce que c'est une idée de beauté du pays. L'oisiveté & la lasciveté y sont les vices de climat. Le sexe s'y met fort modestement, & s'abandonne aux hommes avec la plus grande ardeur & le moins de retenue. (*D. J.*)

MALE, s. m. (*Gram.*) il désigne dans toutes les especes des animaux, le sexe de l'homme dans l'espece humaine. Son opposé ou corrélatif est *femelle*: ainsi le bélier est le *mâle*, la brebis est sa femelle. La génération se fait par l'approche du *mâle* & la femelle. La loi salique ne permet qu'aux *mâles* de succéder à la couronne. Il y a des plantes *mâles* & des plantes femelles; tel est le chanvre. Le *mâle* dans les especes animales ayant plus de courage & de force que la femelle, on a transporté ce terme aux choses intellectuelles, & l'on a dit, un esprit *mâle*, un style *mâle*, une pensée *mâle*.

MALE, (*Marine.*) il se dit des pentures & gonds, ou des charnieres qui s'assemblent pour tenir le gouvernail suspendu à l'étambord, & sur lesquelles il se meut.

MALE, (*Ecriture.*) s'emploie dans l'écriture, pour exprimer un caractere dont tous les pleins sont touchés avec vivacité, & se trouvent dans leur force.

MALE, (*Géog.*) petite île des Indes, qui est la principale & la plus fertile des Maldives, quoique mal-saine & toute couverte de fourmis; qui y sont fort incommodes. Le roi des Maldives réside dans cette île, & y a un palais, dont Pyrard a fait la description. *Long.* 92. *lat.* 4. 30. (*D. J.*)

MALEA, (*Géog. anc.*) cap de l'île de Lesbos, vis-à-vis de Mitylène, selon Thucydide: c'est aussi, selon Ptolomée, une montagne de la Taprobane. (*D. J.*)

MALEBESSE, s. f. (*Marine.*) espece de hâche à marteau, dont on se sert pour pousser l'étoupe dans les grandes coutures.

MALEBRANCHISME, s. m. ou PHILOSOPHIE DE MALEBRANCHE, (*Hist. de la Phil.*) Nicolas Malebranche naquit à Paris le 6 Août 1638, d'un secrétaire du roi & d'une femme titrée: il fut le dernier de six enfans. Il apporta en naissant une complexion délicate & un vice de conformation. Il avoit l'épine du dos tortueuse & le sternum très-enfoncé. Son éducation se fit à la maison paternelle. Il n'en sortit que pour étudier la philosophie au college de la Marche, & la théologie en Sorbonne. Il se montra sur les bancs homme d'esprit, mais non génie supérieur. Il entra dans la congrégation de l'Oratoire en 1660. Il s'appliqua d'abord à l'histoire sainte; mais les faits ne se lioient point dans sa tête, & le peu de progrès produisit en lui le dégoût. Il abandonna par la même raison l'étude de l'hébreu & de la critique sacrée. Mais le traité de l'homme de Descartes que le hasard lui présenta, lui apprit tout-d'un-coup à quelle science il étoit appellé. Il se livra tout entier au cartésianisme, au grand scandale de ses confreres. Il avoit à peine trente-six ans lorsqu'il publia sa *Recherche de la vérité*. Cet ouvrage, quoique fondé sur des principes connus, parut original. On y remarqua l'art d'exposer nettement des idées abstraites, & de les lier; du style, de l'imagination, & plusieurs qualités très-estimables, que le propriétaire ingrat s'occuproit lui-même à décrier; la *Recherche de la vérité* fut attaquée & défendue dans un grand nombre d'écrits. Selon Malebranche, *Dieu est le seul agent; toute action est de lui; les causes secondes ne sont que des occasions qui déterminent l'action de Dieu.* En 1677 cet auteur tenta l'accord difficile de son système avec la religion dans ses *Conversations chrétiennes*. Le fond de toute sa doctrine, c'est *que le corps ne peut être mu physiquement par l'ame, ni l'ame affectée par le corps; un corps par un autre corps, c'est Dieu qui fait tout en tout par une volonté générale.* Ces vûes lui en inspirerent d'autres sur la grace. Il imagina l'ame humaine de Jesus-Christ étoit la cause occasionnelle de la distribution de la grace, par le choix qu'elle fait de certaines personnes pour demander à Dieu qu'il la leur envoye; & que comme cette ame, toute parfaite qu'elle est, est finie, il ne se peut que l'ordre de la grace n'ait ses défectuosités ainsi que l'ordre de la nature. Il en conféra avec Arnauld. Il n'y avoit guère d'apparence que ces deux hommes, l'un philosophe très-subtil, l'autre théologien très-opiniâtre, pussent s'entendre. Aussi n'en fut-il rien. Malebranche publia son *Traité de la nature & de la grace*, & aussi-tôt Arnauld se disposa à l'attaquer.

Dans cet intervalle le pere Malebranche composa ses *Méditations chrétiennes & métaphysiques*; elles parurent en 1683 : c'est un dialogue entre le Verbe & lui. Il s'efforce à y démontrer que le Verbe est la raison universelle; que tout ce que voyent les esprits créés, ils le voyent dans cette substance incréée, même les idées des corps; que le Verbe est donc la seule

seule lumiere qui nous éclaire & le seul maître qui nous instruit. La même année, Arnauld publia son ouvrage des *vraies & fausses Idées*. Ce fut le premier acte d'hostilité. La proposition *que l'on voit toutes choses en Dieu* y fut attaquée. Il ne falloit à Arnauld ni tout le talent, ni toute la considération dont il jouissoit, pour avoir l'avantage sur Malebranche. A plus forte raison étoit-il inutile d'embarrasser la question de plusieurs autres, & d'accuser son adversaire d'admettre une étendue matérielle en Dieu, & d'accréditer des dogmes capables de corrompre la pureté du christianisme. Au reste, il n'arriva à Malebranche que ce qui arrivera à tout philosophe qui se mettra imprudemment aux prises avec un théologien. Celui-ci rapportant tout à la révélation, & celui-là tout à la raison; il y a cent à parier que l'un finira par être très-peu orthodoxe, l'autre assez mince raisonneur, & que la religion aura reçu quelque blessure profonde. Pendant cette vive contestation, en 1684, Malebranche donna le *Traité de la morale*, ouvrage où cet auteur tire nos devoirs de principes qui lui étoient particuliers. Ce pas me paroît bien hardi, pour ne rien dire de pis. Je ne conçois pas comment on ose faire dépendre la conduite des hommes de la vérité d'un système métaphysique.

Les *Réflexions philosophiques & théologiques sur le Traité de la nature & de la grace* parurent en 1685. Là Arnauld prétend que la doctrine de Malebranche n'est ni nouvelle ni sienne; il restitue le philosophique à Descartes, & le théologique à S. Augustin. Malebranche las de disputer, au-lieu de répondre, s'occupa à remettre ses idées sous un unique point de vûe, & ce fut ce qu'il exécuta en 1688 dans les *Entretiens sur la métaphysique & la religion*.

Il avoit eu auparavant une contestation avec Régis sur la grandeur apparente de la lune, & en général sur celle des objets. Cette contestation fut jugée, par quatre des plus grands Géometres, en faveur de notre philosophe.

Régis renouvella la dispute des idées & attaqua le pere Malebranche sur ce qu'il avoit avancé, que *le plaisir rend heureux*: ce fut alors qu'on vit un chrétien austère, apologiste de la volupté.

Le livre *de la connoissance de soi-même*, où le pere François Lami, bénédictin, avoit appuyé de l'autorité de Malebranche son opinion de l'amour de Dieu, donna lieu à ce dernier d'écrire en 1697, l'*Ouvrage de l'amour de Dieu*. Il montra que cet amour étoit toujours intéressé, & il se vit exposé en même tems à deux accusations bien opposées; l'une de favoriser le sentiment d'Epicure sur le plaisir; & l'autre, de subtiliser tellement l'amour de Dieu qu'il en excluoit toute délectation.

Arnauld mourut en 1694. On publia deux lettres posthumes de ce docteur *sur les Idées & sur le Plaisir*. Malebranche y répondit, & joignit à la réponse un *Traité contre la prévention*. Ce n'est point, comme le titre le feroit penser, un écrit de morale contre une des maladies les plus générales de l'esprit humain, mais une plaisanterie où l'on se propose de démontrer géométriquement qu'Arnauld n'a fait aucun des livres qui ont paru sous son nom, contre le pere Malebranche. On part de la supposition qu'Arnauld a dit vrai, lorsqu'il a protesté devant Dieu, qu'il avoit toujours un désir sincere de bien prendre les sentimens de ceux qu'il combattoit, & qu'il s'étoit toujours fort éloigné d'employer des artifices pour donner de fausses idées de ses auteurs & de ses livres: puis sur des passages tronqués, des sens mal entendus à dessein, des artifices trop marqués pour être involontaires, on conclut que celui qui a fait le ferment n'a pas fait les livres.

Tandis que Malebranche souffroit tant de contradictions dans son pays, on lui persuada que sa philosophie réussissoit à merveille à la Chine, & pour répondre à la politesse des Chinois, il fit en 1708 un petit ouvrage intitulé, *Entretien d'un philosophe chrétien & d'un philosophe chinois sur la nature de Dieu*. Le chinois prétend que la matiere est éternelle, infinie, incréée, & que le ly, espece de forme de la matiere, est l'intelligence & la sagesse souveraine, quoiqu'il ne soit pas un être intelligent & sage, distinct de la matiere & indépendant d'elle. Les Journalistes de Trévoux prétendirent que le philosophe européen avoit calomnié les lettrés de la Chine, par l'athéisme qu'il leur attribuoit.

Les *Réflexions sur la prémotion physique*, en réponse à un ouvrage intitulé, *de l'action de Dieu sur les créatures*, furent la derniere production de Malebranche. Il parut à notre philosophe que le système de l'action de Dieu, en conservant le nom de la liberté, anéantissoit la chose, & il s'attache à expliquer comment son système la conservoit toute entiere. Il représente la prémotion physique par une comparaison, aussi concluante peut-être, & certainement plus touchante que toutes les subtilités métaphysiques, il dit: *un ouvrier a fait une statue qui se peut mouvoir par une charniere, & s'incline respectueusement devant lui, pourvû qu'il tire un cordon*. Toutes les fois qu'il tire le cordon, il est fort content des hommages de sa statue; mais un jour qu'il ne le tire point, la statue ne le salue point, & il la brise de dépit. Malebranche n'a pas de peine à conclure que ce statuaire bisarre n'a ni bonté ni justice. Il s'occupe ensuite à exposer un sentiment où l'idée de Dieu est soulagée de la fausse rigueur que quelques théologiens y attachent, & justifiée de la véritable rigueur que la religion y découvre, & de l'indolence que la philosophie y suppose.

Malebranche n'étoit pas seulement métaphysicien, il étoit aussi géometre & physicien, & ce fut en considération de ces deux dernieres qualités que l'académie des Sciences lui accorda, en 1699, le titre d'honoraire. Il donna dans la derniere édition de la *Recherche de la vérité*, qui parut en 1712, une théorie des lois du mouvement, un essai sur le système général de l'univers, la dureté des corps, leur ressort, la pesanteur, la lumière, sa propagation instantanée, sa réflexion, sa réfraction, la génération du feu & les couleurs. Descartes avoit inventé les tourbillons qui composent cet univers. Malebranche inventa les tourbillons dans lesquels chaque grand tourbillon étoit distribué. Les tourbillons de Malebranche sont infiniment petits; la vitesse en est fort grande, la force centrifuge presque infinie; son expression est le quarré de la vitesse divisé par le diametre. Lorsque des particules grossieres sont en repos les unes auprès des autres, & se touchent immédiatement, elles sont comprimées en tous sens par les forces centrifuges des petits tourbillons qui les environnent; de-là la dureté. Si on les presse de façon que les petits tourbillons contenus dans les interstices ne puissent plus s'y mouvoir comme auparavant, ils tendent par leurs forces centrifuges à rétablir ces corps dans leur premier état, de-là le ressort, &c. Il mourut le 13 Octobre 1715, âgé de 77 ans. Ce fut un rêveur des plus profonds & des plus sublimes. Une page de Locke contient plus de vérités que tous les volumes de Malebranche; mais une ligne de celui-ci montre plus de subtilités, d'imagination, de finesse, & de génie peut-être, que tout le gros livre de Locke, Poëte, il méprisoit la poësie. Ses sentimens ne firent pas grande fortune, ni en Allemagne, où Léibnitz dominoit, ni en Angleterre, où Newton avoit tourné les esprits vers des objets plus solides.

MALÉE cap, (*Géogr. anc.*) Μαλέα, Μαλεαι, & en latin *Malea*, promontoire du Péloponese, dans la Laconie, & il fait l'angle qui unit la côte méridionale avec la côte orientale. Tous les auteurs grecs & latins en parlent comme d'un cap où la mer est fort orageuse ; c'est ce qui fait dire à Malherbe :

Il faut dans la plaine salée
Avoir lutté contre Malée,
Et près du naufrage dernier,
S'être vû dessous les Pleyades
Eloigné des ports & des rades,
Pour être cru bon marinier.

Son nom moderne est *Cabo Malio*, & quelquefois par les matelots françois, les *ailes de S. Michel* : le golfe de Malée, *Maleus sinus*, étoit sans doute près du cap *Malée*. (*D. J.*)

MALÉDICTION, (*Gram.*) imprécation qu'on prononce contre quelque objet mal-faisant. Un pere irrité *maudit* son enfant ; un homme violent *maudit* la pierre qui l'a blessé ; le peuple maudit le souverain qui le vexe ; le philosophe qui admet la nécessité dans les évenemens, s'y soumet & ne *maudit* personne ; Dieu a maudit le méchant de toute éternité. On croit que la *malédiction* assise sur un être est une espece de caractere ; un ouvrier croit que la matiere qui ne se prête pas à ses vûes est *maudite*; un joueur que l'argent qui ne lui profite pas est *maudit* ; ce penchant à rapporter à des causes inconnues & surnaturelles les effets dont la raison nous échappe, est la source premiere des préjugés les plus généraux.

MALÉDICTION, (*Jurisprudence.*) ce terme signifie les imprécations qu'on inféroit autrefois, & qu'on insere encore en quelques endroits dans les actes de donation en faveur des églises ou des maisons religieuses, contre quiconque en empêche l'effet ; cet usage de faire des *imprécations* n'est point du style de nos notaires de France.

MALÉFICE, s. m. (*Divinat.*) sorte de magie ou sorcellerie. *Voyez* MAGIE & SORCELLERIE.

Ce qu'on appelle *maléfice* ou *fascination* n'est pas sans fondement. Il y a sur cette matiere une infinité d'exemples & d'histoires qu'on ne doit pas rejetter précisément, parce qu'elles ne s'accordent pas avec notre philosophie ; il semble même qu'on pourroit trouver dans la Philosophie de quoi les appuyer. *Voyez* FASCINATION.

Tous les êtres vivans que nous connoissons, envoient des écoulemens, soit par la respiration, soit par les pores de la peau. Ainsi tous les corps qui se trouvent dans la sphere de ces écoulemens, peuvent en être affectés, & cela d'une maniere ou d'une autre suivant la qualité de la matiere qui s'exhale, & à tel ou tel degré suivant la disposition des parties qui envoient les écoulemens, & de celles qui les reçoivent. *Voyez* ÉCOULEMENT.

Cela est incontestable ; & il n'est pas besoin pour le prouver, d'alleguer ici des exemples d'animaux qui exhalent de bonnes ou de mauvaises odeurs, ou des exemples de maladies contagieuses communiquées par ces sortes d'écoulemens, &c. Or de toutes les parties d'un corps animal, l'œil paroît être celle qui a le plus de vivacité. Il se meut en effet avec la plus grande légerté & en toutes sortes de directions. D'ailleurs ses membranes & ses humeurs sont aussi perméables qu'aucune autre partie du corps, témoin les rayons du soleil qu'il reçoit en si grande abondance. Ainsi il ne faut pas douter que l'œil n'envoie des écoulemens de même que les autres parties. Les humeurs subtilifiées de cet organe doivent s'en exhaler continuellement ; la chaleur des rayons qui les pénetrent, les atténue & les rarefie ; ce qui joint au liquide subtil ou aux esprits du nerf optique voisin, que la proximité du cerveau fournit abondamment, doit faire un fonds de matiere volatile que l'œil distribuera, & pour ainsi dire déterminera. Nous avons

donc ici le trait à la main pour le lancer ; ce trait a toute la force & la violence, & la main toute la vitesse & l'activité nécessaires : il n'est donc pas étonnant si leurs effets sont promts & grands.

Concevons l'œil comme une fronde capable des mouvemens & des vibrations les plus promtes & les plus rapides, & outre cela comme ayant communication avec la source d'une matiere telle que le suc nerveux qui se travaille dans le cerveau ; matiere si subtile & si pénétrante, qu'on croit qu'elle coule en un instant à-travers les filets solides des nerfs, & en même tems si active & si puissante, qu'elle distend spasmodiquement les nerfs, fait tordre les membres, & altere toute l'habitude du corps, en donnant du mouvement & de l'action à une masse de matiere naturellement lourde & sans activité.

Un trait de cette espece lancé par une machine telle que l'œil, doit avoir son effet par-tout où il frappe ; & l'effet sera plus ou moins grand suivant la distance, l'impétuosité de l'œil, la qualité, la subtilité, l'acrimonie des sens, la délicatesse ou la grossiereté de l'objet qui est frappé.

Par cette théorie on peut rendre, à mon avis, raison de quelques-uns des phénomenes du *maléfice*, & particulierement de celui qu'on nomme *fascination*. Il est certain que l'œil a toujours été regardé comme le siége principal ou plutôt l'organe du *maléfice*, quoique la plupart de ceux qui en ont écrit ou parlé, ne sussent pas pourquoi. On attribuoit le *maléfice* à l'œil, mais on n'imaginoit pas comment il opéroit cet effet. Ainsi selon quelques-uns, *avoir mauvais œil*, est la même chose qu'*être adonné aux maléfices* : de-là cette expression d'un berger dans Virgile :

Nescio quis teneros oculus mihi fascinat agnos.

De plus, les personnes âgées & bilieuses sont celles que l'on croit ordinairement avoir la vertu du *maléfice*, parce que le suc nerveux est dépravé dans ces personnes par le vice des humeurs qui en l'irritant, le rendent plus pénétrant & d'une nature maligne. C'est pourquoi les jeunes gens & sur-tout les enfans en sont plutôt affectés, par la raison que leurs pores sont plus ouverts, leurs fibres plus cohérence, leurs fibres délicates & très-sensibles : aussi le *maléfice* dont parle Virgile a d'effet que sur les tendres agneaux.

Enfin le *maléfice* ne s'envoie que par une personne fâchée, provoquée, irritée, &c. car il faut un effort extraordinaire & une vive émotion d'esprit pour lancer une suffisante quantité d'écoulemens, avec une impétuosité capable de produire son effet à une certaine distance. C'est une chose incontestable que les yeux ont un pouvoir extraordinaire. Les anciens Naturalistes assurent que le basilic & l'opoblepa tuent les autres animaux par leur seul regard. On en croira ce qu'on voudra ; mais un auteur moderne assure avoir vu les souris qui tournoit autour d'un gros crapaud lequel étoit occupé à la regarder attentivement la gueule béante ; la souris faisoit toujours des cercles de plus petits en plus petits autour du crapaud, & croyoit pendant ce tems-là comme si elle eût été obligée de force à s'approcher de plus en plus du côté du reptile. Enfin nonobstant la grande résistance qu'elle paroissoit faire, elle entra dans la gueule béante du crapaud & fut aussitôt avalée. Telle est encore l'action de la couleuvre à l'égard du crapaud qu'elle attend la gueule béante, & le crapaud va de lui-même s'y précipiter. On peut rapporter à la même cause ce que raconte un physicien. Il avoit mis sous un récipient un gros crapaud, pour voir combien il y vivroit sans aucune nourriture ; & il l'observoit tous les jours : un jour entr'autres, qu'il avoit les yeux fixés fur cet animal, le crapaud en s'enflant dirigea les siens sur ceux de l'observateur, dont insensiblement la vue se troubla, & qui tomba enfin en syncope. Qui est-ce qui n'a pas observé un chien-couchant & les effets de son œil sur la perdrix, dès qu'une fois les yeux du pauvre oiseau rencontrent ceux du chien, la perdrix s'arrête; paroît toute troublée, ne pense plus à sa conservation & se laisse prendre facilement. Je me souviens d'avoir lu qu'un chien en regardant fixément des écureuils qui étoient sur des arbres; les avoit arrêtés, stupéfiés, & fait tomber dans sa gueule.

Il est aisé d'observer que l'homme n'est pas à couvert de semblables impressions. Il y a peu de gens qui n'ayent quelquefois éprouvé les effets d'un œil colere, fier, impolant, dédaigneux, lascif, suppliant, &c. Ces sortes d'effets ne peuvent certainement venir que des différentes éjaculations de l'œil, & sont un degré de *maléfice*. Voilà tout ce qu'une mauvaise philosophie peut dire de moins pitoyable.

Les Démonographes entendent par *maléfice* une espece de magie par laquelle une personne peut être moyen du démon, cause du mal à une autre. Outre la fascination dont nous venons de parler, ils en comptent plusieurs autres especes, comme les philtres, les ligatures, ceux qu'on donne dans un breuvage ou dans un mêts, ceux qui se font par l'haleine, &c. dont la plûpart peuvent être rapportées au poison; de sorte que quand les juges séculiers connoissent de cette espece de crime & condamnent à quelque peine afflictive ceux qui en sont convaincus, le dispositif de la sentence porte toujours que c'est pour cause *d'empoisonnement & de maléfice*. *Voyez* LIGATURE, PHILTRE, &c.

MALE-GOUVERNE, s. f. (*Hist. ecclés.*) nom que l'on donne en certains monasteres, aux bâtimens qui sont accessibles aux personnes de dehors, & où la regle ne s'observe pas.

MALEMBA, (*Géog.*) royaume dans la basse-Éthiopie, au midi du royaume de Metamba. La Coanza, dont la source est inconnue, le coupe d'orient en occident. (*D. J.*)

MALEMUCK, s. m. (*Hist. nat.*) oiseau qui est commun sur les côtes de Spitzberg. Ils s'attroupent comme des moucherons, pour manger la graisse des baleines, qui nage à la surface des eaux; ils en prennent avec tant d'excès qu'ils sont obligés de la rejetter, après quoi ils en prennent de nouveau. Lorsqu'une baleine a été frappée avec le harpon, ils sont fort avides de s'abreuver de son sang : en un mot, il n'est point d'animal plus vorace. Cet oiseau a comme deux becs, l'un au-dessus de l'autre. Il a trois ongles liés par une peau grise ; sa queue est large & ses ailes longues; la couleur de ses plumes varie, mais en général il est gris & blanc sous le ventre. Il ne plonge point sous l'eau, mais il se soutient à la surface; l'odeur de ces animaux est d'une puanteur révoltante.

MALETTE A BERGER, (*Botan.*) bursa pastoris. Offic. *Voyez* TABOURET, *Botan.* (*D. J.*)

MALEUS SINUS, (*Géog. anc.*) le golfe de Malée qui étoit sans doute près du cap Malée. Florus en parle *lib. III. cap. vj.* (*D. J.*)

MAL FAÇON, s. f. (*Art méchan.*) se dit de tout defaut de matiere & de construction, causé par ignorance, négligence de travail, ou épargne. Par exemple, les jurés-experts sont obligés par leurs statuts & réglemens, de visiter les bâtimens que l'on construit, pour réformer les *mal-façons* & autres abus qui se commettent dans l'art de bâtir.

MAL-FAISANT, adj. (*Gram. & Morale.*) qui nuit, qui fait du mal. Si l'homme est libre ; c'est-à-dire, si l'ame a une activité qui lui soit propre, & en vertu de laquelle elle puisse se déterminer à faire ou ne pas faire une action, quelles que soient ses habitudes ou celles du corps, ses idées, ses passions, le tempérament, l'âge, les préjugés, &c. il y a certainement des hommes vertueux & des hommes vicieux ; s'il n'y a point de liberté, il n'y a plus que des hommes bien faisans & des hommes *mal-faisans*; mais les hommes n'en sont pas moins modifiables en bien & en mal ; les bons exemples, les bons discours, les châtimens, les récompenses, le blâme, la louange, les lois ont toujours leur effet : l'homme *mal-faisans* est malheureusement né.

MAL FAISANTE, (*Insect.*) *Voyez* MILLE-PIÉS.

MALHEUR, (*Morale.*) infortune, désastre, accident dommageable & fâcheux.

Les *malheurs* sont tout l'appanage de l'humanité. Il y en a pour tous les états de la vie ; personne ne peut s'y soustraire, ni se flater de s'en mettre à l'abri ; il est peut-être même plus sage de préparer son ame à l'adversité que de s'occuper à la prévenir. On voit des gens des plus estimables sur la liste de ces noms sacrés que l'envie a persécutés, que leur mérite a perdus, & qui ont laissé aux remords de leurs persécuteurs le soin de leur propre vengeance. Les *malheurs* développent souvent en nous des sentimens, des lumieres, des forces que nous ne connoissions pas, faute d'en avoir eu besoin. Ergotele chanté par Pindare, n'eût point triomphé sans l'injuste exil qui l'éloigna de sa patrie ; sa gloire se seroit flétrie dans la maison de son pere, comme une fleur sur sa tige. L'infortune fait sur les grandes ames ce que la rosée fait sur les fleurs, si je puis me servir de cette comparaison ; elle anime leurs parfums; elle tire de leur sein les odeurs qui embaument l'air. Socrate se disoit *l'accoucheur* des pensées: je crois que le *malheur* l'est des vertus. Ce sage a été lui-même un bel exemple de l'injustice des hommes, à condamner celui qu'ils dévoient le plus respecter. Après cela, qui peut répondre de sa destinée ? Il ne tiendroit quelquefois qu'à cinq ou six coquins de faire pendre le plus honnête homme, en attestant qu'il a fait un vol, auquel il n'a pu penser. Enfin nous n'avons à nous que notre courage, qui forcé de céder à des obstacles insurmontables, peut plier sans être vaincu. Cette pensée poétique de Sénéque est fort belle: « La vraie grandeur est d'avoir en même-tems la foiblesse de l'homme, & la force de Dieu ». Les Poëtes nous disent que lorsqu'Hercule fut détacher Prométhée (qui représente la nature humaine), il traversa l'Océan dans un vase de terre : c'est donner une vive idée du courage, qui dans la chair fragile surmonte les tempêtes de ce monde. (*D. J.*)

MALHEUREUX, MISERABLE. (*Gramm.*) On dit indifféremment une vie *malheureuse*, une vie *misérable*; c'est un *malheureux*; c'est un homme *misérable*. Mais il y a des endroits où l'un de ces deux mots est bon, & l'autre ne vaut rien. On est *malheureux* au jeu, on n'y est pas *misérable*; mais on devient *misérable*, en perdant beaucoup au jeu. *Misérable* semble marquer un état fâcheux, soit que l'on y soit né, soit que l'on y soit tombé. *Malheureux* semble marquer un accident qui arrive tout-à-coup, & qui ruine une fortune naissante ou établie. Tout le point proprement les *malheureux* ; on assiste les *misérables*. Voici deux vers de Racine qui expriment fort bien la différence de ces deux mots:

Haï, craint, envié, souvent plus misérable
Que tous les malheureux *que mon pouvoir accable*.

De plus, *misérable* a d'autres sens que *malheureux* n'a pas; car on dit d'un méchant auteur & d'un méchant ouvrage : c'est un auteur *misérable*, cela est *misérable*. On dit encore à-peu-près dans le même sens : Vous me traitez comme un *misérable* ; c'est-à-dire, vous n'avez nulle confidération, nul égard pour moi. On dit encore : c'est un *miférable*, en parlant d'un homme méprifable par fa baffeffe & par fes vices. Enfin *miférable* s'applique aux chofes inanimées, aux tems, aux faifons. (*D. J.*)

MALHERBE, f. f. (*Teinture.*) plante d'une odeur forte, qui croit dans le Languedoc & dans la Provence, qui fert aux Teinturiers.

MALHONNÊTE, adj. (*Gram.*) c'eft l'oppofé d'honnête. *Voyez l'article* HONNÊTE. Il fe dit des chofes & des perfonnes. Il y a des actions *malhonnêtes*, & il y a des hommes *malhonnêtes*. Tout ce qui eft contraire à la probité rigoureufe, a le caractere de la *malhonnêteté*.

MALIAQUE, GOLFE, en latin *Maliacus finus*, (*Géog.*) ancien nom d'un golfe de Grece dans l'Archipel. Polybe l'appelle *Melicus finus*, & Paufanias *Lamiacus finus*. Son nom moderne eft *golfe de Zeiton*, & non pas *golfe de Volo*, car ce golfe de Volo eft le *finus Pelafgicus* des anciens. (*D. J.*)

MALICE, f. f. (*Mor. Gramm.*) C'eft une difpofition à nuire, mais avec plus de fineffe que de force.

Il y a dans la *malice* de la facilité & de la rufe, peu d'audace, point d'atrocité. Le *malicieux* veut faire de petites peines, & non caufer de grands malheurs. Quelquefois il veut feulement fe donner une forte de fupériorité fur ceux qu'il tourmente. Il s'eftime de pouvoir le mal, plus qu'il n'a de plaifir à en faire. La *malice* n'eft habituele dans les ames petites, foibles & dures.

MALICORIUM, f. m. (*Hift. nat.*) c'eft ainfi qu'on appelle quelquefois l'écorce de la grenade; c'eft comme qui diroit *écorce de grenade*.

MALICUT, (*Géog.*) petite île des Indes fur la côte de Malabar, & à 35 lieues N. des Maldives. Elle eft entourée de bancs dangereux, mais l'air y eft tempéré, & le terroir abondant en toutes fortes de fruits. (*D. J.*)

MALIGNE, FIEVRE, (*Medec.*) fievre accompagnée d'affections morbifiques très-dangereufes, & dont la caufe eft difficile à dompter par la coction, ou à expulfer par les excrétoires naturels, ou à fe dépofer par éruption.

Ainfi les fievres que les Medecins appellent *malignes*, font celles dont la caufe, les complications, les accidens, s'oppofent aux effets falubres que le méchanifme propre de la fievre produiroit, fi la caufe de la maladie n'avoit pas des qualités pernicieufes qui la rendent funefte, ou du-moins indomptable; ou fi les complications, les accidens, les fymptômes étrangers à la fievre, ou le mauvais traitement du medecin, ne troubloient pas les opérations par lefquelles ce méchanifme pourroit procurer la guérifon de la maladie.

Ce n'eft donc pas à la fievre même qu'on doit imputer la *malignité*, ou les mauvais effets de la maladie, puifque ce defordre n'en dépend pas; qu'il lui eft entierement étranger, & qu'il la dérange & la trouble. Quelquefois même cette *malignité* ne paroit pas accompagnée de fievre, car elle y eft d'abord fort peu remarquable. Ainfi, lorfque felon le langage ordinaire, nous nous fervons de l'expreffion de *fievre maligne*, nous entendons une fievre qui n'eft pas falutaire, parce qu'elle ne peut pas vaincre la caufe de la maladie: alors cette caufe & fes effets font fort redoutables, fur-tout dans les fievres continues, épidémiques, où l'art ne peut fuppléer à la nature, pour expulfer une caufe pernicieufe qui n'a pas d'affinité avec les excrétoires; c'eft pourquoi on peut regarder dans ce cas une maladie comme *maligne*, par la feule raifon que la nature ne peut pas fe délivrer de cette caufe par la fievre, ou par des éruptions extérieures, avant qu'elle faffe périr le malade.

Les *fievres malignes* font caractérifées par les fignes fâcheux que l'on tire des fymptômes qui les accompagnent, & par les fignes pronoftics de coction. Le medecin doit toujours envifager enfemble ces deux claffes de fignes, pour reconnoître une fievre *maligne*, & pour établir fon pronoftic fur l'événement. Encore faut-il qu'il prenne garde fi les fymptômes redoutables de ces fievres ne dépendent point, comme il arrive fouvent, du fpafme excité dans les premieres voies, par des matieres vicieufes retenues dans l'eftomac ou dans les inteftins; car alors les mauvais préfages peuvent difparoître en peu de tems par l'évacuation de ces matieres. Mais quand les defordres dépendent d'une caufe pernicieufe qui a paffé dans les voies de la circulation; & qu'il n'y a à l'égard de la coction ou de la dépuration des humeurs, aucun figne favorable, on peut prévoir les fuites funeftes de la maladie.

Les fymptômes des fievres caractérifées *malignes*, font le fpafme, les angoiffes, la proftration des forces, les colliquations, la diffolution putride, des évacuations exceffives, les affoupiffemens léthargiques, les inflammations, le délire & les gangrenes; la fievre eft ici le mal qui doit le moins occuper le medecin; elle eft même fouvent ce qu'il y a de plus favorable dans cet état. Les accidens dont nous venons de parler, préfentent feuls la conduite qu'il faut remplir dans le traitement de ces maladies compliquées. En général, le meilleur parti eft de corriger les vices des humeurs fuivant leur caractere d'acrimonie, de putridité, de colliquation; les évacuer doucement par des remedes convenables, & foutenir les forces accablées de la nature. Confultez le livre du docteur Pringle, *on the difeafes of the army*, & le traité *des fievres* de M. Quefnay. (*D. J.*)

MALIGNITÉ, f. f. (*Gram.*) malice fecrette & profonde, *Voyez l'article* MALICE. Il fe dit des chofes & des perfonnes. Sentez-vous toute la *malignité* de ce propos? Il y a dans le cœur de l'homme une *malignité* qui lui fait adopter le blâme prefque fans examen. Telles font la *malignité* & l'injuftice, que jamais l'apologie la plus nette, la plus autentique, ne fait autant de fenfation dans la fociété que l'accufation la plus ridicule & la plus mal-fondée. On dit avec chaleur; favez-vous l'horreur dont on l'accufe, & froidement il s'eft fort bien défendu. Qu'un homme pervers faffe une fatyre abominable des plus honnêtes gens, la *malignité* naturelle la fera lire, rechercher & citer. Les hommes rejettent leur mauvaife conduite fur la *malignité* des aftres qui ont préfidé à leur naiffance. Le fubftantif *malignité* a une toute autre force que fon adjectif *malin*. On permet aux enfans d'être *malins*. On ne leur paffe la *malignité* en quoi que ce foit, parce que c'eft l'état d'une ame qui a perdu l'inftinct de la bienveillance, qui defire le malheur de fes femblables, & fouvent en jouit. Il y a dans la *malignité* plus de fuite, plus de profondeur, plus de diffimulation, plus d'activité que dans la malice. Aucun homme n'eft né avec ce caractere, mais plufieurs y font conduits par l'envie, par la cupidité mécontente, par la vengeance, par le fentiment de l'injuftice des hommes. La *malignité* n'eft pas auffi dure & auffi atroce que la méchanceté; elle fait verfer des larmes, mais elle s'attendiroit peut-être fi elle les voyoit couler.

MALIGNITÉ, f. f. (*Médecine.*) dans les maladies, lorfqu'elles ont quelque chofe de fingulier & d'extraordinaire, foit dans les fymptômes, foit dans leur opiniâtreté à réfifter aux remedes; fur quoi il faut remarquer que bien fouvent les gens, faute d'expérience, trouvent de la *malignité* où il n'y en a point. On ne peut pas donner de regles fûres de pratique dans ces fortes de maladies; car trouve les remedes rafraîchiffans y conviennent, tandis que d'autres fois ils font très-contraires, & qu'il eft befoin d'em-

MAL   MAL

ployer des remedes ſtimulans. On voit cela dans la pratique ordinaire, où les fievres malignes ſe combattent tantôt par les rafraichiſſans, tantôt par les évacuans, tantôt par les diaphorétiques ; d'autres fois par les apéritifs & les véſicatoires, & cependant avec un ſuccès égal ſelon les cas.

Cependant il faut avouer que la *malignité* eſt inconnue aux praticiens, & que ſes cauſes ſont impénétrables.

MALIN, adj. (*Gram.*) *Voyez* MALICE, MALIGNITÉ, & MECHANCETÉ.

MALINE, ſ. f. (*Marine.*) c'eſt le tems d'une grande marée ; ce qui arrive toujours à la pleine lune & à ſon déclin. *Grande maline*, c'eſt le tems des nouvelles & pleines lunes des mois de Mars & de Septembre.

MALINE, LA, (*Géog.*) riviere de l'Amérique ſeptentrionale, qui ſe perd dans le golfe du Mexique. Les Eſpagnols la nomment *riviere de ſainte Thérèſe*.

MALINES, (*Géog.*) ville des Pays-bas dans le Brabant autrichien, capitale de la ſeigneurie du même nom, avec un archevêché érigé par Paul IV. en 1559, dont l'archevêque prend le titre de primat des Pays-bas, & un conſeil que Charles IV. duc de Bourgogne, y établit en 1474. Il s'eſt tenu à *Malines* trois conciles provinciaux.

Cette ville appellée *Machelen* par les Flamands, & *Machel* par les Allemands. Le nom latin *Mechlinia* qu'on lui donne, ne differe guere de celui que lui donnoient les anciens écrivains.

Elle eſt ſur la Dendre près du confluent de la Dyle & de l'Eſcaut, au milieu du Brabant, à 4 lieues N. O. de Louvain, autant N. E. de Bruxelles, & à pareille diſtance S. E. d'Anvers, 10 S. E. de Gand. *Long.* 22. 5. *lat.* 51. 2.

Malines a perdu ſon ancien éclat ; elle ne cherche qu'à ſubſiſter de ſon commerce de grains, de fil & de dentelles. Autrefois on la nommoit *Malines la magnifique*, *Malines la belliqueuſe* ; & elle produiſoit encore de tems à autre des hommes de lettres, dont à préſent ni elle, ni les autres villes des Pays-bas autrichiens, ne renouvellent plus les noms.

Rembert Dodoné, Chriſtophe Longueuil, Van den Zipe, naquirent à *Malines*. Le premier eſt connu des Botaniſtes par ſes ouvrages. Le ſecond mort à Padoue en 1522 à 32 ans, eſt un écrivain élégant du xvj. ſiecle. Van den Zipe, en latin *Zipæus*, eſt un célebre canoniſte, dont on a recueilli les œuvres en 1675, en 2 vol. in-fol. Il mourut en 1650, à 71 ans. (*D. J.*)

MAL-INTENTIONNÉ, (*Gramm. & Morale.*) qui a le deſſein de nuire. Votre juge eſt *mal intentionné*. Il y a des mécontens dans les tems de troubles. Il y a en tous tems des *mal intentionnés*. Le mécontentement & la mauvaiſe intention peuvent être bien ou mal fondés. Le mécontentement ne ſe prend pas toujours en mauvaiſe part. Il eſt rare que la mauvaiſe intention ſoit excuſable ; elle n'eſt preſque jamais ſans la diſſimulation & l'hypocriſie. Si l'on eſt *mal intentionné*, il faut du-moins l'être à viſage découvert. Il eſt malhonnête de donner de belles eſpérances lorſque nous avons au fond de notre cœur le deſſein formé de deſſervir.

MALJUGÉ, ſ. m. (*Juriſpr.*) ſignifie un jugement rendu contre le droit ou l'équité.

Le *mal jugé* donne lieu à l'appel ; & lorſque le juge d'appel n'eſt pas une cour ſouveraine, il ne doit prononcer que par *bien* ou *mal jugé*. Il ne peut pas mettre l'appellation ni la ſentence au néant. (*A*)

MALLE, ſ. f. (*Gaînier.*) eſpece de coffre de bois rond & long, mais plat par-deſſous & par les deux bouts, couvert de cuir, dont on ſe ſert pour mettre des hardes que l'on veut porter en campagne. *Voyez* COFFRE *& les Pl. de Coffretier*.

Suivant les ſtatuts des maîtres Coffretiers-Malletiers, les *malles* doivent être de bois de hêtre neuf & ſans ourdiſſure, dont les joints ſoient au-moins eloignés d'un pouce, bien cuirées par-tout d'une bonne toile trempée en bonne & ſuffiſante colle. Le cuir qui les couvre doit être de pourceau ou de veau paſſé dans l'alun & tout d'une piece ; elles doivent être ferrées de bon fer blanc ou noir, avec plus ou moins de bandes, ſuivant leur grandeur. Les couplets & ſerrures doivent être pareillement bien conditionnés & de forme requiſe. *Voyez* COFFRETIER.

MALLE, ſ. m. (*Hiſt. de France.*) Dans la baſſe latinité *mallus*, malle, eſt un vieux mot qui ſignifie *aſſemblée*. M. de Vertot s'en eſt ſervi dans une *diſſertation ſur les ſermens uſités parmi les Francs*. On voyoit, dit-il, au milieu du *malle* ou de l'aſſemblée une hache d'armes & un bouclier.

Les Francs s'étant jettés dans les Gaules, & n'ayant pas encore de lieu fixe pour leur demeure, campoient dans les champs & s'y aſſembloient en certains tems de l'année pour regler leurs différends & traiter des affaires importantes. Ils appellerent cette aſſemblée *mallum*, du mot *mallen*, qui ſignifioit *parler*, d'où ils avoient fait *maal*, un diſcours ; & enſuite on dit *mallare* ou *admallare*, pour ajourner quelqu'un à l'aſſemblée générale. *Voyez* M. du Cange. (*D. J.*)

MALLÉABLE, adj. (*Art méchaniq.*) ce qui eſt dur & ductile, qui ſe peut battre, forger & étendre ſous le marteau ; & ce qui peut ſouffrir le marteau ſans ſe briſer. *Voyez* DUCTILITÉ.

Tous les métaux ſont *malléables* : le vif argent ne l'eſt point. Les Chimiſtes cherchent la fixation du mercure pour le rendre *malléable*. C'eſt une erreur populaire de croire qu'on ait trouvé le ſecret de rendre le verre *malléable* : ſa nature y répugne ; car s'il étoit ductile, ſes pores ne ſeroient plus vis-à-vis l'un de l'autre, & par conſéquent il ne ſeroit plus tranſparent & il perdroit ainſi ſa principale qualité. *Voyez* VERRE & TRANSPARENCE.

Une matiere tranſparente qui ſeroit *malléable*, ne ſeroit point du verre ; il eſt impoſſible que le verre ſoit *malléable*, parce qu'il eſt impoſſible que ce qui eſt *malléable* ſoit fragile : & il eſt de la nature eſſentielle du verre d'être fragile, parce que ce qui conſtitue eſſentiellement le verre, c'eſt l'union de ſels avec terres ou ſables fondus enſemble, & qui étant refroidis font enſemble un corps compoſé de parties différentes & qui eſt fragile.

MALLEAMOTHE, (*Botan. exot.*) arbriſſeau de Malabar qui s'éleve juſqu'à 8 ou 9 piés : c'eſt le *pavate* de Parkinſon, le *pavate arbor, foliis mali aureæ* de J. B. *arbor Malabarenſium, fructu lentiſci* de C. B. On fait grand uſage des diverſes parties de cet arbre ; le plus avantageux eſt celui de ſes feuilles pour fumer les terres. (*D. J.*)

MALLE-MOLLE, ſ. f. (*Commerce.*) mouſſeline ou toile de coton blanche, claire & fine, qui nous vient des Indes oridentales.

MALLEOLE, ſ. f. (*Anatomie.*) eſt une apophyſe à la partie inférieure de la jambe, immédiatement au-deſſus du pié. *Voyez* APOPHYSE, PIÉ, *&c.*

Il y a une *malléole* interne & une externe.

La *malléole* interne eſt une éminence du tibia ; *voyez* TIBIA. L'externe eſt une éminence du peroné, *voyez* PERONÉ, *&c.* Les deux enſemble forment la cheville du pié. *Voyez nos Planches anatomiques.*

MALLIENS, LES, (*Géog. anc.*) en latin *Malli* ; anciens peuples des Indes, voiſins des Oxydraques, vers la ſource de l'Indus. C'eſt chez ce peuple que Alexandre riſqua d'être tué, dit Strabon, en aſſiégeant une place. Quint-Curſe prétend que c'étoit chez les Oxydraques mêmes. (*D. J.*)

MALLIER, ſ. m. (*Maréchall.*) on appelle ainſi un

cheval de poste destiné à porter la malle des lettres ou celle de celui qui court la poste ; c'est proprement le cheval que monte le postillon. Les *malliers* sont sujets à être écorchés, si on n'a soin de leur donner de bons coussinets.

MALLOEA, (*Géogr. anc.*) ancienne place de la Perrhébie, selon Tite-Live. Elle fut prise par les Etoliens dans la guerre contre Philippe, reprise par ce prince, & enfin par les Romains qui la mirent au pillage. (*D. J.*)

MALLOPHORE, adj. (*Mythol.*) épithete que les Mégariens donnoient à Cérès, parce qu'elle leur apprit, dit-on, à nourrir les troupeaux & à profiter de leur laine ; mais Rhodiginus est mieux fondé à penser que les premiers Grecs qui tinrent des troupeaux nommerent ainsi cette déesse. Quoi qu'il en soit, le mot est formé de μαλλὸν, *laine*, & φέρω, *je porte*. (*D. J.*)

MALLUS, (*Géog. anc.*) ville d'Asie en Cilicie, & dans les terres assez près du fleuve Pyram, que l'on remontoit pour y arriver par eau quand on venoit de la côte. Elle avoit été bâtie par Amphiloque & par Mopsus, fils d'Apollon & de la nymphe Manto, c'est pourquoi l'oracle de *Mallus* est nommé l'oracle d'Amphiloque par Dion Cassius, dans la vie de Commode.

Mallus de Cilicie étoit la patrie du fameux grammairien Cratès, contemporain d'Aristarque, que le roi Attalus députa vers le sénat. Il mit le premier à Rome l'étude de la grammaire en honneur, & fut aussi goûté que suivi dans les leçons qu'il en donna pendant le cours de son ambassade. Strabon le surnomme le *Mallotès*.

MALMÉDI, (*Géog.*) en latin moderne *Malmundarium* ; petite ville d'Allemagne vers la frontiere des pays de Liége & de Luxembourg, avec une abbaye de Bénédictins. *Malmédi* est sur la riviere de Recht, à 11 lieues N. de Luxembourg. *Long.* 23. 40. *lat.* 50. 28.

MALMESBURY, (*Géogr.*) en latin *Maldunum* ; petite ville à marché d'Angleterre en Wiltshire. Elle envoie deux députés au parlement, & est située sur l'Aven, à 72 milles O. de Londres. *Long.* 15. 36. *lat* 51. 36.

Ce lieu est remarquable par les ruines de sa célebre abbaye fondée en 660, & pour avoir donné la naissance non-seulement à Guillaume de Malmesbury, mais au fameux Hobbes.

Le moine bénédictin qui porte le nom de cette abbaye détruite, florissoit dans le xij. siecle. Il est auteur d'une histoire ecclésiastique d'Angleterre, & d'autres ouvrages qu'Henri Saville fit imprimer à Londres en 1596.

Hobbes (*Thomas*), l'un des plus grands esprits du dernier siecle & qui en abusa, homme étonnant par la profondeur de ses méditations, naquit en 1588, & mourut en 1679 à 91 ans ; cependant sa mere, saisie de frayeur à l'approche de l'armée navale d'Espagne, étoit accouchée de lui avant terme. Tout le monde connoît les dangereux principes qu'il établit dans son traité du citoyen & son léviathan ; il désigne le corps politique sous le nom de cette bête. Les inconvéniens du système de cet auteur ingénieux sont immenses, & les beaux génies d'Angleterre les ont trop bien mis au jour pour qu'on puisse jamais les déguiser soi-même ou aux autres. *Voyez* l'art. HOBBISME. (*D. J.*)

MALMIGNATTO, s. m. (*Insect.*) nom que les habitans de l'île de Corse donnent à un gros insecte, qu'on a pris mal-à-propos pour la tarentule de la Pouille. L'île de Corse n'a d'autres animaux venimeux, que le *malmignatto*, dont on distingue deux especes; l'une ronde, & l'autre oblongue, semblable à notre grosse espece de fourmi à six jambes ; mais monstrueuse en grosseur, & très-venimeuse. Ces deux especes occasionnent, par leur morsure, de grandes douleurs ; avec une sensation de froid, de la lividité sur la plaie, & des convulsions par tout le corps. Le meilleur remede est de cautériser la blessure, de la panser avec de la thériaque de Venise, & de prendre de cette même thériaque dissoute dans du vin. (*D. J.*)

MALMISTRA, (*Géogr.*) ville en Caramanie, située sur une riviere de même nom, entre les ruines de Tarse & d'Adena. Cette ville est encore le siege d'un évêque grec. (*D. J.*)

MALMOË, ou MALMUYEN, en latin, *Malmogita*, (*Géogr.*) petite ville de Suede, dans la Scanie. Elle fut cédée aux Suédois par les Danois en 1658. Les Flamands l'appellent *Ellemogen*, c'est-à-dire *coude*, parce qu'elle fait une maniere de recoiti. Elle est sur le Sund, à 4 lieues S. O. de Lunden, capitale, 6 S. E. de Copenhague. *Long.* 30. 54. *lat.* 55. 5. (*D. J.*)

MAL-MORT, *malum-mortuum*, (*Médec.*) espece de lepre, que les Médecins appellerent de ce nom, dans le tems qu'elle regnoit en Europe, parce qu'elle rendoit le corps livide, &, pour ainsi dire, mortifié par des ulceres noirs, sordides, croûteux, sans sentiment, sans douleur & sans pus, se formant spécialement aux hanches & aux jambes, & provenant d'une dépravation excessive du sang & des sucs nourriciers. (*D. J.*)

MALMOULU, adj. (*Véner.*) On dit, fumées *malmoulues*, ou mal digérées, en parlant des fumées des jeunes cerfs.

MALO, SAINT, en latin moderne *Macloviopolis*, (*Géogr.*) ville de France en Bretagne, avec un évêché suffragant de Tours, qui vaut aujourd'hui 36 mille livres de rente. Elle a pris le nom qu'elle porte de *Saint-Malo* son premier évêque, en 1149. Son port est célebre, & très-fréquenté ; cependant il est d'un difficile accès, à cause des rochers qui l'environnent. Les gros bâtimens vont décharger à Saint-Sorvand, qui est plus avant dans la baie au midi.

Saint-Malo est défendu par un château, qui est à l'entrée de la chaussée, & par plusieurs forts. C'est une des villes du royaume où se fait le plus grand & le plus avantageux commerce, sur-tout avec l'Espagne pour l'Amérique, & en terre ferme, pour la pêche de la morue.

Elle a formé d'illustres pilotes, entr'autres Jaques Cartier, célebre navigateur, qui a découvrit le Canada en 1534. On sait qu'elle est la patrie de M. du Guay du Trouin, un des grands hommes de mer de notre siecle. On a de lui des mémoires curieux, imprimés à Paris en 1740, *in-*4. où l'on peut voir le détail de ses expéditions.

Saint-Malo est situé dans une île, jointe à la terre ferme par une chaussée ou jettée très-solide, à 7. lieues N. O. de Dol, 17. N. O. de Rennes, 38. N. O. de Nantes, 82. S. O. de Paris. *Long.* selon Cassini, 15. *d.* 21'. 30". *lat.* 49. 4 16'. 12". *Mém. de l'ac.* 1732. (*D. J.*)

MALPIGHI, (*corps réticulaire de*), *Anat.* docteur en Médecine de l'université de Boulogne, sa patrie. Il a publié différentes observations anatomiques sur le poumon, la langue, la peau, &c. Il y a entre la peau & l'épiderme un corps, que tantôt on appelle *corps réticulaire de Malpighi*, comme dans la langue ; tantôt *corps muqueux de Malpighi*, & il s'observe dans différentes parties. On dit aussi, *le système de Malpighi* sur les glandes. *Voyez* GLANDE. Ses ouvrages sont, *Marc. Malpighii Opera*, Londres, 1686. Amstelodami, *in*-4. *in-fol.* *Marc. Malpighii Opera posthuma*, Londres, 1697, *in-fol.*

MALPIGHIE, *malpighia*, (*Botan.*) genre de plante à fleur en rose, composée de plusieurs petans dispofés en rond. Le piftil fort du fond du calice, & devient dans la fuite un fruit charnu, mou, prefque rond, qui n'a qu'une feule capfule. Ce fruit contient ordinairement trois noyaux ailés, qui ont chacun une amande oblongue. Plumier, *nova plant.* *Amer. gen. Voyez* PLANTE.

Les Anglois appellent cet arbre *barbados-cherry*, cérifier des Barbades, *malphighia, mali punici facie.* Plum. *nov. gen. plant.*

La Botanique devoit à Malpighi l'hommage de donner fon nom à un des premiers genres de plantes dignes de lui, qu'on viendroit à découvrir un jour. Tout le monde a trouvé ce procédé fi jufte, qu'on s'eft empreffé; par déférence, à caractérifer à l'envi la *malphighia.*

Son calice, difent Boerhaave & Miller, eft petit, d'une feule piece, divifé en cinq parties, & en deux fegmens. Sa fleur eft en rofe, pentapétale & à étamine, qui croiffent à côté les unes des autres, forment un tube. Son ovaire eft placé au fond du calice. Il dégénere en un fruit charnu, fphérique, monocapfulaire, & contient trois noyaux ailés, qui ont chacun une amande.

Voici maintenant comme la *malphighia* eft caractérifée par le P. Plumier, *rar. plant. hift. p. 36.* & par Linnœus, *gen. plant. p. 194.*

Le calice particulier de la fleur eft petit, creux, permanent, compofé d'une feule feuille divifée en cinq fegmens, dans chacun defquels fe trouve une glande mellifere. La fleur eft à cinq grands pétales, taillés en rein, à onglets longs & étroits. Les étamines, au nombre de dix, font des filets larges, droits, qui croiffent en forme de cylindre. Les boffettes des étamines font fimples, l'embryon du piftil eft court & arrondi. Les ftiles font au nombre de trois, à couronne obtufe. Le fruit eft une groffe baie, ronde, renfermant trois noyaux offeux, oblongs, obtus, dont chacun contient une amande de même forme.

L'arbre dont on vient de lire les caracteres, s'éleve dans les Indes occidentales, à la hauteur de quinze & feize piés, & eft foigneufement cultivé dans fes jardins, à caufe de l'abondance & de la bonté de fon fruit. En Europe, on ne le confidere que pour la variété & la curiofité. Il fe multiplie des graines qu'on reçoit d'Amérique. On lui donne les mêmes foins qu'aux autres plantes étrangeres & des climats chauds. On le tient toujours dans des pots, ou des caiffes remplies de tan; & de cette maniere on eft parvenu à lui faire porter du fruit. (*D. J.*)

MAL-PROPRE, MAL-PROPRETÉ. (*Gram.*) Ce font les contraires de *propre* & de *propreté. Voyez ces articles.*

MAL-SAIN, adj. (*Gram.*) C'eft l'oppofé de *fain. Voyez l'article* SAIN.

MAL-SAIN, (*Marine.*) fe dit d'un fond, ou d'un rivage où il fe trouve des roches qui en rendent l'approche ou le mouillage peu fûr pour les vaiffeaux. On dit, une *côte mal-faine.*

MAL-SERRÉ. (*Vener.*) C'eft quand le nombre des andouillers eft non-pair aux têtes de cerfs, daims & chevreuils.

MAL-SUBTIL, (*Vener.*) efpece de phthifie ou de catarre qui tombe dans la mulette des oifeaux, & qui empêchant la digeftion, les fait mourir de langueur.

MALT, f. m. (*Brafferie.*) Nous avons emprunté le mot de *malt* des Anglois, pour fignifier du *grain germé*, comme orge, froment, avoine, & autres propres à faire de la biere.

On macere pendant deux ou trois jours le grain qu'on a choifi, (qui eft plus communément de l'orge ou du froment, ou tous les deux enfemble) dans une grande cuve, jufqu'à ce qu'il commence à s'amollir & à fe gonfler : on laiffe écouler l'eau par-deffous : on retire le grain, & on le feche fur des planches étendues fur terre, pour diffiper la trop grande humidité. Comme il refte encore un peu humide, on en fait des monceaux de la hauteur d'environ deux piés, afin qu'il fermente, qu'il germe, & pouffe quelques filets ou racines fibreufes. Quand le grain eft bien germé, la fubftance du *malt* en eft plus poreufe & plus propre à l'infufion & à l'extraction. Dans le tems qu'il germe, on retourne & on remue tous les jours, deux ou trois fois le grain, afin qu'il germe également, & pour empêcher qu'il ne pourriffe par trop de chaleur. D'un autre côté, pour éviter que le *malt* ne perde fa force par une trop grande germination, on l'expofe, en forme de fillons, à l'air, & on le feche peu-à-peu; ou bien on le met fur une efpece de plancher, fous lequel on fait du feu; on le remue fouvent, de peur qu'il ne fe brûle : car fi la torréfaction eft trop forte, la biere a une faveur défagréable.

On réduit ce *malt* mou en une efpece de crème, par le moyen de la meule; enfuite on le verfe dans une cuve pleine d'eau très-chaude, & on en met une quantité fuffifante, pour que le mélange d'eau & de *malt* paroiffe comme de la bouillie. Alors des hommes robuftes le remuent de tems en tems avec des inftrumens de bois applatis, jufqu'à ce qu'il paroiffe de l'écume, qui eft la marque d'une extraction fuffifante. Si cette macération dure trop long-tems, la biere devient mucilagineufe, & a bien de la peine à fermenter. Enfuite, par le moyen d'un couloir de bois placé dans la cuve, on paffe la liqueur imprégnée de la crème du *malt*; on la tranfporte tout de fuite dans une chaudiere ; dans laquelle on la fait encore bouillir une ou deux heures, afin qu'elle fe conferve mieux. Bientôt après, on verfe cette liqueur dans des cuves, pour qu'elle s'y réfroidiffe. Enfin, on verfe une livre ou une livre & demie de levain de biere, fur huit ou dix livres de la décoction fufdite, placée dans un lieu tiede ; on la couvre avec des couvertures, & on y verfe peu-à-peu le refte de la liqueur, afin qu'elle fermente plus commodément. Quand tout cela eft achevé, on paffe la liqueur fermentée, on en remplit des tonneaux ; & quand la fermentation eft entierement finie, on les bondonne exactement. Voilà une idée groffiere de la fermentation & de la germination du *malt.* Mais il ne s'agiffoit pas ici d'entrer dans les détails, parce que le lecteur les trouvera complets *au mot* BRASSERIE.

Le négoce du *malt* eft en Angleterre d'une étendue confidérable. En effet, fans parler de la quantité qui s'emploie pour la petite biere, dont on fait ufage aux repas journellement, & de la quantité qui fe braffe dans les maifons particulieres, quantité qui monte à dix millions de boiffeaux, il s'en confomme en Angleterre trente millions de boiffeaux, tant pour la biere double, que pour la diftillation. On ne comprend point dans cette quantité celle qui fert pour la biere & les liqueurs qu'on envoie au-delà de la mer. Ce calcul eft fait d'après le produit de l'impôt appellé le *malt-tax*, à l'aide duquel on a remonté jufqu'au total du *malt* qui fe vend en Angleterre. La diftillation en emporte un million 600 mille boiffeaux. On eftime que l'excife levé fur la biere double, tant dans la Grande Bretagne qu'en Irlande, rapporte au gouvernement 800 mille livres fterlings par an : à la vérité, il refte à déduire les frais de la régie. Mais le produit de cet impôt ne laiffe pas cependant d'étonner, quand on fe rappelle que l'Angleterre, qui en paye la majeure partie, ne contient pas au-delà de huit millions d'habitans. On dit qu'il y a des braffeurs à Londres, qui braffent mille barils par femaine. (*D. J.*)

MALTAILLÉ, adj. *en termes de Blafon*, fe dit

d'une manche d'habit bifarre. Il n'y en a des exemples qu'en Angleterre. Haſtinghs, en Angleterre, d'or à une manche *mal taillée* de gueules.

MALTER, ſ. m. (*Comm.*) qu'on prononce plus ordinairement *malder*, & en françois *maldre*, eſt une meſure de continence pour les grans, dont on ſe ſert à Luxembourg. *Voyez* MALDER, *Dict. de Commerce*.

MALTHA, μάλθη, (*Architect.*) dans l'antiquité, marque un ciment, ou corps glutineux, qui avoit la faculté de lier les choſes les unes aux autres. *Voyez* CIMENT, LUT, GLU.

Les anciens font mention de deux ſortes de cimens, le naturel, & le factice; l'un de ces derniers, qui étoit fort en uſage, étoit compoſée de poix, de cire, de plâtre & de graiſſe; une autre eſpece, dont les Romains ſe ſervoient pour plâtrer & blanchir les murs intérieurs de leurs aqueducs, étoit fait de chaux éteinte dans du vin, & incorporée avec de la poix fondue & des figues fraiches.

Le *maltha* naturel eſt une eſpece de bitume avec lequel les Aſiatiques plâtrent leurs murailles. Lorſqu'il a une fois pris feu, l'eau ne peut plus l'éteindre, & elle ne ſert au contraire qu'à le faire brûler avec plus d'ardeur.

MALTHACODE, ſ. m. (*Pharm.*) eſt un médicament amolli avec de la cire, ou de l'huile. *Blanchard*.

MALTHE, (*Géog.*) en grec μάλιτη, en latin *Melita*, île de la mer Méditerranée, entre les côtes d'Afrique, & celle de l'île de Sicile, qui n'en eſt éloignée que de quinze lieues au ſeptentrion.

Elle a à l'orient la mer Méditerranée qui regarde l'île de Candie, au midi la ville de Tripoli en Barbarie, & à l'occident les îles de Pantalavée & de Linoſe, & de Lampadouze. Elle peut avoir ſix ou ſept lieues de longueur, ſur trois de large, & environ vingt de circuit.

Cluvier croyoit que cette île étoit l'ancienne Ogygie, où la nymphe Calypſo demeuroit, & où elle reçut Ulyſſe avec tant d'humanité, après le naufrage qui lui arriva ſur ſes côtes. Mais outre qu'Homere nous en fait une deſcription ſi riante, qu'il eſt impoſſible d'y reconnoître *Malthe*, il ne faut chercher en aucun climat une île fictive, habitée par une déeſſe imaginaire.

Ptolomée a mis l'îſle de *Malthe* entre celles d'Afrique, ſoit faute de lumieres, ſoit qu'il ſe fondât ſur le langage qu'on y parloit de ſon tems, & que les natifs du pays y parlent encore aujourd'hui; c'eſt un jargon qui tient de l'arabe corrompu.

Malthe eſt en elle-même un rocher ſtérile, où le travail a voit autrefois forcé la terre à être féconde, quand ce pays étoit entre les mains des Carthaginois; car lorſque les chevaliers de S. Jean de Jéruſalem en furent poſſeſſeurs, ils y trouverent des débris de colonnes, & de grands édifices de marbre, avec des inſcriptions en langue punique. Ces reſtes de grandeur étoient des témoignages que le pays avoit été floriſſant. Les Romains l'uſurperent ſur les Carthaginois, & y établirent un préfet, πρῶτος, comme il eſt nommé dans les actes des Apôtres, *c. xxviij. v. 7.* & comme la preuve une ancienne inſcription qui porte πρῶτος Μιλιταιῶν; ce préfet étoit ſous la dépendance du préteur de Sicile.

Les Arabes s'emparerent de l'îſle de *Malthe* vers le neuvieme ſiecle, & le Normand Roger, comte de Sicile, en fit la conquête ſur les Barbares, vers l'an 1190. Depuis lors, elle demeura annexée au royaume de Sicile, dont elle ſuivit toujours la fortune.

Après que Soliman eut chaſſé les chevaliers de Malthe de l'îſle de Rhodes en 1523, le grand maître Villiers-Liſle-Adam ſe trouvoit errant avec ſes religieux & les Rhodiens attachés à eux ſans demeure fixe & ſans ports pour retirer ſa flotte. Il jetta les yeux ſur l'îſle de *Malthe*, & ſe rendit à Madrid, pour demander à l'empereur qu'il lui plût par une inféodation libre & franche de tout aſſujettiſſement, remettre aux chevaliers cette îſle, ſans leſquelles graces la religion alloit être ruinée.

L'envie de devenir le reſtaurateur & comme le ſecond fondateur d'un ordre qui depuis pluſieurs ſiecles s'étoit conſacré à la défenſe des chrétiens, & l'eſpérance de mettre à couvert des incurſions des infideles les îſles de Sicile & de Sardaigne, le royaume de Naples, & les côtes d'Italie déterminerent Charles-Quint en 1525, à faire préſent aux chevaliers de Jéruſalem, des îſles de *Malthe* & de Goze, auſſi bien que de Tripoli, avec tous les droits honorifiques & utiles. Le pape confirma le don en 1530; mais Tripoli fut bien-tôt enlevé à la religion par les amiraux de Soliman.

Les chevaliers de Jéruſalem, après leur établiſſement à *Malthe*, la fortifierent de toutes parts; & même quelques-unes de ſes fortifications ſe firent des deniers du grand-maître. Cependant Soliman indigné de voir tous les jours ſes vaiſſeaux expoſés aux courſes des ennemis qu'il avoit cru détruits, ſe propoſa en 1565 de prendre *Malthe*, comme il avoit pris Rhodes. Il envoya 30 mille hommes devant la ville, qu'on appelloit alors le *bourg de Malthe*: elle fut défendue par 700 chevaliers, & environ 8000 ſoldats étrangers. Le grand-maître Jean de la Valette, âgé de 71 ans, ſoutint quatre mois le ſiege; les Turcs monterent à l'aſſaut en diverſes endroits différens; on les repouſſoit avec une machine d'une nouvelle invention; c'étoient de grands cercles de bois couverts de laine enduite d'eau-de-vie, d'huile, de ſalpêtre, & de poudre à canon; & on jettoit ces cercles enflammés ſur les aſſaillans. Enfin, environ ſix mille hommes de ſecours étant arrivés de Sicile, les Turcs leverent le ſiége.

Le bourg de *Malthe* qui avoit ſoutenu le plus d'aſſauts, fut appellé *la cité-victorieuſe*, nom qu'il conſerve encore aujourd'hui. Pierre de Monté grand-maître de l'ordre, acheva la conſtruction de la nouvelle ville, qui fut nommée *la cité de la Valette*. Le grand-maître Alof de Vignacourt, fit faire en 1616 un magnifique aqueduc pour conduire de l'eau dans cette nouvelle cité. Il fortifia pluſieurs autres endroits de l'îſle; & le grand-maître Nicolas Cotoner y joignit encore de nouveaux ouvrages qui rendent *Malthe* imprenable.

Depuis ce tems-là, cette petite îſle brave toute la puiſſance ottomane; mais l'ordre n'a jamais été aſſez riche pour tenter de grandes conquêtes, ni pour équiper des flottes nombreuſes. Ce monaſtere d'illuſtres guerriers ne ſubſiſte guere que des redevances des bénéfices qu'il poſſede dans les états catholiques, & il a fait beaucoup moins de mal aux Turcs, que les corſaires d'Alger & de Tripoli n'en ont fait aux chrétiens.

L'îſle de *Malthe* tire ſes proviſions de la Sicile. La terre y eſt cultivée autant que la qualité du terroir peut le permettre. On y recueille du miel, du coton, du cumin, & un peu de blé. On comptoit dans cette îſle & dans celle de Goze, en 1662, environ 50 mille habitans.

La diſtance de *Malthe* à Alexandrie eſt eſtimée à 283 lieues de 20 au degré, en cinglant à l'eſt-ſud-eſt. La diſtance de *Malthe* à Tripoli de Barbarie, peut-être de 53 lieues en tirant au ſud, un quart à l'oueſt.

Dappert a ſitué *Malthe* à 49 d. de longitude, & à 35 d. 10 de latitude. Cette ſituation n'eſt ni vraie ni conforme à celle qui a été exactement déterminée par les obſervations du P. Feuillé, ſuivant leſquelles la longitude de cette îſle eſt de 33 d. 40 ′. 0 ″. & ſa latitude de 35 d. 54 ′. 33 ″. (*D. J.*)

MALTHE,

MAL

MALTHE, (*Géogr.*) autrement dite *la cité notable*, *la ville notable*, capitale de l'isle de *Malthe*, & l'ancienne résidence de son évêque. Elle est située dans le fond des terres, & au milieu de l'isle, éloignée d'environ six milles du bourg & du grand port. Les anciens l'ont nommée *Melita*, *Melite*, du nom commun à toute l'isle, dont elle étoit à proprement parler, la seule place importante, *oppidum*; c'est maintenant une ville considérable, que les Catholiques ont pour ainsi dire en commun, & qu'on peut regarder comme le triste centre d'une guerre perpétuelle contre les ennemis du nom chrétien. On l'a si bien fortifiée, qu'elle passe pour imprenable: son hôpital est aussi beau que nécessaire à l'ordre de *Malthe*.

Une ancienne tradition veut que les Carthaginois soient les fondateurs de cette ville. Il est au-moins certain qu'ils l'ont possédée, que les Romains après avoir détruit Carthage, chasserent ces Africains de l'isle, & que les Arabes mahométans s'en emparerent à leur tour, & lui donnerent le nom de *Medina*.

Diodore de Sicile, *l. V. c. xij.* après avoir loué la bonté des ports de l'isle de *Malthe*, fait mention de sa capitale. Il dit qu'elle étoit bien bâtie, qu'il y avoit toutes sortes d'artisans, & principalement des ouvriers qui faisoient des étoffes extrèmement fines, ce qu'ils avoient appris des Phéniciens qui avoient peuplé l'isle. Cicéron raconte à-peu-près la même chose: il reproche à Verrès de n'être jamais entré dans *Malthe*, quoique pendant trois ans il y eût occupé lui seul un métier à faire une robe de femme. Il parle ensuite d'un temple consacré à Junon, qui n'étoit pas loin de cette ville, & qui avoit été pillé par les gens de Verrès; tel maître, tels valets. *Long.* de cette ville 33. 40. *lat.* 35. 54. (*D. J.*)

ORDRE DE MALTHE, (*Hist. mod.*) c'est le nom d'un ordre religieux militaire, qui a eu plusieurs autres noms, *les hospitaliers de S. Jean de Jérusalem*, ou *les chevaliers de S. Jean de Jérusalem*, *les chevaliers de Rhodes*, *l'ordre de Malthe*, *la religion de Malthe*, ou *les chevaliers de Malthe*; & c'est le nom qu'on leur donne toujours dans l'usage ordinaire en France.

Des marchands d'Amalfi au royaume de Naples, environ l'an 1048, bâtirent à Jérusalem une église du rit latin, qui fut appellée *Sainte-Marie la latine*; & ils y fonderent aussi un monastere de religieux de l'ordre de S. Benoît, pour recevoir les pélerins, & ensuite un hôpital auprès de ce monastere, pour y avoir soin des malades, hommes & femmes, sous la direction d'un maître ou recteur qui devoit être à la nomination de l'abbé de Sainte-Marie la latine. On y fonda de plus une chapelle en l'honneur de S. Jean-Baptiste, dont Gerard Tung, provençal de l'île de Martigue, fut le premier directeur. En 1099 Godefroi de Bouillon ayant pris Jérusalem, enrichit cet hôpital de quelques domaines qu'il avoit en France. D'autres imiterent encore cette libéralité; & les revenus de l'hôpital ayant augmenté considérablement, Gerard, de concert avec les hospitaliers, résolut de se séparer de l'abbé & des religieux de Sainte-Marie la latine, & de faire une congrégation à part, sous le nom & la protection de S. Jean-Baptiste; ce qui fut cause qu'on les appella *hospitaliers*, ou *freres de l'hôpital de S. Jean de Jérusalem*. Paschal II. par une bulle de l'an 1113. confirma les donations faites à cet hôpital qu'il mit sous la protection du saint siège, ordonnant qu'après la mort de Gerard, les recteurs seroient élus par les hospitaliers. Raymond du Puy, successeur de Gerard, fut le premier qui prit la qualité de *maître*; il donna une regle aux hospitaliers; elle fut approuvée par Calixte II. l'an 1120.

Tel fut le premier état de l'*ordre de Malthe*. Ce premier grand-maître voyant que les revenus de l'hôpital surpassoient de beaucoup ce qui étoit nécessaire à l'entretien des pauvres pélerins & des malades, crut devoir employer le surplus à la guerre contre les infideles. Il s'offrit donc dans cette vûe au roi de Jérusalem; il sépara ses hospitaliers en trois classes: les nobles qu'il destina à la profession des armes pour la défense de la foi & la protection des pélerins; les prêtres ou chapelains pour faire l'office; & les freres servans qui n'étoient pas nobles, furent aussi destinés à la guerre. Il régla la maniere de recevoir les chevaliers; & tout cela fut confirmé l'an 1130 par Innocent II. qui ordonna que l'étendart de ces chevaliers seroit une croix blanche pleine, en champ de gueulée, laquelle fait encore les armes de cet ordre.

Après la perte de Jérusalem, ils se retirerent d'abord à Margat, ensuite à Acre qu'ils défendirent avec beaucoup de valeur l'an 1250, après la perte entiere de la Terre-sainte. L'an 1291 les hospitaliers avec Jean de Villers, leur grand-maître, se retirerent dans l'île de Chypre, où le roi Gui de Lusignan qu'ils y avoient suivi, leur donna ville de Limisson; ils y demeurerent environ dix-huit ans. En 1308 ils prirent l'île de Rhodes sur les Sarrasins, & s'y établirent; ce n'est qu'alors qu'on commença à leur donner le nom de *chevaliers*, on les appella *chevaliers de Rhodes*, *equites Rhodii*. Andronic, empereur de Constantinople, accorda au grand-maître Foulque de Villaret l'investiture de cette île. L'année suivante, secourus par Amédée IV. comte de Savoie, ils se défendirent contre une armée de Sarrasins, & se maintinrent dans leur île. En 1480 le grand-maître d'Aubusson la défendit encore contre Mahomet II. & la conserva, malgré une armée formidable de Turcs, qui l'assiégea pendant trois mois; mais Soliman l'attaqua l'an 1522 avec une armée de trois cens mille combattans, & la prit le 24 Décembre, après que l'ordre l'eut possédée 213 ans. Après cette perte, le grand-maître & les chevaliers allerent d'abord en l'île de Candie, puis le pape Adrien VI. & son successeur Clément VII. leur donnerent Viterbe, enfin Charles-Quint leur donna l'île de *Malthe* qu'ils ont encore; c'est-là qu'ils ont pris le nom de *chevaliers de Malthe*; mais leur véritable nom c'est celui de *chevaliers de l'ordre de saint Jean de Jérusalem*; & le grand-maître dans ses titres prend encore celui de *maître de l'hôpital de saint Jean de Jérusalem*, *& gardien des pauvres de notre Seigneur Jésus-Christ*. Les chevaliers lui donnent le titre d'*éminence*, & les sujets celui d'*altesse*.

L'ordre de *Malthe* ne possede plus en souveraineté que l'île de *Malthe*, & quelques autres petits endroits aux environs, dont les principaux sont Gose & Comnio. Le gouvernement est monarchique & aristocratique; monarchique sur les habitans de *Malthe* & des îles voisines, & sur les chevaliers, en tout ce qui regarde la regle & les statuts de la religion; aristocratique dans la décision des affaires importantes, qui ne se fait que par le grand-maître & le chapitre. Il y a deux conseils; l'un ordinaire, qui est composé du grand-maître, comme chef des grands-croix; l'autre complet, qui est composé du grand-croix, & des deux plus anciens chevaliers de chaque langue.

Par les langues de *Malthe*, on entend les différentes nations de l'ordre; il y en a huit: Provence, Auvergne, France, Italie, Arragon, Allemagne, Castille & Angleterre. Le pilier (comme on dit) de la langue de Provence est grand-commandeur; celui de la langue d'Auvergne est grand-maréchal; celui de France est grand-hospitalier; celui d'Italie est grand-amiral; celui d'Arragon est grand-conservateur, ou drapiers, comme on disoit autrefois. Le pilier de la langue d'Allemagne est grand-bailli ; celui de Castille grand-chancellier. La langue d'Angleterre, qui ne subsiste plus depuis le schisme d'Henri VIII. avoit pour chef le turcoporlier ou colonel de cavalerie. La langue de Provence est la premiere, parce que Raymond du Puy, premier grand-maitre & fondateur de l'ordre, étoit provençal.

Dans chaque langue il y a plusieurs grands prieurés & bailliages capitulaires. L'hôtel de chaque langue s'appelle *auberge*, à cause que les chevaliers de ces langues y vont manger & s'y assemblent d'ordinaire. Chaque grand-prieuré a un nombre de commanderies : les commanderies sont ou magistrales, ou de justice, ou de grace. Les magistrales sont celles qui sont annexées à la grande-maîtrise ; il y en a une en chaque grand-prieuré. *Voyez* MAGISTRAT. Leurs commanderies de justice sont celles qu'on a par droit d'ancienneté, ou par améliorissement. L'ancienneté se compte du jour de la réception, mais il faut avoir demeuré cinq ans à *Malte*, & avoir fait quatre caravannes ou courses contre les Turcs & les corsaires. Les commanderies de grace sont celles que le grand-maitre ou les grands-prieurs ont droit de conserver ; ils en conservent une tous les cinq ans, & la donnent à qui il leur plait. On compte en France deux cens quarante commanderies de *Malte*.

Les chevaliers nobles sont appellés *chevaliers de justice*, & il n'y a qu'eux qui puissent être baillis, grands-prieurs & grands-maitres. Les chevaliers de grace sont ceux qui n'étant point nobles, ont obtenu, par quelques services importans ou quelque belle action, la faveur d'être mis au rang des nobles. Les freres servans sont de deux sortes : 1°. les freres servans d'armes dont les fonctions sont les mêmes que celles des chevaliers ; & les freres servans d'église, dont toute l'occupation est de chanter les louanges de Dieu dans l'église conventuelle, & d'aller chacun à son tour servir d'aumônier sur les vaisseaux & sur les galeres de la religion. Les freres d'obedience sont des prêtres qui, sans être obligés d'aller à *Malte*, prennent l'habit de l'ordre, en font les vœux, & s'attachent au service de quelqu'une des églises de l'ordre sous l'autorité d'un grand-prieur ou d'un commandeur auquel ils sont soumis. Les chevaliers de majorité sont ceux qui, suivant les statuts, sont reçus à 16 ans accomplis. Les chevaliers de minorité sont ceux qui sont reçus dès leur naissance ; ce qui ne se peut faire sans dispense du pape. Les chapelains ne peuvent être reçus que depuis dix ans jusqu'à quinze : après quinze ans, il faut un bref du pape ; jusqu'à quinze ans, il ne faut qu'une lettre du grand-maitre, on les nomme *diaco* ; ils font preuves qu'ils sont d'honnête famille, ils payent à leur réception une somme qu'on nomme *droit de passage*, & qui est de cent écus d'or.

Pour les preuves de noblesse dans le prieuré d'Allemagne, il faut 16 quartiers. Dans les autres, il suffit de remonter jusqu'au bisayeul paternel ou maternel.

Tous les chevaliers sont obligés, après leur profession, de porter sur le manteau ou sur le juste-aucorps, du côté gauche, la croix de toile blanche à huit pointes, c'est la véritable marque de l'ordre.

Les chevaliers de *Malte* sont reçus dans l'ordre de S. Jean de Jérusalem en faisant toutes les preuves de noblesse requises par les statuts ou avec quelque dispense. La dispense s'obtient du pape par un bref, ou du chapitre général de l'ordre, & est ensuite entérinée au sacré conseil. Les dispenses ordinairement se donnent pour quelques quartiers où la noblesse manque principalement du côté maternel. Les chevaliers sont reçus ou d'âge de minorité ou d'âge par grace du grand-maitre. L'âge requis par les statuts est de seise ans complet pour entrer au noviciat à dix-sept ans, & faire profession à dix-huit.

Celui qui souhaite d'être reçu dans l'ordre, doit se présenter en personne au chapitre ou à l'assemblée du grand-prieuré dans l'étendue duquel il est né. Le chapitre du grand-prieuré de France se tient tous les ans au temple à Paris, le lendemain de la S. Barnabé, c'est-à-dire le 12 de Juin, & dure huit jours ; & l'assemblée se fait à la S. Martin d'hiver. Le présenté doit apporter son extrait baptistaire en forme authentique ; le mémorial de ses preuves, contenant les extraits des titres qui justifient sa légitimation & sa noblesse, ainsi que celle des quatre familles du côté paternel & maternel. Il doit joindre à ces pieces le blason & les armes de sa famille peint avec ses émaux & couleurs sur du velin. Lorsqu'il est admis, la commission pour faire ses preuves est délivrée par le chancelier du grand-prieuré. Si le pere ou la mere ou quelqu'un des ayeux est né dans un autre grand-prieuré, le chapitre donne une commission rogatoire pour y faire les preuves nécessaires.

Ces preuves de noblesse se font par titres & contrats, par témoins & épitaphes, titres, & autres monumens. Les commissaires font aussi une enquête, si les parens du présenté n'ont point dérogé à leur noblesse par marchandise, trafic ou banque ; & il y a à cet égard une exception pour les gentilshommes des villes de Florence, de Sienne & de Lucques, qui ne dérogent point en exerçant la marchandise en gros. Après que les preuves sont faites, les commissaires les rapportent au chapitre ou à l'assemblée ; & si elles y sont admises, on les envoie à *Malte*, sous le sceau du grand-prieur. Le présenté étant arrivé à *Malte*, les preuves sont examinées dans l'assemblée de la langue de laquelle est le grand-prieuré où il s'est présenté ; & si elles sont approuvées, il est reçu chevalier, & son ancienneté court de ce jour, pourvu qu'il paye le droit de passage qui est de deux cens cinquante écus d'or, & qu'il fasse profession aussi-tôt après le noviciat, autrement il ne compte son ancienneté que du jour de sa profession, si l'on suit à la lettre les statuts & les reglemens ; mais l'usage fait que le retardement de profession ne nuit point à l'ancienneté. On ne peut néanmoins obtenir aucune commanderie sans l'avoir faite. On paye ordinairement le passage au receveur de l'ordre dans le grand-prieuré. Les preuves sont quelquefois rejettées à *Malte* ; & en ce cas, on rendoit autrefois la somme qui avoit été payée, mais depuis il a été ordonné, par de nouveaux decrets, qu'elle demeureroit acquise au trésor. Outre cette somme, le nouveau chevalier paye aussi le droit de la langue, qui est réglé suivant l'état & le rang où le présenté est reçu.

La réception des chevaliers de minorité qui, en vertu d'une bulle du grand-maitre, sont ordinairement reçus à six ans, & par grace spéciale à cinq ans & au-dessous, exige d'autres formalités. Leur ancienneté court du jour porté par leur bulle de minorité, pourvu que leur passage soit payé un an après. On obtient d'abord le bref du pape à Rome, puis on poursuit l'expédition de la bulle à *Malthe*, le tout coûte environ 15 pistoles d'or. Le passage est de 1000 écus d'or pour le trésor, avec 50 écus d'or pour la langue, ce qui fait près de 4000 livres; on ne les rend point, soit que les preuves soient refusées, soit que le présenté change de résolution, ou meure avant sa réception. Le privilege du présenté de minorité est qu'il peut demander une assemblée extraordinaire pour y obtenir une commission afin de faire ses preuves, ou, pour les prendre, s'en attendre le chapitre ou l'assemblée provinciale. Il peut aller à *Malte* dès l'âge de quinze ans, y commencer son noviciat & faire profession à seize ; mais il n'est obligé d'y être qu'à vingt-cinq ans pour faire profession à vingt-six au plus tard, à faute de quoi il perd son ancienneté, & ne la commence que du jour de sa profession. Dès que ses preuves sont reçues, il peut porter la croix d'or, que les autres ne doivent porter qu'après avoir fait leurs vœux.

A l'égard des chevaliers-pages, le grand-maître en a seize qui le servent depuis douze ans jusqu'à quinze; & à mesure qu'il en sort, d'autres les remplacent. Après avoir obtenu de son éminence leur lettre de page, ils doivent se présenter au chapitre ou à l'assemblée provinciale, pour obtenir commission de faire leurs preuves à l'âge d'onze ans. Lorsqu'elles sont admises, ils vont à Malte faire leur service; à quinze ans ils commencent leur noviciat, & font profession à seize. Leur passage est de deux cens cinquante écus d'or, & on ne le rend point si leurs preuves sont rejettées. Leur ancienneté court du jour qu'ils entrent en service.

Les chapelains, diacos & freres servans peuvent être gentilshommes ou nobles de nouvelle création; mais ce n'est pas une condition essentielle; il suffit qu'ils soient d'une famille honnête. Il y a aussi des servans d'office employés à Malte au service de l'hôpital, & à de semblables fonctions; des donnés ou demi-croix qui sont mariés, & qui portent une croix d'or à trois branches; celle des chevaliers en a quatre, aussi-bien que celle des chapelains & des servans d'armes; mais ceux-ci ne la portent que par permission du grand-maître.

Outre la croix octogone de toile, qui est la marque de l'ordre, lorsque les chevaliers tant novices que profès, vont combattre contre les infideles, ils portent sur leur habit une soubreveste rouge, chargée devant & derriere d'une grande croix blanche sans pointes. L'habit ordinaire du grand-maître est une sorte de soutane de tabis ou de drap, ouverte par le devant, & liée d'une ceinture d'où pend une grosse bourse, pour marquer la charité envers les pauvres, suivant l'institution de l'ordre. Par-dessus ce vêtement il porte une robe de velours, ou plus communément un manteau à bec. Au-devant de la fontane, & sur la robe, vers la manche gauche, est une croix à huit pointes.

Depuis que la confession d'Augsbourg s'est introduite en Allemagne, les princes qui en embrassant cette religion, se sont approprié les revenus ecclésiastiques, se sont aussi arrogé le droit de conférer les commanderies qui se trouvoient dans leurs pays, & de conférer l'ordre de S. Jean de Jérusalem à des hommes mariés qui portent la croix de Malte; mais l'ordre ne les reconnoît point pour ses membres. Bruzen de la Martin. *addit. à l'Introduct. de l'histoire de l'univers par Puffendorf, tom. II.*

Il y a aussi des religieuses hospitalieres de l'ordre de S. Jean de Jérusalem, aussi anciennes que les chevaliers, établies à Jérusalem en même tems qu'eux, pour avoir soin des femmes pèlerines dans un hôpital différent de celui des hommes qui étoient reçus & soignés par les anciens hospitaliers, aujourd'hui chevaliers de Malthe.

MALTHE, *terre de, (Hist. nat. Miner.)* on compte deux especes de terre, à qui on donne le nom de *terra melitensis* ou de *terre de Malthe*; l'une est une terre bolaire fort dense & fort pesante; elle est très-blanche lorsqu'elle a été fraîchement tirée, mais en se séchant elle jaunit un peu. Elle est unie & lisse à sa surface, s'attache fortement à la langue, & se dissout comme du beurre dans la bouche; elle ne fait point effervescence avec les acides, & l'action du feu ne change point sa couleur. On la regarde comme cordiale & sudorifique.

La seconde espece de *terre de Malthe* est calcaire, elle est fort legere & se réduit en poudre à l'air. Etant séchée, elle devient grisâtre & rude au toucher & friable; elle fait effervescence avec les acides, & doit être regardée comme une espece de craie ou de marne. Le préjugé la fait regarder comme un grand remede contre la morsure des animaux venimeux. Ces deux especes de *terre* se trouvent dans l'île de *Malthe* qui leur a donné leur nom. *Voyez* Hill, *hist. nat. des fossiles.* (—)

MALTHON, *(Géog.)* petite ville à marché d'Angleterre en Yorckshire: elle envoie ses députés au parlement. *(D. J.)*

MALTOTE, LA, s. f. *(Finances.)* se disoit des partisans qui recueillent les impositions. Quoiqu'il faille distinguer les maltotiers qui perçoivent des tributs qui ne sont pas dûs, de ceux qui ont pris en parti des contributions imposées par une autorité légitime; cependant on est encore dans le préjugé que ces sortes de gens en général, ont par état le cœur dur; parce qu'ils augmentent leur fortune aux dépens du peuple, dont la misere devient la source de leur abondance. D'abord ce furent des hommes qui s'assembloient sans se connoître, qui se lierent étroitement par le même intérêt; qui la plupart sans éducation, se distinguerent par leur faste, & qui apporterent dans l'administration de leur emploi une honteuse & sordide avidité, avec la bassesse des vûes que donne ordinairement une extraction vile, lorsque la vertu, l'étude, la philosophie, l'amour du bien public, n'a point annobli la naissance. *(D. J.)*

MALTRAITER, TRAITER MAL, *(Grammaire.) maltraiter* dit quelque chose de pire que *traiter mal*; il signifie *outrager quelqu'un*, soit de parole, soit de coups de mains; il désigne à ces deux égards des traitemens violens; & quand on marque la maniere du traitement violent, on se sert du mot *maltraiter*. Un brave homme ne se laisse point *maltraiter* par des injures. Des assassins l'ont si *maltraité* qu'on craint pour sa vie. *Maltraiter* dans le sens de faire mauvaise chere, ne se dit qu'au passif: comme on est fort *maltraité* dans cette auberge; nous allâmes diner hier chez un gentilhomme, où nous fûmes fort *maltraités*. *Traiter mal* se dit figurément du jeu, de la fortune, &c. Le cavagnol me *traite mal* depuis huit jours. Ces remarques sont pour les étrangers, à qui notre langue n'est pas encore familiere.

MALVA, *(Géogr. anc.)* & dans Pline, *Malvana*, riviere de la Mauritanie tingitane, qui selon Antonin, séparoit les deux Mauritanies, la tingitane & la césariense. Marmol nomme cette riviere *Maluya*; Casteld l'appelle *Matulo*; M. de Lisle écrit *Mcluya*, & d'autres écrivent *Molochat*.

MALUA, *(Géogr.)* M. Baudrand écrit *Malvay*, royaume d'Asie dans l'Indoustan, où il fait partie des états du Mogol. Ce royaume est divisé en onze sarcars ou provinces, & en 250 petits parganas ou gouvernemens, qui rendent 99 lacks, & 6250 roupies de revenu au souverain. Le pays est fertile en grains, & commerce en toiles blanches & en toiles de couleurs. Ratipor en est la capitale. Le pere Catrou le nomme *Malua*, & quelques-uns le royaume. Il en établit la *long.* à 103. 50. & la *lat.* à 26°.

MALVAZIA, ou MALVESIA, & par les François, MALVOISIE, *(Géogr.)* petite ile de la Grece, sur la côte orientale de la Morée. Elle n'est éloignée de la terre ferme que d'une portée de pistolet. On passoit dans le dernier siecle de l'une à l'autre sur un pont de pierre.

Le territoire de cette ile n'a en tout que trois milles de circuit. Il ne peut donc contenir que la plus petite partie de ces vignes célebres, qui rapportent les vins claires que nous nommons *vins de Malvoisie*. Mais ces plants fameux regnent & s'étendent à quelques lieues de-là, sur la côte opposée depuis la bourgade *Agios Paulos*, jusqu'à *Porto della Botte*.

On accouroit autrefois de tous les endroits de la

Grece dans cette petite île, pour y adorer le dieu Esculape. Ce culte qui la rendoit si fameuse, y avoit été apporté par ceux d'Epidaure. Ils partirent du territoire d'Argos, pour venir fonder une colonie en ce lieu, & ils lui donnerent le nom de leur ancienne habitation.

Les Latins s'étant emparés de Constantinople, accorderent l'*île de Malvoisie* ou l'Epidaure, à un seigneur françois nommé *Guillaume*. Peu de tems après, Michel Paléologue s'en empara ; les Vénitiens la ravirent à Paléologue ; Soliman la reprit sur les Vénitiens en 1540, mais ils s'en rendirent de nouveau maitres an 1690. La capitale de cette île se nomme aussi *Malvasia*, voyez-en l'article.

MALVAZIA, (*Géogr.*) ville capitale située dans l'île de ce nom. Elle est sur la mer au pié d'un rocher escarpé, au sommet duquel est une forteresse. Il ne faut pas confondre cette ville avec *Epidaurus*, *Limera*, qu'on appelle aujourd'hui *Malvasia la vieille*, & dont les ruines subsistent à une lieue de-là. Parmi les ruines de cette ancienne ville, on voit encore les débris du temple d'Esculape, où l'on venoit autrefois de toute la terre pour obtenir la guérison des maladies les plus désespérées.

Le port de la nouvelle *Malvazia* n'est pas si bon que celui de l'ancienne, & ne mérite pas comme elle le surnom de *Limera*, néanmoins cette ville est assez peuplée. Les Grecs y ont un archevêque.

Le savant Arsenius, ami particulier du pape Paul III. & qui fit sa soumission à l'église romaine, a été le plus illustre dans cette place, à ce que disent les Latins ; mais sa mémoire est odieuse aux Grecs, qui prétendent qu'après sa mort, il devint broncolakas, c'est-à-dire que le démon anima son cadavre, & le fit errer dans tous les endroits où il avoit vécu. La nouvelle *Malvazia* est à 20 lieues S. E. de Misistra, & 30 S. O. d'Athènes. Soliman II. la prit sur les Vénitiens en 1540. *Long. 41. 18. lat. 36. 59.*

MALVEILLANCE, & MALVEILLANT, (*Gram.*) qui a la volonté de faire du mal, ou plus exactement peut-être, qui veut mal à quelqu'un, par le ressentiment du mal qu'il a fait. D'où il paroît que la *malveillance* est toujours fondée, au lieu qu'il n'en est pas ainsi de la mauvaise intention. Il est facile aux ministres de tomber dans la *malveillance* du peuple ; sur-tout lorsque les tems sont difficiles.

MALVERSATION, s. f. (*Jurisprudence.*) signifie toute faute grave commise dans l'exercice d'une charge, commission, ou maniement de deniers. (*A*)

MALUM, (*Anatomie.*) os malum, *voyez* POMMETTE.

MALVOISIE, (*Botan.*) la *malvoisie* est un raisin de Grece d'une espece particuliere, dont on faisoit le vin clairet, auquel il a donné son nom. On cueilloit les grappes avec soin, ne prenoit que celles qui étoient parfaitement mûres pour les porter au pressoir. Quand le vin avoit suffisamment fermenté, on le tiroit en futailles, & l'on y jettoit de la chaux vive, afin qu'il se conservât pour le transporter dans tous les climats du monde.

L'ancien vin de *malvoisie* croissoit à Malvasia, petite île de Grece dans la mer qui baigne la partie orientale de la Morée. Il étoit encore un des plus célebres dans le siecle passé. On sait qu'Edouard IV. roi d'Angleterre, ayant condamné son frere Georges, duc de Clarance, à la mort, & lui ayant permis de choisir celle qui lui sembleroit la plus douce, ce prince demanda d'être plongé dans un tonneau de *malvoisie*, & finit ainsi ses jours. Ce vin de *malvoisie* ne venoit pas seulement à Malvasia & sur la côte opposée, on en recueilloit encore sous ce nom en Caudie, à Lesbos, & en plusieurs autres îles de l'Archipel. Aujourd'hui nous ne le goutons plus, la mode en est passée. Ce que nous nommons *vin de malvoisie* n'est point un vin de Grece, c'est un vin qui se recueille dans le royaume de Naples, ou une espece de vin muscat de Provence, qu'on cuit jusqu'à l'évaporation du tiers, & dont on fait peu de consommation.

Le vin de *malvoisie* des anciens Grecs n'est point celui que les Latins appelloient *Arvisium vinum*, comme le dit le dictionnaire de Trévoux ; c'est le vin d'Arvis, montagne de l'île de Scio, qui portoit ce nom. (*D. J.*)

MALVOISIE, *vinum malvaticum*, (*Diete & Mat. med.*) espece de vin de liqueur souvent demandé dans les pharmacopées pour certaines compositions officinales, & que les Medecins prescrivent aussi spécialement quelquefois comme remede magistral.

Ce vin ne possede d'autre qualité réelle que les vertus communes des vins de liqueur. *Voyez l'article* VIN, *Diete & Mat. med.*(*b*)

MAMACUNAS, (*Hist. mod. culte.*) c'est le nom que les Péruviens, sous le gouvernement des Incas, donnoient aux plus âgées des vierges consacrées au soleil ; elles étoient chargées de gouverner les vierges les plus jeunes. Ces filles étoient consacrées au soleil dès l'âge de huit ans ; on les renfermoit dans des cloitres, dont l'entrée étoit interdite aux hommes ; il n'étoit point permis à ces vierges d'entrer dans les temples du soleil, leur fonction étoit de recevoir les offrandes du peuple. Dans la seule ville de Cusco on comptoit mille de ces vierges. Tous les vases qui leur servoient étoient d'or ou d'argent. Dans les intervalles que leur laissoient les exercices de la religion, elles s'occupoient à filer & à faire des ouvrages pour le roi & la reine. Le souverain choisissoit ordinairement ses concubines parmi ces vierges consacrées ; elles sortoient de leur couvent lorsqu'il les faisoit appeller ; celles qui avoient servi à ses plaisirs ne rentroient plus dans leur cloitre, elles passoient au service de la reine, & jamais elles ne pouvoient épouser personne ; celles qui se laissoient corrompre étoient enterrées vives, & l'on condamnoit au feu ceux qui les avoient débauchées.

MAMADEBAD, *ou* MAMED-ABAD, (*Géogr.*) petite ville d'Asie dans l'Indoustan, à cinq lieues de Nariad. Ses habitans sont Banians, & font un grand trafic en fil & coton. (*D. J.*)

MAMMAIRE, adj. *en Anatomie*, se dit des parties relatives aux mammelles. *Voyez* MAMMELLES.

L'artere *mammaire* interne vient de la partie antérieure de la souclaviere, descend le long de la partie latérale interne du sternum, & va se perdre dans le muscle droit du bas-ventre ; elle communique avec la *mammaire* externe, avec les arteres intercostales & l'artere épigastrique. *Voyez* EPIGASTRIQUE, &c.

L'artere *mammaire* externe. *V.* THORACHIQUE.

MAMANGA, s. m. (*Bot. exot.*) arbrisseau fort commun au Brésil, décrit par Pison dans son histoire naturelle du pays. Sa feuille approche de celle du citronnier, mais elle est plus molle & un peu plus longue ; ses fleurs sont jaunes, attachées à des queues, & pendantes. Il leur succede des siliques oblongues, vertes d'abord, noires ensuite, qui se pourrissent aisément. Elles sont remplies de semences. Ses fleurs passent pour être détersives & vulnéraires. On tire de ses gousses ou suc huileux, propre à amollir & à faire résoudre les abscès. (*D. J.*)

MAMBRÉ ou MAMRÉ, (*Hist. ecclés.*) c'est le nom d'une vallée très-fertile & fort agréable dans la Palestine, au voisinage d'Hébron, & à 31 milles environ de Jérusalem. M. Morery, je ne sais sur quel fondement, a fait une ville : à la vérité, l'épithete de *ville fertile* prouve que c'est ou une faute d'impression, ou d'inadvertence de sa part ; ce lieu est célebre dans l'Ecriture sainte, par le séjour que le patriarche Abraham y fit sous des tentes, après

MAL

l'être séparé de son neveu Loth, & plus encore par la visite qu'il y reçut des trois anges ou messagers célestes, qui vinrent lui annoncer la miraculeuse naissance d'Isaac.

Le chêne, ou plutôt (comme le prétendent presque tous les commentateurs, on ne sait trop pourquoi) le térébinthe, sous lequel le patriarche reçut les anges, a été en grande vénération dans l'antiquité chez les Hébreux; S. Jérôme assure qu'on voyoit encore de son tems, c'est-à-dire sous l'empire de Constance le jeune, cet arbre respectable; &, si l'on en croit quelques voyageurs ou pèlerins, quoique le térébinthe ait été détruit, il en a repoussé d'autres de sa souche qu'on montre, pour marquer l'endroit où il étoit. Les rabbins qui ont l'art, comme on le sait, de répandre du merveilleux sur tout ce qui a quelque rapport avec l'histoire de leur nation, & sur-tout à celle de leurs peres, ont prétendu que le térébinthe de *Mambré* étoit aussi ancien que le monde. Joseph *de Bello*, *lib. V. cap. vij*. Et bientôt après par un nouveau miracle, qui difficilement peut s'accorder avec ce prodige, les judicieux rabbins disent que cet arbre étoit le bâton d'un des trois anges, qui ayant été planté en terre, y prit racine & devint un grand arbre. Eustach. *ab allatio edit.* Honoré de la préférence des anges & du Verbe éternel, il devoit participer à la gloire du buisson ardent d'Horeb. Jul. Afric. *apud Syncell.* Aussi les rabbins n'ont point manqué de dire que quand on mettoit le feu à ce térébinthe, *tout-d'un-coup il paroissoit enflammé*; mais qu'après avoir éteint le feu, l'arbre restoit sain & entier comme auparavant. Sanute (*in sacret. fid. crucis. p. 228.*) fait au térébinthe de *Mambré* le même honneur qu'au bois de la vraie croix, & assure qu'on montroit de son tems le tronc de cet arbre, dont on arrachoit des morceaux, auxquels on attribuoit les plus grandes vertus. Au reste, Josephe, saint Jérôme, Eusèbe, Sozomene, &, qui parlent tous de ce vénérable térébinthe, comme existant encore de leurs jours, le placent à des distances toutes différentes de la ville d'Hébron.

Mais ce qui est digne d'observations, c'est que le respect particulier qu'on avoit, soit pour le térébinthe, soit pour le lieu où il étoit, y attira un si grand concours du peuple, que les Juifs naturellement fort portés au commerce & trafic, en prirent occasion d'y établir une foire qui devint très-fameuse dans la suite. Et saint Jérôme (Hier. *in Jerem. XXXI. & in Zach. X.*) assure qu'après la guerre qu'Adrien fit aux Juifs, on vendit à la foire de *Mambré* grand nombre de captifs juifs, qu'on y donna à un prix très-vil; & ceux qui ne furent point vendus, furent transportés en Egypte, ou, pour la plûpart, ils périrent de maux & de misere.

Le juif, partagé entre la superstition & l'agiotage, sut accréditer les foires de *Mambré*, en y intéressant la dévotion, & les convertissant, en quelque sorte, en des fêtes religieuses, ce qui y attira nonseulement les marchands & les dévots du pays, mais aussi ceux de Phénicie, d'Arabie, & des provinces voisines. La diversité de religion ne fut point un obstacle à la fréquentation d'un lieu où l'on pouvoit satisfaire tout-à-la-fois, sa piété, son goût pour les plaisirs, son amour pour le gain. La fête de *Mambré* se célébrant en été, le térébinthe d'Abraham devint le rendez-vous des Juifs, des Chrétiens, & même des Payens.

Les Juifs venoient y vénérer la mémoire de leur grand patriarche Abraham: les chrétiens orientaux persuadés que celui des trois anges qui avoit porté la parole, étoit le Verbe éternel, y alloient avec ce respect religieux qu'ils ont pour ce divin chef & consommateur de leur foi. Quant aux Payens, dont toute la Mythologie consistoit en des apparitions de divinités ou venues de Dieu sur la terre, pleins de vénération pour ces messagers célestes qu'ils regardoient comme des dieux ou des démons favorables, ils leur éleverent des autels, & leur consacrerent des idoles; ils les invoquoient, suivant leurs coutumes, au milieu des libations de vin, avec des danses, des chants d'allégresse & de triomphe, leur offroient de l'encens, &c. Quelques-uns immoloient à leur honneur un bœuf, un bouc; d'autres un mouton, un coq même, chacun suivant ses facultés, le caractere de sa dévotion & l'esprit de ses prieres. Sozomene, qui détaille dans le *liv. II. chap. iv.* de son histoire ce qui concerne la fête de *Mambré*, n'est point clair; & sur les diverses pratiques religieuses & sur l'intention de ceux qui les remplissoient, il se contente de dire que ce lieu étoit chez les anciens dans la plus grande vénération; que tous ceux qui le fréquentoient étoient dans une appréhension religieuse s'exposer à la vengeance divine en le profanant, qu'ils n'osoient y commettre aucune espece d'impureté, ni avoir de commerce avec les femmes; que celles-ci fréquentoient ces foires avec la plus grande liberté, mieux parées qu'elles ne l'étoient d'ordinaire dans les autres occasions publiques, où leur honneur n'avoir pas les mêmes sauvegardes que sous le sacré térébinthe.

Mais ces beaux témoignages que ces divers auteurs rendent à la prétendue sainteté des fêtes de *Mambré*, sont contredits, parce qu'ils ajoutent que les dévots qui les fréquentoient nourrissoient avec soin pendant toute l'année ce qu'ils avoient de meilleur pour s'en régaler avec leurs amis, & faire le festin de térébinthe; comment, au milieu de la joie de ces repas en quelque forte publics, puisque les deux sexes y étoient admis; comment, dans un simple campement, sans aucun édifice, & où les hommes & les femmes campoient pêle-mêle, puisqu'il n'y avoit d'autres maisons que celle où l'on prétendoit qu'Abraham avoit logé; comment, dis-je, au milieu de ces plaisirs bruyans, & dans ces circonstances ceux qui assistoient à ces fêtes pouvoient-ils garder la décence ou la retenue qu'exigeoit la sainteté du lieu? C'est ce qui paroit peu croyable, surtout si l'on considere le concours de dévots de diverses religions & que, comme le dit un auteur, (Sozom. *suprà citat.*) personne ne puisoit pendant la fête de l'eau du puits de *Mambré*, parce que les Payens en gâtoient l'eau, en y jettant, par superstition, du vin, des gâteaux, des pieces de monnoie, des parfums secs & liquides, & tenant, par dévotion, un grand nombre de lampes allumées sur ses bords.

Mais ce qui détruit entierement l'idée de sainteté de la fête de *Mambré*, ou qui prouve que du moins du tems de Constantin les choses avoient extrêmement dégénéré; c'est ce que rapportent plusieurs auteurs (Socrat. *liv. I. c. xvij.* Eusebe *de vita Constant. l. III. c. lij.* Soz. &c.) qu'Eutropia, syrienne de nation, mere de l'impératrice Fausta, s'étant rendue en Judée pour accomplir un vœu, & ayant passé par *Mambré*, témoin oculaire de toutes les superstitions de la fête, & de toutes les horreurs qui s'y passoient, en écrivit à l'empereur Constantin son gendre, qui ordonna de suite au comte Acace de faire brûler les idoles, de renverser les autels, & de châtier, selon l'exigence du cas, ceux qui, après sa défense, seroient assez hardis pour commettre encore sous le térébinthe quelques abominations ou impiétés; il ordonna même, ajoutent ces auteurs, qu'on y bâtit une église très-belle, & que les évêques veillassent de près à ce que toutes choses s'y passassent dans l'ordre. Eusebe (*de vita Constantini, lib. III. cap. lii.*) prétend que c'est à lui que la lettre de l'empereur

956   MAL

fut adreſſée, que ce fut lui qui fut chargé du ſoin de faire exécuter ſes ordres.

MAME *ou* MAMELOS, (*Hiſt. nat. Bot.*) arbriſſeau du Japon, dont les branches ſont longues & droites, le bois dur, mais léger, jaunâtre, & plein de moëlle ; ſes feuilles reſſemblent à celles du ceriſier ; ſes fleurs ſont blanches, pendantes, ſans pédicules, ordinairement à huit pétales, qui ſont joints en forme de cloche & de longueur inégale.

MAMEI, (*Botan.*) genre de plante à fleur en roſe, compoſée de pluſieurs pétales diſpoſés en rond. Il s'éleve du fond du calice un piſtil, qui devient dans la ſuite un fruit preſque ſphérique, pointu, charnu, & qui contient une ou pluſieurs ſemences calleuſes. Plumier, *nova plant. amer. gen. Voyez* PLANTE.

MAMERCUS, (*Mythol.*) ſurnom que les Sabins donnoient à Mars, & qui paſſa dans la ſuite des tems à la famille Emilia.

MAM

MAMERS, *Mamerciæ*, (*Géog.*) ancienne petite ville de France, dans le Maine, ſur la Dive. *Long.* 18. 1, *latit.* 48. 20.

MAMERTINS, LES, (*Géog. anc.*) en latin *Mamertini*, ancien peuple d'Italie dans la Campanie. Ils paſſerent en Sicile ſous Agathocle, & s'établirent à Meſſine, dont ils ſe rendirent maîtres ; & comme ce pays eſt fertile en excellent vin, ce vin s'appelloit chez les Romains *Mamertinum vinum* ; c'eſt encore à cauſe d'eux qu'on nommoit le Fare de Meſſine, *Mamertinum fretum*.

MAMERTIUM, (*Géog. anc.*) Strabon écrit ainſi, *Mamertium*, ancienne ville de la grande Grèce dans les terres, au pays des Brutiens. On l'appelle aujourd'hui Martorano. (*D. J.*)

MAMIRA, (*Pharmac.*) nom d'un ingrédient de l'antidote, que Myrepſe & quelques autres anciens appellent, *antidote du prophete Eſdras*.

FIN DU NEUVIEME VOLUME.

CPSIA information can be obtained
at www.ICGtesting.com
Printed in the USA
LVHW06*161617.70918
590421LV00046B/621/P